Reinking/Eggert, Der Autokauf

Der Autokauf

Rechtsfragen beim Kauf
neuer und gebrauchter Kraftfahrzeuge
sowie beim Leasing

Von
Dr. Kurt Reinking
Rechtsanwalt, Köln

Dr. Christoph Eggert
Vorsitzender Richter am Oberlandesgericht, Düsseldorf

7., neubearbeitete und erweiterte Auflage 2000

Werner Verlag

1. Auflage 1979
2. Auflage 1984
3. Auflage 1987
4. Auflage 1990
5. Auflage 1992
6. Auflage 1996
7. Auflage 2000

Die Deutsche Bibliothek – CIP-Einheitsaufnahme

Reinking, Kurt:
Der Autokauf : Rechtsfragen beim Kauf neuer
und gebrauchter Kraftfahrzeuge sowie beim Leasing / von
Kurt Reinking; Christoph Eggert. – 7., neubearb. und erw. Aufl. –
Düsseldorf: Werner, 2000
ISBN 3-8041-4631-7

© Werner Verlag GmbH & Co. KG · Düsseldorf · 2000
Printed in Germany
Alle Rechte, auch das der Übersetzung, vorbehalten.
Ohne ausdrückliche Genehmigung des Verlages ist es auch nicht gestattet, dieses Buch
oder Teile daraus auf fotomechanischem Wege (Fotokopie, Mikrokopie) zu vervielfältigen
sowie die Einspeicherung und Verarbeitung in elektronischen Systemen vorzunehmen.
Zahlenangaben ohne Gewähr
Umschlaggestaltung: brose-design, Düsseldorf
Gesamtherstellung: Bercker Graphischer Betrieb GmbH & Co. KG, Kevelaer
Archiv-Nr.: 627/7 – 6.2000
Bestell-Nr.: 3-8041-4631-7

Vorwort zur 7. Auflage

Der Autokauf endet oft im Streit. Beleg hierfür ist die Vielzahl der – auch in jüngster Zeit – veröffentlichten Gerichtsentscheidungen zu diesem Komplex. Ein sich verschärfender Wettbewerb des Handels und eine informierte, wachsame Verbraucherschaft sind maßgebliche Gründe hierfür. Diese Feststellung gilt für den Neu- und Gebrauchtwagenhandel gleichermaßen.

Die – seit Erscheinen der 6. Auflage des „Autokaufs" – wohl bemerkenswerteste Entscheidung des BGH (DAR 1996, 361) zum Neuwagenkauf betrifft die Gewährleistungsklausel, die der Neuwagenhandel seit Jahrzehnten verwendet. Er versteht sie – zutreffend – als Haltbarkeitsgarantie, so dass jeder Fehler, der innerhalb der Frist von einem Jahr seit Auslieferung des Neufahrzeugs auftritt, bis zum Beweis des Gegenteils durch den Verkäufer als Gewährleistungsmangel gilt. Diese Auslegung stellt das Gewährleistungsrecht des BGB und die Verbrauchsgüterrichtlinie der EU, die die Mitgliedstaaten bis zum 1. 1. 2002 in innerstaatliches Recht umsetzen müssen, weit in den Schatten.

Der Kauf neuer Fahrzeuge im Ausland, vornehmlich in der EU und unter Einschaltung nicht autorisierter Händler, gewinnt im täglichen Leben und bei Gericht zunehmend an Bedeutung. Reibungspunkt sind die selektiven Vertriebswege, die auf Grund der GVO-Freistellungsverordnung noch existieren. Sie vertragen sich nicht mit dem Prinzip des freien Warenverkehrs. Deshalb galt es, in der Neuauflage des Autokaufs das Augenmerk verstärkt auf die zivil- und wettbewerbsrechtlichen Probleme zu richten, die im Zusammenhang mit dem Import/Reimport/Parallelimport neuer Kraftfahrzeuge aus EG-Mitgliedstaaten auftreten. Ein anderes wichtiges Thema sind die Fahrzeuge mit Tages- oder Kurzzeitzulassung, bei denen sich die Frage nach der Zulässigkeit des Gewährleistungsausschlusses und dem Verhältnis zur Jahresgewährleistung aufdrängt, die durch Eigentumswechsel nicht hinfällig wird. Auch das Wettbewerbsrecht verlangte größere Aufmerksamkeit angesichts des sich verschärfenden Konkurrenzkampfes im Neu- und Gebrauchtwagenhandel.

Der Leasingteil wurde weitgehend umgestaltet: Unfälle mit Beteiligung von Leasingfahrzeugen und die Abwicklung regulär und vorzeitig beendeter Leasingverträge stehen im Blickpunkt der Neuauflage.

Im zweiten Hauptteil, dem An- und Verkauf gebrauchter Kraftfahrzeuge, konnten die Ausführungen zum Vermittlungsgeschäft weiter gekürzt werden. Gewonnener Raum wurde dazu genutzt, die Kernthemen der Verkäufergewährleistung – Zusicherungs- und Arglisthaftung – noch detaillierter und praxisbezogener darzustellen. Anlass dazu gaben auch mehrere aktuelle Entscheidungen des Bundesgerichtshofs, beispielsweise BGH NJW 1997, 2318 („PS laut Fahrzeugbrief"), BGH NJW 1998, 2227 („Gesamtfahrleistung, soweit bekannt") und BGH NJW 1996, 1205 (Wissenszurechnung im Autohaus).

Die zunehmende Internationalisierung des Autohandels hat sich auch in der Rechtsprechung zum Gebrauchtfahrzeugkauf verstärkt niedergeschlagen. Betroffen sind in erster Linie die Bereiche des gutgläubigen Erwerbs (§§ 932 ff. BGB, 366 HGB) und die Sachmängelhaftung. Die Erläuterungen dazu mussten ergänzt und aktualisiert werden.

Die zur Zeit entscheidende Prägung erfährt der Gebrauchtwagenhandel, nicht anders als der Vertrieb fabrikneuer Fahrzeuge, indessen durch das Internet. Nach einer Umfrage rechnen 80% der befragten Händler und 93% der Hersteller damit, dass der Verkaufskanal Internet in seiner Bedeutung für den Handel mit gebrauchten Fahrzeugen weiter steigen wird. Erste Urteile von Landgerichten zu Online-Auktionen lassen erahnen, welche Rechtsprobleme die Gerichte demnächst zu bewältigen haben.

Aktuelle Rechtsprechung wurde, wie stets, komplett eingearbeitet. Es war diesmal ein Anliegen der Verfasser, die Ausführungen zu straffen, Problemschwerpunkte und Rechtsprechung zu fokussieren und das Stichwortverzeichnis aufzubereiten, um die „Nachschlagearbeit" des Benutzers zu erleichtern.

Köln/Leverkusen, im April 2000   Die Verfasser

Inhaltsübersicht

Teil 1

Der Neuwagenkauf

		Rn	Seite
A.	**Das Neufahrzeug**	1–5	1
B.	**Der Kaufvertrag**	6–136	3
	I. Kaufantrag und Annahmevorbehalt	6–20	3
	1. Neuwagen-Verkaufsbedingungen (NWVB)	6–8	3
	2. Angebot und Annahme	9–17	4
	3. Angemessenheit der Annahmefrist	18–20	8
	II. Lieferfristen	21–51	11
	1. Vereinbarung	21–26	11
	2. Unverbindliche Lieferfrist	27–45	12
	a) Begriff	27–29	12
	b) Angemessenheit der Wartefrist	30–31	13
	c) Rechtsfolgen bei Lieferfristüberschreitung	32–45	15
	3. Verbindliche Lieferfrist	46	21
	4. Höhere Gewalt und Betriebsstörungen	47–48	21
	5. Lieferung zum festen Termin	49–51	22
	III. Der Kaufpreis	52–116	23
	1. Preisvereinbarung	52–57	23
	2. Preisauszeichnung	58–68	25
	3. Rabattgewährung	69–82	28
	4. Zugaben	83–87	33
	5. Preisänderungen	88–91	35
	6. Preisanpassungsklauseln in AGB	92–104	36
	a) Allgemeine Voraussetzungen	95–98	37
	b) Konkrete Gestaltung	99–104	38
	7. Rechtsfolgen einer unwirksamen Preisanpassungsklausel	105–107	40
	8. Zahlung	108–110	41
	9. Steuern und Steuervorteile	111–116	42
	a) Umsatzsteuer als Bestandteil des Kaufpreises	111	42
	b) Werks- und Großabnehmerrabatte	112	43
	c) Einkommensteuerliche Behandlung der privaten Nutzung eines Geschäftswagens	113–114	43
	aa) Pauschalierung nach der 1% Methode	112	44
	bb) Fahrten zwischen Wohnung und Betrieb/Arbeitsstätte	112	44
	cc) Familienheimfahrten	112	45
	dd) Vollkostenabrechnung mit Fahrtenbuch	114	45
	d) Umsatzsteuerliche Behandlung der nichtunternehmerischen Nutzung eines Geschäftswagens	115–116	45
	IV. Schriftform des Vertrags	117–124	47
	V. Zustimmungserfordernis bei Übertragung von Rechten und Pflichten aus dem Kaufvertrag	125–136	50

	Rn	Seite

C. Haftung aus Verschulden bei Vertragsanbahnung und Vertragsabschluss .... 137–182 ... 53
   I. Verletzung von Aufklärungspflichten .... 140–158 ... 53
      1. Umfang der Aufklärungspflichten .... 140–141 ... 53
      2. Abgrenzung zum Gewährleistungsrecht, zur Anfechtung und zu den Rechtsfolgen beim Fehlen der Geschäftsgrundlage .... 142–144 ... 54
      3. Aufklärungsbedürftige Umstände .... 145–158 ... 55
   II. Ablehnung der Käuferofferte .... 159–162 ... 58
   III. Verletzung von Schutzpflichten anlässlich einer Probefahrt .... 163–177 ... 59
      1. Rechtsnatur des Gebrauchsüberlassungsverhältnisses .... 164–167 ... 59
      2. Beschädigung des Vorführwagens .... 168–176 ... 61
      3. Beschädigung des Gebrauchtwagens .... 177 ... 63
   IV. Verjährung .... 178–182 ... 64

D. Eigentumsvorbehalt .... 183–198 ... 66
   I. Einfacher Eigentumsvorbehalt .... 183–186 ... 66
   II. Erweiterter Eigentumsvorbehalt .... 187–189 ... 66
   III. Kontokorrentvorbehalt .... 190 ... 68
   IV. Herausgabepflicht wegen Verletzung von Pflichten aus dem Eigentumsvorbehalt .... 191–196 ... 68
   V. Verpflichtung des Käufers zum Abschluss einer Vollkaskoversicherung .... 197–198 ... 70

E. Der finanzierte Kauf .... 199–323 ... 71
   I. Personalkredit .... 200–230 ... 71
      1. Begriff .... 200 ... 71
      2. Verträge im Sinne des Verbraucherkreditgesetzes .... 201–230 ... 71
         a) Schriftform .... 208–211 ... 73
         b) Angabeerfordernisse .... 212–217 ... 73
         c) Widerruf .... 218–224 ... 75
         d) Kündigung und Rücktritt .... 225–230 ... 77
   II. Einfacher Abzahlungskauf .... 231–272 ... 78
      1. Teilzahlungsabrede .... 232 ... 78
      2. Verträge im Sinne des Verbraucherkreditgesetzes .... 233–272 ... 79
         a) Widerruf .... 233–235 ... 79
         b) Angabeerfordernisse und Rechtsfolgen bei Verstößen .... 236–243 ... 80
         c) Verzugsschaden .... 244–246 ... 83
         d) Gesamtfälligstellung und Rücktritt .... 247–258 ... 84
           aa) Kündigung des Kredits .... 247 ... 84
           bb) Verträge im Sinne des Verbraucherkreditgesetzes .... 248–257 ... 84
           cc) Verträge außerhalb des Verbraucherkreditgesetzes .... 258 ... 87
         e) Rücktritt vom Vertrag .... 259–272 ... 87
           aa) Verträge im Sinne des Verbraucherkreditgesetzes .... 260–271 ... 87
           bb) Verträge außerhalb des Verbraucherkreditgesetzes .... 272 ... 91
   III. Finanzierter Abzahlungskauf .... 273–323 ... 91
      1. Fortgeltung des bisherigen Rechts für Verträge außerhalb des Verbraucherkreditgesetzes .... 274–288 ... 91
         a) Wirtschaftliche Einheit .... 275–278 ... 92
         b) Rechtliche Verknüpfung .... 279–280 ... 93

		Rn	Seite
c) Einwendungsdurchgriff		281	94
d) Rechtsfolgen der Durchgriffshaftung		282	95
e) Der sogenannte Doppelmangel		283	95
f) Unwirksamer Kaufvertrag		284	96
g) Nichtiger Darlehensvertrag		285	97
h) Wandlung und Rücktritt des Käufers		286	97
i) Rücktritt des Kreditgebers oder Verkäufers		287	97
j) Haftung des Kreditgebers wegen fehlerhafter Belehrung über das Aufspaltungsrisiko		288	97

    2. Der verbundene Kauf nach dem Verbraucherkreditgesetz 289–323   98
        a) Angabeerfordernisse 290   99
        b) Widerruf 291–295   99
        c) Einwendungsdurchgriff nach dem Verbraucherkreditgesetz 296–323   101
        aa) Vertragsnichtigkeit 300   102
        bb) Nichterfüllung des Kaufvertrags 301–309   103
            α) Anwendungsvoraussetzungen und Ausschluss des Einwendungsdurchgriffs 301–303   103
            β) Rückabwicklung 304–309   103
          cc) Verzug 310–315   105
          dd) Schadensersatzansprüche 316–317   107
          ee) Gewährleistungsansprüche 318–319   107
          ff) Rückforderungsdurchgriff gegen den Kreditgeber? 320–323   108

F. Der Neuwagenkauf mit Hereinnahme eines Gebrauchtwagens   324–361   113
  I. Rechtstatsächliches 324–335   113
    1. Zahlen, Fakten und Interessen 324–328   113
    2. Heutige Erscheinungsformen und Vertragsgestaltungen 329–335   114
  II. Auslegung und Qualifizierung 336–361   116
    1. Auslegungsgegenstände 336–339   116
    2. Auslegungs- und Einordnungsversuche 340–350   117
        a) Die Grundkonzeption des BGH: Kaufvertrag mit Ersetzungsbefugnis 341–345   117
        b) Kritik an der BGH-Rechtsprechung und eigene Meinung 346–350   119
    3. Vertragsstörungen 351–361   122
        a) Sachmängelhaftung 351–358   122
        aa) Fehler des Neuwagens 351–355   122
        bb) Fehler des Gebrauchtfahrzeugs 356–358   124
        b) Leistungsstörungen vor Geschäftsabwicklung 359–361   126
        aa) Unmöglichkeit der Lieferung des Gebrauchtwagens 359   126
        bb) Verzug und Unmöglichkeit der Lieferung des Neuwagens 360   127
        cc) Scheitern des Neuwagengeschäfts wegen Ablehnung der Käuferofferte und sonstige Abschlussprobleme 361   128

G. Der Autokauf als Haustürgeschäft o. ä. Geschäft 362–371   130
  I. Gesetzesrelevanz für den Neuwagenhandel 362   130
  II. Allgemeine Anwendungsvoraussetzungen 363   130
  III. Arbeitsplatz und Privatwohnung 364–366   131
  IV. Freizeitveranstaltung 367   132
  V. Widerruf 368–370   133
  VI. Abwicklung 371   136

	Rn	Seite
H. Wettbewerb und Werbung	372–390	138
I. Wettbewerbsrechtliche Ausgangslage	372	138
II. Typische Verstöße im Zusammenhang mit Kfz-Werbung	373–380	138
III. Werbung mit Preisen	381–386	141
1. Händlerwerbung	381–385	141
2. Herstellerwerbung	386	145
IV. Ladenschlussgesetz	387	146
V. Besondere Verkaufsveranstaltungen und Sonderangebote	388	147
VI. Jubiläumsverkäufe	389	148
VII. Rücktrittsrecht des Käufers	390	148
I. Lieferung und Übernahme des Neuwagens	391–519	149
I. Vertragspflichten	391	149
II. Gutgläubiger Eigentumserwerb	392–393	149
III. Erfüllungsort	394	150
IV. Gefahrübergang	395	151
V. Abnahmefrist	396	151
VI. Prüfrecht des Käufers – Recht auf Probefahrt	397–403	151
VII. Vertragsgemäße Beschaffenheit und Mängelfreiheit	404–483	153
1. Vertragsgemäße Beschaffenheit	413–421	154
2. Fehlerfreiheit	422–483	158
a) Gebrauchstauglichkeit	422–425	158
b) Jeweiliger Stand der Technik	426–432	163
c) Qualitätsmängel	433–437	166
d) Umweltbezug als Sacheigenschaft	438–440	169
e) Eintragung eines Vorbesitzers in dem Kfz-Brief	441–443	170
f) Voreintragung bei Parallelimporten	444	171
g) Fahrzeuge mit Tages- oder Kurzzulassung	445	172
h) Fabrikneuheit	446–483	173
aa) Lagerdauer	447–458	174
bb) Modellaktualität	459–478	180
α) Nicht vorrätige Fahrzeuge	466–473	183
β) Vorrätige Fahrzeuge	474–478	184
cc) Veränderungen, Lagermängel und Beschädigungen	479–483	185
VIII. Berechtigte Abnahmeverweigerung	484–491	189
1. Aliud-Lieferung	484	189
2. Fehlerhaftigkeit	485–489	190
3. Fehlschlagen der Nachbesserung vor Fahrzeugabnahme	490–491	191
IX. Nichtberechtigte Abnahmeverweigerung und Abnahmeverzug	492–519	191
1. Bereitstellung des Fahrzeugs und Bereitstellungsanzeige	497–498	192
2. Rechtswirkungen des Abnahmeverzugs	499–500	193
3. Nachfristsetzung mit Ablehnungsandrohung	501–505	194
4. Rücktritt und Schadensersatz	506–519	195
a) Rücktritt	507	196
b) Schadensersatz	508–519	196
J. Gewährleistung	520–865	204
I. Erlöschen des Erfüllungsanspruchs	520–525	204

	Rn	Seite
II. Gesetzliche Gewährleistung und Nachbesserung	526–531	206
III. Die Gewährleistungszusage	532–577	207
1. Inhaltliche Ausgestaltung	532–533	207
2. Rechtsnatur	534–537	208
3. Beweislast	538	210
4. Reichweite und Grenzen der vertraglichen Gewährleistung	539–545	211
5. Dauer der Gewährleistung und Verjährung der Gewährleistungsansprüche	546–577	214
a) Überblick	546	214
b) Gewährleistung gemäß NWVB	547–553	214
c) Verjährungshemmung gemäß Abschn. VII, Ziff. 10 NWVB	554–565	216
aa) Eintritt der Hemmung	554–556	216
bb) Dauer und Beendigung der Hemmung	557–563	217
cc) Erklärung der Fehlerbeseitigung/Fehlanzeige	564–565	219
d) Hemmung der Verjährung kraft Gesetzes	566–568	220
e) Unterbrechung der Verjährung durch Anerkenntnis	569–571	221
f) Verlängerung der Verjährungsfrist durch Vereinbarung	572	223
g) Rechtsmissbräuchliche Berufung auf die Einrede der Verjährung	573–575	223
h) Unterbrechung der Verjährung durch Einleitung eines selbstständigen Beweisverfahrens	576–577	224
IV. Gewährleistungsverpflichtete	578–580	224
V. Garantien beim Neuwagenkauf	581–612	225
1. Gewährleistungsbegleitende Garantien	582–594	226
2. Anschlussgarantien	595–612	232
a) Bestandsaufnahme	595	232
b) Garantieschutz – Voraussetzungen, Ausschlüsse und Fristen	596–602	232
c) Garantieleistung	603–604	233
d) Rechtliche Einordnung	605	234
e) Problemfelder und Störfälle	606–610	234
f) Beweissituation	611–612	236
VI. Nachbesserungspflicht des Dritthändlers	613–627	236
VII. Gewährleistungsberechtigte	628–635	240
VIII. Nachbesserung	636–690	241
1. Geltendmachung	636–652	241
2. Durchführung	653–662	246
3. Kosten	663–682	249
a) Arbeits- und Materialkosten	664–668	249
b) Transport-, Wege-, Abschleppkosten	669–672	251
c) Wartungskosten	673	252
d) Porto- und Telefonkosten	674	253
e) Mietwagenkosten und Nutzungsausfall	675–678	253
f) Verdienstausfall, entgangene Freizeit, Hotelkosten, Reisekosten	679	254
g) Aufwendungen zur Feststellung der Nachbesserungsbedürftigkeit	680–682	254
4. Selbstbeseitigungsrecht	683–690	255
IX. Die gesetzlichen Gewährleistungsansprüche	691–733	257
1. Wandlung und Minderung	691–696	257
2. Vorbehalt in AGB	697–701	260
3. Fehlschlagen der Nachbesserung	702–721	262

	Rn	Seite

- a) Verweigerung ... 703–705 ... 262
- b) Nicht zumutbare Verzögerung ... 706–707 ... 263
- c) Unmöglichkeit der Fehlerbeseitigung ... 708–710 ... 264
- d) Unzumutbarkeit der Nachbesserung ... 711–721 ... 267
4. Fristsetzung mit Ablehnungsandrohung ... 722–723 ... 274
5. Fehlschlagen der Nachbesserung bei Inanspruchnahme einer anderen Werkstatt ... 724–725 ... 275
6. Rechtslage nach erfolgreicher/fehlgeschlagener Nachbesserung ... 726 ... 276
7. Nachträgliche Nachbesserung ... 727–733 ... 276
   - a) Nachbesserung mit Zustimmung/Genehmigung des Käufers ... 728 ... 276
   - b) Eigenmächtige Nachbesserung des Verkäufers ... 729 ... 277
   - c) Fehlerbeseitigung durch den Käufer ... 730 ... 278
   - d) Fehlerbeseitigung durch den Gutachter ... 731 ... 278
   - e) Fortbestand des Wandlungsrechts trotz Wegfalls des Fehlers ... 732 ... 278
   - f) Schranke des § 242 BGB ... 733 ... 279

X. Minderung ... 734–739 ... 280

XI. Wandlung ... 740–850 ... 281
1. Wiederherstellung des ursprünglichen Zustands ... 740 ... 281
2. Gesetzessystematik ... 741 ... 281
3. Fahrzeugbenutzung bis zur Geltendmachung der Wandlung ... 742–748 ... 282
4. Benutzung des Fahrzeugs in der Zeit zwischen Geltendmachung und Vollzug der Wandlung ... 749–758 ... 283
5. Beschädigung des Fahrzeugs ... 759–765 ... 286
6. Fahrzeugverlust und Weiterveräußerung ... 766–769 ... 289
7. Weitergebrauch nach Vollzug der Wandlung ... 770 ... 291
8. Rückabwicklung ... 771–772 ... 291
9. Vertragskosten ... 773–781 ... 292
   - a) Vertragsabschlusskosten ... 774 ... 292
   - b) Abnahmekosten ... 774 ... 293
   - c) Vertragserfüllungskosten ... 775 ... 293
   - d) Vertragsauflösungs- und Rückabwicklungskosten ... 776–780 ... 293
     - aa) Gutachterkosten ... 777 ... 294
     - bb) Kosten für Mängelanzeige, Ausbau und Rücktransport ... 778 ... 294
     - cc) Anwaltsgebühren ... 779–780 ... 295
   - e) Finanzierungskosten ... 781 ... 296
10. Verwendungsersatz ... 782–794 ... 296
    - a) Notwendige Verwendungen ... 782–790 ... 296
    - b) Nützliche Verwendungen ... 791–794 ... 300
11. Ersatz des Verzugsschadens ... 795–798 ... 302
12. Vergütung der Gebrauchsvorteile ... 799–827 ... 304
    - a) Wertersatz ... 799 ... 304
    - b) Wegfall der Bereicherung ... 800 ... 304
    - c) Aufgedrängte Gebrauchsvorteile ... 801 ... 305
    - d) Unterlassene Weiterbenutzung ... 802 ... 305
    - e) Bemessung der Gebrauchsvorteile ... 803–821 ... 306
    - f) Prozessuale Geltendmachung ... 822–826 ... 316
    - g) Verjährung ... 827 ... 318
13. Streitwert ... 828 ... 318
14. Durchführung der vollzogenen Wandlung ... 829–830 ... 318
    - a) Rückzahlung des Kaufpreises ... 829 ... 318
    - b) Herausgabe des Fahrzeugs ... 830 ... 319
15. Praktische Hinweise zum Verfahren und zur Vollstreckung ... 831–850 ... 319

			Rn	Seite
	a)	Inverzugsetzung des Verkäufers	831–832	319
	b)	Zuständiges Gericht	833	320
	c)	Formalien der Wandlungsklage	834–837	321
	d)	Zwangsvollstreckung	838–850	322
XII.		Haftung wegen unrichtiger Eigenschaftszusicherung	851–862	325
XIII.		Haftung wegen arglistigen Verschweigens offenbarungspflichtiger Umstände	863–865	332

			Rn	Seite
K.		Verschuldenshaftung des Verkäufers	866–885	334
	I.	Verletzung von Nebenpflichten bei Fahrzeugauslieferung	868–870	335
	II.	Verletzung von Sorgfaltspflichten bei der Vornahme von Nachbesserungsarbeiten	871–881	336
	III.	Verjährung	882–885	338

			Rn	Seite
L.		Versorgung des Käufers mit Ersatzteilen	886–916	340
	I.	Rechtsgrundlage der Ersatzteilbeschaffungspflicht	888–889	340
	II.	Anspruchsverpflichtete	890–898	341
	III.	Umfang und Grenzen	899–908	343
	IV.	Ansprüche aus Verletzung der Ersatzteilbeschaffungspflicht	909–913	345
	V.	Nachvertragliche Wartungs- und Reparaturpflicht	914–916	346

				Rn	Seite
M.		Produkthaftung		917–1015	348
	I.	Gegenstand und Entwicklung der Produkthaftung		917–923	348
	II.	Die Haftung für fehlerhafte Produkte nach dem Produkthaftungsgesetz		924–957	349
		1. Verschuldensabhängige Haftung		924–926	349
		2. Der nach dem Produkthaftungsgesetz haftende Personenkreis		927–928	350
		3. Haftungsvoraussetzungen		929–933	350
		4. Fehlerbegriff im Sinne des Produkthaftungsgesetzes		934–941	352
		5. Haftungsausschlüsse, Haftungsbeschränkungen, Beweisfragen, Verjährung		942–957	354
	III.	Deliktische Produkthaftung		958–1015	358
		1. Nebeneinander von verschuldensunabhängiger und deliktischer Produkthaftung		958	358
		2. Die einzelnen Fehlerkategorien		959–974	358
			a) Konstruktionsfehler	960–963	358
			b) Fabrikationsfehler	964–967	360
			c) Instruktionsfehler	968–974	361
		3. Produktbeobachtungspflicht und Rückrufprobleme		975–990	363
		4. Der aus deliktischer Produkthaftung verantwortliche Personenkreis		991–998	367
		5. Geschützte Rechtsgüter, insbesondere der Schutz des Eigentums		999–1005	370
			a) Der Tatbestand der Eigentumsverletzung (§ 823 I BGB)	1000–1001	371
			b) Haftung für Schäden an der Kaufsache selbst („Weiterfresserschäden")	1002–1005	372
		6. Beweisfragen		1006–1013	376
		7. Haftungsfreizeichnung		1014–1015	381

	Rn	Seite
N. EG-Neuwagenkauf	1016–1078	383
I. Marktlage	1016	383
II. Direktkauf durch den Verbraucher	1017–1022	383
1. Praktische Hinweise	1019–1022	384
a) Kaufvertrag	1019	384
b) Transport	1020	384
c) Zulassung	1021	385
d) Einfuhrumsatzsteuer	1022	385
III. Kauf über den Händler/Importvermittler	1023–1078	386
1. Derzeitige Situation	1023	386
2. Freier Warenaustausch und selektiver Vertrieb	1024–1026	386
3. Schutz des selektiven Vertriebs	1027–1040	388
a) Vertragliche Schutzvereinbarungen	1027–1032	388
b) Gesetzlicher Schutz	1033–1040	390
4. Vertragsdurchführung beim Kauf unter Einschaltung eines freien Importeurs	1041–1043	392
5. Steuerrechtliche Situation	1044–1048	392
6. EG-Neuwagen	1049–1051	394
7. Vertragsgegenstand und Aufklärungspflichten	1052–1054	396
8. Garantie	1055–1060	397
9. Gewährleistung	1061–1066	400
10. Gewährleistung des nicht vertriebsgebundenen Importeurs	1067–1069	402
11. Die freien Importeure im Wettbewerb	1070–1078	403
a) Verkürzte Garantie und Auslandszulassung	1071	403
b) Nicht zutreffende Garantiezusagen	1072	404
c) Abweichende Ausstattung	1073–1074	404
d) Verweigerung von Garantiearbeiten durch deutsche Werkstätten und Probleme bei der Ersatzteilversorgung	1075	405
e) Rechtsprechung zu Einzelfragen	1076–1078	405
O. Automobilimport aus Ländern außerhalb der EG sowie Automobilexport in diese Länder	1079–1080	407
I. Import	1079	407
II. Export	1080	407
P. Autoleasing	1081–1300	408
I. Entstehung und Entwicklung	1081–1082	408
II. Rechtsnatur des Kfz-Leasingvertrags	1083–1121	409
1. Finanzierungsleasing	1083–1101	409
a) Vollamortisationsvertrag	1086	411
b) Teilamortisationsvertrag	1087–1101	411
aa) Leasingvertrag mit Andienungsrecht des Leasinggebers	1090–1091	412
bb) Vertrag mit Aufteilung des Mehrerlöses und Verlagerung des Restwertrisikos auf den Leasingnehmer	1092	412
cc) Kündbarer Vertrag mit Schlusszahlung	1093–1097	412
dd) Leasingvertrag mit Kilometerabrechnung	1098–1101	414
2. Transparente Vertragsgestaltung	1102–1104	415
3. Steuerliche Aspekte	1105–1107	417
4. Wirtschaftliches Eigentum	1108–1109	419
5. Typologische Einordnung des Finanzierungsleasingvertrags	1110–1121	420

			Rn	Seite
	a)	Grundsätzliches	1110–1112	420
	b)	Rechtsnatur	1113–1115	421
III.	Gefahrtragung		1116–1125	423
IV.	Gewährleistung		1126–1136	428
	1. Gewährleistungsausschluss		1126–1131	428
	2. Grenzen des Gewährleistungsausschlusses		1132–1136	430
V.	Formularmäßige Ausgestaltung leasingtypischer Vertragsmodalitäten		1137–1140	432
VI.	Sittenwidrigkeit von Finanzierungsleasingverträgen		1141–1144	434
VII.	Preisangaben, Werbung, Zugaben		1145–1151	436
VIII.	Auswirkungen der Insolvenz auf den Leasingvertrag		1152–1156	438
IX.	Vertragsdurchführung		1157–1293	439
	1. Abschluss des Leasingvertrags		1157–1166	439
		a) Schriftform bei VerbrKrG-Verträgen	1158–1159	439
		b) Widerruf bei VerbrKrG-Verträgen	1160–1164	440
		c) Angebot und Annahme	1165–1166	442
	2. Funktion und Rechtsstellung des Händlers bei den Vertragsverhandlungen		1167–1170	443
	3. Haftung der Leasinggesellschaft für das Fehlverhalten des Verkäufers		1171–1172	444
	4. Haftung im Rechtsverhältnis zwischen Leasinggeber und Verkäufer		1173	445
	5. Eigenhaftung des Händlers gegenüber dem Leasingnehmer		1174	446
	6. Abschluss des Kaufvertrags		1175–1182	446
	7. Abnahme		1183–1195	449
		a) Abnahmebestätigung	1186–1191	449
		b) Untersuchungs- und Rügepflicht	1192	451
		c) Unmöglichkeit und Verzug	1193–1195	452
	8. Leasingentgelt		1196–1211	453
		a) Leistungsort, Fälligkeit und Verzug	1197	454
		b) Leasingsonderzahlung	1198–1205	454
		c) Änderungen des Leasingentgelts	1206–1208	456
	9. Forderungsabsicherung		1209–1211	457
		a) Haftung Dritter	1209–1210	457
		b) Abtretung von Ansprüchen auf Lohnzahlung	1211	458
	10. Rechtsfolgen aus der Geltendmachung von Gewährleistungsansprüchen		1212–1226	459
		a) Wandlung	1212–1223	459
		aa) Wegfall der Geschäftsgrundlage des Leasingvertrags	1212–1216	459
		bb) Rückabwicklung	1217–1223	460
		b) Minderung	1224	462
		c) Prozessuale Fragen	1225–1226	462
	11. Unfall		1227–1238	463
		a) Mitwirkende Betriebsgefahr und Verschulden	1227	463
		b) Verhaltenspflichten	1228	464
		c) Materiell-rechtliche Ansprüche	1229	464
		d) Geltendmachung des Schadens	1230	465
		e) Teilschadensfall	1231–1233	466
		aa) Reparaturkosten	1231	466
		bb) Wertminderung	1232	467
		cc) Sonstige Ansprüche	1233	468

		Rn	Seite
f)	Totalschaden und erhebliche Beschädigung	1234–1238	469
aa)	Auswirkung auf den Leasingvertrag	1234	469
bb)	Fälligkeit der Ausgleichzahlung	1235	470
cc)	Ansprüche gegen den ersatzpflichtigen Schädiger	1236–1237	471
dd)	Ansprüche gegen die Kaskoversicherung	1238	473
12.	Entwendung des Fahrzeugs	1239	474
13.	Reguläre Vertragsbeendigung	1240–1263	475
a)	Beendigung durch Kündigung oder Zeitablauf	1240	475
b)	Herausgabe des Fahrzeugs	1241	475
c)	Sicherstellung des Fahrzeugs durch den Leasinggeber	1242	476
d)	Einstweilige Verfügung auf Herausgabe des Leasingfahrzeugs	1243	476
e)	Herausgabeunmöglichkeit	1244	477
f)	Wegfall der Rückgabepflicht	1245–1246	477
g)	Rechtsfolgen bei Verstoß des Leasingnehmers gegen die Rückgabepflicht	1247–1248	478
h)	Rückgabeprotokoll	1249	480
i)	Begutachtung	1250–1251	480
j)	Zustandsklausel	1252	482
k)	Fahrzeugbewertung und Zustandsbeurteilung	1253	482
l)	Wertminderung	1254	484
m)	Bestmögliche Verwertung	1255–1258	485
n)	Abrechnung	1259–1261	487
aa)	Leasingverträge mit Kilometerabrechnung	1259	487
bb)	Leasingverträge mit offenem Restwert	1260	488
cc)	Leasingverträge mit Andienungsrecht	1261	488
o)	Fahrzeugrückkauf durch den Verkäufer	1262–1263	488
14.	Vorzeitige Vertragsbeendigung	1264–1293	490
a)	Außerordentliche Vertragskündigung des Leasingnehmers	1265–1266	491
aa)	Störung des Gebrauchs-/Besitzrechts	1265	491
bb)	Tod des Leasingnehmers	1266	491
b)	Außerordentliche Vertragskündigung des Leasinggebers	1267–1270	492
aa)	Vertragswidriger Gebrauch und Vertragsverletzungen	1268	492
bb)	Erhebliche Vermögensverschlechterung	1269	492
cc)	Zahlungsverzug	1270	493
c)	Vorübergehende Inbesitznahme des Fahrzeugs	1271	493
d)	Kündigung gem. § 12 VerbrKrG	1272	494
e)	Kündigungsschaden	1273–1285	495
aa)	Pauschalierte Schadensberechnung	1274	495
bb)	Konkrete Schadensberechnung	1275	496
cc)	Schadenshöhe	1276–1277	496
dd)	Abzinsung	1278–1281	497
ee)	Ersparte Kosten	1282–1285	498
f)	Verwertung des Fahrzeugs	1286	500
g)	Abrechnung	1287–1293	501
aa)	Leasingvertrag mit Abschlusszahlung	1289	501
bb)	Leasingvertrag mit Restwertabrechnung	1289	501
cc)	Leasingvertrag mit Andienungsrecht	1289	502
dd)	Nicht erlasskonformer Leasingvertrag	1289	502
ee)	Leasingvertrag mit Kilometerabrechnung	1290–1293	502
X. Verjährung		1294–1300	503

	Rn	Seite

Anlage 1
Allgemeine Geschäftsbedingungen für den Verkauf von fabrikneuen
Kraftfahrzeugen und Anhängern (NWVB) 505

Anlage 2
Allgemeine Geschäftsbedingungen für das Leasing von Neufahrzeugen
zur privaten Nutzung 511

Anlage 3
Leasingerlass des Bundesministers der Finanzen vom 22. 12. 1975
– IV B 2 – S 518

Teil 2

Der Gebrauchtwagenkauf

	Rn	Seite
A. Der Gebrauchtwagen	1301–1303	521
I. Der Gebrauchtwagenbegriff	1301	521
II. Marktüberblick	1302–1303	521
B. Der Kauf von Privat	1304–1336	523
I. Das private Direktgeschäft	1304–1324	523
1. Der Vertragsschluss	1304–1314	523
a) Form des Vertrages	1305	523
b) Besichtigung und Probefahrt	1306–1314	523
aa) Bedeutung für den Vertragsschluss	1306	523
bb) Haftung bei Unfällen während der Probefahrt	1307–1314	524
2. Verpflichtungen des Verkäufers	1315–1320	526
a) Übergabe	1315–1316	526
b) Übereignung	1317	527
c) Aushändigung der Kfz-Papiere	1318–1319	527
d) Nebenverpflichtungen	1320	528
3. Verpflichtungen des Käufers	1321–1324	528
a) Kaufpreiszahlung	1321	528
b) Abnahme des Fahrzeugs	1322	529
c) Überführungsfahrt	1323	530
d) Ummeldung/Kfz-Steuer/Haftpflichtversicherung	1324	530
II. Verkauf von Privat an Händler (ohne Neuerwerb)	1325–1336	531
1. Die Marktsituation	1325	531
2. Der Ankauf mit Schätzwert-Klausel	1326–1336	532
a) Inhalt und Auslegung der Schätzwert-Klauseln	1326	532
b) Sittenwidrigkeit	1327	532
c) Rechtsnatur der Schätzwertklausel	1328	532
d) Inhaltskontrolle gemäß § 9 AGBG	1329–1332	532
aa) Zum Transparenzgebot	1330	533
bb) Zum Neutralitätsaspekt	1331	533
e) Unverbindlichkeiß des Schätzwertes gemäß § 319 BGB analog	1332	534
f) Irrtumsanfechtung	1333	534
g) Aufklärungsverschulden	1334–1336	534

		Rn	Seite
C.	**Das Vermittlungsgeschäft**	1337–1430	536
I.	Die steuerrechtlichen Rahmenbedingungen	1337	536
II.	Auswirkungen der Differenzbesteuerung auf den Handel mit Gebrauchtfahrzeugen	1338–1340	536
	1. Die Marktsituation ab 1. 7. 1990	1138	536
	2. Vertragsrechtliche Konsequenzen	1339–1340	537
III.	Die Rechtsbeziehung der am Vermittlungsgeschäft Beteiligten zueinander	1341–1430	538
	1. Die Eigentümer-Unternehmer-Beziehung	1341–1389	538
	a) Verdeckter Kaufvertrag, Kommission oder Vermittlungsvertrag?	1342–1344	538
	b) Rechte und Pflichten aus dem Vermittlungsvertrag	1345–1389	539
	aa) Die Pflichten des Vermittlers	1345–1370	539
	α) Vorvertragliche Aufklärungs- und Beratungspflichten	1345–1348	539
	β) Pflicht zur Verkaufsvermittlung	1349–1352	541
	γ) Obhuts- und Fürsorgepflichten	1353–1357	542
	δ) Pflichten bei Abschluss des Kaufvertrages	1358–1366	543
	ε) Pflichten nach Abschluss des Kaufvertrages	1367–1370	547
	bb) Die Pflichten des Auftraggebers	1371–1373	548
	α) Die Pflicht zur Provisionszahlung	1371	548
	β) Sonstige Pflichten des Auftraggebers	1372	549
	γ) Nachvertragliche Pflichten des Auftraggebers	1373	549
	cc) Zur Kündigung des Vermittlungsvertrages	1374–1389	549
	α) Kündigung durch Auftraggeber	1375–1377	549
	β) Kündigung durch Vermittler	1378–1382	550
	γ) Rechtsfolgen bei berechtigter Kündigung (Rückabwicklungsprobleme)	1383–1388	552
	αα) „Freie" Vermittlung	1384	553
	ββ) Agenturweise Inzahlungnahme (Koppelungsgeschäft)	1385–1388	554
	δ) Rechtsfolgen bei unberechtigter Kündigung	1389	555
	2. Die Unternehmer-Erwerber-Beziehung	1390–1418	556
	a) Die Eigenhaftung des Unternehmers aus Kaufvertrag	1390	556
	b) Die Eigenhaftung aus einem sonstigen Vertrag	1391–1394	557
	c) Die Eigenhaftung aus Verschulden bei Vertragsschluss (sog. Sachwalterhaftung)	1395–1411	559
	aa) Wirtschaftliches Eigeninteresse als Haftungsvoraussetzung	1396–1398	559
	bb) Besonderes Vertrauen als Haftungsvoraussetzung	1399–1401	561
	cc) Haftungsbegründende Pflichtwidrigkeiten des Vermittlers	1402	563
	dd) Kausalitätsfragen	1403	565
	ee) Ausschluss und Beschränkung der Eigenhaftung des Vermittlers	1404–1406	566
	α) Keine Verdrängung durch die Sachmängelhaftung	1404	566
	β) Auswirkung gesetzlicher Haftungsausschlüsse und -begrenzungen	1405	566
	γ) Auswirkung vertraglicher Haftungsbeschränkungen	1406	566
	ff) Rechtsfolgen der persönlichen Haftung des Vermittlers aus Verschulden bei Vertragsschluss	1407–1409	567
	α) „Große" Lösung	1408	568
	β) „Kleine" Lösung	1409	569
	gg) Verjährung	1410	570
	hh) Prozessuale Durchsetzung (Prozesstaktik)	1411	570

	Rn	Seite
d) Eigenhaftung aus § 179 BGB	1412–1413	571
e) Vermittlerhaftung aus Delikt	1414	572
f) Ansprüche des Vermittlers gegen den Käufer	1415–1418	573
3. Die Vorbesitzer-Erwerber-Beziehung	1419–1430	573
a) Kaufvertrag kein Scheingeschäft	1420	574
b) Vertretungsfragen	1421	574
c) Weitere Zurechnungfragen	1422–1426	574
d) Allgemeine Geschäftsbedingungen für den vermittelten Kauf	1427–1430	575
aa) Heutige Situation	1427–1428	575
bb) AGB-Definition und Verwenderbegriff	1429–1430	575

D. Der Kauf vom Händler (Händlereigengeschäft) — 1431–1477 — 577

	Rn	Seite
I. Die Marktsituation	1431	577
II. Der Vertrag mit dem Händler	1432–1477	577
1. Die Allgemeinen Geschäftsbedingungen	1432–1469	577
a) Einbeziehung in den Kaufvertrag	1435–1437	578
b) Vertragsabschluss	1438–1441	579
c) Schriftformklauseln	1442	580
d) Zirkaklauseln	1443	580
e) Preise/Zahlung/Zahlungsverzug/Aufrechnung	1444	580
f) Lieferung und Lieferverzug	1445–1449	581
g) Probefahrt und Testfahrt	1450–1451	582
h) Nichtabnahme/Schadenspauschalierung	1452–1462	582
i) Eigentumsvorbehalt	1463	589
j) Gewährleistung und Garantie	1464	589
k) Freizeichnung von Ansprüchen außerhalb des Gewährleistungsrechts	1465–1466	589
l) Schiedsgutachterverfahren	1467–1468	590
m) Gerichtsstand	1469	591
2. Finanzierter Kauf	1470	591
3. Gebrauchtwagenversteigerungen (Auktionen)	1471–1477	591

E. Der Erwerb gebrauchter Kraftfahrzeuge vom Nichtberechtigten — 1478–1543 — 594

	Rn	Seite
I. Voraussetzungen für den Erwerb kraft guten Glaubens	1478–1532	594
1. Ausgangslage	1478–1480	594
2. Grundsätze der Rechtsprechung für den Gebrauchtfahrzeugkauf	1481–1483	594
3. Die Rechtsscheinbasis	1484–1493	596
a) Zur Legitimationswirkung des Fahrzeugbesitzes	1484–1488	596
b) Die Bedeutung des Fahrzeugbriefes für den Gutglaubenserwerb	1489–1493	598
4. Die subjektiven Voraussetzungen (guter Glaube)	1494–1527	
a) Der Regelfall grober Fahrlässigkeit: Nichtvorlage des Original-Fahrzeugbriefes		
b) Ausnahmefälle grober Fahrlässigkeit		
aa) Bösgläubigkeit trotz Vorlage und Prüfung des Fahrzeugbriefes		
bb) Fallgruppen nach Geschäftstypen		
α) Erwerb vom Kfz-Händler		

	Rn	Seite

αα) Der Privatmann als Erwerber 1502–1506   601
ββ) Geschäfte zwischen Kfz-Händlern 1507–1512   603
β) Erwerb von Privatpersonen und Unternehmen außerhalb der Kfz-Branche 1513–1516   605
αα) Das private Direktgeschäft und der Erwerb Leasingnehmer/Leasinggesellschaft 1513   605
ββ) Kfz-Händler erwirbt von Privatperson 1514–1515   605
γγ) Kfz-Händler erwirbt von Unternehmen außerhalb der Kfz-Branche 1516   606
γ) Fälle mit Auslandsberührung 1517–1519   606
c) Einschaltung von Hilfspersonen auf Erwerberseite 1520–1521   607
d) Einschaltung von Hilfspersonen auf Veräußererseite 1522–1527   607
5. Verkauf unter fremdem Namen 1528–1529   608
6. Die Sonderfälle des § 935 BGB 1530–1531   609
7. Guter Glaube an die fehlende Anfechtbarkeit des Vorerwerbs   1532   610

II. Rechtsfolgen und Haftungsfragen beim Erwerb vom Nichtberechtigten 1533–1543   610
1. Ansprüche des gutgläubigen Erwerbers 1533–1534   610
2. Ansprüche des früheren Eigentümers gegen den gutgläubigen Erwerber 1535   610
3. Weitere Ansprüche des (früheren) Eigentümers   1536–1538   610
   a) Anspruchsgrundlagen 1536–1537   610
   b) Beweislastfragen 1538   611
4. Ansprüche des Käufers in den Fällen des § 935 BGB 1539–1543   612
   a) Schadensersatz 1540   612
   b) Rücktritt 1541   613
   c) Haftungsausssschlüsse 1542–1543   613

F. Rechtsmängelhaftung des Gebrauchtwagenverkäufers 1544–1546   615

G. Die Sachmängelhaftung beim Gebrauchtwagenkauf 1547–2103   616
I. Fehlerhaftigkeit nach § 459 Abs. 1 BGB 1547–1646   616
1. Der kaufrechtliche Fehlerbegriff 1552–1555   617
2. Zur Fehlerhaftigkeit im Einzelnen 1556–1644   618
   a) Technische Mängel (Qualitätsmängel) 1556–1581   618
      aa) Einzelfälle aus der Rechtsprechung zur technischen Mangelhaftigkeit 1557–1560   618
      bb) Leitlinien und Tendenzen der Rechtsprechung unter besonderer Berücksichtigung des Verschleißmängelproblems   1561–1563   621
      cc) Die Ermittlung der Sollbeschaffenheit speziell bei Verschleißmängeln und Altersschäden (Rost) 1564–1581   623
   b) Unfallschaden und Unfallbeteiligung als Fehler i. S. v. § 459 I BGB 1582–1594   628
   c) Sonstige Fälle von Fehlerhaftigkeit i. S. v. § 459 I BGB   1595–1629   633
   d) Der für die Fehlerhaftigkeit maßgebliche Zeitpunkt . . . 1630–1631   645
   e) Zur Erheblichkeit des Fehlers 1632   646
   f) Darlegungs- und Beweislast 1633   647
   g) Selbständiges Beweisverfahren 1634–1644   647
3. Falschlieferung (aliud) 1645–1646   650
II. Die Zusicherungshaftung 1647–1849   653
1. Ausgangspunkt und Grundlagen der Rechtsprechung 1647–1648   653

	Rn	Seite
2. Kritik an der herrschenden Meinung	1649–1652	654
3. Auslegungshinweise und Abwägungskriterien	1653–1659	656
4. Einzelfälle aus der Rechtsprechung	1660–1833	659
5. Typische Einwendungen des Verkäufers bei Eigenschaftszusicherungen	1834–1849	734
III. Die Arglisthaftung	1850–1894	740
1. Allgemeines	1850–1851	740
2. Arglistiges Verschweigen von Sachmängeln	1852–1872	740
a) Objektiver Tatbestand	1852–1855	740
b) Subjektiver Tatbestand	1856–1872	742
3. Die Arglisthaftung des Gebrauchtwagenverkäufers in der Rechtsprechung des BGH (Grundsätze)	1873	754
4. Grundfälle zur Arglisthaftung	1874–1894	755
a) Verschweigen von Unfallschäden und Vorspiegeln von Unfallfreiheit	1874–1891	755
aa) Der unbekannte Unfall und die Untersuchungspflicht des Händlers	1875	755
bb) Der nur vermutete Unfall und der Arglistnachweis bei Verschweigen von Verdachtsmomenten	1876	756
cc) Unfallfreiheit „ins Blaue hinein" versichert	1877–1880	757
dd) Der fragende Käufer und die bagatellisierende Antwort	1881–1885	759
ee) Der nach wirtschaftlichem Totalschaden wieder aufgebaute Unfallwagen	1886–1890	763
ff) Der in Zahlung genommene Unfallwagen	1891	766
b) Verschweigen sonstiger Fehler und Vorspiegeln sonstiger Eigenschaften	1892–1894	767
IV. Die Untersuchungspflicht des Gebrauchtwagenverkäufers	1895–1932	771
1. Ausgangslage und Problemstellung	1895–1896	771
2. Die Rechtsprechung	1897–1903	771
3. Meinungsstand in der Literatur	1904	774
4. Stellungnahme	1905–1927	775
a) Kritik und thematische Eingrenzung	1905–1911	775
b) Gründe für eine generelle Untersuchungspflicht des Kfz-Händlers	1912–1922	777
aa) Das allgemeine Gefährdungspotential gebrauchter Kraftfahrzeuge	1912–1916	777
bb) Selbstbindung durch Selbstdarstellung	1917–1918	779
cc) Risikobeherrschung und Kostenabwälzung	1919–1920	779
dd) Verkehrserwartung (Berufsvertrauensschutz)	1921–1922	779
c) Inhalt und Umfang der Untersuchungspflicht	1923–1927	780
5. Rechtsfolgen	1928–1930	782
6. Darlegungs- und Beweislast	1931	783
7. Befreiungsmöglichkeit	1932	783
V. Beschränkungen und Ausschluss der Gewährleistung	1933–1989	785
1. Gewährleistungsausschluss kraft Gesetzes	1933–1945	785
a) Ausschluss der Gewährleistung infolge Kenntnis oder grob fahrlässiger Unkenntnis	1934–1944	785
aa) Kenntnis des Mangels	1934–1936	785
bb) Grob fahrlässige Unkenntnis	1937–1944	786
b) Mangelkenntnis bei Annahme	1945	788
2. Vertragliche Gewährleistungsbeschränkungen	1946–1989	788
a) Erscheinungsformen	1946–1948	788

			Rn	Seite

	b)	Auslegung der Freizeichnungsklauseln in den Geschäftsbedingungen des gewerbsmäßigen Handels	1949–1959	790
	c)	Inhaltskontrolle	1960–1969	794
	aa)	Rechtsprechung und Schrifttum	1960–1963	794
	bb)	Stellungnahme	1964–1969	796
	d)	Gewährleistungsausschluss beim Privatverkauf	1970–1972	798
	e)	Freizeichnung in Sonderfällen	1973	798
	f)	Rechtsfolgen bei Klauselunwirksamkeit	1974	799
	g)	Sonstige Freizeichnungsklauseln	1975–1980	800
	h)	Stillschweigender Gewährleistungsausschluss	1981–1982	801
	i)	Gewährleistungsausschluss und Käuferkette	1983–1986	802
	j)	Gewährleistungsausschluss und Arglist	1987–1988	804
	k)	Gewährleistungsausschluss und Abnahmeverpflichtung . .	1989	805

VI. Die Rechtsfolgen der Sachmängelhaftung 1990–2044 806
  1. Anspruchswahl und Prozesstaktik 1990 806
  2. Schadensersatz nach § 463 BGB 1991–2026 806
    a) Gerichtsstand 1991 806
    b) Schadensberechnung 1992–2022 807
      aa) Der „kleine" Schadensersatz 1994–1998 808
      bb) Der „große" Schadensersatz 1999–2022 813
        α) Kaufpreisrückzahlung und Verzinsung 2000–2001 813
        β) Rückübertragung von Besitz und Eigentum 2002 813
        γ) Aufwendungsersatz 2003–2005 814
        δ) Entgangener Gewinn 2006 817
        ε) Nutzungsausfall 2007 817
        ζ) Vorteilsausgleichung, speziell: Gebrauchsvorteile . . . 2008–2017 818
        η) Ausschluss des Anspruchs auf „großen" Schadensersatz 2018–2022 824
          αα) Spezielle Ausschlusstatbestände 2018–2019 824
          ββ) Allgemeine Ausschlusstatbestände 2020–2022 825
    c) Mangelfolge- und Begleitschäden 2023–2025 826
    d) Mitverschulden des Käufers 2026 828
  3. Wandlung 2027–2034 828
    a) Inhalt des Rückgewährschuldverhältnisses 2027–2033 828
      aa) Ersatz von Verwendungen 2028–2029 829
      bb) Vertragskostenersatz 2030 830
      cc) Nutzungsersatz (Vergütung für Gebrauchsvorteile) . . . 2031–2033 830
    b) Ausschluss des Wandlungsanspruchs 2034 832
  4. Minderung 2035–2044 832

VII. Verjährung der Gewährleistungsansprüche 2045–2050 835

VIII. Verhältnis der Sachmängelhaftung zu anderen Rechtsbehelfen des Käufers 2051–2103 838
  1. Nichtigkeit nach §§ 134, 138 BGB 2052–2054 838
  2. Irrtumsanfechtung 2055–2060 839
    a) Konkurrenzfragen 2055–2058 839
    b) Anfechtungserklärung und Anfechtungsfrist 2059 842
    c) Rückabwicklung 2060 843
  3. Arglistanfechtung 2061–2087 843
    a) Anfechtungserklärung 2062 843
    b) Anfechtungsfrist 2063 844
    c) Ausschluss des Anfechtungsrechts 2064 845
    d) Materielle Anfechtungsvoraussetzungen 2065 845
    e) Rechtsfolgen und Arglistanfechtung 2066–2087 847

		Rn	Seite
aa) Bereicherungsansprüche des Käufers		2067–2072	848
α) Rückzahlung des Kaufpreises und Verzinsung		2067–2070	848
β) Aufwendungen und Verwendungen		2071–2072	849
bb) Gegenansprüche des Verkäufers		2073–2077	851
α) Rückgabe des Fahrzeugs		2073	851
β) Nutzungsvergütung		2074–2077	854
cc) Abwicklungsrechtliche Sonderprobleme		2078–2087	857
α) Fallgruppe: Das Fahrzeug ist noch vorhanden, aber beschädigt		2078–2085	857
β) Fallgruppe: Unmöglichkeit der Fahrzeugherausgabe infolge Weiterveräußerung		2086	860
γ) Fallgruppe: Beschädigung, Verlust oder Weiterveräußerung des Fahrzeugs vor vollständiger Kaufpreiszahlung		2087	861
4. Leistungsverweigerungsrechte		2088–2090	861
5. Verschulden bei Vertragsschluss		2091–2094	862
6. Positive Vertragsverletzung		2095–2096	864
7. Fehlen und Wegfall der Geschäftsgrundlage		2097	865
8. Deliktshaftung		2098–2103	865

Anlage 4
Allgemeine Geschäftsbedingungen für den Verkauf gebrauchter Kraftfahrzeuge und Anhänger – Gebrauchtwagen-Verkaufsbedingungen (Eigengeschäft) – 871

Stichwortverzeichnis 875

Schrifttumsverzeichnis

Baumbach/Hefermehl	Wettbewerbsrecht, 21. Aufl. 1999
Baumbach/Lauterbach/ Albers/Hartmann	Zivilprozessordnung, 57. Aufl. 1999
Baumgärtel	Handbuch der Beweislast im Privatrecht, Bd. I, 2. Aufl. 1991
Berger	Typus und Rechtsnatur des Herstellerleasing, 1988
Böckler	Die Entwicklung der Zusicherung . . ., 1987
Breidenbach	Informationspflichten beim Vertragsschluß, 1989
Bruchner/Ott/Wagner-Widuwilt	Verbraucherkreditgesetz, 1992
Bülow	Verbraucherkreditgesetz, 3. Aufl. 1998
Bunte	Handbuch der allgemeinen Geschäftsbedingungen, 1982
Creutzig	Recht des Autokaufs, Neuwagenverkaufsbedingungen, 4. Aufl. 1999
Eggert/Reinking/Hörl	Haftung beim Gebrauchtwagenhandel, 2. Aufl. 1989
Enneccerus/Lehmann	Recht der Schuldverhältnisse, 15. Aufl. 1958
Erman	Handkommentar zum Bürgerlichen Gesetzbuch, 9. Aufl. 1993
Esser/Schmidt	Schuldrecht, Allgemeiner Teil, Bd. I, 8. Aufl. 1995
Esser/Weyers	Schuldrecht, Besonderer Teil, Bd. II, 7. Aufl. 1991
Fikentscher	Schuldrecht, 9. Aufl. 1997
Gamm, von	Wettbewerbsrecht, Bd. I, 5. Aufl. 1987
Grunewald	Die Grenzziehung zwischen der Rechts- und Sachmängelhaftung beim Kauf, 1980
Hagenmüller/Stoppok	Leasing-Handbuch für die betriebliche Praxis, 4. Aufl. 1988
Hanel	Rechtsfragen der Kfz-Werkstatt, 3. Aufl. 1988
Jagusch/Hentschel	Straßenverkehrsrecht, 35. Aufl. 1998
Jauernig	BGB, 9. Aufl. 1999
Katzenmeier	Vertragliche und deliktische Haftung in ihrem Zusammenspiel, dargestellt am Problem der weiterfressenden Mängel, 1994
Klauss/Ose	Kommentar zum Gesetz betr. die Abzahlungsgeschäfte, 1979
	Verbraucher-Kreditgeschäfte, 2. Aufl. 1988
Knöpfle	Der Fehler beim Kauf, 1989
Koch/Stübing	AGB Kommentar, 1977
Köpcke	Typen der positiven Vertragsverletzung, 1966
Kuckertz	Gebrauchtwagen-Ratgeber, ADAC, 1988
Kullmann	Aktuelle Rechtsfragen der Produkthaftungspflicht, 4. Aufl. 1993
Larenz	Allgemeiner Teil des deutschen Bürgerlichen Rechts, 8. Aufl. 1997
	Schuldrecht, Bd. I, 14. Aufl. 1987
	Schuldrecht, Bd. II/1, 13. Aufl. 1986
Leenen	Probleme der Hersteller- und Händlerhaftung bei der Versorgung des Kunden mit Ersatzteilen; Rechtsgutachten, erstellt im Auftrag des ADAC (unveröffentlicht)
Löwe/Graf von Westphalen/ Trinkner	Kommentar zum Gesetz zur Regelung des Rechts der allgemeinen Geschäftsbedingungen (3 Bände), 2. Aufl. 1983
Medicus	Bürgerliches Recht, 18. Aufl. 1999
	Schuldrecht I, AT, 11. Aufl. 1999
Meyer-Lindemann	Die Bedeutung der Schadensersatzhaftung des Verkäufers für unterlassene Aufklärung von Sachmängeln, 1987
Michalski/Schmitt	Der Kfz-Leasingvertrag, 1995
Mielke/Reiß/Kleine-Vorholt	Umsatzsteuer im Kfz-Gewerbe, 1991
Münchener Kommentar	Bürgerliches Gesetzbuch, 3. Aufl. 1992
	Zivilprozeßordnung, Bd. I, 1999
Münstermann/Hannes	Verbraucherkreditgesetz, 1991
Ostler/Weidner	Abzahlungsgesetz, 6. Aufl. 1971
Palandt	Bürgerliches Gesetzbuch, 59. Aufl. 2000

Papapostolou	Die Risikoverteilung beim Finanzierungsleasingvertrag über bewegliche Sachen, 1987
Pfaff	Schuldrecht durch Rechtsprechung, 1986
Reinicke/Tiedtke	Kaufrecht, 6. Aufl. 1997
Reinking	Autoleasing, 3. Aufl. 2000
Rettenbeck	Rückrufpflicht in der Produkthaftung, 1994
RGRK/BGB	Großkommentar zum BGB, 12. Aufl., Bd. II/2, 1978
RGRK/HGB	Großkommentar zum HGB, 3. Aufl. 1978
Romanovsky	Kauf von neuen Kraftfahrzeugen, 4. Aufl. 1982
Runge/Bremser/Zöller	Leasing; Betriebswirtschaftliche, handels- und steuerrechtliche Grundlagen, 1978
Sanden/Völtz	Sachschaden des Kraftverkehrs, Schriftenreihe der NJW, Heft 7, 6. Aufl. 1994
Sannwald	Der Finanzierungsleasingvertrag über bewegliche Sachen mit Nichtkaufleuten; Rechtstatsachen, Rechtsnatur und Inhaltskontrolle, Schriften zum Wirtschaftsrecht, Bd. 41, 1982
Schlegelberger	Kommentar zum Handelsgesetzbuch, Bd. V, 5. Aufl. 1982
Schlosser/Coester-Waltjen/ Graba	Kommentar zum Gesetz zur Regelung der Allgemeinen Geschäftsbedingungen, 1977
Schmidt-Salzer	Allgemeine Geschäftsbedingungen, Schriftenreihe NJW, Heft 11, 2. Aufl. 1977
	Entscheidungssammlung Produkthaftung, 1988
	Produkthaftung, Bd. II, 2. Aufl. 1985
	Produkthaftung, Bd. III, 2. Aufl. 1990
Schmidt-Salzer/Hollmann	Kommentar zur EG-Richtlinie, Produkthaftung, Bd. 1, 1986
Schneider	Streitwertkommentar für den Zivilprozeß, 10. Aufl. 1992
Schwenzer	Die Freizeichnung des Verkäufers von der Sachmängelhaftung im deutschen und amerikanischen Recht, 1979
Seibert	Verbraucherkreditgesetz, 1991
Serick	Eigentumsvorbehalt und Sicherungsübereignung, Bd. I, 1963
Seydel	Zugabeverordnung und Rabattgesetz, 4. Aufl. 1993
Simitis	Grundfragen der Produzentenhaftung, 1965
	Gutachten C zum 47. Deutschen Juristentag 1968
Soergel	BGB, Schuldrecht I, 12. Aufl. 1990
	Schuldrecht II, 12. Aufl. 1991
Staudinger	Kommentar zum Bürgerlichen Gesetzbuch mit Einführungsgesetz und Nebengesetzen, 13. Aufl. 1993 ff.
Stein/Jonas	Kommentar zur Zivilprozeßordnung, Bd. I, Bd. IV, 21. Aufl. 1993
Stiefel/Hofmann	Kraftfahrtversicherung, AKB und AVSB, 16. Aufl. 1995
Tempel	Materielles Recht im Zivilprozeß, JuS-Schriftenreihe, Heft 1985, 3. Aufl. 1999
Thomas/Putzo	Zivilprozeßordnung, 22. Aufl. 1999
Ulmer	Der Vertragshändler, 1969
Ulmer/Brandner/Hensen	AGB-Gesetz, Kommentar, 8. Aufl. 1997
Vortmann	Verbraucherkreditgesetz, 1991
Walter	Kaufrecht, 1987
Westphalen, Graf von/ Emmerich/von Rottenburg	Verbraucherkreditgesetz, 2. Aufl. 1996
Westphalen, Graf von	Der Leasingvertrag, 5. Aufl. 1998
	Vertragsrecht und AGB Klauselwerke, 1996 ff.
Wolf	Die Rechtsprechung des BGH zum Leasing, in: Kfz-Leasing, herausgegeben von der Arbeitsgemeinschaft der Verkehrsrechtsanwälte im DAV, 1987
Wolf/Eckert	Handbuch des gewerblichen Miet-, Pacht- und Leasingrechts, 7. Aufl. 1995
Wolf/Horn/Lindacher	AGB-Gesetz, 3./4. Aufl. 1994/1999
Zöller	Zivilprozeßordnung, 21. Aufl. 1999

Abkürzungsverzeichnis

a. A.	anderer Ansicht
a. a. O.	am angegebenen Ort
ABE	Allgemeine Betriebserlaubnis
ABlEG	Amtsblatt EG
Abs.	Absatz
Abschn.	Abschnitt
AbzG	Abzahlungsgesetz
AcP	Archiv für civilistische Praxis (Band und Seite)
ADAC	Allgemeiner Deutscher Automobilclub
a. F.	alte Fassung
AG	Amtsgericht
AGB	Allgemeine Geschäftsbedingungen
AGBG	Gesetz zur Regelung des Rechts der Allgemeinen Geschäftsbedingungen
AH	Autohaus, offizielles Organ des ZDK (Jahr und Seite)
AKB	Allgemeine Bedingungen für die Kraftfahrtversicherung
Anm.	Anmerkung
AnwBl.	Anwaltsblatt (Jahr und Seite)
Art.	Artikel
ATM	Austauschmotor
Az.	Aktenzeichen
BAG	Bundesarbeitsgericht
BAnz.	Bundesanzeiger
BB	Betriebsberater (Jahr und Seite)
Bd.	Band
Bekl.	Beklagter
BFH	Bundesfinanzhof
BGB	Bürgerliches Gesetzbuch
BGBl.	Bundesgesetzblatt
BGH	Bundesgerichtshof
BGHZ	Entscheidungen des Bundesgerichtshofs in Zivilsachen (Band und Seite)
DAR	Deutsches Autorecht (Jahr und Seite)
DAT	Deutsche Automobil Treuhand G.m.b.H.
DB	Der Betrieb (Jahr und Seite)
DEKRA	Deutscher Kraftfahrzeugüberwachungsverein e.V.
DGVZ	Deutsche Gerichtsvollzieherzeitung (Jahr und Seite)
Diss.	Dissertation
DR	Deutsches Recht (Jahr und Seite)
EBE	Eildienst bundesgerichtlicher Entscheidungen (Jahr und Seite)
EuZW	Europäische Zeitschrift für Wirtschaftsrecht (Jahr und Seite)
EWiR	Entscheidungen zum Wirtschaftsrecht
FG	Finanzgericht
FLF	Finanzierung, Leasing, Factoring (Jahr und Seite)
Fn.	Fußnote
GWVB	Gebrauchtwagenverkaufsbedingungen
HGB	Handelsgesetzbuch
HRR	Höchstrichterliche Rechtsprechung (Jahr und Nummer)
i. d. F. v.	in der Fassung vom
i. d. R.	in der Regel
i. E.	im Ergebnis
i. S. d.	im Sinne des
JA	Juristische Arbeitsblätter (Jahr und Seite)
JMBl. NRW	Justizministerialblatt Nordrhein-Westfalen
JR	Juristische Rundschau (Jahr und Seite)
Jura	Juristische Ausbildung (Jahr und Seite)

JuS	Juristische Schulung (Jahr und Seite)
JW	Juristische Wochenschrift (Jahr und Seite)
JZ	Juristen-Zeitung (Jahr und Seite)
KG	Kammergericht
Kl.	Kläger
LG	Landgericht
LM	Nachschlagewerk des Bundesgerichtshofs in Zivilsachen, herausgegeben von *Lindenmaier* und *Möhring*
LZ	Leipziger Zeitung
MDR	Monatsschrift für Deutsches Recht (Jahr und Seite)
m. w. N.	mit weiteren Nachweisen
NdsRpfl.	Niedersächsische Rechtspflege (Jahr und Seite)
NJW	Neue Juristische Wochenschrift (Jahr und Seite)
NJW-RR	Neue Juristische Wochenschrift – Rechtsprechungsreport (Jahr und Seite)
Nr.	Nummer
NStZ	Neue Zeitschrift für Strafrecht (Jahr und Seite)
n. v.	nicht veröffentlicht
NWVB	Allgemeine Geschäftsbedingungen für den Verkauf von fabrikneuen Kraftfahrzeugen und Anhängern
NZV	Neue Zeitschrift für Verkehrsrecht (Jahr und Seite)
OFD	Oberfinanzdirektion
OLG	Oberlandesgericht
OLGE	Rechtsprechung der Oberlandesgerichte auf dem Gebiet des Zivilrechts (Band und Seite)
OLGR	OLG Report (Jahr und Seite)
OLGZ	Entscheidungen der Oberlandesgerichte in Zivilsachen (Jahr und Seite)
PAngVO	Preisangaben-Verordnung
pVV/pFV	positive Forderungsverletzung
RabattG	Gesetz der Preisnachlässe (Rabattgesetz)
RdK	Das Recht des Kraftfahrers (Jahr und Seite)
RG	Reichsgericht
RGZ	Entscheidungen des Reichsgerichts in Zivilsachen (Band und Seite)
Rn	Randnummer
S.	Seite, Satz
SchlAnz.	Schleswig-Holsteinische Anzeigen (Jahr und Seite)
SP	Schaden-Praxis (Jahr und Seite)
StGB	Strafgesetzbuch
StVG	Straßenverkehrsgesetz
StVZO	Straßenverkehrszulassungsordnung
TÜV	Technischer Überwachungsverein
UR	Umsatzsteuer-Rundschau (Jahr und Seite)
Urt.	Urteil
UStG	Umsatzsteuergesetz
UWG	Gesetz gegen den unlauteren Wettbewerb
VersR	Versicherungsrecht (Jahr und Seite)
vgl.	vergleiche
VGT	Verkehrsgerichtstag (Jahr und Seite)
VkBl.	Verkehrsblatt (Jahr und Seite)
VRS	Verkehrsrecht-Sammlung (Band und Seite)
VuR	Verbraucher und Recht (Jahr und Seite)
VVG	Gesetz über den Versicherungsvertrag
WIB	Wirtschaftsrechtliche Beratung
WM	Wertpapiermitteilungen (Jahr und Seite)
WRP	Wettbewerb in Recht und Praxis (Jahr und Seite)
ZAP	Zeitschrift für die Anwaltspraxis (Fach und Seite)
ZDK	Zentralverband Deutsches Kraftfahrzeuggewerbe e.V.
ZfS	Zeitschrift für Schadensrecht (Jahr und Seite)
ZHR	Zeitschrift für das gesamte Handelsrecht und Wirtschaftsrecht (Jahr und Seite)
Ziff.	Ziffer

ZIP	Zeitschrift für Wirtschaftsrecht und Insolvenzrecht (Jahr und Seite)
ZPO	Zivilprozeßordnung
ZRP	Zeitschrift für Rechtspolitik (Jahr und Seite)
ZS	Zivilsenat

Teil 1

Der Neuwagenkauf

A. Das Neufahrzeug

Das „Neufahrzeug" ist **Vertragsgegenstand** beim Neuwagenkauf. Unter diesem Begriff versteht die Rechtsprechung üblicherweise ein Kraftfahrzeug, das bis zum Zeitpunkt der Veräußerung seinem bestimmungsgemäßen Gebrauch als Verkehrsmittel noch nicht zugeführt wurde.[1] Ein auch nur kurze Zeit bestimmungsgemäß benutztes Auto ist nicht mehr **neu,** sondern **neuwertig.**[2] Durch **Ingebrauchnahme zu Verkehrszwecken** verliert ein Kfz seinen Charakter als Neuwagen und wird zum **Gebrauchtfahrzeug**, also zu einem „aliud". Falls ein Fahrzeug bei Auslieferung an den Erstkäufer eine größere ungeklärte Fahrleistung aufweist, ist – bis zum Beweis des Gegenteils durch den Händler – davon auszugehen, dass es zu Verkehrszwecken benutzt wurde und seine Eigenschaft als Neuwagen dadurch verloren hat.[3]   1

Der Begriff **„Neuwagen"** besagt weiterhin, dass das Fahrzeug „neu hergestellt" wurde, und zwar unter Verwendung ausschließlich neuen, ungebrauchten Materials.[4]   2

Die Neuwageneigenschaft erfordert als solche nicht, dass das Fahrzeug die Kriterien der **Fabrikneuheit**[5] erfüllt.[6] Bei der Verwendung der Bezeichnung „Neuwagen" ist jedoch Vorsicht geboten, da sie von der Rechtsprechung als konkludente Zusicherung der Fabrikneuheit verstanden wird, sofern sich nicht aus den Umständen etwas anderes ergibt.[7]

Die vom Händler veranlaßte oder von ihm selbst durchgeführte **Überführungsfahrt**, worunter man die Fahrt mit eigener Motorkraft vom Herstellungsort zum Verkaufsort[8] mit rotem Kennzeichen versteht, stellt **keine Ingebrauchnahme** zu Verkehrszwecken dar.[9] Heutzutage werden Neufahrzeuge nicht mehr auf „eigener Achse" vom Hersteller zum Händler transportiert. Von den Verfassern befragte Hersteller erteilten übereinstimmend die Auskunft, dass die Auslieferung der Neufahrzeuge zum Haupthändler ausnahmslos per Bahn oder Straßentransporter erfolgt und eine Selbstabholung nicht möglich ist.   3

Lediglich innerhalb der Händlerorganisation kommt es manchmal vor, dass mit einem Neufahrzeug kurze Distanzen „auf eigener Achse" überbrückt werden. Beim Erwerb eines

---

1 BGH 27. 9. 1967, BB 1967, 1268; BGH 6. 2. 1980, NJW 1980, 1097; BGH 18. 6. 1980, DB 1980, 1836; OLG Hamm 20. 3. 1980, DAR 1980, 285; OLG Karlsruhe 22. 12. 1976, DAR 1977, 323; OLG München 9. 2. 1965, DAR 1965, 272; OLG Zweibrücken 20. 11. 1969, MDR 1970, 325; zur Neuwertigkeit BGH 3. 11. 1981, NJW 1982, 433.
2 LG Saarbrücken 2. 4. 1979, DAR 1980, 19; *Pfeiffer* in *Graf von Westphalen*, Vertragsrecht und AGB – Klauselwerke/Neuwagenkauf, Rn 46; *Creutzig*, Recht des Autokaufs, Rn 1.1.2.7.
3 OLG Köln 19. 10. 1987 – 12 U 9/87 – n. v.
4 OLG Köln 19. 10. 1987 – 12 U 9/87 – n. v.
5 Dazu Rn 446 ff.
6 BGH 26. 3. 1997, NZV 1997, 306; OLG Schleswig 21. 7. 1999, OLGR 1999, 412; a. A. OLG Koblenz 23. 7. 1998, DAR 1999, 262.
7 BGH 18. 6. 1980, DB 1980, 1836; AK Rn 853 und 1051.
8 *Jagusch/Hentschel*, Straßenverkehrsrecht, § 28 StVZO Rn 12.
9 BGH 6. 2. 1980, NJW 1980, 1097; BGH 18. 6. 1980, DB 1980, 1836; OLG Zweibrücken 20. 11. 1969, MDR 1970, 325; OLG München 9. 2. 1965, DAR 1965, 272; LG Aachen 11. 11. 1977, NJW 1978, 273; *Creutzig*, Recht des Autokaufs, Rn 1.1.2.7; *Pfeiffer* in *Graf von Westphalen*, Vertragsrecht und AGB – Klauselwerke/Neuwagenkauf, Rn 46.

Neufahrzeugs von einem nicht autorisierten Händler muss der Käufer allerdings mit längeren Vertriebswegen rechnen, wenn ihn der Händler auf die Notwendigkeit der Überführung hingewiesen hat. Unter dieser Voraussetzung erfüllt der freie Händler seine auf die Lieferung eines hochwertigen Neuwagens gerichtete Vertragspflicht, wenn er das Fahrzeug mit einem Tachometerstand von 1700 km anbietet.[10]

Es kommt vor, dass Mitarbeiter von Herstellerfirmen hin und wieder frisch produzierte Fahrzeuge auf „Herz und Nieren" testen, wobei sie manchmal auch längere Strecken bis zu 150 km zurücklegen. Solche **Testfahrten** beeinträchtigen nicht den Neuwagencharakter eines Autos,[11] denn sie stellen keine Ingebrauchnahme zu Verkehrszwecken dar. Vielmehr handelt es sich hierbei um Maßnahmen der im weitesten Sinne noch zum Herstellungsprozeß gehörenden Qualitätskontrolle.

4 Von der Überführungsfahrt zu unterscheiden sind **Vorführungsfahrten,** die vorgenommen werden, um das Fahrzeug einem interessierten Kunden oder Kundenkreis vorzustellen. Für solche Testfahrten – auch gemeinhin Probefahrten genannt – stehen Vorführwagen zur Verfügung, zu deren Anschaffung Händler auf Grund ihrer Verträge mit Herstellern verpflichtet sind.[12] Diese auf Händler zugelassenen Fahrzeuge werden in der Regel mit einer unterhalb von 10 000 km liegenden Laufleistung preisgünstig als Gebrauchtfahrzeuge weiterverkauft. Ein zugelassenes und in Gebrauch genommenes Vorführauto ist kein Neuwagen.[13] Vorführfahrzeuge werden allein durch die Art und Weise der Nutzung charakterisiert, die darin besteht, Kaufinteressenten die Vornahme von Testfahrten zu ermöglichen. Unerheblich ist ihr Alter zum Zeitpunkt des Weiterverkaufs, das vom Verkäufer nicht ungefragt offenbart werden muss.[14] Auch auf den Umstand, dass ein solches Fahrzeug nicht nur von einem, sondern von mehreren Händlern als Vorführwagen benutzt worden ist, muss der Verkäufer nicht von sich aus hinweisen.[15]

5 Nicht zu verwechseln mit der Probefahrt des Kaufinteressenten auf einem Vorführwagen ist die **Probefahrt,**[16] die der Käufer mit dem von ihm erworbenen Wagen **vor Abnahme** durchführt, um dessen ordnungsgemäßen Zustand und fehlerfreie Beschaffenheit zu überprüfen und sich mit den Bedienungselementen, dem Fahrverhalten und den Eigenheiten des Autos vertraut zu machen.[17] Scheitert der Vertrag mit dem Erstkäufer nach Durchführung der Probefahrt, so stellt sich die Frage, ob das Fahrzeug einem anderen Kaufinteressenten noch als „neu" angeboten werden darf. Probefahrten werden in der Regel unter fachkundiger Anleitung des Händlers durchgeführt, weshalb der Zweitkäufer eine eventuelle Überbeanspruchung oder unsachgemäße Handhabung des Wagens während der Probefahrt im Allgemeinen nicht befürchten muss. Die Sachlage ist nicht vergleichbar mit der eines vielfach von mehr oder weniger sachkundiger Hand Probe gefahrenen und getesteten Vorführwagens.[18] Aus diesem Grund darf man annehmen, dass der Neuwagencharakter durch die Probefahrt des Erstkäufers nicht, jedenfalls dann nicht verloren geht, wenn sich die Probefahrt in dem üblichen und vertraglich vorgesehenen Rahmen von etwa 20 km hält.[19]

---

10 OLG Hamm 18. 12. 1992, NZV 1993, 151.
11 *Pfeiffer* in *Graf von Westphalen,* Vertragsrecht und AGB – Klauselwerke/Neuwagenkauf, Rn 46.
12 Vgl. *Creutzig,* Recht des Autokaufs, Rn 1.1.3.
13 *Creutzig,* Recht des Autokaufs, Rn 1.1.3; ferner KG Berlin 2. 11. 1967 – 2 U 998/67 –, auszugsweise zit. von *Thamm,* BB 1971, 1543, wonach auch das Gebrauchmachen als Werbemittel, z. B. auf einer Industrie-Ausstellung, zum Verlust der Neuheit führt; *Ulmer/Brandner/Hensen,* § 11 Nr. 10 Rn 5.
14 AG Rothenburg, Urt. 12. 7. 1984 – 5 C 437/84 – n. v.
15 LG Karlsruhe, Urt. 18. 4. 1984 – 5 O 66/83 – n. v.
16 Zum Begriff der Probefahrt vgl. *Jagusch/Hentschel,* § 28 StVZO, Rn 9–11.
17 Vgl. Rn 397.
18 So im Ergebnis *Ulmer/Brandner/Hensen,* § 11 Nr. 10 Rn 5; anders, wenn Probefahrten zu Flecken, Kratzern usw. führen, BGH 28. 9. 1967, BB 1967, 1268; OLG Hamm 31. 1. 1983, DB 1983, 710.
19 Vgl. Abschn. V, Ziff. 2 NWVB im Anh. Anl. 1.

B. Der Kaufvertrag

I. Kaufantrag und Annahmevorbehalt

1. Neuwagen-Verkaufsbedingungen (NWVB)

Das BGB schreibt für das Zustandekommen des Kaufvertrags über ein Neufahrzeug keine bestimmte Form vor. Es entspricht ständiger Übung im Kfz-Handel, die Verträge **schriftlich** abzufassen unter Verwendung sog. Bestellformulare mit vorformulierten Vertragsbedingungen (AGB) auf der Rückseite.

Die **Einbeziehung** der AGB in den Vertrag erfordert einen ausdrücklichen Hinweis im Angebotstext des Bestellformulars, der so angeordnet und gestaltet sein muss, dass ein Durchschnittskunde ihn bei flüchtiger Betrachtung nicht übersehen kann.[1] Sofern die AGB auf der Rückseite der dem Kunden ausgehändigten Abschrift der Bestellung nicht oder nicht vollständig enthalten sind, werden sie nicht Vertragsinhalt.[2] Der Verkäufer hat dem Käufer die Möglichkeit zu verschaffen, in zumutbarer Weise von dem Inhalt der AGB Kenntnis zu nehmen.[3] Es wird verlangt, dass die AGB für den Kunden bei Vertragsschluß frei verfügbar sein müssen, z. B. dadurch, dass der Verwender sie zur Einsicht vorlegt oder sie, wie beim Neuwagenkauf üblich, mit der Bestellung aushändigt. Eine Übergabe der AGB zusammen mit dem Rechnungsformular geschieht noch „bei Vertragsschluss" im Sinne des § 2 Abs. 2 AGB-Gesetz.[4] Falls ausnahmsweise ein **mündlicher Vertrag** geschlossen wird, muss der Händler durch ausdrückliche Erklärung auf die Einbeziehung der AGB hinweisen. Eine offene Übergabe der AGB wird als ausreichend angesehen, sofern sich daraus der anderen Vertragspartei der Einbeziehungswille des Verwenders aufdrängen muss, während ein Aushang in den Geschäftsräumen beim Kauf eines Neuwagens nicht genügt, auch wenn er deutlich sichtbar ist.[5]

Zur zumutbaren Kenntnisnahme gehört ferner die **mühelose Lesbarkeit** der AGB, woran es bei übermäßigem Kleindruck fehlen kann, und die **Verständlichkeit** des Inhalts.[6] Den Kunden trifft keine Pflicht, die AGB auf ihre Vollständigkeit hin zu überprüfen.[7] Eine formularmäßige Erklärung, dass der Kunde von den auf der Rückseite des Formulars abgedruckten AGB Kenntnis genommen hat und mit deren Geltung einverstanden ist, unterliegt nicht der Inhaltskontrolle nach §§ 9–11 AGB-Gesetz.[8] Demgegenüber verstößt eine Klausel, die besagt, dass bestimmte Punkte des Vertrages ausgehandelt worden sind, gegen § 11 Nr. 15b AGB-Gesetz.[9] Aus dem gleichen Grunde unwirksam ist eine Formularregelung, die besagt, der Besteller habe eine Bestätigung des Angebots erhalten.[10]

Bei Verträgen, für die das **Verbraucherkreditgesetz** (VerbrKrG) gilt, sind die AGB mit der den Kauf betreffenden Vertragsurkunde zu verbinden. Eine **körperliche Verbindung** mehrerer Blätter ist nicht erforderlich, wenn sich die Einheit aus den Umständen (Paginierung, Nummerierung usw.) zweifelsfrei ergibt.[11]

---

1 BGH 18. 6. 1986, ZIP 1986, 1126.
2 OLG Frankfurt 2. 11. 1988, DAR 1989, 66 ff.
3 BGH 18. 6. 1986, ZIP 1986, 1126 ff.
4 OLG Hamm 13. 1. 1997, OLGR 1997, 158.
5 *Ulmer/Brandner/Hensen*, § 2 Rn 33; *Soergel/Stein*, § 2 AGBG, Rn 12.
6 *Wolf/Horn/Lindacher*, § 2 Rn 27.
7 OLG Frankfurt 2. 11. 1988, DAR 1989, 66.
8 BGH 1. 3. 1982, BB 1983, 15 ff. m. Anm. von *Bohle*, a. a. O.
9 BGH 28. 1. 1987, NJW 1987, 1634.
10 BGH 29. 4. 1987, NJW 1987, 2012.
11 BGH 24. 9. 1997, BB 1998, 288; Rn 208 und Rn 1158.

Da die Unterschrift der Vertragsparteien den Urkundeninhalt insgesamt decken muss, empfiehlt es sich, die Unterschriftsrubrik unterhalb der AGB-Einbeziehungsklausel anzubringen.[12]

8 Die von den Verbänden der deutschen Automobilwirtschaft im Zusammenwirken mit Verbraucherorganisationen anläßlich des Inkrafttretens des AGB-Gesetzes erarbeiteten Neuwagen-Verkaufsbedingungen, die dem Bundeskartellamt angezeigt und unverbindlich zur Verwendung empfohlen wurden,[13] haben weitgehend **Eingang in die Praxis** gefunden. Das Klauselwerk wurde im Laufe der Zeit mehrfach überarbeitet. Die zurzeit gültige Empfehlung ist am 14. 12. 1998 (BAnz. Nr. 243/98) veröffentlicht worden und im Anhang zum Neuwagenteil (Anl. 1) abgedruckt.

2. Angebot und Annahme

9 Mit der Unterzeichnung der Bestellung gibt der Kaufinteressent eine auf den Abschluß des Kaufvertrages an den Händler gerichtete Willenserklärung ab. Das dem Verwender der NWVB oder dessen Vertreter schriftlich unterbreitete **Angebot** gilt als **Antrag unter Abwesenden.**[14]

Die NWVB sehen in Abschn. I, Ziff. 1 eine **Bindung** des Kaufinteressenten an sein Angebot auf die Dauer von höchstens **4 Wochen** – bei Nutzfahrzeugen 6 Wochen – vor. Dem Händler bleibt die Annahme während des Laufs dieser Frist vorbehalten. Der Kaufvertrag kommt zu Stande, wenn der Verkäufer die Annahme innerhalb der Vierwochenfrist schriftlich bestätigt oder die Lieferung innerhalb der Frist ausführt.[15]

Die **Abgrenzung** zwischen **Pkw** und **Nutzfahrzeug** spielt nicht nur für die Dauer der Angebotsbindung eine wichtige Rolle. Sie ist auch für die Gewährleistung (Abschn. VII, Ziff. 2b NWVB), die Kfz-Besteuerung und die Bewilligung der Investitionszulage relevant.[16]

Unter einem Nutzfahrzeug im Sinne der NWVB-Vertragsklauseln sind alle mehr als zweirädrigen Kraftfahrzeuge mit Ausnahme derjenigen zu verstehen, die nach Bauart und Einrichtung nur zur Beförderung von Personen bestimmt sind und nach dem Verkehrsrecht nicht mehr als 9 Sitzplätze haben.[17] Das Wohnmobil gehört nach Ansicht des LG Marburg[18] nicht zur Kategorie der Nutzfahrzeuge, da es während der Fahrt allein der nichtgewerblichen Personenbeförderung dient und nur im Stillstand auch zum Wohnen genutzt werden kann. Deshalb gilt für **Wohnmobile** die **4-wöchige Bindungsfrist** und nicht die von sechs Wochen.

10 Die Wahrung der in Abschn. I, Ziff. 1, Satz 2 NWVB vorgesehenen **Schriftform** ist **keine Wirksamkeitsvoraussetzung.**[19] Die Klausel dient der Beweisführung und Klarstellung, dass der Vertrag zu Stande gekommen ist.[20] Selbst wenn die Klausel konstitutiv wäre, würde sie durch eine **formlose Individualabrede** verdrängt.[21]

Eine **formlose Annahme** kann ausdrücklich (mündlich),[22] stillschweigend[23] oder konkludent erfolgen. Von einer **konkludenten Annahme** ist auszugehen,

---

12 *Schölermann/Schmid-Burgk,* DB 1991, 1968, 1969.
13 BAnz. 1977, 108.
14 BGH 30. 5. 1968, WM 1968, 1103, 1105.
15 Abschn. I, Ziff. 1, S. 2 NWVB.
16 Dazu Rn 116.
17 *Creutzig,* Recht des Autokaufs, Rn 1.1.4.
18 Urt. 22. 11. 1995, DAR 1996, 148.
19 Rn 117 ff.
20 OLG Köln 16. 2. 1995, OLGR 1995, 140; OLG Düsseldorf, 24. 10. 1997, OLGR 1998, 153; a. A. LG Lüneburg, 22. 1. 1980 – 5 O 364/79 – n. v.
21 BGH 6. 3. 1986, NJW 1986, 1131, 3132; OLG München 22. 9. 1995, DAR 1997, 494.
22 OLG Köln 16. 2. 1995, OLGR 1995, 140; LG Düsseldorf 17. 10. 1979 – 23 S 113/79 – zit. bei *Creutzig,* Recht des Autokaufs, Rn 1.1.6.4.
23 LG Düsseldorf 28. 11. 1979 – 2 O 200/79 – zit. bei *Creutzig,* Recht des Autokaufs, Rn 1.1.6.4.

- wenn der Händler den Pkw entsprechend der vertraglichen Vereinbarung als Vorführwagen auf seinen Betrieb zulässt und dies dem Käufer innerhalb der Annahmefrist zur Kenntnis bringt,[24]
- wenn in der Annahmefrist Gespräche zwischen den Vertragsparteien stattfinden, in deren Verlauf der Verkäufer dem Käufer mitteilt, er werde sich an die gemeinsam getroffene Vereinbarung halten,[25]
- wenn der Verkäufer das Gebrauchtfahrzeug, das in Zahlung genommen werden soll, zum Zwecke des Weiterverkaufs entgegennimmt.[26]

Abweichend von Abschn. I Ziff. 1 NWVB können die Parteien den **Vertrag sofort abschließen**. Dies ist bei vorrätigen Neufahrzeugen unbedingt ratsam, da die Auffassung an Boden gewinnt, die vierwöchige Bindung des Käufers an sein Kaufangebot sei jedenfalls dann rechtsunwirksam, wenn im Zusammenhang mit dem Vertragsabschluß keine weiteren Fragen zu klären sind.[27]

Die auf der Grundlage eines Schadengutachtens getroffene Vereinbarung, dass der Kaufvertrag über das Neufahrzeug nur unter der Voraussetzung gültig sein soll, dass eine bestimmte Versicherungsleistung gezahlt wird, verhindert den Eintritt der Wirksamkeit des Kaufvertrages, wenn die Zahlung der Versicherung den vom Gutachter geschätzten Betrag deutlich unterschreitet. Eine Differenz von 710 DM (15 190 DM statt 15 900 DM) liegt nach Ansicht des OLG Düsseldorf[28] noch innerhalb der vom Käufer hinzunehmenden Spanne.

Bei einem **Kauf** auf **Probe** kommt der Kaufvertrag mit Ablauf der Billigungsfrist zu Stande. Das Schweigen des Käufers gilt als Annahme. Gibt der Käufer das ihm zur Probe überlassene Fahrzeug nicht zum vereinbarten Termin zurück, ist er zur Zahlung des Kaufpreises verpflichtet. Auf die Behauptung, ihm sei das Fahrzeug entwendet worden, kann er sich nicht mit Erfolg berufen, wenn er nicht einmal das äußere Bild eines Diebstahls nachweist.[29]

Maßgeblicher Zeitpunkt für das Zustandekommen des Vertrages ist der **Zugang** der **Annahmeerklärung** beim Käufer (§ 130 BGB). Versäumt der Händler die schriftliche Bestätigung innerhalb der Vierwochenfrist, kommt es nicht zum Vertrag.

Eine verfristete Bestätigung stellt ein neues Angebot dar, das der Annahme durch den Käufer bedarf (§ 150 Abs. 1 BGB). Die Annahme des neuen Angebots kann durch schlüssiges Handeln erfolgen, sofern nach den Umständen davon auszugehen ist, dass der Verkäufer auf eine Antwort keinen Wert legt. **Schweigen** bedeutet im Geschäftsverkehr mit einem privaten Kunden grundsätzlich Ablehnung. Es kann ausnahmsweise eine Annahme darstellen, wenn der Verkäufer nach **Treu und Glauben** eine Ablehnung erwarten darf. Über einen solchen – nicht alltäglichen – Fall mußte das OLG München[30] entscheiden. Der Käufer hatte etwa 1 1/4 Jahr nach Abgabe seines bis dahin nicht bestätigten Kaufangebots wegen der Lieferung des von ihm bestellten Luxusfahrzeugs beim Verkäufer nachgefragt und die ihm sodann zugesandte Annahmeerklärung nicht zurückgewiesen. Das OLG München bewertete das Verhalten des Käufers als schlüssige Annahme, wobei es aus seiner Sicht keine Rolle spielte, dass sich zwischenzeitlich die Bezeichnung des Fahrzeugs und dessen Ausstattung geändert hatte. Nach Sachlage, so die Begründung, habe es selbstverständlich dem Willen des Käufers entsprochen, die neueste Ausführung des Fahrzeugs zu bekommen.

---

24 KG 14. 12. 1981 – 20 U 4276/81 – zit. bei *Creutzig,* Recht des Autokaufs, Rn 1.1.6.4.
25 OLG Karlsruhe 26. 3. 1985 – 3 U 13/84 – zit. bei *Creutzig,* Recht des Autokaufs, Rn 1.1.6.4.
26 OLG Düsseldorf 24. 10. 1997, OLGR 1998, 153.
27 OLG Frankfurt 23. 7. 1997, OLGR 1997, 253.
28 Urt. v. 24. 10. 1997, OLGR 1998, 153.
29 KG 13. 5. 1996, OLGR 1996, 169.
30 Urt. v. 22. 9. 1995, DAR 1997, 494 mit Anmerkung von *Nettesheim.*

Sofern das **VerbrKrG** Anwendung findet,[31] ist zu beachten, dass der wegen der verfristeten Annahmeerklärung neu abzuschließende Vertrag wiederum insgesamt der **Schriftform** bedarf.

11 Im Regelfall kommt der Kaufvertrag nicht zu Stande, wenn die Bestätigung des Verkäufers **inhaltlich** von dem Angebot des Käufers **abweicht**, etwa hinsichtlich der Lieferfrist, eines Aufpreises für Ausstattung oder – wie geschehen – durch Hinzufügung einer Preisgleitklausel, die besagt, dass eine Preiserhöhung, die der Hersteller mehr als 4 Monate vor Auslieferung des Fahrzeugs vornimmt, vom Käufer zu übernehmen ist.[32] Weitere Beispiele aus der Rechtsprechung zur mangelnden Übereinstimmung zwischen Angebot und Annahme: fehlende Angaben über Farbe und Polsterung in der Auftragsbestätigung;[33] Angabe eines höheren Preises und einer anderen Ausstattung des Nachfolgemodells in der Auftragsbestätigung;[34] abweichende Lieferfristangabe von 6 Monaten gegenüber der Bestellung.[35]

Eine inhaltlich von der Bestellung abweichende Annahmeerklärung des Verkäufers beinhaltet – ebenso wie eine verspätete Annahme – ein neues Angebot an den Käufer, das dieser annehmen oder ausschlagen kann. Von einem **Verzicht** auf ausdrückliche **Gegenbestätigung** durch den Käufer ist im Geschäftsverkehr mit Privatkunden normalerweise nicht auszugehen.[36]

12 Den **fristgerechten Zugang** der Annahmeerklärung muss der **Händler beweisen**, wenn der Käufer den Erhalt bestreitet. Absendung schafft keinen Anscheinsbeweis für den Zugang.[37] Der Zugang der Benachrichtigung über die Niederlegung einer Einschreibesendung bewirkt nicht den Zugang des Einschreibens selbst noch ersetzt er dessen Zugang. Unterlässt der Adressat die **Abholung des Einschreibens**, muss er sich allein wegen dieses Versäumnisses nicht schon so behandeln lassen, als sei ihm die Annahmeerklärung rechtzeitig zugegangen.[38] Die Berufung auf fehlenden Zugang ist ihm nach Treu und Glauben nur dann zu versagen, wenn er entweder die Annahme grundlos verweigert oder deren Zugang arglistig vereitelt hat.[39] Liegen diese Voraussetzungen nicht vor, muss der Verkäufer nach Kenntniserlangung von dem gescheiterten Zustellversuch unverzüglich einen erneuten Versuch unternehmen, seine Erklärung derart in den Machtbereich des Empfängers zu bringen, dass diesem ohne weiteres eine Kenntnisnahme ihres Inhalts möglich ist.[40] Durch einen zweiten Zustellversuch wird dem Adressaten nicht nur der Einwand abgeschnitten, die Annahmeerklärung sei nicht zugegangen, sondern auch der Einwand, der Zugang sei nicht rechtzeitig erfolgt.[41]

Auf fehlenden Zugang kann sich der Käufer auf Grund des **Verbots widersprüchlichen Verhaltens** nicht berufen, wenn er durch sein späteres Verhalten zu erkennen gibt, dass er von einem Zustandekommen des Vertrages ausgeht, indem er dem Händler beispielsweise mitteilt, er habe Schwierigkeiten mit der Finanzierung oder wenn er sich nach Ablauf der Annahmefrist auf Verhandlungen über die Ausrüstung des bestellten Fahrzeugs eingelassen hat.[42] Die Berufung auf das Fehlen der Auftragsbestätigung versagt, wenn sich die Parteien

---

31 Dazu *Pfeiffer* in *Graf von Westphalen*, Vertragsrecht und AGB – Klauselwerke/Neuwagenkauf, Rn 11.
32 LG Offenburg 31. 5. 1989 – 2 O 5/89 – n. v.
33 LG Hanau 11. 9. 1979 – 2 S 178/79 – n. v., zit. bei *Creutzig*, Recht des Autokaufs, Rn 1.1.6.1.
34 OLG Düsseldorf Urt. 13. 4. 1970, NJW 1971, 622.
35 LG Frankfurt 5. 6. 1987 – 2/17 S 390/86 – n. v., zit. bei *Creutzig*, Recht des Autokaufs, Rn 1.1.6.1.
36 AG Korbach 2. 7. 1993, NJW-RR 1994, 374.
37 BVerfG Beschl. 15. 5. 1991, NJW 1991, 2757; die Verlustquote für gewöhnliche Briefe betrug 0,000633% im Jahre 1980 – *Allgeier*, VersR 1992, 1070.
38 BGH 26. 11. 1997, VersR 1998, 472, 473.
39 BGH 27. 10. 1982, NJW 1983, 929, 930.
40 BGH 26. 11. 1997, VersR 1998, 472, 473.
41 BGH 13. 6. 1952, LM BGB § 130 Nr. 1.
42 OLG Düsseldorf 4. 6. 1992, OLGR 1992, 334.

unter Anwesenden formlos auf den Kauf des Autos einigen und die Händlerbestätigung nur noch deklaratorische Bedeutung haben soll.[43]

Gem. Abschn. I, Ziff. 1, S. 2 NWVB kommt der Kaufvertrag auch dann zu Stande, wenn die Lieferung innerhalb der Bindungsfrist von 4 Wochen bzw. 6 Wochen bei Nutzfahrzeugen „ausgeführt" ist. Einer Auftragsbestätigung bedarf es nicht. Unter Auslieferung ist die **Übergabe des Fahrzeugs mit Schlüsseln und Papieren** an den Käufer zu verstehen. Die Zulassung des Fahrzeugs gehört nicht begriffsnotwendig zur Ausführung der Lieferung, sondern nur dann, wenn die Parteien eine entsprechende Vereinbarung getroffen haben.[44] Die Nennung des Abholtermins ist noch keine Auslieferung im Sinne von Abschn. I, Ziff. 1, S. 2 NWVB,[45] jedoch kommt u. U. die Umdeutung in eine Auftragsbestätigung in Betracht. Mit dem Einwand, es sei kein Vertrag zu Stande gekommen, kann der Käufer nach Treu und Glauben nicht gehört werden, wenn der Verkäufer die für eine fristgerechte Auslieferung des Fahrzeuges erforderlichen Voraussetzungen geschaffen hat, sich die Auslieferung jedoch aus Gründen verzögert, die von ihm nicht zu vertreten sind.

Sehen die Verkaufsbedingungen vor, dass der Vertrag als abgeschlossen gilt, wenn der Verkäufer das **Angebot nicht** innerhalb der Annahmefrist **zurückweist,** kommt der Vertrag mit Ablauf dieser Frist zu Stande. Für den Käufer muss aus der Klausel eindeutig hervorgehen, dass die Annahmefrist ab dem Zeitpunkt der Angebotsabgabe läuft. Falls sich der Fristbeginn aus der Formularregelung nicht ergibt oder falls der Zeitpunkt des Zugangs beim Verkäufer maßgeblich sein soll, entfaltet die Klausel wegen Verstoßes gegen § 10 Nr. 1 AGB-Gesetz keine Wirksamkeit.[46]

Eine Klausel, die den Vertragsabschluß an das **Schweigen** des Verkäufers knüpft, lässt normalerweise keine Auslegung dahin gehend zu, dass der Käufer auf den Zugang der Annahmeerklärung gem. § 151 BGB verzichtet.[47] Die Erklärung, das Schweigen solle die Annahme des Angebots darstellen, beinhaltet vielmehr die rechtsgeschäftliche Vereinbarung eines bestimmten Tatbestands, auf Grund dessen die vereinbarten Rechtswirkungen – nämlich das Zustandekommen des Kaufvertrags – eintreten sollen.[48] Ein Element des Tatbestands ist das Schweigen des Händlers. Für diese Auslegung spricht die vom Gesetzgeber für vergleichbare Fälle in § 516 Abs. 2 BGB getroffene Regelung. Denkbar ist allerdings auch eine Klauselauslegung dahin gehend, dass die Vertragswirkungen sofort, also mit dem Zugang des Angebots an den Schweigenden, eintreten sollen, jedoch unter der auflösenden Bedingung stehen, dass dieser das Angebot nicht innerhalb der vorgesehenen Frist ablehnt. Im einen wie im anderen Fall ist die Bindungsfrist für den Kunden überschaubar, und er weiß, dass der Vertrag bei Schweigen des Verwenders nach Ablauf der Frist abgeschlossen ist.[49] Sofern die Bindungsfrist nicht unangemessen lang ist und sich der Zeitpunkt des Fristbeginns anhand des Vertrags eindeutig feststellen lässt, bestehen gegen die Wirksamkeit einer solchen Klausel keine durchgreifenden Bedenken.[50]

Bei der Zulassung eines **formularmäßigen Verzichts** auf den **Zugang** der Annahmeerklärung übt die Rechtsprechung im Zusammenhang mit dem Kauf neuer Kraftfahrzeuge Zurückhaltung. Nach Meinung des OLG Hamm kann eine solche Klausel, die gem. § 151 BGB die

---

43 AG Köln 11. 5. 1989 – 122 C 354/88 – n. v.
44 Anderer Ansicht *Creutzig*, Recht des Autokaufs, Rn 1.1.8.
45 LG Bielefeld 9. 9. 1987 – 1 S 94/87 – n. v.
46 *Loewe/Graf von Westphalen/Trinkner*, Bd. 2, § 10 Nr. 1 Rn 17; a. A. *Walchshöfer*, WM 1986, 1041, 1045.
47 Anderer Ansicht *Walchshöfer*, WM 1986, 1041, 1046.
48 Vgl. hierzu *Bickel*, NJW 1972, 607, 609.
49 *Walchshöfer*, WM 1986, 1041, 1046.
50 *Ulmer/Brandner/Hensen*, § 10 Nr. 1 Rn 5; *Schlosser/Coester-Waltjen/Graba*, § 10 Nr. 1 Rn 9; *Staudinger/Schlosser*, § 10 Nr. 1 Rn 9/11; *Walchshöfer*, WM 1986, 1041, 1046.

Ausnahme darstellt, wegen Unvereinbarkeit mit § 9 AGB-Gesetz nicht wirksam zum Regelfall gemacht werden, weil andernfalls der Käufer unangemessen benachteiligt würde. Innerhalb der dem Verkäufer vorbehaltenen Annahmefrist sei der Käufer, der keine Kenntnis von dem jeweiligen Stand des Entscheidungsprozesses auf Verkäuferseite besitze, in seiner wirtschaftlichen Dispositionsfreiheit gleichsam neutralisiert, während der Verkäufer seine wirtschaftliche Bestätigung ungehindert fortsetzen könne.[51] Aus Sicht des LG Frankfurt/M., das zu dem gleichen Ergebnis gelangt, kann der Käufer auf die Annahmeerklärung gem. § 151 Abs. 1 BGB nicht verzichten, da es keine entsprechende Verkehrssitte beim Autokauf gibt und gem. Abschn. I, Ziff. 2 NWVB sämtliche Vereinbarungen schriftlich niederzulegen sind.[52] Der Hinweis des Gesetzgebers in der Amtlichen Begründung zum Verbraucherkreditgesetz, auf den Zugang der Annahmeerklärung des Kreditgebers könne im Massengeschäft aus Gründen der Praktikabilität formularmäßig verzichtet werden, zwingt nicht zur Aufgabe der Restriktion. Der Neuwagenkauf gehört nämlich nicht zu den Massengeschäften, und der Fall, dass der Verkäufer als Kreditgeber auftritt, kommt nur noch selten vor. Der Käufer besitzt vor allem wegen der Bindungsfrist an sein Angebot ein berechtigtes Interesse daran, dass ihm die Vertragsannahmeerklärung des Verkäufers tatsächlich zugeht, andernfalls die Ungewissheit bleibt, ob und wann der Verkäufer sein Angebot angenommen hat. Die Verkürzung seiner Rechtsposition durch formularmäßigen Verzicht auf das Zugangserfordernis verstößt demzufolge sowohl beim einfachen Abzahlungskauf als auch beim Barkauf gegen § 9 Abs. 1 Nr. 1 und eventuell auch gegen § 10 Nr. 6 AGB-Gesetz.[53]

17 Der **Zeitpunkt** des Vertragsabschlusses ist bedeutsam für
– die Bestimmung der vertragsgemäßen Beschaffenheit des Neuwagens, Abschn. IV, Ziff. 6 NWVB,
– die Berechnung der vereinbarten Lieferfristen, Abschn. IV, Ziff. 1 NWVB,
– die Laufzeit einer eventuell vereinbarten Preisänderungsklausel.

3. Angemessenheit der Annahmefrist

18 Die dem Käufer vom Kfz-Handel durch Verwendung von AGB auferlegte **einseitige Bindung** auf die Dauer von höchstens bis zu **4 Wochen** – bei Nutzfahrzeugen bis zu 6 Wochen – steht nach wie vor im Blickpunkt der Kritik, die darin eine Benachteiligung des Käufers sieht und das Fehlen sachlich zwingender Gründe für eine solche Handhabung auf Händler- und Herstellerseite anführt.[54] Klauselgegner argumentieren, der Verkäufer müsse wissen, ob er den Lieferwunsch des Käufers erfüllen könne; jedenfalls aber sei ihm zuzumuten, sich beim Hersteller kurzfristig über die Lieferbarkeit zu vergewissern. Auf diese Weise bleibe dem Kaufinteressenten die Möglichkeit erhalten, sich ggf. bei einem anderen Händler zu erkundigen, ob dieser das Fahrzeug auf Lager habe oder es kurzfristig beschaffen könne. Nach Ablauf von 4 Wochen sei diese Möglichkeit vielleicht schon verstrichen. Von Verkäuferseite wird demgegenüber geltend gemacht, ein Zeitraum von 4 Wochen werde wegen der besonderen Sachumstände im Kraftfahrzeughandel mit Neuwagen benötigt. Zunächst müsse das Angebot des Kunden im eigenen Hause überprüft, sodann die Lieferbarkeit des Fahrzeugs

---

51 OLG Hamm 14. 3. 1986, NJW-RR 1986, 927.
52 LG Frankfurt/M. 5. 6. 1987, NJW-RR 1987, 1268; ebenso *Loewe/Graf von Westphalen/Trinkner*, Bd. 2, § 10 Nr. 1 Rn 17.
53 *Loewe/Graf von Westphalen/Trinkner*, Großkomm. zum AGB-Gesetz, Bd. 2, § 10 Rn 17; *Graf von Westphalen/Emmerich/von Rottenburg*, VerbrKrG, § 4 Rn 32; a. A. *Walchshöfer*, WM 1986, 1041, 1046; *Seibert*, VerbrKrG, § 4 Rn 2.
54 *Ulmer/Brandner/Hensen*, Anh. §§ 9–11, Rn 438; *Pfeiffer* in *Graf von Westphalen*, Vertragsrecht und AGB-Klauselwerke, Neuwagenkauf, Rn 8; *Palandt/Heinrichs*, § 10 AGBG, Rn 4; *Erman/Hefermehl*, § 10 Nr. 1 AGBG, Rn 5; *Mehnle*, DAR 1990, 175; LG Hamburg, 2. 12. 1987, NJW 1988, 1150.

Kaufantrag und Annahmevorbehalt

mit dem Herstellerwerk geklärt und schließlich die Annahmeerklärung an den Besteller weitergeleitet werden. Bei Kreditgeschäften müsse außerdem die Kreditwürdigkeit des Kunden geprüft werden, und alles zusammen dauere trotz des Einsatzes modernster Technik in den meisten Fällen bis zu 4 Wochen.[55] Dieser Argumentation des Handels ist der BGH gefolgt.[56] Er stellt in seinem Urteil fest, die Fristbestimmung sei trotz erheblicher Überschreitung der gesetzlichen Annahmefrist des § 147 Abs. 2 BGB durch eine Reihe organisatorischer Maßnahmen gerechtfertigt, die die ordnungsgemäße Bearbeitung der Bestellung von neuen Kraftfahrzeugen erfahrungsgemäß mit sich bringe. Hierzu gehöre die Rückfrage beim Hersteller, ob das Fahrzeug in der vom Kunden gewünschten Ausstattung geliefert werden könne, die Weitergabe der Bestellung und das Abwarten der Bestätigung des Herstellers. Hinzu komme die Zeit zur abschließenden Klärung der Finanzierung des Kaufpreises, die der Kraftfahrzeughändler regelmäßig „mitliefern" müsse, sowie der Verwertbarkeit eines in Zahlung gegebenen Gebrauchtfahrzeugs und bei Abzahlungsgeschäften die Prüfung der Kreditwürdigkeit des Käufers.

19 Diese Meinung, die auch im Schrifttum weitgehend Anklang findet,[57] kann nicht geteilt werden. Bei der Bewertung, ob eine Frist zur Annahme oder Ablehnung eines Angebots angemessen oder unangemessen lang ist, muss von dem Grundsatz ausgegangen werden, dass der Antragende nach dem Schutzzweck von § 10 Nr. 1 AGB-Gesetz an sein Angebot nur so lange gebunden werden darf, wie es die Sachumstände tatsächlich erfordern.[58] Im Interesse des Kunden soll ein längerer Schwebezustand vermieden werden. Weder organisatorische Maßnahmen für die Bearbeitung der Bestellung noch Besonderheiten im Neuwagenhandel rechtfertigen beim Pkw-Kauf eine Bindungsfrist von 4 Wochen und bei Nutzfahrzeugen eine solche von 6 Wochen, von deren Existenz im Übrigen nur wenige Käufer wissen, da die meisten die AGB vor Unterzeichnung der Bestellung nicht durchlesen. Die einzige Besonderheit im Neuwagenhandel, die zur Abweichung von der Annahmefrist des § 147 Abs. 2 BGB Veranlassung gibt, besteht darin, dass etwa 95% der von Neuwagenkunden gewünschten Fahrzeuge nicht vorrätig sind, sondern vom Hersteller bezogen und dort eventuell erst noch produziert werden müssen. Aus diesem Grund kommt der Händler nicht umhin, vor Annahme der Käuferofferte die Frage der Lieferbarkeit des Fahrzeugs mit dem Herstellerwerk zu klären. Die Bestellung des vom Kunden gewünschten Fahrzeugs beim Hersteller kann vom Händler in einem Arbeitsgang miterledigt werden. Der Hersteller ist auf Grund genauer Kenntnis der Produktionskapazität des Werks, der Fabrikationsdauer eines Kraftfahrzeugs und des Gesamtauftragsvolumens jederzeit in der Lage, das Fertigstellungsdatum binnen kürzester Frist zu berechnen und bekannt zu geben. Als Mittel der Kommunikation zwischen Hersteller und Händler stehen **Telefon, Telefax und Internet** heutzutage regelmäßig zur Verfügung, so dass die vielfach als zu lang empfundenen Postlaufzeiten entfallen.

20 Für die **hausinterne Entscheidung** ist dem Händler mit Rücksicht auf die schutzwürdigen Belange des Kunden nur ein kurzer Zeitraum von 1 bis 2 Tagen zuzubilligen. Binnen gleicher Frist läßt sich die Lieferbarkeit des Fahrzeugs mit dem Hersteller abklären und die Bestellung aufgeben, sodass als weitere organisatorische Maßnahme lediglich noch die Bestätigung des Kundenangebots veranlasst werden muss. Für das Schreiben und die Postbeförderung kom-

---

55 *Creutzig,* Recht des Autokaufs, Rn 1.1.1.
56 Urt. 13. 12. 1989, DAR 1990, 95 ff.; der gleichen Auffassung schon früher LG Hamburg 11. 11. 1971 – 20 O 193/71 – n. v.; LG Köln 15. 6. 1978 – 78 O 39/78 – n. v.
57 *Reuter,* DB 1979, 2069; *Creutzig,* Recht des Autokaufs, Rn 1.1.1; *Loewe/Graf von Westphalen/Trinkner,* § 10 Nr. 1 Rn 12 u. 13; *ders.,* NWVB Rn 1; *Schlosser/Coester-Waltjen/Graba,* § 10 Nr. 1 Rn 10; *Bunte,* Handbuch der AGB 1982, 244 Anm. 2; *Soergel/Stein,* § 10 AGBG Rn 6; *Staudinger/Schlosser,* § 10 Nr. 1 AGBG Rn 11; *Walchshöfer,* WM 1986, 1041, 1044; *Wolf/Horn/Lindacher,* § 10 Nr. 1 Rn 15; *Jauernig/Teichmann,* AGBG, § 10 Anm. 1a, aa sowie BGH 8. 10. 1969, NJW 1970, 29 ff. in einem Gebrauchtwagenfall.
58 *Ulmer/Brandner/Hensen,* § 10 Nr. 1 Rn 5.

men max. 3 bis 4 Tage in Betracht. Wenn hin und wieder für die organisatorischen Maßnahmen im Zusammenhang mit der Bearbeitung einer Käuferofferte wesentlich mehr Zeit benötigt und verbraucht wird, so kann daraus die Angemessenheit der Annahmefrist von 4 Wochen nicht abgeleitet werden. Die Erfahrung lehrt, dass die eine Seite stets so viel Zeit benötigt, wie die andere ihr zugesteht. Außerdem lässt sich auf dem Sektor der Kommunikation zwischen Hersteller und Händler zeitlich einiges straffen, ohne dass hierdurch der eine oder andere in Zeitnot gerät.

Der einfache Abzahlungskauf, bei dem der Verkäufer Kredit gewährt, wird im Kraftfahrzeughandel nur noch ganz selten praktiziert, sodass in der Mehrzahl der Fälle die **Überprüfung der Kreditwürdigkeit** des Kunden durch den Händler entfällt. Beim finanzierten Abzahlungskauf fällt die Bonitätsprüfung in den Aufgabenbereich der Bank, auch wenn der Händler die Finanzierung des Kaufpreises „mitliefert". Für die Prüfung der Verwertbarkeit eines in Zahlung gegebenen Gebrauchtfahrzeugs kann dem Händler ein zusätzlicher Zeitraum von allenfalls einem Tag zugestanden werden. Während dieses Zeitraums ist es dem Händler ohne Weiteres möglich, einschlägige Marktberichte einzusehen, Kaufangebote abzufragen und eventuell einen Sachverständigen zu konsultieren. Alles in allem benötigt der Händler bei zügiger Bearbeitung der Käuferofferte bis zu deren Annahme einen Zeitraum von max. 2 Wochen, wobei ihm die Ausschöpfung der heutzutage zur Verfügung stehenden Kommunikations- und Informationsmittel zuzumuten ist.[59]

Die Bindungsfrist von 4 Wochen gilt gem. Abschn. I, Ziff. 1, Satz 1 NWVB **unterschiedslos** für **vorrätige** wie für **nicht vorrätige** Fahrzeuge. Auch dieser Umstand gibt Veranlassung, die Wirksamkeit der Klausel zu bezweifeln. Das OLG Frankfurt[60] hat diese **Schwachstelle** zutreffend erkannt und konsequent entschieden, dass die vierwöchige Bindungsfrist unwirksam ist, wenn das Neufahrzeug bei der Verkäuferfirma bereitsteht und keine weiteren Fragen im Zusammenhang mit dem Vertragsabschluß zu klären sind. Der erkennende Senat billigte der Verkäuferfirma angesichts der abschlussreifen Vertragsverhandlungen eine Annahmefrist von maximal zwei Tagen zu. Die Idee, die Klauselunwirksamkeit auch auf den Fall des Verkaufs nicht vorrätiger Neufahrzeuge zu erstrecken, liegt angesichts des Verbots der geltungserhaltenden Reduktion auf der Hand.

Bei der Überarbeitung der NWVB im Jahre 1991 wurde die Forderung nach einer Verkürzung der Bindungsfrist von 4 auf 2 Wochen zurückgewiesen. Statt dessen wurde der Verkäufer verpflichtet, den Besteller unverzüglich schriftlich von einer **Nichtannahme** der **Bestellung zu unterrichten.** Diese in Abschn. I, Ziff. 1, S. 3 NWVB verankerte Formularregelung geht inhaltlich nicht weiter als die Vorgängerklausel. Sie stellt lediglich klar, dass die Informationspflicht nicht auf den Fall der Nichtlieferbarkeit des Fahrzeugs durch den Hersteller beschränkt sein soll,[61] und schafft allein dadurch keinen adäquaten Ausgleich für die Beibehaltung der vierwöchigen Bindungsfrist. Als „**Trostklausel**" soll sie dem Käufer zu Schadensersatzansprüchen verhelfen, wenn er dem Händler nachweist, dass er ihn schon früher von der Nichtannahme der Bestellung hätte unterrichten können. Da die Entscheidung über die Nichtannahme der Bestellung zu den **betriebsinternen** Vorgängen gehört, in die der Besteller keinen Einblick hat, ist seine Beweissituation ziemlich aussichtslos. Hinzu kommt, dass sich das Ende des Meinungsbildungsprozesses beim Händler selten exakt fixieren lässt und das Spektrum denkbarer Ausreden grenzenlos erscheint.

---

59 *Ulmer/Brandner/Hensen,* Anh. 9–11, Rn 438 u. § 10 Nr. 1, Rn 7; LG Hamburg 2. 12. 1987, NJW 1988, 1150; *Mehnle,* DAR 1990, 174 f.
60 Urt. v. 23. 7. 1997, OLGR 1997, 253.
61 So schon zur Vorgängerklausel LG Köln 15. 6. 1978 – 78 O 39/78 – n. v.

II. Lieferfristen

1. Vereinbarung

Beim Neuwagenkauf kommt es immer wieder vor, dass vereinbarte Lieferfristen überschritten werden. Für den Käufer ist dies besonders ärgerlich, wenn er sich auf eine termingerechte Lieferung eingestellt hat.

Die dem Handel empfohlenen NWVB sehen vor, dass Lieferfristen und Liefertermine „**unverbindlich**" oder „**verbindlich**" vereinbart werden können. Sie schließen hiervon abweichende Parteiabsprachen, wie etwa die Lieferung zu einem Fixtermin oder die Anwendung der gesetzlichen Vorschriften, ebenso wenig aus wie die nachträgliche Abänderung einer Lieferungsvereinbarung.[62]

Unter Lieferfrist ist ein **gewisser Zeitraum**, unter Liefertermin ein **bestimmter Tag** oder Zeitpunkt zu verstehen.[63] Liefertermine und Lieferfristen sind gem. Abschn. IV, Ziff. 1 NWVB **schriftlich** anzugeben. Der BGH[64] hat keine Veranlassung gesehen, die Klausel im Kontrollverfahren nach § 13 Abs. 1 AGB-Gesetz zu beanstanden, weil der Käufer seiner Meinung nach nicht unangemessen im Sinne von § 9 AGB-Gesetz benachteiligt wird und die Regelung zur Klarheit im Rechtsverkehr beiträgt. Wird auf der Vorderseite des Neuwagen-Verkaufsformulars die Lieferfrist in der dafür vorgesehenen Spalte als „unverbindlich" oder „verbindlich" angekreuzt, so handelt es sich um eine **Individualabrede**.[65] Haben die Parteien eine mündliche Absprache getroffen, ist dem Händler wegen des Vorrangs der Individualvereinbarung die Berufung auf die Schriftformklausel versagt,[66] es sei denn, dass die Zusage von einem vollmachtlosen Vertreter erteilt wurde.[67] Formularmäßige Vorbehalte, die einer individuell vereinbarten Lieferfrist entgegenstehen, verstoßen gegen § 10 Nr. 1 AGB-Gesetz.[68]

Wegen der Regelung in Abschn. IV, Ziff. 1 NWVB enthalten die vom Handel verwendeten Bestellformulare eine Rubrik für die Eintragung des Liefertermins bzw. der Lieferfrist mit einer Textvorgabe, die besagt, dass von den beiden Möglichkeiten, den Termin bzw. die Frist entweder verbindlich oder unverbindlich zu vereinbaren, die jeweils nicht gewünschte Alternative zu streichen ist. In der Praxis geschieht es häufig, dass die Vertragsparteien – aus im Nachhinein nicht mehr feststellbarer Absicht oder aus Nachlässigkeit – zwar den Liefertermin bzw. die Lieferfrist in die betreffende Spalte eintragen, die vorgesehene Streichung jedoch nicht vornehmen. Es muss in solchen Fällen davon ausgegangen werden, dass die Frist/der Termin weder verbindlich noch unverbindlich vereinbart worden ist, es sei denn, dass sich die eine oder andere Möglichkeit ausnahmsweise im Wege einer Auslegung ermitteln lässt. Eine Auslegung zum Nachteil des Händlers im Sinne einer Verbindlichkeit der Lieferfrist/des Liefertermins kommt nicht in Betracht, da keine unklare AGB-Regelung vorliegt, sondern eine individualvertragliche Festlegung fehlt. **Ohne Vereinbarung,** dass der Liefertermin bzw. die Lieferfrist im Sinne von Abschn. IV, Ziff. 1, S. 1 NWVB entweder verbindlich oder unverbindlich sein soll, sind die **Regelungen** des Abschn. IV NWVB **zum Verzugseintritt** und den **Verzugsfolgen** insgesamt **unanwendbar.** Es gelten statt dessen die gesetzlichen Bestimmungen der §§ 284 ff. BGB.

---

[62] OLG Hamm 16. 9. 1993, OLGR 1993, 317.
[63] *Creutzig,* Recht des Autokaufs, Rn 4.1.2; *Pfeiffer* in Vertragsrecht und AGB – Klauselwerke/Neuwagenkauf, Rn 18.
[64] Urt v. 25. 2. 1982, BB 1982, 2138 ff.
[65] BGH 7. 10. 1981, NJW 1982, 331, 333.
[66] BGH 15. 5. 1986, NJW 1986, 3131.
[67] Vgl. *Ulmer/Brandner/Hensen,* § 4 Rn 31, 37, 38.
[68] *Loewe/Graf von Westphalen/Trinkner,* § 10 Nr. 1 Rn 4.

25 Beim Abschluss der Vereinbarung über die Lieferfrist oder den Liefertermin ist darauf zu achten, dass entweder der Liefertermin datumsmäßig fixiert oder die Lieferfrist nach Tagen, Wochen oder Monaten bestimmt wird. Lieferfristen laufen ab Vertragsschluss und nicht ab Bestellung.[69] Die Annahmefrist bis max. 4 Wochen verlängert die Lieferfrist entsprechend. Aus Sicht des Käufers ist deshalb die Vereinbarung eines Liefertermins der Vereinbarung einer Lieferfrist vorzuziehen. Dies gilt gleichermaßen für verbindliche wie für unverbindliche Lieferfristen und -termine. Dem Käufer schaden allgemeine Floskeln wie „schnellstens", „rasch" oder „baldmöglichst". Derartige Formulierungen verpflichten den Verkäufer lediglich, sich mit den ihm zur Verfügung stehenden Mitteln für eine baldige Lieferung einzusetzen, wofür er im Streitfall beweispflichtig ist. Für den Bereich des Möbelhandels entschied das OLG Nürnberg,[70] dass „baldigst" Lieferung innerhalb von höchstens 8 Wochen bedeutet. Da der zeitliche Ablauf der Autoproduktion mit Hilfe moderner Datenverarbeitungsgeräte (Stichwort: Just-in-time-Production) mindestens ebenso gut überschaut und vorausbestimmt werden kann wie die Herstellung von Möbeln, ist der vom OLG Nürnberg ermittelte Zeitraum auch auf den Autohandel übertragbar.[71] Das OLG Köln[72] steht auf dem Standpunkt, dass der Käufer eine Belieferung spätestens 12 Wochen nach Vertragsschluss erwarten kann, wenn der Verkäufer versprochen hat, den bestellten Pkw der Luxusklasse „schnellstmöglich" zu liefern. Wenn die Zeit für die Lieferung weder bestimmt noch aus den Umständen zu entnehmen ist, kann der Käufer nach der allgemeinen gesetzlichen Regelung zur Leistungsfähigkeit des § 271 BGB die Lieferung sofort verlangen. Sofort heißt weder „auf der Stelle" noch „unverzüglich". Vielmehr ist eine je nach den Umständen angemessene Zeitspanne des Abwartens einzuhalten, die nach Meinung des OLG München[73] beim Kauf eines Anhängerfahrzeugs 4 Wochen beträgt.

26 Formularmäßige Klauseln des Inhalts „Lieferung so schnell wie möglich" oder „Lieferung sofort nach Eintreffen der Ware" entfalten mangels hinreichender Bestimmtheit keine Wirksamkeit.[74]

Bei **nachträglichen Vertragsänderungen** soll gem. Abschn. IV, Ziff. 1, Satz 2 NWVB erforderlichenfalls der Lieferzeitpunkt erneut vereinbart werden. Der unverbindliche Wortlaut deutet darauf hin, dass es sich um eine Empfehlung ohne konkreten Regelungsgehalt handelt, die die Parteien bei Vornahme der Vertragsänderung beachten sollen. Die Klausel beinhaltet keinen Anspruch des Verkäufers auf Neufestsetzung des Lieferzeitpunktes nach bereits erfolgter Vertragsänderung, andernfalls sie möglicherweise unwirksam wäre.[75]

2. Unverbindliche Lieferfrist

a) Begriff

27 Unverbindliche Lieferfrist im Sinne der NWVB bedeutet, dass der Käufer eine **sechswöchige Lieferfristüberschreitung rechtsfolgenlos** hinnehmen muss. Während der „Wartefrist" bzw. „Schonfrist" kommt der Verkäufer nicht in Verzug,[76] auch nicht durch Mahnung des Käufers. Verzug tritt erst ein, wenn der Käufer den Verkäufer nach Ablauf von 6 Wochen schriftlich zur Lieferung binnen angemessener Frist auffordert. Nachfristsetzung mit Ablehnungsandrohung ist zur Herbeiführung des Verzugs nicht erforderlich. Abschn. IV, Ziff. 2,

---

69 *Creutzig,* Recht des Autokaufs, Rn 4.1.4.
70 Urt. 13. 11. 1980, NJW 1981, 1104.
71 *Creutzig,* Recht des Autokaufs, Rn 4.1.3.
72 Urt. 31. 7. 1991, OLGR 1992, 36.
73 Urt. v. 12. 11. 1991, NJW-RR 1992, 818, 820.
74 *Ulmer/Brandner/Hensen,* § 10 Nr. 1 Rn 18; *Creutzig,* Recht des Autokaufs, Rn 4.1.3; *Basedow,* MünchKomm § 10 AGBG Rn 12.
75 *Pfeiffer* in *Graf von Westphalen,* Vertragsrecht und AGB-Klauselwerke, Neuwagenkauf, Rn 19.
76 OLG Düsseldorf 15. 11. 1971, BB 1972, 1296, 1297.

Lieferfristen

Satz 1 NWVB ist missverständlich formuliert. Das angestrebte Ziel, dem Käufer eine gesonderte Ablehnungsandrohung nach Inverzugsetzung des Verkäufers zu ersparen, wurde verfehlt. Da die Klausel den Eindruck erweckt, als setze Verzug eine mit Ablehnungsandrohung verbundene Fristsetzung voraus, hält sie einer AGB-Kontrolle nicht stand.[77]

Nichteinhaltung der **Schriftform** macht die Mahnung wirkungslos,[78] es sei denn, das Versäumnis ist nach **Treu und Glauben** ausnahmsweise **unbeachtlich**, etwa wegen wiederholter telefonischer und mündlicher Lieferanmahnungen des Käufers.[79] Wenn der Verkäufer den nach Verstreichen der vereinbarten Lieferfrist mündlich mahnenden Käufer mit alsbaldiger Lieferung vertröstet, kann davon ausgegangen werden, dass die Parteien das Erfordernis der **Schriftform** ausdrücklich oder konkludent durch **Individualabrede aufgehoben** haben.[80] Eine Mahnung vor Ablauf der Wartefrist von sechs Wochen ist wirkungslos, da sie vor Fälligkeitseintritt liegt.[81]

28

Nach gefestigter höchstrichterlicher Rechtsprechung erlischt der Erfüllungsanspruch des Käufers mit dem fruchtlosen Ablauf der Nachfrist, sofern die Ablehnung wirksam angedroht worden ist.[82] Es stellt sich die Frage, ob die gleiche Rechtsfolge im Fall des Verstreichens einer mit Ablehnungsandrohung verbundenen Lieferfrist im Sinne von Abschn. IV, Ziff. 2 Abs. 1, Satz 1 NWVB eintritt. Offenbar ist diese Konsequenz nicht beabsichtigt. Dagegen spricht die – dem Käufer empfohlene – Verbindung von Mahnung und Ablehnungsandrohung in Abschn. IV, Ziff. 2 Abs. 1, S. 1 NWVB, die nicht deutlich macht, dass es sich bei der Ablehnungsandrohung um eine zusätzliche Verfahrensmöglichkeit handelt, die als Vorstufe zum Rücktritt bzw. Schadensersatz wegen Nichterfüllung über die bloße Inverzugsetzung hinausweist. Auch aus Abschn. IV, Ziff. 2 Abs. 2, S. 3 NWVB ergibt sich, dass der Erfüllungsanspruch mit Fristablauf nicht erlischt. Es heißt dort, dass der Anspruch auf Lieferung in den Fällen „dieses Absatzes" ausgeschlossen ist, also nur dann, wenn der Käufer nach dem fruchtlosen Ablauf der Frist entweder den Rücktritt erklärt oder Schadensersatz wegen Nichterfüllung verlangt. Solange er von diesen Rechten keinen Gebrauch macht, ist von dem Fortbestand des Erfüllungsanspruchs nach Fristablauf trotz erfolgter Ablehnungsandrohung auszugehen.

29

b) Angemessenheit der Wartefrist

Die **Wartefrist** von **6 Wochen** ist **nicht unbedenklich**. Sie verschafft dem Händler einerseits einen sachlich nicht berechtigten Zeitvorteil, während sie andererseits den Käufer bindet und ihn daran hindert, sich anderweitig einzudecken.[83] Dadurch wird der Schutzzweck von § 11 Nr. 8 AGB-Gesetz unterlaufen, der besagt, dass mit Lieferterminen kein Missbrauch getrieben werden darf und der Verwender für die Rechtzeitigkeit der Leistung verantwortlich ist.[84] Wie bei der Annahmefrist gilt auch hier, dass der Hersteller den Zeitpunkt der Fertigstellung des Fahrzeugs genau vorausberechnen und den Händler entsprechend unterrichten kann. Die Klausel, die eine **sanktionslose Lieferfristüberschreitung** von 6 Wochen vorsieht und keine Regelung zur Fälligkeit enthält, verstößt deshalb gegen § 9 Abs. 1 AGB-Gesetz.[85]

30

---

77 *Pfeiffer* in *Graf von Westphalen,* Vertragsrecht und AGB-Klauselwerke, Neuwagenkauf, Rn 20; *Ulmer/Brandner/Hensen,* Anh. §§ 9–11, Rn 438.
78 *Creutzig,* Recht des Autokaufs, Rn 4.2.6.
79 AG Braunschweig 7. 5. 1987 – 112 C 5008/86 (7) – zit. bei *Creutzig,* Recht des Autokaufs, Rn 4.2.6.
80 *Palandt/Heinrichs,* § 125 Rn 14.
81 BGH 27. 3. 1980, BGHZ 77, 64; KG 8. 9. 1986 – 2 U 1912/85 – zit. bei *Creutzig,* Recht des Autokaufs, Rn 4.2.5; *Palandt/Heinrichs,* § 284 Rn 16.
82 BGH 28. 10. 1988, NJW-RR 1989, 201.
83 *Ulmer/Brandner/Hensen,* § 10 Nr. 1 Rn 12.
84 *Ulmer/Brandner/Hensen,* Anh. §§ 9–11 Rn 438.
85 *Ulmer/Brandner/Hensen,* Anh. §§ 9–11 Rn 438.

Der BGH[86] hält die Wartefrist für angemessen. Er verweist auf die oft unvermeidbaren Verzögerungen, die durch Lieferschwierigkeiten von Zulieferern eintreten können. Außerdem nimmt der Käufer, der sich auf eine unverbindliche Lieferfrist einläßt, seines Erachtens derartige Lieferverschiebungen in Kauf. Beides ist nicht richtig. Befragte Hersteller/Importeure erteilten schon vor Jahren die Auskunft, dass sich das Fertigstellungsdatum eines Fahrzeugs unter Einbeziehung aller Unwägbarkeiten über einen Zeitraum von 3 Monaten entweder exakt oder im ungünstigsten Falle mit einer Schwankungsbreite von 4 Wochen voraussagen läßt. Die Zeit zwischen vorausberechneter Fertigstellung und Auslieferung an den Händler beträgt im Durchschnitt 1–2 Wochen. All diese von **vornherein bekannten Werte** kann der Händler bei der Festlegung des unverbindlichen Liefertermins berücksichtigen, sodass für noch verbleibende Unwägbarkeiten, wie etwa kurzfristige Störungen des Fertigungsablaufs, verspätete oder fehlerhafte Materiallieferungen und veränderte Anwesenheitsraten des Fertigungspersonals, eine Wartefrist von 4 Wochen absolut ausreichend erscheint. Die beispielhaft erwähnten unvorhersehbaren Umstände sind weitgehend organisatorisch lösbar und statistisch im Voraus berechen- bzw. kalkulierbar. Bei höherer Gewalt oder beim Verkäufer oder bei dessen Lieferanten eintretenden Betriebsstörungen, wie z. B. durch **Aufruhr, Streik** und **Aussperrung,** tritt gem. Abschn. IV, Ziff. 4 NWVB ohnehin **kein Verzug** ein, vielmehr verlängern solche Ereignisse zusätzlich sowohl unverbindliche als auch verbindliche Lieferfristen bzw. Liefertermine um die Dauer der durch diese Umstände bedingten Leistungsstörungen.[87] Die sechswöchige Schonfrist betrifft ausschließlich **beherrschbare Vorkommnisse,** denen – soweit sie sich dem direkten Einflussbereich des Händlers oder dessen Lieferanten entziehen – durch entsprechende Vorsorgemaßnahmen wirksam begegnet werden kann. Eine ausreichende Bevorratung mit Zulieferteilen ist für den Hersteller schon deshalb geboten, weil er nur etwa die Hälfte der für ein Fahrzeug benötigten Teile (insgesamt sind es rd. 6000 Stück bei einem Pkw) selbst herstellt, während er die restlichen Teile von Zulieferern bezieht. Für den Händler mag es, worauf *Creutzig*[88] hinweist, misslich sein, dass ihm der Hersteller zwar die Lieferung einer bestimmten Quote von Fahrzeugen zusichert, er jedoch eine verbindliche Lieferzusage über die vom Käufer gewünschte Ausstattungsvariante nur für eine Zeit von 8 Wochen vor Auslieferung erhält. Diese Verfahrensweise betrifft jedoch ein **internes Organisationsproblem,** das durch entsprechende Vertragsgestaltung zu lösen ist und dessen Verlagerung auf den Käufer § 10 Nr. 1 AGB-Gesetz verbietet. Soweit das OLG Köln[89] den Versuch unternommen hat, die Angemessenheit der 6-wöchigen Frist mit dem Argument zu rechtfertigen, es seien auch heutzutage noch längere Lieferfristen im Handel mit Neufahrzeugen je nach gewünschtem Fahrzeugtyp und individuellen Ausstattungsmerkmalen gang und gäbe, verwechselt es ersichtlich die vereinbarte Lieferzeit, die den Zeitraum vom Abschluss des Vertrages bis zum vorgesehenen Liefertermin umfasst, mit der dem Verkäufer zuzubilligenden Überschreitungsfrist.

31 Auch das Argument,[90] der Käufer richte sich bei Vereinbarung eines unverbindlichen Liefertermins bzw. einer unverbindlichen Lieferfrist auf eine mögliche 6-wöchige Verzögerung ein, vermag nicht zu überzeugen. Welcher Käufer liest schon bei der Bestellung eines Neuwagens das „Kleingedruckte" und ist sich darüber im Klaren, dass bei Vereinbarung einer unverbindlichen **3-monatigen Lieferfrist** die **effektive Lieferzeit** rund **10 Monate** betragen kann, wie folgendes Rechenexempel verdeutlicht:

Der Käufer gibt seine Bestellung am 2. Januar auf. Vereinbart wird eine unverbindliche Lieferfrist von 3 Monaten. Die Annahme der Bestellung erfolgt am 30. Januar, dem letzten

---

86 Urt. v. 7. 10. 1981, NJW 1982, 331, 333; ebenso KG, Urt. v. 8. 9. 1986 – 2 U 1912/85 – n. v.; OLG Köln 16. 2. 1995, OLGR 1995, 140, 141; *Creutzig,* Recht des Autokaufs, Rn 4.2.3.
87 Dazu Rn 47.
88 Recht des Autokaufs, Rn 4.2.3.
89 Urt. v. 16. 2. 1995, OLGR 1995, 140, 141.
90 BGH 7. 10. 1981, NJW 1982, 331, 332.

Tag der 4-wöchigen Annahmefrist. Die Lieferfrist beginnt mit dem 30. Januar und endet am 30. April. Am 15. März kommt es zum Streik beim Hersteller. Der Streik dauert 2 Monate und hat eine Lieferverzögerung von insgesamt 3 Monaten und 30 Tagen zur Folge. Damit verschiebt sich die Lieferfrist auf den 30. August. Nach Ablauf weiterer 6 Wochen wird die Lieferung fällig, also am 10. Oktober. Am gleichen Tag fordert der Käufer den Verkäufer auf, das Fahrzeug innerhalb einer angemessenen Nachfrist von 2 Wochen zu liefern, indem er androht, dass er die Abnahme des Fahrzeugs nach Fristablauf ablehnen werde. Nach Ablauf dieser Zweiwochenfrist, die am 25. Oktober endet, ist der Käufer berechtigt, vom Kaufvertrag zurückzutreten oder Schadensersatz wegen Nichterfüllung zu verlangen. Die Zeit zwischen Bestellung und der Möglichkeit, sich vom Vertrag zu lösen, beträgt bei einer vorgestellten Lieferzeit von 3 Monaten mehr als 10 Monate.

Das Beispiel verdeutlicht, dass der Schutz des Käufers eine Herabsetzung der sanktionslosen Wartezeit auf längstens 4 Wochen gebietet, anderenfalls sich der Kunde auf die Leistungszeit nicht in angemessenen zeitlichen Grenzen einstellen kann.

Dem Verkäufer ist unter gewissen Voraussetzungen die **Berufung auf die Wartefrist** nach **Treu und Glauben verwehrt,** wenn er sich z. B. schuldhaft außer Stande gesetzt hat, die vereinbarte Lieferfrist einzuhalten,[91] oder wenn er das für den Käufer bestimmte und fristgerecht gelieferte Fahrzeug ohne begründeten Anlass an einen anderen Käufer veräußert hat und für den Käufer ein anderes Fahrzeug nachbestellen muss.

c) Rechtsfolgen bei Lieferfristüberschreitung

Unterlässt es der Käufer, die Lieferung des Fahrzeugs nach Ablauf der Wartefrist anzumahnen, dauert der **rechtsfolgenlose Zustand** an. Mahnt er termingerecht, gerät der Verkäufer mit dem Zugang des Mahnschreibens in Verzug. Nach Eintritt des Verzugs ist der Käufer berechtigt, außer der Lieferung den Verzugsschaden geltend zu machen, der bei **leichter Fahrlässigkeit** des Verkäufers auf höchstens **5% des vereinbarten Kaufpreises** beschränkt ist.[92] Die Klausel begrenzt den Schadensersatzanspruch, sie pauschaliert ihn nicht, sodass der Käufer die Höhe seines Verzugsschadens nach allgemeinen Beweisgrundsätzen darlegen und beweisen muss.[93] Im Schrifttum sind Zweifel geäußert worden, ob ein Betrag bis zu **5% des Kaufpreises** unter dem Gesichtspunkt des Verbots der Freizeichnung **für typische Schäden ausreicht.**[94] Sie sind nicht begründet, da bei Ausschöpfung des Limits der fahrzeugspezifische Nutzungsausfallschaden abgedeckt wird, der ab Eintritt des Verzugs innerhalb einer angemessenen Nachfrist von ca. 2 Wochen entsteht, nach deren Verstreichen der Käufer sich vom Vertrag durch Rücktritt oder im Wege des sog. großen Schadensersatzes lösen kann. Bei einem durchschnittlichen Neuwagenpreis von über 35 000 DM beträgt das Schadenvolumen ca. 1750 DM und liegt mithin bei 125 DM pro Tag.

32

Die Voraussetzungen **grober Fahrlässigkeit** sind anzunehmen, wenn der Händler in Kenntnis von Belieferungsschwierigkeiten und Lieferfristüberschreitungen eine voraussichtlich nicht einhaltbare Terminzusage abgibt oder wenn er es trotz bestehender Veranlassung unterlässt, mit dem Hersteller/Importeur einen sog. „Eindeckungsvertrag" zu schließen.[95]

33

---

91 BGH 8. 10. 1969, NJW 1970, 29, 31.
92 Abschn. IV, 2 NWVB; der völlige Haftungsausschluß in der bis zum 1. 7. 1991 gültigen Fassung von Abschn. IV, 2 NWVB wurde wegen Verstoßes gegen § 11 Nr. 8b AGB-Gesetz ersatzlos gestrichen; vgl. hierzu *Basedow,* MünchKomm, § 11 AGBG Rn 120; *Palandt/Heinrichs,* § 11 AGBG Rn 42; *Loewe/Graf von Westphalen/Trinkner,* § 11 Nr. 8 Rn 25; *ders.* in Bd. III, Brosch. 51, 5.1.3–14 Rn 9.
93 *Creutzig,* Recht des Autokaufs, Rn 4.2.6.2.
94 *Ulmer/Brandner/Hensen,* Anh. §§ 9–11 Rn 438, offen gelassen von *Pfeiffer* in Graf von Westphalen, Vertragsrecht und AGB-Klauselwerke, Neuwagenkauf, Rn 20.
95 OLG Düsseldorf 15. 11. 1971, BB 1972, 1296 ff.

Nach Meinung von *Creutzig*[96] entspricht diese Sicht der Dinge nicht den gegenwärtigen Besonderheiten beim Kfz-Kauf, da kein Hersteller/Importeur mit dem Händler einen individuellen Kaufvertrag über das vom Käufer bestellte Fahrzeug abschließe und der Händler nur in wenigen Fällen nach Weitergabe der Bestellung des Käufers eine Annahmeerklärung des Herstellers/Importeurs erhalte und, wenn überhaupt, dann auch nur mit einer unverbindlichen Bestätigung des Liefertermins bzw. der Lieferfrist. Die auf der Vertragsebene zwischen Händler und Hersteller/Lieferant auftretenden Probleme sind regelbar. Soweit dies im Einzelfall nicht gelingt, ist vom Händler zu verlangen, dass er mit Terminzusagen äußerst vorsichtig umgeht. Vereinbart er mit dem Käufer einen verbindlichen Liefertermin, obschon er weiß, dass er vom Hersteller nur eine unverbindliche Terminbestätigung bekommt, dann muss er sich, wenn der Fall der Nichtlieferbarkeit zum vereinbarten Termin tatsächlich eintritt, den Vorwurf eines bewussten, grob fahrlässigen, wenn nicht gar den eines bedingt vorsätzlichen Handelns gefallen lassen und kann sich nicht mit dem Hinweis auf gegenwärtige Besonderheiten beim Kfz-Kauf exkulpieren.

34 Die **Beweislast** für das Nichtvorhandensein grober bzw. leichter Fahrlässigkeit trägt der **Verkäufer,** da das Vertretenmüssen der Lieferverzögerung nicht begriffliche Voraussetzung des Verzugs ist, vielmehr fehlendes Verschulden zu einer Haftungsbefreiung führt.[97] Das OLG Saarbrücken[98] hat auf der Grundlage dieser Beweislastregelung die grobe Fahrlässigkeit mit der Begründung bejaht, der Verkäufer habe nicht dargetan, aus welchem Grund der Liefertermin nicht eingehalten worden sei. Dem Käufer eines Euro-Neufahrzeugs wurde vom OLG Hamm[99] Schadensersatz wegen Nichterfüllung zuerkannt, weil der Verkäufer nicht nachweisen konnte, sich eine **Selbstbelieferung** mit dem bestellten Fahrzeugtyp **vorbehalten** zu haben. Da der **Hersteller** im Verhältnis zum Käufer **nicht** als **Erfüllungsgehilfe** des Verkäufers anzusehen ist,[100] muss sich der Verkäufer ein zur Lieferverzögerung führendes Verschulden des Herstellers nicht über § 278 BGB zurechnen lassen.

Lieferverträge, bei denen sich der Verkäufer der Hilfe eines Lieferanten bedient, sind gem. § 157 BGB allerdings dahin auszulegen, dass der Verkäufer für die Vertragstreue seines Lieferanten einzustehen hat. Bei Gattungsschulden hat der Verkäufer, solange die Leistung aus der Gattung möglich ist, sein vorübergehendes oder dauerndes Unvermögen selbst dann zu vertreten, wenn ihm ein Verschulden nicht zur Last fällt. Allerdings steht die in § 279 BGB ausgesprochene Verpflichtung des Schuldners, für nachträgliches Unvermögen ohne Rücksicht auf Verschulden einzustehen, unter dem Vorbehalt von Treu und Glauben.[101] Die Leistungspflicht wird ausnahmsweise hinfällig, wenn die Beschaffung der Gattungssache so schwierig geworden ist, dass sie dem Schuldner unter dem Gesichtspunkt der wirtschaftlichen Unmöglichkeit oder wegen des Wegfalls der Geschäftsgrundlage nicht mehr zugemutet werden kann. Der Aspekt der wirtschaftlichen Unmöglichkeit hat an Bedeutung eingebüßt, und es gilt als gesichert und praktisch handhabbar, dass nach den Regeln, wie sie für den Wegfall der Geschäftsgrundlage entwickelt worden sind, die Haftung des Verkäufers dann entfällt, wenn infolge nicht vorhersehbarer Umstände so erhebliche Leistungshindernisse eingetreten sind, dass ihm die Beschaffung der Ware nicht mehr zugemutet werden kann. An die Befreiung sind strenge Anforderungen zu stellen. Entscheidet sich der Hersteller nachträglich zum Direktvertrieb einer Fahrzeugserie unter Ausschaltung der Händlerorganisation,

---

96 Recht des Autokaufs, Rn 4.2.6.4.
97 *Palandt/Heinrichs,* § 285 Rn 1; das OLG Düsseldorf 15. 11. 1971, BB 1972, 1296 ff. leitete die Beweislastumkehr aus den Lieferbedingungen in Anwendung des Grundsatzes von Treu und Glauben her.
98 Urt. 7. 4. 1965, DAR 1965, 299, 300.
99 Urt. v. 13. 3. 1995, VersR 1996, 1119.
100 BGH 25. 9. 1968, NJW 1968, 2238.
101 BGH 12. 7. 1972, NJW 1972, 1702.

Lieferfristen

so wird ein hiervon betroffener Vertragshändler von seiner Lieferverpflichtung gegenüber dem Käufer nicht ohne Weiteres befreit. Vielmehr muss er geeignete Schritte gegenüber dem Hersteller unternehmen, etwa in Form der Androhung von Regressansprüchen für den Fall der Nichtbelieferung, und im Prozessfall den Nachweis führen, dass er alle Möglichkeiten ausgeschöpft hat, um seine Lieferpflicht aus dem Kaufvertrag erfüllen zu können. Die Klausel **eigene Liefermöglichkeit vorbehalten** befreit ihn nicht von dieser Einwirkungspflicht auf den Hersteller.[102]

Die Haftung für **nachträgliches Unvermögen** kann ausdrücklich oder stillschweigend ausgeschlossen werden. Ein Haftungsausschluss ist durch Vereinbarung eines sog. „Selbstbelieferungsvorbehalts"[103] für Stück- und Gattungsschulden gleichermaßen zulässig und befreit den Verkäufer auch im nichtkaufmännischen Verkehr von seiner Haftung für den Verzugs- und Nichterfüllungsschaden des Käufers, wenn er trotz des Abschlusses eines kongruenten Deckungsgeschäftes mit dem Lieferanten von diesem „nachweislich" im Stich gelassen worden ist.[104] Die Klausel **nach Liefermöglichkeit des Herstellers** kann nicht als Selbstbelieferungsvorbehalt ausgelegt werden, da sie nach ihrem erkennbaren Wortlaut und Sinn nur das Herstellungsrisiko abdeckt.[105]

Da die **NWVB keinen** haftungsbefreienden **Selbstbelieferungsvorbehalt** enthalten, hat der sie verwendende Händler nach den vorstehend aufgezeigten Grundsätzen für nachträgliches vorübergehendes oder dauerndes Unvermögen grundsätzlich einzustehen. Er haftet jedoch für einen auf vorübergehendem Unvermögen beruhenden Verzug nur unter der weiteren Voraussetzung, dass er die verzugsbegründenden Umstände durch leicht oder grob fahrlässiges Verhalten verschuldet hat. Außerdem gelten in diesem Fall die in den NWVB festgelegten Haftungshöchstgrenzen für leichte Fahrlässigkeit. Falls der Hersteller zugleich als Verkäufer handelt, befreit ihn eine Änderung des Produktionsplanes nicht von seiner Pflicht zur fristgerechten Lieferung, da die Beibehaltung des Produktionsplans nicht die Geschäftsgrundlage des Kaufvertrags darstellt.[106]

35 Überwiegend wird die Ansicht vertreten, der Anspruch auf Ersatz des Verzugsschadens erstrecke sich – Nutzungsmöglichkeit und Nutzungswille vorausgesetzt – auch auf die **entgangene Gebrauchsmöglichkeit** des Fahrzeugs.[107] Zu vergüten ist die übliche Nutzungsausfallentschädigung[108] nach der Tabelle *Küppersbusch/Rädel/Splitter*.[109] Der Anspruch auf Nutzungsentschädigung besteht auch dann, wenn der Käufer sich auf einem Schrottplatz ein Ersatzfahrzeug beschafft und provisorisch herrichtet, dessen Nutzungsmöglichkeiten jedoch nicht denjenigen eines Neufahrzeugs entsprechen.[110]

36 Im Falle der vereinbarten **Hereinnahme eines Gebrauchtfahrzeugs** mit Anrechnung des Kaufpreises auf den Neuwagenpreis taucht die Frage auf, wer den **Wertverlust** im Falle einer

---

102 BGH 1. 12. 1993, ZIP 1994, 136.
103 Hierzu *Loewe/Graf von Westphalen/Trinkner*, § 10 Nr. 3 Rn 39 ff.; § 10 Nr. 1 Rn 6.
104 BGH 12. 1. 1994, ZIP 1994, 461, 464; 26. 1. 1983, WM 1983, 308; 6. 3. 1968, BGHZ 49, 388 ff.; *Loewe/Graf von Westphalen/Trinkner*, § 10 Nr. 3 Rn 41, 42.
105 BGH 1. 12. 1993, ZIP 1994, 136.
106 OLG Stuttgart 5. 10. 1987, NJW-RR 1988, 312.
107 BGH 14. 7. 1982, NJW 1982, 2304; 15. 6. 1983, NJW 1983, 2139; a. A. OLG Hamm 22. 6. 1995, OLGR 1996, 15, das auf dem Standpunkt steht, der entgangene eigenwirtschaftliche Nutzungsvorteil sei beim nicht erfüllten Kaufvertrag nicht ohne weiteres als Vermögensschaden zu qualifizieren, sieh dazu auch AK Rn 797.
108 BGH 14. 7. 1982, NJW 1982, 2304; 20. 10. 1987, NJW 1988, 484; OLG Köln 25. 2. 1993, VRS Bd. 85/93, 241; AG Bergisch Gladbach 6. 3. 1986 – 24 C 710/84 – n. v.; AG Langenfeld 29. 11. 1983 – 23 C 513/83 – n. v.; kritisch *Schirmer*, JuS 1983, 265; vgl. ferner *Grunsky*, JZ 1983, 373.
109 Abgedruckt bei *Splitter*, DAR 1999, 98.
110 OLG Köln 25. 2. 1993, VRS Bd. 85/93, 241.

vom Verkäufer zu vertretenden Lieferverzögerung zu tragen hat. Es wird die Ansicht[111] vertreten, ein in Höhe des Wertverlusts vom Verkäufer zu leistender Schadensersatz werde durch einen ersparten höheren Wertverlust des Neuwagens im Wege der Vorteilsausgleichung kompensiert, weshalb der Käufer letztendlich den Wertverlust zu tragen habe. Hierbei wird übersehen, dass der Verkäufer durch die nicht rechtzeitige Lieferung des Neuwagens mit der Annahme des Gebrauchtfahrzeugs gem. § 298 BGB in Verzug gerät, da beide Leistungen Zug um Zug zu erbringen sind.

Der **Annahmeverzug** führt nicht zu einer gesonderten Schadensersatzverpflichtung des Verkäufers,[112] er sperrt jedoch nach der Ratio der §§ 300 ff. BGB den Vorteilsausgleich mit Ansprüchen des Käufers aus Schuldnerverzug. Dieser haftet nur für vorsätzlich und grob fahrlässig herbeigeführte Verschlechterungen des Gebrauchtfahrzeugs, wovon bei einem üblichen Gebrauch nicht auszugehen ist. Ein Wertverlust, der darauf beruht, dass das Gebrauchtfahrzeug nach Eintritt des Annahmeverzugs bis zur Auslieferung des Neufahrzeugs vom Käufer normal weiterbenutzt wurde und dass es in dieser Zeit gealtert ist, fällt in die Risikosphäre des Verkäufers. Für eine Kompensation im Wege des Vorteilsausgleichs fehlt eine hierzu erforderliche Schadensersatzverpflichtung des Käufers.

Der Verkäufer trägt unter diesen Voraussetzungen auch die Gefahr, dass das Gebrauchtfahrzeug nach Eintritt des Gläubigerverzugs **untergeht,** es sei denn, der Käufer hat das Ereignis vorsätzlich oder grob fahrlässig herbeigeführt.

37 Die durch Weiterbenutzung des Gebrauchtfahrzeugs während des Lieferverzugs vom Käufer gezogenen **Nutzungen** sind von diesem gem. § 302 BGB an den Verkäufer herauszugeben. Da eine Herausgabe in Natur ausscheidet, hat der Käufer ihren Wert **zu vergüten,** wobei eine Aufrechnung mit Ansprüchen auf Nutzungsausfall in Betracht zu ziehen ist.

38 Die Mahnung des Käufers an den Verkäufer, binnen angemessener Frist zu liefern, eröffnet dem Käufer noch nicht die Möglichkeit, vom Vertrag zurück zu treten oder Schadensersatz wegen Nichterfüllung zu verlangen. Hierzu bedarf es zusätzlich der Erklärung des Käufers, dass er die Annahme des Kaufgegenstands nach Ablauf der Frist ablehne. Die **Ablehnungsandrohung** kann bereits **mit der Mahnung verbunden** werden oder ihr **zeitlich,** eventuell mit Nachfristsetzung, **nachfolgen.** Im Falle der Nachholung der Ablehnungserklärung muss der Käufer den Ablauf der zuerst gesetzten Frist nicht abwarten. Die Ablehnungsandrohung kann jederzeit nach Eintritt des Verzugs erfolgen. Die Regelung in Abschn. IV, Ziff. 2, Satz 1 NWVB, die dem Käufer aufgibt, die Nachfrist mit einer Ablehnungsandrohung zu verbinden, ist unwirksam, da sie die Herbeiführung des Verzuges unangemessen erschwert (siehe Rn 28).

39 Die dem Verkäufer nach Eintritt der Fälligkeit vom Käufer zu setzende **Lieferfrist** muss **angemessen** sein, also angemessen lang für den Verkäufer und angemessen kurz für den Käufer.[113] Eine generelle zeitliche Festlegung scheitert daran, dass die Einzelfälle vielgestaltig sind. Da der Händler durch die Frist Gelegenheit erhalten soll, seine nach dem Vertrag fällige Leistung vollends zu erbringen,[114] und er sich die Großzügigkeit einer ohnehin eingreifenden unechten sechswöchigen Nachfrist gestattet,[115] darf die **Frist knapp bemessen** werden. Sie braucht nach Auffassung des LG Köln[116] ersichtlich nicht den Zeitraum der vorgeschalteten Wartefrist zu erreichen. Eine Frist von **2 bis max. 3 Wochen** dürfte angesichts der Vorausberechenbarkeit der Lieferung auf jeden Fall **ausreichend** sein,[117] es sei

---

111 *Creutzig,* Recht des Autokaufs, Rn 4.2.6.6.
112 *Palandt/Heinrichs,* § 300 Rn 1.
113 *Thamm,* BB 1982, 2018, 2019.
114 *Thamm,* BB 1982, 2018 ff. m. w. N.
115 *Pfeiffer,* Vertragsrecht und AGB-Klauselwerke, Neuwagenkauf, Rn 21.
116 Urt. 21. 3. 1979 – 73 O 94/78 – n. v.
117 BGH 7. 10. 1982, WM 1982, 9, 12; *Romanovszky,* Kauf von neuen Kraftfahrzeugen, 13; *Thamm,* BB 1982, 2018 ff.; LG Köln 31. 3. 1979 – 73 O 94/78 – n. v.

denn, dass ausnahmsweise besondere Umstände eine längere Frist erfordern. Setzt der Käufer eine zu kurz bemessene Frist, ist diese nicht wirkungslos; vielmehr wird die angemessene Frist in Lauf gesetzt.[118]

Nach Ablauf der vom Käufer gesetzten Frist ist dieser, sofern er die Ablehnung angedroht hat, berechtigt, vom Vertrag **zurückzutreten** oder **Schadensersatz** wegen Nichterfüllung geltend zu machen. Beides hat durch schriftliche Erklärung zu erfolgen.[119] Durch den Rücktritt oder das Verlangen nach Schadensersatz wird der Lieferanspruch hinfällig. **40**

Falls der Käufer auf Grund entsprechender Mitteilungen des Händlers absehen kann, dass dieser innerhalb der vereinbarten Lieferfrist unter Hinzurechnung der Warte- und Nachfrist das bestellte Fahrzeug nicht liefern kann, ist er ausnahmsweise schon vor Fälligkeit berechtigt, vom Vertrag zurückzutreten oder Schadensersatz wegen Nichterfüllung geltend zu machen.[120] Eine Fristsetzung mit Ablehnungsandrohung ist ausnahmsweise auch entbehrlich, wenn der Käufer an der Leistung infolge des Verzugs kein Interesse mehr hat. Die Gesetzesvorschrift des § 326 Abs. 2 BGB wird durch Abschn. IV, Ziff. 2 Abs. 2 NWVB nicht ausgeschlossen, was ohnehin im Hinblick auf § 11 Nr. 8a AGB-Gesetz bedenklich wäre. **41**

Der Verkäufer haftet dem Käufer auf **Ersatz** des **Nichterfüllungsschadens.** Tätigt der Käufer einen **Deckungskauf** zu einem höheren Preis, hat der Verkäufer für die Mehrkosten aufzukommen. Die Geltendmachung des Schadens in Höhe der Differenz zwischen dem Einkaufspreis und einem höheren Wiederverkaufswert ist nur im kaufmännischen Handelsverkehr, nicht jedoch für einen Privatmann zulässig.[121] **42**

Es ist umstritten, ob eine konkrete Schadensberechnung durch **Gegenüberstellung** des **Vertragspreises** und des **objektiven Verkehrswertes** bei einem Neuwagenkauf zulässig ist. Während der 19. Zivilsenat des OLG Hamm[122] auf dem Standpunkt steht, bei einem Schnäppchenkauf bestehe der Schaden in der Differenz zwischen Marktwert und Kaufpreis, vertritt der 2. Senat des OLG Hamm[123] die Ansicht, ein Pkw – eventuell mit Ausnahme von Oldtimern – sei kein zur Kapitalanlage geeigneter wertbeständiger Vermögensgegenstand, wie etwa ein Grundstück,[124] sondern ein auf Abnutzung angelegter Gebrauchsgegenstand. Der ersparte Wertverlust (Abschreibungsverlust), der den erhöhten Substanzwert praktisch aufhebe, sei bei der Schadensberechnung zu berücksichtigen, ansonsten der Käufer besser stünde als bei einer ordnungsgemäßen Vertragserfüllung. Die Argumentation des 2. Senats ist nicht schlüssig, da der Kaufpreis mit dem Wert des unbenutzten Fahrzeugs zu vergleichen ist. Was später mit dem Auto geschieht, hat bei der Schadensberechnung außer Betracht zu bleiben.

Bei der Zubilligung eines Ausgleichs wegen **Vorenthaltung** der erwarteten **Nutzungsmöglichkeit** im Rahmen des Schadensersatzanspruchs wegen Nichterfüllung verhält sich die Rechtsprechung zurückhaltend.[125] Es wird die Ansicht vertreten, die für das Schadensrecht entwickelte Rechtsprechung zur Vereitelung einer bereits durch entsprechende Vermögensdispositionen erkauften und erreichten Nutzungsmöglichkeit[126] könne nicht auf die Vereitelung einer geplanten zukünftigen Nutzung, die noch zu keiner Vermögensbindung geführt habe, übertragen werden. Die Vorenthaltung der Nutzungsmöglichkeit sei insbesondere dann **nicht** als **Vermögensschaden** zu qualifizieren, wenn der Käufer die Möglichkeit habe, noch

---

118 BGH 10. 2. 1982, NJW 1982, 1279, 1280.
119 Zur Zulässigkeit BGH 18. 1. 1989, ZIP 1989, 311, 312.
120 LG Köln 19. 2. 1981 – 29 (79) O 223/80 – n. v.
121 *Palandt/Heinrichs,* BGB § 252 Rn 7.
122 Urt. v. 13. 3. 1995, VersR 1996, 1119.
123 Urt. 22. 6. 1995, OLGR 1996, 15.
124 BGH 18. 1. 1980, NJW 1980, 1742.
125 Dazu grundsätzlich *Köndgen,* AcP 177, 1 ff.
126 BGH 9. 7. 1986, NJW 1987, 50, 52, 1431; 5. 3. 1993, NJW 1993, 1793 f.

sein bisheriges Fahrzeug zu nutzen oder mit dem vorhandenen Geld ein anderes Fahrzeug zu erwerben.[127] Der bloße Verlust an Sozialprestige ist nicht ersatzfähig, da es sich um eine immaterielle Schadensposition i.S.v. § 253 BGB handelt.

Für Vorsatz und grobe Fahrlässigkeit haftet der Verkäufer dem Käufer unbegrenzt. Im Geschäftsverkehr mit **privaten Kunden** darf der Verkäufer seine Haftung für leichte Fahrlässigkeit durch AGB begrenzen, während ein völliger Haftungsausschluss unzulässig ist.[128] Nicht zu beanstanden ist Abschn. IV, Ziff. 2 Abs. 2 NWVB, der die Haftung des Verkäufers bei **leichter Fahrlässigkeit** auf **10% des Kaufpreises** limitiert.[129] Die Klausel belässt die Beweislast für das Fehlen groben Verschuldens beim Verkäufer und steht insoweit in Übereinstimmung mit § 11 Nr. 8b AGB-Gesetz. Eine Quote von 10% reicht aus, um die typischen Schäden auszugleichen, die entgegen anderer Ansicht[130] allerdings nicht in erster Linie den Nutzungsschaden bis zur Beschaffung eines Ersatzfahrzeugs betreffen.

Auf rechtliche Bedenken stößt der totale **Haftungsausschluss** in Abschn. IV, Ziff. 2 Abs. 2 Satz 2 NWVB für **leichte Fahrlässigkeit** im Geschäftsverkehr mit juristischen Personen des öffentlichen Rechts, öffentlich-rechtlichen Sondervermögen und Unternehmern, die bei Abschluss des Vertrages in Ausübung ihrer gewerblichen oder selbstständigen beruflichen Tätigkeit handeln. An Boden gewinnt die Ansicht, dass bei Verletzung wesentlicher Vertragspflichten (sog. Kardinalpflichten), wozu die Lieferpflicht gehört, die Haftung für einfache Fahrlässigkeit auch im kaufmännischen Geschäftsverkehr grundsätzlich nicht ausgeschlossen werde.[131]

43 Für eine **während des Verzugs** eintretende **Unmöglichkeit** hat der Verkäufer ohne Rücksicht auf Verschulden Ersatz zu leisten (§ 287 S. 2 BGB), es sei denn, dass der Schaden auch bei rechtzeitiger Leistung eingetreten wäre. Ob sich die Haftungsbeschränkung auf 10% für leichte Fahrlässigkeit auch auf die **Zufallshaftung** erstreckt, ist der Klausel nicht eindeutig zu entnehmen. Zweifel gehen zu Lasten des Verwenders. Deshalb ist es dem Verkäufer verwehrt, sich auf die Haftungsbeschränkung im Rahmen der Haftung nach § 287 S. 2 BGB zu berufen. Nach dem Prinzip „a maiore ad minus" ist davon auszugehen, dass die in Abschn. IV, Ziff. 2 Abs. 2 Satz 2 NWVB vorgesehene Haftungsbeschränkung die Zufallshaftung miterfasst. Der Klausel muss die Wirksamkeit versagt bleiben. Da das Gesetz eine Haftung „sogar" für Zufall vorsieht, darf die Verschuldenshaftung nicht durch AGB eingeschränkt werden.[132] Die in der Vorauflage vertretene Ansicht, die Haftung für zufälligen Untergang sei auf 10% des Kaufpreises zu beschränken, wenn den Verkäufer hinsichtlich des Verzugs nur der Vorwurf leichter Fahrlässigkeit treffe, kann in Anbetracht dieser Gesetzeslage nicht aufrecht erhalten werden.

Auf eine Haftungsbeschränkung kann sich der Verkäufer auch im Falle **anfänglichen Unvermögens** nicht berufen, da er für die eigene Leistungsfähigkeit grundsätzlich einstehen muss.[133]

44 Veränderungen in der Sphäre des Käufers, wie z. B. Krankheit oder Fahruntauglichkeit, berechtigen weder zum Rücktritt noch zu einer Vertragsaufhebung wegen Wegfalls der Geschäftsgrundlage. Bei langfristigen Lieferzeiten, die bei einigen Modellen manchmal Jahre

---

127 OLG Hamm, 22. 6. 1995, OLGR 1996 15, 16.
128 BGH 18. 1. 1989, ZIP 1989, 311; *Ulmer/Brandner/Hensen*, § 11 Nr. 8 Rn 10, 14; *Soergel/Stein*, § 11 AGBG Rn 81, 82; *Loewe/Graf von Westphalen/Trinkner*, § 11 Nr. 8 Rn 31.
129 *Ulmer/Brandner/Hensen*, § 11 Nr. 8 Rn 10, 14; *Creutzig*, Recht des Autokaufs, Rn 4.2.7.3.
130 *Pfeiffer* in *Graf von Westphalen*, Vertragsrecht und AGB-Klauselwerke, Neuwagen, Rn 22.
131 BGH 23. 2. 1994, NJW 1994, 1350; OLG Köln 21. 3. 1997, NJW-RR 1997, 1274; *Jaeger*, MDR 1992, 96, 99; *Palandt/Heinrichs*, § 9 AGBG Rn 30.
132 *Pfeiffer* in *Graf von Westphalen*, Vertragsrecht und AGB-Klauselwerke, Neuwagen, Rn 22.
133 *Ulmer/Brandner/Hensen*, § 11 Nr. 8 Rn 16; *Erman/Battes*, vor §§ 323–327 Rn 2.

betragen, kann der Käufer durch solche nicht vorhersehbaren Umstände in erhebliche Schwierigkeiten geraten.

Ausnahmsweise ist der Käufer ohne Vorschaltung von Mahnung und Fristsetzung zum sofortigen Rücktritt aus wichtigem Grund berechtigt, wenn der Verkäufer durch pflichtwidriges Handeln die **Vertrauensgrundlage** zerstört hat.[134] Ein Rücktrittsrecht aus wichtigem Grund besteht allerdings nicht, wenn über das Vermögen des Herstellers/Importeurs das Insolvenzverfahren eröffnet wird, der Verkäufer aber lieferfähig bleibt und bei ihm der Ersatzteil- und Garantiedienst sichergestellt ist.[135] 45

3. Verbindliche Lieferfrist

Die verbindliche Lieferfrist unterscheidet sich von der unverbindlichen dadurch, dass der Verkäufer bereits mit **Überschreitung der Frist** in **Verzug** gerät. Gleiches gilt bei Terminüberschreitung im Falle der Vereinbarung eines verbindlichen Liefertermins. Für den Käufer entfällt die Wartefrist. Die **Mahnung** an den Verkäufer, innerhalb angemessener Frist die Lieferung auszuführen, ist **entbehrlich**. Haben die Parteien kein exaktes Datum, sondern einen kalendermäßig bestimmten Zeitraum für die Leistung bestimmt, darf der Verkäufer die Zeitspanne voll ausschöpfen, sodass Verzug erst mit Ablauf der Zeitspanne eintritt.[136] 46

Alle übrigen Rechtsfolgen sind bei der verbindlichen Lieferfrist und bei dem verbindlichen Liefertermin die gleichen wie bei der unverbindlichen Frist bzw. dem unverbindlichen Termin.

4. Höhere Gewalt und Betriebsstörungen

Die Klausel des Abschn. IV, Ziff. 4 NWVB wurde bei der Überarbeitung der NWVB weitgehend neu gestaltet. Höhere Gewalt oder eine beim Verkäufer oder dessen Lieferanten eintretende Betriebsstörung, z. B. durch Aufruhr, Streik, Aussperrung, verändern die vereinbarten Lieferfristen um die Dauer der durch die Umstände bedingten Leistungsstörungen, sofern der Verkäufer daran gehindert war, den Kaufgegenstand zum vereinbarten Termin oder innerhalb der vereinbarten Frist zu liefern. Unter **höherer Gewalt** versteht die Rechtsprechung ein betriebsfremdes, von außen durch elementare Naturkräfte oder durch Handlungen dritter Personen herbeigeführtes, nach menschlicher Einsicht und Erfahrung nicht voraussehbares unvermeidbares Ereignis.[137] **Betriebsstörungen** sind im Gegensatz zur höheren Gewalt nicht betriebsfremd. Soweit höhere Gewalt und Betriebsstörungen schon bei Vertragsabschluss vorliegen und bekannt sind, kann sich der Verkäufer hierauf nicht berufen. Auch wenn solche Ereignisse nachträglich eintreten, muss der Verkäufer den Nachweis fehlenden Verschuldens erbringen. Ohne diesen Entlastungsnachweis wäre die Klausel im Hinblick auf die genannten „Betriebsstörungen" unwirksam.[138] 47

Die Regelung in Abschn. IV, Ziff. 4 NWVB gilt **sowohl für verbindliche als auch für unverbindliche Lieferfristen und Liefertermine**. Die 6-wöchige Warte- und Schonfrist, die bei Vereinbarung eines unverbindlichen Liefertermins bzw. einer unverbindlichen Lieferfrist gilt, wird durch den Leistungsaufschub nicht verlängert.[139] Daraus folgt, dass es zum Leistungsaufschub nur dann kommt, wenn die auf höherer Gewalt oder Betriebsstörungen beruhenden Leistungsstörungen vor dem vereinbarten Liefertermin bzw. vor Ablauf der

---

[134] BGH 19. 10. 1977, DAR 1978, 46 – Ausstattung eines zur Auslieferung vorgesehenen Neuwagens mit gebrauchten Teilen –.
[135] LG Düsseldorf 27. 6. 1962 – 11 S 68/62 – n. v., zit. bei *Creutzig,* Recht des Autokaufs, Rn 4.2.8.
[136] BGH 18. 4. 1996, WM 1996, 1558.
[137] BGH 4. 5. 1955, BGHZ 17, 199, 201; BGH 20. 2. 1970, BB 1970, 466.
[138] *Löwe/Graf von Westphalen/Trinkner,* Band 3 Brosch. 8.3 Rn 8.
[139] *Creutzig,* Recht des Autokaufs, Rn 4.4.2.

vereinbarten Lieferfrist auftreten. Ereignen sie sich **nach Verzugseintritt**, gilt die erweiterte **Haftung des § 287 BGB**.

Gem. Abschn. IV, Ziff. 4 Abs. 2 NWVB ist der **Aufschub auf 4 Monate befristet**. Bei einer auf höherer Gewalt oder unverschuldeten Betriebsstörungen beruhenden Lieferverzögerung von mehr als 4 Monaten kann der Käufer vom Vertrag **zurücktreten**.

48 Die Regelung, die im Gegensatz zur Vorgängerklausel den Leistungsaufschub zeitlich begrenzt und damit dem Transparenzgebot Rechnung trägt,[140] verschafft dem Handel einen im Hinblick auf die Regelung von § 11 Nr. 8 AGB-Gesetz sachlich nicht zu rechtfertigenden Zeitvorteil. Durch die Annahme-, Aufschub- und Schonfrist verschiebt sich der Lieferzeitpunkt im ungünstigsten Fall um 6 $^{1}/_{2}$ Monate. Eine solche Verzögerung ist dem Käufer eines Neuwagens bei den heutigen Marktverhältnissen nicht zuzumuten. Außerdem fehlt der Klausel die erforderliche Klarheit und Durchsetzbarkeit, was vor allem daran liegt, dass sie den Händler nicht verpflichtet, den Käufer unaufgefordert über die auf höherer Gewalt oder Betriebsstörungen beruhenden Ereignisse und die Dauer der durch sie hervorgerufenen Leistungsstörungen zu informieren.

5. Lieferung zum festen Termin

49 Wenn der Verkäufer das Neufahrzeug unbedingt zu einem **bestimmten Zeitpunkt** benötigt, z. B. wegen des Antritts einer geplanten Urlaubsreise, und wenn eine nachträgliche Lieferung für ihn keinen Sinn hat, muss er versuchen, mit dem Verkäufer in Abweichung von den Verkaufsbedingungen eine Lieferung „**zum festen Termin**" zu vereinbaren. Zur Begründung eines sog. „**Fixgeschäfts**" genügt nicht allein die genaue Bestimmung der Lieferzeit,[141] da eine Festlegung des Lieferzeitpunkts auch bei Vereinbarung unverbindlicher Liefertermine üblich ist. Aus der Formulierung der Terminvereinbarung muss sich ergeben, dass der Zeitpunkt für die Lieferung ein so wesentlicher Bestandteil des Vertrags sein soll, dass mit seiner Einhaltung oder Versäumung das Geschäft stehen oder fallen, eine verspätete Lieferung also nicht mehr als Erfüllung angesehen werden soll.[142] Auf den Fixcharakter der Leistungszeit können z. B. Formulierungen hinweisen wie „längstens" oder „spätestens", mit denen das Lieferdatum bekräftigt wird. Dem OLG Saarbrücken[143] genügte für die Annahme eines Fixgeschäftes ein vom Käufer eingefügter Klammervermerk, mit dem er den Liefertermin als „unabdingbar" bezeichnete. Die damit in Widerspruch stehenden Verkaufsbedingungen, von deren Streichung der Käufer seitens des Verkäufers abgehalten worden war, erachtete das Gericht als außer Kraft gesetzt.

Um den Fixcharakter des Leistungszeitpunkts deutlich werden zu lassen, empfiehlt sich eine klare und unmißverständliche Formulierung, wie z. B. „Lieferung zum festen Termin am 15. 3. diesen Jahres (§ 361 BGB)". Außerdem sollten die unter der Rubrik „Lieferung und Lieferverzug" der NWVB enthaltenen Regelungen gestrichen werden.

50 Die Vereinbarung einer Leistungszeit mit Fixcharakter gewährt dem Käufer ein sofortiges **Rücktrittsrecht bei Fristüberschreitung**. Nachfristsetzung und Ablehnungsandrohung sind entbehrlich. Macht der Käufer bei nicht fristgerechter Lieferung von seinem Rücktrittsrecht Gebrauch, entfallen Erfüllungs- und Schadensersatzansprüche. Er kann aber auch an dem Geschäft festhalten und Erfüllung sowie Ersatz des Verzugsschadens verlangen. Der Verkäufer besitzt seinerseits keinen Anspruch darauf, dass ihm der Käufer nachträglich Gelegenheit einräumt, den Vertrag noch zu erfüllen.[144] Allerdings verfällt das Rücktrittsrecht des Käufers,

---

140 Hierzu *Löwe/Graf von Westphalen/Trinkner*, Band 3, Brosch. 8.3 Rn 14.
141 *Palandt/Heinrichs*, § 361 Rn 2; AG Rottweil 25. 3. 1966, DAR 1966, 296, 297.
142 *Palandt/Heinrichs*, § 361 Rn 2; *Erman/Westermann*, § 361 Rn 2, 3.
143 Urt. 7. 4. 1965, DAR 1965, 299, 300.
144 *Creutzig*, Recht des Autokaufs, Rn 4.3.6.

wenn er es nicht alsbald ausübt, sodass in diesem Fall die beiderseitigen Erfüllungspflichten fortbestehen.[145]

Falls die Parteien einen fixen Liefertermin vereinbaren, es jedoch unterlassen, die in den NWVB enthaltene Regelung der Ansprüche für Lieferverzug zu streichen, überlagert nach einer Entscheidung des OLG Saarbrücken[146] die Individualabrede lediglich die **Modalitäten** bei Fristenüberschreitung, d. h., Frist- und Nachfristsetzung entfallen, während der vormalige Haftungsausschluss für leichte Fahrlässigkeit, der im Zuge der Überarbeitung der NWVB in eine **Haftungsbeschränkung** von 5% des Kaufpreises abgeändert wurde, **bestehen bleibt.** Dieser Auslegung kann nicht gefolgt werden, da die Regelung des Abschn. IV, Ziff. 1 NWVB nur unter der ausdrücklich genannten Voraussetzung gilt, dass die Parteien den Liefertermin/die Lieferfrist verbindlich oder unverbindlich vereinbart haben.[147] Die in Abschn. VIII NWVB vorgesehene Haftungsbeschränkung betrifft nicht die Rechtsfolgen bei Lieferfristüberschreitung[148] und greift daher nicht subsidiär ein. 51

III. Der Kaufpreis

1. Preisvereinbarung

Die Preisabrede erfolgt beim Neuwagenkauf regelmäßig in Form einer **Individualabrede.** Sie gehört zu den wesentlichen Bestandteilen des Vertrags und wird in der Regel in der hierfür vorgesehenen Rubrik auf der Vorderseite des Bestellformulars eingetragen. Dort sind auch die Preisbestandteile und Nebenleistungen festgelegt. Die Preisabrede umfaßt neben dem Warenpreis Vereinbarungen über Nachlässe, Überführungs- und Zulassungskosten und Umsatzsteuer und geht als Individualabsprache formularmäßigen Klauseln vor, sofern Widersprüche bestehen. Die **Mehrwertsteuer** ist als rechtlich unselbstständiger Teil des Preises im Zweifel in einem **Gesamtpreis enthalten.**[149] Dies gilt auch bei einem Vertragsabschluss zwischen vorsteuerabzugsberechtigten Personen.[150] Die Zulassung des Fahrzeugs ist keine kaufvertraglich geschuldete und kostenlos zu erfüllende Nebenverpflichtung des Verkäufers.[151] Die Zulassungskosten sind auch nicht automatisch im Kaufpreis enthalten. Es entspricht der Übung im Kfz-Gewerbe, dass derartige Leistungen gesondert in Rechnung gestellt werden.[152] 52

Falls die Parteien über den Kaufpreis keine Einigung erzielen, kommt der Vertrag nicht zu Stande, es sei denn, dass dieser Punkt **bewusst offen gelassen** wird,[153] z. B. durch Regelungen wie „Preis wird bei Lieferung bestimmt" oder „Preis bleibt vorbehalten". In solchen Fällen kann die Auslegung der Vertragsabsprachen ergeben, dass dem Verkäufer das Recht eingeräumt werden soll, den Kaufpreis nach billigem Ermessen gem. § 315 BGB zu bestimmen, wofür er die Beweislast trägt.[154] Falls der Preis nach bestimmten Bemessungsgrundlagen berechnet werden soll, bedarf es hierüber einer Einigung zwischen den Parteien.[155] Unbedenklich ist die Vereinbarung eines „Tages- oder Marktpreises" in Form einer Indivi-

---

145 *Palandt/Heinrichs,* § 361 Rn 4.
146 Urt. 7. 4. 1965, DAR 1965, 299 ff.
147 Vgl. Rn 24.
148 Vgl. Abschn. VIII, Ziff. 3 NWVB.
149 BGH 26. 6. 1991, NJW 1991, 2484; OLG Frankfurt 30. 10. 1997, OLGR 1998, 238.
150 OLG München 3. 12. 1997, OLGR 1998, 246.
151 OLG Hamm 3. 6. 1998, OLGR 1998, 222.
152 OLG Hamm 3. 6. 1998, OLGR 1998, 222.
153 *Palandt/Heinrichs,* § 154 Rn 1; *Erman/Hefermehl,* § 154 Rn 2.
154 BGH 19. 1. 1983, NJW 1983, 1777; 21. 1. 1976, DB 1976, 669, 670; 30. 6. 1969, NJW 1969, 1809; OLG Hamm 24. 10. 1975, NJW 1976, 1212.
155 BGH 18. 5. 1983, BB 1983, 921, 923.

dualabsprache. Sie besagt, dass im Zweifel der für den Erfüllungsort zur Erfüllungszeit maßgebliche Durchschnittspreis gelten soll.

53 Umstritten ist die Frage, ob Regelungen, die auf ein **Offenhalten** des **Preises** oder auf einen Preisvorbehalt hinauslaufen, der **AGB-Kontrolle** unterfallen, falls sie im Bestellvordruck des Verkäufers formularmäßig enthalten sind.[156] Solche Klauseln dürften wegen Verstoßes gegen § 11 Nr. 1 AGB-Gesetz unzulässig sein, wenn die vereinbarte Lieferfrist nicht mehr als 4 Monate beträgt, da der Schutzzweck der Norm darin besteht, wie auch immer geartete formularmäßige Regelungen zu unterbinden, die dem Verwender die Möglichkeit der Preiserhöhung während der 4-monatigen Frist einräumen.[157]

54 Da formularmäßige Preisvorbehalte ebenso wie Preisänderungsvorbehalte dem Verwender die Befugnis der Entgeltsbemessung einräumen, ist der Auffassung beizutreten, dass **Preisvorbehalte** bei mehr als 4-monatiger Lieferfrist generell der **Inhaltskontrolle** von § 9 AGB-Gesetz unterliegen, zumal mehr noch als bei der vom BGH missbilligten Preisanpassungsklausel[158] bei Preisvorbehaltsklauseln jegliche Konkretisierbarkeit des Preises von vornherein ausgeschlossen ist und demzufolge die erhöhte Gefahr einer willkürlichen Preisgestaltung besteht.[159]

55 Wenn die Parteien bei Abschluss eines Kaufvertrags mit einem formularmäßigen Preisänderungsvorbehalt den **Preis** als „**den zurzeit gültigen**" ausweisen, weil das Fahrzeug erst wesentlich später ausgeliefert werden soll, liegt darin eine Preisabsprache. Die Auffassung,[160] eine mit dieser Einschränkung versehene Preisangabe sei lediglich eine Rechenziffer bzw. Orientierungshilfe und deute – jedenfalls bei langen Lieferfristen – auf ein Offenhalten des Preises hin, wurde vom BGH[161] mit überzeugender Begründung zurückgewiesen. Eine Preisangabe im Bestellformular wäre nämlich überflüssig, wenn dem Verkäufer ein Leistungsbestimmungsrecht durch Festsetzung des bei Lieferung gültigen Listenpreises eingeräumt werden sollte, und eine Preisänderungsklausel ergäbe ohne vorherige Preisvereinbarung keinen Sinn, da die Klausel begrifflich eine solche Vereinbarung voraussetzt.

56 Auf dem eigentlichen Bestellformular werden die Preise für das Fahrzeug und die Sonderausstattung als „**gegenwärtige Preise ab Fabrik/Importeurlager**" bezeichnet. Damit ist nicht der Preis des Herstellers oder des Importeurs gemeint, sondern der des Verkäufers „bei Lieferung" ab Fabrik/Importeurlager. Bei Lieferung ab Verkäufer kommen in der Regel die **Transportkosten** hinzu, für die der Bestellsatz eine **eigene Preisspalte** enthält. Die formularmäßige Kennzeichnung der Preise als „gegenwärtige" besagt, wie oben dargelegt, nicht, dass die Preisgestaltung „offen gehalten" oder der tatsächlich vom Käufer zu entrichtende Preis erst später bei Lieferung des Fahrzeugs festgelegt werden soll. Sie stellt lediglich klar, dass der individuell vereinbarte Kaufpreis auf der Grundlage der gegenwärtigen Bezugspreise des Verkäufers ab Fabrik/Importeurlager beruht. Dieser Preis ist ohne Rücksicht auf die Lieferzeit und zwischenzeitliche Preiserhöhungen verbindlich, es sei denn, die Parteien haben eine abweichende Vereinbarung getroffen.[162]

---

156 Offen gelassen vom BGH 18. 5. 1983, BB 1983, 921 ff.; für AGB-Kontrolle *Löwe/Graf von Westphalen/Trinkner*, § 11 Nr. 1 Rn 21; *ders.*, BB 1983, 924; *Ulmer/Brandner/Hensen*, § 11 Nr. 1 Rn 4; *Bunte*, DB 1982, Beil. Nr. 13, 10; weiter gehend *Löwe*, BB 1982, 152, 158, der eine Anwendung von § 315 BGB grundsätzlich nur im Falle einer individualvertraglichen Vereinbarung zulassen will; *ders.* in DAR 1982, 35; *Bilda*, MDR 1979, 90, 92.
157 *Ulmer/Brandner/Hensen*, § 7 Rn 12 und § 11 Nr. 1 Rn 4; *Löwe/Graf von Westphalen/Trinkner*, § 11 Nr. 1 Rn 4.
158 Urt. 7. 10. 1981, BB 1982, 146 zu Abschn. II, Ziff. 2 NWVB.
159 *Trinkner*, BB 1983, 924, Anm. zu BGH 18. 5. 1983, BB 1983, 921 ff.
160 *Ulmer*, BB 1982, 1125 ff.; *Bartsch*, DB 1983, 214; OLG Saarbrücken 19. 10. 1982, DB 1983, 546; OLG Stuttgart 24. 11. 1981, BB 1982, 148, 149; OLG Frankfurt 23. 12. 1982, NJW 1983, 946.
161 Urt. 18. 5. 1983, BB 1983, 921 ff.; 1. 2. 1984, BB 1984, 486 ff.
162 *Creutzig*, Recht des Autokaufs, Rn 2.1.10.

Preisagenturen, die professionell Neuwagenpreise vergleichen und für Privatverbraucher Angebote zum Kauf eines Fahrzeugs zu einem günstigen Preis einholen, betreiben eine Maklertätigkeit als Sonderform der Geschäftsbesorgung. Der Auftraggeber ist zur Entrichtung der vereinbarten Vergütung gem. § 652 Abs. 1 BGB nur unter der Voraussetzung verpflichtet, dass der Vertrag infolge des Nachweises der Preisagentur **zu Stande kommt.** Vertragsklauseln, die den Auftraggeber zur Zahlung einer erfolgsunabhängigen Provision verpflichten, sind wegen Verstoßes gegen § 9 Abs. 2 S. 1 AGB-Gesetz nichtig.[163]

2. Preisauszeichnung

Die Preisangaben-Verordnung (PAngVO) schreibt die **Angabe** von **Endpreisen** vor, wenn Waren oder Leistungen gegenüber Endverbrauchern angeboten werden oder unter Angabe von Preisen dafür geworben wird. Sie hat **wettbewerbsregelnde Funktion** und ist nicht nur eine wertneutrale Ordnungsvorschrift.[164]

Der Verpflichtung aus § 1 Abs. 1, S. 1 2. Alt. PAngVO zur Angabe von Endpreisen unterliegt, wer als Anbieter von Waren und Leistungen gegenüber Letztverbrauchern unter Angabe von Preisen wirbt. Auch Hersteller und Importeure, die selbst nicht an Letztverbraucher verkaufen, trifft die Pflicht zur Angabe der Endpreise, wenn sie für Händler eine Gemeinschaftsanzeige mit Bezugsquellennachweis (Nennung der Händler) schalten, die aus Sicht der angesprochenen Verbraucher als eine Werbung erscheint, mit der sich ein Anbieter von Waren und Leistungen an sie wendet.[165]

Die Grenzen zwischen „**Angebot**" und „**Werbung**" im Sinne von § 1 Abs. 1 PAngVO sind fließend. Ein Angebot liegt vor, wenn die Angaben des Verkäufers derart detailliert sind, dass beim Kunden der Eindruck entsteht, er brauche nur noch den Vertrag zu unterschreiben, um die Ware zu bekommen. Eine Händler-Zeitungsanzeige, die über Fabrikat, Fahrzeugtyp, Fabrikneuheit und Lackart informiert und außerdem den pauschalen Hinweis auf „alle Extras" enthält, ist nicht nur Werbung, sondern schon ein konkretes Angebot über ein als Einzelstück erkennbares Fahrzeug.[166]

Für alle Fahrzeuge, die im Schaufenster oder auf sonstigen zugänglichen Stellen des Betriebs sichtbar zum Zweck des Verkaufs ausgestellt sind, muss der Händler **Verkaufspreise** angeben. Der Preis ist deutlich lesbar auf einem in unmittelbarer Nähe des Kraftfahrzeugs befindlichen Schild oder als Beschriftung auf dem Kraftfahrzeug anzubringen.[167] Die Händlerpreisangabe bezieht sich auf das ausgestellte Fahrzeug in der vorhandenen Ausstattung und gilt für weitere Fahrzeuge nur, falls es sich bei dem Ausstellungswagen um ein serienmäßig ausgestattetes Exemplar eines meist auf Grund einer Sonderaktion zu einem günstigeren Gesamtpreis vertriebenen Modells handelt.[168] Vorführwagen müssen mit einem Preis lediglich dann ausgezeichnet werden, wenn sie entweder zum Verkauf bereitstehen oder als Modell für ein serienmäßig ausgestattetes Fahrzeug dienen.[169]

Anzugeben ist der **Gesamtpreis** als Verbraucherendpreis unter Einschluss der Mehrwertsteuer und der anfallenden Nebenkosten für die Überführung und Zulassung des Fahrzeugs.[170] Der **Endpreis** ist gem. § 1 Abs. 6 Satz 3 PAngVO **hervorzuheben,** was durch Fettdruck oder Unterstreichung geschehen kann.

---

163 LG München 12. 3. 1998, DAR 1998, 239.
164 OLG Hamm 15. 3. 1988, GeWA 1988, 278; OLG Koblenz Beschl. v. 5. 9. 1988, NJW-RR 1989, 104 ff.; zur Werbung mit Preisen s. Rn 381 ff.
165 BGH 23. 5. 1990, DAR 1990, 427.
166 KG 13. 1. 1981, WRP 1981, 212.
167 *Ulmer,* DAR 1983, 137, 139 ff.
168 *Ulmer,* DAR 1983, 137.
169 *Ulmer,* DAR 1983, 137 ff.
170 OLG Frankfurt 15. 2. 1979, GRUR 1979, 557; 28. 2. 1980, BB 1980, 958.

63 Der **Hinweis** darauf, dass der angegebene Preis die **Mehrwertsteuer** beinhaltet, stellt als solcher noch keinen Wettbewerbsverstoß dar.[171] Als nicht mehr zeitgemäß erweist sich die Ansicht des OLG Düsseldorf, eine solche Werbung verunsichere das Publikum, und durch die damit einhergehende unzulässige Behinderung der Mitbewerber verschaffe sich der Werbende einen unlauteren, nicht gerechtfertigten Vorteil im Wettbewerb.[172] Allein durch den zusätzlichen Hinweis auf die im Preis enthaltene Mehrwertsteuer wird heutzutage niemand irregeführt, denn das Publikum weiß, dass die Mehrwertsteuer Preisbestandteil ist.[173] Ein Verstoß gegen § 3 UWG liegt nur dann vor, wenn der Hinweis auf die im Preis enthaltene Mehrwertsteuer in der Textgestaltung in besonderem Maß hervorgehoben wird.[174] Denn erst auf Grund der besonderen Betonung der objektiv richtigen Selbstverständlichkeit erwartet jedenfalls ein nicht ganz unerheblicher Teil der angesprochenen Verkehrskreise einen besonderen Vorteil, der bei der Ware der Mitbewerber nicht ohne Weiteres zu erhalten ist.

Werbe- und **blickfangmäßig herausgestellt** ist der Mehrwertsteuer-Hinweis, wenn er vom übrigen Werbetext abgesetzt und der Kaufpreisangabe unmittelbar zugeordnet oder durch eine „Sternchen-Anmerkung" hervorgehoben wird.[175] Keine Irreführung liegt vor, wenn der Zusatz „inklusive Mehrwertsteuer" im Fließtext der Werbeanzeige oder kleingehalten und unauffällig in der untersten Zeile einer ganzseitigen Werbeanzeige erscheint.

64 Die **Kosten** für die **Zulassung** des Fahrzeugs müssen im **Endpreis nicht enthalten** sein, wenn der Käufer – was meistens der Fall ist – die Möglichkeit hat, das gekaufte Fahrzeug selbst beim Straßenverkehrsamt anzumelden[176] oder damit den Händler zu beauftragen. Ist der Kunde gezwungen, das Fahrzeug durch den Händler anmelden zu lassen, sind die Kosten in den Endpreis aufzunehmen. Nicht geklärt ist die Frage, ob ein gesonderter Hinweis auf die Zulassungskosten zulässig ist. **Überführungskosten** sind Preisbestandteil, wenn sie vom Kunden zu tragen sind.[177] Falls bei nicht vorrätigen Fahrzeugen im Einzelfall eine Überführung durch den Käufer selbst möglich ist, müssen deren Kosten nach h. M. gleichwohl im Endpreis enthalten sein, da die Überführung durch den Händler in der weitaus überwiegenden Zahl der Fälle obligatorisch ist und ein zuverlässiger Preisvergleich die Anknüpfung an den Regelfall voraussetzt.[178] Allerdings wird dem Händler der Hinweis darauf gestattet, dass eine Überführung des Autos durch den Käufer möglich ist und sich in diesem Fall der angegebene Preis entsprechend ermäßigt.[179] Der Verpflichtung zur Zahlung der mit einer Pauschale vereinbarten Überführungskosten kann sich der Käufer nicht mit dem Einwand entziehen, er selbst könne das Fahrzeug zu einem günstigeren Preis überführen.[180] Die Festlegung einheitlicher Überführungskosten für das ganze Bundesgebiet durch den Hersteller oder Importeur ist kartellrechtlich nicht zulässig, da sie auf eine nicht erlaubte faktische Preisbindung hinauslaufen würde. Falls die **Überführungskosten** im Zeitpunkt der Werbung noch **nicht**

---

171 OLG München 10. 11. 1984 – 6 W 2136/84 – n. v.; KG 25. 6. 1985 – 4 U 1404/85 – n. v.; OLG Karlsruhe 11. 6. 1986, WRP 1986, 563.
172 Urt. 14. 7. 1988, WRP 1989, 99 ff.
173 OLG Hamm 25. 2. 1988, NJW-RR 1989, 35; 1. 12. 1988, NJW-RR 1989, 620; OLG Karlsruhe 5. 8. 1987, WRP 1988, 184; LG Koblenz 16. 10. 1987, WRP 1988, 138.
174 BGH 22. 2. 1990, NJW-RR 1990, 1254 – Neufahrzeug –; 22. 2. 1990, NJW-RR 1990, 1255 – Gebrauchtfahrzeug –; 5. 7. 1990, NJW-RR 1990, 1256; 15. 11. 1990, WRP 1990, 221.
175 BGH 22. 2. 1990, NJW-RR 1990, 1255.
176 *Zirpel/Preil*, Werben ohne Abmahnung, S. 18.
177 OLG Frankfurt 28. 2. 1980, WRP 1980, 498.
178 BGH 16. 12. 1982, WRP 1983, 358; *Gelberg*, GewArch. 1983, 359; *Boest*, NJW 1985, 1440; a. A. BGH 23. 6. 1983, NJW 1983, 2703; *Ulmer*, DAR 1983, 137 ff.; OLG Frankfurt 17. 2. 1985, DAR 1985, 384.
179 *Boest*, NJW 1985, 1440, 1442.
180 LG Berlin, Urt. 15. 12. 1953 – 92 S 7/53 – n. v., zit. bei *Creutzig*, Recht des Autokaufs, Rn 2.1.4.

Der Kaufpreis

bekannt sind, sollte der Händler auf eine konkrete Werbung mit Preisangabe verzichten, solange die Rechtsprechung nicht geklärt hat, ob in diesem Fall ein Hinweis auf die hinzukommenden Überführungskosten ausreicht oder ob die Werbung wegen fehlender Endpreisangabe unzulässig ist.[181]

Die Regelung in § 1 Abs. 1 S. 3 PAngVO, die besagt, dass auf die **Verhandlungsbereitschaft** über den Preis hingewiesen werden darf, ist für den Neuwagenhandel nicht einschlägig. Hinweise dieser Art sind schon deshalb unzulässig, weil das Rabattgesetz Verhandlungen über den Preis untersagt.[182] Außerdem entspricht das Verhandeln über den Preis nicht der Verkehrsauffassung im Sinne von § 1 Abs. 1 S. 3 PAngVO. 65

Preisrechtlich nicht zu beanstanden ist es, wenn der Händler neben der Angabe des Endpreises weitere für sinnvoll gehaltene **zusätzliche Preisangaben** macht,[183] indem er z. B. eine Preisaufgliederung in „Kaufpreis ab Werk" und in „Frachtkosten" vornimmt. Er muss in diesem Fall aber den **Endpreis hervorheben,** etwa durch ein großes Schriftbild oder durch Fettdruck. 66

Die Erwähnung der unverbindlichen Preisempfehlung des Herstellers oder Importeurs ist statthaft. Sie bedeutet nicht ohne Weiteres, dass es sich um die Verkaufspreise des werbenden Händlers handelt. Im Bereich des Kfz-Handels wissen die Kunden, dass Händler an die unverbindliche Preisempfehlung des Herstellers oder Importeurs nicht gebunden sind und ihren Preis selbst bilden. Sie gehen deshalb auch nicht davon aus, dass der Händler, der in einer Werbeanzeige für Kraftfahrzeuge auf eine unverbindliche Preisempfehlung hinweist, den angegebenen Preis als eigenen Preis tatsächlich fordert.[184] 67

Im Fall der Kreditgewährung sind die wesentlichen **Kreditkonditionen** anzugeben.[185] Bei einem Kredit mit festen Konditionen über die gesamte Laufzeit ist der „effektive Jahreszins" und bei solchen mit variablen Konditionen der „anfängliche effektive Zinssatz" mit dem frühestmöglichen Änderungszeitpunkt anzugeben. Die Bezeichnung „Effektivzins" ist mit der in § 4 Abs. 1 Satz 1 PangVO vorgeschriebenen Angabe „effektiver Jahreszins" nicht vereinbar und daher unzulässig, da bei einer Bezeichnung ohne zeitlichen Bezug Irritationen hinsichtlich der Laufzeit auftreten können.[186] Die Bewilligung eines Zahlungsaufschubs gegen 3%ige Bearbeitungsgebühr stellt einen Kredit i. S. v. § 4 Abs. 1 PAngVO dar und verpflichtet zur Angabe des effektiven Jahreszinses.[187] Die bei der Berechnung des effektiven Jahreszinses einzubeziehenden **Faktoren** (Nominalzins, Bearbeitungs- und Vermittlungsgebühren, obligatorische Restschuldversicherung) schreibt das Gesetz ebenso vor wie die Rechenmethode, nämlich die sog. **360-Tage-Methode,** die die tatsächliche Belastung des Kreditnehmers sehr genau wiedergibt[188] und außerdem den Vorteil bietet, dass sie sich dem interessierten Verbraucher plausibel machen lässt.[189] Die Kreditangaben sind im Neuwagenhandel bedeutsam für den Teilzahlungskauf und den drittfinanzierten Kauf. Der effektive Jahreszins muss ausnahmsweise nicht angegeben werden, wenn der Händler unter Barpreisstellung anbietet und gleichzeitig für einen über ein Kreditinstitut finanzierten Stundungskauf wirbt, vorausgesetzt, seine Angaben beschränken sich darauf, dass die zu Barpreisen angebotenen Artikel sofort gekauft und in 6 Monaten bezahlt werden können und dass eine preisgün- 68

---

181 *Zirpel/Preil,* Werben ohne Abmahnung, S. 17 unter Hinweis auf OLG Düsseldorf 11. 7. 1995, WRP 1995, 732 f.
182 *Boest,* NJW 1985, 1440.
183 *Boest,* NJW 1985, 1440.
184 BGH 23. 5. 1990, DAR 1990, 427.
185 Dazu *Boest,* NJW 1993, 40.
186 BGH Beschl. v. 2. 8. 1996, EBE 1996, 138.
187 BGH 15. 6. 1989, WRP 1990, 239.
188 Zur Berechnung *Bülow,* VerbrKrG, § 4 Rn 47 ff.
189 *Boest,* NJW 1985, 1440.

stige Finanzierung über die Hausbank möglich ist.[190] Eine unter Verstoß gegen die PAngVO getroffene Absprache ist zivilrechtlich wirksam.[191]

3. Rabattgewährung

69 Seit dem Wegfall der Preisbindung im Jahre 1974 haben die Händler bei der Gestaltung ihrer Preise freie Hand. Hierbei sind die Vorschriften der PAngVO und des Rabattgesetzes zu beachten. Das Rabattgesetz, dessen **Abschaffung** der Gesetzgeber gegen den Widerstand des Einzelhandels bislang **nicht durchsetzen** konnte[192] und dessen Einhaltung die „Zentralvereinigung des Kraftfahrzeug-Gewerbes zur Aufrechterhaltung lauteren Wettbewerbs e. V. (ZLW)" strikt überwacht, wird der dem einzelnen Händler verbleibende Preisspielraum im Kampf um den Kunden durch Gewährung von Einzelnachlässen und durch Vergütungen für in Zahlung gegebene Fahrzeuge in einem erheblichen Maße eingeschränkt. Dennoch ist es nicht gelungen, die abgeschaffte Preisbindung auf diese Weise faktisch aufrecht zu erhalten[193] und den Preiswettbewerb in den Händlerketten einzudämmen. Um ihre Kundschaft zu halten, kommen viele Neuwagenhändler nicht umhin, Preisnachlässe von 10% und mehr zu gewähren. Nicht immer geschieht dies über sog. Hauspreise.

70 Die **Rechtsgültigkeit** des rechtspolitisch umstrittenen[194] Rabattgesetzes wird von Rechtsprechung und Schrifttum nicht ernsthaft in Zweifel gezogen.[195]

Dem Rabattverbot unterfallen gem. § 1 RabattG **„Waren des täglichen Bedarfs"**, wobei die Rechtsprechung auch höherwertige Gebrauchsgüter, namentlich Kraftfahrzeuge, einbezieht,[196] obschon diese extensive Auslegung angesichts der historischen Zielrichtung des Rabattgesetzes und des in der Begründung zum Ausdruck gelangten Willens des Gesetzgebers bedenklich ist.[197]

71 Das Rabattgesetz gestattet dem Händler, einen **Preisnachlass bis max. 3%** vom Normalpreis[198] bei alsbaldiger Entrichtung des Kaufpreises sowie unter bestimmten Voraussetzungen Mengen- oder Großabnehmerrabatte gewissen Abnehmern, wie z. B. Mietwagenunternehmen, Fahrschulen usw., einzuräumen (§ 7 RabattG). Beim Verkauf von Neufahrzeugen an **Werksangehörige**[199] betragen die Nachlässe bis zu 21%.[200] Die Höhe des Rabattes entspricht der Differenz zwischen dem vereinbarten Kaufpreis und der unverbindlichen Preisempfehlung (UPE) des Herstellers/Importeurs. Falls der Werksangehörige ein Neufahrzeug unter Inanspruchnahme der Sonderkonditionen des Herstellers/Importeurs nicht direkt von seinem

---

190 OLG Düsseldorf 9. 4. 1987, NJW-RR 1988, 488.
191 BGH 15. 11. 1978, NJW 1979, 540.
192 Prüfungsinitiative der Bundesregierung, GRUR 1984, 505; *Kartte,* DAR 1988, 411, 412; *Paschke,* BB 1987, 1193 ff.; Gesetzesvorhaben des Bundestages – BRDrs. 602/94 – das im Vermittlungsausschuss scheiterte; *Vogt,* NJW 1997, 2558, 2569 zu dem Vertragsverletzungsverfahren gegen die Bundesrepublik Deutschland, das von der EU eingestellt wurde.
193 Zur kartellrechtlichen Problematik *Ulmer,* DAR 1983, 137 ff.; *Assmann,* BB 1984, 1973, 1976; BGH 18. 11. 1986, ZIP 1987, 189 ff.
194 *Emmerich,* FLF 1995, 72; *Piper,* WRP 1994, 433.
195 BGH 23. 5. 1995, WRP 1995, 605; OLG Stuttgart 25. 10. 1996, NZV 1997, 359; *Baumbach/Herfermehl,* Wettbewerbsrecht, 18. Aufl., Vorb. 1 RabattG Rn 5; kritisch *Leible/Sosnitza,* GRUR 1995, 799 und *Vogt,* NJW 1997, 2558, 2569.
196 BGH 10. 7. 1986, ZIP 1986, 1487; OLG Düsseldorf WRP 16. 3. 1989, NJW-RR 1989, 1129; OLG Hamm 7. 1. 1992, WRP 1992, 494; OLG Stuttgart, 25. 10. 1996, NZV 1997, 359; 24. 7. 1998, OLGR 1998, 416; weitere Nachweise bei *Ulmer,* DAR 1983, 137 ff., *Ostermann/Heckelmann,* WRP 1985, 126 ff.; *Seydel,* Zugabeverordnung und Rabattgesetz, § 1 RabattG Rn 34.
197 LG Karlsruhe 17. 9. 1997, NJW-WettbR 1998, 198; *Gröschner,* BB 1982, 1331 ff.; *Assmann,* BB 1985, 1687.
198 Zum Begriff *Seydel,* Zugabeverordnung und Rabattgesetz, § 1 RabattG Rn 47 ff.
199 Rn 112, 831.
200 Übersicht bei *Creutzig,* Recht des Autokaufs Rn 2.1.6.

Arbeitgeber erwirbt, sondern über einen Vertragshändler bezieht, wird die für die Versteuerung maßgebliche Rabatthöhe nicht anhand der UPE, sondern grundsätzlich anhand des Preises ermittelt, der am einheitlichen Abgabeort nach der PAngVO ausgewiesen ist, sofern nicht offenkundig ist, dass nach den Gepflogenheiten im allgemeinen Geschäftsverkehr ein niedrigerer Preis gefordert wird.

Nicht zulässig sind Preisnachlässe von mehr als 3%, wenn sie allein wegen der **Zugehörigkeit** des Käufers zu **bestimmten Verbraucherkreisen** gewährt und nicht sämtlichen Kunden unterschiedslos zugebilligt werden.[201]

Sowohl die Voraussetzungen eines unzulässigen Preisnachlasses im Sinne der §§ 1, 2 RabattG als auch eines unzulässigen Sonderpreises i. S. des § 11 II RabattG sind erfüllt, wenn ein **Automobilklub** seinen Mitgliedern den Bezug von Neufahrzeugen zu einem 10 bis 15% unter der unverbindlichen Preisempfehlung des Herstellers liegenden Preis dadurch ermöglicht, dass er ein Tochterunternehmen einschaltet, das seinen Provisionsanspruch an den Käufer abtritt[202] oder wenn er von der Provision in Höhe von 7% des Warenwertes, die er für jeden zugeführten Kunden vom Händler bekommt, einen Anteil von 5% des Warenwertes an seine Mitglieder weitergibt, und sowohl der Händler als auch der Automobilklub potenzielle Kunden auf diese Praxis hinweisen.[203]

Ein Rabattverstoß liegt vor, falls der Händler unzulässige Rabatte auf die Preise einräumt, die er „**ankündigt**" oder „**allgemein fordert**". Teilweise wird das bloße „Anbieten" eines Rabattes gegenüber einem einzelnen Kunden – im Sinne einer zum Ausdruck gebrachten Bereitschaft, eine Ware oder Leistung gegen Entgelt zur Verfügung zu stellen – bereits einem „Gewähren" i. S. v. § 1 RabattG gleichgestellt.[204]

Der Preisnachlass muss von einem „**Normalpreis**" abgeleitet sein. Angesichts der im Kfz-Handel verbreiteten Übung, die Herstellerpreislisten mit Firmenstempelaufdruck an den Kunden auszuhändigen bzw. in den Geschäftsräumen auszulegen, wird die Frage diskutiert, unter welchen Umständen sich der Händler die unverbindlichen Herstellerpreise als eigene angekündigte Preise im Sinne der Bestimmungen des Rabattgesetzes zurechnen lassen muss.[205] Da die Preise normalerweise „ab Werk zuzüglich Überführungskosten usw." in den Listen gekennzeichnet sind, überzeugt das Argument, dass der Käufer in einem solchen Fall den Eindruck gewinnen muss, über diese Preise ließe sich mit dem Händler durchaus noch verhandeln.[206]

72

Verwendet der Händler die **Preisliste des Herstellers** bei der **Zusammenstellung der Preise** des vom Kunden gewünschten, nicht vorrätigen Fahrzeugs, kann aus der Tatsache, dass er sich nicht ausdrücklich und von vornherein von den darin enthaltenen Preisen **distanziert**, nicht gefolgert werden, er mache sich die unverbindlichen Preisempfehlungen zu Eigen.[207] Die Preisliste des Herstellers verschafft dem Händler die Möglichkeit, dem Kunden im Einzelfall Kombinationsmöglichkeiten des Angebots sowie fertige Angebotspakete aufzu-

73

---

201 OLG Karlsruhe 1. 3. 1979, WRP 1979, 744.
202 OLG Stuttgart 25. 10. 1996, NZV 1997, 359.
203 OLG Stuttgart 24. 7. 1998, OLGR 1998, 416.
204 KG 21. 6. 1990, NJW-RR 1991, 164, 165.
205 Vgl. *Ulmer*, DAR 1983, 137 ff., 143; *Heckelmann/Langheid*, WRP 1983, 477; *Ostermann/Heckelmann*, WRP 1985, 126 ff.; *Creutzig*, DAR 1984, 97 ff.; *ders.*, DB 1984, 173; *Mehnle*, DAR 1984, 101 ff. sowie *Lampe*, DAR 1984, 103 ff.
206 OLG Saarbrücken 3. 12. 1982, WRP 1983, 235; OLG Hamm 8. 3. 1983, DAR 1983, 229; *Gröschner*, BB 1982, 1331 ff.; *Ulmer*, DAR 1983, 137 ff. m. w. N.; LG Freiburg 18. 8. 1981, MDR 1982, 52, das die Vereinbarung eines über dem Wiederbeschaffungswert liegenden Preises für ein in Zahlung gegebenes Fahrzeug nicht als Verstoß gegen das Rabattgesetz wertete.
207 BGH 18. 4. 1985, DAR 1985, 349; a. A. *Ostermann/Heckelmann*, WRP 1985, 126 ff.; *Seydel*, Zugabeverordnung und Rabattgesetz, § 1 RabattG Rn 58.

zeigen und ihm eine preisliche Vorstellung zu vermitteln.[208] Weil Kunden heutzutage erfahrungsgemäß ein Unterbieten der unverbindlichen Herstellerpreise erwarten, kann von einer Übernahme als eigene Preise nur im Fall des Vorliegens besonderer Umstände ausgegangen werden.[209] Liegen keine konkreten Anhaltspunkte für eine Übernahme der Herstellerpreise vor, ist die Herstellerpreisliste lediglich als Diskussions- und Kalkulationsgrundlage des Verkaufsgesprächs anzusehen, auf der die Parteien ihre Preisvorstellung aufbauen.

74 Ob sich der Händler die unverbindlichen Preise des Herstellers zu Eigen macht, hängt entscheidend von dem **Verlauf** des **Verkaufsgesprächs** und der offengelegten Berechnungsweise des Kaufpreises ab. Für sich betrachtet reicht es nicht aus, dass der Gesamtbarzahlungsendpreis mehr als 3% unter dem Listenpreis des Herstellers liegt, dass der Verkäufer zur Ermittlung des Endpreises zunächst auf die vom Hersteller herausgegebene Preisliste zurückgreift oder dass er auf die Frage des Käufers nach dem zu entrichtenden Kaufpreis zu erkennen gibt, dass sich dieser nach der Preisliste des Herstellers richtet.[210] In ihrer Gesamtheit können solche Umstände ein Indiz für die Einräumung eines unzulässigen Barzahlungsnachlasses sein, wenn der Verkäufer den Hinweis unterlässt, dass die Listenpreise nicht mit den eigenen Normalpreisen identisch sind.

75 Benennt der Händler auf Frage des Kunden, was ein bestimmtes Fahrzeug bei ihm koste, einen Preis, der die **Addition** der vom **Hersteller empfohlenen Preise** für das Grundmodell und die gewünschte Ausstattung darstellt, kann der Kunde den genannten Preis als Normalpreis des Händlers verstehen. Gibt der Händler sodann auf die Frage nach dem Barzahlungspreis einen niedrigeren Preis an, so liegt darin ein Nachlass vom zunächst genannten Normalpreis.[211] Ebenso kann der Kunde von einer Übernahme der unverbindlich empfohlenen Preise des Herstellers durch den Händler in Form eigener Normalpreise ausgehen, wenn der Händler nicht nur, ausgehend von der Preisliste des Herstellers, den von ihm geforderten Preis errechnet, sondern wenn er zusätzlich die Herstellerpreise auf einem **gesonderten Blatt** oder einem Bestellformular notiert, von dem der Kunde die Abschrift erhält.[212] Anhaltspunkte für eine Preisübernahme liegen auch dann vor, wenn der Verkäufer einen Preis nennt, „den das Auto kostet", und er anschließend erklärt, darauf werde ein Nachlass von 10% gewährt,[213] oder wenn er nach Nennung eines Preises darauf hinweist, dass eigentlich nur 3% Nachlass gegeben werden dürften.[214] Dem Händler ist es gestattet, im **Einzelverkaufsgespräch** den Kaufpreis **jeweils neu** zu **kalkulieren,** es sei denn, er hat schon seine eigenen Preise gebildet und bekannt gemacht.[215] Den Vorschriften des Rabattgesetzes kann sich der Händler weitgehend entziehen, indem er sich die Herstellerpreise nicht als eigene angekündigte Preise zu Eigen macht und seine Vertriebsstrategie so ausgestaltet, dass es zur Herausbildung eines „allgemein geforderten" Normalpreises gar nicht erst kommt.[216]

Der Preisnachlass muss von dem Normalpreis desselben Unternehmers abgeleitet sein, der den ermäßigten Preis gewährt. Besteht keine **„Unternehmeridentität"**, scheidet begrifflich ein rabattwidriger Preisnachlass aus.[217] Fehlt bei rechtlich selbstständigen Händlerfirmen einer Unternehmensgruppe mit Sitz an verschiedenen Orten objektiv das Kriterium der Identität, darf es nicht durch die subjektive (Fehl-)Vorstellung des Verkehrs von einer

---

208 BGH 18. 4. 1985, DAR 1985, 349; OLG Hamm 7. 1. 1992, OLGR 1992, 129.
209 KG 21. 6. 1990, NJW-RR 1991, 164; *Assmann,* BB 1984, 1973, 1975; a. A. *Bunte,* BB 1984, 1615 ff.; OLG Köln 21. 3. 1986, NJW-RR 1986, 1429.
210 KG 21. 6. 1990, NJW-RR 1991, 164, 165.
211 OLG Hamm 7. 1. 1992, OLGR 1992, 129.
212 OLG Köln 26. 6. 1987, WRP 1988, 190, 191.
213 OLG Köln 21. 3. 1986, NJW-RR 1986, 1429; OLG Stuttgart 4. 4. 1986, NJW-RR 1986, 1429.
214 OLG Düsseldorf 5. 12. 1985 – 2 U 17/85 –, zit. in Merkblatt Nr. 5 des ZLW, S. 7.
215 *Creutzig,* DAR 1984, 97 ff.
216 *Ulmer,* DAR 1983, 137 ff.
217 *Seydel,* Zugabeverordnung und Rabattgesetz, § 1 RabattG Rn 9 ff.

Der Kaufpreis

solchen – vermeintlichen – Identität ersetzt werden.[218] Es ist nicht zu beanstanden, wenn in Unternehmen des Kfz-Handels mit mehreren Betrieben in unselbstständigen Filialen für gleiche Kfz-Modelle unterschiedliche Einzelpreise gefordert und unterschiedliche Rabatte im Rahmen der zulässigen Grenzen gewährt werden.[219]

Versteckte Rabatte werden vom Neuwagenhandel in erster Linie durch die **Inzahlungnahme von Gebrauchtfahrzeugen** zu **überhöhten Preisen** gewährt. Für einen in Zahlung genommenen Gegenstand darf nur dessen **handelsüblicher Verkehrswert** eingesetzt werden.[220] Eine **freie Bewertung** des Altwagens durch den Händler stellt einen **Rabattverstoß** dar, falls sie zu einem übersetzten Anrechnungspreis führt und die Differenz zwischen dem fiktiven und dem tatsächlichen wirtschaftlichen Wert einen Betrag ausmacht, der über 3% des Neuwagenpreises liegt.[221] Diese Voraussetzungen erfüllt eine Werbeaussage, in der der Händler ankündigt, der **Käufer bestimme** bis zum Betrag von 1600 DM selbst den **Anrechnungspreis**.[222] Gegen § 1 RabattG verstößt die Anzeige „Aktion ... Alt gegen Neu! Wir bieten für jeden Pkw, der noch mit eigener Kraft bei uns auf den Hof fährt, 1000 DM als Anzahlung auf einen neuen Pkw Ihrer Wahl", weil ein Überschreiten der 3%-Grenze durch die Inzahlungnahme zum Mindestpreis von 1000 DM im Einzelfall nicht ausgeschlossen werden kann.[223] Anders sah es das OLG München.[224] Es entschied, die Werbeangabe eines Kraftfahrzeughändlers, er werde beim Neukauf eines Personenkraftwagens für den Altwagen einen Preis von 3000 DM zahlen, sei rabattrechtlich nicht zu beanstanden, da die Werbung keinen Normalpreis enthalte.

Geteilt sind die Meinungen zu der Frage, ob eine Werbung rabattrechtlich zu beanstanden ist, in der die Gebrauchtwagenankaufpreise nicht mit einem festen Betrag, sondern mit einer **Preisspanne** „bis zu ... DM" angegeben sind. Während das LG Berlin[225] eine solche Werbung rabattrechtlich für unbedenklich hält, weil sie nicht den Eindruck erweckt, der Käufer bekomme einen vom Wert des Altfahrzeugs unabhängigen Preisnachlass, hat das KG[226] den Standpunkt vertreten, eine Werbung, in der der Händler für verschrottungsreife Fahrzeuge bis zu DM 2000 biete, beinhalte eine unzulässige Überbewertung des Altwagens und damit die Einräumung eines Rabattes von mehr als 3%. In diesem Sinn hat auch das OLG Köln in einem Fall entschieden, in dem der Händler mit unrealistisch hohen Hereinnahmepreisen von „ bis zu 6500 DM" für Ex-DDR Fahrzeuge geworben hatte.[227]

Bei **Inzahlungnahme** eines Altfahrzeugs darf der Händler **zwei Preise** machen: einen höheren für den Fall der Inzahlungnahme und einen niedrigeren für den „reinen Neuwagenkauf".[228]

---

218 BGH 6. 11. 1986, ZIP 1987, 266.
219 *Baumbach/Hefermehl*, Wettbewerbsrecht, Rn 35 zu § 1 RabattG.
220 BGH 20. 5. 1960, NJW 1960, 1853; OLG Koblenz 20. 7. 1960, BB 1960, 1148; als handelsüblicher Wert gilt der DAT-Schätzpreis; bei Verkauf innerhalb von 3 Monaten Verkaufserlös abzüglich Reparaturen und Pauschalabzug von 15% für Verkaufskosten, bei Verkauf nach 3 Monaten Verkaufserlös abzüglich Reparaturen ohne Pauschalabzug für Verkaufskosten – Schreiben des Bundesministers für Finanzen vom 25. 10. 1973, BB 1973, 1431.
221 BGH 20. 5. 1960, NJW 1960, 1853; OLG Köln 21. 2. 1996, OLGR 1996, 254; OLG Karlsruhe 13. 3. 1996, WRP 1996, 582; LG Saarbrücken; weitere Nachweise bei *Zirpel/Preil*, Werben ohne Abmahnung, S. 39.
222 OLG Köln 11. 4. 1984, WRP 1984, 574; zur Werbung Rn 383.
223 OLG Schleswig 22. 11. 1988 – 6 U 51/88 – n. v., zit. in Autohaus 1989, 65.
224 23. 5. 1996, OLGR 1997, 6.
225 MD 1994, 1027.
226 MD 1995, 561, zitiert von *Zirpel/Preil*, Werben ohne Abmahnung, S. 38 m. w. N.
227 Urt. v. 30. 12. 1994 – 6 U 118/94, als generell unzulässig hat auch das LG Wuppertal, Beschl. v. 22. 1. 1997 – 13096/96 – n. v. eine Werbung mit „bis zu" Preisen für Altfahrzeuge angesehen.
228 BGH 10. 7. 1986, ZIP 1986, 1487; OLG Saarbrücken 3. 12. 1982, WRP 1983, 235; OLG Hamm 7. 1. 1992, OLGR 1992, 129.

Beide Verkaufsarten sind rechtlich wegen der Teilersetzung des Kaufpreises durch den Altwagen und wirtschaftlich wegen der Verlagerung des Verkaufsrisikos auf den Händler nicht gleich zu bewerten,[229] sodass die unterschiedliche Preisgestaltung beim Neuwagen von der Sache her gerechtfertigt ist.[230] Wenn der Händler beim Verkauf eines Neuwagens gegen Inzahlungnahme eines Gebrauchtwagens einen anderen, höheren „Normalpreis" fordern möchte als bei einem Verkauf ohne Inzahlungnahme eines Gebrauchtfahrzeugs, muss die unterschiedliche Preisgestaltung für den Verkehr von vornherein deutlich erkennbar sein.[231] Er handelt verbotswidrig im Sinne des Rabattgesetzes, wenn er nach Bekanntgabe des Preises einen Nachlass von 10% mit Rücksicht darauf gewährt, dass der Käufer erklärt, er zahle bar und wolle keinen Gebrauchtwagen in Zahlung geben.[232]

78 Ein versteckter Preisnachlass im Sinne des § 1 Abs. 2 RabattG kann auch in einer ohne besonderen Aufschlag bewilligten **Stundung** des Kaufpreises liegen. Der Preisnachlass besteht in dem Vermögensvorteil, der sich aus einer zinsbringenden Anlage der Kaufpreissumme während der gestundeten Zeit ergeben kann.[233] Die Vorschrift des § 2 RabattG greift nicht ein, da die kostenlose Stundung einem Barzahlungsrabatt (von nicht mehr als 3%) nicht gleichgestellt ist.

Das **Erschleichen** eines Großabnehmerrabattes durch die unzutreffende Behauptung des Käufers, er sei bei der Großabnehmerfirma beschäftigt, stellt eine positive Vertragsverletzung dar, die zur Folge hat, dass der Kauf mit dem rechtlich zulässigen niedrigsten Preis als abgeschlossen gilt und der Käufer im Fall der Nichterfüllung Schadensersatz in Höhe der vereinbarten Pauschale von 15% zu leisten hat.[234]

Das Versprechen eines 10%igen Nachlasses ist erlaubt, sofern der Händler nur auf den Listenpreis anderer Händler und nicht auf eigene angekündigte bzw. allgemein geforderte Preise Bezug nimmt.[235] Kein Verstoß gegen das Rabattgesetz liegt vor, wenn einem Spitzensportler beim Kauf eines Neuwagens ein Preisnachlass von 10% gegen die Verpflichtung gewährt wird, das Fahrzeug mindestens ein halbes Jahr zu behalten und sich gelegentlich in Sportbekleidung mit dem Fahrzeug in der Öffentlichkeit zu zeigen.[236] Ein Preisnachlass von 15% vom jeweiligen Normalpreis im Hinblick auf Werbe-Gegenleistungen des Käufers ist nur dann als rabattrechtlich unbedenklich anzusehen, wenn sich der Wert der zu verrechnenden Forderung und der Preisnachlass annähernd entsprechen, wobei der Wert der zu verrechnenden Forderung nicht willkürlich festgelegt werden darf, sondern dem wirklichen Wert der Gegenleistung gerecht werden muss.[237]

79 Es ist nicht gestattet, auf Fahrzeuge mit **Tageszulassung** einen höheren Nachlass als 3% zu gewähren. Nach Ansicht des OLG Düsseldorf[238] liegt eine unzulässige Rabattgewährung vor, wenn der Händler den Neuwagen **für kurze Zeit** auf sich zulässt, ohne ihn als Vorführwagen zu nutzen, und ihn anschließend als fabrikneuen „Zweithandwagen" verbilligt verkauft. Will der Händler, um in den Genuss der Zulassungsprämien des Herstellers zu gelangen, Fahrzeuge mit Kurz- oder Tageszulassung günstiger anbieten als sonstige Neufahrzeuge desselben Modells, muss er von **„vornherein"** einen reduzierten Verkaufspreis festsetzen.

---

229 BGH 10. 7. 1986, ZIP 1986, 1487.
230 Anderer Ansicht OLG Karlsruhe 13. 8. 1986, NJW-RR 1987, 1258, 1259.
231 BGH 10. 7. 1986, ZIP 1986, 1487.
232 OLG Karlsruhe 13. 8. 1986, NJW-RR 1987, 1258.
233 BGH 2. 4. 1992, NJW-RR 1992, 1069, 1070 m. w. N.
234 AG Gelsenkirchen-Buer, Urt. 9. 1. 1985 – 9 C 847/84 – veröffentlicht in Autohaus 1985, 65.
235 OLG München 23. 1. 1969, NJW 1969, 1258.
236 BGH 4. 11. 1977, DB 1978, 834.
237 BGH 14. 12. 1988, NJW-RR 1989, 484.
238 Urt. 22. 11. 1984, NJW-RR 1986, 204.

Nach Meinung des OLG Hamm[239] liegt kein Grund zur Beanstandung vor, wenn der **80** Händler den Hauspreis eines nicht vorrätigen Fahrzeugs in der Weise errechnet, dass er zunächst entsprechend den unverbindlichen Preisen der Herstellerfirma für die Sonderausstattungsbestandteile den Gesamtpreis ermittelt, hiervon den prozentualen **Abschlag** seines **Haustarifs** vornimmt und dann **noch 3% Barzahlungsrabatt** einräumt. Der Händler verstößt nicht gegen das Rabattgesetz, wenn er den Käufer auf zwei Normalpreise hinweist, nämlich auf den Barzahlungspreis und den Finanzierungspreis.[240]

Die Werbung eines Händlers für einen finanzierten Fahrzeugkauf mit einem unter dem **81** marktüblichen Zins liegenden effektiven Jahreszins verstößt nach Ansicht des OLG Hamm[241] nicht gegen § 1 RabattG, da die **Subventionierung** der **Finanzierungskosten nicht als Preisnachlass anzusehen** ist. Ob diese Feststellung auch dann gilt, wenn der beworbene Zinssatz unter dem gesetzlichen Zinsfuß von 4% liegt, wurde im Urteil offen gelassen. Die der Absatzförderung dienende Werbung einer dem Konzern des Fahrzeugherstellers angehörenden Bank, in der diese zinsgünstige Darlehen mit einem **effektiven Jahreszins von 2,9%** anbietet, ist **rabattrechtlich nicht zu beanstanden,** da die angesprochenen Verkehrskreise der Anzeige nicht entnehmen können, dass der Händler den Preisvorteil gewährt (Unternehmeridentität) und im Zusammenhang mit der Kreditierung des Kaufpreises zwei unterschiedliche Preise beworben werden.[242] Aus den gleichen Gründen ist der in der Publikumswerbung eines Alleinimporteurs enthaltene Hinweis auf günstige Zinssätze in Höhe von 2,9%, 3,9% und 4,9%, je nach Laufzeit des Kredits, rabattrechtlich unbedenklich, die eine Bank zum Kauf von Motorrädern gewährt und die dadurch ermöglicht werden, dass der Alleinimporteur und die Händler Zinszuschüsse zahlen. Die Werbung beinhaltet nur einen Hinweis auf die Möglichkeit der Finanzierung mit einem zinsgünstigen Kredit und sagt nichts über die Normalpreise der einzelnen Händler aus.[243]

Durch einen **Rabattverstoß** wird die **Gültigkeit des Kaufvertrags nicht berührt.** Ein unter Verstoß gegen das Rabattgesetz gewährter unzulässiger Rabatt kann vom Verkäufer nicht zurückverlangt werden. Sein Rückzahlungsbegehren scheitert an § 817 S. 2 BGB. Zur Erstattung des unzulässigen Rabattes ist der Käufer selbst dann nicht verpflichtet, wenn er die Rückzahlung für den Fall des Weiterverkaufs mit dem Verkäufer vereinbart hat und es zum Weiterverkauf des Fahrzeugs kommt. Der Verkäufer kann sich auf die Vereinbarung nach Treu und Glauben nicht berufen, da sie Teil eines gesetzwidrigen Handelns ist, das allein dem Ziel dient, die Verletzung des Rabattgesetzes zu kaschieren.[244]

Geteilt sind die Meinungen zu der Frage, ob ein unter Verstoß gegen das Rabattgesetz **82** erlangter Vorteil **einklagbar** ist. Die wohl herrschende Auffassung gelangt zu dem rechtspolitisch fragwürdigen Ergebnis, dass der Händler auf Durchführung des geschlossenen Vertrages bestehen darf, aber den zugesagten Nachlass nicht einräumen muss, weil ihm die Rabattgewährung verboten ist.[245]

4. Zugaben

Die Zugabeverordnung sollte, ebenso wie das Rabattgesetz, dem Rotstift des Gesetzgebers **83** zum Opfer fallen,[246] weil sie, so hieß es, dem Verbraucherschutz nicht gedient und innovative

---

239 Urt. 8. 3. 1983, DAR 1983, 229.
240 OLG Frankfurt 29. 10. 1992, NJW-RR 1993, 1133.
241 Urt. v. 29. 4. 1993, NJW-RR 1994, 107, 108.
242 BGH 28. 4. 1994, DAR 1994, 359, 361.
243 BGH 6. 10. 1992, DAR 1993, 64.
244 OLG Hamm 18. 5. 1994, NZV 1994, 389.
245 OLG Stuttgart 18. 4. 1972, VersR 1973, 773; so auch im Ergebnis LG Freiburg 18. 8. 1981, MDR 1982, 52; a. A. OLG Schleswig 5. 3. 1974, VersR 1975, 455.
246 BTDrs. 12/6723 – 1994 –.

Absatzstrategien grundlos verhindert habe und der Schutz gegen eine Verwilderung der Wettbewerbssitten durch die Generalklauseln der §§ 1, 3 UWG vollauf gewahrt sei. Da der Mittelstand sich heftig widersetzte, gab die Bundesregierung ihren Plan zur Abschaffung der Zugabeverordnung auf.

Die Zugabeverordnung enthält ein **grundsätzliches Zugabeverbot** mit wenigen Ausnahmen. Eine neu hinzugekommene Ausnahme ist die teilweise oder vollständige Erstattung oder **Übernahme von Fahrtkosten** für Verkehrsmittel des öffentlichen Personennahverkehrs, die im Zusammenhang mit dem Besuch des Geschäftslokals oder des Ortes der Erbringung der Leistung aufgewendet werden.[247] Unter Zugabe im geschäftlichen Verkehr versteht man eine Ware oder eine Leistung, die neben der Hauptware oder der Hauptleistung entweder unentgeltlich oder nur gegen ein zum Schein verlangtes zu geringes Entgelt angeboten, ausgehändigt oder gewährt wird, um den Absatz der Hauptware oder der Hauptleistung zu fördern. Damit kann alles, was **Teil der Hauptleistung** im wirtschaftlichen Sinne ist und eine den konkreten Bedürfnissen der Vertragspartner angepaßte **Ergänzung** oder **Erweiterung** der **Hauptleistung** darstellt,[248] keine unzulässige Zugabe im Sinne von § 1 Abs. 1 Satz 1 ZugabeVO sein. Kompaktangebote von Personenkraftwagen in der Grundausstattung mit einigen Zubehörteilen, die in hervorgehobener Weise oder als Hausmodelle in Form einer Wareneinheit angeboten werden und dem Käufer hinsichtlich der Sonderausstattung wenig Variationsmöglichkeiten lassen, unterfallen folglich nicht dem Anwendungsbereich der Zugabeverordnung.[249]

84 Im Hinblick auf die Zugabeverordnung unbedenklich sind die im Neuwagenhandel üblichen Beigaben, wie etwa ein Fensterleder oder ein **Schlüsselbund.** Bei diesen Geschenken handelt es sich entweder um **Reklamegegenstände** von geringem Wert, die durch eine dauerhafte und deutlich sichtbare Zeichnung der reklametreibenden Firma gekennzeichnet sind, oder um handelsübliches Zubehör zur Ware im Sinne von § 1 Abs. 2 ZugabeVO. Fußmatten und eine erste **Tankfüllung** sind noch keine unzulässigen Zugaben, falls sie zum Standard der vom Händler ausgelieferten Fahrzeuge gehören. Das OLG Saarbrücken[250] hielt es mit Blick auf § 1 ZugabeVO für noch zulässig, wenn der Händler dem Kunden ein bestimmtes Modell mit Zusatzausstattung anbietet, ohne diese gesondert zu berechnen. Eine Zuwiderhandlung liegt noch nicht vor, wenn der Verkäufer nach Bekanntgabe des Barzahlungspreises auf die Frage des Kunden nach weiteren Vergünstigungen unter Hinweis auf den **zusätzlichen Einbau eines Radios** einen höheren Preis angibt, der Aufpreis jedoch erheblich unter dem Wert des Radios und der Einbaukosten liegt.[251]

85 Gewährt der Händler Zugaben von erheblichem Wert, wie z. B. ein **Autoradio**, **Winterreifen**, den kostenlosen Einbau einer **Alarmanlage**[252] oder Benzingutscheine, so verstößt er in der Regel gegen § 1 ZugabeVO.

Wenn beim Kauf eines Neufahrzeugs als im Kaufpreis eingeschlossen **2 Jahresinspektionen** und **3 Motoröl- und Filterwechsel** angeboten und gewährt werden, handelt es sich um nicht erlaubte Zugaben, da die Nebenleistungen nicht geeignet sind, die Durchführung der Hauptleistung sachlich zu ermöglichen oder zu fördern.[253] Im Gegensatz hierzu liegt keine verbotene Zugabe vor, wenn ein **Leasingangebot** mit **„incl. 3 Jahre ohne Werkstattkosten, alle Verschleißreparaturen, alle Wartungsarbeiten"** beworben wird, da der Geschäftsver-

---

247 § 1 Abs. 2d ZugabeVO.
248 BGH 4. 12. 1997, NZV 1999, 80 – Recht zum Umtausch eines Gebrauchtwagens nach 5-tägiger Nutzung kein Zugabeverstoß –.
249 KG 1. 7. 1991, NJW-RR 1992, 372.
250 Urt. 3. 12. 1982, WRP 1983, 235.
251 OLG Hamm 24. 10. 1985, WRP 1986, 416 ff.
252 OLG Düsseldorf 27. 10. 1995, OLGR 1996, 53.
253 OLG Frankfurt 15. 3. 1984, BB 1984, 1312; ebenso OLG Saarbrücken 3. 12. 1982, WRP 1983, 235.

kehr die Verpflichtung des Leasinggebers, das Fahrzeug in einem gebrauchstauglichen Zustand zu erhalten, nicht als besondere Nebenleistung, sondern als sinnvolle Ergänzung eines einheitlichen Angebots von Dienstleistungen empfindet.[254] Auch wenn der Händler gegenüber dem Leasingnehmer den Eindruck erweckt, er zahle einen Zuschuss zu den Leasingkosten oder ermögliche eine günstige Teilfinanzierung, so kündigt er damit keine Zugabe an, weil die Leistung von dem Käufer des Fahrzeugs nicht als selbstständige Nebenleistung angesehen wird.[255]

Das Angebot, „alle Extras" zu übernehmen, ist keine unzulässige Zugabe, wenn davon nur ein Sondermodell betroffen ist und nicht ein Basismodell mit frei wählbaren Extras.[256]

Als **Zugabeverstoß** bewertete der BGH[257] eine sog. **Zeitwertgarantie,** durch die sich Händler auf Veranlassung des Herstellers gegenüber ihren Kunden verpflichtet hatten, nach Ablauf von 2 Jahren beim Neukauf eines Fahrzeugs des gleichen Fabrikats das zuvor gekaufte Neufahrzeug zu einem Preis von 65% des Kaufpreises unter bestimmten Voraussetzungen zurückzunehmen.

86 Bietet eine zum Konzern eines Kraftfahrzeugherstellers gehörende Bank in einer Anzeige des Herstellers, in der für den Kauf von Kraftfahrzeugen geworben wird, äußerst **zinsgünstige Darlehen** mit einem effektiven Jahreszins von 2,9% an, kündigt sie damit nicht die Gewährung einer Zugabe an. Aus Sicht des Kunden ist das Finanzierungsangebot Bestandteil des Hauptgeschäfts und hat von daher lediglich die **Bedeutung einer Zahlungsmodalität** und nicht die einer selbstständig neben dem beworbenen Verkauf von Fahrzeugen stehenden Nebenleistung.[258]

Es stellt auch keine verbotene Zugabe dar, wenn der Händler die **Finanzierungskosten** der Bank **subventioniert**.[259]

87 Verstöße gegen die ZugabeVO lösen zivilrechtliche Schadensersatz- und Unterlassungsansprüche aus, haben jedoch keine Unwirksamkeit des Kaufvertrages gem. § 134 BGB zur Folge.[260]

5. Preisänderungen

88 Auf dem Boden der Vertragsfreiheit ist es den Parteien grundsätzlich gestattet, **Preisänderungsvorbehalte** zu vereinbaren. Im Gegensatz zu individuellen Vereinbarungen sind formularmäßige Preisanpassungsregelungen nur unter bestimmten Voraussetzungen und in begrenztem Umfang zulässig.

89 Rechtlich unproblematisch sind solche Preisänderungen, die in die **Zeit zwischen Angebot und Annahme** fallen. Kommt es vor Bestätigung des Angebots zur Preisänderung und teilt der Händler dem Kunden mit, dass er das Fahrzeug nur noch zu dem geänderten Preis liefern kann, beinhaltet die Erklärung eine Ablehnung des Kaufantrags, verbunden mit einem neuen Vertragsangebot (§ 150 BGB). Das Angebot bedarf der Annahme durch den Käufer, die ausdrücklich erklärt werden muss.[261]

---

254 OLG Frankfurt 19. 5. 1994, NJW-RR 1995, 617.
255 OLG Frankfurt 29. 10. 1992, NJW-RR 1993, 1133.
256 BGH 2. 7. 1998, DAR 1999, 68.
257 Urt. 8. 10. 1987, DAR 1988, 208.
258 BGH 28. 4. 1994, DAR 1994, 359; a. A. OLG München 12. 7. 1990, DAR 1990, 1260; s. auch KG 12. 4. 1991, NJW-RR 1992, 438, das sich auf den Standpunkt gestellt hat, ein effektiver Zinssatz von 4,4% indiziere nicht ohne weiteres eine verbotene Zugabe per Scheinentgelt.
259 OLG Hamm 29. 4. 1993, NJW-RR 1994, 107.
260 *Brandner,* DAR 1971, 57 ff.
261 BGH 18. 5. 1983, BB 1983, 921, 923.

90 Formularmäßig vorgesehene Erhöhungen des Entgelts für Waren oder Leistungen, die innerhalb von **vier Monaten** nach Vertragsschluss geliefert oder erbracht werden sollen, sind gem. § 11 Nr. 1 AGB-Gesetz **grundsätzlich verboten**. Eine hiervon abweichende Vereinbarung ist unwirksam. Im Rahmen von § 11 Nr. 1 AGB-Gesetz kommt es nicht auf den tatsächlichen, sondern auf den **vereinbarten** Leistungszeitraum an.

Das 4-monatige Preisänderungsverbot in Form von AGB erfasst **jedwede Form** von **Preiserhöhung**.[262] Auch die Anhebung der **Mehrwertsteuer** innerhalb der Lieferzeit berechtigt den Verkäufer nicht zur Anpassung des Preises.[263] Das Risiko von Mehrwertsteuererhöhungen kann nicht durch eine „Netto-Preisvereinbarung zuzüglich Umsatzsteuer" auf den privaten Käufer verlagert werden, da dies eine unzulässige Umgehung der Regelung von § 11 Nr. 1 AGB-Gesetz darstellen würde.

91 Die seit dem 1. 7. 1991 empfohlenen **NWVB** enthalten **keine Regelungstexte** in Bezug auf den Kaufpreis und dessen Anpassung während der vereinbarten Lieferzeit. Die ursprünglich in Abschn. II, Ziff. 2, S. 3 NWVB enthaltene Umsatzsteueranpassungsklausel scheiterte an der – nicht vorgesehenen – viermonatigen Sperrfrist des § 11 Nr. 1 AGB-Gesetz. Vom BGH war zuvor bereits die in der Altfassung der NWVB unter Abschn. II, Ziff. 3, S. 1 vorgesehene Preisänderungsklausel wegen Verstoßes gegen § 9 AGB-Gesetz für ungültig erklärt worden. Sie sah vor, dass bei vereinbarter Lieferfrist von mehr als vier Monaten der am Tag der Lieferung gültige Preis (Tagespreis) maßgeblich sein sollte.[264] Der übrig gebliebene Rest der Klausel, der besagte, dass sich der Preis des Kaufgegenstandes ohne Skonto und sonstige Nachlässe zuzüglich Umsatzsteuer verstehe und dass vereinbarte Nebenleistungen zusätzlich zu berechnen seien, wurde 1991 im Zuge der Überarbeitung der NWVB ersatzlos gestrichen, weil die Klausel den Eindruck erweckte, als seien Nachlässe und Skonti unzulässig.[265]

Maßgeblich für den Kaufpreis und dessen Änderung sind im Rahmen des Anwendungsbereichs der heutigen NWVB ausschließlich die **individuellen Vereinbarungen** der Parteien des Kaufvertrages.[266] Haben sie keine Absprache über eine Preisanpassung getroffen, bleibt es unabhängig von der vereinbarten und tatsächlichen Lieferzeit bei dem Kaufpreis, der bei Vertragsabschluss festgelegt worden ist.

6. Preisanpassungsklauseln in AGB

92 Das AGB-Gesetz erkennt ein berechtigtes Interesse des Handels an, bei **längerfristigen Lieferverträgen** notwendig werdende Preiserhöhungen an den Käufer weiterzugeben. Der Gebrauch formularmäßiger Preisanpassungsklauseln[267] ist daher grundsätzlich zulässig, wenn die vereinbarte Lieferfrist mehr als vier Monate beträgt. Eine Klausel, die offen lässt, ob unter der Lieferzeit die vereinbarte oder die tatsächliche Lieferzeit zu verstehen ist, begegnet Wirksamkeitsbedenken.[268] Die Frist läuft ab Vertragsschluss und nicht ab Unterzeichnung der Bestellung.[269]

93 Soll die Lieferung „so bald als möglich" ausgeführt werden, kommt es darauf an, ob die Parteien eine Lieferung innerhalb oder außerhalb der viermonatigen Frist gewollt haben, was

---

262 *Ulmer/Brandner/Hensen*, § 11 Nr. 1 Rn 5.
263 *Jauernig/Vollkommer*, § 433 Rn 28.
264 BGH 7. 10. 1981, BB 1982, 146; vgl. ferner BGH 26. 5. 1986, NJW 1986, 3134; 12. 7. 1989, NJW 1990, 115; OLG Düsseldorf, 12. 4. 1984, WM 1984, 1134.
265 *Creutzig*, Recht des Autokaufs, Rn 2.1.1.
266 *Creutzig*, Recht des Autokaufs, Rn 2.1.2.
267 Zur Abgrenzung von Preisvorbehalten, Preisänderungsklauseln und automatischen Preisanpassungsklauseln *Wolf*, ZIP 1987, 341, 342.
268 LG Münster 29. 5. 1991, DAR 1992, 307 mit Anm. v. *Mehnle*.
269 OLG Frankfurt 15. 1. 1981, DB 1981, 884.

Der Kaufpreis

notfalls im Wege der Auslegung zu ermitteln ist.[270] Falls im Vertrag der vereinbarte Lieferzeitpunkt nicht angegeben und ein solcher auch nicht aus den Umständen zu entnehmen ist, gilt § 271 Abs. 1 BGB, d. h., der Käufer kann sofortige Lieferung verlangen,[271] und eine Preisänderungsklausel ist unzulässig.

Preissenkungsklauseln fallen nicht unter den Regelungstatbestand von § 11 Nr. 1 AGB-Gesetz und sind, da sie den Käufer begünstigen, unbedenklich.

Preiserhöhungsklauseln in vorformulierten und ersichtlich für eine Vielzahl von Kaufverträgen über Neufahrzeuge aufgestellten Texten unterliegen der Kontrolle nach dem AGB-Gesetz. Dies gilt auch dann, wenn sie von dem übrigen Vertragstext räumlich getrennt sind und eine gesonderte Unterschriftsleistung des Käufers vorgesehen ist.[272] **94**

a) Allgemeine Voraussetzungen

Im Falle einer Lieferfristvereinbarung von mehr als 4 Monaten darf der Verkäufer die durch eine gesetzeskonforme Klauselgestaltung vorbehaltene Preiserhöhung nur unter der Voraussetzung an den Käufer weitergeben, dass die **Umstände,** auf denen die Preissteigerung beruht, **nach Vertragsschluss** eingetreten sind und für den Verkäufer nicht voraussehbar waren.[273] **95**

Der Kunde würde unangemessen benachteiligt, falls es dem Händler gestattet wäre, das Risiko einer von ihm **vorausgesehenen Preiserhöhung** über eine Preisänderungsklausel auf den Käufer zu verlagern. Deshalb kann eine Preisänderungsklausel nur mit dieser Einschränkung vor § 9 AGB-Gesetz bestehen. Sie muss dem Käufer spiegelbildlich einen Anspruch auf Herabsetzung des Kaufpreises für den Fall der **Senkung** der Herstellerpreise innerhalb der Lieferfrist zubilligen. Eine Klausel, die lediglich die Möglichkeit der Kaufpreiserhöhung zu Gunsten des Verkäufers vorsieht, ist mit § 9 AGB-Gesetz nicht vereinbar.[274] Von unwirksamer Klauselgestaltung ist weiterhin auszugehen, wenn sich der Verkäufer bei Vertragsabschluss die Möglichkeit der Abänderung des vereinbarten Liefertermins einräumen lässt, ohne zugleich die Preisänderungsklausel entsprechend anzupassen.[275] **96**

Eine höherer Preis als der bei Vertragsschluss vereinbarte darf dem Käufer nicht abverlangt werden, wenn die ursprünglich vereinbarte kurze **Lieferfrist** von weniger als vier Monaten **nachträglich verlängert** wird. Das Gleiche gilt für eine Preissteigerung nach Eintritt des **Lieferverzugs,** da sie der Risikosphäre des Verkäufers zuzurechnen ist.[276] Hierzu in Widerspruch stehende AGB sind unwirksam.[277] Nach Meinung des OLG Düsseldorf[278] kann der Verkäufer dem Käufer eine in die Verzögerungsfrist fallende Preiserhöhung nur entgegenhalten, wenn er beweist, dass zwischen ihm, dem Großhändler, der Vertriebsgesellschaft und dem Hersteller eine Kette rechtlich bindender Eindeckungsverträge bestanden und keine dieser Personen die Lieferverzögerung verschuldet hat. **97**

Behält sich der Verkäufer durch eine gesetzeskonforme Klausel eine Preiserhöhung vor, kann er dennoch den erhöhten Preis nicht vom Käufer verlangen, wenn das bestellte Fahrzeug innerhalb der Frist von vier Monaten an ihn geliefert wird und er es entsprechend einer mit **98**

---

270 Dazu OLG Köln 31. 7. 1991, OLG Report 1992, 36 – schnellstmöglich heißt Belieferung innerhalb von spätestens 12 Wochen –.
271 *Ulmer/Brandner/Hensen,* § 11 Nr. 1 Rn 7.
272 LG Münster, Urt. 29. 5. 1991, DAR 1992, 307 mit Anm. v. *Mehnle* S. 308.
273 *Wolf/Horn/Lindacher,* AGBG § 11 Nr. 1 Rn 41; *Dörner,* NJW 1979, 248; *Palandt/Heinrichs,* § 11 AGBG, Rn 8; LG Frankfurt/M. 6. 3. 1984, BB 1984, 942; a. A. *Staudinger/Coester-Waltjen,* § 11 Nr. 1 AGBG, Rn 23 f.
274 OLG Hamm 23. 6. 1987, NJW-RR 1987, 1141.
275 *Burck,* DB 1978, 1385.
276 *Schlosser/Coester-Waltjen/Graba,* § 11 Nr. 1, Rn 22 f.; *Burck,* DB 1978, 1385, 1386.
277 § 11 Nr. 1 AGB-Gesetz.
278 Urt. 15. 11. 1971, BB 1972, 1296 ff.

dem Käufer bei Vertragsabschluss getroffenen Vereinbarung drei Monate als Vorführwagen benutzt, ehe er es dem Käufer übergibt.[279] Unter diesen Umständen kommt es auf den Zeitpunkt der Anlieferung des Neufahrzeugs beim Verkäufer an und nicht auf den Zeitpunkt der Übergabe des Fahrzeugs an den Käufer.

Auf der Grundlage einer wirksam vereinbarten Preisänderungsklausel darf der Händler einen höheren Preis fordern, wenn er erst nach Ablauf von vier Monaten zu liefern hat, die Lieferung jedoch früher ausführt.[280]

b) Konkrete Gestaltung

99 Eine Preisanpassungsregelung in AGB darf **weder** ganz **allgemein gehalten** sein, wie etwa die vom BGH verworfene Tagespreisklausel, die besagte, der am Tag der Lieferung gültige Preis sei maßgeblich, noch darf sie **derart konkret** sein, dass der **Käufer sie kaum noch versteht,** was bei einer alle Faktoren der Kostensteigerung erfassenden Regelung der Fall sein kann.[281]

Auf Grund der vom BGH[282] zur Tagespreisklausel erteilten Hinweise setzt eine wirksame Preisänderungsklausel voraus, dass

– das Ausmaß der Erhöhung in **angemessenem Verhältnis** zur eingetretenen Änderung steht und die Klausel eine nachvollziehbare Begrenzung enthält,[283]

– die maßgeblichen **Kriterien** der Preiserhöhung möglichst **konkret** bezeichnet sind, d. h. Offenlegung der Kalkulation, wenn die Klausel auf eine Erhöhung der Kostensätze abstellt,[284]

– dem Käufer unter bestimmten Voraussetzungen ein **Rücktrittsrecht** zusteht.[285]

100 Der **Verkäufer** trägt die **Beweislast** dafür, dass die Preiserhöhung sich im Rahmen der nachträglich geänderten Umstände hält. Willkürliche Preisanhebungen scheitern an § 315 BGB. Die dem Verkäufer eingeräumte Befugnis zur Vornahme von Preiserhöhungen unterliegt **richterlicher Kontrolle.** Entspricht die Preiserhöhung nach Marktlage und Lieferzeit nicht der Billigkeit, kann das Gericht die vom Verkäufer getroffene Maßnahme aufheben und durch eigene billige Entscheidung ersetzen.

101 Bezüglich des **Rücktrittsrechts,** namentlich der **„Definition der Rücktrittsschwelle",** werden im Wesentlichen zwei Vorschläge erörtert, nämlich die Vorgabe einer starren, in Prozent ausgedrückten Limitierung,[286] z. B. Steigerung um mehr als 5% des Ausgangspreises, oder aber die Anlehnung an die allgemeine wirtschaftliche Entwicklung, ausgedrückt durch die vom Bundesamt für Statistik festgestellte Steigerung der Lebenshaltungskosten.[287] Den Vorzug verdient die **flexible Lösung,** wonach der Käufer zum Rücktritt berechtigt ist, wenn der bei Lieferung verlangte Preis gegenüber dem bei Vertragsabschluss vereinbarten Preis stärker als die allgemeinen Lebenshaltungskosten angestiegen ist,[288] wobei die Kopplung mit einer prozentualen Höchstgrenze optimal wäre.

---

279 LG Mainz, 6. 4. 1993 – 3 S 282/92 – n. v.
280 *Ulmer/Brandner/Hensen,* § 11 Nr. 1 Rn 7; *Basedow,* MünchKomm, § 11 AGBG Rn 18.
281 BGH 7. 10. 1981, BB 1982, 146.
282 Urt. 7. 10. 1981, BB 1982, 146.
283 BGH 12. 7. 1989, NJW 1990, 115, 116.
284 OLG Düsseldorf 24. 11. 1981, DB 1982, 537; OLG Celle 1. 2. 1984, BB 1984, 808.
285 BGH 11. 6. 1980, NJW 1980, 2518 ff.; 7. 10. 1981, BB 1982, 146; 20. 5. 1985, ZIP 1985, 1081; 29. 10. 1985, WM 1986, 73; 26. 5. 1986, ZIP 1986, 919; kritisch *Ulmer/Brandner/Hensen,* § 11 Nr. 1 Rn 15.
286 *Löwe,* BB 1982, 152 f.
287 *Salje,* DAR 1982, 88 f.
288 *Bartsch,* DB 1983, 215 f.

Der Käufer, der sich bei Vertragsabschluss der Veränderlichkeit des Preises und seiner eigenen Leistungsfähigkeit bewusst ist, muss aus Sicht des BGH[289] Preissteigerungen redlicherweise so lange hinnehmen, wie die Preisentwicklung hinsichtlich des Kraftfahrzeugs von der **allgemeinen Preisentwicklung** nicht erheblich abweicht. Eine Klausel, die ein Rücktrittsrecht des Käufers für den Fall vorsieht, dass die Preiserhöhung des Kraftfahrzeugs zwischen Bestellung und Auslieferung den Anstieg der allgemeinen Lebenshaltungskosten erheblich übersteigt, trägt dem Umstand Rechnung, dass bei langen Lieferfristen die künftige Kostenentwicklung auf den vielfältigsten, vom Händler oft nicht voraussehbaren Umständen beruhen kann,[290] und schützt den Käufer zugleich vor einem überproportionalen Anstieg der Pkw-Anschaffungskosten.[291]

Die in AGB eines Neuwagenkaufvertrages enthaltene Klausel, die dem Käufer das Recht einräumt, bei einer Preiserhöhung von 5% zwischen Vertragsschluss und vereinbartem Liefertermin vom Kaufvertrag zurückzutreten, berechtigt nach Auffassung des OLG Hamm[292] den Käufer zur Ausübung des Rücktritts, wenn der Hersteller die Preise in diesem Zeitraum zwei Mal um insgesamt 5,3% erhöht und die erste Teuerung der Steigerung der allgemeinen Lebenshaltungskosten entspricht und die zweite Teuerung mit einer verbesserten Ausstattung des Autos (Airbag zusätzlich) einhergeht.

102 In seinem Urteil vom 1. 2. 1984 hat der BGH[293] darauf hingewiesen, es sei in diesem Verfahren nicht zu prüfen gewesen, wie eine AGB-Klausel, die einen Preisänderungsvorbehalt zum Gegenstand habe, gestaltet sein müsse, sondern allein, welche Vertragsergänzung an die Stelle der unwirksamen Tagespreisklausel treten könne. Insoweit sei es unbedenklich, im Wege der ergänzenden Vertragsauslegung ein – durch ein Rücktrittsrecht des Käufers begrenztes – Leistungsbestimmungsrecht in den Vertrag einzuführen. Die vom BGH durch ergänzende Vertragsauslegung entwickelte **Kombination** aus **Rücktritt** und **Leistungsbestimmungsrecht** muss auch als AGB-Klausel wirksam sein, da der ,,Prüfungsmaßstab für die ergänzende Vertragsauslegung kein anderer als derjenige des § 9 AGB-Gesetz sein kann".[294] Weil eine ergänzende Vertragsauslegung, die darauf abstellt, was die Parteien bei angemessener Abwägung ihrer Interessen nach Treu und Glauben als redliche Vertragspartner vereinbart hätten, wenn sie die Unwirksamkeit der Preisänderungsklausel bedacht hätten, nicht zu einer ,,unangemessenen Benachteiligung" einer Vertragspartei im Sinne von § 9 AGB-Gesetz führen kann, bedarf es – konsequent zu Ende gedacht – aus heutiger Sicht des BGH nicht der weiteren Überprüfung am Maßstab dieser Vorschrift.[295]

103 Es bestehen nach alledem bei Verträgen mit längeren Lieferfristen keine höchstrichterlichen Bedenken gegen die Verwendung von Preissteigerungsklauseln, die außer dem Rücktrittsrecht des Käufers die Regelung enthalten, dass der bei Lieferung geforderte – erhöhte – Preis einer nach **billigem Ermessen** zu treffenden **Leistungsbestimmung** durch den Verkäufer gem. § 315 Abs. 1, 3 BGB entsprechen muss. Hierdurch wird nach Auffassung des BGH dem Umstand Rechnung getragen, dass etwa eine Bestellung zu einem besonders günstigen – weil erheblich unter dem Listenpreis liegenden – Preis erfolgt oder dass der bei Lieferung

---

289 Urt. 1. 2. 1984, BB 1984, 486, 488.
290 BGH 7. 10. 1981, BB 1982, 146.
291 *Bartsch,* BB 1983, 215 ff.
292 Urt. 8. 7. 1994, BB 1994, 1739.
293 BB 1984, 486.
294 Urt. 31. 10. 1984, NJW 1985, 621, 623.
295 BGH 31. 10. 1984, NJW 1985, 621 ff.; ebenso *Bunte,* NJW 1984, 1145 ff.; anders noch BGH 7. 10. 1981, BB 1982, 146 mit dem Hinweis, der Käufer werde durch die in § 315 Abs. 3 BGB verankerte und jedenfalls durch AGB nicht abdingbare Befugnis, im Rechtsstreit die geänderten Listenpreise auf ihre Billigkeit hin überprüfen zu lassen, nicht vor unangemessener Benachteiligung geschützt, sowie Urt. v. 18. 5. 1983, BB 1983, 921 ff., in dem es heißt, Angemessenheitskontrolle erlaube nur § 9 AGB-Gesetz, nicht aber § 315 BGB.

verlangte Preis zwar unterhalb der allgemeinen Preissteigerung, aber weit über dem Anstieg der allgemeinen Anschaffungskosten für Personenkraftwagen liegt. Die Kontrolle nach § 315 Abs. 3 BGB ist außerdem auch ein dem Rücktrittsrecht vorgeschaltetes Korrektiv, das die Gefahr mindert, dass der Verkäufer den Käufer „durch das Verlangen exorbitanter Erhöhungen"[296] aus dem Vertrag drängt.

Einer Klausel, nach deren Inhalt dem Verkäufer ein Leistungsbestimmungsrecht und dem Käufer ein Rücktrittsrecht eingeräumt wird, fehlt trotz alledem die ursprünglich vom BGH selbst geforderte Bestimmtheit, weil sich aus ihr weder die Preissteigerungsfaktoren noch das Maß einer etwaigen Preiserhöhung ablesen lassen. Für *Löwe*[297] sind es „Leerformeln ohne jeglichen Regelungsgehalt", mit denen sich Verwender einer Überprüfung im Verfahren nach § 13 AGB-Gesetz entziehen können.

104 Im **Geschäftsverkehr mit Kaufleuten** gelten weniger strenge Anforderungen. Preiserhöhungsklauseln in Verträgen mit Kaufleuten, juristischen Personen des öffentlichen Rechts und öffentlich-rechtlichen Sondervermögen können zulässigerweise auch ohne Angabe der Erhöhungskriterien und Einräumung eines Rücktrittsrechts vereinbart werden, sofern die Interessen des Käufers in anderer Weise ausreichend gewahrt werden, was z. B. dann der Fall sein kann, wenn sich die Preiserhöhung auf den am Markt durchgesetzten Preis beschränkt oder die Parteiinteressen weitgehend gleichgerichtet sind.[298] Dies gilt selbst dann, wenn der vom Verkäufer bei Lieferung des Fahrzeugs verlangte Preis den Anstieg der allgemeinen Lebenshaltungskosten in der Zeit zwischen Vertragsabschluss und Auslieferung nicht erheblich übersteigt.[299] Unbedenklich ist im kaufmännischen Geschäftsverkehr auch die Verwendung von Umsatzsteuer-Gleitklauseln.[300]

7. Auswirkungen einer unwirksamen Preisanpassungsklausel

105 Zu der Frage, wie die durch Wegfall einer unwirksamen Preisanpassungsklausel entstandene **Vertragslücke** zu schließen ist, gibt es ein breites Meinungsspektrum.[301] Der BGH[302] hat sich für eine **Kombination** aus **ergänzender Vertragsauslegung** und **Billigkeitskontrolle** i. S. v. § 315 BGB entschieden: Führt die ersatzlose Streichung der unwirksamen Klausel nicht zu einer angemessenen, die beiderseitige Interessenlage berücksichtigenden Lösung, dann ist sie durch eine Bestimmung zu ersetzen, die den Käufer zwar grundsätzlich zur Zahlung des bei Auslieferung des Fahrzeugs gültigen Listenpreises verpflichtet, soweit dieser Preis einer nach billigem Ermessen zu treffenden Leistungsbestimmung durch den Verkäufer entspricht, die ihm aber andererseits ein Rücktrittsrecht einräumt, sofern eine Preiserhöhung den Anstieg der allgemeinen Lebenshaltungskosten in der Zeit zwischen Bestellung und Auslieferung nicht erheblich übersteigt.[303]

106 Sofern die vereinbarte Lieferfrist die Sperrfrist des § 11 Nr. 1 AGB-Gesetz um knapp 6 Wochen überschreitet, ist es nach Meinung des LG Münster[304] nicht unbillig, den Händler an dem **ursprünglich vereinbarten** Kaufpreis **festzuhalten,** wenn er mit einer ungültigen Preiserhöhungsklausel arbeitet.[305]

---

296 *Löwe,* BB 1982, 152 ff.; *Trinkner,* BB 1983, 924, der die bloße Einräumung eines Lösungsrechts als unbillig ansieht, falls dem Käufer kein relevanter Markt für die vereinbarte Leistung zur Verfügung steht.
297 BB 1982, 152 ff.
298 BGH 16. 1. 1985, BGHZ 93, 259.
299 BGH 27. 9. 1984, NJW 1985, 426; *Creutzig,* Recht des Autokaufs, Rn 2.1.15.
300 BGH 28. 1. 1981, NJW 1981, 979; *Wolf,* ZIP 1987, 341, 346; *Dittmann,* BB 1979, 712.
301 Siehe dazu die Ausführungen in der Vorauflage unter gleicher Rn.
302 Urt. 27. 10. 1983, BB 1984, 175.
303 Kritisch *Löwe,* BB 1984, 492; *Trinkner,* BB 1984, 490.
304 Urt. 19. 5. 1991, DAR 1992, 307 m. Anm. v. *Mehnle.*
305 LG Münster 19. 5. 1991, DAR 1992, 307.

Der Kaufpreis Rn 107–110

Den auf Grund einer unwirksamen Preisanpassungsklausel empfangenen Erhöhungsbetrag muss der Verkäufer dem Käufer gem. § 812 BGB insoweit **erstatten,** als nach den vom BGH aufgestellten Grundsätzen eine Vertragsanpassung nicht stattfindet.[306] **107**

8. Zahlung

Der Kaufpreis ist bei Übergabe des Fahrzeugs, spätestens acht Tage nach Zugang der schriftlichen Bereitstellungsanzeige, in **bar** zu leisten, nicht jedoch vor Aushändigung oder Übersendung der Rechnung. Bargeldlose Zahlungen durch Zahlungsanweisungen, Schecks oder Wechsel bedeuten keine Erfüllung der Zahlungspflicht und müssen vom Verkäufer nur nach besonderer Vereinbarung angenommen werden.[307] **108**

Bei vereinbarter Inzahlungnahme ersetzt der Wert des Gebrauchtwagens einen Teil des Kaufpreises. An die Stelle der Barzahlung tritt kraft individualvertraglicher Abrede die Pflicht zur Übergabe des Gebrauchtwagens. Die Hereingabe des Gebrauchtwagens ist als solche keine Barzahlung und steht ihr auch nicht gleich.[308]

Die Zeitspanne von **acht Tagen** ab Zugang der Bereitstellungsanzeige entspricht der **Prüffrist,** die dem Käufer gem. Abschn. V, Ziff. 1 NWVB zugebilligt wird. Da der Händler einen Zeitraum von weiteren acht Tagen für die Beseitigung etwaiger vom Käufer gerügter Mängel in Anspruch nehmen darf, kann die Situation eintreten, dass dem Käufer die Zahlung des Kaufpreises abverlangt wird, obschon sich das Fahrzeug noch nicht in einem vertragsgemäßen und fehlerfreien Zustand befindet. Eine Vorleistungspflicht des Käufers zur Zahlung des Kaufpreises vor Eintritt der „Übergabereife" des Fahrzeugs soll durch die Klausel jedoch ersichtlich nicht geschaffen werden, andernfalls ihr wegen des für den Käufer überraschenden Inhalts die Wirksamkeit gem. § 3 AGB-Gesetz versagt werden müßte. Die Fälligkeit des Kaufpreises ist somit an die weitere – ungeschriebene – Voraussetzung geknüpft, dass sich das Fahrzeug zum Zeitpunkt der Fälligkeit des Kaufpreises i. S. v. Abschn. III, Ziff. 1 NWVB in einem **vertragsgemäßen und fehlerfreien Zustand** befindet. **109**

Für die Dauer des **Verzugs** hat der Käufer Zinsen in Höhe von **5% über dem jeweiligen Diskontsatz** (Basiszinssatz) der Deutschen Bundesbank zu entrichten (Abschn. III, Ziff. 6 NWVB, an die Stelle des Diskontsatzes tritt bis zum Ablauf des 31. Dezember 2001 der jeweilige Basiszinssatz gem. Art. 1 § 1 Diskontsatz-Überleitungs-Gesetz, der zurzeit 2,68% beträgt). Die Höhe des Zinssatzes entspricht der Gesetzesregelung von § 11 Abs. 1 VerbrKrG. Die Zinsen sind höher oder niedriger anzusetzen, wenn der Verkäufer eine höhere oder der Käufer eine niedrigere Belastung nachweist.

Gegen die Kaufpreisforderung ist gem. Abschn. III, Ziff. 5 NWVB eine Aufrechnung mit einer Gegenforderung nur zulässig, soweit letztere **rechtskräftig festgestellt** oder **unbestritten** ist. Das formularmäßige Aufrechnungsverbot hält sich im Rahmen dessen, was gem. § 11 Nr. 3 AGB-Gesetz statthaft ist.[309] Nach verbreiteter Ansicht ist § 11 Nr. 3 AGB-Gesetz dahin auszulegen, dass auch **entscheidungsreife Forderungen** nicht von der Aufrechnung ausge- **110**

---
306 LG Augsburg 29. 10. 1982, DAR 1982, 231; LG Nürnberg-Fürth 27. 1. 1982, BB 1982, 456 ff.; LG München 30. 3. 1983, DAR 1983, 230; AG München 12. 10. 1982, DAR 1982, 400.
307 Vgl. zur Wirksamkeit der Klausel des Abschn. III, Ziff. 4 NWVB, BGH 8. 10. 1969, DB 1969, 2173.
308 *Creutzig,* Recht des Autokaufs Rn 3.1.2.
309 BGH 18. 4. 1989, ZIP 1989, 783, 784; kritisch *Palandt/Heinrichs,* § 11 AGBG Rn 15 ff.; *Ulmer/Brandner/Hensen,* § 11 Nr. 3 Rn 3, 4; *Basedow,* MünchKomm, § 11 AGBG Rn 47; *Erman/Hefermehl,* § 11 Nr. 3 AGBG Rn 2, die das Aufrechnungsverbot nicht für konnexe Gegenansprüche gelten lassen wollen, die aus einer zur Leistungsverweigerung berechtigenden Sachleistung hervorgegangen sind, wie z. B. bei Kostenerstattungsansprüchen für berechtigterweise von dritter Seite durchgeführte und abgerechnete Gewährleistungsarbeiten.

schlossen sind[310] und eine Klausel, die den Ausschluss anordnet, keine Wirksamkeit entfaltet.[311]

Nicht ausgeschlossen ist das **Zurückbehaltungsrecht** wegen **bestrittener Gegenansprüche**, wobei in Abschn. III, Ziff. 4 NWVB die allerdings zulässige Einschränkung gemacht wird, dass das Zurückbehaltungsrecht auf Ansprüchen aus dem Kaufvertrag beruhen muss. Die zur Wirksamkeit i. S. v. § 9 AGB-Gesetz erforderliche Ausnahmeregelung für das Zurückbehaltungsrecht im Geschäftsverkehr mit privaten Kunden[312] wird durch die Klausel in Abschn. VII, Ziff. 8 NWVB verstärkt, die dem Käufer das Recht gibt, eine noch offene Kaufpreisforderung in angemessenem Umfang bis zum Ende der Nachbesserung zurückzuhalten, wenn der Betrieb, an den sich der Käufer wegen der Fehler gewandt hat, mit der Nachbesserung in Verzug gerät.

Der Verkäufer kann bei Zahlungsverzug des Käufers unter den Voraussetzungen von § 326 BGB vom Vertrag zurücktreten oder Schadensersatz wegen Nichterfüllung verlangen. Der Rückgriff auf die gesetzlichen Rechte wird durch Abschn. V, Ziff. 4 NWVB nicht versperrt, da die Klausel ausschließlich die Rechtsfolgen für den Fall des Abnahmeverzugs regelt.

9. Steuern und Steuervorteile
a) Umsatzsteuer als Bestandteil des Kaufpreises

111 Der Neuwagenpreis beinhaltet beim Inlandskauf die **Umsatzsteuer.** Der vorsteuerabzugsberechtigte Käufer kann die Umsatzsteuer mit dem Finanzamt verrechnen. Der Vorsteuerabzug für Betriebsfahrzeuge, die auch privat genutzt werden, ist seit dem 1.4.1999 auf 50% beschränkt.[313]

Finanziert der Käufer den Kauf des Fahrzeugs über eine zum Automobilkonzern gehörende Bank, bekommt der Händler von dieser nicht den vollen Kaufpreis ausbezahlt, da er wegen der besonderen Konditionen, die die Bank dem Käufer einräumt, an der Finanzierung beteiligt wird (Händleranteil). Nach verbreiteter Ansicht mindert der **Händleranteil** bei einer solchen Finanzierung zwar den Verkaufserlös, nicht aber die **Bemessungsgrundlage** für die Umsatzsteuer. Für die Berechnung der Umsatzsteuer, so lautet die Argumentation, sei das Entgelt maßgeblich, das der Käufer als Leistungsempfänger entrichten muss, und dieser zahle den vollen Kaufpreis.[314]

Nimmt der Händler beim Verkauf eines Neuwagens einen **Gebrauchtwagen** herein und veräußert er diesen später unter dem Einstandspreis, darf er die Umsatzsteuer nachträglich mindern.

Falls der Neuwagenkäufer seinen geleasten Gebrauchtwagen in Zahlung geben will, wird bei der Ablösung des Leasingvertrags – aus Gründen, deren Darlegung in diesem Zusammenhang zu weit führen würde – in der Weise verfahren, dass die Leasinggesellschaft das Fahrzeug an den Händler veräußert, dieser es an den Neuwagenkäufer verkauft, der es anschließend an den Händler mit der Maßgabe zurückverkauft, dass der zuvor ausgehandelte Preis auf den Neuwagenpreis angerechnet wird. Das FG Rheinland Pfalz[315] versagte einem Händler die Anwendung der **Differenzbesteuerung,** weil es den Verkauf des Kraftfahrzeugs

---

310 OLG Koblenz, OLGR 1997, 185; *Wolf/Horn/Lindacher,* § 11 Nr. 3 Rn 7; *Ulmer/Brandner/Hensen,* § 11 Nr. 3 Rn 4; *Palandt/Heinrichs,* § 11 AGB-Gesetz, Rn 15.
311 *Soergel/Stein,* BGB, § 11 AGBG Rn 26.
312 *Löwe/Graf von Westphalen/Trinkner,* § 11 Nr. 2 Rn 17; *Staudinger/Coester-Waltjen,* § 11 Nr. 2 AGBG Rn 10.
313 § 15 Abs. 1 UStG.
314 FG Münster, 13. 2. 1995 – 15 K 1099/93 – n. v.; FG Brandenburg 13. 5. 1998 – 1 K 840/97 –; EFG 1998, 1095 nicht rechtskräftig, Az. BFH V R 53/98.
315 Urt. v. 19. 1. 1998 – 5 K 2903/96.

Der Kaufpreis   **Rn 112, 113**

an den Neuwagenkäufer sowie den Rückkauf durch den Händler als **Umgehungsgeschäft** bewertete. Es entschied, die Lieferung des Fahrzeugs sei nur zwischen der Leasinggesellschaft und dem Händler erfolgt und unterliege daher der Regelbesteuerung.[316]

Beim Kauf des Neufahrzeugs im **EG-Ausland** ist der Nettopreis an den ausländischen Verkäufer zu zahlen. Die Zahlung der Erwerbssteuer hat innerhalb von 10 Tagen nach der Einfuhr des Fahrzeugs zu erfolgen.

b) Werks- und Großabnehmerrabatte

Werksangehörigen-Nachlässe[317] sind als geldwerte Vorteile zu versteuern, soweit sie den **Freibetrag von 2400 DM** übersteigen. Ausgangsgröße ist der **Listenpreis** abzüglich eines Pauschalabzugs, der nach Ansicht des FG Niedersachsen[318] 4% nicht übersteigen darf.   **112**

Mitarbeiter von **Großkunden,** denen auf Grund von Rahmenabkommen mit Herstellern Rabatte gewährt werden, sind verpflichtet, die gewährten Preisvorteile zu versteuern, da diese zum Arbeitslohn gehören. Diesen Personen wird im Gegensatz zu den Werksangehörigen kein Freibetrag bis zur Höhe von 2400 DM zugebilligt. Sie erfüllen nicht die Voraussetzung in Form des Erwerbs von Firmenprodukten bzw. der Inanspruchnahme sonstiger Vorteile des „eigenen" Arbeitgebers. Für diejenigen Arbeitnehmer, die auf Grund bestehender Rahmenabkommen Preisnachlässe erhalten, gilt grundsätzlich, dass die Differenz zwischen dem für Privatkunden am Abgabeort üblichen Endpreis und dem vom Arbeitnehmer zu zahlenden Endpreis versteuert werden muss, wobei ihnen ein üblicher steuerfreier Rabatt von 4% zugestanden wird.[319]

Preisnachlässe, die der Hersteller einem Vertragshändler gewährt und die dieser beim Verkauf an seine Mitarbeiter weitergibt, bleiben lohnsteuerfrei, wenn sie nicht „**unüblich**" hoch sind. Als Bemessungsgrundlage dient der „**üblichen Endpreis**". Als üblicher Endpreis kann der Listenpreis abzüglich der Hälfte des Preisnachlasses angesetzt werden, der im Durchschnitt den Kunden eingeräumt wird.[320]

Arbeitnehmer können die Finanzierungskosten für einen Pkw-Kauf nicht als Werbungskosten geltend machen, wenn der beim Kauf gewährte Personalrabatt versteuert wurde. Bei beruflicher Nutzung des Fahrzeugs wird durch die Kilometerpauschale ein Schuldzinsenanteil mit abgegolten.[321]

c) Einkommensteuerliche Behandlung der privaten Nutzung eines Geschäftswagens

Die nichtunternehmerische Nutzung von Geschäftsfahrzeugen ist als **Entnahme** bzw. **geldwerter Vorteil** zu versteuern. Diese Regelung[322] gilt für alle Steuerpflichtigen, die einen Geschäftswagen auch für private Zwecke nutzen. Fahrten zwischen Wohnung und Arbeitsstätte sowie Familienheimfahrten aus Anlass einer doppelten Haushaltsführung dienen der privaten Nutzung.   **113**

---

316 Nach gegenteiliger Ansicht des 1. Senat des FG Rheinland Pfalz, Urt. v. 28. 9. 1998 – 1 K 1613/98 – n. v., ist § 42 AO auf die Umsatzsteuer nicht anwendbar.
317 Zur Höhe der sog. Werksrabatte *Creutzig,* Recht des Autokaufs Rn 2.1.6 sowie zur Unwirksamkeit der Rückzahlungsklausel BAG 26. 5. 1993, NJW 1994, 213.
318 Urt. v. 28. 6. 1995 – IX – 40/95 – n. v.
319 Verfügung der OFD Frankfurt zu S 2334 A – 85 – St II 30, BB 1994, 917; zu den Begriffen Abgabeort, üblicher Preis, Hauspreis s. Steuer-Erfahrungsaustausch Kraftfahrzeuggewerbe 3/95 S. 7, 8.
320 Schreiben des Bundesfinanzministeriums vom 28. 8. 1998 – IV B 6 – S 2334 – 88/98, DB 1998, 1890.
321 FG Rheinland-Pfalz 15. 3. 1996, 3 K 2078/95; EFG 1996, 913.
322 Sie ist gesetzlich verankert in §§ 3 Nr. 16, 4 Abs. 5 Nr. 6 und 6a, 6 Abs. 1 Nr. 4, 8 Abs. 2 und 9 Abs. 1 S. 3 Nr. 5 EStG.

aa) Pauschalierung nach der 1% Methode

Der **Entnahmewert** bzw. der geldwerte Vorteil eines Arbeitnehmers, der ein Geschäftsfahrzeug privat nutzt, kann gem. § 6 Abs. 1 Nr. 4 S. 2, § 8 Abs. 2 S. 2 EStG aus Vereinfachungsgründen pauschal mit **monatlich 1%** des inländischen Listenpreises im Zeitpunkt der Erstzulassung zuzüglich der Kosten für die Sonderausstattung einschließlich Umsatzsteuer angesetzt werden. Die Pauschalierung nach der „1%-Methode" ist auch auf Leasingfahrzeuge anzuwenden.

Die **Überführungskosten** sind nicht Bestandteil des Listenpreises. Der inländische Brutto-Listenpreis ist auch für EG-Importe zugrunde zu legen.[323] Unberücksichtigt bleiben vom Kfz-Händler auf den Listenpreis gewährte Rabatte. Bei Firmenfahrzeugen mit Werbung gehören die Kosten für das Erstellen und das Anbringen der Werbefläche nicht zur Sonderausstattung. Auch ein Autotelefon ist keine Sonderausstattung. Bei aus Sicherheitsgründen gepanzerten Fahrzeugen kann vom Listenpreis des Normalfahrzeugs ausgegangen werden.

Die „Ein-Prozent-Regelung" ist die einzige gesetzlich vorgesehene Pauschalierungsmethode. Sie gilt für neu und gebraucht angeschaffte Geschäftsfahrzeuge, selbst wenn diese bereits steuerlich abgeschrieben sind. Der Wert der steuerlich zu berücksichtigenden Privatnutzung ist auf die Höhe der gesamten Kosten zu begrenzen, wenn diese nachweislich niedriger sind als die – zusammengefaßten – Jahreswerte nach der Listenpreisregelung. Tendenziell wirkt sich die Pauschalierung bei Fahrzeugen mit einem Listenpreis oberhalb von 52 000 DM für den privaten Nutzer eines Geschäftswagens ungünstig aus.[324]

Gegen die Ein-Prozent-Regel wird eingewandt, sie führe zu einer Übermaßbesteuerung und verstoße gegen das Verbot der Besteuerung fiktiver Tatbestände. Das FG Münster[325] hat entschieden, dass einkommensteuerrechtlich keine Bedenken gegen die Ein-Prozent-Regel bestehen.[326]

bb) Fahrten zwischen Wohnung und Betrieb/Arbeitsstätte

Der Entnahmewert von 1% des Listenpreises deckt die Aufwendungen für Fahrten zwischen Wohnung und Betriebsstätte nicht ab. Aus diesem Grunde sind für diese Fahrten nicht absetzbare Aufwendungen in Höhe des positiven Unterschiedsbetrages zwischen 0,03% des Listenpreises je Kalendermonat für jeden Entfernungskilometer und dem Kilometerpauschbetrag nach § 9 Abs. 1 S. 3 oder Abs. 2 anzusetzen.

Für die Ermittlung des geldwerten Vorteils, der dem Arbeitnehmer durch die private Nutzung eines Geschäftswagens zufließt, enthält § 8 Abs.2 EStG eine entsprechende Regelung.[327]

Beispiel für ein Fahrzeug mit einem Listenpreis von 70 000 DM.

1% von 70 000 DM × 12 Monate	8 400 DM
+ (0,03% von 70 000 DM) × 20 km	
(Entfernung zwischen Wohnung und Betrieb/Arbeitsstätte) × 12 Monate	5 040 DM
	13 440 DM
− 20 Arbeitstage pro Monat × 0,70 DM × 20 km × 12 Monate	3 360 DM
zu versteuernder Privatanteil	10 080 DM

---

323 Rdvfg. Der OFD Koblenz v. 2. 12. 1997, DStR 1998, 167.
324 *Juchum*, DAR 1996, 158.
325 Urt. v. 1. 10. 1998 – 12 K 6280/97 – n. v.
326 Die Entscheidung wird vom dritten Senat des BFH zurzeit überprüft.
327 Dazu *Juchum*, DAR 1996, 159, 160.

Der Kaufpreis

cc) Familienheimfahrten

Für Familienheimfahrten ist der Zuschlag aus dem positiven Unterschiedsbetrag zwischen 0,002% des Listenpreises mal Entfernungskilometer und der Kilometerpauschale zu ermitteln.[328]

Beispiel:

Ein Unternehmer/Arbeitnehmer nutzt den Geschäftswagen mit einem Listenpreis von 70000 DM für eine Familienheimfahrt, bei der die Entfernung zwischen Betriebsstätte/Beschäftigungsort 400 Kilometer beträgt.

Entnahme 1% des Listenpreises	700 DM
Zzgl. 0,002% des Listenpreises (1,40 DM) × 400	560 DM
Zwischensumme	1 260 DM
Abzügl. 400 × 0,70 DM je Entfernungskilometer	280 DM
Gesamtbetrag	980 DM

dd) Vollkostenabrechnung mit Fahrtenbuch

An Stelle der Pauschalberechnung ist eine Vollkostenrechnung mit ordnungsgemäßem **Fahrtenbuch** zulässig. Die Führung des Fahrtenbuches kann nicht auf einen repräsentativen Zeitraum beschränkt werden. Im Fahrtenbuch sind die dienstlich und privat zurückgelegten Fahrtstrecken gesondert und laufend nachzuweisen. Um von der Finanzverwaltung anerkannt zu werden, muss das Fahrtenbuch mindestens folgende Aufzeichnungen enthalten:
– Datum, Kilometerstand zu Beginn und am Ende der betrieblichen Fahrt,
– Reiseziel mit Reiseroute,
– Reisezweck mit Angaben des Aufgesuchten,
– Privatfahrten einzeln, jedoch ohne Angabe des Reiseweges,
– Vermerk der Fahrten zwischen Wohnung und Betrieb.

Bei Vorlage des Fahrtenbuchs werden die Anteile der betrieblichen und privaten Nutzung anhand der tatsächlichen Fahrleistung ermittelt und bei der Versteuerung entsprechend berücksichtigt. Fahrten zur Betriebs-/Arbeitsstätte und Familienheimfahrten sind wie bei der Pauschalbesteuerung mit der Kilometerpauschale zu Gunsten des steuerpflichtigen Privatnutzers zu berücksichtigen.

d) Umsatzsteuerliche Behandlung der nichtunternehmerischen Nutzung eines Geschäftswagens

Seit dem 1. 4. 1999 ist der Vorsteuerabzug für Betriebsfahrzeuge, die auch privat genutzt werden, auf **50% der Umsatzsteuer** beschränkt. Die Limitierung des Vorsteuerabzugs betrifft sowohl die Anschaffungskosten als auch die laufenden Kosten (Garagenmiete, Kraftstoffe, Reparaturen usw.). Als Ausgleich für die Kürzung des Vorsteuerabzugs wurde die Eigenverbrauchsbesteuerung abgeschafft. Ausschließlich betrieblich genutzte Fahrzeuge sind nicht betroffen, auch dann nicht, wenn sie für Fahrten zwischen Wohnung und Betriebsstätte genutzt werden, da solche Fahrten keine private Verwendung des Fahrzeugs darstellen.

Betriebsfahrzeuge im Sinne der Neuregelung sind solche, die für das Unternehmen nach dem 31. 3. 1999 erworben wurden, wobei es allein auf den Zeitpunkt der Lieferung ankommt. Sie müssen zu mindestens 10% unternehmerisch genutzt werden. Eine geringere Nutzung schließt den Vorsteuerabzug aus. Die Ermittlung des Privatanteils erfolgt nach dem Verhältnis der privat gefahrenen Kilometer zu den Gesamtkilometern.

Der **nicht abziehbare Teil** der Vorsteuer bei den Anschaffungskosten **erhöht die Bemessungsgrundlage** für die Abschreibung des Fahrzeugs. Bei den Nebenkosten kann der nicht abziehbare Teil der Vorsteuer sofort als Betriebsausgabe geltend gemacht werden.

---

[328] § 9 Abs. 1 Satz 3 Nr. 5 Satz 4 und 5 oder Abs. 2 EStG; § 8 Abs. 2 Satz 5 EStG.

Gem. § 15a Abs. 3 UStG besteht die Möglichkeit, den Vorsteuerabzug innerhalb von fünf Jahren zu ändern, falls entweder ein gemischt genutztes Fahrzeug nur noch betrieblich eingesetzt wird oder wenn der umgekehrte Fall eintritt, dass ein bisher ausschließlich unternehmerisch genutztes Fahrzeug auch privat genutzt wird.

Der **Verkauf** des Betriebsfahrzeugs unterliegt grundsätzlich in vollem Umfang der **Umsatzbesteuerung.** Es erfolgt jedoch eine Korrektur des Vorsteuerabzugs, wenn der Unternehmer ein privat mitbenutztes Betriebsfahrzeug innerhalb von fünf Jahren veräußert, da durch den Verkauf die Privatnutzung entfällt. Die 50-prozentige Vorsteuerbeschränkung ist für den noch nicht verbrauchten Zeitraum rückgängig zu machen.

Für Fahrzeuge, die **vor dem 1. 4. 1999** angeschafft wurden, gilt weiterhin die bisherige **Eigenverbrauchsbesteuerung.** Der 100-prozentige Vorsteuerabzug auf die Pkw-Anschaffung bleibt unabhängig davon erhalten, ob sich das Verhältnis zwischen unternehmerischer und privater Benutzung ändert. Eine Reduzierung des Vorsteuerabzugs bezüglich der laufenden Kosten auf 50% findet bei den vor dem Stichtag angeschafften Fahrzeugen ebenfalls nicht statt.

Bemessungsgrundlage für die Umsatzsteuer bleibt der **Wert der Nutzungsentnahme.**

Der fünfte Senat des BFH[329] hat es abgelehnt, die einkommensteuerrechtliche Regelung für die Umsatzsteuer zu übernehmen. Nach seiner Ansicht ist der Wert der Nutzungsentnahme nach § 6 EStG für das Umsatzsteuerrecht grundsätzlich kein geeigneter Maßstab, um die Kosten auf die Privatfahrten und die unternehmerischen Fahrten aufzuteilen, da der Entnahmewert vom Listenpreis des Fahrzeugs ausgeht und weder die tatsächlich auf den Betrieb des Fahrzeugs fallenden Kosten noch die konkreten Nutzungsverhältnisse im Einzelfall berücksichtigt.

Bei Arbeitnehmern bildet der nicht durch den Barlohn abgegoltene Teil der Arbeitsleistung die Bemessungsgrundlage für die Umsatzbesteuerung. Der aus dem Listenpreis abgeleitete lohnsteuerliche Wert darf der Umsatzbesteuerung nicht zu Grunde gelegt werden.[330]

Durch den Wegfall des Verwendungseigenverbrauchs ab dem 1. 4. 1999 wurde dem UStG die Grundlage für eine Umsatzbesteuerung der Aufwendungen für Fahrten zwischen Wohnung und Arbeitsstätte und Familienheimfahrten entzogen. Daraus folgt, dass die Umsatzsteuer auch dann nicht anfällt, wenn der Arbeitnehmer solche Fahrten mit einem Betriebsfahrzeug zurücklegt, das vor dem Stichtag 1. 4. 1999 angeschafft wurde.

Investitionszulage

116 Die Anschaffung neuer betrieblicher Nutzfahrzeuge wird im Gegensatz zur Anschaffung betrieblicher Pkw in den neuen Bundesländern staatlich gefördert. Mittelständische Handwerks- und Gewerbebetriebe haben Anspruch auf eine im Jahr nach der Anschaffung eines Nutzfahrzeugs fällige Investitionszulage in Höhe von 10% der Anschaffungskosten. Als Anschaffungszeitpunkt gilt der Zeitpunkt der Zulassung. Die Gewährung der Investitionszulage hat der Gesetzgeber davon abhängig gemacht, dass das geförderte Wirtschaftsgut drei Jahre zum Anlagevermögen eines Betriebes in den neuen Ländern gehören und dort verbleiben muss. Die Verbleibsvoraussetzungen sind strittig.[331]

Die **Abgrenzung** zwischen **Personenkraftwagen** und **Nutzfahrzeugen** ist für die Frage, ob der Käufer Anspruch auf Bewilligung einer Investitionszulage besitzt, von enormer wirtschaftlicher Bedeutung. Die Einstufung als Pkw oder Lkw richtet sich in erster Linie nach der Ersteintragung im Kfz-Brief.

---

[329] Urt. v. 11. 3. 1999 – V R 78/98 –.
[330] BFH Urt. v. 11. 3. 1999 – V R 78/98.
[331] Dazu BFH 12. 4. 1994, BStBl. II 1994, 576; FG Münster 24. 6. 1992, EFG 1993, 247.

Zu den nicht zu fördernden Pkw gehören solche Fahrzeuge,
- die nach ihrer Bauart und Ausstattung zur Beförderung von nicht mehr als neun Personen geeignet sind,
- deren zulässiges Gesamtgewicht 2,8 t beträgt und die wahlweise zur Personen- oder Güterbeförderung eingesetzt werden können und der dazu erforderliche Umbau ohne größeren Aufwand mit Bordwerkzeugen zu bewerkstelligen ist,
- Wohnmobile, auch wenn sie ein zulässiges Gesamtgewicht von mehr als 2,8 t aufweisen.[332]

Für Pkw, die als solche zugelassen wurden, jedoch einem Lkw ähneln, ist die Investitionszulage zu gewähren. Diese Voraussetzungen liegen vor, wenn der Laderaum des Fahrzeugs auf Grund unzureichender Beleuchtung, fehlender Heizung sowie mangels Sitzgelegenheiten und Sicherheitsgurten nicht zur Personenbeförderung geeignet ist. Als **förderungswürdig** wurden anerkannt
- ein zu einem Werkstattwagen umgebauter Kleinbus,[333]
- ein Hochtransporter mit einem von der Fahrerseite abgeteilten Laderaum ohne Heizung und Lüftung sowie lediglich zwei zu öffnenden Seitenfenstern,[334]
- ein Kastenwagen, der nur beim Fahrer- und Beifahrersitz Fenster aufweist,[335]
- Wohnwagenanhänger, die von einer Elektroinstallationsfirma auf Baustellen eingesetzt werden.[336]

Als **Pkw** wurden eingestuft
- ein mit zwei Sitzbänken ausgestatteter Transporter,[337]
- ein Kombi, der trotz des Umbaus durch einen Malermeister noch zum Personentransport geeignet war,[338]
- Wohnmobile mit einem zulässigen Gesamtgewicht über 2,8 t.[339]

IV. Schriftform des Vertrags

Der Kaufvertrag beinhaltet in seiner Gesamtheit Vereinbarungen über die beiderseitigen Haupt- und Nebenpflichten. Über den formularmäßig festgelegten Regelungsbereich hinaus können Nebenabsprachen getroffen und Zusicherungen erteilt werden. In Abschn. II, Ziff. 2 sehen die NWVB vor, dass **sämtliche Vereinbarungen**, also auch **Nebenabreden, Zusicherungen** und **nachträgliche Vertragsänderungen,** schriftlich niederzulegen sind.

Die Schriftformklausel dient einerseits dem Zweck der Klarstellung und der Beweiserleichterung, andererseits ist die Einhaltung der schriftlichen Form nach § 125 S. 2 BGB im Zweifelsfall, wie bei der gesetzlichen Schriftform, Voraussetzung für das wirksame Zustandekommen des Rechtsgeschäfts. Nach Ansicht des OLG Köln[340] handelt es sich bei der Klausel, die für die Annahme des Angebots Schriftform vorsieht, um eine **einfache** und nicht um eine **konstitutive** Schriftformklausel, sodass die Wahrung der Schriftform kein Wirksamkeitserfordernis darstellt.

---

332 BFH 17. 12. 1997, DAR 1999, 520; für Beschränkung des zulässigen Gesamtgewichts auf bis zu 2,8 t BMF-Schreiben vom 28. 8. 1991, BStBl. I 1991, 768 Tz. 37.
333 BFH 17. 3. 1989, BFH/NV 1990, 731.
334 BFH 16. 7. 1993, BStBl. II 1994, 304.
335 FG Thüringen 14. 7. 1993, EFG 1993, 742.
336 FG Thüringen 25. 4. 1996, EFG 1996, 1002.
337 FG Brandenburg 23. 1. 1996, EFG 1996, 670.
338 FG Leipzig 3. 9. 1992, EFG 1993, 54.
339 FG Brandenburg 14. 12. 1994, EFG 1995, 819.
340 OLG Köln 16. 2. 1995, OLGR 1995, 140; *Creutzig,* Recht des Autokaufs Rn 1.2.3, 1.2.4.

118 Es gilt der Grundsatz, dass Schriftformklauseln weder im Allgemeinen als überraschende Klauseln nach § 3 AGB-Gesetz unwirksam[341] noch schlechthin nach § 9 AGB-Gesetz unzulässig sind. Es kommt auf die konkrete Ausgestaltung der Klausel und den Anwendungsbereich an.[342] Im Geschäftsverkehr mit privaten Kunden gelten – wie stets – strengere Maßstäbe als unter Kaufleuten.

119 Im Vergleich zu den Schriftformklauseln, die wegen Verstoßes gegen § 9 AGB-Gesetz und ausnahmsweise wegen Verstoßes gegen § 4 AGB-Gesetz für ungültig erklärt wurden,[343] nimmt sich die Regelung in Abschn. I, Ziff. 2 NWVB **unbedenklich** aus, da ihre Fassung nicht die Nichtigkeit gleichwohl getroffener mündlicher Absprachen vorsieht, sondern für eine mündliche Aufhebung Raum lässt.[344] Sie verdrängt weder den in § 4 AGB-Gesetz verankerten Grundsatz des **Vorrangs der Individualabrede** vor AGB,[345] noch besteht die Gefahr, dass ein Kunde, der mit der Klausel konfrontiert wird, von der Durchsetzung der ihm zustehenden Rechte abgehalten werden könnte,[346] wie dies z. B. bei Verwendung von Klauseln der Fall ist, die formlosen Vereinbarungen die Gültigkeit versagen. Nach ihrem Wortlaut erweckt die Klausel Abschn. II, Ziff. 2 NWVB selbst bei **kundenfeindlichster Auslegung** nicht den Eindruck, als seien mündlich getroffene Nebenabreden unwirksam.[347] Die Formulierung, dass Vereinbarungen „schriftlich niederzulegen" sind, enthält keine Rechtsfolgeregelung. Es ist ohne Weiteres erkennbar, dass es sich insoweit um eine „lex imperfecta" handelt,[348] durch die sich ein mündiger und aufgeklärter Verbraucher, wie ihn der EuGH vor Augen hat,[349] von der Durchsetzung mündlicher Vereinbarungen abhalten lässt. Das Gegenteil ist der Fall: Wörtliche Erklärungen haben – nicht nur bei Verbrauchern – einen höheren Stellenwert als AGB.

120 Das **Interesse** des Händlers, das darauf gerichtet ist, sich vor unbedachten und unkontrollierbaren Äußerungen und Zusagen seiner Mitarbeiter durch die Schriftformklausel zu schützen, erweist sich als berechtigt und verdient Anerkennung. Durch das Schriftformerfordernis wird die Beweislast nicht umgekehrt, sondern lediglich die Beweisführung erschwert. Der Käufer muss nachweisen, dass die formlos getroffene Absprache ungeachtet der Klausel gelten sollte. Diese zusätzliche Beweisanforderung stellt keine schwer wiegende Beeinträchtigung dar und macht die Schriftformklausel nicht nach § 9 AGB-Gesetz unwirksam.[350] Der Beweisführungsnachteil, der dem Käufer dadurch entsteht, dass sich die Vollständigkeitsvermutung der Urkunde auf nachträgliche Vereinbarungen erstreckt, fällt nicht erheblich ins Gewicht, da formularmäßig geschaffene Beweisanzeichen bei der Beweiswürdigung keine entscheidende Rolle spielen.[351]

121 Zu der Frage, wie sich **mündliche Individualabreden** und **Schriftformklauseln** zueinander verhalten, existiert ein breit gefächertes Meinungsangebot, mit dem sich jedes gewünsch-

---

341 BGH 12. 5. 1976, BB 1977, 61; 24. 10. 1979, NJW 1980, 234; *Wolf/Horn/Lindacher*, § 9 S. 33.
342 BGH 31. 10. 1984, NJW 1985, 320 ff.
343 BGH 31. 10. 1984, NJW 1985, 320 ff., „Vereinbarungen, Zusicherungen oder Änderungen sind nur in schriftlicher Form gültig" = unwirksam; 28. 4. 1983, ZIP 1983, 833 – „Mündliche Nebenabsprachen haben nur nach schriftlicher Bestätigung des Auftragsnehmers Gültigkeit" = unwirksam; BGH 26. 3. 1986, NJW 1986, 1809, „Mündliche Abmachungen haben ohne schriftliche Bestätigung der Firma keine Gültigkeit" = unwirksam; OLG Oldenburg 12. 3. 1992, NJW-RR 1992, 1527, „Nebenabreden sind nur gültig, wenn sie schriftlich abgeschlossen wurden" = unwirksam.
344 *Bunte*, Handbuch der AGB, S. 245 und 66 ff.
345 Vgl. hierzu BGH 28. 4. 1983, ZIP 1983, 833.
346 Vgl. BGH 31. 10. 1984, NJW 1985, 320.
347 A. A. OLG Nürnberg Urt. 5. 12. 1995 – 3 U 1557/95 – n. v.; LG Frankfurt/Main 23. 10. 1997 – 2/2 133/96 nicht rechtskräftig – n. v.
348 *Creutzig*, Recht des Autokaufs, Rn 1.2.3.
349 Urt. 16. 1. 1992, ZIP 1992, 91.
350 *Wolf/Horn/Lindacher*, § 9 S. 33; *Ulmer/Brandner/Hensen*, Anh. § 9–11 Rn 438; *Creutzig*, Recht des Autokaufs, Rn 1.2.3.
351 BGH 26. 11. 1984, NJW 1985, 623; 19. 6. 1985, NJW 1985, 2329 ff.

te Ergebnis belegen lässt.[352] Durchgesetzt hat sich die Ansicht, dass die mündliche Abrede, gegenüber der Schriftformklausel grundsätzlich **vorrangig** ist. Die Schriftformklausel bricht in sich zusammen, wenn der Käufer die mündliche Vereinbarung beweist. Durch die neue bindende Einigung sind frühere entgegenstehende Vereinbarungen überholt, auch die Vereinbarung der Schriftform.[353] Selbst eine formlose Vereinbarung, die sich konkludent aus den Umständen ergibt, verdrängt die Schriftformklausel.[354] Der Vorrang der Individualabrede gilt – umgekehrt – auch zu Gunsten des Verkäufers.[355]

Der Vorrang mündlicher Individualabsprachen gegenüber Schriftformklauseln gilt bei einem Vertreterhandeln nur unter der Voraussetzung, dass der **Vertreter** entweder zum Abweichen vom Vertragsmuster berechtigt ist oder dass die Grundsätze über Anscheins- und Duldungsvollmacht eingreifen,[356] die durch AGB nicht abbedungen werden können.[357] Diese Lösung knüpft an die Auslegung der Schriftformklausel und die Vertretungsmacht von Hilfspersonen an, gegen deren eigenmächtiges Handeln sich der Verwender durch die Klausel schützen will. Falls er die Zusage persönlich erteilt hat, von der er anschließend unter Berufung auf das Fehlen der Schriftform nichts mehr wissen will, muss ihm der Schutz der Klausel nach Ansicht des BGH versagt bleiben,[358] der eine Unwirksamkeit der Klausel wegen Verstoßes gegen § 9 I und II Nr. 1 AGB-Gesetz jedenfalls dann annimmt, wenn das Unternehmen als „Einmannbetrieb" geführt wird.

122

Sowohl die Individualvereinbarung als auch die Vollmacht des Vertreters und das etwaige Vorliegen der tatbestandlichen Voraussetzungen für die Annahme einer **Duldungs- oder Anscheinsvollmacht** hat der Käufer wegen der vermuteten Vollständigkeit und Richtigkeit der Vertragsurkunde zu beweisen. Etwaige Zweifel gehen zu seinen Lasten, da er sich durch Unterzeichnung des Kaufantrags der Schriftformklausel unterwirft. Als nicht zweifelsfrei wertete der BGH[359] die mündliche Vereinbarung über die Inzahlungnahme eines Gebrauchtwagens, deren schriftliche Bestätigung der Neuwagenverkäufer dem Kunden zugesagt hatte.

Ladenangestellte gelten gem. § 56 HGB zu den gewöhnlich erfolgten Verkaufsgeschäften als ermächtigt. Die **Ermächtigung** erstreckt sich jedoch nicht auf den Ankauf gebrauchter Fahrzeuge, da die Vorschrift des § 56 HGB nur Verkäufe betrifft und eine entsprechende Anwendung auf Ankäufe nicht zulässt.[360] Falls umgekehrt der Verkäufer eine mündliche Nebenabsprache behauptet, trägt er die Beweislast. Besonders strenge Anforderungen an die Widerlegung der Vollständigkeitsvermutung sind zu stellen, wenn ein Kfz-Händler, der einen Gebrauchtwagen in Zahlung genommen hat, sich auf mündliche Erklärungen des Kunden beruft.[361]

Bei Kaufverträgen, die unter das Verbraucherkreditgesetz fallen, wird die gewillkürte Schriftform der NWVB durch die strenge gesetzliche Schriftform des § 4 Abs. 1 S. 1 VerbrKrG überlagert, deren Nichtbeachtung Vertragsnichtigkeit zur Folge hat.[362]

123

---

352 Siehe hierzu Rn 121 der Vorauflage.
353 BGH 26. 11. 1980, BB 1981, 266; 15. 5. 1985, NJW 1986, 3131, 3132; OLG Frankfurt 16. 10. 1980, WM 1981, 598; OLG Karlsruhe 17. 1. 1980, NJW 1981, 405, 406; OLG München 22. 9. 1995, DAR 1997, 494, 495.
354 BGH 6. 3. 1986; NJW 1986, 1807.
355 *Zöller*, JZ 91, 853; *Palandt/Heinrichs*, § 5 AGBG Rn 2.
356 *Lindacher*, JR 1982, I ff.; *Ulmer/Brandner/Hensen*, § 4 Rn 34 ff.; *Erman/Hefermehl*, § 4 AGBG Rn 17; a. A. *Koch/Stübing*, § 4 Rn 16.
357 *Wolf/Horn/Lindacher*, § 9 S. 47.
358 BGH 28. 4. 1983, NJW 1983, 1853.
359 Urt. 11. 10. 1967, NJW 1968, 32 ff.
360 BGH 4. 5. 1988, NJW 1988, 2109.
361 OLG Köln 8. 7. 1969, JMBl. NW 1970, 154.
362 Vgl. hierzu Rn 208 ff. sowie zum Heilungsumfang *Graf von Westphalen/Emmerich/von Rottenburg*, VerbrKrG, § 6 Rn 15 ff.

124 Zu den wichtigsten **einseitigen Erklärungen,** die schriftlich abzugeben sind, gehören
- die Ablehnung der Käuferofferte gem. Abschn. I, Ziff. 1, S. 3 NWVB,
- die Bereitstellungsanzeige des Verkäufers gem. Abschn. III, Ziff. 1 NWVB,
- Mahnungen, Rücktrittserklärungen und Schadensersatzforderungen beider Parteien bei Zahlungs- und Lieferverzug; z. B. Abschn. II, Ziff. 2 Abs. 2 NWVB, Abschn. IV, Ziff. 2 Abs. 1 und 2 NWVB, Abschn. V, Ziff. 4 NWVB,
- die Geltendmachung von Gewährleistungsansprüchen gem. Abschn. VII, Ziff. 2a Abs. 2 NWVB,
- die Benachrichtigung des Verkäufers im Falle der Nachbesserung von Gewährleistungsmängeln durch eine andere Vertragswerkstatt gem. Abschn. VII, Ziff. 2a Abs. 1 NWVB.

Aber **nicht jede Erklärung muss schriftlich erfolgen:**
- Schadensersatzansprüche gem. Abschn. VIII NWVB können z. B. formlos geltend gemacht werden.
- Die Nachfristsetzung gem. Abschn. III, Ziff. 3b NWVB bedarf keiner Form.
- Statt der schriftlichen Mängelanzeige steht es dem Käufer gem. Abschn. VII, Ziff. 2a, S. 2 NWVB frei, den Fehler von dem in Anspruch genommenen Betrieb aufnehmen zu lassen.
- Der schriftlichen Auftragsbestätigung des Händlers bedarf es gem. Abschn. I, Ziff. 1 NWVB nicht, wenn er die Lieferung des bestellten Fahrzeugs binnen vier Wochen ausführt.

Soweit die NWVB für einseitige Erklärungen Schriftform vorschreiben, sind sie an § 11 Nr. 16 AGB-Gesetz ausgerichtet, wonach Anzeigen oder Erklärungen, die gegenüber dem Verwender von AGB oder einem Dritten abzugeben sind, nicht an eine strengere Form als die Schriftform oder an besondere Zugangserfordernisse gebunden sein dürfen. Die Schriftform gebietet schriftliche Abfassung der Erklärung und eigenhändige Unterschrift (§ 126 BGB). Das **Erfordernis eigenhändiger Unterschrift entfällt** bei telegrafischer Übermittlung; hier genügt ausnahmsweise bloße Schriftlichkeit (§ 127 BGB). Ein Fernschreiben oder Telefax steht einem schriftlich übermittelten Telegramm gleich.[363]

V. Zustimmungserfordernis bei Übertragung von Rechten und Pflichten aus dem Kaufvertrag

125 Ein generelles Abtretungsverbot sehen die NWVB nicht vor. Stattdessen bedürfen gem. Abschn. I, Ziff. 3 NWVB Übertragungen von Rechten und Pflichten des Käufers aus dem Kaufvertrag der **schriftlichen Zustimmung** des Verkäufers, während der Verkäufer für die Abtretung seiner Ansprüche aus dem Kaufvertrag nicht das Einverständnis des Käufers benötigt. Der Vorbehalt ist nicht überraschend im Sinne von § 3 AGB-Gesetz, da keine erhebliche Abweichung vom dispositiv gesetzlichen Leitbild des Kaufvertrags vorliegt.[364] Er ist nicht unangemessen angesichts der berechtigten Interessen der Händler, die Verträge ausschließlich mit ihren Vertragspartnern abwickeln und den Abrechnungsverkehr klar und übersichtlich gestalten und nicht unerwartet einem Käufer mit unbekannter Bonität gegenüberstehen wollen.[365] Vor allem aber sollen mit dem Zustimmungsvorbehalt **vertriebsstrategische Zielvorstellungen** gewahrt und durchgesetzt werden. Das auf Aufrechterhaltung des

---

363 *Palandt/Heinrichs,* § 127 Rn 2; *Förscheler,* MünchKomm, § 127 Rn 10a; BGH 22. 4. 1996, NJW-RR 1996, 866.
364 BGH 24. 9. 1980, NJW 1981, 117, 118; 7. 10. 1981, DAR 1982, 66 ff.
365 BGH 24. 9. 1980, NJW 1981, 117, 118; *Ulmer/Brandner/Hensen,* Anh. §§ 9–11, Rn 4; *Palandt/Heinrichs,* § 9 AGBG Rn 51; *Creutzig,* Recht des Autokaufs, Rn 1.3.1; kritisch *Niebling,* DAR 1981, 37 ff.

Vertragshändlersystems und auf Unterbindung des „grauen Marktes" gerichtete Bestreben der Händler findet Ausdruck in der Zustimmungsklausel und wird von der Rechtsprechung gebilligt.[366]

126 Der Zustimmungsvorbehalt des Händlers erstreckt sich auf sämtliche Rechte des Käufers einschließlich der Ansprüche auf Eigentumsverschaffung und Gewährleistung.[367] Von dem Zustimmungsvorbehalt des Verkäufers werden nicht nur die Rechte, sondern auch die Pflichten des Käufers erfasst, deren schuldbefreiende Übernahme durch einen Dritten bereits kraft Gesetzes der Genehmigung des Verkäufers bedarf (§ 415 BGB).

127 Die Zustimmung muss vor der Abtretung der Rechte vom Käufer eingeholt und vom Verkäufer schriftlich erteilt werden. Fehlende Schriftform führt nicht zur Unwirksamkeit der Zustimmung.

128 Umstritten sind die Rechtsfolgen bei Abtretung ohne Zustimmung des Verkäufers. Es wird die Ansicht vertreten, die Abtretung der Rechte sei entsprechend § 135 BGB **relativ,** also nur gegenüber dem Verkäufer, **unwirksam;**[368] dieser habe es in der Hand, die verbotswidrige Verfügung zu genehmigen. Nach der Gegenmeinung fallen sowohl das Abtretungsverbot als auch der Zustimmungsvorbehalt zur Abtretung unter die **gesetzlichen Verfügungsbeschränkungen,**[369] weil sie der Forderung die Verkehrsfähigkeit nehmen, sodass die einseitige Genehmigung des Verkäufers die unwirksame Abtretung nicht gem. § 185 Abs. 2 BGB rückwirkend heilt, sondern als Angebot zum Abschluss eines Änderungsvertrages in Form der Aufhebung des Abtretungsausschlusses mit „ex nunc"-Wirkung zu verstehen ist.

129 Verweigert der Verkäufer seine Zustimmung, kann er die Unwirksamkeit einer vom Käufer gleichwohl getroffenen Verfügung (§ 399 BGB) sowohl dem Käufer als auch Dritten entgegenhalten.[370] Auf die Unwirksamkeit kann sich nicht nur der Verkäufer, sondern jedermann berufen. Sie hat zur Folge, dass die Forderung im Vermögen des Käufers bleibt.[371]

130 Der Zustimmungsvorbehalt erfasst nicht das der Rechtsübertragung zugrunde liegende Verpflichtungsgeschäft. Die Zustimmungserfordernisse des § 182 ff. BGB können nur durch **Gesetz,** nicht aber durch **Rechtsgeschäft** begründet werden.[372] Es steht im Belieben des Käufers und des Dritten, in welcher Weise sie den Zustimmungsvorbehalt des Verkäufers in den Vertrag einbeziehen, der die Übertragung der Käuferrechte zum Gegenstand hat. Sie können die Erteilung der Zustimmung des Verkäufers als auflösende oder aufschiebende **Bedingung** vereinbaren.[373] Denkbar ist auch, dass die „erwartete" Zustimmung des Verkäufers die **Geschäftsgrundlage** des Vertrags darstellt oder dass die eine oder andere Vertragspartei das **Risiko** für die Erteilung oder die Haftung für die Versagung der Zustimmung des Verkäufers **übernimmt.** Hat keiner der Beteiligten die Versagung der Genehmigung zu vertreten, werden beide gem. §§ 275, 323 BGB von ihrer Leistungspflicht frei. Falls eine Partei das Risiko übernommen oder die Versagung der Genehmigung verschuldet hat – etwa der Übernehmer durch sein Verlangen an den Händler, den Vertrag zu modifizieren –,[374] ist sie der anderen schadensersatzpflichtig.

---

366 BGH 11. 5. 1989, NJW-RR 1989, 1104; 24. 9. 1980, NJW 1981, 117 ff.; OLG Hamm 9. 7. 1987 – 28 U 268/86 – n. v.
367 *Creutzig,* Recht des Autokaufs, Rn 1.3.1.
368 BGH 30. 10. 1990, NJW-RR 1991, 764; *Scholtz,* NJW 1960, 1837.
369 BGH 14. 10. 1963, BGHZ 40, 156, 160; 27. 5. 1971, BGHZ 56, 229, 231; *Palandt/Heinrichs,* § 399 Rn 11 u. § 136 Rn 2.
370 BGH 14. 10. 1963, BGHZ 40, 156, 159.
371 BGH 3. 12. 1987, BGHZ 102, 293, 301; 29. 6. 1989, BGHZ 108, 172, 176.
372 *Schramm,* MünchKomm, vor § 182 Rn 13.
373 *Palandt/Heinrichs,* Einführung zu § 182 ff. Rn 5.
374 *Kasten,* DAR 1985, 265, 266.

131 Im Einzelfall kann die Auslegung der Willenserklärung ergeben, dass an Stelle des Rechtskaufs ein **Sachkauf** gewollt ist, z. B. dann, wenn der Käufer an dem bestellten Fahrzeug nicht mehr interessiert ist und der Dritte Wert darauf legt, unter Vermeidung langer Lieferfristen alsbald ein Neufahrzeug zu erhalten, wobei die rechtliche Konstruktion, mit der sich dieses Ziel erreichen lässt, den Parteien nach aller Lebenserfahrung völlig gleichgültig ist.[375] Beim Sachkauf richtet sich der Anspruch auf Eigentumsverschaffung gegen den Käufer und nicht gegen den Händler, und es findet ein Durchgangserwerb statt.

132 Möglich ist auch eine **Vertragsübernahme,** die der Intention der Beteiligten dann entspricht, wenn der sog. „Zweitkäufer" vollständig in die Position des Erstkäufers einrücken soll.[376] Einer Vertragsübernahme müssen alle Beteiligten zustimmen, da jeder in seiner Rechtsstellung berührt wird.[377]

133 Die Berufung des Händlers auf das Zustimmungserfordernis zur Abtretung von Rechten und Pflichten aus dem Kaufvertrag kann im Einzelfall **treuwidrig** sein.[378] Rechtsmissbräuchlich handelt ein Verkäufer beispielsweise, wenn er den Neuwagen zwar an den Nachkäufer veräußert, der Vertragsübernahme aber nur deshalb nicht zustimmt, um erneut Gewinn zu erzielen.[379]

134 Bei den manchmal außerordentlich langen Lieferfristen einiger Modelle kommt es vor, dass der Käufer zum Zeitpunkt der Lieferung an dem bestellten Fahrzeug nicht mehr interessiert ist, z. B. wegen Erkrankung, zwischenzeitlich eingetretener Fahruntauglichkeit oder wegen finanzieller Verschlechterung. All diese Umstände berechtigen den Käufer nicht zum Rücktritt vom Vertrag. Eine Auflösung des Vertragsverhältnisses nach den Grundsätzen über den Wegfall der Geschäftsgrundlage kann er ebenfalls nicht verlangen, da es sich um die Veränderung von Umständen in der eigenen Sphäre handelt, für die er generell einzustehen hat. Wenn der Händler in einem solchen Fall die Zustimmung zur Abtretung der Rechte und Pflichten aus dem Kaufvertrag ohne sachlich zwingende Gründe verweigert und stattdessen Schadensersatz wegen Nichterfüllung vom Käufer begehrt, ist der Anspruch aus dem Gesichtspunkt **unzulässiger Rechtsausübung** zurückzuweisen.[380]

135 Sachlich gerechtfertigt ist die Versagung der Zustimmung z. B., wenn berechtigte **Zweifel** an der **Vertragstreue** und **Zahlungsfähigkeit** des Übernehmers bestehen.[381] Nicht treuwidrig handelt der Verkäufer, wenn er die Zustimmung verweigert, um das Entstehen eines grauen Marktes zu vermeiden.[382] Aus sachlichen Gründen gerechtfertigt ist die Ablehnung z. B. dann, wenn der vorgeschlagene Ersatzkäufer das Fahrzeug einem Dritten durch **Leasingvertrag** überlassen will. Er ist nach Meinung des OLG Hamm[383] einem Wiederverkäufer gleichzusetzen.

136 Aus dem Zustimmungserfordernis zur Abtretung lässt sich **kein Verfügungsverbot** des Käufers über das gekaufte Fahrzeug ableiten. Nach dem Kaufvertrag ist der Händler verpflichtet, dem Käufer verfügungsfreies Eigentum an dem Kaufgegenstand zu verschaffen, sodass er den Käufer nicht hindern kann, im Rahmen der ihm zustehenden Vertragsfreiheit den Wagen zu veräußern.[384]

---

375 So im Ergebnis AG Bergisch Gladbach 7. 7. 1978 – 16 C 1333/77 – n. v.; einschränkend LG Köln 7. 2. 1979 – 9 S 319/78 – n. v.
376 *Kasten,* DAR 1985, 265, 266.
377 *Palandt/Heinrichs,* § 398 Rn 38; *Esser/Schmidt,* § 37 IV 2a.
378 BGH 24. 9. 1980, NJW 1981, 117 ff.; OLG Hamburg 21. 12. 1971, VersR 1972, 631.
379 OLG Karlsruhe 30. 12. 1985, DAR 1986, 151.
380 Zustimmend OLG Hamm 9. 7. 1987 – 28 U 268/86 – n. v.; *Creutzig,* Recht des Autokaufs, Rn 1.3.3.
381 OLG Nürnberg 13. 5. 1982 – 2 U 752/82 – n. v.; *Creutzig,* Recht des Autokaufs, Rn 1.3.3.
382 *Creutzig,* Recht des Autokaufs, Rn 1.3.4.
383 Urt. 9. 7. 1987 – 28 U 268/86 – n. v.
384 OLG Karlsruhe 19. 10. 1977, DAR 1978, 13 ff.

C. Haftung aus Verschulden bei Vertragsanbahnung und Vertragsabschluss

Nach anerkanntem Recht begründet bereits der **Eintritt in Vertragsverhandlungen** ein gesetzliches Schuldverhältnis mit beiderseitigen **Pflichten** zur **Fürsorge und Rücksichtnahme.** Die schuldhafte Verletzung vorvertraglicher Pflichten löst die Haftung aus dem Gesichtspunkt des „Verschuldens bei Vertragsschluss" (c. i. c.) aus. Der Schädiger haftet auf Ersatz des **Vertrauensschadens,** wobei das Erfüllungsinteresse nicht zwangsläufig die obere Grenze bildet.[1] Für ein vorvertragliches Verschulden von Erfüllungsgehilfen muss der Geschäftsherr gem. § 278 BGB einstehen. 137

Die Haftung aus c. i. c. kann **individualvertraglich beschränkt** und **begrenzt** werden; durch AGB jedoch nur in den Grenzen der §§ 11 Nr. 7 und 9 AGB-Gesetz. 138

Die Haftungsbeschränkung in Abschn. VIII NWVB erstreckt sich nicht auf Ansprüche des Käufers aus der Verletzung von Pflichten bei den Vertragsverhandlungen. Falls es nicht zum Vertragsabschluss kommt, scheitert die Freizeichnung bereits daran, dass die Klausel erst mit Vertragsschluss wirksam wird und somit für das Stadium der Entstehung von Ansprüchen wegen Verschuldens bei den Vertragsverhandlungen noch keine Gültigkeit hat. Nach Vertragsschluss gilt die Haftungsbeschränkung für die Durchführung des Vertrags nicht für das Verschulden bei Vertragsverhandlungen,[2] und eine **rückwirkende** AGB-mäßige **Haftungsbegrenzung** im Sinne eines deutlich hervorgehobenen und klar formulierten **Verzichts** auf bereits entstandene Ansprüche[3] ist in der Klausel nicht enthalten.

Bei Vertragsanbahnung stehen **Aufklärungs-** und **Schutzpflichten** im Vordergrund. Von der Aufklärungspflicht werden all diejenigen Umstände erfasst, die für die Vertragsentschließung des anderen Teils erkennbar von Bedeutung sind und über die er nach den im Verkehr herrschenden Anschauungen redlicherweise Aufklärung erwarten darf.[4] Die Schutzpflichten gebieten es, Schädigungen der anderen Partei im Zusammenhang mit den Vertragsverhandlungen oder dem geschäftlichen Kontakt zu unterlassen.[5] 139

I. Verletzung von Aufklärungspflichten

1. Umfang der Aufklärungspflichten

Die Aufklärungspflichten (Hinweis- und Beratungspflichten) bewegen sich im Spannungsfeld der beiderseitigen Interessen, da jeder Vertragsteil beim Kauf naturgemäß seinen eigenen Vorteil anstrebt. Aus diesem Grund besteht **keine uneingeschränkte Aufklärungspflicht** über alle vertragserheblichen Umstände. Der Verkäufer muss in der Regel **nicht ungefragt Ungünstiges** über den Kaufgegenstand **mitteilen.**[6] Auf der anderen Seite sind die Vertrags- 140

---

1 BGH 28. 10. 1971, BGHZ 57, 191, 193, sowie zum Ersatz des Erfüllungsinteresses, wenn feststeht, dass der Vertragspartner ohne das schuldhafte Verhalten statt des abgeschlossenen Vertrages einen anderen für ihn günstigeren Vertrag abgeschlossen hätte. BGH 24. 6. 1998 – XII ZR 126/96 in Fortführung von BGH 4. 7. 1989, NJW 1989, 3095.
2 BGH NJW 1984, 866.
3 OLG Koblenz 19. 2. 1993, NJW-RR 1993, 1078, 1080; *Wolf/Horn/Lindacher,* AGBG § 11 Nr. 7; *Ziegler,* BB 1990, 2345.
4 BGH 28. 4. 1971, MDR 1972, 42, 43; *Schaumburg,* MDR 1975, 105.
5 BGH 21. 5. 1968, NJW 1968, 1472.
6 OLG Düsseldorf 29. 11. 1996, NJW-RR 1997, 1283 zur geringeren Servicefreundlichkeit gegenüber Konkurrenzprodukten; *Soergel/Huber,* § 433 Anh. I, Rn 73; *Staudinger/Peters,* BGB, 13. Aufl. § 633 Rn 25.

parteien trotz der widerstreitenden Interessen verpflichtet, die Gegenpartei über solche Umstände aufzuklären, „die zur Vereitelung des Vertragszwecks geeignet sind und daher insbesondere auch für die Entschließung des anderen Teils von wesentlicher Bedeutung sein können",[7] vorausgesetzt, dass die Gegenpartei die Mitteilung nach der Verkehrsauffassung erwarten darf.[8] Ob eine Aufklärung nach Treu und Glauben erwartet werden kann, ist nach den Umständen des Einzelfalls zu entscheiden.[9]

141 Verschärft sind die Aufklärungs- und Beratungspflichten gegenüber dem **„fragenden" Käufer**. Strenge Maßstäbe gelten auch dann, wenn der Verkäufer in seiner Eigenschaft als Fachmann oder Vertrauensperson den Käufer bei den Kaufverhandlungen aktiv berät[10] und der Beratungsgegenstand für den Käufer entscheidende Bedeutung besitzt.[11] Wenn der Verkäufer ausdrücklich oder in schlüssiger Weise, etwa durch Abgabe einer Empfehlung, eine Beratungspflicht übernommen hat, ist er verpflichtet, den Käufer über alle den Vertragsgegenstand betreffenden wesentlichen Umstände umfassend und zutreffend aufzuklären.[12]

2. Abgrenzung zum Gewährleistungsrecht, zur Anfechtung und zu den Rechtsfolgen beim Fehlen der Geschäftsgrundlage

142 Die vorsätzliche Verletzung von Aufklärungs- und Beratungspflichten kann den Tatbestand der **arglistigen Täuschung** erfüllen, sodass der betroffene Vertragsteil berechtigt ist, entweder den Vertrag gem. § 123 BGB anzufechten oder Schadensersatz gem. § 463 BGB geltend zu machen.

143 Eine **fahrlässige Verletzung** der Aufklärungs- und Beratungspflicht begründet die **c. i. c.-Haftung**.[13] Seine Ersatzpflicht wegen Erteilung eines unzutreffenden Rates kann der Verkäufer nicht mit dem Einwand entkräften, den Käufer treffe eine Mitschuld, weil er auf den Rat vertraut habe.[14]

Sofern die unterlassene oder fehlerhafte Information **Mängel** oder sonstige für den Kaufentschluss maßgebliche **Eigenschaften des Fahrzeugs** betrifft, richtet sich die Verkäuferhaftung – außer bei Vorsatz – allein nach **kaufrechtlichen Gewährleistungsvorschriften,**[15] die eine abschließende Sonderregelung darstellen und die Haftung aus c. i. c. verdrängen, es sei denn, dass noch kein Gefahrübergang erfolgt ist.[16] Die Gewährleistungsvorschriften sind auch dann vorrangig, wenn der Verkäufer Sachmängelansprüche zulässigerweise ausgeschlossen hat. Dem Käufer soll es versagt sein, durch Rückgriff auf die Anspruchsgrundlage der c. i. c. das Gewährleistungsrecht zu überspielen.[17]

Die **Anfechtung** wegen Irrtums[18] und die Berufung auf das **Fehlen der Geschäftsgrundlage** werden durch das Gewährleistungsrecht ebenfalls **ausgeschaltet**.

---

7 BGH 6. 12. 1995, NJW-RR 1996, 429.
8 BGH 27. 2. 1974, NJW 1974, 849, 851; 6. 2. 1976, WM 1976, 401, 402; *Soergel/Huber,* § 433 Anh. I, Rn 74 m. w. N.
9 BGH 16. 1. 1991, ZIP 1991, 321, 323; 6. 12. 1995, NJW-RR 1996, 429; 10. 1. 1996, NJW-RR 1996, 497.
10 *Soergel/Wiedemann,* § 275 Rn 115 ff.
11 *Soergel/Huber,* § 433 Anh. I, Rn 83.
12 BGH 16. 11. 1970, WM 1971, 74; 13. 7. 1983, NJW 1983, 2697.
13 *Soergel/Huber,* § 433 Anh. I, Rn 70, 72.
14 OLG Düsseldorf 28. 4. 1995, NJW-RR 1996, 498.
15 BGH 12. 5. 1976, BB 1977, 61 ff.; 16. 3. 1973, NJW 1973, 1234; 6. 6. 1984, BB 1984, 1895, 1896; 10. 7. 1987, NJW-RR 1988, 10, 11; 3. 7. 1992, NJW 1992, 2564, 2565; *Soergel/Huber,* § 433 Anh. I, Rn 87; kritisch und teilweise a. A. *Schaumburg,* MDR 1975, 105 mit einer Übersicht zum Stand der Meinungen; *Diederichsen,* BB 1965, 401; *Larenz,* SchuldR II/1 § 41 IIc.
16 BGH 25. 6 1982, WM 1982, 960, 961; OLG Stuttgart 27. 8. 1997, OLGR 1997, 17.
17 BGH 10. 7. 1987, NJW-RR 1988, 10, 11.
18 BGH 14. 12. 1960, BGHZ 34, 32.

Verletzung von Aufklärungspflichten Rn 144–147

144 Falls die fehlerhafte Aufklärung darauf beruht, dass der Verkäufer bei Übergabe des Fahrzeugs einen Mangel übersieht, handelt es sich um einen Verletzungstatbestand, der zum Schadensersatz aus pVV verpflichtet.[19] Die aus der Versäumung der Untersuchungspflicht resultierende Haftung wird, soweit sie mit der **Sachmängelhaftung** konkurriert, durch diese **verdrängt,** es sei denn, der Verkäufer haftet wegen Erteilung einer unrichtigen Zusicherung oder arglistigen Verschweigens von Mängeln. Bedeutsam ist die **pVV-Haftung** für den **Mangelfolgeschaden** des Käufers, also den Schaden, den der Käufer infolge des Mangels an seinen durch § 823 BGB geschützten Rechtsgütern oder unmittelbar an seinem Vermögen erleidet.[20] Sie ergänzt insoweit das Gewährleistungsrecht, wird jedoch beim Neuwagenkauf selten relevant, da für den Verkäufer eine Untersuchungspflicht nur aus besonderem Anlass, nicht aber generell besteht.

3. Aufklärungsbedürftige Umstände

145 Eine generelle Hinweispflicht des Verkäufers auf das bevorstehende Erscheinen eines **neuen Modells** wird allgemein verneint.[21] Im Widerstreit der beiderseitigen Interessen besteht eine echte Pattsituation: Während der Käufer im Regelfall ein Fahrzeug der allerneuesten Serie erwerben will, liegt dem Händler daran, den Bestand an Fahrzeugen aus der Vorproduktion abzusetzen, bevor der neue Wagen auf den Markt kommt. Vor dem Hintergrund dieser Überlegungen stellte das LG Hamburg fest, dass das Risiko des Veraltens eines Modells durch Herauskommen eines neuen Modells in der Autobranche wie auch in anderen Geschäftsbereichen grundsätzlich der Kunde trägt.[22]

146 Erkundigt sich der Käufer ausdrücklich, ob das Erscheinen eines neuen Modells bevorsteht, muss der Verkäufer ihn wahrheitsgemäß aufklären.[23] Der Händler macht sich schadensersatzpflichtig, wenn er wider besseres Wissen erklärt, eine Modelländerung stehe nicht bevor. Falls er Vorzüge des älteren Modells anpreist, wie etwa einen besseren Stoff, bessere Sitze usw., muss er auch auf die Nachteile hinweisen (fehlender Katalysator).[24] Wirbt er für ein Kraftfahrzeug, das nicht mehr hergestellt wird, darf der Käufer erwarten, dass ihn der Verkäufer hierüber ungefragt aufklärt.[25]

147 Sofern das Erscheinen des **Nachfolgemodells** am Markt angekündigt ist, besteht nach Meinung des OLG Hamm[26] eine Offenbarungspflicht, weil der Käufer nach Treu und Glauben Aufklärung erwarten kann. Diese Ansicht teilt offenbar auch der BGH in einer Entscheidung vom 14. 2. 1996,[27] in der er eine Aufklärungspflicht des Verkäufers über die Auslaufmodelleigenschaft bejaht. Dabei geht er von der Vorstellung aus, dass ein technisches Produkt, wie etwa ein Computer oder ein Auto, bereits in dem Zeitpunkt zu einem Auslaufmodell wird, in dem die **Markteinführung** des Nachfolgemodells **bevorsteht.** Die Aufnahme der Produktion des Nachfolgemodells und dessen Lieferbarkeit verlangt er nicht. Mit

---

19 *Soergel/Huber,* § 433 Anh. I, Rn 82 sowie vor § 459 Rn 38 ff. m. w. N.
20 BGH 2. 6. 1980, BGHZ 77, 215, 217; *Soergel/Huber,* § 433 Anh. I, Rn 82; *dies.,* § 463 Anh. I, Rn 21 m. w. N.
21 BGH 3. 12. 1998, DAR 1999, 358; OLG München 26. 10. 1966, NJW 1967, 158; AG Köln 3. 8. 1983 – 114 C 76/83 – n. v.; *Soergel/Huber,* § 433 Anh. I, Rn 81.
22 Urt. 23. 11. 1960, BB 1961, 67; ebenso KG 17. 2. 1969, NJW 1969, 2145; a. A. OLG Düsseldorf 13. 4. 1970, NJW 1971, 622; *Feudner,* BB 1989, 788.
23 *Soergel/Huber,* § 433 Anh. I, Rn 81; OLG München 26. 10. 1966, NJW 1967, 158, das die Frage dahinstehen lassen konnte.
24 OLG Köln, 10. 1. 1990, NZV 1991, 28.
25 OLG Köln 17. 9. 1982, WRP 1983, 112; OLG München 24. 4. 1986, WRP 1986, 603; OLG Düsseldorf 22. 1. 1987, WRP 1987, 388; zur Aufklärungspflicht beim Verkauf importierter/reimportierter Fahrzeuge Rn 1050, 1052.
26 Urt. 20. 3. 1980, MDR 1980, 846.
27 WM 1996, 831.

Urteil vom 3. 12. 1998 hat der Wettbewerbssenat des BGH[28] entschieden, eine Hinweispflicht des Handels sei zu bejahen, wenn das Modell vom Hersteller nicht mehr produziert und nicht mehr im Sortiment geführt oder von ihm selbst als Auslaufmodell bezeichnet wird. Der Hinweis auf die erfolgte Modelländerung kann jedoch so lange unterbleiben, bis das Nachfolgemodell im Handel ist oder – wenn es kein Nachfolgemodell gibt – bis die Ware im Warenumschlag abgesetzt ist. Das Urteil betraf hochwertige Geräte der Unterhaltungselektronik (Videorecorder und Autoradio) und ist auf Neufahrzeuge übertragbar.

Das OLG Köln[29] versteht unter Auslaufmodellen Produkte, die vom Hersteller nicht mehr produziert werden und nur noch als **Restbestände im Vertrieb** verfügbar sind. Seines Erachtens kommt es nicht entscheidend darauf an, ob der Hersteller bereits ein Nachfolgemodell entwickelt und auf den Markt gebracht hat. Verschweigt die **Werbung,** dass es sich um ein Auslaufmodell handelt, liegt ein Verstoß gegen § 3 UWG vor. Wegen der unterschiedlichen Sichtweisen und der weit reichenden rechtlichen Konsequenzen besteht Handlungsbedarf für eine juristische Aufarbeitung des Begriffs „Auslaufmodell" mit dem Ziel der Schaffung einer verbindlichen Definition.

148 Als einen nicht offenbarungspflichtigen Umstand wertete das KG[30] die „**werkseitige Konstruktionsänderung**" des Modells durch Einbau einer neuen, die Fahreigenschaften verbessernden Hinterachse. Das Unternehmerrisiko, so die Meinung des Gerichts, werde ungebührlich erhöht, falls man dem Verkäufer die Verpflichtung auferlege, während der Übergangszeit die Käufer über den technischen Entwicklungsstand der einzelnen verkauften Wagen aufzuklären und auf diese Weise seine Aussicht herabzumindern, die älteren Fahrzeuge noch preisgleich absetzen zu können.

149 Auf der gleichen Linie liegt eine Entscheidung des OLG Zweibrücken,[31] wonach der Verkäufer den Käufer nicht darauf hinweisen muss, dass das Fahrzeug aus der **Vorjahresproduktion** stammt, sofern nicht das Herstellerwerk im Laufe des Jahres das Modell gewechselt oder grundlegende Konstruktionsverbesserungen vorgenommen hat. Den Einbau eines Kurzhalsgetriebes wertete das Gericht jedoch noch nicht als **grundlegende technische Veränderung.** Das Urteil ist durch die BGH-Judikatur zur Fabrikneuheit eines Neufahrzeugs überholt.[32]

150 Immer wieder müssen sich Gerichte mit der Frage befassen, unter welchen Voraussetzungen der Verkäufer verpflichtet ist, eine **längere Standzeit** des Fahrzeugs zu offenbaren, worunter die Zeit zwischen Produktion und Verkauf zu verstehen ist. Die Rechtsprechung wird von Einzelfallentscheidungen geprägt. Die Tendenz geht dahin, eine Verpflichtung zur Offenbarung des Herstellungsdatums ab einer Lagerdauer von ca. 12 Monaten anzunehmen.[33]

151 Auf besondere „**Gefahren und Eigentümlichkeiten**" des Modells muss der Verkäufer den Käufer hinweisen.[34] Da den **Verkäufer keine Untersuchungspflicht,** sondern allenfalls eine Pflicht zur flüchtigen Prüfung trifft, liegt die Hinweis- und Warnpflicht in erster Linie bei dem für die Sicherheit des Produkts verantwortlichen Hersteller und nur ausnahmsweise beim Händler.[35] Eines gesonderten Hinweises auf die turnusmäßige Erneuerung des Motor-Zahnriemens bedarf es nicht, wenn in der Betriebsanleitung auf die Wichtigkeit der Durch-

---

28 DAR 1999, 358.
29 Urt. v. 28. 4. 1995, OLGR 1996, 48.
30 Urt. 7. 2. 1969, NJW 1969, 2145 ff.
31 Urt. 20. 11. 1969, MDR 1970, 325; ebenso OLG München 9. 2. 1965, DAR 1965, 272.
32 Urt. 6. 2. 1980, NJW 1980, 1097; 18. 6. 1980, DB 1980, 1836; vgl. hierzu die Ausführungen unter Rn 463.
33 Ausführlich dazu Rn 447 ff. und Rn 864.
34 BGH 5. 4. 1967, BGHZ 47, 312, 315; BGH 19. 2. 1975, BGHZ 64, 46 ff.
35 *Palandt/Heinrichs,* § 276 Rn 112; *Erman/Battes,* § 276 Rn 57d; sowie zu den Warnpflichten des Herstellers § 823 Rn 119.

führung regelmäßiger Inspektionen hingewiesen wird.[36] Eine Warn- und Aufklärungspflicht bejahte das OLG München[37] im Falle des Verkaufs von Stoßdämpfern neuerer Bauart, die für Kraftfahrzeuge älteren Baujahres nicht geeignet waren.

Es bedarf keiner Aufklärung über **allgemeines Erfahrungswissen,** denn grundsätzlich muss sich derjenige, der einen Wagen anschafft, mit dessen Umgang vertraut machen und die Bedienungsanleitung des Herstellers studieren. Ein gewisses Maß an Vorkenntnissen hinsichtlich der Bedienung und Handhabung eines Kraftfahrzeugs kann der Händler wegen des Führerscheinzwangs erwarten. Mit der Feststellung, der Händler müsse den Käufer auf ein mögliches Nachlassen der Bremsen bei einem normalen Abschleppvorgang mit abgestelltem Motor hinweisen, hat vor Jahren das AG Hamburg[38] die Anforderungen an die Aufkärungspflicht überzogen. Das Nachlassen des Bremsdrucks stellte keinen derart ungewöhnlichen und unbekannten Vorgang dar, dass der Käufer nach Treu und Glauben einen entsprechenden Hinweis des Verkäufers erwarten durfte.[39] 152

Das Risiko der **Gebrauchstauglichkeit** des Fahrzeugs zu dem angestrebten Zweck liegt regelmäßig beim Käufer.[40] Kann er die Tauglichkeit zu dem in Aussicht genommenen Gebrauch nicht beurteilen, muss er dafür Sorge tragen, dass der angestrebte Verwendungszweck Vertragsinhalt wird. Nur unter der Voraussetzung, dass der Käufer bei den Vertragsverhandlungen die Verwendungstauglichkeit für den Händler erkennbar werden lässt und dieser es übernimmt, den Käufer zu beraten, entsteht auf Seiten des Händlers eine vorvertragliche Aufklärungspflicht. 153

Aufklärungspflichten bestehen nicht nur im Hinblick auf den Leistungsgegenstand, sie erstrecken sich auch auf sonstige **wesentliche Vertragsmodalitäten.** Das OLG Köln[41] billigte dem Käufer eines Neuwagens Schadensersatzansprüche zu, weil ihn der Verkäufer bei Ablieferung des in Zahlung genommenen Gebrauchtfahrzeugs nicht auf eine mögliche Lieferverzögerung des Neuwagens hingewiesen hatte. Die Vereinbarung einer nur unverbindlichen Lieferzeit, so stellte das Gericht fest, befreie den Verkäufer nicht von der Verpflichtung, den Käufer im Zusammenhang mit der Frage des Liefertermins nach bestem Wissen zu beraten, zumal sich der Verkäufer in der wirtschaftlich stärkeren Position befinde. 154

Eine generelle vorvertragliche Nebenpflicht des Verkäufers zur Aufklärung über Lieferfristbedingungen und sonstige Vertragsmodalitäten besteht nicht. Zur **Raterteilung** ist der Verkäufer ausnahmsweise verpflichtet, wenn er als **fachkundige Person** eine besondere **Vertrauensstellung** gegenüber dem Käufer einnimmt.[42] Er ist aus c. i. c. schadensersatzpflichtig, wenn er auf Befragen schuldhaft unrichtige und unvollständige Auskünfte erteilt, etwa hinsichtlich der Steuerbefreiung eines Katalysator-Autos,[43] oder wenn er eine Aufklärung unterlässt, obwohl er erkennt, dass der andere Teil von offenbar falschen Vorstellungen ausgeht. Weist der Kaufinteressent z. B. darauf hin, dass er den Neuwagen für die bevorstehende Urlaubsreise benötigt und legt er ersichtlich Wert auf Lieferung bis zum Urlaubsantritt, 155

---

36 LG Duisburg 24. 1. 1999, DAR 1999, 550; zur Produktbeobachtungspflicht eines vom Hersteller als „Lebensdauerteil" bezeichneten Zahnriemens LG München 7. 10. 1998, DAR 1999, 127, siehe ferner LG Duisburg 4. 8. 1995, DAR 1995, 488 zur Haftung des Kundendienstleiters einer Werkstatt, der nicht nachgeprüft hat, ob der laut Inspektionsbericht des Monteurs erneuerte Zahnriemen tatsächlich ersetzt wurde.
37 Urt. 26. 3. 1985, DAR 1985, 381.
38 Urt. 13. 4. 1973 – 15 C 1312/72 – n. v.
39 BGH 9. 11. 1971, VersR 1972, 150; 3. 6. 1975, VersR 1975, 924; *Diederichsen,* DAR 1976, 312, 315.
40 RG 27. 5. 1910, JW 1910, 748, 749.
41 Urt. 15. 4. 1971, DAR 1971, 295.
42 BGH 28. 4. 1971, MDR 1972, 42, 43, Brauchbarkeit eines Tanklastzuges; 16. 11. 1970, NJW 1971, 187.
43 AG Dortmund 29. 4. 1987, NJW-RR 1988, 1462.

muss ihn der Verkäufer, sofern Veranlassung besteht, darauf aufmerksam machen, dass die Frist wahrscheinlich nicht eingehalten werden kann.

156 Als Verstoß gegen Aufklärungspflichten bewertete das LG Zweibrücken[44] das Verhalten eines Händlers, der es versäumt hatte, den privaten Käufer auf die steuerrechtlichen Konsequenzen der von ihm gewollten **Aufspaltung des Anrechnungspreises** für die Inzahlungnahme des Gebrauchtfahrzeugs in einen Nettopreis und einen Mehrwertsteuerbetrag hinzuweisen. Der Händler mußte die Mehrwertsteuer erstatten, zu dessen Zahlung der Käufer vom Finanzamt herangezogen worden war. Nach Meinung des BGH[45] ist der Verkäufer nicht verpflichtet, den Käufer ungefragt darauf hinzuweisen, dass der Lieferant in der Zeit zwischen Aufnahme der Kaufverhandlungen und Kaufabschluss seine **Listenpreise gesenkt** hat.

157 Bei Hereinnahme eines Gebrauchtfahrzeugs zum agenturweisen Verkauf mit Anrechnungsvereinbarung des Verkaufserlöses auf den Neuwagenpreis fordert die Rechtsprechung,[46] dass der Neuwagenhändler den Kunden über die **Versicherung des Gebrauchtfahrzeugs** bei **Probefahrten** aufklärt. Der Eigentümer eines nicht vollkaskoversicherten Gebrauchtwagens darf, wenn ihm gegenüber keine gegenteiligen Erklärungen abgegeben werden, davon ausgehen, dass der Händler für eine entsprechende Fahrzeugversicherung nach Maßgabe der von der Versicherungswirtschaft dem Kfz-Handel hierfür eigens zur Verfügung gestellten Sonderbedingungen sorgt.[47]

158 Für den Käufer besteht keine Pflicht, gegenüber dem Verkäufer eine Wiederverkaufsabsicht zu offenbaren.[48] Will sich der Verkäufer davor schützen, dass die von ihm vertriebenen Fahrzeuge auf dem grauen Markt von Wiederverkäufern gehandelt werden, muss er beim Kunden nachfragen und sich ggf. eine Bestätigung über die beabsichtigte Eigenverwendung erteilen lassen.

II. Ablehnung der Käuferofferte

159 Gem. Abschnitt I, Ziff. 1, S. 3 NWVB hat der Verkäufer den Besteller unverzüglich schriftlich zu unterrichten, wenn er das Angebot nicht annimmt. Diese ursprünglich auf Lieferhindernisse beschränkte und im Zuge der Überarbeitung der NWVB auf alle denkbaren Fälle der Nichtannahme der Käuferofferte erweiterte Klausel beinhaltet eine über den Rahmen des Üblichen hinausgehende[49] **vorvertragliche Nebenpflicht** des Verkäufers, die einen gewissen Ausgleich für die vierwöchige einseitige Bindung des Bestellers schaffen soll.

160 Unterlässt der Verkäufer die Ablehnung oder erklärt er sie nicht unverzüglich – ohne schuldhaftes Zögern –, hat er dem Besteller den dadurch entstehenden **Vertrauensschaden** zu ersetzen. Den Nachweis der objektiven Pflichtverletzung muss der Besteller erbringen, wobei ihm die Beweiserleichterungen des § 282 BGB i. S. einer verkürzten Beweislast zugute kommen.[50] Der Besteller hat Anspruch darauf, so gestellt zu werden, wie er stehen würde, wenn ihm der Verkäufer die Ablehnung unverzüglich mitgeteilt hätte.[51] Weist der Käufer nach, dass es ihm bei rechtzeitiger Ablehnung möglich gewesen wäre, den Wagen

---

44 Urt. 20. 10. 1981 – 3 S 68/81 – n. v.
45 Urt. 13. 7. 1983, NJW 1983, 2493.
46 BGH 8. 1. 1986, DAR 1986, 143.
47 Es handelt sich um eine kombinierte Haftpflicht- und Fahrzeugversicherung, abgedruckt und kommentiert bei *Stiefel/Hofmann*, AKB und AVSB, S. 961 ff.
48 BGH 26. 2. 1992, ZIP 1992, 483 ff.; entgegen OLG Düsseldorf 15. 3. 1991 – 22 U 235/90, EWiR 1991, 1057 *(Reinking)*.
49 LG Köln 15. 6. 1978 – 78 O 39/78 – n. v.
50 Zur Anwendbarkeit des § 282 BGB auf die Haftung aus c. i. c. s. *Palandt/Heinrichs*, § 282 Rn 10 m. w. N.
51 BGH 28. 10. 1971, BGHZ 57, 191 ff.

über einen anderen Händler zu beschaffen, und besteht diese Möglichkeit infolge der verspäteten Ablehnung nicht mehr, muss der Händler Mietwagenkosten oder Nutzungsausfall für die Zeit der Lieferverzögerung erstatten.

Für die Ablehnung der Käuferofferte schreibt Abschn. I, Ziff. 1, S. 3 NWVB **Schriftform** vor. Schriftform ist aus Beweisgründen zweckmäßig, ihre Nichteinhaltung jedoch sanktionslos. Mit dem Wegfall der Bindung des Käufers an sein Angebot endet die Mitteilungspflicht des Verkäufers. **161**

Durch die Informationsklausel des Abschn. II, Ziff. 1, S. 3 NWVB wird die **Entschließungsfreiheit** des Verkäufers über Vertragsannahme oder -ablehnung **nicht eingeschränkt**. Er kann seine Entscheidung beliebig treffen und schuldet dem Käufer keine Rechenschaft. Demzufolge besitzt der Käufer keinen Anspruch auf Mitteilung der Ablehnungsgründe. Um überhaupt überprüfen zu können, ob der Verkäufer seine Mitteilungspflicht verletzt hat, muss er wissen, zu welchem Zeitpunkt dieser betriebsintern die Nichtannahme des Angebots beschlossen hat. Da er keinen Einblick in die Sphäre des Verkäufers besitzt, kommt man nicht umhin, ihm einen gegen den Verkäufer gerichteten Auskunftsanspruch zuzubilligen, andernfalls er keine Möglichkeit besäße, die ihm zustehenden Schadensersatzansprüche wegen verspäteter Zurückweisung des Angebots zu realisieren. Selbst der Auskunftsanspruch wird dem Käufer selten zum Ziel verhelfen. Der Vielzahl der denkbaren Ablehnungsgründe und der sich dem Verkäufer bietenden Möglichkeit, ein beliebiges Motiv und einen beliebigen Ablehnungszeitpunkt vorzuschieben, steht der Besteller praktisch schutzlos gegenüber. Die Vorgängerklausel, die den Verkäufer verpflichtete, „bei Lieferhindernissen" unverzüglich die Ablehnung der Bestellung zu erklären, bot eine griffigere Handhabung, von der das OLG Hamm[52] zum Vorteil des Käufers Gebrauch machte, indem es den Verkäufer zum **Schadensersatz** verurteilte, weil er mit der Zurückweisung der Käuferofferte ausschließlich bezweckt hatte, einen bereits geschlossenen **Vermittlungsauftrag** über ein Gebrauchtfahrzeug **zu Fall zu bringen**. **162**

III. Verletzung von Schutzpflichten anlässlich einer Probefahrt

Durch Gestattung einer **Probefahrt** mit einem Vorführwagen oder einem vorrätigen Neufahrzeug soll dem Kaufinteressenten im Rahmen der Verkaufsförderung ermöglicht werden, das Fahrzeug im Hinblick auf Funktion, Fahreigenschaften, Bedienungskomfort, Verwendungsmöglichkeit usw. kennen zu lernen, um sich ggf. über den Ankauf dieses oder eines anderen Wagens schlüssig zu werden. Davon zu unterscheiden ist die Probefahrt des Käufers vor Abnahme des vom Händler bereitgestellten Neufahrzeugs. Bei ihr steht die Prüfung der vertragsgemäßen und fehlerfreien Beschaffenheit der Kaufsache im Vordergrund.[53] **163**

1. Rechtsnatur des Gebrauchsüberlassungsverhältnisses

Die Gestattung von Probefahrten auf hierzu eigens angeschafften **Vorführfahrzeugen** entspricht allgemeinen Gepflogenheiten des Neuwagenhandels. Vertragliche Absprachen vor Gebrauchsüberlassung werden üblicherweise nicht getroffen. Den im BGB vorgesehenen Vertragstypen läßt sich die Gebrauchsüberlassung eines Fahrzeugs zum Zweck der Probefahrt nicht zuordnen. Kaufrechtliche Grundsätze können nicht zur Anwendung kommen, da es zwischen der Überlassung eines Wagens und dem in Aussicht genommenen Kaufvertrag an dem notwendigen rechtlichen Zusammenhang fehlt.[54] Die beiderseitigen Rechte und Pflichten lassen sich auch nicht aus einem Leihvertrag ableiten, weil nach Meinung des **164**

---

52 Urt. 29. 6. 1982 – 28 U 21/82 – n. v.
53 Rn 397.
54 BGH 18. 2. 1964, MDR 1964, 408.

BGH[55] die Überlassung nicht lediglich im Interesse des Kunden, sondern auch in dem des Händlers liegt und weil – so die Auffassung des OLG Düsseldorf[56] – der Händler keine echte Verpflichtung zur Gebrauchsüberlassung eingehen will.

165 Diese Überlegungen veranlassten den BGH zu der Feststellung, dass es sich bei der Gebrauchsüberlassung um einen Vorgang handelt, der seine Bedeutung in sich selbst hat.[57] Ob hiermit ein Vertrag eigener Art i. S. v. §§ 241, 305 BGB gemeint sein sollte, blieb unausgesprochen, was nachgeordnete Gerichte dazu bewog, in ähnlichen Fällen einen sog. Probefahrtvertrag anzunehmen. Später stellte dann der BGH[58] ausdrücklich klar, dass mit der Überlassung eines Fahrzeugs zum Zweck der Probefahrt **ein bindendes Vertragsverhältnis** mit Leistungspflichten üblicherweise **nicht eingegangen** werde.

166 Klare **Absprachen** über die Probefahrt und die **zeitliche und km-mäßige Benutzung** des Autos sind zu empfehlen. In einem vom LG Offenburg[59] entschiedenen Fall hatte der Kaufinteressent mit dem Vorführwagen des Händlers übers Wochenende 973 km zurückgelegt. Der Händler verlangte hierfür eine Vergütung und machte geltend, die Grenze der unentgeltlichen Gebrauchsüberlassung zur Erprobung des Autos sei vom Kaufinteressenten überschritten worden. Seine Klage wurde abgewiesen. Das Gericht konnte keine allgemeine Verkehrssitte erkennen, dass Probefahrten regelmäßig auch ohne besondere Absprache km-mäßig begrenzt sind bzw. dass bei Überschreitung einer gewissen km-Grenze ein Entgelt zu zahlen ist.

Konkrete Absprachen über Dauer, Fahrstrecke und Ziel einer Probefahrt sind auch aus versicherungsrechtlichen Gründen ratsam. Dabei ist darauf zu achten, dass das (rote) Kennzeichen nicht mißbräuchlich verwendet wird, andernfalls der **Versicherungsschutz** entfallen kann. Einem Kfz-Händler, der seinem Kunden ein hochwertiges Fahrzeug für eine Probefahrt nach Italien zur Verfügung gestellt hatte, wo es samt rotem Kennzeichen entwendet wurde, blieb diese Konsequenz nur deshalb erspart, weil die Versicherung, die wegen **missbräuchlicher Kennzeichenverwendung** (§ 2 Abs. 2 AKB) Leistungsfreiheit einwandte, die Kündigung des Versicherungsvertrages gem. § 6 Abs.1 VVG versäumt hatte.[60] Erkundigt sich der Kunde danach, ob Vollkaskoversicherungsschutz besteht, muss ihn der Händler, wenn er ein Fahrzeug mit rotem Kennzeichen übergibt, darüber **belehren,** dass der Versicherungsschutz nicht für andere als in § 28 Abs.1 StVZO geregelte Fahrten besteht. Einem Neuwagenkäufer, dessen Fahrer das mit roten Kennzeichen ausgelieferte Neufahrzeug nicht allein für die Überführung, sondern außerdem für eine Fahrt zu einem Einkaufszentrum genutzt hatte, wo es gestohlen worden war, billigte das OLG Frankfurt[61] nach Versagung des Versicherungsschutzes durch die Vollkaskoversicherung einen Schadensersatzanspruch gegen den Händler aus dem Gesichtspunkt **der positiven Forderungsverletzung** zu, weil dieser die Aufklärung über die eingeschränkte Kennzeichenverwendung unterlassen hatte.[62]

167 Kraft des gesetzlichen Schuldverhältnisses bei Vertragsanbahnung bestehen **Schutz- und Sorgfaltspflichten,** insbesondere solche des Käufers in Bezug auf den zur Probefahrt überlassenen Vorführwagen. Ihre Verletzung begründet die Haftung des Kaufinteressenten aus dem Gesichtspunkt des Verschuldens bei Vertragsschluss.

---

55 Urt. 18. 2. 1964, MDR 1964, 408.
56 Urt. 20. 3. 1967, DAR 1967, 323.
57 Urt. 18. 2. 1964, MDR 1964, 408.
58 Urt. 21. 5. 1968, DAR 1968, 239, 240.
59 Urt. 4. 7. 1988, NJW-RR 1989, 178.
60 BGH 15. 1. 1997, NZV 1997, 226.
61 Urt. 13. 10. 1995, VersR 1997, 1107.
62 Zur Haftung aus pVV Rn 867 ff.

2. Beschädigung des Vorführwagens

Die Erfahrung lehrt, dass bei Probefahrten im Allgemeinen ein **erhöhtes Unfallrisiko** besteht. Ursächlich hierfür ist die mangelnde Vertrautheit des Probefahrers mit den Besonderheiten des Modells, an dessen Bedienungselemente, Fahrverhalten usw. er sich gewöhnen muss. Durch diese mit der Umstellung verbundenen Schwierigkeiten wird der Fahrer in seiner Aufmerksamkeit mehr oder weniger vom Verkehrsgeschehen abgelenkt. Hinzu kommt sein Bestreben, das neue Auto im Hinblick auf dessen Eigenschaften zu testen, wie z. B. durch starkes Bremsen oder Beschleunigen, schnelle Kurvenfahrt usw. Hierin liegt ein weiteres für Probefahrten typisches Gefahrenmoment. 168

Verursacht der Probefahrer einen Unfall, dann ist zu unterscheiden, ob ihn leichtes oder grobes Verschulden trifft. Bei **leichtem Verschulden** kann der Händler keinen Ersatz vom Probefahrer für die Beschädigung des Fahrzeugs und etwaiger materieller Personenschäden verlangen, wenn der Schaden im Zusammenhang mit den einer Probefahrt eigentümlichen Gefahren steht.[63] Begründet wird dieser Standpunkt mit der Annahme eines „**stillschweigend vereinbarten Haftungsverzichts**",[64] der analog § 991 Abs. 2 BGB auch gegen aus unerlaubter Handlung hergeleitete Ansprüche wirkt.[65] Bei dieser ergänzenden Vertragsauslegung lässt sich der BGH von der Überlegung leiten, dass der mit den Risiken einer Probefahrt ständig konfrontierte Händler die Gefahren kennt und sich regelmäßig durch den Abschluss einer **Vollkaskoversicherung** absichert. Verbleibende Restrisiken nehme der Händler im Geschäftsinteresse auf sich, und andererseits gehe auch der Autofahrer regelmäßig davon aus, dass er für Schäden bei einer Probefahrt nur zu haften brauche, wenn er grobe Fehler mache oder der Schaden mit den eigentümlichen Gefahren einer Probefahrt nichts zu tun habe.[66] Diese Rechtsprechung stößt immer wieder auf Kritik.[67] Dem BGH wird vorgeworfen, er arbeite mit „Fiktionen" und unterstelle den Parteien einen Willen, den sie auf Grund objektiver Gegebenheiten hätten haben sollen.[68] Denn normalerweise machen sich die Parteien bei Abschluss der Vereinbarung einer Probefahrt keine Gedanken über die Haftung im Falle eines Unfalls. Die Konstruktion des Haftungsausschlusses versagt erst recht, wenn eine Willenserklärung unwirksam ist. Es besteht ferner im Regelfall ein beiderseitiges Interesse an der Durchführung der Probefahrt. Schließlich besitzt auch der Probefahrer die – wenn auch weithin unbekannte – Möglichkeit, sich gegen die mit der Probefahrt verbundenen Gefahren durch Abschluss einer Versicherung für das gelegentliche Führen und Benutzen fremder versicherungspflichtiger Kraftfahrzeuge abzusichern. Der BGH berücksichtigt all diese Argumente und Überlegungen und ist sich der dogmatischen Problematik durchaus bewusst. 169

Gleichwohl stellt er bei der Annahme eines stillschweigenden Haftungsverzichts letztlich auf die Interessenlage ab, die dem Kfz-Händler gebietet, „seinen Kunden von den nicht bedachten Haftungsrisiken einer Probefahrt freizustellen, weil er für die Abdeckung der Gefahr zumutbar sorgen kann".[69] 170

Um die nach der beiderseitigen Interessenlage angestrebte Haftungsmilderung zu erreichen, suchte das OLG Düsseldorf seinerzeit[70] nach einem anderen Weg. Es vertrat die 171

---

63 BGH 7. 6. 1972, NJW 1972, 1363; 7. 11. 1961, VersR 1961, 759; 19. 3. 1980, NJW 1980, 1680 f.; 10. 1. 1979, DAR 1979, 282 ff., aufgedrängte Probefahrt bei Verkauf eines Gebrauchtwagens; OLG Stuttgart 16. 1. 1964, DAR 1964, 267.
64 BGH 19. 3. 1980, NJW 1980, 1680 ff.
65 OLG Karlsruhe 12. 6. 1987, DAR 1987, 380.
66 BGH 19. 3. 1980, NJW 1980, 1680 ff.; ebenso OLG Stuttgart 16. 1. 1964, DAR 1964, 267; OLG Karlsruhe 29. 12. 1970, VersR 1971, 1049; OLG Düsseldorf 20. 3. 1967, DAR 1967, 323; 9. 6. 1976, VersR 1978, 156; 17. 9. 1993, OLGR 1994, 148.
67 Vgl. *Batsch*, NJW 1972, 1706; *Ströfer*, NJW 1979, 2553; *Schmid*, JR 1980, 138.
68 *Batsch*, NJW 1972, 1706; *Schmid*, JR 1980, 138.
69 Urt. 19. 3. 1980, NJW 1980, 1680 ff.
70 Urt. 9. 6. 1976, VersR 1978, 156.

Auffassung, dass beim Probefahrer ein **Vertrauenstatbestand** dahin erweckt werde, der Händler sei gegen die ihm bekannten **Risiken** der Probefahrt **versichert**. Hierzu setze sich der Händler in einer gegen Treu und Glauben verstoßenden Weise in Widerspruch, wenn er für einen vom Probefahrer leicht fahrlässig verursachten Schaden Ersatz verlange.

172 Im Gegensatz hierzu soll es nach der im Schrifttum vorherrschenden Auffassung bei der Haftungsregelung des § 276 BGB verbleiben, die anhand der Umstände des Einzelfalles über § 254 BGB abgeschwächt wird und evtl. ganz entfallen kann.[71] Als **Obliegenheiten des Verkäufers,** die Ersatzansprüche gegen den Probefahrer mindern oder ausschließen, kommen in Betracht: Hinweispflichten auf Besonderheiten und etwaige Mängel des Fahrzeugs, Informationspflichten über den Besitz der Fahrerlaubnis des Probefahrers und über dessen Fertigkeiten im Umgang mit dem Fahrzeug, Warnpflichten vor zu schnellem Fahren und evtl. die Pflicht zum Abbrechen der Probefahrt, falls der Interessent mit dem Wagen nicht zurechtkommt.[72]

Der Kaskoversicherung ist es bei leichter Fahrlässigkeit des Probefahrers gem. § 15 Abs. 2 AKB verwehrt, diesen aus abgeleitetem Recht gem. § 67 VVG in **Regress** zu nehmen. Nur bei vorsätzlicher oder grob fahrlässiger Herbeiführung des Versicherungsfalles kann sie vom Fahrer Ersatz ihrer Aufwendungen verlangen.[73]

173 Der von der Rechtsprechung angenommene Haftungsausschluss greift nicht ein, wenn der Händler den Kunden vor Fahrtantritt auf das volle **Haftungsrisiko** ausdrücklich **hingewiesen** hat. Wegen Verstoßes gegen § 11 Nr. 15 AGB-Gesetz unwirksam ist allerdings eine Formularregelung, durch deren Unterzeichnung der Probefahrer versichert, er werde alle durch ihn entstandenen Schäden voll übernehmen, sofern er keine Tatsachen nachweist, die seine Verantwortlichkeit mindern bzw. wegfallen lassen.[74]

174 Bei **grob fahrlässiger** Verursachung des Unfalls kommt dem Probefahrer die Freistellung von der Haftung nicht zugute, es sei denn, dass die Beteiligten die Haftung ausnahmsweise auch für diesen Fall ausgeschlossen haben.[75] Auch bei grober Fahrlässigkeit des Probefahrers muss sich der Händler unter Umständen ein Mitverschulden gem. § 254 BGB entgegenhalten lassen, z. B., wenn er das Fahrzeug einem Führerscheinneuling ohne Begleitung anvertraut, wenn er der Behauptung des Kaufinteressenten, er sei ein geübter Fahrer, ohne Nachprüfung leichtfertig vertraut, wenn er dem Probefahrer zu einem gefährlichen Fahrmanöver rät[76] oder wenn er einem ersichtlich angetrunkenen Fahrer ein Kfz zum Zwecke einer Probefahrt überlässt.[77]

175 Erleidet der Käufer mit dem von ihm **erworbenen Fahrzeug** während der Probefahrt **vor Abnahme** einen Unfall, so ist im Hinblick auf die dabei am Fahrzeug entstandenen Schäden die Haftungsregelung des Abschn. V, Ziff. 6 NWVB einschlägig, die besagt, dass er für Schäden am Fahrzeug haftet, wenn der Fahrzeuglenker diese vorsätzlich oder grob fahrlässig verursacht hat. Hinsichtlich der Schäden an anderen Rechtsgütern gelten die von der Rechtsprechung entwickelten allgemeinen Grundsätze zur Haftung des Probefahrers.

176 Bei der Beurteilung des **Verschuldens** des **Probefahrers** legt die Rechtsprechung **keine strengen Maßstäbe** an.

Das Verhalten eines Probefahrers, der mit einem Fahrzeug ohne Servolenkung in einer scharfen, leicht abschüssigen Linkskurve bei sich verengender Fahrbahn **von der Straße**

---

71 *Ströfer,* NJW 1979, 2553; *Schmid,* JR 1980, 138.
72 *Schmid,* JR 1980, 138.
73 BGH 30. 4. 1959, NJW 1959, 1221.
74 OLG Köln 26. 6. 1991, DAR 1991, 428.
75 BGH 7. 6. 1972, NJW 1972, 1363.
76 OLG Düsseldorf 20. 3. 1967, DAR 1967, 323.
77 BGH 13. 1. 1967, VersR 1967, 379.

abgekommen und gegen einen Brückenpfeiler geprallt war, bewertete der BGH[78] als leicht fahrlässig. Zu Gunsten des Probefahrers fiel ins Gewicht, dass er zum Unfallzeitpunkt den Führerschein erst seit fünf Wochen besaß und nur über geringe Fahrpraxis verfügte. Als leicht fahrlässig wertete der BGH auch den Zusammenstoß mit einem in der Einfahrt zum Händlerbetrieb abgestellten Pkw,[79] das **Abbremsen aus hoher Geschwindigkeit** vor einer Ortseinfahrt, wobei das Auto von der Fahrbahn geriet und gegen einen Baum prallte,[80] sowie das Abkommen auf gerader Straße infolge Abbremsens.[81] Das Verschalten eines Automatikfahrers mit geringer Fahrpraxis und das auf Schreck beruhende **Unterlassen einer sofortigen Bremsung** sind ebenfalls auf Umstellungsschwierigkeiten beruhende typische Probefahrtrisiken. Deshalb verneinte das OLG Karlsruhe[82] ein grobes Verschulden des Probefahrers, der beim **Rangieren auf engem Raum** den Vorwärtsgang an Stelle des Rückwärtsgangs eingelegt hatte und mit dem Auto zwischen zwei Baufahrzeuge geraten war. Auch das **Verschalten** – Einlegen des 2. statt des 4. Gangs – während eines Beschleunigungsvorganges mit einem Sportwagen rechtfertigt nicht den Vorwurf grober Fahrlässigkeit, vielmehr handelt es sich um eine augenblickliche Fehlreaktion, die einem ansonsten sorgfältigen und umsichtigen Fahrer durchaus versehentlich unterlaufen kann, wenn er sich bei der Probefahrt auf ein bislang unbekanntes Fahrzeug konzentriert, um dessen Eigenschaften kennen zu lernen.[83]

Auf ein **grob fahrlässiges** Verhalten erkannte das OLG Düsseldorf[84] im Fall eines Probefahrers, der sich selbst als geübten Kraftfahrer bezeichnet hatte und der mit dem Wagen infolge des zu schnellen Anfahrens einer Kurve von der Straße abgekommen war. Grob fahrlässig handelt ein Führerscheinneuling, wenn er anlässlich einer Probefahrt auf einem kurvigen Autobahnteilstück mit einer Geschwindigkeit von 180 km/h einen Unfall verursacht.[85]

Für die Tatsache, dass das Fahrzeug während der Probefahrt beschädigt wurde, ist der **Händler beweispflichtig.** Bleibt offen, wie es zu den Schäden am Fahrzeug gekommen ist, muss sich der **Probefahrer entlasten.** Er muss entsprechend § 282 BGB darlegen und beweisen, dass er die Beschädigung nicht oder nur leicht fahrlässig verschuldet hat.[86]

3. Beschädigung des Gebrauchtwagens

Verursacht ein **Kaufinteressent** mit dem **gebrauchten Pkw des Neuwagenkäufers,** den dieser in Zahlung gegeben oder dem Händler zum agenturweisen Verkauf überlassen hat, schuldhaft einen Unfall, so haftet der Probefahrer nach den vorstehend aufgezeigten Grundsätzen für Vorsatz und grobe Fahrlässigkeit, während eine Schadensersatzverpflichtung bei leicht fahrlässiger Verursachung entfällt.[87] Insoweit besteht eine andere Interessenlage als bei einem **reinen Privatgeschäft.** Wer von einer Privatperson im Rahmen von Kaufverhandlungen einen Pkw für eine Probefahrt entleiht, kann nicht darauf vertrauen, dass diese ihn von der Haftung freistellt, und hat folglich auch einfache Fahrlässigkeit zu vertreten – OLG Köln 20. 11. 1995, VersR 1996, 1420; sowie Rn 1307 ff.

---

78 Urt. 7. 6. 1972, NJW 1972, 1363.
79 Urt. 10. 1. 1979, NJW 1979, 643, Gebrauchtwagen.
80 Urt. 18. 12. 1979, NJW 1980, 1681.
81 Urt. 29. 11. 1979, DAR 1979, 282, Überlassen eines Fahrzeuges während der Vornahme einer Garantiereparatur.
82 Urt. 12. 6. 1987, DAR 1987, 380.
83 OLG Köln 26. 6. 1991, DAR 1991, 428.
84 Urt. 20. 3. 1967, DAR 1967, 323.
85 OLG Düsseldorf 17. 9. 1993, OLGR 1994, 148.
86 BGH 12. 11. 1986, NJW 1987, 639, 640; OLG Köln 20. 11. 1995, VersR 1996, 1420, 1421.
87 A. A. LG Hamburg – 6 O 674/88 –, wonach der Probefahrer eines ihm vom Händler überlassenen Gebrauchtwagens für jede Art von Fahrlässigkeit einstehen soll.

Hat es der Händler versäumt, eine **kombinierte Haftpflicht- und Kaskoversicherung**[88] abzuschließen, ist er für einen vom Kaufinteressenten anlässlich der Probefahrt verursachten Unfallschaden des Gebrauchtfahrzeugs verantwortlich. Er muss den Neuwagenkäufer so stellen, als hätte er eine Vollkaskoversicherung für das in seine Obhut genommene Gebrauchtfahrzeug abgeschlossen. Im Endeffekt hat er den Neuwagenkäufer von der Zahlung des vereinbarten Anrechnungspreises freizustellen.[89] Erklärt der Verkäufer gegenüber dem Käufer, der sich nach dem Haftpflichtversicherungsschutz erkundigt, der Versicherungsschutz gehe in Ordnung, so haftet der Verkäufer, falls seine Aussage nicht stimmt, dem Käufer aus pVV, wenn der Käufer für einen von ihm verursachten Unfallschaden persönlich einstehen muss.[90] Ein Dritter, der dem Händler sein Fahrzeug überlässt, um dessen Kunden Probefahrten zu ermöglichen, muss sich den stillschweigenden Haftungsausschluss nach den Grundsätzen der sog. Dritthaftungsbeschränkung zurechnen lassen.[91] Die Gestattung der Probefahrt, die die Grundlage des Haftungsausschlusses bildet, ist im Streitfall vom Käufer zu beweisen.[92]

IV. Verjährung

178 Schadensersatzansprüche wegen Verschuldens bei Vertragsschluss verjähren grundsätzlich in **30 Jahren** (§ 195 BGB). Nach gefestigter Auffassung in Rechtsprechung und Schrifttum findet jedoch § 477 BGB über seinen Wortlaut hinaus auf alle Ansprüche des Käufers Anwendung, die dieser **unmittelbar** aus der **Mangelhaftigkeit** der gelieferten Sache ableitet.[93] Dadurch soll vermieden werden, dass der Käufer nach längerer Zeit auf Sachmängel zurückgreift, deren Feststellung kaum noch durchführbar und „im höchsten Grade lästig und hemmend ist".[94] Die **6-monatige Verjährungsfrist** des § 477 BGB gelangt auch dann zur Anwendung, wenn die verletzte **Aufklärungsfrist eine Eigenschaft der Kaufsache** betrifft, deren Fehlen keinen Mangel darstellt.[95] Ebenfalls in 6 Monaten verjährt ein durch Mangelhaftigkeit der Kaufsache hervorgerufener **Folgeschaden,** für den der Verkäufer aus c. i. c. oder pVV einstehen muss, wenn er den Käufer über Eigenschaften der Kaufsache fahrlässig falsch beraten hat.[96]

179 Die Vorschrift des § 477 BGB findet dann keine Anwendung, wenn der Verkäufer Nebenpflichten verletzt hat, die mit der Mangelhaftigkeit der Kaufsache selbst nicht in einem unmittelbaren, von ihr nicht zu trennenden Zusammenhang stehen.[97]

Weiterhin gilt die 6-monatige Verjährung des § 477 BGB nicht, wenn der Verkäufer den Käufer im Rahmen eines selbstständigen **Beratungsvertrags** beraten hat, für dessen Bejahung es allerdings besonderer und außergewöhnlicher Umstände bedarf. Bei Verletzung von Beratungspflichten stellt der Beratungsvertrag eine eigene vom Kaufrecht losgelöste Rechts-

---

88 Vgl. hierzu *Stiefel/Hofmann*, AKB und AVSB, S. 961 ff.
89 BGH 8. 1. 1986, DAR 1986, 143.
90 BGH 26. 10. 1988, NZV 1989, 107.
91 OLG Karlsruhe 12. 6. 1987, DAR 1987, 380.
92 LG Duisburg, Urt. 27. 4. 1989 – 11 O 461/88 – n. v.
93 BGH 1. 12. 1971, NJW 1972, 246, 247; 7. 3. 1983, NJW 1983, 1496 ff.; *Köhler*, JuS 1982, 13.
94 BGH 1. 12. 1971, NJW 1972, 246 ff.
95 BGH 13. 7. 1983, NJW 1983, 2697; 23. 7. 1997, WM 1997, 2316, 2317.
96 BGH 22. 3. 1961, LM Nr. 5 zu § 477 BGB; *Schmitz*, NJW 1973, 2081.
97 RG 16. 3. 1934, RGZ 144, 162 – fehlerhafter Einbau eines ansonsten einwandfreien Motors –; BGH 26. 4. 1989, DAR 1989, 267 – Einfüllen von Normalbenzin in den für Superbenzin vorgesehenen Tank –; 28. 3. 1990, NJW 1990, 1659 – Befreiung von der Einfuhrumsatzsteuer einer in den Niederlanden gekauften Yacht; 30. 5. 1990, BB 1990, 1368 – Verletzung von Nebenpflichten aus Beratungsvertrag zwischen Hersteller und Verwender eines Produkts über die Verwendungsfähigkeit des Kaufgegenstandes; ferner BGH 30. 3. 1990, NJW 1990, 1658; einschränkend BGH 7. 3. 1983, NJW 1983, 1496.

grundlage für Schadensersatzansprüche dar. Infolgedessen scheidet die Gefahr eines Wertungswiderspruchs innerhalb der kaufrechtlichen Beziehungen von vornherein aus.[98]

Schadensersatzansprüche des Verkäufers gegen den Käufer aus c. i. c. unterliegen ebenfalls der **30-jährigen Verjährungsfrist** des § 195 BGB. Eine Besonderheit gilt allerdings im Hinblick auf die Ansprüche des Händlers wegen **Beschädigung des Vorführwagens** durch den Kaufinteressenten. Die Rechtsprechung steht einhellig auf dem Standpunkt, dass die Ersatzansprüche des Händlers in derartigen Fällen innerhalb von **6 Monaten ab Fahrzeugrückgabe** verjähren.[99] Die Frist wird aus den entsprechenden Regelungen für unentgeltliche und entgeltliche Gebrauchsüberlassung durch Leihe, Miete, Pacht und Nießbrauch abgeleitet, für die das BGB in §§ 558, 581 Abs. 2, 606 und 1057 vorschreibt, dass Schadensersatzansprüche wegen Veränderung oder Verschlechterung der Sache in 6 Monaten von der Rückgabe an verjähren. Der in den genannten Gesetzesbestimmungen zum Ausdruck kommende Rechtsgedanke einer raschen Auseinandersetzung und beschleunigten Klarstellung der Ansprüche wegen des Zustandes der überlassenen Sache ist weit auszulegen und auf den gesetzlich nicht geregelten Fall der Überlassung eines Fahrzeugs zum Zwecke der Probefahrt übertragbar.

180

Soweit **Ersatzansprüche** des Händlers wegen **Beschädigung des Vorführwagens** durch den Probefahrer auch nach anderen gesetzlichen Bestimmungen berechtigt sind, wie z. B. aus unerlaubter Handlung, werden die für diese Vorschriften vorgesehenen Verjährungsfristen durch die **6-monatige Verjährungsfrist** verdrängt.[100]

181

Die kurze Verjährung von 6 Monaten muss sich der aus abgetretenem Recht klagende Händler entgegenhalten lassen, wenn der Kaufinteressent das überlassene Probefahrzeug beschädigt, von dem er annimmt, es gehöre dem Händler, während es in Wirklichkeit im Eigentum eines Dritten steht.[101]

182

---

98 BGH 23. 7. 1997, WM 1997, 2316, 2318.
99 BGH 21. 5. 1968, DAR 1968, 239 ff.; 18. 2. 1964, MDR 1964, 408.
100 BGH 21. 5. 1968, DAR 1968, 239, 240.
101 BGH 14. 7. 1970, NJW 1970, 1736.

D. Eigentumsvorbehalt

I. Einfacher Eigentumsvorbehalt

183 Gemäß Abschn. VI, Ziff. 1, S. 1 NWVB bleibt das Fahrzeug bis zum Ausgleich der dem Verkäufer auf Grund des Kaufvertrags zustehenden Forderungen Eigentum des Verkäufers. Der Eigentumsübergang auf den Käufer ist an die aufschiebende Bedingung der vollständigen Bezahlung der Kaufpreisforderung geknüpft. Gegen die Wirksamkeit des einfachen Eigentumsvorbehaltes in AGB bestehen keine Bedenken, da es sich um eine durch § 455 BGB anerkannte Gestaltungsmöglichkeit zur Sicherung der Kaufpreisforderung handelt.[1] Im Hinblick auf die Regelung von Abschn. VI NWVB ist davon auszugehen, dass die Übergabe des Kraftfahrzeugs an den Käufer ohne ausdrückliche Erklärung des Verkäufers nur unter Eigentumsvorbehalt erfolgt.[2]

184 Der Eigentumsvorbehalt betrifft das verkaufte Fahrzeug und dessen **wesentliche Bestandteile,** auch wenn sie erst nachträglich angebracht werden. Nicht erfaßt werden die einfachen Bestandteile und das Zubehör. Das Autotelefon gehört bei geschäftlich genutzten Personenkraftwagen nicht zum Zubehör, da es in diesen regelmäßig nicht auf Dauer verbleiben soll.[3] **Motor** und **Räder** sind keine wesentlichen Bestandteile eines Kraftfahrzeugs,[4] wohl aber **Fahrgestell** und **Karosserie**.[5] Durch Verschleiß und unfallbedingten Austausch von Fahrzeugteilen entsteht keine neue Sache, auch nicht bei Auswechselung des Fahrzeugrahmens[6] und der Rohkarosse.

185 Falls der Kaufvertrag dem VerbrKrG untersteht, muss der Eigentumsvorbehalt in der **Vertragsurkunde** enthalten sein (§ 4 Abs. 1 Nr. 2f VerbrKrG). Das Fehlen der Vereinbarung hat keine Vertragsunwirksamkeit zur Folge, jedoch gilt der Eigentumsvorbehalt als nicht vereinbart.

186 Das Recht zum **Besitz des Fahrzeugbriefs** steht dem Verkäufer während der Dauer des Eigentumsvorbehalts zu. Mit vollständiger Tilgung der gesicherten Forderungen geht das Eigentum auf den Käufer über; dessen Anspruch auf Herausgabe des Kfz-Briefs folgt aus § 952 BGB. Aus der entsprechenden Anwendung von § 952 BGB ergibt sich für den Käufer eines betriebserlaubnispflichtigen Fahrzeugs (§ 18 Abs. 3, § 21 StVZO) ein Anspruch auf Herausgabe der **Betriebserlaubnis,** die eine ähnliche Bedeutung wie ein Fahrzeugbrief für normale Straßenfahrzeuge besitzt.[7]

Die Herausgabe des unter Eigentumsvorbehalt verkauften Fahrzeugs kann der Verkäufer vom Käufer auch nach Verjährung der Kaufpreisforderung verlangen.[8]

II. Erweiterter Eigentumsvorbehalt

187 Der Eigentumsvorbehalt des Verkäufers erstreckt sich nicht nur auf dessen Anspruch aus dem Kaufvertrag, sondern gem. der Regelung von Abschn. VI, Ziff. 1, S. 2 NWVB auf alle

---

1 BGH 3. 2. 1982, NJW 1982, 1749; 5. 5. 1982, NJW 1982, 1751; *Löwe/Graf von Westphalen/Trinkner,* Brosch. 4.1 Rn 1; *Westermann,* MünchKomm, § 455 Rn 12; *Ulmer/Brandner/Hensen,* Anh. §§ 9–11 Rn 652; *Erman/Weitnauer,* § 455 Rn 4.
2 *Palandt/Putzo,* § 455 Rn 12.
3 OLG Köln 27. 4. 1993, NJW-RR 1994, 51.
4 BGH 8. 10. 1955, NJW 1955, 1793 ff.; 6. 1. 1973, BGHZ 61, 80; OLG Stuttgart 13. 6. 1951, NJW 1952, 145; OLG Karlsruhe 2. 3. 1955, MDR 1955, 413; *Creutzig,* Recht des Autokaufs, Rn 6.1.4.
5 OLG Stuttgart 13. 6. 1951, NJW 1952, 145.
6 KG 30. 9. 1960, NJW 1961, 1026.
7 KG 2. 2. 1996, OLGR 1996, 81.
8 BGH 4. 7. 1979, NJW 1979, 2195.

Erweiterter Eigentumsvorbehalt

Forderungen, die der Verkäufer gegen den Käufer **im Zusammenhang** mit dem Kaufgegenstand nachträglich erwirbt. Beispielhaft nennt die Klausel Forderungen aus Reparaturen, Ersatzteillieferungen sowie sonstigen Leistungen. Die von Rechtsprechung und Schrifttum weitgehend gebilligte[9] Erstreckung des Eigentumsvorbehalts durch AGB auf später entstehende Forderungen, die im Zusammenhang mit dem Kaufgegenstand stehen, begegnet wachsender Kritik, der sich auch die Regelung von Abschn. VI, Ziff. 1, S. 2 NWVB stellen muss.[10]

Dem **Einwand**, der Verkäufer werde **übersichert**, da er durch das Pfandrecht nach § 647 BGB ausreichend geschützt sei,[11] hält *Creutzig*[12] berechtigterweise entgegen, dass das gesetzliche Werkunternehmerpfandrecht, von dem der Verkäufer bei Nichtzahlung der Reparaturrechnung Gebrauch machen müsste, den Käufer an der Nutzung des Fahrzeugs hindern und damit weit mehr belasten würde als eine Verlängerung des Eigentumsvorbehalts. **188**

Gegen Abschn. VI, Ziff. 1, S. 2 NWVB wird weiterhin vorgebracht, ein einmal **erloschener Eigentumsvorbehalt** könne **nicht** wieder **aufleben**,[13] was aber nach der Klausel anzunehmen sei, weil sie das Bestehenbleiben des Eigentumsvorbehalts auch für „nachträglich" erworbene Forderungen vorsieht. In diesem Punkte ist die Klausel in der Tat missverständlich.[14]

Mit der **Tilgung** der dem Verkäufer auf Grund des Kaufvertrags zustehenden Forderungen **erlischt** der Eigentumsvorbehalt. Eine Erstreckung auf später entstehende Forderungen findet nicht mehr statt, auch wenn die Forderung im Zusammenhang mit dem Kaufgegenstand steht, da der einmal erloschene Eigentumsvorbehalt nicht mehr aufleben kann.[15] Eine entgegenstehende Vereinbarung ist unwirksam.

Falls **Nach- und Nebenforderungen** im Zusammenhang mit der Kaufsache **nachträglich** zu einem Zeitpunkt entstehen, in dem der Käufer seine aus dem Kaufvertrag resultierenden Zahlungsverpflichtungen noch nicht vollständig erfüllt hat, kann er durch deren Nachholung den Eigentumsvorbehalt nicht zu Fall bringen, vielmehr muss er zur Herbeiführung dieser Rechtsfolge sowohl die offenen Forderungen aus dem Kaufvertrag als auch die Nach- und Nebenforderungen begleichen. **189**

Aus Abschn. VII, Ziff. 1 NWVB ergibt sich nicht zweifelsfrei, dass der Eigentumsvorbehalt nach Bezahlung des Kaufpreises nur noch zur Sicherung der bis dahin entstandenen Forderungen, nicht aber der Sicherung danach entstandener Forderungen dient.[16] Weiterhin ist aus der Klausel nicht ablesbar, ob nachträgliche Forderungen den Eigentumsvorbehalt verlängern, wenn sie zwar zum Zeitpunkt der Tilgung des Kaufpreises entstanden, jedoch nicht fällig sind. Eine restriktive Klauselinterpretation gebietet es, nicht fällige Forderungen aus dem Anwendungsbereich der Klausel herauszunehmen, andernfalls der Käufer gezwungen wäre, vor Fälligkeit zu leisten, um dadurch die aufschiebende Bedingung des Eigentumsübergangs herbeizuführen. Eine Leistung vor Fälligkeit kann ihm nicht abverlangt werden.

---

9 BGH 10. 2. 1971, BB 1971, 285; 28. 9. 1977, WM 1977, 1353 ff.; 24. 4. 1968, NJW 1968, 1516, 1519; *Thamm*, BB 1978, 20 ff.; *Kulich*, Verkauf ohne Risiko, 12, 79; *Ulmer/Brandner/Hensen*, Anh. §§ 9–11, Rn 657; *Creutzig*, Recht des Autokaufs, Rn 6.1.4.
10 *Graf von Westphalen*, DB 1977, 1640; *ders.*, BB 1978, 281; *Löwe/Graf von Westphalen/Trinkner*, § 3 Rn 20, 23 ff. sowie Brosch. 4.1 Rn 48; OLG Frankfurt 11. 9. 1980, BB 1980, 1489; LG Braunschweig, 27. 1. 1981; ZIP 1981, 876.
11 *Pfeiffer* in *Graf von Westphalen*, Vertragsrecht und AGB-Klauselwerke, Neuwagenkauf, Rn 83.
12 Recht des Autokaufs, Rn 6.1.4.
13 *Pfeiffer* in *Graf von Westphalen*, Vertragsrecht und AGB-Klauselwerke, Neuwagenkauf, Rn 83.
14 A. A. *Creutzig*, Recht des Autokaufs, Rn 6.1.4.
15 BGH 14. 2. 1968, NJW 1968, 885.
16 So soll sie nach *Creutzig*, Recht des Autokaufs, Rn 6.1.3 zu verstehen sein.

III. Kontokorrentvorbehalt

190 Der Kontokorrentvorbehalt betrifft Personen, die den Vertrag in Ausübung ihrer gewerblichen oder selbstständigen beruflichen Tätigkeit schließen, sowie juristische Personen des öffentlichen Rechts sowie öffentlich-rechtliche Sondervermögen. Er besagt, dass sich der Eigentumsvorbehalt auch auf Forderungen erstreckt, die der Verkäufer aus seinen **laufenden Geschäftsbeziehungen** gegen den Käufer besitzt. Mit dem Ausgleich des Kontos erlischt der Eigentumsvorbehalt und lebt danach nicht wieder auf.[17] Da es sich beim Kontokorrentvorbehalt um eine besondere Art der Gestaltung des erweiterten Eigentumsvorbehalts handelt,[18] setzt die Klausel des Abschn. VI, Ziff. 1 Abs. 2 NWVB weder die einzelvertragliche Vereinbarung eines Kontokorrentverhältnisses gem. § 355 HGB[19] noch dessen stillschweigende Praktizierung voraus.[20] Nach allgemeiner Auffassung ist die seit je übliche Kontokorrentklausel weder überraschend im Sinne von § 3 AGB-Gesetz, noch verstößt sie gegen § 9 Abs. 2 AGB-Gesetz.[21] Um wirksam zu sein, muss eine Kontokorrentklausel den Käufer vor **Übersicherung** durch den Verkäufer schützen. Erforderlich ist die Einräumung einer **Freigabeklausel** nicht zuletzt deshalb, weil durch Begründung immer neuer Forderungen bei fortbestehender Geschäftsbeziehung die Eigentumsverschaffungspflicht, bei der es sich um eine Kardinalpflicht des Verkäufers handelt, auf unbestimmte Zeit hinausgeschoben ist.[22] Diese **Anforderungen werden** von Abschn. VI, Ziff. 1 Abs. 3 NWVB **nicht erfüllt.** Die Klausel macht den Verzicht des Verkäufers auf den Eigentumsvorbehalt davon abhängig, dass für alle übrigen Forderungen aus der laufenden Geschäftsbeziehung anderweitig eine angemessene Sicherung besteht. Aus diesem Grunde ist der Kontokorrentklausel die Wirksamkeit zu versagen.[23]

IV. Herausgabepflicht wegen Verletzung von Pflichten aus dem Eigentumsvorbehalt[24]

191 Ganz oben im **Pflichtenkatalog** des **Vorbehaltskäufers** steht das Gebot, sich jedweder Verfügung über den Kaufgegenstand ohne Zustimmung des Verkäufers zu enthalten. Er darf das Fahrzeug nicht veräußern, verpfänden, zur Sicherheit übereignen, vermieten oder eine sonstige die Sicherung des Verkäufers beeinträchtigende Überlassung oder Veränderung vornehmen. Im Hinblick auf das Anwartschaftsrecht unterliegt der Käufer allerdings keinen Beschränkungen. Bei Verletzung der Pflichten kann der hierfür beweispflichtige Verkäufer vom Käufer die Herausgabe des Fahrzeugs verlangen. Einer Abmahnung und Androhung der Geltendmachung des Herausgabeanspruchs bedarf es nicht.

192 Vorrangig dem Sicherungsinteresse des Verkäufers dienen die dem Käufer in Abschn. VI, Ziff. 4 NWVB auferlegten **Benachrichtigungs- und Hinweispflichten** für den Fall, dass Dritte Zugriff auf das Fahrzeug nehmen, sei es durch Pfändung und durch Geltendmachung des Unternehmerpfandrechts. Der Käufer muss den Verkäufer informieren, aber auch den Dritten, der auf das Fahrzeug Zugriff nimmt, auf den Eigentumsvorbehalt hinweisen. Es

---

17 BGH 23. 11. 1977, NJW 1978, 632, 633.
18 *Serick,* Eigentumsvorbehalt und Sicherungsübertragung, Bd. 4, 1976, 52 ff.
19 BGH 12. 6. 1969, WM 1969, 1072, 1073.
20 *Creutzig,* Recht des Autokaufs, Rn 6.1.5.
21 Vgl. *Staudinger/Honsell,* § 455 Rn 66; *Wolf/Horn/Lindacher,* § 9 E 36; *Graf Lambsdorff/Hübner,* Eigentumsvorbehalt u. AGB-Gesetz, 1982, Rn 85; BGH 23. 11. 1977, BB 1978, 18; 7. 2. 1979, BB 1979, 443 ff.; 19. 12. 1969, WM 1970, 184, 185.
22 *Löwe/Graf von Westphalen/Trinkner,* Brosch. 4.1 Rn 42 u. Rn 57 f.
23 *Löwe/Graf von Westphalen/Trinkner,* Brosch. 4.1 Rn 57; *Westermann,* MünchKomm, § 455 Rn 90; a. A. *Creutzig,* Recht des Autokaufs, Rn 6.1.6.
24 Die Herausgabepflicht nach Kündigung des Kreditvertrags oder nach Rücktritt vom Kreditvertrag wegen Zahlungsverzug wird in dem nachfolgenden Kapitel „Der finanzierte Kauf" behandelt.

handelt sich um eine vertragliche Nebenpflicht, deren Verletzung den Herausgabeanspruch des Verkäufers rechtfertigt.

Das Verbot einer anderweitigen, die Sicherung des Verkäufers beeinträchtigenden Überlassung besagt nicht, dass das Fahrzeug nur vom Vorbehaltskäufer benutzt werden darf. Durch die Klausel soll eine über den normalen Gebrauch hinausgehende Abnutzung des Fahrzeugs, z. B. durch Vermietung an Dritte, verhindert und eine ordnungsgemäße und pflegliche Behandlung sichergestellt werden. Die mit einem Verlust des unmittelbaren Besitzes verbundene Weitergabe des Fahrzeugs an einen Dritten stellt eine **Vertragsverletzung** dar, weil hierdurch das Eigentum des Vorbehaltsverkäufers gefährdet wird.[25] Verfügt der Käufer ohne Zustimmung des Verkäufers über das Fahrzeug, so erwirbt der Zweitkäufer das Eigentum nur unter der Voraussetzung der Gutgläubigkeit, woran es normalerweise fehlt, weil sich der Kfz-Brief in den Händen des Verkäufers befindet.[26] **193**

Abschn. VI, Ziff. 2 in Verbindung mit Ziff. 6 NWVB billigt dem Verkäufer einen Anspruch auf Herausgabe des Fahrzeugs zu, wenn der Käufer seiner Verpflichtung, es in ordnungsgemäßem Zustand zu halten und die vorgesehenen **Wartungsarbeiten** und erforderlichen **Instandsetzungen** durchzuführen, nicht unverzüglich nachkommt. Vor der Geltendmachung des Herausgabeanspruchs muss der Verkäufer den Käufer schriftlich zur Vornahme auffordern. Die Wirksamkeit der Klausel ist nicht über jeden Zweifel erhaben. Dies gilt namentlich im Hinblick auf die dem Käufer auferlegte Pflicht, das Fahrzeug in ordnungsgemäßem Zustand zu halten, da unklar bleibt, was darunter zu verstehen ist.[27] **194**

Der Käufer ist verpflichtet, alle vorgesehenen Wartungsarbeiten und notwendigen Instandsetzungen **unverzüglich** – abgesehen von Notfällen – vom Verkäufer oder einer autorisierten Werkstatt ausführen zu lassen. Nach Meinung von *Creutzig*[28] betrifft die vom Käufer zu beweisende Notfallausnahme nur Instandsetzungsmaßnahmen, da eine Notsituation bei Wartungsarbeiten nicht denkbar ist. Der Ausnahmetatbestand befreit den Käufer jedoch nicht nur von der Inanspruchnahme des Verkäufers oder einer autorisierten Werkstatt, sondern auch von der Pflicht zur unverzüglichen Vornahme, z. B. im Falle der Krankheit. Werden in einer Notsituation Gewährleistungsmängel vom Käufer selbst oder von einer Fremdwerkstatt beseitigt, hat der Verkäufer die Kosten zu tragen.[29] **195**

In allen zuvor genannten Fällen der Verletzung von Pflichten aus dem Eigentumsvorbehalt hat der Käufer die **Kosten der Rücknahme** und der Verwertung des Fahrzeugs zu tragen.[30] Der Verkäufer kann diese Kosten konkret beziffern, aber auch pauschal, gestützt auf die Regelung von Abschn. VI, Ziff. 2 Abs. 5 NWVB, geltend machen. Der Prozentsatz in Höhe von 5% des Verwertungserlöses erscheint angemessen im Hinblick auf die Regelung des § 10 Nr. 7b AGB-Gesetz, da die tatsächlich entstehenden Verwertungskosten laut Statistik in der Bundesrepublik Deutschland höher sind.[31] Der Pauschalsatz von 5% beinhaltet keine Gewinnanteile des Verkäufers. Gemäß der Regelung des Abschn. VI, Ziff. 2 Abs. 3 NWVB fließt der im gewöhnlichen Verkaufswert enthaltene Gewinn des Verkäufers dem Käufer auch in Fällen der Verletzung von Pflichten aus dem Eigentumsvorbehalt in voller Höhe zu. Die gegen die vormals 10% betragende Aufwendungspauschale vorgebrachte Kritik[32] ist gegenstandslos geworden. **196**

---

25 LG Hannover 23. 1. 1973, MDR 1974, 766.
26 Dazu Rn 392.
27 *Ulmer/Brandner/Hensen,* Anh. §§ 9–11, Rn 435.
28 Recht des Autokaufs, Rn 6.6.2.
29 *Staudinger/Honsell,* § 475a Rn 3.
30 Zur Zulässigkeit der Klausel *Pfeiffer* in *Graf von Westphalen,* Vertragsrecht und AGB-Klauselwerke, Neuwagenkauf, Rn 86.
31 *Creutzig,* Recht des Autokaufs, Rn 6.2.10 unter Hinweis auf Erhebungen der Deutschen Automobil-Treuhand GmbH – Stand 3/99.
32 *Ulmer/Brandner/Hensen,* Anh. §§ 9–11, Rn 438.

V. Verpflichtung des Käufers zum Abschluss einer Vollkaskoversicherung

197 Abschn. VI, Ziff. 5 NWVB sieht vor, dass der Käufer eine Vollkaskoversicherung mit angemessener Selbstbeteiligung abschließen muss mit der Maßgabe, dass die Rechte aus dem Versicherungsvertrag dem Verkäufer zustehen. Die üblicherweise angebotenen Selbstbeteiligungen liegen zwischen 300 DM und 1000 DM, mithin in einem angemessenen Rahmen. Dass eine Selbstbeteiligung in der Regel nur dann angemessen sein soll, wenn sie sich auf der untersten Stufe bewegt, lässt sich aus der Klausel weder herauslesen noch in sie hineininterpretieren.[33] Zur Absicherung des Verkäufers ist die Auferlegung einer Pflicht zur Vollkaskoversicherung **sach- und interessengerecht** angesichts des erheblichen Wertes, den ein Neufahrzeug verkörpert,[34] und der insbesondere beim Kraftfahrzeug bestehenden Gefahr der Beschädigung und des Untergangs. Auch wenn sich schon aus der Natur des Rechtsverhältnisses eine Schutzpflicht zum Abschluss der Vollkaskoversicherung ableiten lässt, muss eine vertragliche Begründung dieser Pflicht als wirtschaftlich sinnvoll und daher als nicht überraschend im Sinne von § 3 AGB-Gesetz angesehen werden.[35] Der Abschluss einer Vollkaskoversicherung liegt nicht zuletzt im Interesse des Käufers, der die Preisgefahr trägt und im Fall der Beschädigung oder des Untergangs des Fahrzeugs nicht mit eigener Inanspruchnahme zu rechnen braucht. Deshalb ist die Klausel, die den Käufer zum Abschluss der Vollkaskoversicherung verpflichtet, auch nicht als unangemessen im Sinne von § 9 Abs. 1 AGB-Gesetz zu qualifizieren.[36] Als sachgerecht erweist sich aus den dargelegten Gründen auch die Bestimmung, dass der Verkäufer selbst die Vollkaskoversicherung abschließen und den Käufer mit den Prämien belasten darf, wenn der Käufer der vertraglich vereinbarten Pflicht trotz schriftlicher Mahnung des Verkäufers nicht nachkommt. Der Käufer hat die Vollkaskoversicherung **unverzüglich** abzuschließen.

198 Da die Rechte aus dem Versicherungsvertrag dem Verkäufer zustehen, handelt es sich um eine **„Versicherung für fremde Rechnung"** im Sinne von § 75 VVG. Der Käufer kann über die Rechte des Versicherungsvertrages nicht mehr verfügen. Der Verkäufer besitzt die Möglichkeit, mit dem Versicherer abweichende und ergänzende Vereinbarungen zu schließen. Hierdurch kann er sich vor Handlungen und Unterlassungen des Käufers schützen, die seinen Anspruch aus dem Versicherungsvertrag gefährden. Damit er die Ansprüche ohne Mitwirkung des Vorbehaltskäufers geltend machen kann, wird ihm seitens des Versicherers ein Sicherungsschein ausgehändigt. Das ihm eingeräumte Auskunftsrecht im Hinblick auf das Versicherungsverhältnis soll die Überprüfung und Kontrolle ermöglichen, ob und in welchem Umfang der Käufer seinen Pflichten aus dem Versicherungsvertrag nachkommt.[37]

Der Verstoß gegen die Verpflichtung zum Abschluss der Vollkaskoversicherung begründet kein Rücknahmerecht des Verkäufers.

---

33 Anderer Ansicht *Creutzig,* Recht des Autokaufs, Rn 6.5.1 ohne weitere Begründung.
34 Nach Angaben des Zentralverbandes Deutsches Kraftfahrzeuggewerbe e. V. betrug der Durchschnittsverkaufspreis im Jahre 1998 DM 37 600.
35 BGH 8. 10. 1969, NJW 1970, 31; *Ulmer/Brandner/Hensen,* Anh. §§ 9–11 Rn 654; *Creutzig,* Recht des Autokaufs, Rn 6.5.4; *Serick,* Eigentumsvorbehalt und Sicherungsübereignung, § 8 III, 2; *Löwe/Graf von Westphalen/Trinkner,* Brosch. 51.3 Rn 13.
36 *Löwe/Graf von Westphalen/Trinkner,* Brosch. 51.3 Rn 13.
37 *Creutzig,* Recht des Autokaufs, Rn 6.5.2, sowie zum Sicherungsschein *Reinking,* Autoleasing, 3. Auflage, S. 48.

E. Der finanzierte Kauf

Beim finanzierten Neuwagenkauf rangiert die **Drittfinanzierung** in Form des sog. B-Geschäftes klar vor dem nicht zweckgebundenen Personalkredit. Eine Kreditierung des Kaufpreises durch den Verkäufer (einfacher Abzahlungskauf) kommt nur noch selten vor. **199**

I. Personalkredit

1. Begriff

Die Finanzierung erfolgt in der Form, dass sich der Käufer bei einem Geldinstitut oder einem sonstigen Dritten ohne Mitwirkung des Verkäufers ein Darlehen zur freien Verwendung beschafft. Im Verhältnis zwischen Verkäufer und Käufer liegt ein **Barkauf** vor. Die Beweislast, dass eine Einigung über einen Barkauf erzielt worden ist, trifft grundsätzlich den die Barzahlung verlangenden Verkäufer.[1] Die Möglichkeit der Finanzierung ist regelmäßig nicht Geschäftsgrundlage des Kaufvertrages über das Kraftfahrzeug.[2] Auch eine Anfechtung wegen Irrtums über die Finanzierungsmöglichkeit ist unbeachtlich, denn die enttäuschte Erwartung des Käufers, einen Kredit zum Zwecke der Autofinanzierung zu erhalten, stellt einen typischen Motivirrtum dar. **200**

Die in einer Finanzierungsvereinbarung enthaltene Klausel, die besagt, dass der Restkaufpreis finanziert werden soll, hat nicht ohne weiteres die Bedeutung einer auflösenden **Bedingung** des Kaufvertrages.[3] Weder der Wortlaut der Klausel noch die Tatsache, dass der Käufer ohne die vorgestellte Möglichkeit der Finanzierung vom Kauf Abstand genommen hätte, lassen eine solche Auslegung zu.[4]

2. Verträge im Sinne des Verbraucherkreditgesetzes

In der Vertragsbeziehung zwischen Käufer und Kreditgeber sind, sofern anwendbar, die Vorschriften des VerbrKr-Gesetzes zu beachten. Anwendungsvoraussetzung ist, dass der Kredit vom **Anbieter** in Ausübung der **gewerblichen** oder **beruflichen Tätigkeit** gewährt, vermittelt oder nachgewiesen werden muss, während er auf Seiten des **Verbrauchers** nach dem Inhalt des Vertrags nicht für eine zum Zeitpunkt des Vertragsschlusses[5] bereits ausgeübte **gewerbliche** oder **selbstständige berufliche Tätigkeit** bestimmt sein darf. Verbraucher, die der Schuld eines anderen aus einem Kreditvertrag beitreten, dessen Schuld übernehmen oder in den Vertrag als weitere Kreditnehmer eintreten, werden durch das VerbrKrG ebenfalls geschützt.[6] **201**

Es überwiegt die Ansicht, dass die gewerbliche oder berufliche Tätigkeit des Anbieters nicht in der Gewährung von Krediten bestehen oder darauf zumindest schwerpunktmäßig ausgerichtet sein muss,[7] weshalb eine nur gelegentliche Kreditgewährung im Zusammenhang mit der gewerblichen oder beruflichen Tätigkeit zur Anwendung des VerbrKrG führt. Dies befremdet, da nur von einem Personenkreis, der berufs- oder gewerbsmäßig Kredite gewährt, **202**

---

1 BGH 19. 3. 1980, DAR 1980, 211.
2 Vgl. OLG Oldenburg 4. 6. 1975, NJW 1975, 1788; LG Hamburg 6. 12. 1951, BB 1952, 11.
3 A. A. KG 11. 1. 1971, NJW 1971, 1139.
4 *Hereth*, NJW 1971, 1704; *Rutkowsky*, NJW 1971, 1075; ferner OLG Düsseldorf 25. 7. 1963, NJW 1963, 2079.
5 OLG Düsseldorf 24. 4. 1997, OLGR 1997, 185; *Bülow*, VerbrKrG 3. Aufl., § 1, Rn 34.
6 Siehe Rn 1209.
7 A. A. OLG Düsseldorf 10. 2. 1995, NJW-RR 1996, 759; *Palandt/Putzo*, BGB, § 1 VerbrKrG Rn 2.

erwartet werden kann, dass er die Normen des VerbrKr-Gesetzes kennt.[8] Auf Seiten des Kreditnehmers wird das VerbrKrG durch die **gelegentliche Mitbenutzung** des für gewerbliche Zwecke angeschafften Fahrzeugs nicht anwendbar.[9]

203 Kaufleute, Handwerker, Landwirte, selbstständige Gewerbetreibende und Freiberufler sind von der Anwendung ausgenommen. Der Schutz des VerbrKr-Gesetzes wird ihnen nur zuteil, wenn sie entweder einen Kredit für ausschließlich **private Zwecke** oder einen **Existenzgründungskredit** mit einem Nettokreditbetrag **bis 100 000 DM** in Anspruch nehmen.

204 Umstritten ist, ob bei **Aufnahme mehrerer Kredite** zur Existenzgründung die Nettokreditbeträge zu **addieren** sind. Das Brandenburgische OLG[10] hat eine Addition verneint.[11]

205 Ob die Gründung eines **zweiten** gewerblichen **Unternehmens** die Anwendung des VerbrKr-Gesetzes ausschließt, ist – höchstrichterlich – umstritten.[12] Auch zu der Frage, ob ein Existenzgründungsdarlehen angenommen werden kann, wenn der Kreditnehmer **zuvor** bereits **in der gleichen Branche tätig** war, gehen die Meinungen auseinander.[13] Das OLG Köln[14] weist zutreffend darauf hin, dass aufgegebene Selbstständigkeit in der Vergangenheit einer Existenzgründung i. S. d. VerbrKr-Gesetzes nicht im Wege steht. Allerdings kann ein Existenzgründungsdarlehen nicht angenommen werden, wenn die frühere Existenz ohne „deutliche Zäsur" fortgesetzt werden soll.[15] Die **Kontinuität** ist deutlich **unterbrochen**, wenn ein Gastwirt nach einer Krankheit in einem anderen Ort eine neue Gaststätte eröffnet[16] oder wenn der Kreditnehmer, bevor er in der gleichen Branche ein neues Geschäft eröffnet, im Angestelltenverhältnis gearbeitet hat.[17]

206 Aus der Entscheidung des BGH aus dem Jahre 1982, die besagte, dass in Anwendung der Unklarheitenregel des § 5 AGB-Gesetz nach den Vorschriften des Abzahlungsgesetzes zu verfahren sei, wenn ein auf Bargeschäfte zugeschnittenes Formular den vorgedruckten Hinweis auf die Widerrufsmöglichkeit bei einem Abzahlungsgeschäft enthält,[18] lässt sich für das VerbrKrG ableiten, dass der Hinweis auf die Widerrufsmöglichkeit in einem für Bargeschäfte bestimmten Verkaufsformular zur Anwendung der Vorschriften des VerbrKr-Gesetzes führt.

207 Das VerbrKrG regelt nur den **entgeltlichen** Kredit in Form eines Darlehens, eines Zahlungsaufschubs oder einer sonstigen Finanzierungshilfe.

Für die Entgeltlichkeit eines Kredits kommt es – abgesehen von den in § 3 Abs. 1 VerbrKrG geregelten Fällen – nicht auf die Höhe des zu zahlenden Betrages an. Bereits ein **geringer Aufpreis** von nur 95,90 DM bei einem Gesamtpreis von 31 976 DM reicht nach

---

8 OLG Düsseldorf 10. 2. 1995, NJW-RR 1996, 759.
9 OLG Naumburg, 11. 12. 1997, NJW-RR 1998, 1351.
10 Urt. v. 5. 5. 1999; OLGR 1999, 443, der gleichen Auffassung *Staudinger/Kessal-Wulf*, BGB, § 3 VerbrKrG Rn 9; *Steppeler*, VerbrKrG, S. 37; *Reinking/Nießen*, ZIP 1991, 79, 80.
11 Für eine Addition der Nettokreditbeträge, sofern sie eine wirtschaftliche Einheit bilden, sind *Ulmer*, MK/BGB, 3. Aufl. § 3 VerbrKrG Rn 10; *Bülow*, VerbrKrG, 3. Aufl. § 3 Rn 43; *Scholz*, VerbrKrG, Rn 88; *Bruchner/Ott/Wagner-Wieduwilt*, VerbrKrG, § 3 Rn 18; differenzierend *Vortmann*, ZIP 1992, 323 im Sinne einer Anwendung des VerbrKrG nur auf den die Wertgrenze übersteigenden Kreditvertrag; *Graf von Westphalen/Emmerich/Rottenburg*, VerbrKrG, 2. Aufl., § 3 Rn 27 bei Vorliegen eines Einheitlichkeitswillens.
12 Verneinend BGH 14. 12. 1994, BB 1995, 217; bejahend BGH 4. 5. 1994, WM 1994, 1390, ebenso OLG Nürnberg 17. 1. 1995, WM 1995, 481.
13 Verneinend *Vortmann*, ZIP 1992, 229, 231; *Scholz*, DB 1993, 261, 263, bejahend *Bülow*, VerbrKrG 3. Aufl. § 1 Rn 39, 41; *Graf von Westphalen/Emmerich/von Rottenburg*, VerbrKrG, § 1 Rn 58.
14 Urt. 5. 12. 1994, ZIP 1994, 1931.
15 SchlHOLG 21. 11. 1997, OLGR 1998, 41.
16 OLG Köln 5. 12. 1994, ZIP 1994, 1931.
17 OLG Celle 4. 1. 1995, NJW-RR 1996, 119.
18 BGH 30. 6. 1982, WM 1982, 1027.

Ansicht des OLG Köln[19] aus. Das VerbrKrG gilt nicht für Kleinkredite, bei denen der auszuzahlende Kreditbetrag 400 DM nicht übersteigt, den Zahlungsaufschub von nicht mehr als drei Monaten und das Arbeitgeberdarlehen, sofern die Zinsen unter den marktüblichen Sätzen liegen.

Wenn der Kreditvertrag unter das VerbrKrG fällt, sind die Schriftform, die Angabeerfordernisse des § 4 Abs. 1 S. 2 Nr. 1 VerbrKrG und die Widerrufsbelehrung zu beachten.

a) Schriftform

208 Der gesamte Vertragsinhalt bedarf der Schriftform des § 126 Abs. 1 BGB. Auch die AGB des Kreditgebers müssen entweder in der Vertragsurkunde enthalten oder mit dieser **verbunden** sein.[20] Eine Bezugnahme auf AGB des Kreditgebers durch Hinweis, sichtbaren Aushang oder Ermöglichung der Kenntnisnahme (§ 2 AGB-Gesetz) reicht nicht aus,[21] es sei denn, dass die AGB des Kreditgebers bereits im Rahmen bestehender Geschäftsverbindung zwischen Kreditgeber und Verbraucher für alle Geschäftssparten vereinbart worden sind.

209 Das schriftliche Angebot ist vom Kreditnehmer **eigenhändig** zu unterzeichnen. Die Annahme kann abweichend von § 126 BGB getrennt erklärt werden. Der Kreditgeber muss nicht eigenhändig unterschreiben, wenn er die **Annahmeerklärung** mit Hilfe einer **automatischen Einrichtung** erstellt. Eine Frist von 2 Monaten zur Annahme eines Antrags über einen Standardkredit zur Finanzierung eines Pkw-Kaufs ist bei weitem zu lang.[22]

210 Falls der Kreditgeber die **Annahme** nicht im Beisein des Verbrauchers erklärt, muss er ihm die Annahmeerklärung im Original oder in einer Ausfertigung zusenden, es sei denn, der Verbraucher hat auf den Zugang der Annahmeerklärung verzichtet. Der Verzicht kann ausdrücklich oder konkludent vereinbart werden oder sich aus den Umständen ergeben. Auch ein Verzicht durch AGB wird für möglich gehalten.[23]

211 Der Verzicht auf den **Zugang** der Annahmeerklärung enthebt den Kreditgeber nicht von seiner Verpflichtung, dem Verbraucher eine Abschrift des Kreditvertrages auszuhändigen, die mit dem Original übereinstimmen muss. Eine Verletzung dieser Pflicht führt nicht zur Nichtigkeit des Vertrages oder zu dessen schwebender Unwirksamkeit. Der Verbraucher hat einen klagbaren Anspruch auf **Aushändigung** und gegenüber Zahlungsansprüchen des Kreditgebers ein Zurückbehaltungsrecht nach § 273 BGB.[24]

b) Angabeerfordernisse

212 In § 4 Abs. 1 S. 2 Nr. 1 VerbrKrG sind die Mindestangaben festgelegt, die im Kreditvertrag geregelt sein müssen. Dazu gehören
- der Nettokreditbetrag,
- der Gesamtbetrag aller vom Verbraucher zur Tilgung des Kredits sowie zur Zahlung der Zinsen und sonstigen Kosten zu entrichtenden Teilzahlungen, wenn der Gesamtbetrag bei Abschluß des Kreditvertrags der Höhe nach feststeht,
- die Art und Weise der Rückzahlung des Kredits,
- der Zinssatz und alle sonstigen Kosten des Kredits,
- der effektive Jahreszins bzw. der anfängliche effektive Jahreszins mit den Änderungsvoraussetzungen während der Laufzeit des Kredits,

---

19 Urt. 16. 3. 1994, OLGR 1994, 157.
20 Zur Art der Verbindung BGH 24. 9. 1997, BB 1998, 288 – körperliche Verbindung nicht unbedingt erforderlich.
21 BGH 13. 11. 1963, BGHZ 40, 255, 262.
22 OLG Düsseldorf 23. 3. 1999, OLGR 1999, 318.
23 *Münstermann/Hannes*, VerbrKrG, § 4 Rn 195.
24 *Vortmann*, VerbrKrG, § 4 Rn 7.

- die Kosten einer Restschuld- oder sonstigen Versicherung und
- die zu bestellenden Sicherheiten.

213 Der **Nettokreditbetrag** entspricht dem Auszahlungsbetrag, den entweder der Verbraucher oder ein Dritter erhält und auf den der Effektivzins berechnet wird. Da er alle sonstigen Gebühren, Spesen, Versicherungsprämien usw. nicht beinhaltet, entspricht er dem Barzahlungspreis.[25]

214 Damit der Verbraucher die auf ihn zukommende Belastung überschauen kann, ist die Art und Weise der Rückzahlung des Kredits im Kreditvertrag festzulegen. Der **Teilzahlungsplan** muss Auskunft über Höhe, Fälligkeit und Anzahl der Tilgungsraten geben.[26]

215 Der **laufzeitabhängige Zinssatz** kann als Monats- oder Jahreszins angegeben werden: Hierbei sind laufzeitabhängige und auf den ursprünglichen Kreditbetrag bezogene Kreditgebühren und ein mit niedrigen Zinsen kombiniertes Disagio wie Zinsen zu behandeln. Zu den im Einzelnen zu bezeichnenden Kosten des Kredits gehören Vermittlungs- und Bearbeitungsgebühren, Spesen und Provisionen sowie die Courtage des Kreditvermittlers und dessen laufzeitabhängige Vergütung in Form des sog. Packing.[27]

Der vom Kreditgeber anzugebende „**effektive Jahreszins**" soll dem Verbraucher den Vergleich mit anderen Kreditangeboten ermöglichen. Bei Krediten mit veränderbaren Konditionen während der Laufzeit läßt der effektive Jahreszins keine eindeutige Bewertung zu, und auch bei Krediten mit festen Konditionen kann die Preiswürdigkeit nicht allein am Effektivzins abgelesen werden, weil die Vergleichszahl jeweils nur für ein Jahr angegeben wird.[28]

216 Die **Kosten der Restschuldversicherung** sind nach Maßgabe von § 4 Abs. 3 Nr. 5 PAngVO in die Berechnung des Effektivzinses einzubeziehen.[29]

Die Restschuldversicherung ist eine **Risikolebensversicherung,** die auf Arbeitsunfähigkeit und Krankentagegeld erweitert werden kann und deren Versicherungsprämie als Einmalbetrag bei Vertragsabschluss erhoben und zu den gleichen Bedingungen wie das Hauptdarlehen mitkreditiert wird. Zu den sonstigen Versicherungen im Sinne von § 4 Abs. 1 S. 2 Nr. 1f VerbrKrG gehört die Kapitallebensversicherung, die üblicherweise aus einem Festkredit gespeist wird, bei dem während der Laufzeit keine Kapitaltilgung stattfindet, sodass der Verbraucher langfristig mit hohen Zinsen belastet wird.[30] Die zu bestellenden Sicherheiten in Form von Forderungsabtretungen, Bürgschaften, Sicherungsübereignungen, Lohnabtretungen usw. sind im Kreditvertrag lediglich anzugeben, ihrer schriftlichen Niederlegung in der Vertragsurkunde bedarf es nicht. Insoweit reicht es aus, dass die Sicherheitenbestellung außerhalb des Kreditvertrags erfolgt.

217 Fehlt eine der in § 4 Abs. 1 S. 2 Nr. 1 VerbrKrG vorgeschriebenen Angaben oder die Schriftform insgesamt, ist der Kreditvertrag – außer beim Fehlen der Angabe über die zu bestimmenden Sicherheiten – **nichtig.** Der Kreditvertrag kommt auch dann nicht wirksam zu Stande, wenn eine Vollmacht zum Abschluss eines Kreditvertrages, der unter das VerbrKrG fällt, nicht alle nach § 4 Abs. 1 VerbrKrG erforderlichen Angaben enthält.[31] Trotz solcher Mängel wird der **Kreditvertrag gültig,** soweit der Verbraucher das Darlehen empfängt. Eine formwidrige Mithaftung Dritter zu einem Verbraucherkreditvertrag wird durch die Darle-

---

25 *Graf von Westphalen/Emmerich/von Rottenburg,* VerbrKrG, § 4 Rn 47 f.
26 OLG Karlsruhe 27. 10. 1998, WM 1999, 222.
27 *Vortmann,* VerbrKrG, §4 Rn 16; gegen Offenlegung, sofern im Zinssatz des Kreditgebers enthalten, sind *Münstermann/Hannes,* § 4 Rn 213.
28 *Seibert,* Handbuch zum Verbraucherkreditgesetz, § 4 Rn 9.
29 *Bülow,* VerbrKrG § 4 Rn 106.
30 Vgl. *Seibert,* Handbuch zum Verbraucherkreditgesetz, § 4 Rn 14.
31 LG Chemnitz 30. 9. 1998, NJW 1999, 1193.

hensauszahlung an den anderen Kreditnehmer allerdings nicht geheilt.[32] Die Sanktionen für den Kreditgeber sind erträglich. Nicht angegebene Kosten werden vom Verbraucher nicht geschuldet. Der dem Kreditvertrag zugrunde gelegte Zinssatz ermäßigt sich auf 4%, wenn im Kreditvertrag die Angaben zum Nominal- und zum effektiven Jahreszins oder zur Gesamtbelastung fehlen. Dem Kreditgeber ist es verwehrt, Zinsen und Kosten zum Nachteil des Verbrauchers zu ändern, wenn er versäumt hat, die Änderungsfaktoren im Kreditvertrag anzugeben.

c) Widerruf

218 Die auf Abschluss eines Kreditvertrags im Sinne des Verbraucherkreditgesetzes gerichtete Willenserklärung des Verbrauchers wird erst wirksam, wenn er sie nicht binnen einer Frist von einer Woche schriftlich widerruft, wobei zur Wahrung der Frist die rechtzeitige Absendung des Widerrufs ausreicht. Die Anforderungen an den Inhalt und die Gestaltung der Widerrufsbelehrung entsprechen dem früheren Abzahlungsgesetz.

Die **Widerrufsbelehrung,** die in drucktechnisch deutlich gestalteter Weise zu erfolgen hat, muss folgende Angaben enthalten:
- Belehrung über das Widerrufsrecht,
- den Hinweis, dass die rechtzeitige Absendung zur Wahrung der Widerrufsfrist ausreicht,
- den Namen und die Anschrift des Widerrufsempfängers,
- die Unterschrift des Verbrauchers.

219 Die Widerrufsbelehrung muss zutreffend und **unmissverständlich** sein. Sie erstreckt sich auch auf den Beginn des Laufs der Frist.[33] Es ist nicht unbedingt erforderlich, dass der Beginn der Widerrufsfrist durch Kalender- oder Wochentage bezeichnet wird. Missverständlich ist die Formulierung „ab heute", weil sie das unrichtige Verständnis nahe legt, es werde der Tag der Aushändigung der Vertragsurkunde mitgezählt, obschon die Frist erst ab dem folgenden Tag läuft.[34] Die Angabe „von heute an gerechnet" ist ebenfalls unzutreffend, selbst wenn die Widerrufsbelehrung dem Verbraucher am Tag der Unterzeichnung ausgehändigt wird.[35] Kann der Käufer den Lauf der Widerrufsfrist wegen widersprüchlicher Angaben nicht selbstständig ermitteln, ist die Belehrung insgesamt unwirksam.[36]

220 Für eine **drucktechnisch deutliche Gestaltung** reicht ein etwa fünf Schreibmaschinen-Leerzeilen umfassender Abstand zum vorangegangenen Vertragstext sowie ein etwas geringerer Abstand vom linken Seitenrand nicht aus, wenn sonstige Hervorhebungen etwa in Form von Unterstreichungen, Einrahmungen, Trennungslinien oder der Verwendung von Sperrschrift oder einer anderen Drucktype fehlen.[37] Wenn eine Widerrufsbelehrung sich von den übrigen Textblöcken einer Vertragsurkunde weder von der farblichen Gestaltung noch vom Schriftbild abhebt und sogar noch eine schmalere Umrandung als die anderen Textpassagen aufweist, genügt eine solche Aufmachung nicht den Anforderungen einer drucktechnisch deutlichen Gestaltung, wenn lediglich das Wort „Widerrufsbelehrung" fett gedruckt ist. Die Bedeutung der Widerrufsbelehrung wird bei diesem Bild gegenüber den anderen Textteilen eher zurückgedrängt als hervorgehoben.[38]

221 Die **Unterschrift** des Verbrauchers unter die schriftliche Widerrufsbelehrung, die gem. § 7 Abs. 2 Satz 2 VerbrKrG im Anschluss an die Aushändigung zu leisten ist, muss nicht auf

---

32 OLG Karlsruhe 27. 10. 1998, WM 1999, 222.
33 BGH 17. 12. 1992, ZIP 1993, 361.
34 BGH 27. 4. 1994, ZIP 1994, 884; OLG Karlsruhe 9. 9. 1998, OLGR 1999, 196.
35 OLG Dresden 8. 9. 1999, DAR 1999, 542.
36 OLG Koblenz 5. 6. 1997, NJW-RR 1998, 1525.
37 BGH 27. 4. 1994, ZIP 1994, 884.
38 OLG Düsseldorf 9. 8. 1994, NJW-RR 1995, 747.

dem ihm zum dauerhaften Verbleib ausgehändigten Formular erfolgen, sondern kann auf das Exemplar gesetzt werden, das beim Kreditgeber verbleibt.[39]

222 Die **Sanktionen einer fehlerhaften Widerrufsbelehrung** sind – im Vergleich zum früheren Abzahlungsgesetz – relativ mild. Bei unterbliebener oder nicht ordnungsgemäßer Belehrung[40] erlischt das Widerrufsrecht nach beiderseits vollständiger Erbringung der Leistung, spätestens jedoch ein Jahr nach Abgabe der auf Abschluss des Kreditvertrags gerichteten Willenserklärung des Verbrauchers. Der Widerruf gilt als nicht erfolgt, wenn der Verbraucher das empfangene Darlehen nicht binnen zweier Wochen entweder nach Erklärung des Widerrufs oder nach Auszahlung des Darlehens zurückzahlt. Die Rückzahlungsverpflichtung gilt nur für Geldkredite, nicht für Warenkredite und auch nicht für verbundene Geschäfte. Von einem Empfang des Darlehens durch den Verbraucher ist auszugehen, wenn der Kreditgeber den Darlehensbetrag vereinbarungsgemäß an einen Dritten ausgezahlt oder gegen einen Auszahlungsanspruch mit Ansprüchen aus Altkrediten aufgerechnet hat.[41]

223 Der durch das VerbrKrG geschützte Darlehensnehmer kann seine auf Abschluss des Kreditvertrags gerichtete Willenserklärung **binnen einer Woche** schriftlich widerrufen.[42] Für den Widerruf ist Wahrung der Schriftform des § 126 BGB nicht erforderlich. Eine maschinenschriftlich angefertigte Widerrufserklärung muss nicht die Unterschrift des Verbrauchers enthalten, sofern über dessen Identität keine Zweifel bestehen.[43] Eine Erklärung zu Protokoll des Gerichts reicht aus.[44] Selbst eine Verteidigungsanzeige an das Gericht kann den Widerruf konkludent beinhalten.[45]

Der **Vertreter**, der den Vertrag unberechtigt geschlossen hat, besitzt ein eigenes Widerrufsrecht, wenn der von ihm vertretene Käufer die Genehmigung verweigert.[46] Bei vollmachtloser Vertretung beginnt die Wochenfrist ab dem Zeitpunkt der Genehmigung des Vertrags durch den Verbraucher zu laufen.[47]

224 Mitverpflichtete Verbraucher[48] haben eigenes Widerrufsrecht und sind entsprechend zu belehren. Wenn der **Mitverpflichtete** an der dem Kreditnehmer bei der gemeinsamen Vertragsunterzeichnung übergebenen Widerrufserklärung Mitbesitz erlangt, muss ihm der Kreditgeber keine gesonderte Widerrufsbelehrung aushändigen.[49] Wer als Verbraucher die Mithaftung durch **Schuldbeitritt** übernimmt, ist darüber zu belehren, dass die Frist mit dem Zeitpunkt der Beitrittserklärung beginnt, auch wenn der Kreditvertrag erst später abgeschlossen wird.[50] Im Fall der Vertrags- und Schuldübernahme besteht ein eigenes nicht vom Vorgänger/Altschuldner abgeleitetes Widerrufsrecht,[51] weshalb die Belehrung den Hinweis enthalten muss, dass die Frist für den Widerruf mit dem Abschluss des Vertrags über die Schuld- bzw. Vertragsübernahme beginnt.

---

39 BGH 5. 11. 1997, BB 1998, 182.
40 Falls die Gefahr besteht, dass rechtlich Unerfahrene über ihre gesetzlichen Rechte getäuscht werden, kann ein Verstoß gegen § 1 UWG vorliegen – LG Berlin 20. 6. 1991, NJW-RR 1992, 678 –.
41 *Seibert*, Handbuch zum Verbraucherkreditgesetz, § 7 Rn 15.
42 Zum Widerruf und zur Belehrung beim Teilzahlungsvertrag und beim finanzierten Kauf Rn 228, 234.
43 OLG Hamm 31. 10. 1996, OLGR 1997, 25.
44 OLG Hamm 14. 10. 1988, NJW-RR 1989, 369.
45 OLG Karlsruhe 25. 2. 1997, WM 1997, 1340.
46 BGH 13. 3. 1991, NJW-RR 1991, 1074.
47 BGH 10. 5. 1995, NJW 1995, 2290.
48 Rn 1209.
49 OLG Oldenburg 18. 8. 1998, NJW-RR 1999, 1734; LG Essen 6. 11. 1997, NJW-RR 1998, 1526, das eine separate Aushändigung einer Widerrufsbelehrung an den mithaftenden Geschäftsführer einer GmbH nicht für erforderlich hält.
50 BGH 10. 7. 1996, WM 1996, 1781.
51 BGH 10. 5. 1995, NJW 1995, 2290, 2292.

Personalkredit

Bis zum Wegfall des Widerrufsrechts ist der Kreditvertrag schwebend unwirksam, und es bestehen keine Ansprüche des Kreditgebers auf Vertragserfüllung oder Schadensersatz wegen Nichterfüllung.[52]

Ein rechtskräftiger Vollstreckungsbescheid über die Forderung aus dem Kreditvertrag führt zum Erlöschen des Widerrufsrechts.[53] Eine Zwangsvollstreckung ist nicht ohne weiteres unzulässig, wenn der gerichtliche Titel auf einem Kreditvertrag mit fehlerhafter Widerrufsbelehrung beruht.[54]

d) Kündigung und Rücktritt

Unter den Voraussetzungen von § 12 VerbrKrG, die in Abschn. III, Ziff. 3 NWVB genannt werden, kann der Kreditgeber im Fall des Zahlungsrückstands den Kredit kündigen. **225**

Das Recht der Kündigung und des Rücktritts setzen voraus, dass sich der Verbraucher mit mindestens zwei aufeinander folgenden Raten ganz oder teilweise in Verzug befindet und der **Zahlungsrückstand** von Verträgen mit einer Laufzeit bis zu 3 Jahren 10 vom Hundert, von Verträgen mit einer über 3 Jahre währenden Laufzeit 5 vom Hundert des Nennbetrages des Kredits beträgt und der Kreditgeber dem Verbraucher eine **zweiwöchige Zahlungsfrist** mit der Erklärung gesetzt hat, dass er bei Nichtzahlung innerhalb der Frist die gesamte Restschuld verlange. Eine voraussichtliche Aussichtslosigkeit der Mahnung und eine sich abzeichnende Erfüllungsverweigerung des Schuldners machen eine **qualifizierte Mahnung** nicht entbehrlich.[55]

Eine Fristsetzung des Kreditgebers, die besagt, dass der rückständige Betrag innerhalb von zwei Wochen bei ihm **eingehen** muss, genügt nicht den Anforderungen von § 12 Abs. 1 Nr. 2 VerbrKrG.[56] Die Zahlung ist Schickschuld, bei der es entscheidend darauf ankommt, zu welchem Zeitpunkt der Verbraucher seinerseits das zur Übermittlung des Geldes Erforderliche getan hat. Dementsprechend trägt der Kreditgeber das Risiko der Verzögerung. **226**

Geteilt sind die Meinungen zu der Frage, ob in der **Zahlungsaufforderung** die nach § 12 VerbrKrG berechnete **Restschuld** angegeben werden muss.[57]

Nach Ansicht des Saarländischen OLG[58] ist nach dem Schutzzweck des VerbrKrG die Kreditforderung erst fällig, wenn der Kreditgeber seiner **Abrechnungspflicht** nach § 11 VerbrKrG genügt hat. In der Forderungsaufstellung sind die nach Eintritt des Verzugs angefallenen Zinsen auf einem gesonderten Konto zu verbuchen und dürfen nicht in ein Kontokorrent mit dem geschuldeten Betrag eingestellt werden.

Die Verwendung des Wortes „Kündigung" ist nicht Voraussetzung für eine wirksame Androhung.[59] Es überwiegt die Auffassung, dass die Kündigung der Nachfristsetzung **zeitlich nachfolgen** muss, da der verbraucherschützende Zweck durch eine Verbindung der Nachfristsetzung mit der Kündigung unterlaufen würde. Insbesondere würde das Gesprächsangebot des § 12 Abs. 1 Nr. 2 VerbrKrG keinen Sinn ergeben.[60] Die Kündigung muss nach **227**

---

52 BGH 12. 6. 1996, ZIP 1996, 1336; 30. 9. 1992, NJW 1993, 64.
53 OLG Hamm 5. 6. 1992, ZIP 1992, 1298 entgegen OLG Karlsruhe 21. 2. 1990, NJW 1990, 2474, 2475.
54 OLG Hamm 5. 6. 1992, ZIP 1992, 1298, 1299.
55 OLG Rostock 13. 9. 1999, OLGR 2000, 2.
56 OLG Düsseldorf 20. 2. 1997, NJW-RR 1998, 780.
57 Bejahend OLG Düsseldorf 10. 1. 1995, WM 1995, 1530, 1532; *Luwowski/Peters/Gössmann*, VerbrKrG Rn 237; wohl auch *Palandt/Putzo*, § 12 VerbrKrG Rn 4; verneinend OLG Köln 21. 7. 1999, OLGR 1999, 412; *Habersack*, § 12 VerbrKrG Rn 16 a. E.; *Staudinger/Kessal-Wulf*, BGB, § 12 VerbrKrG Rn 18; *Graf von Westphalen/Emmerich/Rottenburg*, VerbrKrG, § 12 Rn 46; *Descher*, VerbrKrG und Bankenpraxis, Rn 340.
58 Urt. v. 25. 5. 1999, OLGR 1999, 311.
59 OLG Köln 21. 7. 1999, OLGR 1999, 412.
60 OLG Düsseldorf 17. 7. 1997, OLGR 1997, 274; LG Bonn 14. 4. 1997, NJW-RR 1998, 779; *Habersack*, MünchKomm, § 12 VerbrKrG Rn 20; *Bülow*, VerbrKrG, § 12 Rn 21b; *Graf von West-*

Ablauf der nach § 12 Abs. 1 Nr. 2 VerbrKrG gesetzten Frist innerhalb einer weiteren angemessenen Frist erfolgen, für deren Dauer § 626 Abs. 2 BGB einen brauchbaren Anhaltspunkt liefert.[61]

Soweit § 12 Abs. 1 S. 2 VerbrKrG vorsieht, dass der Kreditgeber dem Verbraucher spätestens mit der Fristsetzung ein **Gespräch** über die Möglichkeit einer einverständlichen Regelung anbieten soll, handelt es sich nicht um eine zwingende Kündigungsvoraussetzung, sondern um eine Sollvorschrift zur Überwindung der Schwellenangst beim Verbraucher, an die das Gesetz keine Sanktion knüpft, die aber möglicherweise von der Rechtsprechung als Beratungspflicht entwickelt wird.[62]

228 Der Verbraucher besitzt im Falle der Kündigung Anspruch auf **Gutschrift** der nicht verbrauchten **laufzeitabhängigen Kreditkosten** (z. B. Vertragsüberwachungskosten) und der **nicht verbrauchten Zinsen,** die – sofern sie im Brutto-Kreditbetrag für die gesamte Laufzeit des Vertrages enthalten sind – auf das durch die Kündigung markierte vorzeitige Vertragsende staffelmäßig zurückgerechnet werden müssen.[63]

229 Im Verhältnis zu Personen, die als Verbraucher die **Mithaftung** z. B. durch Schuldbeitritt übernommen haben,[64] muss die Kündigung den erhöhten **Anforderungen des § 12 VerbrKrG** entsprechen, um deren Zahlungspflicht auszulösen.[65] Diese Konsequenz ergibt sich aus der BGH-Rechtsprechung, wonach Kreditvertrag und Schuldbeitritt zwei selbstständige Verträge darstellen, die im Hinblick auf Vertragsinhalt, Formvorschriften und Kündigungsvoraussetzungen nach unterschiedlichen Kriterien beurteilt werden. Ohne entsprechende Haftungsbeschränkung würde der von § 12 VerbrKrG angestrebte Schutz des Verbrauchers leer laufen. Der Kreditgeber wird nicht unbillig beschwert, da ihm seine Kündigungs- und Schadensersatzmöglichkeiten gegenüber dem Kreditgeber ungeschmälert erhalten bleiben.

230 Weder der Widerruf des Kreditvertrages durch den Verbraucher noch die Kündigung und der Rücktritt des Kreditgebers wirken sich auf die Rechtsbeziehung zwischen Verkäufer und Käufer aus. Deshalb ist der Personalkredit, auch wenn er unter das VerbrKrG fällt, eine rechtlich unproblematische Finanzierungsvariante.

II. Einfacher Abzahlungskauf

231 Der klassische Abzahlungskauf, bei dem der Verkäufer den vom Kunden zu entrichtenden Kaufpreis durch Gewährung von Teilzahlungen kreditiert, wird vom Neuwagenhandel heutzutage nur noch selten angeboten.

1. Teilzahlungsabrede

232 Eine Teilzahlungsabrede setzt – auch im Rahmen von § 4 Abs. 1 S. 2 Nr. 2 VerbrKrG – voraus, dass der Preis nicht in einer Summe, sondern in **mindestens zwei Raten** zu leisten ist. Die Voraussetzungen einer **Teilzahlungsabrede** liegen **nicht** vor, wenn

– nach der vertraglich vorgesehenen Übergabe nur ein Betrag, nämlich der ganze Restbetrag zu zahlen ist,[66]

---

phalen/Emmerich/Rottenburg, VerbrKrG, § 12 Rn 61; a. A. *Erman/Klingsporn/Rebmann,* BGB, § 12 VerbrKrG Rn 32; *Münstermann/Hannes,* § 12 VerbrKrG Rn 660, 661.
61 OLG Köln 21. 7. 1999, OLGR 1999, 412; *Staudinger/Kessal-Wulf,* BGB, 13. Aufl., § 12 VerbrKrG Rn 23.
62 *Zahn,* DB 1991, 81 ff.
63 Zur Abzinsung und zu den ersparten Kosten nach Kündigung eines Leasingvertrages Rn 1278.
64 Zur Anwendung des VerbrKrG auf mithaftende Verbraucher siehe Rn 1209.
65 OLG Karlsruhe 25. 2. 1997, NJW-RR 1998, 1438.
66 BGH 22. 2. 1978, NJW 1978, 1315.

- ein Teil des Kaufpreises bis zu dem in dem Agenturvertrag geregelten Verkauf des vom Käufer übergebenen Gebrauchtwagens gestundet und im Falle der Unverkäuflichkeit in einer Summe bar zu entrichten ist,[67]
- der Verkäufer dem Käufer nach ursprünglich vereinbarter Barzahlung unter Verzicht auf einen Teilzahlungszuschlag Ratenzahlung im Hinblick auf den Restkaufpreis gewährt,[68]
- der Kaufpreis insgesamt nachträglich gestundet wird,[69]
- der Kaufpreis in Teilbeträgen anzusparen und zu zahlen und erst danach die Kaufsache zu übergeben ist,[70]
- ein über den Restkaufpreis ausgestellter Wechsel prolongiert wird.[71]

2. Verträge im Sinne des Verbraucherkreditgesetzes

a) Widerruf

Sofern die Anwendungsvoraussetzungen des VerbrKr-Gesetzes vorliegen, ist beim einfachen Abzahlungskauf darauf zu achten, dass der Verbraucher über sein **Widerrufsrecht** ordnungsgemäß **belehrt** wird,[72] andernfalls der Vertrag bis zur vollständigen beiderseitigen Erfüllung, längstens jedoch ein Jahr, in der Schwebe bleibt. § 7 Abs. 3 VerbrKrG gilt nur für Kredite „im Allgemeinen"; nicht erfasst werden die Kreditverträge über die Lieferung einer Sache und die Erbringung einer anderen Leistung gegen Teilzahlungen. Mit Blick auf die Regelung von § 7 Abs. 4 VerbrKrG ist der Kreditgeber gut beraten, wenn er dem Verbraucher das Fahrzeug nicht vor Ablauf der Widerrufsfrist aushändigt. Hat der Verbraucher das Fahrzeug bereits erhalten und bestimmungsgemäß in Gebrauch genommen, so richten sich die Rechtsfolgen im Falle des Widerrufs nach § 3 HWiG. 233

Der Verbraucher hat das von ihm empfangene Auto nach Erklärung des Widerrufs an den Kreditgeber herauszugeben. Für eine von ihm zu vertretende **Verschlechterung** ist er haftbar. Im Fall nicht ordnungsgemäßer Belehrung über den Widerruf muss er jedoch nur für eigenübliche Sorgfalt einstehen. Sonstige Leistungen, die im Zusammenhang mit der Durchführung des Vertrages stehen, wie z. B. die Zulassung des Fahrzeugs oder das Einschleppen des in Zahlung genommenen Altfahrzeugs, sind vom Verbraucher zu vergüten.[73] Gegen den Verkäufer besitzt er Anspruch auf Ersatz der notwendigen Verwendungen.[74] 234

Für eine durch bestimmungsgemäßen Gebrauch eingetretene Wertminderung ist er nicht ersatzpflichtig, allerdings muss er dem Kreditgeber für die Überlassung des Gebrauchs bis zur Erklärung des Widerrufs deren Wert vergüten. Nach Ansicht des OLG Köln[75] entspricht der **Überlassungswert** dem Mietzins für die Anmietung eines Vergleichsfahrzeugs, jedoch ohne Berücksichtigung des in der Vergleichsmiete enthaltenen Anteils der gebrauchsbedingten Wertminderung. Auch die Kosten des Vermieters für die Erhaltung des Fahrzeugs (Reparaturen, Wartungsdienste, Inspektionen) und dessen Betrieb (Steuern, Versicherungsprämien, Kosten für HU und ASU) sind abzuziehen, soweit der Verbraucher diese Aufwen- 235

---

67 BGH 15. 11. 1978, DAR 1979, 285, 286.
68 BGH 31. 10. 1984, WM 1985, 24, 28.
69 BGH 15. 11. 1978, WM 1979, 73.
70 KG 16. 6. 1988, NJW-RR 1988, 1403.
71 BGH 19. 3. 1980, DAR 1980, 211; *Münstermann/Hannes,* VerbrKrG, § 11 Rn 582; nach Auffassung des AG Kappeln, Urt. 25. 5. 1982 – 3 C 396/81 – n. v., ist ein Bargeschäft anzunehmen, wenn ein Teil des Kaufpreises durch Inzahlungnahme eines Gebrauchtwagens, ein Teil in bar und der Rest durch Wechsel beglichen werden soll.
72 Siehe oben Rn 218 ff.
73 LG Gießen 19. 10. 1994, ZfS 1995, 375, 376.
74 Dazu Rn 782 ff.
75 Urt. 18. 9. 1985, NJW-RR 1986, 475 sowie Urt. 6. 12. 1990 – 1 U 9/90 – n. v.

dungen getragen hat. **Obergrenze** des Anspruchs auf Ersatz bildet das **Erfüllungsinteresse**.[76] Für das OLG Celle[77] ist nicht die bereinigte Vergleichsmiete, sondern der **Wertverlust** des Fahrzeugs die **Berechnungsgrundlage,** weil sich die Gebrauchsvorteile wertmäßig vornehmlich im Verlust widerspiegeln, den ein Fahrzeug durch seine Benutzung erfahren hat. Der in der ersten Zeit besonders hohe Wertverlust eines Neufahrzeugs ist dabei jedoch außer Betracht zu lassen, da sich der Gebrauchswert dadurch nicht erhöht. Das Risiko des erhöhten Wertverlusts in der Anfangszeit geht zu Lasten des Verkäufers. Der Ansatz des OLG Celle ist plausibel, da der Käufer, der ein Neufahrzeug zu kaufen beabsichtigt, für die Zeit der Nutzung bis zum Widerruf einem Fahrzeugmieter nicht gleichgestellt werden kann. Eine andere Beurteilung mag angezeigt sein, wenn der Verbraucher einen Kfz-Leasingantrag widerruft.[78]

Für die Zeit **ab Ausübung des Widerrufs** schuldet der Verbraucher, wenn er das Auto weiterbenutzt, dem Verkäufer Nutzungsersatz nach § 987 BGB. Insoweit gelten die gleichen Erwägungen wie zu § 3 HWiG.[79]

b) Angabeerfordernisse und Rechtsfolgen bei Verstößen

236 Der kreditgewährende Verkäufer muss die Angabeerfordernisse von § 4 Abs. 1 S. 2 Nr. 2 VerbrKrG beachten. Die von beiden Parteien zu unterzeichnende Vertragsurkunde, die der Käufer in Abschrift erhält, muss Auskunft geben über

– den Barzahlungspreis,
– den Teilzahlungspreis,
– Betrag, Zahl und Fälligkeit der einzelnen Teilzahlungen,
– den effektiven Jahreszins,
– die Kosten einer Versicherung, die im Zusammenhang mit dem Kreditvertrag abgeschlossen wird, sowie die Vereinbarung eines Eigentumsvorbehalts oder einer anderen zu bestellenden Sicherheit.

Die Pflicht zur Angabe des **Barzahlungs- und Teilzahlungspreises** soll dem Käufer ermöglichen, durch Vergleich auf einfache und schnelle Weise die Mehrkosten zu ermitteln, die auf Grund der Ratenzahlung von ihm getragen werden müssen.[80] Unter Barzahlungspreis ist der Preis zu verstehen, den der Käufer zu entrichten hätte, wenn spätestens bei Übergabe der Preis in voller Höhe fällig wäre. Insoweit besitzt die frühere Legaldefinition des § 1a Abs. 1 S. 2 AbzG auch weiterhin Gültigkeit. Der Barzahlungspreis umfasst als **Bruttopreis** die Mehrwertsteuer und hat diese auch dann zu enthalten, wenn der Käufer zum Vorsteuerabzug berechtigt ist.[81] Ein üblicherweise gewährter Barzahlungsnachlass muss nicht abgezogen werden.[82] Während die Angabe eines zu niedrigen Barzahlungspreises unschädlich ist,[83] hat die Angabe eines zu hohen Barzahlungspreises wegen Nichtwahrung der in § 4 Abs. 1 S. 2 Nr. 2 VerbrKrG vorgeschriebenen Formvorschriften Vertragsungültigkeit zur Folge,[84] die jedoch durch Übergabe der Sache mit der Maßgabe geheilt wird, dass im Zweifel der Marktpreis als der Barzahlungspreis gilt. Die Regelung über die Befreiung des Kreditgebers von der Angabe des Barzahlungspreises und des effektiven Jahreszinses in § 4 Abs. 1 S. 3

---

76 BGH 24. 4. 1985, NJW 1985, 1544; OLG Koblenz 25. 10. 1988, NJW-RR 1989, 112; OLG Köln, Urt. 6. 12. 1990 – 1 U 9/90 – n. v.
77 Urt. 18. 5. 1995, DAR 1995, 404.
78 Siehe Rn 1164.
79 OLG Köln, Urt. 6. 12. 1990 – 1 U 9/90 – n. v.
80 *Ulmer,* MünchKomm, § 1a AbzG Rn 12.
81 BGH 26. 6. 1991, WM 1991, 1800, 1802.
82 *Ulmer,* MünchKomm, § 1a Rn 13.
83 *Vortmann,* VerbrKrG, § 4 Rn 35.
84 *Ulmer,* MünchKomm, § 1a AbzG Rn 13.

Einfacher Abzahlungskauf

VerbrKrG ist für den Kraftfahrzeughandel nicht einschlägig, da dieser nicht „nur" auf Teilzahlungsbasis arbeitet.

Unter dem **Teilzahlungspreis** ist in Anlehnung an die vormalige Legaldefinition des § 1a Abs. 1 S. 4 AbzG der Gesamtbetrag von Anzahlung und aller vom Abzahlungskäufer zu entrichtenden Raten einschl. Zinsen und sonstiger Kosten (Gebühren, Provisionen, Spesen, Bearbeitungsgebühren) zu verstehen.[85] 237

Der Kfz-Käufer ist beim Ratenkauf regelmäßig verpflichtet, eine **Vollkaskoversicherung** abzuschließen.[86] Daraus wird im Schrifttum die Schlussfolgerung abgeleitet, die Kosten der Kaskoversicherung seien **angabepflichtig**.[87] Die Pflicht zum Abschluss einer Sachversicherung bei Gewährung eines Realkredites erweist sich jedoch nicht als ein taugliches Kriterium für die Beurteilung des vom VerbrKrG geforderten Zusammenhangs, weil der Sachversicherung der unmittelbare Bezug zur Darlehensrückführung fehlt.[88] Für den Kreditgeber kommt erschwerend hinzu, dass er – ohne Mithilfe des Kreditnehmers – von sich aus nicht in der Lage ist, die Versicherungskosten zu ermitteln, da sie von Fall zu Fall verschieden sind und vom Beitragssatz der jeweiligen Versicherung, dem individuellen Schadenfreiheitsrabatt des Kreditnehmers, der gewünschten Deckungssumme und der Höhe der Selbstbeteiligung abhängen. 238

Das Fehlen der gem. § 4 Abs. 1 S. 2 Nr. 1f VerbrKrG erforderlichen **Angabe über Sicherheiten** hat **keine Nichtigkeit** des Vertrags zur Folge. Stattdessen entfällt lediglich die Verpflichtung des Verbrauchers zur Bestellung der Sicherheit. Ungeklärt ist, ob für § 6 Abs. 3 S. 3 VerbrKrG die in Abs. 2 vorgesehene Limitierung von 100 000 DM entsprechend gilt. Nach Lage der Dinge, insbesondere wegen des Fehlens einer Begründung für eine von § 6 Abs. 2 VerbrKrG abweichende Regelung, ist davon auszugehen, dass der Gesetzgeber die Vornahme der Limitierung in § 6 Abs. 3 S. 3 VerbrKrG schlicht übersehen hat, so dass einer entsprechenden Anwendung von § 6 Abs. 2 VerbrKrG nichts im Wege steht.[89] Hieraus folgt, dass die fehlende Angabe einer zu bestellenden Sicherheit unschädlich ist, wenn der Barzahlungspreis des Kreditvertrages 100 000 DM übersteigt. 239

Umstritten ist, ob der Verbraucher bereits bestellte **Sicherheiten** vom Kreditgeber **zurückverlangen** kann, wenn die Angabe über die Sicherheit im Kreditvertrag fehlt. Es wird die Ansicht[90] vertreten, diese Folge könne nicht eintreten, da das Gesetz bei fehlender schuldrechtlicher Verpflichtung lediglich das Einfordern nichtbestellter Sicherheiten verbiete. Eine solchermaßen eingeschränkte Lesart von § 6 Abs. 3 S. 3 VerbrKrG ergibt sich weder zwingend aus dem Wortlaut der Norm noch entspricht sie dem Sinn und Zweck der Gesetzesvorschrift, die ohne weiteres umgangen werden könnte, würde man die Kondiktion rechtsgrundlos bereits bestellter Sicherheiten nicht zulassen.[91] 240

Die **Vereinbarung eines Eigentumsvorbehalts** ist und bleibt wirksam, auch wenn sie nicht in der Vertragsurkunde angegeben wird. Der Vorbehalt kann vom Kreditgeber einseitig erklärt werden, und die Sanktionsvorschrift des § 6 VerbrKrG enthält keine Abweichung von dem Zug-um-Zug-Grundsatz des § 320 BGB.[92] 241

---

85 *Münstermann/Hannes,* VerbrKrG § 4 Rn 237; *Vortmann,* VerbrKrG § 4 Rn 36.
86 *Seibert,* Handbuch zum Verbraucherkreditgesetz, § 4 Rn 14.
87 *Münstermann/Hannes,* VerbrKrG, § 4 Rn 226; *Hemmerle/v. Rottenburg,* WM 1993, 181, 185; *Bülow,* VerbrKrG, § 4 Rn 108.
88 *Graf von Westphalen/Emmerich/von Rottenburg,* § 4 Rn 142; *Reinking/Nießen,* ZIP 1991, 79, 82 und ZIP 1991, 634, 635.
89 In diesem Sinne *Münstermann/Hannes,* VerbrKrG, § 6 Rn 316.
90 *Münstermann/Hannes,* VerbrKrG, § 6 Rn 306 VerbrKrG.
91 *Seibert,* Handbuch zum Verbraucherkreditgesetz, § 6 Rn 8.
92 *Seibert,* Handbuch zum Verbraucherkreditgesetz, § 6 Rn 8; *Münstermann/Hannes,* VerbrKrG, § 6 Rn 317.

Ob beim Ratenkauf fehlerhafte Angaben i. S. v. § 4 Abs. 1 S. 2a–e VerbrKrG die Nichtigkeit des Kreditvertrages zur Folge haben, lässt sich aus dem Gesetz nicht ohne weiteres herauslesen.

Aus § 6 Abs. 4 VerbrKrG folgt, dass die **fehlerhafte Angabe** des **effektiven** oder des **anfänglichen effektiven Jahreszinses** nicht zur Vertragsunwirksamkeit führt, da im Gegensatz zu den Absätzen 2 und 3 die Bezugnahme auf die Nichtigkeitsfolge des Abs. 1 fehlt.[93] Hieraus läßt sich i. V. m. § 6 Abs. 1 VerbrKrG, wonach nur das völlige Fehlen der dort genannten Angaben zur Nichtigkeit des Kreditvertrages führt, die Schlussfolgerung ableiten, dass die Fehlerhaftigkeit anderer nach dem Vertrag zu erbringender Angaben, wie etwa zum Teilzahlungspreis und zu den Kosten einer Versicherung, die Wirksamkeit des Kreditvertrages nicht beeinträchtigen. Die Sanktion für den Kreditgeber besteht darin, dass er sich nach allgemeinen Rechtsgrundsätzen an zu niedrigen Angaben festhalten lassen muss.[94]

242 Im Heilungsfall ist der Barzahlungspreis, wenn die Angabe des Teilzahlungspreises oder des effektiven Jahreszinses fehlt, höchstens mit dem gesetzlichen Zinssatz von 4% zu verzinsen.

Diese Rechtsfolge tritt nicht ein, wenn während der Laufzeit eines Verbraucherkredits ein variabler Jahreszins ohne Angabe des effektiven Jahreszinses in einen langjährigen Festzins abgeändert wird.[95] Ob bei fehlerhafter Angabe die sonstigen Kosten, wie etwa die Bearbeitungs- und Antragsgebühren, entsprechend § 6 Abs. 2 VerbrKrG erhalten bleiben, da dort nur der Nominalzinssatz auf den gesetzlichen Zinssatz ermäßigt wird, oder ob sie ersatzlos wegfallen, worauf der Wortlaut von § 6 Abs. 3 VerbrKrG hindeutet, bleibt der Klärung durch die Rechtsprechung vorbehalten.[96] Eine etwa im Barzahlungspreis enthaltene Anzahlung des Verbrauchers fällt nicht unter die Verzinsungsregelung, die selbstverständlich nur den kreditierten Betrag betrifft. Eine Klarstellung im Sinne der vormaligen Regelung von § 1a (3) S. 2, 2. Halbsatz AbzG wurde augenscheinlich vergessen.

242a Bei **fehlerhafter Angabe** des **effektiven Jahreszinses** bzw. des anfänglichen effektiven Jahreszinses bereitet die Anpassung sowohl bei Kreditverträgen im Allgemeinen als auch bei Kreditverträgen, die die Lieferung oder Erbringung einer Leistung gegen Teilzahlung betreffen, erhebliche Probleme, die auf einer unklaren Gesetzesregelung beruhen.[97] Für Kreditverträge im Sinne von § 4 Abs. 1 S. 2 Nr. 2 VerbrKrG, die die Lieferung einer Sache oder die Erbringung einer Leistung gegen Teilzahlungen vorsehen, ist der **Teilzahlungspreis** um den Vomhundertsatz zu **vermindern,** um den der effektive Jahreszins vom Kreditgeber zu niedrig angegeben wurde. Bezieht man den Vomhundertsatz auf die Differenz zwischen dem angegebenen und dem effektiven Jahreszins, so gelangt man, wie das nachfolgende Beispiel zeigt, zu einem vom Gesetzgeber nicht beabsichtigten Ergebnis.

Beispiel: Effektiver Jahreszins 10%, angegebener Jahreszins 7%, Differenz 3%, macht 30%. Bei einem Teilzahlungspreis von 18 000 DM, reduziert um 30%, beträgt der angepasste Teilzahlungspreis 12 600 DM.[98]

Eine **solche Berechnungsweise** hat der Gesetzgeber offensichtlich **nicht gewollt.** Seine Absicht bestand darin, den Kreditgeber am zu niedrig angegebenen Effektivzins festzuhalten.[99]

---

[93] *Münstermann/Hannes,* VerbrKrG, § 6 Rn 321.
[94] *Münstermann/Hannes,* VerbrKrG Rn 321; a. A. *Seibert,* Handbuch zum Verbraucherkreditgesetz, § 6 Rn 6.
[95] OLG Hamburg 10. 3. 1994, ZIP 1994, 452.
[96] Für eine Ermäßigung lediglich der Zinsen unter Aufrechterhaltung der Kosten sind *Münstermann/Hannes,* § 6 Rn 312.
[97] Zur Zinsanpassung bei Kreditverträgen im Allgemeinen *Münstermann/Hannes,* VerbrKrG, § 6 Rn 323.
[98] So *Errens,* Anwaltsblatt 90, 78.
[99] Amtliche Begründung des Gesetzentwurfs, BT-Drucksache 11/5462, S. 21; *Reinking/Bexen,* DAR 1990, 289, 292.

Diese Zielvorgabe wurde durch die Gesetzesformulierung allerdings verfehlt, die eine Auslegung nur dahin gehend zulässt, dass der Teilzahlungspreis um die Prozentpunkte zu verringern ist, die der Differenz zwischen dem richtigen und dem angegebenen Effektivzins entspricht.[100] Beträgt, wie im Beispielsfall, der effektive Jahreszins 10% und der angegebene 7%, so ist der Teilzahlungspreis um 3% auf 97% zu verringern. Gegen diese Berechnungsmethode wird berechtigterweise unter Hinweis auf die Absicht des Gesetzgebers eingewandt, der Teilzahlungspreis enthalte nicht nur Zinsen und Kosten, sondern auch den Barzahlungspreis inkl. einer etwa geleisteten Anzahlung.[101] Gleichwohl lässt der insoweit eindeutige Gesetzeswortlaut keinen Spielraum für eine Verminderung des Teilzahlungspreises in Höhe lediglich des Betrages zu, der sich als Differenz zwischen einer Berechnung des effektiven Jahreszinses laut Vertrag einerseits und der richtigen, höheren Berechnung des effektiven Jahreszinses andererseits darstellt.[102]

Die in § 6 Abs. 3 VerbrKrG für den Fall der Heilung der Vertragsnichtigkeit vorgesehenen Konsequenzen betreffen ausschließlich Kreditverträge, die eine Lieferung oder eine andere Leistung „gegen Teilzahlungen" zum Gegenstand haben. Falls der Kaufpreis vom Kreditgeber lediglich gestundet wird und vom Verbraucher in einer Summe zurückgezahlt werden muss, ist § 6 Abs. 2 VerbrKrG einschlägig. 243

c) Verzugsschaden

Gerät der Abzahlungskäufer durch Überschreitung der für die Raten vereinbarten Fälligkeitstermine in Verzug, haftet er dem Verkäufer auf Ersatz des Verzugsschadens. Sofern der Schaden nicht konkret nachweisbar ist, kann er abstrakt durch Zugrundelegung der marktüblichen **Brutto-Sollzinsen** nach einem der Geschäftsstruktur der Bank entsprechenden Durchschnittssatz berechnet werden.[103] Eine Schadensberechnung durch Fortschreibung des vertraglich vereinbarten Zinssatzes wird – außer im Falle einer vom Kreditnehmer verschuldeten vorzeitigen Fälligkeit[104] – nicht zugelassen.[105] 244

Für den Geltungsbereich des VerbrKr-Gesetzes sieht § 11 VerbrKrG einen **pauschalen Regelverzugszins** von 5 vom Hundert über dem jeweiligen Diskontsatz (Basiszinssatz) der Deutschen Bundesbank vor, wobei es den Parteien unbenommen bleibt, einen höheren oder einen niedrigeren Schaden nachzuweisen. Den abstrakten Verzugsschaden in Höhe von 5% über dem jeweiligen Diskontsatz (Basiszinssatz) kann die Bank auch gegenüber Gewerbetreibenden und Genossenschaften geltend machen.[106] 245

Die vom Kreditgeber getroffene und vom Kreditnehmer akzeptierte Wahl entweder für die pauschale Regelung des § 11 Abs. 1 VerbrKrG oder für die konkrete Berechnung verbietet es dem Kreditgeber, nachträglich eine Neuabrechnung der Zinsen auf der Grundlage der jeweils anderen Berechnungsmethode vorzunehmen.[107] Solange die eine oder andere Abrechnung jedoch noch nicht vom Kreditnehmer anerkannt worden ist, bestehen keine Bedenken gegen einen Wechsel der Abrechnungsart; auch können die nach beiden Berechnungsmodellen errechneten Zinsen im Prozeßfall haupt- und hilfsweise geltend gemacht werden.

Der **Verzugsschaden** ist **gesondert** zu **verbuchen** und seinerseits bei Zahlungsverzug des Verbrauchers bis zur Höhe des gesetzlichen Zinssatzes zu verzinsen. Daneben darf der Kreditgeber nicht noch zusätzlich Ersatz besonderer **Aufwendungen,** z. B. der Mahn- und 246

---

100 Zutreffend *Seibert,* Handbuch zum Verbraucherkreditgesetz, § 6 Rn 12.
101 *Münstermann/Hannes,* VerbrKrG, § 6 Rn 325.
102 *Münstermann/Hannes,* VerbrKrG, § 6 Rn 325.
103 BGH 28. 4. 1988, NJW 1988, 1967.
104 *Vortmann,* VerbrKrG, § 11 Rn 14.
105 BGH 28. 4. 1988, NJW 1988, 1967; *Münstermann/Hannes,* VerbrKrG, § 11 Rn 582.
106 BGH 8. 10. 1991, ZIP 1991, 1479; 3. 5. 1995, ZIP 1995, 909.
107 *Münstermann/Hannes,* § 11 Rn 601.

Aufforderungsgebühren, geltend machen.[108] Teilleistungen des Abzahlungskäufers nach Eintritt des Verzugs, die zur Tilgung der gesamten fälligen Schuld nicht ausreichen, sind in Abweichung von § 367 Abs. 1 BGB zunächst auf die Kosten zu verrechnen, worunter die Prozess- und Vollstreckungskosten zu verstehen sind, sodann auf den geschuldeten Betrag, bestehend aus der Summe der rückständigen Zahlungen inkl. der darin enthaltenen vertraglich vereinbarten Zinsen und Kosten, und schließlich auf die Zinsen, womit die nach Eintritt des Verzugs angefallenen und gesondert zu verbuchenden Zinsen i. S. v. § 11 Abs. 1 und Abs. 2 S. 2 VerbrKrG gemeint sind.[109] Es ist gesetzlich nicht geregelt, in welcher Reihenfolge die Zinsen von § 11 Abs. 1 und Abs. 2 S. 2 VerbrKrG zu verrechnen sind. Eine am Gesetzeszweck orientierte Auslegung zu Gunsten des Verbrauchers führt zu einer vorrangigen Verrechnung der höheren Zinsen des § 11 Abs. 1 VerbrKrG.[110]

Für die Zinsen i. S. des § 11 Abs. 1 und Abs. 2 S. 2 VerbrKrG gilt an Stelle der **Verjährungsfrist** von 4 Jahren eine solche **von 30 Jahren,** während es für die in dem geschuldeten Betrag enthaltenen Zinsen bei der gesetzlichen Verjährung von 4 Jahren verbleibt.

d) Gesamtfälligstellung und Rücktritt

aa) Kündigung des Kredits

247 Gerät der Käufer in Zahlungsverzug oder kommt er seinen Verpflichtungen aus dem Eigentumsvorbehalt nicht nach, kann der Verkäufer die Restschuld durch **Kündigung des Kredits** fällig stellen und die **Herausgabe des Fahrzeugs** verlangen. Die Voraussetzungen des Anspruchs sind in Abschn. VI, Ziff. 2 NWVB geregelt.[111] Die Klausel unterscheidet zwischen Kaufverträgen, die nicht unter den Schutz des VerbrKr-Gesetzes fallen (Ziff. 2a), und solchen, für die das VerbrKrG gilt (Ziff. 2b). Das Kündigungsrecht für den Fall, dass der Käufer gegen Pflichten aus dem Eigentumsvorbehalt verstößt, ist in Abschn. VI, Ziff. 2c NWVB geregelt.

In Anlehnung an die Vorgaben von § 12 VerbrKrG setzt die Kündigung nach Abschn. VI, Ziff. 2c NWVB, die den Herausgabeanspruch des Verkäufers begründet, bei einem unter das VerbrKrG fallenden Kaufvertrag voraus, dass sich der Käufer mit zwei aufeinander folgenden Teilzahlungen ganz oder teilweise in Verzug befindet und der rückständige Betrag mindestens 10%, bei einer Laufzeit der Teilzahlungen von mehr als drei Jahren mindestens 5% des Teilzahlungspreises beträgt. Gemäß Abschn. III, Ziff. 2 NWVB gilt eine gleich lautende Regelung auch für diejenigen Kaufverträge, auf die das VerbrKrG keine Anwendung findet. Die Gleichstellung ist zu begrüßen, weil sie das ohnehin verschachtelte Klauselwerk verständlicher macht und seine Handhabung erleichtert. Während allerdings der Verkäufer bei einem Vertrag, der nicht dem VerbrKrG untersteht, die Herausgabe des Fahrzeugs ohne weiteres verlangen darf, wenn die Rückstände des Käufers die in Abschn. III, Ziff. 2 NWVB genannten Grenzwerte erreichen, muss er bei einem Kaufvertrag, der nicht unter das VerbrKrG fällt, dem Käufer vor Ausspruch der Kündigung eine qualifizierte Frist im Sinne von Abschn. III, Ziff. 3b NWVB setzen, es sei denn, der Käufer hat bereits die eidesstattliche Versicherung abgegeben. Ein Gesprächsangebot i. S. v. § 12 Abs. 1 S. 2 VerbrKrG ist in der Klausel nicht vorgesehen.

bb) Verträge im Sinne des Verbraucherkreditgesetzes

248 Hat der Verkäufer nach Verstreichen der Nachfrist den Kredit gekündigt, ist er berechtigt, vom Käufer sowohl die Zahlung der abgezinsten, um die laufzeitabhängigen Kosten bereinig-

---

108 *Münstermann/Hannes,* VerbrKrG, § 11 Rn 597.
109 Insoweit nicht ganz zutreffend *Seibert,* Handbuch zum Verbraucherkreditgesetz, § 11 Rn 14.
110 *Münstermann/Hannes,* VerbrKrG, § 11 Rn 620; missverständlich *Seibert,* Handbuch zum Verbraucherkreditgesetz, § 11 Rn 15.
111 Zur Kündigung Rn 225.

ten **Restschuld** als auch die **Herausgabe des Fahrzeugs** zu fordern. Die Ankündigung der Geltendmachung des Herausgaberechts durch den Verkäufer ist in den NWVB nicht vorgesehen, jedoch im Interesse des Käufers anzustreben, damit er sich eine Vorstellung von den drohenden Rechtsnachteilen im Fall der Nichtzahlung machen kann.

Die Verwirklichung des Herausgabeanspruchs löst nicht die **Rücktrittsfiktion** des § 13 Abs. 3 VerbrKrG aus, da diese durch die Klausel des Abschn. VI, Ziff. 2 Abs. 3 NWVB eliminiert wird. Sie besagt, dass der Verkäufer, der den Kaufgegenstand wieder an sich nimmt, auf Grund einer – zulässigerweise – bereits bei Abschluss des Kreditvertrages getroffenen Einigung mit dem Käufer diesem den gewöhnlichen Verkaufswert des Fahrzeugs im Zeitpunkt der Rücknahme zu vergüten hat. **249**

Nimmt der Verkäufer das Fahrzeug wieder an sich, ohne sich mit dem Käufer über die Vergütung zu einigen, gilt dies als Ausübung des Rücktritts. Nach Ansicht des OLG Karlsruhe[112] löst die **Zwangsvollstreckung** des Verkäufers aus einem gekündigten Kreditvertrag die Rücktrittsfiktion des § 13 Abs. 3 VerbrKrG aus, wenn er das finanzierte Fahrzeug pfändet und verwertet.

Die vom Verkäufer zu entrichtende Vergütung in Höhe des gewöhnlichen Verkaufswerts ist auf die Restschuld des Käufers zu verrechnen. Soweit sie die Restschuld übersteigt, besitzt der Käufer Anspruch auf Auszahlung. Reicht der gewöhnliche Verkaufswert nicht aus, um die Restschuld aus dem Kreditvertrag abzulösen, muss der Käufer einen etwa noch verbleibenden Kaufpreisrest bezahlen.[113] Bei dieser Vorgehensweise des Verkäufers bleibt der Kaufvertrag wegen des zulässigen Ausschlusses der Rücktrittsfiktion des § 13 Abs. 3 VerbrKrG grundsätzlich aufrechterhalten.[114] Nach erfolgter Fahrzeugrücknahme kann der Verkäufer dem Käufer noch einmal eine Frist zur Erfüllung seiner Verpflichtungen aus dem Kaufvertrag setzen und für den Fall, dass der Käufer tatsächlich Zahlung leistet, die Rückgabe des Fahrzeugs ankündigen. Ein hierauf gerichteter Rechtsanspruch des Käufers besteht nicht.[115] **250**

Der **gewöhnliche Verkaufswert** entspricht dem Verkehrswert, mithin demjenigen Preis, der bei einem freihändigen Verkauf des Fahrzeugs am Sitz des Käufers erzielbar ist. Es handelt sich um einen vom Letztverbraucher zu erzielenden Verkaufspreis und nicht um den Händlereinkaufspreis.[116] **251**

Die **Einigung** im Sinne von Abschn. VI, Ziff. 2 Abs. 3 NWVB, die bereits bei Abschluss des Kaufvertrages zu Stande kommt, betrifft lediglich die **Anrechnung,** nicht aber auch die **Höhe** des gewöhnlichen Verkaufswerts, da sie sich im Voraus nicht festlegen lässt.[117] Der Käufer hat das Recht, den gewöhnlichen Verkaufswert durch einen öffentlich bestellten und vereidigten Sachverständigen seiner Wahl ermitteln zu lassen. Veranlassung hierzu besteht normalerweise erst dann, wenn der Verkäufer seine Preisvorstellung bekannt gegeben hat und der Käufer diese als zu niedrig empfindet. Verlangt der Käufer im Anschluss daran sofort die Einschaltung eines Gutachters, kann der Verkäufer nicht damit gehört werden, der Käufer habe das Recht nicht unverzüglich nach Rücknahme des Kaufgegenstands geltend gemacht, da eine solche ausschließlich am Wortlaut der Klausel des Abschn. VI, Ziff. 2 Abs. 3 NWVB orientierte Auslegung nicht deren Sinn und Zweck entspricht. **252**

Es handelt sich bei der Regelung in Abschn. VI, Ziff. 2 Abs. 3 NWVB nicht um eine **Schiedsgutachterklausel**. Folglich ist der vom Gutachter ermittelte gewöhnliche Verkaufswert für die Parteien nicht verbindlich. **253**

---

112 Urt. v. 25. 4. 1997, NJW-RR 1998, 1437.
113 *Creutzig,* Recht des Autokaufs, Rn 6.2.6.
114 *Münstermann/Hannes,* VerbrKrG, § 13 Rn 763; *Creutzig,* Recht des Autokaufs, Rn 6.2.8.
115 *Creutzig,* Recht des Autokaufs, Rn 6.2.8.
116 OLG Stuttgart 7. 11. 1995, NJW-RR 1996, 563; OLG Oldenburg 7. 1. 1997, DAR 1997, 203; *Graf von Westphalen/Emmerich/von Rottenburg,* VerbrKrG, § 13 Rn 80.
117 *Creutzig,* Recht des Autokaufs, Rn 6.2.7.

Im Zusammenhang mit der Einigung über den gewöhnlichen Verkaufswert sind **einverständliche Regelungen** möglich, die die gesetzlichen Rückabwicklungsvorschriften nicht berühren, wie etwa die Abrede, dass entweder der Verkäufer oder der Käufer mit Zustimmung des jeweils anderen berechtigt sein soll, das Fahrzeug an einen Dritten zu verkaufen, wobei der Erlös auf die Kaufpreisschuld zu verrechnen ist.[118] Nicht gefolgt werden kann der Ansicht, auf die Gutschrift des gewöhnlichen Verkaufswerts finde die Verrechnungsregelung des § 11 Abs. 3 VerbrKrG keine Anwendung, weil sie die Liquidität des Kreditgebers nicht verbessere.[119] Die Parteien haben es auf Grund ihres individualvertraglichen Gestaltungsspielraums in der Hand, den Geldzufluss sicherzustellen, etwa durch einen Verkauf des Fahrzeugs an einen Dritten. Im Übrigen findet eine Liquiditätserhöhung spätestens mit der Verwertung des Fahrzeugs statt. § 11 Abs. 3 VerbrKrG ist wegen seiner Unabdingbarkeit und des Verbots der Umgehung spätestens ab diesem Zeitpunkt anwendbar. Das Argument, der Verbraucher werde durch eine von § 11 Abs. 3 VerbrKrG abweichende Verrechnung nicht benachteiligt, weil auf der anderen Seite der Kreditgeber das Verwertungsrisiko trage, ist nicht stichhaltig.

254 Nicht geregelt ist, wer den **Gutachter** zu beauftragen und dessen **Kosten** zu tragen hat. Nach dem Wortlaut der Formularregelung ist eine Beauftragung des Sachverständigen sowohl durch den Käufer als auch durch den Verkäufer zugelassen. Die Gutachterkosten gehen zu Lasten desjenigen, der den Sachverständigen unberechtigterweise eingeschaltet hat. Folglich hat der Verkäufer die Kosten zu übernehmen, wenn er dem Käufer einen Anrechnungspreis unterhalb des gewöhnlichen Verkaufswertes zubilligt. Bestätigt im umgekehrten Fall der Sachverständige nicht die (überhöhte) Preisvorstellung des Käufers, so fallen dem Käufer die Gutachterkosten zur Last. Falls der vom Gutachter ermittelte gewöhnliche Verkaufswert zwischen den voneinander abweichenden Preisvorstellungen beider Parteien liegt, ist eine im **Verhältnis Obsiegen/Unterliegen** entsprechende Quotierung der Gutachterkosten entsprechend § 14 Abs. 2 AKB angebracht.

255 Die **Kosten der Rücknahme und der Verwertung** sind vom Verkäufer zu übernehmen. Er muss dem Käufer den gewöhnlichen Verkaufswert in voller Höhe gutschreiben. Abzüge für Gemeinkosten, Aufbereitungskosten zum Zweck des Weiterverkaufs, Zinsen, Standgeld usw. darf er nicht vornehmen.[120]

256 Abschn. VI, Ziff. 2b 2. Alt. NWVB besagt, dass der Verkäufer ohne weiteres berechtigt ist, das Fahrzeug vom Käufer herauszuverlangen, falls der Käufer die **eidesstattliche Versicherung** abgegeben hat. Gegen die **Wirksamkeit dieser Klausel** bestehen ernsthafte **Bedenken**. Falls der Käufer die eidesstattliche Versicherung geleistet hat, muss dies nicht zwangsläufig bedeuten, dass er fortan seinen Zahlungsverpflichtungen aus dem Kaufvertrag nicht mehr nachkommt. Er kann durchaus willens und in der Lage sein, seine Verpflichtungen aus dem Kaufvertrag zu erfüllen, indem er etwa den pfändungsfreien Teil seiner Einkünfte oder freiwillige Unterstützungen Dritter hierfür verwendet. Da die Klausel dem Verkäufer einen Anspruch auf Fahrzeugherausgabe auch gegenüber demjenigen Käufer verschafft, der sich vertragstreu verhält und seine Pflichten ordnungsgemäß erfüllt, kann sie wegen Verstoßes gegen § 9 AGB-Gesetz keinen Bestand haben. Auch im Hinblick auf § 12 VerbrKrG ist die Klausel bedenklich, da sie dem Verkäufer die Möglichkeit verschafft, die für die Fälligstellung des Kaufpreises und den Rücktritt zwingend vorgeschriebenen Voraussetzungen zum Nachteil des Verbrauchers auszuschalten. Für die Kündigung aus wichtigem Grund ist anerkannt, dass sie durch die in § 12 Abs. 1 VerbrKrG vorgesehene Kündigungsmöglichkeit wegen Zahlungsverzugs nicht ausgeschlossen wird, jedoch reicht die Abgabe der eidesstattlichen Versicherung als solche nicht ohne weiteres als wichtiger Grund für die außerordentli-

---

118 *Bülow*, VerbrKrG, § 13 Rn 48.
119 *Münstermann/Hannes*, § 13 Rn 766.
120 *Seibert*, VerbrKrG, § 13 Rn 13; *Creutzig*, Recht des Autokaufs, Rn 6.2.8.

che Kündigung aus. Ob sie die außerordentliche Kündigung rechtfertigt, hängt vielmehr von einer Gesamtwürdigung der besonderen Umstände des Einzelfalls ab.[121] Im Hinblick auf den Herausgabeanspruch des Verkäufers kann, da die Konsequenzen für den Käufer nicht minder gravierend sind, nichts anderes gelten.

Geteilt sind die Meinungen zu der Frage, ob die bloße **Weiterbenutzung** des Fahrzeugs durch den Vorbehaltskäufer nach dem Rücktritt des Vorbehaltsverkäufers vom Kaufvertrag den Herausgabeanspruch gefährdet und einen **Verfügungsgrund** für eine vorläufige Sicherstellung des Kraftfahrzeugs im Wege der einstweiligen Verfügung darstellt, oder ob dieser Anspruch auf den Fall der übermäßigen Nutzung des Fahrzeugs und dessen völlige Entwertung zu beschränken ist.[122] Das Argument, eine Veränderung des bestehenden Zustandes i. S. v. § 935 BGB liege nicht vor, wenn der Vorbehaltsverkäufer das Kraftfahrzeug nach dem Rücktritt in gleicher Weise benutze, wie er dies zuvor getan habe,[123] erweist sich als lebensfremd und wenig überzeugend, da ein Kraftfahrzeug – im Gegensatz etwa zu einem bloß herumstehenden Schrank – durch den schlichten Weitergebrauch und die damit einhergehende Abnutzung und Erhöhung der Kilometerleistung nicht nur unerheblich an Wert verliert.

cc) Verträge außerhalb des Verbraucherkreditgesetzes

Die Fälligkeit der Restschuld und des Herausgabeanspruchs setzt voraus, dass sich der Käufer mit mindestens zwei aufeinander folgenden Teilzahlungen ganz oder teilweise in Verzug befindet und der Rückstand 10% des Teilzahlungspreises bzw. 5% bei Verträgen mit einer Laufzeit von mehr als drei Jahren beträgt.[124] Dem Zahlungsverzug sind die Beantragung des Vergleichs- oder Konkursverfahrens über das Vermögen des Käufers und dessen Zahlungseinstellung gleichgestellt.[125] Einer **Fristsetzung** mit **Androhung der Kündigung** und Geltendmachung des Anspruchs auf Fahrzeugherausgabe **bedarf es nicht.** Weder die Geltendmachung des Herausgabeanspruchs noch die Inbesitznahme des Fahrzeugs beinhaltet die Erklärung des Rücktritts vom Vertrag. Sie begründet die Verpflichtung des Verkäufers zur Vergütung des gewöhnlichen Verkaufswerts. Die Verwertungskosten sind vom Käufer zu tragen. Sie betragen pauschal 5% und sind höher oder niedriger anzusetzen, wenn der Verkäufer höhere oder der Käufer niedrigere Kosten nachweist.

Der Verkäufer hat die Wahl, an Stelle der Kündigung des Kreditvertrages und der Herausgabe des Fahrzeugs nach vorheriger Nachfristsetzung von zwei Wochen durch schriftliche Erklärung entweder vom Vertrag zurückzutreten oder Schadensersatz wegen Nichterfüllung zu verlangen.[126]

e) Rücktritt vom Vertrag

Die Rücktrittsvoraussetzungen sind die gleichen wie bei der Kündigung. Der Verkäufer hat das Wahlrecht.

aa) Verträge im Sinne des Verbraucherkreditgesetzes

VerbrKrG schließt als „lex specialis" andere gesetzliche Rücktrittsrechte wegen Zahlungsverzugs aus und sperrt auch die Vereinbarung eines von der gesetzlichen Regelung abweichenden vertraglichen Rücktrittsrechts (§ 18 VerbrKrG).[127]

---

121 BGH 26. 5. 1988, WM 1988, 1223.
122 OLG Köln 10. 1. 1997, NJW-RR 1998, 189 mit Rechtsprechungs- und Meinungsübersicht.
123 OLG Köln 10. 1. 1997, NJW-RR 1998, 1588, 1589.
124 Abschn. III, Ziff. 2 i. V. m. Abschn. VI Ziff. 2a NWVB.
125 Abschn. III, Ziff. 2 S. 2 u. 3 NWVB.
126 Abschn. III, Ziff. 2 Abs. 2 NWVB.
127 A. A. OLG Köln 5. 9. 1997, OLGR 1998, 1.

Wenn der Kreditgeber beabsichtigt, vom Vertrag zurückzutreten, muss er dem Verbraucher an Stelle der in § 12 VerbrKrG vorgesehenen Kündigung den Rücktritt androhen. Abschn. III, Ziff. 3 Abs. 3 NWVB hält sich an diese Vorgabe. Eine Kündigungsandrohung reicht als Warnung für einen Rücktritt des Kreditgebers nicht aus, da die Rechtswirkungen des Rücktritts, insbesondere was das Schicksal der Sache betrifft, weitreichender als bei der Kündigung sind.[128]

Mit der **Erklärung des Rücktritts,** die in **schriftlicher Form** zu erfolgen hat,[129] **erlischt der Erfüllungsanspruch.**

Aus Abschn. III, Ziff. 3 Abs. 3 NWVB, wonach die Rechte des Verkäufers gem. Abschn. VI, Ziff. 2 NWVB unbeschadet bleiben, folgt, dass die Einigung über die Vergütung des gewöhnlichen Verkaufswerts gem. Abschn. VI, Ziff. 2 Abs. 3 NWVB im Falle des **erklärten** Rücktritts anzuwenden sein soll.

261 Nimmt der Kreditgeber das auf Grund des Kreditvertrags gelieferte Fahrzeug ohne zuvor erklärten Rücktritt wieder an sich, gilt dies gem. § 13 Abs. 3 VerbrKrG als Ausübung des Rücktrittsrechts. Die **Wiederansichnahme** erfordert nicht, dass der Verkäufer das Fahrzeug in Besitz nimmt. Ein ernsthaftes und begründetes Rückgabeverlangen reicht bereits aus.[130] Es genügt aber nicht, wenn der Kreditgeber heimlich die Nummernschilder und Zulassungspapiere eines Kraftfahrzeugs wegnimmt[131] oder das Lenkrad eines Schleppers entfernt,[132] weil der Käufer durch solche Maßnahmen zwar die Nutzungsmöglichkeit, nicht aber den Besitz verliert.

262 Die **Rücktrittsfiktion** ersetzt nach überwiegend vertretener Ansicht[133] nur die Rücktrittserklärung des Kreditgebers. Darüber hinaus müssen für die Annahme eines wirksamen Rücktritts die Voraussetzungen der §§ 13 Abs. 1, 12 Abs. 1 VerbrKrG erfüllt sein.

Es ist fraglich, ob die Regelung in Abschn. VI, Ziff. 2 Abs. 3 NWVB, die besagt, dass im Falle der Rücknahme der Verkäufer dem Käufer den **gewöhnlichen Verkaufswert** des Kaufgegenstands vergütet, die Rücktrittsfiktion des § 13 Abs. 3 VerbrKrG ausschließt. Voraussetzung hierfür wäre eine wirksame Vergütungsvereinbarung. Grundsätzlich gilt, dass die Einigung über die Vergütung des Verwertungserlöses bereits bei Abschluss des Teilzahlungsvertrages vereinbart werden kann. Eine vorherige Einigung, wie sie Abschn. VI, Ziff. 2 Abs. 3 NWVB beinhaltet, ist nur dann unzulässig, wenn sie die Höhe der Vergütung festlegt.

Obwohl sich Abschn. VI, Ziff. 2 Abs. 3 NWVB an diese Vorgabe hält, besteht Veranlassung, die Wirksamkeit der Klausel zu bezweifeln, da die komplizierte Verzahnung der AGB zum Eigentumsvorbehalt mit den AGB zum Zahlungsverzug – insoweit – missglückt ist. Abschn. VI, Ziff. 2b NWVB besagt, dass der Teilzahlungsverkäufer den Kaufgegenstand unter den in Abschn. III, Ziff. 3 NWVB genannten Voraussetzungen vom Käufer herausverlangen kann. In der Bezugsklausel ist eine Herausgabe ohne zuvor erklärten Rücktritt nicht vorgesehen. Allerdings enthält sie eine Rückverweisung auf Abschn. VI, Ziff. 2 NWVB, die besagt, dass die dort genannten Rechte des Teilzahlungsverkäufers unbeschadet bestehen bleiben. Ein selbstständiges Recht des Verkäufers, den Kaufgegenstand „ohne zuvor erklärten Rücktritt" an sich zu nehmen, sieht Abschn. VI, 2 Abs. 3 NWVB nicht vor; geregelt

---

128 *Seibert,* Handbuch zum Verbraucherkreditgesetz, § 9 Rn 1.
129 Abschn. III, Ziff. 3 NWVB.
130 BGH 19. 10. 1978, WM 1979, 223.
131 OLG Celle 7. 6. 1968, BB 1968, 1308.
132 OLG Kiel 6. 2. 1957, BB 1957, 692.
133 OLG Oldenburg 30. 8. 1995, NJW-RR 1996, 564; OLG Köln 5. 9. 1997, OLGR 1998, 1; *Bülow,* VerbrKrG, § 12 § 13 Rn 36; *Palandt/Putzo,* § 13 VerbrKrG, Rn 11; a. A. *Habersack,* MünchKomm, BGB, § 13 VerbrKrG Rn 47 m. w. N.

werden dort nur die Folgen. Aus dem Regelwerk ergibt sich somit, dass die Vergütungsregelung nur für den Fall des erklärten Rücktritts gilt. Die Rücktrittsfiktion des § 13 Abs. 3 VerbrKrG wird durch Abschn. VI, 2 Abs. 3 NWVB nicht ausgeschaltet, wenn der Verkäufer die Kaufsache ohne audrückliche Rücktrittserklärung an sich nimmt.

Im Zuge der Abwicklung nach erfolgtem Rücktritt hat der Käufer das **Fahrzeug** auf Verlangen des Verkäufers **herauszugeben.** Der Herausgabeanspruch folgt aus § 346 S. 1 BGB. Falls das Fahrzeug untergegangen oder sein Zustand verschlechtert ist, trifft den Käufer die verschärfte Haftung der §§ 347, 989 BGB, d. h., er hat für Vorsatz und Fahrlässigkeit bereits ab dem Empfang der Sache und nicht erst ab Kenntnis der Rücktrittsvoraussetzungen einzustehen, da er im Fall der Nichterfüllung der Ratenzahlungspflicht mit dem Rücktritt des Kreditgebers rechnen muss.[134]

263

Der Verkäufer hat vom Käufer **Aufwendungsersatz** zu beanspruchen. Grundlage des Anspruchs ist § 13 Abs. 2 S. 2 VerbrKrG. Die durch den Vertrag entstandenen Aufwendungen sind vom Verkäufer konkret aufzuschlüsseln und im Einzelnen zu belegen. Eine Pauschalierung der Aufwendungen ist unzulässig, da sie nicht erkennen lässt, ob sie sich im Rahmen des § 13 Abs. 2 S. 2 VerbrKrG bewegt.[135]

264

Zu den erstattungsfähigen Aufwendungen gehören die Vertragsabschlusskosten. Sie umfassen Formularkosten, Porto, Telefongebühren, verauslagte Restschuldversicherungsprämien und Vermittlungsprovisionen, soweit letztere nicht nach § 87a HGB zurückgefordert werden können.[136] Vom Käufer zu ersetzen sind ferner die Vertragsüberwachungskosten, die Kosten der Beitreibung, der Aufenthaltsermittlung des Verbrauchers sowie die Mehrwertsteuer, sofern der Kreditgeber nicht zum Vorsteuerabzug berechtigt sein sollte.[137]

265

Nach § 13 Abs. 2 VerbrKrG nicht zu erstatten sind die Bearbeitungsgebühren,[138] die Finanzierungskosten, die Verwertungskosten[139] und die vom Kreditgeber aufgewendeten Kosten für die Einholung von Auskünften zur Bonität des Verbrauchers, letztere deshalb nicht, weil sie auch im Fall der Ablehnung des Kreditgeschäfts zu Lasten des Kreditgebers angefallen wären.[140] Geteilt sind die Meinungen zu der Frage, ob der Käufer verpflichtet ist, dem Verkäufer die Kosten für den Rücktransport der Sache zu ersetzen.[141]

266

Der **Verbraucher** hat im Falle des Rücktritts einen Anspruch gegen den Kreditgeber auf Ersatz der **notwendigen Verwendungen,** wozu insbesondere die zur Erhaltung des Fahrzeugs erforderlichen Reparaturen zählen.[142]

267

Für die Zeit der Überlassung der Sache hat der Verbraucher dem Kreditgeber im Fall des Rücktritts eine **Nutzungsvergütung** in Höhe des Werts der Gebrauchsvorteile unter Berücksichtigung der eingetretenen Wertminderung zu leisten. Eine vorherige Pauschalierung der Überlassungsvergütung ist unwirksam.

---

134 *Janßen,* MünchKomm, § 347 Rn 14; *Seibert,* Handbuch zum Verbraucherkreditgesetz, § 13 Rn 3; *Münstermann/Hannes,* VerbrKrG, § 13 Rn 718.
135 So zur Vorgängerregelung des § 2 AbzG BGH 24. 5. 1982, WM 1982, 873, 875; LG Hannover 16. 2. 1958, NJW 1959, 677; *Paulusch,* WM 1986, Sonderbeilage 10, S. 10.
136 BGH 9. 7. 1959, WM 1959, 1038; OLG Oldenburg 4. 5. 1977 – 8 U 238/76 – zitiert von *Münstermann/Hannes,* VerbrKrG § 13 Rn 711.
137 *Münstermann/Hannes,* VerbrKrG, § 13 Rn 711 m. w. N.
138 BGH 21. 5. 1975, WM 1975, 739, 740; 24. 5. 1982, BB 1982, 1139, 1140.
139 BGH 20. 2. 1967, BB 1967, 519.
140 LG Nürnberg-Fürth 20. 2. 1967 – 11 S 60/67 – zitiert bei *Münstermann/Hannes,* VerbrKrG, § 13 Rn 712.
141 Ablehnend OLG Nürnberg 25. 6. 1974, WM 1974, 1174; befürwortend OLG Karlsruhe 11. 3. 1970, MDR 1970, 587.
142 Rn 782.

Der Vergütungspflicht unterfallen die **tatsächlich gezogenen** sowie die **schuldhaft nicht gezogenen Nutzungen** (§ 987 Abs. 2 BGB). Die Ersatzpflicht entfällt, wenn der Käufer von dem Auto keinen Gebrauch gemacht hat.[143]

268 Der **Wert der Gebrauchsvorteile** entspricht zeitanteilig nicht der monatlichen Teilzahlungsrate.[144] Die Methode der linearen Wertschwundberechnung, die bei der Ermittlung der Gebrauchsvorteile im Falle der Wandlung Anwendung findet, eignet sich nicht für die Berechnung der Nutzungsvergütung im Rahmen von § 13 Abs. 2 VerbrKrG, weil sie den **erhöhten Wertverlust** des Fahrzeugs bei nur kurzzeitiger Benutzung nicht ausgleicht.

Bei Sachen, die üblicherweise vermietet werden, ist der gewöhnliche Mietzins zu Grunde zu legen,[145] der kalkulatorisch außer dem Wertverlust die Unkosten des Vermieters, dessen Gewinn und eine Verzinsung des Anlagekapitals beinhaltet. Die Nutzungsentschädigung ist folglich höher als der durch Benutzung eingetretene Wertverlust des Fahrzeugs.

269 Da fabrikneue Fahrzeuge vom privaten Käufer üblicherweise nicht vermietet werden und demzufolge keinen üblichen Mietzins haben, kann die Nutzungsvergütung nicht auf Mietkostenbasis ermittelt werden. Erforderlich ist eine **degressive Wertschwundberechnung** in Form eines konkreten Wertvergleichs zwischen dem Wert des Fahrzeugs zum Zeitpunkt der Übergabe an den Verbraucher (beim Neufahrzeug entspricht der Wert dem Kaufpreis) und dem Wert zum Zeitpunkt der Rücknahme durch den Kreditgeber. Der konkrete Vergleich erfasst alle wertbeeinflussenden Faktoren, wie etwa die Anzahl der gefahrenen Kilometer,[146] die Dauer der Nutzung, den allgemeinen Pflege- und Erhaltungszustand zum Zeitpunkt der Rückgabe und einen erhöhten Abnutzungs- und Verschleißgrad des Fahrzeugs. Nicht zu berücksichtigen sind eine mängelbedingte Wertminderung, der Erhaltungsaufwand, wenn ihn der Verbraucher getragen hat,[147] sowie die Finanzierungskosten.[148] Die konkrete Wertdifferenz stellt im Allgemeinen die obere Grenze der Nutzungsvorteile dar, wobei eventuell noch die Verzinsung des Anlagekapitals hinzukommt.[149]

270 Einen durch **zufällige Beschädigung eingetretenen erhöhten Wertverlust** kann der Kreditgeber nicht über die bei der Nutzungsvergütung zu berücksichtigende Wertminderung vom Verbraucher ersetzt verlangen, andernfalls das an die Voraussetzung eines Verschuldens geknüpfte Haftungsprinzip der §§ 347 S. 2, 987 BGB durchbrochen würde. Die vom Verbraucher nicht zu vertretende Verschlechterung der Sache geht zu Lasten des Kreditgebers. Etwaige Ersatzansprüche, die dem Verbraucher wegen zufälliger Beschädigung oder eines zufälligen Untergangs der Sache gegen Dritte, z. B. die Vollkaskoversicherung, zustehen, hat er auf Verlangen an den Kreditgeber abzutreten (§ 281 BGB).

271 Verlangt der Kreditgeber das Auto nach Kaufpreisverjährung heraus, kann er die Nutzungsvergütung nur bis zur Höhe des vom Verbraucher gezahlten Kaufpreisanteils zur Verrechnung stellen; darüber hinausgehende Ansprüche bestehen nicht, weil der Verbraucher beim Teilzahlungskauf sonst schlechter gestellt wäre als ein Barzahlungskäufer.[150]

Durch die Rücknahme und Verwertung des Fahrzeugs im Anschluss an eine **unwirksame Kündigung** wird dem Kreditgeber die Erfüllung des (fortbestehenden) Vertrages nachträglich unmöglich. Da er die Unmöglichkeit zu vertreten hat, stehen dem Kreditnehmer die Rechte aus § 325 BGB zur Verfügung. Für die Nutzung des Fahrzeugs muss er dem Kredit-

---

143 *Graf von Westphalen/Emmerich/von Rottenburg,* VerbrKrG, § 13 Rn 43, 45.
144 *Seibert,* Handbuch zum Verbraucherkreditgesetz, § 13 Rn 4.
145 BGH 22. 12. 1955, BGHZ 19, 330, 333.
146 OLG Frankfurt 9. 7. 1969, NJW 1969, 1966, 1967.
147 *Palandt/Putzo,* § 13 VerbrKrG, Rn 7.
148 BGH 11. 4. 1973, NJW 1973, 1078.
149 OLG Frankfurt 9. 7. 1969, NJW 1969, 1966, 1967; *Graf von Westphalen/Emmerich/von Rottenburg,* VerbrKrG, § 13 Rn 46.
150 BGH 4. 7. 1979, DB 1979, 1838.

geber nach **Bereicherungsrecht** Wertersatz leisten. Die Höhe der Nutzungsvergütung ist nicht nach den Grundsätzen des VerbrKr-Gesetzes zu ermitteln, sondern auf der Basis einer linearen Abschreibung, sodass das Risiko des anfänglich höheren Wertverlusts beim Kreditgeber liegt.[151]

bb) Verträge außerhalb des Verbraucherkreditgesetzes

Von einem Kreditvertrag, der nicht unter das VerbrKrG fällt, kann der Kreditgeber bei Zahlungsverzug des Käufers ohne vorausgegangene Fristsetzung gemäß § 455 BGB zurücktreten.[152]. Da es sich um ein vertraglich vorbehaltenes Rücktrittsrecht handelt,[153] bestimmen sich die Rechtsfolgen nach den §§ 346 ff. BGB. Beabsichtigt der Kreditgeber, den säumigen Käufer auf Schadensersatz wegen Nichterfüllung in Anspruch zu nehmen, muss er ihm zuvor eine qualifizierte Frist gemäß § 326 BGB setzen (Abschn. III, Ziff. 2 Abs. 2 NWVB).[154]

272

In Anbetracht dieser rechtlichen Ausgangslage räumt Abschn. III, Ziff. 2 Abs. 2 NWVB dem Verkäufer das Recht ein, an Stelle der Fälligstellung des Kredits, dem Käufer schriftlich eine Nachfrist von zwei Wochen zur Zahlung des rückständigen Betrags zu setzen und diese mit der Erklärung zu verbinden, dass er bei Nichtzahlung die Erfüllung des Vertrags ablehne. Voraussetzung ist, dass sich der Teilzahlungskäufer mit Zahlungen in Verzug befindet und der Rückstand die in Abschn. III, Ziff. 2 NWVB vertraglich festgelegten Grenzwerte überschreitet. Bleibt die Zahlung aus, kann der Verkäufer nach Ablauf der Frist wahlweise durch schriftliche Erklärung vom Vertrag **zurücktreten** oder **Schadensersatz wegen Nichterfüllung** verlangen.

III. Finanzierter Abzahlungskauf

Beim finanzierten Abzahlungskauf gewährt nicht der Verkäufer, sondern ein Dritter den Kaufkredit. Folglich setzt sich der finanzierte Abzahlungskauf aus zwei Rechtsgeschäften mit unterschiedlichen Vertragspartnern zusammen, nämlich dem Kreditvertrag einerseits und dem Kaufvertrag andererseits. Kauf und Kredit sind zwei rechtlich getrennte Vorgänge, bilden jedoch eine wirtschaftliche Einheit. Die rechtliche Trennung des wirtschaftlich einheitlichen Geschäfts darf nicht dazu führen, dass der Käufer schlechter gestellt wird, als er ohne Aufspaltung stehen würde.[155] Rechtsprechung und Schrifttum haben zum Schutz des Käufers den Einwendungsdurchgriff und die c. i. c.-Haftung bei fehlerhafter Belehrung über die Aufspaltungsrisiken entwickelt. Das am 1. 1. 1991 in Kraft getretene Verbraucherkreditgesetz stärkt den Schutz des privaten Kreditnehmers beim finanzierten Kauf.

273

1. Fortgeltung des bisherigen Rechts für Verträge außerhalb des Verbraucherkreditgesetzes

Der **Einwendungsdurchgriff** und der durch die c. i. c.-Haftung gesicherte **Belehrungsschutz** des Käufers bleiben auch nach dem Inkrafttreten des Verbraucherkreditgesetzes in der bisherigen Ausprägung, die sie durch die Rechtsprechung erfahren haben, für diejenigen Personen bedeutsam, die als Kaufleute, Handwerker, Kleingewerbebetreibende und Freiberufler an dem Schutz des VerbrKr-Gesetzes nicht teilhaben.[156] Nichts deutet darauf hin, dass der Gesetzgeber die Fortgeltung der unter der Geltung des Abzahlungsgesetzes entwickelten Rechtsprechung, die auch diesen Personenkreis einschloss, durch das VerbrKrG ausschließen wollte.

274

---

151 OLG Oldenburg 30. 8. 1995, NJW-RR 1996, 564.
152 *Staudinger/Honsell,* § 455 Rn 30; *Westermann,* MünchKomm, § 455 Rn 33; *Paulusch,* WM 1986, Sonderbeilage 10, 34.
153 BGH 16. 5. 1984, WM 1984, 1095, m. w. N.
154 *Palandt/Putzo,* § 455 Rn 26; *Soergel/Mühl,* § 455 Rn 71.
155 Vgl. z. B. BGH 5. 4. 1962, BGHZ 37, 94, 99; 26. 3. 1979, BGHZ 66, 165 ff.
156 *Graf von Westphalen/Emmerich/von Rottenburg,* VerbrKrG, § 9 Rn 61.

a) Wirtschaftliche Einheit

275 Ein finanzierter Abzahlungskauf ist anzunehmen, wenn Kauf- und Darlehensvertrag aus der Sicht des Käufers Teilstücke eines wirtschaftlich einheitlichen Vorgangs mit dem Ziel sind, den Erwerb des Kaufgegenstands gegen Ratenzahlungen zu ermöglichen.[157] Die notwendige wirtschaftliche Einheit besteht, wenn sich beide Verträge wechselseitig bedingen oder der eine seinen Sinn erst durch den anderen erhält.[158] Das Vorliegen des von der Rechtsprechung geforderten wirtschaftlichen Zusammenhangs zwischen beiden Verträgen ist anhand der Umstände des Einzelfalls zu ermitteln. Die **Verbindungselemente** lassen sich nicht tatbestandsmäßig abschließend umschreiben, sondern können von Fall zu Fall verschieden sein.[159] Ein entscheidendes Kriterium für die Annahme der wirtschaftlichen Einheit besteht in der Zweckbindung des Darlehens an die Finanzierung eines ganz bestimmten Kaufs, wobei in Abgrenzung zum reinen Personalkredit allerdings ein planmäßiges Zusammenwirken von Verkäufer und Geldgeber hinzutreten muss.[160]

276 Zur Annahme eines finanzierten Abzahlungskaufs ist es nicht erforderlich, dass der Kreditgeber dem Verkäufer die Darlehensformulare überlässt,[161] dass der Verkäufer die Kreditverhandlungen mit dem Kreditgeber führt[162] und dass eine auf Dauer angelegte Geschäftsverbindung zwischen Verkäufer und Kreditgeber besteht.[163] Auch eine Sicherungsübereignung des Fahrzeugs[164] und dessen Erwähnung im Darlehensvertrag sind entbehrlich.[165] Solche Umstände weisen als Indizien mehr oder weniger deutlich auf das Bestehen eines wirtschaftlich einheitlichen Vorgangs hin, sie sind jedoch nicht obligatorisch.

277 Insgesamt besteht in der Rechtsprechung die **Tendenz**, die wirtschaftliche Einheit zwischen Kauf- und Darlehensvertrag **großzügig** zu bejahen. Das belegen zahlreiche **Beispiele** aus der **BGH-Rechtsprechung**.

– Im Wege wirtschaftlicher Einzelfallbetrachtung ließ der BGH in seiner Entscheidung vom 25. 3. 1982[166] die Zuführung der Kreditmöglichkeit durch den Verkäufer, die Direktauszahlung der Kreditsumme an den Verkäufer ohne vorherigen Nachweis der erbrachten Lieferung sowie die Behandlung des Kauf- und Darlehensvertrages als Einheit durch die Parteien (Bezeichnung des Kunden als „Käufer/Darlehensnehmer" im Rahmen des Darlehensvertrages) für die Annahme eines finanzierten Abzahlungskaufs ausreichen.

– In dem Urteil vom 25. 5. 1983[167] hob der BGH hervor, die wirtschaftliche Einheit beider Geschäfte werde durch den Ausschluss des Käufers von der freien Verfügung über die Kreditmittel durch die Direktvalutierung an den Verkäufer zum Ausdruck gebracht.

– In der Entscheidung vom Urt. 4. 4. 1984[168] stellte der BGH darauf ab, Kauf- und Darlehensvertrag müssten, um eine wirtschaftliche Einheit darzustellen, derart innerlich miteinander verbunden sein, dass kein Geschäft ohne das andere geschlossen worden wäre.[169]

---

157 Vgl. die 8 Entscheidungen des BGH vom 20. 2. 1967, BGHZ 47, 224 ff.
158 BGH 20. 2. 1967, BGHZ 47, 253, 255.
159 BGH 25. 3. 1982, BGHZ 83, 301, 304.
160 *Von Marschall*, Gutachten zur Reform des finanzierten Abzahlungskaufs 1978, 204; *Grundlach*, Konsumentenkredit und Einwendungsdurchgriff, 240, 245; *Weber*, ZRP 1982, 310; *Vortmann*, VerbrKrG, § 9 Rn 12; *Münstermann/Hannes*, VerbrKrG, § 9 Rn 464.
161 BGH 25. 3. 1982, BGHZ 83, 301, 304.
162 BGH 25. 3. 1982, BGHZ 83, 301 ff.
163 BGH 20. 2. 1967, BGHZ 47, 224 ff.; 5. 7. 1971, NJW 1971, 2303 m. Anm. von *Löwe*, a. a. O.; BGH 25. 3. 1982, BGHZ 83, 301 ff.; *Wolff*, WM 1980, 998.
164 BGH 6. 12. 1979, NJW 1980, 938 sowie BGH 25. 3. 1982, BGHZ 83, 301 ff.
165 BGH 25. 3. 1982, BGHZ 83, 301 ff.
166 BGHZ 83, 301 ff.
167 WM 1983, 786, 787.
168 BGHZ 91, 37, 43.
169 So auch OLG Hamm 14. 10. 1988, NJW-RR 1989, 369.

- Das nächste BGH-Urteil vom 15. 1. 1987[170] bot vom Sachverhalt her die Besonderheit, dass die – der Lieferung des Fahrzeugs vorausgegangene – Finanzierungsabrede etwa 4 Wochen nach Abschluss des Kaufvertrags getroffen worden war.[171] Nach Meinung des erkennenden Senats ergab sich die wirtschaftliche Einheit beider Geschäfte in diesem Falle bereits unmittelbar aus der Darlehensurkunde, da die Darlehensgeberin ihr für finanzierte Abzahlungsgeschäfte bestimmtes Formular verwendet hatte.
- In der BGH-Entscheidung vom 23. 6. 1988[172] wurde die wirtschaftliche Einheit des Geschäftsvorgangs durch einen engen zeitlichen Zusammenhang zwischen Kauf- und Darlehensvertrag, eine Regelung dahin gehend, dass die Gültigkeit des Kaufvertrags von der Sicherung der Kaufpreisfinanzierung abhängen sollte[173] und durch eine Direktauszahlung des Darlehens an den Verkäufer dokumentiert.[174]

278 Ein **Zusammenwirken** zwischen Verkäufer und Kreditgeber im Sinne einer Geschäftsbeziehung ist **nicht erforderlich**. Es reicht für die Annahme einer wirtschaftlichen Einheit aus, dass Kauf- und Kreditantrag aufeinander Bezug nehmen.[175] Es genügt aber nicht, dass der Verkäufer lediglich ein Kreditinstitut empfiehlt, mit dem der Käufer ohne Mitwirkung des Verkäufers einen Finanzierungsvertrag schließt, selbst dann nicht, wenn der Verkäufer dem Käufer die Finanzierungsunterlagen aushändigt und die Bank auf Anweisung des Käufers die Darlehensvaluta direkt an den Verkäufer überweist.[176]

b) Rechtliche Verknüpfung

279 Im Fall der Unwirksamkeit des Kauf- oder Darlehensvertrags findet § 139 BGB keine Anwendung.[177] Auf dem Boden der Trennungstheorie ist auf die §§ 158 ff. BGB und hilfsweise auf die Lehre vom Wegfall der Geschäftsgrundlage zurückzugreifen.

Nach verbreiteter Meinung ist der Kaufvertrag **auflösend bedingt** durch das Zustandekommen des Darlehensvertrags, es sei denn, dass im Einzelfall gegenteilige Anhaltspunkte vorliegen.[178] Es macht im Ergebnis keinen wesentlichen Unterschied, ob man statt einer auflösenden Bedingung eine **aufschiebende Bedingung** annimmt, ob man die Rechtskonstruktion des **Wegfalls der Geschäftsgrundlage**[179] bemüht oder davon ausgeht, die **Finanzierung** sei ein **Regelungspunkt des Kaufvertrags,** der nicht zu Stande kommt, solange der Käufer die Bedingungen der Bank, mit der der Verkäufer zusammenarbeitet, nicht akzeptiert hat.[180] In allen Fällen wird der Kaufvertrag hinfällig, wenn es ohne Verschulden des Käufers nicht zum Abschluss des Kreditvertrags kommt.

280 Die **Anfechtung** des Kaufvertrags, z. B. wegen arglistiger Täuschung, erstreckt sich nicht ohne weiteres auf den Darlehensvertrag, dessen Anfechtung dem Kreditinstitut gegenüber zu erklären ist.[181] Aus diesem Grunde sollte der arglistig getäuschte Käufer vorsorglich **beide**

---

170 NJW 1987, 1698; ebenso BGH 11. 10. 1995, DAR 1996, 189.
171 Zur nachträglichen Verbindung des Kaufvertrages mit dem Darlehensvertrag vgl. BGH 29. 3. 1984, NJW 1984, 1765 ff.; OLG Frankfurt 16. 12. 1986, NJW 1987, 848; OLG Celle 18. 5. 1995, DAR 1995, 404.
172 NJW 1989, 163.
173 So auch im Fall des OLG Stuttgart 21. 3. 1989, NJW 1989, 887.
174 OLG Düsseldorf 18. 11. 1994, OLGR 1995, 49.
175 OLG Köln 5. 12. 1994, ZIP 1995, 21.
176 BGH 15. 5. 1990, NJW-RR 1990, 1072.
177 A. A. früher OLG Karlsruhe 5. 4. 1954, MDR 1957, 161.
178 *Staudinger/Hopt/Mülbert,* BGB Vorb. §§ 607 ff. Rn 477; OLG Köln 31. 10. 1984, ZIP 1985, 22, 25; *Weitnauer,* JZ 1968, 204.
179 OLG Frankfurt 12. 7. 1977, BB 1977, 573.
180 LG Essen Urt. 16. 4. 1958, NJW 1958, 869.
181 BGH 20. 2. 1967, BGHZ 47, 224.

Verträge anfechten.[182] Bei der Anfechtung des Darlehensvertrags stellt sich allerdings die Frage, ob der täuschende Verkäufer im Verhältnis zur gutgläubigen Bank als Dritter im Sinne des § 123 Abs. 2 S. 1 BGB anzusehen ist. Die Rechtsprechung hat dies im Normalfall des finanzierten Abzahlungsgeschäfts stets verneint und damit die Anfechtung des Darlehensvertrags wegen arglistiger Täuschung grundsätzlich bejaht,[183] da der Verkäufer als Abschlussgehilfe der Bank bezüglich des Darlehensvertrags anzusehen ist.[184] Freilich kann die Anfechtung nur wegen solcher Täuschungen zugelassen werden, die in unmittelbarer Beziehung zu dem Darlehensvertrag stehen, wie z. B. unrichtige Angaben über die wirtschaftliche Belastung. Sofern der Händler lediglich einen Mangel des Fahrzeugs arglistig verschwiegen hat, kann der Käufer nur den Kaufvertrag, nicht aber auch zusätzlich den Darlehensvertrag gem. § 123 BGB anfechten.[185]

c) Einwendungsdurchgriff

281 Beim finanzierten Abzahlungskauf läuft der Käufer Gefahr, den Kredit auch dann in vollem Umfang zurückzahlen zu müssen, wenn der Kaufvertrag unwirksam ist oder der Verkäufer nicht, nicht vollständig oder nur mangelhaft geliefert hat. Dieser aus der **rechtlichen Trennung** der beiden Verträge resultierenden Gefahr begegnet die Rechtsprechung mit dem Einwendungsdurchgriff. Er besagt, dass Mängel des Kaufvertrags in erster Linie im Verhältnis der Parteien des Kaufvertrags zu berücksichtigen sind, gestattet aber ausnahmsweise den „Durchgriff" auf den Darlehensvertrag, wenn

– der Käufer kein Kaufmann ist[186]

und

– es dem Käufer rechtlich oder tatsächlich unmöglich ist, seine Rechte gegenüber dem Verkäufer durchzusetzen,[187]

oder

– dem Käufer eine Inanspruchnahme des Verkäufers nicht zugemutet werden kann, weil eine Befriedigung der Erfüllungs-, Gewährleistungs- und Schadensersatzansprüche in angemessener, absehbarer Zeit nicht zu verwirklichen ist.[188]

Der Fall des **Wiederauflebens der gesetzlichen Gewährleistungsansprüche** bei Fehlschlagen der Nachbesserung begründet **keine Unzumutbarkeit** im Sinne des Einwendungsdurchgriffs dahin gehend, dass der Käufer nunmehr an Stelle des Verkäufers den Kreditgeber direkt in Anspruch nehmen darf, ohne dass zusätzlich die Subsidiaritätsvoraussetzungen der Unmöglichkeit, Unerreichbarkeit bzw. Unzumutbarkeit vorliegen.[189]

Der Ausschluss der (Voll-)Kaufleute vom Einwendungsdurchgriff wurde seinerzeit von der Rechtsprechung aus § 8 AbzG hergeleitet,[190] sodass sich mit Blick auf das Verbraucher-

---

182 Wie in BGH 5. 7. 1971, NJW 1971, 2303.
183 BGH 17. 11. 1960, BGHZ 33, 302; 20. 2. 1967, BGHZ 47, 224.
184 BGH 20. 2. 1967, BGHZ 47, 224; *Emmerich,* JuS 1971, 273 ff.; *Weber,* ZRP 1982, 305 ff.
185 In der Rechtsprechung und im Schrifttum wird nicht genügend differenziert; der BGH 5. 7. 1971, NJW 1971, 2303 meint, dass eine Anfechtung des Kreditvertrags nur möglich sei, wenn die Voraussetzung für die Anfechtung des Kaufvertrags erfüllt sei.
186 BGH 29. 10. 1956, BGHZ 22, 90.
187 Insolvenz: BGH 5. 4. 1962, BGHZ 37, 94, 99; Unerreichbarkeit: BGH 9. 2. 1978, NJW 1978, 1427.
188 BGH 9. 2. 1978, NJW 1978, 1427; 21. 6. 1979, NJW 1979, 2511, 2512; 7. 2. 1980, NJW 1980, 1155, 1157; *Wolf,* WM 1980, 1003; *Weber,* ZRP 1982, 305, 310 sowie aus der neueren Rechtsprechung BGH 25. 3. 1982, NJW 1982, 1694, 1696; 19. 9. 1985, NJW 1986, 43; 8. 11. 1979, DB 1980, 298, 299; 25. 5. 1983, WM 1983, 786, 787; OLG Hamm 21. 9. 1982, WM 1984, 634, 635 sowie die Zusammenstellung bei *Soergel/Hönn,* Anh. § 6 AbzG, Rn 59–68.
189 A. A. *Loewe/von Westphalen/Trinkner,* Brosch. 41.3 Rn 3 mit nicht einschlägigen Rechtsprechungsnachweisen.
190 BGH 29. 10. 1956, BGHZ 22, 90.

kreditgesetz, das nicht nur Kaufleute, sondern alle Gewerbetreibenden und Freiberufler von seinem Geltungsbereich ausschließt, die Frage stellt, ob der personelle Anwendungsbereich des herkömmlichen Einwendungsdurchgriffs entsprechend eingegrenzt werden muss, womit er völlig außer Kraft gesetzt würde. Hierzu besteht keine Veranlassung, da sich der klassische Einwendungsdurchgriff im Laufe der Zeit zu einem eigenständigen Rechtsinstitut verselbstständigt hat, das sich auch weiterhin neben § 9 Abs. 3 VerbrKrG behauptet. Die Vorschrift des § 9 Abs. 3 VerbrKrG ersetzt nicht den herkömmlichen Einwendungsdurchgriff, sie verstärkt vielmehr dessen Schutzwirkung für den im VerbrKrG genannten Personenkreis durch weit gehende Aufgabe des Subsidiaritätsprinzips.[191]

d) Rechtsfolgen der Durchgriffshaftung

Die Rechtsfolgen des Einwendungsdurchgriffs sind abhängig von den Rückabwicklungsgründen und äußerst umstritten. Als Gründe für die Rückabwicklung kommen Rücktritt/Wandlung sowie Nichtigkeit/Unwirksamkeit des Kauf- oder Darlehensvertrags oder beider Verträge in Betracht. **282**

Da der klassische Einwendungsdurchgriff nach dem Inkrafttreten des VerbrKr-Gesetzes nur noch für einen begrenzten Personenkreis in Betracht kommt, ist bei der Fortführung der bisherigen Judikatur zum Einwendungsdurchgriff, die stets auch die Vorschriften des Abzahlungsgesetzes in ihre Überlegungen einbezogen hat, eine entsprechende Anwendung von § 9 Abs. 3 VerbrKrG in Betracht zu ziehen.[192]

e) Der sogenannte Doppelmangel

Die Rechtsfolgenproblematik beim sog. Doppelmangel hat für die Praxis weitgehend an Bedeutung verloren, da dem betroffenen Personenkreis, bestehend aus Kleingewerbetreibenden, Handwerkern, Landwirten und Freiberuflern, zu denen Architekten, Steuerberater, Ärzte, Rechtsanwälte gehören, kein Recht zum Widerruf zusteht. Mithin verbleiben die eher theoretischen Fälle einer Doppelnichtigkeit beider Verträge wegen Geschäftsunfähigkeit, Sittenwidrigkeit oder wirksamer Anfechtung. **283**

Zur **Rückabwicklung** gibt es ein vielfältiges Meinungsangebot, das weitgehend durch die Rückabwicklungsvorschriften des früheren Abzahlungsgesetzes geprägt worden ist und vorrangig die Frage betrifft, ob dem Kreditgeber ein Direktanspruch gegen den Verkäufer zuzubilligen ist oder ob die Rückabwicklung „über Dreieck" zu erfolgen hat.[193]

Es wird teilweise die Position vertreten, der Darlehensgeber besitze keinen Anspruch gegen den Käufer, weil letzterer wegen der Nichtigkeit des Kaufvertrags keine Befreiung von einer Kaufpreisschuld erlangt habe[194] und – so die Argumentation mit Blick auf das vormals geltende AbzG – eine Kondiktion des Rückzahlungsanspruchs, den der Käufer gegen den Verkäufer durch Direktvalutierung erlangt habe, wegen §§ 1b, 1d AbzG unzulässig sei.[195]

Andere wollen dem Darlehensgeber einen **unmittelbaren Bereicherungsanspruch** gegen den Verkäufer einräumen, weil die Zahlung der Darlehensvaluta in ihren Augen eine Leistung an den Verkäufer darstellt.[196] Hiergegen wenden Kritiker ein, die Direktzahlung an den

---

191 Im Ergebnis ebenso *Graf von Westphalen/Emmerich/von Rottenburg*, VerbrKrG, § 9 Rn 126 ff.; *Reinking*, VGT 1993, 185 ff., 193; *ders.*, FLF 1993, 174.
192 *Graf von Westphalen/Emmerich/Kessler*, 1. Auflage VerbrKrG, § 9 Rn 45.
193 Vgl. *Lieb*, MünchKomm, § 812 Rn 132 ff.; *Reuter-Martinek*, Ungerechtfertigte Bereicherung, 499 ff.; *Soergel/Hönn*, Anh. zu § 6 AbzG, Rn 70 ff.
194 *Soergel/Hönn*, Anh. zu § 6 AbzG, Rn 70 f. m. w. N.; BGH 6. 12. 1979, NJW 1980, 938, 940.
195 Vgl. BGH 29. 3. 1984, NJW 1984, 1755; *Soergel/Hönn*, Anh. zu § 6 AbzG, Rn 27; *Palandt/Putzo*, 49. Aufl., § 1d AbzG, Anm. 3a.
196 *Soergel/Mühl*, § 812, Rn 90; *Reuter-Martinek*, Ungerechtfertigte Bereicherung, S. 505.

Verkäufer erfolge auf Anweisung des Käufers und für diesen, sodass der Kreditgeber nur aus abgetretenem Recht gegen den Verkäufer vorgehen könne.[197]

Die Mehrheit vertritt einen vermittelnden Standpunkt.[198] Hiernach ist grundsätzlich **„über Dreieck"** abzuwickeln. Nur wenn der Käufer das Auto noch nicht erhalten hat, darf der Darlehensgeber ausnahmsweise den Verkäufer unmittelbar auf Rückzahlung des Kredits in Anspruch nehmen. Die vermittelnde Lösung bietet den Vorteil, dass bei der sog. „Kondiktion der Kondiktion" die Einwendungen aus der jeweiligen Vertragsbeziehung erhalten bleiben (§ 404 BGB). Bedeutung gewinnt dieser Aspekt insbesondere bei einem bereits vollzogenen Leistungsaustausch. Dem Käufer können z. B. Erstattungsansprüche gegen den Kreditgeber wegen schon geleisteter Raten zustehen. Gegen den Verkäufer ist ein Anspruch auf Herausgabe eines in Zahlung gegebenen Altwagens oder ein Anspruch auf Wertsatz im Fall des bereits erfolgten Weiterverkaufs denkbar. Bei nur teilweiser Finanzierung kommt u. U. ein Anspruch auf Rückzahlung des geleisteten Barpreises in Betracht. Lediglich im Fall des Nichtbestehens von Gegenansprüchen auf Seiten des Käufers erscheint es gerechtfertigt, dem Darlehensgeber den Durchgriff auf den Verkäufer zu gestatten, da eine Schutzbedürftigkeit des Verkäufers nicht erkennbar ist.

f) Unwirksamer Kaufvertrag

284   Auf dem Boden der Trennungstheorie ist grundsätzlich davon auszugehen, dass der **Einwendungsdurchgriff** nur dann stattfindet, wenn die **Subsidiaritätsvoraussetzungen vorliegen.**[199] Darüber hinaus wird dem Käufer der Haftungsdurchgriff – ausnahmslos – zugebilligt, wenn der Kaufvertrag entweder wegen Sittenwidrigkeit oder infolge einer Anfechtung wegen arglistiger Täuschung nichtig ist.[200] Beim vergleichbaren „einfachen" Abzahlungsgeschäft wäre der Käufer nach erfolgter Anfechtung des Kaufvertrages wegen arglistiger Täuschung von weiteren Zahlungen zur Tilgung der Kaufpreisschuld befreit. Da dem Käufer/Kreditnehmer beim finanzierten Abzahlungskauf durch die rechtliche Aufspaltung keine Nachteile entstehen sollen, wird ihm gestattet, ab dem Zeitpunkt der berechtigten Anfechtungserklärung die Ratenzahlung einzustellen. Der Kreditgeber besitzt keinen unmittelbaren Anspruch gegen den Verkäufer; er kann nur aus abgetretenem Recht vorgehen.

Umstritten ist, ob der Käufer bereits geleistete Zahlungen im Wege des Rückforderungsdurchgriffs gem. § 812 Abs. 1 S. 1 1. Alt. BGB zurückverlangen kann. Der Darlehensvertrag bildet die rechtliche Grundlage für die Ratenzahlung des Käufers. Dessen Verpflichtung zur Kredittilgung entfällt, sobald die Voraussetzungen des Einwendungsdurchgriffs vorliegen. Die nach diesem Zeitpunkt – rechtsgrundlos – gezahlten Raten sind vom Darlehensgeber zu erstatten. Im Fall der Sittenwidrigkeit des Kaufvertrags oder dessen wirksamer Anfechtung wegen arglistiger Täuschung erstreckt sich der Rückforderungsanspruch des Käufers auf alle bis dahin geleisteten Zahlungen, weil die Nichtigkeit des Kaufvertrags und damit zugleich die Voraussetzungen des Einwendungsdurchgriffs gegen den Darlehensgeber schon bei Vertragsabschluss regelmäßig vorliegen und die Pflicht zur Tilgung der Darlehensschuld von Anfang an entfällt.[201] Das Ergebnis findet nicht den ungeteilten Beifall. Kritiker wenden ein,

---

197 *Canaris,* Bankvertragsrecht, Rn 1412.
198 Vgl. BGH 7. 2. 1980, NJW 1980, 1155, 1158; *Soergel/Hönn,* Anh. zu § 6 AbzG, Rn 27 m. w. N.
199 Vgl. Insolvenz: BGH 5. 4. 1962, BGHZ 37, 94, 99; Unerreichbarkeit: BGH 9. 2. 1978, 1427; 21. 6. 1979, NJW 1979, 2511, 2512; 7. 2. 1980, NJW 1980, 1155, 1157; ferner BGH 25. 3. 1982, 1982, 1694, 1696; 19. 9. 1985, NJW 1986, 43; 20. 11. 1986, NJW 1987, 1813; 8. 11. 1979, DB 1980, 298, 299; 25. 5. 1983, WM 1983, 786, 787; OLG Hamm 21. 9. 1982, WM 1984, 634, 635; *Wolf,* WM 1980, 1103; *Weber,* ZRP 1982, 305, 310 sowie die Zusammenstellung bei *Soergel/Hönn,* Anh. § 6 AbzG, Rn 59–68.
200 BGH 19. 9. 1985, NJW 1986, 43; NJW 1980, 1155, 1158; *Soergel/Hönn,* Anh. zu § 6 AbzG, Rn 59; *Westermann,* MünchKomm, § 6 AbzG, Rn 49 ff.
201 BGH 7. 2. 1980, NJW 1980, 1155, 1157; *Soergel/Hönn,* Anh. zu § 6 AbzG, Rn 72.

der Käufer sei beim finanzierten Abzahlungskauf wegen des Rückforderungsdurchgriffs besser gestellt als der einfache Abzahlungskäufer, weil er einen zweiten Schuldner habe.[202]

g) Nichtiger Darlehensvertrag

Bei einem nach § 138 BGB nichtigen Darlehensvertrag bleibt nach der Trennungstheorie der **Kaufvertrag wirksam.** Der Käufer erlangt von der Bank rechtsgrundlos die Befreiung von der Kaufpreisverbindlichkeit. Folglich hat er der Bank die Kredit-Nettokosten gemäß § 812 Abs. 1 S. 1 BGB zu ersetzen, und zwar zuzüglich 50% der Kosten für eine etwaige Restschuldversicherung.[203] Den Betrag muss der Käufer nach § 817 S. 2 BGB ratenweise innerhalb der im Darlehensvertrag vereinbarten Laufzeit zurückzahlen.[204]

285

Eine zur Darlehenssicherung bestellte Bürgschaft des Verkäufers kann sich auf den Bereicherungsanspruch erstrecken. Dass Bereicherungsansprüche miterfasst werden, liegt nach Meinung des BGH[205] auf der Hand, wenn der Bürge eigene wirtschaftliche Interessen verfolgt und ihm die Darlehensvaluta letztlich auch zugute kommt.

h) Wandlung und Rücktritt des Käufers

Wandelt der Käufer den Kaufvertrag wegen eines Mangels des Autos oder tritt er vom Kaufvertrag berechtigterweise, z. B. wegen Nichtbelieferung, zurück, ist der Verkäufer verpflichtet, den Kaufpreis zu erstatten. Der Darlehensvertrag wird nach der Trennungstheorie hiervon nicht betroffen. Nur wenn dem Käufer eine Inanspruchnahme des Verkäufers nicht möglich oder nicht zumutbar ist, darf er im Wege des Einwendungsdurchgriffs die Ratenzahlungen einstellen. Ein Rückforderungsdurchgriff ist auf die Zahlungen begrenzt, die der Käufer nach dem Entstehen der Voraussetzungen des Einwendungsdurchgriffs an den Darlehensgeber geleistet hat. Falls die Voraussetzungen des Einwendungsdurchgriffs erst nach der Erklärung des Rücktritts oder nach Vollzug der Wandlung eintreten, besitzt der Käufer keinen Anspruch gegen den Darlehensgeber auf Erstattung der zwischenzeitlich geleisteten Raten. Aus diesem Grunde sollte der Käufer den Darlehensgeber von der Wandlung bzw. dem Rücktritt in Kenntnis setzen und die weiteren Zahlungen unter dem Vorbehalt späterer Rückforderung leisten.

286

i) Rücktritt des Kreditgebers oder Verkäufers

Die Rücktrittsvoraussetzungen und die Rückabwicklungsmodalitäten richten sich entweder nach den vertraglichen Vereinbarungen oder nach den allgemeinen gesetzlichen Bestimmungen (§§ 325, 326, 455 BGB).

287

Tritt der Verkäufer vom Kaufvertrag zurück, etwa weil sich der Käufer mit den Ratenzahlungen in Verzug befindet und den Verkäufer die Ausfallhaftung trifft, bleibt der Käufer nach der Trennungstheorie zur ratenweisen Tilgung des Darlehens verpflichtet. Ihm kann es in einem solchen Fall ausnahmsweise gestattet sein, den Zahlungsanspruch des Darlehensgebers auch ohne Vorliegen der Subsidiaritätsvoraussetzungen mit dem Einwendungsdurchgriff abzuwehren.[206]

j) Haftung des Kreditgebers wegen fehlerhafter Belehrung über das Aufspaltungsrisiko

Die sich aus der Trennung von Kauf- und Darlehensvertrag ergebenden Risiken sind für den vom **VerbrKrG ausgegrenzten Personenkreis** der Kleingewerbetreibenden und Frei-

288

---

202 *Schlosser,* Jura 1985, 89, 92.
203 BGH 12. 2. 1987, NJW 1987, 2076 ff. m. w. N.
204 *Palandt/Thomas,* § 817, Rn 23.
205 Urt. 12. 2. 1987, NJW 1987, 2076.
206 BGH 26. 3. 1976, BGHZ 66, 165, 169.

berufler nach wie vor von Bedeutung, sodass an der Verpflichtung des Kreditgebers zur Aufklärung festzuhalten bleibt.

Im Gegensatz zum Einwendungs- und Rückforderungsdurchgriff ist die c. i. c.-Haftung verschuldensabhängig. Sie besteht grundsätzlich neben dem Verteidigungsinstrument des Einwendungsdurchgriffs. Allerdings entfällt die Haftung, falls die Voraussetzungen des Einwendungsdurchgriffs vorliegen, weil es in diesen Fällen regelmäßig an einem Schaden fehlt. Selbstständige Bedeutung kommt ihr daher nur in jenen Fällen zu, in denen nicht schon der Einwendungsdurchgriff stattfindet.[207]

An die Belehrung, die dem Käufer die Risiken der rechtlichen Aufspaltung der wirtschaftlichen Einheit von Kauf- und Darlehensvertrag vor Augen führen soll, sind strenge Anforderungen zu stellen, nicht zuletzt deshalb, weil der BGH die belehrende Wirkung von Klauselwerken mit folgender Begründung in Zweifel gezogen hat:

„Nicht nur die bisherige Erfahrung, sondern auch der § 4 AGB-Gesetz zu Grunde liegende Rechtsgedanke sprechen dafür, dass dann, wenn objektive Verbindungselemente, die sich aus individuellen Vereinbarungen und tatsächlichen Umständen des Einzelfalles ergeben, beim Darlehensnehmer den Eindruck rechtfertigen, Verkäufer und Kreditgeber ständen ihm gemeinsam als Vertragspartner gegenüber, gegenteilige Formularhinweise diesen Eindruck nicht beseitigen können."[208]

Von der äußeren Form her ist als Mindestanforderung eine besonders sorgfältige drucktechnische Hervorhebung zwingend. Der Verwender einer solchen Klausel sollte sicherstellen, dass die Belehrung zeitlich vor Vertragsabschluss erfolgt. Um beiden Erfordernissen zu genügen, ist ein gesondertes Formular empfehlenswert.

Inhaltlich erfordert die Belehrung eine detaillierte Aufklärung über das Aufspaltungsrisiko und den deutlichen Hinweis auf die Subsidiarität des Einwendungsdurchgriffs.

2. Der verbundene Kauf nach dem Verbraucherkreditgesetz

289 Der verbundene Kauf i. S. d. VerbrKr-Gesetzes erfordert, ebenso wie der klassische drittfinanzierte Abzahlungskauf, eine **wirtschaftliche Einheit** zwischen Kauf- und Kreditvertrag. Der Begriff der wirtschaftlichen Einheit knüpft an die von Rechtsprechung und Schrifttum vor dem Inkrafttreten des VerbrKr-Gesetzes erarbeiteten Grundsätze an.[209] Nach der Formulierung von § 9 Abs. 1 S. 1 VerbrKrG muss jedoch die **Zweckgebundenheit** des Kredits **positiv festgestellt** werden, während sie nach bisheriger Rechtsprechung nur Indizwirkung hatte.[210] Das VerbrKrG hebt in § 9 Abs. 1 S. 2 als Beispiel hervor, dass eine wirtschaftliche Einheit insbesondere dann anzunehmen ist, wenn sich der Kreditgeber bei der Vorbereitung oder dem Abschluss des Kreditvertrags der Mitwirkung des Verkäufers bedient.

Der Annahme eines verbundenen Geschäfts steht nicht entgegen, dass der Kreditvertrag erst Monate später nach dem Abschluss des Kaufvertrags abgeschlossen wird.[211] Durch eine **nachträgliche Umgestaltung** des Bargeschäfts in eine Finanzierung gefährdet der Verkäufer seine unbedingten Erfüllungsansprüche, da die Umwandlung dem Käufer die Möglichkeit eröffnet, den Kreditantrag zu widerrufen und dadurch dem Kaufvertrag den Boden zu entziehen.[212] Dagegen sollte sich der Verkäufer vor Erteilung der Zustimmung zur nachträglichen Kreditierung eines Barkaufs unbedingt vertraglich absichern. Ins Leere geht allerdings die Berufung des Käufers auf das Widerrufsrecht, wenn ihm der Verkäufer acht Monate nach Vertragsabschluss an Stelle der vereinbarten Barzahlung die Gewährung eines Darlehens durch seine Hausbank vermittelt und der Käufer dieses Entgegenkommen zum Anlass ge-

---

207 BGH 20. 11. 1986, NJW 1987, 1813 ff.
208 BGH 19. 9. 1985, NJW 1986, 43, 44.
209 Rn 275.
210 *Graf von Westphalen/Emmerich/Kessler*, VerbrKrG, § 9 Rn 34 ff.
211 OLG Celle 18. 5. 1995, DAR 1995, 404.
212 BGH 30. 5. 1985, WM 1985, 1103.

nommen hat, den Kaufvertrag durch rechtsmissbräuchliche Ausnutzung des Widerrufsrechts zu Fall zu bringen.[213]

Die Verbundeigenschaft eines Kredits erweitert sich nicht – jedenfalls nicht ohne Zustimmung des Kreditgebers – auf einen **Kaufvertrag** über ein **zweites Fahrzeug,** das der Kreditnehmer unter Verwendung einer an ihn gezahlten Kaskoentschädigung für das untergegangene Erstfahrzeug erwirbt.[214] Dies folgt aus § 9 Abs. 3 Satz 2 VerbrKrG, wonach sich der Kreditgeber nachträgliche Vereinbarungen zwischen Verkäufer und Käufer, soweit sie nicht auf Mängeln der Kaufsache beruhen, nicht entgegenhalten lassen muss.

Kommt der Kreditvertrag nicht zu Stande, entfällt der Kaufvertrag. Dies folgt aus dem Schutzzweck der Vorschrift des § 9 VerbrKrG, die entsprechend anzuwenden ist, wenn in Bezug auf den Finanzierungsvertrag noch keine zwei sich deckenden Willenserklärungen vorliegen.[215] Es ist daher weder auf die Grundsätze des Wegfalls der Geschäftsgrundlage zurückzugreifen noch bedarf es der Feststellung, ob der Kaufvertrag durch das Nichtzustandekommen des Kreditvertrags auflösend[216] bedingt ist oder umgekehrt aufschiebend bedingt durch den Abschluss des Kreditvertrags. Da es auf eine bedingungsmäßige Verknüpfung zwischen Kauf- und Kreditvertrag nicht ankommt, sind die **Gründe für das Scheitern der Finanzierung** rechtlich irrelevant. Es stellt sich insbesondere nicht die Frage, ob der Käufer das Zustandekommen des Kreditvertrages treuwidrig verhindert hat, was nach Ansicht des LG Gießen[217] nicht anzunehmen ist, wenn der Verbraucher sich gegenüber der Bank weigert, weitere Belege zur Beurteilung seiner Zahlungsfähigkeit einzureichen.

a) Angabeerfordernisse

Es ist umstritten, ob auf drittfinanzierte Geschäfte die Formvorschriften für Kreditverträge im Allgemeinen (§ 4 Abs. 1 S. 2 Nr. 1 VerbrKrG) oder für Warenkredit- und andere Leistungsverträge (§ 4 Abs. 1 S. 2 Nr. 2 VerbrKrG) Anwendung finden.[218] Für die Anwendung von § 4 Abs. 1 S. 2 Nr. 2 VerbrKrG sprechen die besseren Argumente, namentlich die hiernach erforderliche Angabe des Teilzahlungspreises im Interesse einer möglichst umfassenden Information des Verbrauchers.

290

b) Widerruf

Für das Widerrufsrecht bei verbundenen Geschäften enthält § 9 Abs. 2 VerbrKrG Sonderregelungen; im Übrigen gilt § 7 VerbrKrG. Die Widerrufsbelehrung muss zusätzlich zu den übrigen Angaben (s. Rn 218) den **Hinweis** enthalten, dass der **verbundene Kaufvertrag nicht wirksam zu Stande** kommt, wenn der Verbraucher seine auf Abschluss des Kreditvertrags gerichtete Willenserklärung widerruft.[219]

291

Ein dem Händler vom Verbraucher erteilter Auftrag, das Darlehen über den Altwagen abzulösen, um dessen Inzahlungnahme bei Kauf eines Neufahrzeugs zu ermöglichen, ist in seiner Wirksamkeit unabhängig von dem Bestand des Kaufvertrags über den Neuwagen und

---

213 LG Trier 22. 4. 1993, WM 1994, 436.
214 OLG Düsseldorf 23. 3. 1999, OLGR 1999, 318.
215 Zutreffend SchlHOLG 25. 2. 1998, OLGR 1998, 197; *Habersack,* MünchKomm, § 9 VerbrKrG Rn 81; *Bülow,* VerbrKrG, § 9 Rn 23; *Martis,* MDR 1999, 65, 67.
216 LG Gießen 18. 9. 1998, NJW-RR 1997, 1081.
217 Urt. 18. 9. 1996, NJW-RR 1997, 1081.
218 Für § 4 Abs. 1 S. 2 Nr. 1 *Münstermann/Hannes,* VerbrKrG, § 4 Rn 233; für § 4 Abs. 1 S. 2 Nr. 2; *Graf von Westphalen/Emmerich/Kessler,* VerbrKrG 1. Auflage, § 4 Rn 141; AG Halle/Westfalen 22. 7. 1992, WM 1992, 1980; für eine Differenzierung, dass hinsichtlich des Darlehensvertrags die Angaben nach Nr. 1 und hinsichtlich des Kaufvertrags zusätzlich die Angaben nach Nr. 2 zu machen sind, *Bülow,* VerbrKrG, § 4 Rn 114.
219 BGH 11. 10. 1995, DAR 1996, 18; OLG Hamm 6. 11. 1992, ZIP 1993, 1069; OLG Frankfurt 10. 3. 1993, NJW-RR 1993, 880; OLG Rostock 13. 1. 1996, OLGR 1996, 89; OLG Düsseldorf 6. 11. 1992, ZIP 1993, 1069; *Groß,* VGT 1993, 199, 201; *Reineke/Tiedtke,* ZIP 1992, 217, 227.

des damit verbundenen Darlehnsvertrags.[220] Ein solcher Auftrag wird durch den Widerruf nicht hinfällig.

Gem. § 9 Abs. 2 VerbrKrG ist der Widerruf des mit dem Kreditvertrag verbundenen Kaufvertrags nicht möglich. Der Kaufvertrag entfällt automatisch mit dem Widerruf des Kreditvertrages.

Adressat des Widerrufs ist der Kreditgeber. Hat der Verkäufer die Vertragsverhandlungen für den Kreditgeber geführt, ist er berechtigt, den Widerruf für den Leasinggeber als Empfangsbote in Empfang zu nehmen.[221]

292 Gibt der Käufer eines Not leidend gewordenen Kreditvertrags beim verbundenen Geschäft das Fahrzeug innerhalb **eines Jahres** an **den Verkäufer zurück,** ohne zugleich gegenüber der kreditgebenden Bank schriftlich den Widerruf zu erklären, kann sich die Bank auf mangelnde Schriftlichkeit der Widerrufserklärung nach Ablauf der Jahresfrist dann nicht berufen, wenn die von ihr verwendete Widerrufsbelehrung mangels drucktechnisch deutlicher Gestaltung die Widerrufsfrist nicht in Lauf gesetzt hat.[222]

293 Im Fall der rechtzeitigen Geltendmachung des Widerrufs erfolgt die **Rückabwicklung** nach § 3 HWiG mit der Maßgabe, dass beim verbundenen Geschäft der Kreditgeber in sämtliche Rechte und Pflichten des Verkäufers hinsichtlich der Rückabwicklung des Kaufvertrags eintritt, sofern der Netto-Kreditbetrag dem Verkäufer bereits zugeflossen ist. Bei Bezahlung durch **Scheckhingabe** ist der Zeitpunkt der **Einlösung** maßgeblich.[223] Die gem. § 9 Abs. 2 S. 4 VerbrKrG vorgeschriebene bilaterale Rückabwicklung zwischen Kreditgeber und Verbraucher soll letzteren vor dem Risiko der Insolvenz des Verkäufers sowie vor den Gefahren schützen, die mit einer Rückabwicklung im Dreiecksverhältnis verbunden sind.[224] Aus diesem Grund findet nach dem Zufluss des Kredits die Abwicklung nicht nur des Kreditvertrags, sondern auch des Kaufvertrags ausschließlich zwischen dem Kreditgeber und dem Verbraucher statt. Dies gilt auch für die Rückgabe einer von dem Verbraucher aus eigenen Mitteln an den Verkäufer geleisteten Anzahlung.[225]

Für die Beantwortung der Frage, ob der **Nettokredit** dem Verkäufer bereits **zugeflossen** ist, kommt es nicht auf den – für die Fristberechnung maßgeblichen – Zeitpunkt der Absendung des Widerrufs an, sondern auf den **Zeitpunkt des Zugangs** beim Empfänger.

294 Gesetzlich nicht geregelt sind die **Rechtsfolgen** im Verhältnis zwischen **Kreditgeber und Verkäufer** für den Fall des Widerrufs nach Auszahlung der Netto-Kreditsumme, weshalb der Kreditgeber gut beraten ist, wenn er dem Verkäufer entweder die Netto-Kreditsumme erst nach Ablauf der Widerrufsfrist zur Verfügung stellt oder mit diesem eine Rückgriffsregelung vereinbart.[226]

Falls der Verkäufer gegenüber dem Kreditgeber die gesamtschuldnerische Haftung für die Verbindlichkeiten des Käufers übernommen hat, ist diese Vereinbarung ergänzend dahin auszulegen, dass dem Kreditgeber ein Anspruch auf Rückzahlung des Nettokreditbetrags und eine marktübliche Verzinsung für die Zeit der Kapitalüberlassung zustehen soll, wenn der Käufer seine Vertragserklärung wirksam widerruft.[227] Eine Mitverantwortlichkeit des Kreditgebers wegen fehlerhafter Widerrufsbelehrung, die dazu führt, dass der Käufer sein Wider-

---

220 LG Gießen 19. 10. 1994, ZfS 1995, 375.
221 BGH 11. 10. 1995, DAR 1996, 18, OLG Düsseldorf 18. 11. 1994, ZIP 1993, OLGR 1995, 49.
222 OLG Düsseldorf 9. 8. 1994, NJW-RR 1995, 747.
223 BGH 11. 10. 1995, DAR 1996, 18, 20.
224 BGH 11. 10. 1995, DAR 1996, 18 f.; *Groß,* ZIP 1993, 1071, 1072; *Stauder,* Festschrift für Bosch, S. 983 ff., 996.
225 BGH 11. 10. 1995, DAR 1996, 18, 20 m. w. N.
226 *Seibert,* Handbuch zum Verbraucherkreditgesetz, § 9 Rn 7; *Münstermann/Hannes,* VerbrKrG, § 9 Rn 509.
227 BGH 25. 5. 1993, ZIP 1993, 994.

rufsrecht längere Zeit nach Abgabe seiner Vertragserklärung noch wirksam ausüben kann, hat zur Folge, dass er vom Verkäufer marktübliche Zinsen erst ab Verzugsbeginn verlangen kann.

Besteht weder eine Rückgriffsvereinbarung zwischen Kreditgeber und Verkäufer noch eine gesamtschuldnerische Mithaftung des Verkäufers für die Verbindlichkeiten des Käufers aus dem Kreditvertrag, dann richtet sich im Widerrufsfall die Rückabwicklung zwischen Kreditgeber und Verkäufer nach **Bereicherungsrecht**.[228]

Wegen der Unwirksamkeit des Kaufvertrags hat der Verkäufer den **rechtsgrundlos** empfangenen Kaufpreis an den Kreditgeber zurückzugewähren. Eine im Kaufpreis enthaltene Anzahlung des Käufers muss der Kreditgeber im Rahmen der gem. § 9 Abs. 2 S. 4 VerbrKrG vorgeschriebenen zweiseitigen Abwicklung an den Käufer auszahlen;[229] im Fall der Insolvenz des Kreditgebers dürfte dem Käufer insoweit jedoch ein unmittelbarer Anspruch gegen den Verkäufer zuzubilligen sein, andernfalls das vom VerbrKrG angestrebte Ziel der Risikoentlastung des Käufers verfehlt würde. Dementsprechend dürfte die Regelung von § 9 Abs. 2 S. 4 VerbrKrG wohl nicht im Sinne einer befreienden Schuldübernahme zu verstehen sein.[230]

Erfolgt der Widerruf nach Auszahlung der Netto-Kreditsumme, hat der Verbraucher das Fahrzeug an den **Kreditgeber** herauszugeben. Ist es beschädigt, im Wert gemindert, untergegangen oder liegt eine sonstige Herausgabeunmöglichkeit vor, haftet der Verbraucher dem Kreditgeber auf Schadensersatz, sofern er die Umstände zu vertreten hat, jedoch ist seine Haftung auf diejenige Sorgfalt beschränkt, die er in eigenen Angelegenheiten anzuwenden pflegt, wenn ihn der Kreditgeber über das Widerrufsrecht nicht ordnungsgemäß belehrt hat. Sofern der Verbraucher die Verschlechterung bzw. die Herausgabeunmöglichkeit nicht zu vertreten hat und er auch keine sonstigen Ersatzansprüche besitzt, deren Herausgabe der Kreditgeber gem. § 281 BGB verlangen könnte, ist es dem Kreditgeber verwehrt, sich insoweit beim Verkäufer schadlos zu halten, es sei denn, dass er eine entsprechende Haftungsregelung mit dem Verkäufer vereinbart hat.[231] Für die Nutzungen hat der Verbraucher dem Kreditgeber Wertersatz zu leisten,[232] sofern er den Kreditvertrag nach Auszahlung der Netto-Kreditsumme an den Verkäufer widerruft; im Verhältnis zwischen Kreditgeber und Verkäufer ist der Kreditgeber wertersatzpflichtig. Ein gegen den Verkäufer gerichteter Anspruch des Kreditgebers auf Ersatz derjenigen Aufwendungen, die er dem Verbraucher entsprechend § 3 Abs. 4 HWiG erstattet hat, besteht nur insoweit, als[233] der Wert des Fahrzeugs infolge der Aufwendungen des Verbrauchers zum Zeitpunkt der Rückgabe an den Verkäufer entsprechend erhöht ist.

c) Einwendungsdurchgriff nach dem Verbraucherkreditgesetz

Das von der Rechtsprechung entwickelte Rechtsinstitut des Einwendungsdurchgriffs wurde in § 9 Abs. 3 S. 1 VerbrKrG positivrechtlich anerkannt und zu Gunsten des Verbrauchers durch die **Aufgabe des Subsidiaritätsprinzips** verstärkt. Der Einwendungsdurchgriff ist im Rahmen des VerbrKr-Gesetzes nicht an die Voraussetzung geknüpft, dass dem Verbraucher die Inanspruchnahme des Verkäufers unmöglich bzw. unzumutbar sein muss. Gemäß § 9 Abs. 3 VerbrKrG darf der Verbraucher unabhängig davon, ob er die gegen den Verkäufer

---

228 Im Einzelnen ist vieles strittig und ungeklärt, vgl. hierzu *Münstermann/Hannes*, VerbrKrG, § 9 Rn 509; *Dauner/Lieb*, WM 1991, Beilage Nr. 6, 21; *Graf von Westphalen/Emmerich/von Rottenburg*, VerbrKrG, § 9 Rn 117, 123 f.; *Bruchner/Ott/Wagner-Wieduwilt*, VerbrKrG, § 9 Rn 88 f.; *Ulmer/Habersack*, VerbrKrG, § 9 Rn 55; *Bülow*, VerbrKrG, § 9 Rn 52a ff.; *Canaris*, Bankrecht, Rn 1412, 1512.
229 BGH 11. 10. 1995, DAR 1996, 18, 20.
230 Anderer Ansicht *Münstermann/Hannes*, VerbrKrG, § 9 Rn 508.
231 *Münstermann/Hannes*, VerbrKrG, § 9 Rn 509.
232 Zur Berechnung Rn 268.
233 *Münstermann/Hannes*, VerbrKrG, § 9 Rn 512.

bestehenden Ansprüche tatsächlich durchsetzen kann, stets die Rückzahlung des Kredits verweigern, soweit Einwendungen aus dem verbundenen Kaufvertrag ihn gegenüber dem Verkäufer zur Verweigerung seiner Leistung berechtigen würden. Eine **partielle Subsidiarität** gilt für **gewährleistungsrechtliche Einwendungen**. Der Käufer muss, bevor er die Rückzahlung des Kredits verweigern darf, zunächst von seinen vertraglichen oder gesetzlichen Nachbesserungs- und Ersatzlieferungsansprüchen Gebrauch machen.

297 Bei dem Einwendungsdurchgriff handelt es sich um ein **Verteidigungsinstrument** zur Abwendung der laufenden Kreditverpflichtungen. Einwendungen können sich auch unmittelbar aus dem Darlehensvertrag ergeben;[234] in diesen Fällen bedarf es nicht der Heranziehung von § 9 Abs. 3 VerbrKrG.

298 Der Begriff der Einwendung ist nicht im engen rechtstechnischen Sinn zu verstehen; er umfaßt die von Amts wegen zu beachtenden Einwendungen ebenso wie die vom Verbraucher geltend zu machenden Einreden.[235] Die kaufvertragliche Einwendung, die den Verbraucher berechtigt, die Kreditraten zurückzuhalten, kann vorübergehender oder dauernder Natur sein.

299 Als Einwendungen aus dem verbundenen Kaufvertrag kommen in Betracht: Nichtigkeit des Kaufvertrags wegen Sittenwidrigkeit, Geschäftsunfähigkeit, Anfechtung, vollständige oder teilweise Nichterfüllung, Verzug, Wegfall der Geschäftsgrundlage, Rücktritt vom Kaufvertrag, Schadensersatzansprüche des Käufers aus Verzug, positiver Vertragsverletzung, unerlaubter Handlung, wegen Nichterfüllung, unrichtiger Zusicherung, arglistigen Verschweigens sowie die Gewährleistungsansprüche der Wandlung und Minderung.

aa) Vertragsnichtigkeit

300 Sofern die Nichtigkeit des Kaufvertrags auf **Sittenwidrigkeit** oder einer **Anfechtung** des Käufers wegen arglistiger Täuschung beruht, stellt sich die Frage nach der Fortgeltung der Rechtsprechung zum „subsidiären" Einwendungsdurchgriff, die dem Käufer den Haftungsdurchgriff auf den Kreditgeber gestattete.[236] Der Gesetzgeber hat den Haftungsdurchgriff weder positiv noch negativ geregelt[237] und damit der Rechtsprechung das Feld überlassen. Gründe für eine Aufgabe der Judikatur sind nicht ersichtlich.[238] Bei Nichtigkeit des Kaufvertrags besteht die Einwendung materiell-rechtlich von Anfang an, sodass die Zahlung des Kreditgebers ohne Rechtsgrund erfolgt und demzufolge auch keine Leistung an den Käufer darstellt.[239]

Der Fall des Nichtzustandekommens des Kaufvertrags wegen Widerrufs der auf Abschluss des Vertrags gerichteten Willenserklärung durch den Käufer unterfällt nicht der Regelung des § 9 Abs. 3 S. 1 VerbrKrG; insoweit enthält **§ 9 Abs. 2 S. 4 VerbrKrG** eine vorrangige **Spezialregelung.** Beim Einwendungsdurchgriff tritt der Kreditgeber im Fall der Nichtigkeit des Kaufvertrags somit nicht an die Stelle des Verkäufers, sofern diesem der Nettokreditbetrag zugeflossen ist.[240]

---

234 *Reinicke/Tiedtke,* ZIP 1992, 217, 223.
235 *Münstermann/Hannes,* VerbrKrG, § 9 Rn 515 ff.; *Palandt/Putzo,* VerbrKrG, § 9 Rn 12.
236 BGH 7. 2. 1980, NJW 1980, 1155, 1158; 19. 9. 1985, NJW 1986, 43; *Soergel/Hönn,* Anh. zu § 6 AbzG Rn 59; *Westermann,* MünchKomm, § 6 AbzG Rn 49 ff.
237 *Seibert,* VerbrKrG, § 9 Rn 11; *Graf von Westphalen/Emmerich/von Rottenburg,* § 9 Rn 128; a. A. *Reinicke/Tiedtke,* ZIP 1992, 217, 224, die aber den *Rückforderungsdurchgriff* u. U. nach Treu und Glauben zulassen wollen, sofern es die Umstände im Einzelfall gebieten, was z. B. der Fall sein kann, wenn der Kreditgeber in Kenntnis der Einwendungen des Käufers Zahlung an den Verkäufer leistet.
238 *Seibert,* VerbrKrG, § 9 Rn 11.
239 *Münstermann/Hannes,* VerbrKrG, § 9 Rn 515, die dem Verbraucher im Fall der Anfechtung des Kaufvertrags jedoch lediglich ein Leistungsverweigerungsrecht und kein Rückforderungsrecht zugestehen, a. a. O., Rn 516.
240 Anderer Ansicht *Vortmann,* VerbrKrG, § 9 Rn 47.

bb) Nichterfüllung des Kaufvertrags

α) Anwendungsvoraussetzungen und Ausschluss des Einwendungsdurchgriffs

Da beim Kauf eines Neuwagens normalerweise keine Vorleistungspflicht des Käufers vereinbart wird, ist der Kaufpreis erst bei Lieferung des Fahrzeugs fällig. Fehlt die Fälligkeit, kann der Käufer diese Einwendung dem Kreditgeber entgegenhalten, falls dieser den Kaufpreis bereits vor Fälligkeit an den Käufer gezahlt hat.

Die vorzeitige Auszahlung des Kredits verpflichtet den Kreditgeber zur **Aufklärung** des Verbrauchers über die besonderen Risiken. Eine Verletzung dieser Aufklärungspflicht führt zu Schadensersatzansprüchen des Kreditgebers aus dem Gesichtspunkt der Verletzung vertraglicher Nebenpflichten.[241] Derartige Schadensersatzansprüche kann der Käufer dem Kreditgeber unmittelbar entgegenhalten; er benötigt hierzu nicht den Einwendungsdurchgriff des § 9 Abs. 3 VerbrKrG.

In der Praxis erfolgt die Auszahlung des Kaufpreises durch den Kreditgeber regelmäßig erst nach Erhalt der Bestätigung des Verbrauchers, dass er das Fahrzeug vom Verkäufer erhalten hat. Solange der Verkäufer seine Lieferverpflichtung nicht erfüllt hat und dem Kreditgeber die Empfangsbestätigung des Käufers nicht vorweisen kann, ist normalerweise die Kreditauszahlung blockiert, sodass eine Rückzahlungsverpflichtung des Verbrauchers aus dem Kreditvertrag nicht entsteht. Bei dieser Fallgestaltung besteht kein Raum für die Anwendung von § 9 Abs. 3 VerbrKrG, die das Bestehen einer fälligen Rückzahlungsverpflichtung aus dem Kreditvertrag voraussetzt.

Der **Einwendungsdurchgriff versagt,** wenn die Gründe der vollständigen oder teilweisen Nichterfüllung des Kaufvertrages **vom Käufer zu vertreten** sind. Dieser kann sich auf den Schutz von § 9 Abs. 3 VerbrKrG auch dann nicht berufen, wenn er die Auszahlung des Darlehens zur Lieferung des Fahrzeugs ausdrücklich gewünscht hat[242] oder wenn er das Fahrzeug auf eigenen Wunsch dem Verkäufer zur Verwahrung überlässt und die für einen späteren Zeitpunkt vorgesehene Herausgabe an dessen Konkurs scheitert.[243] Einer Geltendmachung von Einwendungen aus dem Kaufvertrag gegenüber dem Kreditgeber steht § 242 BGB entgegen, wenn Käufer und Verkäufer in kollusorischem Zusammenwirken durch eine fingierte Empfangsbestätigung die Auszahlung des Kredits an den Verkäufer herbeigeführt haben.[244]

Die Abgabe einer **unrichtigen Empfangsbestätigung** des Käufers muss nicht zwangsläufig zum Ausschluss des Einwendungsdurchgriffs führen. Es kommt vielmehr auf die Umstände im Einzelfall an. Wenn etwa der Verkäufer dem Verbraucher vorspiegelt, er benötige dessen Empfangsbestätigung, um das Fahrzeug beim Hersteller abholen zu können, und verwendet er diese nur, um an das Geld des Kreditgebers zu kommen, so muss sich letzterer das Fehlverhalten des Händlers unter Umständen gem. § 278 BGB direkt entgegenhalten lassen, sodass es auch in diesem Fall wiederum nicht des Rückgriffs auf § 9 Abs. 3 VerbrKrG bedarf.[245]

β) Rückabwicklung

Sofern dem Verkäufer im Fall einer von ihm zu vertretenden teilweisen oder vollständigen Nichterfüllung des Kaufvertrages die Gegenleistung in Form des Kaufpreises bereits zuge-

---

241 *Vortmann,* VerbrKrG, § 9 Rn 48.
242 *Münstermann/Hannes,* VerbrKrG, § 9 Rn 517; *Canaris,* Bankvertragsrecht, Rn 1439.
243 BGH 18. 12. 1969, WM 1970, 219.
244 *Münstermann/Hannes,* VerbrKrG, § 9 Rn 517 m. w. N.
245 BGH 11. 7. 1963, BGHZ 40, 65, 69; 20. 2. 1967, 47, 230; *Canaris,* Bankvertragsrecht, Rn 1440; *Vortmann,* VerbrKrG, § 9 Rn 40.

flossen ist, sind die Vertragsverhältnisse abzuwickeln. Auf die Frage, wie dies zu geschehen hat, gibt § 9 Abs. 3 VerbrKrG keine Auskunft, sodass auf allgemeine Rechtsgrundsätze zurückgegriffen werden muss.

Der **Rücktritt des Verbrauchers** vom Kaufvertrag begründet gegenüber dem Kreditgeber gem. § 9 Abs. 3 S. 1 VerbrKrG ein endgültiges Leistungsverweigerungsrecht im Hinblick auf alle zum Zeitpunkt der Rücktrittserklärung ausstehenden Kreditraten. Umstritten und höchstrichterlich ungeklärt ist die Frage, ob ein Haftungsdurchgriff gegen den Kreditgeber stattfindet, ob also der Verbraucher von ihm die Rückzahlung der bis zur Rücktrittserklärung geleisteten Kreditraten zu beanspruchen hat.[246]

305 Wegen des endgültigen Leistungsverweigerungsrechts des Verbrauchers im Hinblick auf alle ausstehenden Kreditraten kann der Fortbestand des Kreditvertrags nicht ernsthaft in Betracht gezogen werden. Sein Schicksal ist „qua legem" durch Aufgabe der Trennungstheorie mit dem Kaufvertrag auf „Gedeih und Verderb" verbunden, so dass mit dem Erlöschen der Rückzahlungspflicht des Verbrauchers der Kreditvertrag zwangsläufig endet.[247] Zur Begründung dieser Rechtsfolge bedarf es, anders als beim Leasingvertrag,[248] nicht des Rückgriffs auf das Rechtsinstitut des Wegfalls der Geschäftsgrundlage.[249]

306 Die Anspruchsverteilung stellt sich materiell-rechtlich überschaubar dar. Nach Erklärung des Rücktritts wegen teilweiser oder vollständiger Nichterfüllung des Kaufvertrags steht dem Verkäufer das Auto zu, das der Verbraucher zurückgeben muss. Im Gegenzug ist der Verkäufer verpflichtet, den Kaufpreis zuzüglich der Gesetzeszinsen zurückzuzahlen. Der Rückaustausch der Leistungen hat Zug um Zug zu erfolgen. Im Verhältnis zwischen Kreditgeber und Verbraucher steht der vom Verkäufer zu erstattende Kaufpreis, soweit er mit dem Kredit bezahlt wurde, dem Kreditgeber zu, jedoch nur in Höhe des noch ausstehenden Nettokreditbetrags zuzüglich der gesetzlichen Zinsen gem. §§ 347, 288 BGB, 352 HGB. Anspruch auf Verrechnung mit dem offenen Bruttokreditbetrag besteht nicht, da andernfalls das in § 9 Abs. 3 S. 1 VerbrKrG vorgesehene Zurückbehaltungsrecht des Verbrauchers unterlaufen würde. Falls der vom Verkäufer nach Verrechnung mit den Gebrauchsvorteilen zu erstattende Kaufpreis zur Ablösung des Nettokreditbetrags nicht ausreicht, ist der Käufer verpflichtet, den Differenzbetrag auszugleichen. Die in den bis zum Rücktritt geleisteten Raten enthaltenen Zinsen und Kreditkosten stehen dem Kreditgeber zu, da ein Rückforderungsdurchgriff[250] nicht stattfindet. Der Verkäufer muss dem Käufer im Falle des Rücktritts diese zeitanteiligen Zinsen und Kreditkosten nicht ersetzen.[251]

307 **Abrechnungsbeispiel** für die Rückabwicklung nach erklärtem Rücktritt

Kaufpreis des Autos	10 000 DM
Baranzahlung des Verbrauchers	2 000 DM
Darlehensbetrag brutto	9 000 DM
Darlehensbetrag netto	8 000 DM
Laufzeit des Kreditvertrages	10 Monate
Monatsrate	900 DM
Rücktritt nach 2 Monaten	
Gebrauchsvorteile	500 DM

---

246 Dazu Rn 320.
247 Siehe auch *Münstermann/Hannes,* VerbrKrG § 4, Rn 527.
248 Vgl. BGH 16. 9. 1981, BB 1981, 2093.
249 A. A. OLG Düsseldorf 23. 4. 1996, NJW-RR 1996, 1265.
250 Rn 320.
251 LG Hagen 23. 7. 1993, NJW-RR 1994, 1260.

Es haben zu beanspruchen:
1. der Verkäufer das Auto und die Gebrauchsvergütung von 500 DM
2. der Verbraucher die Anzahlung von 2000 DM zuzüglich der Gesetzeszinsen seit dem Tag der Zahlung abzüglich der Gebrauchsvorteile in Höhe von 500 DM sowie abzüglich 2 Netto-Kreditraten von je 800 DM
3. der Kreditgeber 6400 DM (restliche Nettokreditsumme von 8 Raten zu je 800 DM) zuzüglich Gesetzeszinsen seit Zahlung an den Verkäufer.

Geht man davon aus, dass die Direktauszahlung des Kredits an den Verkäufer eine Leistung des Kreditgebers an den Verbraucher darstellt,[252] besitzt der Kreditgeber keinen unmittelbaren Erstattungsanspruch gegen den Verkäufer. Diesen Anspruch hat er nach vermittelnder Ansicht nur ausnahmsweise, wenn der Verkäufer das Auto noch nicht ausgeliefert hat und dem Verbraucher keine Gegenansprüche wegen etwa schon geleisteter Kreditraten oder einer geleisteten Anzahlung zustehen, da in diesem Falle die Interessen des Verkäufers gewahrt werden und auf Seiten des Verbrauchers eine Schutzbedürftigkeit nicht erkennbar ist.[253] Soweit das Forderungsrecht die dem Verbraucher materiell-rechtlich zustehenden Ansprüche überschreitet, liegt im Verhältnis zum Kreditgeber eine ungerechtfertigte Bereicherung vor, die diesen berechtigt, den Anspruch zu kondizieren und den Verkäufer aus abgeleitetem Recht in Anspruch zu nehmen. **308**

Die **praktische Durchsetzung** des zweigeteilten Anspruchs stößt auf erhebliche Probleme, da die Kaufpreiserstattung grundsätzlich nur Zug um Zug gegen Rückgabe des Fahrzeugs zu erfolgen hat, das sich regelmäßig in Händen des Verbrauchers befindet. Mit dem Sicherungsinteresse der Bank nicht vereinbar ist die vollständige Rückabwicklung des Kaufvertrags durch den Verbraucher mit anschließendem Innenausgleich zwischen Verbraucher und Kreditgeber. Ein denkbarer Weg : Der Kreditgeber erstattet dem Verbraucher die von diesem geleistete Anzahlung abzüglich der Gebrauchsvorteile Zug um Zug gegen Abtretung der Kaufpreisrückzahlungsansprüche, nimmt das Fahrzeug entgegen und wickelt anschließend das Kaufvertragsverhältnis mit dem Verkäufer eigenständig ab. Die Bank würde zwar das Insolvenzrisiko des Verkäufers tragen, das ihr jedoch zuzumuten ist, weil sie auf Grund der ihr zugänglichen Informationen dieses Risiko weitaus besser als der Verbraucher abschätzen kann und zudem regelmäßig laufende Geschäftsbeziehungen zum Verkäufer unterhält. **309**

cc) Verzug

Der Verzugsfall entspricht einer zeitlich begrenzten Nichterfüllung, sodass weitgehend die gleichen Überlegungen wie zur teilweisen und vollständigen Nichterfüllung gelten. Solange sich der Verkäufer in Lieferverzug befindet, gelangt der Kredit mangels Vorleistungspflicht des Käufers normalerweise nicht zur Auszahlung, und es entsteht auf Seiten des Verbrauchers noch keine Rückzahlungsverpflichtung aus dem Kreditvertrag. Falls der Kredit dem Verkäufer trotz des Lieferverzugs ausnahmsweise zugeflossen ist, besteht von Seiten des Verbrauchers keine Rückzahlungsverpflichtung, wenn er die Kreditauszahlung nicht zu verantworten hat. Liegt ein Fehlverhalten des Kreditgebers vor, handelt es sich bei dem Zurückbehaltungsrecht um eine aus dem Kreditvertrag resultierende und nicht um eine aus dem Kaufvertrag abgeleitete Einwendung des Verbrauchers i. S. v. § 9 Abs. 3 S. 1 VerbrKrG. **310**

Beim Einwendungsdurchgriff ist der **Verzugsfall,** der den Käufer zum Rücktritt oder zum Schadensersatz wegen Nichterfüllung berechtigt, vom **Verzugsschadensfall** des § 286 Abs. 1 BGB zu unterscheiden. **311**

---

252 *Vortmann,* VerbrKrG, § 9 Rn 57; *Münstermann/Hannes,* VerbrKrG § 9 Rn 509; *Erman/Klingsporn/Rebmann,* VerbrKrG § 9 Rn 15; a. A. wohl BGH 17. 9. 1996, NJW 1996, 3414; *Palandt/Putzo,* § 9 VerbrKrG Rn 16.
253 *Soergel/Hönn,* Anh. zu § 6 AbzG Rn 27 m. w. N.

Der auf Lieferverzug beruhende Schaden berechtigt den Käufer im Verhältnis zum Kreditgeber zur Geltendmachung des Einwendungsdurchgriffs. Unabhängig davon kann der Käufer mit seinen Schadensersatzansprüchen gegen Ansprüche des Verkäufers aufrechnen, sofern seine aus § 286 BGB resultierenden Gegenforderungen unbestritten oder rechtskräftig tituliert sind. Eine Aufrechnung gegenüber dem Verkäufer ist jedoch nur möglich, solange die Kaufpreisforderung besteht. Diese erlischt durch die Auszahlung des Kredits. Hat der Verbraucher die Kaufpreisforderung des Verkäufers durch Aufrechnung teilweise zum Erlöschen gebracht und zahlt der Kreditgeber gleichwohl die volle Kreditsumme an den Verkäufer aus, so ist dieser in Höhe des zur Aufrechnung gestellten Gegenanspruchs ungerechtfertigt bereichert. Dem Rückzahlungsbegehren des Kreditgebers kann der Verbraucher den Bereicherungseinwand im Wege des Einwendungsdurchgriffs entgegenhalten. Des Rückgriffs auf § 9 Abs. 3 S. 1 VerbrKrG bedarf es wiederum nicht, wenn die Auszahlung des Kreditbetrags auf einem Verschulden des Kreditgebers oder einem Fehlverhalten des Verkäufers beruht, das sich der Kreditgeber über § 278 BGB zurechnen lassen muss.

312 Die Aufrechnungslage bei nicht erfolgter Aufrechnung erlischt mit der Tilgung des Kaufpreises. Im Verhältnis zwischen Verbraucher und Kreditgeber ist jedoch von einer **fortbestehenden Aufrechnungslage** auszugehen, weil im Rahmen des Einwendungsdurchgriffs i. S. v. § 9 Abs. 3 S. 1 VerbrKrG auf diejenigen Einwendungen abgestellt werden muss, die der Verbraucher dem Verkäufer im Falle der Vereinbarung eines „einfachen" Abzahlungskaufs entgegenhalten könnte. Bei Vereinbarung eines einfachen Abzahlungskaufs wäre der Kaufpreis lediglich in Höhe der bereits geleisteten Raten erloschen. Der Fortbestand der Aufrechnungslage ist logische Konsequenz des für den Einwendungsdurchgriff initialen Dogmas, wonach der Verbraucher durch die rechtliche Aufspaltung des wirtschaftlich einheitlichen Geschäfts nicht schlechtergestellt sein soll als beim einfachen Abzahlungskauf. Das Gleichstellungsgebot hat der Gesetzgeber als Grundprinzip in § 9 Abs. 3 VerbrKrG übernommen. Er hat es durch die Verwendung des Konjunktivs in § 9 Abs. 3 S. 1 VerbrKrG zum Ausdruck gebracht. Dort wird dem Verbraucher das Recht zugebilligt, die Rückzahlung des Kredits zu verweigern, „soweit Einwendungen aus dem verbundenen Kaufvertrag ihn gegenüber dem Verkäufer zur Verweigerung seiner Leistung berechtigen würden".

313 Es besteht kein Bedürfnis für eine Erstreckung der **Aufrechnungsbefugnis** auf die Rechtsbeziehung zwischen **Verbraucher** und **Kreditgeber** im Rahmen von § 9 Abs. 3 VerbrKrG, die ohnehin nur durch eine Ersetzung der fehlenden Gegenseitigkeit durch das Merkmal der „wirtschaftlichen Einheit" zu bewerkstelligen wäre.[254] Die Aufrechnung ist folglich als eine trotz Kaufpreistilgung in der Rechtsbeziehung zwischen Verbraucher und Kreditgeber fortbestehende Einwendung zu behandeln, die sich aus dem Vergleichsgeschäft eines hypothetischen einfachen Abzahlungskaufs ableitet.

314 Wenn der Verbraucher seine Aufrechnungsbefugnis wegen des Verzugsschadens gegenüber dem Kreditgeber im Wege des Einwendungsdurchgriffs geltend macht, hat dies eine entsprechende **Verminderung der Rückzahlungsbelastung** aus dem Kreditvertrag zur Folge. Die praktische Umsetzung erfolgt in der Weise, dass die vom Verbraucher zurückzuzahlende restliche Darlehensvaluta insgesamt um den Aufrechnungsbetrag vermindert und der Kredit unter Beibehaltung der Fälligkeitstermine neu zu berechnen ist.[255] Gegen den sofortigen Einbehalt der Kreditraten bis zur Höhe der aufrechenbaren Gegenforderung spricht, dass der finanzierende Käufer besser gestellt würde als ein Barkäufer, da letzterer den geminderten Kaufpreis sofort bezahlen müsste. Mit dem Einwendungsdurchgriff hat der Gesetzgeber jedoch keine Bevorzugung des finanzierenden Käufers bezwecken, sondern vielmehr dessen Schlechterstellung vermeiden wollen.[256]

---

254 A. A. *Münstermann/Hannes,* VerbrKrG, § 9 Rn 528.
255 *Münstermann/Hannes,* VerbrKrG, § 9 Rn 528.
256 *Münstermann/Hannes,* VerbrKrG, § 9 Rn 528; a. A. *Reinking/Nießen,* ZIP 1991, 634, 636 zur Minderung.

Finanzierter Abzahlungskauf

Eine **Aufrechnung** des Verbrauchers **gegenüber dem Verkäufer** mit Gegenansprüchen kommt nach Auszahlung des Kredits nicht mehr in Betracht, da die Kaufpreisforderung getilgt ist. Der Käufer kann an Stelle der Geltendmachung des Einwendungsdurchgriffs gegenüber dem Kreditgeber den Verkäufer wegen seiner Gegenforderungen auf Zahlung in Anspruch nehmen. Hat er allerdings wegen seiner Gegenansprüche von dem Einwendungsdurchgriff gegenüber dem Kreditgeber Gebrauch gemacht, fehlt es in seiner Person an einem Fortbestand des Schadens. Der Schaden verlagert sich durch den Einwendungsdurchgriff auf den Kreditgeber, dem allerdings kein eigenes Forderungsrecht gegen den Verkäufer zusteht, es sei denn, ihn verbindet mit dem Verkäufer ein sog. Einreichervertrag mit einer entsprechenden Rückgriffsklausel. Da Anspruchsberechtigung und Schaden auseinander fallen, ist dem geschädigten Kreditgeber ein Anspruch nach den Grundsätzen der **Drittschadensliquidation** gegen den Verkäufer zuzubilligen.

dd) Schadensersatzansprüche

Außer den Schadensersatzansprüchen wegen Verzugs und Nichterfüllung berechtigen den Verbraucher auch solche aus **Verschulden bei Vertragsschluss, positiver Vertragsverletzung** und **unerlaubter Handlung** zum Einwendungsdurchgriff gegenüber dem Kreditgeber. Hierzu gehören ferner Ansprüche wegen Erteilung einer **unrichtigen Zusicherung** oder wegen **arglistigen Verschweigens** von Mängeln. Einwendungen, die auf Ansprüchen außerhalb des Kaufvertrags beruhen, kann der Verbraucher dem Kreditgeber nicht entgegenhalten. Erforderlich ist, dass sich die Einwendung aus dem Kaufvertrag ergibt und nicht aus einem anderen Vertragsverhältnis, wie z. B. einem Reparaturauftrag. Auf die Kenntnis des Kreditgebers von der Nebenabrede zum Kaufvertrag kommt es nicht an.[257] Auch bei Ansprüchen des Käufers gegen Dritte versagt der Einwendungsdurchgriff, da sie den Verbraucher nicht zur Verweigerung seiner Leistung gegenüber dem Verkäufer berechtigen würden.

Falls dem Kaufvertrag ausnahmsweise die Geschäftsgrundlage fehlt, erscheint es in Anbetracht der Schutzfunktion des VerbrKr-Gesetzes vertretbar, die daraus resultierenden Ansprüche des Verbrauchers dem verbundenen Kaufvertrag zuzurechnen und dem Verbraucher den Einwendungsdurchgriff zuzubilligen, andernfalls sein Schutz vor den Aufspaltungsrisiken unzureichend wäre.

ee) Gewährleistungsansprüche

Beim Neuwagenkauf wird der Einwendungsdurchgriff wegen gewährleistungsrechtlicher Mängel erst dann relevant, wenn die vertraglich vorgesehene Nachbesserung „fehlgeschlagen" ist (§ 9 Abs. 3 Satz 3 VerbrKrG).

Der Einwendungsdurchgriff von § 9 Abs. 3 VerbrKrG setzt voraus, dass der Käufer beim verbundenen Geschäft den gesetzlichen Gewährleistungsanspruch gegenüber dem Verkäufer auch **tatsächlich geltend macht,** da der Käufer nur in diesem Fall gegenüber dem Verkäufer berechtigt wäre, die Leistung zu verweigern. Er muss sich alsbald entweder für die **Wandlung** des Kaufvertrags oder für die **Minderung** des Kaufpreises entscheiden. Der Verkäufer kann ihn hierzu über § 466 BGB zwingen. Eine **alsbaldige Entscheidung** des Verbrauchers für den einen oder anderen zur Verfügung stehenden Gewährleistungsanspruch ist im Interesse des Kreditgebers zu verlangen, da dieser auf das Schicksal der Ansprüche selbst keinen Einfluss nehmen kann. Bis zum Vollzug des geltend gemachten Gewährleistungsanspruchs durch Zustimmung des Verkäufers oder rechtskräftige Verurteilung ist dem Käufer ein Anspruchswechsel gestattet, der für den Kreditgeber unangenehme Folgen haben kann, da der Käufer im Fall der Geltendmachung der Wandlung berechtigt ist, die Rückzahlung des Kredits insgesamt zu verweigern, während er im Fall der Minderung nur die Kreditraten entsprechend kürzen darf.[258]

---

257 *Münstermann/Hannes,* VerbrKrG, § 9 Rn 518.
258 *Münstermann/Hannes,* VerbrKrG, § 9 Rn 527.

319 Ob beim verbundenen Geschäft vom Verbraucher weiterhin zu verlangen ist, dass er den Gewährleistungsanspruch nicht nur geltend macht, sondern auch durchsetzt, notfalls gerichtlich, ist umstritten.[259]

Die notfalls gerichtliche Durchsetzung des Gewährleistungsanspruchs gegenüber dem Verkäufer ist unbedingt anzuraten, da die berechtigte Geltendmachung des Einwendungsdurchgriffs den Käufer zwar von der Zahlung der noch ausstehenden Kreditraten befreit, ihm jedoch keinen Anspruch auf Erstattung der bereits geleisteten Zahlungen gegen den Verkäufer verschafft. Das VerbrKrG nimmt ihm die **Prozeßführungslast** nicht ab.[260]

Wegen der **Vorgreiflichkeit der Gewährleistungsansprüche** für die Beurteilung der Frage, ob der Verbraucher berechtigterweise von dem Einwendungsdurchgriff Gebrauch macht, ist in Anlehnung an die Rechtsprechung zum Finanzierungsleasing ein Zahlungsprozeß des Kreditgebers gegen den Verbraucher bis zum rechtskräftigen Abschluss eines gleichzeitig anhängigen Gewährleistungsprozesses zwischen Verbraucher und Verkäufer auszusetzen.[261]

ff) Rückforderungsdurchgriff gegen den Kreditgeber?

320 Zu der Frage, ob § 9 Abs. 3 VerbrKrG dem Verbraucher im Fall der Rückabwicklung eines verbundenen Kaufs einen **Anspruch gegen den Kreditgeber auf Rückzahlung** der geleisteten Kreditraten einschließlich der darin enthaltenen Zins- und Kostenteile gewährt, sind die Meinungen im Schrifttum geteilt.[262] Auch die Rechtsprechung hierzu ist uneinheitlich, und eine höchstrichterliche Stellungnahme liegt noch nicht vor.

Das LG Hagen[263] und das LG Kleve[264] haben sich auf den Standpunkt gestellt, dass der Käufer vom Kreditgeber eines mit dem Kauf verbundenen Kredits keine Erstattung oder Freistellung wegen der zeitanteiligen Zinsen und Kosten verlangen kann, da schlechterdings nicht einzusehen sei, „warum der Käufer, der den Kaufpreis ganz oder teilweise über einen Verbundkredit aufbringt, im Fall einer Wandlung überhaupt nichts dafür bezahlen soll, dass er bis dahin fremdes Kapital eingesetzt hat". Den dogmatischen Schlüssel zu dieser Entscheidung liefert die Erkenntnis, dass **Finanzierungskosten** und **Zinsen keine Vertragskosten** im Sinne von § 467 BGB sind, die der Verkäufer ersetzen muss.[265] Aus diesem Grund fehlt es an einer Anspruchsnorm gegen den Kreditgeber. Aus § 9 Abs. 3 VerbrKrG lässt sich ein weitergehender Anspruch nicht ableiten.

321 Gegenteiliger Ansicht sind das LG Braunschweig[266] und das OLG Düsseldorf.[267] Sie gewähren dem Käufer im Wege des Haftungsdurchgriffs Anspruch gegen den Kreditgeber auf Rückzahlung der geleisteten Kreditraten einschließlich der Zins- und Kostenanteile. Ihr Hauptargument lautet, der Abzahlungskäufer wäre bei Nichtzulassung des Rückzahlungsdurchgriffs schlechter gestellt als ein Barkäufer, da er ohne entsprechende Gegenleistung zusätzlich Zinsen und Kreditkosten zahlen muss. Wegen der **Mehrbelastung** sei es gerecht-

---

259 Für eine Klärung im Rechtsstreit zwischen Verbraucher und Kreditgeber *Reinicke/Tiedtke*, ZIP 1992, 217, 223; a. A. *Lieb*, WM 1991, 1533, 1539; *Reinking/Nießen*, ZIP 1991, 634, 636.
260 *Lieb*, WM 1991, 1533, 1538.
261 BGH 19. 2. 1986, NJW 1986, 1744, 1746; *Tiedtke*, JZ 1991, 907, 910.
262 Dagegen *Bülow*, VerbrKrG, § 9 Rn 115; *Dauner/Lieb*, WM 1991, Beilage 6, 22, 30; *Lieb*, WM 1991, 1533; befürwortend *Vollkommer*, Festschrift für Merz, 595, 606; *Emmerich*, Verbraucherkreditgeschäfte im Verbraucherkreditgesetz in *Hadding/Hopt*, 67; ders. in *Graf v. Westphalen/Emmerich/von Rottenburg*, VerbrKrG, § 9 Rn 184; *Palandt/Putzo*, BGB, § 9 VerbrKrG Rn 17.
263 Urt. 23. 7. 1993, MDR 1994, 251.
264 Urt. 3. 8. 1993, FLF 1993, 228.
265 LG Bonn 14. 4. 1993, BB 1993, 1319; LG Köln Urt. 4. 5. 1994 – 23 O 24/92 – n. v.
266 Urt. 16. 6. 1994, NJW 1994, 2701.
267 Beschl. 23. 4. 1996, NJW-RR 1996, 1265.

Finanzierter Abzahlungskauf

fertigt, dem Käufer die Möglichkeit der Rückführung von der finanzierenden Bank einzuräumen.

Diese ausschließlich auf **Billigkeitserwägungen** beruhende Begründung erweist sich bei näherer Betrachtung als nicht tragfähig, da der Abzahlungskäufer im Ergebnis nicht mehr als ein Barkäufer aufwendet. Letzterer bindet sein Kapital durch die Fahrzeuganschaffung und begibt sich der Möglichkeit, das Geld anderweitig ertragreich zu verwenden. Für diesen Schaden in Form entgangener Kapitalnutzung bekommt der Barkäufer vom Verkäufer keinen adäquaten Ersatz. Das OLG Düsseldorf hält diesem Einwand unter Berufung auf *Vollkommer*[268] entgegen, der Käufer habe beim Verbundkredit mangels Einsatzes eigenen Kapitals keinen Zinsanspruch gem. § 347 Satz 3 BGB und werde damit durch die Zubilligung eines Anspruchs auf Rückzahlung der geleisteten Raten nicht doppelt bevorzugt.[269] Hierbei wird übersehen, dass dem Käufer eines verbundenen Kaufs die Gesetzeszinsen des § 347 S. 3 BGB insoweit zustehen, als er den in der Kreditsumme enthaltenen Kaufpreisanteil durch die von ihm geleisteten Raten getilgt hat.[270] Mit dem klassischen subsidiären Einwendungsdurchgriff, wie er unter Geltung des Abzahlungsgesetzes von der Rechtsprechung entwickelt wurde und der durch das VerbrKrG nicht abgeschafft wurde, läßt sich der Anspruch gegen den Kreditgeber auf Rückzahlung der geleisteten Kreditraten inklusive der Zins- und Kostenanteile nicht begründen.[271] Der subsidiäre Einwendungsdurchgriff gestattet dem Käufer den Haftungsdurchgriff nur bei von Anfang an vorhandener Nichtigkeit des verbundenen Kaufs oder dessen wirksamer Anfechtung.[272]

Die Entstehungsgeschichte des Einwendungsdurchgriffs und der Wortlaut des § 9 VerbrKrG stehen einer Zulassung des Rückzahlungsdurchgriffs eindeutig entgegen. Es war das erklärte Ziel des Gesetzgebers, den Einwendungsdurchgriff unter Weglassung der Subsidiaritätsvoraussetzungen im Gesetz zu verankern. Er hatte nicht die Absicht, eine neue Verbundqualität zu schaffen, die dem Verbraucher die Möglichkeit eröffnete, den Kreditvertrag mit dem Verteidigungsinstrument des Einwendungsdurchgriffs rückwirkend zu zerschlagen.[273]

---

268 Festschrift für Merz, 595, 606.
269 So die Argumentation des LG Hagen Urt. 23. 7. 1993, MDR 1994, 251.
270 Siehe nachfolgendes Beispiel zur Wandlung mit Erläuterung.
271 Darauf beruft sich das LG Braunschweig 16. 6. 1994, NJW 1994, 2701.
272 Dazu *Reinking*, VGT 1993, 185 ff. m. w. N.
273 *Lieb*, MünchKomm, BGB, § 813 Rn 2.

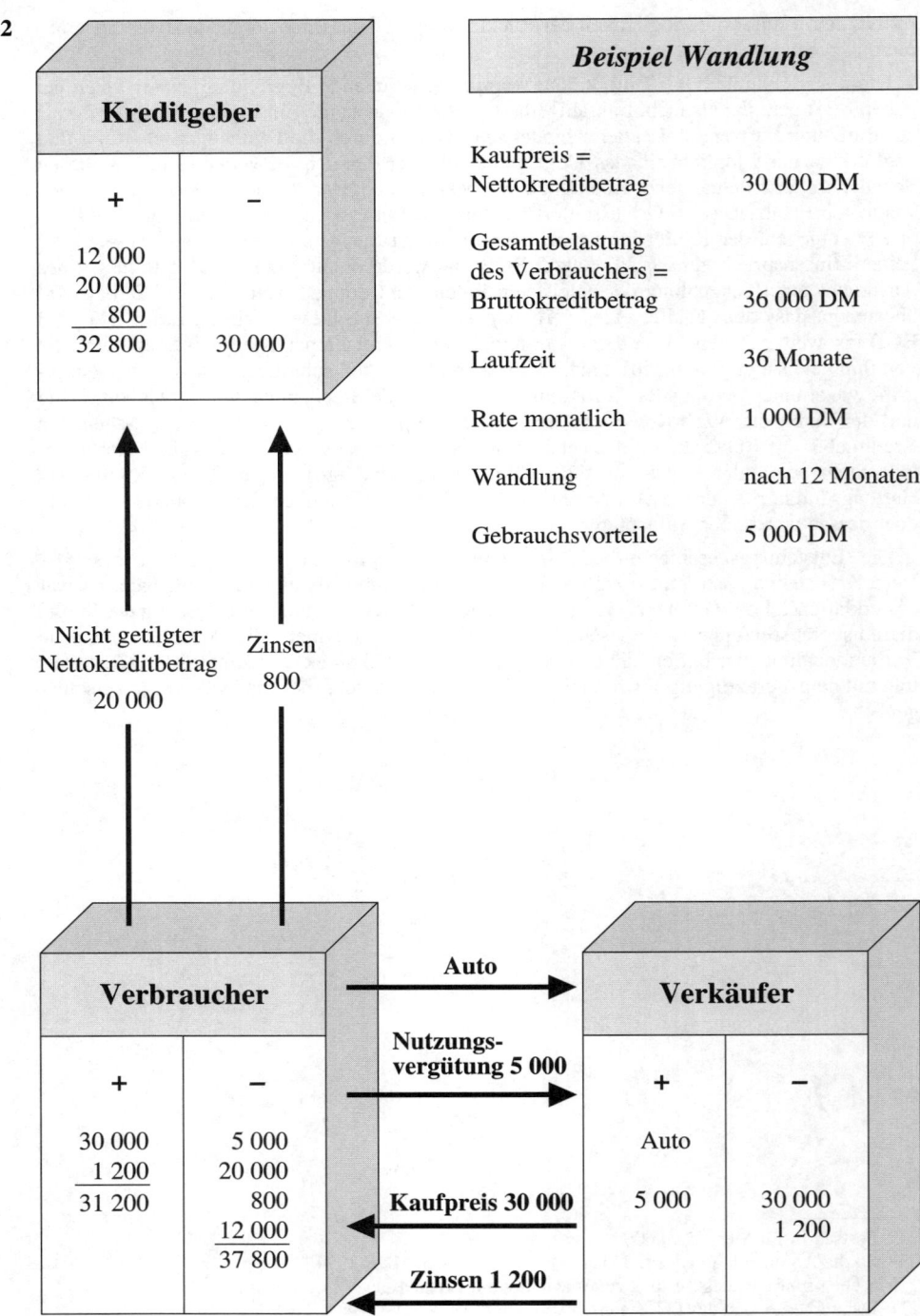

Finanzierter Abzahlungskauf

Erläuterung: Der Verkäufer erhält das Auto vom Käufer zurück. Den Kfz-Brief hat der Kreditgeber herauszugeben. Dieser wird die Aushändigung davon abhängig machen, dass er im Gegenzug die Zahlung des noch nicht getilgten Nettokreditbetrages (20 000 DM) und die nach diesem Betrag gem. § 347 S. 3 BGB zu berechnenden vierprozentigen Zinsen (800 DM) erhält. Soweit der Nettokreditbetrag vom Kreditnehmer getilgt worden ist, stehen ihm die Zinsen des § 347 S. 3 BGB zu. Er hat ferner den nach Abzug des noch nicht getilgten Nettokreditbetrags verbleibenden Kaufpreis vom Verkäufer zu beanspruchen und muss im Gegenzug die Gebrauchsvorteile vergüten. Die bis zur Wandlung angefallenen anteiligen Kreditkosten (2000 DM) verbleiben beim Kreditgeber.

Die Berechnung der Minderung, die im Rahmen des Einwendungsdurchgriffs nur zu einer Herabsetzung der vereinbarten Ratenzahlung führt und den Verbraucher nicht zum Einbehalt des gesamten Minderungsbetrages berechtigt,[274] verdeutlicht das nun folgende Schaubild.

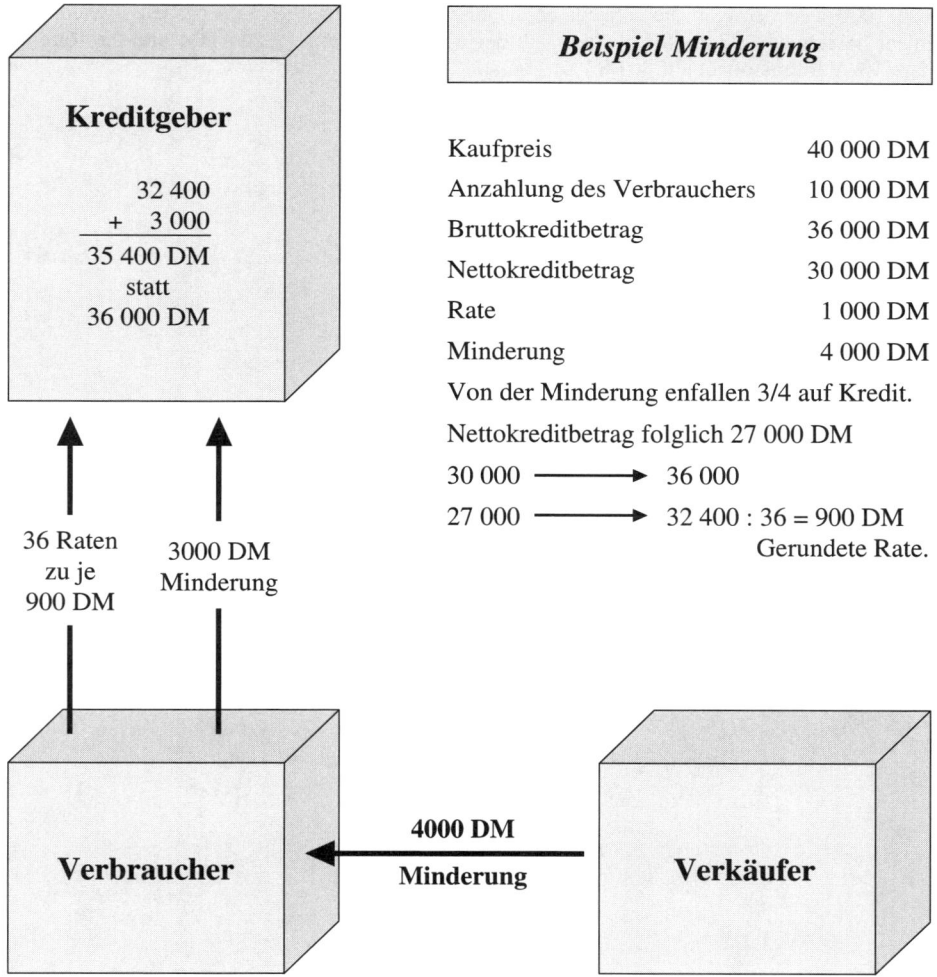

---

[274] *Münstermann/Hannes,* VerbrKrG, § 9 Rn 527.

Erläuterung: Dem Kreditgeber stehen ³/₄ der Minderung zu, mithin 3000 DM, da der Käufer ¹/₄ des Kaufpreises selbst bezahlt hat. Der Käufer hat ¹/₄ der Minderung und somit 1000 DM zu beanspruchen. Der dem Kreditgeber zufließende Minderungsbetrag von 3000 DM mindert das Kreditvolumen entsprechend. Der Nettokredit beträgt nach Abzug der Minderung 27 000 DM. Dieser Betrag entspricht einem Bruttokredit von 32 400 DM und einer Monatsrate von etwa 900 DM.

Sofern der Kreditnehmer die Minderung erst später im Anschluss an eine fehlgeschlagene Nachbesserung geltend macht, verbleiben dem Kreditgeber die bis dahin entstandenen Kreditkosten aus dem ungeschmälerten Kreditbetrag. Die künftigen Raten sind auf der Grundlage des vereinbarten Vertragszinses unter Berücksichtigung des bereits getilgten Nettokredits neu zu berechnen. Erhält der Kreditgeber im Beispielsfall die Minderung von 3000 DM in 12 Monaten, so beträgt der Nettokredit unter Berücksichtigung der Minderung 17 000 DM. Der Vertragszins beträgt – linear berechnet – 6,66%. Bezogen auf eine Nettokreditsumme von 1000 DM betragen die Zinsen für die restliche 24-monatige Vertragszeit – wiederum linear berechnet – 2244 DM, sodass sich der Bruttokredit auf 19 244 DM und die Rate ab dem 13. Vertragsmonat auf 801,83 DM beläuft.

F. Der Neuwagenkauf mit Hereinnahme eines Gebrauchtwagens

I. Rechtstatsächliches

1. Zahlen, Fakten und Interessen

Bei keinem anderen Produkt spielt der Kauf „neu gegen alt" eine so herausragende Rolle wie beim Automobil. Im Jahr 1998 ersetzten 75% der Käufer fabrikneuer Pkw/Kombis mit dem Kauf ihres Neufahrzeugs ein anderes Fahrzeug.[1] 62% der Vorwagen wurden beim Neuwagenhändler in Zahlung gegeben; den Rest übernahmen – von der Verschrottung abgesehen – private Käufer und der reine Gebrauchtwagenhandel.[2] Mit dem Erlös aus dem Vorwagenverkauf wurde der Kaufpreis für den Neuwagen im Durchschnitt zu 22% gedeckt.[3] Der erzielte Inzahlunggaberlös (Verrechnungspreis) lag 1998 bei durchschnittlich 11 900 DM.[4] **324**

Die Bereitschaft der Neuwagenhändler zur Inzahlungnahme des Vorwagens ist unterschiedlich hoch. In Abhängigkeit von der Marke des Neufahrzeugs liegt die Bandbreite der Inzahlungnahmequote zwischen 48% und 74% (1998).[5] Bei 3,74 Mio. Neuwagenverkäufen (Pkw/Kombis) im Jahr 1998 sind dies ca. 2,4 Mio. Inzahlungnahmen. **325**

Für den Verkauf fabrikneuer Pkw/Kombis hat die Inzahlungnahme von Gebrauchtfahrzeugen eine **Schlüsselfunktion.** Während in den siebziger Jahren noch 90% der Käufer ihren Pkw bar bezahlt haben, reichen die eigenen Ersparnisse heute nur noch in den wenigsten Fällen aus, um damit den Neuwagenkauf zu finanzieren. Mit 22% des Kaufpreises für fabrikneue Pkw (1998 durchschnittlich 37 600 DM) bildet der Erlös aus dem Altwagenverkauf/Inzahlunggabe einen wesentlichen Finanzierungsanteil.

Diese Zahlen und Fakten machen deutlich: Für sämtliche drei Seiten – Hersteller, Händler und Käufer – ist die Inzahlungnahme eine **wirtschaftliche Notwendigkeit.** Ohne sie würde der Absatz von Neufahrzeugen auf dem gewohnt hohen Niveau nicht funktionieren. Händler, die Hereinnahmen ablehnen, haben bei den heutigen Wettbewerbsbedingungen auf dem Neuwagensektor kaum eine Überlebenschance. Um das Neuwagengeschäft zu beleben, legen Hersteller und Importeure Verkaufsförderungsprogramme auf, bei denen die Hereinnahme von Altfahrzeugen ein wesentlicher Bestandteil ist (Altauto-Rücknahmeprämien u. a.). **326**

Die Hereinnahme von Altwagen stellt nicht nur ein direktes Absatzförderungsmittel im Hinblick auf das Neuwagengeschäft dar. Für den Händler bietet sie zugleich die Möglichkeit zu einem erfolgreichen Gebrauchtwagenverkauf, wodurch nicht zuletzt Kapital für das Neufahrzeuggeschäft freigesetzt wird. Ein gutes Gebrauchtwagengeschäft wirkt sich in vielfältiger Weise positiv auf den Handel mit Neufahrzeugen aus. Der Gebrauchtwagenkäufer von heute ist der Neuwagenkunde von morgen (Gesichtspunkt der Kundenbindung und der Vertrauensbildung). Schließlich profitieren auch das Werkstattgeschäft und der Verkauf von Zubehör von einem aktiven Gebrauchtwagengeschäft. Das **Interesse des Kfz-Handels** an der Inzahlungnahme von Altfahrzeugen ist damit weitaus stärker und vielschichtiger, als der BGH es (abweichend von BGHZ 46, 338, 340) in der Entscheidung vom 30. 11. 1983[6] sieht. **327**

---

1 DAT-Veedol-Report 1999, S. 18.
2 DAT-Veedol-Report 1999, S. 18.
3 DAT-Veedol-Report 1999, S. 20.
4 DAT-Veedol-Report 1999, S. 18.
5 DAT-Veedol-Report 1999, S. 18.
6 BGHZ 89, 126 = NJW 1984, 429 = WM 1984, 58.

328 Aus der Sicht des Neuwagenkäufers hat die Inzahlunggabe in erster Linie **Finanzierungsfunktion.** Der in seinem Altwagen steckende Tauschwert wird „finanzierungshalber" aktiviert.[7] Darüber hinaus werden dem Neuwagenkäufer eigene Verkaufsbemühungen abgenommen. Dadurch gewinnt er Zeit und Geld. Ein Verkauf auf einem der anderen Teilmärkte (Privatmarkt, reiner Gebrauchtwagenhandel) brächte meist einen geringeren Erlös. Anders als bei einer Inzahlunggabe wird beim Privatverkauf allerdings in der Regel ein Gewährleistungsausschluss ausdrücklich vereinbart (so z. B. im ADAC-Mustervertrag). Die Haftungsentlastung beim Privatverkauf ist aber nur vordergründig weitreichender als bei einer Inzahlunggabe. Denn die Rechtsprechung stellt den Inzahlunggeber durch die Konstruktion stillschweigender Haftungsausschlüsse (vgl. Rn 1981) im Ergebnis im gleichen Umfang haftungsfrei. Aufgrund der beruflichen Sachkunde und des technischen Apparates des Neuwagenhändlers dürfte die Entlastung vom Mängelrisiko faktisch sogar noch ein Stück weiter reichen als beim Verkauf an einen Privatmann.

Wer von den Beteiligten, wozu auch die Hersteller und Importeure gehören, das stärkere Interesse an einem Neuwagenkauf mit Inzahlungnahme hat, lässt sich seriös nicht feststellen. Die Vor- und Nachteile sind unvergleichbar. Jede Seite hat ihren spezifischen Nutzen, dessentwegen etwaige Nachteile in Kauf genommen werden. Diesen Nutzen gilt es zu ermitteln, wenn danach gefragt werden muss, etwa im Wege ergänzender Vertragsauslegung, was die Parteien bei einer angemessenen Abwägung ihrer Interessen nach Treu und Glauben als redliche Vertragspartner vereinbart hätten.

2. Heutige Erscheinungsformen und Vertragsgestaltungen

329 Meist steht die Hingabe eines Altfahrzeugs in Verbindung mit dem Erwerb – Kauf oder Leasing – eines **fabrikneuen Kraftfahrzeugs.** Die Konstellation „**Gebraucht auf Gebraucht**" ist vergleichsweise selten. Denn die Vorwagen von Gebrauchtfahrzeugkäufern gehen vorwiegend an private Käufer. Immerhin werden 31% vom Neufahrzeughandel in Zahlung genommen oder frei angekauft.[8] Beispiele aus der **Rechtsprechung** für „Gebraucht auf Gebraucht": BGHZ 89, 126; BGH NJW 1972, 46; OLG Frankfurt NJW 1974, 1823; OLG Düsseldorf OLGR 1993, 285; LG Wuppertal NJW-RR 1997, 1416; s. auch KG NJW 1983, 2326 (Agentur); BGH NJW 1982, 1699 (Agentur auf Agentur); AG Langen ZfS 1995, 457; BGH NZV 1997, 432.

330 Das Geschäft, dessen Bestandteil die Inzahlungnahme ist, ist in der Regel **bilateral.** Ausnahmsweise entsteht eine **Drei-Personen-Beziehung,** etwa wenn der Fahrzeughersteller zugleich als Verkäufer auftritt (Mercedes Chrysler), er die Hereinnahme und Vermarktung des Altwagens aber seinem Verkaufsvermittler (Agenten) überlässt.[9] Auch bei einem Neufahrzeugkauf über einen (vermittelnden) Unterhändler kann eine Drei-Personen-Beziehung entstehen. Nicht strukturell abweichend, sondern einzelfallbedingt ist die Sonderkonstellation im Fall BGH NJW 1996, 2504 (Leasinggesellschaft steigt in Kauf mit Inzahlungnahme ein). Wird ein **geleastes Kfz** in Zahlung gegeben, muss der Leasinggeber als Eigentümer in das Geschäft eingebunden werden. Auch dadurch kann sich eine vom Regelfall abweichende Fallgestaltung ergeben.[10]

331 In der Zeit zwischen 1967 und 1991 hat der Kfz-Handel gebrauchte Fahrzeuge von Privatpersonen regelmäßig nach dem so genannten **Agenturmodell** hereingenommen. Durch das am 1. 7. 1990 in Kraft getretene Zweite Gesetz zur Änderung des UStG hat sich die steuerliche Ausgangslage grundlegend geändert. Mit Einführung der **Differenzbesteuerung** (§ 25a UStG) ist die agenturweise Hereinnahme von Altwagen weithin gegenstandslos ge-

---

[7] *Dubischar,* JuS 1985, 19.
[8] DAT-Veedol-Report 1999, S. 17.
[9] Vgl. OLG Hamm OLGR 1993, 98.
[10] Zur Anwendung der Differenzbesteuerung vgl. FG Rheinland-Pfalz 19. 1. 1998, 5 K 2903/96, n. v.

worden. Jedenfalls besteht in der Regel keine steuerliche Notwendigkeit mehr, gebrauchte Kraftfahrzeuge von Privatpersonen nur „zur Vermittlung" hereinzunehmen. Der Kfz-Handel praktiziert jetzt wieder, wie bis 1968, die traditionelle „echte" Inzahlungnahme. Nur in Ausnahmefällen weicht man auf eine Agentur und – noch seltener – auf eine Verkaufskommission aus.

25 Jahre Agenturgeschäft haben zu einer Judikatur geführt, die für die Beziehung Neuwagenkäufer/Händler von wesentlicher Bedeutung ist. Wenn das heutige Modell der Inzahlungnahme auch ein anderes ist, die Konfliktfälle im Verhältnis Neuwagenkäufer/Händler sind im Kern die gleichen geblieben. Daher empfiehlt es sich, die Rechtsprechung zur Agentur-Inzahlungnahme ergänzend heranzuziehen. Die wichtigsten Ergebnisse und Gedankengänge sind in diesem Werk bis zur 5. Auflage dargestellt, vgl. auch *Eggert,* NZV 1989, 456 ff. Zur Rechtslage bei Kündigung des Vermittlungsauftrags wegen Mangelhaftigkeit des Agenturfahrzeugs s. Rn 1385 ff.

Zur Unterscheidung von der agenturweisen Übernahme des Altwagens hat man die „echte" Inzahlungnahme als „fest" bezeichnet, weil der Anrechnungspreis ein **verbindlicher Festpreis** ist. Hereinnahmen zum **Schätzwert** kommen heute nur noch vereinzelt vor (zur Auslegung von Schätzpreisklauseln s. Rn 1326 ff.). Vor Einführung des Agenturgeschäfts mit Vereinbarung einer „unteren Preisgrenze" als Mindestverkaufspreis (auch er war letztlich „fest") waren beide Arten der Preisberechnung üblich. Dass Inzahlungnahmen zum Festpreis statt zum Schätzwert nicht sittenwidrig sind und auch keinen Verstoß gegen die Generalklausel in § 1 UWG darstellen, hat der BGH bereits am 20. 5. 1960[11] entschieden. Damals schon hat er auf die rabattrechtliche Problematik von verschleierten Preisnachlässen durch überhöhte Anrechnungspreise hingewiesen,[12] ein Thema, das durch die Werbung mit Anrechnungspreisen für bestimmte Altfahrzeuge (über 10 Jahre u. a.) besondere Aktualität erlangt hat.[13]

Dokumentation: Nur wenige Kfz-Händler verfahren heute noch so wie im Ausgangsfall BGHZ 46, 338. Seinerzeit (1962) war lediglich im Neuwagen-Vertragsformular notiert worden: „Fahrzeug . . . wird mit 4 800 DM in Zahlung genommen, Rest per Scheck bei Übernahme". Solche Kurzfassungen der Inzahlungnahme-Vereinbarung haben im Laufe der Jahre, bedingt auch durch das stark formalisierte Agenturgeschäft, einer **Zwei-Verträge-Version** Platz gemacht. So wie zu Zeiten des Agenturgeschäfts die Hereinnahme des Altwagens in einem selbständigen Vermittlungsauftrag fixiert wurde, wird heute ein separates Vertragsformular „Gebrauchtwagen-Ankauf" („Ankaufvertrag" oder „Ankaufschein") benutzt. Daneben oder ersatzweise werden so genannte Bewertungsbogen oder Bewertungsprotokolle ausgefüllt. Das moderne Autohaus verfügt über ausgefeilte Formulare und EDV-gestützte Bewertungssysteme.

Mit Hilfe der Bewertungsbögen werden die wesentlichen Fahrzeugdaten dokumentiert und der Reparaturbedarf errechnet. Der Kunde muss die Richtigkeit seiner Angaben versichern und – wichtig für die rechtliche Bewertung – durch seine Unterschrift bekräftigen. Zusätzlich zur Eingangsbewertung nehmen viele Händler bei der Ablieferung des Fahrzeugs eine Nachbewertung vor. Auch sie wird immer öfter dokumentiert. Zwischen Erstbewertung und Fahrzeugablieferung können – je nach Lieferzeit für den Neuwagen – mehrere Monate liegen. In der Zwischenzeit ist das Fahrzeug von dem Käufer weiterbenutzt worden. Zur Begrenzung des Mängelrisikos werden ihm besondere Aufklärungspflichten auferlegt (im GW-Ankaufsformular) und/oder eine Höchststrecke vereinbart. Zur Klausel „in der Zwischenzeit aufkommende Schäden gehen zu Lasten des derzeitigen Fahrzeughalters" s. OLG Stuttgart.[14]

---

11 NJW 1960, 1853.
12 Vgl. auch BGH 10. 7. 1986, WM 1986, 1533; OLG Hamburg 18. 10. 1962, BB 1963, 165.
13 Dazu OLG Köln 30. 12. 1994, VRS 89, 357.
14 Urt. v. 2. 4. 1987 – 7 U 308/86, n. v. (Nockenwellenschaden nach Abschluss der Hereinnahmevereinbarung/Agentur).

334 Die **Verbindung** der Altwagen-Hingabe mit dem Neuwagenkauf bzw. dem Kauf eines „neuen" Gebrauchten wird heute nicht mehr so sorglos wie in den fünfziger und sechziger Jahren hergestellt. Die Formulare für den Neuwagenkauf („verbindliche Bestellung eines neuen Kraftfahrzeugs") enthalten in der Spalte „Zahlungs- und Finanzierungs-Vereinbarung" häufig eine **Inzahlungnahmeklausel**. In den Neuwagen-Verkaufsbedingungen (NWVB) findet dieser Vorgang hingegen nach wie vor keine Erwähnung.

335 Die Hereinnahme des Altfahrzeugs wird üblicherweise nicht separat vom Händler bestätigt. Gegenstand der **schriftlichen Bestätigung** ist die Annahme der Neuwagen-Bestellung mit ihrem konkreten, notfalls durch Auslegung zu ermittelnden Inhalt.[15] Zum Zustandekommen des Gesamtgeschäfts und zur Frage der Aufrechterhaltung einzelner Bestandteile s. Rn 361 ff.

II. Auslegung und Qualifizierung

1. Auslegungsgegenstände

336 Als Gegenstand der Vertragsauslegung kommen folgende **Urkunden** in Frage:
– Neuwagen-Bestellschein („Kaufantrag") bzw. – beim Kauf eines „neuen" Gebrauchten – die Gebrauchtwagen-Bestellung
– Auftragsbestätigung des Händlers
– „Ankaufvertrag" Altwagen („Ankaufschein")
– Bewertungsbogen Altwagen
– Hereinnahmeprotokoll Altwagen, ggf. Nachbewertungsbogen.

337 Schon aus dem NW-Bestellschein und dem GW-Ankaufformular geht meist mit hinreichender Deutlichkeit hervor, dass der Neuwagenkauf und die Hingabe des Altfahrzeugs nach dem Willen der Parteien nicht zufällig nebeneinander, sondern in einem **Finalnexus** stehen. Kein Teil soll für sich allein gelten, sondern gemeinsam miteinander stehen oder fallen. Allerdings genügt nicht der Wille zur wirtschaftlichen Verknüpfung, um ein einheitliches Rechtsgeschäft annehmen zu können. Notwendig ist der Wille zur rechtlichen Einheit, wobei es ausreicht, wenn einer der Partner ihn hat und der andere dies erkennt und hinnimmt.[16]

Bei fehlender oder nur bruchstückhafter Dokumentation der Parteierklärungen kommt es auf die Gesamtumstände an. Ein Indiz für eine Verknüpfung von „neu" und „alt" ist neben der Identität der Beteiligten insbesondere der zeitliche Rahmen, in dem Alt- und Neuwagen den Besitzer wechseln sollen.

338 Die Vertragsurkunden haben die Vermutung der Vollständigkeit und Richtigkeit für sich. **Mündliche Nebenabreden**[17] muss derjenige beweisen, der sich darauf beruft. An die Widerlegung der Vollständigkeitsvermutung zu Gunsten eines Autohändlers stellt das OLG Köln hohe Anforderungen.[18]

339 Eine **Schriftformklausel** steht der Wirksamkeit mündlich getroffener Individualabreden, die nach § 4 AGBG Vorrang genießen, nicht entgegen. Sie kann auch durch eine nachträgliche mündliche Abrede außer Kraft gesetzt werden. Bedenklich ist die Ansicht des OLG Düsseldorf,[19] einen angebotenen Zeugen (Beweisthema: mündliche Vereinbarung eines höheren Anrechnungsbetrages) deshalb nicht zu vernehmen, weil die Behauptung fehle, das

---

15 Zur Bedeutung eines formularmäßigen Bestätigungsvorbehalts s. BGH 11. 10. 1967, NJW 1968, 32.
16 BGH NJW 1987, 2004, 2007.
17 Unter „Nebenabrede" im Sinne von Schriftform- und Bestätigungsklauseln versteht der BGH auch die Vereinbarung einer Inzahlungnahme, Urt. v. 11. 10. 1967, NJW 1968, 32.
18 Urt. v. 8. 7. 1969, JMBl. NW 1970, 154.
19 Urt. v. 10. 10. 1991, EWiR § 125 BGB 1/91, 1055 *(Teske)*.

Formerfordernis durch Vertragsänderung außer Kraft gesetzt zu haben. Die Entscheidung berücksichtigt nicht die spezifische AGB-Problematik (§§ 4, 9 AGBG) und die einschlägige Rechtsprechung des BGH.[20]

2. Auslegungs- und Einordnungsversuche

Während es meist keine großen Schwierigkeiten macht, den tatsächlichen Inhalt der getroffenen Vereinbarung jedenfalls im Kern festzustellen, herrscht bei der rechtlichen Bewertung nach wie vor einige Unsicherheit. Dabei bemühen sich Rechtsprechung und Lehre[21] seit mehr als 30 Jahren um eine Bewältigung der vielfältigen Rechtsfragen, die die Inzahlungnahme gebrauchter Kraftfahrzeuge aufwirft. Das Spektrum der Auslegungs- und Einordnungsversuche ist ungewöhnlich breit. Im Wesentlichen beruhen die Meinungsverschiedenheiten auf einer **unterschiedlichen Bewertung der Interessenlage,** wofür vor allem Unklarheiten und Fehlvorstellungen über die tatsächlichen Marktverhältnisse verantwortlich sind. Dogmatische Differenzen, beispielsweise in der Frage nach dem Charakter der Leistung an Erfüllungs Statt, spielen demgegenüber nur eine untergeordnete Rolle. **340**

a) Die Grundkonzeption des BGH: Kaufvertrag mit Ersetzungsbefugnis

Sein grundlegendes Urteil vom 18. 1. 1967,[22] mit dem der BGH sich für die Annahme eines einheitlichen Kaufvertrages mit Ersetzungsbefugnis entschieden hat, hat er im Jahre 1983 bekräftigt.[23] Bis heute hält der BGH an dieser Lösung als Generallinie fest.[24] Hiernach ist dem Käufer die **Ersetzungsbefugnis** eingeräumt, seinen Altwagen für den vertraglich festgesetzten Teil des Kaufpreises an Erfüllungs Statt zu leisten. Damit lehnt der BGH sowohl einen **Doppelkauf mit Verrechnungsabrede** als auch einen **typengemischten Kauf-Tausch-Vertrag** ab. Beides ist im Schrifttum befürwortet worden.[25] Auch die ältere OLG-Rechtsprechung war mitunter andere Wege als der BGH gegangen.[26] Nunmehr hat sich das OLG Oldenburg (14. ZS) durch Urteil vom 28. 7. 1994[27] ausdrücklich von der Linie des BGH distanziert und sich mit der inzwischen h. M. in der Literatur für die Annahme eines typengemischten Vertrages ausgesprochen.[28] Ebenso jetzt LG Wuppertal NJW-RR 1997, 1416 (Kauf eines gebrauchten Pkw gegen Hingabe eines Krades). **341**

Einen einheitlichen Kaufvertrag mit Ersetzungsbefugnis des Käufers nimmt der BGH nur **im Regelfall** an. Schon in der Ausgangsentscheidung BGHZ 46, 338 = NJW 1967, 553 weist er darauf hin, dass „bei entsprechender Interessenlage" auch eine abweichende Regelung möglich sei. Als Beispiel skizziert er folgende Situation: Dem Neuwagenkäufer kommt es **342**

---

20 NJW 1986, 3131; NJW 1986, 1809; s. aber auch NJW 1968, 32 – Bestätigungsklausel, heute überholt.
21 Literaturverzeichnis: *Schmidt,* DAR 1964, 201; *Laufs,* NJW 1965, 1232; *Pfister,* MDR 1968, 361; *Dubischar,* JZ 1969, 175; *ders.,* JuS 1985, 15; *Mayer-Maly,* Festschrift für Larenz, 1973, 673; *Espenhain,* WM 1978, 1107; *ders.,* Diss. Kiel, 1982; *Oehler,* JZ 1979, 787; *Honsell,* Jura 1983, 523; *Schulin,* JA 1983, 161; *ders.,* JZ 1984, 379; *Schwark,* JR 1984, 239; *Rupp/Fleischmann,* NJW 1984, 2802; *Walz/Wienstroh,* BB 1984, 1693; *Behr,* AcP 185 (1985), 401.
22 BGHZ 46, 338 = NJW 1967, 553 = LM § 433 Nr. 26 m. Anm. *Braxmeier,* DAR 1967, 107.
23 Urt. v. 30. 11. 1983, BGHZ 89, 126 = NJW 1984, 429.
24 Urt. v. 19. 6. 1996, NJW 1996, 2504; Urt. v. 28. 11. 1994, BGHZ 128, 111 = NJW 1995, 518 (Vorinstanz OLG Celle OLGR 1994, 129); s. auch BGH (I. ZS) 10. 7. 1986, WM 1986, 1533 unter IV.
25 Favorisiert wird die Konstruktion „Mischvertrag", s. Fn. 50. Dem BGH folgen u. a. *Soergel/Huber,* vor § 433 Rn 215; *Reinicke/Tiedtke,* Rn 861; *Erman/Grunewald,* § 515 Rn 5.
26 Vgl. OLG Braunschweig 8. 1. 1909, OLGR 20 (1910), 184; OLG Hamburg 18. 10. 1962, BB 1963, 165; OLG Köln 16. 5. 1972, DAR 1973, 326 (letztlich offen gelassen so wie auch von OLG Hamm NJW 1975, 1520).
27 NJW-RR 1995, 689.
28 Anders der 13. ZS des OLG Oldenburg, Urt. v. 24. 4. 1995, 13 U 1/95, n. v.

darauf an, das gesamte Geschäft davon abhängig zu machen, seine Gegenleistung gerade durch die Hingabe seines Gebrauchtwagens erbringen zu können. Bei einer Vollzahlerquote von 90%, wie sie bis in die siebziger Jahre üblich war, konnte der BGH eine solche Situation vernachlässigen. Angesichts der gestiegenen Neuwagenpreise und der geringen Kapitalausstattung beim Durchschnittskäufer (s. Rn 325) kommt es dem Erwerber heute genau auf das an, worin der BGH, seinerzeit zu Recht, eine Ausnahme gesehen hat: den teilweisen Ersatz der Kaufpreiszahlung durch Hingabe des Altwagens. In realistischer Einschätzung der Dinge stellt der BGH bereits im Jahre 1982 fest,[29] dass ein Neuwagenkäufer „häufig den Neuwagen nur bei gleichzeitiger Veräußerung des Altwagens bezahlen kann oder will". So verhält es sich heute in der Regel, wobei das Unvermögen zur Vollzahlung, nicht der mangelnde Wille, der wahre Grund ist.[30]

343 Der Fall, der gegenwärtig als **verkehrstypisch** gelten kann, ist durch folgende Merkmale gekennzeichnet:
– Kauf eines fabrikneuen Pkw bzw. Kombis
– Hingabe eines im Eigentum des Neufahrzeugkäufers stehenden Altfahrzeugs
– Beteiligung eines Kfz-Händlers auf der einen, einer Privatperson auf der anderen Seite
– Unvermögen des Neuwagenkäufers zur Bezahlung des gesamten Neuwagenpreises
– Übergewicht des Baranteils gegenüber dem Inzahlungnahmepreis (Anrechnungsbetrag)
– Dokumentation des Gesamtgeschäfts in zwei – taggleich ausgefüllten – Formularen.

344 Die Annahme eines einheitlichen Kaufvertrages mit bloßer Ersetzungsbefugnis ist sicherlich dadurch begünstigt worden, dass im Ausgangsfall BGHZ 46, 338 die Inzahlungnahme unter den „Zahlungsbedingungen" im Neuwagen-Bestellschein festgehalten war.[31] Diese Gestaltung ist heute atypisch. Vorwiegend wird das Geschäft mit Hilfe **zweier Vertragsformulare** dokumentiert. Für eine solche Gestaltung hat sich der BGH entgegen weitverbreiteter Ansicht noch nicht festgelegt. Denn in BGHZ 83, 334 = NJW 1982, 1700 lässt er es ausdrücklich offen, ob auch in diesem Fall ein einheitlicher Kaufvertrag mit Ersetzungsbefugnis oder zwei selbständige Kaufverträge mit Verrechnungsabrede anzunehmen sind.[32]

Ohne nähere Begründung bejaht das OLG Düsseldorf[33] einen **einheitlichen Kaufvertrag mit Ersetzungsbefugnis** auch bei der „Zwei-Verträge-Version"; ebenso das OLG Celle, dessen Urteil v. 6. 1. 1994[34] der BGH in diesem Punkt mangels Revisionsangriffs nicht nachzuprüfen brauchte.[35] Die äußerlich getrennten Vereinbarungen waren indessen durch Verrechnungsabreden oder anderweitig miteinander verklammert. Fehlt diese Klammer, die auch in mündlichen Erklärungen gesehen werden kann, so ist von zwei rechtlich und wirtschaftlich selbständigen Verträgen auszugehen. Ein zunächst „verbundenes" Geschäft kann nachträglich **entklammert** werden.[36] Indizien für eine Autonomie sind: Vollzahlung des NW-Kaufpreises, Zahlung des Autohauses für den Altwagen.

---

29 Urt. v. 21. 4. 1982, BGHZ 83, 334, 339 = NJW 1982, 1700; ähnlich OLG Hamm schon 1975 (NJW 1975, 1520, 1521).
30 Ähnlich der Befund des OLG Hamm schon 1975, s. NJW 1975, 1520, 1521.
31 Zur Vermutung des „Einheitlichkeitswillens" bei dieser Konstellation s. BGH 25. 3. 1987, NJW 1987, 2004, 2007.
32 Andererseits spricht der BGH unter II, 2b der Urteilsgründe von einer „Trennung in zwei selbständige Verträge mit Verrechnungsabrede"; s. auch *Hiddemann*, WM 1982, Sonderbeilage Nr. 5, S. 9 (Nebeneinander von zwei selbständigen Verträgen sogar in Fällen wie BGHZ 46, 338).
33 Urt. v. 22. 11. 1993, MDR 1994, 347 = OLGR 1994, 45; vgl. auch OLG Düsseldorf 28. 7. 1993, OLGR 1993, 285 und Urt. v. 24. 4. 1998, NZV 1998, 466.
34 OLGR 1994, 129; ebenso Urt. v. 15. 12. 1994, OLGR 1995, 85; v. 26. 1. 1996, OLGR 1996, 182 (4. ZS).
35 Vgl. BGH NJW 1995, 518.
36 Beispiel: LG Essen 18. 4. 1996, 4 O 576/95, n. v. – rechtskräftig.

Als **weitere Ausnahmen** mit einer vom Regelfall abweichenden Interessenbewertung hat der BGH folgende Fälle genannt: **atypische Wertrelation** zwischen Geldleistung und Sachwert, **Geschäfte außerhalb des Kfz-Handels**.[37] Ein Wertverhältnis, aus dem sich ein Übergewicht der Sachleistung ergebe, könne, müsse aber nicht ein Indiz für eine vom Regelfall abweichende Interessenlage sein. Dementsprechend hat der BGH selbst in einem Wertverhältnis von 6000 DM („neuer" Gebrauchter) zu 4750 DM (Altwagen) keinen hinreichenden Grund für eine Umdeutung des Geschäfts gesehen.[38]

b) Kritik an der BGH-Rechtsprechung und eigene Meinung

Die Deutung des BGH – einheitlicher Kaufvertrag mit Ersetzungsbefugnis – ist im Laufe der Jahre brüchig geworden. Die ökonomischen Rahmenbedingungen haben sich entscheidend verändert, und zwar auf beiden Seiten. Im Mittelpunkt der Kritik steht die **Interessenbewertung** durch den BGH. Sie ist nicht mehr zeitgemäß. In einem Punkt hat sich der BGH zwischenzeitlich selbst korrigiert, indem er die Vorstellung aufgegeben hat, die Inzahlungnahme sei lediglich ein „Entgegenkommen" des Händlers.[39] In BGHZ 89, 126 = NJW 1984, 429 nimmt er, völlig zu Recht, auch das Eigeninteresse des Händlers in den Blick. Bemerkenswert ist auch die Richtungsänderung in dem kurz zuvor ergangenen Urteil BGHZ 83, 334 = NJW 1982, 1700.

Der BGH hat es bislang versäumt, aus dieser **Neubewertung der Interessenlage** die gebotenen Konsequenzen zu ziehen. Infolgedessen muss er sich den Vorwurf gefallen lassen, mit der Konstruktion einer Ersetzungsbefugnis berechtigte Verbraucherinteressen zu missachten. Denn für den Fall der unverschuldeten Zerstörung oder des Diebstahls des Altwagens belastet der BGH den Käufer mit einer Nachzahlungspflicht. Im statistischen Durchschnittsfall liegt sie mit 12 000 DM deutlich über der jährlichen Sparleistung eines Arbeitnehmerhaushaltes. Ein Anspruch auf Nachzahlung kann dem Händler nach der BGH-Konstruktion zudem aus der Mangelhaftigkeit des Altwagens erwachsen. Dieses Risiko hat der BGH zwar durch die Annahme eines stillschweigenden Haftungsausschlusses begrenzt, bislang jedoch nur bei so genannten Verschleißmängeln.[40] Ob der stillschweigende Gewährleistungsausschluss auch andere Mängel erfasst, insbesondere verborgene Unfallvorschäden, ist offen. Die Instanzgerichte bejahen nicht selten einen umfassenden Haftungsausschluss.[41] In diese Richtung deutet auch die Rechtsprechung des BGH zur – inzwischen überholten – agenturweisen Hereinnahme von Altwagen.[42] Es bleibt abzuwarten, wie der BGH sich für einen Fall der „echten" Inzahlungnahme entscheiden wird. In welchem Umfang dem Händler das Recht zur (isolierten) Rückgabe bzw. Nichtannahme des Altwagens zugestanden wird, entscheidet mit über die Akzeptanz der BGH-Konstruktion. Zurzeit ist dieses Problem nicht befriedigend gelöst. Da inzahlunggebende Neuwagenkäufer ihre Mängelhaftung üblicherweise nicht ausdrücklich ausschließen, sehen sie sich immer wieder Nachzahlungsforderungen mit dem Verlangen nach Rücknahme des Altwagens ausgesetzt. Dann droht die Gefahr, dass das Geschäft nachträglich in einen ungewollten und oft nicht finanzierbaren Barkauf verwandelt wird.

Berechtigt ist ferner der Einwand, die Deutung der Inzahlungnahmevereinbarung als Ersetzungsbefugnis werde der **Vertragswirklichkeit** nicht gerecht. Gewiss geht es beiden Seiten in erster Linie um den Erwerb bzw. die Veräußerung eines Neufahrzeugs. So gesehen ist die Inzahlunggabe des Altwagens in der Tat kein „gleichwertiger Bestandteil"[43] des

---

37 Urt. v. 30. 11. 1983, BGHZ 89, 126 = NJW 1984, 429.
38 Urt. v. 30. 11. 1983, BGHZ 89, 126 = NJW 1984, 429.
39 So in BGHZ 46, 338, vgl. auch BGH NJW 1960, 1853, 1854.
40 Urt. v. 21. 4. 1982, BGHZ 83, 334 = NJW 1982, 1700.
41 Vgl. Rn 1378, 1981.
42 Vgl. Urt. v. 5. 4. 1978, NJW 1978, 1482 = WM 1978, 756; Urt. v. 31. 3. 1982, NJW 1982, 1699 = WM 1982, 710.
43 BGHZ 89, 126, 130.

Geschäftes. Das ist indes nur eine Dimension der Vertragswirklichkeit. Die andere besteht darin, dass die **Primärleistung** des Käufers sich aus **Geld und Fahrzeug** zusammensetzt. Typischerweise kann und will der Käufer nicht die Verpflichtung eingehen, den Neuwagen insgesamt mit Geld zu bezahlen. Ihm kommt es, für den Händler zumindest erkennbar, darauf an, seine Gegenleistung auch und gerade durch die Hingabe seines Altfahrzeugs zu erbringen. Dies ist Bestandteil seiner ursprünglichen Leistung, ohne dass dem Händler ein Anspruch auf Lieferung des Altfahrzeugs erwächst.

Zu bedenken ist auch: Wegen des harten Wettbewerbs auf dem Neufahrzeugmarkt ist der Händler häufig gezwungen, neben einem offenen Preisnachlass für den Neuwagen für den Altwagen des Kunden mehr zu zahlen, als er tatsächlich wert ist. Die Inzahlungnahmepreise liegen seit Jahren deutlich über den Verkehrswerten. Damit gewährt der Händler, wirtschaftlich gesehen, einen zusätzlichen („verdeckten") Rabatt auf den Neuwagen. Entgegen *Huber*[44] ist es also nicht so, dass der Neuwagenkäufer das Angebot des Händlers zum „Listenpreis" annimmt, um sich anschließend in einer „Zusatzvereinbarung" über die Inzahlungnahme des Altwagens zu verständigen. Ob mit oder ohne Inzahlungnahme: Zum „Listenpreis" werden Neufahrzeuge schon lange nicht mehr verkauft. Heute gibt es nur noch die Unverbindliche Preisempfehlung (UPE), die durch so genannte Hauspreise regelmäßig unterschritten wird. Die Größe des offenen Preisnachlasses hängt wesentlich davon ab, ob der Kunde Vollzahler ist oder seinen Altwagen verwertet sehen will. Im letzteren Fall rückt der Anrechnungsbetrag in das Zentrum der Vertragsverhandlungen. Der Neuwagenpreis ohne Hingabe eines Altwagens wird im Allgemeinen gar nicht erst ausgehandelt.[45] Er interessiert nicht. Verhandelte man über ihn, wäre er oftmals niedriger als der Gesamtpreis mit Inzahlungnahme.[46] Auch dies spricht gegen die Annahme einer Ersetzungsbefugnis, bei der die Zahlung des vollen Kaufpreises die primär geschuldete Leistung des Neuwagenkäufers ist. Rückt man von dieser Konstruktion ab und sieht man die Hingabe des Altwagens als Bestandteil der Ursprungsleistung des Käufers an, lassen sich auch die mit dem **„verdeckten" Preisnachlass** verbundenen Probleme sachgerecht lösen. Angesichts der heutigen Marktverhältnisse sollte dieser Aspekt nicht unterschätzt werden. Erhebliche Beträge stehen auf dem Spiel. Bei Annahme einer Ersetzungsbefugnis läuft der Käufer Gefahr, den ausgehandelten Vorteil einzubüßen, ohne dass ihn ein Verschulden an der Vertragsstörung trifft. Ohne Einfluss auf die Preisvereinbarung ist es, wenn der Händler den verdeckten Preisnachlass nach dem Weiterverkauf offenlegt, die Neuwagenrechnung „berichtigt" und sich die Mehrwertsteuerdifferenz vom Finanzamt zurückholt. Ein Erstattungsanspruch des Kunden in gleicher Höhe besteht nicht, obgleich er die „gesetzliche Umsatzsteuer" schuldet. Der Händler ist nicht ungerechtfertigt bereichert.

348 Soweit der BGH die Hingabe des Gebrauchtwagens als Leistung an Erfüllungs Statt beurteilt, bestehen außerdem dogmatische Bedenken. Die Vereinbarung über die Annahme der Ersatzleistung stellt seiner Meinung nach einen entgeltlichen Veräußerungsvertrag dar.[47] Der Gläubiger verzichtet aufgrund eines neuen Austauschvertrages gegen Hingabe der Ersatzleistung auf seine ursprüngliche Forderung; der Gläubiger erwirbt also die Ersatzleistung im Austausch gegen die primär geschuldete Leistung. An einer Primärleistung des Käufers fehlt es indessen, wenn man mit dem BGH davon ausgeht, der Händler sei zur Annahme des Altwagens verpflichtet. Folglich ist auch ein Austauschvertrag nicht denkbar.[48]

Leitet man die Verpflichtung des Händlers zur Annahme des Altwagens aus der ursprünglichen Vereinbarung her, so stellt das Gebrauchmachen des Käufers von seiner Ersetzungsbe-

---

44 *Soergel/Huber,* vor § 433 Rn 215.
45 Anders im Fall OLG Celle 15. 12. 1994, OLGR 1995, 85; s. auch BGH 10. 7. 1986, WM 1986, 1533.
46 Im Fall OLG Celle OLGR 1995, 85 waren es 10%.
47 Urt. v. 18. 1. 1967, BGHZ 46, 338, 342; s. auch OLG Oldenburg (14. ZS) 28. 7. 1994, NJW-RR 1995, 689, das für diese – bestrittene – Ansicht die Verf. in Anspruch nimmt.
48 So auch OLG Oldenburg (14. ZS) 28. 7. 1994, NJW-RR 1995, 689, 690.

Auslegung und Qualifizierung   Rn 349, 350

fugnis keinen Fall der Leistung an Erfüllungs Statt dar. Denn § 364 I BGB setzt voraus, dass der Gläubiger zur Annahme der Ersatzleistung nicht verpflichtet ist.[49]

Mischvertrag aus Kauf und Tausch

Dem mutmaßlichen Parteiwillen und vor allem der Interessenlage wird am ehesten die Ansicht gerecht, wonach es sich **im Normalfall** der Inzahlungnahme um einen gemischten Vertrag aus Kauf und Tausch handelt, ergänzt um die Befugnis des Käufers, statt seines Altwagens Geld zu leisten.[50] Die Vereinbarung der Inzahlungnahme ist keine bloße Nebenabrede („Zusatzvereinbarung") des Neuwagenkaufs, gleichviel, ob die Parteien das Geschäft in einem oder in zwei Vertragsformularen erfasst haben. Auch wenn der Händler im Regelfall keinen Anspruch auf Lieferung des Altwagens erwirbt, kann aufgrund des Zwangs zur Annahme des Altwagens von einer aus Geld und Fahrzeug zusammengesetzten (Primär-)Leistung des Neuwagenkäufers gesprochen werden. 349

Die für den Regelfall gebotene Einordnung als Mischvertrag aus Kauf und Tausch hat Konsequenzen für die **Beweislastverteilung:** Der Händler muss bei einer (Nach-)Zahlungsklage beweisen, dass ein reiner Kauf über das von ihm gelieferte Fahrzeug zu Stande gekommen ist. Andererseits hat der Altwageneigentümer, der für sein Fahrzeug Geld verlangt, zu beweisen, dass der Händler es unabhängig von der Neuwagenbestellung angekauft hat.

Bei einer Inzahlungnahme im **Dreiecksverhältnis** (Hersteller/Händler/Käufer) liegen zwei rechtlich selbständige, wirtschaftlich aber miteinander verbundene Kaufverträge vor. Die Trennung zwischen Hersteller und Verkaufsvermittler kommt in diesem Ausnahmefall schon in den Vertragsformularen klar zum Ausdruck. Für das Neuwagengeschäft ist der Hersteller, für das Gebrauchtwagengeschäft sein Vertreter/Vermittler als Vertragspartner des Kunden ausgewiesen. Typisch ist diese Sonderform beim Kauf von Neufahrzeugen der Marke Mercedes Chrysler, soweit sie nicht über Werksniederlassungen vertrieben werden. So lag es auch im Fall OLG Hamm OLGR 1993, 98. Der 28. ZS nimmt einen **Doppelkauf mit Verrechnungsabrede** an. Das hat zur Folge: Der Neuwagenkäufer erlangt keinen Anspruch auf Auszahlung des Kaufpreises für sein Altfahrzeug, auch dann nicht, wenn das Neuwagengeschäft mit dem Hersteller wider Erwarten scheitert. In einem solchen Fall hat die Inzahlungnahmevereinbarung „keine Gültigkeit".[51] Dieses richtige Ergebnis lässt sich als Folge einer Bedingung darstellen. Man kann aber auch mit Wegfall der Geschäftsgrundlage argumentieren. 350

Wie beim bilateralen Kauf mit Inzahlungnahme verzichtet der Neuwagenverkäufer, hier der Hersteller, auf Vollzahlung des Kaufpreises. Sein Anspruch ist beschränkt auf Leistung des Baranteils. Auf das Altfahrzeug hat er keinen Zugriff. Anders als im Zwei-Personen-Verhältnis dürfte der Händler als Käufer des Altfahrzeugs einen eigenen Lieferanspruch haben, vorausgesetzt, dass beide Verträge wirksam sind. Notwendig ist es nicht, ihm diese Rechtsposition einzuräumen. Denn die Auslieferung des Neufahrzeugs erfolgt Zug um Zug gegen Hingabe des Altwagens und Zahlung des Baranteils. Die gesamte Abwicklung des Geschäfts liegt in den Händen des vom Hersteller eingesetzten Vertreters. Aus Sicht des Kunden macht

---

49 Zur Leistung an Erfüllungs Statt s. *Gernhuber,* Erfüllung, 2. Aufl., § 10, 3 m. w. N. zum Streitstand.
50 So jetzt auch OLG Oldenburg (14. ZS) 28. 7. 1994, NJW-RR 1995, 689; LG Wuppertal 28. 6. 1996, NJW-RR 1997, 1416; früher schon OLG Hamburg 18. 10. 1962, BB 1963, 165 und die h. M. im Schrifttum, vgl. *Staudinger/Mader,* § 515 Rn 11; *Medicus,* Rn 756; *Walter,* Kaufrecht, S. 306; *Larenz,* SchR, Bd. II, Hbd. 1, § 42 I; *Mayer-Maly,* FS Larenz 1973, 673, 681; *Gernhuber,* Erfüllung, § 10, 2; *Honsell,* Jura 1983, 523, 524; *Schulin,* JA 1983, 161, 164; *Pfister,* MDR 1968, 361, 362 f.; *Espenhain,* Diss., Kiel, 1982, 150; *ders.,* WM 1978, 1107; *H. W. Schmidt,* DAR 1964, 201; ähnlich auch *Leenen,* Typus und Rechtsfindung, 1971, S. 159, 161 und *Behr,* AcP 185, 401, die zur Annahme eines besonderen Vertragstyps („Verkehrstyps", so *Behr*) gelangen; abweichend auch *Dubischar,* JZ 1969, 175; *ders.,* JuS 1985, 15 und in AK-BGB, § 366 Rn 4; gegen BGH auch *Reich* in AK-BGB § 433 Rn 33; unentschieden *H. P. Westermann* in MüKo (3. Aufl.), § 433 Rn 27.
51 OLG Hamm 1. 12. 1992, OLGR 1993, 98.

es keinen gravierenden Unterschied, ob er das Fahrzeug direkt vom Hersteller oder von einem Händler kauft.

3. Vertragsstörungen
a) Sachmängelhaftung
aa) Fehler des Neuwagens

351 Solange der Neufahrzeugkäufer lediglich **Nachbesserung** verlangen kann, also noch keine „Wandlungsreife" besteht, ist die Rechtslage mit Blick auf das Altfahrzeug unproblematisch. Es ist mit Übernahme des Neuwagens regelmäßig abgeliefert, kann mithin nicht mehr zurückgehalten werden. Ist der Käufer ausnahmsweise noch im Besitz seines Altwagens, kann er dessen Ablieferung bis zur Erfüllung der Nachbesserungsverpflichtung verweigern (§ 320 BGB).

352 Im Fall der **Wandlung** des Neuwagenkaufvertrages sind die ausgetauschten Leistungen gem. §§ 467, 346, 348 BGB **grundsätzlich** in natura zurückzugewähren. Die Vertragsparteien sind so zu stellen, als wäre das Gesamtgeschäft nicht geschlossen worden. Folglich hat der Käufer den Neuwagen und der Händler das empfangene Geld (Baranteil) sowie den Altwagen zurückzugeben. Solange dessen Rückgabe noch möglich ist, hat der Neuwagenkäufer nicht das Recht, statt seines Altwagens den dafür angerechneten Betrag zu verlangen, gleichviel, ob er über oder unter dem tatsächlichen Fahrzeugwert liegt. Das ist die Konsequenz aus der Annahme eines einheitlichen Geschäfts und entspricht dem Grundgedanken der Wandlung. Die Auffassung des BGH[52] hat auch die Zustimmung derer gefunden, die das Geschäft, abweichend von seiner Konstruktion, als typengemischten Vertrag qualifizieren.

Rückgabemöglichkeit besteht so lange, wie der Händler im Besitz des Fahrzeugs ist. Auf dessen Zustand kommt es grundsätzlich nicht an. Selbst wenn es bis zur Schrottreife verkommen ist, liegt noch kein Fall der Herausgabeunmöglichkeit vor. Für Verschlechterungen haftet der Händler nach §§ 467, 347 S. 1, 989 BGB.

Behauptet der Neuwagenkäufer, der Händler könne den Altwagen nicht mehr herausgeben, und will er mit diesem Vortrag Auszahlung des Anrechnungsbetrages erreichen, so hat er das Unvermögen des Händlers zur Rückgabe zu **beweisen**.[53]

Ein allein auf **Standzeit** beruhender **Wertverlust** des Altwagens geht grundsätzlich zu Lasten des Käufers, obgleich er die Rückabwicklung nicht zu verantworten hat.[54] Während sein Baranteil mit 4% verzinst wird (§ 347 S. 3 BGB), muss er eine Entwertung seiner Sachleistung hinnehmen, sofern der Wertverlust lediglich zeitbedingt ist. Eine Entwertung durch Gebrauch ist selbstverständlich ausgleichspflichtig. Für einen etwaigen Gebrauch schuldet der Händler eine Nutzungsvergütung (zur Berechnung s. Rn 803 ff., 2012 ff.). Den Neuwagenkäufer das Wertverlustrisiko tragen zu lassen, wird man besonders dann als Härte empfinden, wenn die Wandlung erst Jahre nach Übergabe des Altwagens vollzogen wird. Immer längere Garantiefristen beim Neufahrzeugkauf und die Dauer gerichtlicher Auseinandersetzungen um die Wandlungsbefugnis können zu einem spürbaren Nachteil für den Käufer führen. Indessen sieht der BGH darin einen „Ausfluss der gesetzgeberischen Grundentscheidung in den Vorschriften der §§ 467, 346 ff. BGB", mit denen dem Käufer ein Ausgleich für alle Nachteile nicht eingeräumt wird (BGHZ 89, 126, 134).[55] Das schließt jedoch nicht aus,

---

52 BGH 30. 11. 1983, BGHZ 89, 126 = NJW 1984, 429; best. durch BGH 28. 11. 1994, NJW 1995, 518; BGH 7. 5. 1997, NZV 1997, 432; BGH 19. 6. 1996, NJW 1996, 2504; s. auch BGH 28. 5. 1980, NJW 1980, 2190 (kommissionsweise Hereinnahme).
53 So BGH 19. 6. 1996, NJW 1996, 2504 unter III, 1; OLG Düsseldorf 22. 11. 1993, MDR 1994, 347 = OLGR 1994, 45.
54 BGH 30. 11. 1983, BGHZ 89, 126 NJW 1984, 429; so auch *Soergel/Huber*, § 467 Rn 85.
55 Vgl. auch BGH 28. 11. 1994, NJW 1995, 518.

den Begriff der Verschlechterung in § 347 S. 1 BGB „großzügig" auszulegen oder eine vertragsrechtliche Korrektur anhand der typischen Interessenlage vorzunehmen.

Noch schwieriger kann sich die Rückabwicklung im Wandlungsfall gestalten, wenn der Altwagen überhaupt nicht mehr oder nicht mehr in dem früheren Zustand zurückgegeben werden kann. Zu denken ist hier vor allem an die Fälle der **Weiterveräußerung,** der **Verschrottung** (z. B. bei „Abwrack-Inzahlungnahmen"), der **Unfallbeschädigung** und der Um- bzw. Nachrüstung zum Zwecke des Weiterverkaufs oder der Eigennutzung. 353

Zur **Weiterveräußerung:** In diesem Fall kann dem Neuwagenkäufer ein Anspruch auf **Wertersatz** zustehen (§§ 347 S. 1, 989 BGB).[56] Auszahlung des Anrechnungspreises kann er hiernach nur verlangen, wenn dieser Betrag seinem Schaden entspricht.[57] Für die Schadensbemessung ist grundsätzlich der objektive Wert des Fahrzeugs maßgebend,[58] und zwar im **Zeitpunkt** des Wandlungsverlangens, nicht etwa zur Zeit des Kaufs oder der Ablieferung des Altfahrzeugs.[59] Entgegen *Huber*[60] kann nicht im Wege des Anscheinsbeweises davon ausgegangen werden, dass der Anrechnungsbetrag mit dem wirklichen Wert übereinstimmt. Erfahrungsgemäß ist der Verkehrswert/Zeitwert häufig erheblich niedriger als der Inzahlungsnahmepreis. Verdeckte Preisnachlässe sind seit Jahren an der Tagesordnung, je nach konjunktureller Lage mal mehr, mal weniger. Erwägenswert ist indessen, dem Neuwagenhändler die **Darlegungs- und Beweislast** dafür aufzuerlegen, dass sein Hereinnahmepreis überhöht war.[61]

Den – höheren – Anrechnungspreis kann der lediglich zur **Wandlung** (nicht wahlweise zum Schadensersatz nach § 463 BGB) berechtigte Neuwagenkäufer nur kraft einer entsprechenden Vereinbarung beanspruchen. Wird der Anrechnungspreis als „Anzahlung" bezeichnet und formularmäßig vereinbart, dass diese vom Verkäufer im Falle der Vertragsauflösung zurückzuzahlen sei,[62] so kommt es auf den vereinbarten Anrechnungspreis an. Im Zweifel ist der Vertrag aber nicht in dieser käuferfreundlichen Weise zu deuten. Eine andere Auslegung dürfte bei Inzahlungnahmen von Altwagen geboten sein, für die der Händler vom Hersteller eine sog. **Abwrackprämie** oder vergleichbare Vergütung erhält. Ist ein solcher Altwagen (Altersgrenze 10 Jahre) zur Zeit der Wandlung des Neuwagenkaufvertrages schon **verschrottet,** darf der Neuwagenkäufer nicht auf den niedrigeren Zeitwert verwiesen werden.[63] Abgesehen davon, dass dieser Betrag nicht ausreicht, um ein vergleichbares Ersatzfahrzeug zu beschaffen, würde auch die berechtigte Erwartung des Neuwagenkäufers enttäuscht, dass der günstige Anrechnungspreis ein „Festpreis" ist, komme was wolle. Wer mit dem OLG Düsseldorf[64] grundsätzlich auf den – niedrigeren – Verkehrswert abstellt, muss der Frage nachgehen, ob der Käufer in dem für die Wertbemessung maßgeblichen Zeitpunkt (Wandlungsverlangen) eine Verschrottungsprämie bei einem anderen Autohaus hätte erzielen können.

---

56 BGH 30. 11. 1983, BGHZ 86, 126, 135 (insoweit in NJW 1984, 429 nicht abgedruckt).
57 Für Gleichsetzung *Rupp/Fleischmann,* NJW 1984, 2802; ebenso OLG Koblenz 5. 3. 1992, ZfS 1992, 410 = DAR 1993, 348; OLG München 9. 1. 1992, NJW-RR 1992, 1148 (Klavier).
58 So auch OLG Hamm 1. 2. 1994, NZV 1994, 226 = NJW-RR 1994, 882 für einen (reinen) Fahrzeugtausch.
59 OLG Düsseldorf 24. 4. 1998, NJW-RR 1998, 1752 = NZV 1998, 466.
60 *Soergel/Huber,* § 467 Rn 85.
61 Zur Grundlage der Schadensschätzung (§ 287 ZPO) kann auch der (Weiter-)Veräußerungserlös gemacht werden, wobei dann besondere und allgemeine Verkaufskosten (Reparaturen, TÜV, AU, Aufbereitung etc.) abzuziehen wären; die allgemeinen Verkaufskosten schätzt die Finanzverwaltung bis zu 15% des Verkaufspreises. Einen Direktanspruch auf den Erlös leiten *Reinicke/Tiedtke* (5. Aufl., S. 289) aus § 281 BGB her, ebenso *Walter,* S. 305.
62 So im Fall BGHZ 89, 126, s. S. 136.
63 Anders OLG Düsseldorf 24. 4. 1998, NJW-RR 1998, 1752 = NZV 1998, 466.
64 Urt. v. 24. 4. 1998, NJW-RR 1998, 1752 = NZV 1998, 466.

354 Sollte der Händler nach einem Weiterverkauf den **Besitz am Altwagen zurückerworben** haben, weil der Altwagenkäufer seinerseits gewandelt hat oder weil sich der Händler kulanterweise zur Rücknahme bereit erklärt hat, gilt Folgendes: Den Anrechnungspreis kann der wandelnde Neuwagenkäufer aus den oben genannten Gründen nicht verlangen. Die Alternative kann nur lauten: Rückgabe des Altwagens und Ausgleich für etwaigen Wertverlust oder Erstattung des gesamten Fahrzeugwertes. Für beide Lösungen sprechen gute Gründe. Gesetzeskonformer ist die Rückabwicklung, die den Neuwagenkäufer wieder in den Besitz seines Altwagens bringt. Nach der Grundentscheidung des Gesetzgebers soll der Käufer bei der Wandlung so gestellt sein, als hätte er sich auf den Vertrag nicht eingelassen. Sofern die Ausgangssitutation wiederhergestellt werden kann, hat sich die Rückabwicklung nach den tatsächlichen Gegebenheiten zu richten. So zu tun, als sei der wieder im Besitz des Händlers befindliche Altwagen rechtlich nicht mehr vorhanden, ist umso weniger gerechtfertigt, als der Neuwagenkäufer etwaige Werteinbußen nicht entschädigungslos hinzunehmen braucht.

355 Rückabwicklung im Wege des **„großen" Schadensersatzes**: Für Fehler des Neuwagens haftet der Händler nur ausnahmsweise nach Schadensersatzrecht (s. Rn 851 ff., 863 ff.). Ein solcher Fall liegt dem Urteil des BGH vom 28. 11. 1994[65] zugrunde. Wegen einer konkludent erteilten, aber nicht eingehaltenen Zusicherung, das Fahrzeug mit ABS auszuliefern, war der Händler gemäß § 463 S. 1 BGB zum **Schadensersatz wegen Nichterfüllung** verpflichtet. Macht der Neuwagenkäufer den auf Rückabwicklung gerichteten „großen" Schadensersatz geltend, so kann er außer dem bar gezahlten Kaufpreisteil auch den für seinen Altwagen auf den Kaufpreis angerechneten Geldbetrag verlangen (einschl. „Verschrottungsprämie"). Insoweit unterscheidet sich die schadensersatzrechtliche Rückabwicklung von der Wandlung. Der Bundesgerichtshof hat diesen Unterschied überzeugend herausgestellt.[66]

bb) Fehler des Gebrauchtfahrzeugs

356 Die unterschiedlichen Vertragskonstruktionen führen zu **abweichenden Ergebnissen,** wenn das in Zahlung gegebene Gebrauchtfahrzeug einen Fehler i. S. d. § 459 Abs. 1 BGB hat oder ihm eine zugesicherte Eigenschaft fehlt (§ 459 Abs. 2 BGB). Zu den einzelnen Erscheinungsformen von Sachmängeln s. Rn 1556 ff., zur praktisch wichtigsten Fallgruppe der Inzahlungnahme eines Unfallfahrzeugs s. Rn 1891 ff.

Bei Annahme eines **Doppelkaufs** erstrecken sich die Gewährleistungsansprüche des Inzahlungnehmers nur auf das Gebrauchtfahrzeug; das Neufahrzeuggeschäft bleibt unberührt.

Dagegen führt die Wandlung des Händlers wegen Mangelhaftigkeit des Altwagens zur Rückabwicklung des **gesamten Vertrages,** wenn man einen **einheitlichen Tauschvertrag** annimmt. Macht der Händler anstelle der Wandlung von seinem Recht auf Minderung Gebrauch, ist zu beachten, dass die Wertansätze (Tauschpreise) bloße Rechnungsposten sind; die Minderung wird danach beim Tausch nicht unter Zugrundelegung des Anrechnungsbetrages für den Gebrauchtwagen, sondern in Bezug auf den Neuwagenpreis ermittelt.

Bei Annahme eines **Mischvertrages aus Kauf und Tausch** erfasst die Wandlung wiederum den ganzen Vertrag,[67] da ein einheitlicher Vertrag auch nur einheitlich stehen oder fallen soll, wenn eine Partei daran ein Interesse hat.[68] Der Verküpfungswille der Parteien aus der Phase des Vertragsabschlusses wirkt bei der Rückabwicklung fort, sofern diese sich nach den Regeln der Wandlung vollzieht. Dabei macht es keinen Unterschied, ob der Händler an Stelle der Wandlung Schadensersatz wegen Nichterfüllung (§ 463 BGB) oder eine bereicherungsrechtliche Rückabwicklung verlangen könnte, solange er sich für die Wandlung und gegen

---

65 NJW 1995, 518 (Vorinstanz OLG Celle OLGR 1994, 129).
66 Urt. v. 28. 11. 1994, BGHZ 128, 111 = NJW 1995, 518.
67 So ausdrücklich OLG Oldenburg (14. ZS) 28. 7. 1994, NJW-RR 1995, 689; LG Wuppertal 28. 6. 1996, NJW-RR 1997, 1416 für die Arglistanfechtung nach § 123 BGB.
68 *Pfister,* MDR 1968, 361, 363; OLG Oldenburg (14. ZS) 28. 7. 1994, NJW-RR 1995, 689.

Auslegung und Qualifizierung

die alternativen Rechtsbehelfe entscheidet.[69] Im Zweifel will der Händler die für ihn beste Lösung; zur Anspruchswahl s. auch Rn 1990, 1993. Konkret bedeutet diese „Einheitslösung" im Fall der **Wandlung:** Der Händler kann nicht – unter Rückgängigmachung nur des „Altwagenteils" – Zahlung des Verrechnungsbetrages verlangen. Vielmehr hat er den Altwagen zurückzugeben und den Barzahlungsbetrag zurückzuzahlen, eventuell abzüglich einer Nutzungsvergütung. Demgegenüber schuldet der Neufahrzeugkäufer die Rückgabe des Neuwagens.[70]

Will der Händler das Neufahrzeuggeschäft nicht zur Disposition stellen, was in der Regel seinem Interesse entspricht, kann er an Stelle der Wandlung in analoger Anwendung der Vorschriften über die **Minderung** einen Wertausgleich in Geld beanspruchen. Der vereinbarte Anrechnungsbetrag für den Altwagen wird dann in dem Verhältnis herabgesetzt, in dem der Wert des mangelhaften Wagens den Wert des mangelfreien Wagens unterschreitet. Dabei bleibt dem Käufer, wenn er für seinen Wagen einen besonders günstigen Preis erzielt hat, ein entsprechender Vorteil (versteckter Rabatt) erhalten.[71] Unter den Voraussetzungen des § 463 BGB kann der Händler statt Minderung auch den „**kleinen**" **Schadensersatz** wählen.

Nach der **Konstruktion des BGH**[72] – Ersetzungsbefugnis – stehen dem Händler gem. § 365 BGB in Ansehung des Gebrauchtwagens die Rechte eines Käufers zu. Erklärt er die Wandlung, so erfasst dieses Verlangen das Gebrauchtwagengeschäft und nur dieses; die Rückabwicklung beschränkt sich auf die Rückgängigmachung der mit der Hingabe des Altwagens eingetretenen Rechtsfolge. Da die Kaufpreisforderung nach der Inzahlungnahme in Höhe des Anrechnungsbetrages nach § 364 Abs. 1 BGB erloschen ist, hat der Händler an sich nur einen Anspruch auf Wiederbegründung dieser erloschenen Teilkaufpreisforderung. Im Rechtsstreit kann er jedoch nach der Herstellungstheorie unmittelbar auf Erfüllung des neu zu begründenden Anspruchs klagen.[73] Der Käufer muss im Falle der Wandlung des Altwagengeschäfts folglich den **vollen Neuwagenkaufpreis** zahlen. **357**

Um diese „Nachschusspflicht" des Neuwagenkäufers generell, zumindest aber betragsmäßig zu begrenzen, haben Rechtsprechung und Schrifttum **vielfältige Lösungen** entwickelt. Die Haftung des Neuwagenkäufers für Sachmängel an seinem Altfahrzeug ist das **zentrale Thema** des Kaufs mit Inzahlungnahme. Hier muss sich die Leistungsfähigkeit einer jeden Vertragsqualifizierung erweisen. Auch die unseres Erachtens vorzugswürdige Konstruktion eines einheitlichen Mischvertrages aus Tausch und Kauf kann aus sich selbst heraus keine sachgerechten Antworten auf die gesamte Gewährleistungsproblematik geben. Insbesondere ist noch nicht geklärt, welche Auswirkungen **Schadensersatzansprüche des Händlers** haben. Neuere Rechtsprechung liegt lediglich für den Fall der Wandlung[74] und für die bereicherungsrechtliche Rückabwicklung nach Arglistanfechtung vor.[75] Zumindest im Fall von Schadensersatzansprüchen des Händlers, die auf einem **vorsätzlichen Verhalten** des Inzahlunggebers beruhen, erscheint es auch bei Annahme eines typengemischten Vertrages angemessen, dem Händler eine isolierte Befreiung vom „Altwagenteil" zu gestatten. In einem solchen Fall kann es demnach offen bleiben, welcher der verschiedenen Deutungsmöglichkeiten man folgt. Eine Entscheidung ist vor allem in den Fällen **unverschuldeter Einstandspflicht** des Inzahlunggebers gefordert. Ob und inwieweit diese Haftung ausgeschlossen werden kann, ist mitentscheidend über die Akzeptanz der konkurrierenden Lösungsversuche. **358**

---

69 Vgl. OLG Oldenburg 28. 7. 1994, NJW-RR 1995, 689 – Haftung aus § 459 Abs. 2 BGB.
70 OLG Oldenburg (14. ZS) 28. 7. 1994, NJW-RR 1995, 689.
71 *Pfister*, MDR 1968, 361, 365 mit Berechnungsbeispiel in Fn. 52; s. auch *Honsell*, Jura 1983, 523, 525.
72 Urt. v. 18. 1. 1967, BGHZ 46, 338; v. 30. 11. 1983, BGHZ 89, 126.
73 BGH 18. 1. 1967, BGHZ 46, 338; OLG Frankfurt 28. 5. 1974, NJW 1974, 1823; OLG Oldenburg (13. ZS) 24. 4. 1995 – 13 U 1/95, n. v. – Arglistfall.
74 OLG Oldenburg NJW-RR 1995, 689.
75 Vgl. dazu LG Wuppertal NJW-RR 1997, 1416.

Ausgangspunkt muss die Tatsache sein, dass Neuwagenkäufer ihre Altfahrzeuge gewöhnlich ohne ausdrückliche **Haftungsfreizeichnung** in Zahlung geben. Die Vertragsgestaltungsmacht liegt beim Händler. Er entscheidet nicht nur darüber, ob das Geschäft in einem oder in zwei Vertragsformularen erfasst wird. Allein schon durch die vorformulierten Texte bestimmt er weitgehend auch den Vertragsinhalt. Haftungsfreistellungen, wie sie für den Händler in seiner Eigenschaft als Verkäufer selbstverständlich sind, sind in den üblichen Formularen nicht vorgesehen. Individualabreden über Haftungsausschlüsse werden nur vereinzelt getroffen, noch seltener schriftlich festgehalten.

Angesichts dieser für private Inzahlunggeber misslichen Rahmenbedingungen war es naheliegend, den gesetzlichen Haftungsausschluss bei grober Fahrlässigkeit (§ 460 BGB) großzügig zu ihren Gunsten einzusetzen (dazu Rn 1937 ff.) und darüber hinaus stillschweigend bzw. konkludent vereinbarte Freizeichnungen in Betracht zu ziehen. Zur Entwicklung und zum Stand der Rechtsprechung in dieser zweiten, überaus wichtigen Frage s. Rn 1981.

Nicht auf den Grund, sondern auf die Höhe der Nachforderung des (isoliert) wandelungsberechtigten Händlers zielt der Vorschlag ab, den tatsächlichen Wert des Altwagens an Stelle des häufig höheren Anrechnungsbetrages zugrunde zu legen.[76] Dieser Korrekturversuch ist nicht unproblematisch. Bei Annahme eines typengemischten Vertrages (oben Rn 349/350) kann der Händler im Wege der Wandlung nur das gesamte Geschäft rückabwickeln, ein Zahlungsanspruch steht ihm – abgesehen von Vertragskosten- und Verwendungsersatz – nicht zu. Wird hingegen die Inzahlungnahmevereinbarung isoliert rückgängig gemacht (BGH-Lösung), sind die Parteien an sich so zu stellen, als wäre dieser Teil des Vertrages nicht geschlossen worden. Das entspricht dem Grundgedanken der Wandlung. Folglich muss der Neuwagenkäufer seinen Altwagen zurücknehmen (ohne Ausgleich für standzeitbedingten Wertverlust). Der Händler kann Zahlung desjenigen Teils der Kaufpreisforderung verlangen, der durch die erfolgreiche Wandlung wieder offen geworden ist. Das ist ein Betrag in Höhe des Verrechnungspreises. Im Ergebnis muss der Käufer also auf dem Boden der BGH-Konstruktion den **vollen Kaufpreis** zahlen.

Eine etwaige **Überbewertung des Altwagens** (verdeckter Rabatt) wirkt sich hiernach zum Nachteil des Käufers aus. Das ist nicht unbillig. Denn mit der Lieferung des mangelhaften Altwagens hat er den Grund für die Nachforderung des Händlers gesetzt. Dieser Gesichtspunkt schlägt jedenfalls dann durch, wenn ein **Schadensersatzanspruch** aus §§ 365, 463 BGB Anspruchsgrundlage ist oder dem Händler Schadensersatzansprüche aus c. i. c. und unerlaubter Handlung zustehen. Da der Händler bei Annahme einer umfassenden Freizeichnung (s. Rn 1981) Rückabwicklung des Gebrauchtwagen-Teils praktisch nur bei Arglist (dazu vor allem Rn 1891) und unrichtiger Eigenschaftszusicherung verlangen kann, ist das „Rabatt"-Problem schadensersatzrechtlich zu Lasten des Altwageneigentümers zu lösen. Das bedeutet andererseits nicht, dass der Händler seine Nachforderung an einem höheren Preis als dem Vertragspreis ausrichten darf. Ein etwa gewährter offener Rabatt bleibt dem Käufer erhalten. Der Anspruch des Händlers richtet sich auf die Herstellung des gleichen – nicht eines besseren – wirtschaftlichen Zustands, wie er ohne die Täuschung bzw. falsche Zusicherung eingetreten wäre.

b) Leistungsstörungen vor Geschäftsabwicklung

aa) Unmöglichkeit der Lieferung des Gebrauchtwagens

359 Der Auffassung des BGH zufolge schuldet der Käufer als Gegenleistung für den Neuwagen eine Geldleistung. Kann er von seiner Ersetzungsbefugnis keinen Gebrauch machen, weil z. B. das Gebrauchtfahrzeug in der Zeit zwischen Vertragsabschluss und Vertragserfüllung zerstört worden ist, berührt dieser Umstand nicht die Pflicht zur Kaufpreiszahlung. Der

---

[76] LG Köln 11. 10. 1979, 8 S 185/77, n. v.

Käufer wird selbst bei einem unverschuldeten Untergang des Altwagens nicht von seiner Geldschuld befreit.[77] Diese oft nicht bedachte und von vielen Käufern finanziell nicht zu verkraftende Rechtsfolge will *Behr*[78] bei einem vom Käufer nicht zu vertretenden Verlust oder einer Beschädigung des Altwagens durch ein Rücktrittsrecht abwenden. Mit Rücksicht auf das wirtschaftliche Gesamtkonzept, das dem Kauf neu gegen alt zugrunde liegt, ist das sachgerecht. Der hiergegen vorgebrachte Einwand, es gehe nicht um Verschulden, sondern um die Betriebsgefahr des Autos, die der Halter zu Recht trage,[79] ist nicht schlüssig, da das dem Halter in § 7 StVG zugewiesene Risiko nur die Haftung für Schäden an anderen Rechtsgütern, nicht aber am eigenen Auto betrifft.

Erlangt der Käufer Schadensersatz von einem schädigenden Dritten, kann der Händler nach § 281 Abs. 1 BGB Herausgabe des Surrogats verlangen. Macht er von diesem Recht Gebrauch, bleibt seine Verpflichtung zur Lieferung des Neufahrzeugs bestehen. Nicht zutreffend ist die von *Schulin*[80] vertretene Auffassung, der Käufer könne, falls der Händler sein Recht nach § 281 Abs. 1 BGB nicht geltend mache, die Lieferung des Neuwagens über die Ersetzungsbefugnis erzwingen. Gemäß § 323 II BGB ist der Händler berechtigt, nicht aber verpflichtet, das Surrogat entgegenzunehmen.

Geht man von einem **gemischten Vertrag** aus, ist es dem Händler im Falle des unverschuldeten Untergangs des Altwagens verwehrt, den Käufer auf Zahlung in Anspruch zu nehmen. Wegen Unteilbarkeit der vom Händler zu erbringenden Leistung liegt Unmöglichkeit im Hinblick auf die Vertragsdurchführung insgesamt vor. Beide Parteien werden von ihren Leistungspflichten gem. §§ 275, 323 I BGB befreit. Zu demselben Ergebnis gelangt, wer von einem einheitlichen **Tauschvertrag** ausgeht. Bei Annahme eines **Doppelkaufs** sind die Rechtsfolgen der §§ 275, 323 Abs. 1 BGB – wie nach der BGH-Meinung – auf den Altwagenkauf zu beschränken.

bb) Verzug und Unmöglichkeit der Lieferung des Neuwagens

Wird dem Händler die Lieferung des Neuwagens unmöglich, ohne dass er dies zu vertreten hat, ist nach allen Auffassungen – außer beim Doppelkauf – der gesamte Vertrag hinfällig. Die gleiche Rechtsfolge tritt im Falle des Lieferverzugs unter den Voraussetzungen von Abschn. IV, Ziff. 2 Abs. 2 NWVB ein.

360

Beruht der Verzug oder die Unmöglichkeit der Neuwagenlieferung auf Umständen, die der Händler zu vertreten hat, oder wird dieser vertragsbrüchig, so steht dem Käufer ein Anspruch auf Schadensersatz wegen Nichterfüllung des gesamten Vertrages zu (§§ 325, 326 BGB). Scheitert der Vertrag an Lieferverzug, ist die Haftung des Verkäufers für leichte Fahrlässigkeit gem. Abschn. IV, Ziff. 2 Abs. 2 NWVB auf 10% des Kaufpreises beschränkt, während der Verkäufer für Vorsatz und grobe Fahrlässigkeit unbegrenzt haftet. Nach dem Wortlaut der Klausel des Abschn. IV, Ziff. 2 Abs. 2 i. V. m. Abschn. VIII, Ziff. 2 NWVB gilt die Haftungsbeschränkung nur für Lieferverzug und nicht für Unmöglichkeit. Gleichwohl erscheint es angebracht, die Haftungsbegrenzung des Abschn. IV, Ziff. 2 Abs. 2 NWVB auch bei einer vom Verkäufer leicht fahrlässig verschuldeten Lieferunmöglichkeit anzuwenden, da die Regelung in Abschn. VIII NWVB auf diese Fallgestaltung ersichtlich nicht zugeschnitten ist und sich die Unmöglichkeit vom Verzug nur dadurch unterscheidet, dass sie nicht nur ein vorläufiges, sondern ein endgültiges Lieferhindernis darstellt.

Wählt der Käufer den **Schadensersatzanspruch,** hat er zwei Berechnungsmöglichkeiten: Er kann sich damit begnügen, die Wertdifferenz der gegenseitig geschuldeten Leistungen zu verlangen. Dies ist für ihn dann von Vorteil, wenn der Gebrauchtwagen mit einem seinen

---

77 BGH 18. 1. 1967, BGHZ 46, 338; *Soergel/Huber,* vor § 433 Rn 213.
78 AcP 185 (1985), 401, 418.
79 *Soergel/Huber,* vor § 433 Rn 215, Fn. 17.
80 JA 1983, 161, 165.

Verkehrswert übersteigenden Betrag in Zahlung genommen wurde. Hat er dagegen ein besonderes Interesse daran, seinen Gebrauchtwagen abzugeben, ist er berechtigt, seine Leistung – Übereignung des Gebrauchtwagens und Zahlung des Differenzbetrages – zu erbringen und von dem Händler Schadensersatz in Höhe des Neuwagenpreises zu verlangen. Dabei ist als Schadensposition der vereinbarte Preis für die Inzahlungnahme und nicht der tatsächliche Wert des Gebrauchtwagens anzusetzen.[81] Wenn der Händler auf 10% des Neuwagenpreises begrenzt haftet, ist die Anwendung der zuerst genannten Methode zu empfehlen, da sich die Wertdifferenz zwischen dem wirklichen Wert des Altwagens und dem vertraglich gewährten – meist höheren – Anrechnungspreis größenmäßig in diesem Rahmen bewegt.

An Stelle der Geltendmachung von Schadensersatzansprüchen kann der Käufer **vom Gesamtvertrag zurücktreten.** Für die Rückabwicklung gelten die Ausführungen zur Wandlung entsprechend. Erklärt der Käufer den Rücktritt und fordert er den Verkäufer gleichzeitig zur Zahlung des vereinbarten Anrechnungspreises gegen Übereignung des Gebrauchtfahrzeuges auf, ist sein Verlangen als Geltendmachung von Schadensersatzansprüchen zu werten. Nach Meinung des LG Köln[82] wird der Ersatzanspruch des Käufers wegen der Besonderheit der Inzahlungnahme selbst durch einen Rücktritt vom Vertrag nicht ausgeschlossen, weil die Ersatzleistung dem Ziel der Rückabwicklung dient. Durch BGHZ 89, 126 überholt ist das Urteil des OLG Karlsruhe NJW 1965, 111 (m. Anm. *Laufs*, S. 1232), wonach der Käufer bei seinem Rücktritt vom (Neuwagen-)Kaufvertrag Auszahlung des Anrechnungspreises verlangen kann.

cc) Scheitern des Neuwagengeschäfts wegen Ablehnung der Käuferofferte und sonstige Abschlussprobleme

361 In der Regel treffen die Parteien schon bei der Neuwagenbestellung eine Absprache über die Inzahlungnahme, wobei bereits der Anrechnungspreis festgelegt wird. Übergeben wird das Altfahrzeug aber meist erst Zug um Zug gegen Auslieferung des Neuwagens.

Auf dem Boden der BGH-Judikatur (einheitlicher Kaufvertrag mit Ersetzungsbefugnis) hängt das rechtliche Schicksal des Altwagenteils davon ab, ob der Händler das Angebot des Käufers zum Kauf des Neuwagens annimmt oder zurückweist. Auch beim Neufahrzeugverkauf mit Inzahlungnahme wird die Annahme der Käuferofferte regelmäßig **schriftlich bestätigt** (vgl. Abschn. I, 1 NWVB), entweder durch Unterschrift der „Verkäufer-Firma" auf dem Neuwagenbestellschein oder durch ein separates Schreiben des Autohauses innerhalb der Annahmefrist. Der Vertragsabschluss wird also in der Regel nicht bis zur Auslieferung des Neuwagens in der Schwebe gehalten (2. Alternative im Abschn. I, 1 NWVB). Allerdings können sich die Parteien abweichend von den handelsüblichen Formularen – auch mündlich – über die Verbindung von „neu" und „alt" einigen. An die Feststellung eines solchen Willens sind strenge Anforderungen zu stellen, weil der Neufahrzeughändler **typischerweise** gemäß Abschn. I, 1 NWVB (1. Alt) verfährt, das Zustandekommen des Vertrages also von einer schriftlichen Bestätigung der Geschäftsleitung abhängig machen will. **Kritischer Punkt** ist die Höhe des Verrechnungspreises. Insoweit möchte man sich das letzte Wort vorbehalten. Verkaufsangestellte unterhalb der Ebene der Geschäftsleitung benötigen zur wirksamen Vertretung des Autohauses einer **Vertretungsmacht,** die sich nicht bereits aus einer analogen Anwendung des § 56 HGB ergibt.[83] Ein Indiz für die Annahme eines Geschäftsabschlusses außerhalb vorformulierter Regeln kann die Entgegennahme des Altwagens mit Schlüsseln und Papieren im Anschluss an die Unterzeichnung der Neuwagenbestellung sein, zumal dann, wenn das Neufahrzeug vorrätig ist oder seine Auslieferung unmittelbar bevorsteht. Eine solche Handhabung kann übrigens für ein eigenes Interesse des Händlers

---

[81] LG Köln 21. 3. 1979, 73 O 94/78, n. v.
[82] Urt. v. 21. 3. 1979, 73 O 94/78, n. v.
[83] Vgl. BGH 4. 5. 1988, ZIP 1988, 1188 = JR 1990, 59 mit Anm. *Kothe.*

am Altfahrzeug sprechen und die Annahme eines Ankaufs unabhängig von dem Neuwagengeschäft nahelegen (zu diesem Aspekt s. OLG Hamm NJW 1975, 1520, 1521).

Grundsätzlich ist der Händler in der Annahme der Käuferofferte frei. Seine Vertragsabschlussfreiheit wird nicht dadurch eingeschränkt, dass er sich zur Inzahlungnahme des Kundenfahrzeugs bereit erklärt hat. Folglich lässt selbst eine objektiv grundlose Nichtannahme der Neuwagenbestellung die Inzahlungnahme scheitern,[84] gleichviel, ob man einen einheitlichen Kaufvertrag mit Ersetzungsbefugnis, einen typengemischten Vertrag oder zwei getrennte Kaufverträge mit Verrechnungsabrede annimmt. Abweichend hiervon hat das OLG Hamburg in einem Sonderfall (Übergabe des Altwagens vor schriftlicher Entschließung des Händlers) entschieden, der Händler habe den Altwagen zu behalten und den Anrechnungspreis in bar auszuzahlen.[85] Die Nebenabrede über die Inzahlungnahme stehe unter der Bedingung, dass der Neuwagenkauf zu Stande komme. Wenn der Händler die Annahme der Käuferofferte ohne triftigen Grund ablehne, müsse er sich nach § 162 BGB so behandeln lassen, als sei es zum Abschluss des Neuwagenkaufvertrages gekommen. Auf der Grundlage der „Einheits"-Lösung in BGHZ 46, 338, der das OLG Hamburg ausdrücklich folgt, ist dieser Ansatz nicht überzeugend (ablehnend auch OLG Celle OLGR 1995, 85). Typischerweise sind Neuwagengeschäft und Inzahlungnahme nicht „bedingungsmäßig" miteinander verknüpft. Beide sind vielmehr Bestandteile eines einheitlichen Vertrages, sei es nun Kauf oder eine Mischung aus Kauf und Tausch. Bei Annahme zweier getrennter Kaufverträge, die lediglich durch eine Verrechnungsabrede miteinander verbunden sind, ist mit dem OLG Hamm (NJW 1975, 1520) in der Durchführung des Neuwagengeschäfts die Geschäftsgrundlage für das Altwagengeschäft zu sehen.[86]

In zutreffender Einschätzung der Abschlussfreiheit stellt das OLG Celle[87] den Händler davon frei, die Ablehnung der Neuwagenbestellung näher zu begründen. Der Händler kann sich jeglicher (schriftlicher) Stellungnahme enthalten. Gegen unredliches Händlerverhalten ist der Besteller/Altwageneigentümer nach c. i. c.-Regeln hinreichend geschützt.

Solange die Parteien sich nicht über das Zustandekommen des Gesamtgeschäfts einig geworden sind, bleibt der Neuwageninteressent Eigentümer seines Altfahrzeugs; dies auch dann, wenn er es dem Verkäufer bereits übergeben hat.[88]

---
84 So auch OLG Celle 15. 12. 1994, OLGR 1995, 85; OLG Hamm 1. 12. 1992, OLGR 1993, 98 (aber Dreiecksbeziehung).
85 Urt. v. 22. 10. 1970, MDR 1971, 134.
86 Vgl. auch OLG Hamm OLGR 1993, 98.
87 Urt. v. 15. 12. 1994, OLGR 1995, 85.
88 OLG Celle BB 1956, 1166; anders auch hier OLG Hamburg MDR 1971, 134, 135.

G. Der Autokauf als Haustürgeschäft o. ä. Geschäft

I. Gesetzesrelevanz für den Neuwagenhandel

362 Das Gesetz über den Widerruf von Haustürgeschäften u. ä. Geschäften, kurz HWiG, soll die sozial **schwächeren Kunden** mit **geringer Geschäftsgewandtheit** vor Verträgen schützen, die infolge von Überrumpelung auf übereilten Entschlüssen beruhen, ihnen Leistungen beschaffen, für die oft kein echter Bedarf besteht und deren Entgelt ihre finanziellen Mittel übersteigt. Es gilt **uneingeschränkt für den Automobilverkauf,** auch wenn dieser Geschäftszweig nicht die typischen Merkmale eines Haustürgeschäfts aufweist. Da immerhin rund **20% der Neuwagenbestellungen**[1] außerhalb der Geschäftsräume der Händlerfirmen aufgegeben werden, ist das HWiG auch für den Bereich des Neuwagenhandels von Bedeutung. Der Verkauf außer Haus wird zumeist von Außendienstmitarbeitern durchgeführt, die ihre Kunden im Rahmen von Betreuungsprogrammen in mehr oder weniger regelmäßigen Abständen aufsuchen. Hierbei kommt es vor, dass derartige Besuche unaufgefordert geschehen.

II. Allgemeine Anwendungsvoraussetzungen

363 Das HWiG gilt nur für **private Käufer.** Es findet auch dann Anwendung, wenn für den privaten Kunden ein Vertreter gehandelt hat und dieser durch die in § 1 Abs. 1 Nr. 1–3 HWiG vorausgesetzte Willensbeeinflussung zum Vertragsabschluss bestimmt worden ist,[2] oder wenn jemand, der allgemein werbend für einen anderen tätig ist, einen eigenen Angehörigen in dessen Privatwohnung mit dem Vorschlag überrascht, mit dem anderen ein Rechtsgeschäft abzuschließen.[3] Nicht unter den Schutz des HWiG fallen diejenigen Personen, die Fahrzeuge in Ausübung einer selbstständigen Erwerbstätigkeit oder in Vorbereitung einer weiteren bisher nicht ausgeübten Erwerbstätigkeit kaufen, wie z. B. selbstständige Handwerker, Ärzte oder Rechtsanwälte.[4]

Ein **Bürgschaftsvertrag** ist kein Geschäft im Sinne von § 1 Abs. 1 HWiG, wenn er eine Verbindlichkeit absichert, die der Hauptschuldner im Rahmen seiner Erwerbstätigkeit eingegangen ist. Vom Haustürwiderrufsgesetz, das insoweit keinen weiteren Regelungsbereich abdeckt als die EWG-Richtlinie,[5] wird ein Bürgschaftsvertrag nur dann erfasst, wenn nicht nur er selbst ein Verbraucher- und Haustürgeschäft ist, sondern auch die durch ihn gesicherte Hauptverbindlichkeit auf einem Verbraucher- und Haustürgeschäft beruht.[6]

Über den Zusammenhang zwischen dem Geschäftsabschluss und der Erwerbstätigkeit kann die Verwendung von Firmen- und Praxisstempeln Aufschluss geben.[7]

Die andere Partei (Verkäufer) muss **geschäftsmäßig handeln.** Geschäftsmäßig handelt auch derjenige, der ohne angemeldetes Gewerbe in der Absicht, regelmäßig – also auf eine gewisse Dauer angelegt – Gewinn zu erzielen, Kraftfahrzeuge an- und verkauft.[8] Verträge

---

1 *Creutzig,* Recht des Autokaufs, Rn 141.
2 BGH 22. 1. 1991, NJW-RR 1991, 1074; OLG Hamm 24. 7. 1990, NJW-RR 1991, 121.
3 BGH 17. 9. 1996, NJW 1996, 3414.
4 BGH 4. 5. 1994, ZIP 1994, 1189.
5 Richtlinie des Rates der Europäischen Gemeinschaften vom 20. 12. 1985 betreffend den Verbraucherschutz für außerhalb von Geschäftsräumen geschlossene Verträge, 85/577/EWG, Abl. Nr. L 372/31 vom 31. 12. 1985.
6 BGH 14. 5. 1998, EBE 1998, 211 i. V. m. BGH 11. 1. 1996, WM 1996, 384; EuGH 17. 3. 1998, WM 1998, 649; a. A. BGH 9. 3. 1993, ZIP 1993, 585; OLG Köln 12. 11. 1993, VuR 1994, 237; OLG Hamm 3. 2. 1997, OLGR 1997, 157; *Bülow,* ZIP 1999, 1613, 1614.
7 LG Düsseldorf 21. 4. 1989, NJW-RR 1989, 1341.
8 *Palandt/Putzo,* § 6 HWiG Rn 3.

unter Privatleuten werden nicht erfasst. Seiner Funktion als Verbraucherschutzgesetz entsprechend greift das HWiG beim Kauf nur dann ein, wenn nicht bereits das VerbrKrG einschlägig ist. Eine Gesetzesumgehung verbietet die generalklauselartig gestaltete Vorschrift von § 5 Abs. 1 HWiG.

Die wegen der Gefahr der Überrumpelung des Kunden vom Gesetzgeber missbilligten **Vertragssituationen** werden in **§ 1 HWiG abschließend aufgezählt und beschrieben.**

Beim Vertragsschluss per **Internet** und beim **TV-Shopping** besteht **keine Haustürsituation.** Deshalb konzentriert sich die Diskussion auf die Frage, ob eine Umgehung i. S. v. § 5 HWiG vorliegt.[9] TV-Shopping ähnelt der Telefonwerbung, die nach herrschender Ansicht weder ein Haustürgeschäft noch ein Umgehungsgeschäft darstellt.[10]

Für den Bereich des Automobilhandels spielen die Bestellung des Kunden am Arbeitsplatz, im Bereich einer Privatwohnung (§ 1 Abs. 1 Nr. 1 HWiG) oder anlässlich einer Freizeitveranstaltung (§ 1 Abs. 1 Nr. 2 HWiG) eine Rolle. Neu- oder Gebrauchtwagengeschäfte im Anschluss an ein überraschendes Ansprechen in Verkehrsmitteln oder im direkten Bereich öffentlich zugänglicher Verkehrswege (§ 1 Abs. 1 Nr. 3 HWiG) sind unüblich, Umgehungen, wie z. B. ein Verkaufsgespräch in einer Hotelhalle,[11] aber durchaus vorstellbar.

III. Arbeitsplatz und Privatwohnung

Maßgebend für § 1 Abs. 1 Nr. 1 HWiG ist die Anwesenheit der anderen Partei, ihres Gehilfen oder eines von ihr beauftragten Dritten am Arbeitsplatz des Kunden oder in einer Privatwohnung zusammen mit dem Kunden sowie die Ursächlichkeit, zumindest aber Mitursächlichkeit[12] der an diesem Ort geführten mündlichen Verhandlung für den Vertragsabschluss. 364

Mündliche Verhandlungen erfordern nicht, dass Einzelheiten der konkreten Vertragsgestaltung besprochen werden. Vielmehr umfasst der Begriff bereits jedes werbemäßige Ansprechen eines Kunden, das auf einen späteren Vertragsschluss abzielt.[13] Entscheidend ist allein, dass der Kunde durch die mündliche Verhandlung zur Abgabe seiner auf den Vertragsabschluss gerichteten Willenserklärung bestimmt wird. Für die Ursächlichkeit genügt die Feststellung, dass der spätere Vertrag ohne die besonderen Umstände der ersten Kontaktaufnahme nicht oder nicht so wie geschehen zu Stande gekommen wäre.[14] Die Voraussetzungen von § 1 Abs. 1 Nr. 1 HWiG sind erfüllt, wenn der Kunde einen Besuch des Verkäufers zum Anlass nimmt, Änderungswünsche zu einem bestehenden Vertrag zu äußern und anschließend ein neuer – ersetzender – Vertrag geschlossen wird.[15] Die besonderen Umstände der ersten Kontaktaufnahme können auch dann ursächlich für den Vertragsschluss sein, wenn der Kunde seine Vertragserklärung erst später in Abwesenheit des Vertragspartners und eines für diesen auftretenden Werbers unterschrieben hat.[16]

Ein **telefonisches Werbegespräch** erfüllt nach Ansicht des BGH[17] nicht den Tatbestand der mündlichen Verhandlung im Sinne des § 1 Abs. 1 Nr. 1 HWiG.

---

9 *Borges*, ZIP 1999, 130, 132; *Köhler*, NJW 1998, 185; *Waldenberger*, BB 1996, 2365, 67.
10 BGH 16. 1. 1996, WM 1996, 390 m. w. N.; *Borges*, ZIP 1999, 130, 132.
11 Vgl. z. B. LG Lüneburg 22. 6. 1988, NJW-RR 1989, 119.
12 *Gilles*, NJW 1986, 1131, 1139.
13 BGH 16. 1. 1996, WM 1996, 387; OLG Stuttgart 4. 3. 1997, OLGR 1997, 71.
14 BGH 16. 1. 1996, WM 1996, 387.
15 BGH 19. 11. 1998, ZIP 1999, 70.
16 BGH 17. 9. 1996, NJW 1996, 3416.
17 Urt. 16. 1. 1996, WM 1996, 390 unter Hinweis auf die Gesetzesbegründung in BT-Drucks. 10/2876, S. 11; kritisch *Klingsporn*, NJW 1997, 1546 m. w. N. zu diesem strittigen Thema.

365 Der Begriff **Arbeitsplatz** ist weit auszulegen; hierzu gehört wegen der Möglichkeit der überraschenden Einflussnahme jeder Ort im Betriebsgebäude oder auf dem Betriebsgelände.[18]

366 Zur **Privatwohnung** zählen außer dem eigentlichen Wohnbereich auch der Hausflur, das Treppenhaus, die Haustür eines Mehrfamilienhauses, der Garten sowie die Tiefgarage und die Gemeinschaftsräume größerer Wohnanlagen. Hergeleitet aus dem Umgehungsverbot des § 5 HWiG vertritt das AG Freising die Auffassung, ein Vertragsabschluss falle noch unter § 1 Abs. 1 Nr. 1 HWiG, wenn die Parteien auf Grund eines spontanen Entschlusses den Verhandlungsort entgegen der ursprünglichen Absicht in ein der Privatwohnung nahe gelegenes kleines Café verlegen.[19] Auch das LG Mannheim[20] geht von einem Umgehungstatbestand i. S. v. § 5 HWiG aus, wenn die Vertragsverhandlungen statt in einer Privatwohnung in einem Hotel geführt werden, vorausgesetzt, dass der Kunde dort in die gleiche Lage gebracht wird, wie sie bei den in § 1 HWiG beschriebenen Situationen besteht.

Bei der Privatwohnung muss es sich nicht um diejenige des Kunden handeln; es kann ebenso die Wohnung eines Dritten sein.[21] Auch die Privatwohnung der anderen Partei oder der für sie handelnden Personen fällt unter die Regelung von § 1 Abs. 1 Nr. 1 HWiG,[22] nicht jedoch deren Geschäftsraum.[23] Die Privatwohnung der geschäftsmäßig handelnden Partei wird von dem Kunden normalerweise nicht als der Ort angesehen, an dem Verträge geschlossen werden; hierfür sind die Geschäftsräume bestimmt. Deshalb ist die Gefahr eines auf Überrumpelung beruhenden voreiligen Vertragsabschlusses in einer Privatwohnung weitaus größer als in einem Geschäftsraum, da die Atmosphäre einer Privatwohnung den auf den Kunden ausgeübten Kaufdruck wesentlich verstärkt.

IV. Freizeitveranstaltung

367 Der Begriff der Freizeitveranstaltung wird im Gesetz nicht näher erläutert. In der Gesetzesbegründung und im juristischen Schrifttum werden beispielhaft genannt: Kaffeefahrten, mehrtägige Reisen, Ausflugsfahrten zu Besichtigungen, Kultur- und Sportereignisse, Butterfahrten, Filmvorführungen, Tanzveranstaltungen und Modenschauen, bei denen Leistungen oder Waren angeboten werden.[24] Alle Veranstaltungen haben gemeinsam, dass über das eigentliche Verkaufsgeschehen hinaus Leistungen unterhaltender Art seitens des Veranstalters, angeboten werden, die in keinem sachlichen Zusammenhang mit dem eigentlichen Kaufvorgang stehen,[25] den Verkaufscharakter verschleiern und in der Freizeit des angesprochenen Kundenkreises stattfinden.[26] Die attraktiven Darbietungen sollen den Kunden über den Hauptzweck der Veranstaltung hinwegsehen lassen und ihn den Verkaufsabsichten gewogen machen, wobei es regelmäßig durch die entsprechende Auswahl von Ort und Zeit der Veranstaltung erschwert wird, sich den Verkaufsbemühungen zu entziehen.[27] Der Begriff der Freizeitveranstaltung ist von zwei zusammenwirkenden, in einer Wechselwirkung zueinander stehenden Faktoren bestimmt: einmal durch den **Freizeitcharakter** der Veranstaltung, die den Verbraucher in eine seine rechtsgeschäftliche Entschließungsfreiheit beeinflussende Freizeitstimmung versetzt, und zum anderen durch die **Organisationsform der Veranstal-**

---

18 *Palandt/Putzo*, § 1 HWiG Rn 8; *Ulmer*, MünchKomm, § 1 HWiG Rn 21.
19 Urt. v. 14. 6. 1988, NJW-RR 1988, 1326.
20 Urt. v. 3. 8. 1990, NJW-RR 1990, 1395.
21 OLG Hamm 24. 7. 1990, NJW-RR 1991, 121.
22 *Palandt/Putzo*, § 1 HWiG Rn 9; *Ulmer*-MK, § 1 HWiG Rn 20.
23 KG 9. 2. 1990, NJW-RR 1990, 1338; a. A. *Teske*, ZIP 1986, 624, 628.
24 BT-Drucks. 10/2876, S. 11.
25 LG Würzburg 19. 5. 1988, NJW-RR 1988, 1324; BT-Drucks. 10/2876, S. 11; *Löwe*, BB 1986, 825; *Gilles*, NJW 1986, 1140; *Soergel/Wolf*, § 1 HWiG Rn 19.
26 OLG Hamm 3. 11. 1988, NJW-RR 1989, 117.
27 BT-Drucks. 10/2876, S. 11 sowie BT-Drucks. 11/2647, S. 10; *Huff*, VuR 1988, 306, 307.

Widerruf Rn 368

tung,** der sich der Kunde nur **schwer entziehen** kann. Der Freizeitcharakter der Veranstaltung geht nicht dadurch verloren, dass die eigentliche gewerbliche Zielsetzung des Veranstalters von den Teilnehmern erkannt und durchschaut wird.[28] Es ist nicht erforderlich, dass die Ablenkung des Verbrauchers von dem Hauptzweck der Veranstaltung mit besonders anschaulichen und deshalb als attraktiv erscheinenden Leistungen versucht wird. Für die Beurteilung kann aber sehr wohl ausschlaggebend sein, ob die Veranstaltung als Verkaufs- oder überwiegend als Freizeitveranstaltung angekündigt wird, da es letztlich entscheidend darauf ankommt, ob der Teilnahmeentschluss des Kunden von der Vorstellung einer „Freizeitveranstaltung" geprägt ist oder ob er von vornherein den Hauptzweck der Veranstaltung in der Verkaufstätigkeit sieht.[29] Vom Tatbestand der Freizeitveranstaltung sollen nach dem Willen des Gesetzgebers diejenigen Fälle erfasst werden, in denen der Verbraucher nach der Lebenserfahrung **weniger seriösen Verkaufspraktiken** im sog. Direktvertrieb leicht erliegt und in seiner Entscheidungsfreiheit überfordert wird, sodass ihn der Kauf anschließend reut.[30] Die Beweislast für das Vorliegen einer Freizeitveranstaltung trägt der Kunde; er muss die Umstände konkret vortragen.[31]

Beispiele aus der Rechtsprechung:
– **Hafa** – Ausstellung für Hauswirtschaft und Familie – keine Freizeitveranstaltung –,[32]
– **Niederrhein-Schau** – keine Freizeitveranstaltung –,[33]
– **Grüne Woche** in Berlin – keine Freizeitveranstaltung –,[34]
– **Harz und Heide** – keine Freizeitveranstaltung –,[35]
– **Caravan-Motor-Touristik (CMT)** in Stuttgart – keine Freizeitveranstaltung –,[36]
– **Camping- und Caravanmesse** – keine Freizeitveranstaltung –,[37]
– **Für Familie** in Tübingen – Freizeitveranstaltung –,[38]
– **Mittelsachsenschau 1994** – Freizeitveranstaltung –.[39]

V. Widerruf

Ein unter den genannten Umständen geschlossener Autokaufvertrag wird, wenn auch die übrigen Voraussetzungen für die Anwendbarkeit des HWiG vorliegen, erst wirksam, wenn der Kunde seine auf Vertragsschluss gerichtete Willenserklärung nicht schriftlich widerruft. Die Übermittlung des formularmäßigen Textes der Widerrufsbelehrung reicht – jedenfalls dann – nicht aus, wenn der Käufer zur Übermittlung den Faxanschluss seines Arbeitgebers benutzt.[40] Das Widerrufsrecht des § 1 Abs.1 HWiG ist kein Gestaltungsrecht, sondern eine **rechtshindernde Einwendung.**[41] Da der Widerruf keine neue, die Rechtslage ändernde 368

---
28 BGH 21. 6. 1990, NJW 1990, 3265.
29 SchlHOLG 13. 11. 1997, OLGR 1998, 21.
30 OLG Frankfurt 16. 1. 1990, NJW-RR 1990, 374, 375; *Gilles,* NJW 1986, 1131; *Löwe,* BB 1986, 821, 825.
31 LG Würzburg 19. 5. 1988, NJW-RR 1988, 1324.
32 LG Bremen 3. 6. 1988, NJW-RR 1988, 1325.
33 LG Kleve 10. 3. 1988, NJW-RR 1988, 825.
34 KG 9. 2. 1990, NJW-RR 1990, 1338.
35 LG Braunschweig 13. 7. 1992, NJW-RR 1992, 1401.
36 AG Ludwigsburg 7. 9. 1995, DAR 1995, 490.
37 OLG Düsseldorf 2. 3. 1999, OLGR 1999, 193.
38 OLG Stuttgart 13. 7. 1988, NJW-RR 1988, 1323.
39 OLG Dresden 28. 2. 1997, NJW-RR 1997, 1346.
40 OLG Bamberg 18. 11. 1998, OLGR 1999, 53.
41 BGH 16. 10. 1995, NJW 1996, 57 entgegen OLG Karlsruhe 21. 2. 1990, NJW 1990, 2474 und OLG Stuttgart 26. 1. 1993, NJW 1994, 1225.

Tatsache darstellt, begründet er keine zulässige Einwendung im Sinne von § 767 ZPO. An einer rechtskräftig festgestellten Rechtslage vermag ein – verspäteter – Widerruf somit nichts mehr zu ändern. Nach rechtskräftiger Verurteilung kann dem Kunden allenfalls über § 826 BGB geholfen werden.[42]

Der Widerruf der auf Abschluss eines Darlehensvertrags gerichteten Willenserklärung gem. § 1 HWiG führt auch zur Unwirksamkeit des finanzierten Kaufs, wenn Darlehensvertrag und finanzierter Kauf eine **wirtschaftliche Einheit** bilden.[43] Unwirksam sind auch Ergänzungsvereinbarungen, die als solche nicht unter das HWiG fallen, wenn die Ergänzung notwendige Folge des Ursprungsvertrags ist.[44]

Die Widerrufsfrist beträgt eine Woche nach erfolgter Belehrung, anderenfalls gem. § 2 Abs. 1 S. 4 HWiG einen Monat von der beiderseitigen Erfüllung der Leistungspflichten an, also ab Übergabe des Autos und Zahlung des Kaufpreises. Auch mit der Zahlung einer **Nichtabnahmeentschädigung** findet das zwischen den Parteien begründete Vertragsverhältnis durch **Erfüllung** sein Ende,[45] wobei es auf eine Kenntnis/Unkenntnis des Käufers von dem Widerrufsrecht nicht ankommt. Fristgerecht ist der Widerruf bei rechtzeitiger Absendung. Die Beweislast für die rechtzeitige Absendung des Widerrufs und dessen Zugang beim Widerrufsempfänger trägt der Kunde.

369   Nach überwiegend vertretener Meinung ist für die **Belehrung** die Verwendung eines gesonderten Formulars nicht notwendig.[46] Die Belehrung muss aber vom Vertragstext **deutlich abgesetzt** und drucktechnisch in nicht zu übersehender Weise hervorgehoben werden.[47]

Dem Deutlichkeitsgebot ist Genüge getan, wenn entweder die Lettern der Belehrung größer sind als im übrigen Text und ihre Farbintensität nicht geringer als im übrigen Text ist oder wenn die Belehrung andersfarbig gedruckt wird oder wenn sie auf einem gesonderten Blatt enthalten ist.[48] Eine **räumliche Trennung** von Vertragsunterschrift und Belehrungsunterschrift genügt allein noch nicht. Die Widerrufsbelehrung darf keine anderen Erklärungen enthalten. Sie verstößt gegen das **Verbindungsverbot**, wenn sie an der für die Unterschrift vorgesehenen Stelle den Vermerk „Ort, Datum der Aushändigung" hinzusetzt.[49] Wer seine Kunden über das Widerrufsrecht nach § 2 HWiG nicht belehrt, handelt **wettbewerbswidrig** im Sinne von § 1 UWG.[50] Sofern zwischen dem Händler und dem Hersteller/Importeur eine besonders enge Verbindung besteht, haften letztere u. U. gem. § 13 UWG für das Fehlverhalten des Händlers.[51] Die Beweislast für die Richtigkeit, Vollständigkeit und Rechtzeitigkeit der Belehrung sowie für deren Aushändigung an den Kunden und dessen Unterschrift liegt beim Verkäufer.

---

42 BGH 16. 10. 1995, NJW 1996, 57.
43 BGH 17. 9. 1996, NJW 1996, 3414; nach Ansicht des OLG Stuttgart Urt. v. 25. 8. 1998, OLGR 1999, 9 steht dem Käufer wegen der in § 5 Abs. 2 HWiG enthaltenen Vorrangregelung ein Widerrufsrecht nach § 1 HWiG nicht zu, wenn zugleich die Voraussetzungen eines Geschäfts nach dem VerbrKrG vorliegen.
44 OLG Hamm 3. 2. 1998, NJW-RR 1999, 201.
45 OLG Hamm 18. 1. 1999, WM 1999, 1058.
46 OLG Stuttgart 20. 7. 1990, NJW-RR 1990, 1273; OLG Köln, Beschl. 19. 12. 1986, NJW 1987, 1206; Urt. v. 19. 12. 1986, NJW 1987, 1205; *Palandt/Putzo*, § 2 HWiG, Rn 6 f.; *Teske*, NJW 1987, 1186 ff.; *Ulmer*-MK, § 2 HWiG Rn 8; *Erman/Weitnauer/Klingsporn*, § 2 HWiG Rn 4; a. A. *Gilles*, NJW 1986, 1131, 1143.
47 BGH 20. 12. 1989, NJW-RR 1990, 368, 370; OLG Köln Beschl. 19. 12. 1986, NJW 1987, 1206 sowie Urt. v. 19. 12. 1986, NJW 1987, 1205.
48 OLG Stuttgart 8. 7. 1994, NJW-RR 1995, 114, 115.
49 BGH 8. 7. 1993, ZIP 1993, 1552; OLG Stuttgart 8. 7. 1994, NJW-RR 1995, 114.
50 BGH 7. 5. 1986, NJW 1987, 124, 125; OLG Stuttgart 4. 3. 1988, NJW-RR 1988, 1327; 14. 7. 1989, NJW-RR 1989, 1144; OLG Hamburg 9. 6. 1988, NJW-RR 1988, 1326; OLG Köln Beschl. 19. 12. 1986, NJW 1987, 1206.
51 OLG Frankfurt, 16. 1. 1990, NJW-RR 1990, 374.

Widerruf Rn 370

370 Die Berufung des Kunden auf sein Widerrufsrecht ist beim echten Haustürgeschäft i. S. v. § 1 Abs. 1 Nr. 1 HWiG ausgeschlossen, wenn die für den Vertragsschluss maßgebliche mündliche Verhandlung auf einer **vorhergehenden Bestellung** des Kunden beruht oder von einem Notar beurkundet worden ist. Die Bestellung zu einer allgemeinen Informationserteilung oder zu einer Warenpräsentation erfüllt nicht die Tatbestandsvoraussetzungen von § 1 Abs. 2 Nr. 1 HWiG.[52] Eine vorhergehende Bestellung ist anzunehmen, wenn das Zusammentreffen auf der Initiative des Kunden beruht. Erforderlich ist, dass der Kunde um die Verhandlungen gebeten hat.

Eine **vorhergehende Bestellung liegt nicht vor**,
– wenn der Kunde das Einverständnis mit Vertragsverhandlungen in seiner Wohnung bei einer unerbetenen und ihn unvorbereitet treffenden telefonischen Anfrage des Anbieters erteilt hat,[53]
– wenn er sich lediglich mit den vom Vertragspartner angetragenen Verhandlungen zum Zweck der Warenpräsentation oder des Vertragsabschlusses[54] mit einem Hausbesuch einverstanden erklärt hat,[55]
– wenn auf einen Anruf der anderen Partei hin ein Beratungstermin vereinbart wird, der bereits zum Vertragsschluss führt,[56]
– wenn er seinerseits um ein Gespräch in seinem Haus zum Zweck der Information und Beratung gebeten hat, bei dem es zum Vertragsabschluss kommt,[57]
– wenn er auf einen angekündigten Besuch schweigt,[58]
– wenn er bei einem nicht von ihm veranlassten Telefongespräch eine Einladung von sich aus ausspricht,[59]
– wenn er nach einem Gespräch Besuch erhält, bei dem über einen völlig anderen Gegenstand gesprochen wird,[60]
– wenn er vor dem vereinbarten Termin aufgesucht wird,[61]
– wenn er auf einer Verkaufsveranstaltung für eine Verlosung Name und Adresse angibt und danach ein Besuch des Verkäufers erfolgt,[62]
– wenn er auf einer Werbeantwortkarte, mit der er kostenlos Informationsmaterial anfordert, seine Telefonnummer angibt, der Verkäufer daraufhin zwecks Vereinbarung eines Besprechungstermins anruft und ihn unter Hinweis auf Sondermodelle zu einem sofortigen Termin drängt, bei dem es dann zum Vertragsschluss kommt,[63]
– wenn er auf einer Postkarte seine Telefonnummer angibt, um weitere Informationen zu erhalten, und es auf Grund eines Gesprächs mit einem Vertreter des Verkäufers zu einem Informationsbesuch kommt,[64]

---

52 BGH 25. 10. 1989, ZIP 1989, 1575.
53 BGH 29. 9. 1994, ZIP 1994, 1696, 1697.
54 OLG Frankfurt 2. 12. 1988, NJW-RR 1989, 494.
55 BGH 25. 10. 1989, NJW 1990, 181; OLG Stuttgart 12. 5. 1989, NJW-RR 1989, 956; 24. 11. 1989, NJW-RR 1990, 501; 4. 3. 1997, OLGR 1997, 71; OLG Dresden 18. 11. 1997, OLGR 1998, 39.
56 OLG Köln 29. 4. 1988, NJW 1988, 1985.
57 SchlHOLG 20. 8. 1997, OLGR 1997, 345.
58 *Palandt/Putzo,* § 1 HWiG Rn 20.
59 BGH 25. 10. 1989, ZIP 1989, 1575.
60 LG Hamburg 11. 11. 1987, NJW-RR 1988, 824.
61 OLG Stuttgart 4. 3. 1988, NJW 1988, 1986.
62 OLG Frankfurt 2. 12. 1988, NJW-RR 1989, 494; AG Elmshorn 15. 1. 1987, NJW 1987, 1204.
63 BGH 25. 10. 1989, ZIP 1989, 1575; LG Zweibrücken 23. 2. 1988, NJW-RR 1988, 823.
64 OLG Frankfurt 15. 3. 1989, NJW-RR 1989, 1342.

- wenn er einen Hausbesuch ohne Einverständnis seiner Ehefrau vereinbart und diese in die Vertragsverhandlungen einbezogen und zum Kauf bzw. zur Übernahme einer Mithaftung aus dem Kauf veranlasst wird,[65]
- wenn ihm auf einem Messestand erklärt wird, der Preis (für Einbaufenster) könne erst nach Besichtigung der Wohnung genannt werden,[66]
- wenn bei einem verabredeten Hausbesuch ein Angebot unterbreitet wird, das den Rahmen der Bestellung überschreitet,[67]
- wenn dem Kunden mitgeteilt wird, er werde nur einmal aufgesucht, weil dann die Beratung und die Bestellung zeitlich zusammenfallen würden,[68]
- wenn der Termin, der zum Vertragsabschluss führt, anlässlich eines unbestellten Hausbesuchs vereinbart wurde, der für sich gesehen die Voraussetzungen des § 1 Abs. 1 Nr. 1 HWiG erfüllt,[69]
- wenn der Anbieter die Bestellung provoziert, wovon insbesondere auszugehen ist, wenn er durch das Versprechen von Werbegeschenken Einfluss auf die Willensentscheidung des Kunden zur Rücksendung einer zweiten Antwortkarte nimmt,[70]
- wenn der Kunde den Verkäufer bestellt, um ihm ein Auto unverbindlich vorzuführen, und es bei diesem Termin in der Wohnung des Kunden zum Abschluss des Autokaufs kommt,[71]
- wenn die im Rahmen einer sog. Haustürsituation vorangegangenen Verhandlungen für den späteren Vertragsabschluss zumindest mitursächlich waren.[72]

VI. Abwicklung

371 Die Rückabwicklung nach erfolgtem Widerruf regelt § 3 HWiG. Danach hat jeder dem anderen die **empfangenen Leistungen zurückzugewähren.** Dem Anspruch auf Rückgewähr steht die Rechtskraft eines Leistungsurteils entgegen, da es sich bei dem Rückgewähranspruch um einen besonders ausgestalteten Bereicherungsanspruch handelt, der voraussetzt, dass ein wirksamer Vertrag nicht zu Stande gekommen ist und Erfüllungsansprüche nicht bestanden haben.[73]

Falls der wegen des Widerrufs nicht zu Stande gekommene Darlehensvertrag und der finanzierte Neuwagenkauf eine wirtschaftliche Einheit darstellen, steht dem Darlehensgeber kein Anspruch aus § 3 HWiG gegen den Darlehensnehmer auf Rückzahlung des dem Verkäufer zugeflossenen Darlehens zu, sondern ein unmittelbarer Bereicherungsanspruch gegen den Verkäufer.[74]

Für **Verschlechterung, Untergang oder anderweitige Herausgabeunmöglichkeit** haftet der Kunde im Fall des Verschuldens auf Wertminderung oder Wertersatz, wobei der Verschuldensgrad bei unterbliebener oder nicht ordnungsgemäßer Widerrufsbelehrung auf die **Nichtbeachtung eigenüblicher Sorgfalt** beschränkt ist. Für die Gebrauchsüberlassung oder Benutzung der Sache oder für sonstige Leistungen hat der Kunde den Wert zu vergüten.[75]

---

65 BGH 22. 1. 1991, WM 1991, 313.
66 OLG Stuttgart 12. 5. 1989, NJW-RR 1989, 956.
67 BGH 7. 12. 1989, ZIP 1990, 148 mit Anm. von *Teske*, a. a. O., 150 sowie die vorausgegangene Entscheidung des OLG Stuttgart 11. 10. 1988, ZIP 1990, 152 sowie OLG Koblenz, Beschl. 25. 8. 1989, ZIP 1990, 155.
68 OLG Köln 18. 12. 1989, NJW-RR 1990, 377.
69 Brandenburgisches OLG 17. 6. 1997, OLGR 1997, 309; ebenso KG 26. 4. 1996, OLGR 1996, 157.
70 OLG Dresden 8. 11. 1995, NJW-RR 1996, 758.
71 OLG Nürnberg 17. 3. 1995, NZV 1996, 71.
72 OLG Stuttgart 30. 3. 1999, BB 1999, 1453.
73 BGH 16. 10. 1995, NJW 1996, 57.
74 BGH 17. 9. 1996, NJW 1996, 3414.
75 Zur Nutzungsvergütung Rn 235.

Abwicklung **Rn 371**

Für Klagen aus dem HWiG ist ausschließlich das **Gericht am Wohnsitz des Kunden** zuständig; abweichende Vereinbarungen sind nur für den Fall zulässig, dass der Kunde seinen Wohnsitz nach Vertragsabschluss verlegt oder sein gewöhnlicher Aufenthaltsort im Zeitpunkt der Klageerhebung nicht bekannt ist (§ 7 HWiG). Da das VerbrKrG keine der Vorschrift von § 7 HWiG entsprechende Gerichtsstandsregelung enthält, findet insoweit eine Verdrängung des Haustürwiderrufsgesetzes durch das VerbrKrG nicht statt, wenn dessen Anwendungsvoraussetzungen ebenfalls vorliegen.

H. Wettbewerb und Werbung

I. Wettbewerbsrechtliche Ausgangslage

372 Die Werbung im Autohandel bietet oft Anlass zur Beanstandung. Im Mittelpunkt der juristischen Betrachtung stehen Handlungen zu Zwecken des Wettbewerbs, die entweder ganz allgemein gegen die guten Sitten im Sinne von § 1 des Gesetzes gegen den unlauteren Wettbewerb (UWG) oder gegen das Rabattgesetz (RabattG), die Preisangabeverordnung (PAngVO) und die Zugabeverordnung (ZugabeVO) verstoßen. Weitere Schwerpunkte wettbewerbswidrigen Handelns in der Automobilbranche sind Verstöße gegen das Ladenschlussgesetz[1] und das Gesetz über Einheiten im Messwesen (MessEinhG) sowie irreführende Werbung im Zusammenhang mit dem Parallelimport von Neufahrzeugen aus EG-Mitgliedsstaaten durch freie Händler.[2]

II. Typische Verstöße im Zusammenhang mit Kfz-Werbung

373 Angaben zur Leistung eines Kraftfahrzeugs haben unter Benutzung der Maßeinheit „Kilowatt", abgekürzt **„kW"**, zu erfolgen.[3]

Der Gebrauch der **„PS"-Maßeinheit** war – mit Ausnahme der Fälle des § 1 Abs. 3 und 4 MessEinhG – auf Grund der bis 1999 gültigen Übergangsregelung im geschäftlichen Verkehr zulässig, wenn zusätzlich der „kW-Wert" angegeben und hervorgehoben wurde.

Ab dem Jahr **2000** darf **nur noch die „kW"-Angabe** verwendet werden.

374 Bis zum Ablauf der Übergangsregelung verstieß die ausschließliche Verwendung der „PS"-Maßeinheit ohne gleichzeitige „kW"-Angabe in der Werbung nicht gegen § 3 UWG, da die angesprochenen Verkehrskreise **nicht irregeführt** wurden. Jeder Verbraucher wußte, dass „PS" und „kW" unterschiedliche Maßeinheiten sind, auch wenn er sich unter Angaben dieser Art häufig nichts vorstellen konnte.[4] Eine Werbung für Fahrzeuge unter ausschließlicher Angabe der „PS"-Zahl verstieß jedoch gegen § 1 UWG, wenn der Verletzer **bewusst und planmäßig** handelte.[5] Der zu missbilligende Wettbewerbsvorteil wurde darin gesehen, dass nach der Lebenserfahrung nicht unerhebliche Teile des Verkehrs ihr Augenmerk in besonderem Maß auf Anzeigen mit den vertrauten „PS"-Angaben richteten, weil sie mit der Leistungsangabe „kW" noch nicht vertraut waren oder diese Maßeinheit nicht in „PS" umrechnen konnten.

375 Wie bei den Leistungsdaten dürfen **Tachometerstandsangaben** gem. § 1 Abs. 1 MessEinhG mit der Längeneinheit **Meilen** nur bei gleichzeitig hervorgehobener Angabe der gesetzlich vorgeschriebenen Einheit km beworben werden. Daraus schlussfolgert das OLG Hamm[6] unzeitgemäß, dass derjenige, der den Tachostand nur in Meilen angibt, gegen §§ 1 und 3 UWG verstößt, weil er dem Verbraucher, der nicht in der Lage ist, Meilen in Kilometer umzurechnen und der sich deshalb nur an der angegebenen Zahl orientiert, die niedriger ist als die entsprechende Kilometerzahl, ein günstigeres Verhältnis von Preis und Leistung

---

[1] Zuletzt geändert am 30. 7. 1997.
[2] Dazu Rn 1023.
[3] § 1 Abs. 1 des Gesetzes über Einheiten im Messwesen – BGBl. I 1985, 409 – i. V. mit § 1, 3 der Ausführungsverordnung, konkretisiert durch die Anlagen 1, lfd. Nr. 49 u. 2 zu § 1 der Ausführungsverordnung – BGBl. I 1985, 2272 ff.
[4] BGH 4. 3. 1993, DAR 1993, 296 und schon vorher OLG Koblenz 10. 9. 1990, MDR 1991, 58; KG 7. 3. 1991, NJW-RR 1992, 103.
[5] BGH 7. 10. 1993, ZfS 1994, 128.
[6] Urt. v. 3. 5. 1993, NJW-RR 1994, 45.

suggeriert. Im Gegensatz dazu entschied der BGH,[7] dass die nach dem Gesetz über Einheiten im Messwesen unzulässige Verwendung der Maßangabe „Zoll" für Alufelgen nur bei Vorliegen besonderer Umstände wettbewerbswidrig ist.

Die Annäherung an eine fremde **Kfz-Modellbezeichnung „SL"** und ihre Werbung damit verstößt gegen § 1 UWG, wenn sie erfolgt, um Gütevorstellungen, die der Verkehr mit den unter der Marke vertriebenen Erzeugnissen verbindet, in unlauterer Weise auszunutzen und wenn sie den guten Ruf des schutzfähigen, nicht durch Kennzeichnungsschwäche entwerteten Warenzeichens in wettbewerbswidriger Weise beeinträchtigt.[8] **376**

Die Werbung mit **Tageszulassung** ist grundsätzlich zulässig.[9] Nach Meinung des OLG Köln[10] erwartet der Verbraucher auch bei einer Werbung für Tageszulassungen, dass sie Fahrzeuge der **aktuellen Modellreihe** betrifft, die alle bislang an dem Fahrzeug vorgenommenen Weiterentwicklungen und technischen Veränderungen aufweisen. Die Werbung ist irreführend im Sinne von § 3 UWG, wenn die auf diese Weise angebotenen Fahrzeuge bereits überholten Modellreihen angehören und der Werbende hierüber nicht hinreichend aufklärt. Die **Angabe des Datums der Tageszulassung** reicht allein zur Aufklärung nicht aus, da auch ein zurückliegendes Zulassungsdatum nicht besagt, dass es sich um Fahrzeuge einer nicht mehr aktuellen Modellreihe handelt. Eine Irreführung liegt aus Sicht des OLG Nürnberg[11] auch dann vor, wenn ein mit Tageszulassung beworbenes Fahrzeug bereits mehr als einen Tag zugelassen war, da die Weiterverkaufschancen durch eine Mehrtageszulassung gegenüber einer Tageszulassung gemindert sind und sich auch hinsichtlich der Garantiefrist für den Käufer Nachteile ergeben können. **377**

Fahrzeuge, die eine sog. **Kurzzulassung** besitzen, dürfen **nicht** als „fabrikneu" beworben werden. Dasselbe gilt für Fahrzeuge, die nicht dem aktuellen Modell des Herstellers entsprechen und/oder eine Laufleistung von 70 km und mehr aufweisen.[12]

Bei einer Werbung des Händlers mit dem Hinweis, das **limitierte Sondermodell** einer Pkw-Serie sei da, darf der Leser erwarten, dass die entsprechenden Sondermodelle beim Händler tatsächlich vorrätig sind und dort besichtigt, geprüft und Probe gefahren werden können. Die Werbung ist nicht in dem Sinne zu verstehen, die Sondermodelle könnten sofort gekauft und mitgenommen werden.[13]

Ob es bei einer Werbung unter Hinweis auf eine **Steuerbefreiung** bzw. Steuerermäßigung (Stichwort: schadstofffrei bzw. schadstoffarm) der Klarstellung der zeitlichen Befristung bedarf, wird unterschiedlich beurteilt. Das OLG Karlsruhe[14] meinte hierzu, im Geltungsbereich des UWG sei die zeitliche Begrenzung der staatlichen Steuerbefreiung umweltfreundlicher Kraftfahrzeuge gemeinhin bekannt, weil sie anders nie zur Erörterung gestanden habe, sodass keine Irreführungsgefahr i. S. v. § 3 UWG bestehe.[15]

Ein Verstoß gegen das Irreführungsverbot des § 3 UWG hat das LG Frankfurt/Oder[16] angenommen, weil der Händler es unterlassen hatte, auf die Kilometerbeschränkung der beworbenen **Anschlussgarantie** von 3 Jahren hinzuweisen. **378**

---

[7] Beschl. v. 23. 2. 1995, DB 1995, 1397.
[8] BGH 6. 12. 1990, NJW 1991, 3214.
[9] OLG Köln, Beschl. 14. 2. 1986 – 6 U 165/85 – n. v.
[10] Urt. v. 17. 4. 1998, NZV 1999, 46.
[11] Urt. v. 9. 9. 1997, OLGR 1998, 94.
[12] LG Hannover, Beschl. v. 28. 4. 1995 – 2 O 67/95 – n. v.
[13] SchlHOLG 26. 9. 1995, OLGR 1995, 10.
[14] Urt. 18. 10. 1990, DAR 1991, 145.
[15] A. A. LG Köln 12. 3. 1986 – 31 O 143/86 – n. v. sowie 31 O 413/91; ferner *Zirpel/Preil,* Werben ohne Abmahnung, S. 59 unter Hinweis auf KG, 11 D 1992, 290 und LG Berlin, 11 D 1992, 56.
[16] MD 1996, 206 zitiert von *Zirpel/Preis,* Werben ohne Abmahnung, S. 58.

Wer mit dem Begriff **„fabrikneu"** für ein **Auslaufmodell** wirbt, das nicht mehr in der bisherigen Form gebaut wird, verstößt gegen § 3 UWG, weil die Werbung irreführend ist.[17] Als irreführend erweist sich auch die Verwendung des Begriffs Garantie, wenn sich dahinter keine Leistung des Händlers, sondern die **Reparaturkostenversicherung** einer Versicherungsgesellschaft verbirgt.[18]

Wenn die Vertriebsgesellschaft eines weltweit tätigen Automobilherstellers mit „meistverkaufter Mini-Van: Weltweit über 6 Millionen Fahrzeuge" wirbt, liegt eine relevante Irreführung vor, sofern die angegebene Verkaufszahl nicht den für den europäischen Markt beworbenen Fahrzeugtyp, sondern den Weltumsatz mit verschiedenen Fahrzeugmodellen von unterschiedlicher, den jeweiligen Absatzmärkten angepasster Beschaffenheit wiedergibt und der Absatz des in der Werbung vorgestellten Fahrzeugtyps nur einen Bruchteil des Weltumsatzes ausmacht.[19]

379 Eine Irreführung ist nicht anzunehmen, wenn in der Kfz-Werbung der **Kraftstoffverbrauch** für ein Auto nach DIN 70 030 nur für eine Geschwindigkeit von 90 km/h, nicht jedoch für die anderen Geschwindigkeiten angegeben wird. In Anlehnung an diese Rechtsprechung dürfte auch eine Werbung zulässig sein, die den Kraftstoffverbrauch nach EG 93/116 entweder nur für den innerstädtischen oder nur für den außerstädtischen Verkehr angibt. Es ist aber stets klarzustellen, ob Super- oder Normalbenzin getankt werden muss, wenn Fahrzeuge beider Kategorien beworben werden.[20]

380 Bei **Gewinnspielen** ist zu beachten, dass die Teilnahme nicht vom Kauf einer Ware abhängig gemacht werden darf.[21] Die Teilnehmer dürfen keinem psychologischen Kaufzwang ausgesetzt sein.[22] Werbung über Telex und Telefax ist eingeschränkt zulässig,[23] während eine Werbung durch Einsatz von Laien wegen der damit einhergehenden Gefahr der unsachlichen Beeinflussung und Belästigung von Personen im Privatbereich verboten ist.[24]

Vergleichende Werbung, die Mitbewerber erkennbar macht, ist grundsätzlich zulässig,[25] wobei die EU-Richtlinie 97/55[26] als Maßstab bei der Anwendung von § 1 UWG dient. Sie muss sachlich und darf nicht herabsetzend sein. Die Angabe einer oder mehrerer relevanter, nachprüfbarer und typischer Eigenschaften des beworbenen Neufahrzeugs ist zulässig, wie etwa der Hinweis auf die Dichte des eigenen Vertragshändlernetzes und die Gegenüberstellung des eingeräumten Preises bei Inzahlungnahme.[27] Der Hinweis auf das „ausgezeichnete" Neufahrzeug in Verbindung mit der ADAC-Pannenstatistik ist irreführend, wenn es nicht als Bestes ausgezeichnet wurde und das Konkurrenzmodell, dessen Inzahlungnahme versprochen wird, in der Pannenstatistik noch nicht erfasst ist, weil es erst später herausgekommen ist.[28]

In der Werbung muss der Werbende seine **gewerbliche Tätigkeit** deutlich machen. Dieser Verpflichtung genügt nicht, wer seine Telefonnummer mit dem Zusatz „Hdl." oder „Fa" angibt, ohne die Firma zu nennen.[29] Durch die fehlende Angabe der Rechtsform des werben-

---

17 LG Frankfurt/M., Urt. 28. 7. 1982, BB 1982, 982, 1748.
18 OLG Frankfurt 21. 12. 1995, NJW-RR 1996, 1386.
19 OLG Köln 13. 11. 1998, OLGR 1999, 53 – nicht rechtskräftig –.
20 BGH 24. 1. 1985, DAR 1985, 220.
21 BGH 16. 3. 1989, GRUR 1989, 434.
22 BGH 29. 6. 1989, GRUR 1989, 757.
23 BGH 25. 10. 1995, WRP 1996, 100.
24 BGH 14. 5. 1992, NJW 1992, 2419.
25 BGH 15. 10. 1998, WM 1999, 397.
26 ABl. L 290, Seite 18.
27 OLG Saarbrücken 2. 6. 1999, OLGR 1999, 445.
28 LG Dortmund 23. 2. 1999, NJW-RR 1999, 1346.
29 OLG Hamm 30. 8. 1983, WRP 1984, 51; 13. 3. 1984, WRP 1984, 630; KG 13. 2. 1987, NJW-RR 1988, 878.

Werbung mit Preisen

den Autohauses (GmbH-Zusatz) in einer Neuwagenanzeige wird der potenzielle Kunde nicht irregeführt, da es ihm völlig gleichgültig ist, ob er ein Fahrzeug von einem Einzelkaufmann, einer Personen- oder einer Kapitalgesellschaft erwirbt.[30] Die Angabe der Rechtsform ist allerdings zwingend, wenn das Autohaus außerhalb bestehender Vertragsbeziehungen Geschäftsbriefe verschickt.

III. Werbung mit Preisen

1. Händlerwerbung

Händler müssen nicht unter Angabe von Preisen werben, es sei denn, die Werbung ist so konkret gestaltet, dass ein **Angebot** im Sinne von § 1 Abs. 1 S. 1, 1. Alt. PAngVO oder eine Werbung „unter Angabe von Preisen" im Sinne der 2. Alt. von § 1 Abs. 1 S. 1 PAngVO vorliegt.[31] Den Anforderungen eines Angebots im Sinne dieser Vorschrift entspricht eine Zeitungsanzeige des Händlers, die über Fabrikat, Fahrzeugtyp, Fabrikneuheit und Lackart informiert und außerdem den pauschalen Hinweis auf „alle Extras" enthält.[32] Bei der Nennung einer unverbindlichen Preisempfehlung des Herstellers/Importeurs in einer Händler-Werbeanzeige ist zu unterscheiden, ob sie lediglich eine neutrale Information über den Inhalt der Preisempfehlung darstellt oder ob darin die Bekanntgabe des eigenen Händler-Grundpreises zu erblicken ist. Nur wenn letzteres der Fall ist, handelt es sich um eine zur Endpreisangabe verpflichtende Werbung „unter Angabe von Preisen" im Sinne der 2. Alt von § 1 Abs. 1 S. 1 PAngVO.[33] Die Wiedergabe einer unverbindlichen Preisempfehlung des Herstellers/Importeurs in einer Händleranzeige beinhaltet im Regelfall kein Angebot, da für die abschließende Kundenentscheidung zu viele Punkte offen bleiben.

Sofern die Voraussetzungen für eine Preisangabepflicht im Sinne von § 1 Abs. 1 PAngVO vorliegen, müssen **Verbraucher-Endpreise** unter Einschluss aller Preisbestandteile, wie Mehrwertsteuer, Überführungs-/Zulassungskosten usw., angegeben werden.[34] Richtet sich eine Werbung für **Nutzfahrzeuge** ausschließlich an Gewerbetreibende, braucht gem. § 7 Abs. 1 Ziff. 1 PAngVO **kein Endpreis** gebildet zu werden.[35] Da sich ein Angebot für Autotelefone auch an Privatpersonen richtet, muss es die Mehrwertsteuer enthalten.[36]

Die in der PAngVO vorgeschriebene Preisangabepflicht bezweckt die Unterrichtung und den Schutz der Verbraucher sowie die Förderung des Wettbewerbs. Da sich ihre Zielrichtung mit dem speziellen Schutzzweck des Wettbewerbsrechts deckt, stellen Zuwiderhandlungen gegen die Bestimmungen von § 1 und § 4 Abs. 1 PAngVO regelmäßig einen Verstoß gegen § 1 UWG dar.[37]

Ein wettbewerblich relevanter Verstoß im Sinne der genannten Vorschriften liegt vor, wenn ein Kfz-Händler in der Werbung für importierte und reimportierte Kraftfahrzeuge **Preise ab Auslieferungslager** im Ausland angibt und lediglich in einer unscheinbaren Anmerkung darauf hinweist, dass zu diesen Preisen noch die üblichen Kosten für die Ummeldung und die TÜV-Abnahme hinzukommen.[38] Gegen § 1 Abs. 1 PAngVO verstößt

381

---

30 OLG Celle 4. 11. 1998, OLGR 1999, 127.
31 BGH 23. 6. 1983, NJW 1983, 2705; KG 30. 1. 1987, WRP 1987, 630 ff.
32 KG 19. 1. 1981, WRP 1981, 212.
33 BGH 23. 6. 1983, NJW 1983, 2705.
34 Vgl. hierzu Rn 62 ff.
35 Zur Ausnahmeregelung BGH 2. 6. 1978, BB 1978, 1538; BayOLG 21. 9. 1982, DB 1983, 606; OLG Frankfurt 31. 10. 1989, DB 1990, 220.
36 KG 20. 10. 1992, GRUR 1994, 66.
37 OLG Koblenz 5. 9. 1988, NJW-RR 1989, 104; OLG Frankfurt 25. 6. 1987, NJW-RR 1987, 1523 ff.
38 BGH 16. 12. 1982, WRP 1983, 358.

auch, wer in einer überregionalen inländischen Zeitung für im Inland benutzte, jedoch nur für den Export bestimmte Fahrzeuge mit Nettopreisen wirbt und sich die Anzeige an das breite Publikum und nicht ausschließlich an den in § 7 Abs. 1 Nr. 1 PAngVO genannten Personenkreis richtet.[39]

382 Irreführend im Sinne von § 3 UWG ist die Werbung für Kraftfahrzeuge mit Inklusivpreisangabe, wenn lediglich aus einem klein gedruckten Hinweis zu ersehen ist, dass die **Transportkosten zusätzlich**[40] berechnet werden. Das OLG Frankfurt,[40] das die Meinung vertrat, im Fall fakultativer Überführung durch den Händler sei die Einbeziehung der Frachtkosten in den Endpreis nicht erforderlich, verlangte vom Händler einen derart deutlich gestalteten Hinweis, dass sich die Vorstellung, bei dem angebotenen „Inklusivpreis" handele es sich um den Endpreis, auch für den flüchtigen Betrachter gar nicht erst bilden könne. Eines unmissverständlichen Hinweises auf die gesonderte Berechnung der Frachtkosten (z. B. durch Sternchen am Preis mit Hinweis „zzgl. Fracht") bedarf es auch dann, wenn der Werbende zahlreiche Filialen betreibt, bei denen **Frachtkosten** in **unterschiedlicher Höhe** anfallen.[41] Eine „Cirka-Preisangabe" ist nicht zulässig, da § 1 Abs. 6 PAngVO verlangt, dass der Endpreis wahr und genau beziffert wird.[42]

Die Werbung für ein Kraftfahrzeug mit einem „**ab ... DM**"-**Preis** oder einem „**von ... bis ... DM**"-**Preis**[43] ist nach Auffassung des OLG Stuttgart[43] nicht zu beanstanden, wenn lediglich die Typenbezeichnung angegeben ist, bei der verkehrswesentliche Detailangaben fehlen. Solche Preisangaben enthalten lediglich den Hinweis auf einen bestimmten Umfang der von der Werbung erfassten Angebote, deren billigstes zu dem genannten „ab"-Preis erworben werden kann und deren teuerstes den „bis"-Preis erreicht. Bei dieser Art der Werbung muss sichergestellt sein, dass tatsächlich Fahrzeuge zu dem niedrigsten Preis **erhältlich** sind.

Wer eine **Kopplungswerbung** für Auto und Urlaub betreibt, verstößt gegen §§ 1 Abs. 1 PAngVO, 1 UWG, wenn sie eine gezielte Preisverschleierung enthält, die nur durch den Verschleiernden selbst beseitigt werden kann, wodurch der geschäftliche Kontakt ermöglicht und der Werbende in die Lage versetzt wird, potenzielle Kunden für sich zu gewinnen.[44]

383 Als irreführend i. S. v. § 3 UWG beanstandete das OLG Köln[45] eine Händlerwerbung, in der die **Inzahlungnahme von Gebrauchtgegenständen** zu **Höchstpreisen** angekündigt wurde. Eine solche Werbung ist nach Meinung des erkennenden Senats dahin gehend zu verstehen, die werbende Firma sei bereit, Altfahrzeuge zu Preisen zu übernehmen, die von keinem Mitbewerber übertroffen würden. Im Gegensatz dazu vertrat das OLG Düsseldorf[46] die Ansicht, die Werbung mit Höchstpreisen für gebrauchte Gegenstände erwecke nicht den Eindruck, der Werbende wolle in jedem Einzelfall sogar noch den Preis überbieten, den sein zahlungswilligster Mitbewerber gewähren würde und in jedem Falle einen höheren Preis als jeder der in Frage kommenden Konkurrenten zahlen.

Bei der Händlerwerbung mit der **unverbindlichen Preisempfehlung** des Herstellers/Importeurs sollte diese möglichst nicht abgekürzt oder verändert werden. Auf die „**Unverbind-**

---

39 KG 16. 5. 1988, WRP 1989, 95.
40 Beschluß 17. 2. 1985, DAR 1985, 384.
41 OLG Stuttgart 22. 8. 1997, OLGR 1997, 40.
42 *Völker,* Preisangaberecht, § 1 PAngVO, Rn 41 m. w. N.
43 Urt. 27. 3. 1987, NJW-RR 1988, 358.
44 OLG Hamm 22. 6. 1989, NJW-RR 1990, 2134.
45 Urt. 15. 11. 1985, WRP 1986, 425; siehe dazu auch Rn 76, 77.
46 Urt. 21. 4. 1988, NJW-RR 1989, 39 ff.

Werbung mit Preisen

lichkeit" ist unbedingt **hinzuweisen.**[47] Wer mit unverbindlicher Preisempfehlung des Herstellers wirbt, muss sich zur Vermeidung von Irreführungen vergewissern, ob eine Preisempfehlung vorliegt[48] und ob sie i.S.v. **§ 23 GWB zulässig** ist.[49] Bezeichnungen wie „Werbepreis" oder „Listenpreis" oder „Richtpreis", „Preis laut Liste" oder „Neupreis"[50] sind ebenso unzulässig wie etwa die Abkürzung „UPE", da in allen Fällen nicht klar ist, ob es sich um die unverbindliche Preisempfehlung des Herstellers oder um den kalkulierten Händlerpreis handelt. Aus den genannten Gründen verstößt auch die werbende Bezugnahme eines Händlers auf eine unverbindliche Preisempfehlung des Herstellers gegen § 3 UWG, wenn sie durch die Formulierung „empfohlener Preis" entstellt wird.[51]

Preisgegenüberstellungen mit werbemäßiger Hervorhebung des niedrigeren Preises sind nach Streichung des § 6e UWG wieder gestattet. Der **frühere Preis,** der dem aktuellen gegenübergestellt wird, muss **richtig** sein, andernfalls eine Irreführung i. S. von § 3 UWG vorliegt. Bei einer Gegenüberstellung des eigenen Preises mit der unverbindlichen Preisempfehlung des Herstellers/Importeurs dürfen die Überführungskosten in die unverbindliche Preisempfehlung nicht einbezogen werden, während der eigene Preis sie beinhalten muss.[52] Falls der Hersteller/Importeur die unverbindliche Preisempfehlung für ein Auslaufmodell aufgehoben hat, darf weder mit einer Gegenüberstellung des eigenen Verkaufspreises mit der früheren unverbindlichen Preisempfehlung geworben noch die Differenz zwischen dem neuen und alten Modell als Ersparnis bezeichnet werden.[53] Die Werbung unter Hinweis auf Preisvorteile eines Sondermodells, das über ein gewisses Ausstattungspaket verfügt, ist nicht zu beanstanden, wenn über das Zubehör eine unverbindliche Preisempfehlung existiert.[54] Es ist unzulässig den Preisvergleich durch künstliches Aufblähen des Herstellerpreises zu verfälschen, z. B. dadurch, dass ein komplett angebotenes Herstellermodell mit Zusatzausstattung einem Basismodell gegenübergestellt wird, bei dem die Zusatzausstattung anhand der Ausstattungsliste einzeln hinzugerechnet wird.[55]

Hinweise auf **bevorstehende Preiserhöhungen** sind irreführend,[56] weil sie den Eindruck erwecken, der Händler sei gezwungen, die Preiserhöhung an den Käufer weiterzugeben. Eine nach § 3 UWG unzulässige Werbung mit Selbstverständlichkeiten liegt vor, wenn der Händler einen viermonatigen Preisschutz besonders hervorhebt.[57] Hinweise darauf, dass der Preis verhandelbar ist, sind unter den in § 1 Abs. 1 S. 2 PAngVO genannten Voraussetzungen grundsätzlich gestattet, jedoch rabattrechtlich bedenklich.[58]

Eine einheitliche Preisangabe ist in einer **Händlergemeinschaftswerbung** unzulässig, da sie eine verbotene Preisabsprache darstellt.[59] Preisinformationen z. B. durch Nennung der unverbindlichen Preisempfehlung sind erlaubt. Die Gemeinschaftswerbung muss entweder den eigenen Verkaufspreis oder aber einen Hinweis enthalten, dass der genaue Endpreis bei den aufgeführten Händlern zu erfragen ist.[60]

---

47 BGH 28. 9. 1979, NJW 1980, 288; OLG Stuttgart 22. 5. 1981, WRP 1982, 169; OLG Düsseldorf 9. 7. 1981, WRP 1982, 224; KG 17. 1. 1984, WRP 1984, 688; LG Hamburg 4. 1. 1989, NJW-RR 1990, 243.
48 OLG Frankfurt 10. 9. 1999, OLGR 1999, 320.
49 OLG Karlsruhe 27. 1. 1999, OLGR 1999, 307.
50 OLG Stuttgart 28. 4. 1997, NJW-RR 1998, 622.
51 BGH 28. 9. 1979, NJW 1980, 288.
52 *Zirpel/Preil,* Werben ohne Abmahnung, S. 23 m. w. N.
53 *Zirpel/Preil,* Werben ohne Abmahnung, S. 33.
54 OLG Frankfurt 18. 4. 1985, BB 1985, 2268.
55 OLG Nürnberg 9. 9. 1997 – 3 U 3710/96.
56 LG Essen, Urt. v. 9. 1. 1987 – 42 O 162/86.
57 BGH 24. 10. 1980, DB 1981, 468.
58 *Zirpel/Preiss,* Werben ohne Abmahnung, S. 27 m. w. N.
59 LG Berlin, Urt. v. 27. 3. 1987 – 91 O 2687 – n. v.
60 BGH 2. 3. 1989, GRUR 1989, 606; KG 30. 1. 1987, WRP 1987, 630.

Das Verbot der **blickfangmäßigen Hervorhebung** einzelner Waren aus einem Gesamtsortiment (§ 6d UWG a. F.) gilt seit dem 1. 8. 1994 nicht mehr. Das Wettbewerbsrecht toleriert in zunehmendem Maß die aggressive Werbung mit Preisen.[61]

Bei einem **finanzierten Kauf** muss der **effektive Jahreszins** angegeben werden, wenn unter Angabe von Preisen (z. B. Monatsraten) für Kredite geworben wird. Die Bezeichnung „effektiver Jahreszins" darf nicht verändert und allenfalls geringfügig abgekürzt (z. B. effekt. „Jahreszins") werden.[62] Die Angabe „Effektivzins" ist wegen Verstoßes gegen § 1 UWG i. V. mit § 4 PAngVO unzulässig.[63]

Die Pflicht zur Angabe des effektiven Jahreszinses gilt auch für den Händler, der den Kredit nicht selbst gewährt, sondern lediglich vermittelt.[64] Ob der Händler auf die Tätigkeit als **Kreditvermittler** hinweisen muss, ist umstritten.[65] Nach Ansicht des BGH[66] liegt bei fehlendem Hinweis auf die Vermittlertätigkeit des Händlers jedenfalls dann kein Wettbewerbsverstoß vor, wenn keine Vermittlungsprovision gezahlt wird, die den Käufer mit zusätzlichen Kosten belastet.

385 Eine **Endpreisangabe** wird dem werbenden Händler nicht abverlangt, wenn er für fremdfinanzierte Kraftfahrzeuge wirbt. Adressat der sich aus der PAngVO ergebenden Verpflichtung zur Angabe des Finanzierungsendpreises ist allein der Kreditgeber, der die Leistung in Form der Kreditgewährung erbringt und in Rechnung stellt.[67] Dies gilt auch dann, wenn Kauf- und Darlehensvertrag eine wirtschaftliche Einheit bilden und der Kauf des Fahrzeugs durch ein konzernverbundenes Unternehmen finanziert wird.[68]

Die **Werbung** eines Motorrad-Einzelhändlers **mit günstigen Finanzierungskonditionen** ist kein Lockvogelangebot. Sie kann aber im Einzelfall eine wettbewerbswidrige Preisunterbietung mit der Folge der Marktstörung darstellen, wobei auf den Fahrzeugmarkt und nicht auf den Kreditmarkt abgestellt werden muss.[69] Das OLG Düsseldorf[70] bewertete eine vom Händler vermittelte Niedrigzins-Finanzierung von 0,99% als Verstoß gegen das RabattG, weil die ersparten Zinsen die Gewährung eines unzulässigen Rabattes darstellen können.

Nicht irreführend ist die Werbung für einen finanzierten Kauf, wenn der beworbene Finanzierungspreis den Barpreis nicht übersteigt. Dies gilt nach Auffassung des OLG Hamm[71] auch dann, wenn der Händler im Fall der Barzahlung regelmäßig 3% Rabatt gewährt und darauf in der Bewerbung des Finanzierungskaufs nicht hinweist. Demgegenüber hat sich das OLG Frankfurt[72] auf den Standpunkt gestellt, der Verbraucher werde irregeführt, wenn ein Kfz-Händler mit einem günstigen effektiven Jahreszins werbe, ohne darauf hinzuweisen, dass bei Inanspruchnahme des günstigen Zinssatzes die Kaufpreise der unverbindlichen Preisempfehlung entsprechen, während sie bei Nichtinanspruchnahme des beworbenen Kredits unter der unverbindlichen Preisempfehlung liegen.

---

61 Zum wettbewerbswidrigen Anlocken durch blickfangmäßig herausgestellte Ankaufspreise für in Zahlung gegebene Fahrzeuge aus ehemaliger DDR-Produktion s. OLG Köln 30. 12. 1994, NJW-RR 1995, 1507.
62 BGH 20. 10. 1988, BB 1989, 105; weitere Beispiele aus der Rechtsprechung bei *Zirpel/Preil*, Werben ohne Abmahnung, S. 75.
63 BGH 8. 2. 1996, BB 1996, 1032.
64 OLG Naumburg 6. 2. 1997, OLGR 1997, 386.
65 *Zirpel/Preil*, Werben ohne Abmahnung, S. 75 m. w. N.
66 26. 9. 1996, MD 1997, 315.
67 BGH 11. 6. 1992, DB 1992, 2187; 4. 11. 1993, GRUR 1994, 224.
68 BGH 4. 11. 1993, GRUR 1994, 224.
69 OLG Hamm 29. 4. 1993, NJW-RR 1994, 107, 109.
70 Urt. v. 16. 3. 1989 – 2 U 244/88.
71 Urt. 29. 4. 1993, NJW-RR 1993, 107, 109.
72 Urt. v. 17. 12. 1981, WRP 1982, 277.

Werbung mit Preisen

Das Erfordernis einer **Anzahlung** muss in der Werbung erwähnt werden. Eine auf dem fehlenden Hinweis beruhende Irreführung wird nicht dadurch ausgeschlossen, dass der Kunde im Verkaufsgespräch über die Finanzierungsmodalitäten aufgeklärt wird.[73]

Gem. § 4 PAngVO ist der Verbraucher auf eine obligatorische Restschuldversicherung hinzuweisen. Versicherungen zur Werterhaltung des Fahrzeugs müssen nicht angegeben werden.[74]

Eine Werbung mit zinsfreier **Stundung** des Kaufpreises ist unzulässig. Sie verstößt gegen das RabattG,[75] selbst wenn der Nachlass in Form der ersparten Zinsen 3% des Kaufpreises nicht übersteigt, da die 3%-Grenze des Rabattgesetzes ein Bargeschäft voraussetzt. Ein Rabattverstoß liegt auch dann vor, wenn der Käufer den Kreditvertrag mit der Bank abschließen muss, der Händler aber die Zinsen bezahlt.[76] Werden für die Stundung Zinsen verlangt, muss darauf in der Werbung hingewiesen werden.[77]

Beim **Kopplungsgeschäft** verstößt die konzerneigene Finanzierungsbank nicht gegen § 1 UWG, wenn sie in der Verkaufswerbung des Herstellers zinsgünstige Darlehen mit einem effektiven Jahreszins von 2,9% anbietet.[78] Es fehlt an der für § 1 UWG erforderlichen Verlockung mit zusätzlichen, unsachlichen Mitteln. Die Anlockwirkung, die allein von einem günstig gestalteten Preis ausgeht, ist als solche nicht sittenwidrig.

Vergleichende Werbung zwischen Händlerfinanzierung und Bankkredit unter Hinweis darauf, dass der Kunde das Auto über die Bank günstiger finanzieren kann, wenn er beim Händler einen Preisnachlass von über drei Prozent aushandelt, ist unzulässig, da der Vorteil der Bankfinanzierung erst zum Zug kommt, wenn sich der Händler rechtswidrig verhält, indem er gegen das Rabattgesetz verstößt.[79]

2. Herstellerwerbung

Im Gegensatz zu den Händlern dürfen Hersteller und Importeure mit „Preisen ab Werk" werben. Eine Werbung des Herstellers bzw. Importeurs mit Endpreisen scheitert daran, dass die Überführung eine Leistung des Händlers darstellt, für die der Hersteller eine Preisempfehlung nicht aussprechen darf.[80] Zur Angabe des Endpreises ist der Hersteller/Importeur ausnahmsweise verpflichtet, wenn er in einer Gemeinschaftsanzeige für ein Fahrzeug wirbt und dabei diejenigen Vertragshändler benennt, bei denen es bestellt werden kann.[81]

386

Damit Hersteller und Importeure von der nach § 38a GWB zugelassenen Preisempfehlung nicht praktisch ausgeschlossen werden, verpflichtet die PAngVO nur denjenigen zur Endpreisangabe, der die Ware oder Leistung selbst dem Letztverbraucher anbietet.[82] Sofern der Hersteller mit Preisen wirbt, hat er in den Werbematerialien deutlich zum Ausdruck zu bringen, dass die Frachtkosten zusätzlich berechnet werden. Dies kann geschehen durch Vermerke wie „unverbindliche Preisempfehlung des Herstellers ab Werk" oder „ab Auslieferungslager" oder „ohne Überführungskosten".

Ein Alleinimporteur darf Publikumswerbung mit günstigen Finanzierungsmöglichkeiten (2,9% effektiver Jahreszins bei einer Laufzeit von 12 Monaten, 3,9% bei 24 Monaten und

---

73 Rechtsprechungsnachweise bei *Zirpel/Preil,* Werben ohne Abmahnung, S. 76.
74 *Gimbel/Boest,* Die neue Preisangabenverordnung, § 4 Anm. 22.
75 BGH 24. 2. 1959, GRUR 1959, 329.
76 BGH 13. 2. 1992, GRUR 1992, 552.
77 *Zirpel/Preil,* Werben ohne Abmahnung, S. 79.
78 BGH 28. 4. 1994, NJW 1994, 2152.
79 OLG Köln Urt. v. 24. 7. 1998 – 6 U 172/97 – n. v.
80 *Boest,* NJW 1985, 1440.
81 BGH 23. 5. 1990, DAR 1990, 427.
82 *Boest,* NJW 1985, 1440.

4,9% bei 36 Monaten) beim Kauf von Motorrädern betreiben, wenn er und die beigetretenen Händler der Bank Zinszuschüsse gewähren. Darin liegt weder eine nach § 15 GWB unzulässige Beschränkung der Vertragshändler bei der Ausgestaltung ihrer Verträge noch ein Verstoß gegen die Zugabeverordnung und das RabattG.[83]

IV. Ladenschlussgesetz

387   Im Kfz-Handel ist es, wie auch in anderen Branchen, üblich und zulässig, Verkaufsräume bzw. das Ausstellungsgelände außerhalb der Ladenschlusszeiten geöffnet zu halten, um dem Publikum die Möglichkeit geben, sich in Ruhe die ausgestellten Kraftfahrzeuge anzusehen. Bei Öffnungszeiten, die außerhalb der gesetzlichen Ladenöffnungszeiten des § 3 LSchlG liegen,[84] muss ausdrücklich darauf hingewiesen werden, dass kein geschäftlicher Verkehr im Sinne des Ladenschlussgesetzes stattfindet. Die Formulierung, dass außerhalb der gesetzlich zulässigen Ladenöffnungszeiten keine Beratung und kein Verkauf stattfindet, wird als ausreichend angesehen. Nicht genügend sind Ankündigungen wie „Sonntags Besichtigung von 10 Uhr bis 12 Uhr",[85] „Sonntags von 10 Uhr bis 12 Uhr (nur Besichtigung)",[86] „Sonntag – Tag der offenen Tür",[87] „Sonderschau",[88] „Besichtigung auch Samstag und Sonntag".[89]

Probefahrten dürfen während der Ladenschlusszeiten nicht durchgeführt werden. Das KG[90] hat eine Probefahrt ausnahmsweise als zulässig angesehen, die innerhalb der Ladenöffnungszeit vereinbart und außerhalb des Betriebsgeländes begonnen worden war. Die Entscheidung ist wegen ihrer tatbestandlichen Besonderheiten nicht repräsentativ.[91] In der Werbung für eine Besichtigungsmöglichkeit außerhalb der Ladenöffnungszeiten ist ausdrücklich darauf hinzuweisen, dass keine Probefahrten stattfinden. Der Hinweis muss nach Schriftgröße und Platzierung so gestaltet sein, dass er nicht überlesen werden kann.[92] Kündigt die Werbung besondere Informationsmöglichkeiten in Form von Vergleichstestfahrten und Probefahrten an und ergibt sich aus dem Gesamteindruck der Anzeige, dass diese Fahrten auch außerhalb der gesetzlich vorgeschriebenen Ladenöffnungszeiten durchgeführt werden können, reicht der Hinweis, dass außerhalb der Geschäftszeit keine Beratung und kein Verkauf stattfinden, zur Verneinung eines Wettbewerbsverstoßes nicht aus. Erforderlich ist in diesen Fällen ein ausdrücklicher Hinweis darauf, dass nach Ladenschluss keine Vergleichstestfahrten oder Probefahrten durchgeführt werden.[93]

Während der Öffnung der Verkaufsräume zur Besichtigung der Fahrzeuge außerhalb der Ladenöffnungszeiten dürfen weder Betriebsinhaber noch Verkaufspersonal in der Verkaufsstelle anwesend sein. Vorhandenen Aufsichtspersonen ist es untersagt, Verkaufsgespräche zu führen und Angebote zu erläutern.[94] Prospekte dürfen ausgelegt werden, nicht jedoch Bestell-

---

83 BGH 6. 10. 1992, NJW-RR 1993, 550; KG MD 1991, 520; a. A. KG 5. 10. 1989, MD 1990, 34.
84 Die aktuellen Ladenschlusszeiten, in denen Verkaufsstellen geschlossen sein müssen, sind Sonntage und Feiertage, montags bis freitags bis 6 Uhr morgens und ab 20 Uhr abends, sonnabends bis 6 Uhr morgens und ab 16 Uhr, an den vier aufeinander folgenden Samstagen vor dem 24. Dezember bis 6 Uhr morgens und ab 18 Uhr.
85 OLG Köln 14. 11. 1980, WRP 1982, 166.
86 OLG Köln 12. 6. 1981, WRP 1982, 168; a. A. OLG Hamburg 2. 4. 1992, WRP 1992, 572.
87 OLG Düsseldorf 7. 2. 1985, WRP 1985, 345.
88 OLG Köln 7. 5. 1986, WRP 1986, 505.
89 OLG Datum MD 1990, 81; a. A. LG Koblenz, Beschl. 8. 7. 1993 – 4 HO 159/93.
90 11. 11. 1986, WRP 1981, 582.
91 *Zirpel/Preil,* Werben ohne Abmahnung, S. 87.
92 OLG Köln 7. 5. 1986, WRP 1986, 505.
93 LG Münster 29. 6. 1984 – 23 O 143/84 – zitiert in ZLW-Merkblatt Nr. 3; OLG Köln 20. 9. 1984, WRP 1984, 712.
94 BGH 26. 3. 1976, WRP 1976, 466.

karten.[95] Nach Ansicht des OLG Köln[96] darf ein ADAC-Pannenkurs während der Ladenschlusszeit in den Verkaufsräumen eines Autohändlers durchgeführt werden.

Die Werkstatt ist keine Verkaufsstelle und fällt daher nicht unter das Ladenschlussgesetz. Falls sie während der Ladenschlusszeit geöffnet ist, dürfen keine Ersatzteile über den Ladentisch verkauft werden.

V. Besondere Verkaufsveranstaltungen und Sonderangebote

Das Recht der besonderen Verkaufsveranstaltungen ist in § 7 UWG geregelt.

388

Besondere Verkaufsveranstaltungen sind im Kfz-Handel mit Ausnahme der Jubiläumsverkäufe nicht gestattet. Sie finden im Einzelhandel außerhalb des regelmäßigen Geschäftsverkehrs statt, dienen der Beschleunigung des Warenabsatzes und rufen den Eindruck der Gewährung besonderer Kaufvorteile hervor (§ 7 Abs. 1 UWG).

Sonderangebote gehören nicht zu den besonderen Verkaufsveranstaltungen. Für sie ist charakteristisch, dass sie einzelne, nach Güte und Preis gekennzeichnete Waren (nicht ganze Warensorten, Warengruppen oder Sortimente) betreffen, deren Angebote sich in den regelmäßigen Geschäftsbetrieb des Unternehmens einfügen (§ 7 Abs. 2 UWG).

Dem Verbot des § 7 Abs. 1 UWG unterliegen nur Verkaufsveranstaltungen, nicht aber befristete Aktionen im Dienstleistungsbereich, wie etwa die Vornahme von Motorinspektionen, Haupt- und Abgasuntersuchungen.

Eröffnungsverkäufe sind unzulässige Verkaufsveranstaltungen, wenn allgemein „Eröffnungspreise" oder ein „Eröffnungsverkauf" angeboten werden, da hierdurch der Eindruck erweckt wird, das gesamte Warenangebot sei während der Zeit der Eröffnung verbilligt.[97] Da im Kraftfahrzeughandel saisonale Preisschwankungen in größerem Umfang nicht vorkommen, sind **Saisonangebote** in der Regel unzulässige Sonderveranstaltungen, wobei es allenfalls bei Cabriolets, Caravans[98] und Motorrädern[99] denkbar ist, dass den im Winter nachgebenden Preisen durch „Winterpreise" Rechnung getragen wird.[100] Nach dem Wegfall des Verbots der Befristung von Sonderangeboten sind **Wochen- und Monatsangebote** nunmehr zulässig, sofern einzelne Fahrzeuge als Sonderangebote beworben werden, die sich in den regelmäßigen Geschäftsbetrieb des Unternehmens einfügen.[101] Bei zu knapper Befristung, wie z. B. „Tag der großen Gelegenheiten" kann eine solche Werbung wegen übertriebenen Anlockens gem. § 1 UWG unwirksam sein. Der Verkauf von Kraftfahrzeugen „ab Lkw" oder „ab Transporter" ist im Kfz-Handel nicht üblich und würde gegen § 7 Abs. 1 UWG verstoßen.[102]

---

95 OLG Frankfurt 4. 10. 1979, WRP 1979, 873.
96 20. 1. 1986, WRP 1986, 302.
97 BGH 11. 3. 1977, WRP 1977, 400.
98 KG 14. 6. 1987, WRP 1984, 145.
99 KG 5. 10. 1982, WRP 1983, 342.
100 *Zirpel/Preil,* Werben ohne Abmahnung, S. 101.
101 Zur Rechtslage vor dem 1. 8. 1994 BGH 3. 11. 1977, GRUR 1973, 653; 28. 9. 1979, GRUR 1980, 112 – jetzt sparen wie nie; sensationelle Preissenkungen –; OLG Frankfurt 28. 9. 1978, WRP 1978, 896 – Urlaubspreise, Ferienpreise –; OLG Frankfurt 3. 5. 1988, NJW-RR 1989, 35 – Hochsaison für Schnäppchenjäger –; KG 22. 10. 1985, WRP 1986, 272 – Modelle zu Sonderpreisen beim Autotreff am Wochenende –; KG MD 1990, 1179 – Toller Samstag mit tollem Angebot; OLG Hamm 20. 3. 1980, WRP 1980, 428 ff.; LG Berlin 14. 2. 1984, WRP 1984, 652 – Tag der großen Gelegenheiten –; LG Essen 23. 4. 1975, WRP 1975, 628 – Aktion Sicherheitsausrüstung –; LG Berlin MD 1991, 222 – Schätz- und Testwochen –.
102 BGH 20. 10. 1978, GRUR 1979, 402.

VI. Jubiläumsverkäufe

389   Jubiläumsverkäufe dürfen gem. § 7 Abs. 3 Nr. 2 UWG erstmals nach Ablauf von 25 Jahren seit Bestehen des Geschäfts abgehalten werden. Sie müssen in dem Monat beginnen, in den der Tag der Unternehmensgründung fällt und dürfen nicht länger als zwölf zusammenhängende Werktage dauern. Ein verpasstes Jubiläum kann nicht zu einem späteren Zeitpunkt nachgeholt werden, und ein verfrühter Jubiläumsverkauf verbraucht den Anspruch.[103] Maßgeblich für die Berechnung der 25-jährigen Frist ist der Tag der Unternehmensgründung und nicht der Tag des Abschlusses oder der Übernahme des Händlervertrages. Ein Inhaberwechsel beeinträchtigt nicht den Lauf der Frist. Ein Firmenjubiläum des Herstellers/Importeurs berechtigt den Händler nicht zum Jubiläumsverkauf. Der Verkauf eines Sondermodells, das der Hersteller aus Anlass seines Jubiläums herausgebracht hat, darf vom Händler nicht als Jubiläumsverkauf veranstaltet werden.[104] Die Wettbewerbsgesetze (RabattG, ZugabeVO) gelten auch während des Jubiläumsverkaufs.

Ein Handelsunternehmen darf auch außerhalb des 25-Jahresrhythmus des § 7 Abs. 3 UWG auf einen **Firmengeburtstag** (z. B. 20-jähriges Bestehen) hinweisen, sofern dadurch nicht der Eindruck erweckt wird, aus diesem Anlass seien die Preise insgesamt oder für besondere Angebote gesenkt worden.[105]

VII. Rücktrittsrecht des Käufers

390   Gem. § 13a UWG hat der Käufer das Recht, vom Vertrag zurückzutreten, wenn er durch unwahre oder zur Irreführung geeignete Angaben in der Werbung zum Vertragsabschluss bestimmt wurde. Die Vorschrift des § 13a UWG schützt den Käufer nicht nur vor unrichtiger und irreführender Werbung des Händlers, sie gewährt ihm das Rücktrittsrecht auch dann, wenn der Hersteller/Importeur falsche oder irreführende Werbeangaben gemacht hat, wie etwa zum Kraftstoffverbrauch, zur Leistung des Motors und zur Höchstgeschwindigkeit des Fahrzeugs. Aus der Erklärung des Käufers muss deutlich hervorgehen, dass er sich vom Vertrag lösen will; auf den Wortlaut kommt es nicht an.[106]

---

103   LG Essen 7. 5. 1987, WRP 1988, 136.
104   KG 22. 5. 1987, WRP 1988, 103.
105   BGH 14. 11. 1996, GRUR 1997, 476.
106   OLG Zweibrücken 2. 7. 1996, NJW-RR 1997, 175; zu weiteren Einzelfragen *Baumbach/Hefermehl*, § 13a UWG Rn 2 ff.

I. Lieferung und Übernahme des Neuwagens

I. Vertragspflichten

Beim Kauf stehen sich gegenüber die Pflicht des Verkäufers zur Übergabe und Übereignung des Fahrzeugs und die Pflicht des Käufers zur Zahlung des Kaufpreises. Auch die Übergabe des **Fahrzeugbriefs** gehört zur Hauptpflicht des Verkäufers, die im Fall des Eigentumsvorbehalts nach dessen Erlöschen zu erfüllen ist.[1] Unterbleibt die Aushändigung des Fahrzeugbriefs, ist der Käufer zum Rücktritt oder zur Geltendmachung von Schadensersatz wegen Nichterfüllung berechtigt.[2] Die Abnahme des Fahrzeugs durch den Käufer gehört in der Regel zu den Nebenpflichten.[3]

391

II. Gutgläubiger Eigentumserwerb

Beim Erwerb eines Neufahrzeugs von einem Vertragshändler sind an die Gutgläubigkeit des Käufers keine sehr hohen Anforderungen zu stellen. Der Käufer muss sich über das **Eigentum** (§ 932 BGB) und die **Verfügungsbefugnis** (§ 366 HGB) des Verkäufers im Regelfall keine Gewissheit durch Vorlage des Kfz-Briefes verschaffen,[4] wie das die ständige höchstrichterliche Rechtsprechung dem Erwerber eines gebrauchten Fahrzeugs abverlangt.[5] Das Fehlen des Kfz-Briefs kann auf mannigfachen Gründen beruhen und ist daher nicht ungewöhnlich.[6] Im regulären Geschäftsverkehr darf der Käufer darauf vertrauen, dass der Händler, der das Neufahrzeug im Besitz hat und es gegen vollständige Zahlung aus der Hand gibt, dazu von dem **Vorlieferanten** – auch bei vorbehaltenem Eigentum – **ermächtigt** ist.[7]

392

Der gute Glaube des Käufers wird nicht dadurch erschüttert, dass der Verkäufer ihn wegen der Übergabe des Kfz-Briefs vertröstet.[8] Es liegt in der Natur der Sache, dass der Händler trotz des Erhalts des gesamten Kaufpreises den Kfz-Brief nicht sogleich zur Verfügung hat und diesen Zug um Zug gegen Bezahlung aushändigen kann. Im Fall der Finanzierung muss er den Brief nach Weiterleitung des Geldes zunächst bei der Bank auslösen, wodurch sich die Übergabe um einige Tage verschiebt.

Für den Käufer besteht eine Nachforschungs- und Erkundigungspflicht, wenn **besondere Umstände** dies erfordern.[9] Abzustellen ist auf das Gesamtbild des in zeitlichem Zusammenhang erfolgten Verkaufs.[10] Falls man, wie es das OLG Karlsruhe[11] getan hat, dem Käufer den Gutglaubensschutz auf Grund der Offenbarung des Verkäufers versagt, ihm sei der Zugang zum bankverwahrten Fahrzeugbrief verschlossen, kann der auf Herausgabe des Briefs gerichtete Anspruch des Herstellers unter Umständen daran scheitern, dass er sich der Mithilfe des Direkthändlers ohne vorausgegangene Prüfung der Seriosität und Bonität bedient hat.[12]

---

1 Zur Rechtsnatur des Fahrzeugbriefs BGH 8. 5. 1978, NJW 1978, 1854 mit Anmerkung von *Schreiber,* JR 1979, 70.
2 BGH 25. 6. 1953, NJW 1953, 1347; OLG Nürnberg 25. 4. 1967 – 3 U 93/66 – n. v.; *Creutzig,* Recht des Autokaufs, Rn 0.7.
3 *Palandt/Putzo,* § 433 Rn 36; *Westermann,* MünchKomm, § 433 Rn 77.
4 BGH 21. 9. 1959, BGHZ 30, 374, 380; OLG Düsseldorf 16. 5. 1990, VuR 1991, 241.
5 Zusammenfassend BGH 19. 5. 1996, NJW 1996, 2226, 2227, dazu Rn 1481 ff.
6 BGH 21. 9. 1959, BGHZ 30, 374, 380.
7 BGH 21. 9. 1959, BGHZ 30, 374, 380; OLG Hamm 13. 1. 1964, NJW 1964, 2257; OLG Karlsruhe 7. 4. 1989, NZV 1989, 434; OLG Düsseldorf 16. 5. 1990, NJW-RR 1992, 381.
8 LG Darmstadt 10. 4. 1997, DAR 1999, 265.
9 OLG Düsseldorf 16. 5. 1990, VuR 1991, 24.
10 BGH 30. 10. 1995, NJW 1996, 314.
11 OLG Karlsruhe 7. 4. 1989, NZV 1989, 434.
12 OLG Karlsruhe 7. 4. 1989, NZV 1989, 434 m. Anmerkung von *Roth,* a. a. O., 435.

393 Für den **kaufmännischen Geschäftsverkehr,** namentlich im **Massengeschäft,** sind verschärfte Anforderungen an die Sorgfaltspflicht der Käufers zu stellen, wenn er Fahrzeuge in großer Stückzahl kauft und mit den vertraglichen Verhältnissen, die zwischen seinem Händler und dessen Lieferanten bestehen, vertraut ist oder sich ohne Schwierigkeiten vertraut machen kann und von daher weiß bzw. wissen muss, dass der Händler in der Regel erst mit der Zahlung des Kaufpreises an seinen Lieferanten Eigentümer der Fahrzeuge wird. Zahlt der Käufer unter diesen Voraussetzungen den Kaufpreis vor Erhalt der Papiere und ohne sich ausreichende Kenntnisse über die wirtschaftlichen und finanziellen Verhältnisse des Händlers verschafft zu haben, wird sein guter Glaube an das Eigentum des Händlers und dessen Verfügungsbefugnis nicht geschützt, was zur Folge hat, dass er das Risiko des Kaufpreisverlusts trägt.[13] Veranlassung, die **Rechtsstellung des Veräußerers** zu **überprüfen,** besteht nach Ansicht des BGH,[14] wenn die Niederlassung eines Fahrzeugherstellers zwei Neufahrzeuge fremden Fabrikats aus Privathand unter Übernahme von Fahrzeugbriefen ankauft, die keine Haltereintragung aufweisen. Bei einem derart ungewöhnlichen Geschäft kommt der (fehlenden) Haltereintragung nicht automatisch – gleichsam als reziproke Folge der Rechtsprechung zum Gutglaubensschutz im Gebrauchtwagenhandel – eine nur untergeordnete Bedeutung zu.

Die aufgezeigten Grundsätze gelten auch im Fall des Verkaufs eines **Vorführwagens,** den die Rechtsprechung im Hinblick auf den Gutglaubensschutz einem Neuwagen gleichstellt.[15]

Gegenüber einem Sicherungsnehmer, dem der Händler das Fahrzeug unter Übergabe des Fahrzeugbriefs und Vereinbarung eines Besitzmittlungsverhältnisses i. S. v. § 930 BGB übereignet hat, ist der Käufer geschützt. Er kann den Herausgabeanspruch des Sicherungsnehmers durch sein aus dem Kaufvertrag mit dem Händler abgeleitetes Besitzrecht gem. § 986 Abs. 2 BGB abwehren.[16]

III. Erfüllungsort

394 Die vormalige Regelung in Abschn. IX, Ziff. 1 NWVB, die den (Betriebs-)Sitz des Verkäufers als den Erfüllungsort für alle aus dem Kaufvertrag resultierenden beiderseitigen Pflichten bestimmte, wurde – da sie gegen § 9 AGB-Gesetz verstieß[17] – ersatzlos abgeschafft. Kraft gesetzlicher Regelung ist die Übergabe[18] des Fahrzeugs durch den Verkäufer eine Holschuld des Käufers und als solche gem. § 269 BGB am **Betriebssitz des Verkäufers** zu erfüllen,[19] während für die Zahlung des Kaufpreises als Schickschuld der Wohnsitz des Käufers maßgeblich ist. Die Zahlung des Kaufpreises ist aber dann am Betriebssitz des Verkäufers vorzunehmen, wenn sich dort der vertragscharakteristische Leistungsort befindet. Beim Neuwagenkauf steht die Fahrzeugübergabe im Mittelpunkt der Vertragsbeziehung; sie bildet den eigentlichen Schwerpunkt des Geschäftes. Hierauf weist die Regelung in Abschn. III, Ziff. 1 NWVB hin, die besagt, dass der Kaufpreis bei Übergabe des Kaufgegenstands in bar zur Zahlung fällig ist. Aus dieser Vertragsregelung und aus der Natur des Schuldverhältnisses folgt, dass sich die **Zahlungspflicht des Käufers** von einer **Schickschuld in eine Bringschuld** verwandelt und am Betriebssitz des Verkäufers zu erfüllen ist.[20] Sieht der

---

13 OLG Frankfurt 25. 4. 1997, OLGR 1997, 121.
14 Urt. 30. 10. 1995, NJW 1996, 314.
15 OLG Frankfurt 8. 12. 1998, NJW-RR 1999, 927 LG; OLG Karlsruhe 7. 4. 1989, NJW-RR 1989, 1461; LG Darmstadt 10. 4. 1997, DAR 1999, 265.
16 BGH 19. 4. 1990, DAR 1990, 302.
17 Vgl. OLG Koblenz 14. 4. 1989, WM 1989, 892.
18 Erforderlich ist tatsächliche Aushändigung des Fahrzeugs – BGH 11. 10. 1996, DAR 1996, 21.
19 OLG Nürnberg 2. 11. 1995, NZV 1996, 194.
20 LG Bremen 30. 11. 1964, NJW 1965, 203; *Creutzig,* Recht des Autokaufs, Rn 3.1.4.

Kaufvertrag vor, dass der Neuwagenpreis teilweise durch Inzahlunggabe des Gebrauchtfahrzeugs getilgt wird, hat der Käufer es am Betriebssitz des Verkäufers zu übergeben.[21] Die Vereinbarung „Werksabholung durch den Käufer" ist als Abrede dahin gehend zu verstehen, dass die Übergabe und Eigentumsverschaffung am Ort des Herstellers erfolgen soll.

IV. Gefahrübergang

Da der **Verkäufer** das Fahrzeug an seinem Betriebssitz bereitzustellen und dort die Eigentums- und Besitzverschaffung vorzunehmen hat, trägt er das **Risiko des Transports** nach dorthin sowie das **Risiko der Lagerung**. Bei vereinbarter Werksabholung geht die Gefahr mit der Aushändigung des Wagens durch das Werk auf den Käufer über.

Liefert der Händler das Fahrzeug ohne Verlangen des Käufers frei Haus, so geht die Gefahr des zufälligen Untergangs und der zufälligen Verschlechterung gem. § 446 BGB erst mit Übergabe des Wagens an den Käufer auf diesen über.[22] Erfolgt die Anlieferung auf Anweisung beim Käufer, gilt § 447 BGB, d. h., der Käufer trägt die Transportgefahr auch bei Lieferung innerhalb des Ortes. Nach Ansicht des OLG Nürnberg[23] entspricht es der Interessenlage, dem **Käufer** die Sach- und Gegenleistungsgefahr für **zufälligen Untergang** auch dann zuzuweisen, wenn der Händler vor Auslieferung des Fahrzeugs einen **Sonderwunsch** des Käufers in Form der Anbringung einer Anhängerkupplung erfüllt und das Fahrzeug auf dem anschließenden Transport zur Abnahmestelle von einem Dritten beschädigt wird. In diesem Fall ist Käufer berechtigt, den in seiner Person entstandenen Schaden aus dem Gesichtspunkt der Schadensliquidation im Drittinteresse gegenüber dem Schädiger geltend zu machen.[24]

V. Abnahmefrist

Gem. Abschn. V, Ziff. 1 NWVB beträgt die dem Käufer eingeräumte Abnahmefrist **acht Tage**. Die Frist beginnt mit dem **Zugang der schriftlichen Bereitstellungsanzeige** (Abschn. III, Ziff. 1 NWVB), den der Verkäufer im Streitfall nach allgemeinen Grundsätzen zu beweisen hat. Gemessen an den Fristen, die dem Käufer bei einer Lieferfristüberschreitung zugemutet werden, nimmt sich die ihm zugebilligte Zeitspanne von acht Tagen für die Abnahme des Fahrzeugs und für die Zahlung des Kaufpreises reichlich knapp aus. Die unterschiedliche Bemessung der Fristen und ungleiche Behandlung beider Vertragsteile findet ihre sachliche Berechtigung darin, dass die vom Händler zu erbringende Leistung von zahlreichen außerhalb seines Einwirkungsbereichs liegenden Faktoren abhängt, während dies bei der Übernahmeverpflichtung des Käufers nicht der Fall ist.[25] Auf Grund dieser Überlegung wird man die Wirksamkeit der für die Erfüllung der Abnahme- und Zahlungspflicht maßgeblichen Frist nicht ernsthaft in Zweifel ziehen können.

VI. Prüfrecht des Käufers – Recht auf Probefahrt

Der Käufer hat nicht nur die Pflicht, das bereitgestellte Fahrzeug innerhalb von acht Tagen abzunehmen, er ist auch **berechtigt**, es innerhalb dieser Frist **am vereinbarten Abnahmeort zu prüfen**. Etwa anfallende Prüfungskosten gehen zu Lasten des Käufers, es sei denn, dass die Parteien eine abweichende Vereinbarung getroffen haben.

---

21 LG Baden-Baden, Urt. 23. 1. 1981 – 2 O 27/80 – n. v; *Creutzig,* Recht des Autokaufs, Rn 3.1.4.
22 OLG Nürnberg 25. 4. 1967 – 3 U 93/66 – n. v.
23 Urt. v. 2. 11. 1995, NZV 1996, 194.
24 *Soergel/Huber,* Bem. 26 vor § 446.
25 BGH 8. 10. 1969, NJW 1970, 29 ff.; *Baur,* DAR 1962, 321, 324.

Abschn. V, Ziff. 2 NWVB besagt, dass sich eine etwaige Probefahrt vor Abnahme in den Grenzen üblicher **Probefahrten** bis höchstens **20 km** zu halten hat. Aus der Verbindung mit dem in Abschn. V, Ziff. 1 NWVB verankerten Prüfrecht folgt, dass dem Käufer ein Rechtsanspruch auf Vornahme der Probefahrt zusteht. Für die Feststellung etwa vorhandener Mängel funktioneller oder technischer Art reichen die bloße Besichtigung des Fahrzeugs und die Betätigung seiner Bedienungselemente „im Stand" nicht aus. Vielmehr ist hierzu die Inbetriebnahme des Neufahrzeugs im Sinne der Durchführung einer Probefahrt unerlässlich. Nur auf diese Weise kann sich der Käufer ein Bild von den für das Fahrzeug wesentlichen Eigenschaften machen, wozu beispielhaft das Fahr- und Bremsverhalten, der Motor- und Getriebelauf, die Spur- und Lenkgenauigkeit, die Schaltbarkeit und die Geräuschentwicklung gehören.

398 Die mit einer auf höchstens 20 km begrenzten Probefahrt verbundenen **Kosten** für Benzin, Begleitperson usw. trägt der **Verkäufer.** Eine darüber hinausgehende Probefahrt ist dem Käufer nur gestattet, wenn er zuvor eine entsprechende Vereinbarung mit dem Verkäufer getroffen hat.[26]

399 Zur **Untersuchung** des Neufahrzeugs, die das Recht der Probefahrt einschließt, ist der Käufer berechtigt, nicht aber verpflichtet. Dies gilt auch für Kaufleute, da die gesetzliche Untersuchungs- und Rügepflicht des § 377 HGB nicht die Zeit vor Ablieferung der Ware betrifft. Die Kaufleuten durch § 377 HGB auferlegte Verpflichtung, die Ware unverzüglich nach der Ablieferung zu prüfen und dem Verkäufer unverzüglich Anzeige zu machen, wird durch die NWVB nicht abbedungen. Dennoch erscheint es angesichts der Auflistung der gewährleistungsausschließenden Gründe in Abschn. VII, Ziff. 6 NWVB zweifelhaft, ob bei Verletzung der gesetzlichen Untersuchungs- und Rügepflicht des § 377 HGB das Fahrzeug auch in Ansehung der Mängel als genehmigt gilt. Die **Aufzählung der Ausschlussgründe** in Abschn. VII, Ziff. 6 NWVB erweckt den Eindruck der **Vollständigkeit.** Außerdem fehlt ein Hinweis darauf, dass gesetzlich geregelte Fälle des Untergangs von Gewährleistungsansprüchen (z. B. § 464 BGB, § 377 HGB) durch die vertragliche Regelung nicht ausgeschlossen werden. Die NWVB sind in diesem Punkt nicht klar und eindeutig, sodass sie käuferfreundlich auszulegen sind.

400 Das **Prüfrecht** des Käufers **verfällt** nach Ablauf der Frist von 8 Tagen. Danach besitzt der Verkäufer einen **klagbaren Anspruch** auf Fahrzeugabnahme gegen den Käufer.

Läßt der Verkäufer die Prüfung des Fahrzeugs bzw. die Vornahme einer Probefahrt nicht zu, ist der Käufer berechtigt, die Abnahme des Fahrzeugs abzulehnen, und der Verkäufer kann sich nicht auf Annahmeverzug berufen.

401 Verursacht der Käufer oder dessen Beauftragter während der **Probefahrt** einen **Schaden** am Fahrzeug, haftet der Käufer nur bei grober Fahrlässigkeit und Vorsatz (Abschn. V, Ziff. 7 NWVB). Falls die Probefahrt mit roten Kennzeichen durchgeführt wird, kann der Schaden durch die Fahrzeugversicherung für Kfz-Handel und -Handwerk gedeckt werden. Diese Versicherung muss auch eintreten, wenn das Fahrzeug bei Vornahme der Probefahrt bereits auf den Käufer zugelassen ist, eine Abnahme und Übergabe aber noch nicht stattgefunden haben, sodass es sich noch in der Obhut des Händlers befindet.[27]

402 Der Haftungsausschluss in Abschn. V, Ziff. 6 NWVB gilt für fahrlässig verursachte Fahrzeugschäden schlechthin. Eine Haftungsbeschränkung auf solche Schäden, die mit den Eigentümlichkeiten der Probefahrt in Zusammenhang stehen, ergibt sich weder aus dem Wortlaut noch aus dem Sinn der Klausel. Für Schäden an anderen Rechtsgütern kommt die Haftpflichtversicherung auf.

---

26 *Creutzig,* Recht des Autokaufs, Rn 5.2.2.
27 *Creutzig,* Recht des Autokaufs, Rn 5.6.3.

Da das Unfallrisiko für leicht fahrlässig verursachte Schäden bei Vornahme einer Probefahrt beim Verkäufer liegt, geht zu seinen Lasten, dass ein zur Auslieferung bereitgestelltes Neufahrzeug bei dem Unfall seine fabrikneue Eigenschaft verliert, z. B. wegen einer erheblichen Beschädigung oder des Verbleibs einer merkantilen Wertminderung. Der Käufer ist unter diesen Umständen nicht verpflichtet, das Fahrzeug abzunehmen. **403**

VII. Vertragsgemäße Beschaffenheit und Mängelfreiheit

Die Prüfung des Käufers erstreckt sich auf die **vertragsgemäße Beschaffenheit** und **Fehlerfreiheit** des bereitgestellten Neuwagens. Eine Fehlerhaftigkeit verweist auf die Ebene des Gewährleistungsrechts, während bei Lieferung einer nicht vertragsgemäßen Sache u. U. eine Nichterfüllung vorliegt. **404**

Die Vertragsgemäßheit des Neuwagens hängt maßgeblich davon ab, ob die Parteien einen Gattungs- oder Stückkauf getätigt haben. Eine **Gattungsschuld** ist in der Regel anzunehmen, wenn der Käufer ein nicht vorrätiges Fahrzeug beim Händler bestellt, während es sich um eine Stückschuld handelt, wenn er ein konkretes Kraftfahrzeug ab Lager oder ein „nach Maß" zu produzierendes Kraftfahrzeug kauft.[28] **405**

Die Vereinbarung, dass ein aus der Gattung zu lieferndes Fahrzeug bestimmte Beschaffenheitsmerkmale aufweisen soll, steht der Annahme einer Gattungsschuld nicht entgegen.[29] Dementsprechend ist eine Gattungsschuld anzunehmen, wenn die Bestellung einige als **Sonderausstattung** gewünschte Zubehörteile enthält, sofern das Fahrzeug nicht individuell bestimmt, sondern nach generellen Merkmalen beschrieben wird.[30] Bei der Bestellung eines vom Hersteller zunächst lediglich konzipierten Fahrzeugs aus einer sodann **limitiert aufgelegten Serie** handelt es sich ebenfalls um einen Gattungskauf.[31] Selbst die Vereinbarung, dass der Motor eines Serienfahrzeugs vor Fahrzeugauslieferung vom Händler getunt werden soll, macht nach Ansicht des OLG Düsseldorf aus der Gattungsschuld noch keine Speziesschuld.[32] **406**

Bei der Gattungsschuld liegt eine Aliud-Lieferung vor, wenn das Fahrzeug im Allgemeinen nicht die Eigenschaften der bedungenen Gattung besitzt[33] und die erbrachte Leistung gegenständlich von der geschuldeten abweicht.[34] Hierbei kommt es entscheidend darauf an, ob eine besonders vereinbarte Eigenschaft auch nach der Verkehrsanschauung als typisches Merkmal einer speziellen Warengattung anzusehen ist[35] oder ob das aus der Gattung zu liefernde Fahrzeug mit besonderen Eigenschaften ausgestattet sein soll.[36] Im Zweifel ist davon auszugehen, dass die Parteien die allgemein gültigen Gattungsbegriffe zu Grunde legen und durch die vom Käufer gewünschten individuellen Ausstattungsmerkmale keine neue Gattung erfinden wollen.[37] **407**

Die Grenzen zum **Beschaffenheitsmangel** sind fließend. Ob es sich um eine andere als die geschuldete Sache handelt, lässt sich jeweils nur im Einzelfall unter Heranziehung des Vertragsinhalts und der die Grenzen der Gattung bestimmenden Verkehrsanschauung beurteilen.[38] Beim Autokauf ist eine Aliud-Lieferung z. B. anzunehmen, wenn ein anderes als das **408**

---

28 *Creutzig,* Recht des Autokaufs, Rn 0.9; AG Köln, Urt. 9. 2. 1994 – 136 C 466/93 – n. v.; OLG Düsseldorf 2. 3. 1995, OLGR 1995, 142.
29 *Soergel/Huber,* vor § 459 Rn 24.
30 OLG Düsseldorf 2. 3. 1995, OLGR 1995, 142.
31 BGH 1. 12. 1993, ZIP 1994, 136, 137.
32 Urt. 30. 10. 1992 – 22 U 79/91 – Leitsätze in OLGR 1993, 129.
33 *Staudinger/Honsell,* § 480 Rn 4.
34 BGH 16. 5. 1984, NJW 1984, 1955.
35 *Schlegelberger,* HGB, § 378 Rn 5.
36 BGH 30. 4. 1975, WM 1975, 562.
37 LG Osnabrück, 1. 8. 1990, NJW-RR 1991, 181; *Schlegelberger,* HGB, § 378 Rn 5.
38 BGH 29. 3. 1978, NJW 1978, 2394.

bestellte Modell oder ein Kombi-Fahrzeug an Stelle einer Limousine bereitgestellt wird. Allein das Fehlen des Katalysators reicht nicht aus, um das Fahrzeug einer anderen Warengattung zuzuordnen.[39]

409 Ein nicht genehmigungsfähiges **Aliud** liegt vor, wenn statt der vertraglich vereinbarten Lieferung eines neuen Autos ein **gebrauchtes Auto** geliefert wird.[40]

410 In einem Grenzfall, in dem der Verkäufer das bestellte Taxifahrzeug mit **Normal- statt mit Automatikgetriebe** geliefert hatte, entschied das LG Hamburg,[41] der Erfüllungsanspruch des Käufers sei nicht erloschen, da dieser keine vertragsgemäße Leistung, sondern ein „Aliud" erhalten habe.

411 Bei Falschlieferung kann der Käufer den gezahlten Kaufpreis nicht nach § 812 Abs. 1 S. 1 BGB zurückverlangen, denn es fehlt nicht an dem Rechtsgrund für die Kaufpreiszahlung, sondern an der Vertragserfüllung durch den Verkäufer. Deshalb muss der Käufer entweder Vertragserfüllung fordern oder **nach § 326 BGB vorgehen.**[42]

412 Abweichungen von den **ungefähren Angaben**[43] der Herstellerbeschreibung bedeuten Mangelhaftigkeit des Wagens und rechtfertigen im Regelfall nicht die Annahme einer sog. Aliud-Lieferung.

1. Vertragsgemäße Beschaffenheit

413 Maßgeblich für die vertragsgemäße Beschaffenheit ist der Vertragsinhalt, der sich aus der Vertragsurkunde und aus evtl. getroffenen Zusatzvereinbarungen ergibt. Ist ein Pkw mit Bereifung „5fach-Gürtel" bestellt, besitzt der Käufer Anspruch auf ein entsprechend bereiftes Reserverad und muss ein kleines „Notrad" nicht akzeptieren.[44]

Zur vertragsgemäßen Beschaffenheit gehören die in Abschn. IV, Ziff. 6 NWVB beispielhaft erwähnten **Angaben** in der bei Vertragsschluss **gültigen Beschreibung** des Herstellers, Importeurs oder Händlers. Die dortigen Angaben sind nach dem Wortlaut der Klausel nur als annähernd zu betrachten und keine zugesicherten Eigenschaften, es sei denn, dass der Verkäufer eine ausdrückliche Zusicherung erteilt hat. Die Vorgängerklausel, die den Ausnahmefall der vom Verkäufer tatsächlich erteilten Zusicherung durch Bezugnahme auf Abschn. I, Ziff. 2 NWVB von der Wahrung der Schriftform abhängig machte, wurde gestrichen, weil sie die Zusicherungshaftung unzulässigerweise durch die Ausgrenzung mündlicher Zusicherungen aushöhlte und damit sowohl gegen § 11 Nr. 11 AGB-Gesetz als auch gegen den in § 4 AGB-Gesetz verankerten Grundsatz des Vorrangs von Individualabreden gegenüber AGB verstieß.[45]

414 Bei den als **annähernd** angegebenen Werten handelt es sich nicht lediglich um **allgemeine Anpreisungen** oder um **unverbindliche Vorgaben,**[46] sondern um eine konkrete Beschreibung des Vertragsgegenstandes. Die Klausel, die Herstellerangaben als Annäherungswerte bezeichnet, besagt, dass Abweichungen, die sich im Toleranzbereich unvermeidbarer Differenzen industrieller Massenproduktion bewegen, der Kaufsache nicht ihren vertragsgemäßen Charakter nehmen und sie nicht zu einer fehlerhaften machen.[47] Angesichts des hohen

---

39 OLG Hamm 1. 9. 1998, ZfS 1999, 17.
40 OLG Hamburg 24. 2. 1993, NJW-RR 1994, 1397; OLG Karlsruhe 8. 10. 1992, NJW-RR 1993, 631 – Vorführgerät –.
41 Urt. 22. 9. 1987 – 1 O 281/86 – n. v.
42 BGH 12. 3. 1997, EBE 1997, 170.
43 Dazu Rn 414.
44 AG Hamburg 13. 7. 1982, DAR 1982, 403.
45 Vgl. OLG Hamburg 17. 9. 1986, NJW-RR 1987, 121.
46 LG Braunschweig 30. 6. 1989, DAR 1989, 424; OLG Zweibrücken 21. 1. 1982, DAR 1982, 162; *Lempp,* Der Verkehrsjurist des ACE 2/96, Seite 1.
47 *Creutzig,* Recht des Autokaufs, Rn 4.5.4.

Vertragsgemäße Beschaffenheit und Mängelfreiheit

industriellen Standards der heutigen Autoproduktion sind die Grenzen des **Spielraums eng** zu ziehen. Sie sind im Einzelfall nach Treu und Glauben unter Heranziehung der einschlägigen Vorschriften und Normen zu bestimmen.[48]

Angaben zum Neufahrzeug, die der Händler unter Bezugnahme auf die Beschreibung des Herstellers macht, kann der Kunde vernünftigerweise nicht als Zusicherung einer Eigenschaft auffassen, weil sie nicht auf dem eigenen Wissen des Händlers beruhen. Solche Angaben dienen der Information über die typbezogenen Herstellerangaben und beinhalten im Allgemeinen keine Garantie des Händlers für die Beschaffenheit des vom Hersteller zu liefernden Fahrzeugs,[49] es sei denn, dass sich der Händler dafür ausdrücklich stark sagt. Eine Erklärung dahin gehend, „der Käufer könne sich auf die mitgeteilten Verbrauchswerte verlassen, der Verbrauch könne allenfalls 0,5 l je 100 km über den angegebenen Wert hinausgehen und mit mehr brauche der Käufer nicht zu rechnen", reicht für die Annahme der Zusicherung eines bestimmten Kraftstoffverbrauchs nicht aus.[50]

Die zurzeit des Vertragsabschlusses gültigen **Prospektangaben** sind nach dem insoweit unmissverständlichen Wortlaut der Regelung des Abschn. IV, Ziff. 5 NWVB **automatisch** und **regelmäßig** Vertragsinhalt; es bedarf hierzu weder einer Individualvereinbarung der Parteien, noch ist erforderlich, dass die betreffenden Unterlagen Gegenstand der Verhandlungen waren, der einen oder anderen Partei vorgelegen haben oder übergeben worden sind. Soweit *Creutzig*[51] auf dem Standpunkt steht, die Voraussetzung, dass die Prospektunterlagen von den Parteien ausdrücklich zum Gegenstand der Vertragsverhandlungen gemacht worden seien, werde nach allgemeinen Vertragsgrundsätzen von Abschn. IV, Ziff. 5 S. 1 NWVB vorausgesetzt und sei deshalb nicht nochmals ausdrücklich aufgeführt, kann ihm nicht gefolgt werden, da der Klauselwortlaut wegen seiner Eindeutigkeit keinen Raum für eine derartige Interpretation belässt und eine solche mit Rücksicht auf das Gebot der restriktiven Auslegung von AGB auch nicht aus dem Sinn der Klausel herausgelesen werden kann.[52]

Prospektangaben, auf die im Kaufvertrag Bezug genommen wird, **müssen wahr sein,** auch wenn sie z. B. in den Fußnoten als „unverbindlich" deklariert werden. Als nicht vertragsgemäß bewertete das OLG Schleswig[53] ein Fahrzeug, das statt der im Prospekt zugesagten 66 kW nur 62,5 kW leistete und dessen Höchstgeschwindigkeit statt der angekündigten 155 km/h lediglich 148 km/h betrug. Das Gericht hielt eine Unterschreitung der Prospektangaben bis zu 5% für äußerstenfalls zulässig. In dem gleichen Sinne entschied das AG Kiel unter Berufung auf die DIN 70 020, die eine Abweichung von höchstens 5% zulässt.[54] Das OLG Rostock[55] hat sich ebenfalls der Meinung angeschlossen, dass die **Abweichungstoleranzen** maximal **+/− 5 Prozent** betragen dürfen und Leistungsdaten außerhalb der vertraglichen Mindestwerte, wie etwa eine erreichbare Höchstgeschwindigkeit von 161 km/h statt der angegebenen 171 km/h (Abweichung 6,3%), automatisch dazu führen, dass die Kaufsache fehlerhaft ist. Demgegenüber meinte das LG Saarbrücken,[56] eine Minderleistung von 6 PS bei laut Prospekt 75 PS sei keine die Funktionstüchtigkeit beeinträchtigende Abweichung der Ist-Beschaffenheit von der Soll-Beschaffenheit.

Erhöhter Kraftstoffverbrauch ist ein häufiger Anlass für gewährleistungsrechtliche Auseinandersetzungen zwischen Käufer und Händler. Nach heutiger Verkehrsauffassung stellt

---

48 *Creutzig,* Recht des Autokaufs, Rn 4.5.4.
49 BGH 14. 2. 1996, NZV 1996, 228.
50 BGH 18. 6. 1997, NZV 1997, 398, 400.
51 Recht des Autokaufs, Rn 4.5.2.
52 *Lempp,* Der Verkehrsjurist des ACE 2/96, Seite 2; a. A. OLG Köln 10. 1. 1990, DAR 1990, 457; OLG Hamm 5. 9. 1995, OLGR 1995, 255.
53 Urt. 3. 9. 1980, DAR 1982, 101.
54 Urt. 14. 6. 1990 – 17 C 428/88 – n. v.
55 Urt. v. 19. 2. 1997, OLGR 1997, 281.
56 Urt. 9. 6. 1988 – 11 S 240/87 – n. v.

die Höhe des Kraftstoffverbrauchs eine Eigenschaft dar, die die Wertschätzung eines Kraftfahrzeugs nachhaltig beeinflusst. Insbesondere Käufer von kleinen Fahrzeugen legen Wert auf einen sparsamen Verbrauch. Hersteller machen sich die Einstellung der Käufer in ihrer Werbung zu Nutze, indem sie den niedrigen Kraftstoffverbrauch hervorheben.[57] Der Verbrauch wurde in der Vergangenheit nach der DIN 70 030 bzw. den Kriterien für „Euro-Mix"[58] gemessen und pro 100 km im Stadtzyklus, bei 90 km/h und bei 120 km/h angegeben. Die zum **1. 1. 1997 in Kraft getretene EG 93/116** basiert auf nur noch **zwei Messbereichen,** nämlich dem **innerstädtischen und außerstädtischen Verkehr,** die beim Gesamtverbrauch mit **36,4% zu 63,6%** zu Buche schlagen.

Die nach EG 93/116 und DIN 70 030 ermittelten Verbrauchswerte und die **tatsächlichen Verbrauchswerte** sind selten identisch. Letztere werden nicht nur von der Bauart des Motors, sondern auch von individuellen Faktoren beeinflusst, wie z. B. vom Fahrstil des Kraftfahrzeugführers, der Verkehrsdichte, dem Verkehrsfluss, dem Gelände, der Witterung usw.,[59] die sich nicht auf einen gemeinsamen Nenner in Gestalt einer technischen Norm bringen lassen.[60] Demgegenüber handelt es sich bei den Verbrauchswerten nach EG 93/116 und DIN 70 030 um **Laborwerte.** Da die Bedingungen stets die gleichen sind, lässt sich mit diesen Messverfahren eine verlässliche Aussage über den Kraftstoffverbrauch eines jeden Motors gewinnen. Die EG 93/116 und die DIN 70 030 ermöglichen es, die Verbrauchswerte verschiedener Motoren miteinander zu vergleichen. Über diese Funktion der Messmethoden werden Neuwagenkäufer von Händler- und Herstellerseite nicht hinreichend aufgeklärt, sodass sie die Verbrauchsangaben nach EG 93/116 und DIN 70 030 häufig als tatsächliche Verbrauchswerte missverstehen. Da aber für die Feststellung eines möglicherweise überhöhten Kraftstoffverbrauchs der nach EG 93/116 bzw. nach DIN 70 030 gemessene Verbrauch maßgeblich ist, muss die Vergleichsmessung unter den gleichen labormäßigen Bedingungen normgerecht durchgeführt werden.

418 Eine ausführliche Darstellung und Erörterung der umfangreichen instanzgerichtlichen Judikatur[61] zur Fehlerhaftigkeit von Neufahrzeugen wegen überhöhten Kraftstoffverbrauchs ist entbehrlich, nachdem der BGH im Jahre 1997 grundsätzlich[62] entschieden hat, die Unerheblichkeitsgrenze werde erst bei einer **Abweichung von 10%** zwischen dem angegebenen und dem tatsächlichen Verbrauch überschritten. Dabei kommt es nach Ansicht des erkennenden Senats auf den **Durchschnittswert aller** drei **Fahrzyklen** an, da sowohl das Verfahren des „Euro-Mix" als auch das des Drittelmix auf der Grundlage der DIN-Norm 70 030 ersichtlich auf der Erfahrung beruhen, dass ein Fahrzeug nur selten ausschließlich oder ganz überwiegend allein in einem Zyklus, sondern ein Großteil der Wagen vielmehr zu etwa gleichen Anteilen in allen drei Fahrzyklen bewegt wird. Ob ein extremer Mehrverbrauch in nur einem Fahrzyklus – wie in dem vom OLG München[63] entschiedenen Fall, in dem die

---

57 OLG München 16. 12. 1986, NJW 1987, 3012.
58 Anh. I der Richtlinie 80/1268 EWG i. V. m. Nr. 2.4.1. des Anhangs III der Ratsrichtlinie 70/220/EWG.
59 *Reinking,* DAR 1990, 171.
60 BGH 18. 6. 1997, NZV 1997, 398, 399.
61 OLG Zweibrücken Urt. 21. 1. 1982, DAR 1982, 162; Urt. 29. 6. 1983, DAR 1984, 87; OLG München 16. 12. 1996, NJW 1987, 3012; OLG Oldenburg 20. 5. 1988, NZV 1988, 225; OLG Saarbrücken 28. 1. 1992 – 4 U 171/91 – n. v.; 9. 6. 1988 – 11 S 240/87 – n. v.; OLG Düsseldorf 12. 3. 1992, 249; LG Aachen 26. 6. 1991, MDR 1992, 231; LG Köln 25. 10. 1990 – 2 O 76/88 – n. v.; 11. 1. 1995 – 20 O 212/93 – n. v.; LG Essen 22. 2. 1989, VRS 1989, 8; LG Hechingen 19. 2. 1988, DAR 1988, 426; LG Braunschweig 30. 6. 1999, DAR 1989, 424 – alle Entscheidungen wurden in der 6. Auflage vorgestellt.
62 Urt. v. 1. 10. 1997, NZV 1998, 1213 im Anschluss an Urt. v. 14. 2. 1996, NJW 1996, 1337 – 0,13% Mehrverbrauch im Drittelmix –; ebenso OLG Düsseldorf 22. 12. 1995, OLGR 1996, 112.
63 Urt. v. 16. 12. 1996, NJW 1987, 3012.

Vertragsgemäße Beschaffenheit und Mängelfreiheit Rn 419, 420

Abweichung bei 90 km/h 41,37% betrug – zur Annahme der Fehlerhaftigkeit ausnahmsweise ausreicht, hat der BGH offen gelassen.

Eine **Absenkung der Erheblichkeitsgrenze** auf einen Wert unter 10% hat der BGH 419 abgelehnt, weil ein geringerer Mehrverbrauch seines Erachtens den Wert des Fahrzeugs nur unerheblich beeinträchtigen und im Hinblick auf die Reichweite nicht mehr als eine bloße **Belästigung** für den Käufer mit sich bringen würde. Der **Mehrverbrauch,** um den es geht, besteht nicht in der Differenz zwischen dem angegebenen und dem tatsächlichen Kraftstoffverbrauch. Es handelt sich um den Wert, der sich aus der Differenz zwischen unvermeidbaren Messungenauigkeiten und Fertigungstoleranzen einerseits und dem Grenzwert von 10% andererseits ergibt. Die Außerachtlassung der Messungenauigkeiten und Fertigungstoleranzen im Rahmen der Erheblichkeitsprüfung rechtfertigt der BGH mit dem fragwürdigen Argument, dass diese für die erreichbare Zuverlässigkeit der Hersteller- oder Verkäuferangaben aussagekräftig sein mögen, jedoch nichts über den Grad der Wertminderung des Fahrzeugs aussagen. Der Urteilsbegründung ist in diesem Punkte entgegenzuhalten, dass die auf Fertigung und Messung basierenden Toleranzwerte, die die Grenze zwischen vertragsgemäßer und nicht vertragsgemäßer Beschaffenheit markieren, im Vergleich zu den Abweichungstoleranzen für Motorleistung, Endgeschwindigkeit usw., bereits derart großzügig[64] bemessen sind, dass ein darüber hinausgehender Erheblichkeitszuschlag nicht zu rechtfertigen ist (steigende Kraftstoffpreise, hoher Rohstoffverbrauch sowie kritisches, umweltbewusstes Verbraucherverhalten).

Nicht repräsentativ ist eine Entscheidung des OLG München,[65] das einen um 20% erhöhten Benzinverbrauch, der im Wesentlichen auf einer kurzen, vom Käufer nicht als Mangel beanstandeten Achsübersetzung beruhte, bei einem Lkw als vertragsgemäß bewertete.

Vom Hersteller **gewollte Änderungen des Lieferumfangs** und **der Modellausstattung** 420 fallen nicht unter die Annäherungsklausel des Abschn. IV, Ziff. 5 Abs. 1 NWVB.[66] Solche auf dem Willen des Herstellers beruhenden Änderungen regelt Abschn. IV, Ziff. 5 Abs. 2 NWVB. Von dem Änderungsvorbehalt erfasst werden **nicht erhebliche** und dem Käufer **zumutbare** Änderungen in Konstruktion, Form, Farbton und Lieferumfang des Herstellers oder Importeurs **während** der Lieferfrist, also in der Zeit zwischen Vertragsabschluss und Lieferung. Die Regelung findet ihre sachliche Berechtigung in der schwierigen Situation des Kraftfahrzeughändlers, der das Bindeglied zwischen dem Herstellerwerk und dem Kunden ohne Einwirkungsmöglichkeit auf den Produktionsgegenstand bildet. Hieraus und aus dem der Käuferschaft letztlich zugute kommenden Bestreben der Hersteller, Fahrzeuge im Laufe der Produktion ständig weiterzuentwickeln, auf Kundenwünsche einzugehen, veränderten Produktionstechniken und gesetzlich vorgeschriebenen Änderungen zu entsprechen,[67] leitet sich das Verlangen nach einem einseitigen Änderungsvorbehalt in den Grenzen der Zumutbarkeit für den Käufer ab.[68] Bei Verbesserungen des Modells während der Lieferzeit dürfte die Frage der Zumutbarkeit kaum je aktuell werden, weil jeder vernünftige Käufer solche Maßnahmen begrüßt. Zu Differenzen kann es kommen, wenn die Änderung zu einer Verteuerung des Autos führt oder wenn sie sich auf Form, Ausstattung oder Lieferumfang nachteilig auswirkt. Sofern ein Preiserhöhungsverbot bei Lieferfristen bis zu 4 Monaten gilt, ist es dem Verkäufer grundsätzlich verwehrt, eine durch zulässige Änderungen verursachte Preissteigerung an den Käufer weiterzugeben.[69] Wird während der vereinbarten Lieferfrist von weniger als 4 Monaten eine **Verteuerung** dadurch herbeigeführt, dass das Fahrzeug mit einer **gesetz-**

---

64 Nach Ansicht der Verfasser beträgt die Messungenauigkeit maximal 5% und die Fertigungstoleranz 2%; *Reinking,* DAR 1990, 170; eine Fertigungstoleranz von 5% legt das LG Essen, anknüpfend an ein von ihm eingeholtes Gutachten zu Grunde, Urt. 22. 2. 1989, VRS 1989, 8 f.
65 Urt. v. 1. 10. 1997, OLGR 1998, 14.
66 OLG Hamm 28. 10. 1982, DAR 1983, 79 f.; LG Köln 1. 2. 1979 – 1 S 332/78 – n. v.
67 *Creutzig,* Recht des Autokaufs, Rn 4.5.4.
68 Vgl. BGH 11. 3. 1987, ZIP 1987, 713 ff.; zur Vereinbarkeit mit § 10 Abs. 4 AGBG.
69 *Creutzig,* Recht des Autokaufs, Rn 4.5.7.

lich vorgeschriebenen **Zusatzausstattung** ausgerüstet werden muss – z. B. mit Rücksitz-Sicherheitsgurten –, so ist nach Auffassung des AG Köln[70] die Preissteigerung nicht verboten, weil sich das Fahrzeug als solches nicht verteuert und außerdem die zur Preisanhebung führenden Umstände nicht der Sphäre des Herstellers/Händlers zuzurechnen sind.[71]

421 Erheblichkeit und Zumutbarkeit von Änderungen sind dehnbare Begriffe. Dem Tatrichter bleibt anhand der konkreten Umstände des Einzelfalls die Entscheidung überlassen, ob durch die Änderung die Grenze der Erheblichkeit erreicht und die der Zumutbarkeit für den Käufer überschritten wird. Eine erhebliche Änderung braucht der Käufer nicht hinzunehmen, selbst wenn sie zumutbar ist; eine unerhebliche nur dann, wenn sie ihm zugemutet werden kann.[72] Die Beweislast für das Vorliegen einer unerheblichen Änderung und für die Zumutbarkeit trifft den Verkäufer als Verwender der AGB.[73]

Als **erheblich** anzusehen sind
– Änderungen, die sich auf die **Unterhaltskosten** des Fahrzeugs nachteilig auswirken,
– Änderungen des Hubraums und der PS-Leistung,[74]
– grundlegende **Konstruktionsänderungen**,[75]
– **Modellwechsel** im Sinne einer Veränderung des Aussehens,[76]
– **Normalfelgen** statt **Stahlsportfelgen**,[77]
– **fehlende Sonderausstattungsmerkmale** bei einem Fahrzeug der Luxusklasse (Skisack, CD-Wechsler, Fondeinzelsitze, Multikonturlinien im Fond), da Kunden, die sich ein Luxusauto kaufen, auf die kleinste Kleinigkeit achten,[78]
– eine **Farbänderung** jedenfalls dann, wenn die geänderte Farbe nicht in derselben Farbpalette verbleibt und z. B. ein Auto mit „grüner" statt mit „blauer" Farbe geliefert wird.[79]

Nicht erheblich ist eine Farbänderung von „taiga" auf „resedagrün",[80] da der Verkäufer im Fall eines Modellwechsels davon ausgehen kann, dass der Käufer Farbtöne grundsätzlich akzeptiert, die von dem des Vorgängermodells geringfügig abweichen.

Als nicht vertragsgemäß beschaffen bewertete das OLG Köln[81] ein Fahrzeug, das in einer Fachwerkstatt mit einer Zentralverriegelung nachgerüstet worden war, weil die mitbestellte Zentralverriegelung gefehlt hatte.

2. Fehlerfreiheit

a) Gebrauchstauglichkeit

422 Richtmaßstab für die Fehlerfreiheit des Kaufgegenstandes ist dessen uneingeschränkte **Gebrauchstauglichkeit** zu dem **gewöhnlichen** oder **vertraglich** vorausgesetzten Gebrauch.

Die Skala der Gebrauchszwecke reicht vom Gütertransport bei Nutzfahrzeugen über Personenbeförderung bei Autobussen und Personenkraftwagen bis hin zum Einsatz von Sport-

---

[70] Urt. 16. 11. 1979 – 111 C 1201/79 – n. v.
[71] *Creutzig*, Recht des Autokaufs, Rn 4.5.6.
[72] *Schmitz*, DAR 1975, 141, 144; OLG Hamm 28. 10. 1982, DAR 1983, 79 f.
[73] OLG Hamm, 28. 10. 1982, DAR 1983, 79 f.; *Ulmer/Brandner/Hensen*, § 10 Nr. 4 Rn 2; *Soergel/Stein*, § 10 AGBG Rn 40, 45; *Creutzig*, Recht des Autokaufs, Rn 4.5.6.
[74] *Kulich*, Verkauf ohne Risiko, 102.
[75] OLG Zweibrücken 20. 11. 1969, MDR 1970, 325.
[76] LG Stuttgart 28. 1. 1959, BB 1959, 538; vgl. ferner *Creutzig*, Recht des Autokaufs, Rn 4.5.6.
[77] LG Köln, Urt. 1. 2. 1979 – 1 S 332/78 – n. v.
[78] OLG Hamm 21. 9. 1993, VersR 1995, 546, 547.
[79] OLG Hamm 28. 10. 1982, DAR 1983, 79 f.
[80] BGH 19. 3. 1980, DB 1980, 1534.
[81] Urt. 5. 12. 1986 – 19 U 135/86 – n. v.

Vertragsgemäße Beschaffenheit und Mängelfreiheit

fahrzeugen bei Rennveranstaltungen. Hat der Käufer Sonderwünsche, die die Gebrauchstauglichkeit beeinträchtigen, muss ihn der Verkäufer darauf hinweisen.[82] In aller Regel ist die gewöhnliche Gebrauchsmöglichkeit bereits durch Konstruktion und Gestaltung vorgegeben. Dem Käufer verbleibt jedoch hinsichtlich der konkreten Benutzungsart ein gewisser Spielraum, den der Hersteller sowohl im Rahmen der Gewährleistung als auch im Rahmen der Produkthaftung einkalkulieren muss.

Um als fehlerfrei gelten zu können, muss ein Fahrzeug **allen Beanspruchungen** genügen, denen es beim gewöhnlichen Gebrauch ausgesetzt ist. Das bedeutet für einen Personenkraftwagen, dass er bei jeder Witterung auf langen und kurzen Fahrten im Gebirge oder auf ebenen Straßen **betriebsbereit** und **verkehrssicher** zu sein hat. Selbst extreme Belastungen dürfen die Gebrauchstauglichkeit nicht beeinträchtigen. Grenzbeanspruchungen, die auch im Rahmen des gewöhnlichen Gebrauchs vorkommen und nach der Lebenserfahrung voraussehbar sind, hat der Hersteller durch ausreichende Sicherheitszuschläge bei Konstruktion und Materialausstattung einzuplanen.[83] Den im Straßenverkehr täglich vorkommenden Notsituationen muss das Fahrzeug gewachsen sein; die Bremsen dürfen bei einer Vollbremsung zur Vermeidung eines Auffahrunfalls und bei Dauerbeanspruchung auf längeren Gefällstrecken nicht versagen, und ein Pkw darf bei extremen Lenk- und Ausweichmanövern nicht umkippen. Genügt ein Fahrzeug diesen Anforderungen nicht, ist es fehlerhaft. 423

Einige Beispiele:
- Federbruch infolge fehlerhafter Konstruktion, Nichteinbau einer Gebirgsübersetzung bei Sattelschleppern, Ausrüstung mit unpassenden Reifen,[84]
- eingeschränkte Tauglichkeit eines Tanklastzuges zum Transport handelsüblicher Flüssigkeiten,[85]
- Blockierneigung einer Bremsanlage infolge zu hoher Spreizstellung des Bremsnockens,[86]
- Einbau einer gefärbten Windschutzscheibe und dadurch bedingte Sichtbehinderung des Fahrers,
- Schubstrebenbruch infolge Schweißung bei unzureichender Temperatur,[87]
- Nichtausnutzbarkeit eines 57sitzigen Busses wegen zu geringer Nutzlast,[88]
- fehlerhafte Achslastverteilung eines zum Zwecke des Pferdetransports umgebauten Spezialfahrzeugs mit der Folge, dass eine Zuladung von zwei Friesenpferden straßenverkehrsrechtlich unzulässig ist und ein normalgewichtiger Beifahrer nicht ohne entsprechende Belastung der Hinterachse mitgenommen werden kann,[89]
- Blockieren der Hinterachse und Ausbrechen eines Personenkraftwagens beim Abbremsen aus hoher Geschwindigkeit – LG Ulm 25. 8. 1977 – 4 O 31/77 – n. v.

Fehlerhaft ist ein Neufahrzeug auch dann, wenn es **latente** Konstruktions- oder Materialfehler aufweist, die dazu führen können, dass für die Betriebssicherheit wesentliche Teile ausfallen.[90] Schon der Verdacht kann für sich genommen einen Fehler darstellen, wenn er begründet ist und nicht vom Verkäufer ausgeräumt wird.[91] **Außerhalb des üblichen Gebrauchs** liegende Grenz- und Dauerbeanspruchungen – Einsatz bei Geländefahrten und

---
82 BGH 2. 7. 1996, NJW-RR 1996, 1396.
83 BGH 16. 2. 1972, VersR 1972, 559.
84 BGH 22. 6. 1971, DAR 1972, 16; *Gunzert,* DAR 1966, 328.
85 BGH 28. 4. 1971, NJW 1971, 1795.
86 RG 17. 1. 1940, RGZ 163, 21.
87 BGH 17. 10. 1967, NJW 1968, 247.
88 BGH 13. 11. 1956, LM Nr. 3 zu § 459 I BGB.
89 BGH 2. 7. 1996, NJW-RR 1996, 1396.
90 *Löwe,* DAR 1978, 288, 292; *von Westphalen,* NJW 1979, 838, 845.
91 *Soergel/Huber,* § 459 Rn 59a.

Autorennen – braucht das Auto nicht gewachsen zu sein, es sei denn, die Parteien haben diese Eigenschaften zum Inhalt des Vertrags gemacht.[92]

424 Auch der **Fahrkomfort** ist Bestandteil der vertragsgemäßen Gebrauchstauglichkeit eines Fahrzeugs und seine nicht nur unerhebliche Beeinträchtigung ein Mangel im Rechtssinne. Dieser Fehlerkategorie sind beispielsweise störende Fahr- und Windgeräusche, unruhiger Motorlauf und Luftzug im Fahrzeuginneren zuzurechnen. In Bezug auf Material- und Verarbeitungsqualität besteht auf Käuferseite eine anspruchsvolle Erwartungshaltung, die maßgeblich durch die Werbung hervorgerufen wird. Das hohe Qualitätsniveau führt dazu, dass seitens der Rechtsprechung die Anforderungen an den Fehlerbegriff herabgesetzt und die Toleranzen zur Erheblichkeitsschwelle verringert werden. Die Fehlerfreiheit und die Vertragsgemäßheit eines Neufahrzeugs unterliegen somit einer verschärften Kontrolle. Mit Blick auf das gesteigerte Qualitätsbewußtsein hat sich das LG Köln[93] auf den Standpunkt gestellt, bei einem Neuwagen dürfe erwartet werden, dass untypische Motor- und Getriebegeräusche abgestellt werden können, auch wenn sie nur selten oder kurzfristig auftreten. Zwar werde der Fahrkomfort nur in geringem Maße tangiert, jedoch bleibe eine negative Abweichung von der gewöhnlichen Beschaffenheit in technischer Hinsicht, die einen Fahrzeugmangel darstelle. In die gleiche Richtung zielt eine Entscheidung des OLG München,[94] das dem Wandlungsbegehren eines Neuwagenkäufers stattgab, weil der Sitz des Fahrzeugs ständig knarzte. Dies sei, so heißt es im Urteil, eine „nicht unerhebliche Beeinträchtigung des Fahrkomforts".

Beispiele aus der Rechtsprechung zur Fehlerhaftigkeit von Kraftfahrzeugen.

Fehler **bejaht:**

- Schlagen an der Hinterachse bzw. „Hoppeln" oder „Springen" beim Anziehen der Handbremse, Wassereintritt, dessen Ursache nicht behoben werden konnte – LG Freiburg 20. 3. 1974 – 6 O 191/72 – n. v.
- Geräuschentwicklung des Getriebes im Drehzahlbereich unter 800 U/min mit treckerähnlichen Geräuschen und Rüttelerscheinungen – OLG Hamm 3. 12. 1976, NJW 1977, 809
- Starke Zugluft ab 50 km/h als erhebliche Minderung der Gebrauchstauglichkeit – OLG Düsseldorf 17. 1. 1986, NJW-RR 1987, 635
- Sporadisch auftretender Leistungsabfall des Motors bei einem in limitierter Auflage produzierten Nichtserienfahrzeug – LG Köln 14. 3. 1988 – 30 O 280/87 – n. v.
- Herausspringen des ordnungsgemäß eingelegten Gangs als zwingender Hinweis auf einen Getriebemangel – LG Köln 3. 3. 1988 – 15 O 572/86 – n. v.
- Nichtanspringen bzw. Schlechtanspringen des Motors bei bestimmten Temperaturen wegen eines fehlenden Hitzeschutzes zwischen Turbolader und Anlasser – LG Köln 16. 9. 1988 – 2 O 44/87 – n. v.
- Poltergeräusche im vorderen Fahrwerksbereich, starke Fahr- und Windgeräusche und Ölverlust – LG Köln 2. 9. 1988 – 14 O 309/87 – n. v.
- Sich verstärkendes Vibrieren der Lenkung beim Abbremsen infolge einer die Verkehrssicherheit beeinträchtigenden Unwucht der Bremsscheiben als in Fachkreisen bekannte Schwachstelle – LG Köln 23. 11. 1988 – 30 O 224/86 – n. v.
- Starkes Vibrieren des Lenkrads zwischen 100 und 140 km/h bei nicht ermittelter Fehlerquelle – AG Kerpen 1. 7. 1987 – 3 C 1009/86 – n. v.
- Unüberhörbare hellfrequentierte Knirsch- und Klappergeräusche aus dem Armaturenbereich, die störend sind und sich vom allgemeinen Fahrgeräusch negativ abheben – LG Köln 31. 5. 1990 – 2 O 628/89 – n. v.

---

92 BGH 14. 6. 1984, NJW 1984, 2289; *Westermann,* MünchKomm, § 459 Rn 12.
93 Urt. 4. 5. 1994 – 23 O 24/92 – n. v.
94 Urt. v. 30. 4. 1997, OLGR 1997, 148.

Vertragsgemäße Beschaffenheit und Mängelfreiheit   Rn 424

- Dröhngeräusche bei einem Kleinwagen, die als Vibrationen auf der Beifahrerseite sowohl in der Bodengruppe als auch in der Stirnwand spürbar sind, bei normalem Fahrbetrieb häufig vorkommen und den Fahrkomfort beeinträchtigen – OLG Köln 19. 4. 1991, NJW-RR 1991, 1340
- Leichtes schleifendes und mahlendes, zum Teil knirschendes Geräusch von Motor und Getriebe ohne Funktionsbeeinträchtigung – LG Köln 4. 5. 1994 – 23 O 24/92 – n. v.
- Undichtigkeit der Fahrertür und des hinteren Ausstellfensters bei einem Kleinwagen mit Wassereintritt bei starkem Regen, Reinigen mit Schlauch oder in der Waschstraße – OLG Koblenz 5. 3. 1992, DAR 1993, 348
- Unangenehme, laute Windgeräusche in Höhe des Fahrerkopfes ab 120 km/h – OLG Düsseldorf 12. 11. 1993, NZV 1994, 395
- Bei einer bestimmten Drehzahl auftretende Motorengeräusche einer ganzen Fahrzeugserie – OLG Oldenburg 11. 1. 1995, DAR 1995, 161
- Massive Geruchsbelästigung im Fahrgastinnenraum, die bei Bergfahrten nach mehr als 45 Minuten und Geschwindigkeiten von mehr als 150 km/h auftritt, zu starken Schleimhautreizungen führt und mit einem deutlichen Leistungsabfall des Motors und einem Hochschnellen des Drehzahlmessers verbunden ist – OLG Düsseldorf 16. 12. 1994, 14 U 95/94 – n. v.
- Resonanzgeräusche und Vibrationen im Drehzahlbereich zwischen 800 und 1000 U/min – OLG München 4. 4. 1994, DAR 1994, 362
- Geräusche am Armaturenbrett und im hinteren Fahrzeugteil, die während der Fahrt auftreten und sich von den üblichen Fahrgeräuschen abheben, sowie das „Verschlucken" des Motors beim Start und bei längeren Autobahnfahrten – OLG Nürnberg 28. 4. 1994, DAR 1994, 364
- Lieferung eines Neufahrzeugs mit 6 Jahre alten Winterreifen – OLG Düsseldorf 10. 12. 1993, NZV 1994, 433
- Unzureichende Motorleistung eines Lastkraftwagens wegen eines Defekts am Turbolader – OLG Celle 2. 12. 1993, OLGR 1994, 49
- Klopf- und Schabgeräusche eines Kleinwagens, die in unregelmäßigen Abständen auftreten und deren Ursache nicht feststellbar ist – OLG Düsseldorf 1. 2. 1993, OLGR 1993, 129
- Sporadisches Stehenbleiben des Fahrzeugs aus unerklärlichen Gründen – OLG Düsseldorf 17. 1. 1992, NJW-RR 1992, 821
- Ölverlust wegen eines undichten Simmerings an der Ausrückwelle eines Motorrads – OLG Hamm 19. 10. 1994, ZfS 1994, 241
- Auffallend störende Antriebsdröhngeräusche und Vibrationen am Fahrzeugboden und am Schalthebel eines Geländewagens, die nicht dem Qualitätsstandard vergleichbarer Fahrzeuge und damit nicht dem Stand der Technik entsprechen – LG Freiburg 7. 4. 1995, DAR 1995, 291
- Nicht funktionierender Tempomat bei einem Geländewagen – LG Köln 13. 5. 1993 – 2 O 446/92 – n. v.
- Anstoßen der hinteren Kante des Schiebedaches gegen den Dachrahmen, wodurch Scheuerstellen entstehen – LG Köln 10. 12. 1992 – 2 O 323/91 – n. v.
- Nicht vollständige Abriegelbarkeit der Zuluft im Fußraum – OLG Celle 8. 1. 1998, OLGR 1998, 221
- Starkes, nach Zeugenaussagen Übelkeitsgefühle verursachendes Lastwechselrucken, beruhend auf fehlender Dämpfung durch Drehmomentwandler und auf konstruktionsbedingter Aufhängung des Motors – OLG Celle 13. 2. 1996, OLGR 1996, 145

- Undichtigkeiten der Karosserie, die es nach den Feststellungen des Gutachters verbieten, das Fahrzeug in einer Waschanlage zu waschen oder es bei starkem Regenfall zu benutzen, da sonst ungewöhnlich große Wassermengen in das Fahrzeuginnere gelangen. Sie sind auch dann erhebliche Fehler, wenn sie sich mit geringem Aufwand beseitigen lassen – OLG Celle 24. 11. 1995, OLGR 1996, 100
- Undichtigkeiten im unteren Bereich der Beifahrertür, sodass es bei einer Schrägstellung des Fahrzeugs zu einem starken Wassereintritt kommt – OLG Saarbrücken 26. 3. 1996, NJW-RR 1997, 1423
- Fehlerhafte Funktion der Motorelektronik, die zum Einschalten eines unwirtschaftlichen Notprogramms mit verminderter Leistung führt und das Aufleuchten der Kontroll-Leuchte zur Folge hat – LG Augsburg 10. 2. 1998, DAR 1998, 476
- Eingeschränkte Durchflussmengen am Einfüllstutzen des Kraftstoffbehälters, sodass sich der Kraftstoff gewissermaßen nur „schluckweise" einfüllen lässt, sowie mangelhaft ausgebildete Rasterpositionen der Türfangeinrichtungen, die nicht verhindern, dass die Türen durch ihr Eigengewicht schon bei geringer Schräglage oder bei leichtem Druck zuschlagen – OLG Celle 23. 5. 1996, OLGR 1996, 209
- Nicht ausreichende Festigkeit des Lacks – OLG Naumburg 23. 12. 1996, OLGR 1997, 160
- Knallgeräusche und Fehlzündungen eines Neuwagens – Saarländisches OLG 29.6.1999, ZfS 1999, 518 mit Anm. von Diehl a. a. O. 519 –

425 Fehler **verneint:**
- Sich steigernder Ölverbrauch bzw. Ölverlust bei zunächst 1–2 l pro 1000 km – LG Bonn 22. 9. 1988 – 7 O 582/87 – n. v.
- Spürbares Zittern und Schütteln eines Fahrzeugs mit Wählhebel des Automatikgetriebes in Fahrstellung bei laufendem Motor und betätigter Fußbremse – OLG Düsseldorf 10. 1. 1986 – 14 U 140/85 – n. v.
- Relativ hoher Geräuschpegel und Vibrationen, beruhend auf einem Konstruktionsmangel – OLG Celle 7. 1. 1982 – 7 U 72/71 – n. v.
- Geruchsbelästigung durch ein dem Stand der Technik entsprechendes Katalysatorsystem, da der Ausstoß von Schwefelwasserstoff den Katalysatoren der heutigen Generation immanent ist – LG Stuttgart 17. 2. 1989 – 6 S 202/88 – n. v.
- Bauartbedingtes „Magerruckeln" im unteren Drehzahlbereich bei einem schadstoffarmen Fahrzeug, das sich durch Wahl eines niedrigeren Gangs und durch zügige Beschleunigung ausgleichen lässt – OLG Düsseldorf 19. 12. 1991, OLGR 1992, 77
- Um 10% geringere Kraftstoff-Nachfüllmenge als das im Prospekt angegebene Tankvolumen (45 Liter statt 50 Liter) – LG Köln 6. 11. 1990, DAR 1991, 461
- Beschleunigungsloch in der Warmlaufphase nach dem Abschalten der Startautomatik im Geschwindigkeitsbereich von 40–50 km/h auf einer Fahrstrecke von 500 bis 600 Metern, das sich durch hochtouriges Fahren im niedrigeren Gang vermeiden lässt – LG Köln 4. 7. 1990 – 23 O 221/89 – n. v.
- Kratzer in der Scheibe, der auch durch falsches Waschen entstanden sein kann, Klappergeräusche, erneutes Feuchtwerden der Scheiben, wenn sie nach Regen herunter- und wieder heraufgekurbelt werden – LG Köln 30. 12. 1993 – 21 O 232/93 – n. v.
- Eingeschränkte Wintertauglichkeit der Hinterradfelgen eines Sportwagens, auf die keine Winterreifen aufgezogen werden können – AG Würzburg 26. 1. 1995 – 15 C 215/94 – n. v.
- Konstruktiv bedingte Besonderheiten eines Sportwagens, die die Verkehrssicherheit nicht beeinträchtigen – OLG Frankfurt 17. 5. 1991, DAR 1991, 381

Vertragsgemäße Beschaffenheit und Mängelfreiheit

– Auftreten eines Bremsgeräusches beim Anrollen des Fahrzeugs auf abschüssiger Strecke bei nur teilweise gelöster Handbremse – LG Freiburg 2. 12. 1992, MDR 1992, 119
– Vibrationsgeräusch von geringer Intensität bei einem Kleinwagen, das im Schubbetrieb auftritt und nur wahrnehmbar ist, wenn andere Nebengeräusche ausgeschaltet werden, auch wenn dessen Beseitigung mangels Klärung der Ursache nicht möglich ist – OLG Düsseldorf 21. 1. 1994, OLGR 1994, 277
– Völliger Kraftstoffverbrauch, bevor die Kraftstoffanzeige den absoluten Leerstand anzeigt, jedoch der Zeiger den roten Reservebereich durchlaufen hat und bereits links danebensteht – OLG Düsseldorf 29. 10. 1992, OLGR 1993, 81
– Abtropfen von Regenwasser auf die Sitze, wenn bei einem Cabrio nach starkem Regen die Türen geöffnet werden – KG 22. 1. 1997, OLGR 1997, 173
– Motorengeräusch, das bei einem Fahrzeug der Spitzenklasse nur in einem bestimmten Betriebszustand auftritt (Veränderung des Klangbildes beim Gaswegnehmen) und von einem unbefangenen Fahrzeugführer nicht oder kaum als störend empfunden wird – OLG Düsseldorf 23. 2. 1996, NJW-RR 1997, 1211
– Geringfügige Abweichungen bei den Spaltmaßen, die die Gebrauchsfähigkeit nicht beeinträchtigen – OLG Celle 8. 1. 1998, OLGR 1998, 221.

b) Jeweiliger Stand der Technik

Ein wesentliches Kriterium der Fehlerfreiheit besteht darin, dass das Fahrzeug dem „jeweiligen Stand der Technik" entsprechen muss (vgl. Abschn. VII, Ziff. 1 NWVB), der als vereinbart gilt.[95] Danach hat der Hersteller das Fahrzeug in Konstruktion, Material, Verarbeitung usw. gemäß dem jeweiligen Stand der Technik herzustellen. **426**

Der jeweilige Stand der Technik ist **absolut** und wird verkörpert durch den jeweils **aktuellen Status an Wissen und Erfahrung auf technischem Gebiet.** Beim Auto dient als Maßstab der technische **Entwicklungsstand der gesamten Automobilindustrie** und nicht der eines einzelnen Herstellers oder Herstellerlandes.[96]

Die Begründung des OLG Köln[97] hierzu auszugsweise im Wortlaut:

„Diese im Neuwagengeschäft verbreitete AGB-Klausel (die besagt, dass sich die Gewährleistung auf den jeweiligen Stand der Technik des Kaufgegenstandes erstreckt) ist . . . nicht so zu interpretieren, dass auf den – evtl. niedrigen – Standard sämtlicher Fahrzeugtypen der Firma X abzustellen wäre, deren Produkte die Beklagte verkauft. Vielmehr kommt es auf den jeweils aktuellen Stand von Wissenschaft und Technik in der ‚gesamten' Automobilindustrie an. Deren aktueller Status an Wissen und Erfahrung auf technischem Gebiet bildet den Maßstab für die Fixierung der Sollbeschaffenheit im Sinne des Fehlerbegriffs des § 459 I Satz 1 BGB, sofern der einzelne Vertrag keine individuelle abweichende Beschaffenheitsabrede enthält. Andernfalls würde die AGB-Klausel der Inhaltskontrolle nach § 9 II Nr. 1 AGB-Gesetz nicht standhalten, weil sie den Anwendungsbereich des Fehlerbegriffs des § 459 BGB einschränken würde. In der Fahrzeugklasse, der der Klägerin für 24 999 DM verkaufte Pkw angehört, ist es nicht allgemein üblich, dass Neuwagen typischerweise solche Mängel aufweisen."

Als verfehlt erweist sich die vereinzelt vertretene Ansicht,[98] ein Gewährleistungsmangel sei nicht anzunehmen, wenn alle Fahrzeuge der Serie damit behaftet seien. Dadurch wird der Fehlerbegriff in unzulässiger Weise relativiert und im Endeffekt die Gewährleistung für alle **427**

---

95 Auf Grund einer im Bundesgesetzblatt Nr. 40 vom 20. 7. 1979, 1013 verkündeten Verordnung über „Erteilung von Auskünften zum Stand der Technik" vom 16. 7. 1979 erteilt das Patentamt gegen Gebühr Auskünfte zum Stand der Technik. Der Antrag muss in deutscher Sprache abgefasst und in zwei übereinstimmenden Stücken eingereicht werden.
96 OLG Köln 16. 1. 1992, NJW-RR 1992, 1147; 1. 2. 1993, VRS Bd. 85/93, 249, Nr. 99; OLG Nürnberg 28. 4. 1994, DAR 1994, 364; OLG Düsseldorf 30. 12. 1993, OLGR 1994, 129.
97 Urt. 16. 1. 1992, NJW-RR 1992, 1147.
98 Früher OLG Düsseldorf 10. 1. 1986 – 14 U 140/85 – n. v.; OLG Celle 7. 1. 1982 – 7 U 72/81 – n. v. ausdrücklich aufgegeben durch Urt. v. 23. 5. 1996, OLGR 1996, 209, 210.

jeweils einer ganzen Serie anhaftenden **Konstruktionsmängel ausgeschaltet.** Diese Konsequenz ist mit geltenden Gewährleistungsrecht nicht zu vereinbaren. Der Stand der Technik des jeweiligen Herstellers kann, wenn er nicht dem allgemeinen Entwicklungsstand entspricht, ebenso wenig als Messlatte für die Fehlerfreiheit dienen wie etwa der Vergleich mit anderen – gleichermaßen mangelhaften – Serienfahrzeugen.[99] Der allein richtige Maßstab ist nicht der Stand der Serie, aus der das Fahrzeug stammt, sondern der Entwicklungsstand aller nach allgemeiner Zweckbestimmung und Fahrzeugklasse vergleichbarer Fahrzeuge.[100] Eine Gewährleistungsregelung, die den technischen Standard des jeweiligen Herstellers als Maßstab für die Beurteilung der Fehlerfrage vorschreiben würde, wäre wegen unzulässiger Einschränkung des Fehlerbegriffs unwirksam.[101] Da der **allgemeine** Stand der Technik maßgeblich ist, kommt es bei der Fehlerbeurteilung nicht darauf an, ob das betroffene Fahrzeug von dem durch Vergleichsfahrzeuge des gleichen Fabrikats vorgegebenen Streubereich markant abweicht.[102]

Der Verkäufer kann sich nicht darauf berufen, die vom Käufer als Mangel beanstandete Eigenschaft sei eine serientypische Erscheinung, wenn von dem Herstellerwerk an die Vertragswerkstätten ein Handbuch mit technischen Problemlösungen verbreitet worden ist, das konkrete Anweisungen zur Behebung des gerügten Mangels beinhaltet.[103]

428 Die Bezugnahme auf vergleichbare Fahrzeuge des **Typs des Kaufgegenstands** in Abschn. VII, Ziff. 1 S. 2 NWVB schränkt den Stand der Technik nicht ein. Sie besagt, dass der Hersteller nicht verpflichtet ist, seine Produkte mit den allerneuesten Entwicklungen und sämtlichen technischen Errungenschaften auszustatten. Der Käufer kann nicht bei jedem Fahrzeug mit der Umsetzung der neuesten technischen Entwicklungen rechnen. Maßstab kann nur der Standard in der jeweils vergleichbaren Wagenklasse sein.[104]

Auf der anderen Seite besteht für den Fahrzeughersteller die Verpflichtung, **ungeeignete Konstruktionen** und **Materialien,** die dem Stand der Technik widersprechen, aus der Produktion zu nehmen. Er bestimmt Konstruktion, Ausrüstung und Fabrikationsvorgang in freier Entscheidung. Für ihn besteht kein Zwang zur vollen Ausnutzung der technischen Möglichkeiten. Statt einer aufwändigen kann er eine einfache und Kosten sparende Konstruktion wählen und die Ausstattung auf das unbedingt notwendige Maß reduzieren. Konstruktion und Ausführung müssen sach- und zweckgerecht sein und einen bestimmungsgemäßen, gefahrlosen Gebrauch ermöglichen. So darf z. B. der Käufer eines Mittelklassewagens mit einem Automatikgetriebe für 4 Vorwärtsgänge erwarten, „dass ihm die Automatik die Benutzung aller 4 Gänge ohne irgendwelche technischen Tricks wie zusätzliches Gasgeben ermöglicht".[105]

Bei **elektronischen Systemen** kommt es nicht darauf an, ob der Hersteller jeweils die allerneuesten Software-Elemente verwendet hat. Entscheidend ist die Funktionsfähigkeit des Gesamtsystems. Eine aus der Zusammenstellung älterer Software-Versionen entstandene Konfiguration kann daher dem aktuellsten Stand der Technik entsprechen, wenn sie als langerprobt und in der Anwendung zuverlässig allein die sichere Gewähr für einen zuverlässigen und störungsfreien Betrieb bietet.[106]

429 Konstruktionsbedingte **Besonderheiten** und **Eigentümlichkeiten** sind keine Mängel, es sei denn, sie beeinträchtigen die Gebrauchstauglichkeit und Verkehrssicherheit.[107] Auch für

---

99 OLG München 23. 1. 1995, OLGR 1995, 27, 28.
100 OLG Düsseldorf 23. 2. 1996, NJW-RR 1997, 1211.
101 OLG Köln 9. 5. 1986, DAR 1986, 320, 321.
102 OLG München 22. 4. 1994, DAR 1994, 362.
103 OLG Oldenburg 11. 1. 1995, OLGR 1995, 83.
104 OLG Düsseldorf 30. 12. 1993, OLGR 1994, 129.
105 OLG Köln 9. 5. 1986, DAR 1986, 320 ff.
106 OLG Brandenburg 1. 12. 1998, NJW-RR 1999, 850.
107 OLG Frankfurt 17. 5. 1991, DAR 1992, 381.

Vertragsgemäße Beschaffenheit und Mängelfreiheit   Rn 430

warentypische Eigenschaften gilt, dass sie einerseits eine gewährleistungsrelevante Fehlerhaftigkeit der Kaufsache zwar nicht schlechthin ausschließen, andererseits aber eine restriktive Handhabung des Fehlerbegriffs gebieten.[108] Der Käufer muss gewisse **Konzessionen** hinnehmen, wenn er sich für einen Sportwagen oder einen Geländewagen entscheidet oder wenn er ein puristisch gestyltes Kultauto bevorzugt.

Aus diesem Grund ist bei einem **Cabriolet** ein Mangel zu verneinen, wenn nach starkem Regen beim Öffnen der Türen Wasser auf die Sitze tropft.[109] Dies ist wegen des Fehlens von Regenrinnen bauartbedingt nicht zu vermeiden und entspricht dem Stand der Technik. Abgesehen davon würde es sich nicht um einen erheblichen Sachmangel handeln.

Bei einem **Sportwagen** zwingt eine niedrige und offene Bauart zu Kompromissen, die der Käufer durch seine Kaufentscheidung akzeptiert. Die damit verbundenen Nachteile, vor allem die beengten Platzverhältnisse, haben als solche nicht die Qualität eines Fehlers im Rechtssinn. **Bauartbedingte Eigenheiten** verstoßen nicht gegen den Stand der Technik, wenn z. B. der Scheibenwischer bei einer extrem geneigten und gekrümmten Windschutzscheibe auf einer Länge von einigen Zentimetern nicht fest auf der Scheibe aufliegt und einen etwa 2 cm breiten halbrunden Wasserstreifen stehen läßt, wenn sich die Tür nur mit verstärktem Andruck schließen läßt, wenn der Fußraum in der Weise beengt ist, dass der Schuh eines ungeübten Fahrers hängen bleiben kann,[110] wenn sich auf verbreiterten Hinterradfelgen, die eine optimale Übersetzung der hohen Motorleistung auf die Reifen bewirken und die Straßenlage verbessern, keine Winterreifen aufziehen lassen und das Umstellen auf die Winterausrüstung dadurch erschwert wird[111] und wenn ein Geländewagen nicht die Fahreigenschaften eines normalen Pkw besitzt.[112]

Beispiele für **Konstruktionsmängel:**
– serienmäßige Überdimensionierung der Kupplung in einem Kraftfahrzeug der gehobenen Klasse, wodurch dessen Gebrauchstauglichkeit erheblich eingeschränkt wird – OLG München 23. 1. 1995, OLGR 1995, 27,
– Durchhängen der Türen nach kurzer Nutzung wegen eines Konstruktionsmangels der Türscharniere – OLG Köln 13. 1. 1995, VersR 1995, 420,
– konstruktionsbedingte Schwergängigkeit des Schaltgetriebes bei einem Mittelklassewagen – OLG Düsseldorf 30. 12. 1993, OLGR 1994, 129,
– Kraftstoffaustritt in nicht geringfügiger Menge – bis zu 300 ml – beim automatischen Betanken wegen eines konstruktiv bedingt zu kurzen Tankeinfüllstutzens – LG Köln 29. 10. 1992 – 2 O 138/92 – n. v.

Fehler, die auf technisch ungelösten Problemen beruhen, gehören zu den **Entwicklungsrisiken** und fallen nicht unter die Gewährleistung. Eines dieser Probleme ist z. B. die Verkokung der Ventile, die an Motoren aller Fabrikate hin und wieder in sehr unterschiedlicher Intensität auftritt. Nicht voll erforscht sind offensichtlich auch die komplexen Faktoren der Bildung von Schwefelwasserstoff bei den verschiedenen Katalysatorsystemen und die technischen Möglichkeiten zur Geruchsvermeidung mit einem wirtschaftlich vertretbaren Aufwand.[113]

Ob und in welchem Umfang der Hersteller **Neuentwicklungen** wie etwa ABS, Seitenairbag, elektronische Fahrwerkunterstützung serienmäßig zu **berücksichtigen** hat, richtet sich nach den Umständen des Einzelfalls. Ein Auto ohne Bremskraftverstärker ist heute nicht

430

---

108 *Schünemann*, BB 1997, 2061.
109 KG 22. 1. 1997, OLGR 1997, 173.
110 OLG Frankfurt 17. 5. 1991, DAR 1992, 381.
111 LG Würzburg Urt. v. 5. 7. 1995 – 44 S 538/95 – n. v.
112 OLG Koblenz 30. 3. 1995, ZfS 1995, 418.
113 *Creutzig*, Recht des Autokaufs, Rn 7.1.5.

mehr vorstellbar, während noch nicht alle Fahrzeuge mit ABS ausgerüstet sind. Für die Serienausrüstung spielt der Kaufpreis eine wichtige Rolle. Seine Relation zur Leistung stellt eines der Beurteilungskriterien für die Fehlerfreiheit des Kaufgegenstands dar. Bei einem teuren Modell sind die Anforderungen an die technische Ausrüstung höher als bei einem Kleinwagen.

Auch bei preiswerten Fahrzeugen ist im Hinblick auf Konstruktion und Fabrikation die Einhaltung der Mindestvoraussetzungen unerlässlich. **Allgemein anerkannte Grundregeln** der Technik hat der Hersteller unbedingt zu beachten. Die bloße Möglichkeit konstruktiver und verarbeitungsmäßiger Verbesserungen kann unter Umständen eine entsprechende Vornahmepflicht begründen. Eine solche Pflicht ist anzunehmen, wenn sich ein von der Konkurrenz entwickeltes System, das ein weitaus höheres Maß an Sicherheit bietet, auf dem Markt bewährt und durchgesetzt hat und die Übernahme in die serienmäßige Produktion ohne wesentliche Kostenerhöhung möglich und zumutbar erscheint. In diesem Zusammenhang lässt sich der Einbau von Zweikreisbremsanlagen beispielhaft anführen. Dieses Bremssystem gehört heutzutage zur Standardausrüstung eines jeden Kraftfahrzeugs.

Der Hersteller hat **Schutz- und Unfallverhütungsvorschriften** zu beachten, denn sie sind Ausdruck des Stands der Technik zum Zeitpunkt ihres Erlasses und stellen die unterste Grenze des Erforderlichen dar.

431 Eine **Pflicht** zur **Neuentwicklung** von Konstruktion, Materialien, Fabrikationsmethoden usw., durch die die Sicherheit bei nicht gefahrenfrei gestaltbaren Kraftfahrzeugen erhöht wird, lässt sich weder aus dem Deliktsrecht noch aus dem Gewährleistungsrecht herleiten. Dem Hersteller kann nicht zugemutet werden, Schutzvorrichtungen zur Gefahrenabwehr im Wege der Sonderanfertigung herzustellen, wenn nach dem Stand der Technik eine serienmäßige Produktion nicht möglich ist. Nach Einführung konstruktiver oder verarbeitungsmäßiger Verbesserungen kann weder vom Hersteller noch vom Händler verlangt werden, dass sie den Verkauf der aus der Vorserie stammenden Fahrzeuge stoppen, es sei denn, die überholte Ausführung hat sich als fehlerhaft erwiesen.

432 Der mit der Gewährleistungsklausel in Abschn. VII, Ziff. 1 NWVB zugesagte Stand der Technik bezieht sich auf den **Zeitpunkt der Auslieferung** des Fahrzeugs, worunter die Auslieferung an den Käufer und nicht die Auslieferung an den Händler zu verstehen ist. Demnach geht das Risiko einer Veränderung des Stands der Technik in der Zeit zwischen Herstellung und Verkauf eines Neufahrzeugs zu Lasten des Verkäufers.

c) Qualitätsmängel

433 Im Neuwagenhandel sind Qualitätsmängel häufig anzutreffen und daher von großer praktischer Bedeutung. Die von der Werbung geschürte Erwartungshaltung der Käufer ist sehr hoch, denn mancher sieht in einem Auto nicht bloß einen Gebrauchsgegenstand, sondern ein wertvolles Wirtschaftsgut, das er für teures Geld ersteht. Diese Einstellung hat zur Folge, dass an die Qualität in Material und Ausführung **strenge Maßstäbe** angelegt werden, insbesondere auch im Hinblick auf den optisch und ästhetisch einwandfreien Zustand des Autos. Die Qualitätsvorstellungen der Käuferschaft sind in die Erheblichkeitsprüfung beim Fehlerbegriff einzubeziehen.[114] In Anbetracht dieses nicht zuletzt von Hersteller- und Händlerseite erzeugten Erwartungshorizonts klingt die Feststellung des OLG Celle,[115] eine unzulängliche Türdichtung beim Neuwagen sei wegen der geringen Instandsetzungskosten kein Fehler im Sinne von § 459 BGB, ebenso befremdlich wie die des LG Saarbrücken,[116] ein 0,5 cm langer Riß des Kunststoffbezugs der hinteren Sitzbank beeinträchtige nicht die Gebrauchsfähigkeit und sei ganz abgesehen davon mangels Erheblichkeit kein Herstellungsfehler. Dem heutigen

---

114 *Mezger*, BGB-RGRK, § 459 Rn 14.
115 Urt. 7. 1. 1982 – 7 U 72/81 – n. v.
116 Urt. 9. 6. 1988 – 11 S 240/87 – n. v.

Vertragsgemäße Beschaffenheit und Mängelfreiheit Rn 434, 435

Stand der Fertigungstechnik und den von einer **hohen Qualitätserwartung** geprägten Anschauungen des Verkehrs trägt die Entscheidungspraxis des OLG Köln[117] Rechnung, das die Wasserundichtigkeit einer erneuerten, vormals trüben Windschutzscheibe ebenso wie die Undichtigkeiten an den Seitentüren und am Schloss der Hecktür mit Eintritt geringer Wassermengen als erhebliche Fehler bewertete, obschon im letzteren Fall die vom Gutachter geschätzten Reparaturkosten bei nur etwa 120–150 DM lagen.[118] Das nur tropfenweise Eindringen von Wasser durch die Türdichtung der Fahrertür im Bereich der Schloss-Säule stellt aus der Sicht des LG Köln[119] einen beachtlichen Mangel i. S. v. § 459 BGB dar, auch wenn hierdurch Feuchtigkeitsschäden im Bereich des Teppichbodens weder entstanden noch künftig zu befürchten sind, weil der Käufer eines Neufahrzeugs berechtigterweise erwarte, ein völlig einwandfreies Fahrzeug zu erhalten, in das auch bei ungünstigen Witterungsverhältnissen kein Wasser eindringt. Nur für ein völlig einwandfreies Fahrzeug sei er bereit, den Neuwagenpreis zu zahlen, während ein in dem beschriebenen Ausmaß undichtes Fahrzeug nicht zum Neuwagenpreis gehandelt werde. Schließlich werde durch die Undichtigkeit auch die Gebrauchstauglichkeit des Neuwagens beeinträchtigt, die den Genuss, ein in jeder Beziehung neuwertiges, einwandfreies Fahrzeug zu besitzen, mitumfasse, den ein mangelhaftes Auto dem Käufer nicht vermitteln könne.

Qualitätsmängel lassen sich vielfach bereits **äußerlich** erkennen. Mangelhafte Ausführung der Lackierung, Farbtondifferenzen, Tropfnasenbildung, Schmutzpartikeleinschluss im Lack, nicht fachgerechte Befestigung bzw. Einpassung von Fahrzeugteilen, Verschmutzung der Innenverkleidung, Rostbildung infolge langer Standzeit oder unsachgemäßer Lagerhaltung, Verwendung mangelhafter Materialien oder nicht ordnungsgemäßer Vorbehandlung der Karosseriebleche sind häufige Erscheinungen. **434**

Beispiele aus der Rechtsprechung:
– weiterfressende Unterrostungen, beruhend entweder auf fehlerhafter Herstellung oder auf nicht fachgerechter Nachbesserung – OLG Hamm 24. 11. 1975, DAR 1976, 299
– Roststellen unterhalb der Gummidichtungen des Motor- und Kofferraums, der hinteren Türen und des Windleitblechs – LG Frankfurt 22. 1. 1985, DAR 1985, 290
– Wassereintritt wegen undichter Dachkonstruktion – LG Berlin 19. 10. 1978 – 4 O 262/77 – n. v.
– Rostschäden, Kratzer, Verschmutzung, Rost in einem Scheinwerfer – BGH 27. 9. 1967, BB 1967, 1268
– Lack- und Chromschäden sowie Undichtigkeiten in erheblichem Umfang und gehäuft auftretend – LG Berlin 30. 9. 1975, NJW 1976, 151
– Roststellen – LG Mannheim 29. 6. 1978, DAR 1979, 74; OLG Karlsruhe 22. 12. 1976, DAR 1977, 323
– nicht endgültig beseitigte und gestoppte Rostbildung nach durchgeführter Ganzlackierung – LG Lahn-Gießen 16. 2. 1978 – 3 O 290/77 – n. v.
– optische Beeinträchtigung der Aluminiumfelgen durch Flecken – LG Hannover 9. 1. 1985, DAR 1985, 122
– innerhalb der Gewährleistungsfrist auftretende Rostschäden, die auf mangelhafter Lackierung beruhten und die umfangreiche Arbeiten und eine weit gehende Neulackierung erforderlich machten – OLG Saarbrücken 6. 11. 1993, MDR 1993, 213.

Wegen des unterschiedlichen Qualitätsstandards in- und ausländischer Fabrikate und der Eigenheiten mancher Modelle besteht die Gefahr, dass der **Bezugsmaßstab** für die Beurtei- **435**

---
117 OLG Köln 20. 5. 1987, NJW 1987, 2520.
118 OLG Köln 16. 10. 1986 – 12 U 71/86 – n. v.
119 Urt. 12. 9. 1989 – 3 O 91/88 – n. v.

lung der Fehlerhaftigkeit von Neufahrzeugen **relativiert** wird. Es ist umstritten, ob die in der Bundesrepublik Deutschland geltenden hohen Qualitätsanforderungen als Maßstab für die Fehlerfeststellung zu Grunde zu legen sind. Auf diesen Standpunkt hat sich das OLG Düsseldorf gestellt, das die fabrikneue Eigenschaft eines in Großbritannien produzierten Fahrzeugs unter anderem deshalb verneinte, weil der Ursprungslack keinen dem deutschen Standard entsprechenden Korrossionsschutz bot.[120]

Das OLG Koblenz[121] sah es als ausschlaggebend an, dass auch der Käufer, der ein preiswertes **ausländisches Fahrzeug** erwirbt, eine technisch einwandfreie Ausführung erwartet, denn – so die Urteilsgründe – der Preisvorteil gegenüber deutschen Fabrikaten werde primär als Ausdruck kostengünstiger Fertigung und größeren Entgegenkommens bei der Preisgestaltung gesehen, nicht aber als Akzeptanz einer minderen Qualität.

436 Nach gegenteiliger Meinung, die maßgeblich von dem missverständlichen Wortlaut der vormals verwendeten Gewährleistungsklausel des Abschn. VII, Ziff. 1 NWVB geprägt wurde, kommt es bei der Beurteilung der Fehlerhaftigkeit entscheidend darauf an, ob das Fahrzeug Abweichungen von der „normalen Beschaffenheit der Fahrzeuge desselben Typs aufweist".[122] Dabei ist die Einschränkung zu machen, dass die Mindestanforderungen nach dem jeweiligen Stand der Technik erfüllt sein müssen, andernfalls ein Fahrzeug, das diese Voraussetzungen nicht mitbringt, schon aus diesem Grund als fehlerhaft einzustufen ist. Der Umstand, dass alle Fahrzeuge der von einem ausländischen Hersteller produzierten Serie einem Vergleich mit den inländischen Qualitätsanforderungen nicht standhalten, weil z. B. die Geräuschentwicklung des Getriebes wesentlich lauter ist als bei deutschen Pkw-Fabrikaten, besagt aus Sicht des OLG Hamm[123] deshalb noch nicht, dass diese Fahrzeuge mangelhaft sind, da ein **niedriger Qualitätsstandard** als solcher noch **keinen Fehler** im Rechtssinn darstellt. Eine Fehlerhaftigkeit ist anzunehmen, wenn die Getriebegeräusche auf einen Defekt oder auf einen vorzeitig zu erwartenden Schaden hinweisen oder die gesamte Fahrzeugserie einen Konstruktions- oder Fabrikationsmangel aufweist. Nur unter diesen Voraussetzungen kann sich der Händler seiner Gewährleistungspflicht nicht durch Berufung auf den niedrigeren Qualitätsstandard des Herstellerlandes entziehen. Nach Ansicht des LG Köln[124] sind Gewährleistungsansprüche nur wegen solcher „Mängel" ausgeschlossen, die – durch den niedrigeren ausländischen Fertigungsstandard bedingt – innerhalb der Fertigungstoleranzen liegen und den Mindestanforderungen nach dem jeweiligen Stand der Technik entsprechen, nicht aber solche, die aus diesem Rahmen herausfallen.

437 Vom Händler vor Auslieferung des Fahrzeugs vorgenommene nachteilige Veränderungen, wie etwa der **Einbau gebrauchter Teile,** fallen nicht unter die Regelung von Abschn. IV, Ziff. 5 NWVB und führen, sofern sie nicht ganz unbedeutender Art sind, zu einem Verlust der Fabrikneuheit.[125] Diese Konsequenz zog das OLG Schleswig in einem Fall, in dem der Händler in ein vom Herstellerwerk mit einem 1,7-Liter-Motor geliefertes Kraftfahrzeug entsprechend dem Kaufvertrag einen 1,5-Liter-Motor eingebaut hatte.[126] Die Anbringung von 2 **Firmenschildern** des Händlers (Länge 7,3 cm, Breite 3 cm) an beiden Vorderkotflügeln durch Bohrlöcher von jeweils 2 mm Durchmesser qualifizierte das OLG Nürnberg[127] nicht als erheblichen Mangel im Sinne von § 459 BGB und bejahte lediglich eine Beseitigungspflicht kraft entsprechender Vereinbarung.

---

120 OLG Düsseldorf Urt. 15. 10. 1981 – 6 U 216/80 – n. v.
121 Urt. 22. 3. 1994, ZfS 1994, 209.
122 OLG Hamm 11. 6. 1979 – 2 U 88/79 – n. v.; LG Köln 27. 1. 1984 – 11 S 219/83 – n. v.
123 Urt. 11. 6. 1979 – 2 U 88/79 – n. v.
124 27. 1. 1984 – 11 S 219/83 – n. v.
125 BGH 19. 10. 1977, DAR 1978, 46 ff.
126 OLG Schleswig 10. 1. 1967 – 2 O 80/66 – zitiert bei *Kulich,* Verkauf ohne Risiko, 43.
127 Urt. 23. 4. 1968 – 7 U 201/67 – n. v.

Vertragsgemäße Beschaffenheit und Mängelfreiheit

Ein Neuwagen wird nicht dadurch mangelhaft, dass der Händler Teile abmontiert und den Wagen anschließend wieder mit **neuen Ersatzteilen** ordnungsgemäß ausrüstet. Trotz bester Kontrollen kommt es bei der industriellen Fertigung vor, dass Kraftfahrzeuge in fehlerhaftem Zustand ausgeliefert werden. Entdeckt der Händler die Fehler bei der Ablieferungsinspektion, so ist er berechtigt, fehlerhafte Teile gegen neue auszutauschen, ohne dass der Wagen dadurch den Charakter als Neufahrzeug verliert. Der Händler muss selbstverständlich über die personellen und technischen Voraussetzungen verfügen, um einen ordnungsgemäßen und den werkseitigen Anforderungen entsprechenden Austausch vornehmen zu können.

d) Umweltbezug als Sacheigenschaft

438 Der Umweltbezug ist eine Eigenschaft der Sache, sofern er in der Sache selbst seinen Grund hat und ihr nach den Anschauungen des Verkehrs für eine gewisse Dauer anhaftet.[128] Er kann tatsächlicher, wirtschaftlicher oder rechtlicher Art sein.[129] Ist die Störung behebbar, liegt kein Sachmangel vor.[130]

Der Mängelkategorie „gestörter Umweltbezug" hat die Rechtsprechung bisher zugeordnet:
- die fehlende Zulassungseignung wegen unzureichender technischer Beschaffenheit,[131]
- die nicht vorhandene Übereinstimmung von Motor- und Fahrgestellnummer mit den Eintragungen im Kfz-Brief,[132]
- das Erlöschen der Werksgarantie infolge der Zulassung auf einen Vorbesitzer,[133]
- die fehlende Wartungsfähigkeit in Vertragswerkstätten,[134]
- die Produktionseinstellung entgegen der Annahme der Parteien, das Auto werde nach Übernahme des Herstellerwerks durch ein anderes Unternehmen weiterproduziert,[135]
- die Ausstattung eines Personenkraftwagens mit einem ungeregelten statt einem geregelten Katalysator.[136]

439 Die Entscheidungsübersicht verdeutlicht die **Tendenz zur Aufweichung des Fehlerbegriffs.** Einer Ausuferung der Sachmängelhaftung hat der BGH[137] durch die Feststellung Einhalt geboten, der Fehlerbegriff „gestörter Umweltbezug" setze stets voraus, dass der nachteilige Umstand in der **Beschaffenheit der Kaufsache wurzeln** und ihr **unmittelbar anhaften** müsse. Dieser enge Zusammenhang ist zu verneinen, wenn dem verkauften Neufahrzeug die vom Verkäufer zu beschaffende **Herstellergarantie** fehlt oder bei Übergabe des Fahrzeugs bereits teilweise abgelaufen ist.[138] Auf BGH-Kurs liegt ein Alturteil des OLG Hamm,[139] das die **fehlende Übereinstimmung** von **Fahrgestell- und Motornummer** mit den Eintragungen in den Kfz-Papieren als einen außerhalb des Fahrzeugs liegenden Umstand bewertet hat.[140] Das OLG Stuttgart ist mit dem Fehlerbegriff ebenfalls restriktiv umgegangen und hat entschieden, dass ein unter **Ausnutzung fremden Vertragsbruchs** gekauftes Auto

---

128 BGH 12. 6. 1985, MDR 1985, 1020; *Staudinger/Honsell,* § 459 Rn 38 f.
129 *Soergel/Huber,* § 459 Rn 25 m. w. N.
130 *Soergel/Huber,* § 459 Rn 30.
131 RG 4. 2. 1936, JW 1936, 1888.
132 BGH 10. 7. 1953, NJW 1953, 1505; OLG Karlsruhe 1. 4. 1953, NJW 1953, 1246.
133 LG Bielefeld 18. 12. 1970, MDR 1971, 661.
134 LG Darmstadt 13. 7. 1979 – 1 O 68/79 – n. v.
135 OLG Celle 24. 10. 1969, BB 1970, 9.
136 AG Dortmund 29. 4. 1987, NJW-RR 1988, 1462.
137 Urt. v. 24. 4. 1996, NJW 1996, 2025.
138 A. A. OLG Düsseldorf 8. 5. 1992, NJW-RR 1993, 57 in einem Fall, in dem zum Zeitpunkt der Fahrzeugübergabe an den Käufer von der einjährigen Herstellergarantie bereits 8 Monate abgelaufen waren; OLG Köln Urt. v. 4. 3. 1982 – 1 U 78/81 – n. v. hinsichtlich des Fehlens der Deutschlandgarantie eines importierten Fahrzeugs.
139 Urt. 24. 11. 1952, NJW 1953, 368.
140 Hierzu *Schlechtriem,* NJW 1970, 1993.

allein wegen dieses Umstands nicht als mangelhaft einzustufen ist, da die daraus resultierenden Nachteile ihren Grund nicht in der Beschaffenheit des Fahrzeugs, sondern in der Art seiner Beschaffung haben.[141] Nach zutreffender Ansicht des LG Köln[142] stellt ein vom Käufer genannter **Neuanschaffungspreis** des von ihm in Zahlung gegebenen Gebrauchtfahrzeugs keine Sacheigenschaft dar, weil ihm der unmittelbare Sachbezug fehlt.

440 Die Beibringung eines fehlerfreien **Fahrzeugbriefs** gehört zu den Erfüllungspflichten des Verkäufers. Sie ist eine Hauptpflicht, da die vertraglich vorausgesetzte Benutzbarkeit von ihrer Erfüllung abhängt. Kommt der Verkäufer dieser Pflicht nicht nach, kann der Käufer Nachfrist setzen und danach vom Kaufvertrag zurücktreten oder Schadensersatz wegen Nichterfüllung geltend machen. Ist der Käufer außer Stande, den Kfz-Brief zu übergeben, weil der Voreigentümer ihn zurückhält, hat der Käufer die Möglichkeit, seinen Herausgabeanspruch nach § 952 BGB dem Voreigentümer gegenüber – eventuell durch einstweilige Verfügung – zu verwirklichen.[143]

e) Eintragung eines Vorbesitzers in dem Kfz-Brief

441 Ein Meinungsstreit hat sich an der Frage entzündet, ob die **Voreintragung** in den Kfz-Papieren einen **Sachmangel** darstellt, wenn der Vorbesitzer den Wagen tatsächlich nicht benutzt hat.

Das OLG Karlsruhe[144] entschied, dass durch die bloße Tatsache der **Voreintragung** ein Kraftfahrzeug seinem bestimmungsgemäßen Gebrauch als Verkehrsmittel zugeführt werde.[145] Dazu führte es in den Urteilsgründen aus, die Auswirkungen der Zulassung könnten nicht mit dem Ausprobieren von Kleidern verglichen werden, da die Voreintragung im Kfz-Brief eine Minderbewertung zwangsläufig zur Folge habe. Diese beruhe auf der Erfahrung, dass jede Voreintragung eine Erhöhung des Risikos beim Gebrauch infolge Fahrerwechsels und der nicht bekannten und nicht nachweisbaren Umstände wegen des Wechsels mit sich bringe.

Kritiker wenden ein, bei der Zulassung handele es sich nur um einen formalen Akt, durch den die Benutzung zu Verkehrszwecken ermöglicht werde, sie besage aber nicht, dass das betreffende Fahrzeug tatsächlich benutzt worden sei.[146]

442 Das **Risikoargument** des OLG Karlsruhe versagt in der Tat, wenn feststeht oder z. B. durch eidesstattliche Versicherung des Händlers nachgewiesen werden kann, dass der Erstkäufer mit dem Wagen überhaupt nicht gefahren ist und er womöglich nicht einmal das Fahrzeug in Besitz hatte. Mitunter kommt es im Neuwagenhandel vor, dass ein Vertrag über ein bestelltes und bereits – im Wege der Serviceleistungen des Händlers – zugelassenes Fahrzeug aufgehoben wird, bevor die Übergabe erfolgt ist. Der Zweitkäufer eines solchen Fahrzeugs erwirbt nicht aus zweiter Hand, da es an einem Ersthandbesitz regelmäßig fehlt. Ein erhöhtes Risiko besteht selbst dann nicht, wenn dem Ersterwerber kurzfristig Besitz verschafft wurde, dieser den Wagen jedoch nicht benutzt hat, denn die bloße Innehabung der Herrschaftsgewalt allein bewirkt keinerlei Veränderung des Fahrzeugs und seines Zustands.[147]

---

141 OLG Stuttgart 5. 2. 1988, NJW-RR 1988, 623, 624.
142 Urt. 9. 12. 1999 – 2 O 247/99 – n. v.
143 OLG Stuttgart 10. 4. 1970, DAR 1971, 13.
144 Urt. 16. 6. 1971, DAR 1972, 17 f. und 22. 12. 1976, DAR 1977, 323.
145 A. A. LG Köln, Urt. 3. 11. 1982 – 13 S 207/82 – n. v., das die Fabrikneuheit eines etwa 1 $^1/_2$ Monate nach Erstzulassung verkauften Fahrzeugs bejahte; differenzierend LG Bonn 17. 2. 1972, NJW 1972, 1137; LG Köln, Urt. 11. 9. 1990 – 33 S 1/90 – n. v.
146 *Andres*, NJW 1971, 2377 f.
147 LG Bonn, 17. 2. 1972, NJW 1972, 1137; *Andres*, NJW 1971, 2311 ff.; *Mezger*, BGB-RGRK § 459 Rn 14; *Palandt/Putzo*, § 459 Rn 28; *Westermann*, MünchKomm, § 459 Rn 38.

Auf der anderen Seite verdient aber der Umstand Beachtung, dass die **Wertschätzung** 443
eines Wagens entscheidend von der Zahl der im Kraftfahrzeugbrief eingetragenen Vorbesitzer abhängt[148] und dem „Zweiterwerber" im Fall des Weiterverkaufs ein Schaden in Form eines Mindererlöses entsteht. Aus diesem Grund hat die Rechtsprechung[149] bei Totalbeschädigung eines Ersthandfahrzeugs dem Geschädigten gelegentlich einen sog. „Zweithandzuschlag" zugebilligt, weil ein zum Wiederbeschaffungspreis gebraucht gekaufter Ersthandwagen infolge der Zulassung auf den Käufer zwangsläufig zum Zweithandwagen wird.

Der Marktwert eines „neuen" Zweithandwagens ist im Vergleich zu einem Auto ohne Voreintragung im Kfz-Brief zweifellos geringer.[150] Aus der Tatsache, dass der Wert eines Kraftfahrzeugs allein dadurch sinkt, dass es nicht mehr aus erster Hand weiterverkauft werden kann, zieht das OLG Dresden[151] die einleuchtende Schlussfolgerung, „fabrikneu gekauft" könne nur bedeuten „aus erster Hand" gekauft. Den mit der Zulassung einhergehenden Wertverlust machen sich Handel und Hersteller durch den Verkauf von Fahrzeugen mit **Tageszulassung** zu Nutze, wobei sie unterschiedliche Zielrichtungen verfolgen.[152]

Durch die formale Voreintragung im Kraftfahrzeugbrief wird der Tag der Erstzulassung endgültig festgeschrieben. Eine Rückgängigmachung der Eintragung ist nur möglich, wenn die Eintragung infolge eines **Versehens der Zulassungsstelle** erfolgt ist, nicht aber, wenn sie vom Händler oder Erstkäufer beantragt wurde. Selbst durch eidesstattliche Versicherung des Händlers, das Fahrzeug sei noch nicht zu Verkehrszwecken in Benutzung genommen worden, lässt sich die Eintragung nachträglich nicht mehr aus der Welt schaffen.

Der Tag der Erstzulassung war nach § 13 AKB a. F. für die **Leistungserhöhung** bis zum Listenpreis wichtig, da die damalige Zweijahresfrist mit diesem Ereignis in Lauf gesetzt wurde. Da einige Versicherer nach der Deregulierung die Neupreisentschädigung mit verkürzten Zulassungfristen beibehalten haben, ist die Erstzulassung für das Kaskorecht nach wie vor bedeutsam. Auch für die heutige Neuwertversicherung gilt, dass eine Voreintragung im Kraftfahrzeugbrief nicht die Neuwageneigenschaft im versicherungsrechtlichen Sinne beseitigt, sofern das versicherte Kraftfahrzeug von dem voreingetragenen Halter tatsächlich nicht benutzt wurde.[153] Jedoch kann die Voreintragung dem Zweithalter insoweit zum Nachteil gereichen, als sich sein Anspruch auf Entschädigung in Höhe des Listenpreises um die Zeit verkürzt, die zwischen der Erstzulassung und dem Fahrzeugkauf verstrichen ist.[154]

f) Voreintragung bei Parallelimporten

Außerhalb der Händlerkette importierte Fahrzeuge[155] sind nicht selten bereits im **Ausland** 444
für kurze Zeit zugelassen worden, bevor sie abgemeldet, in die Bundesrepublik Deutschland gebracht und dort verkauft werden. Da nur ein deutscher Kfz-Brief existiert, ist die Voreintragung des ausländischen Händlers selten offenkundig, sodass die Zulassungsstelle in Unkenntnis der Vorgeschichte den deutschen Käufer als ersten Halter einträgt bzw. den die Fabrikneuheit des Fahrzeugs betreffenden Vermerk nicht streicht. Die Zulassungsstellen in der Bundesrepublik Deutschland sind verpflichtet, Nachforschungen über die Zulassung im Ausland anzustellen, wenn sie Verdacht schöpfen, und, falls sich der Verdacht bestätigt, die

---

148 OLG Karlsruhe 16. 6. 1971, DAR 1972, 17 f.; OLG Dresden 14. 10. 1998, OLGR 1999, 87; *Henrichs,* NJW 1967, 1940.
149 OLG Köln 14. 2. 1974, NJW 1974, 2128; a. A. BGH 7. 3. 1978, DAR 1978, 281; OLG Düsseldorf 15. 12. 1976, NJW 1977, 719.
150 OLG Düsseldorf, 22. 11. 1984, NJW-RR 1986, 204; *Creutzig,* Recht des Autokaufs, Rn 7.1.6.
151 14. 10. 1998, OLGR 1999, 87.
152 Dazu Rn 445.
153 BGH 14. 11. 1979, MDR 1980, 295.
154 *Soergel/Huber,* § 459 Rn 299.
155 Ausführlich Rn 1071.

Voreintragung im deutschen Kfz-Brief zu vermerken.[156] Das LG Saarbrücken[157] **verneinte** die Eigenschaft der **Fabrikneuheit** eines 5 Tage vor Verkauf in Frankreich erstmals zugelassenen Fahrzeugs.[158] Für die Richter war allein die Tatsache der formalen Zulassung des Fahrzeugs und nicht die bis zu dessen Übergabe an den deutschen Käufer – wahrscheinlich durch die Überführung – zurückgelegte Laufleistung von 80 km entscheidend.

g) Fahrzeuge mit Tages- oder Kurzzulassung

445 Als Fahrzeug mit Tageszulassung wird ein Kraftfahrzeug bezeichnet, dass **einen Tag** auf den **Händler zugelassen** wurde, ohne dass dieser es benutzt hat. Bei **mehrtägiger Zulassung** (Kurzzeitzulassung) dürfen Fahrzeuge nicht als Tageszulassung bezeichnet und beworben werden.[159] Händler erreichen durch die Tageszulassung von Neufahrzeugen auf ihren Namen höhere Abnahmequoten und steigen in der Bonusstaffel, während Hersteller bessere Produktions- und Absatzergebnisse vorweisen können. Tageszulassungen sind zugleich eine Maßnahme der Verkaufsförderung, insbesondere von Auslaufmodellen. Solche Fahrzeuge werden vom Handel erheblich unter Listenpreis angeboten.

Für Kurz- oder Tageszulassungen kann der Händler vom **Zulassungsverfahren des § 28 StVZO** Gebrauch machen. Eine Betriebserlaubnis ist dabei ebenso wenig erforderlich wie ein amtlich zugeteiltes Kennzeichen. Für Fahrten muss – wie bei Prüfungs-, Probe- und Überführungsfahrten – ein rotes Kennzeichen verwendet werden. Der Vorteil der Zulassung besteht darin, dass keine Kraftfahrzeugsteuer entrichtet werden muss.[160]

Fahrzeuge mit Tages- oder Kurzzulassung sind wegen der Voreintragung des Händlers **nicht fabrikneu**.[161] Die Gründe hat das OLG Dresden in einem sorgfältig begründeten Urteil[162] im Fall des Verkaufs eines Fahrzeugs mit Kurzzeitzulassung von 5 Wochen zutreffend wie folgt zusammengefaßt:

– Verkürzung der Gewährleistungsfrist, die mit der Zulassung in Lauf gesetzt wird,
– Wertminderung durch Eintragung des Händlers im Kfz-Brief,
– Nachteile bei der Vollkaskoversicherung,
– Verkürzung der Frist für Hauptuntersuchung und ASU.

Nach Ansicht des OLG Köln[163] darf der Käufer eines Fahrzeugs mit Tageszulassung trotz des Fehlens der Fabrikneuheit erwarten, dass es der aktuellen Modellreihe mit allen bisherigen Weiterentwicklungen und technischen Veränderungen entspricht. Ist dies nicht der Fall, muss ihn der Verkäufer hierüber aufklären. Die Angabe des Datums der Tageszulassung reicht hierzu nicht aus, da auch ein zurückliegendes Zulassungsdatum nicht besagt, dass es sich um ein modellveraltetes Fahrzeug handelt.[164]

Wird beim Verkauf des Fahrzeugs mit Tages- oder Kurzzeitzulassung ein **Gebrauchtwagenformular** verwendet, stellt sich die für die Praxis äußerst bedeutsame Frage, ob der im Gebrauchtwagen-Formularvertrag regelmäßig enthaltene **Gewährleistungsausschluss** Wirksamkeit entfaltet.

---

156 Hierzu ausführlich *Creutzig*, BB 1987, 283 ff.
157 Urt. 2. 4. 1979, DAR 1980, 19.
158 Ebenso *Creutzig*, Recht des Autokaufs Rn 1.1.2.10 sowie in BB 1987, 283 ff.
159 OLG Nürnberg 9. 9. 1997, OLGR 1998, 94; zur Werbung Rn 377.
160 Erlaß des Finanzministeriums Baden-Württemberg vom 20. 1. 1999, S 6100/1, DB 1999, 258.
161 *Soergel/Huber*, § 459 Rn 299; *Staudinger/Honsell*, § 459 Rn 90; *Creutzig*, Recht des Autokaufs, Rn 1.1.2.10 sowie BB 1987, 283; OLG Dresden 14. 10. 1998, OLGR 1999, 87 mit weiteren Nachweisen aus Rechtsprechung und Schrifttum; so tendenziell auch der 8. Senat des BGH 26. 3. 1997, NJW 1997, 1847; a. A. ist der für das Wettbewerbsrecht zuständige 1. Senat des BGH 20. 2. 1986, NJW 1986, 1836.
162 Urt. v. 14. 10. 1998, OLGR 1999, 87.
163 OLG Köln 17. 4. 1998, NZV 1999, 46.
164 Zur Modellaktualität Rn 459 ff.

Vertragsgemäße Beschaffenheit und Mängelfreiheit

Eine generelle Unbedenklichkeit kann dem Gewährleistungsausschluss entgegen der in der Vorauflage vertretenen Ansicht nicht bescheinigt werden. Fahrzeuge mit Tageszulassung werden auf Grund entsprechender Herstelleranweisung[165] abweichend von dem Formulartext des Gebrauchtwagenvertrags ausdrücklich oder konkludent unter **Übernahme von Gewährleistung** veräußert, die der in den NWVB festgelegten Gewährleistung für fabrikneue Fahrzeuge entspricht und von dieser nur durch die zulassungsbedingte **Verkürzung** der **Gewährleistungsfrist** abweicht. Da Fahrzeuge mit Tageszulassung kurzfristig veräußert werden, erlangen Käufer solcher Fahrzeuge durch Weitergabe der restlichen Neuwagengewährleistung einen gewährleistungsrechtlichen Status, der meistens über das gesetzlich garantierte Mindestmaß hinausgeht.

Problematisch sind die Fälle, in denen die Tageszulassung mehr als sechs Monate zurückliegt. Der Gewährleistungsausschluss im Formularvertrag wird durch die Neuwagengewährleistung nicht mehr in vollem Umfang kompensiert, da die Restlaufzeit der Neuwagengewährleistung die Verjährungsfrist des § 477 BGB unterschreitet. Hier wird die Frage relevant, ob es sich bei einem unbenutzten Neufahrzeug mit Tageszulassung um eine **neu hergestellte** Sache im Sinne von § 11 Nr. 10a AGB-Gesetz handelt.

Das Landgericht Gießen[166] hat die **Neuheit verneint** und der Klausel, durch die der Verkäufer seine Gewährleistung ausgeschlossen hatte, Wirksamkeit attestiert.[167] Die Entscheidung ist nicht repräsentativ, da sie den Verkauf eines Lagerfahrzeugs betrifft. Das OLG München[168] hat sich auf den Standpunkt gestellt, die Bezeichnung „gebraucht" genüge, um ein neu hergestelltes, unbenutztes und noch nicht auf einen Vorbesitzer zugelassenes Importfahrzeug dem Klauselverbot des § 11 Nr. 10a AGB-Gesetz zu entziehen, sofern der Verkauf durch eine nicht der Händlerorganisation angeschlossene Verkäuferfirma erfolgt ist. Im Gegensatz dazu meinte das LG Augsburg,[169] der Gewährleistungsausschluss durch AGB sei unwirksam, da die Tageszulassung für den Verkäufer allein den Sinn und Zweck habe, dem Käufer einen Rabatt zu gewähren, ohne mit den Bestimmungen des Rabattgesetzes in Konflikt zu geraten.

Ob eine Sache als „neu hergestellt" im Sinne von § 11 Nr. 10a AGB-Gesetz anzusehen ist, richtet sich nach dem **Schutzzweck der Norm** und den **Anschauungen des redlichen Verkehrs**. Ein Fahrzeug mit Tageszulassung, das noch nicht benutzt wurde und das mangels Gebrauchsentwertung im Geschäftsverkehr als neu angesehen wird, lässt sich dem Schutzzweck des § 11 Nr. 10a AGB-Gesetz zwanglos zuordnen. Daher sind strenge Anforderungen an eine vertragliche Freistellung vom Klauselverbot des § 11 Nr. 10 AGB-Gesetz zu stellen. Dem Käufer muss deutlich vor Augen geführt werden, dass er auf den Mindestrechtsbehelf der Nachbesserung verzichtet.[170] Die Bezeichnung des Fahrzeugs als „Gebrauchtwagen" kann allein nicht genügen. Eine andere Beurteilung mag angezeigt sein, wenn für den Käufer ersichtlich ist, dass dem Fahrzeug mit Tageszulassung die Neuheit wegen langer Lagerdauer, Modellveraltung oder Transportschäden fehlt.

h) Fabrikneuheit

Bei keinem anderen Produkt, außer beim Neuwagen, befassen sich Rechtsprechung und Schrifttum so intensiv mit der Frage, was unter der Eigenschaft „fabrikneu" zu verstehen ist. Ausgelöst wurde die Diskussion durch die Fälle, in denen entweder zwischen Herstellung und Verkauf ein längerer Zeitabstand lag oder in denen die Hersteller Technik und Ausstattung der Fahrzeuge änderten.

---

165 Siehe OLG Stuttgart 7. 11. 1995, NJW-RR 1997, 1553.
166 Urt. 17. 7. 1991, NJW-RR 1992, 186.
167 Der gleichen Ansicht *Palandt/Heinrichs*, § 11 AGBG Rn 47.
168 Urt. 19. 2. 1998, NJW-RR 1998, 1595.
169 Urt. 10. 2. 1998, DAR 1998, 476.
170 *Reinking/Eggert*, NZV 1999, 1 f.

Die Begriffe „fabrikneu" und „neu" werden im allgemeinen Sprachgebrauch als auch in der Rechtsprechung manchmal gleichgestellt.[171] Rechtlich sind sie nicht gleichbedeutend. Die Bezeichnung neu besagt ihrem Wortsinn nach lediglich, dass die Sache neu – aus neuen Materialien –[172] hergestellt wurde und unbenutzt ist.[173] Allein diese Kriterien, wonach ein Kfz, abgesehen von der Überführung, nicht benutzt und mithin seinem bestimmungsgemäßen Gebrauch als Verkehrsmittel noch nicht zugeführt worden sein darf,[174] genügen nicht den Anforderungen der Fabrikneuheit. Unter den genannten Voraussetzungen ist ein Kraftfahrzeug nach der **Begriffsbestimmung** des BGH nur dann fabrikneu,
- wenn und solange das Modell des Kraftfahrzeugs unverändert weitergebaut wird, also keinerlei Änderungen in der Technik und Ausstattung aufweist[175]
- durch Stehen keine Mängel entstanden sind[176]
- nach Verlassen des Herstellerwerkes keine (erheblichen) Beschädigungen eingetreten sind, die vor Auslieferung an den Käufer nachgebessert werden.[177]

Das OLG Köln[178] hat als weiteres Kriterium hinzugefügt, dass das Fahrzeug vor der Übergabe an den Käufer keine längere „ungeklärte" Fahrtstrecke zurückgelegt haben darf. Das Beweislastrisiko, ob eine angezeigte Laufleistung von z. B. 150 km von der Überführungsfahrt oder von einer Benutzung im Straßenverkehr herrührt, trägt der Verkäufer.

aa) Lagerdauer

447 Die Lagerdauer von Neufahrzeugen ist ein Thema, mit dem sich die Rechtsprechung im Zusammenhang mit der Fabrikneuheit von Fahrzeugen und der damit einhergehenden Zusicherungs- und Aufklärungsproblematik befasst. Sie betrifft den Zeitraum von der Herstellung bis zum Verkauf und entspricht dem **Fahrzeugalter** im Zeitpunkt der Veräußerung.

Grundsätzlich lässt sich feststellen, dass nach der Verkehrsanschauung ein Kraftfahrzeug bei unverändertem Modell noch eine gewisse Zeit nach der Herstellung als fabrikneu angesehen wird.[179] Eine solche Betrachtungsweise berücksichtigt die Belange der Hersteller, die bei wechselnder Nachfrage gezwungen sind, Fahrzeuge vorübergehend auf Lager zu nehmen, um die Gleichmäßigkeit der Produktion sicherzustellen.[180]

448 In der Rechtsprechung und im Schrifttum herrscht die Meinung vor, dass eine Lagerdauer von bis zu **12 Monaten** die Fabrikneuheit eines Kraftfahrzeugs im Allgemeinen nicht beseitigt.[181]

---

171 *Mezger,* BGB-RGRK, § 459 Rn 14; so auch heute noch bzw. wieder OLG Koblenz 23. 7. 1998, DAR 1999, 262; 20. 11. 1998, NJW-RR 1999, 707.
172 *Staudinger/Honsell,* § 459 Rn 90.
173 Dazu Rn 1 ff.
174 Vgl. *Creutzig,* Recht des Autokaufs, Rn 1.1.2.
175 Urt. 6. 2. 1980, NJW 1980, 1097; OLG Köln 19. 10. 1987 – 12 U 9/87 – n. v.; 10. 1. 1990, DAR 1990, 457; LG Köln, Urt. 11. 4. 1991 – 2 O 472/90 – n. v., sowie BGH 22. 3. 2000 – VIII ZR 325/98 –.
176 Urt. 6. 2. 1980, NJW 1980, 1097.
177 Urt. 18. 6. 1980, DB 1980, 1836; s. hierzu die Rezension von *Eisenhardt* in JuS 1982, 170 ff.
178 Urt. 19. 10. 1987 – 12 U 9/87 – n. v.
179 OLG Zweibrücken 20. 11. 1969, MDR 1970, 325.
180 *Arning,* DAR 1972, 61.
181 OLG München 9. 2. 1965, DAR 1965, 272; OLG Zweibrücken 20. 11. 1969, MDR 1970, 325; OLG Frankfurt 21. 12. 1977, NJW 1978, 273; OLG Naumburg 21. 6. 1990, NZV 1991, 269; OLG Frankfurt 17. 12. 1997, OLGR 1998, 191; OLG Hamm 20. 4. 1998, NJW-RR 1998, 1212; LG Aachen 11. 11. 1977, NJW 1978, 273; LG Berlin 2. 3. 1965 – 3 O 10/65 – n. v.; *Creutzig,* Recht des Autokaufs, Rn 1.1.2.3; *Soergel/Huber,* § 459 Rn 298 f.; *Westermann,* MünchKomm, § 459 Rn 39 – n. v.; zur Frage der Fabrikneuheit eines Omnibusses im Falle längerer Lagerung einzelner Teile – vgl. LG Stuttgart 24. 5. 1982 – 6 KfH O 39/82 – n. v.

Vertragsgemäße Beschaffenheit und Mängelfreiheit　　　　　　　　　　Rn 448

Als weitaus schwieriger erweist sich die Festlegung der **maximal zulässigen Lagerdauer**. Zu der Frage, wie lange ein Neufahrzeug zwischen Herstellung und Verkauf längstens stehen darf, ohne dass darunter die Fabrikneuheit leidet, hat sich in der Rechtsprechung noch keine einheitliche Meinung herausgebildet. Es zeichnet sich allerdings die Tendenz ab, eine Lagerzeit von mehr als einem Jahr im Regelfall nicht zuzulassen. Viele Urteile, die sich mit dem Thema befassen, wurden durch Besonderheiten des Einzelfalls geprägt. Das verdeutlicht folgende **Übersicht:**

- Das LG Kaiserslautern[182] vertrat vor Jahren die Ansicht, ein Zeitraum von etwa **einem Jahr** zwischen Herstellung und Verkauf mache aus einem Neuwagen keinen „**Ladenhüter**", selbst wenn er am Ende Lagermängel aufweise. Die Kammer vertrat die Ansicht, die Ladenhütereigenschaft setzte außer einer **Zustandsverschlechterung** durch die lange Standzeit weiterhin voraus, dass sich das Fahrzeug „in Konstruktion und Aussehen von den **laufenden Modellen unterscheidet** (objektive Umstände), so dass ein Fahrzeug dieser Art, gemessen an dem Inhalt der Willenserklärung des Käufers (subjektive Umstände), als andere Sache (aliud) anzusehen wäre". Diese auf eine Falschlieferung zugeschnittene Definition überspannt den Bogen, insofern ein Neufahrzeug selbst bei extrem langer Standzeit seine Eigenschaft der Fabrikneuheit nur unter der weiteren Voraussetzung verlieren soll, dass sich durch die Lagerhaltung der Fahrzeugzustand verschlechtert hat und das Fahrzeug zum Zeitpunkt des Verkaufs modell- und konstruktionsmäßig veraltet ist.
- Bei einem Fahrzeug, das **24 Monate** auf Lager gestanden hatte und erhebliche Mängel aufwies, konnte das OLG Frankfurt[183] keine Beeinträchtigung der Fabrikneuheit erkennen, da – so die damalige Argumentation – die behaupteten und teilweise unstreitigen Mängel auch bei weniger als zwei Jahre alten Neufahrzeugen anzutreffen seien. Dem Käufer werde außerdem nicht geschadet, da es ihm freistehe, bei Abschluss des Kaufvertrags eine Zusicherung des Händlers auf Lieferung eines Fahrzeugs neuester Produktion auszuhandeln.
- Im Gegensatz hierzu verneinte das LG Berlin[184] die Fabrikneuheit eines Fahrzeugs, das etwa **ein Jahr** in den Räumen des Verkäufers gestanden hatte und zum Zeitpunkt des Verkaufs gehäufte Mängel **in erheblichem Umfang** aufwies.
- Das OLG Braunschweig[185] entschied, ein Kfz sei grundsätzlich **nicht** mehr **fabrikneu**, wenn es etwa **ein Jahr** alt und **vor** den **Werksferien** hergestellt worden sei.
- Verneint wurde die Fabrikneuheit vom AG Mönchengladbach[186] bei einer Lagerdauer von **21 Monaten**, da nach dieser Zeit **nicht** mehr von einem **fabrikneuen** Fahrzeug „**im Sinne des Wortes**" die Rede sein könne.
- Das OLG Hamm vertrat im Jahre 1976[187] die Meinung, eine Lagerdauer von **18 Monaten** beeinträchtige nicht die Fabrikneuheit, und deshalb sei der Verkäufer auch nicht verpflichtet, den Käufer auf die Standzeit hinzuweisen.
- Mit der Begründung, dass nach der Verkehrsanschauung eine Lagerzeit von **14 1/2 Monaten** als **wertmindernder Faktor** anzusehen sei, billigte das LG Darmstadt[188] dem Käufer eine Wertminderung wegen Fehlens der Fabrikneuheit zu.

---

182 Urt. 10. 12. 1968 – 4 O 203/68 – n. v.
183 Urt. 10. 3. 1970, OLGZ 1970, 409 ff.
184 Urt. 30. 9. 1975, NJW 1976, 151; ebenso schon KG 19. 12. 1968 – 2 U 2277/67 – zit. bei *Kulich*, Verkauf ohne Risiko, 32.
185 Urt. 12. 6. 1975, DAR 1976, 301.
186 Urt. 16. 6. 1976, NJW 1977, 110.
187 Urt. 17. 9. 1976, DB 1976, 2204.
188 Urt. 24. 7. 1980, DAR 1981, 15.

- In zwei Urteilen aus den „Achtziger-Jahren" stellte sich das OLG Hamm[189] auf den Standpunkt, ein Neuwagen, der zwischen Herstellung und Übergabe an den Käufer **ein Jahr oder länger** gestanden habe, sei nicht mehr als fabrikneu anzusehen, jedenfalls aber sei der Verkäufer unabhängig von der Fabrikneuheit verpflichtet, von sich aus über die erhebliche Standzeit eines solchen Fahrzeugs aufzuklären.
- Das OLG Düsseldorf[190] war der Meinung, dass ein Fahrzeug, das im Vergleich zum **Vorgängermodell** allenfalls **geringfüge Veränderungen** der Lackierung und in Bezug auf das Herstellungsverfahren der Nockenwelle aufweist, jedenfalls dann nicht mehr als fabrikneu bezeichnet werden darf, wenn seit der Herstellung mindestens **15 Monate** vergangen sind, wobei dem Umstand, dass es sich um ein Importfahrzeug handelt, das auf Umwegen nach Deutschland gelangt ist, keine Bedeutung beizumessen ist.
- Das OLG Naumburg[191] hat sich der Rechtsprechung des OLG Hamm[192] angeschlossen und einem neu hergestellten und unbenutzten, aber **zwei Jahre** alten Fahrzeug die Eigenschaft der Fabrikneuheit aberkannt.
- Das OLG Frankfurt[193] entschied, bei einem ungebrauchten Neufahrzeug, das wenigstens **21 Monate** auf Halde gestanden habe, handele es sich nicht mehr um ein fabrikneues Auto. Eine Standzeit von einem Jahr oder länger sei dem Käufer eines Neuwagens grundsätzlich nicht zuzumuten. Verschweige der Verkäufer die Ladenhütereigenschaft, handele er arglistig.

449 Die beiden Entscheidungen des BGH zur Problematik der Fabrikneuheit[194] wurden vereinzelt dahin gehend missverstanden, die Dauer der Lagerung beeinträchtige als solche grundsätzlich nicht die fabrikneue Eigenschaft eines Kraftfahrzeugs.[195] Dies hat der BGH jedoch nicht gesagt. Er konnte die Frage, ob und – bejahendenfalls – nach welcher Zeit ein nichtbenutztes Kraftfahrzeug allein infolge Zeitablaufs seinen fabrikneuen Charakter verliert, auf sich beruhen lassen.[196] Einige Bemerkungen des BGH deuten darauf hin, dass er dem Händler/Hersteller nur eine **zeitlich begrenzte Lagerhaltung** zubilligt. Dies folgt zum einen aus der Inbezugnahme der beiden die damalige herrschende Meinung widerspiegelnden Urteile des OLG München[197] – in beiden Fällen betrug die Lagerhaltung nicht mehr als 12 Monate – und zum anderen aus der Einschränkung, das zur Fabrikneuheit Gesagte gelte unter Berücksichtigung der Interessen von Käufer und Verkäufer auch dann, wenn das Kfz erst **einige Zeit nach** seiner **Herstellung verkauft** werde.[198] Hinter dieser behutsamen Formulierung, in der nicht von einer fixen nach Monaten oder Jahren bemessenen Lagerzeit, sondern von einem unbestimmten Zeitraum die Rede ist, verbirgt sich die – unausgesprochene – Absicht, die Grenze der Lagerdauer offen zu halten, um im Einzelfall flexibel reagieren zu können. Sie besagt nicht, dass der BGH das Fahrzeugalter als Kriterium der Fabrikneuheit aufgeben wollte.[199] Die gegenteilige

---

189 Urt. 21. 2. 1984 – 28 U 21/83 – n. v.; 14. 5. 1985, DAR 1985, 353; Urt. 7. 2. 1991 – 2 U 38/91 – n. v.
190 Urt. 23. 7. 1992, OLGR 1993, 34.
191 Urt. 4. 10. 1993, VM 1994, 31.
192 Urt. 21. 2. 1984 – 28 U 21/83 – n. v.; 14. 5. 1985, DAR 1985, 353; Urt. 7. 2. 1991 – 2 U 38/91 – n. v.
193 Urt. 17. 12. 1997, OLGR 1998, 191.
194 Urt. v. 6. 2. 1980, NJW 1980, 1097; Urt. v. 18. 6. 1980, DB 1980, 1836.
195 OLG Düsseldorf 15. 10. 1981, NJW 1982, 1156, 1157; OLG München 28. 6. 1983, DAR 1984, 60; *Hassinger* in „Autohaus" 1980, 1339; OLG Hamm 20. 3. 1980, DAR 1980, 285, 286; *Schmid*, DAR 1981, 43 ff.
196 Dies stellt das OLG Frankfurt in seinem Urteil vom 17. 12. 1997, OLGR 1998, 191 ausdrücklich fest.
197 Urt. 9. 2. 1965, DAR 1965, 272; 26. 10. 1966, NJW 1967, 158.
198 BGH 6. 2. 1980, NJW 1980, 1097.
199 So auch *Löwe/Graf von Westphalen/Trinkner,* Einl. zu § 11 Nr. 10 Rn 8.

Vertragsgemäße Beschaffenheit und Mängelfreiheit Rn 450, 451

Ansicht, die dem Verkäufer eine zeitlich unbegrenzte Lagerhaltung zubilligt,[200] würde zu einer unangemessenen Benachteiligung des Käufers führen.[201]

Nach der Verkehrsanschauung ist und bleibt die Lagerdauer für die **Wertschätzung** eines Kraftfahrzeugs von ausschlaggebender Bedeutung. Es macht einen großen Unterschied, ob ein Auto frisch vom Band oder erst nach längerer Standzeit verkauft wird.[202] Eine lange, selbst technisch unbedenkliche Standzeit ist für den Neuwagenkäufer immer ein wertmindernder Faktor.[203] Seinem Wortsinn nach beinhaltet der Begriff „fabrikneu" ein **zeitliches Moment** im Sinne von „gerade hergestellt",[204] und einem Ladenhüter kann diese Eigenschaft nach Ablauf einer gewissen Zeit nicht mehr attestiert werden.[205]

Wie jedes andere technische Produkt unterliegt auch das Auto dem natürlichen **Alterungsprozess,** der mit dem Verlassen des Produktionsbands einsetzt. Es kommt zu Materialermüdungen, dem Beginn einer stetigen Zustandsverschlechterung.[206] 450

Längere Standzeiten auf Lager – ob in der Halle oder im Freien – führen zwangsläufig dazu, dass sich der **Allgemeinzustand** des Fahrzeugs und seiner Teile **verschlechtert,** was durch die Aufbringung von Schutzschichten und durch andere konservierende Maßnahmen zwar verlangsamt, aber nicht verhindert werden kann. Dies gilt vor allem für Gummiteile, Batterie und Schmiermittel. Luftfeuchtigkeit und Kondenswasser beschleunigen die Oxidation der Metallteile, und unter der Sonneneinstrahlung verbleicht und verschleißt die Polsterung.[207]

Die Reifen werden ebenfalls schadhaft, wenn sie längere Zeit gelagert werden. Es treten physikalische Veränderungen ein, die die Verkehrstauglichkeit beeinträchtigen. Nach zweijähriger Lagerung besitzen Reifen nicht mehr die Qualität von Neureifen.[208] Aus diesem Grund kann einem Neufahrzeug die Fabrikneuheit insgesamt nicht mehr bescheinigt werden, wenn es mit den Erstreifen zwei Jahre auf Lager gestanden hat und in diesem Zustand ausgeliefert wird. Letztlich wird die Lebensdauer eines Kraftfahrzeugs verkürzt, je länger die Lagerhaltung dauert, und irgendwann ist der Zeitpunkt erreicht, in dem das Fahrzeug infolge der Verschlechterung seines Zustands seinen fabrikneuen Charakter verliert. Selbst eine beschädigungsfreie Aufbewahrung unter optimalen Bedingungen kann das allein zeitbedingte Altern im Sinne des Älterwerdens und die damit einhergehende fortschreitende Beeinträchtigung der Fabrikneuheit nicht aufhalten.[209]

Am Beispiel der Reifen wird dieser Aspekt besonders deutlich. Laut Empfehlung vieler Hersteller sollen Reifen nicht älter als 6 Jahre sein. Haben Neufahrzeuge mit der Erstbereifung bereits 1 Jahr oder länger auf Lager gestanden, verkürzt sich die Benutzungszeit der Reifen entsprechend und beträgt statt der vorgesehenen 6 Jahre nur noch 5 Jahre oder weniger.

Angesichts der zahlreichen Faktoren, die sich bei längerer Standzeit negativ auf den Wert oder die Nutzungsdauer eines Fahrzeugs auswirken, ist eine **starre zeitliche Festlegung nicht möglich.** Vielmehr hängt von den konkreten Umständen des Einzelfalls die Beurtei- 451

---

200 *Schmid,* DAR 1981, 43, 44.
201 *Knippel,* DAR 1981, 145 ff.
202 *Knippel,* DAR 1981, 145 ff.
203 LG Darmstadt 24. 7. 1980 – 17 S 25/80 – n. v.
204 OLG Köln 23. 3. 1970, OLGZ 1971, 15 ff.
205 AG Mönchengladbach 16. 6. 1976, NJW 1977, 110; ebenso LG Darmstadt 24. 7. 1980 – 17 S 25/80 – n. v., bei einer Standzeit von 14 1/2 Monaten; ebenso OLG Hamm 2. 12. 1982, DAR 1983, 357 – 18 Monate Standzeit –; LG München 29. 8. 1990, NJW 1991, 182 – Verkauf von Lautsprecherboxen, die seit mehr als zwei Jahren vom Hersteller nicht mehr ausgeliefert wurden.
206 OLG Frankfurt 17. 12. 1997, OLGR 1998, 191.
207 *Arning,* DAR 1972, 61.
208 AG Worms 3. 12. 1992, DAR 1993, 303.
209 OLG Köln 23. 3. 1970, OLGZ 1971, 15 ff.

lung ab, nach welchem Zeitraum der Lagerung die Fabrikneuheit des Autos durch Alterung beeinträchtigt wird. Bei der Abwägung sind außer der Standdauer zwischen Herstellung und Verkauf folgende Aspekte zu berücksichtigen: Art und Umfang der vom Hersteller oder Händler getroffenen Vorsorgemaßnahmen gegen Witterungseinflüsse bei Lagerhaltung im Freien, Allgemeinzustand des Fahrzeugs bei Verkauf sowie Erforderlichkeit und Ausmaß von Instandsetzungsarbeiten. Auch die allgemeine Absatzlage spielt für die Beurteilung eine Rolle. Angesichts konjunktureller Schwankungen und der dadurch bedingten Notwendigkeit der Hersteller, Fahrzeuge vorübergehend auf Vorrat zu produzieren, um eine gleichmäßige Auslastung der Betriebe und eine ununterbrochene Beschäftigung der Arbeitnehmer zu gewährleisten, erscheint es nach Abwägung aller widerstreitenden Interessen sinnvoll und vertretbar, den Zeitraum der Lagerung von Neufahrzeugen flexibel zu halten, um ihn erforderlichenfalls den jeweiligen wirtschaftlichen Gegebenheiten anzupassen.[210]

Der von der Rechtsprechung weithin akzeptierte **Zeitraum von bis zu einem Jahr** kann dabei aber als **Faustregel** gelten: Kürzere Lagerzeiten beseitigen im Regelfall nicht die Fabrikneuheit eines Neuwagens, vorausgesetzt, die übrigen Kriterien der Fabrikneuheit sind vorhanden.[211] Hat ein Fahrzeug jedoch bis zum Zeitpunkt der Veräußerung 1 Jahr oder länger gestanden, fehlt ihm die Fabrikneuheit, es sei denn, eine von dieser Regel abweichende Beurteilung ist aus besonderen Gründen angezeigt.

452 Veranlassung, **vom Regelfall abzuweichen,** besteht z. B., wenn der Verkäufer das Neufahrzeug in der Bestellung als „Lagerfahrzeug" ausweist. Das OLG Koblenz[212] entschied, die üblicherweise in Kauf zu nehmende Lagerdauer von bis zu einem Jahr verlängere sich unter diesen Umständen **auf 18 Monate.** Der Hinweis auf die Lagereigenschaft befreit den Händler nicht von seiner Verantwortung für die Modellaktualität des verkauften Kraftfahrzeugs.[213] Hat der Hersteller das betreffende Modell zwischenzeitlich mit einer wesentlich verbesserten Ausstattung, beispielsweise ABS, ausgerüstet, fehlt selbst einem als Lagerfahrzeug deklarierten Importauto die Eigenschaft der Fabrikneuheit.[214] Das AG Erkelenz[215] stellte sich auf den Standpunkt, bei einem Importfahrzeug aus Japan sei eine **Lagerzeit von 28 Monaten** für den Käufer unzumutbar, selbst wenn er bei Abschluss des Kaufvertrages gewusst habe (ohne allerdings das genaue Datum der Produktionseinstellung zu kennen), dass das Fahrzeug vom Hersteller nicht mehr produziert wurde. Trotz der besonderen Umstände – so das Gericht – müsse der Käufer eine Lagerzeit von maximal 12 Monaten hinnehmen. Eine **2 $^1/_2$-jährige Lagerdauer eines EU-Importfahrzeugs** führt nach Meinung des OLG Schleswig[216] zum Verlust der Fabrikneuheit, sie beeinträchtigt aber nicht die Neuwageneigenschaft des Fahrzeugs im Sinne der **„Neuheit",** wenn das Modell vom Hersteller weiterhin weitgehend unverändert hergestellt wird und keine wesentlichen durch die Standzeit bedingten Mängel oder Schäden aufweist. Nach Ansicht des OLG Zweibrücken[217] unterliegt das Alter des Fahrzeugs nicht der Offenbarungspflicht des Verkäufers, wenn der Händler ein Fahrzeug als Nullkilometerfahrzeug unter Hinweis auf den Modellwechsel mit einem überdurchschnittlichen Abschlag verkauft und der Käufer weiß, dass er kein Neufahrzeug erwirbt. Die besonders günstigen Kaufkonditionen können ein Hinweis darauf sein, dass das Alter des Lagerfahrzeugs nicht zugesichert werden soll.

---

210 Zust. *Creutzig,* Recht des Autokaufs, Rn 1.1.2.3; a. A. *Knippel,* DAR 1981, 145 ff., der dem Hersteller das Risiko der Überproduktion aufbürden will, weil sie auf falscher Markteinschätzung beruht.
211 OLG Nürnberg 21. 6. 1990, NZV 1991, 269.
212 Urt. v. 13. 7. 1995 – 5 U 166/95 – n. v.
213 OLG Koblenz 22. 12. 1994, NZV 1995, 399.
214 OLG Koblenz 27. 6. 1996, MDR 1996, 1125.
215 Urt. v. 25. 4. 1997, ZfS 1997, 298.
216 Urt. 21. 7. 1999, OLGR 1999, 412.
217 Urt. v. 5. 5. 1998, NJW-RR 1998, 1211.

Vertragsgemäße Beschaffenheit und Mängelfreiheit

In untrennbarem Zusammenhang mit der Fabrikneuheit steht die Frage nach dem **Baujahr** eines Kraftfahrzeugs. Nur wer das Baujahr kennt, weiß, wie lange das Fahrzeug auf Lager gestanden hat. Unter Baujahr versteht man den Zeitpunkt, in dem die einzelnen Teile, die nach dem Sprachgebrauch das Fahrgestell bilden, zur Erfüllung ihrer Bestimmung endgültig zusammengesetzt werden. Seit 1959 gilt für Fahrzeuge, die nach dem 1. 10. eines Jahres gebaut werden, das darauf folgende Jahr als Baujahr.[218]

453

Infolge der Änderung von § 59 Abs. 1 Ziff. 3 StVZO ist die **Pflicht** des Herstellers eines zulassungspflichtigen Kraftfahrzeugs zur **Angabe des Baujahrs** im Kfz-Brief **entfallen**.[219] Seither werden die Gebrauchtwagen-Marktpreise nicht mehr nach dem Jahr der Herstellung, sondern dem Jahr der Erstzulassung ausgerichtet.[220] Die Rechtsprechung hat sich der Entwicklung angepasst, indem sie dem Baujahr eines Fahrzeugs nur noch im Zusammenhang mit der Frage der zumutbaren Lagerdauer Bedeutung beimisst.[221]

454

Aus dem Wegfall der Pflicht zur Angabe des Baujahrs ergibt sich für den Käufer als Konsequenz, dass er von langen Fristen zwischen Herstellung und Verkauf nichts erfährt, ihm also **„wertbildende Faktoren" verheimlicht** werden, da[222] Fahrzeuge aus früherer Produktion wertmäßig allgemein niedriger eingestuft werden als solche aus der laufenden Serie, ungeachtet etwaiger konstruktiver oder ästhetischer Veränderungen.[223] Die Argumentation, das Baujahr habe gegenüber dem Jahr der Erstzulassung eines Kraftfahrzeugs an Bedeutung verloren, seit es nicht mehr im Kfz-Brief eingetragen werde und für die Altersgliederung der Kraftfahrzeuge der Tag der Erstzulassung maßgebend geworden sei, überzeugt nicht, weil die berechtigten wirtschaftlichen Interessen des Neuwagenkäufers keine hinreichende Berücksichtigung finden.[224]

Beweismäßig befindet sich der Käufer in einer **misslichen Lage**. Da das **Fertigstellungsdatum** bei den meisten Fabrikaten allenfalls **verschlüsselt** im Kfz-Brief enthalten ist, muss der Käufer detektivische Kleinarbeit leisten, um herauszufinden, wann sein Auto tatsächlich gebaut wurde.[225] Hinweise auf das Produktionsdatum können manchmal den letzten Ziffern der Reifenkennzeichnung entnommen werden.[226] Die dort eingeprägte DOT-Nummer (Department of Transportation) gibt Aufschluss über Woche und Jahr der Reifenherstellung; z. B. besagen die Ziffern „149", dass die Herstellung in der 14. Woche des Jahres 1999 erfolgt ist. Ab dem Jahr 2000 ist die DOT-Nummer vierstellig; die letzten beiden Ziffern bezeichnen das Produktionsjahr.

455

Es kommt vor, dass bei Zahlenkombinationen der Fertigungsmarkierungen auf Bauteilen die letzten beiden Ziffern das Jahr und die drittletzte Ziffer den Fertigungsmonat wiedergeben (Beispiel: 199 = Januar 1999). Bei Kunststoffteilen und bei gegossenen Teilen werden Fertigungsmarken eingestanzt oder eingegossen, die in der Regel aus einem runden Emblem mit eingestanzter Jahres- und Monatszahl bestehen. Die internationale 17-stellige Fahrzeug-

456

---

218 Mitteilungen des Verkehrsministeriums in „Der Verkehrsdienst", Heft 11/1958.
219 VkBl. 1963, 223.
220 Siehe den monatlich erscheinenden DAT-Marktspiegel, herausgegeben von der Deutschen Automobil Treuhand, sowie die Schwacke-Marktberichte für Gebrauchtfahrzeuge.
221 BGH 6. 2. 1980, NJW 1980, 1097; OLG Frankfurt 21. 12. 1977, NJW 1978, 273; KG 7. 2. 1969, NJW 1969, 2145; OLG München 9. 2. 1965, DAR 1965, 272; LG Aachen 11. 11. 1977, NJW 1978, 273; *Creutzig,* Recht des Autokaufs, Rn 1.1.2.1; a. A. OLG Hamm 20. 3. 1980, VersR 1982, 248; OLG München 28. 6. 1983, DAR 1984, 60.
222 *Knippel,* DAR 1981, 145 ff.
223 OLG Braunschweig Urt. 12. 6. 1975, DAR 1976, 301; vgl. auch *Schneider,* JurBüro 1978, 74, der eine Zeitspanne von einem Jahr zwischen Herstellung und Verkauf für zu reichlich bemessen hält.
224 *Knippel,* DAR 1981, 145 ff.
225 *Arning,* DAR 1972, 61.
226 *Romanovszky,* Kauf von neuen Kraftfahrzeugen, 10; *Creutzig,* Recht des Autokaufs, Rn 0.16; technisches Merkblatt des ADAC 17129 „Wie alt ist mein Auto?".

identifizierungsnummer, die ab der 10. Stelle den Produktionszeitraum wiedergeben soll, wurde von vielen, aber nicht von allen Fahrzeugherstellern eingeführt, da hierzu in der Bundesrepublik Deutschland im Gegensatz zu den USA kein gesetzlicher Zwang besteht.[227]

Über das Kraftfahrt-Bundesamt lassen sich Auskünfte zum Alter eines Kraftfahrzeugs ermitteln. Es reicht dazu aus, dem Kraftfahrt-Bundesamt Hersteller und Fahrgestellnummer mitzuteilen. Zwar kann der Auskunft nicht immer exakt entnommen werden, wann das betreffende Fahrzeug hergestellt wurde, doch läßt der Verwendungsnachweis Rückschlüsse auf das ungefähre Fertigstellungsdatum zu. Auch auf der Windschutzscheibe eines Kraftfahrzeugs befinden sich manchmal Schlüsselzahlen, die das Datum der Herstellung bezeichnen.

457 Angesichts der Schwierigkeiten, das Fahrzeugalter zu ermitteln, ist ein **Auskunftsanspruch** des Käufers in Erwägung zu ziehen. Dabei muss berücksichtigt werden, dass der Verkäufer, zu dem allein der Käufer in Vertragsbeziehungen steht, regelmäßig nicht in der Lage sein dürfte, das Baujahr bekannt zu geben, da ihm entsprechende Unterlagen fehlen. Gegen den Hersteller könnte sich ein Auskunftsanspruch aus einer entsprechenden Anwendung von § 810 BGB ergeben. Voraussetzung hierfür wäre allerdings, dass die Aufzeichnungen des Herstellers, aus denen sich das Baujahr ergibt, nicht nur aus betriebsinternen Erfordernissen, sondern auch im Interesse des Käufers erfolgt sind. Insoweit erscheint eine weite Auslegung der Vorschrift zu Gunsten des Käufers gerechtfertigt.[228]

458 Mit einer **Wiedereinführung** der Herstellerverpflichtung, bei zulassungspflichtigen Fahrzeugen das Baujahr im Kfz-Brief zu vermerken, ist nach Lage der Dinge **nicht zu rechnen.** Es wird mithin bei dem für den Verbraucher unbilligen Zustand verbleiben. Die Appelle des ADAC und der Arbeitsgemeinschaft der Verbraucher blieben fruchtlos. Das Bundeswirtschaftsministerium ließ die interessierten Organisationen schon vor Jahren (Schreiben vom 10. 2. 1978) wissen, nach eingehender Prüfung des Fragenkomplexes mit allen Beteiligten bestehe kein dringendes Bedürfnis, die Angabe des Herstellungsdatums im Fahrzeugbrief (wieder) zwingend vorzuschreiben.

bb) Modellaktualität

459 Ein wichtiges Kriterium der Fabrikneuheit besteht nach Meinung des BGH[229] darin, dass das **Modell** des Kraftfahrzeugs unverändert weitergebaut wird, also keinerlei Änderungen in der Technik und Ausstattung im Vergleich zu dem gelieferten Fahrzeug aufweist.

460 Nicht nur unter Juristen, sondern selbst in Fachkreisen herrscht keine Klarheit darüber, was unter einem Fahrzeugmodell zu verstehen ist. Nach einer Definition des LG Stuttgart[230] ist für die Bezeichnung des Modells allein das Gesicht eines Autos maßgebend. Diese ausschließlich auf das Äußere des Fahrzeugs gerichtete Betrachtungsweise wird den tatsächlichen Gegebenheiten nicht gerecht, da viele Hersteller dazu übergegangen sind, ihre Produkte laufend konstruktiv und technisch zu verbessern, ohne gleichzeitig deren Form und äußere Gestaltung entscheidend zu verändern. Aus diesem Grund soll nach anderer Auffassung eine Modelländerung auch dann anzunehmen sein, wenn der Hersteller äußerlich nicht sichtbare technische Verbesserungen grundlegender Art vornimmt.[231]

461 Befragte Hersteller haben die Begriffe **Modell** bzw. **Modellwechsel** unterschiedlich definiert. Während ein Hersteller die Auffassung vertrat, die Bezeichnung könne jeweils nur modellspezifisch gesehen und daher nicht allgemein begrifflich dargestellt werden, formu-

---

227 DAR 1985, 353 – Anm. der Schriftleitung zu dem dort veröffentlichten Urteil des OLG Hamm vom 14. 5. 1985; ausführlich dazu Autobild Bordbuch Spezial 2/98 S. 76 ff.; ADAC-Information aus der Fahrzeugtechnik Nr. 17129, Stand 8/98.
228 BGH 15. 12. 1965, BB 1966, 99.
229 Urt. 6. 2. 1980, NJW 1980, 1097.
230 Urt. 28. 1. 1959, BB 1959, 538.
231 OLG München 9. 2. 1965, DAR 1965, 272; KG 7. 2. 1969, NJW 1969, 2145 ff.

lierte ein anderer den Modellwechsel als Übergang von einem laufenden Modell auf ein Nachfolgemodell, wobei sich das Nachfolgemodell in seinem **äußeren Erscheinungsbild** und auch meist in technischer Ausstattung von seinem Vorgänger gleichen Namens unterscheide; im Gegensatz hierzu beschreibe der Begriff **Typwechsel** die Ablösung einer Modellreihe durch eine andere mit neuem Namen. Andere Hersteller differenzierten zwischen Modellwechsel und der Durchführung von Detailverbesserungen innerhalb der laufenden Serie. Beim Modellwechsel löst ihrer Meinung nach ein neuer Typ oder eine neue Version ein vorausgegangenes Modell ab. Als entscheidendes Kriterium wurde von vielen Herstellern und Importeuren die Allgemeine Betriebserlaubnis genannt, die das Kraftfahrt-Bundesamt erteilt. Dieser Aspekt dürfte in der Tat am ehesten für die begriffliche Eingrenzung des Modellwechsels geeignet sein. Bei neuen Modellen bedarf es in jedem Falle einer neuen Allgemeinen Betriebserlaubnis, während bei Detailänderungen in der Mehrzahl der Fälle ein Nachtrag zur bereits bestehenden Allgemeinen Betriebserlaubnis vom Kraftfahrt-Bundesamt erteilt wird.

Detailänderungen dienen der **Typenverbesserung** (Modellpflege). Darunter versteht man die technische und konstruktive Weiterentwicklung eines Baumusters im Laufe der Produktion.[232] Die im Rahmen der Typenverbesserung vorgenommenen Änderungen sind Folge der von den Käufern beanstandeten oder werkseitig erkannten Schwachstellen eines Modells. Maßnahmen der Typenverbesserung dienen ferner dazu, ein Modell dem jeweils neuesten technischen Entwicklungsstand anzupassen. Die Zahl der durchschnittlichen Veränderungen im Laufe der Produktion eines Modells ist unterschiedlich und hängt ab von der technischen Entwicklung, den Kundenwünschen und von den Fortschritten in der Rationalisierung. Zu den Detailänderungen gehören auch sog. „face-liftings", also Veränderungen des Aussehens eines Kraftfahrzeugs. Nach Auskunft eines Importeurs japanischer Fahrzeuge werden bei einer angenommenen Lebenszeit eines Modells von etwa 5 Jahren durchschnittlich 3 bis 4 face-liftings vorgenommen. Solche Maßnahmen, wie z. B. Änderungen am Kühlergrill, an den Blinkerleuchten, den Radkappen usw., sind nicht gleichbedeutend mit einem Modellwechsel.[233] **462**

Lange Zeit galt, dass nur **erhebliche Veränderungen** einer in Produktion befindlichen Fahrzeugserie die Modellaktualität der bereits hergestellten, nicht geänderten Fahrzeuge beeinträchtigen. Als eine Veränderung von nicht hervorragender Bedeutung, sondern lediglich als eine technische Einzelverbesserung im Sinne betriebsinterner Modellpflege wertete das KG[234] die Änderung der Hinterachskonstruktion, die die Fahreigenschaften des Autos verbesserte, ohne dass die ursprüngliche Konstruktion Funktionsstörungen aufwies. In dem gleichen Sinn entschieden das OLG Zweibrücken,[235] das die Einführung eines Kurzhalsgetriebes als nicht grundlegende Konstruktionsverbesserung ansah, und das OLG Stuttgart[236] im Fall der Anbringung eines zusätzlichen Rücklichts. Obwohl sie in den erwähnten Entscheidungen grundsätzlich anerkennen, dass der Käufer beim Kauf eines neuen Wagens im Regelfall als selbstverständlich voraussetzt, ein technisch dem zum Lieferzeitpunkt auf dem Markt befindlichen neuesten Modell entsprechendes Auto zu erwerben, waren beide Gerichte nicht bereit, ihm Anspruch auf Lieferung eines Fahrzeugs mit allen technischen Neuheiten der zuletzt gefertigten, auf dem Markt befindlichen Bauserie einzuräumen. Zur Begründung verwiesen sie auf die Interessenlage der Hersteller, die darin besteht, kontinuierlich technische Verbesserungen einzuführen, ohne gleichzeitig dem Zwang unterworfen zu sein, die nicht mit diesen Änderungen ausgestatteten Fahrzeuge preislich herabsetzen zu müssen. **463**

---

232 *Arning*, DAR 1972, 61.
233 Das OLG Hamm spricht von „Modelländerungen", Urt. 20. 3. 1980, DAR 1980, 285.
234 Urt. 7. 2. 1969, NJW 1969, 2145 ff.
235 Urt. 20. 11. 1969, MDR 1970, 325.
236 Urt. 26. 1. 1959, BB 1959, 338; ferner OLG München 9. 2. 1965, DAR 1965, 272, das auf bau- und fahrtechnisch bedeutsame Veränderungen abstellte.

464 Diese Auffassung ist seit der grundsätzlichen Entscheidung des BGH vom 6. 2. 1980[237] überholt. Seither gilt, dass das vom Händler verkaufte Neufahrzeug **keinerlei Änderungen in Technik und Ausstattung** im Vergleich zur laufenden Modellreihe aufweisen darf, anderenfalls das Merkmal der Fabrikneuheit fehlt. Auf die Erheblichkeit der Änderung kommt es nach dieser Definition des BGH nicht an. Instanzgerichte sind dem BGH gefolgt,[238] machen jedoch vielfach die Einschränkung, dass die Änderung gegenüber den vorher produzierten Fahrzeugen erheblich sein muss, was etwa bei der Verbesserung wichtiger technischer Einzelheiten der Fall ist.[239]

465 **Beispiele** aus der Rechtsprechung:
– Verbesserung der Schraubenfedern, des Karosserieschutzes, der Thermostatanzeige, der elektrischen Vorwärmeeinstellung und Wegfall der 1000-km-Inspektion – AG Charlottenburg 28. 8. 1980, DAR 1980, 370,
– Motoränderung, die es ermöglicht, das Fahrzeug statt mit Superbenzin mit Normalbenzin zu fahren – OLG Köln 2. 7. 1982, DAR 1982, 403,
– Fehlen der in dem geänderten Modell serienmäßig vorhandenen Servolenkung – OLG Köln, Urt. 9. 11. 1983 – 2 U 70/83 n. v.,
– Verbesserung des Grundmodells durch Ausstattung mit Katalysator ohne Änderung der Typenbezeichnung – OLG Köln 10. 1. 1990, DAR 1990, 457,
– Fehlen der seit dem 1. 1. 1990 nach § 50 Abs. 8 StVZO vorgeschriebenen Leuchtweitenregulierung trotz Vorhandenseins einer eintragungsfähigen Ausnahmegenehmigung – LG Köln, Urt. 11. 4. 1991 – 2 O 472/90 – n. v.,
– Ausrüstung der laufenden Modellreihe mit Wegfahrsperre und ABS; nicht aber eine geringfügige Veränderung der Lackierung und des Herstellungsverfahrens – OLG Zweibrücken 5. 5. 1998, NJW-RR 1998, 1211,
– Fehlen des Kickstarters bei einem Motorroller der Vorjahresserie (begründet entsprechende Aufklärungspflicht) – AG Frankfurt 7. 2. 1997, NJW-RR 1998, 489,
– Getriebemodifizierung bei einem Motorrad wegen Mängel der Vorserie; offen gelassen im Hinblick auf den Einbau eines Fahrerinformationsdisplays – LG Köln 10. 10. 1995, 4 O 395/94 – n. v.

Der Entscheidung des BGH vom 6. 2. 1980[240] war zunächst noch nicht eindeutig zu entnehmen, ob entsprechend dem Leitsatz sowohl Änderungen in der Technik und der Ausstattung als auch durch längere Standzeit bedingte Mängel **zusammentreffen** müssen. Aus den Ausführungen im zweiten Urteil vom 18. 6. 1980[241] ergab sich sodann zweifelsfrei, dass das **Vorhandensein** bereits **eines der** drei **Kriterien** die Fabrikneuheit beseitigt.[242]

Die Grundsätze gelten uneingeschränkt für reimportierte Kraftfahrzeuge.[243] Importfahrzeuge aus der Vorserie sind nicht fabrikneu.[244]

---

[237] NJW 1980, 1097.
[238] OLG Hamm 20. 3. 1980, DAR 1980, 285; OLG Düsseldorf 15. 10. 1981, NJW 1982, 1156; LG Köln Urt. 8. 1. 1981 – 2 O 371/80 – n. v.; Urt. 6. 1. 1983 – 8 O 216/81 – n. v.
[239] OLG Köln 10. 1. 1990, DAR 1990, 457.
[240] NJW 1980, 1097.
[241] DB 1980, 1836.
[242] So auch OLG Düsseldorf 15. 10. 1981 – 6 U 216/80 – n. v.; OLG Köln 19. 10. 1987 – 12 U 9/87 – n. v.
[243] AK Rn 1949.
[244] OLG Koblenz 22. 12. 1994, NZV 1995, 399; 27. 6. 1996, NJW-RR 1997, 430; LG Köln 6. 12. 1984 – 2 O 166/84 – n. v.

α) Nicht vorrätige Fahrzeuge

Auf das Fehlen der Fabrikneuheit wegen modellmäßiger Überalterung kann sich ein Käufer naturgemäß nicht berufen, wenn er mit dem Händler die Lieferung eines Fahrzeugs der nichtlaufenden Serie oder eines Auslaufmodells vereinbart hat.[245] Dem Kfz-Handel ist es nicht verwehrt, bei einem Modell- oder Typwechsel während der Übergangszeit Fahrzeuge der alten und der neuen Serie nebeneinander zu verkaufen und dabei die alten Modelle mit Preisnachlass anzubieten. Allerdings müssen auch bei einem auslaufenden Modell die übrigen Kriterien der Fabrikneuheit erfüllt sein, d. h., das Fahrzeug muss unbenutzt sein und darf keine Lagermängel oder Beschädigungen aufweisen.[246]

466

Wird das Auto auf Bestellung gekauft, so stellt sich die Frage, ob es die **neueste Ausstattung** zur Zeit des Vertragsabschlusses oder zum Zeitpunkt der Auslieferung aufweisen muss. Gemäß Abschn. IV, Ziff. 6 NWVB richtet sich der Anspruch des Käufers auf Lieferung eines Wagens, wie er „**zum Zeitpunkt des Vertragsschlusses**" vom Hersteller beschrieben wird. Das bedeutet, dass der **Kunde** grundsätzlich das **Risiko des Veraltens eines Modells trägt**, wenn der Hersteller nach der Bestellung das Modell ändert oder Verbesserungen vornimmt. Dadurch wird die Rechtsprechung festgeschrieben, die im Widerstreit der beiderseitigen Interessen denen des Herstellers den Vorzug einräumt und ihm gestattet, die Fahrzeuge der alten Serie zu unveränderten Preisen abzusetzen, bevor das neue Modell auf den Markt kommt. Der Kunde, so entschied das LG Hamburg,[247] müsse eben damit rechnen, dass auf der nächsten Ausstellung ein neuer Fahrzeugtyp herauskomme. Diese Wertung ist sachangemessen. Zwar richtet sich das Interesse des Käufers darauf, das bei Auslieferung neueste Fahrzeug zu erhalten, jedoch ist es für den Verkäufer unzumutbar, bei langen Lieferzeiten, an deren Ende eine Modellverbesserung vorgenommen wird, die zwischenzeitlich produzierten Fahrzeuge nicht mehr als vertragsgemäß gelten zu lassen.[248] Letztendlich erhält der Käufer das Fahrzeug in der von ihm bestellten und gewünschten Ausstattung.

467

Das OLG München[249] entschied vor Jahren, der Verkäufer sei nicht verpflichtet, den Käufer auf das Erscheinen eines neuen Modells innerhalb der vereinbarten Lieferfrist hinzuweisen. Ob diese Ansicht noch zeitgemäß ist, darf bezweifelt werden. Auf Nachfrage des Käufers ist er zur Erteilung richtiger Auskunft verpflichtet.

468

Ebenfalls älteren Datums ist ein Urteil des OLG Celle,[250] das dem Wandlungsbegehren eines Käufers stattgab, weil der Hersteller die **Produktion** des verkauften Fahrzeugtyps **eingestellt** hatte. Der Sachverhalt bot die Besonderheit, dass beide Parteien bei Vertragsschluss irrtümlich davon ausgegangen waren, die Produktion werde nach Werksübernahme von der übernehmenden Autofabrik fortgesetzt. Auf dem Boden des subjektiven Fehlerbegriffs, wonach die vorgestellte Fortsetzung der Produktion die Wertschätzung eines Autos positiv beeinflusst, erscheint das Urteil konsequent und rechtsfehlerfrei.[251]

469

Liefert der Händler ein Fahrzeug mit Ausstattungsvarianten, mit denen das Modell erst während der Lieferfrist ausgerüstet worden ist, gibt es normalerweise keine Schwierigkeiten. Der Käufer wird fehlende Vertragsgemäßheit nicht rügen, nur weil das bereitgestellte Fahrzeug nicht mit der zum Zeitpunkt des Vertragsabschlusses gültigen – zum Zeitpunkt der Lieferung aber bereits veralteten – Herstellerbeschreibung übereinstimmt. Er wird sich freuen, ein Auto mit den **neuesten Verbesserungen** zu bekommen. Gleichwohl braucht er beliebige Änderungen innerhalb der Lieferfrist nicht zu akzeptieren, sondern nur solche, die

470

---

245 LG Kaiserslautern 10. 12. 1968 – 4 O 203/68 – n. v.
246 OLG Düsseldorf 15. 10. 1981 – 6 U 216/80 – n. v.
247 Urt. 23. 11. 1960, BB 1961, 67.
248 *Schmid,* DAR 1981, 43 ff.
249 Urt. 26. 10. 1966, NJW 1967, 158.
250 Urt. 24. 10. 1969, BB 1970, 9.
251 Anderer Ansicht *Creutzig,* Recht des Autokaufs, Rn 7.1.6.

zumutbar und nicht erheblich sind.[252] Bei erheblichen Änderungen kann der Käufer die Abnahme des Autos grundsätzlich verweigern, bei nicht erheblichen nur im Falle der Unzumutbarkeit. Den Nachweis der Zumutbarkeit muss der Händler erbringen.[253]

471 Haben die vom Hersteller vorgenommenen Veränderungen zu einer **Anhebung des Preises** geführt, ist der Händler ohne entsprechende Vereinbarung nicht berechtigt, vom Käufer einen höheren Preis zu verlangen.[254] Auch bei vereinbarter Lieferfrist von mehr als 4 Monaten kann, wenn der Vertrag eine Preisgleitklausel mit einem viermonatigen Preisänderungsverbot enthält, eine durch konstruktive oder technische Veränderungen bedingte Preissteigerung nicht auf den Kunden überwälzt werden. Das Preiserhöhungsverlangen des Händlers verstößt gegen § 9 AGB-Gesetz, da die Herbeiführung einer Preisanhebung über einen formularmäßigen Preisänderungsvorbehalt den Käufer unangemessen benachteiligen würde. Andernfalls nämlich hätte es der Händler in der Hand, über Änderungen des Fahrzeugs in Ausstattung und Aussehen Preiserhöhungen nachträglich einseitig durchzusetzen. Kann der Händler ein Fahrzeug, wie es vom Hersteller zum Zeitpunkt des Vertragsschlusses beschrieben wurde, nicht beschaffen, und ist er nicht gewillt, das geänderte Modell zum ursprünglichen Preis zu verkaufen, ist der Käufer berechtigt, die Abnahme des zum höheren Preis angebotenen Wagens gem. Abschn. IV, Ziff. 5 NWVB als unzumutbar zurückzuweisen.

472 Aus den Vertragserklärungen kann sich ergeben, dass ein Kaufvertrag nur über das **Nachfolgemodell** geschlossen wurde. Diesen Erklärungsinhalt entnahm der BGH[255] der Formulierung „neue Ausführung" in der Bestellung eines Neuwagens, dessen Preis und Ausstattung im Zeitpunkt des Vertragsabschlusses noch nicht feststanden. Eine Entscheidung des OLG Karlsruhe[256] besagt, dass unter Berücksichtigung der Grundsätze von Treu und Glauben von dem Zustandekommen eines Vertrages über das Nachfolgemodell auszugehen ist, wenn der Käufer ein noch nicht in Produktion befindliches Nachfolgemodell zu einem Lieferzeitpunkt bestellt, in dem nur noch das Nachfolgemodell gefertigt wird. Dabei hat selbst eine von der Bestellung abweichende Auftragsbestätigung des Verkäufers außer Betracht zu bleiben, falls es dem Käufer – für den Verkäufer erkennbar – darum geht, die lange Lieferfrist für das neue Modell durch frühzeitige Bestellung abzukürzen.

473 Nach dem Vertrag kann auch gewollt sein, dass sich die Parteien auf eine **Regelausstattung** des Fahrzeugs geeinigt haben, die dem **aktuellen Angebot zum Zeitpunkt der Auslieferung** entsprechen soll. Von einem dahin gehenden Parteiwillen kann z. B. ausgegangen werden, wenn bereits bei Vertragsschluss feststeht, dass die Fahrzeugausstattung geänderten Zulassungsvorschriften angepasst werden muss, die vor dem vereinbarten Liefertermin in Kraft treten.[257]

β) **Vorrätige Fahrzeuge**

474 Früher wurde die Auffassung vertreten, der Käufer müsse bei vorrätigen Fahrzeugen damit rechnen, dass sie zwar dem neuesten Modell entsprechen, häufig aber über längere Zeit in den Verkaufsräumen gestanden haben und nicht immer mit den aktuellsten Typverbesserungen ausgestattet sind. Der Erwerber eines vorrätigen Fahrzeugs müsse, wenn er einen dem allerneuesten Stand entsprechenden Typ erhalten wolle, mit dem Händler eine **Vereinbarung** treffen, durch die die vertragsgemäße Beschaffenheit des zu liefernden Wagens näher eingegrenzt werde. Kritiker attestierten der Rechtsprechung Lebensfremdheit und hielten ihr entgegen, dass heutzutage jeder Kaufvertrag über ein technisches Produkt die Lieferung einer

---

252 Abschn. IV, Ziff. 5 NWVB; dazu Rn 420.
253 *Ulmer/Brandner/Hensen*, § 10 Nr. 4 Rn 2, 9; *Soergel/Stein*, § 10 AGBG Rn 45.
254 *Schmid*, DAR 1981, 43 ff.
255 Urt. 19. 3. 1980, NJW 1980, 1680 ff.
256 Urt. 19. 10. 1977, DAR 1978, 13.
257 LG Köln 11. 4. 1991 – 2 O 472/90 – n. v.

technisch auf dem letzten Stand befindlichen Ware beinhalte, zumal üblicherweise Gewähr für den neuesten Stand der Technik in den Geschäftsbedingungen geleistet werde.[258]

Soweit ersichtlich, vertraten ursprünglich nur das OLG Düsseldorf[259] und das OLG Köln[260] die Auffassung, der Erwerber eines vorrätigen Neuwagens habe grundsätzlich Anspruch auf Lieferung eines Kfz mit allen technischen Neuheiten der zuletzt gefertigten und auf dem Markt befindlichen Bauserie. Das OLG Düsseldorf[261] bejahte die Fehlerhaftigkeit, weil das als Neuwagen verkaufte Auto nicht mit einer vom Hersteller zwischenzeitlich eingeführten Doppel-Zweikreis-Bremsanlage und einer Rundum-Warnblinkanlage ausgestattet war. Während der Übergangszeit waren sowohl Fahrzeuge der Vorserie als auch die technisch verbesserten Nachfolgemodelle auf dem Markt zu gleichen Preisen angeboten worden. Das OLG Düsseldorf entschied, dass der Grundsatz, wonach der Käufer eines fabrikneuen Wagens regelmäßig ein auf dem neuesten Stand der Technik befindliches Modell zu erwerben beabsichtige, auch dann zu gelten habe, wenn der Käufer das von ihm begehrte Modell bereits beim Händler vorfinde. In den Urteilsgründen wurde allerdings eingeräumt, dass beim Kauf eines Ausstellungswagens die Vertragsauslegung zu einem anderen Ergebnis führen kann, weil für den Käufer der Gedanke nahe liege, ein solches Auto könnte bereits vor einem länger zurückliegenden Zeitpunkt an den Händler geliefert worden sein. 475

Der BGH[262] hat sich dieser Meinung angeschlossen und entschieden, dass das verkaufte, beim Händler vorrätige Neufahrzeug keinerlei Änderungen in der Technik und der Ausstattung im Vergleich zur laufenden Modellreihe aufweisen darf. 476

Die Tatsache, dass ein Neufahrzeug als **Ausstellungsstück** beim Händler einige Zeit gestanden hat, beeinträchtigt als solche nicht die Fabrikneuheit, da die Präsentation noch keine Benutzung darstellt.[263] Dies gilt auch dann, wenn ein Präsentationsfahrzeug in den Ausstellungsräumen des Händlers während eines Zeitraums von mehr als einem halben Monat nicht nur ernsthaften Kaufinteressenten vorgestellt wurde, sondern potenziellen Kunden allgemein zugänglich war.[264] Eine andere Beurteilung ist freilich angezeigt, wenn das Ausstellungsauto bereits **deutliche Gebrauchs- und Abnutzungsspuren** aufweist, die durch häufiges Probesitzen, Öffnen und Schließen der Türen, Anfassen und Betätigen der Bedienungselemente entstanden sind. 477

Die jetzige Rechtsprechung des BGH zur Fabrikneuheit vorrätiger Fahrzeuge, der sich die Instanzgerichte angeschlossen haben, trägt der Regelung in Abschn. IV, Ziff. 6 NWVB Rechnung, die besagt, dass die Angaben in bei Vertragsschluss gültigen Beschreibungen Vertragsinhalt sind und als Maßstab für die Feststellung gelten, ob der Kaufgegenstand fehlerfrei ist. Weicht die zum Zeitpunkt des Verkaufs eines vorrätigen Fahrzeugs gültige Beschreibung des Herstellers von der tatsächlichen Beschaffenheit des Wagens dergestalt ab, dass in der Beschreibung technische Änderungen aufgeführt sind, mit denen das gelieferte Fahrzeug nicht ausgestattet ist, fehlt es an der Vertragsgemäßheit des Leistungsgegenstandes. 478

cc) Veränderungen, Lagermängel und Beschädigungen

Nicht ganz unerhebliche **Fahrzeugveränderungen,** die vor der Auslieferung vom Händler oder von einem Dritten vorgenommen werden, beseitigen die Neuwageneigenschaft. Der 479

---

258 *Weber,* NJW 1970, 340; *Michel,* JurBüro 1969, 897.
259 Urt. 13. 4. 1970, NJW 1971, 622.
260 Urt. 23. 3. 1970, OLGZ 1971, 15 ff.
261 Urt. 13. 4. 1970, NJW 1971, 622.
262 Urt. 6. 2. 1980, NJW 1980, 1097; a. A. für den Fall des Verkaufs eines hergestellten Fahrzeugs aus dem „Pool" des Herstellers LG Köln 16. 11. 1995 – 22 O 619/94 – n. v.
263 OLG Düsseldorf 12. 7. 1991, NJW-RR 1991, 1464.
264 Die in der fünften Auflage zitierte gegenteilige Entscheidung des LG Köln vom 9. 12. 1991 – 32 O 358/91 – n. v., wurde vom OLG Köln aufgehoben.

Käufer darf erwarten, dass das von ihm gekaufte Neufahrzeug komplett im Herstellerwerk hergestellt wurde.

Von einem fabrikneuen Fahrzeug kann nach der Definition des BGH[265] nur die Rede sein, wenn durch die **Lagerung keine Mängel** entstanden und nach dem Verlassen des Herstellerwerks **keine nicht ganz unerheblichen Beschädigungen** eingetreten sind. Bezüglich lagerungsbedingter Mängel gilt wie für Beschädigungen, dass nur solche, die erheblich sind, die Fabrikneuheit beseitigen, wobei es nicht entscheidend darauf ankommt, ob die durch Lagerung verursachten Mängel beim Hersteller oder beim Händler entstanden sind.

Es stellt sich die Frage, ob der Händler die infolge des Vorhandenseins von Lagermängeln beeinträchtigte Eigenschaft der Fabrikneuheit im Wege einer ordnungsgemäßen und den herstellerseitigen Anforderungen entsprechenden **Reparatur** vor Auslieferung des Fahrzeugs **wiederherstellen** kann. Der BGH gibt darauf keine klare Antwort. Wohl lässt sich aus den Gründen der Entscheidung vom 18. 6. 1980 entnehmen, dass vom Händler durchgeführte Instandsetzungen zur Behebung einer nach Verlassen des Herstellerwerks eingetretenen Beschädigung des Kraftfahrzeugs dessen hierdurch beseitigte fabrikneue Eigenschaft nicht aufleben lassen, während eine nachträgliche Gesamtlackierung, die zur Behebung von Produktionsmängeln erforderlich ist, die fabrikneue Eigenschaft nicht tangiert. **Fabrikneu bedeutet** nämlich **nicht,** dass das Produkt **keine Herstellungsmängel** aufweist. Das KG[266] sah es bei einem vor Auslieferung nachlackierten Fahrzeug als wesentlich an, dass die Zweitlackierung nach den gültigen Herstellungsrichtlinien des Produzenten vorgenommen worden war, wovon bei einer werkseitigen Zweitlackierung bis zum Beweis des Gegenteils stets auszugehen ist. Mängel der Zweitlackierung, wie Übernebelung des Lacks usw., erachtete das Gericht als nachbesserungsfähig und ohne Einfluss auf die Fabrikneuheit. Zu Rostschäden am Fahrzeug war es infolge fehlerhafter Erstlackierung noch nicht gekommen. Das OLG Düsseldorf,[267] das über die Fabrikneuheit eines im Ausland hergestellten Fahrzeugs zu befinden hatte, an dem umfangreiche Nachlackierungsarbeiten durchgeführt worden waren, stellte in den Urteilsgründen fest, dass die Eigenschaft „fabrikneu" nur dann nicht beeinträchtigt werde, wenn vor dem ersten Auftreten erheblicher Rostschäden die produktionsbedingten Fehler der Werkslackierung durch ordnungsgemäße Nachlackierungsarbeiten behoben würden. Die Rostschäden werteten die Richter als typische Erscheinung einer längeren Standzeit und zugleich als Folge mangelnden Korrosionsschutzes bei der ursprünglichen Lackierung, die durch die Nachbesserungsarbeiten nicht so beseitigt worden seien, wie dies einem fabrikneuen Fahrzeug deutschen Standards in dieser Preisklasse entspreche.

480 Das OLG Karlsruhe[268] verneinte die fabrikneue Eigenschaft eines Fahrzeugs, an dem verschiedene **Lackschäden vor Auslieferung** durch Teillackierung **unzureichend ausgebessert** worden waren, obschon eine Ganzlackierung erforderlich gewesen wäre. Nach der Verkehrsanschauung lege der Käufer auf eine makellose Lackierung der Karosseriebleche großen Wert, weil eine unversehrte Lackierung Korrosionsansätze bis auf die Blechschicht verhindere und sich die gefürchtete, wertmindernde Rostbildung bei ordnungsgemäßer Pflege der Karosserie erst nach Jahren bemerkbar machen werde. In dem gleichen Sinne entschied das LG Lahn-Gießen,[269] weil der Sachverständige nicht feststellen konnte, dass durch die nachträgliche Ganzlackierung die vormals vorhandene Unterrostung gestoppt oder beseitigt wurde. Das LG Mannheim[270] erkannte auf fehlende Fabrikneuheit eines Personenkraftwagens, der zahlreiche und umfangreiche Roststellen aufwies, und der BGH verneinte die fabrikneue Eigenschaft, weil das an den Händler gelieferte Fahrzeug anomal verschmutzt

---

265 Urt. 6. 2. 1980, NJW 1980, 1097; 18. 6. 1980, DB 1980, 1836.
266 Urt. 29. 5. 1979 – 6 U 365/79 – n. v.
267 Urt. 15. 10. 1981 – 6 U 216/80 – n. v.
268 Urt. 22. 12. 1976, DAR 1977, 323.
269 Urt. 16. 2. 1978 – 3 O 290/77 – n. v.
270 Urt. 29. 6. 1978, DAR 1979/74.

Vertragsgemäße Beschaffenheit und Mängelfreiheit   Rn 481

war, Rostansätze am Reflektor sowie ringsum Flecken und Kratzer aufwies.[271] Eine etwaige Nachbesserungsfähigkeit wurde in den beiden zuletzt genannten Entscheidungen nicht erörtert.

Es gibt keinen vernünftigen Grund, dem Händler das Recht auf Beseitigung von Lagermängeln vor Fahrzeugauslieferung zu versagen. Voraussetzung ist allerdings, dass die durch Lagerung verursachten Schäden **ordnungsgemäß** und **wertminderungsfrei** behoben werden können. Falls das Fahrzeug durch Lagermängel bereits derart angegriffen ist, dass sich der vorherige, zum Zeitpunkt der Fertigstellung im Werk vorhandene Zustand im Wege einer Instandsetzung nicht mehr herstellen lässt, verbleibt es endgültig bei dem Verlust der fabrikneuen Eigenschaft.

Bleibt die Frage zu beantworten, ob sich der Käufer nach der Übernahme des Fahrzeugs wegen der Lagermängel auf die Nachbesserung verweisen lassen muss, vorausgesetzt, dass die Fehler auf diese Weise beseitigt werden können, ohne dass eine Wertminderung zurückbleibt.[272] Formal betrachtet versagt die vertragliche Gewährleistungsregelung, da sie durch die Zusicherungshaftung automatisch verdrängt wird, die darauf basiert, dass bei einem Neuwagenkauf die Fabrikneuheit regelmäßig Bestandteil einer entsprechenden Zusicherung des Verkäufers ist. Zu dem gleichen Ergebnis gelangt das OLG Köln,[273] das allerdings die Unanwendbarkeit der Nachbesserungsklausel aus der Überlegung herleitet, einem Fahrzeug mit Lagermängeln im Zeitpunkt der Übergabe fehle die Neuwageneigenschaft, die aber Voraussetzung für die Geltung der NWVB sei. Dem Verkäufer ist es mithin verwehrt, die dem Käufer wahlweise zustehenden Ansprüche auf **Wandlung, Minderung oder Schadensersatz** durch das Anbieten der Nachbesserung **abzuwenden.** Sofern allerdings die Geltendmachung der gesetzlichen Gewährleistungsrechte rechtsmissbräuchlich erfolgt, mag im Einzelfall eine andere Beurteilung angezeigt sein.

Ausgehend von der Vorstellung, dass nur solche Beschädigungen die Fabrikneuheit eines Neuwagens beeinträchtigen, die **nach dem Verlassen des Herstellerwerks** eingetreten und vor Auslieferung an den Käufer beseitigt worden sind,[274] entschied das OLG Köln,[275] ein Neufahrzeug sei nicht fabrikneu, wenn sich im Nachhinein nicht mehr feststellen lasse, ob das Kraftfahrzeug im Bereich des Kraftfahrzeughändlers oder des Herstellers beschädigt wurde. Abzulehnen ist die gegenteilige Ansicht des OLG Koblenz,[276] das eine abschließende Klärung der Ursachen und der Herkunft der Schäden verlangt und dem Käufer Beweislast auferlegt. Die dem Käufer zur Verfügung stehenden Mittel und Wege zur Aufklärung möglicher Schadensereignisse sind völlig unzureichend. Er ist überfordert, wenn ihm die Beibringung „beweiserheblichen Sachvortrags spezifischer Zielrichtung" abverlangt wird. Da der Verkäufer im Gegensatz zum Käufer den Vertriebsweg des Fahrzeugs kennt und er auf Grund vertraglicher Beziehungen vom Hersteller/Importeur Auskunft verlangen kann, muss ihm die Beweisführung aufgegeben und das Risiko der Unaufklärbarkeit zugewiesen werden.

Die vom BGH vorgenommene **Differenzierung,** die den Meinungsstreit zur Beweislast ausgelöst hat, ist **sachlich nicht berechtigt.** Es macht keinen Unterschied, ob der Schaden im Werk, auf dem Transport oder beim Händler eingetreten ist[277] und ob er vom Hersteller oder

481

---

271 BGH 27. 9. 1967, BB 1967, 1268; vgl. ferner OLG Karlsruhe 16. 6. 1971, DAR 1972, 17; LG Berlin 30. 9. 1975, NJW 1975, 151.
272 Dies erwägt das OLG Koblenz Urt. 27. 6. 1996, NJW-RR 1997, 430, 431, ohne jedoch das Problem zu vertiefen.
273 Urt. v. 7. 2. 1997, OLGR 1997, 127.
274 BGH 18. 6. 1980, DB 1980, 1836.
275 Urt. 7. 2. 1997, OLGR 1997, 127.
276 4. 12. 1998, NJW-RR 1999, 702.
277 OLG München 19. 5. 1981 – 9 U 1291/81 – n. v. Auslieferung eines wegen Transportschadens zum Preis von 640 DM nachlackierten Neufahrzeugs.

vom Händler beseitigt wurde.[278] Im einen wie im anderen Fall handelt es sich nach den Anschauungen des Verkehrs um ein **Unfallauto,** falls der Schaden **oberhalb der Bagatellgrenze** gelegen hat. Durch eine fachgerechte Reparatur ist dieser Makel, der den Wert mindert, nicht zu beseitigen. Er haftet dem Fahrzeug zeitlebens an. Die Beschädigung eines Neuwagens im Herstellerwerk fällt nicht unter die im Zuge der Serienproduktion unvermeidbaren Herstellungsmängel. Reparierte Vorschäden sind nach einhelliger Auffassung in Rechtsprechung und Schrifttum beim Verkauf gebrauchter Fahrzeuge offenbarungspflichtig.[279]

Der Ersterwerber, der das Fahrzeug mit der Zusicherung der Unfall- und Beschädigungsfreiheit gutgläubig weiterveräußert, ist Gewährleistungs- und Schadensersatzansprüchen seines Käufers ausgesetzt.

482 Die Pflicht zur Aufklärung besteht – erst recht – bei Veräußerung eines Neuwagens, da der Käufer nicht mit reparierten Vorschäden rechnet und davon ausgeht, ein fabrikneues Auto zu bekommen. In Anbetracht dessen kann die in einer älteren Entscheidung des KG[280] vertretene Ansicht, die Fabrikneuheit eines Neuwagens werde selbst dann nicht beeinträchtigt, wenn, was immer wieder einmal vorkomme, „z. B. gerade produzierte Fahrzeuge auf dem Werksgelände zusammenstoßen".

Bereits **geringfügige Verformungen** im Blech der Ölwanne und des Getriebeschutzes, die für sich allein betrachtet minimal sind und mit einem geringen Reparaturaufwand von 284,23 DM behoben werden können, fallen bei einem Neuwagen nicht mehr in den Bagatellbereich,[281] denn der Käufer eines neuen Autos erwartet ein unbenutztes und unbeschädigtes Fahrzeug, und diese Eigenschaften haben insbesondere im Hinblick auf den vereinbarten Kaufpreis für ihn erhebliche Bedeutung. Als erheblich bewertetete das OLG Köln[282] die **mangelhafte Einpassung** und **Lackierung** eines nach Behauptung des Käufers erneuerten **Kofferraumdeckels,** dessen ordnungsgemäße Instandsetzung einen Kostenaufwand von 1340,46 DM verursacht hätte. Nach Meinung des OLG Hamm[283] stellen einige **Lackmängel,** verursacht durch **Vogelkot,** die Neuwageneigenschaft nicht in Frage, wenn sie vor Auslieferung des Fahrzeugs vom Händler beseitigt worden sind. Die Nachlackierung muss fachgerecht ausgeführt und darf weder technisch minderwertig noch optisch für einen Nichtfachmann zu erkennen sein.

In einem Kaskoschadensfall hat das OLG Hamm[284] dem Käufer eines im Herstellerwerk anlässlich einer Testfahrt erheblich beschädigten und aus diesem Grund vom Händler stark verbilligt veräußerten Fahrzeugs die Neupreisentschädigung nach § 13 Abs. 2, 1 AKB mit der Begründung versagt, nach einheitlichem Sprachverständnis handele es sich bei einem solchen Fahrzeug, das einen offenbarungspflichtigen Unfallschaden erlitten habe, begrifflich nicht um ein **Neufahrzeug,** selbst wenn der Unfallschaden zum Zeitpunkt des Fahrzeugerwerbs ordnungsgemäß behoben worden sei.

483 Das OLG Köln[285] entschied, dass ein Werksangehöriger, der seinen **Jahreswagen** verkauft, verpflichtet ist, den Käufer auf Karosseriearbeiten zur Behebung eines bei der Fertigung aufgetretenen Mangels (fehlerhaftes Spaltmaß von Karosserieteilen) hinzuweisen. Die Durchführung von **Karosseriearbeiten** an einem solchen Fahrzeug sei ein so ungewöhnli-

---

278 In diesem Sinn OLG Nürnberg 11. 10. 1984, DAR 1985, 81 und LG München, Urt. 2. 2. 1984 – 6 S 1865/83 – n. v., zitiert in Autohaus 1986, 61, das allerdings der Ansicht ist, eine bloße Nachlackierung sei noch kein Hinweis auf einen bedeutenden Schaden.
279 BGH 3. 3. 1982, NJW 1982, 1386; 3. 12. 1986, NJW-RR 1987, 436; ausführlich Rn 1873 ff.
280 Urt. 29. 5. 1979 – 6 U 365/79 – n. v.; ebenso LG Köln 3. 5. 1978 – 9 S 399/77 – n. v. zur Auslieferung eines Neufahrzeugs mit einem reparierten Rahmenschaden.
281 OLG Oldenburg 31. 1. 1992, DAR 1992, 380.
282 Urt. 7. 2. 1997, OLGR 1997, 127.
283 Urt. 20. 4. 1998, NJW-RR 1998, 1212.
284 Urt. 15. 3. 1991, NZV 1992, 35.
285 Urt. 15. 6. 1999, OLGR 1999, 325.

cher Vorgang, dass der Käufer hierüber Aufklärung erwarten dürfe, da in Anbetracht der Reparaturspuren bei jedem potenziellen Käufer, der das Fahrzeug untersuche, der Verdacht aufkomme, einen Unfallwagen vor sich zu haben. Da die Offenbarungspflicht, die das OLG Köln vom Verkäufer verlangt, auch dann besteht, wenn die Reparatur ordnungsgemäß durchgeführt wurde, setzt das Urteil neue Maßstäbe, die für den Neuwagenhändler erst recht gelten. Aus der Bejahung einer Aufklärungspflicht über Reparaturen zur Behebung von Fertigungsmängeln ergibt sich im Wege des Umkehrschlusses, dass einem solchen Fahrzeug – aus Sicht des OLG Köln – nicht die Eigenschaft der Fabrikneuheit attestiert werden kann, wenn die Reparaturspuren auf einen beseitigten Unfallschaden hindeuten.

Maßgeblicher **Zeitpunkt** für die Beschädigungsfreiheit – und damit auch für das Vorhandensein der Fabrikneuheit – ist der Zeitpunkt der Fahrzeugübergabe. In diesem Sinn ist eine bei Abschluss des Kaufvertrags über ein Fahrzeug aus laufender Produktion erteilte Zusicherung des Verkäufers zu verstehen.[286] Aus diesem Grund kommt es nicht darauf an, ob infolge einer vom Verkäufer nach Fahrzeugübergabe heimlich durchgeführten Nachbesserung die Eigenschaft der Fabrikneuheit wiederhergestellt worden ist.[287]

VIII. Berechtigte Abnahmeverweigerung

Erweist sich das angebotene Neufahrzeug nach Prüfung durch den Käufer als nicht vertragsgemäß, kann dieser die Abnahme des Wagens und die Zahlung des Kaufpreises verweigern.

1. Aliud-Lieferung

Beruht die Aliud-Lieferung[288] auf einem die notwendige Vertrauensbasis entziehenden Vertragsverstoß des Verkäufers, z. B. auf einer Täuschungshandlung, berechtigt ein solches Verhalten den Käufer ausnahmsweise zum sofortigen Rücktritt, da ihm ein Festhalten am Vertrag nach Treu und Glauben nicht zugemutet werden kann.[289] In allen übrigen Fällen wirkt sich eine Falschlieferung nicht unmittelbar auf die beiderseitigen Leistungspflichten aus. Dem Käufer stehen bei einer fahrlässigen Falschlieferung des Verkäufers die **Rechte aus §§ 325, 326 BGB** zur Seite. Um vom Vertrag zurücktreten oder Schadensersatz wegen Nichterfüllung verlangen zu können, muss er dem Verkäufer zur vertragsgemäßen Erfüllung eine angemessene Frist mit der Erklärung setzen, dass er die Annahme der Leistung nach Ablauf der Frist ablehnen werde. Der Ausschluss des Ersatzlieferungsanspruchs gem. Abschn. VII, Ziff. 4 S. 2 NWVB steht nicht entgegen, da er auf den Gewährleistungsfall beschränkt ist. Für die Anwendung des Sachmängelgewährleistungsrechts bleibt kein Raum, da die Lieferung einer gattungsgemäßen Sache zu den Hauptpflichten des Verkäufers gehört und bei Falschlieferung ein Fall der Nichterfüllung vorliegt.[290]

Eine andere rechtliche Beurteilung ist nach herrschender Meinung dann angezeigt, wenn der Kauf des Neuwagens für beide Teile ein **Handelsgeschäft** darstellt und der Käufer bei genehmigungsfähiger Falschlieferung auf die gem. § 378 HGB erweiterte Sachmängelgewährleistung zurückgreifen kann, vorausgesetzt, dass die gelieferte Sache von der bedungenen Beschaffenheit nicht derart erheblich abweicht, dass der Verkäufer eine Genehmigung des Käufers als ausgeschlossen erachten muss.[291] Führt der Händler innerhalb der vom Käufer

484

---

286 *Palandt/Putzo*, § 463 Rn 8, 10.
287 OLG Oldenburg 31. 1. 1992, DAR 1992, 380.
288 Dazu Rn 407 ff.
289 OLG Koblenz 27. 6. 1991, NJW-RR 1992, 467, 468; OLG Karlsruhe 8. 10. 1992, NJW-RR 1993, 631, 632.
290 *Palandt/Putzo*, Vorb. § 459 Rn 1, § 459 Rn 3.
291 RG 18. 12. 1914, RGZ 86, 90, 92; BGH 9. 10. 1991, BGHZ 1992, 286 ff.; a. A. *Knöpfle*, NJW 1989, 871 f.

gesetzten Frist die Nachlieferung nicht aus, kann der Käufer wahlweise Schadensersatz wegen Nichterfüllung verlangen oder vom Vertrag zurücktreten. Entschließt sich der Käufer zum Rücktritt, besitzt er keinen Anspruch auf Erstattung etwaiger Vertragskosten, da § 467 S. 2 BGB im Rahmen von § 326 BGB keine analoge Anwendung findet.[292]

2. Fehlerhaftigkeit

485 Ergibt die Prüfung des Käufers vor der Abnahme, dass zwar keine Falschlieferung vorliegt, das vom Händler zur Auslieferung bereitgestellte Fahrzeug jedoch erhebliche **Mängel** aufweist, ist er nicht zur Abnahme verpflichtet. Unerhebliche Mängel berechtigen nicht zur Abnahmeverweigerung, da sie keinen Fehler im Rechtssinn (§ 459 BGB) darstellen und folglich auch keinen gewährleistungspflichtigen Tatbestand begründen.

486 Sofern der Käufer das Fahrzeug nicht innerhalb der Frist von acht Tagen nach Zugang der Bereitstellungsanzeige geprüft und etwaige Mängel gegenüber dem Verkäufer gerügt hat, steht ihm nachträglich nicht das Recht zu, die Abnahme des Fahrzeugs zu verweigern, selbst wenn es erkennbare Mängel aufweist.[293] Der Käufer muss sich die Gewährleistungsansprüche wegen der von ihm erkannten Mängel bei der Abnahme vorbehalten, andernfalls er sich dem Vorwurf aussetzt, die Rechte gem. § 464 BGB verwirkt zu haben. Mängelkenntnis im Sinne von § 464 BGB setzt voraus, dass der Käufer den Mangel in seiner Gesamtheit, rechtlichen Bedeutung und Erheblichkeit für den Wert und die Tauglichkeit erkannt hat. Eine solche Kenntnis ist nicht anzunehmen, wenn der Käufer eines Sattelaufliegers bei Abholung nach dem Ankuppeln an die Zugmaschine bemerkt, dass der Auflieger in einer Schrägstellung verharrt, ohne zu wissen, dass dieser auf einer für die Zugmaschine zu hohen Anbringung der Sattelkupplung beruhende Mangel die Gebrauchstauglichkeit und Verkehrssicherheit beeinträchtigt.[294]

Durch die **Mängelanzeige** soll der Verkäufer in die Lage versetzt werden, aus seiner Sicht und Kenntnis der Dinge zu erkennen, in welchen Punkten und in welchem Umfang der Käufer das Fahrzeug als nicht vertragsgemäß beanstandet. Nicht erforderlich ist die Mitteilung des Käufers, welche Rechte er wegen der Mängel geltend machen will. Dies gilt auch für solche Käufer, die der Untersuchungs- und Rügepflicht des § 377 HGB unterliegen.[295]

487 Gemäß Abschn. V, Ziff. 1 NWVB steht dem Käufer, der das Fahrzeug überprüft, hierbei Mängel festgestellt und diese gegenüber dem Verkäufer gerügt hat, zunächst nur ein **vorläufiges Recht** der **Abnahmeverweigerung** zur Seite, das sich allerdings in ein endgültiges Recht verwandelt, falls es der Händler nicht schafft, die gerügten Mängel innerhalb einer „weiteren" Frist von acht Tagen vollständig zu beseitigen. Die dem Händler in Abschn. V, Ziff. 3 NWVB zugestandene Frist von acht Tagen läuft ab dem Zeitpunkt der Rüge.

488 Falls es sich, wie meistens, bei dem Neuwagenkauf um einen **Gattungskauf** handelt,[296] hat der Verkäufer eine Sache von **mittlerer Art und Güte** zu leisten. Entspricht der von ihm angebotene Neuwagen diesen Anforderungen nicht, so tritt keine Konkretisierung in dem Sinne ein, dass sich das Schuldverhältnis nunmehr auf das bereitgestellte Auto beschränkt. Nach der gesetzlichen Regelung kann der Käufer die angebotene Leistung zurückweisen und behält den Anspruch auf Lieferung eines mangelfreien Wagens mittlerer Art und Güte.

489 Die von der Gesetzesregel abweichenden Klauseln in Abschn. V, Ziff. 1 und Ziff. 3 NWVB, die besagen, dass der Käufer eines mit erheblichen Mängeln behafteten Fahrzeugs dem Händler Gelegenheit geben muss, diese innerhalb von **acht Tagen zu beseitigen,** ehe er die Abnahme verweigern und Nachlieferung fordern bzw. unter den Voraussetzungen des

---

292 BGH 21. 12. 1984, NJW 1985, 2697; hierzu *Muscheler,* NJW 1985, 2686.
293 *Creutzig,* Recht des Autokaufs, Rn 5.3.2.
294 OLG Düsseldorf 25. 4. 1996, OLGR 1997, 17.
295 BGH 14. 5. 1996, WM 1996, 1917.
296 LG Aschaffenburg 10. 3. 1971 – 2 O 200/70 – n. v.; *Creutzig,* Recht des Autokaufs, Rn 7.1.5.

Abschn. IV, Ziff. 2 Abs. 2 NWVB vom Vertrag zurücktreten oder Schadensersatz verlangen kann, stehen in Einklang mit § 9 AGB-Gesetz, weil sie den Käufer nicht unangemessen benachteiligen, denn dieser bekommt im Falle des Gelingens der Mängelbeseitigung im Endeffekt eine Ware von mittlerer Art und Güte und behält im Falle des Fehlschlags den Nachlieferungsanspruch gem. § 480 BGB. Die **vorübergehende Ersetzung** des **Nachlieferungsanspruchs** durch ein **Nachbesserungsrecht** liegt im wohlverstandenen Interesse beider Parteien. Dem Händler ist naturgemäß daran gelegen, die Vertragsbeziehungen auf das vom Hersteller gelieferte Fahrzeug zu beschränken, da die Lieferung eines anderen Autos in der vom Käufer gewünschten Ausstattung für ihn mit erheblichen Schwierigkeiten verbunden ist und es dem Käufer letztlich darauf ankommt, ein fehlerfreies Auto, also ein solches von mittlerer Art und Güte, zu erhalten.

3. Fehlschlagen der Nachbesserung vor Fahrzeugabnahme

Lässt sich von vornherein absehen, dass eine Mängelbeseitigung **objektiv unmöglich** ist oder vom Händler innerhalb der 8-Tage-Frist nicht durchgeführt werden kann, braucht sich der Käufer auf einen Nachbesserungsversuch nicht einzulassen. Es gelten insoweit die gleichen Grundsätze wie beim Aufleben des Wandlungs- und Minderungsanspruchs im Fall des Fehlschlagens der Nachbesserung.[297] **490**

Demzufolge muss der Käufer dem Verkäufer auch dann keine Möglichkeit zur Nachbesserung einräumen, wenn von Anfang an feststeht, dass diese nicht zu einer einwandfreien Fehlerbeseitigung – ohne Verbleib einer Wertminderung – führt, wie etwa im Fall des Vorhandenseins von Schäden, welche die Unfalleigenschaft des Neuwagens begründen.[298]

Weist der Käufer berechtigterweise die Abnahme des bereitgestellten Fahrzeugs zurück, sei es, dass sich die Nachbesserung von vornherein als unmöglich erweist, sei es, dass der Händler es nicht geschafft hat, das Auto innerhalb der Frist von acht Tagen in Ordnung zu bringen, ist der Erfüllungsversuch gescheitert. Sofern die Lieferfristen noch nicht ausgeschöpft sind, muss der Händler dem Käufer ein anderes Fahrzeug „mittlerer Art und Güte" beschaffen, sind sie verbraucht oder bereits überschritten, hängt der Fortbestand des Vertrags von dem Verhalten des Käufers ab. Dieser kann weiterhin auf **Erfüllung** bestehen, unter den Voraussetzungen des Abschn. IV, Ziff. 2, 3 NWVB vom Vertrag **zurücktreten** oder **Schadensersatz** wegen Nichterfüllung verlangen.[299] Hat er mit dem Händler eine verbindliche Lieferfrist bzw. einen verbindlichen Liefertermin vereinbart, gerät der Verkäufer durch Überschreitung der Frist bzw. des Termins automatisch in Verzug. Bei Vereinbarung einer lediglich unverbindlichen Lieferfrist bzw. eines unverbindlichen Liefertermins tritt nach dem Scheitern des Erfüllungsversuchs Verzug mit der Geltendmachung des Nachlieferungsanspruchs ein, da das Nachlieferungsverlangen eine Mahnung i. S. v. § 284 BGB darstellt.[300] **491**

IX. Nichtberechtigte Abnahmeverweigerung und Abnahmeverzug

Der Käufer gerät in **Gläubigerverzug,** wenn er das Fahrzeug nicht bzw. nicht fristgerecht abnimmt. Sofern er den Kaufpreis nicht oder nicht rechtzeitig entrichtet, tritt Schuldnerverzug ein. Schuldnerverzug verpfichtet zum Schadensersatz gem. § 286 BGB, während Gläubigerverzug normalerweise keine Haftung begründet, es sei denn, dass er als Lossagung vom Vertrag oder als erhebliche Gefährdung des Vertragszwecks zu bewerten ist.[301] **492**

---

297 Rn 702 ff.
298 BGH 27. 9. 1967, BB 1967, 1268; *Thamm,* BB 1971, 1543.
299 Dazu Rn 40 ff.
300 BGH 22. 5. 1985, ZIP 1985, 1204 m. w. N.; *Staudinger/Honsell,* § 480 Rn 11; *Erman/Grunewald,* § 480 Rn 5.
301 *Palandt/Heinrichs,* § 293 Rn 7 m. w. N.

493 Der Abnahmeverzug des Neuwagenkäufers hat gem. Abschn. V NWVB zur Voraussetzung

1. die **Bereitstellung** des Fahrzeugs durch den Händler am vereinbarten Abnahmeort (Abschn. V, Ziff. 1 NWVB),
2. den vom Händler im Streitfall zu beweisenden **Zugang** der **schriftlichen Bereitstellungsanzeige** an den Käufer (Abschn. V, Ziff. 1 i. V. m. Abschn. III, Ziff. 1 NWVB),
3. die **Nichtabnahme** des Fahrzeugs durch den Käufer innerhalb von 14 Tagen ab Zugang der Bereitstellungsanzeige (Abschn. V, Ziff. 4 NWVB),
4. die **Mahnung** des Händlers an den Käufer, das Fahrzeug abzunehmen, die mit Nachfrist und Ablehnungsandrohung verbunden werden kann (Abschn. V, Ziff. 4 NWVB).

494 Die Abnahmeverpflichtung des Käufers wird nicht bereits mit dem Zugang der Bereitstellungsanzeige fällig, sondern erst nach Ablauf der dem Käufer zugebilligten **Prüfungsfrist** von **acht Tagen.** Mit dem Ablauf der Frist von acht Tagen tritt jedoch noch nicht automatisch Verzug ein. Hierzu bedarf es gem. § 284 Abs. 1 BGB der Mahnung des Verkäufers; § 284 Abs. 2 BGB ist nicht einschlägig, da die bloße Berechenbarkeit des Leistungszeitpunkts nach dem Kalender nicht ausreicht. Die Frist von 14 Tagen ab Zugang der Bereitstellungsanzeige gem. Abschn. V, Ziff. 4 NWVB ist für die Fälligkeit der Abnahmeverpflichtung des Käufers nicht von Bedeutung. Sie ist als Vorschaltfrist zur Herbeiführung der in Abschn. V, Ziff. 4 NWVB genannten Rechtsfolgen jedoch unbedingt zu beachten.

495 Die 14-tägige Frist, die der Händler abwarten muss, ehe er schriftlich Nachfrist von weiteren 14 Tagen mit Ablehnungsandrohung setzen kann, kollidiert mit der Prüf- und Mängelbeseitigungsfrist gem. Abschn. V, Ziff. 1 und 3 NWVB. Der dem Käufer für die Überprüfung des Fahrzeugs zugebilligte Zeitraum von acht Tagen und die dem Händler zugestandene Frist von weiteren acht Tagen für die Beseitigung etwaiger Mängel ergeben im ungünstigsten Fall zusammengerechnet mehr als 14 Tage, sodass die Regelung des Abschn. V, Ziff. 4 NWVB nur mit der Maßgabe gelten kann, dass etwaige Fehler des Kaufgegenstandes innerhalb der Frist von 14 Tagen ab Zugang der Bereitstellungsanzeige vom Händler beseitigt worden sind.

496 Die Abnahmeregelung in Abschn. V NWVB liegt auf „Kollisionskurs" mit der Zahlungsklausel (Abschn. III, Ziff. 1 NWVB) die besagt, dass der Kaufpreis bei Übergabe, spätestens jedoch acht Tage nach Zugang der schriftlichen Bereitstellungsanzeige und Aushändigung der Rechnung zur Zahlung in bar fällig ist. Sofern der Händler vom Käufer festgestellte und gerügte Mängel innerhalb der achttägigen Frist ab Zugang der Bereitstellungsanzeige nicht beseitigt hat, liegt keine ordnungsgemäße Vertragserfüllung vor, sodass die gesetzlichen Voraussetzungen für die Fälligkeit des Kaufpreisanspruchs fehlen. Da die Klausel keine Klarstellung enthält, dass der Käufer unter diesen Umständen nicht zur Zahlung des Kaufpreises verpflichtet ist, bestehen **Bedenken** gegen ihre **Wirksamkeit.** Sie erweckt den Eindruck, der Kaufpreis sei auch bei Nichtbeseitigung des Fehlers fällig und das Recht des Käufers auf Leistungsverweigerung und Zurückbehaltung ausgeschlossen.[302]

1. Bereitstellung des Fahrzeugs und Bereitstellungsanzeige

497 Die in Abschn. V, Ziff. 1 NWVB vorgesehene **Bereithaltung** des Fahrzeugs am **Übergabeort** soll dem Käufer die Möglichkeit verschaffen, innerhalb der Frist von acht Tagen zu überprüfen, ob das Auto dem Vertrag entspricht und keine Mängel aufweist. Um diese Überprüfung und auch eine eventuelle Probefahrt gem. Abschn. V, Ziff. 2 NWVB vornehmen zu können, gehört zur Bereitstellung zwangsläufig, dass der Verkäufer das Auto „ver-

---

[302] A. A. *Creutzig,* Recht des Autokaufs, Rn 3.1.1; LG Frankfurt 23. 10. 1997 – 2/2 O 133/96 – n. v., nicht rechtskräftig.

Nichtberechtigte Abnahmeverweigerung und Abnahmeverzug

kaufsfertig" machen muss, wozu insbesondere das Entwachsen und auch die Vornahme der Erstinspektion gehören.[303]

Falls der Verkäufer seiner **Verpflichtung** zur **Bereitstellung** des Fahrzeugs und Übersendung der Bereitstellungsanzeige an den Käufer nicht oder nicht vollständig nachkommt, stellt sich die Frage, ob er bei ernsthafter und **endgültiger Erfüllungsverweigerung** oder offensichtlicher Zahlungsunfähigkeit des Käufers gleichwohl vom Vertrag zurücktreten bzw. Schadensersatz wegen Nichterfüllung beanspruchen kann. Das OLG Hamm[304] tendiert zu der Auffassung, dass die NWVB hinsichtlich der Rechtsfolgen eine abschließende Regelung enthalten und daneben eine Anwendung von § 326 BGB nicht in Betracht kommt. Für diese Auslegung spricht, dass der Verkäufer gem. Abschn. V, Ziff. 4 NWVB in Abweichung von der gesetzlichen Regelung von dem Recht auf Rücktritt oder Schadensersatz nur Gebrauch machen darf, wenn sich der Käufer mit der Abnahme des Fahrzeugs länger als 14 Tage „vorsätzlich oder grob fahrlässig" in Rückstand befindet.

Ungeachtet dessen kann die Berufung des Käufers auf fehlende Bereitstellung des Fahrzeugs am vereinbarten Übergabeort treuwidrig und für den Schadensersatzanspruch des Verkäufers unschädlich sein, wenn der Käufer schon vorher erklärt hat, er könne das Auto wegen finanzieller Schwierigkeiten nicht abnehmen und der Händler unter diesen Umständen und mangels eigener Abstellkapazitäten das Fahrzeug zunächst im zentralen Auslieferungslager belässt, um die weiteren Entschließungen des Käufers abzuwarten.[305]

498 Nicht zu beanstanden ist die für den Fall der ernsthaften und endgültigen Erfüllungsverweigerung und der offensichtlichen Zahlungsunfähigkeit des Käufers vorgesehene Freistellung des Verkäufers von der Bereitstellungspflicht bei **Personenwagen mit nicht gängiger Ausstattung,** bei im Verkaufsgebiet des Verkäufers **selten verlangten Fahrzeugtypen** und bei **Nutzfahrzeugen** (Abschn. V, Ziff. 4 Abs. 2 S. 2 NWVB). Die Regelung ist weder unklar noch verstößt sie gegen § 9 Abs. 2 Nr. 1 AGB-Gesetz.[306] Aus der Formulierung geht zweifelsfrei hervor, dass das alternative Vorliegen eines der Kriterien – entweder nicht gängige Ausstattung oder im Verkaufsgebiet des Verkäufers selten verlangt oder Nutzfahrzeug – für die Anwendung der Klausel ausreicht. Eine nicht gängige Ausstattung ist z. B. anzunehmen, wenn ein Cabrio mit einer Anhängerkupplung und sogar mit einer Klimaanlage ausgerüstet werden soll.[307]

Bei Fahrzeugen, die keines der in Abschn. V, Ziff. 4 Abs. 2 Ziff. 2 NWVB genannten Merkmale erfüllen, ist zur Begründung des Verzugs die Bereitstellung und die Zusendung der Bereitstellungsanzeige an den Käufer erforderlich.[308]

2. Rechtswirkungen des Abnahmeverzugs

499 Der Abnahmeverzug begründet als solcher **keine Schadensersatzverpflichtung** des Käufers. Die Rechtswirkungen sind in den §§ 300 bis 304 BGB abschließend geregelt. Gem. § 300 Abs. 1 BGB hat der Verkäufer während des Abnahmeverzugs des Käufers nur Vorsatz und grobe Fahrlässigkeit zu vertreten. Wird das Fahrzeug nach Eintritt des Abnahmeverzugs zerstört, beschädigt oder ist eine Lieferung aus einem anderen Grund, z. B. wegen Diebstahls, unmöglich geworden, so behält der Verkäufer seinen Kaufpreisanspruch auch bei eigener leichter Fahrlässigkeit. Der Käufer kann bei Drittverschulden vom Verkäufer Abtretung der Ansprüche gegen den Schädiger verlangen. Im Fall beiderseits zu vertretender Unmöglichkeit

---

303 OLG Celle 4. 2. 1988, NJW 1988, 1675.
304 Urt. 7. 12. 1982 – 28 U 146/82 – n. v.
305 OLG Düsseldorf Urt. 2. 3. 1994 – 3 U 26/93 – n. v.
306 OLG Celle 16. 2. 1995, NJW-RR 1996, 50.
307 OLG Celle 16. 2. 1995, NJW-RR 1996, 50.
308 OLG Celle 4. 2. 1988, NJW 1988, 1657.

steht dem Verkäufer nach Auffassung des OLG Oldenburg[309] im Wege der Gesetzesanalogie zu den §§ 324, 325, 254 BGB ein um den eigenen Mitverschuldensanteil verkürzter Kaufpreisanspruch zu.

500 Der Verkäufer hat vom Käufer Ersatz der durch Abnahmeverzug verursachten tatsächlichen **Mehraufwendungen** gem. § 304 BGB zu beanspruchen. Hierzu gehören die Kosten für das Unterstellen und die Pflege des Wagens, aber auch die Kosten für eine evtl. notwendige Diebstahlversicherung.[310] Besitzt der Verkäufer die Kaufmannseigenschaft, greift ergänzend § 354 HGB ein, wonach der Verkäufer, der das grundlos abgelehnte Fahrzeug in eigener Obhut behält, grundsätzlich Ersatz der ortsüblichen Lagerkosten verlangen kann.[311] Bei Fremdeinlagerung haftet ihm der Käufer gem. § 373 HGB auf Ersatz der tatsächlich entstandenen Kosten.[312]

3. Nachfristsetzung mit Ablehnungsandrohung

501 Kommt der Käufer mit der **Abnahme** des vertragsgemäßen und mangelfreien Fahrzeugs länger als 14 Tage ab Zugang der Bereitstellungsanzeige **grob fahrlässig** oder **vorsätzlich** in **Rückstand,** kann der Verkäufer ihm gem. Abschn. V, Ziff. 4 NWVB schriftlich eine Nachfrist von abermals 14 Tagen mit der Erklärung setzen, dass er nach Ablauf dieser Frist eine Abnahme ablehnt. Das Verhältnis der Klausel zu der Gesetzesregel des § 326 BGB geht aus den NWVB nicht hervor. Für eine Spezialregelung der AGB[313] spricht, dass sie nicht die eigentliche Gegenleistung in Form der Kaufpreiszahlung sondern allein die Abnahmepflicht des Käufers betrifft und das Verschulden auf Vorsatz und grobe Fahrlässigkeit beschränkt.

Die **Nachfristsetzung** entfaltet **keine Wirksamkeit,** wenn der Verkäufer die vom Käufer fristgerecht gerügten Mängel des Fahrzeugs innerhalb der Frist von 14 Tagen ab Zugang der Bereitstellungsanzeige nicht beseitigt hat, da die Regelung des Abschn. V, Ziff. 4 NWVB die Bereitstellung eines vertragsgemäßen und fehlerfreien Fahrzeugs als selbstverständlich voraussetzt.

Der in Abschn. V, Ziff. 4 NWVB vorgesehene Ablauf ist sinnvoll geregelt, da er für den Fall unsicherer Vertragstreue einen unnötigen und kostenaufwändigen Hin- und Hertransport des Fahrzeugs vermeidet. Weicht der Verkäufer, der seinen Betriebssitz als Abnahmeort vereinbart hat, von dem in Abschn.V, Ziff. 4 NWVB geregelten Verfahren ab, indem er keine Nachfrist setzt, sondern stattdessen versucht, das Fahrzeugs am Ort des Käufers auszuliefern, trägt er die mit der **Überführung** des Fahrzeugs **verbundenen Risiken.** Der Käufer haftet dem Verkäufer nicht auf Schadensersatz wegen Nichterfüllung des Kaufvertrages, wenn das Fahrzeug auf dem Transport zum Käufer oder auf dem Rücktransport beschädigt wird.[314]

502 Die Nachfrist von 14 Tagen muss der Händler schriftlich und in der qualifizierten Form des § 326 BGB setzen. Mahnung und Fristsetzung können in einem Schreiben enthalten sein. Die Mahnung wird durch Übersendung der Rechnung (Abschn. III, Ziff. 1 NWVB) nicht ersetzt.[315]

503 Verweigert der Käufer ernsthaft und endgültig die Abnahme, bedarf es gem. Abschn. V, Ziff. 4 Abs. 2 NWVB keiner Nachfristsetzung. Die Nachfrist ist auch dann entbehrlich, wenn die Abnahme schon vor ihrer Fälligkeit vom Käufer abgelehnt wird. Die Regelung steht in Einklang mit den von der Rechtsprechung zu § 326 BGB entwickelten Grundsätzen.[316]

---

309 Urt. 4. 6. 1975, NJW 1975, 1788; vgl. ferner OLG Zweibrücken 24. 4. 1941, DR 1941, 1729 mit Anm. von *Herschel.*
310 OLG Düsseldorf 25. 7. 1963, BB 1964, 1320.
311 BGH 14. 2. 1996, WM 1996, 826.
312 BGH 14. 2. 1996, WM 1996, 826.
313 In diesem Sinn OLG Hamm, Urt. 7. 12. 1982 – 28 U 146/82 – n. v.
314 OLG Köln 24. 4. 1998, OLGR 1998, 285.
315 *Creutzig,* Recht des Autokaufs, Rn 5.4.4.
316 *Palandt/Heinrichs,* § 326 Rn 20 m. w. N.

504 An die **Entbehrlichkeit der Nachfrist** sind strenge Anforderungen zu stellen. Die Weigerung des Käufers muss als sein letztes Wort aufzufassen sein.[317] Nur dann, wenn der Käufer zuvor eindeutig und endgültig zu erkennen gegeben hat, dass er weder eine Fristsetzung zur Erfüllung begehrt noch von einer ihm gesetzten Frist Gebrauch machen wird, eine Änderung dieser Einstellung nicht zu erwarten und eine Nachfristsetzung deshalb als leere und überflüssige Förmelei zu betrachten ist, bedarf es ausnahmsweise keiner qualifizierten Nachfristsetzung. Selbst wenn diese strengen Voraussetzungen erfüllt sind, darf der Verkäufer von dem gesetzlichen Erfordernis der Ablehnungsandrohung nicht absehen, solange er sein fortdauerndes Erfüllungsinteresse zu erkennen gibt, etwa durch die Ankündigung, er werde nach Ablauf der Frist die Abnahme des Fahrzeugs auf dem Klagewege erzwingen.[318] Das OLG Hamm[319] wertete die Erklärung eines Käufers, er wolle kein Fahrzeug mehr von dem Händler, noch nicht als eine die Nachfristsetzung entbehrlich machende ernsthafte und endgültige Abnahmeverweigerung, denn solange noch die Möglichkeit eines Sinneswandels beim Käufer bestehe, dürfe der Händler nicht darauf verzichten, ihn durch Nachfristsetzung umzustimmen.

505 Eine Nachfrist muss der Verkäufer nicht setzen, wenn der Käufer zur Zahlung des Kaufpreises innerhalb der Frist **offensichtlich nicht im Stande** ist, wie z. B. im Falle der Eröffnung des Insolvenzverfahrens oder der Zahlungseinstellung. Wenn man die Ansicht des OLG Hamm[320] teilt und Abschn. V, Ziff. 4 NWVB als eine **Spezialregelung** versteht, die die Anwendung von § 326 BGB ausschließt, dann muss man konsequenterweise die Entbehrlichkeit der Fristsetzung auf die in Abschn. V, Ziff. 4 Abs. 2 S. 1 NWVB genannten Fälle beschränken. Danach befreit eine Verletzung der Leistungstreuepflicht des Käufers nicht von der Einhaltung der vorgeschriebenen Formalitäten, selbst wenn sie das Vertrauen des Verkäufers in die vertragsgemäße Erfüllung zerstört.[321]

4. Rücktritt und Schadensersatz

506 Lässt der Käufer die ihm wirksam gesetzte Nachfrist von 14 Tagen vorsätzlich oder grob fahrlässig verstreichen, ist der Verkäufer berechtigt, wahlweise vom Vertrag zurückzutreten oder Schadensersatz wegen Nichterfüllung vom Käufer zu verlangen. Das auf **Vorsatz** und **grobe Fahrlässigkeit** beschränkte Verschulden bezieht sich nach dem Regelungsgehalt der Klausel auf solche **Umstände, die der Abnahme des Fahrzeugs entgegenstehen,** wie etwa Abwesenheit und Krankheit, nicht aber etwaige Hindernisse bei der Beschaffung der Gegenleistung in Form des Kaufpreises.[322]

Die frühere Klausel, die den Verkäufer bei Abnahmeverzug des Käufers berechtigte, über das Fahrzeug zu verfügen und binnen angemessener Frist ein gleichartiges Fahrzeug zu den Vertragsbedingungen zu liefern, wurde im Zuge der Überarbeitung der NWVB, die seit dem 1. 7. 1991 gültig sind, mangels praktischer Bedeutung ersatzlos gestrichen.

Der auf **leichter Fahrlässigkeit** beruhende Abnahmeverzug berechtigt den Verkäufer weder zum Rücktritt noch zur Geltendmachung von Schadensersatz. Der Verkäufer besitzt jedoch die Möglichkeit, gegen den Käufer gem. §§ 325, 326 BGB vorzugehen, wenn dieser seinen Zahlungsverpflichtungen gem. Abschn. III, Ziff. 1 NWVB nicht nachkommt. Die bis zum 1. 7. 1991 gültigen NWVB enthielten in Abschn. III, Ziff. 5 eine den Gesetzesbestimmungen der §§ 325, 326 BGB nachgebildete Regelung, deren Hereinnahme in das neue Bedingungswerk offenbar versehentlich unterblieben ist. Der **Rückgriff** auf die Gesetzesvorschriften der §§ 325, 326 BGB für den Fall, dass der Käufer mit der Zahlung des Kaufpreises

---

317 BGH 18. 9. 1985, NJW 1986, 661; 18. 1. 1991, ZIP 1991, 506, 508.
318 BGH 20. 9. 1996, WM 1997, 34.
319 Urt. 7. 12. 1982 – 28 U 146/82 – n. v.
320 Urt. v. 7. 12. 1982 – 28 U 146/82 – n. v.
321 Anderer Ansicht *Creutzig*, Recht des Autokaufs, Rn 5.4.6.
322 OLG Düsseldorf, Urt. 2. 3. 1994 – 3 U 26/93 – n. v.

in Verzug gerät, wird durch dieses Versäumnis jedoch ebenso wenig versperrt wie durch die allein auf die Abnahmepflicht des Käufers zugeschnittene Formularregelung in Abschn. V, Ziff. 4 NWVB.

Beim Rücktritt vom Vertrag und beim Übergang vom Erfüllungs- zum Schadensersatzanspruch werden immer wieder gravierende (Anfänger-)Fehler gemacht. Sowohl das Rücktrittsrecht als auch der Schadensersatzanspruch setzen voraus, dass sich der Käufer in Verzug befindet, der vertragstreue Verkäufer ihm eine angemessene Nachfrist setzt und klar und unmissverständlich zum Ausdruck bringt, dass er nach Fristablauf die Annahme der Leistung ablehnen werde. Eine Drohung mit Klage oder anderweitiger Verwertung reicht nicht aus.[323]

a) Rücktritt

507 Entschließt sich der Verkäufer unter den in Abschn. V, Ziff. 4 NWVB genannten Voraussetzungen zum Rücktritt vom Vertrag, **erlöschen** mit dem Zugang der Rücktrittserklärung sowohl der **Erfüllungsanspruch** als auch **alle** mit dem Erfüllungsinteresse **zusammenhängenden Ansprüche** des Verkäufers. Es entfällt ein Anspruch auf Ersatz der Zinsen, die der Verkäufer infolge des Verzugs des Käufers nicht erwirtschaftet oder nicht erspart hat.[324] Erhalten bleiben etwaige nicht mit dem Erfüllungsinteresse in Zusammenhang stehende Ansprüche aus c. i. c., pVV und unerlaubter Handlung.

Durch die Ausübung des Rücktritts verliert der Verkäufer die Möglichkeit, vom Käufer Schadensersatz wegen Nichterfüllung zu verlangen. Das Wahlrecht des Verkäufers geht allerdings nicht durch die Ankündigung des Rücktritts verloren.

b) Schadensersatz

508 Verlangt der Verkäufer Schadensersatz, steht es ihm frei, entweder den durch die Nichterfüllung entstandenen Schaden **konkret nachzuweisen** oder die **Schadenspauschale** in Höhe von 15% des Kaufpreises gem. Abschn. V, Ziff. 5 NWVB geltend zu machen. Der **Verkäufer** hat das **Wahlrecht,** von einer Berechnungsart auf die andere überzugehen.[325] Die Unwirksamkeit der vereinbarten Pauschale sperrt nicht die konkrete Abrechnung.[326]

In Abweichung von der gesetzlichen Regelung des § 11 Nr. 5 AGB-Gesetz ist der Verkäufer gem. Abschn. V Ziff. 5 NWVB berechtigt, statt der Schadenspauschale einen konkret nachgewiesenen höheren Schaden auch dann geltend zu machen, wenn der Unterschied zur Pauschale **nicht erheblich** ist. Zur Frage der Wirksamkeit einer solchen Regelung sind die Auffassungen geteilt. Da die NWVB auch dem Käufer das Recht einräumen, einen nur unwesentlich geringeren Schaden nachzuweisen, stellt der Vorbehalt des Verkäufers, in Abweichung von der Pauschale einen nur unwesentlich höheren nachgewiesenen Schaden zu fordern, keine unangemessene Benachteiligung des Käufers dar, weil die Chancengleichheit gewahrt wird.[327]

509 Dem Verkäufer ist es verwehrt, den erloschenen Erfüllungsanspruch als Schadensersatz in Form eines **Quasi-Erfüllungsanspruchs** dergestalt geltend zu machen, dass er den vollen Kaufpreis zuzüglich der Zinsen fordert und im Gegenzug die Übereignung des Fahrzeugs anbietet.[328]

Im Rahmen der konkreten Schadensberechnung hat der Verkäufer neben dem **Nichterfüllungsschaden** auch den bis dahin entstandenen **Verzögerungsschaden** zu beanspruchen.

---

[323] OLG Hamm 15. 1. 1998, OLGR 1998, 17.
[324] Zum Ersatz des entstandenen Verzögerungsschadens BGH 24. 6. 1983, BGHZ 88, 46; kritisch *Wunner*, NJW 1985, 825; *Huber*, JZ 1984, 409.
[325] LG Köln 24. 4. 1986 – 21 O 550/85 – n. v.
[326] OLG Celle 16. 2. 1995, NJW-RR 1996, 50.
[327] *Ulmer/Brandner/Hensen*, § 11 Nr. 5 Rn 24 – wer pauschaliert, bindet sich.
[328] BGH 6. 10. 1994, ZIP 1994, 1781 in Abweichung von BGH 9. 6. 1956, BGHZ 20, 338, 343.

Beim nachträglichen Übergang von der Geltendmachung des Verzögerungsschadens zum Nichterfüllungsschaden handelt es sich **nicht** um eine **Klageänderung.**[329]

Bei der **konkreten Schadensberechnung** besteht der entgangene Gewinn in dem um ersparte Spezialunkosten geminderten Unterschiedsbetrag zwischen dem Einkaufs- und dem Verkaufspreis.[330] Zu den Spezialunkosten gehört insbesondere die **Provision. Transportkosten** mindern die Gewinnspanne des Händlers beim Verkauf eines nicht vorrätigen Fahrzeugs nicht, wenn die Überführungskosten nach dem Inhalt des Kaufvertrags von dem Käufer zu tragen sind. Ersparte **fixe Kosten** sind zu Gunsten des Käufers nur von ihm zu berücksichtigen, wenn er substantiiert darlegt und beweist, dass bei der Durchführung des Kaufvertrags die fixen Kosten höher gewesen wären als bei der unterbliebenen Abnahme.[331] Der Schadensersatzanspruch besteht grundsätzlich nur in Höhe des **Nettobetrages,** sodass bei einer Ermittlung des entgangenen Gewinns anhand von Bruttobeträgen ein entsprechender Mehrwertsteuerabzug vorzunehmen ist. Zum konkret berechneten Schaden gehören auch das Standgeld[332] für ein beim Händler abgestelltes Gebrauchsfahrzeug des Käufers, das in Zahlung genommen werden soll, sowie etwaige Aufbewahrungskosten für das bereitgestellte Neufahrzeug. Hinzu kommt der Verzögerungsschaden, der dem Verkäufer in der Zeit bis zum Ablauf der Nachfrist infolge des Abnahmeverzugs bereits entstanden ist.

510

Gegen eine **Schadenspauschalierung** bestehen keine rechtlichen Bedenken, wenn sich die Pauschale im Rahmen des nach dem **gewöhnlichen Lauf der Dinge** zu **erwartenden Schadens** bewegt, wobei auf eine generalisierende Betrachtungsweise für die betreffende Branche abzustellen ist. Ermittelt wird der zu erwartende Schaden im Neuwagenhandel anhand des durchschnittlichen **Händlerrabatts abzüglich ersparter Aufwendungen.**[333] Als ersparte Aufwendungen sind die Kosten für Verkäuferprovision, Übergabeinspektion, Reinigung des Fahrzeugs, Anmeldung, Durchführung der Erstinspektion und Erbringung von Gewährleistungsarbeiten in Ansatz zu bringen.[334]

511

Die Schadenspauschale beträgt gem. Abschn. V, Ziff. 5 NWVB **15% des vereinbarten Bruttokaufpreises.** Sie gilt im **kaufmännischen** wie im **privaten** Geschäftsverkehr[335] und findet auch dann Anwendung, wenn ein fabrikneues Nutzfahrzeug verkauft wird.[336]

Abzustellen ist auf die im Einzelfall jeweils getroffene **Preisvereinbarung.** Wenn der vereinbarte Kaufpreis die **Nebenleistungen** für Überführung und Zulassung beinhaltet – Formularverträge sehen dies manchmal vor –, sind auch diese Preisbestandteile in die Schadenspauschale einzubeziehen.

Die **Mehrwertsteuer** gehört als rechtlich unselbstständiger Bestandteil ebenfalls zum Preis, weil unter dem vereinbarten Preis üblicherweise der Bruttopreis zu verstehen ist, es sei denn, dass sich ausnahmsweise aus den Umständen etwas anderes ergibt. Etwaige Hinweise darauf, dass für die Berechnung der Schadenspauschale der Nettopreis maßgeblich sein soll, lassen sich weder aus der Regelung des Abschn. V, Ziff. 5 NWVB herauslesen, noch ergibt sich dies aus anderen für das Neuwagengeschäft typischen allgemeinen Umständen. Nicht gefolgt werden kann der von *Kohlndorfer*[337] vertretenen Rechtsansicht, bei der Berechnung des 15%igen Pauschalbetrags müsse regelmäßig vom Nettopreis ausgegangen werden. Kohlndorfer argumentiert, es könne nicht Sinn und Zweck der Pauschalierung sein, dass der vertragsbrü-

512

---
329 OLG Hamm 12. 9. 1995, OLGR 1996, 13.
330 BGH 22. 2. 1989, BGHZ 107, 67.
331 BGH 22. 2. 1989, BGHZ 107, 67, 69, 70; OLG Düsseldorf, Urt. 2. 3. 1994 – 3 U 26/93 – n. v.
332 Nachweise aus der Rechtsprechung bei *Creutzig,* Recht des Autokaufs, Rn 5.5.9.
333 *Bitz,* DB 1979, 2409; *Reuter,* DB 1979, 2069; *Löwe/Graf von Westphalen/Trinkner,* § 11 Nr. 5 Rn 57; *Kulich,* DB 1967, 456.
334 OLG Köln 17. 9. 1996, OLGR 1997, 3.
335 LG Mannheim, Urt. 28. 5. 1979 – 13 O 9/79 – n. v.
336 LG Hamburg, Urt. 19. 5. 1988 – 96 O 604/86 – n. v.
337 ZfS 1994, 37, 38.

chige Käufer dem Verkäufer auch noch indirekt einen Mehrwertsteuerbetrag zukommen lasse, den dieser nicht an die Steuerbehörde abführen müsse. Der Einwand ist im Grunde zwar berechtigt, ändert aber nichts an der Tatsache, dass die vertragliche Vereinbarung Vorrang genießt. Da die Pauschale in den NWVB formularmäßig enthalten ist, kann die juristisch relevante Frage nur dahin gehend lauten, ob bei bestehender Vorsteuerabzugsberechtigung des Verkäufers der Ansatz des Bruttopreises als Grundlage für die Berechnung der Schadenspauschale überraschend i. S. v. § 3 AGB-Gesetz ist oder ob die Regelung den Käufer unangemessen benachteiligt i. S. v. § 9 AGB-Gesetz. Letzteres ist nicht der Fall, da dem Käufer als Korrektiv der Nachweis eines tatsächlich geringeren Schadens verbleibt.[338] Eine im Berechnungsansatz überhöhte Pauschale kann nicht überraschend sein, da sie andernfalls unwirksam wäre und der Nachweis eines geringeren Schadens durch den Käufer keinen Sinn machen würde.

Die auf der Grundlage des Bruttopreises zu ermittelnde **Schadenspauschale** unterliegt ihrerseits **nicht** der **Umsatzsteuerpflicht,** weil sie kein Entgelt des Käufers für eine steuerbare Leistung des Verkäufers i. S. v. § 1 Abs. 1 Nr. 1 UStG darstellt.[339]

513 Auch heute noch überwiegt die Meinung, eine Pauschale von 15% liege im Neuwagenhandel – im Gegensatz zum Gebrauchtwagengeschäft[340] – im Rahmen des gem. § 11 Nr. 5a AGB-Gesetz nach dem gewöhnlichen Lauf der Dinge zu erwartenden Schadens.[341] Hierbei wird übersehen, dass die Gewinne im Neuwagenhandel in den letzten Jahren erheblich geschrumpft sind. Die **Herstellermargen** wurden von vormals durchschnittlich 17% bis auf 14% je nach Abnahmequote **gekürzt,** allerdings mit der Möglichkeit der Aufbesserung, nach Betriebstyp, Volumen, Kundenzufriedenheit, Betreuung, Leistung/Marktausschöpfung.[342] Die maximal erzielbare Marge beträgt 21%. Zur Verringerung der Gewinne hat maßgeblich beigetragen, dass der unter massivem Konkurrenzdruck stehende Handel gezwungen ist, erhebliche **Preisnachlässe** auf Neufahrzeuge zu gewähren. All diese Umstände, wie auch die **Zunahme der Parallelimporte** und der inzwischen institutionalisierte Verkauf von **Tageszulassungen,** haben dazu geführt, dass der Bruttoertrag seit Jahren deutlich unter 10% gesunken ist und sich im Schnitt auf 7% bis 9% beläuft.[343] Die Aussage, der Vertragshändler eines Automobilherstellers „lebe" vom Neuwagengeschäft,[344] ist nicht mehr gültig. Aus den vom ZDK ermittelten Durchschnittskosten des Neuwagenhandels ergibt sich, dass die Gewinnspanne im Neuwagenhandel minimal ist. Danach beträgt das Netto-Ergebnis vor Einkommensteuer bei einem – heute bereits nicht mehr erzielbaren – Händlerrabatt von 17% des Kaufpreises nach Abzug aller Kosten (Verkaufskosten, Personalkosten, Raumkosten, Gemeinkosten) 1,3% des Kaufpreises.[345]

Auf Grund der rapiden **Abwärtsentwicklung** der **Gewinne** im **Neuwagenhandel** hält die 15%ige Schadenspauschale einer an § 11 Nr. 5a AGB-Gesetz ausgerichteten **Wirksamkeitskontrolle nicht – mehr – stand.**[346]

---

338 OLG Hamm 16. 9. 1993, OLGR 1993, 317; OLG Braunschweig 6. 4. 1979, BB 1979, 856.
339 BGH 11. 2. 1987, NJW 1987, 1690.
340 BGH 27. 9. 1995, DAR 1996, 17 unter Hinweis auf die Grundsatzentscheidung vom 16. 6. 1982, WM 1982, 907; OLG Köln 27. 5. 1993, NJW-RR 1993, 1404; OLG Naumburg 19. 3. 1999, OLGR 1999, 366; AG Rendsburg 23. 12. 1994, ZfS 1995, 256; offen gelassen vom LG Wuppertal, Urt. 7. 3. 1995 – 16 S 173/94; sowie Rn 142 ff.
341 *Palandt/Heinrichs,* § 11 AGBG Rn 23; *Creutzig,* Recht des Autokaufs, Rn 5.5.4 mit vielen Nachweisen.
342 Autohaus 8/1998, Seite 18.
343 Autohaus 11/1995, 26.
344 OLG Köln 27. 5. 1993, NJW-RR 1993, 1404; OLG Naumburg 19. 3. 1999, OLGR 1999, 366.
345 *Creutzig,* Recht des Autokaufs, Rn 5.5.3.
346 Gänzlich aus dem Rahmen des nach dem gewöhnlichen Lauf der Dinge zu erwartenden Schadens fällt heutzutage eine Klausel, die dem Verkäufer für den Fall der Nichterfüllung des Neuwagenkaufvertrages eine Schadenspauschale von 20% zubilligt – LG Koblenz, Urt. v. 24. 6. 1983, veröffentlicht in Autohaus 1983, 2390 ohne Angabe des Aktenzeichens.

Nichtberechtigte Abnahmeverweigerung und Abnahmeverzug

Die **Rechtsprechung** hat sich bisher gescheut, die „15%-Klausel" mit Rücksicht auf die **geänderten Verhältnisse** für unwirksam zu erklären. Das OLG Düsseldorf[347] bekräftigte ausdrücklich, die Schadenspauschale von 15% halte nach der Rechtsprechung einer Inhaltskontrolle gem. § 11 Nr. 5a AGB-Gesetz stand. Eine Überprüfung der Pauschalierung hat das Gericht allerdings nicht vorgenommen, da der Käufer im Prozess weder eine geringere Gewinnspanne als 15% plausibel gemacht noch überhaupt in Abrede gestellt hatte, dass sich die Klausel in den Grenzen einer sachgerechten Pauschalierung halte. Als unbedenklich stufte das OLG Naumburg[348] die Klausel ein, wobei der Käufer wiederum nicht geltend gemacht hatte, die vereinbarte Pauschale übersteige den nach dem gewöhnlichen Lauf der Dinge zu erwartenden Schaden. Das OLG Köln[349] stellte fest, dass sich die Pauschalierung trotz der mittlerweile **gesunkenen Händlergewinne** bei einer **generalisierenden Betrachtungsweise** für die Neuwagenbranche in dem Rahmen des nach dem gewöhnlichen Lauf der Dinge zu erwartenden Schadens bewegt. **514**

Bei **Nichtabnahme** eines **Gebrauchtwagens** kann der Verkäufer, der sowohl mit neuen als auch mit gebrauchten Fahrzeugen handelt (**gemischter Handel**), vom Käufer keine Pauschalentschädigung von 15% verlangen. Insoweit wird akzeptiert, dass nach heutigen Erkenntnissen für Gebrauchtwagengeschäfte von Neuwagenhändlern in der Regel keine 15% Gewinn zu erzielen sind. Der Gebrauchtwagenhandel ist häufig nur ein Anhängsel und ein Weg, den Kunden beim Kauf von Neuwagen versteckte Rabatte durch überhöhte Bewertung der in Zahlung genommenen Gebrauchtwagen zu gewähren.[350] Deshalb halten die AGB solcher Unternehmen über eine Nichtabnahmeentschädigung von 15% des Kaufpreises einer Inhaltskontrolle in der Regel nicht stand,[351] es sei denn, der Händler erbringt den Nachweis, dass nicht der Neuwagenhandel, sondern das Gebrauchtwagengeschäft, in dem Gewinne von durchschnittlich 15% erzielbar sind, sein Gewerbe prägt.[352] **515**

Der **Nachweis**, dass ein **wesentlich niedrigerer** oder überhaupt kein Schaden entstanden ist, darf dem Käufer gem. § 11 Nr. 5b AGB-Gesetz durch die Klausel nicht abgeschnitten werden. Es besteht aber keine Verpflichtung des Verkäufers, den Käufer auf diese Rechte hinzuweisen. Pauschalierungsklauseln ohne Käuferbelehrung sind wirksam.[353]

AGB-Klauseln, die den Käufer darauf festlegen, **mindestens** oder **auf jeden Fall** den pauschalierten Betrag zu zahlen, werden vom Durchschnittskunden als Ausschluss des Gegenbeweises verstanden und sind deshalb unwirksam. Nach Meinung des LG Bremen[354] ist einer Formularregelung, die den Verkäufer berechtigt, ohne weiteren Nachweis den pauschalierten Betrag zu fordern, wegen Verstoßes gegen § 11 Nr. 5 AGB-Gesetz die Wirksamkeit zu versagen. Unter Kaufleuten enthält eine solche Formulierung allerdings keinen konkludenten Ausschluss des Gegenbeweises.[355]

Der Verkäufer ist beweispflichtig dafür, dass die Pauschale dem **üblichen Schaden** entspricht, der nach dem gewöhnlichen Lauf der Dinge zu erwarten ist. Wenn der Käufer die Schadenshöhe bestreitet, weil er die für die Pauschalberechnung maßgeblichen Umstände nicht kennt und er keinen Zugang zu den Berechnungsfaktoren hat, muss der Verkäufer plausibel darlegen, dass die von ihm geltend gemachte Schadenspauschale von 15% des

---

347 Urt. v. 24. 10. 1997, OLGR 1998, 153.
348 Urt. v. 19. 3. 1999, OLGR 1999, 366.
349 Urt. v. 17. 9. 1996, OLGR 1997, 3; Urt. v. 21. 9. 1998, OLGR 1999, 26.
350 OLG Celle 16. 10. 1997, OLGR 1998, 93 sowie Rn 1455.
351 LG Hamburg 26. 7. 1996, NJW-RR 1997, 560; AG Rendsburg 23. 12. 1994, ZfS 1995, 256; *Wolf/Horn/Lindacher*, § 9 Rn G 65; *Ulmer/Brandner/Hensen*, Anh. §§ 9–11 Rn 436.
352 OLG Celle 16. 10. 1997, OLGR 1998, 93.
353 BGH 19. 6. 1982, BB 1983, 19, 20.
354 Urt. v. 24. 6. 1993, NJW-RR 1993, 1403.
355 BGH 21. 12. 1995, ZIP 1996, 508, 510.

Kaufpreises dem nach dem gewöhnlichen Lauf der Dinge zu erwartenden Schaden entspricht.[356] Die Anforderungen an die Beweisführung sind eher gering. Dies folgt aus dem Wesen der Schadenspauschalierung, die grundsätzlich losgelöst von dem Einzelfall gelten soll. Der Verkäufer ist nicht verpflichtet, seine Kalkulation im konkreten Fall offen zu legen.[357] Er erfüllt die an ihn gestellten Beweisanforderungen, wenn er ein verständlich aufgemachtes Zahlenwerk seiner Innung oder seines Verbands vorlegt, sodass sich die Einholung eines Gutachtens erübrigt.[358] Dem LG Köln[359] genügte die unwiderlegte Behauptung des Verkäufers (zugleich Herstellers), dass der Verkaufspreis seiner Fahrzeuge dem üblichen Marktpreis entspreche, da der Marktpreis – so die Begründung des Gerichts – regelmäßig eine Spanne von 15% Kosten für Vertrieb und dauerhaften Fortbestand der Produktion beinhalte.

516 Mit Einwendungen, die den konkreten Einzelfall betreffen, wie z. B. **Rabattgewährung,** Verkauf im Rahmen von **Sonderaktionen,** Einräumung von **Sonderkonditionen,** Verkauf zum **Selbstkostenpreis** usw., ist der Käufer grundsätzlich zu hören. Im Bestreitensfall trägt er die **Beweislast.** Eine sekundäre Beweispflicht des Verkäufers besteht nicht, da ihm die Aufdeckung von Betriebsinterna nicht zugemutet werden kann.[360] Ein Beweisantritt durch Sachverständigengutachten ist ungeeignet.[361] Alle Einwendungen, die besagen, dass der Verkäufer im Fall der Vertragserfüllung eine Gewinneinbuße erlitten hätte, sind erheblich. Da die Pauschale auf einem Schaden basiert, wie er nach dem gewöhnlichen Lauf der Dinge zu erwarten ist – also ohne Schmälerung des Gewinns –, ist sie in dem Umfang der vom Käufer behaupteten Gewinneinbuße des Verkäufers herabzusetzen. Ohne entsprechende Angleichung des pauschalierten Schadens wäre der Verkäufer im Fall der Nichterfüllung des Kaufvertrags durch den Käufer besser gestellt, als er bei einer ordnungsgemäßen Vertragserfüllung stünde.[362]

517 Das LG Bonn[363] vertrat die Ansicht, eine **Rabattgewährung** sei bei der Schadensberechnung in der Weise zu berücksichtigen, dass die Berechnung der 15%-Pauschale nicht anhand des Listenpreises, sondern anhand des rabattierten Bruttokaufpreises zu erfolgen habe. Der auf diese Weise ermittelte Betrag dürfe nicht noch einmal um den eingeräumten Rabatt gekürzt werden, da ein solches Vorgehen zu einer doppelten Berücksichtigung des Rabatts führen würde. In die gleiche Richtung zielt die Argumentation von *Creutzig*,[364] die Vereinba-

---

356 AG Rendsburg 23. 12. 1994, ZfS 1995, 256; *Wolf/Horn/Lindacher*, § 11 Nr. 5 Rn 22.
357 OLG Naumburg 19. 3. 1999, OLGR 1999, 366.
358 *Ulmer/Brandner/Hensen*, § 11 Nr. 5 Rn 16.
359 Urt. 24. 2. 1984 – 89 O 195/83 – n. v.
360 OLG Naumburg 19. 3. 1999, OLGR 1999, 366.
361 OLG Naumburg 19. 3. 1999, OLGR 1999, 366.
362 OLG Celle 16. 2. 1995, NJW-RR 1996; 50 – Minderung des Gewinns von maximal 18,7% um 7% Rabatt auf 11,7% –; OLG Köln 17. 9. 1996, OLGR 1997, 3 – Nachlass von 10% –; 21. 9. 1998, OLG-RR 1999, 26 – generell für den Fall, dass nach dem Vorbringen der Parteien des Kaufvertrags ein niedrigerer Schaden entstanden ist –; LG Berlin, Urt. 29. 9. 1980 – 52 S 113/80 – n. v. – 10% nach Abzug von 3% Skonto und 2% Vermittlungsprovision –; AG Lüdenscheid, Urt. 15. 2. 1980 – 13 C 1561/79 – n. v. – 5% nach Abzug eines sog. Wagenparkbesitzer-Rabattes von 10% –; OLG Hamm, Urt. 8. 3. 1983 – 27 U 338/82 – n. v. – 10% wegen starken Konkurrenzkampfes –; LG Hannover, Urt. 13. 1. 1987 – 26 O 60/86 – n. v. – 6% bzw. 4% als unstreitig gestellter Gewinn des Händlers bei Nachlässen von 11% bzw. 13%; a. A. früher LG Düsseldorf Urt. v. 28. 11. 1979 – 2 O 200/79 – n. v. – Käufer kann nicht mit dem Einwand gehört werden, dem Verkäufer sei wegen Einräumung eines Großabnehmerrabatts von 10% kein Schaden in Höhe von 15%, sondern ein um 10% ermäßigter Schaden in Höhe von 5% entstanden –; LG Berlin 30. 3. 1981 – 52 S 310/80 – n. v. Sonderrabatte schmälern nicht die Schadenspauschale –.
363 Urt. v. 12. 10. 1994, MDR 1995, 363.
364 Recht des Autokaufs, Rn 5.5.5.

Nichtberechtigte Abnahmeverweigerung und Abnahmeverzug

rung eines Sonderrabatts reduziere den Kaufpreis, nicht die Pauschale. Diese Aussage ist nicht zutreffend, jedenfalls nicht in dieser Verallgemeinerung. Wenn der Rabatt bereits im vereinbarten Preis steckt, kann er diesen Preis nicht noch zusätzlich vermindern. Geschmälert wird vielmehr der Gewinn des Händlers. Dies geschieht bereits durch die Gewährung des hohen Sondernachlasses und nicht erst infolge der Nichtabnahme des Fahrzeugs durch den Käufer.[365] Der Händlergewinn beträgt wegen des – infolge von Gewährung des Nachlasses – heruntergesetzten, vereinbarten Preises von Anfang an weniger als 15%. Wer dem Händler in einem solchen Fall gleichwohl eine ungekürzte Schadenspauschale in Höhe von 15% des rabattierten Kaufpreises zubilligt, stellt ihn dadurch besser, als er stünde, wenn der Vertrag zur Durchführung gelangt wäre. Dies aber widerspricht elementaren schadensrechtlichen Grundsätzen. Verringert sich der Gewinn des Händlers durch Rabattgewährung, so kann dieser Umstand bei der Ermittlung des Schadens rechnerisch korrekt nur durch eine Kürzung der Pauschale im Verhältnis 1 zu 1 umgesetzt werden.

Nicht anders verhält es sich, wenn der vereinbarte **Preis** den **Rabatt** rechnerisch **nicht beinhaltet,** sodass der Rabatt noch **gesondert abgezogen** werden muss. Auch in diesem Fall ist wegen der Rabattabsprache der Gewinn des Händlers von Anfang an geschmälert. Via Schadensersatz wäre der Händler bereichert, wenn ihm die Pauschale in Höhe von 15% ungekürzt zufließen würde. Eine Berechnung der Pauschale anhand des – um den Rabatt – gekürzten Kaufpreises schafft entgegen der Ansicht des LG Bonn[366] keinen adäquaten Ausgleich im Sinne einer hinreichenden Berücksichtigung der Gewinnschmälerung.

Nach Ansicht des OLG Köln ist der Rabattabzug auch dann vorzunehmen, wenn in der Schadenspauschale von 15% ein **üblicherweise** (z. B. bei Barzahlung) **gewährter Rabatt** enthalten ist.[367]

Muss sich der Verkäufer im Rahmen seines auf die Pauschalregelung gestützten Schadensersatzbegehrens die Rabattgewährung entgegenhalten lassen, kommt es nicht darauf an, welcher Teil des Rabatts **Vorführwagennachlass** und welcher Teil **Nachlass auf den Neuwagenpreis** darstellt. Entscheidend ist allein, dass der Verkäufer bei Durchführung des Geschäfts einen um den Gesamtrabatt verminderten Gewinn erzielt hätte.[368]

Ein vereinbarter **Skontoabzug** ist bei der Schadensberechnung nach Meinung des OLG Karlsruhe[369] **nicht** zu Gunsten des Käufers zu **berücksichtigen,** da der mit der Skontoeinräumung bezweckte Erfolg einer schnelleren Zahlung innerhalb der Skontofrist durch eine an die Stelle der vertraglich geschuldeten Leistung tretende Schadensersatzleistung nicht mehr erreicht werden kann und es außerdem unbillig wäre, denjenigen, der seine Zahlungspflicht überhaupt nicht erfüllt, besser zu stellen als denjenigen, der zu spät zahlt und dadurch die Skontofrist versäumt.

Das OLG Köln[370] hat die Pauschale von 15% des Bruttokaufpreises um den Sonderrabatt und zusätzlich um diejenigen **Aufwendungen gekürzt,** die der Verkäufer infolge der Nichtdurchführung des Geschäfts eingespart hat. Diese Vorgehensweise erweist sich als nicht schlüssig, da ersparte Aufwendungen bereits gewinnmindernd in der Klausel zu berücksichtigen sind, andernfalls die Klausel nicht den nach dem gewöhnlichen Lauf der Dinge zu erwartenden Schaden widerspiegelt.

Mit dem Vortrag, der Verkäufer sei ungeachtet des entstandenen Schadens in der Lage **518** gewesen, das Auto mit **Gewinn** an einen **Dritten** zu **verkaufen,** kann der Käufer seine

---

365 OLG Köln 17. 9. 1996, OLGR 1997, 3.
366 Urt. v. 12. 10. 1994, MDR 1995, 363.
367 OLG Köln 17. 9. 1996, OLGR 1997, 3.
368 OLG Hamm 4. 6. 1992, OLGR 1992, 369.
369 Urt. v. 30. 9. 1993, MDR 1994, 31.
370 Urt. 17. 9. 1996, OLGR 1997, 3.

Verpflichtung zur Zahlung der Schadenspauschale nicht abwenden.[371] Zu Gunsten des im **Handelsverkehr** tätigen **Verkäufers** streitet die **Vermutung,** dass er das Gewinn bringende Zweitgeschäft auch im Fall einer ordnungsgemäßen Erfüllung des Erstgeschäfts getätigt hätte. Die aus der Nichtabnahme des Fahrzeugs resultierende Schadensersatzverpflichtung kann der Käufer abwenden, indem er den Beweis erbringt, dass der Verkäufer zur Erfüllung eines zusätzlichen Kaufvertrags nicht im Stande gewesen wäre.[372] Beachtlich ist daher der Einwand des Käufers, der Verkäufer habe durch den anderweitigen Verkauf keinen Schaden erlitten, weil die Nachfrage nach dem Modell größer als das ihm vom Lieferanten zugeteilte Kontingent gewesen sei. In diesem Fall kann der Verkäufer den Einwand des Käufers nicht mit der Behauptung entkräften, er hätte dem Zweitkäufer ein anderes Fahrzeug veräußert.[373] An einem Schaden des Verkäufers fehlt es auch dann, wenn der nicht abgenommene Wagen einen Ersatzkäufer gefunden hat, der anderenfalls einen derartigen Wagen nicht erworben hätte.[374] Aus der Tatsache, dass der Verkäufer für das nicht abgenommene Fahrzeug einen anderen Käufer gefunden hat, lässt sich nicht im Wege freier Beweiswürdigung feststellen, dass dieser Käufer sonst kein derartiges Fahrzeug bestellt und die Lieferzeit abgewartet hätte.[375] Der Verkäufer ist dem Käufer insoweit nicht auskunftspflichtig.[376]

Weist der Käufer einen anderen Interessenten nach, wird er nicht ohne weiteres von seiner Schadensersatzverpflichtung gegenüber dem Verkäufer befreit. Seine Haftung entfällt nur unter der Voraussetzung, dass der Verkäufer der Vertragsüberleitung entweder zustimmt oder die Zustimmung treuwidrig verweigert und der Käufer beweist, dass der von ihm benannte Ersatzkäufer den Pkw nur für ihn übernehmen wollte, ansonsten aber ein derartiges Fahrzeug nicht gekauft hätte.[377]

519 Die **Pauschale** des Abschn. V, Ziff. 5 NWVB **beinhaltet** den **bis dahin entstandenen Verzögerungsschaden,**[378] wozu auch die Anwaltskosten gehören.[379] Ein nach Geltendmachung des pauschalierten Schadensersatzes entstandener Verzugsschaden, der dem Verkäufer z. B. dadurch entstehen kann, dass der Käufer das auf seinem Betriebsgelände abgestellte Altfahrzeug nicht abholt, ist durch die Pauschale nicht abgegolten.

Dem Verkäufer ist der Anspruch auf Schadensersatz nach Treu und Glauben zu versagen, wenn er bereits bei Entgegennahme der Bestellung erkannt hat, dass der Käufer das Fahrzeug mangels eigener Zahlungsfähigkeit nicht abnehmen kann und es gleichwohl beim Hersteller geordert hat.[380]

Aus der Nichterfüllung des Kaufvertrags resultierende Schadensersatzansprüche können einem Dritten zustehen, wenn er dem Käufer die kurzfristige Liefermöglichkeit durch Vereinbarung eines Aufgeldes versprochen und verschafft hat. Ein vertragswidriges Verhalten des Käufers gegenüber dem Dritten liegt jedoch nicht vor, wenn das bereitgestellte Fahrzeug statt der verabredeten maximalen Laufleistung eine solche von mehr als 3000 km aufweist.[381]

---

371 BGH 8. 10. 1969, NJW 1970, 29, 32; OLG Hamm, Urt. 7. 2. 1975 – 20 U 215/84 – n. v.; LG Hannover, Urt. 13. 1. 1987 – 26 O 60/86 – n. v.; LG Wuppertal 22. 9. 1966, NJW 1966, 1129; OLG Hamm, Urt. 6. 2. 1992 – 28 U 190/91 – n. v.; 4. 6. 1992, OLGR 1992, 369; 16. 9. 1993, OLGR 1993, 317.
372 BGH 29. 6. 1994, DAR 1994, 396.
373 *Ulmer/Brandner/Hensen,* § 11 Nr. 5 Rn 22.
374 OLG Schleswig 4. 5. 1988, NJW 1988, 2247, 2248 m. w. N.
375 KG 30. 5. 1994, ZfS 1994, 330.
376 KG 30. 5. 1994, ZfS 1994, 330.
377 OLG Hamm 9. 7. 1987 – 28 U 268/86 – n. v.
378 OLG Hamm 13. 7. 1982, DAR 1982, 330.
379 *Creutzig,* Recht des Autokaufs, Rn 5.5.3.
380 LG Hamburg, Urt. 19. 5. 1988 – 96 O 604/87 – n. v.
381 OLG Düsseldorf 22. 11. 1991, OLGR 1992, 57.

Nichtberechtigte Abnahmeverweigerung und Abnahmeverzug   Rn 519

Die **Verjährung** der Schadensersatzansprüche wegen Nichterfüllung beträgt gem. § 196 Abs. 1 Nr. 1 BGB zwei Jahre und gegenüber Personen, bei denen der Neuwagenkauf zum Gewerbebetrieb gehört, 4 Jahre.[382]

---

[382] Zur Unterbrechung der Verjährung durch Beantragung eines Mahnbescheids BGH 27. 9. 1995, DAR 1996, 17.

J. Gewährleistung

I. Erlöschen des Erfüllungsanspruchs

520 Beim Spezieskauf bestimmen sich die Ansprüche des Käufers wegen Sachmängeln nach Gefahrübergang ausschließlich nach den Gewährleistungsvorschriften.[1] Ist das Fahrzeug erkennbar mangelhaft, muss sich der Käufer seine **Rechte** bei der Abnahme des Fahrzeugs **vorbehalten.** Im kaufmännischen Geschäftsverkehr sind die Untersuchungs- und Rügepflichten des § 377 HGB zu beachten. Die allgemeinen Vorschriften über Leistungsstörungen bleiben trotz des Übergangs der Sachgefahr auf den Käufer anwendbar, soweit die Eigentumsverschaffung als Teil der Erfüllungspflicht des Verkäufers streitig ist.[2] Problematisch ist die Rechtslage beim Gattungskauf.

Während der Fall, dass der Gattungskäufer das Neufahrzeug in Kenntnis etwaiger Mängel abnimmt, keine Schwierigkeiten bereitet, da sich das Schuldverhältnis auf die übergebene Sache konzentriert[3] und der Nachlieferungsanspruch hinfällig wird,[4] sind die Rechtsfolgen strittig, wenn der Käufer den Kaufgegenstand in Unkenntnis bestehender (versteckter) Mängel als vertragsgemäße Erfüllung gem. § 362 BGB abnimmt. Die Frage lautet: Führt die Abnahme zu einer Konzentration des Schuldverhältnisses auf das mangelhafte Fahrzeug mit der Konsequenz, dass der Käufer sich fortan auf die vertraglich eingeräumten Gewährleistungsansprüche verweisen lassen muss, oder bleibt der Nachlieferungsanspruch als (Nach-) Erfüllungsanspruch bestehen?

521 Es handelt sich nicht, wie man auf den ersten Blick meinen könnte, um ein theoretisches, dem Bereich der Dogmatik zuzuordnendes Problem, sondern um eine Streitfrage von erheblicher praktischer Bedeutung.

Geht man mit der herrschenden Meinung[5] davon aus, dass die **Abnahme** einer **mangelhaften Gattungssache** noch keine Konzentration bewirkt, **bleibt der Erfüllungsanspruch erhalten,** und der Käufer kann Lieferung eines mangelfreien Fahrzeugs gegen Rückgabe des mangelhaften verlangen. Eine Beschränkung des Schuldverhältnisses auf das übergebene Fahrzeug tritt erst ein, wenn der Käufer Wandlung oder Minderung an Stelle von Nachlieferung begehrt, die Verjährungseinrede des § 477 BGB durchgreift oder der Käufer die Rügefrist beim Handelskauf versäumt.[6] Dem Nachlieferungsbegehren des Käufers kann der Verkäufer nach h. M. nicht entgegenhalten, dieses Recht sei durch Abschn. VII, Ziff. 4 NWVB ausgeschlossen, da der Nachlieferungsanspruch nicht die Qualifikation eines Gewährleistungsrechts, sondern die eines Erfüllungsanspruchs besitzt. Aus dem gleichen Grund versagt die Berufung des Verkäufers auf das Nachbesserungsrecht, durch das zwar die Gewährleistungsansprüche, nicht aber die Erfüllungsansprüche des Käufers ersetzt werden.

522 Wer die **Nachbesserung** den **Erfüllungspflichten** des Verkäufers zuordnet, gibt dem Käufer bei noch nicht oder nicht voll erbrachter Leistung ein Leistungsverweigerungsrecht i. S. v. § 320 BGB. Auf ein Zurückbehaltungsrecht muss in solchem Fall zurückgreifen, wer eine Gewährleistungspflicht annimmt.[7] Weiterhin ergibt sich die Konsequenz, dass das

---

1 BGH 10. 3. 1995, NJW 1995, 1738.
2 OLG Hamm 15. 1. 1998, OLGR 1998, 217.
3 BGH 5. 10. 1966, NJW 1967, 33.
4 *Staudinger/Honsell,* § 480 Rn 14.
5 BGH 5. 10. 1966, NJW 1967, 33 m. w. N.; Übersicht bei *Kirchhof,* NJW 1970, 2052; *Enneccerus/Lehmann,* Recht der Schuldverhältnisse, § 113 I 1; *Soergel/Huber,* § 480 Rn 12 ff.; *Erman/Grunewald,* § 480 Rn 4.
6 *Soergel/Huber,* § 480 Rn 12.
7 Anderer Ansicht i. S. eines Gewährleistungsrechts mit Gegenseitigkeitscharakter *Ulmer/Brandner/Hensen,* § 11 Nr. 2 Rn 6.

Erlöschen des Erfüllungsanspruchs

Nachbesserungsbegehren des Käufers nicht zu einer Konkretisierung des Schuldverhältnisses führt, wenn die Nachbesserung zur Erfüllungspflicht des Verkäufers gehört, die die Lieferung einer Sache mittlerer Art und Güte mit etwa zugesicherten Eigenschaften zum Gegenstand hat.[8] Anders verhält es sich, wenn man die Nachbesserung der Gewährleistung unterstellt. Dann löst die Geltendmachung des Nachbesserungsanspruchs wie bei der Wandlung und Minderung eine Konzentration des Schuldverhältnisses aus, da der Käufer durch seine Erklärung zu erkennen gibt, dass er die gelieferte Sache als Erfüllung annehmen und behalten will.

523 Gegen die herrschende Ansicht wird eingewandt,[9] der Nachlieferungsanspruch in § 480 BGB stelle einen Ersatz für die fehlgeschlagene Erfüllung dar und schneide dem Käufer den Weg über § 326 BGB bei Lieferung mangelhafter Ware ab. Nach der Gegenmeinung ist deshalb von einer Erfüllung des Verkäufers auszugehen, wenn er dem Käufer eine fehlerhafte Gattungssache übergibt, sodass sich die Rechte des Käufers nach der Abnahme auf die Gewährleistung beschränken und in dem gesetzlich zulässigen Rahmen modifiziert und durch ein Nachbesserungsrecht ersetzt werden können. Auf die Anwendung von Gewährleistungsrecht deutet die Einräumung eines Anspruchs auf Nachbesserung hin,[10] zumal dann, wenn, wie in den NWVB, der Anspruch auf Nachlieferung ausgeschlossen wird. In die gleiche Richtung zielt die Argumentation, der in AGB gemeinte Nachbesserungsanspruch sei eine dem Interesse des Verwenders entgegenkommende „Neuschöpfung eines Gewährleistungsrechts" und unterliege nicht denselben Regeln wie der Nachbesserungsanspruch des § 634 BGB.[11] Diese Auffassung kann sich auf § 476a BGB stützen, der seinen Platz im Gewährleistungsrecht gefunden hat. Zwar schafft § 476a BGB keinen neuen gesetzlichen Gewährleistungstatbestand, wohl aber lässt diese Bestimmung eine vertragliche Ersetzung der Gewährleistungsansprüche durch Einräumung eines der Gewährleistung unterstellten Nachbesserungsrechts indirekt zu.

524 Die Absicht des Verkäufers, vom **Zeitpunkt der Abnahme** an für Mängel der Kaufsache nur noch in den Grenzen der **Gewährleistung** einstehen zu wollen, gelangt in den NWVB deutlich zum Ausdruck. Für einen solchen Willen spricht insbesondere die Klausel in Abschn. V, Ziff. 3 NWVB, die den auf Lieferung einer mangelfreien Gattungssache gerichteten Erfüllungsanspruch des Käufers bereits vor Abnahme der Kaufsache durch ein Nachbesserungsrecht ersetzt.

Dass der Anspruch auf Nachlieferung nach Abnahme ausgeschlossen sein soll, folgt indirekt aus Abschn. VII, Ziff. 4 NWVB. Dem läßt sich zwar entgegenhalten, dass der Ausschluss des Ersatzlieferungsanspruchs unter der Rubrik „Gewährleistung" enthalten ist und mithin einen etwaigen Erfüllungsanspruch nicht erfasst, jedoch überzeugt dieses formale Argument wenig, da die Klausel nicht isoliert zu sehen ist und außerdem angenommen werden darf, dass die sich aus der h. M. ergebende Problematik bei Abfassung der NWVB nicht gesehen wurde. Es entspricht dem unverkennbaren Interesse des Händlers, die **Rechtsbeziehungen** so früh wie eben möglich **auf das gelieferte Fahrzeug zu beschränken,** da ein so wertvolles Wirtschaftsgut, wie es ein Neufahrzeug darstellt, nicht beliebig austauschbar und nachlieferbar ist.

525 Wer den Standpunkt beibehält, dass der Nachlieferungsanspruch auch nach der Abnahme der Kaufsache als Erfüllungsanspruch erhalten bleibt und durch die Gewährleistung nicht verdrängt wird, muss dem Verkäufer gleichwohl die in Abschn. V, Ziff. 3 NWVB vorgesehene Möglichkeit einräumen, etwaige Mängel innerhalb von 8 Tagen zu beseitigen. Es versteht sich von selbst, dass der Käufer nicht besser gestellt werden kann, als wenn er die Mängel vor Abnahme entdeckt hätte.

---

8 *Staudinger/Honsell,* § 480 Rn 10.
9 *Kirchhof,* NJW 1970, 2052.
10 *Kirchhof,* NJW 1970, 2052 ff.
11 *Ulmer/Brandner/Hensen,* § 11 Nr. 10b Rn 32, 36 und § 11 Nr. 2 Rn 6.

Aus der hier befürworteten Auffassung, dass die Ansprüche des Käufers nach Abnahme ausschließlich nach Gewährleistungsrecht zu beurteilen sind, ergibt sich für den Verkäufer, dass er die vom Käufer begehrte Nachbesserung nicht durch Anbieten der Nachlieferung abwenden kann. Lehnt der Käufer eine angebotene Nachlieferung ab und insistiert er auf Nachbesserung, kann dieses Verhalten im Einzelfall gegen Treu und Glauben verstoßen.[12]

II. Gesetzliche Gewährleistung und Nachbesserung

526   Nach § 459 BGB haftet der Verkäufer einer Sache für deren Fehlerfreiheit zum **Zeitpunkt des Gefahrübergangs** sowie für das Vorhandensein zugesicherter Eigenschaften. Die Gewährleistung ist abdingbar, sofern nicht der Verkäufer Mängel arglistig verschweigt (§ 476 BGB) oder die Abwesenheit von Fehlern arglistig vorspiegelt. Ein Gewährleistungsausschluss für zugesicherte Eigenschaften ist nicht möglich, weil der Zusicherung damit ihre Bedeutung genommen würde.[13]

527   Beim Verkauf neuer Waren darf die **Gewährleistung durch AGB** in beschränktem Umfang modifiziert, **nicht** aber insgesamt oder bezüglich einzelner Teile **ausgeschlossen** werden, da das typische Interesse des Käufers, eine mangelfreie Ware zu erhalten, besonderen Schutz verdient.[14] Diese von der Rechtspraxis erarbeiteten und vom Schrifttum anerkannten Grundsätze hat der Gesetzgeber für den Geschäftsverkehr mit privaten Kunden in § 11 Nr. 10 AGB-Gesetz gesetzlich verankert. Nach § 11 Nr. 10a AGB-Gesetz dürfen Gewährleistungsansprüche nicht auf die Einräumung von **Ansprüchen gegen Dritte beschränkt** oder von der vorherigen **gerichtlichen Inanspruchnahme Dritter** abhängig gemacht werden. Auch im kaufmännischen Geschäftsverkehr verstößt der gleichzeitige Ausschluss der Wandlung und Minderung durch AGB gegen § 9 AGB-Gesetz und ist daher unwirksam.[15]

528   Nach dem Wortlaut und dem Schutzzweck von § 11 Nr. 10 AGB-Gesetz kommt es entscheidend darauf an, dass eine „**neu hergestellte**" Sache den Vertragsgegenstand bildet und nicht eine gebrauchte. Beim neuen – aus neuen Materialien[16] hergestellten – Auto vollzieht sich der Übergang zum Gebrauchtwagen durch die Benutzung zu Verkehrszwecken.[17] Die **Fabrikneuheit** des Fahrzeugs im Sinne der Modellaktualität und des Nichtvorhandenseins von Lagermängeln und Beschädigungen ist im Rahmen von § 11 Nr. 10 AGB-Gesetz **nicht relevant,** da das Fehlen der die fabrikneue Eigenschaft begründenden Merkmale nichts daran zu ändern vermag, dass das Fahrzeug vom Hersteller „neu hergestellt" wurde. Auch ein Auto mit **Tageszulassung** kann noch eine neue Sache i. S. v. § 11 Nr. 10 AGB-Gesetz sein.[18]

529   Zu den **gesetzlichen Gewährleistungsansprüchen** gehören die **Minderung** (Herabsetzung des Kaufpreises), die **Wandlung** (Rückgängigmachung des Kaufgeschäfts) und die Nachlieferung bei Gattungsschuld. Fehlen zugesicherte Eigenschaften oder hat der Verkäufer Mängel arglistig verschwiegen bzw. nicht vorhandene Eigenschaften arglistig vorgespiegelt, kann der Käufer wahlweise Schadensersatz verlangen.

---

12 BGH 5. 10. 1966, NJW 1967, 33; *Palandt/Putzo,* § 480 Rn 5; *Staudinger/Honsell,* § 480 Rn 9; *Soergel/Huber,* § 480 Rn 6.
13 BGH 29. 5. 1968, BGHZ 50, 200.
14 BGH 29. 10. 1956, BGHZ 22, 90, 98.
15 BGH 26. 6. 1991, DB 1991, 2234; vgl. ferner zur Unabdingbarkeit des Wandlungsrechts unter Kaufleuten BGH 25. 2. 1981, WM 1981, 558, 559 sowie 16. 5. 1990, NJW-RR 1990, 1141 zum Ausschluss der Minderung im nichtkaufmännischen Verkehr.
16 Nach OLG Düsseldorf 22. 4. 1999, OLGR 1999, 333 ist ein „Trike", das mit einem gebrauchten Motor ausgerüstet ist, ansonsten aber aus Neuteilen besteht, neu i. S. von § 11 Nr. 10 AGB-Gesetz.
17 *Ulmer/Brandner/Hensen,* § 11 Nr. 10a Rn 5; *Wolf/Horn/Lindacher,* Einl. § 11 Nr. 10 Rn 3.
18 BGH 20. 2. 1986, WRP 1986, 324; OLG Schleswig 21. 7. 1999, OLGR 1999, 412; siehe dazu auch Rn 454 und Rn 1986.

530 Den heutigen wirtschaftlichen und sozialen Gegebenheiten wird die gesetzliche Gewährleistungsregelung nicht mehr gerecht, weil sie im Ergebnis auf eine Zerstörung der vertraglichen Beziehungen hinausläuft. Der Handel ist in nahezu allen Wirtschaftsbereichen vor Jahrzehnten bereits dazu übergegangen, die gesetzlichen Gewährleistungsansprüche durch die **Einräumung von Nachbesserungs- oder Nachlieferungsansprüchen** zu ersetzen. Diese Praxis trägt den schutzwerten Interessen des Handels an einer Aufrechterhaltung der Verträge sinnvoll Rechnung, wobei die Belange der Käufer gewahrt bleiben, denen es darauf ankommt, eine mangelfreie Ware zu erhalten und denen mit einer Änderung des Kaufpreises oder Aufhebung des Vertrages nicht gedient ist.[19] Durch die sog. **EG-Richtlinie über den Verbrauchsgüterkauf** vom 25. 5. 1999[20] ist den Mitgliedsstaaten aufgegeben, die Ansprüche auf Nachbesserung und Nachlieferung bis zum 1. 1. 2002 als gesetzliche Ansprüche auszugestalten.[21]

531 Um sicherzustellen, dass Käufer durch die Einräumung der Ersatzansprüche nicht schlechter als nach dem Gesetz gestellt werden, gilt der Grundsatz, dass die gesetzlichen Ansprüche auf Wandlung und Minderung wieder aufleben, wenn Nachbesserung oder Nachlieferung fehlschlagen.[22] Der Gesetzgeber hat in § 11 Nr. 10 AGB-Gesetz die Wirksamkeit der Nachbesserungsklausel von der Voraussetzung abhängig gemacht, dass dem anderen Vertragsteil für den Fall des Fehlschlagens der Ersatzansprüche **ausdrücklich** die Rechte auf **Wandlung und Minderung vorbehalten** bleiben müssen. Sofern die vertraglich vereinbarte Gewährleistungsfrist die gesetzliche Frist von 6 Monaten überschreitet, dürfen die gesetzlichen Gewährleistungsrechte der Wandlung und Minderung, die im Fall des Fehlschlagens der Nachbesserung aufleben, auf die gesetzliche Mindestfrist von 6 Monaten beschränkt werden. Unbedenklich ist von daher die Kopplung eines Nachbesserungsanspruchs auf die Dauer von zwei Jahren mit einem auf das erste Jahr beschränkten Wandlung- und Minderungsrecht.[23]

Im **Neuwagenhandel** ist seit je die **Einräumung von Nachbesserungsansprüchen** üblich. Die NWVB halten daran fest unter Beachtung der Vorschriften des AGB-Gesetzes und des § 476a BGB.

III. Die Gewährleistungszusage

1. Inhaltliche Ausgestaltung

532 Gem. Abschn. VII, Ziff. 1 NWVB leistet der Verkäufer Gewähr für die Fehlerfreiheit des Neufahrzeugs während **eines Jahres seit Auslieferung.**

Nicht alle Vertragshändler machen von der einjährigen Regelfrist Gebrauch. Einige wenige leisten Gewähr im Sinne der NWVB für die Dauer von bis zu drei Jahren,[24] andere beschränken ihre Gewährleistung, soweit es um die Ansprüche des Käufers auf Wandlung und Minderung geht, auf den gesetzlichen Mindestzeitraum von 6 Monaten. Die Verjährungsfrist von 6 Monaten verlängert sich nicht dadurch, dass der vom Verkäufer verschiedene Hersteller dem Käufer eine Garantie einräumt, deren Laufzeit mit 12 Monaten bemessen ist.[25]

---

19 BGH 29. 10. 1956, BGHZ 22, 90, 98.
20 ABl. L 171/12.
21 Dazu *Schäfer/Pfeiffer,* ZIP 1999, 1829; *Schmidt-Räntsch,* ZIP 1998, 849; *Micklitz,* EuZW 1999, 486; *Ehmann/Rust,* JZ 1999, 854; *Medicus,* JuS 1996, 761.
22 St. Rspr. seit BGH 29. 10. 1956, BGHZ 22, 90, 98.
23 LG Nürnberg-Fürth, Urt. 7. 7. 1993 – 8 O 1481/93 – n. v.
24 Übersicht bei *Creutzig,* Recht des Autokaufs, Rn 7.1.9.
25 OLG Bremen 21. 1. 1999, OLGR 1999, 169.

Maßstab für die Fehlerfreiheit ist der **Stand der Technik** für vergleichbare Fahrzeuge des Typs des Kaufgegenstands bei Auslieferung.[26] Eine gleich lautende Gewährleistung auf die Dauer eines Jahres wird auf Grund der empfohlenen Vertragsbedingungen, die der ADAC mit den Verbänden der Wohnwagenhersteller (VDWH) und -händler (DCHV) ausgehandelt hat, auch den Käufern neuer Wohnwagen gewährt.[27]

Dem Wortlaut nach sind die NWVB auch für Kaufverträge über neue Motorräder verwendbar, jedoch war der Verband der Fahrrad- und Motorrad-Industrie e. V. an der Empfehlung nicht beteiligt, sodass im Einzelfall vom Käufer und Händler überprüft werden muss, ob das Bedingungswerk zum Gegenstand des Vertrages gemacht worden ist bzw. im Hinblick auf den Vertrag zwischen Händler und Hersteller/Importeur verwendet werden darf.[28]

533   Durch die jetzige sprachliche Gestaltung der Gewährleistungszusage wird klargestellt, dass sich die Fehlerfreiheit nach dem jeweiligen Stand der Technik **„für vergleichbare Fahrzeuge"** des Typs des Kaufgegenstandes richtet, womit auf den technischen Entwicklungsstand der gesamten Automobilindustrie Bezug genommen wird. Die Vorgängerklausel wurde gelegentlich dahin gehend missverstanden, andere Fahrzeuge aus der gleichen Serie des Fabrikats seien der Maßstab für den jeweiligen Stand der Technik, womit de facto Konstruktionsmängel, die typischerweise allen Fahrzeugen einer Serie anhaften, ausgeschaltet worden wären.

2. Rechtsnatur

534   Gem. § 459 Abs. 1 BGB hat der Verkäufer Gewähr zu leisten für die Fehlerfreiheit des Kaufgegenstands zum Zeitpunkt des Übergangs der Gefahr auf den Käufer. Von der gesetzlichen Regelung werden auch solche Fehler erfasst, die zum Zeitpunkt des Gefahrübergangs in ihren Ursachen (im Keim) vorhanden sind und erst später hervortreten.[29] Für Mängel, die erst nach Übergang der Gefahr entstehen, haftet der Verkäufer nicht. Im Rahmen der gesetzlichen Gewährleistung trägt der Käufer die Beweislast für das Vorhandensein der Mängel zum Zeitpunkt des Gefahrübergangs.

535   Die Regelung in Abschn. VII, Ziff. 1 S. 1 und 2 NWVB geht über die gesetzliche Gewährleistung des § 459 BGB weit hinaus. Bei der rechtlichen Beurteilung der Verkäuferzusage fällt die **Rechtskonstruktion eines selbstständigen Garantievertrages** von vornherein aus dem Rahmen der in Betracht zu ziehenden Möglichkeiten. Mit der Klausel will der Verkäufer für die Fehlerfreiheit des Fahrzeugs einstehen, nicht aber einen darüber hinausgehenden Erfolg[30] garantieren. Im Rahmen eines selbstständigen Garantievertrages müsste der Verkäufer bei Ausbleiben des Erfolgs in Form der Fehlerfreiheit dem Käufer als Versprechensempfänger Schadensersatz ohne Rücksicht auf Verschulden leisten. Dass die Übernahme einer solchen Haftung nicht gewollt ist, ergibt sich aus der Gewährleistungsregelung in den NWVB und den dort aufgezeigten Rechtsfolgen im Fall des Auftretens von Gewährleistungsmängeln innerhalb der Gewährleistungsfrist.

Verfehlt wäre die Auffassung, wollte man die Gewährleistungszusage in Abschn. VII, Ziff. 1 NWVB als **Zusicherung**[31] verstehen. Ein entsprechender Erklärungstatbestand lässt sich der Klausel nicht entnehmen. Nach dem eindeutigen Wortlaut von Abschn. VII, Ziff. 1

---

26 Die Verknüpfung mit hiervon abweichenden Garantiebedingungen des Fahrzeugherstellers unterliegt der Unklarheitenregel von § 5 AGB-Gesetz; OLG Frankfurt 17. 12. 1980, DB 1981, 637; zum Stand der Technik siehe Rn 426 ff.
27 BGH 13. 12. 1989, WM 1990, 186.
28 *Creutzig,* Recht des Autokaufs, Rn 0.6.
29 *Staudinger/Honsell,* § 459 Rn 68 m. w. N.
30 BGH 22. 10. 1957, DB 1957, 1222.
31 Zur Abgrenzung von Garantie und Eigenschaftszusicherung vgl. *Müller,* AcP 165, 311; *Loebell,* BB 1973, 1237; *Eimer,* NJW 1973, 592; *Diederichsen,* AcP 165, 168; vgl. ferner *Markert,* Der zivilrechtliche Schutz des Konsumenten.

Die Gewährleistungszusage

NWVB verspricht der Verkäufer, in dem nachfolgend abgesteckten Umfang Gewährleistung zu erbringen, falls das Fahrzeug fehlerhaft sein oder fehlerhaft werden sollte. Er erklärt nicht – jedenfalls nicht durch die Klausel –, eine garantieähnliche zum Schadensersatz verpflichtende Einstandspflicht dafür zu übernehmen, dass das Fahrzeug zum Zeitpunkt des Gefahrübergangs eine fehlerfreie Beschaffenheit aufweist.

Früher war die Ansicht verbreitet,[32] die Gewährleistungszusage in Abschn. VII, Ziff. 1 NWVB schaffe zu Gunsten des Käufers eine **Beweiserleichterung**. Auf Grund der Klausel sei zu vermuten, dass ein innerhalb der Gewährleistungsfrist auftretender Fehler zum Zeitpunkt des Gefahrübergangs zumindest im Keim bereits vorgelegen habe. Diese Auslegung sei noch am ehesten mit dem Leitbild der gesetzlichen Gewährleistung und dem Willen des Verkäufers zu vereinbaren, der durch den Ausschluss von Schadensersatzansprüchen im Rahmen der Gewährleistung kundtue, dass er die Zusage weder im Sinne einer Zusicherung noch im Sinne einer unselbstständigen Garantie erteilen wolle, wenngleich die praktischen Auswirkungen, namentlich im Hinblick auf die Beweissituation, weitgehend die gleichen seien.[33]

Der BGH[34] versteht die Gewährleistungsklausel als eine **unselbstständige Bestands- oder Haltbarkeitsgarantie** des Verkäufers. Nach dem in § 5 ABG-Gesetz verankerten Prinzip der sog. kostengünstigsten Auslegung – so seine Begründung – ist (jedenfalls) im Individualrechtsstreit davon auszugehen, dass der Kunde die Erklärung in dem Sinne verstehen darf, dass das Fahrzeug die Garantiefrist ohne Mangel übersteht. Dies ergibt sich aus der Formulierung der Klausel, aus der zeitlichen Verlängerung der Gewährleistung und insbesondere aus den Ausschlusstatbeständen in Abschn. VII, Ziff. 6 der NWVB (keine Gewährleistungspflicht bei unsachgemäßer Behandlung des Kaufgegenstandes, bei seiner Veränderung in einer vom Hersteller nicht genehmigten Weise, oder bei Nichtbefolgung von Behandlungs-, Wartungs- oder Pflegevorschriften), derer es nicht bedürfte, wenn der Verkäufer ohnehin nur für bei der Auslieferung bestehende Fehler einstehen wollte. **536**

Die **Auslegung des BGH verdient den Vorzug**. Im Gegensatz zu § 459 BGB enthält Abschn. VII, Ziff. 1 keine Hinweise darauf, dass die vertragliche Gewährleistung auf die bei Auslieferung des Fahrzeugs vorhandenen Fehler beschränkt sein soll. Wäre es darum gegangen, lediglich die gesetzliche Gewährleistung näher auszugestalten und die Verjährungsfrist von 6 Monaten auf ein Jahr zu verlängern,[35] hätte es nicht der Formulierung bedurft, der Verkäufer leiste Gewähr für die Fehlerfreiheit „während eines Jahres seit Auslieferung". Satz 1 der Klausel betrifft die **Gewährleistungsdauer** und **nicht die Verjährung** der Gewährleistungsansprüche. Die Verjährung ist an anderer Stelle, nämlich in Abschn. VII, Ziff. 10 NWVB, geregelt. Eine Festlegung der Gewährleistungsdauer auf ein Jahr würde überhaupt keinen Sinn machen, wenn die Verfasser der NWVB die Absicht gehabt hätten, die Gewährleistung grundsätzlich auf die Fehlerfreiheit des Fahrzeugs im Zeitpunkt der Auslieferung zu beschränken. Die Gegenmeinung[36] übersieht, dass Gewährleistungsdauer und Verjährung rechtlich nicht gleich bedeutend sind. **537**

Die in Satz 2 der Klausel genannte **Auslieferung** bezieht sich allein auf den für die Fehlerbeurteilung maßgeblichen **Stand der Technik**. Dieser zeitlichen Fixierung hätte es

---

32 BGH 21. 12. 1960, BB 1961, 228; OLG Nürnberg 17. 4. 1980, DAR 1980, 345 ff.; *Esser/Weyers*, SchuldR II, § 7 III 2 m. w. N.; *Loebell*, BB 1973, 1235; *Möller*, ZIP 1981, 707, 712.
33 *Soergel/Huber*, § 459 Rn 203.
34 Urt 19. 6. 1996, DAR 1996, 361 = LM § 459 BGB Nr. 133 mit Anmerkung von *Reinking*; der gleichen Ansicht schon OLG Köln 23. 3. 1995, DAR 1995, 287, 288; AG Köln, Urt. 7. 5. 1986 – 114 C 348/84 – n. v.; siehe ferner BGH 20. 12. 1978, NJW 1979, 645; *Ulmer*, Der Vertragshändler, 283; *Diederichsen*, AcP 165, 168, beide allerdings aus der Sicht des Herstellers; *Eimer*, NJW 1973, 592; *Löwe/Graf von Westphalen/Trinkner*, § 11 Nr. 10a Rn 25 ff.; *Staudinger/Honsell*, § 459 Rn 170 ff.; *Götz*, Sachmängelhaftung beim Kauf, 98 f.
35 Diese Ansicht vertritt *Creutzig*, Recht des Autokaufs, Rn 7.1.1.
36 *Creutzig*, Recht des Autokaufs, Rn 7.1.1.

nicht bedurft, wenn der Verkäufer ohnehin nur für die schon bei Auslieferung vorhandenen Fehler des Fahrzeugs Gewährleistung erbringen müsste. Für innerhalb der Jahresfrist auftretende Fehler erweist sich die Regelung in Abschn. VII, Ziff. 1 S. 2 als durchaus sinnvoll, insofern sie klarstellt, dass der Verkäufer für eine nachträgliche Änderung des Standes der Technik keine Verantwortung übernimmt. Überflüssig wären auch die meisten der in Abschn. VII, Ziff. 6 der NWVB aufgelisteten **Ausschlusstatbestände,** falls der Verkäufer nur für bei der Auslieferung bestehende Fehler einstehen müsste. Die Regelung, die besagt, dass Verletzungstatbestände, wie etwa eine unsachgemäße Behandlung, eine Überbeanspruchung, eine vom Hersteller nicht genehmigte Veränderung des Kaufgegenstandes oder die Nichtbefolgung von Behandlungs-, Wartungs- oder Pflegevorschriften Gewährleistungspflichten ausschließen, „wenn der Fehler oder Schaden dadurch entstanden ist", setzt logischerweise eine Gewährleistung des Verkäufers für solche Fehler voraus, die erst nach Gefahrübergang innerhalb der Jahresfrist auftreten.[37]

3. Beweislast

538   Der **Käufer muss beweisen,** dass der **Mangel innerhalb der Jahresfrist aufgetreten** ist. Gelingt ihm der Beweis, ist von einem Garantiefall auszugehen. Der Garantiefall ist die Regel, wohingegen der Umstand, dass der Fehler auf äußeren Einwirkungen im Verantwortungsbereich des Käufers beruht, den **Ausnahmefall** im Sinne eines **rechtshindernden Tatbestands** darstellt, den der sich darauf berufende **Verkäufer** zu **beweisen** hat.[38] Die Beweislast des Verkäufers erstreckt sich auf **alle denkbaren Ausschlussgründe,** wozu auch die in Abschn. VII, Ziff. 6 NWVB aufgeführten Verletzungstatbestände gehören.[39] Er trägt das Risiko der Unaufklärbarkeit, wenn sich im Nachhinein nicht mehr feststellen lässt, ob Störungen im Fahrbetrieb eines Personenkraftwagens auf technische Mängel oder äußere Einwirkungen (z. B. Nagetierbisse) zurückzuführen sind und ob letztere vor oder nach Fahrzeugauslieferung stattgefunden haben.[40] Die Garantiezusage des Verkäufers würde wirtschaftlich weitgehend entwertet, wenn der Käufer mit dem schwer zu führenden Negativbeweis belastet wäre, dass der Mangel nicht in seiner Einwirkungssphäre entstanden ist. Dieser Aspekt, der noch deutlicher in den Vordergrund tritt, wenn Garantie und gesetzliche Gewährleistung zeitgleich sind, muss nach Ansicht des BGH auch für solche Garantien gelten, die länger als die gesetzliche Gewährleistung sind, da der Verkäufer, der eine solche Garantie aus freien Stücken erteilt, die Möglichkeit besitzt, den Inhalt der Garantie auch hinsichtlich des Beweisrisikos so zu gestalten, wie es seiner Interessenlage entspricht.

Aus Abschn. VII, Ziff. 6 NWVB läßt sich die Beweislastverteilung nicht unmittelbar ableiten. Als nicht stichhaltig erweist sich das Argument,[41] die darin aufgeführten Gewährlei-

---

37 A. A. *Creutzig,* Recht des Autokaufs, Rn 7.1.7., der entgegen BGH 19. 6. 1996, DAR 1996, 361 die Ansicht vertritt, Abschn. III, Ziff. 6 NWVB betreffe keine gewährleistungsausschließenden Tatbestände, sondern Schäden wegen Verletzung der Schadensminderungspflicht i. S. v. § 254 BGB, die der Verkäufer zu beweisen habe.
38 BGH 19. 6. 1996, DAR 1996, 361; 23. 11. 1994, NJW 1995, 516; OLG Köln 20. 9. 1982, MDR 1983, 402; OLG Nürnberg 17. 4. 1980, DAR 1980, 345; LG Köln 28. 3. 1985 – 85 O 202/84 – n. v.; Urt. 20. 2. 1986 – 2 O 372/85 – n. v. – Behauptung des Verkäufers, die Undichtigkeiten des Fahrzeugs seien auf einen Unfall zurückzuführen und deshalb von der Gewährleistung ausgenommen –; AG Köln 25. 4. 1979 – 114 C 1629/78 – n. v.; *Limbach,* MDR 1967, 87, 88; *Baumgärtel,* Handbuch der Beweislast im Privatrecht, Band 1, § 459 Rn 15; *Winterfeld,* DAR 1985, 65 ff.; a. A. OLG Köln 14. 3. 1966, DAR 1966, 267; OLG Bamberg 6. 3. 1974, DAR 1974, 188; LG Aachen 15. 2. 1980 – 5 S 6/80; LG Köln 4. 2. 1976 – 13 S 87/75; *Westermann,* MünchKomm, § 459 Rn 100; *Mezger,* BGB-RGRK, § 459 Rn 28, 33.
39 Zu letzteren OLG Celle 29. 1. 1998, OLGR 1998, 171.
40 So der Sachverhalt des BGH-Urteils vom 19. 6. 1996, DAR 1996, 361.
41 Verwendet vom OLG Frankfurt 28. 3. 1985, MDR 1985, 672 und vom OLG Celle 2. 12. 1993, OLGR 1994, 49.

stungsausschlüsse für auf natürlichem Verschleiß, unsachgemäßer Behandlung, verspäteter Mängelanzeige usw. beruhende Fehler wären entbehrlich, wenn nach dem Willen der Verfasser der Käufer im Fall des Auftretens von Mängeln innerhalb der Jahresfrist ohnehin beweisen müsste, dass diese bereits zum Zeitpunkt des Gefahrübergangs vorhanden waren, da die Beweisführung den Negativbeweis in Form des Nichtvorliegens von Ausschlussgründen einschließen würde. Die Ausschlussgründe sind lediglich ein Beleg dafür, dass nach dem Willen der Verfasser der NWVB eine Bestands- oder Haltbarkeitsgarantie des Verkäufers gewollt ist. Über die Verteilung der Beweislast trifft die Klausel jedoch keine Aussage.

Beweist der Händler einen die Gewährleistung ausschließenden Tatbestand,[42] obliegt dem **Käufer** der **Nachweis des fehlenden Ursachenzusammenhangs**.[43]

4. Reichweite und Grenzen der vertraglichen Gewährleistung

Abschn. VII, Ziff. 2 NWVB stellt klar, dass der Käufer nicht nur Anspruch auf Beseitigung des Fehlers, sondern auch auf Beseitigung der **durch den Fehler** an **anderen Teilen** des Fahrzeugs **verursachten Schäden** besitzt, was nicht immer als selbstverständlich angesehen wird.[44] **539**

Von der Gewährleistung ausgenommen ist der **natürliche Verschleiß** des Fahrzeugs (Abschn. VII, Ziff. 7 NWVB). Da Art und Intensität der Nutzung von Käufer zu Käufer verschieden sind, stößt die Abgrenzung zwischen Mangel und Verschleiß manchmal auf Schwierigkeiten. **Zweifel** bei der Auslegung gehen gem. § 5 AGB-Gesetz **zu Lasten des Verwenders**.[45] **540**

Selten treten Probleme bei den **typischen Verschleißteilen** auf, deren Erneuerung entweder in vorgegebenen Zeitabständen oder nach einer gewissen Fahrleistung erforderlich wird. Typische Verschleißteile sind z. B. Bremsbeläge, Zündkerzen, Unterbrecherkontakte, Glühbirnen, Scheibenwischerblätter und Bereifung. Im weitesten Sinne gehören wohl auch Stoßdämpfer und Kupplungsscheiben zu den Verschleißteilen, weil sie normalerweise die Lebensdauer des Fahrzeugs nicht erreichen.

Zwar erstreckt sich die Gewährleistung des Verkäufers auch auf die genannten Verschleißteile, jedoch muss sie vernünftigerweise auf die zu erwartende übliche oder laut Beschreibung vorgesehene Gebrauchsdauer begrenzt werden. Ausgeschlossen von der Gewährleistung ist nur der **natürliche** Verschleiß. Das bedeutet, dass der Verkäufer für einen **mängelbedingten** Verschleiß einzustehen hat, z. B. bei einseitiger Abnutzung eines Reifens infolge fehlerhafter Achsstellung der Räder. Andererseits haftet der Verkäufer nicht für außergewöhnlichen Verschleiß, der durch bestimmungswidrigen und unsachgemäßen Gebrauch verursacht wird.

Es kommt nicht selten vor, dass mit geschäftlich genutzten Fahrzeugen bereits während des ersten Jahres 100 000 km und mehr zurückgelegt werden. In solchen Fällen bereitet die **Grenzziehung** zwischen **natürlichen Verschleißmängeln** und **Fehlerhaftigkeit** im Sinne der Gewährleistungsregelung Schwierigkeiten. **541**

Beispiele aus der Rechtsprechung:
– Das AG Köln[46] entschied, ein innerhalb eines Jahres bei einer Laufleistung von 218 095 km aufgetretener Zylinderkopfschaden mit einem Reparaturaufwand von etwa

---

42 So geschehen im Falle des OLG Celle, Urt. v. 29. 1. 1998, OLGR 1998, 171.
43 LG Köln 1. 4. 1980 – 72 O 406/79 – n. v.
44 A. A. z. B. AG Köln 4. 6. 1987 – 117 C 114/87 – n. v., das feststellte, eine Garantie, mit der ein Hersteller kostenlose Reparatur oder kostenlosen Ersatz des fehlerhaften Teiles zusage, begründe nicht dessen Verpflichtung zur Übernahme mittelbarer Fahrzeugschäden, hier Ersatz der Kosten für die Neueinstellung und Vermessung der Hinterachse und Reifenersatz wegen eines Garantie-Hinterachsschadens.
45 LG Köln 28. 3. 1985 – 85 O 202/84 – n. v.
46 Urt. 7. 5. 1986 – 114 C 348/84 – n. v.

3000 DM sei nicht Folge eines natürlichen Verschleißes, sondern ein Mangel im Sinne der Gewährleistung. Die hohe Laufleistung lasse die Gewährleistungspflicht nicht entfallen, da sie ohne jegliche km-Begrenzung erteilt worden sei und sich ein Ausschluss auch nicht aus der Natur der Sache ergebe.

- Über extrem gelagerte Fälle hatten zwei verschiedene Kammern des LG Köln zu befinden. In einem Falle waren an drei vom Verkäufer stark beanspruchten Neufahrzeugen vor Ablauf der Jahresfrist folgende Schäden aufgetreten: Bei 92 000 km Motordefekt, der den Austausch der Maschine erforderlich machte, bei 98 000 km Auspuff und Steigrohr, bei 132 000 km Radlager, bei 147 000 km Zylinderkopfdichtung, bei 148 000 km Auspufftopf, bei 153 000 km Lichtmaschine und bei 206 000 km Auspuffanlage defekt. Die Kammer bejahte die Gewährleistungspflicht des Händlers in allen Fällen, indem sie feststellte, Auspuffanlage, Lichtmaschine und Radlager seien keine Verschleißteile und die aufgetretenen Schäden nicht Folge natürlichen Verschleißes.[47] Zum Motorschaden hatte der Händler einen Schaltfehler als Ursache behauptet, aber nicht beweisen können.
- In dem zweiten ähnlich gelagerten Fall waren innerhalb der Jahresfrist an einem Neuwagen bei 228 000 km der Thermostat, bei 234 000 km der Ventilator und bei 240 000 km eine Bremsscheibe, die Bremsbeläge und eine Glühkerze erneuert worden. Während der Vorderrichter auf Grund der Gewährleistungszusage des Händlers von einer besonderen Einstandsgarantie für alle binnen Jahresfrist aufgetretenen Fehler ausgegangen war, meinte das LG,[48] bei den betroffenen Teilen habe es sich um typische Verschleißteile gehandelt, und außerdem lasse eine Fahrleistung in dieser Größenordnung binnen eines Jahres den Schluss zu, dass auch in Ansehung dieser beweglichen Fahrzeugteile die vernünftigerweise zu erwartende übliche Dauer der Gebrauchstauglichkeit überschritten sei und natürlicher Verschleiß und kein mängelbedingter Verschleiß vorliege.

542 In der Rechtsprechung besteht keine Neigung, den in Abschn. VII, Ziff. 7 NWVB geregelten Gewährleistungsausschluss wegen solcher Fehler, die auf natürlichem Verschleiß beruhen, großzügig anzuwenden. Mit der Klausel konkurriert die Gewährleistungszusage, die bei Pkw im Gegensatz zu Nutzfahrzeugen ohne km-Begrenzung gilt. Verbleiben **Zweifel,** ob ein Mangel auf natürlichen Verschleiß zurückzuführen ist, geht dieser Umstand zu Lasten des Verkäufers.

543 Die **Gewährleistungspflicht entfällt,** wenn der Fehler dadurch entstanden ist, dass

1. der Käufer den **Fehler nicht angezeigt** hat oder hat aufnehmen lassen (Abschn. VII, Ziff. 6 NWVB). Im Gegensatz zur Regelung des Abschn. VII, Ziff. 2a Abs. 2 NWVB reicht eine mündliche Anzeige zur Wahrung der Gewährleistungsansprüche aus.[49] Nach dem Wortlaut der jetzigen Klausel hat – wegen des Wegfalls der Verweisung auf Abschn. VII, Ziff. 2a NWVB – die Mängelanzeige bzw. -aufnahme nicht „unverzüglich" zu erfolgen. Allerdings liegt es im eigenen Interesse des Käufers, Mängel unverzüglich anzuzeigen bzw. aufnehmen zu lassen, da sich möglicherweise wegen des Hinzutretens weiterer Schadensursachen zu einem späteren Zeitpunkt der Gewährleistungsfall nicht mehr klären lässt;[50]
2. der Käufer trotz Aufforderung **nicht unverzüglich Gelegenheit zur Nachbesserung** gegeben hat. Ein Fehlverhalten des Käufers im Sinne dieser Regelung führt nur dann zum Ausschluss von Gewährleistungsansprüchen, wenn er vom Verkäufer bzw. dem in Anspruch genommenen Betrieb zuvor aufgefordert worden ist, Gelegenheit zur Nachbesserung einzuräumen. Die Aufforderung kann mündlich oder schriftlich erfolgen;
3. der Kaufgegenstand **unsachgemäß behandelt** oder überbeansprucht worden ist, z. B. bei motorsportlichen Wettbewerben;

---

47 LG Köln 28. 3. 1985 – 85 O 202/84 – n. v.; ablehnend *Creutzig,* Recht des Autokaufs, Rn 7.7.1.
48 Urt. 24. 5. 1988 – 11 S 431/87 – n. v.
49 *Creutzig,* Recht des Autokaufs, Rn 7.6.3.
50 *Creutzig,* Recht des Autokaufs, Rn 7.6.3.

4. der Kaufgegenstand zuvor in einem für den Käufer erkennbar vom Hersteller/Importeur für die Betreuung **nicht anerkannten Betrieb unsachgemäß in Stand gesetzt, gewartet oder gepflegt worden ist** und der Käufer dies erkennen musste. Durch die jetzige Klauselfassung, die den Gewährleistungsausschluss von einer „unsachgemäßen" Behandlung abhängig macht, sind die gegen die Vorgängerklausel vorgebrachten Bedenken im Hinblick auf eine unangemessene Benachteiligung des Käufers ausgeräumt. Stellt der autorisierte Betrieb fest, dass eine unsachgemäße Instandsetzung, Wartung oder Pflege vorgenommen wurde, besteht für den Käufer die Möglichkeit, sich bei der hierfür verantwortlichen Werkstatt schadlos zu halten;[51]

5. in den Kaufgegenstand **Teile eingebaut** worden sind, deren **Verwendung der Hersteller/Importeur nicht genehmigt** hat, oder der Kaufgegenstand in einer vom Hersteller/Importeur nicht genehmigten Weise verändert worden ist. Die Klausel ist nicht unbedenklich, da der Käufer häufig keine Kenntnis davon besitzt, welche Teile der Hersteller/Importeur zur Verwendung freigegeben hat;[52]

6. der Käufer die **Vorschriften** über die **Behandlung, Wartung und Pflege** des Kaufgegenstands (z. B. Betriebsanleitung) **nicht befolgt** hat. Der Inhalt der Betriebsanleitung wird mit Übergabe Bestandteil des Vertragsverhältnisses zwischen den Parteien des Kaufvertrages (§ 2 AGB-Gesetz).

Die Regelungen in Abschn. VII, Ziff. 6 NWVB sind wegen ihrer vollständigen Aufzählung exklusiv. Die Verletzung anderer als der dort ausdrücklich erwähnten Obliegenheiten führt folglich nicht zum Gewährleistungsausschluss. Allerdings sperrt die Klausel nicht den **Einwand des Mitverschuldens** gem. § 254 BGB z. B. im Falle der Weiterbenutzung des Fahrzeugs in Kenntnis eines Gewährleistungsmangels.

544

In allen genannten Fällen erlischt die Gewährleistung nur unter der weiteren Voraussetzung, dass der aufgetretene Fehler in **ursächlichem Zusammenhang** mit dem Fehlverhalten des Käufers steht.[53] Hierzu vertrat das LG Köln[54] die Ansicht, dass die Nichtvornahme gebotener Wartungsarbeiten die Gewährleistungspflicht nur ausschließt, wenn feststeht, dass der später eingetretene Schaden bei vorschriftsmäßiger Wartung und Pflege entdeckt, verhindert oder jedenfalls vermindert hätte werden können. Die sprachlich missglückte Klausel müsse weit ausgelegt werden, befand eine andere Kammer des LG Köln.[55] Gemeint sei offensichtlich nicht der ursächliche Zusammenhang zwischen dem Fehlverhalten des Käufers und dem Ursprung des Fehlers, als vielmehr die **Ursächlichkeit des Fehlverhaltens** für die **Auswirkung und Ausweitung des Fehlers**. Im konkreten Fall – so das Gericht – hätte der Händler bei der vom Käufer versäumten Inspektion den Rostbefall des Fahrzeugs aller Wahrscheinlichkeit nach bemerkt und frühzeitig und relativ mühelos etwas dagegen unternehmen können. Demzufolge sei von dem ursächlichen Zusammenhang zwischen dem Unterbleiben der Inspektion und dem Umfang der schließlich vorhandenen Unterrostungen auszugehen mit der Folge, dass die Gewährleistung erloschen sei. Soweit das Gericht dem Käufer Gewährleistung auch insoweit versagte, als der Rost bereits zu dem Zeitpunkt vorhan-

545

---

51 Zur Vorgängerklausel *Ulmer/Brandner/Hensen,* Anh. §§ 9–11, Rn 439 sowie AG Köln, Urt. 25. 4. 1979 – 114 C 1629/78 – n. v., das dem Käufer Anspruch auf Erstattung der Kosten zubilligte, die durch die Behebung eines Gewährleistungsmangels in einer nicht autorisierten Werkstatt angefallen waren, nachdem es der Händler nicht geschafft hatte, den Fehler zu beseitigen; *Reuter,* DB 1979, 2069 f.; *Löwe/Graf von Westphalen/Trinkner,* Brosch. 51.3, Rn 18.
52 *Ulmer/Brandner/Hensen,* Anh. §§ 9–11 Rn 439; a. A. *Bunte,* Handbuch der AGB, 247 Anm. 13; *Reuter,* DB 1979, 2069 ff. sowie *Creutzig,* Recht des Autokaufs, Rn 7.6.7.
53 OLG Düsseldorf 24. 10. 1996, OLGR 1997, 145.
54 Urt. 28. 3. 1985 – 85 O 202/84 – n. v.
55 Urt. 1. 4. 1980 – 72 O 406/79 – n. v.

den war, in dem die Inspektion hätte durchgeführt und der Mangel gemeldet werden müssen,[56] hat es die eigene Zielvorgabe aus dem Auge verloren.

5. Dauer der Gewährleistung und Verjährung der Gewährleistungsansprüche

a) Überblick

546 Für neue Pkw übernehmen Händler üblicherweise eine **Gewährleistung während der Dauer eines Jahres** seit Auslieferung ohne km-Begrenzung. Darüber hinausgehende Gewährleistungszeiten sind in der Praxis allerdings keine Seltenheit. Bei einigen Fabrikaten beträgt die Gewährleistung 24 Monate, bei anderen 36 Monate mit Begrenzung bis 110 000 km.[57]

Auf dem Nutzfahrzeugsektor sind **Kilometer-Begrenzungen** von 50 000 km und 100 000 km für Motor- und Antriebsaggregate nur noch selten anzutreffen. Die meisten Fabrikatshändler übernehmen auch für Nutzfahrzeuge eine Gewährleistung auf die Dauer eines Jahres ohne Kilometerbegrenzung. Bei mehrjährigen Gewährleistungszusagen entspricht die Gewährleistung für das 2. und das 3. Jahr inhaltlich nicht unbedingt der Gewährleistung, die der Händler im ersten Jahr zu erbringen hat. Fehler, die im zweiten oder dritten Jahr nach Auslieferung des Fahrzeugs auftreten, berechtigen den Käufer im Allgemeinen nicht, den Kaufvertrag zu wandeln oder den Kaufpreis zu mindern. Er besitzt lediglich Anspruch auf Nachbesserung. Auf Unzumutbarkeit kann er sich nicht berufen.

b) Gewährleistung gemäß NWVB

547 Gem. Abschn. VII, Ziff. 1 S. 1 NWVB leistet der Verkäufer Gewähr während eines Jahres seit Auslieferung des Fahrzeugs. Für **Nutzfahrzeuge** legt die Klausel die Dauer der Gewährleistung nicht allgemein fest, deshalb ist die Dauer im Einzelfall zu vereinbaren. Falls die Parteien **keine Absprache** treffen, gilt für Nutzfahrzeuge die **gesetzliche Gewährleistungsfrist** von 6 Monaten.

Die Gewährleistungsfrist beginnt mit der **Auslieferung** des Fahrzeugs durch den Händler und endet mit dem Ablauf desselben Tags im darauf folgenden Jahr (§ 188 BGB). Die Auslieferung ist erst mit der **tatsächlichen Übergabe** des Fahrzeugs erfolgt.[58] Auslieferung und Zulassung zum Straßenverkehr müssen nicht zwangsläufig zeitgleich sein. Aus dem Kontext der Regelungen in Abschn. VII, Ziff. 1 S. 1 und Abschn. VII, Ziff. 10 S. 1 NWVB ergibt sich, dass die Gewährleistungsdauer der Verjährungsfrist entspricht.

548 Eine **Verjährung** von Gewährleistungsansprüchen **vor Ablauf der Jahresfrist** ist **ausgeschlossen.** Die für selbstständige und auch für unselbstständige Garantien entwickelte Rechtsansicht, nach der unabhängig von der jeweils vereinbarten Garantiedauer die 6-monatige Verjährungsfrist des § 477 BGB mit der Entdeckung des Fehlers zu laufen beginnt und eine Verjährung – sogar – während der Garantiezeit eintreten kann, wenn die Garantiedauer die gesetzliche Verjährungsfrist überschreitet,[59] lässt sich auf die in Abschn. VII NWVB geregelte Händlergewährleistung nicht anwenden. Dies ergibt sich eindeutig aus Abschn. VII, Ziff. 10 S. 1 NWVB. Dagegen spricht außerdem die vertraglich in Abschn. VII, Ziff. 10 S. 2 NWVB geregelte Verjährungshemmung. Sie wäre überflüssig, wenn die gesetzliche Verjährung des § 477 BGB Anwendung finden würde.[60]

---

56 *Creutzig,* Recht des Autokaufs, Rn 7.6.2.
57 Vgl. Übersicht bei *Creutzig,* Recht des Autokaufs, Rn 7.1.9.
58 BGH 11. 10. 1995, DAR 1996, 21.
59 BGH 20. 12. 1978, NJW 1979, 645; dazu Rn 595.
60 BGH 19. 2. 1992, WM 1992, 661; LG Mönchengladbach 2. 8. 1994, DAR 1995, 26; *Reuter,* DB 1979, 2069; *Löwe/Graf von Westphalen/Trinkner,* Großkomm. z. AGB-Gesetz, Bd. III, Neuwagen-Verkaufsbedingungen Rn 18; a. A. *Ulmer/Brandner/Hensen,* AGB, Anh. 9–11, Rn 439; LG Frankfurt/Main 23. 10. 1997 – 2/2 O 133/96 – n. v. und nicht rechtskräftig.

Die Gewährleistungszusage

Die **Gewährleistungsfrist** und die mit ihr einhergehende Verjährungsfrist von einem Jahr erfasst **alle** in Abschnitt VII NWVB genannten **Ansprüche**.[61] Dazu gehören das Nachbesserungsrecht,[62] die Ersatzansprüche des § 476a BGB[63] und im Fall des Fehlschlagens der Nachbesserung der gesetzliche Anspruch auf Wandlung oder Minderung inkl. der auf Ersatz der Vertragskosten[64] und Verwendungen[65] gerichteten Begleitansprüche. Letztere sind ebenso wie die Ansprüche aus § 476a BGB von dem verjährungsrechtlichen Schicksal des Hauptanspruchs abhängig; ist dieser zum Zeitpunkt der Geltendmachung verjährt, sind es auch die Begleitansprüche. Dies gilt jedoch nur so lange, als das Gewährleistungsrecht noch nicht vollzogen ist.

549

Hat sich der Verkäufer mit der Wandlung oder Minderung einverstanden erklärt, verjähren die **Ansprüche** aus dem **vollzogenen Gewährleistungsrecht** in der gewöhnlichen Frist von **30 Jahren**.[66] Die **Begleitansprüche** des Käufers auf Ersatz der Vertragskosten gem. § 467 S. 2 BGB und auf Ersatz von Verwendungen, die in Abschn. VII NWVB nicht ausdrücklich erwähnt sind, beruhen auf der vollzogenen Wandlung und entstehen erst mit deren Vollziehung. Ab diesem Zeitpunkt besitzen sie den Charakter selbstständiger Leistungen und unterfallen, ebenso wie der Anspruch aus vollzogener Gewährleistung, der regelmäßigen Verjährung des § 195 BGB von 30 Jahren.[67]

550

Da im Hinblick auf den Vollzug des Gewährleistungsanspruchs die rechtskräftige Verurteilung des Verkäufers zur Leistung der Zustimmung gleichgestellt wird, gilt die gewöhnliche Verjährung von 30 Jahren in beiden Fällen.[68] Die Ansicht, eine Gleichstellung widerspreche den Grundprinzipien des Gewährleistungs- und Prozessrechts, weil eine auf Wandlung gestützte Leistungsklage nur insoweit Auswirkung auf die Verjährung der **Ansprüche aus Wandlung** haben könne, als diese eingeklagt seien,[69] übersieht, dass die Nebenansprüche ohne den Hauptanspruch nicht entstehen können und eventuell auch erst später als dieser fällig werden.

Im Zusammenhang mit den **Ansprüchen** des Käufers **aus § 476a BGB** stellt sich die Frage, ob die Verjährungsfrist von 30 Jahren gilt, wenn der Verkäufer der Nachbesserung zustimmt oder zu deren Vornahme rechtskräftig verurteilt wird. Wenn man, was nahe liegend ist, das Einverständnis des Verkäufers mit der Nachbesserung als Vollzug des ersatzweise vertraglich eingeräumten Gewährleistungsanspruchs versteht, sind keine durchgreifenden Bedenken gegen eine verjährungsrechtliche Gleichstellung der Ansprüche aus § 476a BGB mit denen aus vollzogener Wandlung ersichtlich. Zu diesem Ergebnis, jedoch mit anderer Begründung, gelangte das AG Wuppertal,[70] das die Auffassung vertrat, es handele sich bei den zum Zweck der Nachbesserung erforderlichen Aufwendungen nicht um Nebenleistungen, sondern um **selbstständige Leistungen.** Folglich verschaffe § 476a BGB, ebenso wie die der Gesetzesvorschrift nachgebildete Regelung in Abschn. VII, Ziff. 2b NWVB, dem Käufer einen Anspruch eigenständiger Art, auf den die Verjährungsregelung des § 224 BGB nicht zutreffe.[71]

551

---

61 *Creutzig,* Recht des Autokaufs, Rn 7.10.3.
62 BGH 27. 1. 1971, NJW 1971, 654, 655.
63 *Soergel/Huber,* § 476a Rn 20.
64 *Soergel/Huber,* § 467 Rn 115.
65 *Soergel/Huber,* § 467 Rn 126.
66 *Soergel/Huber,* § 467 Rn 115.
67 BGH 24. 11. 1982, BGHZ 85, 367; 8. 7. 1987, NJW-RR 1987, 1338 sowie 8. 3. 1995, ZIP 1995, 633, 634 für die Nebenkosten des § 488 BGB.
68 BGH 24. 11. 1982, BGHZ 85, 367; 24. 1. 1983, BGHZ 86, 313; 9. 3. 1983, BGHZ 87, 104, 111 f.; 8. 3. 1995, ZIP 1995, 653.
69 *Soergel/Huber,* § 467 Rn 115.
70 Urt. 25. 11. 1987, NJW-RR 1988, 1141.
71 A. A. *Soergel/Huber,* § 476a Rn 20, der die Meinung vertritt, die Verjährung des Anspruchs werde während der Dauer der Nachbesserung lediglich gehemmt.

552 Aus Abschn. VII, Ziff. 2c NWVB ergibt sich, dass für die bei der Nachbesserung **eingebauten Teile** keine selbstständigen Gewährleistungsfristen in Lauf gesetzt werden, die – je nachdem, zu welchem Zeitpunkt der Einbau erfolgt ist – die Gewährleistung aus dem Kaufvertrag verlängern oder verkürzen. Alle diese Teile werden in die bestehende Gewährleistung einbezogen.[72] Für den Lauf der das Fahrzeug betreffenden einheitlichen Verjährungsfrist ist es unerheblich, wann und wie häufig Teile im Zuge der Nachbesserung ausgewechselt werden.[73]

Da die bei der Nachbesserung eingebauten Teile im Rahmen der für das Fahrzeug bestehenden Gewährleistung ebenso wie die Arbeitsleistung kostenlos erbracht werden, sind sie nicht Gegenstand selbstständiger Lieferverträge über neu hergestellte Sachen und Leistungen im Sinne von § 11 Nr. 10 AGB-Gesetz. Folglich verstößt Abschn. VII, Ziff. 2c NWVB nicht gegen die Vorschrift des § 11 Nr. 10f AGB-Gesetz, die eine Verkürzung gesetzlicher Gewährleistungsfristen untersagt.

553 Die Begrenzung der Verjährungsfrist auf ein Jahr, die sich auf die im Zuge der Nachbesserung eingebauten Teile erstreckt, wird in der Reparaturpraxis von Ersatzteilgarantien mit eigenen Ausschluss- und Verjährungsfristen begleitet. Eine Änderung der in den NWVB geregelten Gewährleistung tritt dadurch nicht ein.

c) Verjährungshemmung gem. Abschn. VII, Ziff. 10 NWVB

aa) Eintritt der Hemmung

554 Gewährleistungsfrist, Verjährung, Verjährungshemmung und Beendigung der Hemmungswirkung sind in Abschn. VII, Ziff. 10 NWVB kompliziert verzahnt.

Grundsätzlich gilt die Gewährleistungsfrist von einem Jahr ab Auslieferung[74] des Fahrzeugs, wobei die Gewährleistungsfrist der Verjährungsfrist entspricht. Zeigt sich in diesem Zeitraum ein Gewährleistungsmangel, besteht für den Käufer die Möglichkeit, den Eintritt der Verjährung durch die Geltendmachung des Fehlers innerhalb der Jahresfrist zu hemmen. Voraussetzung hierfür ist die **ordnungsgemäße Geltendmachung** der Nachbesserungsansprüche durch schriftliche Anzeige des Mangels oder dessen Aufnahme durch den in Anspruch genommenen Betrieb.[75] Nicht formgerecht geltend gemachte Fehler können nur eine Hemmung nach § 639 Abs. 2 BGB bewirken.[76]

Der Anspruch auf Beseitigung des Mangels kann sowohl gegenüber dem **Verkäufer** als auch gegenüber **einer anderen** vom Hersteller/Importeur **autorisierten Werkstatt** geltend gemacht werden.[77] In beiden Fällen wird die Verjährung durch Anzeige oder Aufnahme des Fehlers gehemmt.

555 Bei Inanspruchnahme **eines anderen Betriebs** ist der Käufer verpflichtet, den **Verkäufer** hiervon unverzüglich schriftlich zu **unterrichten**.[78] Es stellt sich die Frage, ob die Verletzung der Informationspflicht den Eintritt der Verjährungshemmung im Sinne von Abschn. VII, Ziff. 10 NWVB verhindert. Der Verkäufer hat ein berechtigtes Interesses daran, über das gewährleistungsrechtliche Schicksal des verkauften Fahrzeugs stets aktuell im Bilde zu sein. Nur unter dieser Voraussetzung kann er in Gewährleistungsfällen unterstützend mitwirken und die Verjährungsfristen verlässlich kalkulieren. In Anbetracht dessen liegt der Gedanke nahe, dem Käufer den Verjährungsschutz von Abschn. VII, Ziff. 10 NWVB zu versagen, wenn er seiner Unterrichtungspflicht nicht nachkommt. Auf der anderen Seite genügt für die

---

72 OLG Hamm 26. 3. 1985, DAR 1985, 381.
73 *Creutzig,* Recht des Autokaufs, Rn 7.2.10.
74 Rn 547.
75 Rn 638.
76 OLG Köln, 31. 3. 1995 – 19 U 203/94 – n. v.
77 AG Charlottenburg 12. 4. 1979 – 5 C 749/78 – n. v.
78 Siehe Rn 646 und 647.

Herbeiführung der Verjährungshemmung die fristgerechte Geltendmachung des Fehlers innerhalb der Gewährleistungsfrist, und diese erfordert nach dem insoweit unmissverständlichen Wortlaut von Abschn. VII, Ziff. 2a Abs. 2 NWVB entweder die schriftliche Anzeige des Fehlers oder dessen Aufnahme durch den in Anspruch genommenen Betrieb. Die in Abschn. VII, Ziff. 2a Abs. 1 NWVB vorgeschriebene Unterrichtung des Verkäufers ist keine tatbestandliche Voraussetzung für die wirksame Geltendmachung des Nachbesserungsanspruchs. Dies ergibt sich auch aus Abschn. VII, Ziff. 6 NWVB, wonach die Gewährleistung bei einer Verletzung der Unterrichtungspflicht – anders als bei einer Versäumung der Fehleranzeige oder dessen Aufnahme durch den in Anspruch genommenen Betrieb – nicht entfällt. Aus diesen Gründen und weil der Wortlaut der Klausel von Abschn. VII, Ziff. 10 S. 1 NWVB eine restriktive Auslegung gebietet, ist es nicht gerechtfertigt, dem Käufer im Verhältnis zu seinem Verkäufer den Schutz der Verjährungshemmung zu versagen, wenn er ihn von der Einschaltung der anderen Werkstatt nicht in Kenntnis gesetzt hat.

556 Der Eintritt der Hemmung erfordert außer der ordnungsgemäßen Geltendmachung des Fehlers, dass der Käufer dem in Anspruch genommenen Betrieb „**tatsächlich**" **Gelegenheit zur Nachbesserung** einräumt. Wenn diese Voraussetzung nicht erfüllt ist, kann der Käufer seinem Verkäufer die an die andere Werkstatt gerichtete Mängelanzeige nicht verjährungshemmend entgegenhalten.[79] Zur Vermeidung von Beweisschwierigkeiten sollte der Käufer die Mängelanzeige gegen Empfangsnachweis übergeben oder sich eine Abschrift des Aufnahmeprotokolls aushändigen lassen.

bb) Dauer und Beendigung der Hemmung

557 Die Hemmung der Verjährung dauert gem. Abschn. VII, Ziff. 10 S. 2 NWVB bis zur **Beseitigung des Fehlers** an, wobei es auf den objektiven Tatbestand der Fehlerbeseitigung ankommt und nicht auf die Meinung der einen oder anderen Partei.

Beseitigt der Verkäufer nur eine von mehreren Mangelerscheinungen, nicht aber die **Fehlerursache** als solche, dauert die Verjährungshemmung bis zur vollständigen Fehlerbeseitigung an.[80] Einzelne Defekte, die auf einem Grundmangel beruhen, wie z. B. die Schadensanfälligkeit eines Getriebes wegen der auf einem Konstruktionsfehler beruhenden Gefahr von Ölverlust, sind keine isoliert zu behandelnden Sachmängel, sondern Teile eines einheitlichen Mangelkomplexes. Erhebt der Verkäufer in derartigen Fällen beim Auftreten eines Defekts nach Ablauf der Jahresfrist die Einrede der Verjährung, so hat er darzutun und zu beweisen, dass der Fehler nicht der Gewährleistung unterfällt; einfaches Bestreiten genügt nicht.[81]

558 Abschn. VII, Ziff. 10 S. 2 NWVB verschafft den Beteiligten den Vorteil, dass sie sich in aller Ruhe auch noch nach Ablauf der Jahresfrist über die Art und Weise der Fehlerbeseitigung und die zeitliche Festlegung des Reparaturtermins verständigen können, wenn der Käufer den Mangel vor Ablauf der Frist ordnungsgemäß geltend gemacht hat.[82]

559 Erfolgt die Maßnahme der Fehlerbeseitigung innerhalb der Jahresfrist, überdauert gem. Abschn. VII, Ziff. 10 S. 3 NWVB die Verjährung die Jahresfrist, wenn dem Käufer zum Zeitpunkt der Nachbesserung von der Jahresfrist nur noch weniger als drei Monate zur Verfügung stehen.[83] Hinter dieser Regelung steckt die Idee, dass dem Käufer grundsätzlich ein Mindestzeitraum von weiteren drei Monaten verbleiben soll, in dem er das **Fahrzeug beobachten** und sich von dem Erfolg der Nachbesserung ein Bild machen kann. Im Fall des

---

79 LG Köln 3. 11. 1982 – 19 S 199/82 – n. v.
80 BGH 15. 6. 1989, NJW 1989, 2753.
81 LG Köln 5. 2. 1992 – 13 S 178/91 – n. v.
82 BGH 19. 2. 1992, WM 1992, 661; OLG Hamm 26. 3. 1985, DAR 1985, 380; OLG Köln 31. 3. 1995, VersR 1996, 1419.
83 OLG Karlsruhe 16. 7. 1997 – 13 U 222/96 – n. v.

Einbaus neuer Teile ist ein Zeitraum von drei Monaten außerdem für die Überprüfung erforderlich, ob das neue Teil als solches mangelfrei ist.[84]

560 Die Verjährungsfrist von 3 Monaten wird durch die **Erklärung in Lauf** gesetzt, der **Fehler sei beseitigt** oder es liege **kein Fehler** vor. Nur auf diese Weise kann der fortdauernden Verjährungshemmung ein Ende gesetzt werden. Die Klausel schafft klare Verhältnisse nach Ablauf der Frist von drei Monaten. Insbesondere in den Fällen, in denen ungewiss oder streitig ist, ob der Fehler tatsächlich behoben wurde, empfiehlt es sich, von der Erklärung der Fehlerbeseitigung Gebrauch zu machen.

Unter der Voraussetzung, dass der in Anspruch genommene Betrieb die Fehlerbeseitigung oder Fehlanzeige erklärt, verjähren Gewährleistungsansprüche des Käufers wegen des gerügten Mangels mit Ablauf der Jahresfrist, wenn die Erklärung spätestens bis zum Ablauf des 9. Monats abgegeben wird. Erfolgt sie später – in der Zeit zwischen dem 9. und dem 12. Monat –, läuft ab diesem Zeitpunkt die Verjährungsfrist von 3 Monaten, die die Jahresfrist entsprechend überdauert.

Gibt der in Anspruch genommene Betrieb **keine Erklärung** im Sinne von Abschn. VII, Ziff. 10 S. 3 NWVB ab, **bleibt** die durch die Geltendmachung der Gewährleistung ausgelöste **Verjährungshemmung bestehen.** Der Käufer kann auf die Gewährleistung zurückgreifen, auch wenn sich erst nach Ablauf des 3. Monats herausstellt, dass die Nachbesserung erfolglos geblieben ist.

561 Die Beendigung der die Verjährung hemmenden Wirkung mit der Folge des Auslösens der dreimonatigen Verjährungsfrist kann nach der Neufassung von Abschn. VII, Ziff. 10 S. 3 NWVB außer dem Verkäufer auch der andere auf Erbringung von Gewährleistung in Anspruch genommene Betrieb herbeiführen.[85] Es muss sich um einen vom Hersteller/Importeur für die Betreuung des Kaufgegenstandes anerkannten Betrieb im Sinne von Abschn. VII, Ziff. 2a NWVB handeln.

562 Da die ab dem Zeitpunkt der Erklärung des Verkäufers oder des anderen Betriebs laufende **Verjährungsfrist** gem. Abschn. VII, Ziff. 10 S. 3 NWVB lediglich drei Monate beträgt, wird die Ansicht vertreten, die Regelung beinhalte eine unzulässige **Verkürzung** der **gesetzlichen** Verjährungsfrist und sei deshalb wegen Verstoßes gegen § 11 Nr. 10f AGB-Gesetz unwirksam.[86] Die gem. § 11 Nr. 10f AGB-Gesetz zwingende Mindestfrist[87] von 6 Monaten (§ 477 BGB) wird durch Abschn. VII, Ziff. 10 S. 3 NWVB nicht unterlaufen. Von der dreimonatigen Frist sind nach dem eindeutigen Wortlaut der Klausel nur solche Fehler betroffen, die innerhalb der Gewährleistungsfrist von einem Jahr geltend gemacht und bis zu deren Ablauf nicht beseitigt worden sind. Die dreimonatige Frist, die durch die Erklärung i. S. der Regelung von Abschn. VII, Ziff. 10 S. 3 NWVB in Gang gesetzt wird, macht somit nur Sinn für die Zeit danach. Bei objektiver Auslegung ist die Klausel nur als Einschränkung der im vorhergehenden Satz 2 geregelten Hemmung der Verjährung zu verstehen. Die Bezugnahme macht deutlich, dass die auf ein Jahr verlängerte Gewährleistungsfrist nicht verkürzt werden soll. Mit der Klausel soll für den Verkäufer und den in Anspruch genommenen Betrieb lediglich die sachgerechte Möglichkeit geschaffen werden, die vom Käufer allein schon durch die Geltendmachung des Fehlers bewirkte Hemmung der Verjährung wieder zu beseitigen.[88] Da sich ihr Regelungsgehalt darauf beschränkt, ist die Klausel im Hinblick auf § 11 Nr. 10 AGB-Gesetz unbedenklich.

---

84 OLG Hamm 26. 3. 1985, DAR 1985, 381.
85 OLG Köln 31. 3. 1995, VersR 1996, 1419; schon früher LG Frankfurt 22. 1. 1985, DAR 1985, 290.
86 LG Köln, Urt. 11. 1. 1995 – 20 O 212/93 – n. v.; LG Frankfurt a.M. Urt. 23. 10. 1997 – 2/2 O 133/96 – n. v. nicht rechtskräftig; *Ulmer/Brandner/Hensen*, Anh. §§ 9–11 Rn 439.
87 BGH 19. 2. 1992, WM 1992, 661.
88 BGH 19. 2. 1992, WM 1992, 661; OLG Karlsruhe 16. 7. 1997 – 13 U 222/96 – n. v.

Die Gewährleistungszusage

Die in Abschn. VII, Ziff. 1 NWVB vorgesehene Jahresfrist verlängert sich nicht um die Zeit, die zwischen Geltendmachung und Beseitigung des Fehlers vergeht. Dies folgt aus Abschn. VII, Ziff. 10 S. 3 NWVB, wo es heißt, dass die Verjährungsfrist drei Monate **nach der Erklärung** der Fehlerbeseitigung endet. Die aus der sprachlich missglückten Vorgängerklausel vom LG Mönchengladbach[89] abgeleitete Schlussfolgerung, ab der Erklärung der Werkstatt, der Fehler sei beseitigt bzw. es liege kein Fehler vor, laufe die Frist zweiphasig weiter, und zwar zunächst der Rest der Jahresfrist, sodann die Dreimonatsfrist, lässt sich mit dem Wortlaut der jetzigen Klauselfassung nicht in Übereinstimmung bringen.

Die Feststellung, dass der Zeitraum, der zwischen der Geltendmachung und der Beseitigung des Fehlers liegt, die Jahresfrist nicht verlängert, beschränkt sich auf die durch Abschn. VII, Ziff. 10 S. 2 NWVB herbeigeführte Verjährungshemmung und **gilt nicht** für die **gesetzliche Verjährungshemmung** gem. § 639 Abs. 2 BGB.[90] Diese Einschränkung ergibt sich aus dem geänderten Wortlaut der in Abschn. VII, Ziff. 10 S. 3 NWVB enthaltenen Regelung, die exklusiv Bezug nimmt auf die Fälle des Satzes 2 und somit die gesetzliche Verjährungshemmung nicht betrifft. In Anbetracht dessen erweist sich die Ansicht, die gesetzliche Verjährungshemmung des § 639 Abs. 2 BGB werde durch die Klausel ausgeschaltet,[91] als haltlos.[92]

cc) Erklärung der Fehlerbeseitigung/Fehlanzeige

Für die Erklärung der Fehlerbeseitigung oder Fehlanzeige ist **keine Form** vorgeschrieben. Um die Beweisführung zu erleichtern, empfiehlt es sich, die Erklärung schriftlich gegen Erteilung einer Empfangsquittung abzugeben.

Der **Käufer** kann **keine Erklärung** gem. **Abschn. VII, Ziff. 10 S. 3 NWVB abgeben.** Seine Äußerung, die von ihm gerügten Fehler seien ordnungsgemäß beseitigt worden, beendet nicht die Verjährungshemmung und schließt die spätere Geltendmachung von weiteren Gewährleistungsansprüchen wegen des gerügten Mangels nicht aus.[93] Eine fortwirkende Hemmung der Verjährung im Sinne von Abschn. VII, Ziff. 10 S. 3 NWVB ist nach Meinung des OLG Düsseldorf[94] nicht anzunehmen, wenn der Käufer im Prozess mit Geständniswirkung einräumt, der Mangel in Form einer Undichtigkeit des Faltdachs seines Pkw sei beseitigt worden und mehr als ein Jahr später geltend macht, die Nachbesserung habe nicht zu einer nachhaltigen Beseitigung des Mangels geführt, weil weiterhin Wasser eindringe. Der erkennende 22. Senat bewertete das Vorbringen als Rüge eines neuen – schon verjährten – Mangels, da er es nicht als erwiesen ansah, dass ein Konstruktionsfehler vorlag, mit dem das Fahrzeug von vornherein behaftet war. Er verkennt, dass die vom Käufer bereits vorprozessual vorgebrachte Mängelrüge alle in Frage kommenden Fehlerursachen in verjährungshemmender Weise unabhängig davon erfasste, ob sie auf einem Konstruktionsfehler oder auf Verarbeitungsmängeln beruhten.

Rechtsprechung:
– Die Erklärung des Werkstattleiters, er **hoffe, den Fehler nunmehr abgestellt zu haben,** hat der 22. Senat des OLG Köln[95] als Erklärung im Sinne von Abschn. VII, Ziff. 10 S. 3 NWVB gelten lassen, weil sich der Äußerung nicht entnehmen lasse, dass er etwa nicht von der Beseitigung des Fehlers ausgegangen sei. Das Urteil stößt auf Bedenken, da die Klausel für subjektive Einschränkungen keinen Spielraum belässt. Solche Äußerungen erwecken beim Käufer eher den Eindruck, dass die Werkstatt nicht ganz sicher ist, ob sie den Fehler tatsächlich beseitigt hat.

---

89 Urt. 2. 8. 1994, DAR 1995, 26.
90 So schon OLG Hamm 25. 4. 1985, DAR 1985, 380 zur Vorgängerklausel; a. A. LG Köln, Urt. 31. 10. 1991 – 2 O 98/89 – n. v.
91 *Ulmer/Brandner/Hensen*, Anh. §§ 9–11 Rn 439.
92 *Creutzig*, Recht des Autokaufs, Rn 7.10.2.
93 OLG München 22. 9. 1983, MDR 1984, 141.
94 Urt. 10. 11. 1995, OLGR 1996, 102.
95 Urt. 15. 9. 1998 – 22 U 265/97 – n. v.

- Nach Ansicht des LG Köln[96] reicht es für eine Beendigung der Verjährungshemmung aus, wenn die auf Nachbesserung in Anspruch genommene Werkstatt im Anschluss an den vergeblichen Versuch, eine Kostenübernahme durch den Hersteller/Importeur herbeizuführen, dem Käufer eine **Reparaturrechnung übersendet.** Ein solches Verhalten sei bei verständiger Würdigung nur so zu deuten, als wolle der Betrieb damit zum Ausdruck bringen, dass ein Fehler im Sinne der Gewährleistung nicht vorhanden sei. Auf gleicher Linie liegt eine Entscheidung des OLG Stuttgart,[97] das den Rechnungsvermerk „Kostenübernahme in Kulanz abgelehnt, da Kundenverschulden" als Erklärung im Sinne von Abschn. VII, Ziff. 10 S. 3 NWVB genügen ließ.
- Als nicht ausreichend im Sinne von Abschn. VII, Ziff. 10 S. 3 NWVB ist die Erklärung anzusehen, die Fehlersuche sei erfolglos geblieben, es sei aber **vorsorglich eine neue Dichtung eingebaut** worden.[98]
- Die **Ablehnung** eines **berechtigten Nachbesserungsverlangens** ist nicht geeignet, die Beendigung der Verjährungshemmung herbeizuführen, da sie der Erklärung, der Fehler sei beseitigt oder es liege kein Fehler vor, nicht gleichgesetzt werden kann.[99]
- Kommen Käufer und Werkstatt überein, in puncto Nachbesserung **nichts mehr zu unternehmen,** endet die Hemmung der Verjährung. Der einverständliche Entschluss steht einer einseitigen Erklärung der Werkstatt – es sei nicht mehr nachzubessern – gleich.[100]
- Führt der Verkäufer nach Eintritt der Verjährung aus **Kulanz** Mängelbeseitigungsarbeiten durch, so setzt eine im Anschluss daran von ihm abgegebene Erklärung, der Fehler sei beseitigt oder es liege kein Fehler vor, keine neue dreimonatige Verjährungsfrist in Lauf.[101]

d) Hemmung der Verjährung kraft Gesetzes

566 Auf kaufrechtliche **Verträge mit Nachbesserungsrecht** ist **§ 639 Abs. 2 BGB entsprechend** anzuwenden.[102]

Eine die Verjährung hemmende Wirkung entsprechend **§ 639 Abs. 2 BGB** tritt auch dann ein, wenn die Parteien zwar kein Nachbesserungsrecht vereinbart haben, der **Verkäufer** sich aber auf eine **Nachbesserung einlässt.** Insoweit trifft der hinter § 639 Abs. 2 BGB stehende Zweck, durch Nachbesserungsbereitschaft des Verkäufers die gütliche Vertragsabwicklung zu fördern und den Käufer nicht zu zwingen, durch Klage oder in anderer Weise die Verjährung zu unterbrechen, auch bei den Parteien eines Kaufvertrags zu.[103]

Die gesetzliche Verjährungshemmung des § 639 Abs. 2 BGB unterscheidet sich von der vertraglichen Regelung in Abschn. VII, Ziff. 10 NWVB dadurch, dass die Verjährung nicht schon mit der Geltendmachung des Mangels gehemmt wird, sondern erst in dem Augenblick, in dem sich die **Parteien darauf verständigen,** dass die Werkstatt sich der **Prüfung und der Beseitigung** des **Mangels** unterziehen soll.[104] Auf den Zeitpunkt der tatsächlichen Inangriffnahme der Nachbesserung kommt es dabei nicht an. Erteilt der Verkäufer sein Einverständnis, den Fehler anhand eines vom Käufer in Auftrag gegebenen Gutachtens zu prüfen, dann wird die Verjährung bereits mit dieser Erklärung und nicht erst mit dem Zugang des Gutach-

---

96 Urt. 7. 6. 1989 – 13 S 71/87 – n. v.
97 Urt. 5. 11. 1997 – 4 U 131/97.
98 OLG Saarbrücken 26. 3. 1996, NJW-RR 1423.
99 AG Charlottenburg Urt. 12. 4. 1979 – 5 C 749/78 – n. v.
100 OLG Köln, Urt. 31. 3. 1995, VersR 1996, 1419.
101 LG Mönchengladbach 2. 8. 1994, DAR 1995, 26, 27; der Rechtsstreit wurde in 2. Instanz vor dem OLG Düsseldorf – 8 U 120/94 – verglichen.
102 BGH 8. 2. 1984, WM 1984, 479; 6. 6. 1984, WM 1984, 1092; 8. 7. 1997, WM 1987, 1200; OLG Köln 31. 3. 1995, VersR 1996, 1419; OLG Frankfurt 30. 6. 1982, BB 1983, 151; *Soergel/Huber,* § 476a Rn 20.
103 BGH 8. 2. 1984, BB 1984, 1897.
104 BGH 20. 11. 1996, EBE 1997, 44.

tens beim Verkäufer gehemmt. Die Hemmung der Verjährung kraft Gesetzes betrifft nur diejenigen Mängel, die Gegenstand der Nachbesserungsvereinbarung sind.[105] Erfasst werden aber alle Mängel, die auf dasselbe Erscheinungsbild zurückzuführen sind.[106]

Unterschiedlich sind die Voraussetzungen für die **Beendigung** der Verjährungshemmung: Während nach der vertraglichen Regelung die Verjährung ab der Mängelbeseitigung weiterläuft, endet die Verjährungshemmung des § 639 Abs. 2 BGB in dem Augenblick, in dem die Werkstatt das **Ergebnis der Prüfung mitteilt,** den Mangel für beseitigt erklärt oder die Fortsetzung der Beseitigung ablehnt. 567

Die Erklärung des Verkäufers, er habe eine Nachbesserungsmaßnahme durchgeführt, die eigentlich nicht notwendig gewesen sei, beendet nicht die gem. § 639 Abs. 2 eingetretene Verjährungshemmung, da er damit zu verstehen gibt, dass er eine zur nachhaltigen Beseitigung des Fehlers nicht geeignete Maßnahme ergriffen hat.[107]

Verschiedene Nachbesserungstermine, die sich über Wochen erstrecken, bewirken keine Verjährungshemmung während des gesamten Zeitraums, wenn der in Anspruch genommene Händler jeweils am selben Tag, an dem sich das Fahrzeug in seiner Werkstatt befunden hat, zu dem Ergebnis gelangt ist, es sei nichts zu veranlassen.[108] Die Einzeltermine sind nur dann zu einem einheitlichen, sich über den gesamten Zeitraum hinziehenden Nachbesserungsversuch zusammenzufassen, wenn beide Parteien die verschiedenen Einzelakte als Einheit betrachtet haben.[109]

Nach Meinung des OLG Frankfurt[110] bewirkt die bloße Erstellung und Einreichung eines **Kulanzantrags** an den Fahrzeughersteller **keine Verjährungshemmung** i. S. v. § 639 Abs. 2 BGB. Vielmehr enthält die Verweisung auf den Kulanzweg konkludent die Erklärung des in Anspruch genommenen Betriebs, selbst nicht gewährleistungspflichtig zu sein. Eine Hemmung der Verjährung tritt nicht ein, wenn der **Händler der Ansicht** ist, es liege **kein Mangel** vor, und er dem auf der Geltendmachung der Gewährleistungsansprüche nach wie vor beharrenden Käufer anheim stellt, einen neutralen Sachverständigen mit der Untersuchung des Fahrzeugs zu beauftragen.[111] 568

Unwirksam sind **AGB,** die besagen, dass die Erbringung von Gewährleistung die Gewährleistungsfrist nicht verlängert, da sie nicht dem Umstand Rechnung tragen, dass nach ständiger Rechtsprechung die Verjährung in entsprechender Anwendung von § 639 Abs. 2 BGB gehemmt ist, wenn und solange der Verkäufer sich im Einverständnis mit dem Käufer der Prüfung des Vorhandenseins eines Mangels und seiner Beseitigung unterzieht.[112] In Bezug auf die subsidiäre Eigenhaftung des Händlers ruht die Verjährung, solange der Käufer im Rahmen der Dritthaftungsklausel Gewährleistungsansprüche – wegen Fremdaufbauten – gegenüber dem Hersteller/Importeur geltend macht.[113]

e) Unterbrechung der Verjährung durch Anerkenntnis

Allein aus der Tatsache, dass der Verkäufer innerhalb der Gewährleistungsfrist kostenlos nachgebessert hat, lässt sich ein **stillschweigendes Anerkenntnis** nicht ohne weiteres ableiten.[114] Wegen der insoweit vom Gesetzgeber getroffenen Spezialregelung in § 639 Abs. 2 569

---

105 BGH 20. 11. 1996, EBE 1997, 44.
106 OLG Köln 31. 3. 1995, VersR 1996, 1373; dazu Rn 642.
107 OLG Köln 31. 3. 1995, VersR 1995, 1373.
108 OLG Köln 31. 3. 1995, VersR 1996, 1419.
109 BGH 19. 2. 1992, NJW 1992, 1236.
110 Urt. 4. 6. 1986, DAR 1986, 323.
111 OLG Köln 24. 11. 1994, OLGR 1995, 113.
112 BGH 10. 12. 1980, NJW 1981, 867 ff.
113 *Löwe/Graf von Westphalen/Trinkner,* § 11 Nr. 10a Rn 40.
114 BGH 15. 6. 1967, NJW 1967, 2005 ff.

BGB sind an ein Anerkenntnis hohe Anforderungen zu stellen. Ein Anerkenntnis **erfordert** andererseits **keine rechtsgeschäftliche Erklärung** des Verkäufers.[115] Es genügt ein **schlüssiges Verhalten,** aus dem sich klar und unzweideutig das Bewusstsein von dem Bestehen der Gewährleistungsschuld ergibt und angesichts dessen der Berechtigte darauf vertrauen darf, dass sich die andere Partei nicht nach Ablauf der Verjährungsfrist alsbald auf Verjährung berufen wird.[116]

Ob in der Vornahme einer **Nachbesserung** ein **Anerkenntnis** der Gewährleistungspflicht des Verkäufers liegt, ist unter **Würdigung der Gesamtumstände** zu entscheiden. Der Verpflichtete darf seine Leistung nicht nur aus **Kulanz** oder zur möglichen **Beilegung** einer **streitigen Auseinandersetzung** anbieten.[117] Aus Sicht des Käufers muss der Verkäufer in dem **Bewusstsein handeln,** zur **Nachbesserung verpflichtet** zu sein. Erheblich sind vor allem der **Umfang,** die **Dauer** und die **Kosten** der Mängelbeseitigungsarbeiten. Es darf sich **nicht** um die Vornahme nur **unwesentlicher** Nachbesserungsarbeiten handeln.[118]

570 Die an ein **Anerkenntnis** zu stellenden Anforderungen können erfüllt sein,

– wenn der Verkäufer erklärt, er werde das Fahrzeug anhand des vom Käufer vorgelegten Gutachtens unter Hinzuziehung eines Kundendienst-Mitarbeiters des Herstellers prüfen und habe für die Mängelbeseitigung einen Zeitraum von einem Monat vorgesehen,[119]

– wenn der Verkäufer im Anschluss an besonders eindringliche Hinweise des Gewährleistungsberechtigten auf die Pflicht zur Mängelbeseitigung zwei Nachbesserungsversuche unternimmt.[120]

– wenn der Verkäufer unter den genannten Voraussetzungen insgesamt vier Nachbesserungen in dem Bewusstsein vorgenommen hat, hierzu auf Grund bestehender Gewährleistung verpflichtet zu sein.[121]

571 Ein auf **bestimmte Mängel** beschränktes Anerkenntnis unterbricht nicht die Verjährung für andere Fehler. Das Anerkenntnis eines Gewährleistungsanspruchs bewirkt die Unterbrechung der Verjährung der anderen – vertraglichen und gesetzlichen – Gewährleistungsansprüche.[122]

Die **Hemmung** der Verjährung schließt eine gleichzeitige **Unterbrechung** nicht aus. Hemmung und Unterbrechung können zusammentreffen.[123] Falls die Unterbrechung zugleich mit der Hemmung oder später eintritt, läuft die neue Verjährungsfrist erst von dem Ende der Hemmung an. Rügt der Käufer beispielsweise einen Monat vor Ablauf der Jahresgewährleistung berechtigterweise einen Mangel, so wird wegen dieses Fehlers die Verjährung gem. Abschnitt VII, Ziff. 10 NWVB gehemmt. Falls nun der Händler seine Gewährleistungspflicht bezüglich des Mangels ausdrücklich anerkennt, wird die Verjährungsfrist zusätzlich unterbrochen. Erst von dem Zeitpunkt an, in dem die Hemmungswirkung entfällt, beginnt die neue Verjährungsfrist.

---

115 BGH 6. 4. 1965, NJW 1965, 1430.
116 BGH 8. 7. 1987, NJW 1988, 254 f.; 3. 12. 1987, NJW-RR 1988, 684; 30. 9. 1993, NJW-RR 1994, 373; OLG Köln 13. 3. 1998, NJW-RR 1998, 1587 zur Aufrechnung des Verkäufers mit Restkaufpreisanspruch gegenüber dem Gewährleistungsanspruch des Käufers nach Anerkennung des Gewährleistungsmangels.
117 BGH 2. 6. 1999, DAR 1999, 500; 8. 7. 1987, NJW 1988, 254 ff.
118 BGH 2. 6. 1999, DAR 1999, 500.
119 BGH 3. 12. 1987, NJW-RR 1988, 684.
120 OLG Hamm 24. 10. 1989 – 26 U 111/89 – n. v.; siehe auch OLG Köln 31. 3. 1995, VersR 1996, 1373.
121 BGH 2. 6. 1999, DAR 1999, 500.
122 BGH 22. 5. 1963, LM Nr. 6 zu § 477 BGB.
123 BGH 23. 11. 1989, NJW 1990, 826 m. w. N.

f) Verlängerung der Verjährungsfrist durch Vereinbarung

Die Parteien können die Verjährung durch Vereinbarung beliebig verlängern. Möglich ist auch ein befristeter Verzicht des Verkäufers auf die Einrede der Verjährung. Die Verjährungsfrist ist gehemmt, wenn die Parteien ein **Stillhalteabkommen verabreden,** etwa dergestalt, dass mit der Wandlungsklage gewartet werden soll, bis diese als Widerklage im Rahmen der durch Mahnbescheid bereits eingeleiteten Klage auf Kaufpreiszahlung geltend gemacht werden kann.[124] **572**

Nach einer Entscheidung des OLG Celle[125] erstreckt sich eine vom Generalimporteur fabrikneuer Kraftfahrzeuge nach dem Ausscheiden des Verkäufers aus dem Händlernetz abgegebene Erklärung, die Garantie für den Motor werde um ein Jahr verlängert, aus der insoweit maßgeblichen Sicht des Käufers auch auf die vom Verkäufer zugesagte Gewährleistung, wenn nur noch der Generalimporteur dem Käufer als Ansprechpartner zur Verfügung steht und dieser die Gewährleistung von der Fristverlängerung nicht ausdrücklich ausschließt.

Verpflichtet sich der Händler verbindlich, einen Mangel bis zu einem bestimmten Termin zu beseitigen, und ist der Käufer einverstanden, so kann darin nach Ansicht des OLG Köln[126] die **Einigung** i. S. **eines Vollzugs des Gewährleistungsanspruchs** liegen. Die daraus resultierenden Ansprüche unterliegen nicht der kurzen Verjährung des § 477 BGB, sondern der regelmäßigen Verjährungsfrist des § 195 BGB.

g) Rechtsmissbräuchliche Berufung auf die Einrede der Verjährung

Wenn sich ein durch Nachbesserung scheinbar behobener Gewährleistungsmangel erst später zeigt, kann die Verjährungseinrede gegen **Treu und Glauben** im redlichen Geschäftsverkehr verstoßen. Diese Voraussetzungen sah das LG Köln[127] in einem Fall als gegeben an, in dem der Händler im Dezember des Jahres gegen Ende der Gewährleistungsfrist an einem Fahrzeug eine Volllackierung vorgenommen hatte, die sich im Mai des Folgejahres als mangelhaft herausstellte. Es liegt auf der Hand, dass die dreimonatige Anschlussverjährung nicht für solche Ansprüche gelten kann, die erst später entstehen, wie etwa durch eine gewährleistungsbedingte Folgewartung im Sinne von Abschn. VII, Ziff. 2b Abs. 2 NWVB nach einer bestimmten Laufleistung, die erst nach Ablauf von 3 Monaten seit Vornahme der zu Grunde liegenden Gewährleistungsarbeit vom Käufer erreicht wird. **573**

Die Geltendmachung der Verjährung stellt immer dann einen Verstoß gegen Treu und Glauben dar, wenn der Verkäufer den Käufer veranlasst hat, von rechtzeitiger Klageerhebung abzusehen. Nicht erforderlich ist, dass er den Käufer absichtlich über das Ende der Verjährung hingehalten hat.[128] Mit der Verjährungseinrede ist der Verkäufer nicht zu hören, wenn der Käufer im Vertrauen auf die Ordnungsgemäßheit der angebotenen Nachbesserung einstweilen von der gerichtlichen Geltendmachung der Gewährleistungsansprüche Abstand genommen hat.[129] **574**

Falls der Verkäufer aus **Kulanz** nach Verjährungseintritt einen Mängelbeseitigungsversuch unternimmt, verstößt er nicht gegen Treu und Glauben, wenn er sich in einem anschließenden Gewährleistungsprozess auf Verjährung beruft.[130] **575**

---

124 OLG Köln 31. 3. 1995, VersR 1996, 1373.
125 Urt. 2. 12. 1993, OLGR 1994, 49.
126 OLG Köln 29. 3. 1995, OLGR 1995, 162.
127 Urt. 18. 10. 1979 – 6 O 279/78 – n. v.
128 *Palandt/Heinrichs,* Überbl. vor § 194 Rn 10.
129 LG Bonn 22. 9. 1977 – 8 O 159/77 – n. v.
130 LG Mönchengladbach, 2. 8. 1994, DAR 1995, 26.

h) Unterbrechung der Verjährung durch Einleitung eines selbstständigen Beweisverfahrens

576 Die Herbeiführung der Verjährungsunterbrechung durch Klage oder Mahnbescheid ist wenig sinnvoll, solange der Mangel ungeklärt oder umstritten ist. In diesen Fällen bietet sich die Einleitung eines selbstständigen Beweisverfahrens an. Mit dem Eingang der Antragsschrift bei Gericht wird die Verjährung gem. § 477 Abs. 2 BGB unterbrochen. Auch ein zunächst – z. B. wegen **fehlender Glaubhaftmachung** – unzulässiger Antrag unterbricht die Verjährung, wenn ihm das Gericht nach Behebung des Verfahrensmangels stattgibt.[131] Wird der **Antrag zurückgenommen** oder aus prozessualen Gründen zurückgewiesen, bleibt die Unterbrechungswirkung entsprechend § 212 Abs. 2 BGB erhalten, wenn innerhalb von 6 Monaten Klage erhoben wird.[132]

577 Das selbstständige Beweisverfahren **endet** mit dessen **sachlicher Erledigung**. Bei Einholung eines schriftlichen Gutachtens endet das Verfahren mit der Übergabe des Gutachtens an die Parteien.[133] Erläutert oder ergänzt der Sachverständige sein Gutachten, tritt die Beendigung der Unterbrechungswirkung mit dem **Verlesen** des **Protokolls** der **mündlichen Erläuterung** oder dem **Zugang** der **schriftlichen Ergänzung** ein.[134] Der Antrag auf Ergänzung oder Erläuterung des Gutachtens muss binnen angemessener Frist in engem zeitlichen Zusammenhang mit dem Zugang des Gutachtens gestellt werden, andernfalls es dabei bleibt, dass das Verfahren mit der Zustellung des Gutachtens endet. Vom OLG Düsseldorf[135] wurde dem Antragsteller eine Frist von 10 Wochen zur Überprüfung eines technisch nicht einfachen Gutachtens zugestanden. Das OLG Köln[136] entschied, dass die Beantragung einer ergänzenden Begutachtung innerhalb von sechs Wochen im Rahmen der dem Antragsteller zuzubilligenden Frist liegt. Wird der Antrag binnen angemessener Frist gestellt, gerät aber anschließend das Beweisverfahren in **Stillstand,** findet das Verfahren mit der letzten Prozesshandlung der Partei oder des Gerichts sein Ende.[137] Liegen **mehrere voneinander unabhängige Mängel** vor, für die im Rahmen des selbstständigen Beweisverfahrens Gutachten eingeholt werden, endet die Unterbrechung der Verjährung nicht mit dem Abschluss der Beweissicherung für den letzten Mangel, sondern mit dem Gutachten für den jeweiligen Teilbereich.[138] Nach dem Ende beginnt die gesetzliche Verjährungsfrist des § 477 Abs. 1 BGB neu zu laufen und nicht etwa die vertraglich vereinbarte Frist von einem Jahr.[139]

IV. Gewährleistungsverpflichtete

578 Gewährleistungspflichtig ist grundsätzlich der **Verkäufer.** Seine Gewährleistung ist unabhängig von dem Fortbestand des Vertragshändlervertrags mit dem Hersteller/Importeur. Er bleibt auch nach Beendigung des Vertragshändlervertrags im Verhältnis zum Hersteller/Importeur berechtigt, Gewährleistungsarbeiten an den im eigenen Namen verkauften Fahrzeugen – gegen Kostenerstattung – zu erbringen.[140] In Anbetracht der Regelung von § 11 Nr. 10 AGB-Gesetz ist es dem Verkäufer untersagt, sich von seiner eigenen Gewährleistungspflicht zu befreien oder diese zu beschränken, indem er den Käufer auf die gerichtliche Inanspruch-

---

131 BGH 20. 1. 1983, NJW 1983, 1901.
132 BGH 6. 11. 1969, BGHZ 53, 46.
133 BGH 3. 12. 1992, NJW 1993, 851.
134 BGH 3. 12. 1992, NJW 1993, 851; Saarländisches OLG 20. 4. 1999, OLGR 2000, 26.
135 Urt. v. 5. 12. 1995, NJW-RR 1996, 1527.
136 Urt. v. 18. 9. 1996, NJW-RR 1997, 1220.
137 SchlHOLG 14. 2. 1996, OLGR 1996, 113 betreffend die Mitteilung des Gerichts, es wolle vor der Ladung des Gutachters die angekündigten Ergänzungsfragen abwarten.
138 BGH 3. 12. 1992, BGHZ 120, 329.
139 LG Köln, Urt. v. 11. 1. 1995 – 20 O 212/93 – n. v.; OLG Hamburg 26. 7. 1996, OLGR 1996, 273.
140 OLG Stuttgart 7. 11. 1995, NJW-RR 1997, 1553.

nahme Dritter verweist. Sofern der Hersteller/Importeur eine der Gewährleistung des verkaufenden Händlers entsprechende „Garantie" erteilt, ist im Zweifel anzunehmen, dass er der Gewährleistung des Händlers in dem erklärten Umfang beitreten will,[141] sodass auf den Anspruch aus der Garantie die Bestimmungen des Sachmängelrechts entsprechend anzuwenden sind, soweit sich aus dem Inhalt der Garantie nichts Abweichendes ergibt.[142]

Nach Abschn. VII, Ziff. 3 NWVB muss sich der Käufer bei gewährleistungspflichtigen Fehlern an **Fremdaufbauten und Reifen** wegen seiner Nachbesserungsansprüche zunächst an den Hersteller/Importeur dieser Teile halten. Die Subsidiarität der eigenen Gewährleistungspflicht entfällt jedoch, wenn der Händler den Drittersteller nicht benennt, wenn letzterer nicht erreichbar ist, seine eigene Haftung zurückweist, die Nachbesserung nicht binnen angemessener Frist ausführt,[143] sich in Vermögensverfall befindet oder die Ansprüche gegen ihn verjährt sind.[144] Scheitert bei Fremdaufbauten und Reifen die Nachbesserung des Herstellers/Importeurs dieser Teile, kann der Käufer Nachbesserung nur vom Verkäufer, nicht von anderen autorisierten Betrieben verlangen. 579

Falls das **Fahrzeug** und die **Sonderaufbauten nicht aufeinander abgestimmt** sind und dadurch der Verwendungszweck des Fahrzeugs eingeschränkt wird, ist der Käufer sogleich berechtigt, den Verkäufer auf Gewährleistung in Anspruch zu nehmen und braucht sich nicht an den Hersteller der Aufbauten verweisen zu lassen. In diesem Sinne entschied der BGH[145] anlässlich des Verkaufs eines für den Reiseverkehr bestimmten Omnibusses, dessen Sitzplätze wegen zu geringer Nutzlast des Fahrwerks nicht voll ausgenutzt werden konnten. Der Senat ging davon aus, dass der Mangel sowohl durch den Aufbau als auch durch das Fahrgestell begründet sei. 580

V. Garantien beim Neuwagenkauf

Garantien im Zusammenhang mit dem Kauf von Neufahrzeugen sind vielgestaltig und die Grenzen zur Gewährleistung nicht immer klar erkennbar. Manchmal übernehmen Hersteller/Importeure eine der Händlergewährleistung inhaltlich weitgehend angepasste Garantie während der Dauer von **12 Monaten ab Auslieferung** des Fahrzeugs.[146] Bei einigen Fabrikaten, vorwiegend aus den USA und Japan, beträgt die **Garantiezeit 24 oder 36 Monate.** Längerfristige Garantien werden häufig mit einem **Kilometerlimit** von z. B. 100 000 km in der Weise verbunden, dass die Garantie entweder mit Ablauf der Garantiezeit oder mit Erreichen der Kilometerleistung erlischt. Manchmal besteht eine Händlergewährleistung von mehr als einem Jahr neben der Garantie. Eine Klausel, die dem Käufer bei mehrjähriger Gewährleistung nur noch den Anspruch auf Nachbesserung belässt und ihm die Rechte auf Wandlung und Minderung abschneidet, wenn der Fehler erst nach einem Jahr auftritt, ist weder überraschend, noch verstößt sie gegen § 9 AGB-Gesetz.[147] Häufig anzutreffen sind sog. Anschlussgarantien für das zweite oder dritte Jahr seit Erstzulassung des Fahrzeugs, die erst in Kraft treten, wenn die Gewährleistung des Händlers endet. Manchmal bekommt der Neuwagenkäufer im Anschluss an die Jahresgewährleistung nur eine Langzeitkulanz, die nicht einklagbar ist. In rechtlicher Hinsicht ist eine Differenzierung zwischen gewährleistungsbegleitenden Garantien und Anschlussgarantien hilfreich. 581

---

141 *Staudinger/Honsell*, § 459 Rn 76.
142 BGH 24. 6. 1981, NJW 1981, 2248; offen gelassen in BGH 30. 5. 1990, BB 1990, 1368, 1369.
143 *Dietlein/Rebmann*, § 11 Nr. 10 Rn 5; *Ulmer/Brandner/Hensen*, § 11 Nr. 10a Rn 20.
144 *Löwe/Graf von Westphalen/Trinkner*, § 11 Nr. 10a Rn 37; *Kötz*, MünchKomm, § 11 AGBG Rn 139.
145 Urt. 13. 11. 1956, LM Nr. 6 zu § 459 I BGB.
146 Übersicht bei *Creutzig*, Recht des Autokaufs, Rn 7.1.2; zur Garantieverpflichtung des Kfz-Herstellers aus europäischer Sicht *Krafft*, DAR 1996, 41.
147 OLG Nürnberg Urt. v. 20. 1. 1994 – 13 U 2963/93 – n. v.

1. Gewährleistungsbegleitende Garantien

582 Deutsche Autoproduzenten übernehmen im Gegensatz zu ausländischen Mitbewerbern selten eigene Garantien für die Dauer von 12 Monaten ab Fahrzeugauslieferung an den Käufer.

Herstellergarantien können begründet werden entweder durch einen Vertrag zu Gunsten Dritter zwischen dem Hersteller und dem Händler[148] oder aber direkt durch Vertrag mit dem jeweiligen Käufer.[149] Beim Neuwagenkauf geschieht dies üblicherweise durch **Übergabe einer Garantieurkunde** oder eines Wartungsheftes mit den darin abgedruckten Garantiebedingungen.[150] Die Erklärungen stellen ein rechtlich bindendes Angebot des Herstellers dar, das der Käufer – da eine Antwort nicht erwartet bzw. auf den Zugang der Antwort verzichtet wird – regelmäßig stillschweigend annimmt.[151]

583 Herstellergarantien, die zeitlich mit der Gewährleistung zusammentreffen, lauten etwa wie folgt:

– „Der Hersteller garantiert dem Käufer bei Material- oder Herstellungsfehlern des Fahrzeugs je nach Wahl des aufgesuchten Vertragshändlers kostenlose Reparatur oder kostenlosen Ersatz des betreffenden Teils während der Dauer von 12 Monaten nach Erstzulassung"

oder

– „Der Hersteller garantiert für eine dem jeweiligen Stand der Technik entsprechende Fehlerfreiheit des Fahrzeugs in Material und Verarbeitung während der Dauer von 12 Monaten nach Erstzulassung des Fahrzeugs. Garantieansprüche können nur bei einem Vertragsunternehmen geltend gemacht werden."

584 Bei solchen und ähnlichen Herstellererklärungen handelt es sich um unselbstständige Garantien, die **gleichrangig neben** der **Gewährleistung** des Händlers stehen und die nicht subsidiär in dem Sinne sind, dass der Käufer vor Geltendmachung von Garantieansprüchen zunächst den Händler zur Gewährleistung auffordern muss.[152] Vielmehr hat der **Käufer** die freie **Wahl,** wen er (zuerst) in Anspruch nehmen will.[153] Falls der Hersteller, oder an seiner Stelle der Importeur, eine umfassende Fahrzeuggarantie erteilt hat, ist es dem Händler wegen der ihm durch das AGB-Gesetz auferlegten eigenen Gewährleistungspflicht verwehrt, den Käufer wegen der Realisierung seiner Ansprüche auf die vorherige gerichtliche Inanspruchnahme des Garantiegebers zu verweisen.[154] Formularregelungen, die einen Ausschluss von Gewährleistungsansprüchen gegen den Händler oder dessen nur subsidiäre Pflicht zur Erbringung von Gewährleistung vorsehen, sind wegen des **Drittverweisungsverbots** (§ 11 Nr. 10a AGB-Gesetz) bei Fabrikatshändlern heutzutage nicht mehr anzutreffen. Unbedenklich sind AGB-Regelungen, denen zufolge sich der Verkäufer zur Gewährleistung in einem vom Hersteller festgelegten Umfang verpflichtet, sofern der vom Gesetz vorgeschriebene Gewährleistungsrahmen nicht unterschritten wird und die Verkaufsbedingungen den Hinweis enthalten, dass im Fall des Fehlschlagens der Nachbesserung die Rechte des Käufers auf Wandlung und Minderung aufleben. Nimmt der Verkäufer im Rahmen seiner Gewährleistungsbedingungen Bezug auf den vom Hersteller festgelegten Umfang der Garantie, kann er gegenüber dem Käufer nicht mit Einwendungen durchdringen, die sich aus seinen Rechtsbeziehungen zum Hersteller ergeben. Er darf sich gegenüber dem Käufer nicht darauf berufen, der

---

148 BGH 28. 6. 1979, NJW 1979, 2036.
149 BGH 24. 6. 1981, NJW 1981, 2248.
150 OLG Düsseldorf 14. 5. 1993, OLGR 1994, 1.
151 BGH 23. 3. 1988, DAR 1988, 204; 12. 11. 1980, NJW 1981, 275; *Löwe/Graf von Westphalen/ Trinkner,* § 11 Nr. 10a Rn 54; *Creutzig,* Recht des Autokaufs, Rn 7.1.2.
152 BGH 19. 6. 1997, NJW 1997, 3376, 3377; 12. 11. 1980, NJW 1981, 275.
153 OLG Stuttgart 7. 11. 1995, NJW-RR 1997, 1553; OLG Hamm 24. 11. 1975 – 2 U 86/75 – n. v.
154 OLG Hamburg 17. 9. 1986, DB 1986, 2428; LG Frankfurt 11. 1. 1978 – 2/6 O 286/77 – n. v.

Hersteller habe die Gewährleistung abgelehnt und sei ihm gegenüber nicht zur Kostenerstattung bereit.[155]

Die Erteilung einer Garantie **verpflichtet** den Hersteller **nicht zur Errichtung eines lückenlosen Kundendienstnetzes** und gibt dem Käufer keinen rechtlich durchsetzbaren Direktanspruch gegen jeden beliebigen Vertragshändler. Gleichwohl kann der in Anspruch genommene Vertragshändler aus dem Hersteller-Händler-Vertrag zur Vornahme der Garantiearbeiten verpflichtet sein, falls dieser eine Direktbegünstigung des Käufers im Sinne eines Vertrags zu Gunsten Dritter enthält.[156] Ein solcher Anspruch ist allerdings eher theoretischer Natur, da der Käufer den Inhalt des Hersteller-Händler-Vertrags in aller Regel nicht kennt. 585

Verweigert der in Anspruch genommene Händler die Vornahme der Garantiearbeiten, richtet sich der **Anspruch aus** der **Garantie** unmittelbar **gegen** den **Hersteller,** der selbst nachzubessern oder die Nachbesserung durch einen Vertragshändler durchführen lassen kann. Die inländische Tochtergesellschaft eines ausländischen Fahrzeugherstellers ist für Ansprüche aus der Herstellergarantie nicht passiv legitimiert. Demzufolge ist die Klage gegen den Hersteller zu richten. Der ausländische Hersteller kann an dem inländischen Wohnsitzgericht des Käufers verklagt werden, wenn er die Garantiepflicht in der Bundesrepublik Deutschland zu erfüllen hat.[157] 586

Das LG München[158] hat sich auf den Standpunkt gestellt, dass der **Vertragshändler,** der das Fahrzeug verkauft hat, als der für Garantieleistungen zuständige und im Streitfall **passivlegitimierte Ansprechpartner** anzusehen ist, wenn die inländische Tochtergesellschaft eines ausländischen Herstellers ihre Garantieverpflichtung nicht von vornherein ablehnt. Die Kammer bezog sich auf das vorinstanzliche Urteil des AG München,[159] das die Passivlegitimation des Vertragshändlers für Garantieansprüche aus Art. 5 Abs. 1 der EG-Verordnung Nr. 1475/95 hergeleitet und dabei den Regelungszweck der EG-Verordnung (Gruppenfreistellungsverordnung) und deren zivilrechtliche Tragweite verkannt hatte.[160] Die EG-Verordnung Nr. 1475/95, auch Kfz-GVO genannt, gestattet Autoherstellern unter engen Voraussetzungen den selektiven Vertrieb, sie enthält aber keinerlei Regelungen oder Aussagen zur Passivlegitimation des Vertragshändlers in Garantiefällen.

Sehen die Garantiebedingungen vor, dass die Entscheidung über Garantieansprüche dem Lieferwerk vorbehalten bleibt, und bessert der in Anspruch genommene Vertragshändler nach, kann er bei Ablehnung der Garantie nach Meinung des AG Bremerhaven[161] Werklohn für die Arbeiten selbst dann nicht verlangen, wenn die Garantiebestimmungen die Regelung beinhalten, dass in einem solchen Fall die Reparaturkosten vom Garantienehmer zu bezahlen sind. 587

Garantiebestimmungen sind der **Inhaltskontrolle** nach dem **AGB-Gesetz** nicht generell entzogen. Auch gesetzlich ungeregelte Vertragstypen können am Maßstab der §§ 3, 9–11 AGB-Gesetz gemessen werden. Die Kontrolle erstreckt sich allerdings nicht auf die vertragliche Festlegung der unmittelbaren Leistungsgegenstände, da nach dem Willen des Gesetzgebers insoweit die privatautonome Gestaltungsfreiheit vorgeht.[162] Der nicht selbst verkaufende Hersteller, der sich freiwillig zur Übernahme einer Garantie für seine Produkte entschließt, hat bei der Ausgestaltung der Garantiebedingungen weitgehend freie Hand. Er allein be- 588

---

155 Anderer Ansicht AG Köln 9. 2. 1978 – 111 C 5709/76 – n. v.
156 Vgl. hierzu *Graf von Westphalen,* NJW 1980, 2227, 2228.
157 LG Saarbrücken 27. 4. 1989, NJW-RR 1989, 1085.
158 Urt. 20. 10. 1998 – 32 S 5636/98 – n. v.
159 Urt. 28. 1. 1998 – 251 C 27949/96 – n. v.
160 Dazu Rn 1024.
161 Urt. 7. 2. 1979, DAR 1979, 281.
162 BGH 9. 11. 1989, NJW 1990, 761; 19. 11. 1991, NJW 1992, 688; 20. 10. 1992, NJW 1993, 1128; OLG Nürnberg 27. 2. 1997, NJW 1997, 2186.

stimmt Inhalt und Umfang seiner Garantie. Nicht zu beanstanden ist folglich eine Klausel, die die Drei-Jahres-Garantie für Neuwagen von der negativen Anspruchsvoraussetzung abhängig macht, dass die vorgeschriebenen Inspektions- und Wartungsdienste von einem autorisierten Vertragshändler durchgeführt werden.[163]

Der **Kontrollfreiheit** sind jedoch **Grenzen gesetzt,** wenn sie das Hauptleistungsversprechen unter bestimmten Voraussetzungen wieder einschränken, verändern oder ausschalten,[164] oder wenn die Einschränkungen dem jeweiligen Schutzzweck der AGB und den berechtigten Erwartungen des Kunden widersprechen.[165] Überraschende Klauseln, wie etwa der Ausschluss von Schadensersatzansprüchen jeglicher Art, werden missbilligt, auch wenn sie in freiwilligen Garantien enthalten sind, weil sie sich auch auf etwaige Ansprüche aus Produkthaftung und unrichtiger Zusicherung erstrecken und der Käufer dem Garantievertrag eine zusätzliche Leistung des Herstellers erwartet, nicht aber eine ihm nachteilige Haftungsfreizeichnung.[166] Unzulässig ist eine Klausel im Garantievertrag, die bestimmt, dass für Ansprüche aus der Garantie das ausländische Recht des Herstellerlandes Anwendung finden soll.[167] Der kontrollfreie Raum endet dort, wo der Hersteller durch seine Garantiebedingungen beim Kunden falsche Vorstellungen über dessen Gewährleistungsrechte gegenüber dem Käufer hervorruft, denn es ist „nicht der Sinn der Vorschrift des § 8 AGB-Gesetz, dem Klauselverwender einen kontrollfreien – faktischen – Einfluss auf ein Vertragsverhältnis zwischen dem Kunden und einem Dritten zu ermöglichen".[168]

589 Beim **Nebeneinander** von **Herstellergarantie** und **Händlergewährleistung** müssen die Garantiebedingungen die deutliche und für den rechtlich nicht vorgebildeten Durchschnittskunden verständliche Klarstellung enthalten, dass dem Kunden neben den Ansprüchen aus der Garantie die – weiter gehenden – Gewährleistungsansprüche gegen den Händler zustehen.[169] Ein solcher **allgemein verständlicher** und **deutlich hervorgehobener Hinweis** ist deshalb zu verlangen, weil der Begriff der Garantie einen mehrdeutigen Inhalt besitzt[170] und der Kunde wegen der vielfältigen Verzahnungen von Garantie und Kauf Schwierigkeiten hat, zwischen Erklärungen des Herstellers einerseits und solchen des Verkäufers andererseits zu unterscheiden. Es kommt hinzu, dass Hersteller durch ihre Garantieerklärungen und die damit verbundene Werbung oft den Anschein erwecken, die gesamte Abwicklung von Garantie- und Gewährleistung liege in ihrer Hand.[171] Der bloße Hinweis, die gesetzliche Gewährleistung werde durch die Garantiebedingungen nicht berührt, reicht nicht aus, um die durch die Garantie begründete Vermutung zu entkräften, dadurch werde die Mängelhaftung abschließend geregelt. Irreführend im Sinne der höchstrichterlichen Rechtsprechung ist z. B. die Einräumung eines Nachbesserungs- oder Nachlieferungsanspruchs durch einen Fachhändler nach Wahl des Herstellers in Verbindung mit der Klausel, dass weiter gehende Ansprüche ausgeschlossen sind, namentlich solche auf Wandlung, Minderung oder Schadensersatz. Solche und ähnliche Garantiebedingungen, die beim Kunden den Eindruck erwecken, er könne gegen den Verkäufer keine weiter gehenden Gewährleistungsansprüche geltend machen, sind gem. § 9 Abs. 1 AGB-Gesetz unwirksam.[172] Die unangemessene Benachteiligung

---

163 OLG Nürnberg 27. 2. 1997, NJW 1997, 2186.
164 BGH 23. 6. 1993, NJW 1993, 2369.
165 BGH 16. 11. 1992, NJW 1993, 2442.
166 *Graf von Westphalen* in *Löwe/Graf von Westphalen/Trinkner,* § 11 Nr. 10a Rn 54; *Creutzig,* Recht des Autokaufs, Rn 7.1.2.
167 OLG Hamm, Urt. 24. 11. 1975 – 2 U 86/75 – n. v.; *Creutzig,* Recht des Autokaufs, Rn 7.1.2.
168 BGH 23. 3. 1988, DAR 1988, 204.
169 BGH 10. 12. 1980, NJW 1981, 867; OLG München 6. 3. 1986, EWiR 1986, 327 – *Hensen* –; OLG Hamburg 19. 9. 1986 – 5 U 40/86 – zitiert in ZIP 19/1986 A 147 V.
170 *Müller,* ZIP 1981, 707.
171 *Tonner,* NJW 1984, 1730, 1733.
172 BGH 23. 3. 1988, DAR 1988, 204.

des Käufers besteht darin, dass er – irritiert durch die Garantiebedingungen – von der Durchsetzung seiner Rechte gegen den Verkäufer abgehalten wird. Im Rahmen von § 9 AGB-Gesetz kommt es auf einen entsprechenden Vorteil des Verwenders von AGB ebenso wenig an wie darauf, dass dem Kunden Nachteile nicht im Verhältnis zum Klauselverwender, sondern gegenüber einem Dritten drohen.

Die Kombination einer zwölfmonatigen Herstellergarantie im Serviceheft mit einer zeitlich nicht bestimmten Händlergewährleistung für die Fehlerfreiheit des Neufahrzeugs vermittelt, sofern eine Klarstellung fehlt und eine Aufklärung des Kunden nicht erfolgt, nach Meinung des LG Göttingen[173] den Eindruck, als wolle der Händler für innerhalb eines Jahres auftretende Mängel einstehen. Für diesen durch die Garantiebestimmungen in Verbindung mit den AGB des Händlers erweckten Rechtsschein habe der Garantiegeber einzustehen und den Käufer aus dem Gesichtspunkt der Vertrauenshaftung so zu stellen, als hätte der Händler eine Gewährleistung von einem Jahr übernommen und den Kaufpreis gegen Rücknahme des Fahrzeugs bei Fehlschlag der Nachbesserung an den Käufer erstattet. **590**

Garantiebedingungen müssen, weil sie freiwillig gegeben werden, grundsätzlich nicht den Anforderungen des § 11 Nr. 10a–f AGB-Gesetz entsprechen. Der Ansicht,[174] beim gleichzeitigen Vorhandensein von Gewährleistung und Herstellergarantie trete die Gewährleistungsverpflichtung des Händlers zurück und stehe bei der Geltendmachung von Mängelansprüchen aus der Sicht des Käufers nicht im Vordergrund des Regelungsinteresses, kann nicht gefolgt werden, da sie weder der Lebenswirklichkeit entspricht noch eine Stütze im Gesetz findet. Der BGH[175] sieht es bereits als zweifelhaft an, ob die Garantiezusage eine „Leistung" im Sinne von § 11 Nr. 10 AGB-Gesetz darstellt, und meint, der Gesetzgeber habe eigentlich nur Kauf-, Werk- und Werklieferungsverträge erfassen wollen, jedenfalls setze die Vorschrift einen Vertrag mit Gewährleistungsverpflichtungen des Klauselverwenders gegenüber der anderen Partei voraus.[176] Hieran fehlt es beim Garantievertrag. Der Garantiegeber haftet nach allgemeinen Vorschriften. Eine wegen fehlender Aufklärung des Kunden über seine weitergehenden Gewährleistungsansprüche irreführende Garantieklausel verstößt nach Meinung des BGH[177] aus den genannten Gründen nicht gegen § 11 Nr. 10 AGB-Gesetz.[178] Es findet unter diesen Voraussetzungen auch keine entsprechende Anwendung von § 11 Nr. 10 AGB-Gesetz statt, da das Erwecken eines Rechtsirrtums bei dem Kunden den Garantiegeber „noch nicht in die Position eines Klauselverwenders versetzt, der neu hergestellte Sachen liefert oder Leistungen im Sinne des § 11 Nr. 10 AGB-Gesetz erbringt".[179] Hieraus folgt aber nicht zwangsläufig, dass der Verwender irreführender und deshalb wegen Verstoßes gegen § 9 Abs. 1 AGB-Gesetz unwirksamer Garantiebedingungen dem Kunden gegenüber nicht haftbar ist. Der BGH hat angedeutet, dass diejenigen Hersteller, die irreführende Garantiebedingungen verwenden, mit entsprechenden **haftungsrechtlichen Sanktionen,** z. B. über eine ergänzende Vertragsauslegung, rechnen müssen.[180] **591**

---

173 Beschl. 6. 12. 1991 – 8 O 128/91 – n. v.; siehe dazu OLG Bremen 21. 1. 1999, OLGR 1999, 169.
174 *Graf von Westphalen,* DAR 1982, 51 ff.; *Löwe/Graf von Westphalen/Trinkner,* § 11 Nr. 10a Rn 55, 58, 59.
175 Urt. 24. 4. 1985, ZIP 1985, 682 ff.
176 BGH 23. 3. 1988, DAR 1988, 204 ff.; *Kornmeier,* NJW 1982, 793 ff., 798.
177 Urt. 23. 3. 1988, DAR 1988, 204 ff.
178 Ebenso OLG München 6. 3. 1986, EWiR 1986, 327 – *Hensen* –, das den in § 11 Nr. 10 AGB-Gesetz festgelegten Prüfungsmaßstab in § 9 Abs. 1 AGB-Gesetz verlagerte; *Tonner,* NJW 1984, 1730; *Reinel,* NJW 1980, 1610; a. A. *von Westphalen,* DAR 1982, 51 ff. sowie *Löwe/Graf von Westphalen/Trinkner,* § 11 Nr. 10a Rn 56, 58 und § 25 Rn 10; *Bullinger,* NJW 1979, 2555; *Karstendiek,* DAR 1984, 281, 282.
179 BGH 23. 3. 1988, DAR 1988, 204 ff.
180 BGH 23. 3. 1988, DAR 1988, 204 ff.; i. d. S. LG Göttingen, Beschl. 6. 12. 1991 – 8 O 128/91 – n. v.

592 Falls sich der Hersteller unberechtigterweise weigert, Garantieleistungen durch einen Händler zu erbringen, kann er auf **Vornahme** verklagt werden. Darüber hinausgehende Ansprüche auf Wandlung und Minderung kann der Käufer gegenüber dem Hersteller nicht geltend machen, wenn dieser in der Garantieerklärung nur die – übliche – Verpflichtung übernommen hat, innerhalb der Garantiezeit auftretende Mängel durch eine Vertragswerkstatt beseitigen zu lassen.[181]

Ungeklärt ist die Rechtslage bei objektiver **Unmöglichkeit** der **Fehlerbeseitigung.** Wandlungs- und Minderungsansprüche des Käufers aus dem Kaufvertrag bestehen nur gegenüber dem Verkäufer. Die Garantie des Herstellers ist regelmäßig auf die Verpflichtung zur Vornahme der Reparatur beschränkt. Anders als bei der Gewährleistung führt das Fehlschlagen der Nachbesserung bei der Garantie nicht zum Aufleben der gesetzlichen Gewährleistungsansprüche. Da sich Garantiebedingungen über die Rechtsfolgen im Fall der Unbehebbarkeit eines Garantiemangels ausschweigen und dem Käufer ein Anspruch auf Lieferung eines gleichwertigen Ersatzfahrzeugs nicht eingeräumt wird,[182] ist – insbesondere dann, wenn die Gewährleistungsansprüche gegen den Verkäufer bereits verjährt sind – eine entsprechende Anwendung von § 634 BGB[183] in Betracht zu ziehen. Einen gegen den Garantiegeber gerichteten Anspruch auf Wandlung des Kaufvertrags aus dem Gesichtspunkt des **Wegfalls der Geschäftsgrundlage** wegen Unmöglichkeit der Fehlerbeseitigung hat das OLG Bremen[184] erwogen, in concreto aber verworfen, weil der vom Käufer gerügte Mangel nach „dem Stand der Technik", worauf sich die Grantie bezog, nicht beseitigt werden konnte.

593 Grundsätzlich muss der Garantienehmer die Anspruchsvoraussetzungen der Garantie[185] und das Vorhandensein des Garantiemangels beweisen, während der Garantiegeber die Beweislast für den Ausschluss der Garantie trägt. Für den Käufer streitet die **Vermutung,** dass ein während der Garantiefrist auftretender Mangel bereits im Zeitpunkt des Gefahrübergangs im Keim vorhanden war. Nur eine solche Auslegung verhindert ein „Leerlaufen" der Garantie, da der Käufer den oft schwierigen Nachweis der Fehlerhaftigkeit zum Zeitpunkt des Gefahrübergangs nicht führen kann.[186] Fehlt in den Garantiebedingungen des Herstellers ein Hinweis darauf, dass von der Garantie nur solche Mängel erfasst werden sollen, die im Zeitpunkt des Gefahrübergangs bereits vorhanden waren, dann wird **im Zweifel** anzunehmen sein, dass der Hersteller eine sog. **Bestands- oder Haltbarkeitsgarantie** übernommen hat.[187] Auch eine bei Verkauf beweglicher Sachen vereinbarte Garantie von mehr als 6 Monaten bedeutet im Regelfall, dass alle während der Garantiezeit auftretenden Mängel Garantieansprüche auslösen[188] und der Käufer mithin den Nachweis ihres Vorhandenseins zum Zeitpunkt der Übergabe nicht zu führen braucht. Der Garantiegeber trägt die Beweislast für die Behauptung, der Käufer habe den Garantiefall schuldhaft herbeigeführt.[189]

In den Garantiebestimmungen sind die **Modalitäten der Geltendmachung** von Garantieansprüchen üblicherweise geregelt; meist genügt die unverzügliche Mängelanzeige an einen Vertragshändler unter Vorlage der Garantieurkunde und das Verlangen der Nachbesserung.

---

181 OLG Düsseldorf 14. 5. 1993, OLGR 1994, 1.
182 Zur Umtausch-Garantie in den USA *Creutzig,* Recht des Autokaufs, Rn 7.1.11.
183 Siehe BGH 23. 11. 1994, DAR 1995, 111 für den Fall der Erteilung einer sog. „dreimonatigen Hausgarantie" durch den Verkäufer.
184 Urt. v. 21. 1. 1999, OLGR 1999, 169 mit missverständlichem Leitsatz.
185 Zu den negativen Anspruchsvoraussetzungen OLG Frankfurt 27. 2. 1997, NJW 1997, 3376.
186 BGH 20. 12. 1978, NJW 1979, 645.
187 Vgl. *Loebell,* BB 1972, 1237; *Graf von Westphalen,* NJW 1980, 2227 ff.
188 BGH 20. 12. 1978, NJW 1979, 645.
189 BGH 23. 11. 1994, DAR 1995, 111.

Die vereinbarte Garantiefrist ist eine **Ausschlussfrist** und nicht zu verwechseln mit der **Verjährungsfrist**[190] von 6 Monaten gem. § 477 BGB.[191] Wann die Verjährung zu laufen beginnt, ist eine Auslegungsfrage. Der BGH[192] hat hierzu festgestellt, dass bei Übernahme einer mehr als 6-monatigen Garantie die gesetzliche oder vertraglich vereinbarte Verjährungsfrist erst mit der **Entdeckung des Mangels** beginnt, sodass die Verjährungsfrist das Ende der Garantiefrist überdauert, wenn der Käufer den Mangel erst gegen Ende der Garantiefrist entdeckt und dessen Beseitigung verlangt. Einen Verjährungsbeginn mit Ablieferung der Kaufsache[193] lehnte er ab, weil sich andernfalls der Garantiegeber bereits vor Ablauf der Garantiefrist auf die 6-monatige Verjährungsfrist des § 477 Abs. 1 BGB berufen könnte und die Garantiefrist für den Käufer damit wertlos würde. Ausdrücklich stellte er im Urteil fest, dass die Übernahme einer **Garantie von mehr als 6 Monaten nicht automatisch eine Verlängerung der Verjährungsfrist** auf mindestens die **Dauer der Garantiezeit beinhaltet,** es sei denn, dass hierfür besondere Umstände sprechen. Das bedeutet, dass der Käufer bei einem zu Beginn der Garantiezeit auftretenden Mangel nicht bis zum Ablauf der Garantiefrist warten darf. Seine Ansprüche können bereits während des Laufs der Garantie – 6 Monate nach Entdeckung des Fehlers – verjähren.[194] Dieser engen Auslegung hat sich das OLG Hamm[195] in einem Fall widersetzt, in dem der Verkäufer einen alsbald nach Auslieferung aufgetretenen Fehler an der Bremsanlage eines Neufahrzeugs mit einjähriger Herstellergarantie nicht dauerhaft beseitigt hatte, sodass der gleiche Mangel innerhalb der Garantiezeit – allerdings mehr als 6 Monate nach der ersten Entdeckung und Nachbesserung – erneut auftrat. In den Urteilsgründen führte der Senat u. a. wörtlich aus:

„Vor Ablauf der Garantiezeit konnten die Gewährleistungsansprüche für den wiederholt gerügten Mangel des Rubbelns der Bremsen nicht verjähren. Die über 6 Monate hinaus gegebene Garantie wäre sonst für den Autokäufer wertlos. Es ist daher – hergeleitet aus dem unselbständigen Garantieversprechen – eine Auslegung geboten, die in Abänderung des § 477 Abs. 1 S. 1 BGB die 6-monatige Verjährungsfrist nicht mit Ablieferung der gekauften Sache, sondern erst später beginnen lässt. Im für den Käufer günstigsten Fall beginnt die Verjährungsfrist erst gegen Ende der Garantiezeit zu laufen. Es kann auch nicht gewollt sein, dass die Frist mit der Entdeckung des Mangels innerhalb der Garantiezeit wiederholt anläuft. Nach Auffassung des Senats ist diese Auslegung zu eng, wenn Mängel innerhalb der Garantiezeit wiederholt auftreten."[196]

Bei einer **Verjährungsunterbrechung** beginnt nur die Verjährungsfrist des § 477 BGB und nicht die längere Garantiefrist erneut zu laufen.[197]

---

190 AG Rüsselsheim 3. 9. 1982 – 3 C 253/82 – n. v.
191 Vgl. *Littbarski,* JuS 1983, 345 ff.; die Verjährungsfrist von 30 Jahren, die für selbstständige Garantieverträge gilt, ist nicht einschlägig.
192 Urt. 20. 12. 1978, NJW 1979, 645.
193 So z. B. OLG Frankfurt 30. 6. 1982, BB 1983, 151, für den Fall der Übernahme einer 6-monatigen Garantie.
194 OLG Köln 20. 8. 1993, NJW-RR 1994, 120, nach dessen Ansicht die Garantie für den gerügten Fehler grundsätzlich nach 6 Monaten verjährt, auch wenn die Garantie als solche andauert.
195 Urt. 21. 12. 1979, MDR 1980, 399; ebenso LG Köln 11. 4. 1979 – 73 O 288/78 – n. v.
196 OLG Hamm 21. 12. 1979, MDR 1980, 399; a. A. KG 24. 11. 1980 – 12 U 1984/80 – n. v. unter ausdrücklicher Ablehnung der vom OLG Hamm vertretenen Meinung, weil sie die Auslegung der Willenserklärungen von Umständen abhängig mache, die sich erst nach Vertragsabschluss, möglicherweise auch erst nach Ablauf der Verjährungsfrist zeigen.
197 OLG Hamburg 26. 7. 1996, OLGR 1996, 273.

2. Anschlussgarantien

a) Bestandsaufnahme

595   Anschlussgarantien treten in Kraft, wenn die Verkäufergewährleistung erlischt. Sie betreffen üblicherweise die Zeit ab dem 12. Monat nach Erstzulassung und gelten nach Wahl des Käufers für **weitere 12 oder 24 Monate**. Vielfach werden sie zusätzlich durch ein **Kilometerlimit** begrenzt. Es gibt aber auch Anschlussgarantien ohne Fahrleistungsbegrenzung. Die Höhe des Entgelts für die Anschlussgarantie hängt maßgeblich von der Garantiedauer, dem Fahrzeugtyp und davon ab, welche Leistungen der Garantiegeber im Garantiefall zu erbringen hat. Kostenlose Anschlussgarantien, bei denen das Garantieentgelt kalkulatorisch im Anschaffungspreis des Fahrzeugs inbegriffen ist, bilden die Ausnahme. Der Vertrag über die Anschlussgarantie ist entweder zeitgleich mit dem Neuwagenkauf abzuschließen oder spätestens innerhalb eines Jahres seit Erstzulassung. Das vereinbarte Entgelt muss der Käufer grundsätzlich bei Vertragsabschluss entrichten. Garantiegeber kann der Hersteller/Importeur, aber auch der Händler sein. Die Abwicklung von Garantieschäden erfolgt entweder durch den Garantiegeber oder direkt durch den hierzu bevollmächtigten Garantieversicherer. **Anspruchsberechtigt** aus der Garantie sind in erster Linie der **Käufer** und dessen **Rechtsnachfolger**. Anschlussgarantien der Hersteller/Importeure sehen meistens ganz allgemein vor, dass dem jeweiligen **Eigentümer oder Halter** des Fahrzeugs die Ansprüche aus der Garantie zustehen. In räumlicher Hinsicht enthalten Anschlussgarantien beachtliche Einschränkungen. Sie gelten nicht für außereuropäische Länder und manchmal nur für das Gebiet der Bundesrepublik Deutschland mit der Maßgabe der Garantieerstreckung auf Europa, sofern sich das Fahrzeug nur vorübergehend außerhalb des Gebiets der Bundesrepublik Deutschland im europäischen Ausland befindet.

b) Garantieschutz – Voraussetzungen, Ausschlüsse und Fristen

596   Anschlussgarantien schützen nicht jedes Fahrzeug und nicht alle Fahrzeugteile. Garantiefähig sind grundsätzlich **Neu- und Vorführfahrzeuge.** Sie werden oftmals vom Garantieschutz ausgeschlossen, wenn sie für den Einsatz als Taxi oder Mietwagen bestimmt sind. Auch für Leasingfahrzeuge gibt es hin und wieder Einschränkungen.

597   Bei den komfortablen Vertragstypen gehören zu den **garantiegeschützten Baugruppen** eines Fahrzeugs normalerweise der Motor inklusive aller mit dem Ölkreislauf in Verbindung stehenden Innenteile, das Getriebe, das Achs- und Verteilergetriebe, die Kraftübertragungswellen, die Lenkung, die Bremsen, die Kraftstoffanlage mit Vergaser und Turbolader, die elektrische Anlage, das Kühlsystem sowie die Fahrdynamik- und Sicherheitssysteme. Die Abgasanlage und die Kupplung sind meistens nicht Gegenstand der Garantie. Ausgeschlossen werden vielfach alle Karosserieteile, Polster, Lack und Reifen. Der Einbeziehung von Karosserieteilen bedarf es nicht unbedingt, da alle namhaften Autohersteller Rostschutzgarantien auf die Dauer von 6 Jahren aufwärts ab Fahrzeugerstzulassung gewähren.

598   **Verschleißreparaturen** werden in der Regel nicht von der Garantie erfaßt. **Verschleiß- und Verbrauchsteile** sind gleichermaßen von der Garantie ausgeschlossen. Einige Garantiegeber gewähren ihren Kunden Anspruch auf kostenlosen Ersatz dieser Teile, falls der Austausch im Zusammenhang mit der Reparatur eines garantiegeschützten Teils vorgenommen werden muss.

599   Auf natürlichem Verschleiß beruhende Fehler werden in einigen Verträgen vom Garantieschutz ausgeschlossen, selbst wenn der Garantienehmer die vorgeschriebenen Inspektionen und Wartungsdienste pünktlich und lückenlos hat vornehmen lassen. Durch derartige Formularregelungen werden Garantien inhaltlich weitgehend ausgehöhlt, sodass ihre wirksame Einbeziehung in den Vertrag auf Bedenken stößt. Für den Garantienehmer macht eine Garantie nur dann einen Sinn, wenn sie ihn vor allen denkbaren Fehlern schützt, die bei einem vertragsmäßigen Gebrauch innerhalb der Garantiezeit – aus welchen Gründen auch immer – auftreten können.

600 Fehler, die auf **äußeren Einwirkungen** beruhen, wie etwa Unfallschäden, Glasbruch und mutwillige Beschädigung, gehören von Natur aus nicht zum Leistungsumfang der Garantie. Vertraglich ausgeschlossen sind regelmäßig auch alle Schäden, die auf unzureichende Wartung, falsche Bedienung, unsachgemäße Behandlung, Überbeanspruchung, nicht genehmigte oder überprüfte Veränderungen, Nichtbeachtung von Kontrollanzeigen, Wasser- oder Ölmangel, Frost, Verwendung ungeeigneter Betriebsmittel, Nichtbeachtung der Hinweise des Herstellers, Überschreiten der Achs- und Anhängelasten, Fahrzeugweiterbenutzung trotz erkennbarer Reparaturbedürftigkeit, Einsatz bei Rennveranstaltungen und andere vergleichbare Fehlbehandlungen des Fahrzeugs zurückzuführen sind.

601 Der Garantieberechtigte muss alle vom Hersteller vorgeschriebenen **Inspektionen** und **Wartungsdienste** fristgerecht vornehmen lassen, andernfalls die Leistungspflicht des Garantiegebers grundsätzlich[198] oder jedenfalls dann nicht besteht, wenn die Nichtvornahme der Kontrolldienste für den Fehler ursächlich gewesen ist. Weiterhin ist er verpflichtet, das Fahrzeug unverzüglich einer Vertragswerkstatt vorzuführen, wenn ein möglicher Garantieschaden festgestellt wird.

Garantieansprüche sind generell ausgeschlossen, wenn der **Kilometerzähler** des Fahrzeugs ohne Information des Garantiegebers **ausgetauscht, abgeklemmt** oder **verändert** worden ist. Zum Verfall von Garantieansprüchen kann auch die Versäumung der Anmelde- und Einreichungsfristen führen, die in manchen Verträgen knapp bemessen sind. Die Anmeldefristen liegen zwischen 24 Stunden und 3 Tagen und die Einreichungsfristen zwischen 14 Tagen und 1 Monat.

602 Die **Verjährungsfristen** für Garantieansprüche betragen normalerweise 6 Monate entweder ab Eingang der Schadensmeldung oder ab Ende der Garantie. Falls der Garantievertrag keine Regelung zur Verjährung enthält, gilt die 6-monatige Frist des § 477 BGB ab Entdeckung des Mangels,[199] oder ab Garantieende, falls der Fehler wiederholt innerhalb der Garantiezeit aufgetreten ist und vom Garantiegeber nicht beseitigt werden konnte.[200]

c) Garantieleistung

603 Der Berechtigte besitzt in erster Linie Anspruch auf kostenlose Fehlerbeseitigung. Ansprüche auf Rückgängigmachung des Kaufvertrags (Wandlung) oder Herabsetzung des Kaufpreises (Minderung) sind ausgeschlossen. Komfortable Vertragsvarianten bieten dem Käufer **Mobilitätsschutz** in dem Sinne, dass der Garantiegeber nicht nur die Aufwendungen zum Zweck der Reparatur ersetzt, wie z. B. die Abschleppkosten, Fahrtkosten zur Werkstatt und Telefonkosten, sondern auch diejenigen Unkosten, die dem Garantienehmer aus Anlass des Garantiefalls entstehen. Die Mobilitätspakete beinhalten z. B. Übernachtungskosten, Kosten für die Heimfahrt mit öffentlichen Verkehrsmitteln und Mietwagenkosten, wobei die Ansprüche des Garantienehmers zeitlich und betragsmäßig (z. B. DM 250 gesamt, DM 120 pro Übernachtung) begrenzt sind. Mietwagen dürfen Typ und Klasse des zu reparierenden Fahrzeugs nicht übersteigen; ihr Einsatz bedarf der Freigabe durch die Vertragswerkstatt und ist auf das Pannenland beschränkt.

604 Die den Garantiemangel betreffende Primärleistung des Garantiegebers kann darin bestehen, dass er dem Garantienehmer entweder die **kostenlose Vornahme der Reparatur** oder Kostenersatz in Höhe der erforderlichen oder tatsächlich aufgewendeten Reparaturkosten schuldet. Die Pflicht zur Reparaturvornahme, gekoppelt mit Pannenhilfe, ist typisch für die Händler-Eigengarantie. Sie gibt dem Berechtigten Anspruch auf eine fachgerechte, den Herstellerrichtlinien entsprechende Reparatur. Bei allen Reparaturen ist grundsätzlich die

---

198 Rn 610.
199 BGH 20. 12. 1978, NJW 1979, 645; OLG Hamburg 26. 7. 1996, OLGR 1996, 273; OLG Köln 20. 8. 1993, NJW-RR 1994, 120.
200 OLG Hamm 21. 12. 1979, MDR 1980, 399; LG Köln 11. 4. 1979 – 73 O 288/78 – n. v.

kostengünstigste zu wählen. Durch den Garantiefall ausgelöste zusätzliche Wartungsarbeiten gehören selten zum Leistungspaket. Hersteller-Anschlussgarantien sind, sofern sie dem Garantienehmer Anspruch auf Reparaturvornahme gewähren, dadurch gekennzeichnet, dass Garantiearbeiten nicht vom Garantiegeber, sondern von Vertragshändlern erbracht werden. Anspruchsverpflichtet bleibt aber allein der Garantiegeber, sodass im Streitfall die Klage gegen ihn zu richten ist.

Auf **Kostenerstattung** ausgerichtete Garantien sind auf den Wiederbeschaffungswert des Fahrzeugs begrenzt. Sie verpflichten den Garantiegeber zum Lohn- und Materialkostenersatz sowie zur Zahlung der im Mobilitätspaket vorgesehenen Leistungen. Der die Lohnkosten betreffende Ersatzanspruch richtet sich manchmal nach den Arbeitszeitwerten des Herstellers und wird durch diese begrenzt. Große Unterschiede gibt es beim Materialkostenersatz. Häufig werden Abzüge vorgenommen, deren Höhe von der Laufleistung des betroffenen Fahrzeugs abhängt. Andere Garantiemodelle sehen eine betragsmäßig festgelegte Selbstbeteiligung des Garantienehmers vor. Nur selten wird dem Garantienehmer ein Erstattungsanspruch für Materialkosten in Höhe der unverbindlichen Preisempfehlung des Herstellers zugebilligt.

d) Rechtliche Einordnung

605   In rechtlicher Hinsicht handelt es sich bei den Neuwagenanschlussgarantien, soweit sie dem Garantienehmer Anspruch auf Reparaturvornahme gewähren, um Verträge mit vorrangig **werkvertraglicher Prägung,** da ein Erfolg in Form der Fehlerbeseitigung geschuldet wird. Sie sind keine selbstständigen Garantieverträge, allenfalls unselbstständige Garantien im Sinne eines gewissen Haltbarkeitsversprechens.[201]

Auf Kostenerstattung gerichtete Anschlussgarantien sind keine Versicherungsverträge, sondern gehören im weitesten Sinne als Nebenabreden zum Kauf. Da der Garantiegeber sich normalerweise rückversichert und die Anschlussgarantie den Bestimmungen des Versicherungsvertrages anpasst, weisen solche Garantien allerdings große Ähnlichkeit mit Versicherungsverträgen auf.

e) Problemfelder und Störfälle

606   Eine Auswertung von Anschlussgarantieverträgen hat ergeben, dass der Fall der **Überschneidung** von **Gewährleistungs-** und **Garantieansprüchen** nicht geregelt wird. Es kann durchaus zu einer zeitlichen Überlappung von Garantieansprüchen mit Gewährleistungsansprüchen kommen, wenn letztere nicht innerhalb der Jahresfrist erledigt worden sind, sodass sie fortbestehen und ihre Verjährungsfrist gehemmt oder unterbrochen ist. Nicht unbedenklich ist von daher der in Anschlussgarantieverträgen regelmäßig enthaltene Ausschluss der gesetzlichen Gewährleistungsansprüche ohne ausdrücklichen Hinweis darauf, dass dem Käufer neben Ansprüchen aus der Garantie weiter gehende Ansprüche aus perpetuierter Gewährleistung zustehen.[202]

607   Die Neuwagenanschlussgarantie kann beim Verkauf eines nicht neuen Fahrzeugs gewährleistungsrechtlich für den Verkäufer zum Bumerang werden, wenn sie an eine Gewährleistung anknüpft und diese zur Voraussetzung für die Garantie macht. Daraus folgerte das OLG Düsseldorf,[203] dass bei dem Verkauf eines Vorführwagens mit gleichzeitigem Abschluss einer Neuwagenanschlussgarantie ab dem zweiten Zulassungsjahr die in der Anschlussgarantie vorausgesetzte Händlergewährleistung in das Gesamtpaket vertraglich eingeschlossen werde.

608   Wenn das **Fahrzeug untergeht,** kann der Garantiefall nicht mehr eintreten, sodass die Garantie erlischt. Der Garantiegeber muss die im Voraus vom Garantienehmer gezahlte

---

201 Ausführlich *Reinking,* DAR 1995, 1 ff.
202 Vgl. BGH 23. 3. 1988, DAR 1988, 204.
203 Urt. v. 2. 7. 1993 – 14 U 316/92 – n. v.

Garantien beim Neuwagenkauf

Gegenleistung ganz oder teilweise erstatten, je nachdem, wann das zur Unmöglichkeit führende Ereignis eingetreten ist (§§ 323, 325 BGB).[204] Falls der Garantienehmer allerdings den Fahrzeuguntergang zu vertreten hat, behält der Garantiegeber den Anspruch auf die Gegenleistung, muss sich aber seine ersparten Aufwendungen anrechnen lassen (§ 324 BGB).

Formularregelungen, die dem Garantienehmer den Anspruch auf **Erstattung des Entgelts** generell versagen, sind wegen ihres überraschenden Inhalts nicht Vertragsbestandteil, jedenfalls aber unwirksam, da sie den Garantienehmer unangemessen benachteiligen.[205] Eine Klausel, die dem Garantiegeber eine angemessene Verwaltungsgebühr zubilligt, führt noch nicht zu einer erheblichen Benachteiligung des Garantienehmers i. S. von § 9 AGB-Gesetz.

Auf Wirksamkeitsbedenken stoßen AGB, die den Garantiegeber berechtigen, bei vorsätzlichen Verstößen des Kunden gegen Vertragsbestimmungen vorzeitig und ohne Entschädigung zu **kündigen.** Sie sind unbestimmt und von der Sache her nicht notwendig, da gravierende Verstöße, wie etwa die vorsätzliche Herbeiführung eines Mangels, ohnehin zur Leistungsfreiheit des Garantiegebers führen. Die Bestrafung durch entschädigungslose Vertragskündigung schießt über das Ziel hinaus und hält der AGB-Kontrolle nicht stand.

609 Verzögert der Garantiegeber die Vornahme der Reparatur, ist der Garantienehmer in entsprechender Anwendung von § 633 BGB zur **Ersatzvornahme** berechtigt und der Garantiegeber verpflichtet, die erforderlichen Aufwendungen zu erstatten, evtl. zunächst im Wege des Kostenvorschusses. Unter den Voraussetzungen von § 634 BGB steht dem Garantienehmer im Fall des Verzugs und der Unmöglichkeit der Fehlerbeseitigung „hinsichtlich des Garantievertrags" ein Wandlungs- und Minderungsrecht zur Seite. Eine Wandlung des Neuwagenkaufvertrags oder eine Minderung des Anschaffungspreises ist ausgeschlossen, es sei denn, die Möglichkeit der Fehlerbeseitigung wäre zur Bedingung des Kaufvertrags gemacht worden. Falls der Verkäufer ausnahmsweise zugleich Garantiegeber sein sollte, könnte der Käufer allerdings die Wandlung des Kaufvertrags im Fall des Scheiterns der Nachbesserung in entsprechender Anwendung von § 634 Abs. 1 S. 3 und Abs. 2 BGB ausnahmsweise erzwingen.[206]

610 Dem Garantiegeber ist es gestattet, die Garantie davon abhängig zu machen, dass die vorgeschriebenen Inspektionen und Wartungsarbeiten durchgeführt werden. Eine Garantieklausel dieses Inhalts entzieht sich der AGB-Kontrolle, da sie den Leistungsinhalt beschreibt, der der vertraglichen Dispositionsfreiheit der Parteien unterliegt.[207] Es handelt sich um eine (negative) Anspruchsvoraussetzung im Sinne einer Einschränkung des Hauptleistungsversprechens und nicht um einen rechtsvernichtenden Einwand. Dies ergibt sich unter anderem aus der Überlegung, dass mit der Einhaltung der vorgeschriebenen Inspektions- und Wartungsdienste nicht nur eine Gefahrminderung im Sinne einer Vermeidung des Garantiefalls, sondern außerdem eine Kundenbindung an die Vertragswerkstatt bezweckt wird. Garantieansprüche entfallen bei Nichtvornahme der Inspektions- und Wartungsarbeiten unabhängig davon, ob zwischen der Unterlassung und dem am Fahrzeug eingetretenen Schaden ein **ursächlicher Zusammenhang** besteht.[208] Es bedarf hierzu auch nicht des Hinweises in der Klausel, dass der Rechtsverlust unabhängig von einem möglichen Kausalzusammenhang eintritt.[209] Angesichts der Tatsache, dass die Einhaltung vorgeschriebener Inspektions- und Wartungsintervalle zu den (negativen) Anspruchsvoraussetzungen gehört, weil der Garant Inhalt und Reichweite der Garantie bestimmt,[210] verbleibt ein allenfalls geringer Spielraum

---

204 *Reinking,* DAR 1995, 1 f.
205 *Reinking,* DAR 1995, 1 ff., 6.
206 BGH 23. 11. 1994, DAR 1995, 111 f.
207 OLG Nürnberg 27. 2. 1997, NJW 1997, 2186.
208 OLG Nürnberg 27. 2. 1997, NJW 1997, 2186; OLG Düsseldorf 24. 10. 1996, OLGR 1997, 145.
209 OLG Düsseldorf 24. 10. 1996, OLGR 1997, 145.
210 BGH 12. 11. 1980, NJW 1981, 275 f.

für Ergebniskorrekturen über § 242 BGB, falls der Käufer Inspektions- und Wartungsfristen lediglich zeitlich überschritten hat.[211]

f) Beweissituation

611 Der Garantiefall erfordert bei der Anschlussgarantie im Gegensatz zur gesetzlichen Gewährleistung keine zumindest bereits im Keim vorhandene Fehlerhaftigkeit des Fahrzeugs zum Zeitpunkt des Gefahrübergangs. Tritt innerhalb der Garantiezeit ein Fehler auf, ist von einem Garantiefall auszugehen. Darin liegt der Sinn einer die **Haltbarkeit** der Sache betreffenden Garantie.[212]

Den Fehler muss der Garantienehmer beweisen. Er trägt ferner die Beweislast für alle übrigen Anspruchsvoraussetzungen. Behauptet der Garantiegeber, der Mangel falle nicht unter die Garantie, weil der Garantienehmer ihn verschuldet habe, so obliegt ihm hierfür die Beweisführung, da es sich um einen rechtsvernichtenden Einwand handelt.[213] Die Garantie ist die Regel, das Verschulden die Ausnahme.[214] Welche Tatsachen zu den anspruchsbegründenden gehören und welche anspruchsvernichtender Natur sind, ergibt sich aus dem jeweiligen Garantievertrag.

612 Die ordnungsgemäße Wartung des Fahrzeugs ist eine typische – negative – Anspruchsvoraussetzung und daher vom Garantienehmer zu beweisen, während die Beweislast für solche Umstände, die den Garantieanspruch zu Fall bringen (z. B. unsachgemäße Behandlung, Gewalteinwirkung, verspätete Fehleranzeige), beim Garantiegeber liegt. Dieser muss auch den **Ursachenzusammenhang** zwischen Ausschlusstatbestand und Mangel beweisen, wenn der Garantieausschluss diese Kausalität erfordert.

VI. Nachbesserungspflicht des Dritthändlers

613 Der Käufer kann den Anspruch auf Nachbesserung gem. Abschn. VII, Ziff. 2a NWVB außer bei dem verkaufenden Händler auch bei anderen für die Betreuung des Kaufgegenstands vom Hersteller oder Importeur anerkannten Betrieben geltend machen. Die Beziehung des Käufers zum autorisierten Dritthändler ist nicht als Werkvertrag im Sinne der §§ 631 ff. BGB zu bewerten. In diesem Bereich wird der vom Käufer in Anspruch genommene **andere Vertragshändler** lediglich zur Durchführung der Gewährleistungsarbeiten **eingeschaltet**.[215] Daraus folgt für das Verhältnis der Vertragsparteien, dass die Nachbesserungspflicht des Verkäufers erst erlischt, wenn die Nachbesserung von dem dritten Händler ausgeführt worden ist oder vom Käufer aus anderen Gründen nicht mehr verlangt werden kann.[216]

614 Der handschriftliche Zusatz in dem schriftlichen Kaufvertrag über einen Importneuwagen, der besagt, dass der Service nach der Garantiezeit bei dem Verkäufer gemacht werden kann und vorher bei der Firma X in A, beinhaltet nach Meinung des BGH[217] eine Abänderung der AGB des Verkäufers, wonach normalerweise alle vom Hersteller autorisierten Betriebe Nachbesserung zu erbringen haben.

615 Verweigert der andere in Anspruch genommene Betrieb die kostenlose Vornahme von Gewährleistungsarbeiten, stellt sich die Frage, ob dem Gewährleistungsberechtigten ein

---

211 Mit dieser Thematik befaßt sich *Koos* in WRP 1998, 22 ff.
212 Rn 538.
213 BGH 19. 6. 1996, DAR 1996, 361; 23. 11. 1994, DAR 1995, 111, 112; *Limbach,* MDR 1967, 87, 88.
214 *Winterfeld,* DAR 1985, 65, 70.
215 BGH 10. 4. 1991, ZIP 1991, 733; 15. 5. 1985, ZIP 1985, 940; LG Köln 2. 11. 1988 – 13 S 134/88 – n. v.
216 BGH 10. 4. 1991, ZIP 1991, 733.
217 Urt. 9. 7. 1986, NJW-RR 1987, 239.

Nachbesserungspflicht des Dritthändlers

einklagbarer **Anspruch** auf Vornahme der Nachbesserung gegen die andere Werkstatt zusteht.

Es besteht folgende Ausgangslage: **616**

1. In **gleich lautenden Händlerverträgen** verpflichten sich Vertragshändler gegenüber dem Hersteller zur Nachbesserung an allen Fahrzeugen der jeweiligen Marke gemäß den vom Hersteller vorgeschriebenen Richtlinien. Jeder Händler erklärt sich dem Hersteller gegenüber bereit, die Nachbesserung auch an solchen Fahrzeugen durchzuführen, die nicht bei ihm gekauft wurden. Diesbezügliche vertragliche Beziehungen der Händler untereinander bestehen nicht.

2. Der **Hersteller übernimmt** regelmäßig die bei Vornahme von Gewährleistungsarbeiten anfallenden **Materialkosten** und **vergütet die Arbeit des Händlers.** Der Grund für diese Lastenverteilung ist darin zu sehen, dass sowohl der Hersteller als auch der Händler von einem gut funktionierenden, möglichst engmaschigen Servicenetz profitieren, weil es sich als absatzfördernd erweist. Darüber hinaus bietet das System Vorteile für den verkaufenden Händler, da seine Kunden die Nachbesserung auch bei anderen Vertragshändlern durchführen lassen können und er dadurch entlastet wird. Andererseits muss der heute verkaufende Vertragshändler damit rechnen, seinerseits morgen in der Rolle des anderen Betriebs Nachbesserung an einem nicht von ihm verkauften Fahrzeug vornehmen zu müssen. Jeder Vertragshändler kann auf Grund dieser Reziprozität die Pflicht zur Nachbesserung eingehen, ohne hierdurch Nachteile zu erleiden. Bedingung für die Funktionsfähigkeit des auf Gegenseitigkeit aufgebauten Systems ist dessen Lückenlosigkeit. Auf dieser Voraussetzung beruht der sog. Bündniseffekt.[218]

Im Hinblick auf die rechtliche Beurteilung dieses Systems wird die Auffassung vertreten,[219] es handele sich um **wechselseitige Verpflichtungserklärungen** der Händler untereinander. Der zu Lasten des anderen Vertragshändlers vereinbarten Klausel stehe eine ihr spiegelbildlich entsprechende Vereinbarung zu Gunsten des betroffenen Vertragshändlers in den vom Hersteller mit den anderen Vertragshändlern geschlossenen Verträgen gegenüber. Dieser Ansicht kann nicht gefolgt werden, weil sie auf eine dem deutschen Recht fremde **Verpflichtungsermächtigung** eines Händlers gegenüber dem anderen hinausläuft.[220] Eine Ermächtigung, im eigenen Namen einen anderen zu verpflichten, ist selbst dann unwirksam, wenn der Dritte sich mit dieser Belastung einverstanden erklärt.[221] **617**

Weiterhin erscheint es denkbar, dass zwischen dem Hersteller und dem Kunden ein vom Kaufvertrag zu unterscheidender **selbstständiger Garantievertrag** zu Stande kommt, in dem sich der Hersteller zur Nachbesserung verpflichtet. Ein solcher Vertrag könnte unter Einschaltung des Verkäufers als Vertreter oder Bote geschlossen werden und dem Kunden das Recht einräumen, vom Hersteller oder wahlweise von dem verkaufenden Händler Nachbesserung zu verlangen.[222] Da der Hersteller aber nicht selbst die Nachbesserung erbringen will, könnte er sich hierzu der Vertragshändler als Erfüllungsgehilfen bedienen. Bei dieser Lösung stünde dem Käufer außer dem Anspruch gegen den verkaufenden Händler lediglich ein Nachbesserungsrecht gegen den Hersteller, nicht aber gegen den Dritthändler zu. Dass dies nicht beabsichtigt ist, ergibt sich aus zwei Überlegungen: Einerseits ist in Abschn. VII, Ziff. 2a NWVB davon die Rede, dass der Käufer Nachbesserungsansprüche gegen die autorisierten Vertragshändler – also nicht gegen den Hersteller – geltend machen kann. Andererseits müsste der Hersteller, der sich seiner Vertragshändler als Erfüllungsgehilfen der Garan- **618**

---

218 *Ulmer,* Der Vertragshändler, 326 Fn. 25.
219 *Ulmer,* Der Vertragshändler, 326 Fn. 25.
220 BGH 15. 5. 1985, NJW 1985, 2819; AG Charlottenburg 12. 4. 1979 – 5 C 749/78 – n. v.; AG Saarbrücken 3. 6. 1987 – 42 C 1/87 – n. v.
221 *Palandt/Heinrichs,* Einf. vor § 328 Rn 10.
222 *Bader,* NJW 1976, 208 ff., 213.

tiezusage bedient, für deren mögliche Fehler bei Vornahme der Nachbesserung gem. § 278 BGB einstehen. Das entspricht aber nicht der Interessenlage des Herstellers.

619 Für die rechtliche Bewertung der Verträge zwischen Händler und Hersteller bieten sich somit lediglich zwei Möglichkeiten an: zum einen der **„ermächtigende"** (unechte) Vertrag zu Gunsten des Käufers, zum anderen der **„berechtigende"** (echte) Vertrag zu Gunsten des Käufers gem. § 328 BGB.[223] Beim unechten **Vertrag zu Gunsten Dritter** steht dem Begünstigten kein eigenes Forderungsrecht zu. Der Verpflichtete ist von seinem Vertragspartner lediglich ermächtigt, mit befreiender Wirkung diesem gegenüber an den Dritten zu leisten.[224] Der Kunde besitzt bei Annahme dieses Vertragstyps keinen eigenen Anspruch gegen den Dritthändler auf Durchführung der Nachbesserung. Allein der Hersteller kann den Dritthändler notfalls im Klageweg zwingen, die Nachbesserung vorzunehmen. Wertet man dagegen den Händlervertrag als echten Vertrag zu Gunsten Dritter, so können sowohl der Kunde als auch der Hersteller die Durchführung der Nachbesserung verlangen.[225]

620 Für die Abgrenzung dieser beiden rechtlichen Gestaltungsmöglichkeiten ist der **Händlervertrag auszulegen.** Da insoweit regelmäßig eine besondere Bestimmung fehlt, muss gem. § 328 Abs. 2 BGB auf die Umstände, insbesondere auf den Zweck des Vertrags und damit auf den Parteiwillen, abgestellt werden. Für ein **unmittelbares Forderungsrecht** des Käufers spricht die Regelung in Abschn. VII, Ziff. 2a NWVB, die vorsieht, dass der Käufer den Nachbesserungsanspruch auch gegenüber anderen Vertragshändlern „geltend machen" kann. Von einer Einschaltung des Herstellers ist nicht die Rede. Darüber hinaus entspricht es dem mit einem weiten Servicenetz verfolgten Zweck, dem Kunden gegenüber jedem Vertragshändler einen eigenen Anspruch auf Durchführung der Nachbesserung einzuräumen. Die mit diesem System für den Kunden verbundene Erleichterung würde weitgehend hinfällig, müsste er bei der Weigerung eines Händlers zuerst den möglicherweise weit entfernten Hersteller bewegen,[226] den Vertragshändler notfalls im Klageweg zur Nachbesserung anzuhalten.

621 Auf Grund dieser Umstände erscheint es **sachgerecht,** dem Kunden einen durch den Händlervertrag begründeten eigenen Nachbesserungsanspruch gegen jeden Vertragshändler zuzubilligen.[227]

622 Der Annahme eines echten Vertrages zu Gunsten Dritter i. S. d. § 328 BGB steht nicht entgegen, dass der Kunde im Zeitpunkt des Vertragsabschlusses noch nicht bestimmt ist. Es genügt insoweit dessen Bestimmbarkeit.[228] Unerheblich ist hierbei, dass nicht der Gläubiger des Händlers, nämlich der Hersteller, sondern der den Wagen verkaufende Händler den Dritten bestimmt, indem er mit diesem den Kaufvertrag abschließt. Der Hersteller kann die Ausübung seines Rechts, den Dritten zu bestimmen, auf den Händler übertragen.

---

223 Vgl. zu den Begriffen *Esser/Schmidt,* § 48 III 1d, 3d.
224 *Fikentscher,* Schuldrecht, § 37 I 2a.
225 *Palandt/Heinrichs,* vor § 328 Rn 1 und 6.
226 Dabei ist zu berücksichtigen, dass dem Käufer kein eigener Anspruch gegen den Hersteller auf ein Einschreiten gegenüber dem Vertragshändler zusteht.
227 In diesem Sinne wohl auch *Wolf/Horn/Lindacher,* § 11 Nr. 10a, Rn 7; a. A. AG Charlottenburg 12. 4. 1979 – 5 C 748/78 – n. v., jedoch wegen fehlenden Sachvortrags mit der Begründung, dass das Vorliegen solcher Vereinbarungen, die sich als Verträge zu Gunsten Dritter darstellen, vermutet werden müsse, ohne dass auf diese Vermutung ein sicheres Urteil gestützt werden könne; *Creutzig,* Recht des Autokaufs, Rn 7.2.4; AG Saarbrücken 3. 6. 1987 – 42 C 1/87 – n. v. – vom Berufungsgericht aus anderen Gründen aufgehoben – mit der Begründung, Abschn. VII der NWVB könne nur so verstanden werden, dass die Gewährleistungspflicht ausschließlich den Verkäufer treffe, wenn der andere Vertragshändler im Verhältnis zum verkaufenden Händler und auch im Verhältnis zum Hersteller bzw. Importeur zwar verpflichtet sei, anerkannte Gewährleistungsansprüche zu erfüllen, aber keine eigene Entscheidungsbefugnis habe.
228 *Erman/Westermann,* § 328 Rn 6; *Soergel/Hadding,* § 328 Rn 33.

Nachbesserungspflicht des Dritthändlers

Der hier vertretenen Auffassung kann nicht entgegengehalten werden, es bestünden zwischen Hersteller und Käufer keine vertraglichen Beziehungen, sodass es an dem zwischen Versprechensempfänger (Hersteller) und Dritten erforderlichen Valutaverhältnis fehle. Einerseits ist ein wirksames Valutaverhältnis für den Vertrag zu Gunsten Dritter kein Wirksamkeitserfordernis,[229] andererseits reicht es aus, dass der in Anspruch genommene Händler als Zuwendungsgrund auf den zwischen verkaufendem Händler und Kunden geschlossenen Kaufvertrag Bezug nimmt. **623**

Im Jahr 1985 hat sich der BGH[230] zu dieser Problematik beiläufig geäußert, ohne abschließend Stellung beziehen zu müssen. Er stellte fest, dass sich das Nachbesserungsrecht gegen den „anderen Betrieb" nicht schon aus Abschn. VII, Ziff. 2 NWVB herleiten lässt, da mit dieser Regelung ersichtlich nur die **Art und Weise** der **„Abwicklung"** des – gegen den Vertragspartner gerichteten – Nachbesserungsanspruchs formuliert und nicht etwa eine vertragliche Verpflichtung zu Lasten des anderen Betriebs geschaffen werde. Erforderlich zur Begründung einer Nachbesserungspflicht des anderen Betriebs sei dessen Zustimmung, und diese könne in dem zwischen den Vertragshändlern und dem Hersteller abgeschlossenen Händlervertrag zu finden sein. Eine Prüfung der Frage, ob die gleich lautenden Verträge zwischen Händlern und Herstellern eine entsprechende Verpflichtungserklärung beinhalteten, konnte der BGH dahinstehen lassen, da es hierauf nicht entscheidend ankam. In einem späteren Urteil stellte der BGH[231] ausdrücklich fest, dass die Rechtsbeziehungen der Beteiligten im Innenverhältnis, die dadurch gekennzeichnet sind, dass der vom Käufer in Anspruch genommene Dritte nur im Rahmen der Abwicklung der Gewährleistung für den Verkäufer tätig wird, **einem direkten Forderungsrecht** des Käufers gegen den anderen Vertragshändler **nicht im Wege stehen.**[232] **624**

Gegenüber dem „anderen Händler", der nach seinem Vertrag mit dem Hersteller/Importeur an von ihm nicht selbst verkauften Fahrzeugen zur Nachbesserung verpflichtet ist, besteht **kein Anspruch auf Wandlung oder Minderung.**[233] Schlägt die Nachbesserung durch den „anderen Händler" fehl, muss sich der Käufer wegen der Geltendmachung der gesetzlichen Gewährleistungsansprüche mit seinem Vertragspartner auseinander setzen. **625**

Ein aus § 633 Abs. 3 BGB analog abzuleitender Anspruch auf Ersatz von **Mängelbeseitigungskosten**[234] richtet sich gegen den Verkäufer, auch wenn ein anderer Vertragshändler die Ersatzvornahme zu verantworten hat.[235] Der Anspruch resultiert aus der Gewährleistung des Kaufvertrags, bei deren Erfüllung der nachbessernde Betrieb (auch) für den Verkäufer tätig wird. Wenn man davon ausgeht, dass die in Anspruch genommene Drittwerkstatt durch die Nachbesserung (auch) eine eigene Verpflichtung gegenüber dem Käufer des anderen Händlers auf Grund Vertrags zu Gunsten Dritter zu erfüllen hat, haftet sie neben dem Verkäufer auf Ersatz auf der vom Berechtigten aufgewendeten Nachbesserungskosten, wenn sie dessen berechtigtes Nachbesserungsverlangen zurückgewiesen hat. **626**

Eine **mangelhafte Durchführung** der Instandsetzung durch die andere Vertragswerkstatt muss sich der **Verkäufer zurechnen** lassen.[236] Von dieser Einschränkung nicht erfasst werden Schadensersatzansprüche wegen solcher Schäden, die bei der Nachbesserung durch **627**

---

229 *Blomeyer,* Allgemeines Schuldrecht, § 42 III.
230 Urt. 15. 5. 1985, NJW 1985, 2819.
231 10. 4. 1991, ZIP 1991, 733.
232 Anderer Ansicht *Creutzig,* Recht des Autokaufs, Rn 7.2.4.
233 BGH 15. 5. 1985, NJW 1985, 2819.
234 BGH 10. 4. 1991, ZIP 1991, 733; *Staudinger/Honsell,* § 462 Rn 15; *Westermann,* MünchKomm, § 462 Rn 11; a. A. *Ulmer/Brandner/Hensen,* § 11 Nr. 10b Rn 55 sowie *Reinking/Eggert* in der 4. Auflage Rn 467.
235 BGH 10. 4. 1991, ZIP 1991, 733.
236 BGH 10. 4. 1991, ZIP 1991, 733; LG Köln, Urt. 2. 11. 1988 – 13 S 134/88 – n. v.

den Dritthändler verursacht werden. Sie sind vom Verursacher und nicht vom Verkäufer zu ersetzen.[237]

VII. Gewährleistungsberechtigte

628 Gewährleistungsansprüche besitzt der Käufer in seiner Eigenschaft als Partei des Kaufvertrags. Sie entspringen dem Vertragsverhältnis als sog. sekundäre Gläubigerrechte[238] und besagen, dass der Verkäufer einen Gewährsmangel als solchen ohne Rücksicht auf Verschulden zu vertreten hat. Der gesetzlichen Regelung zufolge ist ihre Geltendmachung **nicht an die Innehabung von Eigentum und Besitz geknüpft.**

629 Dies vorausgeschickt, stellt sich die Frage nach der rechtlichen Bedeutung der Klausel in Abschn. VII, Ziff. 5 NWVB. Sie besagt, dass Gewährleistungsverpflichtungen durch Eigentumswechsel am Kaufgegenstand nicht berührt werden. Hierzu wird die Auffassung vertreten, die Restlaufzeit der Jahresgewährleistung gehe auf den Erwerber über, wenn ein Auto während der Gewährleistungsfrist verkauft werde.[239] Die Aussage ist in dieser allgemeinen Form nicht richtig. Der Wortlaut von Abschn. VII, Ziff. 5 NWVB besagt lediglich, dass der **Eigentumswechsel** die **Gewährleistungsverpflichtungen nicht zum Erlöschen bringt.** Die Klausel trifft keine Aussage zur Rechtsinhaberschaft der Gewährleistungsansprüche, die mangels anderweitiger Regelung grundsätzlich bei dem ursprünglichen Käufer bleiben. Im Gegensatz zur ursprünglich vorgesehenen Formulierung der Klausel in den Vorlagen zu den NWVB[240] enthält die bis heute unveränderte Endfassung von Abschn. VII, Ziff. 5 NWVB nicht den klarstellenden Zusatz, dass die Gewährleistungsansprüche mit dem Eigentum an dem Kaufgegenstand auf den Erwerber übergehen. Da der Bestand der Gewährleistungsansprüche kraft Gesetzes nicht davon abhängt, dass das Eigentum an der Kaufsache beim Käufer verbleibt,[241] hat die Klausel lediglich deklaratorischen Charakter.

630 Die **Sachmängelhaftung** ist auf das **Verhältnis der Vertragsparteien** beschränkt, d. h., der Verkäufer haftet ausschließlich dem Käufer für die Mängelfreiheit des Fahrzeugs, nicht aber einem Folgekäufer.[242] Der **Folgekäufer** kann nur aus **abgetretenem Recht** gegen den Händler vorgehen. Die Abtretung von Gewährleistungsansprüchen ist in vielen Geschäftsbereichen üblich, z. B. beim Leasinggeschäft und beim Bauträgervertrag, und wird von der Rechtsprechung für zulässig erachtet.[243]

631 Ein Übergang der Gewährleistungsansprüche auf den Zweiterwerber bereitet keine Probleme, soweit hiervon ausschließlich Nachbesserungsansprüche betroffen sind. Der Erstkäufer benötigt zur Abtretung des Nachbesserungsanspruchs an den Zweitkäufer **nicht die Zustimmung des Verkäufers.** Gegenteiliges ergibt sich nicht aus Abschn. I, Ziff. 3 NWVB, da die dortige Regelung gegenüber der spezielleren in Abschn. VII, Ziff. 5 NWVB zurücktritt, auch wenn letztere den Tatbestand der Abtretung nicht ausdrücklich erwähnt. Für eine Entbehrlichkeit der Zustimmung spricht die Interessenlage beider Parteien. Da sich die Nachbesserung lediglich auf den Kaufgegenstand bezieht, ohne dass die Vertragsbeziehungen zwischen Händler und Erstkäufer betroffen werden, ist auf Seiten des Händlers kein Grund zu erkennen, der es rechtfertigen könnte, die Wirksamkeit der Abtretung von seiner Mitwirkung abhängig zu machen. Es bedeutet für ihn keinen Vorteil, die Nachbesserung an die Voraussetzung zu knüpfen, dass sie „formell" vom Erstkäufer geltend gemacht wird. Welchen Weg

---

237 LG Köln 2. 11. 1988 – 13 S 134/88 – n. v.
238 *Seetzen,* AcP 169, 352 ff.
239 LG Köln 2. 11. 1988 – 13 S 134/88 – n. v.
240 Mitgeteilt von *Schmitz,* DAR 1975, 141, 147.
241 A. A. *Creutzig,* Recht des Autokaufs, Rn 7.5.1.
242 *Soergel/Huber,* § 459 Rn 10.
243 BGH 24. 10. 1985, ZIP 1986, 234; 23. 6. 1976, NJW 1977, 200; 29. 3. 1974, NJW 1974, 1135.

der Kaufgegenstand nimmt, ist für den Verkäufer letztlich nicht von Interesse, weil er, unabhängig von der Eigentumslage, für den Kaufgegenstand so oder so Gewähr zu leisten hat.[244]

Zu verwerfen ist die Konstruktion eines Nachbesserungsanspruchs des Folgeerwerbers über das Rechtsinstitut des **Vertrags zu Gunsten Dritter,** die für den Folgekäufer den Vorteil böte, dass der Anspruch von den anlässlich des Weiterverkaufs getroffenen Vereinbarungen losgelöst wäre und sich der Nachweis der Abtretung erübrigen würde. 632

Die Schaffung eines originären Anspruchs für den Folgekäufer ist in Abschn. VII, Ziff. 5 NWVB nicht angelegt. Es **fehlt** an einer **positiven Regelung** des Inhalts, dass neben dem Erstkäufer auch ein Folgeerwerber anspruchsberechtigt sein soll. Der Regelungszweck der Klausel beschränkt sich auf die Feststellung, dass die Gewährleistungsansprüche durch die Weiterveräußerung des Kaufgegenstandes innerhalb der Gewährleistungsfrist nicht berührt werden. 633

Da die Geltendmachung von Nachbesserungsansprüchen durch dem Erstkäufer nachfolgende Fahrzeugbesitzer den Bestand des Kaufvertrags nicht tangiert, wird eine **Zustimmung des Erstkäufers** als **entbehrlich** angesehen. Der Übergang der gesetzlichen Gewährleistungsansprüche würde es dem Zweiterwerber allerdings ermöglichen, in den Bestand des zwischen den ursprünglichen Parteien geschlossenen Vertrages einzugreifen. In Anbetracht dessen ist – nicht allein aus dogmatischen Gründen –[245] eine Geltendmachung der Wandlung oder Minderung durch nachfolgende Käufer gegenüber dem Erstverkäufer entweder überhaupt nicht zuzulassen oder nur mit Zustimmung des Erstkäufers. Geht man davon aus, dass die Rechte der Wandlung und Minderung dem Ersterwerber verbleiben, benötigt dieser zu deren Ausübung die Zustimmung des Zweiterwerbers, dem durch die Wandlung die Sache entzogen und durch die Minderung der möglicherweise noch nicht erloschene Erfüllungsanspruch aus der Gattungsschuld genommen wird.[246] Die Rechtsprechung tendiert eher zu der Auffassung, dem Zweitkäufer die Geltendmachung der Wandlung oder Minderung aus abgetretenem Recht zu gestatten, wozu er allerdings der Einwilligung des Zedenten bedarf.[247] 634

Ob im Einzelfall eine **Abtretung** vorliegt, ist anhand zwischen Erst-, Zweit- und Folgekäufern getroffenen Absprachen unter Würdigung der Begleitumstände zu beurteilen. Wer unter Hinweis auf die noch bestehenden Gewährleistungsansprüche ein Fahrzeug weiterveräußert, tritt damit **konkludent** die Gewährleistungsansprüche im Rahmen des gesetzlich Zulässigen an den Erwerber ab. Falls der Weiterverkauf unter Ausschluss von Gewährleistungsansprüchen erfolgt, darf angenommen werden, dass hiervon die noch bestehenden Gewährleistungsansprüche gegen den Händler ausgenommen sind, da mit dem Ausschluss nur eine Inanspruchnahme des Erstkäufers verhindert werden soll. Auf einen anlässlich des Weiterverkaufs vereinbarten Gewährleistungsausschluss kann sich der auf Nachbesserung vom Folgekäufer in Anspruch genommene Vertragshändler somit nicht berufen. 635

VIII. Nachbesserung

1. Geltendmachung

Bei dem Nachbesserungsanspruch des Käufers handelt es sich nicht um einen Erfüllungsanspruch, sondern um ein der Gewährleistung unterstelltes Recht, auf das trotz seines kauf- 636

---

244 A. A. *Creutzig,* Recht des Autokaufs, Rn 7.5.1.
245 *Seetzen,* AcP 169, 352, 370; *Palandt/Putzo,* § 462 Rn 7.
246 *Seetzen,* AcP 169, 352, 371.
247 BGH 1. 6. 1973, DB 1973, 1846.

rechtlich geprägten Charakters weitgehend **werkvertragliche Regelungen entsprechend** anzuwenden sind.[248]

637 Der Nachbesserungsanspruch ist der zunächst **einzige** dem Käufer im Fall der Mangelhaftigkeit des Fahrzeugs zustehende **Rechtsbehelf,** der die gesetzlichen Gewährleistungsansprüche des Kaufrechts ausschaltet. Da die gesetzlichen Gewährleistungsansprüche wieder aufleben, wenn die Nachbesserung fehlgeschlagen ist, handelt es sich bei dem vertraglich eingeräumten Nachbesserungsrecht des Käufers um ein **vorläufiges Recht.**[249]

638 Das Nachbesserungsrecht des Käufers setzt **Geltendmachung** der Nachbesserung voraus. Ohne Nachbesserungsverlangen besteht kein Recht auf Nachbesserung.[250]

Während für die **Geltendmachung der Nachbesserung** keine bestimmte Form vorgeschrieben ist, müssen Fehler nach Wahl des Käufers entweder von ihm **schriftlich angezeigt** oder von dem in Anspruch genommenen Betrieb **aufgenommen** werden (Abschn. VII, Ziff. 2 NWVB). Beides hat **unverzüglich** nach Feststellung der Fehler, also ohne schuldhaftes Zögern, zu geschehen.

Die **verspätete Anzeige** führt, worauf *Creutzig*[251] zutreffend hinweist, nicht zum Verlust der Gewährleistungsansprüche. Dies folgt aus Abschn. VII, Ziff. 6 NWVB, wo die Ausschlüsse exklusiv geregelt sind. Die Haftung des Verkäufers für weitere Schäden ist jedoch ausgeschlossen, soweit diese auf der verspäteten Anzeige beruhen. Den Beweis hierfür hat der Verkäufer zu erbringen.

639 Die NWVB enthalten keine Regelung, wie die **Aufnahme der Fehler** durch den in Anspruch genommenen Betrieb zu erfolgen hat und was der Käufer unternehmen muss, damit die Aufnahme erfolgt. Die Aufforderung des Käufers zur Aufnahme der Fehler durch die Werkstatt **bedarf nicht der Schriftform,** da die Aufnahme die Alternative zur schriftlichen Anzeige darstellt. Daraus folgt, dass die Aufforderung zur Aufnahme der Fehler in beliebiger Form und auf beliebige Art und Weise erfolgen kann. Sie ist telefonisch möglich, da die Aufnahme der Fehler **nicht erfordert,** dass der Käufer das **Fahrzeug der Werkstatt vorstellt.** Auch bei einer schriftlichen Mängelanzeige ist dies nicht notwendig. Die Regelung in Abschn. VII, Ziff. 2a NWVB bezweckt, dass festgestellte Fehler unverzüglich gerügt werden. Dabei geht es um die **Dokumentation der Mängelrüge** und nicht um die Feststellung ihrer Berechtigung.[252]

Die Art und Weise der Fehleraufnahme steht im Belieben der Werkstatt, auf deren Arbeitsweise der Käufer ohnehin keinen Einfluss besitzt. Eine Anhörung des Käufers reicht für eine Aufnahme der Fehler im Sinne der Klausel aus. Schriftliche Aufzeichnungen sind aus Gründen der Beweisführung ratsam. Der Käufer sollte sich eine Abschrift aushändigen lassen, damit er im Bestreitensfall belegen kann, dass die Werkstatt die Mängelrüge aufgenommen hat.

640 Nur durch eine **wirksame Fehleranzeige** wird die Verjährung nach Abschn. VII, Nr. 10 NWVB gehemmt. Fehler, die nicht schriftlich angezeigt worden sind, können nur Hemmungsgründe nach § 639 Abs.2 BGB sein,[253] wenn keine Aufnahme durch die Werkstatt erfolgt ist.

---

248 BGH 10. 4. 1991, NJW 1991, 1882; *Löwe/Graf von Westphalen/Trinkner,* § 11 Nr. 10b Rn 20; *Soergel/Huber,* § 462 Rn 53; *Westermann,* MünchKomm, § 462 Rn 11; *Kötz,* MünchKomm, § 11 Nr. 10c AGBG Rn 169; *Staudinger/Honsell,* § 462 Rn 15; a. A. zum Nachbesserungsrecht *Ulmer/Brandner/Hensen,* § 11 Nr. 10b Rn 59; *Kirchhof,* NJW 1970, 2052 ff.; *Köhler* JZ 1984, 393, 399; *Jauernig/Vollkommer,* § 462 Anm. 4.
249 BGH 10. 4. 1991, NJW 1991, 1882.
250 KG 18. 1. 1989 – 3 U 3141/88 – n. v., zitiert bei *Creutzig,* Recht des Autokaufs, Rn 7.2.5.
251 Recht des Autokaufs, Rn 7.2.5.
252 Dies wurde vom OLG Köln 31. 3. 1995, VersR 1996, 1419 übersehen.
253 OLG Köln 31. 3. 1995, VersR 1996, 1419.

Nachbesserung

Der Käufer muss im Fall des Bestreitens den **Zugang** der schriftlichen Fehleranzeige und die Aufnahme des Fehlers durch den in Anspruch genommenen Betrieb beweisen. Er trägt nicht nur das Verlustrisiko, sondern mangels einer inhaltlich der Gesetzesvorschrift von § 377 HGB nachgebildeten Regelung in den NWVB auch das der **Verzögerung.** Demzufolge muss er außer dem Zugang auch die Rechtzeitigkeit der Mängelanzeige beweisen.[254]

Einen **Reparaturauftrag** braucht der Käufer **nicht** zu **unterschreiben,** selbst wenn ihm zugesagt wird, dass keine Kostenberechnung erfolgt.[255] Aus der Geltendmachung von Gewährleistungs- und Garantieansprüchen durch Unterzeichnung eines Antrags mit dem Stempelaufdruck „Garantiearbeit – Altteile aufbewahren" lässt sich nicht die Erteilung eines Reparaturauftrags ableiten, selbst wenn das Antragsformular die vorgedruckte Klausel enthält, dass die Entscheidung über die Garantieansprüche dem Lieferwerk vorbehalten bleibt und der Kunde bei Ablehnung der Garantie die Reparaturkosten zu bezahlen hat. Zu diesem Ergebnis gelangte das AG Bremerhaven[256] auf Grund des Vorrangs der Individualabrede (§ 4 AGB-Gesetz) gegenüber der hierzu in Widerspruch stehenden Kostenübernahmeklausel. Unterzeichnet der Käufer innerhalb der einjährigen Gewährleistungsfrist einen ihm vorgelegten Reparaturauftrag, kann sich der Händler im Streitfall nicht darauf berufen, der Käufer habe den Auftrag ohne Berufung auf die Gewährleistung erteilt.[257]

641

Die Pflicht zur Anzeige/Aufnahme erstreckt sich auf Fehler, die der Käufer feststellt, wobei es nicht darauf ankommt, ob es sich um **offensichtliche, wahrnehmbare** oder **versteckte** Mängel handelt. Die Klausel begründet **keine Untersuchungspflicht** des Käufers.

Es gehört nicht zu seinen Aufgaben, die Ursache eines Mangels herauszufinden[258] und die Gründe seiner Entstehung anzugeben, zumal er dem in Anspruch genommenen Betrieb nicht vorschreiben kann, wie dieser eine etwaige Nachbesserung auszuführen hat.[259] Da die in Abschn. VII NWVB geregelte Gewährleistung eine unselbstständige Garantiezusage in Form einer Bestands- und Haltbarkeitsgarantie beinhaltet,[260] muss der Käufer nicht darlegen und beweisen, dass innerhalb der Gewährleistungsfrist auftretende Mängel schon zum Zeitpunkt des Gefahrübergangs zumindest im Keim vorhanden waren. Entbehrlich ist auch die Unterscheidung zwischen Konstruktions- oder Fabrikationsmängeln.[261]

Der Käufer genügt seiner Pflicht zur Mängelanzeige, wenn er das **Erscheinungsbild** des Fehlers hinreichend genau beschreibt,[262] sodass eine Überprüfung der Angaben auch im Hinblick auf nicht auszuschließende Bedienungsfehler möglich ist.[263] Die Anzeige einer **Mangelerscheinung** umfasst alle hierfür ursächlich in Frage kommenden Mängel.[264] Einzelne Defekte, die auf einem **Grundmangel** beruhen, wie z. B. die Schadensanfälligkeit eines Getriebes wegen der auf einem Konstruktionsfehler beruhenden Gefahr von Ölverlust, sind

642

---

254 Zur teilweise gleich gelagerten Problematik des § 377 HGB vgl. BGH 13. 5. 1987, NJW 1987, 2235.
255 OLG Köln 2. 4. 1985, NJW-RR 1986, 151.
256 Urt. 7. 2. 1979, DAR 1979, 281.
257 AG Köln 27. 8. 1987 – 121 C 655/86 – n. v., vom Berufungsgericht aus anderen Gründen aufgehoben.
258 OLG Köln 1. 2. 1993, MDR 1993, 619.
259 LG Köln, Urt. 5. 2. 1992 – 13 S 178/91 – n. v.
260 BGH 19. 6. 1996, DAR 1996, 361.
261 A. A. OLG Düsseldorf 10. 11. 1995, NJW-RR 1998, 265.
262 BGH 3.12.1998, VII ZR 405/97, NJW 1999, 1330; BGH 23. 2. 1989, NJW-RR 1989, 667; 6. 10. 1988, DB 1989, 424 m. w. N.
263 OLG Düsseldorf 25. 9. 1998, OLGR 1999, 1; OLG Köln 28. 10. 1996, NJW-RR 1997, 1533; 18. 8. 1997, NJW-RR 1998, 1247 – jeweils zu den Anforderungen an die Spezifizierung der Rüge bei mangelhafter Standardsoftware/Hard- und Software.
264 BGH 18. 1. 1990, BGHZ 110, 99, 103; vgl. hierzu auch Rn 638.

keine isoliert zu behandelnden Sachmängel, sondern Teile eines einheitlichen Mangelkomplexes.

Diese Grundsätze – wie auch die durch die Garantieklausel geschaffene Beweislastverteilung – werden in einer Entscheidung des LG Köln[265] verkannt. Darin hält das Gericht dem Käufer entgegen, aus seiner durch konkrete Verbrauchsangaben untermauerten Behauptung, das Fahrzeug weise, gemessen an den Verbrauchsangaben des Herstellers, einen weit überhöhten Kraftstoffverbrauch auf, könne nicht zwingend auf das Vorliegen eines Material- oder Herstellungsfehlers geschlossen werden, weil dafür auch andere Gründe denkbar seien. Nach Ansicht des OLG Celle[266] erfasst die Rüge des Käufers, beschlagene Seitenfenster würden nicht sauber, wenn die Scheiben herunter- und sodann wieder heraufgefahren würden, weder unzureichende Fensterschachtabdeckungen noch den Eintritt von Zugluft. Im Hinblick auf die mangelhaften Fensterschachtabdeckungen vermag die Begründung, diese dienten nicht dem Zweck der Säuberung der Scheiben, sondern sie sollten das Eindringen gröberen Schmutzes in die Hohlräume der Türen verhindern, nicht zu überzeugen, da die Beschreibung der Mangelerscheinung auf die Fehlerursache mit hinreichender Genauigkeit hinweist.

In Ermangelung einer Untersuchungspflicht des Käufers kann es nicht zu seinen Lasten gehen, wenn die in Anspruch genommene Werkstatt eine von ihm **vermutete,** in Wahrheit jedoch nicht in Frage kommende **Fehlerquelle** ungeprüft als Ursache hinnimmt, vorausgesetzt, der Käufer beschreibt die Mangelerscheinung mit hinreichender Genauigkeit. Übernimmt der Händler die Verantwortung für die vom Käufer geschilderten Mangelerscheinungen, dann ist es seine Aufgabe, die Ursachen zu finden und zu beseitigen.[267]

643 Solange der Käufer nicht sicher ist, dass er die Ursache des Mangels kennt, sollte er die Mängelrüge nicht auf die vermutete Ursache beschränken, sondern den Mangel in seiner Erscheinungsform beschreiben, andernfalls er seine Gewährleistungsansprüche wegen anderer in Frage kommender Fehlerursachen gefährdet. Macht sich der **Fehler** nur an **einer Stelle bemerkbar,** ist er aber auch **an anderen Stellen vorhanden,** beschränkt sich die Mängelanzeige nicht auf die vom Käufer angezeigte Stelle. Sie erstreckt sich vielmehr auf alle in Frage kommenden Ursachen und erfasst den Mangel in vollem Umfang.[268] Beispiel: Der Hinweis des Käufers auf eine Roststelle als erstes Anzeichen einer ungewöhnlichen Rostanfälligkeit des Autos infolge fehlerhaft vorbehandelter Karosseriebleche betrifft als Beschreibung einer Mangelerscheinung die Mangelursache als Ganzes und erfasst alle später auftretenden Roststellen.

644 Falls der Käufer eine Mangelerscheinung rügt, die als solche noch nicht die **Qualität eines Fehlers** im Rechtssinne besitzt und die Fehlergrenze erst später erreicht bzw. überschritten wird, muss der Käufer beweisen, dass die Fehlerursache als solche schon bei der ersten Mängelanzeige vorhanden war. Über einen derartigen Grenzfall hatte das LG Bonn[269] zu urteilen, in dem der Käufer Wandlung wegen eines überhöhten Ölverbrauchs begehrte, der zunächst 1–2 l je 1000 km betragen hatte und damit nach Meinung des Gerichts noch im Toleranzbereich lag und erst später im Verlauf des Prozesses auf 4 l je 1000 km wegen einer nicht ausreichend befestigten Schelle angestiegen war. In den Gründen der Entscheidung führte das LG Bonn Folgendes aus:

„Allerdings ist der geringe Kostenaufwand nicht stets und allein maßgeblich, weil die Bedeutung des Fehlers als solche entscheidet. So kann ein an sich unerheblicher Mangel, etwa das Fehlen einer Schraube an einer Maschine, trotzdem erheblich sein, wenn er nicht leicht erkennbar und deshalb seine Beseitigung schwer möglich ist. Vorliegend kann es dahinstehen, ob der durch die Undichtigkeit an

---

[265] Urt. 12. 10. 1988 – 26 S 107/88 – n. v.
[266] Urt. 8. 1. 1998, OLGR 1998, 221.
[267] BGH 18. 1. 1990, BGHZ 110/99.
[268] BGH 6. 10. 1988, DB 1989, 424; 23. 2. 1989, NJW-RR 1989, 667.
[269] Urt. 22. 9. 1988 – 7 O 582/87 – n. v.

der Schelle entstandene erhöhte Ölverbrauch dem Kläger ein Recht zur Wandlung gegeben hätte, wenn die Beklagte diese einfachste Fehlerursache bei einem Nachbesserungsversuch gleichwohl nicht erkannt hätte; denn es steht nicht fest, dass die Schelle sich bereits gelöst hatte, als das Fahrzeug in die Werkstatt der Beklagten zwecks Nachbesserung verbracht worden ist. Vielmehr hat der Kläger zu diesem Zeitpunkt lediglich einen Ölverbrauch von bis zu 2 l gerügt. Erst im Laufe des Rechtsstreits hat er vorgebracht, der Ölverbrauch liege bei bis zu 4 l pro 1000 km, sodass anzunehmen ist, dass ein derartiger einen Mangel begründender Ölverbrauch erst im Laufe des Rechtsstreits aufgetreten ist, die Beklagte zu diesem Zeitpunkt aber keine Möglichkeit der Nachbesserung mehr hatte. Dies wäre aber gemäß den AGB, die dem Kaufvertrag zu Grunde lagen, Voraussetzung zur Wandlung gewesen. Allenfalls bei Fehlschlagen der Nachbesserung wäre eine Wandlung in Betracht gekommen."

Die Auswirkungen einer **fahrlässigen Nichtfeststellung offensichtlicher Mängel** sind weitgehend die gleichen wie bei einer verspäteten Mängelanzeige. Die Gewährleistungsansprüche verfallen dadurch nicht. Falls der Käufer in Kenntnis des Mangels das unreparierte Fahrzeug weiterbenutzt und dadurch weitere Schäden am Fahrzeug verursacht hat, hat der Verkäufer dafür im Rahmen der von ihm übernommenen Gewährleistung nicht aufzukommen. Der Käufer muss sich entgegenhalten lassen, dass er seiner Pflicht zur Schadengeringhaltung nicht nachgekommen ist. Dieser Verstoß gegen § 254 BGB wirkt – unabhängig von den vertraglich normierten Obliegenheiten – kraft Gesetzes in das Schuldverhältnis hinein und wird durch die Regelungen in Abschn. VII, Ziff. 2a und Ziff. 6 NWVB nicht ausgeschlossen. 645

Die Regelung des Abschn. VII, Ziff. 2a, 2. Halbs. NWVB, die 1991 eingeführt wurde, verpflichtet den Käufer, bei Geltendmachung von Nachbesserungsansprüchen gegenüber einer **anderen Werkstatt** den Verkäufer hiervon unverzüglich schriftlich zu unterrichten. Die Aufnahme der Informationspflicht erfolgte auf Grund der vom BGH[270] getroffenen Feststellung, dass sich der Verkäufer das Verhalten des anderen Betriebes zurechnen lassen muss, wenn er den Käufer ermächtigt hat, die Nachbesserung dort vornehmen zu lassen. 646

Ob es sinnvoll ist, den Käufer mit der **Unterrichtungspflicht** zu belasten, muss bezweifelt werden. Den Händlern stehen untereinander und über den Hersteller wesentlich effektivere und schnellere Kommunikationsmöglichkeiten zur Verfügung, deren Einsatz ihnen auch zugemutet werden kann. Es ist deshalb nicht einzusehen, warum ausgerechnet der Käufer, der mit seinem Fahrzeug unterwegs liegen geblieben ist und sich Hilfe suchend an die nächstgelegene Werkstatt wendet, auch noch einen Brief an den Verkäufer schreiben soll, der den Adressaten möglicherweise erst Tage später erreicht. Abgesehen davon dürfte dem Käufer in einer solchen Situation kaum bewusst sein, dass er zur Unterrichtung des Verkäufers in schriftlicher Form verpflichtet ist, da er die Bestellung mit den NWVB nicht mit sich führt. Im Hinblick auf die Umstände, unter denen normalerweise die Inanspruchnahme einer anderen Werkstatt als der des Verkäufers erfolgt, erscheint die **wirksame Einbeziehung der Klausel** wegen ihres überraschenden Inhalts **zweifelhaft.** Es entspricht, soweit feststellbar, nicht den Gepflogenheiten oder der Verkehrsübung, dass der von einem Gewährleistungsfall betroffene Käufer, der sich an einen anderen Betrieb des Kundendienstnetzes wendet, seinen Verkäufer informieren muss. Dies übernimmt normalerweise der in Anspruch genommene Betrieb, dessen Aufwendungen der Hersteller trägt, und zwar in dem gleichen Umfang, in dem der Verkäufer im Fall seiner Inanspruchnahme Erstattung zu beanspruchen hätte. 647

Nach der Klausel hat die Unterrichtung des Verkäufers **unverzüglich** und **schriftlich** zu erfolgen. Die **Art und Weise** der Übermittlung der schriftlichen Unterrichtung schreibt Abschn. VII, Ziff. 2a NWVB nicht vor. Der Käufer genügt seiner Verpflichtung zur unverzüglichen Mitteilung, wenn er das Schriftstück mit **normaler Post** übersendet. 648

---

270 Urt. 10. 4. 1991, NJW 1991, 1882.

Eine telegrafische Übermittlung ist zulässig (§ 127 BGB). In der Mitteilung sind nach Ansicht von *Creutzig*[271] Name und Anschrift des in Anspruch genommenen Betriebes und die Mängel anzugeben.

649 Unterstellt man die Wirksamkeit der Klausel, dann macht sich der Käufer bei **Verletzung** der Informationspflicht **schadensersatzpflichtig** und hat den Verkäufer so zu stellen, wie er bei unverzüglicher Unterrichtung gestanden hätte. Mit diesem Schadensersatzanspruch kann der Verkäufer des Käufers einen Anspruch des Käufers auf Wandlung oder Zahlung von Ersatzvornahmekosten abwehren, wenn er beweist, dass der Fehler im Fall rechtzeitiger Unterrichtung unter seiner Mitwirkung beseitigt worden wäre.[272]

650 Der Nachbesserungsanspruch setzt außer der Mängelanzeige und der eventuell erforderlichen Information des Verkäufers voraus, dass der Käufer dem in Anspruch genommenen Betrieb **tatsächlich Gelegenheit** zur Nachbesserung einräumt.[273]

651 Auf die **Nachbesserung** braucht sich der Käufer nicht einzulassen, wenn diese z. B. wegen einer Fehlkonstruktion von vornherein **unmöglich** ist;[274] wenn sich absehen lässt, dass die Instandsetzungsmaßnahme nicht zu einer **wertminderungsfreien** Mängelbeseitigung führt[275] oder wenn infolge vorausgegangenen pflichtwidrigen Händlerverhaltens die **Vertrauensgrundlage** entfallen ist.[276]

652 Der Käufer kann sein **Einverständnis** mit der Nachbesserung **anfechten,** sofern hierfür die Voraussetzungen nach §§ 119, 123 BGB vorliegen. Bei einem Irrtum über den Verbleib einer Wertminderung nach Durchführung von Lackierungsarbeiten handelt es sich nach – zweifelhafter – Ansicht des OLG Köln[277] um einen unbeachtlichen Motivirrtum. Seien dem Käufer – so heißt es im Urteil – alle relevanten Tatsachen bekannt, beziehe sich sein Irrtum allenfalls auf die Bewertung des ihm bekannten Sachverhalts, ob nämlich die als solche ordnungsgemäße Neulackierung einen merkantilen Minderwert und eine Aufklärungspflicht bei einem Weiterverkauf des Fahrzeugs begründet; dem Verkäufer könne auch nicht zum Vorwurf gemacht werden, er habe einen Irrtum durch Täuschung hervorgerufen, da es ihm nicht verwehrt sei, seine eigene Bewertung von Tatsachen zu vertreten.

2. Durchführung

653 Die in Anspruch genommene Werkstatt hat die Nachbesserung **unverzüglich** im Rahmen der zur Verfügung stehenden Werkstattkapazitäten durchzuführen, ggf. unter Vorrang gegenüber anderen nicht dringlichen Aufträgen.[278] Wie viel Zeit dem Verkäufer zur Vornahme der Nachbesserung einzuräumen ist, hängt ab von den konkreten Umständen. Geringfügige Verzögerungen – bedingt etwa durch Arbeitsüberlastung oder Schwierigkeiten bei der Ersatzteilbeschaffung – hat der Käufer hinzunehmen.[279]

654 Die NWVB enthalten keine Regelung zum **Erfüllungsort** des Nachbesserungsanspruchs. Das dem in Anspruch genommenen Betrieb in Abschn. VII, Ziff. 2d NWVB eingeräumte Wahlrecht, entweder vor Ort oder in der Werkstatt nachzubessern, ist ausdrücklich auf den Fall beschränkt, dass ein Fahrzeug wegen eines Gewährleistungsmangels betriebsunfähig liegen geblieben ist. Aus dieser Klausel lässt sich ableiten, dass Nachbesserungen außer im

---

271 Recht des Autokaufs, Rn 7.2.6.
272 *Creutzig*, Recht des Autokaufs, Rn 7.2.6.
273 KG 18. 1. 1989 – 3 U 3141/88 – n. v., zitiert bei *Creutzig*, Recht des Autokaufs, Rn 7.2.5.
274 *Schmidt-Salzer*, AGB, Rn F. 75; *Soergel/Huber*, § 462 Rn 67; *Kötz*, MünchKomm, § 11 Nr. 10b AGBG Rn 98.
275 *Ulmer/Brandner/Hensen*, § 11 Nr. 10b Rn 43.
276 BGH 19. 10. 1977, DAR 1978, 46.
277 Urt. 15. 9. 1998 – 22 U 265/97 – n. v.
278 *Creutzig*, Recht des Autokaufs, Rn 7.2.7.
279 LG Stuttgart 22. 12. 1977 – 21 O 174/77 – n. v.

Fall des Liegenbleibens eines Kraftfahrzeugs grundsätzlich in der Werkstatt des in Anspruch genommenen Betriebes durchzuführen sind. Dies ergibt sich auch aus der Natur des Schuldverhältnisses, wobei es im Hinblick auf den Erfüllungsort keinen Unterschied macht, ob man das Nachbesserungsrecht den Erfüllungs- oder Gewährleistungspflichten zuordnet. Dass die Vornahme der Nachbesserung am Betriebssitz des Verkäufers bzw. dort zu erfolgen hat, wo sich der andere in Anspruch genommene Betrieb befindet, ergibt sich weiterhin daraus, dass auch die Primärpflichten aus dem Kaufvertrag am Betriebssitz des Verkäufers zu erfüllen sind und dass der Käufer gem. § 476a BGB Anspruch auf Erstattung der Aufwendungen besitzt, die er zum Zweck der Nachbesserung tätigen muss. Zu diesen Aufwendungen gehören vorrangig die Kosten für den Transport und das Abschleppen des Fahrzeugs zu dem in Anspruch genommenen Betrieb.[280]

Das **Transportrisiko** trägt der Käufer.[281] Schäden, die auf dem Transport entstehen, gehören nicht zu den Aufwendungen, zu deren Ersatz der Verkäufer gem. § 476a BGB verpflichtet ist, da es sich hierbei um unfreiwillig erlittene Vermögenseinbußen handelt.[282] Für einen Transportschaden ist der Verkäufer allerdings dann verantwortlich, wenn dieser auf einem von ihm verschuldeten Transportfehler, z. B. wegen falscher Verladung oder infolge des Gewährleistungsmangels, entsteht.[283] 655

Instandsetzungen haben gemäß den Gewährleistungsbedingungen und nicht nach Maßgabe der Kfz-Reparaturbedingungen der Werkstatt zu erfolgen.[284] Durch Gewährleistungsmängel verursachte **Folgeschäden** sind ebenfalls zu beseitigen.[285] 656

Die **Wahl der Mittel** und die **Art und Weise** der Nachbesserung bleibt der in Anspruch genommenen Werkstatt überlassen.[286] Diese entscheidet, ob mangelhafte Teile repariert oder durch Neuteile ersetzt werden, ob die Instandsetzung in eigener Werkstatt, durch einen anderen Händler, Zulieferer oder durch das Herstellerwerk erfolgen soll. Darin liegt keine Benachteiligung des Käufers, denn ihn interessiert allein der Erfolg und nicht die Art und Weise der Nachbesserung. Die Werkstatt ist allerdings zu einer **bestimmten Nachbesserung** verpflichtet, wenn nur durch diese der Mangel nachhaltig beseitigt werden kann.[287] Falls Käufer und Verkäufer über die Art und Weise der Fehlerbeseitigung eine Vereinbarung treffen, sind beide daran so lange gebunden, als eine Nachbesserung möglich und zumutbar ist. Der Verkäufer handelt deshalb nicht treuwidrig, wenn er ein von der getroffenen Absprache abweichendes Nachbesserungsverlangen des Käufers zurückweist.[288] Das **Einverständnis** des Käufers mit einer bestimmten Art der Nachbesserung beinhaltet in der Regel keinen Verzicht auf bestehende Gewährleistungsansprüche.[289] Beispiel: Empfohlene Tieferlegung des Fahrzeugs zur Verbesserung der vom Käufer gerügten Straßenlage bei Kurvenfahrt. 657

Eine Reparatur, die nicht entsprechend den **Vorschriften des Herstellerwerks** durchgeführt wird, braucht der Käufer nicht zu akzeptieren.[290] Dies gilt auch dann, wenn sie technisch keinen Grund zur Beanstandung bietet. Allein durch die **Abweichung von Werksvorschriften** wird der Wert einer Reparaturleistung wie auch der des ganzen Autos erheblich beeinträchtigt. Auf eine vereinbarte Nachbesserung muss sich der Käufer nicht einlassen, wenn der Hersteller für die Reparatur **Anweisungen** erteilt hat, **die keine wirksame Abhilfe gewähr-** 658

---

280 *Creutzig,* Recht des Autokaufs, Rn 7.2.3.
281 *Creutzig,* Recht des Autokaufs, Rn 7.2.3.
282 *Löwe/Graf von Westphalen/Trinkner,* § 25 Rn 15.
283 *Palandt/Putzo,* § 447 Rn 13, 13a m. w. N.
284 *Creutzig,* Recht des Autokaufs, Rn 7.2.7.
285 AG Bremerhaven 7. 2. 1979, DAR 1979, 281.
286 LG Köln, Urt. 5. 2. 1992 – 13 S 178/91 – n. v.
287 BGH 24. 4. 1997, DB 1997, 2170.
288 BGH 30. 1. 1991, NJW-RR 1991, 870, 872.
289 BGH 26. 9. 1996, WM 1997, 39.
290 BGH 30. 5. 1978, DAR 1978, 278.

leisten.[291] Für den Käufer nicht zumutbar ist eine Instandsetzung des Fahrzeugs mit **unzulänglichen Mitteln** oder durch **nicht fachkundige Monteure,**[292] wie z. B. das Überpinseln von Lackschäden an Stelle einer gebotenen Teil- oder Ganzlackierung, der Einbau von ungeeigneten Ersatzteilen, die Vornahme einer behelfsmäßigen Reparatur statt einer erforderlichen Kompletterneuerung oder das Anschweißen eines beschädigten Rahmenlängsträgers bei einem Gebrauchtfahrzeug etwa 10 cm hinter der Vorderradaufhängung, obwohl die Werksvorschriften die Anschnittstelle vor der Vorderachsaufhängung vorsehen.[293]

659 Soweit ein **Austausch von Teilen** erforderlich ist, kann der Käufer verlangen, dass „**Original-Ersatzteile**" verwendet werden. Darunter sind solche Teile zu verstehen, die entweder von der Autofabrik selbst konstruiert und hergestellt oder von einem Spezialunternehmen bezogen und von der Autofabrik einer irgendwie gearteten Nachkontrolle unterzogen werden und gleichermaßen für die Erstausrüstung wie als Ersatzteil Verwendung finden.[294] Nicht zu den Original-Ersatzteilen gehören Schrauben, Muttern und sonstige Kleinteile. Die Vorgaben des Herstellers sind bei der Verwendung solcher Teile ebenfalls zu beachten. Im Austausch **ersetzte Teile** werden **Eigentum des Verkäufers** und sind vom Käufer herauszugeben. Auch von dem anderen Betrieb, der auf Verlangen des Käufers Gewährleistungsarbeiten erbracht hat, kann der Verkäufer Herausgabe des ersetzten Teils verlangen.[295]

660 Bei Schadhaftigkeit eines Motors mit geringer Laufleistung ist dem Käufer der Austausch gegen einen **werksüberholten Gebrauchtmotor** nicht zuzumuten. Aus Anlass einer vom Händler zu vertretenden Beschädigung des Motors bei Vornahme der 1000-km-Inspektion billigte das AG Brühl[296] dem Käufer Anspruch auf Einbau eines Neuteilemotors zu. In den Urteilsgründen führte das Gericht aus, die Ersetzung durch Lieferung eines Austauschteilemotors – also eines gebrauchten Motors – sei nicht geeignet, den vormaligen Zustand wieder herzustellen.

Wenn allerdings ein Fehler erst nach längerer Zeit der Benutzung und bei hoher Laufleistung auftritt, ist die Werkstatt berechtigt, solche Teile zu verwenden, die – wenn Neuteile vom Hersteller nicht vorgeschrieben sind – werksmäßig überprüft und überholt wurden und deren Einbau mit den technischen Erfordernissen zu vereinbaren ist.[297] Dies ergibt sich aus Abschn. VII, Ziff. 2b NWVB. Die Klausel sieht lediglich den „Ersatz von Teilen" vor, ohne zu konkretisieren, dass es sich um **Neuteile** handeln muss.[298]

Zusätzlich zu diesen von der Rechtsprechung aufgezeigten Kriterien ist zu fordern, dass der Alters- und Verschleißgrad **gebrauchter Ersatzteile** dem der fehlerhaften Teile entsprechen muss. Es gelten die gleichen Anforderungen, wie sie für die sog. zeitwertgerechte Reparatur gefordert werden.[299] Durch die Verwendung von Teilen, die älter sind als die defekten Teile und einen höheren Verschleißgrad als diese aufweisen, lässt sich ein dem Wert des Fahrzeugs entsprechender Zustand nicht wieder herstellen. Eine Reparatur mit solchen Ersatzteilen ist für den Käufer unzumutbar.

661 Im Rahmen der Nachbesserung hat der Käufer **Mitwirkungspflichten,** die sich aus der Natur des Schuldverhältnisses ergeben und deren Grenzen und Umfang der tatrichterlichen

---

291 OLG Köln 13. 1. 1995, VersR 1995, 420; OLG Karlsruhe 19. 2. 1987, NJW-RR 1987, 889.
292 LG Bonn, Beschl. 29. 5. 1964 – 11 W 6/64 – n. v.
293 OLG Karlsruhe 19. 2. 1987, NJW-RR 1987, 889.
294 BGH 16. 10. 1962, MDR 1963, 108 f.
295 *Creutzig*, Recht des Autokaufs, Rn 7.2.8.
296 Urt. 11. 12. 1978 – 2 C 269/78 – n. v.
297 LG Limburg Urt. 7. 2. 1992 – 4 O 465/90 – n. v.; LG Köln 11. 1. 1996 – 6 S 271/95 – n. v. betreffend den Einbau eines Austauschgetriebes bei 8400 km.
298 LG Köln 11. 1. 1996 – 6 S 271/95 – n. v.
299 Dazu *Reinking*, DAR 1999, 56; *ders.*, ZfS 1997, 81; *Otting/Gensert*, Verkehrsunfall und Fahrzeugtechnik 1996, 267; *Köster*, SP 1996, 430; Empfehlungen 37. Deutscher Verkehrsgerichtstag, Arbeitskreis VII, VGT 1999, 13.

Nachbesserung

Zumutbarkeitsprüfung unterliegen. Vom Käufer kann verlangt werden, dass er ein mängelbehaftetes, aber noch betriebsfähiges Fahrzeug in der Werkstatt abliefert und es nach Fertigstellung abholt. Ihm kann jedoch nicht mehr zugemutet werden, dass er das Fahrzeug zur Nachbesserung beim Hersteller vorbei bringt, wenn die Entfernung dorthin größer als zum nächstgelegenen Händler ist.[300]

Soweit Abschn. VII, Ziff. 3 NWVB vorschreibt, dass sich der Käufer wegen der Beseitigung von Mängeln an **Fremdaufbauten** außergerichtlich zunächst an den Aufbautenhersteller/Importeur dieser Teile zu wenden hat, trägt der Verkäufer die hierfür notwendigen Aufwendungen des Käufers. Auf die **Subsidiarität der Eigenhaftung** darf sich der Verkäufer nicht berufen, falls dem Käufer die gewährleistungsrechtliche Inanspruchnahme des Herstellers/Importeurs der Fremdaufbauten nicht zugemutet werden kann. Dies ist immer dann anzunehmen, wenn der Verkäufer die zur Durchsetzung der Ansprüche erforderlichen Auskünfte verweigert oder wenn von vornherein abzusehen ist, dass die Ansprüche bei dem Dritten nicht realisiert werden können, z. B. wegen Vermögensverfalls oder Verjährung.[301] Wenn der Hersteller/Importeur der Aufbauten den Mangel nicht oder nicht innerhalb angemessener Frist beseitigt, kann der Käufer – ausschließlich – seinen Verkäufer auf Nachbesserung in Anspruch nehmen; andere mit der Betreuung des Kaufgegenstandes autorisierte Werkstätten sind hierzu nicht verpflichtet. Die Subsidiarität der Verkäufergewährleistung in Hinblick auf Reifenmängel an Nutzfahrzeugen wurde anlässlich der Überarbeitung der NWVB im Jahre 1991 als überholt gestrichen.

662

3. Kosten

Der Verkäufer hat sämtliche **zum Zweck der Nachbesserung** erforderlichen Kosten zu übernehmen, auch soweit sie beim Käufer entstehen.[302] Dies folgt aus § 11 Nr. 10c AGB-Gesetz in Verbindung mit § 476a BGB und der inhaltlich gleich lautenden Regelung in Abschn. VII, Ziff. 2b NWVB, die den Käufer vor einer Aufzehrung des Nachbesserungsrechts schützen sollen. Unzulässig sind AGB, die Aufwendungsersatzansprüche des Käufers ausschließen oder einschränken. Dies gilt auch für den kaufmännischen Geschäftsverkehr, sofern die Aufwendungen für die Reklamation bezogen auf den Kaufpreis nicht unwesentlich sind.[303]

663

a) Arbeits- und Materialkosten

Die für die Beseitigung eines Gewährleistungsmangels aufzuwendenden Lohn- und Materialkosten sind stets in voller Höhe vom Verkäufer bzw. von der in Anspruch genommenen Fabrikatswerkstatt zu tragen.

664

Der Verpflichtung zur kostenlosen Vornahme von Gewährleistungsarbeiten steht nicht entgegen, dass der Käufer auf Verlangen der Werkstatt einen schriftlichen **Reparaturauftrag** ohne Vorbehalt unterschreibt. Das OLG Düsseldorf[304] stellt hierzu fest,

„. . . es ist allgemein bekannt, dass insbesondere Vertragswerkstätten in der Regel nur tätig werden, wenn ihnen ein schriftlicher Auftrag erteilt worden ist. Dies gilt auch dann, wenn Leistungen dem Auftraggeber nicht in Rechnung gestellt werden, etwa weil diese auf Grund einer Garantie- oder Kulanzleistung erfolgen. Sie werden dann in der dem Auftraggeber ausgehändigten Rechnung gerichtsbekannt mit o. B. aufgeführt."

Gewährleistungsberechtigten ist trotz dieser gerichtsbekannten Gebräuche zu empfehlen, bereits im Reparaturauftrag den Vermerk **ohne Kostenberechnung** aufnehmen zu lassen und ihnen abverlangte Reparaturkosten grundsätzlich nur unter Vorbehalt zu zahlen.

---

300 A. A. LG München 7. 12. 1960 – 10 O 347/60 – n. v., Entfernung betrug etwa 100 km.
301 *Löwe/Graf von Westphalen/Trinkner,* § 11 Nr. 10a Rn 37 m. w. N.
302 BGH 25. 10. 1995, WM 1996, 174.
303 BGH 25. 10. 1995, WM 1996, 174.
304 Urt. 23. 6. 1994, OLGR 1994, 203.

665 Zu den Kosten der Nachbesserung gehören auch die **Prüfungskosten** eines vom Käufer berechtigterweise geltend gemachten Mangels. Falls sich die Mängelrüge des Käufers als unberechtigt erweist, taucht die Frage auf, wer die Kosten der Fahrzeugüberprüfung zu tragen hat. Grundsätzlich begründet die Geltendmachung vermeintlicher Rechte keinen Schadensersatzanspruch des Verkäufers.[305] Es erscheint nicht unbillig, den Verkäufer mit den Kosten der Überprüfung zu belasten, da es ihm im Prinzip gestattet ist, die Hände in den Schoß zu legen und abzuwarten, bis ihm der Käufer nachweist, dass die Kaufsache fehlerhaft ist.[306]

Eine Verpflichtung des Käufers zur Erstattung **vergeblich aufgewendeter Überprüfungskosten** ist ausnahmsweise anzunehmen, wenn er durch die Geltendmachung der Mängelrüge gegen **vertragliche Nebenpflichten** verstoßen hat. Der Kreis der nebenvertraglichen Obliegenheiten erstreckt sich auf die Pflicht des Käufers, den behaupteten Mangel im Hinblick darauf zu **untersuchen,** ob der Verkäufer dafür verantwortlich ist.[307] Eine generelle Untersuchungspflicht im Sinne der Erforschung der Mängelursachen ist dem Käufer nicht auferlegt. Auf Grund der Regelung in Abschn. VII, Ziff. 1 NWVB kann er davon ausgehen, dass innerhalb der Jahresfrist auftretende Mängel grundsätzlich unter die Gewährleistung fallen.[308] Veranlassung zu einer Untersuchung besteht ausnahmsweise, wenn ein Mangel nach einer Unfallreparatur oder einer Fehlbedienung des Fahrzeugs auftritt, da die Vermutung, dass es sich um einen Gewährleistungsmangel handelt, durch derartige Ereignisse entkräftet wird. Weiterhin kann eine zum Ersatz der Mängelprüfungskosten verpflichtende Obliegenheitsverletzung vorliegen, wenn der Käufer **leichtfertig Mängel gerügt** hat, wobei es entscheidend auf die Umstände des Einzelfalls ankommt.

666 Auf Grund seiner **fachlichen Kompetenz** kann der Verkäufer vielfach ohne großen Untersuchungsaufwand erkennen, ob eine Mängelrüge berechtigt ist oder ob die Qualitätsvorstellungen des Käufers an der Realität vorbeigehen. Weiterhin hat er die Möglichkeit, den Kundendienst des Herstellers/Importeurs einzubeziehen. Liegt aus Sicht des Verkäufers kein Fehler vor, schaltet er aber gleichwohl einen Sachverständigen ein, der seine Ansicht bestätigt, muss er für die durchgeführte Maßnahme die Kosten übernehmen. Würde er es unter diesen Voraussetzungen auf ein Prozessverfahren oder auf ein selbstständiges Beweisverfahren ankommen lassen, müsste der Käufer die Kosten tragen, wenn der Gutachter zu dem erwarteten Ergebnis gelangt, dass kein Fehler vorliegt. Der Verkäufer besitzt die Möglichkeit, seine vergeblich aufgewendeten Kosten der Mängelprüfung im Rahmen des Kostenfestsetzungsverfahrens geltend zu machen. Die Kosten sind dem Käufer aufzuerlegen, soweit sie für die zweckentsprechende Rechtsverfolgung als notwendig angesehen werden können.

667 Nach dem Regelungszweck von § 11 Nr. 10c AGB-Gesetz in Verbindung mit § 476a BGB kann der Händler von dem Kunden eine **Beteiligung** an den **Nachbesserungskosten** nicht verlangen, auch dann nicht, wenn durch die Gewährleistungsreparatur zwangsläufig eine Werterhöhung des Fahrzeugs eintritt.[309]

> **Fallbeispiel** aus der Praxis:
>
> Der Händler musste einen Motor, der wegen eines Gewährleistungsmangels bei einem km-Stand von etwa 40 000 km beschädigt worden war, durch einen neuen ersetzen, weil eine Reparatur nicht bzw. nur mit unverhältnismäßig hohem Aufwand hätte durchgeführt werden können. Eine Austauschmaschine mit entsprechender Laufleistung stand nicht zur Verfügung. Der Händler forderte vom Käufer eine Kostenbeteiligung in Höhe von 40% und machte geltend, der Wagen habe durch den Austausch des Motors eine Wertverbesserung erfahren und außerdem werde die Dauer der Gebrauchsfähigkeit verlängert.

---

305 BGH 7. 3. 1956, WM 1956, 601; OLG Düsseldorf 6 U 161/98; OLG Hamm 13 U 71/99 – der Presse entnommen.
306 LG Hamburg 5. 3. 1992, NJW-RR 1992, 1301.
307 LG Hamburg 5. 3. 1992, NJW-RR 1992, 1301.
308 BGH 19. 6. 1996, DAR 1996, 361.
309 A. A. AG Bad Hersfeld 26. 1. 1999, NJW-RR 1999, 1211.

Weist der Käufer das Ansinnen auf Kostenbeteiligung zurück, taucht die Frage auf, ob sich **668** der Verkäufer auf **Unzumutbarkeit** der **Mängelbeseitigung** berufen kann, wenn die Nachbesserung einen unverhältnismäßigen Aufwand erfordert.[310] Nach verbreiteter Meinung ist die in Frage kommende Vorschrift des § 633 Abs. 2 S. 3 BGB auf das Werkvertragsrecht zu begrenzen. Eine entsprechende Anwendung scheitert an dem entgegenstehenden Willen des Gesetzgebers, der für § 476a BGB keine der Regelung von § 633 Abs. 2 S. 3 BGB nachgebildete Limitierung vorgenommen hat.[311] Für eine Analogie von § 633 Abs. 2 S. 3 BGB spricht die Überlegung, dass der Käufer die Nachbesserung, sofern der Verkäufer sie wegen Unzumutbarkeit ablehnt, erzwingen kann, sei es durch Zwangsvollstreckung nach Erwirkung eines Vornahmeurteils, sei es im Wege der Ersatzvornahme gem. § 633 Abs. 3.[312] Unerheblich ist insoweit, dass sich dieses Recht nicht aus den NWVB ergibt.[313] Die Gefahr, dass sich das Unzumutbarkeitsrisiko im Rahmen kaufrechtlicher Gewährleistung verwirklicht, ist im Vergleich zum Werkvertrag gering und eher unwahrscheinlich. Die Risikobegrenzung durch § 633 Abs. 2 S. 3 BGB ist beim Werkvertrag geboten, weil der Unternehmer seine Erfüllungspflichten erst mit der vollständigen mängelfreien Herstellung des Werkes erbracht hat, während es beim Kauf nur noch darum geht, ein bereits fertig gestelltes, geprüftes und für in Ordnung befundenes Produkt nachzubessern. In Anbetracht dessen ist es vertretbar, dem Verkäufer die Berufung auf die Unzumutbarkeit zu versagen, zumal die Kosten der Nachbesserung nicht von ihm, sondern vom Hersteller getragen werden.[314] In extrem gelagerten Fällen – z. B. bei Überschreiten der Opfergrenze – hat der Verkäufer das Recht, dem Nachbesserungsverlangen des Käufers den Einwand des Rechtsmissbrauchs (§ 242 BGB) entgegenzuhalten, den ihm § 476a BGB nicht abschneidet.

b) Transport-, Wege-, Abschleppkosten

In jetziger Fassung entspricht Abschn. VII, Ziff. 2b NWVB wörtlich der Gesetzesvorschrift des § 476a BGB und erwähnt wie diese beispielhaft die Transport-, Wege-, Arbeits- und Materialkosten. Durch die Hinzufügung des „insbesondere" wird klargestellt, dass zusätzlich alle übrigen Kosten, auch soweit sie den genannten Aufwendungen nicht zuzuordnen sind, vom Verkäufer getragen werden müssen, sofern der Käufer sie zum Zweck der Nachbesserung aufwendet.[315] **669**

Ausgenommen sind **Abschleppkosten bei Nutzfahrzeugen**[316] mit über 5 Tonnen zulässigem Gesamtgewicht, wenn der Käufer eine juristische Person des öffentlichen Rechts, ein öffentlich-rechtliches Sondervermögen oder ein Unternehmer ist, der bei Abschluss des Vertrages in Ausübung seiner gewerblichen oder selbstständigen beruflichen Tätigkeit gehandelt hat (Abschn. VII, Ziff. 2e NWVB). Gegen die Wirksamkeit der Klausel bestehen Bedenken, weil sie den Verkäufer ausgerechnet von dem Risiko befreit, das für ein Kraftfahrzeug typisch und dessen Eintrittswahrscheinlichkeit relativ hoch ist. Es kommt hinzu, dass der Ausschluss nach dem Wortlaut der Klausel unbeschränkt gilt und nicht auf die Fälle beschränkt ist, in denen die Aufwendungen für das Abschleppen – bezogen auf den Kaufpreis – unwesentlich sind.[317] Zwar hat der Gesetzgeber § 476a BGB dispositiv und für den Handelsverkehr nicht zwingend ausgestaltet, jedoch sind Beschränkungen des Nachbesse-

---

310 Zur Abwägung BGH 24. 4. 1997, BB 1997, 1438; 4. 7. 1996, BB 1996, 2271; 23. 2. 1995, BB 1995, 1107.
311 *Löwe/Graf von Westphalen/Trinkner*, § 25 Rn 17; *Palandt/Heinrichs*, § 11 AGBG Rn 61; *Ulmer/Brandner/Hensen*, § 25 Rn 16; a. A. *Wolf/Horn/Lindacher*, § 11 Nr. 10c Rn 6.
312 BGH 10. 4. 1991, NJW 1991, 1882; AK Rn 683 ff.
313 *Löwe/Graf von Westphalen/Trinkner*, § 11 Nr. 10c Rn 15; *Creutzig*, Recht des Autokaufs, Rn 7.2.8.5.
314 A. A. *Creutzig*, Recht des Autokaufs, Rn 7.2.8.5.
315 *Ulmer/Brandner/Hensen*, § 25 Rn 14; *Löwe/Graf von Westphalen/Trinkner*, § 25 Rn 14.
316 Rn 9 und Rn 116.
317 BGH 25. 10. 1995, WM 1996, 174.

rungsaufwands durch AGB nur aus triftigen Gründen zuzulassen, weil dem Käufer durch die Einräumung des Nachbesserungsrechts der Zugriff auf die weiter gehenden gesetzlichen Gewährleistungsrechte bereits abgeschnitten ist.[318] Es sind keine Gründe ersichtlich, die es unbedingt erforderlich machen, die Abschleppkosten, abweichend von der gesetzlichen Regelung des § 476a BGB, dem Käufer aufzuerlegen. Durch die Übernahme der Abschleppkosten wird der Verkäufer nicht übermäßig belastet, da er den Abschleppvorgang in den meisten Fällen selbst vornehmen kann. Außerdem hat er zu entscheiden, ob die erforderlichen Arbeiten an Ort und Stelle oder in seiner Werkstatt durchgeführt werden (Abschn. VII, Ziff. 2b NWVB).[319]

670 Liefert der Käufer ein **fahrbereites Fahrzeug** zur Vornahme von Gewährleistungsarbeiten in der Werkstatt ab, muss der Verkäufer die für das Hinbringen und Abholen des Fahrzeugs vom Käufer aufgewendeten (Wege-)Kosten erstatten.[320] Zu den „zum Zweck" der Nachbesserung notwendigen Aufwendungen gehören auch die Kosten für das Benzin, das auf der Fahrt zur Werkstatt und auf der anschließenden Abholfahrt verbraucht wird.[321]

671 Die Regelung in § 476a S. 2 BGB, die besagt, dass der Käufer keinen Anspruch auf **erhöhten Aufwendungsersatz** besitzt, wenn er die Kaufsache nach der Lieferung an einen **anderen Ort** als den Wohnsitz oder die gewerbliche Niederlassung gebracht hat, findet in Abschn. VII, Ziff. 2b NWVB keine Erwähnung und folglich im Rahmen der Klausel keine Anwendung. Da die auf dem deutschen Markt vertretenen Fahrzeughersteller/Importeure über dichte Kundendienstnetze verfügen, besteht für eine solche Einschränkung kein praktisches Bedürfnis. Außerdem kommt § 476a S. 2 BGB bei einem Kraftfahrzeug nicht zum Tragen, da es seiner Natur nach keinen festen Standort hat und die Ortsveränderung seinem bestimmungsgemäßen Gebrauch entspricht.[322] Im Fall des Missbrauchs muss sich der Käufer ohnehin § 254 BGB entgegenhalten lassen. Schaltet der Verkäufer von sich aus das Herstellerwerk oder sonstige Hilfspersonen ein, hat er den Transport zu besorgen und etwa anfallende Kosten Dritter zu übernehmen.

672 Die These, der Verkäufer habe **„Nachbesserung zum Nulltarif"**[323] zu erbringen, verleitet zu Missverständnissen. Vielfach wird übersehen, dass der Verkäufer nur die **zum Zweck,** nicht aber die **anlässlich** der Durchführung der Nachbesserung anfallenden Aufwendungen zu tragen hat.[324] Weiterhin werden die Aufwendungen nicht klar genug abgegrenzt von Schadensersatzansprüchen, für die der Verkäufer nur unter der Voraussetzung des Verzugs, der Haftung aus pVV und der Haftung aus § 463 BGB aufzukommen hat. Im Einzelnen ist vieles streitig.

c) Wartungskosten

673 Soweit infolge der Nachbesserung zusätzliche Wartungsarbeiten erforderlich werden, z. B. eine 1000-km-Inspektion nach Austausch des Motors, muss der Verkäufer die **Folgekosten** einschl. der Materialien und Öle tragen.[325]

Nach dem Wortlaut der Klausel hat in diesem Falle nur der **Verkäufer,** nicht aber ein anderer für die Betreuung des Kraftfahrzeugs anerkannter Betrieb die Wartungsarbeiten kostenlos zu erbringen. Hieraus folgert *Creutzig*,[326] der Käufer müsse die Wartungskosten bei

---

318 *Löwe/Graf von Westphalen/Trinkner,* § 11 Nr. 10c Rn 19, 22 m. w. N.
319 A. A. *Creutzig,* Recht des Autokaufs, Rn 7.2.8.1.
320 AG Wuppertal 25. 11. 1987, NJW-RR 1988, 1141; AG Dülmen 31. 10. 1986, NJW 1987, 385; zur Berechnung vgl. *Jung,* DAR 1980, 353 ff.
321 A. A. *Creutzig,* Recht des Autokaufs, Rn 7.2.8.3.
322 *Ulmer/Brandner/Hensen,* § 25 Rn 20; *Löwe/Graf von Westphalen/Trinkner,* § 25 Rn 19.
323 *Jung,* DAR 1980, 353 ff.
324 *Löwe/Graf von Westphalen/Trinkner,* § 25 Rn 16.
325 Abschn. VII, Ziff. 2b Abs. 2 NWVB.
326 Recht des Autokaufs, Rn 7.2.8.1.

Nachbesserung

Inanspruchnahme eines Fremdbetriebes zunächst bezahlen und könne alsdann erst Erstattung vom Verkäufer verlangen.

d) Porto- und Telefonkosten

Es überwiegt die Ansicht, dass Aufwendungen für **Reklamationen** und **Terminabstimmungen** der Regelung von § 476a BGB nicht unterfallen, weil sie sich nicht auf die Kaufsache selbst beziehen.[327]

674

e) Mietwagenkosten und Nutzungsausfall

Die Inanspruchnahme eines Mietwagens während der Reparaturzeit ist für die Vornahme der Nachbesserung nicht erforderlich; sie kann hinweggedacht werden, ohne dass die Möglichkeit der Reparatur entfällt. Die Anmietung eines Ersatzfahrzeugs geschieht **nicht zum Zweck der Reparatur**, sie ist vielmehr eine **Folge** derselben. Der Anspruch auf Ersatz der Mietwagenkosten unterfällt deshalb nicht der Regelung des § 476a BGB. Dasselbe gilt für den Nutzungsausfall.[328] Dass die Benzinkosten, die der Käufer mit einem Miet- oder Ersatzfahrzeug während der Reparaturzeit verbraucht, vom Verkäufer nicht erstattet werden müssen, leuchtet auf Grund der vorstehenden Ausführungen ein. Außerdem müßte sich der Käufer entgegenhalten lassen, dass er die gleichen Aufwendungen gehabt hätte, wenn er mit dem schadhaften Pkw gefahren wäre.[329]

675

Ein Anspruch des Käufers auf Ersatz des ihm durch die entgangene Nutzung entstandenen Schadens kommt bei mangelhafter Reparatur und bei Beschädigung des Fahrzeugs anlässlich der Reparaturvornahme in Betracht,[330] jedoch ist in solchen Fällen die Haftungsbeschränkung in Abschn. VIII, Ziff. 1 NWVB für leichte Fahrlässigkeit zu beachten.[331]

676

Nimmt der Verkäufer die Nachbesserung verspätet vor, ist dem Käufer nach Meinung von *Huber*[332] ein Anspruch auf Ersatz des Nutzungsausfallschadens außer in Fällen der Arglist zu versagen, weil der **Verzögerungsschaden** zum **Nichterfüllungsschaden** gehört und ein Anspruch darauf durch die Leistung einer fehlerhaften Sache im Allgemeinen nicht begründet wird.[333] Dieser Argumentation ist entgegenzuhalten, dass durch die vertragliche Einführung des kaufrechtlichen Nachbesserungsanspruchs bei gleichzeitiger Ausschaltung der gesetzlichen Gewährleistungsansprüche das Kaufrecht im Hinblick auf die Pflicht des Verkäufers zur Herstellung eines fehlerfreien Zustands dem Werkvertragsrecht so weitgehend angepasst ist, dass sich die **Ausgrenzung des Nutzungsausfallschadens** im Fall der Reparaturverzögerung mit dogmatischen Argumenten kaufrechtlichen Ursprungs sachlich **nicht rechtfertigen** lässt.

677

Der Verkäufer ist kraft Gesetzes nicht verpflichtet, dem Käufer für die Zeit der Gewährleistungsreparatur kostenlos ein Ersatzfahrzeug zu überlassen. Die vertraglichen Gewährleistungsbestimmungen sehen eine derartige Verpflichtung des Verkäufers ebenfalls nicht vor. Dennoch ist immer häufiger zu beobachten, dass Händler ihren Kunden aus Kulanz Ersatzfahrzeuge ohne Kostenberechnung für die Dauer der Gewährleistungsreparatur zur Verfü-

678

---

327 *Soergel/Stein*, § 11 AGBG Rn 115; *Schlosser/Coester-Waltjen/Graba*, § 25 Rn 2; *Wolf/Horn/Lindacher*, § 11 Nr. 10c Rn 3; *Basedow*, MünchKomm, § 11 Nr. 10c Rn 171; *Creutzig*, Recht des Autokaufs, Rn 7.2.8.3; a. A. OLG Köln, Urt. 9. 5. 1986 – 20 U 233/85 – n. v.; *Jung*, DAR 1980, 353 ff.
328 *Löwe/Graf von Westphalen/Trinkner*, § 11 Nr. 10c Rn 12; *Creutzig*, Recht des Autokaufs, Rn 7.2.8.3; *Soergel/Huber*, § 476a Rn 17; LG Bochum, Urt. 30. 3. 1979 – 11 S 389/78 – n. v.; AG Recklinghausen 27. 6. 1978 – 14 C 120/78 – n. v.; AG Freiburg 10. 3. 1982 – 3 C 2/82 – n. v.; a. A. *Jung*, DAR 1980, 353 ff.; OLG Köln, Urt. 9. 5. 1986 – 20 U 233/85 – n. v., das dem Käufer sogar eine Nebenkostenpauschale von 30 DM zugebilligt hat.
329 LG Bochum, Urt. 20. 3. 1979 – 11 S 389/78 – n. v.; *Creutzig*, Recht des Autokaufs, Rn 7.2.8.3.
330 BGH 23. 1. 1991, NJW 1991, 1604; *Soergel/Huber*, § 476a Rn 17.
331 Rn 875, 876.
332 *Soergel/Huber*, § 462 Rn 68.
333 A. A. OLG Köln 9. 7. 1980, OLGZ 1980, 468, 469.

gung stellen. Darin liegt – sofern nichts anderes vereinbart wird – der **konkludente Abschluss eines Leihvertrags** mit einer stillschweigend vereinbarten Haftungsbeschränkung auf Vorsatz und grobe Fahrlässigkeit. Der Kunde darf, ebenso wie bei der Überlassung eines Vorführwagens für eine Probefahrt, wegen des erhöhten Unfallrisikos darauf vertrauen, dass das Ersatzfahrzeug vollkaskoversichert ist.[334]

f) Verdienstausfall, entgangene Freizeit, Hotelkosten, Reisekosten

679 Einbußen in Form von Verdienstausfall und entgangener Freizeit sowie Aufwendungen für Unterbringung und Fahrten können dem Käufer entstehen, wenn sein Fahrzeug während einer Reise oder während des Urlaubs wegen eines Gewährleistungsmangels in die Werkstatt muss. Es handelt sich um **Schadensfolgen** und nicht um Aufwendungen zur Ermöglichung der Nachbesserung. Der Verkäufer hat solche Aufwendungen nur zu übernehmen, falls er dem Käufer auf Schadensersatz haftet, etwa wegen einer fehlerhaft durchgeführten Vorreparatur oder gem. § 463 BGB.[335]

g) Aufwendungen zur Feststellung der Nachbesserungsbedürftigkeit

680 Die Kosten für die Fehlerfeststellung gehören zu den Nachbesserungsaufwendungen im Sinne des § 476a BGB, denn sie fallen **zielgerichtet** im Hinblick auf die **Durchführung der Nachbesserung** an.[336] Da es vorrangig in den Aufgabenbereich des Verkäufers fällt, die **Ursache** des vom Käufer gerügten Fehlers zu ermitteln und den Mangel zu beseitigen, entspricht es dem Sinn der Nachbesserungsklausel, dass der Käufer dem Verkäufer hierzu Gelegenheit geben muss, ehe er auf Kosten des Verkäufers Dritte einschaltet oder eigene Mittel einsetzt, um den Mangel feststellen zu lassen.[337] Eigene Maßnahmen zur Fehlerfeststellung sind normalerweise erst erforderlich, wenn der Verkäufer das Vorliegen eines Gewährleistungsmangels bestreitet, einen Gewährleistungsausschluss behauptet oder selbst nicht in der Lage oder willens ist, die Ursache eines Mangels herauszufinden. Diese Einschränkung folgt, wenn nicht schon aus § 476a BGB, jedenfalls aus einer analogen Anwendung von § 633 Abs. 3 BGB und aus § 254 BGB. Gelingt es dem Verkäufer trotz zweimaliger Untersuchung des Fahrzeugs nicht, die Ursache für Motoraussetzer festzustellen und lässt der Käufer daraufhin in einer anderen Werkstatt einen Motortest durchführen, durch den die Fehlerursache entdeckt wird, gehören die Kosten für den Motortest zu den erforderlichen Aufwendungen im Sinne von § 476a BGB und sind vom Verkäufer zu ersetzen.[338]

Falls der Käufer Aufwendungen zum Zweck der Fehlerfeststellung tätigt, ohne dem Verkäufer zuvor Gelegenheit hierzu einzuräumen, muss sich der Verkäufer an den Fremdkosten insoweit beteiligen, als er **eigene Kosten erspart** hat.[339]

681 Art und Umfang der Aufwendungen des Käufers zum Zweck der Mängelfeststellung müssen sich im **Rahmen des Erforderlichen** halten. Zu dem üblichen Aufwand, der sich in diesem Rahmen bewegt, gehören die Kosten für die Demontage, die Vermessung des Fahrzeugs, die Erstellung des Gutachtens und die Anfertigung von Fotos. Die Auffassung, solche

---

334 OLG Hamm 3. 2. 1993, NJW-RR 1993, 672; a. A. LG Köln, Urt. 7. 7. 1994 – 19 S 373/93 – n. v., allerdings für den Fall der Ersatzwagengestellung während der Zeit der Vornahme einer Reparatur auf Grund eines gesonderten Auftrags und nicht aus Anlass einer Garantiereparatur; a. A. LG Nürnberg/Fürth 18. 1. 1996 – 2 S 9708/95 – n. v.
335 *Soergel/Huber,* § 476a Rn 17.
336 BGH 23. 1. 1991, NJW 1991, 1604; OLG Hamm 15. 1. 1998, ZfS 1999, 60; *Löwe/Graf von Westphalen/Trinkner,* § 11 Nr. 10c Rn 9; *Soergel/Huber,* § 476a Rn 18; ablehnend *Staudinger/Coester-Waltjen,* § 11 Nr. 10 AGBG Rn 59; *Ulmer/Brandner/Hensen,* § 25 Rn 14; *Creutzig,* Recht des Autokaufs, Rn 7.2.8.3.
337 *Soergel/Huber,* § 476a Rn 18; weitergehend im Sinne einer unbedingten Kostenerstattungspflicht des Verkäufers BGH 23. 1. 1991, NJW 1991, 1604.
338 AG Wuppertal 25. 11. 1987, NJW-RR 1988, 1141.
339 *Soergel/Huber,* § 476a Rn 18.

Kosten dienten lediglich der Vorbereitung des Prozesses, nicht aber der Vorbereitung der Nachbesserung, ist abzulehnen.[340]

Der Verkäufer muss dem Käufer Aufwendungsersatz gem. § 476a BGB auch dann leisten, wenn er ihm an Stelle des Nachbesserungsanspruchs ein Nachlieferungs- oder Umtauschrecht eingeräumt hat.[341] **682**

Umstritten ist, ob der Käufer Aufwendungsersatz gem. § 476a BGB zu beanspruchen hat, wenn der Verkäufer die **Nachbesserung in Erfüllung einer** vom Hersteller übernommenen **Garantie** durchgeführt hat. Da die Nachbesserung in § 476a BGB einen Ersatz für die dem Käufer zustehenden Ansprüche auf Wandlung und Minderung darstellt, findet eine entsprechende Anwendung dieser Bestimmung auf Garantieleistungen nicht statt, die der Verkäufer nach dem Erlöschen seiner Gewährleistungspflicht erbracht hat.[342] Der Hersteller kann im Rahmen der Garantie beliebig bestimmen, ob und inwieweit sich der Käufer an den Aufwendungen beteiligen muss.[343] Die Übernahme einer Garantie stellt eine freiwillige Leistung des Herstellers dar, während die Gewährleistung Händlerpflicht ist. Bei einer individualvertraglich vereinbarten Garantieübernahme stößt der formularmäßige Ausschluss der Mängelbeseitigungskosten allerdings an die Grenzen von § 9 Abs. 2 Nr. 2 AGBG, da die ,,Natur'' eines Garantievertrages darin besteht, dass der Garant den Garantieempfänger von allen Nachteilen freistellt, die sich aus dem Garantiefall ergeben.[344]

4. Selbstbeseitigungsrecht

Nach herrschender Ansicht[345] erscheint es **sachgerecht** und **konsequent,** den Verkäufer, der dem Käufer zunächst ausschließlich durch Nachbesserung Gewähr leisten will, daran auch festzuhalten und es nicht in sein Belieben zu stellen, eine mögliche Nachbesserung auch durchzuführen. Es handelt sich bei dem vereinbarten Nachbesserungsrecht nicht um eine Vorstufe zu den gesetzlichen Gewährleistungsansprüchen des Kaufrechts, sondern um einen Anspruch mit ausgeprägten werkvertraglichen Elementen. Die kaufrechtliche Gewährleistung, die durch § 11 Nr. 10b AGB-Gesetz einen nicht zu unterschreitenden Mindestschutz garantiert, verhindert nicht die Anwendung werkvertraglicher Vorschriften, solange die Nachbesserung, die ein Kernrecht kaufrechtlicher Gewährleistung darstellt, nicht fehlgeschlagen ist. **683**

Es kommt ein praktisches Argument hinzu, das der BGH in den Vordergrund seiner Überlegungen gestellt hat. Seines Erachtens ist nicht einzusehen, weshalb der Käufer, der einen Nachbesserungstitel durchsetzen und sich zur Ersatzvornahme auf Kosten des Verkäufers durch das Gericht ermächtigen lassen kann, auf diesen umständlichen Weg verwiesen und ihm die einfachere Möglichkeit seines materiell-rechtlichen Ersatzvornahmerechts versagt werden sollte.[346] Dass es in dem einen Fall um die Erzwingung eines rechtskräftig titulierten Anspruchs und in dem anderen um eine materiell-rechtliche Erweiterung kaufrechtlicher Gewährleistungsansprüche geht, war für den BGH kein Argument, dem Käufer den Ersatzvornahmeanspruch zu versagen. **684**

---

340 A. A. *Creutzig,* Recht des Autokaufs, Rn 7.2.8.3.
341 BGH 23. 1. 1991, NJW 1991, 1604 m. w. N.
342 *Ulmer/Brandner/Hensen,* § 25 Rn 10; *Soergel/Huber,* § 476a Rn 10; *Reich,* NJW 1980, 1610; a. A. *Löwe/Graf von Westphalen/Trinkner,* § 11 Nr. 10c Rn 16; *Palandt/Putzo,* § 477 Rn 8.
343 *Basedow,* MünchKomm, § 11 AGBG Rn 171.
344 *Soergel/Huber,* § 476a Rn 10.
345 BGH 10. 4. 1991, ZIP 1991, 733; OLG Düsseldorf, 30. 1. 1997, NJW-RR 1997, 1419; *Soergel/Huber,* § 462 Rn 68; *Westermann,* MünchKomm, § 462 Rn 11; *Basedow,* MünchKomm, § 11 Nr. 10c AGBG Rn 174 f.; *Staudinger/Coester-Waltjen,* § 462 Rn 15 f.; a. A. *Ulmer/Brandner/Hensen,* § 11 Nr. 10b Rn 55 unter Hinweis auf die besondere Rechtsnatur des der kaufrechtlichen Gewährleistung unterstellten Nachbesserungsrechts; differenzierend *Köhler,* JZ 1984, 393, 399 ff.; *Jauernig/Vollkommer,* BGB, § 462 Anm. 4.
346 BGH 10. 4. 1991, ZIP 1991, 733, 734.

685 Das **Recht auf Selbstbeseitigung** des Mangels und Kostenersatz kann individualvertraglich und durch AGB **ausgeschlossen** und der Käufer auf Wandlung und Minderung beschränkt werden.[347]

686 Die nicht unverzügliche Vornahme einer vom Käufer verlangten Nachbesserung reicht als solche zur Begründung des für die analoge Anwendung von § 633 Abs. 3 BGB erforderlichen Verzugs nicht aus; **notwendig** ist vielmehr eine an den Verkäufer gerichtete **Aufforderung des Käufers, den Mangel innerhalb angemessener Frist zu beseitigen.**[348] Falls der Verkäufer die Nachbesserung ernsthaft und endgültig ablehnt, bedarf es keiner förmlichen Nachfristsetzung; setzt der Käufer allerdings die Nachfrist, muss er ihren Ablauf abwarten, ehe er zur Selbstbeseitigung berechtigt ist.[349]

687 Falls sich der Käufer wegen der Nachbesserung nicht an den Verkäufer, sondern an einen **anderen** autorisierten **Vertragshändler** wendet, muss sich der Verkäufer dessen verzugsbegründendes Verhalten in der Weise zurechnen lassen, als sei er selbst in Verzug gekommen, da nach Ansicht des BGH der in Anspruch genommene dritte Vertragshändler nur im Rahmen der Abwicklung der Gewährleistung tätig wird.[350] Wegen der **Zurechenbarkeit des Verhaltens der Drittwerkstatt** ist dem Käufer die Informationspflicht gem. Abschn. VII, Ziff. 2a NWVB auferlegt worden.

688 Ob der Käufer die Ersatzvornahme auch von einer **nicht autorisierten Werkstatt** vornehmen lassen darf, wenn sich sein Verkäufer mit der Mängelbeseitigung in Verzug befindet, brauchte der BGH nicht zu entscheiden. Da der Käufer bei Inanspruchnahme einer vom Hersteller nicht autorisierten Werkstatt seine Gewährleistungsansprüche u. U. gefährdet, kann ihm nicht angeraten werden, im Falle des Verkäuferverzugs eine freie Werkstatt einzuschalten, es sei denn, dass ein **Notfall** im Sinne der Regelung von Abschn. VI, Ziff. 6 NWVB vorliegt.

689 Der Käufer muss im Fall des Verkäuferverzugs die Ersatzvornahme nicht sogleich auf eigene Kosten vornehmen lassen, er kann gem. § 633 Abs. 3 BGB vom Verkäufer hierfür zunächst einen **Kostenvorschuss** verlangen.

690 Billigt man dem Käufer im Einklang mit der herrschenden Meinung einen Anspruch auf Erstattung der Ersatzvornahmekosten zu, dann muss man auch eine **Erzwingung der Nachbesserung** über § 510b ZPO zulassen.[351] Nach dieser auf das amtsgerichtliche Verfahren beschränkten Norm kann der Beklagte auf Antrag des Klägers für den Fall, dass er eine Handlung nicht binnen der vom Gericht gesetzten Frist vornimmt, zur Zahlung einer Entschädigung verurteilt werden. Das Gericht darf dem Kläger eine Entschädigung in Höhe der voraussichtlich anfallenden Ersatzvornahmekosten jedoch nur zubilligen, wenn ein derartiger Anspruch nach materiellem Recht besteht.[352] Die Vorschrift des § 510b ZPO gewährt selbst keinen Entschädigungsanspruch materiell-rechtlicher Art; sie regelt lediglich einen Anwendungsfall der objektiven Klagehäufung mit der Besonderheit, dass der Entschädigungsanspruch unbedingt erhoben und rechtshängig wird, obwohl er materiell-rechtlich ein künftiger Anspruch und durch die Nichterfüllung des Hauptanspruchs bedingt ist.

---

347 *Wolf/Horn/Lindacher,* § 11 Nr. 10b Rn 17; *Staudinger/Coester-Waltjen,* § 11 Nr. 10 Rn 53.
348 *Soergel/Huber,* § 462 Rn 68.
349 BGH 10. 4. 1991, ZIP 1991, 733, 735; *Soergel/Huber,* § 462 Rn 68.
350 BGH 10. 4. 1991, ZIP 1991, 733, 735; die Frage, ob dem Käufer eventuell ein eigener Anspruch gegen den anderen Vertragshändler auf ordnungsgemäße Durchführung der Nachbesserung erwächst, hat der BGH ausdrücklich offen gelassen, sodass die von *Creutzig* – Recht des Autokaufs, Rn 7.2.4 – aus dem Urteil gezogene Schlussfolgerung, der Käufer habe keinen einklagbaren Anspruch gegen den anderen Betrieb, aus der BGH-Entscheidung nicht ableitbar ist.
351 A. A. AG Kerpen 1. 7. 1987 – 3 C 1009/86 – n. v.
352 *Thomas/Putzo,* Anm. 5 zu § 510b ZPO.

IX. Die gesetzlichen Gewährleistungsansprüche

1. Wandlung und Minderung

691 Wandlung besagt Rückgängigmachung des Kaufvertrags, Minderung bedeutet Herabsetzung des Kaufpreises entsprechend dem Verhältnis der Wertdifferenz zwischen mangelfreier und mangelhafter Ware. Wandlung und Minderung sind nach allgemeinem Verständnis zwei **selbstständige Ansprüche** und kein einheitlicher Anspruch mit alternativem Inhalt.[353] Beide Rechte haben die gleichen Voraussetzungen. An die Wandlung sind keine strengeren Voraussetzungen als an die Minderung zu stellen. Folglich kann der Verkäufer in minder schweren Fällen nicht damit gehört werden, der Käufer müsse sich an Stelle der Wandlung mit der Minderung begnügen.

Bei **geringfügiger** – nicht unerheblicher – **Fehlerhaftigkeit** kann die Geltendmachung des Wandlungsrechts an Stelle der Minderung gegen die Grundsätze von **Treu und Glauben** verstoßen, die auch das Gewährleistungsrecht beherrschen.[354] Der Gedanke, dass ein Wandlungsbegehren bei nur geringfügiger Beeinträchtigung des Werts oder der Tauglichkeit des Vertragsobjekts **rechtsmissbräuchlich** sein kann,[355] gelangt insbesondere in § 634 Abs. 3 BGB zum Ausdruck, sodass eine entsprechende Anwendung im Kaufrecht dann nahe liegt, wenn hier wie da im Rahmen der Gewährleistung zunächst die gesetzlich vorgesehene oder vertraglich ausbedungene Nachbesserung im Vordergrund steht.[356]

692 Der Einwand, die **elektive Konkurrenz** der Ansprüche aus § 462 BGB dürfe nicht durch § 242 BGB aufgeweicht werden, da der Verkäufer ohnehin nur für solche Fehler hafte, die nicht unerheblich sind,[357] erweist sich als nicht stichhaltig. Eine Ausschaltung von § 242 BGB ist dogmatisch nicht begründbar und würde dazu führen, dass die Fehlergrenze unwillkürlich „hoch geschraubt" wird und Mängel als unerheblich eingestuft werden, obwohl sie es nicht sind, wenn die vom Käufer geltend gemachte Rechtsfolge der Wandlung unverhältnismäßig und unangebracht erscheint. Der Gefahr, die **Erheblichkeitsschwelle** des **Fehlerbegriffs anzuheben,** ist das OLG Celle[358] erlegen. Es versagte dem Käufer eines Fahrzeugs mit mangelhafter Türdichtung das Recht auf Wandlung, indem es eine Fehlerhaftigkeit im Sinne von § 459 BGB verneinte. Nach dieser Entscheidung müsste dem Käufer das ersatzweise eingeräumte Recht auf Nachbesserung ebenfalls abgesprochen werden, da der Fehlerbegriff im einen wie im anderen Fall derselbe ist. Am Beispiel des alternativen Rechts auf Nachbesserung wird die Fehleinschätzung des Mangels durch das OLG Celle aufgedeckt, denn niemand würde ernsthaft auf die Idee kommen, dem Käufer eines Neuwagens eine fehlerhafte Türdichtung zuzumuten und ihm den Anspruch auf Fehlerbeseitigung streitig zu machen.

Auf der anderen Seite vermag die einschränkungslose Zubilligung des Wandlungsrechts nicht zu befriedigen, wenn ein Fahrzeug lediglich einen unbedeutenden, aber nicht unerheblichen Mangel aufweist. In diesen Fällen kann die Lösung vernünftigerweise nur darin bestehen, dass dem Recht des Käufers, zwischen Wandlung und Minderung zu wählen, in Extremfällen Grenzen durch die Anwendung des Grundsatzes von **Treu und Glauben** gem. § 242 BGB gesetzt werden.[359]

---

353 RG 28. 9. 1907, RGZ 66, 332, 335; *Mezger,* BGB-RGRK, § 462 Rn 1; *Soergel/Huber,* § 462 Rn 3.
354 *Mezger,* BGB-RGRK, § 462 Rn 1 und vor § 433 Rn 92.
355 OLG Frankfurt 20. 1. 1994, NJW-RR 1994, 1340.
356 OLG Düsseldorf 23. 4. 1998, OLGR 1998, 239.
357 *Soergel/Huber,* § 462 Rn 4.
358 Urt. 7. 1. 1982 – 7 U 72/81 – n. v., siehe auch LG Regensburg 17. 6. 1997, NJW-RR 1998, 1353, das die Infektion eines Computers mit einem Computervirus als unerheblichen Mangel einstufte.
359 Vgl. OLG Hamm 25. 6. 1987, NJW-RR 1988, 1461, das allerdings den Ausschluss der Wandlung bzw. des Nachlieferungsanspruchs im Fall des Vorliegens unbedeutender, wenn auch nicht unwesentlicher Mängel in erster Linie aus dem Weitergebrauch der Sache durch den Käufer ableitete.

Zwei **Beispiele** aus der Rechtsprechung:
- Die Geltendmachung des Wandlungsrechts ist bei einer **nicht behobenen Undichtigkeit** der Fahrertür aus Sicht des OLG Saarbrücken[360] nicht rechtsmissbräuchlich. Selbst wenn die Undichtigleit des Fahrzeugs lediglich darauf beruht, dass beim zweiten Nachbesserungsversuch die Türdichtfolie mangelhaft verklebt wurde, stellt der Mangel eine erhebliche Herabsetzung seines Nutzungswerts dar, die den Käufer unter Berücksichtigung der Grundsätze von Treu und Glauben durchaus zur Wandlung berechtigt.
- Nach Meinung des OLG Düsseldorf[361] scheitert das auf das Fehlen einer zugesicherten Eigenschaft gestützte Wandlungsbegehren gem. § 459 Abs. 2 BGB ebenso wie ein großer Schadensersatzanspruch aus § 463 BGB an der in § 242 BGB gesetzten Schranke des Rechtsmissbrauchs, wenn einem Neufahrzeug die konkludent zugesicherte Eigenschaft der Fabrikneuheit fehlt, weil es noch mit einer **Wegfahrsperre der Vorserie** ausgestattet ist, die über ein streichholzschachtelgroßes Fernbedienungsgerät betätigt wird, während sich bei der aktuellen Serie die Fernbedienung in dem Fahrzeugschlüssel befindet. Der erkennende Senat billigte dem Käufer wegen der Abweichung von der Fabrikneuheit zum Ausgleich eines etwaigen Mindererlöses bei einem späteren Verkauf des Fahrzeugs eine nach § 287 ZPO auf 500 DM geschätzte Minderung des Kaufpreises zu.

693 Umgekehrt kann auch die Geltendmachung der Minderung an Stelle der Wandlung gegen Treu und Glauben verstoßen, z. B., wenn der Käufer den gesamten Kaufpreis wegen Wertlosigkeit zurückverlangt, ohne das Auto zurückgeben zu wollen.[362]

Falls ein mitgeliefertes **Zubehörteil,** das im Verhältnis zum Fahrzeug eine **Nebensache** darstellt, einen Mangel aufweist, beschränkt sich die Wandlung gem. § 470 Satz 2 BGB auf dieses Teil.[363] Das Verhältnis von Haupt- und Nebensache besteht zwischen zwei Sachen, wenn die Nebensache von der Hauptsache so abhängt, dass sie ohne die Hauptsache nicht gekauft worden wäre.[364] Mit Blick auf diesen Aspekt entschied des OLG Düsseldorf,[365] Winterreifen seien keine Nebensachen, wenn die Parteien vereinbart haben, dass der Händler vor Auslieferung des neuen Personenkraftwagens die Sommerreifen gegen Winterreifen tauschen soll.

Das für die Abrenzung maßgebliche Kriterium besteht wohl eher darin, dass im Falle der Trennung die Hauptsache im Gegensatz zur Nebensache ihren Wert und ihre Tauglichkeit für den gewöhnlichen oder vertraglich vorausgesetzten Gebrauch behält. Bei einer **Alarmanlage,**[366] einem **Autotelefon,** einem **CD-Wechsler** und auch bei einem **Radio**[367] liegen die Voraussetzungen vor. Das Auto behält auch ohne diese Teile seinen Sinn und Zweck als Fortbewegungsmittel, während die Zubehörteile ihren Zweck erst in Verbindung mit dem Fahrzeug erfüllen, in das sie eingebaut werden.

Falls es sich bei dem **Einbauteil** nicht um eine Nebensache handelt, ist zu prüfen, ob es durch den Einbau seine **rechtliche Selbstständigkeit** verloren hat, wovon auszugehen ist, wenn sie sich nicht ohne Nachteil ausbauen lässt. Falls rechtliche Selbstständigkeit besteht, wie z. B. bei einem Autotelefon,[368] erstreckt sich die Wandlung gem. § 469 BGB auf das fehlerhafte Teil, auch wenn es mit dem Fahrzeug „als zusammengehörend" verkauft worden ist.

---

360 Urt. 26. 3. 1996, NJW-RR 1997, 1423.
361 Urt. 23. 4. 1998, OLGR 1998, 239.
362 *Westermann,* MünchKomm, § 472 Rn 1/2.
363 OLG Düsseldorf 27. 10. 1995, OLGR 1996, 53.
364 *Palandt/Putzo,* BGB, § 470 Rn 1.
365 Urt. v. 10. 12. 1993, OLGR 1994, 185.
366 OLG Düsseldorf 27. 10. 1995, OLGR 1996, 53.
367 OLG Köln 22. 4. 1998, OLGR 1999, 276.
368 OLG Köln 22. 4. 1998, OLGR 1999, 276; 27. 4. 1993, NJW-RR 1994, 51, 52.

Die gesetzlichen Gewährleistungsansprüche

Falls es bei dem Einbau des Teils zu Eingriffen in die Substanz des Fahrzeugs gekommen ist, die sich nicht mehr rückgängig machen lassen, liegt, wenn das Zubehörteil fehlerhaft ist, eine Mangelhaftigkeit auch in Bezug auf die Hauptsache vor, so der Käufer berechtigt ist, den Kaufvertrag insgesamt zu wandeln. Ein solcher Eingriff in die Substanz des Fahrzeugs ist nach Ansicht des OLG Düsseldorf[369] anzunehmen, wenn zum Zweck des Einbaus eines **Frontschutzbügels** Löcher gebohrt und zwei Befestigungslaschen von den Rahmenlängsträgern abgeschnitten werden.

Die Rechte auf Wandlung und Minderung stehen dem Käufer – bis zu deren Vollzug – wahlweise zur Seite. Die **Wandlung** gilt als **vollzogen** mit dem Einverständnis des Verkäufers bzw. der Rechtskraft des auf die Wandlung erkennenden Urteils. Die vorbehaltlose Abholung des Fahrzeugs beinhaltet noch keine konkludente Einverständniserklärung des Verkäufers mit dem Wandlungsbegehren des Käufers.[370] Sie kann die nach außen kundgetane Bereitschaft darstellen, die Mängel zu prüfen und zu weiteren Nachbesserungen bereit zu sein. Durch die vollzogene Wandlung wird der Vertrag in ein **Abwicklungsverhältnis** umgestaltet.[371] **694**

Im Prozess bedeutet der Übergang von einem Anspruch auf den anderen eine **Klageänderung,** sodass entweder der beklagte Verkäufer zustimmen oder das Gericht die Sachdienlichkeit feststellen muss. Ein beliebiger Anspruchswechsel im Prozess ist nicht zulässig.[372] Da Wandlung und Minderung zwei verschiedene Streitgegenstände betreffen, kann der Käufer sie im Prozess nicht nebeneinander, sondern nur im Eventualverhältnis zueinander geltend machen, wobei einer der Ansprüche den Hauptantrag bilden muss.[373]

Das **Wahlrecht** des Käufers **erlischt mit dem Vollzug** des von ihm geltend gemachten Gewährleistungsrechts. Mit dem Vollzug der Wandlung oder Minderung geht auch das Recht des Käufers verloren, vom Verkäufer Schadensersatz wegen Nichterfüllung gem. § 463 BGB zu fordern.[374] Vollzug setzt Einverständnis des Verkäufers oder dessen rechtskräftige Verurteilung voraus. Der alte Theorienstreit, ob der Käufer von vornherein einen Anspruch auf Herstellung des der Wandlung oder Minderung entsprechenden Zustands besitzt, sodass sich die Bedeutung des § 465 BGB in dem Verlust des Wahlrechts erschöpft (Herstellungstheorie), oder ob sich sein Anspruch auf Abschluss eines Vertrags richtet, durch den die Wandlung oder Minderung vollzogen wird (Vertragstheorie),[375] hat kaum noch Auswirkungen auf die Praxis und ist deshalb weitgehend bedeutungslos geworden. Erklärt sich der Verkäufer mit dem Wandlungs- oder Minderungsbegehren des Käufers nicht einverstanden, so wird die nach der Vertragstheorie erforderliche Willenserklärung jedenfalls durch die auf Verurteilung erkennende richterliche Entscheidung ersetzt (Theorie des richterlichen Gestaltungsakts). Der Klageantrag kann, muss aber nicht auf Zustimmung zur Wandlung oder Minderung lauten. Aus Gründen der Praktikabilität gestattet die Rechtsprechung dem Käufer die sofortige, auf Herbeiführung der Rechtsfolge aus dem Gewährleistungsrecht gerichtete **Leistungsklage** (Gemischte Theorie).[376] **695**

Die **Zurückweisung** des Wandlungsbegehrens beinhaltet konkludent die Zurückweisung des dem Käufer alternativ möglichen Minderungsanspruchs; dies gilt ebenso umgekehrt.[377] **696**

---

369 Urt. 26. 9. 1997 – 22 U 25/97 – n. v.
370 OLG Bamberg 27. 4. 1998, OLGR 1998, 265.
371 BGH 24. 6. 1983, NJW 1984, 42.
372 LG Mönchengladbach 15. 5. 1992, NJW-RR 1992, 1524.
373 *Soergel/Huber,* § 462 Rn 3.
374 *Soergel/Huber,* § 465 Rn 14.
375 Siehe dazu *Esser/Weyers,* § 5 III 1; *Jauernig/Vollkommer,* § 462 Anm. 2b.; *Palandt/Putzo,* § 465 Rn 3 ff.
376 BGH 8. 1. 1959, BGHZ 29, 148, 150.
377 LG Köln 21. 2. 1980 – 75 O 262/79 – n. v.

Die Rechte auf Wandlung oder Minderung kann der Käufer der Kaufpreisforderung einredeweise entgegenhalten, wobei er sein Wahlrecht nicht vor Abweisung der Klage verliert und auch danach noch zu Schadensersatzansprüchen aus § 463 BGB übergehen kann.[378] Eine Rechtskrafterstreckung findet nur im Rahmen der streitigen Anträge statt. Demzufolge verjähren weiter gehende Ansprüche gem. § 477 BGB, wenn der Käufer entweder nur einen Teil des Rückzahlungsanspruchs aus Wandlung einklagt oder die Klage des Verkäufers auf Zahlung des Restkaufpreises mit der Wandlungseinrede zu Fall bringt und anschließend die von ihm bereits geleistete Anzahlung zurückverlangt. Nimmt der Verkäufer nach Abweisung seiner Kaufpreisklage auf Grund der vom Käufer erklärten Wandlungseinrede die Kaufsache zurück, so liegt darin normalerweise das **konkludente Einverständnis** des Verkäufers mit der Wandlung des Kaufvertrags.[379] Nach Meinung des AG Kassel erlöschen mit dem Vollzug der Wandlung unabhängig von der Anspruchsgrundlage auch sämtliche Ansprüche auf Ersatz von Mangelfolgeschäden, sofern sich der Käufer die Geltendmachung dieser Rechte nicht ausdrücklich vorbehalten hat.[380]

2. Vorbehalt in AGB

697 In § 11 Nr. 10b schreibt das AGB-Gesetz vor, dass bei Beschränkung der Gewährleistungsansprüche auf ein Recht zur Nachbesserung oder Nachlieferung dem anderen Vertragsteil **ausdrücklich** das Recht vorbehalten bleiben muss, im Fall des Fehlschlagens des Ersatzanspruchs wahlweise Herabsetzung der Vergütung oder Rückgängigmachung des Vertrags zu verlangen. Eine Klausel, durch die das Wandlungsrecht ausgeschlossen wird, ist auch im kaufmännischen Rechtsverkehr unwirksam.[381]

698 Der Vorbehalt der gesetzlichen Gewährleistungsansprüche betrifft sowohl das Fahrzeug als auch mitgelieferte Nebensachen i. S. d. § 470 BGB. Zu den Nebensachen gehört i. d. R. das Zubehör. Eine das **Fahrzeug betreffende Wandlung** erstreckt sich auch auf **Nebensachen**.[382]

Die gesetzlichen Gewährleistungsansprüche nach dem Fehlschlagen der Nachbesserung richten sich ausschließlich gegen den **Verkäufer** und nicht (auch) gegen andere vom Hersteller autorisierte Vertragshändler.[383]

699 Ein Anspruch des Käufers auf **Ersatzlieferung** besteht nicht. Der formularmäßige Ausschluss des Ersatzlieferungsanspruchs ist mit § 11 Nr. 10b AGB-Gesetz vereinbar[384] und verstößt nicht gegen § 9 AGB-Gesetz. Schadensersatzansprüche des Käufers, insbesondere solche aus § 463 BGB wegen Erteilung einer unrichtigen Zusicherung oder arglistiger Fehlerverschweigung, werden durch die Klausel des Abschn. VII, Ziff. 4 NWVB nicht ausgeschlossen.

700 Die Verwendung der Begriffe „Wandlung" und „Minderung" in AGB reicht im nichtkaufmännischen Verkehr nicht aus. Damit sich der rechtsunkundige Käufer eine Vorstellung von seinen Rechten machen kann, wird verlangt, dass der Verwender beide **Begriffe erläutert.**[385]

---

378 *Palandt/Putzo,* § 465 Rn 15.
379 BGH 8. 3. 1995, ZIP 1995, 653.
380 Urt. 17. 12. 1987, NJW 1988, 1917.
381 BGH 25. 2. 1981, WM 1981, 558; 14. 7. 1993, ZIP 1993, 1394, 1397.
382 Zur Wandlung wegen Fehlerhaftigkeit der Nebensache Rn 693.
383 So schon BGH, 15. 5. 1985, NJW 1985, 2819, als in der Klausel noch nicht der Verkäufer als Anspruchsgegner ausdrücklich erwähnt wurde; *Creutzig,* Recht des Autokaufs, Rn 7.4.4.
384 *Ulmer/Brandner/Hensen,* § 11 Nr. 10b Rn 54; *Staudinger/Coester-Waltjen,* § 11 Nr. 10 Rn 53.
385 BGH 30. 6. 1981, BB 1982, 2972; 7. 10. 1981, NJW 1982, 331; OLG Nürnberg 17. 4. 1980, DAR 1980, 345 ff.; *Ulmer/Brandner/Hensen,* § 11 Nr. 10 Rn 34 ff.; *Palandt/Heinrichs,* § 11 AGBG, Rn 59; *Löwe/Graf von Westphalen/Trinkner,* § 11 Nr. 10b Rn 17 m. w. N.

Die gesetzlichen Gewährleistungsansprüche   Rn 701

Die Klausel muss ferner klarstellen, dass dem Käufer die Gewährleistungsansprüche nach „**seiner Wahl**" zustehen.[386] In Abschn. VII, Ziff. 4 NWVB erfolgt die Erläuterung zulässigerweise durch Textpassagen mit dem Gesetzeswortlaut von § 11 Nr. 10b AGB-Gesetz. Unzureichend ist die Verwendung einer Klausel, die lediglich besagt, dass dem Käufer im Fall des Fehlschlagens die gesetzlichen Gewährleistungsansprüche zustehen. Ein Verstoß gegen § 11 Nr. 10b AGB-Gesetz liegt vor, wenn der Verkäufer in seinen AGB den Anspruch auf Rückgängigmachung des Vertrages oder auf Herabsetzung der Vergütung davon abhängig macht, dass außer der Nachbesserung auch die Ersatzlieferung fehlgeschlagen sein muss.[387]

Fehlt die Erläuterung der dem Käufer zustehenden gesetzlichen Gewährleistungsansprüche, entfaltet die Nachbesserungsklausel insgesamt **keine Wirksamkeit.**[388]

Es besteht keine Pflicht, den Begriff des „**Fehlschlagens**" der Nachbesserung zu verwenden oder zu erläutern,[389] worin zu Recht eine Inkonsequenz des Gesetzgebers und der Rechtsprechung gesehen wird. Wenn höchstrichterlich gefordert wird, dass die Begriffe „Wandlung" und „Minderung" erläutert werden müssen, weil sie dem privaten Endkunden in der Regel unbekannt sind, so kann dies erst recht für den weitaus bedeutsameren Begriff des „Fehlschlagens" festgestellt werden, der zwar in der Umgangssprache gebräuchlich ist, jedoch durch die Judikatur eine dem Laien völlig unbekannte Ausformung erhalten hat.[390] Vom AGB-Verwender wird nicht verlangt, dass er alle in Frage kommenden Fälle des Fehlschlagens auflistet.[391] Bringt er einen Katalog, dann muss dieser vollständig sein, andernfalls die Klausel im Ganzen keine Wirksamkeit entfaltet.[392] Die Rechtsfolge der Klauselunwirksamkeit tritt auch im **kaufmännischen Geschäftsverkehr** ein, wenn die Klausel nicht alle in Betracht kommenden Fallgestaltungen des Fehlschlagens erfasst.[393]

701

Die Klausel muss dem Käufer den Rückgriff auf die Wandlung oder Minderung für alle möglichen Fälle des Fehlschlagens der Nachbesserung offen halten. Die Regelung in Abschn. VII, Ziff. 4 NWVB – in jetziger Fassung – ist unbedenklich ist, da sie die Unmöglichkeit der Fehlerbeseitigung und die Unzumutbarkeit weiterer Nachbesserungsversuche für den Käufer als die beiden wichtigsten Fälle des Fehlschlagens der Nachbesserung[394] durch Hinzufügung des Wortes „insbesondere" als Beispiele hervorhebt, sodass im Gegensatz zur Vorgängerklausel nicht mehr der Eindruck entstehen kann, der darin enthaltene Katalog der denkbaren Fälle des Fehlschlagens sei vollständig.[395]

Falls AGB den durch § 11 Nr. 10b AGB-Gesetz gesteckten Rahmen einschränken, braucht sich der Käufer wegen **Klauselunwirksamkeit im Ganzen** auf eine Nachbesserung nicht einzulassen. Er kann vom Verkäufer sogleich entweder Wandlung des Kaufvertrags oder

---

386 *Ulmer/Brandner/Hensen*, § 11 Nr. 10 Rn 34 ff.; *Löwe/Graf von Westphalen/Trinkner,* § 11 Nr. 10b Rn 5; *Creutzig,* Recht des Autokaufs, Rn 7.4.4.
387 OLG Nürnberg 9. 7. 1982 – 6 U 1040/82 – n. v.; a. A. AG Bochum 13. 5. 1976 – 41 C 882/79 – n. v.
388 BGH 7. 10. 1981, NJW 1982, 331; OLG Hamm 16. 9. 1981, BB 1981, 1914; OLG Köln 2. 4. 1985, NJW-RR 1986, 151.
389 *Ulmer/Brandner/Hensen*, § 11 Nr. 10 Rn 34 ff.
390 *Löwe/Graf von Westphalen/Trinkner*, § 11 Nr. 10b Rn 17; s. auch die Kritik von *Fehl*, BB 1983, 223 ff.
391 BGH 21. 2. 1990, NJW-RR 1990, 888.
392 BGH 19. 6. 1996, DAR 1996, 361; 364; 26. 11. 1984, NJW 1985, 623, 630; LG Mönchengladbach, Urt. 18. 1. 1990 – 10 O 353/89 – n. v.
393 BGH 19. 6. 1996, DAR 1996, 361, 364.
394 *Creutzig,* Recht des Autokaufs, Rn 7.4.1.
395 Vgl. zur Vorgängerklausel OLG Hamm 7. 4. 1992, OLGR 1992, 241 (wirksam); OLG Köln 9. 10. 1992, OLGR 1993, 130; OLG Düsseldorf 20. 3. 1992, NJW-RR 1992, 824 (unwirksam wegen Verstoßes gegen § 11 Nr. 10b AGBG).

Minderung des Kaufpreises verlangen, da das gesetzliche Gewährleistungsrecht einen Nachbesserungsanspruch des Käufers – noch – nicht kennt.[396] Dasselbe gilt, falls die Geschäftsbedingungen des Händlers überhaupt **keine Gewährleistungsregelung** enthalten.

3. Fehlschlagen der Nachbesserung

702 Eine allgemein gültige Definition für das „Fehlschlagen" der Nachbesserung gibt es nicht. Ebenso wenig lassen sich feste, jeden Einzelfall erfassende Regeln aufstellen.[397] Im Allgemeinen liegen die Voraussetzungen des Fehlschlagens der Nachbesserung vor, wenn die Beseitigung des Fehlers **unmöglich** ist,[398] die Nachbesserung von dem Verkäufer oder dem in Anspruch genommenen Betrieb **verweigert, treuwidrig unterlassen** oder **unzumutbar verzögert** wird oder wenn dem Käufer (weitere) Nachbesserungsversuche **nicht zuzumuten** sind.[399] Außer bei objektiver Unmöglichkeit der Fehlerbeseitigung setzt das Fehlschlagen der Nachbesserung voraus, dass der Käufer den Fehler geltend gemacht, Nachbesserung verlangt und dem in Anspruch genommenen Betrieb Gelegenheit zur Nachbesserung eingeräumt hat.[400] In jedem Fall muss er dem Verkäufer die Überprüfung des behaupteten Mangels ermöglichen.[401] Dies gilt selbst dann, wenn ein Nachbesserungsrecht nicht vereinbart ist.[402]

Von einem Fehlschlagen der Nachbesserung kann nicht ausgegangen werden, wenn der Händler fehlerhafte **Arbeiten** am Fahrzeug **außerhalb bestehender Gewährleistung** aus dem Kaufvertrag ausgeführt hat. Beispiel: Obwohl die ursprünglich im Fahrzeug befindliche Kupplung herstellerseits mangelfrei ist, baut der Verkäufer auf Verlangen des Käufers eine neue Kupplung in das Fahrzeug ein, wobei er einen möglichen Montagefehler macht.[403]

Das Fehlschlagen im Sinne des § 11 Nr. 10b AGB-Gesetz erfordert **kein Verschulden.**[404] Für den Käufer besteht keine Verpflichtung, im Fall des Fehlschlagens der Nachbesserung zwischen Wandlung und Minderung zu wählen, er kann stattdessen weiterhin auf Nachbesserung bestehen,[405] es sei denn, dass die Fehlerbeseitigung objektiv unmöglich ist.[406] Die Beweislast für das Fehlschlagen der Nachbesserung trägt der Käufer.[407]

a) Verweigerung

703 Eine nicht berechtigte Verweigerung liegt vor, wenn der Händler die Nachbesserung – z. B. wegen irrtümlicher Nichtanerkennung des Mangels – ablehnt,[408] wenn er den Mangel bestreitet[409] oder wenn er die Fehlerbehebung von nicht vereinbarten Voraussetzungen und Mitwirkungshandlungen des Käufers abhängig macht.[410] Verlangt der Händler vom Käufer, er solle das Fahrzeug zur Nachbesserung in seine Werkstatt bringen, anstatt die **Abholung**

---

396 BGH 19. 6. 1996, DAR 1996, 361; 364; 7. 10. 1981, NJW 1982, 331; OLG Hamm 16. 9. 1981, BB 1981, 1914; OLG Köln 2. 4. 1985, NJW-RR 1986, 151.
397 *Soergel/Huber,* § 462 Rn 67.
398 BGH 25. 2. 1981, NJW 1981, 1501; OLG Hamm 31. 1. 1983, DB 1983, 710.
399 BGH 19. 6. 1996, WM 1996, 1911; 29. 10. 1997, EBE 1998, 10; OLG Hamm 31. 1. 1983, BB 1983, 531; 13. 1. 1997, OLGR 1997, 158.
400 KG 18. 1. 1989 – 3 U 314/88 – n. v., zitiert bei *Creutzig,* Recht des Autokaufs, Rn 7.4.1.
401 OLG Hamm 13. 1. 1997, OLGR 1997, 158.
402 LG Dortmund 28. 2. 1996, NJW-RR 1997, 1417.
403 OLG Celle 29. 1. 1998, OLGR 1998, 171.
404 *Staudinger/Coester-Waltjen,* § 11 Nr. 10 Rn 49; *Schlosser/Coester-Waltjen/Graba,* § 11 Nr. 10 Rn 46.
405 *Ulmer/Brandner/Hensen,* § 11 Nr. 10b Rn 52.
406 *Wolf/Horn/Lindacher,* § 11 Nr. 10b Rn 31.
407 BGH 21. 2. 1990, NJW-RR 1990, 886, 888; OLG Hamm 13. 1. 1997, OLGR 1997, 158.
408 OLG Köln 14. 4. 1991, NJW-RR 1991, 1340.
409 OLG Koblenz 27. 6. 1996, NJW-RR 1997, 430.
410 *Wolf/Horn/Lindacher,* § 11 Nr. 10b Rn 27.

selbst anzubieten, so liegt darin noch keine treuwidrige und endgültige Ablehnung der Nachbesserung, selbst dann nicht, wenn die Aufforderung zur Überstellung des Fahrzeugs unberechtigt sein sollte.[411] Der auf Mängelbeseitigung berechtigterweise in Anspruch genommene Händler kann vom Käufer nicht verlangen, dass er einen **Werkstattauftrag** unter Anerkennung der Reparaturbedingungen unterschreibt.[412] Um nämlich in den Genuss der Nachbesserung zu kommen, braucht der Gewährleistungsberechtigte keinen neuen Vertrag zu schließen, sondern nur die Rechte aus dem ursprünglichen Vertrag geltend zu machen.[413] Der Verkäufer kann ihm nicht entgegenhalten, er bekomme für die Gewährleistungsarbeit vom Hersteller/Importeur keine ausreichende Kostenerstattung. Im Verhältnis zum Käufer ist es allein Aufgabe des Verkäufers, die notwendigen finanziellen Mittel für eine fachgerechte Nachbesserung aufzubringen.[414]

Von einer Verweigerung der Nachbesserung ist auszugehen, wenn der Händler die Fehlerbeseitigung von einer **Kostenbeteiligung des Käufers** abhängig macht oder wenn er ihn unter der Zusage der Kostenübernahme an einen anderen Betrieb verweist.[415] Auf Grund der Gewährleistungszusage ist es Aufgabe des Händlers, notfalls einen Spezialbetrieb einzuschalten, wenn er selbst nicht über fachkundige Mitarbeiter verfügt, die in der Lage sind, den Mangel zu beseitigen. Ein Fall der Verweigerung liegt nicht vor, wenn der Händler ausdrücklich erklärt, die Mängelbeseitigung erfolge aus **Kulanz** und nicht in Erfüllung der Gewährleistungspflicht, denn es kommt entscheidend allein auf die Bereitschaft zur Nachbesserung und nicht auf die rechtlichen Vorstellungen des Gewährleistungsverpflichteten an. Ein Fehlschlag infolge endgültiger Verweigerung der Nachbesserung ist auch dann nicht anzunehmen, wenn sich der Verkäufer zur Nachbesserung grundsätzlich bereit erklärt, diese jedoch am falschen Ort anbietet.[416]

704

Die Rechte auf Wandlung und Minderung leben auch in den Fällen auf, in denen die Nachbesserung abgelehnt wird, weil sie einen **unverhältnismäßigen Aufwand** erfordert. Durch die – vom Schrifttum teilweise befürwortete – analoge Anwendung von § 633 Abs. 2 S. 3 BGB[417] wird diese Rechtsfolge nicht ausgeschaltet. Der Gesichtspunkt, dass wegen des Wegfalls der Nachbesserungspflicht die tatbestandlichen Merkmale eines Verweigerns der Nachbesserung überhaupt nicht vorliegen können, wird durch die Besonderheiten der kaufrechtlichen Gewährleistung überlagert.

705

b) Nicht zumutbare Verzögerung

Bei der Verzögerung kommt es im Gegensatz zum Verzug nicht darauf an, ob der Verkäufer den zeitlichen Rückstand zu vertreten hat. Auch die **unverschuldete Verspätung** der Fehlerbeseitigung führt bei Überschreitung der Zumutbarkeitsgrenze zum Fehlschlag der Nachbesserung und zum Aufleben der gesetzlichen Gewährleistung.

706

Allgemein **verbindliche Fristen,** innerhalb derer Nachbesserungen vorzunehmen sind, lassen sich nicht aufstellen; entscheidend sind die Umstände des Einzelfalls.[418] Angesichts des heute gut funktionierenden Kundendiensts und der ausreichenden Ersatzteilbevorratung reichen verhältnismäßig **kurze Fristen** aus.[419] Eine Frist von **einer Woche**[420] bis **maximal**

---

411 BGH 30. 1. 1991, NJW-RR 1991, 870, 872.
412 BGH 30. 1. 1991, WM 1991, 1041, 1044.
413 OLG Köln 2. 4. 1985, DAR 1985, 384.
414 OLG Hamm 24. 11. 1975 – 2 U 86/75 – n. v.; *Creutzig,* Recht des Autokaufs, Rn. 7.4.8.
415 OLG Hamm 25. 4. 1985, DAR 1985, 380.
416 BGH 30. 1. 1991, WM 1991, 1041, 1044; *Soergel/Huber,* § 462 Rn 67 Fn. 2a.
417 *Soergel/Huber,* § 462 Rn 67; *Reinicke/Tiedke,* Kaufrecht, S. 174; a. A. *Ulmer/Brandner/Hensen,* § 25 Rn 16.
418 *Löwe/Graf von Westphalen/Trinkner,* § 11 Nr. 10b Rn 13; *Staudinger/Coester-Waltjen,* § 11 Nr. 10 AGBG Rn 47.
419 *Ulmer/Brandner/Hensen,* § 11 Nr. 10b Rn 44.
420 *Löwe/Graf von Westphalen/Trinkner,* § 11 Nr. 10b Rn 13.

drei Wochen[421] dürfte im Regelfall ausreichend bemessen sein, es sei denn, dass besondere Umstände hinzutreten.

Von einem Fehlschlagen ist auszugehen, wenn der Verkäufer die Beseitigung mehrerer jeweils kleiner Mängel über einen Zeitraum von mehr als zwei Monaten verzögert.[422] Fristüberschreitungen von mehr als drei Wochen können allenfalls bei nicht gravierenden Mängeln noch tolerabel sein, wenn bei der Nachbesserung unerwartete Probleme auftreten. Diese können darin bestehen, dass das Herausfinden der **Fehlerursache** schwierig ist oder dass bei der **Ersatzteilbeschaffung** Probleme auftreten, die der Verkäufer nicht zu vertreten hat. Grundsätzlich fällt die Ersatzteilbeschaffung in den Risikobereich des Verkäufers. Ein Bürgerkrieg im Herstellerland des Fahrzeugs und ein damit einhergehender Zusammenbruch der Vertriebsorganisation befreit ihn nicht von dieser Pflicht.[423] In Extremfällen muss ihm der Käufer zeitliche **Zugeständnisse** machen, die aber ihre Grenzen haben. Das Limit liegt wohl bei sechs Wochen. Dabei handelt es sich um einen Zeitraum, der im Normalfall aus dem Rahmen des Zumutbaren fällt.[424]

707 Es wird die Auffassung vertreten, dass die Voraussetzungen einer unzumutbaren Verzögerung erfüllt sind, wenn der Verkäufer den Fehler nicht innerhalb der dem Käufer zumutbaren Wartefrist beseitigt.[425] Nach anderer Ansicht ist das Vorliegen des Verzugs entsprechend § 633 Abs. 3 BGB zu fordern, der voraussetzt, dass der Verkäufer den Fehler nicht innerhalb angemessener Frist nach Aufforderung durch den Käufer beseitigt hat.[426] Da das kaufrechtliche Nachbesserungsrecht ausgeprägte werkvertragliche Elemente enthält,[427] ist eine an den Verkäufer gerichtete **Aufforderung** des Käufers, den **Mangel innerhalb angemessener Frist zu beseitigen,** – jedenfalls – zur Begründung eines Ersatzvornahmerechts notwendig. Einen Verzugsschaden – z. B. Kosten für die Anmietung eines Ersatzfahrzeugs – kann der Käufer ebenfalls nur unter der Voraussetzung ersetzt verlangen, dass der Verkäufer die geschuldete Nachbesserung nicht innerhalb der ihm vom Käufer gesetzten Frist durchgeführt hat.[428]

Eine **schleppende Nachbesserung** der Mängel berechtigt den Käufer in der Regel nicht zur Wandlung oder Minderung, es sei denn, der Vertrauensverlust ist ausnahmsweise derart gravierend, dass dem Käufer unter Abwägung aller Umstände eine Fortsetzung der Nachbesserungsarbeiten billigerweise nicht zugemutet werden kann.[429]

c) Unmöglichkeit der Fehlerbeseitigung

708 Unmöglichkeit ist anzunehmen, wenn Mängel im Wege der Nachbesserung **nicht technisch einwandfrei**[430] oder nicht **ohne Verbleib einer Wertminderung** beseitigt werden können.[431] Dies gilt insbesondere für Fehlkonstruktionen[432] und schwer wiegende Fabrikationsfehler.[433] Unbehebbar sind z. B. außerhalb des serienmäßigen Streubereichs liegende

---

421 *Wolf/Horn/Lindacher*, § 11 Nr. 10b Rn 28.
422 OLG Koblenz 2. 5. 1991, NJW-RR 1992, 706 im Fall einer mangelhaften Einbauküche.
423 OLG Koblenz 22. 3. 1994, ZfS 1994, 209.
424 *Staudinger/Coester-Waltjen*, § 11 Nr. 10 Rn 47.
425 *Wolf/Horn/Lindacher*, § 11 Nr. 10b Rn 28.
426 *Soergel/Huber*, § 462 Rn 68.
427 BGH 10. 4. 1991, ZIP 1991, 733.
428 AG Mannheim 24. 5. 1996, NJW-RR 1997, 560; *Ulmer/Brandner/Hensen*, § 11 Nr. 10b Rn 49.
429 LG Stuttgart 22. 12. 1977 – 21 U 174/77 – n. v.; OLG Hamburg 30. 9. 1982, VersR 1983, 741 – 6 Wochen Nachbesserung bei dringend benötigtem Pkw –.
430 Zum Beispiel wegen Fehlkonstruktion, vgl. BGH 24. 1. 1963, NJW 1963, 1148.
431 OLG Düsseldorf 9. 11. 1995, OLGR 1996, 41; OLG Köln 7. 8. 1964, DB 1965, 140; *Ulmer/Brandner/Hensen*, § 11 Nr. 10b Rn 43.
432 LG Ulm 25. 8. 1977 – 4 O 31/77 – n. v., Blockieren der Hinterachse beim Bremsen, das ein Ausbrechen des Fahrzeugs zur Folge hatte.
433 *Ulmer/Brandner/Hensen*, § 11 Nr. 10b Rn 43; *Staudinger/Coester-Waltjen*, § 11 Nr. 10 AGBG Rn. 44.

Vibrationen des Lenkrads, die nicht auf einer Unwucht der Reifen oder der Fehlerhaftigkeit eines Teils, sondern auf einer Summierung negativer Fertigungstoleranzen beruhen,[434] sowie Verbeulungen an Türen und Türschlössern infolge Verwendung zu dünner Karosseriebleche.[435] Es ist vorgekommen, dass bei einem Fahrzeug die Lenkung versetzt eingebaut worden war. Die Folge davon war, dass normierte Teile des Lenkgestänges nicht zueinander passten und sich bei Kurvenfahrten ein Schlagen der Lenkung bemerkbar machte. Darunter litt die Verkehrssicherheit des Wagens. Dem Mangel hätte zwar durch Sonderanfertigung von Einzelteilen abgeholfen werden können, dem Käufer waren aber derartige zu einem Wertverlust führende Reparaturmaßnahmen nicht zuzumuten. Auf den Gesichtspunkt einer „wertminderungsfreien" Fehlerbehebung stellte das OLG Köln[436] anlässlich der Wandlungsklage eines Käufers ab, dem ein Fahrzeug mit erheblichen Rostschäden und teilweise mangelhaft durchgeführter Nachlackierung geliefert worden war. Die gleichen Überlegungen veranlassten das OLG Köln,[437] der Wandlung des Käufers als berechtigt stattzugeben, weil die von dem Händler angebotenen Schweißarbeiten am Wagendach nicht geeignet waren, die eingetretene Wertminderung zu beseitigen. Nur die vollständige Fehlerbehebung – heißt es im Beschluss – schließt das Wandlungsrecht aus.

Als eine zur einwandfreien Fehlerbeseitigung nicht geeignete Maßnahme bewertete das LG Essen[438] das Angebot des Verkäufers, Fehler der Erstlackierung in Form von grauen Streifen, die sich durch Beipolieren nicht hatten beseitigen lassen, durch eine **komplette Neulackierung** des Fahrzeugs beheben zu lassen. Auszug aus der Urteilsbegründung:

> „Derjenige, der einen Neuwagen kauft, legt gerade Wert auf die Werkslackierung. Der Originallack ist auch für den Weiterverkauf ein wertbildender Faktor, unabhängig davon, ob die Beklagte über eine moderne Lackiererei verfügt. Eine Zweitlackierung ist auch bei noch so sorgfältiger Ausführung eben nicht mehr der Originallack, auf dessen ordnungsgemäßen Zustand der Käufer bei Auslieferung einen Anspruch hat. Einen Pkw mit einer Zweitlackierung braucht er nicht hinzunehmen."

Selbst wenn nach Durchführung der Arbeiten kein technischer oder merkantiler Minderwert verbleibt, muss der Käufer nach Ansicht des OLG Saarbrücken[439] eine weitgehende Neulackierung, die mit umfangreichen Aus- und Einbauten und der Zerlegung von Karosserieteilen verbunden ist, nicht hinnehmen, da der **Originalzustand** eines Neufahrzeugs durch solche Maßnahmen **erheblich verändert** wird.

Die Frage, ob der Käufer berechtigt ist, eine Nachlackierung abzulehnen, die den Wert des Fahrzeugs nicht beeinträchtigt, ließ das OLG Düsseldorf[440] dahinstehen. Nach dem Ergebnis der von ihm im Berufungsrechtszug durchgeführten Beweisaufnahme stand nämlich fest, dass die zur Fehlerbeseitigung erforderliche Werkstattlackierung des ganzen Fahrzeugs trotz technisch einwandfreier Nachbesserung nicht ohne **Verbleib eines merkantilen Minderwerts** durchgeführt werden konnte. Den merkantilen Minderwert, bestehend in der Differenz zwischen einem Neuwagen mit Werkslackierung und einem solchen Fahrzeug, das einer nachträglichen Ganzlackierung in einer Werkstatt bedurfte, hatte der Sachverständige nach Rückfragen bei Kollegen seines Fachs und seriösen Autohändlern bei einem Neuwagenpreis von rund DM 35 000 mit DM 1500 bemessen. Der Käufer, so heißt es im Urteil,

> „befindet sich in einer Lage, die der eines Unfallfahrzeugs vergleichbar ist. Bietet er das Fahrzeug einem Fachhändler an, für den die Werkstattlackierung ... erkennbar ist, wird er Fragen über die Gründe der Neulackierung beantworten müssen. Die Erklärung, es hätten nur Lackschäden vorgele-

---

434 LG Köln 30. 11. 1979 – 79 O 301/78 – n. v.
435 AG Leverkusen 17. 10. 1977 – 25 C 159/77 – n. v.
436 Urt. 1. 3. 1974 – 9 U 86/73 – n. v.; ebenso LG Aschaffenburg 10. 3. 1971 – 2 O 200/70 – n. v., betr. die Lieferung eines vor Übergabe nachlackierten Fahrzeuges.
437 Beschl. 7. 8. 1964, DB 1965, 140; vgl. *Ulmer/Brandner/Hensen*, § 11 Nr. 10b Rn 43.
438 Urt. 7. 7. 1994 – 16 O 180/94 – n. v.
439 Urt. 6. 11. 1992, MDR 1993, 213.
440 Urt. 9. 11. 1995, OLGR 1996, 41.

gen, wird im Fachhandel nicht alle Zweifel hinsichtlich der Qualität des Fahrzeugs ausräumen können. Es bleibt der Unsicherheitsfaktor, ob der Pkw nach der Lackierung wieder ordnungsgemäß zusammengebaut worden ist . . . Verkauft der Kläger das Fahrzeug dagegen im privaten Direktgeschäft . . . (sähe er sich) in der unangenehmen Lage, den Verdacht einer Unfallbeteiligung des Fahrzeugs – gegebenenfalls auch in einem Prozess – ausräumen zu müssen. Um dem vorzubeugen, wird er schon bei den Verkaufsgesprächen auf die Werkstattlackierung hinweisen. Der Senat hegt keinen Zweifel, dass sowohl der Händler als auch der private Käufer diese Information zum Anlass nehmen werden, eine Reduzierung des an sich angemessenen Kaufpreises durchzusetzen. Die absehbare Schmälerung des im Falle des Weiterverkaufs an sich erzielbaren Erlöses muss der Kläger als Käufer eines fabrikneuen Fahrzeugs aber nicht hinnehmen."

Diese auf fundierten gutachterlichen Feststellungen beruhende Urteilsbegründung überzeugt, weil sie die Lebenswirklichkeit zutreffend einbezieht. Ein komplett in der Werkstatt nachlackiertes Neufahrzeug erfährt im Geschäftsverkehr eben nicht die gleiche Wertschätzung wie ein Fahrzeug mit Original-Werkslackierung.

710 Von einer Unmöglichkeit der Fehlerbeseitigung ist nach Meinung des LG Lahn-Gießen[441] auszugehen, wenn **Unterrostungen** durch eine Ganzlackierung nicht endgültig gestoppt und beseitigt werden können. Eine wertminderungsfreie Beseitigung der Mängel erfordert, dass fehlerhafte Normteile durch neue ersetzt werden und die Instandsetzung entweder im Herstellerwerk oder durch fachkundige Monteure des Vertragshändlers unter Beachtung der Herstellerrichtlinien erfolgt. Die fehlende „**fabrikneue Eigenschaft**" eines Fahrzeugs lässt sich in der Regel durch Instandsetzungsmaßnahmen nicht wiederherstellen.[442] Da der Händler beim Verkauf eines Neufahrzeugs die Fabrikneuheit konkludent zusichert,[443] braucht sich der Käufer auf nachträgliche Instandsetzungsmaßnahmen zur Beseitigung von Lagermängeln und Beschädigungen und auf Umrüstungsmaßnahmen zur Herstellung der Modellaktualität (bei Modelländerung) nicht einzulassen.

Unmöglich ist die Beseitigung einer **merkantilen Wertminderung,** die einem Fahrzeug mit einem reparierten Vorschaden auf Dauer anhaftet.[444] Nach den von der Rechtsprechung im Schadensrecht entwickelten Grundsätzen sind Schäden als erheblich anzusehen, die ein Fahrzeug zum Unfallwagen machen, namentlich solche an tragenden Fahrzeugteilen. Nicht erheblich sind **Bagatellschäden.** Das sind meist kleinere Verbeulungen und Lackschäden an nichttragenden Karosserieteilen, die mit geringem Kostenaufwand und ohne Verbleib einer technischen oder merkantilen Wertminderung behoben werden können.[445] Bei minimaler Beschädigung des Neuwagens kann der Käufer die Nachbesserung zwar nicht ausschlagen, aber verlangen, dass die Instandsetzung durch fachkundige Monteure und nicht mit unzulänglichen Mitteln vorgenommen wird.[446] **Schäden unbekannten Ausmaßes,** die außerhalb des Herstellerwerks in Stand gesetzt worden sind, braucht der Käufer nicht nachbessern zu lassen,[447] da er ein Neufahrzeug in dem Zustand erwerben will, in dem es das Herstellerwerk verlässt, und Wert auf ein Fahrzeug legt, das keine **unbekannte Vorgeschichte** hat. Es macht einen vermögenswerten Unterschied aus, ob man einen nagelneuen oder einen nicht unerheblich reparierten Kraftwagen sein Eigen nennt.[448] Ein unfallfreies Fahrzeug erfährt nach allgemeiner Verkehrsanschauung eine besondere Wertschätzung, und es besteht ein erhebli-

---

441 Urt. 16. 2. 1978 – 3 O 290/77 – n. v.
442 OLG Hamm 31. 3. 1983, BB 1983, 531.
443 BGH 6. 2. 1980, NJW 1980, 1097; 18. 6. 1980, DB 1980, 1836, sowie Rn 853.
444 BGH 18. 6. 1980, DB 1980, 1836; 27. 9. 1967, BB 1967, 1268, 1269.
445 BGH 20. 3. 1967, NJW 1967, 1222; 3. 3. 1982, NJW 1982, 1386; 3. 12. 1986, NJW-RR 1987, 436.
446 LG Bonn 29. 5. 1964 – 11 W 6/64 – n. v.
447 LG Köln Urt. 4. 7. 1979 – 9 S 361/78 – n. v; a. A. zuvor LG Köln Urt. 3. 5. 1978 – 9 S 399/77 – n. v., das dem Käufer eines vor Auslieferung erheblich vorbeschädigten Fahrzeugs (Rahmenschaden) das Recht auf Wandlung versagte und ihn auf das vertraglich vereinbarte Nachbesserungsrecht verwies.
448 BGH Urt. 4. 3. 1976, DAR 1976, 183.

cher Preisunterschied zwischen einem solchen Auto einerseits und einem nicht unerheblich reparierten Fahrzeug andererseits.

d) Unzumutbarkeit der Nachbesserung

Auf die gesetzlichen Gewährleistungsansprüche kann der Käufer nicht nur zurückgreifen, wenn die Fehlerbeseitigung objektiv unmöglich ist, sondern auch und vor allem dann, wenn es dem Händler nicht gelingt, einen an sich behebbaren Mangel innerhalb zumutbarer Fristen zu beseitigen.[449] Ohne Bedeutung ist dabei, ob das **Misslingen der Nachbesserung** auf **Herstellungsmängeln** oder auf einem **Unvermögen** des Händlers beruht,[450] denn in beiden Fällen hat der Händler nach Gewährleistungsrecht für die fehlgeschlagene Nachbesserung einzustehen.[451]

711

Unzumutbarkeit ist ein dehnbarer Begriff. Maßgebend für die Beurteilung sind die Umstände des Einzelfalls unter Berücksichtigung der Grundsätze von Treu und Glauben.[452]

Im Rahmen der **Abwägung** der **beiderseitigen Interessen** kommt es in erster Linie auf **Art** und **Schwere des Mangels** an.[453] Es macht einen Unterschied, ob sich ein Fehler nur mehr oder weniger störend auswirkt, ob er zu einer Wertminderung führt oder ob er die Gebrauchstauglichkeit und die Verkehrssicherheit beeinträchtigt.[454] Treten innerhalb der Gewährleistungsfrist mehrere Mängel auf, so ist jeder nicht beseitigte Mangel auf Art, Schwere und Auwirkungen zu überprüfen und zusätzlich eine **Gesamtschau aller Mängel** vorzunehmen, wobei auch die bereits beseitigten zu berücksichtigen sind.[455] Die Zumutbarkeitsgrenze ist weiter zu ziehen, wenn die vom Käufer beanstandeten Mängel zwar erheblich im Rechtssinn, nicht aber von erheblicher Bedeutung sind.[456]

Bei der **Fehlerqualität** fällt ins Gewicht, ob die **Ursache** mühelos oder nur sehr schwer zu finden ist.[457] Lässt sich die Ursache eines Mangels nur mit großem Aufwand oder nicht eindeutig ermitteln, ist dieser Umstand zu Gunsten des Händlers zu berücksichtigen, wenn der Mangel nur stört und nur den Wert der Kaufsache mindert. Beeinträchtigt der Fehler die **Gebrauchstauglichkeit** oder die **Verkehrssicherheit** des Fahrzeugs, haben die Interessen des Käufers Vorrang. Ihm ist nicht zuzumuten, dass an seinem Auto mehrmals oder längere Zeit „herumexperimentiert" wird. Bei der Ermessensentscheiung zur Frage der Zumutbarkeit/Unzumutbarkeit sind **Anzahl und Dauer** der **Werkstattaufenthalte**[458] ebenso von Bedeutung wie die Frage, welche **Mühe und Sorgfalt** der Händler bei der Fehlersuche und dem Versuch der Beseitigung aufgewendet hat. Zu seinen Ungunsten kann sich auswirken, dass er oder von ihm eingeschaltete Kundendienstmitarbeiter des Herstellers/Importeurs, deren Handeln er sich zurechnen lassen muss, berechtigte **Beanstandungen** des Käufers **verharmlosen, bagatellisieren** oder **als normal hinstellen**.[459] Eine gewisse **Zurückhaltung des Verkäufers** mit zunehmendem Zeitablauf gegenüber Reklamationen des Käufers ist nachvoll-

---

449 LG Bonn 22. 9. 1977 – 8 O 159/77 – n. v.
450 LG Köln 5. 9. 1989 – 3 O 91/88 – n. v.
451 OLG Hamm 24. 11. 1975, DAR 1976, 299.
452 BGH 17. 12. 1959, NJW 1960, 667, 669, mit Anm. v. *Mauss;* 21. 2. 1990, WM 1990, 886; 29. 10. 1997, EBE 1998, 10; *Schlosser/Coester-Waltjen/Graba,* § 11 Nr. 10 Rn 44 und 15 ff.; *Löwe/Graf von Westphalen/Trinkner,* § 11 Nr. 10b Rn 10; *Staudinger/Coester-Waltjen,* § 11 Nr. 10 AGBG Rn 48.
453 LG Nürnberg-Fürth 18. 1. 1982 – 11 O 4408/81 – n. v.; *Ulmer/Brandner/Hensen,* § 11 Nr. 10b Rn 40; *Löwe/Graf von Westphalen/Trinkner,* § 11 Nr. 10b Rn 10.
454 LG Köln 2. 9. 1988 – 14 O 309/87 – n. v.
455 OLG Celle 8. 1. 1998, OLGR 1998, 221.
456 KG 18. 1. 1989 – 3 U 3141/88 – n. v.; *Creutzig,* Recht des Autokaufs, Rn 7.4.5.2.
457 LG Köln 2. 9. 1988 – 14 O 309/87 – n. v.
458 OLG Hamburg 14. 10. 1980, VersR 1981, 138; 30. 9. 1982, VersR 1983, 741.
459 OLG Köln 2. 9. 1988 – 14 O 309/87 – n. v.

ziehbar und ohne Auswirkung auf die Zumutbarkeitsschwelle, wenn der Käufer kleinste Fehler, wie z. B. das Scheibenwischerblatt und die Beschichtung sowie den Blickwinkel des Außenspiegels, beanstandet und teilweise nicht verifizierbare Rügen vorgebracht hat.[460] Auch die sonstigen **Begleitumstände** sind bei der Zumutbarkeitsprüfung zu berücksichtigen. Im Rahmen der Abwägung kann es durchaus eine Rolle spielen, ob der Verkäufer, ohne hierzu rechtlich verpflichtet zu sein, dem Käufer während der Zeit der Reparatur ein **Ersatzfahrzeug** kostenlos zur Verfügung gestellt oder ob er nicht ordnungsgemäß arbeitende Teile großzügig ausgetauscht hat.[461]

712 Damit das Gericht die Unzumutbarkeit feststellen kann, müssen die hierfür relevanten Tatsachen **substantiiert** dargelegt werden. Die pauschale Behauptung, ein Fahrzeug sei wegen der Mängel mehrfach in der Werkstatt gewesen, reicht dann aus, wenn der Verkäufer nicht bestreitet.[462] Ansonsten muss der Käufer wegen eines jeden Mangels im Einzelnen vortragen, wann er ihn geltend gemacht und wann der Händler mit welchem Erfolg die Nachbesserung versucht hat. Nur ein solch spezifiziertes Vorbringen erlaubt dem Händler eine sachgerechte Klageerwiderung und verschafft dem Gericht die Beurteilungsmöglichkeit, ob weitere Nachbesserungsversuche unzumutbar sind.[463]

Angesichts der vielgestaltigen Einzelumstände lässt sich die Anzahl der Nachbesserungsversuche nicht schematisch festlegen.[464] Als **Faustregel** gilt, dass der Käufer dem Verkäufer eines neuen Pkw bei nicht unerheblichen Mängeln in der Regel **zwei** Nachbesserungsversuche ermöglichen muss.[465]

Eine **Klausel,** die dem Verkäufer **drei Nachbesserungsversuche** zubilligt, verstößt auch im kaufmännischen Geschäftsverkehr gegen §§ 9 Abs. 1, Abs. 2 Nr. 1, 11 Nr. 10b AGB-Gesetz, weil sie den Käufer entgegen den Geboten von Treu und Glauben unangemessen benachteiligt.[466]

713 Falls die **Vertrauensgrundlage** entfallen ist, steht dem Käufer ausnahmsweise sogleich der Anspruch auf Wandlung oder Minderung zur Seite, und er braucht dem Händler keine Gelegenheit zur Fehlerbeseitigung einzuräumen.[467] Die Vertrauensgrundlage kann durch **schuldhafte Verletzung von Nebenpflichten** erschüttert sein, wie z. B. durch die eigenmächtige Vornahme von werkseitig nicht vorgesehenen Veränderungen an einem auszuliefernden Fahrzeug.[468]

Auf eine Nachbesserung braucht sich der Käufer nicht einzulassen, wenn das gelieferte Fahrzeug ein ganzes **Mängelpaket** (Zitronenauto) und nicht nur die Summe ganz geringfügiger Fehler aufweist.[469] **Beispiel:**[470] Wasser im Kofferraum, mahlende Geräusche an der

---

460 OLG Celle 8. 1. 1998, OLGR 1999, 221.
461 LG Köln 1. 3. 1979 – 2 O 524/77 – n. v.
462 LG Köln 31. 5. 1990 – 2 O 628/89 – n. v.
463 LG Köln, Urt. 14. 7. 1987 – 10 O 420/86 – n. v.
464 BGH 29. 10. 1997, EBE 1998, 10.
465 BGH 29. 10. 1975, NJW 1976, 234, 235; OLG Nürnberg 13. 5. 1983, BB 1983, 212; OLG Stuttgart 24. 2. 1983 – 7 U 248/82 – n. v., Rostmängel; OLG Hamm 25. 4. 1985, DAR 1985, 380; LG Mannheim 29. 6. 1978 – 11 O 158/78 – n. v.; OLG Köln 1. 2. 1993, OLGR 1993, 130; OLG Koblenz 5. 3. 1992, DAR 1993, 348; OLG Celle 8. 1. 1998, OLGR 1998, 221; *Löwe/Graf von Westphalen/Trinkner*, § 11 Nr. 10b Rn 9; *Creutzig*, Recht des Autokaufs, Rn 7.4.5.2; *Thielmann*, Festschrift für Lübtow, 719 Fn. 52 will grundsätzlich nur einen Versuch zulassen.
466 BGH 29. 10. 1997, EBE 1998, 10; LG Offenburg 8. 4. 1997, NJW-RR 1997, 1421; AG Mannheim 24. 5. 1996, NJW-RR 1997, 560.
467 *Ulmer/Brandner/Hensen*, § 11 Nr. 10b Rn 45; *Soergel/Stein*, § 11 AGBG Nr. 111.
468 BGH 19. 10. 1977, DAR 1978, 46.
469 *Ulmer/Brandner/Hensen*, § 11 Nr. 10b Rn 45.
470 OLG Köln 16. 1. 1992, NJW-RR 1992, 1147.

Die gesetzlichen Gewährleistungsansprüche Rn 714

Vorderachse, defekte Scheinwerfer, allmählich erblindende Außenspiegel sowie – nach einem Werkstattaufenthalt – zusätzliche Kratzer im Lack eines Importautos im Wert von 25 000 DM.

Ein **sofortiges Wandlungsrecht** gestand auch das OLG Saarbrücken[471] einem Käufer zu, dessen Fahrzeug Rostschäden aufwies, die nur durch umfangreiche Arbeiten und eine weit gehende Nachlackierung behoben werden konnten.

Dem Verkäufer ist die Berufung auf das in seinen AGB enthaltene **Nachbesserungsrecht** nach **Treu und Glauben versagt,** wenn er
– eine Nachbesserung nur vortäuscht,
– die „Übertünchung" eines Sachmangels statt dessen Beseitigung betreibt, indem er an Stelle der vom Hersteller vorgesehenen Mängelbeseitigungsmaßnahmen lediglich Einstellarbeiten vornimmt,[472]
– beim ersten Nachbesserungsversuch oberflächlich und unsachgemäß vorgeht, indem er bei gerügtem Wassereintritt eine Dichtigkeitskontrolle durch Abspritzen des Wagens unterlässt und bei der unsachgemäßen Trocknung des Wagens weitere Schäden verursacht,[473]
– eindeutig Pfuscharbeit leistet,
– vorhandene Mängel bagatellisiert,[474] indem er sie z. B. als „Peanuts" abtut.[475]

Bei **gravierenden Mängeln,** die die Substanz des Fahrzeugs angreifen, wie z. B. Wasserdurchlässigkeit der Karosserie, Lackmängel und Rostschäden, hat der Händler besondere Sorgfalt walten zu lassen.[476] Da – außer vielleicht bei Wasserdurchlässigkeit – die Fehler und ihre Ursachen auf der Hand liegen, ist vom Händler zu verlangen, dass solche Mängel im Zuge **einer** Nachbesserung ordnungsgemäß und dauerhaft von ihm abgestellt werden.[477] Hierzu das LG Mannheim[478] wörtlich: **714**

> „Nachdem bereits bei Auslieferung des Fahrzeugs Roststellen vorhanden waren, die bei der 1000-km-Inspektion ausgebessert wurden, jedoch auch große Roststellen entstanden sind, ist den Klägern ein weiterer Nachbesserungsversuch nicht zumutbar, denn der Käufer eines fabrikneuen Wagens muss nicht damit rechnen, das Fahrzeug immer wieder in die Werkstatt geben zu müssen, um nach langer Zeit in den Genuss des Fahrzeugzustandes zu kommen, der nach dem Kaufvertrag von Anfang an hätte vorhanden sein müssen."[479]

Undichtigkeiten der Karosserie stellen bei einem Neufahrzeug immer einen erheblichen Fehler dar, auch wenn sich die Ursachen mit verhältnismäßig **geringem Kostenaufwand** beseitigen lassen.[480] Ein Fahrzeug, in das Wasser eindringt, kann weder in einer Waschanlage gewaschen noch bei starkem Regen benutzt werden. Seine Gebrauchstauglichkeit ist erheb-

---

471 Urt. 6. 11. 1992, MDR 1993, 213.
472 OLG Köln 13. 1. 1995, VersR 1995, 420.
473 LG Freiburg, Urt. 20. 3. 1974 – 6 O 191/72 – n. v., zit. bei *Creutzig,* Recht des Autokaufs, Rn 7.4.5.2.
474 *Ulmer/Brandner/Hensen,* § 11 Nr. 10b Rn 39; *Kötz,* MünchKomm, § 11 AGBG Rn 163, 164.
475 Saarländiches OLG 29. 6. 1999, ZfS 1999, 518.
476 LG Düsseldorf 30. 5. 1975 – 13 O 172/78 – n. v.
477 OLG Karlsruhe 22. 12. 1976, DAR 1977, 323; zustimmend *Ulmer/Brandner/Hensen,* § 11 Nr. 10b Rn 40.
478 Urt. 29. 6. 1978 – 11 O 158/78 – n. v.
479 Ebenso OLG Nürnberg-Fürth 18. 1. 1982 – 11 O 4408/81 – n. v.; OLG Karlsruhe 22. 12. 1976, DAR 1977, 323; OLG Stuttgart 24. 2. 1983 – 7 U 248/82 – n. v. – zwei Nachbesserungsversuche bei Rost; offen gelassen wurde, ob ein Nachbesserungsversuch ausreichend gewesen wäre –; OLG Hamm 24. 11. 1975, DAR 1976, 299 und LG Bonn 22. 9. 1977 – 8 O 159/77 – n. v., jeweils zwei Versuche.
480 OLG Köln 16. 10. 1986 – 12 U 71/86 – n. v. – Beseitigungsaufwand 120–150 DM –; OLG Celle 24. 11. 1995, OLGR 1996, 100.

lich eingeschränkt, wenn durch eindringende Feuchtigkeit Scheiben und Brillengläser beschlagen. Undichte Stellen sind, wie die Erfahrung lehrt, oftmals außerordentlich schwer zu lokalisieren, und nicht immer verfügen Händler über die zur Fehlersuche notwendige Geräteausstattung. Weil die Schwierigkeiten bekannt sind, kann dem Käufer ein zweiter Reparaturversuch nicht zugemutet werden,[481] wenn der erste mit unzureichenden Mitteln ausgeführt wurde. Im Zweifel muss der Händler den Hersteller hinzuziehen und ihm notfalls das Fahrzeug zur Auffindung und Behebung der Fehlerursache überlassen. Gesteigerte Sorgfalt des Händlers ist geboten, da die Substanz des Fahrzeugs infolge Durchfeuchtung (**sich weiterfressender Schaden**) außerordentlich stark angegriffen wird und zur **Verkürzung der Lebensdauer** führende Spätfolgen meistens erst nach Ablauf der Gewährleistungsfrist auftreten.[482] Den vergeblichen Abdichtungsversuch einer ursprünglich trüben und deshalb schon vorher vom Händler ausgetauschten Windschutzscheibe bewertete das OLG Köln[483] als zweite Nachbesserung des ursprünglichen Mangels. Es mutete dem Käufer keine dritte Nachbesserung zu, wobei als erschwerend zu Lasten des Händlers ins Gewicht fiel, dass er den Mangel bei der ersten Instandsetzungsmaßnahme verursacht hatte und ihn folglich beim zweiten Versuch besondere Sorgfaltspflichten trafen.

715 Wegen möglicher **Spätfolgen** in Form von Rostschäden soll nach Meinung des LG Trier[484] dem Käufer bei einer an Treu und Glauben orientierten Betrachtungsweise ermöglicht werden, sich vom Vertrag zu lösen, wenn die Nachbesserung auch nur **ein einziges Mal erfolglos** versucht wurde. Den Einwand des Händlers, der klagende Käufer habe den Ort des Wassereintritts falsch geschildert, verwarf das Gericht mit der Begründung, er sei als Inhaber einer Fachfirma verpflichtet, die Ursachen des gerügten Mangels zu erforschen. Falls Feuchtigkeit nur tropfenweise auf der Fahrerseite eindringt und weder die Substanz des Fahrzeugs angegriffen wird noch Folgeschäden zu befürchten sind, liegt nach Meinung des LG Köln[485] Wandlungsreife vor, wenn der Käufer dem Verkäufer drei Mal die Möglichkeit zur Nachbesserung eingeräumt und sich der Verkäufer erfolglos um die Beseitigung des Mangels bemüht hat. Zu Ungunsten des Händlers fiel in diesem Fall erschwerend ins Gewicht, dass er bereits 5 Nachbesserungsversuche benötigt hatte, um eine vorhandene Undichtigkeit der Beifahrertür zu beseitigen.

Ein sehr **strenger Maßstab** an die Sorgfaltspflicht des Händlers ist anzulegen, wenn die Mängel die **Verkehrs- und Betriebssicherheit** des Fahrzeugs beeinträchtigen und Leben und Gesundheit der Insassen gefährden. Dies folgt zwingend aus der Abwägung der Rechtsgüter. Das OLG Düsseldorf[486] gab der Wandlungsklage eines Käufers statt, dessen mit einem Bremsendefekt behaftetes Fahrzeug einen Unfall erlitt. Den Beweis, dass der Unfall nicht auf dem Fehler des Bremssystems beruhte, konnte der Händler nicht führen. Er hatte auf Beanstandungen des Käufers das Fahrzeug zwei Mal untersucht, dabei jedoch den schwer lokalisierbaren Mangel nicht erkannt, weil dieser nur sporadisch in Form von Bremsunregelmäßigkeiten auftrat.

716 Auf einen zweiten Versuch zur Mängelbeseitigung muss es der Käufer nach einem bereits bei der ersten Nachbesserung vollzogenen **Austausch von Teilen** nicht ankommen lassen, wenn hinreichender Grund zu der Annahme besteht, dass auch das erneute Auswechseln nicht zu einer dauerhaften Lösung führt.[487] Es besteht eine der Ersatzlieferung vergleichbare Situation, bei der von einem Fehlschlagen regelmäßig auszugehen ist, wenn die erste als

---

481 Ebenso *Ulmer/Brandner/Hensen*, § 11 Nr. 10b Rn 39 f.
482 OLG Celle 24. 11. 1995, OLGR 1996, 100; LG Köln 20. 2. 1986 – 2 O 372/85 – n. v.
483 20. 5. 1987, NJW 1987, 2520.
484 Urt. 1. 2. 1985 – 4 O 215/84 – n. v.
485 Urt. 5. 9. 1989 – 3 O 91/88 – n. v.
486 Urt. 25. 4. 1980 – 14 U 5/80 – n. v.
487 OLG Hamm 24. 9. 1969, MDR 1970, 231; *Creutzig*, Recht des Autokaufs, Rn 7.4.5.3.

Die gesetzlichen Gewährleistungsansprüche

Ersatz gelieferte Sache wiederum Mängel aufweist.[488] Unter diesen Umständen schwindet das Vertrauen des Käufers in die vertragsgemäße Beschaffenheit der Gattungssache.[489]

Bei **funktionellen Mängeln,** deren Ursache schwer zu finden ist und durch die die Gebrauchstauglichkeit des Fahrzeugs nicht völlig aufgehoben oder erheblich eingeschränkt wird, sind dem Verkäufer unter Umständen **mehr als zwei** Nachbesserungsversuche zuzubilligen.[490]

Ein **dritter Versuch** ist dem Käufer nicht zuzumuten, wenn es dem Verkäufer eines Motorrads bei zwei Reparaturversuchen nicht gelungen ist, Undichtigkeiten des Motors, die Ölverlust verursachen, zu beseitigen, obwohl die Ursache einfach zu finden und zu beheben war.[491] Der Umstand, dass die beiden Reparaturversuche an verschiedenen Stellen des Motors durchgeführt wurden, ändert nichts am Ergebnis.

Einen dritten Versuch versagte das OLG Köln[492] einem Händler, der behauptete, er habe mit dem Käufer eine Abrede dahin gehend getroffen, das Fahrzeug bei einem erneuten Auftreten des Mangels dem Werksinspektor vorzuführen. Das Gericht bewertete die behauptete Vereinbarung nicht als **vorläufigen Verzicht** des Käufers auf sein Wandlungsrecht.[493] Eine aus § 242 BGB abzuleitende Bindung des Käufers aus der Abrede hatte sich der Verkäufer durch sein Prozessverhalten „verscherzt", indem er einerseits nach Vorlage des Beweisgutachtens Nachbesserungsbereitschaft erklärt, diese aber davon abhängig gemacht hatte, dass zuvor der Käufer nicht nur den Beweis für das bereits vorprozessual behauptete Auftreten von Geräuschen, sondern auch für deren Ursachen erbringen sollte.

Obwohl der Verkäufer bereits drei Mal vergeblich nachgebessert hatte, war für das LG Duisburg[494] die Grenze des Zumutbaren nicht erreicht, weil es die vom Käufer gerügte träge Beschleunigung des Fahrzeugs, die der Sachverständige nicht als technischen Mangel eingestuft und zu deren Behebung sich der Verkäufer bereit erklärt hatte, als Bagatelle ansah und bezüglich eines weiteren Mangels, der in einem vom Verkäufer zunächst bestrittenen fehlerhaften Kaltstartverhalten des Motors bestand, die Ansicht vertrat, der Käufer habe dem Verkäufer noch nicht hinreichend Gelegenheit zur Nachbesserung eingeräumt.

Auf einen **vierten Versuch** zur Mängelbeseitigung muss sich nach Meinung des LG Köln[495] ein Käufer nicht mehr einlassen, an dessen Fahrzeug das Blinkrelais infolge eines nicht isolierten Kabelstücks und dadurch verursachte Kurzschlüsse wiederholt ausgefallen war. Der vom Gericht beauftragte Gutachter behob den Defekt mit wenigen Handgriffen. Eine andere Kammer des LG Köln sah die Grenze der Zumutbarkeit nach sieben erfolglosen Instandsetzungsversuchen als noch nicht erreicht an, obschon der Gutachter weder die Ursache des auffälligen Mangels (gelegentliches Aussetzen des Anlassers) herausfinden noch den Umfang der zur Beseitigung erforderlichen Arbeiten klären konnte.[496] Auch dem vor Einleitung des Prozessverfahrens vom Händler eingeschalteten Ingenieur des Herstellerwerks war dies nicht gelungen. Der Kläger stand den weiteren Nachbesserungsversuchen auf Grund der Vorgeschichte aus gutem Grund skeptisch gegenüber und mußte zu Recht befürchten, dass

---

488 OLG Hamburg 28. 2. 1974, MDR 1974, 577, 578.
489 *Ulmer/Brandner/Hensen,* § 11 Nr. 10b Rn 46; *Löwe/Graf von Westphalen/Trinkner,* § 11 Nr. 10b Rn 14 m. w. N.
490 *Ulmer/Brandner/Hensen,* § 11 Nr. 10b Rn 40; *Palandt/Heinrichs,* § 11 AGBG, Rn 57; OLG Karlsruhe 22. 12. 1976, DAR 1977, 323; OLG München 26. 6. 1981 – 19 U 4088/80 – n. v., Kinderkrankheiten entschuldigen nicht.
491 OLG Hamm 19. 10. 1994, ZfS 1995, 33.
492 Urt. 1. 2. 1993, OLGR 1993, 130.
493 Ebenso OLG Köln 9. 10. 1992, OLGR 1993, 1.
494 Urt. 3. 3. 1993 – 3 O 133/92 – n. v.
495 Urt. 8. 11. 1979 – 75 O 432/77 – n. v.
496 LG Köln 1. 3. 1979 – 2 O 524/77 – n. v.

auch künftige Mängelbeseitigungsmaßnahmen nicht zum Erfolg führen würden. Gleichwohl erkannte die Kammer nach Abwägung aller Umstände, die Grenze des Zumutbaren sei noch nicht überschritten, ,,wenngleich sie fast erreicht sein dürfte". Dieses Urteil fällt aus dem Rahmen und kann nicht als Maßstab für vergleichbare Fälle dienen.

719 Eine für das Fehlschlagen der Nachbesserung typische Sachverhaltskonstellation besteht darin, dass ein und derselbe Fehler oder aber mehrere stets gleiche **Fehler immer wieder auftreten** und trotz wiederholter Reparaturmaßnahmen nicht endgültig beseitigt werden können. Ebenso gut kann das Vertrauen in die Seriosität des Verkäufers durch das Auftreten einer Vielzahl kleiner immer neuer Mängel erschüttert sein.[497]

Bei dem sog. **Montagsauto** (auch Zitronenauto genannt) steht nicht die Person des Verkäufers, sondern die Güte des Produkts im Mittelpunkt der Betrachtung. Es handelt sich um Fahrzeuge, die an immer neuen abstellbaren Mängeln kranken. Kaum ist ein Fehler beseitigt, tritt der nächste auf oder es macht sich ein bereits als behoben geglaubter Fehler wieder bemerkbar. Abschn. VII, Ziff. 4 NWVB erfasst auch solche Fahrzeuge, da der Fall des Fehlschlagens der Nachbesserung wegen Unzumutbarkeit weiterer Nachbesserungsmaßnahmen weder vom Wortlaut noch vom Sinn her voraussetzt, dass die Werkstatt wegen des beanstandeten Mangels bereits einmal oder mehrfach vergeblich nachgebessert hat. Außerdem enthält die Klausel nur eine **beispielhafte Aufzählung** möglicher Fälle des Fehlschlagens, darunter auch den der Unzumutbarkeit weiterer Nachbesserungsversuche, sodass sie für weitere Fehlschlagsvarianten, wie z. B. die unberechtigte Verweigerung der Nachbesserung, Spielraum belässt, andernfalls sie vor § 11 Nr. 10b AGB-Gesetz nicht bestehen könnte.[498]

Wer ein Montagsauto sein Eigen nennt, muss mit Bangen dem Ende der Gewährleistung entgegensehen, weil er danach mit dem Auftreten weiterer Mängel rechnen muss. Der Käufer befindet sich beweismäßig in einer anfangs misslichen Lage, da er einem Montagsauto diese Eigenschaft nicht ansehen kann. Ihm hilft es daher wenig, wenn Rechtsprechung und Schrifttum unter einem Montagsauto ein Produkt verstehen, das bei seiner Herstellung nicht die erforderliche Sorgfalt erfahren hat, weshalb der Käufer das Auftreten immer neuer, auf unsachgemäße Ver- und Bearbeitung zurückzuführender Ausfälle befürchten muss.[499] Auf der Grundlage dieser – unscharfen[500] – Definition erweist sich ein Montagsauto wegen seiner auf Qualitätsmängeln beruhenden Fehleranfälligkeit als **insgesamt mangelhaft** und irreparabel, sodass, genau genommen, kein Fall der Unzumutbarkeit, sondern ein **Fall der Unmöglichkeit** der Nachbesserung vorliegt.[501] Da jedoch der Käufer regelmäßig nicht weiß, dass er ein Montagsauto mit irreparabler Fehleranfälligkeit gekauft hat, wird er nicht umhinkommen, dem Verkäufer Gelegenheit zur Nachbesserung einzuräumen. Dies führt schließlich dazu, dass das Fehlschlagen der Nachbesserung im Endeffekt doch unter dem Aspekt der Unzumutbarkeit weiterer Nachbesserungen beurteilt wird. Mit der retrospektiv gewonnenen Erkenntnis, dass es sich um ein Montagsauto handelt, ist dem Käufer ebenso wenig geholfen, wie mit der daraus abgeleiteten Feststellung, unter diesen Umständen sei eine Nachbesserung schon von ,,vornherein" unzumutbar,[502] weil das Auto als solches eine ,,Zumutung" für den Käufer darstellt.[503]

720 Als berechtigt erweist sich die Kritik, die Rechtsprechung arbeite mit dem **Schlagwort** vom **,,Montagsauto",** obwohl sie bislang nicht geklärt habe, welche Kriterien für eine solche

---

497 OLG Celle 8. 1. 1998, OLGR 1998, 221.
498 Dazu AK Rn 697.
499 OLG Frankfurt 2. 10. 1989, NZV 1990, 70; OLG Köln 16. 1. 1992, NJW-RR 1992, 1147; OLG Düsseldorf 12. 9. 1997, NJW-RR 1998, 846.
500 *Lempp,* Der Verkehrsjurist des ACE 4/1996, 1 ff., 4.
501 *Lempp,* Der Verkehrsjurist des ACE 4/1996, 1 ff., 4.
502 OLG Köln Urt. 1. 2. 1993, OLGR 1993, 130.
503 *Ulmer/Brandner/Hensen,* § 11 Nr. 10b Rn 45.

Die gesetzlichen Gewährleistungsansprüche Rn 721

Kategorisierung maßgeblich sind und wer am Ende darüber zu befinden hat, das Gericht oder der Kfz-Sachverständige.[504] Schlechte Verarbeitungsqualität, Fehleranfälligkeit und unsichere Zukunftsprognose sind die maßgeblichen Gesichtspunkte, die das Bild vom Montagsauto prägen. Diese **Kriterien** sind zu **unscharf** für eine Definition im Sinne einer technisch und rechtlich verwendbaren Arbeitsgrundlage, derer es allerdings bedarf, da sich der Fall des Montagsautos über die Variante des Fehlschlags wegen „Unzumutbarkeit weiterer Nachbesserungsversuche" nur unbefriedigend lösen lässt.

Die von Rechtsprechung praktizierte Faustformel, die besagt, dass dem Käufer beim wiederholten Auftreten des gleichen Fehlers normalerweise zwei Nachbesserungsversuche zuzumuten sind, ist auf das Montagsauto, bei dem sich immer neue Fehler bemerkbar machen, nicht übertragbar. Aus diesem Grund ist bei einem Montagsauto im Rahmen der Zumutbarkeitsprüfung das Augenmerk nicht so sehr auf die Zahl der normalerweise zumutbaren Nachbesserungsversuche zu richten, als vielmehr darauf, welche **Fehlerhäufigkeit** dem Käufer eines Neufahrzeugs zugemutet werden kann. Eine zahlenmäßige Eingrenzung der hinzunehmenden Fehler, wie sie in den USA praktiziert wird, wäre zu wünschen,[505] da sie zur Rechtssicherheit beitragen und den Begriff „Montagsauto" schärfer konturieren würde.

Das OLG Frankfurt[506] hat, ohne sich allerdings zahlenmäßig auf die hinnehmbare Fehlerzahl bei einem Neuwagen festzulegen, zum Thema Montagsauto entschieden, dass weitere Maßnahmen der Fehlerbeseitigung für den Käufer bereits dann unzumutbar sein können, wenn zwar jeder Fehler für sich genommen mangels Erheblichkeit noch nicht zur Wandlung berechtigen würde, jedoch die unterschiedlichen Fehler innerhalb **„kürzester Frist"** aufgetreten sind. In die gleiche Denkrichtung zielt ein Urteil des LG Köln,[507] das bei Vorliegen eines ganzen Mängelpakets nicht so sehr auf die Art und Schwere der einzelnen Mängel, als vielmehr darauf abgestellt hat, ob dem Käufer nach den gesamten Umständen die erneute Überlassung des Fahrzeugs an die Werkstatt zur Mängelbehebung noch zugemutet werden kann.

Trotz einer beachtlichen Zahl überwiegend neu aufgetretener Fahrzeugmängel – wie auslaufendes Öl aus der Hydraulik an der Heckklappe, defekte Elektronik des Schiebedachs, Loch in der Dämmung der Motorhaube, fehlende Grundierung der Heckklappe, loser Griff an der Innenseite der Heckklappe, gelöster Griff an der Beifahrertür, abplatzender Lack an diversen Stellen, defektes Außenthermometer – versagte das OLG Düsseldorf[508] dem Käufer eines Vorführwagens mit NWVB-Restlaufgewährleistung das Wandlungsrecht, weil es nicht feststellen konnte, dass die Mängel auf minderwertiger Produktion und nicht auf Verschleiß oder unsachgemäßer Behandlung beruhten. In der Entscheidung hat das Gericht übersehen, dass die Gewährleistungsklausel im Sinne einer Haltbarkeitsgarantie zu verstehen ist, sodass alle innerhalb der Gewährleistungsfrist auftretenden Mängel unter die Gewährleistung fallen, wenn nicht der insoweit beweispflichtige Verkäufer nachweist, dass die Fehler auf Verschleiß oder unsachgemäßer Behandlung beruhen. Das Auftreten zahlreicher Mängel innerhalb der Gewährleistungsfrist indiziert eine schlechte Verarbeitung. Es kann somit nicht die Aufgabe des Käufers sein, die minderwertige Produktion des Fahrzeugs als Ursache der Fehlerhäufigkeit und Fehleranfälligkeit des Fahrzeugs gesondert beweisen zu müssen.

721

Es gibt **Mischfälle,** in denen nachgebesserte Fehler erneut auftreten und neue Fehler hinzukommen, die abgestellt werden können. Das LG Hildesheim[509] mutete dem Käufer eines Neuwagens einen zweiten Nachbesserungsversuch wegen eines erneuten Getriebedefektes nicht mehr zu, weil nach der ersten vergeblichen Getriebereparatur Defekte am

---

504 *Lempp,* Der Verkehrsjurist des ACE 4/1996, 1 ff., 4.
505 *Lempp,* Der Verkehrsjurist des ACE 4/1996, 1 ff., 4.
506 OLG Frankfurt 2. 10. 1989, NZV 1990, 70.
507 Urt. 16. 12. 1987 – 23 O 218/87 – n. v.
508 Urt. 12. 9. 1997, NJW-RR 1998, 843.
509 Urt. 9. 2. 1990 – 2 O 464/89 – n. v.

Nebelscheinwerfer, an der Motorhaubenverriegelung und am Sensor der Zündung als weitere Gewährleistungsmängel neu aufgetreten waren. Zu dem gleichen Ergebnis gelangte das OLG Koblenz.[510] Es hatte über das Schicksal eines Montagsautos zu befinden, das eine Vielzahl behobener Gewährleistungsmängel aufwies und an dem ein weiterer wesentlicher Mangel hinzugetreten war, den der Verkäufer nicht kurzfristig beseitigen konnte, da es für ihn schwierig war, das benötigte Ersatzteil zu besorgen.

4. Fristsetzung mit Ablehnungsandrohung

722 Wenn ein Käufer unter den geschilderten Voraussetzungen entschlossen ist, seine Ansprüche auf Wandlung oder Minderung durchzusetzen, steht er vor der Frage, ob er dem Verkäufer zuvor eine Frist zur letztmaligen Nachbesserung evtl. in der qualifizierten Form des § 326 oder des § 634 Abs. 1 BGB setzen muss.

Früher machte die Rechtsprechung das Wiederaufleben der gesetzlichen Gewährleistungsansprüche schlechthin von vorhergehender Fristsetzung mit Ablehnungsandrohung abhängig.[511] Seit Inkrafttreten des AGB-Gesetzes ist eine analoge Anwendung der §§ 634 Abs. 1, 326 BGB nicht mehr erforderlich, da § 11 Nr. 10b AGB-Gesetz als Spezialnorm vorgeht.[512] Danach versteht es sich von selbst, dass der Käufer von den gesetzlichen Gewährleistungsansprüchen dann erst Gebrauch machen kann, wenn er dem Verkäufer **hinreichend Gelegenheit** zur Nachbesserung oder Ersatzlieferung eingeräumt hat.[513] Damit entfällt die Warnfunktion der §§ 326, 634 Abs. 1 BGB und die Möglichkeit des Käufers zur schikanösen Geltendmachung der Gewährleistungsansprüche. Es handelt sich um eine von vornherein getroffene Regelung über die Art und Weise der Abwicklung für den Fall mangelhafter Lieferung mit Gewährleistungscharakter. Sobald feststeht, dass die Nachbesserung fehlgeschlagen ist, hat der Käufer sogleich das Wahlrecht zwischen Wandlung und Minderung, ohne dass er weitere Voraussetzungen zu erfüllen hätte.[514]

723 Geteilt sind die Meinungen zu der Frage, ob eine Nachfristsetzung mit Ablehnungsandrohung entbehrlich ist, wenn sich der in Anspruch genommene Betrieb mit der Nachbesserung in **Verzug** befindet. Während es beachtliche Stimmen gibt, die für eine Fortschreibung der früheren BGH-Judikatur[515] eintreten und in Analogie zu § 634 Abs. 1 S. 1 BGB eine Nachfristsetzung mit Ablehnungsandrohung verlangen,[516] ist nach der Gegenmeinung – jedenfalls im nichtkaufmännischen Verkehr – von einem Fehlschlagen der Nachbesserung auszugehen, wenn der Verkäufer die Nachbesserung nicht innerhalb angemessener Frist nach Aufforderung durch den Käufer in Angriff genommen hat.[517] Eine **Fristsetzung mit Ablehnungsandrohung** ist, gleich welcher Auffassung man folgt, immer **ratsam,** wenn der Händler die Nachbesserung unzumutbar verzögert[518] oder wenn sich die Parteien verbindlich auf die

---

510 Urt. 22. 3. 1994, ZfS 1994, 209.
511 BGH 10. 6. 1970, NJW 1970, 1502; 30. 6. 1971, NJW 1971, 1793; LG Köln 3. 5 1978 – 9 S 399/77 – n. v.; *Stötter*, DB 1969, 647a.
512 *Löwe/Graf von Westphalen/Trinkner*, § 11 Nr. 10b Rn 18; *Koch/Stübing*, § 11 Nr. 10 Rn 40, 47; *Schlosser/Coester-Waltjen/Graba*, § 11 Nr. 10 Rn 46; *Staudinger/Coester-Waltjen*, § 11 Nr. 10 AGBG Rn 51; OLG Nürnberg 13. 5. 1982, BB 1983, 212.
513 *Ulmer/Brandner/Hensen*, § 11 Nr. 10b Rn 48; *Wolf/Horn/Lindacher*, § 11 Nr. 10b Rn 30; OLG Nürnberg 13. 5. 1982 – 8 U 204/82 –; a. A. *Erman/Grunewald*, Rn 68 f. vor § 459.
514 OLG Nürnberg 13. 5. 1982 – 8 U 204/82 – n. v.; OLG Hamm 16. 11. 1979 – 20 U 230/77 – n. v.
515 Urt. 30. 6. 1971, NJW 1971, 1793.
516 *Soergel/Huber*, § 462 Rn 68; *Löwe/Graf von Westphalen/Trinkner*, § 11 Nr. 10b Rn 18.
517 *Ulmer/Brandner/Hensen*, § 11 Nr. 10b Rn 47, 48 hält Nachfrist und Ablehnungsandrohung auch bei dieser Fallgestaltung für entbehrlich; *Basedow*, MünchKomm, § 11 Rn 156; *Kohler*, JZ 1984, 393, 398; *Westermann*, MünchKomm, § 462 Rn 10 f.; *Soergel/Stein*, AGB-Gesetz, § 11 Rn 110.
518 *Ulmer/Brandner/Hensen*, § 11 Nr. 10b Rn 49.

Vornahme einer Reparatur geeinigt haben und der Händler seine Zusage nicht erfüllt.[519] Sie schafft klare Verhältnisse und führt dem auf Nachbesserung in Anspruch genommenen Händler den Ernst der Lage vor Augen. Die qualifizierte Nachfrist kann mit der an den Verkäufer gerichteten Aufforderung, den Mangel zu beseitigen, verbunden werden.[520]

Eine Nachfristsetzung mit Ablehnungsandrohung gegenüber dem „**anderen Betrieb**", der sich mit der Nachbesserung in Verzug befindet, ist wirkungslos, da ihm gegenüber keine Ansprüche auf Wandlung und Minderung bestehen. Die Fristsetzung mit Androhung der Wandlung oder Minderung ist daher an den Verkäufer zu richten, sofern man die Vorschaltung dieser Maßnahme für erforderlich hält.

Die Verbindung der Ablehnungsandrohung mit der Nachfristsetzung birgt für den Käufer die Gefahr, dass nach Ablauf der Frist der **Nachbesserungsanspruch** und das Recht zur Selbstbeseitigung erlischt. Ob sich diese für das Werkvertragsrecht vorgesehene Rechtsfolge auf ein im Rahmen kaufvertraglicher Gewährleistung vereinbartes Nachbesserungsrecht erstreckt, ist ungeklärt.[521]

5. Fehlschlagen der Nachbesserung bei Inanspruchnahme einer anderen Werkstatt

Weder aus Abschn. VII, Ziff. 4 NWVB noch aus den AGB zur Abwicklung der Gewährleistung geht hervor, dass der Käufer vor der Geltendmachung der gesetzlichen Gewährleistungsansprüche dem Verkäufer zumindest (noch) einen Instandsetzungsversuch ermöglichen muss, wenn die Nachbesserung durch die andere Vertragswerkstatt bereits fehlgeschlagen ist. Da der Käufer im Rahmen der Abwicklung der Gewährleistung berechtigt ist, von jedem autorisierten Betrieb Nachbesserung zu verlangen und sich der Verkäufer das **Verhalten des anderen Betriebs zurechnen lassen** muss,[522] besteht keine Veranlassung, dem Verkäufer einen hierauf gerichteten Anspruch nach Treu und Glauben zuzubilligen.[523] Es steht im Belieben des Käufers, an welchen autorisierten Betrieb er sich wegen der Beseitigung von Gewährleistungsmängeln wendet. Eine Obliegenheit dahin gehend, im Fall des Auftretens von Gewährleistungsfehlern vorrangig den Verkäufer auf Nachbesserung in Anspruch zu nehmen, sehen die NWVB nirgends vor. Im Hinblick auf die Nachbesserungspflicht ist der andere Betrieb dem Verkäufer in jeder Hinsicht gleichgestellt. Aus der Tatsache, dass der Verkäufer dem Käufer im Zuge der Abwicklung der Gewährleistung die Möglichkeit verschafft, außer bei ihm auch bei anderen autorisierten Vertragshändlern nachbessern zu lassen, ergibt sich, dass er damit zugleich auch die Verpflichtung übernehmen will, für die Fehler anderer aufzukommen.[524] Durch die dem Käufer in Abschn. VII, Ziff. 2a Abs. 1 NWVB auferlegte **Informationspflicht** werden die Konsequenzen der Zurechnung fremden Verhaltens abgeschwächt, da der Verkäufer die Möglichkeit besitzt, der anderen Werkstatt bei der Nachbesserung mit Rat und Tat zur Seite zu stehen, vorausgesetzt, dass ihn die schriftliche Information des Käufers von dem Gewährleistungsfall rechtzeitig erreicht.

Falls es der Käufer allerdings **schuldhaft versäumt** hat, seinen Verkäufer von dem Gewährleistungsfall **zu unterrichten,** erscheint es gerechtfertigt, ihm den Durchgriff auf die gesetzlichen Gewährleistungsansprüche zu versagen, wenn er seinem Verkäufer zuvor nicht nochmals (letzte) Gelegenheit zur Nachbesserung verschafft hat.[525] Das Risiko, dass die

---

519 OLG Köln 29. 3. 1995, OLGR 1995, 162.
520 *Soergel/Wiedemann,* § 326 Rn 46.
521 Dazu *Ulmer/Brandner/Hensen,* § 11 Nr. 10b Rn 32.
522 BGH 10. 4. 1991, NJW 1991, 1882.
523 A. A. *Creutzig,* Recht des Autokaufs, Rn 7.4.6; LG Aachen 25. 11. 1987 – 11 O 303/87 – n. v.; 31. 5. 1989 – 11 O 433/88 – n. v.; LG Düsseldorf 13. 3. 1980 – 3 O 699/79 – n. v.
524 A. A. zur Vorgängerklausel LG Stuttgart 6. 12. 1977 – 21 O 174/77 – n. v.
525 So auch *Creutzig,* Recht des Autokaufs, Rn 7.4.6.

schriftliche Information den Verkäufer rechtzeitig vor der Vornahme der Gewährleistungsarbeit durch die andere Werkstatt erreicht, geht allerdings zu Lasten des Verkäufers. Die Gewährleistungsbestimmungen besagen nicht, dass der Käufer die Vornahme der Gewährleistungsarbeit durch den anderen Betrieb so lange zurückstellen muss, bis der Verkäufer von dem Gewährleistungsfall Kenntnis erhalten hat.

6. Rechtslage nach erfolgreicher/fehlgeschlagener Nachbesserung

726 Hat der Verkäufer **erfolgreich nachgebessert,** entstehen die Rechte auf Wandlung oder Minderung erst gar nicht.[526] Beseitigte Mängel können zur Begründung gesetzlicher Gewährleistungsansprüche auch dann nicht herangezogen werden, wenn der Käufer die erfolgreiche **Nachbesserung** berechtigterweise **selbst vorgenommen** hat. Der Verkäufer haftet ihm auf Ersatz der aufgewendeten Kosten. Der Rückgriff auf gesetzliche Gewährleistungsansprüche ist weiterhin ausgeschlossen, wenn die Parteien die zum Erfolg führende Nachbesserung nicht schon im Kaufvertrag, sondern erst nach dem Auftreten des Fehlers vereinbaren. Die **Reparaturabsprache** ist als **Verzicht** auf die gesetzlichen Gewährleistungsansprüche des Kaufvertrags zu verstehen.[527]

Falls die **Nachbesserung nicht zum Erfolg geführt** hat oder wegen ungebührlicher Verzögerung, Verweigerung und Unterlassung der Mängelbeseitigung von einem Fehlschlagen im Sinne von § 11 Nr. 10b AGB-Gesetz auszugehen ist, kann der Verkäufer die vom Käufer erklärte Wandlung oder Minderung nicht mehr einseitig durch Anbieten der Nachbesserung abwenden, es sei denn, das Festhalten des Käufers an dem Wandlungsbegehren wäre ausnahmsweise treuwidrig.[528] Ein im Prozess erklärtes Anerkenntnis des Verkäufers, den Fehler zu beseitigen, geht ins Leere.[529]

7. Nachträgliche Nachbesserung

727 Nicht abschließend geklärt sind die rechtlichen Auswirkungen des **nachträglichen Mangelwegfalls** auf das Schicksal der gesetzlichen Gewährleistungsansprüche, wobei unter nachträglich die Zeit zwischen Geltendmachung und Vollzug der Wandlung/Minderung zu verstehen ist. Diese Fälle lassen sich nicht schematisch lösen.[530] Das liegt daran, dass die zum nachträglichen Wegfall des Fehlers führenden Umstände von Fall zu Fall verschieden sind. Die Rechtsprechung bietet inzwischen für nahezu alle Fallvarianten **brauchbare Lösungsmodelle** an.

Ist der Mangel nicht von selbst, sondern auf Grund einer Nachbesserung des Verkäufers oder eines Dritten weggefallen, kommt es im Hinblick auf die Rechtsfolgen entscheidend darauf an, ob die Maßnahme im Einverständnis mit dem Käufer oder vom Verkäufer bzw. Dritten eigenmächtig durchgeführt wurde.

a) Nachbesserung mit Zustimmung/Genehmigung der Käufers

728 Falls der Käufer der nachträglichen (erfolgreichen) Fehlerbeseitigung zustimmt oder diese genehmigt, scheidet eine Weiterverfolgung der gesetzlichen Gewährleistungsansprüche grundsätzlich aus, da das Zugeständnis an den Verkäufer, nachträglich noch einmal nachbessern zu dürfen, einen (freiwilligen) **vorläufigen Verzicht** des Käufers auf die Geltendmachung der gesetzlichen Gewährleistungsansprüche darstellt.[531] Die gleiche Rechtslage be-

---

526 BGH 17. 12. 1997, NJW-RR 1998, 680.
527 OLG Köln 8. 11. 1972, MDR 1973, 314.
528 OLG Köln 16. 10. 1986 – 12 U 71/86 – n. v.
529 AG Aachen 16. 1. 1978 – 14 C 343/77 – n. v.
530 *Soergel/Huber,* § 459 Rn 90.
531 BGH 8. 11. 1983, NJW 1984, 2287; WM 19. 6. 1996, 1915, NJW-RR 1998, 680; OLG Hamm, Urt. 19. 6. 1979 – 2 U 88/79 – n. v.

Die gesetzlichen Gewährleistungsansprüche

steht, wenn der Käufer nach Geltendmachung des Gewährleistungsanspruchs vorbehaltlos darin einwilligt, dass sich ein vom Verkäufer mit der Mängelbehebung beauftragter **Dritter** das Fahrzeug anschaut[532] oder dass es im Zuge einer **Rückrufaktion** des Herstellers repariert wird.[533] Im Gegensatz hierzu beinhaltet die Erklärung des Käufers im Anschluss an eine Nachbesserungsmaßnahme, er sei mit den Arbeiten zufrieden, keinen Verzicht auf die erneute Geltendmachung von Gewährleistungsansprüchen.[534] Falls der Käufer der in seiner Gegenwart vorgenommenen Nachbesserung nicht erkennbar widerspricht und sich stattdessen auf die fotografische Dokumentation des Reparaturvorgangs beschränkt, ist eine **konkludente Zustimmung** anzunehmen.[535]

An die Zustimmung zur nachträglichen Fehlerbeseitigung ist der **Käufer gebunden.** Er kann sich von ihr unter den Voraussetzungen der §§ 326, 634 BGB lösen. Auch wenn die Vertrauensgrundlage entfällt, kann er von seiner Zustimmung Abstand nehmen. Diese Voraussetzungen liegen vor, wenn der Geschäftsführer der Werkstatt berechtigte Reklamationen des Käufers als „Peanuts" abtut, da dem Käufer unter solchen Umständen keinerlei Vertrauen mehr abverlangt werden kann.[536] Die Vereinbarung der nachträglichen Fehlerbeseitigung und der mit ihr einhergehende vorläufige Verzicht auf die Weiterverfolgung der gesetzlichen Gewährleistungsansprüche wird hinfällig, wenn die Nachbesserung nicht gelingt. Nach zutreffender Ansicht des OLG Hamm[537] soll der Verkäufer, dem die Nachbesserung nach Eintritt der Wandlungsreife vom Käufer gestattet wird, nur eine **einmalige Chance** zur Fehlerbeseitigung erhalten.

b) Eigenmächtige Nachbesserung des Verkäufers

Erfolgt die nachträgliche Nachbesserung **ohne Zustimmung** des Käufers, also eigenmächtig, bleibt das Wandlungsrecht des Käufers davon unberührt.[538] Dem Verkäufer, der sein Einverständnis mit der vom Käufer berechtigterweise geltend gemachten Wandlung verzögert hat, kann der nachträgliche Wegfall des Mangels nicht zum Vorteil gereichen, andernfalls sein doppelt vertragswidriges Handeln privilegiert würde.[539]

729

Bei der vom Käufer geltend gemachten **Minderung** erscheint eine andere Beurteilung angebracht. Dem Käufer kommt der nachträgliche Wegfall des Mangels zwangsläufig zugute, da das Fahrzeug in seinem Besitz verbleibt. Es würde befremden, wenn er den Anspruch auf Minderung trotz des Mangelwegfalls behielte. Zur Vermeidung einer mit gewährleistungsrechtlichen Vorschriften nicht in Einklang zu bringenden ungerechtfertigten Bereicherung kann dem Käufer die Minderung nur insoweit zuerkannt werden, als der Mangel den Gebrauch des Fahrzeugs vorübergehend beeinträchtigt hat.[540] Sofern eine Gebrauchsbeeinträchtigung nicht vorgelegen hat, verliert der Käufer den Anspruch auf Minderung. Er kann diese Folge nicht durch Auswechseln des gesetzlichen Gewährleistungsanspruchs – Wandlung statt Minderung – verhindern. Eine solche Vorgehensweise würde an § 242 BGB scheitern.[541]

---

532 OLG Köln 9. 10. 1992, NJW-RR 1993, 565; 1. 2. 1993, OLGR 1993, 130.
533 OLG München 23. 4. 1997, OLGR 1999, 202.
534 LG Köln, Urt. 10. 12. 1992 – 2 O 323/91 – n. v.
535 BGH 19. 6. 1996, WM 1996, 1915.
536 Saarländisches OLG 29. 6. 1999, ZfS 1999, 518.
537 Urt. v. 15. 1. 1998, ZfS 1999, 60.
538 BGH 10. 7. 1953, BGHZ 10, 242, 244; OLG Köln 22. 10. 1999 – 20 U 68/99 – n. v.; *Soergel/Huber,* § 459 Rn 90.
539 LG Offenburg 8. 4. 1997, NJW-RR 1997, 1421.
540 *Soergel/Huber,* § 459 Rn 90.
541 *Reinking* in „Jahrbuch Verkehrsrecht 2000", herausg. v. *Himmelreich,* S. 367 ff., 377.

c) Fehlerbeseitigung durch den Käufer

730 Mit der Frage, wie sich ein nachträglicher Mangelwegfall auf das Wandlungsrecht auswirkt, wenn der Käufer selbst nachbessert, musste sich der BGH[542] aus Anlass einer Wandlungsklage befassen. Es ging um die Wandlung eines Kaufvertrags über eine selbstfahrende Arbeitsmaschine, die auf Veranlassung des Käufers von einer Drittfirma nach Klageeinreichung für ca. 30 000 DM repariert und anschließend vom Käufer weiterbenutzt worden war. Der BGH vertrat die Ansicht, der Käufer habe durch sein Verhalten nicht zu erkennen gegeben, dass er auf sein Wandlungsrecht verzichte, noch stehe der Aufrechterhaltung des Wandlungsbegehrens der Einwand der unzulässigen Rechtsausübung in Form des Verbots widersprüchlichen Verhaltens entgegen. Die Urteilsbegründung macht deutlich, dass der erkennende 8. Senat ganz selbstverständlich davon ausgeht, dass der nachträgliche Wegfall des Mangels das Wandlungsrecht nicht beseitigt.[543]

Es erscheint gerechtfertigt, dem Käufer, der den Mangel nachträglich selbst beseitigt, einen gegen den Verkäufer gerichteten **Anspruch auf Kostenerstattung** als Ausgleich dafür zuzubilligen, dass der Verkäufer die Kaufsache in fehlerfreiem Zustand zurückerhält.[544]

d) Fehlerbeseitigung durch den Gutachter

731 Immer wieder kommt es vor, dass Gewährleistungsmängel im selbstständigen Beweisverfahren oder im Prozess vom Gutachter beseitigt werden, wie etwa ein loses Kabel im Pkw, das die Blinkleuchte außer Betrieb setzt, ein defektes Drosselklappenpotentiometer, das Zündaussetzer des Motors zur Folge hat,[545] oder ein verstopfter Tankdeckel, der den Kraftstoffzufluss zum Motor stört, sodass dieser sporadisch nicht anspringt oder nach kurzer Laufzeit ausgeht.[546] Es gilt auch für diese Fälle der Grundsatz, dass das Wandlungsrecht nicht entfällt, wenn der Fehler vom Gutachter eigenmächtig, also ohne Zustimmung oder nachträgliche Billigung des Käufers, beseitigt wurde.[547] Nach weiter gehender Ansicht des OLG Hamm[548] hat eine Fehlerbehebung durch den Sachverständigen im Rahmen der Untersuchung des Fahrzeugs, selbst wenn sie nicht eigenmächtig erfolgt ist, grundsätzlich **keine Auswirkungen** auf das **Wandlungsrecht** des Käufers, da dieser Umstand dem Verkäufer, der sein Einverständnis mit der Wandlung in rechtswidriger Weise verzögert, nicht zum Vorteil gereichen darf. Gegenteiliger Meinung sind das LG Köln[549] und das OLG Düsseldorf.[550] Sie stehen auf dem Standpunkt, der Wegfall des Mangels führe zum Untergang des Wandlungsrechts.

e) Fortbestand des Wandlungsrechts trotz Wegfalls des Fehlers

732 Die von *Putzo*[551] geforderte Anbindung des Wandlungsanspruchs an den Fortbestand des Mangels, die in der Rechtsprechung zu **Irritationen** geführt hat, findet im Gesetz keine Stütze.[552] Aus Wortlaut, Regelungszweck und Kontext der kaufrechtlichen Gewährleistungsvorschriften ergibt sich nirgends, dass das **Vorhandensein des Mangels bis zum Vollzug der Wandlung** – bzw. bis zur mündlichen Verhandlung, auf die das Wandlungsurteil ergeht – zu den (ungeschriebenen) Anspruchsvoraussetzungen gehört. Der Hinweis auf § 465 BGB ist

---

542 Urt. 8. 2. 1984, NJW 1984, 1525.
543 Ebenso BGH BGHZ 10, 242; ausführlich zu dieser Problematik AK Rn 732.
544 *Reinking* in „Jahrbuch Verkehrsrecht 2000", herausg. v. *Himmelreich,* S. 367 ff., 382.
545 OLG Hamm 28. 4. 1995, ZfS 1995, 296.
546 LG Köln, Urt. 10. 11. 1993 – 26 S 44/93 – n. v.
547 OLG Düsseldorf 19. 12. 1997, NJW-RR 1998, 1587.
548 Urt. v. 28. 4. 1995, ZfS 1995, 296.
549 Urt. 10. 11. 1993 – 26 S 44/93 – n. v.
550 Urt. 19. 12. 1997, NJW-RR 1998, 1587.
551 *Palandt/Putzo,* § 462 Rn 9.
552 OLG Karlsruhe 24. 4. 1988, NJW-RR 1999, 279.

keine tragfähige Argumentationsbasis für die von *Putzo*[553] vertretene Gegenmeinung, da § 465 BGB lediglich den Vollzug der Wandlung, nicht aber deren Voraussetzungen regelt.

Die Rechtsprechung des BGH[554] liefert keinerlei positive Hinweise darauf, dass das Vorliegen des Mangels zum Zeitpunkt des Vollzugs der Wandlung zu den Anspruchsvoraussetzungen gehört. Während das RG einen möglichen Wegfall des Wandlungsanspruchs überhaupt nicht in Erwägung gezogen hat, weil ihm der eindeutige Gesetzeswortlaut dazu keine Veranlassung bot, hat der BGH die Auswirkungen des Mangelwegfalls auf das Wandlungsrecht als **strittige Frage** bezeichnet, auf die er bislang keine Antwort geben musste.[555] Bereits aus der Tatsache, dass zeitlich befristet auftretende Mängel Fehlerqualität im Sinne von § 459 BGB besitzen, wenn sie den Wert oder die Gebrauchstauglichkeit der Kaufsache nicht nur unerheblich beeinträchtigen,[556] folgt zwangsläufig, dass der Wegfall des Mangels nach einer gewissen Zeit nicht zum Untergang des Wandlungsrechts führen kann, andernfalls das Gewährleistungsrecht für solche Mängel leer laufen würde. Dass das Wandlungsrecht nach dem Willen des Gesetzgebers nicht an den Fortbestand des Mangels bis zum Zeitpunkt des Vollzugs geknüpft wurde, liegt daran, dass nach dem (bisherigen) gesetzlichen Leitbild des Kaufvertrags eine Nachbesserung nicht vorgesehen ist. Infolgedessen ging der Gesetzgeber davon aus, dass ein bei Gefahrübergang vorliegender Mangel auch noch zum Zeitpunkt des Vollzugs der Wandlung vorhanden ist.[557]

f) Schranke des § 242 BGB

Dem Käufer ist der Wandlungsanspruch zu versagen, wenn sich die Weiterverfolgung des Anspruchs als **unzulässige Rechtsausübung** darstellt.[558]

Den Vorwurf widersprüchlichen Verhaltens muss sich der Käufer entgegenhalten lassen, wenn er nach Geltendmachung der Wandlung wegen der Undichtigkeit des Faltdaches andere zur Erhaltung oder Wiederherstellung der Benutzbarkeit des Fahrzeugs nicht unbedingt notwendige Gewährleistungsarbeiten vornehmen lässt, wie z. B. die Erneuerung der Gummidichtungen zur Abdichtung des Hardtops und den Austausch des knarrenden und faltigen Fahrersitzes, und dadurch auch eine Dichtigkeit des Faltdaches erreicht wird.[559] Durch sein Verhalten gibt der Käufer zu erkennen, dass er trotz bereits gerichtlich geltend gemachter Wandlung einer Klaglosstellung durch Beseitigung der Mängel nicht ablehnend gegenübersteht.

Auf die durch § 242 BGB gezogenen Grenzen ist besonders dann zu achten, wenn ein Mangel ohne Zutun der Parteien nachträglich wegfällt.[560] Eine unzulässige Rechtsausübung liegt nach Ansicht des OLG Karlsruhe[561] nicht vor, wenn der Käufer an der geltend gemachten Wandlung festhält, obwohl sich der von ihm beanstandete zu hohe Ölverbrauch, den das Gericht auf Grund des eingeholten Gutachtens als erheblich einstufte, im Laufe der Zeit auf 0,2 l/1000 km normalisiert hat.

Allein die Möglichkeit, dass die erfolgreiche Nachbesserungsmaßnahme des Verkäufers vor Zugang des Wandlungsschreibens vorgenommen wurde, rechtfertigt es nicht, dem Käufer das Wandlungsrecht unter dem Gesichtspunkt der unzulässigen Rechtsausübung zu versagen.[562]

---

553 *Palandt/Putzo*, § 462 Rn 9.
554 BGH 22. 2. 1984, BGHZ 90, 198; 19. 6. 1996, WM 1996, 1915; 17. 12. 1997, NJW-RR 1998, 680; ebenso schon RG Urt. v. 23. 6. 1903, RGZ 55, 201.
555 Zuletzt Urt. v. 17. 12. 1997, NJW-RR 1998, 680.
556 BGH 10. 7. 1953, BGHZ 10, 242; OLG Frankfurt 9. 5. 1988, BB 1988, 1554.
557 LG Offenburg 8. 4. 1997, NJW-RR 1997, 1422, 1423.
558 BGH 22. 2. 1984, BGHZ 90/198, 204; 19. 6. 1996, WM 1996, 1915; OLG Köln 16. 10. 1986 – 12 U 71/86 – n. v.
559 OLG Düsseldorf 10. 11. 1995, NJW-RR 1998, 265.
560 *Westermann*, MünchKomm, § 459 Rn 31.
561 Urt. v. 24. 4. 1998, NJW-RR 1999, 279.
562 OLG Köln 22. 10. 1999 – 20 U 68/99 – n. v.

X. Minderung

734 Von den drei zur Berechnung der Minderung im Rahmen des § 472 BGB erforderlichen Faktoren sind beim Neuwagenkauf im Regelfall zwei deckungsgleich, nämlich der **Kaufpreis** und der **Wert des Fahrzeugs** in mangelfreiem Zustand zum Zeitpunkt des Kaufs.[563] Unter diesen Voraussetzungen kann die Minderung dadurch vollzogen werden, dass der Kaufpreis um den Betrag gekürzt wird, den der Käufer zur Beseitigung des Mangels aufwenden muss.[564] Die **Reparaturkosten entsprechen** der **Minderung.** Nach Meinung des LG Köln[565] gilt die Gleichstellung unabhängig von der Höhe des Neuwertes, da dieser stets um den Betrag der aufzuwendenden Reparaturkosten gemindert ist.

Die Gleichsetzung der Minderung mit den Kosten für eine Umrüstung des Fahrzeugs erweist sich allerdings im Ansatz als verfehlt, wenn der Fehler darin besteht, dass die Fahrzeugausstattung von der Bestellung abweicht und es sich dabei um eine reine **Geschmackssache** handelt. Falls eine Differenz zwischen Ist-Wert und Soll-Wert nicht festzustellen ist, besitzt der Käufer überhaupt keinen Minderungsanspruch. In diesem Sinne beschied das LG Köln[566] einen Käufer, dessen Neufahrzeug mit beige/brauner statt anthrazit/schwarzer Lederinnenausstattung geliefert worden war. In den Gründen führt das Gericht aus, dass

> „derartige Farbabweichungen reine Geschmacksfragen betreffen und sich wertmäßig nicht niederschlagen. Die Beklagte (Verkäuferin) schuldet dem Kläger (Käufer) unter dem Gesichtspunkt der Minderung daher nichts; insbesondere hat sie ... nicht die vom Kläger unter Bezugnahme auf das Gutachten bezifferten Kosten von 14.174 DM für einen Austausch der Innenausstattung zu erstatten".

Falls der Wert des Fahrzeugs durch eine zur Fehlerbehebung erforderliche Ganzlackierung beeinträchtigt wird, bildet die **merkantile Wertminderung** den **Maßstab** für die Minderung im Sinne von § 472 BGB. Eine vom OLG Düsseldorf[567] durchgeführte Beweisaufnahme ergab, dass nach gutachterlicher Einschätzung und Rückfragen bei seriösen Autohändlern die Wertminderung bei einem Neuwagenpreis von DM 35 000 DM mit ca. DM 1500 zu bemessen ist.

735 Erweist sich ein **Fehler** als **unbehebbar,** können die dem Käufer hierdurch entstehenden Mehrkosten den Maßstab für die Minderung bilden. Auf der Grundlage dieser Berechnungsmethode verurteilte das AG Mülheim/Ruhr[568] einen Händler zur Zahlung des **Differenzbetrages zwischen Normal- und Superbenzin** für die voraussichtliche Lebensdauer des verkauften Fahrzeugs, dessen Motor beim Gebrauch von Normalbenzin klingelte und nachdieselte, während der Mangel bei Benutzung von Superbenzin verschwand. Im Gegensatz hierzu vertrat das LG Köln[569] den Standpunkt, bei der Position „erhöhte Benzinkosten" handele es sich um einen **Mangelfolgeschaden,** der sich im Wege einer Minderung nach §§ 462, 465 BGB nicht auswirken könne.

736 Falls sich die Minderung wegen konstruktiv bedingter Unbehebbarkeit eines Mangels weder über Reparatur- noch über Mehrkosten bestimmen lässt, bleibt nur die Möglichkeit der richterlichen Schätzung gem. § 287 Abs. 2 ZPO übrig. Im Schätzwege bewertete das AG Köln[570] die Minderung eines Pkw, der neu rd. 30 000 DM gekostet hatte und dessen Tankvolumen bei eingebautem Tank etwa 4 l (56 l statt 60 l) unter der Prospektangabe des Herstel-

---

563 Palandt/Putzo, § 472 Rn 8.
564 AG Leverkusen 17. 10. 1977 – 25 C 159/77 – n. v.
565 Urt. 27. 1. 1984 – 11 S 219/83 – n. v.
566 Urt. 10. 6. 1997 – 11 S 121/96 – n. v.
567 Urt. 9. 11. 1995, OLGR 1996, 41; zum Recht des Käufers, die Nachbesserung unter diesen Umständen auszuschlagen, siehe Rn 710.
568 Urt. 21. 2. 1980 – 10 C 333/79 – n. v.
569 Urt. 17. 10. 1984 – 20 O 178/81 – n. v.
570 Urt. 13. 9. 1989 – 137 C 434/88 – n. v.

Wandlung

lers lag, mit einem Betrag von 1000 DM.[571] Das Gericht ist gegebenenfalls verpflichtet, auf eine unzureichende Substantiierung der Minderung hinzuweisen.[572]

Mit der unberechtigten Zurückweisung des Minderungsverlangens gerät der Verkäufer in Verzug. **737**

Die Minderung ist verzugsunabhängig ab Eintritt der Rechtshängigkeit gem. § 291 S. 1 BGB zu verzinsen. Den Anspruch auf **Prozesszinsen** behält der Käufer, wenn er im Verlauf des Prozesses an Stelle der zunächst erhobenen Wandlungsklage Minderung des Kaufpreises begehrt.[573]

Sofern der Käufer den Kaufpreis nur teilweise begleicht, betrifft die Minderung den bezahlten und offenen Kaufpreisteil verhältnismäßig. Eine entsprechende **Verteilung der Minderung** gilt auch im Fall der Stundung. Die Zulassung einer anderweitigen Bestimmung durch den Käufer[574] ist bedenklich, da sie die Änderung vereinbarter Fälligkeiten durch einseitige Erklärung des Käufers ermöglichen würde. **738**

Erfüllungsort für die Minderung ist der **Betriebssitz** des **Verkäufers**.[575] Diese Aussage gilt uneingeschränkt für den Anspruch des Käufers aus vollzogener Minderung. Die Ansicht, dass bis zum Vollzug der Minderung Erfüllung am Wohn- oder Betriebssitz des Käufers geschuldet wird, wenn das Gewährleistungsrecht den Bestand der Kaufpreisschuld betrifft und diese mangels abweichender Vereinbarung gem. § 269 BGB am Ort des Käufers zu erfüllen ist,[576] wird für den Neuwagenkauf nicht relevant, da der Neuwagenkäufer die Zahlung des Kaufpreises normalerweise am Betriebssitz des Verkäufers zu erfüllen hat.[577] **739**

XI. Wandlung

1. Wiederherstellung des ursprünglichen Zustands

Das Ziel der Wandlung besteht darin, dass beide Parteien einander so zu stellen haben, als sei der Kaufvertrag von vornherein nicht geschlossen worden. Deshalb hat der Verkäufer den empfangenen **Kaufpreis** nebst **Zinsen** (§ 347 S. 3 BGB, § 352 HGB) **ab Empfang** zurückzuzahlen, und der Käufer muss im Gegenzug das mangelhafte **Fahrzeug** zurückgeben. Außerdem sind vom Käufer die Nutzungen von dem Empfang des Fahrzeugs an herauszugeben bzw. zu vergüten. **740**

2. Gesetzessystematik

Die Wandlung gilt als vollzogen mit dem Einverständnis des Verkäufers bzw. der Rechtskraft des auf die Wandlung erkennenden Urteils. Sie wirkt nur schuldrechtlich und nicht dinglich. Durch die vollzogene Wandlung wird der Vertrag in ein Abwicklungsverhältnis umgestaltet.[578] Die in § 467 S. 1 BGB für entsprechend anwendbar erklärten Rücktrittsvorschriften gelten bis zum Vollzug der Wandlung. Für die Zeit danach sind die Vorschriften für das Eigentümer-Besitzer-Verhältnis der §§ 987 ff. BGB einschlägig. **741**

---

571 Aufgehoben aus anderen Gründen vom LG Köln 6. 11. 1990, DAR 1991, 461.
572 BVerfG 28. 6. 1994, NJW 1994, 848.
573 OLG Hamm 17. 3. 1989, NJW-RR 1989, 1272.
574 So *Westermann*, MünchKomm, § 472 Rn 11 m. w. N.
575 *Palandt/Putzo*, § 472 Rn 4; *Palandt/Heinrichs*, § 269 Rn 15.
576 *Westermann*, MünchKomm, § 465 Rn 13.
577 Ausführlich Rn 393.
578 BGH 24. 6. 1983, NJW 1984, 42.

3. Fahrzeugbenutzung bis zur Geltendmachung der Wandlung

742 Nach § 351 BGB ist die Wandlung ausgeschlossen, wenn der Käufer eine **wesentliche Verschlechterung**, den **Untergang** oder die **anderweitige Unmöglichkeit der Herausgabe** des Fahrzeugs verschuldet hat. Dem eigenen Verschulden steht das des Erfüllungsgehilfen und eines Dritten gleich, der die Kaufsache durch Verfügung des Käufers erlangt hat.

743 Der gewöhnliche, bestimmungsgemäße und fehlerfreie Gebrauch führt regelmäßig zur Abnutzung und damit zur Verschlechterung des Fahrzeugs. Ob die durch den Gebrauch herbeigeführte Verschlechterung als „wesentlich" im Sinne von § 351 S. 1 BGB einzustufen ist, hängt von den Umständen des Einzelfalls ab. Ein **normaler Verschleiß**, der bei gewöhnlicher Benutzung unvermeidbar auftritt, ist als **nicht wesentlich** einzustufen; er wird durch die vom Käufer zu vergütenden Gebrauchsvorteile abgegolten. Auch eine intensive Nutzung durch hohe Fahrleistungen in kurzer Zeit bewirkt, sofern der Gebrauch bestimmungsgemäß und fehlerfrei erfolgt, keine wesentliche Verschlechterung des Fahrzeugs. Der hohe Verschleiß wird insoweit durch die entsprechend höheren **Gebrauchsvorteile kompensiert.**

Eine wesentliche Verschlechterung des Fahrzeugzustands kann vom Käufer durch einen bestimmungswidrigen Gebrauch herbeigeführt werden, etwa durch Überbeanspruchung des Fahrzeugs, Überladung, bestimmungswidrigen Einsatz außerhalb öffentlicher Verkehrswege und Nichtvornahme fälliger Inspektionen und Wartungsdienste. Für die Beurteilung, ob eine durch Gebrauch herbeigeführte Verschlechterung als wesentlich einzustufen ist, kann es nicht auf den Vergleich mit dem Neuzustand des Fahrzeugs bei Auslieferung ankommen. Wäre der Neuzustand maßgeblich, würde auch bei normaler Benutzung eines Fahrzeugs im Straßenverkehr dessen wesentliche Verschlechterung auf Dauer nicht ausbleiben, da es durch die Nutzung einem fortschreitenden Verschleiß und Wertverlust ausgesetzt ist und die Erheblichkeitsgrenze, gleich wo man sie ansiedelt, irgendwann überschritten wird.[579]

744 Die bestimmungsgemäße **schlichte Benutzung** eines Fahrzeugs zu Verkehrszwecken ist als solche **nicht schuldhaft**,[580] auch dann nicht, wenn sie eine wesentliche Verschlechterung im Sinne von § 351 BGB zur Folge hat. Selbst bei einem übermäßigen, atypischen und risikoerhöhenden Gebrauch liegen die Voraussetzungen eines fahrlässigen Handelns nicht ohne weiteres vor.[581] Von einem Verschulden des Käufers kann nur ausgegangen werden, wenn die Art und Weise der Benutzung mit besonderen Gefahren für das Fahrzeug verbunden ist.

745 Dem Käufer wird durch § 351 BGB keine Verpflichtung auferlegt, das Fahrzeug für den möglichen Fall der Wandlung zu erhalten.[582] Ebenso wenig trifft den Käufer gegenüber dem Verkäufer eine Rechtspflicht, sich selbst vor Schaden zu bewahren. Der Grund für den Ausschluss der Wandlung in den Fällen des § 351 BGB besteht darin, dass der Käufer, der sich selbst schädigt, die Folgen dieses Handelns nicht auf den Verkäufer abwälzen darf.[583] Demzufolge ist § 351 BGB ein Anwendungsfall des Verbots widersprüchlichen Verhaltens[584] und zugleich Ausdruck einer Gefahrtragungsregelung.

746 Das Verschulden ist nicht im technischen Sinn des § 276 BGB zu verstehen, sondern als zurechenbare Unachtsamkeit in eigenen Angelegenheiten, die es verbietet, das Einsatzrisiko des Fahrzeugs auf den Verkäufer abzuwälzen. Daraus folgt aber nicht, dass schon jede auf freiem Verhalten beruhende wesentliche Veränderung, wie z. B. der Wertverlust eines Fahr-

---

579 In diesem Sinne BGH 29. 9. 1960, NJW 1960, 2331; 10. 11. 1971, NJW 1972, 155.
580 *Reinicke/Tiedtke,* Kaufrecht, S. 101 ff., 142; *Soergel/Huber,* § 467 Rn 22.
581 *Soergel/Huber,* § 467 Rn 24.
582 *Von Caemmerer,* Festschrift für Larenz, S. 621, 631 ff.
583 *Soergel/Huber,* § 467 Rn 21.
584 *Wolf,* AcP 153, 97 ff., 131 ff.

zeugs infolge gewöhnlichen Gebrauchs, ein Verschulden des Käufers darstellt,[585] denn dann wäre das Verschuldenserfordernis praktisch aufgegeben.[586] Mit Blick auf das Verbot widersprüchlichen Verhaltens kann von einem Verschulden gegen sich selbst im Sinne der „Außerachtlassung der im eigenen Interesse zu beachtenden Sorgfalt" nur die Rede sein, wenn der Käufer das Fahrzeug einer **über das normale Maß hinausgehenden Beanspruchung oder Gefahr aussetzt,** denn nur unter dieser Voraussetzung ist eine Verletzung der in eigenen Angelegenheiten gebotenen Sorgfalt überhaupt erst denkbar.[587] Dass es dem Käufer nicht verwehrt sein kann, das von ihm zum Zweck der Fortbewegung erworbene Fahrzeug bestimmungsgemäß zu nutzen, ohne hierdurch das Wandlungsrecht zu gefährden, ergibt sich auch daraus, dass der Gesetzgeber das Gewährleistungsrisiko dem Verkäufer zugewiesen hat. Würde man die schlichte Benutzung eines Fahrzeugs vor Kenntniserlangung der zur Wandlung berechtigenden Umstände schon als schuldhaft ansehen, wäre das Wandlungsrecht beim Autokauf durch § 351 BGB praktisch **ausgeschaltet,** da in nahezu allen Fällen die Käufer ihre Fahrzeuge in Gebrauch nehmen. Beim Neuwagenkauf kommt hinzu, dass dem Käufer die Wandlung erst gestattet wird, wenn die **Nachbesserung fehlgeschlagen** ist, was sich oft erst nach längerer Zeit der Benutzung herausstellt. Die Weiterbenutzung des Fahrzeugs in Kenntnis des Mangels verstößt als solche mithin nicht gegen die im eigenen Interesse zu beachtende Sorgfalt, es sei denn, der Mangel führt – in vorhersehbarer Weise – zu einer wesentlichen Verschlechterung, wie sie etwa der Weitergebrauch eines Fahrzeugs mit einer defekten Bremsanlage, die zum Unfall führt, zur Folge haben kann.[588]

Für die infolge der Benutzung in der Zeit vor Kenntniserlangung der Wandlungsvoraussetzungen eingetretene Verschlechterung des Fahrzeugs haftet der Käufer dem Verkäufer mangels Verschuldens nicht auf Schadensersatz gem. §§ 467, 347 i. V. m. §§ 989, 990 BGB. Dabei macht es keinen Unterschied, ob das Fahrzeug durch den Gebrauch unwesentlich oder wesentlich verschlechtert worden ist. **747**

Diese Grundsätze geltend entsprechend für den „**großen Schadensersatzanspruch**" des § 463 BGB, da dieser – ebenso wie die Wandlung – die Rückgabe des Fahrzeugs beinhaltet.[589] **748**

4. Benutzung des Fahrzeugs in der Zeit zwischen Geltendmachung und Vollzug der Wandlung

Wenn feststeht, dass die Nachbesserung fehlgeschlagen ist und sich der Käufer zur Wandlung entschlossen hat, muss er auf die Interessen des Verkäufers **in verstärktem Maß Rücksicht nehmen.** Die Forderung des RG,[590] der Käufer müsse nach der Wandlungserklärung die Benutzung der Sache grundsätzlich einstellen, wird heutzutage nicht mehr akzeptiert.[591] Die Weiterbenutzung ist gerade beim Auto zur Regel geworden. Führt sie zu einer **wesentlichen Verschlechterung** des Fahrzeugs, kann das Wandlungsrecht des Käufers daran scheitern (§ 351 BGB). **749**

Ein Ausschluss der Wandlung kann auch unter dem Gesichtspunkt des **Verzichts** und der **Verwirkung** in Betracht kommen. Ein konkludenter Verzicht ist anzunehmen, wenn der Käufer den Gebrauch des Fahrzeugs in Kenntnis des Mangels längere Zeit hindurch fortsetzt, ohne die Wandlung geltend zu machen. An eine Verwirkung des Anspruchs ist zu denken,

---

585 So aber *Wolf,* AcP 153, 97 ff., 130; *Staudinger/Honsell,* § 467 Rn 7 f., m. w. N.; a. A. *Soergel/Huber,* § 467 Rn 22, 24.
586 *Palandt/Heinrichs,* § 351 Rn 3.
587 *Huber,* JZ 1974, 433, 439; *Erman/Westermann,* § 351 Rn 4 ff.; *Staudinger/Kaduk,* § 351 Rn 31.
588 *Soergel/Huber,* § 467 Rn 22.
589 *Staudinger/Honsell,* § 467 Rn 4.
590 Urt. 3. 7. 1934, RGZ 145, 79, 83.
591 *Soergel/Huber,* § 467 Rn 51.

wenn der Käufer mit dem Fahrzeug vor Vollzug der Wandlung dergestalt verfährt, dass nach Treu und Glauben anzunehmen ist, er wolle die Sache behalten.[592] Wer auf dem Standpunkt steht, eine durch normalen Weitergebrauch verursachte wesentliche Verschlechterung des Autos sei vom Käufer grundsätzlich verschuldet und habe regelmäßig den Ausschluss der Wandlung zur Folge,[593] bedarf nicht des Rückgriffs auf die Rechtsinstitute der Verwirkung und des Verzichts.

750 Der normale **Weitergebrauch** des Fahrzeugs durch den die Wandlung begehrenden Käufer ist **nicht** ohne weiteres als **schuldhaft** im Sinne von § 351 BGB anzusehen. Es müssen schon noch weitere Umstände hinzutreten, will man dem Käufer das Wandlungsbegehren mit dem Einwand der unzulässigen Rechtsausübung wegen widersprüchlichen Verhaltens abschneiden.[594]

751 Für die Beurteilung der Frage, ob im konkreten Einzelfall ein Verschulden des Käufers im Sinne von § 351 BGB anzunehmen ist oder ob dem Wandlungsbegehren der Einwand der Verwirkung entgegensteht, sind weitgehend die gleichen Kriterien maßgebend. **Art und Intensität** der (Weiter-)Benutzung spielen eine wichtige, jedoch nicht allein ausschlaggebende Rolle. Es kommt unter anderem darauf an,
- ob der Gebrauch notwendig oder durch überwiegende Interessen des Käufers gerechtfertigt war,[595]
- ob der Käufer etwa nur auf Freizeitgenuss hätte verzichten müssen,[596]
- ob die Benutzung zu einer wesentlichen oder zu einer nur unwesentlichen Verschlechterung geführt hat,[597]
- ob eine Stilllegung und Ersatzbeschaffung möglich und zumutbar war, welcher Aufwand hierfür angefallen wäre und ob der Verkäufer für den Mehraufwand hätte aufkommen müssen,
- ob der Verkäufer wegen seines Anspruchs auf Nutzungsentschädigung an baldiger Rückgewähr nicht interessiert war,[598]
- ob der Käufer durch sein objektiv nach Treu und Glauben zu wertendes Verhalten zum Ausdruck gebracht hat, das Auto behalten zu wollen, etwa durch die Vornahme einer aufwändigen oder nicht notwendigen Reparatur,[599]
- ob sich der Verkäufer einem offensichtlich berechtigten Wandlungsbegehren des Käufers widersetzt hat.[600]

752 **Darlegungs- und beweispflichtig** für all diese Tatsachen als Grundlage des rechtsvernichtenden Einwands der unzulässigen Rechtsausübung ist der **Verkäufer**.[601] Etwaige Rechtfertigungsgründe, die der Annahme entgegenstehen, die Verschlechterung des Autos verschuldet zu haben, muss der Käufer beweisen.[602] Der Verschuldensmaßstab ist vor und nach Kenntnis des Mangels der gleiche.[603]

---

592 *Staudinger/Honsell*, § 467 Rn 17.
593 *Wolf*, AcP 153, 97, 131 ff.; *Staudinger/Honsell*, § 467 Rn 7 m. w. N.
594 *Soergel/Huber*, § 467 Rn 49.
595 BGH 8. 2. 1984, NJW 1984, 1526.
596 OLG Hamm 25. 6. 1987, NJW-RR 1988, 1461 – Verzicht auf Freizeitgenuss rechtfertigt nicht die Weiterbenutzung einer Yacht.
597 *Palandt/Heinrichs*, § 351 Rn 5.
598 BGH 19. 1. 1978, WM 1978, 324; OLG Köln 7. 7. 1987 – 9 U 8/87 – n. v.; OLG Koblenz 8. 10. 1985, MDR 1986, 316.
599 BGH 8. 2. 1984, NJW 1984, 1525.
600 OLG Koblenz 8. 10. 1985, MDR 1986, 316.
601 BGH 8. 2. 1984, NJW 1984, 1525.
602 BGH 23. 10. 1974, NJW 1975, 44.
603 *Soergel/Huber*, § 467 Rn 50.

Wandlung

753 Nach gesicherter Rechtsprechung verliert der Käufer sein Wandlungsrecht im Fall einer unwirtschaftlichen, dem Interesse des Verkäufers eindeutig zuwiderlaufenden Behandlung des Fahrzeugs, wie z. B. durch einen bestimmungswidrigen Gebrauch, Nichtvornahme von Wartungsarbeiten und Inspektionen oder durch Einsatz des Fahrzeugs auf Rennveranstaltungen.[604]

754 Die durch **schlichte Weiterbenutzung** eintretende Verschlechterung des Kraftfahrzeugs führt, ohne dass weitere Umstände hinzutreten, unter Berücksichtigung des wirtschaftlich verständigen Gebrauchs und der besonderen Interessenlage beim Autokauf **nicht zum Ausschluss** des Wandlungsrechts, da diese Art der Verschlechterung zur vertragsgemäßen Nutzung gehört.[605] Hierbei stehen zwei Überlegungen im Vordergrund. Zum einen kommt der Verkäufer durch das begründete Wandlungsbegehren des Käufers mit der Rückzahlung des Kaufpreises in **Schuldnerverzug** und haftet dem Käufer auf Ersatz des Verzugsschadens. Dieser umfasst u. U. notwendige Mietwagenkosten[606] sowie Kreditzinsen und Kreditgebühren für die Beschaffung eines Ersatzfahrzeugs und kann weitaus höher sein als der durch die Weiterbenutzung eintretende Wertverlust des mangelhaften Fahrzeugs.

Wird dem Verkäufer das von der Wandlung betroffene Fahrzeug vom Käufer in verzugbegründender Weise angeboten, gerät der Verkäufer durch die Zurückweisung mit der Rücknahme des Fahrzeugs in **Gläubigerverzug** und muss dem Käufer die Mehraufwendungen für die Aufbewahrung gem. § 304 BGB ersetzen. Auch wenn der Käufer selten im Voraus abschätzen kann, ob sich der Verzugsschaden oder der Wertverlust nachteiliger für den Verkäufer auswirkt, erfüllt er eigentlich nur seine Schadenminderungspflicht, wenn er sich zur Weiterbenutzung des Fahrzeugs entschließt.

755 Durch eine nicht berechtigte Zurückweisung des Wandlungsbegehrens gerät der Käufer in eine **Zwangslage,** solange sein Kapital beim Verkäufer zu Unrecht gebunden wird und er nicht über die finanziellen Mittel zum Ankauf eines Ersatzfahrzeugs verfügt. Es kommt hinzu, dass er die Dauer des Wandlungsprozesses nicht abschätzen kann und keine Gewissheit hat, ob er mit der Klage tatsächlich durchdringt.

756 In die Gesamtschau ist das Verhalten des Verkäufers einzubeziehen. Es macht einen Unterschied, ob er sich bei dem Versuch der Fehlerbehebung große Mühe gegeben hat und der Wandlung nur deshalb nicht zustimmen kann, weil ihm vom Hersteller „die Hände gebunden sind", oder ob er auf das berechtigte Wandlungsbegehren des Käufers entweder überhaupt nicht eingeht oder es mit fadenscheiniger Begründung zurückweist. Diesen Aspekt hat das OLG Köln[607] in einer Entscheidung hervorgehoben und ausgeführt:

„Gänzlich unbedenklich ist insoweit, dass der Kläger den Pkw bis zum Wandlungsbegehren in üblicher Weise weiterbenutzt hat (10 000 km). Aber auch der danach noch eine Zeit lang fortgesetzte Gebrauch (20 000 km) lässt die Geltendmachung des Wandlungsrechts nicht wegen des Zeitablaufs (Gebrauchszeit insgesamt 7 Monate) und der sonstigen Umstände als treuwidrig erscheinen. Er ist nämlich einmal vom Beklagten dadurch mitverursacht worden, dass dieser auf das Wandlungs- bzw. Schadensersatzbegehren des Klägers nicht eingegangen ist. Zum anderen – und das ist entscheidend – entsprach der Weitergebrauch letztlich aber auch den Interessen des Beklagten, weil er auf diese Weise Ersatz von Gebrauchsvorteilen in erheblicher Höhe verlangen kann."

757 Wenn ein Käufer, der in eine Zwangslage geraten ist, das mangelhaftes Auto weiterbenutzt, rechtfertigt dieses Verhalten nicht die Schlußfolgerung, sein Wille sei darauf gerichtet, das Auto behalten zu wollen.

---

604 BGH 5. 4. 1955, MDR 1955, 464; LG Köln 25. 6. 1981 – 25 O 502/80 – n. v.; OLG Koblenz 25. 2. 1981 – 7 U 246/80 – n. v. für den Fall der erheblichen Benutzung; OLG Nürnberg 17. 4. 1980, DAR 1980, 345.
605 BGH 8. 2. 1984, NJW 1984, 1526; LG Köln 20. 2. 1986 – 2 O 372/85 – n. v.; 15. 11. 1990 – 21 O 22/90 – n. v.
606 OLG Koblenz 8. 10. 1985, MDR 1986, 317; OLG Hamm 3. 12. 1976, NJW 1977, 809.
607 Urt. 7. 7. 1987 – 9 U 8/87 – n. v.

Grundsätzlich gilt, dass dem Käufer eine bloße, den Rahmen des Üblichen nicht überschreitende Weiterbenutzung des Wagens nicht als illoyales, widersprüchliches Verhalten zum Vorwurf gemacht werden kann, weil die Weiterbenutzung für den Verkäufer regelmäßig günstiger als die Beschaffung eines Ersatzfahrzeugs ist und die Interessen des Verkäufers dadurch gewahrt werden, dass ihm der Käufer Wertersatz für die gezogenen Gebrauchsvorteile schuldet.[608]

Der durch **wirtschaftliche Notwendigkeit** gebotene und dem Käufer „**aufgezwungene**" normale Weitergebrauch des Fahrzeugs stellt weder einen **Verzicht** auf das Wandlungsrecht dar,[609] noch führt er zu einer **Verwirkung**[610] des Anspruchs.

Eine **Verwirkung** ist bei einer den Rahmen des Üblichen nicht überschreitenden Weiterbenutzung des Fahrzeugs unter Aufrechterhaltung des Wandlungsbegehrens nach Meinung des OLG München[611] auch bei einer hohen Fahrleistung von 90 000 km nicht anzunehmen. Im Gegensatz hierzu entschied das OLG Frankfurt,[612] der Käufer verwirke sein Wandlungsrecht, wenn er das gekaufte Fahrzeug 15 Monate weiterbenutzt und damit rd. 50 000 km zurückgelegt hat. Das Urteil des OLG Frankfurt betraf ein Gebrauchtfahrzeug, das der Käufer einige Zeit stillgelegt hatte. Von einer Anspruchsverwirkung ist nach zutreffender Meinung des OLG Hamm[613] auszugehen, wenn der Käufer den Mangel sechs Monate nach Kauf feststellt, jedoch erst ca. 2 1/2 Jahre später nach Eintritt einer Fahrstrecke von ca. 60 000 Kilometern und nach Eintritt erheblicher Beschädigungen des Fahrzeugs vom Verkäufer die Rückabwicklung des Kaufvertrags verlangt. Aus Sicht des BGH[614] stellt die Weiterverfolgung des Wandlungsanspruchs eine unzulässige Rechtsausübung dar, wenn der Käufer das Auto monatelang benutzt, ohne den Mangel zu bemerken und ohne Nachteile zu erleiden, und der Fehler vor der Wandlungserklärung beseitigt wird.

758   Die durch **schlichte Weiterbenutzung** eintretende **Verschlechterung** des Fahrzeugs wird im Ergebnis dadurch aufgefangen, dass der Käufer dem Verkäufer die Gebrauchsvorteile zu vergüten hat.[615] Daneben kommt eine Schadensersatzverpflichtung nach §§ 467, 347 i. V. m. §§ 989, 990 BGB nicht in Betracht,[616] da der Käufer hinsichtlich der abnutzungsbedingten Verschlechterung nicht schuldhaft handelt.

5. Beschädigung des Fahrzeugs

759   Wird das mangelhafte Fahrzeug **vor Vollzug der Wandlung** zerstört oder wesentlich beschädigt, verliert der Käufer seine Wandlungsbefugnis nicht, wenn die Veränderungen auf Zufall beruhen (§§ 467, 350 BGB). Diese Rechtsfolge greift auch dann ein, wenn der Verkäufer, der sich ein Nachbesserungsrecht im Kaufvertrag vorbehalten hat, den Fehler wegen des zufälligen Untergangs nicht mehr beseitigen kann.[617] Zu den Zufallsereignissen gehören Brand, Erdbeben, Überschwemmungseinwirkung, unverschuldeter Diebstahl, nicht-

---

608 BGH 2. 2. 1994, NJW 1994, 1004, 1005.
609 BGH 28. 4. 1971, NJW 1971, 1795; BGH 16. 9. 1971, MDR 1972, 43; OLG Hamm 3. 12. 1976, NJW 1977, 809; OLG Karlsruhe 16. 6. 1971, DAR 1972, 17; OLG Koblenz 8. 10. 1985, MDR 1986, 316.
610 BGH 29. 10. 1956, BGHZ 22, 90 ff.
611 Urt. v. 22. 4. 1994, DAR 1994, 362.
612 Urt. 23. 7. 1993, NJW-RR 1994, 120.
613 Urt. v. 20. 4. 1998, NJW-RR 1998, 1212.
614 Urt. 22. 2. 1984, NJW 1984, 2287.
615 BGH 2. 2. 1994, NJW 1994, 1004, 1005; *Soergel/Huber*, § 467 Rn 51.
616 Vgl. zur Problematik der Anspruchsgrundlage, insbesondere zum Zeitpunkt des Haftungsbeginns, *Thielmann*, VersR 1970, 1069 ff.
617 BGH 23. 10. 1974, NJW 1975, 44.

verschuldeter Unfall,[618] Sturm- und Wildschäden.[619] In Fällen des zufälligen Untergangs und der zufälligen Verschlechterung behält der Käufer den Anspruch auf Rückzahlung des Kaufpreises zuzüglich der Zinsen (§ 347 S. 3 BGB), eventuell gemindert um den Wert der Gebrauchsvorteile. Er muss freilich den beschädigten oder zerstörten Wagen ebenso herausgeben wie das, was er als Ersatz für die Beschädigung bzw. Zerstörung von einem Dritten erlangt oder zu beanspruchen hat (§§ 467, 346, 281 Abs. 1 BGB).

Etwaige **Schadensersatzansprüche gegen Dritte** aus §§ 7, 18 StVG, 823 BGB sind an den Verkäufer abzutreten. Das OLG Bremen[620] hat sich in einer Entscheidung auf den Standpunkt gestellt, der Käufer sei nicht verpflichtet, seine Kaskoversicherung in Anspruch zu nehmen bzw. Ansprüche daraus an den Verkäufer abzutreten, da dies nicht zu einem Ausgleich einer unrichtig gewordenen Verteilung von Vermögenswerten zwischen den Parteien, sondern – wegen der Beitragsrückstufung – zu einem Schaden des Käufers führen würde. Dieser Ansicht kann nicht zugestimmt werden. Der Verlust des Schadenfreiheitsrabattes macht § 281 BGB nicht unanwendbar.[621] Zur Herbeiführung eines gerechten Ausgleichs muss allerdings das dem Verkäufer zustehende Surrogat in Form der Versicherungsleistung um die vom Käufer gezahlten Prämien und um den Beitragsschaden gekürzt werden.[622]

Selbstverschuldete Beschädigungen des Fahrzeugs sowie dessen etwaige Zerstörung bewirken den Ausschluss des Wandlungsrechts, Beschädigungen jedoch nur, wenn sie als wesentliche Verschlechterung im Sinne von § 351 BGB anzusehen sind. Das Recht auf Minderung wird dadurch nicht beeinträchtigt. Die Beweislast für eine wesentliche Beschädigung trägt der Verkäufer, die für fehlendes Verschulden der Käufer, zu dessen Lasten eine ungeklärte Schuldfrage geht.[623]

Beispiele aus der Rechtsprechung:
- Eine wesentliche Verschlechterung des Kfz ist anzunehmen, wenn bei einem Unfall nicht nur Blechschäden entstehen, sondern auch tragende Teile in Mitleidenschaft gezogen werden, wenn der Reparaturumfang rd. 8000 DM beträgt, etwa ein Drittel des Kaufpreises ausmacht, und wenn nach Vornahme der Reparatur eine Wertminderung von 2000 DM verbleibt.[624]
- Belaufen sich die erforderlichen Reparaturkosten auf ca. 1/5 des Zeitwertes, liegt eine wesentliche, die Wandlung ausschließende Verschlechterung vor, wenn sich der Käufer vom Vorwurf des Verschuldens nicht entlastet.[625]
- Eine leichte Verformung des Heckabschlußblechs ist als unwesentlich einzustufen.[626]
- Eine Fahrzeugbeschädigung, die sich mit einem Kostenaufwand von 858,04 DM ohne Verbleib einer Wertminderung beseitigen lässt, ist als unwesentlich zu bewerten.[627]
- Durch eine ordnungsgemäße und wertminderungsfreie Heckschadenreparatur erfährt ein Fahrzeug keine wesentliche Verschlechterung, wobei eine zurückgebliebene sog. Ausbauchung der hinteren Stoßfängerhalterung wegen ihrer Geringfügigkeit für die Anwendung des § 351 BGB ohnehin ausscheidet.[628]

---

618 LG Köln 31. 5. 1990 – 2 O 628/89 – n. v.
619 OLG Rostock 19. 2. 1997, OLGR 1997, 281, 282.
620 Urt. 22. 6. 1993 – 3 U 25/93 – n. v.
621 BGH 4. 3. 1955, VersR 1955, 225.
622 BGH 4. 3. 1955, VersR 1955, 225; a. A. *Soergel/Huber,* § 467 Rn 62; *Soergel/Wiedemann,* § 281 Rn 37.
623 BGH 23. 10. 1974, NJW 1975, 44; OLG Düsseldorf, 19. 12. 1997, OLGR 1998, 131, 133; LG Hamburg 20. 1. 1993, ZfS 1994, 15.
624 LG Hamburg 20. 1. 1993, ZfS 1994, 15.
625 OLG Düsseldorf 19. 12. 1997, OLGR 1998, 131.
626 LG Köln 20. 2. 1986 – 2 O 372/85 – n. v.
627 OLG Frankfurt 25. 11. 1987, DAR 1988, 242.
628 OLG Köln 16. 10. 1986 – 12 U 71/86 – n. v.

– Fachgerecht reparierte Wild- und Sturmschäden sowie pauschal behauptete Lackschäden sind nicht wesentlich.[629]

761 Zwischen **Zufall** im Sinne von § 350 BGB und **Verschulden** im Sinne von § 351 BGB gibt es Raum für Fallkonstellationen, die sich weder der einen noch der anderen Gesetzesvorschrift zuordnen lassen. Dazu gehört der Untergang bzw. die Verschlechterung infolge des Sachmangels, durch von außen kommende Einwirkungen oder durch ein Verkäuferhandeln. In all diesen Fällen ist die Wandlung nicht ausgeschlossen, da es an einem dem Käufer zurechenbaren Handeln in Form einer Außerachtlassung der in eigenen Angelegenheiten gebotenen Sorgfalt fehlt.

Wenn die Verschlechterung oder die Zerstörung darauf beruht, dass ein Sachmangel und ein Verschulden des Käufers zusammentreffen, trägt der Verkäufer das Schadensrisiko, sofern die (fehlerhafte) Einrichtung bezwecken sollte, den Käufer vor einem derartigen Schaden zu schützen (Beispiel: Versagen der Bremsen und überhöhte Geschwindigkeit führen zum Unfall). Es verbleibt bei dem gesetzlichen Ausschluss der Wandlung, wenn der Mangel des Fahrzeugs zu dessen Verschlechterung oder dessen Untergang nicht kausal beigetragen hat.

762 Umstritten ist, ob § 351 BGB analog auf den Fall anzuwenden ist, dass sich die wesentliche Verschlechterung bzw. Zerstörung des Fahrzeugs auf Grund seiner **besonderen Betriebsgefahr** bei einem Unfall verwirklicht hat.[630] Die besseren Argumente sprechen für eine Gleichstellung von Betriebsgefahr und Verschulden, weil der Autounfall kein „Zufall" im Sinne von § 350 BGB ist, sondern sich als Verwirklichung des besonderen Risikos der Betriebsgefahr darstellt. Deshalb erscheint es nicht unvertretbar, das mit der erhöhten Betriebsgefahr verbundene Risiko der wesentlichen Verschlechterung und des Untergangs dem Käufer zuzuweisen, der das Fahrzeug nutzt und damit die erhöhte Betriebsgefahr setzt.[631] Hieraus folgt allerdings nicht, dass der Käufer jeden ursächlich auf sein Verhalten zurückzuführenden Schaden selbst zu tragen hat, da hierdurch die Grenze zwischen dem nach § 351 BGB erforderlichen Verschulden und dem Zufall, auf den es in § 350 BGB maßgeblich ankommt, zu Lasten des Käufers verschoben würde. Die Ausnahme im Hinblick auf die Betriebsgefahr ist hinnehmbar, da der Gesetzgeber dem Halter eines Fahrzeugs das Risiko der Betriebsgefahr zugewiesen hat und die praktischen Auswirkungen wegen der Versicherungspflicht bei Kraftfahrzeugen für den Käufer gering sind. Folgt man der hier vertretenen Auffassung, muss der Käufer nachweisen, dass der Unfall, der zur Beschädigung oder Zerstörung des Fahrzeugs geführt hat, auf einem für ihn unabwendbaren Ereignis beruhte. An die Beweisführung der Unabwendbarkeit werden strenge Anforderungen gestellt.[632]

763 Rechtsprechung und Schrifttum stehen überwiegend auf dem Standpunkt, dass § 300 BGB auch im Verhältnis zwischen dem Wandlungsberechtigten und dem Wandlungsverpflichteten Anwendung findet[633] und dass das einseitige Wandlungsbegehren den Verkäufer in Annahmeverzug setzt, wenn es zugleich das Angebot der Rückgabe des Fahrzeugs enthält und der Verkäufer ablehnt.[634] Der Verkäufer hat es in der Hand, die Gegenleistung sofort zurückzuerhalten, indem er die Wandlung akzeptiert und den Kaufpreis an den Käufer erstattet. Tut er das nicht und lässt er es auf einen Prozess ankommen, ist es gerecht und billig, dass ein etwaiger Wertverlust zu seinen Lasten geht, es sei denn, dass der Käufer die Entwertung vorsätzlich oder grob fahrlässig herbeigeführt hat.[635]

---

629 OLG Rostock 19. 2. 1997, OLGR 1997, 281.
630 Vgl. die eingehende Darstellung bei *Soergel/Huber*, § 467 Rn 56 ff.
631 *Soergel/Huber*, § 467 Rn 58 m. w. N.
632 *Jagusch/Hentschel*, § 7 StVG Anm. 30 ff. m. w. N.
633 So schon RG 9. 12. 1903, RGZ 56, 270; OLG Koblenz 8. 10. 1985, MDR 1986, 316; a. A. LG Köln 18. 1. 1985 – 11 S 334/83 – n. v.
634 *Staudinger/Honsell*, § 465 Rn 13; *Palandt/Heinrichs*, § 300 Rn 2; LG Köln 24. 6. 1987 – 26 S 398/86 – n. v.
635 BGH 26. 10. 1978, BB 1979, 292 für den Fall der Entwertung nach erfolgreicher Irrtumsanfechtung.

Wandlung **Rn 764–766**

Die Haftungserleichterung des § 300 Abs. 1 BGB betrifft trotz des weiter gehenden Wortlauts nur die Haftung für den Leistungsgegenstand.[636] Sie kommt dem Käufer nur insoweit zugute, als es um die **Aufbewahrung** des Fahrzeugs geht.[637] Bei Verletzung sonstiger Pflichten haftet der Käufer nach den allgemeinen Verschuldensmaßstäben.[638] Da der **Haftungsmaßstab des § 300 Abs. 1 BGB** für die Weiterbenutzung des Fahrzeugs durch den Käufer nicht gilt, schließt trotz des Annahmeverzugs des Verkäufers jede Fahrlässigkeit des Käufers das Wandlungsrecht aus. Selbst eine auf erhöhter Betriebsgefahr beruhende Verschlechterung oder Zerstörung des Fahrzeugs sperrt das Wandlungsrecht, sofern man sie nicht den Zufallsereignissen des § 350 BGB zurechnet. Der Annahmeverzug des Verkäufers berechtigt den Käufer, das Fahrzeug auf dessen Kosten und Gefahr bei einem Lagerhalter einzulagern. Dieser ist, weil die Lagerung auf Gefahr des Verkäufers erfolgt, nicht Erfüllungsgehilfe des Käufers.[639]

764

Für eine von ihm verschuldete **unwesentliche Verschlechterung** des Fahrzeugs, die das Wandlungsrecht nicht ausschließt, haftet der Käufer nach §§ 467 S. 1, 347 S. 1, 989 BGB „von dem Empfang der Leistung an", also ab Erhalt des Fahrzeugs. Die dem Käufer kraft des eindeutigen Wortlauts auferlegte Haftung, die der eines Besitzers gegenüber dem Eigentümer nach dem Eintritt der Rechtshängigkeit entspricht, wird als unangemessen empfunden, weil der Käufer auf den Bestand des Kaufvertrags vertraut und im Gegensatz zum Rücktrittsberechtigten die Rückabwicklung des Vertrags nicht einkalkuliert. Aus diesem Grund wird gefordert, der Käufer solle für unwesentliche Verschlechterungen nur insoweit haften, als er sie nach dem Zeitpunkt der Kenntniserlangung der zur Wandlung berechtigenden Umstände verschuldet hat.[640] Begründet wird die auf den Zeitpunkt der Kenntniserlangung reduzierte Verschuldenshaftung teils durch teleologische Reduktion, teils durch Analogie zu § 327 S. 2 BGB, teils mit allgemeinen Erwägungen.[641] Nach der Gegenansicht verbieten sowohl der eindeutige Wortlaut der §§ 467 S. 1, 347 S. 1 BGB als auch die Entstehungsgeschichte des § 347 BGB die Ausnahme von der Rücktrittsregel. Es mache keinen Sinn, dass der Käufer, der vor Entdeckung des Mangels einen Totalschaden verschuldet hat, diesen selbst tragen soll, während das Beschädigungsrisiko zu Lasten des Verkäufers gehen soll, wenn er mit einem Blechschaden davonkommt.[642]

765

6. Fahrzeugverlust und Weiterveräußerung

Eine **anderweitige Herausgabeunmöglichkeit** liegt z. B. im Fall des Diebstahls, der Veräußerung und der Zwangsversteigerung des Fahrzeugs vor, sie ist aber auch dann anzunehmen, wenn der Käufer definitiv erklärt, er sei zur Wiederbeschaffung nicht im Stande oder nicht bereit oder er wisse nicht, wo sich das Fahrzeug befindet. Aus der Tatsache, dass § 351 S. 1 BGB das Unvermögen zur Rückgabe der Unmöglichkeit nicht gleichstellt, ergibt sich, dass einfaches **Unvermögen** das **Wandlungsrecht nicht blockiert.**[643] Ob der Käufer tatsächlich außer Stande ist, das Fahrzeug herauszugeben, kann der Verkäufer dadurch klären, dass er dem Käufer für die Rückgabe eine Nachfrist mit Ablehnungsandrohung setzt (§ 354 BGB),

766

---

636 *Staudinger/Löwisch,* § 300 Rn 3; *Palandt/Heinrichs,* § 300 Rn 2.
637 Rn 768.
638 *Soergel/Huber,* § 467 Rn 30.
639 *Soergel/Huber,* § 467 Rn 29.
640 *Thielmann,* VersR 1970, 1069 ff.; *Jansen,* MünchKomm, § 347 Rn 17; *Jauernig/Vollkommer,* § 347 Anm. 3c; *Erman/Westermann,* § 347 Rn 5; *Palandt/Heinrichs,* § 347 Rn 8 m. w. N.; a. A. *Soergel/Huber,* § 467 Rn 48; *Weitnauer,* NJW 1967, 2314; *Huber,* JZ 87, 654.
641 *Thielmann,* VersR 1970, 1069 ff.; *Palandt/Heinrichs,* § 347 Rn 8; *Soergel/Hadding,* § 347 Rn 10.
642 *Soergel/Huber,* § 467 Rn 48, der für eine strikte Anwendung der Rücktrittsvorschriften eintritt, weil sie den Pflichtenkatalog des Käufers festlegen.
643 RG 8. 2. 1902, RGZ 50, 188, 190; *Erman/Grunewald,* § 440 Rn 5; *Soergel/Huber,* § 467 Rn 35; a. A. *Staudinger/Kaduk,* § 351 Rn 8; *Ballhaus,* RGRK, § 351 Rn 5.

nach deren ergebnislosem Ablauf das Wandlungsrecht verfällt. Dieses Vorgehen setzt – ebenso wie § 466 BGB – voraus, dass der Verkäufer bereit ist, die Wandlung durchzuführen. Beide Vorschriften helfen dem Verkäufer nicht, wenn er, wie so oft, das Vorliegen der Wandlungsvoraussetzungen bezweifelt.

767 Bei **Verlust** oder **Weiterveräußerung** vor Vollzug der Wandlung ist – ebenso wie bei wesentlicher Verschlechterung und Untergang – auf das gegensätzliche Begriffspaar „Zufall" und „Verschulden" in §§ 350, 351 BGB abzustellen. Für die Annahme eines Verschuldens reicht die Feststellung, dass der Käufer die Unmöglichkeit mit **„Absicht"** oder aus **„Unachtsamkeit"** herbeigeführt hat. Durch Weiterveräußerung, die regelmäßig mit Absicht erfolgt, begibt sich der Käufer der Rückgabemöglichkeit, sodass sein Verhalten mit Blick auf das Verbot des „venire contra factum proprium", das in § 351 BGB zum Ausdruck gelangt, stets als schuldhaft zu bewerten ist,[644] es sei denn, der Käufer hat sich die Rückerwerbsmöglichkeit offen gehalten. Fehlt dem Käufer das für den Rückerwerb erforderliche Geld, hat er sein finanzielles Unvermögen zu vertreten, ohne dass es darauf ankommt, aus welchen Gründen er in Not geraten ist. Bei Anwendung des § 351 BGB steht finanzielles Unvermögen dem Verschulden gleich.[645]

768 Nach Geltendmachung der Wandlung und Begründung des **Annahmeverzugs** hat der Käufer bezüglich des Verlustrisikos nur **Vorsatz** und **grobe Fahrlässigkeit** zu vertreten. Nicht grob fahrlässig handelt nach Meinung des LG Köln[646] ein Käufer, der seinen Wagen mehrere Monate lang auf dem **eingefriedeten Gelände** einer Vertragswerkstatt stehen lässt, ohne sich um das Auto zu kümmern. Selbst wenn die Umzäunung an mehreren Stellen unterbrochen ist, soll nach Meinung einer anderen Kammer des LG Köln bei einem **nicht ohne weiteres zugänglichen Abstellgelände** keine grobe Fahrlässigkeit des Käufers anzunehmen sein.[647] Es stellt keinen Verstoß gegen die Sorgfaltspflicht dar, wenn der Käufer mit Rücksicht auf die Wandlung das Fahrzeug auf der Straße abstellt und nicht extra eine Garage anmietet.[648]

769 Wird ein Fahrzeug dem **Sachverständigen** zur Begutachtung im Rahmen eines selbstständigen Beweisverfahrens **übergeben** und bewahrt dieser das Auto im Einvernehmen mit dem Käufer während des anschließenden Prozesses auf, muss sich der Käufer dessen Verschulden über § 278 BGB zurechnen lassen. Er verliert sein Wandlungsrecht entsprechend § 351 BGB, wenn der Sachverständige das Auto anlässlich einer Verlegung seiner Betriebsstätte verschrotten lässt.[649] Diese Rechtsfolge tritt allerdings dann nicht ein, wenn sich der Verkäufer mit der Rücknahme des Fahrzeugs in Annahmeverzug befindet, da der Sachverständige als **Lagerhalter** in diesem Fall nicht als Erfüllungsgehilfe des Käufers tätig wird.[650] **Erfüllungsgehilfen** für die Obhut über die Sache mit dem Ziel, diese tunlichst vor Schaden zu bewahren, können gesetzliche Vertreter, Angehörige, Angestellte und selbstständige Dritte sein. Verschuldet ein Dritter, der das Fahrzeug infolge einer Verfügung des Käufers erlangt hat, die wesentliche Verschlechterung, den Untergang oder die anderweitige Unmöglichkeit der Herausgabe, muss sich der Käufer diese Umstände im Rahmen von § 351 BGB entgegenhalten lassen (§ 353 BGB).

Falls der Käufer im Verlauf des Wandlungsprozesses das Fahrzeug an einen Dritten veräußert, fallen dem Verkäufer die Kosten des in der Hauptsache erledigten Rechtsstreits zur

---

644 *Palandt/Heinrichs*, § 351 Rn 4.
645 *Soergel/Huber*, § 467 Rn 38.
646 Urt. 22. 1. 1975 – 16 O 37/73 – n. v.
647 LG Köln 24. 6. 1987 – 26 S 289/86 – n. v.
648 OLG Bremen, Urt. 22. 6. 1993 – 3 U 25/93 – n. v.
649 AG Köln 3. 6. 1987 – 138 C 833/86 – n. v.
650 LG Hamburg 9. 1. 1992, SeuffArch. 68 Nr. 35 – kein Verlust des Wandlungsrechts, wenn das Auto durch Verschulden des Garagenbesitzers, bei dem der Käufer es während des Rechtsstreits über die Wandlung untergestellt hat, wesentlich verschlechtert wird; *Soergel/Huber*, § 467 Rn 29.

Last, wenn die Klage zum Zeitpunkt des erledigenden Ereignisses zulässig und begründet war.[651]

7. Weitergebrauch nach Vollzug der Wandlung

Der Vollzug der Wandlung ist als diejenige Rechtshandlung anzusehen, bis zu der ein Verschulden der in § 351 BGB bezeichneten Art den Ausschluss des Wandlungsrechts zur Folge haben kann.[652] § 351 BGB erfasst nicht die Ereignisse nach Vollziehung des Gewährleistungsanspruchs, sodass eine ab diesem Zeitpunkt eintretende Entwertung des Fahrzeugs durch Zerstörung, Verlust und Weiterveräußerung an dem durch die Wandlung geschaffenen Rechtszustand nichts mehr ändert. Vom Augenblick des Vollzugs der Wandlung an gelten gem. § 347 BGB die für das **Eigentümer-Besitzer-Verhältnis** maßgeblichen Bestimmungen der §§ 987 ff. BGB.

770

8. Rückabwicklung

Auf die Wandlung finden weitgehend die **Vorschriften des Rücktrittsrechts** Anwendung. Bei der Zug-um-Zug-Rückabwicklung hat der Käufer das Fahrzeug einschließlich aller mitverkauften Zubehörteile und der Kfz-Papiere zurückzugeben. Der Verkäufer muss den Kaufpreis – evtl. abzüglich etwaiger Gebrauchsvorteile – erstatten, der gem. §§ 347 S. 3, 288 BGB, § 352 HGB mit 4% und bei Kaufleuten mit 5% von der Zeit des Empfangs an zu verzinsen ist.[653] Die Zinsen sind aus dem vollen Betrag des gezahlten Kaufpreises zu berechnen und nicht aus dem nach Abzug der Gebrauchsvorteile verbleibenden Restbetrag.[654]

771

Falls der Käufer einen Teil des Neuwagenpreises durch **Inzahlunggabe seines Altwagens** getilgt hat, geht die vereinbarte Ersetzungsbefugnis durch Vollzug der Wandlung ins Leere.[655] Der Kaufvertrag ist in der Form rückabzuwickeln, in der sich der Austausch der Leistungen vollzogen hat. Der Verkäufer hat die empfangene Leistung, bestehend aus dem teilweise in bar gezahlten Kaufpreis, teilweise aus dem in Zahlung gegebenen Altwagen, zurückzugewähren. Kann er das Auto nicht mehr zurückgeben, hat er dem Käufer den objektiven **Wert** des Fahrzeugs zu **ersetzen.** Nach Ansicht des OLG Düsseldorf[656] ist der Anspruch des Käufers auf den geringeren Verkehrswert zu beschränken, wenn der Verkäufer das Altfahrzeug im Rahmen einer Verschrottungsaktion in Zahlung genommen und dafür eine über dem Verkehrswert liegende Verschrottungsprämie geboten hat, da – so die Begründung – der Käufer nur im Zusammenhang mit dem aufgelösten Kaufvertrag über das Neufahrzeug den Vorteil habe erzielen können.

Erfüllungsort für die Zug um Zug zurückzugewährenden Leistungen sowohl aus geltend gemachter als auch aus vollzogener Wandlung ist nach weit überwiegender Meinung der **Ort, an dem sich das Fahrzeug befindet.**[657] Dies gilt auch dann, wenn sich das Fahrzeug vertragsgemäß nicht am Wohn- oder Betriebssitz des Käufers, sondern an einem anderen Ort befindet.[658] Bei der Rückgabeverpflichtung des Käufers handelt es sich um eine **Holschuld** (§ 269 BGB). Die **Zahlungspflicht des Verkäufers** wird zur **Bringschuld,** weil der Käufer

772

---

651 LG Köln 8. 11. 1979 – 75 O 432/77 – n. v.
652 BGH 29. 10. 1959, BGHZ 22, 90 ff.
653 OLG Hamm 21. 12. 1980, DB 1980, 778 ff.
654 A. A. LG Köln 2. 9. 1988 – 14 O 309/87 – n. v.
655 BGH 30. 11. 1983, NJW 1984, 429.
656 Urt. 24. 4. 1998, OLGR 1999, 30, 31.
657 BGH 9. 3. 1983, BB 1983, 793 ff. m. w. N.; OLG Stuttgart 23. 10. 1998, NJW-RR 1999, 1576; OLG Nürnberg 25. 6. 1974, NJW 1974, 2237; *Soergel/Wolf,* § 269 Rn 30; *Palandt/Heinrichs,* § 269 Rn 16; *Palandt/Putzo,* § 467 Rn 4; *Staudinger/Selb,* BGB 13. Bearb., § 269 Rn 14; *Jauernig/Vollkommer,* § 269 Rn 8; *Soergel/Huber,* § 433 Rn 259 m. w. N.; *Zöller/Vollkommer,* § 29 Rn 25.
658 LG Köln 15. 4. 1982 – 6 S 9/82 – n. v.

die Herausgabe des Fahrzeugs von der Erstattung des Kaufpreises abhängig machen darf. Der Verkäufer hat sowohl die Kosten der Rücknahme des mangelhaften Neufahrzeugs[659] als auch die Kosten für den Rücktransport des vom Käufer in Zahlung gegebenen Altwagens zu tragen.[660]

Der Ort, an dem sich das Fahrzeug befindet, bleibt Erfüllungsort, auch wenn der Käufer das Fahrzeug bereits zurückgegeben hat, es sei denn, dass die Parteien die Wandlung durch Einverständnis vollzogen haben.[661]

Das Schrifttum differenziert zwischen Ansprüchen aus geltend gemachter und vollzogener Wandlung. Während der Wohnsitz bzw. die Niederlassung des Verkäufers als maßgeblich für den Zahlungsort der Ansprüche aus vollzogener Wandlung angesehen wird, soll für den Anspruch auf Herbeiführung der Wandlung einheitlich der Wohnsitz des Käufers als Erfüllungsort und Gerichtsstand gelten, da stets der Bestand, der Wegfall oder die Umgestaltung der Kaufpreisschuld im Streit stehe, und zwar unabhängig davon, ob nun der Käufer selbst auf Wandlung klage oder ob er sich gegen eine Kaufpreisschuld verteidige.[662] Diese Ansicht beruht auf der Annahme, die Kaufpreisschuld sei am Wohnsitz des Käufers zu erfüllen, was beim Neuwagenkauf jedoch nicht der Fall ist.

Die **Rückzahlung** des Kaufpreises stellt **keine Leistung im umsatzsteuerlichen Sinn** dar, weil sich der wirtschaftliche Gehalt des Vorgangs darin erschöpft, einen bereits vollzogenen Leistungsvorgang wieder rückgängig zu machen. Demzufolge fällt keine Umsatzsteuer an.[663]

9. Vertragskosten

773   Eine bei der Wandlung oft übersehene Vorschrift ist § 467 S. 2 BGB, die den Verkäufer zum Ersatz der Vertragskosten verpflichtet. Für den Neuwagenkauf ist diese Anspruchsgrundlage von großer Bedeutung, weil viele Käufer im Zusammenhang mit dem Vertragsabschluss eine ganze Reihe von Aufwendungen zu machen pflegen, von denen einige – wie etwa die Überführungskosten – fast regelmäßig anfallen. Abzugrenzen sind diejenigen **Aufwendungen,** die der **Vertragserfüllung** dienen, von den Aufwendungen, durch die die **Sache erhalten oder verbessert** wird (Verwendungen).

Die Vertragskosten im Sinne von § 467 S. 2 BGB lassen sich wie folgt kategorisieren:
– Aufwendungen des Käufers im Zusammenhang mit dem Vertragsabschluss,
– Aufwendungen des Käufers im Zusammenhang mit der Abnahme des Fahrzeugs,
– Aufwendungen des Käufers zum Zweck der Vertragserfüllung.

Ob Aufwendungen des Käufers zum Zweck der Vertragsauflösung und Rückabwicklung von § 467 S.2 BGB erfasst werden, ist strittig.[664]

a) Vertragsabschlusskosten

774   Zu den im Zusammenhang mit der Anbahnung und dem Abschluss des Kaufvertrags dem Käufer entstehenden Aufwendungen, deren Ersatzfähigkeit im Rahmen der Wandlung auf Grund der ausdrücklichen Regelung von § 467 S. 2 BGB außer Frage steht, gehören Telefongebühren, Fahr- und Reisekosten, Vermittlungshonorare, Vertreterkosten, Telegrammkosten der Bestellung[665] sowie diejenigen Kosten, die der Käufer nach § 449 BGB zu tragen hat.

---

659 OLG Stuttgart 23. 10. 1998, NJW-RR 1999, 1576.
660 LG Köln 8. 1. 1992, VuR 1992, 89.
661 *Staudinger/Honsell,* § 465 Rn 26.
662 *Westermann,* MünchKomm, § 465 Rn 13; *Staudinger/Honsell,* § 465 Rn 23.
663 OLG Köln 12. 10. 1979 – 19 U 58/79 – n. v.
664 Dazu Rn 779 ff.
665 *Staudinger/Honsell,* § 467 Rn 34 ff.; *Erman/Weitnauer,* § 467 Rn 9.

Wandlung   Rn 775, 776

b) Abnahmekosten

Aufwendungen für die Untersuchung des Fahrzeugs durch eine Werkstatt oder einen Gutachter sind typische Kosten, die dem Käufer im Zusammenhang mit der **Abnahme** des Fahrzeugs entstehen.[666] Ebenfalls unter den Vertragskostenersatz des § 467 S. 2 BGB fallen die vom Käufer aufgewendeten Kosten für die Abholung des Fahrzeugs.

c) Vertragserfüllungskosten

Der Vertragserfüllung lassen sich beim Neuwagenkauf **Einbau- und Montagekosten**[667] zurechnen, jedenfalls soweit sie im Zusammenhang mit dem Fahrzeugkauf stehen und vom Verkäufer durchgeführt worden sind, ferner **Anmeldegebühren**,[668] Aufwendungen für Nummernschilder und Kfz-Papiere,[669] **Überführungskosten**,[670] die dem Käufer im Fall der Selbstabholung des Fahrzeugs allerdings nur in Höhe der tatsächlich entstandenen und nicht in Höhe der vom Händler üblicherweise berechneten Kosten zu erstatten sind,[671] **Transportkosten** vom Verkäufer zum Käufer, falls sich die Notwendigkeit des Transports aus dem Kaufvertrag ergibt,[672] **Gebühren** für eine **Verzollung**,[673] Kosten, die nach § 448 BGB auf den Käufer entfallen,[674] und – so die Meinung des LG Köln –[675] **Beträge**, die der Käufer für eine **Garantieverlängerung** aufgewendet hat.

Aufwendungen, die dem Käufer dadurch entstehen, dass er wegen der Mangelhaftigkeit des Neuwagens sein Altfahrzeug vorübergehend wieder in Betrieb nimmt, sind keine Vertragskosten i. S. v. § 467 S. 2 BGB. Sie stehen nicht in notwendigem Zusammenhang mit der Vertragserfüllung, sondern sind eine Folge der nicht gegebenen Gebrauchstauglichkeit der Kaufsache.[676]

d) Vertragsauflösungs- und Rückabwicklungskosten

Es ist umstritten, ob § 467 S. 2 BGB das Grundprinzip durchbricht, das besagt, dass jede   776
Partei die Kosten selbst zu tragen hat, die sie zur Feststellung, Wahrung und Geltendmachung ihrer Rechte aus einem Vertragsverhältnis, seiner **Auflösung** und seiner **Rückabwicklung** aufwendet.

Der BGH[677] und maßgebliche Stimmen im Schrifttum[678] stehen auf dem Standpunkt, dass der Anspruch auf Erstattung der mit der Rückabwicklung verbundenen Aufwendungen dem

---

666 *Soergel/Huber*, § 467 Rn 112.
667 BGH 9. 3. 1983, NJW 1983, 1479; OLG Celle 13. 12. 1995, OLGR 1996, 85; *Staudinger/Honsell*, § 467 Rn 35; *Westermann*, MünchKomm, § 467 Rn 9; abl. *Roussos*, BB 1986, 10 ff.; *Soergel/Huber*, § 467 Rn 110 mit der Begründung, sie seien keine Vertrags-, sondern Folgekosten.
668 LG Köln 19. 1. 1989 – 22 O 582/87 – n. v.; LG Bonn 4. 8. 1989 – 18 O 7/89 – n. v.; einschränkend *Soergel/Huber*, § 467 Rn 105, der den Anspruch auf Ersatz der Anmeldekosten von der Voraussetzung abhängig macht, dass die Anmeldung noch zu den Vertragspflichten des Verkäufers gehört.
669 OLG Frankfurt 25. 11. 1989 – 22 O 582/87 – n. v.
670 OLG Köln 9. 5. 1986, DAR 1986, 320 – insoweit nicht abgedruckt –.
671 OLG Köln 9. 5. 1986, DAR 1986, 320 – insoweit nicht veröffentlicht –.
672 *Soergel/Huber*, § 467 Rn 106.
673 *Soergel/Huber*, § 467 Rn 106.
674 OLG Koblenz 16. 5. 1997, OLGR 1997, 186.
675 Urt. 4. 5. 1994 – 23 O 24/92.
676 OLG Koblenz 16. 5. 1997, OLGR 1997, 185.
677 Urt. 9. 3. 1983, NJW 1983, 1479; der gleichen Ansicht OLG Koblenz 23. 6. 1988, NJW-RR 1989, 336; OLG Karlsruhe 9. 10. 1985, MDR 1986, 234; OLG Hamm 4. 5. 1992, CR 1994, 99; 25. 2. 1999, OLGR 1999, 149; OLG Stuttgart 23. 10. 1998, NJW-RR 1999, 1576; LG Gießen 17. 7. 1991, NJW-RR 1992, 504 ff.
678 *Soergel/Wiedemann*, BGB § 286 Rn 25 ff.; *Soergel/Huber*, BGB, 12. Aufl., § 467 Rn 113; *Westermann*, MünchKomm, § 467 Rn 9 f.; *Staudinger/Honsell*, BGB 13. Bearb., § 467 Rn 35; *Deckers*, NJW 1997, 158 ff.

wandelnden Käufer grundsätzlich nur unter der **Voraussetzung des Verkäuferverzugs** zu gewähren ist. Der sich aus Wortlaut, Sinn, Zweck und Gesetzessystematik ergebende Anwendungsbereich des § 467 BGB und die von § 463 BGB ausgehende Sperrwirkung verbieten es ihres Erachtens, die bei der Rückabwicklung des Kaufvertrags anfallenden Kosten als Vertragskosten aufzufassen.[679]

Nach verbreiteter Gegenmeinung umfassen die Vertragskosten auch die Kosten für die Auflösung und Rückabwicklung des Vertrags.[680] Sie beruht auf der Vorstellung, es sei der Wille des Gesetzgebers gewesen, den Käufer grundsätzlich so zu stellen, als habe er sich auf den Vertrag nicht eingelassen.[681] Die **dogmatischen Begründungsansätze** sind unterschiedlich. Während die einen in § 467 Abs. 2 BGB einen gesetzlich geregelten Fall eines verschuldensunabhängigen Schadensersatzanspruchs sehen, der – ähnlich wie die Regelungen von §§ 122 Abs. 1, 179 Abs. 2, 307 Abs. 1 Satz 1 BGB – auf Ersatz des Vertrauensschadens ausgerichtet ist,[682] leiten andere das Ergebnis aus der noch fortwährenden schuldrechtlichen Verbindung mit daraus resultierenden Erfüllungspflichten ab, deren Zielrichtung sich durch die Begründung des Wandlungs-(Schuld-)Verhältnisses allerdings verändert.[683]

aa) Gutachterkosten

777 Zu den Aufwendungen, die im Rahmen der Vertragsauflösung und Rückabwicklung anfallen, gehören in erster Linie die zum Zwecke der **Fehlerfeststellung notwendigen** Gutachterkosten. Sie fallen nach überwiegend vertretener Ansicht **nicht** unter die gem. § 467 BGB vom Verkäufer zu erstattenden **Vertragskosten**.[684] Dies gilt auch, wenn der Käufer ein selbstständiges Beweisverfahren anstrengt, ohne den Verkäufer zuvor im Hinblick auf die Zustimmung zur Wandlung in Verzug zu setzen.[685]

bb) Kosten für Mängelanzeige, Ausbau und Rücktransport

778 Zur Begründung eines Anspruchs auf Ersatz der Rücktransportkosten bedarf es nicht des Rückgriffs auf § 467 Abs. 2 BGB, wenn das Fahrzeug wegen der Mängel betriebsunfähig wird und nicht auf eigener Achse zum Verkäufer verbracht werden kann. In diesem Fall ergibt sich der Anspruch auf Ersatz der Abschleppkosten aus Abschn. VII, Ziff. 2d NWVB i. V. m. § 476a BGB.[686] Unabhängig davon ist die Rückgabe des Fahrzeugs aus vollzogener Wandlung am Wohn- oder Betriebssitz des Käufers zu erfüllen,[687] sodass die Kosten der Abholung grundsätzlich den Verkäufer treffen.

Als Rechtsgrundlage des Anspruchs auf Erstattung der vom Käufer aufgewendeten Kosten für die Mängelanzeige kommt § 476a BGB in Betracht.[688]

---

679 So insbes. OLG Hamm 25. 2. 1999, OLGR 1999, 149.
680 OLG Frankfurt 25. 11. 1987, DAR 1988, 242, 243; OLG Köln 9. 5. 1986, DAR 1986, 320; *Roussos*, BB 1986, 10 ff.; *Jauernig/Vollkommer*, § 467 Rn. 10; *Palandt/Putzo*, § 467 Rn 18; *Erman/Weitnauer*, § 467 Rn 9 m. w. N.
681 LG Aachen 28. 9. 1988 – 7 S 192/88 – n. v.
682 Nachweise bei *Deckers,* NJW 1997, 158 ff., Fn. 15–17.
683 *Roussos,* BB 1986, 10 ff., 14.
684 OLG Karlsruhe 9. 10. 1985, MDR 1986, 234; OLG Koblenz 23. 6. 1988, BB 1989, 21; LG Bonn 4. 8. 1989 – 18 O 7/89 – n. v.; *Muscheler*, AcP 1987, 360 ff. und JuS 1994, 732 ff.; a. A. OLG Frankfurt Urt. 25. 11. 1987, DAR 1988, 242; zust. *Roussos,* BB 1986, 10 ff., 14 m. w. N.
685 OLG Hamm 25. 2. 1999, OLGR 1999, 149.
686 Rn 669.
687 Rn 772.
688 Strittig, dazu Rn 674.

cc) Anwaltsgebühren

Die Gebühren des Anwalts, den der Käufer mit der Prüfung der Rechtslage und mit der Abgabe der Wandlungserklärung beauftragt, gehören zu denjenigen Kosten, die im Zuge der Vertragsauflösung anfallen. Es ist **äußerst umstritten,** ob der Verkäufer die Anwaltsgebühren gem. § 467 S. 2 BGB übernehmen muss.[689]

779

Die Einschaltung eines Anwalts ist oftmals erforderlich, zumal dann, wenn der Käufer geschäftsunerfahren ist. Der Käufer kann die Rückgängigmachung des Vertrags zwar persönlich verlangen und geltend machen, als juristischer Laie aber selten beurteilen, ob die Nachbesserung fehlgeschlagen und die Wandlungsreife eingetreten ist.[690] Er kennt nicht die Modalitäten der Rückabwicklung und Abrechnung des Vertrages nach vollzogener Wandlung und ist deshalb auf Hilfe angewiesen. Aus diesem Grund wird die Ansicht vertreten, die Einschaltung eines Rechtsanwalts sei zur Herstellung der **Waffengleichheit** notwendig, wenn ein juristisch nicht geschulter Käufer einem kundigen Verkäufer gegenübersteht, für den der Streitstoff eine Alltagsfrage seines Arbeitsgebietes darstellt.[691] Das AG Köln[692] entschied, eine extensive Handhabung des § 467 S. 2 BGB im Sinne eines Einbezugs der Anwaltskosten sei gerechtfertigt, wenn an einem Neuwagen innerhalb einer kurzen Zeitspanne zahlreiche Mängel auftreten, die der Verkäufer trotz dreimaliger Gelegenheit zur Nachbesserung nicht beseitigt. Von einer grundsätzlichen Verpflichtung des Verkäufers zur Erstattung der Anwaltskosten im Rahmen von § 467 S. 2 BGB geht auch das OLG München[693] in einer Entscheidung aus. Seines Erachtens muss der Verkäufer die Anwaltsgebühren ausnahmsweise nicht übernehmen, wenn keine rechtlich schwierige Lage vorliegt, die die Beauftragung eines Rechtsanwalts erfordert. Von einer einfachen Rechtslage ist auszugehen, wenn die Parteien zum Zweck der Feststellung streitiger Mängel einen Sachverständigen beauftragen und sich nach dem Vorliegen des Gutachtens über die Wandlung des Vertrags grundsätzlich einig sind.

Nach der Gegenmeinung ist für derartige **Billigkeitsüberlegungen** im Rahmen von § 467 S. 2 BGB kein Raum. Weil der Anspruch auf Erstattung der Vertragskosten ein Verschulden nicht voraussetzt, hält es das LG Gießen[694] aus **dogmatischen Gründen** für zwingend geboten, nicht über den Wortlaut von § 467 BGB hinauszugehen und es bei dem allgemeinen Prinzip zu belassen, dass, abgesehen von den Fällen des Verzugs und Schadensersatzes, jede Partei die Kosten ihrer Rechtswahrung selbst zu tragen hat. Schließlich komme, so heißt es im Urteil, auch niemand auf den Gedanken, „als Kosten eines Mietvertrags auch diejenigen anzusehen, die zum Zweck der Vertragsauflösung durch Ausspruch der Kündigung entstehen". Außerdem werde durch Zubilligung eines Anspruchs auf Erstattung der Vertragsrückabwicklungskosten der Grundsatz des § 463 BGB durchbrochen, der besagt, dass Schadensersatz nur statt Wandlung verlangt werden könne. In einer Entscheidung des AG Lüdenscheid[695] heißt es, die Vertragskosten seien im Endeffekt ein Posten, um den sich der „Netto"-Kaufpreis erhöht, da der Käufer sie in der Erwartung aufwende, eine vertragsgemäße Sache zu erhalten. § 467 S. 2 BGB intendiere, dass der Verkäufer dem Käufer den „Brutto"-Kaufpreis ohne Rücksicht darauf erstatten solle, ob die Vertragskosten vom Verkäufer bezahlt und in den Kaufpreis einbezogen worden seien oder ob der Käufer diese Kosten selbst aufgewendet habe. Vor diesem Hintergrund seien Rückabwicklungskosten in Form der

780

---

689 Dafür *Roussos*, BB 1986, 10 ff.; AG Lemgo, Urt. 4. 10. 1990 – 17a C 364/90 – n. v.; *Palandt/Putzo*, § 467 Rn 18; *Erman/Weitnauer*, § 467 Rn 9.
690 LG Nürnberg-Fürth 27. 1. 1982, MDR 1982, 668.
691 LG Aachen 28. 9. 1988 – 7 S 192/88 – n. v.
692 Urt. 11. 2. 1992 – 115 C 608/91 – n. v.
693 Urt. 22. 2. 1989, DAR 1989, 187.
694 Urt. 17. 7. 1991, NJW-RR 1992, 504.
695 Urt. 11. 3. 1993, NJW 1993, 1018.

Anwaltsgebühren keine Vertragskosten, da sie nicht der Durchführung des Vertrags, sondern dessen Rückgängigmachung dienen. Außerdem gebiete § 463 BGB eine restriktive Handhabung des § 467 S. 2 BGB.

Sofern sich die Parteien über die **Wandlung** des Kaufvertrags vor Einschaltung eines Anwalts **einig** sind und danach nur noch über die Modalitäten der Durchführung verhandeln, z. B. über die Höhe der zu verrechnenden Gebrauchsvorteile, begründet dies keinen Anspruch auf Erstattung der Anwaltskosten nach §§ 284, 286 Abs. 1 BGB, es sei denn, dass sich der Verkäufer zum Zeitpunkt der Beauftragung des Anwalts bereits mit der Durchführung der vollzogenen Wandlung in Verzug befunden hat.[696]

e) Finanzierungskosten

781 Die Finanzierungskosten gehören **nicht** zu den **Vertragskosten**[697] und sind vom Verkäufer auch nicht aus pVV, c. i. c. oder gem. § 463 BGB zu ersetzen, falls die Voraussetzungen hierfür vorliegen,[698] da sie Teil des Mangelschadens und kein selbstständiger Folgeschaden sind.

Keine Vertragskosten im Sinne von § 467 S. 2 BGB sind die mit einem Weiterverkauf verbundenen Kosten sowie die Kosten eines Rechtsstreits mit dem Abnehmer des Fahrzeugs. Diese Nachteile sind nur bei Verschulden des Verkäufers und im Fall einer Haftung nach § 463 S. 1 BGB von ihm zu erstatten.[699]

10. Verwendungsersatz

a) Notwendige Verwendungen

782 Gemäß § 347 BGB richtet sich der Anspruch auf Ersatz der Verwendungen nach den Bestimmungen, die für das Verhältnis zwischen dem Eigentümer und dem Besitzer ab Eintritt der Rechtshängigkeit des Herausgabeanspruchs gelten. Nach § 994 Abs. 2 BGB sind notwendige Verwendungen nur zu ersetzen, wenn sie dem **Interesse** und **dem wirklichen oder mutmaßlichen Willen** des Verkäufers entsprechen oder wenn der Verkäufer sie, als für seine Rechnung geschehen, genehmigt (§§ 683 S. 1, 684 S. 2 BGB).

783 Die Anbindung des Anspruchs an das Interesse und den wirklichen oder mutmaßlichen Willen des Verkäufers führt immer dann zu unbefriedigenden Ergebnissen, wenn der Käufer Ersatz für **Verwendungen** begehrt, die er **zu einem Zeitpunkt** getätigt hat, als er die **Voraussetzungen seines Wandlungsrechts weder kannte noch kennen mußte.** In allen anderen Fällen ist ihm der Anspruch auf Ersatz notwendiger Verwendungen losgelöst von dem Interesse und dem wirklichen oder mutmaßlichen Willen des Verkäufers zuzubilligen. Dieses Ergebnis deckt sich durchaus mit dem Ziel der Wandlung, das in der Wiederherstellung des „status quo ante" besteht. Da der Gesetzgeber dem Verkäufer das Risiko der Mangelhaftigkeit der Kaufsache zugewiesen hat, führt die bloße Rückgabe der empfangenen Leistungen nicht zu einer vollständigen Restitution des vorherigen Zustands, wenn die Kaufsache durch eine notwendige Verwendung des Käufers eine Wertsteigerung erfahren hat. Ist die notwendige Verwendung vor Kenntniserlangung der zur Wandlung berechtigen-

---

696 LG Düsseldorf, Urt. 15. 6. 1988 – 23 S 193/87 – n. v.
697 BGH 19. 6. 1996, DAR 1996, 361, 364; OLG Köln 3. 5. 1995, NJW-RR 1996, 561; LG Bonn 14. 4. 1993, BB 1993, 1319; LG Köln 4. 5. 1994 – 23 O 24/92 – n. v.; *Soergel/Huber*, § 467 Rn 114; *Palandt/Putzo*, BGB, § 467 Rn 18; a. A. *Walter*, Kaufrecht, 190; OLG Oldenburg 12. 7. 1990 – 1 U 44/90 – n. v.; zur Frage des Ersatzes von Kreditkosten beim finanzierten Kauf AK Rn 320.
698 *Soergel/Huber*, § 463 Anh. Rn 28; a. A. *Reinicke/Tiedtke*, Kaufrecht, 5. Aufl. S. 228; offen gelassen von BGH 19. 6. 1996, DAR 1996, 361, 364.
699 RG 23. 10. 1902, RGZ 52, 347, 348; KG 10. 5. 1911; OLGE 23, 33; *Staudinger/Honsell*, § 467 Rn 35; *Soergel/Huber*, § 467 Rn 113.

den Umstände vom Käufer getätigt worden, erscheint es im Hinblick auf die Risikoverteilung nicht unangebracht, dass der **Verkäufer** hierfür **Ersatz leisten** muss, andernfalls der Käufer mit dem auf dem Sachmangel beruhenden Schaden belastet bliebe. Für diese Auffassung spricht, dass bei der Wandlung eine dem Eigentümer-Besitzer-Verhältnis nach Eintritt der Rechtshängigkeit entsprechende Situation erst ab dem Zeitpunkt denkbar ist, in dem der Berechtigte sein Wandlungsrecht kennt oder kennen muss.

§ 327 S. 2 BGB steht dem nicht entgegen. Hierbei kann offen bleiben, ob § 327 S. 2 BGB überhaupt einen verallgemeinerungsfähigen Rechtsgedanken dahin gehend enthält, dass derjenige, der den Rücktritt nicht zu vertreten hat, nur nach Bereicherungsrecht haften soll, unabhängig davon, ob er oder der andere Teil den Rücktritt erklärt hat,[700] da die Vorschrift weder direkt noch indirekt besagt, dass unter den dort genannten Voraussetzungen der Verwendungsersatz nach Bereicherungsrecht abzuwickeln sein soll.

Für **notwendige Verwendungen,** die der Käufer **nach Erhebung des Wandlungsanspruchs** tätigt, kann er wie ein Beauftragter Ersatz seiner Aufwendungen nur verlangen, wenn die Verwendung dem Interesse und dem wirklichen oder mutmaßlichen Willen des Verkäufers entspricht. Der mutmaßliche Wille des Verkäufers deckt sich im Allgemeinen mit seinem „Interesse". Ein etwa entgegenstehender Wille des Verkäufers soll nach Meinung des LG Bonn[701] unbeachtlich sein, wenn die Reparatur zur Wiederherstellung der Allgemeinen Betriebserlaubnis erforderlich ist, weil sie im öffentlichen Interesse liege (§ 679 BGB). 784

Ein bereicherungsrechtlicher Ausgleich gem. §§ 467, 347, 994 Abs. 2, 684 BGB findet für notwendige Verwendungen statt, die der Käufer nach Eintritt der Rechtshängigkeit macht und die weder dem wirklichen noch dem mutmaßlichen Willen des Verkäufers entsprechen.[702] 785

Notwendige Verwendungen sind **Vermögensaufwendungen,** die der **Erhaltung, Wiederherstellung oder Verbesserung** der Sache dienen.[703] Der Ersatzanspruch setzt nicht voraus, dass die Aufwendungen zu einer Wertsteigerung oder dauerhaften Werterhaltung beigetragen haben. Denn die Regelungen der §§ 994 ff. BGB betrachten die Verwendungen – im Gegensatz zum Bereicherungsrecht – nicht unter dem Blickwinkel des dem Eigentümer verschafften Vorteils als vielmehr unter dem Gesichtspunkt, welches Vermögensopfer der Besitzer zum Zweck der Erhaltungs- oder Verbesserungsmaßnahme auf sich genommen hat.[704] **Betriebskosten** und **gewöhnliche Erhaltungskosten,** die auf normalem Gebrauch und damit verbundenem Verschleiß beruhen, sind **keine notwendigen Verwendungen.**[705]

Die **Notwendigkeit** der Verwendung ist nach einem **objektiven Maßstab** „ex ante" zu beurteilen.[706] Die Maßnahme muss bei Beginn der Maßnahme zur Erhaltung des Fahrzeugs und seiner Funktionstauglichkeit objektiv geboten sein. Ob sie zu einem bei Rückgabe der Sache noch fortdauernden Nutzen geführt hat oder ob der Versuch, sie zu erhalten oder zu verbessern fehlgeschlagen ist, spielt für die rechtliche Beurteilung keine Rolle. Was erforderlich ist, wird von den Erkenntnis- und Einflussmöglichkeiten des Fahrzeugbesitzers mitbestimmt. Zu berücksichtigen ist dabei seine **Abhängigkeit von Fachleuten,** die er zur ordnungsgemäßen Erhaltung des Fahrzeugs hinzuziehen muss.[707]

---

700 Für eine dahin gehende Auslegung *Palandt/Heinrichs,* § 327 Rn 3; dagegen z. B. *Staudinger/Honsell,* § 467 Rn 24; *Huber,* JZ 1987, 650; *Soergel/Huber,* § 467 Rn 120.
701 Urt. 4. 8. 1989 – 18 O 7/89 – n. v.
702 *Staudinger/Honsell,* § 467 Rn 31.
703 BGH 24. 11. 1995, WM 1996, 599; zu eng OLG Celle 10. 11. 1994, NJW-RR 1995, 1527, das nur solche Verwendungen als notwendig ansieht, die zur Verhütung des Untergangs oder der Verschlechterung der Sache erforderlich sind.
704 BGH 24. 11. 1995, WM 1996, 599; OLG Karlsruhe 14. 11. 1997, OLGR 1998, 62.
705 OLG Celle 19. 4. 1994, NJW-RR 1995, 1527; *Roussos,* BB 1986, 10 ff.
706 BGH 24. 11. 1995, WM 1996, 599.
707 OLG Karlsruhe 14. 11. 1997, OLGR 1998, 62.

786 Nach allgemeiner Ansicht gehören Kosten für das **Unterstellen** und **Aufbewahren** des mangelhaften Fahrzeugs bis zu dessen Rückgabe zu den notwendigen Verwendungen, da sie eine Maßnahme betreffen, die zur Erhaltung des Werts des Fahrzeugs objektiv erforderlich ist.[708] Soweit *Huber*[709] den Verwendungsersatz sowohl dem Grunde nach als auch umfangmäßig von der Voraussetzung abhängig machen will, dass das Auto, wäre es nicht in der Garage untergestellt worden, einen **zusätzlichen Wertverlust** erlitten hätte, kann ihm nicht gefolgt werden, da sich ein solcher zusätzlicher Wertverlust im Allgemeinen nicht voraussehen und von dem normalen Wertverlust abgrenzen lässt. Stellt der Käufer ein Fahrzeug mangels anderweitiger Aufbewahrungsmöglichkeit im öffentlichen Verkehrsraum ab, so ist das Risiko des Diebstahls und der Beschädigung ungleich höher als bei Unterbringung des Fahrzeugs in einer Garage, während sich der durch das bloße Stehen des Fahrzeugs eintretende Wertverlust, von außerordentlich langen Standzeiten und extremen Witterungsverhältnissen abgesehen, weder im Voraus abschätzen noch im Nachhinein zahlenmäßig erfassen lässt. Ersatzfähige Verwendungen sind freilich dann nicht mehr anzunehmen, wenn das Unterstellen des Fahrzeugs in einer Garage ersichtlich dem Interesse des Verkäufers (§ 683 S. 1 BGB) zuwiderläuft, wie etwa das Anmieten einer Garage für einen geringwertigen Pkw.[710]

787 Die **Garagenmiete** ist vom Verkäufer im Regelfall zu übernehmen, wenn die Anmietung eigens zum Zwecke der Aufbewahrung des Fahrzeugs erfolgt.[711] Stellt der Käufer das Fahrzeug in eigener oder schon vorher zusammen mit dem Haus angemieteter Garage unter, tätigt er keine Aufwendung, die er sonst nicht gehabt hätte.[712] Sofern er Kaufmann ist, erhält er für die Lagerung in eigenen Räumen gem. § 357 HGB Ersatz,[713] andernfalls kann er in solchen Fällen Verwendungsersatz nur unter der Voraussetzung fordern, dass er die anderweitige entgeltliche Verwertung der Eigenleistung, nämlich die Vermietung der Garage an einen Dritten, nachweist.[714] Falls der Verkäufer mit der Rücknahme des Fahrzeugs in Verzug gerät, entsteht auf seiner Seite kein zusätzlicher – mit dem Verwendungsersatzanspruch konkurrierender – Schadensersatzanspruch auf Ersatz von Unterstell- und Aufbewahrungskosten. Bei Annahmeverzug hat der Verkäufer gem. § 304 BGB nur etwaige Mehraufwendungen des Käufers für die Aufbewahrung und Erhaltung des Autos sowie für das erfolglose Angebot zu erstatten.

Bei der Vornahme von Reparaturen darf der Käufer auf den Rat der Fachleute vertrauen. Erklärt die Fachwerkstatt, dass eine bestimmte Reparatur zur Erhaltung des Fahrzeugs durchgeführt werden muss, so ist diese Reparatur als objektiv erforderlich anzusehen.[715] Um die Notwendigkeit von Reparaturen verlässlich beurteilen zu können, empfiehlt *Huber*[716] die Testfrage, ob der Verkäufer, wenn der Käufer die Reparatur nicht vorgenommen hätte, die Reparatur selbst durchführen müsste, um die zurückgegebene Sache ihrem Wert entsprechend verwerten zu können.

---

708 BGH 11. 1. 1978, WM 1978, 326, 327; OLG Köln 7. 7. 1987 – 9 U 8/87 – n. v.; OLG Nürnberg 17. 10. 1980, VersR 1981, 138; LG Köln 20. 11. 1986 – 4 O 149/86 – n. v.; 24. 6. 1987 – 26 S 389/86 – n. v.; a. A. LG Augsburg 4. 6. 1976, DAR 1977, 71; LG Köln 11. 4. 1979 – 73 O 288/78 – n. v.; AG Köln 10. 4. 1991 – 203 C 641/90 – n. v.
709 *Soergel/Huber*, § 467 Rn 122.
710 AG Köln 7. 2. 1990 – 122 C 599/89 – n. v.
711 A. A. AG Köln 10. 4. 1991 – 203 C 641/90 – n. v.
712 OLG Celle 18.5.1995, DAR 1995, 404, 406; OLG Köln 7. 7. 1987 – 9 U 8/87 – n. v.; OLG Nürnberg 17. 10. 1980, VersR 1981, 138; *Soergel/Huber*, § 467 Rn 122.
713 *Staudinger/Honsell*, § 467 Rn 32.
714 OLG Köln 7. 7. 1987 – 9 U 8/87 – n. v.; OLG Nürnberg 13. 1. 1966, NJW 1966, 738 m. w. N.; LG Köln 15. 4. 1982 – 6 S 9/82 – n. v.
715 OLG Karlsruhe 14. 11. 1997, OLGR 1998, 62.
716 *Soergel/Huber*, § 467 Rn 122.

Wandlung Rn 788, 789

Als **notwendige Verwendungen** wurden von der Rechtsprechung anerkannt: **788**
- Reparatur einer schadhaften Bremsanlage, defekter Radlager und Stoßdämpfer.[717]
- Instandsetzung des Zündschloss-Steckers, Temperaturschalters, Auspuffs.[718]
- Instandsetzung defekter Bremsen eines bis zum Vollzug der Wandlung vom Käufer weiterbenutzten Pkw.[719]
- Austausch des Ventilators und des Luftfilters.[720]
- Reparatur des Motors, Tausch einer defekten Achsschwinge.[721]
- Einbau einer neuen Auspuffanlage zusammen mit dem Austausch des Ölfilters, der Zündkerzen und der Vornahme des Ölwechsels.[722]
- Austausch eines Hauptbremszylinders.[723]
- Untersuchungskosten gehören ausnahmsweise zu den ersatzfähigen Verwendungen, wenn sie dazu dienen, einen Fehler zu finden, um das Fahrzeug vor weiterem Schaden zu bewahren.[724]

Keine notwendigen Verwendungen sind: **789**
- Eigenkosten für die Abholung des Fahrzeugs im Werk.[725]
- Die Kosten für die Nummernschilder und Zulassung.[726]
- Steuer- und Versicherungskosten, weil sie nicht der Erhaltung, sondern dem Betrieb des Fahrzeugs dienen.[727] Anders zu beurteilen ist allerdings der Fall, dass der Käufer die Steuer und die Versicherungsprämie ausschließlich deshalb aufwendet, um ein nicht betriebsfähiges Fahrzeug mangels anderweitiger Einstellmöglichkeit im öffentlichen Verkehrsraum abstellen zu dürfen.[728]
- Kosten für die erste Inspektion, die der Käufer als Nutzer des Fahrzeugs zu tragen hat.[729] Es handelt sich um Aufwendungen, die dem bestimmungsgemäßen Gebrauch des Fahrzeugs dienen.
- Kosten für Reifenersatz und Hauptuntersuchung gem. § 29 StVZO.[730] Sie gehören zu den gewöhnlichen Erhaltungskosten, für die der Käufer einen Ausgleich nicht verlangen kann.
- Kosten für eine Begutachtung oder für eine Vermessung des Fahrzeugs zum Zweck der Durchsetzung der Wandlung,[731] da sie der Kaufsache nicht unmittelbar zugute kommen.

---

717 OLG Köln 7. 7. 1987 – 9 U 8/87 – n. v.; LG Bonn 28. 4. 1989 – 13 O 482/88 – n. v.
718 OLG Köln 31. 10. 1985 – 12 U 55/85 – n. v.
719 OLG Köln 7. 7. 1987 – 9 U 8/87 – n. v.
720 LG Köln 19. 1. 1989 – 22 O 582/87 – n. v.
721 LG Bonn, 4. 8. 1989 – 18 O 7/89 – n. v.
722 LG Köln, 16. 12. 1991 – 9 O 398/91 – n. v.
723 OLG Karlsruhe 14. 11. 1997, OLGR 1998, 62.
724 *Soergel/Huber*, § 467 Rn 122; OLG Celle 19. 2. 1910, OLGE 22, 230; OLG Frankfurt 9. 6. 1913, SeuffArch 68 Nr. 209; weiter gehend im Sinne einer generellen Ersatzverpflichtung des Verkäufers *Walter*, Kaufrecht, S. 194.
725 OLG Celle 18. 5. 1995, DAR 1995, 404, 405.
726 LG Köln 16. 12. 1991 – 9 O 398/91 – n. v.; a. A. OLG Köln 9. 5. 1986, DAR 1986, 320 ff, das jedoch verkennt, dass diese Aufwendungen zu den Vertragskosten des § 467 S. 2 BGB gehören, so zutreffend LG Köln 19. 1. 1989 – 22 O 582/87 – n. v.; *Soergel/Huber*, § 467 Rn 123 m. w. N.
727 *Staudinger/Honsell*, § 467 Rn 22.
728 Insoweit offen gelassen vom LG Köln 3. 3. 1988 – 15 O 572/86 – n. v., das an die Schadenminderungspflicht hohe Anforderungen stellt, indem es dem Käufer die Vornahme einer Notreparatur zur Herstellung der Fahrbereitschaft abverlangt.
729 OLG Köln 9. 5. 1986, DAR 1986, 320 ff.; *Creutzig*, Recht des Autokaufs, Rn 7.4.16; a. A. OLG Frankfurt 25. 11. 1987, DAR 1988, 242, 243.
730 OLG Köln 31. 10. 1985 – 12 U 55/85 – n. v.
731 LG Bonn 4. 8. 1989 – 18 O 7/89 – n. v.

- Einbau- und Montagekosten, es sei denn, dass sie zur Erhaltung des Fahrzeugs ausnahmsweise erforderlich sind.[732]
- Vornahme von Reparaturarbeiten zur Wiederherstellung der Verkehrssicherheit an einem abgemeldeten Fahrzeug, das bis zur Rückgabe nicht mehr benutzt werden soll,[733] sowie die Bestückung eines solchen Fahrzeugs mit neuen Reifen. Hinsichtlich der Reifen besteht ein Wegnahmerecht.
- Vollständige Instandsetzung eines altersschwachen Gebrauchtfahrzeugs zur Herstellung der Fahrbereitschaft, da sie zwar nützlich, aber nicht notwendig ist.[734]
- Anschaffung von vier M + S-Reifen.[735]

790 **Eigenleistungen,** die der Erhaltung, Wiederherstellung oder Verbesserung der Sache dienen, sind nach Ansicht des BGH[736] als notwendige Verwendungen anzuerkennen, unabhängig davon, ob der Besitzer sie im Rahmen seines Gewerbes oder Berufs erbracht hat. Da Kfz-Käufer normalerweise nicht über die erforderliche Ausrüstung und die notwendigen Kenntnisse und Fähigkeiten verfügen, um Kfz-Reparaturen fachgerecht ausführen zu können, ist das BGH-Urteil für den Kfz-Sektor nicht relevant.

Der Anspruch auf Verwendungsersatz **erlischt** mit Ablauf eines **Monats nach Rückgabe** des Fahrzeugs (§ 1002 BGB), wenn nicht vorher die gerichtliche Geltendmachung erfolgt oder der Verkäufer die Verwendung genehmigt. Die Genehmigung gilt als erteilt, wenn der Käufer sich bei der Rückgabe seine Ansprüche auf Ersatz der Verwendungen vorbehält und der Verkäufer das Fahrzeug zurücknimmt.[737] Der Ausschluss des Anspruchs auf Verwendungsersatz ist im Prozess von Amts wegen zu beachten und tritt unter den Voraussetzungen des § 1002 BGB auch dann ein, wenn die Wandlung zum Zeitpunkt der Rückgabe noch nicht vollzogen ist.[738]

b) Nützliche Verwendungen

791 Nach der Gesetzessystematik kann der Käufer vom Verkäufer im Zuge der Wandlung für nützliche oder luxuriöse Verwendungen (Spoiler, Zusatzlampen usw.), mögen sie auch mit einer bleibenden Werterhöhung verbunden sein, keinen Ersatz verlangen, da § 347 S. 2 BGB den Käufer bereits vom Empfang der Leistung an, also rückwirkend ab Übergabe des Fahrzeugs, dem **bösgläubigen Besitzer gleichstellt**[739] und damit die **Anwendbarkeit des § 996 BGB ausschließt**. Wegen nützlicher Verwendungen besitzt der Käufer nach herrschender Meinung nur ein Wegnahmerecht gem. § 997 BGB.[740] Die Wegnahme wesentlicher Bestandteile kann der Verkäufer durch Wertersatz abwenden (§§ 347 S. 2, 997 BGB).

792 Der Totalausschluss von Ersatzansprüchen des Käufers wegen nützlicher Verwendungen ist **unbillig**. Die Regelung erweist sich als zu eng in den Fällen, in denen der Berechtigte Ersatz für nützliche Verwendungen begehrt, die er vorgenommen hat, bevor er die Voraussetzungen seines Wandlungsrechts kannte oder kennen musste. Weil der Käufer bei der Wandlung – anders als beim vertraglichen Rücktrittsrecht – nicht von vornherein mit einer Rückabwicklung zu rechnen braucht, führt § 347 BGB nicht zu angemessenen Ergebnissen, sodass

---

732 A. A. KG 15. 3. 1913, OLGE 28, 138, 139 – Kosten für den Einbau des gekauften Bootsmotors und für den Kauf der dazugehörigen Schraube als notwendige Verwendung auf den Motor.
733 OLG Düsseldorf 15. 10. 1981, NJW 1982, 1156.
734 OLG Celle 10. 11. 1994, NJW-RR 1995, 1527.
735 OLG Celle 18. 5. 1995, DAR 1995, 404, 406.
736 Urt. 24. 11. 1994, WM 1996, 599.
737 *Soergel/Mühl*, § 1002 Rn 3; *Soergel/Huber*, § 467 Rn 127.
738 BGH 12. 5. 1982, WM 1982, 793.
739 BGH 21. 3. 1980, NJW 1980, 1632; 9. 3. 1983, NJW 1983, 1480; OLG Oldenburg 16. 2. 1994, NJW-RR 1995, 150; OLG Naumburg 25. 11. 1998, OLGR 1999, 65; *Staudinger/Kaiser*, 13. Aufl., § 347 Rn 97.
740 BGH 21. 3. 1980, NJW 1980, 1632; 9. 3. 1983, NJW 1983, 1480.

die Anwendung der Vorschriften über die Herausgabe einer **ungerechtfertigten Bereicherung** angezeigt ist.⁷⁴¹ Das gegen die Anwendung der Vorschriften über die ungerechtfertigte Bereicherung vorgebrachte Argument, fehlgeschlagene Verwendungen seien nach dem eindeutigen Willen des Gesetzgebers ein dem Käufer zugeordnetes Risiko,⁷⁴² überzeugt dogmatisch und formal, jedoch nicht in der Sache. Da der Gesetzgeber den Verkäufer mit der Gewährleistung belastet hat, liegt es auf der Hand, ihm auch das Risiko der fehlgeschlagenen Verwendungen zuzuweisen. Das gesetzliche Instrumentarium hierfür bietet das Recht der ungerechtfertigten Bereicherung.⁷⁴³

Einen bereicherungsrechtlichen Wertausgleich, der voraussetzt, dass der **Wert des Fahrzeugs im Zeitpunkt der Rückgabe erhöht** ist, billigt das OLG Köln⁷⁴⁴ einem Autokäufer zu, der an seinem Pkw vor Kenntniserlangung des Wandlungsgrunds eine komplette Neulackierung hatte vornehmen lassen. In dem gleichen Sinn entschied das OLG Nürnberg,⁷⁴⁵ das den Verkäufer zur Zahlung einer Wertverbesserung verurteilte, die ein Fahrzeug infolge der Anbringung von Sportfelgen, verbesserter Reifen und leistungssteigernder Veränderungen des Motors zum Zeitpunkt der Rückgabe aufwies, wobei wiederum sämtliche Veränderungen vom Käufer vor Kenntniserlangung der zur Wandlung berechtigenden Umstände gemacht worden waren.

Die Anbringung einer **Anhängerkupplung,** die je nach Verwendungszweck des Fahrzeugs aus der Sicht des Käufers sinnvoll und im Einzelfall sogar unerlässlich sein kann, stellt – objektiv betrachtet – keine notwendige, sondern nur eine nützliche Verwendung dar. Aus diesem Grund verwies das OLG Köln den Käufer auf sein Wegnahmerecht und versagte ihm einen Wertersatzanspruch nach Bereicherungsrecht.⁷⁴⁶ Auch die Anschaffung eines **Wagenhebers** gehört zu den nützlichen und nicht zu den notwendigen Verwendungen⁷⁴⁷ ebenso wie die Ausstattung eines Fahrzeugs mit **Fußmatten,** neuen **Reifen** und neuen **Rückleuchten.**⁷⁴⁸ 793

Viele Käufer neigen dazu, ihr Fahrzeug mit allerlei Zubehör auszustatten, um dem Auto dadurch eine individuelle Note zu geben. Solche Verwendungen sind oft weder nützlich, noch führen sie zu einer Wertverbesserung. Je nach Art der Umgestaltung können die vorgenommenen Veränderungen eine das Wandlungsrecht gefährdende wesentliche **Verschlechterung** im Sinne von § 351 BGB darstellen, etwa dann, wenn durch eine Demontage der Teile bei Ausübung des Wegnahmerechts der vormalige Zustand des Fahrzeugs nicht mehr hergestellt werden kann. Solche vom persönlichen Geschmack geprägte Veränderungen können im Einzelfall die Schwelle des subjektiven Interesses beim Verkäufer überschreiten, da er für ein derartiges Fahrzeug schwerlich einen Käufer findet. Man wird dem Verkäufer deshalb das Recht zubilligen müssen, auf einer Wegnahme der Teile nach § 997 BGB zu bestehen,⁷⁴⁹ auch wenn der Käufer die aus seiner Sicht nützlichen, für den Verkäufer jedoch unzumutbaren Veränderungen des Fahrzeugs vor Kenntnis seines Wandlungsrechts vorgenommen hat. 794

---

741 *Janßen,* MünchKomm, § 347 Rn 28; *Muscheler,* AcP 187, 343, 357 ff.; *Palandt/Heinrichs,* § 347 Rn 8; *Soergel/Wiedemann,* § 327 Rn 29; OLG Köln 15. 6. 1987 – 8 U 3/87 – n. v. LG Köln 20. 11. 1986 – 4 O 143/86 – n. v.
742 *Soergel/Huber,* § 467 Rn 125.
743 In diesem Sinn LG Osnabrück, Urt. 5. 2. 1990 – 7 O 364/89 – n. v.
744 Urt. 7. 7. 1987 – 9 U 8/87 – n. v.
745 Urt. 11. 4. 1978, DAR 1978, 324.
746 OLG Köln 9. 5. 1986, DAR 1986, 320 ff.
747 LG Köln 19. 1. 1989 – 22 O 582/87 – n. v.
748 LG Osnabrück, Urt. 5. 2. 1990 – 7 O 364/89 – n. v.
749 *Medicus,* MünchKomm, § 996 Rn 9.

11. Ersatz des Verzugsschadens

795 Schon das Vorliegen eines Wandlungsgrunds vermag einen verhaltenen und durch die Geltendmachung **fällig werdenden Anspruch** auf Rückabwicklung des Kaufvertrags auszulösen.[750] Die Ansicht, dass nur das durch Vollzug der Wandlung entstehende Rückgewährschuldverhältnis einen fälligen Anspruch auf Rückgabe begründet,[751] entspricht weder den Vorstellungen des Gesetzgebers noch wird sie den abzuwägenden Interessen der Parteien gerecht.[752] Sie folgt nicht zwingend aus einer der zur Rechtsnatur der Wandlung von der Rechtslehre entwickelten Theorien,[753] da diese keine Aussage treffen, zu welchem Zeitpunkt die Wirkung der Erklärung oder des Urteils eintritt. Es sprechen gute Gründe dafür, die Zustimmung des Verkäufers oder ein sie ersetzendes verdecktes Gestaltungsurteil auf den Zeitpunkt rückwirken zu lassen, in dem die Erklärung gem. § 462 BGB abzugeben war.[754] Das Einverständnis zu einem berechtigten Wandlungsbegehren ist innerhalb der vom Käufer gesetzten – angemessenen – Frist abzugeben.

Mit der Rückzahlung des Kaufpreises kommt der Verkäufer in **Schuldnerverzug,** wenn er das berechtigte Wandlungsbegehren des Käufers zurückweist oder eine ihm gesetzte Zahlungsfrist verstreichen lässt.[755] Die Wirksamkeit der Inverzugsetzung hängt nicht davon ab, dass der Käufer die Rückgabe des Fahrzeugs anbietet. Erhebt der Verkäufer aber die Zug-um-Zug-Einrede, verhindert er damit den Verzugseintritt, vorausgesetzt, er ist seinerseits zur ordnungsgemäßen Leistungserbringung bereit. Hieran fehlt es z. B., wenn er den Fehler bestreitet oder sich mit der Rücknahme des Fahrzeugs in Gläubigerverzug befindet.[756]

796 Ob die Weigerung des Käufers, dem Verkäufer die **Untersuchung des Fahrzeugs** zu **ermöglichen,** den Eintritt des Verzugs verhindert, hängt von den Umständen des Einzelfalls ab. Ist die Nachbesserung fehlgeschlagen, weil es der Verkäufer nicht geschafft hat, den ihm angezeigten Mangel trotz mehrfach eingeräumter Gelegenheit zur Nachbesserung zu beseitigen, muss ihm der Käufer nach Eintritt der Wandlungsreife nicht nochmals die Untersuchung des Fahrzeugs gestatten. Eine andere Beurteilung kann angezeigt sein, wenn der Käufer bis zum Eintritt der Wandlungsreife Nachbesserung ausschließlich bei anderen autorisierten Betrieben geltend gemacht hat und der mit der Wandlung konfrontierte Verkäufer erstmals von dem Mangel erfährt. Erweist sich das vertraglich vereinbarte Nachbesserungsrecht wegen unzumutbarer Verzögerung der Mängelbeseitigung als „Fehlschlag", wird man dem Verkäufer ebenfalls einen Anspruch darauf zubilligen müssen, das Fahrzeug vor der Zustimmung zur Wandlung im Hinblick auf die vom Käufer behauptete Fehlerhaftigkeit zu überprüfen.[757]

797 Vom **Verzugsschaden** werden erfasst:
– Kosten eines fortlaufenden **Kredits,** den der Käufer zur Finanzierung des mangelhaften Fahrzeugs aufgenommen hat, soweit sie den vom Käufer gem. § 347 S. 3 BGB zu beanspruchenden Mindestzins von 4% (§ 288 BGB) bzw. 5% (§ 352 HGB) übersteigen.[758]

---

750 *Muscheler,* JuS 1994, 732.
751 OLG Hamm – 19. Zivilsenat – 15. 1. 1993, NJW 1993, 1930.
752 OLG Hamm – 28. Zivilsenat – 25. 2. 1997, OLGR 1997, 301 und 25. 2. 1999, OLGR 1999, 149.
753 Dazu Rn 695.
754 OLG Hamm 25. 2. 1997, OLGR 1997, 301; OLG München Beschl. 17. 10. 1997, NJW-RR 1998, 379; *Muscheler,* JuS 1994, 732; *Staudinger/Honsell,* BGB, 13. Aufl., § 465 Rn 13; *Huber* in *Soergel/Huber,* BGB, § 465 Rn 9; *Westermann,* MK, § 465 Rn 8.
755 *Soergel/Huber,* § 467 Rn 101 halten eine Fristsetzung für entbehrlich, da nach ihrer Auffassung bereits die bloße Geltendmachung des Rückzahlungsanspruchs wegen der darin liegenden eindeutigen Aufforderung zur Leistung zugleich den Charakter einer Mahnung besitzt, sodass der Verkäufer den Verzugseintritt nur durch unverzügliche Zahlung abwenden kann.
756 *Soergel/Huber,* § 467 Rn 101; zum Gläubigerverzug Rn 831.
757 *Soergel/Huber,* § 467 Rn 101; § 462 Rn 47 m. w. N.
758 LG Köln, 4. 5. 1994 – 23 O 24/92 n. v.

- **Finanzierungskosten** für den Kauf eines **Ersatzfahrzeugs.**
- **Sachverständigenkosten** für die Begutachtung des Fahrzeugs und seiner Mängel.[759]
- Kosten eines **selbstständigen Beweisverfahrens** zum Zweck der Feststellung des Mangels und seiner Ursache.[760]
- **Anwaltsgebühren** zur Durchsetzung des Wandlungsanspruchs.
- **Taxikosten** und **Kosten** für die Inanspruchnahme öffentlicher **Verkehrsmittel.**[761]
- **Mietwagenkosten** und **Nutzungsentschädigung,** wenn der auf das Fahrzeug angewiesene Käufer dieses wegen des Mangels nicht benutzen kann, sich die Ausfallzeit nicht durch die Inanspruchnahme von Taxis oder öffentlicher Verkehrsmittel überbrücken lässt und dem Käufer der Erwerb eines Ersatzfahrzeugs nicht möglich ist, weil er hierfür weder die finanziellen Mittel noch die Möglichkeit der Geldbeschaffung durch Kreditaufnahme besitzt.[762]

Bei einem **Nutzungsentgang,** den der Käufer **freiwillig** in Kauf genommen hat, weil er sich ein Ersatzfahrzeug hätte anschaffen können, besteht nach Meinung des OLG Frankfurt[763] kein Anspruch auf Nutzungsausfall. In Kurzfassung lautet die Urteilsbegründung wie folgt: Die für das **Schadensrecht entwickelten Grundsätze** zur Nutzungsausfallentschädigung bei Verkehrsunfällen können **nicht zur Anwendung** gelangen, weil die Zuerkennung des Anspruchs auf Nutzungsausfall an den Umstand geknüpft ist, dass jemand seine eigene Sache nicht nutzen kann oder dass ihm im Verhältnis zum Anspruchsgegner nach den vertraglichen Beziehungen die Nutzung gebührt. In den Fällen der bereits erklärten, aber noch nicht vollzogenen Wandlung beruht das für diesen Fall in gewissen Grenzen anerkannte Recht des Käufers zur Weiterbenutzung der Sache nicht darauf, dass ihm auf Grund seiner Eigentümerstellung das Nutzungsrecht zusteht, sondern darauf, dass ihm ein Weg zur Schadensgeringhaltung eröffnet und ihm die Benutzung eines an sich herauszugebenden Fahrzeugs aus besonderen Gründen gestattet wird. Ihm „gebühren" die Nutzungen an sich aber nicht mehr, sodass ihm wegen des Ausfalls dieser (Weiter-)Benutzungsmöglichkeit kein Anspruch auf Entschädigung zusteht. Der Käufer ist in diesem Stadium auch nicht schutzlos. Er kann sich entweder umgehend ein neues Kraftfahrzeug kaufen oder tatsächlich entstandene Nachteile als Verzugsschaden geltend machen (Taxikosten oder dergleichen).

Auf Seiten des Verkäufers besteht nicht nur ein Recht auf Fahrzeugrückgabe gem. § 347 BGB, sondern auch eine entsprechende Pflicht zur Fahrzeugrücknahme analog § 433 Abs. 2 BGB. Zur Herbeiführung des **Annahmeverzugs** ist es erforderlich, dass der berechtigterweise wandelnde Käufer dem Verkäufer die **Fahrzeugrückgabe anbietet** – ein wörtliches Angebot genügt in der Regel – und der Verkäufer ablehnt oder eine ihm gesetzte Abholfrist nicht wahrt.[764]

Der **Annahmeverzug** des Verkäufers setzt, abgesehen vom Fall des § 299 BGB, ein Verschulden nicht voraus.[765]

Sofern die Parteien die **Wandlung einverständlich** durch eine Vereinbarung vollzogen haben, bedarf es zur Herbeiführung des Rücknahmeverzugs einer **Mahnung** des Käufers.[766]

---
759 LG Bonn 28. 4. 1989 – 13 O 482/88 – n. v.
760 OLG Hamm 25. 2. 1999, OLGR 1999, 149.
761 OLG Frankfurt 25. 3. 1998 – 13 U 263/96 – n. v.
762 OLG Frankfurt 25. 3. 1998 – 13 U 263/96 – n. v.
763 Urt. 25. 3. 1998 – 13 U 263/96 – n. v.
764 OLG Nürnberg 11. 4. 1978, DAR 1978, 324, 325; AK Rn 832.
765 BGH 11. 4. 1957, BGHZ 24, 91 (96); OLG Hamm 25. 2. 1997, OLGR 1997, 301; *Palandt/Heinrichs*, § 293 Rn 10; a. A. OLG München Beschl. 17. 10. 1997, NJW-RR 1998, 379, nach dessen Ansicht der Käufer darlegen und beweisen muss, der Verkäufer habe die Wandlungsberechtigung gekannt oder kennen müssen.
766 OLG Bremen 22. 6. 1993 – 3 U 25/93 – n. v.

Die **Rechtsfolgen des Gläubigerverzugs** sind in §§ 300 bis 304 BGB geregelt. Während des Annahmeverzugs hat der Käufer nur **Vorsatz** und **grobe Fahrlässigkeit** zu vertreten.[767] Nicht gezogene Nutzungen braucht er dem Verkäufer nicht zu vergüten (§ 302 BGB). Er besitzt gegen den Verkäufer einen Anspruch auf Ersatz von **Mehraufwendungen,** die er für das erfolglose Angebot und für die Aufbewahrung und Erhaltung des Autos bis zu dessen Rückgabe machen muss (§ 304 BGB).[768] Stellt der Käufer das Fahrzeug in einer von ihm bereits vor Erhebung des Wandlungsbegehrens angemieteten Garage unter, beruht die Mietzinsverpflichtung nicht auf einem späteren Annahmeverzug des Verkäufers.[769] Eine ersatzpflichtige Mehraufwendung liegt vor, wenn der Käufer nachweist, dass er ohne Annahmeverzug den Mietvertrag gekündigt hätte oder dass er für das normalerweise in der Garage abgestellte Zweitfahrzeug wegen des Annahmeverzugs eine andere Garage angemietet hätte. Im Rahmen der Schadenminderungspflicht ist der Käufer gehalten, für das Fahrzeug einen preiswerten Stellplatz zu besorgen.[770]

12. Vergütung der Gebrauchsvorteile

a) Wertersatz

799   Im Fall der Wandlung hat der Käufer dem Verkäufer die Nutzungen gem. §§ 467 S. 1, 347 S. 2 BGB nach den Vorschriften zu vergüten, die für das Verhältnis zwischen Eigentümer und Besitzer von dem Eintritt der Rechtshängigkeit an gelten. Zu den Nutzungen gehören gem. § 100 BGB die Vorteile, die dem Käufer aus dem Gebrauch der Sache erwachsen sind. Diese zeichnen sich aus durch den infolge der Benutzung des Fahrzeugs ermöglichten Zeitgewinn sowie durch die Vermittlung rascher Beweglichkeit. Beiden Faktoren misst die Rechtsprechung wirtschaftlichen Wert bei.[771] Da die Gebrauchsvorteile nicht in Natur herausgegeben werden können, hat der Käufer ihren Wert zu vergüten.

b) Wegfall der Bereicherung

800   Der redliche Käufer, der das Fahrzeug in Unkenntnis der Wandlungsvoraussetzungen genutzt hat, braucht die Vorteile nur insoweit zu vergüten, als er um sie **noch bereichert ist.**[772] Zu diesem Ergebnis gelangt die Rechtsprechung, indem sie entweder auf den „allgemeinen Rechtsgedanken" von § 327 S. 2 BGB abhebt[773] oder aber § 988 BGB entsprechend anwendet.[774]

Die Bereicherung muss der **Verkäufer** dartun und **beweisen,** ihren Wegfall der Käufer.[775] Da der Verkäufer das Ausmaß der Nutzung in der Regel nicht kennt, hat ihm der Käufer auf

---

767 Rn 764 und 768.
768 OLG Hamm 25. 2. 1997, OLGR 1997, 301; LG Köln 21. 9. 1989 – 15 O 419/88 – n. v.
769 AG Köln 7. 2. 1990 – 122 C 599/89 – n. v.
770 OLG Hamm 25. 2. 1997, OLGR 1997, 301; zum Ersatz der Garagenmiete ferner Rn 787.
771 BGH 30. 9. 1963, NJW 1964, 542; *Füchsel,* DAR 1968, 37; OLG Köln 19. 12. 1966, NJW 1967, 570.
772 BGH 26. 6. 1991, WM 1991, 1800 f.; 1. 4. 1992, NJW 1992, 1965.
773 BGH 1. 4. 1992, NJW 1992, 1965; OLG Köln 13. 1. 1970, OLGZ 1970, 495; 22. 6. 1979, OLGZ 1980, 211; OLG Celle 2. 12. 1993, OLGR 1994, 49, 50; LG Köln 24. 6. 1987 – 26 S 389/86 – n. v.; *Palandt/Heinrichs,* § 327 Rn 3; *Soergel/Hadding,* § 347 Rn 10; *Walter,* Kaufrecht, S. 192; *Erman/Westermann,* § 347 Rn 5; *Wolf,* AcP 153, 97 ff.
774 OLG Hamm 10. 12. 1987, NJW-RR 1988, 1140; *Thielmann,* VersR 1970, 1069; *Ballhaus,* BGB-RGRK, § 347 Rn 13 befürwortet eine Haftung erst vom Zeitpunkt der Kenntnis des Wandlungsrechts an; für eine strenge Haftung vom Zeitpunkt des Empfangs der Sache an RG 3. 7. 1934, RGZ 145, 79, 81; *Erman/Grunewald,* § 467 Rn 8; *Soergel/Huber,* § 467 Rn 177 mit dem Argument, die Wandlung dürfe nicht dazu führen, dass der Käufer Nutzungen aus der Kaufsache ziehen könne, ohne etwas dafür bezahlen zu müssen.
775 LG Köln 24. 6. 1987 – 26 S 389/86 – n. v.

Verlangen Auskunft zu erteilen.⁷⁷⁶ Falls für ihn Veranlassung besteht, die Kilometerangabe des Käufers anzuzweifeln, hat er die Möglichkeit, die Gültigkeit der Auskunft vom Käufer eidesstattlich versichern zu lassen.⁷⁷⁷ Ein **Wegfall** der Bereicherung kommt beim Autokauf **selten** vor, da Käufer ihre Fahrzeuge in aller Regel dem Anschaffungszweck entsprechend in Gebrauch nehmen und bis zur Wandlung benutzen. Hierdurch ersparen sie Aufwendungen in Form der Benutzung eines anderen Fahrzeugs, wäre ihnen das mangelhafte nicht übergeben worden.⁷⁷⁸

Eine geringe Fahrleistung, darunter nutzlose Strecken zur Werkstatt, die ebenso wie beabsichtigte Umbaumaßnahmen einen hohen Zeitaufwand des Käufers erforderten, veranlassten das OLG Celle⁷⁷⁹ zu der Feststellung, ein – durch die mit dem Fahrzeug zurückgelegten etwa 1200 km möglicherweise in geringem Umfang entstandener – wirtschaftlicher Vorteil sei wieder entfallen und eine Bereicherung auf Seiten des Käufers nicht mehr vorhanden.

c) Aufgedrängte Gebrauchsvorteile

Verweigert der Verkäufer nach berechtigter Wandlungserklärung die Rücknahme des Fahrzeugs und die Rückzahlung des Kaufpreises, so ist der Käufer meist aus finanziellen Gründen gezwungen, das Fahrzeug bis zum Vollzug der Wandlung weiterzubenutzen. In diesem Zusammenhang stellt sich die Frage, ob der Käufer die unter solchen Umständen unfreiwillig gezogenen Gebrauchsvorteile vergüten muss. Das Gesetz gibt darauf keine Antwort, sodass der Interessenkonflikt unter Beachtung der jeweiligen Umstände des Falls nach Billigkeitsgesichtspunkten zu lösen ist.⁷⁸⁰ **801**

Eine **Abwägung** der beiderseitigen Interessen beim Autokauf führt zu dem Ergebnis, dass der Käufer trotz der unverkennbaren Zwangslage den Anspruch des Verkäufers nicht mit dem Einwand abwehren kann, die Weiterbenutzung sei ihm aufgedrängt worden. Er muss sich entgegenhalten lassen, dass er die **Nutzungen tatsächlich gezogen** und hierdurch eine **Wertminderung** des Fahrzeugs herbeigeführt hat. Die bloße **Unerwünschtheit** des Gebrauchs kann bei der Abwägung der beiderseitigen Interessen schon wegen ihres ausschließlich **subjektiven Charakters** nicht entscheidend ins Gewicht fallen. Nach dem Grundgedanken des Gewährleistungsrechts kann dem Käufer ein unentgeltlicher Gebrauch der mangelhaften Sache nicht zugestanden werden.⁷⁸¹

d) Unterlassene Weiterbenutzung

Nimmt der Käufer das gekaufte Fahrzeug **nicht in Betrieb** oder **legt er es still,** nachdem er von dem zur Wandlung berechtigenden Fehler erfahren hat, ist er **nicht verpflichtet,** dem Verkäufer für die **unterbliebene Nutzung Ersatz zu leisten.** Es ist bereits zweifelhaft, ob der bloße Nichtgebrauch in den Anwendungsbereich des § 987 Abs. 2 BGB fällt, nach dessen **802**

---

776 *Palandt/Thomas,* § 812 Rn 102.
777 LG Köln 9. 12. 1991 – 32 O 358/91 – n. v.
778 *Soergel/Huber,* § 467 Rn 176.
779 Urt. 2. 12. 1993, OLGR 1994, 49, 50.
780 Das OLG Köln – Urt. 13. 1. 1970, OLGZ 1970, 495 – versagte dem Verkäufer Anspruch auf Nutzungsentschädigung, weil dieser sich geweigert hatte, eine mangelhafte Schrankwand abzuholen, sodass dem Käufer nichts anderes übrig geblieben war, als die Schrankwand bis zu ihrer Entfernung weiterzubenutzen, obwohl ihm die Benutzung in hohem Maße unerwünscht war und für ihn nach Lage der Dinge eher eine Last darstellte. Das OLG Braunschweig – Urt. 3. 5. 1996, OLGR 1996, 133 – und auch das OLG Düsseldorf – Urt. 2. 6. 1995, NJW-RR 1996, 46 – sind der Meinung, dass sich der Wandlungsberechtigte für die Nutzung einer Küche Gebrauchsvorteile anrechnen lassen muss, auch wenn die lange Nutzungsdauer darauf beruht, dass der andere Vertragsteil die Durchführung der Wandlung verweigert hat.
781 OLG Köln 22. 6. 1979, OLGZ 1980, 210, 211; OLG Braunschweig 3. 5. 1996, OLGR 1996, 133; OLG Düsseldorf, 2. 6. 1995, NJW-RR 1996, 46; *Koller,* DB 1974, 2458; *Soergel/Huber,* § 467 Rn 172 – grundsätzlich keine Sonderregeln für „aufgedrängte" Gebrauchsvorteile –.

Ratio der Verkäufer im Fall der Wandlung so zu stellen ist, als hätte er die Sache ordnungsgemäß bewirtschaftet.[782] Dieser Aspekt spielt bei der Wandlung eines Kaufvertrags über ein Neufahrzeug überhaupt keine Rolle, weil der Verkäufer seinerseits das Neufahrzeug nicht benutzt hätte. Außerdem gehört es – worauf *Huber*[783] zutreffend hinweist – bei einer (nur) zum Gebrauch bestimmten Sache nicht zur ordnungsgemäßen Bewirtschaftung, sie auch wirklich zu benutzen.[784] Auf Seiten des Käufers fehlt es aber auch an einem **Verschulden** im Sinne des § 987 Abs. 2 BGB, da ihm – jedenfalls nach Kenntniserlangung des zur Wandlung berechtigenden Mangels – eine Weiterbenutzung des Fahrzeugs regelmäßig nicht mehr zuzumuten ist, weil er andernfalls sein **Wandlungsrecht gefährden** würde (§ 351 BGB).[785] Dieser Aspekt wurde vom LG Mainz[786] nicht bedacht, das den Käufer eines mangelhaften, aber fahrbereiten Kraftfahrzeugs verurteilte, die bis zum Vollzug der Wandlung nicht gezogenen Nutzungen zu vergüten, weil – so die Urteilsbegründung – er selbst keine Gründe angegeben hatte, die ihn an der Nutzung gehindert hätten.

Falls sich der Verkäufer mit der Rücknahme des Fahrzeugs in **Verzug** befindet, **scheitert der Anspruch** auf Ersatz der nicht gezogenen Gebrauchsvorteile bereits **an § 302 BGB**.[787]

e) Bemessung der Gebrauchsvorteile

803 Der **Wert** der zeitweisen Benutzung eines Fahrzeugs ist nicht exakt berechenbar und deshalb analog § 287 Abs. 2 ZPO zu **schätzen**.[788] Das Ergebnis hängt entscheidend davon ab, welche Schätzungsgrundlagen zur Bemessung der Gebrauchsvorteile herangezogen werden.

Als überwunden können die früher vereinzelt unternommenen Versuche angesehen werden, die Gebrauchsvorteile im Wandlungsfall entweder an den **fiktiven Mietwagenkosten** für vergleichbare Fahrzeugtypen,[789] oder an den für das Schadenrecht geltenden Tabellen für Nutzungsausfall auszurichten.[790]

Eine prozentuale Anlehnung an Mietwagensätze begegnet dem berechtigten Einwand, dass die Interessenlage des privaten Autohalters weder der eines Mieters noch der eines potenziellen Vermieters[791] gleichkommt. Es fehlt jede Ähnlichkeit zwischen einem vollerfüllten – später gewandelten – Kaufvertrag einerseits und einem Mietvertrag andererseits, da dem Käufer die Kaufsache nach der Anlage des Vertrags nicht nur zur vorübergehenden Benutzung, sondern zum endgültigen Verbleib überlassen wird.[792] Gegen eine Berechnung des Werts der Gebrauchsvorteile anhand der Nutzungsausfalltabelle von *Küppersbusch/Rädel/Splitter* spricht die Überlegung, dass es bei der Nutzungsvergütung anders als im Schadenrecht nicht darum geht, den Entzug einer Gebrauchsmöglichkeit zu entschädigen, sondern vielmehr darum, den wirtschaftlichen Wert eines tatsächlichen Gebrauchs zu vergüten.[793] Aus

---
782 *Soergel/Huber,* § 467 Rn 173.
783 *Soergel/Huber,* § 467 Rn 174.
784 *Staudinger/Gursky,* § 987 Rn 18.
785 *Soergel/Huber,* § 467 Rn 174.
786 Urt. 10. 12. 1985, NJW-RR 1986, 350.
787 *Soergel/Huber,* § 467 Rn 174.
788 BGH 26. 6. 1991, WM 1991, 1800, 1801 zur Gebrauchsvergütung bei Benutzung eines Bettes; OLG München 22. 2. 1989, DAR 1989, 187 m. w. N.; OLG Zweibrücken 25. 10. 1984, DAR 1986, 89; *Kaufmann,* DAR 1990, 294.
789 BGH 3. 6. 1969, VersR 1969, 828, 829; 26. 6. 1991, WM 1991, 1800; 17. 5. 1995, WM 1995, 1145 sowie BGH 25. 10. 1995, BB 1996, 18 für den Fall der bereicherungsrechtlichen Rückabwicklung eines nicht wirksam zustande gekommenen oder angefochtenen Kaufvertrags; *Füchsel,* DAR 1968, 38; a. A. früher BGH 15. 4. 1966, BGHZ 45, 212, 220.
790 LG Nürnberg 18. 1. 1982 – 11 O 4408/81 – n. v.; a. A. früher LG Oldenburg 9. 2. 1977, MDR 1977, 928, 929; vgl. ferner *Thielmann,* VersR 1970, 1074.
791 BGH 3. 6. 1969, VersR 1969, 628 ff.
792 BGH 26. 6. 1991, WM 1991, 1800, 1803.
793 LG Nürnberg 18. 1. 1982 – 11 O 4408/81 – n. v.; *Kaufmann,* DAR 1990, 294.

diesem Grund ist der Anspruch des Verkäufers auf Nutzungsvergütung, im Gegensatz zu dem Anspruch des Geschädigten auf Nutzungsausfallentschädigung nicht an die Voraussetzung der ständigen Verfügbarkeit des Fahrzeugs für die eigenwirtschaftliche Lebenshaltung geknüpft.[794]

Leasingraten für vergleichbare Fahrzeuge sind ebenfalls kein brauchbarer Vergleichsmaßstab,[795] da sie von der Laufzeit des Vertrags, dem Refinanzierungsaufwand, der Höhe des kalkulierten Restwerts und weiterhin davon abhängen, ob der Leasingnehmer außer den Raten eine Sonderzahlung leisten muss. **804**

Der richtige Anknüpfungspunkt für die Bemessung der Gebrauchsvorteile ist der **Kaufpreis**. Er verkörpert den Gesamtnutzungswert einer jeden zum Gebrauch bestimmten Sache. Mit der Bezahlung des Kaufpreises erkauft sich der Käufer „die Nutzbarkeit bis zur Gebrauchsuntauglichkeit".[796] Die analog § 287 Abs. 2 ZPO zu schätzenden Gebrauchsvorteile können im Fall der Wandlung nicht höher sein als der Gebrauchswert der Sache insgesamt. Der Anschaffungswert bildet somit die Obergrenze für die Gebrauchswertvergütung. Um nämlich in den Genuss des gesamten Gebrauchswerts zu kommen, den ein Fahrzeug verkörpert, braucht der Käufer außer den laufenden Unterhaltskosten, die bei der Bemessung der Gebrauchsvorteile außer Betracht zu bleiben haben,[797] lediglich den Kaufpreis aufzuwenden.

Gewerbliche Kunden müssen, um in den Genuss der Fahrzeugnutzung zu kommen, aus eigenen Mitteln nur den Nettokaufpreis aufbringen. Die Mehrwertsteuer ist für sie wegen der Berechtigung zum Vorsteuerabzug ein auszuscheidender Preisbestandteil von neutraler Bedeutung. Gleichwohl ist auch bei diesem zum Vorsteuerabzug berechtigten Käuferkreis die Schätzung der Gebrauchsvorteile grundsätzlich an dem Bruttopreis des Fahrzeugs und nicht an dem Nettopreis auszurichten. Der Gebrauchswert eines Fahrzeugs wird nämlich durch dessen **Bruttopreis** verkörpert, den sowohl der **private** als auch der **gewerbliche Käufer** entrichten müssen.[798] Dass letzterer die Umsatzsteuer absetzen kann, ändert nichts an der Höhe des Kaufpreises, der sich im Zweifel auch im Geschäftsverkehr zwischen vorsteuerabzugsberechtigten Unternehmern als Bruttopreis versteht, es sei denn, dass aus den konkreten Umständen im Einzelfall etwas anderes ergibt.[799] Es kommt für die Bewertung des Gebrauchsnutzens entscheidend auf das Verhältnis der Vertragsparteien zueinander an. In ihrem Verhältnis hat der Käufer, ob vorsteuerabzugsberechtigt oder nicht, stets den Bruttokaufpreis zu entrichten. Dass nur der Ansatz des Bruttopreises richtig sein kann, folgt aus der Überlegung, dass der Verkäufer bei vollständiger Aufzehrung des Gebrauchswerts weniger als den Kaufpreis zurückerhalten würde, andererseits aber den Bruttopreis an den Käufer zurückzahlen müßte.[800]

Nimmt man den Gebrauchswert, den ein Fahrzeug insgesamt durch seine **Nutzbarkeit bis zur Gebrauchsuntauglichkeit** verkörpert, als Maßstab für die Bemessung der Gebrauchsvorteile, so folgt daraus zwangsläufig, dass vom Käufer im Fall der Wandlung der Teil des Gebrauchswerts zu vergüten ist, den er durch die tatsächliche Benutzung des Fahrzeugs aufgezehrt hat. Die Zeit der Inhaberschaft des Fahrzeugs spielt dabei keine Rolle.[801] Nicht der Besitz des Fahrzeugs, sondern dessen Nutzung bis zum Vollzug der Wandlung begründet den **805**

---

794 BGH 9. 7. 1986, VersR 1986, 1103; OLG Saarbrücken 30. 3. 1990, NZV 1990, 312; a. A. offenbar *Creutzig,* Recht des Autokaufs, Rn 7.4.11.2.
795 *Soergel/Huber,* § 467 Rn 174.
796 BGH 26. 6. 1991, WM 1991, 1800, 1803.
797 OLG Hamm 20. 3. 1980, BB 1981, 1853; OLG Stuttgart 24. 2. 1983 – 7 U 248/82 – n. v.; OLG Köln 20. 4. 1989 – 12 U 209/88 – n. v.; *Soergel/Huber,* § 467 Rn 164.
798 So ausdrücklich BGH 26. 6. 1991, WM 1991, 1800, 1802.
799 BGH 26. 6. 1991, WM 1991, 1800, 1801; 15. 2. 1973, BGHZ 60, 199, 203; OLG Düsseldorf 27. 2. 1976, NJW 1976, 1268.
800 BGH 26. 6. 1991, WM 1991, 1800, 1802.
801 *Kaufmann,* DAR 1990, 294.

Anspruch auf Vergütung der Gebrauchsvorteile. Falls der Käufer das Fahrzeug wegen der Mängel nicht in Gebrauch genommen hat oder nicht in Gebrauch nehmen konnte, sind ihm tatsächlich keine Gebrauchsvorteile zugeflossen, sodass auf Seiten des Verkäufers die Voraussetzungen für einen Anspruch auf Nutzungsvergütung fehlen.[802] Aus diesem Grund wäre es verfehlt, die Gebrauchsvorteile beim – gewandelten – Neuwagenkauf zeitanteilig durch einen dem Verhältnis von tatsächlicher und möglicher Benutzungszeit entsprechenden Teil des Kaufpreises zu bestimmen.[803] Das zu erwartende „Lebensalter" des Neufahrzeugs ist folglich kein brauchbarer Anknüpfungspunkt für die Ermittlung der Gebrauchsvorteile. Das Gleiche gilt für die steuerliche Wertabschreibungszeit,[804] zumal diese nicht zwangsläufig der tatsächlichen Gebrauchsdauer entspricht.[805]

Bei einem Auto verkörpert die **zu erzielende Gesamtfahrleistung** den – in ihm steckenden – Gebrauchswert.[806] Der Käufer erwirbt gleichsam eine Portion Mobilität, die er durch die Benutzung des Fahrzeugs Stück für Stück aufzehrt. Folglich sind die vom Käufer bis zum Vollzug der Wandlung mit dem Fahrzeug zurückgelegten Kilometer der einzig richtige Anknüpfungspunkt für die Bemessung der Gebrauchsvorteile.[807]

806 Bis zu diesem Punkt gibt es kaum einen ernsthaften Meinungsstreit in Rechtsprechung und Schrifttum, zumal der BGH[808] wiederholt bestätigt hat, dass sich die Lebensdauer eines Autos, diejenige Zeit also, in der es genutzt werden kann, in der bei normaler Beanspruchung zu erwartenden Gesamtfahrleistung widerspiegelt.

Im weiteren ist zu beachten, dass der Gebrauchsvorteil während der anfänglichen Zeit der Nutzung nicht höher ist als in der nachfolgenden Zeit.[809] Der gleich bleibende Gebrauchswert des Fahrzeugs wird durch dessen Benutzung nach und nach „linear" aufgezehrt. Anders verhält es sich mit dem Wertverlust des Fahrzeugs. Er ist insbesondere in der Anfangsphase der Benutzung eines Neufahrzeugs außerordentlich hoch, danach wird der Wertschwund immer geringer, je länger ein Fahrzeug benutzt wird. Der durch Benutzung eintretende Wertverlust des Fahrzeugs ist durch einen „degressiven" Verlauf gekennzeichnet, während der im Fahrzeug steckende **Gebrauchswert linear aufgezehrt** wird. Zwischen Gebrauchswertaufzehrung einerseits und Wertverlust andererseits besteht mithin keine Kongruenz. Wie nicht anders zu erwarten, erweist sich die festgestellte Diskrepanz als der Punkt, an dem der eigentliche Meinungsstreit zur Höhe der Gebrauchsvorteile beginnt; die einen wollen den Käufer, die anderen den Verkäufer mit dem Risiko des anfänglich höheren Wertverlustes belasten.

Die Forderung, der Käufer sei über die analog § 287 Abs. 2 ZPO vorzunehmende Gebrauchswertschätzung an dem erhöhten **„anfänglichen Wertverlust"** des Fahrzeugs zu beteiligen,[810] beruht auf der irrigen Vorstellung, **Gebrauchswert** und **Wertverlust** seien in jeder Phase der Benutzung identisch, obwohl dies, wie gezeigt, nicht der Fall ist. Allerdings hat die Rechtsprechung dieses Problem bislang nicht herausgearbeitet. Die Argumente, es

---

802 LG Köln 8. 1. 1992, VuR 1992, 89.
803 BGH 26. 6. 1991, WM 1991, 1800, 1803 im Falle der Wandlung eines „Bettenkaufs".
804 OLG Stuttgart 24. 2. 1983 – 7 U 248/82 – n. v.; a. A. OLG Hamm 8. 7. 1990, NJW 1970, 2296.
805 BGH 22. 6. 1983, NJW 1983, 2194.
806 BGH 17. 5. 1995, WM 1995, 1145.
807 OLG Köln 20. 5. 1987, NJW 1987, 2520; 20. 4. 1989 – 12 U 209/88 – n. v.; 12. 10. 1979 – 19 U 58/79 – n. v.; 2. 7. 1982, DAR 1982, 403; OLG Zweibrücken 25. 10. 1984, DAR 1986, 89; OLG Bremen 21. 12. 1979, DAR 1980, 373; OLG Nürnberg 17. 4. 1980, DAR 1980, 345; OLG Hamm 20. 3. 1980, BB 1981, 1853; 10. 12. 1987, NJW-RR 1988, 1140.
808 Urt. 22. 6. 1983, NJW 1983, 2194; Urt. 17. 5. 1995, WM 1995, 1145.
809 *Soergel/Huber,* § 467 Rn 165.
810 So z. B. OLG Celle 10. 1. 1991, NZV 1991, 230, 231; *Kaufmann,* DAR 1990, 294, 295; und schon früher OLG Frankfurt 9. 7. 1969, NJW 1969, 1967; OLG Düsseldorf 15. 10. 1981 – 6 U 216/80 – n. v.; LG Ulm 25. 8. 1977 – 4 O 31/77 – n. v.; LG Darmstadt 13. 7. 1979 – 1 O 68/79 – n. v.

handele sich bei dem erhöhten Wertverlust um ein typisches Risiko der Gewährleistung, der Käufer dürfe wegen Schlechtleistung des Käufers nicht in überhöhte Kfz-Haltungskosten gestürzt werden,[811] die Rückgabe des Fahrzeugs falle nicht in den Verantwortungsbereich des Käufers, sondern in den des Verkäufers,[812] und demzufolge könne der durch Benutzung eingetretene Wertverlust zwangsläufig nur auf der Grundlage einer „anteiligen linearen Wertschwundberechnung" ermittelt werden,[813] treffen sämtlich nicht „ins Schwarze". Das LG Köln,[814] das die sog. degressive Berechnung des Wertschwunds abgelehnt hat, ist dem eigentlichen Problem nähergerückt. In den Urteilsgründen heißt es:

„In dem Verhältnis zwischen den Parteien des Kaufvertrags fällt auch ein im Ergebnis vom Hersteller herrührender Mangel in den Verantwortungsbereich des Verkäufers. Im Falle der Wandlung ist es daher angebracht, die vom Käufer zu erstattenden Gebrauchsvorteile nach den vom Käufer ersparten Abnutzungskosten zu berechnen. Zwar ... wird bei dieser Abrechnungsmethode der tatsächlich auf Seiten des Verkäufers eingetretene Verlust nicht ausreichend abgedeckt, aber auf der anderen Seite wird der Käufer auch nicht etwa bereichert, was nicht die Folge einer Rückabwicklung des Kaufvertrages sein darf. Andere Vorteile als die der ersparten Abnutzungskosten entstehen auf Seiten des Käufers nicht, da er schließlich die Sache zurückgibt und ihn der eingetretene Wertverlust auch nicht während der Dauer der Nutzung in irgendeiner Weise bereichert hat. Es ist aber nicht gerechtfertigt, den Käufer an diesen Verlusten zu beteiligen, da es allein in der Sphäre des Verkäufers liegt, dass der Käufer die Sache nicht behalten kann oder will."

Es geht, worauf *Huber*[815] zutreffend hinweist, allein „um Erstattung der Gebrauchsvorteile des Käufers, nicht um Schadensersatz". Im Licht dieser Ausführungen wird deutlich, dass die **Methode der linearen Wertschwundberechnung** keine unangebrachte Sanktionserwägung zum Nachteil des Verkäufers darstellt, wie sie *Kaufmann*[816] vermutet und deshalb eine Beteiligung des Käufers an dem höheren Wertverlust der ersten Zeit jedenfalls dann für angebracht hält, wenn die Mängel die Gebrauchsfähigkeit des Fahrzeugs nicht beeinträchtigen. Auf diesem Standpunkt steht auch das OLG Celle,[817] das aus dem Grundgedanken des Wandlungsrechts die Verpflichtung der Parteien ableitet, sich gegenseitig so zu stellen, als ob der Kaufvertrag nicht geschlossen worden wäre. Demzufolge gehe der Rückgewähranspruch auf Wiederherstellung des früheren Zustandes, und die beiderseitigen Leistungen seien in ihrem ursprünglichen Wert zurückzuführen. Übersehen wird bei dieser auf § 346 BGB gestützten Argumentation, dass sich die Herausgabe der Gebrauchsvorteile nach §§ 347 S. 2, 987 BGB und nicht nach § 346 S. 2 BGB richtet, die, wie der Zusammenhang ergibt, nur solche Verträge betrifft, deren Hauptpflicht auf eine Gebrauchsüberlassung gerichtet ist.[818] Für die vom BGH[819] befürwortete lineare – und gegen die degressive – Wertschwund-Berechnungsmethode spricht weiterhin der Vergleich von § 13 Abs. 2 S. 3 VerbrKrG mit §§ 347 S. 2, 987 Abs. 1 BGB. Nur im Rahmen der Bestimmung von § 13 Abs. 2 S. 3 VerbrKrG ist bei der Bemessung der Nutzungsvergütung auf die inzwischen eingetretene **Wertminderung** der Sache Rücksicht zu nehmen, womit dem Kreditgeber „ein Stück Schadensersatz" als Ausgleich dafür zugeteilt wird, dass er im Übrigen auf den Rechtsbehelf des Rücktritts beschränkt ist und nicht nach § 326 BGB vorgehen kann.[820]

---

811 OLG Nürnberg 17. 4. 1980, DAR 1980, 345; KG 10. 1. 1980, DAR 1980, 245.
812 OLG München 22. 2. 1989, DAR 1989, 187; OLG Köln 2. 7. 1982, DAR 1982, 402 ff.; 20. 4. 1989 – 12 U 209/88 – n. v.
813 OLG Köln 20. 4. 1989 – 12 U 209/88 – n. v.; OLG München, 22. 2. 1989, DAR 1989, 187.
814 Urt. 10. 3. 1982 – 19 S 375/81 – n. v.
815 *Soergel/Huber*, § 467 Rn 165.
816 DAR 1990, 294, 295.
817 Urt. 10. 1. 1991, NZV 1991, 230, 231.
818 *Soergel/Hadding*, § 346 Rn 7; *Soergel/Huber*, § 467 Rn 159.
819 Urt. 17. 5. 1995, WM 1995, 1145.
820 *Soergel/Huber*, § 467 Rn 165; diesen Aspekt hat das OLG Dresden 12. 11. 1997, DAR 1997, 68, 70 übersehen.

807 Da der anteilige lineare Wertverzehr des Anschaffungspreises die Grundlage für die Bemessung der Gebrauchsvorteile darstellt, bleibt für eine anteilige Berücksichtigung des **Unternehmergewinns** und der **allgemeinen Geschäftsunkosten** kein Raum.[821] Es geht nicht um die Festsetzung einer Gewinn bringenden Miete, sondern um bloße Wertminderung, und diese beinhaltet – soweit der Käufer sie als Ausgleich für den Gebrauch vergüten muss – bereits den anteiligen Gewinn des Verkäufers.[822]

Eine Berücksichtigung der dem Verkäufer durch den Abschluss des Kaufvertrags entstandenen **Vermögenseinbuße,** etwa in Form einer Verzinsung des eingesetzten Kapitalwerts,[823] findet bei der Bemessung der Gebrauchsvorteile nicht statt, da das Gesetz dem Verkäufer gem. § 347 S. 2 i. V. m. § 987 BGB nur einen Wertersatzanspruch und keinen Schadensersatzanspruch zubilligt.[824]

Die **Gebrauchsvergütung** ist ihrerseits **nicht verzinslich.**[825] Das Gesetz ordnet in § 347 S. 3 BGB eine Verzinsung ausdrücklich nur für empfangene Geldleistungen an, nicht aber für gezogene Nutzungen, deren Wert der Käufer vergüten muss.[826]

Die zu vergütenden Gebrauchsvorteile sind **Entgelt** für eine **Gebrauchsüberlassung** und kein Schadensersatz. Deshalb unterliegen sie der **Umsatzsteuer,** gleichviel, ob der Verkäufer sie isoliert oder im Wege der Verrechnung mit dem von ihm zu erstattenden Kaufpreis geltend macht.[827]

808 Soweit es um die Ermittlung des Gesamtnutzungswertes einer für den Gebrauch bestimmten Sache geht, wird kaum noch ernsthaft in Frage gestellt, dass der Zeitraum der „Nutzbarkeit bis zur Gebrauchsuntauglichkeit"[828] zu Grunde zu legen ist.

Mit einer auf den Zeitraum von 4 Jahren **verkürzten** linearen **Wertschwundberechnung,** wie sie das KG in einem Fall[829] praktiziert hat, weil statistischen Erhebungen zufolge Neuwagenkäufer ihre Fahrzeuge nicht bis zur Schrottreife nutzen, sondern diese nach ca. vier Jahren weiterveräußern, lassen sich keine sachgerechten Resultate erzielen. Das auf der Differenz zwischen Anschaffungspreis und Verkehrswert des Fahrzeugs nach 4 Jahren basierende Berechnungsmodell **belastet** diejenigen **Käufer** überproportional, die ihr mangelhaftes Fahrzeug bis zum Vollzug der Wandlung weiterbenutzen müssen, weil sie nicht über das Geld für einen im Stadium des Wandlungsprozesses ohnehin riskanten Ersatzkauf verfügen. Benachteiligt werden auch diejenigen, die ihr Neufahrzeug dem Anschaffungszweck entsprechend bis zur völligen Wertaufzehrung benutzen möchten. Ferner bleibt unberücksichtigt, dass manch einer, der sich nach einer gewissen Zeit der Benutzung von seinem Fahrzeug trennt, durch einen günstigen Privatverkauf oder durch eine vorteilhafte Inzahlunggabe einen höheren als den in Marktberichten ausgewiesenen Preis erzielt. Der Gebrauchswert, der in einem Fahrzeug steckt und der durch den Anschaffungspreis verkörpert wird, kann schließlich nicht davon abhängen, ob der Käufer das Fahrzeug bis zum Schrottwert abnutzt oder ob er es vorher verkauft.[830]

809 Gegen die durchgängige lineare Berechnungsmethode wurde eingewandt,[831] sie berücksichtige nicht, dass ein Fahrzeug auch am Ende einer normalen Entwicklung einen gewissen

---

821 BGH 26. 6. 1991, WM 1991, 1800, 1803; a. A. OLG Frankfurt 9. 7. 1969, 1967; *Creutzig,* Recht des Autokaufs, Rn 7.4.11.
822 BGH 26. 6. 1991, WM 1991, 1800, 1803.
823 So OLG Celle 10. 1. 1991, NZV 1991, 230, 232.
824 *Soergel/Huber,* § 467 Rn 158; a. A. *Creutzig,* Recht des Autokaufs, Rn 7.4.11.
825 BGH 26. 6. 1991, WM 1991, 1800, 1803; so jetzt auch *Soergel/Huber,* § 467 Rn 168.
826 BGH 26. 6. 1991, WM 1991, 1800, 1803.
827 BGH 12. 1. 1994, ZIP 1994, 461, 472.
828 BGH 26. 6. 1991, WM 1991, 1800, 1803; *Soergel/Huber,* § 467 Rn 166.
829 Urt. 10. 1. 1980, DAR 1980, 245.
830 *Soergel/Huber,* § 467 Rn 166.
831 *Klimke,* DAR 1984, 69 ff. und DAR 1986, 301 f.

Restwert repräsentiert, der bei noch fahrbereiten Autos kaum unter 10% absinkt.[832] Dem ist entgegenzuhalten, dass nach den vom Kraftfahrtbundesamt getroffenen Feststellungen Personenkraftwagen im Durchschnitt nach etwa 10 bis 11 Jahren aus dem Verkehr gezogen werden, weil sie nicht mehr fahrbereit und verkehrssicher sind. Ein Verkaufserlös ist für ältere Fahrzeuge nur dann erzielbar, wenn sie „gut im Schuss" sind oder wenn es sich um Liebhaberstücke handelt. Fahrzeuge, die diese Kriterien nicht erfüllen, werden kostenpflichtig entsorgt oder ins Ausland verbracht. Falls am Ende ausnahmsweise ein Verwertungserlös verbleibt, wird er in aller Regel durch vorausgegangene **Reparaturaufwendungen kompensiert,** die – genau genommen – dem Anschaffungspreis hinzugerechnet werden müssen. So sieht es im Grund auch das OLG Düsseldorf,[833] das die zu erwartende Nutzungsdauer eines stark beanspruchten Kippkastens, der bereits nach der Hälfte der 10- bis 12-jährigen Nutzungsdauer des dazugehörigen Sattelaufliegers hätte generalüberholt oder erneuert werden müssen, aus eben diesem Grunde halbiert hat. Soweit gegen die lineare Berechnungsmethode eingewandt wird, sie gehe von der etwas weltfremden Vorstellung aus, die einmalige Investition des Anschaffungspreises reiche aus, um das Fahrzeug dann bis zur Leistungsgrenze zu nutzen,[834] wird übersehen, dass z. B. die Aufwendungen für Reifen, Wartung und Pflege zu den Betriebskosten gehören, durch die das Fahrzeug normalerweise keine Wertsteigerung erfährt. Soweit die Aufwendungen der Werterhaltung und nicht dem reinen Betrieb des Fahrzeugs dienen, wie z. B. die Kraftstoffkosten, können sie ebenso wie Reparaturaufwendungen evtl. über den Restwert hereingeholt werden. Auch von daher ist es gerechtfertigt, den Restwert ebenso wie die aufgewendeten Betriebs- und Reparaturkosten bei der Berechnung der Gebrauchsvorteile außer Betracht zu lassen, da sie sich gegenseitig aufheben.

810 Das lineare Berechnungsmodell ermöglicht eine **flexible Handhabung,** ist **praktikabel** und trägt den **individuellen Gegebenheiten** Rechnung.[835] Den von Fahrzeug zu Fahrzeug unterschiedlichen Abschreibungswerten wird durch die prozentuale Anlehnung an den jeweils gezahlten Kaufpreis entsprochen.[836]

811 Bei der linearen Berechnungsmethode muss vernünftigerweise die Einschränkung gemacht werden, dass der **anteilige lineare Wertschwund** für die Zeit der Nutzung die **Differenz** zwischen **Anschaffungspreis** und **Verkehrswert** des Fahrzeugs in mangelfreiem Zustand zum Zeitpunkt des Vollzugs der Wandlung **nicht überschreiten** darf, andernfalls der Käufer benachteiligt würde.[837] Sind z. B. nach linearer Wertschwundberechnung 50% des Anschaffungspreises aufgebraucht und liegt der Verkehrswert des Autos – in mangelfreiem Zustand – noch bei 60% des Anschaffungspreises, hat der wandelnde Käufer eine Gebrauchsvergütung von nur 40% des Kaufpreises zu entrichten.

Die absolute **Obergrenze** entspricht dem „Verbrauch" der **Anschaffungskosten.** Sie sind verbraucht, wenn die wirtschaftliche Nutzung beendet ist.[838]

812 **Fahrten,** die der Käufer mit dem Fahrzeug **zur Vornahme von Gewährleistungsarbeiten** durchgeführt hat, sind bei der Berechnung der Gebrauchsvorteile nicht zu berücksichtigen, da sie der Verkäufer kostenmäßig gem. § 476a BGB zu übernehmen hat.[839]

---

832 Davon geht auch die Schwacke-Liste „Gebrauchsvorteil für Pkw, Geländewagen und Transporter" – herausgegeben von der Schwacke-Bewertung GmbH & Co KG, Osnabrück, 1997 – aus, indem sie zur Erzielung einer mathematischen Lösung für die Ermittlung der Gebrauchsvorteile bei älteren Fahrzeugen eine Restlaufleistung von 10% der Gesamtlaufleistung ansetzt.
833 Urt. 25. 4. 1996, OLGR 1997, 250.
834 *Klimke,* DAR 1984, 69 ff. und DAR 1986, 301 f.
835 *Thilenius,* DAR 1981, 102, 104.
836 OLG Hamm 20. 3. 1980, BB 1981, 1853.
837 OLG Hamm 21. 1. 1982, MDR 1982, 580; *Soergel/Huber,* § 467 Rn 170.
838 OLG Koblenz 4. 10. 1991, NJW-RR 1992, 688; LG Darmstadt, 22. 12. 1992 – 20 O 555/92 – n. v.
839 OLG Hamm 22. 9. 1981 – 28 U 131/81 – n. v.; OLG Köln 10. 1. 1992, DAR 1993, 349; OLG Düsseldorf 16. 12. 1994 – 14 U 95/94 – n. v.; *Soergel/Huber,* § 467 Rn 170.

813 Sobald erkennbar wird, dass durch Anwendung der linearen Berechnungsmethode die eine oder andere Partei übervorteilt wird, sind entsprechende Korrekturen bei der Schätzung gem. § 287 Abs. 2 ZPO angebracht.[840] Abweichungen vom Linearmodell können bei der Wandlung von Kaufverträgen über Sonderfahrzeuge im Einzelfall angebracht sein, wie etwa bei Fahrschul-, Taxi- und Mietfahrzeugen.

Da die Methode der linearen Wertschwundberechnung auf einer normalen Gebrauchstauglichkeit der Kaufsache basiert, sind die vom Käufer zu vergütenden **Gebrauchsvorteile** zu **kürzen,** falls die **Mängel die Gebrauchstauglichkeit** oder den **Fahrkomfort** des Fahrzeugs **einschränken.** Andernfalls würde der Verkäufer trotz des Fehlers und der dadurch eingeschränkten Gebrauchsmöglichkeit des Fahrzeugs Vorteile aus der Nutzungsvergütung erlangen. Aber nicht jede Beeinträchtigung des Komforts berechtigt zur Kürzung der Nutzungsentschädigung. Gewisse Komforteinbußen, wie etwa Knallgeräusche eines Automatikgetriebes, hat der wandlungsberechtigte Käufer hinzunehmen, denn diese begründen im Normalfall erst das Recht zur Wandlung.[841]

814 **Beipiele** aus der Rechtsprechung:
- Das OLG Köln[842] hielt wegen starker **Beeinträchtigung** des **Fahrkomforts** durch Schaltstöße eines Automatikgetriebes eine Nutzungsvergütung von nur 0,15 DM je km bei einem Neukaufpreis von etwa 34 000 DM für angemessen.
- Das OLG Celle[843] kappte die – nach Meinung des Verfasser allerdings zu hoch angesetzte – Gebrauchsvergütung wegen echter und **nachhaltiger Einbuße der Nutzungsmöglichkeit** um einen Pauschalbetrag von 4000 DM, weil dem Käufer beim Ausfall des elektronischen Steuergeräts für den Motor eine Fahrt auf der Autobahn nur mit einer maximalen Geschwindigkeit von 40 km/h möglich war.[844]
- Das OLG Düsseldorf[845] schätzte die durch Benutzung gezogenen Gebrauchsvorteile für ein Fahrzeug, das neu 46 440 DM gekostet und mit dem der Käufer 47 178 km zurückgelegt hatte, auf 11 740 DM, weil es mit einem Fehler in Form einer **starken Geruchsbelästigung** behaftet war, die im Fahrgastraum bei längeren Bergfahrten und Geschwindigkeiten von mehr als 150 km/h auftrat und zu starken Schleimhautreizungen führte und die mit einem deutlichen Leistungsabfall des Motors und einem Hochschnellen des Drehzahlmessers verbunden war. Im Fall einer Vergütung von 0,67% des Anschaffungspreises je 1000 km hätte der Käufer 14 660 DM, mithin einen Mehrbetrag von 2920 DM, für die Fahrzeugbenutzung bezahlen müssen.

815 Eine **transparente** und **gleichmäßige** Kappung der Nutzungsvergütung lässt sich dadurch erreichen, dass der Berechnung an Stelle des Neuanschaffungspreises der infolge der Mängel **geminderte Wert** des Neufahrzeugs **zu Grunde gelegt** wird.[846] Dieses – verfeinerte – Berechnungsmodell setzt voraus, dass die durch die gebrauchsrelevanten Mängel verursachte Wertminderung bekannt ist oder von einem Gutachter bzw. im Wege gerichtlicher Schätzung ermittelt werden kann.

Probleme bereitet die Schätzung des Minderwerts, wenn **Gebrauchsminderung und Mangelunwert auseinanderklaffen.** Der Gebrauchswert eines Autos, das nicht anspringt

---

840 *Rädel,* DAR 1985, 312.
841 OLG Hamm 29. 6. 1993, OLGR 1993, 333.
842 Urt. 9. 5. 1986, DAR 1986, 320 ff.
843 Urt. 10. 1. 1991, NZV 1991, 230, 232.
844 Ablehnend OLG Hamm 10. 12. 1987, NJW-RR 1988, 1140; OLG Braunschweig, Urt. 7. 10. 1993 – 2 U 128/93 – n. v.; restriktiv *Soergel/Huber,* § 467 Rn 170.
845 Urt. 16. 12. 1994 – 14 U 95/94 – n. v.
846 OLG Köln, 18. 2. 1998, OLGR 1998, 378; 10. 1. 1992, DAR 1993, 349; OLG Düsseldorf, 2. 4. 1993 – 14 U 193/92 – n. v.; 16. 12. 1994 – 14 U 95/94 – n. v.

oder dauernd stehen bleibt, ist „gleich Null". Dabei kann es durchaus sein, dass sich der zu Grunde liegende Fehler, wäre er bekannt, mit wenigen Handgriffen und einem geringen Kostenaufwand beseitigen ließe. In einem solchen Fall schlägt die durch die Gebrauchsmängel verursachte objektive Minderung des Fahrzeugwerts betragsmäßig kaum zu Buche. Die Wertminderung eines Fahrzeugs, bei dem in sämtlichen Fahrphasen **Ruckerscheinungen** auftraten, schätzte das OLG Köln[847] auf der Grundlage eines Neuanschaffungspreises von 45 250 DM auf runde 5000 DM.

Eine Herabsetzung des Bruttokaufpreises um den Betrag des mängelbedingten Minderwerts erscheint äußerst fragwürdig, wenn der Mangel nicht die Gebrauchstauglichkeit des Fahrzeugs, sondern **allein** dessen **Wert beeinträchtigt,** wie z. B. eine mangelhafte Lackierung. Das Unbehagen, ein mit wertbeeinträchtigenden Fehlern behaftetes Fahrzeug zu benutzen, beruht nicht auf einer Einschränkung der Gebrauchstauglichkeit und des Fahrkomforts. Es ist affektiver Natur und von daher rechtlich irrelevant. Die Kompromisslösung des OLG Köln,[848] den mängelbedingten Minderwert unter solchen Umständen nicht allzu hoch zu bemessen, vermag nicht zu überzeugen.

Die mathematische Formel für die Berechnung der Gebrauchsvorteile lautet: **816**

$$\text{Gebrauchsvorteil} = \frac{\text{Bruttokaufpreis} \times \text{gefahrene Kilometer}}{\text{erwartete Gesamtlaufleistung}}$$

Sie wird vom BGH[849] auch für die Berechnung der Gebrauchsvorteile bei Kaufverträgen über Gebrauchtfahrzeuge verwendet, dort allerdings mit der Maßgabe, dass der Divisor in der voraussichtlichen **Restlaufleistung** besteht. Die Restlaufleistung ist die Differenz zwischen Gesamtfahrleistung und den gefahrenen Kilometern.

Bei der Wandlung eines Kaufvertrags über ein **Neufahrzeug** dürfen die bis zum Vollzug der Wandlung zurückgelegten Kilometer nicht in Abzug gebracht werden, da die Formel auf der im Zeitpunkt der Fahrzeugübergabe zu erwartenden **Gesamtfahrleistung** aufbaut.[850]

Nach der Formel beträgt die Nutzungsvergütung bei einer voraussichtlichen Gesamtfahrleistung von 150 000 km 0,67% des Kaufpreises je gefahrene 1000 km. Bei einer Gesamtlaufleistung von 200 000 km verringert sie sich auf 0,5% und bei 300 000 km auf 0,33% des Kaufpreises.

Bei der zu erwartenden Gesamtfahrleistung eines Kraftfahrzeugs kommt es nicht auf das **817** Fahrverhalten eines bestimmten Käuferkreises, sondern allein darauf an, für welche **Fahrleistung** der Hersteller das Auto bei sachgerechter Fahrweise ausgelegt hat.[851] Hinweise auf die zu erwartende Fahrleistung können sich aus Werbeaussagen des Herstellers/Importeurs, aus dem Betriebsheft des Fahrzeugs, aus den Garantieunterlagen und aus statistischen Erhebungen ergeben.[852] Entgegen der in früheren Auflagen vertretenen Auffassung kann die vom Käufer konkret geplante Benutzung des Fahrzeugs für die Ermittlung der zu erwartenden Gesamtfahrleistung nicht maßgebend sein.[853] Nutzt er ein Fahrzeug intensiv, indem er z. B. binnen kurzer Zeit sehr viele Fahrkilometer zurücklegt, so erhöhen sich die zu vergütenden Gebrauchsvorteile in gleichem Maße. Ein Fehlgebrauch des Fahrzeugs, der zu Schäden führt oder die vom Hersteller konzipierte Gesamtfahrleistung verkürzt, die bei einem normalen Gebrauch erreichbar wäre, hat zur Folge, dass der Käufer entweder mit der Wandlung

---

847 Urt. 10. 1. 1992, DAR 1993, 349.
848 Urt. 18. 2. 1998, OLGR 1998, 378.
849 Urt. 7. 5. 1995, DAR 1995, 323; OLG Saarbrücken 20. 9. 1989, NJW-RR 1990, 493; OLG Dresden 12. 11. 1997, DAR 1999, 68; s. dazu *Kaufmann*, DAR 1990, 294, 295.
850 A. A. *Creutzig*, Recht des Autokaufs, Rn 7.4.11.3.
851 So zutreffend OLG Köln 20. 4. 1989 – 12 U 209/88 – n. v.
852 OLG Köln 20. 4. 1989 – 12 U 209/88 – n. v.
853 In diesem Sinn OLG München 22. 2. 1989, DAR 1989, 187.

auszuschließen ist oder für minder erhebliche Beschädigungen Wertersatz gem. §§ 347 S. 1, 989 BGB leisten muss.[854]

818 In der Rechtsprechung hat sich ein **Vergütungssatz von 0,67 %** – nach anfänglich 1 % – des Bruttokaufpreises je angefangene 1000 km verfestigt.[855] Aus diesem Grund wurde auf die Fortführung und Aktualisierung der in der 5. Auflage unter Rn 820 abgedruckten Entscheidungssammlung verzichtet.

Eine allzu **schematische Anwendung des 0,67%-Wertes** würde die Zielvorgabe einer möglichst wirklichkeitsnahen Bemessung der Gebrauchsvorteile allerdings verfehlen, da die erzielbare Gesamtfahrleistung von Fall zu Fall verschieden ist. Die **Gesamtfahrleistung** muss daher in jedem **Einzelfall** ermittelt werden, sei es im Wege einer gerichtlichen Schätzung, anhand konkreter Anhaltspunkte, sei es durch Einschaltung eines Gutachters. Nicht gefolgt werden kann dem OLG Braunschschweig,[856] das auf dem Standpunkt steht, man komme der Einzelfallgerechtigkeit nicht entscheidend näher, wenn man die Ermittlung der Gebrauchsvorteile künftig in die Hand von Sachverständigen legen wollte, da die Kosten einer solchen Vorgehensweise bei einer Gesamtbetrachtung die Vorteile im Einzelfall wieder einholen würden. Einzelfallgerechtigkeit, die es anzustreben gilt, darf nicht an der Kostenfrage Halt machen.

819 Personenkraftwagen der mittleren und gehobenen Klasse erreichen auf Grund des hohen Qualitätsstandards heutzutage **Gesamtfahrleistungen von 200 000 bis 300 000 km.** Diese Laufleistungserwartungen entsprechen den in Datenbanken gespeicherten Zahlenwerten.[857] Es ist eine Erfahrungstatsache, dass viele Käufer ihre Kaufentscheidung an diesen Werten ausrichten.

Beispiele aus der Rechtsprechung:
- Das OLG Celle entschied 1995,[858] dass die bei einem Fahrzeug der **Luxusklasse** (ohne besondere Reparaturen) zu erwartende Gesamtfahrleistung höher als sonst üblich auf **200 000 km** zu veranschlagen ist und gelangte zu einem Vergütungssatz von 0,5 % des Kaufpreises pro gefahrene 1000 km.
- In Anbetracht der geänderten Fakten hat der 27. Senat des OLG Hamm[859] anlässlich der Rückabwicklung eines Gebrauchtwagenkaufs die für die Berechnung der Gebrauchsvorteile erreichbare Gesamtlaufleistung eines Fahrzeugs der Luxusklasse wegen guter Verarbeitungsqualität, eines langlebigen, **großvolumigen Motors** und des dazu noch verhältnismäßig geringen Alters auf **300 000 km** geschätzt. Wenige Jahre zuvor noch hatte das OLG Hamm[860] festgestellt, bei der Schätzung gem. § 287 ZPO könne nur auf den Durchschnittswert von 150 000 km abgestellt werden, da nach der Lebenserfahrung Fahrzeuge der oberen Klasse keine höhere Laufleistung aufweisen würden als Fahrzeuge der mittleren Klasse, weil sie erfahrungsgemäß einer stärkeren Beanspruchung unterlägen und deshalb störanfälliger seien.
- Das OLG Koblenz erkannte bereits sehr früh, dass die Gesamtfahrleistungen von Personenkraftwagen angestiegen sind, und legte deshalb bei der Berechnung der Gebrauchsvorteile für ein **Mittelklassefahrzeug** eine Laufleistungserwartung von **170 000 km** zu Grunde.[861]

---

854 *Soergel/Huber*, § 467 Rn 181.
855 Jüngste Beispiele OLG Braunschweig 6. 8. 1998, OLGR 1998, 274; LG Bonn 21. 10. 1997, NJW-RR 1998, 846; weitere Nachweise *bei Creutzig*, Recht des Autokaufs, Rn 7.4.11.2, der auf einer angenommenen Gesamtfahrleistung von 150 000 km basiert.
856 Urt. 6. 8. 1998, OLGR 1998, 274.
857 Schwacke-Liste, Gebrauchsvorteil 1997, VI.
858 Urt. 18. 5. 1995, DAR 1995, 404, 406.
859 Urt. 17. 12. 1996, DAR 1997, 111.
860 Urt. 29. 6. 1993, OLGR 1993, 333.
861 Urt. 25. 6. 1992, VersR 1993, 1492.

Wandlung

- In einer Entscheidung aus dem Jahre 1998 stellt der 10. Senat des OLG Koblenz fest, dass bei hochwertigen Fahrzeugen der **Oberklasse** der Ansatz einer zu erwartenden Gesamtlaufleistung von 150 000 km zu niedrig und stattdessen ein Wert von **200 000 km** realistisch sein dürfte, sodass der Nutzungsausgleich 0,5% statt 0,67% des Kaufpreises je 1000 km Laufleistung beträgt.
- Zu dem gleichen Ergebnis gelangte das OLG Stuttgart[862] im Fall der Wandlung eines Kaufvertrages über ein **Diesel-Fahrzeug,** weil es davon ausging, dass bei Fahrzeugen mit einem Dieselmotor eine Laufleistung von **200 000 km** üblicherweise erreicht wird.
- Auch das OLG Dresden[863] hat die im Wege der Vorteilsausgleichung die zu berücksichtigenden Gebrauchsvorteile auf der Grundlage einer Gesamtlaufleistung von **200 000 km** berechnet. Die Parteien hatten übereinstimmend vorgetragen, dass diese Laufleistung mit dem Fahrzeug **normalerweise erreicht** werde.

Im Gegensatz dazu hat das OLG Braunschweig[864] eine Korrektur der seit Jahrzehnten praktizierten Handhabung, mit 0,67% zu rechnen, aus Gründen der Rechtssicherheit und Praktikabilität abgelehnt, die – so die Sichtweise des erkennenden Senats – bei häufig in der Justizpraxis vorkommenden Alltagsfragen Vorrang vor einer allenfalls geringfügige wirtschaftliche Unterschiede begründenden, aufwändigen Suche nach Einzelfallgerechtigkeit erheischen. Anstatt den Blick auf die **veränderten Anknüpfungstatsachen** zu richten und sich damit auseinander zu setzen, beschränkt sich das Urteil auf die Feststellung, der Gesetzgeber habe zu eben diesem Zweck die gewisse Pauschalierungen erlaubende Vorschrift des § 287 ZPO geschaffen.

820

Das LG Bonn[865] beharrte im Fall der Wandlung eines Kaufvertrags über ein Fahrzeug der Oberklasse ebenfalls auf dem Anrechnungssatz von 0,67%. Eine **Differenzierung nach Fahrzeugklassen,** so lautet seine Begründung, würde wegen der damit einhergehenden Zweifelsfragen bei der Abgrenzung zu einer gewissen **Rechtsunsicherheit bzw. Rechtszersplitterung** führen. Es bedürfe einer Klassifizierung auch deshalb nicht zwingend, da eine Angleichung des Qualitätsstandards bei allen modernen Automobilen zu beobachten sei und diese eher auf eine ansteigende Laufleistung auch von Mittelklassefahrzeugen hindeute. Das **Ergebnis ist nicht sachgerecht**[866] und die Argumentation widersinnig. Es besteht kein Grund, an dem Wert von 0,67% bei Fahrzeugen der Oberklasse allein deshalb festzuhalten, weil sich die Gesamtfahrleistung von Mittelklassefahrzeugen zwischenzeitlich erhöht hat. Der zu beobachtende Anstieg der Laufleistungserwartung „auch" bei den Mittelklassefahrzeugen gibt vielmehr Veranlassung, den Vergütungssatz für beide Fahrzeugklassen zu senken. Damit würde sich – ebenso wie im Fall einer allerdings nicht mehr zu rechtfertigenden Beibehaltung des Wertes von 0,67% – eine mit Zweifelsfragen behaftete Differenzierung der Fahrzeugkategorien erübrigen.

Bei **Lastkraftwagen** und **Omnibussen** sind die zu erwartenden Gesamtlaufleistungen höher als bei Personenkraftwagen. Sie liegen zwischen 500 000 km und 800 000 km.[867] Von einem **Geländewagen** hat das LG Freiburg[868] eine Gesamtlaufleistung von 150 000 km erwartet. Bei einem **Motorrad** ist das OLG Schleswig[869] von einer voraussichtlichen Ge-

821

---

862 Urt. 5. 8. 1998, DAR 1998, 393.
863 Urt. 12. 11. 1997, DAR 1999, 68, 69.
864 Urt. 6. 8. 1998, OLGR 1998, 274.
865 Urt. 21. 10. 1997, NJW-RR 1998, 846.
866 Laut Schwacke-Liste beträgt die zu erwartende Gesamtlaufleistung des (streitgegenständlichen) Fahrzeugs je nach Motorisierung 190 000 km bis 260 000 km, sodass der Unterschied zur Berechnung mit einem Faktor von 0,09 DM bis maximal 0,14 DM pro km ausmacht.
867 *Creutzig*, Recht des Autokaufs, Rn 7.4.11.3.
868 Urt. 7. 4. 1995, DAR 1995, 291.
869 Urt. 2. 5. 1986, DAR 1987, 87.

samtfahrleistung von 80 000 km ausgegangen Das OLG Hamm[870] hat einem Motorradverkäufer eine Nutzungsvergütung von 0,19 DM pro km zuerkannt. Für die Bemessung der Nutzungsvergütung eines **Reisemobils** wurde die Gesamtfahrerwartung des Käufers vom OLG München auf 200 000 km geschätzt.[871]

f) Prozessuale Geltendmachung

822   Der Anspruch des Verkäufers auf Ersatz der Gebrauchsvorteile wird mit dem Vollzug der Wandlung fällig.[872] Während im Rahmen eines Schadensersatzanspruchs gem. §§ 463, 823 BGB die Gebrauchsvorteile nach den Grundsätzen der **Vorteilsausgleichung** von Amts wegen zu beachten sind,[873] muss der Verkäufer bei der Wandlung die ihm zustehenden Gegenansprüche entweder **einredeweise** gem. §§ 348, 320 BGB, durch **Aufrechnung**,[874] **Hilfsaufrechnung**[875] oder durch **Widerklage** geltend machen. Versäumt er es, den Anspruch auf Nutzungsvergütung in den Wandlungsprozess einzubringen, tritt mangels Rechtskrafterstreckung kein Rechtsverlust ein. Erklärt der Verkäufer die Aufrechnung mit dem Anspruch auf Nutzungsvergütung, so wird dadurch seine bis zum Vollzug der Wandlung bestehende Verpflichtung zur Verzinsung des Kaufpreises gem. § 347 S. 3 BGB weder aufgehoben noch eingeschränkt.

Da der Käufer Anspruch auf Erstattung des vollen Kaufpreises nebst Zinsen besitzt, werden durch die Aufrechnung zunächst die aufgelaufenen Zinsen und danach die Hauptforderung getilgt (§ 367 BGB).[876]

823   Im Rahmen der **bereicherungsrechtlichen Rückabwicklung** eines unwirksamen oder angefochtenen Kaufvertrags findet eine Saldierung der Ansprüche statt. Der in den Bereicherungsausgleich einzubeziehende Ersatz der Gebrauchsvorteile beschränkt sich nicht auf den Zeitraum bis zum Eintritt der Rechtshängigkeit. Zu berücksichtigen sind die vom Käufer materiell-rechtlich geschuldeten Gebrauchsvorteile bis zum Zeitpunkt der tatsächlichen Herausgabe des Fahrzeugs. Bei einer Saldierung der Gebrauchsvorteile mit werterhöhenden Verwendungen, wie etwa einer Generalüberholung, ist zu beachten, dass die durch die Maßnahme bewirkte Wertsteigerung der Sache infolge der anschließenden Nutzung durch den Käufer im Zeitpunkt der Rückgabe bereits ganz oder teilweise aufgezehrt sein kann. Die Aufwendungen des Käufers sind folglich nur in dem Umfang zu berücksichtigen, wie eine **Erhöhung des Werts** der Sache noch im Zeitpunkt der **Rückgabe** vorliegt.[877]

824   Dem die Wandlung des Kaufvertrags betreibenden Käufer ist aus Kostengründen anzuraten, den mit der **Klage** zurückverlangten Kaufpreis um den Betrag der bereits gezogenen **Gebrauchsvorteile zu kürzen.** Falls er beabsichtigt, das Auto während der Prozessdauer weiterzubenutzen, sollte er die Gebrauchsvergütung vorsorglich bis auf den Zeitpunkt der voraussichtlichen Klagezustellung an die Gegenpartei berechnen. Wegen des während der Prozessdauer anwachsenden Anspruchs des Verkäufers auf Nutzungsvergütung ist eine Anpassung der Klageforderung in der letzten mündlichen Verhandlung zu empfehlen. In Höhe des durch Verrechnung mit Gebrauchsvorteilen aufgezehrten Klagebetrages sollte der Käufer die Klage aus Kostengründen keinesfalls zurückziehen, sondern den Rechtsstreit insoweit – notfalls einseitig – für erledigt erklären. Erledigung an Stelle von Klagerücknahme kommt auch dann in Betracht, wenn der Verkäufer mit den während der Prozessdauer entstandenen

---

870 19. 10. 1994, ZfS 1995, 133.
871 Urt. 20. 4. 1993 – 25 U 5214/91 – zit. von *Creutzig,* Recht des Autokaufs, Rn 7.4.11.2.
872 *Soergel/Huber,* § 467 Rn 180.
873 Vgl. *Schaumburg,* JR 1975, 446 m. w. N.
874 BGH 26. 6. 1991, WM 1991, 1800 f.; 2. 2. 1994, NJW 1994, 1004, 1006; *Soergel/Huber,* § 467 Rn 180; zu den bei der Aufrechnung auftretenden Rechtsfragen vgl. *Thielmann,* VersR 1970, 1069, 1076.
875 OLG Köln 18. 2. 1998, OLGR 1998, 378; OLG Düsseldorf, Urt. 16. 12. 1994, 14 U 95/94 – n. v.
876 *Soergel/Huber,* § 467 Rn 180.
877 BGH 25. 10. 1995, BB 1996, 1820.

Wandlung Rn 825, 826

Gebrauchsvorteilen – hilfsweise – gegen die Klageforderung aufrechnet.[878] Das Gericht hat über die Kosten nach billigem Ermessen zu entscheiden. Dringt der Käufer mit der Wandlungsklage durch, sind die Kosten des durch – Verrechnung mit der während der Prozessdauer entstandenen Nutzungsvergütung – erledigten Teils der Klage dem Verkäufer aufzuerlegen,[879] da die Weiterbenutzung des Fahrzeugs während der Prozessdauer in aller Regel zulässig ist, weil sie im Verkäuferinteresse liegt[880] und es im Rahmen der Kostenentscheidung bei ganz oder teilweise erledigter Hauptsache nicht darauf ankommt, wer die Erledigung herbeigeführt hat.[881]

Zu vergüten sind die Gebrauchsvorteile bis zum **Tag der Rückgabe** des Fahrzeugs.[882] Für den Käufer, der die Wandlung gerichtlich durchgesetzt hat, stellt sich das Problem, dass die Rückabwicklung regelmäßig erst nach Schluss der letzten mündlichen Verhandlung auf Grund des vorläufig vollstreckbaren oder rechtskräftigen Urteils durchgeführt wird. Zwischen letzter mündlicher Verhandlung, Urteilsverkündung und Zustellung der vollstreckbaren Urteilsausfertigung liegen nicht selten 1–2 Monate; hinzu kommt die Zeit, die der Gerichtsvollzieher zur Ausführung der Vollstreckung benötigt. Benutzt der Käufer das Fahrzeug während dieses Zeitraums weiter, muss er damit rechnen, dass der Verkäufer die nach Schluss der letzten mündlichen Verhandlung gezogenen Gebrauchsvorteile im Wege der Vollstreckungsgegenklage geltend macht und dem Urteil dadurch den Boden entzieht. Einer Vollstreckungsgegenklage steht nicht entgegen, dass es sich um ein kombiniertes Gestaltungs- und Vollstreckungsurteil handelt, da sich der Ausspruch über die Unzulässigkeit der Zwangsvollstreckung allein auf den im Urteil enthaltenen Leistungsbefehl erstreckt.[883] 825

Um diesen Schwierigkeiten aus dem Weg zu gehen, sollte der Käufer entweder die Benutzung des Fahrzeugs ab dem Zeitpunkt der letzten mündlichen Verhandlung einstellen oder die bis zur Rückgabe des Fahrzeugs voraussichtlich noch anfallenden Gebrauchsvorteile von der Klageforderung in Abzug bringen.

Eine **Tenorierung**, die die Höhe der Gebrauchsvergütung von der Laufleistung des Fahrzeugs zum Zeitpunkt der tatsächlichen Rückgabe abhängig macht, begegnet dogmatischen Bedenken. Das LG Köln hat es in einem Fall abgelehnt, den Neuwagenverkäufer zur Kaufpreisrückzahlung abzüglich eines Vergütungssatzes von z. B. 0,14 DM je km zu verurteilen, da nach seiner Meinung Geldansprüche auf einen festen Betrag lauten müssen und sich nicht erst aus anderen Umständen ergeben dürfen, wie z. B. der Kilometerleistung eines Personenkraftwagens zum Zeitpunkt der Vollstreckung.[884] Es erscheint vertretbar, derartige formale Bedenken praktischen Erwägungen unterzuordnen und eine über den Zeitpunkt der letzten mündlichen Verhandlung hinausweisende Tenorierung zuzulassen, etwa im Sinne des von *Kaufmann*[885] unterbreiteten Vorschlags: 826

> „Der Beklagte wird verurteilt, Zug um Zug gegen Rückgabe des Fahrzeugs an den Kläger den Kaufpreis abzüglich eines Betrages zu zahlen, der sich wie folgt berechnet: 0,20 DM × Tachometerstand im Zeitpunkt der Rückgabe des Fahrzeugs an den Beklagten."

Ein entsprechend dieser Vorlage durchformulierter Urteilstenor ist eindeutig und für die Parteien hilfreich. Sie können, ebenso wie der Gerichtsvollzieher, die Höhe der **Gebrauchswertvergütung** anhand des Kilometerzählers **mühelos ermitteln.**[886] Dringend abzuraten ist allerdings von einem Antrag auf Rückzahlung des Kaufpreises Zug um Zug gegen Vergütung

---

878 *Zöller/Vollkommer*, § 91a Rn 58.
879 LG Köln 23. 11. 1988 – 30 O 224/86 – n. v.
880 Vgl. Rn 754.
881 *Thomas/Putzo*, § 91a Anm. 10, 22.
882 *Creutzig*, Recht des Autokaufs, Rn 7.4.13 m. w. N.
883 *Thielmann*, VersR 1970, 1069 ff., 1077.
884 LG Köln 25. 6. 1981 – 15 O 502/80 – n. v.
885 DAR 1990, 294, 296.
886 *Kaufmann*, DAR 1990, 294, 296.

der gezogenen, jedoch betragsmäßig nicht bezifferten Nutzungen.[887] Der Gerichtsvollzieher kann die Höhe der Gegenleistung aus dem Urteil nicht ablesen, sodass die Vollstreckung an diesem Mangel scheitert.

g) Verjährung

827 Für den Anspruch des Verkäufers auf Nutzungsvergütung gilt die Verjährungsfrist des § 196 Abs. 1 Nr. 1 BGB entsprechend und beträgt, abgesehen vom Fall des § 196 Abs. 2 BGB, 2 Jahre.[888] Ebenfalls in **2 Jahren** verjähren etwaige Ersatzansprüche des Verkäufers wegen Beschädigung des Fahrzeugs.[889]

13. Streitwert

828 Bei der Wandlung findet die **Gegenleistung streitwertmäßig keine Berücksichtigung,** wenn der Käufer nach der Wandlungserklärung sofort auf Rückzahlung des Kaufpreises gegen Herausgabe des Fahrzeugs klagt.[890] Die Vorschrift des § 6 S. 2 ZPO findet weder unmittelbar noch analog Anwendung, da die Kaufpreisforderung zur Kaufsache nicht im Verhältnis einer pfandrechtsartigen Sicherung steht. Bei der **Zahlungsklage** Zug um Zug gegen Rückgabe des Autos bemisst sich der Streitwert auch dann ausschließlich nach dem **Forderungsbetrag,** wenn das vom Käufer zurückzugebende Fahrzeug einen höheren Wert besitzt. Eine Zusammenrechnung der Werte findet ebenso wenig statt wie eine Bewertung nur nach der Differenz.[891]

Bei einer **Klage auf Zustimmung** zur Wandlung ist nicht der Sachwert des Autos maßgebend,[892] sondern das Interesse des Käufers an der Rückabwicklung des Kaufvertrags gem. § 3 ZPO zu schätzen.[893] Bei schon vollzogenem Leistungsaustausch ist eigentlich kein Grund ersichtlich, das Interesse des Käufers an der Wiederherstellung des Vermögensstands vor Vertragsabschluss geringer als den Kaufpreis zu bewerten, auf dessen Rückerhalt es dem Käufer auch bei der Zustimmungsklage letztendlich ankommt, wobei ebenso wie im Fall einer auf Zahlung gerichteten Wandlungsklage die Gegenleistung wertmäßig außer Betracht zu bleiben hat.[894]

14. Durchführung der vollzogenen Wandlung

a) Rückzahlung des Kaufpreises

829 Der Verkäufer ist verpflichtet, den Kaufpreis nebst Zinsen Zug um Zug gegen Fahrzeugrücknahme an den Käufer zu zahlen. Kommt er dieser Pflicht nicht nach, besteht für den Neuwagenkäufer nach Vollzug der Wandlung – wie auch schon vorher – nicht die Möglichkeit, den Anspruch aus der Wandlung durch qualifizierte Nachfristsetzung in einen Anspruch auf **Schadensersatz** wegen Nichterfüllung umzugestalten, da die Vorschriften über den gegenseitigen Vertrag (außer §§ 320, 322 BGB), insbesondere § 326 BGB[895] im Rahmen der

---

887 So geschehen im Falle des OLG Oldenburg 20. 5. 1988, NZV 1988, 225.
888 BGH 24. 1. 1983, NJW 1983, 1050 ff.
889 *Soergel/Huber,* § 467 Rn 181.
890 *Staudinger/Honsell,* § 465 Rn 26 f.; *Schneider,* Streitwert, Rn 412; *Schumann* in *Stein/Jonas,* § 2 III, Rn 19 sowie Fn. 22; *Lappe,* MünchKomm, ZPO § 3 Rn 173.
891 *Schumann* in *Stein/Jonas,* § 2 III, Rn 19.
892 So aber *Staudinger/Honsell,* § 465 Rn 21.
893 OLG Hamm 10. 6. 1999, OLGR 2000, 17–25% des vereinbarten Kaufpreises –; *Thomas/Putzo,* ZPO, § 3 sowie *Zöller/Schneider,* § 3, jeweils zum Stichwort „Wandlung" bzw. „Wandlungsklage"; zum Streitwert des selbstständigen Beweisverfahrens OLG Celle Beschl. 15. 9. 1998, OLGR 1999, 199; Hanseat. OLG Beschl. 14. 12. 1998, OLGR 1999, 240.
894 In diesem Sinn OLG München 9. 7. 1914, OLGE 29, 222.
895 RG 28. 5. 1918, RGZ 93, 47, 49.

Wandlung　　　　　　　　　　　　　　　　　　　　　　　　　　　　　　　　Rn 830, 831

Wandlung weder unmittelbar noch analog Anwendung finden.⁸⁹⁶ Der Grund besteht darin, dass es dem Käufer nicht gestattet sein soll, sich unter Umgehung der Vorschriften über den **Notverkauf** seiner Verpflichtung zur Fahrzeugrückgabe zu entziehen.⁸⁹⁷

Nach rechtskräftiger Verurteilung des Verkäufers zur Wandlung kann der Käufer dem Verkäufer eine Frist mit Ablehnungsandrohung zur Leistungsbewirkung setzen und anschließend **Schadensersatz** wegen Nichterfüllung **gem. § 283 BGB** verlangen. Sein Anspruch, berechnet nach der Differenzmethode,⁸⁹⁸ umfasst – von weiteren Schäden abgesehen – den Kaufpreis abzüglich des Werts des mangelhaften Fahrzeugs, den der Käufer durch einen Gutachter schätzen oder durch einen Deckungsverkauf realisieren kann.⁸⁹⁹

b) Herausgabe des Fahrzeugs

Der Käufer ist im Fall der Wandlung verpflichtet, das ihm übergebene und übereignete **830** Fahrzeug an den Verkäufer unter Rückübertragung des Eigentums zurückzugeben. Die Rückgabepflicht wird mit dem **Vollzug** der Wandlung **fällig,** ist jedoch schon vorher erfüllbar. Mit der Rückgabe gerät der Käufer in Verzug, wenn er der Aufforderung des Verkäufers, das Fahrzeug gegen Rückzahlung des Kaufpreises zurückzugeben, nicht Folge leistet, es sei denn, dass er die Unmöglichkeit der Herausgabe nicht zu vertreten hat.⁹⁰⁰ Nach Verzugseintritt besitzt der Verkäufer Anspruch auf Ersatz des Verzugsschadens, der darin bestehen kann, dass ihm eine günstige Weiterverkaufschance entgeht. Er hat die Möglichkeit, dem Käufer für die Rückgabe des Fahrzeugs eine **Nachfrist** mit **Ablehnungsandrohung** zu setzen, nach deren Ablauf die **Wandlung unwirksam** wird. Ob der Käufer nach dem (Wieder-)Aufleben des Kaufvertrags berechtigt ist, an Stelle der ausgeschlossenen Wandlung nunmehr **Minderung** des Kaufpreises geltend zu machen, ist umstritten.⁹⁰¹ Richtigerweise ist davon auszugehen, dass der Käufer durch die einmal getroffene Wahl der Wandlung das „ius variandi" ein für alle Mal zum Erlöschen gebracht hat und nicht durch eigenes schuldhaftes Verhalten zurückgewinnen kann.⁹⁰²

15. Praktische Hinweise zum Verfahren und zur Vollstreckung

a) Inverzugsetzung des Verkäufers

Zur **Inverzugsetzung** des Verkäufers im Hinblick auf die Gegenleistung gehört bei der **831** Wandlung – außer deren berechtigter Geltendmachung – auch das **Angebot der Fahrzeugrückgabe.**⁹⁰³ Der Käufer braucht das Auto nicht beim Verkäufer vorbeizubringen.⁹⁰⁴ Es genügt ein **wörtliches Angebot,** da **Erfüllungsort** für die Rückgabe des Fahrzeugs und die Rückzahlung des Kaufpreises in der **Regel der Wohn- und Betriebssitz des Käufers** ist, also der Ort, wo die Sache sich vertragsgemäß befindet (§§ 293, 295 BGB).⁹⁰⁵ Die Kosten des Rücktransports, die nicht zu den Vertragskosten gehören, trägt der Verkäufer. Eine Klausel, die den Käufer mit den Kosten des Rücktransports belastet, ist unwirksam.⁹⁰⁶ Schafft der

---

896 *Janßen,* MünchKomm, § 348 Rn 2; *Erman/Westermann,* § 348 Rn 1; *Medicus,* SchuldR I, § 48 II, 4 zu § 323 BGB; *Soergel/Hadding,* § 348 Rn 3.
897 *Soergel/Huber,* § 467 Rn 146.
898 Zur Zulässigkeit RG 26. 4. 1907, RGZ 66, 61, 67; 14. 5. 1919, RGZ 96, 20, 22.
899 *Soergel/Huber,* § 467 Rn 147.
900 Hierzu eingehend *Soergel/Huber,* § 467 Rn 184 ff.
901 Befürwortend *Janßen,* MünchKomm, § 354 Rn 2; *Soergel/Hadding,* § 354 Rn 4; dagegen *Mezger,* BGB-RGRK, § 467 Rn 8; *Staudinger/Honsell,* § 467 Rn 25 f.; *Westermann,* MünchKomm, § 467 Rn 12; *Erman/Grunewald,* § 467 Rn 6; *Soergel/Huber,* § 467 Rn 189.
902 RG 26. 2. 1929, RGZ 123, 388, 391; *Soergel/Huber,* § 467 Rn 189.
903 *Palandt/Putzo,* § 465 Rn 8; zum Schuldnerverzug Rn 795.
904 LG Ulm 20. 8. 1990, NJW-RR 1991, 190.
905 Rn 772.
906 BGH 9. 3. 1993, BB 1983, 793; OLG Stuttgart 23. 10. 1998, NJW-RR 1999, 1576; OLG Stuttgart 23. 10. 1998, NJW-RR 1999, 1576; *Ulmer/Brandner/Hensen,* Anh. §§ 9–11 Rn 341.

Käufer das Fahrzeug nachträglich zu einem anderen als dem vertraglich vereinbarten oder vorausgesetzten Bestimmungsort, besteht für den Verkäufer keine Verpflichtung, es dort abzuholen.[907] Sofern die Rückgabepflicht am Ort des Wohnsitzes bzw. der gewerblichen Niederlassung des Käufers zu erfüllen ist, hat die Rücknahme entsprechend § 269 Abs. 1 BGB an der Stelle zu erfolgen, an der das Fahrzeug nach dem Inhalt des Vertrags seinen **tatsächlichen Standort** hat.[908] Zur Herbeiführung des Annahmeverzugs genügt es unter diesen Umständen nicht, dass der Käufer unter Fristsetzung die Rückzahlung des Kaufpreises verlangt und lediglich in Aussicht stellt, nach Eingang des Geldes das Kfz zurückzugeben.[909] Wenn allerdings der Verkäufer zwar bereit ist, die vom Käufer geschuldete Leistung anzunehmen, jedoch die Erfüllung der ihm obliegenden Verpflichtung bestimmt und eindeutig verweigert, reicht ein wörtliches Angebot der geschuldeten Leistung aus, um den Annahmeverzug des anderen Teils herbeizuführen.[910]

832   Nach Eintritt des **Annahmeverzugs** muss der Käufer das Auto zur Rückgabe bereithalten, wobei ihm für den Fall des Verlusts und des Untergangs die Haftungserleichterung von § 300 BGB zugute kommt. Setzt er sich vorsätzlich oder grob fahrlässig außer Stand, die Rückgabepflicht zu erfüllen, endet der Annahmeverzug.[911] Der Verkäufer kann die Beendigung des Annahmeverzugs gegenüber dem aus dem Wandlungsurteil vollstreckenden Käufer mit der Vollstreckungsabwehrklage geltend machen.[912]

Mehraufwendungen, die dem Käufer **infolge Annahmeverzugs** entstehen, z. B. die Kosten des Angebots und der Aufbewahrung, sind von der Gegenpartei zu ersetzen. Dem Käufer steht insoweit ein Zurückbehaltungsrecht zu, und der Verkäufer muss, um den Annahmeverzug zu beenden, nicht nur die Urteilssumme, sondern auch Mehraufwendungsersatz anbieten.[913]

b) Zuständiges Gericht

833   Für die Wandlungsklage ist das Gericht am Wohnsitz des Käufers zuständig. Für Kaufleute ist – sofern vereinbart – Gerichtsstand der Sitz des Verkäufers (Abschn. IX NWVB).

Streitigkeiten im Zusammenhang mit einem Fahrzeugkauf, den ein Mitarbeiter des Herstellers unter Inanspruchnahme der Vorzugskonditionen für **Werksangehörige** mit seinem Arbeitgeber geschlossen hat, fallen in die ausschließliche Zuständigkeit des **Arbeitsgerichts.** Die Möglichkeit des verbilligten Einkaufs stellt eine Nebenleistung des Arbeitgebers im Sinne der Zuständigkeitsregel des § 2 Abs. 1 Nr. 4a ArbGG dar, weil sie auf dem Arbeitsverhältnis beruht und dem Austauschverhältnis von Arbeit und Entgelt unterfällt. Aus der Intention des Gesetzgebers, arbeitsgerichtliche Fragen weitestgehend der Beurteilungskompetenz der ordentlichen Gerichte zu entziehen, hat das OLG Braunschweig[914] die Schlussfolgerung gezogen, die Zuständigkeitsnorm betreffe nicht nur Ansprüche auf Abschluss des Vertrags mit seinen sozialen Vorzugsleistungen, sondern sei auf sämtliche Ansprüche aus einem solchen Vertrag, also auch auf **Gewährleistungsansprüche,** zu erstrecken. Falls der Werksangehörige das Fahrzeug unter Ausschöpfung der Vorzugsbedingungen nicht direkt bei seinem Arbeitgeber, sondern bei einem Händler gekauft hat, sind die ordentlichen Gerichte zuständig.

---

907 BGH 9. 3. 1983, BB 1983, 793.
908 BGH 9. 3. 1983, BGHZ 87, 104, 111.
909 AG Köln 2. 12. 1988 – 111 C 717/87 – n. v.
910 BGH 15. 11. 1996, NJW 1997, 581.
911 *Thode,* MünchKomm, § 293 Rn 13; *Erman/Battes,* Vorbem. zu § 293 Rn 14; LG Köln 17. 1. 1985 – 15 O 284/84 – n. v.
912 *Zöller/Stöber,* § 756 Rn 16.
913 *Palandt/Heinrichs,* § 304 Rn 1 f.
914 Beschl. 10. 2. 1993, DAR 1993, 390.

c) Formalien der Wandlungsklage

834 Der Käufer hat die Wahl, entweder auf **Rückzahlung** des Kaufpreises Zug um Zug gegen Rückgabe des Fahrzeugs oder auf **Zustimmung** des Verkäufers zur Wandlung zu klagen. Eine Zustimmungsklage wird empfohlen, falls der Käufer seine Ansprüche zum Zeitpunkt der Klageerhebung nicht überblickt. Sie bietet die Sicherheit, dass mit der Rechtshängigkeit der Wandlung alle darauf gestützten Ansprüche – mit Ausnahme solcher aus positiver Vertragsverletzung – der Verjährung des § 477 BGB entzogen werden.[915]

Von einer Wandlungsklage ist abzuraten, falls der Verkäufer ein **Gebrauchtfahrzeug** des Käufers in Zahlung genommen hat und dieses durch **Zufall** oder **höhere Gewalt untergegangen** ist, da er dem Käufer für solche Ereignisse nicht haftbar ist (§ 275 BGB), es sei denn, dass er sich zum Zeitpunkt des Ereigniseintritts mit der Herausgabe in Verzug befunden hat. Für den Käufer empfiehlt es sich, an Stelle der Wandlung eine Minderung des Kaufpreises geltend zu machen.[916]

Auf die Wandlung finden die §§ 320, 322 BGB Anwendung (§§ 467, 348 BGB). Die auf Rückzahlung des Kaufpreises gerichtete Wandlungsklage muss nicht das „Zug-um-Zug-Angebot" der Gegenleistung enthalten. Bei Nichterhebung der Einrede des nichterfüllten Vertrags ergeht Versäumnisurteil gegen den Verkäufer, selbst wenn der Käufer Erbringung der Gegenleistung nicht behauptet.[917]

835 Verzug des Verkäufers im Hinblick auf die Rücknahme des Fahrzeugs hat materiell-rechtlich nicht zur Folge, dass der Käufer nunmehr Erstattung des Kaufpreises verlangen kann, ohne seinerseits **Zug um Zug** den Pkw herausgeben zu müssen.[918] Die gegenteilige Schlussfolgerung[919] lässt sich nicht aus den §§ 274 Abs. 2, 322 BGB ableiten, da es sich bei diesen Bestimmungen nicht um materiell-rechtliche Normen, sondern um solche handelt, die prozessuale und vollstreckungsrechtliche Folgen der Geltendmachung des Zurückbehaltungsrechts regeln.[920] Wenn zu erwarten ist, dass sich der Verkäufer im Prozess gegen die Wandlung zur Wehr setzt, empfiehlt es sich, den Klageantrag von Anfang an mit der Maßgabe zu stellen, dass die Rückzahlung des Kaufpreises Zug um Zug gegen Herausgabe des Fahrzeugs erfolgt.

Wird der Antrag auf Zug-um-Zug-Leistung **hilfsweise** gestellt, kann dies fatale Kostenfolgen haben. Das LG Bonn[921] belastete den Käufer, der den Eventualantrag gestellt hatte, zu Recht mit der Hälfte der Prozesskosten, obwohl er mit seinem Wandlungsbegehren obsiegte.
Begründung:

> „Die Kosten des Hauptantrags waren dem Kläger in vollem Umfange aufzuerlegen, da er mit diesem Antrag aus den dargestellten Gründen unterlegen ist. Die Streitwerte für Haupt- und Hilfsantrag bewertet die Kammer gemäß den geltend gemachten Zahlungsansprüchen in gleicher Höhe, weshalb der Kläger auf Grund seines Unterliegens mit dem Hauptantrag die Kosten des Rechtsstreits zu 50% zu tragen hat."

Einen **unbedingt** gestellten Zahlungsantrag kann der beklagte Verkäufer unter Vorbehalt der Gegenleistung des Käufers anerkennen. Ein entsprechendes Anerkenntnisurteil im Sinne von § 307 ZPO darf das Gericht nur erlassen, wenn der klagende Käufer seinen Antrag der Einschränkung anpasst, womit er seinerseits das Gegenrecht des Verkäufers anerkennt.[922]

---

915 *Soergel/Huber,* § 467 Rn 143.
916 *Soergel/Huber,* § 467 Rn 148.
917 *Palandt/Heinrichs,* § 322 Rn 2.
918 BGH 22. 3. 1984, BGHZ 90, 354; BGH 6. 12. 1991, BGHZ 116, 244 (248); OLG Köln 12. 6. 1995, NJW-RR 1996, 500.
919 *Doms,* NJW 1984, 1340.
920 *Schibel,* NJW 1984, 1945.
921 Urt. 28. 4. 1989 – 13 O 482/88 – n. v.
922 BGH 5. 4. 1989, ZIP 1989, 736, 737.

836 Zur Vereinfachung und Beschleunigung des Zugriffs in der Zwangsvollstreckung ist es ratsam, im Wandlungsprozess bereits **feststellen zu lassen,** dass sich der Verkäufer mit der **Rücknahme** des Fahrzeugs in **Annahmeverzug** befindet.[923] Die im Urteilstenor enthaltene Feststellung des Annahmeverzugs der Gegenpartei setzt den Käufer in die Lage, sofort wegen des Zahlungsanspruchs zu vollstrecken, ohne selbst „noch einmal" die Gegenleistung anbieten zu müssen. Das Urteil ist eine öffentliche Urkunde im Sinne der §§ 756, 765 ZPO und als solche zum Nachweis des Annahmeverzugs geeignet. Zwar darf der Gerichtsvollzieher auch dann vollstrecken, wenn der Annahmeverzug lediglich aus dem Tatbestand oder aus den Gründen des Urteils ersichtlich ist,[924] jedoch kann es hierüber leicht zu Meinungsverschiedenheiten kommen. Weigert sich der Gerichtsvollzieher, die Zwangsvollstreckung vorzunehmen, bleibt dem Käufer nichts anderes übrig, als im Wege der Erinnerung gem. § 766 ZPO vorzugehen. Für den Käufer, der die Wandlung des Kaufvertrags geltend macht, lässt sich ohne entsprechende Antragstellung nicht sicherstellen, dass das Gericht in den Entscheidungsgründen den Annahmeverzug mit einer für den Gerichtsvollzieher ausreichenden Deutlichkeit feststellt. Aus diesem Grund ist das **Rechtsschutzinteresse** für den auf Feststellung des Annahmeverzugs gerichteten Antrag **zu bejahen.** Der Gläubiger soll bei einmal eingetretenem Annahmeverzug des zur Zug-um-Zug-Erfüllung verurteilten Schuldners generell nicht mehr auf ein erneutes Angebot der ihm obliegenden Leistung angewiesen sein, auch wenn ihm dies unschwer möglich wäre.[925]

Sofern auf Verkäuferseite nicht schon ein vom Gericht festzustellender Annahmeverzug vorliegt, der ein erneutes Anbieten des Fahrzeugs im Rahmen der Zwangsvollstreckung entbehrlich macht, ist ein die Feststellung beinhaltender Klageantrag zu empfehlen, dass die Verpflichtung zur Rückgabe des Fahrzeugs – entsprechend der materiellen Rechtslage – am **Wohnsitz des Käufers** zu erfüllen ist.[926]

837 **Verliert** der **Käufer** während des Prozesses sein **Recht auf Wandlung,** etwa weil das Fahrzeug bei einem von ihm verschuldeten Unfall erheblich beschädigt wird, empfiehlt es sich, die Klage zur Vermeidung einer Klageabweisung auf Minderung des Kaufpreises umzustellen und den Rechtsstreit im Übrigen für erledigt zu erklären. Den Anspruch auf Kaufpreisminderung kann er bei zunächst ungeklärter Schuldfrage hilfsweise für den Fall geltend machen, dass es ihm nicht gelingen sollte, den Nachweis fehlenden Verschuldens zu erbringen.

Wird dem Käufer nachträglich, **nach Vollzug der Wandlung,** die **Herausgabe** des Fahrzeugs ohne sein Verschulden **unmöglich** oder trifft ihn im Fall des Rücknahmeverzugs des Verkäufers nur leichte Fahrlässigkeit, behält er den Anspruch auf die Gegenleistung. Er muss eine neue Klage mit dem Antrag einreichen, dass die Zwangsvollstreckung gegen den Verkäufer ohne Gegenleistung für zulässig erklärt wird.[927]

d) Zwangsvollstreckung

838 Bei einem Zug-um-Zug-Urteil erwächst die **Zahlungspflicht** des Verkäufers, nicht aber die Rückgabepflicht des Käufers in **Rechtskraft.** Deshalb gibt das Urteil nur dem wandlungsberechtigten Käufer die Möglichkeit zur Zwangsvollstreckung.[928]

839 Die Erbringung der Gegenleistung kann nur durch öffentliche oder öffentlich beglaubigte Urkunden (§ 415 ZPO) nachgewiesen werden. Dehalb ist der Käufer davor zu warnen, das

---

923 *Doms,* NJW 1984, 1340; *Schibel,* NJW 1984, 1945; OLG Köln 20. 4. 1989 – 12 U 209/88 – n. v.; LG Bonn 4. 8. 1989 – 18 O 7/89 – n. v.
924 *Thomas/Putzo,* § 756 Rn 8.
925 OLG Köln 20. 4. 1989 – 12 U 209/88 – n. v.; LG Köln 20. 11. 1986 – 4 O 143/86 – n. v.
926 *Soergel/Huber,* § 467 Rn 142.
927 *Zöller/Stöber,* § 756 Rn 16; RG 27. 6. 1919, RGZ 96/184.
928 *Palandt/Heinrichs,* § 274 Anm. 1b und Rn 2, 4.

Auto ohne gleichzeitigen Empfang des Geldes aus der Hand zu geben. Eine **privatschriftliche Übergabebestätigung reicht für §§ 756, 765 ZPO nicht aus.** Ist allerdings zwischen den Parteien unstreitig, dass der Verkäufer das Fahrzeug vom Käufer zurückerhalten hat, kann er den Käufer im Zwangsvollstreckungsverfahren nicht mehr auf die Erbringung eines Nachweises darüber durch öffentliche oder öffentlich beglaubigte Urkunden verweisen. Damit würde er gegen den Grundsatz von **Treu und Glauben** verstoßen, der auch im Zwangsvollstreckungsrecht Anwendung findet.[929]

Ergibt sich aus dem Urteil, dass bezüglich des Fahrzeugs eine **Holschuld** vorliegt, reicht im Rahmen der Zwangsvollstreckung ein **wörtliches Angebot des Gerichtsvollziehers** im Hinblick auf die Gegenleistung aus.[930] Dies erleichtert die Zwangsvollstreckung namentlich in den Fällen, in denen der Verkäufer an einem anderen, weit entfernten Ort wohnt oder in denen das Fahrzeug nicht angemeldet bzw. nicht fahrbereit ist und nicht auf eigener Achse überführt werden kann. **840**

Hat der Verkäufer das Fahrzeug laut Urteil beim Käufer abzuholen, kann sich der Käufer gem. **§ 887 ZPO** vom Prozessgericht ermächtigen lassen, den Rücktransport auf Kosten des Verkäufers durchzuführen. Er kann stattdessen dem Verkäufer eine Nachfrist zur Vornahme der Abholung setzen und anschließend die Kosten des Rücktransports im Wege des **Schadensersatzes** geltend machen. Im **amtsgerichtlichen Verfahren** besteht für ihn die Möglichkeit, den Schadensersatzanspruch im Wandlungsprozess gem. **§ 510b ZPO** einzufordern.[931] **841**

Bei der Vollstreckung aus einem Zug-um-Zug-Urteil, das weder die Feststellung des Annahmeverzugs enthält noch die Rücknahme des Fahrzeugs als Holschuld ausweist, muss das **Fahrzeug** und – auch ohne ausdrücklichen Urteilsausspruch – der dazugehörige **Kfz-Brief** dem Verkäufer **tatsächlich angeboten** werden. Das im Urteil bezeichnete Auto muss vorhanden und als die geschuldete Gegenleistung identifizierbar sein. Ob es auch **frei von Mängeln und Schäden** sein muss, ist umstritten. Es wird die Meinung vertreten, ein ordnungsgemäßes Angebot liege nicht vor – und dies sei im Zwangsvollstreckungsverfahren mit dem Rechtsbehelf der Erinnerung gem. § 766 ZPO geltend zu machen[932] –, wenn sich ein Auto in einem desolaten Zustand befindet[933] oder einen nach Urteilsverkündung entstandenen Unfallschaden aufweist.[934] Den Vorzug verdient wohl die Auffassung, die eine etwaige Mangel- oder Schadhaftigkeit des angebotenen Autos im Rahmen der Zwangsvollstreckung außer Betracht lässt und den Gläubiger auf den Weg der **Zwangsvollstreckungsgegenklage** verweist. Sie entspricht dem Prinzip der formalisierten Zwangsvollstreckung und geht richtigerweise davon aus, dass die Prüfungskompetenz des Gerichtsvollziehers durch den Inhalt des Urteils begrenzt wird.[935] Die Gegenmeinung würde dazu zwingen, im Vollstreckungsverfahren notfalls unter Hinzuziehung eines Sachverständigen Beweis über den Zustand des Autos zu erheben und darüber zu entscheiden, ob eine Verschlechterung erheblich ist und wer sie zu vertreten hat. Hierzu ist das Vollstreckungsverfahren weder bestimmt noch geeignet. **842**

Besteht die Befürchtung, dass der Gerichtsvollzieher den Verkäufer nicht antrifft und er ihm deshalb die Gegenleistung nicht wirksam anbieten kann, ist es ratsam, dass der Gerichtsvollzieher die **Gegenleistung** gem. § 299 BGB eine angemessene Zeit vorher **ankündigt**.[936] **843**

---

929 LG Hannover 18. 2. 1985, DGVZ 1985, 171; LG Köln 30. 1. 1991 – 10 T 24/91 – n. v.
930 *Thomas/Putzo*, § 756 Rn 5; AG Sinzig 15. 10. 1986, NJW-RR 1987, 704.
931 *Soergel/Wiedemann*, § 283 Rn 33.
932 KG 3. 2. 1989, NJW-RR 1989, 638; LG Kassel 13. 9. 1985, DGVZ 1985, 172; AG Pirmasens 26. 7. 1974, MDR 1975, 62.
933 AG Bremen 17. 3. 1977, DGVZ 1977, 157; *Schneider*, DGVZ 1978, 65 ff.
934 LG Bonn 10. 5. 1983, DGVZ 1983, 187; *Zöller/Stöber*, § 756 Rn 7.
935 LG Hamburg 3. 11. 1982, DGVZ 1984, 10; *Stein/Jonas*, § 756 Anm. 3; *Baumbach/Lauterbach*, § 756 Anm. 2; *Schilken*, AcP 181, 355 ff.
936 *Zöller/Stöber*, § 756 Rn 8.

Erscheint der zur Zahlung Zug um Zug gegen Rücknahme des Fahrzeugs verurteilte Verkäufer nicht zu diesem Termin, gerät er in Annahmeverzug.[937]

844 Die **Aufbewahrung** des Autos wird für den Käufer bei fruchtloser Zwangsvollstreckung zum Problem. Oft fehlt der notwendige Platz für die Aufbewahrung, und im öffentlichen Verkehrsraum darf ein abgemeldetes Auto nicht abgestellt werden. Der Käufer steht vor der Frage, wie er sich von dem Auto trennen kann, ohne seine Rechte aus dem Urteil zu verlieren.

845 Eine Vorgehensweise nach § 283 BGB führt nicht zum Ziel, da der Erfüllungsanspruch nach fruchtlosem Fristablauf erlischt. Mit der Umwandlung in einen Schadensersatzanspruch „ipso jure" ist dem Käufer wenig geholfen; er muss, falls der Verkäufer den nach der Differenztheorie zu berechnenden Schadensersatzanspruch zurückweist, ein mit neuem Kosten- und Zeitaufwand verbundenes Prozessverfahren anstrengen. Sofern allerdings der Verkäufer bereits im Vorfeld des Prozesses zu erkennen gibt, dass er ein auf Wandlung erkennendes Urteil keinesfalls befolgen wird, empfiehlt es sich für den Käufer, den **Schadensersatzanspruch des § 283 BGB hilfsweise im Wandlungsprozess geltend zu machen.**[938]

846 Alternativ in Betracht zu ziehen ist eine Vollstreckung aus dem Wandlungsurteil durch **Pfändung des Autos,** das der Käufer zurückzugeben hat. Die Pfändung **gläubigereigener Sachen** wird mit unterschiedlicher Begründung **allgemein bejaht.**[939] Eine Pfändung nach § 808 ZPO scheitert allerdings daran, dass der **Verkäufer keinen Gewahrsam** besitzt. Der Gerichtsvollzieher kann den für die Pfändung nach § 808 ZPO erforderlichen Gewahrsam nicht herbeiführen, da er nicht befugt ist, das Fahrzeug an den zur Annahme bereiten, jedoch nicht zahlungswilligen Verkäufer zu übergeben. Es besteht aber die Möglichkeit, dass der bei der Vollstreckung anwesende Käufer selbst das Fahrzeug dem Verkäufer in dessen Gewahrsam gibt, um es anschließend sofort pfänden zu lassen.[940]

847 Gem. § 809 ZPO können Sachen gepfändet werden, die sich im **Gewahrsam des Vollstreckungsgläubigers** befinden. Da beim Gläubigergewahrsam nicht die Vermutung gilt, dass die Sachen, die er in seinem Gewahrsam hat, auch zu seinem Vermögen gehören, wird die Ansicht vertreten, der Gerichtsvollzieher müsse deren Zugehörigkeit zum Schuldnervermögen prüfen.[941] Das Gesetz liefert hierfür allerdings keinen Anhalt. Bei der Vermögenszuordnung ist eine wirtschaftliche Betrachtung angezeigt.[942] Würde man den Beurteilungsspielraum auf die dingliche Rechtslage reduzieren, wäre die Pfändung gläubigereigener Sachen grundsätzlich ausgeschlossen.[943]

848 Der Käufer kann beim Vollstreckungsgericht beantragen, dass ihm das Fahrzeug zum Verkehrswert gem. gutachterlicher Schätzung in **Anrechnung auf die titulierte Forderung** zugewiesen wird. Der Anordnung einer anderen Art der Verwertung gem. § 825 ZPO steht

---

937 LG Hamburg 13. 4. 1984, DGVZ 84, 115.
938 Zur Zulässigkeit *Schmidt,* ZZP 87, 68; *Staudinger/Löwisch,* § 283 Rn 26; OLG Schleswig 11. 8. 1966, NJW 1966, 1929; ablehnend OLG München 26. 1. 1965, OLGZ 1965, 10 ff.
939 Vgl. *Baumbach/Hartmann,* § 804 Rn 6; *Furtner,* MDR 1963, 445; *Blomeyer* in Festschrift für *von Lübtow* 1970, 803 ff., 828.
940 *Paschold,* DGVZ 1994, 107 m. w. N.
941 *Schilken,* MünchKommZPO, § 809 Rn 3; *Münzberg* in *Stein/Jonas,* § 809 Rn 4; *Paschold,* DGVZ 1994, 107, 108 m. w. N.; a. A. *Zöller/Stöber,* § 809 Rn 7.
942 LG Bochum 18. 9. 1929, DGVZ 1929, 55 „. . . der Gläubiger kann seine eigenen Gegenstände pfänden, wenn er hierfür ein berechtigtes Interesse nachweist. Dieses liegt hier vor, da er ja verpflichtet ist, dem Schuldner das Eigentum zu übertragen, es sich wirtschaftlich also bereits um Eigentum des Schuldners handelt" . . .
943 Dies verkennt *Paschold,* DGVZ 1994, 107, 110, der die Kaufsache im Fall der Wandlung nicht dem Vermögen des Schuldners zurechnet, weil das Wandlungsurteil nur die schuldrechtliche, nicht aber die dingliche Wirkung des Ursprungsvertrages aufhebt, sodass der Vollstreckungsschuldner mangels Übergabe weder Gewahrsam noch Eigentum erwirbt.

nicht entgegen, dass der Käufer, der aus einem Wandlungsurteil vollstreckt, das Eigentum an der zurückzugebenden Sache bereits besitzt.[944] Die andere Art der Verwertung stellt gegenüber der öffentlichen Versteigerung eine Ausnahme dar und ist daher nicht wahlweise neben der öffentlichen Versteigerung zulässig, sondern nur, wenn sie vorteilhafter erscheint. Dies ist der Fall, wenn die öffentliche Versteigerung keinen dem Wert der Sache entsprechenden Erlös erwarten lässt und die andere Art der Verwertung dem schutzwürdigen Interesse des Schuldners auf weitgehende Tilgung der Forderung entspricht.

Textvorschlag für Zwangsvollstreckungsauftrag:

Namens des Gläubigers beauftragen wir Sie, die Zwangsvollstreckung gegen den Schuldner vorzunehmen und im Zuge dieser Vollstreckung das in Händen des Gläubigers befindliche Fahrzeug vom Typ . . ., Fahrgestell-Nr. 12345678 zu pfänden. Wir werden beim Vollstreckungsgericht nach Ausbringung der Pfändung beantragen, dass das Fahrzeug abweichend von § 814 ZPO dem Gläubiger zu dem von ihm gebotenen Anrechnungspreis in Höhe des Verkehrswertes gem. beigefügtem Gutachten zugewiesen wird. Zwecks Vorlage beim Vollstreckungsgericht bitten wir um Erteilung einer Bescheinigung, dass im Falle der öffentlichen Versteigerung voraussichtlich ein geringerer als der vom Sachverständigen geschätzte Verkehrswert erzielt wird.

Textvorschlag für Antrag gem. § 825 ZPO:

Namens des Gläubigers beantragen wir zu beschließen, dass der ausweislich des Protokolls des Gerichtsvollziehers Nett am 2. 4. 2000 gepfändete Personenkraftwagen der Marke . . ., Fahrgestell-Nr. 12345678 dem Gläubiger unter Anrechnung des vom Kfz-Sachverständigenbüro „NEUTRAL UND SACHKUNDIG" mit Gutachten vom 15. 3. 2000 geschätzten Verkehrswertes (Gutachten anbei) von DM 18 000 auf die durch Urteil des LG Köln Aktenzeichen 10 O 100/2000 titulierte Hauptforderung von DM 22 500 nebst 4% Zinsen seit dem 15. 8. 1999 zugewiesen wird.

Falls die Vollstreckung aus dem Wandlungsurteil in das eigene Fahrzeug an dem **Widerstand des Gerichtsvollziehers** scheitert und die hiergegen gerichteten Rechtsmittel nicht zum Erfolg führen, muss der Käufer das Fahrzeug weiterhin aufbewahren und erhalten. Er darf den Besitz an dem Fahrzeug nicht aufgeben, da er trotz des Annahmeverzugs des Verkäufers zur Gegenleistung in Form der Herausgabe des Fahrzeugs verpflichtet bleibt (Fessel der Obligationsverbindung). **849**

Für den Käufer besteht die Möglichkeit, sich der lästigen Aufbewahrungspflicht durch **öffentliche Versteigerung** des Fahrzeugs (Selbsthilfeverkauf) gem. § 383 ff. BGB zu entledigen.[945] Der Gerichtsvollzieher verfährt hierbei nicht nach den Bestimmungen der Pfändungsversteigerung (§§ 814 ff. ZPO), sondern ausschließlich nach den §§ 383–368 BGB.

Bei **unbekanntem Aufenthalt des Verkäufers** (§ 132 Abs. 2 BGB) ist die öffentliche Versteigerung gem. § 383 ff. BGB auch ohne die Voraussetzung eines Gläubigerverzugs zulässig. Die Berechtigung hierzu folgt aus § 383 Abs. 1 S. 2 BGB in Verbindung mit § 372 S. 2 BGB. Als ein in der Person des Gläubigers liegender Umstand im Sinne von § 372 S. 3 BGB ist der unbekannte Aufenthalt des Anderen allgemein anerkannt.[946] Die sonst grundsätzlich erforderliche Androhung der Versteigerung darf unterbleiben, da sie untunlich ist, wenn sie öffentlich zugestellt werden muss.[947] **850**

XII. Haftung wegen unrichtiger Eigenschaftszusicherung

Zugesichert ist eine Eigenschaft, wenn der Verkäufer in **vertragsgemäß bindender Weise** seine Bereitschaft zu erkennen gibt, **für das Vorhandensein einer Eigenschaft** der Kaufsache und die Folgen ihres Fehlens ohne Rücksicht auf Verschulden **unter allen Umständen** **851**

---

944 *Lüke*, JuS 70, 630.
945 *Paschold*, DGVZ 1995, 5.
946 *Weber*, BGB-RGRK, § 372 Rn 10; *Heinrichs*, MünchKomm, § 372 Rn 7.
947 *Weber*, BGB-RGRK, § 384 Rn 6.

einstehen zu wollen, dafür also zu garantieren.[948] Außer physischen Eigenschaften des Kaufgegenstands können auch dessen tatsächliche, wirtschaftliche, soziale und rechtliche Beziehungen zu seiner Umwelt für die Brauchbarkeit und den Wert bedeutsam und deshalb zusicherungsfähige Eigenschaften sein, jedoch müssen die **Beziehungen ihren Grund in der Beschaffenheit der Kaufsache selbst haben,** von ihr ausgehen, ihr für eine gewisse Dauer anhaften und nicht lediglich durch Heranziehung von Umständen in Erscheinung treten, die außerhalb der Sache liegen.[949]

Der Verkäufer kann eine Eigenschaft entweder **ausdrücklich** (mündlich oder schriftlich) oder **stillschweigend** oder durch **schlüssiges Verhalten** zusichern. Die Wertung ist unter Einbezug aller zum Vertragsschluss führenden Umstände vom Empfängerhorizont aus vorzunehmen, wobei das Vertrauen, das der Käufer der Sachkunde des Verkäufers entgegenbringen darf, eine maßgebliche Rolle spielt.[950] Als Zusicherungen kommen auch Verkäufererklärungen außerhalb der Vertragsurkunde in Betracht, wie etwa in Werbeanzeigen oder auf Verkaufsschildern.[951] Selbst eine dem eigentlichen Kaufvertrag nachfolgende, jedoch noch mit ihm in Zusammenhang stehende Erklärung des Verkäufers kann Gewährleistungsansprüche wegen des Fehlens einer zugesicherten Eigenschaft begründen.[952] Angaben in Prospekten über Lieferumfang, Aussehen, Leistungen usw. sind als solche keine zugesicherten Eigenschaften, werden es aber, wenn der Verkäufer sie ausdrücklich oder konkludent zusichert.[953]

852 Obschon der BGH[954] immer wieder betont, dass beim Verkauf neu hergestellter beweglicher Sachen die Annahme einer **stillschweigenden Zusicherung grundsätzlich die Ausnahme** darstellt, die der besonderen Begründung anhand der Umstände des Einzelfalls bedarf, und dass Zurückhaltung insbesondere dann geboten ist, wenn die Erklärung des Verkäufers, aus der eine Zusicherung hergeleitet werden soll, zugleich der Bezeichnung der Kaufsache dient,[955] stellt die höchstrichterliche Rechtsprechung, gefolgt von den Instanzgerichten, an das Vorliegen einer Eigenschaftszusicherung beim **Neuwagenkauf keine** sonderlich **strengen Anforderungen.**

Für die Bejahung einer konkludenten Zusicherung reicht es in der Regel aus, wenn der Käufer auf das Vorhandensein einer bestimmten Eigenschaft des zu erwerbenden Neufahrzeugs erkennbar in kaufentscheidender Weise Wert legt, etwa durch die Bemerkung, für ihn komme nur der Erwerb eines Neufahrzeugs mit **Antiblockiersystem** in Betracht, und der Verkäufer daraufhin einen bereits an ihn ausgelieferten Neuwagen mit dem verlangten Ausstattungsmerkmal anbietet.[956] Ein solches Verhalten ist grundsätzlich geeignet, beim Käufer den Eindruck zu erwecken, der Verkäufer übernehme die Garantie für das Vorhandensein der Eigenschaft. Die Neigung, eine Zusicherung im Rechtssinn und nicht lediglich eine Beschaffenheitsangabe oder eine Anpreisung anzunehmen, besteht häufig bereits dann, wenn der Verkäufer Erklärungen über Eigenschaften der Kaufsache in Kenntnis des Umstands abgibt, dass der Käufer auf die ihm selbst fehlende **Sachkunde seines Vertragspartners vertraut.**[957]

853 Beim Neuwagenkauf macht die Rechtsprechung insbesondere im Hinblick auf die **fabrikneue Eigenschaft** des Kaufgegenstands extensiv von der Rechtsfigur der konkludent erteilten

---

948 BGH 5. 7. 1972, NJW 1972, 1706; 25. 6. 1975, NJW 1975, 1693; 10. 7. 1991, NJW-RR 1991, 1401.
949 BGH 28. 3. 1990, NJW 1990, 1659 m. w. N.
950 BGH 10. 7. 1991, NJW-RR 1991, 1401.
951 OLG Köln 19. 10. 1971, NJW 1972, 162; OLG München 26. 4. 1974, DAR 1974, 296.
952 OLG Brandenburg Urt. 20. 11. 1996 – 1 U 13/96 – ZAP 1997, Fach 1, Seite 49.
953 Abschn. IV, 5 NWVB; *Creutzig,* Recht des Autokaufs, Rn 4.5.3; *Soergel/Huber,* § 459 Rn 156.
954 Urt. 14. 2.1996, NJW 1996, 1337; Urt. 28. 11. 1994, DAR 1995, 111 m. w. N.
955 BGH 20. 3. 1996, NJW-RR 1996, 951.
956 BGH 28. 11. 1994, DAR 1995, 111.
957 Ausführlich dazu Rn 1657 ff.

Haftung wegen unrichtiger Eigenschaftszusicherung   Rn 854

Zusicherung Gebrauch. Es entspricht nahezu einhelliger Auffassung, dass im Fall der Verwendung eines Neuwagenbestellformulars nach Treu und Glauben und mit Rücksicht auf die Verkehrssitte die Erklärung des Verkäufers dahin zu verstehen ist, dass er ein **fabrikneues** Fahrzeug liefern, sich dafür stark machen und eine entsprechende Zusicherung im Rechtssinn abgeben will.[958] Hierzu das LG Köln[959] wörtlich:

> „An die Annahme einer Zusicherung sind zwar wegen der weit reichenden Konsequenzen für den Erklärenden stets strenge Anforderungen zu stellen. Allein der Wille des Verkäufers entscheidet aber nicht darüber, wann eine Zusicherung vorliegt. Maßgeblich ist vielmehr, wie der Käufer in der jeweiligen Vertragssituation die Erklärung des Verkäufers nach Treu und Glauben und unter Berücksichtigung der Verkehrssitte verstehen durfte. Bei der Auslegung muss besonders ins Auge gefasst werden, welches Gewicht der Wirtschaftsverkehr gerade derjenigen Eigenschaft beimisst, auf die sich die Zusicherung erstrecken soll. Je höher die Bedeutung dieser Eigenschaft eingeschätzt wird, desto eher darf der Käufer vom Vorliegen einer Zusicherung ausgehen. Die Eigenschaft der Neuheit ist schlechterdings der wichtigste Maßstab für die Wertschätzung eines Kraftfahrzeugs.
>
> Der Käufer, dem ein Neuwagen angeboten wird, darf deshalb erwarten, nicht nur ein unbenutztes Fahrzeug zu erhalten, sondern auch das nach dem Stand der Herstellertechnik jeweils jüngste Modell des erwünschten Typs. Dieses Interesse ist für den Verkäufer regelmäßig auch ohne ausdrückliche Erwähnung erkennbar. Lautet daher das vom Käufer unterzeichnete Vertragsformular auf Bestellung eines ‚neuen Wagens', so liegt darin bereits die schlüssige Zusicherung der Fabrikneuheit."

Eine **konkludente Zusicherung,** dass das Fahrzeug die Kriterien der Fabrikneuheit erfüllt, setzt nicht voraus, dass Verkäufer des Neuwagens Vertragshändler der betreffenden Marke ist.[960] Selbst wenn der Handel mit Neufahrzeugen nicht zu dem eigentlichen Gewerbe des Verkäufers gehört, wie beispielsweise der gelegentliche Verkauf importierter Nobelfahrzeuge durch ein Möbelhaus,[961] beinhaltet die Bezeichnung Neufahrzeug grundsätzlich eine Zusicherung, die eine verschärfte Haftung des Verkäufers begründet. In Anbetracht der Tatsache, dass beim Verkauf eines Neufahrzeugs die Fabrikneuheit als konkludent zugesichert gilt, ist der Verkäufer darlegungs- und beweispflichtig dafür, dass er den Käufer über diejenigen Eigenschaften des Fahrzeugs aufgeklärt hat, die die Fabrikneuheit der Kaufsache beeinträchtigen.[962]

Die aus Treu und Glauben abgeleitete Feststellung, der Verkauf eines Neuwagens beinhalte grundsätzlich die konkludente Zusicherung der Fabrikneuheit, ist **dogmatisch bedenklich,** da sie die Grenzen zwischen vertragsgemäßer Beschaffenheit und Zusicherung im Rechtssinn verwischt und die normalen Gewährleistungsregelungen durch Schadensersatzansprüche (§ 463 BGB) unterlaufen werden. Ist die Zusicherung unrichtig, braucht sich der Käufer auf eine vom Verkäufer angebotene Nachbesserung nicht einzulassen. Er kann verlangen, dass der Verkäufer den Vertrag rückabwickelt, wobei er die Wahl hat zwischen der Geltendmachung der Wandlung und dem großen Schadensersatzanspruch. Will er das Fahrzeug behalten, stehen ihm der kleine Schadensersatzanspruch und die Kaufpreisminderung alternativ zur Verfügung. Die Geltendmachung dieser Rechte ist dem Käufer nur verwehrt, wenn sie sich wegen der Geringfügigkeit der Mängel als rechtsmissbräuchlich erweist.[963]

854

Zur Erzielung sachgerechter Ergebnisse bedarf es nicht des Rückgriffs auf die Rechtsfigur der konkludent erteilten Zusicherung, da dem Käufer die Rechte der Wandlung und Minde-

---

958 BGH 18. 6. 1980, DB 1980, 1836; OLG Koblenz 25. 10. 1973, VRS 43, 281; OLG Hamm 15. 10. 1981 – 6 U 216/81 – n. v.; OLG Köln 23. 3. 1970, OLGZ 1971, 15; 2. 7. 1982, DAR 1982, 403; 10. 1. 1990, DAR 1990, 457; OLG Karlsruhe 16. 6. 1971, BB 1971, 1336; 19. 10. 1987 – 12 U 9/87 – n. v.; LG Berlin 30. 9. 1975, NJW 1976, 151 ff.; KG 29. 5. 1979 – 6 U 365/89 – n. v.; *Mezger,* BGB-RGRK § 459 Rn 26.
959 Urt. 8. 1. 1982 – 2 O 371/80 – n. v.
960 OLG Düsseldorf 8. 5. 1992, NJW-RR 1993, 57.
961 BGH 26. 3. 1997 – VIII ZR 115/96 – dazu EWiR § 559 BGB 1/97, 537 – *Reinking* –.
962 OLG Köln 3. 11. 1998 – 22 U 55/98 – n. v.
963 OLG Köln 2. 7. 1982, DAR 1982, 403.

rung ohnehin zur Verfügung stehen, wenn eine (Wieder-)Herstellung der Fabrikneuheit durch Nachbesserung nicht möglich oder unzumutbar ist. Die Zubilligung der Schadensersatzansprüche befremdet insbesondere in Fällen, in denen es an einem arglistigen Verhalten des Verkäufers fehlt und in denen sich die fehlende Eigenschaft der Fabrikneuheit ohne weiteres herstellen lässt.

855 In Anbetracht der weit reichenden schadensrechtlichen Konsequenzen der Zusicherungshaftung hat das OLG Koblenz[964] die Einstandspflicht des Händlers auf die vertraglich festgelegte Gewährleistung zurückgeführt, indem es sich auf den Standpunkt stellte, **neu und fabrikneu** seien im gängigen **Sprachgebrauch dasselbe.** Fehlt einem in der Bestellung genau bezeichneten Automodell bei Auslieferung die schon im Zeitpunkt des Vertragsabschlusses vorhandene technische Neuerung in Form eines Beifahrerairbags, dann stellt der nicht vorhandene Airbag seines Erachtens einen Sachmangel dar, den der Verkäufer abstellen muss. Bei anderer Gelegenheit entschied das OLG Koblenz,[965] dass ein bei Auslieferung schwer beschädigtes und unzulänglich repariertes Importfahrzeug noch als Neufahrzeug anzusprechen sei, wenn der Verkäufer im Vertrag auf den Transport des Fahrzeugs auf eigener Achse hingewiesen und nach dessen Eintreffen zusammen mit dem Käufer die wesentlichen Punkte der Mangelhaftigkeit übereinstimmend festgestellt habe. Aus diesen Besonderheiten ergab sich für den Senat, dass die Verkäuferfirma nicht im Sinne des Nichteinhaltens einer Eigenschaftszusicherung für die Mängel einzustehen habe, sondern nur im **Rahmen der Mängelgewährleistung** gem. §§ 459, 462 BGB, denn – so heißt es im Urteil – sie habe „schon das versprochene Neufahrzeug geliefert, auch wenn dieses mit erheblichen Mängeln behaftet" gewesen sei.

Der BGH[966] hat die **Zusicherungshaftung** ebenfalls **abgeschwächt,** indem er feststellte, der Inhalt der als Zusicherung zu bewertenden Erklärung des Verkäufers, **es handele sich um einen Neuwagen,** lasse sich nicht ein für alle Mal festlegen. Die Äußerung ist seines Erachtens vom Käufer nicht ohne weiteres dahin gehend zu verstehen, dass das Fahrzeug noch nicht auf einen Vorbesitzer zugelassen wurde, wenn beide Parteien wissen, dass der Pkw bereits fünf Monate vor dem Verkauf an einen anderen Kunden ausgeliefert wurde.

Das OLG Schleswig[967] entschied, von einer Zusicherung der Fabrikneuheit sei nicht auszugehen, wenn der Verkäufer ein als **„EU-Importwagen/Neuwagen"** ausgeschildertes Kraftfahrzeug verkauft und dabei kein Neuwagen-Vertragsformular, sondern eine Bestellung für gebrauchte Fahrzeuge verwendet, die den Vermerk „ohne Garantie" enthält und in der zusätzlich vermerkt ist, dass das Fahrzeug keine Werksgarantie hat und stattdessen eine Zusatzgarantie bis 36 Monate gegen Zuzahlung von DM 350 gewährt wird. Vertragsgegenstand ist unter diesen Umständen allerdings ein Neufahrzeug und nicht etwa ein Gebrauchtwagen.

Die Bezeichnung des Kraftfahrzeugs als **werksneu** besagt nicht, dass es die Kriterien der Fabrikneuheit erfüllt, wenn der Käufer weiß, dass die Produktion des Fahrzeugs seit mehr als 12 Monaten eingestellt ist.[968]

Abgesehen von den Eigenschaften der „Neuheit" und der „Fabrikneuheit" sind Eigenschaftszusicherungen beim Neuwagenkauf weitaus seltener anzutreffen als im Gebrauchtwagenhandel.[969] Das liegt daran, dass der Neuwagenkäufer auf Grund von Herstellerbeschreibungen des Fahrzeugs (vor)informiert ist und über die Beschaffenheit des Autos Bescheid weiß. Für gesonderte Zusicherungen durch den Händler bleibt daher wenig Raum. Dies gilt

---

964 Urt. 23. 7. 1998, DAR 1999, 262.
965 Urt. 20. 11. 1998, NJW-RR 1999, 702.
966 Urt. v. 26. 3. 1997 – VIII ZR 115/96 – dazu EWiR § 559 BGB 1/97, 537 – *Reinking* –.
967 Urt. v. 21. 7. 1999, ZIP 1999, 2143; dazu EwiR § 459 BGB 2/2000, 67 – *Reinking* –.
968 OLG Celle 24. 2. 1994, OLGR 1995, 35.
969 Rn 1660 ff.

insbesondere für den Regelfall, dass das Neufahrzeug nach Katalog und Preisliste beim Händler bestellt und erst später ausgeliefert wird.[970]

Beispiele aus der Rechtsprechung zur Zusicherungshaftung beim Neuwagenkauf: 856
- Angabe der Produktionszeit – Zusicherung bejaht vom OLG München 28. 6. 1983, DAR 1984, 60.
- Schadstofffreiheit (geregelter Katalysator) – Zusicherung bejaht vom AG Dortmund 29. 4. 1987, NJW-RR 1988, 1462.
- Schadstoffarmut – Zusicherung bejaht vom AG Witten 20. 1. 1988, DAR 1988, 424 und vom AG Essen 29. 1. 1987, NJW-RR 1987, 828.
- Die Angabe „geregelter Kat" besagt nicht, dass der Verkäufer auch für Schadstoffarmut und damit verbundene Steuerfreiheit einsteht – OLG Hamm 29.6.1998 – 32 U 7/98 – n. v.
- Vorhandensein eines Antiblockiersystems – Zusicherung bejaht – BGH 28. 11. 1994, DAR 1995, 111; OLG Köln 3. 11. 1998 – 22 U 55/98 – n. v.
- Die Ausstattung eines Neufahrzeugs mit einer Anhängerkupplung auf Grund der Mitteilung des Käufers, er benötige diese, um mit dem Pkw unter Mitführung seines Bootes in Urlaub fahren zu können, ist eine Zusicherung im Rechtssinne – LG Köln 15. 12. 1995, 21 O 285 7 95 – n. v.
- Betrifft der Kaufvertrag die Lieferung eines Serienfahrzeugs, das vom Händler getunt werden soll, sodass der Motor ca. 300 PS leistet und sich dadurch die Höchstgeschwindigkeit auf ca. 270 km/h erhöht, ist anzunehmen, dass es sich bei den Angaben des Verkäufers zur erreichbaren Leistung und Höchstgeschwindigkeit trotz der ca.-Einschränkungen um Zusicherungen im Rechtssinn handelt, da es nach den Gesamtumständen dem Käufer erkennbar darauf angekommen ist, ein Fahrzeug zu bekommen, dass diese Eigenschaften auch tatsächlich aufweist. Ein Geschwindigkeitsdefizit von 6,66% (252 km/h gegenüber 270 km/h) ist unter diesen Umständen als erhebliche Abweichung einzustufen – OLG Düsseldorf 30. 10. 1992, leitsatzmäßig veröffentlicht in OLGR 1993, 129.
- Eine Eigenschaftszusicherung liegt nicht vor, wenn der Verkäufer eines Geländewagens im Verkaufsgespräch erklärt, es handele sich nicht um einen gewöhnlichen Geländewagen, sondern um ein Auto, das wie jeder andere Pkw ruhig gefahren werden könne – OLG Koblenz 30. 3. 1995, ZfS 1995, 418.
- Besonders günstige Kaufkonditionen und die Aufklärung des Käufers über einen Modellwechsel können ein Hinweis darauf sein, dass das Alter eines Lagerfahrzeugs nicht Gegenstand einer Zusicherung sein soll.[971]
- Beim Verkauf einer neuen Sache wird deren Fehlerfreiheit vom Verkäufer in der Regel weder stillschweigend noch konkludent zugesichert.[972]

Der Handel mit neuen **Importfahrzeugen** bietet ein weites Feld für Zusicherungen, da die 857 Vorgeschichte der Autos unbekannt und aus den Fahrzeugpapieren nicht ablesbar ist. In dieser Sparte betreffen Zusagen der Händler typischerweise das Vorhandensein und die Dauer von Werksgarantien, die Wartungsfähigkeit der Fahrzeuge in deutschen Vertragswerkstätten,[973] die Nichtzulassung im Ausland und die noch nicht erfolgte Inbetriebnahme zu Verkehrszwecken. Die Erklärung des Verkäufers, die ausländische Umsatzsteuer sei bezahlt und diese werde auf die Einfuhrumsatzsteuer angerechnet, stellt keine Zusicherung im Rechtssinn dar, da es sich nicht um eine der Kaufsache anhaftende und von ihr ausgehende Eigenschaft handelt.[974]

---

970 BGH 28. 11. 1994, DAR 1995, 111.
971 OLG Zweibrücken 5. 5. 1998, NJW-RR 1998, 1211.
972 OLG Köln 14. 2. 1997, OLGR 1997, 138.
973 LG Darmstadt, Urt. 13. 7. 1979 – 1 O 68/69 – n. v.
974 BGH 28. 3. 1990, NJW 1990, 1655.

Falls unter den genannten Voraussetzungen der Tatbestand einer unrichtigen Zusicherung vorliegt, haftet der Verkäufer dem Käufer nach dessen Wahl auf **Wandlung, Minderung, Schadensersatz** und – sofern eine Gattungsschuld vorliegt – auf **Nachlieferung**. Die Haftung setzt Verschulden nicht voraus. Etwaige Haftungsausschlüsse sind unwirksam.[975]

Entscheidet sich der Käufer für die Geltendmachung des Anspruchs auf Schadensersatz, haftet ihm der Verkäufer auf das unmittelbare **Erfüllungsinteresse**.[976] Er hat für alle Folgen des Fehlens der zugesicherten Eigenschaft einzustehen. Der vertragliche Gewährleistungsanspruch aus § 463 BGB bemisst sich im Gegensatz zum deliktischen Schadensersatzanspruch weder nach den Regeln über das negative Interesse,[977] noch wird er durch die Höhe des gezahlten Kaufpreises begrenzt. Der Käufer hat die Wahl zwischen dem großen und dem kleinen Schadensersatzanspruch. Er kann auch noch in der Berufungsinstanz vom kleinen zum großen Schadensersatz übergehen, da der Wechsel nicht zwischen verschiedenen Gewährleistungsrechten sondern innerhalb des Schadensersatzanspruchs aus § 463 BGB erfolgt.[978]

858 Beim **großen Schadensersatz** findet eine Rückabwicklung des Kaufvertrags statt. Der Käufer hat die Wahl, entweder den gezahlten Kaufpreis und daneben entgangenen Gewinn geltend zu machen, oder den Kaufpreis sowie nutzlos gewordene Aufwendungen und Vertragskosten zurückzufordern.[979] Im einen wie im anderen Fall muss er sich gezogene Gebrauchsvorteile im Wege der Vorteilsausgleichung anrechnen lassen.

Der Käufer kann stattdessen verlangen, so gestellt zu werden, wie er stehen würde, wenn der Verkäufer ordnungsgemäß erfüllt hätte, und zwar gemessen an dem **Wert** eines **mangelfreien Fahrzeugs mit** den **zugesicherten Eigenschaften.** Im Prozess ist die Schadensrechnung an dem Verkehrswert der Kaufsache im Zeitpunkt der letzten mündlichen Verhandlung auszurichten. Orientiert sich die Schadensberechnung an dem Zustand, der im Fall ordnungsgemäßer Vertragserfüllung bestehen würde, ist zu beachten, dass der Erwerber die Nutzungen im Fall ordnungsgemäßer Vertragserfüllung ebenfalls gezogen hätte. Deshalb besteht bei wertender Betrachtungsweise kein Grund für eine Anrechnung von Gebrauchsvorteilen.[980]

859 Entscheidet sich der Käufer für die Geltendmachung des großen Schadensersatzes, muss er das Fahrzeug gegen Empfang der Schadensersatzleistung an den Verkäufer herausgeben. Falls er ein **Altfahrzeug in Zahlung** gegeben hat, hat ihm der Verkäufer außer dem bar gezahlten Kaufpreisanteil den **Anrechnungspreis** für das Altauto zu ersetzen.[981] Sein Anspruch richtet sich auf die Herstellung des gleichen wirtschaftlichen Erfolgs, der ohne das schädigende Ereignis eingetreten wäre. Durch die Zubilligung eines Zahlungsanspruchs bleibt dem Käufer der Vorteil eines günstigen Anrechnungspreises für den Altwagen erhalten.

Falls der Käufer das Auto infolge von Umständen, die von ihm zu vertreten sind, nicht unbeschädigt oder nur in einem demontierten Zustand zurückgeben kann, ist ihm der Anspruch auf Rückabwicklung der beiderseitigen Leistungen zu versagen, sei es in entsprechender Anwendung des § 351 BGB, sei es wegen eines dem Käufer zurechenbaren Gegenanspruchs des Verkäufers.[982]

---

975 BGH 18. 6. 1980, DB 1980, 1836.
976 BGH 25. 11. 1997, VersR 1998, 245; 19. 5. 1993, ZIP 1993, 1004.
977 BGH 25. 11. 1997, VersR 1998, 245.
978 OLG Celle 30. 12. 1997, OLGR 1998, 142.
979 BGH 21. 4. 1978, NJW 1978, 1806.
980 OLG Stuttgart 30. 10. 1997, OLGR 1998, 250; *Hagen/Brambring*, Der Grundstückskauf, 6. Aufl. Rn 263.
981 BGH 28. 11. 1994, DAR 1995, 111.
982 OLG Köln 8. 1. 1990, NJW-RR 1990, 758, 760; 21. 11. 1994 – 12 U 72/94 – n. v.; vgl. hierzu Rn 355.

Haftung wegen unrichtiger Eigenschaftszusicherung

Wird die Rückabwicklung des Kaufvertrags als Anspruch auf Schadensersatz gem. § 463 BGB geltend gemacht, ist der Wohnsitz des Käufers **Erfüllungsort**.[983]

Es ist umstritten, ob beim großen Schadensersatz der **Nutzungsausfall** zum ersatzfähigen Schaden gehört. Während das OLG Düsseldorf[984] dem Käufer Anspruch auf Ersatz des Ausfallschadens mit dem Hinweis darauf versagte, wegen der angestrebten Rückabwicklung des Kaufvertrags dürften dem Käufer die Nutzungen nicht verbleiben, meinte das OLG Frankfurt,[985] der Käufer sei auch insoweit schadlos zu stellen, da der Gebrauchsverlust allein durch die Erstattung des Kaufpreises nicht ausgeglichen werde.[986] **860**

Beim **kleinen Schadensersatz** behält der Käufer das Auto. Er kann als Schadensersatzforderung entweder den **Wertunterschied** des Autos mit und ohne zugesicherte Eigenschaft oder stattdessen die Kosten geltend machen, die er aufwenden muss, um den zugesicherten Zustand des Fahrzeugs herzustellen. Im letzteren Fall muss er einen Abzug neu für alt hinnehmen, wenn ihm durch die Schadensbehebung ein Vorteil erwächst.[987] Ist das Fahrzeug wegen des Fehlens der zugesicherten Eigenschaft nicht nutzbar, muss ihm der Verkäufer auch für die entgangenen Gebrauchsvorteile Ersatz leisten, und zwar entweder in Höhe der üblichen Nutzungsvergütung oder aber durch Erstattung der aufgewendeten Mietwagenkosten. Das Gleiche gilt für die Reparaturzeit.[988] Wenn der Käufer das trotz des Schadens bzw. Mangels verkehrssichere Fahrzeug allein zum Zweck der Beweissicherung abmeldet und deshalb nicht nutzen kann, besitzt er allerdings keinen Anspruch auf Ersatz des Ausfallschadens,[989] da er durch diese Verhaltensweise gegen seine Schadenminderungspflicht verstößt. **861**

Hat der Verkäufer eine nicht vorhandene Eigenschaft **arglistig** vorgespiegelt, kann der Käufer an Stelle der Gewährleistungsansprüche der §§ 463, 480 BGB den Vertrag wegen **arglistiger Täuschung anfechten**, wovon ihm jedoch abzuraten ist, da es sich bei der Anfechtung um das schwächere Recht handelt.[990] Verkauft der Käufer das Auto nach Ausübung des Anfechtungsrechts, droht ihm der Verlust des Anspruchs aus ungerechtfertigter Bereicherung, da er, ebenso wie bei der Wandlung und beim großen Schadensersatz, die Gegenleistung Zug um Zug zurückzugewähren hat.[991] Bei der bereicherungsrechtlichen Rückabwicklung muss er sich den erzielten **Verkaufserlös** und nicht nur den Wert des Fahrzeugs anrechnen lassen, wenn er im Zeitpunkt des Weiterverkaufs die Unwirksamkeit des Ausgangsgeschäfts kannte. Dies folgt aus §§ 819 Abs. 1, § 818 Abs. 4 i. V. m. § 281 BGB.[992] **862**

Sofern die tatbestandlichen Voraussetzungen eines **Betrugs** erfüllt sind, haftet der Verkäufer dem Käufer aus **unerlaubter Handlung** gem. § 823 Abs. 2 i. V. m. § 263 StGB. Der Käufer ist so zu stellen, wie er stehen würde, wenn er nicht getäuscht worden wäre (**negatives Interesse**). Auf Ersatz des positiven Interesses hat der getäuschte Käufer deliktsrechtlich keinen Anspruch.[993]

Bei arglistigem Verkäuferhandeln **verjähren** Gewährleistungsansprüche in **30 Jahren**. Die Verjährungsfrist für Ansprüche aus unerlaubter Handlung beträgt 3 Jahre ab Kenntniserlan-

---

983 LG Lüneburg 28. 2. 1991, MDR 1991, 992; LG Münster Beschl. 29. 6. 1995 – 15 O 160/95 – n. v.
984 Urt. 19. 3. 1993, OLGR 1993, 193.
985 Urt. 6. 2. 1992, NZV 1993, 190.
986 Differenzierend *Eggert,* Anm. zum Urteil des OLG Frankfurt, NZV 1993, 190 m. w. N. sowie Rn 2007.
987 BGH 6. 12. 1995, DAR 1996, 141.
988 OLG Frankfurt 6. 5. 1992, NZV 1992, 190 mit Anmerkung von *Eggert;* OLG Düsseldorf 19. 3. 1993, OLGR 1993, 193.
989 OLG Düsseldorf 19. 3. 1993, OLGR 1993, 193.
990 Rn 1851, 2061.
991 BGH 24. 6. 1963, NJW 1963, 1870.
992 OLG Köln 18. 3. 1994, NJW-RR 1995, 51.
993 BGH 25. 11. 1997, VersR 1998, 245.

gung.[994] Die Anfechtung wegen arglistiger Täuschung muss binnen Jahresfrist ab Kenntniserlangung erfolgen.

XIII. Haftung wegen arglistigen Verschweigens offenbarungspflichtiger Umstände

863 Die Möglichkeiten des arglistigen Verschweigens bekannter Mängel sind beim Neuwagenkauf naturgemäß begrenzt, weshalb der Arglisthaftung – anders als beim Gebrauchtwagenhandel – keine nennenswerte Bedeutung zukommt.

Maßgeblich für die Arglist sind beim Kauf eines vorrätigen Fahrzeugs (Stückkauf) die Umstände zum Zeitpunkt des Vertragsschlusses und beim Kauf eines nicht vorrätigen Fahrzeugs (Gattungskauf) in der Regel die Umstände zum Zeitpunkt der Fahrzeugübergabe an den Käufer.[995]

864 **Beispiele** aus der Rechtsprechung:

Arglist ist zu **bejahen,** wenn

- der Verkäufer verschweigt, dass sich ein Tanklastwagen nicht zu dem vom Käufer beabsichtigten **Verwendungszweck** – Transport chemischer Flüssigkeiten – eignet,[996]
- der Verkäufer eine lange **Standzeit** des Fahrzeugs zwischen Herstellung und Verkauf verheimlicht,[997]
- auf **Vorschäden,** die im Werk, auf dem Transport oder beim Händler eingetreten sind und die vor Auslieferung repariert wurden, beim Verkauf nicht hingewiesen wird,[998]
- der Verkäufer eines Wohnmobil-Prototyps zwar auf das Vorhandensein von **Lackschäden,** nicht aber darauf hinweist, dass der Lack insgesamt infolge abweichender thermischer Ausdehnungskoeffizienten auf Dauer nicht haften bleibt und er das Ausmaß der Schäden an einem Vergleichsfahrzeug bereits einmal miterlebt hat,[999]
- bei Verkauf eines Neuwagens vom Verkäufer der Eindruck erweckt wird, er erteile eine die gesamte Händler- und Service-Organisation des Herstellers bindende **Werksgarantie,** er in Wirklichkeit aber nur Garantieansprüche gegen sich selbst begründen kann,[1000]
- vom Händler eine **Bestellung ab Werk** vorgetäuscht wird, während in Wahrheit ein auf Lager stehendes Kfz geliefert werden soll,[1001]
- ein Vertragshändler, der ein Neufahrzeug japanischer Herkunft nicht über die deutsche Vertriebsgesellschaft des Herstellers, sondern aus dem EG-Raum als „Grauimport" bezogen hat, den Käufer hierüber nicht aufklärt, obwohl er weiß, dass im Fall der Einfuhr über Grauimport **nicht sichergestellt** ist, dass die **Gewährleistungsansprüche** innerhalb der Garantiezeit von allen Vertragshändlern **befriedigt werden,** wie dies bei einer Einfuhr durch die Vertriebsgesellschaft des Herstellers der Fall ist,[1002]

---

994 Zum Sonderproblem der Verjährung konkurrierender Ansprüche aus unerlaubter Handlung für Mangelfolgeschäden bei Eigenschaftszusicherung vgl. LG Köln 21. 12. 1988, NJW-RR 1989, 537 m. w. N.
995 BGH 5. 4. 1989, NJW 1989, 2051, 2052.
996 BGH 28. 4. 1971, NJW 1971, 1795.
997 OLG Hamm 14. 5. 1985, DAR 1985, 353; OLG Naumburg 14. 10. 1993, VM 1994, 31.
998 LG Köln 4. 7. 1979 – 9 S 361/78 – n. v.
999 OLG Köln, Urt. 8. 6. 1993 – 24 U 215/92 – n. v.
1000 OLG Hamm 20. 3. 1980, BB 1981, 1853.
1001 OLG Düsseldorf 21. 8. 1969, DB 1969, 1935.
1002 LG Düsseldorf 26. 2. 1987, DAR 1987, 385.

- der Händler völlig „ins Blaue" hinein die **Fabrikneuheit** eines Fahrzeugs zusichert, das bis zum Zeitpunkt der Veräußerung bereits 21 Monate auf Lager gestanden hat,[1003]
- der Verkäufer verschweigt, dass ein aus den USA importierter **Pkw keinen Getriebeölkühler** besitzt, mit dem über die deutsche Tochtergesellschaft des Herstellers importierte vergleichbare Fahrzeuge serienmäßig ausgestattet sind,[1004]
- der Händler einen Neuwagen zu einem Sonderpreis anbietet und verschweigt, dass dieser „**Sonderpreis**" **über** der **unverbindlichen Preisempfehlung** des Herstellers oder Importeurs liegt.[1005]

Bei dem Verkauf eines **Lagerfahrzeugs,** das nicht als Neufahrzeug angeboten, sondern unter Hinweis auf einen Modellwechsel mit einem überdurchschnittlichen Abschlag von 25% auf den früheren Neupreis und zusätzliche Inzahlungnahme eines älteren Fahrzeugs als Nullkilometerfahrzeug verkauft wird, unterliegt das **Fahrzeugalter nicht** der **Offenbarungspflicht** des Verkäufers, wenn es den Gebrauchswert des Fahrzeugs nicht beeinträchtigt.[1006]

865

Allein der Umstand, dass ein in Deutschland gekauftes und dort auszulieferndes Fahrzeug im **Ausland hergestellt** worden ist, rechtfertigt nicht den Vorwurf eines arglistigen Verhaltens, da es dem Käufer in der Regel nur entscheidend darauf ankommt, dass das Fahrzeug den in der Bundesrepublik Deutschland geltenden Zulassungsbestimmungen und den kaufvertraglichen Vereinbarungen entspricht und der Händler die Gewähr dafür leistet, dass das Fahrzeug den jeweiligen Stand der Technik aufweist.[1007]

In der Regel besteht **keine Aufklärungspflicht** des einen **Nachlass** von 30% gewährenden Verkäufers über eine nach Abschluss der Verhandlungen, aber vor Unterzeichnung des Kaufvertrags erfolgte erhebliche Senkung des Herstellerpreises, es sei denn, die Erwartung des Käufers, er erhalte eine Ware mit einem erheblich über dem Kaufpreis liegenden Marktwert, war für den Kaufentschluss nicht nur mitentscheidend, sondern für den Verkäufer erkennbar ausschlaggebend.[1008]

Verletzt der Verkäufer seine Aufklärungspflicht, ist er darlegungs- und beweispflichtig, dass der Käufer auch bei zutreffender Unterrichtung den Kaufvertrag geschlossen hätte.[1009]

Die Rechtsfolgen aus der Haftung wegen arglistigen Verschweigens offenbarungspflichtiger Umstände sind die gleichen wie bei der arglistigen Erteilung unrichtiger Eigenschaftszusicherungen, und es gelten die gleichen Verjährungsfristen.

1003 OLG Frankfurt 17. 12. 1997, OLGR 1998, 191; a. A. OLG Frankfurt 10. 3. 1970, OLGZ 1970, 409.
1004 OLG Düsseldorf 28. 2. 1993, NJW-RR 1993, 1463.
1005 OLG Frankfurt 12. 5. 1982, DAR 1982, 294.
1006 OLG Zweibrücken 5. 5. 1998, NJW-RR 1998, 1211.
1007 OLG Köln 16. 2. 1995, OLGR 1995, 140, 141.
1008 BGH 13. 7. 1983, ZIP 1983, 1073.
1009 BGH 29. 6. 1977, NJW 1977, 1914; OLG Düsseldorf 28. 5. 1993, NJW-RR 1993, 1463.

K. Verschuldenshaftung des Verkäufers

866 Die Haftung des Verkäufers aus Verschulden ist in Abschn. VIII NWVB geregelt. Keine Anwendung findet Abschn. VIII NWVB auf in die Abschn. VI abschließend geregelte Haftung des Verkäufers wegen **Lieferverzugs** und auf eine etwaige Haftung des Verkäufers nach dem **Produkthaftungsgesetz.** Unberührt bleiben weiterhin die Ansprüche des Käufers aus **Gewährleistung.** Bei den Ansprüchen aus § 463 BGB handelt es sich um Gewährleistungsansprüche.

Von Abschn. VIII NWVB erfasst wird die **deliktische** und **vertragliche Verschuldenshaftung.** Die mit der Haftung nach dem Produkthaftungsgesetz nicht zu verwechselnde Produzentenhaftung gehört zur deliktischen Haftung und richtet sich nach Abschn. VIII NWVB. Sie spielt keine große Rolle, da Vertragshändler keine Produktverantwortung tragen. Der Direktvertrieb über rechtlich unselbstständige Niederlassungen des Herstellers bildet die Ausnahme.

Der Anwendungsbereich der vertraglichen Verschuldenshaftung erstreckt sich auf die Haftung des Verkäufers für **anfängliche** (§ 307 BGB) und **nachträgliche Unmöglichkeit** (§ 326 BGB) und auf die Haftung aus dem Rechtsinstitut der positiven Vertragsverletzung. Während Fälle der Unmöglichkeit selten vorkommen und die nachträgliche Unmöglichkeit von der speziell geregelten Haftung für Lieferverzug überlagert wird, ist die Haftung aus dem Rechtsinstitut der **positiven Vertragsverletzung** (pVV) für die Praxis relevant. Sie bildet den Hauptanwendungsfall der vertraglichen Haftung im Rahmen von Abschn. VIII NWVB.

Bei der Haftung für **Folgeschäden** ist zu unterscheiden, ob sie aus § 463 BGB als Folge des Mangels[1] oder als **Begleitschaden** auf einer positiven Vertragsverletzung beruhen.[2] Nur wenn letzteres der Fall ist, greift die Haftungsbeschränkung von Abschn. VIII NWVB.[3]

867 **Nebenpflichten,** deren schuldhafte Verletzung die Haftung auslösen, beginnen vor Vertragsschluss mit Eintritt in die Vertragsverhandlungen. In der Zeit bis zum Abschluss des Kaufvertrags bestehen vorwiegend Aufklärungs- und Beratungspflichten.[4] Nach Vertragsabschluss werden sie durch das Hinzutreten weiterer Pflichten – vornehmlich Mitwirkungspflichten[5] – ergänzt. Sie können auch nach Vertragserfüllung andauern z. B. als nachvertragliche Pflicht zur Ersatzteilbeschaffung[6] und zur Bearbeitung von Kulanzanträgen an das Herstellerwerk[7]

Ansprüche aus positiver Vertragsverletzung betreffen Begleitschäden und solche aus Schlechterfüllung des Vertrags.[8] Besteht die Schlechterfüllung in einer Mangelhaftigkeit des gelieferten Fahrzeugs, wird die Haftung durch das gesetzliche Gewährleistungsrecht verdrängt.

Die Haftung aus „culpa in contrahendo" unterliegt den Einschränkungen der Klausel nur unter der Voraussetzung, dass die NWVB bereits im **vorvertraglichen Stadium** gelten, wovon in der Regel nicht auszugehen ist.[9]

---

1 Dazu BGH 29. 5. 1968, BGHZ 50, 200.
2 Zur Abgrenzung *Palandt/Putzo,* § 463 Rn 15, 26.
3 *Creutzig,* Recht des Autokaufs, Rn 8.1.1.3.
4 Rn 137 ff.
5 BGH 13. 11. 1953, BGHZ 11, 80, 89.
6 Dazu hierzu AK Rn 889 f.
7 AG Regensburg 9. 7. 1982, DAR 1982, 331; *Palandt/Heinrichs,* § 276 Rn 121.
8 Vgl. *Köpcke,* Typen der positiven Vertragsverletzung, 142 ff.; *Huber,* AcP 177, 296; *Canaris,* JZ 65, 475; *Palandt/Heinrichs,* § 276 Rn 104.
9 Zu den Wirksamkeitsbedenken der Klausel siehe Rn 138.

Beispiel aus der Rechtsprechung:

Der Verkäufer ist verpflichtet, den Käufer darauf hinzuweisen, dass kein Versicherungsschutz besteht, wenn ihm der Käufer einen gesonderten Auftrag erteilt, das bestellte Fahrzeug auf sein Risiko zu überführen. Kommt der Verkäufer dieser Aufklärungspflicht nicht nach, haftet er dem Käufer für Schäden des Fahrzeugs, die auf dem Transport eintreten, auch wenn er nachweist, dass weder er noch seine Angestellten die Schäden durch ein schuldhaftes Fehlverhalten herbeigeführt haben.[10]

I. Verletzung von Nebenpflichten bei Fahrzeugauslieferung

In dem werkseitig angelieferten Zustand ist ein Neuwagen üblicherweise nicht fahrbereit. Der Händler muss die Betriebsbereitschaft durch Vornahme der Ablieferungsinspektion herstellen. Ihn trifft keine Pflicht, das Fahrzeug – soweit es nicht im Rahmen der Ablieferungsinspektion erforderlich ist – gründlich zu untersuchen, vielmehr genügt er den Anforderungen, wenn er das Fahrzeug **in Augenschein nimmt** und **sichtbare Mängel abstellt**.[11] Eine „flüchtige Prüfung"[12] des Neufahrzeugs im Hinblick auf dessen Verkehrssicherheit darf vom Händler erwartet werden, wobei an die Sorgfaltspflichten ein nicht so strenger Maßstab wie beim Gebrauchtwagenkauf anzulegen ist. Weiter gehende Kontrollen sind dem Händler üblicherweise nicht zuzumuten. Er kann darauf vertrauen, dass der Wagen ordnungsgemäß hergestellt und einer sorgfältigen werkseitigen Prüfung vor Auslieferung unterzogen wurde.

868

Höhere Anforderungen an die **Untersuchungspflicht** sind bei Lieferung eines Neuwagens mit einer vom serienmäßigen Lieferangebot abweichenden Sonderausstattung zu stellen (Spezialreifen, Spoiler usw.). In einem solchen Fall gehört es zur selbstverständlichen Pflicht des Verkäufers, ein wirksam zum öffentlichen Verkehr zugelassenes Kfz bereitzustellen.[13] Er muss überprüfen, ob sich die ABE auf die Anbauteile erstreckt oder ob sie infolge der Umrüstung des Fahrzeugs mit nicht genehmigten Teilen erloschen ist.

Eine Pflichtverletzung des Händlers liegt nicht vor, wenn er vor Übergabe eines verkauften neuen Wagens und bei der Ablieferungsinspektion nicht kontrolliert, ob die **Reifen richtig montiert** sind.[14]

869

Übersieht der Händler bei Ausführung der vertraglich übernommenen Ablieferungsinspektion allerdings schuldhaft einen erkennbaren Fehler und verursacht dieser eine Beschädigung des Fahrzeugs, haftet er dem Käufer aus pVV auf Ersatz des entstehenden Schadens. Dies entschied der BGH[15] zu Lasten eines Händlers, dessen Mitarbeiter bei Vornahme der Ablieferungsinspektion eine **Verbeulung der Felge übersehen** hatte, die ursächlich für einen Autounfall war, wobei der BGH nach den Grundsätzen über den Anscheinsbeweis die Ursächlichkeit zwischen Delle, Entweichen der Luft und Unfall bejahte.

870

Ein pflichtwidriges Verhalten ist anzunehmen, wenn der Händler an einem neuen, zur Auslieferung bereitstehenden Fahrzeug ohne Zustimmung des Käufers werkseitig nicht vorgesehene **Veränderungen** vornimmt. Wenn – wie geschehen – der Händler an einem fabrikneuen Luxuswagen Heck- und Frontspoiler demontiert hat und nicht den Verdacht ausräumen kann, das Fahrzeug in dem beschriebenen Zustand ausliefern zu wollen, zerstört er durch sein

---

10 OLG Köln 25. 2. 1993, VRS Bd. 85/1993, 241.
11 BGH 25. 9. 1968, NJW 1968, 2238; 16. 7. 1977, NJW 1977, 1055 ff.; 18. 2. 1981, NJW 1981, 1269, 1270.
12 BGH 5. 7. 1978, DB 1978, 1878, 1880.
13 BayObLG 16. 1. 1986, DAR 1986, 154.
14 Münster Urt. 12. 10. 1965 – 3 O 271/65 – n. v.; vgl. ferner BGH 15. 3. 1956, VersR 1956, 759 – Verkauf eines Motorrollers; oberflächliche Besichtigung und Probefahrt im üblichen Rahmen reichen aus –.
15 Urt. 18. 6. 1969, VersR 1969, 835 ff. mit Anm. *von Loewenstein*, NJW 1969, 2043 ff.

Verhalten die Vertrauensgrundlage des Vertrags. Unter solchen Umständen ist der Käufer aus dem Gesichtspunkt der pVV berechtigt, vom Vertrag zurückzutreten.[16]

II. Verletzung von Sorgfaltspflichten bei der Vornahme von Nachbesserungsarbeiten

871 Als Verletzungstatbestände kommen z. B. in Betracht: Verunreinigung, Beschädigung, Zerstörung und unberechtigte Zurückhaltung des Fahrzeugs.

872 Falls der Sorgfaltsverstoß darin besteht, dass die Fehlerbeseitigung nicht, nicht unverzüglich oder nicht ordnungsgemäß (Verzögerung, Verweigerung, Schlechtausführung) durchgeführt wird und die Voraussetzungen des Fehlschlagens vorliegen, leben die gesetzlichen Gewährleistungsansprüche auf. Auf die Frage des Verschuldens kommt es nicht an.[17]

873 Der Verkäufer haftet dem Käufer auf Schadensersatz, wenn er bei der Vornahme von Nachbesserungsarbeiten infolge der Verletzung von Sorgfaltspflichten **Schäden** an dem **Fahrzeug** oder an **anderen Rechtsgütern** des Käufers verursacht.[18] Die Haftung folgt aus pVV; § 635 ist nicht analog anwendbar.[19]

Im Fall der **Behebbarkeit** eines **Schadens** am **Fahrzeug** besitzt der Käufer keinen Anspruch auf Geldersatz. Dies folgt aus Abschn. VII, Ziff. 2 NWVB. Dort ist vorgesehen, dass der Käufer (ausschließlich) Anspruch auf Beseitigung von Fehlern und durch sie an anderen Teilen des Kaufgegenstands verursachten Schäden besitzt. Die Regelung ist Teil der vertraglich geregelten Gewährleistung, die der Haftung nach Abschn. VIII NWVB vorgeht. Von ihr werden auch diejenigen Fälle erfasst, in denen der Schaden an anderen Teilen des Fahrzeugs nicht durch das fehlerhafte Teil, sondern durch die mit der Vornahme der Nachbesserung beauftrage Werkstatt verursacht worden ist.[20]

874 Für **leicht fahrlässig** verursachte Schäden, die nicht unter gewährleistungsrechtliche Sondervorschriften fallen, haftet der Verkäufer dem Käufer,
– soweit Versicherungen hierfür nicht eintreten (z. B. Sozialversicherung, private Unfall- oder Sachversicherung),
– der Schaden die Versicherungsleistungen übersteigt und
– soweit ein Drittschaden nicht im Rahmen des Gesetzes über die Pflichtversicherung der Kraftfahrzeughalter ersetzt wird.

Wenn Versicherungsschutz besteht, muss sich der Käufer im Schadensfall zunächst an seine Versicherung halten.[21]

875 Abschn. VIII, Ziff. 1 Abs. 3 S. 3 NWVB sieht vor, dass die Haftung für eine Wertminderung des Fahrzeugs, Mietwagenkosten, entgangenen Gewinn, Abschleppkosten, Wageninhalt und Ladung ausgeschlossen ist, falls der Verkäufer oder seine Vertreter und Erfüllungsgehilfen einen Schaden am Fahrzeug bei Vornahme der Nachbesserung nur **leicht fahrlässig** verursacht haben. Da die Klausel die Haftungsausschlüsse abschließend regelt, sind alle nicht erwähnten mittelbaren Schäden vom Verkäufer zu ersetzen. Nicht ausgeschlossen ist z. B. ein Anspruch auf Ersatz des sog. **Höherstufungsschadens,** der dem Käufer dadurch entsteht, dass das Fahrzeug im Zusammenhang mit der Vornahme von Nachbesserungsarbeiten in einen Unfall mit Fremdschaden verwickelt wird, den die Haftpflichtversicherung anschließend reguliert.

---

16 BGH 19. 10. 1977, DAR 1998, 46.
17 *Soergel/Huber,* § 462 Rn 70.
18 BGH 29. 10. 1975, NJW 1976, 234, 235; OLG Köln 9. 7. 1980, OLGZ 1980, 468.
19 BGH 20. 11. 1996, EBE 1997, 44.
20 OLG Düsseldorf 7. 3. 1996, ZfS 1997, 337.
21 *Creutzig,* Recht des Autokaufs, Rn 8.1.2.1.

Verletzung von Sorgfaltspflichten bei den Nachbesserungsarbeiten

876 Die **Klausel** des Abschn. VIII, Ziff. 1 Abs. 3 S. 3 NWVB **ist unwirksam,** da sie Ansprüche des Käufers auf Wertminderung und Abschleppkosten ausschließt und die Haftung bei Verletzung vertragswesentlicher Pflichten aushöhlt. Die Verschaffung einer fehlerfreien Kaufsache gehört zu den **Kardinalpflichten** des Verkäufers, und darauf ist die vertragstypische Erwartung des Käufers gerichtet. Der Sinn und Zweck einer Nachbesserung besteht allein in der Herstellung des vertragsgemäßen Zustands, der begrifflich Fehler- und Beschädigungsfreiheit einschließt. Wenn dieses Ziel wegen der Fahrzeugbeschädigung bei Vornahme einer Gewährleistungsreparatur und des Verbleibs einer Wertminderung nicht erreicht wird, kann es dem Verkäufer nicht gestattet sein, sich von seiner Haftung für leichte Fahrlässigkeit durch AGB freizuzeichnen, andernfalls der Käufer unangemessen übervorteilt würde.[22]

Durch den Ausschluss der Wertminderung und der Abschleppkosten werden außerdem **Gewährleistungsrechte** des Käufers **unzulässig verkürzt.**[23] Darin liegt ein Verstoß gegen § 11 Nr. 10 AGB-Gesetz. Beide Positionen betreffen Schäden, für die der Verkäufer nach Gewährleistungsrecht – verschuldensunabhängig – aufzukommen hat, wenn sie Folge eines gewährleistungspflichtigen Mangels sind.[24]

877 Vereinzelt wird die Meinung vertreten, der anlässlich einer Nachbesserung verursachte Schaden sei **nicht Folge** des ursprünglichen **Mangels,** sondern beruhe vielmehr auf einem Fehlverhalten des Händlers.[25] Eine andere rechtliche Bewertung sei nur dann angebracht, wenn der ursprüngliche Mangel wegen Verweigerung oder Verzögerung der Nachbesserung durch den Händler Folgeschäden an dem Fahrzeug nach sich ziehe, wie z. B. das Abbrennen des Fahrzeugs infolge eines Vergaserdefektes. In einem solchen Fall bestehe ein unmittelbar kausaler Zusammenhang mit der ursprünglichen Fehlerhaftigkeit, sodass der sich weiterfressende Schaden von der Gewährleistung erfasst sei. Zwar komme auch hier als weitere Ursache ein vertragswidriges Verhalten des Händlers hinzu; dieser Umstand habe jedoch nicht zur Folge, dass das Gewährleistungsrecht durch allgemeines Haftungsrecht verdrängt werde.

878 Die unterschiedliche Handhabung von Fahrzeugschäden, je nachdem, ob sie Folge eines vorhandenen Mangels oder Folge einer bei Vornahme der Nachbesserungsarbeiten verschuldeten Beschädigung sind, ist sachlich nicht gerechtfertigt.

Aus § 11 Nr. 10 AGB-Gesetz folgt, dass der Käufer einer neuen Sache durch die zulässige Einräumung eines Nachbesserungsrechts gewährleistungsrechtlich nicht schlechter als nach dem Gesetz gestellt werden darf. Der entscheidende Grundgedanke für das Aufleben des gesetzlichen Anspruchs auf Wandlung oder Minderung besteht darin, dass dem Käufer nicht eine endgültig mangelhafte Ware aufgezwungen werden soll. Tatsächlich erhält er aber mangelhafte Ware, wenn die Werkstatt einen **nicht** oder **nicht wertminderungsfrei** behebbaren Schaden an seinem Fahrzeug verursacht. Folglich muss das Risiko des Fehlschlagens der Nachbesserung beim Verkäufer – erst Recht – verbleiben, wenn er bei Vornahme der Nachbesserung und der mit ihr zusammenhängenden Probefahrt Schäden am Fahrzeug verursacht.[26]

Diese Auffassung entspricht der Rechtsnatur des Nachbesserungsanspruchs beim Kauf im Sinne eines Gewährleistungsrechts eigener Art. Durch die Verweisung auf das Nachbesserungsrecht wird der Käufer gezwungen, das Fahrzeug vorübergehend aus der Hand zu geben und es dem Gefahrenbereich des Händlers anzuvertrauen. Die Möglichkeit der Beschädigung

---

22 *Soergel/Huber,* § 462 Rn 70; *Pfeiffer* in *Graf von Westphalen,* Vertragsrecht und AGB-Klauselwerke, Neuwagenkauf Rn 78; weiter gehend LG Frankfurt/M. Urt. 23. 10. 1997 – 2/2 O 133/96 – n. v. nicht rechtskräftig; a. A. *Creutzig,* Recht des Autokaufs, Rn 8.1.3.
23 *Pfeiffer* in *Graf von Westphalen,* Vertragsrecht und AGB-Klauselwerke, Neuwagenkauf Rn 78.
24 AG Bremerhaven 7. 2. 1979, DAR 1979, 281.
25 *Schmidt-Salzer,* AGB, Rn F. 83.
26 Das folgt mittelbar aus dem Urt. des OLG Düsseldorf vom 7. 3. 1996, ZfS 1997, 337.

wird durch die Nachbesserungsabrede geschaffen; eine vergleichbare Gefahr ist bei den gesetzlichen Gewährleistungsansprüchen nicht vorstellbar.

879 Bei **grob fahrlässiger** oder gar **vorsätzlicher** Beschädigung des Fahrzeugs im Zusammenhang mit der Nachbesserung haftet der Verkäufer dem Käufer kraft Gesetzes – und gem. Abschn. VIII NWVB – unbeschränkt. Die Haftung erstreckt sich auch auf Mangelfolgeschäden.[27]

Verursacht ein **anderer** vom Käufer in Anspruch genommener **Betrieb** einen Schaden am Fahrzeug, hat der Käufer Anspruch auf Beseitigung des Schadens und auf Zahlung einer Wertminderung. Der Anspruch richtet sich gegen den Verkäufer, für den der andere Händler im Rahmen der Abwicklung der Gewährleistung tätig geworden ist,[28] und gegen den anderen in Anspruch genommenen Betrieb, falls die Voraussetzungen eines Direktanspruchs aus Vertrag zu Gunsten Dritter vorliegen.

Falls eine Reparatur ohne Verbleib einer Wertminderung nicht möglich ist, kann der Käufer statt der Wertminderung Wandlung des Kaufvertrags oder Minderung des Kaufpreises von seinem Verkäufer verlangen. Gegen die Drittwerkstatt besteht insoweit kein Direktanspruch.

880 Falls der andere Betrieb durch die fehlerhafte Nachbesserung oder bei Vornahme derselben Schäden an **anderen Rechtsgütern** des Käufers verursacht, haftet der Verkäufer dem Käufer hierfür nicht. Die andere Werkstatt ist, soweit sie Gewährleistung erbringt, nicht Erfüllungsgehilfe des Verkäufers i. S. v. Abschn. VIII, Ziff. 5 NWVB. Vielmehr erfüllt sie eine eigene, ihr durch den Herstellervertrag auferlegte Verpflichtung, die nach Ansicht der Verfasser dem Käufer einen rechtlich erzwingbaren Direktanspruch verschafft. Das Urteil des BGH vom 10. 4. 1991,[29] auf Grund dessen der Verkäufer die Ersatzvornahmekosten des Käufers zu tragen hat, wenn der andere Vertragshändler unberechtigterweise die Nachbesserung verweigert, gibt keine Veranlassung zur Aufgabe dieses Rechtsstandpunkts, da die Zurechnung des Verhaltens des anderen Vertragshändlers auf den Bestand der Gewährleistungsverpflichtung des Verkäufers begrenzt ist (Abschn. VII, Ziff. 2a NWVB). Für ein Fehlverhalten der anderen Werkstatt braucht der Verkäufer folglich nicht einzustehen, wenn es sich auf seine eigenen Gewährleistungsverpflichtungen gegenüber dem Käufer nicht auswirkt.

881 Die verantwortliche Drittwerkstatt haftet dem Käufer für eine schuldhafte Rechtsgüterverletzung durch oder bei Vornahme der Nachbesserung aus unerlaubter Handlung und aus pVV des – zu Gunsten des Käufers zwischen Hersteller und Händler geschlossenen – Händlervertrags. Da sich die Vertragsverletzung gegen den begünstigten Dritten auswirkt, kann dieser die ihm zustehenden Ansprüche ohne Einschaltung des Herstellers selbstständig geltend machen.[30]

Eine Erstreckung der **Haftungsbeschränkung** auf Drittwerkstätten, die im Rahmen der Abwicklung von Gewährleistungsansprüchen für den Verkäufer tätig werden, ist grundsätzlich zulässig.

III. Verjährung

882 Es entspricht gefestigter Auffassung in Rechtsprechung und Schrifttum,[31] dass die kurze **Verjährungsfrist des § 477 Abs. 1 BGB** über ihren Wortlaut hinaus auf alle Ansprüche des

---

27 BGH 29. 10. 1975, NJW 1976, 234; LG Wuppertal 31. 7. 1974 – 3 O 395/73 – n. v.
28 BGH 10. 4. 1991, ZIP 1991, 733.
29 ZIP 1991, 733.
30 *Erman/Westermann*, § 328 Rn 6; *Esser/Schmidt*, § 48 III 3d.
31 BGH 24. 11. 1976, BB 1977, 217; 28. 4. 1976, VersR 1976, 882; 27. 1. 1971, NJW 1971, 654; 2. 6. 1980, NJW 1980, 1950; 10. 11. 1982, NJW 1983, 392; *Staudinger/Honsell*, § 477 Rn 27 m. w. N.

Verjährung

Käufers Anwendung findet, die unmittelbar und untrennbar in Zusammenhang mit der Mangelhaftigkeit des Kaufgegenstands stehen. Durch die relativ kurze Verjährungsfrist soll verhindert werden, dass der Käufer noch längere Zeit nach Vertragsschluss, gestützt auf angebliche Mängel der Kaufsache, Gewährleistungsansprüche geltend machen kann, obwohl die Feststellung nach langer Zeit kaum mehr durchführbar ist und sich daher für den rechtsgeschäftlichen Verkehr die Zulassung des Zurückgreifens auf solche Mängel als lästig und hemmend erweisen würde.[32]

Aus diesem Grund lehnt der BGH[33] die vom Schrifttum[34] zum Teil befürwortete Verschiebung des Beginns der Verjährungsfrist auf den Zeitpunkt der Erkennbarkeit des Mangels ab. Maßgeblicher Zeitpunkt für den **Beginn** der Verjährung ist die **Auslieferung des Fahrzeugs.** Dieser Zeitpunkt ist auch dann entscheidend, wenn der Käufer z. B. Schadensersatzansprüche darauf stützt, dass der Verkäufer die im Rahmen der Gewährleistung übernommene Nachbesserungspflicht nicht rechtzeitig bzw. nicht ordnungsgemäß erfüllt habe. Der dem Käufer wegen Verletzung der Nachbesserungspflicht aus dem Gesichtspunkt der pVV zustehende Anspruch unterliegt der kurzen Verjährung, wenn hierfür eine fehlerhafte Lieferung, eine nicht ordnungsgemäße Ablieferungsinspektion oder ein Unterlassen der Nachbesserung ursächlich ist.[35]   **883**

Erfüllt der Vorgang einen **deliktsrechtlichen Tatbestand,** beträgt die Verjährung gem. § 852 BGB 3 Jahre.[36] Die kurze Verjährungsfrist von 6 Monaten greift nur ausnahmsweise, wenn durch die Anwendung der deliktischen Verjährungsfrist der Gesetzeszweck des § 477 Abs. 1 BGB vereitelt und die dort getroffene Regelung im Ergebnis ausgehöhlt würde.   **884**

Ansprüche aus pVV fallen nicht unter die kurze gesetzliche oder vertraglich vereinbarte Gewährleistungsfrist, wenn der geltend gemachte Schaden nicht in einem **unmittelbaren und untrennbaren Bezug zum Sachmangel** steht. Die Grundlage für diesen Schadensersatzanspruch ist nämlich nicht ein Sachmangel, sondern ein Fehlverhalten des Verkäufers.[37]   **885**

Bei schuldhafter Verletzung einer vertraglichen Nebenpflicht ohne unmittelbaren Bezug auf einen Mangel verjähren die Ansprüche des Käufers in **30 Jahren** gem. § 195 BGB.[38]

---

32 BGH 2. 6. 1980, NJW 1980, 1950; 10. 11. 1982, NJW 1983, 392.
33 Urt. 2. 6. 1980, NJW 1980, 1950.
34 *Emmerich,* MünchKomm, Vorb. § 275 Rn 338; *Littbarski,* NJW 1981, 2331.
35 BGH 29. 11. 1972, NJW 1973, 276; 15. 6. 1967, NJW 1967, 2005; *Erman/Grunewald,* § 477 Rn 2; LG Koblenz 5. 3. 1980 – 1 HO 96/79 – n. v.
36 BGH 24. 5. 1976, DB 1976, 1422; OLG Hamburg 22. 6. 1971, DAR 1972, 16; *Palandt/Putzo,* § 477 Rn 2; a. A. OLG Düsseldorf 14. 10. 1974, NJW 1975, 453.
37 *Soergel/Huber,* § 462 Rn 30, der eine analoge Anwendung von § 638 BGB für solche Schäden in Betracht zieht, die an dem reparierten Fahrzeug selbst entstehen.
38 BGH 5. 4. 1967, BGHZ 47, 312 ff., 319; 28. 4. 1976, NJW 1976, 1353; *Staudinger/Honsell,* § 477 Rn 20.

L. Versorgung des Käufers mit Ersatzteilen

886 Für den Käufer spielt die Erwartung einer langfristigen reibungslosen Belieferung mit Ersatzteilen eine vielfach kaufentscheidende Rolle. Nach mehr oder weniger langer Nutzung verschleißen zwangsläufig Fahrzeugteile und müssen durch neue ersetzt werden, da eine Reparatur der Teile nicht möglich ist oder nicht lohnt. Auch bei einer unfallbedingten Beschädigung des Kraftfahrzeugs ist der Halter auf Ersatzteile angewiesen. Er darf deshalb erwarten, dass die für seine Belange zuständige Werkstatt die benötigten Teile auf Lager hat oder beschaffen kann.[1] Wegen ihrer Modellgebundenheit sind solche Ersatzteile auf dem freien Markt selten zu beschaffen. Außerdem legen viele Käufer Wert auf **Originalteile,** von denen sie ein höheres Maß an Präzision und Güte erwarten. Um also ein Kfz während der allgemein Recht langen Lebensdauer wirtschaftlich optimal nutzen zu können, ist der Käufer auf die Möglichkeit der Ersatzteilbelieferung angewiesen, anderenfalls bei Nichtlieferbarkeit eines einzelnen Teils der noch im Fahrzeug steckende Gebrauchswert verloren ginge.

887 Die im Schrifttum gehegte Befürchtung,[2] durch technischen Fortschritt und Modellwechsel in immer kürzeren Zeitabständen werde die **Ersatzteilbevorratung** gefährdet, hat sich auf dem Gebiet des Kfz-Handels bis heute nicht bewahrheitet. Hersteller und Händler haben längst die Gewinnträchtigkeit des Ersatzteilgeschäfts erkannt. Sie unterhalten ausreichende Ersatzteillager, sodass Kundenwünsche auf lange Sicht befriedigt werden können. Darüber hinaus werden Hersteller und Händler durch die Markt- und Konkurrenzsituation zur Bereithaltung von Ersatzteilen angehalten, sei es aus Gründen der Imagepflege, sei es aus Gründen der Qualitätskontrolle.[3] Selbst bei älteren Fahrzeugen, deren Produktion längst eingestellt wurde, **funktioniert** bei bestehender Nachfrage die Ersatzteilbeschaffung über Firmen, die sich hierauf spezialisiert und damit eine Marktlücke geschlossen haben.

Es sind allerdings durchaus Fälle denkbar, in denen die Problematik der Ersatzteilbevorratung aktuell werden kann, etwa wenn infolge eines Konstruktions- oder Fabrikationsfehlers plötzlich eine außergewöhnlich starke Nachfrage entsteht oder wenn auf Herstellerseite das Interesse an der Ersatzteilproduktion erlahmt,[4] weil es sich zu einem reinen Zusatzgeschäft entwickelt.

I. Rechtsgrundlage der Ersatzteilbeschaffungspflicht

888 Während der Gewährleistungsfrist hat der Händler kraft der Gewährleistungszusage für die Gestellung von Ersatzteilen und deren kostenlosen Einbau zu sorgen, sofern ein Gewährleistungsfall vorliegt. Kommt er dieser Pflicht nicht oder nicht innerhalb angemessener Frist nach, kann der Käufer den Kaufvertrag wandeln oder mindern.

889 Die Pflicht des Verkäufers zur Ersatzteilbelieferung nach Ablauf der Gewährleistungsfrist stellt sich mangels einer ausdrücklichen Vereinbarung im Kaufvertrag oder einer entsprechenden Konsignationsabrede (hierunter ist ein Ersatzteilbestand zu verstehen, den der Hersteller dem Betreiber der von ihm gelieferten Maschinen oder Anlagen zur Verfügung stellt, damit er jederzeit die für die Reparatur benötigten Ersatzteile entnehmen kann) als eine **nachvertragliche Nebenleistungspflicht** im Rahmen des Kaufvertrags dar. Mangels einer besonderen Vereinbarung zwischen den Vertragsparteien ergibt sich diese Nebenpflicht entweder aus dem Prinzip von Treu und Glauben i. S. d. § 242 BGB oder aus ergänzender Vertragsauslegung gem. §§ 133, 157 BGB. Das Verhältnis von ergänzender Vertragsausle-

---

1 *Vollert,* Nachwirkungen des Kraftfahrzeugkaufs, 157.
2 *Rodig,* BB 1971, 854 ff.
3 *Finger,* NJW 1970, 2049.
4 *Finger,* NJW 1970, 2049.

gung und dispositivem Recht, wozu auch § 242 BGB gehört, hängt davon ab, ob es sich bei dem fraglichen Vertrag um eine typische, im BGB geregelte Vertragsgestaltung handelt oder um einen atypischen Vertrag. Da der Kaufvertrag ein typischer Vertrag ist, findet zur Konkretisierung der daraus folgenden Nebenpflichten zunächst dispositives Recht Anwendung.[5] Im Rahmen der nachvertraglichen Pflicht i. S. d. § 242 BGB ist der Verkäufer gehalten, alles ihm Zumutbare zur Erhaltung des Leistungserfolgs zu unternehmen, um so dem Leistungszweck Bestand zu verleihen.[6] Daraus folgt, dass der Verkäufer eines hochwertigen technischen Produkts während der gewöhnlichen Betriebsdauer des Kaufgegenstandes dem Käufer die zur Erhaltung der Funktionsfähigkeit notwendigen, von anderer Seite nicht zu beschaffenden Ersatzteile gegen Bezahlung liefern muss.[7] Die Nebenpflicht ist einklagbar, im Wege der Ersatzvornahme gem. § 887 ZPO vollstreckbar und begründet im Fall der Verletzung Schadensersatzansprüche des Berechtigten nach den Grundsätzen der sog. ,,culpa post pactum finitum".[8]

II. Anspruchsverpflichtete

Umstritten ist die Frage, gegen wen sich der Anspruch des Käufers auf Belieferung mit Ersatzteilen richtet, ob gegen den Hersteller/Importeur oder gegen den verkaufenden Vertragshändler. **890**

Diejenigen, die dem **Hersteller/Importeur** die Belieferung des Kunden mit Ersatzteilen zur Aufgabe machen, können hierfür vernünftige wirtschaftliche Gründe ins Feld führen. Der Hersteller verfügt im Rahmen seiner Qualitätsregelung und der Rückmeldungen vom Markt über verlässliche Daten zur Verschleiß- und Fehlerrate, die es ihm ermöglichen, den voraussichtlichen Bedarf an Ersatzteilen auf der Basis der Gesamtproduktion des jeweiligen Modells in den Grenzen statistischer Genauigkeit vorauszuberechnen und die Produktion entsprechend einzurichten.[9] **891**

Die vor diesem Hintergrund angestellten Bemühungen im Schrifttum, dem Kunden einen Anspruch gegen den Hersteller/Importeur zu verschaffen, stoßen jedoch auf nicht überwindbare **rechtliche Schwierigkeiten.** Unmittelbare vertragliche Ansprüche bestehen nur zwischen den Parteien des Kaufgeschäfts. An der Lebenswirklichkeit vorbei geht die von *Greulich*[10] in Betracht gezogene und von ihm selbst als allzu konstruiert verworfene Annahme einer **stillschweigenden Abtretung** aller Ansprüche – auch der aus den Nachwirkungen des Vertrags – des Händlers gegen den Hersteller/Importeur an den Käufer. Die Rechtskonstruktion der antizipierten Abtretung scheitert an mangelnder Bestimmtheit. Freilich kann der Händler die ihm aus dem Einkaufsvertrag mit dem Hersteller/Importeur zustehenden Ansprüche auf Belieferung mit Ersatzteilen kraft ausdrücklicher Vereinbarung an den Käufer abtreten und von der eigenen Haftung freizeichnen. Geschieht dies formularmäßig durch AGB, entfaltet der eigene Haftungsausschluss allerdings keine Wirksamkeit für den Gewährleistungszeitraum (§ 11 Nr. 10a AGBG), soweit sich Gewährleistungs- und Nachbelieferungs- **892**

---

[5] Vgl. zum Verhältnis von dispositivem Recht und ergänzender Vertragsauslegung *Larenz*, NJW 1963, 737.
[6] *Erman/Werner*, § 242 Rn 58.
[7] AG München 6. 5. 1970, NJW 1970, 1852; *Finger*, NJW 1970, 2049; nach Auffassung von *Vollert*, Nachwirkungen des Kraftfahrzeugkaufs, 171, bildet eine ,,entsprechende Erwartung" ferner die Geschäftsgrundlage des Vertrages, deren Aufrechterhaltung als Inhalt des Nachwirkungsstadiums relevant ist.
[8] *Vollert*, Nachwirkungen des Kraftfahrzeugkaufs, 172.
[9] *Leenen*, Probleme der Hersteller- und Händlerhaftung bei der Versorgung des Kunden mit Ersatzteilen, Gutachten erstellt im Auftrag des ADAC, 5, n. v.
[10] BB 1955, 208, 209.

pflicht überlagern, der Händler also seiner Nachbesserungspflicht nicht ohne gleichzeitige Gestellung von Ersatzteilen nachkommen kann.

893 Eine **Regresslösung,** hergeleitet aus der Rechtsbeziehung zwischen Händler und Hersteller, gestützt auf den Rechtsgedanken des § 281 BGB und kombiniert mit einer aus entsprechenden Werbeaussagen des Herstellers unter Heranziehung des Rechtsgedankens des § 122 BGB abgeleiteten – quasi – (nach-)vertraglichen Vertrauensbeziehung soll nach Meinung von *Vollert*[11] die Haftungsbrücke zum Hersteller schlagen. Der Lösungsvorschlag, mit dem der Hersteller als wirtschaftlicher Träger der Ersatzteilbevorratung in die Haftung genommen werden soll, wirkt konstruiert und begegnet vielerlei rechtlichen Bedenken, wie etwa dem Einwand, dass eine Weitergabe des Regressanspruchs als Surrogat nur insoweit in Frage kommen kann, als dem Käufer aus der Vertragsbeziehung zum Verkäufer Ansprüche gegen diesen zustehen.

894 Rechtlich nicht haltbar ist auch der Vorschlag einer Anspruchsbegründung über die Rechtsfigur der **Schadensliquidation im Drittinteresse.**[12] Die Anwendung scheitert zum einen daran, dass es an der von der Rechtsprechung geforderten Interessenverknüpfung kraft mittelbarer Stellvertretung oder bestehender Obhutspflicht fehlt,[13] zum anderen daran, dass eine Schadenverlagerung nicht stattfindet.[14]

895 Aus den **Werbeaussagen** der Hersteller kann in aller Regel ein rechtsgeschäftlicher Verpflichtungswille gegenüber dem Kunden nicht entnommen werden, da sie inhaltlich zu unbestimmt sind,[15] und zwar sowohl im Hinblick auf den angesprochenen Personenkreis (Händler, Erstkäufer, Zweiterwerber) als auch im Hinblick auf den Zeitraum der Ersatzteilproduktion.

896 Für eine aus **wirtschaftlicher Vernunft** gebotene Durchgriffslösung im Sinne einer unmittelbaren Anspruchsbegründung des Kunden gegen den Hersteller/Importeur treten *Finger*[16] und *Canaris*[17] ein. Während *Canaris* die Leistungsverpflichtung aus einem von dem Kaufvertrag zu trennenden **Vertrauensverhältnis** zwischen dem Produzenten und dem Endabnehmer herleitet, bedient sich *Finger* einer echten Nebenpflicht im Verhältnis Hersteller/Kunde, deren dogmatische Begründung er in dem Vertrauensgedanken, dem sozialen Kontakt bzw. in dem Rechtsgüterkontakt zu finden glaubt. Beide Auffassungen stoßen auf grundsätzliche dogmatische Bedenken.

897 Nebenleistungspflichten können nur im Verhältnis der Vertragsparteien zueinander bestehen und lassen sich nicht auf außerhalb des Vertrags stehende Dritte übertragen.[18] Ein Anspruch aus Vertrag zu Gunsten Dritter scheitert, weil sich der Hersteller gegenüber dem Händler, nicht aber gegenüber dem Kunden zur Nachlieferung bereit erklärt.

898 Wegen dieser Bedenken lässt sich eine **Ersatzteilbelieferungspflicht** des nicht zugleich als Verkäufer auftretenden **Herstellers/Importeurs nicht begründen.** Verpflichtet ist allein der Händler kraft des Kaufvertrags mit seinem Kunden.

---

11 Nachwirkungen des Kraftfahrzeugkaufs, 189 ff.
12 *Greulich,* BB 1955, 208, 209.
13 *Rodig,* BB 1971, 854, 855.
14 *Leenen,* Probleme der Hersteller- und Händlerhaftung bei der Versorgung des Kunden mit Ersatzteilen, Gutachten erstellt im Auftrag des ADAC, 16, unter Hinweis auf BGH 10. 7. 1963, BGHZ 40, 91.
15 *Leenen,* Probleme der Hersteller- und Händlerhaftung bei der Versorgung des Kunden mit Ersatzteilen, Gutachten erstellt um Auftrag des ADAC, 3.
16 NJW 1970, 2051.
17 JZ 1968, 494, 502.
18 Vgl. die Kritik von *Leenen,* Probleme der Hersteller- und Händlerhaftung bei der Versorgung des Kunden mit Ersatzteilen, Gutachten erstellt im Auftrag des ADAC, 4, 6; *Soergel/Huber,* § 433 Anh. I, Rn 24a.

III. Umfang und Grenzen

Der Nebenverpflichtung des Händlers sind **zeitliche** und **sachliche Grenzen** gesetzt.[19] Die zeitliche Grenze liegt bei etwa 10 Jahren, je nach Qualität, Ausstattung und Vorsorgemaßnahmen gegen Rostbefall und Verschleiß. Fast alle **Hersteller** haben sich auf eine Sicherstellung der Ersatzteilversorgung auf die Dauer von mindestens **10 Jahren eingerichtet,**[20] wobei die Frist vom Zeitpunkt der Auslieferung des letzten Fahrzeugs der Modellreihe an berechnet wird.[21] Im Einzelfall kann die zu erwartende Dauer der Belieferung durch entsprechende Werbeaussagen verlängert werden und den Zeitraum von 10 Jahren deutlich überschreiten.[22]

899

Die Pflicht des Händlers zur Belieferung seiner Kunden mit Ersatzteilen während der durchschnittlichen gewöhnlichen Nutzungsdauer beinhaltet **nicht die Pflicht** zu eigener **Kalkulation** oder **Vorratshaltung,**[23] vielmehr beschränkt sie sich auf die Beschaffung des benötigten Teils, wozu der Händler auf Grund seiner Einkaufsverträge oder des Vertragshändler-Vertrages in der Lage ist. Selbst wenn es an einer entsprechenden vertraglichen Regelung zwischen Händler und Hersteller fehlen sollte, müssen hier die gleichen Grundsätze wie im Verhältnis zwischen Händler und Kunde zur Anwendung gelangen; d. h., der Hersteller hat seinen Vertragshändler kraft selbstständiger **Nebenpflicht,** die sich **aus den Einkaufsverträgen** ableitet, während der voraussichtlichen betriebsgewöhnlichen Nutzungsdauer mit Ersatzteilen zu versorgen. Kommt der Hersteller seiner Pflicht nicht nach, z. B., weil er nicht für ausreichenden Vorrat gesorgt oder die Produktion vorzeitig wegen Unwirtschaftlichkeit eingestellt hat, soll sich der Händler nach Meinung von *Leenen*[24] gegenüber seinen Kunden nicht auf nachträgliche objektive Unmöglichkeit – wegen **Erschöpfung des Vorrats** – berufen können, da anderenfalls der Käufer einer willkürlichen Ersatzteilpolitik schutzlos ausgesetzt wäre.

900

Dieser Standpunkt ist nicht unbedenklich, weil das Risiko auf den Händler verlagert wird. Falls der Händler alles in seiner Macht Stehende getan hat, um die Ersatzteilbelieferung sicherzustellen, kann ihm bei vom Hersteller zu vertretender Erschöpfung des Vorrats nicht die Berufung auf § 275 BGB abgeschnitten werden. Wenn aber der Händler aus den genannten Gründen seiner Lieferpflicht nicht nachkommen kann, muss er die ihm gegenüber dem Hersteller zustehenden Ansprüche an den Kunden abtreten.

901

Der Umfang der Beschaffungspflicht während des Zeitraums von etwa 10 Jahren bestimmt sich nach den Grundsätzen von Treu und Glauben unter Abwägung der beiderseitigen Interessen. Die Ersatzteilbelieferungspflicht kann **nicht auf Verschleißteile beschränkt**

902

---

19 AG München 6. 5. 1970, NJW 1970, 1852; *Finger,* NJW 1970, 2049; *Leenen,* Probleme der Hersteller- und Händlerhaftung bei der Versorgung des Kunden mit Ersatzteilen, Gutachten erstellt im Auftrag des ADAC, 13; kritisch *Rodig,* BB 1971, 855, der die in den Abschreibungstabellen des Bundesfinanzministeriums festgelegte *Nutzungsdauer* zu Grunde legen will, hierzu BFH 26. 7. 1991, DAR 1992, 154, wonach in Anlehnung an Abschn. 38 Abs. 1 S. 5 LStR von einer AfA für Pkw von 12,5 v. H. der Anschaffungskosten entsprechend einer achtjährigen Nutzungsdauer auszugehen ist, wenn nicht der Steuerpflichtige eine kürzere Nutzungsdauer nachweist.
20 *Leenen,* Probleme der Hersteller- und Händlerhaftung bei der Versorgung des Kunden mit Ersatzteilen, Gutachten erstellt im Auftrag des ADAC, 13.
21 Anderer Ansicht *Staudinger/Köhler,* § 433 Rn 154, wonach bei Verkauf eines Auslaufmodells von einem Ausschluss der Ersatzteilbelieferungspflicht auszugehen sein soll.
22 16 Jahre etwa angesichts der Originalwerbung aus dem Jahre 1966, der Käufer könne für sein längst ausgelaufenes Modell 1966 im Jahre 1982 selbstverständlich Ersatzteile erhalten – *Vollert,* Nachwirkungen des Kraftfahrzeugkaufs, S. 186.
23 *Leenen,* Probleme der Hersteller- und Händlerhaftung bei der Versorgung des Kunden mit Ersatzteilen, Gutachten erstellt im Auftrag des ADAC, 9.
24 Probleme der Hersteller- und Händlerhaftung bei der Versorgung des Kunden mit Ersatzteilen, Gutachten erstellt im Auftrag des ADAC, 9.

werden.²⁵ Würden all jene Teile ausgenommen, die nach der Erfahrung die Lebensdauer der Hauptsache erreichen,²⁶ wäre der Kundenschutz ernsthaft gefährdet. Es ist eine bekannte Tatsache, dass Kraftfahrzeuge nach mehr oder weniger langer Nutzung eine erhöhte Reparaturanfälligkeit aufweisen und davon vielfach Teile betroffen sind, die nicht zu den klassischen Verschleißteilen – auch nicht im weiteren Sinn – gehören.

903 Jeder Hersteller weiß, dass bei serienmäßiger Fertigung mit einer statistisch ermittelbaren vorzeitigen Schadenquote von Nicht-Verschleißteilen zu rechnen ist. Er hat diesem Umstand durch ausreichende Ersatzteilbevorratung auch solcher **Teile** Rechnung zu tragen, die zwar oftmals, aber **nicht** immer **das Lebensalter des Fahrzeugs erreichen.** Ferner wird man vom Hersteller verlangen dürfen, dass er die zu erwartende **Unfallhäufigkeit** bei der Ersatzteilbevorratung einkalkuliert und ein bestimmtes Kontingent der üblicherweise stark nachgefragten Teile wie Kotflügel, Abschlusshauben für Motor und Kofferraum, Stoßstangen usw. auf Lager nimmt. In den Grenzen des voraussichtlichen Bedarfs hat der Hersteller dem Händler für die Belieferung mit Ersatzteilen einzustehen. Unwirtschaftlichkeit der Ersatzteilproduktion entlastet den Hersteller ebenso wenig wie die Berufung auf unzureichende Versorgung durch Zulieferfirmen, für deren Nachlässigkeiten er gem. § 278 BGB einzustehen hat.²⁷ Bei unerwartet hoher Ausfallquote eines Teils infolge eines ursprünglichen Konstruktions- oder Fertigungsmangels hat der Hersteller, falls der Vorrat an Ersatzteilen erschöpft ist, die Nachproduktion aufzunehmen.²⁸ Zu einem späteren **Nachbau** des Ersatzteils ist der Hersteller ferner verpflichtet, wenn er den voraussichtlichen Bedarf von vornherein falsch berechnet hat.²⁹

904 Umfang und Grenzen der Ersatzteilbeschaffungspflicht des Händlers gegenüber seinen Kunden bestimmen sich im Wesentlichen nach den vorstehend aufgezeigten Grundsätzen, die im Verhältnis zwischen Hersteller und Händler gelten.³⁰ Allerdings besitzt der Käufer keinen Anspruch auf Lieferung einer beliebigen Anzahl von Ersatzteilen, sondern nur in dem von der Notwendigkeit des Einzelfalls geforderten Umfang.³¹ Vom Käufer ist der übliche aus der Preisliste des Herstellers ablesbare Preis zu zahlen; ein überhöhtes Entgelt etwa wegen eines Nachbaus durch einen Spezialbetrieb braucht er nicht zu entrichten, andernfalls das Ersatzteilbeschaffungsrisiko kostenmäßig auf ihn verlagert würde.³² Hat der Hersteller auf der Basis des voraussichtlichen Bedarfs die Ersatzteilversorgung sichergestellt und kann er später eine unerwartet aufkommende, außerhalb seines Verantwortungsbereichs liegende Nachfrage nicht befriedigen, wird er von seiner Ersatzteilbelieferungspflicht gegenüber dem Händler frei. Braucht aber der Hersteller an den Händler nicht mehr zu liefern, so entfällt auch die Beschaffungspflicht des Händlers, von dem redlicherweise keine größeren Anstrengungen als vom Hersteller verlangt werden können. Die Pflicht zur Ersatzteilversorgung besteht in den Grenzen der **wirtschaftlichen Zumutbarkeit** und Leistungsfähigkeit des Verpflichteten, dessen interne betriebswirtschaftliche Kostenüberlegungen allerdings nicht zu berücksichtigen sind.³³

905 Durch die Verlagerung der Ersatzteilbeschaffungspflicht auf den Händler wird das Risiko der Nichtbeschaffbarkeit nicht auf den Handel überwälzt. Macht sich ein Händler wegen Unmöglichkeit der Ersatzteilbelieferung schadensersatzpflichtig, kann er beim **Hersteller**

---

25 *Vollert,* Nachwirkungen des Kraftfahrzeugkaufs, 176; a. A. *Rodig,* BB 1971, 854, 855.
26 Anderer Ansicht *Finger,* NJW 1970, 2050.
27 *Finger,* NJW 1970, 2050.
28 *Finger,* NJW 1970, 2050.
29 *Vollert,* Nachwirkungen des Kraftfahrzeugkaufs, 177.
30 Vgl. zur Frage der Wirksamkeit einer Lieferbeschränkung, soweit die Lieferung davon abhängig gemacht wird, dass dem von der Lieferfirma bereitgestellten Kundendienst ein entsprechender Reparaturauftrag erteilt wird, *Keese,* BB 1972, 817 ff.
31 *Vollert,* Nachwirkungen des Kraftfahrzeugkaufs, 179.
32 *Vollert,* Nachwirkungen des Kraftfahrzeugkaufs, 178.
33 *Vollert,* Nachwirkungen des Kraftfahrzeugkaufs, 182.

Ansprüche aus Verletzung der Ersatzteilbeschaffungspflicht

Regress nehmen, ohne dass es hierzu einer Deckungsabrede mit dem Hersteller bedarf, wonach dieser auch die Kosten ungenügender Ersatzteilproduktion in sein Kalkül aufnehmen muss.[34]

Der Anspruch auf Belieferung mit Ersatzteilen steht dem **Erstkäufer** zu. Die Auffassung, der Hersteller könne die Belieferung mit Original-Ersatzteilen von der Bedingung abhängig machen, dass der Käufer einem autorisierten Händler einen Reparaturauftrag erteilt,[35] findet weder in den NWVB noch im Gesetz Rückhalt und ist abzulehnen, da sie die Entscheidungsfreiheit des Käufers in einer Weise einengt, die durch die Sachumstände nicht zu rechtfertigen ist. Für einen Belieferungsanspruch des **Zweiterwerbers** mit Ersatzteilen **fehlt** es an einem **originären Verpflichtungsgrund** des Händlers. Es besteht die Möglichkeit, dass der Erstkäufer die ihm zustehenden Rechte auf Ersatzteilbelieferung bei Verkauf des Fahrzeugs an den Erwerber abtritt, wobei auch an eine regelmäßig mitvereinbarte stillschweigende Abtretung zu denken ist.[36] Allerdings bedarf die Abtretung zu ihrer Wirksamkeit der Zustimmung des Händlers gem. Abschn. I, Ziff. 3 NWVB. Versagt der Händler seine Zustimmung ohne triftigen Grund, kann dieses Verhalten treuwidrig sein, da der typische Schutzzweck des Zustimmungsvorbehalts durch die Abtretung des Nachbelieferungsanspruchs gegen Entgelt nicht betroffen wird. **906**

Uneinheitlich sind die Meinungen zur Frage der **Verjährung** des nachvertraglichen Anspruchs auf Bereitstellung von Ersatzteilen. Überwiegend wird eine Verjährungsfrist von 30 Jahren angenommen,[37] die *Vollert*[38] als zu lang ablehnt und stattdessen in Anwendung des Rechtsgedankens des § 477 BGB eine Verjährung von sechs Monaten ab Kenntnis vom Bedarf des Ersatzteils empfiehlt, sofern der Anspruch innerhalb der zeitlichen Grenzen der Pflicht zur Ersatzteilbevorratung fällig geworden ist. **907**

Eine **Freizeichnung** von der Verpflichtung zur Ersatzteilbeschaffung ist grundsätzlich zulässig; zu beachten sind die Grenzen der §§ 138 und 476a BGB sowie für den Fall der formularmäßigen Freizeichnung die §§ 3 und 9 AGB-Gesetz. Im Insolvenzverfahren entfällt die Pflicht der Ersatzteilbelieferung.[39] **908**

IV. Ansprüche aus Verletzung der Ersatzteilbeschaffungspflicht

Schadensersatzansprüche gegen den Hersteller scheiden aus, weil insoweit keine vertraglichen Beziehungen bestehen. **909**

Als mögliche Verletzungstatbestände des Händlers kommen **Verzug** und **Unmöglichkeit** in Betracht. Ein Schadensersatzanspruch des Käufers wegen Verzugs setzt neben dem Bestehen einer Verschaffungspflicht voraus, dass der Käufer den Anspruch geltend macht und dem Händler eine angemessene Frist zur Leistungsbewirkung setzt. Die Angemessenheit der Frist hängt von zahlreichen Faktoren ab, z. B. davon, ob und wann die Produktion des Modells eingestellt wurde, ob es sich um ein im Inland oder Ausland hergestelltes Modell handelt, ob das benötigte Ersatzteil selten oder häufig verlangt wird und ob es aus der Eigenproduktion des Herstellers stammt oder von einem Zulieferer gefertigt wird.[40] **910**

---

34 *Leenen,* Probleme der Hersteller- und Händlerhaftung bei der Versorgung des Kunden mit Ersatzteilen, Gutachten erstellt im Auftrag des ADAC, 11.
35 *Keese,* BB 1972, 817; *Creutzig,* Recht des Autokaufs, Rn 0.8.2.
36 *Rodig,* BB 1971, 210.
37 *Greulich,* BB 1955, 208, 210.
38 Nachwirkungen des Kraftfahrzeugkaufs, 212 ff.
39 *Vollert,* Nachwirkungen des Kraftfahrzeugkaufs, 210 ff.
40 *Leenen,* Probleme der Hersteller- und Händlerhaftung bei der Versorgung des Kunden mit Ersatzteilen, Gutachten erstellt im Auftrag des ADAC, 14; ein Auto besteht aus etwa 6000 Teilen, hiervon produziert die Autofabrik nur etwa die Hälfte.

911 Mit dem Ablauf der angemessenen Frist wird der Anspruch des Käufers fällig und der Händler kommt durch Mahnung in Verzug, was zur Folge hat, dass er dem Käufer bei Vorsatz und grober Fahrlässigkeit[41] auf Ersatz des **Verzugsschadens** gem. § 286 BGB haftet, bei Betriebsunfähigkeit des Fahrzeugs infolge des mangelhaften Teils z. B. auf Ersatz der Kosten für die Inanspruchnahme eines Mietwagens. Auf mangelndes Verschulden kann sich der Verkäufer bei bloßem Unvermögen zur fristgemäßen Beschaffung nicht berufen. Solange nämlich die Leistung aus der Gattung objektiv möglich ist, hat der Verkäufer den Verzug entsprechend § 279 BGB zu vertreten.[42]

Der Käufer kann ausnahmsweise Schadensersatz wegen Nichterfüllung des ganzen Vertrags gem. § 326 Abs. 1 BGB fordern, wenn sich aus den Umständen des Einzelfalls – z. B. aus einer ausdrücklichen vertraglichen Regelung über die Ersatzteilbelieferung – ergibt, dass der Käufer der ordnungsgemäßen Erfüllung vertragsentscheidende Bedeutung beimisst, die Belieferung mit Ersatzteilen also Hauptpflicht ist.[43]

912 Falls die Umstände ergeben, dass wegen Unmöglichkeit der Ersatzteilbeschaffung die Hauptleistung – nämlich die Lieferung des Wagens – für den Käufer nicht von Interesse ist, wird man ihm zubilligen müssen, wahlweise nach § 325 I S. 1 BGB vom Vertrag **zurückzutreten** oder **Schadensersatz wegen Nichterfüllung** der ganzen Verbindlichkeit zu verlangen. Diese Rechte sind jedoch in sehr engen Grenzen zu halten und nur zu gewähren, wenn dem Käufer unter angemessener Berücksichtigung der beiderseitigen Belange ein Festhalten am Vertrag redlicherweise nicht zugemutet werden kann. Eine Unzumutbarkeit wird z. B. dann anzunehmen sein, wenn der Händler bereits kurz nach Ablauf der Gewährleistungszeit wesentliche Ersatzteile nicht zu beschaffen vermag.[44]

913 Unter den gleichen Voraussetzungen kann der Käufer nach § 325 Abs. 2 BGB vorgehen und den Verkäufer zunächst auf Lieferung innerhalb angemessener Frist verklagen, wobei der Händler den Nachweis befreiender nachträglicher objektiver Unmöglichkeit zu erbringen hat. Liefert der Händler nach Verurteilung nicht innerhalb der gesetzten Frist, haftet er dem Käufer wegen Nichterfüllung auf Schadensersatz gem. § 283 BGB. Der Käufer braucht in diesem Fall weder Verzug noch Unmöglichkeit zu beweisen, und dem Verkäufer ist es verwehrt, eine vor Verurteilung auf Leistung eingetretene objektive Unmöglichkeit einzuwenden.

V. Nachvertragliche Wartungs- und Reparaturpflicht

914 Allein die Bereitstellung von Ersatzteilen reicht nicht aus, um die Verkehrs- und Betriebssicherheit eines Kraftfahrzeugs während seiner betriebsgewöhnlichen Nutzungsdauer zu gewährleisten. Es muss außerdem sichergestellt sein, dass die benötigten Ersatzteile montiert und fällige **Wartungsdienste** und **Reparaturen** ordnungsgemäß und fachgerecht durchgeführt werden. Auf diesen Service, den nur leistungsfähige Betriebe mit geschultem Personal erbringen können, ist der Käufer eines Kraftfahrzeugs angewiesen. Aus diesem Grund befürwortet das juristische Schrifttum eine nachvertragliche Wartungs- und Reparaturpflicht, die sich, da es im Regelfall an einer ausdrücklichen Vereinbarung im Kaufvertrag fehlt, ebenso wie die Pflicht zur Ersatzteilversorgung, als nachwirkende Nebenpflicht aus dem Kraftfahrzeug-Kaufvertrag durch ergänzende Vertragsauslegung gem. § 157 BGB unter Heranziehung

---

41 Vgl. Abschn. VIII, Ziff. 1 NWVB und die hiergegen vorgebrachten Wirksamkeitsbedenken unter Rn 138.
42 *Palandt/Heinrichs,* § 285 Rn 1 und § 279 Rn 10.
43 *Leenen,* Probleme der Hersteller- und Händlerhaftung bei der Versorgung des Kunden mit Ersatzteilen, Gutachten erstellt im Auftrag des ADAC, 18.
44 *Leenen,* Probleme der Hersteller- und Händlerhaftung bei der Versorgung des Kunden mit Ersatzteilen, Gutachten erstellt im Auftrag des ADAC, 19.

Nachvertragliche Wartungs- und Reparaturpflicht

der NWVB – dort insbesondere der Regelungen von Abschn. VI, Ziff. 6 und VII, Ziff. 2 und 7 – oder aus dem Rechtsinstitut der Geschäftsgrundlage gem. § 242 BGB ableiten lässt.

Vom Umfang her wird die nachvertragliche Pflicht zur Wartung und zur Vornahme von Reparaturen durch zwei Pflichtenkreise gekennzeichnet. Einerseits sind die Voraussetzungen für die Erbringung der Wartungs- und Reparaturdienste durch **Errichtung eines Netzes von Vertragswerkstätten** mit geeigneter materieller und personeller Ausstattung zu schaffen, was wirtschaftlich nur der Hersteller leisten kann. Andererseits geht es um die **Vornahme** der konkret anstehenden nachvertraglichen **Wartungs- oder Reparaturmaßnahme,** die nicht vom Hersteller, sondern vom Händler zu erbringen ist, sodass es nicht schwer fällt, dessen Anspruchsverpflichtung als Nachwirkung aus dem Kaufvertrag zu begründen. Eine tragfähige Anspruchsverpflichtung des Herstellers dahin gehend, den Händler bei der Erbringung nachvertraglicher Wartungs- und Reparaturdienste zu unterstützen und ein Kundendienstnetz aufzubauen, lässt sich zwar aus der Vertragsbeziehung zwischen Händler und Kraftfahrzeugkäufer juristisch begründen, jedoch nicht glaubwürdig darstellen. Da der Hersteller weder bei der Durchführung des Kraftfahrzeug-Kaufvertrags noch bei der Erbringung von Nebenleistungen aus dem Kaufvertrag als Erfüllungsgehilfe des Händlers fungiert, können dem Händler Versäumnisse des Herstellers nicht angelastet werden, es sei denn, dass zusätzlich ein Eigenversagen des Händlers vorliegt.

915

Die nachvertragliche Wartungs- und Reparaturpflicht des Händlers erstreckt sich auf die **betriebsgewöhnliche Nutzungsdauer** des Kraftfahrzeugs von üblicherweise 10 Jahren und unterliegt der sachlichen Grenze des Bedarfs, wobei dem Käufer angemessene Wartezeiten zuzumuten sind.[45] Sie ist im Fall der Weigerung des Händlers einklagbar und entgeltlich, es sei denn, der Händler hat die Wartungs- bzw. Reparaturmaßnahme kostenlos zu erbringen. Die Pflicht zur nachvertraglichen Wartung und Reparatur erstreckt sich auch auf solche Fahrzeuge, die nach Auslieferung – etwa durch Tuning-Maßnahmen – verändert worden sind. Der Händler ist berechtigt, für die Wartung solcher Fahrzeuge ein höheres Entgelt zu fordern, sofern infolge der Veränderungen ein Mehraufwand an Arbeit und Material anfällt.[46]

916

---

[45] Hierzu, wie auch zur nachvertraglichen Wartungspflicht insgesamt, *Vollert,* Nachwirkungen des Kraftfahrzeugkaufs, 220 ff.
[46] *Vollert,* Nachwirkungen des Kraftfahrzeugkaufs, 232.

M. Produkthaftung

I. Gegenstand und Entwicklung der Produkthaftung

917 Die Produkthaftung betrifft die Haftung für Körper-, Gesundheits- und Sachschäden, die durch ein fehlerhaftes Produkt verursacht worden sind. Gegen derartige **Folgeschäden,** so der allgemeine Befund, bieten die vertraglichen Haftungssysteme dem Eigentümer und Benutzer von Kraftfahrzeugen keinen ausreichenden Schutz. Meist fehlt es schon an den erforderlichen unmittelbaren Vertragsbeziehungen zwischen Hersteller und Endverbraucher. In der Bundesrepublik beliefern nur wenige Pkw-Hersteller[1] Endabnehmer unmittelbar, und zwar über ihre Werksniederlassungen und deren Zweigbetriebe. Die Mehrzahl der Produzenten vertreibt fabrikneue Pkw und Kombis über Händler/Unterhändler oder Importgesellschaften (Vertragshändlersystem). Ein Verschulden des Herstellers kann seinem Vertragshändler nicht zugerechnet werden; § 278 BGB ist unanwendbar.

918 Im Rahmen der Sachmängelgewährleistung haftet der Verkäufer grundsätzlich nicht für **Mangelfolgeschäden.** Eine Ausnahme macht die Rechtsprechung in Sonderfällen der **Zusicherungshaftung.**[2] Damit ist dem Käufer eines fabrikneuen Kraftfahrzeugs aber nur äußerst selten geholfen, zumal nach Abschnitt IV, Ziff. 5 NWVB die Angaben in den bei Vertragsabschluss gültigen Beschreibungen keine Eigenschaftszusicherungen sind (zur Zusicherungshaftung beim Neufahrzeugkauf s. Rn 851 ff.). Ein Anspruch auf Ersatz von Mangelfolgeschäden kann dem Käufer ferner unter dem Gesichtspunkt der **Arglisthaftung** zustehen (dazu Rn 863 ff.). Als weitere Anspruchsgrundlage kommt schließlich **positive Vertragsverletzung** in Betracht. Voraussetzung ist eine zumindest fahrlässige Schlechtlieferung[3] oder eine schuldhafte Verletzung einer Nebenpflicht.[4]

919 Den Vorteilen, die die Vertragshaftung bietet, nämlich unbedingte Einstandspflicht für das Verschulden von Erfüllungsgehilfen, Umkehr der Beweislast zu Gunsten des Geschädigten gemäß § 282 BGB und Haftung für Vermögensschäden stehen vielfältige Nachteile gegenüber: lediglich der Vertragspartner wird geschützt, also nicht der Folgekäufer oder Benutzer des mangelhaften Fahrzeugs, kein Schmerzensgeld, kurze Verjährung gemäß § 477 Abs.1 BGB und Freizeichnungsmöglichkeiten in den Grenzen des AGBG.

920 Angesichts der zahlreichen Lücken im Schutz insbesondere von **Endverbrauchern** hat die Rechtsprechung mit der **deliktischen Produzentenhaftung** eine eigenständige Haftungsordnung entwickelt (dazu Rn 958 ff.). Die vertragsrechtlichen Lösungsversuche – Vertrag mit Schutzwirkung zu Gunsten Dritter, Schadensliquidation im Drittinteresse – sind seit dem **Hühnerpesturteil** vom 26. 11. 1968[5] überholt. Seither entspricht es gefestigter Rechtsprechung, dass sich die Haftung des Warenherstellers, der nicht zugleich Verkäufer ist, allein nach außervertraglichen Regeln beurteilt.

921 Das (Richter-)Recht der deliktischen Produzentenhaftung wird in Teilbereichen ergänzt durch das **Produkthaftungsgesetz** (ProdHaftG). Es soll den Verbraucherschutz verbessern, auf eine gesetzliche Basis stellen und EU-weit vereinheitlichen. Aus deutscher Sicht war es weitgehend überflüssig. Angesichts der verschärften Deliktshaftung (dazu Rn 958 ff.) bestand, national gesehen, kein besonderer Regelungsbedarf. Demgemäß sind die neuen Vor-

---

1 Daimler-Chrysler, BMW, Citroen, Peugeot, Daewoo u. a.
2 Grundlegend BGH 29. 5. 1968, BGHZ 50, 200; s. auch Rn 2023 ff.
3 Zu dieser Fallgruppe s. BGH 17. 3. 1999, NJW 1999, 1541.
4 BGH 28. 6. 1969, NJW 1969, 1708 – Ablieferungsinspektion; Näheres zur Haftung aus pVV s. Rn 866 ff.
5 BGHZ 51, 91 = NJW 1969, 269.

schriften über die Produkthaftung „**weitgehend bedeutungslos**".[6] Soweit ersichtlich, ist in den ersten zehn Jahren seit Inkrafttreten des ProdHaftG kein einziger Hersteller von Kraftfahrzeugen (allein) auf der Grundlage dieses Gesetzes verurteilt worden.[7]

Das Produkthaftungsgesetz gewährt nur einen EU-einheitlichen Mindestschutz,[8] sodass weitergehende Ansprüche gegen den Hersteller und andere Verantwortliche grundsätzlich unberührt bleiben, vgl. § 15 Abs. 2 ProdHaftG. Es besteht **Anspruchsnormenkonkurrenz**.[9] Zum Nebeneinander von verschuldensunabhängiger und deliktischer Produkthaftung s. auch Rn 958. 922

In nationales Recht umgesetzt ist inzwischen auch die EU-Richtlinie 92/59 vom 29. 6. 1992 über die allgemeine Produktsicherheit.[10] Auf der Grundlage dieser Richtlinie, gegen die die Bundesregierung erfolglos vor dem Europäischen Gerichtshof geklagt hatte, ist das **Produktsicherheitsgesetz** (ProdSG) erlassen worden.[11] Seine Hauptbedeutung für den Kfz-Bereich liegt in der Regelung über den **Rückruf** (§ 9 ProdSG), dazu s. Rn 975 ff. 923

II. Die Haftung für fehlerhafte Produkte nach dem Produkthaftungsgesetz

1. Verschuldensunabhängige Haftung

Für Schäden, die durch fehlerhafte Produkte verursacht werden, haften der Hersteller und die ihm gleichgestellten Personen ohne Rücksicht auf Verschulden.[12] Haftungsbegründender Umstand ist das Inverkehrbringen eines fehlerhaften Produktes, dessen Gefahrträchtigkeit dem Hersteller im Schadensfall zugerechnet wird. Auf die Rechtswidrigkeit des Handelns kommt es im Rahmen des ProdHaftG nicht an. 924

Die praktischen Auswirkungen der „Gefährdungshaftung" nach dem ProdHaftG sind gering, weil die auf Verschulden beruhende Produzentenhaftung richterrechtlich derart verschärft worden ist, dass sie einer Gefährdungshaftung nahezu gleichkommt. Die an ein Verschulden des Herstellers anknüpfende Haftung gewinnt dadurch an Effektivität, dass dem Hersteller ein Höchstmaß an Sorgfaltspflichten in allen Stadien der Produktion abgefordert wird. „Vom Unternehmer", so *Simitis*,[13] „wird erwartet, sämtliche Maßnahmen zu treffen, die notwendig sind, um Gefahren rechtzeitig aufzudecken und zu neutralisieren." Zur Haftungsverschärfung trägt wesentlich bei, dass der Hersteller den Nachweis fehlenden Verschuldens führen muss[14] und ihm die Entlastungsmöglichkeit für Verschulden von Verrichtungsgehilfen gem. § 831 BGB über den „Tadel mangelhafter Organisation"[15] häufig abgeschnitten wird. 925

Lediglich bei den sog. **Ausreißerschäden** bringt das ProdhaftG eine gewisse Verbesserung. Bisher mußte der Geschädigte mit einer Exkulpation durch den Hersteller rechnen. Dieses Prozessrisiko ist ihm jetzt abgenommen. Die Haftung für sog. „Ausreißer" im Fabri- 926

---

[6] *Honsell*, JuS 1995, 21.
[7] Zur Haftung eines Importeurs einer Fahrradnabe s. OLG Dresden 23. 5. 1996, VersR 1998, 59; vgl. auch OLG Koblenz 24. 6. 1999, DB 1999, 2565 = EWiR § 1 ProdHaftG 1/99, 1181 *(Foerste)* – Waschmaschinenhersteller.
[8] Allgemeines zum ProdHaftG bei *Kullmann,* Produkthaftungsgesetz, S. 21 ff.
[9] *Diederichsen*, Probleme der Produzentenhaftung, DAV, 1988, S. 9, 17.
[10] ABl. Nr. L 228 vom 11. 8. 1992, S. 24 ff.
[11] *Schönfelder*, Nr. 27a.
[12] Zur Rechtsnatur der Haftung nach dem ProdHaftG s. *Marburger,* AcP 192, 1, 10 ff.
[13] Gutachten zum 47. DJT, Bd. 1, C 37.
[14] Grundlegend BGH 26. 11. 1968, BGHZ 51, 91 – Hühnerpest.
[15] *Diederichsen,* NJW 1978, 1281.

kationsbereich ist nicht etwa nach § 1 Abs. 2 Nr. 5 ProdHaftG ausgeschlossen.[16] Bei der verschuldensunabhängigen Produkthaftung, aber auch nur hier, ist der „Ausreißer-Einwand" damit praktisch unerheblich.[17]

2. Der nach dem Produkthaftungsgesetz haftende Personenkreis

927 Außer dem **Hersteller** des Endproduktes haften der Hersteller des fehlerhaften Einzelteiles (Teilehersteller), der Erzeuger des Grundstoffes, der **Quasi-Hersteller,** derjenige also, der sich durch Anbringung seines Waren- oder Erkennungszeichens als Hersteller ausgibt, sowie der **Importeur,** der fehlerhafte Produkte aus Drittstaaten[18] in die EU einführt. Für die Annahme der Quasi-Herstellereigenschaft genügt bereits die Ausstattung des Produkts.[19] Hersteller i. S. d. ProdHaftG ist auch derjenige, der lediglich die **Endmontage** besorgt.[20] Die Einbeziehung des Quasi-Herstellers in den Kreis der nach § 4 ProdHaftG verantwortlichen Personen ist für **Tuning-Unternehmen** bedeutsam, die Serienfahrzeuge anderer Hersteller verändern und mit ihrem Erkennungszeichen versehen. Sie sind dem Geschädigten als Quasi-Hersteller auch dann haftbar, wenn dieser den tatsächlichen Hersteller des Serienfahrzeuges kennt. Der Händler wird durch die Anbringung seines Firmenschildes am Fahrzeug nicht zum Quasi-Hersteller, da er sich dadurch nicht als Hersteller, sondern als Vertreiber des Produktes ausgibt.[21]

928 Den **Händler/Lieferanten** trifft grundsätzlich keine Haftung nach dem ProdhaftG. Eine Ausnahme ist in § 4 Abs. 3 ProdHaftG geregelt.[22] Eine Inanspruchnahme des Händlers wegen **Nichtfeststellbarkeit des Herstellers** oder Importeurs des von ihm gelieferten Neufahrzeugs ist unter den gegebenen Umständen eher unwahrscheinlich. Die subsidiäre Lieferantenhaftung, die eine Reihe von Fragen aufwirft, etwa hinsichtlich ihrer rechtlichen Qualifikation, des Umfangs, der Einstandspflicht und der Rechtsfolgen bei nachträglicher Benennung, kann den Neuwagenhändler allenfalls dann treffen, wenn es ihm nicht gelingt, den verantwortlichen Teilehersteller innerhalb der Monatsfrist zu benennen. Allerings ist strittig, ob die Vorschrift des § 4 Abs. 3 ProdHaftG bei Nichtfeststellbarkeit des Teileherstellers überhaupt Anwendung findet.[23] Zur Frage einer kaufrechtlichen Nebenpflicht OLG Bamberg, NJW 1998, 2228.

3. Haftungsvoraussetzungen

929 Die Haftung nach dem ProdhaftG setzt voraus, dass diejenige Sache, die durch das fehlerhafte Produkt beschädigt wurde, gewöhnlich für den **privaten Ge- oder Verbrauch** bestimmt und hierzu hauptsächlich von dem Geschädigten verwendet worden ist. Die Zweckbestimmung ist aufgrund der **Verkehrsanschauung** zu ermitteln,[24] während es bei der Beurteilung, ob die Sache hauptsächlich zum privaten Ge- oder Verbrauch verwendet worden ist, auf die tatsächliche Nutzung der Sache ankommt. Falls eine Zuordnung aus der Art der Sache nicht möglich ist, da diese sowohl für private als auch für gewerbliche Zwecke benutzt werden kann, wie z. B. bei Personenkraftwagen und Personalcomputern, so ist die Bestimmung für mehrere Zwecke unschädlich, wenn die tatsächliche Nutzung hauptsächlich der Befriedigung persönlicher Interessen dient.[25] Auf die konkrete Nutzung im Zeitpunkt des

---

16 BGH 9. 5. 1995, NJW 1995, 2162 – Mineralwasserflasche II; OLG Dresden 23. 5. 1996, VersR 1998, 59.
17 Vgl. *Groß,* VersR 1996, 657, 661.
18 Z. B. der Tschechischen Republik, dazu OLG Dresden VersR 1998, 59.
19 *Rolland,* Produkthaftungsrecht, § 4 Rn 26.
20 OLG Dresden 23. 5. 1996, VersR 1998, 59 – Fahrrad.
21 *Taschner,* NJW 1986, 611, 613.
22 Dazu OLG Bamberg 25. 2. 1997, NJW 1998, 2228 = BB 1998, 664.
23 Dafür *Rolland,* Produkthaftungsrecht, § 4 Rn 78.
24 *Rolland,* Produkthaftungsrecht, § 1 Rn 81.
25 *Rolland,* Produkthaftungsrecht, § 1 Rn 80.

Schadensfalls kommt es nicht an; entscheidend ist die hauptsächliche Nutzung. Ein Haftungsfall im Sinn des ProdhaftG liegt auch dann vor, wenn ein hauptsächlich privat genutztes Fahrzeug auf einer Geschäftsfahrt durch ein anderes mit einem Fehler behaftetes Produkt beschädigt wird. Da die Art und Weise der Verwendung zu den anspruchsbegründenden Voraussetzungen im Sinn von § 1 ProdHaftG gehört, trägt der Geschädigte die **Beweislast** für die vorwiegend private Nutzung.[26]

Die Haftung des § 1 Abs. 1 S. 1 ProdHaftG knüpft, anders als § 823 Abs. 1 BGB, nicht an das Eigentum, sondern an die „Sache" an, sodass der Schutz der Sache alle von der Rechtsordnung absolut geschützten rechtlichen Beziehungen umfassen kann. Daraus folgt, dass im Fall der Entziehung der Sache oder der Beeinträchtigung ihres Gebrauchs[27] der **Besitzer** zur Geltendmachung des ihm entstandenen Nutzungsausfalls berechtigt ist, während dem **Eigentümer** der Anspruch auf Erstattung der Reparatur- bzw. Wiederbeschaffungskosten zusteht. Da bei Finanzierungsleasingverträgen der Leasingnehmer kraft leasingtypischer Vertragsgestaltung regelmäßig die Verpflichtung zur Instandhaltung des Leasingobjektes übernimmt, ist ihm gem. § 1 Abs. 1 S. 1 ProdHaftG ein unmittelbarer Anspruch auf Erstattung der Reparaturkosten gegen den verantwortlichen Hersteller zuzubilligen.[28] Andere als die in § 1 Abs. 1 S. 1 ProdHaftG ausdrücklich genannten Rechtsgüter sind nach dem ProdhaftG nicht geschützt.[29] 930

Der Sachschaden darf sich nicht auf das fehlerhafte Produkt selbst beschränken. Die beschädigte Sache muss eine „andere" sein als das fehlerhafte Produkt (vgl. § 1 Abs. 1 S. 2 ProdHaftG). Was im Verhältnis zum schadensauslösenden fehlerhaften Produkt die „**andere Sache**" ist, entscheidet sich nach der **Verkehrsauffassung**.[30] Danach wird sich in aller Regel, so die Amtliche Begründung weiter,[31] das komplette Endprodukt „als die eine Sache darstellen, die eine andere Sache des Geschädigten beschädigt hat". Im Einzelfall auftretende Abgrenzungsprobleme soll die Rechtsprechung lösen. Das ist bislang nicht geschehen. 931

Mit Rücksicht auf den Wortlaut des § 1 Abs. 1 S. 2 ProdHaftG und die Gesetzesmaterialien lehnt die herrschende Meinung[32] es ab, die Rechtsprechung des BGH zu den sog. „**Weiterfresserschäden**" (dazu Rn 1002 ff.) im Bereich des ProdHaftG anzuwenden. Das hat zur Konsequenz: Der Fahrzeughersteller haftet nicht für eine Beschädigung des Autos, die durch ein defektes Einzelteil, beispielsweise den Gaszug, verursacht wurde. Mit einer gewissen Berechtigung weist *Sack*[33] indessen darauf hin, dass das fehlerhafte Produkt im Sinn von § 1 Abs. 1 S. 2 ProdHaftG nicht gleichbedeutend mit dem gelieferten Endprodukt (Gesamtprodukt) sein muss. Das fehlerhafte Produkt könne auch der Gaszug sein, das Fahrzeug mithin die „andere Sache". Eine Stütze findet diese Argumentation in § 2 ProdHaftG, der als Produkte auch **Teile** anderer Sachen definiert. Schließlich kennt das ProdhaftG auch die Haftung des **Teileherstellers** für fehlerhafte (Teil-)Produkte, §§ 1 Abs. 1, 4 Abs. 1 ProdHaftG. Aus der Sicht des Herstellers von Gaszügen kann es sich bei den mit seinen Produkten bestückten Autos durchaus um „andere Sachen" handeln. Es kommt jedoch weder auf die Sicht des Teileherstellers noch auf die des Herstellers des Endprodukts an. Maßgebend ist die **Verkehrsauffassung**.[34] Danach ist der Schaden am Endprodukt Auto auch dann kein Scha- 932

---

26 *Palandt/Thomas*, § 1 ProdHaftG, Rn 25; *Baumgärtel*, § 823 Anh. C IV, Rn 1.
27 Dazu BGH 6. 12. 1994, NJW-RR 1995, 342 – Gewindeschneidemittel II; s. auch *Brüggemeier*, JZ 1994, 578.
28 Einschränkend *Rolland*, Produkthaftungsrecht, § 1 Rn 50.
29 *Rolland*, Produkthaftungsrecht, § 1 Rn 47.
30 Amtl. Begründung zu § 1, abgedruckt bei *Kullmann*, Aktuelle Rechtsfragen der Produkthaftpflicht, 4. Aufl., S. 178.
31 A. a. O.
32 Vgl. *Reinicke/Tiedtke*, Rn 825 ff. m. w. N.
33 VersR 1988, 439; VGT 1988, 245, 254.
34 Dazu *Marburger*, AcP 192, 1, 9; *von Westphalen*, Jura 1992, 511, 513.

den an einer anderen Sache i. S. d. § 1 Abs. 1 S. 2 ProdHaftG, wenn er durch ein funktional abgrenzbares Teilprodukt wie ein Gaszug verursacht wurde. Soweit die Haftung des Fahrzeugherstellers in Rede steht, ist demnach der h. M. zu folgen.

933   Problematischer ist die **Haftung des Teileherstellers.** Die „andere Sache", für deren Beschädigung der **Zulieferer** einstandspflichtig ist, ist nicht das Auto ohne fehlerhaftes Teilprodukt, sondern eine Sache außerhalb des Fahrzeugs.[35] Anders ist es selbstverständlich, wenn das Teilprodukt nicht vom Endproduktshersteller, sondern vom Fahrzeugeigentümer oder seiner Werkstatt (als Ersatzteil) eingebaut worden ist. Vermutlich wird die Rechtsprechung diese Unterscheidung nicht machen und den Teilehersteller haften lassen, wenn sein fehlerhaftes Teilprodukt andere Teile der Gesamtsache beschädigt oder zerstört hat. Mit dem Wortlaut der §§ 2, 4 Abs. 1 ProdHaftG lässt sich das zwar in Einklang bringen, nicht aber mit dem Sinn und Zweck der (Teil-)Produzentenhaftung.

4. Fehlerbegriff im Sinne des Produkthaftungsgesetzes

934   Ein Produktfehler liegt nach § 3 ProdHaftG nicht – wie im Gewährleistungsrecht – in einer Gebrauchs- oder Wertminderung des Kraftfahrzeugs, sondern in nicht erfüllten Sicherheitsanforderungen. Dabei ist nicht auf den individuellen Empfängerhorizont des Eigentümers bzw. Benutzers abzustellen, sondern auf die **objektiv berechtigte Sicherheitserwartung** eines durchschnittlichen Verbrauchers.[36] Bei einem Produkt wie einem Personenwagen kommt es darauf an, ob es die von der **Allgemeinheit** nach der **Verkehrsauffassung** für erforderlich gehaltene Sicherheit bietet. Das Fahrzeug muss so beschaffen sein, dass es Leib und Leben des Benutzers oder eines Dritten nicht beeinträchtigt und andere Sachen nicht beschädigt. Maßstab hierfür ist die berechtigte Erwartung unter Berücksichtigung aller Umstände, insbesondere der „Darbietung" durch den Hersteller und des billigerweise zu erwartenden Gebrauchs zum Zeitpunkt des Inverkehrbringens. Totale Sicherheit gibt es weder beim Auto in seiner Gesamtheit noch bei seinen Einzelteilen. Ein solcher Sicherheitsstandard kann von der Allgemeinheit berechtigterweise nicht erwartet werden. Bei **Spezialfahrzeugen** für einen eng begrenzten Personenkreis entscheidet nicht die allgemeine Verbrauchererwartung. Maßgeblich ist der jeweilige Benutzerkreis. Ein auf dem allgemeinen Markt angebotener Sportwagen wie z. B. der Audi TT ist kein Spezialfahrzeug in diesem Sinn.

935   Welches Maß an Sicherheit berechtigterweise erwartet werden kann, hängt auch vom **Preis des Fahrzeugs** ab. Denn erhöhte Sicherheit hat ihren Preis.[37] Ein Billig-Auto muss nicht über technische Superlative verfügen. Auch ein Spar-Pkw kann zwar theoretisch mit ABS, Airbag usw. ausgestattet werden; dies wäre aber, worauf *Schmidt-Salzer*[38] zutreffend hingewiesen hat, von der Konzeption des Fahrzeugs her ein „Fremdkörper, der nicht in das wirtschaftlich-konstruktive Gesamtbild passt". Bei einem preiswerten Pkw müssen Konstruktion und Ausstattung zwar den sicherheitstechnischen Grundanforderungen genügen („Basissicherheit"). Kein Fahrzeughersteller ist aber dazu verpflichtet, alle vorhandenen technischen Möglichkeiten auszuschöpfen. Andererseits darf er nicht mehr an Sicherheit versprechen, als er effektiv produziert hat.

936   Die **Darbietung** im Sinne von § 3 Abs. 1a ProdHaftG ist die Summe der schriftlichen, mündlichen und sonstigen Äußerungen zu Eigenschaften, Funktionen, Anwendungen, Zuverlässigkeit und Sicherheit des Produkts „Auto" in Wort und Bild, insbesondere in Anzeigen,

---

35 So mit überzeugenden Argumenten – gegen die h. M. – *Marburger*, AcP 192, 1, 8 f.; ebenso *Tiedtke*, NJW 1990, 2961; *Reinicke/Tiedtke*, Rn 831 ff.; *Honsell*, JuS 1995, 211; in der Sache nicht anders *Erman/Schiemann*, § 823 Rn 125; zum Problem s. auch *von Westphalen*, Jura 1992, 511; *Kullmann*, Aktuelle Rechtsfragen der Produkthaftpflicht, 4. Aufl., S. 159.
36 BGH 9. 5. 1995, NJW 1995, 2162; *Kullmann*, Produkthaftungsgesetz, S. 67; s. auch § 6 ProdSG.
37 BGH 17. 10. 1989, NJW 1990, 906 = ZIP 1990, 516, 517 – Pferdebox.
38 Der Sachverständige, 1988, 236, 238.

Werbeschriften, Werbespots, Prospekten, Betriebs-, Bedienungs- und Wartungsanleitungen. Von Bedeutung sind ferner (mündliche) Erklärungen autorisierter Mitarbeiter in Vertrieb und Kundendienst. Zur Instruktionsverantwortung des Fahrzeugherstellers s. Rn 968 ff. Die „Darbietung", insbesondere durch Werbung, in Verbindung mit dem „Charakter" und dem Preis des Fahrzeugs gibt Auskunft darüber, welche Zielgruppe der Hersteller bevorzugt ansprechen möchte.

Der **Gebrauch,** mit dem herstellerseits billigerweise gerechnet werden kann, schließt eine extreme Beanspruchung sowie eine missbräuchliche Handhabung in gewissen Grenzen ein, wie etwa das Fahren auf unbefestigten Straßen, im Gelände und unter „sportlichen Bedingungen" (Fahren im Grenzbereich). Die aus nicht völlig fernliegendem Fehlgebrauch und Überbeanspruchung resultierenden Gefahren muss der Hersteller bei der Konstruktion und Fabrikation durch entsprechende Sicherheitszuschläge einkalkulieren und in der Betriebsanleitung darstellen.[39] Fahrweisen, mit denen er billigerweise rechnen muss, sind stets solche, die er durch seine eigene „Darbietung" (Rn 936) hervorgerufen hat. Wer zum Fahren im Grenzbereich animiert, hat für die dazu erforderliche Sicherheit zu sorgen. Andernfalls ist sein Fahrzeug fehlerhaft. 937

Für die Beurteilung der Fehlerhaftigkeit nach dem ProdHaftG ist der **Zeitpunkt des Inverkehrbringens** maßgeblich. Ein Fahrzeug ist noch nicht für den Verkehr freigegeben, wenn es von Werksangehörigen entweder auf dem Werksgelände oder im öffentlichen Verkehr nur getestet wird.[40] Andererseits setzt ein Inverkehrbringen nicht voraus, dass das Fahrzeug in die Warenabsatzkette gegeben wird. Es genügt, wenn der Hersteller das Auto anderen Personen außerhalb des Produktionsbereichs zur Nutzung überlässt[41] oder sich in anderer Weise willentlich der Herrschaftsgewalt über das Produkt begibt.[42] 938

Spätere Produktverbesserungen oder Verschärfungen der Sicherheitsanforderungen machen ein ursprünglich fehlerfreies Fahrzeug nicht nachträglich zu einem fehlerhaften.[43] Unterlassungen des Herstellers in der Zeit nach Fahrzeugauslieferung können indes unter dem Gesichtspunkt „Verletzung der Produktbeobachtungspflicht" zur deliktischen Haftung führen, s. Rn 975 ff. 939

Die von der Rechtsprechung im Zusammenhang mit der **deliktischen Produkthaftung** herausgearbeiteten **Fehlerkategorien** (Konstruktions-, Fabrikations- und Instruktionsfehler, s. Rn 959 ff.) spielen nach dem ProdhaftG an sich keine Rolle. Gleichwohl sind sie bei der Fehler-Prüfung nach § 3 ProdHaftG eine brauchbare Hilfe.[44] Freilich lässt sich nicht jeder Fehler im Sinne dieser Vorschrift einer der traditionellen Kategorien zuordnen. Eine starre Fixierung darauf wäre verfehlt. 940

Eine **Produktbeobachtungspflicht** mit ihren Ablegern (Warn- und Rückrufpflichten) ist im Produkthaftungsgesetz nicht geregelt.[45] Sie bleibt für die deliktische Produkthaftung reserviert (s. Rn 975 ff.). Im Rahmen des § 3 ProdHaftG wird sie allenfalls insoweit relevant, als es zu den „berechtigten Erwartungen" im Sinne dieser Vorschrift gehört, dass der Hersteller aus Rückmeldungen vom Markt in Form von Reklamationen, Unfällen usw. Konsequenzen für die künftige Herstellung seiner Fahrzeuge zieht.[46] 941

---

39 Zur Instruktionsveranwtortung s. Rn 968 ff.
40 *Kullmann,* Probleme der Produzentenhaftung, DAV, 1988, 33, 56.
41 *Kullmann,* a. a. O.
42 *Kullmann,* a. a. O.
43 S. auch § 3 II ProdHaftG.
44 Vgl. *Wieckhorst,* VersR 1995, 1005; *Staudinger/Oechsler,* ProdhaftG, Einl. Rn 37 ff.
45 *Rolland,* Produkthaftungsrecht, § 1 Rn 191.
46 *Palandt/Thomas,* § 3 ProdHaftG, Rn 9, 16.

5. Haftungsausschlüsse, Haftungsbeschränkungen, Beweisfragen, Verjährung

942 **Entwicklungsfehler:** Für **Entwicklungsrisiken** und hieraus resultierende Entwicklungsfehler kann der Hersteller gemäß § 1 Abs. 2 Nr. 5 ProdHaftG nicht haftbar gemacht werden. Das Gesetz bietet insoweit einen unzureichenden Opferschutz.[47] Dass der auf einem Entwicklungsrisiko beruhende Schaden sozusagen schicksalhaft an dem Opfer hängenbleiben soll, lässt sich weder mit versicherungsrechtlichen Problemen noch mit der innovationshemmenden Wirkung einer benutzerfreundlichen Gesetzesregelung rechtfertigen. Immerhin hat sich der Rat der EG vorbehalten, über den Haftungsausschluss bei Entwicklungsrisiken 1995 erneut zu entscheiden. Geändert hat sich nichts.

943 Gemäß § 1 Abs. 2 Nr. 5 ProdHaftG ist die Haftung für **Entwicklungsfehler** nicht generell ausgeschlossen, sondern nur für solche **Konstruktionsfehler,**[48] die zum Zeitpunkt des Inverkehrbringens zwar vorhanden, aber nach dem **Stand von Wissenschaft und Technik** nicht erkannt werden konnten. Der Stand von Wissenschaft und Technik wird verkörpert durch die Summe an Wissen und Technik, die allgemein, also nicht nur in der Branche und innerhalb Deutschlands, sondern international anerkannt ist und zur Verfügung steht, auch ohne praktische Bewährung.[49]

944 Hat der Hersteller den vorhandenen Stand von Wissenschaft und Technik bei der Konstruktion und Fertigung nicht beachtet, kann er sich auf den Haftungsausschluss gem. § 1 Abs. 2 Nr. 5 ProdHaftG nicht berufen.[50] Seine Haftung entfällt nur unter der Voraussetzung, dass die spezifische Produktgefahr von der Verbrauchererwartung einkalkuliert wurde.[51] Die Nichterkennbarkeit des Fehlers nach dem Stand von Wissenschaft und Technik ist ein objektiver Ausschlussgrund der Haftung und vom Hersteller im Streitfall gem. § 1 Abs. 4 ProdHaftG zu beweisen.

945 **Beweislasverteilung und Beweisführung**: Für den Fehler, den Schaden und den ursächlichen Zusammenhang zwischen Fehler und Schaden trägt **grundsätzlich der Geschädigte** die Beweislast (§ 1 Abs. 4 Satz 1 ProdHaftG). Hingegen hat der **Hersteller** die Beweislast für die **Entlastungsgründe** in § Abs. 2 und 3 ProdHaftG. Soweit die haftungsbegründenden Merkmale zur Beweislast des Geschädigten stehen, gilt § 286 ZPO mit den bekannten Beweiserleichterungen des deutschen Haftungsrechts. Grundlegende Unterschiede zur deliktischen Produkthaftung bestehen nicht (dazu Rn 1006 ff.). Beispiel: Der Fahrzeugeigentümer, der nach einem Unfall den Hersteller mit der Begründung auf Schadensersatz in Anspruch nimmt, der **Fahrerairbag** sei trotz eines heftigen Aufpralls nicht ausgelöst worden, muss darlegen und notfalls beweisen: ein Unfallgeschehen, bei dem der Airbag nach den Angaben des Herstellers ausgelöst wird, ferner, dass er trotz gegebener Auslösesituation nicht gezündet hat und er, der Kläger, dadurch zu Schaden gekommen ist. Macht der Fahrzeugeigentümer einen Fall grundloser Zündung geltend (Fehlzündung), so hat er lediglich das Fehlen einer bestimmungsgemäßen Auslösesituation darzulegen und zu beweisen. Welcher technische Defekt zur Fehlzündung geführt hat, braucht er nicht zu beweisen. Beim Fehlen einer Auslösesituation spricht der Beweis des ersten Anscheins für die Annahme eines werkseitigen Fehlers. Der Hersteller kann den Anscheinsbeweis dadurch erschüttern, dass er Eingriffe in das Airbagsystem, z. B. durch eine Werkstatt, nachweist.[52]

---

47 *Mehnle,* Probleme der Produzentenhaftung, DAV, 1988, 100, 103.
48 Für Fabrikationsfehler gilt der Haftungsausschluss nicht, BGH 9. 5. 1995, NJW 1995, 2162 – Mineralwasserflasche II.
49 Zur Auslegung s. auch BGH 9. 5. 1995, NJW 1995, 2162 – Mineralwasserflasche II.
50 Dazu *Landscheidt,* NZV 1989, 169, 174.
51 *Kullmann,* Probleme der Produzentenhaftung, DAV, 1988, 33, 58.
52 Vgl. auch *Kluth.* WiB 1997, Heft 14.

Eine beachtliche **Beweislastverschiebung** zu Lasten des Herstellers ergibt sich daraus, dass er bei einem Streit über Tatsachen, die geeignet sind, seine Haftung auszuschließen, die Beweislast trägt (§ 1 Abs. 4 Satz 2 ProdHaftG). **Beispiel:** Erleidet ein neuwertiges Auto einen Totalschaden, weil der Hinterreifen platzte, und kommt als Ursache entweder ein Materialfehler der Karkasse oder ein Fahrfehler in Betracht, so haftet der Hersteller, wenn ihm der Nachweis nicht gelingt, dass der Reifen beim Verlassen des Werkes einwandfrei war oder dass der Schaden durch den Fahrfehler entstanden ist. Grundsätzlich trifft den Hersteller der Vollbeweis, d. h., der Richter muss davon überzeugt sein, dass die tatsächlichen Umstände eines Entlastungstatbestandes mit an Sicherheit grenzender Wahrscheinlichkeit vorliegen.[53]

Mitverschulden: Auswirkungen hat es sowohl im Hinblick auf den Schadenseintritt als auch in Bezug auf die Schadenshöhe, da die Verweisung in § 6 ProdHaftG auf § 254 BGB beide Absätze einschließt.[54] Fehlt die für das Mitverschulden erforderliche Zurechnungsfähigkeit bei Minderjährigen, Taubstummen oder infolge krankhafter Störung der Geistestätigkeit, so findet § 829 BGB entsprechende Anwendung,[55] falls es die Billigkeit ausnahmsweise gebietet.[56] Eine Mithaftung aus Billigkeitsgründen entfällt normalerweise, wenn der nach dem ProdHaftG verantwortliche Schädiger haftpflichtversichert ist, was auf dem Kfz-Sektor meistens der Fall ist.[57] Auch eine mitwirkende Betriebsgefahr, etwa nach §§ 7, 18 StVG, ist dem Geschädigten entsprechend § 254 BGB zuzurechnen;[58] diese Grundsätze gelten auch im Rahmen von § 6 ProdHaftG.[59]

946

Im Hinblick auf die **Schadenshöhe** obliegen dem Geschädigten die nach § 254 Abs. 2 BGB gebotenen Warn-, Abwendungs- und Minderungspflichten, wobei er sich ein Verschulden von Hilfspersonen nach vorherrschender Meinung[60] nur zurechnen lassen muss, wenn diese im Rahmen eines bestehenden Schuldverhältnisses zum Schaden beigetragen haben. Ein Verschulden der mit der Feststellung oder Beseitigung eines Schadens beauftragten Person (Gutachter u. Reparaturwerkstatt) muss sich der Geschädigte auch im Rahmen des ProdHaftG grundsätzlich nicht zurechnen lassen. Diese Personen sind nicht seine Erfüllungsgehilfen.[61]

947

Gesamtschuldnerschaft: Haben mehrere Hersteller für denselben Schaden aufzukommen, haften sie gem. § 5 S. 1 ProdHaftG gesamtschuldnerisch. Als **Gesamtschuldner** kommen in Betracht: der Hersteller des Endproduktes, der Hersteller eines fehlerhaften Teilproduktes, der Quasi-Hersteller, der Importeuer und unter den Voraussetzungen des § 4 Abs. 3 S. 1 der Lieferant, wenn man davon ausgeht, dass die Haftung des letzteren auch dann bestehenbleibt, wenn der Hersteller nachträglich bekannt wird.[62] Die in § 5 S. 1 ProdHaftG angeordnete gesamtschuldnerische Haftung betrifft ausschließlich den Fall der Verantwortlichkeit mehrerer Hersteller nebeneinander. Falls der Hersteller und ein Dritter für denselben Schaden aufzukommen haben, gilt die Regelung von § 6 Abs. 2 ProdHaftG, die besagt, dass der Hersteller unabhängig von der Haftung eines Dritten stets für den ganzen Schaden aufzukommen hat. Eine gesamtschuldnerische Haftung zwischen dem Hersteller und einem daneben verantwortlichen Dritten nach allgemeinem Deliktsrecht wird durch § 6 Abs. 2 ProdHaftG nicht gesperrt.

948

---

53 *Staudinger/Oechsler*, ProdHaftG, § 1 Rn 170; *Arens*, ZZP 104, 123, 130.
54 *Rolland*, Produkthaftungsrecht, § 6 Rn 4.
55 BGH 10. 4. 1962, BGHZ 37, 102.
56 BGH 24. 6. 1969, NJW 1969, 1762.
57 OLG Karlsruhe 24. 11. 1989, DAR 1990, 137.
58 BGH 13. 4. 1956, BGHZ 20, 259.
59 *Rolland*, Produkthaftungsrecht, § 6 Rn 12.
60 BGH 3. 7. 1951, BGHZ 3, 46.
61 BGH 29. 10. 1974, BGHZ 63, 183.
62 Vgl. *Rolland*, Produkthaftungsrecht, § 4 Rn 95.

949 Die für das **Außenverhältnis** mehrerer verantwortlicher Hersteller geltende Gesetzesregel des § 5 S. 1 ProdHaftG erfordert, dass mehrere Hersteller für denselben Schaden einzustehen haben. An dieser Voraussetzung fehlt es, wenn sich der Schaden abgrenzen und dem jeweils verantwortlichen Hersteller konkret zuordnen lässt. Auf der anderen Seite bedeutet gesamtschuldnerische Haftung für denselben Schaden nicht zwangsläufig, dass jeder der verantwortlichen Hersteller auf denselben Schadensbetrag haftet. Insoweit können die Haftungsanteile durchaus unterschiedlich zu bewerten sein.[63]

950 Für den **Innenausgleich** mehrerer verantwortlicher Hersteller und der ihnen gleichgestellten Personen ist § 5 S. 2 ProdHaftG einschlägig. Der Anspruch ist auf Befreiung von der Leistungspflicht in dem Umfang gerichtet, den der Ausgleichspflichtige im Innenverhältnis zu tragen hat; nach Befriedigung des Geschädigten verwandelt er sich in einen Zahlungsanspruch. Für den Ausgleich im Verhältnis der nach außen gesamtschuldnerisch verantwortlichen Hersteller gelten vorrangig die zwischen ihnen getroffenen Vereinbarungen. Fehlen vertragliche Regelungen über den Schadensausgleich, so hängt die Haftungsverteilung im Innenverhältnis abweichend von der Regel des § 426 Abs. 1 S. 1 BGB davon ab, inwieweit der Schaden vorwiegend von dem einen oder dem anderen Teil verursacht worden ist.[64]

951 **Freizeichnungsverbot:** Die Haftung nach dem ProdHaftG kann im voraus weder ausgeschlossen noch beschränkt werden. Das Freizeichnungsverbot betrifft alle nach dem ProdhaftG verantwortlichen Personen. Verboten sind auch Umgehungen, etwa in Form der Verkürzung von Verjährungsfristen, der Statuierung von Ausschlussfristen für die Geltendmachung des Schadens, die Abänderung der Beweislast zum Nachteil des Geschädigten und die Relativierung eigener Verkehrssicherungspflichten. Das Freizeichnungsverbot und das Verbot der Umgehung gilt sowohl für Haftungsausschlüsse in AGB als auch für entsprechende Individualabreden. Auch die Freizeichnung eines gesamtschuldnerisch mithaftenden Herstellers ist eine Haftungsbeschränkung im Sinn von § 14 ProdHaftG und als solche nichtig. Die Haftung kann schließlich auch nicht durch eine interne Verlagerung von Verkehrssicherungspflichten, etwa in Form von Qualitätssicherungsvereinbarungen,[65] ausgeschlossen oder beschränkt werden. Die Doppelhaftung von Zulieferer und Endproduktherstellter ist mithin **unabdingbar**. Im Verhältnis zum Endprodukthersteller genießt der Zulieferer allerdings das Haftungsprivileg des § 1 Abs. 3 ProdHaftG; seine Verantwortlichkeit entfällt, wenn das Teilprodukt aufgrund einer Anweisung unter Anleitung des Endproduktherstellers fehlerhaft geworden ist oder wenn der Fehler durch die Art und Weise des Einbaus in das Endprodukt eingetreten ist. Beispiel: Anbringung von Reifen, die bis zu einer Höchstgeschwindigkeit von 180 km/h ausgelegt sind, an einem 200 km/h schnellen Auto.

952 **Verjährung:** Gemäß § 12 ProdHaftG verjähren Ansprüche nach diesem Gesetz in 3 Jahren. Fristbeginn ist der Zeitpunkt, in dem der Geschädigte von dem Schaden, dem Fehler und der Person des Ersatzpflichtigen Kenntnis erlangt oder Kenntnis hätte erlangen können. Im Gegensatz zu § 852 BGB reicht bereits eine fahrlässige Unkenntnis des Ersatzberechtigten aus. Ihm wird abverlangt, dass er sich im Rahmen des Zumutbaren sachkundig macht und sich die für die Durchsetzung seiner Ansprüche erforderlichen Kenntnisse verschafft. Ausreichend für den Fristbeginn ist ein Kenntnisstand, der ihn in die Lage versetzt, eine schlüssige Feststellungsklage zu erheben, was besonders für die Fälle bedeutsam sein kann, in denen der Schaden nicht endgültig feststeht.[66] Letzte Klarheit über den Produktfehler im Sinn der Kenntnis aller haftungsbegründenden Umstände wird nicht vorausgesetzt.[67] Mit zumutbarem Aufwand muss sich der Geschädigte um die Person des Ersatzpflichtigen bemühen; lässt er

---

63 Vgl. *Rolland*, Produkthaftungsrecht, § 5 Rn 9.
64 Zu den Einzelheiten des Regresses s. *Wandt*, BB 1994, 1436 ff.
65 Vgl. *Kreifels*, ZIP 1990, 489, 495.
66 BGH 20. 9. 1983, NJW 1984, 661.
67 *Rolland*, Produkthaftungsrecht, § 12 Rn 11.

es daran fehlen, so beginnt die Verjährungsfrist in dem Zeitpunkt zu laufen, in dem er bei zumutbarer Anstrengung kundig geworden wäre.[68]

Solange wegen des zu leistenden Schadensersatzes zwischen dem Schädiger und dem Ersatzberechtigten verhandelt wird, ist die Verjährung gem. § 12 Abs. 2 ProdHaftG **gehemmt,** bis die Fortsetzung der Verhandlungen von der einen oder anderen Seite verweigert wird. Einseitige Verhandlungsbereitschaft reicht nicht aus, jedoch ist im Zweifel von einer Verhandlungsbereitschaft beider Seiten auszugehen. Die Hemmungswirkung betrifft das Verhältnis der verhandelnden Parteien und erstreckt sich nicht auf Ansprüche des Geschädigten gegen andere nach dem Produkthaftungsgesetz oder aus einem anderen Rechtsgrund ersatzpflichtige Personen.[69] 953

Die Verweisung in § 12 Abs. 3 ProdHaftG auf das Verjährungsrecht des BGB ist vor allem von Bedeutung im Hinblick auf die dortigen Vorschriften zur Verjährungshemmung und -unterbrechung, aber auch andere die Verjährung betreffende Regelungen werden einbezogen. Hierzu gehört die absolute Verjährungsfrist von 30 Jahren (§ 195 BGB), die die relative Verjährungsfrist des § 12 Abs. 1 ProdHaftG überlagert. 954

Erlöschen von Ansprüchen: Ansprüche nach dem ProdHaftG erlöschen grundsätzlich 10 Jahre nach dem Zeitpunkt, in dem der Hersteller das fehlerhafte Produkt in Verkehr gebracht hat (§ 13 ProdHaftG). Das Erlöschen des Anspruchs ist von Amts wegen zu beachten.[70] Den Zeitpunkt des Inverkehrbringens hat der Hersteller zu beweisen, weshalb Dokumentation angeraten wird.[71] Es kommt darauf an, zu welchem Zeitpunkt das konkret mit einem Produktfehler behaftete Fahrzeug, das den Schaden verursacht hat, vom Hersteller in Verkehr gebracht worden ist. Dies gilt auch dann, wenn sämtliche Fahrzeuge einer Serie mit dem gleichen Produktmangel behaftet sind. Aus § 13 ProdHaftG ergeben sich keine Anhaltspunkte dafür, dass im Fall eines Serienmangels die Ausschlussfrist mit der Auslieferung des ersten oder letzten fehlerhaften Produktes zu laufen beginnen soll.[72] 955

Da für das Inverkehrbringen eines Kraftfahrzeuges der Zeitpunkt als maßgeblich angesehen wird, in dem es mit dem Willen des Herstellers das Werk als Produktionsstätte endgültig verlässt (Werktorprinzip), und zwischen Werksauslieferung und Weiterverkauf, insbesondere in Zeiten schwacher Nachfrage, oft sehr viel Zeit vergeht, verkürzt sich die Haftung des Fahrzeugherstellers nach dem Produkthaftungsgesetz entsprechend. Folgt man der überwiegend vertretenen Auffassung, die davon ausgeht, dass bei einem Teilprodukt die Auslieferung an den Hersteller des Endproduktes als Zeitpunkt für das Inverkehrbringen des Teilproduktes anzusehen ist,[73] so ergibt sich daraus zwangsläufig, dass die Haftung des Herstellers eines fehlerhaften Teilproduktes stets kürzer ist als die Haftung des verantwortlichen Herstellers des Endproduktes. Der dem Geschädigten daraus entstehende Zeitnachteil wird allerdings dadurch kompensiert, dass ihm der Hersteller des Endprodukts für die Fehlerhaftigkeit des Teilproduktes verantwortlich bleibt, auch wenn der Fehler für ihn nicht erkennbar war. 956

Die Ausschlussfrist des § 13 ProdHaftG greift nicht ein, wenn über den Anspruch ein Rechtsstreit oder ein Mahnverfahren anhängig ist. Rechtshängigkeit ist nicht erforderlich.[74] Dem gerichtlichen Verfahren gleichzustellen sind die Verfahren nach § 209 Abs. 2 Nr. 1a BGB (Güteantrag), Nr. 2 (Anmeldung des Anspruchs im Insolvenzverfahren), Nr. 4 (Streitverkündung), Nr. 5 (Vornahme einer Vollstreckungshandlung). Der Antrag auf Anordnung des selbstständigen Beweisverfahrens leitet keinen Rechtsstreit ein und verhindert folglich 957

---

68 BGH 17. 3. 1966, VersR 1966, 632, 634.
69 *Rolland,* Produkthaftungsrecht, § 12 Rn 17; abw. BGH 1. 12. 1964, MDR 1965, 198.
70 *Palandt/Thomas,* ProdHaftG, § 13 Rn 1.
71 *Hollmann,* DB 1985, 2439, 2441.
72 *Rolland,* Produkthaftungsrecht, § 13 Rn 5.
73 *Taschner,* Produkthaftung, 1986, Art. 7; *Rolland,* Produkthaftungsrecht, § 1 Rn 95.
74 *Rolland,* Produkthaftungsrecht, § 13 Rn 15.

nicht den Verlust des Anspruchs gem. § 13 Abs. 1 S. 1 ProdHaftG. Vor dem Erlöschen nach 10 Jahren bewahrt sind rechtskräftig festgestellte, auf anderen Vollstreckungstiteln beruhende sowie außergerichtlich anerkannte oder verglichene Ansprüche.

III. Deliktische Produkthaftung

1. Nebeneinander von verschuldensunabhängiger und deliktischer Produkthaftung

958   Die von der Rechtsprechung als Sondergebiet des Rechts der unerlaubten Handlung entwickelte deliktische Produkthaftung bleibt durch das ProdhaftG grundsätzlich unberührt (vgl. § 15 Abs. 2 ProdHaftG). Es herrscht – wie im Verhältnis zwischen Vertrags- und Deliktsrecht – **Anspruchsnormenkonkurrenz.** In der Praxis liegt das Schwergewicht weiterhin eindeutig bei der Haftung aus unerlaubter Handlung. Dass Geschädigte ihre Klagen vorzugsweise auf deliktsrechtliche Tatbestände stützen, hat eine Reihe von Gründen: Ansprüche aus §§ 823 ff. BGB umfassen **Schmerzensgeld** (§ 847 BGB), sind **ohne Selbstbehalt** und **ohne Höchstgrenze** zu realisieren, gelten zumindest nach der Rechtsprechung grundsätzlich auch für Schäden an der Sache selbst („Weiterfresserschäden") und sind schließlich nicht beschränkt auf Schäden an „Privatsachen" (§ 1 Abs. 1 S. 2 ProdHaftG). Nicht nur der Haftungsumfang ist weiter, auch der Kreis der deliktsrechtlich haftenden Personen ist größer, als er durch § 4 ProdHaftG für die verschuldensunabhängige Produkthaftung gezogen wird. Das gilt insbesondere für die gerade im Kfz-Bereich wichtige **Haftung von Importeuren und Vertriebsgesellschaften,** aber auch für die Einstandspflicht von Vorständen und Geschäftsführern von Herstellerfirmen. Darüber hinaus kennt die deliktische Produkthaftung mit der Produktbeobachtungspflicht und den daraus abgeleiteten Warn- und Rückrufpflichten besondere Verkehrspflichten, die im ProdHaftG keine Regelung gefunden haben.

2. Die einzelnen Fehlerkategorien

959   Im Rahmen der deliktischen Produkthaftung wird üblicherweise zwischen **drei Fehlerkategorien** unterschieden: Konstruktionsfehler, Fabrikationsfehler und Instruktionsfehler. Sie korrelieren mit unterschiedlichen Verantwortlichkeiten und dienen der Rechtsprechung als Anknüpfungen für die Haftungsbegründung. Ein **weiterer Haftungstatbestand** ist die Verletzung der Produktbeobachtungspflicht mit ihren Ablegern (Warn-, Hinweis- und Rückrufpflichten).

a) Konstruktionsfehler

960   Auf Verletzung der Konstruktionsverantwortung beruhende Fehler stehen bei der Produkthaftung im Vordergrund. Konstruktionsfehler unterlaufen in der Phase des Entwurfs und der Planung und haften jeweils einer ganzen Serie an.[75] Den Forschungs- und Entwicklungsabteilungen hat der Hersteller den Zugang zu möglichst allen neuen Erkenntnissen von Wissenschaft und Technik auf dem jeweiligen Arbeitsgebiet zu ermöglichen und dafür eine Betriebsfachdokumentation einzurichten.[76] Als wesentliche Kriterien, nach denen sich das „Pflichtenheft" des **Herstellers von Kraftfahrzeugen** im Stadium der Konstruktion und Planung beurteilt, sind zu nennen: sach- und zweckgerechte, betriebssichere Konstruktion des Fahrzeugs und seiner Bedienungselemente auch für voraussehbare Not- und Sonderfälle, Vorkehrungen gegen Gewöhnungsgefahren[77] und gegen nicht fernliegende Fehlbedienung,[78] ferner

---

75 *Kullmann,* Produkthaftungsgesetz, S. 69.
76 *Kullmann,* Probleme der Produzentenhaftung, DAV, 1988, 33, 38 f.
77 Vgl. OLG Celle 23. 3. 1983, VersR 1984, 276.
78 OLG Köln 1. 3. 1990, NJW-RR 1991, 285.

Deliktische Produkthaftung Rn 961, 962

Beachtung des jeweiligen Standes der Technik, aller technischen Regeln[79] und der gültigen Unfallverhütungsvorschriften, Einbau von Sicherheitseinrichtungen, Auswahl fehlerfreier Bestandteile, Beachtung der Leistungsgrenzen der Produktionsverfahren, Auswertung und Berücksichtigung von Testergebnissen sowie Einsatz von Kontrollverfahren.[80] Der Fahrzeughersteller muss weiterhin sicherstellen, dass die Produktion eines Fahrzeugs erst aufgenommen wird, wenn die Entwicklung ausgereift und der Prototyp erprobt ist.[81] Art und Umfang der Erprobung sind gesetzlich nicht vorgeschrieben. Wann ein Fahrzeug serienreif ist, liegt im Ermessen des Herstellers. Anlaufschwierigkeiten müssen durch geeignete Maßnahmen vor Serienbeginn entdeckt und vermieden werden.[82]

Den klassischen Fall der Fehlkonstruktion einer **Bremsanlage** hatte das **RG**[83] zu entscheiden: Die Kraftdroschke des Klägers war auf andere Fahrzeuge aufgefahren, weil sich der Bremsnocken überspreizt und ein Blockieren eines Rades bewirkt hatte. Die Annahme eines Konstruktionsfehlers hat das RG ebenso wenig beanstandet wie die Feststellung eines ursächlichen Zusammenhangs zwischen Fehler und Unfallschaden. Im Zentrum seiner Entscheidung stehen Ausführungen zur (vom Berufungsgericht bejahten) **Haftung aus § 826 BGB,** insbesondere zur Kenntnis im Betrieb einer GmbH. Bemerkenswerterweise wird auf die Möglichkeit einer Haftung wegen Eigentumsverletzung (§ 823 Abs. 1 BGB) mit keinem Wort eingegangen. Nach heutigem Rechtsverständnis handelt sich um einen Fall aus der Gruppe der „Weiterfresserschäden" (dazu Rn 1002 ff.). Konstruktive Mängel an der Bremsvorrichtung haben auch den **BGH** wiederholt beschäftigt.[84] Die Bedeutung des Urteils vom 28. 9. 1970[85] liegt in beweisrechtlichen Erwägungen. Verklagt worden war eine Fahrzeugherstellerin, die zugleich als Verkäuferin aufgetreten war (mutmaßlich Mercedes-Benz). Der Kläger war bei einem Überholmanöver auf der Autobahn zum Abbremsen gezwungen worden, wodurch sein Pkw ins Schleudern geriet und umkippte. Das Berufungsgericht hatte die Klage abgewiesen. Hauptbegründung: Kein Nachweis eines Verschuldens. Hilfsbegründung: Unfallursächlichkeit der behaupteten Fehlkonstruktion der Bremsanlage nicht nachgewiesen. In beiden Punkten hat der BGH das angefochtene Urteil beanstandet und heute noch gültige Beweisregeln aufgestellt. Zum Beweisrechtlichen s. Rn 1006 ff. Als weitere **Rechtsprechungsbeispiele** für Fehler in der Konstruktionsphase sind zu nennen: Bruch einer Mopedgabel, bedingt durch konstruktiv fehlerhafte Biegung und Kerbung,[86] Lenkradbruch eines Kinderfahrrades infolge nicht werkstoffgerechter Konstruktion,[87] durch Motorschwingungen verursachtes Abbrechen eines unzureichend befestigten Ölablassrohres,[88] Verminderung der Haftfähigkeit des Reifens durch Austritt von Öldämpfen.[89]

Die Erteilung der **Allgemeinen Betriebserlaubnis** gem. §§ 20, 22 StVZO schließt weder die zivilrechtliche[90] noch die strafrechtliche[91] Eigenverantwortlichkeit des Herstellers aus; sie

---

79 Anerkannte Regeln der Technik enthalten als bereichsunabhängige Grundnormen die DIN V 8418 und DIN V 66055.
80 *Schmidt-Salzer,* ProdH., Bd. 3, Rn 4.656.
81 BGH 10. 3. 1970, VersR 1970, 469; 23. 6. 1952, VersR 1952, 357.
82 Zum Ganzen *Beuler,* Qualitätssicherung – eine Managementaufgabe, in: Auto 2000, S. 111.
83 Urt. v. 17. 1. 1940, RGZ 163, 21.
84 Urt. v. 28. 9. 1970, BB 1970, 1414 = JZ 1971, 29 = LM § 433 BGB Nr. 36; v. 17. 5. 1957, VersR 1957, 584; v. 22. 6. 1971, DAR 1972, 16.
85 BB 1970, 1414.
86 LG Lindau 26. 4. 1955, VersR 1955, 428.
87 LG Frankfurt 28. 4. 1989, NJW-RR 1989, 1193; s. auch OLG Frankfurt 8. 6. 1993, NJW-RR 1994, 800.
88 OLG Nürnberg 4. 11. 1987, NJW-RR 1988, 378.
89 OLG Frankfurt 6. 3. 1986, 12 U 73/85, abgedr. bei *Kullmann/Pfister,* Produzentenhaftung, Kz. 7502/1.
90 BGH 13. 7. 1956, VersR 1956, 625.
91 BGH 31. 8. 1951, NJW 1952, 233.

begründet allenfalls eine tatsächliche Vermutung dafür, dass das Fahrzeug den gesetzlichen Anforderungen entspricht.[92] Der Hersteller darf folglich nicht darauf vertrauen, die Zulassungsbehörde werde etwaige Mängel entdecken und die Zulassung verweigern.[93]

963 Aus der Tatsache, dass ein Auto den gesetzlichen Anforderungen entspricht, folgt keineswegs zwingend, dass Konstruktionsfehler ausgeschlossen sind. Den gegenteiligen Standpunkt vertrat das LG Köln.[94] Es versagte einem Geschädigten Ersatzansprüche, der bei einem selbstverschuldeten Unfall verletzt worden war, weil ihm der im Herstellerprospekt als „integrierter Überrollbügel" bezeichnete Teil des Daches keinen Schutz geboten hatte. Der aus gefalztem Blech bestehende Teil des Daches, der keine Konstruktions- und Fabrikationsmerkmale eines Überrollbügels besaß, war beim Überschlag zusammengeknickt und hatte den Kläger an der Schulter getroffen. Einen Konstruktionsfehler verneinte das Gericht u. a. mit folgender Begründung:

> „Ein Konstruktionsfehler liegt vor, wenn ein Produkt nicht den gängigen technischen Anforderungen entspricht. Abzustellen hierbei ist auf die jeweils geltenden Regeln der Technik. Das vom Kläger erworbene Fahrzeug entsprach diesen Regeln, wie auch der Kläger einräumt. In der Bundesrepublik Deutschland müssen nämlich offene Pkw, und zwar auch offene Geländewagen, nicht mit einem Überrollbügel ausgerüstet sein. Ein Überrollbügel kann demnach nicht zu den notwendigen technischen Voraussetzungen gerechnet werden, da die Anforderungen hier nicht schärfer gefasst werden können, als sie sich etwa aus der Straßenverkehrszulassungsordnung ergeben."

Das Urteil verkennt, dass durch § 20 StVZO die öffentlich-rechtliche Kontrolle im Hinblick auf Konstruktion und Ausstattung eines Fahrzeugs sichergestellt, nicht aber dem Hersteller das Risiko einer Fehlkonstruktion abgenommen wird.

b) Fabrikationsfehler

964 Fehler dieses Tpys stammen aus der Fabrikation (Fertigung) und sind auf ungenügende Erfüllung der Fabrikationsverantwortung zurückzuführen. Vom Hersteller wird verlangt, dass er seine Produkte möglichst fehlerfrei fabriziert. Hierzu muss er die erforderlichen personellen und materiellen Voraussetzungen schaffen. Weil bei industrieller Fertigung stets mit einer mehr oder minder großen **Ausreißerquote** gerechnet werden muss, hat der Hersteller die von ihm gefertigten Stücke zu kontrollieren. Umfang und Intensität der Kontrollen bestimmen sich nach der Gefährlichkeit des Produktes unter Beachtung des Verwendungszweckes und nach der vorhersehbaren Fehlerhäufigkeit.[95] Lässt sich eine Fehlerfreiheit nur durch Einsatz von Maschinen bewerkstelligen, gehört deren Anschaffung zu den Organisationspflichten des Herstellers.[96] Technische Anlagen zur Produktsteuerung, Roboter und Computer müssen eine exakte und fehlerfreie Produktion gewährleisten.[97] Sicherzustellen ist eine „beherrschte Fertigung".[98] Dazu gehört bei Kraftfahrzeugen, die in Serie hergestellt werden, eine Endkontrolle, die sich an die Fabrikation unmittelbar anschließt.

965 Betriebs- und Verkehrssicherheit eines Kraftfahrzeugs – und damit Leib und Leben seiner Insassen – hängen entscheidend von den Bremsen, der Lenkung sowie von den Rädern und Reifen ab. Bei Fertigung und Kontrolle dieser Teile muss vom Hersteller ein gesteigertes Maß an Sorgfalt erwartet werden; stichprobenartige Kontrollen reichen hier nicht aus.[99]

---

92 BGH 7. 10. 1986, NJW 1987, 372; v. 9. 12. 1986, NJW 1987, 1009 – Honda; ähnlich schon RG 17. 1. 1940, RGZ 163, 21.
93 BGH 9. 12. 1986, NJW 1987, 1009 – Honda.
94 Urt. v. 19. 2. 1986, 19 S 240/85, n. v.
95 *Schmidt-Salzer,* ProdH. Bd. 3, Rn 4.903.
96 BGH 26. 11. 1968, BGHZ 51, 91 = NJW 1969, 269 – Hühnerpest.
97 *Kullmann,* Probleme der Produzentenhaftung, DAV, 1988, 33, 40.
98 *Beuler,* a. a. O., Fn. 82.
99 BGH 17. 10. 1967, DAR 1968, 17; v. 28. 10. 1958, VersR 1959, 104.

Deliktische Produkthaftung Rn 966–968

Die Kontroll- und Prüfeinrichtungen müssen dem Stand der Technik und den gesetzlichen Bestimmungen entsprechen.[100]

Als **Musterbeispiel** eines Fabrikationsfehlers ist der sog. Schubstreben-Fall zu nennen.[101] **966** Eine im Betrieb eines Fahrzeugteile-Herstellers fehlerhaft geschmiedete Schubstrebe war bei normaler Beanspruchung des Fahrzeugs unter gewöhnlichen Einsatzbedingungen gebrochen, was einen Unfall mit Personenschaden zur Folge hatte.

Weitere Beispiele aus der **Rechtsprechung:** fehlerhafte Montage einer Motorroller-Len- **967** kung,[102] einer Lkw-Lenkung,[103] mangelhafte Schweißung einer Fahrradgabel,[104] Defekt an Fahrradnabe[105] und unzureichende Befestigung einer Hohlschraube an einer Lkw-Kraftstoffanlage.[106] Ein Kfz-Hersteller verletzt seine Organisationspflicht, wenn er für eine neu konstruierte Bremseinrichtung keine neuen Prüfstände zur Verfügung stellt, obwohl auf den bisherigen Prüfständen eine zuverlässige Prüfung nicht mehr möglich ist.[107]

c) Instruktionsfehler

Die Instruktionshaftung[108] spielt bei der Herstellung und dem Vertrieb von Kraftfahrzeu- **968** gen nach mehr als einhundert Jahren Automobil keine so bedeutende Rolle wie z. B. im pharmazeutischen Bereich oder beim Erwerb neuartiger Geräte wie z. B. Computer. Denn die Eigenheiten und typischen Gefahren eines Kraftfahrzeugs, insbesondere von Personenkraftwagen, können angesichts des Führerscheinzwanges, der großen Zahl von Wiederkäufern und allgemein aufgrund des besonderen Verhältnisses der Deutschen zum Auto (des Deutschen „liebstes Kind") als weitgehend bekannt vorausgesetzt werden. Deshalb muss ein **Fahrzeughersteller** die Endabnehmer weder über allgemeines Erfahrungswissen[109] noch über abstrakte Gefahren und normale Verschleißerscheinungen informieren.[110] Dasselbe gilt für Gefahrenquellen, die offen vor Augen liegen.[111] Entbehrlich ist z. B. der Hinweis darauf, dass die Geschwindigkeit eines Kraftfahrzeugs durch Betätigung des Gaspedals erhöht wird. Von selbst versteht sich auch die Wirkungsweise der üblichen Bremsvorrichtungen. Gleiches gilt für das Verhalten von „normalen" (allgemeingebräuchlichen) Kraftfahrzeugen während einer Kurvenfahrt. **Grundkenntnisse** über die Gesetzmäßigkeiten der Physik darf ein Fahrzeughersteller als bekannt voraussetzen. Bei **Sportwagen,** die für den allgemeinen Markt, also nicht für den Motorsport bestimmt sind, kann aufgrund besonderer Umstände, z. B. Aussagen und Anpreisungen in der Werbung, die Verpflichtung des Herstellers bestehen, potenzielle Erwerber über die Leistungsfähigkeit und Leistungsgrenzen gezielt zu informieren, etwa in der Betriebsanleitung. Der BGH[112] hat wiederholt darauf hingewiesen, dass ein Hersteller immer dann, wenn sich aus der Bewerbung eines Produkts durch ihn Einsatzmöglichkeiten ableiten, bei denen sich dieses Produkt – für den Nutzer nicht ohne weiteres erkennbar – als gefährlich erweisen kann, zu Hinweisen und Warnungen verpflichtet ist. Besondere Gefahren für Autofahrer ergeben sich aus der suggestiven Wirkung moderner Präsentationen von Neuerscheinungen auf Automobilmessen und in der TV-Werbung.

---

100 BGH 28. 9. 1970, VersR 1971, 80 = BB 1970, 1414 – Konstruktonsfehler der Bremsanlage.
101 BGH 17. 10. 1967, NJW 1968, 247 = DAR 1968, 17.
102 BGH 15. 3. 1956, VersR 1956, 259.
103 OLG Karlsruhe 4. 3. 1964, BB 1964, 740.
104 BGH 21. 4. 1956, VersR 1956, 410.
105 OLG Dresden 23. 5. 1996, VersR 1998, 59.
106 OLG Frankfurt 10. 2. 1998, r + s 1999, 369.
107 BGH 17. 3. 1981, BGHZ 80, 186; s. auch BGH 28. 9. 1970, BB 1970, 1414 = VersR 1971, 80.
108 Zu den Grundsätzen s. BGH 21. 6. 1999, NJW 1999, 2817 – Papierreißwolf; BGH 9. 6. 1998, NJW 1998, 2905 – Feuerwerkskörper; zusammenfassend *Pötter,* ZfS 1999, 453.
109 BGH 4. 2. 1986, NJW 1986, 1863.
110 OLG Celle 10. 7. 1985, NJW-RR 1986, 25.
111 BGH 17. 5. 1957, VersR 1957, 584.
112 Z. B. NJW 1996, 2224 – Schmiermittel.

969 Auf **Fahranfänger** (Führerscheinneulinge) braucht ein Hersteller von Kraftfahrzeugen nicht besonders Rücksicht zu nehmen. Ein Grundkurs für Führerscheinneulinge ist in der Betriebsanleitung entbehrlich. Erst recht bedarf es keiner speziellen Aufklärungsbroschüre, die einem ungeübten Käufer bei Auslieferung des Fahrzeugs auszuhändigen ist. Grundsätzlich genügt auch hier eine **allgemein gehaltene Instruktion** in Form der marktüblichen **Betriebsanleitungen**. Wer sich an das Steuer eines technisch einwandfreien, dem allgemeinen Sicherheitsstandard genügenden Kraftfahrzeugs setzt, trägt grundsätzlich selbst die Verantwortung dafür, dass er dabei nicht zu Schaden kommt und auch Dritte nicht in Gefahr bringt (Gesichtspunkt der Selbstverantwortung des Verbrauchers, s. dazu auch BVerfG NJW 1997, 249). **Fahrzeughersteller** sind aus Rechtsgründen in der Regel nicht dazu verpflichtet, ihre **Vertragshändler** dazu zu veranlassen, Neufahrzeugkäufer in Bedienung und Technik (mündlich) einzuweisen. Was heute vor Fahrzeugauslieferung allgemein Kundendienst ist (mit zweifelhaftem Instruktionserfolg), geht über das rechtlich Erforderliche hinaus. Eine andere Frage ist es, ob der Letztverkäufer im Einzelfall dazu verpflichtet sein kann, einem erkennbar überforderten Fahrzeugkäufer gezielt „Nachhilfe" zu erteilen, um Gefahren von ihm abzuwenden (dazu Rn 997). Nach der **neueren Rechtsprechung des BGH**[113] müssen auch Fahrzeughersteller nunmehr davon ausgehen, dass für sie neben den Endverbrauchern auch die Letztverkäufer als **Instruktionsadressaten** in Betracht kommen können. Zur eigenen Instruktionsverantwortung von **Vertriebshändlern** s. BGH NJW 1995, 1286.

970 Im Rahmen der Instruktionspflicht hat der Hersteller auch solche **Unvorsichtigkeiten** zu berücksichtigen, mit denen nach der Lebenserfahrung zu rechnen ist. Nur wenn es um die Verwirklichung von Gefahren geht, die sich aus einem vorsätzlichen oder äußerst leichtfertigen **Fehlgebrauch** ergeben, entfällt eine Warn- und Hinweispflicht.[114]

971 Die Instruktionspflicht besteht grundsätzlich nur im Rahmen der Verbrauchererwartung,[115] wobei der Hersteller von Kraftfahrzeugen Inhalt und Umfang seiner Instruktionen aber nach der am wenigsten informierten Benutzergruppe auszurichten hat.[116] Die Sorgfaltspflichten, die der Hersteller bei der Instruktion wahrzunehmen hat, werden durch Gesetze, Rechtsverordnungen und in Bezug genommene technische Regeln konkretisiert, sie enthalten jedoch kein abschließendes Verhaltensprogramm.[117]

972 Bei Fahrzeugen, die mit **Rückhaltesystemen** (Gurten, Airbags, Gurtstraffer) ausgestattet sind, muss der Hersteller darauf hinweisen, dass nach einer gewissen Gebrauchsdauer des Fahrzeugs Teile dieser Einrichtung ausgetauscht und im Falle eines Unfalls mit Airbag-Auslösung die Anlage u. U. komplett erneuert werden muss. Ein besonderes Problem stellt die Deaktivierung von Beifahrer-Airbags dar. In Abstimmung mit den Automobilherstellern, dem TÜV und den Bundesländern hat das Bundesverkehrsministerium Empfehlungen veröffentlicht. Sie richten sich an die Industrie, an die Werkstätten und die Fahrzeughalter (siehe auch § 35a Abs. 8 StVZO). Die turnusmäßige Erneuerung des **Zahnriemens** am Motor muss nicht Gegenstand eines ausdrücklichen Hinweises in der Gebrauchsanleitung sein, wenn der Hersteller in geeigneter Weise hervorgehoben hat, dass die vorgeschriebenen Inspektionen regelmäßig durchzuführen sind.[118] Zur Haftung des Fahrzeugherstellers wegen unzureichender Wartungsrichtlinien in puncto Zahnriemen unter dem Gesichtspunkt der Verletzung der Produktbeobachtungspflicht s. LG München I DAR 1999, 127.

---

113 Urt. v. 9. 6. 1998, NJW 1998, 2905 – Feuerwerkskörper.
114 BGH 18. 5. 1999, NJW 1999, 2815 – Papierreißwolf.
115 BGH 14. 5. 1996, NJW 1996, 2224.
116 BGH 4. 2. 1986, NJW 1986, 1863 – Überrollbügel; BGH 5. 5. 1992, NJW 1992, 2016 – Silokipper; LG Duisburg 24. 1. 1999, DAR 1999, 550 – Gebrauchsanleitung bzgl. Inspektionen; vgl. auch OLG Düsseldorf 29. 11. 1996, NJW 1997, 2333 – Mountain-Bike.
117 BGH 7. 10. 1986, NJW 1987, 372 – Verzinkungsspray.
118 LG Duisburg 24. 1. 1999, DAR 1999, 550.

Deliktische Produkthaftung Rn 973–977

Verschärfte Warnpflichten bestehen, sobald dem Hersteller Gefahrenquellen bekannt werden. So ist z. B. ein Unternehmer, der Anbausätze für Sicherungseinrichtungen von Kraftfahrzeugen herstellt und diese mit Anbauanleitungen in Verkehr gebracht hat, die eine unsachgemäße und sicherheitsgefährdende Montage vorsehen, nach Aufdeckung dieses Sachverhaltes u. a. verpflichtet, in den neuen Anbauanleitungen durch deutliche, nicht zu übersehende Hinweise auf die richtige Montageart aufmerksam zu machen.[119] Zur Produktbeobachtungspflicht und den sich daraus ergebenden Warn- und Hinweispflichten s. Rn 975 ff. 973

Zur Beweislastverteilung und zur Beweisführung im (ursprünglichen) Instruktionsbereich s. Rn 1008. 974

3. Produktbeobachtungspflicht und Rückrufprobleme

Die Pflicht des **Herstellers** zur sachgerechten Instruktion des Produktbenutzers ist nicht das letzte Glied in der Kette der Herstellerpflichten, m. a. W.: Die Gefahrabwendungspflichten enden nicht am Werktor. Sie setzen sich, wie schon das **Reichsgericht** betont hat,[120] nach der Produktauslieferung fort. Allerdings ging es in dem RG-Fall nicht um ein Problem der Produktbeobachtung im heutigen Sinne. Entscheidend war die Frage, welche Pflichten ein Hersteller oder Verkäufer eines Pkw hat, wenn er nach Auslieferung eines Kfz Kenntnis von einem Konstruktionsfehler an der Bremsanlage erlangt. Wer, wenn auch vielleicht unwissend, eine Gefahr für den allgemeinen Verkehr gesetzt hat, muss, sobald er die Gefahr erkennt, alles tun, was ihm den Umständen nach zugemutet werden kann, um sie abzuwenden. Entzieht er sich dem und lässt er einer solchen Gefahr, nachdem er sie erkannt hat, freien Lauf, so verstößt sein Verhalten gegen die guten Sitten. Er haftet deshalb nach **§ 826 BGB**.[121] **Produktbeoachtung,** wie sie heute allgemein verstanden wird, zielt darauf ab, die Kenntnis erst zu gewinnen, um bestehenden Produktgefahren angemessen begegnen zu können. Die **Grundzüge** dieser „nachmarktlichen" Pflicht sind in BGHZ 80, 199 – Apfelschorf II – definiert[122] und vom **BGH** in einer Reihe weiterer Entscheidungen konkretisiert worden.[123] 975

Der **BGH** unterscheidet zwischen **aktiver** und **passiver** Produktbeobachtung(spflicht). Die Pflicht zur aktiven Produktbeobachtung besteht im Aufbau einer Betriebsorganisation zur Beschaffung von Informationen über die Bewährung des Produkts bei seinem Einsatz in der Praxis und deren Auswertung; passive Produktbeobachtung bedeutet demgegenüber die Überprüfung von Beanstandungen des Produktes.[124] Unter die Produktbeobachtungspflicht fallen nicht nur neu eingeführte Produkte, sondern auch diejenigen, die sich auf dem Markt bereits bewährt haben.[125] **In zeitlicher Hinsicht** muss sich die Verpflichtung zur Beobachtung des Produkts – sie setzt ohne konkreten Anlass mit der Auslieferung ein – auf die betriebsgewöhnliche Nutzungsdauer erstrecken. Das ist bei einem Pkw ein Zeitraum von durchschnittlich 12 Jahren. 976

Die Aufmerksamkeit des **Fahrzeugherstellers** hat sich insbesondere, aber nicht nur, auf **sicherheitsrelevante Teile,** wie z. B. die Bremsen, die Reifen, die Lenkung usw., zu richten. Da der Hersteller bei **Neukonstruktionen** trotz gründlicher Erprobung stets damit rechnen muss, dass bei längerer Benutzung Fehler auftreten, hat er durch geeignete Maßnahmen 977

---

119 BGH 4. 2. 1986, NJW 1986, 1863 – Überrollbügel.
120 Urt. v. 17. 1. 1940, RGZ 163, 21 – Bremsanlage.
121 RG 17. 1. 1940, RGZ 163, 21.
122 Dazu und zur weiteren Entwicklung *Birkmann,* DAR 1990, 124; *Kullmann,* BB 1987, 1957; *Kunz,* BB 1994, 450; *Michalski,* BB 1998, 961.
123 Urt. v. 9. 12. 1986, NJW 1987, 1009 – Honda; v. 7. 12. 1993, NJW 1994, 517 – Gewindeschneidemittel; v. 27. 9. 1994, NJW 1994, 3349 – Atemüberwachungsgerät.
124 BGH 7. 12. 1993, NJW 1994, 517 = ZIP 1994, 213; kritisch zu dieser Unterscheidung *Brüggemeier,* JZ 1994, 578; s. auch *Foerste,* NJW 1994, 909.
125 BGH 17. 3. 1981, BGHZ 80, 199 – Apfelschorf II.

Vorsorge zu treffen, dass er über Anzeichen für einen Produktmangel unverzüglich unterrichtet wird.[126]

978 Vom **Autohersteller** wird verlangt, dass er seine Vertragshändler- und Vertragswerkstätten anhand eines Pflichtenkataloges zur Durchführung von Produktbeobachtungsmaßnahmen und Meldung von Produktmängeln verpflichtet. Dazu gehört auch die Beobachtung der Benutzergewohnheiten hinsichtlich des Produktes und seiner Zusatzausstattung sowie die Kontrolle, ob die Bedienungsanleitung sowie Warnhinweise verstanden und befolgt werden. Es muss auch sichergestellt sein, dass der Hersteller über einen etwaigen Fehlgebrauch oder eine Überbeanspruchung des Fahrzeugs informiert wird. Unterlässt der Hersteller Anordnungen in diesem Bereich der Qualitätssicherung, haftet er dem geschädigten Benutzer wegen unzureichender Produktbeobachtung, auch wenn ihn hinsichtlich der Erprobung und der Produktkontrolle im konkreten Fall kein Verschulden trifft.[127]

979 Die Pflicht zur Produktbeobachtung schließt ein, die Entwicklung bei den wichtigsten Konkurrenzprodukten zu verfolgen.[128] Sie erstreckt sich auch auf die von **fremden Firmen** produzierten und gelieferten **Zubehörteile**,[129] selbst wenn der Endprodukthersteller sie nicht eingebaut oder mitgeliefert und deren Einbau auch nicht empfohlen hat. Diese sehr weitgehende Produktbeobachtungspflicht trifft nicht nur den Fahrzeughersteller, sondern auch die in der Bundesrepublik Deutschland ansässige **Vertriebsgesellschaft** eines ausländischen Herstellers.[130] Zur (passiven) Produktbeobachtungspflicht eines **Alleinimporteurs** von Lkw s. auch OLG Frankfurt, r + s 1999, 369 und OLG Frankfurt, NZV 1996, 147 = VersR 1996, 982.

980 Bezüglich **notwendiger Zubehörteile,** die den Betrieb des Fahrzeugs erst möglich machen, und solcher, die konstruktionstechnisch bereits vorgesehen sind, z. B. durch Bohrlöcher, Haltevorrichtungen, genügt es nicht, wenn der Hersteller den Zubehörmarkt nur im Auge behält. Vielmehr muss er die Zubehörteile durch Versuche, Testfahrten o. ä. selbst überprüfen. Reifen, Felgen und auch das Lenkrad sind, wenn überhaupt, notwendiges Zubehör; zum konstruktionstechnisch vorgesehenen Zubehör gehören z. B. Dachgepäckträger, Schneeketten, Antennen, Packtaschen bei Motorrädern. Im Hinblick auf **allgemeingebräuchliche Zubehörteile** verdichtet sich die Pflicht der Produktbeobachtung zu einer Überprüfungspflicht, wenn konkreter Anlass besteht, dass das Zubehörteil in Verbindung mit dem eigenen Produkt dem Benutzer gefährlich werden kann.[131]

981 Die Produktbeobachtungspflicht bei allgemeingebräuchlichen Zubehörteilen, die die Gebrauchs- und Verkehrssicherheit in Frage stellen können, verlangt vom Hersteller schon vor dem Eintreffen der ersten Hiobsbotschaften gewisse Anstrengungen. Er genügt seiner Produktbeobachtungspflicht nicht, wenn er die Zubehörteile lediglich im Auge behält. Vielmehr muss er organisatorisch über Vertrieb, Mitarbeiter usw. sicherstellen, dass er von etwaigen Schadensfällen sofort Kenntnis erhält. Unter Umständen muss er bereits in diesem Stadium stichprobenartige Überprüfungen vornehmen.

982 Welche **Maßnahmen** der **Hersteller** ergreifen muss, wenn er nach Inverkehrgabe einen Fehler seines Produkts erkennt oder sich ein entsprechender Verdacht ergibt, hängt von den Umständen des Einzelfalls ab, insbesondere von dem Ausmaß der Gefahr und der Qualität der auf dem Spiel stehenden Rechtsgüter. **Er muss alles tun, was ihm den Umständen nach**

---

126 *Schmidt-Salzer,* ProdH., Bd. 3, Rn 4.1002; *von Westphalen,* BB 1971, 152, 156; OLG Karlsruhe 22. 6. 1977, VersR 1978, 530.
127 BGH 28. 9. 1970, BB 1970, 1414 – Bremsen.
128 BGH 17. 10. 1989, ZIP 1990, 516.
129 BGH 9. 12. 1986, NJW 1987, 1009 – Honda; BGH 27. 9. 1994, WM 1994, 2288 – Atemüberwachungsgerät.
130 BGH 9. 12. 1986, NJW 1987, 1009 – Honda.
131 BGH 9. 12. 1986, NJW 1987, 1009 – Honda; dazu *Kullmann,* BB 1987, 1957.

zugemutet werden kann, so schon das RG.[132] Nach ihrer Zielrichtung lassen sich **zwei Kategorien** von Sicherheitsmaßnahmen unterscheiden: **Warnungen** und **Hinweise** zur selbstverantwortlichen Gefahrsteuerung auf Seiten des gefährdeten Personenkreises, zum anderen **Rückrufe** bzw. **Austauschaktionen** als direkte Einwirkung auf die Gefahrenquelle.

Warnungen und Hinweise als Ausfluss der Produktbeobachtung können im Einzelfall zur Gefahrbekämpfung genügen. Bei weniger gefährlichen Fehlern sind nach dem **Grundsatz der Verhältnismäßigkeit** die wirtschaftlichen Belange des Herstellers besonders zu berücksichtigen. Drohen nur Sachschäden oder sonstige Vermögensschäden, kann die Abwägung ergeben, dass eine **Rückrufaktion** wirtschaftlich unvertretbar ist. In solchen Fällen genügt der **Hersteller** seiner Gefahrenabwendungspflicht, wenn er die Öffentlichkeit oder den ihm bekannten Erwerberkreis warnt, sobald sich der Verdacht der Gefährlichkeit aufgrund von Untersuchungen verdichtet hat.[133] Das Bestehen einer – nachträglichen – **Warnpflicht** als praktische Konsequenz der Produktbeobachtungspflicht wird – im Gegensatz zur **Rückrufpflicht** (dazu Rn 986 ff.) – allgemein anerkannt.[134] Zur Warnung ist der für die Verkehrssicherung verantwortliche Unternehmer auch dann verpflichtet, wenn er den Fehler nicht verschuldet hat.[135] Auslöser nachmarktlicher Warn- und Hinweispflichten ist das nachträgliche Erkennen einer konkreten Produktgefahr, die abzuwenden im Einflussbereich des Produktverantwortlichen liegt.[136] Das Unterlassen gebotener Warnhinweise kann schadensersatzpflichtig machen, wie der Bundesgerichtshof in einer Reihe von Entscheidungen festgestellt hat (z. B. BGHZ 80, 199 = NJW 1981, 1606 – Apfelschorf; BGHZ 99, 167 = NJW 1987, 1009 – Honda; BGH NJW-RR 1995, 342 – Gewindeschneidemittel II).[137] Nach Ansicht des LG München I haftet ein Fahrzeughersteller wegen Verletzung der Produktbeobachtungspflicht, wenn er in seinen Wartungsrichtlinien nicht auf die Notwendigkeit turnusmäßiger Erneuerung bzw. Überprüfung des **Zahnriemens** hinweist.[138]

Die **Warnung** muss detailliert unter Darstellung der erforderlichen Schutzmaßnahmen erfolgen, damit der Benutzer des Produkts die drohenden Gefahren und Risiken in ihrer ganzen Tragweite hinreichend genau abschätzen und ihnen selbstverantwortlich begegnen kann.[139] Hinweise, die der Gefahrvermeidung dienen, sind besonders kenntlich zu machen durch räumliche Trennung vom übrigen Text, durch Rahmung, Fettschrift, Unterstreichung oder Hinweise wie „Vorsicht oder Achtung". Angesichts des internationalen Benutzerkreises erscheinen bei Kraftfahrzeugen Piktogramme besondes informativ. Warnhinweise dürfen auf keinen Fall zwischen Werbung, Anwendungsvorschlägen usw. verschwinden.[140] Es kann genügen, die Vertragshändler zu informieren, damit sie sich der Sache bei der nächsten Inspektion annehmen. Je nach Grad der Gefährdung und des Umfangs des Wartungsintervalls kann aber eine zusätzliche Information des Endabnehmers geboten sein.[141]

Bei drohenden Gesundheits- und Körperschäden entsteht die **Warnpflicht** bereits bei einem **ernst zu nehmenden, wenn auch nicht dringenden Verdacht**.[142] Falls ein einwandfreies Produkt lediglich mit fehlender oder fehlerhafter Instruktion in Verkehr gebracht

---

132 Urt. v. 17. 1. 1940, RGZ 163, 21.
133 BGH 17. 3. 1981, NJW 1981, 1603 – Apfelschorf I.
134 BGHZ 99, 167 = NJW 1987, 1009 – Honda.
135 BGH 17. 3. 1981, NJW 1981, 1603 – Apfelschorf I.
136 Ausführlich dazu *Rettenbeck,* Die Rückrufpflicht in der Produkthaftung, 1994 S. 70 ff.
137 Zur Beweislastverteilung s. Rn 1009.
138 Urt. v. 7. 10. 1998, DAR 1999, 127; vgl. auch LG Duisburg 24. 1. 1999, DAR 1999, 550.
139 BGH 7. 10. 1986, NJW 1987, 372 – Verzinkungsspray.
140 BGH 9. 12. 1986, BGHZ 99, 167 = NJW 1987, 1009 – Honda.
141 Vgl. OLG Frankfurt 24. 10. 1995, NZV 1996, 147 = VersR 1996, 982 – erforderliche Umrüstung einer Lkw-Kraftstoffanlage.
142 BGH 17. 3. 1981, NJW 1981, 1603 – Apfelschorf I; BGH 27. 9. 1994, NJW 1994, 3349 – Atemüberwachungsgerät.

worden ist und dies bei der Produktbeobachtung erkannt wird, lässt sich die Gefahr in der Regel durch Nachlieferung einer vollständigen und richtigen Instruktion beseitigen.[143] Zu Lasten des Herstellers geht das Risiko, dass die der Gefahrenbeseitigung dienende Instruktion den Benutzer nicht oder nicht rechtzeitig erreicht.[144]

986   **Rückrufpflicht:** Wenn und soweit eine Warnung bzw. ein Hinweis zur Erfüllung der Gefahrabwendungspflicht genügt, ist ein Rückruf des Produkts nicht erforderlich. Er wäre **unverhältnismäßig.** Unter welchen tatsächlichen Voraussetzungen sich die Gefahrabwendungspflicht zur Rückrufpflicht verdichtet, ist in der **Rechtsprechung** noch nicht geklärt, weder allgemein noch im Hinblick auf die besondere Situation im Kfz-Bereich.[145] Bislang ist kein einziger Fahrzeughersteller oder sonstiger Träger der Produktverantwortung (Zulieferer, Importeur) mit der Begründung zum Schadensersatz verurteilt worden, er habe eine bestehende Rückrufpflicht verletzt. Erst recht ist es noch keinem Betroffenen gelungen, einen (Individual-)Anspruch auf Rückruf (Rücknahme) eines Automobils gerichtlich durchzusetzen. Die von der Rechtsprechung entschiedenen Fälle waren meist so gelagert, dass Zulieferer von schadhaften Teilen von ihren Abnehmern auf **Ersatz von Rückrufkosten** in Anspruch genommen wurden. Es ging also um **Regresslagen** und ähnliche Konstellationen.[146] In seinem Beschluss vom 18. 3. 1986[147] hat der **BGH** offen gelassen, ob und gegebenenfalls unter welchen Voraussetzungen den Abnehmern technischer Geräte gegen den Hersteller eines zu deren Fabrikation verwendeten Zulieferteils deliktische Ansprüche auf Rückruf und Austausch zustehen, wenn ihnen aufgrund von Mängeln des Zulieferteils Schäden entstehen können. Soweit lediglich das Äquivalenzinteresse betroffen und der Eintritt weitergehender Schäden nicht ernsthaft zu befürchten ist, besteht ein Rückrufanspruch nach **Ansicht des BGH** nicht.[148]

987   Zu unterscheiden ist zwischen **repressivem** Rückruf – Rechtsgutsverletzung ist schon eingetreten – und dem **präventiven** Rückruf.[149] Schwerpunktmäßig geht es bei dem Produktrückruf um Prävention und damit um einen Sachverhalt, der nicht unter die Zuständigkeit der §§ 823, 249 BGB fällt. Unterschieden wird ferner zwischen der **Verkehrspflicht** zum Rückruf – bei Verletzung Haftung aus § 823 I BGB, ggf. auch aus § 823 II BGB i. V. m. § 6 ProdSG – und dem **Anspruch** des Eigentümers bzw. Benutzers auf Rückruf des fehlerhaften bzw. fehlerverdächtigen Produkts.[150]

988   Ein dem Käufer zustehender **Individualanspruch** auf Beseitigung eines Fahrzeugmangels, der das Äquivalenz- und Nutzungsinteresse des Erwerbers beeinträchtigt, besteht lediglich im Rahmen kaufrechtlicher Gewährleistung (Nachbesserung) und (selbstständiger) Garantieverpflichtungen. Um eine deliktsrechtliche Handlungspflicht auszulösen, muss das Integritätsinteresse des Eigentümers/Benutzers oder eines Dritten betroffen sein. Darüber herrscht im Grundsatz Einigkeit. Strittig ist, ob die Rückrufpflicht auf Fälle drohender

---

143 BGH 4. 2. 1986, NJW 1986, 1863 – Überrollbügel.
144 *Rolland*, Produkthaftungsrecht, Teil II, Rn. 47.
145 Dazu *Bodewig*, DAR 1996, 341 mit Nachw. der umfangreichen Literatur; allgemein zur Rückrufproblematik *Rettenbeck*, Die Rückrufpflicht in der Produkthaftung, 1994; *Bodewig*, Habil.-Schrift 1995/1996.
146 Vgl. BGH 12. 2. 1992, NJW 1992, 1275 – Ersatz von Nachbesserungs-, nicht Rückrufkosten; OLG Karlsruhe 30. 5. 1985, VersR 1986, 1125 mit Nichtannahmebeschluss des BGH v. 18. 3. 1986, VersR 1986, 1127; OLG München 4. 3. 1992, VersR 1992, 1135 = OLGR 1992, 51; OLG Karlsruhe NJW-RR 1995, 594; OLG Düsseldorf 31. 5. 1996, NJW-RR 1997, 1344; OLG München 18. 2. 1998, NJW-RR 1999, 1657.
147 VersR 1986, 1125, 1127.
148 Beschluß v. 18. 3. 1986, VersR 1986, 1125, 1127; Urteil vom 12. 2. 1992, NJW 1992, 1225, 1227 unter Ziff. 4.
149 Rechtsgutsverletzung steht unmittelbar bevor.
150 Vgl. *Foerste* in: Produkthaftungshandbuch, Bd. 2, § 39 Rn 1; kritisch zu dieser Unterscheidung nach Pflicht und Anspruch *Michalski*, BB 1998, 964.

Personenschäden zu beschränken ist (vgl. § 9 ProdSG) oder ob sie auch bei reinen Sachschäden einsetzen muss, gegebenenfalls an dem unsicheren Produkt selbst (Stichwort „Weiterfresserschaden"). Eine Differenzierung auf der Rechtsgüterebene erscheint nicht sachgerecht. Filter- und Steuerungsfunktion haben die Gesichtspunkte der Erforderlichkeit, der Zumutbarkeit und der Verhältnismäßigkeit.

Während die deliktsrechtliche Rückrufpflicht des Produktherstellers im Grundsatz anerkannt ist,[151] lehnt die h. M. einen damit korrespondierenden Inidividualanspruch auf Erfüllung dieser Pflicht ab, und zwar sowohl zur Schadensverhütung als auch zur Mängelbeseitigung.[152] Das OLG Düsseldorf[153] scheint zwar die Existenz eines Anspruchs zu bejahen („deliktischer Rückruf- und Austauschanspruch gegen den Hersteller"). Die Frage der Anspruchsinhaberschaft war indes für die Entscheidung unerheblich, weil eine Regressforderung im Streit war. **989**

Im Kfz-Bereich haben Rückrufaktionen trotz generell verbesserter Verkehrs- und Betriebssicherheit erheblich zugenommen. Von 50 Rückrufen im Jahr 1995 ist die Zahl auf 87 im Jahr 1999 angestiegen.[154] Diese Entwicklung hat mehrere Gründe: kürzere Modellzyklen mit entsprechend kürzeren Konzeptphasen bei gleichzeitiger Zunahme innovativer Einrichtungen wie Airbags u.a.; stärkere Modellvielfalt mit entsprechend größerer Fehleranfälligkeit im Konstruktions- und Fabrikationsbereich, ferner die Verbreiterung der Produktpalette bei einigen Herstellern wie z. B. Daimler-Chrysler (A-Klasse, Smart) und Audi (TT). Zudem verfolgen die Hersteller und Importeure von Pkw/Kombis seit einigen Jahren eine **offensive Rückrufpolitik.** „Rückrufe sind salonfähig geworden", so *A. Demmel* vom ADAC.[155] Infolgedessen läuft **§ 9 ProdSG** mit dem behördlich angeordneten Rückruf leer. Soweit ersichtlich, ist noch kein einziger Pkw auf der Grundlage dieser Vorschrift zurückgerufen worden. Auf die deliktsrechtliche Verantwortlichkeit des Herstellers bzw. Importeurs ist § 9 ProdSG ohne Einfluss.[156] Verfehlt wäre die Annahme, ein Hersteller könne mit einem objektiv notwendigen Rückruf warten, bis die zuständige Behörde aktiv wird. Eher theoretisch erscheint die Möglichkeit, dass ein Endverbraucher einen Anspruch gegen die Behörde auf Einschreiten hat.[157] Insgesamt lässt sich feststellen, dass die Kfz-Rückrufproblematik jedenfalls im Verhältnis zwischen Fahrzeughersteller/Importeur einerseits und dem gefährdeten Personenkreis andererseits aus einer Reihe von faktischen Gründen bei weitem nicht die Bedeutung hat, die ihr im Schrifttum seit Mitte der siebziger Jahre beigemessen wird. **990**

4. Der aus deliktischer Produkthaftung verantwortliche Personenkreis

Die einschränkende Umschreibung des haftenden Personenkreises in § 4 ProdHaftG gilt nicht für die deliktische Haftung nach § 823 I BGB.[158] Wer insoweit als Haftender in Betracht kommt, ist unabhängig davon zu bestimmen. Zu den Trägern der haftungsrechtlichen Produktverantwortung im Kfz-Bereich s. *Kremer,* DAR 1996, 134. **991**

Herstellerverantwortung: Gefahrabwendungspflichten treffen in erster Linie den **Hersteller,** also denjenigen, der das Produkt in eigener Verantwortung industriell oder handwerklich **992**

---
151 Näheres bei *Foerste* in: Produkthaftungshandbuch, Bd. 1, § 24 Rn 258 ff.; *ders.,* a. a. O., Bd. 2, § 39 mit umfangreichen Nachweisen.
152 OLG München 18. 2. 1998, NJW-RR 1999, 1657 (ohne nähere Begründung); *Foerste* in: Produkthaftungshandbuch, Bd. 2, § 39; s. auch *Vieweg/Schrenk,* Jura 1997, 561; *Spindler,* NJW 1999, 3741; *Bodewig,* DAR 1996, 341.
153 Urt. v. 31. 5. 1996, NJW-RR 1997, 1344.
154 Auto Bild v. 7. 1. 2000.
155 Auto Bild v. 7. 1. 2000.
156 Allgemein zur Bedeutung des ProdSG für die Produkthaftung *Wagner,* BB 1997, 2541; *Foerste* in: Produkthaftungshandbuch, Bd. 2, § 91 Rn 1 ff.
157 Dafür *Vieweg/Schrenk,* Jura 1997, 561.
158 BGH NJW 1993, 655, 656.

anfertigt und in Verkehr bringt. Der Warenhersteller trägt grundsätzlich die **weitestgehende** (umfassende) Verantwortung für einen Produktfehler, der in seinem „Tätigkeits- und Wissensbereich" entstanden ist,[159] und zwar von der Konzeptphase bis zur Fertigung und sogar darüber hinaus (Produktbeobachtungspflicht). Zu den Einzelpflichten von Fahzeugherstellern im Konstruktions-, Fabrikations-, Instruktions- und Beobachtungsbereich s. Rn 959 ff.

993 Für den Hersteller eines Endprodukts mit hohem Qulitätsanspruch ist der Qualitätsstand der Zulieferteile von vitaler Bedeutung. Mehr als 50% der Einzelteile eines Pkw werden von Lieferanten (Zulieferern) eingekauft, Tendenz steigend. Heutzutage werden mehr und mehr komplette Systeme (Baugruppen) direkt ans Band geliefert (z. B. Armaturenbretter, Achsen, Lenkungen und Bremsen). Oftmals werden diese Systeme von den Zulieferern selbst in die Fahrzeuge eingebaut. Der Aufstieg von Zulieferern zu so genannten **Systempartnern** verlangt eine Neuverteilung der Verantwortungssphären.

Grundsätzlich fällt es in den Verantwortungsbereich des jeweiligen Folge- und Endherstellers, die für den eigenen Fertigungsprozess geeigneten Materialien auszuwählen.[160] Das **Verwendungsrisiko** liegt bei ihm als dem Käufer. Er ist – unabhängig von § 377 HGB – verpflichtet, **Zulieferteile** im Hinblick auf ihre Verwendbarkeit und ihre fehlerfreie Beschaffenheit zu überprüfen.[161] Umfang und Intensität der **Prüfungspflichten** lassen sich nicht generell festlegen, maßgebend sind die Umstände des Einzelfalls. Wegen der Arbeitsteilung bei der industriellen Fertigung sind die Kontrollpflichten des **Endproduktherstellers** im Allgemeinen wesentlich strenger als die des Teileherstellers. Eine vollständige Wiederholung aller Kontrollmaßnahmen wird dem Hersteller des Endproduktes nicht abverlangt, da dies unwirtschaftlich wäre und vielfach seine fachliche Kompetenz übersteigen würde. Ein gesteigertes Maß an Sorgfaltspflichten trifft den Endprodukthersteller dann, wenn Einzelteile nach seinen Vorgaben von einem sog. Auftragsfertiger hergestellt werden.[162] Falls die Tätigkeit des Endproduktherstellers vornehmlich darin besteht, von Spezialfirmen angelieferte Teile zusammenzubauen, kann die Eigenhaftung des Endherstellers u. U. völlig entfallen, weil seine Kontroll- und Überprüfungspflichten im Hinblick auf etwaige Konstruktions- und Fabrikationsmängel der zugelieferten Teile im Vergleich zu denen des Zulieferers abgeschwächt sind.[163] Bezieht der Hersteller des Endproduktes Teile von einer als zuverlässig bekannten Zulieferfirma, welche die Qualität und Tauglichkeit ihrer Produkte bescheinigt, reduziert sich die Pflicht des Herstellers auf die Prüfung, ob die Lieferung der Bestellung entspricht.[164] Zur Abgrenzung der Verantwortungsbereiche zwischen Endhersteller des kompletten Fahrzeugs oder von Einzelteilen wie einer Zentralverriegelung und dem jeweiligen Vorlieferanten s. auch BGH NJW 1996, 2224 (Haftung eines Schmiermittelherstellers); BGH NJW 1992, 1225 – Kondensatoren und BGH NJW 1998, 1942 – Transistoren.

Schon im Vorfeld hat der **Endprodukthersteller** dafür zu sorgen, dass er grundsätzlich nur solche Teile erwirbt, die nach Einfügung in sein Produkt oder in Verbindung mit ihm für den späteren Benutzer nicht gefährlich werden können. Die Verhaltenspflichten in diesem Stadium fasst der BGH in dem Urteil vom 27. 9. 1994, NJW 1994, 3349 zusammen (Atemüberwachungsgerät).

994 **Zulieferer-Verantwortung:** Der **Zulieferer von Fahrzeugteilen,** die er selbst produziert hat, ist auch deliktsrechtlich Hersteller. Wie jeder Produzent hat er dafür einzustehen, dass das von ihm gefertigte Produkt im Rahmen des bestimmungsgemäßen Gebrauchs auch in der Weiterverarbeitung durch andere in vollem Umfang fehlerfrei und ohne Gefährdung des Eigen-

---

159 St. Rspr., z. B. BGH NJW 1994, 517 unter II, 2b, aa.
160 BGH 14. 5. 1996, NJW 1996, 2224.
161 BGH 14. 6. 1977, BB 1977, 1117; *Rolland,* Produkthaftungsrecht, Teil II, Rn 71.
162 BGH 3. 6. 1975, NJW 1975, 1827.
163 BGH 14. 6. 1977, BB 1977, 1117; OLG München 16. 5. 1955, VersR 1955, 410.
164 OLG Köln 15. 3. 1989, NJW-RR 1990, 414.

Deliktische Produkthaftung

tums Dritter eingesetzt werden kann.¹⁶⁵ Das hat zur Konsequenz, dass er sowohl dem Abnehmer seines Produkts als auch dem Endabnehmer des Fahrzeugs deliktisch haften kann.¹⁶⁶

Der Unternehmer, der auftragsgemäß nur die Fabrikation einzelner Produkte oder Produktteile für den Endprodukthersteller nach dessen Vorgaben hinsichtlich Konstruktion und Materialauswahl übernimmt, trägt in erster Linie die Fabrikationsverantwortung. Sorgfaltspflichten im Sinne einer die Konstruktion des Einzelteils betreffenden Gefahrenabwehr entstehen für ihn aber nicht nur, wenn die Konstruktion Fabrikationsfehler zur Folge haben kann. Vielmehr muss er zur Gefahrenabwehr auch immer dann beitragen, wenn die Gefährlichkeit der Konstruktion für ihn erkennbar ist und Grund zu der Annahme besteht, dass der für die Konstruktion Verantwortliche keine ausreichende Vorsorge getroffen hat.¹⁶⁷ 995

Importeure, Vertriebsgesellschaften, Vertriebshändler: Nicht nur Endprodukt- und Teilehersteller sowie die so genannten Quasi-Hersteller sind produktrechtlich verantwortlich. Auch **andere** in den Warenabsatz eingeschaltete **Unternehmen** können sich wegen Verletzung von Verkehrssicherungspflichten schadensersatzpflichtig machen. Je nach Funktion werden ihnen unterschiedliche Pflichtenstellungen zugewiesen. Ausgehend von der Überlegung, dass die deliktische Haftung nicht nur an die „Herstellung", sondern ebenso an das „In-Verkehr-Bringen" anknüpft, wird die Forderung erhoben, auch **Vertriebsgesellschaften** und **Importeure,** selbst **Vertriebshändler** in die deliktische Produkthaftung stärker als bisher einzubeziehen.¹⁶⁸ Diese Unternehmen haften aber grundsätzlich nur für die Verletzung **händlerspezifischer Verkehrspflichten** im Bereich des Warenabsatzes. Selbst mit dem Hersteller verbundene **Vertriebsgesellschaften** können deliktsrechtlich mit diesem nicht gleichgestellt werden.¹⁶⁹ 996

Händlerverantwortung: Nach § 5 ProdSG hat der Händler dazu beizutragen, dass nur sichere Produkte in den Verkehr gebracht werden. Verletzt er diese Pflicht, kann er seinem Kunden nicht nur kaufvertragsrechtlich, sondern auch nach § 823 I BGB oder gemäß § 823 II BGB i. V. m. § 5 ProdSG zum Schadensersatz verpflichtet sein.¹⁷⁰ Bei Kenntnis der Gefahrensituation kommt zudem eine Haftung nach § 826 BGB in Betracht. Ist das vom Händler ausgelieferte Fahrzeug fehlerfrei und sicher, ist ein Unsicherheitsfaktor aber in der Person des Käufers begründet, können ihn Fürsorge- und Schutzpflichten treffen. Eine spezifische Gefahrenquelle für **Kraftfahrzeughändler** besteht darin, dass ein Auto in die Hand einer Person gelangen kann, die seine Gefahren nicht zu beherrschen versteht und damit Unheil anrichtet. Dieser Gefahr muss der für das Fahrzeug Verantwortliche auch bei dessen Verkauf in zumutbarer Weise begegnen.¹⁷¹ Für Fehler im **Konstruktions- und Herstellungsbereich** braucht der Händler grundsätzlich nicht einzustehen, da der Produzent weder sein Erfüllungs- oder Verrichtungsgehilfe noch sein Organ ist.¹⁷² Eine **Prüf- und Untersuchungspflicht** trifft den Händler nur, wenn aus besonderen Gründen dazu Anlass besteht.¹⁷³ Insgesamt gilt: Die deliktische Haftung des Handels für Verletzung von **Vertriebspflichten** ist noch weitgehend ungeklärt, was wohl an der Schwierigkeit liegt, die Vertriebsfehler, d. h. die Pflichten der Vertriebshändler, zu definieren. Die für Herstellungsfehler typische Schuldvermutung gibt es für Vertriebsfehler nicht.¹⁷⁴ 997

---

165 BGH 14. 5. 1996, NJW 1996, 2224.
166 BGH 17. 10. 1967, DAR 1968, 17 – Schubstrebe.
167 BGH 9. 1. 1990, ZIP 1990, 514.
168 *Kossmann,* NJW 1984, 1664; *Weitnauer,* NJW 1968, 1593; zur Händlerhaftung vor allem *Möllers,* JZ 1999, 24; *Johannsen/Rademacher,* BB 1996, 2636.
169 *Kullmann,* Aktuelle Rechtsfragen der Produkthaftpflicht, 4. Aufl., 1993, S. 62 f. mit Rspr.
170 Einzelheiten zur Händlerhaftung bei *Möllers,* JZ 1999, 24 ff.
171 Grundsätzliches dazu in BGH NJW 1979, 2309; s. auch BGH JZ 1999, 48.
172 BGH 21. 6. 1967, NJW 1967, 1903; v. 5. 5. 1981, NJW 1981, 2250.
173 St. Rspr., zur Untersuchungspflicht des Gebrauchtfahrzeughändlers s. Rn 1901.
174 *Kossmann,* NJW 1984, 1664; *Weitnauer,* NJW 1968, 1593; neuerdings *Möllers,* JZ 1999, 24.

998 **Importeurhaftung:** Der Importeur ausländischer Kraftfahrzeuge steht dem Hersteller nicht gleich; er haftet nicht als Quasi-Hersteller, wenn er wie ein Hersteller auftritt,[175] auch dann nicht, wenn zwischen ihm und dem Hersteller eine wirtschaftliche Verflechtung besteht. Selbst konzerneigene **Vertriebsgesellschaften,** die an Stelle des ausländischen Herstellers die ABE nach § 20 StVZO erhalten haben, sind für Konstruktions- und Fabrikationsfehler grundsätzlich nicht nach § 823 BGB haftbar.[176]

Bezieht ein Importeur die Waren von einem großen und renommierten Auslandsunternehmen, darf er sich darauf verlassen, dass sie von ihrer Konstruktion her ausreichend Sicherheit bieten.[177] Zur **Untersuchung** der Ware auf gefahrenfreie Beschaffenheit ist der Importeur nur verpflichtet, wenn hierzu aus besonderen Gründen Anlass besteht, z. B. bei der Einfuhr von Gütern aus Entwicklungsländern oder einem Staat mit niedrigerem technischem Standard, als er in Deutschland besteht.[178] Allein die Tatsache, dass die Ware aus einem Nicht-EU-Land stammt, begründet noch keine Untersuchungspflicht des Importeurs.[179] Andererseits ist es ohne weiteres möglich, dass erhöhte Sorgfalts- und Überprüfungspflichten im Hinblick auf solche Produkte bestehen, die aus EU-Mitgliedsstaaten eingeführt werden, wenn hierfür besondere Gründe bestehen. Eine besondere Pflichtenstellung haben auch Alleinimporteure, z. B. im Hinblick auf die Pflicht zur **Produktbeobachtung.**[180] Zumindest die Pflicht zur sog. passiven Produktbeobachtung hat ein Importeur, der ein im Ausland (incl. EU-Staaten) hergestelltes Produkt einführt und hier mit eigenem Markenzeichen in den Verkehr bringt.[181]

Durch die Bestimmungen des Gerätesicherheitsgesetzes, die als Schutzgesetze im Sinne von § 823 Abs. 2 BGB gelten, wird der Importeur haftungsrechtlich nicht ohne weiteres einem Hersteller gleichgestellt. Allerdings muss sich der Importeur vergewissern, dass die von ihm eingeführten Produkte den anerkannten Regeln der Technik sowie den einschlägigen DIN-Normen, VDE-Bestimmungen usw. entsprechen. Für verborgene oder schwer entdeckbare Konstruktionsfehler trifft ihn mangels Untersuchungspflicht regelmäßig keine Haftung. Für Schäden, die auf Fabrikationsmängeln beruhen, muss er nur einstehen, falls **begründeter Anlass** zur Untersuchung der Ware bestanden hat. Der im Schrifttum[182] erhobenen Forderung nach verschärften Verhaltenspflichten des Importeurs im Hinblick auf Konstruktions- und Fertigungsmängel wurde vom BGH[183] nicht entsprochen. Er verweist auf das Übereinkommen über die gerichtliche Zuständigkeit und die Vollstreckung gerichtlicher Entscheidungen in Zivil- und Handelssachen vom 1. 2. 1973, das seiner Meinung nach eine ausreichende Rechtsverfolgung gegen den Hersteller ermöglicht. Soweit es um die Einfuhr aus sog. Drittstaaten geht, z. B. Fahrzeuge aus Japan oder Korea, hat § 4 Abs. 2 ProdHaftG den Verbraucherschutz zusätzlich verstärkt (s. Rn 927).

5. Geschützte Rechtsgüter, insbesondere der Schutz des Eigentums

999 **Grundvoraussetzung** für einen Anspruch aus § 823 Abs. 1 BGB ist die Verletzung eines der in dieser Vorschrift genannten Rechtsgüter: Leben, Körper, Gesundheit, Freiheit, Eigentum oder ein „sonstiges Recht". Im Kraftfahrzeugbereich, der „eigentlichen Heimat" *(Diede-*

---

175 BGH 7. 12. 1993, NJW 1994, 517 = ZIP 1994, 213.
176 Dazu *Kullmann,* Aktuelle Rechtsfragen der Produkthaftpflicht, 4. Aufl., 1993, S. 62 mit Nachw. aus der Rspr.; *ders.,* Probleme der Produzentenhaftung, DAV, 1988, S. 33, 43 f.
177 BGH 11. 12. 1979, NJW 1980, 1219 – Klappfahrrad.
178 LG Frankfurt 24. 3. 1986, NJW-RR 1986, 658.
179 OLG Zweibrücken 27. 4. 1987, NJW 1987, 2684.
180 BGH 7. 12. 1993, NJW 1994, 517 = ZIP 1994, 213 m. w. N.; OLG Frankfurt 10. 2. 1998, r+s 1999, 369 – Lkw.
181 BGH NJW 1994, 517, JZ 1994, 574 m. krit. Anmerkung *Brüggemeier;* BGH NJW-RR 1995, 342.
182 *Kossmann,* NJW 1984, 1664.
183 Urt. v. 11. 12. 1979, NJW 1980, 1219; Urt. v. 7. 12. 1993, NJW 1994, 517.

Deliktische Produkthaftung

richsen) der deliktischen Produkthaftung, geht es vorwiegend um den Schutz immaterieller und materieller **Integritätsinteressen.** Aufgabe des Deliktsrechts ist es nicht, Verkehrserwartungen, insbesondere Nutzungs- und Werterwartungen, zu schützen (sog. Nutzungs- und Äquivalenzinteresse).[184] Das ist Sache des Vertragsrechts. Deliktische Verkehrspflichten haben demgegenüber zum Ziel, das so genannte Integritätsinteresse zu schützen, also das Interesse am unversehrten Bestand bestimmter Rechtsgüter.[185] Diese unterschiedlichen Schutzrichtungen zu trennen, macht vor allem mit Blick auf den Tatbestand der **Eigentumsverletzung** (§ 823 I BGB) beträchtliche Schwierigkeiten, wie vor allem die Diskussion über die Fälle mit so genannten „Weiterfresserschäden" zeigt (dazu Rn 1002 ff.).

a) Der Tabestand der Eigentumsverletzung (§ 823 I BGB)

In einer Reihe jüngerer Entscheidungen hat der **BGH** den Tatbestand der Eigentumsverletzung präzisiert und gegen den Begriff der Sachbeschädigung in § 1 Abs. 1 S. 1 ProdHaftG abgegrenzt.[186] Nach seiner **ständigen Rechtsprechung** setzt eine Eigentumsverletzung **keinen Eingriff in die Substanz** der Sache voraus. Auch Beeinträchtigungen, die keine Veränderung der Substanz im physikalischen Sinn bedeuten, können deliktsrechtlich relevant sein, z. B. Verschmutzungen, Verunreinigungen, Verrußungen bei Bränden und ähnliche Erscheinungen können als Eigentumsverletzung angesehen werden, sofern dadurch der **bestimmungsgemäße Gebrauch** der Sache nicht unerheblich beeinträchtigt worden ist.[187] Den vorläufigen Endpunkt dieser Judikatur[188] markiert der „Transistoren-Fall".[189] Eine unmittelbare Beeinträchtigung des bestimmungsgemäßen Gebrauchs kann demnach bereits den Tatbestand der Eigentumsverletzung begründen. Damit lässt sich das Integritätsinteresse vom Äquivalenz- und Nutzungsinteresse praktisch nicht mehr trennen.

1000

Da § 823 Abs. 1 BGB an die **Verletzung** des Eigentums anknüpft, kommt es für die deliktische Haftung nicht auf den Zeitpunkt der schadensstiftenden Handlung an. Derjenige, der im **Zeitpunkt des Unfalls** Fahrzeugeigentümer ist, hat daher bei einer unsachgemäßen Reparatur einen Anspruch aus § 823 I BGB, selbst wenn er zur Zeit der Reparatur noch nichts mit dem Auto zu tun hatte.[190]

Für den Tatbestand der Eigentumsverletzung ist es unerheblich, wie lange und für welche Zwecke der Eigentümer die Sache im Besitz hatte und ob die eigentliche Gebrauchsbeeinträchtigung bei seinem Abnehmer bzw. Auftraggeber eingetreten ist.[191]

Eine Eigentumsverletzung kann auch dadurch verursacht werden, dass ein Endprodukthersteller **mangelhafte Teilprodukte** mit einwandfreien Teilprodukten zu einer neuen (Gesamt-)Sache verbindet. Verhältnismäßig unproblematisch ist dabei die Konstellation, dass schon durch das Zusammenfügen Schäden an dem bis dahin unversehrten (Teil-)Produkt entstanden sind. Dann haftet der für den Fehler verantwortliche Unternehmer in gleicher Weise wie zum Beispiel der Hersteller eines **Kfz-Ersatzteils,** dessen schädliche Eigenschaften sich nach dem Einbau in ein Fahrzeug ausgewirkt haben.[192] Eine „neue deliktsrechtliche

1001

---

184 BGH (VIII. ZS) 12. 2. 1992, BGHZ 117, 183 = NJW 1992, 1225.
185 BGH 18. 1. 1983, BGHZ 86, 256 = NJW 1983, 810.
186 Urt. v. 6. 12. 1994, NJW-RR 1995, 342 – Gewindeschneidemittel II; v. 7. 12. 1993, NJW 1994, 517 – Gewindeschneidemittel I; v. 16. 2. 1993, NJW-RR 1993, 113 – Jungprimeln; v. 31. 3. 1998, NJW 1998, 1942 – Transistoren.
187 BGH 7. 12. 1993, NJW 1994, 517 = JZ 1994, 574 mit krit. Anm. *Brüggemeier* – Gewindeschneidemittel I.
188 Weitere Nachweise bei *von Westphalen,* MDR 1998, 805.
189 BGH NJW 1998, 1942.
190 BGH 15. 12. 1992, NJW 1993, 655 – Handbremse.
191 BGH 6. 12. 1994, NJW-RR 1995, 342 – Gewindeschneidemittel II.
192 Zu dieser Fallgruppe gibt es eine gefestigte Rechtsprechung, s. die Nachweise in BGHZ 117, 183, 188 = NJW 1992, 1225 – Kondensatoren.

Haftungsdimension"[193] weist demgegenüber die folgende Konstellation auf: Nicht der Ein- oder Anbau mangelhafter Teile, sondern erst später vorgenommene Reparaturarbeiten an der Gesamtsache haben bis dahin unversehrte Teile in Mitleidenschaft gezogen. Beispiel: Ein Hersteller elektronischer Regler für ABS-Bremsanlagen baute schadhafte **Kondensatoren** ein. Da die Bremsanlagen nicht funktionierten, mußte er die Regler zurücknehmen. Beim Auswechseln der schadhaften Kondensatoren entstanden Schäden an anderen Teilen der Regler. Der BGH[194] hat eine Eigentumsverletzung bejaht. Ausdrücklich offen hat er gelassen, ob diese Verletzung „bereits durch die Verbindung mit den fehlerhaften Kondensatoren oder erst mit deren Ausbau eingetreten ist", bejahend jetzt BGH NJW 1998, 1942 – Transistoren. Sowohl im Kondensatorenfall als auch im Transistorenfall hat der BGH den **deliktischen Schutz überzogen.** Fallgestaltungen dieser Art („Quasi-Weiterfresserschäden") lassen sich mit dem Vertragsrecht sachgerecht lösen.[195]

b) Haftung für Schäden an der Kaufsache selbst („Weiterfresserschäden")

1002 Schäden an dem fehlerhaften Produkt selbst sind nach dem ProdHaftG (§ 1 Abs. 1 S. 1) von der Ersatzpflicht ausgenommen. Dahinter steht die – in der Amtlichen Begründung (BR-Drucks. 101/88, S. 28) formulierte – Vorstellung, solche Schäden seien durch die Spezialregelungen in den §§ 459 ff., 633 ff. BGB zufriedenstellend zu regulieren. Genau dies war, bis in die siebziger Jahre hinein, die vorherrschende Auffassung zum Verhältnis zwischen deliktischer Produkthaftung und Vertragshaftung. Zudem war man allgemein der Meinung, die Auslieferung einer Kaufsache mit einem mangelhaften Einzelteil könne schon tatbestandsmäßig keine Eigentumsverletzung i. S. v. § 823 I BGB darstellen.[196] Dieser Satz gilt heute nur noch insoweit, als ein Sachmangel als solcher noch keine Eigentumsverletzung bedeutet. Dass auch das Kaufobjekt selbst infolge des Mangels Gegenstand einer solchen Verletzung sein kann, steht für die Rechtsprechung seit Mitte der Siebziger außer Frage.

1003 Die **Kehrtwende** hat der VIII. ZS des **BGH** mit dem vielbeachteten **Schwimmerschalter-Urteil**[197] eingeleitet. Beide Vorinstanzen hatten die Klage abgewiesen. Kaufrechtliche Schadensersatzansprüche waren verjährt. Unter dem Gesichtspunkt der unerlaubten Handlung war die Klage nach Ansicht des Berufungsgerichts schon nicht schlüssig. Dem ist der BGH nicht gefolgt. Entscheidend sei, dass die in der Mitlieferung des schadhaften Schalters liegende Gefahrenursache sich erst nach Eigentumsübertragung zu einem über diesen Mangel hinausgehenden Schaden realisiert habe und dadurch das im Übrigen mangelfreie Eigentum des Erwerbers an der Anlage insgesamt verletzt worden sei.

Wenig später bekräftigte der VIII. ZS seinen Standpunkt, indem er die Verurteilung eines **Kraftfahrzeughändlers,** nicht Herstellers, zum Schadensersatz (reiner Nichterfüllungsschaden!) im Ergebnis bestätigte.[198] Dieser hatte an den Kläger einen **gebrauchten Sportwagen** verkauft, der vom Vorbesitzer vorschriftswidrig bereift worden war. Bei einer Fahrt des Klägers platzte ein **Hinterreifen,** der für die Felge nicht zugelassen war. Wie im Schwimmerschalterfall waren kaufvertragliche Schadensersatzansprüche verjährt. Dennoch hatte die Klage auch hier aus § 823 I BGB Erfolg. Kernsatz der Urteilsbegründung: Der geltend gemachte Unfallschaden sei mit dem Mangel der vorschriftswidrigen Bereifung **nicht stoffgleich.**

---

193 *Kullmann,* NJW 1994, 2671.
194 Urt. v. 12. 2. 1992, BGHZ 117, 183 = NJW 1992, 1225; s. auch BGH 26. 2. 1991, NJW-RR 1992, 283 – Möbellack.
195 Näheres dazu bei *Franzen,* JZ 1999, 702.
196 Für das RG war eine Prüfung unter diesem Gesichtspunkt ersichtlich abwegig, vgl. Urt. v. 17. 1. 1940, RGZ 163, 21 – Bremsnockenfall.
197 BGHZ 67, 359 = NJW 1977, 379.
198 NJW 1978, 2241 = BB 1978, 1491 = DB 1978, 1878; dazu *Kraft,* JuS 1980, 408.

Deliktische Produkthaftung

Fortentwickelt und modifiziert wurde die Rechtsprechung des VIII. ZS durch eine Reihe von Entscheidungen des für das deliktische Haftpflichtrecht zuständigen **VI. ZS des BGH**. Grundlegend und bis heute maßgebend ist sein Urteil vom 18. 1. 1983 im **„Gaszug-Fall"**.[199] Streitgegenstand war eine Klage eines VW-Käufers gegen das Herstellerwerk. Zur Begründung brachte er vor, aufgrund eines Fabrikationsfehlers sei der Gaszug „hängengeblieben", wodurch das Fahrzeug beim Rückwärtsfahren unerwartet beschleunigt und gegen einen Zaun geraten sei. Anspruch auf Ersatz der Reparaturkosten für den eigenen Wagen, nicht für den Gartenzaun, war dem Kläger in beiden Tatsacheninstanzen mit der Begründung versagt worden, von einer Eigentumsverletzung im Sinne eines „Weiterfresserschadens" könne nicht ausgegangen werden. Dem ist der BGH nicht gefolgt. Er hat entschieden:

Dem Käufer einer Sache können gegen deren Hersteller auch dann deliktische Schadensersatzansprüche aus Eigentumsverletzung zustehen, wenn diese Sache nach ihrem Erwerb infolge eines fehlerhaft konstruierten oder mit Herstellungsfehlern versehenen Einzelteils beschädigt wird (Leitsatz a).

Für deliktische Schadensersatzansprüche ist jedoch kein Raum, wenn sich der geltend gemachte Schaden mit dem Unwert, welcher der Sache wegen ihrer Mangelhaftigkeit von Anfang an anhaftete, deckt (Leitsatz b).

Für die im Leitsatz b apostrophierte „Deckungsgleichheit" hat sich der bereits vom VIII. ZS eingeführte Begriff der **„Stoffgleichheit"** eingebürgert. Fortan diente er, stets in Anführungszeichen gesetzt, als das entscheidende **Abgrenzungskriterium.** Danach ist zu fragen, ob der geltend gemachte (eingetretene) Schaden mit dem Unwert „stoffgleich" ist, welcher der Sache von Anfang an anhaftete. Entscheidend ist mithin der Vergleich des geltend gemachten Schadens mit dem im Augenblick des Eigentumübergangs dem Produkt anhaftenden **„Mangelunwert"**. Unter „Mangelunwert" versteht der BGH dabei die im Mangel verkörperte Entwertung der Sache für das Äquivalenz- und Nutzungsinteresse des Erwerbers.[200] Bei welchen Fallgestaltungen völlige „Stoffgleichheit" vorliegt und wann sie zu verneinen ist, hat der BGH in einer Reihe von Entscheidungen, vorwiegend aus dem Kfz-Bereich, durch **Bildung von Fallgruppen** und Aufstellung konkreter Zusatzkriterien herausgearbeitet.[201] Ergänzende Erläuterungen und weitere Abgrenzungshilfen geben *Steffen* (VersR 1988, 977) und *Kullmann* (BB 1985, 409).

Rechtsprechung der Instanzgerichte (nur Kfz-Fälle): Nach Maßgabe der BGH-Grundsätze entschied das AG Köln,[202] richtig wertend, dass bei von Anfang an vorhandener Fehlerhaftigkeit eines **Getriebes** bezüglich der Fahrstufen schnell/langsam „Stoffgleichheit" vorliege und eine Produzentenhaftung ausscheide, und zwar selbst dann, wenn die Mangelhaftigkeit einer technisch definierten Funktionsgruppe des Getriebes zuzuordnen sei. Denn, so das Gericht wörtlich,

„bei natürlicher Betrachtungsweise kann aber ein Getriebe nur als Einheit betrachtet werden, auch wenn es aus mehreren Funktionsgruppen besteht; war die Funktion schnell/langsam des Getriebes defekt, so war damit das Getriebe insgesamt mangelhaft".

Verneint wurde die Delikthaftung vom OLG Düsseldorf[203] in einem Fall, in dem es zu einer **Motorblockade** gekommen war, weil die Pleuel-Halbschalen nicht zu den jeweils dazugehörigen Pleueln montiert worden waren und Materialablagerungen im Lager Druckstellen an den Pleuellagern sowie Abrieb am Hauptlager und Kolben zur Folge hatten. Der

---

199 BGHZ 86, 256 = NJW 1983, 810.
200 Z. B. Urt. v. 14. 5. 1985, NJW 1985, 2420 – Kompressor.
201 Zusammenfassend im „Austauschmotorenfall", NJW 1992, 1678 unter 2a; zuletzt BGH NJW 1998, 1942 – Transistoren.
202 Urt. v. 7. 12. 1984, 123 C 240/84, n. v.; bestätigt durch LG Köln.
203 Urt. v. 10. 1. 1985, WM 1985, 1079.

6. Zivilsenat bejahte „Stoffgleichheit" und wies die Klage ab. Zur Begründung führte er aus, dass die Annahme, der Käufer habe ein fehlerfreies Auto mit fehlerfreiem Motor, aber fehlerhaften Pleueln erworben, die dann die fehlerfreien Teile des Motors beeinträchtigt und so das Eigentum des Käufers verletzt hätten, jeder natürlichen und wirtschaftlichen Betrachtungsweise widerspreche (angesichts der BGH-Entscheidung im Austauschmotorenfall NJW 1992, 1678 zumindest sehr zweifelhaft). Um die Frage der „Stoffgleichheit" geht es ferner in der Entscheidung des 22. ZS des OLG Düsseldorf vom 31. 5. 1996.[204] Gestritten wurde um die Erstattung von Rückrufkosten aus Anlass einer Rückrufaktion der Porsche AG (Kunststoff-Kugelpfannen für Tempostate waren durch Stahlkugelgelenkstangen ersetzt worden).

Das AG Kiel[205] billigte einem Fahrzeughalter Schadensersatz aus dem Gesichtspunkt der Produzentenhaftung zu, weil er die Geschwindigkeit des Autos wegen eines **Bremsversagens** vor einer Kurve nicht ausreichend vermindern konnte und mit den Rädern mehrfach gegen die Bordsteinkante prallte, wobei die Achsen zu Schaden kamen. Ursächlich für den Unfall war eine schadhafte Manschette des Hauptbremszylinders infolge fehlerhafter Erstmontage. Das Gericht verneinte die Deckungsgleichheit zwischen dem Mangel der Bremse und dem Schaden an der Achse.

Das Landgericht Saarbrücken[206] und das Landgericht Köln[207] hatten über Ansprüche von Käufern zu befinden, deren **Fahrzeugmotoren** infolge Zerreißens von konstruktionsmäßig zu schwach ausgelegten Steuerketten beschädigt worden waren. Beide Berufungskammern bejahten die Stoffgleichheit zwischen Mangel und Schaden mit der Begründung, die Steuerkette und die durch ihren Riss beschädigten Motorteile seien Teile derselben technischen und funktionsmäßigen Einheit, nämlich des Motors. Es würde jeder natürlichen und wirtschaftlichen Betrachtungsweise widersprechen, wenn man annehmen wollte, der Käufer habe ein fehlerfreies Fahrzeug mit fehlerfreiem Motor, aber fehlerhafter Steuerkette erworben, wodurch dann die fehlerfreien Teile des Motors beeinträchtigt worden seien (s. aber die BGH-Entscheidung im Austauschmotorfall NJW 1992, 1678).

Auf der Linie der BGH-Rechtsprechung liegt die Entscheidung des OLG Köln v. 16. 11. 1990:[208] Der **Motor** eines Lkw war durch einen Ventilbruch beschädigt worden. Der Ventilbruch beruhte auf einem Materialfehler. Das OLG Köln bewertete die Zerstörung des Motors als die Verwirklichung eines den Unwert des Nutzungs- und Äquivalenzinteresses übersteigenden, mithin nicht „stoffgleichen" Schadens. Der Ventilfehler, so heißt es in der Urteilsbegründung, habe zunächst nur einen begrenzten Minderwert des Motors herbeigeführt und sei mit verhältnismäßig geringem Aufwand von ca. 1000,– DM zu beseitigen gewesen. Keine Rolle spiele der Umstand, dass dem Motor von Anfang an infolge des Fehlers eine weitergehende Zerstörung gedroht habe. Sei nämlich ein behebbarer Mangel nur auf einen Teil des Produktes beschränkt und führe er erst später zu dessen Zerstörung, dann besitze der von dem Fehler nicht erfasste Teil des Motors einen davon unabhängigen Wert. Ein **Motorschaden** ist auch Gegenstand der Entscheidung des AG Köln vom 13. 1. 1993.[209] Vier Jahre nach der Erstzulassung war an einem Dieselmotor eines Pkws ein irreparabler Schaden eingetreten, weil der fehlerhaft konstruierte Kühlwasserschlauch im Laufe der Zeit durchgescheuert war. Darin hat das Gericht – in Anlehnung an die Entscheidung des BGH im Kompressorfall[210] – eine Verletzung des Integritätsinteresses des Klägers gesehen. Das deckt sich mit BGH NJW 1992, 1678 – Austauschmotor; vgl. auch OLG Koblenz MDR 1999, 35 (Einbau eines

---

204 NJW-RR 1997, 1344.
205 Urt. v. 22. 4. 1984, DAR 1984, 28.
206 Urt. v. 5. 12. 1988, 13 S 14/88, n. v.
207 Urt. v. 6. 4. 1990, 12 S 456/89, n. v.
208 NJW-RR 1991, 740.
209 118 C 289/91, n. v.
210 NJW 1985, 2420.

Deliktische Produkthaftung Rn 1005

fehlerhaften Austauschmotors im Zuge von Nachbesserungsarbeiten einer – vertragsrechtlich nicht haftenden – Drittfirma).

Stellungnahme: Angesichts der Schwächen des geltenden Kaufrechts, insbesondere mit Blick auf die aus heutiger Sicht verfehlte Verjährungsregelung, ist der Rechtsfortbildung des BGH im Grundsatz zuzustimmen. Müßig erscheint die Frage, ob es in den beiden Ausgangsfällen (Schwimmschalter und Hinterreifen) sinnvoller gewesen wäre, den Hebel bei § 477 BGB anzusetzen, statt mit einer festgefügten Judikatur zum deliktischen Eigentumsschutz zu brechen. Dass beide Entscheidungen verjährungsrechtlich motiviert sind, kann nicht zweifelhaft sein. Das führt zu der Frage, ob die bevorstehende Neuregelung des kaufrechtlichen Verjährungsrechts (Umsetzung der einschlägigen EU-Richtlinie und nationale Reformüberlegungen) zu einer Aufgabe der „Weiterfresserschadensdoktrin" führen könnte. Vermutlich wird der BGH an seiner Rechtsprechung festhalten, so wie er auch die Regelung in § 1 Abs. 1 Satz 2 ProdHaftG („andere Sache") nicht zum Anlass einer Kurskorrektur genommen hat (und wohl auch nicht zu nehmen brauchte). Im Ergebnis sind der Schwimmerschalterfall und der Hinterreifenfall richtig entschieden worden. Gleiches kann für das Gaszug-Urteil gesagt werden. Weiniger überzeugend sind die Abgrenzungen und Wertungen des BGH im Kompressor- und vor allem im Austauschmotorfall, was auch mit den zu Grunde liegenden technischen Sachverhalten zu tun haben dürfte. Außerhalb der Kategorie „Weiterfresserschäden" (besser: weiterfressender Mangel) liegen die Konstellationen im Kondensatoren- und im Transistorenfall. Diese Problematik kann hier nicht vertieft werden. In den eigentlichen „Weiterfresserschadensfällen" ist der Rechtsprechung des VI. Zivilsenats des BGH im Prinzip zu folgen. Eine bessere Alternative ist nicht in Sicht. Die ungewöhnlich massive, in jüngster Zeit aber schwächer gewordene Kritik im Schrifttum[211] ist insgesamt nicht überzeugend. Ein griffiges, in allen Grenzfällen taugliches Kriterium zur Trennung von Vertrags- und deliktischer Haftung ist bisher nicht gefunden worden. Es ist und bleibt ein Phantom. Was weiterhilft, ist allein die **Bildung von Fallgruppen.**

Bei der Arbeit am konkreten Fall empfiehlt es sich, auf die so genannte **Funktionsgruppentheorie** zurückzugreifen. Sie liefert brauchbare Abgrenzungskriterien, wobei sie gleichwohl den erforderlichen Bewertungsspielraum lässt, wie etwa bei der Frage, ob beim Motor eines Kraftfahrzeugs auch die Aggregate wie Lichtmaschine, Anlasser, Vergaser zur Funktionseinheit gehören und ob bei einem Schadensübergriff von einer Funktionsgruppe auf die andere bezüglich des Schadens an der anderen Funktionsgruppe stets von fehlender „Stoffgleichheit" auszugehen ist. Werden statt der Funktionsgruppen das Wertverhältnis zwischen Mangel und Schaden und die ursprüngliche Behebbarkeit des Mangels – die Erkennbarkeit ist unzweifelhaft kein Kriterium – in den Vordergrund der Überlegungen gerückt, wird die Grenze zwischen „stoffgleichen" und „stoffungleichen" Schäden verwischt.

Erwägenswert ist, die Besonderen Bedingungen für die Zusatz-Haftpflichtversicherung für Kraftfahrzeug, Handel und Handwerk für die Abgrenzung heranzuziehen. Die Teileliste zu § 4 (1) a hat sich in der Praxis bewährt.[212] Ihre Anwendung im Rahmen der deliktischen Produkthaftung für „Weiterfresserschäden" könnte ein Ausweg aus dem **Abgrenzungsdilemma** sein, dem selbst Obergerichte immer wieder ziemlich hilflos gegenüberstehen, trotz oder gerade wegen einer Spruchpraxis des BGH, die in einer mitunter verwirrenden Vielfalt einzelne Kriterien aufzeigt, die bei der Abgrenzung erheblich und unerheblich sind. Die Umsetzung in der täglichen Praxis, auch der beratenden, erfordert nicht nur **genaueste Kenntnis der einschlägigen BGH-Entscheidungen.** Sie setzt auch technischen Sachverstand voraus, den ein nicht spezialisierter Jurist erfahrungsgemäß nicht mitbringt. Wie sehr der BGH die **Praxis überfordert,** zeigen beispielhaft der Austauschmotoren-Fall,[213] in dem

---
211 Nachweise bei *Staudinger/Hager*, § 823 B 105, B 114.
212 Vgl. auch *Späte*, AHB, 1993, § 4 Rn 264.
213 Urt. v. 24. 3. 1992, NJW 1992, 1678 = VersR 1992, 758.

LG und OLG die Klage wegen „Stoffgleichheit" abgewiesen haben, und Fallgestaltungen, wie sie dem Kondensatoren-Urteil[214] und dem Transistorenfall[215] zu Grunde liegen. Spätestens in den beiden letzten Fällen ist der BGH, ungeachtet aller dogmatischen Bedenken, an die Grenze vernünftiger Rechtsfindung gestoßen.

6. Beweisfragen

1006 Die Entwicklung der deliktischen Produkthaftung zu einem eigenständigen Bereich des Deliktsrechts ist im Wesentlichen auf die Rechtsprechung zur Beweislastverteilung zurückzuführen.[216] Der BGH hat die reguläre Beweislastverteilung in vielfältiger Weise zu Gunsten Geschädigter modifiziert. Obgleich mit dem Inkrafttreten des ProdHaftG mit seinen spezifischen Beweisregeln (dazu Rn 945 ff.) ein wesentlicher Grund für die Einführung richterrechtlicher Beweiserleichterungen entfallen ist, hält der BGH an seinen (die unteren Instanzen häufig überfordernden) Beweisgrundsätzen zur deliktischen Produzentenhaftung unverändert fest.[217] Statt eines Abbaus von Beweisprivilegien ist sogar eine Verschärfung zu Lasten bestimmter Hersteller zu beobachten (zur Befundsicherungspflicht als Vehikel für eine Beweislastumkehr s. Rn 1012 f.).

1007 Bei einer Schadensersatzklage, gestützt auf die deliktische Produkthaftung nach § 823 I BGB, hat der Geschädigte nur noch in folgenden Punkten die **Darlegungs- und Beweislast:**
– Eigenschaft des in Anspruch genommenen Unternehmens als Hersteller oder sonst deliktsrechtlich Verantwortlichem (Zulieferer, Importeur)
– Vorhandensein eines Produktfehlers (Konstruktions-, Fabrikations-, Instruktions- oder Produktbeobachtungsfehler)[218]
– Entstehung (Verursachung) des Produktfehlers im Verantwortungsbereich des verklagten Herstellers, sog. „Fehler-Bereichsbeweis" als erste Stufe des Kausalitätsnachweises[219]
– haftungsbegründender Kausalzusammenhang zwischen – zugeordnetem (s. o.) – Produktfehler und Rechtsgutsverletzung (Körperverletzung, Sachbeschädigung u. a.) – zweite Stufe des Kausalitätsnachweises[220]
– haftungsausfüllende Kausalität zwischen Rechtsgutsverletzung und dem geltend gemachten Schaden, der ebenso wie die Kausalität nach § 287 ZPO zu beurteilen ist.

1008 Für sog. **ursprüngliche Instruktionsfehler** gilt grundsätzlich nichts anderes als für Konstruktions- und Fabrikationsfehler. Insoweit hat der Geschädigte lediglich den Beweis zu führen, dass eine nicht erfolgte Instruktion nötig bzw. eine erteilte Instruktion objektiv unrichtig war.[221] Es ist dann Sache des Herstellers, entsprechende Tatsachen vorzutragen und zu beweisen, die auf seine Schuldlosigkeit schließen lassen.[222] Diese Beweislastverteilung setzt aber den vom Geschädigten zu führenden Nachweis einer fehlerhaften Instruktion im

---

214 BGH NJW 1992, 1225.
215 BGH NJW 1998, 1942.
216 *Baumgärtel,* JA 1984, 660.
217 Für eine Revision *Marburger,* AcP 192, 1, 14; stillschweigend für Fortgeltung *Baumgärtel,* § 823 Anh. C III, Rn. 28 ff.
218 Dazu *Baumgärtel,* § 823 Anh. C III, Rn 13.
219 BGHZ 51, 91, 104 – Hühnerpest; BGHZ 104, 323 – Limonadenflasche I; *Birkmann,* DAR 1989, 281, 282; *Baumgärtel,* § 823 Anh. C, Rn 15.
220 St. Rspr., z. B. BGHZ 104, 323 – Limonadenflasche I; OLG Frankfurt 8. 6. 1993, NJW-RR 1994, 800 – Fahrradlenker; zu den Anforderungen an die Darlegungspflicht s. BGH 10. 1. 1995, NJW 1995, 1160 – Holzschutzmittel.
221 *Kullmann,* NJW 1992, 2669, 2677.
222 BGH 31. 1. 1995, NJW 1995, 1286 – Kindertee III; v. 18. 5. 1999, NJW 1999, 2815 – Papierreißwolf; OLG Düsseldorf 29. 11. 1996, NJW 1997, 2333 – Mountain-Bike; *Kullmann,* NJW 1992, 2669, 2677.

Deliktische Produkthaftung

Zeitpunkt des Inverkehrbringens voraus. Sie ist nicht mehr gerechtfertigt, wenn offen ist, ob der Hersteller schon zu diesem Zeitpunkt Anlass zu Warnungen, Verwendungshinweisen und dergleichen hatte. Vom Nachweis einer objektiven Pflichtwidrigkeit im Instruktionsbereich wird ein Produktgeschädigter nicht entlastet, wenn er dem Hersteller einen erst **nach neueren Erkenntnissen** aufgedeckten „Instruktionsfehler" vorwerfen kann.[223] Eine Beweiserleichterung kommt hier nur bezüglich der „inneren" Sorgfalt in Frage.[224]

Bei Instruktionsfehlern hat der Geschädigte auch zu beweisen, dass der Schaden bei ausreichender Instruktion nicht eingetreten wäre.[225] Doch kann, so der BGH,[226] eine tatsächliche Vermutung dafür bestehen, dass dann, wenn auf bestimmte Gefahren deutlich und für Adressaten plausibel hingewiesen worden ist, dies auch beachtet worden wäre. Der Instruktionspflichtige kann diese Vermutung dann entkräften.

Ähnliche Schwierigkeiten wie bei Fehlern im Bereich der Instruktionsverantwortung ergeben sich bei der prozessualen Behandlung von Verstößen gegen **Produktbeobachtungspflichten.** Die Notwendigkeit der Produktbeobachtung und die Erforderlichkeit geeigneter Maßnahmen zur Gefahrenabwendung hat der Geschädigte zu beweisen. Das ist bei einer Pflicht vom Typus der Produktbeobachtungspflicht mit daraus abgeleiteter Warnpflicht nichts anderes als der Nachweis objektiver Pflichtwidrigkeit. Auch soweit die **Kausalität** zwischen unterbliebener bzw. unzureichender Warnung vor der Produktgefahr im Streit ist, trägt grundsätzlich der Geschädigte die Beweislast.[227] Im Honda-Urteil[228] ist der BGH davon als selbstverständlich ausgegangen. Andernfalls wäre sein Hinweis überflüssig gewesen, dass die Beweiserleichterungen bei vertraglichen Aufklärungspflichtverletzungen im Bereich der Deliktshaftung nicht ohne weiteres Anwendung fänden. Auf **vertraglichem Sektor** hat die höchstrichterliche Rechtsprechung den Beweisschwierigkeiten Aufklärungsgeschädigter auf unterschiedliche Weise Rechnung getragen. Die dabei angewandten Mittel reichen von der Anwendung des § 287 ZPO (statt § 286 ZPO) über den Anscheinsbeweis und den Rückgriff auf die Lebenserfahrung sowie auf „tatsächliche Vermutungen" bis zur Verlagerung der Beweislast auf den Aufklärungspflichtigen.[229]

1009

Welchen Weg der BGH bei Verstößen gegen die Produktbeobachtungspflicht gehen wird, ist nicht sicher. Vermutlich wird er den Geschädigten vom Kausalitätsnachweis nicht freistellen, ihm aber mit einer „tatsächlichen Vermutung" helfen.[230] *Birkmann* gibt zu erwägen, in besonders gelagerten Fällen entsprechend den Grundsätzen im „Limonadenflaschen-Urteil" eine Beweislastumkehr zu Gunsten des Produktgeschädigten vorzunehmen.[231] Dagegen bestehen Bedenken. Die Beweissituation ist nicht vergleichbar. In den Mehrwegflaschen-Fällen geht es unter dem Stichwort „Befundsicherungspflicht" um die Frage, ob ausnahmsweise dem Hersteller die Beweislast dafür aufzubürden ist, dass er sein Produkt fehlerfrei in den Verkehr gebracht hat. Dies kann man zwar als erste Stufe des Kausalitätsbeweises bezeichnen,[232] weil zu klären ist, ob der Fehler im Bereich des beklagten Herstellers seine Ursache hat. Besser spräche man von Herkunft oder Entstehung. Insoweit mag eine Beweislastumkehr in Ausnahmefällen gerechtfertigt sein (s. auch Rn 1012). Auf die Klärung der Kausalität

---

223 BGH 17. 3. 1981, NJW 1981, 1603 – *Apfelschorf/Derosal*.
224 BGH 17. 3. 1981, NJW 1981, 1603.
225 BGH 12. 11. 1991, ZIP 1992, 38 – Kindertee I.
226 BGH, a. a. O., Fn. 277.
227 Vgl. *Birkmann,* DAR 1990, 124; *Kunz,* BB 1994, 450, 452.
228 NJW 1987, 1009.
229 Vgl. *Stodolkowitz,* VersR 1994, 11 m. Nachw.
230 Wie bei „ursprünglichen" Instruktionsfehlern, vgl. BGH 12. 11. 1991, ZIP 1992, 38 – Kindertee I; in diese Richtung jetzt BGH 7. 12. 1993, ZIP 1994, 213, 217; s. auch BGH 6. 12. 1994, NJW-RR 1995, 342 (Anscheinsbeweis).
231 DAR 1990, 124, 129 ff.
232 So *Birkmann,* DAR 1989, 281, 282.

zwischen einer unterlassenen Warnung und einem bestimmten Schaden kann dieser Gedankengang nicht übertragen werden. Insoweit ist der Geschädigte „näher dran". Ihm kann allenfalls zugute gehalten werden, sich bei ausreichender Warnung so verhalten zu haben, wie es ein vernünftiger Mensch in seiner Lage getan hätte. Unvernünftiges Verhalten hat dann der Produktbeobachtungspflichtige zu beweisen.

1010 Nach den **allgemeinen** Beweislastgrundsätzen hätte der Geschädigte auch die **Rechtswidrigkeit** der behaupteten Rechtsgutsverletzung und ein **Verschulden** des Herstellers zu beweisen. Davon entbindet ihn die Rechtsprechung in Form einer **Beweislastumkehr,** sofern zu seinen Gunsten davon auszugehen ist,[233] dass der Produktfehler aus dem Verantwortungsbereich des Beklagten stammt. Dann, aber auch nur dann, braucht ein Produktgeschädigter nicht zu beweisen:
- das Verschulden des Herstellers i. S. v. § 276 BGB („innere Sorgfalt")[234]
- die objektive Pflichtwidrigkeit („äußere Sorgfalt") im Hinblick auf Konstruktions- und Fabrikationsfehler (= Rechtswidrigkeit i. S. v. § 823 I BGB)[235]
- den ursächlichen Zusammenhang zwischen (objektiver) Pflichtwidrigkeit und Produktfehler.[236]

1011 Soweit dem Geschädigten die Beweisführungspflicht nicht abgenommen ist, hilft ihm die Rechtsprechung in oft großzügiger Weise mit Beweisvermutungen und **Anscheinsbeweisregeln.**[237] So schloss der BGH[238] beispielsweise aus dem Fehlen von Brems- und Blockierspuren am Unfallort prima facie auf das Vorliegen eines Konstruktionsmangels der Bremsanlage. In einem anderen Fall ließ er zum Nachweis des ursächlichen Zusammenhangs zwischen Fehlerhaftigkeit des Kfz und Herstellerverantwortung die Feststellung genügen, dass die Hinterradfelge vor dem Unfall eine Verbeulung aufwies, die beim Einschlagen der Lenkung ein Entweichen der Luft ermöglicht hatte.[239] Wenn überhaupt, hilft der Anscheinsbeweis dem Geschädigten auf der Stufe „Fehler-Bereichsbeweis". Beim Nachweis des (eigentlichen) Ursachenzusammenhangs zwischen schädlichen Eigenschaften eines Produkts und einer Rechtsgutsverletzung kommt der Anscheinsbeweis im Allgemeinen nicht zum Zuge.[240] Denn es wird meist an einem typischen Geschehensablauf fehlen (wie im Fall OLG Frankfurt NJW-RR 1994, 800 – Fahrradlenker).

1012 In **Ausnahmefällen** entlastet der BGH einen Produktgeschädigten sogar von dem Nachweis, dass der Produktfehler im Verantwortungsbereich des Herstellers entstanden ist; er braucht dann nicht den sog. **Fehler-Bereichsnachweis** zu erbringen. Vielmehr ist es Sache des beklagten Herstellers, seinerseits nachzuweisen, dass er das Produkt fehlerfrei in den Verkehr gebracht hat (vergleichbar der Regelung in § 1 Abs. 4 S. 2 ProdHaftG). Eine solche **Beweislastumkehr** zu Lasten des Herstellers nimmt der BGH an, wenn der Hersteller „aufgrund der ihm im Interesse des Verbrauchers auferlegten Verkehrssicherungspflicht gehalten war, das Produkt auf seine einwandfreie Beschaffenheit zu überprüfen und den Befund zu sichern, er dieser Verpflichtung aber nicht nachgekommen ist".[241]

---

[233] Entweder Nachweis oder non liquet mit Beweislastverteilung zu Lasten des Herstellers bei unterlassener Befundsicherung.
[234] Grundlegend BGHZ 51, 91 – Hühnerpest; Erweiterung auf Kleinbetriebe in BGH 19. 11. 1991, ZIP 1992, 410.
[235] BGHZ 51, 91 mit Klarstellung in BGH NJW 1981, 1603, 1605 und BGH NJW 1996, 2507.
[236] Dazu *Baumgärtel*, § 823 Anh. C III, Rn 25.
[237] Vgl. *Kullmann*, Aktuelle Rechtsfragen der Produkthaftpflicht, 2. Aufl., S. 73 ff.; *Rolland*, Teil II, S. 370; *Baumgärtel*, § 823 Anh. C III, Rn 15, 22.
[238] Urt. v. 28. 9. 1970, BB 1970, 1414, JZ 1971, 29; inzwischen durch ABS überholt.
[239] Urt. v. 18. 6. 1969, DAR 1969, 240.
[240] *Kullmann*, NJW 1994, 1698, 1706; s. auch *Baumgärtel*, § 823 Anh. C III, Rn 22 m. w. N.
[241] BGHZ 104, 323 = NJW 1988, 2611 – Limonadenflasche I.

Die **Überprüfungs- und Befundsicherungspflicht** ist nicht gleichzusetzen mit der Pflicht des Herstellers zur üblichen **Warenendkontrolle**. Die Endkontrolle ist als Qualitätsprüfung Bestandteil der allgemeinen Verkehrssicherungspflicht, ebenso die Wareneingangskontrolle bei Zulieferungen. Fahrzeughersteller, die auf diese bewährten Qualitätssicherungsmaßnahmen verzichten, mögen pflichtwidrig handeln. Allein das genügt jedoch nicht, um eine Beweislastumkehr beim Fehler-Bereichsbeweis zu rechtfertigen.[242] Eine so weitgehende Beweiserleichterung auf dieser Ebene setzt einen Verstoß gegen eine besondere Befundsicherungspflicht voraus.

Wie der BGH ferner klargestellt hat,[243] geht es bei der Befundsicherungspflicht nicht um eine „Beweiserhaltungspflicht" des Herstellers, auch nicht um eine Dokumentationspflicht in dem Sinne, dass die einzelnen Prüfungen zu dokumentieren und die Befunde aufzubewahren sind. Befundsicherung im Sinne der BGH-Rspr. bedeutet vielmehr die Sicherstellung eines Kontrollverfahrens zur „signifikanten Verringerung des Produktrisikos"[244] in bestimmten Ausnahmefällen.

Ob und inwieweit **Hersteller von Kraftfahrzeugen** und **Fahrzeugteilen** zur „Befundsicherung" verpflichtet sind, hat die Rechtsprechung noch nicht ausdrücklich entschieden. Der Spruchpraxis des VI. Zivilsenats in den Mehrwegflaschen-Fällen[245] und den ergänzenden Erläuterungen und Hinweisen von *Kullmann*[246] und *Birkmann*[247] kann Folgendes entnommen werden: Eine Befundsicherung, deren Unterlassen eine Beweislastumkehr begründen kann, kommt nur unter besonderen Umständen in Betracht. Dieser Ausnahmecharakter bedeutet freilich nicht, dass es immer um geplatzte Mehrwegflaschen gehen muss oder um vergleichbare Produkte mit besonderem Wiederverwendungsrisiko. Vorausgesetzt wird ein Produkt, „das erhebliche Risiken für den Verbraucher in sich trägt, die in der Herstellung geradezu angelegt sind und deren Beherrschung deshalb einen Schwerpunkt des Produktionsvorgangs darstellt".[248]

1013

Dass dem Gesamtprodukt Kraftfahrzeug diese „besondere Schadenstendenz" nicht bescheinigt wird, besagt in diesem Zusammenhang nichts. Es genügt, wenn bestimmte Einzelteile sie aufweisen. Nur so genannte „Sicherheitsteile" sollen unter die Befundsicherungspflicht des Kfz-Herstellers fallen können.[249] *Kullmann*[250] wirft aber mit Recht die Frage auf, ob dies für alle sicherheitsrelevanten Teile gilt, wie *Birkmann*[251] vorschlägt.

Da die Verkehrs- und Betriebssicherheit eines Kraftfahrzeuges von einer großen Zahl von Einzelteilen ganz unterschiedlicher Sicherheitsbedeutung abhängig ist, liegt es nahe, nach dem Grad der Gefahrenträchtigkeit zu differenzieren. Für sämtliche Fahrzeugteile, die irgendwie sicherheitsrelevant sind, ein betriebsinternes Controlling im Sinne einer „Statussicherung" zu verlangen, dürfte zu weit gehen. Auch die Befundsicherungspflicht besteht nur in den Grenzen des technisch Möglichen und wirtschaftlich Zumutbaren. Der Motor und seine Einzelteile sind zwar für die Betriebssicherheit von Fahrzeugen und damit auch für deren Verkehrssicherheit von Bedeutung. Ein plötzlicher Ausfall des Motors kann eine gefährliche Verkehrssituation heraufbeschwören, z. B. beim Überholen. Dass ein klemmender Gaszug zu einem Unfall führen kann, ist gerichtsbekannt. Dennoch wird man die Antriebsaggregate

---

242 BGHZ 104, 323, NJW 1988, 2611 unter 2b, aa; *Birkmann*, DAR 1989, 281.
243 Urt. v. 8. 12. 1992, VersR 1993, 367, ZIP 1993, 440 – Mineralwasserflasche I.
244 BGH 9. 5. 1995, ZIP 1995, 1094, 1097 – Mineralwasserflasche II.
245 BGHZ 104, 323, NJW 1988, 2611; BGH NJW 1993, 528 = ZIP 1993, 440; BGH ZIP 1995, 1094; s. auch BGH NJW-RR 1993, 988.
246 NJW 1994, 1698, 1704; *ders.* in: Probleme der Produzentenhaftung, 1988, S. 33, 44 f.
247 DAR 1989, 281.
248 BGH 8. 12. 1992, ZIP 1993, 440 = NJW 1993, 528.
249 *Kullmann*, NJW 1994, 1698, 1705.
250 NJW 1994, 1698, 1705.
251 DAR 1989, 281, 283.

einschließlich Nebenaggregate ebenso wie Kupplung und Getriebe von der „Befundsicherung" ausnehmen müssen. Dass Hersteller auch und gerade diese Fahrzeugteile einer systematischen Qualitätssicherung unterziehen,[252] beruht nicht auf einer „besonderen Schadenstendenz". Qualitätsprobleme können, müssen nicht Sicherheitsprobleme sein. Der Anwendungsbereich der „Befundsicherung" ist von vornherein nur ein engbegrenzter Teil der Qualitätssicherung, jedenfalls im Automobilbau.

Unzweifelhaft kommt bestimmten Baugruppen und Bauteilen eine gesteigerte Bedeutung für die Betriebs- und Verkehrssicherheit zu. Im Wesentlichen handelt es sich um diejenigen Teile, die Gegenstand der Hauptuntersuchung nach § 29 StVZO sind: die Bremsanlagen, die Lenkanlagen, die lichttechnischen Einrichtungen, Bereifung/Räder und das Fahrgestell mit Aufbau einschließlich Achsen.

Die besondere Sicherheitsrelevanz der vorgenannten Fahrzeugteile reicht für sich allein nicht aus, um deren Hersteller bzw. den Endprodukthersteller zu „Befunderhebungen" und „Befundsicherungen" zu verpflichten. Es muss gleichzeitig um Fälle gehen, in denen nach Inverkehrgabe des Produkts nicht mehr sicher festgestellt werden kann, ob der Fehler schon vorher vorlag.[253] Nur dann besteht für den Geschädigten die Beweisnot, die dem BGH Anlass für die Umkehr der Beweislast gegeben hat.

Bei **fabrikneuen** Kraftfahrzeugen und Fahrzeugteilen ist die Aufklärung der Herkunft von Produktfehlern vergleichsweise unproblematisch. **Konstruktionsfehler** sind, wenn sie als solche feststehen, im Allgemeinen unschwer zuzuordnen. Wenn sie in verschiedenen Herstellersphären ihre Ursache haben können, hilft dem Geschädigten § 830 I, 2 BGB.[254] Diese Regelung gilt auch bei **Fabrikationsfehlern.** In diesem Bereich sind die Beweisschwierigkeiten von Geschädigten allerdings ungleich größer. Denn es kommen **alternative Kausalverläufe** in Betracht, die außerhalb des Einfluss- und Gefahrenbereichs des beklagten Herstellers liegen. Der Mangel kann auf Bedienungs- oder Wartungsfehlern beruhen. Er kann seinen Grund auch in unzulänglichen Reparaturarbeiten oder im „Tuning" haben. Häufig scheiden diese Alternativen jedoch von vornherein aus oder sind nicht ernsthaft in Erwägung zu ziehen. **Materialfehler** wie **Haarrisse** an einer Schubstrebe für eine Pkw-Hinterachse sind typischerweise auf Mängel im Fertigungsprozess des (Teile-)Herstellers zurückzuführen. Sie fallen deshalb nicht unter die Beweislastumkehr.[255] Auch **Bruchschäden** weisen darauf hin, dass die Ursache im Werkstoff und/oder in der Konstruktion liegt. Es kommt auch ein Fehler bei der Montage im Werk in Frage. Werkstatteinwirkung und Fehler aus der Sphäre des Fahrzeugbenutzers sind regelmäßig auszuschließen. Vielschichtiger ist das Kausalitätsproblem bei **Reifenschäden.** Das Platzen eines Autoreifens kann mehrere Ursachen haben: Fertigungsfehler, unsachgemäße Lagerung, normale Alterung, Fahren mit zu niedrigem Luftdruck oder zu geringer Profiltiefe.[256] Trotz verfeinerter Untersuchungsmethoden und Verfahrenstechniken ist die Aufklärung von Reifenschäden noch immer mit erheblichen Risiken belastet. Ob eine Beweiserleichterung in Form der Beweislastumkehr die richtige Konsequenz daraus ist, erscheint indes fraglich. Denn die Beweisschwierigkeiten beruhen zu einem guten Teil auch auf Umständen aus dem Einflussbereich des Fahrzeugbenutzers. Insofern unterscheiden sich Reifenschäden von Materialfehlern bei Mehrwegflaschen, bei denen Schadensursachen im Verbraucherbereich nie ernsthaft zur Diskussion standen. Eine Parallele zu den Mehrwegflaschen-Fällen besteht freilich bei der Verwendung runderneuerter Reifen.

---

252 Instruktiv *Beuler* in: Auto 2000, 1986, S. 111 ff. Allgemein zur Qualitätssicherung *Anhalt,* Handbuch der Produzentenhaftung, Bd. 3, Teile 27–29.
253 BGH 7. 6. 1988, BGHZ 104, 323 NJW 1988, 2611 – Limonadenflasche I; BGH 8. 12. 1992, NJW 1993, 528 – Mineralwasserflasche I.
254 *Baumgärtel,* § 823 Anh. C III, Rn 16; zur Anwendbarkeit im Rahmen der Instruktionshaftung s. BGH NJW 1994, 932.
255 *Kullmann,* NJW 1994, 1698, 1705 (Fn. 69).
256 Vgl. auch BGH 9. 5. 1995, NZV 1995, 310.

Deliktische Produkthaftung

Denn auch hier besteht die Gefahr einer Vorschädigung. Im Automobilbau sind runderneuerte Altreifen indes kein Thema. Sie kommen, wenn überhaupt noch, im Ersatzteilgeschäft zum Verkauf.

Aufs Ganze gesehen wird die „besonders schwer und unsicher zu bestimmende Befundsicherungspflicht"[257] weder im Automobilbau selbst noch im Bereich der Zulieferer praktische Bedeutung gewinnen. Damit bleibt es im Rahmen der deliktischen Produkthaftung dabei: Fahrzeuggeschädigte müssen die Fehlerhaftigkeit des Produkts im Augenblick des Inverkehrbringens beweisen. Insoweit scheidet eine Beweislastumkehr regelmäßig aus. Darin unterscheidet sich die Beweislastverteilung von derjenigen nach dem ProdHaftG. Ist die Fehlerentstehung im Verantwortungsbereich des Herstellers streitig, muss der Hersteller den Entlastungsbeweis führen (dazu Rn 945).

7. Haftungsfreizeichnung

Während die Ersatzpflicht des Herstellers nach § 14 ProdHaftG weder ausgeschlossen noch beschränkt werden kann, ist es nach dem AGB-Gesetz nicht ausdrücklich verboten, die Haftung für Schäden aus unerlaubter Handlung auszuschließen. Grenzen ziehen die §§ 11 Nr. 7, 9 AGB-Gesetz. **1014**

Nur soweit Ansprüche aus deliktischer Produkthaftung mit vertraglichen Ansprüchen konkurrieren, stellt sich das Problem (vertraglicher) Haftungsausschlüsse. Außerhalb vertraglicher Beziehungen, die im Wege der Zession auch nachträglich hergestellt werden können, laufen Freizeichnungsklauseln von vornherein leer.

Vertragliche und deliktische Ansprüche konkurrieren typischerweise miteinander, wenn der Geschädigte direkt vom Hersteller gekauft oder mit ihm einen Werk- bzw. Werklieferungsvertrag abgeschlossen hat. Beispiele für diese Anspruchskonkurrenz sind der Schwimmerschalter-Fall[258] und der Silokipper-Fall.[259] Im Hinterreifen-Fall[260] standen vertragliche und deliktische Schadensersatzansprüche eines Gebrauchtfahrzeugkäufers gegen einen Vertragshändler nebeneinander. Doch auch hier war zu klären, ob sich der formularmäßige Gewährleistungsausschluss (Abschnitt VII der Gebrauchtwagenverkaufsbedingungen und/oder Bestellscheinvorderseite) auf die Deliktshaftung (für einen „Weiterfressermangel") erstreckt, wobei eine Besonderheit darin lag, dass der Vertragshändler einen „technisch einwandfreien" Zustand des Sportwagens zugesichert hatte.

Vor der Inhaltskontrolle steht die **Auslegung.** Vorrangig ist deshalb zu prüfen, ob eine Freizeichnungsklausel den geltend gemachten Anspruch aus unerlaubter Handlung überhaupt erfasst. Darüber entscheidet die Auslegung im Einzelfall.[261] Die maßgeblichen Auslegungsgrundsätze hat der BGH im Silokipper-Fall[262] zusammengefasst. Sie gelten seiner Meinung nach auch im kaufmännischen Verkehr. **1015**

Soweit fabrikneue Fahrzeuge auf der Grundlage der Neuwagenverkaufsbedingungen im Direktbezug vom Hersteller erworben werden (Daimler-Chrysler, mitunter auch BMW u. a.), sind die Klauseln im Abschnitt VIII zu beachten. Diese mit „Haftung" überschriebenen Klauseln sind deutlich abgesetzt von dem umfangreichen Klauselteil „Gewährleistung" im Abschnitt VII. Insoweit besteht eine Parallele zu den Bedingungswerken in den Fällen BGH NJW 1979, 2148 – Kartonmaschine und BGH NJW 1992, 2016 – Silokipper. Das Argument der Unklarheit und Unübersichtlichkeit sticht hier also nicht.[263] Zudem wird im Abschn. VIII,

---

257 *Arens,* ZZP 104, 135.
258 BGHZ 67, 359 = NJW 1977, 379.
259 BGH NJW 1992, 2016.
260 BGH NJW 1978, 2241.
261 BGH NJW 1992, 2016 – Silokipper.
262 NJW 1992, 2016.
263 Dazu BGHZ 67, 359 – Schwimmerschalter und BGH NJW 1978, 2241 – Hinterreifen.

Nr. 1 Neuwagenverkaufsbedingungen deutlich hervorgehoben, dass es um eine Verschuldenshaftung des Verkäufers „gleich aus welchem Rechtsgrund" geht. Die Haftung nach dem ProdHaftG und die Gewährleistungsrechte des Käufers werden in den Nrn. 2 und 4 ausdrücklich ausgeklammert. Damit sind die Haftungsbegrenzungsklauseln unter Nr. 1 auch für die deliktische Ersatzpflicht des Verkäufers/Herstellers von Bedeutung.

Anders als die Haftungsklausel im Silokipper-Fall umfasst die Freizeichnung im Abschn. VIII, Nr. 1 NWVB auch die deliktische Haftung für Schäden am Fahrzeug selbst, worauf es in Fällen mit **„Weiterfresserschäden"** (dazu Rn 1002 ff.) ankommt. Einer ausdrücklichen Differenzierung bedurfte es insoweit nicht. Jegliche Ansprüche aus unerlaubter Handlung fallen unter die Haftungsbegrenzungsklausel in Nr. 1 Abschn. VIII NWVB.

Im Einklang mit § 11 Nr. 7 AGB-Gesetz bestimmt die vorbezeichnete Klausel, dass der Verkäufer bei Vorsatz oder grober Fahrlässigkeit unbeschränkt haftet. Für **leichte Fahrlässigkeit** ist die Haftung, was nach § 11 Nr. 7 AGB-Gesetz an sich zulässig gewesen wäre, nicht völlig ausgeschlossen, sondern nur der Höhe nach begrenzt worden.

Soweit es um den **Ausschluss der Haftung für leichte Fahrlässigkeit** geht, unterliegt dieser – auch im kaufmännischen Verkehr – allerdings den Beschränkungen des § 9 AGB-Gesetz.[264] Im Einzelnen ist hier vieles noch ungeklärt.[265] Das Freizeichnungsverbot gemäß § 14 ProdHaftG hat neue Fragen aufgeworfen. Die Rechtsposition des Verbrauchers ist dadurch entscheidend verbessert worden, was auf die Inhaltskontrolle nach § 9 AGB-Gesetz nicht ohne Auswirkung bleiben dürfte.

---

[264] BGH 5. 5. 1992, NJW 1992, 2016 – Silokipper.
[265] Vgl. den Problemaufriss in BGH NJW 1992, 2016 unter II, 1a; *von Westphalen* in: Produkthaftungshandbuch, Bd. 1, § 13 Rn 23 ff.; *ders.,* NJW 1990, 83, 91; MDR 1998, 805.

N. EG-Neuwagenkauf

I. Marktlage

Autokäufer nutzen immer öfter die Preisvorteile des Europäischen Binnenmarktes. Viele von ihnen kaufen direkt im Ausland, andere schalten Importvermittler ein. Auch der deutsche Fabrikatshandel verbessert seine Geschäfte in zunehmendem Maße mit günstigen Import-Reimport-Einkäufen. Für viele Händler ist der Handel mit EG-Fahrzeugen (sog. Parallelimporte) bereits zu einer unerlässlichen Maßnahme der Existenzsicherung geworden.

Anreiz für Importgeschäfte bieten die zum Teil erheblichen **Preisunterschiede** für Neufahrzeuge in EG-Ländern und die Tatsache, dass die **Mehrwertsteuer** in fast allen EG-Mitgliedstaaten über dem zurzeit gültigen Inlandsatz von 16% liegt. Die Differenzen bei den Abgabepreisen beruhen auf ungleichen Wettbewerbssituationen, Kaufkraftschwankungen und verschiedenartigen Steuersystemen. Bevorzugte Länder für den Parallelimport sind zurzeit Frankreich, Niederlande, Belgien, Dänemark, Italien und Spanien, allesamt Länder mit hohen Mehrwertsteuersätzen.

Durch den Import/Reimport von Neufahrzeugen lassen sich Preisvorteile von bis zu 40% erzielen. Über die Abgabepreise von Neufahrzeugen in anderen EG-Mitgliedstaaten informiert die Europäische Kommission zwei Mal jährlich durch Herausgabe einer Preisliste.[1]

Durch die Mehrwertsteuervorteile auf Grund der geringeren Inlandsbesteuerung und die teilweise konkurrenzlosen Niedrigpreise von Neufahrzeugen in anderen EG-Staaten verringern sich die Preisunterschiede zu jungen inländischen Gebrauchtwagen. Dies hat zur Folge, dass der Gebrauchtwagenhandel stagniert, weil sich viele Kunden eher für den Kauf eines reimportierten Neuwagens als für den Kauf eines fast preisgleichen jungen Gebrauchtwagens entscheiden.

II. Direktkauf durch den Verbraucher

Der Kauf eines Neufahrzeugs im Ausland und dessen Einfuhr nach Deutschland ist nicht ganz einfach. Herstellern ist der Parallelimport ein Dorn im Auge, weil dadurch ihre inländischen Abgabepreise unter Druck geraten. Sie haben deshalb nichts unversucht gelassen, den Import/Reimport neuer Kraftfahrzeuge zu unterbinden.

Aktionen der Hersteller, die den freien Warenverkehr in unzulässiger Weise einschränken und eindeutig gegen das **Diskriminierungsverbot** verstoßen, haben private Endverbraucher in der Vergangenheit deutlich zu spüren bekommen. Aus Angst vor Sanktionen waren grenznah gelegene Vertragshändler in Dänemark oft nicht bereit, Neufahrzeuge an Kunden aus anderen EG-Staaten zu veräußern. In Schweden existieren noch heute Exportpreislisten, die weit über dem schwedischen Nettowarenwert liegen, und in Finnland wird die Autosteuer von 100% verlangt, obwohl sie bei einem Export nicht fällig wird.[2] Auch bei der Realisierung von Garantie- und Gewährleistungsansprüchen im Inland haben Käufer von EG-Fahrzeugen schlechte Erfahrungen gemacht. Sie mussten bei Inanspruchnahme inländischer Vertragshändler mit Wartezeiten, Ausreden und manchmal sogar mit Ablehnung rechnen. Für Besitzer von Importfahrzeugen gab es ungewöhnliche Verzögerungen bei der Beschaffung von Ersatzteilen, Umrüstsätzen und Fahrzeugunterlagen. Sie konnten nicht sicher sein, dass sie über Rückrufaktionen informiert wurden.

---

[1] Informationen zum Import von EG-Neufahrzeugen enthält der „EU-Import Ratgeber PKW" von *Albrecht*, 3. Aufl. 9/1997, 2. Überarbeitung 7/98, erschienen im Viking Verlag.
[2] *Albrecht,* Der EU-Importratgeber PKW, Seite 44.

Deutsche Autohersteller sollen mit ausländischen Vertragshändlern Vereinbarungen über Bonuszahlungen, Margenregelungen, Genehmigungsvorbehalte usw. geschlossen haben, um auf diese Weise Verkäufe von Neufahrzeugen an Endverbraucher aus anderen Mitgliedsstaaten zu verbieten oder zu beschränken. Die angeblichen Zuwiderhandlungen wurden von Seiten der EG-Kommission durch Verhängung eines Bußgeldes geahndet, das allerdings noch nicht rechtskräftig ist.[3]

1018 In der letzten Zeit haben sich die Verhältnisse dank der Kfz-GVO und des strikten Durchgreifens der EG-Kommission zu Gunsten der Verbrauchers geändert. Die am 1. 10. 1995 wirksam gewordene Kfz-GVO Nr. 1475/95[4] gibt der Kommission die Möglichkeit, Verstöße gegen Art. 85 I EGV mit der Verhängung von **Geldbußen** zu ahnden.[5] Weiterhin sieht die Verordnung in Art. 6 Ziff. 7 der Verordnung vor, dass die **Freistellung** von Art. 85 Abs. 1 des EWG-Vertrages **automatisch entfällt**, wenn die Freiheit des Endverbrauchers zum Erwerb und Weiterverkauf von Vertragswaren eingeschränkt wird.[6]

1. Praktische Hinweise

a) Kaufvertrag

1019 Es empfiehlt sich, das Neufahrzeug bei einem **Vertragshändler** zu kaufen und von ihm die **Übergabeinspektion** durchführen zu lassen.

Wichtige Bestandteile des Kaufvertrags sind Ausstattungsdetails des Fahrzeugs, Name und Anschrift des Verkäufers sowie Ort und Datum der Fahrzeugübergabe. Außerdem ist in der Urkunde anzugeben, dass es sich um ein Neufahrzeug handelt. Kundendienstscheckheft und Garantieurkunde sind vom Verkäufer auszufüllen, abzustempeln und zu unterschreiben. Der Käufer benötigt für Einfuhr, Zulassung und Versteuerungsverfahren den Kaufvertrag, die Rechnung, und, sofern kein Kfz-Brief existiert, ein Ursprungszeugnis, das dem deutschen Kfz-Brief entspricht.

b) Transport

1020 Für den Transport des Fahrzeugs darf das deutsche „rote Kennzeichen" außer in Österreich und Italien nicht benutzt werden.[7] In Bayern werden rote Kennzeichen zwar für den Fahrzeugtransport von Deutschland nach Italien, nicht aber für die Überführung eines Fahrzeugs von Italien nach Deutschland ausgegeben. Als Ausweichmöglichkeiten bieten sich an:

– Verwendung des ausländischen Ausfuhrkennzeichens (Zollnummer) inklusive Versicherung,

– Transport auf einem Anhänger, bei dem das transportierte Fahrzeug gegen Abschluss einer entsprechenden Zusatzversicherung mitversichert ist,

– Vereinbarung mit dem Verkäufer, dass das Fahrzeug an der Grenze übergeben wird.

---

3 Siehe ABl. EG Nr. L 124 vom 25. 4. 1998, Seite 60; dazu *Creutzig*, EuZW 1998, 293; *ders.,* DAR 1999, 16.

4 Verordnung (EG) Nr. 1475/95 der Kommission vom 28. 6. 1995 über die Anwendung von Art. 85 Abs. 3 des Vertrages auf Gruppen von Vertriebs- und Kundendienstvereinbarungen über Kraftfahrzeuge; veröffentlicht im Amtsblatt der Europäischen Gemeinschaften vom 29. 6. 1995.

5 Der Grundbetrag für einen schweren Verstoß beträgt 50 Mio. ECU. Für jedes Jahr, in dem der regelwidrige Zustand andauert, kommen 10% des Grundbetrages hinzu.

6 Zur dieser Problematik *Creutzig*, EuZW 1995, 723 und 1998, 293; *ders., DAR* 1999, 16; *Niebling*, BB 1998, 335; *ders., DAR* 1999, 8; *Springer*, WRP 1998, 1058; *Haslinger*, WRP 1999, 161; *Ebenroth/Lange/Mersch*, Die EG-Gruppenfreistellung für Vertriebs- und Kundenvereinbarungen über Kraftfahrzeuge 1995 Rn 38, 39.

7 *Albrecht*, Der EU-Import-Ratgeber PKW, Seite 28.

c) Zulassung

Für die Zulassung sind folgende Unterlagen erforderlich: Gültige Ausweispapiere, Deckungskarte der Versicherung, Nachweis über die Zahlung der Einfuhrumsatzsteuer, Originalrechnung des Verkäufers, Fahrzeugpapiere (Brief oder Ursprungszeugnis) sowie eventuell eine Unbedenklichkeitsbescheinigung des Herstellerwerkes oder des Kraftfahrtbundesamtes und ein Datenblatt.

Die **Unbedenklichkeitsbescheinigung** des Kraftfahrtbundesamtes besagt, dass das Fahrzeug in den letzten fünf Jahren in Deutschland nicht angemeldet gewesen ist und nicht als gestohlen gemeldet wurde. Die Unbedenklichkeitsbescheinigung des Herstellers dient als Nachweis dafür, dass das Fahrzeug vom Werk nicht mit einem deutschen Brief ausgeliefert wurde. Wenn die im Rahmen des Zulassungsverfahrens mit der Erteilung der Einzelbetriebserlaubnis beauftragte Prüfstelle nicht die Möglichkeit des Zugriffs auf die Fahrzeugdaten besitzt, muss der Käufer ein Datenblatt besorgen und vorlegen. Im Datenblatt sind alle technischen Fahrzeugdaten verzeichnet. Die Unterlage erhält der Käufer auf Anforderung vom Herstellerwerk/Importzentrum.

1021

Erforderliche **Umrüstungsmaßnahmen** sind für die Erteilung der Betriebserlaubnis von Bedeutung. Seit dem 1. 1. 1993 bestand für Automobilhersteller und Importeure die Möglichkeit, für ihre Fahrzeuge eine **europaweite Betriebserlaubnis** zu beantragen, von der jedoch nur wenige Gebrauch gemacht haben.[8] Ab dem 1. 1. 1996 sind Hersteller und Importeure verpflichtet, eine EU-weite Betriebserlaubnis für die ab diesem Zeitpunkt neu in den Markt eingeführten Fahrzeuge erstellen zu lassen. Eine Untersuchung nach § 21 StVZO ist für EG-Importfahrzeuge mit EU-Typengenehmigung entbehrlich.

Umfangreiche Umrüstaktionen, wie sie bei Fahrzeugen vorkommen, die aus den USA eingeführt werden, sind bei EU-Importen nicht nötig. Grenznahe Prüfstellen sind geeignete Ansprechpartner, soweit es um die Frage geht, welche Teile eines Fahrzeugs umgerüstet werden müssen. Mit der Vornahme der Umrüstung sollte grundsätzlich nur eine Vertragswerkstatt beauftragt werden, andernfalls Garantieansprüche verfallen können. Aus dem gleichen Grund ist die ausschließliche Verwendung von Originalteilen anzuraten.

Zu den Fahrzeugteilen, die manchmal um- oder nachgerüstet werden müssen, gehören Scheinwerfer, Nebelschlussleuchten, Abschlephaken, Felgen, Abgasanlage und Leuchtweitenregulierung. Der Einbau einer Leuchtweitenregulierung ist nicht notwendig, wenn der Käufer eine Ausnahmegenehmigung vorweist.

Mit der **Abgasuntersuchung** gibt es keine Probleme, da alle EU-Neufahrzeuge die Werte der EURO-Norm II erfüllen.

d) Einfuhrumsatzsteuer

Die Einfuhrumsatzsteuer entsteht **mit dem Tag des Erwerbs** (§ 13 Abs. 1 Nr. 7 UStG). Der private Käufer muss das Formular „Umsatzsteuererklärung zur Fahrzeugeinzelbesteuerung" ausfüllen, das er bei seinem heimischen Finanzamt bekommt. Die Frist für die Einreichung des ausgefüllten Formulars und die Zahlung der Umsatzsteuer beträgt **10 Tage.** Unternehmer, die das Fahrzeug für ihren unternehmerischen Bereich erwerben, haben den Erwerb im Allgemeinen Umsatzbesteuerungsverfahren zu versteuern.

1022

---

8 Hierzu eingehend *Lichtenberg,* DAR 1992, 448 f.

III. Kauf über den Händler/Importvermittler

1. Derzeitige Situation

1023 Beim Kauf ausländischer Fahrzeuge haben seit Jahren **freie Händler** ihre Hände im Spiel. Die Preise, zu denen sie Fahrzeuge anbieten, liegen bis zu 25% unter den Inlandspreisen. Vertragshändler können bei diesen Preisen nicht mithalten. Sie müssen auf Grund ihrer Händlerverträge zu den Preisen einkaufen, die der Hersteller für den Inlandsmarkt festgelegt hat. Dementsprechend groß ist die Verärgerung der Fabrikatshändler und ihrer Verbände über das Treiben der freien Importeure. Während die nicht in das Vertriebssystem des Herstellers eingebundene Importbranche mit geringem Aufwand erhebliche Gewinne erzielt, sind Fabrikatshändler auf Grund ihrer Verträge mit den Herstellern/Importeuren verpflichtet, Vorführwagen, Werkstätten, Ersatzteillager zu unterhalten, um die ihnen auferlegten Pflichten insbesondere im Hinblick auf die Erbringung von Gewährleistungs- und Garantiearbeiten erfüllen zu können.[9] Im Gegensatz zu den freien Importeuren müssen sie mit erheblichen Investitionen in Vorlage treten. Aus diesen Gründen setzen sich inländische Vertragshändler verständlicherweise dagegen zur Wehr, in fremdem kommerziellem Interesse ohne Gegenleistung in Anspruch genommen zu werden. Für sie war der grenzüberschreitende Fahrzeugvertrieb außerhalb des Vertragshändlernetzes lange Zeit „Grauimport" und der freie, nicht mit den Pflichten der Vertragshändler-Solidargemeinschaft belastete Importeur ein „grauer Händler". Die mit dieser Bezeichnung hervorgerufene Assoziation eines rechtswidrigen Handelns stimmt jedoch nicht. Die Importvermittlung ist rechtlich zulässig. Deshalb hat des OLG Köln[10] die werbliche Verwendung des Begriffs „Grauimport" in Bezug auf sog. freie Kfz-Importeure untersagt.

2. Freier Warenaustausch und selektiver Vertrieb

1024 Art. 85 EWG-Vertrag **garantiert** den **freien Warenaustausch.** Verboten sind „alle Vereinbarungen zwischen Unternehmen, Beschlüsse von Unternehmensvereinigungen und aufeinander abgestimmte Verhaltensweisen, die den Handel zwischen Mitgliedstaaten zu beeinträchtigen geeignet sind und eine Verhinderung, Einschränkung oder Verfälschung des Wettbewerbs innerhalb des Gemeinsamen Marktes bezwecken oder bewirken".

Dem freien Handel mit neuen Kraftfahrzeugen werden durch die **Kfz-GVO**[11] Grenzen gesetzt, die den Handlungsspielraum der freien Importeure faktisch einengen. Die Verordnung gestattet den **selektiven Vertrieb** ausschließlich über den Fabrikatshandel. Kfz-Hersteller dürfen mit ihren Händlern vereinbaren, dass Neuwagen aus der eigenen Produktion zum Zweck des Weiterverkaufs nur an einen oder mehrere Händler in einem Vertragsgebiet geliefert werden und die dem Vertriebsnetz angeschlossenen Händler verpflichtet sind, die Fahrzeuge zu vertreiben und den Kundendienst für die Modelle des Herstellers durchzuführen. Die Zulassung des selektiven Vertriebs wird im Wesentlichen damit begründet, Kraftfahrzeuge seien keine Wegwerfartikel, sondern **langlebige Wirtschaftsgüter** und auf Grund des **hohen technischen Standards** im Interesse der **Produkt- und Verkehrssicherheit** auf ein qualifiziertes, leistungsfähiges und flächendeckendes Servicenetz angewiesen. Dementsprechend billigt die Kommission – zur Zeit noch – Regelungen über einen ausschließlichen

---

9 *Creutzig,* Recht des Autokaufs, Rn 7.1.4.2.
10 Urt. 24. 4. 1996, VRS 1997, 201.
11 EWG-Verordnung Nr. 123/85, geändert und verlängert bis zum 30. 9. 2002 durch die EWG-Verordnung Nr. 1475/95 vom 28. 6. 1995 über die Anwendung von Art. 85 Abs. 3 des Vertrages auf Gruppen von Vertriebs- und Kundendienstvereinbarungen über Kraftfahrzeuge, letztere veröffentlicht im Amtsblatt der Europäischen Gemeinschaften vom 28. 6. 1995, Nr. L 145; dazu *Creutzig* in EuZW 1995, 723; *ders.* in EuZW 1996, 197 ff. und Recht des Autokaufs Rn. 1.3.14 m. w. N.

Kauf über den Händler/Importvermittler

und selektiven Vertrieb, wissend, dass viele Vertragshändler ohne das selektive Vertriebsnetz in ihrer Existenz gefährdet wären.

Autoherstellern gestattet die Kfz-GVO die Ergreifung von Maßnahmen, die den Schutz des selektiven Vertriebssystems bezwecken. Die wohl wichtigste Schutzmaßnahme besteht darin, dass Vertragshändlern von ihren Herstellern untersagt werden darf, fabrikneue Fahrzeuge an Personen zu verkaufen, die diese Fahrzeuge nicht zum Eigengebrauch, sondern zum Zweck des Weiterverkaufs verwenden wollen. Diese Regelung fehlt in keinem Händlervertrag. Die Lieferung von Neufahrzeugen an **Wiederverkäufer** darf jedoch nicht untersagt werden, wenn diese dem gleichen Vertriebsnetz angehören (Art. 3 Ziff. 10a GVO) oder Ersatzteile kaufen, um sie bei Reparaturen oder Wartungsarbeiten selbst zu benutzen. Abgerundet wird der Schutz des selektiven Vertriebs durch die den Autoherstellern eingeräumte Befugnis, ihre Vertragshändler zu verpflichten, Endverbrauchern, die einen Vermittler – also einen freien Importeur – eingeschaltet haben, Fahrzeuge nur zu verkaufen, wenn sie den Vermittler bevollmächtigt haben (Art. 3 Ziff. 11 GVO). Die Ansicht, eine erlaubte Vermittlungstätigkeit im Sinn der Kfz-GVO sei nur unter der Voraussetzung anzunehmen, dass der Anstoß zum Tätigwerden vom Endverbraucher ausgeht und demzufolge eine Einkaufsvermittlung allenfalls gelegentlich denkbar ist,[12] wird von der EG-Kommission nicht geteilt.[13]

1025

Die Verordnung (EWG Nr. 123/85), die insoweit unverändert von der Gruppenfreistellungsverordnung (EWG Nr. 1475/95) übernommen wurde, regelt nur die vertraglichen Beziehungen zwischen Herstellern (Lieferanten) und ihren zugelassenen Händlern. Daraus hat der EuGH[14] zutreffend gefolgt, dass die Verordnung einen Wirtschaftsteilnehmer, der weder zugelassener Wiederverkäufer des Vertriebsnetzes des Herstellers einer bestimmten Kraftfahrzeugmarke noch bevollmächtigter Vermittler im Sinne von Art. 3 Nr. 11 Verordnung ist, nicht daran hindert, der Tätigkeit des Parallelimports und des unabhängigen Weiterverkaufs von Neufahrzeugen dieser Marke nachzugehen.[15] Damit beschränkt sich das Verteidigungsinstrumentarium des Vertragshandels auf das innerstaatliche Wettbewerbsrecht des Schleichbezugs[16] und der vom BGH[17] weitgehend entschärften irreführenden Werbung.

Nach den Vorstellungen der EG-Kommission ist unter der Vermittlertätigkeit der freien Importeure jede Art der Importunterstützung zu verstehen, bei der der einkaufende Endverbraucher dem verkaufenden Vertragshändler gegenüber identifiziert wird und das neue Fahrzeug nach der Auslieferungsinspektion unverzüglich an den Endverbraucher unter Inanspruchnahme der Unterstützungsleistungen des Importvermittlers ausgeliefert wird.

1026

Aus dem Rahmen der Vermittlertätigkeit fallen **Aufkäufe von Neufahrzeugen,** die auf Lager genommen werden und für die Kunden erst noch gesucht werden müssen. Angesichts der Regelung des Art. 3 Ziff. 11 GVO liegt eine Vermittlertätigkeit auch dann nicht mehr vor, wenn der Importeur in eigenem Namen und für eigene Rechnung einkauft und die auf Grund eines bestehenden Deckungskaufs zwischen einem Endverbraucher und Vermittler bestehende Verpflichtung des Vermittlers, das neue Fahrzeug unverzüglich an den Endverbraucher auszuliefern, dem Vertragshändler gegenüber nachgewiesen wird. Auf Grund der Freistellungsverordnung haben es die Autowerke selbst in der Hand, den inländischen Markt durch entsprechende vertragliche Vereinbarungen mit ihren ausländischen Vertragshändlern vor unzulässigen Importen zu schützen. Hierzu ist es erforderlich, dass die Einhaltung der mit den ausländischen Vertragspartnern getroffenen Absprachen von ihnen überwacht wird. Es liegt nahe, den inländischen Vertragshändlern gegenüber ihren Herstellern einen entsprechenden

---

12 *Creutzig,* Recht des Autokaufs, Rn 7.1.4.3.
13 Klarstellung vom 18. 12. 1991, EWS 1992, 26.
14 Urt. 20. 2. 1997, ZIP 1997, 1978.
15 Kritisch *Creutzig,* EuZW 1997, 375.
16 Rn 1034.
17 Urt. 15. 7. 1999; 19. 8. 1999, DAR 1999, 501; Rn 1071 ff.

Anspruch auf Vornahme der Kontrolle als Nebenpflicht aus dem Händlervertrag zuzubilligen.

3. Schutz des selektiven Vertriebs
a) Vertragliche Schutzvereinbarungen

1027 Die **Kfz-GVO** gewährt dem Hersteller/Vertragshändler **keinen Unterlassungsanspruch** gegen den freien Importeur, wenn dessen Aktivitäten den durch die Kfz-GVO abgesteckten Rahmen überschreiten.[18] Ein Anspruch auf Unterlassung kann aber nach innerstaatlichem Wettbewerbsrecht begründet sein.[19]

AGB zur Absicherung von Vertriebssystemen sind zulässig. Als nicht unangemessen im Sinn von § 9 AGB-Gesetz bewertete der BGH eine in AGB enthaltene Verbotsklausel, die dem Käufer den Weiterverkauf vor Erhalt des Wagens untersagte.[20] Billigung fand auch die Klausel, nach deren Inhalt es dem Käufer des fabrikneuen – noch nicht zugelassenen – Fahrzeugs verboten war, sein Verfügungsrecht einem Wiederverkäufer zu übertragen.[21] In beiden Fällen räumte der BGH dem Ziel des Verkäufers, Vertriebsbindungen und das Händlernetz vor Einmischungen zu schützen, Vorrang ein vor dem bloßen Veräußerungsinteresse des Käufers. Das **Weiterveräußerungsverbot** vor Erhalt des Wagens war in der zuerst genannten Entscheidung mit einem Rücktrittsrecht gekoppelt, wodurch – wegen der Erzwingbarkeit des Rücktritts gem. § 355 BGB – etwaige Belastungen des Käufers weitgehend abgeschwächt wurden. Ob ein formularmäßiges Weiterveräußerungsverbot ohne Rücktrittsklausel den Anforderungen von § 9 AGB-Gesetz standhält, wurde vom BGH nicht entschieden. Offen geblieben ist auch, ob ein in AGB enthaltenes Verfügungsverbot vor Zulassung des Fahrzeugs als noch angemessen angesehen werden kann, wenn dem Käufer der Weiterverkauf nicht nur an einen Wiederverkäufer, sondern generell untersagt wird.

1028 Als zulässig im Sinne des § 18 Abs. 1 Nr. 3 GWB befand das OLG Stuttgart[22] eine Erklärung[23] des Käufers, die ihn verpflichtete, das Fahrzeug nur zur **Eigennutzung** zu erwerben und ohne Zustimmung des Verkäufers nicht vor Ablauf von drei Monaten nach Zulassung und einer Fahrleistung von weniger als 1000 km weiterzuveräußern. Die formularmäßige Kombination des zeitlich oder kilometermäßig limitierten Weiterveräußerungsverbots mit einem **Vertragsstrafeversprechen** bzw. einer Verpflichtung des Käufers zur Zahlung eines pauschalierten Schadensersatzbetrages von z. B. 10% für den Fall der Zuwiderhandlung wurde von einigen Instanzgerichten als zulässig angesehen.[24]

1029 Die Einräumung eines **Vorkaufs- oder Rückkaufsrechts** in AGB zu Gunsten des Verkäufers für den Fall einer Veräußerung des Neufahrzeugs in den ersten 12 Monaten nach Erstzulassung stellt nach Meinung des OLG Köln[25] eine Vertragskonstruktion dar, die trotz der langen Bindung des Käufers als solche unbedenklich ist. Wenn aber der Verkäufer außerdem als Rückkaufpreis verbindlich den Neuwagenpreis abzüglich einer Nutzungsentschädigung von 1% je gefahrene 1000 km festlegt, ist die Klausel nach § 9 Abs. 1 AGB-Gesetz insgesamt unwirksam, weil sie den Käufer unangemessen benachteiligt. Die schemati-

---

18 EuGH 20. 2. 1997, ZIP 1997, 1978.
19 *Creutzig*, Recht des Autokaufs, Rn.1.3.4; Thüringer OLG 23. 7. 1997, WRP 1997, 980.
20 BGH 7. 10. 1981, NJW 1982, 178 ff.
21 BGH 24. 9. 1980, NJW 1981, 117 ff.
22 Urt. 14. 4. 1989 – 2 U 88/88 – n. v. zit. bei *Creutzig*, Recht des Autokaufs, Rn. 1.3.4.
23 Das für die Erklärung erforderliche Schriftformgebot des § 34 GWB wurde durch die 6. GWB-Novelle mit Wirkung zum 1. 1. 1999 ersatzlos gestrichen.
24 OLG München, Urt. 28. 11. 1986 – 23 U 3706/86 – n. v.; LG Essen, Urt. 19. 6. 1986 – 16 O 164/86 – n. v.; LG Koblenz, Urt. 13. 2. 1986 – 2 HO 32/85 – n. v.; OLG Düsseldorf, Urt. 1. 8. 1986 – 16 U 41/86 – n. v., sämtlich zit. bei *Creutzig*, Recht des Autokaufs, Rn 1.3.4.
25 Urt. v. 13. 1. 1993, NJW-RR 1993, 824.

sche Berechnung hat zur Folge, dass der zu zahlende Rückkaufpreis erheblich unter dem Marktwert liegen und der Käufer deshalb gezwungen sein kann, entweder sein Fahrzeug zu einem unangemessen niedrigen Preis zu veräußern oder aber mit dem Verkauf bis zum Ablauf der Jahresfrist zu warten.[26]

Aus dem Verbot des Weiterverkaufs folgt keine Pflicht des Käufers, das Fahrzeug auf seinen Namen zuzulassen. Klauseln, die eine **Zulassungspflicht** auf den Namen des Käufers vorsehen, können nach Meinung des BGH[27] vor § 9 AGB-Gesetz nur für den Fall der Veräußerung an einen **gewerblichen Wiederverkäufer** bestehen. In allen anderen Fällen entfalten derartige Zulassungsklauseln keine Wirksamkeit, da sie die Belange des Käufers in unzumutbarer Weise zu Gunsten des Verkäufers missachten. Ungültig sind deshalb auch AGB-Regelungen, die eine Bevollmächtigung des Verkäufers für den Zulassungsantrag vorsehen. Die zahlreichen Gründe des Käufers, eine Zulassung des Fahrzeugs auf den eigenen Namen nicht oder nicht sogleich zu beantragen, sind weitaus gewichtiger als die des Verkäufers, selbst wenn der „graue Markt" ohne die Zulassungspflicht nicht wirksam bekämpft werden kann. **1030**

In dem Bestreben, den Schwarzhandel mit Kaufverträgen zu verhindern, ist eine Reihe von Händlern schon vor Jahren dazu übergegangen, Käufer durch **Individualabreden** zu verpflichten, Fahrzeuge auf ihren eigenen Namen zuzulassen und sie nicht vor Ablauf einer bestimmten Frist von z. B. 6 Monaten zu veräußern. Die Wirksamkeit solcher Vereinbarungen stößt auf erhebliche Bedenken, weil die rechtsgeschäftliche und finanzielle Handlungsfreiheit des Käufers in einer durch die Sachumstände nicht gerechtfertigten Weise eingeschränkt wird. Darüber hinaus erleidet der Käufer, der – gleich aus welchen Gründen – den Wagen sofort weiterveräußern will, einen Schaden durch die Zulassung des Fahrzeugs auf seinen Namen. Das individuell vereinbarte Veräußerungsverbot mit Zulassungsverpflichtung führt in vielen Fällen zu einer einseitigen und unbilligen Benachteiligung der wirtschaftlich schwächeren Partei. Es erscheint nach den Grundsätzen von Treu und Glauben geboten, der Individualabrede die Wirksamkeit jedenfalls dann zu versagen,[28] wenn sie dem Käufer quasi als Bedingung für den Vertragsabschluss vom Händler aufgezwungen wird. **1031**

Eine **verbotswidrige Weiterveräußerung** des Fahrzeugs durch den Käufer ist uneingeschränkt wirksam gem. § 137 BGB. Aus einer – als wirksam unterstellten – Individualabrede mit dem Käufer kann der Verkäufer gegen den Zweiterwerber keine Rechte ableiten. Auch der vertragsbrüchige Käufer besitzt keine – notfalls abtretbaren – Ansprüche gegen den Zweiterwerber.[29] **1032**

Bejaht man entgegen der hier vertretenen Ansicht die Wirksamkeit der Individualvereinbarung, so haftet allerdings der Erstkäufer dem Händler im Fall verbotswidriger Veräußerung auf Schadensersatz.[30] Zu ersetzen ist der dem Händler durch die Verletzung des selektiven Vertriebssystems entstandene Schaden. Da eine Naturalrestitution in Ermangelung eines rechtlichen Durchgriffs gegen den Zweiterwerber ausscheidet,[31] ist die Schadensbezifferung ein Problem. Aus diesem Grund wird dem Händler die individuelle Vereinbarung einer angemessenen Vertragsstrafe nahe gelegt.

---

26 OLG Köln, 13. 1. 1993, NJW-RR 1993, 824.
27 Urt. 7. 10. 1981, NJW 1982, 178 ff.
28 *Palandt/Heinrichs,* Einf. v. § 145 Rn 17.
29 So jetzt auch *Creutzig,* Recht des Autokaufs, Rn 1.3.5.
30 *Erman/Brox,* § 137 Rn 9.
31 A. A. *Creutzig,* Recht des Autokaufs, Rn 1.3.5, der dem Händler einen gegen den Erstkäufer gerichteten Anspruch auf Rückgängigmachung des Kaufvertrages mit dem Zweitkäufer zubilligt.

b) Gesetzlicher Schutz

1033 Schutz vor Eingriffen in das Vertriebssystem durch professionelle Wiederverkäufer, die der Händlerkette nicht angehören, gewährt § 1 UWG.

Die Verschaffung vertriebsgebundener Ware, die vom Hersteller im Rahmen seines Vertriebssystems ausschließlich zur Abgabe an Endverbraucher bestimmt ist, durch einen vertraglich nicht gebundenen Außenseiter ist nicht an sich schon wettbewerbswidrig. Es müssen besondere Umstände hinzutreten. Wettbewerbswidrig handelt stets derjenige, der sich die unter die Vertriebsbindung fallende Ware durch sittenwidrigen „Schleichbezug" oder durch „Verleiten zum Vertragsbruch" verschafft. Erfolgt der Warenbezug durch bloße „Ausnutzung fremden Vertragsbruchs", liegt ein Wettbewerbsverstoß nur vor, wenn der Außenstehende dadurch einen ungerechtfertigten Vorsprung im Wettbewerb erlangt.

1034 **Schleichbezug** setzt einen unlauteren Angriff auf die Entschließungsfreiheit des Herstellers voraus, etwa durch Täuschung eines gebundenen Lieferanten über das Vorliegen einer Bindung oder über eine verhängte Liefersperre, durch Vorschieben eines Strohmannes zur eigenen Tarnung[32] oder durch Zusammenwirken mit einem ungetreuen Angestellten. Es widerspricht guten kaufmännischen Sitten, ein vom Hersteller geschaffenes, auf Lückenlosigkeit angelegtes und grundsätzlich schützenswertes Vertriebssystem mit dem Mittel der Täuschung um die beabsichtigte Wirkung bringen zu wollen.[33] Das bloße Unterlassen des Hinweises auf eine bestehende Wiederverkaufsabsicht reicht zur Annahme des Schleichbezugs nicht aus, da im Geschäftsverkehr nach Treu und Glauben eine dem Käufer obliegende spontane Aufklärungspflicht über Wiederverkaufsabsichten nicht ohne weiteres besteht.[34] Wenn aber ein außerhalb des Händlernetzes stehender Kraftfahrzeughändler gegenüber einem gebundenen Händler behauptet, er sei lediglich Verkaufsvermittler und ihn dadurch zur Lieferung des Fahrzeugs veranlasst, erfüllt er durch diese Handlungsweise den Tatbestand des Schleichbezugs, sofern er gegenüber dem Endabnehmer als Verkäufer des Fahrzeugs auftritt.[35]

1035 Die Missachtung einer Vertriebsbindung ist auch dann wettbewerbswidrig, wenn ein nicht autorisierter Kraftfahrzeughändler einen gebundenen Vertragshändler über seine Absicht täuscht, das bei ihm bestellte Neufahrzeug nach einer sog. Tageszulassung weiterzuveräußern.[36] Der zivilrechtliche Befund, dass es sich bei einem Kraftfahrzeug mit Tageszulassung möglicherweise nicht mehr um ein neues, jedenfalls nicht um ein fabrikneues Auto handelt,[37] räumt den Vorwurf der Sittenwidrigkeit des Wettbewerbshandelns nicht aus. Im Hinblick auf § 1 UWG kommt es entscheidend darauf an, dass es dem gebundenen Händler nach dem Inhalt des Vertrags untersagt ist, einem nicht autorisierten Händler einen Neuwagen zu verkaufen, wenn er weiß, dass dieser die Absicht hat, das Auto nach einer kurzen Zulassung auf sich an einen Endabnehmer weiterzuverkaufen.

1036 Ein **Verleiten zum Vertragsbruch** liegt vor, wenn sich der Außenseiter nicht auf den bloßen Ankauf der Ware beschränkt, sondern es zu Wettbewerbszwecken bewusst darauf anlegt, dass ein gebundener Händler vertragsbrüchig wird. Einem Parallelimporteur untersagte das Thüringische OLG[38] Neufahrzeuge durch Verleiten zum Vertragsbruch oder durch **Ausnutzen eines Vertragsbruchs** von Angehörigen der Händler-Vertriebsorganisation zu erwerben und diese sodann im Rechtsverkehr zum Verkauf anzubieten.[39]

---

32 BGH 14. 7. 1988, DAR 1988, 380.
33 BGH 5. 12. 1991, NJW-RR 1992, 427, 428.
34 BGH 21. 2. 1991 – I ZR 115/90 – n. v.
35 BGH 5. 12. 1991, NJW-RR 1992, 427, 428.
36 BGH 30. 6. 1994, NJW-RR 1994, 1326.
37 Dazu Rn 445 und 1051.
38 Urt. 23. 4. 1997, WRP 1997, 980.
39 In diesem Sinn auch LG Kiel Urt. 25. 3. 1997 – 15 O 2/97 – n. v., zit. von *Creutzig*, Recht des Autokaufs, Rn. 1.3.4.

1037 Das **Schadensersatzbegehren** des Wiederverkäufers wegen Nichtbelieferung kann der Verkäufer nicht durch einen c. i. c.-Gegenanspruch mit der Begründung zu Fall bringen, er sei nichtsahnend zum Abschluss des Vertrags veranlasst worden, durch dessen Erfüllung er sich gegenüber dem Hersteller vertragsbrüchig mache, da auch im Rahmen der c. i. c.-Haftung für den Käufer keine Verpflichtung besteht, die Wiederverkaufsabsicht zu offenbaren. Wenn Hersteller und Vertragshändler mit Graumarktgeschäften vertraut sind und entsprechende Zusatzvereinbarungen zum Händlervertrag und einen Leitfaden zum Graumarktgeschäft erarbeitet haben, gleichwohl aber auf Nachfragen zur Wiederverkaufsabsicht trotz gegebenen Anlasses verzichten, können sie nicht auf eine Offenbarungspflicht des Käufers vertrauen.[40]

1038 Während es nach herrschender Ansicht beim Schleichbezug auf eine **Lückenlosigkeit** der Vertriebsbindung sowohl im gedanklichen Aufbau als auch in der praktischen Durchführung nicht ankommt,[41] wird eine solche bei Verleitung zum Vertragsbruch allgemein verlangt.[42] Der EuGH[43] hat entschieden, dass das EG-Wettbewerbsrecht der deutschen Rechtsprechung zur Lückenlosigkeit nicht entgegensteht. Bei der Beurteilung der praktischen Lückenlosigkeit ist auf die tatsächlichen Marktverhältnisse und nicht allein auf die Frage abzustellen, ob Verkaufsakte von Personen vorliegen, die gedanklich zum Vertriebssystem gehören. Lückenhaft ist ein Vertriebssystem immer dann, wenn gebundene Waren auf dem Markt über unvermeidbare Einzelfälle hinaus auch außerhalb des Systems erhältlich sind.[44] Ein nicht mit Vertragsstrafe oder durch Androhung der Aufhebung der Lieferverpflichtung bewehrtes Verbot, Neufahrzeuge nicht an nicht autorisierte Wiederverkäufer zu vertreiben, reicht zur Absicherung der Lückenlosigkeit des Vertriebssystems nach Ansicht des OLG Dresden[45] selbst dann nicht aus, wenn das Verbot mit der Androhung der fristlosen Kündigung für den Fall des Verstoßes gekoppelt ist.

Besteht für die gebundene Ware ein **multinationales Bindungssystem,** so kann die dem inländischen Händler auferlegte Vertriebsbindung schon dann nicht mehr als lückenlos angesehen werden, wenn für den inländischen Außenseiter die Möglichkeit besteht, die Ware aus anderen Ländern, insbesondere aus Ländern der Europäischen Gemeinschaft, ungehindert zu beziehen.[46] Dem Hersteller wird abverlangt, dass er das Vertriebsbindungssystem ständig überwacht und aufgedeckte Verstöße verfolgt. Dabei genügt es, wenn er ein System schafft, das ihn in die Lage versetzt, auftretende Lücken schnell aufzudecken und wieder zu schließen. Um die Lückenlosigkeit des System sicherzustellen, muss er die Maßnahmen auf alle Länder erstrecken, in denen das Vertriebssystem besteht.

1039 Die von der Rechtsprechung zum Schleichbezug bei Bestehen der Vertriebsbindung entwickelten Rechtsgrundsätze gelten unmittelbar für Verkaufssysteme mit Händlerbindungen, bei planmäßig eingesetzter Täuschung, aber auch für den **Eigenvertrieb** über Niederlassungen.[47] Von diesem Sonderfall abgesehen, genießen Eigenvertriebssysteme keinen so weitreichenden Schutz gegen Außenseiter wie vertikale Vertriebssysteme.[48]

1040 Ein zum Zweck des sog. Schleichbezugs durch den Drittunternehmer über einen **Strohmann** geschlossener Kaufvertrag ist – da ernstlich gewollt – kein Scheingeschäft und verstößt selbst bei einseitig geplanter rechtswidriger Verwendung nicht gegen § 138 Abs. 1

---

40 BGH 26. 2. 1992, ZIP 1992, 483.
41 BGH 30. 6. 1994, NJW-RR 1994, 1326.
42 BGH 19. 3. 1992, NJW-RR 1992, 1065, 1066 m. w. N.
43 Urt. 5. 6. 1997, NJW 1997, 2667; dazu *Niebling,* WiB 1997, 977.
44 BGH 7. 2. 1991, NJW-RR 1991, 1257.
45 Urt. 16. 6. 1998, OLGR 1998, 372.
46 BGH 19. 3. 1992, NJW-RR 1992, 1065, 1066.
47 BGH 14. 7. 1988, DAR 1988, 380.
48 BGH 7. 2. 1991, NJW-RR 1991, 1257.

BGB.[49] Der Strohmann ist dem verkaufenden Hersteller nach Ansicht des OLG Schleswig[50] schadensersatzpflichtig, selbst wenn letzterer dem Hintermann den Schleichbezug durch einstweilige Verfügung untersagt hat und die Erfüllung des Kaufvertrages hieran gescheitert ist.

4. Vertragsdurchführung beim Kauf unter Einschaltung eines freien Importeurs

1041   Nach der Kfz-GVO besteht für freie Importeure wenig Handlungsspielraum. Sie dürfen nicht im eigenen Namen Neufahrzeuge an- und verkaufen oder auf Lager nehmen. Erlaubt ist ihnen lediglich eine Vermittlertätigkeit. Sie müssen für jedes Fahrzeug, das sie vermitteln, einen Käufer nachweisen, einen Kaufvertrag mit dessen Unterschrift vorlegen und unter Umständen eine Ausweiskopie und eine Meldebestätigung des Käufers beibringen. Gleichwohl ist zu beobachten, dass freie Händler keine Probleme haben, Importfahrzeuge zu beschaffen. Viele dieser Fahrzeuge stehen auf Lager und werden von freien Importeuren im eigenen Namen verkauft. Die Zulassung des Fahrzeugs im Ausland macht es möglich.

1042   In seiner Funktion als **Importvermittler** wickelt der freie Händler den Kauf und die Einfuhr des Fahrzeugs für den Kunden komplett ab. Im Vermittlungsvertrag ist dies eindeutig festzulegen. Die wichtigsten Punkte: Vereinbarung eines Festpreises und eines konkreten Liefertermins, Verpflichtung des Vermittlers zur Übergabe eines vom ausländischen Vertragshändler abgestempelten Service- und Garantiehefts, Zulassung in Deutschland oder Übergabe des Fahrzeugs in einem zulassungsfertigen Zustand, Anmeldung und Entrichtung der vom Käufer geschuldeten Umsatzsteuer durch den Vermittler.

1043   Da abzusehen ist, dass Importvermittler wegen der – zurzeit noch vorhandenen – unterschiedlichen Steuerverhältnisse in den einzelnen EG-Mitgliedstaaten und der von Land zu Land stark variierenden Werksabgabepreise EG-Neuwagen auch in naher Zukunft auf dem Binnenmarkt preiswert anbieten werden, sind bereits viele Fabrikatshändler dazu übergegangen, Fahrzeuge nicht mehr nur bei ihrem inländischen Hersteller/Importeur zu ordern, sondern zusätzlich bei Fabrikatshändlern im EG-Ausland preiswert **Quereinkäufe** zu tätigen. Dadurch verschaffen sie sich dringend benötigte Preis- und Renditevorteile. Außerdem legen sie die Quellen des freien Marktes trocken und zwingen Hersteller und Importeure zur Harmonisierung der Abgabepreise.[51] Durch Reimporte und Quereinkäufe geraten feste Vertriebsstrukturen immer mehr in Bewegung.

5. Steuerrechtliche Situation

1044   Bei einem innergemeinschaftlichen Erwerb gilt ein Fahrzeug umsatzsteuerrechtlich seit dem 1. 1. 1995 als **neu,** wenn die erste Inbetriebnahme zum Zeitpunkt des Erwerbs nicht mehr als **sechs Monate** zurückliegt oder die Laufleistung **weniger als 6000 km** beträgt. Für diese Art von Fahrzeugen, zu denen echte Neufahrzeuge und junge Gebrauchtwagen gehören, findet § 25a UStG bei EG-Lieferungen keine Anwendung, d. h., es findet keine Differenzbesteuerung statt.

1045   Ein **innergemeinschaftlicher Erwerb** liegt vor, wenn der erworbene Gegenstand bei der Lieferung an den Erwerber aus dem Gebiet eines anderen EG-Mitgliedstaates in das Inland gelangt. Der Lieferer des Gegenstands muss grundsätzlich Unternehmer sein und die Lieferung im Rahmen seines Unternehmens ausführen. Lediglich bei der Anschaffung eines neuen Kraftfahrzeugs setzt der innergemeinschaftliche Erwerb nicht voraus, dass der Fahrzeuglieferant Unternehmer ist und die Lieferung im Rahmen seines Unternehmens vornimmt. Auch

---

49 OLG Schleswig 4. 5. 1988, NJW 1988, 2247.
50 Urt. 4. 5. 1988, NJW 1988, 2247.
51 Autohaus 20/1993, S. 3.

Kauf über den Händler/Importvermittler

Privatleute treten als Unternehmer auf, wenn sie ein EG-Neufahrzeug über die Grenze liefern. Der Erwerber muss gem. § 1a UStG ein Unternehmer oder eine juristische Person sein. Durch § 1b UStG werden allerdings Fahrzeugkäufe durch Privatpersonen ebenfalls als innergemeinschaftlicher Erwerb definiert.

1046 Daraus folgt, dass der innergemeinschaftliche Erwerb eines neuen Fahrzeugs grundsätzlich auch bei **Privatpersonen** der **Erwerbsbesteuerung** unterliegt. Abweichend von den für andere Waren geltenden Grundsätzen zur Mehrwertsteuerregelung, erfolgt die Besteuerung sog. „neuer Beförderungsmittel" nicht im Ursprungsland, sondern im Bestimmungsland. Für die Besteuerung sind somit die Vorschriften des Landes anzuwenden, in dem sich der Wohn- oder Betriebssitz des Käufers befindet.

Der EG-ausländische Verkäufer hat den Umsatz als **steuerfreie Lieferung** zu behandeln. Weist er dennoch die EG-ausländische Umsatzsteuer aus, verliert das Geschäft dadurch nicht den Charakter eines innergemeinschaftlichen Erwerbs. Die vom Käufer in Deutschland zu entrichtende Umsatzsteuer wird in diesem Fall nicht auf der Basis des ausländischen Nettopreises berechnet. Maßgeblich ist der an den EG-ausländischen Verkäufer insgesamt gezahlte Kaufpreis. Der Käufer ist berechtigt, die Umsatzsteuer als Vorsteuer in dem EG-Mitgliedstaat des Verkäufers im Rahmen des Vorsteuer-Vergütungsverfahrens geltend zu machen. Hierzu benötigt er einen Fiskalvertreter, wenn er in dem Ausfuhrstaat keine Betriebsstätte unterhält. Das Erstattungsverfahren kann 12 Monate und länger dauern. Eine Rückerstattung findet nicht statt, wenn der EG-ausländische Verkäufer die vereinnahmte Umsatzsteuer nicht abgeführt hat.[52]

1047 Bei der Versteuerung ist zu unterscheiden, ob der deutsche Autohändler das EG-Neufahrzeug vermittelt oder im eigenen Namen verkauft. Wird er als **Vermittler** tätig, muss der Käufer das Neufahrzeug der Umsatzbesteuerung zuführen (diese Aufgabe kann ihm der Vermittler natürlich abnehmen), während der Vermittler lediglich die Umsatzsteuer auf die Provision schuldet. Tritt der Händler gegenüber dem deutschen Käufer jedoch selbst als Verkäufer des EG-Neufahrzeugs auf, muss dieser Inlandslieferung zwangsläufig ein innergemeinschaftlicher Erwerb des Händlers vorgeschaltet sein, auf Grund dessen er zur Zahlung der Umsatzsteuer verpflichtet ist. Beim Eigenverkauf erteilt der Händler dem deutschen Käufer eine Inlandsrechnung, die die Umsatzsteuer ausweist.

Handelt es sich bei dem ausländischen Verkäufer um eine Privatperson ohne Umsatzsteuer-Identifikationsnummer, besitzt er Anspruch auf Erstattung der in seinem Mitgliedstaat bei dem erstmaligen Erwerb des Fahrzeugs von ihm entrichteten Mehrwertsteuer, wenn er das neue Fahrzeug wieder verkauft.

1048 Beim Vermittlungsgeschäft lässt sich im Gegensatz zur Eigenlieferung die Offenlegung der Gewinnmarge häufig nicht vermeiden. Wegen dieser unliebsamen Begleiterscheinung ist die **Eigenlieferung** die für den Kfz-Handel interessantere Variante. Sie bietet dem Käufer, insbesondere wegen der einfacheren Durchsetzung von Gewährleistungs- und Garantieansprüchen, größere Sicherheit als das Vermittlungsgeschäft. Aus dem Dilemma weist die Verfügung der Oberfinanzdirektion Rostock[53] einen Ausweg, insofern der deutsche Autohändler auch in sog. Besorgungsfällen von einem steuerpflichtigen innergemeinschaftlichen Erwerb mit anschließender steuerpflichtiger Inlandslieferung an den deutschen Käufer ausgehen darf, wenn der EG-ausländische Autohändler die an den privaten deutschen Käufer gerichtete Rechnung ohne Ausweis der Mehrwertsteuer direkt dem deutschen Händler übergibt, dieser die Rechnung als eigene behält und für den Verkauf des Fahrzeugs dem deutschen Käufer seinerseits eine Rechnung mit Ausweis der deutschen Umsatzsteuer ausstellt.[54]

---

52 Steuer-Erfahrungsaustausch Kfz-Gewerbe 6/95, S. 7.
53 Verfügung vom 20. 1. 1994, Az. S 7103 A/S 7303 A-St 331 in Umsatzsteuer-Rundschau 1994, 284.
54 Ausführlich Steuer-Erfahrungsaustausch Kraftfahrzeuggewerbe 11/94, S. 5 ff. sowie 6/95, S. 7, 8.

6. EG-Neuwagen

1049 Mit der Öffnung des europäischen Marktes ist die **Neuwageneigenschaft** von EG-Fahrzeugen in den Blickpunkt des juristischen Interesses gerückt.[55] Der zivilrechtliche Begriff „Neuwagen" weist keinerlei Übereinstimmung mit der steuerrechtlichen Definition auf.

Die Erklärung des Verkäufers, er liefere ein Neufahrzeug, ist auch im Fall des Verkaufs eines außerhalb der Vertragshändlerkette importierten Fahrzeugs als Eigenschaftszusicherung zu würdigen. Davon ist selbst dann auszugehen, wenn der Verkauf durch ein Unternehmen erfolgt, das sich nur gelegentlich mit dem Handel von Neufahrzeugen befasst.[56] Sofern sich aus dem Vertrag keine gegenteiligen Hinweise ergeben, schließt die Zusicherung der Neuwageneigenschaft die Fabrikneuheit des Fahrzeugs ein, die durch das Fehlen von Lagermängeln, Modellaktualität und Beschädigungsfreiheit gekennzeichnet wird.[57]

Geteilt sind die Meinungen zu der Frage, ob die **Sollbeschaffenheit** eines EG-Neuwagens der eines inländischen Fahrzeugs des gleichen Typs entsprechen muss. In einer Entscheidung des OLG Köln[58] wird hierzu festgestellt, aus der Bezeichnung EG-Neuwagen ergebe sich für den Käufer lediglich, „dass das Fahrzeug über ein EG-Land importiert worden ist – mit einer für den deutschen Käufer ersichtlich günstigeren Preisgestaltung". Dem Begriff könne nicht entnommen werden, dass es sich dabei um ein in Deutschland nicht mehr aktuelles oder sonst nicht gängiges Modell handelt. Dieser Auffassung war vor Jahren bereits das LG Koblenz.[59] Es bewertete das **Fehlen von Ausstattungsmerkmalen,** die die in der Bundesrepublik Deutschland über den autorisierten Handel vertriebenen Fahrzeuge des gleichen Modells aufwiesen, als Sachmangel und wies den Einwand des Händlers, er habe das Auto als EG-Fahrzeug angeboten, mit der Begründung zurück, diese Bezeichnung sei für den durchschnittlichen Kunden eines Kfz-Händlers unverständlich. Im Gegensatz dazu hat sich das LG Paderborn[60] auf den Standpunkt gestellt, es sei allgemein bekannt, dass reimportierte Fahrzeuge nicht zwangsläufig die gleiche Ausstattung aufweisen, wie die für den Inlandsmarkt bestimmten Fahrzeuge. Dieser Ansicht ist entgegenzuhalten, dass Importfahrzeuge keineswegs immer Ausrüstungsdefizite aufweisen, sondern nur gelegentlich. Es kann auch nicht festgestellt werden, dass die Erwartungshaltung der Käufer von EG-Fahrzeugen nicht darauf gerichtet ist, ein Fahrzeug zu erwerben, das dem inländischen Standard entspricht. Die günstigen Preise von EG-Fahrzeugen beruhen nämlich nicht auf Ausrüstungsdefiziten im Vergleich zu Inlandsfahrzeugen, sondern auf unterschiedlichen Abgabepreisen und unterschiedlichen Mehrwertsteuersätzen in den EG-Mitgliedsstaaten. Schließlich werben Parallelimporteure damit, dass die von ihnen angebotenen EG-Neufahrzeuge die gleichen Ausrüstungs- und Ausstattungsmerkmale aufweisen, wie die vom inländischen Fabrikatshandel angebotenen Fahrzeuge des gleichen Typs.[61]

1050 Wenn für die Neuwageneigenschaft eines außerhalb der Händlerkette importierten EG-Neuwagens die gleichen – strengen – Maßstäbe wie für Inlandfahrzeuge gelten, ist es inkonsequent und mit dem angestrebten freien Warenverkehr innerhalb der EG-Mitgliedsstaaten nicht zu vereinbaren, dem Verkäufer eines solchen Fahrzeugs die Verpflichtung aufzuerlegen, die **Importwageneigenschaft** als solche zu **offenbaren.** Allein die Tatsache des günstigen Einkaufspreises reicht zur Begründung einer entsprechenden Aufklärungspflicht nicht aus.[62] Die Tatsache, dass es sich um ein Importfahrzeug handelt, darf der Händler allerdings

---

55 *Both,* DAR 1998, 91.
56 BGH 26. 3. 1997, NZV 1997, 306.
57 Dazu Rn 446 und 853.
58 Urt. 14. 7. 1998, 15 U 155/97.
59 Urt. 1. 6. 1994 – 2 O 113/83 – zit. in Autohaus 1986, 218.
60 Urt. 3. 12. 1992 – 5 S 196/92 – n. v.
61 OLG Köln 14. 7. 1998, 15 U 155/97.
62 OLG Köln 16. 2. 1995, NZV 1995, 485.

nicht verschweigen, wenn das Fahrzeug bereits im Ausland zugelassen wurde,[63] da dieser Umstand die Fabrikneuheit beeinträchtigt oder wenn das Fahrzeug in seiner Ausstattung von den nach der StVZO in der Bundesrepublik Deutschland erforderlichen Standards abweicht.[64]

Der Neuwagenbegriff und die im Rahmen der **Zusicherungshaftung** mitumfasste Fabrikneuheit sind „relativer Natur", wie die wachsende Zahl der Gerichtsentscheidungen zu diesem Komplex belegt. Es kommt – wie immer – entscheidend darauf an, was die Parteien des Kaufvertrags unter dem Begriff EG-Neuwagen verstanden haben. Am Beispiel der Auslandszulassung von EG-Importfahrzeugen lässt sich die Aufweichung der Begriffe verdeutlichen.

Bereits vor Jahren hat sich der Wettbewerbssenat des BGH[65] auf den Standpunkt gestellt, der **formale Akt der Zulassung** eines Kraftfahrzeugs auf den ausländischen Vertragshändler beeinträchtige als solcher noch nicht die Neuheit des Fahrzeugs; diese entfalle erst mit dessen Benutzung zum Zweck der Teilnahme am Straßenverkehr. Damit war nicht gesagt, dass eine ausländische Händlerzulassung für die kaufvertragliche Fabrikneuheit neutral ist. Auf der anderen Seite war klar, dass eine Erstzulassung im EG-Ausland auf einen Endverbraucher die Eigenschaft der Fabrikneuheit beseitigte. Diese Aussage hat der 8. Zivilsenat des BGH[66] im Kern dadurch bestätigt, dass er feststellte, beim Verkauf eines vor über fünf Monaten an einen anderen Kunden ausgelieferten Pkw sei der Gebrauch des Wortes Neuwagen an sich nicht mehr gerechtfertigt. Auch wenn kein Erfahrungssatz existiert, dass ein sog. grauer Import immer nur über eine Tageszulassung möglich ist, kann der Neuwagenbegriff nach Ansicht des Senats nicht ohne weiteres dahin gehend verstanden werden, dass das Fahrzeug noch nicht auf einen Vorbesitzer zugelassen wurde, wenn, wie im konkreten Fall geschehen, der Händler das Auto bei Verkauf als ein bereits im Ausland an einen anderen Kunden ausgeliefertes „Neufahrzeug mit Werkskilometern" bezeichnet hat. Wegen der Vielzahl möglicher individueller Fallgestaltungen kann aus zutreffender Sicht des BGH die Aussage, es handele sich um einen „Neuwagen", nicht ein für alle Mal begrifflich festgelegt werden.

Die Begriffe **neu** und **fabrikneu** sind nach Ansicht des OLG Koblenz[67] im Allgemeinen Sprachgebrauch dasselbe. Auch das OLG Schleswig[68] vermengt den Begriff der Neuheit eines Fahrzeugs mit Elementen der Fabrikneuheit. Es vertritt die Ansicht, die Neuwageneigenschaft werde durch ein Fahrzeugalter von 2 $^1/_2$ Jahren (zwischen Herstellung und Verkauf) nicht beeinträchtigt, wenn der Hersteller das Modell weiterhin weitgehend unverändert produziert und das Fahrzeug keine wesentlichen durch die Standzeit bedingten Mängel aufweist. Seines Erachtens ist der Verkäufer unter diesen Voraussetzungen nicht verpflichtet, das Alter des Fahrzeugs ungefragt zu offenbaren. Auf der gleichen Linie liegt eine Entscheidung des OLG Koblenz,[69] die besagt, dass dem Käufer eines reimportierten Fahrzeugs eine Lagerdauer von ca 2 $^1/_2$ Jahren nicht zugemutet werden kann, wenn es, gemessen am Produktionsstand zum Zeitpunkt des Verkaufs, veraltet ist. Eine Lagerzeit von 28 Monaten mutete das AG Erkelenz[70] dem Käufer eines japanischen Fahrzeugs allerdings nicht mehr zu, obwohl ihm der Verkäufer offenbart hatte, dass das Fahrzeug nicht mehr hergestellt wurde.

---

63 OLG Saarbrücken 30. 3. 1999, NJW-RR 1999, 1063.
64 AG St. Ingbert 7. 1. 1999, ZfS 1999, 104, nicht rechtskräftig.
65 Urt. 20. 2. 1986, WRP 1986, 324; kritisch *Creutzig,* BB 1987, 283.
66 Urt. 26. 3. 1997, NZV 1997, 306; dazu EwiR § 459 BGB 1/97, 537, *Reinking.*
67 Urt. 23. 7. 1998, DAR 1999, 262.
68 Urt. 21. 7. 1999, OLGR 1999, 412.
69 Urt. 27. 6. 1996, NJW-RR 1997, 430.
70 Urt. 25. 4. 1997, ZfS 1997, 298.

7. Vertragsgegenstand und Aufklärungspflichten

1052 Verwendet ein nicht autorisierter Händler beim Verkauf eines als „EU-Importwagen/Neuwagen" deklarierten unbenutzten, im Ausland zum öffentlichen Straßenverkehr zugelassenen Kraftfahrzeugs mit 200 Werkskilometern statt eines Neuwagenverkaufsformulars eine **Bestellung** für **gebrauchte Fahrzeuge,** die den Vermerk „ohne Garantie" enthält und in der zusätzlich vermerkt ist, dass das Fahrzeug keine Werksgarantie hat und stattdessen eine Zusatzgarantie bis 36 Monate gegen Zuzahlung von 350 DM gewährt wird, ist die **Lieferung eines „Neufahrzeugs" Vertragsgegenstand.** Das OLG Schleswig,[71] das in diesem Sinne entschied, machte allerdings die Einschränkung, dass bei einem Verkauf unter solchen Umständen nicht anzunehmen sei, der Verkäufer sichere die Fabrikneuheit zu. Der erkennende Senat erweiterte gleichzeitig den Neuwagenbegriff, indem er den Fortbestand der Neuheit des Kfz davon abhängig machte, dass das Modell weiterhin weitgehend unverändert hergestellt wird und das Fahrzeug keine wesentlichen durch Standzeit bedingten Mängel aufweist.

1053 Aufklärungspflichten,[72] bei deren Verletzung der Verkäufer eines importierten Fahrzeugs dem Käufer auf Schadensersatz haftet, bestehen vor allem:
- Wenn für das Fahrzeug **keine Herstellergarantie** besteht bzw. vom Verkäufer nicht beschafft werden kann.[73]
- Wenn die **Herstellergarantie** und die **Händlergewährleistung** durch eine Auslandszulassung oder eine bereits längere Zeit zurückliegende Auslieferung des Fahrzeugs entsprechend **verkürzt** ist.[74] Die Offenbarungspflicht besteht auch bereits dann, wenn die Fristverkürzung den für die Werbung unbeachtlichen Zeitraum von zwei Wochen unterschreitet.[75]
- Wenn das Importfahrzeug **Ausrüstungsunterschiede** im Vergleich zu Inlandsfahrzeugen aufweist.[76]
- Wenn zu erwarten ist, dass inländische Vertragswerkstätten die Vornahme von **Wartungsdiensten** und **Gewährleistungsreparaturen** verweigern oder erschweren.[77]

1054 Das Fehlen einer vom Verkäufer zu beschaffenden Herstellergarantie oder deren zeitliche Verkürzung stellt **keinen Sachmangel** dar. Insoweit kommt eine Haftung des Verkäufers aus positiver Vertragsverletzung in Betracht.[78]

Allein der Umstand, dass ein in Deutschland gekauftes und ausgeliefertes Fahrzeug im Ausland hergestellt worden ist, stellt regelmäßig keinen Grund dar, der den Käufer berechtigt, die Kaufvertragserklärung gem. § 123 BGB anzufechten.[79]

Wird der Kaufgegenstand vom Verkäufer als importiertes/reimportiertes Lagerfahrzeug bezeichnet, handelt es sich grundsätzlich um ein neues Fahrzeug, das allerdings vor nicht unerheblicher Zeit hergestellt worden ist. Der Käufer muss sich aber nicht mit jeder beliebi-

---

71 Urt. 21. 7. 1999, OLGR 1999, 412; dazu EwiR § 459 BGB 1999, *Reinking;* ähnlich OLG Koblenz 20. 11. 1999, NJW-RR 1999, 702 – wonach ein aus den USA importiertes Fahrzeug noch als Neufahrzeug anzusehen sein kann, wenn es eine schwere und nur unzulänglich reparierte Beschädigung aufweist.
72 Zur Aufklärung in der Werbung Rn 1071 ff.
73 BGH 24. 4. 1996, NJW 1996, 2025.
74 OLG Saarbrücken 30. 3. 1999, NJW-RR 1999, 1063.
75 BGH 15. 7. 1999, DAR 1999, 501.
76 LG Bad Kreuznach, Urt. 2. 5. 1983 – 5 O 133/82, zit. in Autohaus 1983, 2387; ebenso LG Köln 2. 4. 1984 – 84 O 45/84 – Autohaus 16/1984, 111 – Hinweispflicht, dass die Ausstattung nicht mit der inländischen Mindestausstattung übereinstimmt, für die die unverbindliche Preisempfehlung des Herstellers gilt –, LG Limburg 8. 6. 1984 – 6 O 45/84 – Autohaus 16/1984, 111.
77 Dazu EuGH 13. 10. 1993, ZIP 1993, 93.
78 BGH 24. 4. 1996, NJW 1996, 2025.
79 OLG Köln 16. 2. 1995, NZV 1995, 485.

gen **Lagerdauer** abfinden und ein Auto abnehmen, dass – gemessen am laufenden Produktionsstand – veraltet ist.[80]

Zur Anfechtung des Kaufvertrags wegen arglistiger Täuschung ist der Käufer berechtigt, wenn ihn der Verkäufer eines aus den USA importierten Fahrzeugs nicht ungefragt auf das Fehlen des Ölkühlers hingewiesen hat, mit dem die von der Tochtergesellschaft des Herstellers importierten vergleichbaren Fahrzeuge serienmäßig ausgestattet waren. Der Vermerk im Kaufvertrag „Spezifikation wie USA" entlastet den Verkäufer nicht, weil er nichts über die Aufklärung des Käufers über den fehlenden Ölkühler besagt.[81]

8. Garantie

Die Freistellung vom selektiven Vertrieb hat gem. Art. 5, Abs. 1 Ziff. 1a/b Kfz-GVO 1475/95 zur Voraussetzung, dass die Vertragshändler des Vertriebsnetzes Gewähr, unentgeltlichen Kundendienst und solchen im Rahmen von Rückrufaktionen in dem vom Hersteller veranlassten Mindestumfang unabhängig davon zu leisten haben, wo das Fahrzeug im Gemeinsamen Markt verkauft worden ist. Die Bezeichnung ist **juristisch unscharf.** Sie betrifft nicht die kaufrechtliche Gewährleistung, die aus dem Gesetz folgt und die sich der Einwirkung des Herstellers – nach unten hin – entzieht. Gemeint ist die Garantie,[82] die in vollem Umfang der Vertragsfreiheit der Parteien unterworfen und nach deutschem Recht der AGB-Kontrolle weitgehend entzogen ist.[83]

1055

Art. 5, Abs. 1 Ziff. 1a/b Kfz-GVO 1475/95 soll verhindern, dass die Freiheit der Verbraucher zum Einkauf im Gemeinsamen Markt beeinträchtigt wird. Entsprechend dieser Auflage der Kfz-GVO verpflichten Hersteller den autorisierten Fachhandel EG-weit durch Händlerverträge, für die Kunden ihrer Produkte kostenlos Garantie zu erbringen. Einige Hersteller, aber längst nicht alle, händigen ihren Kunden bei Auslieferung des Fahrzeugs eine Garantieurkunde aus, die vom Verkäufer abgestempelt werden muss.

Die Garantiezeiten betragen meistens ein Jahr, häufig aber bereits zwei oder drei Jahre, wobei die dreijährigen Garantien meistens eine Kilometerbegrenzung von 100 000 km bis maximal 120 000 km vorsehen. Die Zeiten der Durchrostungsgarantien liegen zwischen sechs und zehn Jahren.[84]

Sofern der freie Importeur als Einkaufsvermittler im Sinne der EG-Verordnung tätig wird, indem er als offener Stellvertreter für einen bestimmten Endverbraucher unter Vorlage von dessen Vollmacht beim autorisierten Händler auftritt, steht die aus dem Händlervertrag resultierende Garantieverpflichtung des inländischen Fabrikatshändlers außer Frage, da der Ankauf des Fahrzeugs über den autorisierten Fachhandel erfolgt und eine Verletzung des selektiven Vertriebssystems nicht vorliegt.[85]

1056

Um sicherzustellen, dass Gewährleistungs- und Garantieleistungen nicht für außerhalb der selektiven Vertriebswege erworbene Fahrzeuge erbracht werden, machen inländische Vertragshändler die Nachbesserung davon abhängig, dass der Kunde entweder eine vom autorisierten Vertragshändler ausgefüllte **Garantieurkunde** oder ein von diesem abgestempeltes Serviceheft mit dem Vermerk über die ordnungsgemäße Vornahme der Ablieferungsinspektion vorlegt. Mit dem Hinweis, der Verkäufer habe das **Kundendienstscheckheft** nicht korrekt ausgefüllt, können sich Autohersteller und die mit ihnen verbundenen Vertragshändler aus Sicht der EU-Kommission ihrer Verpflichtung zur Vornahme von Garantiearbeiten

---

80 OLG Koblenz 27. 6. 1996, NJW-RR 1997, 430.
81 OLG Düsseldorf 28. 5. 1993, NJW-RR 1993, 1463.
82 *Creutzig,* DAR 1999, 529.
83 Rn 588.
84 Übersicht bei *Creutzig,* Recht des Autokaufs, Rn 7.1.9.
85 *Creutzig,* Recht des Autokaufs, Rn 7.1.4.2.

nicht entziehen. Ein solches Verhalten wurde im Interesse der Importauto-Besitzer von ihr wie folgt gerügt:

> Sollte das Kundendienstheft für den Verbraucher nicht erkennbar von einem der Hersteller-Vertragshändler inkorrekt ausgefüllt worden sein, so handelt es sich um ein Problem, das das Vertragsverhältnis zwischen Hersteller und Vertragshändler betrifft. Das Vertragsverhältnis zwischen Hersteller und Verbraucher ist dadurch nicht berührt. Folglich hat der Verbraucher innerhalb des Vertriebsnetzes uneingeschränkt Anspruch auf Anerkennung der Herstellergarantie und damit auch auf eine sofortige Garantieabwicklung.[86]

1057 Nach Ansicht der EU-Kommission[87] ist der **Garantieanspruch des Käufers völlig unabhängig davon, ob der autorisierte Händler berechtigt war, das Auto an den nicht autorisierten Händler zu verkaufen.**[88] Bis heute sind keine Hinweise erkennbar, dass die Kommission ihre Meinung in diesem Punkt geändert hat. Das oben zitierte Rügeschreiben der EU-Kommission schränkt die Aussage nicht ein, da sie darin zu den Auswirkungen einer vertragswidrigen Fahrzeugabgabe durch ausländische Vertragshändler auf die Garantie nicht Stellung genommen hat.[89]

Die Tatsache, dass nach Feststellung des EuGH[90] die Kfz-GVO für unabhängige Vertragshändler nicht gilt und diese folglich nicht daran hindert, fabrikneue Fahrzeuge an Verbraucher zu verkaufen, entwertet nicht den Aussagegehalt der Pressemitteilung der EU-Kommission. Adressaten dieser Erklärung sind Hersteller und Vertragshändler, die von der Möglichkeit der Freistellung Gebrauch gemacht haben. Diese sollen nach Art. 5 Kfz-GVO den Vorzug der Freistellung nur unter der Voraussetzung erhalten, dass sie auf „alle" Fahrzeuge Garantie unabhängig davon geben, ob diese vom Vertragshändler in vertragsgemäßer oder in vertragswidriger Weise verkauft worden sind. Art. 5 Kfz-GVO erstreckt die Verpflichtung ohne jede Einschränkung auf „alle Fahrzeuge, die zum Vertragsprogramm gehören oder ihm entsprechen und von einem anderen Unternehmen des Vertriebsnetzes im Gemeinsamen Markt verkauft wurden". Der Anspruch auf Garantie setzt somit einen ordnungsgemäßen Vertrieb im Sinne der Kfz GVO nicht voraus. Von daher ist es Herstellern und Vertragshändlern grundsätzlich verwehrt, die Erbringung der Garantie an die Bedingung der Übergabe eines ordnungsgemäß ausgefüllten Garantieheftes zu knüpfen, um auf diese Weise vertragswidrige Verkaufsgeschäfte an Wiederverkäufer zu verhindern, die der Vertriebsorganisation nicht angeschlossen sind.[91] Auch aus dem deutschem Zivilrecht ergibt sich, dass der Verstoß des ausländischen Vertragshändlers gegen die ihm vom Hersteller/Importeur im Händlervertrag auferlegte Pflicht, Neufahrzeuge nicht an gewerbsmäßige Wiederverkäufer außerhalb des Vertragshändlernetzes zu veräußern, in der Regel weder die **Wirksamkeit des Kaufvertrags** noch den **Bestand der erteilten Garantie** berührt.[92] Ein Zuwiderhandeln gegen vertragliche Absprachen unterfällt als solches nicht der Regelung von § 134 BGB.[93]

1058 Nach Meinung von *Creutzig*[94] wird die dem autorisierten Handel vom Hersteller auferlegte Pflicht zur kostenlosen Vornahme von Garantiearbeiten hinfällig, wenn ein Fahrzeug von einem der Händlerkette nicht angeschlossenen Importeur unter Verletzung des selektiven

---

86 ADAC-Motorwelt 7/95, S. 52.
87 Pressemitteilung der EU-Kommission vom 7. 6. 1994, zitiert bei *Creutzig,* Recht des Autokaufs, Rn 7.1.4.2.
88 Zitiert bei *Creutzig,* Recht des Autokaufs, Rn 7.1.4.2.
89 A. A. *Creutzig,* Recht des Autokaufs, Rn. 7.1.4.2.
90 Urt. 20. 2. 1997, EuZW 1997, 374.
91 A. A. *Creutzig,* Recht des Autokaufs, Rn. 7.1.4.2.
92 BGH 26. 2. 1992, ZIP 1992, 483; OLG Schleswig 4. 5. 1988, NJW 1988, 2247; LG Trier 28. 2. 1985 – 6 O 186/84 – veröffentlicht in Autohaus 1985, 55; a. A. *Creutzig,* Recht des Autokaufs, Rn 7.1.4.2 unter Hinweis auf BGH 14. 7. 1988, DAR 1988, 380 für den Fall planmäßig eingesetzter Täuschungsmittel.
93 *Palandt/Heinrichs,* § 134 Rn 24 m. w. N.
94 Recht des Autokaufs, Rn 7.1.4.2.

Kauf über den Händler/Importvermittler Rn 1059

Vertriebssystems weiterverkauft wird, weil die Bezugs- und Absatzbindung des autorisierten Fachhandels die **Geschäftsgrundlage** für die der Solidargemeinschaft auferlegte Nachbesserungspflicht darstelle. Die Geschäftsgrundlage entfalle, wenn ein Händler aus der Gemeinschaft „ausbricht" und unter Verletzung der mit dem Hersteller getroffenen Vereinbarung Fahrzeuge an Wiederverkäufer veräußert. Diese Argumentation überzeugt schon deshalb nicht, weil der Bestand Garantie nach dem unmissverständlich erklärten Willen der EU-Kommission und dem eindeutigen Wortlaut von Art. 5 Kfz-GVO nicht davon abhängt, dass das Fahrzeug vertragsmäßig im Sinne der Kfz-GVO veräußert wurde. Schon aus diesem Grund sind die den Schutz des selektiven Vertriebs betreffenden Absprachen im Vertragshändlervertrag weder aus Herstellersicht noch in den Augen der Käufer Geschäftsgrundlage der Garantie. Es kann auch nicht die Rede davon sein, der Käufer wisse – laienhaft gesprochen –, dass ein nicht autorisierter Verkäufer nicht berechtigt sei, eine Herstellergarantie an ihn weiterzugeben.[95] Hinzu kommt, dass Garantiezusagen keinen Ausschluss für den Fall der Weiterveräußerung des Fahrzeugs durch einen der Händlerkette nicht angeschlossenen gewerblichen Verkäufer enthalten. Das Gegenteil ist festzustellen: Berechtigter aus der Garantie ist regelmäßig der Eigentümer/Halter und keineswegs nur der Erstkäufer. Viele Garantien enthalten außerdem den Hinweis, dass Garantieansprüche durch Eigentumswechsel nicht berührt werden.[96] Dem Käufer kann nicht entgegengehalten werden, der Vertragshändler habe dadurch, dass er die Garantieurkunde nicht ordnungsgemäß ausgefüllt und abgestempelt habe, gegenüber dem Erstkäufer kein annahmefähiges Angebot auf Abschluss des Garantievertrages abgegeben und dadurch dem Willen des Herstellers entsprochen, der darauf gerichtet sei, den selektiven Vertrieb zu schützen. Eine Versagung der Garantie kann nicht dem wirklichen oder mutmaßlichen Willen des Herstellers entsprechen, da er dadurch gegen die Kfz-GVO verstoßen und den Verlust der Freistellung riskieren würde. Eine Versagung der Garantie darf er als Zwangsmittel zum Schutz des selektiven Vertriebssystems nicht einsetzen. Außerdem muss er sich das Fehlverhalten des Vertragshändlers, der das Garantieheft pflichtwidrig nicht oder nicht ordnungsgemäß ausgefüllt und übergeben hat, über § 278 BGB zurechnen lassen.

Die **Garantieverpflichtung trifft den Hersteller,** der die Zusage europaweit erteilt hat. Die inländische Tochtergesellschaft ist für Ansprüche aus der Werksgarantie einer ausländischen Automobilfirma nicht passivlegitimiert, wenn das Fahrzeug im EG-Ausland gekauft und im Wege einer Importvermittlung nach Deutschland verbracht wurde.[97] Ein unmittelbares Forderungsrecht des Käufers gegen die Inlandstochter wird auch nicht dadurch begründet, dass das Tochterunternehmen üblicherweise die gegen den ausländischen Fahrzeughersteller gerichteten Ansprüche aus der Herstellergarantie abwickelt, da ein solches Verhalten weder auf eine Schuldübernahme noch auf einen Schuldbeitritt hindeutet. Sofern die Pflichten aus der Herstellergarantie in der Bundesrepublik Deutschland zu erfüllen sind, kann der Käufer den ausländischen Hersteller gem. Art. 5 Nr. 1 EuGVÜ an seinem inländischen Wohnsitzgericht verklagen. 1059

Es stellt sich die Frage, ob dem Käufer eines außerhalb der Händlerkette importierten Fahrzeugs aus der Herstellergarantie **rechtlich durchsetzbare Ansprüche** auf Nachbesserung **gegen inländische Vertragshändler** erwachsen. Das KG[98] hat derartige Ansprüche verneint und dies damit begründet, der Abschluss des Garantievertrags allein sei nicht geeignet, dem Käufer einen unmittelbaren Anspruch gegen einen beliebigen Fabrikatshändler zu verschaffen, da es nach § 328 BGB Verträge zu Gunsten Dritter, nicht aber zu Lasten

---
95 A. A. *Creutzig,* Recht des Autokaufs, Rn. 7.1.4.2.
96 Dies besagt auch Abschn. VII, Ziff. 5 NWVB, dazu Rn 629.
97 So zutreffend LG Saarbrücken 27. 4. 1989, NJW-RR 1989, 1085; a. A. LG München 20. 10. 1998 – 32 S 5636/98 – n. v.; AG München 29. 11. 1999 – 172 C 7337/99 – n. v., dazu auch Rn 586.
98 Urt. 16. 5. 1983 – 12 U 4837/82 – veröffentlicht in Autohaus 1983, 1685.

Dritter gebe. Zwar könnten dem Käufer unmittelbare Ansprüche gegen jeden beliebigen Vertragshändler aus dem Vertrag zwischen Hersteller und Händler in Verbindung mit der Garantieurkunde erwachsen; da jedoch der Käufer den Inhalt des Vertragshändlervertrags naturgemäß nicht kenne, sei „es sinnvoll, den Garantieanspruch in jedem Fall als gegen den Aussteller der Garantiekarte gerichtet zu gewähren". Die Begründung einer zivilrechtlichen Nachbesserungsverpflichtung des deutschen Fabrikatshändlers gegenüber dem Käufer erweist sich als problematisch. Für einen Rechtsanspruch – und gegen ein bloßes Reflexrecht – spricht die Tatsache, dass jeder Hersteller seine der Vertriebskette angeschlossenen in- und ausländischen Händler verpflichtet, Garantiearbeiten an Neufahrzeugen aus der eigenen Produktion vorzunehmen, wo auch immer sie verkauft worden sind. In Anbetracht der Lückenlosigkeit des aus gleichlautenden Verpflichtungserklärungen bestehenden Systems liegt es nahe, aus der Summe der Vertragshändlerverträge über die Rechtskonstruktion des Vertrags zu Gunsten Dritter ein unmittelbares Forderungsrecht des Käufers gegen beliebige mit der Betreuung des Kaufgegenstands autorisierte inländische Vertragshändler abzuleiten.[99] Ein entgegenstehender Wille, keine Garantie für solche Fahrzeuge zu erbringen, die in vertragswidriger Weise von einem ausländischen Vertragshändler verkauft worden sind, ist unbeachtlich in Anbetracht der in Art. 5 Kfz-GVO eindeutig geregelten Rechtslage und der hierzu erfolgten Stellungnahme der EU-Kommission vom 7. 6. 1994.[100]

1060 **Eigene Garantiezusagen des Parallelimporteurs** verpflichten nur diesen, nicht aber andere Fabrikatshändler oder den Hersteller. Nicht bindend und außerdem wegen Verstoßes gegen § 11 Nr. 10a AGB-Gesetz unwirksam sind auch Verweisungen in AGB eines freien Importeurs auf die Erfüllung von Garantieansprüchen durch den autorisierten Fachhandel, sofern hierzu die materiellen Anspruchsvoraussetzungen fehlen. Erweist sich das Garantieversprechen als unzutreffend, ist der Käufer berechtigt, den Kaufvertrag wegen arglistiger Täuschung gem. § 123 BGB anzufechten.[101] Den Tatbestand der arglistigen Täuschung verwirklicht der Importeur dadurch, dass er beim Käufer den Eindruck erweckt, als verfüge er über dieselben Rechte und Möglichkeiten wie ein autorisierter Händler.

Das Fehlen der von einem freien Importeur versprochenen **Werksgarantie** oder deren zeitliche Verkürzung ist kein Fehler des Fahrzeugs i. S. v. § 459 BGB. Insoweit kommt eine Haftung des Verkäufers aus **Verschulden bei Vertragsabschluss** oder **positiver Vertragsverletzung** in Betracht,[102] da die Werksgarantie von Einfluss auf die Wertschätzung eines Autos ist.[103]

Auch die zugesicherte Wartungsfähigkeit eines Autos in Vertragswerkstätten ist eine Eigenschaft, für deren Bestand der Parallelimporteur haftet. Verweigert auch nur ein einziger Vertragshändler die Vornahme von Wartungs- und Inspektionsarbeiten, ist der Importeur verpflichtet, auf Verlangen des Käufers den Kaufpreis im Zuge der Wandlung gegen Rücknahme des Autos zu erstatten.[104]

9. Gewährleistung

1061 Die zur Garantie des Herstellers angestellten Überlegungen gelten auch für den Fall, dass der Käufer eines Importwagens Nachbesserung von einer inländischen Vertragswerkstatt auf Grund einer vom Auslandshändler erteilten Gewährleistungszusage verlangt, vorausgesetzt, dass die Gewährleistungsbedingungen ein **Recht auf Nachbesserung in jeder beliebigen**

---

[99] Hierzu Rn 613 ff.; ablehnend *Creutzig,* Recht des Autokaufs, Rn 7.1.4.
[100] A. A. *Creutzig,* DAR 1999, 529, 534.
[101] OLG Hamburg 17. 9. 1986, DB 1986, 2428; OLG Köln 4. 3. 1982 – 1 U 78/81 – n. v. – Fehlen der Deutschlandgarantie – a. A. LG Aachen 2. 5. 1986 – 5 S 65/86 – n. v.
[102] BGH 24. 4. 1996, NJW 1996, 2025; Rn 140 und 867.
[103] BGH 20. 2. 1986, ZIP 1986, 531.
[104] LG Darmstadt, Urt. 13. 7. 1979 – 1 O 68/79 – n. v.

Vertragswerkstatt vorsehen. Wirtschaftlicher Träger der Gewährleistung ist der Hersteller, der dem in Anspruch genommenen Vertragshändler die Aufwendungen für Gewährleistungsarbeiten erstattet. Der Hersteller nimmt regelmäßig Einfluss auf die einheitliche Gestaltung der Gewährleistungsbedingungen seiner Vertragshändler, indem er z. B. vorschreibt, dass Nachbesserungsarbeiten ausschließlich von autorisierten Vertragswerkstätten durchzuführen sind und Gewährleistungsansprüche durch den Einbau nicht genehmigter Teile entfallen. Vor diesem wirtschaftlichen Hintergrund ist diese allen der Absatzkette angeschlossenen Händlern auferlegte Verpflichtung zur Vornahme von Gewährleistungsarbeiten zu sehen, durch die nach hier vertretener Ansicht ein unmittelbares Forderungsrecht des Käufers im Sinne eines Vertrags zu Gunsten Dritter – und nicht lediglich ein Reflexrecht – begründet wird.[105]

Einen gewährleistungsrechtlichen Anspruch auf Fehlerbeseitigung besitzt der Käufer eines EG-Importfahrzeugs gegen **inländische Vertragshändler** auch dann, wenn der ausländische Händler der Vertriebskette das Fahrzeug unter Missachtung seiner Pflichten aus dem Händlervertrag veräußert hat. Der Verstoß gegen das selektive Vertriebssystem führt im Regelfall nicht zu einer Vertragsunwirksamkeit. Falls ein ausländisches Mitglied der Händlerkette vertragsbrüchig wird, leidet darunter zwar das auf Gegenseitigkeit aufgebaute Solidarsystem, jedoch entfalten Verstöße einzelner Händler gegen das feinmaschig gesponnene Vertragsnetz der Solidargemeinschaft, namentlich solche gegen die Bezugs- und Absatzbindung, rechtliche Auswirkungen ausschließlich im Innenverhältnis der Beteiligten. Dem Endkunden gegenüber lassen sich daraus keine Einwendungen ableiten. 1062

Ein Recht auf einseitige nachträgliche Änderung oder Aufhebung des dem Käufer eingeräumten Anspruchs auf Beseitigung von Gewährleistungsmängeln entfällt mangels vertraglichen Vorbehalts in der Gewährleistungszusage. Auf einen Wegfall der Geschäftsgrundlage kann sich der auf Nachbesserung in Anspruch genommene Dritthändler ebenfalls nicht berufen. Es ist bereits fraglich, ob das vertragsgemäße Verhalten eines jeden der Solidargemeinschaft angeschlossenen Händlers überhaupt die **Geschäftsgrundlage** des Händlervertrages darstellt. Jedenfalls aber wiegt ein einzelner Verstoß nicht derart schwer, dass damit dem Vertrag die Grundlage entzogen würde. Der Hersteller hat dem auf Erbringung von Gewährleistung in Anspruch genommenen Händler Kostenersatz zu leisten und kann seinerseits den vertragsbrüchigen Händler in Regress nehmen. 1063

Der Gewährleistungspflichtigkeit des inländischen Vertragshändlers für im Ausland produzierte Fahrzeuge steht nicht entgegen, dass zwischen ihm und dem ausländischen Produzenten vielfach keine unmittelbaren **vertraglichen Beziehungen** bestehen, weil sich der Hersteller im Rahmen des Vertriebs einer inländischen Importgesellschaft bedient. Die Verträge inländischer Importgesellschaften mit der Händlerschaft enthalten keine Einschränkungen dahin gehend, dass Vertragshändler Gewährleistung nur für die über den Importeur bezogenen Fahrzeuge zu erbringen haben. Die Gewährleistung erstreckt sich auf alle Fahrzeuge des Herstellers. Auf dem Weg über die Importgesellschaft werden auf diese Weise vertragliche Bindungen zwischen den Vertragshändlern und dem Hersteller hergestellt. Der einzelne Vertragshändler kann gegen eine Inanspruchnahme aus Gewährleistung für ein im Ausland produziertes und gekauftes Fahrzeug somit nicht einwenden, die zwischen dem ausländischen Verkaufshändler und dem Herstellerwerk getroffenen Absprachen seien für ihn nicht verbindlich, weil er Vertragsbeziehungen lediglich mit der Importgesellschaft, nicht aber mit dem Hersteller unterhalte.

Obwohl der Käufer einen Rechtsanspruch auf Garantie und Gewährleistung besitzt, hat er es manchmal schwer, diese Rechte zu realisieren. Immer wieder kommt es vor, dass inländische Vertragshändler Nachbesserungsarbeiten verweigern, durch lange Wartezeiten faktisch vereiteln oder falsche Auskünfte über Voraussetzungen und Dauer der Garantie erteilen. Vor 1064

---

105 Rn 613 ff., 619.

Inkrafttreten der verschärften Kfz-GVO gab es Herstellerwerke, die ihren Vertragshändlern per Rundschreiben mitteilten, dass für Grauimporte keine Garantieleistungen erbracht werden.[106]

1065 Findet der Käufer eines Importwagens einen zur Nachbesserung bereiten Vertragshändler und/oder schlägt die Nachbesserung fehl, muss sich der Käufer wegen der gesetzlichen Gewährleistungsansprüche auf **Wandlung** des Kaufvertrags oder **Minderung** des Kaufpreises an seinen Vertragspartner halten, also entweder an den ausländischen Händler oder an den Importeur, falls dieser den Verkauf im eigenen Namen getätigt hat.

Bei einem Direkterwerb vom ausländischen Händler gilt **materielles und prozessuales Auslandsrecht.** Käufe zu privaten Zwecken sind gem. Art. 2a vom Anwendungsbereich des CISG ausgenommen. Der Erwerber genießt nicht den Schutz des AGB-Gesetzes, da er als inländischer Kunde die auf Abschluss des Kaufvertrags gerichtete Willenserklärung regelmäßig im Ausland abgibt. Die Gewährleistungsrechte und Verjährungsfristen sind von Land zu Land verschieden.[107] Die EG strebt eine Harmonisierung des Gewährleistungsrechts an und hat die Vorgabe hierzu durch die sog. Verbrauchsgüterrichtlinie vom 25. Mai 1999[108] geliefert, die die Mitgliedstaaten bis zum 1. 1. 2002 umsetzen müssen.

Käufern von parallel importierten EG-Fahrzeugen, die Probleme mit der Realisierung von Gewährleistungsansprüchen haben, ist anzuraten, vor Einleitung gerichtlicher Schritte im Ausland die Dienste der grenzüberschreitenden Verbraucherberatungsstellen in Anspruch zu nehmen, denen es hin und wieder gelingt, zwischen dem Endverbraucher und dem Gewährleistungsträger außergerichtlich zu vermitteln.[109]

1066 Meistens kommen Käufer von EG-Fahrzeugen nicht in den Genuss der vollen Gewährleistung/Garantie, da die Fristen mit der Zulassung des Fahrzeugs im Ausland spätestens mit der Übergabe des Neuwagens an den Importeur zu laufen beginnen.[110] Falls zwischen Einkauf und Weiterverkauf längere Zeit verstreicht, verkürzt sich die Gewährleistungsfrist entsprechend. Gegenüber dem zur Nachbesserung verpflichteten inländischen Vertragshändler kann sich der Käufer nicht auf eine hiervon abweichende Garantie- oder Gewährleistungszusage des freien Importeurs berufen. Für den in Anspruch genommenen Vertragshändler ist allein das Datum der Auslieferungsinspektion bzw. Erstzulassung und nicht das des Weiterverkaufs durch den Importeur maßgeblich.

10. Gewährleistung des nicht vertriebsgebundenen Importeurs

1067 Gewährleistungsansprüche gegen den Importeur bestehen nicht, wenn dieser lediglich als Importvermittler für den Käufer tätig geworden ist. Falls der freie Importeur das Fahrzeug jedoch im eigenen Namen verkauft hat, ist er selbst gewährleistungspflichtig. Von der gesetzlichen Gewährleistung kann er durch AGB nicht wirksam freizeichnen, auch nicht etwa dadurch, dass er den Käufer durch seine Verkaufsbedingungen auf die Ansprüche gegen den ausländischen Vertragshändler verweist.[111]

Findige Importeure umgehen Gewährleistungsrisiken, indem sie die von ihnen importierten EG-Fahrzeuge auf den „eigenen" Namen zulassen, und diese im Anschluss an die Überführung nach Deutschland als **Gebrauchtfahrzeuge** unter Vereinbarung eines **Gewährleistungsausschlusses** weiterverkaufen. Der eigene Haftungsausschluss kann auch durch Individualabrede herbeigeführt werden.

---

106 *Albrecht,* Die EU-Import-Ratgeber Anleitung, Seite 43.
107 Zum Gewährleistungsrecht im EU-Ausland *Creutzig,* DAR 1999, 529.
108 ABl. L 171/12.
109 *Johnen,* VuR 1995, 77 f.
110 BGH 20. 2. 1986, ZIP 1986, 531.
111 OLG Hamburg 17. 9. 1986, DB 1986, 2428.

Die **Verwendung einer Gebrauchtwagenbestellung** mit Gewährleistungsausschluss **1068** führt dann nicht zum Ausschluss der Haftung des Importeurs für Fahrzeugmängel, wenn sich aus dem Vertrag und den Umständen ergibt, dass die Lieferung eines „Neufahrzeugs" Vertragsgegenstand ist. Der formularmäßige Ausschluss der gesetzlichen Gewährleistungsansprüche scheitert an § 11 Nr. 10a AGB-Gesetz.[112] „Neu hergestellt" im Sinne dieser Vorschrift bedeutet nicht, dass die verkaufte Sache „fabrikneu" sein muss.[113] Mit einer für den Parallelimport notwendigen Tageszulassung ist ein AGB-mäßiger Gewährleistungsausschluss nicht zu rechtfertigen.[114] Grundsätzlich haben es die Parteien zwar in der Hand, das Klauselverbot des § 11 Nr. 10a AGB-Gesetz auszuschalten, jedoch reicht hierzu eine formularmäßige Deklarierung als Gebrauchtwagen nicht aus, wenn es sich in Wahrheit um ein Neufahrzeug handelt, da andernfalls die AGB-Norm ihren Schutzzweck verfehlen würde.[115]

Der nicht vertriebsgebundene Importeur kann die **Gewährleistung** des Vertragshändlers **1069** und auch die Garantie des Herstellers vertraglich **umgestalten.** Er muss dabei jedoch beachten, dass sich die Abänderung im Rahmen der bestehenden Gewährleistung hält – andernfalls er dem Käufer unmittelbar haftet – und dass der gesetzlich garantierte Mindestschutz des Käufers (§ 11 Nr. 10 AGB-Gesetz) nicht unterschritten wird. Ein Abänderung dahin gehend, dass der Käufer des Importwagens nach der Garantiezeit den Service bei dem Importeur, vorher aber nur bei einer ganz bestimmten Vertragswerkstatt geltend machen kann, stellt eine zulässige Abänderung der Regelung von Abschn. VII, Ziff. 2a NWVB dar, wonach Nachbesserungsansprüche bei „allen" vom Hersteller autorisierten Betrieben geltend gemacht werden können.[116] Falls der Importeur Nachbesserung durch inländische Vertragshändler verspricht, ist er zum Ersatz der unter die Gewährleistung fallenden Reparatur verpflichtet, wenn sich die vom Käufer in Anspruch genommene Vertragswerkstatt weigert, diese als Garantieleistung zu erbringen.[117]

11. Die freien Importeure im Wettbewerb

Das Wettbewerbsverhalten der freien Importeure gibt oft Anlass zur Beanstandung. Stein **1070** des Anstoßes sind in erster Linie verkürzte Garantiezeiten und Erstzulassungen im Ausland, die aus den Kfz-Papieren nicht hervorgehen, nicht zutreffende Garantiezusagen, vom deutschen Standard abweichende Ausstattungen, fehlende Wartungsfähigkeit und Probleme bei der Ersatzteilbeschaffung.

a) Verkürzte Garantie und Auslandszulassung

Mit Blick auf die Erwägungsgründe und die Zielrichtung des EWG-Vertrages, den Verbrau- **1071** cherschutz zu verbessern sowie Wettbewerbsverzerrungen und Hindernisse für den freien Waren- und Dienstleistungsverkehr zu beseitigen, stellte der EuGH[118] fest, dass die Werbung keinen Hinweis auf die Tatsache des Parallelimports als solchen enthalten muss und auch keine Aufklärungspflicht darüber besteht, dass es sich um ein nicht für die Erstauslieferung im Inland produziertes Fahrzeug handelt. Auch der unterlassene Hinweis auf die Zulassung des parallel importierten Fahrzeugs im Ausland ist als solcher für den EuGH nicht irreführend. Nach seiner Meinung verliert ein Fahrzeug nicht durch die Zulassung, sondern erst durch die Inbetriebnah-

---

112 BGH 23. 11. 1994, WM 1995, 160; 19. 6. 1996, DAR 1996, 361.
113 OLG Schleswig 21. 7. 1999, OLGR 1999, 412.
114 *Reinking/Eggert,* NZV 1999, 7, 12; die Entscheidung des LG Gießen – Urt. 17. 7. 1991, NJW-RR 1992, 186 – steht dem nicht entgegen, da die Billigung des Gewährleistungsausschlusses durch das Gericht im konkreten Fall im Wesentlichen darauf beruhte, dass das Fahrzeug mit Tageszulassung erheblich verschmutzt und zu einem extrem niedrigen Preis verkauft worden war.
115 Ebenso *Creutzig,* Recht des Autokaufs, Rn 7.1.4.2; a. A. OLG München Urt. 19. 2. 1998 – 8 U 4547/97 – n. v.
116 BGH 9. 7. 1986, NJW-RR 1987, 239.
117 OLG Düsseldorf 30. 1. 1997, NJW-RR 1997, 1419.
118 Urt. v. 16. 1. 1992, ZIP 1992, 719 ff.; ebenso BGH 28. 10. 1993, DAR 1994, 70.

me seine Neuwageneigenschaft.[119] Er überlässt es der nationalen Gerichtsbarkeit, anhand der Umstände im Einzelfall zu überprüfen, ob die Werbung mit Rücksicht auf die Verbraucher, an die sie sich wendet, insoweit irreführend ist, als sie einerseits die Zulassung verschweigt und andererseits dieser Umstand möglicherweise geeignet ist, eine nicht unerhebliche Anzahl von Verbrauchern von ihrer Kaufentscheidung abzuhalten.

Auf der Grundlage dieser EuGH-Vorgabe entschied der BGH,[120] dass ein Händler, der in Zeitungsanzeigen für aus dem EU-Ausland importierte Neufahrzeuge wirbt, auf eine Verkürzung der Garantie nur dann hinweisen muss, wenn die Auslandszulassung, mit der die Garantie zu laufen beginnt, zum Zeitpunkt der Werbung bereits mehr als **zwei Wochen** zurückliegt.

b) Nicht zutreffende Garantiezusagen

1072 Schon bei einer nur geringfügigen Einschränkung der Garantie von weniger als zwei Wochen durch Auslandszulassung darf der Händler das Fahrzeug nicht als Fahrzeug mit Jahresgarantie bezeichnen.[121] Auch die Werbung mit „Ein Jahr Werksgarantie" ist in diesem Fall irreführend und verstößt gegen § 3 UWG. Da ein nicht unbeachtlicher Teil der in Betracht kommenden Verbraucherkreise die angebotene Garantiezusage des „Herstellers" erwartet, stellt eine zeitlich ergänzende „Händler"-Garantie keinen gleichwertigen Ersatz dar.[122] Dem Parallelimporteur ist es verwehrt, mit Hinweisen wie „Garantie in eigener Werkstatt", „Garantie durch eigene Werkstatt" oder „volle Werksgarantie" zu werben.[123] Er darf beim Kunden auch nicht den Eindruck erwecken, eine die gesamte Händler- und Serviceorganisation des Herstellers bindende Werksgarantie zu erteilen, wenn er in Wirklichkeit nur Garantieansprüche gegen sich selbst begründen kann.[124]

Ein Importeur, der japanische Fahrzeuge aus den USA nach Deutschland importiert, muss in der Anzeigenwerbung nicht auf Abweichungen seiner Garantiebestimmungen von denen der deutschen Vertriebsgesellschaft des japanischen Herstellers hinweisen, wenn erhebliche Abweichungen nicht vorliegen.[125]

c) Abweichende Ausstattung

1073 Ursprünglich verlangte der BGH[126] vom Importeur, dass er in der Werbung unübersehbar auf Ausrüstungsunterschiede des Importfahrzeugs hinweist, sofern diese nicht ganz unerheblich sind. Als erheblich bewertete er das Fehlen elektrisch verstellbarer Außenspiegel und eines Dreiwegekatalysators. Für ihn war entscheidend, dass sich die beteiligten Verkehrskreise eine Ausstattung des Importfahrzeugs vorstellen, wie sie die für den inländischen Markt bestimmten Fahrzeuge aufweisen. Der EuGH[127] ist der Ansicht des BGH entgegengetreten, indem er feststellte, es sei grundsätzlich nicht irreführend, wenn ein Parallelimporteur Kraftfahrzeuge, die für die Erstauslieferung auf einem ausländischen Markt ausgerüstet sind, als preisgünstige Neuwagen anbietet, ohne auf die geringerwertige Ausstattung im Vergleich zu entsprechenden, für den heimischen Markt hergestellten Modellen hinzuweisen. Eine Irreführung ist unter diesen Voraussetzungen nur dann anzunehmen, wenn feststeht, dass ein großer Teil der Kunden bei Abschluss des Kaufvertrags unaufgeklärt bleibt, wenn also nachweislich ein erheblicher Teil der Werbeadressaten die **Kaufentscheidung in Unkenntnis des Defizits**

---

119 So auch schon BGH 20. 2. 1986, ZIP 1986, 531; kritisch *Creutzig*, BB 1987, 283.
120 Urt. v. 15. 7. 1999 DAR 1999, 501; abweichend von BGH 20. 2. 1986, WRP 1986, 324.
121 LG Landshut 11. 1. 1979 – KK O 3/79 – n. v., zitiert bei *Creutzig*, Rechts des Autokaufs, Rn W 40.
122 OLG Karlsruhe 22. 7. 1987, WRP 1988, 120.
123 LG Düsseldorf 30. 3. 1984 – 36 O 48/84 – n. v., zit. in Autohaus 16/1984, 111.
124 OLG Hamm 20. 3. 1980, DAR 1980, 285.
125 OLG Stuttgart Urt. 26. 11. 1993 – 2 U 5/92 – n. v.
126 Urt. 5. 12. 1991, NJW-RR 1992, 427.
127 Urt. 16. 1. 1992, ZIP 1992, 719 mit Anmerkung von *Heinemann*, a. a. O., 720 ff.

trifft. Dieser Ansicht hat sich der BGH[128] angeschlossen. Er entschied, dass Unterschiede in der Serienausstattung in wesentlichen Merkmalen, wie Beifahrer-Airbag und geteilte Rücksitzbank, in der Werbung für einen „EG-Neuwagen" nicht angegeben werden müssen, es sei denn, der Verkehr kennt die Ausstattung „als selbstverständlichen Bestandteil" der Serienausstattung. Damit hat er das Verbot der irreführenden Werbung und die daraus abzuleitende Aufklärungspflicht des Parallelimporteurs zurücktreten lassen, „so weit einerseits die beim Verbraucher hervorgerufenen, nicht als besonders gravierend erscheinenden Fehlvorstellungen regelmäßig vor der Kaufentscheidung ausgeräumt werden und andererseits ein Verbot der Tätigkeit von Parallelimporteuren nicht unerheblich beeinträchtigen würde".[129]

In Anbetracht dieser höchstrichterlichen Weichenstellung sind viele der instanzgerichtlichen Urteile aus vorheriger Zeit[130] überholt. Im Wettbewerbsrecht wird sich künftig das Augenmerk darauf richten, welche Ausstattung der Verbraucher bei einem EG-Importfahrzeug als selbstverständlich voraussetzt und ob sichergestellt ist, dass er vor seiner Kaufentscheidung über bestehende Ausstattungsdefizite vom Verkäufer aufgeklärt wird. **1074**

Wenn der Parallelimporteur, ohne hierzu verpflichtet zu sein, bereits in der Werbung auf eine vom inländischen Standard abweichende Ausstattung des importierten Neufahrzeugs hinweist, müssen die Angaben zutreffend sei. Das ist nicht der Fall, wenn er ein nur auf die Hinterräder wirkendes Blockierverhinderungssystem als „Hinterrad-ABS" bezeichnet.[131]

d) Verweigerung von Garantiearbeiten durch deutsche Werkstätten und Probleme bei der Ersatzteilversorgung

Soweit nach deutschem Recht verlangt wird, dass der Importeur den Käufer über die Verweigerung von Gewährleistungsreparaturen bei Parallelimporten aufklären muss, bedeutet dies keine unzulässige Behinderung des durch Art. 30 EWGV garantierten freien Warenverkehrs.[132] **1075**

Die Erwägung, dass das Verbot der irreführenden Werbung zurückzutreten hat, wenn dadurch der freie Warenverkehr beeinträchtigt wird, gilt nicht für solche Importgeschäfte, auf die Art. 30 EWGV keine Anwendung findet. Importeure von Fahrzeugen außerhalb der EG unterliegen daher einer strengeren wettbewerblichen Kontrolle. Wer als Händler importierte Fahrzeuge bewirbt, die auf dem europäischen Markt über die Hersteller-Vertriebsorganisation nicht verkauft werden oder aus den USA stammen, muss sowohl darauf hinweisen, dass Ersatzteile in der Bundesrepublik Deutschland nicht erhältlich sind und dass die in Deutschland sonst übliche Gewährleistung von 3 Jahren bis maximal 100 000 km nicht besteht,[133] als auch darauf, dass weder eine Versorgung mit Ersatzteilen durch die deutsche Handelsorganisation des Herstellers noch eine Betreuung der Fahrzeuge in Bezug auf Wartung und Gewährleistung durch die Vertragshändler in Deutschland sichergestellt ist.[134]

e) Rechtsprechung zu Einzelfragen

Das OLG München[135] verbot einem nicht autorisierten Händler die Verwendung der NWVB, da dies irreführend i. S. v. § 3 UWG sei, denn er trete gegenüber dem Käufer nicht als Verkäufer, sondern nur als Vermittler auf.[136] **1076**

---

128 Urt. 19. 8. 1999, DAR 1999, 501.
129 BGH 19. 8. 1999, DAR 1999, 501, 502.
130 Zitiert in der Vorauflage unter Rn 1070 ff.
131 OLG Stuttgart, Urt. 26. 11. 1993 – 2 U 5/92 – n. v.
132 EuGH 13. 10. 1993, ZIP 1993, 1818.
133 LG Erlangen, Urt. 16. 10. 1992, ZAP 1993, Fach 1, S. 150.
134 LG Berlin Urt. 5. 7. 1993 – 6 U 199/92 – n. v.; ebenso OLG Karlsruhe 23. 7. 1993 – 6 U 199/92 –.
135 Urt. 28. 1. 1988, WRP 1988, 393.
136 Zustimmend *Creutzig*, Recht des Autokaufs, Rn 2.1.10; a. A. LG Aachen, Urt. 2. 5. 1986 – 5 S 65/86 – n. v.

Nach Ansicht des OLG Hamburg[137] erweist sich der Hinweis des Verkäufers, ein Fahrzeug sei „sofort lieferbar", als irreführend, wenn er es auf Bestellung des Käufers erst noch aus Frankreich reimportieren muss.

Es ist nicht irreführend, wenn die Werbung keinen Hinweis auf die fehlende Vertragshändler-Eigenschaft enthält.[138]

1077 Wer sich als freier Importeur beim Ankauf von Fahrzeugen der Mithilfe von Mittelsmännern bedient, die als Endverbraucher auftreten oder vorgeben, im Auftrag eines Endverbrauchers zu handeln, ohne von diesem wirklich beauftragt zu sein, handelt unlauter im Sinn von § 1 UWG und darf auf solche Weise beschaffte Fahrzeuge nicht zum Verkauf anbieten.[139]

1078 In Bezug auf den gebundenen ausländischen Vertragshändler, dem gegenüber der freie Importeur vorgibt, lediglich Verkaufsvermittler zu sein, und den er dadurch zur Lieferung des Fahrzeugs veranlasst, liegt ein wettbewerbswidriges Handeln in Form des Schleichbezugs vor, wenn er gegenüber dem Endabnehmer als Verkäufer auftritt.[140]

Der Weiterverkauf eines durch Schleichbezug erworbenen Fahrzeugs verstößt gegen § 1 UWG, da das wettbewerbswidrige Verhalten fortwirkt und der getätigte Einkauf auf Dauer mit dem Makel der Wettbewerbswidrigkeit behaftet bleibt.[141]

---

137 Urt. 26. 1. 1978, WRP 1978, 906.
138 OLG Rostock 19. 7. 1995, OLGR 1996, 8.
139 LG Saarbrücken 26. 5. 1983 – 7 O 63/83 –, Autohaus 1983, 2385; LG Mannheim 10. 2. 1983 – 7 O 17/83 –, Autohaus 1983, 2387.
140 BGH 5. 12. 1991, NJW-RR 1992, 427.
141 BGH 5. 12. 1991, NJW-RR 1992, 427.

O. Automobilimport aus Ländern außerhalb der EG sowie Automobilexport in diese Länder

I. Import

Wer in einem EFTA-Land (European Free Trade Association) ein Fahrzeug erwirbt, um es nach Deutschland zu bringen, muss im Kaufland keine nationale Kaufsteuer entrichten. Wenn die Steuer gleichwohl verlangt wird, ist deren Rückerstattung mit dem Verkäufer zu vereinbaren.

Für einen Fahrzeugimport aus einem EFTA-Staat benötigt der Käufer bei einem Kaufpreis über 11 800 DM (6000 ECU) als Präferenznachweis eine **Warenverkehrsbescheinigung** „Eur 1", die beim Fahrzeughändler oder der ausländischen Zollbehörde erhältlich ist. Der Präferenznachweis kann nur für Fahrzeuge ausgestellt werden, die in einem EU- oder EFTA-Land produziert worden sind. Liegt der Kaufpreis unter dem Betrag von 6000 ECU, kann die Warenverkehrsbescheinigung „Eur 1" durch eine einfache Ursprungserklärung ersetzt werden. Mit ihr erklärt der Ausführer auf der Kaufrechnung bzw. auf dem Lieferschein, dass die Voraussetzungen für die Präferenzbehandlung vorliegen. Sie muss den Ausstellungsort, das Datum sowie den vollständigen Namen des Ausstellers enthalten. Die Gültigkeitsdauer sowohl der Warenverkehrsbescheinigung als auch der Ursprungserklärung beträgt vier Monate ab dem Datum der Ausstellung. Bei der Einfuhr ist das Fahrzeug an der deutschen Grenze anzumelden. Der deutsche Zoll erstellt eine entsprechende Bescheinigung zur Vorlage bei der Kfz-Zulassungsstelle.

Auch für die USA gilt, dass Exportgeschäfte nicht umsatzsteuerpflichtig sind. Aus dem Exportpapier muss der Exporteur hervorgehen. Für US-Importfahrzeuge ist ein Zoll von 10% aus dem Kaufpreis und den Frachtkosten zum Verzollungsort zu entrichten. Aus dem Gesamtbetrag zuzüglich der weiteren Transportkosten zum Wohnort des Käufers wird die Einfuhrumsatzsteuer errechnet. Für außerhalb der Vertriebskette importierte US-Fahrzeuge bestehen in der Regel keine Garantieansprüche gegen die deutschen Vertretungen.[1]

II. Export

Wer in Deutschland ein Fahrzeug erwirbt, um es in ein Land außerhalb des EG-Raums zu verbringen, muss zunächst die Umsatzsteuer entrichten. Gegen Vorlage des Exportnachweises erstattet das Finanzamt bzw. der Zoll die Umsatzsteuer an den Verkäufer. Dieser ist seinerseits nicht ohne weiteres verpflichtet, den empfangenen Mehrwertsteuerbetrag an den Käufer weiterzugeben. Aus diesem Grund ist der Käufer gut beraten, wenn er mit dem Verkäufer eine Rückerstattungsverpflichtung bei Abschluss des Kaufvertrags vereinbart.

Der Käufer benötigt für den Export eine Ausfuhrerklärung, die das Grenzzollamt gegen Vorführung des Fahrzeugs erteilt. Falls der Fahrzeugwert den Betrag von 1000 DM nicht überschreitet, ist eine Ausfuhrerklärung entbehrlich. An der Grenze des Importlandes muss das Fahrzeug zur Einfuhrzollabfertigung angemeldet werden. Es empfiehlt sich, das Abwicklungsverfahren zuvor mit der Zollbehörde des Einfuhrlandes abzuklären.

---

[1] Über weitere Einzelheiten des Im- und Exports von Kraftfahrzeugen informiert der ADAC in seinen „Grenzverkehr-Broschüren".

P. Autoleasing

I. Entstehung und Entwicklung

1081 Kraftfahrzeugleasing wurde erstmals von der Ford-Motor-Company in den Vereinigten Staaten während des Korea-Krieges praktiziert. Knappe Geldmittel bei starker Kraftfahrzeugnachfrage für die gewerbliche Nutzung waren ausschlaggebend für die Wahl des Leasinggeschäfts als – neues – Vertriebsmittel.

In der Bundesrepublik Deutschland gibt es **Kraftfahrzeugleasing** seit **Anfang der 70er-Jahre**. Der Bestand an Leasingfahrzeugen hat sich seither von Jahr zu Jahr vergrößert. Ende 1998 betrug der Gesamtbestand geleaster Fahrzeuge 2,5 Millionen Einheiten. Der Marktanteil der herstellereigenen Leasinggesellschaften lag bei 65%, die restlichen 35% entfielen auf markenunabhängige Leasinggesellschaften. Im Jahr 1999 waren 301 von 351 der bedeutenden Institute in dem Markt des Mobilien-Leasing tätig.[1] Straßenfahrzeuge gehören in dieser Sparte seit Jahren zur wichtigsten Produktgruppe.

Das **private Kraftfahrzeugleasing** erlebte 1983 seinen Durchbruch. Der Bestand an privat genutzten Leasingfahrzeugen wuchs damals innerhalb eines Jahres um das Achtfache auf 200 000 Einheiten an. Ursächlich für diesen Boom waren Kooperationsverträge zwischen Herstellern und Leasingfirmen sowie gezielte Subventionsmaßnahmen der Hersteller (Null-Leasing) zum Zweck der Absatzförderung.

Gemessen an der Gesamtzahl der **Neuzulassungen** in Deutschland lag die **Quote** der Leasingfahrzeuge im Jahr 1998 bei **25,2%**. Gut jedes vierte Neufahrzeug war somit geleast.[2] Von den insgesamt 1 030 000 neu zugelassenen Leasingfahrzeugen entfielen 933 000 auf Pkw und Kombi, bei den restlichen Fahrzeugen handelte es sich um Lkw, Busse, leichte Nutzfahrzeuge und Anhänger.[3] Die herstellerunabhängigen Leasingfirmen schlossen 275 000 Neuverträge ab. Bei den herstellerabhängigen Leasingfirmen lag die Zahl der Neuverträge bei 755 000 Stück. Das private Leasinggeschäft, das in 1997 mit 220 000 Neuverträgen überdurchschnittlich um fast 20% expandierte, entwickelte sich 1998 mit 216 000 Neuverträgen leicht rückläufig. Ungebrochen aufwärts gerichtet war der Trend beim gewerblichen Kraftfahrzeugleasing. Auf diesem Markt konnten die Banken und Leasinggesellschaften der Automobilhersteller die Zahl der Neuabschlüsse von 458 000 in 1997 um knapp 10% auf 508 000 im Jahr 1998 steigern.[4] Der deutschen Wirtschaft ist es zu verdanken, dass das Kraftfahrzeugleasing weiterhin boomt. Sie bevorzugt das Leasing als Beschaffungsform bei Fahrzeuginvestitionen. Wertmäßig lag der Anteil des Leasing an den gesamten Fahrzeuginvestitionen der deutschen Wirtschaft im Jahr 1998 bei 53%.[5]

1082 Durch die geänderte[6] Fassung des § 108 der seit dem 1. 1. 1999 geltenden Insolvenzordnung wurde sichergestellt, dass die Insolvenz des Leasinggebers weder die Ansprüche des Kreditinstituts gegenüber dem Leasingnehmer noch das Vertragsverhältnis des Leasingnehmers berührt, wenn der Leasinggeber vor Eröffnung des Insolvenzverfahrens seine Ansprüche aus dem Leasingvertrag an das refinanzierende Kreditinstitut abgetreten oder verkauft und diesem den Leasinggegenstand zur Sicherheit übereignet hat.[7] Die Gesetzesänderung

---

1 *Wassermann*, FLF 1999, 6 ff.
2 *Wassermann*, FLF 1999, 6 ff.
3 *Städtler*, FLF 2000, 5 ff., 7.
4 *Gleisner*, FLF 1999, 158, 159.
5 *Städtler*, FLF 2000, 5 ff., 7.
6 BGBl. I 1994, 2866; BGBl. I 1996, 1013.
7 Rn 1154.

beseitigte Rechtsunsicherheit[8] und belebte das Leasinggeschäft. Bis dahin hatten sich Kreditinstitute bei der Vergabe von Refinanzierungskrediten restriktiv verhalten, da sie nicht wussten, ob die an sie forfaitierten Forderungen aus Kraftfahrzeug-Leasingverträgen „konkursfest" sein würden, wie dies unter Geltung der Konkursordnung nach höchstrichterlicher Rechtsprechung der Fall war.[9]

Zwischen **freien** und **markengebundenen** Leasingfirmen hat sich der Wettbewerb verschärft. Führende Hersteller haben versucht, ihre Vertragshändler in die Pflicht zu nehmen, indem sie ihnen entweder untersagten, eigene Leasinggeschäfte zu tätigen, Leasingverträge an Fremdfirmen zu vermitteln und diese mit Fahrzeugen zu beliefern – es sei denn, dass der Kunde dies ausdrücklich wünschte oder er von der Konkurrenz beworben wurde – oder indem sie ihnen die Verpflichtung auferlegten, Fahrzeuge an herstellerunabhängige Leasinggesellschaften nur dann zu veräußern, wenn diese Fahrzeuge für Leasingnehmer mit Wohn- oder Betriebssitz im Vertragsgebiet des jeweiligen Händlers bestimmt waren. Auf Vorlage des BGH entschied der EuGH,[10] dass derartige Verbote und Vereinbarungen gegen EU-Recht verstoßen, da sie den Zugang von Konkurrenten zu Leasinggeschäften beschränken, die Handlungsfreiheit der Händler einschränken und den deutschen Markt abschotten.

Nicht verwehrt ist es einem marktbeherrschenden Automobilhersteller, wenn er die eigene Leasingfirma durch Gewährung von Sonderzuschüssen und sog. Abverkaufshilfen unterstützt. Der Ausschluss markenunabhängiger Leasinggesellschaften von solchen Aktionspreisen stellt weder eine Diskriminierung noch eine unbillige Behinderung dar.[11]

II. Rechtsnatur des Kfz-Leasingvertrags

1. Finanzierungsleasing

In der Bundesrepublik Deutschland wird das Kraftfahrzeugleasing ausschließlich als Finanzierungsleasing praktiziert. Finanzierungsleasing bedeutet **mittel- bis langfristige Gebrauchsüberlassung** gegen Entgelt mit einem **primären Finanzierungsinteresse** auf Seiten des Leasinggebers. Für den Finanzierungsleasingvertrag ist charakteristisch,
– dass der Vertrag für eine feste unkündbare Laufzeit abgeschlossen wird,
– dass der Leasingnehmer das Investitionsrisiko trägt,
– dass der Leasingnehmer dem Leasinggeber Amortisation schuldet.[12]

Scheitert der Leasingnehmer mit seinem wirtschaftlichen Plan, ist er nicht berechtigt, den Leasingvertrag aus wichtigem Grund zu kündigen. Auf einen Wegfall der Geschäftsgrundlage kann er sich nicht berufen.[13]

In Anbetracht der höchstrichterlichen Rechtsprechung zur vorzeitigen Ablösung eines Festzinskredits wegen anderweitiger Verwertung des beliehenen Objekts[14] erscheint es gerechtfertigt, dem Leasingnehmer im Fall des **unverschuldeten Interessewegfalls** am Leasingfahrzeug (z. B. wegen Krankheit oder Fahruntauglichkeit) gegen den Leasinggeber nach dem Gebot der gegenseitigen Rücksichtnahme bzw. allgemein aus Treu und Glauben einen Anspruch auf vorzeitige Ablösung des Leasingvertrags gegen angemessene Vorfälligkeitsentschädigung zuzubilligen. Die Entschädigung ist so zu bemessen, dass der Leasinggeber

---

8 *Obermüller/Livonius,* DB 1995, 27; *Seifert,* BB, Beilage 6 zu Heft 18/1995, 11 f.
9 BGH 14. 12. 1989, NJW 1990, 1113 ff. sowie 28. 3. 1990, ZIP 1990, 646 ff.
10 Urt. v. 24. 10. 1995 – C 70/93 – ZIP 1995, 1766; – C 266/93 – ZIP 1995, 1769.
11 BGH 12. 11. 1991, KZR 2/90; OLG Frankfurt 22. 3. 1990, NJW-RR 1992, 1133.
12 BGH 24. 4. 1996, DAR 1996, 318, 320.
13 OLG Dresden 26. 7. 1995, OLGR 1996, 90.
14 BGH 1. 7. 1997, EBE 1997, 317; zur Berechnung *Grönwoldt/Bleuel,* DB 1997, 2062.

durch die Ablösung finanziell weder benachteiligt noch begünstigt wird. Es geht, wie bei einem Festzinskredit, eigentlich nicht um eine Vertragsauflösung, sondern nur um eine Modifizierung des Vertragsinhalts ohne Reduzierung des Leistungsinhalts. Beseitigt wird die vertragliche – zeitlich begrenzte – Erfüllungssperre durch Vorverlegung des Erfüllungszeitpunkts.[15]

Eine vollständige **Übernahme des Restwertrisikos** durch den Leasingnehmer ist nicht erforderlich.[16] Zur Annahme eines Finanzierungsleasingvertrags genügt es, wenn der Leasingnehmer das Risiko einer Verschlechterung durch Mängel, Schäden oder übermäßige Abnutzung trägt, während das **Risiko der Marktgängigkeit** des Fahrzeugs und das der **richtigen internen Kalkulation** des Restwerts dem Leasinggeber verbleibt. Aus diesem Grund gehören Kraftfahrzeug-Leasingverträge mit Kilometerabrechnung ohne Restwertausgleich zu den Finanzierungsleasingverträgen i. S. d. §§ 3 Abs. 2 Nr. 1, 1 Abs. 2 VerbrKrG. Sie sind typischerweise auf Vollamortisation ausgerichtet.[17] Dabei kommt es nicht darauf an, dass Aufwand und Kosten des Leasinggebers ganz überwiegend durch die Zahlungen des Leasingnehmers amortisiert werden.[18] Es reicht aus, dass ein so wesentlicher Teil durch die Zahlung der Leasingraten ausgeglichen wird, dass die Vollamortisation ohne erneutes Verleasen an weitere Leasingnehmer erreicht wird, eine „Amortisationslücke" für den Leasinggeber also nicht zu erwarten ist.[19]

Das Gegenstück zum Finanzierungsleasing ist das **Operatingleasing.** Bei dieser Vertragsform mit unbestimmter Dauer trägt der **Leasinggeber** das **Investitionsrisiko.** Operating-Leasingverträge sind von kurzer Vertragsdauer und jederzeit kündbar.[20] Aufwand und Kosten des Leasinggebers werden durch die Zahlungen des Leasingnehmers und den Verwertungserlös nicht vollständig amortisiert, sodass zur Herbeiführung einer Vollamortisation die Leasingsache nach Rückgabe erneut verleast werden muss.[21] Operatingleasing bietet für den Leasingnehmer den Vorteil, dass das Leasingobjekt (einfacher als etwa bei einem Kauf) ausgetauscht werden kann, wenn es sich technisch nicht mehr auf dem neuesten Stand befindet.[22]

1084 Die Interessenlage beim Finanzierungsleasing hat der BGH[23] wie folgt beschrieben:

„Beim reinen Mietvertrag schuldet der Vermieter Gebrauchsüberlassung und Erhaltung. Beim Leasingvertrag tritt zur Gebrauchsüberlassung die Finanzierungsfunktion hinzu. Beides ist, wie in der Rechtsprechung des erkennenden Senates von Anfang an betont worden ist, auf die individuellen Investitionsbedürfnisse des Leasingnehmers zugeschnitten. In der Finanzierungsfunktion wurzelt das Amortisationsprinzip, das den entscheidenden Unterschied zum reinen Mietvertrag ausmacht. Das Amortisationsprinzip akzeptiert der Leasingnehmer, wenn er sich zur Verwirklichung eines Investitionsvorhabens durch Leasing des Investitionsgutes entschließt. Das Risiko, damit den richtigen Weg beschritten zu haben und durch die allein von ihm bestimmte Auswahl des Leasingobjekts dem innerbetrieblichen Zweck der Investition optimal gerecht zu werden, trägt der Leasingnehmer von Hause aus."

---

15 BGH 1. 7. 1997, EBE 1997, 317.
16 So bereits BGH 15. 10. 1986, WM 1987, 38.
17 BGH 24. 4. 1996, DAR 1996, 318; OLG Hamm 4. 6. 1996, OLGR 1996, 169 zustimmend bzw. gleicher Ansicht *Groß,* DAR 1996, 446; *Palandt/Putzo,* VerbrKrG § 3 Rn 7; *Godefroid,* BB 1997, Beilage 6 S. 22; *Reinking/Nießen,* ZIP 1991, 634, 637; *Müller Sarnowski,* DAR 192, 81 ff.; ablehnend bzw. anderer Ansicht *Hartleb,* Anm. WiB 1996, 699; *Kammel,* Anm. EWiR 1996, 767; *Martinek,* Anm. LM § 1 VerbrKrG Nr. 4; *Oechsler,* Anm. WuB 1 E 2. § 3 VerbrKrG; *Martinek/Oechsler,* ZIP 1993, 81 f.; *Slama,* WM 1991, 569, 570.
18 So noch BGH 24. 4. 1996, DAR 1996, 318.
19 BGH 11. 3. 1998, EBE 1998, 134, 135.
20 *Palandt/Putzo,* BGB, Einf. v. § 535 Rn 29.
21 BGH 11. 3. 1998, EBE 1998, 134, 135.
22 *Runge/Bremser/Zöller,* Leasing, 31.
23 Urt. v. 4. 7. 1990, ZIP 1990, 1133.

Das Vorhandensein eines **„überwiegenden" Finanzierungsinteresses** auf Seiten des **1085** Leasinggebers ist **kein notwendiges Kriterium** für das Finanzierungsleasing. Es kann durchaus ein anderes Interesse dominierend sein, wie z. B. das der Absatzförderung. Die Unterscheidung in echte und unechte Finanzierungsleasingverträge, also in solche mit einem primären oder sekundären Finanzierungsinteresse, hält der BGH nicht für bedeutsam. Beide Vertragstypen unterliegen seiner Meinung nach der gleichen zivilrechtlichen Beurteilung, weil es aus der insoweit maßgeblichen Sicht des Leasingnehmers keinen Unterschied macht, ob er sich die erhofften Vorteile des Leasings von einem markengebundenen oder einem „neutralen" Leasinggeber verschafft.[24] Außerdem würde die generalisierend abstrakte Abgrenzung der Vertragstypen auf praktisch kaum überwindbare Schwierigkeiten stoßen, denn es fehlt aus Sicht des BGH[25] an brauchbaren Kriterien dafür, wann angesichts der vielfältigen Vertragsgestaltungen ein Händlerleasing an Stelle eines ausschließlich vom Finanzierungsinteresse geprägten sog. „echten" Leasinggeschäfts anzunehmen sein soll.[26]

a) Vollamortisationsvertrag

Beim Finanzierungsleasing stehen 2 Modelle zur Wahl, nämlich der sog. Vollamortisa- **1086** tionsvertrag (full-pay-out-leasing) und der sog. Teilamortisationsvertrag (non-full-pay-out-leasing). Von Vollamortisationsverträgen spricht man, wenn die Summe der Leasingraten sämtliche Investitions- und Nebenkosten des Leasinggebers während der unkündbaren Grundmietzeit von 40% bis 90% der betriebsgewöhnlichen Nutzungsdauer deckt.[27] Die Einzelheiten hierzu regelt der Leasingerlass des Bundesministers der Finanzen vom 19. 4. 1971.[28] Vollamortisationsverträge sind beim Kraftfahrzeugleasing unüblich. Es gibt sie vereinzelt für Nutzfahrzeuge, wenn die Vertragspartner wegen des intensiven Gebrauchs des Leasingobjekts von einer völligen Wertaufzehrung während der Vertragszeit ausgehen.[29]

b) Teilamortisationsvertrag

Beim Teilamortisationsvertrag werden die Gesamtinvestitionen des Leasinggebers wäh- **1087** rend der Grundmietzeit durch die Zahlungen des Leasingnehmers **nicht voll amortisiert.** Mit den Raten und einer etwa vereinbarten Leasing-Sonderzahlung tilgt der Leasingnehmer nicht den gesamten Kaufpreis des Fahrzeuges, sondern nur dessen im Voraus kalkulierten Wertverzehr zuzüglich Kosten und Gewinn des Leasinggebers. Aus diesem Grund sind die Raten eines Leasingvertrags geringer als die Raten einer vergleichbaren Anschaffungsfinanzierung.

Auch beim Teilamortisationsvertrag **trägt** der **Leasingnehmer** das **Vollamortisationsrisi- 1088 ko.** Der Unterschied zum Vollamortisationsvertrag besteht darin, dass die Aufwendungen des Leasinggebers nicht schon durch die Leasingsonderzahlung und die Leasingraten, sondern erst durch die Erzielung des Restwerts oder die am Vertragsende vom Leasingnehmer zu entrichtende Abschlusszahlung[30] ausgeglichen werden.

Teilamortisationsverträge mit offenem Restwert (open-end-Leasing) sind – mit Ausnah- **1089** me der Kilometerverträge – beim Autoleasing die Regel.[31] Ihre Ausgestaltung wird maßgeblich geprägt von dem nach wie vor einschlägigen **Teilamortisationserlass** des Bundesmini-

---

24 BGH 22. 1. 1986, NJW 1986, 1335 ff.
25 Urt. 3. 7. 1985, ZIP 1985, 935.
26 Vgl. *Graf von Westphalen,* Der Leasingvertrag, Rn 172 ff.; differenzierend *Berger,* Typus und Rechtsnatur des Herstellerleasing, Hamburger Beiträge zum Handels-, Schifffahrts- und Wirtschaftsrecht, 25 ff.
27 *Runge/Bremser/Zöller,* Leasing, 207.
28 Abgedruckt bei *Reinking,* Autoleasing, 241.
29 *Reuß* in *Hagemüller/Stoppok,* 111.
30 BGH 4. 7. 1990, ZIP 1990, 1133; *Eckstein,* BB 1986, 2144; *Graf von Westphalen,* ZIP 1983, 1021 ff.; *Wolf/Eckert,* Handbuch des gewerblichen Miet- und Pachtrechtes, Rn 1784 ff.
31 *Flink,* Automobil-Leasing, 1988, 56.

sters der Finanzen aus dem Jahre 1975 und den dort vorgegebenen 3 Grundtypen.[32] Es sind dies

- der Leasingvertrag mit **Andienungsrecht** des Leasinggebers, jedoch ohne Erwerbsrecht des Leasingnehmers,
- der Leasingvertrag mit **Restwertabrechnung;** Aufteilung des Mehrerlöses und Übernahme des Restwertrisikos durch den Leasingnehmer,
- der kündbare Leasingvertrag mit **Abschlusszahlung** und Anrechnung des Verwertungserlöses.

Alle drei Vertragsvarianten haben die Vereinbarung einer unkündbaren Grundmietzeit von **mindestens 40% und höchstens 90% der betriebsgewöhnlichen Nutzungsdauer** des Leasingfahrzeugs gemeinsam. Zur Risikobegrenzung erfordern sie sorgfältige Restwertschätzung.[33] Für den Leasingnehmer empfiehlt sich der Abschluss einer Restschuldversicherung bei Zahlungsstörungen durch Notlagen[34] und eine versicherungsmäßige Abdeckung des Vollamortisationsrisikos.

aa) Leasingvertrag mit Andienungsrecht des Leasinggebers

1090 Bei dieser Vertragsvariante behält sich der Leasinggeber das Recht vor, vom Leasingnehmer zu verlangen, dass dieser das Auto nach Ablauf des Leasingvertrags kauft. Auf Seiten des Leasingnehmers besteht eine mit dem Andienungsrecht des Leasinggebers korrespondierende **Pflicht zum Kauf,** jedoch kein eigenes Erwerbsrecht. Als Kaufpreis wird bei Vertragsbeginn in aller Regel entweder der Restbuchwert oder der kalkulierte Restwert vereinbart.

1091 Das Andienungsrecht dient dem Leasinggeber als **Sicherheit** für die Erzielung des kalkulierten Restwerts. Der Leasinggeber wird von diesem Recht Gebrauch machen, wenn der tatsächliche Wert des Autos am Vertragsende unter dem kalkulierten Restwert liegt; er wird selbst verwerten, wenn die Möglichkeit besteht, auf dem Markt einen höheren als den kalkulierten Preis zu erzielen. Auf diese Weise erhält der Leasinggeber die aus steuerlichen Gründen gebotene Chance, an einer Wertsteigerung des Fahrzeugs zu partizipieren, während auf der anderen Seite der Leasingnehmer stets das Mindererlösrisiko trägt. Der Leasinggeber begibt sich der Chance, an einer Wertsteigerung des Fahrzeugs teilzuhaben, wenn er sein Andienungsrecht an die refinanzierende Bank abtritt.

bb) Vertrag mit Aufteilung des Mehrerlöses und Verlagerung des Restwertrisikos auf den Leasingnehmer

1092 Das bei diesem Vertragsmodell nach Ablauf der Grundmietzeit vom Leasingnehmer zurückzugebende Auto wird vom Leasinggeber verwertet. Einen etwaigen Mindererlös hat der Leasingnehmer auszugleichen. Von einem **Mehrerlös** erhält er **75%,** während die restlichen **25% des Mehrerlöses** dem Leasinggeber aus steuerlichen Gründen zustehen. Der Vertragstyp mit Aufteilung des Mehrerlöses ist beim Kfz-Leasing häufig anzutreffen. Bei den Hersteller-Leasinggesellschaften dominiert jedoch eindeutig das Netto-Leasing mit km-Abrechnung, bei dem der Leasinggeber das Restwertrisiko trägt.

cc) Kündbarer Vertrag mit Schlusszahlung

1093 Dem Leasingnehmer wird bei dieser Vertragsart das **Recht** eingeräumt, den Leasingvertrag nach Ablauf der Grundmietzeit von 40% der betriebsgewöhnlichen Nutzungsdauer unter Einhaltung einer im Vertrag festgelegten Frist **zu kündigen.** Die vom Leasingnehmer auch bei dieser Vertragsvariante garantierte Vollamortisation wird durch Entrichtung einer zum Kündigungstermin fälligen **Abschlusszahlung** erreicht, deren Höhe so bemessen ist, dass sie

---

32 Abgedruckt im Anhang Teil I, Anlage 3.
33 Dazu *Beyer,* FLF 1997, 102.
34 *Reker,* FLF 1998, 185.

unter Berücksichtigung der bis dahin gezahlten Raten zuzüglich 90% des Verwertungserlöses den Gesamtaufwand des Leasinggebers abdeckt. Je später der Kündigungszeitpunkt liegt, umso geringer ist die Schlusszahlung. Erlasskonforme kündbare Kfz-Leasingverträge sind selten geworden. Viele Leasingfirmen haben das Vertragsmodell aus dem Verkehr gezogen, als bekannt wurde, dass der BGH[35] AGB-Klauseln, die dem Leasinggeber Vollamortisation trotz Kündigung gewährten, wegen Verstoßes gegen § 9 AGB-Gesetz für unwirksam erklärt hatte. Der BGH vertrat ursprünglich die Meinung, der Leasingnehmer werde unangemessen benachteiligt, weil ihn solche Formularregelungen entgegen dem gesetzlich verankerten Leitbild des Mietvertrags mit erheblichen Leistungspflichten trotz Beendigung des Nutzungsverhältnisses belasten und sein Kündigungsrecht erschweren.

Später hat der BGH seinen Standpunkt in den beiden richtungweisenden Entscheidungen vom 12. 6. 1985[36] und vom 19. 3. 1986[37] revidiert. Seither anerkennt er die für den Teilamortisationsvertrag typische Finanzierungsfunktion und berücksichtigt, dass es mit Blick auf die dem kündbaren Vertragsmodell immanente Vollamortisationsgarantie des Leasingnehmers im Fall jeder Form vertragsgemäßer Beendigung um den Rückfluss der vom Leasinggeber zu Gunsten des Leasingnehmers eingesetzten Kreditmittel geht und nicht um eine das Kündigungsrecht des Leasingnehmers erschwerende Schadensersatzregelung.[38]

1094

An **AGB,** die den Leasingnehmer im Fall der Kündigung mit einer Abschlusszahlung belasten, stellt die Rechtsprechung trotz grundsätzlicher Billigung der Vollamortisationsgarantie bei transparenter Vertragsgestaltung sehr **strenge, aber durchaus erfüllbare Anforderungen.**[39] Die AGB-Regelung zur Abschlusszahlung muss hinreichend durchschaubar sein und erkennen lassen, welche Ausfälle und Nachteile der Leasinggeber in seine Berechnung einbezieht und ob er auch alle ihm durch die Kündigung des Vertrags entstehenden Vorteile berücksichtigt hat.[40]

1095

Soweit der BGH allerdings meint, eine in AGB vorgesehene Anrechnung des Erlöses von nur 75% auf die Schlusszahlung entspreche beim kündbaren Vertragsmodell nicht dem Teilamortisationserlass aus dem Jahre 1975 und führe zu einer unangemessen hohen Vergütung für den Leasinggeber,[41] wendet *Eckstein*[42] ein, die im Teilamortisationserlass vorgesehene Aufteilung sei nur für die Frage der steuerrechtlichen Zurechnung des Objektes maßgeblich, sodass es dem Leasinggeber zivil- und steuerrechtlich freigestellt sein müsse, jeden unterhalb der steuerlich relevanten Höchstgrenze von 90% liegenden Wert zur Anrechnung auf die Abschlusszahlung mit dem Leasingnehmer vertraglich zu vereinbaren. Die vorgebrachte Kritik ist insoweit berechtigt, als der Teilamortisationserlass des Bundesministers der Finanzen keine für die Bewertung der Unangemessenheit im Sinne von § 9 AGB-Gesetz verbindlichen Vorgaben enthält und grundsätzlich auch ein Unterschreiten der Höchstwerte zulässt. Aus steuerlichen Gründen besteht dazu aber keine Notwendigkeit. **Abweichende Verteilungsregelungen** in AGB zu Lasten des Leasingnehmers dienen mithin ausschließlich der Gewinnmaximierung des Leasinggebers. Sie vermitteln ein „schiefes Bild" über die Gesamtbelastungen und führen zu der vom Leasingnehmer selten von vornherein durchschauten Konsequenz, dass er den nicht anrechenbaren Teil des Erlöses, der als Rechnungsposten in die Schlusszahlung einfließt, bezahlen muss. Deshalb sind derartige Regelungen nach hier vertretener Meinung überraschend und werden gem. § 3 AGB-Gesetz nicht wirk-

1096

---

35 Urt. 31. 3. 1982, NJW 1982, 870.
36 NJW 1985, 2253 ff.
37 NJW 1986, 1746 ff.
38 BGH 4. 7. 1990, ZIP 1990, 1133, 1135; s. auch *Lieb,* DB 1986, 2167 ff.; *ders.* in DB 1988, 946 ff.
39 *Eckstein,* BB 1986, 2144, 2146.
40 BGH 19. 3. 1986, NJW 1986, 1746 ff.; OLG Hamm 14. 3. 1986, NJW-RR 1986, 927, 930; OLG Hamburg 22. 10. 1986, NJW-RR 1987, 51.
41 Urt. 19. 3. 1986, NJW 1986, 1746 ff.
42 BB 1986, 2144.

sam in den Vertrag einbezogen; jedenfalls aber benachteiligen sie den Leasingnehmer unangemessen.

1097 Das Modell des kündbaren Leasingvertrags mit Schlusszahlung ist für Leasinganbieter trotz der Rechtsprechungskorrektur zur Abschlusszahlung nicht attraktiv. Im Fall der fristlosen Kündigung des Leasingvertrags wegen Zahlungsverzugs des Leasingnehmers gilt nämlich die Einschränkung, dass der vom Leasingnehmer zu leistende Schadensersatz den **entgangenen Gewinn** des Leasinggebers nur **bis zum Zeitpunkt** einer nach dem Vertrag zulässigen **ordentlichen Kündigung** erfasst und nicht bis zum Zeitpunkt des Eintritts der nach dem Vertrag vorgesehenen Vollamortisation.[43] Nach Ansicht des BGH fehlt die Kausalität zwischen fristloser Kündigung und Gewinnausfallschaden, wobei für ihn die Erwägung im Vordergrund steht, dass dem Leasingnehmer billigerweise keine Gegenleistung für einen Zeitraum angelastet werden darf, in dem ihm der Gebrauch der Leasingsache nicht mehr möglich ist und der Leasinggeber das zurückfließende Kapital – nicht nur die Leasingsache selbst – anderweitig Gewinn bringend nutzen kann. Eine AGB-Regelung mit weiter gehenden Ansprüchen zu Gunsten des Leasinggebers benachteiligt den Leasingnehmer unangemessen und ist unwirksam, weil sie den durch die vorzeitige Vertragsbeendigung entstehenden Vorteil der anderweitigen Kapitalnutzungsmöglichkeit als wesentlichen Teil des leasingtypischen Amortisationsprinzips nicht berücksichtigt. Es ist dem Leasinggeber folglich auch verwehrt, den für die gesamte Vertragslaufzeit kalkulierten Gewinn rechnerisch in die unkündbare Vertragszeit vorzuverlagern.[44]

dd) Leasingvertrag mit Kilometerabrechnung

1098 Die von Seiten der Leasingfirmen angebotenen Kfz-Vertragsmodelle sind **nicht immer erlasskonform.** Eine beim Kfz-Leasing häufig anzutreffende nicht erlasskonforme Vertragsvariante ist das Kilometerleasing, bei dem die Leasinggesellschaft das Verwertungsrisiko trägt.[45] Im Vertrag wird die **Kilometerleistung** für die Dauer der Überlassung des Fahrzeugs **festgelegt.** Das Nutzungsentgelt ist so bemessen, dass es den geschätzten Wertverzehr des Autos während der Vertragszeit sowie die Kosten und den Gewinn des Leasinggebers abdeckt. Hinzu kommen Risikozuschläge, da sich der Wertverlust im Voraus kalkulatorisch nicht exakt erfassen lässt. Die Leasingraten sind bei diesem Vertragsmodell zwangsläufig etwas höher als bei der vertragskonformen Variante mit Verteilung des Mehrerlöses und Absicherung des Restwerts durch den Leasingnehmer.

Auf der Grundlage der vereinbarten Laufleistung wird der Vertrag am Ende der Laufzeit abgerechnet. Überschreitet oder unterschreitet die während der Vertragszeit mit dem Fahrzeug zurückgelegte Fahrleistung das vereinbarte Kilometerlimit einschließlich der Plus-Minus-Toleranz (2000–2500 km sind üblich), sind **Mehrkilometer** vom Leasingnehmer und **Minderkilometer** vom Leasinggeber **auszugleichen.** Die vertraglich festgelegten Kilometersätze, die der Leasingnehmer für Mehrkilometer entrichten muss, liegen im Regelfall über den Kilometersätzen, die er im Falle der Unterschreitung des Limits vom Leasinggeber zu beanspruchen hat.

Das Kilometerleasing ist für gewerbliche und private Kunden gleichermaßen interessant. Weil der Leasinggeber das Marktwertrisiko und das der zutreffenden internen Restwertkalkulation trägt,[46] sind die Angebote gut vergleichbar und die Risiken überschaubar.

1099 AGB in Leasingverträgen mit Kilometerabrechnung, die zwar eine Vergütungspflicht des Leasingnehmers für den Fall der Überschreitung der vertraglich festgelegten Kilometerleistung vorsehen, jedoch umgekehrt keine Erstattungspflicht des Leasinggebers bei Nichterrei-

---

43 BGH 10. 10. 1990, NJW 1991, 221.
44 BGH 10. 10. 1990, NJW 1991, 221.
45 Vgl. *Graf von Westphalen,* Der Leasingvertrag, Rn. 1207.
46 BGH 24. 4. 1996, DAR 1996, 318.

chen des Kilometerlimits enthalten, sind in Anbetracht der Konzeption des Leasingvertrags auf Kilometerbasis derart überraschend, dass die wirksame vertragliche Einbindung solcher Klauseln an § 3 AGB-Gesetz scheitern dürfte, jedenfalls aber benachteiligen sie den Leasingnehmer wegen ihrer Einseitigkeit unangemessen und sind deshalb gem. § 9 AGB-Gesetz unwirksam.

Wegen ihres überraschenden Inhalts nicht wirksam in den Vertrag einbezogen wird auch eine Klausel, die den Leasinggeber berechtigt, bei vorzeitiger Vertragsbeendigung eine Umstellung von Kilometer- auf Restwertabrechnung vorzunehmen, wenn der Vertrag in seinem individuell gestalteten Teil keinen Hinweis auf den Wechsel der Abrechnungsart enthält.[47]

Der Leasingnehmer ist verpflichtet, das Fahrzeug am Vertragsende in einem dem Alter und der **vertragsgemäßen** Fahrleistung entsprechenden **Erhaltungszustand** zurückzugeben. Es muss verkehrs- und betriebssicher sowie frei von Schäden und Mängeln sein.[48] Entspricht der tatsächliche Zustand des Fahrzeugs am Vertragsende nicht dem vertraglich vereinbarten Soll-Zustand, hat der Leasingnehmer eine dadurch bedingte Wertminderung auszugleichen.[49] **1100**

Ein **Recht** des Leasingnehmers **auf Erwerb** des Fahrzeugs nach Ablauf der Vertragszeit ist regelmäßig **ausgeschlossen.**

Kraftfahrzeugleasingverträge mit Kilometerabrechnung sind Finanzierungsleasingverträge, auf die das Verbraucherkreditgesetz Anwendung findet.[50] Die **steuerliche Zurechnung** des **wirtschaftlichen Eigentums** findet beim Leasinggeber statt, da er die Verwertungsrisiken trägt und die Chance der Wertsteigerung besitzt.

Es kommt vor, dass Leasingverträge mit Kilometerabrechnung **erlasskonforme Vertragselemente** beinhalten. Das OLG Düsseldorf[51] hatte über einen kombinierten Leasingvertrag mit Andienungsrecht und Kilometerabrechnung zu befinden. Der erkennende Senat stellte die Wirksamkeit der Vertragsgestaltung als solche nicht in Frage und erkannte zutreffend, dass sich das Andienungsrecht und die Kilometerabrechnung gegenseitig ausschließen und daher nur alternativ und nicht kumulativ zu verstehen sind. Übt der Leasinggeber das Andienungsrecht aus, so kann er vom Leasingnehmer nicht zusätzlich eine Ausgleichszahlung wegen gefahrener Mehrkilometer verlangen. Auf der anderen Seite besitzt der Leasingnehmer keinen Anspruch gegen den Leasinggeber auf Vergütung der Minderkilometer. Die Minderlaufleistung wird in diesem Fall durch den Erwerb des infolge geringerer Nutzung höherwertigen Autos hinreichend ausgeglichen. **1101**

2. Transparente Vertragsgestaltung

Da dem Leasingnehmer eines erlasskonformen Leasingvertrages das komplizierte Wechselspiel zwischen Leasingraten, kalkuliertem Restwert und Verpflichtung zur Deckung eines Mindererlöses normalerweise nicht bekannt ist, wird dem Leasinggeber eine **transparente Vertragsgestaltung** abverlangt, die die Zweistufigkeit der Vollamortisationsgarantie durch Zahlung des Leasingentgelts und Absicherung des Restwerts verdeutlicht. Eine darüber hinausgehende Pflicht zur Aufklärung des Leasingnehmers über Inhalt, Risiken und wirtschaftliche Folgen des Leasingvertrags besteht nicht, es sei denn, der Leasinggeber erkennt, dass der Leasingnehmer von falschen Vorstellungen ausgeht.[52] Das Transparenzgebot gilt für alle Vertragsvarianten. **1102**

---

47 BGH 15. 10. 1986, ZIP 1986, 1566, 1569; SchlHOLG 29. 5. 1998, OLGR 1998, 410.
48 Abschn. XVI. 2 der Muster-Leasing-AGB des VDA; nach LG München 3. 3. 1999, DAR 1999, 268 ist die Klausel unwirksam.
49 Ausführlich dazu Rn 1254.
50 BGH 24. 4. 1996, DAR 1996, 318; 11. 3. 1998, EBE 1998, 134.
51 Urt. 14. 4. 1994, NJW-RR 1994, 1337.
52 BGH 11. 3. 1987, WM 1987, 627, 629.

Die **Aufklärung** durch den **Leasinggeber** kann mündlich im Rahmen der Vertragsverhandlungen erfolgen. Zur einfacheren Beweisführung sind klare, drucktechnisch hervorgehobene Hinweise auf der Vorderseite des Vertrags zu empfehlen. Formulierungsbeispiel: Der Leasingnehmer garantiert den kalkulierten Restwert von ... DM zuzüglich Mehrwertsteuer.[53] Allein das Einsetzen des kalkulierten Restwerts in die Rubrik Fahrzeugabrechnung (als Alternative zur Kilometerabrechnung) in Verbindung mit der fett gedruckten Formulierung „kalkulierter Netto-Rücknahmewert" und einer hierzu in Klammern gefassten Erläuterung „Vereinbarter Mindestwert bei Fahrzeugrücknahme" lässt die Übernahme eines Restwertrisikos nicht mit hinreichender Klarheit erkennen, da sie auch als bloße Rechnungsgröße verstanden werden kann, die der Leasinggeber ebenso wie den Gesamtfahrzeugpreis bekannt machen will.[54]

1103 Die mit der **Restwertgarantie** korrespondierende **Abrechnungsklausel** muss in Verbindung mit dem übrigen Vertragsinhalt alle Angaben enthalten, deren es zur Berechnung des nach der Klausel geschuldeten Betrages bedarf. Die Offenlegung der Kalkulation ist nicht erforderlich.[55]

Eine in AGB enthaltene Klausel, die besagt, dass der Leasingnehmer eine Minusdifferenz zwischen dem kalkulierten Restwert und dem tatsächlich am Vertragsende erzielten Nettoerlös auszugleichen hat, genügt allein nicht dem Transparenzgebot.[56] Es reicht auch nicht aus, dass sich die Vollamortisationsgarantie des Leasingnehmers aus einem nicht näher erläuterten Computerprogramm ergibt.[57] Nur unter der Voraussetzung, dass der Leasinggeber den Leasingnehmer ausdrücklich auf die Restwertgarantie hingewiesen hat oder dass diese klar und eindeutig aus dem Vertrag hervorgeht, ist die Ausgleichsklausel weder überraschend im Sinne des § 3 AGB-Gesetz noch verstößt sie gegen § 9 AGB-Gesetz.[58]

1104 Geteilt sind die Ansichten zu der Frage, ob eine Abrechnungsklausel in Verbindung mit einem eingangs der Vertragsurkunde enthaltenen Hinweis, dass die unter Berücksichtigung des Restwerts ermittelten, vom Leasingnehmer in der Grundmietzeit zu entrichtenden Leasingraten den Aufwand des Leasinggebers für die Anschaffung und Überlassung des Leasingfahrzeugs nicht abdecken, den Anforderungen an das Transparenzgebot genügt. Während das OLG Oldenburg[59] sich auf den Standpunkt gestellt hat, eine solche Regelung trage eher zur Verwirrung als zur Klarstellung bei, da sie dem Kunden die irrige Vorstellung suggeriere, die Leasingraten seien so kalkuliert, dass der Restwert am Vertragsende in jedem Fall erzielt werde, hat das OLG Karlsruhe[60] die Meinung vertreten, die Klausel sei leasingtypisch und deshalb nicht überraschend.

Das AG Hamburg hat in einem vielbeachteten Urteil[61] die Ansicht vertreten, die in Teilamortisationsverträgen mit Restwertabrechnung üblicherweise verwendete **Klausel,** die eine „Mietkorrektur" zu Lasten des Leasingnehmers in der Weise vorsieht, dass dieser von einem Mehrerlös nur 75% erhalten soll, während er einen Mindererlös in vollem Umfang ausgleichen muss, sei trotz ihres systemimmanenten Regelungscharakters überraschend, weil sie an den im Vertrag ausgewiesenen, vom Leasinggeber einseitig **ohne Offenlegung** der **konkreten Kalkulationsgrundlagen** ermittelten Gebrauchtwagenerlös anknüpft, ohne auf den Fall beschränkt zu sein, dass dieser Verkaufserlös von dem Leasinggeber auch realistisch

---

53 BGH 4. 6. 1997, DAR 1997, 406; OLG Hamm 6. 10. 1995, OLGR 1996, 1; OLG Celle 22. 5. 1996, OLGR 1996, 219.
54 LG Oldenburg 31. 7. 1998, NJW-RR 1999, 1209.
55 BGH 4. 6. 1997, DAR 1997, 406.
56 OLG Karlsruhe 23. 4. 1986, NJW-RR 1986, 1112 ff.
57 OLG Köln 6. 2. 1995, NJW 1995, 2044.
58 OLG Hamm 6. 10. 1995, ZfS 1996, 95.
59 Urt. 18. 2. 1987, NJW 1987, 1003 ff.
60 Urt. 27. 3. 1987, NJW-RR 1987, 1006 ff.
61 Urt. 30. 7. 1990, NJW-RR 1991, 507.

eingeschätzt worden ist. Die Befürchtung des Gerichts, dass der Leasingnehmer andernfalls für willkürlich kalkulierte „Gebrauchtwagenerlöse" einstehen müsste, die von vornherein keine Realisierungschance haben, ist nicht ganz unbegründet. Insbesondere ein zu gering eingeschätzter Restwert schadet dem Leasingnehmer, da er einerseits hohe Raten zahlen muss, andererseits aber von dem Mehrerlös nur 75% erhält. Der Restwert ist somit ein Kalkulationsfaktor, der sich auf die Gesamtbelastung des Leasingnehmers auswirkt. Dennoch erscheint es nicht gerechtfertigt, der Klausel aus diesem Grund die Wirksamkeit zu versagen, „da es sich bei dem im Leasingvertrag vereinbarten Restwert gerade wegen der mit der künftigen Wertentwicklung verbundenen Risiken nicht um eine prognostische Angabe handelt, sondern um eine kalkulatorische Größe, die aus der Aufteilung des Amortisationsaufwands auf die Leasingraten, die Sonderzahlung und den kalkulierten Restwert resultiert.[62] Gegen Missbrauch wird der Leasingnehmer durch § 242 BGB geschützt; er braucht einen willkürlich eingesetzten Fantasiepreis nach Treu und Glauben nicht gegen sich gelten zu lassen.[63]

Besonders **strengen Maßstäben** unterliegt das Transparenzerfordernis beim Leasingvertrag mit **Andienungsrecht.** Es wird verlangt, dass die vom Leasingnehmer garantiemäßig geschuldete Vollamortisationspflicht so klar, eindeutig und unmissverständlich im Leasingvertrag niedergelegt ist, dass sie individualvertraglichen Charakter besitzt und damit dem Teilamortisationsvertrag das Gepräge gibt.[64] Der Grund für diese hohen Anforderungen besteht darin, dass Amortisations- und Gebrauchsüberlassungszeit nicht deckungsgleich sind, wie dies auch bei den übrigen Teilamortisationsmodellen der Fall ist, und dass der Leasingnehmer weiterhin gezwungen ist, einen Kaufvertrag über ein Fahrzeug abzuschließen, dessen Verkehrswert nicht dem vertraglich vereinbarten Restwert/Kaufpreis entspricht. Dem Leasingnehmer wird durch das Andienungsrecht ein Wirtschaftsgut aufgezwungen, mit dem er schlimmstenfalls nichts mehr anfangen kann.

3. Steuerliche Aspekte

Das Finanzierungsleasinggeschäft wird vom **Steuerrecht geprägt.** Es sind in erster Linie die vom Leasingnehmer erstrebten und vom Leasinggeber gepriesenen **Steuervorteile,** die diese Geschäftsform interessant machen. Die Leasingraten und auch die Leasingsonderzahlung sind für Gewerbetreibende und Freiberufler sofort abzugsfähige Betriebsausgaben und für den Leasinggeber Betriebseinnahmen. Der Leasinggeber aktiviert das Fahrzeug mit seinen Anschaffungs- und Herstellungskosten als Anlagevermögen. Für den Leasingnehmer ist die Leasingsache bilanzneutral.

Die Absetzung für Abnutzung (**AfA**) erfolgt beim Leasinggeber nach der betriebsgewöhnlichen Nutzungsdauer von üblicherweise 5 Jahren. Die AfA beträgt bei einer durchschnittlichen Jahresfahrleistung bis zu 15 000 km 8 Jahre und dementsprechend ist der jährliche Abschreibungssatz mit 12,5% anzusetzen.[65] Wenn der Steuerpflichtige einen höheren Abschreibungssatz beansprucht, hat er hierfür den Nachweis zu führen.

Die **Nutzungsüberlassung** im Rahmen eines Leasingvertrags ist eine **sonstige Leistung** im Sinne des § 1 Abs. 1 Nr. 1 UStG und unterliegt in voller Höhe der Umsatzsteuer. Gewerbetreibende und Freiberufler können sie als Vorsteuer in Abzug bringen, sofern sie vorsteuerabzugsberechtigt sind. Wird eine Leasingsonderzahlung geleistet, ist die darin enthaltene Umsatzsteuer sofort abzugsfähig.[66]

---

62 OLG Celle 22. 5. 1996, OLGR 1996, 219.
63 LG Bochum, 30. 9. 1986, NJW-RR 1987, 123.
64 LG Mönchengladbach 28. 1. 1994, NJW-RR 1994, 1479.
65 BFH 27. 7. 1991, DB 1991, 2633; zu den zivilrechtlichen Auswirkungen *Graf von Westphalen,* DB 1992, 2379; ab 2000 beträgt die AfA für Betriebs-PKW 8 statt 5 Jahre.
66 *Flink,* Automobil-Leasing, 99.

1106   Da die Leasingraten beim Leasinggeber der Gewerbeertragsbesteuerung unterworfen sind, fällt beim Leasingnehmer keine **Gewerbeertragssteuer**[67] an.[68]

Refinanzierungskredite, die der Leasinggeber aufnimmt, sind bei mittelfristiger Finanzierung von mehr als zwölf Monaten als **Dauerschulden** anzusehen. Die Dauerschuldzinsen werden dem Gewerbeertrag zugerechnet; hierauf ist Gewerbesteuer zu entrichten. Bemessungsgrundlage für die Gewerbeertragssteuer ist der Gewinn aus Gewerbebetrieb. Dieser erhöht sich beim Einsatz von mittel- bis langfristigen Fremdmitteln um die Zinsen für die Dauerschulden.

Die **Gewerbesteuerpflicht** des Leasinggebers **entfällt,** wenn er seine Forderungen gegen den Leasingnehmer an die refinanzierende Bank im Rahmen einer **Forfaitierung** verkauft. Bei der Forfaitierung, die auch durch AGB rechtswirksam vereinbart werden kann,[69] erfolgt der Forderungsankauf „regresslos". Die Bank übernimmt das Risiko der Einbringlichkeit, während die Leasinggesellschaft für den rechtlichen Bestand der Forderung sowohl im Zeitpunkt des Verkaufs als auch für die Dauer des Leasingvertrags haftet. Die Leasinggesellschaft trägt insbesondere das Risiko des Widerrufs der auf Vertragsabschluss gerichteten Willenserklärung des Leasingnehmers (§ 7 VerbrKrG) und das des Wegfalls der Geschäftsgrundlage im Fall der Wandlung des Kaufvertrags. Das mit der Forfaitierung von Forderungen aus Leasingverträgen angestrebte Ziel, die Gewerbesteuerlast zu mindern, wird nicht erreicht, wenn die Abtretung nur sicherheitshalber erfolgt und die Bank nicht, wie beim echten Forderungskauf, das Risiko der Uneinbringlichkeit übernimmt.[70]

Vom Investitionszulagengesetz hat die Kfz-Leasingbranche nicht sonderlich profitiert, da Pkw von der Förderung ausgeschlossen waren. Die erhöhte **Investitionszulage** wurde für Leasinginvestitionen nicht gewährt, da sie die gesetzlichen Voraussetzungen nicht erfüllten. Das Gleiche galt für Begünstigungen nach dem Fördergebietsgesetz.[71]

1107   Der **private Leasingnehmer** hat für **Fahrten zwischen Wohnung und Arbeitsstätte** mit einem geleasten Pkw, dessen laufende Kosten, Wertverzehr und Sachrisiko er trägt, die Kilometerpauschale des § 9 Abs. 1 Nr. 4 EStG zu beanspruchen.[72] Nutzt er das Leasingfahrzeug auch für berufliche Zwecke, kann er die Kosten in Höhe des beruflichen Anteils als Werbungskosten geltend machen. Zu den sofort abziehbaren Werbungskosten gehört auch eine bei Vertragsbeginn zu erbringende Leasing-Sonderzahlung. In Höhe des beruflichen Nutzungsanteils ist sie Entgelt für die Gebrauchsüberlassung und nicht Teil der Anschaffungskosten.[73]

Für den privaten Leasingnehmer kann die Nutzung eines vom Arbeitgeber geleasten Fahrzeugs an Stelle einer Lohnerhöhung von Vorteil sein. Der geldwerte Nutzen ist steuerlich auf Seiten des Leasingnehmers zu berücksichtigen. Der Leasingnehmer hat die **Wahl** zwischen

– der **Pauschalbesteuerung mit 1%** des inländischen Listenpreises laut unverbindlicher Preisempfehlung des Herstellers/Importeurs zuzüglich der Kosten für Sonderausstattung und Umsatzsteuer pro Monat,

– dem **Einzelnachweis** der **anteiligen Kosten** für Privatfahrten anhand eines Fahrtenbuchs. Für Fahrten zwischen Wohnung und Arbeitsstätte sind zusätzlich 0,03% des Listenpreises

---

67 Die Gewerbekapitalsteuer, von der der Leasingnehmer ebenfalls befreit war, wurde zum 1. 1. 1998 abgeschafft.
68 *Bordewin,* Leasing im Steuerrecht, 2. Aufl. 1987, 101 ff.; zu den steuerlichen Entlastungswirkungen beim Leasing *Michalski/Schmitt,* Der Kfz-Leasingvertrag, Rn 299 ff.
69 OLG Celle 18. 6. 1997, DB 1997, 2216.
70 BFH 5. 2. 1987, BB 1987, 953 ff.; zur Abgrenzung des Bonitätsrisikos von Bestandsmängeln, zur Beweislast sowie zur AGB-konformen Vertragsgestaltung BGH 6. 11. 1991.
71 *Mainzer,* FLF 1996, 105.
72 BFH 11. 9. 1987, DAR 1988, 67.
73 BFH 5. 5. 1994, DAR 1994, 413.

pro Monat für jeden Entfernungskilometer als Sachbezug zu berücksichtigen. Familienheimfahrten im Rahmen einer steuerlich anzuerkennenden doppelten Haushaltsführung sind, soweit sie keine abzugsfähigen Betriebsausgaben oder Werbungskosten darstellen, mit 0,002% pro Entfernungskilometer anzusetzen.

4. Wirtschaftliches Eigentum

Die mit dem Leasing angestrebten Steuervorteile sind nur unter der Voraussetzung erzielbar, dass das **Leasingfahrzeug dem Vermögen des Leasinggebers zugerechnet** wird. Das Leasingfahrzeug muss wirtschaftliches Eigentum des Leasinggebers sein.

1108

Nach der vom BFH im Jahre 1970 geprägten Definition ist als wirtschaftlicher Eigentümer derjenige anzusehen, der auf Grund seiner tatsächlichen Herrschaftsgewalt über das Wirtschaftsgut den bürgerlich-rechtlichen Eigentümer – wirtschaftlich betrachtet – auf Dauer von der Einwirkung auf das Wirtschaftsgut ausschließen kann, sodass der Herausgabeanspruch des Eigentümers gem. § 985 BGB wirtschaftlich keine Bedeutung mehr besitzt.[74]

Das Urteil des BFH hat Eingang in die Gesetzesregelung des § 39 Abs. 2 Ziff. 2 S. 1 AO gefunden, die wie folgt lautet:

„Übt ein anderer als der Eigentümer die tatsächliche Herrschaft über ein Wirtschaftsgut in der Weise aus, dass er den Eigentümer im Regelfall für die gewöhnliche Nutzungsdauer von der Einwirkung auf das Wirtschaftsgut wirtschaftlich ausschließen kann, so ist ihm das Wirtschaftsgut zuzurechnen."

Eine Zurechnung des wirtschaftlichen Eigentums beim Leasingnehmer findet nur unter der Voraussetzung statt, dass ihm der **wirtschaftliche Gehalt** des Fahrzeugs, der aus Substanz und Ertrag besteht, vollständig und auf Dauer zusteht, sodass er die Chance der Wertsteigerung besitzt und zugleich das Risiko der Wertminderung trägt.[75]

Die damalige Grundsatzentscheidung des BFH war der Anlass für die Schaffung der beiden **Leasingerlasse vom 19. 4. 1971 und 22. 12. 1975,** die fortan die Leasingverträge prägten. Die an den Vertragsmustern der Erlasse ausgerichteten Leasingverträge werden als „erlasskonform" bezeichnet.

Durch **erlasskonforme Vertragsgestaltung** lässt sich sicherstellen, dass die Zurechnung des wirtschaftlichen Eigentums beim Leasinggeber tatsächlich stattfindet. In dem für das Kraftfahrzeugleasing maßgeblichen Teilamortisationserlass aus dem Jahre 1975 sind die Grenzwerte der Vertragszeit von 40 bis 90% der betriebsgewöhnlichen Nutzungsdauer (24 bis 54 Monate bei einer AfA-Zeit von 5 Jahren) und die vertragsspezifischen Anrechnungsquoten der Parteien am Verwertungserlös und am Mehrerlös verbindlich festgelegt.[76] Eine Verschiebung der Grenzwerte zu Lasten des Leasinggebers kann dessen Stellung als wirtschaftlicher Eigentümer gefährden.

1109

Die **Eigentümerposition** des Leasinggebers, die die Chance der Wertsteigerung mitumfassen muss, wird **ausgehöhlt,** wenn der Vertrag mit Mehrerlösregelung vorsieht, dass ein über dem kalkulierten Restwert liegender Fahrzeugerlös dem Leasingnehmer in voller Höhe – anstatt in Höhe von nur 75% gem. Teilamortisationserlass – zufließen soll. Steuerunschädlich ist eine Verschiebung der Eckwerte zu Lasten des Leasingnehmers, wie etwa eine Regelung beim Vertragsmodell mit Aufteilung des Mehrerlöses, die besagt, dass ein am Vertragsende erzielter Mehrerlös an den Leasingnehmer in Höhe von lediglich 60% – anstatt in Höhe von 75% gem. Teilamortisationserlass – auszuzahlen ist.

Die in der täglichen Praxis verwendeten Vertragsmuster sind keineswegs immer erlasskonform. Bei Abweichungen von den im Teilamortisationserlass vorgegebenen Modellen ist die Frage, wem das wirtschaftliche Eigentum zusteht, jeweils anhand der konkreten Umstände

---

74 Urt. 26. 1. 1970, BStBl. II 1970, 264 ff.
75 *Döllerer,* BB 1971, 535, 536.
76 *Eckstein,* BB 1986, 2144, 2146.

des Einzelfalls zu beantworten.[77] Stellt sich heraus, dass das wirtschaftliche Eigentum dem Leasingnehmer zuzurechnen ist, ergeben sich fatale steuerliche Konsequenzen für die Parteien des Leasingvertrags. Das Leasinggeschäft ist im Nachhinein steuerlich komplett „umzupolen".[78] Nicht betroffen ist der private Leasingnehmer, da er keine Steuervorteile durch das Leasing erlangt.

5. Typologische Einordnung des Finanzierungsleasingvertrags
a) Grundsätzliches

1110 Die **zivilrechtliche Zuordnung** des Finanzierungsleasingvertrags ist nach wie vor umstritten.[79] Es handelt sich um ein Problem von eminent praktischer Bedeutung,[80] weil sich die Rechtsnatur des Leasingvertrags vorgreiflich auswirkt auf die Inhaltskontrolle von AGB-Regelungen, die ergänzende Vertragsauslegung zur Schließung von Lücken innerhalb der Vertragsabsprachen und die Beurteilung der Sittenwidrigkeit.

Um eine typologische Einordnung vornehmen zu können, bedürfen die vertragscharakteristischen Momente des Kraftfahrzeug-Leasinggeschäfts näherer Betrachtung.

Der **Leasinggeber** übernimmt im Rahmen der Dreier-Beziehung, an der Leasingnehmer, Leasinggeber und Hersteller/Händler beteiligt sind, die **Finanzierungsfunktion** in Form von Kunden- bzw. Absatzfinanzierung, indem er den Kaufpreis für das im eigenen Namen und auf eigene Rechnung erworbene Fahrzeug an den Händler zahlt und sich diesen Betrag nebst Kosten und Gewinn vom Leasingnehmer durch Leasingraten erstatten lässt. Seine Aufgabe erschöpft sich jedoch nicht in der bloßen Finanzierung, auch wenn der Finanzierungsaspekt beim freien Leasing eindeutig dominiert, während beim markengebundenen Leasing durchaus andere Interessen des Leasinggebers vorrangig sein können. Zu seinen vertraglichen Hauptpflichten gehört auch die Pflicht, dem Leasingnehmer für die Dauer einer festen, unkündbaren Vertragszeit den Gebrauch des Fahrzeugs in einem für den Vertragszweck geeigneten Zustand zu überlassen.[81] Das ist mehr als bloße Gebrauchsfinanzierung.[82] Der wirtschaftliche Unterschied zur reinen Vermietung liegt darin, dass der Leasinggeber durch die Vorfinanzierung in Form des Sacherwerbs kein eigenes unternehmerisches Interesse im Sinn einer ihn unmittelbar betreffenden Investitionsentscheidung verfolgt. Der Anstoß zum Kauf des Autos kommt in der Regel vom Leasingnehmer, der sich das Auto beim Händler aussucht und anschließend den Antrag auf Abschluss des Leasingvertrags an den Leasinggeber richtet.

1111 Im **Spannungsfeld** zwischen **Finanzierungsinteresse** des Leasinggebers und **Nutzungsinteresse** des Leasingnehmers, das mit der Gebrauchsüberlassungspflicht des Leasinggebers korrespondiert, liegt die Problematik des Finanzierungsleasingvertrags und seiner rechtlichen Beurteilung. Das Mit- und Nebeneinander von Gebrauchsüberlassungs- und Finanzierungsinteresse hat der BGH wie folgt beschrieben:

> „Im Unterschied zu einem zur Finanzierung eines Sacherwerbs geschlossenen Kreditvertrag mit einer Bank, bei dem der Darlehensnehmer außer seiner Rechtsbeziehung zum Darlehensgeber ein eigenes Kaufvertragsverhältnis zum Veräußerer hat, beschränken sich die Rechtsbeziehungen beim Finanzierungsleasing für den Leasingnehmer auf den Vertrag mit dem Leasinggeber. Dieser hat sich, anders als die Kreditbank bei einer Sicherungsübereignung, kein Sicherungseigentum, sondern Volleigentum

---

[77] Bzgl. Kilometerabrechnungsvertrag vgl. *Graf von Westphalen*, Leasingvertrag, Rn. 1232.
[78] Vgl. zu den Konsequenzen *Flink*, Automobil-Leasing, 94 ff.
[79] Vgl. insbesondere die Kritik von *Lieb*, DB 1988, 946 ff.; *ders.*, WM 1991, 1533.
[80] *Sannwald*, Der Finanzierungsleasingvertrag über bewegliche Sachen mit Nichtkaufleuten, 72; *Seifert*, DB-Beilage 1/83, 10.
[81] BGH 27. 2. 1985, WM 1985, 573 ff.; OLG Schleswig 14. 8. 1987, NJW-RR 1987, 1398, 1399.
[82] A. A. *Canaris*, Bankvertragsrecht, Rn 1719; *ders.*, NJW 1982, 305 f.; *Lieb*, JZ 1982, 561 ff.; *ders.*, DB 1988, 946 ff.; *Papapostolou*, Die Risikoverteilung beim Finanzierungsleasingvertrag über bewegliche Sachen, 36 ff.

vorbehalten, das er nicht nur bei Vertragsstörungen, sondern gerade auch bei normalem Ablauf des Vertrages in Anspruch nimmt, sofern nicht auf Grund einer besonderen Abrede ein sich dem Vertragsverlauf selbstständig anschließender Eigentumserwerb durch den Leasingnehmer vereinbart ist. Diese Vertragskonstruktion und die Zuordnung des Leasinggutes zum Vermögen des Leasinggebers verbieten es, in der formularmäßigen Haftungsfreizeichnung mit Abtretung von Gewährleistungsansprüchen eine Risikozuweisung zu sehen, der zufolge ... die Frage der Benutzbarkeit der Leasingsache völlig vom Bestand und vom Verlauf des Leasingvertrages gelöst würde. Anderenfalls stünde der Verpflichtung des Leasingnehmers zur Zahlung der Leasingraten kein Vertragspartner mit äquivalenten Leistungspflichten gegenüber."[83]

Auf der anderen Seite entspricht es der typischen Gestaltung von Leasingverträgen, dass der **Leasingnehmer** zur Unterhaltung und **Instandhaltung** des Fahrzeugs **verpflichtet** ist. Er trägt sämtliche mit dem Kraftfahrzeug und seinem Betrieb in Zusammenhang stehenden Lasten und Risiken, namentlich die Gefahr des zufälligen Untergangs und der zufälligen Verschlechterung ab Übernahme des Fahrzeugs. Auch die **Geltendmachung** von **Gewährleistungsansprüchen** liegt in seiner Hand. Der Leasinggeber tritt üblicherweise die ihm gegen den Lieferanten zustehenden Gewährleistungsansprüche unter gleichzeitiger Freizeichnung von der eigenen Haftung an den Leasingnehmer ab. Markengebundene Leasinggeber übernehmen manchmal eine eigene Gewährleistung in dem Umfang der ihnen selbst aus dem Erwerb des Fahrzeugs zustehenden Garantie- und Gewährleistungsansprüche. Ein Erwerbsrecht des Leasingnehmers ist regelmäßig ausgeschlossen. Der Leasingnehmer muss das Fahrzeug, dessen Halter er während der Vertragszeit ist,[84] am Vertragsende zurückgeben, es sei denn, die Parteien einigen sich nachträglich auf einen Kauf des Fahrzeugs durch den Leasingnehmer oder der Leasinggeber macht beim Vertrag mit Andienungsrecht von seiner Option Gebrauch. 1112

b) Rechtsnatur

Die Wesensmerkmale des Kfz-Leasingvertrags bestehen, wie gezeigt, darin, dass der Leasinggeber den **Sacherwerb finanziert** und der Leasingnehmer ein **zeitlich befristetes Gebrauchsrecht** erhält. Während dieser Zeit trägt der Leasingnehmer sämtliche mit dem Eigentum verbundenen Lasten, Pflichten und Risiken, obschon bei leasingtypischer Vertragsgestaltung nicht ihm, sondern ausschließlich dem Leasinggeber das rechtliche und wirtschaftliche Eigentum zusteht. 1113

Vor diesem Hintergrund kann ernsthaft nur die Frage diskutiert werden, ob nach dem Leitbild des Vertrags Kauf oder Mietrecht oder beides in Kombination Anwendung findet.

Abzulehnen ist die Konstruktion des Rechtskaufs als **Kauf einer Nutzungsmöglichkeit,**[85] weil der Leasinggeber dem Leasingnehmer nicht ein Recht, sondern den Gebrauch der Sache verschafft. Wäre die Gebrauchsüberlassung als Rechtskauf einzuordnen, würde der Miete als selbstständigem Vertragstypus ihre eigenständige Bedeutung genommen.[86]

Die Annahme eines **Darlehns-** bzw. **Kreditvertrags** scheitert daran, dass es an der dem Typus „Darlehen" eigentümlichen Pflicht zur Übereignung fehlt und der Anspruch auf Rückgewähr von Sachen gleicher Art, Menge und Güte durch die Rückgabeverpflichtung des überlassenen Fahrzeugs ersetzt wird.[87] Auch eine Typisierung als Gelddarlehen entfällt, da sich die Vorfinanzierung in der Sphäre des Leasinggebers abspielt und der Leasingvertrag auf Gebrauchseinräumung des Leasingguts und nicht auf Überlassung von Geld abzielt.[88] Die

---

83 Urt. 27. 2. 1985, WM 1985, 573 ff.
84 BGH 9. 11. 1982, NJW 1983, 1492.
85 Dies nehmen an: *Plathe,* BB 1970, 601, 605; *Fikentscher,* Schuldrecht, § 76 I Rn 829; *Ebenroth,* JuS 1978, 588, 593.
86 *Flume,* DB 1972, 1, 6; *Sonnenberger,* NJW 1983, 2217 f.
87 Zum Darlehen: *Larenz,* Schuldrecht II/1, § 51, I.
88 *Sannwald,* Der Finanzierungsleasingvertrag über bewegliche Sachen mit Nichtkaufleuten, 84; vgl. auch *Graf von Westphalen,* Der Leasingvertrag, Rn. 91 f.

Bestimmung des § 56 Abs. 1 Nr. 6 GewO, die die Vermittlung von Darlehnsgeschäften im Reisegewerbe verbietet, es sei denn, sie stehen im Zusammenhang mit einem Warenkauf oder dem Abschluss eines Bausparvertrages, ist für Finanzierungsleasingverträge nicht einschlägig.[89]

Als **Geschäftsbesorgungsvertrag** mit darlehnsrechtlichen Elementen[90] lässt sich der Kfz-Leasingvertrag nicht qualifizieren. Gegenüber der Pflicht zur Gebrauchsüberlassung treten die Elemente der Geschäftsbesorgung (Kapitalbeschaffung, Führen von Vertragsverhandlungen usw.) völlig in den Hintergrund. Der Leasinggeber nimmt vorrangig eigene und nicht fremde Interessen wahr.[91] Basis seines Geschäftsinteresses ist das legitime eigene Gewinnstreben und das damit untrennbar in Zusammenhang stehende wirtschaftliche Eigeninteresse am Leasingfahrzeug.[92] Außerdem widerspricht schon der formale Verbleib des Eigentums an dem Fahrzeug beim Leasinggeber der für die Geschäftsbesorgung typischen Rechtsfolge der §§ 675, 667 BGB.[93]

Die Rechtsfigur des **Mietkaufs**[94] scheitert beim Autoleasing daran, dass dem Leasingnehmer regelmäßig kein Ankaufsrecht eingeräumt wird. Ein Andienungsrecht gibt dem Leasingnehmer keine Option und reicht zur Annahme eines Mietkaufs nicht aus.

Weil beim Leasinggeschäft das Eigentum am Fahrzeug beim Leasinggeber verbleibt, finden **kaufrechtliche Vorschriften** keine unmittelbare Anwendung,[95] denn der Sachkauf wird maßgeblich von der Eigentumsverschaffungspflicht des Verkäufers gekennzeichnet.

1114 Mit der von *Lieb* nachhaltig geforderten Behandlung des Leasinggeschäfts als Vertrag „**sui generis**"[96] ist wenig geholfen. Es lässt sich sicherlich nicht abstreiten, dass der Kfz-Leasingvertrag mit keinem der im BGB normierten Vertragsmodelle vollständig in Übereinstimmung zu bringen ist. Er enthält als mietvertragliche Elemente die Pflicht des Leasinggebers zur Gebrauchsüberlassung und die des Leasingnehmers zur Zahlung der Leasingraten. Bei anderen bedeutsamen Typusmerkmalen fehlt eine Kongruenz. In Abweichung vom gesetzlich geregelten Mietvertrag trägt der Leasingnehmer die Erhaltungspflicht. Die Regelungen über Gefahrtragung und Gewährleistung verweisen in das Kaufrecht und werden mit der Finanzierungsleistung des Leasinggebers gerechtfertigt. Ähnlichkeiten mit dem Abzahlungskauf sind unverkennbar, zumal nicht selten auf Anbieterseite das Absatzinteresse dominiert und viele Kunden unter Leasing eine Art Durchgangsfinanzierung verstehen. Infolge der kompletten Verlagerung der mit dem Eigentum des Fahrzeugs verbundenen Pflichten auf den Leasingnehmer wird das mietrechtliche Synallagma aufgelöst und der Leasingvertrag weitgehend kaufrechtlichen Bestimmungen angenähert.

Trotz der gezeigten Einordnungsschwierigkeiten ist die Rechtsfigur des Vertrags „sui generis" zu verwerfen. Der Leasingvertrag würde bei Annahme dieser Rechtskonstruktion seine Rechtfertigung „in sich selbst" finden, und jede für den Leasingnehmer noch so nachteilige Regelung wäre sanktioniert. Es entfiele die Leitbildfunktion der gesetzlich festgelegten Vertragsmodelle, und die wirtschaftlich stärkere Partei hätte es in der Hand, die Schattenseiten des Kaufs mit denen der Miete in der für sie idealsten Weise zu kombi-

---

89 BGH 2. 11. 1988, ZIP 1989, 44.
90 *Koch/Haag,* BB 1968, 93, 95 ff.; *Canaris,* NJW 1982, 305 ff.; *ders.,* AcP 190 (1990), 410 ff.; *ders.,* ZIP 1993, 401 ff.; *Konzen,* WuB II 2. Leasing 8.85.
91 *Seifert,* DB-Beilage 1/83, 4.
92 *Lieb,* DB 1988, 946, 950; *Papapostolou,* Die Risikoverteilung beim Finanzierungsleasingvertrag über bewegliche Sachen, 56 ff.
93 *Wagner,* BB 1969, 109; *Sannwald,* Der Finanzierungsleasingvertrag über bewegliche Sachen mit Nichtkaufleuten, 83; BGH 27. 2. 1985, WM 1985, 573 ff.
94 Siehe hierzu *Stoppok,* in *Hagenmüller/Stoppok,* 15.
95 Anderer Ansicht *Littmann,* DStR 1970, 261, 263.
96 DB 1988, 946, 951; *ders.,* WM 1991, 1533, *Runge,* DB-Beilage 21/78, 6; *Ploetz,* Der Leasing-Vertrag, 94; *Klaas,* NJW 1968, 1502 ff; vgl. auch *Martinek,* Moderne Vertragstypen, Bd. I, 86 ff.

nieren. Die Vorstellung, dass viele Händler und erst recht ihre Kunden nicht wissen, was Leasing eigentlich ist,[97] verbietet die Annahme der von *Lieb*[98] aufgestellten These, die Abbedingung des zentralen § 536 BGB sei kontrollfrei hinzunehmen, wenn die Leistungspflichten und der Leistungsumfang von vornherein klargestellt seien. Wegen der Komplexität des Leasinggeschäfts, seinen verschiedenen Vertragsebenen und zahlreichen Gefahren und Risiken nicht nur für den Leasingnehmer, sondern für alle Beteiligten, ist es schier unmöglich, die wechselseitigen Leistungspflichten und den Leistungsumfang in der Weise transparent darzustellen, dass sich jedermann, ähnlich wie beim Kauf, ein umfassendes Bild von der Geschäftsform machen kann.

Der BGH[99] und die im Schrifttum[100] vorherrschende Meinung qualifizieren den Leasingvertrag als – wenn auch nicht in allen Punkten typischen – **Mietvertrag,** weil das vom Leasingnehmer zu zahlende Entgelt die Gegenleistung für die Überlassung des Gebrauchs des Leasinggegenstands darstellt. Soweit Regelungen des Leasingvertrags vom Grundtypus der Miete abweichen, werden sie der besonderen Bedeutung des Leasinggeschäfts, insbesondere seiner Finanzierungsfunktion, zugeschrieben. Das als „Markstein"[101] in der Entscheidungspraxis des BGH bezeichnete Urteil vom 12. 6. 1985[102] hat zu einer Akzentverschiebung geführt, insoweit erstmals höchstrichterlich anerkannt wurde, dass dem Leasinggeber auch beim Teilamortisationsvertrag Anspruch auf Vollamortisation zusteht. Die durch das Grundsatzurteil des BGH eingeleitete Rechtsprechung hat bewirkt, dass die leasingtypische Betrachtungsweise, namentlich die **Finanzierungskomponente,** stärker neben das bis dahin dominierende Leitbild des Mietvertrages getreten ist.[103] Auch das Verbraucherkreditgesetz, das auf Finanzierungsleasingverträge mit privaten Kunden Anwendung findet, verlagert die Akzente, indem es ausschließlich auf den Finanzierungscharakter abstellt. 1115

Im Interesse des Verbraucherschutzes hat der 25. Deutsche Verkehrsgerichtstag empfohlen, bei der rechtlichen Beurteilung von Leasingverträgen auch weiterhin die Leitbildfunktion des Mietrechts beizubehalten.

III. Gefahrtragung

Für Finanzierungsleasingverträge typische Gefahrtragungsklauseln besagen, dass der Leasingnehmer dem Leasinggeber für **Untergang, Verlust** und **Beschädigung** des Fahrzeugs ohne Verschulden – auch für **zufällige** und **auf höherer Gewalt beruhende Ereignisse** – haftet, es sei denn, den Leasinggeber trifft ein Verschulden. Durch die Pflicht zum Abschluss einer Vollkaskoversicherung werden die mit der Verlagerung der Sachgefahr auf den Leasingnehmer verbundenen Risiken abgeschwächt. Rechtsprechung[104] und Schrifttum[105] billigen die Verlagerung der Sachgefahr auf den Leasingnehmer und sehen darin trotz der 1116

---

97 Vgl. Zeitschrift Warentest, 7/88, S. 612, 614.
98 DB 1988, 946, 954.
99 Urt. 16. 9. 1981, BB 1981, 2093 ff.; 2. 12. 1981, DB 1982, 482; 28. 10. 1981, MDR 1982, 485 ff.; 4. 7. 1990, NJW 1990, 3016 ff.; 2. 11. 1988, NJW 1989, 460.
100 *Graf von Westphalen,* BB 1988, 1829; *ders.,* Der Leasingvertrag, Rn. 111 f.; *Reinicke/Tiedtke,* BB 1982, 1142, 1146; *Flume,* DB 1972, 3 ff.; *Döllerer,* BB 1971, 535, 539; *Hiddemann,* WM 1978, 834 ff.; *Blomeyer,* NJW 1978, 973; *Meilicke,* BB 1964, 691; *Seifert,* DB-Beilage 1/83, 2 ff.; *Sannwald,* Der Finanzierungsleasingvertrag über bewegliche Sachen mit Nichtkaufleuten, 89; *Berger,* Typus und Rechtsnatur des Herstellerleasing, 48 ff.
101 *Eckstein,* BB 1986, 2144, 2145.
102 ZIP 1985, 868 ff.
103 *Lieb,* DB 1986, 2167, 2168.
104 BGH 8. 10. 1975, WM 1975, 1203; 9. 3. 1977, WM 1977, 473; 22. 1. 1986, ZIP 1986, 439, 442.
105 *Ebenroth,* JuS 1978, 588; *Graf von Westphalen,* Der Leasingvertrag, Rn 873 ff.; *Ulmer/Brandner/Hensen,* Anhang §§ 9–11, Rn 465; *Staudinger/Coester,* § 9 AGBG, Rn 175.

erheblichen Abweichung von der mietrechtlichen Normallage keinen Verstoß gegen § 9 Abs. 2 AGB-Gesetz. Im Vordergrund steht dabei die Erwägung, dass der Leasinggeber das Fahrzeug vorrangig im Interesse des Leasingnehmers erwirbt und es ihm zum Gebrauch zur Verfügung stellt. Weil das Interesse an der Sache und an ihrer Benutzung weit überwiegend beim Leasingnehmer liegt, erscheint es gerechtfertigt, ihn wie einen Käufer zu behandeln und die Abweichung vom gesetzlichen Mietrecht zu akzeptieren.[106]

Die Gefahrtragungsregelung gilt mit der Einschränkung, dass das Risiko nur so lange beim Leasingnehmer liegt, wie sich das Fahrzeug in seiner **Obhut** befindet. Deshalb entfällt seine Haftung aus Gefahrübernahme, wenn er das Fahrzeug berechtigterweise zum Zweck der Nachbesserung zurückgibt.[107] Wegen fehlender Einwirkungsmöglichkeit auf das Fahrzeug trägt der Leasingnehmer nicht das mit dem Transport verbundene Risiko des Verlusts, der Zerstörung und Beschädigung.[108] Er wird von seiner Gegenleistungspflicht befreit, wenn das Auto bei Anlieferung untergeht.[109]

Die **Risikoverlagerung** auf den Leasingnehmer wird nicht dadurch aufgehoben, dass der Händler das Leasingfahrzeug eigenmächtig an sich nimmt und die Herausgabe verweigert. Der Händler handelt nicht als Erfüllungsgehilfe des Leasinggebers, weshalb eine Risikozurechnung beim Leasinggeber nicht stattfindet.[110]

1117 Zwischen der Übernahme der Sachgefahr und der **Versicherungspflicht** besteht ein enger sachlicher Zusammenhang. Da dem Leasingnehmer regelmäßig die Verpflichtung auferlegt ist, das Leasingfahrzeug bei Beschädigung instand zu setzen, sofern ein Reparaturschaden vorliegt, hat er Anspruch darauf, dass ihm der Leasinggeber die auf Grund der Abtretung vereinnahmte **Entschädigungsleistung** des Versicherers/Schädigers zur Verfügung stellt oder die Ersatzleistung selbst **für** die **Reparatur** verwendet. Der Leasinggeber muss durch entsprechende Gestaltung der **AGB** des Leasingvertrags sicherstellen, dass dem Leasingnehmer, der die Sachgefahr trägt, auch tatsächlich alle mit der Beschädigung im Zusammenhang stehenden Ersatz- und Versicherungsleistungen zufließen. Fehlt eine Regelung über die Weiterleitung der Ersatzansprüche, sei es per Abrechnung,[111] sei es per Abtretung,[112] entfaltet die Gefahrtragungsklausel wegen Verstoßes gegen § 9 AGB-Gesetz keine Rechtswirksamkeit.[113] In Anbetracht der Verpflichtung des Leasinggebers zur Herausgabe der Reparaturentschädigung an den Leasingnehmer kann eine in AGB des Leasingvertrags enthaltene Regelung, wonach der Leasingnehmer dem Leasinggeber die (zukünftigen) Ersatzansprüche gegen Dritte abtritt, vor § 9 AGB-Gesetz nur bestehen, wenn der Leasinggeber im Gegenzug verpflichtet ist, seinerseits die Ersatzansprüche entweder nach Instandsetzung des Fahrzeugs oder (bei Totalschaden/Verlust) Zug um Zug gegen Befriedigung seines Ausgleichsanspruchs an den Leasingnehmer abzutreten.[114]

1118 Außer der Sachgefahr trägt der Leasingnehmer regelmäßig auch die **Preisgefahr**. Seine Pflicht zur Zahlung der Leasingraten bleibt bei Beschädigung, Verlust und Zerstörung des Fahrzeugs bestehen.

---

106 BGH 30. 9. 1987, ZIP 1987, 1390, 1392.
107 BGH 27. 2. 1985, WM 1985, 573, 575.
108 *Sannwald*, Der Finanzierungsleasingvertrag über bewegliche Sachen mit Nichtkaufleuten, 121; *Schlosser/Coester-Waltjen/Graba*, § 9, Rn 96.
109 *Ulmer/Schmidt*, DB 1983, 2558 ff.
110 BGH 30. 9. 1987, ZIP 1987, 1390 ff.; *Wolf*, Die Rechtsprechung des BGH zum Leasing in Kfz-Leasing, herausgegeben von der Arbeitsgemeinschaft der Verkehrsrechtsanwälte, 82, 83.
111 OLG Düsseldorf 22. 6. 1983, ZIP 1983, 1092.
112 OLG Hamburg 30. 10. 1998, MDR 1999, 420,
113 OLG Düsseldorf 22. 6. 1983, ZIP 1983, 1092; OLG Hamburg 30. 10. 1998, MDR 1999, 420; *Ulmer*, DB 1983, 2558, 2561.
114 OLG Köln 14. 7. 1995, OLGR 1996, 1.

Die AGB-mäßige Verlagerung der Preisgefahr auf den Leasingnehmer wird unter Hinweis auf die **Typizität** der Vertragsgestaltung beim Leasinggeschäft und die dem Kauf unter Eigentumsvorbehalt vergleichbare Gefahrtragungsregelung des § 446 BGB höchstrichterlich gebilligt.[115]

Soweit sich die Gegenleistungsgefahr auf eine fremdverschuldete, zufällige und auf höherer Gewalt beruhende Teil- oder Totalbeschädigung des Leasingfahrzeugs erstreckt, wird die Risikoverlagerung auf den Leasingnehmer ebenfalls gebilligt. Die Klausel, die ihm die Preisgefahr komplett zuweist, verstößt nach Ansicht des BGH[116] nicht gegen § 9 AGB-Gesetz, weil das darin zum Ausdruck kommende Sicherungsbedürfnis des Leasinggebers derart überwiegt, dass das Interesse des Leasingnehmers zurückzutreten hat.

Die totale Verlagerung der Sach- und Preisgefahr auf den Leasingnehmer fand nicht die Zustimmmung aller. Im Schrifttum wurde der Vorschlag diskutiert, die Gegenleistungsgefahr aufzuteilen und dem Leasinggeber das Risiko der Erzielung eines Geschäftsgewinns für die Zeit nach dem Untergang des Leasingguts zuzuweisen.[117] Es gab Stimmen, die der Klausel wegen Verstoßes gegen § 11 Nr. 2a AGB-Gesetz den Boden entziehen wollten,[118] während wieder andere sich[119] dafür aussprachen, der Klausel wegen Verstoßes gegen § 9 AGB-Gesetz die Wirksamkeit zu versagen und dem Leasinggeber die Verpflichtung aufzuerlegen, aus Mitteln der Versicherungsleistung ein Ersatzfahrzeug zu beschaffen.

1119

Die Rechtsprechung hat sich immer wieder um eine angemessene Lösung bemüht. Das LG Hanau[120] versagte der Klausel die Wirksamkeit wegen unangemessener Benachteiligung des Leasingnehmers im Totalschadensfall. Gleicher Ansicht war das LG Berlin,[121] das eine Klausel, die dem Leasingnehmer die Gefahr des Untergangs und des Diebstahls aufbürdete, wegen Verstoßes gegen § 9 AGB-Gesetz als nicht wirksam ansah. Für das LG Berlin war ausschlaggebend, dass zwischen dem Hersteller des Fahrzeugs und dem Leasinggeber eine Geschäftsbeziehung bestand und der Leasingnehmer nach dem Inhalt des Vertrags nicht berechtigt war, das Fahrzeug am Vertragsende zu erwerben.

Der BGH[122] hat der Kritik Beachtung geschenkt und der klauselmäßigen Risikoverlagerung beim Kfz-Leasing Grenzen gesetzt, indem er den mit der Gefahrverlagerung zwangsläufig verbundenen Ausschluss des außerordentlichen Kündigungsrechts, das dem Leasingnehmer bei Gebrauchsstörungen gem. § 542 BGB an sich zusteht, nur bei Reparaturwürdigkeit des Fahrzeugs gelten lässt. Eine Klausel, die dem Leasingnehmer die Sachgefahr auch für den Fall der **Reparaturunwürdigkeit** des Fahrzeugs zuweist, benachteiligt ihn unangemessen und ist unwirksam. Die Klauselunwirksamkeit kann der Leasinggeber allein dadurch abwenden, dass er dem Leasingnehmer für den Fall des „völligen Verlusts, des Untergangs oder einer nicht unerheblichen Beschädigung" des Fahrzeugs ein **kurzfristiges Kündigungsrecht** einräumt.[123] Dieses Recht der außerordentlichen Kündigung darf der Leasinggeber an die Verpflichtung des Leasingnehmers zur Zahlung eines Ausgleichsbetrages in Höhe der noch nicht amortisierten Vertragskosten koppeln. Die Zahlungsklausel muss hinreichend durchschaubar sein und alle dem Leasinggeber infolge vorzeitiger Beendigung des Vertrags zufließenden Vorteile berücksichtigen.

1120

---

115 BGH 22. 1. 1986, NJW 1986, 1335 ff.; 15. 10. 1986, NJW 1987, 377 ff.
116 BGH 13. 7. 1976, DB 1976, 1858.
117 *Flume*, DB 1972, 53, 58; *Schlosser/Coester-Waltjen/Graba*, § 9 Rn 96; *Frank*, Finanzierte Verträge zwischen Miete und Kauf, 65.
118 *Schmid*, NJW 1979, 19.
119 *Schmidt-Salzer*, AGB, Rn F. 186; vgl. ferner die Kritik bei *Wolf/Eckert*, Handbuch des gewerblichen Miet-, Pacht- und Leasingrechts, Rn 1893 ff.
120 Urt. 10. 10. 1978, MDR 1978, 315.
121 Urt. 16. 9. 1982, DB 1982, 2452.
122 Urt. 25. 10. 1986, ZIP 1986, 1566; Urt. 11. 12. 1991, NJW 1992, 683.
123 BGH 25. 10. 1986, ZIP 1986, 1566.

1121 Leasinggesellschaften haben ihre AGB der BGH-Judikatur individuell angepasst. Es gibt Vertragsmuster, die beiden Parteien ein außerordentliches Kündigungsrecht zum Ende des jeweiligen Vertragsmonats einräumen, in dem sich der Schaden ereignet hat,[124] und die weiterhin vorsehen, dass eine Kündigung wegen erheblicher Beschädigung des Fahrzeugs innerhalb einer bestimmten Frist zu erfolgen hat, bei deren Versäumung der Leasingnehmer zur Reparatur des Fahrzeugs und zur Fortzahlung der Leasingraten verpflichtet bleibt. Anzutreffen sind aber auch Vertragsregelungen, die besagen, dass der Leasingvertrag automatisch endet, wenn das Leasingfahrzeug einen Totalschaden erleidet, erheblich beschädigt oder entwendet wird, es sei denn, dass es im Falle der Entwendung vor Eintritt der Leistungspflicht des Kaskoversicherers wieder aufgefunden wird.

1122 Obwohl die Anforderungen an eine rechtswirksame Gestaltung der Gefahrverlagerungsklausel seit Jahren bekannt ist, arbeiten einige Leasinggesellschaften immer noch mit veralteten und **unwirksamen AGB**.[125] Sie schaden sich damit selbst.[126]

Die Rechtsprechung zur Gefahrverlagerungsklausel mit Kündigungsvorbehalt bei Verlust, Untergang oder erheblicher Beschädigung gilt nur für Kraftfahrzeug-Leasingverträge, da bei anderen Leasingobjekten eine vergleichbare Interessenlage nicht besteht.[127] Der Vertragszweck, bestehend in der Nutzungsmöglichkeit des Fahrzeugs, ist bei Totalschaden, Verlust und erheblicher Beschädigung besonders gefährdet, weil der Ausfall zu weiteren Schäden führt. Für andere Gegenstände besteht keine annähernd vergleichbare Interessenlage. Auf Grund dessen hat OLG Celle[128] entschieden, dass die Gefahrverlagerungsklausel eines Leasingvertrags über ein Autotelefon kein kurzfristiges Kündigungsrecht enthalten muss.

1123 Zu der Frage, wann eine erhebliche, die außerordentliche Kündigung rechtfertigende Beschädigung vorliegt, musste der BGH noch nicht abschließend Stellung nehmen. Eine erhebliche Beschädigung ist seines Erachtens jedenfalls nicht erst dann zu bejahen, wenn der Reparaturkostenaufwand 80% des Zeitwertes beträgt.[129] Er hat Zweifel, ob eine Begrenzung des Kündigungsrechts auf Fälle, in denen die Reparaturkosten mehr als 2/3 des Zeitwertes betragen, nicht ebenfalls zu hoch angesetzt ist.[130] Die vom Verband der Automobilindustrie erarbeitete Konditionenempfehlung, die sich an markengebundene Leasinggeber wendet,[131] gewährt dem Leasingnehmer ein vorzeitiges Kündigungsrecht für den Fall, dass die schadensbedingten Reparaturkosten mehr als 60% des Wiederbeschaffungswerts des Fahrzeugs betragen. Ob dieser von zahlreichen Leasinggesellschaften übernommene Wert akzeptabel ist, hat der BGH[132] bisher offen gelassen.

1124 Mit Urteil vom 25. 3. 1998 hat der 8. Senat des BGH[133] die **strengen Anforderungen** an eine wirksame Gestaltung der Gefahrverlagerungsklausel **gelockert**. Er entschied – teilweise

---

124 Das OLG Celle 9. 8. 1995, ZfS 1996, 56, 57 hält es für zweifelhaft, ob ein dem Leasingnehmer eingeräumtes Recht, die Auflösung des Leasingvertrags zu Beginn des auf das Ereignis folgenden Monats zu verlangen, einem kurzfristigen Kündigungsrecht, wie es der BGH fordert, gleichzustellen ist.
125 So etwa im Fall des BGH 11. 12. 1991, NJW 1992, 683, in dem die Ansprüche des Leasinggebers daran scheiterten, dass er dem Leasingnehmer ein Verschulden am Diebstahl nicht nachweisen konnte; ferner BGH 6. 3. 1996, ZfS 1996, 336; 9. 10. 1996, NZV 1997, 72; OLG München 13. 1. 1995, OLGR 1995, 134, 135; OLG Düsseldorf 16. 1. 1997, DB 1997, 1071.
126 Siehe hierzu Rn 1125.
127 BGH 30. 9. 1987, ZIP 1987, 1390.
128 Urt. 9. 8. 1995, ZfS 1996, 56.
129 BGH 25. 3. 1998, DAR 1998, 234, 235.
130 Urt. 15. 10. 1986, WM 1987, 38.
131 BAnz. 1988, 1212; Anhang Teil I, Anlage 2.
132 BGH 25. 3. 1998, DAR 1998, 234, 235.
133 DAR 1998, 234.

abweichend von seinem Urteil vom 9. 10. 1996[134] –, dass eine Klausel, die dem Leasingnehmer das außerordentliche Kündigungsrecht nur für den Fall des Untergangs und des Verlusts des Leasingfahrzeugs, nicht aber auch für den Fall der erheblichen Beschädigung (wirksam) einräumt, in einen zulässigen und einen unzulässigen Regelungsteil aufgespalten werden darf, wenn der unbedenkliche Teil der Klausel nicht nur nach dem Wortlaut aus sich heraus verständlich, sondern seinem Regelungsgehalt nach auch sinnvoll bleibt. Das vom BGH durch **Aufspaltung der Klausel** erzielte Ergebnis bestand darin, dass der Leasingnehmer die Sach- und Gegenleistungsgefahr in den Fällen des Untergangs, der Zerstörung und des Abhandenkommens zu tragen hatte, während sie im Fall der reparablen Beschädigung beim Leasinggeber verblieb. Da das Fahrzeug gestohlen worden war, behielt der Leasinggeber trotz bedenklicher Klauselgestaltung seinen Anspruch auf die Ausgleichszahlung in Höhe der noch nicht amortisierten Vertragskosten.

Auf eine wenn auch nicht gravierende Änderung der Rechtsprechung zur AGB-mäßigen Gefahrverlagerung im Sinne einer Auflockerung der Anforderungen deutet auch das Folgeurteil des 8. Senats vom 15. 7. 1998[135] hin. In dieser Entscheidung vertritt der Senat die Ansicht, dass derjenige Leasingnehmer, der in Fällen des Untergangs, Verlusts oder Diebstahls, ausbesserungsfähiger oder nicht ausbesserungsfähiger Beschädigungen des Leasingfahrzeugs entweder zur Reparatur oder Ersetzung des Leasingfahrzeugs oder zum Eigentumserwerb am Leasingfahrzeug Zug um Zug gegen Zahlung der noch geschuldeten restlichen Raten und des kalkulierten Restbuchwerts in jeweils abgezinster Höhe berechtigt sein sollte, nicht schlechter gestellt werde als er stünde, wenn ihm der Leasinggeber ein außerordentliches Kündigungsrecht für den Fall des Ereigniseintritts eingeräumt hätte.

Falls eine Risikozuweisungsklausel den genannten Anforderungen nicht entspricht, fällt sie – soweit eine Aufspaltung in einen wirksamen und in einen unwirksamen Regelungsteil nicht in Betracht kommt – wegen Verstoßes gegen § 9 AGB-Gesetz ersatzlos weg, und es gelten die mietrechtlichen Bestimmungen. Gem. § 542 BGB ist der Leasingnehmer berechtigt, den Leasingvertrag wegen dauernden Gebrauchsentzugs **fristlos** zu **kündigen**, wenn sich das kraft Gesetzes dem Leasinggeber auferlegte Risiko der Gefahrtragung verwirklicht.[136] Einer vorherigen Fristsetzung bedarf es nicht, da die Erfüllung des Vertrags infolge des die Kündigung rechtfertigenden Umstands für den Leasingnehmer kein Interesse hat. Mit dem Eintritt des Ereignisses **verliert** der **Leasinggeber** seinen **Anspruch** auf die **Gegenleistung** gem. § 323 Abs. 1 BGB, da er seine Pflicht zur Gebrauchsüberlassung nicht mehr erfüllen kann.[137]

1125

Hat der Leasingnehmer den Untergang, den Verlust oder die erhebliche Beschädigung des Fahrzeugs zu **vertreten**, bleibt er zur Gegenleistung verpflichtet, da das Kündigungsrecht des § 542 BGB durch § 324 BGB ausgeschlossen wird. Falls das Fahrzeug gestohlen, nach wenigen Tagen wieder aufgefunden und anschließend fachgerecht ohne konkrete Befürchtung verbliebener Restmängel repariert wurde, liegt nach Meinung des BGH[138] noch kein wichtiger Grund für eine sofortige Kündigung vor, wobei die Tatsache, dass das Fahrzeug von einem Rechtsanwalt geleast und von den Dieben möglicherweise auf der Fahrtstrecke von etwa 35 km zur Begehung weiterer Straftaten benutzt wurde, nicht erschwerend ins Gewicht fällt.

Im Fall der Vortäuschung eines Diebstahls des Leasingfahrzeugs durch den Leasingnehmer ist der Leasinggeber berechtigt, eine darauf gestützte außerordentliche Vertragskündigung wegen arglistiger Täuschung mit der Folge anzufechten, dass der Leasingvertrag

---

134 NZV 1997, 72.
135 DAR 1998, 444; kritisch *Reinking,* LM 1998, Nr. 160 zu § 535 BGB.
136 *Braxmeier,* WM Sonderbeilage 1/1988, 15.
137 AG Siegburg, Urt. 18. 4. 1994 – 3 C 256/93 – n. v.
138 Urt. 25. 10. 1986, ZIP 1986, 1566.

fortbesteht und der Leasinggeber an die vorzeitige Abrechnung des Leasingvertrags nicht mehr gebunden ist.[139]

IV. Gewährleistung

1. Gewährleistungsausschluss

1126 Im Regelfall schließen Kfz-Leasinggesellschaften ihre Vermieterhaftung aus §§ 537, 538, 542 BGB für Sach- und Rechtsmängel AGB-mäßig aus. Ersatzweise treten sie Garantie- und Gewährleistungsansprüche aus dem Kauf an die Leasingnehmer ab.

Die Ersetzung der mietrechtlichen Sachmängelhaftung des Leasinggebers durch die **Abtretung** der **Gewährleistungs- und Garantieansprüche** aus dem **Kauf** bzw. die Übernahme einer eigenen kaufrechtlichen Gewährleistung gibt dem Finanzierungsleasing sein typisches, insoweit vom Leitbild des Mietvertrags abweichendes Gepräge. Deshalb wird die Klausel selbst im Geschäftsverkehr mit privaten Kunden nicht als ungewöhnliche Vertragsbestimmung i. S. v. § 3 AGB-Gesetz von der Einbeziehung in den Vertrag ausgeschlossen.[140]

1127 Der **Gewährleistungsausschluss** des Leasinggebers bei gleichzeitiger Abtretung der Garantieansprüche aus dem Liefergeschäft **verstößt nicht gegen § 9 Abs. 1 AGB-Gesetz**. Die AGB-Regelung beinhaltet keine unangemessene Benachteiligung des Leasingnehmers. Dies hat der BGH nicht nur für Verträge mit Kaufleuten, sondern auch für den nichtkaufmännischen Verkehr ausdrücklich festgestellt.[141] Nach seiner Auffassung werden die schutzwürdigen Belange des Leasingnehmers durch die kaufrechtlichen Mängelansprüche, insbesondere durch das Recht der Wandlung, hinreichend gewahrt. Falls der Leasinggeber den Leasingnehmer lediglich zur Geltendmachung der Gewährleistungsansprüche ermächtigt, muss er dem Leasingnehmer seine Rechte endgültig, d. h. unwiderruflich überlassen.[142] Die Regelung der Gewährleistung nach kaufrechtlichem Vorbild – so, als sei der Leasingnehmer selbst Käufer des Autos – wird mit dessen „Sachnähe" zum Leasingobjekt gerechtfertigt. In der Regel ist er es, der das Auto nach seinen Vorstellungen aussucht und dessen Verwendbarkeit prüft. Er kann deshalb besser als der meist erst später eingeschaltete Leasinggeber beurteilen, ob das Auto gebrauchstauglich oder mit einem die Wandlung/Minderung rechtfertigenden Mangel behaftet ist.

1128 Der übliche formularmäßige Haftungsausschluss des Leasinggebers für Sach- und Rechtsmängel gegen Abtretung seiner gegen den Verkäufer bestehenden „Gewährleistungs- und Schadensersatzansprüche" ergreift nach dem sprachlichen Zusammenhang weder die **Verzugsfolgen** noch die **Ansprüche aus § 326 BGB**,[143] sodass der Leasingnehmer insoweit nicht aktivlegitimiert ist.[144] Der Anwalt des Leasingnehmers macht sich regresspflichtig, wenn er gegenüber dem Verkäufer der Leasingsache den Rücktritt vom Vertrag erklärt, anstatt die Wandlung geltend zu machen.[145]

1129 **§ 11 Nr. 10a AGB-Gesetz** findet auf Finanzierungsleasingverträge **keine Anwendung**. Die in § 11 Nr. 10a AGB-Gesetz genannten „Leistungen" sind nach Ansicht des BGH[146] mit Rücksicht auf Entstehungsgeschichte, Sinn und Wortlaut der Vorschrift einschränkend auszu-

---

139 OLG Köln 24. 6. 1994, OLGR 1994, 209.
140 BGH 16. 9. 1981, NJW 1982, 105 ff.; 24. 4. 1985, NJW 1985, 1547 ff.
141 BGH 16. 9. 1981, NJW 1982, 105 ff.; 20. 6. 1984, ZIP 1984, 1101; 24. 4. 1985, NJW 1985, 1547 ff.
142 BGH 17. 12. 1986, NJW 1987, 1072.
143 BGH 27. 6. 1990, NJW-RR 1990, 1462; OLG Köln 12. 7. 1990, NJW-RR 1991, 1463.
144 OLG Köln 3. 11. 1995, NJW-RR 1996, 559.
145 So geschehen im Falle des OLG Köln 3. 11. 1995, NJW-RR 1996, 559.
146 Urt. vom 24. 4. 1985, NJW 1985, 1547 ff.; zum Stand der Meinungen bis zur Entscheidung der Streitfrage durch den BGH wird auf die Ausführungen unter Rn 1143 der Vorauflage verwiesen.

Gewährleistung   Rn 1130–1131

legen. Dem Gesetzgeber sei es nur darum gegangen, auch Werkverträge über andere Leistungen als die Herstellung von Sachen zu erfassen. Der Schutzzweck von § 11 Nr. 10a AGB-Gesetz passe nicht auf den Leasingnehmer, da dieser durch Auswählen des Lieferanten und des Kaufgegenstandes Einfluss auf die Ausgestaltung der ihm abgetretenen Ansprüche habe. Der Leasinggeber besitze häufig nicht die nötige Fachkunde, um die Mängel des Leasingobjekts zu beurteilen. Verhandelt werde wegen der Mängel üblicherweise zwischen Leasingnehmer und Lieferant. Der Leasingnehmer werde durch die Unanwendbarkeit von § 11 Nr. 10a AGB-Gesetz nicht rechtlos gestellt, denn es komme nicht darauf an, ob er die vollzogene Wandlung tatsächlich durchsetzen könne. Dieses Risiko trage der Leasinggeber. Schließlich seien die Einzelregelungen in § 11 Nr. 10a–f AGB-Gesetz ersichtlich nicht auf den Leasingvertrag zugeschnitten. So komme z. B. der Begriff „Nachbesserung" für den Leasingvertrag nicht in Betracht, und für die Klauseln in § 11 Nr. 10d–f AGB-Gesetz sei ein Anwendungsbereich nicht erkennbar.

Die Interessen des Leasingnehmers werden nur durch eine **unbedingte Übertragung** der **1130** kaufrechtlichen **Mängelansprüche** gewahrt.[147] Formularregelungen im Leasingvertrag, durch die kaufrechtliche Gewährleistungsansprüche und deren Auswirkungen auf den Leasingvertrag eingeschränkt oder außer Kraft gesetzt werden, widersprechen der erforderlichen Äquivalenz im Leasingvertrag und verstoßen – auch im kaufmännischen Geschäftsverkehr – gegen § 9 AGB-Gesetz.[148] Nicht wirksam ist eine Gewährleistungsregelung in AGB, die eine Abtretung der Gewährleistungs-, Garantie- und Schadensersatzansprüche einschließlich der Befugnis zur Wandlung vorsieht, in der sich der Leasinggeber jedoch unabhängig davon die eigene Rechtsverfolgung vorbehält. Das Gleiche gilt für eine Vertragsklausel, durch die der Leasinggeber dem Leasingnehmer subsidiäre Gewährleistungsrechte einräumt, diese Ansprüche jedoch einer Verjährungsfrist von sechs Monaten ab Fahrzeugübergabe unterwirft. Die Regelung entwertet die Rechtsposition des Leasingnehmers, dessen Ansprüche bereits vor dem Eintritt des Rückgriffsfalls verjährt sein können.[149] Nicht zu beanstanden ist bei einem gewerblichen Leasingvertrag eine Gewährleistungsklausel, nach der dem Leasingnehmer nur der Anspruch auf Nachbesserung abgetreten wird und ihm als Ersatz für das Wandlungsrecht, das dem Leasinggeber vorbehalten bleibt, die Möglichkeit eingeräumt wird, gegenüber dem Leasinggeber die Rückgängigmachung des Leasingvertrags zu verlangen, wenn die Nachbesserung fehlgeschlagen ist.[150]

Es genügt nicht, wenn der Leasinggeber dem Leasingnehmer bei dieser Rechtskonstruk- **1131** tion wie auch im Falle der Übernahme einer eigenen kaufrechtlichen Gewährleistung an Stelle des Anspruchs auf Rückgängigmachung des Leasingvertrags das Recht einräumt, den Leasingvertrag durch schriftliche Erklärung ihm gegenüber zu beenden. Die Überlassung eines gebrauchstauglichen fehlerfreien Fahrzeugs bildet die Geschäftsgrundlage eines jeden Kfz-Leasingvertrags. Gelingt es weder der Werkstatt noch dem Leasinggeber, den vertragsgemäßen Zustand des Fahrzeugs herzustellen, fehlt dem Leasingvertrag die Geschäftsgrundlage „von Anfang an". Die Einräumung eines lediglich für die Zukunft wirkenden **Kündigungsrechts** reicht zur Wahrung der Rechte des Leasingnehmers nicht aus.[151]

Manche Leasingfirmen, vornehmlich markengebundene, übernehmen gegenüber ihren Leasingkunden eine **eigene** kaufrechtliche **Gewährleistung** in dem Umfang der ihnen gegen den Lieferanten/Hersteller zustehenden Ansprüche. Diese Rechtskonstruktion ist unbedenklich, da sie die Durchsetzung der Gewährleistungsansprüche vereinfacht. Dem Leasingnehmer wird eine Auseinandersetzung mit dem Fahrzeuglieferanten erspart. Falls der Leasing-

---

147 BGH 17. 12. 1986, NJW 1987, 1072; 27. 4. 1988, NJW 1988, 2465.
148 BGH 13. 3. 1991, ZIP 1991, 519, 523.
149 OLG Frankfurt 31. 3. 1992, NJW-RR 1991, 1527.
150 OLG Celle 8. 11. 1995, VersR 1996, 1115.
151 BGH 16. 9. 1981, NJW 1982, 105 ff.

nehmer berechtigt und verpflichtet ist, Nachbesserung bei einem vom Hersteller anerkannten Reparaturbetrieb geltend zu machen, liegt darin keine Abtretung eigener Ansprüche, sondern allenfalls eine **Ermächtigung,** Gewährleistungsansprüche der Leasinggesellschaft geltend zu machen.[152] Eine Klausel, die das Recht auf Geltendmachung auf Wandlung oder Minderung von der Voraussetzung abhängig macht, dass der Leasingnehmer nach mindestens einer fehlgeschlagenen Nachbesserung den Leasinggeber zuvor schriftlich zur eigenen Nachbesserung aufzufordern hat, verstößt nicht gegen das AGB-Gesetz, wenn der Leasinggeber eigene Gewährleistungspflichten übernommen hat.[153]

2. Grenzen des Gewährleistungsausschlusses

1132 Der Gewährleistungsausschluss des Leasinggebers ist mit Blick auf § 9 AGB-Gesetz nur wirksam, wenn die abgetretenen Ansprüche aus dem Kaufvertrag die **Interessen** des Leasingnehmers in **„angemessener Weise" wahren.**[154] Mit der Frage, welche Anforderungen an die abgetretenen Gewährleistungs- und Garantieansprüche zu stellen sind, haben sich Rechtsprechung und Schrifttum noch nicht befasst. Durch die allgemein für zulässig erachtete Ersetzung der mietrechtlichen Sachmängelhaftung durch die kaufrechtliche Gewährleistung wird die Rechtsposition des Leasingnehmers im Vergleich zu der eines Mieters erheblich geschwächt. Während der Vermieter für die Gebrauchstauglichkeit und Mängelfreiheit der Mietsache während der gesamten Vertragsdauer einzustehen hat, haftet der Verkäufer nur für die Fehlerfreiheit zum Zeitpunkt der Übergabe. Die gewährleistungsrechtliche Herabstufung des Leasingnehmers auf Käuferebene erfordert, dass ihm der Leasinggeber zumindest die gleichen Gewährleistungsrechte verschaffen muss, die er besäße, wenn er das Fahrzeug selbst vom Händler gekauft hätte. Nur unter dieser Voraussetzung werden die Interessen des Leasingnehmers in „angemessener Weise" gewahrt. Für den privaten Leasingvertrag über ein Neufahrzeug folgt daraus, dass die abgetretenen Rechte dem Leasingnehmer den in **§ 11 Nr. 10a–f AGB-Gesetz** festgelegten **Mindestschutz** bieten müssen, den er als Käufer besäße. Erfüllen die abgetretenen Rechte nicht die Mindestanforderungen kaufrechtlicher Gewährleistung, ist dem Gewährleistungsausschluss wegen Verstoßes gegen § 9 AGB-Gesetz die Wirksamkeit zu versagen, da er den Leasingnehmer unangemessen benachteiligt.

1133 Da der Neuwagen-Fabrikatshandel in Deutschland mit Gewährleistungsbedingungen arbeitet, die die Anforderung des AGB-Gesetzes allemal erfüllen, ist die Befürchtung, dass die Interessen des Leasingnehmers durch die abgetretenen Gewährleistungs- und Garantieansprüche nicht „angemessen gewahrt" werden, weitgehend unbegründet. Das Problem stellt sich, wenn ausschließlich **Garantieansprüche** aus der **Herstellergarantie** abgetreten werden, deren Ausgestaltung nicht den Anforderungen von § 11 Nr. 10a–f AGB-Gesetz entspricht, weil sie den Bestimmungen des AGB-Gesetzes nicht unterworfen sind.[155] Herstellergarantien räumen dem Käufer grundsätzlich kein Recht auf Wandlung oder Minderung ein. Die Garantie gibt ihm in der Regel einen Anspruch auf Nachbesserung und im günstigsten Fall einen Ersatzlieferungsanspruch. Gemessen an den Bestimmungen des AGB-Gesetzes ersetzen Herstellergarantien die ausgeschlossenen Gewährleistungsansprüche des Leasinggebers in einem nicht ausreichenden Maße.[156] Durch die Garantie erlangt der Leasingnehmer nicht die Möglichkeit, dem Leasingvertrag die Geschäftsgrundlage zu entziehen und das Vertragsverhältnis auf diese Weise rückwirkend zu Fall zu bringen, wenn das Fahrzeug mangelhaft und die Nachbesserung fehlgeschlagen ist.

---

152 SchlHOLG 29. 5. 1998, OLGR 1998, 410.
153 SchlHOLG 29. 5. 1998, OLGR 1998, 410.
154 BGH 19. 2. 1986, DB 1986, 1168.
155 Hierzu Rn 588.
156 Gleicher Ansicht *Michalski/Schmitt,* Der Kfz-Leasingvertrag, Rn 212.

Gewährleistung   Rn 1134, 1135

Die im Neuwagenhandel üblichen Geschäftsbedingungen unterscheiden zwischen Verträ- **1134** gen mit Kaufleuten und Privatpersonen. Besitzt der Leasinggeber die Kaufmannseigenschaft, gelten in Bezug auf seine Person weniger strenge Anforderungen nach dem AGB-Gesetz als gegenüber einem privaten Kunden.

Im **kaufmännischen Geschäftsverkehr** finden die Regelungen des § 11 Nr. 10a–f AGB-Gesetz nicht unmittelbar Anwendung, sondern über § 9 AGB-Gesetz in abgeschwächtem Maß. Gegenüber einem Kaufmann ist z. B. die Auferlegung von Versendungskosten oder Abschleppkosten durch AGB nicht zu beanstanden, wenn sich die Aufwendungen im Rahmen halten, während Klauseln solchen Inhalts gegenüber dem Privatmann keine Wirksamkeit entfalten. Wegen der unterschiedlichen Maßstäbe kann es vorkommen, dass die abgetretenen Gewährleistungsansprüche des zwischen Kaufleuten geschlossenen Kaufvertrags die Interessen des Leasingnehmers nicht angemessen wahren. Rechtsprechung hierzu liegt – soweit ersichtlich – nicht vor. Die Problematik ist für das Pkw-Leasing allerdings nicht sehr bedeutsam, da die AGB-mäßige Ausgestaltung der Gewährleistung für Kaufleute und Privatpersonen in Kaufverträgen über Neufahrzeuge weitgehend übereinstimmt. Einzige Ausnahme sind die **Abschleppkosten,** die der Verkäufer nach Abschn. VII, Ziff. 2e NWVB nicht trägt, wenn es sich bei dem Kaufgegenstand um ein Nutzfahrzeug mit einem zulässigen Gesamtgewicht über 5 t handelt und der Käufer ein Kaufmann ist, bei dem der Vertrag zum Betrieb seines Handelsgewerbes gehört.

Die übrigen Sonderregelungen für den kaufmännischen/gewerblichen/freiberuflichen Geschäftsverkehr betreffen den Zahlungsverzug bei vereinbarter Teilzahlung (Abschn. III, 2 NWVB), den Haftungsausschluss für leichte Fahrlässigkeit (Abschn. IV, 2 Abs. 2 NWVB) und den erweiterten Eigentumsvorbehalt (Abschn. VI, 1 Abs. 2 NWVB). Gewährleistungsrechtliche Relevanz besitzt die **Gerichtsstandsklausel** des Abschn. IX, 1 NWVB. Sie besagt, dass für sämtliche gegenwärtigen und zukünftigen Ansprüche aus der Geschäftsverbindung mit Vollkaufleuten ausschließlicher Gerichtsstand der Sitz des Verkäufers ist. Sofern der private Leasingnehmer seine Gewährleistungsansprüche aus einem Kaufvertrag ableitet, den der Leasinggeber als Vollkaufmann mit dem Händler abgeschlossen hat, bindet ihn diese Klausel, die ihm gegenüber nicht gelten würde, wenn er selbst den Kaufvertrag abgeschlossen hätte. Allein dieser Umstand rechtfertigt nicht die Feststellung, die Interessen des Leasingnehmers seien nicht ausreichend gewahrt, da – abgesehen von der Wandlung – der Sitz des Verkäufers kraft Gesetzes als derjenige Gerichtsstand gilt, an dem Gewährleistungsansprüche gelten zu machen sind.

Weil Garantievorschriften nur in eingeschränktem Maße der **Kontrolle des AGB-Geset-** **1135** **zes** unterworfen sind, taucht die Frage, ob die Interessen des Leasingnehmers ausreichend gewahrt werden, regelmäßig in den Fällen auf, in denen der Leasinggeber dem Leasingnehmer ausschließlich Ansprüche aus einer Herstellergarantie abgetreten hat, die den Anforderungen von § 11 Nr. 10a–f AGB-Gesetz nicht genügt. Herstellergarantien räumen dem Käufer grundsätzlich **kein Recht auf Wandlung oder Minderung** ein. Der Käufer erlangt durch die Garantie Anspruch auf Nachbesserung und im günstigsten Fall Anspruch auf Ersatzlieferung. Er besitzt daher nicht die Möglichkeit, dem Leasingvertrag die Geschäftsgrundlage zu entziehen, wenn das Fahrzeug mangelhaft und die Nachbesserung fehlgeschlagen ist. Gemessen an den Bestimmungen des AGB-Gesetzes ersetzen Herstellergarantien die ausgeschlossenen Gewährleistungsansprüche gegen den Leasinggeber somit in einem nicht ausreichenden Maße.[157] Dieses Manko kann der Leasinggeber dadurch beheben, dass er dem Leasingnehmer von sich aus das Recht einräumt, im Fall des Fehlschlagens der Nachbesserung oder Ersatzlieferung nach seiner Wahl Herabsetzung der Leasingraten oder Rückgängigmachung des Leasingvertrags zu verlangen.

---

157 *Michalski/Schmitt,* Der Kfz-Leasingvertrag, Rn 212.

1136 Falls ausnahmsweise ein vom Leasinggeber unter Ausschluss von Gewährleistungsansprüchen erworbenes **Gebrauchtfahrzeug** den Gegenstand des Leasingvertrags bildet,[158] stellt sich die Frage, ob der klauselmäßige Gewährleistungsausschluss des Leasingvertrags gültig ist. Früher wurde vereinzelt die Meinung vertreten, im Hinblick auf den Begriff „Leistungen" in § 11 Nr. 10a AGB-Gesetz sei ein Gewährleistungsausschluss auch für Mängel an gebrauchten Sachen unwirksam.[159] Dieses Argument ist nicht mehr stichhaltig, seit der BGH[160] § 11 Nr. 10a AGB-Gesetz auf Leasingverträge mit privaten Kunden für unanwendbar erklärt hat. Die Frage ist dahin gehend zu stellen, ob der **Gewährleistungsausschluss** den Leasingnehmer **unangemessen benachteiligt,** weil dieser, anders als bei einem Leasingvertrag über ein Neufahrzeug, keine Gewährleistungs- und Garantieansprüche gegen den Verkäufer bzw. Hersteller erlangt und folglich „mit leeren Händen" dasteht. Der BGH hat den Gewährleistungsausschluss bei Überlassung eines neuen Fahrzeugs stets mit der Überlegung gerechtfertigt, der Leasingnehmer könne sich im Fall einer etwaigen Mangelhaftigkeit beim Verkäufer bzw. Hersteller schadlos halten. Bei einem Gebrauchtfahrzeug, das unter Ausschluss von Gewährleistungsansprüchen erworben wird, scheidet diese Möglichkeit aus. Da dem Leasingnehmer jedoch nur ein kaufrechtlicher Gewährleistungsschutz zuzubilligen ist und seine Rechte dadurch ausreichend gewahrt werden, kann ein nach Kaufrecht zulässiger Gewährleistungsausschluss durch die Tatsache, dass er sich im Rahmen eines Leasingvertrags auswirkt, nicht schon allein deshalb zu einer unangemessenen Benachteiligung des Leasingnehmers führen. Die mietrechtlichen Besonderheiten des Leasinggeschäfts gebieten angesichts der kaufrechtlich orientierten Ausgestaltung der Gewährleistung keine entsprechende Anwendung von § 537 BGB. Anderenfalls müsste der Leasinggeber während der gesamten Vertragsdauer für die Gebrauchstauglichkeit des Autos wie ein Vermieter Gewähr leisten, wodurch der Leasingnehmer eines gebrauchten Autos bessergestellt würde als der eines neuen Fahrzeugs.

V. Formularmäßige Ausgestaltung leasingtypischer Vertragsmodalitäten

1137 Beim **Netto-Leasingvertrag,** der am **häufigsten** praktizierten **Vertragsform,** hat der Leasinggeber dem Leasingnehmer den Gebrauch der Leasingsache für die Vertragszeit zu ermöglichen. Es handelt sich um ein Dauerschuldverhältnis, bei dem die Gebrauchsüberlassungspflicht nicht schon mit der Besitzübergabe an den Leasingnehmer endgültig erfüllt ist. Vielmehr besteht für den Leasinggeber die Verpflichtung fort, dem Leasingnehmer das Leasinggut zu belassen und ihn nicht ohne rechtfertigenden Grund an der Nutzung zu hindern.[161] Außer der Gebrauchsüberlassung erbringt der Leasinggeber bei einem **Brutto-Leasingvertrag** Nebenleistungen, die den Einsatz und Unterhalt des Fahrzeugs betreffen und den individuellen Bedürfnissen des Leasingnehmers angepasst sind. Im Flottenbereich geht der Trend vom klassischen Finanzierungsleasing hin zum externen Fuhrparkmanagement durch die Leasinggesellschaft. Das Angebotsbündel der Leasinggesellschaften beinhaltet alle mit der Anschaffung, dem Betrieb und der Verwertung eines Fahrzeugs zusammenhängenden Leistungen, wie z. B. Garantiebabwicklung, Reifenersatz, Rundfunkgebühren, Steuern, Versicherungen, Verschleißreparaturen und Unfallabwicklung.

Für das auf die Gebrauchsüberlassung beschränkte Finanzierungsleasing ist typisch, dass der Leasingnehmer während der Vertragszeit alle das Fahrzeug betreffenden **Pflichten** und **Belastungen** trägt. Hierzu gehören die **Betriebskosten** sowie die **Aufwendungen** für die

---

158 Beim „sale-and-lease-back-Leasing" und beim „Anschlussleasing" ist dies allerdings regelmäßig der Fall.
159 *Sannwald,* Der Finanzierungsleasingvertrag über bewegliche Sachen mit Nichtkaufleuten, 173 m. w. N.
160 Urt. 24. 4. 1985, NJW 1985, 1547 ff.
161 BGH 30. 9. 1987, NJW 1988, 198 ff.

Formularmäßige Ausgestaltung leasingtypischer Vertragsmodalitäten

Wartung, Instandhaltung und **Instandsetzung** des Fahrzeugs. Die Pflicht zur Instandhaltung stellt die natürliche Ergänzung zur Gefahrtragung dar, sodass an ihre AGB-mäßige Verlagerung auf den Leasingnehmer im Hinblick auf § 9 AGB-Gesetz die gleichen – strengen – Anforderungen wie bei der Gefahrverlagerungsklausel zu stellen sind, d. h., dem Leasingnehmer muss für den Fall des völligen Verlusts bzw. der erheblichen Beschädigung ein vorzeitiges Kündigungsrecht eingeräumt werden.[162]

Zu den Betriebskosten gehören **Kraftstoffkosten, Steuern, Versicherungsbeiträge, Rundfunkgebühren** sowie Kosten für **Wartung, Abgassonderuntersuchung** und **Hauptuntersuchung** gem. § 29 StVZO. **Verschleißreparaturen,** wie z. B. die Erneuerung der Bremsbeläge und der Austausch der Reifen, sind Bestandteil der Instandhaltungspflicht. Die Instandsetzungspflicht betrifft die **Reparatur** von **Beschädigungen** und die **Behebung** von **Mängeln** des Fahrzeugs.

1138 Der Leasingnehmer eines Netto-Leasingvertrags ist im Regelfall verpflichtet, eine gesetzliche **Haftpflichtversicherung** mit Mindestdeckungssumme sowie eine **Vollkaskoversicherung** zu den AGB für die Kraftverkehrsversicherung abzuschließen. Seltener kommt es vor, dass Leasinggeber ihre Fahrzeuge selbst versichern.

Der zum Abschluss einer Vollkaskoversicherung verpflichtete Leasingnehmer hat den Versicherer zu beauftragen, einen **Sicherungsschein** zu Gunsten des Leasinggebers zu erteilen. Durch den Sicherungsschein wird eine „Versicherung für fremde Rechnung" begründet. Mit der Ausgabe des Sicherungsscheins erlangt der Leasinggeber sämtliche Rechte aus dem Versicherungsvertrag und zusätzlich die Möglichkeit, mit dem Versicherer abweichende und ergänzende Regelungen zu schließen, die ihn vor einer Versagung des Versicherungsschutzes, z. B. wegen Nichtzahlung der Erstprämie durch den Leasingnehmer, schützen.

Die mit dem Abschluss eines Kraftfahrzeug-Leasingvertrags übernommene Pflicht des Leasingnehmers zum Abschluss einer Kaskoversicherung lebt auf, wenn das gestohlene und abgemeldete Leasingfahrzeug in einem beschädigten, aber reparaturfähigen Zustand wieder aufgefunden wird.[163]

1139 Im Interesse der **Sacherhaltung** werden dem Leasingnehmer zahlreiche Verhaltens- und **Obhutspflichten** auferlegt. Er darf das Fahrzeug selbstverständlich nicht verkaufen, verpfänden, verschenken oder einem Dritten zur Sicherheit übereignen. Es ist ihm verboten, das Fahrzeug zu verändern. Beschriftungen des Fahrzeugs hat er am Vertragsende zu entfernen. Eine Verwendung als ziehendes Fahrzeug oder als Fahrschulwagen bedarf der Genehmigung des Leasinggebers. Untersagt ist die Gebrauchsüberlassung an Dritte, außer an Familien- und Betriebsangehörige, sowie die Untervermietung. Ein formularmäßiges Verbot der Untervermietung verstößt wegen der für Finanzierungsleasingverträge typischen, auf volle Amortisation der Gesamtkosten gerichteten Interessenlage nicht gegen § 9 AGB-Gesetz.[164] Handelt der Leasingnehmer dem Verbot der Fahrzeugüberlassung an Dritte zuwider, muss er sich deren Fehlverhalten über § 278 BGB zurechnen lassen.[165]

1140 Der **Fahrzeugbrief** verbleibt im Besitz der Leasinggesellschaft. AGB dieses Inhalts sind nicht zu beanstanden, da sie dem berechtigten Sicherungsinteresse des Leasinggebers dienen.

Halter des Fahrzeugs ist der Leasingnehmer, da er das Fahrzeug für eigene Rechnung in Gebrauch hat und die Verfügungsgewalt besitzt.[166] Der Leasinggeber ist bei üblicher Vertragsgestaltung nicht Mithalter, weil er während der Vertragszeit keinen Einfluss auf den Einsatz des Fahrzeugs besitzt.

---

162 *Graf von Westphalen,* Der Leasingvertrag, Rn 934.
163 OLG München 13. 1. 1995, NJW-RR 1996, 48.
164 BGH 4. 7. 1990, ZIP 1990, 1133, 1135.
165 OLG Hamm 23. 6. 1987, NJW-RR 1987, 1142.
166 BGH 22. 3. 1983, NJW 1983, 1492 ff.

VI. Sittenwidrigkeit von Finanzierungsleasingverträgen

1141 Ob der Lösungsansatz für die Beurteilung der Sittenwidrigkeit eines Finanzierungsleasingvertrags im **Kreditrecht** oder im **Mietrecht** zu suchen ist, war jahrelang ein Streitthema.

Befürworter einer analogen Anwendung der vom BGH entwickelten Prüfungskriterien zur Sittenwidrigkeit von **Ratenkrediten** argumentierten, der Leasinggeber finanziere wie eine Kreditbank und habe an dem Leasingobjekt kein eigentliches Interesse,[167] Ratenkredit und Konsumentenleasing seien aus Sicht des Kunden austauschbare Finanzierungsformen,[168] denn in beiden Fällen zahle der Leasing-/Darlehensnehmer die gesamten Herstellungs- und Anschaffungskosten einschließlich aller Neben- und Finanzierungskosten und einen angemessenen Gewinn.[169]

Vertreter des **mietrechtlichen Lösungsmodells** beriefen sich in erster Linie darauf, Leasingverträge seien, auch soweit es sich um Finanzierungsleasingverträge handele, ihrer Grundstruktur nach Miete und kein Darlehen,[170] und außerdem erbringe der Leasinggeber im Rahmen des Finanzierungsleasingvertrags weitaus mehr Leistungen als ein Kreditgeber und nehme im Vergleich zu diesem auch größere Risiken auf sich.[171] Das mietrechtliche Modell stieß ebenfalls auf Kritik. Sie betraf die mangelnde Praktikabilität wegen des Fehlens von Vergleichsmieten.

Ein speziell auf Finanzierungsleasingverträge zugeschnittener Lösungsansatz sah vor, bei der Beurteilung der Sittenwidrigkeit ausschließlich auf den Gewinn des Leasinggebers abzustellen und eine Sittenwidrigkeit im Falle einer Überschreitung des üblichen Gewinns um mehr als das Doppelte zu bejahen.[172]

1142 Der BGH[173] hat sich auf den Standpunkt gestellt, dass **sowohl** das **mietrechtliche als auch** das **kreditrechtliche Modell** geeignete Lösungsansätze bieten. Die mietrechtlichen Beurteilungsmaßstäbe verdienen den Vorzug, wenn Vergleichsmieten vorhanden oder durch Gutachten feststellbar sind. Unter diesen Voraussetzungen kann von einem auffälligen Missverhältnis zwischen dem üblichen und dem vereinbarten Entgelt ausgegangen werden, wenn das vereinbarte Entgelt das übliche Entgelt um das Doppelte übersteigt. Eine Quote von 61,53 % reicht für die Überschreitung der Wuchergrenze nicht aus.[174]

Da sich beim Kraftfahrzeugleasing bis heute **keine Vergleichsmieten** herausgebildet haben und solche auch durch einen Sachverständigen nicht zu ermitteln sind, führt der mietrechtliche Lösungsansatz nicht zum Ziel. Deshalb ist nach Ansicht des BGH[175] im zweiten Schritt auf das **kreditrechtliche Prüfungsschema** zurückzugreifen. Seines Erachtens sind die leasingtypischen Merkmale beim Finanzierungsleasing mit dem drittfinanzierten Kauf vergleichbar, weil es wirtschaftlich weitgehend die gleichen Funktionen wie dieser erfüllt, sodass es auf die rechtliche Einkleidung des Finanzierungsleasingvertrags nicht entscheidend ankommt. Aus kreditrechtlicher Perspektive liegt ein auffälliges Missverhältnis zwischen Leistung und Gegenleistung regelmäßig vor, wenn der effektive Vertragszins den effektiven Vergleichszins relativ um 100 % oder absolut um 12 % übersteigt. Der effektive Jahreszins ist bei einer Laufzeit bis zu 48 Monaten nach der Uniformmethode und bei längeren Laufzeiten anhand des Tabellenwerks von *Sievi/Gillardon/Sievi* zu ermitteln. Zuschläge bei dem

---

167 OLG Karlsruhe 24. 10. 1985, NJW-RR 1986, 217.
168 *Schmidt/Schumm*, DB 1989, 2109.
169 *Graf von Westphalen*, Der Leasingvertrag, Rn 596.
170 OLG Hamm 23. 6. 1987 – 7 U 15/87 – n. v.; 28. 6. 1994, NJW-RR 1994, 1467; OLG Celle 11. 4. 1990, NdsRpfl. 1990, 249.
171 OLG München 28. 1. 1981, NJW 1981, 1104; OLG Saarbrücken 10. 11. 1987, NJW-RR 1988, 243.
172 *Reinking/Nießen*, NZV 1993, 49 f.
173 Urt. 11. 1. 1995, NJW 1995, 1019.
174 OLG Hamm 28. 6. 1994, NJW-RR 1994, 1467.
175 Urt. 11. 1. 1995, NJW 1995, 1019 ff.

Schwerpunktzins und bei den Kosten sind dann vorzunehmen, wenn der Leasinggeber im Einzelfall höhere Kosten darlegt und diese erforderlichenfalls beweist. Der BGH schlägt für diesen Fall vor, den sonst marktüblichen durchschnittlichen Bearbeitungssatz von 2,5% auf 3% oder eventuell auf 3,5% anzuheben. Den Besonderheiten von Teilamortisationsverträgen, bei denen der kalkulierte Restwert erst am Vertragsende realisiert wird und bei denen der Leasingnehmer häufig eine Sonderzahlung zu Vertragsbeginn zu leisten hat, trägt nach Ansicht des BGH die von *Schmidt/Schumm*[176] vorgeschlagene mathematische Formel Rechnung. Die Berechnung des effektiven Jahreszinses bei einem Finanzierungsleasingvertrag mit Sonderzahlung und kalkuliertem Restwert hat der BGH anhand der abgewandelten Uniformmethode mathematisch gut nachvollziehbar in seinem Folgeurteil vom 30. 1. 1995[177] dargestellt, das sich als Mustervorlage für die Überprüfung derjenigen Kfz-Leasingverträge eignet, bei denen der Leasingnehmer das Restwertrisiko trägt.

Auf welche Weise der **effektive Jahreszins** bei Kfz-Leasingverträgen mit Kilometerabrechnung zu errechnen ist, lässt sich den vorliegenden BGH-Urteilen zur Sittenwidrigkeit von Finanzierungsleasingverträgen nicht entnehmen.

Aus einer Vertragsgestaltung, die es dem Leasinggeber ermöglicht, einen **zusätzlichen Gewinn** durch einen über dem kalkulierten Restwert liegenden Verwertungserlös zu erzielen, lässt sich ein objektives Missverhältnis zwischen Leistung und Gegenleistung nicht ableiten. Derartige Vertragsregelungen sind beim Finanzierungsleasing gängig und, da sie keine unerträgliche Störung der Vertragsparität zu Lasten des Leasingnehmers beinhalten, völlig unbedenklich.[178]

Weicht der dem Leasingvertrag zu Grunde gelegte Anschaffungsaufwand eklatant vom Verkehrswert der Leasingsache ab, so ist bei der Berechnung der niedrigere **Verkehrswert** als Nettokreditbetrag zu Grunde zu legen, wenn der Leasingnehmer an der Festlegung des Kaufpreises nicht maßgeblich beteiligt war und der Leasinggeber nicht darlegt und gegebenenfalls beweist, dass er das gewünschte Leasingobjekt nicht günstiger erwerben konnte.[179] War – umgekehrt – der Leasinggeber an den Kaufvertragsverhandlungen und der Festlegung des Kaufpreises nicht beteiligt, kann ein grobes Missverhältnis zwischen dem Wert der Ware und ihrem Kaufpreis zur Sittenwidrigkeit des Kaufvertrages führen, die den Wegfall der Geschäftsgrundlage des Leasingvertrages zur Folge hat.[180]

Für die Feststellung der Sittenwidrigkeit eines Finanzierungsleasingvertrags über eine bewegliche Sache ist außer einem objektiv auffälligen Missverhältnis zwischen Leistung und Gegenleistung eine **verwerfliche Gesinnung** des Leasinggebers erforderlich. Handelt es sich beim Leasingnehmer um einen **privaten Endverbraucher,** so wird zu seinen Gunsten die verwerfliche Gesinnung des anderen Vertragsteils **vermutet,** wenn ansonsten der objektive Tatbestand des § 138 Abs. 1 BGB vorliegt. Beim vollkaufmännischen Leasingnehmer gilt die gegenteilige – widerlegliche – Vermutung, dass keine verwerfliche Gesinnung des Leasinggebers vorgelegen hat, und für Minderkaufleute bleibt es bei der allgemeinen Beweislastregel, dass derjenige, der sich auf Sittenwidrigkeit beruft, deren Voraussetzungen darzulegen und zu beweisen hat.[181]

---

176 DB 1989, 2109, 2112.
177 DAR 1995, 200.
178 BGH 30. 1. 1995, DAR 1995, 200.
179 OLG Köln 31. 5. 1996, NJW-RR 1997, 1549.
180 OLG Nürnberg 4. 7. 1995, WM 1996, 497.
181 OLG Nürnberg 4. 7. 1995, WM 1996, 497; OLG Düsseldorf 22. 2. 1996, OLGR 1996, 261.

VII. Preisangaben, Werbung, Zugaben

1145 Zu den **Preisbestandteilen** des Leasingvertrags gehören die Sonderzahlung, die Leasingraten, die Überführungskosten und der Restwert. Welche Angaben das Leasingangebot enthalten muss, ist weitgehend ungeklärt. Zur Sonderzahlung wird die Meinung vertreten, der Leasinggeber sei nicht verpflichtet, hierauf in hervorgehobener Weise aufmerksam zu machen,[182] da der interessierte Verbraucher wisse, dass neben den monatlichen Raten weitere Zahlungen zu leisten sind. Nach anderer Ansicht ist der Hinweis auf die Sonderzahlung erforderlich, insbesondere dann, wenn eine niedrige Monatsrate blickfangmäßig hervorgehoben wird.[183] Einigkeit besteht dahin gehend, dass bei nicht nur fakultativ angebotener Überführung auf Überführungskosten in der Werbung hingewiesen werden muss, wenn sie zusätzlich zu der Sonderzahlung und den Monatsraten zu zahlen sind.[184] Um sich eine Preisvorstellung machen zu können, benötigt der Leser Angaben zur Laufzeit des Leasingvertrags[185] und zur Kilometerleistung beim Leasingvertrag mit Kilometerabrechnung. Angaben zum Restwert sind bei realistischer Restwertschätzung nicht erforderlich. Entbehrlich ist auch der Hinweis auf die Verpflichtung des Leasingnehmers, für das Leasingfahrzeug eine Vollkaskoversicherung abzuschließen.[186]

1146 Es gibt wenig Rechtsprechung zu der Frage, ob Angebote von Leasingfirmen **Endpreise** gem. § 1 PAngVO ausweisen müssen, oder ob die für Mietgeschäfte vorgesehene Ausnahmebestimmung des § 1 Abs. 2 PAngVO eingreift, die dem Leasinggeber gestatten würde, lediglich die monatlichen Raten anzugeben.

Das OLG Frankfurt[187] hat, ohne sich allerdings mit der Problematik auseinander zu setzen, eine entsprechende Verpflichtung bejaht. Es entschied, bei einem Leasingangebot über Motorräder müsse der Endpreis bei nicht nur fakultativ angebotener Überführung auch die Überführungskosten beinhalten. Der erkennende Senat hielt den Verstoß gegen § 1 PAngVO aber nicht für geeignet, den Wettbewerb in relevanter Weise zu beeinflussen, da der Leasinggeber in dem Leasingangebot unübersehbar auf die hinzukommenden Überführungskosten hingewiesen hatte.

1147 Sofern der Händler Leasingverträge lediglich vermittelt, ist er verpflichtet, auf die **Vermittlereigenschaft** hinzuweisen.[188]

Erweckt er den unzutreffenden Eindruck, er selbst trete als Leasinggeber auf, liegt darin eine wettbewerbsrechtlich relevante Irreführung.[189] Für den Händler, der den Leasingvertrag lediglich vermittelt, besteht keine Verpflichtung zur Angabe von Endpreisen.[190] Von dieser Verpflichtung ist auch der Importeur befreit, wenn er für Leasingangebote wirbt, ohne selbst Anbieter zu sein, da die korrekte Preisangabe nur demjenigen abverlangt wird, der den Preis gegenüber dem Letztverbraucher festsetzt bzw. von ihm fordert. Aus diesem Grunde liegt nach Ansicht des OLG Frankfurt[191] ein Verstoß weder gegen § 1 PAngVO noch gegen § 3 UWG vor, wenn ein solches Unternehmen in der Zeitungswerbung für seine Konditionen mit der Angabe „31% Mindestanzahlung" wirbt, ohne die Bezugsgröße zu benennen.

1148 Räumt der Leasinggeber dem Leasingnehmer eine **Kaufoption** ein, dient das Leasinggeschäft dazu, einen angestrebten Erwerbsvorgang durch günstige Zwischenfinanzierung zu

---

182 OLG Frankfurt 31. 3. 1988, WRP 1988, 615; 6. 5. 1993, NJW-RR 1994, 107.
183 LG Köln, Urt. v. 19. 6. 1985 – 84 O 21/85 – zit. v. *Zirpel/Preil,* Werben ohne Abmahnung, S. 81.
184 BGH 2. 3. 1989, GRUR 1989, 606; OLG Frankfurt 6. 11. 1997, OLGR 1998, 80.
185 So auch *Zirpel/Preil,* Werben ohne Abmahnung, S. 83.
186 *Zirpel/Preil,* Werben ohne Abmahnung, S. 82.
187 Urt. v. 6. 11. 1997, OLGR 1998, 80.
188 OLG Karlsruhe, Urt. v. 17. 12. 1986, WRP 1987, 684 f.
189 OLG Karlsruhe 8. 4. 1998, OLGR 1999, 66.
190 *Zirpel/Preil,* Werben ohne Abmahnung, S. 84.
191 Beschl. v. 6. 5. 1993, NJW-RR 1994, 107.

Preisangaben, Werbung, Zugaben   Rn 1149–1151

ermöglichen. Liegen diese Voraussetzungen vor, ist der Leasinggeber verpflichtet, den Endpreis anzugeben. Der Endpreis muss alle Leistungsbestandteile umfassen, wozu außer der Sonderzahlung, den Leasingraten und den Überführungskosten auch der Restwert gehört. Außerdem hat der Leasinggeber für den teilweise durch das Leasinggeschäft kreditierten Kaufpreis den „effektiven Jahreszins" gem. §§ 1, 4 PAngVO anzugeben.[192] Wirbt ein Kfz-Händler für ein Leasinggeschäft ohne Kaufoption mit der Angabe eines Restkaufwertes, liegt eine Irreführung im Sinne von § 3 UWG vor.[193]

Eine Werbung für Autoleasing, die dem aufgeschlüsselten Leasingendpreis den damit identischen „unverbindlich empfohlenen" Preis des Herstellers bzw. Importeurs gegenüberstellt, erweckt beim Letztverbraucher nicht den Eindruck, der Händler mache sich den Importeurpreis als Barpreis zu Eigen.[194] Bezieht sich der werbende Händler in einem Leasingangebot auf die „Unverbindliche Preisempfehlung" des Importeurs, ist diese Angabe zugleich als Angabe des eigenen Händlerpreises zu verstehen. Es liegt folglich eine Irreführung des Verkehrs i. S. d. § 1 UWG vor, wenn zu dem als unverbindliche Preisempfehlung genannten Betrag noch die Überführungskosten hinzutreten.[195] Eine Irreführung ist auch dann gegeben, wenn die Werbung für ein Leasingangebot einen Vergleich zwischen der unverbindlichen Preisempfehlung des Herstellers und den damit betragsmäßig übereinstimmenden Gesamtleasingkosten enthält, der tatsächliche Kaufpreis aber unter der unverbindlichen Preisempfehlung liegt.[196] **1149**

Leasinggeschäfte fallen unter § 1 Abs. 1 RabattG, da sie gewerbliche Leistungen des täglichen Bedarfs betreffen, sodass die Gewährung eines Nachlasses von mehr als 3% auf das Leasingfahrzeug rabattrechtswidrig ist.[197] Gegen das Rabattgesetz verstößt das sog. **Null-Leasing,** wenn der Erwerb des Leasingfahrzeugs am Vertragsende und nicht die Gebrauchsüberlassung im Vordergrund steht und die Summe aus Sonderzahlung, Leasingraten und rechnerischem Restwert dem Anschaffungspreis entspricht. Der unzulässige Nachlass besteht in der im Leasingvertrag versteckten Stundung des Kaufpreises ohne Zinsaufschlag.[198] Fehlt allerdings die Unternehmeridentität zwischen Händler und Leasinggeber, ist das Null-Leasing zulässig.[199] Ein Rabattverstoß wegen Nichtberechnung von Zinsen ist auch dann zu verneinen, wenn es sich lediglich um ein vermitteltes Leasinggeschäft des Händlers handelt.[200] **1150**

Das Leasingangebot darf zugaberechtlich Wartungsarbeiten und Verschleißkosten ebenso einschließen[201] wie die Kosten für die Haupt- und Abgasuntersuchung.[202] Nach gegenteiliger Meinung des OLG Karlsruhe[203] soll ein Zugabeverstoß im Sinne von § 1 Abs. 1 S. 2 Zugabe VO vorliegen, wenn ein Händler, der selbst nicht als Leasinggeber auftritt, für ein Leasingangebot mit dem Versprechen wirbt, er werde während der dreijährigen Laufzeit des Leasingvertrags sämtliche Reparaturkosten übernehmen. Das Argument, dies sei eine unübliche Nebenleistung, da der Vorteil über das Gewünschte und Erwartete hinausgehe und nicht durch die Leasingraten ausgeglichen werde, erweist sich angesichts des breit gefächerten Angebots an wertgerechten Neben- und Zusatzleistungen auf dem Kfz-Leasingsektor als **1151**

---

192 OLG Frankfurt 25. 6. 1987, NJW-RR 1987, 1523; 31. 3. 1988, NJW-RR 1988, 1001.
193 OLG Frankfurt 31. 3. 1988, NJW-RR 1988, 1001.
194 OLG Karlsruhe 17. 12. 1986, WRP 1987, 684 ff.
195 BGH 2. 3. 1989, NJW-RR 1989, 939, 940.
196 KG, MD 1990, 279.
197 OLG Hamm 15. 4. 1997, OLGR 1997, 248.
198 OLG Frankfurt 26. 9. 1985, DB 1986, 741.
199 BGH 6. 11. 1986, WRP 1987, 313; 6. 11. 1986, NJW 1987, 956.
200 BGH 24. 2. 1959, GRUR 1959, 329.
201 OLG Frankfurt Beschl. v. 19. 5. 1994 – 6 W 41/91 – n. v.
202 OLG Frankfurt 29. 2. 1996 – 6 U 15/95 – n. v.
203 Urt. v. 8. 4. 1998, OLGR 1999, 66.

ebenso lebensfremd, wie die Annahme, beim Kunden könnte der Eindruck entstehen, ihm werde das Reparaturkostenrisiko sogar bei grob fahrlässiger oder vorsätzlicher Beschädigung des geleasten Fahrzeugs abgenommen.

VIII. Auswirkungen der Insolvenz auf den Leasingvertrag

1152 Der Eintritt der **Insolvenz beim Leasingnehmer sperrt** das **Kündigungsrecht** des Leasinggebers wegen Zahlungsverzugs oder wesentlicher Vermögensverschlechterung. Hiervon abweichende Regelungen im Leasingvertrag sind unzulässig. Unberührt bleiben die Kündigungsrechte des Leasinggebers wegen sonstiger Vertragsverletzungen. Das Kündigungsverbot wirkt ab dem Zeitpunkt, in dem der Antrag auf Eröffnung des Insolvenzverfahrens gestellt wird. Es gilt auch dann, wenn sich der Leasingnehmer zu diesem Zeitpunkt bereits mit der Zahlung der Leasingraten in Verzug befunden hat (§ 112 InsO). Eine vor Antragstellung erfolgte Kündigung bleibt wirksam mit der Folge, dass der Leasinggeber die Leasingsache aussondern kann (§ 47 InsO). Die Kündigungssperre greift nicht, wenn der vorläufige Insolvenzverwalter während des Eröffnungsverfahrens mit der Entrichtung der Leasingraten in Verzug gerät.

1153 Der **Insolvenzverwalter** hat ein **Wahlrecht**. Er kann im Fall der Insolvenz des Leasingnehmers entweder die **Erfüllung** des Leasingvertrags **ablehnen** oder **Vertragsfortsetzung** verlangen. Entscheidet er sich für die Vertragsfortsetzung, schuldet er die künftigen Leasingraten und eine etwaige Abschlusszahlung als Masseschuld, während die rückständigen Raten einfache Insolvenzforderungen bleiben. Weigert er sich, den Vertrag fortzusetzen, haftet er dem Leasinggeber auf Schadensersatz wegen Nichterfüllung. Bei diesem Anspruch handelt es sich um eine einfache Insolvenzforderung.

1154 Bei **Insolvenz des Leasinggebers** hat der Verwalter, abweichend von der Konkursordnung, gem. § 103 InsO grundsätzlich die **Wahl** zwischen **Vertragsfortsetzung** und **Erfüllungsverweigerung.** Damit soll die Möglichkeit einer für die Masse günstigen Verwertung der Sache erreicht werden. Dem Anwendungsbereich des § 103 InsO sind jedoch Leasingverträge über bewegliche Gegenstände dann nicht unterstellt, wenn sie einem Dritten, der ihre Anschaffung oder Herstellung finanziert hat, zur Sicherheit übertragen wurden (§ 108 Abs. 1 Satz 2 InsO). Den Ausschlag für diese als insolvenzzweckwidrig kritisierte[204] Ausnahmeregelung gab die Refinanzierungspraxis, von der das Leasinggeschäft lebt. Zum Hintergrund: Zur Zeit, in der die Konkursordnung galt, waren Vorausverfügungen über Leasingraten „konkursfest". Dies lag daran, dass es sich bei Leasingraten, die auf die unkündbare Vertragszeit oder einen möglichen Verlängerungszeitraum entfallen, nach höchstrichterlicher Rechtsprechung nicht um befristete, von dem Fortbestand des Vertrags abhängige Forderungen handelt, sondern um betagte Forderungen, die bereits mit Abschluss des Vertrags entstehen, aber erst später fällig werden.[205] Daraus ergab sich für § 21 Abs. 1 KO die Konsequenz, dass eine vor Eröffnung des Konkursverfahrens über das Vermögen des Leasinggebers zum Zwecke der Refinanzierung des Leasingvertrags an die Bank vorgenommene Forderungsabtretung auch nach der Konkurseröffnung wirksam blieb, sodass der Rückfluss des Geldes durch den Konkurs nicht gefährdet wurde.

1155 In Anbetracht der geschilderten Situation entsprach es der Intention des Gesetzgebers, an diesem Rechtszustand auch im Rahmen der Insolvenzordnung festzuhalten. Das Ziel wurde im Zuge der Novellierung des § 108 InsO durch die Einfügung von Abs. 1 Satz 2 erreicht, der besagt, dass auch solche Miet- und Pachtverträge mit Wirkung für die Insolvenzmasse fortbestehen, die der Schuldner als Vermieter oder Verpächter abgeschlossen hat und die sonstige Gegenstände betreffen, die einem Dritten, der ihre Herstellung finanziert hat, zur

---

204 *Breuer,* Das Regelinsolvenzverfahren, NJW Beilage 1/99, 1 ff., 13.
205 BGH 14. 12. 1989, NJW 1990, 1113 ff. sowie 28. 3. 1990, ZIP 1990, 646 ff.

Sicherheit übertragen wurden. Durch die weit gehende **Angleichung** an die unter der Geltung der Konkursordnung bestehende Rechtslage ist die Refinanzierung für Leasingfirmen weiterhin darstellbar.

Allerdings wirft die aus Sicht der Leasingbranche „verunglückte" Fassung des § 108 Satz 2 InsO einige **Zweifelsfragen** auf. Unklar bleibt beispielsweise, ob § 108 Abs. 1 Satz 2 InsO auch auf die Fälle der für das Leasing typischen Doppelstock-Finanzierung Anwendung findet, bei der eine Besitzgesellschaft des Leasinggebers Eigentum an dem Leasingfahrzeug erwirbt, dieses im Rahmen eines Leasingvertrags der Leasinggesellschaft überlässt, die es ihrerseits dem Leasingnehmer per Leasingvertrag zum Gebrauch zur Verfügung stellt.[206] Der Vorschrift des § 108 Abs. 1 Satz 2 lässt sich weiterhin nicht entnehmen, ob sie sich auch auf Vertragsbestandteile außerhalb der eigentlichen Gebrauchsüberlassung erstreckt, wie z. B. auf Wartungen und Serviceleistungen, ob sie im Falle einer nachträglichen Einschaltung des Refinanzierers, einer Umschuldung von einer auf die andere Refinzierungsbank und bei einer Auslandsfinanzierung gilt.[207] Die Finanzierung des Leasingvertrags aus Eigenmitteln der Leasinggesellschaft ist nicht insolvenzfest, da § 108 Abs. 1 Satz 2 InsO voraussetzt, dass ein „Dritter" finanziert, dem das Leasingobjekt zur Sicherheit übertragen wird.[208]

IX. Vertragsdurchführung

1. Abschluss des Leasingvertrags

Kfz-Leasingverträge sind grundsätzlich **formfrei.** Sie werden jedoch seit jeher schriftlich unter Einbezug von AGB geschlossen. Der Verband der Automobilindustrie empfiehlt seinen Mitgliedern, soweit sie oder mit ihnen verbundene Gesellschaften das Leasinggeschäft betreiben, die Verwendung der „Allgemeinen Geschäftsbedingungen für das Leasing von Neufahrzeugen zur privaten Nutzung".

a) Schriftform bei VerbrKrG-Verträgen

Falls das **VerbrKrG** Anwendung findet, bedürfen Leasingverträge gem. § 4 Abs. 1 VerbrKrG der **schriftlichen Form.** Das VerbrKrG erfasst alle Arten von Kraftfahrzeugleasingverträgen mit Privatpersonen und Existenzgründern, soweit es sich um Teilamortisationsverträge handelt. Für Existenzgründer gilt es dann, wenn der Anschaffungspreis des Leasinggegenstands den Betrag von 100 000 DM nicht übersteigt. Die Vorschriften des VerbrKrG sind nicht anwendbar, wenn das Fahrzeug nach dem Inhalt des Leasingvertrages für gewerbliche Zwecke angeschafft und nur gelegentlich für private Zwecke benutzt wird.[209] Andernfalls würde der persönliche Anwendungsbereich des VerbrKrG eine vom Gesetzgeber so nicht beabsichtigte Ausweitung erfahren, da viele gewerblich genutzte Fahrzeuge gelegentlich auch privat mitbenutzt werden.

Angebot und **Annahme** können – abweichend von § 126 BGB – **getrennt erklärt** werden. Die Annahmerklärung des Leasinggebers bedarf nicht der eigenhändigen Unterschrift, wenn sie mit Hilfe einer automatischen Einrichtung erstellt wird.

Die **Vertragsangaben** müssen, unabhängig davon, ob sie handschriftlich angefertigt, gedruckt, kopiert oder ob sie in sonstiger Weise vervielfältigt wurden, **vollständig** in einer Urkunde enthalten sein. Besteht der Vertrag aus mehreren Blättern, bedarf es keiner körperlichen Verbindung der einzelnen Blätter, wenn sich deren Einheit aus fortlaufender Paginierung, fortlaufender Nummerierung der einzelnen Bestimmungen, einheitlicher graphischer

---

[206] Bejahend *Seifert,* FLF 1998, 164, 168.
[207] Bejahend auch insoweit *Seifert,* FLF 1998, 164, 168.
[208] *Seifert,* FLF 1998, 164, 169.
[209] OLG Naumburg 11. 12. 1997, NJW-RR 1998, 1351.

Gestaltung, inhaltlichem Zusammenhang des Textes oder vergleichbaren Merkmalen zweifelsfrei ergibt.[210] Die Unterschrift der Parteien muss den gesamten Vertragstext räumlich abschließen. Sofern die AGB des Leasinggebers auf der Rückseite der Vertragsurkunde abgedruckt sind, muss der Hinweis auf deren Geltung vor der Unterschrift der Parteien stehen.[211]

Der **schriftlichen Form** des § 4 Abs. 1 VerbrKrG bedürfen **alle Vertragsangaben**. Eine **Vertragsübernahmevereinbarung** genügt dem Schriftformerfordernis nur, wenn die schriftliche Übernahmeerklärung des Verbrauchers den Inhalt des zu übernehmenden Vertrages wiedergibt.[212] In dem Leasingvertrag ist das Leasingfahrzeug genau zu bezeichnen, weiterhin sind die Leasingraten, die Sonderzahlung, der kalkulierte Restwert, die Vertragsdauer sowie sämtliche Nebenabreden und Zusicherungen, die nach dem Willen der Parteien Vertragsinhalt werden sollen, schriftlich anzugeben.[213]

Ausgenommen vom Schriftformgebot sind nur solche Nebenabreden, die den Verbraucher **begünstigen**.[214] Insoweit ist die Wahrung der Schriftform zwar nicht vorgeschrieben, aus Gründen der Beweisführung aber anzuraten. Das Schriftformerfordernis ist auch auf die Einräumung einer Kaufoption zu erstrecken, die der zum Rückkauf des Leasingfahrzeugs verpflichtete Händler dem Leasingnehmer einräumt, da der Leasingvertrag und der anschließende Erwerbsvorgang als wirtschaftlich einheitliches Kreditgeschäft im Sinne des Verbraucherkreditgesetzes erscheinen. Finanzierungsleasingverträge müssen die Angaben des § 4 Abs. 1 S. 2 Nr. 2 VerbrKrG nicht enthalten. Die Befreiung von den Angabeerfordernissen kann nach dem Schutzzweck des Verbraucherkreditgesetzes nicht gelten, wenn der Leasingvertrag in Verbindung mit der Erwerbszusage von vornherein nur das Teilstück eines finanzierten Erwerbsvorgangs in Form einer Durchgangs- oder Ballonfinanzierung darstellt.

1159 Wird die schriftliche Form nicht gewahrt, ist der Leasingvertrag **unwirksam.** Die für Kreditverträge in § 6 Abs. 2 VerbrKrG vorgesehene **Heilungsmöglichkeit** findet auf Leasingverträge gem. § 3 Abs. 2, Ziff. 1 VerbrKrG **keine Anwendung**. Ob bei teilweiser Nichtwahrung der schriftlichen Form der Vertrag insgesamt oder nur insoweit unwirksam ist, als die Schriftform nicht eingehalten wurde, ist nach § 139 BGB zu beurteilen. Nicht schriftlich getroffene Nebenabreden mit dem Händler, die nach dem Willen der Parteien Vertragsinhalt werden sollen, haben Nichtigkeit des Vertrages nur dann zur Folge, wenn der Händler die Vertragsverhandlungen als Vertreter des Leasinggebers geführt hat,[215] wovon aber im Regelfall jedoch nicht auszugehen ist.[216]

Der Händler, dem der Leasinggeber die Führung der Vertragsverhandlungen überlassen hat, ist auch für die Entgegennahme eines Widerspruchs gegen ein kaufmännisches Bestätigungsschreiben zuständig.[217]

b) Widerruf bei VerbrKrG-Verträgen

1160 Der durch das VerbrKrG geschützte Leasingnehmer kann seine auf Abschluss des Leasingvertrags gerichtete Willenserklärung binnen einer Woche **schriftlich widerrufen.**[218] Ein Widerruf des Kaufvertrags ist nicht möglich. Dieser wird mit dem Widerruf des Leasingver-

---

210 BGH 24. 9. 1997, BB 1998, 288.
211 *Schölermann/Schmid-Burgk,* DB 1991, 1968, 1969.
212 BGH 26. 5. 1999, MDR 1999, 982.
213 *Zahn,* DB 1991, 81 ff., Fn. 82.
214 *Seibert,* Handbuch zum Verbraucherkreditgesetz, § 4 Rn 1; *Münstermann/Hannes,* § 4 Rn 198.
215 *Zahn,* DB 1991, 81, 82.
216 Vgl. BGH 26. 3. 1986, NJW 1986, 1809; 4. 11. 1987, ZIP 1988, 165, 168 sowie BGH 15. 3. 1989, ZIP 1989, 650 ff.
217 OLG Köln 12. 6. 1995, VersR 1996, 718.
218 Zum Widerruf und zur Belehrung beim Teilzahlungsvertrag und beim finanzierten Kauf siehe Rn 218 ff.

Vertragsdurchführung

trags automatisch hinfällig, wenn er ein mit dem Leasingvertrag verbundenes Geschäft darstellt. Beim verbundenen Geschäft muss die Widerrufsbelehrung einen entsprechenden Hinweis enthalten.[219] Der Widerruf ist an den Leasinggeber zu richten. Hat der Verkäufer die Vertragsverhandlungen für den Leasinggeber geführt, ist er unter Umständen berechtigt, den Widerruf für den Leasinggeber als Empfangsbote in Empfang zu nehmen.[220] Für den Widerruf ist Wahrung der **Schriftform** des § 126 BGB nicht erforderlich. Eine maschinenschriftlich angefertigte Widerrufserklärung muss nicht die Unterschrift des Verbrauchers enthalten, sofern über dessen Identität keine Zweifel bestehen.[221] Selbst eine Verteidigungsanzeige an das Gericht kann den Widerruf konkludent beinhalten.[222] Der **Vertreter,** der den Vertrag unberechtigt geschlossen hat, besitzt ein eigenes Widerrufsrecht, wenn die von ihm vertretene Person die Genehmigung verweigert.[223] Bei vollmachtloser Vertretung beginnt die Wochenfrist ab dem Zeitpunkt der Genehmigung des Vertrags durch den Verbraucher zu laufen.[224]

Mitverpflichtete Verbraucher haben **eigenes Widerrufsrecht** und sind entsprechend zu belehren. Wer als Verbraucher die Mithaftung durch Schuldbeitritt übernimmt, ist darüber zu belehren, dass die Frist mit dem Zeitpunkt der Beitrittserklärung beginnt, auch wenn der Leasingvertrag erst später abgeschlossen wird.[225] Im Fall der Vertrags- und Schuldübernahme besteht ein eigenes nicht vom Vorgänger/Altschuldner abgeleitetes Widerrufsrecht,[226] weshalb die Belehrung den Hinweis enthalten muss, dass die Frist für den Widerruf mit dem Abschluss des Vertrags über die Schuld- bzw. Vertragsübernahme beginnt. **1161**

Bis zum Erlöschen des Widerrufsrechts ist der Leasingvertrag – ebenso wie der mit ihm verbundene Kaufvertrag – schwebend unwirksam, und es bestehen allseits weder Ansprüche auf Vertragserfüllung noch auf Schadensersatz wegen Nichterfüllung.[227] Ein rechtskräftiger Vollstreckungsbescheid über die Forderung aus dem Leasingvertrag führt allerdings zum Erlöschen des Widerrufsrechts.[228]

Liegen die Voraussetzungen eines verbundenen Geschäfts vor, kommt es für die Rückabwicklung entscheidend darauf an, ob der Verkäufer zum Zeitpunkt des Widerrufs die Kaufpreiszahlung vom Leasinggeber bereits erhalten hat. Ist ihm die **Zahlung** noch nicht **zugeflossen,**[229] findet die Rückabwicklung zwischen ihm und dem Verbraucher statt. Hat er den Kaufpreis empfangen, ist die Rückabwicklung des Leasingvertrags und des verbundenen Kaufvertrags ausschließlich zwischen dem Leasinggeber und dem Leasingnehmer vorzunehmen. Das Risiko der Insolvenz des Händlers trägt der Leasinggeber. **1162**

Keine Anwendung auf Leasingverträge findet die Regelung von § 7 Abs. 3 VerbrKrG, die besagt, dass der Widerruf als nicht erfolgt gilt, wenn das Darlehen nicht innerhalb von zwei Wochen zurückgezahlt wird. Wegen der Unwirksamkeitssanktion einer unrichtigen Widerrufsbelehrung wird von einem vorsorglichen Hinweis auf § 7 Abs. 3 VerbrKrG abgeraten.[230] **1163**

Die **Rückabwicklung** eines bereits in Vollzug gesetzten Leasingvertrags nach wirksamer Ausübung des Widerrufsrechts richtet sich nach **§ 3 HWiG.** Der Rückgewähranspruch des **1164**

---
219 OLG Frankfurt 10. 3. 1993, NJW-RR 1993, 880; OLG Rostock 13. 1. 1996, OLGR 1996, 89; OLG Düsseldorf 6. 11. 1992, ZIP 1993, 1069; *Groß,* VGT 1993, 199, 201; *Reinecke/Tiedtke,* ZIP 1992, 217, 227.
220 BGH 11. 10. 1995, DAR 1996, 18.
221 OLG Hamm 31. 10. 1996, OLGR 1997, 25.
222 OLG Karlsruhe 25. 2. 1997, WM 1997, 1340.
223 BGH 13. 3. 1991, NJW-RR 1991, 1074.
224 BGH 10. 5. 1995, NJW 1995, 2290.
225 BGH 10. 7. 1996, WM 1996, 1781.
226 BGH 10. 5. 1995, NJW 1995, 2290, 2292.
227 BGH 12. 6. 1996 ZIP 1996, 1336; 30. 9. 1992, NJW 1993, 64.
228 OLG Hamm 5. 6. 1992, ZIP 1992, 1298.
229 Zum Zeitpunkt bei Scheckzahlung BGH 11. 10. 1995, DAR 1996, 18.
230 *Slama,* WM 1991, 569 ff.; *Reinking/Nießen,* ZIP 1991, 634, 637; *Zahn,* DB 1991, 2171, 2174.

Leasingnehmers bezieht sich auf die von ihm erbrachten Ratenzahlungen sowie auf eine etwa geleistete Mietsonderzahlung. Der Leasinggeber besitzt Anspruch auf **Gebrauchsvergütung,** die entweder nach dem **linearen Wertverlust**[231] oder einer **vergleichbaren Miete** zu bemessen ist, wobei im letzteren Fall sowohl der in einer Vergleichsmiete enthaltene Anteil für die Wertminderung als auch der den Vermieter treffende Erhaltungs- und Betriebskostenaufwand außer Ansatz zu bleiben hat, sofern diese Kosten vom Mieter getragen werden.[232] Da Leasingverträge über Kraftfahrzeuge an dem Leitbild der Miete ausgerichtet sind, erscheint es vertretbar, den bereinigten Vergleichszins für die langfristige Anmietung eines Vergleichsfahrzeugs (Langzeitmiete) heranzuziehen.[233] Nach Meinung des OLG Köln[234] kann bei der Ermittlung des Überlassungswertes für die Zeit vor wie auch nach Ausübung des Widerrufsrechts weder auf eine im Vertrag bezifferte weitere Vergütung für zusätzliche Fahrleistung noch auf die für Wandlung von Neuwagenkaufverträgen geltenden Regeln abgestellt werden.

c) Angebot und Annahme

1165   Die für Leasingverträge gebräuchlichen Vertragsmuster sehen in AGB vor, dass der Leasingnehmer an sein auf Abschluss des Vertrags gerichtetes Angebot vier Wochen gebunden ist. Ob eine derart lange **Annahmefrist** der AGB-Kontrolle des § 10 Nr. 1 AGB-Gesetz standhält, erscheint zweifelhaft angesichts der heutzutage vorhandenen Kommunikationsmöglichkeiten, die es erlauben, Auskünfte über die Bonität des Kunden und die Lieferbarkeit des Fahrzeugs binnen kürzester Frist einzuholen. Hinzu kommt, dass der Leasingnehmer in dem Zeitpunkt der Abgabe seines Angebots an den Leasinggeber in der Regel das Fahrzeug bereits ausgewählt und die Frage der Lieferbarkeit mit dem Händler abgestimmt hat, sodass sich diesbezügliche Recherchen erübrigen.[235]

Die Frist für die Annahme des Leasingantrags beginnt nicht schon mit der Übergabe des vom Leasingnehmer unterzeichneten Antrags an den Lieferanten, sondern erst mit dem Eingang beim Leasinggeber.[236]

1166   Der Leasingvertrag ist abgeschlossen, wenn der Leasinggeber das Vertragsangebot des Leasingnehmers innerhalb der Bindungsfrist annimmt, wobei es auf den Zeitpunkt des **Zugangs** der Annahmeerklärung ankommt. Wenn der Leasingnehmer auf den Zugang der Annahmeerklärung verzichtet hat, was nach dem VerbrKrG möglich ist,[237] kommt der Vertrag mit der **Annahme** des Leasingantrags durch den Leasinggeber zustande,[238] für die § 4 VerbrKrG Schriftform vorschreibt. Das Schreiben, in dem der Leasinggeber, der dem Händler die Vertragsverhandlungen überlassen hat, den Abschluss des Leasingvertrags bestätigt, beinhaltet kein kaufmännisches Bestätigungsschreiben, sondern nur die Annahme der Offerte des Leasingnehmers.[239]

Mit Ablauf der Bindungsfrist **erlischt** das Angebot des Leasingnehmers. Die verfristete Bestätigung des Leasinggebers stellt ein neues Angebot dar, von dessen konkludenter Annahme auszugehen ist, wenn der Leasingnehmer die Leistungen des Leasinggebers in Anspruch nimmt.[240] Eine **konkludente Annahme** ist nicht ohne weiteres anzunehmen, wenn dem Leasingnehmer das Fahrzeug, das er über einen Zeitraum von ca. 3 Wochen benutzt hat,

---

231 OLG Celle 18. 5. 1995, DAR 1995, 404.
232 OLG Köln 18. 9. 1985, NJW-RR 1986, 475.
233 Zur Gebrauchsvergütung nach Widerruf eines Abzahlungskaufs Rn 235.
234 Urt. 6. 12. 1990 – 1 U 9/90 – n. v.
235 *Sannwald,* Der Finanzierungsleasingvertrag über bewegliche Sachen mit Nichtkaufleuten, 113; vgl. im Übrigen zur Angemessenheit der Bindungsfrist die Ausführungen unter Rn 18 ff.
236 OLG Rostock 13. 9. 1999, OLGR 2000, 2 – nicht rechtskräftig –.
237 *Bülow,* VerbrKrG, § 4 Rn 33.
238 OLG Rostock 13. 9. 1999, OLGR 2000, 2 – nicht rechtskräftig –.
239 OLG Köln 12. 6. 1995, VersR 1996, 718.
240 BGH 8. 3. 1995, DAR 1995, 284.

bereits vor dem Zugang einer inhaltlich von seinem Angebot abweichenden Annahmeerklärung des Leasinggebers ausgehändigt wurde.[241] Bei nur unwesentlicher Abweichung der Annahmeerklärung von dem Vertragsangebot kann nach Treu und Glauben ausnahmsweise die ausdrückliche Ablehnung des neuen Angebots geboten sein.[242]

Wegen des Erfordernisses der schriftlichen Form kommt bei Leasingverträgen, die unter das VerbrKrG fallen, eine konkludente Annahme des Angebots z. B. durch Ingebrauchnahme des Leasingfahrzeugs nicht in Betracht. Zur Herstellung einer rechtswirksamen Vertragsbeziehung ist es erforderlich, dass die Parteien einen neuen Vertrag schließen, der den Formerfordernissen des VerbrKrG entspricht.[243]

2. Funktion und Rechtsstellung des Händlers bei den Vertragsverhandlungen

Nicht nur beim markengebundenen Leasing, sondern auch in den Fällen, in denen freie Leasinggesellschaften mit Autohandelsfirmen zusammenarbeiten, sind es meistens die Händler, die die Verhandlungen über den Abschluss des Leasingvertrags mit dem Kunden führen. Unter ihrer Mitwirkung werden die Antragsunterlagen für den Leasingvertrag abschlussreif vorbereitet und der Leasinggesellschaft anschließend zur Prüfung und Annahme vorgelegt.

1167

Wird ein Händler im Stadium der Vertragsanbahnung in dieser Weise tätig, handelt er als **Erfüllungsgehilfe** des Leasinggebers, wenn seine auf Abschluss des Leasingvertrags gerichtete Tätigkeit mit **Wissen und Wollen** des Leasinggebers geschieht.[244] Es kommt nicht entscheidend darauf an, ob zwischen der Leasinggesellschaft und dem Händler eine ständige Geschäftsbeziehung besteht oder ob zwischen ihnen nur eine mehr oder weniger lockere Vertriebskooperation vereinbart wurde. Der Händler ist, negativ abgegrenzt, nur dann nicht Erfüllungsgehilfe des Leasinggebers,
- wenn sich der Leasingnehmer die Leasingfinanzierung auf eigene Faust besorgt,[245]
- wenn Händler und Leasingnehmer zum Nachteil des Leasinggebers kollusorisch oder deliktisch zusammenwirken,[246]
- wenn der Leasinggeber nach Abschluss des Kfz-Kaufvertrags erstmals eingeschaltet wird und es erst danach durch seinen Eintritt in den ausgehandelten Kaufvertrag zu dem für das Finanzierungsleasing typischen Dreiecksverhältnis kommt.[247]

Der höchstrichterlichen Rechtsprechung, die besagt, dass der Händler, der die Vertragsverhandlungen mit Wissen und Wollen der Leasinggesellschaft führt, als deren Erfüllungsgehilfe anzusehen ist, haben sich Instanzgerichte angeschlossen.[248] Die Ansicht des BGH findet aber nicht nur Beifall.[249] Gegner wenden ein, der Leasinggeber habe nicht die Möglichkeit, den Händler zu kontrollieren, und sei bezüglich des beabsichtigten Vertragsinhalts auf die Information durch den Leasingnehmer und den Händler angewiesen. Der Leasingnehmer selbst müsse seinerseits darauf achten, dass alles, was er mit dem Händler ausgehandelt habe, auch Vertragsgegenstand zwischen Lieferant und Leasinggeber werde. Schließlich stimme die Rechtsansicht des BGH nicht mit der Lebenswirklichkeit überein, die darin bestehe, dass die

1168

---
241 OLG Celle 30. 3. 1996, OLGR 1996, 110.
242 LG Gießen 17. 4. 1996, NJW-RR 1997, 1210.
243 *Schölermann/Schmid-Burgk,* DB 1991, 1968.
244 BGH 3. 7. 1985, BGHZ 95, 170, 177; 4. 11. 1987, NJW-RR 1988, 1622; 15. 6. 1988, NJW 1988, 2463; 28. 9. 1988, NJW 1989, 287.
245 OLG Düsseldorf, 16. 3. 1989, ZIP 1989 A 59 Nr. 225; *Bernstein,* DB Spezial 1988, 20 ff.
246 OLG Frankfurt 6. 5. 1986, NJW 1987, 2447 ff.
247 OLG Düsseldorf, 16. 3. 1989, ZIP 1989 A 59 Nr. 225; *Bernstein,* DB Spezial, 1988, 20 ff.
248 Z. B. OLG Frankfurt 9. 3. 1990, NJW-RR 1990, 1207; OLG Koblenz 11. 11. 1988, NJW-RR 1989, 436.
249 Z. B. *Seifert,* FLF 1989, 105.

Leasinggesellschaft in aller Regel in einen zwischen dem Leasingnehmer und dem Händler fertig ausgehandelten Vertrag eintrete. Gegen die gefestigte BGH-Rechtsprechung haben sich Kritiker mit diesen Argumenten nicht durchsetzen können.

1169 Der mit der Führung der Vertragsverhandlungen vom Leasinggeber betraute Händler handelt normalerweise nicht als dessen **Vertreter,** auch nicht nach den Grundsätzen der Duldungs- oder Anscheinsvollmacht. Allein die Tatsache, dass der Händler den Leasingantrag unterschriftsreif vorbereitet, reicht für die Annahme einer Duldungs- oder Anscheinsvollmacht schon deshalb nicht aus, weil sich Leasinggesellschaften in ihren Formularen die schriftliche Antragsannahme grundsätzlich vorbehalten.[250]

1170 Der Händler, der mit Wissen und Wollen des Leasinggebers die Vertragsverhandlungen führt, handelt als dessen Vertrauensperson und als dessen Repräsentant und ist **nicht „Dritter"** im Sinn von § 123 Abs. 2 BGB.[251] Er ist Wissensvertreter des Leasinggebers mit der Folge, dass sich der Leasinggeber die Kenntnis des Händlers zurechnen lassen muss.[252] Die Zurechnung findet auch im Fall einer vom Händler verübten arglistigen Täuschung des Leasinggebers statt, es sei denn, Leasingnehmer und Händler haben deliktisch oder kollusorisch zum Nachteil des Leasinggebers zusammengewirkt.[253]

Das Rechtsverhältnis, kraft dessen der Händler als Erfüllungsgehilfe des Leasinggebers im Rahmen der Vorverhandlungen anzusehen ist, endet mit dem Abschluss des Leasingvertrags.[254] Falls der Händler an späteren Vertragsübernahmeverhandlungen zwischen dem Leasingnehmer und einem Dritten mitwirkt, handelt er nicht mehr in dieser Funktion, es sei denn, dass er hierzu einen Auftrag des Leasinggebers erhalten hat[255] oder dass nach den Umständen von einem Fortbestand der Erfüllungsgehilfenschaft auszugehen ist.[256]

3. Haftung der Leasinggesellschaft für das Fehlverhalten des Verkäufers

1171 Ein Verschulden des Händlers bei den Vertragsverhandlungen muss sich der Leasinggeber zurechnen lassen, wenn die Voraussetzungen der Erfüllungsgehilfenschaft vorliegen. Für das Fehlverhalten des Händlers hat er unabhängig davon einzustehen, ob es später zum Abschluss des Kaufvertrags kommt. Selbst wenn von vornherein feststeht, dass er nicht Kaufvertragspartner wird, haftet er für die **Verletzung von Aufklärungs- und Hinweispflichten** durch den Händler. Zu diesen Pflichten gehört etwa, dass der Händler den Leasingnehmer darauf hinweisen muss, dass der Leasingvertrag unabhängig von solchen Vereinbarungen gilt, die zusätzlich zwischen ihm und dem Kunden getroffen worden sind.[257] Aus dem Gesichtspunkt

---

250 BGH 26. 3. 1986, NJW 1986, 1809; 4. 11. 1987, ZIP 1988, 165 ff.; Abschn. I, Ziff. 1 der AGB für das Leasing von Neufahrzeugen zur privaten Nutzung – Anhang Teil 1, Anlage 2 – sowie zu der Frage, ob der Autohändler bei Entgegennahme des auf Abschluss des Leasingvertrags gerichteten Angebots und des Widerrufs als Empfangsbote oder bevollmächtigter Passivvertreter handelt, BGH 15. 3. 1989, ZIP 1989, 650 ff.
251 BGH 28. 9. 1988, NJW 1989, 287.
252 OLG Köln 12. 6. 1995, VersR 1996, 718.
253 OLG Frankfurt 6. 5. 1986, NJW 1987, 2447 ff.
254 BGH 31. 5. 1989, ZIP 1989, 1337 ff.
255 BGH 31. 5. 1989, ZIP 1989, 1337 ff.
256 Hierzu OLG Köln 31. 5. 1991; EWiR 1991, 869 *(Reinking)*, das die Zurechnung fälschlich nach den für die Annahme einer Anscheins- bzw. Duldungsvollmacht geltenden Grundsätzen vorgenommen hat.
257 BGH 3. 7. 1985, BGHZ 95, 170 ff. – Nichtaufnahme eines qualifizierten Rücktrittsrechts in den Leasingvertrag für den Fall, dass die vorhandene Software nicht ordnungsgemäß in der EDV-Anlage arbeiten sollte; 28. 9. 1988, NJW 1989, 287 – Nichtaufnahme einer Full-Service-Absprache in den Leasingvertrag; OLG Frankfurt 9. 3. 1990, NJW-RR 1990, 1207 – Nichtaufnahme eines vorzeitigen Kündigungsrechts im Leasingvertrag für den Fall des Misslingens eines vereinbarten Individualprogramms.

einer Verletzung von Aufklärungspflichten kann der Leasinggeber beispielsweise zum Schadensersatz verpflichtet sein, wenn der von ihm bei der Vorbereitung des Leasingvertrags eingeschaltete Händler oder dessen Vertreter dem Leasingnehmer in Abweichung von dem schriftlichen Vertragsinhalt erklärt, er könne nach Ablauf der Vertragszeit die Leasingsache käuflich erwerben.[258] Belehrungs- und Beratungspflichten obliegen dem Händler, der die Vertragsverhandlungen mit Wissen und Wollen des Leasinggebers führt, auch in Bezug auf das Leasingobjekt und dessen Verwendbarkeit.[259]

Im Fall **fehlerhafter Beratung** durch den Händler hat der Leasinggeber den Leasingnehmer, sofern die Voraussetzungen der Erfüllungsgehilfenschaft vorliegen, so zu stellen, als wäre die Vertragsverletzung nicht erfolgt. Der Leasingnehmer kann dem Leasinggeber seinen Anspruch auf Schadensersatz einredeweise entgegenhalten. Führt die Verletzung vorvertraglicher Beratungs- und Aufklärungspflichten dazu, dass der Leasinggeber seiner Hauptpflicht zur Verschaffung eines gebrauchstauglichen und funktionstüchtigen Leasingguts nicht nachkommen kann, so ist der Leasinggeber nach Ansicht des OLG Koblenz so zu behandeln, als sei der Leasingnehmer zur Wandlung berechtigt.[260]

1172

Eine Haftung des Leasinggebers gem. § 278 BGB für die Verletzung von Aufklärungs- und Hinweispflichten durch den Lieferanten kommt nur unter der Voraussetzung in Betracht, dass der Lieferant im Rahmen der vom Leasinggeber übertragenen Aufgabe tätig geworden ist.[261] Eine zwischen Leasingnehmer und Lieferant getroffene Vereinbarung über den Austausch der Leasingsache gegen eine modernere während der Vertragslaufzeit, die zum Gegenstand des Leasingvertrags gemacht worden ist, begründet nach einer Entscheidung des OLG Frankfurt[262] auf Seiten des Leasingnehmers weder einen Erfüllungsanspruch gegen den Leasinggeber noch ein Recht zur fristlosen Kündigung, wenn der Lieferant den Austausch verweigert oder der Anspruch gegen ihn nicht durchsetzbar ist. Aus Sicht des OLG Köln[263] muss sich der Leasinggeber das Handeln des Lieferanten zurechnen lassen, wenn dieser, wie schon in früheren Fällen praktiziert, mit dem Leasingnehmer die Stornierung eines laufenden Leasingvertrags vereinbart, ohne dass diesmal der angestrebte erweiterte Leasingvertrag über eine andere Leasingsache zu Stande kommt.

4. Haftung im Rechtsverhältnis zwischen Leasinggeber und Verkäufer

Im Verhältnis zum Leasinggeber macht sich der Händler schadensersatzpflichtig, wenn er seine Pflichten als Leasingvermittler verletzt. Eine schuldhafte Pflichtverletzung liegt noch nicht vor, wenn der Händler, ohne gegen ein ausdrückliches Verbot des Leasinggebers zu verstoßen, bei unklaren Leasing-AGB dem Leasingnehmer eine Erwerbszusage erteilt und der Vertrag daran scheitert.[264] Arglistiges Verhalten kommt auch in der Beziehung zwischen Händler und Leasinggeber vor. Falls der Leasinggeber die Kaufverhandlungen führt, besteht für den Händler keine Verpflichtung, den Leasinggeber ungefragt auf eine erhebliche Abweichung des Kaufpreises vom Listenpreis hinzuweisen.[265] Eine arglistige Täuschung des Händlers gegenüber dem Leasinggeber liegt wohl vor, wenn sich der Leasinggeber nach dem Listenpreis erkundigt und ihm der Händler eine unrichtige Auskunft erteilt.

1173

---

258 BGH 4. 11. 1987, NJW-RR 1988, 1622, 15. 6. 1988, NJW 1988, 2463 – Einräumung eines Erwerbsrechts vom Händler.
259 OLG Hamburg 20. 10. 1987, NJW-RR 1988, 438; OLG Koblenz 11. 11. 1988, NJW-RR 1989, 436.
260 Urt. 11. 11. 1988, NJW-RR 1989, 436 – Nichterstellung eines Pflichtenheftes.
261 OLG Düsseldorf 19. 12. 1991, OLGR 1992, 154 – betreffend eine Sondervereinbarung zwischen Händler und Leasingnehmer über die Vergabe von Unfallbegutachtungen; ferner OLG Düsseldorf 16. 3. 1989, DB 1989, 974 und 9. 11. 1989, MDR 1990, 628.
262 Urt. 22. 10. 1985, NJW 1986, 2509.
263 Urt. 31. 5. 1991, EWiR 1991, 869 (*Reinking*).
264 OLG Hamm 6. 7. 1989, ZIP 1989, A 119, Nr. 433.
265 OLG Düsseldorf 28. 7. 1988, ZIP 1988, 1405.

5. Eigenhaftung des Händlers gegenüber dem Leasingnehmer

1174 Falls der Käufer dem Händler die Auswahl der Leasinggesellschaft überlassen hat, ist dieser verpflichtet, die Interessen des Käufers zumindest insoweit zu wahren, dass Zahlungen des Käufers an die Leasinggesellschaft nicht erkennbar gefährdet sind. Verletzt er diese Pflicht, indem er eine ohne weiteres erkennbar unseriöse Leasinggesellschaft einschaltet, haftet er dem Käufer unter dem Gesichtspunkt des **Auswahlverschuldens** auf Erstattung einer an die Leasingfirma geleisteten und bei dieser nicht mehr realisierbaren Leasingsonderzahlung.[266]

Der Verkäufer macht sich gegenüber dem Käufer schadensersatzpflichtig bei **Überschreitung** des ihm vom Leasinggeber **eingeräumten Handlungsspielraums**.[267] Die Voraussetzungen einer unmittelbaren Haftung sind erfüllt,[268] wenn der Verkäufer mit dem Leasingnehmer eines mehrjährigen Leasingvertrags ein einmaliges Kündigungsrecht vereinbart, ohne den Leasinggeber hiervon in Kenntnis zu setzen, oder wenn im Vertrag ausdrücklich bestimmt ist, dass der Leasinggeber aus der Sondervereinbarung nicht verpflichtet sein soll.[269]

6. Abschluss des Kaufvertrags

1175 Der Kauf des Leasingfahrzeugs erfolgt durch den Leasinggeber, der an den Vertragsverhandlungen meistens nicht direkt beteiligt ist. Die Initiative geht vom Leasingnehmer aus. Dieser sucht das Fahrzeug aus, bestimmt Farbe und Ausstattungsmerkmale und verhandelt die Vertragsmodalitäten (Preis, Inzahlungnahme des Altwagens, Rabatte, Einräumung einer Kaufoption) mit dem Händler.

Der sich anschließende **Erwerbsvorgang** kann auf unterschiedliche Art und Weise vollzogen werden. Möglich ist, dass der Leasinggeber den **Kaufvertrag** mit den vom Leasingnehmer ausgehandelten Bedingungen im eigenen Namen mit dem Händler **abschließt.** Eine andere Möglichkeit besteht darin, dass der Leasinggeber in den **Kaufvertrag eintritt,** den der Leasingnehmer und der Händler bereits abgeschlossen haben, oder dass er diesen **Vertrag** mit allen Rechten und Pflichten **übernimmt.**[270]

1176 Im Regelfall stellt die Vereinbarung zwischen dem Händler und dem Leasinggeber über die Abwicklung eines bereits mit dem Leasingnehmer geschlossenen Kaufvertrags eine **befreiende Schuldübernahme** gem. § 414 BGB dar.[271] Der Leasinggeber, der die Kaufpreisschuld an den **Händler** zahlt, ist nicht Erfüllungsgehilfe des Leasingnehmers gem. § 278 BGB, sondern **Dritter i. S. des § 267 BGB.** Dies gilt auch dann, wenn sich der Leasinggeber an Stelle einer befreienden Schuldübernahme zur Tilgung der Kaufpreisschuld des Leasingnehmers im Wege der Erfüllungsübernahme (§ 329 BGB) verpflichtet hat.[272]

1177 Es kommt im Flottengeschäft gelegentlich vor, dass der Leasingnehmer zunächst den Leasingvertrag schließt und erst anschließend das Fahrzeug aussucht. Leasingvertragsformulare, die einen **nachgeschalteten Kauf** des Autos durch den Leasingnehmer vorsehen, enthalten üblicherweise den Hinweis, dass der Leasingvertrag unter der auflösenden Bedin-

---

266 LG Konstanz Urt. v. 8. 1. 1994 – 5 O 28/93, bestätigt vom OLG Karlsruhe 27. 7. 1995 – 9 U 59/94 – n. v.
267 OLG Düsseldorf 19. 12. 1991, OLGR 1992, 154 – betreffend eine Sondervereinbarung zwischen Händler und Leasingnehmer über die Vergabe von Unfallbegutachtungen.
268 OLG Düsseldorf 16. 3. 1989, DB 1989, 974.
269 OLG Düsseldorf, 9. 11. 1989, MDR 1990, 628.
270 *Lieb,* WM 1991, 1533, 1535; *Bernstein,* DB Spezial, 1988, 20 ff.
271 BGH 9. 5. 1990, NJW-RR 1990, 1009; OLG Rostock, 13. 1. 1996, OLGR 1996, 89 ff.; OLG Hamm 10. 3. 1998, OLGR 1998, 165; einschränkend BGH 25. 11. 1992, WM 1993, 213 im Sinne eines zumindest anzunehmenden Schuldbeitritts, falls in den AGB der Leasinggesellschaft bestimmt ist, dass ausschließlich der Leasingnehmer Partei des bereits abgeschlossenen Kaufvertrags bleiben soll.
272 OLG Dresden 26. 4. 1995, NJW-RR 1996, 625.

Vertragsdurchführung Rn 1178, 1179

gung des rechtswirksamen Zustandekommens des Kaufvertrags zwischen Leasinggeber und Händler steht. Ferner wird dem Leasingnehmer beim nachgeschalteten Kfz-Erwerb vom Leasinggeber aufgetragen, mit dem Händler zu vereinbaren, dass die Zahlung des Kaufpreises erst nach Lieferung und Übernahmebestätigung erfolgt und dass das Eigentum an dem Auto direkt auf den Leasinggeber übergeht.

Über die **rechtliche Verknüpfung** zwischen **Kauf- und Leasingvertrag** geben Vertragsunterlagen nicht immer eine klare Auskunft. In Kraftfahrzeugbestellungen wird der Bezug zum Leasingvertrag durch individuelle Einträge manchmal unprofessionell und unbeholfen durch Vermerke hergestellt wie z. B. ,,auf Finanzierungsbasis per Leasingvertrag", ,,Leasing über 36 Monate". **1178**

Mit dem Vermerk **,,Zahlung auf Leasingbasis"** hat sich das AG München[273] befasst. Die Verkäuferin war der Ansicht, es sei Aufgabe des Kunden, seiner ,,Zahlungspflicht durch Leasing" nachzukommen, und das Scheitern des Leasingvertrags sein Risiko. Das Amtsgericht gelangte im Wege der Auslegung zu dem Ergebnis, dass die Verkäuferfirma einen Leasingvertrag vermitteln wollte und der Kunde lediglich als Leasingnehmer auftreten sollte, denn andernfalls hätte die Zahlungsvereinbarung ,,auf Leasingbasis keinen Sinn gehabt, da beim Leasingvertrag Käufer und damit Kaufpreisschuldner nicht der Leasingnehmer, sondern eben der Leasinggeber" ist.[274] So sah es auch das OLG Düsseldorf[275] in einem Fall, in dem die Bezugnahme auf den Leasingvertrag in dem Kaufvertrag unter der Rubrik ,,Zahlungsbedingungen und sonstige Vereinbarungen" durch den maschinenschriftlichen Eintrag ,,Leasing über 36 Monate über die P. Bank, mtl. Rate 519,37 DM incl. MWSt, Restwert 15 000 DM" hergestellt worden war. Seines Erachtens wird der Widerspruch zwischen Fahrzeugbestellung und Leasingantrag nach der sog. **Vertragsübernahme-Theorie** dadurch aufgelöst, dass der Leasingantrag vom Leasinggeber angenommen wird.

Den handschriftlichen Eintrag ,,Leasing 10 000,00 DM Anz. 36 Raten" in der Zahlungsrubrik der Fahrzeugbestellung bewertete der BGH im Hinblick auf § 267 BGB als Verzicht des Verkäufers auf die Befugnis, der Leistung des Barkaufpreises durch einen Leasinggeber widersprechen zu können.[276] Er stellte, ohne darüber entscheiden zu müssen, ausdrücklich fest, dass es nahe liegend sei, der Leasingklausel zusätzlich einen Regelungsgehalt des Inhaltes beizumessen, dass der Kaufvertrag in seinem Bestand durch das Nichtzustandekommen des Leasingvertrags **auflösend bedingt** sein sollte.[277] Zu dem gleichen Ergebnis war das OLG Köln[278] gelangt, das über den Eintrag ,,Abwicklung Leasing 42 Monate, 35 000 km p. a., Leasing Rate netto DM 663,60" zu befinden hatte. Der Senat ließ allerdings offen, ob die Verknüpfung zwischen dem Kaufvertrag und dem Zustandekommen des Leasingvertrags als auflösende oder als aufschiebende Bedingung zu bewerten ist, da es auf diese Unterscheidung im Ergebnis nicht ankam. Das LG Zweibrücken[279] hat sich ebenfalls für die Annahme einer auflösenden Bedingung im Sinne eines Wegfalls des Kaufvertrags für den Fall der Nichtannahme des Leasingantrags durch den Leasinggeber entschieden, wenn sich die Beteiligten bei der Bestellung darüber einig sind, dass der Käufer nicht bar zahlen kann, das Fahrzeug deshalb an Stelle einer Finanzierung geleast werden soll und dies durch einen Hinweis auf die Leasingkonditionen in der Neuwagenbestellung zum Ausdruck gebracht wird.

Die Verknüpfung zwischen Kauf- und Leasingantrag kann nach dem Willen der Parteien auch durchaus so gestaltet sein, dass der **Kaufvertrag durch** den **Leasingvertrag ersetzt** **1179**

---

273 Urt. 8. 11. 1983 – 10 C 16337/83 – n. v.
274 AG München 8. 11. 1983 – 10 C 16337/83 – n. v.
275 3. 12. 1993, NZV 1994, 431.
276 BGH 9. 5. 1990, NJW-RR 1990, 1009 ff.
277 BGH 9. 5. 1990, NJW-RR 1990, 1009, 1111.
278 Urt. 22. 10. 1987, DAR 1988, 273.
279 Urt. v. 14. 2. 1995, NJW-RR 1995, 816.

werden soll. In diesem Sinne ist nach Ansicht des OLG Düsseldorf[280] ein handschriftlicher Eintrag „Leasing über Bank" in Verbindung mit einer vorformulierten Klausel im Kaufantrag zu verstehen, die besagt, dass der Kaufvertrag auflösend bedingt ist für den Fall, dass ein Leasingvertrag über das entsprechende Fahrzeug abgeschlossen wird. Falls der Kaufvertrag unter der auflösenden Bedingung des Zustandekommens des Leasingvertrags steht, trägt der Käufer das Risiko des Bedingungseintritts. Er hat dafür zu sorgen, dass es zum Abschluss des Leasingvertrags kommt. Kommt der Leasingvertrag nicht zu Stande, kann sich der Käufer vom Kaufvertrag nur unter der Voraussetzung lösen, dass der Verkäufer den Bedingungseintritt wider Treu und Glauben verhindert hat.

Der Hinweis auf die „Finanzierung durch Leasing" im Kaufvertrag mag unter Umständen dahin gehend auszulegen sein, dass sich der Käufer – ähnlich wie bei Beschaffung eines Personalkredits – um einen Leasinggeber als Geldgeber bemühen soll. Die Erwähnung des Leasingvertrags in der Neuwagenbestellung besagt dann lediglich, dass sich der Händler mit der Vertragsübernahme durch den vom Käufer alleinverantwortlich auszuwählenden Leasinggeber **vorsorglich einverstanden** erklärt.[281]

Ob der Händler auch ohne einen solchen Vermerk verpflichtet ist, einen vom Käufer nachträglich gestellten Leasinggeber zu akzeptieren und einer Vertragsübernahme zuzustimmen, hängt von den Umständen des Einzelfalls ab.

1180 Im Verhältnis der Parteien des Kaufgeschäfts zueinander ist die in einem formularmäßigen Kaufauftrag des Leasinggebers verwendete Bedingung, der zufolge der Leasinggeber von allen Verpflichtungen frei bleibt, solange die Übernahmebestätigung für die vom Lieferanten zu erbringende Leistung nicht vorliegt, nicht als Bedingung für die Wirksamkeit des Kaufvertrags auszulegen, sondern nur als Vorleistungspflicht des Lieferanten und als Fälligkeitsregelung für den Kaufpreis.[282]

1181 Da der vom Leasingnehmer normalerweise angestrebte Wegfall der kaufvertraglichen Verpflichtung für den Fall der Nichtannahme seines Leasingantrags durch den Leasinggeber nicht immer mit ausreichender Sicherheit gewährleistet ist, wird für diejenigen Verträge, die dem **VerbrKrG** unterstehen, eine analoge Anwendung von § 9 Abs. 2 in Betracht gezogen.[283] Die Schutzwürdigkeit des Leasingnehmers ergibt sich daraus, dass er anfangs zwei Vertragspartnern gegenübersteht und folglich ein Dreiecksverhältnis besteht, das der Vertragskonstellation des § 9 VerbrKrG entspricht.[284] Die für die Annahme eines verbundenen Rechtsgeschäfts im Sinne von § 9 VerbrKrG erforderliche wirtschaftliche Einheit ist anzunehmen, wenn die Übernahme des Kaufvertrags durch den Leasinggeber geplant ist (Eintrittsmodell). Liegen die Voraussetzungen eines verbundenen Geschäfts im Sinne von § 9 VerbrKrG vor, steht der Kaufvertrag nach Ansicht des LG Gießen[285] auch ohne ausdrückliche Erklärung des Verbrauchers regelmäßig unter der auflösenden Bedingung des nicht wirksamen Zustandekommens des Leasingvertrags. Beim verbundenen Geschäft muss die Widerrufsbelehrung den Hinweis enthalten, dass mit dem Widerruf des Leasingantrags das Kaufangebot hinfällig wird.[286] Fehlt die Belehrung oder ist sie nicht ordnungsgemäß, kann der

---

280 Urt. 1. 12. 1995, OLGR 1996, 78.
281 BGH 9. 5. 1990, NJW-RR 1990, 1009 ff.
282 BGH 17. 2. 1993, DAR 1993, 177.
283 *Zahn,* DB 1991, 687, 688; *ders.,* 1991, 2171, 2175; *Schmid-Burgk/Schölermann,* BB 1991, 566, 568; *Seifert,* FLF 1991, 54, 55; *Scholz,* DB 1991, 215, 216; *Lieb,* WM 1991, 1533, 1536; *Graf von Westphalen/Emmerich/von Rottenburg,* VerbrKrG, § 9 Rn 211 f.; *Reinicke/Tiedtke,* ZIP 1992, 217, 227; *Reinking/Nießen,* ZIP 1991, 79, 86; *dies.,* ZIP 1991, 634, 638.
284 OLG Rostock 13. 1. 1996, OLGR 1996, 89.
285 Urt. 18. 9. 1996, BB 1997, 960.
286 *Graf von Westphalen/Emmerich/von Rottenburg,* VerbrKrG, § 9 Rn 212; *Reinking/Nießen,* ZIP 1991, 634, 638.

Leasingnehmer den Leasingvertrag bis zum Ablauf der Jahresfrist gem. § 3 II 3 VerbrKrG widerrufen.[287]

Zur Erzielung einer effektiven rechtsgeschäftlichen Umsetzung auch in den Fällen, in denen die wirtschaftliche Einheit zweifelhaft ist, wird Leasingfirmen empfohlen, eine Regelung in den Kaufvertrag zwischen Leasinggeber und Verkäufer aufzunehmen, die besagt, dass der Kaufvertrag des Leasingnehmers aufgehoben bleiben soll, wenn die eigene Bestellung des Leasinggebers wegen eines eventuellen Widerrufs des Leasingvertrags entfällt.[288] Für den Leasingnehmer böte eine **Klarstellung** im Kaufvertrag, dass dieser nur im Falle des wirksamen Zustandekommens des Leasingvertrags Bestand haben solle, die größte Sicherheit. 1182

7. Abnahme

Der Leasinggeber ist verpflichtet, dem Leasingnehmer an dem Fahrzeug Besitz zu verschaffen. Die Auslieferung des Fahrzeugs erfolgt beim Pkw-Leasing üblicherweise durch den **Händler,** der insoweit als **Erfüllungsgehilfe** des Leasinggebers handelt, ohne dass dafür eine ständige Geschäftsbeziehung erforderlich ist.[289] Mit der Übergabe des Fahrzeugs an den Leasingnehmer ist die Inanspruchnahme des Händlers als Erfüllungsgehilfe des Leasinggebers in aller Regel beendet und lebt nach Meinung des BGH[290] später nicht auf, wenn der Händler das Fahrzeug zum Zweck der Vornahme von Gewährleistungsarbeiten wieder an sich nimmt. 1183

Mit der **Abnahme** des Fahrzeugs erfüllt der Leasingnehmer zwei ihm auferlegte Pflichten: zum einen die kaufrechtliche Abnahmepflicht des § 433 Abs. 2 BGB, bestehend in der **Entgegennahme** der Sache, durch die der Verkäufer vom Besitz der Sache befreit wird, zum anderen die im Leasingvertrag vorgesehene und für den Beginn des Leasingvertrags maßgebliche **Abnahmepflicht,** deren schriftliche Bestätigung dem Leasingnehmer üblicherweise abverlangt wird.[291] Während die kaufrechtliche Abnahme den Leasinggeber als Partei des Kaufvertrages betrifft und der Leasingnehmer insoweit als dessen Erfüllungsgehilfe tätig wird,[292] handelt es sich bei der leasingvertraglichen Abnahme, deren Vornahme den Vertragsbeginn markiert, um eine eigene Vertragspflicht des Leasingnehmers. 1184

Erweist sich das vom Händler angebotene Fahrzeug als **nicht vertragsgemäß,** besteht für den Leasingnehmer eine Verpflichtung weder zur Abnahme noch zur Unterzeichnung der Abnahmeerklärung.[293] 1185

Verweigert er zu Unrecht die Abnahme des Fahrzeugs, haftet er dem Leasinggeber auf **Schadensersatz.**[294] Eine Schadenspauschale von 15% des Kaufpreises wegen unberechtigter Abnahmeverweigerung verstößt nach Ansicht des AG Duisburg[295] nicht gegen § 11 Nr. 5b AGB-Gesetz.

a) Abnahmebestätigung

Für das Rechtsverhältnis zwischen den Parteien des Leasingvertrags stellt sich die **Übernahmebestätigung** des Leasingnehmers über den Erhalt des Fahrzeugs als **Quittung** dar, die 1186

---

287 OLG Rostock 13. 1. 1996, OLGR 1996, 89.
288 *Lieb,* WM 1991, 1533, 1536.
289 OLG Bremen 17. 1. 1989, ZIP 1989, 579.
290 Urt. 30. 3. 1987, NJW 1988, 198 ff.
291 LG Köln 8. 1. 1991 – 2 O 402/89 – n. v.
292 *Graf von Westphalen,* Der Leasingvertrag, Rn 517.
293 LG Köln, Urt. v. 8. 1. 1991 – 3 O 402/89 – n. v.
294 OLG Hamm 11. 1. 1999, ZfS 1999, 240 – Anspruch des Leasinggebers auf Ersatz der Prozesskosten, entstanden durch einen Rechtsstreit gegen den Lieferanten in mehreren Instanzen.
295 Urt. 22. 11. 1995 – 50 C 368/95 – n. v.

gem. § 368 Abs. 1 BGB grundsätzlich schriftlich zu erteilen ist. Sie besagt weder, dass der Leasingnehmer die Leasingsache als vertragsgemäß und fehlerfrei anerkennt, noch beinhaltet sie einen Verzicht auf Einwendungen wegen mangelhafter oder unvollständiger Lieferung.[296] In Bezug auf das Kaufvertragsverhältnis zwischen Leasinggeber und Händler hat die Übernahmebestätigung des Leasingnehmers keinen Erklärungswert, da der Leasingnehmer für den Leasinggeber lediglich als Erfüllungsgehilfe und nicht als Vertreter tätig wird. Insbesondere stellt die vom Leasingnehmer unterzeichnete Übernahmebestätigung im Kaufvertragsverhältnis mit dem Händler **keine Anerkennung** oder Genehmigung der Leistung **als fehlerfrei** dar.[297]

1187 Als Schuldner der Gebrauchsüberlassung besitzt der Leasinggeber **Anspruch** auf Erteilung der **Quittung** mit einem von ihm vorgegebenen Wortlaut, wenn er ein besonderes rechtliches Interesse daran hat. Ein solches besteht nicht, wenn der Leasingnehmer die Quittung mit einem Inhalt erteilt, der demjenigen der vom Leasinggeber verlangten Form der Sache nach entspricht. Die Berufung des Leasinggebers auf den von ihm vertraglich vorgegebenen Text der Abnahmebestätigung verstößt unter diesen Umständen gegen Treu und Glauben.[298]

1188 Die Abnahmebestätigung dient dem Händler als Nachweis dafür, dass der Leasingnehmer das Fahrzeug erhalten hat. Gegen Vorlage dieser Empfangsquittung ist der Leasinggeber zur Zahlung des Kaufpreises an den Händler verpflichtet. Er kann die Zahlung allerdings verweigern, wenn der Händler ein mangelhaftes Fahrzeug liefert und seiner Nachbesserungspflicht nicht nachkommt. Die Abtretung der Gewährleistungsansprüche an den Leasingnehmer steht dem nicht entgegen.[299] Unterschreibt der Leasingnehmer eine Empfangsquittung **vor Erhalt** des Leasingfahrzeugs, schließt dieser Umstand deren Beweiswert als Quittung nicht aus.[300]

1189 Eine **AGB,** die bei Abgabe einer **unrichtigen Übernahmebestätigung** des Leasingnehmers dessen unbedingte Zahlungspflicht begründet, benachteiligt den Leasingnehmer unangemessen und entfaltet wegen Verstoßes gegen § 9 AGB-Gesetz keine Wirksamkeit.[301] Quittiert der Leasingnehmer eine Übernahmebestätigung, obwohl der Händler die Lieferung nicht oder nicht vollständig erbracht hat, wird zwar seine Verpflichtung zur Zahlung des Leasingentgelts hierdurch nicht begründet, wohl aber macht er sich gegenüber dem Leasinggeber **schadensersatzpflichtig.**[302] Er haftet dem Leasinggeber für den Schaden, den dieser dadurch erleidet, dass er sich seines Zurückbehaltungsrechts begeben hat und den Kaufpreis nach Wandlung des Kaufvertrags über den Leasinggegenstand wegen der Insolvenz des Lieferanten nicht zurückerhält und kann seinerseits von dem Leasinggeber auch die Kosten des mit dem Lieferanten geführten Wandlungsrechtsstreits nicht ersetzt verlangen.[303]

1190 Auf einen Wegfall seiner Verpflichtung zur Zahlung der Leasingraten kann sich der Leasingnehmer nicht berufen, wenn der Lieferant seine Hauptleistungspflicht nur teilweise erfüllt hat, das Leasingobjekt aber gleichwohl benutzbar ist, wie z. B. beim Fehlen des Benutzerhandbuches zur Computer-Hardware oder des Betriebs-, Inspektions- und Wartungshefts eines Pkw.[304] Falls die Lieferung **nicht vollständig ist,** muss sich der Leasingnehmer seine **Rechte** bei der Abnahme der Leasingsache **vorbehalten.** Der Vorbehalt kann ausdrücklich oder durch schlüssiges Verhalten sowohl gegenüber dem Leasinggeber als auch gegenüber dem Lieferanten erfolgen, dessen sich der Leasinggeber bei der Übergabe als

---

296 BGH 1. 7. 1987, NJW 1988, 204 ff.
297 BGH 27. 6. 1990, NJW-RR 1990, 1462.
298 BGH 17. 2. 1993, DAR 1993, 177 – 10. 10. 1994, WM 1995, 111.
299 BGH 1. 10. 1994, WM 1995, 111.
300 OLG München 10. 1. 1992, NJW-RR 1993, 123.
301 BGH 1. 7. 1987, NJW 1988, 204 ff.
302 BGH 1. 7. 1987, NJW 1988, 204 ff.
303 OLG Düsseldorf 12. 6. 1996, BB 1997, 544.
304 BGH 5. 7. 1989, ZIP 1989, 1333.

Vertragsdurchführung

Erfüllungsgehilfen bedient.³⁰⁵ Es kann dahinstehen, ob die teilweise Nichterfüllung des Kaufvertrags einen Sachmangel im Sinne von § 459 BGB darstellt oder die Einrede aus § 320 BGB begründet, da in beiden Fällen die vorbehaltlose Abnahme zu einem Rechtsverlust führt. Die Tatsache, dass § 539 BGB im Rahmen von § 320 BGB keine direkte Anwendung findet, steht dem Verfall des Anspruchs nicht im Wege, da der Rechtsgedanke, der in § 539 BGB zum Ausdruck gelangt, im Rahmen der nach § 320 Abs. 2 BGB unter Heranziehung der Grundsätze von Treu und Glauben vorzunehmenden Abwägung zu berücksichtigen ist.³⁰⁶ Zur Zahlung der Leasingraten in (zunächst) voller Höhe ist der Leasingnehmer verpflichtet, wenn er sich mit dem Leasinggeber auf den Beginn der Vertragslaufzeit in Kenntnis dessen einigt, dass die Lieferung noch nicht vollständig ist und eine Nachlieferung erfolgen soll. Dem Leasingnehmer kann jedoch die Einrede des nicht erfüllten Vertrages von dem Zeitpunkt an zustehen, an dem die Nachlieferung ausbleibt.³⁰⁷

Die Schadensersatzverpflichtung des Leasingnehmers wegen Erteilung einer unrichtigen Abnahmebestätigung entfällt nach Meinung von *Eckert*,³⁰⁸ wenn der Händler, der die Auslieferung des Fahrzeuges an den Leasingnehmer vorzunehmen hat, als Erfüllungsgehilfe für den Leasinggeber handelt – wovon im Regelfall auszugehen ist –, weil die durch die unrichtige Abnahmebestätigung herbeigeführte **Leistungsstörung primär** der **Sphäre des Händlers** zuzurechnen ist, für die der Leasinggeber über § 278 BGB einzustehen hat. Auf das gleiche Ergebnis läuft eine Entscheidung des OLG Bremen³⁰⁹ hinaus, die besagt, dass der Leasinggeber dem Leasingnehmer für das Verschulden des Händlers auf Schadensersatz haftet, sich der Leasingnehmer jedoch wegen der unrichtigen Lieferbestätigung ein Mitverschulden an dem beim Leasinggeber entstandenen Schaden anrechnen lassen muss. Im Fall eines **kollusorischen** Zusammenwirkens von Leasingnehmer und Händler ist eine **gleichrangige Haftung** beider gegenüber dem Leasinggeber angebracht. Auf die Voraussetzung eines Zusammenwirkens zum Nachteil des Leasinggebers soll es nach Meinung des OLG Düsseldorf³¹⁰ nicht entscheidend ankommen, wenn der Leasingnehmer gleichzeitig mit der Unterzeichnung des Leasingvertrags wahrheitswidrig schriftlich erklärt hat, den Leasinggegenstand erhalten zu haben. Der zusammen mit dem Verkäufer gesamtschuldnerisch haftende Leasingnehmer kann verlangen, dass die Zahlung Zug um Zug gegen Abtretung der dem Leasinggeber gegen den Verkäufer zustehenden Erstattungsansprüche in Höhe des zu Unrecht gezahlten Kaufpreises zu erfolgen hat, wodurch sichergestellt wird, dass der Leasinggeber den ihm entstandenen Schaden nicht doppelt ersetzt erhält.

1191

b) Untersuchungs- und Rügepflicht

Die **Untersuchungs- und Rügeobliegenheit** gem. §§ 377, 378 HGB, die der Leasinggeber zu erfüllen hat, wenn der Kauf für beide Teile ein Handelsgeschäft darstellt, wird nicht dadurch hinfällig, dass der Händler das Fahrzeug auf Anweisung des Leasinggebers an einen nicht kaufmännischen Leasingnehmer aushändigt. In der Rechtsbeziehung zum Leasinggeber ist der Leasingnehmer allerdings ohne besondere Abrede nicht verpflichtet, das Auto zu untersuchen und eine etwaige Mangelhaftigkeit oder Unvollständigkeit der Lieferung unverzüglich gegenüber dem Verkäufer zu rügen.³¹¹

1192

---

305 BGH 30. 9. 1987, NJW 1988, 189.
306 BGH 5. 7. 1989, ZIP 1989, 1333.
307 BGH 29. 5. 1991, NJW 1991, 2135.
308 ZIP 1987, 1510 ff.
309 Urt. 17. 1. 1989, ZIP 1989, 579.
310 Urt. 22. 2. 1990, NJW-RR 1990, 666.
311 BGH 24. 1. 1990, ZIP 1990, 650.

c) Unmöglichkeit und Verzug

1193 Bei einer **Unmöglichkeit** der Fahrzeuglieferung gelten die allgemeinen Regeln. Die Rechtsfolgen bei **Lieferverzug** sind in der Konditionenempfehlung des VDA weitgehend an die Regelung in Abschn. IV NWVB angelehnt.

Der außerordentlichen Kündigung des Leasingvertrags aus dem Gesichtspunkt der Vorenthaltung des vertragsgemäßen Gebrauchs wegen **unvollständiger Lieferung** steht eine rechtskräftig abgewiesene Wandlungsklage nicht entgegen. Der Leasingnehmer ist nur mit gegen den Leasinggeber gerichteten Mängelansprüchen ausgeschlossen, jedoch verbleibt ihm das Kündigungsrecht des § 542 BGB, soweit die Nichtgewährung des vertragsgemäßen Gebrauchs nicht auf einer Mangelhaftigkeit der Leasingsache, sondern auf deren unvollständiger Verschaffung beruht.[312]

Ein formularmäßiger Haftungsausschluss des Leasinggebers für nicht vollständige bzw. nicht rechtzeitige Gebrauchsverschaffung entfaltet wegen Verstoßes gegen § 9 AGB-Gesetz keine Wirksamkeit.[313]

1194 **Scheitert** der Finanzierungs-Leasingvertrag **ohne Verschulden** des Leasingnehmers, weil der Händler das Auto nicht liefert, steht dem Leasinggeber weder ein Anspruch auf Erstattung der von ihm an die Refinanzierungsbank zu zahlenden Bereitstellungsprovision noch eine Nichtabnahmeentschädigung zu.[314] Eine AGB, die den Leasingnehmer verpflichtet, in einem solchen Fall Aufwendungen des Leasinggebers zu ersetzen, führt zu einer schweren Störung des Verhältnisses zwischen Leistung und Gegenleistung und ist wegen Verstoßes gegen § 9 Abs. 2 Nr. 1 AGB-Gesetz unwirksam.[315]

1195 Eine Freistellung des Leasinggebers von seiner Pflicht zur Verschaffung einer gebrauchstauglichen Leasingsache bei gleichzeitiger **Abtretung der Erfüllungsansprüche** aus dem Liefervertrag sehen AGB von Kfz-Leasingverträgen üblicherweise nicht vor. Ob eine Klausel dieses Inhalts vor § 9 Abs. 2 Nr. 2 AGB-Gesetz bestehen kann, wurde vom BGH noch nicht entschieden. Die Argumentation, mit der die AGB-mäßige Freizeichnung des Leasinggebers von seiner Gewährleistungspflicht gegen Abtretung der kaufrechtlichen Gewährleistungsansprüche begründet wird, ist nicht geeignet, eine entsprechende Freizeichnung des Leasinggebers von seiner Gebrauchsverschaffungspflicht zu rechtfertigen. Als nicht einschlägig erweist sich insbesondere der Hinweis darauf, der Leasingnehmer habe mehr Sachnähe als der Leasinggeber, da er sich regelmäßig das Fahrzeug in seiner jeweils vorhandenen Qualität aussucht und dessen Ausstattung festlegt.

Bei der Gebrauchsverschaffung handelt es sich um eine vertragliche Hauptpflicht, deren Ausschluss unwirksam wäre, wenn dadurch **vertragswesentliche Pflichten ausgehöhlt** würden. Eine ordnungsgemäße Vertragserfüllung wird durch Freizeichnung des Leasinggebers nicht ausgeschlossen, da es der Leasingnehmer in der Hand hat, die Erfüllung des Kaufvertrages aus abgetretenem Recht zu erzwingen, die Verzugsfolgen geltend zu machen oder nach § 326 BGB gegen den Verkäufer vorzugehen. Auch verbleiben die mit dem Scheitern der Erfüllungsansprüche aus dem Kaufvertrag verbundenen Risiken im Endeffekt beim Leasinggeber, da das Ergebnis der unter dem Gesichtspunkt der Leistungsstörung geführten Auseinandersetzung des Leasingnehmers mit dem Verkäufer für ihn, wie auch für den Leasingnehmer, bindend ist.[316] Scheitert die Erfüllung des Kaufvertrags aus Gründen, die der Leasingnehmer nicht zu vertreten hat (z. B. Insolvenz des Verkäufers, Rücktritt des Leasingnehmers

---

312 BGH 7. 10. 1993, ZIP 1993, 130 f.
313 LG Mannheim 8. 10. 1984, BB 1985, 144.
314 BGH 9. 10. 1985, NJW 1986, 179.
315 BGH 9. 10. 1985, NJW 1986, 179.
316 BGH 7. 10. 1992, NJW 1993, 122.

vom Kaufvertrag gem. § 326 BGB), entfällt – wie bei der vollzogenen Wandlung – rückwirkend die Geschäftgrundlage des Kaufvertrags.[317]

Die Feststellung, dass die Risiken der Nichterfüllung des Kaufvertrags letztendlich den Leasinggeber treffen, kann nicht darüber hinwegtäuschen, dass das Recht des Leasingnehmers, sich vom Leasingvertrag zu lösen oder Schadensersatz zu verlangen, durch die ihm AGB-mäßig auferlegte Pflicht zur Geltendmachung der kaufrechtlichen Erfüllungsansprüche ganz erheblich eingeschränkt wird. Er hat nicht das Recht, sich auf die Einrede des nicht erfüllten Vertrages (§ 320 BGB) zu berufen, die er dem Leasinggeber im Fall des Lieferverzugs oder der Lieferunmöglichkeit entgegenhalten könnte, gäbe es nicht die Klausel. Ihm droht ein völliger Rechtsverlust, wenn er sich mit dem Lieferanten wegen des Lieferverzugs oder der Lieferunmöglichkeit nicht auseinander setzt. Da das Leistungsverweigerungsrecht nach § 11 Nr. 2 AGB-Gesetz derartigen Einschränkungen nicht unterworfen sein soll, erscheint die **Wirksamkeit** der Klauselkombination äußerst **fragwürdig.**

Eine mit Kosten und Risiken verbundene, eventuell auf gerichtlichem Wege mit dem Lieferanten auszutragende Auseinandersetzung fällt in den eigentlichen **Aufgabenbereich des Leasinggebers,** da die Gebrauchsverschaffung zu seinen Kardinalpflichten gehört, bei deren Erfüllung er sich des Lieferanten als seines Erfüllungsgehilfen bedient. Eine Klausel, die es dem Leasinggeber gestattet, den Leasingnehmer wegen seines Anspruchs auf Gebrauchsverschaffung an den Lieferanten zu verweisen, ist mit dem Regelungszweck von § 11 Nr. 8 AGB-Gesetz nicht in Übereinstimmung zu bringen und auch unter diesem Gesichtspunkt in höchstem Maße bedenklich.

8. Leasingentgelt

Das Leasingentgelt besteht in erster Linie aus den **Leasingraten,** die der Leasingnehmer in der unkündbaren Vertragszeit an den Leasinggeber zu entrichten hat. Die **Sonderzahlung** ist ebenfalls Bestandteil des Leasingentgelts, sofern sie nicht zur Tilgung des Kaufpreises verwendet wird und das Finanzierungsvolumen von vornherein entsprechend vermindert. Hinzu kommen schließlich die Zahlungen, die der Leasingnehmer am Vertragsende als **Abschlusszahlung** beim kündbaren Vertrag, als **Restwertausgleich** beim Vertrag mit Übernahme des Restwertrisikos und als **Kaufpreis** beim Vertrag mit Andienungsrecht zu erbringen hat.

1196

Zu den **Kalkulationsfaktoren,** auf deren Basis die Leasingraten berechnet werden, gehören der Anschaffungspreis und der kalkulierte Restwert, die Sonderzahlung, die Kosten der Refinanzierung, die Verwaltungskosten für Anbahnung, Überwachung und Beendigung des Vertrags, die Steuern, der Risikozuschlag und der Gewinn.[318]

Mit den Leasingraten und der Sonderzahlung wird der Betrag **getilgt,** den das Fahrzeug nach der Kalkulation in der unkündbaren Vertragszeit an Wert verliert. Der **Wertverlust** entspricht der Differenz zwischen dem Neuanschaffungspreis und dem kalkulierten Restwert. Weiterhin werden mit den Leasingraten die Refinanzierungszinsen beglichen, die der Leasinggeber an die Bank zahlen muss. Da der Restwert nicht getilgt wird, sind hierfür die Refinanzierungszinsen bis zum Vertragsende in voller Höhe zu entrichten. Die Höhe des Refinanzierungszinses ist für die Abzinsung der Leasingraten im Fall einer vorzeitigen Vertragsbeendigung von Bedeutung. Der Vertragszins des Leasingvertrags beinhaltet außer dem Refinanzierungszins die Nichtfinanzierungskosten, bestehend aus den Verwaltungskosten und dem Gewinn des Leasinggebers. Die Differenz zwischen dem Refinanzierungszins und dem regelmäßig darüber liegenden Vertragszins gibt Auskunft über die Höhe der Nichtfinanzierungskosten.

---

317 BGH 30. 7. 1997, DB 1997, 1970; OLG München 10. 1. 1992, BB 1992, 2388.
318 Zur Berechnung *Michalski/Schmitt,* Der Kfz-Leasingvertrag, Rn 303 ff.

Die Leasingrate, in Prozent zum Neuanschaffungspreis ausgedrückt, wird als Leasingfaktor bezeichnet.

Die mathematische Formel lautet:

$$\text{Leasingfaktor} = \frac{\text{Rate} \times 100}{\text{Neuanschaffungspreis}}$$

Der Leasingfaktor macht Leasingangebote mit gleicher Laufzeit vergleichbar.

a) Leistungsort, Fälligkeit und Verzug

1197 Sofern die Parteien nichts anderes vereinbart haben, ist **Erfüllungsort** für die Zahlung des Leasingentgelts der **Wohn- bzw. Betriebssitz** des Leasingnehmers bei Abschluss des Leasingvertrags.[319]

Leasingvertragsmuster sehen üblicherweise vor, dass eine **vereinbarte Sonderzahlung** bei **Vertragsbeginn** und die monatlichen **Leasingraten** jeweils monatlich **im Voraus** zu entrichten sind. Durch nicht rechtzeitige Zahlung der Leasingraten gerät der Leasingnehmer gem. § 284 Abs. 2 BGB in Verzug, es sei denn, er kann nachweisen, dass die Zahlung ohne sein Verschulden verspätet erfolgte. Falls der Leasingnehmer den Leasinggeber bevollmächtigt hat, die monatlich zu zahlenden Raten von seinem Konto abzubuchen und die Abbuchung infolge eines Versehens des Leasinggebers unterbleibt, gerät der Leasingnehmer erst in Verzug, wenn er nicht innerhalb einer vom Leasinggeber gesetzten Frist die Zahlung erbracht hat.[320] Da für die Sonderzahlung im Allgemeinen kein Termin nach dem Kalender bestimmt ist, bedarf es zur Herbeiführung des Zahlungsverzugs einer Mahnung des Leasinggebers.

Für Leasingverträge, die unter das **VerbrKrG** fallen, beträgt der **Regelverzugszins 5 v. H. über dem jeweiligen Diskontsatz (Basiszinssatz) der Deutschen Bundesbank** (§ 11 Abs. 1 VerbrKrG; Art. 1 § 1 Diskontsatz-Überleitungs-Gesetz), wenn nicht im Einzelfall der Kreditgeber einen höheren oder der Verbraucher einen niedrigeren Schaden nachweist. Die Vereinbarung eines höheren Pauschalzinses ist unzulässig (§ 18 S. 1 VerbrKrG). Bei Verträgen, die nicht unter das VerbrKrG fallen, ist eine Pauschale, die an § 11 Abs. 1 VerbrKrG anknüpft, sachlich angemessen und daher nicht zu beanstanden.[321]

Teilleistungen des Leasingnehmers, der sich mit den Raten in Verzug befindet und den Schutz des VerbrKrG genießt, sind zunächst auf die Kosten der Rechtsverfolgung, sodann auf die Hauptleistung und schließlich auf die Zinsen zu verrechnen (§ 11 Abs. 3 VerbrKrG). Die Verzugszinsen dürfen daher nicht in ein Kontokorrentverhältnis mit dem geschuldeten Leasingentgelt gestellt werden.[322] Der Leasinggeber ist berechtigt, auf die Verzugszinsen Ersatz des Verzugsschadens in Höhe des gesetzlichen Zinssatzes von 4% zu verlangen (§ 11 Abs. 2 S. 2 VerbrKrG).

b) Leasingsonderzahlung

1198 Die Leasingsonderzahlung, die im Geschäftsverkehr mit privaten Kunden üblich ist, liegt zwischen 20% und 30% des Pkw-Anschaffungspreises. Durch die bei Leasingbeginn zu erbringende Sonderzahlung wird sowohl das Kreditrisiko des Leasinggebers als auch die Kreditverbindlichkeit des Leasingnehmers reduziert.[323] Die Sonderzahlung wirkt sich günstig auf die Höhe des insgesamt vom Leasingnehmer zu zahlenden Leasingentgelts aus. Je höher die dem Kunden abverlangte Leasingsonderzahlung ist, umso niedriger sind die Leasingraten.

---

319 BGH, Beschl. v. 30. 3. 1988, NJW 1988, 914; *Zöller/Vollkommer*, § 29 Rn 25.
320 OLG Düsseldorf 13. 10. 1988 – 10 U 37/88 –, zitiert in ZIP 1988/A 162/572.
321 BGH 8. 10. 1991, WM 1991, 1983.
322 Zur Titulierung von Verzugszinsen vgl. *Münzberg*, WM 1991, 170; *Braun*, WM 1991, 1325.
323 *Godefroid*, BB-Beilage 1993, Nr. 8, S. 15, 18.

Vertragsdurchführung

1199 Über die Art und Weise der Verrechnung der Sonderzahlung geben die Vertragsmuster **selten klare Auskunft.**[324] Selbst die vom VDA empfohlenen Muster-Leasing-AGB sind in diesem Punkt nicht aufschlussreich.[325] Abschn. IV Ziff. 2 der Leasing-AGB stellt lediglich klar, dass die Leasingsonderzahlung nicht als Kaution dient und durch sie Leasingraten nicht getilgt werden. Zur Verrechnungsweise der Leasingsonderzahlung und insbesondere deren Vergütung im Fall einer vorzeitigen Vertragsbeendigung enthält die Konditionenempfehlung keine Regelungen.

1200 In **steuerlicher Hinsicht** gehört die Sonderzahlung zu den sofort abziehbaren **Werbungskosten** des Leasingnehmers, da sie als Entgelt für die Nutzungsüberlassung zu bewerten und nicht den Anschaffungskosten zuzurechnen ist.[326] Bilanzsteuerlich ist sie eine **Vorauszahlung.** Der durch sie gebildete Rechnungsabgrenzungsposten ist auf die Grundmietzeit gleichmäßig verteilt aufzulösen.

Auch **zivilrechtlich** wird die Sonderzahlung von Leasinggesellschaften als Vorauszahlung angesehen. Sie verteilen die Sonderzahlung gleichmäßig auf die künftigen Leasingraten. Die Verrechnungsanteile werden im Leasingvertrag nicht ausgewiesen, weil sie in den Raten, die der Leasingnehmer zu zahlen hat, bereits berücksichtigt sind und diese nicht (nochmals) vermindern.

1201 Falls **AGB** des Leasingvertrags im Einzelfall **keine Regelung** zur Verrechnung der vom Leasingnehmer geleisteten Leasingsonderzahlung enthalten, ist sie zu seinen Gunsten als **Vorauszahlung** auf die künftigen Leasingraten zu qualifizieren. Davon ist nach Ansicht des OLG Düsseldorf[327] jedenfalls dann auszugehen, wenn sich aus der Anschaffungsrechnung ergibt, dass der Lieferant die von der Leasinggesellschaft an ihn weitergeleitete Sonderzahlung auf den Kaufpreis des Leasingfahrzeugs angerechnet hat. Infolgedessen besitzt der Leasingnehmer bei vorzeitiger Vertragsbeendigung wegen eines von ihm nicht verschuldeten Untergangs des Fahrzeugs Anspruch darauf, dass ihm der Leasinggeber den noch nicht durch Verrechnung mit den künftigen Leasingraten verbrauchten Teil der Sonderzahlung erstattet, wobei der Anspruch allerdings weiterhin voraussetzt, dass der Leasinggeber die Sach- und Preisgefahr nicht wirksam auf den Leasingnehmer verlagert hat.[328] Den nicht durch Verrechnung verbrauchten Anteil einer anfänglichen Sonderzahlung hat der Leasinggeber an den Leasingnehmer auch dann zurückzuzahlen, wenn der Leasingnehmer nach unwirksamer Kündigung des Leasingvertrages das Fahrzeug an den Leasinggeber herausgibt.[329]

1202 Unerlässlich ist eine AGB-mäßige Klarstellung dahin gehend, ob der **Anrechnungspreis,** den der Leasingnehmer für sein **Altfahrzeug** vom Händler eingeräumt bekommt, den Kaufpreis des Leasingfahrzeugs und damit den Finanzierungsaufwand des Leasinggebers „von vornherein" reduziert oder ob der Anrechnungspreis eine Sonderzahlung im Sinne einer Vorauszahlung von Leasingraten zusätzlich zu den vereinbarten Leasingraten darstellt. Ohne Erläuterung in den AGB ist die Art der Verrechnung für den Kunden nicht durchschaubar.[330] Da der Kunde erwartet, dass der Kaufpreis des Leasingfahrzeugs durch den Anrechnungspreis vorab teilweise getilgt wird und sich der Finanzierungsaufwand verringert, muss er eine Behandlung der Sonderzahlung als Vorauszahlung auf das Leasingentgelt nicht gegen sich gelten lassen, wenn die AGB diesbezüglich keine klare und durchschaubare Regelung enthalten.

---

324 Zur Auslegung von Klauselbeispielen *Müller-Sarnowski,* DAR 1998, 229.
325 Anhang Teil 1, Anlage 2.
326 BFH 5. 5. 1994, DAR 1994, 413.
327 Urt. 16. 1. 1997, OLGR 1997, 169.
328 OLG Düsseldorf 16. 1. 1997, OLGR 1997, 169.
329 OLG Rostock 13. 9. 1999, OLGR 2000, 2 – nicht rechtskräftig –.
330 *Müller-Sarnowski,* DAR 1998, 228, 229.

1203 Ergibt sich eindeutig aus dem Vertrag, dass der Anrechnungspreis für das Altfahrzeug als Leasingsonderzahlung zu verwenden ist, liegt rechtlich eine **„doppelte Ersetzung"** vor.[331] Im Verhältnis zwischen Leasinggeber und Händler wird ein Teil des Neuwagenpreises durch das Gebrauchtfahrzeug des Leasingnehmers ersetzt. Durch diesen Preisvorteil wird im Verhältnis zwischen Leasingnehmer und Leasinggeber die Leasingsonderzahlung ganz oder zum Teil ersetzt. Im Falle des Scheiterns der vereinbarten Inzahlungnahme ist der volle Kaufpreis vom Leasinggeber in bar an den Händler zu entrichten. Der Leasinggeber besitzt seinerseits einen Barzahlungsanspruch gegen den Leasingnehmer in Höhe des Anrechnungspreises.

1204 Schlägt der Leasingvertrag fehl, weil die Lieferung nicht oder nicht rechtzeitig erfolgt, der Vertrag unwirksam ist oder der Käufer berechtigterweise den Vertrag wandelt, ist die **Rückzahlung** der Sonderzahlung grundsätzlich vom Leasinggeber zu erbringen, auch wenn die Zahlung an den Lieferanten geleistet wurde.[332] Im Fall des Widerrufs gilt § 9 Abs. 2 Satz 3 VerbrKrG.

1205 Wenn nach dem Vertrag anzunehmen ist, dass es sich bei der Sonderzahlung um eine Vorauszahlung handelt, schuldet der Leasingnehmer im Fall einer gesetzlichen **Anhebung der Umsatzsteuer** für die noch nicht verrechneten Anteile der Sonderzahlung den erhöhten Mehrwertsteuersatz, wenn der Vertrag eine entsprechende Anpassungsregelung enthält.[333]

c) Änderungen des Leasingentgelts

1206 Nicht zu beanstanden ist ein Änderungsvorbehalt in AGB für den Fall, dass sich die Kraftfahrzeug-Anschaffungskosten nach Vertragsabschluss erhöhen. Um vor § 9 AGB-Gesetz bestehen zu können, muss die **Preisänderungsklausel** sowohl die Umstände, die den Leasinggeber zur Erhöhung des Entgelts berechtigen, als auch das Ausmaß der Erhöhung deutlich machen. Weil Leasingverträge Dauerschuldverhältnisse sind, findet die in § 11 Nr. 1 AGB-Gesetz vorgesehene Sperrfrist von 4 Monaten für Preiserhöhungen keine Anwendung.

1207 AGB-Regelungen, die den Leasinggeber berechtigen sollen, das Leasingentgelt zu erhöhen, falls sich die Refinanzierungsverhältnisse in der Zeit zwischen dem Antrag auf Abschluss und der Annahme des Leasingvertrags nachteilig verändern, benachteiligen den Leasingnehmer unangemessen und sind grundsätzlich unzulässig. Unterschiedliche Standpunkte werden zu der Frage vertreten, ob der Leasinggeber das Risiko einer Veränderung der Geldmarktverhältnisse dem Leasingnehmer durch AGB zuweisen darf, die in die Zeit zwischen Abschluss des Leasingvertrags und späterer Anschaffung des Fahrzeugs fällt. Nach Meinung von *Sannwald*[334] ist es die Aufgabe des Leasinggebers, von vornherein mit seinem Kreditgeber die **Refinanzierungsbedingungen** auszuhandeln und **langfristig festzulegen.** Eine gegenteilige Auffassung hat das OLG Frankfurt[335] vertreten, das dem Leasinggeber das Recht zubilligte, das Veränderungsrisiko der Refinanzierungsbedingungen durch eine Anpassungsklausel aufzufangen.

1208 Eine Anpassungsklausel für den Fall, dass sich während der Vertragszeit die **Umsatzsteuer** ändert, ist sachangemessen und wirksam. Eine Steigerung der Umsatzsteuer auf den Anschaffungspreis des Fahrzeugs in der Zeit zwischen Bestellung und Lieferung darf der Leasinggeber nicht auf den Leasingnehmer abwälzen.[336]

Zulässig sind AGB, die den Leasinggeber eines Bruttoleasingvertrags berechtigen, die Leasingraten anzupassen, falls sich die Kosten für **Nebenleistungen** (Versicherungsprämien,

---

331 BGH 18. 1. 1967, BGHZ 46, 338.
332 AG Düsseldorf 30. 4. 1998, NJW-RR 1998, 1673.
333 *Müller-Sarnowski*, DAR 1998, 228; *Reinking,* Autoleasing, S. 110.
334 Der Finanzierungsleasingvertrag über bewegliche Sachen mit Nichtkaufleuten, 145.
335 Urt. 14. 5. 1985, BB 1986, 696.
336 *Graf von Westphalen,* Der Leasingvertrag, Rn 582.

Vertragsdurchführung

Kfz-Steuer, Reparaturkosten, Gebühren für HU und ASU), sofern sie den von der Rechtsprechung gestellten Anforderungen[337] entsprechen.

9. Forderungsabsicherung

a) Haftung Dritter

Leasinggesellschaften sichern ihre Ansprüche aus Leasingverträgen ab, indem sie Dritte, z. B. den **Ehepartner**, die **Geschäftsführer** und **Gesellschafter** der GmbH und den **Verkäufer** in Mithaftung nehmen. Dem Händler wird häufig die Verpflichtung auferlegt, das Fahrzeug am Vertragsende oder auch im Fall einer vorzeitigen Vertragsbeendigung zum kalkulierten Restwert oder zum Verkehrswert zurückzukaufen.[338]

1209

Diejenigen Personen, die
- der Schuld des Leasingnehmers beitreten,
- die Schuld des Leasingnehmers im Wege einer vom Leasinggeber genehmigten befreienden Schuldübernahme übernehmen,
- als weitere Leasingnehmer im Wege einer dreiseitigen Vereinbarung in den Leasingvertrag eintreten,
- einen Leasingvertrag übernehmen,

werden durch das VerbrKrG geschützt, sofern in ihrer Person die Anwendungsvoraussetzungen vorliegen.[339] Es ist nicht erforderlich, dass der Leasingnehmer ebenfalls unter das VerbrKrG fällt. Auf eine nach dem Inkrafttreten des VerbrKrG im Wege einer dreiseitigen Vereinbarung zu Stande gekommene Übernahme eines Finanzierungsleasingvertrags ist das VerbrKrG entsprechend anwendbar, wenn der übernommene Leasingvertrag vor dem Inkrafttreten dieses Gesetzes abgeschlossen worden war und nicht in den sachlichen Anwendungsbereich des AbzG fiel.[340] Die Vorschriften des VerbrKrG finden uneingeschränkt auf Gesellschafter und Geschäftsführer Anwendung, die der Schuld aus Leasingverträgen ihrer Gesellschaft beitreten, selbst wenn sie Alleingeschäftsführer sind oder als Gesellschafter die Mehrheit halten.[341] Eine selbstschuldnersiche Mitverpflichtung spricht in der Regel für die Annahme eines Schuldbeitritts und gegen eine Bürgschaft.[342]

Es ist **höchst streitig**, ob **Bürgschaften** von Verbrauchern **unter das VerbrKrG fallen**. Nach Ansicht des BGH[343] werden von Verbrauchern übernommene Bürgschaften, die der Absicherung eines Kredit-/Leasingvertrags dienen, den der Leasingnehmer nach dem Inhalt des Vertrags für seine bereits ausgeübte gewerbliche oder selbstständige berufliche Tätigkeit abgeschlossen hat, weder von § 3 Abs. 1 VerbrKrG noch von § 1 HWiG erfasst. Seines Erachtens ist § 1 HWiG auf die Bürgschaft auch dann nicht anwendbar, wenn der Leasingnehmer die Verpflichtung aus dem Vertrag zwar als Verbraucher, jedoch nicht im Rahmen

---

[337] BGH 7. 10. 1981, BB 1982, 146.
[338] Siehe Rn 1262.
[339] BGH 5. 6. 1996, WM 1996, 1258; 10. 7. 1996, WM 1996, 1781; 12. 11. 1996, WM 1997, 158; 25. 2. 1997, EBE 1997, 122; 30. 7. 1997, EBE 1997, 316; OLG München 30. 5. 1996, OLGR 1996, 173; Oldenburg 9. 5. 1996, OLGR 1996, 145; OLG Hamm 14. 2. 1997, OLGR 1997, 101; OLG Düsseldorf 20. 2. 1997, OLGR 1997, 89; 10. 6. 1997, OLGR 1997, 233; OLG Celle 29. 1. 1997, OLGR 1997, 61; OLG Naumburg 4. 12. 1998, OLGR 1999, 270; *Bülow/Artz,* ZIP 1998, 629; *Bülow,* ZIP 1997, 400; *Schmid-Burgk,* DB 1997, 513; abweichend nur OLG München 20. 7. 1999, OLGR 1999, 361, nach dessen Ansicht ein Verbraucherkredit nur vorliegt, wenn alle am Geschäft beteiligten Kreditnehmer Verbraucher sind.
[340] BGH 26. 5. 1999, MDR 1999, 982.
[341] BGH 25. 2. 1997, EBE 1997, 122.
[342] Thüringer OLG 3. 5. 1999, OLGR 2000, 32.
[343] Urt. v. 21. 4. 1998, DB 1998, 1179.

eines Haustürgeschäfts eingegangen ist.[344] Noch keine Stellungnahme hat der BGH zu der Frage abgegeben, ob das VerbrKrG auf solche Bürgschaften anzuwenden ist, die der Absicherung von Forderungen aus Krediten/Leasingverträgen mit Verbrauchern dienen. Die Einbeziehung dieser Bürgschaften in den Geltungsbereich des VerbrKrG wird von der Instanzgerichtsbarkeit überwiegend abgelehnt.[345] Das Schrifttum ist geteilter Meinung.[346] Die Herausnahme der Bürgschaft aus dem Schutzbereich des VerbrKrG wird hauptsächlich mit dem formalen Argument begründet, der Bürge sei weniger schutzwürdig als derjenige, der einer fremden Schuld beitrete, da er durch die Schriftform gewarnt werde und im Falle der Aufgabe von Sicherheiten Befreiung von der Bürgschaft verlangen könne.[347] Diese Argumentation überzeugt nicht, da auch der Schuldbeitritt zu einem Leasingvertrag, um wirksam zu sein, der Schriftform bedarf[348] und in Anbetracht der wirtschaftlichen Zielsetzung und dem daraus abzuleitenden **Schutzbedürfnis** der mithaftenden Personen **kein wesentlicher Unterschied zwischen Bürgschaft und Schuldbeitritt** besteht.[349] Das LG Potsdam[350] hat die Frage, ob Bürgschaften in den Anwendungsbereich der Verbraucherkreditrichtlinie fallen, dem EuGH zur Vorabentscheidung vorgelegt.

1210 Falls mithaftende Personen des Leasingvertrags unter den Schutz des VerbrKrG fallen, ist zu beachten, dass die **Widerrufsfrist** erst mit dem **Zeitpunkt der Haftungserklärung** zu laufen beginnt und eine **entsprechende Belehrung** zu erfolgen hat.[351] Nimmt der Leasinggeber das Fahrzeug in der Zeit zurück, in der das Widerrufsrecht des Beitretenden noch nicht erloschen ist, kann der Schuldbeitritt nicht mehr wirksam werden.[352]

Im Fall der **Kündigung** sind die Voraussetzungen des **§ 12 VerbrKrG** zu **beachten**.[353] Der Leasinggeber muss dem mithaftenden Verbraucher gegenüber den Anforderungen des § 12 VerbrKrG entsprechend kündigen. Eine gegenüber dem Leasingnehmer wirksame Kündigung berührt, wenn sie dem Beitretenden gegenüber nicht die Voraussetzungen nach § 12 VerbrKrG erfüllt, nicht die weiterhin bestehende Erfüllungspflicht des aufgrund Schuldbeitritts haftenden Dritten.[354] Die gleichen Grundsätze gelten, wenn von mehreren Leasingnehmern nur einer Verbraucher im Sinne von § 1 VerbrKrG ist und das Fahrzeug ganz oder überwiegend für die ausgeübte selbstständige Tätigkeit eines anderen Leasingnehmers bestimmt ist.[355]

b) Abtretung von Ansprüchen auf Lohnzahlung

1211 Unwirksam ist eine im Leasingvertrag enthaltene formularmäßige **Vorausabtretung** des pfändbaren Teils gegenwärtiger und zukünftiger Lohn-, Gehalts-, Pensions- und damit in Zusammenhang stehender Ansprüche des Leasingnehmers an den Leasinggeber. Sie engt den wirtschaftlichen Spielraum des Leasingnehmers unangemessen ein und verschafft dem Lea-

---

344 BGH 14. 5. 1998, EBE 1998, 211.
345 OLG Stuttgart 22. 7. 1997, OLGR 1997, 36; 18. 2. 1998, OLGR 1998, 147; OLG Rostock 8. 1. 1998, OLGR 1998, 180; OLG Düsseldorf 18. 8. 1997, ZIP 1997, 2005; OLG Frankfurt 15. 12. 1997, OLGR 1998, 147 und 21. 1. 1998, OLGR 1998, 218; a. A. LG Köln 2. 10. 1997, ZIP 1997, 2007.
346 Dagegen z. B. *Ulmer,* MK BGB § 1 VerbrKrG Rn 37; *Seeker,* WuB I E 2, § 7 VerbrKrG 2 S. 96; *Zahn,* DB 1992, 1029; *Koch,* FLF 1998, 203; dafür z. B. *Graf von Westphalen,* DB 1998, 295; *Bülow,* VerbrKrG, § 1 Rn 100; *ders.,* ZIP 1999, 1613 m. w. N.; *Reinking,* Autoleasing, S. 61 ff./82.
347 *Schmid-Burgk,* DB 1997, 513.
348 BGH 12. 11. 1996, WM 1997, 158.
349 *Bülow,* VerbrKrG § 1 Rn 100; *ders.,* ZIP 1999, 1613 m. w. N.
350 Urt. v. 27. 4. 1998, ZIP 1998, 1147.
351 Dazu Rn 218 ff.
352 OLG Koblenz 9. 10. 1997, OLGR 1998, 257.
353 OLG Hamm 14. 2. 1997, OLGR 1997, 102.
354 OLG Naumburg 4. 12. 1998, OLGR 1999, 270; *Graf von Westphalen,* MDR 1997, 310.
355 OLG Celle 29. 1. 1997, OLGR 1997, 61, 62; OLG Karlsruhe 25. 2. 1997, NJW-RR 1998, 1438.

singgeber ein Druckmittel, mit dessen Hilfe er unberechtigte und zweifelhafte Forderungen durchzusetzen vermag. Es fehlt insbesondere an einem adäquaten Sicherungsbedürfnis, weil der Leasinggeber während der Zeit der Gebrauchsüberlassung Eigentümer des Leasingfahrzeugs bleibt.[356]

10. Rechtsfolgen aus der Geltendmachung von Gewährleistungsansprüchen

a) Wandlung

aa) Wegfall der Geschäftsgrundlage des Leasingvertrags

Der Leasinggeber, der den Leasingnehmer in seinen AGB wirksam auf die Geltendmachung abgetretener Gewährleistungs- und Garantieansprüche aus dem Kauf verwiesen hat,[357] muss nach gefestigter höchstrichterlicher Rechtsprechung die sich daraus ergebenden **rechtlichen Folgen** als **verbindlich** hinnehmen[358] und kann nicht unabhängig davon im Leasingverhältnis das Fehlen von Mängeln erneut geltend machen.[359] **1212**

Akzeptiert der Händler eine vom Leasingnehmer aus abgetretenem Recht berechtigterweise erklärte Wandlung oder wird er hierzu rechtskräftig verurteilt, so hat dies zur Folge, dass dem Leasingvertrag die **Geschäftsgrundlage** von **vornherein** fehlt.[360] Die vollzogene Wandlung führt nicht nur zu einer Änderung der Geschäftsgrundlage des Leasingvertrages mit der Folge einer Vertragsanpassung, vielmehr bewirkt sie rückwirkend den **Wegfall** aller mit dem Leasingvertrag in Zusammenhang stehenden wechselseitigen **Verpflichtungen.**[361] Durch rechtskräftige Feststellung der sich aus der vollzogenen Wandlung des Kaufvertrags ergebenden Forderung zur Insolvenztabelle wird die Geschäftsgrundlage des Leasingvertrags ebenfalls rückwirkend beseitigt.[362] Diese Rechtsfolge tritt unabhängig davon ein, ob das Wandlungsbegehren sachlich gerechtfertigt war oder ob sich der Insolvenzverwalter einverstanden erklärt hat.[363] Da der Leasingvertrag in seiner Durchführung vom Bestand des Kaufvertrags abhängt, entfällt die Geschäftsgrundlage mit der wirksamen Anfechtung des Kaufvertrags durch den Leasingnehmer.[364] Ebenso verhält es sich, wenn der Lieferant einen mit den Parteien des Leasingvertrags vereinbarten Umtausch der mangelhaften Leasingsache nicht erfüllt, da die für den Fall der Schlechtlieferung geltenden Gewährleistungsansprüche im Falle der Nichterfüllung des neuen Kaufvertrags nicht weiterhelfen.[365] **1213**

Auf Grund vorbehaltloser Abtretung ist der Leasingnehmer berechtigt, die Gewährleistungsansprüche ohne Mitwirkung des Leasinggebers gegen den Händler durchzusetzen. Demzufolge darf der Leasinggeber die Art und Weise der Anspruchsverfolgung **nicht** von der Einhaltung bestimmter **Abwicklungsmodalitäten abhängig** machen, wenn hierdurch die kaufrechtlichen Gewährleistungsansprüche des Leasingnehmers unzulässig eingeschränkt werden. Gewährleistungsansprüche kann der Leasingnehmer selbst dann noch geltend machen, wenn der Leasinggeber den Leasingvertrag gekündigt hat, da die Abtretung i. d. R. **1214**

---

356 OLG Celle 12. 1. 1994, NJW-RR 1994, 562; a. A. AG Essen 2. 3. 1995 – 19 C 676/94 zur Lohnabtretung und Übereignung des finanzierten Fahrzeugs unter Berufung auf LG Essen 3. 2. 1993 – 10 S 517/92 – n. v.
357 Vgl. Abschn. XIII der Muster-Leasing-AGB des VDA, Teil I Anhang 2.
358 BGH 23. 2. 1977, BGHZ 68, 126; 5. 12. 1984, WM 1985, 226; 27. 2. 1985, WM 1985, 573.
359 BGH 13. 3. 1991, ZIP 1991, 519 ff.
360 BGH 23. 2. 1977, BGHZ 68, 126; 16. 9. 1981, BB 1981, 2093; 25. 10. 1989, NJW 1990, 314; OLG Hamm 2. 12. 1982, BB 1983, 337.
361 BGH 25. 10. 1989, NJW 1990, 314, 315; *Tiedke*, JZ 1991, 19 ff.; a. A. *Lieb*, DB 1988, 2495, 2496; *Schröder*, JZ 1989, 717.
362 *Graf von Westphalen*, Der Leasingvertrag, Rn. 715.
363 BGH 10. 11. 1993, MDR 1994, 273.
364 *Sannwald*, Der Finanzierungsleasingvertrag über bewegliche Sachen mit Nichtkaufleuten, 182.
365 BGH 30. 7. 1997, DB 1997, 1970.

nicht an das Fortbestehen des Leasingvertrags geknüpft ist.[366] Eine rechtskräftige Verurteilung des Händlers, die **nicht notwendigerweise** auf Grund **streitiger Verhandlung** ergangen sein muss, sondern auch auf Säumnis des Händlers beruhen kann,[367] muss er ebenso gegen sich gelten lassen wie eine außergerichtlich zwischen Leasingnehmer und Händler **einverständlich vollzogene Wandlung** oder **Minderung** und kann sich nicht darauf berufen, ihm sei keine Gelegenheit zur Mitwirkung und Wahrung seiner Rechte eingeräumt worden.[368] Er ist mit allen Einwendungen ausgeschlossen, die sich gegen die Feststellung von Mängeln oder das Recht zur Geltendmachung solcher Mängel richten, und er wird auch nicht damit gehört, Mängelansprüche seien durch rügelose Abnahme verfallen oder die Verjährung sei schon vor Beginn des Gewährleistungsprozesses eingetreten.[369] Eine trotz fehlender Wandlungsreife zwischen Leasingnehmer und dem Händler – kollusorisch zum Nachteil des Leasinggebers – vereinbarte Rückgängigmachung des Kaufvertrags führt allerdings nicht zum rückwirkenden Wegfall der Geschäftsgrundlage des Leasingvertrages.[370] Zur Annahme eines kollusorischen Zusammenwirkens reicht allein der Umstand, dass der Leasinggeber ein Versäumnisurteil gegen sich ergehen lässt, nicht aus.[371]

1215 Sachangemessen und im Rahmen der AGB-Kontrolle nicht zu beanstanden ist eine AGB-Regelung, die den Leasingnehmer verpflichtet, den Leasinggeber über die Geltendmachung von Gewährleistungsansprüchen zu unterrichten. Verletzt der Leasingnehmer seine **Unterrichtungspflicht,** kann dem Leasinggeber daraus ein auf Freistellung von den Folgen der Wandlung gerichteter Schadensersatzanspruch erwachsen, zu dessen Substantiierung der Leasinggeber vortragen muss, was er bei rechtzeitiger Mitteilung zur Vermeidung des in den Wandlungsfolgen für ihn liegenden Schadens veranlasst hätte.[372]

1216 Der Leasinggeber kann die gesetzlichen Gewährleistungsansprüche, die sich aus dem Kaufvertrag ergeben, nicht dadurch abwenden, dass er dem Leasingnehmer im Austausch ein mangelfreies **Ersatzfahrzeug** anbietet.[373] Durch eine AGB-Regelung im Leasingvertrag, die das Wandlungsrecht des Leasingnehmers durch einen Anspruch auf Lieferung eines Ersatzfahrzeuges ersetzt, werden die Interessen des Leasingnehmers allerdings angemessen gewahrt, wenn der Lieferant gegen Rücknahme des mangelhaften Autos ein Fahrzeug des gleichen Typs zu stellen hat. Die formularmäßige Ersetzung des Wandlungsanspruchs durch einen Ersatzlieferungsanspruch verstößt deshalb nicht gegen § 9 AGB-Gesetz.[374]

bb) Rückabwicklung

1217 Die Rückabwicklung des mit dem Vollzug der Wandlung seiner Geschäftsgrundlage beraubten Leasingvertrages erfolgt nach **Bereicherungsrecht.**[375]

Von der Verpflichtung zur Zahlung der Leasingraten ist der Leasingnehmer rückwirkend befreit, auch wenn er das Auto bereits in Benutzung genommen hat. Ihm ist nicht zuzumuten, zeitweilig ein mangelhaftes Auto zu fahren, dafür aber dennoch die für die Nutzungszeit vorgesehenen und für eine mangelfreie Sache berechneten Raten zahlen zu müssen.[376]

---

366 BGH 13. 3. 1991, ZIP 1991, 519, 522.
367 BGH 13. 3. 1991, ZIP 1991, 519; OLG Düsseldorf 23. 11. 1989, NJW 1990, 1143.
368 BGH 27. 2. 1985, WM 1985, 573.
369 BGH 13. 3. 1991, ZIP 1991, 519.
370 BGH 27. 2. 1985, WM 1985, 573.
371 BGH 13. 3. 1991, ZIP 1991, 519.
372 BGH 13. 3. 1991, ZIP 1991, 521.
373 BGH 2. 12. 1981, BB 1982, 208.
374 *Graf von Westphalen,* Der Leasingvertrag, Rn 676 f.
375 BGH 25. 10. 1989, NJW 1990, 314 ff.; *Wolf/Eckert,* Handbuch des gewerblichen Miet-, Pacht- und Leasingrechtes, Rn 1943; *Graf von Westphalen,* Der Leasingvertrag, Rn 723.
376 BGH 5. 12. 1984, WM 1985, 226.

Vertragsdurchführung

Der Leasingnehmer schuldet dem Leasinggeber **weder Aufwendungs- oder Vertragskostenersatz noch Ersatz des Gewinnausfalls,** da andernfalls das den Leasingvertrag beherrschende Äquivalenzprinzip gestört wäre.[377] Für ihn besteht insbesondere keine Verpflichtung, die Kosten der fehlgeschlagenen Refinanzierung zu ersetzen oder einen Ausgleich für den Kapitaleinsatz zu leisten, den der Leasinggeber – an seiner Stelle – getätigt hat.[378] Bei dem ersparten Kapitaleinsatz handelt es sich nicht um eine Position, um die der Leasingnehmer bereichert ist. Abrechnungsklauseln in AGB, mit denen sich Leasingfirmen Ersatzansprüche gleich welcher Art gegen Leasingnehmer für den Fall der Wandlung des Kaufvertrages einräumen lassen, sind grundsätzlich ungültig.[379] Auch das Risiko der Händlerinsolvenz kann durch AGB nicht wirksam auf den Leasingnehmer abgewälzt werden.[380] 1218

Das Risiko der **Insolvenz** des **Händlers** trägt der Leasinggeber, und zwar sowohl im kaufmännischen als auch im nichtkaufmännischen Geschäftsverkehr. Es ist ihm verwehrt, seine Aufwendungen für die Anschaffung des Fahrzeugs gegenüber dem Anspruch des Leasingnehmers auf Erstattung des Leasingentgelts bereicherungsmindernd geltend zu machen, wenn er seinen Anspruch auf Kaufpreisrückzahlung gegenüber dem Händler nicht realisieren kann, da andernfalls die für den Wegfall der Geschäftgrundlage maßgebende Risikoverteilung ohne praktische Auswirkung bliebe.[381] 1219

Vom Lieferanten hat der Leasinggeber **Verzinsung** des **Kaufpreises** gem. § 347 S. 3 BGB i. V. m. § 352 HGB in Höhe von 5% zu beanspruchen. Der gesetzliche Zinsanspruch, den der aus abgetretenem Recht klagende Käufer beachten muss, kompensiert weitgehend den Zinsschaden des Leasinggebers infolge des Kapitaleinsatzes. Zur Vermeidung eines Anspruchsverlustes sollte der Käufer dafür Sorge tragen, dass der Leasinggeber seine Vertragskosten vom Händler zurückerhält, wozu insbesondere eine an den Händler für die Vermittlung des Leasingvertrags gezahlte Provision gehört. 1220

In den Bereicherungsausgleich nach Vollzug der Wandlung sind die **Gebrauchsvorteile** einzubeziehen, die der Leasinggeber dem Händler für die Benutzung des Leasingfahrzeugs durch den Leasingnehmer vergüten muss.[382] Die Vergütungssätze liegen je nach Fahrzeugtyp üblicherweise zwischen 0,5%[383] und 0,67%[384] des Bruttoeinstandspreises je 1000 km Laufleistung. Für die Nutzungen ist in dem Rechtsverhältnis zwischen den Parteien des Kaufvertrages der Händler beweispflichtig, während die Beweislast in der Rechtsbeziehung zwischen den Parteien des Leasingvertrags beim Leasinggeber liegt, der als Bereicherungsschuldner die Minderung des Saldos in Höhe der Gebrauchsvorteile beansprucht und sich damit auf eine für ihn günstige Rechtsfolge beruft. Da der Leasinggeber normalerweise zu dem Umfang der Benutzung des Leasingfahrzeugs aus eigener Kenntnis nichts vortragen kann, ist es Aufgabe des Leasingnehmers, einer pauschalen Nutzungsbehauptung des Leasinggebers substantiiert entgegenzutreten. 1221

Der Leasingnehmer besitzt bei Zahlungsunfähigkeit des Verkäufers keinen Anspruch gegen den Leasinggeber auf Erstattung der **Kosten** des **Wandlungsprozesses.** Da die Geltendmachung des Gewährleistungsrechts in den Aufgabenbereich des Leasingnehmers fällt, 1222

---

377 BGH 16. 9. 1981, BB 1981, 2093; 25. 10. 1989, NJW 1990, 314.
378 BGH 16. 9. 1981, NJW 1982, 105, 107; 9. 10. 1985, NJW 1986, 179; 25. 10. 1989, NJW 1990, 314; OLG Koblenz 6. 7. 1984, WM 1984, 1259 f.; a. A. OLG Braunschweig 7. 10. 1993 – 2 U 128/93 – n. v.
379 *Ulmer/Brandner/Hensen,* Anh. §§ 9–11, Rn 463; *Ulmer/Schmidt,* DB 1983, 2558 ff., 2562.
380 BGH 13. 3. 1991, ZIP 1991, 519, 523.
381 BGH 20. 6. 1984, BB 1984, 2019; 25. 10. 1989, NJW 1990, 314; 13. 3. 1991, ZIP 1991, 519; a. A. *Schröder,* JZ 1989, 717 ff., 723.
382 BGH 25. 10. 1989, NJW 1990, 314 ff.
383 OLG Koblenz 4. 12. 1998, NJW-RR 1999, 702.
384 OLG Braunschweig, 7. 10. 1993 – 2 U 128/91 – n. v.; LG Gießen 25. 1. 1995, NJW-RR 1995, 687; siehe ferner Rn 818 ff.

trägt der Leasinggeber insoweit nicht das Risiko der Insolvenz des Verkäufers. Die Prozesskosten sind vom Leasinggeber nur unter der Voraussetzung zu erstatten, dass der Leasingnehmer den Wandlungsprozess ausdrücklich im Auftrag des Leasinggebers geführt hat oder die Voraussetzungen einer Geschäftsführung ohne Auftrag vorliegen. Von einer Geschäftsführung ohne Auftrag ist auszugehen, wenn der Leasinggeber nicht wirksam von der Gewährleistung freigezeichnet hat.[385]

1223 Im Zuge der **Abwicklung** des **gewandelten Kaufvertrags** ist der Kaufpreis nebst Zinsen und Vertragskosten vom Händler an den Leasinggeber zu erstatten, während der Leasingnehmer das Fahrzeug an den Händler zurückzugeben hat. Die Art der Rückabwicklung entspricht dem Sinn und Zweck der Gewährleistungsregelung.[386] Aus diesem Grund muss der Leasingnehmer, sofern er sich für die Leistungsklage entscheidet, den Wandlungsanspruch dahin gehend geltend machen, dass die Rückzahlung des Kaufpreises zuzüglich Zinsen, Vertragskosten, Verwendungen an den Leasinggeber Zug um Zug gegen Herausgabe der Leasingsache an den Verkäufer zu erfolgen hat. Falls der Leasingnehmer lediglich auf Zustimmung zur Abgabe der Wandlungserklärung klagt, hat er nach zutreffender Auffassung des OLG Düsseldorf[387] das Fahrzeug an den Leasinggeber als den Eigentümer herauszugeben, da der Kaufpreis bei dem Verkäufer verbleibt und es nicht Zweck der Wandlung sein kann, dem Verkäufer zusätzlich zu dem Kaufpreis auch noch die Leasingsache zu verschaffen.

b) Minderung

1224 Im Fall des Vollzugs der Kaufpreisminderung findet eine dem Wertunterschiedsverhältnis zwischen mangelfreiem und mangelhaftem Fahrzeug **entsprechende Herabsetzung** des **Leasingentgelts** statt. In der Regel fällt die Minderung der Leasingraten höher aus als die Kaufpreisminderung, weil das Leasingentgelt außer dem Anschaffungspreis weitere Kostenfaktoren des Leasinggebers beinhaltet.[388] Bei Verträgen mit offenem Restwert ist die Abrechnung am Vertragsende auf der Grundlage des geminderten Fahrzeugwerts vorzunehmen.

Falls der Leasinggeber von seiner Gewährleistung **nicht wirksam freigezeichnet** hat, ist der Leasingnehmer berechtigt, die Minderung der Leasingraten ohne vorherige Inanspruchnahme des Verkäufers unmittelbar gegenüber dem Leasinggeber geltend zu machen. Ein solches Vorgehen stellt allerdings eine unzulässige Rechtsausübung dar, wenn dem Leasinggeber wegen verspäteter Mängelanzeige ein Schadensersatzanspruch gegen den Leasingnehmer zusteht.[389]

c) Prozessuale Fragen

1225 Beim Auftreten von Gewährleistungsmängeln darf der Leasingnehmer die Leasingraten nicht ohne weiteres einbehalten oder kürzen. Er besitzt zunächst nur Anspruch auf kostenlose Beseitigung des Fehlers durch den Verkäufer oder eine andere Vertragswerkstatt. Selbst wenn die Voraussetzungen des Fehlschlagens der Nachbesserung vorliegen, ist der Leasingnehmer noch berechtigt, die **Leasingraten** ganz oder teilweise **einzubehalten**. Dieses Recht wird ihm von der Rechtsprechung **erst ab Klageerhebung**[390] bzw. ab dem Zeitpunkt zugebilligt, in dem feststeht, dass die Durchsetzung des Anspruchs auf Wandlung oder Minderung unmöglich oder unzumutbar ist. Abschnitt VIII Ziff. 4 Abs. 2 der Konditionenempfehlung des VDA berechtigt den Leasingnehmer, die Leasingraten bereits ab Erklärung der Wandlung

---

385 Vgl. hierzu BGH 25. 10. 1989, NJW 1990, 314, 317; 10. 11. 1993, MDR 1994, 273.
386 *Reinicke/Tiedtke*, BB 1982, 1143; *Graf von Westphalen*, Der Leasingvertrag, Rn 723 ff., 734.
387 Urt. 23. 11. 1989, NJW-RR 1990, 1143.
388 BGH 17. 12. 1986, ZIP 1987, 240, 243; vgl. ferner zur Neuberechnung des Leasingentgelts *Reinking*, Autoleasing, 132, 133.
389 BGH 17. 12. 1986, WM 1987, 349.
390 BGH 19. 2. 1986, NJW 1986, 1744.

Vertragsdurchführung Rn 1226, 1227

zurückzuhalten, wenn er unverzüglich, spätestens innerhalb von sechs Wochen nach Erklärung der Wandlung, die Wandlungsklage erhebt.

Für Leasingverträge, die unter den Schutz des **VerbrKrG** fallen, stellt sich die Frage, ob **1226** die Gesetzesvorschrift des **§ 9 Abs. 3 VerbrKrG entsprechend** anzuwenden ist,[391] die dem Verbraucher beim verbundenen Geschäft die Einstellung der Kreditrückzahlung bereits ab dem Zeitpunkt des Fehlschlagens der Nachbesserung/Ersatzlieferung gestattet. § 9 Abs. 3 VerbrKrG würde dem Leasingnehmer einen geringfügigen Zeitvorteil bringen. Der Analogie steht jedoch entgegen, dass der Verbraucher beim verbundenen Geschäft zwei in Wechselbeziehung zueinander stehende Verträge abschließt, während der Leasingnehmer nur zu einem Vertragspartner Rechtsbeziehungen unterhält. Verbundenes Geschäft und Leasingvertrag sind daher nicht vergleichbar. Es besteht außerdem kein rechtspolitisches Bedürfnis für eine analoge Anwendung von § 9 Abs. 3 VerbrKrG auf Leasinggeschäfte.[392]

Ein die Zahlung der Leasingraten betreffender **Rechtsstreit** zwischen Leasinggeber und Leasingnehmer ist wegen der Vorgreiflichkeit des Wandlungsprozesses bis zu dessen rechtskräftigem Abschluss nach § 148 ZPO **auszusetzen**.[393]

Auf das ihm zustehende Wandlungsrecht kann sich der Leasingnehmer **einredeweise** berufen, wenn der Händler aus abgeleitetem Recht Leasingraten geltend macht.[394]

Das **Risiko** der ordnungsgemäßen und fristgerechten **Geltendmachung** von Gewährleistungsansprüchen **trägt** der **Leasingnehmer.** Versäumt er die Fristen, bleibt er der Leasinggesellschaft gegenüber zur Zahlung der Leasingraten verpflichtet.[395]

11. Unfall

a) Mitwirkende Betriebsgefahr und Verschulden

Da der Leasinggeber zwar Eigentümer, nicht aber Halter des Leasingfahrzeugs ist, muss er **1227** sich die ihm zustehenden Ansprüche gegen den Unfallbeteiligten bzw. dessen Versicherer nach höchstrichterlicher Rechtsprechung nicht um den Haftungsanteil der vom Leasingfahrzeug ausgehenden **Betriebsgefahr** kürzen lassen.[396] Eine entsprechende Anwendung von § 9 StVG dergestalt, dass nicht nur das im Gesetzestext erwähnte Verschulden des Fahrers, sondern auch eine vom Leasingfahrzeug ausgehende Betriebsgefahr berücksichtigt wird,[397] lehnt der BGH ab. Er verweist den Leasinggeber auf die Möglichkeit, beim Leasingnehmer im Rahmen des Gesamtschuldnerausgleichs Regress zu nehmen.

Ein **Verschulden** des Leasingnehmers muss sich die Leasinggesellschaft nicht zurechnen lassen, wenn sie eigene deliktische Ansprüche gegenüber dem Unfallbeteiligten geltend macht, da der Leasingnehmer nicht ihr Verrichtungsgehilfe ist. Wohl aber findet eine Verschuldenszurechnung gem. § 9 StVG statt, wenn sie ihre Ansprüche aus der Gefährdungshaftung nach §§ 7,18 StVG herleitet. Denn nach § 9 StVG hat sich im Rahmen der Gefährdungshaftung der Leasinggeber als Eigentümer der beschädigten Sache das Verschulden des

---

391 *Zahn,* DB 1991, 81 ff.; *ders.,* DB 1991, 2171, 2175; *Seifert,* FLF 1991, 54, 56; *Münstermann/Hannes,* § 9 Rn 530; *Lieb,* WM 1991, 1533 f.; *Reinking/Nießen,* ZIP 1991, 634, 638; *Graf von Westphalen/Emmerich/von Rottenburg,* § 9 Rn 214 ff.; *Tiedtke,* JZ 1991, 907, 910; *Habersack,* MünchKomm, VerbrKrG, § 9 Rn. 147.
392 *Reinicke/Tiedtke,* ZIP 1992, 217, 228; *Habersack,* MünchKomm, VerbrKrG, § 9 Rn 147; a. A. vgl. ausführlich *Graf von Westphalen,* Der Leasingvertrag, 1762 ff., 1764; *Graf von Westphalen/Emmerich/von Rottenburg,* § 9 Rn 217 ff.
393 BGH 19. 2. 1986, NJW 1986, 1744 ff.
394 BGH 5. 12. 1984, WM 1985, 226.
395 BGH 23. 2. 1977, DB 1977, 813.
396 BGH 22. 3. 1983, BGHZ 87, 132, 136; 26. 11. 1985, NJW 1986, 1044; ebenso OLG Hamm 14. 11. 1994, NJW 1995, 2233; a. A. LG Hamburg 21. 2. 1985, VersR 1986, 583.
397 In diesem Sinne *Klimke,* VersR 1988, 329.

Leasingnehmers, der die tatsächliche Gewalt über das Fahrzeug ausübt, wie eigenes Mitverschulden zurechnen zu lassen, wobei die Haftungsabwägung nach § 254 BGB erfolgt.[398]

b) Verhaltenspflichten

1228 Falls der Leasingnehmer das Risiko der Beschädigung des Leasingfahrzeugs auch für zufällige und auf höherer Gewalt beruhende Ereignisse übernommen hat, darf er nach überwiegend vertretener Ansicht[399] davon ausgehen, dass der Leasinggeber an Feststellungen am Unfallort nicht interessiert ist und deshalb auf sein Verbleiben an der Unfallstelle keinen Wert legt. Er verletzt durch sein **Entfernen von der Unfallstelle** im Hinblick auf das Leasingfahrzeug objektiv nicht den Tatbestand des § 142 StGB, dessen objektive und subjektive Verwirklichung gleichzeitig eine Verletzung der Aufklärungsobliegenheit zum Nachteil der Kaskoversicherung (§ 7 V Nr. 4 AKB, § 6 III VVG) darstellen würde und den Wegfall des Versicherungsschutzes zur Folge hätte. Die gleichen Grundsätze gelten für den Repräsentanten des Leasingnehmers.[400]

Die innervertraglichen **Verhaltenspflichten** des Leasingnehmers nach einem Unfall sind im Leasingvertrag festgelegt und von Fall zu Fall verschieden. Üblich sind Regelungen, die den Leasingnehmer verpflichten, den Leasinggeber ab Erreichen einer vertraglich festgelegten Schadenhöhe von dem Unfall in Kenntnis setzen, ihm die Schadensmeldung sowie das Gutachten und die Reparaturrechnung zuzusenden, die Reparatur bzw. die Verwertung des Fahrzeugs mit ihm abzusprechen und die Schadensregulierung mit dem Schädiger und dem Kaskoversicherer vorzunehmen. Der Leasinggeber muss den Leasingnehmer bei der Durchsetzung der Ansprüche unterstützen und ihm die hierfür erforderlichen Unterlagen zur Verfügung stellen.[401]

Ist der Leasingnehmer verpflichtet und berechtigt, **Schadensersatzansprüche** gegenüber dem Schädiger und dem Kaskoversicherer **geltend zu machen,** hat er im Teilschadensfall die von ihm empfangene Ersatzleistung für die Reparatur des Fahrzeugs zu verwenden und eine Wertminderung an den Leasinggeber weiterzuleiten.

Der Leasingnehmer muss die Versicherung darüber informieren, dass es sich um ein Leasingfahrzeug handelt.[402] Gibt er wahrheitswidrig an, er sei Eigentümer des Fahrzeugs und nicht zum Vorsteuerabzug berechtigt, ist der Kaskoversicherer wegen Obliegenheitsverletzung leistungsfrei.[403]

c) Materiell-rechtliche Ansprüche

1229 Beschädigt ein **Dritter** das Leasingfahrzeug, sind Leasinggeber und Leasingnehmer hinsichtlich des Fahrzeugschadens **nebeneinander materiell-rechtlich anspruchsberechtigt.** Das Forderungsrecht des Leasinggebers folgt aus **Eigentumsverletzung** gem. §§ 823 I, II BGB, § 7 StVG, das des Leasingnehmers aus **Besitzverletzung,**[404] da unmittelbarer Besitz zu den geschützten Rechtsgütern im Recht der unerlaubten Handlung gehört (§§ 823 II, 854 BGB) und außerdem unter den Schutz der Haftung des § 7 Abs. 1 StVG fällt. Fahrzeugspezifische (zukünftige) Ersatzansprüche des Leasingnehmers gegen Dritte werden üblicherweise im Wege der Vorausabtretung auf den Leasinggeber übertragen. AGB-Regelungen, die eine

---

398 Zutreffend erkannt vom OLG Hamm 4. 11. 1994, NJW 1995, 2233 m. w. N.
399 OLG Hamm 5. 12. 1989, NZV 1990, 197; 6. 12. 1991, NJW-RR 1992, 925; 14. 5. 1997, NZV 1998, 33; OLG Hamburg 9. 3. 1990, NZV 1991, 33; OLG Frankfurt 30. 3. 1990, NZV 1991, 34; *Hallmayer,* NZV 1999, 105 ff. m. w. N.; a. A. OLG Oldenburg NZV 1991, 35; OLG Karlsruhe 5. 12. 1991, VersR 1992, 691; LG Köln 5. 12. 1991, r + s 1994, 248.
400 OLG Hamm 14. 5. 1997, OLGR 1997, 304.
401 OlG Koblenz 31. 10. 1995, NJW-RR 1996, 174.
402 BGH 6. 7. 1988, NZV 1988, 217.
403 OLG Koblenz 10. 11. 1995 – 1 O 396/95 – n. v.
404 *Hohloch*, NZV 1992, 1 f., 6, 7 m. w. N.

Vertragsdurchführung   Rn 1230

solche Abtretung vorsehen, verstoßen nach Ansicht des OLG Köln[405] nicht gegen § 9 AGB-Gesetz, wenn der Leasinggeber verpflichtet ist, diese Ansprüche Zug um Zug gegen Befriedigung seines Anspruchs auf Instandsetzung des Fahrzeugs im Reparaturschadensfall oder auf Ausgleichszahlung im Totalschadensfall zurück zu übertragen. Dieser Regelung bedarf es allerdings nur insoweit, als nicht bereits ein gesetzlicher Forderungsübergang gem. § 426 Abs. 2 BGB stattfindet.

Ansprüche gegen die **Kaskoversicherung** stehen **ausschließlich** dem **Leasinggeber zur Seite.** Der Leasingnehmer ist zwar Versicherungsnehmer, aber nicht Rechtsinhaber der Forderungen, da die von ihm abgeschlossene Kaskoversicherung als Fremdversicherung zu Gunsten des Leasinggebers zu bewerten ist. Er kann über die Rechte, die dem Leasinggeber als Inhaber des Sicherungsscheins gem. § 75 Abs. 1 VVG zustehen, nicht mehr im eigenen Namen verfügen.[406]

Im **Innenverhältnis** ist der Leasingnehmer dem Leasinggeber für Fahrzeugschäden verantwortlich. Seine Anspruchsverpflichtung resultiert aus der leasingtypischen Übernahme der Sachgefahr. Im Verschuldensfall haftet der Leasingnehmer zusätzlich gem. § 823 I, II BGB. Die Halterhaftpflicht des Leasingnehmers kommt dem Leasinggeber allerdings nicht zugute, da sie nur Schäden deckt, die an anderen Sachen oder bei anderen Personen entstehen.[407] Bei einer Mitverantwortlichkeit haften der Leasingnehmer und der Dritte gesamtschuldnerisch. Für den Innenausgleich zwischen dem Schädiger und dem Leasingnehmer gilt § 426 I BGB.

Auch der **Kaskoversicherer** und der **Leasingnehmer** haften dem Leasinggeber als **Gesamtschuldner.** Im Fall der Mithaftung des Leasingnehmers ist die Quotenbevorrechtigung des Leasingnehmers gegenüber der Kaskoversicherung (§ 67 Abs. 1 S. 2 VVG) zu beachten.

Ersatzansprüche des – durch den Abschluss der **Fremdversicherung** gem. §§ 74 ff. VVG – versicherten Leasinggebers gegen den berechtigten Fahrer des Leasingfahrzeugs unterliegen dem Forderungsübergang des § 67 VVG, da durch den bei grober Fahrlässigkeit des Fahrers zugelassenen Rückgriff für den Versicherer dasselbe Ergebnis herbeigeführt wird, das bestehen würde, wenn der Leasinggeber als Eigentümer des Leasingfahrzeugs den Schaden selbst grob fahrlässig herbeigeführt hätte.[408] Zu Lasten des Leasinggebers ist für eine Beschränkung der Haftung des beim Leasingnehmer angestellten Fahrers des Leasingfahrzeugs nach Maßgabe der in der Rechtsprechung entwickelten Grundsätze zur gefahrgeneigten Arbeit kein Raum.[409] Nach Ansicht des 9. Senats des OLG Köln[410] ist **§ 67 VVG entsprechend auf pVV – Ansprüche** des Leasinggebers gegen den Leasingnehmer – wegen dessen nicht berechtigter Kündigung des Versicherungsvertrages – anzuwenden, sofern der Leasingnehmer durch die Leistung des Kaskoversicherers von seiner Zahlungsverpflichtung frei geworden ist. Die ergebnisorientierte Entscheidung verkennt, dass das Verhalten des Leasingnehmers dem Leasinggeber unmittelbar zuzurechnen ist und Leistungsfreiheit des Versicherers bewirkt.[411] Der Leasinggeber besitzt allerdings die Möglichkeit, sich gegen grob fahrlässiges Verhalten des Leasingnehmers durch entsprechende Vereinbarungen mit der Kaskoversicherung abzusichern.

d) Geltendmachung des Schadens

In der Regel wird der **Leasingnehmer** vom Leasinggeber – widerruflich – **ermächtigt** und **verpflichtet,** alle Ansprüche aus dem Schadensfall, und zwar sowohl die eigenen als auch die   1230

---

405 Urt. v. 14. 7. 1995, OLGR 1996, 1.
406 OLG Hamm 5. 12. 1997, VersR 1999, 45.
407 *Hohloch*, NZV 1992, 1 f., 5.
408 OLG Köln 3. 6. 1996, VersR 1997, 57.
409 BGH 19. 9. 1989, DAR 1989, 416.
410 Urt. 19. 9. 1995, OLGR 1996, 224.
411 OLG Köln 14. 6. 1984, VersR 1986, 229.

des Leasinggebers, im eigenen Namen und auf eigene Rechnung gegenüber dem Schädiger und/oder gegenüber dem Kaskoversicherer geltend zu machen. Es handelt sich um eine Ermächtigung zur **gewillkürten Prozessstandschaft**.[412] Erklärt der Leasinggeber wegen eines Unfalls (oder Diebstahls) die fristlose Kündigung des Leasingvertrags, wird dadurch eine dem Leasingnehmer unter Widerrufsvorbehalt erteilte Ermächtigung bzw. eine Verpflichtung zur Geltendmachung der Versicherungsleistung aus der Kaskoversicherung hinfällig.[413]

Einige **Leasingfirmen** nehmen die **Schadensregulierung selbst** in die Hand. Hinsichtlich der fahrzeugspezifischen Ersatzansprüche ist dies im Hinblick auf das RBerG unbedenklich. Der Leasinggeber ist verpflichtet, bei Eintritt des Versicherungsschadens alles Zumutbare zu unternehmen, damit die Versicherungssumme ihrer Zweckbestimmung gemäß beiden Parteien zugute kommt.[414] Akzeptiert er eine zu geringe Entschädigung des Schädigers/Versicherers, kann er vom Leasingnehmer keinen vollen Restausgleich verlangen.[415]

Nicht zulässig ist die Übernahme der **kompletten Schadensregulierung** durch den Leasinggeber, da sie eine Besorgung fremder Rechtsangelegenheiten darstellt und gegen Art. 1 § 1 RBerG verstößt. Die Geltendmachung der Positionen Nutzungsausfall und Mietwagenkosten z. B. ist die „ureigenste Angelegenheit" des Leasingnehmers, da der Ausfallschaden allein ihn und nicht den Leasinggeber betrifft.[416] Falls der Leasinggeber sich die Schadensregulierung vorbehalten hat, wird der Schädiger durch die Zahlung der Entschädigung an den Leasingnehmer als Besitzer des Fahrzeugs unter der Voraussetzung frei, dass er nicht weiß und ihm nicht infolge grober Fahrlässigkeit unbekannt geblieben ist, dass es sich um ein Leasingfahrzeug handelt, das im Eigentum des Leasinggebers steht. Das Bestehen einer Vollkaskoversicherung für ein kleines Fahrzeug lässt nicht zwingend auf einen Dritten als Eigentümer oder auf bestehende Sicherungsrechte dritter Personen schließen.[417]

e) Teilschadensfall

aa) Reparaturkosten

1231   Im Teilschadensfall schuldet der verantwortliche **Schädiger** Ersatz der Reparaturkosten. Seine Ersatzpflicht erstreckt sich nach h. M.[418] auf die **Umsatzsteuer,** sofern der Leasingnehmer auf Grund des Leasingvertrags verpflichtet ist, die Reparatur des Leasingfahrzeugs vornehmen zu lassen und er die auf die Reparaturkosten entfallende Umsatzsteuer nicht im Wege des Vorsteuerabzugs mit dem Finanzamt verrechnen kann.[419]

Auch der **Kaskoversicherer** hat nach verbreiteter Ansicht[420] dem Leasingnehmer die **Umsatzsteuer** unter diesen Voraussetzungen zu ersetzen. Dafür spricht, dass die Kaskoversi-

---

412 OLG Hamm 5. 12. 1997, OLGR 1999, 45 m. w. N.
413 OLG Köln 7. 7. 1992, BB 1992, 2105.
414 OLG Koblenz 31. 10. 1995, NJW-RR 1996, 175.
415 OLG Dresden 16. 6. 1999, OLGR 1999, 364.
416 LG Nürnberg-Fürth 17. 2. 1993 – 3 O 651/93 – n. v., das allerdings – rechtsirrtümlich – davon ausgeht, der Leasinggeber sei nicht einmal zur Geltendmachung des Fahrzeugschadens berechtigt, da der Schädiger ihm – wegen seines gegen den Leasingnehmer gerichteten Anspruchs auf Vollamortisation – den Einwand fehlenden Schadens entgegenhalten könne.
417 KG 4. 3. 1976, VersR 1976, 1160.
418 OLG Frankfurt 17. 6. 1997, NZV 1998, 31; LG Stade 10. 12. 1986, DAR 1987, 123; AG Schorndorf 20. 1. 1987, DAR 1987, 123; AG Freiburg 31. 10. 1986, NJW-RR 1987, 345; AG Stuttgart 15. 6. 1987, DAR 1988, 98; AG Fürstenfeldbruck 4. 3. 1986, DAR 1987, 59; *Bethäuser,* DAR 1987, 107; *Paul,* FLF 1984, 175; *Hohloch,* NZV 1992, 1 f., 7; a. A. AG Bad Homburg 20. 11. 1984, ZfS 1985, 43, 44; *Dörner,* VersR 1978, 884, 892.
419 Ausführlich dazu *Reinking,* DAR 1998, 333.
420 Zuletzt LG Hannover 24. 4. 1997, NJW 1997, 2760; LG Bad Kreuznach 26. 11. 1996, DAR 1997, 113; a. A. z. B. OLG Hamm 2. 11. 1994, r + s 1995, 88; LG Hamburg 7. 7. 1994, VersR 1995, 411; weitere Nachweise zu beiden Meinungen bei *Reinking,* DAR 1998, 334.

Vertragsdurchführung Rn 1232

cherung als reine Sachversicherung außer dem Sachinteresse des Leasinggebers das Sacherhaltungsinteresse des Leasingnehmers deckt, wenn ihm, wie beim Kfz-Leasing üblich, die Gefahr für Untergang, Verlust und Beschädigung aufgebürdet wird. Darunter ist das Interesse des Leasingnehmers zu verstehen, im Falle des Ereigniseintritts vom Leasinggeber wegen des Fahrzeugschadens nicht in Anspruch genommen zu werden. Die Freistellung würde nicht erreicht, wenn der mit der Instandhaltungspflicht belastete Leasingnehmer, der die Mehrwertsteuer nicht mit dem Finanzamt verrechnen kann, diese im Reparaturfall selbst aufbringen müsste.[421]

Die Pflicht des Schädigers und des Kaskoversicherers zur Zahlung der Umsatzsteuer entfällt, wenn sich der nicht vorsteuerabzugsberechtigte Leasingnehmer mit dem Leasinggeber darauf verständigt, das Fahrzeug nicht reparieren zu lassen und stattdessen den Leasingvertrag zu beenden, da dem Leasingnehmer unter diesen Voraussetzungen die Zahlung der Umsatzsteuer erspart bleibt.[422] Der Schädiger muss die Umsatzsteuer auch dann nicht zahlen, wenn der zum Vorsteuerabzug berechtigte Leasingnehmer ausdrücklich erklärt, er mache nicht seinen Anspruch geltend, sondern den des – vorsteuerabzugsberechtigten – Leasinggebers.[423]

Solange die Rechtsprechung nicht abschließend geklärt hat, ob für die Mehrwertsteuererstattungspflicht im Teilschadensfall auf die Person des Leasingnehmers oder auf die des Leasinggebers abzustellen ist, besteht für den Leasinggeber nicht die Pflicht, den nicht zum Vorsteuerabzug berechtigten Leasingnehmer vor Abschluss des Leasingvertrags darauf hinzuweisen, dass die Kaskoversicherung die Mehrwertsteuer unter Umständen nicht ersetzt.[424] Auch die Kaskoversicherung ist nicht gehalten, den Leasingnehmer hierauf aufmerksam zu machen.[425]

Der Leasinggeber hat eine an ihn gezahlte **Reparaturentschädigung** für die **Wiederherstellung** des Fahrzeugs **bereitzustellen** und ist nicht berechtigt, den Geldbetrag zurückzuhalten und mit rückständigen Leasingraten zu verrechnen.[426] Es ist dem Leasinggeber verwehrt, aus einem Zahlungstitel gegen den Leasingnehmer den Anspruch auf Auszahlung der Kaskoentschädigung zu pfänden. Die Pfändung geht ins Leere, da die Rechte aus dem Versicherungsvertrag gem. § 75 VVG dem Leasinggeber und nicht dem Leasingnehmer zustehen.[427]

bb) Wertminderung

Die Wertminderung hat der Leasinggeber als Eigentümer des Leasingfahrzeugs zu beanspruchen. Er ist verpflichtet, zu Gunsten des Leasingnehmers eine empfangene Wertminderung am **Vertragsende** zu **berücksichtigen,** wenn er das Restwertrisiko auf den Leasingnehmer verlagert hat,[428] denn die garantiemäßige Absicherung des Restwerts erfasst auch den merkantilen Minderwert.[429]

1232

Beim **Vertrag mit Restwertabrechnung** ist die Wertminderung dem Veräußerungserlös in voller Höhe hinzuzurechnen und der Mehrerlös in Höhe von 75% an den Leasingnehmer auszukehren.

Aus der Tatsache, dass beim **Vertrag mit Abschlusszahlung** der Restwert mit 90% angerechnet wird, ergibt sich zwangsläufig eine entsprechende Kürzung der anrechenbaren

---

421 *Reinking,* DAR 1998, 333, 334.
422 OLG Saarbrücken 13. 1. 1995, ZfS 1995, 95.
423 LG München 13. 10. 1983, ZfS 1984, 100.
424 LG Braunschweig 31. 5. 1996, NJW-RR 1998, 342.
425 LG Hamburg 7. 7. 1994, VersR 1995, 411.
426 BGH 12. 2. 1985, DAR 1985, 223.
427 LG Köln 8. 5. 1996 – 26 S 200/95 – n. v.
428 *Dittrich,* Kfz-Leasing, herausgegeben von der Arbeitsgemeinschaft der Verkehrsrechtsanwälte im Deutschen Anwaltsverein, 11.
429 *Michalski/Schmitt,* Der Kfz-Leasingvertrag, Rn 179.

Wertminderung auf ebenfalls 90%. Ist der anrechenbare Teil des Veräußerungserlöses unter Hinzurechnung des anrechenbaren Teils der Wertminderung höher als die Differenz zwischen den Gesamtkosten des Leasinggebers und dem entrichteten Leasingentgelt, so steht dem Leasinggeber bei erlasskonformer Vertragsgestaltung der Differenzbetrag in vollem Umfang zu, d. h., der Leasingnehmer wird an einem Wertminderungsüberschuss nicht beteiligt.

Beim **Vertrag mit Andienungsrecht** besitzt der Leasingnehmer Anspruch gegen den Leasinggeber auf Auszahlung der Wertminderung, wenn der Leasinggeber ihm das Fahrzeug andient. Macht der Leasinggeber von dem Andienungsrecht keinen Gebrauch, ist es gerechtfertigt, ihm die Wertminderung endgültig zu belassen, da er das Risiko der Verwertung auf sich nimmt.

Beim **Leasingvertrag mit Kilometerabrechnung** trägt der Leasinggeber das Verwertungsrisiko. Da die Unfalleigenschaft des Fahrzeugs den Veräußerungserlös schmälert, gebührt dem Leasinggeber die Wertminderung. Zu der Frage, ob dem Leasingnehmer bei dieser Vertragsart ein Anspruch auf anteilige Wertminderung in Höhe der Differenz zwischen der Wertminderung zum Schadenszeitpunkt und zum Zeitpunkt der Vertragsbeendigung zuzubilligen ist, wenn der Vertrag keine eindeutige Regelung enthält, gehen die Meinungen auseinander.[430]

Da die Wertminderung stets von den konkreten Umständen des Einzelfalls abhängt, **verstößt** eine **Pauschalierung** gegen **§ 11 AGB-Gesetz.**[431]

cc) Sonstige Ansprüche

1233 Die Ersatzpflicht des Schädigers umfasst die **Abschlepp- und Gutachterkosten** sowie alle weiteren **Auslagen** für Porto, Telefon usw.

Die **Rechtsverfolgungskosten** gehören zum ersatzpflichtigen Schaden, wobei es keinen Unterschied macht, ob der Leasingnehmer eigene Ansprüche aus Besitzverletzung oder befugtermaßen solche des Leasinggebers im Wege gewillkürter Prozessstandschaft geltend macht.[432] Mitumfasst von dem Erstattungsanspruch werden auch die **Anwaltskosten,** die durch eine Kaskoregulierung entstanden sind, zu deren Vornahme der Leasinggeber den Leasingnehmer ermächtigt und verpflichtet hat.[433]

Der ersatzpflichtige Schädiger muss dem Leasingnehmer weiterhin die Kosten für die unfallbedingte **Anmietung eines Ersatzfahrzeugs** erstatten, evtl. unter Berücksichtigung eines Abzugs für ersparte Eigenkosten. Verzichtet der Leasingnehmer auf ein Mietfahrzeug, sind vom Schädiger die aktuellen Tagessätze für Nutzungsausfall auf der Grundlage der Tabellen *Küppersbusch/Rädel/Splitter*[434] zu vergüten. Der Leasinggeber besitzt keinen Anspruch auf Nutzungsentschädigung. Eine Klausel, die ihm Nutzungsausfall für den Fall zubilligt, dass dem Leasingnehmer keine Nutzungsmöglichkeit verblieben ist, benachteiligt den Leasingnehmer unangemessen und ist unwirksam.[435]

Ein Anspruch des Leasingnehmers auf Ersatz der **Leasingraten,** die er in der Zeit entrichten muss, in der das Fahrzeug unfallbedingt ausfällt, besteht **nicht.**[436] Der Leasingnehmer kann vom ersatzpflichtigen Schädiger einen entgangenen Gewinn für die Ausfallzeit gem. § 252 BGB verlangen. Insoweit gelten die allgemeinen Grundsätze.

---

430 Befürwortend *Reinking,* Autoleasing, 173; ablehnend *Hohloch,* NZV 1992, 1, 6.
431 *Ulmer/Brandner/Hensen,* § 11 Nr. 5 Rn 13 f.; *Michalski/Schmitt,* Der Kfz-Leasingvertrag, Rn 180.
432 LG Kaiserslautern 22. 2. 1991, DAR 1993, 196; AG München 21. 12. 1983, ZfS 1984, 101.
433 LG Bielefeld 8. 8. 1989, NJW-RR 1989, 1431; LG Kaiserslautern 22. 2. 1991, DAR 1993, 196.
434 BGH 9. 7. 1986, BGH GrZS 98, 212 ff.; auszugsweise DAR 1999, 97 ff.
435 OLG Düsseldorf 7. 11. 1991, BB 1991, 2471.
436 BGH 23. 10. 1990, NJW-RR 1991, 280, 281; 5. 11. 1991, NJW 1992, 553.

f) Totalschaden und erhebliche Beschädigung
aa) Auswirkung auf den Leasingvertrag

Totalschaden, Verlust und eine erhebliche Beschädigung des Fahrzeugs, die im Allgemeinen vorliegt, wenn die Reparaturkosten 60% des Wiederbeschaffungswertes überschreiten, berechtigen den Leasingnehmer zur vorzeitigen **Vertragskündigung**.[437] Da das dem Leasingnehmer zuzubilligende Kündigungsrecht mit einer Verpflichtung des Leasingnehmers zur Ausgleichszahlung verbunden sein darf, die den Vollamortisationsanspruch des Leasinggebers absichert, wird das Kündigungsrecht dem Leasingnehmer auch dann zugestanden, wenn er das Unfallereignis mit- oder alleinverschuldet hat. Die **Ausgleichszahlung** ist nach verbreiteter Meinung mit **Mehrwertsteuer** zu belegen, wenn der Leasingnehmer sie auf Grund seines vertraglichen Vollamortisationsversprechens zu leisten hat.[438] Schuldet der Leasingnehmer die Ausgleichszahlung als Schadensersatz, ist sie ohne Mehrwertsteuer zu erbringen, da ihr eine steuerbare Gegenleistung i. S. v. § 1 Abs. 1 Nr. 1 UStG nicht gegenübersteht.

1234

Die **Kündigungsmodalitäten** sind dem jeweiligen Leasingvertrag zu entnehmen. Üblich ist die Einräumung eines beiderseitigen Kündigungsrechts zum Ende des jeweiligen Vertragsmonats sowie für den Fall der erheblichen Fahrzeugbeschädigung die Zubilligung einer Kündigungsfrist von drei Wochen, bei deren Versäumung der Leasingnehmer zur Reparatur des Fahrzeugs verpflichtet bleibt. Weist der Leasinggeber den Leasingnehmer auf die vorzeitige Vertragsablösung hin, nachdem das Leasingfahrzeug Totalschaden erlitten hat, und teilt er ihm den Verkaufserlös für das Leasingfahrzeug mit, so kann darin eine konkludente Kündigung des Leasingvertrags liegen.[439]

Im **Überschneidungsbereich** zwischen **Teil- und Totalschaden** sind die Interessen der Parteien des Leasingvertrags nicht unbedingt gleich gelagert. Für den Leasinggeber erweist sich eine vorzeitige Vertragsbeendigung unter Umständen als vorteilhaft. Da ihm der Leasingnehmer ohnehin auf Ersatz der noch nicht amortisierten Kosten des Leasingvertrags haftet, hat er an einer Reparatur des Fahrzeugs kein sonderliches Interesse. Für ihn kann eine Beendigung des laufenden Vertrags und der Abschluss eines neuen Leasingvertrags weitaus attraktiver sein. Hingegen muss dem Leasingnehmer aus wirtschaftlichen Gründen daran gelegen sein, dass das Leasingfahrzeug repariert und der Leasingvertrag bis zum regulären Vertragsende fortgesetzt wird. Ein vorzeitiges Vertragsende bedeutet für ihn ein höheres Kostenrisiko, da die Entschädigungsleistung in den meisten Fällen nicht zur Abdeckung des Betrages ausreicht, den der Leasingnehmer zur Herbeiführung der Vollamortisation des Leasingvertrags aufzubringen hat. Finanzielle Nachteile, die dem Leasingnehmer durch vorzeitige Vertragsbeendigung drohen, sind vom Leasinggeber bei der Entscheidung zu berücksichtigen, ob der Leasingvertrag im Falle der erheblichen Beschädigung des Fahrzeugs beendet oder fortgesetzt werden soll. Eine Kündigung, die berechtigten Interessen des Leasingnehmers widerspricht, verstößt gegen Treu und Glauben und kann vor § 242 BGB nicht bestehen.

Die Grenzziehung zwischen Teil- und Totalschäden bereitet bei Leasingfahrzeugen erhebliche Probleme. Sie beruhen darauf, dass die Frage, ob die Rechtsprechung zur **Opfergrenze von 130%**[440] auf Leasingfahrzeuge Anwendung findet, von der Rechtsprechung nicht beantwortet wurde.[441] Der BGH[442] hat zwar entschieden, dass auch bei Beschädigung eines

---

437 Rn 1123, 1267 ff.
438 SchlHOLG 29. 11. 1996, OLGR 1997, 137; OLG Frankfurt 3. 11. 1998 – 14 U 272/97 – FLF 1999, 82 mit Anmerk. v. *Struppek;* weitere Rechtsprechungsnachweise bei *Reinking,* DAR 1998, 333.
439 OLG Düsseldorf 12. 2. 1998, OLGR 1998, 220.
440 BGH 15. 10. 1991, NJW 1992, 302; 17. 3. 1992, DAR 1992, 259 – Eigenreparatur –.
441 Dazu *Reinking,* DAR 1997, 425.
442 Urt. 8. 12. 1998, VersR 1999, 245, 246; ebenso OLG Düsseldorf 10. 3. 1997, SP 97, 194; LG Mühlhausen 9. 9. 1998, DAR 1999, 29.

gewerblich genutzten Fahrzeugs die Wiederbeschaffungskosten nicht die Grenze des Herstellungsaufwands im Sinne von § 249 BGB bilden. Für den erkennenden Senat war aber ausschlaggebend, dass der geschädigte Taxiunternehmer Einfluss auf die Fahrer und deren Fahrweise (30 Fahrer für 15 Taxis) nehmen konnte. Er hat offen gelassen, ob eine Ausnahme von der 130%-Rechtsprechung für gewerblich genutzte Fahrzeuge solcher Unternehmer zu machen ist, die keinen Einfluss auf die jeweiligen Fahrer und deren Fahrweise haben, wie es etwa im Mietwagengeschäft der Fall ist. In Anbetracht des vom BGH immer wieder betonten Integritätsinteresses stellt sich im Hinblick auf Leasingfahrzeuge die Frage, ob die üblichen Rahmenbedingungen zur Nutzung, Instandhaltung, Wartung, Pflege und Behandlung in Verbindung mit den Kontrollrechten des Leasinggebers und dessen Kündigungsrecht bei vertragswidrigem Gebrauch für eine Anhebung der Opfergrenze auf 130% ausreichen. Wegen der weit reichenden Verhaltenspflichten und Obliegenheiten des Leasingnehmers und seinem auf der Restwertgarantie beruhenden Eigeninteresse an der ordnungsgemäßen Erhaltung des Leasingfahrzeugs dürfte es wohl nicht gerechtfertigt sein, ihn mit einem Fahrzeugmieter gleichzustellen, sodass die vom BGH in Erwägung gezogene Ausnahmeregelung für Mietfahrzeuge auf Leasingfahrzeuge nicht übertragbar ist.

Erschwert wird die Abgrenzung zwischen Teil- und Totalschaden dadurch, dass beim privaten Kfz-Leasing die Parameter hinken, insofern die Brutto-Reparaturkosten dem Netto-Wiederbeschaffungswert gegenüberstehen.

Die Rechtsprechung zur **Schadensberechnung** auf **Neuwertbasis** ist auf neuwertige Leasingfahrzeuge[443] anzuwenden.[444] Die Tatsache, dass wegen der leasingtypischen Abtretungskonstruktion der Schaden in Form der zumindest beweismäßigen Gefährdung von Gewährleistungsansprüchen nicht dem Leasinggeber erwächst, sondern beim Leasingnehmer eintritt, kann dem Schädiger nicht zum Vorteil gereichen, wenn der Leasinggeber seinen eigenen Schaden geltend macht.[445]

Nach Ausspruch der Kündigung ist der Leasingvertrag abzuwickeln. Dabei darf der Leasinggeber nicht besser gestellt werden, als er bei einem kündigungsfreien Vertragsverlauf stehen würde.[446] Dementsprechend sind die dem Leasinggeber infolge der vorzeitigen Vertragsbeendigung entstehenden Vorteile in Form des vorzeitigen Kapitalrückflusses und der ersparten Verwaltungskosten bei der Abrechnung zu Gunsten des Leasingnehmers zu berücksichtigen.[447]

bb) Fälligkeit der Ausgleichszahlung

1235 Bei den Ansprüchen ist zwischen dem **Sachwertanspruch** und dem weiter gehenden **Vollamortisationsanspruch** zu unterscheiden. Welchen Anspruch der Leasinggeber gegenüber dem Leasingnehmer geltend macht, ist gegebenenfalls im Wege der Auslegung zu ermitteln. Der Sachwertanspruch betrifft das Eigentumsinteresse des Leasinggebers an der Erhaltung des Fahrzeugs, während der Vollamortisationsanspruch die Anschaffungskosten, die Neben- und Finanzierungskosten und den Gewinn umfasst.

Falls der Leasingnehmer sämtliche Rechte aus der Vollkaskoversicherung oder etwaige Schadensersatzansprüche gegen Dritte wegen Beschädigung des Leasingfahrzeugs an den Leasinggeber **erfüllungshalber abgetreten** hat, muss sich der Leasinggeber wegen der Sachwertansprüche **zunächst** an die **Versicherung** oder den **Schädiger** halten. Ein sofortiges

---

[443] Es gilt die Faustregel, dass von der Neuwertigkeit eines Fahrzeugs auszugehen ist, wenn seine Fahrleistung 1000 km nicht überschreitet und die Erstzulassung nicht länger als einen Monat zurückliegt.
[444] OLG Köln 11. 12. 1984, ZfS 1985, 357; OLG Nürnberg 7. 6. 1994, r + s 1994, 337; OLG Hamm 11. 4. 1994, r + s 1994, 338.
[445] OLG Nürnberg 7. 6. 1994, r + s 1994, 337.
[446] BGH 19. 3. 1986, WM 1986, 673, 674.
[447] Rn 1278 und 1282.

Vertragsdurchführung Rn 1236

Vorgehen gegen den Leasingnehmer scheitert daran, dass die Forderung nicht fällig ist. Sie wird erst fällig, wenn der Leasinggeber seine Sachwertansprüche erfolglos gegenüber der Kaskoversicherung geltend gemacht hat.[448] Ob eine vergleichbare Rechtslage besteht, wenn der Leasingnehmer an Stelle der Abtretung eine Fahrzeugvollversicherung als Fremdversicherung zu Gunsten der Leasinggeberin abgeschlossen und diese von der Kaskoversicherung einen Sicherungsschein erhalten hat, ist umstritten. Während das OLG Koblenz[449] auf dem Standpunkt steht, auch dies könne im Einzelfall erfüllungshalber geschehen, vertritt das OLG Düsseldorf[450] die Ansicht, der Sicherungsschein verpflichte die Leasinggesellschaft nicht, die Rechte aus dem Versicherungsvertrag – notfalls gerichtlich – geltend zu machen, wenn der Leasingnehmer den Anspruch erkennbar nicht weiterverfolgen will.

Von einer **Stundung** des Anspruchs gegen den Leasingnehmer ist nach Ansicht des OLG Koblenz[451] in den Fällen, in denen der Leasingnehmer die Ansprüche erfüllungshalber an den Leasinggeber abtritt, nicht auszugehen, wenn nach dem Vertrag allein der Leasingnehmer verpflichtet ist, die Ansprüche zu Gunsten des Leasinggebers beim Versicherer oder Schädiger geltend zu machen. Dann trifft den Leasinggeber allerdings die vertragliche Nebenpflicht, dem Leasingnehmer die zur Durchsetzung der Ansprüche erforderlichen Unterlagen (z. B. Anschaffungsrechnung) zur Verfügung zu stellen. Verletzt er seine Mitwirkungspflicht, muss er dem Leasingnehmer den daraus entstehenden Schaden ersetzen.

Wenn der Leasingnehmer die Ansprüche des Leasinggebers begleicht, gehen dessen Schadensersatzansprüche gegen den Schädiger auf ihn über.[452] Hat der Leasinggeber vergeblich versucht, aus den abgetretenen Ansprüchen Befriedigung zu erlangen, muss er im Falle einer Inanspruchnahme des Leasingnehmers diesen, soweit nicht bereits ein gesetzlicher Forderungsübergang erfolgt ist, durch Abtretung der Ansprüche oder im Wege gewillkürter Prozessstandschaft in die Lage versetzen, gegen die Kaskoversicherung oder gegen den Schädiger und dessen Haftpflichtversicherung vorzugehen.[453]

Die Abtretung der Ansprüche aus der Kaskoversicherung erfolgt nicht – jedenfalls nicht ohne entsprechende Vereinbarung – zur Absicherung des Vollamortisationsanspruchs des Leasinggebers.[454] Da aber der Sachwertanspruch in dem weiter gehenden Vollamortisationsanspruch mitenthalten ist, wird der auf Vollamortisation gerichtete Anspruch des Leasinggebers ebenfalls erst nach erfolgloser Inanspruchnahme der Kaskoversicherung fällig.[455]

Kommen die Parteien des Leasingvertrags überein, die Kaskoversicherung nicht in Anspruch zu nehmen, wird der Ausgleichsanspruch bereits im Zeitpunkt der Einigung fällig.

cc) Ansprüche gegen den ersatzpflichtigen Schädiger

Fahrzeugschaden

Im Hinblick auf den Fahrzeugschaden ist die Haftung des Schädigers auf den **Wiederbeschaffungswert** des Fahrzeugs begrenzt.[456] Der Leasingnehmer hat – vorbehaltlich einer hiervon abweichenden Vereinbarung – das unfallbeschädigte Fahrzeug an den Leasinggeber zurückzugeben. Die Transportkosten, die im Zusammenhang mit der Rückführung des Fahr-

1236

---

448 BGH 11. 12. 1991, NJW 1992, 683.
449 Urt. 31. 10. 1995, NJW-RR 1996, 174, 175.
450 Urt. v. 29. 4. 1996, OLGR 1996, 266.
451 31. 10. 1995, NJW-RR 1996, 174.
452 BGH 23. 10. 1990, DAR 1991, 54.
453 OLG Hamburg 29. 9. 1995, OLGR 1995, 17; das OLG Köln 14. 7. 1995, OLGR 1996, 1 macht die Wirksamkeit der Abtretung von der Rückabtretung abhängig.
454 BGH 11. 12. 1991, NJW 1992, 683.
455 *Michalski/Schmitt,* Der Kfz-Leasingvertrag, Rn 183; OLG Koblenz 9. 12. 1991, FLF 1992, 144, 145.
456 BGH 23. 10. 1990, NJW-RR 1991, 280; 5. 11. 1991, NJW 1992, 553.

zeugs zum Leasinggeber zum Zwecke der Verwertung anfallen, sind nicht unfallbedingt und daher vom Schädiger nicht zu ersetzen.

Ein gegen den Schädiger gerichteter Anspruch auf Erstattung der zum Zeitpunkt des Unfalls noch nicht amortisierten Kosten des Leasinggebers besteht nicht, auch nicht insoweit, als sie den Gewinn des Leasinggebers enthalten, den der Schädiger dem Leasinggeber eigentlich gem. § 252 BGB ersetzen müsste, wenn dieser das Risiko der Preisgefahr nicht auf den Leasingnehmer verlagert hätte.[457] Für die Schadensbemessung ist aus Sicht des BGH[458] allein der Kauf- bzw. der Wiederbeschaffungswert des Fahrzeugs der maßgebliche Anknüpfungspunkt und nicht der Tauschwert der vereitelten Nutzung.[459] Außerdem fehlt die Kausalität zwischen dem schädigenden Ereignis und der – auf dem Leasingvertrag beruhenden – Vollamortisationsgarantie des Leasingnehmers.[460]

Da der Leasingnehmer nicht zur **Naturalrestitution** im Sinne der Beschaffung eines gleichwertigen Ersatzfahrzeugs und dessen Einbringung in den Leasingvertrag verpflichtet ist,[461] muss er – anders als bei einer von ihm beauftragten Reparatur – nicht die Umsatzsteuer aufbringen. Er haftet der – üblicherweise – zum Vorsteuerabzug berechtigten Leasinggesellschaft aus Übernahme der Sachgefahr und im Falle eines von ihm verschuldeten Untergangs oder Totalschadens des Leasingfahrzeugs grundsätzlich auf Geldersatz in Höhe des **Netto-Wiederbeschaffungswertes** und kann folglich auch vom Schädiger nur diesen Betrag ersetzt verlangen.[462]

Der **Restwert,** den der Leasingnehmer im Fall der unfallbedingten vorzeitigen Vertragsbeendigung ablösen muss, wird durch die Wiederbeschaffungskosten abgegolten und stellt keinen gesonderten Schadensposten dar.[463] Durch die vorzeitige **Fälligstellung** der **Leasingraten** entsteht dem Leasingnehmer wegen der Verpflichtung des Leasinggebers zur Abzinsung und zur Erstattung der ersparten Verwaltungskosten kein Haftungsschaden.[464] Der Leasingnehmer besitzt weder Anspruch auf Ersatz der Kosten, die durch den Abschluss eines Folge-Leasingvertrages entstehen, noch hat der Schädiger ihm die Kosten zu ersetzen, die der Leasingnehmer hätte aufwenden müssen, um ein gleichwertiges Fahrzeug für den Rest der ursprünglich vorgesehenen Vertragszeit zu leasen.

Sonstige leasingspezifische Schäden

1237　Ein vom Schädiger zu ersetzender **Haftungsschaden** kommt insoweit in Betracht, als dem Leasingnehmer durch die Pflicht zur sofortigen Zahlung der abgezinsten Leasingraten und des abgezinsten Restwertes gegenüber der ursprünglichen Zahlungsverpflichtung **Mehrkosten** entstehen, z. B. durch die Notwendigkeit einer **Kreditaufnahme.**[465] Auch soweit die mit dem Leasingvertrag verbundenen steuerlichen Vorteile des Leasingnehmers geschmälert werden, billigt ihm der BGH[466] einen entsprechenden Schadensersatzanspruch gegen den Schädiger zu. Im Übrigen besitzt er, wie auch beim Teilschaden, Anspruch auf Vergütung des Ausfallschadens und der Nebenkosten.

Die **deliktischen Ansprüche,** die dem Leasinggeber und dem Leasingnehmer gegen den Schädiger zustehen und die in drei Jahren verjähren, führen ein **verjährungsrechtliches**

457　A. A. zum Gewinnausfallschaden *Reinking,* ZIP 1984, 1319 f.
458　Urt. 5. 11. 1991, NJW 1992, 553.
459　A. A. *Köndgen,* AcP 1977, 1, 17; KG 9. 1. 1975, MDR 1975, 579; OLG Frankfurt 10. 11. 1983, ZfS 1984, 5; OLG Köln 18. 9. 1985, NJW 1986, 1816.
460　*Michalski/Schmitt,* Der Kfz-Leasingvertrag, Rn 195.
461　BGH 14. 7. 1993, ZIP 1993, 1315.
462　Ausführlich *Reinking,* DAR 1998, 333.
463　BGH 5. 11. 1991, NJW 1992, 553.
464　BGH 5. 11. 1991, NJW 1992, 553.
465　BGH 5. 11. 1991, NJW 1992, 553.
466　Urt. v. 5. 11. 1991, NJW 1992, 553.

Vertragsdurchführung   Rn 1238

Eigenleben, soweit es für den Beginn der Verjährung auf den Zeitpunkt der Kenntniserlangung ankommt. Unterlassene Nachforschungen des Leasinggebers reichen für die Annahme einer positiven Kenntnis nicht aus.[467]

Der Vollamortisationsanspruch des Leasinggebers gegen den Leasingnehmer gehört zum Erfüllungsanspruch und unterliegt der zweijährigen Verjährungsfrist.[468] Diese Frist ist auch dann maßgeblich, wenn der Leasingnehmer das vorzeitige Vertragsende zu vertreten hat. Sie beginnt mit dem Schluss des Jahres, in dem die Kündigung zugegangen ist. Der Zeitpunkt der Rückgabe der Leasingsache und deren Verwertung ist nicht maßgeblich.[469]

dd) Ansprüche gegen die Kaskoversicherung

Die Kaskoversicherung dient, wie oben ausgeführt, nicht der Absicherung des Vollamortisationsinteresses. Versichert wird das **Sachinteresse** des Leasinggebers bzw. das damit einhergehende Sacherhaltungsinteresse des Leasingnehmers, das wiederum durch das Interesse des Leasinggebers an dem Erhalt der Sache begrenzt wird.[470] **1238**

Im Kasko-Totalschadensfall sind für die Bemessung der Entschädigungsleistung die **Verhältnisse des Leasinggebers** und nicht die des Leasingnehmers als maßgeblich anzusehen.[471] Die vom Kaskoversicherer zu erbringende Versicherungsleistung kann folglich nicht den Betrag übersteigen, den der Leasinggeber für den Erwerb eines neuen Fahrzeugs aufwenden muss.

Daraus folgt,
– dass der Kaskoversicherer nur zur Zahlung der Nettoentschädigung verpflichtet ist, wenn der Leasinggeber die Umsatzsteuer im Wege des Vorsteuerabzugs geltend machen kann,
– dass die vom Leasinggeber erzielbaren Einkaufsrabatte sowohl bei der Beurteilung der Frage, ob ein Kasko-Totalschaden vorliegt, als auch bei der Neupreisentschädigung zu berücksichtigen sind,
– dass eine Neupreisentschädigung nur dann stattfindet, wenn der Leasinggeber die Reinvestition tätigt und nachweist.[472]

Die Versicherungsleistung, die der Kaskoversicherer zu erbringen hat, ist geringer als der vom Leasingnehmer für den Ersatzkauf aufzubringende Kaufpreis, da der Leasinggeber über günstige Einkaufsmöglichkeiten verfügt und regelmäßig zum Vorsteuerabzug berechtigt ist. Die nach den geschilderten Kriterien zu bemessende Entschädigungssumme des Kaskoversicherers reicht in vielen Fällen nicht zur Deckung der Schlusszahlung aus.

Umstritten ist, wer den **Mehrerlös** bei der heute nur noch selten anzutreffenden, eingeschränkten Neupreisversicherung zu beanspruchen hat, sofern der Leasingvertrag keine Regelung enthält. Die Ansicht, bei allen erlasskonformen Vertragsmodellen – außer beim Vertrag mit Mehrerlösbeteiligung – stehe dem Leasinggeber der Mehrerlös in vollem Umfang zu, verkennt, dass die Neupreisentschädigung, soweit sie den Wiederbeschaffungswert übersteigt, kein Surrogat im Sinne des § 281 BGB darstellt, sondern auf dem Versicherungsvertrag beruht, den der Leasingnehmer abzuschließen und prämienmäßig zu bedienen hat.

---

467 *von Gerlach,* DAR 1997, 229.
468 BGH 10. 7. 1996, NJW 1996, 2860.
469 OLG Hamm 7. 1. 1997, NJW-RR 1997, 1144.
470 OLG Düsseldorf 27. 10. 1998, DAR 1998, 68.
471 BGH 6. 7. 1988, NZV 1988, 216; 5. 7. 1989, NJW 1989, 3021; 14. 7. 1993, DAR 1993, 385; OLG Hamm 2. 11. 1994, NJW-RR 1995, 1057; OLG Köln 17. 9. 1996, OLGR 1996, 19; OLG Dresden 18. 9. 1996 r + s 1997, 378; OLG Düsseldorf 27. 10. 1998, DAR 1999, 68.
472 A. A. OLG Frankfurt 18. 1. 1996, OLGR 1996, 87, das den Abschluss eines neuen Leasingvertrags über ein vergleichbares Neufahrzeug durch den Leasingnehmer einer Neuanschaffung gleichstellt; der gleichen Ansicht OLG Hamburg 24. 4. 1998, OLGR 1998, 222.

Deshalb erscheint es unbillig, ihn an dem Mehrerlös nicht teilhaben zu lassen, soweit dieser den Vollamortisationsbetrag übersteigt.

12. Entwendung des Fahrzeugs

1239 Der Diebstahl eines Leasingfahrzeugs begründet keine höhere Wahrscheinlichkeit für einen vorgetäuschten Versicherungsfall. Für den Versicherer, der eine betrügerische Vorteilserlangung behauptet, gelten **strenge Beweisanforderungen,** da das Geld nicht an den Leasingnehmer, sondern an den Leasinggeber zur Auszahlung gelangt.[473] Im Prozess mit dem Leasingnehmer trägt der Leasinggeber die Darlegungs- und **Beweislast** für das **äußere Bild des behaupteten Diebstahls.**[474] Dem Leasinggeber ist es verwehrt, ohne konkreten Tatsachenvortrag geltend zu machen, der Leasingnehmer habe die Unmöglichkeit der Rückgabe des Fahrzeugs zu vertreten, wenn der Kaskoversicherer den Schaden durch Zahlung unmittelbar an den Leasinggeber bereits reguliert hat.[475] Falls der Leasinggeber im Wege des Vergleichs eine zu geringe Entschädigung des Kaskoversicherers akzeptiert hat, kann er vom Leasingnehmer nicht in voller Höhe Restamortisation verlangen. Er muss sich bei der Regulierung des Kaskoschadens – wie bei der Verwertung – um das **bestmögliche Ergebnis** bemühen.[476]

Der Diebstahl des Leasingfahrzeugs berechtigt den Leasingnehmer, sich **vorzeitig vom Vertrag zu lösen.**[477] Der Leasinggeber kann den Leasingvertrag ebenfalls durch außerordentliche Kündigung beenden, wenn er sich das Kündigungsrecht vertraglich ausbedungen hat. Bei der vertraglichen Ausgestaltung des Kündigungsrechts bedarf es einer Regelung für den Fall, dass das Leasingfahrzeug vor Eintritt der Leistungsverpflichtung des Versicherers wieder aufgefunden wird. Im Falle der Wiederauffindung des Fahrzeugs innerhalb der 4-wöchigen Frist kann der Leasinggeber das Fortsetzungsverlangen des Leasingnehmers nicht durch Nachschieben des Kündigungsgrunds „Entwendung des Fahrzeugs" unterlaufen.[478]

Bei der **Abrechnung** des wegen Diebstahls vorzeitig gekündigten Kfz-Leasingvertrags sind Leasingraten für die ursprüngliche Vertragslaufzeit nicht nur um die ersparten Verwaltungskosten, sondern auch um die in den Raten enthaltenen **Gewinnanteile zu vermindern,** da dem Leasingnehmer sowohl der weitere Sachgebrauch als auch die mittelbare Kapitalnutzung entzogen wird, während auf der anderen Seite der Leasinggeber das zurückfließende Kapital anderweitig nutzen und damit Gewinn erzielen kann.[479] Irgend ein Grund, ihm auch für die verkürzte Vertragsdauer den auf die volle Vertragsdauer kalkulierten Gewinn ungeschmälert zuzubilligen, ist angesichts der Bedeutung des Zeitfaktors für die Leistung des Leasinggebers nicht ersichtlich.[480] Abzuzinsen sind die um die ersparten Verwaltungskosten und Gewinnanteile gekürzten Leasingraten. Eine Abzinsung der ungekürzten Raten mit nachfolgendem Abzug der ersparten Verwaltungskosten und Gewinnanteile[481] würde dem Leasingnehmer nicht gerechtfertigte Vorteile verschaffen.

Die Rechtsfolgen der Kündigung sind weitgehend die gleichen wie bei einem Totalschaden und einer erheblichen Beschädigung des Leasingfahrzeugs. Der Ausgleichsanspruch wird mit der Kündigung fällig.[482]

---

473 BGH 23. 10. 1996, VersR 1997, 55.
474 OLG Dresden 16. 6. 1999, OLGR 1999, 364.
475 OLG Celle 7. 4. 1999, OLGR 1999, 225.
476 OLG Dresden 16. 6. 1999, OLGR 1999, 364.
477 Zur Kündigung bei einem vom Leasingnehmer verschuldeten Diebstahl sowie zur Verpflichtung zum Abschluss einer Kaskoversicherung nach Wiederauffindung des Fahrzeugs OLG München 13. 1. 1995, OLGR 1995, 134.
478 OLG Hamm 12. 12. 1997, OLGR 1998, 62.
479 OLG Celle 7. 4. 1999, OLGR 1999, 225.
480 BGH 19. 3. 1986, NJW 1986, 1746, 1748.
481 So die Vorgehensweise des OLG Celle 7. 4. 1999, OLGR 1999, 225.
482 OLG Düsseldorf 29. 4. 1996, OLGR 1996, 265.

Vertragsdurchführung

An eine vorzeitige Abrechnung des Leasingvertrags ist der Leasinggeber nicht gebunden, wenn ihm der Leasingnehmer den Verlust der Leasingsache durch Diebstahl vorgetäuscht hat. Eine vom Versicherer auf Grund des vorgetäuschten Diebstahls erbrachte Zahlung muss er nicht zu Gunsten des Leasingnehmers berücksichtigen.[483]

Sofern der Leasinggeber die **Sach- und Preisgefahr nicht wirksam** auf den Leasingnehmer **verlagert** hat, muss er im Rahmen des § 324 Abs. 1 BGB den Beweis führen, dass der Leasingnehmer den Verlust des Fahrzeugs zu vertreten hat. Gelingt ihm dieser Beweis nicht, geht seine auf die Verletzung vertraglicher Pflichten gestützte fristlose Kündigung ins Leere.[484]

Bei **rechtsgrundloser Zahlung** an den Leasinggeber richtet sich der **Rückforderungsanspruch** des Kaskoversicherers gegen den **Leasingnehmer,** da dieser durch die Versicherungsleistung insoweit bereichert ist, als er dadurch Befreiung von seiner Schadensersatzverpflichtung gegenüber dem Leasinggeber erlangt hat.[485] Allerdings kommen dem Kaskoversicherer, der die Versicherungsleistung zurückfordert, nicht die Beweiserleichterungen zugute, die dem eine Diebstahlentschädigung beanspruchenden Versicherungsnehmer zugebilligt werden. Er muss darlegen und im Streitfall beweisen, dass der seiner Zahlung zu Grunde liegende Versicherungsfall „Entwendung" nicht stattgefunden hat.[486]

13. Reguläre Vertragsbeendigung

a) Beendigung durch Kündigung oder Zeitablauf

Leasingverträge enden, falls sich die Parteien nicht über eine Vertragsverlängerung einigen, mit **Ablauf** der vereinbarten **Grundmietzeit** bzw. durch ordentliche Kündigung beim kündbaren Vertragsmodell. Um einen unbefristeten Finanzierungsleasingvertrag zu beenden, bedarf es der **Kündigung.** Das Kündigungserfordernis besteht auch dann, wenn der Leasingnehmer eine Ausgleichszahlung nur bis zum Eintritt der Vollamortisation zu leisten hat[487] oder wenn die nach dem Vertrag für die Kalkulation der Raten zu Grunde gelegte Nutzungsdauer des Leasinggegenstands abgelaufen ist.[488] Erklärt ein vom Leasingnehmer mit der Beendigung des Leasingvertrags beauftragter Anwalt an Stelle der Kündigung den Rücktritt vom Leasingvertrag, gefährdet er durch die Wahl des falschen Fachausdrucks den Erfolg des Gestaltungsversuchs, wenn der buchstäbliche Ausdruck der Erklärung mehrere Deutungen zulässt.[489]

1240

Eine AGB im Leasingvertrag, die den Leasingnehmer zur Weiterzahlung der Leasingraten nach Erreichen der Vollamortisation verpflichtet, ist nach Auffassung des BGH weder überraschend noch benachteiligt sie den Leasingnehmer unangemessen, da dieser es in der Hand habe, sich vor der Heranziehung zur Zahlung weiterer Leasingraten durch rechtzeitige Kündigung zum Ende der im Vertrag unterstellten Nutzungsdauer zu schützen und ihm – auch als Nichtkaufmann – die Überwachung des Vertragsablaufs zuzumuten sei.[490]

b) Herausgabe des Fahrzeugs

Der Leasingnehmer hat das Fahrzeug am Vertragsende an den Leasinggeber zurückzugeben.

1241

---

483 OLG Köln 24. 6. 1994, VersR 1995, 54.
484 BGH 11. 12. 1991, NJW 1992, 683.
485 BGH 2. 11. 1988, ZIP 1989, 313; 10. 3. 1993, DAR 1993, 223; a. A. OLG Köln 24. 6. 1994, VersR 1995, 54.
486 BGH 14. 7. 1993, DAR 1993, 223.
487 BGH 20. 9. 1989, ZIP 1989, 1461; OLG Hamm 11. 1. 1999, OLGR 1999, 165.
488 BGH 8. 11. 1989, ZIP 1990, 173.
489 BGH 4. 6. 1996, NJW 1996, 2648.
490 BGH 20. 9. 1989, ZIP 1989, 1461.

Der für die Zahlung der Leasingraten maßgebliche **Erfüllungsort** ist, sofern die Parteien keine hiervon abweichende Regelung vereinbart haben, zugleich Erfüllungsort für die Rückgabe des Fahrzeugs und die Abwicklung/Abrechnung des Leasingvertrags am Vertragsende.[491] Sehen die Leasing-AGB vor, dass der Leasingnehmer das Auto an einem vom Leasinggeber bestimmten Ort zurückzugeben hat, kann darin eine unangemessene Benachteiligung des Leasingnehmers liegen, wenn die Entfernung zum Händler wesentlich größer als zum Leasinggeber ist.

c) Sicherstellung des Fahrzeugs durch den Leasinggeber

1242   Falls der Leasingnehmer seiner Rückgabepflicht nicht nachkommt, darf der Leasinggeber das Fahrzeug nicht **eigenmächtig** in Besitz nehmen.

Das OLG Koblenz[492] hat sich auf den Standpunkt gestellt, dass **AGB,** die den Leasinggeber berechtigen, das Fahrzeug bei Vorliegen eines wichtigen Grundes schon vor Zugang der Kündigungserklärung vom Leasingnehmer herauszuverlangen, und die weiterhin bestimmen, dass der Leasingnehmer für diesen Fall auf sein **Besitzrecht verzichtet** und die **Wegnahme** des Fahrzeugs **gestattet,** nicht gegen allgemeine Rechtsgedanken verstößt und wirksam ist. Dahinter steckt die Überlegung, dass es bei einem Kraftfahrzeug sehr schnell zu einer Verschlechterung kommen kann, die ein rasches Einschreiten des Leasinggebers erfordert. Im Gegensatz zum OLG Koblenz vertritt das OLG Hamm[493] die Ansicht, dass die Klausel einer AGB-Kontrolle nicht standhält, weil sie den Leasingnehmer unangemessen benachteiligt. Nimmt der Leasinggeber, gestützt auf die ungültige Regelung, das Leasingfahrzeug gegen den Willen des Leasingnehmers in Besitz, liegt darin eine verbotene Eigenmacht, die den Leasingnehmer zur fristlosen Vertragskündigung berechtigt.[494]

d) Einstweilige Verfügung auf Herausgabe des Leasingfahrzeugs

1243   Geteilt sind die Meinungen zu der Frage, ob die schlichte Weiterbenutzung des Leasingfahrzeugs nach Ablauf des Vertrags einen **Verfügungsgrund** im Sinn von § 935 ZPO darstellt, der die Sicherstellung des Fahrzeugs im Wege der einstweiligen Verfügung rechtfertigt. Es wird die Auffassung vertreten, eine Gefährdung des Herausgabeanspruchs setze voraus, dass der Leasingnehmer die Sache übermäßig benutzt und sie dadurch in ihrer Substanz verändert,[495] da der Leasinggeber die mit der schlichten Weiterbenutzung des Fahrzeugs verbundenen Risiken vertraglich in Kauf nehme[496] und sich durch die Nichtrückgabe nur die dem Leasingvertrag von vornherein innewohnende **typische Gefahr** einer Leistungsstörung verwirkliche.[497] Nach anderer Ansicht liegt bereits in der bloßen Weiterbenutzung der Sache und dem damit verbundenen Wertverlust eine Gefährdung der Anspruchsverwirklichung, die den Erlass einer einstweiligen Verfügung rechtfertigt.[498]

Für Kraftfahrzeuge gilt in besonderem Maße, dass sie durch **Weiterbenutzung** an **Wert verlieren,** da mit jedem gefahrenen Kilometer ein Stück Sachsubstanz verbraucht wird. Dieser Wertverlust ist ungleich höher als die Werteinbuße, die das Fahrzeug durch die

---

491 *Baumbach/Hartmann,* § 29, Rn 26, 28; AG Ratingen 30. 3. 1995 – 9 C 1795/94 – n. v.
492 Beschl. – 8 W 398/88 – n. v.
493 Urt. v. 20. 12. 1991, NJW-RR 1992, 502.
494 OLG Hamm 20. 12. 1991, NJW-RR 1992, 502.
495 OLG Frankfurt a.M. 8. 12. 1959, NJW 1960, 827; OLG Köln 25. 1. 1988, ZIP 1988, 445 ff. sowie 10. 11. 1997, NJW-RR 1997, 1588; LG Rottweil 2. 5. 1990 – 1 O 449/90 – n. v.; *Stein/Jonas/Grunsky,* ZPO, § 935, Rn 12; *Thomas/Putzo,* ZPO, § 935, Rn 7; *Schuschke,* Vollstreckung und vorläufiger Rechtsschutz II, § 935 Rn 13 Fn. 57.
496 OLG Köln 25. 1. 1988, ZIP 1988, 445 ff.
497 LG Rottweil 2. 5. 1990 – 1 O 449/90 – n. v.
498 OLG Düsseldorf 7. 12. 1983, MDR 1984, 411; LG Ravensburg 16. 4. 1986, NJW 1987, 139; LG Braunschweig/Kreisg. Arnstadt 21. 1. 1993, MDR 1993, 757; *Zöller/Vollkommer,* § 935 Rn 13; *Reinking,* Autoleasing, S. 146.

Aufbewahrung auf der Pfandkammer erleidet.[499] Deshalb verdient die Meinung den Vorzug, die den schlichten Weitergebrauch als Grund für den Erlass einer einstweilige Verfügung auf Herausgabe des Fahrzeugs an den Leasingnehmer ausreichen lässt.[500]

e) Herausgabeunmöglichkeit

Ist der Leasingnehmer außer Stande, das Fahrzeug zurückzugeben, hat er dem Leasinggeber **Wertersatz** zu leisten. Falls er die Sach- und Preisgefahr nicht übernommen hat, entfällt seine Haftung, wenn er beweist, dass er die Rückgabeunmöglichkeit nicht zu vertreten hat. Der Leasinggeber muss zunächst aus den an ihn erfüllungshalber abgetretenen Ansprüchen gegen die Kaskoversicherung Befriedigung suchen, die das Sachinteresse umfassen; solange dies nicht – erfolglos – geschehen ist, fehlt es – außer im Hinblick auf eine möglicherweise vereinbarte Selbstbeteiligung – an der Fälligkeit der Wertersatzforderung gegen den Leasingnehmer.[501] Welche Anstrengungen der Leasinggeber auf sich nehmen muss, um die Ansprüche gegenüber der Kaskoversicherung durchzusetzen, hängt von den Gegebenheiten des Einzelfalls ab; eine von vornherein aussichtslose Klage muss er nicht erheben.[502] 1244

f) Wegfall der Rückgabepflicht

Von der Rückgabepflicht wird der Leasingnehmer befreit, wenn er sich vor Vertragsende mit dem Leasinggeber über einen **Ankauf** des Fahrzeugs einigt. Zum Abschluss des Kaufvertrags kann es auch dadurch kommen, dass entweder der Leasinggeber von einem Andienungsrecht oder der Leasingnehmer von einer **Kaufoption** Gebrauch macht. Bei einem Vertrag mit Restwert „Null" entfällt die Herausgabepflicht, wenn trotz Bestehens einer Rückgabeklausel in den AGB nach den Umständen davon auszugehen ist, dass die Leasingsache dem Leasingnehmer verbleiben soll.[503] 1245

Bei einem Vertrag mit **Andienungsrecht** ist zu beachten, dass der Kaufvertrag über das Fahrzeug mit der Andienung durch den Leasinggeber zu Stande kommt, wobei dahinstehen kann, ob die Vereinbarung des Andienungsrechts bei Vertragsbeginn ein **Kaufangebot** des Leasingnehmers darstellt, das der Leasinggeber am Vertragsende annehmen kann, oder ob sie bereits einen aufschiebend bedingten Kaufvertrag beinhaltet, bei dem die **aufschiebende Bedingung** in der Ausübung des Andienungsrechts gegenüber dem Leasingnehmer besteht.[504] Von dem durch Ausübung des Andienungsrechts zu Stande gekommenen Kaufvertrag kann sich der Leasinggeber nur unter den Voraussetzungen des § 326 BGB lösen, wenn der Leasingnehmer seine Kaufpreisschuld nicht erfüllt. Zur Herbeiführung des für § 326 BGB erforderlichen Verzugs muss der Leasinggeber dem Leasingnehmer den Besitz an dem Leasingfahrzeug einräumen. Falls der Leasinggeber das Fahrzeug in Besitz genommen hat, genügt ein **wörtliches Angebot** nur unter den Voraussetzungen des § 295 BGB. Andernfalls muss er dem Leasingnehmer das Fahrzeug tatsächlich anbieten, sodass dieser nur noch zuzugreifen braucht.[505]

Nicht unter die Restwertgarantie fällt das **Bonitäts-** oder **Insolvenzrisiko** desjenigen, dem der Leasinggeber das Fahrzeug angedient hat. Vorbehaltlich einer vertraglichen Regelung haftet der Leasingnehmer nicht auf Ersatz des Schadens, den der Leasinggeber dadurch erleidet, dass eine andere Person, der er das Fahrzeug angedient hat, die Erfüllung des Kaufvertrags schuldig bleibt.[506] 1246

---

499 A. A. offenbar OLG Köln 25. 1. 1988, ZIP 1988, 445.
500 Ausführlich *Reinking,* Autoleasing, S. 146.
501 BGH 11. 12. 1991, ZIP 1992, 179.
502 BGH 11. 12. 1991, ZIP 1992, 179.
503 OLG Hamm 9. 11. 1993, NJW-RR 1994, 631.
504 BGH 16. 10. 1996, NJW 1997, 452, 453.
505 BGH 29. 11. 1995, NJW 1996, 923.
506 BGH 16. 10. 1996, NJW 1997, 452, 453.

Ob eine vertragliche **Abwälzung** des Bonitäts- und Verwertungsrisikos auf den Leasingnehmer in **AGB** wirksam vereinbart werden kann, wurde vom BGH offen gelassen.[507] In Anbetracht der Tatsache, dass die Vornahme der Verwertung des Leasingfahrzeugs in den Aufgabenbereich des Leasinggebers fällt, der dadurch die Chance der Erzielung eines zusätzlichen Gewinns erlangt, ist eine Klausel, die dem Leasingnehmer das Erfüllungsrisiko zuweist, derart ungewöhnlich, dass ihre Einbeziehung in den Vertrag zweifelhaft erscheint (§ 3 AGB-Gesetz). Da der Leasingnehmer von sich aus keine rechtliche Handhabe besitzt, auf die Art und Weise der Verwertung Einfluss zu nehmen, kann ihm nicht zugemutet werden, dass er die Verwertungsrisiken übernimmt. Einer AGB-Regelung, die diese Risiken gleichwohl auf den Leasingnehmer verlagert, ist die Wirksamkeit gem. § 9 AGB-Gesetz zu versagen, da sie den Leasingnehmer unangemessen benachteiligt.

Die Vereinbarung eines **Andienungsrechts** in Verbindung **mit** einer **Ausgleichsklausel** für Mehr- und Minderkilometer in einem Kfz-Leasingvertrag ist **alternativ** und nicht kumulativ zu verstehen, da sich die Regelungen gegenseitig ausschließen. Nur wenn das Leasingfahrzeug am Vertragsende vom Leasingnehmer an die Leasinggesellschaft zurückzugeben ist, weil diese von ihrem Andienungsrecht keinen Gebrauch gemacht hat, findet ein Kilometerausgleich statt, der umgekehrt entfällt, wenn der Leasingnehmer das Fahrzeug im Wege der Andienung vom Leasinggeber erworben hat.[508]

g) Rechtsfolgen bei Verstoß des Leasingnehmers gegen die Rückgabepflicht

1247 Der Leasingnehmer, der das Fahrzeug am Vertragsende nicht zurückgibt, macht sich gegenüber dem Leasinggeber wegen Vorenthaltung **schadensersatzpflichtig** und evtl. strafbar i. S. v. § 248b StGB.[509] Allein in der Nichtrückgabe liegt noch kein Vorenthalten i. S. v. § 557 Abs. 1 BGB; erforderlich ist zudem, dass der Leasingnehmer das Fahrzeug gegen den Willen des Leasinggebers behält.[510] Diese Voraussetzungen sind nicht erfüllt, wenn es der Leasinggeber versäumt, den Ort zu bestimmen, an dem der Leasingnehmer das Fahrzeug zurückzugeben hat. Da der Leasingnehmer unter diesen Umständen mit der Ablieferung des Fahrzeugs nicht in Verzug gerät, haftet er dem Leasinggeber lediglich bereicherungsrechtlich auf Ersatz der schuldhaft nicht gezogenen Nutzungen in Höhe des objektiven Mietwerts, wenn er das Fahrzeug einem Dritten unentgeltlich zum Gebrauch überlässt.[511] Für das Verhältnis zwischen der Leasinggesellschaft und einem unrechtmäßigen Besitzer stellen die §§ 985 ff. BGB eine die sonstigen Vorschriften verdrängende Sonderregelung dar. Daraus ergibt sich, dass der Besitzer des Leasingfahrzeugs, der positiv weiß, dass er kein Recht zum Besitz hat, der Leasinggesellschaft **Nutzungsausfall** für die Zeit der Vorenthaltung schuldet, dessen Höhe nach Ansicht des Saarländischen OLG[512] an den Sätzen der Nutzungsausfalltabelle auszurichten ist. Die Tabellensätze sind nicht der richtige Ansatz, da die Leasinggesellschaft das Fahrzeug im Falle rechtzeitiger Rückgabe nicht selbst benutzt, sondern es entweder verwertet oder erneut verleast hätte.

Nach gefestigter höchstrichterlicher Spruchpraxis[513] hat der Leasinggeber für die Dauer der Vorenthaltung die vereinbarte **Leasingrate** als **Mindestentschädigung** zu beanspruchen, wobei es nicht darauf ankommt, ob dem Leasinggeber aus der Vorenthaltung des Autos ein Schaden erwachsen ist oder ob der Leasingnehmer einen entsprechenden Nutzen hat ziehen

---

507 BGH 16. 10. 1996, NJW 1997, 452, 453.
508 OLG Düsseldorf 14. 4. 1994, NJW-RR 1994, 1337.
509 OLG Schleswig 20. 1. 1989, DAR 1989, 350; a. A. AG München 31. 10. 1985, NStZ 1986, 458; *Schmidthäuser*, NStZ 1986, 460.
510 OLG Koblenz 16. 2. 1989, ZAP EN-Nr. 425/89.
511 OLG Hamm 12. 7. 1988, ZIP 1989, 45.
512 Urt. 5. 11. 1997, OLGR 1998, 214 – die Nutzungsentschädigung belief sich bei einem Tagessatz von 71 DM und einer Vorenthaltungsdauer von ca. 14 Monaten auf insgesamt ca. 30 000 DM.
513 BGH 22. 3. 1989, ZIP 1989, 647; 5. 4. 1978, NJW 1978, 1432; 31. 3. 1982, WM 1982, 666, 668.

Vertragsdurchführung Rn 1248

können. Der BGH versteht § 557 Abs. 1 BGB als Druckmittel zur Erzwingung der Herausgabe der Sache. Durch die Anwendung der Vorschrift auf Leasingverträge wird der Leasingnehmer seines Erachtens nicht über Gebühr belastet, da es an ihm liegt, die Rechtsfolgen des § 557 Nr. 1 BGB durch Herausgabe der Leasingsache jederzeit zu vermeiden oder zu beenden. Von dieser Überlegung ausgehend entschied das OLG Hamm,[514] der Leasingnehmer schulde dem Leasinggeber die Nutzungsentschädigung in Höhe der bisherigen Leasingraten selbst dann, wenn zwischen dem Wert der Leasingsache und der Höhe der Leasingrate ein **Missverhältnis** besteht. Der Entschädigungsanspruch nach § 557 Abs. 1 BGB ist steuerlich wie eine Leasingrate zu beurteilen und umfasst die Umsatzsteuer, sofern der Leasinggeber für die Umsatzsteuer optiert hat.[515]

Die **BGH-Rechtsprechung** stößt auf berechtigte **Kritik,** da sie das Amortisationsprinzip, durch das sich der Leasingvertrag vom reinen Mietvertrag unterscheidet, nicht in ausreichendem Maße berücksichtigt. Die Vorschrift des § 557 Abs. 1 BGB gewährt einen Schadensersatzanspruch, dessen Umfang in Höhe des Mietzinses festgelegt ist, weil der Mietzins in der Regel dem Nutzungswert der Mietsache entspricht. Aus diesem Grund überzeugt bei der Miete das Argument, der Mieter, der die Mietsache dem Vermieter nach Beendigung des Vertrags vorenthalte, dürfe nicht besser gestellt werden als bei einer Fortdauer des Mietvertrags. 1248

Beim Leasingvertrag besteht eine andere Situation. Der **objektive Wert der Nutzung,** der beim Mietvertrag in der Regel dem Mietzins entspricht, kann der auf anderer Basis kalkulierten Leasingrate nicht ohne weiteres gleichgesetzt werden.[516] Letztere ist berechnet auf der Grundlage der Wertdifferenz zwischen Neuanschaffungspreis und kalkuliertem Restwert. Nach dem regulären Ende des Vertrags ist der durch die Weiterbenutzung eintretende Wertschwund geringer als während der vorausgegangenen Vertragszeit. Dies liegt daran, dass das Leasingauto nicht gleichmäßig (linear) an Wert verliert, sondern anfangs sehr stark, später weniger (degressiv).

Infolgedessen sind die – auf der Grundlage eines geringeren Wertverzehrs errechneten – Leasingraten eines Folge- oder Anschlussleasingvertrags zwangsläufig niedriger als die des vorausgegangenen Erstvertrags. Das Argument des BGH, der vertragstreue Leasingnehmer werde schlechter gestellt als derjenige, der das Auto am Vertragsende nicht zurückgebe, wenn man letzteren nicht zur Fortzahlung der Leasingraten gem. § 557 Abs. 1 BGB zwinge, ist beim Leasingvertrag mit Übernahme des Restwertrisikos durch den Leasingnehmer nicht einschlägig, weil der Leasingnehmer den durch Weiterbenutzung entstehenden Wertverlust letztendlich durch die Zahlung in Höhe der Differenz zwischen dem kalkulierten und dem tatsächlich erzielten Restwert ausgleichen muss. Der Leasinggeber würde doppelt entschädigt, wenn er darüber hinaus die ungekürzten Leasingraten bekäme. Das OLG Frankfurt[517] erkannte die Situation, stellte sich aber auf den Standpunkt, der Vorteil zwinge den Leasinggeber nicht, die Leasingrate nach unten anzupassen. Das LG Köln[518] vertrat die Ansicht, es müsse bei den ursprünglich vereinbarten Leasingraten verbleiben, weil es andernfalls der Leasingnehmer in der Hand hätte, durch Kündigung eine neue Vereinbarung über die Höhe der Raten zu erzwingen. Das Argument ist nicht stichhaltig, weil die Diskussion über die Höhe der Nutzungsentschädigung die Weiterbenutzung der Leasingsache nach Vertragsablauf bzw. nach Eintritt der Vollamortisation betrifft.

---

514 Urt. v. 11. 1. 1999, ZfS 1999, 240 gegen OLG Köln Beschl. v. 16. 9. 1992, WM 1993, 1053.
515 BGH 11. 5. 1988, WM 1988, 1277; 22. 3. 1989, NJW 1989, 1730, 1732; 6. 12. 1995, WM 1996, 463; OLG Hamm 28. 6. 1979, OLGZ 1980, 21 f.
516 So früher OLG Hamm 12. 7. 1988, ZIP 1989, 45; LG Hamburg 12. 2. 1986, NJW-RR 1986, 473 ff.; *Tiedtke,* ZIP 1989, 1437 ff.
517 Urt. 23. 6. 1987, VersR 1987, 1197.
518 Urt. v. 23. 9. 1992, NJW-RR 1993, 822.

Da nicht einzusehen ist, dass der Leasinggeber für die Zeit der Vorenthaltung mehr erhalten soll, als er bekommen würde, wenn er einen auf der Grundlage des Restwerts kalkulierten neuen Leasingvertrag abschließen würde, haben sich Instanzgerichte der BGH-Rechtsprechung manchmal widersetzt.[519] Selbst wenn man der pauschalierten Nutzungsentschädigung des § 557 Abs. 1 BGB in Übereinstimmung mit dem BGH eine der Vertragsstrafe vergleichbare Sanktionswirkung beimisst, muss sich deren Höhe im Rahmen der **Billigkeit** halten. Diese Einschränkung mußte das OLG Köln[520] in einem extrem gelagerten Fall vornehmen, in dem die monatliche Leasingrate mehr als das Zweieinhalbfache des vom Leasinggeber selbst angegebenen Restwerts betrug.

Der Entschädigungsanspruch des Leasinggebers aus § 557 BGB wegen Vorenthaltens des Leasingfahrzeugs nach Eröffnung des **Insolvenzverfahrens** über das Vermögen des Leasingnehmers begründet nur dann eine Masseschuld, wenn das Leasingverhältnis, auf dem der Anspruch beruht, die Insolvenzeröffnung überdauert.[521]

h) Rückgabeprotokoll

1249 Bei Ablieferung des Fahrzeugs wird über dessen Zustand ein gemeinsames Rücknahmeprotokoll angefertigt und – so heißt es in Abschn. XVI Ziff. 2 der Konditionenempfehlung des VDA (Anhang Teil I, Anlage 2) – von beiden Vertragsparteien oder ihren Bevollmächtigten unterzeichnet. Das Rückgabeprotoll dient dem Leasingnehmer als **Beleg** für die **Ablieferung** des Fahrzeugs. Dem Leasinggeber erleichtert das Zustandsprotokoll die Beweisführung im Hinblick auf Veränderungen, Schäden und Mängel des Fahrzeugs, denn es obliegt ihm, die erforderliche **Beweissicherung** zu treffen.[522] Er muss beweisen, dass die im Protokoll aufgeführten Mängel und Schäden in der Zeit entstanden sind, in der sich das Fahrzeug im Besitz des Leasingnehmers befunden hat.[523]

Eine Verpflichtung des Leasingnehmers zum **Unterschreiben** des Protokolls besteht nicht. Seine Unterschrift stellt weder ein Anerkenntnis der im Rücknahmeprotokoll bezeichneten Mängel dar, noch werden dadurch Einwendungen des Leasingnehmers gegen den beschriebenen Fahrzeugzustand abgeschnitten.[524] Für den Leasinggeber bedeutet die vorbehaltlose Unterzeichnung des Rückgabeprotokolls, dass er auf weiter gehende Ansprüche verzichtet.[525] Dies gilt auch dann, wenn der vom Leasinggeber eingeschaltete Händler vorbehaltlos unterschrieben hat. Der ausliefernde Händler, dem das Leasingfahrzeug nach Vertragsablauf zu übergeben ist, handelt als Erfüllungsgehilfe des Leasinggebers.[526]

i) Begutachtung

1250 In Anlehnung an Abschn. XVI Ziff. 3 Abs. 3 der empfohlenen Musterbedingungen des VDA sehen AGB von Kfz-Leasingverträgen vor, dass auf Veranlassung des Leasinggebers ein **öffentlich bestellter** und **vereidigter Sachverständiger** oder ein **unabhängiges Sachverständigenunternehmen** den Wert des Fahrzeugs bzw. den durch Mängel, Schäden und Überbeanspruchung verursachten Minderwert des Fahrzeugs ermittelt, wenn sich die Vertragspartner darüber nicht einigen können, wodurch der Rechtsweg aber nicht ausgeschlossen wird. Die Klausel lässt nach Meinung des LG Kassel[527] nicht erkennen, was mit ihr gewollt ist. Es kann sich um eine **Schlichtungsklausel,** eine **materiell-rechtliche Fälligkeitsvoraus-**

---

519 Z. B. LG Hannover 26. 1. 1994, NJW-RR 1994, 739.
520 Beschl. v. 16. 9. 1992, WM 1993, 1053.
521 BGH 24. 11. 1993, MDR 1994, 272.
522 LG Frankfurt 25. 7. 1988, NJW-RR 1988, 1132 ff.
523 LG München 28. 2. 1997, DAR 1998, 203.
524 LG Frankfurt 25. 7. 1988, NJW-RR 1988, 1134.
525 OLG Celle 16. 7. 1997, OLGR 1997, 224.
526 LG Dortmund 4. 6. 1997, NJW-RR 1998, 707.
527 Urt. 11. 9. 1998, DAR 1998, 477.

Vertragsdurchführung Rn 1251

setzung oder um eine **vertragliche Pflicht** handeln, das Gutachten nur mit Zustimmung des Leasingnehmers einzuholen. Da keine Variante eindeutig den Vorzug verdient, ist die Klausel zu Lasten der Leasinggesellschaft als Zulässigkeitsvoraussetzung für die Klage auszulegen. Infolgedessen wies das LG Kassel die Klage der Leasinggesellschaft ab, weil diese das Gutachten ohne Zustimmung des Leasingnehmers eingeholt hatte.

Abschn. XVI Ziff. 3 Abs. 3 der empfohlenen Musterbedingungen des VDA enthält keine Schiedsgutachterklausel, da sie die Feststellungen des Sachverständigen **nicht** als für beide Seiten **verbindlich** vorschreibt. Da sie aber den Eindruck erweckt, sie sei letztverbindlich und könne nur durch den Nachweis der offenbaren Unrichtigkeit im Sinne von § 319 BGB zu entkräften, werden insoweit Bedenken gegen ihre Wirksamkeit angemeldet.[528] Zur Auswahl des Sachverständigen hat der Leasing-Arbeitskreis des 35. Verkehrsgerichtstages 1997 ein für den Leasinggeber verbindliches Vorschlagsrecht des Leasingnehmers empfohlen.[529]

Eine **Schiedsgutachterklausel** in AGB ist allgemein zu beanstanden, wenn sie keinen ausdrücklichen Hinweis auf die Bedeutung der Schätzung des Sachverständigen als Schiedsgutachter enthält[530] oder wenn sich der Leasinggeber die Wahl des Gutachters vorbehält, sodass dessen Neutralität, vollständige Unabhängigkeit und Sachkunde in Frage stehen.[531] Besagt die Schiedsgutachterklausel, dass der Leasingnehmer am Vertragsende dem Leasinggeber die Differenz zwischen dem kalkulierten Restwert und dem von einem Gutachter geschätzten geringeren Händlereinkaufspreis zahlen muss, ist sie nach einer Entscheidung des OLG Frankfurt a.M.[532] nicht nach § 9 AGB-Gesetz unwirksam, wenn dem Leasingnehmer das Recht eingeräumt wird, dem Leasinggeber einen Käufer vorzuschlagen, der das Fahrzeug zum Marktpreis erwirbt, da er hierdurch in die Lage versetzt wird, die für ihn nachteilige Folge der Verbindlichkeit des Gutachtens zu vermeiden. Macht der Leasingnehmer von seinem Käufervorschlagsrecht Gebrauch, darf der Leasinggeber dann allerdings nicht auf der Grundlage des Schiedsgutachtens abrechnen. Von einer anderen Kammer des Landgerichts Frankfurt a.M.[533] wurde die Schiedsgutachterklausel eines Leasingvertrags mit Kilometerabrechnung als „nicht wirksam" eingestuft, weil sie die Beweislast zum Nachteil des Leasingnehmers auf den Einwand der offenbaren Unrichtigkeit reduziert und ihm den Rechtsweg abschneidet.[534]

Offenbare Unrichtigkeit liegt vor, wenn sich einem sachkundigen und unbefangenen Beobachter – sei es auch erst nach eingehender Prüfung – offensichtliche Fehler aufdrängen, die das Gesamtergebnis verfälschen oder wenn Ausführungen des Sachverständigen so lückenhaft sind, dass selbst der Fachmann das Ergebnis aus dem Zusammenhang des Gutachtens nicht überprüfen kann.[535] Strukturelle Defizite, wie sie bei der Begutachtung von Leasingfahrzeugen tagtäglich vorkommen, hat das AG Frankfurt a.M.[536] in einem bemerkenswerten Urteil sorgfältig herausgearbeitet. Das Gericht verneinte die Verbindlichkeit der „Gebrauchtfahrzeug-Bewertung" des Gutachters wegen offensichtlicher Unrichtigkeit, weil sie sich u.a. nicht mit dem Regelungsgehalt der Leasing-AGB deckte, die Dokumentation der Schäden fehlte, Reparaturkosten über den Daumen gepeilt und Wertverbesserungen „neu für

1251

---

528 *von Westphalen*, Der Leasingvertrag, Rn 1292, 1134; *Müller-Sarnowski*, DAR 1999, 269.
529 VGT 1997, 10.
530 LG Frankfurt 25. 7. 1988, NJW-RR 1988, 1132; *von Westphalen* in *Löwe/Graf von Westphalen/Trinkner*, Bd. III, Brosch. 18.2 Rn 7.
531 *von Westphalen*, DAR 1984, 337 ff.; *Staudinger/Schlosser*, § 9 AGBG Rn 153.
532 Urt. 24. 1. 1989, DB 1989, 522; der gleichen Ansicht LG Köln 20. 3. 1991 – 4 O 596/90 – n. v.
533 Urt. v. 8. 3. 1994 – 2/12 O 381/92 – n. v.; a. A. LG Frankfurt a.M. Urt. v. 22. 9. 1995 – 3/11 S 5/95 – n. v.
534 So insbesondere *Müller-Sarnowski*, DAR 1997, 146; 1999, 269.
535 BGH 16. 11. 1987, NJW-RR 1988, 506.
536 Urt. 11. 11. 1997, DAR 1998, 356.

alt" nicht berücksichtigt worden waren und weil sie unsinnige Bewertungen enthielt, z. B. den Ansatz eines Minderwertes von 500 DM für eine defekte, nicht reparable Cassetten-Klappe des Autoradios, dessen Gesamtwert lediglich 180 DM betrug.

Hinsichtlich des vom **Schiedsgutachter einzuhaltenden Verfahrens** ist zu fordern, dass dieser auch der anderen Seite das rechtliche Gehör und damit die Gelegenheit zu gewähren hat, Anträge, Bedenken und Zweifel ausreichend und gleichgewichtig vorzubringen.[537] Vom Leasing-Arbeitskreis des 35.Verkehrsgerichtstages wurde Leasingfirmen empfohlen, dem Leasingnehmer vertraglich zuzugestehen, sich bei der Begutachtung rechtliches Gehör zu verschaffen.[538]

j) Zustandsklausel

1252   AGB von Kraftfahrzeug-Leasingverträgen besagen, dass sich das Fahrzeug bei Rückgabe in einem unveränderten, dem Alter und der vertragsgemäßen Fahrleistung entsprechenden, verkehrs- und betriebssicheren Erhaltungszustand befinden muss und keine Schäden und Mängel aufweisen darf. Die Wirksamkeit der Klausel wurde, soweit ersichtlich, bisher lediglich vom LG München[539] **mangels hinreichender Transparenz** wegen Verstoßes gegen § 9 AGB-Gesetz verneint. Als nicht objektivierbar und daher als Unterscheidungsmaßstab unbrauchbar wird in den Urteilsgründen insbesondere das Kriterium „eines dem Alter und der vertragsgemäßen Fahrleistung entsprechenden Erhaltungszustands" kritisiert. Außerdem – so meint das LG München – können dem Tatbestandsmerkmal der Schadens- und Mängelfreiheit sämtliche Zustandsbeeinträchtigungen unterlegt werden, darunter auch solche Veränderungen und Verschlechterungen, die der Leasingnehmer gem. der analog geltenden Regelung des § 548 BGB nicht zu vertreten hat, soweit sie durch den vertragsgemäßen Gebrauch herbeigeführt worden sind.

Da die Argumente, die zur Begründung der Klauselunwirksamkeit herangezogen werden, nicht ohne weiteres von der Hand zu weisen sind, bemühen sich Verbraucherverbände, Gutachterstellen und Leasingfirmen darum, die **Abgrenzungskriterien** anhand von **Checklisten** und **Richtlinienkatalogen** zu konkretisieren und zu verfeinern, um auf diese Weise die erforderliche Transparenz herzustellen, die der 37. Verkehrsgerichtstag per Resolution gefordert hat.[540]

k) Fahrzeugbewertung und Zustandsbeurteilung

1253   Bei einem Leasingvertrag mit offenem Restwert hat der Sachverständige die Aufgabe, den **Fahrzeugwert** (Händlereinkaufs-/Händlerverkaufspreis) zu ermitteln. Dazu benötigt er außer dem Fahrzeug die Papiere mit den Fahrzeugdaten, die Ausstattungsliste und das Rückgabeprotokoll.

Bei einem Leasingvertrag mit Kilometerabrechnung besteht die Aufgabe des Sachverständigen darin, den **Istzustand** des Fahrzeugs festzustellen, diesen mit dem **Sollzustand** zu **vergleichen** und den **Minderwert** zu **ermitteln,** der sich aus der Abweichung ergibt. Da sich die vertraglich vereinbarte Nutzung des Leasingfahrzeugs und dessen Sollzustand, in dem es der Leasingnehmer abzuliefern hat, aus dem Leasingvertrag ergibt, muss dem Gutachter diese Unterlage zur Verfügung gestellt werden.

Nicht beseitigte **Veränderungen** des Fahrzeugs, wie etwa Bohrlöcher für die Anbringung von Zubehör und Beschriftungen, sind bei der Bemessung der Wertminderung zu berücksich-

---

537 Vgl. *Palandt/Heinrichs,* § 9 AGBG, Rn 126 f.; *Staudinger/Schlosser,* § 9 AGBG, Rn 153 f.; LG Frankfurt 25. 7. 1988, NJW-RR 1988, 1132 ff. m. w. N.
538 VGT 1997, 10.
539 Urt. v. 3. 3. 1999, DAR 1999, 268.
540 VGT 97, 10; hierzu *Müller-Sarnowski,* DAR 1999, 269 sowie ausführlich zur Zustandsbewertung *Reinking,* NZV 1997, 5 ff.

tigen. Keinen Einfluss auf die Höhe der Wertminderung haben solche Verwendungen, die den Wert des Fahrzeugs erhöhen. Da der Leasinggeber nicht zum Wertersatz verpflichtet ist, darf eine auf Veränderung beruhende Werterhöhung des Fahrzeugs nicht mit der Wertminderung verrechnet werden. Dem Leasingnehmer steht insoweit nur ein Wegnahmerecht zur Seite. Eine Veränderung des Fahrzeugs durch den fachgerechten Einbau einer Dachantenne, der es erforderlich machte, ein Loch in das Dach zu bohren, hat das LG Gießen[541] nicht als wertmindernd eingestuft.

Zu den **normalen Gebrauchsspuren,** die durch die Leasingraten abgegolten werden, gehören nicht nur solche, die durch das Fahren entstehen. Auch äußere Einwirkungen auf das Fahrzeug bei seiner Benutzung im fließenden und ruhenden Verkehr sind normal, wie kleine Steinschlagspuren auf der Windschutzscheibe, kleine Schrammen und Kratzer am Tankdeckel und an den Tür- und Kofferraumgriffen.

Die Ermittlung des vertragsgemäßen Zustands und die Abgrenzung zu einem auf Übermaß- oder Fehlgebrauch beruhenden Zustand ist außerordentlich schwierig, zumal die auf eine vertragswidrige Benutzung zurückzuführenden Spuren nicht unbedingt die Qualität von Mängeln und Schäden haben müssen, was zuweilen verkannt wird.[542] Zum einen fehlen **konkrete Vorgaben zur Sollbeschaffenheit** des Fahrzeugs im Leasingvertrag, zum anderen ist das Spektrum des vertragsgemäßen Gebrauchs eines Kraftfahrzeugs im Straßenverkehr sehr breit gefächert. Die noch im vertragsgemäßen Rahmen liegenden Gebrauchsspuren sind von Fall zu Fall unterschiedlich, je nachdem, ob ein Leasingfahrzeug im Stadtverkehr, auf Langstrecken, im Gebirge oder im Flachland gefahren worden ist. Jenseits der auf übervertraglicher Nutzung beruhenden und schwerlich abgrenzbaren **Gebrauchsspuren** beginnen die **Mängel** und **Schäden,** für die der Leasingnehmer ohne Rücksicht auf Verschulden und unabhängig davon haftet, ob sie auf einer vertragsgemäßen oder auf einer vertragswidrigen Benutzung beruhen, was hin und wieder verkannt wird.[543] Prüfungsmaßstab für die Verkehrs- und Betriebssicherheit ist § 29 StVZO.

Beispiele aus der Rechtsprechung:
- Verschrammte Stoßstangen, eingedellte Karosserieteile und verformte Abschlussbleche sind keine typischen altersgerechten Beschädigungen. Dasselbe gilt für das zersprungene Rücklichtglas und die zerrissenen und brandbeschädigten Sitzbezüge und das Fehlen eines Teils der Luftführung.[544]
- Leichte Schrammen, Kratzer und Beulen gehören im Rahmen eines Leasingvertrags zur vertragsgemäßen Abnutzung und stellen keinen Schaden des Leasinggebers dar.[545]
- Kratzer am Dach und an den Hauben, leichte Einbeulungen an drei Türen und dem Seitenteil hinten sind typische Gebrauchsspuren für ein in dichtem Verkehr und bei knappem Verkehrsraum genutztes Fahrzeug.[546]
- Undichtigkeit des Ventildeckels und kleine Lackschäden an der Heckschürze sind normale Gebrauchsspuren, während punktgroße, auf Steinschlag beruhende Ausplatzungen an der Windschutzscheibe, eine mechanische Einwirkung auf den Katalysator, ein Riss des Blinkleuchtenglases, eine sichtbare Deformation des Felgenhorns einer Felge, fünfmarkgroße Lackabplatzungen an der Frontverkleidung und großflächige Beulen mit scharfkantigen Eindrücken als Mängel anzusehen sind.[547]

---
541 Urt. v. 25. 1. 1995, NJW-RR 1995, 688.
542 LG Hamburg NJW-RR 1988, 1134; LG München 9. 10. 1996, DAR 1998, 19.
543 LG München 9. 10. 1996, DAR 1998, 16; LG Gießen 25. 1. 1995, NJW-RR 1995, 687.
544 LG Kassel 8. 1. 1999 – 10 S 530/98 – n. v.
545 LG Gießen 25. 1. 1995, NJW-RR 1995, 687.
546 LG München 9. 10. 1996, DAR 1998, 19.
547 LG Frankfurt a.M. 8. 3. 1994 – 2/12 O 381/92 – n. v.

- Dellen an den Seitenwänden, starke Schrammspuren am Stoßfänger und an der Tür, Steinschlag auf der Windschutzscheibe, kleine Dellen an der Tür sind Schäden, die allein durch das Fahren nicht entstanden sein können.[548]
- Oberflächliche Lack- und Blechschäden, die bereits aufgrund geringer Berührung eintreten können, sind keine übervertragliche Nutzung eines Pkw.[549]

Für die übermäßige Benutzung und darauf zurückzuführende Schäden und für die Abgrenzung zu den auf normaler Abnutzung und auf normalem Verschleiß beruhenden Reparaturerfordernissen trägt der **Leasinggeber** die **Beweislast**.[550] Er muss detailliert darlegen und nachweisen, welche Mängel auf normalem Verschleiß und welche auf übermäßiger Abnutzung beruhen.[551]

l) Wertminderung

1254 Wenn das Leasingfahrzeug sich nicht in einem dem Alter und der Fahrleistung entsprechenden mangel- und beschädigungsfreien Zustand befindet und der Wert des Fahrzeugs hierdurch gemindert ist, hat der Leasingnehmer den **Minderwert** – zuzüglich Mehrwertsteuer – auszugleichen. Zum Ersatz der Reparaturkosten ist der Leasingnehmer nicht verpflichtet.[552] Eine Klausel, die den Leasingnehmer mit den Reparaturkosten belastet, wäre wegen Verstoßes gegen § 9 AGB-Gesetz unwirksam, weil ein „Verkauf zum Zeitwert erfolgen könnte und die Reparaturkosten zusätzlich vom Leasingnehmer zu zahlen wären".[553]

Die Wertminderung ist im Wege des Vergleichs mit einem typ- und altersgleichen Fahrzeug zu ermitteln.[554] Hierbei sind die zur Behebung der Mängel und Schäden erforderlichen Aufwendungen zu berücksichtigen. Die **Relation** zwischen **Instandsetzungsaufwand** und **Minderwert** hängt maßgeblich von dem Typ und dem Alter des Vergleichsfahrzeugs ab. Für die Höhe des Minderwertes ist weiterhin von Bedeutung, ob die Schäden ins Auge fallen und ob sie die Funktion des Fahrzeugs beeinträchtigen. Falls das defekte Radio bereits mehrere Jahre alt ist, dürfen nicht die Kosten für eine neues Radio angesetzt werden.[555]

Kosten der **Aufbereitung** des Fahrzeugs für den Verkauf, wie z. B. „Fahrzeugmakeup",[556] Vermessungskosten, Unterbodenschutz, Hohlraumversiegelung,[557] Reinigungspauschale usw., gehören nicht zum Minderwert. Das Gleiche gilt für die Kosten, die dem Leasinggeber dadurch entstehen, dass er eine vom Leasingnehmer vor Ablieferung des Fahrzeugs versäumte Inspektion des Fahrzeugs nachholen muss. Die Kosten hierfür hat der Leasingnehmer aus dem Gesichtspunkt der Vertragsverletzung in voller Höhe zu ersetzen und nicht nur in Höhe der Wertminderung, da die Ausgleichsklausel sich nur auf solche Schäden bezieht, die das Fahrzeug unmittelbar betreffen.[558]

Die Pflicht zur **Instandhaltung** des Fahrzeugs während der Vertragszeit **kollidiert** mit der **Abrechnungsklausel.** Während der Leasingnehmer im Rahmen der Instandhaltung die Reparaturkosten in voller Höhe aufwenden muss, schuldet er dem Leasinggeber nur den Wertminderungsausgleich, wenn er seiner Instandhaltungspflicht nicht nachkommt und das Fahrzeug in einem beschädigten Zustand zurückgibt. Dem vertragsuntreuen Leasingnehmer ermöglicht die Klausel, eine Schadensersatzleistung, die er von einem Schädiger oder der

---

548 AG Bergheim 21. 3. 1996 – 21 C 229/95 – n. v.
549 AG Osnabrück 5. 2. 1999, DAR 1999, 556.
550 LG Hamburg 29. 3. 1989, 883, 884.
551 LG Frankfurt 16. 9. 1997, NJW-RR 1998, 349.
552 LG Frankfurt 16. 9. 1997, NJW-RR 1998, 349.
553 LG Köln 15. 4. 1994 – 17 O 1/94 – n. v.
554 LG Frankfurt 16. 9. 1997, NJW-RR 1998, 349.
555 AG Frankfurt 11. 11. 1997, DAR 1998, 356.
556 AG München 28. 2. 1997, DAR 1998, 203.
557 LG Kassel 8. 1. 1999 – 10 S 530/98 – n. v.
558 AG Bergheim Urt. 21. 3. 1996 – 21 C 229/95 – n. v.

Vertragsdurchführung Rn 1255, 1256

Versicherung erhalten hat, in Höhe der Differenz zwischen Reparaturkosten und Wertminderung zu vereinnahmen. Durch eine das Spannungsverhältnis auflösende Änderung der AGB sollten Leasingfirmen diesen Missstand abstellen. In Anbetracht der jetzigen Regelung ist es nicht gerechtfertigt, bei der Ermittlung der Wertminderung von den zur Herstellung der Verkehrssicherheit notwendigen Reparaturkosten Abzüge „neu für alt" vorzunehmen,[559] denn andernfalls würde der vertragstreue Leasingnehmer benachteiligt, der das Fahrzeug in Befolgung seiner Instandhaltungspflicht vor der Ablieferung reparieren lässt, da er nicht in den Genuss dieses Vorteils gelangt.

m) Bestmögliche Verwertung

Bei Verträgen mit offenem Restwert fällt die Verwertung des Fahrzeugs in den Aufgabenbereich des Leasinggebers. Da sich die Höhe des erzielten Restwerts auf das Abrechnungsverhältnis auswirkt und der Leasingnehmer das Restwertrisiko trägt, ist der Leasinggeber zur **bestmöglichen** Fahrzeugverwertung verpflichtet.[560] Diese Pflicht erfüllt er nicht ausnahmslos schon durch Veräußerung an einen Händler. Sie wird auch nicht dadurch berührt, dass der Leasinggeber geltend macht, über keine eigene Verkaufsorganisation zu verfügen.[561] Der Leasinggeber muss anderen Möglichkeiten der Erzielung eines höheren Erlöses nachgehen. Eine Verletzung der Sorgfaltspflicht ist noch nicht anzunehmen, wenn der erzielte Erlös aus einem Fahrzeugverkauf an den Händler weniger als 10% unter dem Händlerverkaufswert liegt.[562] Ob der Leasinggeber im Einzelfall die Pflicht zur bestmöglichen Verwertung gewahrt oder verletzt hat, ist vom Standpunkt eines mit **zumutbarer Sorgfalt** handelnden Leasinggebers und unter Berücksichtigung der ihm zum Zeitpunkt der Verwertung offenen Erkenntnismöglichkeiten zu beurteilen.[563] Für die Behauptung, der Leasinggeber habe die Pflicht zur bestmöglichen Verwertung verletzt, trägt der Leasingnehmer die Beweislast.[564]

1255

Zur bestmöglichen Verwertung gibt es eine Vielzahl von Gerichtsentscheidungen.[565] Sie sind ein Beleg dafür, dass die Restwert-Erwartungen oft nicht erfüllt werden. Die Bandbreite der Urteile beginnt beim Händlerverkaufswert[566] und endet beim Händlereinkaufswert, der sich in Anbetracht des gegenwärtigen Überangebots auf dem Gebrauchtwagenmarkt zum Regelfall entwickelt.[567] Der BGH[568] hat die **Anforderungen** an die Verwertungsanstrengungen des Leasinggebers **zurückgeschraubt**, indem er entschied, dieser verstoße nicht gegen § 254 BGB, wenn er das zum Händlereinkaufspreis veräußerte Fahrzeug **zuvor** dem **Leasingnehmer** zu **denselben Bedingungen** zum Erwerb **angeboten** habe. Mit diesem Urteil verlagert er das Verwertungsproblem auf den Leasingnehmer, der häufig nicht über die finanziellen Mittel verfügt, um das Fahrzeug anzukaufen, und der in der Kürze der Zeit

1256

---

559 So AG Frankfurt 11. 11. 1997, DAR 1998, 356; LG Kassel 8. 1. 1999 – 10 S 530/98 – n. v.
560 Grundsätzlich BGH 3. 7. 1985, NJW 1985, 2258; 10. 10. 1990, NJW 1991, 221.
561 OLG Celle 18. 12. 1996, OLGR 1997, 99; a. A. OLG Düsseldorf 16. 1. 1997, OLGR 1997, 143 zu dem Fall, dass der Leasinggeber – eine Sparkasse – sich nicht gewerblich mit dem An- und Verkauf von Fahrzeugen befasst.
562 BGH 10. 10. 1990, NJW 1991, 221; OLG Köln 14. 11. 1994, NJW-RR 1995, 817.
563 BGH 10. 10. 1990, NJW 1991, 221.
564 OLG Hamm 28. 6. 1994 – 7 U 53/93 –, teilweise veröffentlicht in NJW-RR 1994, 1467.
565 Siehe *Reinking,* Autoleasing, 152 ff.
566 OLG Koblenz 10. 3. 1994, NJW 1995, 1227; OLG Brandenburg 10. 12. 1997, NJW-RR 1998, 1671; LG Meiningen 25. 2. 1997, DAR 1997, 203.
567 OLG Frankfurt 11. 3. 1998, OLGR 1998, 207, Urt. v. 5. 2. 1997 – 23 U 63/96 – n. v.; OLG Karlsruhe 4. 9. 1997 – 19 U 83/96 – n. v.; OLG Düsseldorf 16. 1. 1997, NJW-RR 1998, 701; 24. 4. 1997 – 10 U 147/96 – n. v.; OLG Köln 21. 4. 1994 – 18 U 107/93 – n. v.; OLG Frankfurt 9. 2. 1996, OLGR 1996, 86; OLG Hamm 14. 8. 1997 – 33 U 51/97 – n. v.; OLG München 27. 3. 1996 – 7 U 5613/96 – n. v.
568 4. 6. 1997, DB 1997, 1664; ebenso OLG Frankfurt 11. 3. 1998, OLGR 1998, 207; Urt. v. 15. 10. 1997 – 23 U 259/96; OLG Hamm 15. 10. 1997 – 23 U 259/96 – n. v.

oftmals keinen Käufer findet. Der Leasingnehmer, insbesondere der private, verfügt in der Regel weder über die zur Erzielung eines günstigen Verkaufserlöses notwendigen Geschäftsverbindungen und Erfahrungen noch über das erforderliche Verhandlungsgeschick. Folglich sind seine Verkaufschancen weitaus ungünstiger als die der Leasinggesellschaft. Ein Selbstankauf des Fahrzeugs durch den Leasingnehmer widerspricht ferner dem Grundprinzip des Leasingvertrags.

Während der BGH dem Leasingnehmer immerhin noch die Chance der **Eigenverwertung** einräumt, steht das OLG Karlsruhe[569] auf dem Standpunkt, der Leasingnehmer habe kein Recht zur Käuferbenennung, wenn ihm der Händlereinkaufspreis auf jeden Fall gutgebracht werde. Nach Ansicht des OLG Frankfurt[570] ist nicht zu beanstanden, dass bei der Endabrechnung nur der Händlereinkaufswert berücksichtigt wird, da andernfalls die Kosten des Verkaufs einschließlich der Gewinne in die Kalkulation der Leasingraten einfließen würden und dann auf diesem Umweg vom Leasingnehmer zu tragen wären.

Für die Entscheidung des Leasingnehmers, das Fahrzeug entweder selbst anzukaufen oder einen Käufer zu benennen, wird eine **Frist** von **mindestens zwei Wochen** für ausreichend erachtet.[571] Ein Anbieten zur Eigenverwertung des Fahrzeugs ist entbehrlich, wenn sich der Leasingnehmer als unzuverlässiger und illiquider Vertragspartner erwiesen hat.[572] Auf einen Verkauf des Fahrzeugs an einen vom Leasingnehmer namhaft gemachten Interessenten braucht sich der Leasinggeber nicht einzulassen, wenn nach verlässlicher Auskunft erhebliche Zweifel an seiner Zahlungsfähigkeit bestehen.[573] Falls der Leasinggeber ein dem Leasingnehmer eingeräumtes Käufervorschlagsrecht übergeht, besitzt er keinen Anspruch gegen den Leasingnehmer auf Zahlung der Differenz zwischen dem fest kalkulierten Restwert und dem tatsächlichen Verwertungserlös, den er durch Verkauf an einen Händler zum Händlereinkaufspreis erzielt.[574] **Unwirksam** sind **AGB,** die die **Pflicht** des Leasinggebers zur bestmöglichen Verwertung **einschränken.** Die Klausel, die den Leasingnehmer an eine Verwertung zum Händlereinkaufspreis bindet, ohne ihm alternativ die Möglichkeit der Eigenverwertung einzuräumen, lässt sich aus diesem Grund mit § 254 BGB nicht vereinbaren.[575] Die Feststellung des Händlereinkaufspreises auf Grund einer nach § 9 AGB-Gesetz unwirksamen Methode ist für den Leasingnehmer nicht verbindlich. Der Leasingnehmer kann unter diesen Umständen verlangen, dass der Abrechnung der höhere Schätzbetrag zu Grunde gelegt wird, den ein von ihm beauftragter Gutachter ermittelt hat.[576] Eine Bindungsklausel, die den Beginn der Frist für die Benennung eines Drittkäufers durch den Leasingnehmer auf das Datum des Aufforderungsschreibens festlegt, entfaltet wegen Verstoßes gegen § 9 AGB-Gesetz keine Wirksamkeit, da sich nicht ausschließen lässt, dass die Frist unzulässig verkürzt wird.[577]

Es ist in Anbetracht der höchstrichterlich aufgelockerten Anforderungen an § 254 BGB nicht anzunehmen, dass einer Klausel die Wirksamkeit wegen Verstoßes gegen § 9 AGB-Gesetz zu versagen ist, die die Einschränkung enthält, dass der Händlereinkaufspreis für die Abrechnung unter der Voraussetzung maßgeblich sein soll, dass sich die Parteien über den Wert des Fahrzeugs nicht einigen können.[578]

---

569 9. 5. 1995 – 8 U 218/94 – n. v.
570 5. 2. 1997 – 23 U 63/96 – n. v.
571 OLG Karlsruhe Urt. 4. 9. 1997 – 19 U 83/95 – n. v.; OLG Dresden 11. 11. 1998, OLGR 1998, 207.
572 OLG Hamm 30. 1. 1998, OLGR 1998, 89.
573 OLG Düsseldorf 10. 10. 1996, BB 1997, 13.
574 SchlHOLG 3. 7. 1998, OLGR 1998, 354.
575 AG Hamburg 23. 9. 1998, DAR 1999, 510; AG München 9. 12. 1998, ZfS 1999, 381.
576 AG München 9. 12. 1998, ZfS 1999, 380.
577 OLG Celle 18. 12. 1996, NJW-RR 1997, 1008.
578 In diesem Sinne OLG Koblenz 10. 3. 1994, VersR 1995, 587 im Gegensatz zu OLG Hamm 30. 10. 1992 – 30 U 26/92 – n. v. und OLG Frankfurt 19. 11. 1992 – 15 U 64/91 – n. v.; 14. 7. 1995, DAR 1995, 444.

Vertragsdurchführung   Rn 1257–1259

Übergibt der gekündigte Leasingnehmer das Auto direkt an den Leasingnehmer eines **1257** neuen Vertrags, darf der Leasinggeber nach Ansicht des OLG Köln[579] entsprechend seinen AGB der Vertragsabrechnung an Stelle des Veräußerungserlöses den von einem vereidigten Sachverständigen ermittelten Händlereinkaufspreis zu Grunde legen, wenn der Leasingnehmer von seinem vertraglich vorgesehenen Vorschlagsrecht keinen Gebrauch gemacht hat. Die Abrechnung auf der Basis des vom Gutachter ermittelten Händlereinkaufspreises dürfte nicht zulässig sein, wenn der Leasinggeber dem neuen Leasingvertrag einen höheren als den vom Gutachter geschätzten Verkehrswert zu Grunde gelegt hat.

In Form der **Individualabrede** ist eine Verwertungsregelung unbedenklich, die den Leasinggeber berechtigt, das Fahrzeug nach Vertragsende an den Kfz-Handel zu veräußern und den dabei erzielten Preis der Vertragsabrechnung zu Grunde zu legen.[580] Der Händler muss aber auch in diesem Fall anderen Möglichkeiten zur Erzielung eines höheren Erlöses nachgehen, vor allem dann, wenn ihm vom Leasingnehmer weitere Interessenten genannt werden.[581] Inwieweit er sich selbst um solche Interessenten bemühen muss, hängt von den Umständen des Einzelfalls ab, insbesondere von der Marktgängigkeit des Leasingobjekts und dem durch die Suche nach den anderen Interessenten voraussichtlich entstehenden Zeit- und Kostenaufwand.

Wenn der Leasinggeber vor der Verwertung der Leasingsache eine **Reparatur** durchführen **1258** lässt, muss er auf Grund des Gebots der bestmöglichen Fahrzeugverwertung auf die Belange des Leasingnehmers Rücksicht nehmen (§ 254 BGB). Die im Hinblick auf die Veräußerung des Leasinggegenstands getätigten Reparaturaufwendungen darf er nur dann zu Lasten des Leasingnehmers berücksichtigen, wenn sie erforderlich waren, um die Sache überhaupt verwerten zu können bzw. – bei einer möglichen Veräußerung in nicht repariertem Zustand – entweder zu einem unvergleichbar höheren Verwertungserlös geführt haben oder der Leasinggeber bei seiner Entscheidung für die Durchführung der Reparatur unverschuldet davon ausgehen durfte, der Reparaturaufwand werde einen entsprechend höheren Verwertungserlös erbringen.[582]

n) Abrechnung

aa) Leasingverträge mit Kilometerabrechnung

Bei dieser Vertragsart werden auf der Grundlage der vereinbarten Vergütungssätze **Mehr- 1259** und **Minderkilometer** abgerechnet. Der vom Leasingnehmer zu leistende Ausgleich betrifft ausschließlich die innerhalb der Vertragszeit überzogene Fahrleistung, es sei denn, die Klausel enthält auch für die Zeit nach Vertragsablauf eine Vergütungsregelung. Einen weiteren Abrechnungsposten bildet die **Wertminderung.** Ob es sich bei dieser Position um einen **Erfüllungs-** oder einen **Schadensersatzanspruch** handelt, ist unklar. Für eine Zuordnung zu den Erfüllungsansprüchen spricht die Überlegung, dass der Leasingnehmer den Wertminderungsausgleich verschuldensunabhängig zu leisten hat, während im Falle eines vorhandenen Verschuldens der Schadensersatzcharakter der Ausgleichszahlung nicht von der Hand zu weisen ist. Da sowohl das eine wie das andere der Fall sein kann, ist einer Klausel die Wirksamkeit zu versagen, wenn sie den Leasingnehmer einschränkungslos zur Zahlung der Wertminderung zuzüglich Umsatzsteuer verpflichtet (XVI Ziff. 3 der Musterbedingungen des VDA), da Schadensersatzansprüche nicht der Umsatzbesteuerung unterfallen. Kosten für die Begutachtung des Fahrzeugs und für die Ermittlung des Minderwerts sind, sofern der Vertrag eine entsprechende Regelung enthält, vom Leasingnehmer zu tragen.

---

579 Urt. 15. 3. 1993, NJW-RR 1993, 1016.
580 OLG Köln 14. 11. 1994, NJW-RR 1995, 817.
581 OLG Köln 14. 11. 1994, NJW-RR 1995, 817.
582 BGH 27. 11. 1991, NJW-RR 1992, 378, DAR 1992, 146.

bb) Leasingverträge mit offenem Restwert

1260 Die **Abrechnung** erfolgt **nach** der **Verwertung.** Vorher ist der Ausgleichsanpruch nicht fällig.[583] Eine vom Leasinggeber empfangene Wertminderung ist, außer beim Kilometervertrag, zu Gunsten des Leasingnehmers zu berücksichtigen. Sie wird dem Verwertungserlös hinzugerechnet. Dies hat zur Folge, dass der Leasingnehmer die Wertminderung nur zum Teil bekommt. Beim Vertrag mit Restwertabrechnung erhält er 75% des Mehrerlöses und beim Vertrag mit Abschlusszahlung werden zu seinen Gunsten 90% angerechnet.

Da die Verwertung ein **Eigengeschäft** des **Leasinggebers** darstellt, ist es dem Leasinggeber verwehrt, den Leasingnehmer mit den Verwertungskosten zu belasten, es sei denn, der Leasingvertrag enthält eine entsprechende Vereinbarung.[584] Eine AGB-mäßige Verlagerung der Gutachterkosten auf den Leasingnehmer wird als zulässig erachtet, da die Ermittlung des Fahrzeugwerts in erster Linie seinem Interesse dient.[585]

Insolvenz- und **Bonitätsrisiken** des Verwertungsgeschäfts trägt der **Leasinggeber.**[586] Einen Rücktritt des Käufers vom Kaufvertrag kann er dem Leasingnehmer nur entgegenhalten, wenn der das Erfüllungsrisiko wirksam auf den Leasingnehmer verlagert hat. Liegen diese Voraussetzungen vor, muss der Leasinggeber darlegen, dass ein Bestehen auf Erfüllung oder Schadensersatz wegen Nichterfüllung aussichtslos erscheint.[587]

Den Verwertungserlös darf der Leasinggeber nicht für die Tilgung rückständiger Leasingraten verwenden,[588] er muss ihn mit seinem Ausgleichsanspruch gegen den Leasingnehmer verrechnen.

Für den Leasingnehmer besteht ausnahmsweise keine Verpflichtung, die Differenz zwischen dem tatsächlich erzielten und einem höher kalkulierten Restwert auszugleichen, wenn es sich bei dem kalkulierten Restwert um einen willkürlich eingesetzten Fantasiepreis handelt.[589]

Die Ausgleichszahlung unterliegt der **Umsatzsteuerpflicht,** da sie Teil der Erfüllungspflicht ist. Dabei macht es keinen Unterschied, ob sie auf den schlechten Erhaltungszustand des Leasingfahrzeugs oder dessen übermäßige Abnutzung zurückzuführen ist oder auf einen Verfall der Preise auf dem Gebrauchtwagensektor. Beruht der Ausgleichsanspruch allerdings auf einer Fahrzeugbeschädigung, für die der Leasingnehmer verantwortlich ist, so handelt es sich um eine nicht der Umsatzsteuer unterworfene Schadensersatzleistung.[590]

cc) Leasingverträge mit Andienungsrecht

1261 Der Leasingnehmer ist zur Zahlung des vereinbarten **Bruttokaufpreises** gegen Rechnungserteilung verpflichtet, wenn der Leasinggeber von seinem Andienungsrecht Gebrauch macht. Übt der Leasinggeber das Andienungsrecht nicht aus, trägt er alle mit der Verwertung des Fahrzeugs zusammenhängenden Risiken. Eine Abrechnung mit dem Leasingnehmer entfällt.

o) Fahrzeugrückkauf durch den Verkäufer

1262 Risiken der Verwertung und eines etwaigen Wertverlusts schalten Leasingfirmen aus, indem sie Händler verpflichten, die von ihnen gelieferten Fahrzeuge am regulären Vertrags-

---

583 OLG Hamm 6. 10. 1995, OLGR 1996, 1, 3.
584 BGH 10. 10. 1990, NJW 1991, 221; *Graf von Westphalen,* Der Leasingvertrag, Rn 1096.
585 OLG Düsseldorf 12. 6. 1998, OLGR 1999, 46, 47; differenzierend *Graf von Westphalen,* Der Leasingvertrag, Rn 1095.
586 BGH 16. 10. 1996, NJW 1997, 452.
587 LG Frankfurt a.M. 3. 9. 1996, NJW-RR 1997, 692.
588 OLG Frankfurt 22. 9. 1986, NJW-RR 1987, 372.
589 LG Bochum 30. 9. 1986, NJW-RR 1987, 123.
590 Steuer-Erfahrungsaustausch Kraftfahrzeuggewerbe 11/94, S. 3.

Vertragsdurchführung Rn 1263

ende – evtl. auch im Falle einer vorzeitigen Beendigung des Leasingvertrags – zum kalkulierten Restwert oder zum Händlereinkaufspreis zurückzukaufen.[591]

Rückkaufvereinbarungen sind **nicht** als **Ausfallgarantie** oder **Ausfallbürgschaft** auszulegen, sondern als Wiederverkaufsrecht des Leasinggebers, mit dem er wirtschaftlich betrachtet eine Erfüllungsgarantie in Bezug auf die noch ausstehende Gegenleistung aus dem Leasingvertrag anstrebt.[592] Von der **Haftung** für **Sachmängel** ist der Leasinggeber allerdings nicht befreit.[593] Eine analoge Anwendung des in § 498 Abs. 2 S. 2 BGB vorgesehenen Gewährleistungsausschlusses auf das gesetzlich nicht geregelte Wiederverkaufsrecht scheitert nach zutreffender Rechtsansicht des BGH an der erforderlichen Rechtsähnlichkeit. Während für das Wiederverkaufsrecht im Leasingvertrag ausschließlich das Interesse des Leasinggebers an dem Zustandekommen des Wiederkaufvertrages maßgeblich ist, beruht die Freistellung des Wiederverkäufers im Sinn von § 498 Abs. 2 S. 2 BGB in erster Linie auf der Erwägung, dass es zum Wiederverkauf ausschließlich im Interesse und auf Veranlassung des Wiederverkäufers kommt.[594] Einer analogen Anwendung des § 498 Abs. 2 S. 2 BGB auf das im Interesse des Leasinggebers vereinbarte Wiederverkaufsrecht steht außerdem die Vorschrift des § 34 Abs. 4 GewO im Wege, die die gewerbsmäßige Einräumung eines Wiederverkaufsrechts untersagt. Im Rahmen der Vertragsautonomie steht es dem Leasinggeber natürlich frei, mit dem Händler einen Gewährleistungsausschluss zu vereinbaren. Der Leasinggeber ist ohne Hinzutreten besonderer Umstände nicht verpflichtet, das Leasingfahrzeug vor der Veräußerung an den Händler auf Unfallschäden hin zu untersuchen, die ihm vom Leasingnehmer oder der Kaskoversicherung nicht gemeldet wurden.[595]

Als Wiederverkäufer hat der Leasinggeber die schuldrechtliche Pflicht, dem zum Rückkauf verpflichteten Händler das **Eigentum** und den **unmittelbaren Besitz** am Fahrzeug zu **verschaffen**.[596] Ob ein Ausschluss der Besitzverschaffungspflicht in AGB einer Inhaltskontrolle nach §§ 3, 9, 24 Satz 1 Nr. 1 AGB-Gesetz standhält, erscheint äußerst fraglich, da er von dem Grundgedanken der gesetzlichen Regelung des § 323 BGB völlig abweicht.[597] Der Händler wird durch die Übernahme des Risikos der Beschädigung, des Untergangs und des Verlusts der Leasingsache erheblich belastet. Sachliche Gründe für die Risikoverlagerung sind nicht ersichtlich. Es kommt hinzu, dass der zum Rückkauf verpflichtete Händler im Gegensatz zum Leasinggeber nicht die Möglichkeit besitzt, den Einsatz des Leasingfahrzeugs vertraglich festzulegen, den Leasingnehmer im Hinblick darauf zu kontrollieren und eine vertragswidrige Benutzung zu unterbinden. Tragbar sind die mit der Überbürdung der **Sachgefahr** verbundenen **Nachteile** nach Ansicht des OLG Hamburg[598] für den Händler allenfalls dann, wenn ihm der Leasinggeber zugleich alle mit dem Untergang und Verlust der Leasingsache in Zusammenhang stehenden Ersatzansprüche gegen Schädiger und Kaskoversicherung abtritt. Zumindest diese Voraussetzung muss erfüllt sein, damit die Klausel einer an § 9 AGB-Gesetz orientierten Kontrolle standhält. Durch nachträgliche Abtretung der Ansprüche kann eine Klauselunwirksamkeit nicht geheilt werden.[599]

Im Zusammenhang mit der Rückkaufverpflichtung stellt sich die Frage, ob der Händler **gutgläubig** Eigentum erwirbt, wenn der Leasinggeber das Leasingfahrzeug an die refinanzie- **1263**

---
591 Erstreckt sich die Rückkaufverpflichtung des Lieferanten auch auf den Fall, dass der Leasingvertrag Not leidend wird, bedarf es zur Herbeiführung der Bedingung einer wirksamen Kündigung des Leasingvertrages – BGH 13. 12. 1989, DAR 1990, 96.
592 BGH 31. 1. 1990, NJW 1990, 2546 ff.
593 BGH 31. 1. 1990, NJW 1990, 2546.
594 BGH 31. 1. 1990, NJW 1990, 2546 ff.; a. A. OLG Frankfurt 6. 10. 1987, NJW 1988, 1923.
595 OLG Nürnberg 14. 1. 1999, NJW-RR 1999, 1208.
596 OLG Karlsruhe 4. 7. 1997, OLGR 1997, 49.
597 Offen gelassen vom OLG Karlsruhe 4. 7. 1997, OLGR 1997, 49.
598 Urt. 30. 10. 1998, OLGR 1999, 22.
599 OLG Düsseldorf 22. 6. 1983, ZIP 1983, 1092.

rende Bank sicherungsübereignet hat. Das OLG Hamburg[600] entschied, dass der Leasingnehmer, dem der Leasinggeber das Fahrzeug am Vertragsende zum Kauf anbietet, mit der Kaufpreiszahlung gutgläubig Eigentum erwirbt, solange ihm die **Sicherungsübereignung** nicht offenbart wird und auch keine anderen Umstände darauf hindeuten, dass der Leasinggeber nicht mehr Eigentümer des Fahrzeugs ist. Auf den Händler, der sich zum Rückkauf des Leasingfahrzeugs verpflichtet hat, ist das Urteil nicht übertragbar. Da er weiß, dass sich Leasingfirmen refinanzieren und ihre Fahrzeuge regelmäßig an die Bank zur Sicherung übereignen, kann er nicht auf den Fortbestand des Eigentums vertrauen, solange ihm der Leasinggeber die Sicherungsübereignung nicht mitgeteilt hat. Deshalb sollte er den Kaufpreis grundsätzlich nur **Zug um Zug** gegen Aushändigung des **Kfz-Briefs** begleichen.[601]

Falls sich der Händler zum **Rückkauf** des Fahrzeugs auch für den Fall der **vorzeitigen Beendigung** des Leasingvertrags verpflichtet hat, ist die wirksame Kündigung des Leasingvertrags durch den Leasinggeber Bedingung für das Entstehen der Rückkaufpflicht.[602] Der Leasinggeber muss bei einem Vertrag, der unter das VerbrKrG fällt, die Kündigungsvoraussetzungen des § 12 Abs. 1 und die qualifizierte Nachfristsetzung, die auch bei einer endgültigen Zahlungsverweigerung des Verbrauchers nicht entbehrlich ist, im Einzelnen darlegen und beweisen.[603] Durch Rückkauf des Fahrzeugs vom Leasinggeber im Fall vorzeitiger Vertragsbeendigung erlangt der Händler keine Ansprüche aus Schadensliquidation im Drittinteresse gegen den Leasingnehmer. Zur Begründung von Ansprüchen in der Person des Händlers bedarf es der Abtretung durch den Leasinggeber.[604]

Dem Leasingnehmer erwachsen aus der Rückkaufverpflichtung des Lieferanten keine Rechte und Pflichten. Er kann weder verlangen, dass der Leasinggeber die Vereinbarung offen legt und diese am Vertragsende realisiert,[605] noch ist er verpflichtet, dem Lieferanten den Nichterfüllungsschaden zu ersetzen,[606] den dieser durch eine vorzeitige vom Leasingnehmer zu vertretende Vertragsbeendigung erleidet.

Der zum Rückkauf verpflichtete Händler kann bei drohenden Verlusten aus einzelnen Geschäften Rückstellungen bilden und diese im Rahmen einer Durchschnittsberechnung zusammenfassen. Eine Saldierung von Verlusten aus einzelnen Rücknahmegeschäften mit den zu erwartenden Gewinnen aus anderen Rücknahmegeschäften ist mit Rücksicht auf den Grundsatz der Einzelbewertung unzulässig.[607]

14. Vorzeitige Vertragsbeendigung

1264 Zur vorzeitigen Vertragsbeendigung kann es durch eine **fristlose Kündigung** der einen oder anderen Vertragspartei, durch den **Tod** des Leasingnehmers oder durch eine **Ablösevereinbarung** kommen.[608] Beim sog. kündbaren Leasingvertrag mit Abschlusszahlung liegt die

---

600 Urt. 19. 2. 1999, OLGR 1999, 241.
601 Allgemein zum gutgläubigen Erwerb von Leasinggütern BGH 13. 5. 1996, MDR 1996, 906 – gutgläubiger Erwerb nur bei Vorlage des Kfz-Briefs –; LG Schwerin 14. 4. 1998, DB 1999, 278 – bei leasingtypischen Wirtschaftsgütern kann die Eigentumsvermutung nicht mehr ohne weiteres an den Besitz geknüpft werden –; OLG Düsseldorf 18. 11. 1998, NJW-RR 1999, 615 – zum guten Glauben an die Verfügungsbefugnis des § 366 I HGB und den Anhaltspunkten für eine Nachforschungspflicht –.
602 BGH 13. 12. 1989, DAR 1990, 96.
603 OLG Dresden 29. 7. 1998, OLGR 1998, 425.
604 OLG Düsseldorf 26. 1. 1989, NJW-RR 1989, 884 ff.
605 OLG Frankfurt 21. 3. 1997, FLF 1998, 172.
606 OLG Celle 22. 5. 1996, OLGR 1996, 181.
607 BFH 15. 10. 1997, DStR 1998, 480.
608 Der Lieferant, der sich mit dem Leasingnehmer über die Ablösung des Leasingvertrags geeinigt hat und sich anschließend an den Leasinggeber wegen der Ablösung des Leasingvertrags auf eigene

a) Außerordentliche Vertragskündigung des Leasingnehmers

Zu den wichtigen **Gründen,** die den **Leasingnehmer** bzw. dessen Erben zur außerordentlichen Vertragskündigung berechtigen, gehören **Verlust, Untergang** und **wesentliche Beschädigung** des Leasingfahrzeugs,[609] sowie **Besitzstörung** durch den Leasinggeber und **Tod** des Leasingnehmers.

aa) Störung des Gebrauchs-/Besitzrechts

Im Fall der Beeinträchtigung des Gebrauchs- oder Besitzrechts ist die fristlose Kündigung zulässig, wenn der Leasinggeber eine ihm vom Leasingnehmer gesetzte Abhilfefrist hat verstreichen lassen (§ 542 BGB) oder wenn es einer Fristsetzung ausnahmsweise nicht bedarf, weil der Leasinggeber Abhilfe ernsthaft und endgültig verweigert, eine Abhilfe unmöglich ist oder innerhalb angemessener Frist unmöglich erscheint. Ein Verstoß gegen die Gebrauchsüberlassungpflicht ist anzunehmen, 1265

- wenn der Leasinggeber das Fahrzeug auf Grund einer wegen Verstoßes gegen § 12 VerbrKrG unwirksamen fristlosen Kündigung an sich nimmt und die Herausgabe verweigert,[610]
- wenn er die Sachgefahr nicht wirksam auf den Leasingnehmer verlagert hat und er seiner Instandsetzungspflicht nicht nachkommt[611]
- und wenn er von der Gewährleistung nicht wirksam freigezeichnet hat und sich weigert, Fahrzeugmängel zu beseitigen, wozu er auf Grund der fortbestehenden eigenen Gewährleistung verpflichtet ist.[612] In allen diesen Fällen verliert der Leasinggeber den Anspruch auf die Gegenleistung ab Kündigung und ist verpflichtet, den noch nicht verbrauchten Teil einer Sonderzahlung an den Leasingnehmer zu erstatten.[613]

bb) Tod des Leasingnehmers

Im Todesfall des Leasingnehmers sind seine Erben berechtigt, den Leasingvertrag in entsprechender Anwendung von § 569 BGB vorzeitig unter Einhaltung der gesetzlichen Frist zu kündigen.[614] Ein **Ausschluss** des Kündigungsrechts durch AGB ist **zulässig.**[615] Seinem berechtigten Amortisationsinteresse kann der Leasinggeber durch Umgestaltung der dispositiven Vorschrift des § 569 BGB in der Weise Geltung verschaffen, dass er das Kündigungsrecht der Erben an eine Ausgleichszahlung in Höhe der noch nicht amortisierten Kosten koppelt. Dabei muss er beachten, dass er keinen Anspruch auf die in den Leasingraten enthaltenen Gewinnanteile für die Zeit nach der Kündigung besitzt.[616] Unwirksam ist eine Klausel, die den Leasinggeber im Fall des Todes des Leasingnehmers berechtigt, den Leasingvertrag fristlos zu kündigen und Schadensersatz wegen vorzeitiger Vertragsbeendigung zu verlangen.[617] Sie zwingt die Erben zum Schadensersatz, selbst wenn sie gewillt sind, den Vertrag fortzusetzen. 1266

Kosten wendet, handelt hierbei zugleich als Vertreter des Leasingnehmers – OLG Frankfurt 16. 2. 1988, NJW-RR 1989, 885, 886.
609 Rn 1120.
610 OLG Hamm 14. 2. 1997, OLGR 1997, 101; OLG Düsseldorf 20. 2. 1997, OLGR 1997, 89.
611 BGH 6. 3. 1996, ZfS 1996, 336; 9. 10. 1996, NZV 1997, 72.
612 BGH 13. 3. 1991, NJW-RR 1991, 1202.
613 OLG Düsseldorf 16. 1. 1997, DB 1997, 1071.
614 LG Gießen 11. 4. 1986, NJW 1986, 2116 ff.; *Graf von Westphalen,* Der Leasingvertrag, Rn 1016; kritisch *Gerken,* DB 1997, 1703.
615 *Graf von Westphalen,* Der Leasingvertrag, Rn 1016; *Gerken,* DB 1997, 1703, 1704.
616 LG Wuppertal 18. 11. 1998, NJW-RR 1999, 493.
617 OLG Düsseldorf 7. 6. 1990, NJW-RR 1990, 1469.

b) Außerordentliche Vertragskündigung des Leasinggebers

1267   Auf Seiten des **Leasinggebers** kommen als Gründe für die fristlose Kündigung **Verlust, Untergang** und **wesentliche Beschädigung** des Leasingfahrzeugs, **vertragswidriger Gebrauch** des Fahrzeugs, **Verletzung von Vertragspflichten, Vermögensverschlechterung** und **Zahlungsverzug** des Leasingnehmers in Betracht.

aa) Vertragswidriger Gebrauch und Vertragsverletzungen

1268   Wegen **vertragswidrigen Gebrauchs** ist die fristlose Kündigung ausnahmsweise ohne vorherige Abmahnung (§ 535 BGB) zulässig, wenn der Leasingnehmer das Fahrzeug mehrfach unter Alkoholeinfluss und ohne im Besitz eines Führerscheins zu sein, benutzt hat.[618]

Ein wichtiger Grund für eine fristlose Kündigung des Leasingvertrages liegt nicht vor, wenn der Leasingnehmer die Kfz-Haftpflicht- und Vollkaskoversicherung preisgünstiger mit einer anderen als der im Leasingvertrag vorgesehenen Versicherungsgesellschaft abschließt, da Zweck und Durchführung des Leasingvertrags durch die Wahl einer anderen Versicherung nicht gefährdet werden.[619] Versagt die Kaskoversicherung den Versicherungsschutz, weil sie den vom Leasingnehmer behaupteten Diebstahl des Fahrzeugs nicht als erwiesen ansieht, lässt sich allein damit eine **Pflichtverletzung** aus dem Leasingvertrag und eine darauf gestützte fristlose Kündigung nicht begründen. Vielmehr muss der Leasinggeber konkret dartun, aus welchen Gründen dem Leasingnehmer die erleichterte Beweisführung eines versicherten Diebstahls unmöglich ist. Auch die nach dem Abhandenkommen des Fahrzeugs vom Leasingnehmer verweigerte Fortzahlung der Leasingraten rechtfertigt eine fristlose Kündigung des Leasinggebers dann nicht, wenn er die Sach- und Preisgefahr nicht wirksam auf den Leasingnehmer abgewälzt hat und den Beweis schuldig bleibt, dass der Leasingnehmer den Fahrzeugverlust zu vertreten hat (§ 324 BGB).[620]

bb) Erhebliche Vermögensverschlechterung

1269   Eine erhebliche Vermögensverschlechterung des Leasingnehmers ist ein Grund, der die außerordentliche Vertragskündigung rechtfertigt.[621] § 12 VerbrKrG findet auf eine solche Kündigung keine Anwendung. Unwirksam ist allerdings eine Formularregelung, die besagt, dass der Leasinggeber zur fristlosen Kündigung des Leasingvertrags berechtigt sein soll, wenn sonstige Umstände vorliegen, aus denen sich eine wesentliche Verschlechterung oder eine erhebliche Gefährdung des Vermögens des Leasingnehmers ergibt. Weil sich aus ungünstigen Umständen nicht zwingend ergibt, dass der Leasingnehmer die geschuldeten Leasingraten zum Fälligkeitszeitpunkt nicht aufbringen kann, benachteiligt die Klausel den Leasingnehmer entgegen den Geboten von Treu und Glauben unangemessen und verstößt im Sinne von § 9 Abs. 2 Nr. 1 AGB-Gesetz gegen wesentliche Grundgedanken der gesetzlichen Regelung.[622]

Wegen der Vorwirkungen der ab dem 1. 1. 1999 geltenden Insolvenzordnung, die in § 112 eine Kündigungssperre ab Beantragung des Insolvenzverfahrens vorsieht, hat sich das OLG Rostock[623] auf den Standpunkt gestellt, dass eine Klausel einer Inhaltskontrolle nicht (mehr) standhält, die den Leasinggeber zur fristlosen Kündigung berechtigt, wenn gerichtliche oder außergerichtliche Insolvenzverfahren über das Vermögen des Leasingnehmers eröffnet wer-

---

618   OLG Düsseldorf 16. 1. 1997, DB 1997, 1072.
619   AG Gießen, 44 C 1718/94, der Presse entnommen.
620   BGH 11. 12. 1991; ZIP 1992, 179 – die gegenteilige, aus § 548 BGB hergeleitete Beweislastverteilung betrifft nach Auffassung des BGH nur die Fälle, in denen die Mietsache durch Mietgebrauch Schaden erlitten hat.
621   OLG Hamm 5. 6. 1998, OLGR 1998, 277; einschränkend OLG Rostock 13. 9. 1999, OLGR 2000, 2, 6 m. w. N.
622   BGH 8. 10. 1990, ZIP 1990, 1406.
623   Urt. v. 6. 10. 1998, OLGR 1999, 101.

Vertragsdurchführung　　Rn 1270, 1271

den. Die auf der früheren Konkursordnung aufbauende gegenteilige Rechtsprechung[624] ist durch die Kündigungssperre des § 112 InsO in der Tat hinfällig. Im kaufmännischen Geschäftsverkehr ist eine Klausel nicht zu beanstanden, die den Leasinggeber zur fristlosen Vertragskündigung berechtigt, falls in das Vermögen des Leasingnehmers vollstreckt wird. Lässt der Leasingnehmer es darauf ankommen, ist das ein Anzeichen dafür, dass er gerichtlich ausgeurteilte Leistungen nicht freiwillig erfüllen kann.

cc) Zahlungsverzug

Der **Zahlungsverzug** des Leasingnehmers ist der Grund, der am häufigsten dazu führt, dass Leasingverträge vorzeitig enden. Das Kündigungsrecht besteht unter den Voraussetzungen des § 554 BGB. Diese Vorschrift ist nicht zwingend, sodass der Leasinggeber mit dem Leasingnehmer von § 554 BGB abweichende Kündigungsvoraussetzungen wirksam vereinbaren kann. 　**1270**

Eine Klausel in AGB eines Leasingvertrags, die den Leasinggeber zur fristlosen Kündigung unter der Voraussetzung berechtigt, dass sich der Leasingnehmer mit zwei aufeinander folgenden Leasingraten in **Rückstand** befindet, verstößt gegen § 9 Abs. 1 AGB-Gesetz, da sie mit dem wesentlichen Grundgedanken des § 554 Abs. 1 Nr. 1 BGB nicht zu vereinbaren ist.[625] Zahlungsrückstand reicht gem. § 554 BGB für die fristlose Kündigung nicht aus, erforderlich ist, dass sich der Leasingnehmer mit der Zahlung in Verzug befindet. Das Kündigungsrecht des Leasinggebers entfällt nicht, wenn der Leasingnehmer vor Zugang der Kündigung eine von zwei rückständigen Raten entrichtet und danach die Ratenzahlung endgültig einstellt.[626] Falls der Leasingnehmer bei Vertragsbeginn eine Depotzahlung geleistet hat, die den Zahlungsrückstand überschreitet, muss der Leasinggeber beweisen, dass diese nicht zur Tilgung von Ratenrückständen bestimmt war.[627]

c) Vorübergehende Inbesitznahme des Fahrzeugs

Nicht immer haben Leasingfirmen ein Interesse daran, das Vertragsverhältnis sofort durch fristlose Kündigung zu beenden, selbst wenn hierzu die Voraussetzungen formell vorliegen. Die vorzeitige Vertragsbeendigung ist insbesondere dann nicht sinnvoll, wenn sich der Leasingnehmer erkennbar nur **vorübergehend** in **finanziellen Schwierigkeiten** befindet. Deshalb behalten sich Leasinggesellschaften in ihren AGB manchmal das Recht vor, dem Leasingnehmer den Gebrauch des Fahrzeugs „vorübergehend" bis zum Ausgleich des Zahlungsrückstands zur Sicherung ihrer vertraglichen Ansprüche zu entziehen. Eine derartige Klauselgestaltung hat der BGH in einer Einzelfallentscheidung als noch mit dem Leitbild der Miete vereinbar und demzufolge als nicht überraschend und unangemessen bewertet,[628] in späteren Entscheidungen jedoch ausdrücklich klargestellt, dass der Leasinggeber den Anspruch auf die Leasingraten für die Zeit der Vertragsentziehung verliert, wenn er die Sache ohne vertragliches oder gesetzliches Recht vorzeitig an sich nimmt, da er hierdurch seine Pflicht zur Gebrauchsüberlassung verletzt.[629] Die Gebrauchsüberlassungspflicht umfasst als Dauerschuld außer der Besitzverschaffung die Pflicht des Leasinggebers, den Leasingnehmer nicht im Gebrauch zu stören und ihn bei Störungen durch Dritte zu unterstützen.[630] Eine Bestimmung im Leasingvertrag, die besagt, dass der Leasingnehmer bei sofortiger Zahlung aller rückständigen und künftigen Raten den Leasinggegenstand wiedererlangen kann, rettet 　**1271**

624　BGH 6. 6. 1984, MDR 1985, 316; 8. 10. 1990, NJW 1991, 102.
625　OLG Hamm 20. 12. 1991, NJW-RR 1992, 502.
626　OLG Köln 30. 6. 1995, BB 1996, 80.
627　OLG Dresden 9. 12. 1998 – 8 U 2369/98 – n. v.
628　BGH 1. 3. 1978, WM 1978, 406.
629　BGH 28. 10. 1981, WM 1981, 1378; 30. 9. 1987, ZIP 1987, 1390; *Wolf/Eckert,* Handbuch des gewerblichen Miet-, Pacht- und Leasingrechts, Rn 514.
630　BGH 30. 9. 1987, ZIP 1987, 1390.

die Besitzentziehungsklausel nicht. Derjenige Leasingnehmer, der nicht einmal die bis zur Kündigung fälligen Raten zahlen kann, ist normalerweise außer Stande, die bis zum Ende des Vertrags zu leistenden Leasingraten aufzubringen. Die Klausel beinhaltet ein in Wahrheit nicht realisierbares Recht, das die durch eine Besitzentziehung herbeigeführte Äquivalenzstörung nur scheinbar mildert.[631]

d) Kündigung gem. § 12 VerbrKrG

1272 Bei Leasingverträgen, die unter das VerbrKrG fallen, sind die Kündigungsvoraussetzungen von § 12 VerbrKrG zu beachten.[632] Sie sind auch gegenüber denjenigen Verbrauchern zu erfüllen, die der Schuld des Leasingnehmers aus dem Leasingvertrag beigetreten oder zusammen mit anderen Personen ein Fahrzeug geleast haben, auch wenn diese selbst nicht unter den Schutz des VerbrKrG fallen.[633] **Abweichende Vereinbarungen** im Leasingvertrag sind **unwirksam** (§ 18 VerbrKrG). Der **Teilzahlungspreis** eignet sich nicht für die Ermittlung der relativen Rückstandssumme, da er auf Sachkredite abzielt. Da es der Gesetzgeber versäumt hat, den Begriff des **Nennbetrags** im Hinblick auf Finanzierungsleasingverträge zu konkretisieren, herrscht bei den beteiligten Wirtschaftskreisen Unsicherheit. Es gibt bisher weder eine höchstrichterliche Entscheidung noch eine herrschende Ansicht im Schrifttum zu dieser wichtigen Frage.[634] Das Meinungsangebot erstreckt sich vom Vollamortisationsbetrag, über die Summe der Leasingraten mit oder ohne Sonderzahlung bis hin zur Summe aus Leasingraten, Sonderzahlung und Restwert. Als fragwürdig erweist sich der Begründungsansatz, § 12 VerbKrG stelle auf die Zahlungsverpflichtungen des Verbrauchers ab und deshalb seien die Sonderzahlung und der Restwert nicht Bestandteil des Nennbetrags.[635] In Anbetracht des Schutzes, den § 12 VerbrKrG dem Kreditnehmer gewähren soll, ist richtigerweise von der Fragestellung auszugehen, was der Leasingnehmer bei ordnungsgemäßer Vertragsabwicklung zur Abdeckung des Finanzierungsaufwands sowie des Risiko- und Gewinnaufschlags des Leasinggebers insgesamt geschuldet hätte.[636] Daraus folgt für Teilamortisationsverträge, dass außer den Leasingraten auch der vom Leasingnehmer garantierte und vom Leasinggeber kreditierte **Restwert** zum Nennbetrag hinzugehört.[637] Da beim Kraftfahrzeug-Leasingvertrag mit Kilometerabrechnung der Restwert zwar kreditiert, nicht aber vom Leasingnehmer garantiert wird, soll er bei dieser speziellen Vertragsart nicht dem Nennbetrag hinzugerechnet werden.[638] Für die **Sonderzahlung** gilt, dass sie bei der Ermittlung des Nennbetrags zu berücksichtigen ist, wenn sie Bestandteil der Finanzierung ist und das Finanzierungsvolumen nicht von vornherein verringert.[639]

---

631 BGH 28. 10. 1981, MDR 1982, 485 ff.
632 Dazu Rn 247.
633 OLG Hamm 14. 2. 1997, OLGR 1997, 101; OLG Düsseldorf 20. 2. 1997, OLGR 1997, 89; OLG Celle 29. 1. 1997, NJW-RR 1997, 1144.
634 Zum Stand der Meinungen *Engel,* BB Beilage 1997 Supplement Leasing- und Finanz-Berater, S. 24 ff.; *Groß,* FLF 1993, 132, 136; DAR 1996, 438; *Müller-Sarnowski,* BB 1994, 446; *Godefroid,* BB 1994, 446; *Graf von Westphalen,* Der Leasingvertrag, Rn 1783 ff., 1802 ff.
635 *Nitsch,* FLF 1998, 18, 21 ff.
636 *Groß,* DAR 1996, 438, 447.
637 *Graf von Westphalen,* Der Leasingvertrag, Rn. 1793.
638 *Groß,* DAR 1996, 438, 447; *Bülow,* VerbrKrG § 12 Rn 27; vgl. auch *Graf von Westphalen,* Der Leasingvertrag, Rn. 1804 f.; a. A. *Müller-Sarnowski,* BB 1994, 446; *Reinking,* Autoleasing, S. 144.
639 *Groß,* DAR 1996, 447; missverständlich ist der Leitsatz 2 zum Urteil des OLG Celle vom 4. 1. 1995 in NJW-RR 1996, 119, wonach die Anzahlung der Summe der Leasingraten hinzuzurechnen sein soll, da das OLG Celle und auch die Vorinstanz diese Streitfrage offen gelassen haben, worauf *Engel,* BB-Beilage 1997 Supplement Leasing- und Finanz-Berater, S. 25 Fn. 3 zutreffend hinweist; zur Sonderzahlung siehe Rn 1198.

Vertragsdurchführung Rn 1273, 1274

e) Kündigungsschaden

Im Fall einer von ihm **schuldhaft** veranlassten wirksamen fristlosen Kündigung haftet der **1273** Leasingnehmer dem Leasinggeber auf **Schadensersatz,**[640] es sei denn, die Kündigung erfolgt zu einem Zeitpunkt, in dem das Widerrufsrecht des Leasingnehmers noch nicht erloschen ist.[641] Es handelt sich um einen **Anspruch eigener Art,** der mit dem Wirksamwerden der Kündigung entsteht.[642] Der Schaden des Leasinggebers besteht hauptsächlich darin, dass die nach dem Vertrag angestrebte und vom Leasingnehmer garantierte Vollamortisation nicht erreicht wird. Falls der Leasingnehmer das Fahrzeug nach Ausspruch der Kündigung nicht zurückgibt und auch keine Zahlungen leistet, kann der Leasinggeber im Wege der Klageänderung an Stelle des Schadensersatzanspruchs auch nur die Nutzungsentschädigung in Höhe der Leasingraten gem. § 557 BGB verlangen.[643] Die vom Leasingnehmer gem. § 557 BGB geschuldete Nutzungsentschädigung ist im Gegensatz zum Schadensersatzanspruch mit Mehrwertsteuer zu belegen, da eine umsatzsteuerpflichtige Leistung vorliegt.[644]

Der Anspruch des Leasinggebers auf **Ersatz** der zum Kündigungszeitpunkt noch **nicht amortisierten Kosten** ist Teil seines Erfüllungsanspruchs, falls der Leasingnehmer das kündigungsauslösende Ereignis nicht zu vertreten hat, z. B. bei Diebstahl und Totalbeschädigung des Fahrzeugs durch Dritte oder im Falle des Todes des Leasingnehmers. Ist diese Voraussetzung erfüllt, besitzt der Leasinggeber keinen Anspruch auf die in den ausstehenden Leasingraten enthaltenen Gewinnanteile, da dem Leasingnehmer sowohl der weitere Sachgebrauch als auch die Kapitalnutzung entzogen wird, während der Leasinggeber das zurückfließende Kapital zum Zwecke der Gewinnerzielung verwenden kann.[645] Den um die Gewinnanteile bereinigten Ausgleichsbetrag schuldet der Leasingnehmer dem Leasinggeber nach h.M. allerdings zuzüglich Umsatzsteuer.[646]

Gibt der Leasingnehmer das Fahrzeug aufgrund einer **unwirksamen Kündigung** an den Leasinggeber zurück, kann der Leasinggeber vom Leasingnehmer keinen Schadensersatz wegen vorzeitiger Vertragsbeendigung verlangen. Nach Ansicht des OLG Rostock[647] ist der Vertrag in der Weise abzurechnen, dass der Leasingnehmer dem Leasinggeber den auf die Nutzungszeit entfallenden Anteil des Amortisationsaufwands zu vergüten hat, wobei die Sonderzahlung und der kalkulierte Restwert in die Berechnung einzubeziehen sind.

aa) Pauschalierte Schadensberechnung

Schadensklauseln in Leasingverträgen haben sich nicht bewährt. Kaum eine der sog. **1274** kombinierten Verfallklauseln, die den Leasinggeber im Fall des Zahlungsverzugs des Leasingnehmers zur außerordentlichen Vertragskündigung, Rücknahme des Leasingfahrzeugs und Fälligstellung des Restamortisationsschadens berechtigten, hat der **strengen richterlichen AGB-Kontrolle** standgehalten.[648] Selbst die vom BGH[649] am Beispiel eines kündbaren

---

640 BGH 4. 4. 1984, NJW 1984, 2687; zur Ausfallhaftung des Lieferanten OLG Nürnberg 19. 5. 1988, NJW-RR 1989, 114 ff.
641 BGH 12. 6. 1996, ZIP 1996, 1336; OLG Dresden 8. 9. 1999, DAR 1999, 542.
642 BGH 3. 6. 1992, ZIP 1992, 930.
643 SchlHOLG 8. 5. 1998, OLGR 1998, 237.
644 BGH 8. 3. 1995, DAR 1995, 284, 285; 11. 2. 1987, ZIP 1987, 517; OLG Hamm 5. 6. 1986, ZIP 1986, 1473, 1475.
645 BGH 19. 3. 1986, NJW 1986, 1748; OLG Celle 7. 4. 1999, OLGR 1999, 225.
646 Dazu Rn 1234, 1247.
647 Urt. v. 13. 9. 1999, OLGR 2000, 2 – nicht rechtskräftig –.
648 BGH 5. 4. 1978, BB 1978, 682 ff.; 28. 10. 1981, MDR 1982, 485 ff.; 31. 3. 1982, BB 1982, 1078; 10. 10. 1990, NJW 1991, 221; 22. 11. 1995, WM 1996, 311; OLG Köln 6. 2. 1995, NJW 1995, 2044; ferner siehe *Quittnat*, BB 1979, 1530; *Ulmer/Brandner/Hensen*, Anh. §§ 9–11 Rn 467; *Ziganke*, BB 1982, 706; *Klamroth*, BB 1982, 1949.
649 Urt. v. 12. 6. 1985, ZIP 1985, 868 f.

Leasingvertrags mit Abschlusszahlung seinerzeit erteilten Hinweise zur AGB-konformen Klauselgestaltung entsprechen bereits nicht mehr dem neuesten Stand der Rechtsprechung, insofern inzwischen als gesichert gilt, dass außer den Zinsvorteilen infolge des vorzeitigen Kapitalrückflusses ersparte laufzeitabhängige Kosten zu Gunsten des Leasingnehmers in der Klausel ebenso berücksichtigt werden müssen[650] wie die Tatsache, dass dem Leasinggeber ein Anspruch auf entgangenen Gewinn nur bis zum nächstmöglichen ordentlichen Kündigungszeitpunkt zuzubilligen ist.[651]

bb) Konkrete Schadensberechnung

1275 Bei Unwirksamkeit einer pauschalierten Schadensberechnung kann der Leasinggeber den Schaden konkret berechnen.[652] Geschieht dies erst in zweiter Instanz, so hat er die Kosten des Berufungsverfahrens zu tragen, auch wenn er aufgrund der Nachberechnung weitgehend obsiegt.[653] Die Berechnung muss **nachvollziehbar** sein, andernfalls eine auf sie gestützte Klage unschlüssig ist.[654] Für den Leasinggeber empfiehlt es sich, die einzelnen Abrechnungsschritte darzulegen und sich nicht darauf zu beschränken, die für die Berechnung erforderlichen Daten vorzutragen.[655]

cc) Schadenshöhe

1276 Da sich der zur Kosten- und Gewinndeckung vom Leasingnehmer aufzubringende Betrag in der Summe aller Leasingraten für die vereinbarte Vertragszeit zuzüglich des kalkulierten Restwerts widerspiegelt, besteht der Schaden des Leasinggebers im Fall der vorzeitigen Vertragsbeendigung wegen Zahlungsverzugs des Leasingnehmers in erster Linie in der Summe der jeweils **ausstehenden Leasingraten** zuzüglich des **kalkulierten Restwerts**. Zum Schaden gehört auch der in den ausstehenden Leasingraten enthaltene **Gewinn**,[656] den der Leasinggeber beim Vertragsmodell des kündbaren Leasingvertrags mit Abschlusszahlung jedoch längstens bis zu dem Zeitpunkt einer nach dem Vertrag zulässigen ordentlichen Kündigung vom Leasingnehmer zu beanspruchen hat.[657] Eine Sonderzahlung ist Teil des Amortisationsanspruchs des Leasinggebers und folglich bei der konkreten Schadensberechnung nach einer vom Leasingnehmer veranlassten fristlosen Kündigung des Leasingvertrags in vollem Umfang zu Gunsten des Leasinggebers zu berücksichtigen.[658]

1277 Hinzu kommen weiterhin die durch die vorzeitige Vertragsbeendigung bedingten **Mehraufwendungen** des Leasinggebers, wie etwa eine Vorfälligkeitsentschädigung, die der Leasinggeber der Bank wegen der vorzeitigen Rückführung der Refinanzierungsmittel schuldet,[659] Sicherstellungs- und Reparaturaufwendungen[660] und Rechtsverfolgungskosten.[661] Für

---

650 BGH 10. 10. 1990, NJW 1991, 221; 11. 1. 1995, ZIP 1995, 286, 287; 4. 6. 1996, NJW 1996, 2648, 2651; OLG Köln 9. 2. 1994, ZIP 1995, 46, 49.
651 BGH 19. 3. 1986, ZIP 1986, 576; 10. 10. 1990, NJW 1991, 221; OLG Köln 9. 2. 1994, ZIP 1995, 46, 49.
652 BGH 22. 11. 1995, WM 1996, 311, 315.
653 OLG Celle 19. 5. 1999, OLGR 1999, 299.
654 OLG Koblenz 21. 11. 1996, OLGR 1997, 137; LG Köln 28. 3. 1996 – 8 O 505/95 – n. v.
655 Nach Ansicht des LG Frankfurt a.M. Urt. v. 17. 9. 1996, NJW-RR 1997, 434 genügt der Leasinggeber durch die Darlegung der Berechnungsdaten seiner Substantiierungspflicht, wenn sich das rechnerische Ergebnis mit Hilfe eines handelsüblichen Taschenrechners nachvollziehen lässt.
656 A. A. OLG Koblenz 21. 11. 1996, OLGR 1997, 137, das die BGH-Rechtsprechung insoweit allerdings missversteht.
657 BGH 19. 3. 1986, ZIP 1986, 576; 10. 10. 1990, NJW 1991, 221; a. A. OLG Stuttgart 8. 9. 1987, NJW-RR 1988, 501; *Reinking*, ZAP 1991 Fach 4 R. 13; kritisch *Ebenroth*, JZ 1991, 198, 199.
658 BGH 11. 1. 1995, ZIP 1995, 286.
659 BGH 24. 4. 1985, NJW 1985, 1539; 16. 5. 1990, ZIP 1990, 863; OLG Köln 15. 3. 1993, NJW-RR 1993, 1016; OLG Celle 3. 11. 1993, NJW-RR 1994, 1334, 1336.
660 Soweit sie erforderlich sind, um das Fahrzeug überhaupt veräußern zu können oder um einen höheren Verwertungserlös zu erzielen BGH 27. 11. 1991, NJW-RR 1992, 378; OLG Dresden 11. 11. 1998, OLGR 1999, 207.

Vertragsdurchführung Rn 1278, 1279

die Kosten der Wartungs- und Inspektionsdienste, die erst nach der Rückgabe des Fahrzeugs und einer weiteren Fahrleistung vorzunehmen sind, muss der Leasingnehmer nicht – auch nicht anteilig – aufkommen.[662]

Zu Gunsten des Leasingnehmers sind die **Vorteile** zu berücksichtigen, die dem Leasinggeber durch die vorzeitige Vertragsbeendigung erwachsen und die hauptsächlich darin bestehen, dass er Zinsvorteile auf Grund des vorzeitigen Kapitalrückflusses erlangt und Verwaltungskosten einspart.

dd) Abzinsung

Die ausstehenden Leasingraten und der Restwert sind auf den Zeitpunkt des durch die fristlose Kündigung vorzeitig markierten Vertragsendes abzuzinsen. Hierbei muss der **Refinanzierungssatz** zu Grunde gelegt werden, der vom Leasinggeber auch bei der Kalkulation der Leasingraten angewendet worden ist,[663] und den dieser im Streitfall darlegen und beweisen muss.[664] Die AGB-mäßige Festlegung eines mit dem tatsächlichen Refinanzierungszins nicht übereinstimmenden Abzinsungssatzes benachteiligt den Leasingnehmer unangemessen, wenn der Zinssatz, auf dessen Grundlage die Leasingraten kalkuliert sind, weit darüber liegt.[665] 1278

Eine rechnerisch exakte Abzinsung setzt voraus, dass die Leasingraten vor Abzinsung um die darin enthaltenen Gewinn- und Verwaltungskostenanteile des Leasinggebers bereinigt werden, die sich aus der Differenz zwischen dem Vertragszins und dem Refinanzierungszins ergeben. Die **Gewinnanteile** sind **nicht Gegenstand der Refinanzierung.** Deshalb sind sie mit dem Wiederanlagezins abzuzinsen. Eine Abzinsung der in den Leasingraten anteilig enthaltenen Verwaltungskosten entfällt, weil sie im Wege des Vorteilsausgleichs gesondert verrechnet werden.[666]

Finanziert der Leasinggeber eine Vielzahl von Leasingverträgen durch einen **Großkredit,** genügt es zur Darlegung der Refinanzierung, dass sich der einzelne Leasingvertrag zeitlich zuordnen lässt.[667] Eine Schätzung durch das Gericht ist mangels greifbarer Anhaltspunkte nicht zulässig.[668] Die Abzinsung wird nicht dadurch entbehrlich, dass ein Prozessverfahren das reguläre Vertragsende überdauert, da die ersparten Refinanzierungskosten betragsmäßig nicht mit den Verzugszinsen übereinstimmen und letztere dem Zinseszinsverbot des § 289 BGB unterliegen.[669]

Gegen eine Abzinsung auf der Basis des Wiederanlagezinses nach der sog. „Blue-Book-Methode" ist nichts einzuwenden, wenn der Leasinggeber für die Finanzierung Eigenmittel eingesetzt hat.

Für die Abzinsung gibt es **keine allgemein gültige Formel,** da jede Berechnung eines Abzinsungsbetrags nur zu einem Annäherungswert führt, dessen Maßgeblichkeit der Tatrich- 1279

---

661 Da es sich bei der Abwicklung eines Not leidend gewordenen Leasingvertrags für den Leasinggeber um eine Routineangelegenheit handelt, muss nach Ansicht des OLG Köln, Beschl. v. 10. 8. 1989 – 17 W 366/89 – n. v. der Leasingnehmer bei einem auswärtigen Prozess des Leasinggebers weder dessen Reisekosten zu dem auswärtigen Prozessvertreter noch dessen Aufwendungen für die beratende Tätigkeit eines an seinem Betriebsort ansässigen Anwalts übernehmen.
662 A. A. OLG Stuttgart 6. 2. 1996 – 6 U 112/95 – n. v.
663 BGH 22. 11. 1995, WM 1996, 311; 20. 1. 1986, WM 1986, 480; 10. 10. 1990, NJW 1991, 221.
664 OLG Celle 30. 8. 1995, OLGR 1996, 96.
665 BGH 29. 1. 1986, WM 1986, 480; *Braxmeier,* Die Rechtsprechung des BGH zu Miete und Pacht einschl. Leasing, WM-Sonderbeilage Nr. 1/88, 12.
666 Ausführlich *Reinking,* Autoleasing, S. 149.
667 OLG Celle 17. 12. 1997, DAR 1999, 361.
668 BGH 22. 11. 1995, WM 1996, 311; OLG Celle 30. 8. 1995, OLGR 1996, 49; OLG Naumburg 11. 12. 1997, OLGR 1998, 210; a. A. SchlHOLG 21. 11. 1997, OLGR 1998, 41, das den Refinanzierungssatz bei unsubstatiiertem Sachvortrag der Leasinggesellschaft auf 13,25% geschätzt hat.
669 *Kranemann,* ZIP 1997, 1404; a. A. OLG Hamm 23. 6. 1987, NJW-RR 1987, 1140.

ter wie bei einer Schadensschätzung analog § 287 ZPO zu beurteilen hat.[670] Eine Abzinsung der Leasingraten und des Restwerts nach der Rentenbarwertmethode ist allgemein anerkannt,[671] da sie im Vergleich zu linearen Berechnungsmodellen zu genaueren Ergebnissen führt.[672]

1280 Bei der Abzinsung der Leasingraten ist die **vorschüssige Rentenbarwertformel** anzuwenden, wenn die Leasingraten nach dem Inhalt des Vertrags monatlich im Voraus zu zahlen sind, während die **nachschüssige Rentenbarwertformel** von einer nachträglichen Fälligkeit der Leasingraten zum Monatsende ausgeht.

Abzinsung der Leasingraten

Refinanzierungssatz = p
Restlaufzeit = n
Abzinsungsfaktor = $q = 1 + \dfrac{p}{1200}$

Rentenbarwertmethode (vorschüssig)

$$\text{Barwert} = \text{Rate} \cdot \frac{1}{q^{n-1}} \cdot \frac{q^n - 1}{q - 1}$$

Rentenbarwertmethode (nachschüssig)

$$\text{Barwert} = \text{Rate} \cdot \frac{1}{q^n} \cdot \frac{q^n - 1}{q - 1}$$

Blue-Book-Methode

$$\text{Rate} \cdot \frac{1 - \dfrac{1}{\left(1 + \dfrac{p}{1200}\right)^n}}{\dfrac{p}{1200}} = \text{abgezinster Betrag}$$

Abzinsung des Restwerts

$$\text{Barwert} = \frac{\text{Restwert}}{q^n}$$

1281 Sofern das VerbrKrG Anwendung findet, ist gem. § 12 Abs. 2 VerbrKrG für die Abzinsung die **Zinsstaffelmethode** zwingend vorgeschrieben. Da die Rentenbarwertformel genauere Ergebnisse als die Zinsstaffelmethode liefert, bestehen gegen ihre Verwendung im Zusammenhang mit § 12 VerbrKrG keine Bedenken im Hinblick auf § 28 VerbrKrG.

ee) Ersparte Kosten

1282 Laufzeitabhängige Kosten, die der Leasinggeber im Fall der vorzeitigen Kündigung einspart, sind bei der Abrechnung zu Gunsten des Leasingnehmers zu berücksichtigen.[673] Kostenfaktoren der Leasingkalkulation, die von der vorzeitigen Vertragsbeendigung nicht betroffen sind, muss der Leasinggeber betragsmäßig aufschlüsseln und nachweisen. Er genügt den Beweisanforderungen nicht durch die Angabe der allgemeinen Betriebskosten, da diese auf einer Mischkalkulation beruhen.[674] Legt der Leasinggeber seine

---

670 BGH 6. 6. 1984, WM 1984, 1217; 10. 10. 1990, NJW 1991, 221.
671 OLG Karlsruhe 5. 2. 1998, OLGR 1998, 213; OLG Frankfurt 16. 2. 1994, VersR 1995, 53; OLG Naumburg 13. 2. 1997, OLGR 1998, 58; OLG Celle 5. 1. 1994, NJW-RR 1994, 743; OLG Stuttgart 23. 2. 1996 – 6 U 112/95; OLG Köln 9. 2. 1994, OLGR 1995, 49 und Urt. v. 18. 7. 1996 – 18 U 30/95 – n. v., das allerdings versehentlich die falsche (nachschüssige) Formel verwendet.
672 OLG Celle 3. 11. 1993, NJW-RR 1994, 1334, 1336.
673 Vgl. *Graf von Westphalen,* Der Leasingvertrag, Rn. 1272/1054.
674 OLG Hamburg 20. 10. 1986, NJW-RR 1987, 51 ff.

Vertragsdurchführung Rn 1283, 1284

Kalkulationsgrundlagen nicht offen, bietet sich die Möglichkeit der Schätzung gem. § 287 ZPO an.[675]

Zu den Aufwendungen, die bei einer vorzeitigen Vertragsbeendigung wegfallen, gehören in erster Linie die **Kosten** der **Vertragsüberwachung** für die restliche Laufzeit des Vertrags, nicht jedoch die bereits verbrauchten Vertragsüberwachungs- und Vertragsabschlusskosten sowie die ohnehin anfallenden Kosten der Vertragsbeendigung.[676] Der Anteil der Kosten für die Durchführung und Überwachung eines Kfz-Leasingvertrags für die gesamte Vertragszeit liegt bei 20%[677] bis 30%[678] der Verwaltungskosten, die als Nichtfinanzierungskosten bezeichnet werden. Der Angabe des Leasinggebers, die Ersparnis der laufzeitabhängigen Kosten betrage 30% der restlichen Nichtfinanzierungskosten, kann das Gericht im Wege der Schätzung folgen, sofern der Parteivortrag im Einzelfall keine weitere Sachaufklärung erfordert.[679] 1283

Berechnungsbeispiel für die Ermittlung der ersparten laufzeitabhängigen Vertragskosten: 1284

42 Raten · 832,79 DM	34 977,18 DM
Leasingsonderzahlung	7 407,91 DM
kalkulierter Restwert	30 426,19 DM
	72 811,28 DM
abzüglich Kaufpreis	57 407,91 DM
Vertragskosten	15 403,37 DM

Aufteilung der Vertragskosten in Finanzierungskosten (FK) und Nichtfinanzierungskosten (NFK)

$$FK = KE \cdot \left(1 + \frac{p}{1200}\right)^n - KE$$

KE = Kapitaleinsatz 50 000 DM (57 407,91 DM – 7 407,91 DM)
p = Refinanzierungssatz 4,55%
N = Vertragslaufzeit 42 Monate

$$FK = 50\,000 \cdot \left(1 + \frac{4,55}{1200}\right)^n - 50\,000$$

FK = 8 613,90 DM
NFK = 6 789,47 DM (15 403,37 DM – 8 613,90 DM)

Nichtfinanzierungskosten (NFK)

Gewinn 50% von 6 789,47 DM = 3 394,70 DM

Laufzeitunabhängig:

Verwaltungsaufwand 50% von 6 789,47 DM = 3 394,70 DM
Abschlusskosten 50% = 1 697,35 DM
– Bonitätsprüfung 2%
– Vermittlungsprovision 2,5%
– Restwertrisiko 5%
– Standkosten 1%
Beendigungskosten 30% = 1 018,41 DM

---

675 OLG Köln 31. 1. 1990, VersR 1992, 242; OLG Frankfurt 16. 2. 1994, VersR 1995, 53.
676 OLG Hamburg 22. 10. 1986, NJW-RR 1987, 51 ff.; OLG Köln 15. 3. 1993, NJW-RR 1993, 1016, 1017; OLG Celle 3. 11. 1993, NJW-RR 1994, 1334, 1336.
677 OLG Stuttgart 8. 9. 1987, NJW-RR 1988, 501.
678 OLG Köln 9. 2. 1994, ZIP 1995, 46, 48.
679 OLG Celle 7. 4. 1999, OLGR 1999, 225.

Laufzeitabhängig:

Überwachungsaufwand 20%	= 678,94 DM
Verteilung 1260 Tage (42 Monate)	
791 Tage	= 446,24 DM
nicht verbraucht	= 232,70 DM

1285 Das Beispiel verdeutlicht, dass die **laufzeitabhängigen Kosten** im Vergleich zum Vertragsvolumen relativ **gering** sind. In Anbetracht des gebotenen Vorteilsausgleichs erscheint es gleichwohl nicht vertretbar, die Ersparnisse einfach zu ignorieren und dies damit zu begründen, der ordnungsgemäß bediente Leasingvertrag erfordere, da die Verwaltung durch EDV erfolge, keinen nennenswerten Verwaltungsaufwand, während der Not leidende Leasingvertrag zu erheblichen Aufwendungen führen könne.[680]

Von der Möglichkeit, die ersparten Aufwendungen gem. **§ 287 ZPO** zu **schätzen,** macht die Rechtsprechung in zunehmendem Maße Gebrauch. Die Schätzungen liegen je nach Vertragsvolumen zwischen 20 DM und 50 DM monatlich.[681] Wird der Vorteilsausgleich durch eine Kürzung der Leasingraten vor Abzinsung vollzogen, beträgt der geschätzte Wert in der Regel 3%.[682]

f) Verwertung des Fahrzeugs

1286 Auch im Fall einer vorzeitigen Vertragsbeendigung ist der Leasinggeber verpflichtet, das Fahrzeug **bestmöglich** zu **verwerten.**[683]

Höhere Verwertungskosten, als sie im Fall einer vertragsgemäßen Beendigung des Leasingvertrags entstanden wären, sind dem Leasinggeber auf Nachweis vom Leasingnehmer zu ersetzen.[684] Über das Ziel hinaus schießt eine Entscheidung des OLG Köln,[685] die besagt, dass der Leasinggeber, der die Abwicklung des vorzeitig beendeten Leasingvertrags vollständig einem Dritten übertragen hat, dem Leasingnehmer die dadurch entstandenen Kosten auferlegen darf, wobei er sich die in den Leasingraten anteilig enthaltenen Abwicklungskosten anrechnen lassen muss. Die Abwicklung des Leasingvertrags fällt sowohl bei der regulären als auch bei der vorzeitigen Vertragsbeendigung in den Aufgabenbereich des Leasinggebers. Überlässt er einem Dritten die Abwicklung, gehen die Mehrkosten zu seinen Lasten, da für eine Kostenverlagerung auf den Leasingnehmer die Rechtsgrundlage fehlt. Der Leasingnehmer hat dem Leasinggeber die Mehrkosten nur insoweit zu ersetzen, als diese ursächlich auf die vorzeitige, vom Leasingnehmer zu vertretende Vertragsbeendigung zurückzuführen sind, wie z. B. die Kosten für die Abholung und Sicherstellung des vom Leasingnehmer nicht abgelieferten Fahrzeugs.

Erfolgt die Verwertung durch ein **weiteres Verleasen,** steht der Barwert des neuen Vertrages einem Verkaufserlös gleich.[686] Im Unterschied zum Verkauf bleibt dem Leasinggeber der Restwert beim weiteren Verleasen erhalten. Er amortisiert dessen – dem Anschaffungsaufwand gleichgestellten – Wert aus den von dem neuen Leasingnehmer zu zahlenden Leasingraten und dem vereinbarten Restwert.[687]

---

680 So OLG Hamm 28. 6. 1994 – 7 U 53/93 –, teilweise veröffentlicht in NJW-RR 1994, 1467.
681 OLG Celle 13. 11. 1996, OLGR 1997, 51; OLG Stuttgart 23. 2. 1996 – 6 U 112/95 – n. v.; OLG Köln 21. 4. 1994 – 18 U 197/93 – n. v.; OLG Düsseldorf 12. 6. 1998, BB 1998, 2179.
682 OLG Köln 18. 7. 1996 – 18 U 30/95 – n. v.; OLG Hamm 8. 1. 1997 – 30 U 177/96 – n. v.; OLG Naumburg 23. 10. 1997 – 7 U 808/97 – n. v.
683 Rn 1255 ff.
684 OLG Celle 3. 11. 1993, NJW-RR 1994, 1334, 1336.
685 Urt. v. 9. 2. 1994, ZIP 1995, 46, 48.
686 LG Siegen 3. 5. 1991, NJW-RR 1991, 1142; OLG Celle 3. 11. 1993, NJW-RR 1994, 1334, 1336.
687 OLG Celle, 3. 11. 1993, NJW-RR 1994, 1334 ff.

g) Abrechnung

Der vom Leasinggeber durch Verwertung des Fahrzeugs erzielte **Erlös** ist auf die Schadensersatzforderung des Leasingnehmers **anzurechnen**, wobei das Vertragsende den maßgeblichen Zeitpunkt darstellt.[688] Eine Anrechnung des Verwertungserlöses auf **rückständige Leasingraten,** die aus der ungekündigten Vertragszeit herrühren, muss der Leasingnehmer nicht gegen sich gelten lassen.[689] Durch die Verpflichtung zur Anrechnung des Verwertungserlöses ist sichergestellt, dass der Leasingnehmer den geldwerten Vorteil erlangt, der darin besteht, dass der Wert der Sache zum Zeitpunkt der früheren Rückgabe den auf das reguläre Vertragsende kalkulierten Restwert übersteigt. Falls eine Verwertung des Fahrzeugs – etwa infolge einer nicht vom Leasingnehmer zu vertretenden Zerstörung – nicht mehr möglich ist und dieser Umstand nicht in die Risikosphäre des Leasingnehmers fällt, muss der Wertunterschied festgestellt und zu Gunsten des Leasingnehmers berücksichtigt werden.[690]

1287

Der Ermittlung der Wertdifferenz bedarf es nicht, wenn der Kaskoversicherer zwischenzeitlich Versicherungsleistungen in einer die mögliche Wertdifferenz übersteigenden Höhe an den Leasinggeber erbracht hat, da in diesem Fall die Versicherungsleistung in voller Höhe auf die Ausgleichszahlung anzurechnen ist. Dem Zahlungsanspruch des Leasinggebers kann der Leasingnehmer die Rückabtretung von noch nicht realisierten Versicherungsansprüchen einredeweise entgegenhalten.[691] Enthält der Leasingvertrag keine eindeutige Regelung dahin gehend, dass der Leasingnehmer auch nach der Beendigung des Leasingvertrags noch mit der Beitreibung der Versicherungsforderung belastet sein soll, fällt es allein in den Aufgabenbereich des Leasinggebers, die Ansprüche aus einer Vollkaskoversicherung zu realisieren. Deshalb kann er sich dem Leasingnehmer gegenüber weder auf einen verspäteten Zahlungseingang noch auf eine zu geringe Höhe der Versicherungssumme berufen.[692] Eine Investitionszulage, die der Leasinggeber erhalten hat, ist auf die vom Leasingnehmer zu leistende Ausgleichszahlung nicht anzurechnen, da sie dem Leasinggeber als Inhaber des Anspruchs zusteht.[693]

1288

Die Anrechnung des erzielten Verwertungserlöses auf die Ausgleichszahlung hängt von den vertraglichen Vereinbarungen ab.

1289

aa) Leasingvertrag mit Abschlusszahlung

Beim erlaßkonformen Leasingvertrag mit Abschlusszahlung beträgt der dem Leasingnehmer anzurechnende **Erlösanteil 90%**. Falls sich der Leasinggeber im Vertrag ein Andienungsrecht ohne Nachzahlungspflicht vorbehalten hat, ist der Leasingnehmer allerdings mit 100% – statt mit nur 90% – am Verwertungserlös zu beteiligen.[694]

bb) Leasingvertrag mit Restwertabrechnung

Eine Anrechnung des Verwertungserlöses zu **100%** findet beim **Leasingvertrag mit Restwertabrechnung** mit der Maßgabe statt, dass der Leasingnehmer von einem Mehrerlös 75% erhält. Bei der Ermittlung des Mehrerlöses ist auf das reguläre Vertragsende abzustellen. Soweit der höhere Verwertungserlös allein darauf zurückzuführen ist, dass der Vertrag vorzeitig beendet wurde, hat der Leasingnehmer den Unterschiedsbetrag in vollem Umfang zu beanspruchen, da die im Leasingerlass vom 22. 12. 1995[695] vorgesehene Verteilungsquote

---

688 OLG Köln 15. 3. 1993, NJW-RR 1993, 1017.
689 OLG Frankfurt 22. 9. 1986, NJW-RR 1987, 372.
690 BGH 8. 3. 1995, DAR 1995, 284, 286.
691 BGH 8. 3. 1995, DAR 1995, 284, 286.
692 OLG Köln 7. 7. 1992, OLGR 1992, 309.
693 OLG Naumburg 25. 9. 1997, NJW-RR 1998, 1585.
694 OLG Celle 3. 11. 1993, NJW-RR 1994, 1334, 1337.
695 BB 1976, 72.

ausschließlich den Mehrerlös betrifft, der nach Ablauf der vereinbarten Vertragszeit erzielt wird.

cc) Leasingvertrag mit Andienungsrecht

Beim Leasingvertrag mit Andienungsrecht beträgt die Anrechnungsquote 100%, da der Leasingnehmer das Restwertrisiko trägt. Dem Leasingnehmer steht ein Mehrwert in voller Höhe zu, wenn der Leasinggeber ihm das Fahrzeug zum Kauf andient.

dd) Nicht erlasskonformer Leasingvertrag

Sofern nicht der Leasinggeber das Verwertungsrisiko übernommen hat, ist bei der Abrechnung eines nicht erlasskonformen Leasingvertrags der Verwertungserlös mit 100% zu Gunsten des Leasingnehmers zu Grunde zu legen.[696]

ee) Leasingvertrag mit Kilometerabrechnung

1290 Im Fall der vorzeitigen Beendigung eines Leasingvertrags mit Kilometerabrechnung muss sich der Leasinggeber an der ursprünglichen Vertragskalkulation festhalten lassen. Er darf **nicht auf** eine **Restwertabrechnung umstellen** und auf diese Weise nachträglich das Marktwertrisiko auf den Leasingnehmer verlagern.[697] Wegen ihres überraschenden Inhalts wird eine Umstellungsklausel nicht wirksam in den Vertrag einbezogen,[698] jedenfalls nicht ohne deutlichen Hinweis auf den Abrechnungswechsel im Vertrag.[699]

Der infolge vorzeitiger Vertragsbeendigung **höhere Fahrzeugwert** ist bei der Abrechnung zu Gunsten des Leasingnehmers zu **berücksichtigen.** Der Vorteilsausgleich kann ausnahmsweise entfallen, wenn die Marktgängigkeit des Fahrzeugs durch ausstehende Reparaturen erheblich beeinträchtigt wird.[700]

1291 Eine konkrete Schadensberechnung anhand der **Mehr- und Minderkilometer**[701] **führt nicht zu sachgerechten Ergebnissen,** da die Höherwertigkeit des Leasingfahrzeugs nicht allein auf der geringeren Fahrleistung, sondern auch auf dem niedrigeren Fahrzeugalter beruht. Die Vergütungssätze für Mehr- und Minderkilometer sind nicht am Wertverlust des Fahrzeugs orientiert und auf das reguläre Vertragsende kalkuliert. Gegen eine Abrechnung auf Kilometerbasis spricht entscheidend die Überlegung, dass die Kilometerleistung des Fahrzeugs im Zeitpunkt des Wirksamwerdens der fristlosen Kündigung nichts darüber aussagt, welchen Kilometerstand das Fahrzeug im Zeitpunkt des vertraglich vorgesehenen Vertragsendes gehabt hätte, da der Leasingnehmer beim nicht ordentlich kündbaren Kilometerleasingvertrag berechtigt ist, das Fahrzeug während der Vertragslaufzeit während unterschiedlicher Zeiträume unterschiedlich häufig zu nutzen.[702]

Im Rahmen der nach § 249 BGB gebotenen Betrachtung ist die infolge vorzeitiger Vertragsbeendigung entstandene **Vermögenslage** des Leasinggebers mit derjenigen zu **vergleichen,** die im Fall einer regulären Vertragsbeendigung bestehen würde. Der Wert des Fahrzeugs zum Zeitpunkt des Wirksamwerdens der außerordentlichen Vertragskündigung und dessen Wert zum Zeitpunkt des vertraglich vereinbarten Vertragsendes sind gegenüberzustellen. Auf den vom Leasinggeber tatsächlich erzielten Wert kommt es nicht an. Maßgeblich ist

---

696 OLG Köln 24. 1. 1990, WM 1990, 1257.
697 BGH 22. 1. 1986, WM 1986, 458, 461; 12. 6. 1985, WM 1985, 860, 862; *Graf von Westphalen,* Der Leasingvertrag, Rn. 1265.
698 SchlHOL 31. 7. 1997, OLGR 1997, 119; LG Berlin 22. 1. 1996, DB 1996, 724.
699 OLG Celle 5. 1. 1994, NJW-RR 1994, 743; offen gelassen vom BGH 11. 1. 1995, ZIP 1995, 286, der nicht Stellung nehmen musste, weil er die Klausel aus anderen Gründen für unwirksam erachtete.
700 OLG Celle 17. 9. 1997, NJW-RR 1998, 704, 706.
701 Praktiziert vom SchlHOL 31. 1. 1997, OLGR 1997, 119.
702 OLG Celle 5. 1. 1994, NJW-RR 1994, 743.

der vom Gutachter ermittelte Wert bei Rückgabe.[703] Bei der Ermittlung des fiktiven Fahrzeugwerts zum vertraglich vereinbarten Endzeitpunkt ist von einer normalen Beanspruchung und Einhaltung des Kilometerlimits auszugehen.[704] Der Berücksichtigung des intern kalkulierten Restwerts bedarf es nicht, da der Leasinggeber das Verwertungsrisiko trägt und keinen Ausgleichsanspruch gegen den Leasingnehmer besitzt.[705]

Die Schwierigkeit der Schadensberechnung in Form des Vergleichs der Vermögenslagen besteht darin, dass sie einen Wertansatz einschließt, der nur im Wege einer **vorausschauenden Schätzung** bestimmt werden kann. Deshalb ist zunächst eine vorläufige Abrechnung zu erstellen. Erforderliche Korrekturen sind vorzunehmen, sobald die vereinbarte Vertragszeit abgelaufen ist.[706] Bei Vorlage eines Wertgutachtens über den Wert des Fahrzeugs am vereinbarten Vertragsende durch den Leasinggeber genügt der Leasingnehmer seiner Darlegungspflicht nicht durch einfaches Bestreiten. Erforderlich ist substantiiertes Bestreiten, wobei er sich auf die allgemein zugänglichen Marktberichte und Bewertungslisten beziehen kann.[707] 1292

Eine Vereinbarung, die vorsieht, dass der Vertrag im Fall der fristlosen Kündigung auf die **verkürzte Laufzeit umgestellt** wird, ermöglicht es dem Leasinggeber, bereits vor Ablauf der regulären Vertragszeit eine endgültige Abrechnung zu erstellen. Um dem Transparenzgebot zu genügen, muss sich aus der Klausel ablesen lassen, an welchen Restwert der Leasinggeber in seiner Kalkulation anknüpft und in welchem Umfang sich das Leasingentgelt durch eine Verkürzung der Vertragsdauer ändert.[708] 1293

Für den Schaden, der dem Leasinggeber dadurch entsteht, dass er eine mit dem Verkäufer vereinbarte Rückkaufvereinbarung nach Ablauf der regulären Vertragsdauer nicht mehr erfüllen kann, ist der Leasingnehmer nicht verantwortlich, da er die Gewähr für die Restwerterwartung des Leasinggebers nur insoweit übernimmt, als diese durch solche Faktoren bestimmt wird, die das Fahrzeug unmittelbar betreffen. Aus diesem Grunde ist es dem Leasinggeber verwehrt, der Abrechnung den mit dem Verkäufer vereinbarten Kaufpreis an Stelle des tatsächlichen Fahrzeugwerts zu Grunde zu legen.[709]

X. Verjährung

Die Verjährung der **Gewährleistungsansprüche** richtet sich nach den zwischen Händler und Leasinggeber im Einzelfall getroffenen Absprachen. Bei Neufahrzeugen übernehmen Vertragshändler üblicherweise eine Gewährleistung während der Dauer eines Jahres seit Auslieferung ohne Kilometerbegrenzung. 1294

Unter die 2-jährige Verjährungsfrist des § 196 Abs. 1 BGB fallen Ansprüche des Leasinggebers auf **Leasingentgelt,** vorausgesetzt, dass er das Leasinggeschäft gewerbsmäßig betreibt. Andernfalls verjähren die Ansprüche auf Zahlung des Leasingentgelts gem. § 197 BGB in 4 Jahren. 1295

Für **Zinsen** gem. § 11 VerbrKrG gilt nicht die vierjährige Verjährungsfrist der §§ 197, 219 Abs. 2 BGB. Der Leasinggeber soll durch die Aufhebung der kurzen Verjährung vor einer unangemessenen Benachteiligung bewahrt werden.[710] 1296

---

703 OLG Celle 19. 5. 1999, OLGR 1999, 299.
704 OLG Celle 5. 1. 1994, NJW-RR 1994, 743.
705 OLG Celle 5. 1. 1994, NJW-RR 1994, 743; BGH 11. 1. 1995, ZIP 1995, 286, 287; vgl. auch *Graf von Westphalen,* Der Leasingvertrag, Rn. 1268.
706 KG 10. 2. 1997, OLGR 1997, 181; OLG Celle 22. 5. 1996, OLGR 1996, 181; 17. 12. 1997, NJW-RR 1998, 706, 707 – dazu *Reinking,* EWiR 21/1998, S. 45.
707 OLG Celle 19. 5. 1999, OLGR 1999, 299.
708 OLG Stuttgart Urt. 6. 2. 1996 – 6 U 112/95 – n. v.
709 KG 10. 2. 1997, OLGR 1997, 181, 182; OLG Celle 17. 12. 1997, OLGR 1998, 47, 48.
710 Amtl. Begründung, BT-Drs. 11/5462, S. 27.

1296a Die vertraglich festgelegte **Vergütung für Mehr- und Minderkilometer** verjährt in zwei Jahren. Bei der Forderung des Leasinggebers gegen den Leasingnehmer auf Bezahlung der Mehrkilometer handelt es sich nicht um einen Ersatzanspruch wegen eines mangelhaften Fahrzeugzustands im Sinne von § 558 BGB. Im umgekehrten Verhältnis besitzt der Anspruch des Leasingnehmers gegen den Leasinggeber auf Erstattung der Minderkilometer nicht den Charakter eines Verwendungsersatzanspruchs. In beiden Fällen geht es um eine nachträgliche Korrektur des Nutzungsentgelts wegen Über- bzw. Unterschreitung der festgelegten Fahrleistung, die eine wesentliche Prämisse für die Bemessung des Leasingentgelts darstellt.[711] Die Vergütungsregelungen für Mehr- und Minderkilometer gehören somit zu den Hauptpflichten im Rahmen der Abwicklung des Leasingvertrags nach seiner Beendigung.[712]

1297 In zwei Jahren verjährt der **Anspruch** des Leasinggebers auf **Restwertausgleich**.[713] Fällig wird der Anspruch mit der Verwertung des Fahrzeugs, da erst ab diesem Zeitpunkt feststeht, ob und in welcher Höhe ein vom Leasingnehmer auszugleichender Mindererlös verbleibt.[714]

1298 Zu der Frage, ob die zweijährige Verjährungsfrist des § 196 Abs. 1 BGB auch für den Anspruch des Leasinggebers auf **Minderwertausgleich** beim Leasingvertrag mit Kilometerabrechnung eingreift, gibt es noch keine höchstrichterliche Stellungnahme. Die Entscheidung hängt davon ab, ob es sich bei dem Anspruch um einen Erfüllungsanspruch oder um einen Ersatzanspruch im Sinne von § 558 BGB handelt. Da er im Amortisationsprinzip wurzelt, was sich daran zeigt, das er verschuldensunhänig ist, liegt es nahe, den Anspruch auf Wertminderung dem Erfüllungsanspruch zuzuordnen und ihn damit der 2-jährigen Verjährungsfrist zu unterwerfen.[715]

1299 Der Anspruch des Leasinggebers auf **Ersatz des Kündigungsschadens** unterliegt wegen seines „Entgeltcharakters" ebenfalls der 2-jährigen Verjährungsfrist des § 196 I, Nr. 6 BGB.[716] Er lässt sich der Erfüllungspflicht unmittelbar zuordnen, wenn der Leasingnehmer die Kündigung nicht zu vertreten hat. Die Frist beginnt mit der Kündigung und nicht erst im Zeitpunkt der Rückgabe und Verwertung des Fahrzeugs zu laufen.[717]

1300 **Verwendungsersatzansprüche** des Leasingnehmers und dessen Anspruch auf Gestattung der Wegnahme einer Einrichtung verjähren in 6 Monaten (§ 558 BGB) ab dem Zeitpunkt der Beendigung des Leasingvertrages.[718]

---

711 *Paul,* BB 1987, 1411, 1412.
712 LG Köln, Urt. v. 9. 2. 1984 – 24 O 186/83 – n. v.; *Godefroid/Salm,* BB, Beilage 6 zu Heft 18/1995, 21, 23.
713 BGH 10. 7. 1996, BB 1996, 1794; a. A. z. B. OLG Koblenz 12. 4. 1990, WM 1991, 2001, 2005; OLG München 14. 9. 1993, NJW-RR 1994, 738; OLG Hamburg 8. 12. 1995, OLGR 1996, 178; LG Hamburg 20. 9. 1995, WM 1996, 501; kritisch *Koos,* DZWir 1998, 119; zu weiteren Einzelfragen *Engel,* DB 1997, 763.
714 OLG Hamm 6. 10. 1995, NJW-RR 1996, 502.
715 *Godefroid/Salm,* BB, Beilage 6 zu Heft 18/1995, 21, 23; a. A. *Meyer auf der Heyde,* BB 1987, 498, 502; *Paul,* BB 1987, 1411, 1412.
716 BGH 22. 1. 1986, NJW 1986, 1334; 13. 4. 1994, NJW-RR 1994, 889.
717 OLG Hamm 7. 1. 1997, NJW-RR 1997, 1144.
718 OLG Frankfurt 5. 1. 1982, BB 1982, 1385; *Meyer auf der Heyde,* BB 1987, 489 f.

Allgemeine Geschäftsbedingungen; Neuwagen

Anlage 1

Allgemeine Geschäftsbedingungen für den Verkauf von fabrikneuen Kraftfahrzeugen und Anhängern (NWVB)

(Unverbindliche Empfehlung des Zentralverbandes Deutsches Kraftfahrzeuggewerbe e.V. [ZDK], des Verbandes der Automobilindustrie e.V. [VDA] und des Verbandes der Importeure von Kraftfahrzeugen e.V. [VdIK])

Neuwagenverkaufsbedingungen
(Stand 14. Dezember 1998)

I. Vertragsabschluss/Übertragung von Rechten und Pflichten des Käufers

1. Der Käufer ist an die Bestellung höchstens bis vier Wochen, bei Nutzfahrzeugen bis sechs Wochen, gebunden. Der Kaufvertrag ist abgeschlossen, wenn der Verkäufer die Annahme der Bestellung des näher bezeichneten Kaufgegenstandes innerhalb dieser Frist schriftlich bestätigt hat oder die Lieferung ausgeführt ist. Der Verkäufer ist jedoch verpflichtet, den Besteller unverzüglich schriftlich zu unterrichten, wenn er die Bestellung nicht annimmt.

2. Sämtliche Vereinbarungen sind schriftlich niederzulegen. Dies gilt auch für Nebenabreden und Zusicherungen sowie für nachträgliche Vertragsänderungen.

3. Übertragungen von Rechten und Pflichten des Käufers aus dem Kaufvertrag bedürfen der schriftlichen Zustimmung des Verkäufers.

II. Preise

(Regelungstexte entfallen)

III. Zahlung/Zahlungsverzug

1. Der Kaufpreis und Preise für Nebenleistungen sind bei Übergabe des Kaufgegenstandes – spätestens jedoch acht Tage nach Zugang der schriftlichen Bereitstellungsanzeige – und Aushändigung oder Übersendung der Rechnung zur Zahlung in bar fällig.

2. Sind zwischen Verkäufer und Käufer Teilzahlungen vereinbart und ist der Käufer eine juristische Person oder ist der Kredit nach dem Inhalt des Vertrages für seine bereits ausgeübte gewerbliche oder selbständige berufliche Tätigkeit bestimmt, wird die gesamte Restschuld – ohne Rücksicht auf die Fälligkeit etwaiger Wechsel – einschließlich bis zum Fälligkeitstag aufgelaufener vereinbarter Zinsen fällig, wenn der Käufer mit mindestens zwei aufeinanderfolgenden Teilzahlungen ganz oder teilweise und mindestens 10%, bei einer Laufzeit des Kreditvertrages über drei Jahre mit 5% des Teilzahlungspreises in Verzug ist. Die gesamte Restschuld wird ferner fällig, wenn der Käufer seine Zahlungen allgemein einstellt oder wenn über sein Vermögen das Insolvenzverfahren beantragt ist. Das Gleiche gilt bei einer natürlichen Person als Käufer, wenn der Kredit zur Aufnahme einer gewerblichen oder selbstständigen beruflichen Tätigkeit bestimmt ist und der Barzahlungspreis DM 100 000,– übersteigt.

Statt die Restschuld zu verlangen, kann der Verkäufer – unbeschadet seiner Rechte aus Abschnitt VI Ziffer 2 – dem Käufer schriftlich eine Nachfrist von zwei Wochen zur Zahlung des rückständigen Betrages setzen mit der Erklärung, dass er bei Nichtzahlung innerhalb der Nachfrist die Erfüllung des Vertrages durch den Käufer ablehne. Nach erfolglosem Ablauf der Nachfrist ist der Verkäufer berechtigt, durch schriftliche Erklärung vom Vertrag zurückzutreten oder Schadensersatz wegen Nichterfüllung zu verlangen; der Anspruch auf Erfüllung ist ausgeschlossen.

3. Eine zwischen Verkäufer und Käufer getroffene Vereinbarung von Teilzahlungen, die nicht unter Ziffer 2 fällt, kann der Verkäufer kündigen und Zuzahlung der Restschuld verlangen, wenn

a) der Käufer mit mindestens zwei aufeinanderfolgenden Teilzahlungen ganz oder teilweise in Verzug kommt und der rückständige Betrag mindestens 10%, bei einer Laufzeit der Teilzahlungen von mehr als drei Jahren mindestens 5% des Teilzahlungspreises beträgt, und

Allgemeine Geschäftsbedingungen; Neuwagen

b) der Verkäufer dem Käufer erfolglos eine zweiwöchige Frist zur Zahlung des rückständigen Betrags mit der Erklärung gesetzt hat, dass er bei Nichtzahlung innerhalb der Frist die gesamte Restschuld verlange.

Verlangt der Verkäufer Zahlung der Restschuld, so vermindert sich diese um die Zinsen und sonstigen laufzeitabhängigen Kosten der Teilzahlungen, die bei staffelmäßiger Berechnung auf die Zeit nach Fälligkeit der Restschuld entfallen.

Statt Zahlung der Restschuld zu verlangen, kann der Verkäufer im Falle des Absatzes 1a) – unbeschadet seiner Rechte aus Abschnitt VI Ziffer 2 – dem Käufer schriftlich eine Nachfrist von zwei Wochen setzen mit der Erklärung, dass er bei Nichtzahlung innerhalb der Nachfrist die Erfüllung des Vertrages durch den Käufer ablehne und von diesem zurücktrete. Nach erfolglosem Ablauf der Nachfrist kann der Verkäufer durch schriftliche Erklärung vom Vertrag zurücktreten; der Anspruch auf Erfüllung ist ausgeschlossen.

4. Zahlungsanweisungen, Schecks und Wechsel werden nur nach besonderer Vereinbarung und nur zahlungshalber angenommen unter Berechnung aller Einziehungs- und Diskontspesen.

5. Gegen die Ansprüche des Verkäufers kann der Käufer nur dann aufrechnen, wenn die Gegenforderung des Käufers unbestritten ist oder ein rechtskräftiger Titel vorliegt; ein Zurückbehaltungsrecht kann er nur geltend machen, soweit es auf Ansprüchen aus dem Kaufvertrag beruht.

6. Verzugszinsen werden mit 5% p. a. über dem von der Deutschen Bundesbank bekanntgegebenen Basiszinssatz berechnet. Sie sind höher oder niedriger anzusetzen, wenn der Verkäufer eine Belastung mit einem höheren Zinssatz oder der Käufer eine geringere Belastung nachweist.

IV. Lieferung und Lieferverzug

1. Liefertermine oder Lieferfristen, die verbindlich oder unverbindlich vereinbart werden können, sind schriftlich anzugeben. Lieferfristen beginnen mit Vertragsabschluss. Werden nachträglich Vertragsänderungen vereinbart, ist erforderlichenfalls gleichzeitig ein Liefertermin oder eine Lieferfrist erneut zu vereinbaren.

2. Der Käufer kann sechs Wochen nach Überschreitung eines unverbindlichen Liefertermins oder einer unverbindlichen Lieferfrist den Verkäufer schriftlich auffordern, binnen angemessener Frist zu liefern mit dem Hinweis, dass er die Abnahme des Kaufgegenstandes nach Ablauf der Frist ablehne. Mit dem Zugang der Aufforderung kommt der Verkäufer in Verzug. Der Käufer kann neben Lieferung Ersatz eines durch die Verzögerung etwa entstandenen Schadens verlangen; dieser Anspruch beschränkt sich bei leichter Fahrlässigkeit des Verkäufers auf höchstens 5% des vereinbarten Kaufpreises.

Nach erfolglosem Ablauf der Nachfrist ist der Käufer berechtigt, durch schriftliche Erklärung vom Kaufvertrag zurückzutreten oder Schadensersatz wegen Nichterfüllung zu verlangen; dieser beschränkt sich bei leichter Fahrlässigkeit auf höchstens 10% des vereinbarten Kaufpreises. Ist der Käufer eine juristische Person des öffentlichen Rechts, ein öffentlich-rechtliches Sondervermögen oder ein Unternehmer, der bei Abschluss des Vertrages in Ausübung seiner gewerblichen oder selbstständigen beruflichen Tätigkeit handelt, steht ihm ein Schadensersatzanspruch nur bei Vorsatz oder grober Fahrlässigkeit des Verkäufers zu. Der Anspruch auf Lieferung ist in den Fällen dieses Absatzes ausgeschlossen.

Wird dem Verkäufer, während er in Verzug ist, die Lieferung durch Zufall unmöglich, so haftet er gleichwohl nach Maßgabe der Absätze 1 und 2, es sei denn, dass der Schaden auch bei rechtzeitiger Lieferung eingetreten sein würde.

3. Wird ein verbindlicher Liefertermin oder eine verbindliche Lieferfrist überschritten, kommt der Verkäufer bereits mit Überschreitung des Liefertermins oder der Lieferfrist in Verzug. Die Rechte des Käufers bestimmen sich dann nach Ziffer 2 Abs. 1 Satz 3, Abs. 2 sowie Abs. 3 dieses Abschnitts.

4. Höhere Gewalt oder beim Verkäufer oder dessen Lieferanten eintretende Betriebsstörungen, z. B. durch Aufruhr, Streik, Aussperrung, die den Verkäufer ohne eigenes Verschulden vorübergehend daran hindern, den Kaufgegenstand zum vereinbarten Termin oder innerhalb der vereinbarten Frist zu liefern, verändern die in Ziffern 1 und 2 genannten Termine und Fristen um die Dauer der durch diese Umstände bedingten Leistungsstörungen.

Führt eine entsprechende Störung zu einem Leistungsaufschub von mehr als vier Monaten, kann der Käufer vom Vertrag zurücktreten.

5. Angaben in bei Vertragsabschluss gültigen Beschreibungen über Lieferumfang, Aussehen, Leistungen, Maße und Gewichte, Betriebsstoffverbrauch, Betriebskosten usw. des Kaufgegenstandes sind

Allgemeine Geschäftsbedingungen; Neuwagen

Vertragsinhalt; sie sind als annähernd zu betrachten und keine zugesicherten Eigenschaften, sondern dienen als Maßstab zur Feststellung, ob der Kaufgegenstand gemäß Abschnitt VII Ziffer 1 fehlerfrei ist, es sei denn, dass eine Zusicherung gegeben ist.

Konstruktions- oder Formänderungen, Abweichungen im Farbton sowie Änderungen des Lieferumfangs seitens des Herstellers/Importeurs bleiben während der Lieferzeit vorbehalten, sofern der Kaufgegenstand nicht erheblich geändert wird und die Änderungen für den Käufer zumutbar sind.

Sofern der Verkäufer oder der Hersteller/Importeur zur Bezeichnung der Bestellung oder des bestellten Kaufgegenstandes Zeichen oder Nummern gebraucht, können allein hieraus keine Rechte abgeleitet werden.

V. Abnahme

1. Der Käufer hat das Recht, innerhalb von 8 Tagen nach Zugang der Bereitstellungsanzeige den Kaufgegenstand am vereinbarten Abnahmeort zu prüfen, und die Pflicht, innerhalb dieser Frist den Kaufgegenstand abzunehmen.

2. Eine etwaige Probefahrt vor Abnahme ist in den Grenzen üblicher Probefahrten bis höchstens 20 km zu halten.

3. Weist der angebotene Kaufgegenstand erhebliche Mängel auf, die nach Rüge während der Frist nach Ziffer 1 nicht innerhalb von 8 Tagen vollständig beseitigt werden, kann der Käufer die Abnahme ablehnen.

4. Bleibt der Käufer mit der Abnahme des Kaufgegenstandes länger als 14 Tage ab Zugang der Bereitstellungsanzeige vorsätzlich oder grob fahrlässig im Rückstand, so kann der Verkäufer dem Käufer schriftlich eine Nachfrist von vierzehn Tagen setzen mit der Erklärung, dass er nach Ablauf dieser Frist eine Abnahme ablehne. Nach erfolglosem Ablauf der Nachfrist ist der Verkäufer berechtigt, durch schriftliche Erklärung vom Kaufvertrag zurückzutreten oder Schadensersatz wegen Nichterfüllung zu verlangen.

Der Setzung einer Nachfrist bedarf es nicht, wenn der Käufer die Abnahme ernsthaft und endgültig verweigert oder offenkundig auch innerhalb dieser Zeit zur Zahlung des Kaufpreises nicht imstande ist. Bei Personenkraftwagen mit nicht gängiger Ausstattung, bei im Verkaufsgebiet des Verkäufers selten verlangten Fahrzeugtypen und bei Nutzfahrzeugen bedarf es in diesen Fällen auch nicht der Bereitstellung.

5. Verlangt der Verkäufer Schadensersatz, so beträgt dieser 15% des vereinbarten Kaufpreises. Der Schadensersatz ist höher oder niedriger anzusetzen, wenn der Verkäufer einen höheren oder der Käufer einen geringeren Schaden nachweist.

6. Wird der Kaufgegenstand bei einer Probefahrt vor seiner Abnahme vom Käufer oder von seinem Beauftragten gelenkt, so haftet der Käufer für dabei am Fahrzeug entstandene Schäden, wenn diese vom Fahrzeuglenker vorsätzlich oder grob fahrlässig verursacht sind.

VI. Eigentumsvorbehalt

1. Der Kaufgegenstand bleibt bis zum Ausgleich der dem Verkäufer aufgrund des Kaufvertrages zustehenden Forderungen Eigentum des Verkäufers. Der Eigentumsvorbehalt bleibt auch bestehen für alle Forderungen, die der Verkäufer gegen den Käufer im Zusammenhang mit dem Kaufgegenstand, z. B. aufgrund von Reparaturen oder Ersatzteillieferungen sowie sonstigen Leistungen, nachträglich erwirbt. Ist der Käufer eine juristische Person des öffentlichen Rechts, ein öffentlich-rechtliches Sondervermögen oder ein Unternehmer, der bei Abschluss des Vertrages in Ausübung seiner gewerblichen oder selbstständigen beruflichen Tätigkeit handelt, gilt der Eigentumsvorbehalt auch für die Forderungen, die der Verkäufer aus seinen laufenden Geschäftsbeziehungen gegenüber dem Käufer hat.

Während der Dauer des Eigentumsvorbehalts steht das Recht zum Besitz des Fahrzeugbriefes dem Verkäufer zu.

Auf Verlangen des Käufers ist der Verkäufer zum Verzicht auf den Eigentumsvorbehalt verpflichtet, wenn der Käufer sämtliche mit dem Kaufgegenstand im Zusammenhang stehende Forderungen erfüllt hat und für die übrigen Forderungen aus der laufenden Geschäftsbeziehung anderweitig eine angemessene Sicherung besteht.

2. Der Verkäufer kann den Kaufgegenstand herausverlangen, wenn

Allgemeine Geschäftsbedingungen; Neuwagen

a) bei einem unter Abschnitt III Ziffer 2 Absatz 1 genannten Käufer die dort erwähnten Voraussetzungen oder

b) bei einem unter Abschnitt III Ziffer 3 genannten Käufer die dort erwähnten Voraussetzungen vorliegen oder jener Käufer die eidesstattliche Versicherung abgegeben hat oder

c) der Käufer seiner Verpflichtung aus den nachstehenden Ziffern 3 oder 4 oder trotz schriftlicher Aufforderung aus nachstehender Ziffer 6 nicht nachkommt.

Zurückbehaltungsrechte des Käufers, die nicht auf dem Kaufvertrag beruhen, sind ausgeschlossen.

Nimmt der Verkäufer den Kaufgegenstand wieder an sich, so sind Verkäufer und Käufer sich darüber einig, dass der Verkäufer dem Käufer den gewöhnlichen Verkaufswert des Kaufgegenstandes im Zeitpunkt der Rücknahme vergütet. Auf Wunsch des Käufers, der nur unverzüglich nach Rücknahme des Kaufgegenstandes geäußert werden kann, wird nach Wahl des Käufers ein öffentlich bestellter und vereidigter Sachverständiger, z. B. der Deutschen Automobil Treuhand GmbH (DAT), den gewöhnlichen Verkaufswert ermitteln.

Der Verkäufer kann dem Käufer erneut schriftlich eine angemessene Frist zur Erfüllung seiner Verpflichtung setzen und ankündigen, dass er, wenn der Käufer innerhalb dieser Frist seine Verpflichtung erfüllt, die Rückgabe des Kaufgegenstandes unter Berücksichtigung des gezahlten gewöhnlichen Verkaufswertes anbieten werde.

Außer im Falle des Abschnitts III Ziffer 3 trägt der Käufer sämtliche Kosten der Rücknahme und der Verwertung des Kaufgegenstandes. Die Verwertungskosten betragen ohne Nachweis 5% des Verwertungserlöses. Sie sind höher oder niedriger anzusetzen, wenn der Verkäufer höhere oder der Käufer niedrigere Kosten nachweist.

3. Solange der Eigentumsvorbehalt besteht, ist nur mit vorheriger schriftlicher Zustimmung des Verkäufers eine Veräußerung, Verpfändung, Sicherungsübereignung, Vermietung oder anderweitige, die Sicherung des Verkäufers beeinträchtigende Überlassung oder Veränderung des Kaufgegenstandes zulässig.

4. Bei Zugriffen von Dritten, insbesondere bei Pfändungen des Kaufgegenstandes oder bei Ausübung des Unternehmerpfandrechts einer Werkstatt, hat der Käufer dem Verkäufer unverzüglich schriftlich Mitteilung zu machen sowie den Dritten unverzüglich auf den Eigentumsvorbehalt des Verkäufers hinzuweisen.

5. Wurde der Abschluss einer Vollkasko-Versicherung vereinbart, hat der Käufer diese unverzüglich für die Dauer des Eigentumsvorbehalts mit einer angemessenen Selbstbeteiligung abzuschließen mit der Maßgabe, dass die Rechte aus dem Versicherungsvertrag dem Verkäufer zustehen. Der Käufer ermächtigt den Verkäufer, für sich einen Sicherungsschein über die Fahrzeugvollversicherung zu beantragen und Auskunft über das vorgenannte Versicherungsverhältnis einzuholen.

Kommt der Käufer dieser Verpflichtung trotz schriftlicher Mahnung des Verkäufers nicht nach, kann der Verkäufer selbst die Vollkasko-Versicherung auf Kosten des Käufers abschließen, die Versicherungsprämien verauslagen und als Teile der Forderung aus dem Kaufvertrag einziehen.

6. Der Käufer hat die Pflicht, den Kaufgegenstand während der Dauer des Eigentumsvorbehalts in ordnungsgemäßem Zustand zu halten und alle vom Hersteller/Importeur vorgesehenen Wartungsarbeiten und erforderlichen Instandsetzungen unverzüglich – abgesehen von Notfällen – vom Verkäufer oder von einer für die Betreuung des Kaufgegenstandes vom Hersteller/Importeur anerkannten Werkstatt ausführen zu lassen.

VII. Gewährleistung

1. Der Verkäufer leistet Gewähr für die Fehlerfreiheit während eines Jahres seit Auslieferung des Kaufgegenstandes. Maßstab für die Fehlerfreiheit ist der Stand der Technik für vergleichbare Fahrzeuge des Typs des Kaufgegenstandes bei Auslieferung. Hiervon abweichend wird für Nutzfahrzeuge eine Gewähr jedoch längstens bis zu einer Fahrleistung von _____ km und für _____ bis zu einer Fahrleistung von _____ km geleistet, wenn der Käufer eine juristische Person des öffentlichen Rechts, ein öffentlich-rechtliches Sondervermögen oder ein Unternehmer ist, der bei Abschluss des Vertrages in Ausübung seiner gewerblichen oder selbstständigen beruflichen Tätigkeit handelt.

2. Der Käufer hat Anspruch auf Beseitigung von Fehlern und durch sie an anderen Teilen des Kaufgegenstandes verursachten Schäden (Nachbesserung).

Allgemeine Geschäftsbedingungen; Neuwagen

Für die Abwicklung gilt Folgendes:

a) Der Käufer kann Nachbesserungsansprüche beim Verkäufer oder bei anderen, vom Hersteller/Importeur für die Betreuung des Kaufgegenstandes anerkannten Betrieben geltend machen; im letzteren Fall hat der Käufer den Verkäufer hiervon unverzüglich schriftlich zu unterrichten.

Der Käufer hat Fehler unverzüglich nach deren Feststellung bei dem in Anspruch genommenen Betrieb entweder schriftlich anzuzeigen oder von ihm aufnehmen zu lassen.

b) Nachbesserungen haben unverzüglich nach den technischen Erfordernissen durch Ersatz oder Instandsetzung fehlerhafter Teile ohne Berechnung derjenigen Aufwendungen zu erfolgen, die zum Zwecke der Nachbesserung erforderlich sind, insbesondere Transport-, Wege-, Arbeits- und Materialkosten. Ersetzte Teile werden Eigentum des Verkäufers.

Werden durch die Nachbesserung zusätzliche vom Hersteller/Importeur vorgeschriebene Wartungsarbeiten erforderlich, übernimmt der Verkäufer deren Kosten einschließlich der Kosten benötigter Materialien und Schmierstoffe.

c) Für die bei der Nachbesserung eingebauten Teile wird bis zum Ablauf der Gewährleistungsfrist des Kaufgegenstandes Gewähr auf Grund des Kaufvertrages geleistet.

d) Wird der Kaufgegenstand wegen eines gewährleistungspflichtigen Fehlers betriebsunfähig, hat sich der Käufer an den dem Ort des betriebsunfähigen Kaufgegenstandes nächstgelegenen, vom Hersteller/Importeur für die Betreuung des Kaufgegenstandes anerkannten dienstbereiten Betrieb zu wenden. Dieser Betrieb entscheidet, ob die erforderlichen Arbeiten an Ort und Stelle oder in seiner Werkstatt durchgeführt werden. Im letzteren Fall sorgt er für kostenloses Abschleppen des Kaufgegenstandes.

e) Von den Aufwendungen, die zum Zweck der Nachbesserung von Nutzfahrzeugen über 5 t zulässiges Gesamtgewicht erforderlich sind, trägt der Verkäufer etwaige Abschleppkosten nicht, wenn der Käufer eine juristische Person des öffentlichen Rechts, ein öffentlich-rechtliches Sondervermögen oder ein Unternehmer ist, der bei Abschluss des Vertrages in Ausübung seiner gewerblichen oder selbstständigen beruflichen Tätigkeit handelt.

3. Bei Fremdaufbauten, die Gegenstand des Kaufvertrages sind, hat sich der Käufer wegen Nachbesserung zunächst an den Aufbautenhersteller/-importeur zu wenden. Nachbesserungsansprüche gegen den Verkäufer hat der Käufer nur, wenn der Hersteller/Importeur der Aufbauten nicht innerhalb angemessener Frist nachbessert.

4. Schlägt die – unter Beachtung vorstehender Ziffer 2a) geltend gemachte – Nachbesserung fehl, insbesondere, wenn der Fehler nicht beseitigt werden kann oder für den Käufer weitere Nachbesserungsversuche unzumutbar sind, kann der Käufer vom Verkäufer Wandlung (Rückgängigmachung des Kaufvertrages) oder Minderung (Herabsetzung der Vergütung) verlangen. Ein Anspruch auf Ersatzlieferung besteht nicht.

5. Durch Eigentumswechsel am Kaufgegenstand werden Gewährleistungsverpflichtungen nicht berührt.

6. Gewährleistungsverpflichtungen bestehen nicht, wenn der Fehler oder Schaden dadurch entstanden ist, dass

– der Käufer einen Fehler nicht angezeigt hat oder hat aufnehmen lassen oder

– der Käufer trotz Aufforderung nicht unverzüglich Gelegenheit zur Nachbesserung gegeben hat oder

– der Kaufgegenstand unsachgemäß behandelt oder überbeansprucht worden ist, z. B. bei motorsportlichen Wettbewerben, oder

– der Kaufgegenstand zuvor in einem Betrieb, der für den Käufer erkennbar vom Hersteller/Importeur für die Betreuung nicht anerkannt war, unsachgemäß instandgesetzt, gewartet oder gepflegt worden ist und der Käufer dies erkennen mußte oder

– in den Kaufgegenstand Teile eingebaut worden sind, deren Verwendung der Hersteller/Importeur nicht genehmigt hat oder der Kaufgegenstand in einer vom Hersteller/Importeur nicht genehmigten Weise verändert worden ist oder

– der Käufer die Vorschriften über die Behandlung, Wartung und Pflege des Kaufgegenstandes (z. B. Betriebsanleitung) nicht befolgt hat.

7. Natürlicher Verschleiß ist von der Gewährleistung ausgeschlossen.

8. Kommt der Betrieb, an den sich der Käufer wegen Fehler gewandt hat, mit der Nachbesserung in Verzug, steht dem Käufer das Recht zu, den Ausgleich einer noch offenen Kaufpreisforderung in angemessenem Umfang bis zum Ende der Nachbesserung zu verweigern.

9. Bei Fehlen zugesicherter Eigenschaften bleibt ein Anspruch auf Schadensersatz wegen Nichterfüllung unberührt.

10. Die vorstehend genannten Gewährleistungsansprüche verjähren mit Ablauf der Gewährleistungsfrist gemäß Ziffer 1. Für innerhalb der Gewährleistungsfrist geltend gemachte, bis zu deren Ablauf aber nicht beseitigte Fehler wird bis zur Beseitigung des Fehlers Gewähr geleistet; solange ist die Verjährungsfrist für diesen Fehler gehemmt. In den Fällen des Satzes 2 endet die Verjährungsfrist jedoch drei Monate nach Erklärung des in Anspruch genommenen Betriebes, der Fehler sei beseitigt, oder es liege kein Fehler vor.

VIII. Haftung

1. Der Verkäufer haftet nach Maßgabe der nachfolgenden Bestimmungen für Schäden – gleich aus welchem Rechtsgrund – wenn er, sein gesetzlicher Vertreter oder sein Erfüllungsgehilfe sie schuldhaft verursacht hat.

Bei Vorsatz oder grober Fahrlässigkeit haftet der Verkäufer dem Käufer unbeschränkt.

Bei leichter Fahrlässigkeit haftet er beschränkt: Die Haftung besteht nur, soweit der Schaden Leistungen von Versicherungen übersteigt und Drittschaden nicht im Rahmen des Gesetzes über die Pflichtversicherung für Kraftfahrzeughalter ersetzt wird. Die Haftung beschränkt sich dabei der Höhe nach auf die jeweiligen Mindestversicherungssummen nach dem Gesetz über die Pflichtversicherung für Kraftfahrzeughalter. Nicht ersetzt werden jedoch Wertminderung des Kaufgegenstandes, entgangene Nutzung, insbesondere Mietwagenkosten, entgangener Gewinn, Abschleppkosten und Wageninhalt sowie Ladung.

Das Gleiche gilt für Schäden bei Nachbesserung.

2. Unabhängig von einem Verschulden des Verkäufers bleibt eine etwaige Haftung des Verkäufers nach dem Produkthaftungsgesetz unberührt.

3. Die Haftung wegen Lieferverzuges ist in Abschnitt IV abschließend geregelt.

4. Die Rechte des Käufers aus Gewährleistung gemäß Abschnitt VII bleiben unberührt.

5. Ausgeschlossen ist die persönliche Haftung der gesetzlichen Vertreter, Erfüllungsgehilfen und Betriebsangehörigen des Verkäufers für von ihnen durch leichte Fahrlässigkeit verursachte Schäden.

IX. Gerichtsstand

1. Für sämtliche gegenwärtigen und zukünftigen Ansprüche aus der Geschäftsverbindung mit Kaufleuten einschließlich Wechsel- und Scheckforderungen ist ausschließlicher Gerichtsstand der Sitz des Verkäufers.

2. Der gleiche Gerichtsstand gilt, wenn der Käufer keinen allgemeinen Gerichtsstand im Inland hat, nach Vertragsabschluss seinen Wohnsitz oder gewöhnlichen Aufenthaltsort aus dem Inland verlegt oder sein Wohnsitz oder gewöhnlicher Aufenthaltsort zum Zeitpunkt der Klageerhebung nicht bekannt ist. Im Übrigen gilt bei Ansprüchen des Verkäufers gegenüber dem Käufer dessen Wohnsitz als Gerichtsstand.

AGB für das Leasing von Neufahrzeugen zur privaten Nutzung

Anlage 2

Allgemeine Geschäftsbedingungen für das Leasing von Neufahrzeugen zur privaten Nutzung

I. Vertragsabschluss

1. Der Leasing-Nehmer ist an seinen Leasing-Antrag vier Wochen und bei Nutzfahrzeugen sechs Wochen gebunden. Der Leasing-Vertrag ist abgeschlossen, wenn der Leasing-Geber innerhalb dieser Frist die Annahme des Antrags schriftlich bestätigt. Dies gilt nicht, wenn der Leasing-Nehmer von seinem Widerrufsrecht Gebrauch macht.

2. Sämtliche Vereinbarungen sind schriftlich niederzulegen. Dies gilt auch für Nebenabreden und Zusicherungen sowie für nachträgliche Vertragsänderungen.

II. Leasing-Gegenstand

Konstruktions- oder Formänderungen des Leasing-Gegenstandes – nachstehend Fahrzeug genannt –, Abweichungen im Farbton sowie Änderungen des Lieferumfangs seitens des Herstellers bleiben während der Lieferzeit vorbehalten, sofern das Fahrzeug nicht erheblich geändert wird und die Änderungen für den Leasing-Nehmer zumutbar sind.

III. Beginn der Leasing-Zeit

Die Leasing-Zeit beginnt an dem zwischen dem Lieferanten und dem Leasing-Nehmer vereinbarten Tag der Übergabe. Falls auf Wunsch des Leasing-Nehmers das Fahrzeug vorher zugelassen wird, beginnt die Leasing-Zeit am Tag der Zulassung. Kommt keine Vereinbarung über den Übergabezeitpunkt zustande, beginnt die Leasing-Zeit 14 Tage nach Anzeige der Bereitstellung des Fahrzeuges.

IV. Leasing-Entgelte und sonstige Kosten

1. Die Leasing-Raten, eine vereinbarte Sonderzahlung und eine Mehrkilometerbelastung nach Ziffer 3 sind Gegenleistung für die Gebrauchsüberlassung des Fahrzeuges.

2. Eine vereinbarte Leasing-Sonderzahlung ist zusätzliches Entgelt neben den Leasing-Raten und dient nicht als Kaution.

3. Nur für Verträge mit Kilometer-Abrechnung: Ist bei Rückgabe des Fahrzeuges nach Ablauf der bei Vertragsabschluss vereinbarten Leasing-Zeit die festgelegte Gesamtkilometer-Laufleistung über- bzw. unterschritten, werden die gefahrenen Mehr- bzw. Minderkilometer dem Leasing-Nehmer zu dem im Leasing-Vertrag genannten Satz nachberechnet bzw. vergütet. Bei der Berechnung von Mehr- und Minderkilometern bleiben 2500 km ausgenommen.

4. Vereinbarte Nebenleistungen, wie z. B. Überführung, An- und Abmeldung des Fahrzeuges sowie Aufwendungen für Versicherung und Steuern, soweit sie nicht als Bestandteil der Leasing-Rate ausdrücklich ausgewiesen werden, sind gesondert zu bezahlen.

5. (Anpassungsregelung für Leasing-Entgelte)

6. Weitere Zahlungsverpflichtungen des Leasing-Nehmers nach diesem Vertrag (z. B. im Fall der Kündigung gemäß Abschnitt XV) bleiben unberührt.

V. Zahlung und Zahlungsverzug

1. Die erste Leasing-Rate ist fällig . . .; die weiteren Leasing-Raten sind fällig am . . . Eine Leasing-Sonderzahlung ist – soweit nicht anderes vereinbart – zu Beginn der Leasing-Zeit fällig.

2. Die Forderungen auf Ersatz von Überführungs-, An- und Abmeldekosten sowie der vom Leasing-Geber verauslagten Beträge, die nach dem Vertrag vom Leasing-Nehmer zu tragen sind, sind nach Anfall/Verauslagung und Rechnungsstellung fällig.

AGB für das Leasing von Neufahrzeugen zur privaten Nutzung

Alle weiteren Forderungen des Leasing-Gebers sind nach Rechnungsstellung fällig.

3. Zahlungsanweisungen, Schecks und Wechsel werden nur nach besonderer Vereinbarung und nur zahlungshalber angenommen unter Berechnung aller Einziehungs- und Diskontspesen.

4. Gegen die Ansprüche des Leasing-Gebers kann der Leasing-Nehmer nur dann aufrechnen, wenn die Gegenforderung des Leasing-Nehmers unbestritten ist oder ein rechtskräftiger Titel vorliegt; ein Zurückbehaltungsrecht kann der Leasing-Nehmer nur geltend machen, soweit es auf Ansprüchen aus dem Leasing-Vertrag beruht.

5. Kommt der Leasing-Nehmer mit Zahlungen in Verzug, werden Verzugszinsen in Höhe von 5% über dem Diskontsatz der Deutschen Bundesbank berechnet. Die Verzugszinsen sind höher oder niedriger anzusetzen, wenn der Leasing-Geber eine Belastung mit einem höheren Zinssatz oder der Leasing-Nehmer eine geringere Belastung nachweist.

VI. Lieferung und Lieferverzug

1. Liefertermine oder Lieferfristen, die verbindlich oder unverbindlich vereinbart werden können, sind schriftlich anzugeben. Lieferfristen beginnen mit Vertragsabschluss. Werden nachträgliche Vertragsänderungen vereinbart, ist erforderlichenfalls gleichzeitig ein Liefertermin oder eine Lieferfrist erneut schriftlich zu vereinbaren.

2. Der Leasing-Nehmer kann 6 Wochen nach Überschreiten eines unverbindlichen Liefertermins oder einer unverbindlichen Lieferfrist den Leasing-Geber schriftlich auffordern, binnen angemessener Frist zu liefern mit dem Hinweis, dass er die Abnahme des Fahrzeuges nach Ablauf der Frist ablehne. Mit dem Zugang der Aufforderung kommt der Leasing-Geber in Verzug. Der Leasing-Nehmer kann neben Lieferung Ersatz eines durch die Verzögerung etwa entstandenen Schadens verlangen; dieser Anspruch beschränkt sich bei leichter Fahrlässigkeit des Leasing-Gebers auf höchstens 5% des Fahrzeugpreises entsprechend der unverbindlichen Preisempfehlung/des Listenpreises (einschließlich Umsatzsteuer) des Fahrzeugherstellers zum Zeitpunkt des Vertragsabschlusses.

Nach erfolglosem Ablauf der Nachfrist ist der Leasing-Nehmer berechtigt, durch schriftliche Erklärung vom Leasing-Vertrag zurückzutreten oder Schadenersatz wegen Nichterfüllung zu verlangen: Dieser beschränkt sich bei leichter Fahrlässigkeit auf höchstens 10% des Fahrzeugpreises entsprechend der unverbindlichen Preisempfehlung/des Listenpreises des Fahrzeugherstellers zum Zeitpunkt des Vertragsabschlusses. Der Anspruch auf Lieferung ist in den Fällen dieses Absatzes ausgeschlossen. Wird dem Leasing-Geber, während er in Verzug ist, die Lieferung durch Zufall unmöglich, so haftet er gleichwohl nach Maßgabe der Absätze 1 und 2, es sei denn, dass der Schaden auch bei rechtzeitiger Lieferung eingetreten wäre.

3. Wird ein verbindlicher Liefertermin oder eine verbindliche Lieferfrist überschritten, kommt der Leasing-Geber bereits mit Überschreitung des Liefertermins oder der Lieferfrist in Verzug. Die Rechte des Leasing-Nehmers bestimmen sich dann nach Ziffer 2 Abs. 1 Satz 3, Abs. 2 sowie Abs. 3 dieses Abschnittes.

4. Höhere Gewalt oder beim Leasing-Geber oder dessen Lieferanten eintretende Betriebsstörungen, z. B. durch Aufruhr, Streik, Aussperrung, die den Leasing-Geber ohne eigenes Verschulden vorübergehend daran hindern, das Fahrzeug zum vereinbarten Termin oder innerhalb der vereinbarten Frist zu liefern, verändern die in Ziffer 1 und 2 genannten Termine und Fristen um die Dauer der durch diese Umstände bedingten Leistungsstörungen.

Führt eine entsprechende Störung zu einem Leistungsaufschub von mehr als vier Monaten, kann der Leasing-Nehmer vom Vertrag zurücktreten.

VII. Übernahme und Übernahmeverzug

1. Der Leasing-Nehmer hat das Recht, das Fahrzeug innerhalb von 8 Tagen nach Zugang der Bereitstellungsanzeige am vereinbarten Übernahmeort zu prüfen und eine Probefahrt über höchstens 20 km durchzuführen. Der Leasing-Nehmer ist verpflichtet, das Fahrzeug innerhalb der vorgenannten Frist zu übernehmen. Wird das Fahrzeug bei einer Probefahrt vor seiner Abnahme vom Leasing-Nehmer oder seinem Beauftragten gelenkt, so haftet der Leasing-Nehmer für dabei am Fahrzeug entstandene Schäden, wenn diese vom Fahrzeuglenker vorsätzlich oder grob fahrlässig verursacht sind.

AGB für das Leasing von Neufahrzeugen zur privaten Nutzung

Sind Änderungen im Sinne von Abschnitt II Ziffer 1 erheblich oder für den Leasing-Nehmer unzumutbar, kann dieser die Übernahme ablehnen. Das gleiche Recht hat der Leasing-Nehmer, wenn das angebotene Fahrzeug erhebliche Mängel aufweist, die nach Rüge während der Prüfungsfrist nicht innerhalb von 8 Tagen vollständig beseitigt werden.

2. Bleibt der Leasing-Nehmer mit der Übernahme des Fahrzeuges länger als 14 Tage ab Zugang der Bereitstellungsanzeige vorsätzlich oder grob fahrlässig im Rückstand, so kann der Leasing-Geber dem Leasing-Nehmer schriftlich eine Nachfrist von 14 Tagen setzen mit der Erklärung, dass er nach Ablauf dieser Frist eine Übergabe ablehne.

Nach erfolglosem Ablauf der Nachfrist ist der Leasing-Geber berechtigt, durch schriftliche Erklärung vom Vertrag zurückzutreten oder Schadenersatz wegen Nichterfüllung zu verlangen.

Der Setzung einer Nachfrist bedarf es nicht, wenn der Leasing-Nehmer die Abnahme ernsthaft und endgültig verweigert oder offenkundig auch innerhalb dieser Zeit zur Erfüllung seiner Zahlungsverpflichtung aus dem Leasing-Vertrag nicht imstande ist. Bei Personenkraftwagen mit nicht gängiger Ausstattung, selten verlangten Fahrzeugtypen und bei Nutzfahrzeugen bedarf es in diesen Fällen auch nicht der Bereitstellung.

Verlangt der Leasing-Geber Schadenersatz, so beträgt dieser 15% des Fahrzeugpreises entsprechend der unverbindlichen Preisempfehlung/des Listenpreises (einschließlich Umsatzsteuer) des Fahrzeugherstellers zum Zeitpunkt des Vertragsabschlusses für dieses Fahrzeug. Der Schadenbetrag ist höher oder niedriger anzusetzen, wenn der Leasing-Geber einen höheren oder der Leasing-Nehmer einen geringeren Schaden nachweist.

VIII. Eigentumsverhältnisse, Halter des Fahrzeuges und Zulassung

1. Der Leasing-Geber ist Eigentümer des Fahrzeuges. Er ist berechtigt, in Abstimmung mit dem Leasing-Nehmer das Fahrzeug zu besichtigen und auf seinen Zustand zu überprüfen.

Der Leasing-Nehmer darf das Fahrzeug weder verkaufen, verpfänden, verschenken, vermieten oder verleihen, noch zur Sicherung übereignen. Zur längerfristigen Nutzung darf er das Fahrzeug nur den seinem Haushalt angehörenden Personen überlassen. Eine Verwendung zu Fahrschulzwecken, als Taxi oder zu sportlichen Zwecken bedarf der vorherigen schriftlichen Zustimmung des Leasing-Gebers.

2. Der Leasing-Nehmer hat das Fahrzeug von Rechten Dritter freizuhalten. Von Ansprüchen Dritter auf das Fahrzeug, Entwendung, Beschädigung und Verlust ist der Leasing-Geber vom Leasing-Nehmer unverzüglich zu benachrichtigen. Der Leasing-Nehmer trägt die Kosten für Maßnahmen zur Abwehr des Zugriffs Dritter, die nicht vom Leasing-Geber verursacht und nicht von Dritten bezahlt worden sind.

3. Nachträgliche Änderungen, zusätzliche Einbauten sowie Lackierungen und Beschriftungen an dem Fahrzeug sind nur zulässig, wenn der Leasing-Geber vorher schriftlich zugestimmt hat. Der Leasing-Nehmer ist jedoch verpflichtet, auf Verlangen des Leasing-Gebers den ursprünglichen Zustand zum Vertragsende auf eigene Kosten wiederherzustellen, es sei denn, der Leasing-Geber hat hierauf verzichtet oder der ursprüngliche Zustand kann nur mit unverhältnismäßig hohem Aufwand wiederhergestellt werden. Der Leasing-Nehmer ist berechtigt, von ihm vorgenommene Einbauten zum Vertragsende unter der Voraussetzung zu entfernen, dass der ursprüngliche Zustand wiederhergestellt wird. Änderungen und Einbauten begründen nur dann einen Anspruch auf Zahlung einer Ablösung gegen den Leasing-Geber, wenn dieser schriftlich zugestimmt hat und durch die Veränderung eine Wertsteigerung des Fahrzeuges bei Rückgabe noch vorhanden ist.

4. Der Leasing-Nehmer ist Halter des Fahrzeuges. Es wird auf ihn zugelassen. Der Fahrzeugbrief wird vom Leasing-Geber verwahrt. Benötigt der Leasing-Nehmer zur Erlangung behördlicher Genehmigungen den Fahrzeugbrief, wird dieser der Behörde auf sein Verlangen vom Leasing-Geber vorgelegt. Wird der Fahrzeugbrief dem Leasing-Nehmer von Dritten ausgehändigt, ist der Leasing-Nehmer unverzüglich zur Rückgabe an den Leasing-Geber verpflichtet.

IX. Halterpflichten

1. Der Leasing-Nehmer hat alle sich aus dem Betrieb und der Haltung des Fahrzeuges ergebenden gesetzlichen Verpflichtungen, insbesondere die termingerechte Vorführung zu Untersuchungen, zu erfüllen und den Leasing-Geber, soweit er in Anspruch genommen wird, freizustellen.

AGB für das Leasing von Neufahrzeugen zur privaten Nutzung

2. Der Leasing-Nehmer trägt sämtliche Aufwendungen, die mit dem Betrieb und der Haltung des Fahrzeuges verbunden sind, insbesondere Steuern, Versicherungsbeiträge, Wartungs- und Reparaturkosten. Leistet der Leasing-Geber für den Leasing-Nehmer Zahlungen, die nicht aufgrund besonderer Vereinbarungen vom Leasing-Geber zu erbringen sind, kann er beim Leasing-Nehmer Rückgriff nehmen.

3. Der Leasing-Nehmer hat dafür zu sorgen, dass das Fahrzeug nach den Vorschriften der Betriebsanleitung des Herstellers behandelt wird. Das Fahrzeug ist im Rahmen des vertraglichen Verwendungszweckes schonend zu behandeln und stets im betriebs- und verkehrssicheren Zustand zu erhalten.

X. Versicherungsschutz und Schadenabwicklung

1. Für die Leasing-Zeit hat der Leasing-Nehmer eine Kraftfahrzeug-Haftpflichtversicherung mit einer pauschalen Deckungssumme von DM ... und eine Fahrzeugvollversicherung mit einer Selbstbeteiligung von DM ... abzuschließen. Der Leasing-Nehmer ermächtigt den Leasing-Geber, für sich einen Sicherungsschein über die Fahrzeugvollversicherung zu beantragen und Auskunft über die vorgenannten Versicherungsverhältnisse einzuholen. Hat der Leasing-Nehmer nicht die erforderliche Fahrzeugvollversicherung abgeschlossen, ist der Leasing-Geber nach schriftlicher Mahnung berechtigt, aber nicht verpflichtet, eine entsprechende Versicherung als Vertreter für den Leasing-Nehmer abzuschließen.

2. Im Schadensfall hat der Leasing-Nehmer den Leasing-Geber unverzüglich zu unterrichten; bei voraussichtlichen Reparaturkosten von über DM 3.000,– hat die Unterrichtung fernmündlich vor Erteilung des Reparaturauftrags zu erfolgen, soweit dies dem Leasing-Nehmer möglich und zumutbar ist.

Der Leasing-Nehmer hat die notwendigen Reparaturarbeiten unverzüglich im eigenen Namen und auf eigene Rechnung durchführen zu lassen, es sei denn, dass wegen Schwere und Umfang der Schäden Totalschaden anzunehmen ist oder die voraussichtlichen Reparaturkosten 60% des Wiederbeschaffungswertes des Fahrzeuges übersteigen.

Der Leasing-Nehmer hat mit der Durchführung der Reparatur einen vom Hersteller anerkannten Betrieb zu beauftragen. In Notfällen können, falls die Hilfe eines vom Hersteller anerkannten Betriebes nicht oder nur unter unzumutbaren Schwierigkeiten erreichbar ist, Reparaturen in einem anderen Kfz-Reparaturbetrieb, der die Gewähr für sorgfältige handwerksmäßige Arbeit bietet, durchgeführt werden.

3. Der Leasing-Nehmer hat dem Leasing-Geber ferner unverzüglich eine Kopie der an den Versicherer gerichteten Schadenanzeige und der Rechnung über die durchgeführte Reparatur zu übersenden.

4. Der Leasing-Nehmer ist auch über das Vertragsende hinaus – vorbehaltlich eines Widerrufes durch den Leasing-Geber – ermächtigt und verpflichtet, alle fahrzeugbezogenen Ansprüche aus einem Schadenfall im eigenen Namen und auf eigene Kosten geltend zu machen. Zum Ausgleich des Fahrzeugschadens erlangte Beträge hat der Leasing-Nehmer im Reparaturfall zur Begleichung der Reparaturrechnung zu verwenden. Ist der Leasing-Nehmer gemäß Ziffer 3 Absatz 1 nicht zur Reparatur des Fahrzeuges verpflichtet, hat er die erlangten Entschädigungsleistungen an den Leasing-Geber abzuführen. Diese werden im Rahmen der Abrechnung gemäß Abschnitt XV berücksichtigt.

5. Entschädigungsleistungen für Wertminderung sind in jedem Fall an den Leasing-Geber weiterzuleiten.

Bei Verträgen mit Gebrauchtwagenabrechnung rechnet der Leasing-Geber erhaltene Wertminderungsbeträge dem aus dem Verkauf des Fahrzeuges erzielten Verkaufserlös (ohne Umsatzsteuer) am Vertragsende zu. Bei Verträgen mit Kilometerabrechnung kann der Leasing-Geber vom Leasing-Nehmer am Vertragsende eine dann noch bestehende schadenbedingte Wertminderung des Fahrzeuges ersetzt verlangen, soweit der Leasing-Geber nicht schon im Rahmen der Schadenabwicklung eine Wertminderungsentschädigung erhalten hat.

6. Bei Totalschaden oder Verlust des Fahrzeuges kann jeder Vertragspartner den Leasing-Vertrag zum Ende eines Vertragsmonats / alternativ: zum Zeitpunkt der Fälligkeit einer Leasing-Rate / kündigen.

Bei schadenbedingten Reparaturkosten von mehr als 60% des Wiederbeschaffungswertes des Fahrzeuges kann der Leasing-Nehmer innerhalb von 3 Wochen nach Kenntnis dieser Voraussetzungen zum Ende eines Vertragsmonats / alternativ: zum Zeitpunkt der Fälligkeit einer Leasing-Rate / kündigen. Macht der Leasing-Nehmer von diesem Kündigungsrecht keinen Gebrauch, hat er das Fahrzeug gemäß Ziffer 3, 1. Halbsatz unverzüglich reparieren zu lassen.

Kündigt der Leasing-Nehmer, ist er berechtigt, bereits vor Vertragsende das Fahrzeug an den ausliefernden Händler zurückzugeben.

AGB für das Leasing von Neufahrzeugen zur privaten Nutzung

Wird im Falle der Entwendung das Fahrzeug vor dem Eintritt der Leistungsverpflichtung des Versicherers wieder aufgefunden, setzt sich der Leasing-Vertrag auf Verlangen eines der Vertragspartner zu den bisherigen Bedingungen fort. In diesem Fall hat der Leasing-Nehmer die zwischenzeitlichen Leasing-Raten in einer Summe innerhalb einer Woche ab Geltendmachung des Fortsetzungsverlangens nachzuzahlen.

Totalschaden, Verlust oder Beschädigung des Fahrzeuges entbinden nur dann von der Verpflichtung zur Zahlung weiterer Leasing-Raten, wenn der Leasing-Vertrag wirksam nach Absätzen 1 oder 2 gekündigt ist und nicht gemäß Absatz 3 fortgesetzt wird.

Die Folgen einer Kündigung nach Absätzen 1 oder 2 sind in Abschnitt XV geregelt.

XI. Haftung

1. Für Untergang, Verlust, Beschädigung und Wertminderung des Fahrzeuges und seiner Ausstattung haftet der Leasing-Nehmer dem Leasing-Geber auch ohne Verschulden, jedoch nicht bei Verschulden des Leasing-Gebers.

2. Für unmittelbare und mittelbare Schäden, die dem Leasing-Nehmer oder anderen Personen durch den Gebrauch des Fahrzeuges, Gebrauchsunterbrechung oder -entzug entstehen, haftet der Leasing-Geber dem Leasing-Nehmer nur bei Verschulden; eine etwaige Ersatzhaftung des Leasing-Gebers für den Hersteller/Importeur nach dem Produkthaftungsgesetz bleibt unberührt.

XII. Wartung und Reparaturen

Fällige Wartungsarbeiten hat der Leasing-Nehmer pünktlich, erforderliche Reparaturen unverzüglich ausführen zu lassen. Das gilt auch für Schäden an der Kilometer-Anzeige. In diesem Fall hat der Leasing-Nehmer dem Leasing-Geber eine Kopie der Reparaturrechnung mit dem Vermerk des alten Kilometerstandes einzureichen.

In Notfällen können, falls die Hilfe eines vom Hersteller anerkannten Betriebes nicht oder nur unter unzumutbaren Schwierigkeiten erreichbar ist, Reparaturen in einem anderen Kfz-Reparaturbetrieb, der die Gewähr für sorgfältige handwerksmäßige Arbeit bietet, durchgeführt werden.

XIII. Gewährleistung

1. Der Leasing-Geber tritt sämtliche Ansprüche auf Gewährleistung aus dem Kaufvertrag über das Fahrzeug sowie etwaige zusätzliche Garantieansprüche gegen den Hersteller/Importeur an den Leasing-Nehmer ab. Inhalt und Umfang sind im Anschluss an diese Leasing-Bedingungen abgedruckt. Der Leasing-Nehmer nimmt die Abtretung an und verpflichtet sich, diese Ansprüche im eigenen Namen mit der Maßgabe geltend zu machen, dass bei Rückgängigmachung des Kaufvertrages (Wandlung) oder Herabsetzung des Kaufpreises (Minderung) etwaige Zahlungen des Gewährleistungs- oder Garantieverpflichteten direkt an den Leasing-Geber zu leisten sind.

Gegen den Leasing-Geber stehen dem Leasing-Nehmer Gewährleistungsansprüche nicht zu.

2. Bleibt der erste Nachbesserungsversuch erfolglos, wird der Leasing-Geber den Leasing-Nehmer nach schriftlicher Aufforderung bei der Durchsetzung seines Nachbesserungsanspruches unterstützen.

3. Schlägt die Nachbesserung fehl und verlangt der Leasing-Nehmer deshalb Wandlung oder Minderung, hat er den Leasing-Geber über die Geltendmachung seines Anspruches unverzüglich schriftlich in Kenntnis zu setzen.

4. Erklärt sich der Gewährleistungsverpflichtete bei fehlgeschlagener Nachbesserung mit der Wandlung einverstanden oder wird er rechtskräftig zur Wandlung verurteilt, entfällt die Verpflichtung des Leasing-Nehmers zur Zahlung von Leasing-Raten.

Erklärt sich der Gewährleistungsverpflichtete mit der Wandlung nicht einverstanden, ist der Leasing-Nehmer ab Erklärung der Wandlung zur Zurückbehaltung der Leasing-Raten berechtigt, wenn er unverzüglich – spätestens jedoch innerhalb von sechs Wochen nach Erklärung der Wandlung – die Wandlungsklage erhebt, es sei denn, dass sich der Leasing-Nehmer mit dem Leasing-Geber über eine etwaige Veränderung der Klagefrist vorher verständigt hat. Erhebt der Leasing-Nehmer nicht fristgerecht Klage, ist er erst ab dem Tag der Klageerhebung zur Zurückbehaltung der Leasing-Raten berechtigt.

AGB für das Leasing von Neufahrzeugen zur privaten Nutzung

Das Zurückbehaltungsrecht entfällt rückwirkend, wenn die Wandlungsklage des Leasing-Nehmers erfolglos bleibt. Die zurückbehaltenen Leasing-Raten sind unverzüglich in einem Betrag nachzuzahlen. Der Leasing-Nehmer hat dem Leasing-Geber den durch die Zurückbehaltung der Leasing-Raten entstandenen Verzugsschaden zu ersetzen.

5. Nach Wandlung wird der Leasing-Vertrag wie folgt abgerechnet:

Die Forderung des Leasing-Nehmers umfasst die gezahlten Leasing-Raten und eine etwaige Leasing-Sonderzahlung, jeweils zuzüglich Zinsen in gesetzlicher Höhe, sowie etwaige vom Gewährleistungsverpflichteten erstattete Nebenkosten.

Von dieser Forderung werden die Aufwendungen des Leasing-Gebers für etwaige im Leasing-Vertrag zusätzlich eingeschlossene Dienstleistungen sowie ein Ausgleich für die Zurverfügungstellung des Fahrzeuges und den ersparten Kapitaleinsatz beim Leasing-Nehmer abgesetzt. Darüber hinaus bleibt die Geltendmachung eines Anspruches gemäß Abschnitt XVI Ziffer 3 unberührt, soweit der geringere Wert nicht auf dem gewährleistungspflichtigen Mangel beruht.

6. Hat im Fall der Minderung der Gewährleistungsverpflichtete einen Teil des Kaufpreises an den Leasing-Geber zurückgezahlt, berechnet der Leasing-Geber auf der Grundlage des herabgesetzten Kaufpreises die noch ausstehenden Leasing-Raten – unter Berücksichtigung der bereits gezahlten Leasing-Entgelte – und den Restwert neu.

7. Das Risiko einer Zahlungsunfähigkeit des Gewährleistungsverpflichteten trägt der Leasing-Geber.

XIV. Kündigung

1. Der Leasing-Vertrag ist während der vereinbarten Leasing-Zeit nicht durch ordentliche Kündigung auflösbar. Unberührt bleiben die Kündigungsrechte nach Ziffer 2 und 3 sowie nach Abschnitt X Ziffer 6 (bei Totalschaden, Verlust oder Beschädigung).

Alternativfassung:

1. Der Leasing-Nehmer kann den Leasing-Vertrag vor Ablauf der vereinbarten Vertragszeit mit einer Frist von 1 Monat zum Ende des Vertragsmonats kündigen, frühestens jedoch ... Monate nach Vertragsbeginn. Unberührt bleiben die Kündigungsrechte nach Ziffer 2 und 3 sowie nach Abschnitt X Ziffer 6 (bei Totalschaden, Verlust oder Beschädigung).

2. Jeder Vertragspartner kann den Vertrag aus wichtigem Grund fristlos kündigen.

Der Leasing-Geber kann insbesondere dann fristlos kündigen, wenn der Leasing-Nehmer

- seine Zahlungen einstellt, als Schuldner einen außergerichtlichen Vergleich anbietet, Wechsel und Schecks mangels Deckung zu Protest gehen lässt, ein Vergleichs- oder Konkursverfahren beantragt oder ein solches Verfahren über sein Vermögen eröffnet wird;
- bei Vertragsabschluss unrichtige Angaben gemacht oder Tatsachen verschwiegen hat und deshalb dem Leasing-Geber die Fortsetzung des Vertrages nicht zuzumuten ist;
- trotz schriftlicher Abmahnung schwerwiegende Verletzungen des Vertrages nicht unterlässt oder bereits eingetretene Folgen solcher Vertragsverletzung nicht unverzüglich beseitigt.

3. Stirbt der Leasing-Nehmer, können seine Erben oder der Leasing-Geber das Vertragsverhältnis zum Ende eines Vertragsmonats / alternativ: zum Zeitpunkt der Fälligkeit einer Leasing-Rate / kündigen.

4. Die Folgen einer Kündigung sind in Abschnitt XV geregelt.

XV. Abrechnung nach Kündigung

XVI. Rückgabe des Fahrzeuges

1. Nach Beendigung des Leasing-Vertrags ist das Fahrzeug mit Schlüsseln und allen überlassenen Unterlagen (z. B. Fahrzeugschein, Kundendienstheft, Ausweise) vom Leasing-Nehmer auf seine Kosten und Gefahr unverzüglich dem ausliefernden Händler zurückzugeben. Gibt der Leasing-Nehmer Schlüssel oder Unterlagen nicht zurück, hat er die Kosten der Ersatzbeschaffung sowie einen sich daraus ergebenden weiteren Schaden zu ersetzen.

AGB für das Leasing von Neufahrzeugen zur privaten Nutzung

2. Bei Rückgabe muss das Fahrzeug in einem dem Alter und der vertragsgemäßen Fahrleistung entsprechenden Erhaltungszustand, frei von Schäden sowie verkehrs- und betriebssicher sein. Normale Verschleißspuren gelten nicht als Schaden.

Über den Zustand wird bei Rückgabe ein gemeinsames Protokoll angefertigt und von beiden Vertragspartnern oder ihren Bevollmächtigten unterzeichnet.

3. Bei Rückgabe des Fahrzeuges nach Ablauf der bei Vertragsabschluss vereinbarten Leasing-Zeit gilt folgende Regelung:

Entspricht das Fahrzeug bei Verträgen mit Kilometerabrechnung nicht dem Zustand gemäß Ziffer 2 Absatz 1 und ist das Fahrzeug hierdurch im Wert gemindert, ist der Leasing-Nehmer zum Ausgleich dieses Minderwertes zuzüglich Umsatzsteuer verpflichtet. Eine schadenbedingte Wertminderung (Abschnitt X Ziffer 5) bleibt dabei außer Betracht, soweit der Leasing-Geber hierfür bereits eine Entschädigung erhalten hat.

Können sich die Vertragspartner über einen vom Leasing-Nehmer auszugleichenden Minderwert oder – bei Verträgen mit Gebrauchtwagenabrechnung – über den Wert des Fahrzeuges (Händlereinkaufspreis) nicht einigen, werden Minderwert bzw. Wert des Fahrzeuges auf Veranlassung des Leasing-Gebers mit Zustimmung des Leasing-Nehmers durch einen öffentlich bestellten und vereidigten Sachverständigen oder ein unabhängiges Sachverständigenunternehmen ermittelt. Die Kosten tragen die Vertragspartner je zur Hälfte. Durch das Sachverständigengutachten wird der Rechtsweg nicht ausgeschlossen. Kann bei einem Vertrag mit Gebrauchtwagenabrechnung keine Einigung über den Wert des Fahrzeuges erzielt werden, wird dem Leasing-Nehmer die Möglichkeit eingeräumt, innerhalb von zwei Wochen ab Zugang des Sachverständigengutachtens einen Kaufinteressenten zu benennen, der innerhalb dieser Frist das Fahrzeug zu einem über dem Schätzwert zzgl. MWSt. liegenden Kaufpreis bar bezahlt und abnimmt. Bis zum Abschluss des Kaufvertrages bleibt es dem Leasing-Geber unbenommen, das Fahrzeug zu einem höheren als dem vom Kaufinteressenten gebotenen Kaufpreis anderweitig zu veräußern.

4. Wird das Fahrzeug nicht termingemäß zurückgegeben, werden dem Leasing-Nehmer für jeden überschrittenen Tag als Grundbetrag 1/30 der für die Vertragszeit vereinbarten monatlichen Leasing-Rate und die durch die Rückgabeverzögerung verursachten Kosten berechnet.

Im Übrigen gelten während dieser Zeit die Pflichten des Leasing-Nehmers aus diesem Vertrag sinngemäß fort.

5. Ein Erwerb des Fahrzeuges vom Leasing-Geber durch den Leasing-Nehmer nach Vertragsablauf ist ausgeschlossen.

XVII. Allgemeine Bestimmungen

1. Gerichtsstand ist das für . . . zuständige Gericht, soweit der Leasing-Nehmer und/oder ein Mitschuldner nach Vertragsabschluss seinen Wohnsitz oder gewöhnlichen Aufenthaltsort aus dem Inland verlegt oder sein Wohnsitz oder gewöhnlicher Aufenthaltsort zum Zeitpunkt der Klageerhebung nicht bekannt ist.

2. Der Leasing-Nehmer hat einen Wohnsitzwechsel dem Leasing-Geber unverzüglich anzuzeigen.

3. Ansprüche und sonstige Rechte aus dem Leasing-Vertrag können nur mit vorheriger schriftlicher Zustimmung des Leasing-Gebers abgetreten werden.

Anlage 3

Leasingerlass des Bundesministers der Finanzen vom 22. 12. 1975 – IV B 2 – S

Betr.: Steuerrechtliche Zurechnung des Leasing-Gegenstandes beim Leasing-Geber.

Unter Bezugnahme auf das Ergebnis der Erörterung mit den obersten Finanzbehörden der Länder hat der Bundesminister der Finanzen zu einem Schreiben des Deutschen Leasing-Verbandes vom 24. 7. 1975 wie folgt Stellung genommen:

1. Gemeinsames Merkmal der in dem Schreiben des Deutschen Leasing-Verbandes dargestellten Vertragsmodelle ist, dass eine unkündbare Grundmietzeit vereinbart wird, die mehr als 40%, jedoch nicht mehr als 90% der betriebsgewöhnlichen Nutzungsdauer des Leasing-Gegenstandes beträgt und dass die Anschaffungs- oder Herstellungskosten des Leasing-Gebers sowie alle Nebenkosten einschließlich der Finanzierungskosten des Leasing-Gebers in der Grundmietzeit durch die Leasing-Raten nur zum Teil gedeckt werden. Da mithin Finanzierungs-Leasing im Sinne des BdF-Schreibens über die ertragsteuerrechtliche Behandlung von Leasing-Verträgen über bewegliche Wirtschaftsgüter vom 19. 4. 1971 (BStBl. I S. 264) nicht vorliegt, ist die Frage, wem der Leasing-Gegenstand zuzurechnen ist, nach den allgemeinen Grundsätzen zu entscheiden.

2. Die Prüfung der Zurechnungsfrage hat Folgendes ergeben:

a) Vertragsmodell mit Andienungsrecht des Leasing-Gebers, jedoch ohne Optionsrecht des Leasing-Nehmers

Bei diesem Vertragsmodell hat der Leasing-Geber ein Andienungsrecht. Danach ist der Leasing-Nehmer, sofern ein Verlängerungsvertrag nicht zustande kommt, auf Verlangen des Leasing-Gebers verpflichtet, den Leasing-Gegenstand zu einem Preis zu kaufen, der bereits bei Abschluß des Leasing-Vertrages fest vereinbart wird. Der Leasing-Nehmer hat kein Recht, den Leasing-Gegenstand zu erwerben.

Der Leasing-Nehmer trägt bei dieser Vertragsgestaltung das Risiko der Wertminderung, weil er auf Verlangen des Leasing-Gebers den Leasing-Gegenstand auch dann zum vereinbarten Preis kaufen muss, wenn der Wiederbeschaffungspreis für ein gleichwertiges Wirtschaftsgut geringer als der vereinbarte Preis ist. Der Leasing-Geber hat jedoch die Chance der Wertsteigerung, weil er sein Andienungsrecht nicht ausüben muss, sondern das Wirtschaftsgut zu einem über dem Andienungspreis liegenden Preis verkaufen kann, wenn ein über dem Andienungspreis liegender Preis am Markt erzielt werden kann.

Der Leasing-Nehmer kann unter diesen Umständen nicht als wirtschaftlicher Eigentümer des Leasing-Gegenstandes angesehen werden.

b) Vertragsmodell mit Aufteilung des Mehrerlöses

Nach Ablauf der Grundmietzeit wird der Leasing-Gegenstand durch den Leasing-Geber veräußert. Ist der Veräußerungserlös niedriger als die Differenz zwischen den Gesamtkosten des Leasing-Gebers und den in der Grundmietzeit entrichteten Leasing-Raten (Restamortisation), so muss der Leasing-Nehmer eine Abschlußzahlung in Höhe der Differenz zwischen Restamortisation und Veräußerungserlös zahlen. Ist der Veräußerungserlös hingegen höher als die Restamortisation, so erhält der Leasing-Geber 25%, der Leasing-Nehmer 75% des die Restamortisation übersteigenden Teils des Veräußerungserlöses.

Durch die Vereinbarung, dass der Leasing-Geber 25% des die Restamortisation übersteigenden Teils des Veräußerungserlöses erhält, wird bewirkt, dass der Leasing-Geber noch in einem wirtschaftlich ins Gewicht fallenden Umfang an etwaigen Wertsteigerungen des Leasing-Gegenstandes beteiligt ist. Der Leasing-Gegenstand ist daher dem Leasing-Geber zuzurechnen.

Eine ins Gewicht fallende Beteiligung des Leasing-Gebers an Wertsteigerungen des Leasing-Gegenstandes ist hingegen nicht mehr gegeben, wenn der Leasing-Geber weniger als 25% des die Restamortisation übersteigenden Teils des Veräußerungserlöses erhält. Der Leasing-Gegenstand ist in solchen Fällen dem Leasing-Nehmer zuzurechnen.

Leasingerlass des Bundesministers der Finanzen

c) Kündbarer Mietvertrag mit Anrechnung des Veräußerungserlöses auf die vom Leasing-Nehmer zu leistende Schlußzahlung

Der Leasing-Nehmer kann den Leasing-Vertrag frühestens nach Ablauf einer Grundmietzeit, die 40% der betriebsgewöhnlichen Nutzungsdauer beträgt, kündigen. Bei Kündigung ist eine Abschlußzahlung in Höhe der durch die Leasing-Raten nicht gedeckten Gesamtkosten des Leasing-Gebers zu entrichten. Auf die Abschlußzahlung werden 90% des vom Leasing-Geber erzielten Veräußerungserlöses angerechnet. Ist der anzurechnende Teil des Veräußerungserlöses zuzüglich der vom Leasing-Nehmer bis zur Veräußerung entrichteten Leasing-Raten niedriger als die Gesamtkosten des Leasing-Gebers, so muss der Leasing-Nehmer in Höhe der Differenz eine Abschlußzahlung leisten. Ist jedoch der Veräußerungserlös höher als die Differenz zwischen den Gesamtkosten des Leasing-Gebers und den bis zur Veräußerung entrichteten Leasing-Raten, so behält der Leasing-Geber diesen Differenzbetrag in vollem Umfang.

Bei diesem Vertragsmodell kommt eine während der Mietzeit eingetretene Wertsteigerung in vollem Umfang dem Leasing-Geber zugute. Der Leasing-Geber ist daher nicht nur rechtlicher, sondern auch wirtschaftlicher Eigentümer des Leasing-Gegenstandes.

Die vorstehenden Ausführungen gelten nur grundsätzlich, d. h. nur insoweit, wie besondere Regelungen in Einzelverträgen nicht zu einer anderen Beurteilung zwingen.

Teil 2

Der Gebrauchtwagenkauf

A. Der Gebrauchtwagen

I. Der Gebrauchtwagenbegriff

Automobile werden üblicherweise in Neuwagen und Gebrauchtwagen eingeteilt. Da es eine dritte Kategorie nicht gibt, ist unter einem Gebrauchtwagen jedes Kraftfahrzeug zu verstehen, das nicht unter den Neuwagenbegriff fällt (siehe hierzu Rn 1 ff.). Halbjahres- und Jahreswagen[1] sind ebenso Gebrauchtwagen wie Vorführ-, Dienst- und Direktionswagen. Rechtlich können sogar sog. Tageszulassungen als Gebrauchtfahrzeuge einzustufen sein. Dies hängt von der Fragestellung ab. Überhaupt empfiehlt es sich, das Begriffspaar Neuwagen/Gebrauchtwagen stets mit Blick auf das konkrete Sachproblem zu sehen. Im Versicherungsrecht kann unter Gebrauchtwagen etwas anderes zu verstehen sein als im Kaufrecht.[2] Wiederum anders können die Dinge im Wettbewerbs- und Steuerrecht[3] liegen. Bastler- und Schrottfahrzeuge sowie sog. Unfallreste (Totalschäden) unter den kaufrechtlichen Gebrauchtwagenbegriff zu subsumieren ist nach der Verkehrsauffassung sicherlich richtig.[4] Als was ein Kraftfahrzeug verkauft worden ist, ob z. B. als „Jahreswagen", „Unfallwagen", als „Oldtimer" oder als „Youngtimer", kann für die Feststellung einer etwaigen Vertragswidrigkeit (§ 459 BGB) von zentraler Bedeutung sein. **1301**

II. Marktüberblick

Aus Sicht des Endabnehmers gliedert sich der heutige Gebrauchtwagenmarkt (Pkw/Kombis) in drei Teilmärkte: **1302**
- Privatmarkt (privates Direktgeschäft)
- Neuwagenhandel mit Gebrauchtwagenabteilung (Fabrikatshändler)
- Reiner Gebrauchtwagenhandel (ohne Neuwagengeschäft)

Die Entwicklung dieser drei Teilmärkte in den Jahren 1991 bis 1998 verdeutlicht folgende Grafik:

---

[1] Zum Begriff Jahreswagen vgl. OLG Köln 7. 3. 1989, NJW-RR 1989, 699.
[2] Vgl. z. B. BGH 14. 11. 1979, VersR 1980, 159, 160 (zu § 13 AKB).
[3] Vgl. §§ 1b, 25a UStG.
[4] *Hörl*, DAR 1986, 99.

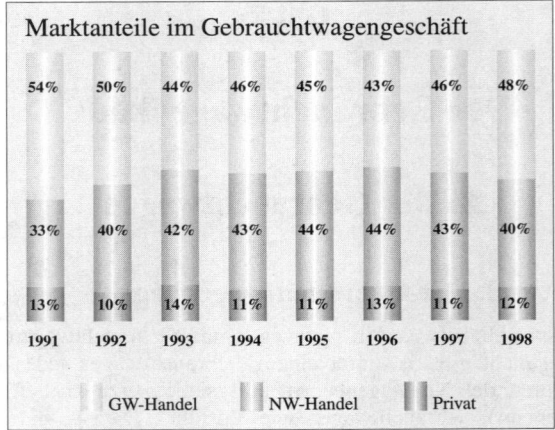

1303 Auf den beiden Teilmärkten mit Beteiligung von Händlern bzw. Herstellern (Werksniederlassung) sind im Wesentlichen vier Bezugsquellen zu unterscheiden: Inzahlungnahme/Ankauf von Privat, andere Händlerbetriebe, Jahreswagen/Vorführwagen und Mietwagen/Leasingrückläufer. Immer bedeutsamer wird der Zukauf im **EU-Ausland**. Er ist vielschichtig und dementsprechend undurchsichtig (vgl. Rn 1517 ff., 1893).

Statistiken und Prognosen zeigen eines deutlich: Der Handel mit gebrauchten **Personenwagen** (einschl. Kombis) wird in Zukunft noch stärker an Bedeutung gewinnen. Im Jahr 1993 hat der Gebrauchtwagenhandel das Geschäft mit fabrikneuen Fahrzeugen erstmals auch vom Umsatz her, nicht nur stückzahlmäßig, übertroffen (alte BL).

Der Handel mit gebrauchten **Nutzfahrzeugen** (Lastkraftwagen, Omnibussen etc.) ist ein Sondermarkt mit teilweise eigenen Regeln. Von vergleichsweise untergeordneter Bedeutung ist auch der Handel mit gebrauchten **Zweirädern**, **Wohnwagen** und **Anhängern**.

B. Der Kauf von Privat

I. Das private Direktgeschäft

1. Der Vertragsschluss

Etwa jeder zweite gebrauchte Pkw/Kombi wird von Privat an Privat verkauft. Während der Kauf vom Kfz-Händler weitgehend formalisiert ist, zeichnet sich das private Direktgeschäft durch seine Vielfalt in der Vertragsgestaltung aus. Die Verträge werden in der Regel frei ausgehandelt. Mündliche Nebenabreden spielen beim Privatgeschäft eine große – häufig die entscheidende – Rolle.

a) Form des Vertrages

Auch Privatleute pflegen ihre Autos auf Grund eines schriftlichen Vertrages zu verkaufen. Nur etwa 15% wechseln den Besitzer ohne schriftlichen Vertrag. Vorwiegend unter Verwandten, Freunden und guten Bekannten wird auf Schriftlichkeit verzichtet. Es gibt auch regionale Besonderheiten.

Im Allgemeinen ist es der Verkäufer, der besonderen Wert auf eine Fixierung des Vereinbarten legt. In seiner ungewohnten Rolle als Verkäufer greift er gerne auf Formulierungshilfen zurück, insbesondere auf Musterverträge der Automobilverbände. Der ADAC hat sein Vertragsformular wiederholt geändert, zuletzt 1996. Mitunter benutzen private Verkäufer auch im Handel erhältliche Formularvordrucke. Formularverträge finden ferner beim Verkauf auf privaten Automärkten Verwendung. Inhaltlich entsprechen sie häufig dem ADAC-Mustervertrag.

b) Besichtigung und Probefahrt

Der Kauf eines gebrauchten Kraftfahrzeugs ist typischerweise ein Kauf nach Besichtigung und Probefahrt.

aa) Bedeutung für den Vertragsschluss

Nach Treu und Glauben mit Rücksicht auf die Verkehrssitte kann der Verkäufer eine uneingeschränkte Bindung des Kaufinteressenten in der Regel erst erwarten, wenn dieser den Wagen geprüft hat. Die Klausel „vorbehaltlich, dass eine Probefahrt keine technischen Mängel ergibt" stellt nach Ansicht des LG Berlin eine **aufschiebende Bedingung** dar.[1] Ob ein Kauf auf Probe i. S. v. § 495 BGB, ein Kauf zur Probe oder ein beiderseits fest abgeschlossener Kauf mit Rücktrittsvorbehalt vorliegt, ist Auslegungssache. Wenn der Verkäufer an der Probefahrt teilnimmt und diese im Zuge der Verhandlungen, etwa im unmittelbaren Anschluss an die Besichtigung, stattfindet, so ist vor Durchführung der Probefahrt noch kein Kaufvertrag zustande gekommen, auch kein aufschiebend bedingter.[2] Etwas anderes wird gelten, wenn der Käufer das Fahrzeug bereits besichtigt und probegefahren hat, er sich jedoch das Recht vorbehalten hat, es durch eine Werkstatt oder einen Sachverständigen überprüfen zu lassen. Hier wird – wie im Fall LG Berlin MDR 1970, 923 – ein Kauf unter einer aufschiebenden Bedingung zu bejahen sein. Dafür, dass ein Kaufvertrag ohne Bedingung zustande gekommen ist, ist der **Verkäufer beweispflichtig,** sofern er kaufvertragliche Rechte geltend macht. Zur Darlegungs- und Beweislast beim Kauf auf Probe vgl. OLG Frankfurt OLGR 1994, 253; KG OLGR 1996, 169.

---

[1] Urt. v. 27. 5. 1970, MDR 1970, 923.
[2] OLG Hamm 16. 1. 1981, MDR 1981, 580, steht nicht entgegen, da der Käufer bereits einige Tage vor der Probefahrt das Bestellformular unterschrieben hatte.

bb) Haftung bei Unfällen während der Probefahrt

1307 Allein durch die Überlassung des zum Verkauf angebotenen Fahrzeugs zum Zwecke einer Probefahrt kommt auch bei Anbahnung eines privaten Direktgeschäfts in der Regel noch keine vertragliche Beziehung zustande. Die Annahme eines Leihvertrages oder eines „Probefahrtvertrages" wäre realitätsfremd. Verursacht der Probefahrer einen Unfall, so sind als **Anspruchsgrundlagen** nur c. i. c. und § 823 BGB in Betracht zu ziehen.

1308 Sofern dem Kaufinteressenten oder seinem Begleiter (Erfüllungsgehilfe, so LG Braunschweig NZV 1995, 491) ein unfallsächliches Verschulden zur Last fällt, wird er sich u. a. mit dem Einwand verteidigen, die Haftung für leichte (einfache) Fahrlässigkeit sei **stillschweigend ausgeschlossen** worden. Ein ausdrücklicher Haftungsverzicht kommt praktisch nie vor. Für grobe Fahrlässigkeit oder gar Vorsatz haftet auch der von Privat kaufende Probefahrer selbstverständlich ohne jegliche Einschränkung. Zweifelhaft kann seine Verantwortlichkeit nur für **leicht fahrlässig** herbeigeführte Schäden sein.

1309 Im Ergebnis ist man sich darin einig, den Kaufinteressenten, der einen privat angebotenen Kraftwagen probefährt, einem größeren Haftungsrisiko auszusetzen als den Kunden eines Kfz-Händlers (zur Problematik beim Kauf vom Händler vgl. Rn 1450). Er soll grundsätzlich auch für **einfache Fahrlässigkeit** einzustehen haben.[3] Begründet wird dies mit dem Unterschied in der Interessen- und Risikolage, insbesondere damit, dass es dem privaten Anbieter – anders als einem Kfz-Händler – nicht zumutbar sei, „lediglich mit Rücksicht auf den beabsichtigten Verkauf des Wagens eine Fahrzeugvollversicherung abzuschließen".[4] Dementsprechend könne der Probefahrer „grundsätzlich nicht davon ausgehen, dass eine Fahrzeugvollversicherung bestehe".[5] Diese obiter dicta hat der **BGH** in der Entscheidung vom 8. 1. 1986[6] wiederholt. Eine abschließende Stellungnahme zur Haftung des privaten Kaufinteressenten für einen leicht fahrlässig verursachten Unfallschaden bei einer Probefahrt mit einem direkt von Privat angebotenen Kfz steht noch aus. Sein Urteil vom 18. 12. 1979[7] ist nicht einschlägig. Der bei der Probefahrt ums Leben gekommene Verkäufer war ein freiberuflich tätiger Kraftfahrzeugmeister. Ihm sei der Abschluss einer Versicherung gegen Personenschäden durchaus zuzumuten gewesen, so der BGH, ebenso wie der Abschluss einer Kaskoversicherung für mögliche Schäden am Fahrzeug. Damit gehört dieser Fall zur Gruppe „Probefahrt beim Kauf vom gewerblichen Kfz-Händler" (vgl. dazu Rn 1450).

1310 Missglückte Fahrten bei Anbahnung eines privaten Direktgeschäfts sind Gegenstand der Entscheidungen des OLG Schleswig vom 3. 6. 1981[8] und des OLG Zweibrücken vom 27. 4. 1990.[9] Beide Gerichte verneinen zu Recht unter Hinweis auf die besondere Interessen- und Risikolage eine stillschweigend vereinbarte Haftungsfreistellung des Probefahrers. Im Fall des OLG Schleswig war der Pkw bereits knapp fünf Jahre zum Straßenverkehr zugelassen, sodass der beklagte Probefahrer nicht mehr von der Existenz einer Fahrzeugvollversicherung ausgehen konnte. Aber auch bei einem weniger alten Pkw kann sich der Kaufinteressent nicht ohne weiteres darauf verlassen, dass Vollkaskoschutz besteht. Eine Ausnahme wird man bei Jahreswagen machen müssen. Sie werden üblicherweise von den Werksangehörigen vollkaskoversichert.

---

3 OLG Köln 20. 11. 1995, NJW 1996, 1288; OLG Schleswig 3. 6. 1981, VersR 1982, 585; OLG Zweibrücken 27. 4. 1990, NZV 1990, 466; *Jox*, NZV 1990, 53, 55; vgl. auch *Fuchs*, AcP 191 (1991), 331, 342; *M. J. Schmidt*, JR 1980, 138; *Ströfer*, NJW 1979, 2553.
4 BGH 10. 1. 1979, NJW 1979, 643, 644.
5 BGH 10. 1. 1979, NJW 1979, 643.
6 NJW 1986, 1099.
7 NJW 1980, 1681.
8 VersR 1982, 585.
9 NZV 1990, 466.

Das private Direktgeschäft

Das OLG Zweibrücken[10] hat einen Gebrauchtwageninteressenten für schadensersatzpflich- **1311** tig gehalten, der sich mit dem Einwand verteidigt hat, in Kenntnis der Einschränkung des Vollkasko-Versicherungsschutzes (ausgenommen war eine wertvolle, beim Unfall beschädigte Sonderausstattung) von der Probefahrt abgesehen zu haben. Der private Anbieter sei nicht verpflichtet gewesen, den Beklagten über den Umfang der bestehenden Kaskoversicherung „detailliert" aufzuklären, dies selbst dann nicht, wenn man von einem Leihverhältnis ausgehe. Im Übrigen, so das OLG Zweibrücken in einer Hilfserwägung, habe nicht festgestellt werden können, dass der Beklagte im Falle einer Risikoaufklärung auf die Probefahrt mit dem weniger als zwölf Monate alten Fahrzeug verzichtet hätte oder vorsichtiger gefahren wäre.

Atypisch ist der Sachverhalt, über den das OLG Köln durch Urteil vom 20. 11. 1995[11] entschieden hat. Der Pkw war bei einem Autohaus zum Privatverkauf ausgestellt. Dem Urteil sind wichtige Grundsätze zur **Darlegungs- und Beweislast** zu entnehmen.

Wenn auch die **typische Interessenlage** beim privaten Direktgeschäft regelmäßig gegen **1312** die Annahme einer stillschweigend vereinbarten Haftungsfreistellung spricht, diese Konstruktion erscheint dogmatisch ohnehin fragwürdig,[12] so kann sich jedoch **ausnahmsweise** aus den konkreten Umständen des Einzelfalls eine solche Haftungsbeschränkungsabrede ergeben. Eine langjährige Freundschaft genügt nach Ansicht des OLG Schleswig[13] nicht, auch nicht in Verbindung mit der Tatsache, dass dem Kfz-Eigentümer bei Antritt der Probefahrt alle unfallerhöhenden Risiken (Glatteis, mangelndes Vertrautsein mit dem Fahrzeugtyp) bekannt waren. Im Hinblick auf einen stillschweigend (besser: konkludent) vereinbarten Haftungsverzicht kann es aber nach der Rechtsprechung von Bedeutung sein, dass der private Kfz-Eigentümer den Interessenten zu einer Probefahrt überredet hat oder sie ihm gar, wie im Fall BGH NJW 1979, 643, trotz seines Sträubens und offenkundiger Unsicherheit aufgedrängt hat. Die Annahme einer vertraglichen Haftungsbeschränkung im Vorfeld des eigentlichen Vertrages wird freilich immer dem Einwand ausgesetzt sein, den Rechtsbindungswillen der Beteiligten letztlich zu fingieren. Eine **Sondersituation** liegt auch dann vor, wenn der Kaufinteressent keine eigentliche Probefahrt macht, sondern das Fahrzeug im Auftrag oder lediglich mit Zustimmung des Verkäufers zu einer TÜV- oder ADAC-Prüfstelle fährt, um es dort untersuchen zu lassen. Denkbar ist auch eine Überführungsfahrt zu einer Werkstatt.[14]

Bei nicht nachweisbarer Haftungsfreistellung bleibt dem probefahrenden Unfallverursa- **1313** cher nur der **Einwand des Mitverschuldens** nach § 254 I BGB. Hier kommt es ganz auf die Umstände des konkreten Falles an. Zu Lasten des Anbieters geht es in der Regel, wenn er sich nicht über die Personalien des „Probefahrers" vergewissert und insbesondere von einer Vorlage des Führerscheins absieht, bevor er sein Fahrzeug aus den Händen gibt.[15] Ein Beispiel für eine angemessene Abwägung der beiderseitigen Verursachungsanteile ist das Urteil des OLG Schleswig vom 3. 6. 1981.[16] Hinzuweisen ist ferner auf die Bewertungen von Verschulden und Mitverschulden in der unter Rn 168 ff. mitgeteilten Judikatur.

Verjährung des Schadensersatzanspruchs tritt analog §§ 558, 606 BGB in sechs Monaten **1314** ab Rückgabe des Wagens ein, gleichviel, ob der Anspruch auf c. i. c. oder § 823 BGB gestützt ist.[17]

---

10 NZV 1990, 466.
11 NJW 1996, 1288 = VersR 1996, 1420.
12 Vgl. *Ströfer,* NJW 1979, 2553; *M. J. Schmidt,* JR 1980, 138.
13 VersR 1982, 585.
14 Vgl. OLG Frankfurt 18. 11. 1997, NJW 1998, 1232, nur bedingt einschlägig.
15 Zur Frage der groben Fahrlässigkeit i. S. v. § 61 VVG s. OLG Frankfurt 26. 11. 1997, OLGR 1998, 125; OLG Düsseldorf 23. 2. 1999, OLGR 1999, 450.
16 VersR 1982, 585.
17 Vgl. BGH 21. 5. 1968, NJW 1968, 1472 – Probefahrt mit Kraftwagen vom Händler; vgl. auch BGH 18. 2. 1964, NJW 1964, 1225; BGH 24. 6. 1992, NJW 1992, 2413.

2. Verpflichtungen des Verkäufers

a) Übergabe

1315 Der Verkäufer ist verpflichtet, dem Käufer das Fahrzeug zu übergeben (auszuliefern) und ihn damit zum **unmittelbaren Besitzer** zu machen (§ 433 I BGB). Die Vertragsparteien können auch vereinbaren, dass der Käufer zusammen mit einer am Kaufvertrag nicht beteiligten Person, z. B. Ehefrau oder Freundin, **Mitbesitz** (§ 866 BGB) erwirbt. Im Zweifel will der Verkäufer den Besitz nur auf seinen Vertragspartner übertragen. Die **Aushändigung des Fahrzeugbriefes** steht der Übergabe des Fahrzeugs nicht gleich. Der Brief ist kein Traditionspapier.[18] Die Besitzverschaffungspflicht des Verkäufers ist erst mit dem Erwerb der tatsächlichen Herrschaft des Käufers über das Fahrzeug erfüllt. Wesentliches Indiz für den Besitzerwerb ist die „Schlüsselgewalt". Wer die Fahrzeugschlüssel in den Händen hat, ist regelmäßig Alleinbesitzer.[19] Das OLG Köln hat Mitbesitz sogar in einem Fall bejaht, in dem die führerscheinlose Freundin des Käufers nur den Zweitschlüssel besaß.[20] Seiner Besitzverschaffungspflicht genügt der Verkäufer auch dadurch, dass er den Wagen im Einverständnis mit dem Käufer vorläufig behält und dem Käufer **mittelbarer Besitz** eingeräumt wird.

1316 Liefert der Verkäufer das Fahrzeug nicht oder nicht rechtzeitig aus, so kann der Käufer auf Herausgabe klagen. Neben der Erfüllung kann er Ersatz seines Verzögerungsschadens verlangen, § 286 BGB. Stattdessen kann der Käufer unter den Voraussetzungen des § 326 I BGB auch vom Vertrag zurücktreten oder Schadensersatz wegen Nichterfüllung verlangen (dazu OLG Hamm OLGR 1996, 15). Der Übergang vom Schadensersatzanspruch aus § 286 BGB auf denjenigen aus § 326 BGB ist keine Klageänderung.[21] Bei einem günstigen Kaufpreis („Schnäppchen") besteht der Nichterfüllungsschaden in der Differenz zum höheren Marktpreis.[22]

Zum **Verzögerungsschaden** nach § 286 BGB gehören: höhere Kfz-Steuer und höhere Versicherungsprämien für den bisherigen Altwagen. Hat sich der Käufer auf Grund der Vorenthaltung des Fahrzeugs einen Ersatzwagen gemietet, sind auch die Mietwagenkosten zu ersetzen (abzüglich Eigenersparnis). Die Rechtsprechung zum Unfallhaftpflichtrecht ist auch insoweit analogiefähig, als es um den in der Praxis wichtigeren Fall der „abstrakten" Nutzungsausfallentschädigung geht. Bei verspäteter Herausgabe des Fahrzeugbriefs hat der BGH eine Entschädigung wegen vorenthaltener Gebrauchsmöglichkeit ausdrücklich anerkannt.[23] Zugleich hat er zu verstehen gegeben, dass er den Fall verspäteter Übergabe des Fahrzeugs ebenso beurteilen werde. Dies wäre nur folgerichtig, wobei es nicht darauf ankommen kann, ob der Käufer den Kaufpreis schon ganz oder teilweise bezahlt hat.[24] Bei der Bemessung der Nutzungsausfallentschädigung orientiert sich die Rechtsprechung auch in den Vertragsfällen an der Tabelle *Sanden/Danner/Küppersbusch* (NJW 1998, 2106). Für ältere Fahrzeuge gilt eine Sonderregelung.[25]

Entzieht der Verkäufer dem Käufer den Besitz durch Wegnahme des Fahrzeugs oder durch Abmontieren der Nummernschilder, so hat er gleichfalls eine Nutzungsentschädigung zu zahlen. Diese kann den Wert des verkauften Fahrzeugs übersteigen.[26]

---

18 BGH 8. 5. 1978, NJW 1978, 1854; vgl. auch *Schlechtriem,* NJW 1970, 1993, 2088.
19 Zustimmend SchlHOLG 28. 2. 1997, OLGR 1997, 152.
20 Urt. v. 10. 7. 1986, 18 U 48/86, n. v.; s. auch OLG Köln 21. 6. 1996, NJW-RR 1997, 1420 – Eheleute in Gütertrennung.
21 OLG Hamm 12. 9. 1995, OLGR 1996, 13.
22 OLG Hamm 10. 3. 1995, VersR 1996, 1119.
23 Urt. v. 15. 6. 1983, NJW 1983, 2139.
24 Anders OLG Hamm 22. 6. 1995, OLGR 1996, 15 zu § 326 BGB; vgl. auch BGH 20. 10. 1987, NJW 1988, 484 (Verweigerung der Herausgabe eines reparierten Pkw).
25 BGH 20. 10. 1987, NJW 1988, 484; vgl. auch *Danner/Küppersbusch,* NZV 1989, 11.
26 OLG Hamm 8. 9. 1988, NJW-RR 1989, 55 = DB 1988, 2456.

Die Rechte des Käufers bei Diebstahl oder Beschädigung des Fahrzeugs zwischen Vertragsabschluss und Übergabe, also vor Gefahrübergang, richten sich nach §§ 320 ff. BGB. Ein vertraglicher Ausschluss der Gewährleistung ändert daran nichts. Zur Anspruchskonkurrenz, zur Schadensberechnung und zum Anspruch nach § 281 BGB auf das Surrogat vgl. BGH NJW 1991, 1675; NJW 1995, 1737 (jeweils Grundstückskauf).

b) Übereignung

Die Eigentumsübertragung bestimmt sich nach §§ 929 ff. BGB. Zum Eigentumserwerb bei Eheleuten (Gütertrennung) vgl. OLG Köln NJW-RR 1997, 1420. Auch bei gutgläubigem Erwerb erfüllt der Verkäufer seine Eigentumsverschaffungspflicht. Zum Erwerb des Eigentums vom Nichtberechtigten und zu den Rechtsfolgen bei fehlgeschlagener Übereignung s. Rn 1478 ff.; zum stillschweigenden Eigentumsvorbehalt s. OLG Düsseldorf OLGR 1997, 4.

c) Aushändigung der Kfz-Papiere

Zur Vertragserfüllung gehört auch die Aushändigung von **Fahrzeugbrief** und **Fahrzeugschein**. Ferner hat der Käufer einen Anspruch auf Überlassung sonstiger Fahrzeugdokumente wie Betriebsanleitung, Service-Heft (Kundendienstscheckheft), Garantiebelege, Betriebserlaubnis für bestimmte Fahrzeugteile (§ 22 StVZO), Anhängerschein, letzter Bericht über die regelmäßige Fahrzeughauptuntersuchung im Sinne von § 29 StVZO („TÜV-Bericht"), ASU-Schein und eine etwaige Bescheinigung über Fahrzeugstillegungen. Für einen Teil dieser Unterlagen ergibt sich die Herausgabepflicht des Verkäufers aus § 444 BGB. Dies gilt insbesondere für den Fahrzeugbrief. Bei ihm handelt es sich um eine „zum Beweis des Rechts dienende Urkunde" im Sinne dieser Vorschrift. Bei Urkunden, die nicht zum Beweis des Eigentums dienen, ist es eine Frage des Einzelfalls, ob der Verkäufer sie mit dem Fahrzeug auszuhändigen hat. Maßgeblich sind Treu und Glauben und die Verkehrssitte. Seinem Wortlaut nach ist § 444 BGB nicht anwendbar, sofern der Verkäufer den Fahrzeugbrief nicht in seinem Besitz hat. Es besteht keine Notwendigkeit, dem Käufer ein unbedingtes Herausgaberecht gegen den Verkäufer zu geben.[27] Da der Käufer mit dem Erwerb des Eigentums am Fahrzeug auch **Eigentümer des Fahrzeugbriefes** wird (§ 952 BGB analog), hat er gegen den Dritten einen Herausgabeanspruch aus § 985 BGB. Den Verkäufer trifft die Nebenpflicht, den Käufer bei der Verwirklichung dieses Anspruchs zu unterstützen. Im Fall des mittelbaren Besitzes hat er seinen eigenen Herausgabeanspruch an den Käufer abzutreten. Bei Fahrzeugen, für die kein Brief, sondern nur eine **Betriebserlaubnis** ausgestellt ist, z. B. Bagger und ähnliche Arbeitsmaschinen, gilt § 952 BGB gleichfalls zu Gunsten des Fahrzeugeigentümers.[28]

Die Pflicht zur Übergabe des **Fahrzeugbriefes** ist – wie der BGH bereits Anfang der fünfziger Jahre festgestellt hat[29] – eine **Hauptpflicht** des Verkäufers. Bei Nichterfüllung dieser Pflicht gelten die §§ 440 I, 320 ff. BGB. Der Käufer kann also für die Verschaffung des Fahrzeugbriefes eine Nachfrist setzen und nach Ablauf vom Vertrag zurücktreten oder Schadensersatz wegen Nichterfüllung verlangen. Zum ersatzfähigen **Verzugsschaden** gehört auch die vorenthaltene Nutzungsmöglichkeit.[30] Für die Anwendung der Sachmängelvorschriften ist entgegen OLG Stuttgart[31] auch dann kein Raum, wenn ein Dritter die Herausgabe des Fahrzeugbriefes verweigert. Einen Schadensersatzanspruch nach §§ 440, 325 BGB analog hat der Käufer auch dann, wenn ihm das – für die Abwicklung von Garantieansprüchen – wichtige **Serviceheft** (Kundendienstscheckheft) nicht ausgehändigt werden kann.[32]

---

[27] Anders *Soergel/Huber,* § 444 Rn 10.
[28] KG 2. 2. 1996, MDR 1996, 795.
[29] Urt. v. 25. 6. 1953, NJW 1953, 1347; vgl. auch BGH 15. 6. 1983, NJW 1983, 2139.
[30] BGH 15. 6. 1983, NJW 1983, 2139; BGH 20. 10 1987, NJW 1988, 484 (Reparaturfall).
[31] Urt. v. 10. 4. 1970, DAR 1971, 13.
[32] So AG Oberhausen 21. 10. 1999, DAR 2000, 124 – Verkauf eines reimportierten Neuwagens.

Zu den Rechten des Käufers bei **fehlender Übereinstimmung** zwischen den Eintragungen im Fahrzeugbrief und der tatsächlichen Beschaffenheit des verkauften Fahrzeuges siehe Rn 1618 ff.

Ebenso wie für den Kaufvertrag ist die Übergabe des Briefes auch für das **dingliche Geschäft** ohne Bedeutung. Sie ersetzt insbesondere nicht den Erwerb des unmittelbaren Besitzes an dem Fahrzeug.[33]

Mitunter erhält der Käufer den Fahrzeugbrief schon, bevor er den Kaufpreis vollständig bezahlt hat, z. B. zum Zwecke der Ummeldung des Fahrzeugs. An sich ist der Verkäufer bei einem Verkauf unter Eigentumsvorbehalt berechtigt, den Brief bis zur endgültigen Bezahlung des Kaufpreises zurückzubehalten. Er ist lediglich verpflichtet, durch Vorlage des Briefes beim Straßenverkehrsamt die Zulassung des Fahrzeugs auf den Käufer zu ermöglichen (§ 23 StVZO). Gibt er ihn unvorsichtigerweise früher aus der Hand, so kann darin ein Verzicht auf sein Vorbehaltseigentum zu sehen sein. In der Überlassung des Briefes nur zum Zwecke der Zulassung liegt ein solcher Verzicht noch nicht.[34] Ebensowenig ist dieser Vorgang als Ermächtigung des Verkäufers zu sehen, dass der Käufer nunmehr über das vorbehaltene Eigentum frei verfügen könne.[35]

d) Nebenverpflichtungen

1320 Zum Schutz des Käufers hat die Rechtsprechung eine Vielzahl von Nebenverpflichtungen des Verkäufers entwickelt. Für den Gebrauchtwagenkauf von besonderer Bedeutung – allerdings weniger für das private Direktgeschäft – sind Aufklärungs-, Beratungs-, Hinweis- und Untersuchungspflichten. Insoweit wird auf das Kap. Gewährleistungsrecht verwiesen (Rn 1547 ff.). Dort werden auch diejenigen Fälle behandelt, bei denen die Grenzziehung zwischen Sach- und Rechtsmangel problematisch ist, z. B. Verkauf eines nicht zugelassenen oder versicherten Fahrzeugs. Auch ein privater Verkäufer kann sich wegen positiver Vertragsverletzung schadensersatzpflichtig machen, wenn er den Käufer über den Bestand des Versicherungsschutzes falsch informiert. Angesichts der überragenden Bedeutung des Versicherungsschutzes hat auch ein Privatverkäufer von sich aus selbst auf etwaige Zweifel am Fortbestand des Haftpflichtversicherungsschutzes hinzuweisen (zur Aufklärungspflicht des Händlers s. Rn 1625); zur Überführungsfahrt mit rotem Kennzeichen s. Rn 1323.

3. Verpflichtungen des Käufers

a) Kaufpreiszahlung

1321 Wann und wie der Kaufpreis zu zahlen ist, richtet sich in erster Linie nach der konkreten Vereinbarung der Vertragspartner, hilfsweise nach den gesetzlichen Bestimmungen (§§ 244, 271 I, 320 I, 322 BGB). Behauptet der Käufer eine **Stundungsabrede,** trifft ihn die Beweislast.[36] Zur Abrede, der Vertrag werde erst mit Scheckeinzug „rechtskräftig", s. OLG Düsseldorf 1. 3. 1985, NJW 1985, 2484.[37] Zur Klausel „Anzahlung ... DM, Rest bei Abholung" s. OLG Köln 14. 6. 1995, NZV 1996, 66 = VRS 90, 10.

Die **Inzahlunggabe** von Gebrauchtwagen („Gebraucht gegen Gebraucht") spielt beim privaten Direktgeschäft keine große Rolle. Gibt der Käufer ausnahmsweise seinen Altwagen „in Zahlung", hängt es von der Auslegung der Vertragserklärungen unter Berücksichtigung der beiderseitigen Interessenlage ab, ob man einen Tauschvertrag mit Zuzahlabrede, zwei selbständige Kaufverträge mit Verrechnungsvereinbarung oder einen einheitlichen Kaufver-

---

[33] BGH 8. 5. 1978, NJW 1978, 1854.
[34] Anders in dem Sonderfall BGH 20. 5. 1958, NJW 1958, 1231.
[35] OLG Hamburg 20. 2. 1986, NJW-RR 1987, 1266; vgl. auch *Schmidt*, DAR 1963, 321.
[36] KG 25. 2. 1995, OLGR 1996, 265.
[37] Vgl. auch OLG Düsseldorf 24. 4. 1996, OLGR 1997, 4.

trag mit Ersetzungsbefugnis[38] annimmt. Denkbar ist auch, in der Inzahlungnahme des Altwagens die Geschäftsgrundlage für den Kaufvertrag zu sehen mit der Folge einer Nachverhandlungspflicht. Schließlich ist die gleichfalls käufergünstige Lösung in Betracht zu ziehen, die Wirksamkeit des Kaufvertrages an die Bedingung zu knüpfen, dass der Altwagen vom Verkäufer übernommen und von ihm auch gebilligt wird. In jedem Einzelfall ist dem Ausnahmecharakter privater Inzahlungnahme Rechnung zu tragen. Bei der Auslegung ist vor allem zu berücksichtigen, dass sich zwei gleich starke Vertragsparteien gegenüberstehen. Wesentliche Indizien bei der Ermittlung des Parteiwillens sind das Verhältnis von Wert und Gegenwert und die Höhe des Barzahlungsbetrages. Die Einordnung als Kauf oder Tausch hängt im Übrigen entscheidend davon ab, ob derjenige Vertragsteil, der einen bestimmten Betrag bar zu zahlen hat, nur das Recht oder auch die Pflicht zur Hingabe seines Altwagens hat. Eine Sachleistungspflicht des Barzahlers wird im Zweifel nicht gewollt sein.

Die Streitfrage, ob das AbzG auf einen Kaufvertrag zwischen Privatleuten anwendbar ist,[39] hat sich erledigt. Das AbzG gilt seit dem 1. 1. 1991 nicht mehr. Vom **VerbrKrG** werden Kredite unter Privatleuten nicht erfasst.

b) Abnahme des Fahrzeugs

Nach § 433 II BGB ist der Käufer verpflichtet, die gekaufte Sache abzunehmen. Beim Kauf eines Fahrzeugs aus privater Hand ist die Abnahmepflicht ausnahmsweise eine **Hauptpflicht.** Deren Nichterfüllung gibt dem Verkäufer die Rechte aus § 326 BGB. Dem Privatverkäufer ist erkennbar daran gelegen, seinen Wagen so schnell wie möglich abzugeben. Er will sich von seinen zahlreichen Pflichten als Kfz-Halter befreien. Während er das Ende der Steuerpflicht und der Haftpflicht selbst herbeiführen kann, hängt das Erlöschen der Haltereigenschaft von der Mitwirkung des Käufers ab. Erst wenn der Verkäufer die tatsächliche Verfügungsgewalt über das Fahrzeug verloren hat,[40] ist er nicht mehr Halter. Angesichts der besonderen Verantwortlichkeit des Kfz-Halters (§ 7 StVG) hat der Verkäufer ein besonderes Interesse an einem zügigen Besitzwechsel. Andere Gründe, z. B. Platzmangel wegen Erwerbs eines anderen Wagens, können dieses Interesse verstärken. Da bei Nichtabholen in der Regel auch Zahlungsverzug vorliegt,[41] kommt es auf die Einordnung der Abnahmepflicht als Haupt- oder Nebenpflicht meist nicht an.

1322

Im Rahmen seiner Schadensminderungspflicht ist der Verkäufer gehalten, sich alsbald um den Weiterverkauf des Fahrzeugs zu bemühen, insbesondere bei „Saisonfahrzeugen" wie Cabriolets.[42] Zur Anwendbarkeit des § 254 II BGB im Rahmen des § 326 BGB s. auch BGH NJW 1997, 1231. Die Weiterbenutzung des Fahrzeugs durch den Verkäufer wirkt sich schadensmindernd aus.[43]

Abzunehmen und zu bezahlen hat der Käufer das Fahrzeug nur, wenn es sich in vertragsgemäßem Zustand befindet (zur Beweislast Rn 1633). Bei Rechts- oder Sachmängeln besteht grundsätzlich keine Abnahmeverpflichtung, sondern ein Zurückweisungsrecht (vgl. § 464 BGB, dazu Rn 1945). Zum Einfluss vertraglicher und gesetzlicher Haftungsausschlüsse s. Rn 1989.

Ort und **Zeit** der Abnahme bestimmen sich nach den vertraglichen Vereinbarungen. Beim Kfz-Kauf unter Privatleuten ist es im Allgemeinen Sache des Käufers, das Fahrzeug beim Verkäufer abzuholen.

---

38 Dazu Rn 324 ff.
39 Bejahend BGH 12. 6. 1991, NJW 1991, 2901 m. w. N.
40 Dazu BGH 26. 11. 1996, NJW 1997, 660.
41 So z. B. im Fall OLG Köln 31. 1. 1990, OLGZ 1990, 341 = JMBl.NW 1990, 173.
42 OLG Köln 31. 1. 1990, OLGZ 1990, 341 = JMBl.NW 1990, 173.
43 OLG Köln 31. 1. 1990, OLGZ 1990, 341 = JMBl.NW 1990, 173; vgl. auch OLG Oldenburg 4. 6. 1975, NJW 1975, 1788.

c) Überführungsfahrt

1323   Bei einem Unfall während der Überführungsfahrt[44] ist darauf abzustellen, wer die Überführungsfahrt tatsächlich vorgenommen hat. Ist es der Verkäufer, so haftet er als **Halter** gegenüber Dritten, gleichviel, ob er oder der Käufer die Überführungskosten zu tragen hat. Der Verkäufer verliert seine Haltereigenschaft, wenn der Wagen vom Käufer oder einem Beauftragten des Käufers überführt wird. Sie geht nicht erst mit der Ummeldung (Neuzulassung) auf den Käufer über. Eine Überführungsfahrt darf auch ohne Betriebserlaubnis (Zulassung) unternommen werden (§ 28 I StVZO). Dann muss aber ein rotes Kennzeichen mitgeführt werden. Beim Kauf von Privat ist es in der Regel der Käufer, der ein solches Kennzeichen beantragt hat. Wird es ausnahmsweise vom Verkäufer zur Verfügung gestellt, darf der Käufer darauf vertrauen, dass Haftpflichtversicherungsschutz besteht. Ein privater Verkäufer ist in der Regel nicht verpflichtet, den Käufer von sich aus auf die Begrenzung des Versicherungsschutzes auf die Überführungsfahrt ausdrücklich hinzuweisen (s. auch Rn 867); auch nicht darauf, dass kein Vollkasko-Schutz besteht.[45]

d) Ummeldung/Kfz-Steuer/Haftpflichtversicherung

1324   Nach § 27 III, 2 StVZO hat der Erwerber unverzüglich für die **Neuzulassung** des Fahrzeugs zu sorgen, indem er einen neuen Fahrzeugschein, ggf. auch ein neues Kennzeichen, beantragt. Immer mehr Käufer versäumen es, das Fahrzeug auf den eigenen Namen zuzulassen. Neben dieser öffentlich-rechtlichen Pflicht besteht die kaufvertragliche **Nebenpflicht** zur unverzüglichen Ummeldung. In Kaufverträgen zwischen Privatleuten wird diese Pflicht häufig ausdrücklich festgehalten, so z. B. im **ADAC-Mustervertrag** (Wochenfrist). Auch ohne ausdrückliche Fixierung ist sie als (stillschweigend) vereinbart anzusehen. Während die öffentlich-rechtliche Meldepflicht des Erwerbers dazu dient, das Fahrzeugregister des Kraftfahrtbundesamtes auf dem neuesten Stand zu halten, geht es dem Verkäufer darum, den Halterwechsel so schnell wie möglich auch nach außen hin zu dokumentieren. Wenn der Käufer die Ummeldung unterlässt, läuft der Verkäufer Gefahr, für Fehlverhalten des Käufers oder Dritter verantwortlich gemacht zu werden. Kennzeichenanzeigen können auf ihn zurückfallen, weil die Zulassungsstelle die Kartei noch nicht berichtigt hat. Er kann auch mit den Kosten der Zwangsabmeldung belastet werden. Polizeirechtlich bleibt er für das Fahrzeug verantwortlich, wenn die Ummeldung unterbleibt und das Fahrzeug herrenlos wird. Von seiner eigenen Anzeigepflicht (§ 27 III, 1 StVZO) kann sich der Verkäufer allerdings nicht dadurch befreien, dass er den Käufer privatrechtlich zur Meldung verpflichtet.[46]

Ist eine Ummeldung wegen fehlender TÜV-Abnahme nicht möglich oder wird sie dadurch verzögert, muss der Käufer das Fahrzeug notfalls abmelden (vorübergehend stilllegen).[47]

Eine – individuell vereinbarte – **Vertragsstrafe** von 10,– DM für jeden Tag schuldhafter Säumnis hat die Rechtsprechung als angemessen anerkannt.[48] Ist die Vertragsstrafe in einem Formularvertrag enthalten, ist nicht § 11 Nr. 6, sondern § 9 AGBG einschlägig, vorausgesetzt, der Verkäufer ist Verwender des Vertragsformulars.

Auf die **Kfz-Steuerpflicht** des Verkäufers hat die Ummeldung des Käufers ebensowenig Einfluss wie auf die **Haftpflichtversicherung.** Die Steuerpflicht endet in dem Zeitpunkt, in dem die Anzeige des Verkäufers mit der Empfangsbestätigung des Käufers (vgl. § 27 III, 1 StVZO) bei der Zulassungsstelle eingeht. Der Verkäufer hat es also selbst in der Hand, wie lange er Kfz-Steuer zu zahlen hat. Wenn er die Empfangsbestätigung des Käufers nicht

---

44 Zum Begriff s. § 28 I StVZO.
45 OLG Karlsruhe 19. 3. 1998, NJW-RR 1999, 779 = OLGR 1999, 42.
46 LG Wuppertal 5. 5. 1980, VersR 1980, 1179; VGH Baden Württemberg, 5 S 2104/95.
47 AG Düsseldorf 10. 3. 1988, 50 C 389/87, n. v. (Motorrad).
48 AG Düsseldorf 10. 3. 1988, 50 C 389/87, n. v. (Motorrad); AG Essen 1. 6. 1987, 29 C 158/87, n. v. (Pkw).

beibringen kann, bleibt er so lange Steuerschuldner, bis der Käufer das Auto auf sich ummeldet oder der Wagen aus dem Verkehr gezogen wird. In diesem Fall bleibt dem Verkäufer nur die Möglichkeit, sich mit dem Finanzamt auf einen Zeitpunkt für die Beendigung der Steuerpflicht zu einigen. Nach § 5 IV KfzSteuerG kann das Finanzamt die Steuerpflicht aufheben, wenn der Steuerschuldner glaubhaft macht, dass das Fahrzeug von ihm nicht mehr genutzt wird und er die Abmeldung des Fahrzeugs nicht schuldhaft verzögert hat.

Nicht selten wird dem Käufer im **Innenverhältnis** die Pflicht auferlegt, die Kfz-Steuer vom Tag der Auslieferung des Fahrzeugs an zu zahlen. Auch ohne einen solchen (deklaratorischen) **Schuldbeitritt** hat der Verkäufer eine gesetzliche Handhabe, den Käufer auf Erstattung weitergezahlter Kfz-Steuer zu verklagen, § 446 I, 2 BGB i. V. m. § 426 BGB. Aus § 286 BGB lässt sich ein solcher Anspruch nicht herleiten, weil zwischen dem Unterlassen oder dem Verzögern der Ummeldung und dem Fortbestehen der Steuerpflicht kein ursächlicher Zusammenhang besteht.

Was die **Prämien für die Haftpflichtversicherung** angeht, so endet die Beitragspflicht des Verkäufers (= Versicherungsnehmer) weder durch die Veräußerungs- noch durch die Erwerbsanzeige im Sinne von § 27 III, 1, 2 StVZO; auch nicht durch die Mitteilung des Verkäufers an den Haftpflichtversicherer gemäß § 6 I AKB. Der Verkäufer haftet mit dem Erwerber als Gesamtschuldner für den Beitrag, der auf das laufende Versicherungsjahr entfällt. Im **Innenverhältnis** kann der Verkäufer auch ohne ausdrücklichen Schuldbeitritt des Käufers Prämienerstattung verlangen (§ 446 I, 2 BGB analog i. V. m. § 426 BGB oder kraft stillschweigenden Schuldbeitritts). Die Kosten einer bestehenden Fahrzeugversicherung (Teil- oder Vollkasko) kann der Verkäufer hingegen nur bei einer ausdrücklichen Übernahmeerklärung auf den Käufer abwälzen.

Nach Übergabe des Fahrzeugs ist es grundsätzlich Sache des Käufers, für einen wirksamen Haftpflichtschutz zu sorgen.[49] Ein bestehender Haftpflichtversicherungsvertrag geht auf den Käufer über, sobald er Eigentum an dem Fahrzeug erwirbt (§§ 158h, 69 VVG).[50] Ein Unfall vor Eigentumsübergang (z. B. beim Verkauf unter Eigentumsvorbehalt) ist für den Käufer, der schon Halter ist, im Hinblick auf die Regressgefahr nur kritisch, sofern der Versicherungsvertrag erloschen war.[51]

II. Verkauf von Privat an Händler (ohne Neuerwerb)

1. Die Marktsituation

Soweit gebrauchte Personenkraftwagen nicht verschrottet oder direkt an Privat verkauft werden, übernimmt sie der Kfz-Handel, sei es kaufweise, sei es – jetzt wieder die Ausnahme – zur Vermittlung. Echte Kommissionsgeschäfte sind nach wie vor äußerst selten. Die Abgabe des Gebrauchtwagens an den Handel ist meist mit dem Erwerb eines anderen Fahrzeugs (Neu- oder Altwagen) gekoppelt (vgl. Rn 324 ff.). Der „freie" Ankauf von Privat ist im Kfz-Handel vorwiegend bei reinen Gebrauchtwagenhändlern zu beobachten. „Erstklassige Gebrauchte gesucht" oder „Wir suchen ständig gute Gebrauchte" lauten die gängigen Anzeigen. Neuwagenhändler mit Gebrauchtwagenabteilung machen nur ausnahmsweise von der Möglichkeit des aktiven Zukaufs aus Privathand Gebrauch, etwa zur Befriedigung spezieller Kundenwünsche oder zur Abrundung des Sortiments.

1325

---

49 BGH 7. 3. 1984, NJW 1984, 1967; BGH 26. 10. 1988, NJW-RR 1989, 211 = WM 1989, 26.
50 BGH 7. 3. 1984, NJW 1984, 1967; BGH 26. 10. 1988, NJW-RR 1989, 211 = WM 1989, 26.
51 Zur Aufklärungspflicht des Verkäufers s. Rn 1320.

2. Der Ankauf mit Schätzwert-Klausel

a) Inhalt und Auslegung von Schätzwert-Klauseln

1326 Typischer Bestandteil von Ankaufverträgen waren Preisklauseln wie
- „Der Kfz-Ankauf erfolgt zum DAT-Schätzpreis abzüglich 50%/40%/30%/20%",
- „zum DAT-Schätzpreis-Händlereinkauf abzüglich 3000,00 DM",
- „zum DAT-Schätzwert-Händlereinkauf mit bzw. ohne MwSt".

Mit Beginn der neunziger Jahre haben Schätzwertklauseln dieser Art an Bedeutung verloren. Heute sind sie kaum noch anzutreffen.

Den ohne klarstellenden Zusatz zumindest missverständlichen Begriff „DAT-Schätzpreis" bzw. „DAT-Schätzwert" hat die Rechtsprechung händlergünstig im Sinne von **Händlereinkaufswert** ausgelegt; dies sogar bei einer Klausel wie „Der Ankauf erfolgt zum DAT-Schätzpreis abzüglich 50%/40%/30%/20%".[52] Schon bei einer Individualabrede dieses oder eines ähnlichen Inhalts bestehen hiergegen Bedenken, erst recht bei einer **formularmäßigen** Preisklausel. Die Rechtsprechung hat mit der Formel vom „Transparenzgebot" geholfen. Dazu und zur Inhaltskontrolle s. Rn 1329 ff.

Mitunter enthielten Schätzwert-Klauseln den Zusatz „gültiger Schätzwert". Im Zusammenhang mit einer DAT-Schätzung bedeutete dies zweierlei: zum einen Aktualität der Schätzung, zum anderen deren Endgültigkeit. Nach dem DAT-Schätzverfahren war als „endgültig" festgestellt nur derjenige Schätzwert anzusehen, der nach einem Einspruchsverfahren[53] bestätigt oder neu festgelegt worden ist.[54]

b) Sittenwidrigkeit

1327 In der Regel verstößt eine Schätzpreisklausel selbst dann nicht gegen die guten Sitten (§ 138 BGB), wenn vom Händler-Einkaufspreis noch ein bestimmter Prozentsatz abgezogen wird. Abschläge von 10–30% liegen noch deutlich unter dem Grenzwert, bei dem ein auffälliges Missverhältnis zwischen Leistung und Gegenleistung anzunehmen ist. Auch unter Berücksichtigung der Unerfahrenheit des privaten Autobesitzers in seiner ungewohnten Rolle als Verkäufer, ja selbst bei einer gewissen wirtschaftlichen Bedrängnis, ist ein Verstoß gegen § 138 BGB in diesen Fällen nicht zu bejahen. Die kritische Grenze dürfte erst überschritten sein, wenn nach Abzug des Prozentwertes oder eines festen DM-Betrages weniger als die Hälfte des Marktpreises (Verkaufswert) übrigbleibt. In die Sittenwidrigkeitsprüfung ist der gesamte Vertragsinhalt einschließlich der AGB einzubeziehen.

c) Rechtsnatur der Schätzwertklausel

1328 Es handelt sich um einen Fall der Leistungsbestimmung durch einen Dritten i. S. v. § 317 I BGB. Schätzwert-Klauseln sind daher als **Schiedsgutachtenabrede** zu qualifizieren.[55]

d) Inhaltskontrolle gemäß § 9 AGBG

1329 Mit dem **BGH** ist davon auszugehen, dass Schätzwert-Klauseln der Inhaltskontrolle unterliegen.[56] Preisabreden sind ihr zwar grundsätzlich entzogen. Anders ist es aber, wenn das Wie der Preisfindung klauselartig festgelegt wird.[57]

---

52 BGH 18. 5. 1983, NJW 1983, 1854 = WM 1983, 731; AG Berlin-Schöneberg 9. 7. 1981, AH 1982, 757.
53 Vgl. dazu *Eggert/Reinking/Hörl,* S. 141 f.
54 OLG Hamm 19. 2. 1981, 28 U 166/80, n. v.
55 Ganz h. M., vgl. BGH 18. 5. 1983, NJW 1983, 1854.
56 Urt. v. 18. 5. 1983, NJW 1983, 1854.
57 Vgl. *Ulmer/Brandner/Hensen,* Anh. §§ 9–11, Rn 436; *Köndgen,* NJW 1989, 943, 948.

Ob die formularmäßige „DAT-Schätzwert"-Klausel den privaten Autoverkäufer unangemessen i. S. v. § 9 AGBG benachteiligt, hat der BGH in seinem grundlegenden Urteil vom 18. 5. 1983[58] nicht abschließend geprüft. Zum einen war der Verkäufer über die Bedeutung der Klausel vor Vertragsabschluss aufgeklärt worden, wenn auch nur über den Inhalt, nicht aber über die Rechtsfolgen dieser Abrede, speziell deren Bindungswirkung. Deshalb brauchte sich der BGH mit dem **Transparenzerfordernis** nicht abschließend auseinanderzusetzen. Zum anderen fehlte es in jenem Fall an einem hinreichenden Vortrag von Tatsachen, die auf eine wirtschaftliche oder rechtliche Abhängigkeit zwischen Händler und Schiedsgutachter hindeuteten. Mangels tatrichterlicher Feststellungen war der BGH der Prüfung enthoben, ob der Sachverständige, der den DAT-Schätzwert ermitteln soll, neutral, vollständig unabhängig und sachkundig ist.

aa) Zum Transparenzgebot

Auch ohne besondere Aufklärung des privaten Autoanbieters über Inhalt und Tragweite der Schätzwert-Klausel ist dem Transparenzgebot[59] Genüge getan, wenn die Klausel den klarstellenden Zusatz „Händlereinkaufswert" oder „Händlerverkaufswert" enthält. Mit diesen Begriffen weiß auch ein Durchschnittskunde etwas anzufangen. Sie ermöglichen es ihm, sein Preiserzielungsrisiko, auf das er sich aus freien Stücken einlässt, ausreichend abzuschätzen. Ohne den erläuternden Hinweis auf die Art des Preises (EK oder VK) ist die Preisbildung intransparent, selbst wenn die Klausel – wie im BGH-Fall[60] – gestaffelte Abzugsbeträge (20%–50%) aufweist. Die prozentualen Abzüge deuten an sich darauf hin, dass sie mit dem Verkaufswert in Zusammenhang stehen. Je höher der Abschlag ist, desto stärker muss auch für einen Laien der Eindruck sein, Ausgangspunkt der Rechenoperation sei der Händlerverkaufswert oder der objektive Verkehrswert (Marktpreis), jedenfalls nicht der Einkaufswert. Ein Abzug von nur 20% deutet schon eher auf den Händlereinkaufswert als Basisgröße hin. Dieser berücksichtigt nämlich nur die durchschnittliche Handelsspanne. Der ankaufende Händler hat jedoch ein berechtigtes und dem Kunden auch einleuchtendes Interesse daran, anstelle der Durchschnittsmarge seine eigene geschäfts- und fahrzeugspezifische Handelsspanne in Ansatz zu bringen. Ein Fabrikatshändler mit Werkstattbetrieb, der einen Gebrauchtwagen seines Fabrikats ankauft, hat wegen der voraussichtlich kürzeren Standzeit und damit geringeren Finanzierungskosten und des geringeren Wertverlustes eine andere Kostensituation als ein Fremdfabrikatshändler oder ein reiner Gebrauchtwagenhändler. Da diese Kalkulationsüberlegungen dem Durchschnittskunden insgesamt fremd sind, bringen die prozentualen Abzüge nur dann einen Zugewinn an Transparenz, wenn eindeutig klar ist, wovon wieviel abzogen wird.

bb) Zum Neutralitätsaspekt

Die gebotene Unabhängigkeit des Schiedsgutachters ist nicht nur unter wirtschaftlichen Gesichtspunkten zu beurteilen. Auch sonstige Bindungen sachlicher oder rechtlicher Natur können Zweifel daran wecken, dass der vorgesehene Schiedsgutachter unabhängig und unbeeinflusst von sachfremden Erwägungen tätig wird.[61]

Eine unangemessene Benachteiligung des privaten Autoverkäufers ist früher bei DAT-Schätzwertklauseln diskutiert worden (vgl. Vorauflage Rn 1331). Aus **heutiger Sicht** steht die Behauptung, DAT-Sachverständige würden Gebrauchtwagen fast immer zu Gunsten der Händler schätzen, unbewiesen im Raum. Eine breit angelegte Untersuchung der Stiftung Warentest[62] hat sogar ergeben: Die Werte im DAT-Marktspiegel unterscheiden sich nur

---

58 NJW 1983, 1854.
59 Dazu BGH 23. 3. 1995, NJW-RR 1995, 749.
60 NJW 1983, 1854.
61 So BGH 18. 5. 1983, NJW 1983, 1854.
62 test 3/1979; vgl. auch test 6/1982.

unerheblich von den Eintragungen im Schwacke-Marktbericht, der für sich seit jeher in Anspruch nimmt, „neutral" und „unabhängig" zu sein.

e) Unverbindlichkeit des Schätzwertes gemäß § 319 BGB analog

1332 Unverbindlich ist der Schätzwert, wenn er **offenbar unrichtig** ist. Offenbare Unrichtigkeit verlangt mehr als bloße Unrichtigkeit der Schätzung. Offenbar unrichtig ist sie erst dann, wenn sie „den Grundsatz von Treu und Glauben in grober Weise verletzt und wenn sich ihre Unrichtigkeit dem Blick eines sachkundigen und unbefangenen Beurteilers sofort aufdrängen muss".[63] Diese Formel ist wegen ihrer Unschärfe nur schwer zu handhaben. Schwierigkeiten bereitet vor allem das normative Element des § 242 BGB, welches allerdings in der Entscheidung des BGH vom 2. 2. 1977[64] nicht mehr erwähnt wird. Bei gutachterlichen Wertermittlungen und Schätzungen liegt die Möglichkeit eines gewissen Spielraums („Streubereich") in der Natur der Sache.[65] Das Schätzergebnis muss, um offenbar unrichtig zu sein, erheblich außerhalb des an sich üblichen Toleranzbereichs entsprechender Schätzungen liegen. Das wird bei Abweichungen in einer Größenordnung von unter 15% regelmäßig zu verneinen sein.[66]

Die offenbare Unrichtigkeit des Schätzergebnisses hat grundsätzlich derjenige zu **beweisen,** der sie geltend macht. Eine Beweislastumkehr erscheint jedoch geboten, wenn der Händler den Wagen in Kenntnis der Abweichung von der Preisvorstellung des Verkäufers veräußert hat, ohne diesen vorher davon zu unterrichten, und das Fahrzeug infolgedessen nicht mehr für eine Nachschätzung zur Verfügung steht (Rechtsgedanke aus § 444 ZPO). Der Nachweis der offenbaren Unrichtigkeit der Schätzung wird dem Verkäufer erfahrungsgemäß nur selten gelingen.[67] Nach Auffassung des BGH genügt der Verkäufer seiner Darlegungs- und Beweislast nicht schon dadurch, dass er auf unterschiedliche Schätzwerte hinweist. Auch die Behauptung, die Schätzorganisation weigere sich, Einzelheiten der Wertermittlung bekanntzugeben, ist nicht ausreichend.

f) Irrtumsanfechtung

1333 Um von dem Kaufvertrag loszukommen, müsste der Verkäufer darlegen und beweisen, dass er – abweichend von dem äußeren Tatbestand seiner Erklärung – die Vorstellung hatte, der objektive Verkehrswert des Fahrzeugs solle maßgeblich sein.[68] Diese innere Tatsache zu beweisen dürfte dem Verkäufer in der Praxis schwerfallen. Haben ausnahmsweise beide Vertragspartner die Erwartung gehegt, der Schätzwert werde deutlich über dem festgesetzten Betrag liegen, so führt dieser beiderseitige Motivirrtum nach weitverbreiteter Meinung zum Wegfall der Geschäftsgrundlage.[69]

g) Aufklärungsverschulden

1334 Grundsätzlich braucht der Händler auf die Möglichkeit eines von der Vorstellung des Anbieters abweichenden Schätzergebnisses nicht hinzuweisen. Der private Verkäufer geht bewusst ein Risiko ein, möglicherweise in der trügerischen Hoffnung, auf diese Weise einen höheren Preis zu erzielen. Dem Kfz-Eigentümer ist es unbenommen, eine untere Preisgrenze festzusetzen oder den Vertrag erst dann zu unterzeichnen, wenn sein Fahrzeug geschätzt worden ist. Auch ein Rücktrittsvorbehalt bietet Schutz. Das Mindeste, was von einem unkundigen und unerfahrenen Verkäufer erwartet werden kann, ist eine Rückfrage beim

---

63 BGH 14. 12. 1967, WM 1968, 307; vgl. auch BGH 24. 9. 1990, NJW-RR 1991, 228.
64 NJW 1977, 801; vgl. auch BGH 25. 1. 1979, NJW 1979, 1885; BGH 16. 11. 1987, NJW-RR 1988, 506.
65 BGH 1. 4. 1987, NJW-RR 1987, 917 (zu § 64 VVG).
66 BGH 1. 4. 1987, NJW-RR 1987, 917.
67 So z. B. im Fall LG Hamburg NJW 1970, 2064.
68 BGH 18. 5. 1983, NJW 1983, 1854.
69 So auch die Vorinstanz zu LG Hamburg NJW 1970, 2064.

Verkauf von Privat an Händler (ohne Neuerwerb)

Händler oder bei einem Dritten, z. B. einem Automobilverband. Wenn der Händler auf ausdrückliches Befragen des Verkäufers eine unrichtige oder unvollständige Auskunft gegeben hat (z. B., der Schätzpreis werde in jedem Fall den Betrag X übersteigen, die Schätzung sei ohne jedes Risiko), haftet er aus Verschulden bei den Vertragsverhandlungen.[70] Die Schadensersatzpflicht des Händlers kann sich auch aus §§ 823 II, 826 BGB ergeben. Darüber hinaus kann der Verkäufer zur Anfechtung gem. § 123 BGB berechtigt sein.

Nach Ansicht des OLG Frankfurt[71] ist ein Gebrauchtwagenhändler, der Fahrzeuge zum Schätzpreis abzüglich eines bestimmten Prozentsatzes ankauft, nur zur Information über die Bedeutung der Schätzung des Händler-Einkaufswertes verpflichtet, d. h., er muss den Kunden auch **ungefragt** darüber unterrichten, dass der Händler-Einkaufswert bereits Gewinn und Kosten des Händlers berücksichtigt.[72] Wer trotz dieses Hinweises noch einen prozentualen Abschlag akzeptiert, ist nicht schutzwürdig. Dass der Kfz-Eigentümer sich auch bei pflichtgemäßer Information auf die Schätzwertklausel eingelassen hätte, hat der Händler darzulegen und zu beweisen. **1335**

Bei schuldhafter Verletzung der Informationspflicht kann der Verkäufer verlangen, dass der Vertrag rückgängig gemacht wird. Sofern das Fahrzeug bereits übergeben ist, ist der Händler zur Herausgabe, bei pflichtwidriger Vorenthaltung auch zum Ersatz entgangener Gebrauchsvorteile, verpflichtet.[73] Bei Unmöglichkeit der Herausgabe, z. B. wegen Weiterverkaufs, hat er den Verkehrswert des Fahrzeugs zu ersetzen. Dieser bemisst sich nach dem Wert des Wagens ohne Gewinn und Kosten des Händlers.

Mitunter haben Interessenten gar nicht die Absicht, den Eigentümer an dem Ergebnis der Schätzung festzuhalten. Ihnen ist mehr daran gelegen, sich den Wunsch des Verkäufers, vom Vertrag loszukommen, gut bezahlen zu lassen, entweder in Form einer festen oder prozentualen Abstandszahlung und/oder durch Übernahme der Schätzkosten, Zahlung von **Standgeld,** Arbeitslohn, Vorführkosten usw. Manche Fahrzeugeigentümer gehen auf solche Angebote ein, weil sie darin die günstigere Alternative sehen. Kommt es zu keiner Einigung über die Auflösung des Vertrages, verlangen Händler bisweilen unter Berufung auf formularmäßige Klauseln eine „Abstandszahlung". Dabei kann es sich um eine unzulässige Vertragsstrafe handeln.[74] Auch als Pauschalierung von Schadensersatzansprüchen sind derartige Klauseln nicht frei von Bedenken (vgl. § 11 Nr. 5 AGBG). **1336**

---

70 LG Frankfurt 18. 6. 1976, 2/10 O 126/76, n. v.
71 Urt. v. 26. 5. 1982, MDR 1982, 847.
72 Anders AG Berlin-Schöneberg 9. 7. 1981, AH 1982, 757 (ohne Nachfrage keine Aufklärungspflicht).
73 Vgl. BGH 14. 7. 1982, NJW 1982, 2304 (gekündigter Vermittlungsauftrag).
74 Vgl. AG Frankfurt 1. 12. 1978, DAR 1979, 286.

C. Das Vermittlungsgeschäft

I. Die steuerrechtlichen Rahmenbedingungen

1337 Mit Wirkung ab 1. Juli 1990 ist, im Vorgriff auf eine EU-Richtlinie, eine nationale Sonderregelung für die Besteuerung der Umsätze im Handel mit Gebrauchtfahrzeugen eingeführt worden. Es handelt sich um die sogenannte **Differenz- oder Margenbesteuerung** nach § 25a UStG. Bemessungsgrundlage ist nicht, wie üblicherweise gemäß § 10 I UStG, das Entgelt, sondern nur die Differenz zwischen Einkaufspreis und Verkaufspreis.[1]

Ab 1. Januar 1995 gilt die Differenzbesteuerung nicht mehr allein für gebrauchte Kraftfahrzeuge innerhalb Deutschlands, sondern für sämtliche gebrauchten Gegenstände innerhalb der EU. Diese **Neuregelung** geht zurück auf die vom Rat der Europäischen Union am 14. Februar 1994 verabschiedete „Richtlinie 94/5/EG". Die praktischen Auswirkungen für den deutschen Kfz-Handel sind gering. Im **Inlandsgeschäft** sind zwei Neuerungen zu beachten: Der Händler kann auch ein zunächst als Betriebsfahrzeug angeschafftes Fahrzeug nach betrieblicher Nutzung unter Inanspruchnahme der Differenzbesteuerung weiterverkaufen. Der Grundsatz, dass eine Verrechnung positiver und negativer Margen unzulässig ist, wird durch § 25a UStG n. F. bei Einkünften unter 1000,– DM eingeschränkt, eine Neuregelung, die beim Hereinnehmen von Schrottautos akut werden kann.[2] Für Lieferungen ins **EU-Ausland** ist die neue Abgrenzung zwischen Neufahrzeug und Gebrauchtfahrzeug in § 1b UStG zu beachten. Der Kreis „neuer Fahrzeuge" wurde durch eine Änderung der Kriterien vergrößert. Nicht mehr neu, sondern gebraucht ist ein Kfz jetzt erst, wenn es mehr als 6 Monate zugelassen ist oder eine höhere km-Leistung als 6000 km hat.

II. Auswirkungen der Differenzbesteuerung auf den Handel mit Gebrauchtfahrzeugen

1. Die Marktsituation ab 1. 7. 1990

1338 Die Gründe, die 1969/70 zur globalen Einführung des sog. Agenturgeschäfts geführt haben, sind mit Inkrafttreten des § 25a UStG (1. 7. 1990) entfallen. Von Sonderfällen abgesehen, gibt es für den Kfz-Händler keinen steuerlichen Zwang mehr, die Rolle des Vermittlers zu übernehmen. Doch so wie es schon vor 1968 (Änderung des UStG) vereinzelt Agenturgeschäfte gegeben hat, wird dieser Geschäftstyp trotz der Differenzbesteuerung in geringem Umfang auch weiterhin praktiziert. Der Händler kann das Agenturgeschäft nach wie vor einsetzen, um die zivilrechtlichen Haftungsrisiken zu begrenzen, um einen größeren Spielraum bei der Gestaltung und Durchsetzung des Hereinnahmepreises zu haben (Vermeidung fester Ankaufspreise) oder um steuerlichen Sondersituationen (z. B. Erwerb von Land- und Forstwirten) Rechnung zu tragen. Auch die mangelnde Bereitschaft oder Fähigkeit, einen größeren Gebrauchtwagenbestand vorzufinanzieren, kann zu Agenturgeschäften führen.

Soweit es um den früheren Hauptanwendungsfall des Agenturgeschäfts geht, nämlich die **Koppelung eines Neuwagenkaufs mit einer Gebrauchtwagenhereinnahme,** treten Kfz-Händler inzwischen wieder – wie vor 1969 – praktisch nur noch als Eigenhändler auf. Werden sie in diesem Bereich weiterhin als Agent (Vermittler) tätig, so laufen sie angesichts der ab 1988 verschärften Rechtsprechung des BFH[3] Gefahr, steuerlich wie Eigenhändler

---

[1] Zu den vielfältigen Detailproblemen (z. B. bei Inzahlungnahmen, Garantien, Vermittlerprovisionen) s. *Mielke/Reiß/Kleine-Vorholt,* Umsatzsteuer im Kfz-Gewerbe.
[2] Vgl. Steuer-Erfahrungsaustausch Kraftfahrzeuggewerbe, 11/94, S. 8.
[3] Nachweise bei *Eggert,* NZV 1989, 456, 458, Fn. 43.

eingestuft zu werden. Zur Abgrenzung Vermittlung/Eigengeschäft s. Vfg. OFD Hannover v. 28. 8. 1997, Az. 7110 – 7 – StH 532; S 7110 – 3 – StO 355. Steuerlich weniger brisant ist die Situation für den Kfz-Händler bei der sog. **reinen Agentur.** Hier ist der Vermittlungsauftrag isoliert erteilt worden. Es besteht kein Zusammenhang mit dem Erwerb eines anderen Fahrzeugs. Doch auch in diesen Fällen kann der vermittelnde Händler steuerlich als Eigenhändler angesehen werden. Agenturschädlich ist z. B. der Verzicht des Händlers auf einseitige Beendigung des Vermittlungsvertrages, es sei denn aus wichtigem Grund. Ein Beweisanzeichen dafür, dass er wirtschaftlich gesehen das Verkaufsrisiko übernommen hat, kann auch darin liegen, dass er schon bei Abschluss des Agenturauftrags den sog. Mindestverkaufspreis voll oder teilweise an seinen Kunden ausgezahlt hat, ohne einen etwaigen Rückzahlungsanspruch abzusichern.

Von der Änderung des UStG unberührt sind die sog. **Gelegenheitsvermittlungen** geblieben. Im gewerblichen Bereich sind es vorwiegend Reparaturbetriebe und Tankstellen, die beim Absatz gebrauchter Pkw eingeschaltet werden. Der Vermittlungsauftrag wird meist nur mündlich erteilt. Gelegentlich werden Privat-Pkw in Autohäuser gestellt, um sie dort an den Mann zu bringen. Zu diesem Sonderfall vgl. OLG Köln NJW 1996, 1288. Keine Gelegenheitsvermittler sind die organisierten **Jahreswagen-Vermittler** (vgl. Rn 1715). Völlig neu ist die Konzeption der Fa. Private Cars GmbH aus Münster i. W. Deutschlandweit will dieses Unternehmen Gebrauchtwagen aus privater Hand über Kfz-Händler an Privatkunden vermitteln. Der Kaufvertrag soll unter Einschaltung des Händlers als Vermittler zwischen dem (privaten) Verkäufer und dem (privaten) Käufer zustande kommen, so wie früher beim „klassischen" Agenturgeschäft. Ein Gütesiegel des TÜV und eine Garantie der Albingia Vers. runden das Konzept ab.

2. Vertragsrechtliche Konsequenzen

Zivilrechtlich sind Vermittlungsgeschäfte nach wie vor möglich und zulässig. Insbesondere kann § 25a UStG kein Verbot i. S. v. § 134 BGB entnommen werden. Wegen der hauptsächlich aus steuerlichen Gründen gewählten Einkleidung der Verträge ist das gesamte Agenturgeschäft alter Art vielfach als Schein- oder Umgehungsgeschäft disqualifiziert worden.[4] Man hat den Kfz-Händler so behandeln wollen, als habe er das Fahrzeug im eigenen Namen und für eigene Rechnung erworben; vor allem wollte man ihn nicht aus seiner Verkäuferhaftung entlassen. Demgegenüber hat der Bundesgerichtshof in ständiger Rechtsprechung die steuerlich motivierte Vertragsgestaltung „Agenturvertrag" (Vermittlungsauftrag) sowohl bei isolierter als auch bei einer an einen Neufahrzeugkauf gekoppelten Hingabe eines Altwagens akzeptiert.[5] In der Rechtsprechung war und ist allgemein anerkannt, dass ein Scheingeschäft nicht schon deshalb vorliegt, weil zur Ersparnis von Umsatzsteuer eine Vertragsgestaltung gewählt worden ist, die den Händler als Vertragspartei ausschaltet.[6] Die erklärte Rechtsfolge – Kaufvertrag ohne Beteiligung des Händlers – mochte zwar aus der Sicht der Käufer unerwünscht sein. Rechtlich kam es – nicht anders als auf der Ebene Hereingeber – Händler – auf den erklärten Willen an.

1339

An dieser Rechtslage hat sich durch die Einführung des § 25a UStG im Ergebnis nichts geändert. Gewiss ist die steuerliche Ausgangssituation heute grundlegend anders. Von Sonderfällen[7] abgesehen, gibt es keine steuerliche Notwendigkeit mehr, einen Altwagen von

1340

---
4 *Walz/Wienstroh,* BB 1984, 1693; *Haase,* JR 1981, 324; *Honsell,* Jura 1983, 523; *Staudinger/Schlosser,* § 9 AGBG, Rn 132; *Rixecker,* DAR 1986, 110; *Köndgen,* Selbstbindung ohne Vertrag, 1981, S. 408 f. („Fehlgebrauch der Rechtsform").
5 Grundlegend Urt. v. 5. 4. 1978, NJW 1978, 1482; für isolierten Vermittlungsauftrag s. BGH 24. 11. 1980, NJW 1981, 388.
6 Nachweise bei *Schulze-Osterloh,* AcP 190, 139.
7 Vgl. Rn 1338.

einem Nichtunternehmer nur zur Vermittlung zu übernehmen, statt ihn anzukaufen oder „fest" in Zahlung zu nehmen. Ein Kfz-Händler, der gleichwohl mit seinem Kunden einen „Agenturvertrag" abschließt, kann dafür verschiedene Gründe außerhalb des Steuerrechts haben (vgl. Rn 1338). Sie sind zivilrechtlich grundsätzlich zu respektieren. Die Grenzen ziehen §§ 134, 138 BGB. § 117 I BGB ist kein geeignetes Instrument, die Probleme atypischer Vertragsgestaltungen zu lösen. Entscheidend kommt es auf die Auslegung und die Qualifikation des Rechtsgeschäfts im Einzelfall an.

III. Die Rechtsbeziehung der am Vermittlungsgeschäft Beteiligten zueinander

1. Die Eigentümer-Unternehmer-Beziehung

1341   Bei der zivilrechtlichen Beurteilung dieser ersten Seite des Geschäfts ist zu unterscheiden, ob der Vermittlungsauftrag isoliert erteilt worden ist oder ob er im Zusammenhang mit dem Erwerb eines anderen Fahrzeugs steht. Die rechtliche Bewertung ist auf allen Ebenen grundverschieden. Rechtsprechung und Schrifttum haben sich in den Jahren 1969–1990 vorwiegend mit der „eigenartigen Gemengelage"[8] bei dem Koppelungsgeschäft, der sog. unechten Inzahlungnahme, befasst. Nach Einführung der Differenzbesteuerung laufen die meisten Streitfälle aus diesem Bereich unter anderem Vorzeichen. Die **echte Inzahlungnahme** (s. Rn 324) hat das Agenturmodell praktisch **abgelöst.** „Reine" oder „freie" Vermittlungsgeschäfte, schon in der Vergangenheit zahlenmäßig von untergeordneter Bedeutung, sind durch die Neuregelung des Steuerrechts noch weiter zurückgegangen. Auch sie werden jedoch nicht völlig aus dem Wirtschaftsleben verschwinden.

a) Verdeckter Kaufvertrag, Kommission oder Vermittlungsvertrag?

1342   Da es auf den wirklichen Willen der Vertragsbeteiligten ankommt, entscheidet nicht die Überschrift auf dem Vertragsformular oder eine sonstige Eigenqualifizierung. Bisweilen werden Kraftfahrzeuge „in Kommission" genommen, ohne dass damit eine Verkaufskommission i. S. d. §§ 383 ff. HGB gewollt ist.[9] Umgekehrt kann bei einer „agenturweisen Hereinnahme" unter Verwendung von Begriffen wie „Vermittler" oder „Agent" in Wirklichkeit ein Kaufvertrag oder eine Verkaufskommission gewollt sein. Die Begriffe Vermittlung und Agentur sind im Gegensatz zu Kauf und Kommission rechtlich farblos. Einen Vermittlungsvertrag kennen BGB und HGB ebenso wenig wie einen Agenturvertrag. Die Möglichkeit, dass die Vertragsparteien ihren wahren Willen ungenau oder gar unzutreffend artikuliert haben, ist insbesondere in Betracht zu ziehen, wenn das Geschäft ausnahmsweise nur mündlich abgeschlossen oder – wie im Fall BGH NJW 1980, 2191 – lediglich bruchstückhaft fixiert ist.

Heute – fast 10 Jahre nach Einführung der Differenzbesteuerung – spricht keine tatsächliche Vermutung mehr dafür, dass die Beteiligten statt eines Eigengeschäftes einen Vermittlungsvertrag schließen wollten. In Zweifelsfällen sind außer dem Vertragsformular folgende Urkunden für die Auslegung bedeutsam: Wertermittlungsbericht, sofern vom Kunden unterschrieben, Neuwagenbestellformular, dort insbesondere die Rubrik „Zahlungsweise", die Auftragsbestätigung für den Neuwagen, die Neuwagenrechnung und etwaige Werkstattaufträge des Vorbesitzers. Zur Bedeutung irreführender Werbeaussagen s. Rn 1346.

1343   Gegen einen Vermittlungsauftrag kann, muss aber nicht, die Tatsache sprechen, dass der Unternehmer einen bestimmten Betrag, z. B. den vereinbarten Mindesterlös, schon vor dem Weiterverkauf an seine Kunden ausgezahlt hat.[10] Diese Handhabung kann den Vorbesitzer in

---

[8] So *Behr,* AcP 185, 415.
[9] Zur Abgrenzung zwischen Kauf und Kommission s. BGH 27. 2. 1991, NJW-RR 1991, 994.
[10] Vgl. BGH 18. 6. 1980, NJW 1980, 2184; v. 24. 11. 1980, NJW 1981, 388.

seiner Vorstellung bestärken, seinen Wagen schon verkauft zu haben. Ob eine solche Zahlung in Erfüllung eines unbedingten oder bedingten Kaufvertrages erfolgt ist oder als Vorauszahlung auf die künftige Verbindlichkeit des Händlers aus §§ 675, 670 BGB oder als zinsloses Darlehen oder gar als „Sicherheitsleistung" (Kaution) zu werten ist, hängt zunächst von der Eigenqualifikation der Zahlung durch die Parteien ab. Bei Auslegungszweifeln kann nicht mehr von einem Vermittlungsvertrag als steuerlich wünschenswerter Vertragsgestaltung ausgegangen werden. Durch die Einführung der Differenzbesteuerung stehen die Beteiligten bei einem Festankauf oder fester Inzahlungnahme steuerlich nicht schlechter als bei einem Agenturauftrag, bei dem gleichfalls nur eine Marge, nämlich die Vermittlungsprovision, zu versteuern ist.

Im Fall der unechten Inzahlungnahme („gebundene" Agentur) ist der Vermittlungsvertrag überwiegend als **Geschäftsbesorgungsvertrag mit Dienstvertragscharakter** angesehen worden.[11] Diese zutreffende Qualifizierung kann für den selbständig abgeschlossenen Vermittlungsauftrag („freie" Agentur) im Regelfall übernommen werden.[12] Anders ist es, wenn sich die geschuldete Tätigkeit des Vermittlers in der Benennung eines Kaufinteressenten erschöpft, der Eigentümer im Besitz seines Fahrzeugs bleibt und die Verkaufsverhandlungen zu führen hat. In diesem Ausnahmefall ist **Maklerrecht** anzuwenden.[13] 1344

Als entgeltlicher Geschäftsbesorgungsvertrag unterliegt der Vermittlungsvertrag in erster Linie den in § 675 BGB zitierten Bestimmungen des Auftragsrechts. In zweiter Linie sind – mit großer Vorsicht – dienstvertragsrechtliche Vorschriften und die §§ 383 ff. HGB heranzuziehen. Der praktische Nutzen einer Vertragseinordnung ist freilich verhältnismäßig gering. Welche gesetzlichen Regelungen man auch für anwendbar erklärt: Überlagert werden sie meist von Allgemeinen Geschäftsbedingungen.

b) Rechte und Pflichten aus dem Vermittlungsvertrag
aa) Die Pflichten des Vermittlers
α) Vorvertragliche Aufklärungs- und Beratungspflichten

Informationspflichten in Gestalt von Aufklärungs-, Belehrungs- und Beratungspflichten können schon vor Abschluss des Vertrages bestehen. Die Ablösung des Agenturgeschäfts nach Einführung der sog. **Differenzbesteuerung** hat die Frage aufgeworfen, ob der Händler gegen eine vorvertragliche Pflicht verstößt, wenn er – ohne steuerliche Notwendigkeit – einen Agenturvertrag mit dem Altwageneigentümer abschließt. Zu erwägen ist, dem Händler eine ausdrückliche **Aufklärungs- und Belehrungspflicht** aufzuerlegen. Zu der Zeit, als das Agenturgeschäft bundesweit millionenfach im Jahr praktiziert wurde, hat man den Händler nicht für verpflichtet gehalten, seine Kunden über die Vertragsgestaltung ausdrücklich aufzuklären und zu belehren. Die gängigen Vertragsformulare waren klar und eindeutig. Die Kfz-Agentur war ein typisches Massengeschäft mit hohem Bekanntheitsgrad. Nicht nur bei Werksangehörigen oder sonstigen Personen aus der Kfz-Branche konnte und durfte der Händler voraussetzen, dass das Agenturgeschäft in seinen Grundzügen bekannt ist. Nur wenn er konkrete Anhaltspunkte dafür hatte, dass bei seinen Kunden eine Fehlvorstellung oder ein Missverständnis vorliegt, war eine spezielle Informationspflicht in Betracht zu ziehen.[14] 1345

---

11 OLG Stuttgart 28. 3. 1988, NJW-RR 1988, 891 = DAR 1988, 346; *Behr,* AcP 185, 415; *Schulin,* JA 1983, 161.
12 Vgl. BGH 24. 11. 1980, NJW 1981, 388 („auf Vermittlung des Verkaufs gerichtete Geschäftsbesorgung"), s. auch BGH 14. 7. 1982, NJW 1982, 2304 und OLG Stuttgart 28. 3. 1988, NJW-RR 1988, 891.
13 Vgl. AG Tettnang 25. 3. 1988, NJW-RR 1988, 1141.
14 Vgl. auch OLG Hamm 30. 4. 1975, NJW 1976, 53 m. Anm. *Medicus.*

1346 Auch nach Ablösung des Agenturgeschäfts trifft den Kfz-Händler **keine generelle Pflicht,** den Altwageneigentümer über die **Rechtsformwahl** ausdrücklich aufzuklären und zu belehren. Er schuldet auch einem privaten Kunden **grundsätzlich keine Beratung** darüber, welche Risiken und Chancen mit der einen oder anderen Rechtsform verbunden sind. Soweit es um die Rechtsformwahl geht, nimmt ein Kfz-Händler auch kein besonderes Vertrauen in Anspruch. Wenn überhaupt, so wird ihm dies wegen seiner beruflichen Rolle als Kfz-Fachmann und wegen seines technischen Apparates (Werkstatt) entgegengebracht. In vertragsrechtlichen Angelegenheiten kann und darf der Händler davon ausgehen, dass sein Kunde in der Lage ist, seine Interessen selbst wahrzunehmen. Stellt er allerdings fest, dass er von der angestrebten Rechtsbeziehung und deren Folgen eine falsche Vorstellung hat, so ist er nach Treu und Glauben zur Aufklärung verpflichtet. Für eine generelle Aufklärungspflicht besteht umso weniger Grund, als der BGH solche Agenturen, die mit einem Neufahrzeugkauf verknüpft sind, im Ergebnis wie „feste" Inzahlungnahmen behandelt hat.[15] Der isolierten („freien") Agentur hat er freilich Konkordanz von Form und Inhalt bescheinigt.[16] Insbesondere trägt der Altwageneigentümer bei diesem Geschäftstyp das Absatz- und Preisrisiko.[17]

Eine Aufklärungspflicht kann sich aus vorangegangenen Werbeaussagen ergeben, die private Kfz-Eigentümer in die Irre geführt haben, z. B. eine Anzeige wie „Kaufe alle ... Modelle ab Bj. 1994 bar" oder „Ankauf zu Höchstpreisen". Den Eindruck, ein Ankäufer, kein Vermittler, zu sein, schafft die Firma nicht dadurch aus der Welt, dass sie dem privaten Kunden einen „Auftrag zur Vermittlung" zur Unterschrift vorlegt. Erforderlich ist eine konkrete Aufklärung. Sie muss den Vermittlungscharakter des Geschäfts unmissverständlich deutlich machen.

1347 **Zentraler Punkt** des Vermittlungsauftrags ist die Vereinbarung über den Verkaufspreis. Hier ist eine Kollision handfester Interessen programmiert, sofern der Vermittler sich den vollen Mehrerlös als Provision versprechen lässt. Die Mehrerlös-Provisionsabrede war bis Mitte 1990 allgemein üblich. Was die Ausnahme sein sollte, war zur Regel geworden.

Pflichtwidrig handelt der Vermittler, wenn er das Preislimit unrealistisch hoch ansetzt, sodass das Fahrzeug deshalb unverkäuflich ist. Dass ein Vermittler es darauf anlegt, ein Agenturfahrzeug möglichst lange in seinem Betrieb stehenzulassen, macht nur bei einer günstigen Standgeldvereinbarung einen Sinn. Die dem Geschäftszweck diametral zuwiderlaufende Absicht, den Wagen nach Ablauf einer bestimmten Zeit an den Eigentümer zurückzugeben, kann überdies durch eine Abgeltungsklausel begründet sein, aufgrund derer der Vermittler einen Anspruch auf pauschalierten Ersatz von Aufwendungen zu haben glaubt. Im seriösen Fachhandel sind derartige Klauseln heute nicht mehr anzutreffen. Sie wären mit §§ 3, 11 Nr. 5, 9 AGBG unvereinbar.[18]

1348 Der Vermittler mit Werkstattbetrieb ist ferner verpflichtet, das Fahrzeug vor Abschluss des Vertrages zu prüfen und den Auftraggeber auf erkennbare Gewährleistungsrisiken hinzuweisen. Sofern dessen Angaben zu den Fragen nach dem Zustand des Fahrzeugs für den Vermittler als Fachmann erkennbar unrichtig sind, z. B. in Bezug auf Unfallschäden, hat er auf eine Korrektur hinzuwirken. Dies gehört zu seiner Fürsorgepflicht, weil die kaufrechtliche Gewährleistungspflicht allein den Auftraggeber trifft. Der Vermittler kann zwar unter bestimmten Voraussetzungen auch persönlich aus c. i. c. haften (Sachwalterhaftung).[19] Seine Eigenhaftung tritt aber nicht an die Stelle, sondern neben die Verkäuferhaftung. Deshalb hat der Auftraggeber ein berechtigtes Interesse daran, sein Gewährleistungsrisiko so gering wie

---
15 Urt. v. 5. 4. 1978, NJW 1978, 1482; v. 28. 5. 1980, NJW 1980, 2190.
16 Urt. v. 24. 11. 1980, NJW 1981, 388.
17 BGH 24. 11. 1980, NJW 1981, 388.
18 AG Lübeck 2. 6. 1981, DAR 1982, 72 (195,– DM pro Monat); LG München I 14. 3. 1997, DAR 1998, 394.
19 Dazu Rn 1395 ff.

möglich zu halten. Ausdruck dieses Interesses ist seine Weisung, das Fahrzeug nur unter Ausschluss der Gewährleistung zu verkaufen.

β) **Pflicht zur Verkaufsvermittlung**

Den Verkauf als solchen schuldet ein Vermittler nicht. Er verspricht lediglich, mit dem Ziel tätig zu werden, einen Kaufvertrag abzuschließen. Die Pflicht, dieses Geschäft für den Fahrzeugeigentümer zu besorgen, wird dem Vermittler in der Regel nicht ausdrücklich auferlegt. Gleichwohl kann es keinem Zweifel unterliegen, dass der gewerbsmäßig tätige Kfz-Vermittler – ähnlich einem alleinbeauftragten Makler – verpflichtet ist, sich um den Abschluss eines Kaufvertrages zu bemühen.[20] Der Auftraggeber kann erwarten, dass der Vermittler das Auto in seinem Geschäftsbetrieb in der verkehrsüblichen Weise anbietet, Interessenten wirbt, mit ihnen verhandelt, Probefahrten unternimmt und im Rahmen der technischen Möglichkeiten Pflege- und kleinere Instandsetzungsarbeiten durchführt. Bei einer **Gelegenheitsvermittlung** ist für diese Erwartung kein Raum. 1349

Das Risiko des Fehlschlagens der Verkaufsbemühungen geht bei der „freien" Agentur zu Lasten des Auftraggebers. Der Nur-Vermittler übernimmt weder das Absatz- noch das Preisrisiko. Insbesondere hat er dem Auftraggeber grundsätzlich nicht dafür einzustehen, dass der vereinbarte Mindesterlös (untere Preisgrenze) auch wirklich erzielt wird. Erst recht übernimmt er keine „Mindestpreisgarantie", wie sie der BGH im Falle der **agenturweisen Inzahlungnahme** angenommen hat.[21]

Wenn der Vermittler sich nicht in der gebotenen Weise um den Verkauf bemüht oder seine Bemühungen grundlos einstellt, kann er seinem Vertragspartner unter dem Gesichtspunkt der **positiven Vertragsverletzung** zum Schadensersatz verpflichtet sein. Daneben kann der Auftraggeber ein Recht zur **Kündigung aus wichtigem Grund** haben. Sein Schaden besteht in der eingetretenen Wertminderung und in dem Verlust der Absatzchance. Eine feste Verkaufsmöglichkeit wird in der Regel kaum zu beweisen sein. Schon der Nachweis einer schuldhaften Verletzung der Absatzpflicht dürfte dem Auftraggeber außerordentlich schwerfallen. Die Grundsätze über den Anscheinsbeweis helfen ihm nicht. Das OLG Hamm wendet § 287 I ZPO an.[22] 1350

Ob der Vermittler berechtigt ist, sich zur Erfüllung seiner Absatzpflicht eines **weiteren Vermittlers** (Untervermittler) zu bedienen, hängt von den Umständen des Einzelfalls ab. Mitunter kann die Weitergabe des Fahrzeugs an einen anderen Kfz-Unternehmer geboten sein, um das Fahrzeug in angemessener Frist zu dem vereinbarten Mindestverkaufspreis zu veräußern. Den **Jahreswagen-Vermittlungen** am oder in der Nähe des Sitzes der Hersteller bleibt oft nichts anderes übrig, als auf andere Regionen auszuweichen. Geht man von § 675 BGB aus, so müsste eine Delegation gestattet sein. Denn auf den dies verbietenden § 664 BGB wird hier gerade nicht verwiesen. Bei einem Geschäftsbesorgungsvertrag mit Dienstvertragscharakter ist indes der inhaltsgleiche § 613 S. 1 BGB zu beachten. Hiernach ist der Auftragnehmer im Zweifel zur persönlichen Ausführung des Auftrags verpflichtet. Da das personale Element bei der Kfz-Vermittlung nur von untergeordneter Bedeutung ist, wird man die Befugnis zur Einschaltung eines **Untervermittlers** in den meisten Fällen bejahen müssen.[23] Von einem Handelsbrauch kann man nach Ablösung des Agenturgeschäfts durch 1351

---

[20] BGH 31. 3. 1982, NJW 1982, 1699 (Verkauf eines Jahreswagens unter Hereinnahme eines zu vermittelnden Gebrauchtfahrzeugs); OLG Hamm 22. 8. 1973, NJW 1974, 1091; OLG Hamm 30. 4. 1975, NJW 1976, 54 m. Anm. *Medicus*; OLG Hamm 31. 10. 1977, DAR 1978, 104.
[21] Urt. v. 5. 4. 1978, NJW 1978, 1482. Bei einer „Mindestpreisgarantie" stellt sich die Frage der Vermittlungs- bzw. Verkaufspflicht nicht. Ungewöhnlich daher die auf §§ 242, 162 BGB zurückgreifende Begründung des OLG Düsseldorf OLGR 1992, 97.
[22] Urt. v. 22. 8. 1973, NJW 1974, 1091.
[23] Vgl. auch OLG Nürnberg 23. 9. 1977, MDR 1978, 490; *Walz/Wienstroh*, BB 1984, 1693, 1699; OLG Köln 5. 5. 1989, NJW-RR 1989, 1084.

Einführung der Differenzbesteuerung nicht mehr sprechen. Auf ein etwaiges Vetorecht hat der Auftraggeber jedenfalls dann verzichtet, wenn er nach Auftragserteilung – noch vor Abschluss des Kaufvertrages – einen Betrag in Höhe des vereinbarten Mindestverkaufspreises als Sicherheit erhalten hat.

1352 Der **Untervermittlungsauftrag** kann sowohl im Namen des Fahrzeugeigentümers als auch im Namen des Obervermittlers abgeschlossen sein. Früher, vor dem 1. 7. 1990, kam es üblicherweise zu einer unmittelbaren Vertragsbeziehung zwischen Ober- und Untervermittler auf der Grundlage eines formularmäßigen Untervermittlungsvertrages. Bei **Jahreswagen-Vermittlungen** wurde und wird häufig die andere Alternative gewählt.

γ) Obhuts- und Fürsorgepflichten

1353 Der geschäftsmäßig handelnde Kfz-Vermittler hat das hereingenommene Fahrzeug pfleglich zu behandeln, sorgfältig zu verwahren und insbesondere gegen Diebstahl und unbefugte Benutzung zu sichern und zu versichern.[24] Auch die Kfz-Schlüssel und die Kfz-Papiere sind deshalb sorgfältig aufzubewahren. Besondere Vereinbarungen werden insoweit nur ausnahmsweise getroffen. Was Inhalt und Umfang der Obhutpflicht angeht, kann man sich an der Rechtsprechung zum Kfz-Reparaturvertrag orientieren. Die Interessen- und Risikolage ist vergleichbar.

1354 Der Kfz-Vermittler haftet grundsätzlich für die im Verkehr erforderliche Sorgfalt (§ 276 BGB). Eine Haftungserleichterung analog §§ 690, 277 BGB ist nicht gerechtfertigt.[25] Die Übernahme des Fahrzeugs zur Vermittlung liegt auch im Interesse des Vermittlers. Er wird nicht unentgeltlich tätig. Auf der anderen Seite haftet der Vermittler nicht für einen zufälligen Verlust oder eine zufällige Verschlechterung des Fahrzeugs. Der in § 390 I HGB verankerte Verschuldensgrundsatz wurde durch die Klausel Ziff. VII, 1 S. 1 ZDK-AGB alter Fassung[26] ausdrücklich unterstrichen, allerdings mit einer für die Beweislastverteilung wesentlichen Nuance.

1355 Nach den bis Mitte 1990 üblichen Formularverträgen bestand keine Verpflichtung des Vermittlers zum Abschluss einer **Vollkaskoversicherung.** Mitunter wird diese Pflicht individuell oder – wie im Fall BGH NJW 1979, 643 – formularmäßig sogar expressis verbis ausgeschlossen. Anders als § 390 II HGB enthielten die ZDK-AGB keine ausdrückliche Freistellung. Die Versicherungsfrage scheint man bewusst ausgeklammert zu haben. Auch auf der Vorderseite des Auftragsformulars wurde das Thema „Vollkaskoversicherung" nicht angesprochen. Die bestehende Vertragslücke hat der BGH mit seiner Entscheidung vom 8. 1. 1986[27] geschlossen. Hiernach darf ein Neuwagenkunde, der seinen Altwagen in Agentur gibt, grundsätzlich davon ausgehen, der Händler werde von sich aus für eine Vollkaskoversicherung sorgen. Voraussetzung für diese Erwartung ist, dass der Händler zur Frage der Versicherung keine oder nur eine unzureichende Erklärung abgegeben hat. Ein formularmäßiger Hinweis dürfte nicht genügen. Zu empfehlen ist ein gesonderter Stempelaufdruck oder ein durch Fettdruck und/oder Einrahmung hervorgehobener Hinweis wie z. B. „Achtung, Fahrzeug wird nicht vollkaskoversichert!"

1356 Das vom BGH im Wege der (ergänzenden) Vertragsauslegung gefundene Ergebnis steht nicht im Einklang mit der Wertung des Gesetzgebers in § 390 II HGB. Hiernach ist der Kommissionär zum Abschluss einer Sachversicherung nur auf Anweisung des Kommitenten verpflichtet. Die Anweisung kann auch konkludent erfolgen, was der BGH nicht geprüft hat.

---

24 Vgl. OLG Hamm 2.7. 1998, NJW-RR 1999, 777 = OLGR 1998, 308; OLG Celle 21. 11. 1991, NZV 1992, 404; LG Konstanz 30. 6. 1994, 6 S 37/94, n. v.
25 Anders bei unentgeltlicher Unterstellung eines Händlerfahrzeugs auf dem Gelände eines anderen Händlers, vgl. OLG Köln 15. 3. 1996, OLGR 1996, 223.
26 Abgedruckt in der 4. Aufl., S. 538, 539.
27 NJW 1986, 1099 = EWiR 3/86, 337 *(Reinking)*.

Der mit einer Versicherungspflicht verbundenen Risikoentlastung des Fahrzeugeigentümers bedarf es im Übrigen nicht, sofern der Vermittler in der Rolle des Quasi-Käufers gesehen wird. Wer ihm das Absatzrisiko aufbürdet, muss ihn auch die Gefahr der zufälligen Beschädigung oder des zufälligen Verlustes tragen lassen.

Auf dem Boden der BGH-Entscheidung vom 8. 1. 1986[28] wird bei der **„freien" Agentur** eine Versicherungspflicht des Vermittlers erst recht zu bejahen sein. Das Interesse des Fahrzeugeigentümers an der Erhaltung der Sachsubstanz ist bei diesem Vertragstyp ungleich stärker ausgeprägt als im Falle einer Agentur in Verbindung mit einem Neuwagenkauf. Dies beruht auf der unterschiedlichen Risikolage in Bezug auf Absatz und Erlös. Die Erwägungen des BGH in dem Urteil vom 8. 1. 1986[29] lassen sich in jedem Fall auf den Vermittler mit Werkstattbetrieb übertragen. Für ihn ist der Abschluss einer Vollkaskoversicherung ohne weiteres möglich und zumutbar. Anders kann es bei reinen **Jahreswagen-Vermittlungen** und bei einer Vermittlung durch einen Tankstellenpächter sein. Jahreswagen-Vermittlungen werden nicht selten von Kleingewerbetreibenden, z. B. von Arbeitslosen aus der Kfz-Branche und Hausfrauen, betrieben. Der Abschluss einer betriebsgebundenen Vollkaskoversicherung kann hier nicht ohne weiteres unterstellt werden. Der hohe Wert von Jahreswagen ist kein Argument, die Versicherungspflicht dem Vermittler zuzuschieben. Entsprechend dem Grundgedanken des § 390 II HGB ist es in erster Linie Sache des Eigentümers, für einen ausreichenden Versicherungsschutz zu sorgen. Das gilt erst recht für den Sonderfall, dass ein Autohändler lediglich den Wagen in seiner Halle ausstellt und Interessenten mit dem Eigentümer in Verbindung bringt.[30]

1357

Unterlässt der Vermittler pflichtwidrig den Abschluss einer Vollkaskoversicherung, so muss er den Auftraggeber im Falle einer **Beschädigung des Fahrzeugs,** z. B. bei einer **Probefahrt,** wegen positiver Vertragsverletzung so stellen, als habe er eine solche Fahrzeugversicherung abgeschlossen.[31] Der Eigentümer hat Anspruch auf Ersatz des Schadens, der im Rahmen der Vollkaskoversicherung erstattet wird. Daraus folgt, dass der Vermittler dem Auftraggeber auch diejenigen Einwendungen entgegenhalten darf, die einem Vollkaskoversicherer zustünden.

Bei Einschaltung eines **Untervermittlers** muss der Obervermittler die Versicherungspflicht ggf. delegieren. Er handelt fahrlässig, wenn er darauf vertraut, der Untervermittler werde von sich aus eine Vollkaskoversicherung abschließen. Dem Obervermittler obliegt es in jedem Fall, für eine ausreichende Transportversicherung zu sorgen.

δ) Pflichten bei Abschluss des Kaufvertrages

Gegenstand des „Auftrags zur Vermittlung eines Kfz-Verkaufs" ist der Verkauf eines bestimmten Fahrzeugs im Namen und für Rechnung des Auftraggebers. Ein weisungswidriger Verkauf im eigenen Namen und für eigene Rechnung (Eigengeschäft) kann den Vermittler wegen positiver Vertragsverletzung schadensersatzpflichtig machen. Er hat den Fahrzeugeigentümer so zu stellen, wie er bei auftragsgemäßer Ausführung des Geschäfts gestanden hätte. Durch das unzulässige Eigengeschäft darf der Eigentümer nicht schlechter, aber auch nicht besser abschneiden.

1358

Bei einem Verkauf im Namen und für Rechnung des Vermittlers kann ein sog. **Selbsteintritt** vorliegen. Auch ohne ausdrückliche Erlaubnis ist der Vermittler berechtigt, den Verkaufsauftrag durch Selbsteintritt auszuführen. Denn dem Eigentümer ist es im Allgemeinen gleichgültig, ob sein Wagen an einen Dritten verkauft oder von dem Vermittler selbst kaufweise übernommen wird. Haftungsrechtlich ist ein Selbsteintritt für den Eigentümer

1359

---

28 NJW 1986, 1099 = EWiR 3/86, 337 *(Reinking).*
29 NJW 1986, 1099 = EWiR 3/86, 337 *(Reinking).*
30 OLG Köln 20. 11. 1995, NJW 1996, 1288.
31 BGH 8. 1. 1986, NJW 1986, 1099 = EWiR 3/86, 337 *(Reinking).*

sogar günstiger, weil er ihm in der Person des Vermittlers einen sachkundigen Käufer beschert. Diesem gegenüber sind Aufklärungs- und Hinweispflichten von geringerer Intensität als bei einem vermittelten Verkauf an eine Privatperson, die sich ihrerseits auf eine gesteigerte Aufklärungspflicht des sachkundig vertretenen Agenturverkäufers berufen kann. Bei einem Verkauf von Privat an einen Kfz-Händler wird zudem mit stillschweigenden Gewährleistungsausschlüssen argumentiert. Auch der gesetzliche Haftungsausschluss wegen Kenntnis oder grober Fahrlässigkeit (§ 460 BGB) kommt im Falle des Selbsteintritts eher zum Zuge als bei einem Verkauf an einen unkundigen Privatmann.

Der Auftraggeber hat einen Anspruch darauf, dass der Selbsteintritt zu den gleichen Preisbedingungen erfolgt, die bei einem vermittelten Verkauf an einen Dritten zu gelten hätten. Diesem berechtigten Anliegen, dem das Kommissionsrecht mit den §§ 400, 401 HGB Rechnung trägt, galt die Klausel Ziff. I, 3 ZDK-AGB a. F.[32]

Darüber, wie der Selbsteintritt zu erklären ist, gaben die früher üblichen Vertragsformulare keine Auskunft. Sie regeln auch nicht die Frage der Abrechnung nach Selbsteintritt. Als Richtschnur kann § 405 HGB herangezogen werden.

1360 Ein eigenmächtiges **Unterschreiten des vereinbarten Preislimits** macht den Vermittler, der keine Preisgarantie gegeben hat, wegen **positiver Vertragsverletzung** schadensersatzpflichtig.[33] Der Auftraggeber hat Anspruch auf eine Abrechnung zu den ursprünglich festgelegten Konditionen, es sei denn, der Vermittler kann beweisen, dass der Auftraggeber ihn über wesentliche Wertbemessungsfaktoren getäuscht hat. In einem solchen Fall muss sich der Auftraggeber so behandeln lassen, als habe er der Preisherabsetzung zugestimmt.

Ohne abweichende Sondervereinbarung mit dem Veräußerer hat der Vermittler die Pflicht, mit dem Abnehmer des Gebrauchtwagens **Barzahlung** zu vereinbaren. Im Falle der Scheckzahlung verstößt der Vermittler gegen seine Interessenwahrnehmungspflicht, wenn er das Fahrzeug ausliefert, ohne sich vorher davon überzeugt zu haben, dass der Scheck gedeckt ist. Zumindest den Fahrzeugbrief hat er bis zur Scheckgutschrift zurückzuhalten. Zur Haftung des Vermittlers gegenüber dem **Käufer** bei weisungswidriger Weitergabe des zur Begleichung des Kaufpreises bestimmten Schecks vgl. BGH MDR 1992, 228. Ohne ausdrückliche Zustimmung des Auftraggebers darf der Vermittler den Kaufpreis auch nicht teilweise stunden. Er darf auch nicht eigenmächtig an Zahlung Statt einen Gebrauchtwagen des Käufers hereinnehmen, weder per Agentur („Agentur auf Agentur") noch im Wege der „Inzahlungnahme auf Agentur".[34]

1361 **Garantie- und Gewährleistungszusagen:** Die Anweisung, sich von jeglicher Sachmängelhaftung freistellen zu lassen, war Kernbestandteil der meisten Agenturaufträge. Der Vermittler hatte die Pflicht, das Agenturfahrzeug „unter Ausschluss jeglicher Gewährleistung" zu verkaufen. Garantien und Gewährleistungszusagen im Namen des Auftraggebers durfte er nur kraft **besonderer Ermächtigung** erteilen. Die schrittweise Verbesserung der Rechtsposition des Käufers durch Maßnahmen des Kfz-Handels (Einräumung eines Nachbesserungsanspruchs durch die ZDK-Initiative 1980, Gewährung von Garantien aufgrund der ZDK-Konzeption 1988) ist nicht ohne Einfluss auf den Inhalt der Vermittlungsaufträge geblieben. Ob der Vermittler mit oder ohne Garantie verkaufen soll, hängt von der Vereinbarung mit dem Auftraggeber ab, wie sie insbesondere im Auftragsformular dokumentiert ist. Je nach Vereinbarung mit dem Auftraggeber wird der Vermittler „beauftragt und ermächtigt", das Agenturfahrzeug mit Garantie oder unter Gewährleistungsausschluss zu verkaufen. Die Pflicht zum Verkauf mit Garantie entfällt, wenn der Vermittler den Zusatz „und beauftragt" aus der

---

32 Siehe auch OLG Stuttgart 28. 3. 1988, DAR 1988, 346.
33 Vgl. auch FG Rheinland-Pfalz 25. 4. 1979, UR 1980, 52.
34 Zur dinglichen Rechtslage bei Weiterveräußerung des in Zahlung genommenen Altwagens durch den Vermittler im eigenen Namen vgl. OLG Köln 16. 10. 1991, VRS 82, 100.

Klausel „ermächtigt und beauftragt, das Fahrzeug mit Garantie zu verkaufen" im Einverständnis mit dem Auftraggeber streicht.

Unter der Herrschaft des **Agenturgeschäfts alter Art** war es von großer praktischer Bedeutung, ob der Vermittler **auftragswidrig** handelt, wenn er geschäftstypische Erklärungen wie „TÜV neu . . ." oder „werkstattgeprüft" oder „fahrbereit" in den Kaufvertrag aufnimmt. Dadurch konnte er sich seinem Auftraggeber gegenüber schadensersatzpflichtig machen. Im Falle vollmachtlosen Handelns war er zudem der **Schadensersatzhaftung nach § 179 BGB** ausgesetzt. Anlässlich der „TÜV-neu"-Entscheidung des BGH vom 24. 2. 1988[35] wurde diese Thematik im Schrifttum kontrovers diskutiert.[36] Für den BGH war die Frage nach der **Vertretungsmacht** des Vermittlers/Abschlussvertreters nur ein Randthema. Denn die Vollmachtlosigkeit – in Form der **Vollmachtsüberschreitung** – stand auf Grund der Bindungswirkung des rechtskräftigen Urteils des OLG Schleswig vom 16. 7. 1985 fest. Es war im Vorprozess zwischen Käufer und privatem Verkäufer ergangen.[37] Nach Auffassung des OLG Schleswig hat der Händler die Erklärung „TÜV neu 85" ohne Vollmacht des Auftraggebers/Verkäufers abgegeben. Das LG Kiel hatte dies in erster Instanz anders gesehen.[38] Der BGH hat in der Vollmachtsfrage bislang keine eigene Sachposition bezogen. **1362**

Das OLG Hamburg hat einen Kfz-Händler für schadensersatzpflichtig gehalten, der das Fahrzeug seines Auftraggebers als „fahrbereit" verkauft hat.[39] Damit habe der Händler gegen die von ihm übernommene Verpflichtung verstoßen, den Pkw unter Ausschluss jeder Gewährleistung zu verkaufen. In der Erklärung „fahrbereit" sei eine Eigenschaftszusicherung i. S. v. § 459 II BGB zu sehen (vgl. dazu Rn 1687). Da der klagende Auftraggeber einen Schaden geltend gemacht hat, spricht einiges dafür, dass ihm die Erklärung seines Vertreters „fahrbereit" entweder nach § 164 BGB oder aufgrund eines Rechtsscheintatbestandes zugerechnet worden ist. Andernfalls hätte er keinen Schaden gehabt. Nach Ansicht des LG Verden/Aller macht sich ein Vermittler bereits dadurch schadensersatzpflichtig, dass er es unterlässt, einen Gewährleistungsausschluss mit dem Käufer zu vereinbaren.[40] Aus der Klausel im Vermittlungsvertrag, wonach der Vermittler für im Auftrag des Verkäufers durchgeführte Instandsetzungsarbeiten in begrenztem Umfang einen Gewährleistungsanspruch einräumen darf, hat die Kammer im Wege des Umkehrschlusses gefolgert, dass das Fahrzeug im Übrigen unter Gewährleistungsausschluss zu verkaufen war. Im Ergebnis ist diese Auslegung richtig. Die Vollmachtsfrage spielte in diesem Fall keine Rolle, weil der Vermittler weder eine Garantie noch eine ausdrückliche oder stillschweigende Eigenschaftszusicherung gegeben hatte. Auf dem Boden des rein subjektiven Fehlerbegriffs, nach dem ein Fehler nur dann vorliegt, wenn die Sache von einer Vereinbarung der Parteien abweicht, wäre nur danach zu fragen, ob der Vermittler für die allgemeine Beschaffenheitsvereinbarung i. S. v. § 459 I BGB Vollmacht hatte oder nicht. Ein vollmachtloses Handeln hat das Kammergericht einem Vermittler bescheinigt, der „seinem" Kunden versprochen hat, „Getriebegeräusche werden behoben"[41] (ähnlich OLG Celle OLGR 1994, 33). **1363**

Mit dem Rückgang des Agenturgeschäfts seit **Einführung der Differenzbesteuerung** hat die Frage, was der Händler in seiner Eigenschaft als Vermittler und Abschlussvertreter im **Innenverhältnis** zu seinem Auftraggeber darf und im **Außenverhältnis** zum Käufer kann, erheblich an praktischer Bedeutung verloren. In den wenigen verbliebenen Vermittlungsfällen ist **zunächst zu klären,** ob der Vermittler überhaupt eine Erklärung mit Drittbezug **1364**

---

35 BGHZ 103, 275 = NJW 1988, 1378 = JZ 1988, 920 m. Anm. *Huber.*
36 *Huber,* JZ 1988, 923; *Tiedtke,* JuS 1988, 848; *H. H. Jacobs,* NJW 1989, 696; *Eggert,* NJW 1990, 549; *G. Müller,* BB 1990, 2136.
37 Az. 3 U 144/84, n. v.
38 Urt. v. 30. 4. 1984, 2 O 265/83, n. v.
39 Urt. v. 15. 4. 1991, MDR 1991, 1039.
40 Urt. 24. 5. 1989, DAR 1990, 24.
41 Urt. v. 29. 1. 1987, 22 U 2877/86, n. v.

abgegeben hat. Er kann sich auch „aus den Umständen" ergeben (§ 164 I, 2 BGB). Die steuerliche Notwendigkeit, Erklärungen mit Fremdwirkung abzugeben, ist zwar – von Sonderfällen abgesehen – unter der Geltung des § 25a UStG entfallen. Gleichwohl hat der Kfz-Händler nach wie vor ein berechtigtes Interesse daran, die Wirkungen seiner Erklärungen in der Person seines Auftraggebers eintreten zu lassen.

1365 Nur wenn der Vermittler nicht in eigenem Namen, sondern im Namen des Auftraggebers gehandelt hat, stellt sich die Frage der **Vertretungsmacht.** Sie kann auf einer ausdrücklich oder konkludent erteilten Vollmacht beruhen. Ausdrückliche Vollmachten zur Erteilung von Eigenschaftszusicherungen waren schon in der bisherigen Agenturpraxis selten. Wird der Händler „beauftragt und ermächtigt", das Fahrzeug „mit Garantie" zu verkaufen, so steht die Vertretungsmacht außer Zweifel. Problematisch sind die **stillschweigenden** bzw. **konkludenten Eigenschaftszusicherungen,** bei denen sich der Vermittler im Allgemeinen nicht auf eine ausdrückliche Vollmacht stützen kann. Soweit die im Auftragsformular unter „Fahrzeugbeschreibung und -zustand laut Angaben des Auftraggebers" notierten Daten und Eigenschaften des Fahrzeugs, z. B. die Gesamtfahrleistung, zum Gegenstand des Kaufvertrages gemacht werden, bleibt der Vermittler im Rahmen seines Auftrags und damit auch seiner Vertretungsmacht.[42] Zur Weiterleitung dieser Informationen ist er nicht nur berechtigt, sondern sogar verpflichtet. In den Kaufvertrag („Bestellschein") hat er die gleichen Angaben aufzunehmen, die Gegenstand des Vermittlungsvertrages mit dem Auftraggeber sind. Dies gilt auch für Einschränkungen, etwa bei einer Information über die **Gesamtfahrleistung.**[43]

1366 Soweit es um die nächste Hauptuntersuchung, kurz **TÜV**, geht, gibt es mit Blick auf Auftrag und Vollmacht keine Probleme, wenn der Vermittler lediglich das Datum aus dem Auftragsformular im Bestellschein wiederholt. Häufig wird hier aber anders verfahren. Agenturfahrzeuge haben bei der Hereinnahme meist verhältnismäßig „alte" Plaketten. Da die Käufer gesteigerten Wert auf eine „frische" Plakette legen, sorgen die Händler für eine erfolgreiche Hauptuntersuchung, meist in ihrem eigenen Betrieb („Werkstatt-TÜV"). Damit setzen sie sich nicht in Widerspruch zu ihrem Verkaufsauftrag. Sie sind auch berechtigt, in ihrer Werbung, in Verkaufsanzeigen, auf dem Verkaufsschild und vor allem im Bestellschein auf den Tatbestand einer bei Auslieferung des Fahrzeugs „frischen" Prüfplakette hinzuweisen.[44] So ist eine Erklärung im Kaufantrag „TÜV neu 93" von der Vollmacht gedeckt.[45] Gleiches gilt für verkaufsfördernde Erklärungen wie „werkstattgeprüft" oder „von Meisterhand geprüft". Der Auftraggeber, Verkäufer im Rechtssinn, kann bei dem Händler Regress nehmen, wenn und soweit diese Erklärungen unrichtig sind. Grundlage ist positive Forderungsverletzung. Der Händler braucht zwar nicht jede Angabe seines Auftraggebers über den Fahrzeugzustand und sonstige Eigenschaften generell auf Richtigkeit zu überprüfen. Bei greifbaren Anhaltspunkten für eine Fehlinformation muss er jedoch nachfragen und ggf. auf eine Korrektur hinwirken. Bei Zusicherungen, die wie „TÜV neu . . ." oder „werkstattgeprüft" aus seiner eigenen Sphäre stammen, ist er für deren Richtigkeit auch im Verhältnis zu seinem Auftraggeber verantwortlich. Soweit die **Rechtsprechung** eine **Vollmachtsüberschreitung** bejaht, hat sie die Anweisung des Vorbesitzers, das Fahrzeug „unter Ausschluss jeder Gewährleistung" zu verkaufen, mitunter überbewertet.[46] Die Haftungsfreistellung ist zwar wesentlicher Bestandteil auch der Vollmacht. Daraus kann aber nicht geschlossen werden, dass der Vermittler sich jeglicher Informationen über das Fahrzeug zu enthalten hat. Ein solches Verhalten läge nicht im wohlverstandenen Interesse des Auftraggebers. Mit

---

42 So auch *Soergel/Huber,* § 459 Rn 318; *G. Müller,* BB 1990, 2136.
43 Dazu OLG Frankfurt 28. 6. 1989, NZV 1990, 24.
44 So auch *Soergel/Huber,* § 459 Rn 318.
45 A. A. OLG Schleswig 16. 7. 1985, 3 U 144/84, n. v.
46 So z. B. OLG Schleswig 16. 7. 1985, 3 U 144/84, n. v.; KG 29. 1. 1987, 22 U 2877/86, n. v. („Getriebegeräusche beseitigen"); OLG Hamburg 15. 4. 1991, MDR 1991, 1039 („fahrbereit"); zutreffend dagegen LG Köln 22. 8. 1990, MDR 1991, 55 („steuerbefreit").

schen Rückgang von Agenturgeschäften hat sich die Lage faktisch entspannt. Die Rechtsprobleme freilich sind geblieben.

Im **Ausgangspunkt** herrscht Einigkeit darin, dass Verkäufer und Vermittler als **Gesamtschuldner** haften.[87] Der Käufer hat die **freie Wahl,** wen er in Anspruch nimmt. Die Haftung des Vermittlers hängt insbesondere nicht davon ab, dass der Verkäufer insolvent oder unauffindbar ist.

Zur Blütezeit des Agenturgeschäfts waren in der Gerichtspraxis **zwei Varianten** etwa gleich stark vertreten: die Alleinklage gegen den Händler/Vermittler und die Gesamtklage gegen den Verkäufer/Voreigentümer und den Vermittler. Klagen nur gegen den Verkäufer/Voreigentümer waren selten. Sie waren insbesondere dann riskant, wenn sie nur auf eine schuldlos unrichtige Eigenschaftszusicherung gestützt werden konnten. Der Käufer läuft hier Gefahr, den Prozess schon deshalb zu verlieren, weil die behauptete Zusicherung von der Verkaufsvollmacht nicht gedeckt war.[88] Bei nachweisbar arglistiger Täuschung, z. B. über Unfallvorschäden, kann es hingegen ratsam sein, nur den Voreigentümer als Vertragspartner in Anspruch zu nehmen. Dessen eigene Kenntnis ist neben der des Vermittlers maßgeblich (§ 166 I, II BGB).[89]

Verkäufer und Vermittler als **Gesamtschuldner zusammen zu verklagen** ist in mehrfacher Hinsicht gefährlich. Zweifelhaft kann schon sein, ob beide Schuldner denselben **Gerichtsstand** haben. Ihr allgemeiner Gerichtsstand deckt sich nicht immer. Klammerwirkung kann § 29 I ZPO entfalten. Er ist auf eine Klage aus c. i. c. jedenfalls dann anwendbar, wenn es zu einem Vertragsschluss gekommen ist.[90] Bei einer Gesamtklage besteht ferner ein **größeres Kostenrisiko** als bei einer Alleinklage. Verkäufer und Vermittler werden regelmäßig von verschiedenen Anwälten vertreten. Zu bedenken ist auch, dass Verkäufer und Vermittler bei einer Gesamtklage als Zeugen ausfallen. Selbst nach Erlass eines Teilurteils ist der ausgeschiedene Beklagte hinsichtlich der Kosten weiterhin am Verfahren beteiligt. Schließlich sind die Schwierigkeiten zu berücksichtigen, die aus einer **unterschiedlichen Schadensberechnung** und der daraus sich ergebenden Tenorierung resultieren. Sie können sich bis in das **Vollstreckungsverfahren** fortpflanzen, z. B. bei „doppelter" Zug-um-Zug-Verurteilung. Bei Abwägung aller Vor- und Nachteile wird sich der vom Käufer beauftragte Anwalt im Zweifel für eine Alleinklage gegen den auch wirtschaftlich potenteren Kfz-Vermittler entscheiden. In diesem Fall wie auch bei einer Klage nur gegen den Verkäufer muss von beiden Prozessparteien eine **Streitverkündung** in Betracht gezogen werden. Ein Lehrbeispiel ist insoweit der sog. TÜV-Fall BGH NJW 1988, 1378.

d) Eigenhaftung aus § 179 BGB

Die TÜV-Entscheidung des BGH vom 24. 2. 1988[91] hat mit § 179 BGB eine Haftungsnorm in den Blick gerückt, die beim Kfz-Agenturgeschäft bis dahin wenig Beachtung gefunden hatte. Nur selten wurden Händler als **Vertreter ohne Vertretungsmacht** auf Schadensersatz oder gar auf Erfüllung verklagt. Akut wird diese Haftung meist erst dann, wenn der Käufer mit seinen Ansprüchen gegen den Voreigentümer/Verkäufer ausgefallen ist.

Der Vermittler hat seine **Vertretungsmacht nachzuweisen** (§ 179 I BGB), wenn der Käufer vollmachtloses Handeln behauptet. Der Vermittlungsauftrag enthält in der Regel

1412

---

87 BGH 29. 6. 1977, NJW 1977, 1914; OLG Karlsruhe 30. 3. 1979, OLGZ 1979, 413; OLG Koblenz 1. 7. 1987, NJW-RR 1988, 1137; OLG Hamm 9. 9. 1996, DAR 1996, 499 = OLGR 1999, 244.
88 Vgl. dazu Rn 1361 ff.
89 Näheres dazu Rn 1423 ff.
90 LG Berlin 5. 12. 1990, 22 O 366/90, n. v. (Erfüllungsort = Wohnsitz des Käufers); vgl. auch LG Kiel 18. 8. 1988, NJW 1989, 840 (fehlender Vertrag); gegen eine analoge Anwendung des § 29 ZPO *Busche,* DRiZ 1989, 370; vgl. auch *Küpper,* DRiZ 1990, 445.
91 BGHZ 103, 275 = NJW 1988, 1378 = JZ 1988, 920 m. Anm. *Huber.*

zugleich die **Verkaufsvollmacht**. Es handelt sich um eine **Innenvollmacht**. Im Bestellschein (Kaufantrag) wird sie dem Käufer gegenüber lediglich kundgetan, nicht originär erteilt.

In der Praxis geht es nicht so sehr um vollmachtloses Handeln als vielmehr um den – gleichzustellenden – Tatbestand der **Vollmachtsüberschreitung**. Zu diesem Problemkreis, dessen Bedeutung inzwischen stark reduziert ist, vgl. Rn 1362 ff.

Kann eine wirkliche Vollmacht nicht festgestellt werden, bleibt zu prüfen, ob Vertretungsmacht nach §§ 54, 56 HGB oder nach den Grundsätzen über die Anscheins- und Duldungsvollmacht bestanden hat.

Eine von dem Vertretenen nicht genehmigte Vollmachtsüberschreitung hat zur Folge, dass entweder der gesamte Kaufvertrag oder nur die vollmachtlos getroffene Sondervereinbarung unwirksam ist. Dies ist ein Problem des § 139 BGB. Bei Eigenschaftszusicherungen, die von der Vollmacht nicht gedeckt sind, ist im Zweifel Gesamtnichtigkeit des Kaufvertrages anzunehmen.[92]

1413 Der vollmachtlose Händler/Vermittler ist dem Käufer entweder zur Vertragserfüllung oder zum Schadensersatz (Erfüllungsinteresse) verpflichtet (§ 179 I BGB). Dies gilt auch bei bloßer Überschreitung der Vollmacht.[93] Günstiger ist die Situation für den Vermittler, wenn er beweisen kann, von dem Vollmachtsmangel keine Kenntnis gehabt zu haben. Dann braucht er nur das Vertrauensinteresse zu ersetzen (§ 179 II BGB). Gerade bei stillschweigenden Zusicherungen wie der TÜV-Klausel hat der Händler hier eine gute Verteidigungschance.

Der auf die Vollmachtlosigkeit zurückzuführende Schaden des Käufers kann darin liegen, dass er mit seinen Gewährleistungsansprüchen gegen den Verkäufer ausfällt, insbesondere mit dem Schadensersatzanspruch aus § 463 S. 1 BGB. Zu prüfen ist daher, ob der Verkäufer bei vorhandener Vertretungsmacht gewährleistungspflichtig gewesen wäre. Im TÜV-Fall hat der BGH dies bejaht (§ 463 S. 1 BGB).[94] Der gegenteiligen Auffassung von *Tiedtke*[95] kann nicht zugestimmt werden, weil sie den aus der Sicht des Käufers fundamentalen Unterschied zwischen einem privaten Direktgeschäft und einem Fahrzeugkauf über einen Kfz-Händler verwischt.

Verkauft ein Gebrauchtwagenhändler als Vertreter ohne Vertretungsmacht ein Fahrzeug mit einem offenbarungspflichtigen Mangel und verweigert der Vertretene die Genehmigung des Kaufvertrages, so haftet auch der gutgläubige Vertreter nach § 179 i. V. m. § 463 S. 2 BGB auf Schadensersatz, weil ihm die Kenntnis des Vertretenen von dem Mangel zugerechnet wird.[96]

e) Vermittlerhaftung aus Delikt

1414 Im Rahmen der §§ 823 ff. BGB bestehen keine Unterschiede zur Händlerhaftung beim Eigengeschäft (vgl. Rn 2098 f.). **Angestellte** des Kfz-Vermittlers haften nur nach den §§ 823 ff. BGB, selbst wenn sie aufgrund einer Provisionsvereinbarung mit dem Arbeitgeber ein wirtschaftliches Eigeninteresse am Vertragsabschluss haben.[97] Zur „Vertrauenshaftung" eines angestellten Vertreters s. OLG Köln VersR 1998, 606 (Teppichhandel).

---

92 *Huber,* JZ 1988, 923, 925; *G. Müller,* BB 1990, 2136; vgl. auch *Tiedtke,* JuS 1988, 848.
93 BGHZ 103, 275 = NJW 1988, 1378.
94 BGHZ 103, 275 = NJW 1988, 1378.
95 JuS 1988, 848, 851.
96 OLG Köln 31. 1. 1990, NJW-RR 1990, 760.
97 OLG Köln 16. 5. 1986, 19 U 8/86, n. v.; vgl. auch BGH 4. 7. 1983, WM 1983, 950; OLG Köln 14. 2. 1997, VersR 1998, 606 – Teppichhandel.

f) Ansprüche des Vermittlers gegen den Käufer

Typischerweise bestehen zwischen dem Vermittler und dem Käufer keine unmittelbaren Rechtsbeziehungen (s. Rn 1390 ff.). Aus der Rolle des „wirtschaftlichen Verkäufers" („Quasi-Verkäufers"), die der BGH dem Vermittler entgegen den Intentionen und Vereinbarungen der Beteiligten zudiktiert, erwachsen dem Vermittler im Verhältnis zum Käufer nur Pflichten, keine eigenen Rechte. Insbesondere steht ihm persönlich **kein Anspruch auf Zahlung des Kaufpreises** zu. Zu Unrecht hat der BGH aus der Klausel im Bestellschein „Barzahlung an Vermittler" eine Gläubigerposition des Vermittlers hergeleitet.[98] Auch bei einer Vorab-Auszahlung eines Betrages in Höhe des vereinbarten Mindestverkaufspreises an den Auftraggeber (als Sicherheitsleistung oder als zinsloses Darlehen) bleibt es dabei: Inhaber des Anspruchs auf Zahlung des Kaufpreises soll allein der Auftraggeber/Vorbesitzer sein.

1415

Der Kaufpreis kann allerdings voll oder nur zum Zwecke des Inkasso (Inkassozession) an den Vermittler **abgetreten** sein. Die Verjährung richtet sich auch dann nach § 195, nicht nach § 196 BGB.[99] In der Praxis verzichtet man auf derartige Abtretungen, weil sie agenturschädlich sind. Der früher übliche Vermittlungsauftrag enthielt nur eine **Inkassovollmacht** (vgl. Abschn. IV, 3 ZDK-AGB a. F.). Dementsprechend hieß es in dem Bestellschein (Kaufantrag), den der Käufer unterzeichnet, „... vom Verkäufer ermächtigt, ... den Kaufpreis in Empfang zu nehmen". Diese Inkassovollmacht berechtigt den Vermittler nicht, die Kaufpreisforderung im Wege der **gewillkürten Prozessstandschaft** einzuklagen.[100] Eine Zahlungsklage aus eigenem (materiellem) Recht scheitert ohnehin am Mangel der Aktivlegitimation.[101]

1416

Die früher strittige Frage, ob der Vermittler aus eigenem oder abgetretenem Recht **pauschalierten Schadensersatz** geltend machen darf, hat bereits dadurch an Bedeutung verloren, dass Schadenspauschalen beim Agenturverkauf praktisch nicht mehr vereinbart werden. Aus eigenem Recht steht dem Vermittler ein Schadensersatzanspruch wegen Nichterfüllung des Kaufvertrages nach § 326 BGB nicht zu. Er kann auch nicht den Verzögerungsschaden nach § 286 BGB liquidieren. Gleiches gilt für Aufwendungen, z. B. Standgeld, unter dem Gesichtspunkt des Gläubigerverzugs (§ 304 BGB). Alle diese Ansprüche sind vertragsbezogen und daher im Verhältnis der Vertragspartner abzuwickeln. Es besteht auch kein Bedürfnis, dem Vermittler eine „Quasi-Aktivlegitimation" einzuräumen. Er kann sich etwaige Ansprüche gegen den Käufer ohne weiteres abtreten lassen, insbesondere den Anspruch aus § 433 II BGB. Bei der Abtretung von Schadensersatzansprüchen ist zu bedenken, dass der Auftraggeber im Einzelfall gar keinen eigenen Schaden erlitten hat. Davor kann ihn z. B. die sog. Mindestpreisgarantie schützen.

1417

Zu erwägen ist, dem Vermittler einen eigenen Anspruch aus Verschulden bei den Vertragsverhandlungen zu geben, etwa für den Fall, dass der Kaufinteressent die Vertragsverhandlungen ohne triftigen Grund abbricht, indem er zunächst den Eindruck erweckt hat, das Fahrzeug kaufen zu wollen.[102] Im Hinblick auf die eigene c. i. c.-Haftung des Vermittlers (vgl. Rn 1395 ff.) wäre es an sich ein Gebot der Symmetrie, den Vermittler auch umgekehrt, nämlich zu seinen Gunsten, in das gesetzliche Schuldverhältnis der c. i. c. einzubeziehen.

1418

3. Die Vorbesitzer-Erwerber-Beziehung

In dem Dreiecksverhältnis Vorbesitzer – Händler – Erwerber macht die kaufrechtliche Seite die geringsten Schwierigkeiten. Herrscht Klarheit darüber, dass der Kaufvertrag zwischen dem privaten Vorbesitzer und dem Käufer und nur zwischen diesen beiden Personen

1419

---

98 Urt. v. 28. 1. 1981, NJW 1981, 922.
99 LG Osnabrück 10. 7. 1990, 12 S 82/90, n. v.
100 LG Hamburg 3. 6. 1988, 72 O 50/88, n. v.; a. A. LG Essen 23. 11. 1977, 1 S 615/77, n. v.
101 So auch AG Waldshut-Tiengen, mitgeteilt in Autohaus 1981, 2685.
102 Vgl. BGH 22. 2. 1989, NJW-RR 1989, 627.

zustande gekommen ist (vgl. Rn 1390 ff.), gibt es nur wenige Probleme, deren Grund gerade in dieser spezifischen Vertragssituation liegt. Bestreitet der als Verkäufer in Anspruch genommene Vorbesitzer ein Handeln in seinem Namen und/oder die Vertretungsmacht, ist der Käufer für beides beweispflichtig.[103] Die Fremdbezogenheit (§ 164 I BGB) konnte er früher meist schon durch Vorlage des Bestellscheins (Kaufantrags) beweisen, vgl. Rn 1390. Schwieriger war schon der Nachweis der Bevollmächtigung (vgl. Rn 1362 ff.). Zum Recht des Käufers, den Kaufvertrag gem. § 178 BGB zu widerrufen, wenn der Händler den Namen des von ihm vertretenen Voreigentümers trotz Aufforderung nicht mitteilt, s. OLG Düsseldorf 25. 6. 1993, OLGR 1994, 46 (Ls.).

a) Kaufvertrag kein Scheingeschäft

1420   Heute ist in der Rechtsprechung allgemein anerkannt, dass ein Scheingeschäft nicht schon deshalb vorliegt, weil zur Ersparnis von Umsatzsteuer eine Vertragsgestaltung gewählt worden ist, die den Händler als Vertragspartei ausschaltet.[104] Seit **Einführung der Differenzbesteuerung** zum 1. 7. 1990 besteht im Allgemeinen keine steuerliche Notwendigkeit mehr zum Abschluss eines vermittelten Kaufvertrages. Übernimmt ein Kfz-Händler gleichwohl ausnahmsweise die Vermittlerrolle, so ist dies in den Grenzen der §§ 134, 138 BGB zu respektieren. Die erklärte Rechtsfolge – Kaufvertrag ohne Beteiligung des Händlers – ist zwar aus der Sicht des Erwerbers unerwünscht. Vom Preis einmal abgesehen, würde er lieber direkt vom Händler kaufen. Sein vorrechtliches Wünschen ist jedoch für die Auslegung seiner Erklärungen unbeachtlich. Rechtlich kommt es auf seinen erklärten Willen an.

b) Vertretungsfragen

1421   Der Kfz-Vermittler ist typischerweise zugleich **Abschlussvertreter.** Er hat **Verkaufsvollmacht.** Zur Erteilung der Vollmacht und zu deren Umfang bei Garantieerklärungen, Zusicherungen und ähnlichen Abreden s. Rn 1361 ff. Die Vertretungsmacht kann sich auch aus §§ 54, 56 HGB ergeben. Sie sind auf den Kfz-Vermittler und sein Verkaufspersonal entsprechend anzuwenden.[105] Die fehlende Vollmacht kann auch durch eine Anscheins- oder Duldungsvollmacht ersetzt werden. Insoweit ist die Rechtsprechung aber sehr zurückhaltend.[106] Im Innenverhältnis verbotene Stundungszusagen (Kreditverkauf) und Hereinnahmen von Altwagen („Agentur auf Agentur" bzw. „Inzahlungnahme auf Agentur") wird man dem Voreigentümer/Verkäufer nach §§ 54, 56 HGB zurechnen müssen, Gutgläubigkeit des Käufers vorausgesetzt. Zum Widerrufsrecht des Käufers analog § 178 BGB, wenn der Händler den Namen des von ihm vertretenen Voreigentümers trotz Aufforderung nicht benennt, s. OLG Düsseldorf 25. 6. 1993, OLGR 1994, 46 (Ls.).

c) Weitere Zurechnungsfragen

1422   Ein Verschulden des Händlers hat der (private) Verkäufer grundsätzlich in gleicher Weise zu vertreten wie eigenes Verschulden. Der Händler ist ungeachtet seiner „uneingeschränkten Sachwalterstellung" **Erfüllungsgehilfe** des Verkäufers i. S. v. § 278 BGB. Für Pflichtwidrigkeiten des Händlers vor und bei Vertragsschluss haftet der Verkäufer auch aus **c. i. c.,**[107] allerdings nur, soweit die Sachmängelhaftung hierfür Raum lässt. Unter dem Gesichtspunkt der unerlaubten Handlung haftet er mit der Entlastungsmöglichkeit nach § 831 BGB.

---

103 Vgl. OLG Hamm 20. 9. 1993, NJW-RR 1994, 439.
104 BGH 18. 6. 1980, NJW 1980, 2184; OLG Koblenz 1. 7. 1987, NJW-RR 1988, 1137.
105 Vgl. auch BGH 4. 5. 1988, NJW 1988, 2109 = JR 1990, 59 m. Anm. *Kohte*.
106 Vgl. KG 29. 1. 1987, 22 U 2877/86, n. v. (Zusage, Getriebegeräusche werden behoben); OLG Schleswig 16. 7. 1985, 3 U 144/84, n. v. („TÜV neu..."); OLG Köln 5. 5. 1989, NJW-RR 1989, 1084 (Umlackierung durch „Untervermittler").
107 Vgl. OLG Celle 5. 10. 1993, OLGR 1994, 33 (Vertrag war wegen Vollmachtsüberschreitung unwirksam).

Die Rechtsbeziehung der am Vermittlungsgeschäft Beteiligten zueinander Rn 1423–1429

Soweit es auf das **Kennen oder Kennenmüssen** bestimmter Umstände ankommt, z. B. Kenntnis von einem Mangel des Fahrzeugs, ist grundsätzlich der Kenntnisstand des Vermittlers maßgeblich, § 166 I BGB.[108] Da die subjektiven Momente des Geschäfts von der Person des Vermittlers aus zu bestimmen sind, wirkt auch arglistiges Verhalten des Vermittlers gem. § 166 I BGB gegen den Verkäufer und begründet dessen Arglisthaftung aus § 463 S. 2 BGB bzw. – nach Anfechtung – aus §§ 812 ff. BGB und c. i. c.[109] Angesichts der strengen Anforderungen der Rechtsprechung an die Aufklärungspflicht des Händlers (dazu Rn 1873 ff.) bedeutet dies eine erhebliche Schlechterstellung des Vorbesitzers im Verhältnis zum privaten Direktgeschäft. Dieser Nachteil ist aber gerechtfertigt, weil die Einschaltung des Händlers als Vermittler vielfältige Vorteile mit sich bringt (Abnahme der Verkaufsbemühungen, technische und optische Herrichtung des Fahrzeugs, Vertrag mit AGB, Haftungsentlastung durch Mithaftung des Händlers, Rückgriffshaftung). **1423**

Ist der **Vermittler gutgläubig,** weiß aber der Voreigentümer/Verkäufer um die Unfallbeteiligung des Fahrzeugs, so kann er sich nicht auf die Unkenntnis des Vermittlers berufen (§ 166 II BGB). Er muss sich seine eigene Kenntnis entgegenhalten lassen. Zu den Fällen mit „gespaltener" Arglist innerhalb eines Kfz-Betriebs vgl. Rn 1865 ff. **1424**

Bei Anfechtung des Kaufvertrags wegen arglistiger Täuschung des Vermittlers oder eines seiner Angestellten ist § 123 II, 1 BGB nicht anzuwenden. Als Abschlussvertreter und Verhandlungsgehilfe des Verkäufers ist der Vermittler kein Dritter im Sinne dieser Vorschrift. **1425**

Pflichtverletzungen von **Angestellten des Vermittlers** muss sich der Verkäufer gleichfalls nach § 278 BGB zurechnen lassen. Nach dem Vermittlungsauftrag ist der Händler zur Einschaltung eigener Angestellter berechtigt, angesichts des Zuschnitts der meisten Kfz-Betriebe eine Selbstverständlichkeit. Betriebsfremde Personen und Unternehmen (z. B. Spezialdienste für Bremsen und Reifen) darf der Vermittler nicht ohne weiteres hinzuziehen. Für ein Fehlverhalten von Personen, die aufgrund einer nicht gestatteten Unterbevollmächtigung (vgl. dazu Rn 1351) tätig geworden sind, braucht der Verkäufer nicht einzustehen. Zur **Eigenhaftung** von Verkaufsangestellten s. Rn 1414. **1426**

d) Allgemeine Geschäftsbedingungen für den vermittelten Kauf
aa) Heutige Situation

Zwischen 1980 und 1990 gab es für den vermittelten Kauf ein spezielles Klauselwerk. Wegen des Wortlauts dieser Bedingungen wird auf die 4. Auflage (S. 530 f.) verwiesen. **1427**

Eine grundlegend **neue Situation** ist durch die **Einführung der sog. Differenzbesteuerung** zum 1. 7. 1990 eingetreten (zu den Einzelheiten vgl. Rn 1337 ff.). Aus steuerlichen Gründen braucht der Handel in der Regel nicht mehr auf das Agenturgeschäft auszuweichen. Das Eigengeschäft ist wieder, wie vor 1968, eindeutig dominant. Das hat zur Folge, dass die früher gängigen Formulare „Verbindliche Bestellung – Vermittlungsgeschäft" – fast völlig vom Markt verschwunden sind. Die Fachverlage haben sie, soweit ersichtlich, aus ihrem Programm gestrichen. Gleichwohl muss mit weiteren Vermittlungsgeschäften gerechnet werden (vgl. auch Rn 1338). **1428**

bb) AGB-Definition und Verwenderbegriff

Dass der private Verkäufer die Geschäftsbedingungen nicht aufgestellt hat, ist für die Qualifizierung als AGB ebenso unerheblich wie die Tatsache, dass der Verkäufer im Allgemeinen nur einen einzigen Vertrag mit diesen Bedingungen ausgestalten lässt. Zweifelhaft kann nur sein, ob der private Verkäufer oder der Vermittler/Vertreter oder gar beide Verwen- **1429**

---
108 OLG Celle, 5. 10. 1993, OLGR 1994, 33.
109 OLG Koblenz 1. 7. 1987, NJW-RR 1988, 1137; KG 26. 5. 1988, DAR 1988, 381; OLG Frankfurt 21. 7. 1980, VersR 1981, 388; OLG Celle 5. 10. 1993, OLGR 1994, 33.

der i. S. v. § 1 AGBG sind. Bei der Einschaltung von Vertretern ist grundsätzlich der Vertretene Verwender, gleichgültig, wer die AGB entworfen hat.[110] Die Rolle des Verwenders fiele damit dem privaten Verkäufer zu, weil nur er Vertragspartei ist. Ausnahmsweise wird aber auch der **Vertreter als Verwender** behandelt (z. B. mit Blick auf § 13 AGBG), wenn die AGB von ihm vorformuliert wurden oder er sich vorformulierter AGB bedient und er ein eigenes Interesse an der Einbeziehung dieser AGB in die von ihm geschlossenen Verträge besitzt.[111] Dieser Ausnahmefall liegt beim Agenturgeschäft vor. Dabei ist hinsichtlich des Merkmals „Eigeninteresse" ohne Bedeutung, in welchem Umfang der Händler als Vermittler tätig wird. Belanglos ist auch, ob das konkrete Geschäft im Zusammenhang mit einem Neuwagenkaufvertrag oder mit einem Leasinggeschäft steht oder ob die Hereinnahme des Agenturfahrzeugs isoliert erfolgte, wie dies z. B. bei der Vermittlung von Jahreswagen der Fall sein kann. Auch bei der „freien" Agentur genügt das wirtschaftliche Interesse des Vermittlers am Abschluss des Kaufvertrages, um in ihm den Verwender i. S. v. § 1 AGBG zu sehen.

1430 Die vom ZDK zuletzt empfohlenen AGB wichen nur in einigen Punkten von den als Vorlage benutzten Bedingungen für das Händler-Eigengeschäft ab (dazu Rn 1432 ff.). Diese wiederum waren und sind in weiten Teilen den Neuwagenverkaufsbedingungen (NWVB) nachgebildet.

---

110 BGH 2. 11. 1983, NJW 1984, 360.
111 *Ulmer/Brandner/Hensen*, § 13 Rn 14.

D. Der Kauf vom Händler (Händlereigengeschäft)

I. Die Marktsituation

Über den klassischen Verkaufsweg „Eigengeschäft" fanden bis zur Einführung der Differenzbesteuerung (1. 7. 1990) nur noch ca. 15% aller verkauften Gebrauchtfahrzeuge (Pkw/Kombis) einen Abnehmer (100% = ca. 6,5 Mio. Stück in 1989). Das Agenturgeschäft hatte das Eigengeschäft weitgehend verdrängt. Mit Änderung der steuerlichen Rahmenbedingungen (vgl. Rn 1337) ist das Agenturgeschäft wieder in den Hintergrund getreten. Kfz-Händler verkaufen Gebrauchtfahrzeuge seither auch an Privatpersonen ganz überwiegend im eigenen Namen und für eigene Rechnung.

Seit Anfang der 90er Jahre pendelt die Zahl der jährlichen Besitzumschreibungen bei Pkw/Kombis zwischen 7,3 und 7,6 Mio. Einheiten. Nur etwas mehr als die Hälfte (1998: 52%) entfällt auf Geschäfte mit Händlerbeteiligung (in den neuen Bundesländern 1998: 70%). Der andere Teil wird auf dem Privatmarkt veräußert (dazu Rn 1304 ff.).

Der professionelle Gebrauchtwagenhandel wird üblicherweise in zwei Bereiche untergliedert: den reinen GW-Handel und den Neuwagenhandel mit GW-Abteilung. Die Entwicklung dieser beiden Teilmärkte zeigt die Grafik unter Rn 1302. Für den Neuwagenhändler ist die Vermarktung von – meist in Zahlung genommenen – Gebrauchtfahrzeugen nur eines von mehreren Standbeinen, während der reine GW-Händler ausschließlich gebrauchte Fahrzeuge vermarktet und infolgedessen keinen oder nur einen bescheidenen Werkstattbetrieb unterhält.

Die Anteile auf sämtlichen drei Teilmärkten werden – abgesehen von strukturellen Unterschieden in „Ost" und „West" – vor allem von zwei Faktoren bestimmt: dem Fahrzeugalter und der Fahrzeugmarke. Gebrauchte Pkw/Kombis aus dem Angebot der Vertragshändler und der Werksniederlassungen sind im Durchschnitt 3,8 Jahre alt, 49 200 km gelaufen und kosten 19 100 DM (DAT-Veedol-Report 99, S. 50, Kennzahlen 1998).

Die GW-Vermarktung durch den NW-Handel nähert sich immer stärker dem Handel mit fabrikneuen Fahrzeugen an. Es gibt vielfältige Parallelen. So ähnelt das Anspruchsdenken der Privatkundschaft sehr dem von NW-Kunden (vgl. kfz-betrieb 2/99, S. 16). Ebenso wie auf dem NW-Sektor ist der Vertrieb gebrauchter Pkw/Kombis zur Zeit im Umbruch. Traditionelle Vertriebswege bröckeln. In der Tat zeichnen sich gravierende Änderungen auch im GW-Geschäft ab. Auch hier gilt: Am **Internet** führt kein Weg vorbei. Noch steckt die GW-Vermarktung per Internet in Deutschland in den Kinderschuhen. Nach Schätzung von Experten wird der Kaufabschluss über Internet („Electronic Commerce") im nächsten Jahrzehnt einen Anteil von etwa 10% erreichen. Bei einzelnen Internet-Funktionen wie z. B. Marktüberblick, Wunschfahrzeug-Spezifizierung, Einholung von Finanzierungs- und Versicherungsangeboten rechnet man langfristig mit einem Anteil von nahezu 100%.

II. Der Vertrag mit dem Händler

1. Die Allgemeinen Geschäftsbedingungen

Der Kaufvertrag wird üblicherweise formularmäßig auf der Grundlage der „Geschäftsbedingungen für den Verkauf von gebrauchten Fahrzeugen und Anhängern" (GWVB) abgeschlossen.[1] Dem Verkauf von **Vorführwagen,** rechtlich Gebrauchtfahrzeuge, werden mitun-

---

[1] Zur Geschichte dieser AGB vgl. *von Brunn,* NJW 1956, 306; *ders.,* DAR 1967, 149; *ders.* in: „Die formularmäßigen Vertragsbedingungen der deutschen Wirtschaft", 1956, S. 146 ff.; *Ernst,* Zur Bilanz der Diskussion um die Allgemeinen Geschäftsbedingungen nach dem AGB-Gesetz, konkreti-

ter auch die **Neuwagenverkaufsbedingungen** (NWVB) zugrunde gelegt.[2] Andererseits verwendet man beim Verkauf von **Tageszulassungen** (Kurzzulassungen, vgl. dazu Rn 445) Verkaufsformulare für das Gebrauchtwagengeschäft, was mit Blick auf den formularmäßigen Gewährleistungsausschluss besonders heikel ist (vgl. Rn 1973).

1433 Die Gebrauchtwagenverkaufsbedingungen, wiederholt überarbeitet und neu formuliert, zuletzt im Jahre 1998, sind Gegenstand einer Verbandsempfehlung nach § 38 II GWB. Die Bedingungen (Stand: 11/98) sind diesem Buch als Anlage beigefügt. Sie orientieren sich stark an den im Juni 1977 eingeführten, inzwischen mehrfach geänderten **Neuwagenverkaufsbedingungen.** Mehrere Klauseln sind identisch, z. B. über die Schriftform, die Zahlung und den Eigentumsvorbehalt. Die nachfolgende Kommentierung beschränkt sich auf diejenigen Klauseln, für die es in den NWVB keine Parallele gibt. Im Übrigen werden sie nur erläutert, soweit **Besonderheiten** des Gebrauchtwagenhandels dies erfordern.

1434 Neben den verbandsempfohlenen GWVB gibt es auf dem Markt eine Vielzahl von Musterverträgen mit Allgemeinen Geschäftsbedingungen. Besonders bunt ist das Bild auf dem Teilmarkt „reiner Gebrauchtwagenhandel". Auch für Händler-Händler-Geschäfte gelten Sonderregeln, ebenso für die Vermarktung von **Nutzfahrzeugen.**

a) Einbeziehung in den Kaufvertrag

1435 Die vom ZDK empfohlenen Bedingungen für das Eigengeschäft sind in der Fassung und Gestaltung, wie sie von den Fachverlagen vertrieben werden, weder unleserlich noch unübersichtlich.[3] Sie werden deshalb gem. § 2 AGBG Bestandteil des Kaufvertrages, es sei denn, dass sie dem Käufer nicht oder – wie im (Agentur-)Fall OLG Frankfurt NJW 1989, 1095 = DAR 1989, 66 – nicht vollständig ausgehändigt worden sind. Um die Lesbarkeit für den Kunden zu verbessern, hat man die „umseitigen AGB" auf zwei Blättern abgedruckt. Üblicherweise sind diese beiden Blätter Bestandteil eines **mehrteiligen Durchdrucksatzes.** Die Formularsätze für Eigengeschäfte „mit Garantie" sind fünfblättrig, weil die Garantiebedingungen hinzukommen. Bei einem Eigengeschäft „ohne Garantie" besteht der Formularsatz aus vier Blatt. Zwei davon sind für den Kunden bestimmt. Sie sind meist zusammengeleimt, um sicherzustellen, dass dem Kunden auch beide Blätter ausgehändigt werden. Gleichwohl kommt es hier immer wieder zu Problemen, sei es, dass dem Kunden das zweite Blatt – mit den Haftungsfreizeichnungen in den Abschn. VII und VIII – versehentlich nicht mitüberreicht wird, sei es, dass der Kunde später behauptet, das zweite Blatt nicht erhalten zu haben.

1436 Nach Meinung des OLG Frankfurt[4] geht es zu Lasten des Händlers, wenn ihm nicht der Nachweis gelingt, dass die AGB dem Kunden vollständig ausgehändigt worden sind. Darauf, dass sie in seinem Betrieb ausgehängt sind, kann sich der Händler nicht berufen. Anders als die Kfz-Reparaturbedingungen werden die Verkaufsbedingungen im Allgemeinen auch nicht durch Aushang zur Kenntnis gebracht. Die Übergabe der kompletten AGB – bei Geschäften **„mit Garantie"** einschließlich der Garantiebedingungen – kann der Händler durch Zeugnis seines zuständigen Verkaufsangestellten beweisen. Für die Beweiswürdigung kommt es auch darauf an, ob der Händler einen Formularsatz verwendet hat, bei dem die für den Kunden bestimmten Blätter durch eine Klebeverbindung zusammengehalten werden sollen. Der Händler kann verlangen, dass der Käufer das Original des ersten Blattes (Bestellschein Vorderseite mit AGB bis Abschn. V) vorlegt. Dann wird sich zeigen, ob ein zweites Blatt angeklebt war.

---

siert am Beispiel der Geschäftsbedingungen für den Verkauf von gebrauchten Kraftfahrzeugen, Diss. Bremen, 1979, S. 194 ff.
2 So z. B. in den Fällen BGH NJW-RR 1991, 870 und OLG Düsseldorf OLGR 1995, 143.
3 OLG Hamm 3. 7. 1986, 23 U 35/86, n. v.
4 Urt. v. 2. 11. 1988, NJW 1989, 1095 – DAR 1989, 66.

Der Vertrag mit dem Händler

Wird ein Fahrzeug „mit Gebrauchtwagen-Garantie gemäß den beigefügten Garantiebedingungen" verkauft, müssen auch diese Bedingungen ausgehändigt werden.[5] Soweit sie den Käufer begünstigen, gelten sie freilich selbst dann, wenn sie – aus welchem Grund auch immer – nicht beigefügt worden sind.

1437

b) Vertragsabschluss

Mit der Unterzeichnung des **Bestellformulars** („verbindliche Bestellung") durch den Kaufinteressenten ist entgegen weitverbreiteter Meinung (z. B. OLG Brandenburg OLGR 1997, 88) der Kaufvertrag in der Regel noch nicht geschlossen. Er gibt lediglich ein **Angebot** zum Abschluss eines Kaufvertrages ab.[6] Er selbst erhält eine Durchschrift. Die formularmäßige Bestätigung, eine Durchschrift der Bestellung erhalten zu haben, verstößt gegen § 11 Nr. 15b AGBG.[7]

1438

Nach Abschn. I, 1 ZDK-AGB ist der Besteller 10 Tage an sein Angebot **gebunden,** bei Nutzfahrzeugen 2 Wochen. Selbst eine Bindung von 14 Tagen ist beim Kauf gebrauchter Personenwagen und Kombis noch **nicht unangemessen** i. S. v. § 10 Nr. 1 AGBG,[8] wohl aber eine Frist von 4 Wochen.[9]

1439

Der Käufer ist nicht befugt, sich einseitig von seiner Bestellung zu lösen, wenn er das Bestellformular unterschrieben hat, ohne zuvor das Fahrzeug besichtigt oder eine Probefahrt gemacht zu haben, und eine nachträgliche Prüfung nicht zu seiner Zufriedenheit verlaufen ist. Während des Laufs der Bindungsfrist (Abschn. I, 1 ZDK-AGB) kann er sein Angebot nur dadurch zunichte machen, dass er es anficht (§§ 119, 123 BGB), sich auf ein Verschulden bei den Vertragsverhandlungen beruft oder einen der an sich erst nach Vertragsabschluss gegebenen Gewährleistungsansprüche vorab geltend macht.

1440

Der Kaufvertrag ist **abgeschlossen,** wenn der Händler die **Annahme** der Bestellung innerhalb der Annahmefrist **schriftlich bestätigt** oder – was die Regel ist – das **Fahrzeug ausliefert** (vgl. Abschn. I, 1 ZDK-AGB). Mitunter heißt es auch: „Das Kaufangebot gilt als angenommen, wenn der Verkäufer es nicht innerhalb der Annahmefrist abgelehnt hat." Auch diese Vertragsabschlussklausel ist unbedenklich.[10] Die schriftliche Annahmeerklärung des Händlers muss dem Kunden innerhalb der Annahmefrist auch **zugegangen** sein.[11] Der Händler muss den **Zugang und die Rechtzeitigkeit beweisen.**[12] Dieser Fragenkreis ist von großer praktischer Bedeutung, weil Besteller von Gebrauchtfahrzeugen verstärkt einwenden, eine Auftragsbestätigung nicht erhalten zu haben. Eine schriftliche Bestätigung kann bereits auf dem Bestellschein erfolgen (oft ist dort eine spezielle Rubrik für die Bestätigung der „Verkäufer-Firma" vorgesehen); sie kann auch in einem Schreiben gesehen werden, durch das eine Rücktrittserklärung des Kaufinteressenten zurückgewiesen wird.[13] Nach Meinung des LG Hamburg stellt ein nicht unterschriebener Stempel „Bestellung angenommen" keine

1441

---

5 Dazu BGH 23. 11. 1994, NJW 1995, 516.
6 Durch Rückgabe des unterschriebenen Bestellscheins wird das Angebot wirksam (§ 145 BGB).
7 BGH 29. 4. 1987, NJW 1987, 2012, 2014.
8 OLG Köln 27. 5. 1993, NJW-RR 1993, 1404 = OLGR 1993, 205; *Löwe/Graf von Westphalen/ Trinkner,* Bd. III, Broschüre 42, Rn 2 zu 42.2; *Wolf/Horn/Lindacher,* § 9 G 52; *Bunte,* Handbuch der AGB, 1981, 254; *Eggert,* BB 1980, 1827; OLG Hamm 16. 1. 1981, MDR 1981, 580; a. A. AG Diepholz 20. 5. 1987, MDR 1987, 936 (Agenturkauf); *Ernst,* a. a. O. (Fn. 1), S. 208; zur Bindungsfrist beim Neuwagenkauf vgl. BGH 13. 12. 1989, WM 1990, 186 und hier Rn 18 f.
9 LG Wuppertal 7. 3. 1995, 16 S 173/94, n. v.; vgl. auch LG Berlin 6. 3. 1987, VuR 1988, 50.
10 OLG Köln 21. 3. 1984, 24 U 238/83, n. v.; *Ulmer/Brandner/Hensen,* § 10 Nr. 1, Rn 2; *Walchshöfer,* WM 1986, 1041.
11 Zur Rechtslage bei verspäteter Annahme s. AG Korbach 2. 7. 1993, NJW-RR 1994, 374.
12 Zur Rechtslage bei Nichtabholung eines Einschreibebriefs und allgemein zu Fragen des Zugangs einer schriftlichen Händlerbestätigung vgl. BGH 26. 11. 1997, NJW 1998, 976; *Franzen,* JuS 1999, 429.
13 OLG Hamm 16. 1. 1981, MDR 1981, 580 = AH 1982, 648.

schriftliche Annahmeerklärung dar.[14] Die vertraglich vorgesehene **Schriftform** für die Annahmeerklärung können die Parteien einverständlich aufheben, indem sie sich **mündlich** über das Zustandekommen des Vertrages einigen.[15] Verweigert der Kaufinteressent die erforderlichen Mitwirkungshandlungen für die Fahrzeugauslieferung und vereitelt er so deren Annahmewirkung, muss er sich analog § 162 BGB so behandeln lassen, als wäre der Kaufvertrag zustande gekommen.[16]

Eletronic (E-)Commerce hat sich im Bereich des Gebrauchtfahrzeughandels bislang nicht durchgesetzt. Das wird aller Voraussicht nach so nicht bleiben. 80% der Händler und 93% der Hersteller rechnen damit, dass das **Internet** als Verkaufskanal für die Vermarktung von Gebrauchtfahrzeugen an Bedeutung stark zunehmen wird.[17] Viele Autohändler arbeiten schon heute mit einer Internet-Gebrauchtwagenbörse zusammen. Die Zahl der Betreiber derartiger Börsen nimmt ständig zu. In den Internet-GW-Börsen stehen überwiegend Händler-Angebote. Sie sind von vornherein teurer als Privatangebote. Hinzu kommt die Gebühr für den Börsenbetreiber. So hilfreich das Internet als Informationsquelle ist, als Medium für Vertragsabschlüsse wird es im Bereich des Gebrauchtfahrzeughandels nur geringe Bedeutung erlangen. Zu den vielfältigen Fragen des **Vertragsschlusses im Internet** s. *Taupitz/Kritter*, JuS 1999, 839 m. w. N. Einschlägige Rechtsprechung zum Kauf von Kraftfahrzeugen liegt noch nicht vor.

c) Schriftformklauseln

1442 Insoweit wird auf die Ausführungen unter Rn 1839 ff. verwiesen.

d) Zirkaklauseln

1443 In den Verkaufsbedingungen für das Eigengeschäft (Stand: 11/98) ist die Klausel, dass Angaben über Leistungen, Betriebskosten, Öl- und Kraftstoffverbrauch etc. als annähernd zu betrachten sind, nicht mehr enthalten.[18] Dabei hatte der BGH in seiner grundlegenden Entscheidung vom 8. 10. 1969[19] eine solche Klausel ausdrücklich für zulässig erklärt. Soweit formularmäßige Zirkaklauseln heute noch vorkommen, können sie vor allem bei der Frage Bedeutung gewinnen, ob eine erhebliche Abweichung der Ist- von der Soll-Beschaffenheit vorliegt. Auch ohne ausdrückliche Zirkaklausel kann die Soll-Beschaffenheit unter dem Vorbehalt geringfügiger Abweichungen zu sehen sein, so z. B. bei Angaben über die Kilometerlaufleistung (Gesamtfahrleistung), vgl. Rn 1722, 1730.

e) Preise/Zahlung/Zahlungsverzug/Aufrechnung

1444 Ebenso wie die Neuwagenverkaufsbedingungen enthalten die verbandsempfohlenen Bedingungen über den Gebrauchtwagenverkauf keine Bestimmungen über das Thema „Preise". Preisrechtliche Fragen spielen denn auch beim GW-Geschäft eine vergleichsweise untergeordnete Rolle. Auf die Ausführungen zum Neufahrzeugkauf kann deshalb verwiesen werden (Rn 52 ff.). Ob Nebenleistungen wie z. B. die Zulassung (Ummeldung) vereinbart sind, ergibt sich meist aus dem „Bestellschein" (Kaufvertragsformular). Wird ein Autohaus vom Käufer mit der Zulassung beauftragt, kann es Erstattung der amtlichen Gebühren und eine Pauschale für sein eigenes Tätigwerden verlangen, es sei denn, dass ausdrücklich Kostenfreiheit vereinbart worden ist.[20]

---

14 Urt. v. 17. 4. 1990, 71 O 435/89, n. v.
15 Dazu OLG Hamm 10. 1. 1992, OLGR 1992, 77; OLG Köln 16. 2. 1995, OLGR 1995, 140 – Neufahrzeugkauf; LG Düsseldorf 17. 10. 1979, 23 S 113/79, n. v.; zur Beweislastverteilung BGH 28. 1. 1981, NJW 1981, 922, 923. Anzahlung kann Indiz für Bindung sein.
16 OLG Hamm 10. 1. 1992, OLGR 1992, 77.
17 Vgl. Studie „Zukunft des Automobilvertriebs" FH Gelsenkirchen, 1998.
18 Anders als in den Neuwagenverkaufsbedingungen, dort Abschn. IV, 5, fehlt auch die Klausel, dass derartige Angaben keine Eigenschaftszusicherungen sind.
19 NJW 1970, 29.
20 OLG Hamm 3. 6. 1998, DAR 1998, 354 = OLGR 1998, 222.

Abschn. III der aktuellen ZDK-AGB weicht in mehreren Punkten von der bisherigen Regelung ab. Wegen der weitgehenden Übereinstimmung mit den Klauseln in den NWVB wird auf die dortigen Erläuterungen verwiesen. Ergänzend wird auf die Entscheidung des Kammergerichts vom 3. 2. 1988 hingewiesen,[21] wonach die Klausel „Die Verkaufsangestellten des Verkäufers sind nur bei schriftlicher Ermächtigung zur Annahme von Zahlungen befugt" gegen § 9 I u. II Nr. 1 AGBG verstößt. Auf die Vereinbarung von **Inzahlungnahmen** mit Festlegung eines bestimmten Verrechnungspreises erstreckt sich diese Klausel, meist auf der Formularvorderseite abgedruckt, schon ihrem Wortlaut nach nicht, s. auch Rn 361.

Ein bestehender Zahlungsverzug kann dadurch geheilt werden, dass die Vertragspartner eine Nachbesserung vereinbaren (vgl. OLG Hamm OLGR 1998, 217).

Der Preis, den der Händler bzw. sein Verkaufsangestellter in den Bestellschein eingesetzt hat, ist auch dann für ihn verbindlich, wenn er irrtümlich um einige tausend DM zu niedrig beziffert worden ist. Die **Anfechtung** des Händlers gem. **§ 119 I BGB** ist unbeachtlich.[22] Während der Annahmefrist hat der Händler allerdings die Möglichkeit der Preiskorrektur. Nach Zustandekommen des Vertrages ist es in der Tat nur in engen Grenzen möglich, ein Schreibversehen zu berichten.

f) Lieferung und Lieferverzug

Anders als beim Neuwagenkauf besteht beim Gebrauchtwagenkauf kein echtes Bedürfnis für Lieferfristen, die erst mit Vertragsabschluss beginnen. Gebrauchtwagenkaufverträge kommen regelmäßig erst durch die Auslieferung des Fahrzeugs zustande. In der Auslieferung liegt die Annahme des Vertragsangebots durch den Händler, sofern er – wie meist – von einer schriftlichen Bestätigung abgesehen hat (vgl. Abschn. I, 1 ZDK-AGB).

1445

Heißt es im Bestellformular „Lieferung binnen drei Tagen" oder „Lieferfrist eine Woche", so führt dies zu einer **Verkürzung** der Zehntagesfrist nach Abschn. I, 1 ZDK-AGB. Solche Lieferfristen beginnen bereits mit der Unterzeichnung des Bestellformulars, nicht erst mit der schriftlichen Bestätigung des Händlers. Die übliche Formulierung „Lieferung sofort" bedeutet hingegen „sofort" nach Vertragsabschluss, d. h., der Händler darf die ihm eingeräumte Annahmefrist von zehn Tagen voll ausschöpfen.

1446

Bei der Angabe eines konkreten Datums als Termin der Auslieferung handelt es sich um ein **Fixgeschäft** i. S. v. § 361 BGB.

Ohne ausdrückliche Kennzeichnung als „unverbindlich" ist von einer **verbindlichen Bestimmung** der Leistungszeit auszugehen. Dass diese Individualabrede gem. Abschn. IV, 1 S. 1 ZDK-AGB schriftlich zu erfolgen hat, ist mit Blick auf § 9 AGBG nicht zu beanstanden.[23] Ob ein Käufer sich mit Erfolg darauf berufen kann, ihm sei mündlich ein verbindlicher Lieferzeitpunkt zugesagt worden, hat der BGH in der NWVB-Entscheidung vom 7. 10. 1981[24] offen gelassen. Die Frage ist zu bejahen, weil eine individuelle mündliche Erklärung des Händlers oder eines vertretungsbefugten Angestellten stets Vorrang vor der formularmäßigen Schriftformklausel hat (§ 4 AGBG). Die Beweislast für die mündliche Lieferzusage trifft allerdings den Käufer.[25]

1447

Während der Händler bei einer verbindlichen Leistungszeit schon durch deren Überschreiten (ohne Mahnung) **in Verzug** gerät (vgl. Abschn. IV, 5 ZDK-AGB und § 284 BGB), hat der Käufer bei einem **unverbindlichen Lieferzeitpunkt** noch eine „Wartefrist" von zehn Tagen bei Pkw und vier Wochen bei Nutzfahrzeugen einzuhalten, eher er den Händler durch eine schriftliche Aufforderung zur Lieferung in Verzug setzen kann (vgl. Abschn. IV, 2

1448

---

21 23 U 2930/87, n. v.
22 So das OLG Oldenburg 22. 6. 1999, 5 U 41/99, n. v.
23 BGH 7. 10. 1981, NJW 1982, 331.
24 NJW 1982, 331.
25 BGH 28. 1. 1981, NJW 1981, 922, 923.

ZDK-AGB). Diese differenzierende Regelung ist AGBG-konform.[26] Bei einer unverbindlichen Lieferfrist gilt zunächst der Satz, dass die Frist erst mit Vertragsabschluss beginnt. Die Frist schon mit Unterzeichnung des Bestellscheins in Lauf zu setzen, besteht kein Bedürfnis. Der Käufer hat sich auf einen „unverbindlichen" Lieferzeitpunkt eingelassen. Damit hat er nichts in der Hand. Dass dieser Nachteil auch noch nach Ablauf der unverbindlichen Frist bzw. nach Verstreichen des unverbindlichen Liefertermins fortwirkt, indem dem Händler bis zum Eintritt des Verzugs eine Schonzeit von zehn Tagen zugebilligt wird, bedeutet keine unangemessene Benachteiligung des Käufers.[27] Die Zehntagefrist (bei Nutzfahrzeugen vier Wochen) beginnt zu laufen, wenn der unverbindliche Liefertermin bzw. die unverbindliche Lieferfrist abgelaufen ist. Die praktische Bedeutung dieser Klausel ist beim Gebrauchtwagenkauf, anders als beim Neuwagenkauf, verhältnismäßig gering.

1449 Was die **Rechte des Käufers** bei Lieferverzug angeht, so stimmt die Regelung in Abschn. IV, Ziff. 3 u. 4 ZDK-AGB mit Abschn. IV, Ziff. 2 Abs. 3 u. 4 der NWVB überein. Auf die Kommentierung unter Rn 32 ff. wird verwiesen, ergänzend auf Rn 1315 f.

g) Probefahrt und Testfahrt

1450 Die aus den NWVB übernommene Klausel, wonach der Käufer berechtigt ist, das Fahrzeug „innerhalb von acht Tagen nach Zugang der Bereitstellungsanzeige am vereinbarten Abnahmeort zu prüfen" (vgl. Abschn. V, 1 ZDK-AGB), läuft in der Praxis weitgehend leer. Beim Kauf eines gebrauchten Kfz findet typischerweise schon vor der Unterzeichnung des Bestellformulars eine optische und technische Prüfung statt. Der Kaufentschluss hängt wesentlich von dem Ergebnis der Besichtigung und/oder Probefahrt ab. Wird ein Fahrzeug ausnahmsweise ohne vorherige Untersuchung bestellt, so ist es schon im Hinblick auf § 464 BGB geboten, dem Käufer vor der Abnahme eine Prüfungsbefugnis einzuräumen. Daran hat er auch wegen der für ihn immer noch ungünstigen Gewährleistungsregelung ein berechtigtes Interesse. Zum Inhalt und Umfang des Prüfrechts vor Abnahme vgl. Rn 397 ff.

1451 Verursacht der Kaufinteressent bei einer **Probefahrt** bzw. **Testfahrt** einen **Unfall,** so gelten hier im Wesentlichen die gleichen Grundsätze wie bei einem Unfall, den ein potentieller Neuwagenkäufer mit einem fabrikneuen Fahrzeug oder einem Vorführwagen[28] verursacht hat. Auf die Ausführungen im Neuwagenteil wird verwiesen (Rn 163 ff.), ergänzend auf Rn 1307 ff. (Probefahrt beim privaten Direktgeschäft). Zur Bedeutung einer Erklärung wie „Motor jetzt in Ordnung", abgegeben vom Verkäufer im Anschluss an eine Reparatur nach einer Probefahrt, s. OLG Hamm OLGR 1996, 223. Zur Rechtslage bei einem Unfall während der **Überführungsfahrt** mit einem **roten Kennzeichen,** vom Händler zur Verfügung gestellt, s. OLG Karlsruhe NJW-RR 1999, 779 = OLGR 1999, 42. Erst bei **endgültiger Übergabe** an den Erwerber scheidet ein nicht zugelassenes Fahrzeug des Händlers aus dem Haftungsverband einer Haftpflicht- und Fahrzeugversicherung für den Kfz-Handel aus.[29]

h) Nichtabnahme/Schadenspauschalierung

1452 Beim Kauf eines Gebrauchtwagens vom Händler ist die Pflicht zur **Abnahme des Fahrzeuges** – anders als beim privaten Direktgeschäft – grundsätzlich nur eine **Nebenpflicht.**[30] Das Interesse des Händlers, den Wagen loszuwerden, damit er in seiner Halle oder auf seinem Ausstellungsgelände Platz bekommt, macht die Abnahmepflicht nicht zur Hauptleistungspflicht. Der Gefahr, durch einen „Steher" einen Imageverlust zu erleiden, kann der Händler vorbeugen, indem er ein Schild „verkauft" an dem Fahrzeug anbringt oder es aus dem

---

26 *Eggert,* BB 1980, 1827; s. auch. *Wolf/Horn/Lindacher,* § 9 Rn G 58.
27 Vgl. auch BGH 7. 10. 1981, NJW 1982, 331.
28 Dazu OLG Düsseldorf 17. 9. 1993, OLGR 1994, 148.
29 OLG Hamm 11. 11. 1998, NJW-RR 1999, 538.
30 Vgl. auch OLG Oldenburg 4. 6. 1975, NJW 1975, 1788.

Der Vertrag mit dem Händler Rn 1453

Blickfeld des Publikums entfernt. Mit Blick auf § 9 AGBG ist es nicht zu beanstanden, wenn der Händler die Abnahmepflicht des Käufers **formularmäßig** zu einer **Hauptpflicht** ausgestaltet.[31] Diesen Weg ist man in den ZDK-AGB gegangen, indem man an die Nichtabnahme des Fahrzeugs die Rechtsfolgen aus § 326 BGB geknüpft hat. Gemäß Abschn. V, 3 ZDK-AGB hängt der Anspruch auf **Schadensersatz wegen Nichterfüllung** bzw. das Recht zum **Rücktritt** von folgenden Voraussetzungen ab: Der Käufer muss mit der Abnahme länger als acht Tage ab Zugang der Bereitstellungsanzeige vorsätzlich oder grob fahrlässig im Rückstand sein. Ferner muss der Händler dem Käufer schriftlich eine Nachfrist von acht Tagen, verbunden mit einer Ablehnungsandrohung, gesetzt haben. Bei genereller Befreiung von dieser Obliegenheit gilt § 11 Nr. 4 AGBG.[32] In bestimmten Fällen, z. B. einer ernsthaften und endgültigen Abnahmeverweigerung, ist eine Nachfristsetzung, aber auch nur diese (nicht auch die Bereitstellung und deren Anzeige), entbehrlich, vgl. Abschn. V, 3 ZDK-AGB.[33] Bei nur leicht fahrlässiger Verspätung mit der Abnahme kann der Händler seinen Verzögerungsschaden nach § 286 BGB ersetzt verlangen. Zum Schadensersatzanspruch wegen Nichterfüllung und zum Rücktrittsrecht wird ergänzend auf die Kommentierung der entsprechenden Klausel in den NWVB verwiesen (Rn 507 ff.).

Im Gebrauchtwagenhandel hatten formularmäßige **Schadenspauschalierungsklauseln** 1453 zwischen 1968 und 1990 stark an Bedeutung verloren. Das lag an der Umstellung von Händler-Eigengeschäften auf Vermittlungsgeschäfte. In den Agentur-AGB waren Pauschalierungsklauseln nur in der Anfangsphase enthalten. Später hat man sie ersatzlos gestrichen, weil Bezugsperson für den Schadenseintritt der private Auftraggeber, nicht der Händler, war. Mit der Rückkehr des Händler-Eigengeschäfts zum 1. 7. 1990 sind Pauschalierungsabreden wieder fester Bestandteil der Gebrauchtwagen-Verkaufsbedingungen geworden. Die Klausel im Abschn. V, Ziff. 4 der vom ZDK empfohlenen AGB entspricht in den tatbestandlichen Voraussetzungen und in der Höhe des Pauschbetrages (15% vom Kaufpreis) exakt der Regelung in den Neuwagen-Verkaufsbedingungen. Abreden mit höheren Pauschalen als 15% sind heute nur noch vereinzelt anzutreffen. In Österreich beträgt die Pauschale nur 10% (kfz-betrieb v. 9. 4. 1998).

Eine „20%-Klausel" war Gegenstand der BGH-Entscheidung vom 8. 10. 1969.[34] Damals ist der BGH von einer üblichen Gewinnspanne von 15–20% ausgegangen. In eine nähere Prüfung brauchte er seinerzeit nicht einzutreten, weil der Beklagte, der einen **Lkw** (!) weder abgeholt noch bezahlt hatte, das Vorbringen der Klägerin (Mercedes-Benz-Großvertretung) nicht bestritten hatte.

Bis Anfang der neunziger Jahre haben sich die Instanzgerichte an dem o. a. Urteil des BGH orientiert.[35] Auch im Schrifttum wurden Pauschalen von 15–20% weitgehend gebilligt.[36] Bemerkenswerterweise wurde jahrzehntelang nicht danach differenziert, ob das nicht abgenommene Fahrzeug von einem reinen Gebrauchtwagenhändler oder von einem Neuwagenhändler mit Gebrauchtwagenabteilung gekauft worden war. Dabei ist die Kosten- und Ertragssituation auf diesen beiden Teilmärkten grundverschieden. Einzuwenden ist ferner, dass Personenkraftwagen und Nutzfahrzeuge gleichbehandelt werden, obwohl auch insoweit erhebliche Unterschiede bestehen. Inzwischen haben Rechtsprechung und Schrifttum das Problem erkannt, s. Rn 1455.

---

31 Zum Problem vgl. AGB-Klauselwerke/*Peiffer* in: Gebrauchtwagenkauf Rn 27.
32 LG München II 17. 5. 1990, DAR 1991, 188; wird die Frist zu kurz bemessen, z. B. 5 Tage, wird sie – anders als bei § 326 BGB – nicht durch eine angemessene Nachfrist ersetzt, OLG Hamm 10. 1. 1995, OLGR 1995, 49.
33 Großzügiger OLG Köln 19. 4. 1996, 3 U 248/92, n. v.
34 NJW 1970, 29.
35 LG Würzburg 9. 7. 1980, 4 S 307/80, n. v. (20%); LG Hagen 27. 8. 1986, DAR 1987, 90 (20%).
36 Siehe die Nachweise in den Vorauflagen.

1454 Während die vom BGH (NJW 1970, 29) gebilligte Klausel vier Leistungsstörungen mit ganz unterschiedlichen Schadensverläufen zu regeln versuchte, knüpft die Abrede in den **heutigen ZDK-AGB** (Abschn. V, 4) nur an eine **schuldhafte Nichtabnahme** des Fahrzeugs an. Gegenstand der Pauschalierung ist nach dem eindeutigen Wortlaut der **Nichterfüllungsschaden** des Händlers, nicht sein Anspruch aus § 286 I BGB.

1455 Auch wenn der gesamte Nichterfüllungsschaden des Händlers (§ 326 BGB), also nicht etwa nur der entgangene Gewinn, als Bezugsgröße für die Pauschalierung genommen wird, kann ein Pauschbetrag von 15% des Kaufpreises nicht in jedem Fall anerkannt werden. Beim Kauf gebrauchter **Pkw** (einschließlich Kombis und Geländefahrzeuge) vom **Neuwagenhändler mit Gebrauchtwagenabteilung** ist die handelsübliche Pauschalabrede **unwirksam.**[37] Die Klausel Abschn. V, 4 ZDK-AGB verstößt gegen **§ 11 Nr. 5a AGBG,** weil die Pauschale von 15% höher ist als der nach dem gewöhnlichen Lauf der Dinge zu erwartende Schaden. Diese Auffassung setzt sich nun auch in der **Rechtsprechung** immer mehr durch. Eine aktuelle **BGH-Entscheidung** steht noch aus. In seinem Urteil vom 29. 6. 1994[38] hat der BGH lediglich auf die im Schrifttum geäußerten Bedenken hingewiesen; einer eigenen Stellungnahme hat er sich enthalten, weil das Berufungsgericht zur generellen Angemessenheit des Pauschbetrages von 15% keine Feststellungen getroffen hatte. Das OLG Köln (3. ZS) hat dies inzwischen nachgeholt. Nach Einholunbg eines Sachverständigengutachtens ist es zu dem Ergebnis gelangt, dass die 15%-Klausel nicht zu beanstanden sei.[39] Demgegenüber hat sich der 12. ZS des OLG Köln – ohne spezielle Beweiserhebung – gegen die Zulässigkeit der 15%-Klausel für den Fall ausgesprochen, dass ein Pkw von einem Neuwagenhändler mit Gebrauchtwagenabteilung gekauft worden ist.[40] Die Entscheidung ist rechtskräftig geworden, nachdem die Klägerin (BMW-Vertragshändlerin) auf die Einlegung der (zugelassenen) Revision verzichtet hat.

Zu Recht hat das OLG Köln (12. ZS) zunächst zwischen dem Verkauf fabrikneuer und gebrauchter Kfz differenziert. Die Erwägungen, mit denen die 15%-Pauschale im Neufahrzeughandel (u. E. vergebens) gerechtfertigt wird (Rn 513 f.), können auf den Gebrauchtwagenverkauf in der Tat nicht übertragen werden. Das bedarf keiner weiteren Begründung. Geboten ist aber auch eine weitere **Differenzierung,** nämlich zwischen Neuwagenhändler mit Gebrauchtwagenabteilung, dem sog. Markenhändler, einerseits und dem Nur-Gebrauchtwagenhändler andererseits. Bei der Ermittlung des **branchenüblichen Durchschnittsschadens** sind beide Teilmärkte getrennt in den Blick zu nehmen. Denn die Kosten- und Ertragssituation ist auch bei generalisierender Betrachtung nicht miteinander zu vergleichen. Beide Märkte lassen sich auch ohne weiteres voneinander abgrenzen, sodass kein Grund besteht, die Besonderheiten des Teilmarktes „Markenhandel" nicht schon bei der Angemessenheitskontrolle nach § 11 Nr. 5a AGBG zu berücksichtigen.

1456 Im Bereich des **Markenhandels** wird am Verkauf gebrauchter Pkw und Kombis „häufig nichts mehr verdient", stellt die Fachzeitschrift AUTOHAUS im Heft Nr. 12/1995 auf Seite 42 fest. Belegt wird diese Aussage durch vielfältige Informationen und Verlautbarungen aus der Kfz-Branche. Allem Anschein nach ist die schlechte Ertragslage im Gebrauchtwagengeschäft des Neufahrzeughandels inzwischen ein **Dauerzustand** und insbesondere auch eine

---

37 Heute h. M., vgl. OLG Celle 16. 10. 1997, OLGR 1998, 93; OLG Köln 27. 5. 1993, NJW-RR 1993, 1404 = OLGR 1993, 205; LG Oldenburg 7. 11. 1997, MDR 1998, 714 = BB 1998, 1280; LG Hamburg 26. 7. 1996, NJW-RR 1997, 560; AG Rendsburg 23. 12. 1994, ZfS 1995, 256; ebenso *Eggert,* BB 1980, 1826, 1829; *Palandt/Heinrichs,* § 11 AGBG Rn 23; *Ulmer/Brandner/Hensen,* Anh. §§ 9–11 Rn 436 und § 11 Nr. 5 Rn 29; lediglich Zweifel bei *Wolf/Horn/Lindacher,* § 9 Rn G 65, s. auch § 11 Nr. 5 Rn 24; a. A. OLG Köln 19. 4. 1996, 3 U 248/92, n. v. – nach Zurückverweisung durch BGH NJW 1994, 2478.
38 BGHZ 126, 305 = NJW 1994, 2478 = EWiR § 252 BGB 1/94, 847 *(Reinking).*
39 Urteil vom 19. 4. 1996, 3 U 248/92, n. v.
40 Urt. v. 27. 5. 1993, NJW-RR 1993, 1404.

branchenspezifische Erscheinung, nicht etwa beschränkt auf einige wenige Händler, wie die Kritik an dem Urteil des OLG Köln vom 27. 5. 1993 meint.[41] Nach einer ZDK-Umfrage aus dem Jahre 1988, vor der Wiedervereinigung, machen sechs von zehn Händlern Verluste im Gebrauchtwagengeschäft.[42] *Haberl,* Ex-Präsident des ZDK, hielt selbst diese Zahl für zu niedrig: „In Wahrheit machen fast alle Minus."[43] Derlei Aussagen sind im Kern nach wie vor gültig. Eher hat sich die Ertragslage in den letzten Jahren weiter verschlechtert. Laut AUTOHAUS 12/1995, S. 52 („Kennzahlen Abteilung Gebrauchtwagen") beträgt der Bruttoertrag pro Gebrauchtwagen (Pkw/Kombi) im Branchendurchschnitt 600 bis 800 DM. Bei einem durchschnittlichen Verkaufspreis von 19 000 DM sind dies nur 3,2 bis 4,2%. Das Betriebsergebnis pro Fahrzeug wird gar mit – 1100 bis + 300 DM angegeben.

Diese schlechte Ertragslage hat **strukturelle Gründe.** Im Markenhandel kommt der Bestand an gebrauchten Pkw/Kombis ganz überwiegend durch **Inzahlungnahmen** beim Neuwagenverkauf zustande.[44] Der **freie Zukauf** von Privat oder von Kfz-Händlern ist die Ausnahme, mag dieser Beschaffungsweg in den letzten Jahren auch ausgebaut worden sein. Aufs Ganze gesehen zu vernachlässigen sind auch Leasingrückläufer und ehemalige Mietfahrzeuge (buy-back).

Setzt sich der Gebrauchtwagenbestand des Markenhandels aber in erster Linie aus in Zahlung genommenen Fahrzeugen zusammen, so muss ein Faktor Beachtung finden, der üblicherweise mit **„verdeckter Rabatt"** beschrieben wird. Überhöhte Inzahlungnahmepreise schmälern den Erlös des Händlers, sei es aus dem Neufahrzeugverkauf, sei es aus dem Weiterverkauf des hereingenommenen Altwagens. An sich sind verdeckte Preisnachlässe in Form unrealistischer Hereinnahmepreise dem Neuwagengeschäft zuzuordnen. Ohne den harten Wettbewerb auf dem Neuwagenmarkt wäre der Händler nicht zu übertreuerten Hereinnahmen gezwungen. Schadensrechtlich ist der Veranlassergedanke irrelevant. Gegenstand der Pauschalierung ist der Nichterfüllungsschaden im Sinne des § 326 BGB bzw. aus positiver Forderungsverletzung (bei ernsthafter und endgültiger Erfüllungsverweigerung). Der Schaden gewerblicher Verkäufer liegt nicht nur, aber im Wesentlichen im ausgebliebenen Bruttogewinn. Ob ein Gewinn erzielt worden wäre, ergibt sich aber aus einem Vergleich von Einkaufspreis (Hereinnahmepreis) und Verkaufspreis. Das Motiv für Preiszugeständnisse auf der Hereinnahmeseite muss bei der Ermittlung des zu pauschalierenden Schadens ausgeklammert werden. Keinesfalls geht es an, die aus verdeckten Rabatten resultierenden Verluste bei der Festlegung der Schadenspauschalen in beiden Geschäftsbereichen zu ignorieren. Verfehlt ist auch, einen versteckten Rabatt vom Kaufpreis abzuziehen und die 15% von dem so verringerten Betrag zu berechnen.[45]

Reine Gebrauchtwagenhändler haben eine andere Kostenstruktur als Neuwagenhändler mit Gebrauchtwagenabteilung. Sie können billiger einkaufen, weil der Altfahrzeugankauf nicht im Zusammenhang mit einem Neufahrzeugverkauf steht. Brutto- und Nettoerträge auf diesem Teilmarkt, der nur ca. 20% des gewerblichen Handels abwickelt, lassen sich nur schwer abschätzen. Betriebswirtschaftliche Analysen liegen nicht vor. Wenn nicht alles täuscht, ist eine Bruttospanne von 15–20% bei Pkw/Kombis zu hoch gegriffen.

Für die **heutige Gerichtspraxis** bedeutet dies: Eine Schadensersatzklage eines **Markenhändlers** oder einer **Werksniederlassung** wegen Nichtabnahme eines gebrauchten **Pkw** bzw. Kombis, die nur auf die 15%-Klausel in Abschn. V, 4 der ZDK-AGB oder auf eine vergleichbare Klausel gestützt wird, ist ohne weitere Darlegung **unschlüssig.** Ein Versäum-

---

41 *Haug,* Autohaus 4/1994, 36.
42 auto motor sport, 3/1989.
43 auto motor sport, 3/1989.
44 Für etwa 85% der Händler ist die Inzahlungnahme der Hauptbeschaffungsweg, vgl. VEEDOL/AUTOHAUS GW-Fachhandelsstudie '93, S. 28/29.
45 So aber OLG Köln 19. 4. 1996, 3 U 248/92, n. v.

nisurteil kann nicht ergehen.[46] Für die – substantiierte – Behauptung eines branchentypischen Durchschnittsschadens i.H.v. 15% des Kaufpreises ist der Händler beweispflichtig.[47] Als Beweismittel kommt das Gutachten eines Wirtschaftsprüfers oder eine Auskunft der örtlichen Industrie- und Handelskammer in Frage.

Da es einem **Markenhändler** bei den derzeitigen Marktgegebenheiten kaum gelingen dürfte, einen branchenüblichen Durchschnittsschaden von 15% des Verkaufspreises zu beweisen, empfiehlt sich für ihn eine **konkrete Schadensberechnung.** Dieser Weg ist ihm in Abschn. V, 4 ZDK-AGB in zulässiger Weise[48] ausdrücklich vorbehalten. Bei der konkreten Schadensberechnung ist der Händler nicht an die 15%-Grenze gebunden. Zur Schadensberechnung im Einzelnen siehe Rn 1462.

Beim Kauf eines Pkw/Kombi/Geländewagen von einem **reinen Gebrauchtwagenhändler** ist eine „15%-Klage" ohne nähere Darlegung schlüssig. Es ist Sache des Käufers, den Einwand einer überhöhten Pauschale substantiiert zu begründen. Daran sind keine hohen Anforderungen zu stellen, weil der Käufer keinen Einblick in die geschäftliche Situation des Händlers hat.

1459 **Unwirksam** ist eine Pauschalierungsklausel nach **§ 11 Nr. 5b AGBG** auch, wenn sie dem Käufer den **Nachweis abschneidet,** ein Schaden sei im konkreten Fall überhaupt nicht entstanden oder wesentlich niedriger als die Pauschale. Diesem Erfordernis trägt die Klausel Abschn. V, 4 ZDK-AGB Rechnung. Auch ohne ausdrücklichen Vorbehalt ist eine Pauschalierungsklausel wirksam, wenn nach dem Wortlaut und dem erkennbaren Sinn die Möglichkeit offen gehalten wird, im konkreten Fall nachzuweisen, dass kein oder ein geringerer Schaden entstanden ist. Nicht beanstandet hat der BGH z. B. folgende Klausel: „Bei Abnahmeverzug des Käufers ist der Verkäufer nach einer angemessenen Nachfristsetzung, verbunden mit einer Ablehnungsandrohung, berechtigt, Schadensersatz in Höhe von 15% des Kaufpreises zu verlangen."[49] Instanzgerichte sind bisweilen strenger.[50]

1460 Im Fall einer wirksamen Schadenspauschalierung ist der Käufer darlegungs- und beweispflichtig dafür, dass kein oder ein geringerer Schaden entstanden ist.[51] Zu einer Offenlegung seiner Kalkulation ist der Händler nicht verpflichtet; ihn trifft keine „sekundäre Darlegungslast".[52] Im Rahmen des **Gegenbeweises** kann der Käufer im Allgemeinen nicht damit gehört werden, der Händler habe deshalb keinen Schaden erlitten, weil er das Fahrzeug anderweitig zum gleichen oder gar einem höheren Preis verkauft habe. Zu Gunsten des Händlers wird nämlich vermutet (§ 252 BGB), dass er bei ordnungsgemäßer Erfüllung des ersten Kaufvertrages dem Zweitkunden ein anderes gleichwertiges Fahrzeug verkauft hätte.[53] Dann hätte er aus beiden Geschäften Gewinn gezogen. Grundlage dieser Vermutung ist die – fragwürdige – Annahme, dass es sich bei einem gebrauchten Pkw um eine marktgängige Ware handelt. Nach dem gewöhnlichen Lauf der Dinge sind derartige Objekte jederzeit zum Marktpreis absetzbar. Für in großen Stückzahlen gebaute Serienfahrzeuge ohne ungewöhnliche Sonderausstattung mag dies zutreffen. Auf schwächerer Tatsachenbasis ruht die weitere Vermutung, die der BGH gleichfalls dem § 252 Satz 2 BGB entnimmt, dass nämlich der Zweitkunde ein anderes gleichwertiges Fahrzeug gekauft hätte. Da der vertragsbrüchige Käufer keinen Einblick in den Lagerbestand und die geschäftliche Situation des Händlers hat, muss dieser

---

46 OLG Celle 16. 10. 1997, OLGR 1998, 93; großzügiger OLG Düsseldorf 24. 10. 1997, NZV 1998, 159 – Neuwagenverkauf.
47 *Palandt/Heinrichs,* § 11 AGBG Rn 25; s. auch *Weyer,* NJW 1977, 2237.
48 Vgl. BGH 16. 6. 1982, NJW 1982, 2316, 2317; OLG Köln 27. 5. 1993, NJW-RR 1993, 1404.
49 Urt. v. 31. 10. 1984, NJW 1985, 320 (Möbelhandel).
50 Vgl. LG Bremen 24. 6. 1993, NJW-RR 1993, 1403.
51 OLG Naumburg 19. 3. 1999, MDR 1999, 1441 = OLGR 1999, 366 – Neufahrzeugkauf.
52 OLG Naumburg 19. 3. 1999, MDR 1999, 1441 = OLGR 1999, 366 – Neufahrzeugkauf.
53 BGH 29. 6. 1994, NJW 1994, 2478 = EWiR § 252 BGB 1/94, 847 *(Reinking);* früher schon BGH 8. 10. 1969, NJW 1970, 29.

zunächst darlegen, in welcher Weise das Zweitgeschäft möglich gewesen wäre. Alsdann ist es Sache des Käufers, darzutun, dass der Händler zur Erfüllung eines zusätzlichen Vertrages mit jenem Kunden nicht imstande gewesen wäre.

Der auf Zahlung einer Schadenspauschale in Anspruch genommene Käufer kann sich auch mit dem Einwand des **Mitverschuldens** (§ 254 I BGB) verteidigen. Hat der Händler gegen seine **Schadensminderungspflicht** (§ 254 II BGB) verstoßen (vgl. auch Rn 1322), besteht ein Schadensersatzanspruch nicht in voller Höhe. Dem Händler bleibt nur der Einzelnachweis.

Berechnung der Pauschale: Ausgangsbasis ist der **tatsächlich vereinbarte Kaufpreis** **1461** nach Abzug etwaiger Skonti oder sonstiger Nachlässe. Zur Auswirkung offener und versteckter Rabatte s. Rn 516 f. Das Entgelt für vereinbarte Nebenleistungen, z. B. Zulassung oder Einbau eines Radios, bleibt unberücksichtigt. Was die **Umsatzsteuer** angeht, so kommt es darauf an, ob das Auto unter Anwendung der Differenzbesteuerung oder nach der Regelbesteuerung verkauft worden ist. Beim Ausfüllen der „Zahlungsvereinbarung Bargeschäft" hat der Händler zwei Möglichkeiten: Verkauf unter Anwendung der Differenzbesteuerung nach § 25a UStG oder Verkauf mit Regelbesteuerung. Mit dem Ankreuzen eines der beiden vorgedruckten Kästchen legt er fest, ob er die Umsatzsteuer nur auf die positive Differenz oder auf den gesamten Wagenwert bezahlen muss. Bei einem Verkauf nach der Differenzbesteuerung besteht ein absolutes Verbot des Ausweises der Umsatzsteuer. Infolgedessen enthalten die Bestellscheine in der Rubrik „Zahlungsvereinbarungen und Bargeschäft" den Hinweis: „Für Vorsteuerabzugsberechtigte kein Umsatzsteuerausweis möglich, § 25a UStG". Bemessungsgrundlage der Schadenspauschale ist in diesem Fall der **Nettobetrag.**[54] Verzichtet der Händler auf die Anwendung der Differenzbesteuerung und optiert er für die Regelbesteuerung, zählt die Umsatzsteuer von zur Zeit 16% zum „vereinbarten Kaufpreis" im Sinne der Pauschalierungsklausel. Die Schadenspauschale ihrerseits unterliegt nicht der Umsatzsteuer, weil sie kein Entgelt gem. § 1 Abs. 1 Nr. 1 UStG darstellt.[55]

Konkrete Schadensberechnung: Macht der Kraftfahrzeughändler seinen Nichterfül- **1462** lungsschaden ohne Rückgriff auf eine Pauschalierungsabrede allein auf gesetzlicher Grundlage geltend, gilt Folgendes: **Anspruchsgrundlage** ist § 326 BGB oder – bei unberechtigter Erfüllungsverweigerung vor Verzugseintritt – **positive Forderungsverletzung.**[56] Als Schadensersatz wegen Nichterfüllung kann der Händler die **Differenz** zwischen seinem Interesse an der Vertragserfüllung und der von ihm ersparten Gegenleistung verlangen, m. a. W.: Er ist so zu stellen, wie er bei ordnungsgemäßer Vertragserfüllung durch den Käufer (Zahlung und Fahrzeugabnahme) gestanden hätte.[57]

Ermittlung und Berechnung des Nichterfüllungsschadens: Im Vordergrund steht der **entgangene Gewinn.** Durch den Vertragsbruch des Käufers entgeht dem Händler zunächst der **vereinbarte Kaufpreis.** Dieser kann sich auch bei einem Gebrauchtwagengeschäft aus einem Baranteil und einem Anrechnungswert für einen Altwagen des Käufers zusammensetzen („Gebraucht auf Gebraucht"). Der Barbetrag ist ein Nettobetrag, sofern das Fahrzeug unter Anwendung der Differenzbesteuerung[58] verkauft worden ist. Bestandteil des Kaufpreises kann, muss aber nicht die Prämie für eine Garantie (Reparaturkostenversicherung) sein. Tritt der Händler selbst als Garantiegeber auf, gehört der Aufpreis für die Garantie zum Verkaufspreis des Fahrzeuges. Bei einer nur vermittelten Garantie ist die Versicherungsprämie hingegen kein Bestandteil des Verkaufspreises.

---

54 Stets für Nettobetrag *Kohlndorfer,* ZfS 1994, 37; im Ergebnis auch (mit Hilfe der Unklarheitenregel) OLG Celle 5. 4. 1995, OLGR 1995, 182; s. auch Rn 511.
55 BGH 11. 2. 1987, NJW 1987, 1690; OLG Celle 5. 4. 1995, OLGR 1995, 182; *Kohlndorfer,* ZfS 1994, 37.
56 OLG Köln 27. 5. 1993, NJW-RR 1993, 1404.
57 BGH 22. 2. 1989, BGHZ 107, 67 = NJW 1989, 1669; BGH 20. 5. 1994, NJW 1994, 2480.
58 Dazu Rn 1337.

Der vereinbarte Verkaufspreis (Vertragspreis), der auch bei einer Inzahlungnahme in voller Höhe in die Schadensberechnung eingeht, kann in Beziehung gesetzt werden zu a) dem (billigeren) Einkaufspreis, b) dem (niedrigeren) Kaufpreis aus einem tatsächlichen Deckungsverkauf oder c) dem (niedrigeren) Marktpreis aus einem künftigen – gem. § 252 BGB vermuteten – Deckungsgeschäft.

Macht der Händler die Differenz zwischen Vertragspreis und billigerem Einkaufspreis als entgangenen Gewinn geltend, stellt sich meist das Problem des sog. **verdeckten Preisnachlasses.** Denn die Hereinnahme des nicht abgenommenen Fahrzeugs steht im Zweifel im Zusammenhang mit einem Neufahrzeugverkauf. Durch einen überhöhten Inzahlungnahmepreis wird auf das Neufahrzeug häufig ein „verdeckter Preisnachlass" gewährt. Dessen Bedeutung für die Schadensberechnung haben die Gerichte noch nicht geklärt. Umsatzsteuerlich ist das Problem gelöst. Sowohl bei der Ermittlung des Entgelts für den Neuwagen als auch bei der Differenzbesteuerung ist der tatsächliche („gemeine") Wert des hereingenommenen Gebrauchtwagens anzusetzen.[59] Bei der Berechnung des entgangenen Gewinns wird man richtigerweise auf den konkreten Einstandspreis abzustellen haben. Wer um eines anderen Geschäftes willen eine Ware zu teuer einkauft, kann sich auch gegenüber einem vertragsbrüchigen Käufer nicht auf einen fiktiven Einkaufspreis zurückziehen. Bei der Ermittlung des tatsächlichen Einkaufspreises sind auch die Kosten für Reparaturen und diejenigen Aufwendungen des Händlers zu berücksichtigen, die er zum Zwecke des Verkaufs in das Fahrzeug investiert, z. B. TÜV-Abnahme, AU, Kat-Umrüstung, allgemeine Aufbereitung, Werbung etc. Von diesen speziellen Verkaufskosten sind die allgemeinen Geschäftsunkosten zu trennen. Sie bleiben außer Betracht.

Einige Schwierigkeiten bereitet die Schadensberechnung bei einem **Weiterverkauf** des nicht abgeholten Fahrzeugs an einen Zweitkunden. Ein solcher **Deckungsverkauf** zum selben Preis führt in der Regel zum Wegfall des Schadens. Denn zu Gunsten eines Kraftfahrzeughändlers wird vermutet, dass er dem Zweitkunden ein anderes gleichwertiges Fahrzeug aus seinem Bestand verkauft und damit aus zwei Geschäften Gewinn gezogen hätte.[60] Einen **Mindererlös** aus dem Deckungsverkauf kann der Händler ersetzt verlangen,[61] wobei er freilich mit dem Einwand rechnen muss, gegen seine Schadensminderungspflicht (§ 254 II BGB) verstoßen zu haben. Gründe für einen Mindererlös sind vielfältig: Überbewertung beim Erstgeschäft, Preisverfall während der Standzeit, weitere Eintragung im Fahrzeugbrief u. a. Erzielt der Händler hingegen – wie im Fall OLG Köln NJW-RR 1993, 1404 – einen **Mehrerlös**, so beurteilt sich die Anrechnung nach den Grundsätzen des BGH-Urteils vom 6. 6. 1997.[62] Eine (seltene) Steigerung des Zeitwerts zwischen Erstverkauf und Deckungsverkauf kommt dem Käufer zugute. Anders ist es, wenn der Mehrerlös auf überobligationsmäßigen Anstrengungen des Verkäufers oder auf einem außergewöhnlichen Erwerbsinteresse des „Deckungskäufers" beruht.

In den Einzelheiten weitgehend ungeklärt ist, ob und inwieweit der Differenzbetrag zwischen Einkaufs- und Verkaufspreis (Rohgewinn) um bestimmte Posten gekürzt werden muss, und was ein Kfz-Händler zusätzlich zu seinem entgangenen Rohgewinn an Schadenspositionen geltend machen kann. Nicht abzuziehen sind die **allgemeinen Geschäftskosten.**[63] Sie bleiben dem Händler durch den Vertragsbruch des Käufers nicht erspart. Eine Vermutung spricht dafür, dass sie unabhängig davon angefallen sind. **Ersparte Aufwendungen** können hingegen sein: Transportkosten, Verkäuferprovision und sonstige Kosten, die bei der vertragsgemäßen Abwicklung des Geschäfts angefallen wären.

---

59 Steuer-Erfahrungsaustausch Kraftfahrzeuggewerbe 1/95, S. 7.
60 BGH 29. 6. 1994, NJW 1994, 2478; s. auch oben Rn 1460 u. *Pohlmann,* NJW 1995, 3169.
61 LG Hamburg 26. 7. 1996, NJW-RR 1997, 560.
62 NJW 1997, 2378.
63 BGH 22. 2. 1989, BGHZ 107, 67 = NJW 1989, 1669.

Zum Nichterfüllungsschaden des Händlers gehören außer dem entgangenen Gewinn die **nutzlosen Vermarktungsaufwendungen** (Instandsetzungsaufwand, z. Zt. durchschnittlich 500 DM; Aufwand für Aufbereitung, z. Zt. ca. 200 DM; Kosten für Werbung einschließlich Inserate), ferner die Kosten für die regelmäßige **Pflege** des nicht abgenommenen Fahrzeugs, schließlich die Kosten für die **Finanzierung** des Gebrauchtwagenbestandes, die bei pünktlicher Zahlung des vereinbarten Kaufpreises vermieden worden wären.[64] Offen gelassen hat das OLG Köln,[65] ob der Händler auch ein **Standgeld** beanspruchen kann. Im Parallelfall des Werkstattrechts ist dies allgemein anerkannt. Für die Nichtabnahme eines gekauften Fahrzeugs kann nichts anderes gelten.[66] Die Höhe des Standgeldes ist gem. § 287 ZPO zu schätzen. Dabei ist zu berücksichtigen: Aufbewahrung im Freien oder in einer Halle, Größe des Fahrzeugs, Lage des Betriebes (Großstadt oder ländliche Gegend). Bei einem normalen Pkw dürfte zurzeit (2000) ein Tagessatz von 10,– DM angemessen sein.[67]

i) Eigentumsvorbehalt

Auch im aktuellen ZDK-Klauselwerk nehmen die Bestimmungen über den Eigentumsvorbehalt den größten Raum ein. Praktische Bedeutung haben sie nicht. Da die einzelnen Regelungen den Klauseln in den Neuwagenverkaufsbedingungen entsprechen, wird auf deren Kommentierung verwiesen (Rn 183 f.). Ergänzend wird auf eine Entscheidung des OLG Hamburg[68] hingewiesen, wonach in der Übergabe des Fahrzeugbriefs kein stillschweigender Verzicht auf den Eigentumsvorbehalt liegt, wenn der Käufer einen ungedeckten Scheck gegeben hat.[69]

1463

j) Gewährleistung und Garantie

Kernpunkt der ZDK-Gebrauchtwagenkonzeption 1988 ist das Garantie-Modell. Alle Gebrauchtwagen, die „garantiefähig" sind, sollen dem Endverbraucher mit Garantie verkauft werden. Diese „Garantiepflicht" ist in der ZDK-Siegelordnung verankert. Mit Einführung des Garantiemodells wurde die Nachbesserungslösung aus dem Jahr 1980 gegenstandslos. Die Klauseln über den Nachbesserungsanspruch und den Zustandsbericht wurden gestrichen. Zu den Einzelheiten der Gebrauchtwagen-Garantie s. Rn 1690 ff.; wegen der Gewährleistungsregelungen im Übrigen, deren Erscheinungsformen, Auslegung und Inhaltskontrolle s. Rn 1946 ff.

1464

k) Freizeichnung von Ansprüchen außerhalb des Gewährleistungsrechts

Der mit „Haftung" überschriebene Abschn. VIII der ZDK-AGB, Stand 11/98, ist in mehreren Punkten geändert worden. Zwei Klauseln sind ersatzlos gestrichen (Schäden bei Nachbesserung und Anzeigepflicht des Käufers). Die Grundaussage in Ziff. 1 – Haftung des Verkäufers für jegliches Verschulden „nach Maßgabe der nachfolgenden Bestimmungen" – gilt unverändert. Anders als in den NWVB fehlt allerdings die klarstellende Klausel, dass der Verkäufer bei Vorsatz oder grober Fahrlässigkeit **unbeschränkt** haftet. Dies ergibt sich indes mittelbar aus Abs. 2 der Ziff. 1, wonach der Verkäufer bei leichter Fahrlässigkeit beschränkt haftet. Das genügt. Auch sonst ist die Freizeichnung nicht zu beanstanden.[70] Nach § 11 Nr. 7 AGBG wäre es sogar zulässig, die Haftung für leicht fahrlässige Schadensverursachung völlig auszuschließen. Die Verfasser der ZDK-AGB haben daran festgehalten, den Haftungsmaßstab des § 276 I, 1 BGB anzuwenden und nur den Haftungsumfang zu begrenzen. Damit

1465

---

64 OLG Köln 27. 5. 1993, NJW-RR 1993, 1404.
65 NJW-RR 1993, 1404.
66 Siehe auch BGH NJW 1996, 1464 mit Hinweis auf §§ 304 BGB, 354 HGB.
67 Vgl. Rn 1384.
68 Urt. v. 20. 2. 1986, NJW-RR 1987, 1266.
69 Siehe auch BGH VRS 15, 1; OLG Düsseldorf 24. 4. 1996, OLGR 1997, 4.
70 *Löwe/Graf von Westphalen/Trinkner,* a. a. O. (Fn. 8), Rn 22.

will man zweierlei erreichen: Zum einen will man verhindern, dass die Rechtsprechung die Grenzfälle zwischen grober und leichter Fahrlässigkeit zu Lasten der Händler im Bereich der groben Fahrlässigkeit ansiedelt. Zum anderen soll der Neigung der Gerichte entgegengewirkt werden, vertragliche Nebenpflichten zu „Kardinalpflichten" aufzuwerten, um auf diese Weise den an sich gem. § 11 Nr. 7 AGBG zulässigen Haftungsausschluss über § 9 AGBG zu neutralisieren. Diese Rechnung ist bislang aufgegangen.

1466 Bei **leichter Fahrlässigkeit** des Händlers oder seines Angestellten hat sich der Käufer zunächst an etwaige **Versicherungen** zu halten (vgl. Abschn. VIII, Ziff. 1 Abs. 2 ZDK-AGB). Die Händlerhaftung ist nur **subsidiär**. Soweit der Händler ausnahmsweise selbst haftet, ist seine Haftung auf die jeweiligen Mindestversicherungssummen nach dem Pflichtversicherungsgesetz beschränkt. Mehrere Schadenspositionen werden – in rechtlich nicht zu beanstandender Weise – aus der Haftung für leichte Fahrlässigkeit völlig herausgenommen, z. B. Wertminderung, Mietwagenkosten und entgangener Gewinn.

Wegen der weiteren Einzelheiten zum Abschn. VIII ZDK-AGB wird auf die Kommentierung der entsprechenden Klauseln in den NWVB verwiesen.[71] In Terminologie und Systematik stimmen beide Regelungen weitgehend überein.

l) Schiedsgutachterverfahren

1467 Im Kfz-Handwerk seit 1970 eine bewährte Einrichtung, hat das Schiedsgutachterverfahren im Gebrauchtwagenhandel bis 1980 eher ein Schattendasein geführt. Mit seiner Integration in die ZDK-AGB 1980 ist der Anwendungsgrad dieses in der heutigen Zeit besonders wichtigen Instruments außergerichtlicher Streitbeilegung deutlich gestiegen. Die ZDK-GWVB 1988 haben das Schiedsgutachterverfahren im Wesentlichen unverändert übernommen. Abschn. IX, 1 war nur insoweit geändert worden, als es um die Geltendmachung von Garantieansprüchen ging. Die ZDK-AGB, Stand 11/98, haben im Abschn. IX die 88er Regelung wörtlich übernommen.

1468 Die Schiedsgutachterklausel in Abschn. IX, 1 ZDK-AGB ist in jeder Hinsicht bedenkenfrei. Sie ist weder überraschend i. S. v. § 3 AGBG, noch bedeutet sie eine unangemessene Benachteiligung des Käufers i. S. d. § 9 AGBG. Zunächst ist zu beachten, dass die Anrufung der Schiedsstelle für keine der beiden Vertragsparteien obligatorisch, sondern **fakultativ** ist. Sie erweckt beim Käufer auch nicht den Eindruck, dass der Rechtsweg ausgeschlossen sei.[72] Dem steht die Fakultativ-Klausel („können") in Abschn. IX, 1 ZDK-AGB entgegen. Im Übrigen heißt es in IX, 2 ZDK-AGB ausdrücklich, dass der Rechtsweg durch die Entscheidung der Schiedsstelle nicht ausgeschlossen wird.

Auch wenn der Händler die Schiedsstelle ordnungsgemäß angerufen hat, braucht sich der Käufer auf dieses Verfahren nicht einzulassen. Es besteht keine Pflicht zur Stellungnahme auf die Anrufungsschrift. Der mündlichen Verhandlung kann der Käufer fernbleiben, ohne eine Erschwerung bei der Verfolgung seiner Rechte befürchten zu müssen. Die Entscheidung der Schiedskommission nach Lage der Akten (§ 8 der Geschäfts- und Verfahrensordnung) kann ihn nicht daran hindern, seinerseits den Rechtsweg zu beschreiten.

Während sich der Händler dem Spruch der Schiedskommission kraft der Siegelordnung von vornherein unterwirft, entfaltet er gegenüber dem Käufer keine bindende Wirkung. Abschn. IX, 2 ZDK-AGB macht deutlich, dass der Käufer das Recht hat, das Schiedsgutachten in vollem Umfang nachprüfen zu lassen, also nicht nur in den Grenzen des § 319 BGB.[73]

---

[71] Vgl. oben Rn 876 ff.
[72] Vgl. auch BGH 14. 7. 1987, NJW 1987, 2818 (Reparatur-AGB) und BGH 10. 10. 1991, BB 1992, 90 (Fertighaus-AGB).
[73] Vgl. auch *Gottwald/Reichenberger/Wagner*, NZV 2000, 6.

Da der Spruch der Schiedskommission auch unterhalb der Schwelle offenbarer Unrichtigkeit i. S. v. § 319 I BGB keine bindende Wirkung für den Käufer hat, ist die personelle Besetzung der Kommission für ihn weniger wichtig. Im Übrigen ist die aus vier Mitgliedern bestehende Kommission neutral besetzt.[74]

Auf Kritik ist die Regelung in Abschn. IX, 4 ZDK-AGB gestoßen, wonach die Geschäfts- und Verfahrensordnung nur auf Verlangen der Parteien von der Schiedsstelle ausgehändigt wird.[75] Die Bedenken überzeugen nicht, weil der Käufer in der Anrufung der Schiedsstelle frei ist und die Entscheidung ihn auch nicht zu binden vermag. An die Einbeziehung der Verfahrensordnung sind deshalb nur geringe Anforderungen zu stellen.[76]

m) Gerichtsstand

Gestrichen ist – wie in den NWVB – die Klausel, wonach Erfüllungsort der Sitz des Verkäufers ist. Die beiden übrigen Klauseln hat man unverändert in das aktuelle Bedingungswerk übernommen, jetzt als Ziff. 1 und Ziff. 2. Verglichen mit den NWVB fehlt der Zusatz „Im Übrigen gilt bei Ansprüchen des Verkäufers gegenüber dem Käufer dessen Wohnsitz als Gerichtsstand". Dies ergibt sich indes bereits aus § 12 ZPO. Die GWVB lassen dem Händler die Wahl zwischen dem Wohnsitz des Käufers und dem Ort der gewerblichen Niederlassung des Händlers (§ 29 I ZPO i. V. m. § 269 I BGB), d. h., Gerichtsstand für eine Kaufpreisklage gegen einen Käufer, der kein Vollkaufmann ist, ist auch der Sitz des Händlers. Gleiches gilt für einen Schadensersatzanspruch bei Nichtabnahme des Fahrzeugs.

1469

2. Finanzierter Kauf

Auch beim Kauf eines gebrauchten Pkw vom Händler reichen die Eigenmittel häufig nichts aus, um den Kaufpreis zu bezahlen (1998: durchschnittlich 19 000 DM). Der Finanzierungsanteil bleibt naturgemäß deutlich hinter dem des Neufahrzeughandels zurück. Finanzierungs- und Leasinggeschäfte sind aber auch im GW-Bereich auf dem Vormarsch. Ein professioneller Gebrauchtwagenhandel ohne solche Dienstleistungen ist nicht mehr vorstellbar. Ein wesentlicher Unterschied zum finanzierten Absatz von Neufahrzeugen besteht darin, dass die Hersteller sich mit Subventionen in Form günstiger Zinssätze bei Gebrauchtwagen sehr zurückhalten. Meist arbeiten die Vertragshändler jedoch mit den Banken des jeweiligen Herstellers zusammen. Herstellerunabhängige Spezialbanken und die örtlichen Universalbanken und Sparkassen teilen den Rest unter sich auf.

1470

Der Anteil der GW-Käufer, die ihre Fahrzeuge ganz oder zum Teil fremdfinanzieren, liegt beim Kauf vom Markenhändler bei etwa 50%, Tendenz steigend. Die finanzierte Summe beträgt im Durchschnitt zwischen 6000 DM und 15 000 DM.[77] In rechtlicher Hinsicht macht es keinen wesentlichen Unterschied, ob die Anschaffung eines fabrikneuen oder eines gebrauchten Kraftfahrzeugs finanziert wird. Deshalb wird auf die Ausführungen unter Rn 199 ff. verwiesen.

3. Gebrauchtwagenversteigerungen (Auktionen)

Die ersten Versteigerungen von „normalen" Gebrauchtfahrzeugen (nicht Oldtimer) fanden in Deutschland 1983/84 statt. Die Idee stammt aus Großbritannien und den USA. Inzwischen haben sich mehrere Auktionshäuser im Markt fest etabliert. Die Konzepte sind verschiedenartig. Manche Veranstalter wenden sich ausschließlich an Händler („geschlossene Händlerauktion,,), andere lassen auch Endkunden zu. GW-Auktionen werden auch von Behörden und neuerdings auch von Autovermietern durchgeführt, zum Teil bereits über Internet.

1471

---

[74] So auch *Löwe/Graf von Westphalen/Trinkner,* a. a. O. (Fn. 8), Schiedsgutachten, Rn 15.
[75] *Löwe/Graf von Westphalen/Trinkner,* a. a. O. (Fn. 8), Schiedsgutachten, Rn 14.
[76] So auch *Wolf/Horn/Lindacher,* § 9 S. 19.
[77] GW-Praxis, 10/97, S. 9.

Wie jede neue Absatzform sind auch die GW-Auktionen auf Widerstand gestoßen. Inzwischen gibt es eine umfangreiche Judikatur, schwerpunktmäßig zu **wettbewerbsrechtlichen Fragen** und zu Themen des öffentlichen Rechts. Besondere Beachtung verdient das Urteil des BGH vom 3. 3. 1988.[78] Es hat das vom OLG Koblenz[79] ausgesprochene Verbot einer betriebsinternen Versteigerung als **Sonderveranstaltung** gebilligt. Das letzte Wort dürfte damit noch nicht gesprochen sein. Die Revision des Händlers blieb nämlich vor allem deshalb erfolglos, weil er die Branchenüblichkeit von Versteigerungen nicht hinreichend dargetan hatte. Schon das OLG Koblenz hatte einen durch Einzeltatsachen belegten Sachvortrag vermisst. Inzwischen hat sich der Trend zu GW-Auktionen weiter verstärkt. Ohne eine Beweisaufnahme wird man jetzt nicht mehr so leicht entscheiden können. Die Beweislast für die Üblichkeit von Gebrauchtwagenversteigerungen trägt der Händler.[80]

1472 Neue Verkaufsmethoden sind keine unzulässigen Sonderveranstaltungen im Sinne des § 7 UWG, sofern sie als wirtschaftlich vernünftige, sachgerechte und deshalb **billigenswerte Fortentwicklung** des Bisherigen erscheinen.[81] Diesen Auffangtatbestand hat der BGH ohne überzeugende Begründung verneint.[82] Möglicherweise war der Sachvortrag des Beklagten, der die Versteigerung ohne Auktionator selbst durchgeführt hatte, in diesem Punkt unzureichend. Was bislang fehlt, ist eine umfassende Schaden-Nutzen-Analyse. Per saldo überwiegt der Nutzen. Für die Kfz-Händler sind Auktionen aus mehreren Gründen von Vorteil: Beschleunigung des Fahrzeugabsatzes, d. h. Begrenzung hoher Standkosten, Steigerung des Bekanntheitsgrades, Zugewinn an Image und schließlich der Gesichtspunkt der Kundenbindung. GW-Auktionen liegen auch im **gesamtwirtschaftlichen Interesse.** Sie sind geeignet, den Anteil der Privat-an-Privat-Geschäfte (1998 48%) zurückzudrängen. Je mehr Geschäfte über den Fachhandel abgewickelt werden, und sei es auch nur im Wege von Auktionen, desto günstiger ist dies mit Blick auf die allgemeine Verkehrssicherheit (zum unterschiedlichen Gefährdungspotential vgl. auch Rn 1912 ff.).

1473 Soweit das OLG Koblenz[83] eine ernsthafte Störung des Wettbewerbs befürchtet, ist diese Sorge nicht berechtigt. Fast zynisch erscheint das Argument, Versteigerungen hätten zur Folge, dass die Händler ihre Verkaufspreise nicht mehr wirtschaftlich vernünftig kalkulieren können. Abgesehen davon, dass auch Kfz-Händler in ihrer Preiskalkulation und Preisgestaltung grundsätzlich autonom sind, bieten Versteigerungen gerade die realistische Chance, drohende Verluste gering zu halten. Da sie wirtschaftlich vernünftig sind, steht der ZDK den GW-Auktionen durchaus aufgeschlossen gegenüber.

Zumindest fragwürdig ist auch die These des OLG Koblenz, eine Versteigerung lasse keine Zeit für reifliche Kaufüberlegungen, der Verbraucher fühle sich zu einer schnellen Kaufentscheidung hingerissen. Entscheidungsfreudigkeit ist zwar ein Wesenselement jeder Versteigerung. Vielfach gibt es jedoch sog. Vorbesichtigungstage für Probefahrten und Besichtigungen. Hier kommt es ganz auf die Umstände des konkreten Einzelfalls an. Zu beachten ist in diesem Zusammenhang ferner, dass auch die Fahrzeuge, die zur Versteigerung gehen, vorher „werkstattgeprüft" worden sind und mindestens zwölf Monate „TÜV-frei" sind.

1474 Nach Ansicht des OLG Frankfurt ist nicht nur die Versteigerung durch den Automobilhändler selbst, sondern auch durch einen **Auktionator** unzulässig, wenn sie auf dem Betriebsgrundstück des Händlers stattfindet.[84] Das Versteigerungsverbot soll sich allerdings nur auf Gegenstände beziehen, die aus dem Betrieb des Händlers stammen. Generell kann einem

---

78 NJW 1988, 2244.
79 Urt. v. 20. 2. 1986, 6 U 418/85, n. v.
80 BGH 3. 3. 1988, NJW 1988, 2244.
81 BGH 3. 3. 1988, NJW 1988, 2244.
82 BGH 3. 3. 1988, NJW 1988, 2244.
83 Urt. v. 20. 2. 1986, 6 U 418/85, n. v.
84 Urt. v. 9. 2. 1988, 14 U 46/87, n. v.; s. auch Urt. v. 8. 2. 1996, OLGR 1996, 115.

Versteigerer nicht untersagt werden, Gebrauchtwagen auf dem Firmengelände eines Kraftfahrzeughändlers zu versteigern.[85]

Während privatrechtlich organisierte Versteigerungen von frei verfügbaren, also nicht gepfändeten oder beschlagnahmten Kraftfahrzeugen gewerbe- und vor allem wettbewerbsrechtlich nach wie vor heikel sind, scheint es zwischen den unmittelbar Beteiligten kaum Streit zu geben. Einschlägige Entscheidungen zu Fragen des allgemeinen Zivilrechts – etwa Zustandekommen des Vertrages, Sachmängelhaftung und Eigentumserwerb[86] – sind selten (zum Vertragsschluss bei einer Online-Auktion s. LG Münster, Urt. v. 21. 2. 2000, 4 O 424/99). 1475

Die Sachmängelhaftung des Veräußerers bestimmt sich nach dem Inhalt des Vertrages in Verbindung mit den Auktionsbedingungen. § 461 BGB ist auf private Auktionen nicht anwendbar, auch nicht analog. Den Auktionator trifft im Verhältnis zum Ersteigerer keine vertragliche oder vertragsähnliche Haftung. Die Grundsätze der sog. Sachwalterhaftung (vgl. Rn 1395 ff.) sind unanwendbar.[87] 1476

Auktionen zum Zwecke der Verwertung **gepfändeter oder beschlagnahmter** Kraftfahrzeuge haben die Gerichte wiederholt beschäftigt. Hinzuweisen ist auf das (rechtskräftige) Urteil des LG Dortmund vom 24. 10. 1996,[88] wonach das Land NRW (Oberfinanzdirektion) trotz Gewährleistungsausschlusses in den Versteigerungsbedingungen zur Minderung wegen Fehlens einer zugesicherten Eigenschaft (km-Laufleistung) verpflichtet ist. Der Pkw war im Rahmen eines Ermittlungsverfahrens beschlagnahmt und im Wege der **Zwangsversteigerung** versteigert worden. Zu den vielschichtigen Fragen des (gutgläubigen) Eigentumserwerbs bei der Verwertung eines gepfändeten Kraftfahrzeugs nimmt der BGH in dem Urteil vom 2. 7. 1992[89] umfassend Stellung. Streitobjekt war ein Pkw, den eine Fahrschule unter Aushändigung des Fahrzeugbriefs sicherungsübereignet hatte. Wegen Steuerforderungen wurde das Fahrzeug vom Finanzamt gepfändet und durch einen öffentlich bestellten Auktionator versteigert. Dieser hatte vor Beginn der Versteigerung ausdrücklich darauf hingewiesen, dass der Fahrzeugbrief nicht vorliege. Der Kläger ersteigerte das Fahrzeug dennoch, konnte es aber wegen des fehlenden Briefes nicht auf sich umschreiben lassen. Die Klage gegen den Sicherungseigentümer auf Herausgabe des Briefes und auf Zahlung einer Nutzungsentschädigung blieb erfolglos. 1477

---

85 OLG Schleswig 16. 1. 1996, WRP 1996, 626 = OLGR 1996, 115; OLG Frankfurt 8. 2. 1996, OLGR 1996, 115.
86 Zum Gutglaubenserwerb vgl. BGH 5. 10. 1989, NJW 1990, 899 – Kunstauktion.
87 Anders OLG München 27. 5. 1992, OLGR 1992, 97 – Versteigerung eines Teppichs.
88 DAR 1997, 449.
89 BGHZ 119, 75 = NJW 1992, 2570.

E. Der Erwerb gebrauchter Kraftfahrzeuge vom Nichtberechtigten

I. Voraussetzungen für den Erwerb kraft guten Glaubens

1. Ausgangslage

1478 Das Gesetz ist im Ausgangspunkt **erwerberfreundlich.** Der Schutz des Rechtsverkehrs („Verkehrsschutz") ist ihm grundsätzlich wichtiger als der Eigentümerschutz. Das ist der **Grundgedanke** der §§ 932 ff. BGB, 366 HGB. Im Normalfall der Kfz-Veräußerung durch Einigung und Übergabe (§ 929 S. 1 BGB) wird der Erwerber auch dann Eigentümer, wenn das Fahrzeug dem Veräußerer nicht gehört, es sei denn, dass er im Zeitpunkt der Übergabe nicht in gutem Glauben gewesen ist (§ 932 I, 1 BGB). Nur Kenntnis und grob fahrlässige Unkenntnis schließen die Redlichkeit des Erwerbers aus (§ 932 II BGB). Gewöhnliche („leichte") Fahrlässigkeit ist unschädlich.

1479 Während § 932 BGB den guten Glauben **an das Eigentum** des Veräußerers schützt, betrifft § 366 HGB, weiterreichend, den guten Glauben **an die Verfügungsbefugnis** eines Kaufmanns bei einer Veräußerung im Rahmen seines Gewerbebetriebes.

1480 Beide Gutglaubensvorschriften helfen dem Erwerber nicht, wenn das Fahrzeug dem Eigentümer „gestohlen, verlorengegangen oder sonst abhanden gekommen ist" (§ 935 I BGB). In diesen **Ausnahmefällen** ist der Eigentümer schutzwürdiger als der (gutgläubige) Erwerber. Dieser wird wiederum privilegiert, wenn er eine gestohlene Sache im Wege öffentlicher Versteigerung[1] erworben hat (§ 935 II BGB).

2. Grundsätze der Rechtsprechung für den Gebrauchtfahrzeugkauf

1481 Streitigkeiten um das Eigentum an gebrauchten Kraftfahrzeugen haben die Gerichte früher weit mehr als heute beschäftigt. Das hat im Wesentlichen zwei Gründe: Die in den ersten fünfzig Jahren seit Erfindung des Automobils zu beobachtenden Unregelmäßigkeiten im Gebrauchtwagenhandel waren vor allem auf die beiden Weltkriege und die Wirren der jeweiligen Nachkriegszeit zurückzuführen. Inzwischen verläuft der Gebrauchtwagenhandel, alles in allem, in relativ ruhigen Bahnen, nicht zuletzt dank der großen, bisweilen übergroßen Strenge der Gerichte. Zum anderen ist die umfangreiche höchstrichterliche Rechtsprechung in einem Maße ausdifferenziert, dass kaum eine Rechtsfrage offen geblieben ist. Die **Hauptschwierigkeiten** liegen in der Praxis ohnehin auf tatsächlichem Gebiet (Feststellung grober Fahrlässigkeit des Erwerbers).

1482 Inwieweit der EG-Binnenmarkt neue Probleme aufwirft, bleibt abzuwarten. Den EG-einheitlichen Fahrzeugbrief, vom Zentralverband des Deutschen Kraftfahrzeuggewerbes (ZDK) seit langem gefordert, gibt es nach wie vor nicht.

1483 Zurzeit hat sich die Praxis in Gebrauchtwagenfällen – für **fabrikneue** Fahrzeuge[2] und **Vorführwagen**[3] gelten **besondere Regeln** – an folgenden **Grundsätzen** zu orientieren:

---

1 Dazu BGH 5. 10. 1989, NJW 1990, 899.
2 Vgl. BGH 30. 10. 1995, NJW 1996, 314; BGH 21. 5. 1953, NJW 1953, 1099; BGH 21. 9. 1959, BGHZ 30, 374 = NJW 1960, 34; BGH 3. 3. 1960, NJW 1960, 1006 = MDR 1960, 494 = WM 1960, 397; HansOLG Hamburg HansRGZ 1938 B, Sp. 394; OLG Kassel 18. 3. 1937, JW 1937, 1417; LG Tübingen 29. 5. 1954, MDR 1954, 612; OLG München 5. 1. 1955, MDR 1955, 477; OLG Düsseldorf 16. 5. 1990, NJW-RR 1992, 381; OLG Frankfurt 25. 4. 1997, OLGR 1997, 121; vgl. auch BGH 14. 7. 1965, VRS 29, 321.
3 OLG Bremen 16. 11. 1962, DAR 1963, 301; OLG Hamm 13. 1. 1964, NJW 1964, 2257; OLG Karlsruhe 7. 4. 1989, NZV 1989, 434 m. Anm. *Roth* = NJW-RR 1989, 1461; OLG Frankfurt 8. 12. 1998, NJW-RR 1999, 927; LG Darmstadt 10. 4. 1997, DAR 1999, 265.

Voraussetzungen für den Erwerb kraft guten Glaubens   Rn 1483

1. Auch beim Erwerb eines gebrauchten Kraftfahrzeugs besteht keine allgemeine Nachforschungspflicht bei Dritten als Voraussetzung für einen gutgläubigen Eigentumserwerb (BGH NJW 1975, 735 = JR 1975, 413 m. Anm. *Fischer*).

2. Bei der Bewertung der Umstände, die für den Erwerber eines Gebrauchtfahrzeugs eine Nachforschungspflicht hinsichtlich der Verfügungsberechtigung des Veräußerers begründen, ist ein strenger Maßstab anzulegen (BGH NJW-RR 1987, 1456 = DAR 1987, 328; BGH NJW 1992, 310).

3. Wer ein gebrauchtes Kraftfahrzeug kauft, muss sich vorher darüber unterrichten, dass in Deutschland zu einem zulassungspflichtigen Kraftfahrzeug ein Fahrzeugbrief gehört; er muss wissen, dass Kraftfahrzeuge häufig als Sicherheit für Anschaffungskredite dienen, wobei der Fahrzeugbrief beim Kreditgeber hinterlegt ist (BGH NJW 1996, 2226).

4. Nach der Verkehrsauffassung weist nicht der Besitz des Kraftfahrzeugs und des Kfz-Zulassungsscheins allein, sondern erst zusammen mit dem Fahrzeugbrief den Fahrzeugbesitzer als Eigentümer oder Verfügungsberechtigten aus (BGH NJW 1975, 735 = JR 1975, 413 m. Anm. *Fischer*; BGH LM Nr. 23 zu § 932 = DAR 1967, 85; BGH NJW 1996, 2226).

5. Wer ein Gebrauchtfahrzeug erwirbt, ohne sich den Fahrzeugbrief vom Veräußerer vorlegen zu lassen und darin Einsicht zu nehmen, handelt in der Regel grob fahrlässig im Sinne der §§ 932 II BGB, 366 HGB (BGH LM Nr. 12 zu § 932 = MDR 1959, 207; BGH NJW 1975, 735; BGH NJW 1996, 314). Nur unter besonderen Umständen kann es mit der Sorgfaltspflicht des Erwerbers vereinbar sein, von dem Verlangen auf Vorlage des Fahrzeugbriefs abzusehen (BGH WM 1956, 158).

6. Unter grober Fahrlässigkeit ist ein Handeln zu verstehen, bei dem die erforderliche Sorgfalt nach den gesamten Umständen in ungewöhnlich hohem Maße verletzt worden und bei dem dasjenige unbeachtet geblieben ist, was im gegebenen Fall jedem hätte einleuchten müssen (st. Rspr. BGHZ 10, 14, 16 = NJW 1953, 1139; BGH LM Nr. 17 zu § 932; BGH NJW 1994, 2022).

7. Wird beim Kauf eines gebrauchten Kraftfahrzeugs vom Nichtberechtigten der Fahrzeugbrief mit vorgelegt, so rechtfertigt dies allein noch nicht die Feststellung, der Erwerber sei gutgläubig. Übergabe und Prüfung des Briefes sind nur Mindesterfordernisse für einen Gutglaubenserwerb (BGH LM Nr. 23 zu § 932 = WM 1966, 678; BGH NJW 1975, 735 = JR 1975, 413 m. Anm. *Fischer*).

8. Unter besonderen Umständen kann der gute Glaube an das Eigentum oder an die Verfügungsbefugnis selbst dann ausgeschlossen sein, wenn der Erwerber den ihm vom Veräußerer vorgelegten Fahrzeugbrief geprüft hat (BGH LM Nr. 21 zu § 932 = DAR 1966, 299; BGH NJW 1975, 735 = JR 1975, 413 m. Anm. *Fischer*; BGH NJW-RR 1987, 1456 = DAR 1987, 328).

9. Der Fahrzeugbrief verbrieft nicht das Eigentum an dem Fahrzeug. Er gibt lediglich Auskunft über den Halter (BGH NJW 1978, 1854 = JR 1979, 70 m. Anm. *Schreiber*). Durch § 25 IV, 2 StVZO sollen der Eigentümer und der sonst dinglich Berechtigte geschützt werden (BGHZ 10, 122 = NJW 1953, 1347 re. Sp.). Dagegen dient der Brief nicht dem Schutz des Rechtsverkehrs in dem Sinn, dass aus seinem Besitz auf die Verfügungsberechtigung des Briefinhabers über den Wagen geschlossen werden könnte (BGHZ 10, 122 = NJW 1953, 1347 re. Sp.).

10. Der Fahrzeugbrief ist kein sog. Traditionspapier, d. h., die Übergabe des Briefes ersetzt nicht die Übergabe des Fahrzeugs (BGH NJW 1978, 1854 = JR 1979, 70 m. Anm. *Schreiber*).

11. Das Eigentum an dem Fahrzeugbrief steht in analoger Anwendung des § 952 BGB dem Eigentümer des Kraftfahrzeugs zu (BGH NJW 1978, 1854 = JR 1979, 70 m. Anm. *Schreiber*).

595

3. Die Rechtsscheinbasis

a) Zur Legitimationswirkung des Fahrzeugbesitzes

1484 Neben dem guten Glauben ist ein auf dem **Besitz** beruhender **Rechtsschein** Voraussetzung für den gutgläubigen Erwerb des Eigentums an einer beweglichen Sache.[4] Das Gesetz geht davon aus, dass Besitz und Eigentum typischerweise zusammenfallen. Deshalb hat es den Besitz generell in den Rang eines Rechtsscheinträgers erhoben, ohne darauf abzustellen, wie intensiv seine Indizwirkung im Einzelfall ist.

1485 Dass die Aussagekraft des Besitzes im Laufe der Zeit – aufs Ganze gesehen – immer schwächer geworden ist, steht außer Frage. Fraglich kann nur sein, wie auf diese Entwicklung zu reagieren ist: durch eine generelle Neuorientierung oder durch eine punktuelle Anpassung, wobei der objektive Rechtsscheintatbestand oder die subjektive Seite als Ansatzpunkt in Betracht kommt. Wer generell für die Abdankung des Besitzes als Rechtsscheinträger plädiert, darf sich nicht mit vagen Beschreibungen der sozialen Wirklichkeit begnügen. Eine umfassende Bestandsaufnahme und ökonomische Analyse wären erforderlich. Statt mit empirisch gesicherten Fakten zu argumentieren, beschränken sich die Gegner der h. M.[5] häufig auf realitätsferne Mutmaßungen und fragwürdige Verallgemeinerungen. Symptomatisch ist die **Fehleinschätzung** der heutigen Gegebenheiten beim Erwerb, Benutzen und Veräußern von Kraftfahrzeugen. Verkannt wird insbesondere die Bedeutung des Eigentumsvorbehalts beim Kauf neuer und gebrauchter Kraftfahrzeuge. Auch neue Formen der Kfz-Nutzung fordern ein Revision traditioneller Rechtspositionen. Im Vordergrund steht das Kfz-Leasing, von Bedeutung sind aber auch Sonderformen der Fahrzeugmiete und neuartige Konzeptionen wie das Car-sharing.

1486 Auch die Rechtsprechung muss sich eine gewisse Realitätsferne vorwerfen lassen. Noch 1963 hat der Bundesgerichtshof die These aufgestellt: „Neue Kraftfahrzeuge werden ausnahmslos nur unter Eigentumsvorbehalt verkauft."[6] Solche Pauschalaussagen findet man bereits in der reichsgerichtlichen Judikatur der zwanziger Jahre, so in RG JW 1929, 582 („Kraftwagen werden in der Regel auf Abzahlung unter Eigentumsvorbehalt verkauft"). Ähnlich formulierte das Kammergericht in JW 1931, 2513 („Der weitaus größte Teil aller Automobile wird heute auf Abzahlung unter Eigentumsvorbehalt gekauft").

1487 Ob diese Behauptungen jemals zutreffend waren, mag auf sich beruhen. Der Situation auf dem Automobilmarkt von heute mit seinen **vielschichtigen Absatzstrukturen** werden sie jedenfalls nicht mehr gerecht. Die heutige Lage kennzeichnen folgende Daten und Fakten:

Gesamtbestand an Kraftfahrzeugen: Ende 1998 waren ca. 55 Mio. motorisierte Fahrzeuge und Kfz-Anhänger zum Straßenverkehr zugelassen. Die Zahl der Personenkraftwagen betrug etwa 40 Mio., die der Nutzfahrzeuge (Lkw, Omnibusse, Zugmaschinen) rund 6 Mio. Der Rest entfiel auf Zweiräder und Kfz-Anhänger, die in diesem Zusammenhang vernachlässigt werden können.

Marktdifferenzierung: Erwerb und Besitz von Kraftfahrzeugen vollziehen sich nach unterschiedlichen Regeln und Mechanismen, je nachdem, ob es sich um Pkw oder Lkw, um fabrikneue oder gebrauchte Fahrzeuge handelt. Zentraler Punkt auf sämtlichen Märkten ist die **Finanzierung.** Davon hängt wesentlich ab, wer zu welchem Zeitpunkt Fahrzeugeigentümer im Rechtssinn ist.

Handel mit fabrikneuen Personenkraftwagen: Neuwagen werden immer teurer. Die Einkommen der Käufer steigen nicht im gleichen Maße. Der durchschnittliche Neuwagen (Pkw und Kombi) kostete 1998 rd. 38 000 DM. Grundsätzlich führen **drei Wege** zum neuen

---

[4] Ganz h. M., vgl. die Nachweise bei *Hager*, Verkehrsschutz durch redlichen Erwerb, S. 239, Fn. 77.
[5] Vgl. die Nachweise bei *Hager*, a. a. O. (Fn. 4).
[6] Urt. v. 23. 1. 1963, VRS 24, 325 = MDR 1963, 405.

Voraussetzungen für den Erwerb kraft guten Glaubens

Auto: **Barkauf, Finanzierung** und **Leasing.** Der Anteil von Finanzierungen und von Leasinggeschäften ist in den letzten Jahren stetig gestiegen und wird aller Voraussicht nach weiter steigen. Jedes dritte Fahrzeug des VW-Konzerns ist über den herstellereigenen Finanzdienstleister finanziert.[7] 1998 wurde auf dem Neufahrzeug-Sektor (Pkw und Kombi) fast **jeder vierte Wagen geleast.**[8] Bei rd. 3,8 Mio. Neuzulassungen sind das etwa 900 000 Einheiten. Der Gesamtbestand an geleasten Pkw und Kombis betrug 1998 2,5 Mio.,[9] d. h., 2,5 Mio. von insgesamt 40 Mio. Fahrzeugen (= 6,3%) standen im rechtlichen (und wirtschaftlichen) Eigentum von Leasinggesellschaften, während gewerbliche oder private Leasingnehmer den unmittelbaren Besitz ausübten. Sie sind Fahrzeughalter. Der Fahrzeugbrief wird üblicherweise vom Leasinggeber verwahrt. Trotz seines Eigentums ist er im Brief nicht eingetragen. Dieser ist vielmehr auf den Leasingnehmer als Halter ausgestellt.[10]

Die Alternative zum Leasing ist die konventionelle Bankfinanzierung. Sie erfolgt entweder über das Kreditinstitut des Autoherstellers, spezielle „Autobanken" oder über eine „normale" Bank oder Sparkasse. Der Neuwagenhändler selbst finanziert nicht mehr. Der einfache Abzahlungskauf gehört der Vergangenheit an.

Die Finanzierung durch Inanspruchnahme von Dispositions- und sonstigen Personalkrediten ist im Hinblick auf die Eigentumsfrage unproblematisch. Die Kreditinstitute verzichten in derartigen Fällen regelmäßig auf die Übertragung von Sicherungseigentum am Fahrzeug. Anders ist es bei Finanzierungen durch herstellergebundene Institute und herstellerunabhängige Spezialfinanzierer. Sie lassen sich das Auto zur Sicherung ihrer Darlehensforderung zu Eigentum übertragen (§ 930 BGB). Der Anteil der auf diese Weise finanzierten Neufahrzeugkäufe liegt mit ca. 45% immer noch deutlich über dem Leasing-Anteil.

Handel mit gebrauchten Pkw und Kombis: Der Anschaffungspreis lag 1998 bei durchschnittlich 19 100 DM (Kauf vom Vertragshändler).[11] Der vergleichsweise geringe Kapitalbedarf beim Kauf von Privat (1998 im Durchschnitt 13 900 DM) macht eine Fremdfinanzierung auf diesem Sektor (Marktanteil 1998 rd. 48%) meist entbehrlich. Ein Privatverkäufer gibt sein Auto in der Regel nur Zug um Zug gegen Zahlung des Kaufpreises aus der Hand. Ersparnisse, Privatdarlehen und der Erlös aus dem Verkauf des Vorwagens reichen im Allgemeinen aus. Eine Kreditaufnahme, die mit einer Sicherungsübereignung des Kaufobjekts verbunden ist, ist die Ausnahme. Beim Kauf vom Händler werden vor allem teure Gebrauchtwagen (ab 20 000 DM) heute nicht mehr bar bezahlt, sondern – genau wie Neuwagen – über einen Kredit finanziert. Die Finanzierungsalternative „Leasing" hat sich bei Gebrauchtfahrzeugen (Pkw/Kombis) noch nicht durchsetzen können.

Handel mit neuen und gebrauchten Nutzfahrzeugen: Auf diesem Sektor ist der Barkauf naturgemäß die Ausnahme. In welchem Umfang Nutzfahrzeuge geleast oder bankfinanziert werden, ist nicht bekannt.

Konsequenzen für die rechtliche Bewertung: Trotz nachhaltig veränderter Verhältnisse beim Erwerb und der Nutzung ist der unmittelbare Besitz an einem Kraftfahrzeug, gleich welcher Kategorie, nach wie vor geeignet, den Anschein des Eigentums bzw. der Verfügungsbefugnis zu erzeugen.[12] Träger des Rechtsscheins ist allerdings nicht der Besitz als solcher, sondern die **Besitzverschaffungsmacht.**[13] Der Besitz und seine Übertragung begründen für den Erwerber den Rechtsschein, dass der Veräußerer der wirkliche Eigentümer ist. Bei richtiger Einschätzung der tatsächlichen Gegebenheiten bedarf es keiner zusätzlichen „indicia", um

1488

---

7 Autohaus 7/99, S. 62.
8 Umfrage der Zeitschrift kfz-betrieb, 9/99.
9 Autohaus 11/99, S. 55.
10 *Reinking,* Auto Leasing, 3. Aufl., S. 55; s. auch Abschn. VIII der Leasing-AGB, hier Anlage 2.
11 DAT-Veedol-Report 1999, S. 50.
12 Anders *Gerken,* DB 1999, 278.
13 *Gernhuber,* BürgR, S. 72; vgl. auch *Hager,* a. a. O. (Fn. 4), S. 245.

den Anschein von Eigentum/Verfügungsbefugnis zu begründen. Insbesondere kann darauf verzichtet werden, den Fahrzeugbrief mit einer Legitimationsfunktion auszustatten.

b) Die Bedeutung des Fahrzeugbriefes für den Gutglaubenserwerb

1489 Mehr als Sicherungseigentum, Eigentumsvorbehalt und die vielfältigen Erscheinungsformen der Gebrauchsüberlassung hat der Fahrzeugbrief die **Legitimationskraft** des Kfz-Besitzes **reduziert.** Ihm ist eine Bedeutung zugewachsen, die ursprünglich allenfalls als Nebeneffekt gewollt war. Die Aufgaben des 1934 eingeführten Fahrzeugbriefes sollten im Wesentlichen öffentlicher Natur sein.[14] In private Rechtsbeziehungen wollte der Gesetzgeber nicht eingreifen, jedenfalls nicht unmittelbar. Er hat die Übereignung eines Kraftfahrzeugs nicht von der Vorlage bzw. Übergabe des Briefes abhängig gemacht. Er hat diese Urkunde auch nicht als sog. Traditionspapier ausgestaltet. Auch in die Gruppe der gesetzlichen Rechtsscheinträger wurde der Fahrzeugbrief nicht aufgenommen. Von Anfang an war jedoch klar, dass er auch in seiner Eigenschaft als bloße Beweisurkunde Dreh- und Angelpunkt des redlichen Erwerbs sein werde.[15] Heute ist der Fahrzeugbrief von **„grundlegender Bedeutung"** (BGH NJW 1993, 1649) für den Gutglaubensschutz.

1490 Die Gerichte haben die **Schlüsselrolle** des Fahrzeugbriefes gewissermaßen **negativ definiert,** indem sie ihm nur eine **Sperrfunktion,** keine Legitimationsfunktion, zuerkannt haben. Bis heute werden Rechtswirkungen nur an das Fehlen des Briefes, an dessen Nichtvorlage, geknüpft. Das Fehlen des Briefes, so die Kernaussage der Judikatur, spreche für das Fehlen des Eigentums bzw. der Verfügungsberechtigung, weshalb es den guten Glauben des Erwerbers regelmäßig ausschließe.[16]

1491 Die Rechtsprechung hat gut daran getan, die durch den Fahrzeugbrief aufgeworfenen Probleme im Rahmen des **subjektiven Tatbestandes** der §§ 932 BGB, 366 HGB zu lösen. In den ersten Jahren nach Einführung dieses Dokuments blieb gar keine andere Wahl, als sämtliche vier „Brief"-Sachverhalte, nämlich Besitz, Vorlage, Übergabe und Prüfung, unter dem Aspekt der Gutgläubigkeit zu sehen. Nachdem der Fahrzeugbrief allgemeine Anerkennung gefunden hatte und seine zentrale Rolle bei der Kfz-Veräußerung in der Verkehrsanschauung fest verankert war (etwa nach dem Zweiten Weltkrieg), hätte man daraus Konsequenzen schon für den (objektiven) Rechtsscheintatbestand ziehen können, vielleicht sogar ziehen müssen. Eine solche **Verschiebung** vom Subjektiven zum Objektiven ist im Schrifttum wiederholt angeregt worden.[17] Der BGH hat diese Vorschläge nicht aufgegriffen. Dabei geht auch er von einem mindestens **zweigliedrigen Rechtsscheintatbestand** aus, wenn er konstatiert, „dass der Besitz des Kfz samt Kfz-Schein und Kfz-Brief den Rechtsschein der Verfügungsmacht über einen gebrauchten Kraftwagen gibt".[18] In BGHZ 68, 323, 326 heißt es sogar, dass der Besitz des Briefes dafür spreche, dass der Briefinhaber Eigentümer des Kraftwagens sei. Demgegenüber hat der III. Zivilsenat des BGH in einer Amtshaftungssache die Ansicht vertreten, aus dem Besitz des Briefes könne nicht auf die Verfügungsberechtigung des Briefinhabers geschlossen werden.[19] Zur Legitimationswirkung des Briefbesitzes hat sich der BGH ferner in mehreren Entscheidungen zur Rechtsnatur des Briefes und zur analogen Anwendbarkeit des § 952 BGB geäußert.[20] Aber auch in diesem Zusammenhang hat er nicht gesagt, der Besitz des Briefes allein legitimiere den Inhaber als Eigentümer bzw.

---

14 Bormann, RdK 1949/1950, 180; Schlechtriem, NJW 1970, 1993, 2088.
15 Vgl. OLG Hamburg 20. 7. 1938, RdK 1939, 23; OLG Dresden 30. 6. 1938, RdK 1939, 18.
16 BGH 5. 2. 1975, NJW 1975, 735 = JR 1975, 413 m. Anm. Fischer; ungenau BGH NJW 1996, 314 unter II, 1a.
17 So z. B. Giehl, AcP 161, 357, 374 ff.; Rebe, AcP 173, 186, 195; Fischer, JR 1975, 416; vgl. auch Zweigert, RabelsZ 23, 1, 8 mit Hinweisen auf das englische und amerikanische Recht.
18 Urt. v. 5. 2. 1975, NJW 1975, 735; Urt. v. 30. 11. 1995, NJW 1996, 314.
19 Urt. v. 25. 6. 1953, BGHZ 10, 122.
20 Urt. v. 21. 1. 1970, NJW 1970, 653; Urt. v. 8. 5. 1978, NJW 1978, 1854.

Voraussetzungen für den Erwerb kraft guten Glaubens

Verfügungsberechtigten. Dabei wird man das bei einem Finanzierungsinstitut durchaus so sehen können.

Solange für den Erwerb von Eigentum an einem Kfz dessen Übergabe bzw. ein Übergabesurrogat unverzichtbare Voraussetzung ist, erscheint es müßig, darüber zu streiten, ob der Besitz des Briefes allein zur Legitimation des Veräußerers genügt. Unerheblich ist letztlich auch, ob seine Rechtsscheinwirkung stärker oder schwächer als die des Fahrzeugbesitzes ist. Praktische Bedeutung, wenn auch nur bescheidene, hat allein die Frage, ob man den Besitz des Fahrzeugbriefes als konstituierendes Element des Rechtsscheintatbestandes behandelt, ihm also eine ergänzende Legitimationsfunktion zuerkennen soll. Abgesehen von dem Unterschied in der Darlegungs- und Beweislast kommt es auf die Frage des guten Glaubens im Einzelfall gar nicht an, wenn schon der objektive Rechtsscheintatbestand nicht erfüllt ist. Im Ergebnis dürfte die Auffassung vom Briefbesitz als integralem Bestandteil des Rechtsscheintatbestandes den Eigentümer besserstellen, als es nach der h. M. der Fall ist. Der Erwerber müßte nämlich diejenigen Tatsachen beweisen, die die Basis der neu definierten „Vertrauenslage" bilden. Dazu gehörte dann auch die Vorlage des Fahrzeugbriefes oder eines vergleichbaren Dokumentes (Ersatzbrief, Auslandsdokument), womöglich mit einer den Veräußerer legitimierenden Eintragung als (letzten) Halter. 1492

Die **besseren Gründe** sprechen für die **traditionelle Sicht** der Rechtsprechung. Die Legitimationswirkung des Fahrzeugbesitzes ist – generell betrachtet – nicht so schwach, dass zur Schaffung des erforderlichen Rechtsscheintatbestandes der Besitz bzw. die Vorlage des Briefes hinzutreten müsste. Auf Rechtsscheindefizite kann im Einzelfall mit dem Erfordernis des guten Glaubens sachgerecht reagiert werden. Dieses Kriterium ist mindestens so flexibel wie eine um die Briefvorlage angereicherte Rechtsscheinposition. Ein Vorteil der h. M. ist es auch, sämtliche Fälle der Veräußerung von Kraftfahrzeugen, von Neu- und Altwagen, von Fahrzeugen mit Inlands- und Auslandszulassung, nach dem gleichen Grundmuster lösen zu können. Dass sie den Erwerber, dem Bösgläubigkeit nachgewiesen werden muss, tendenziell begünstigt, steht mit der Grundentscheidung des Gesetzes durchaus im Einklang. 1493

4. Die subjektiven Voraussetzungen (guter Glaube)

a) Der Regelfall grober Fahrlässigkeit: Nichtvorlage des Original-Fahrzeugbriefes

Bei der Frage, ob dem Erwerber grobe Fahrlässigkeit entgegengehalten werden kann, spielen theoretische, prozessuale und pragmatische Erwägungen eine Rolle.[21] Da sie nur schwer voneinander zu trennen sind, wird es in der Rechtspraxis immer eine **beträchtliche Unsicherheit** geben. Anhaltspunkte für eine Konkretisierung des Maßstabs der groben Fahrlässigkeit lassen sich aus dem Sinn und Zweck der §§ 932 II BGB, 366 HGB gewinnen. Wer den Mangel des Eigentums bzw. der Verfügungsberechtigung kennt oder infolge grober Fahrlässigkeit nicht kennt, verdient **keinen Vertrauensschutz.** Die Sorgfaltspflicht, die der Begriff der groben Fahrlässigkeit impliziert, bezieht sich auf das Interesse des wahren Eigentümers, sein Eigentum zu behalten, nicht, jedenfalls nicht in erster Linie, auf das Interesse des Erwerbers, seinerseits Eigentümer zu werden. Nur bei Erfüllung dieser Sorgfaltspflicht mutet das Gesetz dem Eigentümer zu, zu Gunsten der Zirkulationsfähigkeit von Gütern den Verlust seines Eigentums hinzunehmen. Es ist also nicht der Gedanke des Selbstschutzes, sondern des Fremdschutzes, der bei der Bestimmung „grober Fahrlässigkeit" im Vordergrund steht. 1494

Zur Vermeidung des Vorwurfs grober Fahrlässigkeit hat der Erwerber einen bestimmten Informationsaufwand zu erbringen. Beim Erwerb eines **zulassungspflichtigen Kfz**[22] besteht 1495

---

21 *Staudinger/Wiegand,* § 932 Rn 42.
22 Für zulassungsfreie Fahrzeuge i. S. v. § 18 II StVZO wird eine Betriebserlaubnis erteilt (§ 18 III StVZO). Zu deren Bedeutung für den Gutglaubenserwerb s. BGH 1. 2. 1993, NJW 1993, 1649;

der **Mindestinformationsaufwand** darin, sich den **Originalfahrzeugbrief** vorlegen zu lassen und ihn einzusehen (zur Einsichtspflicht vgl. auch Rn 1505). Wer diese jedermann bekannte und leicht nutzbare Informationsquelle ungenutzt lässt, muss dafür überzeugende Gründe nennen können, andernfalls ist er nicht schutzwürdig. Das steht heute grundsätzlich außer Streit.

1496 Seit BGH NJW 1975, 735 ist auch geklärt, dass es nicht genügt, wenn der Veräußerer den Fahrzeugbrief im (unmittelbaren) Besitz hat und ihn vorlegen könnte. Er muss **tatsächlich vorgelegt** werden, damit der Erwerber die Berechtigung des Veräußerers prüfen kann. Üblicherweise wird der Brief spätestens bei Auslieferung des Fahrzeugs offengelegt und dem Erwerber, der den Kaufpreis gezahlt hat, auch ausgehändigt. Kann oder will der Veräußerer den Brief nicht vorlegen, so muss dies Argwohn erwecken und zu Nachforschungen Anlass geben. Dies gilt sicherlich für den Kauf von einer bislang **unbekannten Privatperson.** Doch auch beim Erwerb vom **Fachhändler** („Vertragshändler") ist die Nichtvorlage des Fahrzeugbriefes ein Umstand, der in der Regel Zweifel an der Verfügungsberechtigung des Händlers aufkommen lassen muss.[23] Gerade diese Gruppe von Kfz-Händlern nimmt für sich in Anspruch, Gebrauchtwagengeschäfte korrekt abzuwickeln. Dazu gehört auch die Aushändigung des Fahrzeugbriefes. Unter Kfz-Händlern gelten in dieser Hinsicht keine geringeren Anforderungen.[24]

1497 Es ist Sache des **Erwerbers,** Umstände dafür vorzutragen und **zu beweisen,** dass er den Veräußerer trotz Nichtvorlage des Fahrzeugbriefes für den Eigentümer bzw. Verfügungsberechtigten halten durfte. Es findet zwar keine Umkehr der Beweislast statt (Näheres zur Beweislastverteilung unter Rn 1538). Der Erwerber hat jedoch die gegen seinen guten Glauben sprechende Vermutung zu entkräften. Er muss sein dem äußeren Anschein nach ungewöhnlich sorgloses Verhalten plausibel erklären können, so wie beispielsweise der Erwerber im Fall OLG Schleswig NJW 1966, 1970 (Inzahlungnahme eines unfallbeschädigten Firmenfahrzeugs). Auch aus einer ständigen Geschäftsbeziehung **zwischen Autohäusern** kann sich ein **Vertrauensverhältnis** entwickelt haben, das bestimmten Abwicklungspraktiken den Anschein des Verdächtigen nimmt. Ein Beispiel dafür ist der Verkauf von Leasingrückläufern in größeren Stückzahlen, wobei die Fahrzeugbriefe mitunter nachgereicht werden (vgl. OLG Hamburg EWiR § 366 HGB 1/95, 1105, strenger aber die Revisionsentscheidung BGH NJW 1996, 2226).

1498 Folgende Umstände hat die Rechtsprechung für ungeeignet gehalten, den Erwerber zu entlasten:

– Ausdrückliche mündliche oder schriftliche Erklärung des Veräußerers, Eigentümer oder Verfügungsberechtigter zu sein (OLG Kiel HRR 1938 Nr. 588; OLG Nürnberg BB 1958, 1221; OLG Hamburg BB 1962, 658),

– Hinweis des Händlers, der Brief befinde sich noch bei der Bank, der Erwerber möge ihn in den nächsten Tagen dort abholen (BGH NJW 1965, 687; OLG Karlsruhe NZV 1989, 434 – Vorführwagen),

– Annahme des Erwerbers, der Fahrzeugbrief befinde sich noch bei der Leasinggesellschaft (BGH NJW 1996, 2226),

– Besitz des Kfz-Scheins, der auf den Namen des Veräußerers lautet (LG München II NJW 1957, 1237),

– angebliche Übung bei einem Geschäft zwischen Händlern, von der Vorlage des Fahrzeugbriefes abzusehen (BGH LM Nr. 12 § 932 = VRS 16, 93 = WM 1959, 138; BGH NJW 1996, 2226 – Leasingrückläufer),

---

s. auch OLG Koblenz 19. 12. 1996, VRS 94, 15 – Traktorkauf; KG 2. 2. 1996, MDR 1996, 795 – Schaufelbagger.
23 Großzügiger OLG Hamburg EWiR § 366 HGB 1/95, 1105 *(Eggert)*, aufgehoben durch BGH NJW 1996, 2226.
24 BGH 13. 5. 1996, NJW 1996, 2226.

- Verkauf des Fahrzeugs zum Ausschlachten (LG Dortmund JW 1937, 57),
- Verkauf als Schrott (OLG München DAR 1965, 99),
- Erklärung des Händlers, er könne den Brief nicht vorlegen, weil der Eigentümer „ein Säufer sei, der seine Angelegenheiten nicht geregelt bekomme" (OLG Hamm OLGR 1993, 237).

b) Ausnahmefälle grober Fahrlässigkeit
aa) Bösgläubigkeit trotz Vorlage und Prüfung des Fahrzeugbriefes

Umstritten sind in der forensischen Praxis vor allem die Sachverhalte, bei denen der Käufer es mit einem Nichtberechtigten zu tun hatte, der ihm das Fahrzeug mit passendem Originalbrief oder einem vergleichbaren Auslandsdokument übergeben hat. Briefvorlage und Einsichtnahme sind, so der BGH, nur die **Mindestanforderungen** an den Gutglaubenserwerb.[25] Auch wer sie erfüllt, kann gleichwohl bösgläubig sein. Das ist der Fall, wenn nach den gesamten Umständen erhebliche Zweifel daran bestehen, dass der Veräußerer auch wirklich Eigentümer bzw. – beim Kauf vom Kfz-Händler – Verfügungsberechtigter ist. Über ihm bekannte und offenliegende („mühelos erkennbare") Verdachtsgründe darf sich der Erwerber nicht hinwegsetzen.

Bei der Bewertung der Umstände, die eine **Erkundigungsobliegenheit** („Nachforschungspflicht") begründen, legt der BGH einen betont **strengen Maßstab** an.[26] Zur Begründung verweist er auf die „häufigen Unregelmäßigkeiten" im Handel mit gebrauchten Kraftfahrzeugen.[27] Hier handelt es sich um ein **Klischee,** das sich allen Veränderungen zum Trotz in der Rechtsprechung für immer festgefressen zu haben scheint, wie das Urteil des OLG München vom 23. 7. 1993 (OLGR 1994, 9 = ZfS 1994, 90) beispielhaft zeigt.

Was beim Verkauf gebrauchter Kraftfahrzeuge mit Blick auf das Eigentum und/oder die Verfügungsbefugnis des Veräußerers **verdächtig** ist, hängt maßgeblich vom Inhalt des vorgelegten Briefes, der konkreten Veräußerungssituation und den Marktgepflogenheiten ab. Angesichts der unterschiedlichen Gegebenheiten auf dem modernen Gebrauchtfahrzeugmarkt mit seinen zahlreichen Teilmärkten ist eine **differenzierte Betrachtungsweise** unerlässlich. Es macht einen Unterschied, ob es um ein Direktgeschäft zwischen Privatpersonen, um einen Kauf vom Kfz-Händler oder um ein Geschäft zwischen Kfz-Händlern geht. Eine besondere Situation besteht in Fällen mit Auslandsberührung. Auch **Sicherungsgeschäfte**, vor allem **Sicherungsübereignungen**, verlangen eine spezielle Bewertung.[28]

bb) Fallgruppen nach Geschäftstypen
α) Erwerb vom Kfz-Händler
αα) Der Privatmann als Erwerber

Die Konstellation „Privatmann kauft vom Kfz-Händler" ist in der Kasuistik zu §§ 932 BGB, 366 HGB nur spärlich vertreten. Der BGH hat sich, soweit ersichtlich, nur im Urteil vom 5. 2. 1975[29] mit der Frage der Gutgläubigkeit eines nichtgewerblichen Käufers eines im Inland zugelassenen Pkw befasst. Der Verkäufer, nach eigener Einlassung ein Kfz-Händler, hatte das Fahrzeug zusammen mit anderen Kraftwagen auf der Straße vor seiner Wohnung zum Verkauf angeboten. Im Fahrzeugbrief war ein Dritter, der Kläger, eingetragen. Das Fahrzeug war innerhalb von nur sechs Tagen dreimal (!) verkauft worden, an den letztverkaufenden Händler deutlich (ca. 30%) unter Preis. Deshalb war ein Gutglaubenserwerb seiner-

---

25 Urt. v. 5. 2. 1975, NJW 1975, 735; Urt. v. 13. 5. 1996, NJW 1996, 2226.
26 Urt. v. 5. 2. 1975, NJW 1975, 735; Urt. v. 1. 7. 1987, NJW-RR 1987, 1456.
27 Urt. v. 23. 11. 1966, VRS 32, 96 = WM 1966, 1325; Urt. v. 1. 7. 1987, NJW-RR 1987, 1456.
28 Vgl. SchlHOLG 28. 2. 1997, OLGR 1997, 153.
29 NJW 1975, 735.

Rn 1503–1505   Der Erwerb gebrauchter Kraftfahrzeuge vom Nichtberechtigten

seits ausgeschlossen (zur Preisgestaltung als Verdachtsmoment vgl. Rn 1508 ff.). Auch seinem privaten Abnehmer wurde in allen Instanzen Bösgläubigkeit bescheinigt, wenn auch mit unterschiedlicher Begründung. Das Kammergericht als Berufungsinstanz hat angenommen, es bestehe unter allen Umständen eine Erkundigungspflicht, wenn der Veräußerer mit dem letzten im Fahrzeugbrief eingetragenen Halter nicht identisch sei. Der BGH hat diese Pauschalaussage mit Recht in Zweifel gezogen. Auf eine eigene Stellungnahme konnte er damals verzichten, weil es mit dem **Verkauf auf offener Straße** einen wirklichen Verdachtsgrund gab. Dieser Umstand, so der BGH, musste in Verbindung mit der Tatsache, dass in dem Fahrzeugbrief nicht der Verkäufer, sondern ein Dritter als Halter des Fahrzeugs eingetragen war, dem Beklagten Anlass zu einer Nachforschung nach der Verfügungsbefugnis des Verkäufers geben.[30]

1503 Dass ein Kraftfahrzeughändler nicht als Halter im Fahrzeugbrief eingetragen ist, ist sowohl für sich allein genommen als auch in Verbindung mit anderen Umständen eine neutrale Tatsache.[31] Nur in seltenen Fällen, beim Verkauf von Vorführwagen oder sonstigen Geschäftswagen aus seinem Betrieb, ist der Händler im Brief eingetragen. In aller Regel steht dort ein **Dritter als letzter Halter.** Bei Agentur- und Kommissionsgeschäften ist das selbstverständlich. Bis Mitte 1990 wurden etwa 65% aller Händlergeschäfte mit Privatpersonen auf Agenturbasis abgewickelt. Inzwischen herrscht wieder das Eigengeschäft vor. Doch auch bei diesem Geschäftstyp verzichtet der Handel im Allgemeinen auf eine wertmindernde Zwischeneintragung im Fahrzeugbrief. Da es auch keinen Händlervermerk mehr gibt, er ist längst abgeschafft, braucht der Käufer keinerlei Verdacht zu schöpfen, wenn der Händler weder als Halter noch sonstwie im Fahrzeugbrief eingetragen ist. Er ist deshalb nicht gehalten, sich vom Händler Urkunden über die Hereinnahme des Fahrzeugs vorlegen zu lassen. Erst recht darf er darauf verzichten, sich bei dem im Brief eingetragenen Dritten nach der Verfügungsbefugnis des Händlers zu erkundigen.

1504 Die Tatsache, dass der Händler nicht der letzte im Fahrzeugbrief eingetragene Halter ist, kann auch nicht in Verbindung mit anderen Umständen, etwa der Preisgestaltung oder dem Verkaufsort, indizielle Bedeutung gewinnen. Die gegenteilige Auffassung des BGH[32] beruht auf der falschen Vorstellung, dass das Fehlen der Händlereintragung doch irgendwie verdächtig ist.[33] Dem BGH kann auch nicht gefolgt werden, wenn er im Fall der Eintragung eines Dritten bei der Bewertung derjenigen Umstände, die eine Nachforschungspflicht begründen könnten, einen „strengen Maßstab" glaubt anlegen zu müssen. Eine schärfere Bewertung ist weder mit der beweisneutralen Tatsache der fehlenden Voreintragung noch mit den im Gebrauchtwagenhandel angeblich „nicht selten vorkommenden Unregelmäßigkeiten"[34] zu rechtfertigen.

1505 Von der Rechtsprechung noch nicht geklärt ist die Frage, welche Anforderungen an die Pflicht eines **privaten** Erwerbers zur **Einsichtnahme** zu stellen sind. Die Vorlage der Originalurkunde mit der Obliegenheit zu verknüpfen, die vernünftigerweise nur eine Prü-

---

30 Vgl. auch BGH 9. 10. 1991, NJW 1992, 310 (Erwerb eines gestohlenen Pkw).
31 OLG Hamburg 20. 2. 1986, NJW-RR 1987, 1266, 1267 („völlig unbeachtlich"); OLG Köln 21. 2. 1996, VersR 1996, 1246 = OLGR 1996, 102 = VRS 92, 176; anders OLG Hamm 6. 6. 1974, NJW 1975, 171 und KG 21. 6. 1960, NJW 1960, 2243 und als Vorinstanz von BGH NJW 1975, 735; differenzierend BGH 5. 2. 1975, NJW 1975, 735 und BGH 1. 7. 1987, NJW-RR 1987, 1456; vgl. auch BGH 9. 10. 1991, NJW 1992, 310.
32 Urt. v. 5. 2. 1975, NJW 1975, 735; v. 1. 7. 1987, NJW-RR 1987, 1456; vgl. auch OLG Stuttgart 21. 11. 1989, NJW-RR 1990, 635 mit von der Redaktion unrichtig formuliertem Leitsatz (verdächtig war nicht die fehlende Voreintragung, sondern die Tatsache des Tausches anstelle eines Verkaufs).
33 Vgl. auch BGH 11. 3. 1991, NJW 1991, 1415 = WM 1991, 811 unter 2b, bb, wo pauschal von einer „Verdachtssituation" die Rede ist, wenn der Veräußerer nicht identisch ist mit dem in den Papieren verzeichneten Halter/Eigentümer, ähnlich BGH 9. 10. 1991, NJW 1992, 310.
34 BGH 1. 7. 1987, NJW-RR 1987, 1456, 1457; BGH 9. 10. 1991, NJW 1992, 310.

fungsobliegenheit sein kann, erscheint grundsätzlich richtig, auch beim Geschäft zwischen Händler und Privatmann. Der Fahrzeugbrief ist kein positiver Rechtsscheinträger wie das Grundbuch oder der Erbschein. Er ist lediglich eine öffentliche, aber ohne öffentlichen Glauben ausgestattete Beweisurkunde mit begrenzter Richtigkeitsgewähr. Abgesehen davon, dass nicht der Eigentümer, sondern nur der Halter im Fahrzeugbrief eingetragen wird, kann das vorgelegte Dokument inhaltlich unrichtig, gar gefälscht[35] oder gestohlen sein. Der Fahrzeugeigentümer kann ihn dem Besitzer nur für bestimmte Zwecke, z. B. für die Ummeldung, für die Registrierung einer eintragungspflichtigen Fahrzeugveränderung (Umrüstung auf andere Felgen und Reifen z. B.) oder für die Durchführung einer umfangreichen Reparatur, überlassen haben. Denkbar ist auch, dass der vorgelegte Brief zu einem anderen als dem verkauften Fahrzeug gehört. All diese Umstände rechtfertigen die Annahme einer Prüfungsobliegenheit. Für den Erwerber ist es auch regelmäßig ein leichtes, den ihm vorgelegten Brief zu prüfen. Ein sprachunkundiger Ausländer muss sich notfalls eines Übersetzers bedienen.

Der **Umfang** der Pflicht zur „Briefkontrolle" hängt entscheidend davon ab, auf welchem Markt das Gebrauchtfahrzeug gekauft wird. Beim Pkw-Kauf von einem Neuwagenhändler mit Gebrauchtwagenabteilung („Vertragshändler") sind geringere Anforderungen zu stellen als beim Erwerb von einem reinen Gebrauchtwagenhändler, der sein Geschäft auf einem Hinterhof oder – wie im Fall BGH NJW 1975, 735 – auf offener Straße betreibt. Wann sich private Käufer beim Kauf vom Händler den Fahrzeugbrief üblicherweise ansehen, ist empirisch nicht erforscht. Schon deshalb sollte man mit dem Vorwurf grober Fahrlässigkeit zurückhaltend sein. Wer im seriösen Fachhandel kauft, darf im Allgemeinen darauf vertrauen, dass der ihm vorgelegte Brief zum Fahrzeug gehört. Ohne besondere Verdachtsmomente wie etwa ein auffallend niedriger Preis oder eine erkennbar schlechte Vermögenslage ist der Käufer zur Vermeidung des Vorwurfs grober Fahrlässigkeit nicht verpflichtet, die Zugehörigkeit des vorgelegten Briefes zum verkauften Fahrzeug zu überprüfen, etwa durch einen Vergleich der Fahrzeugidentifizierungsnummern.[36] Ein Kennzeichenvergleich ist beim Kauf vom Kfz-Händler meist gar nicht möglich. Gebrauchtwagen werden überwiegend ohne amtliches Kennzeichen angeboten. In diesem Zustand befinden sie sich auch noch im Zeitpunkt der Auslieferung, sofern der Händler das Fahrzeug nicht im Auftrag des Käufers umgemeldet hat.

ββ) Geschäfte zwischen Kfz-Händlern

Zu dieser Fallgruppe liegen vom BGH vier Entscheidungen vor, wobei das Händler-Händler-Geschäft in drei Fällen nur ein Glied einer Verkaufskette war. Dass auch unter Kfz-Händlern die **Vorlage des Fahrzeugbriefes** unverzichtbar ist, hat der BGH bereits im Urteil vom 2. 12. 1958[37] festgestellt und im Urteil vom 13. 5. 1996[38] bekräftigt. Zugleich hat er betont, dass die Briefvorlage nur eine Mindestanforderung für den Gutglaubenserwerb darstellt. Ein besonderer Umstand, der den Verdacht des Erwerbers erregen muss und ihn trotz Briefvorlage zu weiteren Nachforschungen verpflichtet, kann eine **Fälschung des Briefes** sein, wie z. B. in BGH LM Nr. 21 zu § 932 = MDR 1966, 754. Dem Leiter der Einkaufsabteilung eines großen Gebrauchtwagenhändlers war ein Brief vorgelegt worden, der ursprünglich zu einem anderen Fahrzeug derselben Marke gehört hatte. Fahrgestellnummer und andere Fahrzeugdaten waren – für einen Fachmann zum Teil auffällig – gefälscht worden. Dass auch das Straßenverkehrsamt die Fälschung nicht bemerkt hatte, konnte den Händler nicht entlasten, zumal zumindest ein anderer Händler Verdacht geschöpft und deshalb vom Kauf abgesehen hatte.

---

35 So im Fall BGH MDR 1966, 754 = BB 1966, 720.
36 Zustimmend OLG Naumburg 21. 4. 1998, MDR 1998, 1347 = OLGR 1998, 336.
37 VRS 16, 93 = MDR 1959, 207 = WM 1959, 138 = DAR 1959, 73.
38 NJW 1996, 2226.

1508 Als verdächtiger, eine Nachforschungspflicht auslösender Umstand kommt auch der **Kaufpreis** in Betracht.[39] Ein **besonders niedriger Angebotspreis** oder ein ungewöhnlich **hoher Preisnachlass** kann im Einzelfall in der Tat Zweifel an der Ordnungsmäßigkeit des Geschäfts und früherer Erwerbsvorgänge aufkommen lassen. Niedrigpreise sind nicht notwendigerweise ein Indiz für das Fehlen von Eigentum bzw. Verfügungsbefugnis. Das Problem besteht zunächst darin, nachträglich, also im Prozess, ein Missverhältnis zwischen dem tatsächlichen und dem gewöhnlichen (durchschnittlichen) Verkaufspreis festzustellen. Das Missverhältnis muss zudem für den Erwerber auffällig gewesen sein. Dabei macht es einen Unterschied, ob es sich um einen Kfz-Händler (so im Fall BGH NJW 1996, 314) oder um einen unerfahrenen Privatkäufer handelt.

1509 Der durchschnittliche Verkaufspreis (besser: Verkaufswert) eines gebrauchten Pkw/Kombis kann anhand des DAT-Marktspiegels oder der Schwacke-Liste ermittelt werden. Die im DAT-Marktspiegel angegebenen Werte – Händlerverkaufswert und Händlereinkaufswert – beziehen sich allerdings auf Geschäfte mit Verbraucherbeteiligung, nicht auf Geschäfte zwischen Kfz-Händlern. Zum anderen gelten sie nur für unfallfreie Fahrzeuge mit durchschnittlicher Gesamtfahrleistung, einem durchschnittlichen Erhaltungszustand, mindestens zwölf Monate nach § 29 StVZO abgenommen und mindestens 50%iger Bereifung. Sonderausstattungen bleiben bei den Listenpreisen ebenso unberücksichtigt wie Mehr- oder Minderkilometer.

Wegen dieser **Unsicherheitsfaktoren** empfiehlt es sich, ein Schätzgutachten eines vereidigten und öffentlich bestellten Sachverständigen einzuholen.

1510 Bei einem Geschäft zwischen Kfz-Händlern ist nicht nur nach dem „marktgerechten" Verkaufspreis, sondern auch nach dem Einkaufspreis zu fragen, jeweils bezogen auf den Zeitpunkt des Kaufs, nicht der Schätzung. Der angeblich verdächtig niedrige Verkaufspreis stellt sich aus der Sicht des beklagten Erwerbers als eigener Einkaufspreis dar. Bei dem Vergleich der vom Sachverständigen mitgeteilten Werte mit dem tatsächlichen Kaufpreis (bereinigt um Zahlungen für Sonderleistungen wie Garantie, Abnahme nach § 29 StVZO etc.) ist auch Folgendes zu berücksichtigen: Die Werte sind **Schätzwerte**, aufbauend auf Durchschnittswerten der branchenüblichen Listen mit Zu- bzw. Abschlägen je nach Zustand des Fahrzeugs und regionalen und saisonalen Besonderheiten. Der in der Natur der Sache liegende **Spielraum** (Streubereich) zwingt dazu, den Schätzwert zu Gunsten des Erwerbers herabzusetzen. Die übliche Bandbreite geht bis 20%. Weitere Abschläge können sich aus Besonderheiten ergeben, die mit dem Zustand des Fahrzeugs, seiner Marktgängigkeit und der allgemeinen Marktlage nichts zu tun haben, gleichwohl auch aus Sicht des Erwerbers keinen Anlass zu Nachfragen bieten, z. B. Sonderaktionen (sog. Lockvogel-Angebote), Geschäftsauflösung, Lagerräumung, Sortimentsbereinigung etc.

1511 Die in der einschlägigen Rechtsprechung angestellten Preis- und Wertermittlungen sind nicht selten unzulänglich, die aus sog. Niedrigpreisen gezogenen Vergleiche und Schlussfolgerungen unbefriedigend. Schon die Grundannahme, dass es nur einen bestimmten Preis gebe, der „marktgerecht" sei, erscheint äußerst problematisch. Jedenfalls muss die Grenze, eine feste gibt es ohnehin nicht, weiter und damit erwerberfreundlicher gezogen werden, als es in der Rechtsprechung mitunter der Fall ist. Ein Preis, der nur 15% unter dem als marktgerecht angenommenen liegt, ist für einen Kfz-Händler noch kein hinreichender Grund, die Verfügungsbefugnis eines gewerblichen Anbieters anzuzweifeln.[40]

---

39 BGH 30. 10. 1995, NJW 1996, 314; BGH 5. 2. 1975, NJW 1975, 735; BGH 1. 7. 1987, NJW-RR 1987, 1456; BGH 13. 4. 1994, NJW 1994, 2022 = EWiR § 932 BGB 1/94, 767 *(Reinking)* = VRS 87, 262; OLG Hamburg 20. 2. 1986, NJW-RR 1987, 1266; OLG München 23. 7. 1993, OLGR 1994, 9 = ZfS 194, 90; s. auch OLG Düsseldorf 18. 11. 1998, NJW-RR 1999, 615 – Gabelstapler.
40 Anders BGH 1. 7. 1987, NJW-RR 1987, 1456; s. auch BGH 30. 10. 1995, NJW 1996, 314.

Voraussetzungen für den Erwerb kraft guten Glaubens
Rn 1512–1515

1512 Zur Bedeutung des Fehlens einer Voreintragung im Fahrzeugbrief s. Rn 1503. Im Fall OLG Stuttgart NJW-RR 1990, 635 war es – entgegen dem irreführenden Leitsatz – nicht dieser Umstand, der eine Nachforschungspflicht begründete. Verdacht mußte der Erwerber, ein Gebrauchtwagenhändler, vielmehr deshalb schöpfen, weil ihm das Fahrzeug **zum Tausch** angeboten worden war. Seinerzeit dominierte noch das Agenturgeschäft, bei dem der Händler üblicherweise mit der Vermittlung eines Verkaufs, nicht eines Tausches, beauftragt war. Ein Selbsteintritt war freilich möglich. Aus heutiger Sicht ist ein Tausch ein unverdächtiger Umstand. Überholt ist auch die Entscheidung OLG Hamm NJW 1975, 171, weil sie daraus, dass der mit der Vermittlung beauftragte Händler im Brief nicht eingetragen war, unrichtige Schlüsse gezogen hat. Zu den Sorgfaltanforderungen beim Kauf eines Fahrzeugs mit Kurzzulassung (Tageszulassung) s. OLG Düsseldorf NJW-RR 1997, 246.

β) Erwerb von Privatpersonen und Unternehmen außerhalb der Kfz-Branche

αα) Das private Direktgeschäft und der Erwerb Leasingnehmer/Leasinggesellschaft

1513 Demjenigen, der **von einer Privatperson** einen Gebrauchtwagen erwirbt, die nicht als Halter im Fahrzeugbrief ausgewiesen ist, muss sich der – eine Nachforschungspflicht auslösende – Verdacht aufdrängen, dass der Veräußerer auf unredliche Weise in den Besitz des Fahrzeugs gelangt sein könnte. Diese Aussage des BGH[41] gilt auch für das private Direktgeschäft.[42] An die Nachforschungspflicht eines privaten Erwerbers sind jedoch geringere Anforderungen zu stellen als bei einem Kfz-Händler. Generell wird man sagen können, dass ein Privatkäufer, der die Mindestanforderungen an den guten Glauben erfüllt hat (Vorlage und Einsichtnahme in den Fahrzeugbrief), regelmäßig als redlich angesehen wird. Zur Frage des gutgläubigen Erwerbs des **Leasingnehmers** bei Andienung des Kfz zum Kauf durch den **Leasinggeber** im Falle nicht offengelegter Sicherungsübereignung an das Refinanzierungsinstitut s. OLG Hamburg 19. 2. 1999, OLGR 1999, 241.

ββ) Kfz-Händler erwirbt von Privatperson

1514 Auch diese Konstellation ist Gegenstand zahlreicher höchstrichterlicher und obergerichtlicher Urteile: BGH NJW-RR 1987, 1456 (Kfz-Händler kauft von privatem Betrüger, der im Fahrzeugbrief nicht eingetragen war); BGH NJW 1996, 314 (Werksniederlassung erwirbt gebr. Pkw zusammen mit 2 Neufahrzeugen); OLG München DAR 1975, 71 (Ankauf eines unterschlagenen Kfz); OLG Schleswig DAR 1985, 26 (Kauf eines unter Eigentumsvorbehalt stehenden Sportwagens von einer Privatperson unter Vorlage eines Briefes, in dem eine juristische Person als Halterin eingetragen war); OLG Frankfurt NJW-RR 1986, 1380 (fehlende Voreintragung des Privatverkäufers, der seinerseits unter Eigentumsvorbehalt gekauft hatte); OLG Hamm NJW-RR 1989, 890 (keine Identität zwischen Veräußerer und dem im Fahrzeugbrief eingetragenen Eigentümer/Halter); ebenso OLG Celle OLGR 1995, 185 = VRS 90, 18.

1515 Privatpersonen, die den Fahrzeugbrief vorlegen können, sind regelmäßig entweder selbst eingetragen oder in der Lage, auf die Eintragung eines ihnen nahestehenden Dritten zu verweisen. Nicht selten laufen Fahrzeuge auf den Namen des Ehepartners, des Lebensgefährten oder eines Elternteils. Die Eintragung eines Dritten ist nach der Lebenserfahrung jedoch eine solche Ausnahme, dass ein sorgfältiger Erwerber allen Anlass hat, sich über die Eigentumsverhältnisse zu vergewissern. Die schriftliche Erklärung des Veräußerers, der Wagen stehe in seinem unbelasteten Eigentum, kann den gewerblichen Ankäufer nicht von dieser Pflicht befreien.

---

41 Urt. v. 1. 7. 1987, NJW-RR 1987, 1456; so auch OLG Düsseldorf 14. 11. 1991, 13 U 72/91, n. v.; OLG Celle 10. 11. 1994, OLGR 1995, 86 = NJW-RR 1995, 1527.
42 OLG Karlsruhe 2. 7. 1998, OLGR 1999, 125.

γγ) Kfz-Händler erwirbt von Unternehmen außerhalb der Kfz-Branche

1516 Zu dieser Fallgruppe ist nur wenig Entscheidungsmaterial vorhanden. In BGH NJW 1975, 735 hatte ein Kfz-Händler wiederholt Gebrauchtwagen unter Preis von einer betrügerischen Umschuldungsfirma gekauft, die in den Fahrzeugbriefen nicht eingetragen war. Nach den Gesamtumständen war ein Eigentumserwerb sowohl nach § 932 BGB als auch nach **§ 366 HGB** ausgeschlossen.[43] Welche Anforderungen an den guten Glauben eines Kfz-Händlers zu stellen sind, der einen unterschlagenen Pkw von einer angeblichen **Leasingfirma** erwirbt, ist Gegenstand eines Urteils des LG Köln vom 15. 6. 1994.[44] Das LG hat die Schadensersatzklage des betrogenen Händlers mit der Begründung abgewiesen, der Käufer, ein Gebrauchtwagenhändler, habe zwar misstrauisch sein müssen, seiner Nachforschungspflicht sei er jedoch in ausreichendem Maße nachgekommen. Allgemein gilt: Bei Veräußerungsgeschäften außerhalb des gewöhnlichen (regulären) Geschäftsbetriebes sind erhöhte Anforderungen an den guten Glauben des Erwerbers zu stellen.[45]

γ) Fälle mit Auslandsberührung

1517 Die Zunahme von Inlandskäufen mit **Auslandsberührung** schlägt sich auch in der Rechtsprechung nieder. Wie facettenreich diese Fälle sind, zeigt beispielhaft das Urteil des OLG Köln vom 21. 7. 1999 (OLGR 2000, 3). Für im Inland hergestellte, aber für den Export oder für den Inlandsverkauf an Ausländer bestimmte Fahrzeuge wird ein Brief nicht ausgestellt. Ein bereits erteilter Brief wird vor dem Export ungültig gemacht. Im mittel- und westeuropäischen Ausland werden Kfz-Papiere ausgestellt, die den deutschen Dokumenten (Schein und Brief) vergleichbar sind.[46]

1518 Der BGH hat sich wiederholt mit dem Erwerb echter und vermeintlicher „Auslandsfahrzeuge" befassen müssen; erstmals im Urteil vom 27. 9. 1961[47] (Verkauf eines von einem Engländer in Deutschland unterschlagenen Mietwagens Mercedes 220 S an einen deutschen Kfz-Händler unter Vorlage eines gefälschten britischen „registration book"). Im Fall BGH BB 1967, 10 = DAR 1967, 85 ging es um die Veräußerung eines in der Schweiz zugelassenen Mietwagens Mercedes 220 S an einen deutschen Gebrauchtwagenhändler, dem der Verkäufer, ein Schweizer Staatsbürger, einen schweizerischen Fahrzeugausweis und eine Zollbescheinigung vorgelegt hatte. Obgleich der Käufer bei mehreren Stellen Erkundigungen eingeholt hatte, haben alle drei Instanzen grobe Fahrlässigkeit angenommen.

1519 Eine weitere BGH-Entscheidung behandelt den Erwerb eines in Italien zugelassenen Ferrari 208 Turbo, der zu Gunsten einer italienischen Bank mit einer sog. **Autohypothek** belastet war.[48] Der deutsche Käufer, eine Privatperson, hatte ein Fachunternehmen eingeschaltet, um die Erwerbsmodalitäten, speziell beim Zollamt, erledigen zu lassen. Während das LG der auf Herausgabe und Verwertung gerichteten Klage der italienischen Bank im Wesentlichen stattgegeben hat, hat das OLG Hamm sie mit der Begründung abgewiesen, die Beklagte habe gutgläubig lastenfreies Eigentum erworben (§ 936 BGB). Der BGH ist dem nicht gefolgt. Er wirft dem OLG in erster Linie vor, zu geringe Anforderungen an den **gutgläubigen lastenfreien Erwerb** eines ausländischen Fahrzeugs gestellt zu haben. Seine Auffassung erscheint nur auf den ersten Blick übermäßig streng und lebensfremd. Eine genaue Analyse des Sachverhalts offenbart eine solche Vielzahl verdächtiger Umstände, dass die Beurteilung „grob fahrlässig" bei der gebotenen Gesamtschau durchaus gerechtfertigt ist. Erhöhte Wachsamkeit beim Erwerb eines aus dem Ausland eingeführten (reimportierten)

---

43 Zur Funktion des § 366 HGB s. BGH 2. 7. 1992, NJW 1992, 2570 unter IV; zum Anwendungsbereich s. BGH 9. 11. 1998, NJW 1999, 425; OLG Düsseldorf 18. 11. 1998, NJW-RR 1999, 615.
44 Az. 16 O 308/92, n. v.
45 BGH 9. 11. 1998, NJW 1999, 425.
46 Vgl. auch *Endreß*, DAR 1959, 116 (wohl überholt) und *Bormann*, DAR 1964, 117, 120.
47 LM Nr. 17 zu § 932 = BB 1961, 1300.
48 Urt. v. 11. 3. 1991, NJW 1991, 1415 = DAR 1991, 294.

Voraussetzungen für den Erwerb kraft guten Glaubens Rn 1520–1524

Pkw fordert der BGH auch in seinem Urteil vom 13. 4. 1994.[49] Danach ist die Verkaufsberechtigung des Veräußerers besonders sorgfältig zu prüfen, wenn sich aus dem von diesem vorgelegten **Blanko-Fahrzeugbrief** lediglich die Tatsache der Einfuhr, nicht aber die Identität des früheren Halters ergibt. Lediglich einfache, keine grobe Fahrlässigkeit bescheinigt das LG Bochum dem Erwerber eines aus Italien eingeführten **Lkw,** der mit einem deutschen Fahrzeugbrief ohne Haltereintragung verkauft worden war.[50]

c) Einschaltung von Hilfspersonen auf Erwerberseite

Bedient sich der Autokäufer eines **Stellvertreters,** so wird er ihn in der Regel in den gesamten Erwerbsvorgang einschalten, also sowohl mit der Einigung als auch mit der Übernahme des Fahrzeugs betrauen. Was den guten Glauben angeht, so ist diese Konstellation unproblematisch, solange Einigung und Übergabe zusammenfallen. Da die Einigung aus Willenserklärungen besteht, finden die §§ 164 ff. BGB unmittelbar Anwendung. Für die Frage der Gutgläubigkeit einschließlich der Erfüllung etwaiger Nachforschungspflichten kommt es also grundsätzlich auf die Person des Stellvertreters, nicht des Erwerbers an (§ 166 I BGB).[51] Dass es bei der Übergabe als Realakt keine Stellvertretung gibt,[52] insoweit ist die Hilfsperson entweder Besitzdiener oder Besitzmittler, ändert nichts an der Maßgeblichkeit ihrer Kenntnis bzw. ihres Kennenmüssens. **1520**

Schwierigkeiten können die Fälle machen, bei denen die Hilfsperson in den einzelnen Phasen des Erwerbsvorgangs einen **unterschiedlichen** Wissensstand hat. Problematisch sind auch die Sachverhalte mit **arbeitsteiliger** Einschaltung von Hilfspersonen, sei es, dass sie nur an der Einigung oder nur an der Übergabe beteiligt sind, sei es, dass sie nur mit bestimmten Nachforschungen hinsichtlich des Eigentums des Veräußerers betraut sind. Zu diesen und anderen Konstellationen vgl. *Schilken,* Wissenszurechnung im Zivilrecht, 1983, S. 235 ff. **1521**

d) Einschaltung von Hilfspersonen auf Veräußererseite

Der Erwerber muss in den Fällen der §§ 932 ff. BGB an das Eigentum des durch den Besitz (präziser: Besitzverschaffungsmacht) legitimierten Veräußerers geglaubt haben.[53] Veräußerer beim **Agenturgeschäft,** das seit dem 1. 7. 1990 nur noch vereinzelt praktiziert wird (vgl. Rn 1338), ist der private Auftraggeber, nicht etwa der Händler; er ist nur Vermittler und Abschlussvertreter. Er verfügt im Namen seines Auftraggebers. **1522**

Gehört das agenturweise verkaufte Fahrzeug nicht dem Veräußerer/Auftraggeber, so erwirbt der Agenturkäufer das Eigentum kraft guten Glaubens gem. § 932 I BGB grundsätzlich nur, wenn er in seinem Vertragspartner den Eigentümer gesehen hat. Geschützt wird nur der gute Glaube an das Eigentum des Veräußerers, nicht der gute Glaube an das Eigentum des Händlers/Vermittlers. Agenturkäufer haben früher häufig die steuerrechtlich damals notwendige Fremdbezogenheit des Agenturgeschäfts verkannt. Vertragspartner war in ihren Augen der Händler. Diese vertragsrechtlich unbeachtliche Fehlvorstellung – maßgeblich ist der erklärte Wille – ist für den Gutglaubenserwerb unschädlich, solange der Agenturkäufer keine Anhaltspunkte dafür hat, dass das Fahrzeug einem Dritten gehört, z. B. einer Bank (Sicherungseigentum bei Vorfinanzierung des Kaufpreises). **1523**

Steht das Agenturfahrzeug im Eigentum des Veräußerers/Auftraggebers, so kommt es auf den guten Glauben i. S. v. § 932 BGB von vornherein nicht an. Insbesondere kann der Veräußerer den Eigentumserwerb nicht mit der Begründung streitig machen, der Käufer habe **1524**

---

49 NJW 1994, 2022 = NZV 1994, 312.
50 NJW-RR 1992, 1274.
51 Einhellige Meinung, vgl. BGH 5. 10. 1981, NJW 1982, 38; irreführend BGH 11. 3. 1991, NJW 1991, 1415 durch Hinweis auf § 166 II BGB; vgl. auch BGH 9. 10. 1991, NJW 1992, 310.
52 Grundlegend RG 10. 6. 1932, RGZ 137, 23, 26 – Lkw-Kauf.
53 *Staudinger/Wiegand,* § 932 Rn 100.

sich den Fahrzeugbrief nicht aushändigen lassen. Der Veräußerer ist vielmehr zur Herausgabe des Fahrzeugbriefes an den Käufer verpflichtet, denn dieser hat mit dem Eigentum am Fahrzeug auch Eigentum am Brief erlangt (§ 952 BGB analog).

1525 Hat der Vermittler im Namen des Voreigentümers/Auftraggebers, aber ohne Vertretungsmacht gehandelt, so ist auch die dingliche Einigung schwebend unwirksam. Der Eigentumserwerb hängt von der Genehmigung des Voreigentümers ab. Der **gute Glaube an die Vertretungsmacht** des Vermittlers würde selbst dann nicht geschützt, wenn dieser ein Kaufmann i. S. v. § 366 HGB ist.[54]

1526 Verletzt der Vermittler oder Untervermittler seine Pflichten aus dem Innenverhältnis mit dem Auftraggeber, ohne damit die Verkaufsvollmacht zu überschreiten, so ist die Vertretung wirksam. Das Risiko eines Missbrauchs der Vertretungsmacht trägt grundsätzlich der Auftraggeber. Wann eine Vollmachtsüberschreitung und wann nur ein Missbrauch der Vollmacht vorliegt, ist in den Kfz-Vermittlungsfällen nicht immer leicht zu entscheiden. Die Verkaufsvollmacht, regelmäßig als Innenvollmacht erteilt, enthält ihrem Wortlaut nach keine Einschränkung. Ein Verkauf zu einem niedrigeren Preis als dem vereinbarten Mindestverkaufspreis berührt den Bestand der Vollmacht ebenso wenig wie eine auftragswidrige Zahlungsvereinbarung, etwa dergestalt, dass dem Agenturkäufer gestattet wird, einen Teil des Kaufpreises durch Hingabe seines Altwagens abzudecken.[55] In diesen und ähnlichen Fällen kann der Auftraggeber das Missbrauchsrisiko nur dann auf den Agenturkäufer abwälzen, wenn dieser die Pflichtwidrigkeit des Vermittlers erkannt hat oder bei gehöriger Sorgfalt hätte erkennen müssen.[56] Nach Auffassung des AG Grevenbroich braucht sich einem Agenturkäufer nicht der Verdacht der Unredlichkeit des Vermittlers aufzudrängen, wenn dieser das Fahrzeug ohne den dazugehörigen Brief ausliefert.[57] Im Streitfall war dem Käufer erklärt worden, der Brief werde am nächsten Tag nachgeschickt. Haben Vermittler und Agenturkäufer bewusst zum Nachteil des Voreigentümers zusammengewirkt, so ist das gesamte Vertretergeschäft wegen Sittenwidrigkeit nichtig.[58]

1527 Beim **Kommissionsgeschäft,** im heutigen Kfz-Handel höchst selten geworden, ist – anders als beim Agenturgeschäft – nicht der Auftraggeber der Veräußerer. Der Verkaufskommissionär verfügt im eigenen Namen über eine fremde Sache. Der Erwerber wird auch dann geschützt, wenn er in ihm ohne grobe Fahrlässigkeit nicht den Eigentümer, sondern nur den **Verfügungsberechtigten** gesehen hat (§ 366 I HGB). Er kann sich je nach Lage des Falles auf seinen guten Glauben an das Eigentum oder an die Verfügungsbefugnis berufen. Wer bei einem Kfz-Händler ein Fahrzeug kauft, darf bei Fehlen sich aufdrängender Verdachtsmomente von dessen **Verfügungsbefugnis** ausgehen.[59] Der gute Glaube an die Verfügungsbefugnis eines Kaufmanns kann gerechtfertigt sein, selbst wenn der gute Glaube an sein Eigentum durch grobe Fahrlässigkeit ausgeschlossen ist.[60]

5. Verkauf unter fremdem Namen

1528 Beim Handeln unter fremdem Namen sind **zwei Fälle** zu unterscheiden: Handeln unter falscher Namensangabe mit dem Ziel, beim Geschäftspartner eine unrichtige Vorstellung über die Identität zu wecken, zum anderen Gebrauch eines Falschnamens, wobei dem Geschäftspartner der Name gleichgültig ist. Nur auf den ersten Typ werden die Regeln über

---

54 Str., vgl. *Medicus,* Rn 567.
55 Zur dinglichen Rechtslage bei Weiterverkauf des in Zahlung genommenen Altwagens durch den Vermittler im eigenen Namen vgl. OLG Köln 16. 10. 1991, VRS 82 (1992), 100.
56 BGH 28. 2. 1966, NJW 1966, 1911.
57 Urt. v. 7. 9. 1984, 11 C 401/84, n. v.
58 Vgl. *Jauernig,* § 164 Anm. 4.
59 BGH 5. 2. 1975, NJW 1975, 735; v. 9. 11. 1998, NJW 1999, 425.
60 BGH 5. 2. 1975, NJW 1975, 735.

die Stellvertretung direkt oder analog angewendet.[61] Das OLG Düsseldorf (22. Zivilsenat)[62] hat dies in einem Fall getan, in dem eine unbekannt gebliebene Person einen Pkw unter dem Namen des wahren Eigentümers, von dem sie Fahrzeug und Papiere betrügerisch erlangt hatte, an den Beklagten verkauft hat. Während das LG einen Gutglaubenserwerb nach § 932 BGB geprüft (und verneint) hat, ist das OLG einen anderen Weg gegangen. Die Vertragserklärungen des unbekannten Betrügers hat es als solche des Eigentümers (Klägers) gewertet, sodass Kauf und dingliche Einigung mangels Genehmigung unwirksam waren.

Anders hat der 11. Zivilsenat des OLG Düsseldorf[63] einen im Wesentlichen gleich gelagerten Fall entschieden. Wird unter Vorlage der Wagenpapiere ein Pkw unter dem Namen des Eigentümers bar verkauft, soll Vertragspartner nicht der Eigentümer, sondern die unter fremdem Namen auftretende Person sein. Diese Auffassung verdient den Vorzug. Wie das Handeln unter falschem Namen zu werten ist, ist in erster Linie **Auslegungsfrage**.[64] Wer Geschäftspartei ist, richtet sich danach, wie der Erklärungsempfänger die Erklärung des Namenstäuschers verstehen musste. Autokauf ist ein Massengeschäft des täglichen Lebens. Der Name des Verkäufers interessiert den Käufer im Allgemeinen nur insoweit, als es um die Identität mit dem im Fahrzeugbrief eingetragenen Halter geht. Ansonsten ist ihm der Name seines Vertragspartners gleichgültig, wie die vor dem 1. 7. 1990 jährlich millionenfach abgeschlossenen Agenturgeschäfte anschaulich gezeigt haben. Auch dem Verkäufer kommt es in der Regel nicht auf den Namen des Käufers an.[65]

1529

6. Die Sonderfälle des § 935 BGB

Der gute Glaube an das Eigentum des Veräußerers wird nach § 935 I BGB nicht geschützt, wenn das Fahrzeug dem Eigentümer gestohlen, verloren gegangen oder sonst abhanden gekommen war. Diese Ausnahmetatbestände spielen beim Gebrauchtwagenkauf eine große Rolle.[66] Nicht dazu gehört der Fall, dass der Eigentümer betrogen worden ist, z. B. durch Hingabe eines ungedeckten Schecks.[67] Ein Grenzfall des Abhandenkommens liegt OLG München NJW-RR 1993, 1466 = OLGR 1993, 285 = ZfS 1993, 411 zugrunde. Die Unfreiwilligkeit der Besitzaufgabe wurde zu Recht bejaht. Zum Verkauf eines Motorrades, das aus gestohlenen Einzelteilen zusammengebaut wurde (§ 950 I BGB), OLG Köln NJW 1997, 2187; zum Eigentumserwerb beim Zusammenbau eines sog. Replica-Fahrzeugs OLG Düsseldorf OLGR 1999, 219; s. auch BGH VersR 1996, 713; zur dinglichen Rechtslage bei Ergänzung eines gestohlenen Motorblocks zu einem Komplettmotor und dessen Einbau in einen Sportwagen (§ 950 BGB) s. BGH NJW 1995, 2633.

1530

Dem nur mitbesitzenden Eigentümer ist das Fahrzeug auch dann abhanden gekommen, wenn der andere Mitbesitzer es ohne seinen Willen an einen Dritten veräußert.[68] Besitzen Eheleute ein Fahrzeug gemeinsam (Familienwagen), so erlangt der Käufer kein Eigentum, wenn der Verkäufer-Ehegatte den Mitbesitz des anderen gebrochen hat, es sei denn, dass der Wagen in seinem Alleineigentum stand.[69]

1531

---

61 *Medicus*, Rn 82.
62 Urt. v. 1. 3. 1985, NJW 1985, 2484 = DAR 1985, 255; kritisch dazu *Giegerich*, NJW 1986, 1975; vgl. auch *Mittenzwei*, NJW 1986, 2472.
63 Urt. v. 2. 11. 1988, NJW 1989, 906.
64 OLG Düsseldorf (11. ZS) 24. 4. 1996, OLGR 1997, 4.
65 OLG Düsseldorf 24. 4. 1996, OLGR 1997, 4.
66 Diebstähle 1998: 160 000.
67 OLG Hamm 2. 3. 1989, NJW-RR 1989, 890.
68 *Erman/A. Schmidt*, § 935 Rn 6.
69 Vgl. dazu OLG Oldenburg 20. 11. 1990, NJW-RR 1991, 963.

7. Guter Glaube an die fehlende Anfechtbarkeit des Vorerwerbs

1532 Nicht auf den guten Glauben an das Eigentum oder die Verfügungsbefugnis kommt es an, wenn das Fahrzeug nur **anfechtbar** erworben und vor der Anfechtung weiterveräußert worden ist. Gegenstand des guten Glaubens ist hier die fehlende Anfechtbarkeit des Vorerwerbs (§ 142 II BGB).[70] Gutgläubigkeit in diesem Sinn ist schon dann zu verneinen, wenn der Dritte bei seinem Erwerb die Umstände kannte oder grob fahrlässig nicht kannte, aus denen sich die Anfechtbarkeit des früheren Erwerbsvorganges ergab.[71] Ob der Erwerber unter diesem Blickwinkel grob fahrlässig gehandelt hat, ist nach den gleichen strengen Maßstäben zu beurteilen, die die Rechtsprechung für § 932 BGB entwickelt hat.[72] Es kommt also darauf an, ob der Erwerber Grund für die Annahme haben musste, dass mit dem Vorerwerb etwas nicht in Ordnung ist. Zu den einschlägigen Verdachtsgründen und zur Nachforschungs- und Erkundigungspflicht des Käufers s. Rn 1502 ff.

II. Rechtsfolgen und Haftungsfragen beim Erwerb vom Nichtberechtigten

1. Ansprüche des gutgläubigen Erwerbers

1533 Der Verkäufer hat seine Verpflichtung, dem Käufer Eigentum zu verschaffen (§ 433 I, 1 BGB), auch dann erfüllt, wenn ihm das Fahrzeug nicht gehört, der Käufer (lastenfreies) Eigentum aber gutgläubig erlangt hat. Der moralische Mangel, der diesem Eigentumserwerb nach der sog. Makeltheorie anhaftet,[73] lässt die Wirksamkeit der Vertragserfüllung unberührt. Nach heute h. M.[74] liegt auch kein Betrug im Sinne des § 263 StGB vor.

1534 Gibt der gutgläubige Erwerber das Fahrzeug an den früheren Eigentümer heraus – eine Rechtspflicht besteht insoweit nicht –, kann er die damit verbundenen Nachteile nicht auf den Verkäufer abwälzen.[75]

2. Ansprüche des früheren Eigentümers gegen den gutgläubigen Erwerber

1535 Der gutgläubige Erwerber ist dem früheren Eigentümer selbst dann nicht zum Schadensersatz verpflichtet, wenn ihm **leichte Fahrlässigkeit** zur Last fällt. Insbesondere scheidet ein Anspruch aus § 823 I BGB aus.[76] Der nur leicht fahrlässige Erwerber ist **umfassend** vor Rechtsnachteilen geschützt.

3. Weitere Ansprüche des (früheren) Eigentümers

a) Anspruchsgrundlagen

1536 Der bösgläubige Erwerber ist dem Eigentümer gem. § 985 BGB zur **Herausgabe des Fahrzeugs** und der Fahrzeugpapiere, insbesondere des Fz.-Briefs, verpflichtet. Zum Inhalt und zur Erfüllung der Herausgabeschuld OLG Koblenz DAR 1999, 505. Zum **Streitwert** der Klage auf Herausgabe des Fz.-Briefs OLG Düsseldorf OLGR 1999, 456. Ist der Schuldner zur Herausgabe des Fahrzeugs nicht mehr in der Lage, z. B. wegen Weiterveräußerung oder

---

70 BGH 1. 7. 1987, NJW-RR 1987, 1456 = ZIP 1987, 1256 = NJW 1988, 482 (L); dazu *Gursky*, JZ 1991, 496, 501.
71 BGH, a. a. O. (Fn. 70).
72 BGH, a. a. O. (Fn. 70).
73 Vgl. *Schönke/Schröder/Cramer*, StGB, 24. Aufl., § 263 Rn 111.
74 Nachweise bei *Schönke/Schröder/Cramer*, StGB, 24. Aufl., § 263 Rn 111.
75 BGH 28. 3. 1952, BGHZ 5, 340 = NJW 1952, 778; dazu *Wolf*, NJW 1953, 166; *ders.*, NJW 1954, 708; *Boehmer*, JZ 1952, 588; *ders.*, JZ 1953, 392; *Mezger*, NJW 1953, 812; *ders.*, JZ 1953, 67.
76 BGH 1. 7. 1987, NJW-RR 1987, 1456; BGH 23. 5. 1956, LM Nr. 9 zu § 932.

Diebstahls, oder kann er es – z. B. wegen eines Unfalls – nicht mehr in seinen ursprünglichen Zustand herausgeben, so schuldet er **Schadensersatz** nach den §§ 990 I, 989 BGB.[77] Bei einer **Weiterveräußerung** ist der Marktwert (Verkehrswert) zu ersetzen. Den – eventuell höheren – Verkaufserlös schuldet der Veräußerer nach §§ 687 II, 681, 667 oder gem. § 816 BGB. Letzteres setzt voraus, dass die Weiterveräußerung gegenüber dem Eigentümer wirksam war (§§ 932 BGB, 366 HGB) oder von diesem genehmigt worden ist. In der Klage auf Zahlung eines Betrages in Höhe des Kaufpreises sieht die Rechtsprechung eine konkludent erklärte Genehmigung.[78] Die bereicherungsrechtliche Herausgabepflicht des unredlichen Erwerbers beschränkt sich auf den beim Weiterverkauf erzielten **Nettoerlös.** In Höhe des Mehrwertsteueranteils ist er nicht bereichert.[79] Im Rahmen des Schadensersatzanspruchs aus §§ 990 I, 989 BGB ist die Mehrwertsteuer grundsätzlich zu ersetzen, selbst wenn der Geschädigte auf eine Ersatzbeschaffung verzichtet.[80] Anders ist es bei Vorsteuerabzugsberechtigung des Geschädigten (Vorteilsausgleichung).

Ersatz seines Vorenthaltungsschadens kann der (ehemalige) Eigentümer nur nach §§ 990 II, 286, 992 BGB verlangen. Auch sein Anspruch auf **Nutzungen** und die **Gegenansprüche** des unredlichen Erwerbers auf Ersatz von **Verwendungen** (Reparaturen, Einbau von Ersatzteilen usw.) bestimmen sich ausschließlich nach den §§ 987 ff. BGB. Deren Sperrwirkung entfällt, soweit die Veräußerung des Fahrzeugs oder der Verbrauch der Sachsubstanz in Frage stehen (vgl. § 993 I BGB). Früchte, die auf Kosten der Sachsubstanz gezogen worden sind, soll selbst der redliche Besitzer herausgeben. Anspruchsgrundlage für diese „Übermaßfrüchte" ist § 812 I, 1 BGB. Ein Verbrauch der Sachsubstanz in diesem Sinne liegt bei einem Kraftfahrzeug nicht vor, wenn es in normalem Umfang benutzt wird.[81] Zum Verwendungsersatz bei einem gestohlenen Kfz s. OLG Celle OLGR 1995, 86 = NJW-RR 1995, 1527.

1537

Der Schadensersatzanspruch des bisherigen Eigentümers aus §§ 989, 990 I BGB kann gekürzt werden, wenn ihn am Verlust seines Eigentums ein **Mitverschulden** trifft, vgl. OLG Celle OLGR 1995, 185 = VRS 90, 18 (Aushändigung des Fz.briefs vor Scheckeinlösung). Die §§ 989, 990 BGB scheiden als Anspruchsgrundlage aus, wenn der frühere Eigentümer „**Hilfspersonen**" **des Veräußerers** auf Schadensersatz in Anspruch nehmen will, z. B. den **Geschäftsführer einer GmbH**. Denn es fehlt an der erforderlichen Vindikationslage. Es bleibt die Haftung aus § 823 I BGB wegen Eigentumsverletzung.[82] Zur **Amtshaftung der Straßenverkehrsbehörde** im Zusammenhang mit der Umschreibung des Fahrzeugbriefs s. OLG Hamm NZV 1996, 450.

b) Beweislastfragen

Derjenige, der gem. § 985 BGB Herausgabe oder nach den §§ 990, 989 BGB Schadensersatz verlangt, ist für sein Eigentum beweispflichtig.[83] Der Herausgabekläger muss ferner beweisen, dass der Beklagte zumindest bei Rechtshängigkeit Besitzer des Fahrzeugs war. Bei einer Schadensersatzklage genügt der Nachweis früheren Besitzes. Zu Gunsten des Besitzers wird vermutet, dass er Eigentümer des Fahrzeugs sei. Diese **Vermutung** (§ 1006 I, 1 BGB) hat derjenige, der aus seinem Eigentum Rechte ableitet, zu widerlegen. Das gilt aber nicht,

1538

---

77 BGH 2. 12. 1958, LM Nr. 12 zu § 932 = MDR 1959, 207; OLG München 16. 8. 1974, DAR 1975, 71.
78 BGH LM Nr. 6 zu § 816; OLG Hamm 2. 3. 1989, NJW-RR 1989, 890.
79 Auf den Bereicherungsanspruch muss sich der Eigentümer nur das anrechnen lassen, was er von einem Dritten als Schadensersatz erhalten hat, vgl. OLG Stuttgart 21. 11. 1989, NJW-RR 1990, 635.
80 OLG Hamburg 20. 2. 1986, NJW-RR 1987, 1266; vgl. auch OLG Hamm 28. 6. 1979, OLGZ 1980, 20.
81 Vgl. OLG Hamm 17. 6. 1992, OLGR 1992, 348.
82 Vgl. BGH 31. 3. 1971, NJW 1971, 1358; BGH 12. 3. 1996, VersR 1996, 713; OLG Koblenz 19. 12. 1996, VRS 94, 15.
83 BGH 19. 12. 1994, NJW 1995, 1292 = BB 1995, 276.

wenn dem Kläger als dem früheren Besitzer das Fahrzeug abhanden gekommen ist (§ 1006 I, 2 BGB). Dann streitet umgekehrt für diesen die Vermutung des § 1006 II BGB. Sie gilt bis zum Nachweis des Eigentumsverlustes, d. h., der Beklagte muss beweisen, dass der Kläger sein Eigentum trotz des Abhandenkommens verloren hat, z. B. durch Umbau (§§ 947, 948 BGB).[84]

Beruft sich der Beklagte darauf, selbst Eigentümer des Fahrzeugs zu sein oder es als Eigentümer weiterveräußert zu haben, so braucht er nur die gewöhnlichen Erwerbsvoraussetzungen (Einigung und Übergabe bzw. Übergabeersatz) zu beweisen. Dass der Veräußerer Nichtberechtigter und der Erwerber bösgläubig war, hat der sein Eigentum geltend machende Kläger zu beweisen.[85] Zum Bösgläubigkeitsbeweis gehört der Nachweis derjenigen Tatsachen, aus denen sich die Kenntnis oder grob fahrlässige Unkenntnis des Erwerbers ergibt. Das bedeutet für den praktisch wichtigsten Fall der Verletzung einer Nachforschungspflicht, dass der Beweispflichtige die pflichtbegründenden Umstände und den qualifizierten Sorgfaltsverstoß zu beweisen hat. An die Beweisführungspflicht sind keine zu strengen Anforderungen zu stellen.[86]

Bisweilen verteidigen sich Autokäufer mit dem Einwand, dass die wahren Eigentumsverhältnisse auch bei gehöriger Aufmerksamkeit und Anstrengung nicht aufgedeckt worden wären. Diese Verteidigung ist nach Meinung des BGH unerheblich.[87] Er stellt allein darauf ab, ob die gebotenen Nachforschungen überhaupt angestellt worden sind. Allein die Tatsache der Nichterkundigung soll den Erwerber bösgläubig machen.[88] Damit wird die Verselbständigung der Nachforschungspflicht deutlich: Selbst wenn mit Gewissheit feststeht, dass der Erwerber bei pflichtgemäßer Erkundigung keine Aufklärung erlangt hätte, führt das Unterlassen der Nachforschung zur Annahme der Bösgläubigkeit.

4. Ansprüche des Käufers in den Fällen des § 935 BGB

1539 Der Käufer eines **gestohlenen Fahrzeugs** kann vom Verkäufer (zur Vermittlerhaftung vgl. BGH NJW 1980, 2184) wahlweise[89] gem. §§ 440 I, 325 I BGB **Schadensersatz wegen Nichterfüllung** verlangen oder vom Vertrag **zurücktreten**.[90] Der Kaufvertrag ist nicht etwa nach § 306 BGB nichtig.[91] Ein nur anfängliches Unvermögen zur Leistung lässt die Wirksamkeit des Vertrags unberührt. Der Schadensersatzanspruch und erst recht das Rücktrittsrecht sind von einem Verschulden des Verkäufers unabhängig. Nach h. M.[92] trifft den Verkäufer eine verschuldensunabhängige Garantiehaftung. Der Käufer eines als gestohlen gemeldeten Fahrzeugs hat keinen Schadensersatzanspruch aus §§ 823 ff. BGB gegen den Kaskoversicherer, der nach Zahlung der Diebstahlsentschädigung Herausgabe des Fahrzeugs verlangt, damit aber nicht durchdringt.[93]

a) Schadensersatz

1540 Beim **Schadensersatzanspruch** ist § 440 II BGB zu beachten. Der Käufer soll nicht Schadensersatz erlangen und gleichzeitig die Sachvorteile behalten dürfen. Anspruchsvoraus-

---

84 BGH 19. 12. 1994, NJW 1995, 1292 = BB 1995, 276.
85 BGH 1. 2. 1993, WM 1993, 1203 = BB 1993, 751; BGH 5. 10. 1981, NJW 1982, 38.
86 BGH 1. 2. 1993, WM 1993, 1203 = BB 1993, 751.
87 Urt. v. 13. 4. 1994, NJW 1994, 2022; Urt. v. 11. 3. 1991, NJW 1991, 1415; vgl. auch BGH 13. 5. 1958, WM 1958, 754.
88 BGH, a. a. O. (Fn. 77).
89 Zum Wahlrecht s. BGH 28. 3. 1952, BGHZ 5, 340 = NJW 1952, 778; BGH 7. 5. 1997, NJW 1997, 3164.
90 Die dritte Möglichkeit – §§ 325 I, 2, 323 BGB – ist praktisch belanglos.
91 Zur Nichtigkeit nach § 138 BGB s. Rn 2054.
92 Vgl. BGH 7. 5. 1997, NJW 1997, 3164 = NZV 1997, 432 m. w. N.
93 OLG Düsseldorf 6. 2. 1996, OLGR 1996, 252.

setzung ist daher auch einer der drei in § 440 II BGB aufgeführten Tatbestände (Rückgabe an den wahren Berechtigten, hier: Eigentümer, Rückgabe an den Verkäufer oder Untergang der Sache). Der Fahrzeugkäufer wird damit auf den ,,großen Schadensersatz" verwiesen. Er bemisst sich nach den allgemeinen Regeln, wie sie insbesondere für § 463 BGB aufgestellt sind (vgl. Rn 1999 ff.), d. h., der Käufer kann – als **Mindestschaden** – den gezahlten Kaufpreis zurückverlangen. Analog §§ 325, 327, 347 S. 3 BGB ist die Summe mit 4% ab Empfang zu verzinsen. Liegt der Kaufpreis unter dem Verkehrswert des Fahrzeugs, so ist dem Käufer ein Gewinn entgangen, der nach §§ 249, 252 BGB gleichfalls zu ersetzen ist. Für die Wertberechnung kommt es auf den Zeitpunkt der fehlgeschlagenen Übereignung an.[94] Eine Entwertung durch bloßen Zeitablauf (Alterung) geht zu Lasten des Verkäufers, weil er für die Vertragsstörung verantwortlich ist. Eine Entwertung durch Benutzung ist im Wege der Vorteilsausgleichung zu berücksichtigen (vgl. dazu Rn 2008 ff.).

b) Rücktritt

Anstatt Schadensersatz wegen Nichterfüllung zu verlangen, kann der Käufer auch **vom Vertrag zurücktreten.** Dieses Recht unterliegt gem. § 327 BGB den Einschränkungen der §§ 351 ff. BGB. Ähnlich wie bei der Wandlung ist hier vieles im Streit, wie insbesondere BGHZ 5, 340[95] an den Tag gebracht hat.[96] Der Käufer hatte das gestohlene Fahrzeug dem wahren Eigentümer ohne Wissen des Verkäufers freiwillig zurückgegeben und sodann gem. § 326 BGB den Rücktritt vom Kaufvertrag erklärt. Seine Klage auf Rückzahlung des Kaufpreises hatte – dem Grunde nach – Erfolg. Der Rücktritt war weder nach § 351 BGB noch unter dem Gesichtspunkt des § 242 BGB ausgeschlossen. Die gezogenen Nutzungen musste der Käufer jedoch erstatten, weil er als rechtsgrundloser Besitzer dem unentgeltlichen Besitzer gleichzustellen war (§ 988 BGB i. V. m. RGZ 163, 348). Der Rückzahlungsantrag braucht nicht, jedenfalls nicht von vornherein, mit dem Angebot der Fahrzeugrückgabe Zug um Zug verbunden zu werden.[97]

1541

c) Haftungsausschlüsse

Den **gesetzlichen** Haftungsausschluss nach § 439 BGB kann der Verkäufer dem Käufer schon deswegen nicht entgegenhalten, weil das Fehlen des Eigentums keinen ,,Mangel im Recht" begründet.[98] Weiß der Käufer, dass der Verkäufer ein ihm nicht gehörendes Auto verkauft, so kann er aus dem Fehlschlagen der Übereignung grundsätzlich keine Rechte gegen den Verkäufer herleiten. Bei beiderseitiger Kenntnis ist der Vertrag sogar **nichtig** (§ 138 I BGB). Kenntnis schadet dem Käufer nicht, wenn der Verkäufer seine gesetzliche Verpflichtung zur Eigentumsverschaffung (§ 433 I BGB) ausnahmsweise durch eine ausdrückliche oder stillschweigende Garantieerklärung verstärkt hat. Das ist Auslegungssache. Der Kaufvertrag ist auch dann gem. § 138 I BGB nichtig, wenn die Beteiligten in Bezug auf die Tatsachen, die die **Sittenwidrigkeit** begründen, **grob fahrlässig** gehandelt haben. Ein solcher Fall ist Gegenstand der Entscheidung des BGH vom 9. 10. 1991.[99] Der Vertreter der Käuferin hatte grob fahrlässig gehandelt, weil er naheliegende Nachforschungen hinsichtlich der Berechtigung des Verkäufers unterlassen hatte. Die Klage des Käufers auf Rückzahlung des Kaufpreises konnte somit nicht auf §§ 440, 325 BGB gestützt werden. Auch § 812 I BGB schied wegen des Rückforderungsverbots des § 817 S. 2 BGB als Anspruchsgrundlage aus. Der Verkäufer war aber nach § 826 BGB zum Schadensersatz verpflichtet. Die auf Leichtfertigkeit beruhende Unkenntnis der Käuferin von der Herkunft des Fahrzeugs ließ weder die Sittenwidrigkeit des Vorgehens des Verkäufers noch die Ursächlichkeit für den eingetretenen

1542

---

94 Anders OLG Hamm 10. 1. 1975, NJW 1975, 2197 (Zeitpunkt der Herausgabe).
95 Urt. v. 28. 3. 1952.
96 Vgl. auch BGH 7. 5. 1997, NJW 1997, 3164.
97 BGH 7. 5. 1997, NJW 1997, 3164 = NZV 1997, 432.
98 *Knöpfle,* NJW 1991, 889; *ders.,* JA 1990, 215; anders die h. M.
99 NJW 1992, 310.

Schaden entfallen. Grobe Fahrlässigkeit auf Käuferseite wirkte sich auch nicht über § 254 BGB anspruchsmindernd aus. Auch das den Bereicherungsanspruch ausschließende Rückforderungsverbot des § 817 S. 2 BGB konnte den Schadensersatzanspruch aus § 826 BGB nicht zu Fall bringen.

1543 Ein **vertraglicher** Ausschluss der Haftung für die Nichterfüllung der Eigentumsverschaffungspflicht ist im Gebrauchtwagenhandel ungewöhnlich. Die Klausel „ohne jede Gewähr" erfasst zwar ihrem Wortlaut nach auch Rechtsmängel. Doch abgesehen davon, dass es hier richtigerweise nicht um einen Rechtsmangel geht,[100] sind die üblichen Freizeichnungsklauseln auf Sachmängel beschränkt[101] (vgl. auch Rn 1946 ff.).

---

100 *Knöpfle*, NJW 1991, 889.
101 BGH 7. 5. 1997, NJW 1997, 3164 = NZV 1997, 432.

F. Rechtsmängelhaftung des Gebrauchtwagenverkäufers

Verglichen mit der Sachmängelgewährleistung, spielt die Haftung für Rechtsmängel (§§ 434, 440 BGB) beim Gebrauchtwagenkauf nur eine unbedeutende Rolle. Entsprechend spärlich ist das Entscheidungsmaterial. Klammert man die Fälle mit völlig fehlgeschlagener Eigentumsübertragung aus (zu dieser Fallgruppe vgl. Rn 1478 ff.), beschränkt sich die Rechtsmängelhaftung des Autoverkäufers auf einige wenige außergewöhnliche Sachverhalte. Die für den Grundstückskauf klassischen Fälle der Rechtsmängelhaftung aufgrund dinglicher oder quasidinglicher Belastungen zu Gunsten privater Dritter sind dem Kraftfahrzeughandel aus naheliegenden Gründen fremd. Der Verkauf eines italienischen Sportwagens mit einer in Italien wirksam bestellten „**Autohypothek**" ist eine fast exotisch anmutende Ausnahme.[1]

1544

Als Gegenstand eines rechtsgeschäftlich bestellten **Pfandrechts** (§ 1204 BGB) hat das Kraftfahrzeug längst abgedankt. **Sicherungseigentum** hat das Pfandrecht verdrängt. Zur Rechtslage beim Kauf sicherungsübereigneter Kraftfahrzeuge vgl. BGH NJW 1985, 376 – Lkw.

1545

Rechte Dritter im Sinne von § 434 BGB können auch **öffentlich-rechtlicher Natur** sein. Darüber herrscht im Grundsatz kein Streit.[2] Inwieweit Eigentumsbeschränkungen auf öffentlich-rechtlicher Grundlage die Rechtsmängelhaftung nach §§ 434, 440 BGB zu begründen geeignet sind, ist in der Praxis weitgehend geklärt. Störungen aus dem Grenzbereich zwischen Rechtsmängel- und Sachmängelhaftung hat die Rechtsprechung mit freilich nicht immer ganz einleuchtenden Differenzierungen im Zweifel den §§ 459 ff. BGB zugeordnet.[3] Ursächlich für diese Ausdehnung der Sachmängelhaftung ist vor allem der weite (subjektiv-konkrete) Fehlerbegriff des Sachmängelrechts. Laut BGH erfasst er auch solche Eigentümlichkeiten, „die in . . . rechtlichen Beziehungen der Sache zur Umwelt begründet sind, wenn diese nach der Verkehrsanschauung für die Brauchbarkeit oder den Wert der Sache von Bedeutung sind".[4] Mit solchen Formeln, bisweilen ergänzt durch so vage Kriterien wie Unmittelbarkeit und Sachbezogenheit, hat der BGH auch auf dem Kfz-Sektor verschiedentlich Störungen, die mit einer Beeinträchtigung der Sachsubstanz nichts zu tun hatten, als Sachmängel qualifiziert, z. B. das Fehlen der Betriebserlaubnis. Dazu und zu weiteren Fällen öffentlich-rechtlicher **Zulassungs- und Benutzungshindernisse** s. Rn 1617 f. Den Sonderfall des Erwerbs eines behördlich **beschlagnahmten** Kfz behandelt OLG München NJW 1982, 2330.[5] Zur Rechtslage beim Kauf eines Fahrzeugs, das nach Übergabe wegen des Verdachts des Diebstahls beschlagnahmt worden ist, s. BGH NJW 1997, 3164 = NZV 1997, 432. Wurde von dem Verkäufer oder einem früheren Besitzer ein gestohlenes Teil, z. B. der Motor, in das Fahrzeug eingebaut, so ist § 947 BGB zu beachten. Serienmäßige Motoren, auch Austauschmotoren, sind keine wesentlichen Bestandteile.[6] Vorrang vor § 947 BGB hat der Verarbeitungstatbestand des § 950 BGB. Ein Fall der Verarbeitung mit Herstellung einer neuen Sache liegt vor, wenn ein (gestohlener) Motorblock zu einem Komplettmotor ergänzt wird.[7]

1546

---

1 BGH 11. 3. 1991, NJW 1991, 1415.
2 *Soergel/Huber,* § 434 Rn 5, 31.
3 Zur Abgrenzung vgl. BGH 5. 12. 1990, NJW 1991, 915, 916 unter 2a; BGH 24. 10. 1997, WM 1998, 79; *Grunewald,* S. 18 ff.
4 Urt. v. 24. 10. 1997, WM 1998, 79.
5 Vgl. auch LG Bonn 23. 11. 1976, NJW 1977, 1822.
6 *Palandt/Heinrichs,* § 93 Rn 7 m. w. N.
7 BGH 22. 5. 1995, NJW 1995, 2633 = NZV 1995, 394.

G. Die Sachmängelhaftung beim Gebrauchtwagenkauf

I. Fehlerhaftigkeit nach § 459 Abs. 1 BGB

1547　Gebrauchtwagenkauf ist – anders als der Kauf eines fabrikneuen Fahrzeugs – in der Regel **Stückkauf.** Den bestellten Kraftwagen zu liefern ist eine **Speziesschuld.** Dies hat nach der sogenannten **Gewährschaftstheorie**[1] zur Folge, dass der Käufer keinen Anspruch auf Lieferung eines mängelfreien Fahrzeugs hat. Es ist so zu liefern, wie es tatsächlich ist. Das Gesetz gibt dem Käufer einer Speziessache weder einen Nachlieferungs- noch einen Nachbesserungsanspruch. Im Ergebnis sehen die Vertreter der **Nichterfüllungstheorie**[2] dies nicht anders. Dieser Theorie ist der Vorzug zu geben. Auch der BGH scheint ihr zu folgen, denn er spricht in einem Gebrauchtwagenfall mit Selbstverständlichkeit von der „Verkäuferpflicht ... einen Pkw mit intaktem Motor zu liefern".[3]

1548　Abgesehen von den Sondertatbeständen des § 463 BGB, hat der Käufer eines Gebrauchtwagens im Rahmen der Sachmängelhaftung nur Anspruch auf Wandlung oder Minderung, und dies auch nur unter zwei Voraussetzungen: Das Fahrzeug ist entweder **fehlerhaft** im Sinne des § 459 I BGB oder es fehlt ihm eine **zugesicherte Eigenschaft** (§ 459 II BGB).

1549　In Gebrauchtwagenprozessen, zumal mit Händlerbeteiligung, hat sich zwar der **Schwerpunkt** auf § 459 II BGB verlagert. Seit Mitte der siebziger Jahre leidet der „Grundtatbestand" des § 459 I BGB aus einer Reihe von Gründen an Auszehrung.[4] Gleichwohl soll – entsprechend der Systematik des Gesetzes – zunächst die Frage behandelt werden, wann ein Gebrauchtfahrzeug fehlerhaft im Sinne des § 459 I BGB ist. Für das **private Direktgeschäft** ist diese Frage auch heute noch von zentraler Bedeutung. Zusicherungen im Sinne von § 459 II BGB sind bei diesem Geschäftstyp (Marktanteil ca. 50%)[5] die Ausnahme.

1550　Auch für den objektiven Tatbestand der die Gerichtspraxis beherrschenden **Arglistfälle** kommt es auf die Fehlerhaftigkeit im Sinne des § 459 I BGB an, sei es, dass es um die Haftung aus § 463 S. 2 BGB geht (arglistiges Verschweigen eines Fehlers), sei es, dass die Wirksamkeit einer Haftungsfreizeichnung (§ 476 BGB) oder die Alternative kurze/lange Verjährung (§ 477 BGB) zur Diskussion steht. Schließlich hat der Fehlerbegriff wichtige **Abgrenzungsfunktionen,** und zwar in dreifacher Hinsicht: einmal mit Blick auf die komplementäre Zusicherungshaftung aus §§ 459 II, 463 S. 1 BGB, die – anders als die Haftung für „einfache" Fehler – formularmäßig nicht abbedungen werden kann, ein in Gebrauchtwagensachen ganz entscheidender Aspekt. Abzugrenzen sind darüber hinaus Sach- und Rechtsmängel.[6] Zum Dritten ist der Fehlerbegriff von besonderem Interesse bei der Lösung heikler Konkurrenzfragen, insbesondere im Verhältnis zwischen den §§ 459 ff. BGB und der allgemeinen Fahrlässigkeitshaftung aus culpa in contrahendo und positiver Vertragsverletzung (dazu Rn 2091 ff.).

Auf allen drei Feldern waren es Gebrauchtwagenfälle, die die Rechtsentwicklung wesentlich vorangetrieben haben. Gewiss: Manche Urteile mögen dogmatisch und methodisch anfechtbar, einige Differenzierungen und Nuancierungen nicht immer einleuchtend sein. Mit der Kritik aus der Rechtswissenschaft, im Kaufrecht mitunter selbst heillos zerstritten, können die Gerichte jedoch so lange gut leben, wie ihre Wertungsergebnisse eine breite Zustimmung finden.

---

1 Hauptvertreter in der neueren Literatur: *Larenz,* SchuldR II/1, § 41 II, e.
2 Dazu *Soergel/Huber,* vor § 459 Rn 151 ff.
3 Urt. v. 26. 1. 1983, NJW 1983, 1424, 1425.
4 Dazu Rn 1648 ff.
5 Einzelheiten zum privaten Direktgeschäft unter Rn 1304 ff.
6 Zur Rechtsmängelhaftung vgl. Rn 1544 ff.

Abgesehen von dem weitverbreiteten Vorurteil gegen Gebrauchtwagenhändler, haben **drei** **1551** **Gesichtspunkte** die Rechtsprechung zum Gebrauchtwagenkauf geprägt: die vermeintliche Härte des formularmäßigen Gewährleistungsausschlusses, die oft als unbefriedigend empfundene Verjährungsregelung und nicht zuletzt der allgemeine Verbraucherschutzgedanke bzw. dessen Korrelat, die sogenannte Berufshaftung. Viel stärker als alle dogmatischen Kriterien und begrifflichen Feinheiten bestimmen diese Gesichtspunkte auch die Entscheidung darüber, was als Fehler im Sinne von § 459 I BGB anzusehen ist und was nicht. De facto hat sich für den Bereich des Gebrauchtwagenkaufs ein spezieller Begriff des Sachmangels herausgebildet.

1. Der kaufrechtliche Fehlerbegriff

Ein Fehler im Sinne des § 459 I BGB, so die **Standardformel,** liegt vor, wenn die **1552** **Istbeschaffenheit** der Sache in einer dem Käufer ungünstigen Weise von der **Sollbeschaffenheit** abweicht.[7] Darüber herrscht im **Ausgangspunkt** Einigkeit. Auch die Vertreter des rein objektiven Fehlerbegriffs stellen einen Vergleich an zwischen Sein und Sollen. Die Geister scheiden sich, wenn es darum geht, die Sollbeschaffenheit näher zu bestimmen. Dieses Kriterium ist Gegenstand eines fortdauernden Theorienstreits.[8] Die heute h. M. vertritt den **subjektiv-objektiven Fehlerbegriff.**[9] Er besagt, dass es auf den (objektiven) Maßstab der **Normalbeschaffenheit** erst ankommt, wenn und insoweit die Vertragsparteien über die Beschaffenheit oder Zweckeignung der Sache keine Vereinbarung getroffen haben. Objektive Kriterien werden also nur ,,ergänzend" herangezogen.[10]

Der **BGH** hat sich aus dem Streit um den Fehlerbegriff bislang herausgehalten. Beim **1553** Gebrauchtwagenkauf lässt er – wie auch sonst[11] – eine Neigung zum ,,subjektiven Fehlerbegriff" erkennen.[12] In einer Entscheidung vom 22. 6. 1983[13] gibt er folgende Definition:

,,Ein Fehler im Sinne des § 459 I BGB ist gegeben, wenn der tatsächliche Zustand der Kaufsache von dem Zustand abweicht, den die Vertragsparteien bei Vertragsschluss gemeinsam vorausgesetzt haben, und diese Abweichung den Wert der Kaufsache oder ihre Eignung zum vertraglich vorausgesetzten Gebrauch herabsetzt oder aufhebt."

Entscheidend kommt es darauf an, so der BGH in diesem Gebrauchtwagenurteil weiter, **,,als was"** die Sache verkauft worden ist. Die in der Vertragsurkunde enthaltene Bezeichnung ist allerdings unmaßgeblich, wenn sie mit dem ,,vertraglich vorausgesetzten Zweck" des Kaufs unvereinbar ist.[14] Auch wenn die Formulierungen des BGH uneinheitlich sind,[15] so ist doch eines klar: Vorrangig knüpft er an den **Vertragsinhalt** an. Geprüft wird, ob eine **,,Beschaffenheitsvereinbarung"** getroffen worden ist.[16]

Einseitige Absichten, Erwartungen und Vorstellungen des Käufers sind irrelevant. Die **1554** Notwendigkeit einer zumindest stillschweigenden **Willenseinigung**[17] wird in der Rechtsprechung indessen nicht immer deutlich. Einfallstor für vertraglich ungebundene Elemente sind

---

7 Statt aller *Medicus,* Rn 324.
8 Vgl. *Soergel/Huber,* vor § 459 Rn 20 ff.
9 In der Sache besteht zwischen dem rein subjektiven und dem subjektiv-objektiven Fehlerbegriff kein Unterschied, vgl. *Soergel/Huber,* vor § 459 Rn 29 ff.
10 In diesem Sinn z. B. *Walter,* S. 143.
11 Urt. v. 24. 10. 1997, WM 1998, 79 – Grundstückskauf.
12 So *Paulusch,* WM 1986, Sonderbeilage Nr. 10, S. 35; anders die Einschätzung *Knöpfles,* S. 23 unter Fn. 19; wie *Paulusch* schon *Hiddemann,* WM 1982, Sonderbeilage Nr. 5, S. 28.
13 NJW 1983, 2242 – Verkauf eines Unfallwagens; ähnlich BGH 23. 11. 1994, NJW-RR 1995, 364 – Mobilbagger.
14 Vgl. BGH (V. ZS) 20. 3. 1987, NJW 1987, 2511; dazu *Knöpfle,* JuS 1988, 767.
15 In neueren Entscheidungen sind seine Definitionen auffallend knapp, vgl. z. B. Urt. v. 26. 4. 1989, NJW 1989, 2118; Urt. v. 31. 5. 1989, WM 1989, 1145; Urt. v. 5. 12. 1990, NJW 1991, 915.
16 BGH 17. 4. 1996, NJW 1996, 2235.
17 Dazu BGH 23. 11. 1994, NJW-RR 1995, 364; BGH 28. 3. 1984, NJW 1984, 2289.

insbesondere die Formulierungen, die den vieldeutigen Begriff der „Voraussetzung" enthalten („vertraglich vorausgesetzte Beschaffenheit", „vertraglich vorausgesetzter Gebrauch", „vertraglich vorausgesetzter Zweck des Kaufs"). Auch Obergerichten unterlaufen hier immer wieder Fehler, wie z. B. BGH NJW-RR 1995, 364 zeigt (Kauf eines neuen „Mobilbaggers").

1555 Festzuhalten und kritisch anzumerken bleibt: Das Gesetz kennt beim Kauf gebrauchter Sachen keinen besonderen Fehlerbegriff. Die Rechtsprechung wendet mal die eine, mal die andere Version des subjektiv-objektiven Fehlerbegriffs an. Die Extrempositionen – rein subjektiver und rein objektiver Fehlerbegriff – werden zumindest implizit abgelehnt. Das Lavieren zwischen den Polen mag, dogmatisch gesehen, beklagenswert sein, etwas mehr begriffliche Schärfe sicherlich wünschenswert. Aufs Ganze gesehen führt der mittlere Weg der Judikatur aber zu einer sachgerechten Risikoverteilung. Zu eng ist freilich die „Als-was-Formel" des BGH.[18] Hilfreich ist sie nur beim Kauf eines bestimmten Typs (Klasse) von Gebrauchtwagen („Bastlerfahrzeug", „Wagen zum Ausschlachten", „Unfallwagen", „Jahreswagen" oder „Oldtimer").[19] Beim Kauf eines „normalen" Gebrauchtfahrzeugs vom Autohändler hat der extrem weite Zusicherungsbegriff der Rechtsprechung (dazu ausführlich unter Rn 1648 ff.) zur Folge, dass für § 459 I BGB praktisch nur noch der Fall „Abweichung von der Normalbeschaffenheit" übrig bleibt. **De facto** wendet die Rechtsprechung im Bereich des § 459 I BGB den **objektiven Fehlerbegriff** an.

2. Zur Fehlerhaftigkeit im Einzelnen

a) Technische Mängel (Qualitätsmängel)

1556 Während technische Mängel an einem fabrikneuen Kraftfahrzeug meist ohne große Schwierigkeiten unter § 459 I BGB subsumiert werden können, stellt sich beim Gebrauchtwagenkauf die Frage, wie bestimmte Sachverhalte aus der Vorgeschichte des Fahrzeugs rechtlich zu bewerten sind, insbesondere **Verschleiß, Abnutzung und Alterung.** Wie aus den nachfolgenden Fallbeispielen deutlich wird, hat vor allem die **ältere Rechtsprechung** in zahlreichen Fällen zu schnell und ohne die notwendige Differenzierung auf das Vorhandensein eines Fehlers im Rechtssinn geschlossen. Technische Mängel an einem Gebrauchtwagen sind nicht schon dann Fehler im Sinne des § 459 I BGB, wenn sie die Zulassung oder die Erteilung der Plakette nach § 29 StVZO („TÜV") erschweren oder unmöglich machen.[20] Diese Erkenntnis setzt sich auch in der **neueren Rechtsprechung** immer mehr durch. Sie ist das Ergebnis einer den **Besonderheiten des Gebrauchtwagenkaufs** stärker Rechnung tragenden Bewertung.

aa) Einzelfälle aus der Rechtsprechung zur technischen Mangelhaftigkeit (ohne Rost, dazu siehe Rn 1559/1560):

1557 Fehler ja:
- Starker Ölverlust, Abnutzung der Bremsbeläge, Lenkungsspiel, Getriebeschaden bei 5 Jahre altem VW-Käfer, Laufleistung 66 000, Kaufpreis 2200 DM, OLG Köln 9. 1. 1973, NJW 1973, 903.
- Verschleißbedingter Getriebeschaden bei 6 Jahre altem Porsche 928, 58 000 km, OLG Köln v. 15. 10. 1986, 16 U 7/86, n. v.
- Risse und Anrisse im Zylinderkopf, die auf eine Motorüberhitzung infolge eines undichten Kühlsystems zurückzuführen sind: kein normaler Verschleiß bei einem 8 Jahre alten BMW, 138 000 km, OLG Schleswig v. 8. 9. 1982, MDR 1983, 54; siehe auch OLG Hamm v. 5. 5. 1992, 19 U 233/91, n. v.
- Extremer Verschleiß des 4. Zylinders eines 75-PS-Motors eines Ford Sierra = „gravierender Mangel" im Sinne einer Rückgabevereinbarung (OLG Hamm v. 18. 9. 1992, OLGR 1992, 353).

---

18 Z. B. im Urt. v. 22. 6. 1983, NJW 1983, 2242 (Unfallwagen).
19 Zum Kriterium des Verkaufs „als etwas" kritisch *Knöpfle*, S. 17 ff.; s. auch OLG Nürnberg 28. 11. 1991, NZV 1992, 441 („Unfallauto").
20 So aber *Palandt/Putzo*, § 459 Rn 27; irreführend die Einschätzung der Rechtsprechung durch *Walter*, S. 150.

Fehlerhaftigkeit nach § 459 Abs. 1 BGB Rn 1558

- Überalterte Hinterreifen eines Porsche 911, LG Köln v. 26. 8. 1994, 21 O 91/94, n. v.
- Lagerschaden bei einem 10 Jahre alten Daimler-Benz 250 S, 140 000 km, als Folge Fahrens mit zu niedrigem Öldruck. Laut OLG Köln ist nicht der Lagerschaden, sondern der unzureichende Öldruck ein Sachmangel (Urt. v. 27. 1. 1978, 20 U 135/77, n. v.).
- Defekt am Getriebe (3. Gang nicht schaltbar wegen Abnutzung der Einrückmechanik) bei einem VW 1302, Kaufpreis 3600 DM (Reparaturkosten 716,– DM), AG Köln v. 23. 6. 1978, 116 C 3128/77, n. v.
- Risse im linken Rahmenlängsträger bei einem als Taxi genutzten Daimler-Benz, LG Köln v. 24. 1. 1979, 9 S 161/78, n. v.
- Ausgeschlagene Achsschenkel bei einem 14 Jahre alten VW 1200, Kaufpreis 1000,– DM; ein die Verkehrssicherheit beeinträchtigender Verschleißmangel, der zur Minderung berechtigt, AG Köln v. 9. 1. 1980, 129 C 1638/78, n. v.
- Völlige Abnutzung der Bremsklötze bei einem Jaguar XJ6, 82 000 km, 15 000,– DM; keine Verschleißerscheinung, sondern (versteckter) Mangel gem. § 459 I BGB, anders bei defekter Handbremse und erneuerungsbedürftigem Radlager (Reparaturkosten insoweit: 412,– DM), OLG Köln v. 6. 5. 1982, 1 U 88/81, n. v.
- Um das 9- bis 10fache über dem vom Hersteller angegebenen Maximalwert liegender Ölverbrauch (Ursache: Fahrzeugalter und Verschleiß), LG Mosbach 2. 12. 1986, DAR 1987, 152.
- Ausrüstung eines Pkw mit einem Zahnriemen, für den das vom Werk vorgeschriebene Wechselintervall längst überschritten war (OLG Köln 17. 11. 1989, 20 U 65/89; abw. OLG Köln 21. 10. 1996, VersR 1997, 1019).

Fehler nein: 1558

- Extremer Verschleiß an Zylindern und Kolben bei einem 8 Jahre alten, 135 000 km gelaufenen Daimler-Benz 200 D; HansOLG v. 7. 12. 1981, MDR 1982, 406.
- Stark ausgeschlagene Achsseiten und Unwucht in den Vorderrädern bei einem 8 Jahre alten Daimler-Benz 300 SEL, km-Stand 117 000, Kaufpreis 7900,– DM; LG Köln v. 31. 3. 1980, 16 O 349/79, n. v.
- Defekte Auspuffanlage, loser Tank, ausgeschliffene Bremsscheiben bei einem 7 Jahre alten, 110 000 km gelaufenen Citroën ID 20; Kaufpreis 2300,– DM; LG Saarbrücken v. 14. 2. 1980, 2 S 410/78, n. v.
- Unzureichende Kompression auf 2 Zylindern bei einem ca. 182 000 km gelaufenen Daimler-Benz 200 D, der als Mietwagen benutzt worden war, LG Köln v. 14. 11. 1979, 13 S 170/79, n. v.
- Durchrutschen des automatischen Getriebes bei einer bestimmten Drehzahl (Reparaturkosten 994,– DM) bei einem 5 Jahre alten, 125 000 km gelaufenen Audi 100, Kaufpreis 4800,– DM, LG Düsseldorf v. 11. 7. 1979, 23 S 81/79, n. v., mit grundsätzlichen Ausführungen zur Fehlerhaftigkeit eines Gebrauchtwagens.
- Kurbellagerdefekt bei einem 9 Jahre alten Daimler-Benz 220/8, 80 000 km gelaufen; AG Köln v. 28. 12. 1978, 118 C 3521/78, n. v.
- Unzureichende Kompressionswerte bei einem 173 000 km gelaufenen Daimler-Benz 200 D; Kaufpreis 6700,– DM; LG Köln v. 23. 11. 1978, 6 O 298/78, n. v.
- Lagerschaden bei einem Daimler-Benz 280 SE; über 200 000 km, 800,– DM; AG Köln v. 26. 3. 1981, 115 C 753/80, n. v.
- Funktionsunfähigkeit des Motors aufgrund Zylinderverschleißes bei einem 8 Jahre alten, 230 000 km gelaufenen Daimler-Benz, OLG Koblenz 8. 10. 1985, MDR 1986, 316.
- Abnutzungserscheinungen an Bremsen, Lenkung, Stoßdämpfern und Rost an Auspuffanlage bei einem 13 Jahre alten, 119 000 km gelaufenen Pkw (Kaufpreis = 6% vom Neupreis!), LG Düsseldorf 28. 10. 1983, DAR 1984, 118.
- Funktionsunfähigkeit des Motors wegen „hohen Verschleißes", LG Arnsberg 25. 4. 1988, NZV 1988, 68.
- Funktionsunfähigkeit des Motors eines über 13 Jahre alten Peugeot 304, OLG Schleswig 27. 9. 1988, DAR 1989, 147.
- Motorschaden bei 14 Jahre altem Opel Admiral 2.8 E, 150 000 km gelaufen, LG Köln 16. 1. 1991, DAR 1991, 224.
- Eingelaufene Nockenwelle bei 10 Jahre altem Chevrolet Malibu, LG Kassel 31. 8. 1990, 2 S 388/90 (SP 1992, 62).
- Unzulängliche Ölfilter, Stoßdämpfer, Scheibenwischer, Reifen und Auspuff bei einem 9 Jahre alten Renault Fuego, AG Homburg 21. 3. 1991, ZfS 1992, 50.

Rn 1559, 1560   Die Sachmängelhaftung beim Gebrauchtwagenkauf

- Unzureichende Kompression bei einem Golf Diesel, 127 000 km gelaufen, AG Bremerhaven v. 17. 7. 1991, 53 C 358/91, n. v.
- Überdurchschnittlich hoher Ölverbrauch infolge verschleißbedingter Motorschäden bei 116 000 km gelaufenem Fiat Panda, AG Mainz v. 2. 6. 1992, ZfS 1992, 267.
- Getriebeschäden bei einem 12 Jahre alten AMC-Jeep, Laufleistung 83 000 Meilen, OLG Celle v. 28. 10. 1993, OLGR 1994, 65.
- Defekte an den Bremsen, Radzylindern und Stoßdämpfern bei einem fast 28 Jahre alten, 60 000 bis 70 000 km gelaufenen Nutzfahrzeug (Unimog), LG Duisburg 21. 6. 1991, 4 S 15/91, n. v.
- Lagerverschleiß bei einem ca. 12 Jahre alten Geländewagen (Laufleistung ca. 130 000 km), OLG Koblenz VRS 89, 336 = BB 1995, 2133.
- Schäden an Bremse, Lenkung und Karosserie bei einem 15 Jahre alten, ca. 110 000 km gelaufenen Geländewagen, OLG Celle 7. 6. 1996, OLGR 1996, 194.
- Motorschaden infolge schadhaften, möglicherweise nicht rechtzeitig gewechselten Zahnriemens (OLG Köln 21. 10. 1996, VersR 1997, 1019; abw. OLG Köln 17. 11. 1989, 20 U 65/89, n. v.).

Hauptursache für Sicherheitsmängel und Wertverlust war bis in die achtziger Jahre hinein die **Korrosion**. Dementsprechend umfangreich ist die Kasuistik zum Thema „**Rost beim Gebrauchtwagenkauf**". Inzwischen hat diese Thematik dank verbesserten Korrosinsschutzes an Bedeutung verloren.

1559   **Fehler ja:**
- Gravierende Korrosions- und Durchrostungsschäden an tragenden Teilen eines 15 Jahre alten Daimler-Benz 230 SL, der kurz vor dem Verkauf noch TÜV-abgenommen worden war, den ein Privatgutachter aber nicht als betriebs- und verkehrssicher bezeichnet hat, OLG Köln Urt. v. 7. 8. 1980, ZfS 1980, 306.
- Durchrostung des Karosseriebodens, des linken hinteren Rahmenträgers sowie eines Radkastens, Löcher in den vorderen Radlaufblechen bei einem 9 Jahre alten Daimler-Benz 220 D/8 sind nach OLG Köln (Urt. v. 21. 12. 1978, DAR 1979, 286) offenbarungspflichtige Mängel.
- Durchrostungen an Rahmen und Aufbau bei einem Fahrzeug mit einem objektiven Wert von 600,- DM hat das OLG München (Urt. v. 10. 5. 1971, DAR 1972, 239) als so schweren Mangel gewertet, dass der Käufer wegen Wegfalls der Geschäftsgrundlage vom Vertrag zurücktreten durfte. Die Reparaturkosten hätten ca. 500,- DM betragen.
- Durchrostungen an den Einstiegsleisten bei einem 10 Jahre alten, 134 000 km gelaufenen VW 1200 begründen eine Gewährleistungspflicht, AG Bergisch Gladbach v. 18. 8. 1978, 16 C 1233/77, n. v.
- An einem für 2750,- DM gekauften Pkw brach einige Tage nach Übergabe der Unterboden durch, weil er völlig durchgerostet war. Das LG Augsburg hat in diesem Schaden einen so schwerwiegenden Fehler gesehen, dass es den vereinbarten Gewährleistungsausschluss für unwirksam hielt (Urt. v. 17. 5. 1977, NJW 1977, 1534 mit Anm. *Eggert* NJW 1977, 2267).
- Durchrostung des gesamten Unterbodens eines 7 Jahre alten Matra-Rancho, Kaufpreis 2220,- DM, LG Köln 24. 6. 1987, 26 S 389/86, n. v.
- Durchrostungen im Bereich des Unterbodens und der Schweller bei einem 180 000 km gelaufenen VW Golf GTI (keine Verkehrssicherheit mehr), AG Köln 14. 2. 1989, 117 C 342/87, n. v. (Besonderheit: Fz. sollte bis zur Übergabe „fertiggemacht" werden).
- Durchrostung an tragenden Teilen, AG Nienburg 30. 6. 1993, ZfS 1993, 304.
- Erhebliche Korrosionsschäden an der Auspuffanlage eines 12 Jahre alten DB 308 SE, Reparaturaufwand 1900,- DM (OLG Celle 20. 10. 1994, OLGR 1994, 329 mit der – zweifelhaften – Begründung, das Fahrzeug sei nicht mehr „zulassungsfähig" gewesen).
- Die Verkehrssicherheit aufhebende Durchrostungen an einem über 20 Jahre alten VW Cabrio (OLG Hamm OLGR 1995, 100 = ZfS 1995, 176).
- Korrosion am Rahmen, Längs- und Querstreben eines Oldtimer-Motorrades (Baujahr 1924), OLG Köln VersR 1998, 511 = OLGR 1997, 331.

1560   **Fehler nein:**
- An- und Durchrostungen des Unterbodens bei einem 8 Jahre alten Mercedes 220 D/8, Gesamtfahrleistung ca. 177 000 km, hält der BGH für normale Alterserscheinungen. Um die allgemeine Gefahr derartiger Zustandsverschlechterungen wisse der Käufer ebenso wie der Verkäufer (Urt. v. 21. 1. 1981, NJW 1981, 928 = DAR 1981, 115). Anders als in dem Fall BGH NJW 1979, 1707 konnte eine dem Händler bekannte überdurchschnittliche Rostanfälligkeit nicht festgestellt werden.

Fehlerhaftigkeit nach § 459 Abs. 1 BGB

- Kauf eines knapp zwei Jahre alten, ca. 30 000 km gelaufenen Renault 4 Export zum Preis von 2300,- DM. Das Bodenblech (Unterboden) war so stark durchgerostet, dass es erneuerungsbedürftig war (Instandsetzungskosten ca. 600,- DM). Das OLG Köln hat die Wandlungsklage mit der Begründung abgewiesen, ein solcher Schaden sei bei diesem Fahrzeug nicht ungewöhnlich. Die Vermutung, dass die Durchrostung die normale Folge der intensiven Nutzung sei, habe der Käufer nicht widerlegt (Urt. v. 21. 10. 1975, 9 U 48/75, n. v.).
- Kauf eines 2 Jahre alten Lancia Beta vom Händler. Das Wandlungsbegehren wies das OLG Hamm (Urt. v. 16. 1. 1981, MDR 1981, 580) mit folgenden Sätzen zurück: „In gewissem Rahmen hat jeder Käufer mit Rost am Fahrzeug zu rechnen. Die Rostanfälligkeit ist schon deshalb kein offenbarungspflichtiger Mangel, weil es graduelle Unterschiede der Rostanfälligkeit bei den Fahrzeugen gibt. Es kann aber nicht Sache des Verkäufers von Gebrauchtwagen sein, auf derartig allgemeine graduelle Unterschiede hinzuweisen. Hier ist es schon Sache des Kunden, sich um die allgemeinen Eigenschaften eines bestimmten Pkw-Typs zu kümmern."
- Beide vorderen Innenkotflügel total weggerostet (Außenkotflügel einwandfrei), Rostansatz an Scheinwerferspiegel, Rostloch in hinterer Ladefläche, Wagenheberaufnahme infolge Durchrostung unbrauchbar, verschiedene kleinere Rostlöcher am Karosserieboden; OLG Hamm v. 3. 7. 1986, 23 U 35/86, n. v. (6 Jahre alter Matra-Rancho).
- Durchrostungen am Unterboden eines 9 Jahre alten, 120 000 km gelaufenen Porsche 912 stellen nach Auffassung des OLG Köln keinen Mangel im Sinne des § 453 I BGB dar (Urt. v. 29. 10. 1976, 4 U 26/76, n. v., a. A. LG Köln v. 4. 12. 1975, VersR 1977, 48).
- Korrosionsschäden am Kofferraumboden, am Radkasten, am Einstiegsholm, am Bodenblech und vorderen Kotflügel sind für das LG Köln bei einem über 8 Jahre alten Daimler-Benz 200 SEL, km-Stand 117 000, typische Alterserscheinungen, für die der Verkäufer nicht einzustehen hat (Urt. v. 31. 3. 1980, 16 O 349/79, n. v.).
- Durchrostung im Bereich des Fahrersitzes und an den Einstiegsschwellern bei einem 7,5 Jahre alten VW-Cabrio, km-Stand 120 000, OLG Düsseldorf 27. 4. 1983, 24 U 63/83, n. v.
- Durchrostung des Bodenblechs eines 13 Jahre alten VW-Cabrios, OLG Karlsruhe 16. 12. 1987, NJW-RR 1988, 1138 = DAR 1988, 162.
- „Gravierende Korrosions- und Durchrostungsschäden" an tragenden Teilen eines über 13 Jahre alten offenen Peugeot 304, Kaufpreis 4400,- DM, OLG Schleswig 27. 9. 1988, DAR 1989, 147.
- Starke Korrosionsschäden am Rahmen eines 17 Jahre alten VW-Cabrios, OLG Köln 8. 4. 1992, NJW 1993, 271 = DAR 1992, 379.
- Starke Unterrostungen an der gesamten Karosserie, durchgerostete Stellen an den Einstiegsschwellern, Durchrostungen an der Reserveradmulde, des Fußbodens an der Beifahrerseite und Rost an der gesamten Bodengruppe bei 16 Jahre altem Pkw Daimler-Benz, Kaufpreis 8900,- DM; kein „gravierender Mangel" im Sinne einer Gewährleistungsabrede, OLG Frankfurt 30. 6. 1989, DAR 1989, 463 m. Anm. *Knipfer*.
- Gebrauchsspuren und Abnutzungen bei einem ca. 7 Jahre alten, 127 000 km gelaufenen BMW 524 TD (OLG Köln 19. 2. 1998, OLGR 1998, 170).

bb) Leitlinien und Tendenzen der Rechtsprechung unter besonderer Berücksichtigung des Verschleißmängelproblems

Wie die obige Entscheidungssammlung zeigt, haben sich die Gerichte in zahlreichen Fällen, insbesondere bei Korrosionsschäden, allzu stark an den einseitigen Erwartungen des Käufers orientiert. Technische Mängel wurden häufig mit Mängeln im Rechtssinn ohne weiteres gleichgesetzt. Mit der Bagatellklausel in § 459 I, 2 BGB stand zwar ein Korrektiv zur Verfügung. Die gebotene Korrektur ist jedoch oftmals unterblieben. Im Anwendungsbereich des § 463 S. 2 BGB wird bisweilen ganz bewusst darauf verzichtet. Ob auch ein unerheblicher Fehler, wird er verschwiegen, einen Schadensersatzanspruch aus § 463 S. 2 BGB begründen kann, ist umstritten.[21] Einer der Gründe für die Ausdehnung der Arglisthaf-

---

[21] Bejahend OLG Köln (2. ZS) 26. 2. 1986, NJW-RR 1986, 988 = OLGZ 1987, 439; anders und richtig OLG Köln 26. 2. 1986, 24 U 192/85, n. v.; OLG Schleswig 7. 2. 1985, AH 1985, 269; *Soergel/Huber,* § 463 Rn 22; offen gelassen von BGH 10. 7. 1963, LM Nr. 8 § 463; vgl. auch OLG Frankfurt 16. 10. 1979, BB 1980, 962; KG 23. 2. 1989, NJW-RR 1989, 972.

tung des Gebrauchtwagenverkäufers ist die mitunter großzügige Anwendung des Fehlerbegriffs.[22]

1562 Seit Anfang der achtziger Jahre streben die Gerichte schon bei der wertenden Festlegung der Sollbeschaffenheit eine ausgewogene Risikoverteilung an. Man setzt richtigerweise bereits beim Fehlerbegriff an. Gleich, welche Version man favorisiert: Das Risiko für **normale Verschleiß-, Abnutzungs- und Alterungserscheinungen** wird dem Käufer auferlegt, sofern es an einer abweichenden Vereinbarung fehlt. Für die **heutige Rechtsprechung** kann folgende Argumentation als **repräsentativ** angesehen werden:

> „Beim Gebrauchtwagenkauf ist die Frage nach der Grenze der normalen Beschaffenheit und der normalen Zweckeignung nach den jeweiligen Besonderheiten des Einzelfalls zu beantworten. Dabei ist davon auszugehen, dass aufgrund des Gebrauchs und des Alterungsprozesses Abnutzungs- und Verschleißerscheinungen unvermeidlich sind. Gehen diese Erscheinungen nicht über das hinaus, was bei einem Fahrzeug des betreffenden Typs angesichts seines Alters und seiner Laufleistung normalerweise zu beobachten ist, so kann von einem Fehler i. S. von § 459 BGB nicht gesprochen werden. Normale Verschleiß-, Abnutzungs- und Alterungserscheinungen sind somit von vornherein aus dem Fehlerbegriff auszuklammern. Dies gilt unabhängig davon, welchen Einfluss solche Umstände auf die Funktionsfähigkeit und Gebrauchstauglichkeit des Fahrzeugs haben. Defekte, welche die Funktionsfähigkeit beeinträchtigen, sind nicht notwendigerweise Fehler i. S. des § 459 BGB" (OLG Karlsruhe 16. 12. 1987, NJW-RR 1988, 1138 = DAR 1988, 162).

1563 Solche und ähnliche Begründungen finden sich in einer Vielzahl neuerer Entscheidungen der Instanzgerichte.[23] Der **BGH** hat sich in dieser für die Praxis außerordentlich bedeutsamen Frage bislang zurückgehalten. Gelegenheit zu einem klärenden Wort bestand beispielsweise bei der Entscheidung vom 21. 4. 1982.[24] Total abgebremste Bremsbacken, undichte Bremszylinder, ausgeschlagene Vorderachslager und Lenkgetriebe hat der BGH bei einem 5 Jahre alten Pkw mit einer Laufleistung von 97 000 km für **„Verschleißmängel"** gehalten, für die eine Haftung des privaten Inzahlunggebers (!) jedenfalls „stillschweigend" ausgeschlossen sei. Die Vorinstanz, das Kammergericht, hatte in diesen „Verschleißmängeln" erhebliche Fehler im Sinne von § 459 I BGB gesehen. Der BGH hat Zweifel an der Richtigkeit dieser Wertung angemeldet und ausdrücklich auf die Problematik der Fehlerabgrenzung beim Gebrauchtwagenkauf hingewiesen. Anhand welcher Kriterien abzugrenzen ist, hat er bis heute offen gelassen. Unklar ist auch die Bewertung von mängelbedingtem Verschleiß als Gegensatz zu natürlichem Verschleiß. Schwierigkeiten macht ferner die Behandlung natürlicher Verschleißerscheinungen, die, wie z. B. abgefahrene Bremsbeläge, **sicherheitsrelevant** sind. Lösungsbedürftig ist schließlich das Problem **„Verschleiß/Verschleißfolgeschaden"**. Dass das Verschleißrisiko zu Lasten des Käufers geht, bedeutet nicht ohne weiteres, dass er auch mit dem Risiko des „Weiterfressens" bzw. Übergreifens auf andere Fahrzeugteile belastet ist. Beispiele aus der Rechtsprechung sind die „Zahnriemen-Fälle"[25] und die Fälle mit Motorschäden infolge eines undichten Kühlsystems.[26]

---

22 Dazu und zu weiteren Ausdehnungsursachen *Meyer-Lindemann*, S. 97 ff.
23 Besonders deutlich OLG Hamm 3. 7. 1986, 23 U 35/86, n. v.; OLG Frankfurt 30. 6. 1989, DAR 1989, 463 m. Anm. *Knipfer*; OLG Stuttgart 10. 2. 1990, 10 U 34/89, n. v.; OLG Koblenz 8. 10. 1985, MDR 1986, 316; OLG Hamburg 7. 12. 1981, MDR 1982, 406; OLG Schleswig 8. 9. 1982, MDR 1983, 54; OLG Schleswig 27. 9. 1988, DAR 1989, 147; LG Düsseldorf 28. 10. 1983, DAR 1984, 118; LG Arnsberg 25. 4. 1988, NZV 1988, 68; LG Mosbach 2. 12. 1986, DAR 1987, 152; LG Köln 16. 1. 1991, DAR 1991, 224; OLG Köln 8. 4. 1992, OLGR 1992, 210 = NJW 1993, 271; OLG Celle 28. 10. 1993, OLGR 1994, 65; OLG Celle 20. 10. 1994, OLGR 1994, 329; OLG Koblenz 9. 2. 1995, VRS 89, 336; OLG Celle 7. 6. 1996, OLGR 1996, 194; OLG Köln 21. 10. 1996, VersR 1997, 1019; OLG Cellle 19. 2. 1998, OLGR 1998, 170.
24 NJW 1982, 1700; kritisch dazu *Schack*, NJW 1983, 2806.
25 OLG Köln 21. 10. 1996, VersR 1997, 1019; OLG Köln 17. 11. 1989, 20 U 65/89, n. v.
26 OLG Schleswig 8. 9. 1982, MDR 1983, 54.

cc) Die Ermittlung der Sollbeschaffenheit speziell bei Verschleißmängeln und Altersschäden (Rost)

In erster Linie ist danach zu fragen, ob das, was der Käufer rügt, Gegenstand einer **Zusicherung** ist. Die Sollbeschaffenheit wird **primär** durch diejenigen Eigenschaften bestimmt, die der Verkäufer verbindlich zugesichert hat (§ 459 II BGB). Die Zusicherungsfrage an den Anfang zu stellen ist, wenn schon nicht dogmatisch, so doch wenigstens methodisch geboten. Gerade in Gebrauchtwagenstreitigkeiten erweist sich diese Prüfungsreihenfolge zudem als zweckmäßig. Beim Fehlen einer zugesicherten Eigenschaft laufen die handelsüblichen Freizeichnungsklauseln leer (vgl. Rn 1954). Auch das Klageziel wird meist den Blick auf die §§ 459 II, 463 S. 1 BGB lenken. Im Übrigen: Da beim Kauf des privaten Verbrauchers vom Händler praktisch allen Beschaffenheitsangaben Zusicherungsqualität beigemessen wird (dazu ausführlich Rn 1648 ff.), wird die „einfache" Beschaffenheitsvereinbarung praktisch von der Zusicherung verdrängt. **1564**

Ausdrückliche Eigenschaftszusicherungen kommen auch beim Verkauf gebrauchter Kraftfahrzeuge nur selten vor. Anders ist es mit **stillschweigenden** und **konkludenten** Zusicherungen. Die Rechtsfigur der stillschweigenden Zusicherung hat beim Gebrauchtwagenkauf seit Mitte der siebziger Jahre Hochkonjunktur.[27] Zu den Eigenschaften, die Gegenstand einer solchen Zusicherung sein können, gehört auch die Freiheit (Abwesenheit) von bestimmten Defekten, auch von sog. Verschleißmängeln. **1565**

Am weitesten ginge die Auffassung, dass der Verkäufer allein schon durch den **Abschluss des Kaufvertrages,** ggf. in Verbindung mit der **Preisgestaltung,** stillschweigend die Abwesenheit von technischen Mängeln jeglicher Art zusichert. Nicht viel enger ist die Ansicht, beim Verkauf eines gebrauchten Kraftfahrzeugs werde die **Verkehrssicherheit** und/oder die **Gebrauchstauglichkeit** generell (stillschweigend) zugesichert. Urteile dieses Inhalts sind vereinzelt geblieben.[28] Immerhin hat auch der BGH einmal, wenn auch nur beiläufig, erwogen, ob beim Verkauf eines älteren Pkw die stillschweigende Zusicherung der **Rostfreiheit** darin gesehen werden könne, dass der Verkäufer Rostschäden nicht erwähnt habe.[29] Hinzuweisen ist auch auf ein Urteil des 28. ZS des OLG Hamm vom 22. 6. 1982,[30] das aus einem Bündel von Abreden (Preis, Erstzulassung, TÜV) die – AGB-feste Vereinbarung der Gebrauchstauglichkeit (Gebrauchsfähigkeit) abgeleitet hat.[31] Der **BGH** hat diese Auslegung zu Recht kritisiert und dabei u. a. Folgendes ausgeführt: **1566**

„Dass ein zur Weiterbenutzung gekauftes Kraftfahrzeug auch bestimmungsgemäß benutzt werden kann und nicht wegen schwerwiegender Mängel gebrauchsuntauglich ist, entspricht der Normalerwartung aller Partner eines Kraftfahrzeugkaufs. Die Möglichkeit, dass das Fahrzeug mängelbedingt unbenutzbar sei, wird deshalb regelmäßig nicht in Betracht gezogen. Daraus folgt aber gerade nicht, dass der Verkäufer haften will, wenn – ihm selbst unbekannt – Umstände vorliegen, die die Verkehrssicherheit des Fahrzeugs beeinträchtigen oder gar aufheben" (Urt. v. 22. 2. 1984, NJW 1984, 1452 = DAR 1984, 265).

Diesen zutreffenden Ausführungen lässt sich eines mit Sicherheit entnehmen: Der bloße Abschluss eines Kaufvertrages über einen Gebrauchtwagen genügt in der Regel nicht für die Annahme einer stillschweigenden Zusicherung der Verkehrssicherheit, Betriebssicherheit, **1567**

---

27 Im Prinzip ist die Dreiteilung in „ausdrückliche", „stillschweigende" und „konkludente" Zusicherungen allgemein anerkannt, in der Entscheidungspraxis werden die einzelnen Erscheinungsformen nicht selten vermischt.
28 LG Köln 1. 6. 1989 DAR 1991, 188; LG Köln 14. 2. 1979, 9 S 355/78, n. v.; vgl. auch OLG Karlsruhe 22. 10. 1968, DB 1968, 2074; LG Karlsruhe 9. 1. 1981, DAR 1981, 152.
29 Urt. v. 21. 1. 1981, WM 1981, 323; vgl. auch BGH 22. 2. 1984, NJW 1984, 1452.
30 Vorinstanz zu BGH NJW 1984, 1452.
31 Ähnlich LG Augsburg 17. 5. 1977, NJW 1977, 1534 m. Anm. *Eggert,* NJW 1977, 2267, und LG Köln 1. 6. 1989, DAR 1991, 188.

Gebrauchstauglichkeit oder Rostfreiheit. Ohne weiteres wird auch nicht die Abwesenheit technischer Defekte stillschweigend zugesichert; erst recht gilt dies für „Verschleißmängel". Stets müssen zusätzlich zum Vertragsschluss **konkrete Anhaltspunkte** vorliegen, die auf einen Garantiewillen des Verkäufers hindeuten (siehe den Indizienkatalog Rn 1657).

1568 Bei den besonderen Umständen, die für die Annahme einer stillschweigenden Zusicherung unerlässlich sind, muss es sich nicht unbedingt um eine konkrete Beschaffenheitsangabe handeln wie z. B. „generalüberholt", „km-Stand X" oder „fahrbereit". Generelle Aussagen wie „alle Fahrzeuge werkstattgeprüft" oder „alle Fahrzeuge neu TÜV-abgenommen" können genügen. Die Werbung mit dem ZDK-Vertrauenssiegel oder das Herausstellen des Autohauses als „Meisterbetrieb" können gleichfalls den Tatbestand der Zusicherung erfüllen, zumindest verdichtende Kraft haben. Selbst die bloße Tatsache, dass der Händler ein Markenhändler mit Werkstattbetrieb ist, kann von Bedeutung sein. Schließlich sind auch Klassenbegriffe wie **„Jahreswagen", „Vorführwagen"** oder **„Oldtimer"** auf Zusicherungsqualität zu untersuchen, ebenso Spezialkennzeichnungen wie **„Geländewagen"** oder **„Cabriolet"**. Dazu, ob und inwieweit in all diesen Fällen eine Zusicherung angenommen wird, siehe unter Rn 1660 ff. Im Hinblick auf die Verschleißmängelproblematik ist es von besonderem Interesse, dass sich der BGH bei einigen Zusicherungserklärungen ausdrücklich mit der Frage befasst hat, welchen technischen Standard der Käufer erwarten kann. So bedeutet z. B. „werkstattgeprüft" nicht, dass der Verkäufer für „Verschleißmängel" einzustehen hat.[32] Deren Abwesenheit wird auch nicht durch eine Angabe des Händlers über die Kilometerfahrleistung des Autos bzw. des Motors verbindlich zugesichert, wohl aber, dass der Motor nicht wesentlich stärker verschlissen ist, als es die mitgeteilte Laufleistung erwarten lässt.[33]

1569 Wenn eine Zusicherung im Sinne des § 459 II BGB nicht festgestellt werden kann – die **Darlegungs- und Beweislast** trägt der Käufer –, ist auf der Grundlage des subjektiven wie des subjektiv-objektiven Fehlerbegriffs weiter zu prüfen, ob eine **„einfache" Beschaffenheitsvereinbarung** (§ 459 I BGB) vorliegt. Für die Vertreter des objektiven Fehlerbegriffs stellt sich sogleich die Frage nach der „Abweichung von der Normalbeschaffenheit". Ob der subjektive oder der objektive Fehlerbegriff gültig ist, scheidet als Gegenstand einer sinnvollen Meinungsverschiedenheit aus.[34] Zumindest bei technischen Mängeln, einschließlich Rostschäden, kann es regelmäßig auch offen bleiben, ob es neben der Zusicherung eine „einfache" Beschaffenheitsvereinbarung geben kann.[35] Praktisch gibt es sie in diesen Fällen nicht. Eine Beschaffenheitsvereinbarung, die keine „stillschweigende" Zusicherung bildet, ist angesichts der Weite des Zusicherungsbegriffs beim Kauf vom Kraftfahrzeughändler die Ausnahme. Nur wenn die Sachmängelhaftung nicht oder nicht vollständig ausgeschlossen ist, die Rechtsfigur der stillschweigenden Zusicherung also nicht zur Neutralisierung der Freizeichnung benötigt wird, greift die Rechtsprechung in stärkerem Maße auf § 459 I BGB zurück, z. B. beim privaten Direktgeschäft. Ebenso in den Fällen, in denen die Erklärungen des Verkäufers unter einem Vorbehalt stehen oder mit einer sonstigen Einschränkung versehen sind.[36]

1570 Alle Theorien und Versionen münden in die Fragestellung ein: Ist das Fahrzeug von **normaler Beschaffenheit?** Ob die Normalbeschaffenheit überhaupt Gegenstand einer Vereinbarung sein kann, wenn ja, ob sie es tatsächlich ist, kann in der Praxis dahingestellt bleiben. Müßig ist auch die Frage, ob die Normalbeschaffenheit „gemeinsam vorausgesetzt" worden ist. Worauf es ankommt, ist der **Maßstab**, der tatsächlich anzuwenden ist, nicht dessen „Aufhängung".[37]

---

32 Vgl. Rn 1809.
33 Vgl. Rn 1723.
34 So *Knöpfle*, S. 350.
35 Dazu ausführlich *Knöpfle*, S. 20 ff., 163 ff.
36 Dazu *Eggert*, DAR 1998, 45.
37 *Knöpfle*, S. 93.

Fehlerhaftigkeit nach § 459 Abs. 1 BGB

Zwei Beurteilungsmaßstäbe bieten sich an: Zum einen kann man von der normalen **1571** Beschaffenheit eines Neufahrzeugs des betreffenden Typs ausgehen, um dann unter Berücksichtigung von Alter, Laufleistung, Einsatzart (z. B. Taxi) und auch des Preises die unbestritten notwendigen Abstriche zu machen.[38] Zum anderen kann als Vergleichsfahrzeug direkt ein gebrauchtes Auto genommen werden, das typgleich (modellgleich) ist und nach Alter und Laufleistung dem Kaufobjekt soweit wie möglich entspricht. Dieses Durchschnittsauto ist keineswegs ein Phantom. Für jeden Fahrzeugtyp gibt es heute umfangreiches statistisches Material, frei verfügbar allerdings nur für bestimmte Baugruppen wie etwa die Karosserie. Motorschäden und Gesamtlaufleistungen sind nicht Gegenstand statistischer Erhebungen. Insoweit sind nur Insider-Informationen vorhanden, z. B. bei den Herstellern/Importeuren und Garantieversicherern; auf sie kann ein Kfz-Sachverständiger nicht ohne weiteres zurückgreifen.

Solange der **Kaufpreis** nicht anomal hoch oder niedrig ist, eine tatsächliche Vermutung **1572** spricht für Marktgerechtigkeit, liefern beide Maßstäbe gleiche Ergebnisse. Deshalb ist es vertretbar, wenn die neuere Rechtsprechung auf das Durchschnittsauto aus der Menge vergleichbarer Altwagen abstellt.[39] Damit kann dem Kfz-Sachverständigen in den meisten Fällen ein klarer Maßstab an die Hand gegeben werden. Bei anomaler Preisgestaltung ist so oder so eine Wertungskorrektur erforderlich. Ein besonderer Maßstab gilt auch beim Kauf von Sonderfahrzeugen, etwa **Oldtimern**.[40]

Festzuhalten ist: Ein Fehler im Sinne des § 459 I BGB ist zu bejahen, wenn **Verschleiß- 1573 und Abnutzungserscheinungen** über den Normalzustand bei einem vergleichbaren Fahrzeug hinausgehen.[41] **Normaler (natürlicher) Verschleiß** ist in der Regel kein Gewährleistungsmangel (zustimmend OLG Saarbrücken NJW RR 1996, 1325).

Außergewöhnliche Verschleißerscheinungen – etwa als Folge übermäßiger Beanspruchung **1574** (z. B. durch Rallyeeinsatz) – fallen hingegen nicht in die Risikosphäre des Käufers.[42] Gleiches gilt für die Folgen unzureichender Pflege und Wartung[43] und von Fahr- und Bedienungsfehlern. Auch für die Folgen einer mangelhaften Reparatur hat grundsätzlich der Verkäufer einzustehen. Dass es nicht immer leicht ist, aus der Menge der technischen Defekte die gewährleistungsrechtlich relevanten Fälle herauszufiltern, ist kein Grund, dem Eigentümlichen beim Kauf eines gebrauchten Kraftfahrzeugs erst mit der Konstruktion eines stillschweigenden Gewährleistungsausschlusses Geltung zu verschaffen. Die Frage nach der Fehlerhaftigkeit, dem Ob der Haftung, hat logisch Vorrang vor der Frage der Haftungsfreistellung. Zuzugeben ist freilich, dass bei sachgerechter Interpretationsarbeit die gleichen Wertungsergebnisse erzielt werden. Die maßgeblichen Sachkriterien unterscheiden sich nicht.

Vor allem in den **Korrosionsfällen,** die in der Praxis von Jahr zu Jahr eine geringere Rolle **1575** spielen, hat das Kriterium der Normalbeschaffenheit im (engen) objektiven Sinn nicht immer zu befriedigenden Resultaten geführt. Darüber, dass leichter und mittlerer Rostbefall beim Gebrauchtwagenkauf in der Regel keinen Sachmangel darstellt, war und ist man sich im

---

38 So *Knöpfle*, S. 296 f.; vgl. aber auch *ders., JZ 1978, 127.
39 OLG Karlsruhe 16. 12. 1987, NJW-RR 1988, 1138 = DAR 1988, 162; OLG Hamm 3. 7. 1986, 23 U 35/86, n. v.
40 Vgl. OLG Frankfurt 2. 11. 1988, NJW 1989, 1095 = DAR 1989, 66.
41 So auch *Behr*, AcP 185, 401, 422; *Schack,* NJW 1983, 2806; *Mehnle,* DAR 1986, 104; *Rixecker,* DAR 1986, 107, 108; *Rupp/Fleischmann,* NJW 1984, 2802; MK-*Westermann,* § 459 Rn 37; *Soergel/Huber,* § 459 Rn 305; *Walter,* S. 105; *Hager,* NJW 1975, 2276; *Knöpfle,* JZ 1978, 121, 127.
42 So auch OLG Düsseldorf 12. 3. 1992, OLGR 1992, 220 (Beschädigungen der Zylinderlaufflächen); OLG Saarbrücken 10. 1. 1996, NJW-RR 1996, 1325.
43 Beispiel: Verkäufer hat den Zahnriemen nicht rechtzeitig wechseln lassen, wodurch es zu einem Motorschaden gekommen ist, vgl. dazu OLG Köln 21. 10. 1996, VersR 1997, 1019; OLG Köln 17. 11. 1989, 20 U 65/89, n. v.

Ergebnis einig. Rost ist eine typische Alterserscheinung. Das **Rostrisiko** geht daher grundsätzlich zu Lasten des Käufers. Dies ist die Quintessenz der umfangreichen Spruchpraxis, dargestellt unter Rn 1560.

1576 In **vier Fällen** ist das Rostrisiko anders zu verteilen und damit ein Sachmangel zu bejahen. 1. Eine spezielle Vereinbarung stellt den Käufer von diesem Risiko frei. Auch hier ist in erster Linie an die Figur der **stillschweigenden Zusicherung** zu denken. Nicht nur ausdrückliche Anti-Rost-Erklärungen wie Rostschutzgarantien oder die Zusage „frei von Durchrostung"[44] bieten dem Käufer Schutz, wenn er Rostschäden an seinem Fahrzeug feststellt. Auch Erklärungen wie „werkstattgeprüft", „komplette Durchsicht", „TÜV neu . . ." oder einfach „fahrbereit" sind bei der Prüfung der Sollbeschaffenheit/Zusicherung zu beachten, ebenso Ausdrücke wie „scheckheftgepflegt" oder „restauriert"[45] oder „Garagenwagen". Ab einem bestimmten Grad können Rostschäden mit derartigen Erklärungen der sehr weiten Auslegung durch die Rechtsprechung nicht mehr vereinbar sein.[46] Selbst gewöhnlicher (normaler) Rost kann so zu einem Haftungsfall werden.

1577 2. Ein Sachmangel liegt, gemessen am Kriterium der **Normalbeschaffenheit,** auch vor, wenn die Rostschäden für den konkreten Fahrzeugtyp ungewöhnlich stark sind. Vergleichsobjekt ist ein Fahrzeug dieses Typs mit gleichem Alter und gleicher Laufleistung. Schadenshäufigkeit und Schadensumfang hat der TÜV anhand von Tabellen und Schautafeln eindrucksvoll dargestellt. Untersuchungen des TÜV kommen zu folgendem Fazit: Ab dem vierten Lebensjahr eines Autos muss bei den meisten Typen mit Rostbefall gerechnet werden. Mit zunehmendem Alter steigen Zahl und Häufigkeit von Korrosionsschäden steil an. Kfz-Sachverständige sind ohne weiteres in der Lage, Auskunft darüber zu geben, ob ein bestimmter Rostschaden außergewöhnlich ist oder nicht. Da der Richter im Zweifel nicht genügend eigene Sachkunde hat, muss er einen Sachverständigen einschalten.

1578 3. Auch wenn sich eine Abweichung von der Normalbeschaffenheit nicht feststellen lässt, kann gleichwohl ein Fehler im Sinne des § 459 I BGB zu bejahen sein. Das Schlagwort **„Schwerstmangel"** kennzeichnet diese Fallgruppe nur oberflächlich. Es geht um gravierende Rostschäden, speziell am Unterboden, den Türschwellern und den Radhäusern. Vereinzelt suchte man in diesen Fällen eine Lösung mit Hilfe der Lehre vom Wegfall (Fehlen) der Geschäftsgrundlage,[47] wenn eine arglistige Täuschung durch Verschweigen oder gar Kaschieren[48] nicht nachgewiesen werden konnte. Dieser Ausweg ist abzulehnen.[49] Auch die Irrtumsvorschriften sind unanwendbar.[50] Die Lösung muss unmittelbar aus dem Gewährleistungsrecht entwickelt werden.

1579 Zur Sollbeschaffenheit eines jeden Gebrauchtwagens, der nicht ausdrücklich oder stillschweigend (z. B. Preis) als **Schrott- oder Bastlerwagen** angeboten wird, gehört es, dass er sich mindestens in einem Zustand befindet, der eine Teilnahme am Straßenverkehr möglich macht. Er muss **fahrbereit** im Sinne von BGH NJW 1993, 1854 sein, d. h., negativ gewendet, das Fahrzeug darf nicht so verkehrsunsicher sein, dass seine sofortige Stillegung anzuordnen ist. Diesen **Mindeststandard,** den man auch mit **Zulassungsfähigkeit** beschreiben kann, schuldet der Verkäufer im Normalfall schlechthin.[51] Bedenklich ist jedoch der Standpunkt des LG Augsburg, wenn der Sinn eines Gebrauchtwagenkaufs darin gesehen wird,

---

44 Vgl. dazu Rn 1749 ff.
45 OLG Köln OLGR 1997, 331 = VersR 1998, 511 – Oldtimer-Motorrad.
46 Zur Reichweite der einzelnen Erklärungen s. Rn 1660 ff.
47 OLG München 10. 5. 1971, DAR 1972, 329; OLG Karlsruhe 17. 11. 1970, JZ 1971, 294; zum Problem auch OLG Hamm 15. 1. 1979, JZ 1979, 266 m. Anm. *Liebs*, S. 441.
48 Dazu BGH 23. 4. 1986, NJW 1986, 2319 = WM 1986, 867; OLG Frankfurt 30. 6. 1989, DAR 1989, 463; vgl. auch *Eggert*, DAR 1989, 121.
49 St. Rspr. des BGH, z. B. Urt. v. 6. 6. 1986, BGHZ 98, 100 = WM 1986, 1189; s. auch Rn 2097.
50 Dazu OLG Karlsruhe 16. 12. 1987, NJW-RR 1988, 1138, s. auch Rn 2056 f.
51 Zustimmend *Mehnle*, DAR 1986, 104; so auch OLG Celle 20. 10. 1994, OLGR 1994, 329.

Fehlerhaftigkeit nach § 459 Abs. 1 BGB

„dem Käufer ein zwar genutztes, aber fahrtüchtiges und verkehrssicheres Fahrzeug zu verschaffen".[52] Die Verkehrssicherheit ist schon beeinträchtigt, wenn z. B. die Bremsbeläge abgefahren sind oder ein Stoßdämpfer defekt ist. In diesem Zustand wäre eine Teilnahme am Straßenverkehr unzulässig. Solche Mängel lassen sich ohne weiteres und oft auch ohne großen Kostenaufwand beheben. Auch dem OLG Köln kann nicht gefolgt werden, wenn es einen Fehler i. S. v. § 459 I BGB schon dann bejaht, wenn „die Beschaffenheit des Kraftfahrzeugs infolge der Rostschäden einer Zulassung zum Straßenverkehr entgegensteht, weil das Fahrzeug nicht mehr verkehrssicher ist".[53] Zu ergänzen ist: . . . und eine Instandsetzung technisch unmöglich oder wirtschaftlich gesehen unzumutbar ist.[54]

Nach dem **heutigen Stand der Technik** lassen sich auch umfangreiche Durchrostungen beseitigen. So kann ein durchgerosteter Unterboden durch einen neuen ersetzt werden. Ein **technischer** Totalschaden als Folge von Korrosion ist selten. In vielen Fällen wird die Beseitigung eines Rostschadens jedoch wirtschaftlich gesehen unvertretbar sein. Ob **wirtschaftliche Zulassungsunfähigkeit** vorliegt, kann nur aufgrund der Umstände des Einzelfalles festgestellt werden. Maßgeblich ist vor allem der Wert des Fahrzeugs in mangelhaftem Zustand im Verkaufszeitpunkt, nicht etwa der Kaufpreis.[55] Ist ein für 5000,– DM verkauftes Fahrzeug tatsächlich nur noch 1000,– DM wert und belaufen sich die Instandsetzungskosten auf 2500,– DM, wird man wirtschaftliche Zulassungsunfähigkeit bejahen müssen. Eine Reparatur brächte keine nennenswerte Wertverbesserung mit sich, es sei denn, der Wagen hat einen Liebhaberwert. Ein solcher Liebhaberwert ist bei einem 15 Jahre alten Sportwagen in Betracht zu ziehen.[56] Dass ein Fahrzeug dieses Alters stark rostbefallen ist, liegt auch für einen Laien auf der Hand. Der Umstand, dass der Wagen noch fahrbereit ist und zum Verkauf angeboten wird, könnte allerdings dafür sprechen, dass die Rostschäden zwischenzeitlich bearbeitet worden sind. Der Käufer, der für einen 15 Jahre alten Sportwagen, Mercedes 190 SL, Mitte der siebziger Jahre 6000,– DM bezahlt hat, ging für den Verkäufer erkennbar davon aus, dass das Fahrzeug in seinen wesentlichen Teilen länger als drei Monate verkehrssicher sein werde. Reißt drei Monate nach Übergabe infolge von Durchrostung des gesamten Bodenbleches die Hinterradaufhängung, dann war der Wagen trotz seines hohen Alters schon im Zeitpunkt der Übergabe mangelhaft.[57] Mit Rücksicht auf einen Reparaturkostenaufwand von mehr als 3000,– DM ist es dem Käufer, der einen Preis von 6000,– DM gezahlt hat, nicht zuzumuten, den Wagen zu behalten. Anders verhält es sich bei Instandsetzungskosten in Höhe von rd. 600,– DM für die Erneuerung eines Bodenblechs bei einem Kaufpreis von 2300,– DM.[58] Keinen Schutz verdient auch der Käufer, dem die Notwendigkeit aufwendiger Rostreparaturen bekannt ist, wenn er sich nur über das Ausmaß der Durchrostung und die Höhe der Reparaturkosten irrt.[59] Schutzwürdig ist er nur bei arglistiger Täuschung. Ansonsten entfällt die Haftung des Verkäufers, wenn schon nicht wegen Fehlerlosigkeit, so doch aufgrund eines stillschweigenden Haftungsausschlusses bzw. gem. § 460 BGB.[60]

4. Bei besonderer Rostanfälligkeit des Fahrzeugtyps liegt gleichfalls ein Sachmangel vor, obwohl die ganze Serie oder alle Fahrzeuge des betreffenden Baujahrs davon befallen

---

52 NJW 1977, 1534 m. Anm. *Eggert,* S. 2267.
53 Urt. v. 29. 10. 1976, 4 U 26/76, n. v.; ebenso OLG Karlsruhe 16. 12. 1987, NJW-RR 1988, 1138; in diese Richtung auch OLG Köln 8. 4. 1992, NJW 1993, 271; OLG Celle 20. 10. 1994, OLGR 1994, 329.
54 So auch LG Köln 31. 3. 1980, 16 O 349/79, n. v.; OLG Frankfurt 30. 6. 1989, DAR 1989, 463 m. Anm. *Knipfer;* OLG Stuttgart 13. 5. 1997, OLGR 1998, 256 (Lkw).
55 OLG München 10. 5. 1971, DAR 1972, 329.
56 Auch bei einem 13 Jahre alten VW-Cabrio, vgl. OLG Karlsruhe 16. 12. 1987, NJW-RR 1988, 1138; s. auch OLG Schleswig 27. 9. 1988, DAR 1989, 147.
57 LG Köln 12. 4. 1978, 74 O 555/77, n. v.
58 OLG Köln 21. 10. 1975, 9 U 48/75, n. v. (Renault 4).
59 Vgl. OLG Karlsruhe 16. 12. 1987, NJW-RR 1988, 1138.
60 Vgl. auch AG Nienburg 30. 6. 1993, ZfS 1993, 304.

sind. Aus einem mangelhaften Neufahrzeug (Verwendung zu dünnen Stahlblechs, unzulängliche Lackierung etc.) wird allein durch die Benutzung kein mangelfreier Gebrauchtwagen. Der weiterfressende und sich beim Zweit- und Drittkäufer offenbarende Rostschaden muss als Fehler im Sinne des § 459 I BGB gewertet werden.[61]

b) Unfallschaden und Unfallbeteiligung als Fehler i. S. v. § 459 I BGB

1582 Wenn es um ein Fahrzeug mit Unfallschaden geht, ist die Rechtsprechung ausgesprochen **käuferfreundlich.** Diese Neigung ist bei der Anwendung des Fehlerbegriffs ebenso festzustellen wie bei dem Schwerpunktthema **„Offenbarungspflicht".** Ein Verkäufer, der einen „Unfallwagen" veräußert hat, befindet sich im Prozess in fast aussichtsloser Lage, zumal als gewerblicher Händler. Gebrauchtwagenhändler unterliegen mehr als jede andere Gruppe von Gewerbetreibenden der Gefahr eines justitiellen Vorurteils. Insoweit übertreffen sie noch die Makler. In dem beliebten Vergleich mit den Rosstäuschern vergangener Zeiten findet dieses Vorurteil plastischen Ausdruck. Mag der Gebrauchtwagenhandel auch in vielem ein Nachfolger des Pferdehandels sein, so sind es doch nur verhältnismäßig wenige Händler, die mit unseriösen Geschäftspraktiken ihre Kunden zu täuschen suchen. Diese Minderheit vermag die auch in Juristenkreisen allenthalben zu beobachtende großflächige Einschwärzung eines ganzen Berufsstandes nicht zu rechtfertigen.

1583 Nach gängiger Meinung ist ein unfallbeschädigtes Kraftfahrzeug sachmangelhaft. In dieser Allgemeinheit ist diese Aussage bedenklich. Es ist nach Art und Schwere der Beschädigung, nach Alter und Wert des Fahrzeugs zu differenzieren; ferner kommt es darauf an, ob der Schaden ganz oder teilweise noch vorhanden ist oder ob und ggf. wie der Verkäufer/Vorbesitzer ihn hat beseitigen lassen. Vorrang vor allem hat die Frage, was der Käufer über die Beschädigungen wusste, ob und inwieweit er also über den Unfallschaden aufgeklärt worden ist. So kann die Unfallbeteiligung als vertragsmäßiger Zustand gemeinsam vorausgesetzt worden sein,[62] wovon bei einem **„Bastlerfahrzeug"** nicht ohne Weiteres auszugehen ist.[63] Dem Anwendungsbereich des § 459 I BGB ist nur der Unfallschaden entzogen, der von **beiden Seiten** übereinstimmend angenommen wird. Ist das Ausmaß der Beschädigung in Wirklichkeit größer oder ist eine offenbare Beschädigung entgegen der Erklärung des Verkäufers nicht fachgerecht beseitigt worden, so hat das Fahrzeug einen Sachmangel. Es ist eine Frage der Auslegung der vom Verkäufer gegebenen Information über den Unfallschaden, welche Fahrzeugschäden im Einzelnen durch Aufklärung aus der Sachmängelhaftung herauszunehmen sind.[64] Kenntnis auf Käuferseite kann die Gewährleistung auch nach § 460 S. 1 BGB entfallen lassen (s. Rn 1934). Bei einer Falschbezeichnung (Verwechselung) von Vorschäden ist nicht ohne Weiteres ein Fahrzeugmangel anzunehmen.[65]

1584 Fälle mit Unfallfahrzeugen werden meist mit Blick auf die §§ 123, 463 S. 2, 476 BGB unter dem Stichwort **„arglistige Täuschung"** erörtert. Der Käufer, der entdeckt hat, dass er einen **„Unfallwagen"** erworben hat, begnügt sich nur selten mit den Rechtsbehelfen der Wandlung oder Minderung. Entweder ficht er wegen arglistiger Täuschung an oder er nimmt mit dem Schadensersatzanspruch wegen Nichterfüllung den stärksten Schutz in Anspruch, den das Gewährleistungsrecht bietet. Voraussetzung für die **verschärfte Haftung aus § 463 BGB** ist, dass der Verkäufer entweder eine fehlende Eigenschaft zugesichert oder einen Mangel arglistig verschwiegen hat. Wann eine Unfallinformation des Verkäufers als **Zusicherung** im Sinne von § 459 II BGB zu werten ist, wird unter Rn 1788 ff. ausführlich

---

61 Zur Offenbarungspflicht bei besonderer Rostanfälligkeit s. BGH 14. 3. 1979, NJW 1979, 1707 (Agenturfall); LG Münster 16. 2. 1989, DAR 1990, 22; zum Ganzen *Eggert,* DAR 1989, 121.
62 So im Fall BGH NJW 1983, 2242; vgl. auch OLG Nürnberg 28. 11. 1991, NZV 1992, 442 und OLG Hamm 19. 10. 1994, NJW-RR 1995, 689.
63 AG München 14. 12. 1993, DAR 1994, 329.
64 Vgl. OLG Frankfurt 18. 9. 1991, ZfS 1992, 230 und hier Rn 1788 ff.
65 LG Köln 19. 9. 1996, 2 O 376/95, n. v.

Fehlerhaftigkeit nach § 459 Abs. 1 BGB

dargestellt. Wann im Zusammenhang mit einem Unfall, der nicht unbedingt ein **Verkehrsunfall** sein muss,[66] ein – offenbarungspflichtiger – Fehler i. S. v. § 459 I BGB vorliegt, hat die Judikatur weitgehend geklärt. Folgende **Grundsätze** haben sich gebildet:

1. Im Umfang wahrheitsgemäßer Aufklärung ist ein Unfallvorschaden kein Sachmangel,[67] wohl aber bei einer Bagatellisierung.[68]
2. Ein Fahrzeug, das bei einem Unfall beschädigt wurde, kann selbst dann fehlerhaft sein, wenn es sach- und fachgerecht repariert worden ist, d. h., auch die bloße Unfallbeteiligung kann einen Fehler i. S. v. § 459 I BGB darstellen.[69]

Die Fehlergrenze ist nicht erst bei **Rahmen- oder Strukturschäden** („tragende Teile") überschritten, wie vielfach angenommen wird. Diese Fehlvorstellung ist inbesondere bei Privatverkäufern stark vertreten. Nur ganz unbedeutende Beschädigungen, die bei vernünftiger Betrachtungsweise den Kaufentschluss schlechterdings nicht beeinflussen können, sind unerheblich i.S.v. § 459 I, 2 BGB. Die Grenze für derartige **Bagatell- oder Einfachschäden** ist nach der Rechtsprechung des BGH bei **Pkw und Kombis** sehr eng zu ziehen.[70] Ein anderer Maßstab gilt bei **Nutzfahrzeugen.**[71] (Näheres s. Rn 1587 f.)

Sofern im Kaufvertrag und bei den Vertragsverhandlungen nichts Gegenteiliges zum Ausdruck gekommen ist, gilt ein Altwagen auch ohne ausdrückliche Zusage der Unfallfreiheit kraft stillschweigender („schlichter") Beschaffenheitsvereinbarung (§ 459 I BGB) als „unfallfrei" verkauft.[72] Diesen Erklärungswert hat auf jeden Fall das Verkaufsverhalten eines **Erstbesitzers,** unabhängig davon, wie alt das Fahrzeug ist. Zwar muss der Käufer älterer Fahrzeuge eine Unfallbeteiligung in stärkerem Maße in Betracht ziehen als z. B. beim Kauf eines Jahreswagens. Jeder Pkw hat im Durchschnitt innerhalb von nur drei Jahren einen Unfall, der kein Bagatellschaden ist.[73] Dementsprechend wird regelmäßig nach einer etwaigen Unfallbeteiligung des angebotenen Fahrzeugs gefragt. Die Beschädigung durch einen Verkehrsunfall ist jedoch auch bei Fahrzeugen über fünf Jahren nicht das Normale. Von den derzeit rd. 25 Mio. Pkw und Kombis über fünf Jahre sind Millionen noch nie in einen Unfall verwickelt gewesen. Auch unter Berücksichtigung einer gewissen Dunkelziffer lässt sich dies aus den Statistiken der Haftpflichtversicherer über die Unfallschadenshäufigkeit ablesen.

Beim Kauf vom (schweigenden) **Nachbesitzer** ist zu differenzieren: Eine gesicherte Kenntnis von einer etwaigen Unfallbeteiligung kann der Käufer nur für den Zeitraum voraussetzen, in dem der Verkäufer den Wagen gefahren hat. Hinsichtlich der Zeit davor muss er vernünftigerweise ein Informationsdefizit in Rechnung stellen. Je länger die Vorbesitzerkette ist, desto stärker ist dieses Defizit auch in den Augen des Käufers. Die stillschweigende

---

66 Zum Unfallbegriff s. OLG Hamm 14. 6. 1994, OLGR 1994, 181; OLG Düsseldorf 23. 1. 1992, OLGR 1992, 139 (Hagelschaden als offenbarungspflichtiger Fehler); AG Köln 10. 3. 1988, 129 C 434/87, n. v. (Hagelschaden).
67 BGH 22. 6. 1983, NJW 1983, 2242 (subjektiver Fehlerbegriff); s. auch OLG Hamm 19. 10. 1994, NJW-RR 1995, 689 (Verkauf eines unreparierten Unfallwagens).
68 OLG Schleswig 26. 8. 1994, ZfS 1994, 447 (Händleranankauf).
69 BGH 8. 1. 1959, BGHZ 29, 148 = NJW 1959, 620 (Lkw); BGH 3. 3. 1982, NJW 1982, 1386 (Lkw); BGH 10. 10. 1977, NJW 1978, 261; BGH 29. 6. 1977, NJW 1977, 1915; BGH 29. 1. 1975, NJW 1975, 642; OLG Düsseldorf 12.3. 1999, 22 U 180/98 n. v.; OLG Köln 30. 6. 1964, DAR 1965, 22; OLG München 14. 7. 1981, DAR 1982, 100; OLG Bamberg 2. 3. 1994, NJW-RR 1994, 1333 (missverständlich); OLG Schleswig 26. 8. 1994, ZfS 1994, 447; Brandenburgisches OLG 17. 1. 1995, OLGR 1995, 89.
70 Zuletzt Urt. v. 3. 12. 1986, NJW-RR 1987, 436 = WM 1987, 137 m. w. N.
71 BGH 3. 3. 1982, NJW 1982, 1386; vgl. auch BGH 18. 9. 1979, NJW 1980, 281; OLG Düsseldorf 3. 2. 1994, OLGR 1994, 213 (Ford Transit).
72 Zustimmend LG Köln 30. 5. 1988, 16 O 535/87 (rk), n. v.; vgl. auch *Landscheidt/Segbers,* NZV 1991, 289, 292; *Soergel/Huber,* § 459 Rn 62 mit zweifelhaftem Hinweis auf BGHZ 29, 148.
73 *Sanden/Völz,* Rn 74.

Zusage „unfallfrei" ist bei allen Fahrzeugen, die nicht Ersthandwagen sind, auf die **eigene Besitzzeit** des Verkäufers zu beschränken. In der Praxis wird sich dieses Auslegungsproblem kaum stellen. Die Unfallfrage bleibt nämlich nur in besonderen Fällen unangesprochen. Beim Kauf vom Kfz-Händler wird sie üblicherweise ausdrücklich thematisiert. In nahezu sämtlichen Vertragsmustern (Bestellscheine) befindet sich eine „Unfallzeile". Hat der Händler sie versehentlich oder bewusst nicht ausgefüllt, muss er sich so behandeln lassen, als habe er „Unfallfreiheit laut Vorbesitzer" erklärt. Nach der Rechtsprechung wäre dies mehr als eine „schlichte" Beschaffenheitszusage. Die Gerichte bejahen in einem solchen Fall die Zusicherungshaftung aus §§ 459 II, 463 S. 1 BGB (s. Rn 1790).

1587 Die **Abgrenzung** zwischen einem erheblichen Unfallschaden und einem sog. **Bagatellschaden** i. S. v. § 459 I, 2 BGB macht der Praxis nach wie vor einige Schwierigkeiten. Jede Definition des Begriffs „Unfallschaden" oder seines Gegenstücks „unfallfrei" muss naturgemäß vage bleiben. Auch ein noch so differenzierender Schadenskatalog, eingeteilt z. B. nach Baugruppen und den Kriterien tragend/nichttragend, hilft in der Praxis nicht weiter. Verfehlt wäre es auch, einen Bagatellschaden immer dann anzunehmen, wenn nach fachgerechter Beseitigung ein **merkantiler Minderwert** nicht zurückbleibt. Dogmatisch unsauber, dafür wenigstens praktikabel, ist der Vorschlag, sich an einer bestimmten Größenordnung der **Schadensbeseitigungskosten** zu orientieren. Der 24. Verkehrsgerichtstag (1986) hat für **Pkw** folgende Empfehlung ausgesprochen: „Erheblich ist ein Unfallschaden, wenn seine Behebung in fachlich einwandfreier Reparatur bei heute gegebenem Preisniveau im Regelfall mehr als 1000,– DM erfordert."[74] Nur ein solcher Schaden soll offenbarungspflichtig sein, was voraussetzt, dass es sich um einen Sachmangel im Sinne von § 459 I BGB handelt. Die Grenze – wie seinerzeit beim Anspruch auf Ersatz von Gutachterkosten – bei **1000,– DM** (einschl. MWSt) zu ziehen, ist verkäufergünstig. Die Strafjustiz sieht den Unfallbegriff im Tatbestand der Unfallflucht (§ 142 StGB) weitaus enger. Belanglos soll ein Unfallschaden nur bei Reparaturkosten unter 100,– DM sein.[75]

1588 Das entscheidende Kritierium – im Zivilrecht nicht anders als im Strafrecht – ist die **Verkehrsanschauung** oder, wie es im Strafrecht heißt, die „natürliche Betrachtungsweise". Bei geringfügigen Blechschäden wie Kratzern, Schrammen, kleinen Beulen, bei leichten Verformungen von Kunststoffteilen im Heck- oder Frontbereich, bei zerbrochenem Scheinwerferglas oder einer Delle in einer Felge kommt vernünftigerweise niemand auf den Gedanken, von einem „Unfallschaden" zu sprechen. Ein gewisses Maß an Rechtsunsicherheit bei der Einschätzung und Abgrenzung wird es immer geben. Kfz-Händler sollten bedenken, dass die Gerichte zumindest bei **jüngeren Pkw** (zum Verkauf eines Jahreswagens mit unzulänglich beseitigtem Werksschaden OLG Köln OLGR 1999, 325) im Zweifel zu Gunsten der Käufer entscheiden. Nach Ansicht des OLG Koblenz[76] ist ein Blechschaden mit einem Reparaturkostenaufwand von mehr als 1660 DM kein Bagatellschaden mehr. Das OLG Celle[77] sieht die Bagatellgrenze bei Reparaturkosten von 2120 DM als überschritten an (Austausch eines Kotflügels und der Beifahrertür bei einem Audi 80). Bei **Nutzfahrzeugen** liegt die Bagatellgrenze deutlich höher.[78]

1589 Bei der Lösung von Grenzfällen anhand der **Rechtsprechung**[79] ist das Augenmerk darauf zu richten, ob es um einen Fall der Arglisthaftung (§§ 463 S. 2, 123 BGB) gegangen ist oder um

---

74 DAR 1986, 112; zustimmend OLG Düsseldorf 23. 1. 1992, OLGR 1992, 139; AG Königswinter 28. 6. 1991, 9 C 66/91, n. v.; kritisch *Hörl*, ZfS 1991, 145.
75 *Tröndle/Fischer*, StGB, 49. Aufl., § 142 Rn 11.
76 Urt. v. 4. 12. 1997, VRS 96, 241.
77 Urt. v. 23. 6. 1995, 4 U 301/94, n. v.
78 BGH 3. 3. 1982, NJW 1982, 1386; OLG Düsseldorf 3. 2. 1994, OLGR 1994, 213.
79 BGH 20. 3. 1967, NJW 1967, 1222 mit Unterscheidung zwischen sog. „Blechschäden" und „Bagatellschäden"; BGH 3. 3. 1982, NJW 1982, 1386 (Lkw); BGH 3. 12. 1986, NJW-RR 1987, 436; OLG Köln 11. 6. 1975, DAR 1975, 327 (zum Begriff Unfallfreiheit); OLG Oldenburg 8. 11. 1990, NJW

Fehlerhaftigkeit nach § 459 Abs. 1 BGB

den Grundtatbestand des § 459 I BGB. Es wird die Auffassung vertreten, dass es bei arglistigem Verschweigen eines Sachmangels nicht darauf ankomme, ob dieser Mangel den Wert oder die Tauglichkeit des Kaufobjekts erheblich oder unerheblich mindert.[80] Auch bei Fehlen einer zugesicherten Eigenschaft gilt die Bagatellregel des § 459 I, 2 BGB nicht.[81] Ganz geringfügige Beschädigungen sind jedoch durch Auslegung des Begriffes „unfallfrei" auszuklammern, vgl. Rn 1789. Der BGH geht im Rahmen der Arglisthaftung noch einen Schritt weiter, indem er dem Verkäufer aufgrund der „besonderen Interessen- und Risikoverteilung im Gebrauchtwagenhandel" eine weitergehende Offenbarungspflicht als dem Verkäufer anderer Wirtschaftsgüter auferlegt.[82] Da der BGH die Grenze für offenbarungspflichtige Bagatellschäden bei **Personenkraftwagen** sehr eng zieht, wird er dem Vorschlag des 24. Verkehrsgerichtstages von 1986 eher skeptisch gegenüberstehen.[83] Bisher hat er sich damit nicht auseinandergesetzt.

Von der Abgrenzungsfrage Unfallschaden/Bagatellschaden zu unterscheiden ist folgende Fragestellung: Welchen Einfluss haben **Unfallreparaturarbeiten** auf die Einschätzung eines Gebrauchtwagens als vertragsgerecht oder fehlerhaft. Einigkeit besteht darin, dass ein Unfallschaden ein Sachmangel bleibt, wenn das Fahrzeug **unsachgemäß repariert** worden ist,[84] es sei denn, dass es unter ausdrücklichem Hinweis auf diesen Umstand oder als Bastler- oder Schrottwagen oder zum Ausschlachten verkauft worden ist. Zur Frage der Freizeichnung s. Rn 1973. **1590**

Ob ein Unfallschaden **technisch einwandfrei** beseitigt worden ist, bestimmt sich nach den herrschenden Regeln der Unfallreparaturtechnik.[85] Diese Regeln, die mehr sind als nur faktische Verhaltensmuster, unterliegen einem ständigen Wandel. Die Methoden der Unfallinstandsetzung aus den fünfziger und sechziger Jahren sind heute längst überholt. Was an Autos vor zwanzig Jahren noch tolerabel war, ist heute oft nicht mehr Stand der Technik. Eine Reparatur durch Richten und Ausbeulen muss qualitativ nicht schlechter sein als eine Reparatur unter **Einsatz von Neuteilen**.[86] Durch die Studie von *Sommer* „Crashverhalten unfallreparierter Fahrzeuge" ist diese Ansicht jedoch in Frage gestellt. Die Arbeit beschreibt die Auswirkung eines Folgeschadens an einem VW Golf, nachdem der Erst-Unfallschaden repariert worden ist. Ergebnis: 70% höhere Reparaturkosten durch umfangreichere Verformungen als beim Erst-Unfall. Auch wurde die Insassensicherheit bei dem Folgeschaden angezweifelt (Reaktion des Airbags nicht 100%). Die Automobilindustrie in Zusammenarbeit mit dem Allianzzentrum (AZT) hat inzwischen den Gegenbeweis geliefert. Danach hat eine fachgerecht unter Beachtung der Richtlinien der Automobilhersteller durchgeführte Reparatur keine Auswirkungen auf die Karosseriesteifigkeit und das Deformationsverhalten. Bei einem Folgeschaden tritt keine Erhöhung der Repararaturkosten auf. Ebenso wird die Sicherheit der Insassen in keiner Weise beeinträchtigt.[87] **1591**

Sofern eine Unfallinstandsetzung nicht in einer Kfz-Fachwerkstatt oder in einem Karosserie-Spezialbetrieb, sondern in **Eigenregie,** durch **Bekanntenhilfe** oder in **Schwarzarbeit** **1592**

1991, 1187; LG Aachen 29. 12. 1961, NJW 1962, 395; LG Bremen 13. 10. 1983, DAR 1984, 91; vgl. auch OLG Köln 6. 10. 1989, NZV 1990, 311 (bei Schramme im Blech keine Abrechnung auf Neuwagenbasis).
80 Vgl. Fn. 21.
81 So im Ergebnis auch OLG Hamm 14. 6. 1994, OLGR 1994, 181; ebenso LG Frankfurt 24. 9. 1997, 2/12 O 186/97, n. v.
82 Urt. v. 16. 3. 1977, NJW 1977, 1055.
83 Vgl. auch BGH 22. 2. 1984, WM 1984, 535, 537 mit Hinweis auf das Lkw-Urteil v. 3. 3. 1982, NJW 1982, 1386 = WM 1982, 511.
84 OLG Braunschweig 23. 8. 1991, Nds. Rpfl. 1992, 26; s. auch OLG Hamm 9. 9. 1996, DAR 1996, 499.
85 OLG Karlsruhe 19. 2. 1987, NJW-RR 1987, 889; OLG Karlsruhe 10. 5. 1996, SP 1996, 348.
86 So OLG Karlsruhe 10. 5. 1996, SP 1996, 348.
87 Vgl. Kfz-betrieb 1999, Nr. 49/50.

erfolgt ist, spricht eine tatsächliche Vermutung für **Pfusch- und Flickarbeit.** Andererseits kann auch in einer Fachwerkstatt eine sog. Behelfsreparatur („Notreparatur") oder auf besonderen Wunsch des Kunden eine „Billigreparatur" durchgeführt worden sein.[88] Bei Unfallschäden an älteren Fahrzeugen kommt Letzteres aus rein wirtschaftlichen Erwägungen nicht selten in Betracht. Ein weiteres Problem stellt sich, wenn die Instandsetzung – **zeitwertgerecht** – unter Verwendung von **Altteilen** durchgeführt worden ist. Die **Gebrauchstauglichkeit** (Betriebssicherheit und Verkehrssicherheit) muss voll gewährleistet sein. Auch der Wert eines auf diese Weise reparierten Fahrzeugs darf nicht geringer sein als derjenige eines „vollwertig" reparierten Unfallfahrzeugs.[89] Ein gleichfalls neues Phänomen ist der sog. **Reparaturtourismus.** Nach der Verkehrsanschauung ist ein Pkw sachmangelhaft, wenn er im osteuropäischen Ausland instand gesetzt worden ist.[90]

Zur Frage, ob und inwieweit sich der Verkäufer eines nicht einwandfrei reparierten Unfallwagens auf die übliche **Freizeichnungsklausel** berufen kann, siehe Rn 1973.

1593 Auch ein **sach- und fachgerecht** repariertes Unfallauto kann hinter den berechtigten Erwartungen des Käufers zurückbleiben und damit sachmangelhaft sein. In dem **merkantilen Minderwert** als solchem den Mangel zu sehen,[91] erscheint jedoch bedenklich. Das Fehlen des von den Parteien vorausgesetzten Wertes bzw. Marktpreises der Kaufsache macht auch beim weiten „subjektiven" Fehlerbegriff nicht den Sachmangel aus. Die vertragswidrige Beschaffenheit liegt vielmehr in der (verschwiegenen) **Vorschädigung,** die dem Fahrzeug trotz sach- und fachgerechter Instandsetzung wegen der realen Möglichkeit verborgener Restschäden weiterhin als Makel anhaftet.[92] Da bei einer ordnungsgemäßen Reparatur die Gebrauchstauglichkeit nicht ernsthaft in Frage steht, kommt es für die Gewährleistungspflicht des Verkäufers darauf an, ob der tatsächliche Wert des Fahrzeugs im Verhältnis zu dem vertraglich vorausgesetzten Wert erheblich niedriger ist. Dies ist der Fall, wenn der Käufer bei einem fiktiven (sofortigen) Wiederverkauf einen deutlichen Preisabschlag hinnehmen müsste. Bekanntlich besteht bei deutschen Gebrauchtwagenkäufern eine **spezifische Abneigung** gegen Unfallfahrzeuge. Sie erklärt sich nur zum Teil aus dem Restrisiko, welches auch bei optimaler Instandsetzung nicht sicher auszuschließen ist. In erster Linie geht es bei dem merkantilen Minderwert um ein **marktpsychologisches Problem.** Solange die Hälfte der deutschen Autofahrer „große Freude" am Autofahren verspürt und 56% die Frage, ob sie auf ihr Auto stolz seien, mit „unbedingt" oder „überwiegend" beantworten,[93] werden Unfallfahrzeuge auch nach einer ordnungsgemäßen Reparatur Unfallfahrzeuge bleiben und auf dem Gebrauchtwagenmarkt geringer bewertet werden als unfallfreie Vergleichsfahrzeuge.

1594 Ob der gekaufte Wagen am Tag seiner Auslieferung allein aufgrund des reparierten Vorschadens einen **geringeren Marktwert** als ein sonst gleichwertiges Fahrzeug ohne – beseitigten – Unfallschaden hat, lässt sich nicht anhand von Tabellen oder mit Hilfe ähnlich schematischer Wertermittlungsmethoden beurteilen. Maßgeblich sind die konkreten Bedingungen des Marktes am Übergabetag gerade für den gekauften Fahrzeugtyp. Es kommt auf die individuelle Marktgängigkeit des Kaufobjekts an.[94] Bei einem „Marktrenner" spielt z. B.

---

88 Zur Abgrenzung s. *Hanel,* Rechtsfragen der Kfz-Werkstatt, 3. Aufl., 1988, S. 57.
89 Zu diesem Themenkreis s. *Reinking,* DAR 1999, 56; *Pamer,* DAR 2000, 150.
90 OLG Celle OLGR 1996, 208 – Polen; vgl. auch OLG Köln VersR 1994, 111 = OLGR 1993, 301 – Türkei; s. auch *Otting,* DAR 1997, 291.
91 So BGH 22. 6. 1983, NJW 1983, 2242; OLG Bremen 2. 7. 1968, DAR 1968, 269; OLG Köln 24. 2. 1972, 10 U 95/71, n. v.; MK-*Westermann,* § 459 Rn 37; vgl. auch *Rixecker,* DAR 1986, 106, 107; *Hörl,* DAR 1986, 97, 101; *ders.,* ZfS 1991, 145; allgemein zum Problem *Soergel/Huber,* § 459 Rn 61 ff.; *Grunewald,* S. 78 f.
92 Vgl. auch BGH 10. 10. 1977, NJW 1978, 261, 262; OLG München 14. 7. 1981, DAR 1982, 100; OLG Düsseldorf 9. 11. 1995, OLGR 1996, 41 – Neufahrzeug.
93 So das Ergebnis einer Allensbach-Umfrage, veröffentlicht in AH 1987, Heft 1.
94 So auch *Hörl,* ZfS 1991, 145.

Fehlerhaftigkeit nach § 459 Abs. 1 BGB   Rn 1595

ein fachmännisch reparierter Heckschaden bei der Preisbildung so gut wie keine Rolle. Anders verhält es sich bei wenig marktgängigen Fahrzeugtypen.[95] Sie können durch den Unfall erst recht unverkäuflich werden. Im Übrigen gilt der Satz: Je älter ein Fahrzeug und je höher seine Laufleistung ist, je länger es sich nach einem Unfall bewährt hat und je tiefer sein Wert im Unfallzeitpunkt schon gesunken war, desto mehr geht der merkantile Minderwert in Richtung Null. Bei älteren Fahrzeugen wird eine ordnungsgemäße Reparatur vielfach zu einer **Wertsteigerung** führen. Deshalb verneinen *Ruhkopf/Sahm* einen merkantilen Minderwert bei Fahrzeugen, deren Zeitwert unter 40% des Neuwertes gesunken ist.[96] Gerade in dieser Preiskategorie liegt der durchschnittliche Gebrauchtwagen. In der Rechtsprechung zum Unfallschadensrecht ist die Tendenz zu beobachten, den früher eher großzügig gewährten Anspruch auf Ersatz des merkantilen Minderwertes zu beschränken.

Reine Blechschäden in der Größenordnung bis 1000,– DM reichen nach einer Empfehlung des Verkehrsgerichtstages 1986 nicht aus, um nach fachgerechter Reparatur eine vertragswidrige Beschaffenheit des Kaufobjekts anzunehmen. Sofern diese Bagatellgrenze überschritten ist, ist erstens nicht automatisch eine Wertminderung anzusetzen, und zweitens reicht nicht jede Wertminderung aus, um einen Gewährleistungsmangel zu begründen, m. a. W.: Nicht jeder reparierte Unfallwagen ist sachmangelhaft.[97] Im Streitfall muss der Käufer das Vorhandensein eines merkantilen Minderwerts beweisen. Für die Geringfügigkeit der Wertminderung i. S. v. § 459 I, 2 BGB ist der Verkäufer beweispflichtig. Beide Fragen lassen sich nur mit Hilfe eines **Sachverständigen** zuverlässig klären.[98] Bei einem 10 Jahre alten Wohnwagen, der vor 7 Jahren einen Unfall hatte, ist ein (offenbarungspflichtiger) Fehler zu verneinen, sofern die Reparatur ordnungsgemäß war.[99]

c) Sonstige Fälle von Fehlerhaftigkeit i. S. v. § 459 I BGB

Neben der Fallgruppe „technische Defekte/Sicherheitsmängel" und den Unfallschadensfällen gibt es beim Gebrauchtwagenkauf eine **dritte Gruppe** von im Einzelnen ganz ungleichartigen Vertragsstörungen, die gleichfalls dem Sachmängelrecht unterstellt werden. Gemeinsames Merkmal der meisten Fälle ist die Tatsache, dass es nicht um die physische Beschaffenheit des Kfz, sondern um seine **Beziehung zur Umwelt** geht. Insoweit kommen als Fehler im Sinne von § 459 I BGB in Betracht: 1595

– höheres Alter
– höhere Zahl von Vorbesitzern
– falscher Kilometerstand/höhere Gesamtfahrleistung
– atypische Vorbenutzung
– Fehlen oder Erlöschen der Betriebserlaubnis wegen Fahrzeugveränderung/vorübergehende Zulassungs- und Gebrauchshindernisse
– Falscheintragung im Fahrzeugbrief
– Veränderungen an der Fahrgestellnummer
– Fehlen des Versicherungsschutzes
– Fehlen der TÜV- und AU-Abnahme
– Fehlen von Steuerbefreiung bzw. -vergünstigung
– Fehlen von Garantieschutz
– Fehlen von Bordunterlagen (Serviceheft, Betriebsanleitung etc.)

---
95 Geringe Stückzahl, geringe Nachfrage, hoher Preis, dazu AG Essen 16. 5. 1988, NZV 1989, 229.
96 VersR 1962, 596; kritisch *Hörl*, ZfS 1991, 145; für Ersatz des merkantilen Minderwertes auch bei älteren Fahrzeugen OLG Düsseldorf 17. 11. 1986, DAR 1988, 159.
97 So auch *Rixecker*, DAR 1986, 106, 108.
98 Dazu *Hörl*, ZfS 1991, 145, 149, KG 9. 7. 1994, VRS 87, 411.
99 OLG Köln 16. 6. 1991, NJW-RR 1992, 49.

- Nichtdurchführung von Wartungsarbeiten und Inspektionen
- Chip-Tuning

Höheres Alter als Fehler

1596 Verkäuferinformationen über das Fahrzeugalter oder das Alter bestimmter Bauteile (z. B. Motor) bewertet die Rechtsprechung im Allgemeinen als Eigenschaftszusicherungen i. S. v. § 459 II BGB (dazu ausführlich Rn 1661 ff.). Wenn Baujahr- bzw. Erstzulassungsangaben fehlen oder nicht bewiesen sind, ist das maßgebliche **Soll-Alter** anhand der sonstigen Vertragsumstände zu ermitteln. Der Käufer, der sich nach dem Alter des Fahrzeugs nicht erkundigt, geht ersichtlich davon aus, dass es so alt ist, wie es das im **Fahrzeugbrief** eingetragene Datum der **Erstzulassung** vermuten lässt. Beim Vertragsschluss wird normalerweise stillschweigend zugrunde gelegt, dass das Fahrzeug in dem Jahr gebaut worden ist, auf das der Zeitpunkt der Erstzulassung schließen lässt (z. B. EZ Feb. 98 = Baujahr 97, EZ Juli 98 = Baujahr 98). Dies auch dann, wenn der Käufer die Fahrzeugpapiere, insbesondere den Fahrzeugbrief, wider alle Vernunft nicht eingesehen haben sollte. Das Baujahr ist nicht offen ausgewiesen; zur Entschlüsselung der Fahrzeugidentifizierungsnummer s. Rn 1663. Kein verlässliches Altersindiz ist das Datum der Erstzulassung bei Fahrzeugen, die bereits im **Ausland** zugelassen waren, z. B. bei Reimporten.[100] Auch bei Privatfahrzeugen von Angehörigen der Stationierungsstreitkräfte ist die Eintragung der EZ mit Vorsicht zu behandeln. Immer muss beachtet werden, dass das im Brief eingetragene Datum der EZ nur den Zeitpunkt der EZ im Geltungsbereich der StVZO darstellt. Im Übrigen wird der Inhalt einer **stillschweigenden „Vereinbarung"** über das Alter durch den Kaufpreis, die Fahrleistung und den allgemeinen Erhaltungszustand bestimmt.[101] Auch das äußere Erscheinungsbild kann von Bedeutung sein, z. B. die Ausrüstung mit Teilen, die für ein bestimmtes Modell (Baujahr) typisch sind.

1597 Weicht das Soll-Alter von dem wirklichen Alter erheblich zum Nachteil des Käufers ab, ist das Auto in der Regel sachmangelhaft.[102] Dem BGH (VII. ZS) kann nicht gefolgt werden, wenn er einen Fehler erst und nur dann bejaht, wenn durch das höhere Alter die Eignung des Fahrzeugs zum gewöhnlichen Gebrauch eingeschränkt wird.[103] Da der Unterschied zwischen Ist-Alter und Soll-Alter in der Praxis mindestens ein Jahr beträgt, was bereits etwa 10% der mutmaßlichen Nutzungsdauer eines Pkw ausmacht, wird in solchen Fällen eine erhebliche **Minderung des Fahrzeugwertes** zu bejahen sein, auch wenn das Fahrzeug im Zeitpunkt der Übergabe voll funktionsfähig gewesen ist. Es liegt auf der Hand, dass der Wert eines Fahrzeugs, das regelmäßig als längerfristiges Wirtschaftsgut angeschafft wird, erheblich durch die Tatsache beeinflusst wird, dass es aus einem früheren (älteren) Baujahr stammt.[104] Gerade deshalb ist das Alter eine verkehrswesentliche Eigenschaft, was auch vom BGH nicht geleugnet wird.

1598 Die Rechtsprechung macht nicht nur den Fehler, ausschließlich auf das Kriterium Gebrauchstauglichkeit abzustellen. Dieser Begriff wird auch zu eng verstanden. Die Tauglichkeit zum „gewöhnlichen Gebrauch", um diesen Auffangtatbestand geht es meistens, ist bei

---

100 Dazu OLG Hamm 12. 10. 1990, NJW-RR 1991, 505; OLG Celle 26. 2. 1998, OLGR 1998, 160.
101 Gegen die Annahme einer solchen „Vereinbarung" OLG Hamm 22. 6. 1993, DAR 1994, 120 = OLGR 1993, 301.
102 OLG Celle 26. 2. 1998, OLGR 1998, 160 (30 Monate bei Vorführfahrzeug; OLG Düsseldorf 28. 5. 1993, 22 U 283/92, OLGR 1/94 – Ls. (Abweichung des EZ-Datums um 8 Monate); anders OLG Düsseldorf 9. 6. 1989, 16 U 209/88, n. v. – EDV-Anlage.
103 Urt. v. 26. 10. 1978, NJW 1979, 160; v. 9. 10. 1980, NJW 1981, 224 (Mähdrescher); ebenso OLG Hamm 22. 6. 1993, DAR 1994, 120; offen gelassen von BGH (VIII. ZS) 17. 5. 1995, NJW 1995, 2159; s. auch BGH (VIII. ZS) 6. 12. 1995, NJW 1996, 584 („allenfalls").
104 Als Faustformel kann gelten, dass der Wertverlust zu je 50% auf dem Alter und der bisherigen Laufleistung beruht.

einem Kfz mehr als bloße Funktionsfähigkeit zu einem bestimmten Zeitpunkt. Dieses Kriterium enthält auch ein zeitliches Element: technisch und rechtlich (StVZO) ungestörte Mobilität innerhalb einer bestimmten Zeit. Je reparaturanfälliger ein Fahrzeug ist, desto stärker ist der Gebrauchsnutzen beeinträchtigt. Die Reparaturanfälligkeit ist wiederum abhängig vom Alter (Hauptgefahr insoweit: Korrosion) und von der Laufleistung. Zur Gebrauchstauglichkeit gehört auch der Prestigenutzen, ein Aspekt, der beim Kauf eines Sportwagens Modell XY einen höheren Stellenwert hat als beim Erwerb eines Durchschnittsautos. Diese Zusammenhänge verkennt das OLG Stuttgart, wenn es sagt, Modell und Alter eines gebrauchten Pkw seien regelmäßig (!) ohne Einfluss auf die Gebrauchstauglichkeit.[105] Für diese kühne These kann es auch nicht den BGH in Anspruch nehmen. Er hat im Mähdrescher-Fall (NJW 1981, 224) weitaus vorsichtiger formuliert. Festzuhalten bleibt, dass ein höheres Alter unter **zwei Aspekten** (Eignung und Wert) zur Sachmängelhaftung führen kann, d. h., eine – von der Freizeichnungsklausel nicht erfasste – Anfechtung wegen Eigenschaftsirrtums (§ 119 II BGB) ist dann ausgeschlossen,[106] s. auch Rn 2056.

Höhere Zahl von Vorhaltern und Vorbesitzern als Fehler

Eigentum, Haltereigenschaft, Besitz und Benutzung (Fahrer/Führer) können, müssen aber nicht zusammenfallen. Nicht selten sind vier verschiedene (juristische oder natürliche) Personen in der vorbezeichneten Weise an einem Kraftfahrzeug beteiligt. Im Fahrzeugbrief stehen diejenigen Personen, auf deren Namen das Fahrzeug zum Verkehr zugelassen worden ist. Nach dem Verständnis der StVZO und der Zulassungsstellen sind damit die Halter gemeint. So ist z. B. auf Seite 6 der amtlichen Fahrzeugbriefvordrucke von „weiteren Halter-Eintragungen" die Rede. Im Einklang damit wird in den üblichen Kaufvertragsformularen nach der „Zahl der Halter lt. Fz-Brief" gefragt. Die Formulierung „Zahl der Vorbesitzer lt. Fz-Brief" ist selten geworden. Beide Klauseln sind synonym. „Vorbesitzer" ist hier identisch mit (Vor-)Halter. Der im Brief dokumentierte Halterwechsel wird auch als „Besitzumschreibung" bezeichnet. Die wahren Besitzverhältnisse können ganz anders sein. So kann ein und dasselbe Fahrzeug nur einen eingetragenen Halter, aber mehrere (unmittelbare) Besitzer gehabt haben. Normalerweise ist mit dem Halterwechsel auch ein Besitzerwechsel verbunden. Bei einem mehr als nur vorübergehenden Standortwechsel (Umzug) ist trotz unveränderter Besitzverhältnisse eine neue Haltereintragung erforderlich (§ 23 StVZO). 1599

Nach einer Untersuchung der DAT sind $2/3$ der Gebrauchtwagenkäufer der Ansicht, dass sich eine höhere Zahl von Vorbesitzern (Voreintragungen) negativ auf den Wert von Personenwagen auswirkt,[107] zumal bei schneller Folge der Besitzumschreibungen. Auf die Anzahl der tatsächlichen Benutzer (Fahrer) – nur der eingetragene Halter oder auch dessen Angehörige, Angestellte u. a.? – kommt es für die Wertschätzung weniger an. Dieser Punkt liegt auch meist im Dunkeln. 1600

Da vor allem der Wert, aber auch die Gebrauchstauglichkeit bei einer höheren Anzahl von Vorbesitzern bzw. Vorhaltern beeinträchtigt sind, liegt in der Regel ein Fehler i. S. v. § 459 I BGB vor.[108] Dies selbst dann, wenn einer der eingetragenen Vorhalter den Wagen nachweislich nicht benutzt hat. Auch ein Eigentümerwechsel, der sich im Fahrzeugbrief nicht niedergeschlagen hat, stellt einen Sachmangel dar, sofern der unmittelbare Besitz auf eine andere 1601

---

105 Urt. v. 17. 3. 1989, NJW 1989, 2547; ablehnend auch *Soergel/Huber,* vor § 459 Rn 194, Fn. 30; *Giesen,* Jura 1993, 354, 369.
106 So auch – mit unterschiedlicher Begründung – die nahezu einhellige Meinung im Schrifttum, vgl. *Flume,* DB 1979, 1637; *Honsell,* JuS 1982, 810; *Soergel/Huber,* § 459 Rn 305; *Giesen,* Jura 1993, 369; für die Anwendung von Gewährleistungsrecht auch der österreichische Oberste Gerichtshof, Urt. v. 16. 2. 1960, EvBl. 1960, Nr. 138; vgl. auch *Berg,* JuS 1981, 179 und JR 1979, 156.
107 DAT-Gebrauchtwagenreport 1977, S. 17; vgl. auch *Kuckertz,* S. 71.
108 LG Gießen 2. 9. 1959, DAR 1960, 14; LG Köln 3. 10. 1980, 11 S 134/80, n. v.; LG Köln 25. 10. 1983, 3 O 491/87, n. v.; s. auch BGH 7. 3. 1978, NJW 1978, 1373.

Person übertragen worden war. Auf die Dauer des Zwischenbesitzes und den tatsächlichen Gebrauch kommt es allenfalls bei der Frage der Erheblichkeit (§ 459 I, 2 BGB) an. Eine im Kaufvertrag nicht mitgeteilte weitere Haltereintragung ist nach Ansicht des OLG Celle[109] ausnahmsweise wertneutral, wenn das Fahrzeug als Taxi benutzt worden ist und die zusätzliche Haltereintragung nachprüfbar nicht mit einem Besitzwechsel verbunden war.

1602 Dazu, wann die Anzahl der Vorhalter/Vorbesitzer eine **zugesicherte** Eigenschaft im Sinne von § 459 II BGB ist, s. Rn 1803 f. Bei einer Fehlerhaftigkeit nach Abs. 1 wird die Haftung häufig an § 460 S. 2 BGB scheitern. Auch von einem Privatkäufer ist zu verlangen, dass er bei der ohnehin erforderlichen Prüfung des Fahrzeugbriefes einen Blick auf die Anzahl der Voreintragungen wirft.[110] Zur Arglisthaftung bei EU-Fahrzeugen s. Rn 1893.

Falscher Kilometerstand/höhere Gesamtlaufleistung als Fehler i. S. v. § 459 I BGB

1603 Nicht immer ist die km-Laufleistung Gegenstand einer **Zusicherung** im Sinne des § 459 II BGB (dazu ausführlich unter Rn 1717 ff.). Sie kann auch Inhalt einer **„einfachen" Beschaffenheitsvereinbarung** nach § 459 I BGB oder gar nicht „vereinbart" sein. Angesichts der Weite des Zusicherungsbegriffs gerade in km-Stand-Fällen bleibt für § 459 I BGB wenig Raum. Bei einem Verkauf ohne jegliche Angabe über den km-Stand und die Laufleistung kommt es auf die Normalbeschaffenheit an. Es gehört zu den Normaleigenschaften eines gebrauchten Kraftfahrzeugs, nicht wesentlich mehr gelaufen zu sein, als der Kilometerzähler anzeigt. Das Auseinanderklaffen von Gesamtfahrleistung und Tachostand ist auch bei solchen Fahrzeugen eine Ausnahme, die noch nicht mit einem sechsstelligen Zählwerk ausgerüstet sind. Der durchschnittliche km-Stand eines gebrauchten Pkw im Verkaufszeitpunkt liegt seit Jahren mit etwa 70 000 deutlich unter der „Umspringgrenze" von 99 999.

1604 Stimmt der Stand des Kilometerzählers mit der wirklichen Fahrleistung nicht überein, so liegt ein Fehler gem. § 459 I BGB vor, wenn der Käufer unter den konkreten Umständen, insbesondere mit Rücksicht auf das Alter des Fahrzeugs, berechtigterweise von der Richtigkeit des angezeigten Kilometerstandes im Sinne einer Gesamtfahrleistung ausgehen durfte.[111] Die durchschnittliche Laufleistung von Personenkraftwagen pro Jahr bietet beim Pkw-Kauf eine wertvolle Orientierungshilfe (1998/1999 ca. 13 000 km). Wer ein Mercedes-Fahrzeug erwirbt, das vorwiegend geschäftlich genutzt worden ist, gar als Taxi, hat eine überdurchschnittliche Jahresfahrleistung in Rechnung zu stellen. 20 000 km pro Jahr sind insbesondere bei Diesel-Fahrzeugen nicht ungewöhnlich. Auch Behördenfahrzeuge haben eine überdurchschnittliche Fahrleistung. Zweitwagen liegen hingegen deutlich unter dem Durchschnitt.

1605 Zeigt der Kilometerzähler eines 8 Jahre alten Daimler-Benz 220 D eine Strecke von nur 25 000 km an, so spricht alles dafür, dass dieser Wagen bei einem dem Fahrzeugalter entsprechenden Kaufpreis in Wirklichkeit 125 000 km, jedenfalls deutlich mehr als die angezeigte Strecke, zurückgelegt hat. Um Divergenzen von jeweils 100 000 km (ausgelöst durch das Umspringen des fünfstelligen Zählwerks) ging es auch in den Entscheidungen OLG Frankfurt BB 1980, 962; OLG Oldenburg MDR 1978, 844; OLG Köln MDR 1975, 53; OLG München DAR 1974, 296 und OLG Hamm NJW 1968, 903.

1606 Wird ein Fahrzeug unter der erklärten oder stillschweigenden Voraussetzung verkauft, dass es mit dem Orginaltacho ausgerüstet sei, so hat das Fahrzeug einen Fehler, wenn nachträglich

---

109 Urt. v. 21. 6. 1990, NJW-RR 1990, 1527.
110 LG Köln 25. 10. 1988, 3 O 491/87, n. v.
111 OLG Düsseldorf 15. 10. 1992, OLGR 1993, 81; OLG Köln 26. 2. 1986, OLGZ 1987, 439 = NJW-RR 1986, 988 (Motorrad); OLG Zweibrücken 25. 10. 1984, DAR 1986, 89; OLG Karlsruhe 17. 11. 1970, JZ 1971, 294; OLG Celle 5. 1. 1959, DAR 1959, 209 = BB 1959, 249; OLG Köln 6. 6. 1974, DAR 1975, 53; OLG Frankfurt 16. 10. 1979, BB 1980, 962; LG Münster 6. 10. 1993, ZfS 1993, 409; OLG Celle 9. 6. 1994, OLGR 1995, 35 (Ankauf).

Fehlerhaftigkeit nach § 459 Abs. 1 BGB

ein gebrauchter Ersatztacho eingebaut worden ist.[112] Bei einer **Tachoauswechselung** ohne genauen km-Nachweis durch eine autorisierte Werkstatt ist die wirkliche Fahrleistung nicht mehr kontrollierbar. Auch ein nicht ausräumbarer **Manipulationsverdacht** kann die Sachmängelhaftung auslösen. Der Verdacht muss auf **konkrete** Tatsachen gestützt werden können und vom Käufer durch zumutbare Maßnahmen nicht zu beseitigen sein. Die einzelnen Verdachtsmomente müssen nachweislich aus der Zeit vor Übergabe des Fahrzeugs herrühren.[113]

Nur eine **erheblich** höhere tatsächliche Fahrleistung als die nach dem Tachostand vertraglich vorausgesetzte wird von der Rechtsprechung als Fehler im Sinne von § 459 I BGB angesehen. Ohne Cirka-Klausel oder eine den Umständen nach stillschweigend vereinbarte Einschränkung ist die Frage nach der vom Käufer hinzunehmenden Abweichung weniger ein Problem der Soll-Beschaffenheit als vielmehr eine Frage der **Wertminderung** und deren **Erheblichkeit.** Grundsätzlich wird man sagen können, dass der Käufer eines älteren Fahrzeugs mit hoher Laufleistung eine größere Abweichung zu akzeptieren hat als der Erwerber eines jüngeren Wagens. Eine Divergenz von 40% – wie im Fall OLG Celle DAR 1959, 209 – braucht ein Käufer in keinem Fall hinzunehmen. Das OLG Zweibrücken hat bei einem älteren Mercedes 450 SLC mit mehr als 160 000 km eine nachgewiesene Abweichung von mindestens 8000 km als erheblich angesehen.[114] Demgegenüber meint das OLG Schleswig, dass eine Abweichung von 7711 km bei zugesicherten 85 531 km nicht genüge, um die Zusicherungshaftung zu begründen.[115] Im Rahmen des – meist einschlägigen – § 459 II BGB löst die Rechtsprechung das Abweichungsproblem durch eine interessengerechte Vertragsauslegung.[116] Die Haftung für zugesicherte Eigenschaften tritt nämlich unabhängig von einer Beeinträchtigung des Wertes oder der Tauglichkeit der Sache ein. Fehlangaben unter 1% der Gesamtfahrleistung sind regelmäßig unerheblich im Sinne von § 459 I BGB. Überschritten ist die Bagatellgrenze jedenfalls bei einer Abweichung um mehr als die durchschnittliche Jahresfahrleistung (bei Pkw z. Zt. etwa 13 000 km).[117]

Die **Abweichung** zwischen der Soll-Fahrleistung und der Ist-Fahrleistung im Zeitpunkt der Übergabe hat in jedem Fall der Käufer **darzulegen** und zu **beweisen.** Es genügt nicht, wenn er vorträgt, der Wagen bzw. der Motor müsse wesentlich mehr gelaufen sein, als der Tachometer ausweist.[118] Auf der anderen Seite ist es nicht erforderlich, die tatsächliche Fahrleistung zu behaupten. Hierzu wäre der Käufer kaum in der Lage, zumal bei einem Streit nur um die Laufleistung des Motors.[119] Der Käufer erfüllt seine **Darlegungspflicht,** wenn er Umstände vorträgt, aus denen geschlossen werden kann, dass der vertraglich vorausgesetzte Kilometerstand nicht der Wirklichkeit entspricht.[120] Dass an dem Tachometer manipuliert worden ist (z. B. durch Zurückdrehen des Zählwerks, Fahren mit ausgehängter Tachowelle, Einbau eines Ersatztachos), wird der Käufer nur selten in Erfahrung bringen, geschweige denn beweisen können. Anders als früher werden Pkw-Tachometer heute nicht mehr plombiert. Eine Plombierung war nur bei Taxis und Mietwagen vorgeschrieben. Der Käufer wird

---

112 OLG Köln 26. 2. 1986, NJW-RR 1986, 988 = OLGZ 1987, 439; LG Münster 6. 10. 1993, ZfS 1993, 409.
113 Vgl. auch OLG Hamm 1. 12. 1994, OLGR 1995, 41 (zeitlich nicht fixierbare Lötung am Tacho).
114 Urt. v. 25. 10. 1984, DAR 1986, 89.
115 Urt. v. 7. 2. 1985, AH 1985, 269 (Az. der Vorinstanz – LG Itzehoe – 3 O 749/82); vgl. auch OLG Köln 26. 2. 1986, NJW-RR 1986, 988; OLG Celle 9. 6. 1994, OLGR 1995, 35.
116 Vgl. auch Rn 1722, 1730.
117 Dann sind die Durchschnittspreise laut Preistabellen von DAT und Schwacke/Eurotax zu korrigieren. Bei einer geringeren Fahrleistung ist eine Werteinbuße kaum meßbar; s. auch die umfangreiche Rspr. zu falschen km-Angaben in Kfz-Versicherungsfällen, r + s 1995, 206 ff.
118 LG Köln 23. 11. 1978, 6 O 298/78, n. v.
119 Ohne besonderen Hinweis des Verkäufers ist davon auszugehen, dass der Kilometerstand die Fahrleistung des Fahrzeugs als Ganzes anzeigt.
120 Zustimmend LG Münster 6. 10. 1993, ZfS 1993, 409.

seinen Vortrag meist auf **Hilfstatsachen** stützen, z. B. auf ein Missverhältnis zwischen Alter und angeblicher Laufleistung. Hohe Fahrleistungen hinterlassen trotz aller Pflege Spuren, die auch durch eine noch so geschickte optische Aufbereitung nicht völlig beseitigt werden können. Aufschlussreich ist insbesondere der Zustand der Reifen und des Motors. Ob ein Fahrzeug 30 000 km oder 130 000 km gelaufen ist, kann ein Sachverständiger ohne Weiteres feststellen. Schwieriger ist der Nachweis, dass ein Fahrzeug nicht 60 000, sondern 80 000 km oder statt 130 000 km 230 000 km gelaufen ist. Hier kann häufig nur eine **Motormessung** (Vermessung der Zylinderbohrungen) letzte Klarheit bringen. Diese Methode ist indes umständlich und kostspielig. Die Ausleuchtung der Zylinder mittels eines Aviascopes kann genügen. Mitunter reichen schon die Eintragungen im Service-Heft (Scheckheft) oder Werkstattrechnungen zum Nachweis aus. Als Beweismittel kommt schließlich auch der Untersuchungsbericht des TÜV in Betracht. Aus statistischen Gründen wird darin der Tachometerstand im Zeitpunkt der Vorführung vermerkt.

Gelingt dem Käufer der Nachweis einer **Manipulation des Kilometerstandes,** so ist auch der gutgläubige Verkäufer gewährleistungspflichtig. Schon ein berechtigter **Manipulationsverdacht,** der auf konkrete Tatsachen gestützt und praktisch nicht auszuräumen ist, hat eine erhebliche Wertminderung zur Folge. Bei einem Wiederverkauf müsste der Käufer die Verdachtsgründe offenbaren, um sich nicht dem Vorwurf der Arglist auszusetzen.

Atypische Vorbenutzung als Fehler

1609 Gebrauchtwageninteressenten wird in den einschlägigen Fachzeitschriften immer wieder geraten, sich nach der **Art der Vorbenutzung** des angebotenen Fahrzeugs zu erkundigen, insbesondere die Haltereintragungen im Fahrzeugbrief auf etwaige **Firmenzulassungen** zu überprüfen. Personenkraftwagen mit gewerblicher Vorbenutzung gelten allgemein als nicht empfehlenswert. Dazu gehören vor allem Fahrzeuge von **Vertretern, Taxi-, Miet-** und **Fahrschulunternehmen.** Diese Einschätzung beruht – ähnlich wie bei reparierten Unfallfahrzeugen – vorwiegend auf einer gefühlsmäßigen Abneigung. Aus technischer Sicht sind die Vorbehalte kaum zu erklären. Es trifft nicht zu, dass Taxis, Mietwagen und Fahrschulwagen weniger sorgfältig gepflegt und gewartet werden als privat genutzte Durchschnittsautos. Bei Taxis besteht der Hauptunterschied darin, dass sie vorwiegend im Stadtverkehr eingesetzt werden. Der höhere Kaltstartanteil wirkt sich bei der heutigen Qualität der Motoren – bei Taxis überwiegend Dieselmotoren – nicht mehr nennenswert aus. Auch sonst ist der **Erhaltungszustand** der Taxis und Mietwagen objektiv besser als allgemein angenommen. Der Nachweis einer **erheblichen Beeinträchtigung der Gebrauchstauglichkeit** (§ 459 I, 2 BGB) dürfte dem Käufer in der Regel kaum gelingen. Eine überdurchschnittlich hohe Laufleistung indiziert zwar einen entsprechend stärkeren Verschleiß- und Abnutzungsgrad. Dies ist indes keine Besonderheit von Taxis und Fahrschulwagen. Da dem Käufer eines solchen Fahrzeugs die überdurchschnittlich hohe Gesamtfahrleistung bekannt oder jedenfalls erkennbar ist, kann eine Minderung der Gebrauchstauglichkeit im Allgemeinen nicht mit einer höheren Abnutzung begründet werden. Insbesondere bei Dieselfahrzeugen mit Automatik besteht insoweit kein erheblicher Unterschied zu privatgenutzten Fahrzeugen mit gleicher Laufleistung. Eine für den Käufer nachteilige Abweichung von der Soll-Beschaffenheit (rein private Vorbenutzung) wird, wenn überhaupt, nur unter dem Gesichtspunkt des **merkantilen Minderwertes** bejaht werden können. Abschläge vom Normalpreis sind bei Taxis, Miet- und Fahrschulwagen allgemein üblich. Die Preise in den Listen von DAT und Schwacke beziehen sich auf **überwiegend privat genutzte** Fahrzeuge.[121] Nicht anders verhält es sich bei den Privatmarktpreisen, die von der Fachzeitschrift auto, motor und sport in regelmäßigen Abständen veröffentlicht werden. Da Gebrauchtwageninteressenten nicht bereit sind, für ein Taxi, einen Miet- oder einen Fahrschulwagen den gleichen Preis zu bezahlen

---

[121] In der „SCHWACKE-Liste Pkw" nicht mehr ausdrücklich erwähnt; außergewöhnliche Einsatzbedingungen sind aber als Korrekturfaktor aufgeführt.

Fehlerhaftigkeit nach § 459 Abs. 1 BGB

wie für ein entsprechendes Normalauto, pflegen Händler bei der Hereinnahme von Altwagen danach zu fragen, ob eine solche Vorbenutzung gegeben ist. Beim Agenturgeschäft musste der Auftraggeber hierzu eine schriftliche Erklärung im Auftragsformular abgeben. In vielen Ankaufformularen („Ankaufscheinen"), inbesondere bei Inzahlungnahmen, ist eine entsprechende Rubrik vorhanden. Dass es sich bei atypischer Vorbenutzung (Verwendung) um einen **wertbildenden Faktor** handelt, geht auch aus einer vergleichbaren Rubrik in den meisten Kaufvertragsformularen hervor. Zur Frage, ob **ausdrückliche Angaben** über die Art der Vorbenutzung **Eigenschaftszusicherungen** darstellen, s. Rn 1800 ff.

Ob eine atypische Vorbenutzung zu einer Beeinträchtigung der Gebrauchstauglichkeit und/oder einer Wertminderung geführt hat, hängt von den Umständen des Einzelfalles ab. Entscheidend kommt es auf das Alter, die Fahrleistung, die Art des Motors (Diesel oder Otto) und die Dauer der atypischen Vorbenutzung an. Von Bedeutung ist auch, ob das Fahrzeug mit Schaltgetriebe oder Automatik ausgerüstet ist.[122] Der nur vorübergehende Einsatz als Taxi, z. B. von drei Vorbesitzern war nur einer ein Taxiunternehmer, löst keinen merkantilen Minderwert aus.[123] Bei einem langjährigen, ununterbrochenen Einsatz als **Fahrschulwagen**[124] ist zumindest eine erhebliche Wertminderung und damit ein (offenbarungspflichtiger) Sachmangel zu bejahen.[125] Offenbarungspflichtig kann auch ein früherer Einsatz als **Testfahrzeug**, z. B. beim Hersteller, sein.[126] Zum Verkauf eines Händlerfahrzeugs, das sowohl als Vorführwagen (dazu Rn 1806) als auch als Ersatzwagen für Werkstattkunden gedient hat, s. OLG Düsseldorf NJW-RR 1997, 427. 1610

Problematisch ist auch der Kauf von ehemaligen **Miet- und Leihwagen,** wenn diese Fahrzeuge nicht direkt vom Mietwagenunternehmer erworben werden. Die großen internationalen Autovermieter haben sog. Buy-Back-Vereinbarungen mit den Herstellern und Importeuren getroffen. Nach einer Nutzungsdauer von 4, 6 bzw. 12 Monaten kommen die Fahrzeuge zurück. Zurzeit beträgt der Anteil der Autovermieter am Gebrauchtfahrzeugmarkt ca. 10%. Bis zum Jahr 2005 dürfte sich dieser Anteil verdoppeln. Der Handel bietet diese Fahrzeuge nicht immer ausdrücklich als Ex-Mietwagen an. Eine Zulassungszeit von nur 6 Monaten[127] signalisiert aber, dass es sich um einen ehemaligen Mietwagen handelt. Ein weiterer Hinweis darauf ist – abgesehen von der Eintragung im Fahrzeugbrief – eine verkürzte TÜV-Frist. Ist die Mietwageneigenschaft beiden Seiten bekannt, kann sie einen Sachmangel nicht begründen (subjektiver Fehlerbegriff). Der Käufer, der erst nach der Auslieferung entdeckt, dass sein Auto als Mietwagen benutzt worden ist, wird einen Fehler i. S. v. § 459 I BGB mit folgenden Erwägungen begründen: 1. Erfahrungsgemäß wird mit fremdem Eigentum nicht so sorgfältig umgegangen wie mit einem eigenen Wagen; 2. ständiger Wechsel der Fahrer; 3. Unerfahrenheit mit dem gemieteten Fahrzeugtyp (keine sichere Beherrschung der Technik). Diese Gründe sind nicht von der Hand zu weisen, insbesondere bei Cabrios (verkratzte Rückfenster u. a.). Dennoch: Eine erhebliche **Beeinträchtigung der Gebrauchstauglichkeit** wird sich häufig nur schwer nachweisen lassen. Bei äußerlich sichtbaren Spuren hilft dem Verkäufer § 460 BGB; daneben der Grundsatz, dass eine Offenbarungspflicht schon bei bloßer Erkennbarkeit von Mängeln verneint wird (BGH NJW-RR 1994, 907; NJW-RR 1997, 270 – Hauskauf), jedenfalls bei Offenkundigkeit ausscheidet. Bei einem regel- und 1611

---

122 LG Wuppertal 28. 11. 1978, 5 O 216/78, n. v.
123 Mangel daher verneint von OLG Köln 12. 11. 1980, 16 U 1/79, n. v.; vgl. auch BGH 12. 5. 1976, BB 1977, 61 m. Anm. *Trinkner* = WM 1976, 740; LG Berlin 7. 2. 1975, VersR 1976, 396; OLG Düsseldorf 13. 7. 1995, 13 U 60/94 – Offenbarungspflicht bejaht; ca. 30-monatiger Einsatz als Taxi.
124 OLG Nürnberg 28. 3. 1985, MDR 1985, 672 = DAR 1986, 26; OLG Köln 11. 5. 1990, NJW-RR 1990, 1144; OLG Oldenburg 13. 6. 1983, DAR 1984, 86, 87.
125 Vgl. OLG Köln 20. 11. 1998, NZV 1999, 338 = OLGR 1999, 121.
126 OLG Köln 31. 10. 1985, 12 U 55/85, n. v. (Teststrecke insgesamt 10 000 km); LG Bonn 17. 2. 1989, 4 S 157/88, n. v.
127 So im Fall OLG Köln OLGR 1996, 262 = ZfS 1997, 56.

vorschriftsmäßig gewarteten Mietwagen dürfte der Verschleiß von Motor und sonstiger Mechanik im Allgemeinen nicht weiter fortgeschritten sein als bei einem privat genutzten Kraftwagen. Für das Gegenteil gibt es heute keine tatsächliche Vermutung mehr. Bleibt noch eine **Minderung des Fahrzeugwertes** als Kriterium für einen Sachmangel.[128] Für privat genutzte **Leasingfahrzeuge** gelten andere Regeln als für gewerblich genutzte Mietwagen. Die meisten Leasingverträge machen dem Leasingnehmer die Einhaltung der vorgeschriebenen Wartungs- und Pflegedienste zur Pflicht. Zumindest die Leasingfahrzeuge aus Privathand sind deshalb meist in einem überdurchschnittlich guten technischen Zustand. Für gewerblich genutzte Leasingwagen gilt dieser Erfahrungssatz nicht. Ihr Erhaltungszustand ist freilich nicht schlechter als der von Firmenwagen, die im Eigentum des Unternehmens standen. Ein Sachmangel im Rechtssinn ist in der Regel zu verneinen.

1612 Bei **Raucherfahrzeugen** und **Fahrzeugen von Tierhaltern** steht nicht die Technik, sondern eher die Hygiene auf dem Spiel. Da auch Personenwagen in erster Linie Gebrauchsgegenstände und keine Kultobjekte sein sollten, die Wirklichkeit sieht freilich oft anders aus, ist die Gebrauchstauglichkeit das entscheidende Kriterium, an dem Geruchsbelästigungen und ähnliche Störungen zu messen sind. Selbst wenn in krassen Fällen ein Fehler im Rechtssinn vorliegen sollte, wird man § 460 S. 2 BGB sehr sorgfältig zu prüfen haben.

Zu Vorführwagen, Dienstfahrzeugen und Geschäftswagen s. Rn 1806 f.

Erlöschen der Betriebserlaubnis/Zulassungs- und Benutzungshindernisse

1613 Ein Kraftfahrzeug, das im Zeitpunkt der Übergabe keine gültige **Betriebserlaubnis** hat, ist im Allgemeinen sachmangelhaft; ein Rechtsmangel liegt nicht vor.[129] Das Vorhandensein einer Betriebserlaubnis ist die Grundvoraussetzung für eine rechtlich zulässige Benutzung eines Kfz im Straßenverkehr. Das Erlöschen der im Regelfall **allgemein erteilten** Betriebserlaubnis (§ 20 StVZO) gem. § 19 II StVZO hat zur Folge, dass das Fahrzeug auf öffentlichen Straßen nicht mehr gefahren werden darf. Vorsätzliche oder fahrlässige Verstöße gegen dieses Verbot sind Ordnungswidrigkeiten i. S. d. § 69a Abs. 2 Nr. 3 StVZO.[130] Zudem besteht die Gefahr des Regresses nach einem Unfall wegen Verlustes des Versicherungsschutzes (§§ 23, 25 VVG).

1614 Die **Allgemeine Betriebserlaubnis** (ABE) bleibt, wenn sie nicht ausdrücklich entzogen wird, bis zur endgültigen Außerbetriebsetzung des Fahrzeugs wirksam, solange nicht Teile des Fahrzeugs verändert werden, deren Beschaffenheit vorgeschrieben ist und deren Betrieb eine Gefährdung anderer Verkehrsteilnehmer verursachen kann (§ 19 Abs. 2 S. 1 StVZO). **Natürlicher Verschleiß** lässt die Betriebserlaubnis unberührt. Darüber, welche Veränderungen am Fahrzeug die Allgemeine Betriebserlaubnis und damit auch die Zulassung im Sinne von § 18 Abs. 1 StVZO automatisch erlöschen lassen, gibt der BMV-Beispielkatalog Auskunft.[131] Freilich ist er weder erschöpfend noch verbindlich. Er dient lediglich der Auslegung des § 19 Abs. 2 StVZO. Für den Gebrauchtwagenkauf von besonderer Bedeutung sind die Fälle der **Veränderungen am Motor,** sei es durch Einbau eines Ersatzmotors, sei es durch Veränderungen des Orginalmotors. Daneben spielen **Fahrwerksveränderungen** und **Reifenumrüstungen** eine Rolle, wie z. B. in BGH NJW-RR 1991, 870. Zur Auswechslung des

---

128 Dazu OLG Köln 29. 5. 1996, NZV 1997, 312 = ZfS 1997, 56 = VRS 93, 1 – Verkauf eines in den ersten 6 Monaten als Mietfahrzeug gelaufenenen Fahrzeugs durch den zweiten Halter nach eigener fast zweijähriger Besitzzeit; Offenbarungspflicht zutreffend verneint.
129 RG 4. 2. 1936, JW 1936, 1888; BGH 10. 7. 1953, BGHZ 10, 242; BGH 23. 2. 1960, VIII ZR 57/59, n. v. (mitgeteilt von *Mezger,* WM 1973, Sonderbeilage Nr. 1, S. 37); vgl. auch BGH 30. 1. 1991, NJW-RR 1991, 870 = WM 1991, 1041 (umgerüsteter Vorführwagen); BGH 22. 2. 1984, NJW 1984, 2287 (Fehlen einer Typ-Prüfung bei einem Kran); OLG Karlsruhe 1. 7. 1953, RdK 1954, 58 (fehlende Zulassungsfähigkeit bei Kfz-Anhänger).
130 Näher dazu *Eggert,* DAR 1985, 143, 149.
131 Abgedruckt bei *Jagusch/Hentschel,* § 19 StVZO.

Fehlerhaftigkeit nach § 459 Abs. 1 BGB

gesamten **Rahmens** eines Motorrades s. OLG Karlsruhe VRS 84, 241; vgl. auch OLG Oldenburg BB 1995, 430.

Motorumrüstungen werden von der **Rechtsprechung** in erster Linie unter dem Gesichtspunkt der **Zusicherungshaftung** erörtert, s. dazu Rn 1759 ff. Sofern eine Eigenschaftszusicherung nicht festgestellt werden kann, geht es um Fehlerhaftigkeit nach § 459 I BGB, meist i. V. m. §§ 463 S. 2, 476 BGB.[132] Dies selbst dann, wenn eine dem Käufer mitgeteilte Fahrzeugveränderung durch eine konkrete Betriebserlaubnis mit Einzelabnahme behördlicherseits gebilligt worden ist (vgl. §§ 21, 22 StVZO), sie aber in technischer Hinsicht einen Risikofaktor darstellt. So kann sich beispielsweise ein stärkerer Motor, dessen Einbau genehmigt worden ist, ungünstig auf den Verschleiß des Motors selbst, aber auch anderer Teile wie Getriebe oder Hinterachse auswirken. Diese gesteigerte Verschleißanfälligkeit kann als Mangel zu werten sein,[133] wobei aber im Rahmen der **Arglisthaftung** erhöhte Anforderungen an die subjektive Seite zu stellen sind, s. auch Rn 1894.

1615

Um die Sachmängelhaftung auszulösen, muss sich das Fehlen bzw. der Wegfall der Betriebserlaubnis in erheblicher Weise nachteilig auf die Gebrauchstauglichkeit und/oder auf den Fahrzeugwert ausgewirkt haben. Eine **erhebliche Beeinträchtigung** liegt nicht immer vor. Die Allgemeine Betriebserlaubnis erlischt vielfach schon bei Veränderungen, die ohne nennenswerten Kostenaufwand rückgängig gemacht werden können (z. B. Entfernen eines unzulässigen Spoilers oder einer nicht genehmigten Schalldämpferanlage) oder deren behördliche Genehmigung weder viel Geld noch viel Zeit kostet. Wo die Grenze zwischen Bagatellstörung und erheblichem Sachmangel verläuft, hängt von den Umständen des Einzelfalles ab. Eine nur kurze Nichtbenutzbarkeit des Fahrzeugs begründet noch keine Gewährleistungshaftung.[134]

1616

Im **Grenzbereich** zwischen Sachmängel- und Rechtsmängelhaftung liegen die Fälle, die dadurch gekennzeichnet sind, dass die Zulassungsbehörde die vom Käufer beantragte Neuzulassung (Ummeldung) verweigert oder von der Erfüllung bestimmter Auflagen und Bedingungen abhängig gemacht hat, z. B. einer Begutachtung durch einen amtlich anerkannten Sachverständigen für den Kraftfahrzeugverkehr. Diese Fälle werden in der Rechtsprechung[135] unter dem Stichwort „**Zulassungsmangel**" oder „rechtliche Zulassungsunfähigkeit" erörtert. Soweit das Zulassungshindernis seinen wahren Grund in der Beschaffenheit des Fahrzeugs hat, was regelmäßig der Fall sein wird, greift nach h. M. die Sachmängel-, nicht die Rechtsmängelhaftung ein;[136] zur Frage der Zusicherungshaftung s. Rn 1797.

1617

Die Verpflichtung des Verkäufers zur Übergabe der für die Ummeldung erforderlichen Unterlagen können die Vertragsparteien auch als **eigenständige Nebenpflicht** oder – wie beim Fahrzeugbrief – als **Hauptpflicht** ausgestaltet haben.[137] Nicht gefolgt werden kann dem OLG Stuttgart, wenn es einen Sachmangel darin sieht, dass der **Fahrzeugbrief** für die Zulassung nicht zur Verfügung stand, weil ein Dritter die Herausgabe verweigerte.[138] Der Hinweis des OLG Stuttgart auf die Entscheidung des BGH vom 10. 7. 1953[139] geht fehl. In

1618

---

132 Um Arglist i. S. von § 477 BGB ging es im Fall OLG Saarbrücken 27. 6. 1989, 7 U 135/88, n. v. (Verkauf eines Buggy durch Kfz-Meister); s. auch OLG Köln 2. 12. 1992, ZfS 1993, 85, 86.
133 Offen gelassen von LG Köln 23. 5. 1991, 2 O 479/90, n. v.
134 Grundlegend BGH 10. 7. 1953, BGHZ 10, 242 = NJW 1953, 1505 = LM Nr. 1 zu § 459 Abs. 1 m. Anm. *Lindenmaier:* zu weit OLG Stuttgart 10. 4. 1970, DAR 1971, 13; vgl. auch BGH 26. 4. 1991, NJW 1991, 2138 (Hauskauf).
135 Bereits RG 4. 2. 1936, JW 1936, 1888; OLG Karlsruhe 1. 7. 1953, RdK 1954, 58; OLG Stuttgart 1. 4. 1953, NJW 1953, 1264; OLG Oldenburg 7. 1. 1997, OLGR 1997, 151 – Klassiker-Nachbau.
136 So wohl auch *Soergel/Huber,* § 459 Rn 30 ff.; § 434 Rn 19 ff.
137 Zu diesem Ansatz s. BGH NJW 1981, 1564 und BGH NJW 1984, 2287 m. Anm. *Vollkommer/Teske,* JZ 1984, 844; vgl. auch *Soergel/Huber,* § 459 Rn 30, § 444 Rn 10.
138 Urt. v. 10. 4. 1970, DAR 1971, 13.
139 BGHZ 10, 242 = NJW 1953, 1505.

dem BGH-Fall hatte der Käufer einen Fahrzeugbrief erhalten, wenn auch mit der Besonderheit, dass die darin eingetragene Fahrgestellnummer nicht mit der ursprünglichen, sondern nur mit einer nachgeschlagenen Nummer übereinstimmte. Bei **Vorenthaltung des Fahrzeugbriefes** haftet der Verkäufer nach §§ 440 I, 320 ff. BGB, nicht nach §§ 459 ff. BGB.[140] Sachmängelrecht ist hingegen anwendbar, wenn dem Käufer daraus Nachteile erwachsen, dass Eintragungen im (ausgehändigten) Fahrzeugbrief nicht übereinstimmen mit der Beschaffenheit des Fahrzeugs selbst. Das Zueinanderpassen von Brief und Fahrzeug ist eine Sacheigenschaft des Kaufobjekts. Bei Nichtübereinstimmung der im Brief eingetragenen **Fahrgestellnummer** mit der tatsächlichen Fahrgestellnummer ist der Käufer zur Wandlung des Kaufvertrages berechtigt, sofern er nicht nur vorübergehend am Gebrauch des Fahrzeugs gehindert ist.[141] Bei nachträglicher Beseitigung des Zulassungsmangels kann das Festhalten am Wandlungsverlangen treuwidrig sein.[142]

1619 Hin und wieder kommt es vor, dass bei der Ausstellung der Fahrzeugpapiere **Eintragungsfehler** unterlaufen. Fehleranfällig sind insbesondere die Zulassungen gebrauchter **Import- und Reimportfahrzeuge.** Wird versehentlich ein unrichtiges Erstzulassungsdatum oder ein falsches Baujahr eingetragen, so kann – je nach vertraglich vorausgesetzter Beschaffenheit – ein Sachmangel im Sinne von § 459 I BGB vorliegen. Zur Altersproblematik bei Reimportfahrzeugen vgl. auch Rn 1666. Bei **Oldtimern** und Liebhaberfahrzeugen kann eine Äquivalenzstörung eher in einem zu geringen als einem zu hohen Alter liegen. Im Normalfall wird die Alterserwartung des Käufers nur enttäuscht sein, wenn das Fahrzeug tatsächlich älter ist, als es die Fahrzeugpapiere vermuten lassen. Ob man in dem höheren Alter des Fahrzeugs oder in der Falscheintragung einen Fehler erblickt, macht auch vom Standpunkt des BGH, wonach ein höheres Alter nicht schlechthin ein Sachmangel ist,[143] keinen Unterschied. Der Vermerk des Erstzulassungsdatums im Fahrzeugbrief enthält auch in Verbindung mit einem entsprechenden Hinweis im Kaufvertrag nicht die stillschweigende Zusicherung (§ 459 II BGB), dass diese Angabe inhaltlich richtig ist.[144]

1620 Wird bei der Ausstellung eines **Ersatzbriefes** aus der Reihe von mehreren Voreigentümern (Haltern) einer versehentlich nicht eingetragen, so kann auch dieser Umstand zur Sachmängelhaftung führen,[145] ebenso eine Abweichung bei der Herstellerangabe zwischen Ersatzbrief und Kaufvertrag (OLG Oldenburg NJW-RR 1995, 688).

1621 Bei Aushändigung eines Fahrzeugs mit einem **gefälschten Brief** ist – anders als bei Vorenthaltung des ganzen Briefes – grundsätzlich Sachmängelrecht anzuwenden, sofern man mit dem BGH das Vorhandensein eines mit dem verkauften Fahrzeug übereinstimmenden Briefes als Eigenschaft des Fahrzeugs ansieht.[146]

Zur Rechtslage beim Verkauf eines Fahrzeugs mit gefälschter oder zu Unrecht erteilter TÜV-Plakette s. Rn 1774 ff.

1622 Wird das Fahrzeug wegen des Verdachts einer vor dem Verkauf begangenen strafbaren Handlung gem. § 94 StPO **beschlagnahmt** oder findet eine **Sicherstellung** gem. §§ 111b, 111c StPO statt, so liegt darin weder ein Sach- noch ein Rechtsmangel.[147]

---

140 Dazu Rn 1318 f.
141 BGH 10. 7. 1953, BGHZ 10, 242 = NJW 1953, 1505; OLG Zweibrücken 4. 7. 1984, DAR 1985, 59; OLG Hamburg 12. 6. 1992, DAR 1992, 378; LG Freiburg 12. 5. 1953, DAR 1953, 212; a. A. OLG Hamm 24. 11. 1952, NJW 1953, 386; *Soergel/Huber*, § 459 Rn 30, § 444 Rn 10; *Schlechtriem*, NJW 1970, 1993; vgl. auch OLG Stuttgart 1. 4. 1953, NJW 1953, 1264.
142 Vgl. BGH 22. 2. 1984, NJW 1984, 2287, 2288.
143 Dazu Rn 1597; zum Problem der Amtshaftung s. BGH 26. 11. 1981, VersR 1981, 242.
144 Dazu Rn 1666.
145 Siehe auch Rn 1803 ff.
146 Urt. 10. 7. 1953, BGHZ 10, 242 = NJW 1953, 1505.
147 LG Bonn 23. 11. 1976, NJW 1977, 1822; *Soergel/Huber*, § 434 Rn 69; vgl. auch OLG München 26. 5. 1982, NJW 1982, 2330.

Veränderung der Fahrgestellnummer/Fahrzeugidentifizierungsnummer

Durch die 8. Änderungsverordnung zur StVZO wurde in § 59 die bisherige Bezeichnung „Fahrgestellnummer" den internationalen Bestimmungen angepasst und in „Fahrzeug-Identifizierungsnummer" (FIN) umbenannt. Außer auf dem Fabrikschild (Typenschild) muss die Fahrzeug-Identifizierungsnummer auf dem Fahrgestell gut sichtbar eingeschlagen oder eingeprägt angegeben sein (§ 59 II StVZO). Beide Nummern müssen übereinstimmen. Wird ein Fahrzeug ohne oder mit einer nur schwer lesbaren oder mit einer neuen Fahrzeug-Identifizierungsnummer verkauft, so kann darin, aber auch wegen des Manipulationsverdachts, ein Fehler im Sinne von § 459 I BGB liegen.[148] Wie bei einem (unfallbedingten) Einbau eines Ersatzrahmens zu verfahren ist, ist in § 59 II StVZO näher geregelt. Fahrzeuge, die ohne vorherigen Unfall „umgenummert" worden sind, dürften in der Regel gestohlen sein. Der gestohlene Wagen erhält eine Fahrzeug-Identifizierungsnummer, die mit der Nummer in einem echten Fahrzeugbrief übereinstimmt. Den Brief haben die Täter zusammen mit einem Unfallfahrzeug mit Totalschaden korrekt erworben. Passend zum Brief wird dann ein Fahrzeug gestohlen und „umgenummert".[149] Fahrzeuge mit sog. TP-Nummer im Fahrzeugbrief (Eigenfabrikate ohne Allgemeine Betriebserlaubnis) können gleichfalls sachmangelhaft sein. Allein mit der Vorlage des Briefes erfüllt der Verkäufer seine Offenbarungspflicht nicht.[150] Zur Aufklärungspflicht eines Gebrauchtwagenhändlers beim Verkauf eines Pkw, dessen FIN nach einem Diebstahl verfälscht und später an anderer Stelle neu eingestanzt worden ist, s. OLG Düsseldorf NZV 2000, 83 = OLGR 2000, 72.

Fehlen von Versicherungsschutz

Wenn jemand einen Gebrauchtwagen kauft, geht er im Allgemeinen davon aus, dass das Fahrzeug auch **haftpflichtversichert** ist. Ohne Deckungszusage eines Haftpflichtversicherers erfolgt keine Zulassung zum Straßenverkehr. Nur bei vorübergehend oder endgültig stillgelegten Fahrzeugen spricht der äußere Anschein gegen den Fortbestand des Versicherungsschutzes. Immer wieder kommt es vor, dass auch bei zugelassenen Fahrzeugen der Versicherungsschutz weggefallen ist,[151] sodass die Versicherung nach Leistung an einen unfallgeschädigten Dritten Rückgriff bei ihrem Vertragspartner nehmen kann. Durch den Übergang des Eigentums tritt der Käufer in das (gestörte) Versicherungsverhältnis ein (§ 158b VVG i. V. m. §§ 69 ff. VVG).[152] Damit droht dem Käufer die **Regressgefahr.**

Dem Käufer, der sich von der Regresshaftung freistellen lassen möchte, oder – nach Zahlung an die Versicherung – Ausgleich seines Schadens begehrt, ist mit der „einfachen" Sachmängelhaftung (Wandlung/Minderung) nicht gedient. Nur ein Schadensersatzanspruch hilft ihm weiter. Drei Anspruchsgrundlagen kommen in Betracht: Haftung aus § 463 S. 1 BGB wegen Fehlens einer (stillschweigend) zugesicherten Eigenschaft, Haftung aus § 463 S. 2 BGB wegen Verschweigens eines Mangels bzw. Vorspiegelung einer Eigenschaft und drittens Haftung aus culpa in contrahendo bzw. positiver Vertragsverletzung. Einen Sachmangel im Sinne der §§ 463 S. 2, 459 I BGB stellt das Fehlen des Haftpflichtversicherungsschutzes nicht dar.[153] Die Eigenschaft des Versichertseins ist auch keine zusicherungsfähige

---

[148] BGH 10. 7. 1953, BGHZ 10, 242 = NJW 1953, 1505; LG Göttingen 10. 12. 1953, DAR 1954, 134; OLG Hamburg 11. 7. 1958, BB 1958, 896; OLG Zweibrücken 4. 7. 1984, DAR 1985, 59; OLG Hamburg 12. 6. 1992, DAR 1992, 378; SchlHOLG 4. 7. 1996, OLGR 1996, 339 = ZfS 1997, 17; s. auch BGH 7. 5. 1997, NJW 1997, 3164; LG Aachen 17. 4. 1997, NJW-RR 1997, 155; OLG Düsseldorf 23. 7. 1999, 22 U 21/99, n. v.
[149] Vgl. BGH 7. 5. 1997, NJW 1997, 3164; SchlHOLG 4. 7. 1996, OLGR 1996, 339 = ZfS 1997, 17.
[150] Vgl. auch OLG Oldenburg 4. 7. 1962, MDR 1962, 901.
[151] Z. B. wegen Nichtzahlung der Erstprämie.
[152] BGH 7. 3. 1984, NJW 1984, 1967.
[153] *Grunewald,* S. 74, 75.

Eigenschaft im Sinne der §§ 463 S. 1, 459 II BGB.[154] Mit dem **BGH** ist dieser Störungsfall außerhalb des Gewährleistungsrechts anzusiedeln.[155] Verkauft ein **Kfz-Händler** unter Eigentumsvorbehalt einen ihm noch nicht gehörenden Pkw mit gültigem amtlichem Kennzeichen, so kann er sich wegen **positiver Vertragsverletzung** schadensersatzpflichtig machen, wenn er ohne eigene Nachforschungen über bestehenden Versicherungsschutz dem Käufer erklärt, dieser könne das Fahrzeug beruhigt fahren.[156] Werden in einem Verkaufsgespräch auch Versicherungsprobleme erörtert, ist die Erklärung eines Kfz-Händlers, der Kunde könne fahren, nur so zu verstehen, dass Versicherungsschutz tatsächlich bestehe. Wie eine vergleichbare Erklärung eines **Privatverkäufers** zu deuten ist und welche Aufklärungspflicht er hat, ist bislang nicht entschieden. Ungeklärt ist auch noch, ob ein Kfz-Händler von sich aus, also ungefragt, auf das Fehlen von Versicherungsschutz oder auf das Vorhandensein diesbezüglicher Zweifel hinzuweisen hat. Bei Bejahung einer Verkäuferhaftung wird sich der Käufer meist ein **Mitverschulden** (§ 254 BGB) anrechnen lassen müssen. Grundsätzlich ist es seine Sache, für einen wirksamen Haftpflichtschutz zu sorgen.[157]

Fehlen der TÜV-Abnahme/AU-Abnahme/Typ-Prüfung

1626 Das Fehlen einer gültigen Prüfplakette im Sinne von § 29 II StVZO (Hauptuntersuchung, kurz „TÜV") wird von Gebrauchtwagenkäufern nur selten beanstandet. Hauptstreitpunkt im Zusammenhang mit dem „TÜV" ist die Frage, welchen Erklärungswert Zusagen haben wie „TÜV neu" oder „TÜV 8/92". Dazu ausführlich unter Rn 1772 ff. Hat der Verkäufer eine sog. Typ-Prüfung nachzuweisen, was bei Sonderfahrzeugen wie etwa einem Baukran vorkommen kann, ist die Entscheidung des BGH vom 22. 2. 1984[158] zu beachten. Das Fehlen einer gültigen Typengenehmigung kann als Sachmangel, aber auch unter dem Gesichtspunkt der Verletzung einer vertraglichen Nebenpflicht zu werten sein.

Fehlen von Steuerbefreiung bzw. -vergünstigung

1627 Bis 1985 wurde die Kfz-Steuer für alle Fahrzeuge nach dem Satz von 14,40 DM pro 100 ccm Hubraum berechnet. Seit 1986 werden **schadstoffarme** Fahrzeuge gefördert und herkömmliche Fahrzeuge ohne Abgasreinigung mit höheren Kfz-Steuern belegt. Die sich daraus ergebenden kaufrechtlichen Probleme werden bei der **Zusicherungshaftung** erörtert, s. dazu Rn 1753 ff.

Fehlen von Garantieschutz

1628 Bei keinem anderen Kaufobjekt spielen „Garantien" eine so große Rolle wie beim Auto. Neben der Neufahrzeug-Gewährleistung, häufig fälschlich als „Garantie" bezeichnet, gibt es echte Garantien des Herstellers, sei es auf das gesamte Fahrzeug, sei es auf Teile, z. B. den Lack. Die meisten Hersteller geben zudem sog. Mobilitätsgarantien und Garantien gegen Durchrostung.[159] Während die Vollgarantie eine Regellaufzeit von einem Jahr haben, liegen die Fristen bei Lack- und Durchrostungsgarantien zwischen drei und zehn Jahren. Damit gewinnen solche Langzeit- und Anschlussgarantien auf Neufahrzeuge[160] auch beim GW-Kauf Bedeutung. Wie die Gewährleistungspflicht des Neuwagenhändlers von einem Eigentumswechsel unberührt bleibt (Ziff. VII, 5 NWVB), sind auch die Vollgarantien der Hersteller und deren Lack- und Durchrostungsgarantien in der Regel an das Fahrzeug und nicht an den Eigentümer gebunden. Auch Zweit- und Drittbesitzer können so in den Genuss dieser

---

154 A. A. OLG Köln 8. 2. 1955, DAR 1955, 161; vgl. auch Rn 1798 f.
155 BGH 26. 10. 1988, NJW-RR 1989, 211 = WM 1989, 26 = EWiR § 276 BGB 1/89, 129 *(Bischof)*; vgl. auch BGH 31. 10. 1990, NZV 1991, 108 (zweites Revisionsverfahren).
156 BGH, a. a. O., (Fn. 155).
157 BGH 7. 3. 1984, NJW 1984, 1968; BGH, a. a. O., (Fn. 155).
158 NJW 1984, 2287.
159 Vgl. *Eggert,* DAR 1989, 121.
160 Dazu Rn 595 ff.

Fehlerhaftigkeit nach § 459 Abs. 1 BGB

Garantien kommen. Nicht selten ist der Garantieschutz aber zwischenzeitlich weggefallen, weil bestimmte **Kontroll- und Nachbehandlungspflichten** nicht eingehalten wurden. So mancher Gebrauchtwagenkäufer hat eine unangenehme Überraschung erlebt, wenn der Hersteller ihm unter Hinweis auf derartige Versäumnisse den Garantieschutz versagt hat. Bei Gebrauchtwagen-Garantien,[161] die Vorbesitzern gewährt wurden, kann es zu einer vergleichbaren Situation kommen. Derartige Vertragsstörungen mit dem Gewährleistungsrecht zu erfassen, ist nicht unbedenklich. Das (Fort-)Bestehen von Garantieschutz wird man kaum als zusicherungsfähige Eigenschaft im Sinne des § 459 II BGB ansehen können. Es geht nämlich um eine rechtliche Beziehung außerhalb der Kaufsache, ähnlich dem Fehlen von Versicherungsschutz (vgl. dazu Rn 1624). Fraglich ist erst recht, ob das Fehlen von Garantieschutz oder dessen zeitliche bzw. inhaltliche Begrenzung als Fehler im Sinne des § 459 I BGB gewertet werden kann. Bei fehlenden oder zeitlich reduzierten „Werksgarantien" hat die Rechtsprechung dies vereinzelt getan.[162] Sachgerechter erscheint es, bei Pflichtwidrigkeiten des Verkäufers, z. B. unzureichende Aufklärung, Ansprüche aus c. i. c. oder pVV zu geben.[163] Der Garantieschutz kann auch durch Versäumnisse bei werksseitig vorgeschriebenen **Wartungen und Inspektionen** entfallen. Nachlässigkeiten des Verkäufers auf diesem Gebiet sind aber nicht in jedem Fall ein Sachmangel im Rechtssinn.[164] Der Garantieschutz kann auch dadurch in Frage gestellt sein, dass die zur Realisierung des Anspruchs erforderlichen Dokumente fehlen, z. B. das Serviceheft (Kundendienstscheckheft), dazu Rn 1629/1318.

Fehlen von „Bordunterlagen"

1629 Je mehr Elektronik-Systeme im Automobil eingesetzt werden, desto wichtiger wird für den Endverbraucher die Beherrschbarkeit der ihm angebotenen High-tech-Produkte. Die Betriebsanleitungen der Hersteller werden immer unentbehrlicher, zumal bei Fahrzeugen der Oberklasse. Der Gedanke liegt daher nahe, im Fehlen derartiger Unterlagen einen Sachmangel zu sehen, so wie die Rechtsprechung es bei der Bedienungsanleitung für Computer annimmt.[165] Soweit die Dokumente für die Verfolgung von Ansprüchen erforderlich sind, die – wie z. B. ein Garantieanspruch – nicht an die Person des Halters, sondern an das Fahrzeug gebunden sind, erscheint es sachgerecht, die Konfliktlösung außerhalb des Sachmängelrechts zu suchen, s. dazu Rn 1318/1319.

d) Der für die Fehlerhaftigkeit maßgebliche Zeitpunkt

1630 Der Käufer muss **darlegen** und **beweisen, dass** der Fehler im Zeitpunkt des Gefahrübergangs, also regelmäßig bei **Übergabe** des Fahrzeugs, vorhanden gewesen ist. Anders als dem Viehkäufer in § 484 BGB kommt dem Käufer eines Gebrauchtwagens **keine Mängelvermutung** zugute. Die Grundsätze des **Anscheinsbeweises** werden dem Gebrauchtwagenkäufer nur in Ausnahmefällen helfen, so z. B., wenn das Fahrzeug auf den ersten 100 km nach Übergabe mit einem Motorschaden liegengeblieben ist. In diesem Fall spricht eine hinreichende Wahrscheinlichkeit dafür, dass der Motor bereits zum Zeitpunkt der Übergabe schadhaft war. Indes kann es sich dabei um einen „Verschleißmangel" handeln, für den eine Gewährleistungspflicht im Allgemeinen nicht besteht.[166] Den ihm obliegenden Nachweis hat der Käufer auch dann erbracht, wenn festgestellt werden kann, dass der Mangel bei Fahrzeug-

---

[161] Dazu Rn 1690 ff.
[162] LG Bielefeld 18. 12. 1970, MDR 1971, 661; OLG Frankfurt 30. 9. 1983, MDR 1984, 141; offen gelassen von BGH 9. 7. 1986, NJW-RR 1987, 239, 240 r. Sp.; vgl. auch OLG Hamm 20. 3. 1980, MDR 1980, 846 (zu § 123 BGB).
[163] So jetzt auch BGH 24. 4. 1996, NJW 1996, 2025.
[164] Vgl. OLG Köln 21. 10. 1996, VersR 1997, 1019 = VRS 94, 321.
[165] OLG Frankfurt NJW 1987, 3206; so auch OLG Köln, NJW 1988, 2477; vgl. auch BGH 5. 7. 1989, NJW 1989, 3222; BGH 4. 11. 1992, DB 1993, 424.
[166] Dazu Rn 1562 ff.

übergabe schon **„im Keim"** vorhanden war.[167] Es kommt nicht darauf an, dass der Mangel erst später erkennbar war und sich dann erst ausgewirkt hat. Um die technischen Kausalverläufe, z. B. bei Motorschäden,[168] richtig beurteilen zu können, empfiehlt es sich für den Käufer, alsbald nach Auftreten des technischen Defekts ein **selbständiges Beweisverfahren** (§§ 485 ff. ZPO) einzuleiten (s. dazu Rn 1634), zumindest aber ein **Privatgutachten** einzuholen. Sog. **latente Mängel** sind in erster Linie ein **Beweisproblem,** verlangen beim Gebrauchtwagenkauf – anders als beim Kauf fabrikneuer Fahrzeuge – aber auch eine spezielle Bewertung. Denn der „im Keim" (besser: in der Anlage) bei Auslieferung vorhandene „Fehler" muss nicht notwendigerweise auch rechtlich gesehen ein solcher sein. Der Grundsatz, dass natürlicher Verschleiß und normale Alterungserscheinungen nicht unter § 459 I BGB fallen (vgl. Rn 1561 ff.), gilt auch und gerade für die Entstehungsphase. Bei der richterlichen Würdigung von technischen Gutachten kommt dieser Gesichtspunkt nicht selten zu kurz.

1631 Vom BGH noch nicht entschieden ist die Frage, ob das Wandlungsrecht untergeht, wenn ein im Zeitpunkt des Gefahrübergangs vorhandener Mangel bis zur Erklärung oder bis zum Vollzug der Wandlung wieder **wegfällt.** In einem solchen Fall kann die Weiterverfolgung des Gewährleistungsrechts gegen Treu und Glauben verstoßen;[169] s. auch Rn 2022.

e) Zur Erheblichkeit des Fehlers

1632 Voraussetzung der gesetzlichen Haftung[170] ist, dass der Sachmangel im Sinne von § 459 I BGB den **Wert** oder die **Gebrauchstauglichkeit** des Fahrzeugs aufhebt oder in nicht unerheblichem Maße mindert (§ 459 I, 2 BGB). Diese Vorschrift wird in Gebrauchtwagenstreitigkeiten nicht immer genügend beachtet. Die Rechtsprechung neigt dazu, einen Gewährleistungsmangel zu bejahen, sobald eine Abweichung der Ist- von der Soll-Beschaffenheit festgestellt ist. Zu berücksichtigen ist dabei, dass nach weit verbreiteter Meinung die **Erheblichkeitsprüfung** entfällt, wenn der Verkäufer einen Sachmangel arglistig verschwiegen hat.[171] Im Rahmen der Mängelhaftung nach § 459 I BGB ist es jedenfalls Sache des **Käufers,** den Tatbestand der Beeinträchtigung des Wertes und/oder der Gebrauchstauglichkeit des Fahrzeugs vorzutragen und zu **beweisen.** Sodann ist der **Verkäufer** dafür beweispflichtig, dass diese Beeinträchtigung nur **unerheblich** ist.[172] Zur Bagatellgrenze bei – reparierten – Unfallvorschäden s. Rn 1584, 1587 f. Bei technischen Mängeln, die keinen natürlichen Verschleiß bedeuten,[173] wird man danach fragen müssen, ob und mit welchem Kostenaufwand sie sich beseitigen lassen. Hilfreicher Anhalt bei der **Ausgrenzung** geringfügiger Kosten sind die **durchschnittlichen Reparaturaufwendungen** in den ersten sechs Monaten nach dem Kauf. Für das Jahr 1998 hat die DAT folgende Zahlen ermittelt: Kauf beim Neuwagenhandel 125 DM, Kauf beim reinen Gebrauchtwagenhandel 175 DM, Kauf von Privat 170 DM.[174]

---

167 LG München 20. 12. 1976, DAR 1978, 18.
168 Dazu informativ OLG Hamm 5. 5. 1992, 19 U 233/91, n. v.
169 Vgl. BGH 22. 2. 1984, NJW 1984, 2287, 2288; zu dieser – seltenen – Konstellation vgl. auch *Soergel/Huber,* § 459 Rn 90.
170 Zu einer Vereinbarung wie „Rückgabe bei gravierenden Mängeln" s. OLG Hamm 18. 9. 1992, OLGR 1992, 353.
171 Vgl. Rn 1853.
172 Zur Erheblichkeitsfrage grundlegend BGH 10. 7. 1953, BGHZ 10, 242 = NJW 1953, 1505; zur Beweislastverteilung BGH 4. 11. 1987, ZIP 1987, 1567 unter II, 1b, aa; *Baumgärtel,* § 459 Rn 13; unrichtig OLG Koblenz 21. 11. 1991, NJW-RR 1992, 1145.
173 Natürlicher Verschleiß scheidet auch in der Summierung mehrerer solcher „Verschleißmängel" als Fehler i. S. v. § 459 I BGB aus, s. dazu auch Rn 1562 ff.; an sich können sich mehrere geringfügige Mängel zur Erheblichkeit summieren, KG 23. 2. 1989, NJW-RR 1989, 972; vgl. auch OLG Karlsruhe 25. 4. 1991, MDR 1992, 129, das bei einer Ölundichtigkeit auf die Schädigungsgefahr abstellt.
174 DAT-Veedol-Report 1999, S. 50.

Niedrigere Reparaturkosten sind regelmäßig unerheblich. Nicht entscheidend für die Erheblichkeit ist es, ob der TÜV-Bericht von einem „erheblichen" Mangel spricht oder einen solchen verneint.[175] Die Note „erhebliche Mängel" erteilt der TÜV auch bei Mängeln, die durchaus noch zu reparieren sind und deren Beseitigung mitunter nur wenig kostet. Schon bei einem falsch eingestellten Abblendlicht und bei zwei defekten Stoßdämpfern kann der TÜV-Prüfer die Rubrik „erhebliche Mängel" ankreuzen. Umgekehrt kann ein Fahrzeug, das beim TÜV nicht oder nur mit dem Prädikat „geringe Mängel" beanstandet worden ist, rechtlich gesehen „erheblich mangelhaft" sein. Im Rahmen der Hauptuntersuchung nach § 29 StVZO wird nicht der Zustand von Motor, Getriebe und Kupplung geprüft. Untersucht wird das Fahrzeug nur unter dem Gesichtspunkt, ob es den Vorschriften der StVZO entspricht.

Auch in Fällen **nichttechnischer Fehlerhaftigkeit** kommt es entscheidend darauf an, wie hoch der Aufwand an Mühe und Kosten ist, um den Mangel zu beseitigen. Von Bedeutung ist auch die Dauer des Nutzungsausfalls.[176] Auf die Nachbesserungsbereitschaft des Verkäufers kommt es grundsätzlich nicht an (anders *Peters,* JR 1997, 103).

f) Darlegungs- und Beweislast

Darlegungs- und beweispflichtig für die Fehlerfreiheit ist bis zur Übergabe des Fahrzeugs **1633** der Verkäufer bzw. Inzahlunggeber.[177] **Nach Übergabe** ist es Sache des **Käufers,** eine für ihn nachteilige Abweichung der Ist-Beschaffenheit von der Soll-Beschaffenheit substantiiert darzulegen und ggf. zu beweisen.[178] Er muss den Mangel so konkret wie möglich beschreiben, damit der Verkäufer sich sachgerecht verteidigen kann. Der Käufer genügt seiner **Darlegungspflicht** zunächst damit, dass er einen Mangel in seinem **objektiven Erscheinungsbild** behauptet, z. B. Bremsen ziehen schief oder Motor springt nicht an.[179] Es ist prozessual nicht erforderlich, auch die Ursache für den Defekt anzugeben.[180] Je nach Inhalt der Klageerwiderung können sich auch die Anforderungen an die Darlegungspflicht des klagenden Käufers erhöhen. In Fällen **technischer Fehlerhaftigkeit** empfiehlt es sich für ihn, ein **Privatgutachten** einzuholen oder ein **selbständiges Beweisverfahren** durchzuführen (dazu Rn 1634 ff.). Zur Verteilung der Darlegungs- und Beweislast bei der Frage, ob der Fehler erheblich oder unerheblich im Sinne von § 459 I, 2 BGB ist, vgl. Rn 1632.

g) Selbständiges Beweisverfahren

Allgemeines. Mit Wirkung vom 1. 4. 1991 ist an die Stelle des bisherigen Beweissicherungsverfahrens das „selbständige Beweisverfahren" getreten (vgl. §§ 485 ff. ZPO). Die wesentlichen Ziele der Neuregelung sind die Förderung außergerichtlicher Streitbeilegung und die Beschleunigung des Hauptsacheprozesses.[181] Dazu hat man das Beweissicherungsverfahren alter Art in wesentlichen Punkten geändert. Die neuen Bestimmungen klären dabei manche Zweifelsfragen, die früher auch in Kfz-Gewährleistungsfällen aufgetreten sind, wie etwa die Frage, ob und inwieweit auch die Ursache eines Mangels und die Kosten der Mängelbeseitigung sachverständig festgestellt werden dürfen. Nunmehr gehört die Ermittlung dieser Umstände, die in Kfz-Sachen nicht selten im Zentrum des Aufklärungsinteresses liegen, zum Regelungsgegenstand des § 485 II ZPO. **1634**

Zulässigkeitsvoraussetzungen: Das Gesetz unterscheidet zwischen der Situation während **1635** und außerhalb eines Rechtsstreits. Während eines anhängigen Rechtsstreits sind nach altem

---
175 So auch LG Köln 31. 3. 1980, 16 O 349/79, n. v.; *Tempel,* S. 5.
176 BGH 10. 7. 1953, BGHZ 10, 242 = NJW 1953, 1505.
177 H. M., *Palandt/Putzo,* § 459 Rn 50.
178 BGH 31. 5. 1989, NJW 1989, 2532, 2533; s. auch OLG Nürnberg 28. 11. 1991, NZV 1992, 441 (Unfallwagen); differenzierend *Nierwetberg,* NJW 1993, 1745.
179 Auch hier gilt die sog. Symptom-Rspr. des BGH (zuletzt NJW 1999, 1330).
180 OLG Frankfurt 2. 10. 1992, OLGR 92, 213 (technische Anlage).
181 Vgl. *Cuypers,* NJW 1994, 1985 m. w. N.

wie nach neuem Recht als Beweismittel die Augenscheinseinahme sowie der Zeugen- und Sachverständigenbeweis vorgesehen (§ 485 I ZPO). Unverändert sind während eines laufenden Streitverfahrens ferner die sachlichen Zulässigkeitsvoraussetzungen insoweit, als entweder der Gegner zustimmen oder zu besorgen sein muss, dass das Beweismittel verloren geht bzw. seine Benutzung erschwert wird (§ 485 I ZPO).

1636 Anträge **außerhalb eines Streitverfahrens** sind sowohl nach § 485 I ZPO als auch nach § 485 II ZPO zulässig. Beim Kraftfahrzeugkauf geht es vornehmlich um die Klärung von Mängeln mit Hilfe eines Sachverständigen, ferner um Mängelursachen und die Kosten der Mängelbeseitigung. Darauf abzielende Anträge sind zunächst nach der Spezialnorm des § 485 II ZPO zu prüfen. Sie können aber auch nach Abs. 1 des § 485 ZPO zulässig sein. Hier ist ein „rechtliches Interesse" keine Voraussetzung. Ist zu befürchten, dass der Zustand des Fahrzeugs sich bereits durch bloßes Stehenlassen nachhaltig verändert, ist ein rechtliches Interesse gegeben. Die Gefahr weiterer Durchrostung besteht insbesondere bei Fahrzeugen, die älter als fünf Jahre sind. Auch ein vorübergehend stillgelegtes Fahrzeug kann demnach Gegenstand der Beweissicherung nach § 485 I ZPO sein. Erst recht droht ein Beweismittelverlust, wenn der Käufer beabsichtigt, das Fahrzeug weiter zu benutzen oder es reparieren zu lassen oder zu veräußern. Es ist ihm nicht zuzumuten, zum Zwecke der Erhaltung seines Beweismittels im Status quo auf eine wirtschaftlich sinnvolle Benutzung seines Fahrzeugs zu verzichten. Bis eine Beweisaufnahme im Hauptsacheprozess stattfindet, können Monate, nicht selten Jahre vergehen.

1637 Das erforderliche Feststellungsinteresse ist nach § 485 II 2 ZPO anzunehmen, „wenn die Feststellung der Vermeidung eines Rechtsstreits dienen kann". Damit wird das rechtliche Interesse nur beispielhaft beschrieben. Es kann auch aus anderen Umständen hergeleitet werden.[182] Grundsätzlich ist der Begriff weit zu verstehen. Auch ein nur **mittelbares** rechtliches Interesse reicht aus.[183] Wenn für den Antragsteller Gewährleistungsansprüche in Betracht kommen, zu deren Klärung in tatsächlicher Hinsicht das selbständige Beweisverfahren beitragen kann, so dürfte ein rechtliches Interesse im Sinne von § 485 II ZPO zu bejahen sein. Dies gilt erst recht, wenn **Verjährung** droht und durch die Einleitung eines selbständigen Beweisverfahrens die Verjährung unterbrochen wird (vgl. §§ 477 II, 639 I BGB).

1638 **Zum Inhalt des Beweisantrags:** Die Bestimmungen über den notwendigen Inhalt des Beweisantrags in § 487 ZPO decken sich im Wesentlichen mit den früheren Vorschriften. Der Antrag muss zunächst den **Gegner** bezeichnen. Gegner in diesem Sinne ist bei Gebrauchtwagenstreitigkeiten typischerweise der Verkäufer. Beim Kauf in einer sog. **Werksniederlassung** (DB, BMW) ist das Werk zugleich Verkäufer und damit Gegner i. S. v. § 487 ZPO. Beim inzwischen weitgehend überholten **Agenturgeschäft** kann der Händler/Vermittler allein oder neben seinem Auftraggeber, dem Verkäufer im Rechtssinn, als Gegner benannt werden. Der Käufer ist gut beraten, das selbständige Beweisverfahren gegen beide einzuleiten, schon um die Verjährung seiner Ansprüche gegen beide zu unterbrechen (§§ 477 II, 425 II BGB). Hinzu kommt Folgendes: Die Verwertbarkeit des Beweisergebnisses aus dem selbständigen Beweisverfahren im Hauptprozess setzt voraus, dass die Parteien dieses Hauptprozesses am Beweisverfahren beteiligt waren. Nur bei Identität der Beteiligten beider Verfahren und bei Beteiligung des Gegners am selbständigen Beweisverfahren (vgl. § 491 ZPO) darf das Beweisergebnis aus dem selbständigen Beweisverfahren im Hauptprozess verwertet werden (vgl. auch § 493 ZPO).

1639 Ferner sind in dem Beweisantrag, wie bisher, die **Tatsachen,** über die (selbständig) Beweis erhoben werden soll, **zu bezeichnen.** Zulässige **Beweisthemen** des selbständigen SV-Beweisverfahrens (§ 485 II ZPO) sind ausschließlich die dort unter Nummer 1 bis 3 genannten Beweisfragen. Verlangt ein Käufer beispielsweise wegen eines **Motorschadens** die Einho-

---

182 OLG Frankfurt 19. 6. 1991, MDR 1991, 989; *Cuypers,* NJW 1994, 1985, 1986.
183 OLG Frankfurt 19. 6. 1991, MDR 1991, 989.

Fehlerhaftigkeit nach § 459 Abs. 1 BGB

lung eines schriftlichen Gutachtens durch einen Kfz-Sachverständigen, den auszuwählen nunmehr Sache des Gerichts ist, wird er zweckmäßigerweise folgende **Beweisfragen** formulieren:

1. Welcher Art ist der Motorschaden? Wie sieht das Schadensbild im Einzelnen aus?
2. Worauf ist der Schaden zurückzuführen?
3. War der Schaden schon bei Übergabe des Fahrzeugs am ... zumindest in der Anlage vorhanden oder ist er erst nachträglich entstanden bzw. aufgetreten, ggf. wodurch?
4. Ist der vorhandene Motorschaden bei einem Fahrzeug des Typs ... angesichts eines Alters von ... Jahren und einer Laufleistung von ... km ungewöhnlich oder handelt es sich um normalen (natürlichen) Verschleiß?
5. Welche Maßnahmen sind erforderlich, um den vorhandenen Schaden zu beheben? Wie hoch sind die Reparaturkosten? Was kostet der Einbau eines Ersatzmotors, a) als Tauschmotor, b) als Teile- oder Rumpfmotor?

Die zur Feststellung einer **Untersuchungspflichtverletzung** (vgl. dazu Rn 1895 ff.) erhebliche Frage, ob der Mangel bzw. eine bestimmte Mangelerscheinung für den Verkäufer erkennbar war, ist vom Themenkatalog des § 485 II ZPO nicht gedeckt. Aus den Zustands- und Ursachenfeststellungen eines Kfz-Sachverständigen wird sich aber meist herauslesen lassen, ob der Verkäufer, speziell ein sachkundiger Händler, „handgreifliche Anhaltspunkte" im Sinne der Rechtsprechung hatte, die für ihn eine konkrete Untersuchungspflicht begründeten. Soweit der Verkäufer aus der Erkennbarkeit bestimmter Mangelerscheinungen Einwendungen gegen den Käufer herleiten kann (z. B. § 460 BGB), steht ihm das selbständige Beweisverfahren gleichfalls nicht zur Verfügung. In der Praxis spielt diese Möglichkeit ohnehin keine Rolle.

1640

Soweit es für die rechtliche Bewertung auf die **Auswirkungen** des technischen Mangels ankommt, etwa im Hinblick auf die Verkehrs- und Betriebssicherheit, werden sich sachdienliche Angaben den Feststellungen des Sachverständigen über den Fahrzeugzustand entnehmen lassen. Sofern das ausnahmsweise nicht der Fall sein sollte, muss der Sachverständige ergänzend befragt werden. Zum Zustand eines Kraftfahrzeugs gehört auch seine Verkehrssicherheit bzw. deren Minderung oder Aufhebung. Im Rahmen der jetzt ausdrücklich für zulässig erklärten **Wertfeststellung** (§ 485 II Nr. 1 ZPO) kann der Sachverständige dazu aufgefordert werden, nicht nur den gegenwärtigen Wert des Fahrzeugs, sondern auch die mängelbedingte Wertminderung festzustellen. Im Einzelfall kann sich deshalb die Zusatzfrage empfehlen: Mindern die festgestellten Mängel den Verkehrswert des Fahrzeugs unter Berücksichtigung von dessen Alter und km-Leistung, wenn ja, in welchem Umfang?

1641

Ein ordnungsgemäßer Beweisantrag im Sinne von § 487 ZPO muss ferner ein nach § 485 ZPO zulässiges **Beweismittel** bezeichnen. Außerhalb eines Rechtsstreits ist nur eine **schriftliche Begutachtung** durch einen Sachverständigen zugelassen. Die **Benennung** eines Sachverständigen oblag früher allein dem Antragsteller. Von seinem Vorschlag durfte nicht abgewichen werden. Das Gericht hatte kein Auswahlrecht. Nunmehr hat das Gericht die **Auswahl des Sachverständigen** zu treffen, wie bei einer Beweisaufnahme im Hauptverfahren. Die Neuregelung bedeutet nicht, dass der Antragsteller überhaupt kein Vorschlagsrecht mehr hat. Ihm ist lediglich das Wahlrecht genommen worden.

1642

Kosten des selbständigen Beweisverfahrens: Der Antragsteller haftet der Staatskasse nach §§ 49, 11 GKG i. V. m. Ziff. 1140 Kostenverzeichnis. Erhebliche Schwierigkeiten können sich ergeben, wenn er diese Kosten und etwaige Auslagen beim Antragsgegner hereinholen will. Dieser kann seinerseits ein Interesse an Kostenerstattung haben.

1643

Die Pflicht zur Kostenerstattung kann sich aus dem **Prozessrecht** oder aus dem **materiellen Recht** ergeben. Voraussetzung eines prozessualen Erstattungsanspruchs ist eine **Kostenentscheidung,** entweder isoliert im Beweisverfahren oder im Hauptsacheprozess. Eine isolierte Beschluss-Kostenentscheidung sehen die §§ 485 ff. ZPO nur in § 494a II ZPO vor. Wenn der Antragsteller trotz gerichtlicher Fristsetzung keine Klage zur Hauptsache erhebt, kann der Antragsgegner einen Kostenbeschluss zu seinen Gunsten erwirken. Ist der **Fahrzeugmangel** im Verlauf des selbständigen Beweisverfahrens **beseitigt** worden, fehlt jedenfalls für eine Gewährleistungsklage das Rechtsschutzbedürfnis. Ein entsprechender Fristsetzungsantrag nach § 494a I ZPO muss zurückgewiesen werden.[184] Gegenstand einer Klage, deren Erhebung auf Antrag gerichtlich angeordnet werden könnte, kann nur die Feststellung sein, dass bis zur Mängelbeseitigung ein Gewährleistungsanspruch bestanden hat. Denkbar ist auch, die Kosten zum Klagegegenstand machen zu lassen. Doch auch für diese beiden Ersatzwege ist ein Rechtsschutzbedürfnis zu verneinen. Denn beide Seiten haben die Möglichkeit, eine Kostenentscheidung nach § 91a ZPO herbeizuführen.[185]

Mit § 494a ZPO sind die vielfältigen Kostenprobleme nur unzureichend gelöst worden. Mehrere Fallgestaltungen aus der täglichen Praxis sind ungeregelt geblieben.[186] Nach wie vor gilt jedoch der **Grundsatz, dass** eine im Hauptsacheprozess getroffene Kostenentscheidung auch für die Verteilung der Kosten des Beweisverfahrens maßgeblich ist.[187] Kommt es nicht zum Hauptsacheprozess oder ergeht dort keine Kostenentscheidung und liegt auch kein isolierter Kostenausspruch aus dem selbständigen Beweisverfahren vor, sind beide Parteien auf materiell-rechtliche Kostenerstattungsansprüche verwiesen. Für den Käufer kommen als Grundlage die §§ 467 S. 2, 463 BGB, für den Verkäufer positive Forderungsverletzung in Betracht.[188] Wer die Möglichkeit eines Kostentitels nach § 494a II ZPO hat, hat kein Rechtsschutzbedürfnis für eine Zahlungsklage.

1644 **Streitwert des Beweisverfahrens:** Durch die Umgestaltung des Beweissicherungsverfahrens in ein „selbständiges Beweisverfahren" sind die Gründe für die frühere Bruchteils-Bewertung entfallen. Der Streitwert des selbständigen Beweisverfahrens entspricht nach inzwischen fast einhelliger Meinung dem Wert des zu sichernden Anspruchs.[189]

3. Falschlieferung (aliud)

1645 Gebrauchte Kraftfahrzeuge sind Unikate. Soweit sie Gegenstand von Kaufverträgen sind, sind sie bei Vertragsschluss real vorhanden. Das unterscheidet den Gebrauchtwagenkauf vom Kauf fabrikneuer Fahrzeuge, die bei Bestellung meist noch nicht vorrätig sind. Infolgedessen ist Gebrauchtwagenkauf im Allgemeinen kein Gattungs-, sondern **Stückkauf.** Zur Abgrenzung zwischen Schlechtlieferung und Falschlieferung (aliud) beim Gattungskauf s. BGH NJW 1997, 1914.

Beim **Stückkauf** ist von einer Falschlieferung (aliud) grundsätzlich nur dann die Rede, wenn die gekaufte Sache mit der gelieferten **nicht identisch** ist (sog. Identitätsaliud). Das ist jedenfalls die Konsequenz aus der Lehre vom subjektiven Fehlerbegriff.[190] Ein Beispiel aus der Rechtsprechung für eine Falschlieferung in diesem Sinn ist BGH NJW 1979, 811: Ein ägyptischer Kaufmann kaufte einen nach Baujahr, Fahrgestell- und Fabriknummer näher bezeichneten **gebrauchten Lkw.** Der Verkäufer sollte ihn nach Alexandria versenden. Verschifft wurde jedoch ein anderer als der gekaufte Lkw. Die Annahme eines **Identitätsaliuds** war hier unproblematisch. Denn es war klar, worauf die Parteien sich effektiv geeinigt hatten. Das verkaufte Fahrzeug war insbesondere durch die Fahrgestellnummer (FIN) und die Fabriknummer präzise gekennzeichnet. Zusammen mit dem Fabrikat und dem Baujahr er-

---

184 *Schneider*, ZAP F. 13, 276; *ders.*, ZAP F. 24, 223 ff.
185 Dazu *Schneider*, a. a. O., (Fn 184).
186 *Schneider*, ZAP F. 24, 223 ff.
187 *Thomas/Putzo*, § 494a Rn 4 m. w. N.; *Cuypers*, NJW 1994, 1985, 1990.
188 AG Bonn 3. 6. 1994, DAR 1994, 510.
189 Nachweise bei *Cuypers*, NJW 1994, 1985, 1990.
190 *Soergel/Huber*, vor § 459 Rn 106 ff.; *Flume*, AcP 93, 89, 90 f.; *Hönn*, JuS 1989, 293.

Fehlerhaftigkeit nach § 459 Abs. 1 BGB

möglichten diese Nummern eine eindeutige Identifizierung des geschuldeten Fahrzeugs. Der tatsächlich gelieferte Wagen war zwar auch ein gebrauchter Lkw, aber ohne Zweifel ein anderer als der gekaufte.

Nicht so klar war die Rechtslage im „Daimler-Benz 380 SEL"-Fall, über den das OLG Koblenz zu entscheiden hatte.[191] In einer Zeitungsanzeige und später im Kaufvertrag war ein Pkw Daimler-Benz 380 SE fälschlich als „DB 380 SEL" bezeichnet worden. Beide Typen sehen sich zum Verwechseln ähnlich; die SEL-Ausführung ist lediglich 14 cm länger und hat einen 14 cm breiteren Radstand. Anders als in dem BGH-Fall (NJW 1979, 811) hatte der Käufer das Fahrzeug vor Vertragsschluss besichtigt und „wie gesehen" gekauft. Der (nur aus einem Satz bestehende) Vertragstext enthielt außer der Angabe „DB 380 SEL" die Fahrgestellnummer und das amtliche Kennzeichen. Bald nach Übergabe stellte der Käufer fest, dass es sich bei dem Fahrzeug um die Version „DB 380 SE" handelte. Daraufhin verlangte er, den Kauf rückgängig zu machen, ein auf den ersten Blick berechtigtes Anliegen. So hat denn auch das Landgericht in erster Instanz ein Identitätsaliud angenommen. Vertragsgegenstand war seiner Meinung nach ein Daimler-Benz 380 SEL. Demgegenüber hat das OLG Koblenz Ansprüche aus den §§ 440, 320 ff. BGB verneint. Der Käufer habe mit dem Typ 380 SE kein anderes als das gekaufte Fahrzeug erhalten, sodass der Verkäufer seine Pflichten aus § 433 I BGB vollständig erfüllt habe. „Allenfalls" kämen Gewährleistungsansprüche in Frage. Doch unter beiden Gesichtspunkten – Zusicherung nach § 459 II BGB und Fehlerhaftigkeit nach § 459 I BGB – erweise sich die Klage als unbegründet. Auf die allgemeinen Regeln über Irrtum und Dissens ist das Gericht allem Anschein nach nicht näher eingegangen. Insbesondere hat es sich nicht mit der (nahe liegenden) Frage eines beiderseitigen Eigenschaftsirrtums befaßt.

Zuzustimmen ist dem OLG Koblenz, soweit es eine Falschlieferung (Identitätsaliud) verneint hat. Auch auf dem Boden des subjektiven Fehlerbegriffs macht es freilich einige Schwierigkeiten, eine klare Grenzlinie zwischen Andersartigkeit und Fehlerhaftigkeit zu ziehen. Einen Daimler-Benz 380 SE im Vergleich mit einem 380 SEL als ein „anderes" Fahrzeug zu begreifen, ist angesichts der besonderen Vorlieben und Neigungen deutscher Autokäufer so falsch nicht. Auch nach dem allgemeinen Sprachgebrauch dürfte ein Pkw Daimler-Benz 380 SE kein mangelhafter 380 SEL sein. Die juristische Begriffsbildung (Fehler/aliud) folgt indessen anderen Kriterien. Entscheidend ist, auf welche Sache sich die Parteien tatsächlich geeinigt haben. Daran ist zu messen, ob die gelieferte mit der gekauften gegenständlich identisch ist. Wie auch immer man „Identität" definiert, empirisch betrachtet ist eine Identitätsabweichung beim Spezieskauf eine ganz seltene Ausnahme.[192] Anfällig für eine derartige Vertragsstörung ist der Kauf einer nicht präsenten und dem Käufer auch sonst unbekannten Sache (wie im Fall BGH NJW 1979, 811 – gebrauchter Lkw).

Normalerweise geht dem Kauf eines gebrauchten Kraftfahrzeugs eine Besichtigung voraus, meist verbunden mit einer Probefahrt. Auch ohne schriftlichen Vertrag mit den üblichen Angaben über Hersteller/Fabrikat, Typ und Modell, der Fixierung von Fahrgestellnummer (FIN) und amtlichem Kennzeichen wissen die Parteien, auf welches konkrete Auto sie sich geeinigt haben. Für die Identifizierung sind all diese Eintragungen in der Vertragsurkunde weitgehend überflüssig. Bedeutung gewinnen sie, wenn der Käufer auf eine vorherige Besichtigung verzichtet oder wenn er, was unter Händlern vorkommt, eine Mehrzahl von Fahrzeugen gekauft hat.

Hätte der ägyptische Kaufmann im Fall BGH NJW 1979, 811 lediglich „einen gebrauchten Lkw" bestellt, so wäre das gelieferte Fahrzeug nicht als aliud behandelt worden. Da sich die Bestellung aber auf einen nach Baujahr, Fahrgestellnummer und Fabriknummer näher bezeichneten Lkw bezog, wurde der Kaufgegenstand durch diese Angaben identifiziert. Sonsti-

---
191 Urt. v. 21. 11. 1991, NJW-RR 1992, 1145 = BB 1992, 806 = NZV 1993, 24.
192 Z. B. OLG Hamburg 30. 10. 1998, OLGR 1999, 22.

ge Identifizierungszeichen (vgl. dazu allgemein *J. Schmidt*, JZ 1989, 973) waren im BGH-Fall nicht vorhanden. Insbesondere hatte der Käufer auf eine Ankaufsbesichtigung verzichtet.

Wem genau das Fahrzeug übergeben wird, das er vor Vertragsschluss besichtigt und/oder probegefahren hat und für das er sich mit einem „das nehme ich" entschieden hat, kann nicht geltend machen, er habe ein anderes als das gekaufte erhalten, gleichviel, welche Vorstellungen er von dem Kaufobjekt hat. Enttäuschte Vorstellungen und Erwartungen sind ein Problem der Sachmängelhaftung. In engen Grenzen können sie auch zur Irrtumsanfechtung berechtigen (vgl. Rn 2055 ff.).

Die Eintragung einer falschen Typbezeichnung („DB 380 SEL" statt „DB 380 SE") oder einer falschen Fahrgestellnummer in die Vertragsurkunde kann den zu diesem Zeitpunkt regelmäßig schon erzielten Konsens der Parteien über den Gegenstand des Kaufs nicht in Frage stellen. So gesehen sind Falschbezeichnungen in der Tat unschädlich. Infolgedessen hat das OLG Koblenz eine Falschlieferung zu Recht verneint.[193] Durch die Angabe „DB 380 SEL" wurde das Kaufobjekt nicht identifiziert, allenfalls wurde ihm damit eine bestimmte Eigenschaft zugeschrieben, deren Fehlen die Sachmängelhaftung auslösen konnte (zu dieser Problematik s. Rn 1760 ff.).

Ein anderes als das gekaufte Fahrzeug liefert der Verkäufer nicht schon dann, wenn er zwischen Vertragsschluss und Übergabe eigenmächtig Zubehörteile ausgebaut oder ausgewechselt hat. Selbst der Austausch des Motors, „Herzstück" eines jeden Kfz., stellt in der Regel nicht die Identität in Frage.[194] Anders kann es beim Kauf eines Rennwagens oder eines getunten Dragsters sein. Können fehlende Zubehörteile, z. B. Radio, ohne weiteres nachgeliefert werden, so muss der Käufer sich auf eine solche Nachlieferung (Nachbesserung) verweisen lassen. Das Recht zur Wandlung ist jedenfalls nach Treu und Glauben ausgeschlossen. Verpflichtet sich der Verkäufer bei Vertragsschluss zu einer Umrüstung des Fahrzeugs, so ist Kaufgegenstand das Fahrzeug in der zu ändernden Ausstattung. Gerät der Verkäufer mit der Umrüstung in Verzug, richten sich die Rechtsfolgen nicht nach Gewährleistungsrecht, sondern nach den allgemeinen Regeln über Nichterfüllung, insbesondere auch nach § 326 BGB (s. dazu Rn 1819 ff.).

1646 **Rechtsfolgen** bei Lieferung eines **Identitätsaliud:** Liefert der Verkäufer ein anderes als das gekaufte Fahrzeug, so behält der Käufer seinen Erfüllungsanspruch aus § 433 I BGB. Unter den Voraussetzungen der §§ 325, 326 BGB kann er Schadensersatz wegen Nichterfüllung verlangen oder vom Vertrag zurücktreten. Die Ansprüche des Käufers bestimmen sich also nicht nach Gewährleistungsrecht. Das gilt beim **Handelskauf** auch dann, wenn der Käufer der Rügelast nach § 378 HGB unterliegt.[195]

Steht dem Käufer wegen Falschlieferung ein **Schadensersatzanspruch** nach § 326 BGB zu, so kann er die ihm angebotene (falsche) Sache zurückweisen und als Schaden den entgangenen Gewinn aus dem zu erwartenden Weiterverkauf des bestellten Fahrzeugs geltend machen (BGH NJW 1979, 811). Den Wert des fälschlich gelieferten Fahrzeugs braucht er sich auf den entgangenen Verkaufserlös nicht anrechnen zu lassen. Dazu und zu weiteren Fragen der Schadensberechnung s. BGH NJW 1979, 811; auch zur Aufbewahrungspflicht des Käufers. Der Käufer, dem eine andere als die geschuldete Sache geliefert worden ist, kann den Kaufpreis nicht gemäß § 812 I, 1 BGB zurückverlangen.[196]

---

193 Ebenso OLG Köln 23. 8. 1996, VRS 93, 36 – Harley Davidson.
194 OLG Köln 24. 1. 1986, 20 U 120/85, n. v.; s. auch OLG Frankfurt 18. 12. 1991, DAR 1992, 221 (Einbau eines generalüberholten Motors anstelle eines ATM).
195 BGH 20. 12. 1978, NJW 1979, 811; dazu *Schultz*, NJW 1980, 2172; *Kramer*, NJW 1979, 2023.
196 BGH 12. 3. 1997, NJW 1997, 1914.

II. Die Zusicherungshaftung

1. Ausgangspunkt und Grundlagen der Rechtsprechung

Anders als die Gewährleistung nach § 459 I BGB kann die Haftung für das Fehlen einer zugesicherten Eigenschaft auf die **Schadensersatzebene** führen (§ 463 S. 1 BGB). Der **verschuldensunabhängige** Anspruch auf Ersatz des Nichterfüllungsschadens umfasst – je nach Auslegung der Zusicherungserklärung – auch **Mangelfolgeschäden**. Attraktiv für den Gebrauchtwagenkäufer ist die Rechtsfigur der Zusicherung vor allem deshalb, weil mit ihrer Hilfe **formularmäßige Gewährleistungsausschlüsse** und -beschränkungen partiell außer Kraft gesetzt werden können (s. Rn 1954). Dass sie sich auch gegen den gesetzlichen Haftungsausschluss des § 460 S. 2 BGB durchsetzt, ist demgegenüber zweitrangig.

1647

Ihre **klauselneutralisierende Wirkung,** nicht die käufergünstige Rechtsfolge aus § 463 S. 1 BGB, hat die Verkäuferzusicherung in das Zentrum von Gebrauchtwagenstreitigkeiten gerückt. In den Prozessfällen ist die Gewährleistung meist ausgeschlossen, und zwar auf an sich wirksame Weise.[1] Die Billigung des formularmäßigen Gewährleistungsausschlusses hat in zweierlei Hinsicht eine **Ausdehnung der Zusicherungshaftung** mit sich gebracht: Zum einen hat die Rechtsprechung die Schwelle für die Anerkennung von Verkäufererklärungen als Eigenschaftszusicherungen deutlich abgesenkt. Unter Hinweis auf die „besonderen Marktverhältnisse beim Handel mit Gebrauchtwagen"[2] werden an die Annahme stillschweigender bzw. konkludenter Zusicherungen – anders als beim Kauf fabrikneuer Fahrzeuge (dazu Rn 851 ff.) – bewusst **keine hohen Anforderungen** gestellt.[3] Der Kompensationsgedanke wirkte sich zum anderen auf die Interpretation geschäftstypischer Verkäuferinformationen aus. Die **weite Auslegung** von Händlerangaben über die Kilometerlaufleistung, von Abreden wie „werkstattgeprüft" oder „TÜV neu", ist auch eine Folge der Anerkennung des allgemeinen Gewährleistungsausschlusses.

1648

Neben dem Gesichtspunkt der „Wiedergutmachung" haben die Forderungen nach Verbraucherschutz, speziell der Vertrauensgedanke, zur Ausweitung der Zusicherungshaftung des GW-Verkäufers beigetragen. Kennzeichnend für diese rund zwanzigjährige Entwicklung ist der – wenigstens Rechtssicherheit schaffende – Satz des OLG Stuttgart:

> Beschaffenheitsangaben beim Verkauf von Gebrauchtwagen sind in der Regel als „Zusicherungen" anzusehen.[4]

Noch Anfang der siebziger Jahre hat man selbst Aussagen über den Kilometerstand, später Musterbeispiele für § 459 II BGB,[5] nicht immer als Zusicherungen eingeordnet.[6] Begünstigt wurde die Verdrängung des Grundtatbestandes der Sachmängelhaftung (§ 459 I BGB) sicherlich auch durch den Umstand, dass die Gerichte in vielen Fällen **ohne Beweisaufnahme** „durchentscheiden" konnten, wenn sie die Verkäufererklärung in den Rang einer Zusicherung hoben. Dem Käufer den oft schwierigen Arglistnachweis abzunehmen, ist dabei nicht das einzige Entscheidungsmotiv. Die Aussicht auf einen „kurzen Prozess" gibt in Grenzfällen oft den Ausschlag, zumal bei der seit Jahren herrschenden Prozessflut und dem damit verbundenen Erledigungsdruck.

---

1 Vgl. Rn 1960 ff.
2 Vgl. z. B. BGB 24. 2. 1988, BGHZ 103, 275 = NJW 1988, 1378 – TÜV neu; BGH 4. 6. 1997, NJW 1997, 2318 – PS lt. Fz.brief.
3 So der BGH in st. Rspr., erstmals im Urt. v. 11. 6. 1979, BGHZ 74, 383 = NJW 1979, 1886, zuletzt im Urt. v. 21. 4. 1993, NJW 1993, 1854 („fahrbereit"); s. auch BGH 4. 6. 1997, NJW 1997, 2318 – PS lt. Fz.brief.
4 Urt. v. 13. 11. 1985, DAR 1986, 150.
5 Dazu Rn 1720 ff.
6 Z. B. OLG München als Vorinstanz zu BGH NJW 1975, 1693.

Sind die Erklärungen und die vertragsbegleitenden Umstände, aus denen der Käufer eine Eigenschaftszusicherung herleitet, im Streit, so hat er die **Beweislast**[7] Die tatsächlichen Umstände, die gegen die Annahme einer Zusicherung sprechen (siehe Rn 1658), hat hingegen der Verkäufer zu beweisen. Da zumindest beim Kauf vom Händler in der Regel eine Vertragsurkunde vorliegt, ist die Vermutung der Vollständigkeit und Richtigkeit zu beachten. Sie wirkt sich bei der Auslegung des Vereinbarten dahin aus, dass die Vertragspartei, die ein ihr günstiges Auslegungsergebnis auf Umstände außerhalb der Urkunde stützt, diese zu beweisen hat.[8]

2. Kritik an der herrschenden Meinung

1649   Die Konzeption der Rechtsprechung ist schon seit geraumer Zeit nicht mehr schlüssig. Für den eingeschlagenen **Sonderweg** gibt es aus heutiger Sicht keine überzeugenden Gründe.[9] Fragwürdig ist bereits die weitverbreitete Vorstellung, es bedürfe einer Zusicherung im Sinne des § 459 II BGB, um in Fällen nicht nachweisbarer Arglist (sonst § 476 BGB) die Freizeichnungsklausel ausschalten zu können. Auch eine „einfache" Beschaffenheitsvereinbarung (§ 459 I BGB) genügt, um den formularmäßigen Haftungsausschluss (partiell) leer laufen zu lassen.[10] Man kann nicht auf der einen Seite eine konkrete Beschaffenheitsvereinbarung treffen und dafür auf der anderen Seite einen formularmäßigen Haftungsausschluss vereinbaren.[11] Der für die Anwendung des § 4 AGBG relevante Widerspruch wird nicht erst durch das Kriterium begründet, das die Beschaffenheitsangabe zur Zusicherung qualifiziert. In der Spruchpraxis hat dieses Merkmal, wie auch immer es definiert wird,[12] ohnehin seine eigenständige Bedeutung so gut wie verloren. Insbesondere verzichtet die Rechtsprechung auf die Prüfung, ob der Verkäufer tatsächlich den Willen gehabt hat, für den Fall des Fehlens der fraglichen Eigenschaft für sämliche Folgen einzustehen. Zudem gilt ganz allgemein: Was Gegenstand einer individuellen Vereinbarung geworden ist, hat allein schon wegen des Individualcharakters der Abrede Vorrang vor der formularmäßigen Freizeichnung.[13]

1650   Die „dogmatische Zauberformel"[14] von der **stillschweigenden** Zusicherung weiterhin so großzügig zu gebrauchen, ist angesichts der **tiefgreifenden Veränderungen** des Gebrauchtwagenmarktes nicht mehr gerechtfertigt. Der Anteil von Verkäufen mit vollständigem Gewährleistungsausschluss ist von Jahr zu Jahr deutlich zurückgegangen. Mehrere Initiativen des Kfz-Handels haben den Schutz des privaten Käufers spürbar verbessert. Den Anfang machte das ZDK-Konzept 1979 mit einem **Nachbesserungsanspruch** als Kernpunkt. Der Kfz-Handel hatte damit auch die Hoffnung verbunden, die Gerichte würden zu ihrer früheren Zurückhaltung bei der Annahme von Eigenschaftszusicherungen zurückkehren.[15] Diese Hoffnung hat – aufs Ganze betrachtet – getrogen. Das Schutzbedürfnis des Gebrauchtwagenkäufers, **Schlüsselkriterium** der Zusicherungsrechtsprechung, wurde nicht neu definiert. Den bemerkenswerten Wandel auf dem Teilmarkt „GW-Kauf über den NW-Händler" – die **Reform der AGB** war nur ein Punkt unter anderen – haben die Gerichte bislang weitgehend ignoriert.[16] Auch das

---

7 BGH 15. 2. 1995 NJW 1995, 1673 unter II, 3.
8 BGH 5. 2. 1999, NJW 1999, 1702.
9 Auch im Schrifttum nimmt die Kritik zu, vgl. *Pfeiffer* in AGB-Klauselwerke, Gebrauchtwagenkauf, Rn 92 f.; *Westermann* in Müko, § 459 Rn 59; *Lenz/Lenz,* MDR 1998, 1005; *Tempel,* S. 18.
10 So *Pfeiffer* in AGB-Klauselwerke, Gebrauchtwagenkauf, Rn 94; *Hager,* NJW 1975, 2276; vgl. auch *Eggert,* NJW 1990, 549, 552.
11 *Knöpfle,* S. 187; vgl. auch *Soergel/Huber,* vor § 459 Rn 92; *Heinze,* JR 1975, 506 mit Hinweis auf den Gesichtspunkt der unzulässigen Rechtsausübung.
12 Zu den einzelnen Deutungen s. *Knöpfle,* S. 132 ff.
13 So auch BGH 20. 10. 1992, NJW 1993, 657 unter III, 2.
14 *Köndgen,* AcP 189, 287.
15 Vgl. auch *Pfaff,* Schuldrecht durch Rechtsprechung, 1986, S. 129 ff.
16 Realistisch hingegen die Einschätzung des OLG Düsseldorf (10. ZS) im Urt. v. 16. 1. 1997, NJW-RR 1998, 701.

Die Zusicherungshaftung

kaufrechtliche Spezialschrifttum scheint von den einschneidenden Marktveränderungen keine Kenntnis zu nehmen. Anders ist es nicht zu erklären, dass noch immer die Vorstellung herrscht, Gebrauchtwagenverkäufer schlössen ihre Gewährleistung stets aus.[17]

Bereits 1988 hat der Zentralverband Deutsches Kraftfahrzeuggewerbe (ZDK) ein neues Gebrauchtwagenkonzept vorgelegt. Betriebe, die das ZDK-Vertrauenssiegel führen wollen, müssen jetzt alle garantiefähigen Gebrauchtwagen **mit Garantie** verkaufen.[18] Dahinter steht die Erkenntnis, dass es heute ein „Gebot der wirtschaftlichen Vernunft" ist, Gebrauchtwagen nicht ohne,[19] sondern mit Gewährleistung zu verkaufen. Dementsprechend bieten markengebundene wie freie Händler seit Jahren spezielle Garantien an (zu den Einzelheiten s. Rn 1690 ff.). Nicht wenige Käufer verzichten freiwillig auf diesen Schutz. Auch dies gehört zu den „besonderen Marktverhältnissen", die der BGH immer wieder zur Legitimation seiner Entscheidungspraxis heranzieht. Dazu zählt auch die Einrichtung von Schiedsstellen.[20] Zu Gunsten der Gebrauchtwagenkäufer hat sich auch die Verlängerung der Neuwagengarantie ausgewirkt, ebenso die Gewährung langlaufender Lack- und Durchrostungsgarantien.[21] Hinzu kommt: Der private Käufer von heute ist durch eine Vielzahl von Fachzeitschriften und durch die elektronischen Medien erheblich besser aufgeklärt als früher. Auch Erstkäufer wissen heute rund ums Auto erstaunlich gut Bescheid. Gebrauchtwagenkauf wird zwar immer ein Risikogeschäft sein, ein Abenteuer ist er nicht,[22] muss er jedenfalls nicht sein. Dem Kaufinteressenten stehen vielfältige kostengünstige Instrumente des Selbstschutzes zur Verfügung; so gibt es spezielle TÜV-Gutachten und ADAC-Gebrauchtwagenüberprüfungen für potentielle Käufer.[23] **1651**

Das „juristische Glückslos",[24] das dem Privatkäufer mit der extensiven Interpretation des § 459 II BGB beschert wird, hat er auch aus einem weiteren Grund nicht länger verdient: Parallel zur Ausweitung der Zusicherungshaftung ist eine **Erosion des Arglisttatbestandes** zu beobachten. Der gewerbliche Verkäufer gebrauchter Kraftfahrzeuge wird für die Verletzung beruflicher Sorgfaltspflichten nach Arglistregeln in die Pflicht genommen, d. h., die Arglisthaftung wird in den Bereich der (groben) Fahrlässigkeit vorverlegt (dazu Rn 1873 ff.). Diese Entwicklung, bedenklich genug, sollte Anlass sein für eine **restriktivere Anwendung** des § 459 II BGB.[25] Insoweit ist ein Zurück zur Spruchpraxis der Jahre 1950–1975 zu fordern. Erste Anzeichen für eine **Neuorientierung der Judikatur** sind bereits sichtbar.[26] Die Entscheidung des BGH im Porsche 928 S-Fall[27] gehört nicht dazu. Auch seine Urteile vom 16. 10. 1991,[28] 21. 4. 1993[29] und vom 4. 6. 1997[30] signalisieren insoweit keine Tendenzwende. Dafür ist auch die Kilometerstand-Entscheidung vom 31. 1. 1996[31] kein beweiskräftiges Anzeichen. **1652**

---

17 So *Tiedtke* in EWiR § 459 BGB 2/97, 779; *Reinicke/Tiedtke,* Kaufrecht, 6. Aufl., S. 129, 130.
18 Näheres dazu unter Rn 1705, 1815.
19 Mit diesem Argument hat der BGH die totale Freizeichnung gebilligt (Urt. v. 21. 3. 1966, NJW 1966, 1070).
20 Dazu Rn 1467 f.
21 Vgl. *Eggert,* DAR 1989, 121.
22 Anders die Einschätzung von *Hensen* in *Ulmer/Brandner/Hensen,* Anh. §§ 9–11, Rn 434.
23 Ausführlich dazu *Kuckertz,* ADAC-Gebrauchtwagenratgeber, 1988, S. 98 ff.
24 *Huber,* Gutachten und Vorschläge zur Überarbeitung des Schuldrechts, hrsg. v. Bundesminister der Justiz, Bd. 1, 1981, S. 768.
25 Dafür auch *Pfeiffer* in AGB-Klauselwerke, Gebrauchtwagenkauf, Rn 92 ff.; *Lenz/Lenz,* MDR 1998, 1005.
26 OLG Celle 28. 1. 1988, NJW-RR 1988, 1135; OLG Frankfurt 8. 2. 1991, NJW-RR 1991, 875 (jeweils km-Fahrleistung, vgl. dazu Rn 1732 ff.).
27 Urt. v. 17. 4. 1991, NJW 1991, 1880.
28 NJW 1992, 170 („Zusicherungen? keine").
29 NJW 1993, 1854 („fahrbereit").
30 NJW 1997, 2318 – PS lt. Fz.brief.
31 NJW 1996, 1205.

Abzuwarten bleibt, welche Auswirkung die – bis zum 1. 1. 2002 umzusetzende – **EU-Richtlinie** über den Kauf von Konsumgütern haben wird. Bei einer AGB-festen Gewährleistung des professionellen Verkäufers gegenüber dem privaten Käufer für die Dauer von einem Jahr, so die geplante Neuregelung, fehlt der innere Grund für die Ausweitung der Zusicherungshaftung.

3. Auslegungshinweise und Abwägungskriterien

1653 Eine Zusicherung im Sinne des § 459 II BGB setzt nach ständiger Rechtsprechung des **BGH** voraus, dass aus der Sicht des Käufers der Wille des Verkäufers erkennbar ist, die Gewähr für das Vorhandensein einer bestimmten Eigenschaft[32] zu übernehmen und für die Folgen ihres Fehlens einzustehen.[33]

1654 Diese Formel ist in Grenzfällen nur bedingt brauchbar. *Huber*[34] ist zuzustimmen, wenn er zum Verhältnis zwischen Abs. 1 und 2 des § 459 BGB feststellt:

„Wissenschaft und Rechtsprechung ist es nicht gelungen, brauchbare Kriterien für die Abgrenzung zu formulieren. Ganz im Gegenteil hat die Rechtsentwicklung dazu geführt, die Grenzziehung noch zu erschweren. Zu unterscheiden, wann eine bestimmte Soll-Beschaffenheit im Vertrag ‚festgelegt' oder ‚vorausgesetzt' ist, wann sie dagegen ‚zugesichert' ist, ist praktisch nicht möglich. Dieser Rechtszustand ist angesichts der weitreichenden Folgen, die der Unterscheidung für die Schadensersatzhaftung und auf Grund des AGB-Gesetzes für die Freizeichnung zukommen, nicht hinzunehmen. Dem Richter ist hier ein Spielraum diskretionären Ermessens eingeräumt, der ihm selbst nicht erwünscht sein kann."

1655 Diese durchaus realistische Lagebeschreibung trifft nach wie vor zu. Dabei hat sich die Zivilrechtswissenschaft in den letzten Jahren verstärkt der Verkäuferzusicherung angenommen.[35] Doch noch immer ist in der Dogmatik dieser Rechtsfigur vieles ungeklärt.[36]

1656 Da eine stillschweigende Zusicherung auch im Handel mit gebrauchten Kraftfahrzeugen die **Ausnahme** und nicht die Regel ist und da es letztlich eine Frage des **Rechtsgefühls**[37] ist, ob man Informationen wie beispielsweise „BMW 520", „generalüberholt" und „werkstattgeprüft" als Zusicherungen oder als „einfache" Beschaffenheitszusagen qualifiziert, sind entgegen der ständigen Rechtsprechung keine geringen, sondern – wie auch sonst – **strengen Anforderungen** an die Annahme einer nur stillschweigenden Zusicherung zu stellen. Die Anforderungen generell zu minimieren, hat der BGH in der richtungweisenden Entscheidung vom 11. 6. 1979[38] ohnehin nicht gefordert. Erst in späteren Entscheidungen hat er seine ursprünglich nur auf bestimmte Verkäuferinformationen (solche mit „Signalwirkung") gemünzte Aussage verallgemeinert, und zwar ohne nähere Begründung, nur unter Hinweis auf die „besonderen Maktverhältnisse". So hat sich aus einer ehemals eher beiläufigen Bemer-

---

32 Zum Begriff s. BGH NJW 1992, 2564; zur Abgrenzung zwischen Eigenschaft und Beschaffenheit s. BGH NJW 1991, 1223 („weitgehend nur noch terminologischer Unterschied").
33 Urt. v. 4. 6. 1997, NJW 1997, 2318 (PS lt. Fz.brief); v. 28. 11. 1994, NJW 1995, 518 (Neuwagen/ABS).
34 A. a. O. (Fn. 24), S. 769; vgl. auch *Soergel/Huber*, § 459 Rn 141.
35 *H. Baumann,* FS Sieg (1976), 15; *Köndgen,* Selbstbindung ohne Vertrag (1981), 310 ff.; *Gillig,* Nichterfüllung und Sachmängelgewährleistung (1984), 316 ff.; *Schack,* AcP 185 (1985), 333 ff.; *Greulich,* FS Wassermann (1985), 667 ff.; *Knöpfle,* NJW 1987, 801; *ders.,* Der Fehler beim Kauf (1989), 132 ff.; *Böckler,* Die Entwicklung der Zusicherung in der Rechtsprechung des RG und BGH, 1987; *Chang Chih-ming,* Die Eigenschaftszusicherung beim Kauf, 1989; *H. H. Jacobs,* Gesetzgebung im Leistungsstörungsrecht, 1985.
36 Unklar ist z. B. der Haftungsgrund, bestritten ist die Notwendigkeit eines Haftungswillens; selbst über den Elementarbegriff „Eigenschaft" hat man sich nicht verständigen können.
37 Zu diesem Aspekt vgl. *G. Müller,* JZ 1988, 387; *Huber,,* a. a. O., (Fn. 24), S. 766, 768, 770; *Greulich,* a. a. O., (Fn. 35), S. 694 f.; *Walter,* S. 161.
38 BGHZ 74, 383 = NJW 1979, 1886.

Die Zusicherungshaftung

kung eine allgemeine Wertungsvorgabe entwickelt, die die Instanzgerichte allzu oft von genauem Nachdenken und sachbezogener Argumentation abgehalten hat. Solange Richter nur über allenfalls rudimentäre Kenntnisse von den „besonderen Marktverhältnissen" verfügen,[39] werden sie dankbar auf die bequeme Argumentationsfigur von den „generell geringen Anforderungen" zurückgreifen. Sachgerecht ausloten lässt sich die schmale Differenz zwischen Alles (Schadensersatz nach § 463 S.1 BGB) oder Nichts (Gewährleistungsausschluss) aber nur unter Berücksichtigung der **heutigen Gegebenheiten** im Gebrauchtwagenhandel.

Der folgende **Katalog von Anhaltspunkten** für und gegen die Annahme einer Verkäuferzusicherung, vor allem einer **stillschweigenden**, kann gewiss nicht das praktisch Unmögliche *(Huber)* möglich machen. Wohl kann er als Orientierungs- und Entscheidungshilfe dienen und die gefundene Lösung transparent und nachvollziehbar machen. Der Richter hat in seinem Urteil zumindest die wichtigsten für und gegen eine bestimmte Auslegung sprechenden Umstände zu erörtern und gegeneinander abzuwägen. Eine lückenhafte Begründung ist ein rechtlicher Mangel.[40]

Anhaltspunkte für die Annahme einer Zusicherung   1657

– Verwendung von Begriffen wie „zusichern" (z. B. im ADAC-Mustervertrag) oder „versichern"[41] oder „verbürgen" oder „garantiert . . .".
– Abgabe der Erklärung auf ausdrückliches Verlangen des Käufers (Erheblichkeitsaspekt).[42]
– Dem Verkäufer bekannte oder erkennbare Bedeutung der Eigenschaft für den Kaufentschluss und/oder den Verwendungszweck.[43]
– Besondere Qualifikation (Sachkunde) des Verkäufers oder seines Vertreters (Fachhändler mit eigener Werkstatt, ZDK-Vertrauenssiegel, Gütesiegel [DEKRA, TÜV u. a.], Spezialisierung z. B. auf Sportwagen, Oldtimer etc.) bei eigener Inkompetenz des Käufers – Vertrauensaspekt –.[44]
– Angewiesensein des Käufers auf Zuverlässigkeit der Verkäuferinformation, Unmöglichkeit oder Unüblichkeit eigener (Nach-)Prüfung (Vertrauensaspekt).
– Dem Verkäufer erkennbar großes Risiko für den Käufer, wenn er nur die „einfachen" Sachmängelrechte, keinen Schadensersatzanspruch hat (wichtiger Aspekt bei Wiederverkäufern).
– Schriftlichkeit der Erklärung,[45] etwa in der Rubrik „Besondere Vereinbarungen" (Intensitätsaspekt).[46]
– Detailinformation, Fehlen einschränkender Zusätze (Genauigkeitsaspekt).
– Verlangen eines überdurchschnittlich hohen Kaufpreises (Risikozuschlag).
– Verkehrssitte.[47]

---

39 Dabei gibt es umfangreiche Untersuchungen über den Gebrauchtwagenhandel, z. B. die jährlich erscheinenden TÜV-Gebrauchtwagenreports und die Reports der Deutschen Automobil Treuhand AG.
40 BGH 5. 12. 1995, WM 1996, 967.
41 Dazu OLG Düsseldorf 29. 5. 1972, BB 1972, 857; OLG Düsseldorf 19. 11. 1993, OLGR 1994, 186.
42 Zum Beispiel BGH 28. 11. 1994, NJW 1995, 518 (ABS/Neuwagen); BGH 5. 12. 1995, WM 1996, 967 zu § 635 BGB; Gegenbeispiel: BGH 14. 2. 1996, NJW 1996, 1465 – EDV-Anlage.
43 Zur Bedeutung und Rangfolge der Kaufkriterien s. DAT-Veedol-Report 99, S. 13.
44 Dieser Aspekt spielt die Hauptrolle in der Rspr. zum GW-Kauf (seit BGH 25. 6. 1975, NJW 1975, 1693 – km-Fahrleistung).
45 Vgl. z. B. BGH 12. 6. 1959, NJW 1959, 1489 (Maschine).
46 Dass der Bestellschein das Vertragsangebot des Kaufinteressenten, nicht des Händlers, enthält, geht in der Auslegungspraxis unter; vgl. aber auch BGH 25. 6. 1975, NJW 1975, 1693.
47 BGH 7. 10. 1987, NJW 1988, 1018 = WM 1987, 1460; BGH 10. 7. 1991, NJW-RR 1991, 1401 = BB 1991, 1658.

- Handelsbrauch.[48]
- Kenntnis des Verkäufers vom Verwendungszweck.[49]

1658 Anhaltspunkte gegen die Annahme einer Zusicherung
- Information außerhalb des Vertragstextes, z. B. im Inserat, auf einem Verkaufsschild oder einer info-card (s. Rn 1835).
- Platzierung der Information in der Formularrubrik „Bezeichnung des Kfz";[50] Argument: Objektbeschreibung, keine Zusicherung.
- Formularmäßigkeit der Erklärung.[51]
- Individuelle Erklärung, keine „Zusicherung" zu erteilen.[52]
- Streichen/Freilassen der Rubrik „besondere Vereinbarungen/Zusicherungen";[53] Argument: Eine „Zusicherung" ist eine „besondere Vereinbarung".
- Unwesentlichkeit der Eigenschaft für den Kaufentschluss/Verwendungszweck.[54]
- Mündliche Erklärung bei sonst schriftlichem Vertrag.[55]
- Dem Käufer bekannte oder erkennbare Unkenntnis des Verkäufers von der fraglichen Eigenschaft.[56]
- Dem Käufer bekannte oder erkennbare Erkenntnisschwierigkeiten des Verkäufers in Bezug auf die fragliche Eigenschaft (siehe auch Stichwort „Informationsabhängigkeit").
- Einschränkende Hinweise (Quellenangaben) wie „laut Vorbesitzer" oder „eingetragen..." oder „lt. Fahrzeugbrief" oder „soweit bekannt" (Distanzierungsaspekt).[57]
- Erklärung unter Vorbehalt bzw. Wissenskundgabe[58] oder mit einschränkendem Zusatz wie „ca."[59]
- Hinweis auf Überprüfung bzw. Untersuchung durch Dritte (TÜV, DEKRA, GTÜ, ADAC).
- Hinweis bzw. Vorlage von Werkstattrechnungen,[60] wobei Rechnungen über nicht selbst in Auftrag gegebene Arbeiten besondere Distanz signalisieren.

---

48 BGH 7. 10. 1987, NJW 1988, 1018 = WM 1987, 1460; BGH 13. 12. 1995, NJW 1996, 836 unter III; BGH 5. 12. 1995, WM 1996, 967 unter II, 2b.
49 Kann, muss aber nicht für eine stillschw. Zusicherung sprechen, vgl. BGH 7. 10. 1987, NJW 1988, 1018 unter II, 3a, bb.
50 OLG Düsseldorf 13. 2. 1992, OLGR 1992, 219 – km-Angabe.
51 OLG Frankfurt 8. 7. 1992, ZfS 1993, 14 = OLGR 1992, 149 (Ankreuzen von „fahrbereit").
52 BGH 16. 10. 1991, NJW 1992, 170 = JZ 1992, 365 m. Anm. *Flume;* vgl. auch *Tiedtke,* DB 1992, 1562 und hier Rn 1837.
53 OLG Celle 19. 2. 1998, OLGR 1998, 170.
54 Vgl. Fn. 43.
55 Zu weit aber OLG Stuttgart 6. 2. 1990, 10 U 34/89, n. v., wenn es verlangt, dass der „Verpflichtungswille des Verkäufers bei Vertragsunterzeichnung fortbestehen und im Vertrag seinen Niederschlag gefunden haben muss".
56 Grundsätzlich schließt Verkäuferunkenntnis die Annahme einer Zusicherung nicht aus, so zutreffend OLG Düsseldorf 18. 6. 1999, NZV 1999, 514.
57 Wichtig vor allem bei Angaben über Unfallfreiheit bzw. bestimmte Unfallschäden (vgl. Rn 1788), km-Laufleistung (vgl. Rn 1731, 1738), Baujahr/Erstzulassung (dazu OLG Düsseldorf 19. 5. 1994, OLGR 1994, 293), technische Daten wie kW bzw. PS (dazu BGH 4. 6. 1997, NJW 1997, 2318) oder Einsatz als Miet- oder Fahrschulwagen (dazu OLG Köln 20. 11. 1998, NZV 1999, 338 = OLGR 1999, 121); zusammenfassend *Eggert,* DAR 1998, 45.
58 BGH 21. 11. 1952, LM Nr. 1 zu § 463 – Grundstückskauf; BGH 30. 1. 1991, NJW-RR 1991, 870 = WM 1991, 1041 – Vorführwagen; BGH 14. 6. 1961, MDR 1961, 761 – Unternehmenskauf; OLG Hamm 12. 12. 1994, MDR 1995, 1111 – Grundstückskauf.
59 Siehe aber auch OLG Düsseldorf 30. 10. 1992, 22 U 79/91, n. v. (Neufahrzeugkauf); BGH 22. 11. 1985, NJW 1986, 920, 922 (Grundstückskauf).
60 Vgl. OLG Hamm 16. 1. 1986, NJW-RR 1986, 932; OLG Köln 14. 4. 1992, OLGR 1992, 289.

- Vorlage des Kaufvertrages mit dem Vorbesitzer als Nachweis für die Richtigkeit daraus übernommener Informationen, z. B. über die Gesamtfahrleistung (s. aber auch BGH NJW 1998, 2207).
- Individuelle,[61] aber auch formularmäßige Haftungsausschlüsse und -beschränkungen.[62]
- Negativklauseln.[63]
- Eigene Sachkunde auf Käuferseite.
- Fehlende oder eingeschränkte Sachkunde auf Verkäuferseite, z. B. Händler ohne eigene Werkstatt.
- Mangel an Erfahrung des Händlers mit Kaufobjekt (Fremdfabrikat, „Exote").
- Auffallend niedriger Kaufpreis.[64]
- Informationsabhängigkeit des Verkäufers oder seines Vertreters vom Vorbesitzer.
- Mehrzahl von Vorbesitzern.
- Anonymität des unmittelbaren Vorbesitzers (= Lieferanten des Verkäufers), z. B. bei einer Leasinggesellschaft oder einem Autovermieter; dem Käufer erkennbar großes Schadensrisiko (je höher das Risiko, desto geringer die Bereitschaft des Verkäufers zur Gewährsübernahme).
- Verkäufer kann aus rechtlichen oder tatsächlichen Gründen keinen Regress beim Vorbesitzer nehmen.
- Garantie oder sonstige ausdrückliche Haftungszusagen für andere Fahrzeugteile.

Die Abgrenzung zwischen einer bloßen Beschaffenheitsangabe im Sinne von § 459 I BGB und einer Zusicherung gemäß § 459 II BGB ist die eine Sache. Eine andere ist es, Inhalt und Umfang der Zusicherungserklärung durch Auslegung zu bestimmen. In der Praxis fließt beides meist zu sammen. Richtigerweise ist erst der Erklärungsinhalt zu ermitteln (§§ 133, 157 BGB), bevor das Erklärte rechtlich qualifiziert wird. Die besondere Gewährsübernahme erfolgt im GW-Handel nur selten ausdrücklich („ich sichere zu . . ."). Auf der anderen Seite setzt eine **ausrückliche Zusicherung** nicht notwendigerweise den Gebrauch eines Verbs wie zusichern oder versichern voraus. Wenn ein Verkäufer erklärt, das Fahrzeug sei „unfallfrei", so hat er damit eine ausdrückliche, keine „stillschweigende" Zusicherung erteilt.[65] Im Mittelpunkt des Interesses steht indes die **„stillschweigende" Zusicherung durch konkludentes (schlüssiges) Verhalten.**[66]

1659

4. Einzelfälle aus der Rechtsprechung

Zur besseren Orientierung ist das umfangreiche Fallmaterial (ca. 450 veröffentlichte und 300 unveröffentlichte Entscheidungen) alphabetisch nach Stichworten und Stichwortgruppen gegliedert.

1660

---

61 OLG München 7. 7. 1992, OLGR 1992, 113.
62 Dass gerade die vertragliche Freizeichnung, vom BGH als „Gebot der wirtschaftlichen Vernunft" bezeichnet, gegen die Annahme einer stillschweigenden bzw. konkludenten Gewährsübernahme i. S. v. §§ 459 II, 463 S. 1 BGB spricht (so auch *Schmidt,* DAR 1980, 166, 167), wird von der Judikatur in GW-Fällen regelmäßig nicht einmal erwogen, anders OLG Köln 22. 3. 1999, OLGR 1999, 205 und OLG Koblenz 9. 2. 1995, VRS 89, 336 für die Vertragsklausel „wie besichtigt und probegefahren". Bei anderen Kaufgegenständen wird differenzierter argumentiert, vgl. z. B. BGH WM 1979, 102; BGH WM 1981, 224; BGH NJW-RR 1991, 1401; s. auch BGH WM 1996, 967 unter II, 2b.
63 Dazu Rn 1838.
64 BGH 16. 3. 1977, NJW 1977, 1055.
65 BGH 10. 10. 1977, NJW 1978, 261.
66 Zur – nicht immer einheitlichen – Terminologie vgl. *Soergel/Huber,* § 459 Rn 175; *Flume,* JZ 1992, 367.

Alphabetische Übersicht

	Rn
Allgemeine Betriebserlaubnis	1759 ff.
Alter/Baujahr/Erstzulassung	1661 ff.
Abgasuntersuchung (AU)	1813
Austauschmotor/Tauschmotor/generalüberholter Motor	1670 ff.
Baujahr	1662 ff.
Betriebserlaubnis	1759 ff.
Bremsen	1748
Dienstwagen/Direktionswagen	1806 f.
Einsatzfähigkeit (Verwendungszweck)	1796 f.
Ersthandfahrzeug	1803 ff.
Erstzulassung	1666 ff.
Expertise/Gutachten	1811 ff.
Fabrikat	1759 f.
Fahrbereitschaft („fahrbereit")	1686 ff.
Fahrzeugtyp	1759 ff.
Garagenwagen/garagengepflegt	1689
Garantien	1690 ff.
Geländefahrzeug	1797
Generalüberholt	1679 ff.
Geschäftswagen	1806 f.
Gütesiegel s. Garantien	
Gutachten	1811 ff.
Hersteller	1759 f.
Höchstgeschwindigkeit	1709
Hubraum	1710 f.
Jahreswagen/Halbjahreswagen	1715 f.
Kilometerfahrleistung/Gesamtfahrleistung/km-Stand/Tachoangaben	1717 ff.
Kraftstoffart	1743
Kraftstoffverbrauch/Ölverbrauch	1742 f.
kW/PS	1710 f.
Mängelfreiheit	1744 ff.
Modell	1667 ff.
Motor, s. Austauschmotor u. a. neu, fast neu, neuwertig usw.	1747 f.
Oldtimer	1831 f.
Ölverbrauch	1742 f.
Originalmotor	1671 ff.
PS (kW)	1710 f.
Repariert	1682 f.
Rostfreiheit, frei von Durchrostung	1749 ff.
Schadstoffarm/bedingt schadstoffarm	1753 ff.
Scheckheftgepflegt/werkstattgepflegt	1757 f.
Serienmäßigkeit/Typengerechtigkeit	1759 ff.
Sonderausstattung/Zubehör	1771
Steuerfreiheit	1753 ff.
Tauschmotor, s. Austauschmotor	
Tragfähigkeit (Nutzfahrzeuge)	1797
TÜV-Abnahme/TÜV-Plakette/TÜV-Bericht	1772 ff.
Tuning	1825
Unfallfreiheit/bestimmter Unfallschaden	1788 ff.
Verkehrssicherheit/Betriebssicherheit	1686 ff.
Versicherungsschutz	1798 f.

Die Zusicherungshaftung Rn 1661–1663

Vorbenutzung	1800 ff.
Vorbesitzerzahl/Vorhalterzahl	1803 ff.
Vorführwagen	1806
Werkstattgeprüft/von Meisterhand geprüft	1808 ff.
Youngtimer	1831 ff.
ZDK-Vertrauenssiegel	1815 ff.
Zubehör	1771
Zulassungsfähigkeit	1796 f.
Zusage, bestimmte Arbeiten bis zur Auslieferung auszuführen	1819 ff.
Zusage bezüglich des Inhalts des Fahrzeugbriefes	1663, 1761 ff.
Zustand: gut, einwandfrei, gründlich überholt, komplett restauriert o. ä.	1831 ff.

Alter/Baujahr/Erstzulassung

Das Alter gehört zu den wichtigsten Faktoren bei der Bewertung eines gebrauchten **1661** Kraftfahrzeuges, insbesondere von Personenkraftwagen. Ein Blick in die Preistabellen zeigt: In den ersten vier Jahren verliert ein Pkw rapide an **Wert,** bis zu 60%, ab dem 4. Jahr schreitet der Wertverlust nur noch langsam voran. Umgekehrt verhält es sich mit dem **Defektrisiko.** Es steht außer Zweifel, dass mit höherem Fahrzeugalter die Mängel an Zahl und Schwere zunehmen. Infolgedessen steigt auch der **Reparaturkostenaufwand.** Über diese Zusammenhänge gibt es umfangreiches statistisches Material, z. B. die DAT-Kundendienst-Reports und die jährlichen TÜV-Reports.

Das entscheidende Kriterium für die Bestimmung des Alters eines Kfz ist das Jahr der **1662** Herstellung, das **Baujahr** oder **Produktionsjahr.** Der Zeitpunkt der **Erstzulassung,** vermerkt in den Fahrzeugpapieren, gibt das Alter nur annähernd richtig wieder. Zwischen Produktion und Erstzulassung können mehrere Monate, zuweilen gar Jahre liegen. Zu beachten ist auch: Vor der Erstzulassung im Sinne der StVZO kann das Fahrzeug schon im **Ausland** gelaufen sein. Sogar im Inland, z. B. bei Diplomatenwagen und Fahrzeugen von Angehörigen der Nato-Truppen, ist eine zulassungsfreie (Vor-)Benutzung möglich.

Seitdem das **Baujahr** aufgrund der Anordnung des Bundesministers für Verkehr vom **1663** 27. 5. 1963 (VkBl. 1963, 223) nicht mehr im Fahrzeugbrief eingetragen wird und auch aus dem Fahrzeugschein nicht ohne weiteres ersichtlich ist, lässt sich das Baujahr eines Kraftfahrzeuges nicht mehr so leicht wie früher feststellen, zumal auch das Fabrikschild (§ 59 StVZO) bei zulassungspflichtigen Fahrzeugen keine ausdrückliche Angabe des Baujahrs enthält (§ 59 I 3 StVZO). Der 17-stelligen **Fahrzeug-Identifizierungsnummer** (§ 59 I 4 StVZO) in den Fahrzeugpapieren (Zeile 4) und auf dem Fabrikschild (vorne rechts) ist nicht immer zu entnehmen, in welchem Jahr das Fahrzeug produziert worden ist. Im Gegensatz zu anderen Ländern, z. B. den USA, ist in Deutschland nicht vorgeschrieben, dass das Herstellungsdatum eindeutig aus der Fahrzeug-Identifizierungsnummer hervorgehen muss. In mehr oder weniger verschlüsselter Form werden Baujahr oder Modelljahr durch Kennbuchstaben in der Fz.-Id.-Nr. (FIN) ausgewiesen.[67] Hinweise auf das Baujahr liefern auch – abgesehen von der äußeren Beschaffenheit und den Daten des Fahrzeugs – die DOT-Nr. und andere Produktionsmarken.[68]

Der Ansicht des BGH (VII. Senat), das Baujahr eines Gebrauchtwagens sei dem Verkäufer entweder bekannt oder doch zumindest leicht und zuverlässig feststellbar,[69] kann nach dem oben Gesagten nicht zugestimmt werden. Auf der anderen Seite ist es auch nicht richtig, wenn der VIII. Senat in der Neuwagen-Entscheidung vom 6. 2. 1980[70] meint, das Baujahr

---

67 Vgl. *Kuckertz,* S. 75 ff., 129 f.
68 Vgl. *Kuckertz,* S. 77/78.
69 Urt. v. 26. 10. 1978, NJW 1979, 160; ebenso OLG Stuttgart 17. 3. 1989, NJW 1989, 2547.
70 NJW 1980, 1097.

könne nur noch durch Rückfrage beim Kraftfahrt-Bundesamt oder bei den Herstellerwerken ermittelt werden, weshalb es praktisch keine Rolle mehr spiele, auch nicht beim Weiterverkauf. Diese Aussage ist vielfach so verstanden worden, als habe das Baujahr seine bisher allgemein anerkannte Bedeutung als wertbildender Faktor verloren.[71] Von diesem Standpunkt aus wäre es konsequent, das Baujahr eines Kfz, ob fabrikneu oder gebraucht, nicht mehr als Eigenschaft i. S. d. § 459 II BGB anzusehen. Diesen Schluss hat bislang niemand gezogen. Der VII. Senat hat vielmehr betont, dass die Wertschätzung eines Gebrauchtwagens ganz wesentlich von seinem Alter, seinem Baujahr, abhänge.[72] Die **Zusicherungsfähigkeit** dieser Eigenschaften steht außer Zweifel.[73]

1664 Allein durch den Verkauf eines Fahrzeugs mit – verschlüsselter – Angabe des Baujahres in der FIN wird das Baujahr nicht stillschweigend zugesichert. Für die Richtigkeit will der Verkäufer nicht geradestehen, selbst wenn er das Baujahr decodiert hat. Auch aus der Preisgestaltung für sich allein genommen lässt sich eine konkludente Zusicherung des Baujahres bzw. des Alters nicht herleiten.[74]

1665 **Ausdrückliche** Angaben des Verkäufers über das **Baujahr** hat die **Rechtsprechung** seit jeher als Eigenschaftszusicherung angesehen,[75] gleichviel, ob im Kaufvertrag und/oder auf dem Verkaufsschild, der Garantieurkunde oder in der Zeitungsanzeige vermerkt oder nur mündlich im Rahmen der Vertragsverhandlungen erklärt. Bei älteren Entscheidungen ist Vorsicht geboten. Die tatsächlichen Verhältnisse haben sich gewandelt, vgl. Rn 1663. Wenn heute ein **Privatverkäufer** von Baujahr spricht, meint er meist das Modelljahr oder das Jahr der Erstzulassung. Angaben wie „5/92" weisen zweifelsfrei auf das Erstzulassungsdatum hin, auch wenn der Zusatz „Bj." beigefügt ist. In den heute gängigen Vertragsformularen findet man die Rubrik „Baujahr" nur noch selten. Gleiches gilt für die im Handel üblichen Verkaufsschilder, die an den Windschutzscheiben der Fahrzeuge angebracht sind. In aller Regel ist bei den **professionellen Anbietern** nur noch vom Tag der Erstzulassung die Rede. „Tag der Zulassung" meint dasselbe. Wird mit einer Baujahrsangabe auf die Fahrzeugpapiere Bezug genommen („eingetragenes Baujahr 1984"), ist eine Zusicherung zu verneinen, zumal bei einem **Importfahrzeug**.[76]

1666 Auch der **Zeitpunkt der Erstzulassung** ist eine Eigenschaft im Sinne des § 459 II BGB.[77] Entsprechende Angaben, z. B. 5/92, im Kaufvertrag, auf dem Verkaufsschild am Fahrzeug, selbst in einem Zeitungsinserat, haben Oberlandesgerichte wiederholt als Zusicherungen gewertet.[78] Von einer ständigen, gefestigten Rechtsprechung kann allerdings keine Rede sein. Der Bundesgerichtshof hat sich noch nicht eindeutig geäußert. Seinem Urteil vom 16. 10. 1991[79] liegt der **Sonderfall** zugrunde, dass der Verkäufer, ein Kfz-Händler, mit der individuell eingefügten Angabe „keine" in der Spalte „Zusicherungen" eine Haftung nach § 459 II BGB nicht übernehmen wollte. Infolgedessen hat der BGH die im Kaufvertrag hinter dem

---

71 Z. B. *Schmidt*, DAR 1981, 44.
72 Urt. v. 26. 10. 1978, NJW 1979, 160.
73 BGH 17. 5. 1995, NJW 1995, 2159.
74 AG Schleiden 7. 10. 1991, 2 C 367/91, n. v. – Motorrad.
75 OLG Karlsruhe 24. 3. 1966, MDR 1967, 44; OLG Köln 14. 12. 1971, JMBl. NW 1972, 189; OLG Hamburg 25. 1. 1973, MDR 1973, 496; OLG Köln 11. 6. 1975, VersR 1976, 500; OLG Oldenburg 28. 6. 1982, MDR 1982, 1018; OLG Köln 26. 9. 1991, 1 U 59/90, n. v.
76 OLG Düsseldorf 19. 5. 1994, OLGR 1994, 293, s. aber auch OLG Oldenburg 28. 7. 1994, NJW-RR 1995, 689 (Inzahlunggabe).
77 BGH 16. 10. 1991, NJW 1992, 170; BGH 26. 11. 1981, VRS 62, 168; OLG Hamm 14. 7. 1983, MDR 1984, 141; OLG Stuttgart 17. 3. 1989, NJW 1989, 2547; OLG Hamm 12. 10. 1990, NJW-RR 1991, 505 = NZV 1991, 232; OLG München 7. 7. 1992, OLGR 1992, 113; OLG Stuttgart 25. 4. 1990, 4 U 26/90, n. v.
78 OLG Hamm (28. ZS) 14. 7. 1983, MDR 1984, 141 (Agenturfall); OLG Köln 26. 9. 1991, 1 U 59/60, n. v. (EZ-Datum in Inserat).
79 NJW 1992, 170 = JZ 1992, 365 m. Anm. *Flume*.

vorgedruckten Wort „Erstzulassung" stehende handschriftliche Eintragung „5. 5. 88" nicht als (konkludente) Zusicherung, sondern als bloße Beschaffenheitsangabe angesehen. Wie seine Auslegung ohne die Klausel „Zusicherungen? – keine" ausgefallen wäre, ist offen geblieben. Vermutlich hätte er die ohne Einschränkung wie „lt. Fahrzeugbrief" oder „lt. Vorbesitzer" erteilte EZ-Information unter Hinweis auf die Handschriftlichkeit der Eintragung als Eigenschaftszusicherung qualifiziert,[80] zumal Verkäufer ein Kfz-Händler war, der die Richtigkeit des EZ-Datums angeblich anhand des Kundendienstheftes überprüfen konnte. Auf diesen Umstand hatte die Vorinstanz entscheidend abgestellt,[81] aber nicht bedacht, dass das mitgeteilte Datum gar nicht die Erstzulassung, sondern die Wiederzulassung (nach Stilllegung) meinen konnte.

Ein Sonderfall ist auch Gegenstand des Urteils des OLG München vom 7. 7. 1992:[82] Der Verkäufer hatte zwar in einem Zeitungsinserat das EZ-Datum angegeben, es aber im (handschriftlichen) Individualkaufvertrag nicht mehr erwähnt, vielmehr seine „Gewährleistung" ausdrücklich ausgeschlossen. Mit Recht hat das OLG München bei dieser Sachlage eine Zusicherung verneint. In diese Richtung tendieren auch die Entscheidungen des OLG Hamm vom 12. 10. 1990[83] und vom 22. 6. 1993,[84] wobei der 28. Senat im zweiten Fall in der – zutreffenden – EZ-Angabe auch keine stillschweigende Zusicherung des **Fahrzeugalters** gesehen hat.

Ausgangspunkt für die rechtliche Beurteilung von EZ-Angaben ist deren Wortlaut. Auf den objektiven Inhalt der Erklärung aus der Sicht des Käufers kommt es an. In den Vertragsformularen (Bestellscheinen) des Kfz-Handels wird üblicherweise unterschieden zwischen „Datum der Erstzulassung lt. Fz.-Brief" und „lt. Vorbesitzer". Zusatzlose EZ-Informationen sind auf dem Privatmarkt zu beobachten, insbesondere in handschriftlichen Verträgen. Um die strenge Zusicherungshaftung zu begründen, reichen derartige Erklärungen in der Regel nicht aus. Nur wenn ausnahmsweise **besondere Umstände** vorliegen, die auf eine Gewährsübernahme hindeuten, ist die Annahme einer Zusicherung gerechtfertigt. Dafür ist der Käufer darlegungs- und beweispflichtig. Im **Regelfall** kann der Käufer die Angabe des Verkäufers über den Zeitpunkt der Erstzulassung nur als Bezugnahme auf die behördliche Eintragung in den Fahrzeugpapieren verstehen. Dieses Verständnis ist unabhängig von einem ausdrücklichen Hinweis auf die Papiere, in denen der Tag der Erstzulassung zu vermerken ist (VkBl. 1972, 354). Der Verkäufer, insbesondere als gewerblicher Händler oder als privater Nacheigentümer, macht sich diese Eintragungen regelmäßig nicht zu eigen. Von Sondersituationen abgesehen, fehlt es ihm an zumutbaren Möglichkeiten, deren Richtigkeit nachzuprüfen. Die Ursachen für Falscheintragungen (z. B. frühere Auslandzulassung, vorübergehende Stilllegung im Inland, Ausstellung eines Ersatzbriefes o. ä.) kann er ohne konkrete Anhaltspunkte nicht erkennen. Besondere Schwierigkeiten bestehen bei **reimportierten** oder normal **importierten Fahrzeugen**.[85] Legt der Käufer auf das Datum der Erstzulassung gesteigerten Wert, ist es ihm unbenommen, sich diese Eigenschaft ausdrücklich zusichern zu lassen.

Mitunter begegnet man der Bezeichnung „**Modell 19. .**". Durch einen solchen Hinweis kann der Eindruck erweckt werden, der Wagen sei erst in dem angegebenen Jahr gebaut bzw. zugelassen worden. Es ist zwar richtig, von einem 92er Modell zu sprechen, wenn es im Jahre 1991 – nach den Werksferien – als 92er Modell vorgestellt worden ist. Der Tag der Erstzulassung kann noch im vorangegangenen Jahr (Ende 1991) liegen. Als irreführend ist die

---

80 So (im Ergebnis) *Tiedtke*, DB 1992, 1562.
81 OLG Stuttgart 25. 4. 1990, 4 U 26/90, n. v.
82 OLGR 1992, 113.
83 NJW-RR 1991, 505 = NZV 1991, 232 (Verkauf eines reimportierten Kfz).
84 OLGR 1993, 301 = DAR 1994, 120.
85 Zur Klausel „eingetragenes Baujahr 1984" bei einem privaten Direktgeschäft über einen Importwagen s. OLG Düsseldorf 19. 5. 1994, OLGR 1994, 293 (L.); vgl. auch OLG Hamm 12. 10. 1990, NJW-RR 1991, 505.

Angabe „82/83" angesehen worden, wenn das Fahrzeug Anfang 1982 gebaut worden ist.[86] Andererseits ist dem Verkäufer kein Vorwurf gemacht worden, der ein im November 1970 zugelassenes Fahrzeug als „Modell 1971" angeboten hat.[87]

1668 Unter dem Begriff **„Modelljahr"** wird der vom Kalender abweichende Jahreszeitraum verstanden, in dem die Modellreihe des betreffenden Fahrzeugs produziert worden ist. Dieser Zeitraum beginnt im Allgemeinen nach den Werksferien. Die Angabe „Modell 92" bezeichnet nur das Fahrzeug, wie es serienmäßig in einem bestimmten Jahr in die Produktion gelangt ist.

1669 Bei **älteren Fahrzeugen** verliert das Alter zunehmend an Bedeutung. Ob jemand einen acht oder neun Jahre alten Pkw erwirbt, macht keinen großen Unterschied. Bei **Sonderfahrzeugen** und **Liebhabermodellen**[88] richtet sich die Wertschätzung nach eigenen Marktgesetzen. Soweit ein Verkäufer derartiger Fahrzeuge Angaben zum Alter bestimmter **Fahrzeugteile**, z. B. des Motors oder des Getriebes, macht, hängt das Auslegungsergebnis ganz vom Einzelfall ab. Eine Verkehrsauffassung kann nur mit Hilfe eines Sachverständigen ermittelt werden (zum Parallelfall des Hauskaufs s. BGH NJW 1995, 45). Instruktiv auch BGH NZV 1995, 222 (Oldtimerkauf).

Austauschmotor/Tauschmotor/generalüberholter Motor/überholter Motor

1670 Angaben des Verkäufers wie „Austauschmotor", „generalüberholter Motor", „überholter Motor 0 km" oder „Austauschmotor, Laufleistung etwa 60 000 km" sind nach st. Rspr. Eigenschaftszusicherungen. Solche und ähnliche Bezeichnungen sind in der Tat mehr als unverbindliche Anpreisungen oder reine Beschaffenheitsangaben. Welche Bedeutung und Tragweite derartige Erklärungen haben, ist mitunter schwer zu bestimmen. Die breite Palette von Möglichkeiten, einen Motorschaden zu beheben, begründet die Gefahr von Missverständnissen. Immer wieder bezeichnen Verkäufer, zumal private, Motoren als „Austauschmotor" oder „AT-Maschine" (ATM), obwohl der Originalmotor nur mehr oder weniger überholt worden ist. Andere lassen für einen Austauschmotor genügen, dass alle beweglichen Teile erneuert worden sind, das Gehäuse aber dem Altmotor entstammt. Ein solcher Motor soll einem Austauschmotor zumindest praktisch gleichwertig sein. Schließlich werden mit dem Prädikat „Austauschmotor" auch solche Motoren etikettiert, die von professionellen Motoreninstandsetzern nur „generalüberholt" worden sind,[89] ja selbst Motoren, die Unfallwagen entnommen und ohne gründliche Überprüfung und Instandsetzung in andere Fahrzeuge eingebaut worden sind.

Das **terminologische Durcheinander**[90] wird dadurch noch größer, dass die Bezeichnung „Austauschmotor" mit allerlei schmückendem Beiwerk versehen wird. So ist z. B. von „Original-Austauschmotor", von „werksgeprüftem" oder „werksüberholtem" Austauschmotor die Rede. Mitunter taucht auch der Begriff „serienmäßiger Austauschmotor" auf.[91] Wie um den Grad der Konfusion komplett zu machen, liefern die Hersteller Tauschaggregate mit folgenden Bezeichnungen: „Tauschmotor", „Teilemotor", „Teilmotor", „Rumpfmotor", „Austauschteilmotor", „Neuteilmotor" und „Neumotor". Die Lieferprogramme der einzelnen Hersteller weichen erheblich voneinander ab.[92]

---

86 OLG Köln 15. 11. 1979, 14 U 76/78, n. v.
87 LG Köln 31. 3. 1980, 16 O 349/79, n. v.; OLG Düsseldorf 18. 5. 1979, 14 U 10/79, n. v.
88 Vgl. OLG Frankfurt 2. 11. 1988, NJW 1989, 1095 = DAR 1989, 66 = WM 1989, 760 – Oldtimer; LG Osnabrück 29. 4. 1980, VersR 1981, 45 – Schropflader; LG Düsseldorf 11. 6. 1976, 22 S 117/76, n. v. – Buggy; OLG Oldenburg 28. 6. 1982, MDR 1982, 1018 – Sportwagen; s. auch BGH 7. 12. 1994, NZV 1995, 222 (Oldtimer).
89 So im Fall BGH NJW 1992, 1678.
90 *Ludovisy*, DAR 1992, 199.
91 So im Fall BGHZ 61, 80 = NJW 1973, 1454.
92 Vgl. *Kuckertz*, S. 46.

Die Zusicherungshaftung

Das **maßgebliche Kriterium** für die Auslegung von Verkäufererklärungen ist die **allgemeine Verkehrsanschauung.** Auf das Begriffsverständnis eine Kfz-Fachmanns kommt es erst in zweiter Linie an. Deshalb ist bei Auskünften von Kfz-Sachverständigen Vorsicht geboten. Grundvoraussetzung für eine sachgerechte Vertragsauslegung ist die Kenntnis der auf dem heutigen Markt vorhandenen **Alternativen.** In der Reihenfolge ihrer Wertigkeit und des Preises sind folgende Möglichkeiten zu unterscheiden: 1671

- fabrikneuer Motor (kompletter Neumotor vom Hersteller)
- Original-Austauschmotor vom Hersteller
- Teilemotor vom Hersteller
- Rumpfmotor vom Hersteller
- generalüberholter Motor als Tauschmotor vom Motoreninstandsetzer mit/ohne RAL-Gütezeichen
- General- oder Grundüberholung des defekten Originalmotors
- Teilüberholung bzw. Teilreparatur des defekten Originalmotors
- Gebrauchtmotor als unbearbeiteter Ersatzmotor, z. B. vom Autoverwerter.

Gegenstand einer General- oder Grundüberholung können natürlich auch Austauschmotoren und solche Motoren sein, die solchen Aggregaten gleichgestellt sind. Die Tauschmotoren der Automobilhersteller sind von Neumotoren (Neuteilemotoren) qualitativ kaum zu unterscheiden. Optisch gibt es Unterschiede, z. B. durch Prägestempel und Zusätze zur Ersatzteil-Nummer. Für sie gelten die gleichen Werksgarantien wie für fabrikneue Aggregate, die aus Kostengründen im Ersatzteilgeschäft kaum eine Rolle spielen. Ein noch nicht gelaufener ATM darf als „**neuer**" Motor bezeichnet werden. Als Zusicherung eines fabrikneuen Motors kann diese Angabe nicht verstanden werden.[93] Die Erklärung, in dem Fahrzeug befinde sich „**ein Originalmotor**", bedeutet die Zusicherung, dass das Fahrzeug „mit einem vom Werk für diesen Fahrzeugtyp vorgesehenen Originalmotor, mit dem es auch für den Straßenverkehr zugelassen wird, ausgerüstet ist".[94] 1672

Die Bezeichnungen „**Austauschmotor**" oder „**Tauschmotor**" dürfen nicht benutzt werden, wenn sich noch ein **Originalerstmotor** im Fahrzeug befindet, mag er auch noch so gründlich überholt oder instand gesetzt worden sein.[95] Der Mindesterklärungsgehalt ist die **Existenz eines Ersatzmotors.** Welche weiteren Merkmale einen „Austauschmotor", welche einen „Tauschmotor" ausmachen, ob beide Begriffe synonym sind,[96] ist höchstrichterlich noch nicht geklärt worden.[97] Zum „Tauschmotor" liegt auch sonst keine Rechtsprechung vor. Anders ist es beim „Austauschmotor". Nach Ansicht des OLG Karlsruhe darf als „Austauschmotor" ein Triebwerk nur dann bezeichnet werden, wenn „die Gesamterneuerung beim Herstellerwerk und nach den Methoden der Serienfertigung geschehen ist".[98] Die **Gesamterneuerung** setzt voraus, dass „der Motor im ganzen, d. h. sowohl das Motorgehäuse als auch die beweglichen Teile" einschließlich der Nebenaggregate wie Lichtmaschine, Verteiler, 1673

---

93 Vgl. OLG Düsseldorf 9. 8. 1991, DAR 1992, 180; dazu *Ludovisy*, DAR 1992, 199.
94 LG Köln 16. 8. 1979, 6 S 56/79, n. v.
95 OLG Zweibrücken 28. 6. 1988, VRS 76 (1989), 409; AG Köln 4. 9. 1979, 113 C 1475/78, n. v; s. auch OLG Koblenz 27. 5. 1993, VRS 86, 413 („anderer Motor").
96 Offen gelassen von OLG Köln 14. 4. 1992, OLGR 1992, 289.
97 BGH NJW 1985, 967 = DAR 1985, 150 definiert „Austauschmotor" als Maschine gleicher Bauart, gleichen Hubraums und gleicher Leistung. Dies entspricht der Definition im BMV-Beispielekatalog zu § 19 StVZO, abgedruckt bei *Jagusch/Hentschel*.
98 Urt. v. 14. 6. 1974, DAR 1975, 155 = OLGZ 1975, 189; vgl. auch OLG Frankfurt 18. 12. 1991, DAR 1992, 221 = OLGR 1992, 213, das zusätzlich verlangt: Einstempelung einer Seriennummer und Vergabe einer Garantiekarte.

Benzinpumpe, Ölfilter, erneuert oder zumindest überholt worden sind.[99] Das bedeutet nicht, dass es sich wenigstens teilweise um fabrikneue Bauteile handeln muss. Andererseits genügt eine „Generalüberholung" nicht. Die gegenteilige Meinung des OLG Köln (DAR 1959, 296) ist vereinzelt geblieben.

1674 Anders als die OLG Karlsruhe[100] und Frankfurt/M.[101] lassen es die OLG Oldenburg[102] und Bremen[103] genügen, wenn das Tauschaggregat von einer vom Hersteller autorisierten Spezialwerkstatt stammt.[104] Diese weite Auffassung ist abzulehnen.[105] Sie verwischt den Unterschied zwischen Austauschmotor/Tauschmotor und generalüberholtem Motor. Wesensmerkmal eines Austauschmotors ist, dass alle beweglichen Motorteile durch Neuteile des Herstellers aus der Serie ersetzt worden sind. Der Motor ist komplett, von der Ölwanne bis zur Nockenwelle, aber ohne Nebenaggregate. Ein „Original-Austauschmotor" muss entweder im Herstellerwerk oder im Auftrag des Herstellers in einem Fremdbetrieb produziert worden sein. Gleiches gilt bei Verwendung anderer Zusätze, die einen Bezug zum Hersteller signalisieren (etwa „serienmäßig"). Wird zusatzlos nur von „Austauschmotor" gesprochen, bleibt häufig unklar, ob er direkt oder indirekt (Auftragfertigung) vom Hersteller stammt. Längst nicht jeder Motor ist im Austausch vom Hersteller lieferbar. Das gilt bereits für jüngere Fahrzeuge, erst recht aber für solche, die älter als 10–12 Jahre sind. Nach der Verkehrsauffassung, auf die es für die Auslegung maßgeblich ankommt, verbindet man mit dem Begriff „Austauschmotor" die Herkunft vom Hersteller. Das hätte zur Folge, dass beispielsweise ein Motor, der von der Fa. VEGE, dem renommiertesten Motoreninstandsetzer, instand gesetzt worden ist (ohne Auftrag vom Hersteller), nicht als „Austauschmotor" bezeichnet werden darf, wohl aber als „Tauschmotor".[106] Erst recht fehlt die zugesicherte Eigenschaft „Austauschmotor", wenn der Motor lediglich einem Unfallwagen oder einem stillgelegten Fahrzeug entnommen worden ist.

1675 Ein **Tauschmotor im weiteren Sinn** ist auch der **Teil- oder Teilemotor.** Auch er stammt vom Hersteller. Im Gegensatz zum komplett überholten Tauschmotor im engeren Sinn besteht der Teilemotor – wie schon sein Name andeutet – meistens nur aus dem Motorblock mit Kolben, Pleuel und Kurbelwelle. Zylinderkopf und Kurbellager fehlen ebenso wie sämtliche Nebenaggregate. Teilmotoren, die nicht von allen Herstellern angeboten werden (z. B. nicht von Daimler-Benz und BMW), sind im Durchschnitt etwa 30% billiger als komplette Tauschmotoren. Ein **komplettierter Teilmotor** steht rechtlich einem Austauschmotor gleich.[107] Dasselbe gilt für den komplettierten **Rumpfmotor,** der in seinem Ursprungszustand meist nur aus dem nackten Zylinderblock mit Kolben und Kurbelwelle besteht.

1676 Wenn ein Fahrzeug mit dem ausdrücklichen Hinweis auf einen „Austauschmotor" oder „Tauschmotor" verkauft wird, darf der Käufer in der Regel davon ausgehen, dass dieser Ersatzmotor von gleicher Bauart, gleichem Hubraum und gleicher Leistung wie der serienmäßige Originalmotor ist.[108] Der Einbau eines leistungsstärkeren oder leistungsschwächeren „Austauschmotors" lässt die **Allgemeine Betriebserlaubnis** erlöschen, § 19 II, 1 StVZO.[109]

---

99 OLG Nürnberg 14. 7. 1961, DAR 1962, 202; OLG Bremen 9. 9. 1966, DAR 1968, 128; OLG Schleswig 21. 10. 1992, 9 U 43/91, n. v.
100 Urt. v. 14. 6. 1974, OLGZ 1975, 189 = DAR 1975, 155.
101 Urt. v. 18. 12. 1991, OLGR 1992, 213 = DAR 1992, 221 (Werklieferungsvertrag über einen „Austauschmotor" mit Einbau eines „generalüberholten" Motors).
102 Urt. v. 24. 11. 1966, OLGZ 1967, 129.
103 Urt. v. 9. 9. 1966, DAR 1968, 128.
104 Ähnlich OLG Schleswig 21. 10. 1992, 9 U 43/91, n. v. (in Werkstatt teilreparierter Motor als „ATM" verkauft; unrichtige Zusicherung nur wegen fehlender Gesamterneuerung).
105 Siehe auch *Ebel,* NZV 1994, 15.
106 Zum RAL-Gütezeichen s. *Ebel,* NZV 1994, 15; allg. *Müller,* DB 1987, 1521.
107 LG Köln 14. 12. 1978, 15 O 35/78, n. v.
108 So die Definition des BGH in NJW 1985, 967 = DAR 1985, 150 (BMW 520).
109 Siehe den Beispielekatalog zu § 19 StVZO.

Die Zusicherungshaftung

Mit der Angabe „Austauschmotor" sichert der Verkäufer also nicht nur die Existenz eines Triebwerks der oben näher beschriebenen Art zu. Sie enthält auch die Zusicherung, dass der Einbau von der **Allgemeinen Betriebserlaubnis,** wenigstens von einer **Einzel-BE,** gedeckt ist.

Häufig werden Hinweise auf Ersatzmotoren mit km-**Angaben** verbunden. Die Erklärung eines **Gebrauchtwagenhändlers** im schriftlichen Kaufvertrag, das Fahrzeug habe „einen Austauschmotor mit einer Laufleistung von etwa 60 000 km", darf der Käufer auch als Zusicherung dahin auffassen, dass der Motor nicht wesentlich stärker verschlissen ist, als es die angegebene Laufleistung erwarten lässt.[110] Der **Informationsgehalt** solcher Händlererklärungen ist mithin ein **vierfacher:** Vorhandensein eines AT-Motors, Fortbestand der ABE, bestimmte Laufleistung[111] und entsprechender Erhaltungszustand des Motors. Bei einem **privaten Direktverkäufer** ist diese sehr weite Auslegung in der Regel nicht angebracht. Für den Zustand des Motors will er grundsätzlich keine besondere Gewähr übernehmen. Ihm fehlt es auch an der erforderlichen Sachkunde, um die Qualität des Ersatzmotors beurteilen zu können. Mit der Angabe einer bestimmten Laufleistung des Motors will er nur zum Ausdruck bringen, dass die bisherige Laufleistung nicht wesentlich höher liegt als die angegebene.[112] Ein Sonderfall liegt der Entscheidung OLG Köln OLGR 1994, 182 zugrunde. Hat ein **Privatverkäufer** bei den Vertragsverhandlungen von einem **„anderen Motor"** gesprochen, so stellt die Bezeichnung im schriftlichen Vertrag „Austausch-Motor 69 000 km" nur eine Wiederholung der vorangegangenen mündlichen Erklärung dar.[113]

1677

Mitunter kommt es vor, dass sich in dem Fahrzeug ein Ersatzmotor befindet, ohne dass der Käufer auf diesen Umstand hingewiesen worden ist. In Fällen dieser Art ist danach zu fragen, ob das Vorhandensein des **Originalerstmotors** konkludent zugesichert oder lediglich im Sinne einer „einfachen" Beschaffenheitsvereinbarung (§ 459 I BGB) konkludent zugesagt worden ist. Bei Personenkraftwagen mit einer tatsächlichen Laufleistung unter 150 000 km gehört es zur **Normalbeschaffenheit,** mit dem Originalerstmotor ausgerüstet zu sein. Auch Vierzylindermotoren reichen heute im Durchschnitt 150 000–200 000 km. Sechszylindermotoren und Dieselmotoren laufen durchschnittlich 250 000–300 000 km. Bei Fahrzeugen mit erheblich geringerer Laufleistung bedeutet ein Austauschmotor oder ein sonstiger Ersatzmotor zwar eine Abweichung von der stillschweigend vorausgesetzten Normalbeschaffenheit. Der Einbau eines Austauschmotors oder eines Teilemotors in ein gebrauchtes Kfz stellt aber nicht unbedingt einen Sachmangel i. S. v. § 459 I BGB dar.[114] Austauschteile sind nicht von vornherein schlechter als die ausgewechselten Originalteile. Meist trifft das Gegenteil zu. Fahrzeuge, die bei der Auswechselung des Motors bereits mehr als 100 000 km gelaufen sind, erfahren durch den Einbau eines AT-Motors regelmäßig eine **Wertsteigerung.** Dem entspricht die Beobachtung, dass Verkäufer solcher Fahrzeuge ausdrücklich auf das Vorhandensein eines Austauschmotors hinweisen. Nur wenn der Motorentausch zu einem technischen oder merkantilen Minderwert führt, kommt eine Offenbarungspflicht des Verkäufers in Betracht,[115] sofern nicht ausnahmsweise eine stillschweigende Zusicherung i. S. v. § 459 II BGB vorliegt. Ein nur etwa 10 000 km gelaufener Austauschmotor anstelle eines 50 000 km

1678

---

110 BGH 18. 1. 1981, NJW 1981, 1268 = DAR 1981, 147.
111 Die km-Angabe bezieht sich auf die Laufleistung des Motors, nicht des Fahrzeugs, in das er eingebaut worden ist. Will der Verkäufer etwas anderes sagen, muss er es klarstellen.
112 So auch BGH 15. 2. 1984, NJW 1984, 1454 = WM 1984, 534; OLG Zweibrücken 28. 6. 1988, VRS 76 (1989), 409.
113 OLG Düsseldorf 26. 5. 1988, 18 U 18/88, n.v. (Zusicherungshaftung zutreffend verneint); vgl. auch OLG Koblenz 27. 5. 1993, VRS 86, 413.
114 BGH 1. 10. 1969, DB 1969, 2082 (Kauf eines Lastzuges vom Händler); BGH 3. 3. 1982, NJW 1982, 1386 (Lkw); s. auch OLG Bamberg 6. 3. 1974, DAR 1974, 188; OLG Köln 12. 11. 1980, 16 U 1/79, n. v. (Taxi); LG Bonn JMBl. NW 1972, 92.
115 OLG Schleswig 30. 11. 1984, 11 U 327/83, n. v.

gelaufenen Originalmotors bedeutet eher eine Wertverbesserung als eine Wertminderung. Befindet sich hingegen in einem zwei Jahre alten, nur 25 000 km gelaufenen Fahrzeug ein „Ausschlachtmotor", so ist zumindest ein (offenbarungspflichtiger) **Sachmangel i. S. d. § 459 I BGB** zu bejahen. Gleiches gilt, wenn die Austauschaggregate selbst mangelhaft sind.[116] Bei einem **Oldtimer** kommt es für den Wert entscheidend darauf an, dass der eingebaute Motor aus derselben Zeit wie das Fahrzeug im Übrigen stammt.[117]

1679 Verkaufserklärungen wie **„generalüberholt"** oder **„grundüberholt"** sind zunächst auf ihre Reichweite hin zu untersuchen. Solche Hinweise können sich auf das **Fahrzeug als ganzes**[118] oder nur auf einzelne Teile, insbesondere auf den **Motor**[119] oder das **Getriebe**,[120] beziehen. Ergibt die Auslegung, dass nur der Motor gemeint ist, so sind zwei Varianten zu unterscheiden: der generalüberholte Originalmotor und der generalüberholte Ersatzmotor. Nach der Rechtsprechung schließt die Bezeichnung „generalüberholter Motor" beide Möglichkeiten ein.

Wo die „Generalüberholung" stattgefunden hat, ist grundsätzlich belanglos. Es muss nicht in einem der ca. 40 Motoreninstandsetzungsbetriebe gewesen sein, die sich in einer **Gütegemeinschaft** (RAL) zusammengeschlossen haben. Die von diesen Betrieben gelieferten Motoren, technisch AT-Motoren nahezu gleichwertig, werden häufig als „Tauschmotoren" bezeichnet. Das erscheint zulässig,[121] solange eine Verwechselung mit dem engeren Begriff „Austauschmotor" ausgeschlossen ist.

Inhaltliche Kriterien: Das OLG Nürnberg sieht eine Generalüberholung darin, dass in einer beliebigen Werkstatt „sämtliche beweglichen Motorteile ausgebaut und, soweit erforderlich, entweder hergerichtet oder erneuert werden, während die feststehenden Teile wie Motorgehäuse, Zylinderkopf usw. lediglich auf ihre Unversehrtheit hin untersucht werden".[122] Nach Ansicht des OLG Köln umfasst eine Generalüberholung die Instandsetzung bzw. Erneuerung aller inneren Motorteile und der Ausbauaggregate wie Wasserpumpe, Vergaser und Lichtmaschine.[123] Eine „große Inspektion" durch eine Fachwerkstatt bedeutet selbst dann keine Generalüberholung, wenn einzelne Motorteile, etwa die Kupplung, ausgewechselt worden sind.[124] Auf dieser – strengen – Linie liegt auch das Urteil des **BGH** vom 18. 1. 1995 (NJW 1995, 955).

1680 Übergibt ein Gebrauchtwagenhändler die von einer Drittfirma erteilte **Rechnung über eine Motorreparatur,** so kann der Käufer trotz der Erklärung „generalüberholt" nicht ohne weiteres davon ausgehen, dass über den Rechnungsinhalt hinausgehende Arbeiten vorgenommen worden sind.[125] Der Ausdruck „generalüberholt" ist – wie jede Beschaffenheitsangabe – im Kontext der Kaufverhandlungen zu sehen. Nur wenn der Käufer die Rechnung eingesehen

---

116 BGH, a. a. O., (Fn. 114); OLG Saarbrücken 27. 6. 1989, 7 U 135/88, n. v.
117 BGH 7. 12. 1994, NZV 1995, 222.
118 Vgl. OLG Hamm 16. 1. 1986, NJW-RR 1986, 932 = DAR 1986, 150; OLG Karlsruhe 30. 3. 1979, OLGZ 1979, 431; s. auch BGH 18. 1. 1995, NJW 1995, 955 = BB 1995, 539 – gebrauchte Maschine.
119 OLG Köln 22. 4. 1994, OLGR 1994, 182, s. auch BGH 7. 12. 1994, NZV 1995, 222 („überholter" Motor in einem Oldtimer).
120 Zum Verkauf „generalüberholter" Getriebe s. BGH NJW 1986, 316.
121 Vgl. auch *Ebel*, NZV 1994, 15; enger AG Köln 4. 9. 1979, 113 C 1475/78, n. v.
122 Urt. v. 14. 7. 1961, DAR 1962, 202.
123 Urt. v. 14. 3. 1966, DAR 1966, 267 = OLGZ 1967, 19; ähnlich OLG München 26. 4. 1973, 19 U 3887/72, n. v. und OLG München 22. 7. 1977, 2 U 2474/77, n. v.; vgl. auch OLG Karlsruhe 30. 3. 1979, OLGZ 1979, 431; OLG Frankfurt 18. 12. 1991, DAR 1992, 221 = OLGR 1992, 213; OLG Celle 16. 7. 1992, 7 U 141/91, n. v.
124 OLG Karlsruhe 30. 3. 1979, OLGZ 1979, 431; vgl. auch OLG Köln 14. 5. 1980, VRS (1980), 326.
125 OLG Hamm 16. 1. 1986, NJW-RR 1986, 932 = DAR 1986, 150; vgl. auch OLG Zweibrücken 28. 6. 1988, VRS 76 (1989), 409; OLG Köln 14. 4. 1992, OLGR 1992, 289.

und inhaltlich geprüft hat (Beweislast beim Verkäufer), muss er sich eine Einschränkung der Zusage „generalüberholt" gefallen lassen.[126]

Der wenig geläufige Ausdruck **„grundüberholt"** bedeutet nichts anderes als „generalüberholt". Auch hier darf der Käufer mehr erwarten als eine bloße Prüfung und Wiederherstellung der Funktionstüchtigkeit des Fahrzeugs bzw. des „grundüberholten" Teils. Das Mehr besteht in einer Erneuerung, wenigstens in einer Aufbesserung von Verschleißteilen. 1681

Von einem **„teilüberholten Motor"** spricht man im Kfz-Handel, wenn einzelne Teile repariert oder erneuert worden sind.[127] Dieser Vorgang wird auch als (einfache) **Überholung** bezeichnet. Die Erklärung, der Motor sei überholt, kann in der Regel nicht dahin verstanden werden, er sei generalüberholt.[128] Weder der Hinweis, der überholte Motor müsse neu eingefahren werden, noch eine vom Verkäufer übernommene Garantie erlauben es nach Ansicht des OLG Köln, die zugesicherte Überholung als Generalüberholung zu verstehen.[129] „Überholt" bedeutet also weniger als „generalüberholt", aber mehr als nur **„teilrepariert"**.[130] 1682

Aus der Formulierung „überholter Motor 220 D mit 0 km" kann weder die Schlußfolgerung gezogen werden, dass es sich dabei um einen neuwertigen Austauschmotor handelt, noch dass der Motor generalüberholt wurde. Der Hinweis „mit 0 km" besagt lediglich, dass der Motor seit der Reparatur nicht mehr gefahren ist.[131] 1683

Wer einen Gebrauchtwagen mit der Erklärung **„Motor null km"** anbietet, bringt damit nach Ansicht des OLG Köln zum Ausdruck, dass der Wagen einen neuen Motor oder einen Austauschmotor hat, zumindest aber einen Motor, der so weit überholt und erneuert ist, dass er qualitativ einem Austauschmotor gleichsteht.[132] Die Erneuerung nur der Kurbelwelle liegt deutlich unter der Toleranzgrenze, bei der die Erklärung, die Fahrleistung des Motors betrage „0 km", noch zu rechtfertigen ist, selbst wenn damit eine Motorreinigung und Inspektion verbunden war. Auf der gleichen Linie bewegt sich die Entscheidung des OLG Düsseldorf vom 24. 4. 1978: Die Zusicherung, der Motor sei „überholt und einem solchen mit einer Leistung von 0 km gleichzusetzen", bedeutet, dass alle Triebwerksteile erneuert bzw. bearbeitet worden sind und die Maschine einem Austauschmotor gleichzusetzen ist.[133] 1684

In ihrem Erklärungswert zweifelhaft sind Informationen wie „Motor bei km-Stand 69 943 komplett überholt". Das Auslegungsergebnis hängt wesentlich davon ab, ob die angebliche Überholung in die Besitzzeit des Verkäufers fällt oder nicht. Beim Kauf vom Händler ist zu erwägen, ob diese Erklärung mit einer **subjektiven Einschränkung** versehen ist, etwa dahin, dass er nur eine von ihm nicht überprüfte Vorbesitzerinformation an den Käufer weiterleiten wollte. Verfügt der Händler nicht über eine eigene Werkstatt, so kann der Käufer nicht ohne weiteres davon ausgehen, dass der Händler für die Richtigkeit der fraglichen Erklärung einstehen will. Auslegungserheblich ist ferner, welche Strecke das Fahrzeug seit der behaupteten Motorüberholung zurückgelegt hat.[134] Der bloße Zeitraum zwischen Abschluss des Kaufvertrages und Motorüberholung ist sekundär. Je länger die mit dem angeblich überholten Motor zurückgelegte Fahrstrecke und je größer der zeitliche Abstand ist, desto eher wird sich

---

126 OLG Celle 16. 7. 1992, 7 U 141/91, n. v.
127 OLG Düsseldorf 24. 4. 1978, VersR 1978, 745; OLG Düsseldorf 5. 5. 1980, 1 U 185/79, n. v.
128 OLG Köln 14. 3. 1966, DAR 1966, 267; vgl. auch OLG Frankfurt 6. 3. 1980, VRS 59 (1980), 330 (zu weit); LG Köln 4. 6. 1984, 21 O 424/83, n. v.
129 Urt. v. 14. 3. 1966, DAR 1966, 267.
130 LG Köln 4. 6. 1984, 21 O 424/83, n. v.
131 OLG München 22. 7. 1977, 2 U 2474/77, n. v.
132 Urt. v. 3. 3. 1971, DAR 1971, 237; s. auch OLG Karlsruhe 14. 6. 1974, DAR 1975, 155 („AT-Maschine 0 km").
133 VersR 1978, 745.
134 Zum Kriterium des Fortwirkens von Vorgängen aus der Vergangenheit s. BGH 11. 6. 1986, WM 1986, 1222 = JZ 1986, 955 m. Anm. *Köhler* – Turnierpferd.

eine solche Mitteilung in einer **reinen Wissenserklärung** ohne Haftungsübernahmewille erschöpfen. Auch die Wiedergabe **fremden Wissens** kann eine Zusicherung sein.[135]

Legt der Verkäufer zur Bekräftigung seiner Erklärung eine **Reparaturrechnung** vor, so kann der Käufer nicht davon ausgehen, dass über den Rechnungsinhalt hinausgehende Arbeiten vorgenommen worden sind.[136] Selbst wenn er annehmen darf, der Verkäufer wolle dafür einstehen, dass die Motorüberholung bei einem bestimmten km-Stand stattgefunden hat (denkbar in erster Linie beim privaten Direktgeschäft,[137] speziell beim Verkauf aus erster Hand), so wird man die Zusicherung auf diesen Inhalt beschränken müssen.

1685 Wenn der Verkäufer hinsichtlich des Motors keine andere Angabe macht, als eine bestimmte **Motornummer** in den Kaufantrag (Bestellschein) aufzunehmen, so kann darin nicht die stillschweigende Zusicherung gesehen werden, der Wagen habe noch den ersten Motor.[138] Diese Eintragung enthält auch nicht ohne weiteres die Zusicherung, der Tachometerstand entspräche der Gesamtfahrleistung des Fahrzeugs.[139] Für die Auslegung ist zu beachten, dass die Zulassungsbehörden seit 1972 geänderte Kfz-Papiere ausstellen. Die Motornummer wird nicht mehr aufgeführt. Gleichwohl kennzeichnen einige Hersteller ihre Motoren weiterhin mit Nummern. Beim Kauf eines **Sportwagens** kann allein der Motornummer Signalwirkung zukommen. Voraussetzung für eine Haftung wegen Fehlens einer zugesicherten Eigenschaft dürfte auch hier mehr sein als der bloße Verkauf des Fahrzeugs mit einem nummerierten Motor.[140] Zumindest muss die Motornummer im Kaufvertrag enthalten sein. Der Käufer muss ferner in der Annahme schutzwürdig sein, der Verkäufer mache sich kraft seiner Sachkunde dafür stark, dass kein anderer als der so nummerierte Motor in das Fahrzeug eingebaut ist.[141] Die Rechtsprechung des BGH zu den sog. Umrüstungsfällen hilft dem Käufer nur weiter, wenn die Motorumrüstung zum Wegfall der Allgemeinen Betriebserlaubnis i. S. d. §§ 18, 19 StVZO geführt hat, siehe dazu Rn 1759 ff.

Fahrbereitschaft/Verkehrssicherheit/Betriebssicherheit/Betriebsbereitschaft

1686 Seit 1979/80 befindet sich in den handelsüblichen Bestellscheinen, vor allem des Fachhandels, die vorformulierte Erklärung: **„Das Fahrzeug ist fahrbereit"**. Der Händler hat dann die Wahl, ob er „ja" oder „nein" ankreuzt. In der Regel ist „ja" angekreuzt oder unterstrichen, mitunter weder das eine noch das andere (wie z. B. im Fall OLG Düsseldorf OLGR 1996, 180).

1687 Die **handschriftliche Unterstreichung** des formularmäßigen „Ja" löst nach Ansicht des **BGH**[142] die **Zusicherungshaftung** aus. Der **ausdrücklichen** Erklärung „fahrbereit" dürfe der Käufer bei verständiger Würdigung entnehmen, der **Händler** wolle für die „Fahrbereitschaft" des Fahrzeugs und für alle Folgen deren Fehlens im Sinne einer Gewährsübernahme einstehen. Ob der Händler eine eigene Werkstatt unterhält, gar das ZDK-Vertrauenssiegel führt, war für den BGH ersichtlich ohne Belang. Es kam ihm bei der Einstufung als Zusicherung auch nicht darauf an, ob es sich bei dem Verkäufer um einen Markenhändler mit Gebrauchtwagenabteilung oder um einen reinen Gebrauchtwagenhändler handelt. Sein Urteil v. 21. 4. 1993[143] gilt ganz allgemein für den Kauf gebrauchter Kraftfahrzeuge vom **Kfz-Han-**

---

135 So das OLG Koblenz 27. 5. 1993, VRS 86, 413 – Privatverkauf.
136 OLG Hamm 16. 1. 1986, NJW-RR 1986, 932.
137 Dazu OLG Köln 22. 4. 1994, OLGR 1994, 182.
138 BGH 25. 6. 1975, NJW 1975, 1693.
139 BGH 25. 6. 1975, NJW 1975, 1693.
140 OLG Köln 24. 1. 1986, 20 U 120/85, n. v. – Porsche 930 Turbo.
141 Verneint für Händler ohne eigene Werkstatt von OLG Köln 24. 1. 1986, 20 U 120/85, n. v.
142 Urt. v. 21. 4. 1993, BGHZ 122, 256 = NJW 1993, 1854 = EWiR § 459 BGB 4/93, 753 *(Reinking)* = DAR 1993, 295; ebenso OLG Celle 4. 4. 1996, OLGR 1996, 195.
143 A. a. O., Fn. 142.

Die Zusicherungshaftung

del, wobei auf Käuferseite allerdings eine **Privatperson,** kein Händler, vorausgesetzt sein dürfte.

Demgegenüber meint das OLG Frankfurt[144] bei einem sechs Jahre alten, stark abgenutzten Pkw mit fünf Vorbesitzern, verkauft unter allgemeinem Gewährleistungsausschluss, könne das bloße **Ankreuzen** von ,,fahrbereit" nicht als Zusicherung einer bestimmten Fahrzeugqualität gewertet werden. Als Indiz gegen die Annahme einer Zusicherung wird sowohl die Formularmäßigkeit der Erklärung als auch das – dem Käufer erkennbare – große Schadensrisiko des Verkäufers gewertet. Indes geht auch das OLG Frankfurt nicht so weit, eine Eigenschaftszusicherung generell zu verneinen.

Wenn ein Händler, aus welchem Grund auch immer, ,,fahrbereit" weder durch Ankreuzen noch durch Unterstreichen bejaht, sondern die Formularzeile unausgefüllt lässt, dürfte die Rechtsprechung ihn gleichwohl so behandeln, als habe er ,,Fahrbereitschaft" (stillschweigend) zugesichert. Das OLG Düsseldorf hat diesen Schritt nicht gewagt. Es hat an die Aushändigung eines zwei Monate alten TÜV-Berichtes angeknüpft und darin die stillschweigende Zusicherung des ,,bescheinigten Mindestsicherheitsstandards" gesehen.[145]

Bis zur BGH-Entscheidung vom 21. 4. 1993[146] hatte die Judikatur mit der **Auslegung** der eher unscheinbaren und formelhaften Erklärung ,,fahrbereit" beträchtliche Schwierigkeiten.[147] Die Deutungsversuche reichten von ,,im konkreten Fall zu unbestimmt"[148] bis zur Annahme der Zusicherungshaftung für Schäden am Motor[149] oder Getriebe,[150] die die Betriebsunfähigkeit des Fahrzeugs zur Folge hatten. Andere Gerichte stellten nicht auf die Betriebs- oder Funktionsfähigkeit, sondern auf die Verkehrssicherheit ab und nahmen Verkäufer für sicherheitsrelevante Durchrostungen[151] oder für Defekte an der Bremsanlage[152] in die strenge Zusicherungshaftung. Insgesamt hatte man den Eindruck, dass die Erklärung ,,fahrbereit" als Auffangklausel diente, um Käufern über die Hürde des allgemeinen Gewährleistungsausschlusses zu helfen. Diesen Versuchen hat der BGH jetzt einen Riegel vorgeschoben.

Nach Auffassung des **BGH** übernimmt der Verkäufer (Kfz-Händler) die Gewähr dafür, dass das Fahrzeug nicht mit verkehrsgefährdenden Mängeln behaftet ist, aufgrund derer es bei einer Hauptuntersuchung nach § 29 StVZO als **verkehrsunsicher** eingestuft werden müsste. Der Käufer muss also nachweisen, dass sich das Fahrzeug bei Übergabe in einem verkehrsunsicheren Zustand befunden hat. Dies beurteilt sich nicht nach der mehr oder weniger freien Einschätzung eines Kfz-Sachverständigen. Prüfungsmaßstab ist **§ 29 StVZO** in Verbindung mit den einschlägigen Richtlinien.[153] Um die Zusicherungshaftung bejahen zu können, müssen gravierende Mängel festgestellt werden, die zu einer **unmittelbaren Verkehrsgefährdung** führen können. Nach den jährlich erscheinenden TÜV-Reports sind es nur zwischen 0,1 und 0,5% der Autos in den Altersklassen ab sechs Jahren, die bei einer Hauptuntersuchung nach § 29 StVZO mit ,,verkehrsunsicher" die schlechteste aller Prüfnoten erhalten. Könnte die Prüfplakette wegen einer weniger schlechten Note verweigert werden (z. B. wegen ,,erheblicher Mängel"), stünde dies der Zusage ,,fahrbereit" nicht entgegen. Sie ist auch dann eingehalten, wenn Mängel an Bauteilen vorliegen, die in den zehn

---

144 Urt. v. 8. 7. 1992, OLGR 1992, 149 = ZfS 1993, 14.
145 Urt. v. 10. 2. 1996, OLGR 1996, 180; s. auch Rn 1784.
146 A. a. O., Fn. 142.
147 S. Vorauflage Rn 1687.
148 OLG Frankfurt 8. 7. 1992, OLGR 1992, 149 = ZfS 1993, 14.
149 LG Freiburg 3. 8. 1982, MDR 1983, 667.
150 OLG Düsseldorf 1. 8. 1986, 14 U 71/86, n. v.
151 OLG Düsseldorf 10. 7. 1986, 18 U 50/86, n. v.
152 OLG Hamburg 15. 4. 1991, MDR 1991, 1039.
153 Vgl. *Jagusch/Hentschel,* § 29 StVZO.

Mängelgruppen der einschlägigen „TÜV"-Richtlinie nicht aufgeführt sind, beispielsweise an **Motor** und **Getriebe.** Dass ein Motordefekt zu einem plötzlichen Ausfall der Maschine und damit des Fahrzeugs insgesamt führen kann, genügt entgegen OLG Hamm[154] nicht. Gewiss kann ein unerwarteter Motorausfall eine kritische Verkehrssituation heraufbeschwören, z. B. beim Überholen auf kurvenreicher Landstraße. Gleichwohl ist der Motor kein sicherheitsrelevantes Bauteil. Im Rahmen der Prüfung nach § 29 StVZO interessiert man sich für ihn allenfalls im Hinblick auf Geräusch- und Abgasverhalten. Die Funktionsfähigkeit als solche wird nicht überprüft. Anders verhält es sich mit den **Bremsen** und der **Lenkung.** Defekte an diesen Fahrzeugteilen müssen jedoch so gravierend sein, dass sie das Kaufobjekt „verkehrsunsicher" machen. Gleiches gilt für **Durchrostungen** im Karosseriebereich.[155] Nach Meinung des OLG Celle[156] fehlt die zugesicherte Eigenschaft auch dann, wenn ein unfallbedingter Rahmenschaden entgegen den Vorgaben des Herstellers nicht durch den Einbau von Neuteilen, sondern durch Schweiß- und Richtarbeiten repariert worden ist.

1688 Ob eine Eigenschaftszusicherung i. S. d. §§ 459 II, 463 S. 1 BGB auch beim Verkauf **außerhalb des Kfz-Handels,** insbesondere durch eine **Privatperson,** angenommen werden kann, brauchte der BGH nicht zu entscheiden, auch nicht das OLG Stuttgart im Urteil vom 13. 5. 1997, OLGR 1998, 256 (Lkw-Verkauf). Vertragsformulare mit der vorgedruckten Erklärung „fahrbereit" sind außerhalb des professionellen Pkw-Verkaufs selten. In einer **individuellen** Erklärung wird auch beim **Privatverkauf** mangels gegenteiliger Anhaltspunkte eine Zusicherung zu sehen sein. Deren Bedeutungsgehalt dürfte jedoch im Sinne von BGH NJW 1993, 1854 zu begrenzen sein.

Stillschweigende/konkludente Zusicherungen: Ohne konkrete Erklärung wie etwa „fahrbereit" oder „werkstattgeprüft" (dazu Rn 1808) oder „TÜV neu . . ." (dazu Rn 1772) will ein Gebrauchtwagenverkäufer für die **Verkehrssicherheit** und/oder **Betriebssicherheit** (Funktionsfähigkeit) in der Regel nicht garantiemäßig einstehen. Eine stillschweigende oder konkludente Zusicherung dieser **Grundeigenschaften** erwartet ein verständiger Privatkäufer selbst von einem Markenhändler mit ZDK-Vertrauenssiegel nicht ohne weiteres. Dass beide Vertragspartner stillschweigend von der Verkehrssicherheit ausgehen bzw. diese auch im Wortsinn verkehrswesentliche Eigenschaft als gegeben voraussetzen, genügt noch nicht für die Annahme einer Zusicherung im Rechtssinn. Entscheidungen wie die des LG Köln vom 1. 6. 1989,[157] wonach die „Verwendungsfähigkeit" (Benutzbarkeit) stillschweigend zugesichert ist, sind vereinzelt geblieben.[158]

Allein aus der Tatsache, dass der Verkäufer einen Personenkraftwagen und keinen Schrott- oder Bastlerwagen zu einem bestimmten Preis anbietet, lässt sich nach der Verkehrsauffassung nicht seine Bereitschaft herleiten, für alle Folgen garantiemäßig einzustehen, wenn die Verkehrs- oder Betriebssicherheit fehlt. Eine so weitgehende Gewährsübernahme setzt konkrete Äußerungen des Verkäufers voraus, die zumindest – wie z. B. der Hinweis auf eine TÜV-Abnahme oder die Vorlage einer Werkstattrechnung – einen direkten Bezug zum Thema Verkehrssicherheit/Betriebssicherheit enthalten.[159] Auch beim Gebrauchtwagenkauf geht es nicht an, die Normalerwartung der Vertragsparteien zu einer Zusicherung im Rechtssinn aufzuwerten.[160] Dies wäre auch mit der Entscheidung des BGH vom 22. 2. 1984

---

154 Urt. v. 18. 8. 1994, MDR 1994, 1086 = ZfS 1995, 16; s. auch OLGR 1996, 115; ebenso OLG Köln 16.5. 1997, VersR 1998, 592 = VRS 94, 168 = OLGR 1998, 26 – undichtes Kühlwassersystem als Ursache eines Kurbelwellenschadens.
155 Dazu OLG Düsseldorf 10. 7. 1986, 18 U 50/86, n. v.
156 Urt. v. 4. 4. 1996, OLGR 1996, 195.
157 DAR 1991, 188.
158 Dazu gehört beispielsweise LG Karlsruhe 9. 1. 1981, DAR 1981, 152.
159 Zustimmend AG Köln 20. 1. 1988, 120 C 69/87, n. v.
160 Anders LG Augsburg 17. 5. 1977, NJW 1977, 1543 m. Anm. *Eggert;* wie hier OLG Hamm 1. 3. 1994, OLGR 1994, 97 = ZfS 1994, 245 zumindest für den Privatverkauf.

unvereinbar, wonach der Verkäufer nicht haften will, wenn Umstände vorliegen, welche die Verkehrssicherheit des Fahrzeugs beeinträchtigen.[161] Diese Aussage gilt insbesondere für den Kauf eines Gebrauchtwagens unter Gewährleistungsausschluss, gleichviel, ob der Verkäufer ein Privatmann oder ein gewerblicher Händler ist. Zur Auslegung von Erklärungen wie „Motor ist betriebsbereit" s. Rn 1832, zur Einsatz- und Zulassungsfähigkeit s. Rn 1796 f.

Garagenwagen/garagengepflegt

Die Bezeichnung eines zum Verkauf stehenden Gebrauchtwagens als „Garagenwagen" **1689** bedeutet, dass dieser in der gesamten Zeit nach der Erstzulassung ohne längere Unterbrechungen in einer Garage und nicht auf freier Straße abgestellt worden ist.[162] Wenn ein **Händler** von „Garagenwagen" spricht, ist eine andere Auslegung geboten. Für den Käufer ist nämlich klar, dass eine solche Angabe nicht auf eigenem Wissen des Händlers beruht, sondern auf der Information des Vorbesitzers. Je größer die Zahl der Vorbesitzer ist, desto fragwürdiger erscheint die Bezeichnung „Garagenwagen". Im Zweifel bezieht sie sich nur auf die Besitzzeit des im Fahrzeugbrief zuletzt eingetragenen Halters. „Garagengpf.", „Garg'wg" oder nur „Gfzg" – häufig in Kleinanzeigen vorzufinden – sollen dem Interessenten Qualität signalisieren: Garagengepflegt = Topzustand. In Wirklichkeit sind diese Bezeichnungen kein Gütesiegel, eher das Gegenteil. Zwar verwittert der Lack bei sog. Laternenparkern grundsätzlich schneller. Der Schadstoffanteil in der Luft ist aber nicht überall gleich hoch. Hinzu kommt: Garagen können die Korrosion beschleunigen. Eine schlecht belüftete Garage schadet dem Fahrzeug mehr als sie nützt, zumal eine Garage mit Heizung. Den besten Kompromiss zwischen draußen und drinnen bietet ein Carport.

Garantien

Für fabrikneue Pkw und Kombis ist die mindestens einjährige „Werksgarantie" längst eine **1690** Selbstverständlichkeit (s. Rn 581 ff.). Auch im **professionellen Gebrauchtwagenhandel** haben „Garantien" inzwischen ihren festen Platz. Sie dienen – gleich in welcher Erscheinungsform – vor allem als Instrument zur Abgrenzung gegenüber dem Privatmarkt und zur Kundenbindung. Bei **privaten Direktgeschäften** taucht der schillernde Begriff „Garantie" nur selten auf. Wird er ausnahmsweise benutzt, bedeutet er im Zweifel nichts anderes als „mit Gewähr" oder „mit Gewährleistung". Ohne Hinzutreten konkreter Umstände, die auf einen Willen zur Übernahme einer „echten" Garantie hindeuten, z. B. Laufzeit der „Garantie" länger als sechs Monate, ist die Annahme einer Modifizierung des Gewährschaftsrechts nicht gerechtfertigt. Von einem Privatverkäufer kann nicht ohne weiteres erwartet werden, dass er eine Nachbesserungsverpflichtung oder gar eine Haftung nach § 463 S. 1 BGB übernehmen will. Die Exclusivität von Gebrauchtwagen-Garantien zu Gunsten des gewerblichen Handels wird **neuerdings** durch besondere Garantie-Angebote an Privatverkäufer durchbrochen. So bietet die Albingia Versicherungsgruppe eine Garantieversicherung für den privaten Kauf oder Verkauf an. Die Garantie gilt sechs Monate für unvorhergesehene Reparaturen. Ein vergleichbares Angebot macht ein Unternehmen, dessen Konzept darin besteht, Geschäfte zwischen Privatpersonen mit Hilfe von Kfz-Händlern als Vermittler zustande zu bringen (s. Rn 1338).

Eine noch laufende **Neuwagen-„Werksgarantie"** geht auch beim privaten Direktgeschäft auf den Käufer über, wenn sie – wie üblich – fahrzeuggebunden ist, s. Rn 629 ff. Gleiches gilt für sogenannte **Anschlussgarantien** (dazu Rn 595). In diesen Fällen bestehen aber keine Ansprüche gegen den (privaten) Gebrauchtwagenverkäufer, sondern gegen den jeweiligen Garantieträger, z. B. den Hersteller, s. Rn 582 ff.

---

161 NJW 1984, 1452.
162 OLG Köln 27. 9. 1973, OLGZ 1974, 1.

Unabhängig von den vielfältigen, immer länger laufenden Neufahrzeug-Garantien und Anschlussgarantien sind im professionellen Gebrauchtwagenhandel von heute (1999/2000) „Garantien" im weitesten Sinn des Wortes in folgenden Erscheinungsformen zu beobachten:

- Individuelle Händlergarantien (selten)
- Garantien auf Produktbasis („Additiv-Garantien") mit Garantieträgerschaft durch einen freien Anbieter (selten)
- Garantien als Reparaturkostenversicherung („Garantieversicherung") mit Trägerschaft durch freie Anbieter (Versicherungsgesellschaften wie z. B. die CG Car Garantie Versicherungs AG in Freiburg, seit Jahren der Marktführer) – stark vertreten
- Garantien als Reparaturkostenversicherung mit Trägerschaft durch Hersteller oder Importeur in Kooperation mit Versicherungsgesellschaften, z. B. die A-1 GW-Garantie von Ford (stark vertreten)
- herstellereigene Gebrauchtwagen-Garantie (z. Zt. nur Porsche)
- Standardisierte Händlereigengarantien („Hausgarantie") ohne Absicherung durch eine Versicherungsgesellschaft (selten)
- Mobilitätsgarantien, z. B. die „Mobilitätscard" (noch selten, aber im Vormarsch)
- Gütesiegel, z. B. von DEKRA
- Umtauschgarantien (infolge restriktiver Rechtsprechung selten).

Die individuelle Händlergarantie

1691 Individuelle, im konkreten Einzelfall ausgehandelte Händlergarantien waren zu Zeiten des Agenturgeschäfts (1968–1990) nur selten anzutreffen. Inzwischen ist der Zwang, eigene Haftungsrisiken zu vermeiden, entfallen. In seiner Eigenschaft als Eigenhändler steht es einem Autohandelsbetrieb frei, ob und in welcher Weise er seine Gebrauchtfahrzeuge „mit Garantie" anbietet. Will er das ZDK-Vertrauenssiegel führen (dazu Rn 1815), verpflichtet er sich durch Unterwerfung unter die sog. Siegelordnung zum Verkauf „mit Garantie". Die „Garantie" muss einem bestimmten Mindeststandard entsprechen. Das ist bei der – nicht standardisierten – Händlereigengarantie, die ad hoc für das konkrete Fahrzeug gegeben wird, nicht gewährleistet.

Die **individuelle Händlergarantie** ist dadurch gekennzeichnet, dass sie sich in einer Erklärung erschöpft wie beispielsweise

„6 Monate Garantie oder 1000 km"
oder „auf Motor 10 000 km Garantie bzw. 6 Monate"
oder „anfallende Reparaturen werden von unserer Werkstatt kostenlos erledigt. Die Gewährleistung beläuft sich auf 3 Monate".[163]

Eine Individualgarantie kann sich auch daraus ergeben, dass aufgrund eines Händlerversehens nur die Garantieübernahme als solche, nicht aber die vorformulierten Bedingungen einer Systemgarantie, Vertragsinhalt wird. Ein Beispiel dafür ist der Fall BGH NJW 1995, 516 („dreimonatige Hausgarantie").

1692 Individuelle Händlergarantien sind regelmäßig **keine selbständigen Garantieversprechen**.[164] Es handelt sich vielmehr um Nebenabreden zum Kaufvertrag, die das **Gewährschaftsrecht** inhaltlich und gegebenenfalls auch zeitlich **modifizieren** („unselbständige Garantie"). Ein etwaiger Gewährleistungsausschluss wird eingeschränkt; ein formularmäßiger über § 4 AGBG, ein individualvertraglicher im Wege der Auslegung nach §§ 133, 157 BGB. Zur (selbständigen) Garantie im Rahmen eines Tuning-Vertrages s. OLG Düsseldorf NZV 1997, 519.

---

163 OLG Karlsruhe 14. 11. 1997, OLGR 1998, 62.
164 So auch *Winterfeld*, DAR 1985, 65; s. auch *Müller*, ZIP 1981, 707; *Mischke*, BB 1995, 1093, 1095.

Die Zusicherungshaftung

Mit Urteil vom 23. 11. 1994[165] hat der **BGH** erstmals zu einer „Hausgarantie" im Gebrauchtwagenhandel Stellung genommen.[166] Er hat die Auslegung des Berufungsgerichts gebilligt, wonach das Autohaus während der (dreimonatigen) Garantiezeit für die Funktionstauglichkeit bestimmter Aggregate (hier: Motor und Getriebe) einstehen und etwaige trotz ordnungsgemäßen Gebrauchs auftretende **Mängel kostenlos beseitigen** wolle.[167] Die Zusicherungshaftung greift nicht ein, auch nicht subsidiär.

Der Käufer, der Mängelbeseitigung verlangt, muss im Streitfall **beweisen:** 1. den Garantiefall als solchen, d. h. einen Schaden an einem Fahrzeugteil, das von der Garantie erfasst wird. Der Schaden (Defekt) kann sich zu diesem Teil „durchgefressen" haben; er muss dort nicht entstanden sein. Es genügt, wenn er die Folge eines Mangels an einem anderen Teil ist, das nicht unter die Garantie fällt. 2. den Zeitpunkt des Garantiefalls, d. h., der Käufer hat (nur) zu beweisen, dass der Defekt an dem „garantiegedeckten" Teil innerhalb der Garantiezeit bzw. vor Erreichen des km-Limits aufgetreten ist. Dass er schon bei Auslieferung des Fahrzeugs vorhanden gewesen ist, braucht er nicht zu beweisen. Das ist die Konsequenz aus der Annahme einer sogenannten **Haltbarkeitsgarantie.**[168]

Auch bei einer Haltbarkeitsgarantie ist der Händler nicht zur Nachbesserung verpflichtet, wenn der Käufer den Garantiefall **schuldhaft** herbeigeführt hat. Das ist im Ausgangspunkt unbestritten. Zweifelhaft ist die Verteilung der **Darlegungs- und Beweislast.** Während die Systemgarantien häufig ausdrückliche Abreden über die Beweislast enthalten, muss man bei einer Individualgarantie auf allgemeine Beweislastgrundsätze zurückgreifen. Auch insoweit hat die Entscheidung des BGH vom 23. 11. 1994[169] ein Stück weit Klarheit geschaffen. Für den Fall, dass die Garantiezeit die Dauer der gesetzlichen Verjährungsfrist (§ 477 BGB) nicht überschreitet, trifft den **Verkäufer** die Beweislast dafür, dass der Käufer den Garantiefall verschuldet hat, d. h., der Verkäufer muss einen Wartungs- oder Bedienungsfehler z. B. Falschtanken (dazu BGH NJW 1995, 516) beweisen, ferner die Kausalität des unsachgemäßen Gebrauchs für den Eintritt des Schadens beweisen.[170] Ausdrücklich offen gelassen hat der BGH die Frage, wie die Beweislast bei einer über die gesetzliche Verjährungsfrist hinausgehenden Garantiezusage zu verteilen ist. Die Gründe, die zur Beweislastverteilung i. S. v. BGH NJW 1995, 516 geführt haben, gelten auch in diesem Fall. Für Mängel, die innerhalb von sechs Monaten ab Übergabe auftreten, also binnen der gesetzlichen Verjährungsfrist, ist eine abweichende Beurteilung ohnehin nicht angebracht. Später zutage tretende Garantiemängel beweislastmäßig anders zu behandeln, macht keinen Sinn.[171] Dass solche „Spätmängel" auf einen unsachgemäßen Gebrauch des Fahrzeugs durch den Käufer zurückgehen, ist auch hier die Ausnahme. Die Häufigkeit von Wartungs- und Bedienungsfehlern nimmt im Laufe der Zeit eher ab, weil der Käufer „sein" Auto inzwischen kennen- und beherrschen gelernt hat.

Auch ohne ausdrückliche Einschränkung sind solche Mängel von der Nachbesserungspflicht ausgenommen, die den Wert oder die Tauglichkeit des Fahrzeugs **nur unerheblich** mindern (Rechtsgedanke des § 459 I, 2 BGB).[172] Dem Käufer ist es auch bei einer Händlergarantie nicht gestattet, den Garantiegeber wegen jeder Kleinigkeit in Anspruch zu nehmen.

---

165 NJW 1995, 516 = NZV 1995, 104 = WM 1995, 160.
166 Aus der OLG-Rspr.: OLG Köln 14. 3. 1966, MDR 1967, 673; OLG Köln 20. 9. 1982, MDR 1983, 402; OLG Bamberg 6. 3. 1974, DAR 1974, 188; OLG Koblenz 28. 1. 1986, NJW 1986, 2511 (Motorreparatur); OLG Hamm 1. 3. 1993, OLGR 1993, 129 (Einbau eines ATM).
167 So auch die h. M. im Schrifttum, vgl. *Winterfeld,* DAR 1985, 65; *Soergel/Huber,* § 459 Rn 325.
168 Vgl. BGH 23. 11. 1994, NJW 1995, 516; OLG Karlsruhe 14. 11. 1997, OLGR 1998, 62.
169 NJW 1995, 516.
170 BGH 23. 11. 1994, NJW 1995, 516 m. w. N.
171 Auch bei der „Neufahrzeug-Garantie" wird nicht differenziert, s. BGH NJW 1996, 2504 = BB 1996, 1574.
172 § 633 I BGB ist nicht entsprechend anwendbar.

Ist ein „Garantiemangel" bewiesen, so ist der **Händler** dafür **beweispflichtig,** dass dieser Mangel ohne nennenswerte Bedeutung für den Wert und die Gebrauchstauglichkeit des Fahrzeugs ist.

1696 Kein Garantiefall ist ferner **natürlicher Verschleiß.** Diese Einschränkung versteht sich von selbst. Sie ist auch in den üblichen „Neuwagengarantien" enthalten (vgl. auch Ziff. VII, 7 der NWVB). Im Zweifelsfall kann nur ein Sachverständiger zuverlässig beurteilen, ob natürlicher Verschleiß vorliegt oder nicht. **Verschleißfolgeschäden** fallen hingegen unter die Garantie. Beispiel: Eine verschleiß- und altersmäßig bedingte Undichtigkeit des Kühlsystems führt zu einer Motorüberhitzung und diese zu einem Riss des Zylinderkopfes. Der Motorschaden ist ein Garantiefall.

1697 In Ermangelung ausdrücklicher vertraglicher Abwicklungsregelungen richtet sich die **Durchsetzung des Garantieanspruchs** nach den werkvertraglichen Gewährleistungsvorschriften (§§ 633 ff. BGB) i. V. m. § 476a BGB. Das bedeutet im Einzelnen:

1. Die Mindestverpflichtung des Händlers besteht in der kostenlosen Beseitigung des „Garantieschadens". Bei einer Teile-Garantie (z. B. auf Motor oder Getriebe) beschränkt sich der Nachbesserungsanspruch auf Schäden an diesen Teilen, selbst wenn sie sich „weitergefressen" haben. Als Garantiegeber hat der Händler auch sämtliche zum Zwecke der Nachbesserung erforderlichen Aufwendungen zu tragen. Insbesondere muss er die Abschleppkosten übernehmen.[173] Tritt der Käufer in Vorlage, hat er einen Erstattungsanspruch, der sich unmittelbar aus der Garantieabrede, hilfsweise aus § 476a BGB[174] herleiten lässt. Kosten, die zur Mängelbeseitigung nicht erforderlich sind, fallen nicht unter die Erstattungspflicht nach § 467a BGB (z. B. Telefon- und Portokosten), wohl aber Aufwendungen des Käufers, die zum Auffinden der Schadensursache notwendig waren (z. B. Kosten eines Privatgutachtens).[175]

2. Der Händler ist nicht berechtigt, von dem Käufer eine Kostenbeteiligung zu verlangen, selbst wenn durch die Garantieleistung eine Wertsteigerung eintritt.

3. Ein Nachbesserungsanspruch besteht nicht, wenn die Beseitigung des Mangels objektiv unmöglich ist. Dieser Fall wird kaum praktisch werden. Bei einem unverhältnismäßig hohen Mängelbeseitigungsaufwand[176] darf der Händler die Nachbesserung verweigern, aber nur um den Preis der Kaufpreisminderung oder der Wandlung (§ 633 II, 3 BGB). Der Minderungsbetrag wird sich regelmäßig mit den Kosten einer Fremdreparatur decken. Der formularmäßige Gewährleistungsausschluss entfaltet gegenüber den subsidiären Gewährleistungsansprüchen keine Wirkung. Die Garantieabrede behält Vorrang (§ 4 AGBG).

4. Der Käufer kann bei Fehlschlagen der Nachbesserung – hierzu rechnen auch die Fälle des Verzugs und der ernsthaften und endgültigen Erfüllungsverweigerung –[177] Wandlung oder Minderung geltend machen.[178] Bei Verzug kann der Käufer den Mangel auch selbst beseitigen und Ersatz der erforderlichen Aufwendungen verlangen (§ 633 III BGB); ihm steht auch der aus der Baurechtspraxis bekannte Anspruch auf Vorschuss zu.[179]

5. Sofern die Nachbesserung fehlgeschlagen ist, wozu auch der Fall der Unzumutbarkeit weiterer Nachbesserungsversuche gehört (s. dazu Rn 711 ff.), kann der Käufer Wandlung oder Minderung, aber auch Schadensersatz wegen Nichterfüllung (§ 635 BGB) nur unter

---

173 *Winterfeld,* DAR 1985, 65.
174 Zum Umfang des Erstattungsanspruchs aus § 476a BGB s. Rn 663 ff.
175 BGH 23. 1. 1991, BGHZ 113, 251 = NJW 1991, 1604.
176 Dazu BGH 23. 2. 1995, NJW 1995, 1836; BGH 24. 4. 1997, WM 1997, 1585.
177 Vgl. BGH 23. 11. 1994, NJW 1995, 516.
178 BGH 23. 11. 1994, NJW 1995, 516; OLG Karlsruhe 14. 11. 1997, OLGR 1998, 62; s. auch OLG Hamm 23. 1. 1996,, OLGR 1996, 115 (Ls. 1).
179 Vgl. *Palandt/Thomas,* § 633 Rn 9.

den Voraussetzungen des § 634 I BGB verlangen, d. h., er muss dem Verkäufer unter Ablehnungsandrohung vergeblich eine angemessene Frist zur Beseitigung des Garantiemangels gesetzt haben. Von diesem Erfordernis ist der Käufer befreit, wenn der Händler – wie im Fall BGH NJW 1995, 516 – die Nachbesserung endgültig und ernsthaft verweigert hat, wobei auch sein Prozessverhalten eine Rolle spielen kann.[180]

Für Schäden, die der Händler bei Durchführung der Garantiearbeiten an anderen Fahrzeugteilen verursacht, haftet er unter dem Gesichtspunkt der **positiven Forderungsverletzung**.[181] Erst recht gilt dies für Schäden an anderen Rechtsgütern des Käufers, z. B. bei einem Unfall aufgrund eines Montagefehlers. Bei der Verletzung einer individualvertraglich übernommenen Nachbesserungspflicht kann sich der Händler nicht auf den formularmäßigen Haftungsausschluss (z. B. Ziff. VIII ZDK-AGB) berufen. Insoweit bedarf es einer speziellen Enthaftungsklausel. Sie ist nicht in den Reparaturbedingungen des Händlers enthalten. Diese gelten nur bei ausdrücklicher Vereinbarung.[182]

Zur Verjährung: Der Anspruch auf kostenlose Mängelbeseitigung, also der eigentliche Garantieanspruch, verjährt in **sechs Monaten**, § 638 I, 1 BGB analog. Auch für die subsidiären Käuferansprüche auf Wandlung oder Minderung, Schadensersatz wegen Nichterfüllung (§ 635 BGB) und für die Ansprüche auf Kostenerstattung, Vorschuss und Aufwendungsersatz gilt die kurze Verjährung. Ob die Frist mit der Auslieferung des Fahrzeugs oder erst mit dem Auftreten bzw. der Entdeckung des Mangels beginnt, ist eine Frage der **Auslegung** der Garantieerklärung. Ergänzende Vertragsauslegung entscheidet auch darüber, ob die Verjährungsfrist bei einer Garantiezeit von mehr als sechs Monaten entsprechend verlängert worden ist. Die §§ 477 I, 2, 638 II BGB gestatten eine solche Verlängerung.

Eine zeitlich begrenzte, **die Verjährungsfrist übersteigende** Garantie ist **regelmäßig** dahin auszulegen, dass alle während der Garantiezeit auftretenden Mängel Gewährleistungsansprüche auslösen können und die Verjährung für derartige Ansprüche nicht schon mit der Übergabe, sondern erst mit der **Entdeckung des Mangels** beginnt.[183] Damit würde z. B. bei einer Einjahresgarantie nur der Beginn der sechsmonatigen Verjährung hinausgeschoben, nicht etwa die Verjährung generell auf 1 Jahr oder gar um 1 Jahr auf 18 Monate verlängert.[184] Läuft die Verjährung demnach ab dem Zeitpunkt der Kenntnis vom Mangel,[185] so kann sie für den entdeckten Mangel, aber auch nur für diesen, schon vor Ablauf der Garantiezeit verstrichen sein.[186] Die Garantiezeit als solche beginnt, wenn nichts Gegenteiliges vereinbart ist, mit der Auslieferung des Fahrzeugs an den Käufer (Übergabe).

Die Vereinbarung einer **Garantiezeit von sechs Monaten oder kürzer** soll sich nach der Rechtsprechung regelmäßig weder auf die Dauer noch auf den Beginn der Verjährung auswirken.[187] Bei diesen kurzlaufenden Garantien wird nach dem **Grundsatz** verfahren, dass

---

180 OLG Karlsruhe 4. 11. 1997, OLGR 1998, 62.
181 BGH 29. 10. 1975, NJW 1976, 235.
182 LG Hamburg 6. 3. 1979, 18 S 139/78, n. v.
183 BGH 20. 12. 1978, NJW 1979, 645; BGH 12. 3. 1986, NJW 1986, 1927; OLG Hamm 1. 3. 1993, OLGR 1993, 129; OLG München 16. 3. 1994, OLGR 1994, 109; OLG Köln 20. 8. 1993, NJW-RR 1994, 120.
184 So aber – gegen die h. M. – *Mischke*, BB 1994, 2156; *ders.*, BB 1995, 1093, 1095.
185 Kennen bedeutet positives Wissen des Käufers oder seines Vertreters vom Mangel in seiner Gesamtheit, seiner rechtlichen Bedeutung als „Garantiemangel" sowie in seinem Umfang; Ursachenkenntnis ist nicht erforderlich.
186 OLG Köln 20. 8. 1993, NJW-RR 1994, 120 = BB 1993, 2335; unberechtigt die Kritik von *Mischke*, BB 1994, 2156; *ders.*, BB 1995, 1093, 1095. Entgegen seiner Meinung ist die garantiefallbezogene (punktuelle) Lösung der h. A. interessengerecht.
187 BGH 20. 12. 1978, NJW 1979, 645; so wohl auch BGH 3. 3. 1982, WM 1982, 511 unter III, 4; OLG Koblenz 21. 8. 1986, NJW 1986, 2511; OLG Hamm 1. 3. 1993, OLGR 1993, 129 (obiter dictum); a. A. *Soergel/Huber* § 459 Rn 215 m. w. N.

eine Garantieabrede die Verjährung unberührt lässt.[188] Diese Ansicht wird den berechtigten Interessen eines Kfz-Käufers nicht gerecht, wenn der Händler ihm eine Sechsmonatsgarantie eingeräumt hat. Er darf nämlich erwarten, dass der Händler auch solche Mängel kostenlos beseitigt, die erst kurz vor Ablauf der (sechsmonatigen) Garantiezeit auftreten. Befindet sich das Fahrzeug zu diesem Zeitpunkt in der Nähe des Händlerbetriebes, kann der Käufer eine verjährungshemmende Mängelprüfung veranlassen (§ 639 II BGB). Dann ist sein Garantieschutz gesichert. Anders ist es bei Mängeln, die in der Endphase der Garantiezeit beispielsweise auf einer Auslandsreise auftreten. Da die bloße Mängelanzeige beim Händler keine Hemmungswirkung hat, müsste das Fahrzeug kurzfristig in dessen Betrieb, nicht etwa in einen Drittbetrieb der jeweiligen Marke,[189] gebracht werden, um die drohende Verjährung durch Arbeiten i. S. d. § 639 II BGB zu hemmen. Um diese für den Käufer missliche Situation zu vermeiden, sehen die Neuwagenverkaufsbedingungen im Abschn. VII, Nr. 10 eine Verlängerungsklausel vor. In Ermangelung einer solchen (komplizierten) Regelung ist auch eine Sechsmonatsgarantie dahin auszulegen, dass die Verjährungsfrist für Gewährleistungsansprüche erst mit der Entdeckung des Mangels beginnt, genauso wie die Rechtsprechung es bei einer Garantie von 7 oder 8 Monaten annimmt. Für eine unterschiedliche Behandlung gibt es bei einer Kraftfahrzeug-Garantie keine einleuchtenden Sachgründe.

1700 Für die Verjährung ohne Bedeutung ist die Kombination der Garantiefrist mit einer **Kilometerbegrenzung**. Die Erklärung „6 Monate Garantie oder 1000 km" besagt, dass dem Käufer ein Garantieanspruch für längstens 6 Monate ab Übergabe zusteht, auch wenn das Fahrzeug in diesem Zeitraum nur wenige Kilometer gefahren ist.[190] Andernfalls würde die Garantiezeit, so der BGH, auf eine übermäßig lange Zeit ausgedehnt werden können. Dagegen lässt sich einwenden, dass der Händler aus freien Stücken ein km-Limit als Begrenzungsalternative gewählt hat, dass es seine Sache ist, dieses Limit realistisch festzusetzen. Bei einer nur durch Angabe einer bestimmten Kilometerzahl limitierten Garantie erscheint es jedenfalls sinnvoll, die Verjährungsfrist erst mit Auftreten des Mangels innerhalb des Limits laufen zu lassen.

System-Garantien

1701 Chrakteristisch für die sog. Sytems-Garantien ist ein festumrissenes, für eine Vielzahl von Gebrauchtfahrzeugkäufen konzipiertes Leistungsprogramm. Im Einzelnen gibt es im Bereich des gewerblichen Handels mit gebrauchten Pkw und Kombis erhebliche konstruktive und inhaltliche Unterschiede. Aus Sicht des privaten Kunden muss das heutige „Garantie"-Angebot Verwirrung stiften, zumal ständig neue Modelle und Varianten eingeführt werden. Nach Ansicht des OLG Frankfurt[191] ist es im Sinne von § 3 UWG irreführend, wenn eine Versicherungsgesellschaft mit dem Ausdruck „Garantie" wirbt, in Wirklichkeit aber nur eine Reparaturkostenversicherung vermittelt.

Zu unterscheiden sind im Wesentlichen folgende **Fallgestaltungen:**[192]

– Der Kfz-Händler verschafft dem GW-Käufer Versicherungsschutz.

– Der Kfz-Händler verkauft eine händlereigene Garantie mit Rückdeckungsversicherung bei einer Versicherungsgesellschaft.

– Der Kfz-Händler verkauft eine händlereigene Garantie ohne Rückdeckungsversicherung mit dem ZDK-Vertrauenssiegel.

– Der Kfz-Händler vermittelt eine Versicherung.

---

188 So ausdrücklich BGH 20. 12. 1978, NJW 1979, 645.
189 Die Einbindung von Drittbetrieben bedarf einer ausdrücklichen Abrede.
190 BGH 3. 3. 1982, WM 1982, 511, 512 (Lkw); s. auch OLG Koblenz 28. 1. 1986, NJW 1986, 2511.
191 Urt. v. 21. 12. 1995, OLGR 1996, 76.
192 Einen Überblick geben: Auto Bild-„Spezial" '96, S. 45 ff.; kfz-betrieb 6/99, S. 22 ff.; Autohaus 10/98, S. 30 ff.; s. auch *Finke/Spieß*, NJW 1995, 242.

Die Zusicherungshaftung   Rn 1702

Erläuterung der einzelnen Modelle:

Bei der Verschaffung von „Versicherungsschutz" handelt es sich um einen Versicherungsvertrag zu Gunsten eines Dritten. Dabei schließt der Kfz-Händler mit einem Versicherungsunternehmen einen Versicherungsvertrag zu Gunsten des GW-Käufers ab. Der Kfz-Händler wird in diesem Fall selbst Versicherungsnehmer. Im Schadensfall ist jedoch der Käufer der Begünstigte aus dem Versicherungsvertrag. Beispiel: OLG Oldenburg NJW 1995, 2994 = BB 1995, 897 = OLGR 1995, 127 (Garantieanbieter war die CG Car-Garantie Versicherungs-AG, bundesweit das größte „Garantieunternehmen"). Der Vertrag mit dem Garantieanbieter kann auch zwischen diesem und dem Hersteller bzw. Importeur zustande gekommen sein. Beispiel: OLG Braunschweig MDR 1999, 294 = OLGR 1998, 352 (A-1 GW-Garantie von Ford).

Bei der händlereigenen Garantie mit Rückdeckungsversicherung gewährt der Händler dem Kunden eine GW-Garantie. Der Händler seinerseits schließt mit der Versicherungsgesellschaft eine Rückversicherung ab, um sein Risiko zu mindern. Im Fall des Schadens ist der Kfz-Händler gegenüber der Versicherungsgesellschaft der Berechtigte.

Gewährt der Händler dem Kunden eine eigene Garantie, ohne sich rückzuversichern, ist ausschließlich er Garantiegeber. Im Fall BGH NJW 1995, 516 ist der Händler so behandelt worden, als habe er selbst die „dreimonatige Hausgarantie..." übernommen. In der Regel schaffen die dem Käufer ausgehändigten Unterlagen hinreichend Klarheit über die bestehenden Rechte und Pflichten, s. Rn 1702.

In der Praxis nur noch selten anzutreffen ist die Fallgestaltung, dass der Händler sich auf die bloße Vermittlung einer Reparaturkostenversicherung beschränkt.

Welche zivilrechtliche Konstruktion sich hinter einer Gebrauchtwagengarantie im Einzelfall verbirgt, geht meist aus den **Garantiebedingungen** und/oder Dokumenten wie einem „Garantie-Pass" oder „Schutzbrief" hervor. Der Bestellschein (Kaufvertrag) informiert meist nur darüber, ob das Fahrzeug mit oder ohne „Garantie" verkauft worden ist. Bei einem Verkauf mit „Garantie" wird üblicherweise schon auf der Bestellscheinvorderseite auf „beigefügte Garantiebedingungen" verwiesen.[193] Sie sind dann Bestandteil des Formularsatzes und werden dem Kunden zusammen mit den Verkaufsbedingungen ausgehändigt. Die Garantiebedingungen können aber auch in einem vom Bestellschein getrennten „Garantie-Pass" o. ä. integriert sein. **Vertragsinhalt** werden sie so oder so nur unter den Voraussetzungen des § 2 AGBG.   **1702**

Regelmäßig kommt nur eine **Einbeziehung** bei Vertragsschluss im Sinne von § 2 I AGBG in Betracht. Da die Garantiebedingungen üblicherweise nicht durch Aushang im Autohaus „bekannt" gemacht werden, bedarf es bei Vertragsabschluss eines **ausdrücklichen Hinweises** nach § 2 I, 1 AGBG. Dieser muss unmissverständlich und für den Kunden klar erkennbar sein.[194] Der BGH hat die Anforderungen an diese Hinweispflicht nicht etwa mit dem Argument herabgesetzt, dass die Rechtsposition des Käufers durch eine Gebrauchtwagen-Garantie nicht eingeschränkt, sondern erweitert werde.[195] Der handschriftliche Vermerk in einem Bestellschein „dreimonatige Hausgarantie lt. CC-Gebrauchtwagengarantiegesetz" ist kein ausreichender Hinweis im Sinne des § 2 I, 1 AGBG.[196] Der Händler, der ersichtlich die AGB der CG-Car-Garantieversicherungs-AG gemeint hat, hätte sie dem Käufer zur Verfügung stellen müssen. Da er dies versäumt hatte, jedenfalls nicht nachweisen konnte, mußte er sich an der – unklaren und irreführenden – Vertragserklärung „dreimonatige Hausgarantie..." festhalten lassen (zur Auslegung s. Rn 1692). Die bloße Erklärung im Bestellschein „mit

---

193 Vgl. OLG Oldenburg 7. 3. 1995, NJW 1995, 2994 = BB 1995, 897 („Car Garantie").
194 BGH 23. 11. 1994, NJW 1995, 516.
195 BGH 23. 11. 1994, NJW 1995, 516.
196 BGH 23. 11. 1994, NJW 1995, 516.

Gebrauchtwagen-Garantie" oder „mit Veedol-Garantie" löst gleichfalls keine Garantiehaftung nach Maßgabe sonst verwendeter Garantiebestimmungen aus, wenn die strikten Einbeziehungsvoraussetzungen des § 2 AGBG nicht beachtet worden sind.

Der Abschluss des Garantievertrages (Versicherungsvertrages) hängt maßgeblich von dem Modell ab, mit dem der Kfz-Händler im konkreten Fall operiert, s. Rn 1701. Wie auch sonst kommt es auf den Empfängerhorizont an.[197]

1703 Lehnt der Reparaturkosten-Versicherer die vermittelte Garantieübernahme ab, kann sich der Händler gegenüber dem Käufer schadensersatzpflichtig machen; so z. B., wenn der Garantievertrag daran scheitert, dass es nach den Bedingungen des Garantieträgers für das konkrete Auto einen Garantieschutz nicht gibt. Für schuldhafte Fehlinformationen über das Ob und Wie des Garantieschutzes haftet der Händler nach c. i. c.-Regeln. Das Zustandekommen des Garantievertrages ist nicht etwa Gegenstand einer Zusicherung nach §§ 459 II, 463 S. 1 BGB. Es ist schon sehr zweifelhaft, ob überhaupt eine zusicherungsfähige Eigenschaft vorliegt.[198]

1704 Mit zunehmendem Einsatz von Kfz-Garantien wächst auch die Gefahr von Missverständnissen und Auslegungszweifeln. Ein Beispiel dafür ist der Fall, über den das OLG Düsseldorf durch Urteil vom 2. 7. 1993,[199] entschieden hat: Ein Ford-Haupthändler hatte einen knapp 3 Monate alten, nur 3940 km gelaufenen Pkw als Vorführwagen verkauft, und zwar bei Verwendung des üblichen Bestellscheins „Verbindliche Bestellung eines gebrauchten Kraftfahrzeugs mit Gebrauchtwagen-Garantie . . ." Unter Sonderausstattung war handschriftlich notiert „FGS für 2. u. 3. Jahr bis 50 000 km ab Erstzulassung". Bei Übergabe des Fahrzeugs wurden ausgehändigt: ein Garantie-Schutzbrief („FGS") und ein Serviceheft mit der eingedruckten 12-Monats-Werksgarantie. Wegen mehrerer Mängel, insbesondere wegen einer Undichtigkeit im Bereich der Frontscheibe, nahm der Käufer Händler und Hersteller auf Rückzahlung des Kaufpreises in Anspruch. Während die Klage gegen den Hersteller abgewiesen wurde, wurde der Händler zur Fahrzeugrücknahme verurteilt. Das OLG hat das Nebeneinander von Gewährleistungsausschluss einerseits, Werksgarantie, Schutzbrief und GW-Garantie andererseits sachgerecht zu Gunsten des Käufers aufgelöst. Die noch laufende Neufahrzeug-Gewährleistung („Werksgarantie") setzte sich gegen den Gewährleistungsausschluss und auch gegen die Anschlussgarantie durch.[200]

1705 **Inhalt und Umfang** der System-Garantien ergeben sich ebenso wie deren **Abwicklung** aus den jeweiligen Garantiebedingungen, und zwar **abschließend,** also ohne Möglichkeit des Durchgriffs auf die §§ 459 ff., 633 ff. BGB. Dazu und zum Verhältnis zwischen einer Gebrauchtwagengarantie und dem formularmäßigen Gewährleistungsausschluss s. OLG Oldenburg NJW 1995, 2994 und OLG Braunschweig MDR 1999, 294. Bei intransparenter Vertragsgestaltung wie z. B. im Fall BGH NJW 1995, 516 („dreimonatige Hausgarantie . . .") können Korrekturen zu Gunsten des (privaten) Käufers in Betracht kommen, und zwar nicht nur mit Blick auf den Abschluss des Garantievertrages (AG Erkelenz NJW-RR 1996, 740), sondern auch hinsichtlich des Leistungsumfangs und der „Passivlegitimation".

Angesichts des Mindeststandards, den ZDK-Siegelhändler erfüllen müssen, ist der Leistungsumfang der wichtigsten Reparaturkosten-Versicherungen nahezu gleich.[201] Eine uneingeschränkte Voll-Garantie wie beim Neufahrzeugkauf wird nur vereinzelt angeboten.[202]

---

[197] Vgl. AG Erkelenz 6. 7. 1995, NJW-RR 1996, 740 – Klage des Käufers gegen ein Versicherungsunternehmen; vgl. auch OLG Oldenburg 7. 3. 1995, NJW 1995, 2994 = BB 1995, 897.
[198] Bejahend OLG Köln 15. 11. 1979, 14 U 76/78, n. v.; LG Köln 30. 10. 1990, 11 S 525/89, n. v.; AG Köln 6. 7. 1990, 111 C 590/89, n. v.; vgl. auch Rn 1628.
[199] OLGR 1993, 269; dazu *Reinking,* DAR 1995, 1, 5.
[200] Zur Anschlussgarantie s. *Reinking,* DAR 1995, 1 ff.
[201] So das Fazit in GW-Praxis, 11/93, S. 9.
[202] Die „ADAC-geprüfte" Rundum-Garantie Formel C kommt einer Vollgarantie nahe; Audi, VW, BMW und Rover bieten neuerdings einen umfassenden Garantieschutz.

Die Zusicherungshaftung

Unter die Garantie fallen nur bestimmte Teile aus bestimmten Baugruppen wie Motor, Getriebe, Lenkung und Bremsen. Sofern in der Baugruppe „Motor" der Turbolader nicht erwähnt ist, soll ein Defekt an diesem Teil gleichwohl von der Garantie erfasst werden.[203]

Streitstoff liefern die vielfältigen Klauseln, mit denen die Garantiegeber ihre Haftung zu begrenzen suchen. Durch Urteil vom 24. 4. 1991 hat der BGH eine Reihe von **Leistungsausschlüssen** in einem Klauselwerk missbilligt, das einer **produktbezogenen Garantie auf Additivbasis** zugrunde gelegen hat.[204] Bei dieser – heute nur noch wenig gebräuchlichen – Garantieform schließt der Garantieträger unter Einschaltung des Kfz-Händlers außer dem Garantievertrag einen Kaufvertrag über von ihm vertriebene Verschleißschutzprodukte ab. Durch den Garantievertrag verpflichtet sich das Unternehmen, Reparaturkosten in bestimmter Höhe zu übernehmen, wenn innerhalb der Garantiezeit Schäden an den produktgeschützten Aggregaten auftreten. Im Einzelnen weichen die rechtlichen Konstruktionen ebenso wie die Leistungen bei den wenigen auf dem Markt verbliebenen „Additiv-Garantien" erheblich voneinander ab. Unzulässig sind Klauseln, durch die sich Anbieter dieser Garantien von der Leistungspflicht im Fall von Obliegenheitsverletzungen des Käufers ohne Rücksicht auf die Schadensursächlichkeit befreien. Beispiel: Der Anspruchsverlust wird bereits daran geknüpft, dass der Käufer die Behandlung mit den überlassenen Additiven versäumt.[205] Zwischen der Verletzung der **Nachfüll-Obliegenheit** und dem Schadensfall muss ein ursächlicher Zusammenhang bestehen.[206] Wer es versäumt, dem Motoröl das vorgeschriebene Produkt beizugeben, kann bei einem Schaden an dem – mitversicherten – Getriebe dessen Reparatur bzw. Kostenerstattung verlangen.[207] Den Beweis fehlender Ursächlichkeit soll der Garantiegeber dem Käufer auferlegen dürfen.[208]

Ein Verlust des Garantieanspruchs wird nicht selten auch daran geknüpft, dass die **werksseitig vorgeschriebenen Inspektionen** nicht durchgeführt werden. Auch eine solche Klausel verstößt gegen § 9 I AGBG, wenn die Leistungsbefreiung unabhängig von der Schadensursächlichkeit eintreten soll.[209] Einige Garantiegeber haben dem durch Aufnahme eines Zusatzes wie z. B. „... keine Garantie für Schäden, die in ursächlichem Zusammenhang damit stehen, dass ..." Rechnung getragen. Bisweilen wurde dem Käufer aber zugleich in einer weiteren Klausel der Nachweis auferlegt, die vorgeschriebenen Inspektionen etc. eingehalten zu haben. Darin sieht das OLG Hamm[210] in Anlehnung an BGH BB 1991, 2252 = MDR 1991, 721 einen Verstoß gegen § 9 I AGBG, jedenfalls einen zur Unwirksamkeit nach § 5 AGBG führenden Widerspruch zu der oben mitgeteilten Zusatzklausel zur Kausalität. Diese Bedingung versteht der 28. ZS des OLG Hamm[211] – isoliert betrachtet – folgendermaßen: Es sei Sache des Garantiegebers, den Nachweis zu erbringen, dass der Kunde „die Wartungs- oder Pflegearbeiten in einer anerkannten Werkstatt durchgeführt hat"[212] und dass das Unterlassen dieser Arbeiten den Garantieschaden verursacht hat.[213]

Gehen **mündliche Erklärungen** des Kfz-Händlers über Inhalt und Umfang der Garantiebedingungen hinaus, streitet die Vermutung der Vollständigkeit und Richtigkeit der Garantie-

---

203 AG Rastatt 4. 12. 1987, DAR 1988, 170.
204 WM 1991, 1384 = MDR 1991, 721 = BB 1991, 2252.
205 So im Fall BGH Fn. 204.
206 BGH, a. a. O., Fn. 204.
207 LG Hannover 30. 7. 1986, 11 S 16/83, n. v.
208 BGH, a. a. O., Fn. 204.
209 BGH, a. a. O., Fn. 204.
210 Urt. v. 12. 1. 1993, OLGR 1994, 38 (L.) – Az. 28 U 133/92 (Kauf bei einer Vertreterfirma der Mercedes-Benz AG).
211 A. a. O., (Fn. 210).
212 Es muss wohl heißen: „nicht durchgeführt".
213 Dazu auch *Reinking*, DAR 1995, 1, 7.

urkunde zu Gunsten des Händlers. Seine mündlichen Angaben gelten im Zweifel nur im Rahmen des schriftlich Fixierten.[214]

Gütesiegel (Prüfsiegel): Gut ein Dutzend Siegel werden zur Zeit an Gebrauchtfahrzeughändler verliehen. Den höchsten Bekanntheitsgrad hat das „ZDK-Vertrauenssiegel" (dazu Rn 1815 ff.). Im Jahre 1998 neu auf den Markt gekommen ist das Gebrauchtwagen-Gütesiegel der DEKRA AG (s. auch Rn 1811).

1707 Zur **wettbewerbsrechtlichen Zulässigkeit** der Werbung mit „Gebrauchtwagen-Garantien" liegt eine höchstrichterliche Judikatur noch nicht vor. Dagegen hat sich das Kammergericht in einer Reihe von Entscheidungen mit dieser Thematik befasst.[215] Für irreführend i. S. v. § 3 UWG hält das OLG Saarbrücken[216] eine Garantiezusage eines markenungebundenen Anbieters, wenn nach den Garantiebedingungen für Schäden durch „natürlichen Verschleiß" nicht gehaftet wird. Eine solche Einschränkung mache die „Garantie" praktisch wertlos. Diese Aussage erscheint fragwürdig, da eine eingeschränkte „Garantie" immer noch besser als gar keine ist.

1708 Die lange Zeit heftig umstrittene Frage, ob und unter welchen Voraussetzungen eine sogenannte **Umtauschgarantie** wettbewerbsrechtlich zulässig ist, ist durch eine Reihe von BGH-Entscheidungen jetzt geklärt.[217]

Höchstgeschwindigkeit

1709 Die Höchstgeschwindigkeit (Endgeschwindigkeit) eines Kraftfahrzeugs ist eine **zusicherungsfähige** Eigenschaft.[218] Sie wird bei Erteilung der Betriebserlaubnis (ABE) festgestellt und in den Fahrzeugbrief eingetragen. Es handelt sich um die Geschwindigkeit, die das Fahrzeug zur Zeit der Erteilung der ABE gem. § 19 StVZO im schnellsten Gang erreichen kann. Nicht nur dieser Wert ist zusicherungsfähig. Gegenstand einer Zusicherung kann auch ein damit nicht übereinstimmender höherer oder niedriger Wert sein, beispielsweise nach einer Motorumrüstung.

In den handelsüblichen Gebrauchtwagen-Bestellscheinen (Kaufanträgen) sind Geschwindigkeitsangaben nicht enthalten, auch nicht in der Rubrik „Fahrzeugbeschreibung".[219] Die Angaben in den Fahrzeugpapieren können nicht als stillschweigend zugesichert gelten. Der Verkäufer, auch ein Kfz-Händler, macht sie sich ebenso wenig zu Eigen wie die Werksangaben in der Betriebsanleitung. Nur unter **besonderen Umständen** kann ein Käufer erwarten, dass der Verkäufer die Gewähr für die Richtigkeit einer etwaigen Information über die Geschwindigkeit übernehmen will. Ein solcher Sonderfall liegt der Entscheidung des OLG Düsseldorf vom 30. 10. 1992[220] zugrunde (Verkauf eines Neufahrzeuges mit der Abrede, einen in der Leistung gesteigerten Motor einzubauen, der nach einer schriftlichen Mitteilung eine „Endgeschw. ca. 270 km" erreichen sollte). Das OLG hat trotz des Ca.-Zusatzes eine Zusicherung bejaht. Eine geringfügige Abweichung müsse der Käufer hinnehmen, nicht aber

---

214 AG München 30. 3. 1990, 3 C 32/90, n. v.; s. auch OLG Oldenburg 7. 3. 1995, NJW 1995, 2994.
215 Urteile v. 29. 11. 1993, 25 U 5275/93; v. 20. 12. 1993, 25 U 5415/93; v. 16. 6. 1994, 25 U 2992/93.
216 Urt. v. 10. 1. 1996, NJW-RR 1996, 1325.
217 Zuletzt Urt. v. 2. 7. 1998, NJW 1999, 217 = DB 1999, 91 = WM 1999, 289 – „5 Tage Umtausch-Garantie" einer BMW-Niederlassung ist zulässig (ebenso eine „7 Tage Umtauschgarantie, vgl. Urt. v. 2. 7. 1998, I ZR 51/96); Urt. v. 4. 12. 1997, ZIP 1998, 1124 – Umtauschrecht innerhalb von 30 Tagen bis 2000 km; berechtigte Kritik durch *Paul*, ZIP 1998, 1099.
218 OLG Düsseldorf 30. 10. 1992, OLGR 1993, 129 (L.). – Tuning eines Neufahrzeugs; s. auch BGH 20. 11. 1996, NJW 1997, 727 = DB 1997, 370 – Motorboot; OLG Rostock 19. 2. 1997, DAR 1997, 277 – Neufahrzeug.
219 In den ZDK-AGB a. F. hieß es unter I, 2, dass Angaben über die Geschwindigkeit nur als annähernd zu betrachten seien und keine zugesicherte Eigenschaft darstellten. Diese Klausel ist ersatzlos gestrichen.
220 OLGR 1993, 129 (L.).

Die Zusicherungshaftung   Rn 1710–1712

ein Unterschreiten von – je nach Messung und Bereifung – 6,66 bzw. 9,63%. Von Bedeutung ist diese Entscheidung vor allem für Tuning-Betriebe, aber auch für Kfz-Händler, die Hochgeschwindigkeits-Sportwagen verkaufen.

Hubraum/kW/PS

Hubraum und PS-Zahl (kW-Zahl) eines Kraftfahrzeugs sind Eigenschaften, die für den Käufer – jedenfalls im Regelfall – von wesentlicher Bedeutung sind. Ein leistungsstärkerer Motor bedeutet regelmäßig höhere Kosten für die Haftpflichtversicherung, Kfz-Steuer und für Kraftstoff. Unter Umständen kann schon 1 PS zusätzlich Mehrkosten von jährlich 50,– DM für die Haftpflichtversicherung verursachen. Stein des Anstoßes kann auch – wie im Fall BGH NJW 1997, 2318 – eine **Untermotorisierung** sein. Zu wenig PS und/oder Hubraum können den Wert und die Gebrauchstauglichkeit auch von Personenwagen negativ beeinflussen. Entscheidend sind die Einsatzbedingungen und die Bedürfnisse (Verwendungszweck) des Käufers (z. B. Verwendung als Zugmaschine für Anhänger oder Wohnwagen). Zu den schutzwürdigen Käuferinteressen zählt immer noch der Wunsch, über eine bestimmte Motorleistung zu verfügen, und sei es nur, um schneller von A nach B zu kommen. Nach der Verkehrsauffassung ist auch der Prestigenutzen ein Kriterium. **1710**

Der **BGH** hat jetzt entschieden: Die in dem Bestellformular für ein Gebrauchtfahrzeug vom Händler in dem vorgedruckten Feld „PS laut Fahrzeugbrief" eingetragene PS-Zahl stellt grundsätzlich keine Zusicherung einer bestimmten Motorleistung dar.[221] Dass PS, kW und Hubraum zusicherungsfähige Eigenschaften sind, steht außer Streit. Strittig kann nur sein, ob diese Eigenschaften Gegenstand einer – stillschweigenden – Zusicherung sind. Das hat der BGH zu Lasten eines Käufers verneint, der einen gebrauchten Sportwagen „Cobra Replica" von einem Kfz-Händler gekauft hatte. Bei der Beschreibung der individuellen und technischen Merkmale des Fahrzeugs in dem Bestellformular war in dem vorgedruckten Feld „Kilowatt (PS) lt. Fz.-Brief" das Wort „Kilowatt" durchgestrichen und die Zahl „300" handschriftlich eingetragen worden. Mit der Behauptung, das Fahrzeug verfüge in Wirklichkeit nur über 197 PS, hat der Käufer Rückzahlung des Kaufpreises verlangt. Vor dem Landgericht Frankenthal hatte er damit wegen Fehlens einer zugesicherten Eigenschaft Erfolg. Das OLG Zweibrücken hat die Klage durch Urteil vom 22. 7. 1996 abgewiesen. Die hiergegen eingelegte Revision blieb erfolglos. Vor dem Bundesgerichtshof ging es im Kern um die Frage, welche Bedeutung die **Quellenangabe** „lt. Fz.brief" hat. Durch diesen Zusatz, den der BGH einem Vorbehalt gleichgestellt hat, unterschied sich der Fall von Fallgestaltungen, über die der BGH bereits entschieden hatte.[222] Der BGH hat dem Quellenhinweis „laut Fz.brief" bei technischen Daten wie Hubraum, kW bzw. PS für den Regelfall die vom Handel gewünschte Wirkung bescheinigt. Zu Recht nimmt er an, dass ein Kfz-Händler im Allgemeinen nicht dazu in der Lage ist, diese Daten zu überprüfen. Im Einzelfall könne gleichwohl aufgrund besonderer Umstände eine ausdrückliche oder schlüssig erklärte Zusicherung anzunehmen sein. Anhaltspunkte für einde derartige Auslegung könnten sich z. B. aus schriftlichen Angaben an anderer Stelle des Bestellformulars (Kaufvertrags) oder aus mündlichen Erklärungen des Händlers oder seines Angestellten ergeben, unter Umständen sogar aus dessen Schweigen auf eine erkennbar geäußerte Erwartung des Käufers. Solche besonderen Umstände darzulegen und zu beweisen, sei Sache des Käufers. Im Zweifel sei von einer bloßen **Beschaffenheitsangabe** im Sinne des § 459 I BGB auszugehen. **1711**

Der Entscheidung des BGH vom 4. 6. 1997 (NJW 1997, 2318 = DAR 1997, 353) ist zuzustimmen. Dennoch bleiben einige Fragen offen. Nimmt man mit dem BGH eine (wohl uneingeschränkte) Beschaffenheitsangabe im Sinne des § 459 I BGB an, stellt sich die Frage, ob der Händler sich bei einer wesentlichen Abweichung zum Nachteil des Käufers auf den **1712**

---
221 Urt. v. 4. 6. 1997, NJW 1997, 2318 = DAR 1997, 353.
222 Urt. v. 18. 2. 1981, NJW 1981, 1268 = DAR 1981, 147 – Pkw; Urt. v. 25. 2. 1981, NJW 1981, 1501 – Elektromotoren.

formularmäßigen Gewährleistungsausschluss berufen kann. Der BGH hat das stillschweigend bejaht, andernfalls hätte er der Revision stattgeben müssen. Dieses Verständnis der Freizeichnungsklausel ist bedenklich, vgl. Rn 1950/1951.

Ob der Händler die Richtigkeitsgewähr stillschweigend oder durch schlüssiges Verhalten übernimmt, wenn er die Leistungsdaten des Motors **nur** auf dem **Verkaufsschild** an der Windschutzscheibe oder nur auf einer Info-Card oder in einem Zeitungsinserat angibt, ist nach wie vor höchstrichterlich ungeklärt.[223] Eine Besonderheit des früheren BGH-Falles (Urt. v. 18. 2. 1981, NJW 1981, 1268) war, dass der eingebaute ATM im Gegensatz zum serienmäßigen Triebwerk Super- statt Normalbenzin brauchte. Von diesem Umstand hing die Qualifizierung als Zusicherung aber nicht ab. Entscheidungserheblich dürfte indes die Tatsache gewesen sein, dass die Motordaten auch im Fahrzeugbrief unrichtig waren. Wahrscheinlich hatte der Händler sie einfach von dort auf das Verkaufsschild übertragen. Im Kaufvertrag (Bestellschein) waren die Motordaten nicht vermerkt.

1713 Angaben von **Privatverkäufern** über Hubraum, kW bzw. PS und sonstige Leistungsdaten des Motors sind im Allgemeinen keine Eigenschaftszusicherungen. Anders ist es nach der Rechtsprechung bei einem durch einen Fachmann vermittelten Privatgeschäft. Dann gelten die oben für das Händlereigenschaft dargestellten Grundsätze.

1714 Immer wieder kommt es vor, selbst im professionellen Gebrauchtwagenhandel, dass Fahrzeuge **ohne nähere Angaben** über Hubraum und PS (kW) verkauft werden. Nicht alle Bestellscheinvordrucke (Kaufanträge) sehen für diese Daten spezielle Rubriken vor. Mitunter wird es auch einfach vergessen, den Bestellschein vollständig auszufüllen. Zur Begründung der Zusicherungshaftung knüpft die Rechtsprechung in diesen Fällen an die **Marken- und Typenbezeichnung** an, z. B. BMW 520, s. dazu Rn 1759 ff. Verfehlt wäre es, die Eintragungen in den Fahrzeugpapieren als Grundlage für eine Eigenschaftszusicherung zu nehmen.

Jahreswagen/Halbjahreswagen

1715 Mehrere hunderttausend Mitarbeiter deutscher Automobilwerke kaufen[224] jährlich einen Neuwagen mit Werksrabatt, fahren ihn ein Jahr oder sechs Monate und verkaufen ihn dann als **Jahreswagen** oder als **Halbjahreswagen.** Letztere kommen auch im Wege des buy-back nach einer Zulassung auf Autovermieter in den Handel. Die Vertriebswege sind unterschiedlich. Schon lange werden Jahreswagen von Werksangehörigen auch auf andere Weise als im Direktverkauf veräußert. Mehrere Hersteller haben Vermittlungsstellen eingerichtet („Jahreswagen-Börse"). Hersteller mit Werksniederlassungen wie Daimler-Chrysler und BMW vermitteln den Absatz von Jahreswagen auch durch ihre eigenen Betriebe. Zunehmend wird dieser Fahrzeugtyp, der sich immer stärkerer Beliebtheit erfreut, auch von Fabrikatshändlern angeboten. Daneben gibt es **Jahreswagen-Vermittlungen** durch herstellerunabhängige Spezialunternehmen. Sie hatten früher ihren Sitz schwerpunktmäßig in der Nähe der Herstellerwerke. Inzwischen treten sie auch überregional in Erscheinung, nicht selten als bloße **Untervermittler.**

1716 Gewährleistungsrechtlich sind Jahreswagen, erst recht sog. Halbjahreswagen, naturgemäß relativ problemlos. Zur **Aufklärungspflicht** beim Verkauf eines Jahreswagens mit Fertigungsmangel (ungleiche Spaltmaße) s. OLG Köln MDR 1999, 1504 = OLGR 1999, 325. Die Schwachstelle auf diesem Sondermarkt sind **unredliche Vermittler.** Zu diesem Problemkreis s. Rn 1526. In qualitativer Hinsicht werden die Erwartungen der Käufer nur selten enttäuscht. Die Soll-Beschaffenheit wird entscheidend schon durch den Begriff „Jahreswagen" bestimmt. Unter Jahreswagen versteht die **Verkehrsauffassung** ein „Gebrauchtfahrzeug aus erster Hand, das von einem Werksangehörigen tatsächlich ein volles Jahr gefahren

---

[223] Aus der Instanz-Rspr.: OLG Stuttgart 12. 6. 1985, BB 1985, 1417; OLG Düsseldorf 30. 10. 1992, OLGR 1993, 129 (Ls.).
[224] Zum Teil wird auch ein Mietmodell praktiziert.

Die Zusicherungshaftung   Rn 1717–1720

worden ist".[225] Wer ein Fahrzeug als „Jahreswagen" kauft, kann ohne besondere Zusatzvereinbarung nicht davon ausgehen, dass es bei der Übergabe nicht älter als zwölf Monate ist. Mit einer „Standzeit" von einigen Monaten muss selbstverständlich gerechnet werden, zumal bei schwerverkäuflichen Modellen. Auch wenn der Pkw nach der Abmeldung durch den Werksangehörigen acht Monate bei einem Gebrauchtwagenhändler gestanden hat, handelt es sich noch um einen „Jahreswagen".[226] Der Verkäufer bzw. sein Vertreter ist in diesem Fall auch nicht aufklärungspflichtig. Unerörtert blieb in der Entscheidung des OLG Köln, ob die **„Jahreswagen-Eigenschaft"** a) eine Eigenschaft i. S. v. § 459 II BGB und b) zugesichert ist. Die Tatsache, von einem Werksangehörigen ab Erstzulassung ein Jahr gefahren worden zu sein, ist eine zusicherungsfähige Eigenschaft. Insoweit gilt das Gleiche wie für das Alter (Baujahr) des Fahrzeugs, vgl. Rn 1665 ff. Vermutlich wird die Rechtsprechung auch eine Zusicherung i. S. d. §§ 459 II, 463 S. 1 BGB bejahen, wenn der Käufer – anders als im Fall des OLG Köln – statt auf Wandlung oder Minderung zu klagen, Schadensersatz verlangt. Ein Bedürfnis für die strenge Zusicherungshaftung ist indessen nicht zu erkennen. Der Käufer kann sich durch Einsichtnahme in die Fahrzeugpapiere (Brief und Schein) selbst von dem Datum der Erstzulassung überzeugen, wenn es ihm entscheidend darauf ankommen sollte. Anders als bei der Eigenschaft „fabrikneu" hat der Käufer mit diesem Datum eine feste Orientierungsgröße an der Hand. Auch der Zeitpunkt der Abmeldung (vorübergehende Stilllegung) geht aus dem Fahrzeugbrief hervor.

Kilometerleistung/km-Stand/Tachoangaben

Streitigkeiten um die Kilometerleistung (Laufleistung) nehmen in der Rechtsprechung einen auffallend breiten Raum ein. Zu diesem Themenkreis liegen inzwischen fast 50 veröffentlichte Entscheidungen vor, 9 allein vom BGH. Noch facettenreicher ist das Bild, das sich nach Auswertung von rd. 80 unveröffentlichten Urteilen aus dem Archiv der Verfasser bietet.   1717

Zwei Grundfälle sind zu unterscheiden: einerseits die Situation, dass der Verkäufer keine – jedenfalls keine nachweisbaren – Angaben über die Laufleistung gemacht hat. Der **schweigende Verkäufer** haftet unter den Voraussetzungen der §§ 459 I, 463 S. 2 BGB. Anbieten eines Fahrzeugs mit einem bestimmten Kilometerstand auf dem Tachometer bedeutet für sich allein keine stillschweigende oder konkludente Zusicherung dieser Laufleistung, erst recht nicht der Gesamtfahrleistung. Diesem Faktum ist allenfalls Erklärungswert mit Blick auf § 459 I BGB („einfache" Beschaffenheitsvereinbarung) beizumessen. Zu dieser ersten Fallgruppe s. Rn 1603 ff.   1718

Die zweite, weitaus wichtigere Fallgruppe umfasst **ausdrückliche, stillschweigende** und **konkludente** Fehlinformationen des Verkäufers oder seines Vertreters. Aus dieser Gruppe interessieren vor allem die ohne – nachweisbaren – Vorsatz gemachten Falschangaben, weil sie unter dem Blickwinkel des Fehlens einer zugesicherten Eigenschaft eine Schadensersatzhaftung begründen können (§ 463 S. 1 BGB). Bei Arglist ist der Verkäufer gem. § 463 S. 2 BGB analog zum Schadensersatz verpflichtet.   1719

Die Rechtsprechung des BGH

Acht seiner neun „Kilometerstand-Urteile" beschäftigen sich mit dem zusicherungsrechtlichen Aspekt von km-Angaben. Grundlegend ist das Urteil vom 25. 6. 1975.[227] Schon die bloße **Kilometerzahl** auf einem **Verkaufsschild**, das ein **Kfz-Händler** (Eigenhändler) an einem Pkw angebracht hatte, stellt nach Ansicht des BGH die **konkludente** Zusicherung der   1720

---

225 OLG Köln 7. 3. 1989, NJW-RR 1989, 699 = DAR 1989, 307; vgl. auch OLG Hamm 13. 3. 1990, NZV 1990, 394; OLG Frankfurt 5. 7. 1990, NJW-RR 1991, 40; OLG Koblenz 10. 9. 1990, DB 1990, 2319.
226 OLG Köln 7. 3. 1989, NJW-RR 1989, 699 = DAR 1989, 307.
227 NJW 1975, 1693 = MDR 1975, 922 = DAR 1975, 270 m. Anm. *Heinze,* JR 1975, 504; besprochen von *Reich/Tonner,* JuS 1976, 576.

Gesamtfahrleistung dar. Dem Interesse des Käufers werde es nicht gerecht, die km-Angabe nur als Wiedergabe des Tachostandes im Verkaufszeitpunkt zu werten. Dem Käufer komme es vor allem auf die Gesamtfahrleistung an. Eine „ohne Einschränkung oder deutlich gegenteiligen Hinweis" gemachte km-Angabe beziehe sich regelmäßig auf die Gesamtfahrleistung.

1721 Anders als in dem Fall OLG München DAR 1974, 296 stand auf dem Verkaufsschild („Beschriebzettel") nur die nackte Kilometerzahl **ohne Zusatz** wie „abgelesen", „lt. Tacho" oder gar „km-Leistung lt. Angaben des Vorbesitzers". Während in Bestellscheinen (Kaufantragsformularen) nur noch selten auf solche einschränkenden Zusätze verzichtet wird (zur Auslegung s. Rn 1731 ff.), hält der Kfz-Handel sie bei **Verkaufsschildern, Info-Cards** und **Inseraten** für entbehrlich, und dies nicht nur aus Platzgründen. Dahinter steht die an sich zutreffende Vorstellung, dass es auf den Vertragstext, nicht auf die km-Angaben im Vorfeld ankomme. Auf den nahe liegenden Gedanken, km-Informationen nur auf besonderen Wunsch des Interessenten mitzuteilen und die Kundschaft im Übrigen auf den Tachostand zu verweisen, sind nur wenige Händler gekommen.

1722 Auch die zentrale Frage – **Objektbeschreibung** (§ 459 I BGB) oder **Zusicherung** i. S. v. § 459 II BGB – hat der BGH in der Leitentscheidung vom 25. 6. 1975[228] zu Gunsten des Käufers beantwortet. Das war richtungweisend und wirkt bis heute fort.[229] Allerdings hat der BGH schon damals eine **wichtige Einschränkung** gemacht. Auch ohne Cirkaklausel oder eine vergleichbare Abrede sichert der Verkäufer nur zu, dass die von ihm angegebene Gesamtfahrleistung nicht entscheidend überschritten ist. Wo und wie die km-Grenze zu ziehen ist, hat der BGH bis heute offen gelassen.

1723 Die anschließenden Entscheidungen vom 17. 3. 1976[230] und 18. 2. 1981[231] behandeln **Agenturverkäufe.** Das Besondere war, dass die **Vermittler** Angaben über die Laufleistung der **Motoren** gemacht hatten. Im ersten Fall hatte der Vermittler den Ersatzmotor bei einem Bekannten beschafft und selbst eingebaut. Seine mündliche Erklärung, der Motor sei ca. 40 000 km gelaufen, „was dem Käufer schriftlich gegeben werden könne", wertete der BGH als Zusicherung der Gesamtfahrleistung des Motors innerhalb bestimmter Grenzen. Im zweiten Agenturfall ergänzte der BGH seine Rechtsprechung, indem er dem km-Teil der Erklärung „ATM Laufleistung ca. 60 000 km" einen **doppelten Inhalt** gab. Außer der Gesamtfahrleistung des Motors sei auch ein bestimmter **Erhaltungszustand des Motors** zugesichert, d. h. die Abwesenheit von Verschleißmängeln, die bei der angegebenen Laufleistung nicht zu erwarten sind.

1724 Diese „verhältnismäßig weitgehende Ausdehnung des Begriffs der Zusicherung"[232] hat der BGH alsdann auf den **professionellen** Gebrauchtwagenhandel beschränkt. Bei einem **Privatverkauf,** auch wenn er durch einen Tankstelleninhaber vermittelt sei, werde mit einer Angabe wie „Gesamtlaufzeit 27 000 km" nur die Gesamtfahrleistung zugesichert. Eine Information über die Qualität des Fahrzeugs, insbesondere des Motors, sei mit der km-Angabe eines Privatkäufers regelmäßig nicht verbunden.[233]

1725 Die weiteren BGH-Entscheidungen haben nichts wesentlich Neues gebracht. Im Urteil vom 3. 3. 1982[234] ging es – mehr am Rande – um die Offenbarungspflicht eines **Lkw-Verkäufers** bei Zweifeln an der Übereinstimmung von Tachostand und Gesamtfahrleistung. Mit

---

228 NJW 1975, 1693.
229 Vgl. BGH 13. 5. 1998, NJW 1998, 2207.
230 DB 1976, 954 = WM 1976, 614 = DAR 1976, 186 = MDR 1976, 660 m. Anm. *Haase*, JR 1976, 418.
231 NJW 1981, 1268 = WM 1981, 380 = DB 1981, 1397 = MDR 1981, 750.
232 So *Hiddemann*, WM 1982, Sonderbeilage Nr. 5, S. 31.
233 BGH 15. 2. 1984, NJW 1984, 1454 = WM 1984, 534 = JZ 1984, 435, s. auch Rn 1677.
234 NJW 1982, 1386 = MDR 1982, 923 = BB 1982, 706 = LM Nr. 42 zu § 463.

Urteil vom 23. 4. 1986[235] bestätigte der BGH die Auslegung des OLG Köln in einem besonders gelagerten Fall des **Privatverkaufs.** Der Verkäufer hatte in einem **ADAC-Mustervertrag** unter „km-Leistung" 82 000 vermerkt, den eingerahmten Passus „genaue Laufleistung unbekannt" aber weder gestrichen noch angekreuzt. Wegen dieses besonderen Erklärungstatbestandes hat das OLG Köln[236] eine Zusicherung der Gesamtfahrleistung verneint, zumal das Auto schon zwölf Jahre alt war und sieben Vorbesitzer hatte. Im Fall BGH NZV 1990, 110 = DAR 1989, 458 ging es um den Verkauf eines Reisebusses durch einen Busunternehmer. Die Auslegung seiner km-Angabe im Bestellschein als Eigenschaftszusicherung hat der BGH nicht beanstandet.[237] BGH NJW 1996, 1205 lässt offen, ob die Klausel „Gesamtfahrleistung lt. Vorbesitzer . . . km, Stand des km-Zählers . . .", so die übliche Formulierung in den Bestellscheinen des Kfz-Handels, eine Eigenschaftszusicherung darstellt, wie beide Vorinstanzen angenommen hatten. Die vorläufig letzte Entscheidung des BGH vom 13. 5. 1998[238] betrifft einen Pkw-Verkauf durch einen Händler auf der Grundlage eines Vertragsformulars, das dem (inzwischen geänderten) ADAC-Mustervertrag optisch wie inhaltlich nachgebildet war. Die Klausel „Der Verkäufer sichert zu: . . . dass das Kfz, soweit ihm bekannt, eine Gesamtfahrleistung von x km aufweist" ist in den Augen des BGH widersprüchlich und damit unklar. Während der VIII. ZS mit der Unklarheitenregel des § 5 AGBG argumentiert, hat das Kammergericht als Vorinstanz § 3 AGBG herangezogen und damit die – vom BGH gleichfalls bejahte – Zusicherungshaftung des Händlers begründet.[239] Seine bereits 1975[240] getroffene **Kernaussage,** der normale Gebrauchtwagenkäufer bringe einer Kilometerangabe eines Kfz-Händlers besonderes Vertrauen entgegen, hat der VIII. ZS ausdrücklich wiederholt und insoweit ergänzend auf seine Ausführungen in dem Urteil vom 4. 6. 1997[241] verwiesen.

Offene Fragen

Trotz der beachtlichen Kette höchstrichterlicher Judikate sind zahlreiche Fragen noch nicht geklärt. Die Rechtsprechung der Oberlandesgerichte und der übrigen Instanzgerichte ist schwankend, in der Tendenz überwiegend käuferfreundlich. Anzeichen für eine **Wende** sind indes unverkennbar. Insgesamt gesehen herrscht eine beträchtliche Rechtsunsicherheit, beim Kauf vom gewerblichen Händler ebenso wie beim Privatgeschäft (dazu Rn 1741).

1726

Offen ist erstens, wann eine km-Angabe nur als Information über den tatsächlichen Tachostand zu werten ist. Welches Hinweises, welcher Einschränkung bedarf es, um das Zusicherungsrisiko auszuschließen? Genügt z. B. eine Erklärung wie „Tachostand: siehe Tacho", wie das OLG Hamm[242] im Gegensatz zum OLG Naumburg[243] meint? Demgegenüber hat das OLG Düsseldorf[244] in der handschriftlichen Notiz eines Privatverkäufers „Tachostand abgelesen 89 200 km" die Zusicherung der Gesamtfahrleistung gesehen. Ähnlich käufergünstig hat das OLG Oldenburg entschieden, indem es eine mündliche und schriftliche Ablehnung einer verbindlichen Zusicherung („bei Kilometerstand lt. Tacho 46 700 verkauft") in eine eingeschränkte Zusicherung der Gesamtfahrleistung umgedeutet hat.[245] Nach diesen beiden Entscheidungen dürfte auch ein nur formularmäßiger Zusatz im Bestellschein wie

1727

---
235 NJW 1986, 2319.
236 Urt. v. 6. 2. 1985, 2 U 59/84, n. v.
237 Urt. v. 4. 10. 1989, NZV 1990, 110 = DAR 1989, 458.
238 NJW 1998, 2207 = DAR 1998, 308 m. Anm. *Eggert.*
239 Urt. v. 24. 7. 1997, DAR 1998, 69.
240 Urt. v. 25. 6. 1975, NJW 1975, 1693.
241 NJW 1997, 2318 unter II, 2b – PS lt. Fz.brief.
242 Urt. v. 5. 2. 1980, MDR 1980, 847 (27. ZS).
243 Urt. v. 10. 3. 1997, NZV 1998, 73 = OLGR 1997, 280.
244 Urt. v. 11. 11. 1978, VRS 55, 163.
245 Urt. v. 24. 4. 1978, MDR 1978, 844 = VersR 1978, 1027; s. auch OLG Oldenburg 27. 5. 1998, OLGR 1998, 255 („Tachostand: 70 000" auf Beschriebzettel).

„abgelesener km-Stand lt. Tacho" nicht genügen; auch nicht der vorgedruckte Vermerk „genaue Laufleistung unbekannt".[246]

1728 Die Erklärung in einer **Zeitungsanzeige** (zur Einbeziehungsproblematik vgl. Rn 1835) „Gelegenheit: 200 D, nur 83 000 km, Bestzustand, 5000,- DM" bedeutet hingegen keine Zusicherung der Fahrleistung, so das OLG Oldenburg in einer weiteren Entscheidung.[247] Ausgesprochen käuferfreundlich ist wiederum das Urteil des OLG München vom 20. 6. 1986: Der Verkäufer, wahrscheinlich ein Kfz-Händler, hatte die im Bestellschein vorgesehene Rubrik „Gesamtfahrleistung nach Angaben des Vorbesitzers" völlig frei gelassen (sie auch nicht durchgestrichen) und in die daneben befindliche Rubrik „Stand des Kilometerzählers" die Zahl 107 296 eingetragen. Während die erste Instanz in dieser Eintragung richtigerweise nur eine **Beschreibung des Fahrzeugs** gesehen hat, nimmt das OLG München[248] eine Zusicherung an, und dies sogar hinsichtlich der Gesamtfahrleistung. Auf etwa gleicher Linie liegt das OLG Stuttgart, wenn es die Angabe eines Verkäufers, der Tachometer weise einen km-Stand von 96 000 auf, „als Zusicherung eines Kilometerstandes von 96 0000 km" versteht.[249] In einem **deutlichen Gegensatz** zum OLG München steht die Entscheidung des OLG Frankfurt/Main vom 8. 2. 1991,[250] wonach die Angabe eines Kfz-Händlers im Kaufvertrag „km-Stand: etwa 28 000 km" keine Zusicherung enthält. Auch das OLG Düsseldorf sieht in einer Erklärung wie „km-Stand: 69 605" keine Zusicherung der Gesamtfahrleistung,[251] hat aber andererseits in einem Urteil vom 18. 6. 1999[252] in enger Anlehnung an BGH NJW 1975, 1693 den **Grundsatz** formuliert: „Bei einem Händlerverkauf sichert der Verkäufer durch eine Kilometerangabe im Zweifel zu, dass das Fahrzeug keine höhere als die angegebene Gesamtfahrleistung hat" (in einem dem Vertragsschluss vorausgegangen Schreiben war notiert: „Ez.: 6. 2. 1997 1. Hd. 15 000 km"). Bemerkenswert ist auch die Spruchpraxis des 7. ZS des OLG Celle: Die Eintragung in einem Formularvertrag eines **gewerblichen Aufkäufers** zur „Gesamtfahrleistung" und zum „Stand des km-Zählers" mit jeweils „orig. ca. 56 500 km" will er bei zwei Vorbesitzern nicht als Zusicherung werten (letztlich offen gelassen),[253] s. auch das für die Rechtsentwicklung sehr bedeutsam gewordene Urteil vom 28. 1. 1988, NJW-RR 1988, 1135, dazu Rn 1732 f.

1729 Abschwächende Bemerkungen wie „mit dem Tacho stimme etwas nicht" reichen nicht aus, um eine im schriftlichen Kaufvertrag enthaltene km-Angabe anders als eine Zusicherung der Gesamtfahrleistung zu deuten.[254] Kein Zweifel an dem Inhalt der Zusicherung besteht bei der Äußerung „die Kilometerleistung stimmt mit dem Tachostand überein".[255]

1730 Ungeklärt ist zweitens, ab welcher **Grenze** die zugesicherte Eigenschaft der Gesamtfahrleistung fehlt. Dies ist eine Frage der Vertragsauslegung, nicht etwa ein Problem des § 459 I, 2 BGB.[256] Das OLG Schleswig[257] hält eine Abweichung von 9% (7 711 bei 85 531), das OLG Hamm[258] eine solche von 3,8% (2 400 bei 63 100) für tolerabel. In beiden Fällen ging es um

---

246 So in der Tat LG Köln 10. 5. 1991, 20 O 601/89, n. v.; vgl. auch OLG Köln 9. 10. 1991, VRS 82, 89.
247 Urt. v. 6. 7. 1984, MDR 1984, 1024.
248 Urt. v. 20. 6. 1986, NJW-RR 1986, 1181.
249 Urt. v. 13. 11. 1985, DAR 1986, 150.
250 NJW-RR 1991, 875; s. aber auch OLG Frankfurt NZV 1990, 24.
251 Urt. v. 13. 3. 1992, OLGR 1992, 219; v. 19. 11. 1993, OLGR 1994, 186.
252 NZV 1999, 514.
253 Urt. v. 9. 6. 1994, OLGR 1995, 35.
254 OLG Köln 18. 5. 1982, 9 U 158/81, n. v.
255 OLG Köln 14. 11. 1984, 16 U 62/84, n. v.
256 Nach h. M. soll es bei § 459 II BGB nicht darauf ankommen, welche Auswirkung das Fehlen der zugesicherten Eigenschaft auf den Wert oder die Gebrauchstauglichkeit der Sache hat, vgl. *Soergel/Huber*, § 459 Rn 137.
257 Urt. v. 7. 2. 1985, Autohaus 1985, 269.
258 Urt. v. 1. 12. 1994, NZV 1995, 150 = OLGR 1995, 41.

Die Zusicherungshaftung

den Verkauf einens **Pkw**. Dem OLG Oldenburg genügt eine Abweichung von 7,1% (75 000 km statt 70 000 km) nicht.[259] Anders soll es bei einer Überschreitung um 60 000 km bei zugesicherten 107 296 km sein.[260] Wo und wie die Grenze zu ziehen ist, ist zweifelhaft. Feste Maßstäbe fehlen. Deshalb ist die Praxis oft überfordert. Das beweisen zahlreiche nicht veröffentlichte Urteile von Instanzgerichten. Das OLG Köln hat sich – nicht untypisch in einer solchen Situation – mit einer fragwürdigen Beweislastverteilung geholfen.[261] Es hält den Verkäufer dafür beweispflichtig, dass die mitgeteilte Gesamtfahrleistung innerhalb des Toleranzbereiches liegt. Im konkreten Fall war ein Defekt am Kilometerzähler die Ursache für die fehlerhafte Aufzeichnung.

Trotz einiger Entscheidungen, auch des BGH, noch nicht abschließend geklärt ist, drittens, folgende Frage: Welche Bedeutung haben **Zusätze** wie „km-Leistung lt. Angaben des Vorbesitzers" oder – beim Agenturverkauf – „km-Leistung lt. Angaben des Verkäufers"? Mit diesen und ähnlichen Quellenhinweisen versuchen vor allem Kfz-Händler, das Zusicherungsrisiko abzuwenden.[262] Diesem Ziel dienen auch **Klauseln** wie „Kilometerangaben sind keine Zusicherungen" oder relativierende Hinweise wie „soweit dem Verkäufer bekannt"[263] oder eine Klausel wie: „Es handelt sich lediglich um abgelesene Kilometerlaufleistungen bzw. um eine vom Vorbesitzer in Erfahrung gebrachte und weitergegebene Auskunft".[264] Manche Händler verwenden auch Stempel mit einem Text wie z. B.: „HINWEIS:: Angaben bzgl. Kilometer-Stand . . . sind keine Zusicherungen, für deren Vorhandensein gehaftet wird, sondern beruhen auf Angaben des Vorbesitzers". Schule hat ferner das Beispiel des schwäbischen Händlers gemacht, der seine AGB-feste Einstandspflicht i. S. d. §§ 459 II, 463 S. 1 BGB durch die ebenso kurze wie bündige Formulierung „Zusicherungen? – keine" nach Ansicht des BGH[265] ausgeschlossen hatte.

Die Instanzgerichte haben die Zusicherungshaftung trotz solcher und ähnlicher Klauseln bislang meist bejaht, beim Fahrzeughandel ebenso wie beim professionellen Verkauf von Gebrauchtmotoren;[266] zurückhaltender ist man beim Privatgeschäft (dazu Rn 1741).

1731

Eine **Tendenzwende** hat das Urteil des OLG Celle vom 28. 1. 1988[267] eingeleitet. In einem (damals üblichen) **Agenturfall** hat es entschieden:

1732

„Allein mit der Ausfüllung der Rubriken „Gesamtfahrleistung nach Angaben des Verkäufers" und „Stand des km-Zählers" in einem Bestellformular für den Kauf eines gebrauchten Pkw sichert der Vermittler keine Eigenschaft des Fahrzeugs zu und haftet demgemäß insoweit nicht . . ."

Für das inzwischen wieder dominierende **Händler-Eigengeschäft** führt das OLG Hamm[268] aus:

1733

„Mit der Eintragung der Kilometerzahl (91 500) in die Rubriken des Kaufvertrages „Gesamtfahrleistung lt. Vorbesitzer . . ." und „Stand des km-Zählers" hat die Beklagte entgegen der Ansicht der Klägerin nicht eine Eigenschaft des Pkw's ausdrücklich oder stillschweigend zugesichert, für deren Richtigkeit sie einzustehen hätte."

---

259 Urt. v. 27. 5. 1998, OLGR 1998, 255.
260 OLG München 20. 6. 1986, NJW-RR 1986, 1181.
261 Urt. v. 14. 11. 1984, 16 U 62/84, n. v.
262 Ausführlich dazu *Eggert,* DAR 1998, 45.
263 Dazu BGH 13. 5. 1998, NJW 1998, 2207 = DAR 1998, 308 m. Anm. *Eggert;* Vorinstanz KG 24. 7. 1997, DAR 1998, 69 = NJW-RR 1998, 131, weitere Rspr.Nachw. unter Rn 1741.
264 OLG Hamm 10. 11. 1982, BB 1983, 21 – Motorkauf vom Autoverwerter.
265 Urt. v. 16. 10. 1991, NJW 1992, 170.
266 OLG München 20. 6. 1986, NJW-RR 1986, 1181; OLG Frankfurt 28. 6. 1989, NZV 1990, 24; LG Heidelberg 5. 7. 1973, DAR 1974, 124; LG Köln 7. 7. 1976, 13 S 102/76, n. v.; OLG Hamm 10. 11. 1982, BB 1983, 21 (Motorkauf).
267 NJW-RR 1988, 1135.
268 Urt. v. 10. 7. 1992, 19 U 101/92, n. v.

Für das OLG Düsseldorf (14. ZS) stellt die Aufnahme der „Gesamtfahrleistung lt. Vorbes." zumindest die verbindliche Zusicherung dar, der Vorbesitzer habe angegeben, die nach Kilometern bezifferte Laufleitung entspreche im Wesentlichen der wirklichen Laufleistung.[269] Unerheblich sei, ob der Käufer sich vor der Eintragung der km-Zahl im Bestellschein nach der Gesamtfahrleistung erkundigt habe. Noch mehr auf der früheren, käufergünstigen Linie liegt das OLG Braunschweig,[270] indem es den „unauffälligen Hinweis" im Kaufvertragsformular („nach Angabe des Vorbesitzers") bei einer uneingeschränkten km-Information auf dem Verkaufsschild am Fahrzeug für unbeachtlich erklärt.[271] Angesichts dieser Rechtsunsicherheit ist ein **klärendes Wort des BGH** zur Bedeutung der Klausel „Gesamtfahrleistung lt. Vorbesitzer . . ." überfällig. Vor dem Hintergrund seiner Entscheidung vom 4. 6. 1997[272] zur Bedeutung der Formularklausel „PS laut Fahrzeugbrief" spricht einiges dafür, dass er trotz des Hinweises auf die Informationsquelle „Vorbesitzer" eine eigene Erklärung des Händlers mit Zusicherungscharakter bejahen wird. Denn in jener Sache hat er den Unterschied zwischen technischen Daten wie kW/PS und einer Kilometer-Angabe ausdrücklich herausgestellt und den Vertrauensaspekt bei Informationen über die Laufleistung betont. Bemerkenswert ist andererseits seine Zurückhaltung im Urteil vom 31. 1. 1996,[273] wo die Zusicherungsfrage freilich nicht entscheidungserheblich war.

Stellungnahme und Lösungsvorschläge

1734 Gewiss macht es bei der Auslegung von Kilometer-Angaben einen **erheblichen Unterschied**, ob der Verkäufer ein **Autohändler mit eigener Werkstatt** oder eine **Privatperson** ist. Auch auf die Person des Käufers kommt es an. Seine eigene Kenntnis und Erfahrung sind gleichfalls wichtige Auslegungsgesichtspunkte.[274] Deshalb macht es durchaus Sinn, bei der Prüfung von km-Informationen zunächst danach zu differenzieren, ob sich um einen Kaufvertrag **mit oder ohne Händlerbeteiligung** handelt. Davon hängt in der Tat entscheidend ab, ob die streitgegenständliche Information lediglich als Beschaffenheitsangabe (Objektbeschreibung) im Sinne des § 459 I BGB (dazu ausführlich Rn 1603 ff.) oder als Eigenschaftszusicherung einzuordnen ist.

1735 **Händlerverkauf an Privat**: Unter Hinweis auf die „**besonderen Marktverhältnisse**" beim Gebrauchtwagenkauf und der dabei bestehenden typischen Interessenlage argumentiert der **BGH**[275] folgendermaßen: In aller Regel fehle dem (privaten) Käufer hinsichtlich der Feststellung der Fahrleistung nicht nur die erforderliche Sachkunde, sondern zumeist auch die Möglichkeit, bei dem Voreigentümer des Wagens unmittelbar die notwendigen Auskünfte einzuholen. Demgegenüber sei ein Gebrauchtwagenhändler angesichts seiner Erfahrung und der bei ihm vorauszusetzenden Sachkunde wesentlich besser in der Lage, bei der Hereinnahme eines Gebrauchtwagens Nachforschungen über das bisherige Schicksal und insbesondere die Fahrleistung des Wagens anzustellen und sich ein **eigenes Bild von der Fahrleistung und dem Erhaltungszustand** des Fahrzeugs zu machen. Diese vergleichende Aussage des BGH ist sicherlich nicht falsch. Ein deutliches Gefälle im Wissens- und Informationsstand ist beim Verkauf eines gebrauchten Kfz durch einen professionellen Händler an eine Privatperson auch mit Blick auf die bisherige Laufleistung nicht zu bestreiten. Das aber ist nicht der

---

269 Urt. v. 30. 9. 1994, 14 U 251/93, n. v.
270 Urt. v. 31. 5. 1995, NZV 1996, 146 = OLGR 1995, 172.
271 Im Ergebnis ebenso OLG Nürnberg Urt. v. 12. 7. 1994, 1 U 1292/94, n. v.
272 NJW 1997, 2318.
273 NJW 1996, 1205.
274 Wenn zunächst eine Privatperson mit dem Händler verhandelt hat und im Rahmen dieser Verhandlungen eine km-Angabe gemacht wurde, später aber eine Leasinggesellschaft in das angebahnte Geschäft „eingestiegen" ist, stellt das OLG Düsseldorf auf den Horizont der Privatperson ab, Urt. v. 18. 6. 1999, NZV 1999, 514.
275 Zuletzt im Urteil v. 4. 6. 1997, NJW 1997, 2318, und, darauf Bezug nehmend, im Urteil v. 13. 5. 1998, NJW 1998, 2207.

Kern des Problems. Die Überlegenheit des Händlers muss ihn in den Augen des (privaten) Durchschnittskäufers dazu befähigen, eine **verlässliche Auskunft** zu erteilen.

Auch Kfz-Händler mit eigener Werkstatt und dem heute üblichen Apparat an Diagnosegeräten sind in der Regel nicht in der Lage, eine zuverlässige Aussage über die Gesamtfahrleistung von gebrauchten Kraftfahrzeugen zu machen. Fast immer sind sie **abhängig** von den Informationen ihrer Kunden, von denen sie die Fahrzeuge hereinnehmen. **Eigenes Wissen** über den Umfang der Laufleistung hat der Händler nur ausnahmsweise, z. B., wenn er das Fahrzeug regelmäßig gewartet hat und die Inspektionen im Wartungsheft und/oder der Kundenkartei dokumentiert sind. Die hausfremden Erkenntnisquellen sind nur bedingt verlässlich. Der Wert der Auskunft, die er von seinem Verkäufer/Inzahlunggeber einholen kann und meist auch einholt, hängt entscheidend davon ab, ob dieser Erst- oder Nachbesitzer ist. Dieser Situation trug der früher übliche Vordruck für den Vermittlungsauftrag Rechnung. Dort wurde differenziert zwischen ,,Gesamtfahrleistung lt. Auftraggeber" und ,,Gesamtfahrleistung lt. Auftraggeber unter Berücksichtigung der Angaben von Vorbesitzern". Diese Erweiterung auf den oder die Vorbesitzer des Auftraggebers/Verkäufers fand zwar in den Bestellscheinen keinen entsprechenden Niederschlag, was Vermittler schon dem Vorwurf ausgesetzt hat, nicht weisungsgemäß verkauft zu haben (vgl. Rn 1365). Bei der Auslegung der Klausel ,,Gesamtfahrleistung nach Angaben des Vorbesitzers" im Bestellschein (Kaufvertrag) muss die **Informationsabhängigkeit** des Händlers indes zu seinen Gunsten ins Gewicht fallen. Je länger die **Kette von Vorbesitzern** ist, desto größer ist die Unsicherheit des Händlers, zumal bei Kilometerzählern mit nur fünf Stellen (z. B. bei Fahrzeugen der Ford AG). Hinzu kommt: Vielfach kaufen Kfz-Handelsbetriebe Gebrauchtfahrzeuge an, ohne mit dem (letzten) Vorbesitzer in Verbindung zu treten, beispielsweise beim Ankauf von einem anderen Kfz-Händler oder von einem Importeur. Der Handel versucht immer neue Zukaufsquellen zu erschließen, wozu auch Gebrauchtwagenbörsen und Gebrauchtwagenauktionen gehören. Bei einem Ankauf von einer Leasinggesellschaft oder einem Autovermieter besteht in der Regel gleichfalls kein persönlicher Kontakt mit dem Voreigentümer. Es werden lediglich mehr oder weniger aussagekräftige Unterlagen ausgetauscht.[276]

Schließlich kommt in der Diskussion folgender Aspekt zu kurz: Durch den Einsatz moderner Computertechnik kann der Tachostand vor allem bei Fahrzeugen mit **elektronisch** ausgerüstetem Tachometer spurenlos verändert werden.[277] Derartige **Manipulationen** sind selbst von Sachverständigen oftmals nicht aufzudecken, wie der BGH in anderem Zusammenhang zutreffend bemerkt.[278] Ein **weiterer Risikofaktor** ist die Auswechselung des Tachos. Bei einem Austausch im Wege der Garantie fehlt eine Rechnung; bei einem Austausch mit Werkstattrechnung ist nicht sicher, dass sie dem Händler vorgelegt wird.

Sich bei früheren Vorbesitzern nach der bisherigen Laufleistung zu erkundigen, mutet auch die Rechtsprechung dem Händler nicht zu. Nur in Ausnahmefällen kann eine solche Nachforschungspflicht bestehen (vgl. auch Rn 1901 ff.).

Was die **eigenen Erkenntnis- und Prüfmöglichkeiten** des Händlers angeht, so sind diese sicherlich besser als die des privaten Durchschnittskäufers, in der Regel ein technischer Laie. Auf diese Überlegenheit kommt es aber entgegen dem BGH[279] nicht entscheidend an. Die überlegene Fachkunde müsste den Händler dazu befähigen, den Sachverhalt ,,Gesamtfahrleistung" nicht nur besser als der Käufer, sondern auch zuverlässig zu beurteilen. Das ist häufig nicht der Fall. Der Vorsprung an Erfahrungswissen reicht vielfach nicht aus, um sich ein einigermaßen verlässliches Bild von der tatsächlichen Laufleistung von Fahrzeug und/oder Motor zu machen. Auch wenn es nicht darauf ankommt, dass der Händler die bisherige

---

276 Zu ,,optimistisch" OLG Düsseldorf, Urt. v. 18. 6. 1999, NZV 1999, 514.
277 Näheres dazu bei *Eggert,* DAR 1998, 45; *ders.,* NZV 1990, 369.
278 NJW 1997, 1847 – ,,Werkskilometer" bei Ferrari-Kauf.
279 Urt. v. 25. 6. 1975, NJW 1975, 1693 = DAR 1975, 270; Urt. v. 4. 6. 1997, NJW 1997, 2318.

Laufleistung kilometergenau kennt, weil er nach Ansicht des BGH lediglich zusichert, dass die mitgeteilte Kilometerzahl nicht wesentlich überschritten ist, müsste er sich doch ein eigenes Bild von der ungefähren Richtigkeit des ihm bekannt gewordenen km-Standes machen können. Insoweit ist er oft überfordert. Ohne Motormessung (Kosten ca. 2500,– DM) fällt sogar einem Kfz-Sachverständigen eine genaue Beurteilung schwer. Selbst ein Gutachten, das die Verschleißspuren des Motors auswertet, bringt häufig keine Klarheit über den tatsächlichen Kilometerstand.[280] Der äußerlich sichtbare Allgemeinzustand des Autos liefert nur vage Anhaltspunkte. Abgesehen davon, dass auch Privatleute ihre Fahrzeuge „verkaufsfertig" zu machen pflegen, bevor sie sie in Zahlung geben, sind die typischen Indizien (Motorauswechselung, Abnutzung von Lenkradkranz, Schaltknüppel, Pedale und Fahrersitz) bestenfalls geeignet, Zweifel an der Richtigkeit der km-Information des Vorlieferanten zu begründen bzw. zu zerstreuen. Auch eine Probefahrt ist in diesem Punkt nur bedingt aufschlussreich, zumal bei Fremdfabrikaten.

1738 Angesichts dieser **vielfältigen Informationsrisiken und Erkenntnisschwierigkeiten** ist es beim Händler-Eigengeschäft ein Gebot der wirtschaftlichen Vernunft, der Erklärung „Gesamtfahrleistung ... km" **generell,** nicht nur in konkreten Zweifelsfällen, den Hinweis beizufügen „lt. Angaben des Vorbesitzers". Auch wenn er, wie üblich, nur vorgedruckt und drucktechnisch nicht besonders hervorgehoben ist, stellt der Händler damit hinreichend klar, dass es sich bei der Angabe über die Gesamtfahrleistung nicht um eigenes, sondern um weitergeleitetes (fremdes) Wissen handelt. Eine weitere Aufklärung des Kunden durch zusätzliche Hinweise bzw. Erläuterungen ist in der Regel nicht erforderlich. Ein verständiger Durchschnittskäufer ist sich darüber im Klaren, dass ein Händler im Allgemeinen **keine eigene Richtigkeitsgewähr** für die Gesamtfahrleistung übernehmen kann, erst recht nicht für den Erhaltungszustand von Fahrzeug und Motor im Sinne von BGH NJW 1981, 1268. Die gegenteilige Erwartung bedarf besonderer Begründung anhand konkreter Einzeltatsachen. Dafür genügt es nicht, dass die Laufleistung auf dem Verkaufsschild am Fahrzeug oder einer dort angebrachten Info-card ohne Einschränkung, insbesondere ohne Hinweis auf den Voreigentümer, mitgeteilt worden ist.[281] Ebenso wie in Zeitungsinseraten pflegen Kfz-Händler sich bei derartigen Informationen, schon aus Platzgründen, kurz und knapp zu fassen. Auch aus Sicht des Durchschnittskäufers kommt es zudem entscheidend darauf an, was im Vertrag steht. Für ihn günstige und für die Auslegung relevante Umstände außerhalb der Vertragsurkunde, beispielsweise für mündliche Erklärungen des Verkäufers zum Thema „Fahrleistung", ist der Käufer darlegungs- und beweispflichtig. Verzichtet ein Händler darauf, seiner Kilometerangabe im Vertragsformular den handelsüblichen Zusatz („lt. Vorbesitzer") beizufügen, erscheint die Annahme einer „Zusicherung" gerechtfertigt, es sei denn, dass der Händler contraindizielle Anhaltspunkte für sich ins Feld führen kann. Ebenso fällt die Wertung aus, wenn er in einem Schreiben, das dem Vertragsabschluss vorausgegangen ist, eine uneingeschränkte Mitteilung über den km-Stand gemacht hat, der schriftliche Vertrag in diesem Punkt keine oder keine abweichende Information enthält.[282]

1739 Legt der Käufer auf eine wirkliche „Garantie" der Gesamtfahrleistung wert, steht es ihm frei, eine solche von dem Händler zu verlangen, der sich – dem Käufer erkennbar – durch eine Klausel wie „lt. Vorbesitzer" absichern will.[283] Grundsätzlich ist es Sache des Käufers, sich die für ihn relevanten Informationen über das Kaufobjekt selbst zu beschaffen.[284] „Augen auf beim Autokauf" ist die moderne Version des caveat emptor. Den Käufer eines gebrauchten Kraftfahrzeugs davon zu entlasten und dem Händler das Zusicherungsrisiko

---

280 Vgl. *Kuckertz,* ADAC-Gebrauchtwagenratgeber, 1988, S. 79.
281 Anders OLG Braunschweig 31. 5. 1995, NZV 1996, 146 = OLGR 1995, 172.
282 So die Fallgestaltung OLG Düsseldorf, Urt. v. 18. 6. 1999, NZV 1999, 514 – früherer Mietwagen.
283 So auch OLG Hamm 10. 7. 1992, 19 U 101/92, n. v.; ebenso BGH 4. 6. 1997, NJW 1997, 2318 für die Parallelproblematik „PS lt. Fz.brief".
284 Zutreffend LG Heilbronn 3. 12. 1998, DAR 1999, 125.

Die Zusicherungshaftung Rn 1740

aufzubürden, ist aus einem weiteren Grund nicht mehr gerechtfertigt: Die Rechtsprechung des BGH ist maßgeblich von der – überholten – Vorstellung geprägt, dass die Kenntnis von der bisherigen Fahrleistung für den Kaufinteressenten von außerordentlicher Bedeutung sei. Auf diese Angabe lege er deshalb Wert, weil er sich ein Bild über die wahrscheinliche Lebensdauer des Motors sowie über das Reparaturrisiko verschaffen wolle.[285] Dahinter steht vermutlich der Gedanke, dass ein gebrauchter Pkw nach Überschreiten der 100 000er-Grenze ein „Pflegefall" sei. Diese Vorstellung ist ebenso überholt wie die Annahme, Motoren mit großem Hubraum seien generell langlebiger als Maschinen in Fahrzeugen der Klein- und Mittelklasse. Für den durchschnittlichen Gebrauchtfahrzeugkäufer von heute ist ein niedriger Kilometerstand nur noch von untergeordneter Bedeutung. Zurzeit nimmt dieses Kriterium lediglich Rang sechs ein.[286]

Die bemerkenswerte **Entwicklung von einer Haupt- zu einer Nebeninformation** ist nicht zuletzt eine Folge des Fortschritts im Automobilbau, speziell in der Triebwerkstechnik. Je näher man dem Ziel Dauerhaltbarkeit kommt, desto stärker sinkt der Stellenwert von km-Angaben für die Kaufentscheidung. Inzwischen hat sich auch die Einsicht durchgesetzt, dass die bisherige Laufleistung von gebrauchten Pkw im Hinblick auf den Erhaltungszustand, insbesondere den Verschleißgrad des Motors, nur noch sehr begrenzt aussagekräftig ist. Fahrzeuge mit hohen Laufleistungen sind oftmals in einem technisch besseren Zustand als „Kurzstrecken-Autos" mit geringer Fahrleistung.

Sofern der Kaufinteressent im konkreten Einzelfall **gesteigerten Wert** auf eine niedrige Fahrleistung legt, liegt es an ihm, dieses Interesse deutlich zu machen. Die sein Sonderinteresse begründenden Tatsachen, die für den Verkäufer zumindest erkennbar sein müssen, hat er zu beweisen.[287]

Dadurch, dass Importfahrzeuge mit „**Meilentachos**" in den nationalen Handel gelangen, **1740** kann es zu Auseinandersetzungen wegen der richtigen Maßeinheit für die bisherige Fahrleistung kommen. Denn bei einem „Meilentacho" wird nicht nur die Geschwindigkeit in Meilen angegeben. Auch die Fahrleistung (Wegstrecke) wird in Meilen und nicht in km gezählt. Sofern der Verkäufer den Käufer vor Vertragsabschluss (nicht erst in der Rechnung) ausdrücklich und unmissverständlich auf diese Besonderheit hingewiesen hat, ist kein Raum für eine Haftung nach §§ 459 ff. BGB oder nach den allgemeinen Vorschriften. Wenn der Verkäufer aber eine gezielte Aufklärung unterlassen hat, kann der Käufer sich später getäuscht sehen. Eine Irreführung wird er insbesondere dann geltend machen, wenn der Verkäufer die Meilenzahl im Kaufvertrag als km-Stand ausgewiesen hat. Wörtlich genommen handelt es sich gewiss um eine **Falschangabe**, wenn im Kaufvertrag steht: „(Gesamt-)Fahrleistung 78 527 km", das Fahrzeug aber eine entsprechende Anzahl von Meilen zurückgelegt hat (eine brit. Meile = 1,609 km). Der Händler wird eine solche Falscheintragung mit einem Schreibversehen erklären, womöglich auf seine EDV-Textverarbeitung hinweisen, der das Längenmaß „Meile" unbekannt ist. Er wird des Weiteren vorbringen, für den Käufer sei nach den Gesamtumständen des Geschäfts auch ohne ausdrücklichen Hinweis auf die Ausstattung des Fahrzeugs mit einem Meilentacho klar, zumindest aber erkennbar gewesen, dass eine Angabe über die bisherige Fahrleistung nur als Meilen-Wert gemeint sein konnte. Ob diese Argumentation sticht, hängt von den Umständen des konkreten Einzelfalls ab, wobei es maßgeblich auf den **Käuferhorizont** ankommt.

Eine empfangsbedürftige Willens- bzw. Wissenserklärung wird selbst gegen ihren eindeutigen Wortlaut im Sinne des Gewollten bzw. Erklärten ausgelegt, wenn der Empfänger den Sinn der Erklärung richtig verstanden hat. In diesem Fall schadet eine **irrtümliche Falschbezeichnung** (falsa demonstratio) nicht. Dass der Käufer die km-Angabe im Einklang mit dem

---

285 BGH 18. 2. 1981, NJW 1981, 1268.
286 DAT-Veedol-Report 1999, S. 13.
287 Zustimmend LG Heilbronn 3. 12. 1998, DAR 1999, 125.

Verkäufer als Meilen-Angabe verstanden hat, ihm die Falschbezeichnung also bewusst vor Augen gestanden hat, wird der Verkäufer kaum beweisen können. Aber auch wenn ein übereinstimmendes Verständnis im Sinne einer Meilen-Information nicht feststellbar ist, kann die objektiv falsche Erklärung des Verkäufers im Sinne des von ihm Gemeinten auszulegen sein. Nach § 133 BGB kommt es nicht auf den buchstäblichen Sinn des Ausdrucks an. Wenn ein übereinstimmendes Verständnis nicht festzustellen ist, ist die Erklärung so auszulegen, wie der Käufer sie nach Treu und Glauben unter Berücksichtigung der Verkehrssitte verstehen musste (§§ 133, 157 BGB). Dieser normativen Auslegung kann die „km-Angabe" nicht mit dem Argument entzogen werden, sie sei objektiv eindeutig und damit nicht auslegungsfähig. Denn die Information des Verkäufers ist nur scheinbar eindeutig. Zweifel am wahren Sinn des falsch Erklärten sind durchaus möglich; sie drängen sich beim Verkauf eines gebrauchten Fahrzeugs, das ursprünglich in den USA oder in Großbritannien zugelassen war, förmlich auf, zumal, wenn das Fahrzeug in Deutschland noch keine Zulassung hatte.

Nach allgemeiner Übung werden Fahrzeuge aus dem anglo-amerikanischen Raum, die als Gebrauchtfahrzeuge, nicht etwa als Neuwagen, nach Deutschland importiert worden sind und hier mit dem ursprünglichen Tachometer – **ohne Umrüstung** – in den Handel gelangen, unter Angabe der bisherigen Fahrleistung **in Meilen,** nicht in km, angeboten und verkauft. Aus Sicht eines verständigen Käufers liegt es auf der Hand, dass bei einem Fahrzeug mit einem „Meilentacho" außer der Geschwindigkeit auch die Fahrleistung in Meilen und nicht in km angezeigt wird. Diese Anzeige ist – auch das ist einem Käufer in der Regel zumindest erkennbar – die maßgebliche Grundlage für die Information, die ein Verkäufer über die bisherige Fahrleistung gibt. Dass er die vom Wegstreckenzähler abgelesene Meilenzahl in Kilometer umgerechnet hat, um das Fahrzeug mit einem „km-Stand" anbieten zu können, kann ein Kaufinteressent ohne konkrete Anhaltspunkte in dieser Richtung nicht annehmen. Anders kann es liegen, wenn beispielsweise im **Zeitungsinserat** und/oder auf dem **Verkaufsschild am Fahrzeug** die Fahrleistung in Kilometer ausgewiesen ist. Derartige Angaben haben eine entsprechende Signalwirkung. Sie lassen den Käufer vermuten, dass das Fahrzeug ungeachtet seiner Herkunft entweder auf einen „normalen" Tachometer umgerüstet ist oder dass der Verkäufer bei Vorhandensein eines reinen Meilentachos[288] die Laufleistungsangabe tatsächlich umgerechnet hat.

Womit das Fahrzeug ausgestattet ist, dürfte der Käufer spätestens bei der Probefahrt bemerken. Wenn der Verkäufer ihm bei dieser Gelegenheit erklärt, er möge wegen der in Meilen gemessenen Geschwindigkeit bei Tempolimits vorsichtig sein, so sind etwaige Zweifel an der Ausrüstung endgültig beseitigt. Bei wirklicher Kenntnis von der Ausstattung mit einem „Meilentacho" wird der Käufer kaum mit dem Argument gehört werden können, er sei entsprechend dem Wortlaut der vertraglichen Angabe von Kilometern statt Meilen ausgegangen. Günstiger ist seine Situation, wenn ihm das Vorhandensein eines atypischen Tachometers nicht positiv bekannt, sondern nur erkennbar war. Dann bestimmt sich das Auslegungsergebnis ganz nach den konkreten Begleitumständen des Kaufs. Ein Händler, der das Fahrzeug im Inserat und/oder auf dem Verkaufsschild mit einer km-Angabe angeboten und diese Erklärung ohne Korrektur in den schriftlichen Vertrag aufgenomen hat, wird sich schwerlich auf die Offenkundigkeit seiner Falschbezeichnung berufen können. Ihm bleibt die Anfechtung wegen Irrtums (§ 119 I BGB). Eine andere Frage ist, ob die km-Erklärung als Eigenschaftszusicherung oder nur als „einfache" Beschaffenheitsangabe i. S. d. § 459 I BGB zu bewerten ist. Im Zweifel ist Letzteres anzunehmen (s. Rn 1735 ff.).

Liegt der Fall hingegen so, dass die **äußeren Umstände** (Herkunft des Fahrzeugs, Ausstattung mit einem Meilentacho, keine Fahrleistungsangaben in km im Inserat oder an anderer Stelle außerhalb der Vertragsurkunde) eine Wiedergabe der Fahrleistung in Meilen nahe legen, so ist die erstmals im Vertragsformular auftauchende, womöglich nur vorgedruckte,

---

288 Ohne Nebenfenster mit km-Laufwerk.

Die Zusicherungshaftung

Maßeinheit „km" eine für den Käufer **erkennbare Verwechselung.** Bei gehöriger Aufmerksamkeit hätte er sie bemerken können. Auf seinen Kaufentschluss ist die Falschbezeichnung zudem ohne Einfluss geblieben. Denn er hatte sich zum Ankauf des Fahrzeugs entschlossen, bevor dem Verkäufer das Versehen unterlaufen ist.

Privates Direktgeschäft: Km-Angaben von nichtprofessionellen Verkäufern sind nach Ansicht des **BGH** generell enger auszulegen als solche von Kfz-Händlern.[289] Bei Privatgeschäften ist zunächst danach zu differenzieren, ob der Verkäufer **Erst- oder Nachbesitzer** ist. Ein Erstbesitzer, der sein Fahrzeug vom Tachostand Null an kennt, muss in der Regel beim Wort nehmen lassen.[290] Ohne einschränkende Zusätze oder vergleichbare Hinweise darf ein Privatkäufer die km-Angabe eines privaten **Erstbesitzers** als Zusicherung der Gesamtfahrleistung verstehen. Schon ein **Zweitbesitzer** kann aus eigener Anschauung nur einen Teil der Gesamtnutzungszeit überblicken. Auch hier gilt: Je länger die Kette von Vorbesitzern ist, desto mehr Störungsquellen gibt es außerhalb der Sphäre des Verkäufers.[291] Nur mit dem letzten Vorbesitzer, seinem Vertragspartner, stand er in Kontakt. Auf relevante Informationen über dessen Besitzzeit mag er noch Zugriff haben (Kaufvertrag, Garantieunterlagen etc.). Die Risiken aus der Zeit davor lassen sich meist nur mit unzumutbarem Aufwand beherrschen. In der eigenen Besitzzeit allein durch die Benutzung des Fahrzeugs Aufschluss über die wahre bisherige Laufleistung zu gewinnen, ist zwar nicht ausgeschlossen,[292] im Allgemeinen jedoch keine ausreichende Basis, um aus eigenem Wissen eine verlässliche Information über die Gesamtfahrleistung zu erteilen.

Auch beim **privaten Direktgeschäft** sollte die Rechtsprechung stärker als bisher die Informationsdefizite der Verkäufer berücksichtigen und – anders als z. B. das OLG Braunschweig[293] oder das LG Memmingen[294] – die Bedeutung der Laufleistung für den Kaufentschluss kritischer werten.[295] Wer bei einem Privatkauf aus Zweit- oder Dritthand die tatsächliche Gesamtfahrleistung verbindlich garantiert haben möchte, kann von dem Verkäufer eine ausdrückliche Zusicherung verlangen. Macht er von dieser nahe liegenden Möglichkeit keinen Gebrauch, so kann er nach Treu und Glauben mit Rücksicht auf die Gepflogenheiten beim privaten Direktgeschäft nicht davon ausgehen, der Verkäufer, der einen wesentlichen Teil der Gesamtstrecke nicht selbst zurückgelegt hat, wolle sich für seine Kilometer-Angabe im Sinne einer Information über die Gesamtfahrleistung stark machen.[296] Erst recht gilt dies für Informationen von Privatpersonen beim **Händlerankauf** (einschließlich Inzahlungnahme), es sei denn, es handelt sich um Erstbesitzer. Dem Privatverkäufer muss „durch eine eindeutige Fassung der formularmäßigen Erklärung Inhalt und Tragweite des von ihm übernommenen Risikos klar und unübersehbar vor Augen geführt werden".[297]

Private Direktgeschäfte werden häufig auf der Grundlage **vorformulierter Musterverträge** abgeschlossen. Am stärksten sind die Formulare vertreten, die der ADAC für den An- und

---

289 Urt. v. 15. 2. 1984, NJW 1984, 1454.
290 OLG Köln 9. 12. 1998, DAR 1999, 262 = VRS 96, 337 = OLGR 1999, 49.
291 Vgl. auch OLG Celle 9. 6. 1994, OLGR 1995, 35 (2 Voreintragungen); zw. daher KG 2. 6. 1995, NJW-RR 1996, 173 = MDR 1995, 903 = OLGR 1995, 145, zumal unklar bleibt, wie sich der Bekl. über die Laufleistung „sachkundig" gemacht haben soll.
292 Dazu OLG Frankfurt OLGR 1999, 127 – US-Import mit 100 000-Meilen-Divergenz.
293 Urt. v. 5. 9. 1996, OLGR 1997, 27 („km-Stand 151 130" im schriftl. Vertrag, keine Einschränkung).
294 Urt. v. 14. 11. 1990, NZV 1991, 356.
295 Zutreffend OLG Nürnberg 3. 3. 1997, NJW-RR 1997, 1212; OLG Köln 9. 12. 1998, VRS 96, 337 = OLGR 1999, 149; vgl. auch OLG Köln 9. 10. 1991, VRS 82 (1992), 89; BayVerfGH 18. 2. 1994, NJW-RR 1994, 1136; OLG Naumburg 10. 3. 1997, NZV 1998, 73 = OLGR 1997, 280 = ZfS 1998, 17; LG Heilbronn 3. 12. 1998, DAR 1999, 125 = NJW-RR 1999, 775.
296 Anders z. B. KG 2. 6. 1995, NJW-RR 1996, 173 = MDR 1995, 903 = OLGR 1995, 145.
297 OLG Düsseldorf 28. 7. 1993, OLGR 1993, 285 (Inzahlungnahme eines Porsche 911 aus vierter Hand).

Verkauf gebrauchter Fahrzeuge zur Verfügung stellt. Andere Automobilverbände haben eigene Formulare entwickelt, zum Teil aber auch Klauseln aus dem **ADAC-Mustervertrag** übernommen. Bei einem Kaufvertrag auf der Grundlage eines ADAC-Formulars ist zunächst zu prüfen, ob die umfangreiche Rechtsprechung zu diesem Vertragstyp im konkreten Fall einschlägig ist. Denn der ADAC hat seinen Mustervertrag wiederholt modifiziert, und zwar bemerkenswerterweise gerade auch in dem Punkt, der für die Beurteilung der Zusicherungsfrage von wesentlicher Bedeutung ist. In den ab 1996 gedruckten Exemplaren steht die einschränkende Klausel **„soweit ihm bekannt"** in Verbindung mit dem Einleitungssatz „Der Verkäufer erklärt". Früher lautete dieser Passus: „Der Verkäufer sichert zu". Diese inzwischen überholte Textfassung war Gegenstand der Entscheidung des BGH vom 13. 5. 1998,[298] wenn auch in einem Fall mit Händlerbeteiligung auf Verkäuferseite („Formulartext ADAC-geprüft"). Für diejenigen Geschäfte, für die der ADAC-Text konzipiert worden ist, nämlich für private Direktgeschäfte, passt die Argumentation des BGH mit der Unklarheitenregel des § 5 AGBG ebenso wenig wie die Lösung des Kammergerichts (Vorinstanz, s. DAR 1998, 69) mit Hilfe des § 3 AGBG. Zu Recht hat das OLG Köln[299] die Anwendung der Unklarheitenregel (§ 5 AGBG) bei einem Kauf aus zumindest zweiter Hand verneint. Der Einschub „soweit ihm bekannt" ist in diesem Bereich des Gebrauchtwagenmarktes für einen Privatkäufer auch nicht überraschend i. S. v. § 3 AGBG. Im konkreten Fall war das Vertragsformular von dem Betreiber eines **privaten Automarktes** für den Abschluss eines Pkw-Kaufs unter Privatpersonen zur Verfügung gestellt worden. Genauso wie im BGH-Fall NJW 1998, 2207 war es dem (inzwischen überholten) ADAC-Vertrag optisch und inhaltlich nachgebildet und enthielt den übergroßen Aufdruck „FORMULARTEXT: ADAC-GEPRÜFT". Da die Begleitumstände des Kaufs, insbesondere die mündlichen Erklärungen des Verkäufers, für eine Auslegung der vorformulierten „Zusicherung" („Der Verkäufer sichert zu:") im Sinne einer rechtsverbindlichen Zusicherung gemäß § 459 II BGB keine konkreten Anhaltspunkte lieferten, hat das OLG Köln die Abweisung der Klage mit Recht bestätigt. In der **1996 geänderten Fassung** des ADAC-Vertrages ist die durch den Einschub „soweit ihm bekannt" eingeschränkte „Erklärung" eines Privatverkäufers über die Gesamtfahrleistung nicht als Eigenschaftszusicherung zu bewerten, sofern er nicht Erstbesitzer ist.[300] Da der aktuelle ADAC-Vertrag zwischen „Zusicherungen" und „Erklärungen" gezielt unterscheidet, wird man die in der Rubrik „Erklärungen" befindliche Angabe über die Gesamtfahrleistung, „soweit ihm bekannt" auch dann als bloße Beschaffenheitsangabe i. S. d. § 459 I BGB einordnen müssen, wenn sie von einem Erstbesitzer stammt (s. auch OLG München DAR 2000, 164).

Kraftstoffverbrauch/Kraftstoffart/Ölverbrauch

1742 Auch beim Gebrauchtwagenkauf wird regelmäßig über den **Kraftstoffverbrauch** gesprochen. Nach dem Anschaffungspreis und der Frage nach einem Katalysator ist ein niedriger Kraftstoffverbrauch das wichtigste Kaufkriterium.[301] In den schriftlichen Kaufverträgen bleibt dieser Punkt meist unerwähnt. Auch über den Verbrauch an Motoröl findet man selten eine schriftliche Notiz. Bleibt es bei mündlichen Erklärungen des Verkäufers, so spricht dies dafür, dass sie nicht zum Vertragsinhalt im Sinne bindender Zusicherungen geworden sind. Umgekehrt ist die schriftliche Fixierung von Angaben über den Benzin- und Ölverbrauch ein gewichtiges Indiz für eine Haftungsübernahme. Ähnlich zu würdigen sind Verbrauchsangaben auf dem Verkaufsschild oder in der Zeitungsannonce. Je konkreter die Information ist,

---

298 NJW 1998, 2207 = DAR 1998, 308 m. Anm. *Eggert.*
299 Urt. v. 9. 12. 1998, NJW 1999, 2601; s. andererseits OLG München 12. 11. 1999, DAR 2000, 164.
300 So auch LG Heilbronn 3. 12. 1998, NJW-RR 1999, 775 = DAR 1999, 125 – dritter oder gar vierter Halter; vgl. auch LG Aachen 3. 3. 1995, DAR 1995, 290 = NZV 1996, 283 – mindestens zweite Hand, und LG Aachen 27. 3. 1998, DAR 1998, 238 – Privatverkauf auf Automarkt; vgl. auch die Rechtsprechung zur Parallelproblematik bei „unfallfrei"-Angaben in ADAC-Verträgen unter Rn 1793.
301 DAT-Veedol-Report 1999, S. 13.

desto eher wird man auf eine verbindliche Zusicherung schließen können. Die Angabe, der Wagen liege „im Spritverbrauch" günstig oder verbrauche nur wenig, stellt eine rechtlich unbeachtliche Anpreisung dar.[302] Die **Herstellerangaben** zum Benzinverbrauch macht sich auch ein gewerblicher Kfz-Händler nicht zu Eigen. Abweichungen von diesen Angaben können aber einen Sachmangel i. S. v. § 459 I BGB begründen.[303] Ab welcher Marge ein Überschreiten des durchschnittlichen Verbrauchs bei Fahrzeugen des betreffenden Typs als vertragswidrig gewertet werden kann, lässt sich in der Regel nicht mit den zum Neuwagenkauf entwickelten Kriterien beantworten.[304] Der Gebrauchtwagenkäufer muss größere Toleranzen hinnehmen. Beim Benzinverbrauch sind Abweichungen von den Durchschnittswerten von weniger als 10%, so die Marge beim Kauf fabrikneuer Pkw, von vornherein unerheblich im Sinne des § 459 I, 2 BGB.[305] Im Anwendungsbereich des § 459 II BGB ist es eine Frage der Vertragsauslegung, wo man die Bagatellgrenze zieht. Angaben über den Kraftstoff- und Ölverbrauch sind nur als **annähernd** zu betrachten (so ausdrücklich Ziff. I, 2 ZDK-AGB a. F.). Das OLG Koblenz hat die mündliche Erklärung eines Privatverkäufers „Ölverbrauch völlig normal" als Zusicherung gewertet.[306] Der tatsächliche **Ölverbrauch** des Fahrzeugs (Golf GTI) lag deutlich über 1,5 l pro 1 000 km. Zur arglistigen Täuschung über hohen Ölverbrauch bei einem Pkw (kein Händlerankauf) s. OLG Zweibrücken OLGR 1999, 434 (2,3 l auf 1000 km), s. auch Rn 1557.

Durch die Diskussion um die Energieverknappung und den Umweltschutz ist nicht nur die Frage des Kraftstoffverbrauchs, sondern auch nach der **Kraftstoffart** zu einem zentralen Thema beim Kauf neuer und gebrauchter Kraftfahrzeuge geworden. Zumindest schriftliche Erklärungen des Gebrauchtwagenverkäufers über die Art des Treibstoffs (Normalbenzin/Superbenzin/Diesel/Bleifrei-Benzin) sind als Eigenschaftszusicherungen zu werten.[307] Für Auskünfte zum Thema **„bleifrei"** gilt dies nur mit der Einschränkung, dass sie von einem Kfz-Fachmann stammen. Angaben des Privatverkäufers sind hier „ohne Gewähr". Der gewerbliche Händler kann sich gegen das Haftungsrisiko, welches er mit „bleifrei-Erklärungen" eingeht, durch Prüfung der Herstellerinformationen, der Tabellen von Kraftstoffherstellern, Automobilclubs und Fachzeitschriften absichern. Im Übrigen steht es ihm frei, seine Auskunft unter einem ausdrücklichen Haftungsausschluss oder einem sonstigen Vorbehalt zu machen. Schweigt sich der Verkäufer zum Thema Kraftstoffart aus, so ist der Käufer in seiner Erwartung schutzwürdig, dass er denjenigen Treibstoff tanken darf, der für einen serienmäßigen Motor dieses Fahrzeugtyps vom Hersteller vorgeschrieben ist.

Mängelfreiheit/ohne Mängel/Mängelunkenntnis

Pauschalerklärungen wie „mängelfrei" oder „ohne Mängel" sind im Gebrauchtwagenhandel selten. Nur bei neuwertigen Fahrzeugen, Vorführwagen und Jahreswagen wird ein Verkäufer Mängelfreiheit ohne allzu großes Risiko pauschal zusichern. Allein die Tatsache, dass ein solches Fahrzeug zum Verkauf angeboten wird, kann der Käufer selbst bei einem Erwerb vom Markenhändler „mit Garantie" (dazu Rn 1690 ff.) nicht als konkludente oder stillschweigende Zusicherung der Mängelfreiheit auffassen. Erst recht gilt dies für ältere Fahrzeuge mit mehreren Vorbesitzern.[308] Wenn der Verkäufer eines 9 Jahre alten Pkw

---

302 Konkrete Verbrauchsangaben können trotz der Klausel Ziff. I, 2 ZDK-AGB a. F. (im aktuellen Klauselwerk gestrichen) als Zusicherungen gewertet werden, vgl. RGZ 66, 279; OLG Hamburg 9. 6. 1950, VRS 2, 273.
303 OLG Düsseldorf 23. 10. 1997, DAR 1998, 70 – nur 6900 km gelaufener, noch keine 12 Monate zugelassener Pkw aus einer Neufahrzeug-Wandlung.
304 Dazu Rn 417.
305 Händlerfreundlicher *Hörl,* DAR 1986, 97, 102 (20–30%); s. auch OLG Düsseldorf 23. 10. 1997, DAR 1998, 70.
306 Urt. v. 12. 1. 1989, NJW-RR 1990, 60.
307 OLG Hamburg 9. 12. 1977, DAR 1978, 336; vgl. auch BGH 18. 2. 1981, NJW 1981, 1268.
308 Vgl. OLG Frankfurt 8. 7. 1992, OLGR 1992, 149 („ohne Mängel").

Rostschäden nicht erwähnt, so bedeutet dies nicht die Zusicherung, dass solche Schäden nicht vorhanden sind.[309] Hiergegen spricht schon der vertragliche Gewährleistungsausschluss. Aber auch ohne vertragstypische Freizeichnung wird **Rostfreiheit** selbst bei jüngeren Fahrzeugen nicht stillschweigend zugesichert (vgl. auch Rn 1566). Zur Bedeutung der vorformulierten Erklärung, das Fahrzeug habe keinen Unfallschaden und **keine sonstigen Beschädigungen** (ADAC-Verkaufsformular) s. AG Reinbek, DAR 1999, 410 und AG Karlsruhe-Durlach, DAR 1999, 270.

1745 Die Erklärung „das Fahrzeug enthält keine verdeckten technischen Mängel" hat das OLG Köln als Eigenschaftszusicherung gewertet,[310] so wie es der BGH bei der Zusage getan hat, der Pkw werde in technisch einwandfreiem Zustand übergeben.[311] Die bloße **Vorlage einer Rechnung** über eine umfangreiche Motorreparatur bedeutet nicht die konkludente Zusicherung der Mängelfreiheit des Motors.[312] Zu weit ist die Ansicht des AG Köln, mit der Vorlage einer Rechnung über eine Unfallreparatur sei das Versprechen verbunden, die Instandsetzungsarbeiten seien „ordnungsgemäß" ausgeführt worden.[313]

1746 Die Erklärung eines Verkäufers, ihm seien verborgene **Mängel nicht bekannt,** enthält keine Zusicherung dahin, dass solche nicht vorliegen. Sie bedeutet nicht einmal, dass er das Auto auf verborgene (versteckte) Mängel untersucht hat. Eine Eigenschaftszusicherung kann in diesen Fällen indessen nicht mit der Begründung verneint werden, es fehle an einer zusicherungsfähigen Eigenschaft.[314] Unabhängig von einem Gewährleistungsausschluss kann eine solche **Unkenntnisklausel,** die vor allem im Zusammenhang mit Unfallschäden eine Rolle spielt (dazu Rn 1788 ff.), nicht als Zusicherung der Abwesenheit von Mängeln angesehen werden.[315] Nach der Rechtsprechung, die eine allgemeine Untersuchungspflicht nicht anerkennen will, kommt in einem solchen Fall nur die Arglisthaftung in Betracht (Fallgruppe: Behauptung ins Blaue). Erst recht kann eine Eigenschaftszusicherung nicht daraus hergeleitet werden, dass die Rubrik „dem Verkäufer sind folgende Mängel bekannt ..." leer geblieben ist.[316]

Neu, fast neu, neuwertig, erneuert usw.

1747 Fachhändler verwenden solche unscharfen Begriffe nur selten. Bei privaten Direktgeschäften kommen sie recht häufig vor. Bei einem Gebrauchtfahrzeug kann sich der Ausdruck „neu" naturgemäß nur auf bestimmte **Fahrzeugteile** beziehen. Wenn ein Privatmann seinen Wagen mit der Angabe „neuer Motor" anbietet, so kann er damit vieles meinen. Dass sich nicht mehr der Originalmotor, sondern ein Ersatzmotor in dem Fahrzeug befindet, ist der Mindesterklärungswert. Der überholte, selbst generalüberholte Erstmotor darf auch von einem Privatverkäufer nicht als **„neuer Motor"** angeboten werden. Die Alternative kann nur lauten, ob „neu" im Zusammenhang mit einem Motor in einem Gebrauchtfahrzeug „fabrikneu" bedeutet oder auch die gängigen Ersatzlösungen einschließt, s. dazu Rn 1671 ff. Bis auf

---

309 BGH 21. 1. 1981, NJW 1981, 928 = WM 1981, 323; BGH 22. 2. 1984, NJW 1984, 1452 = WM 1984, 535.
310 Urt. v. 6. 5. 1982, 1 U 88/81, n. v.
311 Urt. v. 5. 7. 1978, NJW 1978, 2241 – Hinterreifenfall (Kauf eines Sportwagens vom Fabrikatshändler).
312 LG Köln 14. 11. 1979, 13 S 170/79, n. v.
313 Urt. v. 6. 10. 1988, 134 C 156/88, n. v.
314 So aber OLG Köln 26. 8. 1994, OLGR 1994, 237; OLG Düsseldorf 21. 10. 1994, 22 U 32/94, NZV 1995, 192 (Ls.).
315 Vgl. BGH 3. 3. 1995, NJW 1995, 1549 m. w. N.; BGH 21. 11. 1952, LM Nr. 1 zu § 463; OLG Hamm 21. 1. 1985, NJW 1986, 136 = DNotZ 1986, 745; KG 23. 2. 1989, NJW-RR 972; OLG Celle 13. 6. 1997, OLGR 1997, 173 – jeweils Immobilienkauf; zur Bedeutung einer formularmäßigen „Versicherung" eines privaten Inzahlunggebers, der Wagen habe keine wertmindernden Mängel, s. OLG Düsseldorf 9. 5. 1972, BB 1972, 857.
316 OLG Köln 8. 4. 1992, NJW 1993, 271 (Privatgeschäft mit ADAC-Mustervertrag).

Die Zusicherungshaftung   Rn 1748–1750

den Gebrauchtmotor vom Autoverwerter fallen sämtliche Alternativen, also auch der generalüberholte Ersatzmotor, unter die Bezeichnung „neuer Motor". Sie besagt nicht, dass der Motor noch nicht mehr als zum Einfahren erforderlich gelaufen ist.[317]

In der Erklärung, eine Maschine sei „kaum gebraucht, fast neu und verhältnismäßig neuwertig", kann nach Ansicht des BGH eine Eigenschaftszusicherung liegen,[318] s. auch die Rechtsprechungsübersicht unter Rn 1832 f. In der Bemerkung „Auspuffanlage neu" hat das LG Köln bei einem Saab 900 Turbo eine Zusicherung gesehen.[319] Die Äußerung eines Kfz-Händlers **„Bremsen vor kurzem erneuert"** darf ein Käufer nur dahin verstehen, dass das Fahrzeug **neue Bremsbeläge** erhalten hat, nicht aber, dass die gesamte Bremsanlage oder auch nur die Bremsscheiben erneuert worden sind und der Händler die Gewähr für deren Funktionstüchtigkeit übernehmen will.[320] Zur Erklärung **„Bremsen neu"** s. auch KG OLGZ 1972, 402 (Urt. v. 31. 1. 1972).[321] Angesichts der **Unschärfe** von Begriffen wie „neu", „neuwertig", „erneuert" etc. ist eine **besonders** sorgfältige Analyse des gesamten Auslegungsstoffes erforderlich. Maßgeblich ist der objektive Inhalt der Erklärung aus der Sicht des Käufers als Erklärungsempfänger (auch für die Zusicherungsfrage informativ BGH NJW 1995, 45 – Grundstückskauf).   **1748**

Rostfreiheit/frei von Durchrostung

Je älter das Fahrzeug ist, desto wichtiger ist für den Käufer das Thema „Rost". Dazu, wann Korrosionsschäden Mängel i. S. d. § 459 I BGB sind, s. Rn 1576 f. Da Rost innerhalb bestimmter Grenzen eine normale Alterserscheinung ist, muss man bei der Auslegung von Anti-Rost-Erklärungen zurückhaltend sein. Wenn der Verkäufer eines älteren Pkw Rostschäden nicht ausdrücklich erwähnt, kann sein Schweigen nicht als Zusicherung der **Rostfreiheit** gewertet werden.[322] Auf der anderen Seite muss die Abwesenheit von Rostschäden nicht ausdrücklich erklärt werden, um dem Käufer einen Anspruch aus § 459 II BGB i. V. m. § 463 S. 1 BGB zu geben. Ihm können auch allgemeine Erklärungen helfen wie „werkstattgeprüft", „komplette Durchsicht", „scheckheftgepflegt" oder einfach „fahrbereit".[323]   **1749**

Wie die „Rost-frei-Erklärungen" in dem sog. ZDK-Zustandsbericht („tragende Bauteile an Karosserie und Rahmen frei von Durchrostung", „Schalldämpferanlage frei von Durchrostung") zu interpretieren sind, hat die Rechtsprechung nicht geklärt. Mit dem im Oktober 1988 eingeführten neuen Marktkonzept des ZDK ist der „Zustandsbericht" gegenstandslos geworden. Sofern ein Verkäufer ausnahmsweise eine individuelle Zusage macht, wie z. B. **„frei von Durchrostung",** liegt darin nach den Maßstäben der Judikatur eine Zusicherung i. S. v. § 459 II BGB, keine bloße Objektbeschreibung oder unverbindliche Anpreisung. Bei einem Händler mit eigener Werkstatt ist diese Wertung sicherlich richtig. Besondere Maßstäbe gelten beim Verkauf von **Oldtimern**[324] und **Youngtimern.**[325] Weitere Rechtsprechung zum Oldtimer/Youngtimer-Kauf unter Rn 1832 (Zustandsangaben).   **1750**

---

317 Ein Austauschmotor, der bei einem km-Stand von 110 000 eingebaut worden ist, ist nicht mehr „neu", vgl. OLG Hamburg 9. 2. 1977, VersR 1977, 634; zur Erklärung „Vorbesitzer hat anderen Motor eingebaut", s. BGH 16. 1. 1985, WM 1985, 321, 323 – BMW 520.
318 Urt. v. 12. 5. 1959, NJW 1959, 1489; vgl. auch BGH 5. 12. 1984, WM 1985, 226 (als „neu" verkaufter Radlader).
319 Az. 10 O 365/83, n. v.
320 OLG Saarbrücken 4. 6. 1991, 2 U 109/89, n. v.
321 Vgl. auch OLG Düsseldorf 5. 2. 1979, 1 U 141/78, n. v.
322 BGH 21. 1. 1981, NJW 1981, 928 = WM 1981, 323; vgl. auch BGH 22. 2. 1984, NJW 1984, 1452 = WM 1984, 535.
323 Zur Erklärung Fahrzeug völlig durchgeschweißt, vgl. OLG Schleswig 27. 9. 1988, DAR 1989, 147.
324 OLG Köln 26. 5. 1997, OLGR 1997, 331 – Harley Davidson Bj. 1924; Kammergericht 22. 9. 1992, OLGR 1993, 1; OLG Frankfurt/M. 2. 11. 1988, NJW 1989, 1095 = WM 1989, 760.
325 OLG Köln 13. 1. 1993, OLGR 1993, 131.

1751 Eine **„Durchrostung"** liegt nur vor, wenn der Korrosionsprozess in seine Endphase eingetreten ist. Löcher einer bestimmten Größe müssen noch nicht vorhanden sein. Der Tatbestand der Durchrostung ist auch zu bejahen, wenn das Stahlblech aufgrund von Korrosion so geschwächt ist, dass die Tragfähigkeit nicht mehr gewährleistet ist.[326] Ohne einschränkende Zusätze wie „von innen nach außen" oder „Rahmen frei von Durchrostung" kann sich der Verkäufer nicht auf derartige Begrenzungen seiner Zusage berufen.

1752 Noch nicht entschieden ist die Frage, ob beim Verkauf eines Fahrzeugs, auf das ursprünglich eine **Neuwagen-Rostschutzgarantie** gegeben war,[327] der Fortbestand dieser Garantie stillschweigend zugesichert wird. Bedenken bestehen schon gegen die Annahme einer zusicherungsfähigen Eigenschaft. Bei einem Erstbesitzer wird man, wenn überhaupt, eine Zusicherung eher bejahen können als bei einem Zweit- oder Drittbesitzer. Vorzuziehen ist aber auch hier eine Lösung über die Offenbarungspflicht (vgl. auch Rn 1628).

Schadstoffarm/bedingt schadstoffarm/steuerfrei/steuerbegünstigt

1753 Die Tatsache der Befreiung von der Kfz-Steuer ist ebenso eine zusicherungsfähige Eigenschaft i. S. v. §§ 459 II, 463 S. 1 BGB wie der Umstand, nur einen ermäßigten Steuersatz zahlen zu müssen.[328] Darüber hinaus kann die die Steuervergünstigung begründende Schadstoffarmut als solche Gegenstand einer Zusicherung sein. Das gilt auch für das Vorhandensein eines **Katalysators.** Schon die bloße **Nachrüstbarkeit** auf Kat stellt eine zusicherungsfähige Eigenschaft dar.[329] Voraussetzung für die Zusicherungsfähigkeit ist, dass der steuerliche Vorteil, wie z. B. beim „historischen Fahrzeug" (= Oldtimer), fahrzeuggebunden ist, also nicht von der Person des Halters bzw. Eigentümers abhängt.

1754 Auch fünfzehn Jahre nach Einführung von Abgasreinigungsanlagen liegt noch **keine höchstrichterliche Rechtsprechung** dazu vor, unter welchen Voraussetzungen ein Gebrauchtfahrzeugverkäufer Eigenschaften wie „schadstoffarm" oder „mit Kat" oder „nachrüstbar" im Sinne von § 459 II BGB zusichert. Einschlägig sind lediglich LG Köln MDR 1991, 55, AG Witten DAR 1988, 424, AG Tecklenburg NJW-RR 1996, 1142 und LG Kiel NJW-RR 1996, 1142. OLG Hamm OLGZ 1991, 99 ist ein Agenturfall; zudem kam wegen Ablaufs der kurzen Verjährungsfrist nur **Arglist** als Haftungsgrund in Frage.

1755 Schriftlichen Erklärungen, und sei es nur auf dem Preisschild am Auto (OLG Hamm OLGZ 1991, 99) oder auf einer Folie an der Windschutzscheibe (LG Köln MDR 1991, 55), haben sicherlich Zusicherungscharakter. Zweifelhaft ist indessen, ob „schadstoffarm" oder „mit Kat" schon dadurch als zugesichert anzusehen ist, dass der Verkäufer die **Fahrzeugpapiere** mit der Eintragung „schadstoffarm" oder „bedingt schadstoffarm" vorlegt. Bei Fahrzeugen, die schon umweltfreundlich vom Band gelaufen sind, ist nicht in jedem Fall ein entsprechender Vermerk in den Papieren vorhanden. Existenz und Grad der Schadstoffarmut ergeben sich bei Fahrzeugen, die nach Juli 1985 erstzugelassen worden sind, aus der Schlüsselnummer in der zweiten Zeile des Fahrzeugscheins (rechts außen). Anders verhält es sich bei **nachgerüsteten** Autos. Voraussetzung für eine Steuervergünstigung ist eine Meldung der Zulassungsstelle an das Finanzamt. Die Zulassungsstelle berichtigt die Fahrzeugpapiere auf Vorlage einer Bescheinigung über den ordnungsgemäßen Einbau eines Umrüstungssatzes durch eine (AU-)Werkstatt oder bei Eigeneinbau durch den TÜV. Für den Umrüstungssatz

---

[326] Vgl. VdTÜV-Merkblatt Nr. 728.
[327] Dazu *Eggert,* DAR 1989, 121.
[328] LG Kiel 26. 1. 1996, NJW-RR 1996, 1142; LG Köln 22. 8. 1990, MDR 1991, 55; AG Witten 20. 1. 1988, DAR 1988, 424; AG Essen 29. 1. 1987, NJW-RR 1987, 828 (Neuwagen); vgl. auch BGH 26. 4. 1991, WM 1991, 1171 (zu § 7b EStG); auch bei „historischen Fahrzeugen" = Oldtimer im engeren Sinn gibt es seit 1997 eine Steuervergünstigung in Form einer Pauschale, vgl. *Hentschel,* NJW 1997, 2934.
[329] OLG Hamm 10. 7. 1992, 19 U 101/92, n. v.

Die Zusicherungshaftung

muss eine ABE vorhanden sein, § 22 StVZO.³³⁰ Angesichts der geringen Anforderungen, die der BGH an stillschweigende (konkludente) Zusicherungen im Gebrauchtwagenhandel stellt, dürfte es zur Bejahung des § 459 II BGB genügen, wenn ein Händler (anders als im Fall LG Kiel NJW-RR 1996, 1142) ein Fahrzeug mit **Papieren** verkauft, die den Vermerk „schadstoffarm" o. ä. enthalten.³³¹ Eine einfache Beschaffenheitsvereinbarung i. S. v. § 459 I BGB ist damit auf jeden Fall getroffen.³³² Aus den Eintragungen „schadstoffarm" oder „bedingt schadstoffarm" kann aber nicht ohne weiteres auf das Vorhandensein eines Katalysators geschlossen werden. Ein geregelter Dreiwege-Katalysator bedeutet zwar „schadstoffarm", umgekehrt gilt der Satz aber nicht. Die Marken- bzw. Typbezeichnungen scheiden in der Regel als Anknüpfungspunkt aus, weil sie keinen direkten Bezug zur Schadstoffarmut haben.³³³

Die (zugesicherten) Eigenschaften „schadstoffarm" oder „bedingt schadstoffarm" fehlen, wenn das Fahrzeug nicht den Voraussetzungen entspricht, die in den einschlägigen Anlagen zur StVZO festgelegt sind. Sie fehlen nicht, wenn der Grund für die Versagung der Steuerbefreiung in der Sphäre des Finanzamtes oder der Zulassungsstelle liegt. Maßgeblich ist der tatsächliche Zustand des Fahrzeugs. Es müssen auch die notwendigen Dokumente vorhanden sein, die Voraussetzung für die Bewilligung der Steuervergünstigung sind. Um auf diesem reichlich unsicheren Terrain Klarheit zu gewinnen, empfiehlt sich die Einholung amtlicher Auskünfte (Finanzamt, Straßenverkehrsamt, TÜV) oder von Gutachten. 1756

Scheckheftgepflegt/werkstattgepflegt

Manche **Privatverkäufer** weisen darauf hin, dass ihr Fahrzeug „scheckheftgepflegt" oder „werkstattgepflegt" sei. **Gewerbliche Händler** verwenden diese Attribute im Allgemeinen nicht. Sie werben mit Vokabeln wie „werkstattgeprüft" oder „von Meisterhand geprüft", s. Rn 1808 ff. Wer ein **„scheckheftgepflegtes"** Fahrzeug erwirbt, kann erwarten, dass die herstellerseits empfohlenen Inspektionen von einer hierzu autorisierten Fachwerkstatt durchgeführt und im „Scheckheft" (Serviceheft) dokumentiert worden sind.³³⁴ Es genügt, wenn die Inspektionstermine im Wesentlichen eingehalten worden sind. Eine lückenlose Kette wird nicht versprochen (strenger wohl LG Paderborn, s.u.). „Scheckheftgepflegt" bedeutet andererseits nicht, dass ein Verkäufer, der nicht Ersthandbesitzer ist, nur die Einhaltung der in seine Besitzzeit fallenden Inspektionstermine zusagt. Anhand des „Scheckheftes" kann er sich darüber informieren, ob seine Vorbesitzer in den vorgeschriebenen Intervallen mit dem Fahrzeug in der Werkstatt waren oder nicht. Dass auch der Käufer durch Einblicknahme in das „Scheckheft" erkundigen kann, steht der Annahme einer Eigenschaftszusicherung nicht entgegen. Dadurch wird die Äußerung „scheckheftgepflegt" nicht zu einer unverbindlichen Werbeaussage. Eine besondere Qualität des Fahrzeugzustandes bei Vertragsschluss bzw. bei Übergabe wird mit dem Hinweis „scheckheftgepflegt" nicht stillschweigend zugesichert. Die Abwesenheit von Mängeln wird nicht versprochen, selbst wenn der letzte Inspektionstermin nur kurze Zeit bzw. wenige km zurückliegt. Der Verkäufer hat lediglich dafür einzustehen, dass die vorgesehenen Inspektionen von einer Fachwerkstatt durchgeführt worden sind.³³⁵ Ist dies nicht der Fall, haftet der Verkäufer wegen Fehlens einer zugesicherten 1757

---

330 Ohne ABE entfällt die Steuererleichterung; obendrein kann die Betriebserlaubnis für das Fahrzeug erlöschen (§ 19 StVZO).
331 Vgl. auch *Hörl,* DAR 1986, 97, 98.
332 Zur Aufklärungspflicht s. Rn 1893.
333 Übersehen von AG Tecklenburg 23. 2. 1996, NJW-RR 1996, 1142; im Ergebnis richtig LG Kiel 26. 1. 1996, NJW-RR 1996, 1142; s. auch Rn 1763, 1767 zum Stichwort „Charakterisierung".
334 Nur dann ist auch gewährleistet, dass die wesentlichen technischen Verbesserungen nachträglich eingebaut und „Kinderkrankheiten" abgestellt worden sind, ein wichtiger Gesichtspunkt bei solchen Fahrzeugen, die aus einer anfänglich fehlerbehafteten Baureihe stammen. Wichtig sind die vorgeschriebenen Inspektionen auch für den Erhalt des Garantieschutzes.
335 So auch OLG Düsseldorf 5. 6. 1992, OLGR 1993, 42 (L.) = NZV 1993, 110 (L.).

Eigenschaft selbst dann, wenn das Fahrzeug technisch mängelfrei ist. Nach Ansicht des LG Paderborn[336] sichert ein **Privatverkäufer** mit „scheckheftgepflegt" zu, dass alle Inspektionen von einer Fachwerkstatt durchgeführt worden sind. Schon in der bloßen **Übergabe des Inspektionsheftes** die konkludente Zusicherung „scheckheftgepflegt" zu sehen[337] erscheint bedenklich. Das **Unterlassen einer Scheckheftpflege** bedeutet für sich allein noch keinen Fehler i. S. v. § 459 I BGB,[338] kann aber im Zusammenhang mit der Frage des Fortbestandes des Garantieschutzes auch für die Sachmängelhaftung von Bedeutung sein (vgl. Rn 1628).

1758 Die Bezeichnung „werkstattgepflegt" bedeutet weniger als „scheckheftgepflegt". Mit ihr wird nicht versprochen, dass der Wagen regelmäßig zur Wartung und Inspektion in einer Werkstatt war. Sie ist auch nicht dahin zu verstehen, dass die „Pflege" in einer Fachwerkstatt erfolgt ist. Letztlich bedeutet das Adjektiv „werkstattgepflegt" nicht mehr, als dass das Fahrzeug hin und wieder in einer beliebigen Werkstatt war. So gesehen wird man hier eine unverbindliche Anpreisung annehmen können, zumal beim privaten Direktgeschäft.

Serienmäßigkeit/Typengerechtigkeit/Fortbestand der Betriebserlaubnis
(Marken-, Typen- und Modellbezeichnungen)

1759 **Lagebeschreibung:** Analog den Fahrzeugbriefen enthalten die handelsüblichen **Vertragsformulare** Rubriken für Eintragungen zum „Hersteller", dem „Fahrzeugtyp" und der „Fahrzeugart". Selten ist hier von „Fabrikat" oder „Marke" die Rede. Auch der Ausdruck „Modell" taucht nur vereinzelt auf. Informationen dieser Art findet man auch auf den **Verkaufsschildern** an den Fahrzeugen und in **Zeitungsanzeigen.** Vor Vertragsschluss dienen sie zur Beschreibung des Kaufangebots. In die Vertragsurkunde werden sie aufgenommen, um das Kaufobjekt zu konkretisieren und zu identifizieren (s. dazu Rn 1645). Zugleich geben solche Informationen Auskunft über bestimmte **Fahrzeugeigenschaften.** Das ist eine Frage der Auslegung.

Herstellerangaben wie „VW" oder „BMW" informieren über den Produzenten, meist auch über das Herkunftsland (Produktionsort). Damit beziehen sie sich auf den Zeitpunkt, zu dem das Fahrzeug fabrikneu vom Band gerollt ist. Sie bedeuten nicht, dass bei zwischenzeitlichen Reparaturen, Um- oder Nachrüstungen Originalersatzteile oder Originalzubehör Verwendung gefunden haben, also solche Teile, die von dem angegebenen Hersteller selbst produziert oder von ihm freigegeben worden sind. Ein solcher Bedeutungsgehalt ist selbst bei jüngeren Fahrzeugen, z. B. Jahreswagen, nicht anzunehmen. Bei nachträglichen **Veränderungen am Fahrzeug** knüpft die Rechtsprechung denn auch nicht isoliert an die Herstellerangabe, sondern an die **„Marken- und Typbezeichnung"** (BGH) an (s. Rn 1761). Die Herstellerangabe in einem Vertragsformular enthält allein noch keine entsprechende Zusicherung (so OLG Oldenburg NJW-RR 1995, 688 = OLGR 1995, 82 – „BMW"). Die bloße Herstellerangabe („Harley Davidson") wertet das OLG Karlsruhe bei einem privaten Direktkauf zu Recht nicht als Zusicherung, das (ältere) Motorrad verfüge noch über den Originalrahmen des Herstellers (VRS 84, 241 = NJW-RR 1993, 1138). Für das OLG Frankfurt (OLGR 1995, 13) ist die Tatsache, dass es sich um ein bestimmtes Fabrikat eines bestimmten Herstellers handelt, in der Regel nicht einmal eine zusicherungsfähige Eigenschaft. Für den Autokauf kann diese Aussage nicht gelten.

Die **Hauptbedeutung** von „Marken- und Typbezeichnungen" wie z. B. „Porsche 928 S" oder „BMW 520i" liegt in der gewährleistungsrechtlichen Behandlung von **Fahrzeugveränderungen.** Die Gerichte haben sich zunehmend mit Fallgestaltungen zu befassen, deren Besonderheit darin liegt, dass der Originalzustand des Fahrzeugs nachträglich verändert

---

336 Urt. v. 21. 10. 1999, 4 O 343/99, n. v.
337 So OLG Düsseldorf, 5. 6. 1992, OLGR 1993, 42 = NZV 1993, 110.
338 So OLG Köln 21. 10. 1996, VersR 1997, 1019 = VRS 94, 321.

Die Zusicherungshaftung Rn 1760–1762

worden ist, sei es, dass der Originalmotor durch einen anderen Motor ersetzt worden ist, sei es, dass ein Getriebetausch stattgefunden hat, sei es, dass die Reifen umgerüstet worden sind. Bevorzugte Objekte für Veränderungen sind ferner das Fahrwerk und die Auspuffanlage. Das Verlangen nach mehr Leistung und einer vermeintlich schöneren Optik ist ungebremst. Styling- und Tuningbetriebe melden immer neue Umsatzrekorde. Motiv für eine Veränderung des serienmäßigen Fahrzeugzustandes ist häufig auch nur die simple Tatsache, dass ein bestimmtes Teil defekt ist und eine Reparatur sich nicht lohnt. Den Grund für eine Um- oder Nachrüstung können auch Vorschriften der StVZO liefern, z. B. bei Importautos.

Den **Schwerpunkt** in der **Rechtsprechung** bilden Fälle mit **Motorumrüstung.** Allein zu diesem Fragenkomplex liegen inzwischen sieben BGH-Entscheidungen vor. Mit Blick auf die Zusicherungshaftung (zur Fehlerhaftigkeit nach § 459 I BGB s. Rn 1614 f.) kommt den Urteilen vom 18. 2. 1981 (PS),[339] 3. 11. 1982 (BMW 1602)[340] und 16. 1. 1985 (BMW 520)[341] besondere Bedeutung zu. Zu den „Umrüstungsfällen" gehört auch das – anderweitig berühmt gewordene[342] – Hinterreifen-Urteil des BGH vom 5. 7. 1978.[343] Den vorläufigen Schlusspunkt dieser Judikatenkette bildet der Porsche-928-S-Fall, in dem es um den Austausch einer Hinterachsschwinge ging.[344] Lediglich eine **Falschbezeichnung,** keine Veränderung des Fahrzeugzustands, ist Gegenstand der Entscheidung OLG Koblenz, NJW-RR 1992, 1145 = BB 1992, 806 (380 SEL statt 380 SE). 1760

In den **Umrüstungsfällen** war weder die Serienmäßigkeit noch die Typengerechtigkeit konkret zugesichert worden. Die ist im Gebrauchtwagenhandel auch höchst ungewöhnlich. Atypisch ist es auch, dass ein Händler – wie im Hinterreifen-Fall[345] – auf dem Bestellschein handschriftlich vermerkt „. . . wird in einwandfreiem technischen Zustand übergeben". Anknüpfungspunkte für die Zusicherungshaftung sind entweder Informationen über bestimmte Aggregate, z. B. „Austauschmotor" (vgl. Rn 1670 ff.), über konkrete Leistungsdaten, z. B. des Motors (vgl. auch Rn 1710) oder – gewissermaßen als **Auffangtatbestand** – die **Marken- und Typenbezeichnung**[346] im Kaufvertrag. Zur Bedeutung der Erklärung eines Verkaufsangestellten, er gehe davon aus, dass die am Fahrzeug (hier: Vorführwagen) vorgenommenen Änderungen in den Papieren eingetragen seien, siehe BGH NJW-RR 1991, 870 = WM 1991, 1041 (Zusicherung zutreffend verneint). 1761

Eine stillschweigende (konkludente) Zusicherung des **Fortbestandes der Allgemeinen Betriebserlaubnis** (ABE) allein aus der Tatsache des Verkaufs eines Gebrauchtwagens zum Zwecke der Weiterbenutzung im Straßenverkehr herzuleiten, hat die Rechtsprechung bislang abgelehnt.[347] Das LG Köln neigt dazu, in der Veräußerung eines Serien-Pkw die konkludente Zusicherung zu sehen, dass dieser mit dem vom Hersteller vorgesehenen Triebwerk ausgerüstet ist. Es hat diese Frage aber letztlich nicht entschieden.[348] Üblicherweise greift die Rechtsprechung auf die praktisch nie fehlende **„Marken- und Typenbezeichnung"**[349] zurück.[350] In 1762

---

339 NJW 1981, 1268 = DAR 1981, 147.
340 NJW 1983, 217 = DAR 1983, 55.
341 NJW 1985, 967 = DAR 1985, 150.
342 Vgl. Rn 2103.
343 NJW 1978, 2241.
344 Urt. v. 17. 4. 1991, NJW 1991, 1880 = WM 1991, 1224.
345 BGH 5. 7. 1978, NJW 1978, 2241.
346 Zur Terminologie s. *Eggert,* DAR 1985, 143, 145; *ders.,* NZV 1992, 209.
347 Z. B. LG Köln 23. 5. 1991, 2 O 479/90, n. v. – Verkauf eines Ford Transit mit stärkerem Motor; in diesem Sinn muss auch BGH 30. 1. 1991, NJW-RR 1991, 870 verstanden werden.
348 Urt. v. 23. 5. 1991, 2 O 479/90, n. v.
349 Diese Bezeichnungen findet man in den handelsüblichen Bestellscheinen (Kaufanträgen) ebenso wie auf den Verkaufsschildern am Fahrzeug.
350 Erstmals OLG Frankfurt 20. 10. 1977, VersR 1978, 828; zuletzt OLG Düsseldorf 8. 5. 1992, NJW-RR 1993, 58; OLG Köln 2. 12. 1992, VRS 84, 405 = NZV 1993, 230.

Ergänzung seines Urteils vom 3. 11. 1982 (BMW 1602)[351] stellt der BGH zu der BMW-520-Entscheidung vom 16. 1. 1985[352] folgenden Leitsatz auf:

> „Mit der in einem Kaufvertrag über einen Gebrauchtwagen enthaltenen Marken- und Typenbezeichnung (hier: BMW 520) sichert der Verkäufer dem Käufer über den Fortbestand der Voraussetzungen der Allgemeinen Betriebserlaubnis hinaus nicht zu, dass das Fahrzeug mit einem dem Fahrzeugtyp entsprechenden Motor ausgerüstet ist."

1763 Unter Berufung auf diese BGH-Urteile haben Instanzgerichte Marken- und Typenbezeichnungen verschiedentlich dahin (miss)verstanden, dass damit alle von der Allgemeinen Betriebserlaubnis geforderten Typenmerkmale als vorhanden zugesichert werden, so z. B. das LG Bonn im Porsche-928-S-Fall (Achsschwinge).[353] In jener Sache hat der BGH jetzt unmissverständlich klargestellt, dass einer Typenbezeichnung im Kaufvertrag „in keinem Fall eine abstrakte, alle Eventualitäten umfassende Zusicherung des Fortbestandes der konkreten Betriebserlaubnis" zu entnehmen sei.[354]

Die Formulierung „in keinem Fall" bedeutet auch: Selbst ein Vertragshändler mit dem üblichen Werkstattbetrieb sichert durch eine Angabe wie „BMW 325i" im Kaufvertrag und/oder auf dem Verkaufsschild nicht zu, dass die dem Fahrzeug einmal erteilte Betriebserlaubnis (ABE) fortbesteht. Anders ausgedrückt: Nicht jede Veränderung des Fahrzeugs, die nach § 19 II StVZO die Betriebserlaubnis hat erlöschen lassen, ist geeignet, kraft vertraglicher Marken- und Typenbezeichnung die Zusicherungshaftung zu begründen. Schon in seiner Leitentscheidung vom 3. 11. 1982[355] hatte der BGH darauf hingewiesen, dass es nur um diejenigen Merkmale gehen kann, die von der Typenbezeichnung **„charakterisiert"** werden und von denen „der Fortbestand der Allgemeinen Betriebserlaubnis abhängig ist". Mit Hilfe dieses häufig übersehenen Kriteriums konnte der BGH den Porsche-928-S-Fall problemlos lösen. Denn eine bestimmte Ausführung der Achsschwinge gehört zweifellos nicht zu den Merkmalen, die mit der Angabe „Porsche 928 S" angesprochen („charakterisiert") werden.

1764 Auf der Grundlage der BGH-Judikatur hat der Käufer eines gebrauchten **Pkw/Kombi** demnach Folgendes **darzulegen und zu beweisen,** um unter dem Blickwinkel des Fehlens einer zugesicherten Eigenschaft an sein Ziel (Neutralisierung der Haftungsfreizeichnung und/oder Schadensersatz nach § 463 S. 1 BGB) zu kommen:

a) Schriftliche Typenbezeichnung eines Kfz-Händlers

b) Nichtbestehen der Betriebserlaubnis bei Vertragsabschluss und Auslieferung, weil

c) das Fahrzeug in einem Ausstattungsteil, das durch die Typenbezeichnung charakterisiert wird, verändert worden ist.

Im BMW-1602-Fall (BGH NJW 1983, 217) lagen alle drei Voraussetzungen vor. Im BMW-520-Fall (BGH NJW 1985, 967) war oben b) bestritten und aufklärungsbedürftig, wobei auch der Behauptung des beklagten Händlers nachzugehen war, für den leistungsschwächeren Motor sei eine Betriebserlaubnis für Fahrzeugteile nach § 22 StVZO erteilt worden. Im Porsche-928-S-Fall (BGH NJW 1991, 1880) fehlte offenkundig die Voraussetzung c).

1765 **Offene Fragen:** Auch nach der Entscheidung des BGH vom 17. 4. 1991 (Porsche 928 S)[356] ist noch vieles offen.[357] Als geklärt kann hingegen die Rechtslage bei **Geschäften zwischen Privatleuten** angesehen werden, wenngleich der BGH bislang davon abgesehen

---

351 NJW 1983, 217 = DAR 1983, 55.
352 NJW 1985, 967 = DAR 1985, 150.
353 Urt. v. 4. 8. 1989, 18 O 7/89, n. v.
354 Urt. v. 17. 4. 1991, NJW 1991, 1880 = WM 1991, 1224; dazu *Eggert,* NZV 1992, 209.
355 NJW 1983, 217 = DAR 1983, 55.
356 NJW 1991, 1880 = WM 1991, 1224.
357 Vgl. auch *Eggert,* NZV 1992, 209.

Die Zusicherungshaftung Rn 1766, 1767

hat, für diesen Geschäftstyp eine definitive Aussage zu machen. Er hat lediglich erhebliche Bedenken geäußert, seine für den gewerblichen Bereich entwickelten Grundsätze auf das private Direktgeschäft zu übertragen. Alles spricht jedoch dafür, dass der BGH den privaten Verkäufer anders als den professionellen Autohändler behandeln wird. Unter den gegebenen Umständen und entsprechend der allgemeinen Tendenz, Fachleute stärker als Privatpersonen in die Haftung zu nehmen, kann das nur heißen: Marken- und Typenbezeichnungen eines **Privatverkäufers** gegenüber einem nichtgewerblichen Käufer, erst recht gegenüber einem Kfz-Händler, enthalten **in der Regel** keine Eigenschaftszusicherungen i. S. v. § 459 II BGB.[358] Erweckt der (Privat-)Verkäufer den Eindruck, er handele gewerblich mit gebrauchten Kfz, muss er sich nach Ansicht des LG Saarbrücken[359] die Anwendung der strengen Zusicherungsrechtsprechung gefallen lassen.

Nach wie vor unklar ist die Situation bei **Geschäften zwischen Kfz-Händlern.** Noch nicht entschieden ist ferner, welche Bedeutung Marken- und Typenbezeichnungen beim Verkauf von **Nutzfahrzeugen, Wohnmobilen**[360] und **Motorrädern**[361] haben. Auch für den **Pkw-Kauf vom Händler** ist noch offen, ob eine Angabe wie „Porsche 928 S" im schriftlichen Kaufvertrag (Bestellschein) stehen muss oder ob ein Zeitungsinserat oder das Verkaufsschild am Fahrzeug als Informationsträger genügt. Ist Schriftlichkeit überhaupt ein unverzichtbares Indiz für den Einstandswillen des Händlers? Abzuwarten bleibt auch, wie der BGH die Typenbezeichnung eines Händlers **ohne eigenen Werkstattbetrieb** bewerten wird. Vor allem aber ist ungewiss, welche Fahrzeugteile durch eine Bezeichnung wie „Porsche 928 S" **charakterisiert** werden. Mit dieser Formel lassen sich in der Praxis befriedigende Ergebnisse nur in solchen Fällen erzielen, in denen, wie im Porsche-928-S-Fall (Achsschwinge),[362] die richtige Lösung ohnehin auf der Hand liegt. In Grenzfällen ist sie keine Orientierungshilfe. 1766

Kritik: Der Rechtsprechung des BGH kann aus einer Reihe von Gründen nicht zugestimmt werden. Abgesehen von den grundsätzlichen Bedenken gegen die Ausweitung der Zusicherungshaftung des Gebrauchtwagenverkäufers,[363] stößt auch die konkrete Vertragsauslegung auf erhebliche Bedenken. In dem Bemühen um Differenzierung und Begrenzung hat der BGH des Guten zuviel getan. Das hat u. a. zur Folge, dass bis heute unklar ist, welche Eigenschaft des Fahrzeugs mit einer Marken- und Typenbezeichnung wie „BMW 525i" nun stillschweigend zugesichert wird. Die Ausstattung des Fahrzeugs mit einem typengerechten (serienmäßigen) Motor ist es nicht;[364] auch nicht die Ausstattung mit sämtlichen durch die Typenbezeichnung „charakterisierten" Fahrzeugteilen, was immer das heißen mag. Inhalt der Zusicherung soll auch nicht der uneingeschränkte Fortbestand der Allgemeinen Betriebserlaubnis oder überhaupt der Betriebserlaubnis sein. Er ist es „allenfalls insoweit, als er von den mit der Typenbezeichnung charakterisierten Merkmalen abhängt", und dies auch nur, so der BGH,[365] „gegebenenfalls". Solche gewundenen Formulierungen überfordern und irritieren die Praxis.[366] 1767

---

358 *Eggert,* NZV 1992, 209; so auch OLG Koblenz 21. 11. 1991, BB 1992, 806 = NJW-RR 1992, 1145; OLG Köln 24. 3. 1993, VRS 86, 13; s. auch OLG Karlsruhe 18. 8. 1992, NJW-RR 1993, 1138 (Motorrad); strenger OLG Köln 2. 12. 1992, NZV 1993, 230; s. auch OLG Celle 22. 2. 1995, OLGR 1995, 258.
359 Urt. v. 14. 1. 1999, NJW-RR 1999, 1065 – VW Käfer 1303.
360 Dazu OLG Frankfurt 9. 3. 1994, ZfS 1994, 329 (Zulassungsgerechtigkeit der Flüssiggasanlage war ausdrücklich zugesichert).
361 OLG Karlsruhe 18. 8. 1992, NJW-RR 1993, 1138 = VRS 84, 241.
362 BGH v. 17. 4. 1991, NJW 1991, 1880 = WM 1991, 1224.
363 Dazu unter Rn 1649 ff.; *Eggert,* NJW 1990, 549.
364 Missverständlich OLG Düsseldorf 8. 5. 1992, NJW-RR 1993, 58; OLG Köln 2. 12. 1992, NZV 1993, 230 = VRS 84, 405.
365 Urt. v. 17. 4. 1991, NJW 1991, 1880 = WM 1991, 1224.
366 Wie OLG Düsseldorf 8. 5. 1992, NJW-RR 1993, 58 zeigt.

1768 Die außerordentlich facettenreichen Umrüstungsfälle über § 459 II statt über § 459 I BGB zu lösen, bedeutet im Ergebnis nichts anderes als eine **Zusicherungsfiktion,** eine Rechtsfigur, die das Gesetz nur in den §§ 468, 494 BGB und im Saatguthandel kennt. Ob der Händler will oder nicht: Er muss sich so behandeln lassen, als habe er den Fortbestand der ABE rechtsverbindlich zugesichert, wenn auch irgendwie eingeschränkt. Dabei sind Typ- und Modellangaben im Kopf von Bestellscheinen, auf Verkaufsschildern und Verkaufsanzeigen ihrem natürlichen Sinngehalt nach nur **Warenkennzeichnungen.**[367] In Verbindung mit den Fahrzeugpapieren dienen sie der **Objektbeschreibung.** Ohne gegenteilige Anhaltspunkte gehen Verkäufer und Käufer als selbstverständlich davon aus, dass z. B. ein BMW vom Typ 520i mit einem typgerechten („passenden") Motor ausgerüstet ist. Eine solche Selbstverständlichkeit wird gerade nicht zugesichert mit der Haftungsfolge aus § 463 S. 1 BGB, jedenfalls nicht schon durch ein Kürzel wie „520i" hinter der Herstellerangabe „BMW".[368]

1769 Es besteht auch kein Bedürfnis, solche Kennzeichnungen zu stillschweigenden (konkludenten) Zusicherungen aufzuwerten. Zur Überwindung der Haftungsfreizeichnung, dem erklärten Ziel der Zusicherungsrechtsprechung, stehen andere Mittel zur Verfügung.[369] Abgesehen von den Fällen der Arglist (§ 476 BGB) kann sich derjenige Verkäufer nicht auf die übliche Freizeichnungsklausel berufen, der den Ersatzmotor hat einbauen lassen oder nachträglich von der Umrüstung erfahren hat.[370] Dem informierten Verkäufer, dem Arglist nicht nachzuweisen ist, steht der Händler gleich, der seine Untersuchungspflicht verletzt hat.[371] In allen übrigen Fällen muss der Gewährleistungsausschluss Bestand haben, anderenfalls wird der Verkäufer mit einem unzumutbaren Haftungsrisiko belastet. Die Fahrzeughersteller bieten für fast jeden Fahrzeugtyp mehrere Motorvarianten an. So gibt es z. B. für den 1991 vorgestellten VW Golf III eine Palette von fünf verschiedenen Otto- und zwei Dieselmotoren mit einer Leistungsspanne von 66 bis 174 PS. Selbst bei Eigenfabrikaten stehen die Händler vor einem kaum lösbaren Problem, zumal die Fahrzeugpapiere keine Motornummer mehr ausweisen. Bei Fremdfabrikaten mit mehreren Vorbesitzern ist die Übernahme des Zusicherungsrisikos schlicht unzumutbar.

1770 Für den Kauf von **Sportwagen** ein Sonderrecht zu schaffen, ist nicht angebracht. Der Begriff „Sportwagen" ist unscharf. Die StVZO kennt ihn nicht. Auch in der Sache selbst gibt es keinen plausiblen Grund, Sportwagenkäufer zu privilegieren. Der Gesichtspunkt der **besonderen Gefährlichkeit,** auf den es dem LG Bonn[372] im Porsche-928-S-Fall ankam, und der an sich auch beachtenswert ist, spielt bei den meisten Fahrzeugen der oberen Mittelklasse und Oberklasse eine kaum geringere Rolle. Höchstgeschwindigkeiten über 200 km/h, vor zwanzig Jahren noch Rennwagen vorbehalten, sind für Fahrzeuge dieser Kategorien inzwischen normal.

Sonderausstattung (Zubehör)

1771 Das LG Bochum hat einen Händler zum Schadensersatz wegen Nichterfüllung (§ 463 S. 1 BGB) verurteilt, weil das Fahrzeug entgegen der Eintragung **„Servo"** unter der Rubrik Zubehör nicht mit einer Servo-Lenkung ausgestattet war.[373] Im Gegensatz zur Vorinstanz hat es dem Käufer nicht die gesamten Kosten für den nachträglichen Einbau der Servo-Lenkung, knapp 2000,– DM, sondern nur den reinen Aufpreis für dieses Extra zugesprochen. Auch

---

367 So auch OLG Köln 28. 3. 1990, 2 U 201/89, n. v.
368 Vgl. auch *Henseler,* BB 1969, 24; *Semler,* NJW 1976, 406; missverständlich *Soergel/Huber,* § 459 Rn 311.
369 Dazu *Eggert,* DAR 1985, 143, 147 f.
370 Zur Begrenzung des allgemeinen Gewährleistungsausschlusses s. Rn 1968 ff. (Untersuchungspflicht, § 11 Nr. 11 AGBG u. a.).
371 Zur Untersuchungspflicht s. Rn 1895 ff.
372 Urt. v. 4. 8. 1989, 18 O 7/89, n. v.
373 Urt. v. 2. 10. 1979, DAR 1981, 15; dazu *Eggert,* DAR 1981, 1.

anhand der vom BGH für maßgeblich erachteten Kriterien (fehlende Sachkunde des Käufers, Vertrauen in die Sachkunde des Händlers, Schriftlichkeit der Erklärung) wird man in der Angabe „Servo" und in ähnlichen Hinweisen auf Zubehör und Zusatzausstattung, z. B. **ABS,** dazu BGH NJW 1995, 518 (Neuwagen) oder **Tempomat,** dazu AG Solingen DAR 1985, 257, lediglich eine Beschreibung des Fahrzeugs sehen können.[374] Etwas anderes mag gelten, wenn das Vorhandensein eines bestimmten Zubehörteils Gegenstand der Vertragsverhandlung gewesen ist und der Verkäufer die Ausstattung des Fahrzeugs mit diesem Extra schriftlich bestätigt hat.[375] Ohne zu der Frage der Eigenschaftszusicherung abschließend Stellung zu nehmen, hat das OLG Braunschweig[376] einen Vermittler für schadensersatzpflichtig gehalten, der irrtümlich die Ausrüstung mit **ABS** zugesagt hat. Dem Vermittler wurde vorgeworfen, diese Erklärung ohne vorherige Überprüfung abgegeben zu haben.

TÜV-Abnahme/TÜV-Plakette/TÜV-Bericht (Hauptuntersuchung nach § 29 StVZO)

Werden Gebrauchtwagen in ihrem Wert und ihrer Gebrauchstauglichkeit beurteilt, gilt vielen Kaufinteressenten eine neue Prüf-Plakette geradezu als Gütesiegel oder Sicherheitsgarantie. Bei Laien herrscht eine regelrechte **TÜV-Gläubigkeit** vor. Infolgedessen fehlt in kaum einer Gebrauchtwagenanzeige ein Hinweis darauf, wie lange das Fahrzeug noch „TÜV-frei" ist. In den gängigen Kaufvertragsvordrucken gibt es eine spezielle Rubrik „TÜV" oder – präziser – „nächste Hauptuntersuchung nach § 29 StVZO". Im seriösen Fachhandel werden praktisch nur noch solche Fahrzeuge (Pkw/Kombis) verkauft, die spätestens bei Auslieferung eine „frische" Prüfplakette haben. 1772

Durch die 8. VO zur Änderung straßenverkehrsrechtlicher Vorschriften vom 24. 5. 1989 (BGBl. I S. 1002) wurden die rechtlichen Voraussetzungen dafür geschaffen, dass außer TÜV, FKÜ und DEKRA neue Überwachungsorganisationen für die Durchführung von Hauptuntersuchungen nach § 29 StVZO anerkannt werden können. Zu den Alt-Organisationen ist vor allem die GTÜ (Gesellschaft für Technische Überwachung) getreten. Damit sind auch **freiberufliche Kfz-Sachverständige** zu §-29-Untersuchungen zugelassen. 1773

a) Fallgruppen

Bei **Geschäften mit Händlerbeteiligung** sind **drei Sachverhalte** zu unterscheiden: 1. Der Händler verkauft das Fahrzeug mit **Altplakette,** d. h. derjenigen Plakette, die bei Hereinnahme vorhanden war. 2. **Vor der Bestellung** des Kunden wird das Fahrzeug vom Händler zur Hauptuntersuchung vorgestellt und abgenommen; dies kann a) auf eigene Rechnung des Händlers, b) im Auftrag und für Rechnung des Vorbesitzers (so beim Agenturgeschäft) geschehen. 3. Der Händler sagt dem Kaufinteressenten zu, das Fahrzeug **bis zur Auslieferung** nach § 29 StVZO abnehmen zu lassen und mit **„frischer"** Plakette zu übergeben. Bei dieser Fallvariante, die in der Praxis überwiegt, ist wiederum zwischen a) Eigengeschäft und b) Agenturgeschäft (heute selten) zu differenzieren. 1774

In den Fällen 1 und 2 ist die Dokumentation im Bestellschein problemlos. Der Zeitpunkt der nächsten Hauptuntersuchung steht fest. Er kann durch einen Vermerk wie 5/93 in den Bestellschein aufgenommen werden. Im Fall Nr. 3 sind verschiedene Abreden zu beobachten: Manche Händler tragen in der Rubrik „Nächste HU" lediglich den – mutmaßlichen – nächsten Fälligkeitstermin ein. Andere vermerken dort: „Zwei Jahre". Nicht selten wird in diese Rubrik der tatsächliche (aktuelle) Fälligkeitstermin aufgenommen, und es folgt dann ein Zusatz wie „TÜV neu" oder „neu TÜV" oder „TÜV 2 Jahre". Zusätze dieser Art stehen entweder in der Spalte „nächste HU" oder unter „Sondervereinbarungen". Einige Händler 1775

---

374 Für Zusicherung – beim Kauf vom Vertragshändler – OLG Köln 16. 5. 1997, OLGR 1998, 26 = VRS 94, 168.
375 S. auch BGH 28. 11. 1994, NJW 1995, 518 (ABS bei Neuwagen).
376 Urt. v. 29. 12. 1986, 1 U 65/86, n. v. – Agenturgeschäft.

notieren dort auch „TÜV g. B.", d. h., zu Lasten des Käufers geht die Prüfgebühr, Aufwendungen an Material und Lohn trägt der Händler. Das Versprechen, das Fahrzeug „über den TÜV zu bringen", ist gleichbedeutend mit „TÜV neu" (Fall 3).

b) Rechtsprechung

1776 Nach jahrelanger Rechtsunsicherheit hat der **BGH** durch Urteil vom 24. 2. 1988[377] für die **dritte Fallgruppe,** aber auch nur insoweit, Klarheit geschafffen. Leitsatz:

„Verspricht ein Kraftfahrzeughändler mit eigener Werkstatt bei dem von ihm vermittelten Verkauf eines gebrauchten Pkw mit der Abrede „TÜV neu", das Fahrzeug werde noch einer Hauptuntersuchung (§ 29 StVZO) unterzogen, so liegt darin zugleich die Zusicherung nach § 459 Abs. 2 BGB, der Pkw werde bei Übergabe dem für die Hauptuntersuchung erforderlichen Zustand entsprechen."

Diese Entscheidung, die im Schrifttum ein ungewöhnlich starkes Echo gefunden hat,[378] bedeutet im Wesentlichen Folgendes:

1777 1. Mit einer Erklärung wie „TÜV neu 5/99" sagt ein **Kfz-Händler mit eigener Werkstatt** zweierlei zu: Das Fahrzeug durch eine amtlich anerkannte Prüforganisation prüfen und abnehmen zu lassen; zum Zweiten wird versprochen, dass sich das Fahrzeug im Zeitpunkt der Übergabe in einem bis auf geringe Mängel vorschriftsmäßigen Zustand befindet, insbesondere **verkehrssicher** ist.[379] Insoweit stellt der BGH ausdrücklich auf den **tatsächlichen Zustand** des Fahrzeugs ab, also auf die objektive Abnahmereife. Das Risiko einer Fehldiagnose der Prüforganisation wird dem Händler auferlegt. Unklar ist, ob dies auch für solche Sicherheitsmängel gilt, die einem Prüfingenieur bei Anwendung der verkehrsüblichen Sorgfalt nicht auffallen. Das OLG Karlsruhe[380] hat die Haftung des Händlers bei einem versteckten Konstruktionsfehler an einem US-Import („Exote") verneint, zumal ungeklärt war, ob das Fahrzeug im Zeitpunkt der TÜV-Abnahme infolge dieses Fehlers verkehrsunsicher war.

1778 2. Die **weite Auslegung** der TÜV-Klausel ist unabhängig davon, ob der Kfz-Händler **Eigenhändler** oder – wie früher beim Agenturgeschäft – **Vermittler/Abschlussvertreter** ist.

1779 3. Beim **Agenturgeschäft** wird eine Zusage wie „TÜV neu" regelmäßig im Namen des Verkäufers/Auftraggebers gemacht. Ob sie dem Verkäufer auch zuzurechnen ist, hängt vom Umfang der Vollmacht ab.[381] Dazu liegt eine Stellungnahme des BGH nicht vor.

1780 4. Ungeklärt ist die **Reichweite** der TÜV-Abrede beim Kauf vom bzw. über einen Kfz-Händler **ohne eigene Werkstatt.** In einem solchen Fall hat das OLG Köln eine Zusicherung der Verkehrssicherheit verneint.[382] Offen ist auch, welche Anforderungen an den Werkstattbetrieb in sachlicher und personeller Hinsicht zu stellen sind. Klar dürfte sein, dass z. B. ein Betreiber einer Tankstelle mit Servicestation nicht zu den Kfz-Händlern im Sinne der BGH-Entscheidung vom 24. 2. 1988 gehört.[383] Gleichwohl haben Instanzgerichte den Personen-

---

377 BGHZ 103, 275 = NJW 1988, 1378 = DAR 1988, 209.
378 *Huber,* JZ 1988, 923; *Tiedtke,* JuS 1988, 848; *ders.,* JZ 1990, 75, 80; *Eggert,* NJW 1990, 549; *G. Müller,* BB 1990, 2136; *H. H. Jacobs,* NJW 1989, 696.
379 So jetzt auch – im Anschluss an BGHZ 103, 275 = NJW 1988, 1378 – OLG Köln 11. 12. 1996, OLGR 1997, 172 = VRS 94, 11; OLG Hamm 19. 5. 1988, NZV 1988, 180 (Nutzfahrzeug); OLG Hamm 14. 5. 1992, OLGR 1992, 290 (Motorrad); weitergehend LG Bielefeld 28. 9. 1988, NJW-RR 1989, 561 (Verkäufer war nur angestellter Kfz-Meister); vgl. auch LG Tübingen 26. 6. 1987, DAR 1988, 167 (Verkauf eines Reisebusses durch Busunternehmer) und OLG Bamberg 15. 6. 1976, VersR 1977, 182 (Sonderfall).
380 Urt. v. 29. 8. 1991, VRS 82 (1992), 172 = DAR 1992, 305.
381 Für Vollmacht *Eggert,* NJW 1990, 549; vgl. auch *Tiedtke,* JuS 1988, 848; *Huber,* JZ 1988, 923; *Soergel/Huber,* § 459 Rn 318; *G. Müller,* BB 1990, 2136.
382 Urt. v. 15. 6. 1998, NZV 1998, 466; ebenso LG Hamburg, Urt. v. 10. 10. 1991, 304 O 31/91, n. v. (Verkauf eines 40 Jahre alten US-Militärjeeps).
383 So OLG München 19. 10. 1990, 21 U 6283/90, SP 1992, 60 (Vermittlung durch Tankstelleninhaber).

Die Zusicherungshaftung

kreis ausgedehnt und z. B. auch einen Kfz-Meister ohne eigene Werkstatt[384] und einen Händler mit „kleiner Wartungshalle"[385] dazugezählt. Entscheidend ist der Eindruck, den der Käufer bei verständiger Sicht der Dinge von dem Betrieb gewinnen durfte.[386]

1781 5. Wird das Fahrzeug ohne „frische" Prüfplakette oder mit Plakette, aber nicht in verkehrssicherem (abnahmefähigem) Zustand (vgl. § 29 Abs. 2a StVZO) ausgeliefert, so haftet der Händler im Fall des **Eigengeschäfts** nach den §§ 459 ff. BGB. Insbesondere hat der Käufer den Schadensersatzanspruch aus § 463 S. 1 BGB. Auf ein Verschulden des Händlers kommt es nicht an. Das Risiko eines Irrtums des Prüfers trägt der Händler.[387] Zu beachten ist, dass speziell beim sog. Werkstatt-TÜV die Prüfplakette nicht selten mit der Auflage erteilt wird, die festgestellten Mängel zu beseitigen, diese Auflage aber nicht immer erfüllt wird.

1782 6. Beim **Agenturgeschäft** kommt eine Haftung des Händlers/Vermittlers unter zwei Gesichtspunkten in Frage: zum einen aus c. i. c., wobei die Frage der Pflichtwidrigkeit (Verschulden) noch offen ist; zum anderen aus § 179 BGB.[388]

1783 7. Festgehalten hat der BGH an seiner Auffassung, dass die TÜV-Abrede im Einzelfall nicht nach Kauf-, sondern nach **Werkvertragsrecht** zu beurteilen sein kann. Voraussetzung ist, dass die Vertragsparteien von der Vorstellung ausgegangen sind, „dass ein bestimmter Zustand des Wagens noch durch eine Tätigkeit des Beklagten bzw. der Verkäuferin verändert werden müsse".[389] Daran soll es in dem durch Urteil vom 24. 2. 1988 entschiedenen Fall gefehlt haben. Eine werkvertragliche Zusicherung, die zu einer radikalen Änderung der Händlerhaftung geführt hätte, hat der BGH mit der Begründung abgelehnt, die Parteien hätten mit keinem Wort „etwaige Fehler oder Mängel zur Zeit des Vertragsabschlusses erörtert". Ohne eine solche „Erörterung" ist auch nach Ansicht des OLG Hamm (28. ZS) kein Raum für die Annahme einer werkvertraglichen Abrede (OLGR 1992, 290). Schon die bloße Herbeiführung der TÜV-Abnahme als werkvertragliche Unternehmerleistung zu werten,[390] geht sicherlich sehr weit. Doch Klauseln wie „TÜV neu" bedeuten auch ohne ausdrückliche Zusätze wie

– „rechte Seite und linke Tür Lackschäden beseitigen, Rückscheibeneinfassung reparieren",[391]
– „Reparaturkosten zu Lasten des Verkäufers"[392]

mehr, als das Fahrzeug einer amtlich anerkannten Prüforganisation vorzuführen und es abnehmen zu lassen. An anderer Stelle seines Urteils vom 24. 2. 1988 weist der BGH selbst mit Recht darauf hin, dass der Händler verpflichtet sei, bei der Prüfung erkannte und beanstandete Mängel zu beseitigen. Auch er müsse mit solchen Mängeln rechnen. Dies trifft zu.[393] Infolgedessen gehen die Vertragspartner bei einem Kauf in einem Autohaus mit eigener

---

384 So LG Bielefeld 28. 9. 1988, NJW-RR 1989, 561.
385 LG Köln 13. 1. 1993, DAR 1994, 160.
386 OLG Köln 11. 12. 1996, OLGR 1997, 172 = VRS 94, 11.
387 Für Amtspflichtverletzungen eines TÜV-Sachverständigen haftet das betreffende Land, weil der Sachverständige bei der Hauptuntersuchung nach § 29 StVZO hoheitlich tätig wird, vgl. BGH 25. 3. 1993, NJW 1993, 1784 m. w. N. Gegen die Prüforganisation hat auch der Käufer keinen direkten Anspruch, auch nicht unter dem Gesichtspunkt des Vertrages mit Schutzwirkung zu Gunsten Dritter. In den Schutzbereich des Vertrages zwischen dem Händler und der Prüforganisation ist er nicht einbezogen; s. auch OLG Düsseldorf 12. 10. 1995, OLGR 1996, 17.
388 Zu beiden Anspruchsgrundlagen s. Rn 1395 ff., 1412 ff.
389 So BGH 24. 2. 1988, BGHZ 103, 275 = NJW 1988, 1378.
390 So der 2. Senat des OLG Hamm in st. Rspr., vgl. Urt. v. 6. 12. 1979, 2 U 161/79, n. v.; Urt. v. 29. 5. 1980, NJW 1980, 2200 (Nr. 14).
391 BGH 6. 10. 1971, NJW 1972, 46 = WM 1971, 1437.
392 OLG Hamm 16. 11. 1978, 2 U 56/78 n. v.
393 Vgl. *Eggert*, NJW 1990, 549.

Werkstatt als selbstverständlich davon aus, dass der Händler die für die TÜV-Abnahme erforderlichen Arbeiten auf seine Kosten erledigt. Er hat das Fahrzeug in einen abnahmereifen Zustand zu versetzen, so der 2. Senat des OLG Hamm in st. Rspr.[394] Im Urteil vom 14. 2. 1980[395] heißt es dazu weiter:

„Im Übrigen ergibt sich dies auch aus der von der Beklagten übernommenen Pflicht zur Überprüfung. Denn diese Überprüfung bedeutete aus der auch der Beklagten erkennbaren Sicht des Klägers die Durchsicht des Autos auf Mängel, die die Tauglichkeit des Autos zum weiteren Gebrauch als Kfz durch den Kläger erheblich minderten (§ 633 Abs. 1 BGB, wobei allerdings Verschleißerscheinungen, die nicht alsbald mit einer Störung dieser Tauglichkeit rechnen ließen, außer Betracht zu bleiben haben), und die Beseitigung dieser Mängel."

Der 23. Senat des OLG Hamm ist der Auslegung des BGH in einem Fall gefolgt, in dem der Verkäufer eines **Nutzfahrzeugs** erklärt hatte: „TÜV 1/87: auf Wunsch durch DB neu". Darin sei keine werkvertragliche Zusicherung zu sehen, weil nicht der Verkäufer, sondern die mit der „Vorprüfung" des Fahrzeugs beauftragte DB-Werkstatt[396] etwaige Reparaturmaßnahmen durchführen sollte.[397] Diese Unterscheidung leuchtet nicht ein. Verantwortlich für die Durchführung der TÜV-Abnahme war der Verkäufer. Dass er sich dazu eines bestimmten Subunternehmers bedienen sollte, rechtfertigt es nicht, statt Werkvertragsrecht die §§ 459 ff. BGB anzuwenden. Solange es dem Verkäufer nicht ausdrücklich untersagt wird, vor und nach der Hauptuntersuchung an dem Fahrzeug zu arbeiten oder arbeiten zu lassen, sind Erklärungen wie „TÜV neu" auch ohne besondere Reparaturklausel nach **Werkvertragsrecht** zu behandeln. Die Rechtsfolgen ergeben sich aus dem BGH-Urteil vom 6. 10. 1971[398] und der ständigen Spruchpraxis des 2. Senats des OLG Hamm.[399] Überholt ist die Entscheidung des OLG Hamm (27. ZS) vom 5. 2. 1980.[400]

1784 8. Vom BGH noch nicht geklärt ist die Rechtslage, wenn der Händler die Hauptuntersuchung schon **vor der Bestellung** des Fahrzeugs, also vor Unterzeichnung des Bestellscheins, hat durchführen lassen. Vermutlich wird der BGH bei dieser nicht selten vorkommenden Konstellation gleichfalls mit einer stillschweigenden kaufvertraglichen Zusicherung doppelten Inhalts argumentieren. **In der Vergangenheit** liegende Vorgänge wertet der BGH allerdings nur dann als Eigenschaft i. S. v. § 459 II BGB, „wenn sie eine dauerhafte, die Vertragsmäßigkeit oder Werteinstufung der Sache auch für den Zeitpunkt des Vertragsschlusses und des Gefahrübergangs beeinflussende Wirkung haben".[401]

Bei einer **mehr als 6 Monate** zurückliegenden TÜV-Abnahme wird man dieses ohnehin fragwürdige Zusatzmerkmal[402] kaum bejahen können. Eine sichere Grenze zu ziehen, ist unmöglich. Bei einem Abstand von nur **vier Tagen** zwischen – vom Händler veranlasster – Hauptuntersuchung und Verkauf meint das OLG Köln:[403]

„Der Käufer eines Wagens geht bei Zusicherung einer gerade erfolgten TÜV-Abnahme davon aus, dass der Wagen dem TÜV vorgeführt und nach Beseitigung festgestellter Mängel als verkehrssicher zugelassen worden ist."

---

394 Vgl. Fn. 390.
395 Az. 2 U 214/79, n. v.
396 DB = Daimler-Benz.
397 Urt. v. 19. 5. 1988, NZV 1988, 180.
398 NJW 1972, 46 = WM 1971, 1437.
399 Vgl. Fn. 390/395; s. auch OLG Düsseldorf 18. 12. 1992, OLGR 1993, 161.
400 NJW 1980, 2200 (Nr. 13) = MDR 1980, 847.
401 Urt. v. 11. 6. 1986, WM 1986, 1222 = JZ 1986, 955 m. Anm. *Köhler* – Turnierpferd; zur Erklärung „Beanstandungen von Seiten des TÜV bestehen nicht", vgl. BGH 28. 6. 1978, WM 1978, 1175 – Tanklager.
402 Dazu *Soergel/Huber*, § 459 Rn 148, Rn 32.
403 Urt. v. 21. 3. 1972, 15 U 134/71, n. v.

Die Zusicherungshaftung

Der 10. Senat des OLG Köln hat in der Vorlage eines nur **zehn Tage** alten positiven **TÜV-Berichts** (Untersuchungsbefund) die Zusicherung gesehen, dass das Fahrzeug in einem „den Anforderungen des TÜV genügenden verkehrssicheren Zustand" sei.[404] Liegt die TÜV-Abnahme hingegen bereits **vier Monate** zurück, so „kann und darf der Käufer ohne eine zusätzliche Erklärung des Verkäufers nicht davon ausgehen, Letzterer wolle trotz des Gewährleistungsausschlusses ... die verschuldensunabhängige Gewähr dafür übernehmen, dass das Fahrzeug auch im Zeitpunkt des Abschlusses des Kaufvertrages noch verkehrssicher sei.[405]

9. Klar ist aufgrund der Entscheidung vom 24. 2. 1988 (BGHZ 103, 275), dass mit einem Hinweis des Kfz-Händlers auf eine in der Vergangenheit liegende TÜV-Abnahme, **veranlasst vom Vorbesitzer,** keinerlei eigene Qualitätszusage verbunden ist. Beim Agenturverkauf gibt der Händler/Vermittler insoweit schon keine Eigenerklärung ab. Er leitet eine Information weiter, die er sich im Zweifel aus dem Fahrzeugschein beschafft hat. Auskunft gibt natürlich auch die Prüfplakette am Fahrzeug. Bei stillgelegten Fahrzeugen kann sie fehlen.

10. Für das **private Direktgeschäft** bringt BGHZ 103, 275 = NJW 1988, 1378 unmittelbar keine Lösung. Auch sonst liegt zu diesem Geschäftstyp keine einschlägige BGH-Entscheidung vor. Es ist indes zu erwarten, dass der BGH – ebenso wie in vergleichbaren Fällen[406] – zwischen gewerblichem Handel und Privatverkauf unterscheiden wird. Denn die weite Auslegung der TÜV-Klausel im Sinne von BGHZ 103, 275 ist nur mit der beruflichen Sachkunde des Verkäufers/Vermittlers und dessen Ausstattung mit technischen Prüfeinrichtungen zu erklären. Folgerichtig haben die **Instanzgerichte**[407] „TÜV-Erklärungen" von **Privatverkäufern** ohne technisches Know-how **anders bewertet** als entsprechende Zusagen von Kraftfahrzeughändlern.

Sofern eine kaufvertragliche Eigenschaftszusicherung überhaupt bejaht wird, hat sie nicht die Verkehrssicherheit des Fahrzeugs zum Inhalt, sondern nur das Versprechen, „für eine formelle TÜV-Abnahme ohne weitere Gewährübernahme zu sorgen".[408] Diese Aussage des OLG Hamm ist repräsentativ für die **Fallgruppe** „Fahrzeug soll noch über den TÜV gebracht werden". In einer entsprechenden Erklärung eines Privatverkäufers sieht der 28. ZS eine kaufvertragliche Zusicherung, die TÜV-Abnahme „formal" zu erledigen, d. h. das Fahrzeug mit frischer Plakette zu übergeben. Für die Annahme einer eigenständigen **kaufvertraglichen Nebenpflicht** (s. dazu BGH NJW 1984, 2287 – Typ-Prüfung für Turmdrehkran) sei schon mit Rücksicht auf die wesentliche Bedeutung der „TÜV-Freiheit" für die Verwendung des Fahrzeugs im öffentlichen Verkehr kein Raum. Diese Argumentation überzeugt nicht. Auch für den Käufer wesentliche Umstände können Gegenstand einer sogenannten Nebenpflicht des Verkäufers sein (in Abgrenzung zu den Hauptpflichten aus § 433 I BGB). Problematisch ist die Annahme einer kaufvertraglichen Zusicherung aus zwei Gründen: Zum einen liegt die Eigenschaft, deren Vorhandensein zugesichert sein soll (formale TÜV-Abnahme), in

---
404 Urt. v. 26. 9. 1974, 10 U 63/74, n. v.; anders OLG München 19. 10. 1990, 21 U 6283/90, SP 1992, 60 (durch Tankstelleninhaber vermittelter Verkauf; TÜV-Abnahme lag nicht länger als 1 Monat zurück); s. auch OLG Düsseldorf 1. 2. 1996, OLGR 1996, 180 – Abstand von 2 Monaten.
405 OLG Köln 3. 5. 1977, 9 U 80/76, n. v. (Händlereigengeschäft).
406 Vgl. Urt. v. 15. 2. 1984, NJW 1984, 1454 – km-Stand; Urt. v. 17. 4. 1991, NJW 1991, 1880 – Porsche 928 S.
407 Besonders deutlich: OLG München 16. 5. 1997, NJW-RR 1998, 845 (Sportwagen); OLG Hamm (28. ZS) 14. 5. 1992, OLGR 1992, 290 (Motorradkauf); OLG Köln 8. 4. 1992, NJW 1993, 271 = DAR 1992, 379 = NZV 1992, 440 = OLGR 1992, 210 (17 Jahre altes Cabrio); LG Köln 18. 1. 1989, NJW-RR 1989, 699 („TÜV abgenommen bis 1990" – Pkw-Verkauf); vgl. auch OLG Düsseldorf 21. 10. 1994, OLGR 1995, 84 (L.) – Verkauf eines VW-Busses mit der Klausel „TÜV-Untersuchungsschein dabei".
408 So OLG Hamm (28. ZS) 14. 5. 1992, OLGR 1992, 290; a. A. AG Nienburg 30. 6. 1993, ZfS 1993, 304 für die Erklärung „Pkw kommt auf jeden Fall durch den TÜV".

der Zukunft, sodass die §§ 459 I, 463 S. 1 BGB allenfalls analog heranzuziehen sind.[409] Zum anderen erscheint die Rechtsfolge (Schadensersatz wegen Nichterfüllung) unangemessen hart. Sachgerechte Ergebnisse lassen sich hingegen mit der Konstruktion einer werkvertraglichen Abrede oder einer kaufvertraglichen Nebenpflicht erzielen (s. auch OLG Düsseldorf OLGR 1993, 161).

Mehr als nur die formale TÜV-Abnahme verspricht ein Privatverkäufer mit der Zusage, eine Kfz-Werkstatt werde die Fahrzeugüberprüfung und TÜV-Abnahme auf seine Kosten besorgen. Darin sieht das LG Köln zugleich die Zusicherung, dass der Käufer ein Fahrzeug erhalten solle, das mit einem bestimmten Reparaturaufwand zur TÜV-Reife gebracht werden kann.[410] Lehne der Verkäufer die Übernahme der Reparaturkosten ab, hafte er wegen falscher Zusicherung.

Zur Fallgruppe **„TÜV-Abnahme vor Verkauf":** Anders als beim Kauf vom Kfz-Händler haben die auf dem Privatmarkt angebotenen Fahrzeuge in der Regel keine ganz frische Plakette. Für den **Privatverkauf** gilt: Ein Hinweis des Verkäufers auf eine noch von seinem **Vorbesitzer** veranlasste Hauptuntersuchung enthält keine, auch keine eingeschränkte Zusicherung i. S. v. § 459 I BGB. Anders kann es sein, wenn der Verkäufer die TÜV-Abnahme **selbst** herbeigeführt hat oder gar durch eine **Werkstatt** hat ausführen lassen und dies bei den Verkaufsverhandlungen oder in der Verkaufsanzeige besonders herausgestellt wird. Zu dieser Fallgestaltung liegt eine umfangreiche Rechtsprechung vor. Im Kern ging es meist um die Frage, ob der (Privat-)Verkäufer mit seiner „TÜV"-Erklärung auch für einen **bestimmten Zustand** des Fahrzeugs (Verkehrssicherheit, Betriebssicherheit) garantiemäßig einstehen will. Ganz überwiegend wird eine derartige Haftungsübernahme verneint.[411] Dies selbst für den Fall, dass der Verkäufer das Fahrzeug vor dem Verkauf in einer Werkstatt hat prüfen und für die TÜV-Abnahme hat vorbereiten lassen (vgl. LG Köln NJW-RR 1989, 699; s. auch OLG Köln NJW 1993, 271 – vorherige „Überarbeitung" durch einen Bekannten des Verkäufers).

1787 11. Höchstrichterlich noch nicht entschieden sind Fälle aus dem **gewerblichen Bereich außerhalb des Kfz-Handels.** In der nur **mündlich** abgegebenen Erklärung eines Transportunternehmers, die angebotenen **Lkw** seien „TÜV-abnahmefähig", hat das OLG Stuttgart[412] eine Zusicherung gesehen. Die Abnahme des Fahrzeugs „ohne wesentliche Mängel" müsse gewährleistet sein, was mehr bedeute als „fahrbereit" (dazu Rn 1686 ff.) Hinzuweisen ist ferner auf eine Entscheidung des LG Tübingen[413] und ein unveröffentlichtes Urteil des LG Berlin vom 23. 3. 1993, 2 O 522/92 – rechtskräftig (Kauf eines gebrauchten Tankanhängers mit der Abrede „TÜV erneuert, GGVS 2.95".

Unfallfreiheit/bestimmter Unfallschaden

1788 Erklärungen des Verkäufers zum Thema „Unfall" sind vor allem unter **zwei Aspekten** zu würdigen: zum einen mit Blick auf die verschuldensunabhängige Haftung wegen Fehlens einer zugesicherten Eigenschaft (zur Haftung nach § 459 I BGB s. Rn 1582 ff.), zum anderen unter dem Gesichtspunkt der Arglisthaftung (vgl. dazu Rn 1877 ff.). In beiden Bereichen kommt es nach der Rechtsprechung entscheidend darauf, ob der Verkäufer ein **professioneller Händler** oder eine **Privatperson** ist.

---

409 Dazu *Eggert,* NJW 1990, 549, 551 und hier Rn 1821.
410 Urt. v. 1. 3. 1989, DAR 1990, 28.
411 OLG München 16. 5. 1997, NJW-RR 1998, 845; OLG Köln 8. 4. 1992, NJW 1993, 271 = DAR 1992, 379; OLG Düsseldorf 21. 10. 1994, OLGR 1995, 84 (L.); LG Köln 18. 1. 1989, NJW-RR 1989, 699; LG Karlsruhe 9. 1. 1981, DAR 1981, 152 („TÜV erst in einem Jahr"); strenger LG Würzburg 9. 5. 1990, DAR 1991, 152; OLG Hamm (19. ZS) 5. 5. 1995, BB 1995, 1506 („neu TÜV-abgenommen und technisch einwandfrei").
412 Urt. v. 13. 5. 1997, OLGR 1998, 256.
413 Urt. v. 26. 6. 1987, DAR 1988, 167 – Kauf eines Reisebusses von einem Busunternehmer.

Den Begriff **„Unfallfreiheit"** hat das **OLG Köln**[414] zutreffend so definiert: **1789**

Ungeachtet dessen, dass der Beklagte den Mangel des Wagens selbst nicht gekannt hat, hat er dafür einzustehen, dass er „Unfallfreiheit" zugesichert hat. Der Begriff „Unfallfreiheit" oder „unfallfrei" wird im Kraftfahrzeughandel einheitlich verwendet. Er besagt, dass ein Fahrzeug keinen Schaden erlitten hat, der als erheblich anzusehen ist. Die Erheblichkeit eines Schadens bestimmt sich nach der Verkehrsauffassung, die nur geringfügige, ausgebesserte Blechschäden und „Schönheitsfehler" aus dem Begriff der Unfallfreiheit ausklammert. Diese Begriffsbestimmung orientiert sich an der Vorschrift des § 459 BGB. Der Fehlerbegriff des Gewährleistungsrechts erfasst nämlich ebenfalls alle wertmindernden Abweichungen von der normalen oder zugesicherten Beschaffenheit einer Sache. Eine solche objektive Bestimmung des Begriffs „Unfallfreiheit" ist im Handel mit gebrauchten Kraftfahrzeugen unerlässlich. Der – private oder gewerbliche – Käufer hat in aller Regel nicht die Möglichkeit, sofort bei Vertragsabschluss umfassende Untersuchungen und Rückfragen dahin gehend anzustellen, ob der zu veräußernde Wagen einen Unfallschaden erlitten hat. Sichtbar sind solche Schäden in aller Regel nach einer ordnungsgemäß durchgeführten Reparatur nicht. Gerade wegen dieser Erkennungs- und Aufklärungsschwierigkeiten wird weitgehend beim Verkauf eines gebrauchten Kraftfahrzeuges die Frage nach der Unfallfreiheit gestellt und eine entsprechende negative Zusicherung verlangt. Derjenige, der „Unfallfreiheit" zusichert, gibt damit letztlich eine Garantie-Erklärung in dieser Hinsicht ab.

Mit Recht hat das OLG Köln[415] den Begriff „unfallfrei" dahin **eingeschränk**t, dass das Fahrzeug keinen Unfallschaden erlitten hat, der als **erheblich** anzusehen ist.[416] Etwas anderes ergibt sich nicht daraus, dass § 459 II BGB – anders als Abs. 1 – keine „Bagatellklausel" enthält. Es geht um eine Frage der Auslegung. Im Übrigen ist allgemein anerkannt, dass bedeutungslose Abweichungen von der zugesicherten Sollbeschaffenheit außer Betracht zu bleiben haben. Abgesehen von der Frage der Erheblichkeit wird nicht selten darüber gestritten, ob bestimmte Fahrzeugschäden mit der Zusicherung „unfallfrei" zu vereinbaren sind, ob also der Begriff „Unfall" weit oder eng auszulegen ist. Auch hier entscheidet die **Verkehrsauffassung**, s. Rn 1583 ff. Zu beachten sind auch etwaige mündliche Zusatzerklärungen des Verkäufers.

Die folgende Darstellung entspricht der üblichen **Zweiteilung in Geschäfte mit und ohne** **1790** **Händlerbeteiligung** auf Verkäuferseite. Auf Käuferseite steht, wenn Abweichendes nicht gesagt wird, eine **Privatperson** (Verbraucher).

Kfz-Handel: Unfallfreiheit wird beim Verkauf an Privatpersonen nicht schon dadurch **stillschweigend** bzw. konkludent zugesichert, dass der Verkäufer einen **Preis verlangt,** der für einen unfallfreien Wagen angemessen ist.[417] Auf der anderen Seite muss „unfallfrei" **nicht ausdrücklich** im Vertrag stehen. Unfallfreiheit kann auch **mündlich** zugesichert worden sein. Das wird ein Käufer nur schwer beweisen können.[418] Bei einem schriftlichen Vertrag ohne Unfallinformation streitet die Vermutung der Vollständigkeit und Richtigkeit der Vertragsurkunde für den Verkäufer, wenn der Käufer aus außerhalb der Urkunde liegenden Umständen, z. B. einer mündlichen Erklärung, eine Eigenschaftszusicherung ableitet. Eine Schriftformklausel (Vollständigkeitsklausel) kann den gleichen Effekt haben (s. Rn 1839 ff.).

Unfallfreiheit kann auch dadurch zugesichert sein, dass der Verkäufer in die Vordruckzeile „Unfallschäden" das Wort „keine" schreibt oder nur „nein" **ankreuzt** bzw. unterstreicht.[419]

---

414 Urt. v. 11. 6. 1975, DAR 1975, 327 = DB 1975, 2129; s. auch OLG Köln 6. 3. 1968, JMBl. NW 1969, 155; OLG Köln 14. 12. 1971, JMBl. NW 1972, 189; OLG Frankfurt 24. 6. 1992, ZfS 1992, 338; OLG Koblenz 25. 6. 1992, VRS 84, 243; OLG Hamm 14. 6. 1994, DAR 1994, 402 = OLGR 1994, 181 (mit Hinweis auf § 12 AKB).
415 Urt. v. 11. 6. 1975, DAR 1975, 327.
416 So auch OLG Hamm 29. 9. 1994, OLGR 1995, 55 („keine über die Bagatellgrenze hinausgehende Unfallschäden"); s. auch OLG Hamm 29. 9. 1994, DAR 1994, 402 (Verkäufer hatte aber zusätzlich erklärt, Fahrzeug habe „keine Macke"); zweifelnd OLG Koblenz 25. 6. 1992, VRS 84, 243.
417 BGH 16. 2. 1977, NJW 1977, 1055 und Vorinstanz OLG München 25. 7. 1975, DAR 1976, 132.
418 Beispiel für einen Indizienbeweis: SchlHOLG 16. 7. 1997, OLGR 1998, 24.
419 Vgl. OLG Frankfurt 24. 6. 1992, ZfS 1992, 338.

Noch weiter geht das OLG Köln, wenn es einen **Händler** in die Zusicherungshaftung nimmt, der die Unfallzeile unausgefüllt gelassen hat.[420] Die **vorgedruckte Erklärung** (in einem Formular für den Privatverkauf) lautete: „Der Verkäufer sichert zu, dass das Kfz in der Zeit, in der es sein Eigentum war, sowie nach seiner Kenntnis auch früher keinen Unfallschaden erlitt ... folgende Unfallschäden (Zahl, Art und Umfang) erlitt". Der Händler hatte keines der beiden Kästchen angekreuzt, gleichwohl hat das OLG Köln eine stillschweigende Zusicherung bejaht.[421] Wenigstens den Ansatz eines Erklärungstatbestandes lässt die Fallgestaltung erkennen, die der Entscheidung des OLG Köln vom 18. 9. 1998[422] zugrunde liegt: Die Rubriken in Sachen „Unfall" waren nicht völlig unausgefüllt geblieben, es war auch nichts durchgestrichen („Nichtzutreffendes streichen"); der Verkäufer (eine Privatperson) hatte vielmehr hinter den vorgedruckten Text zwei Querstriche gesetzt.

Wenn ein Kfz-Händler sich darauf beschränkt, dem Käufer lediglich eine **Rechnung über eine Unfallreparatur** vorzulegen, ist eine konkludente Zusicherung im Sinne von „keine weiteren Schäden als in der Rechnung ausgewiesen" im Zweifel zu verneinen. Ohne konkrete Anhaltspunkte für ein garantiemäßiges Einstehenwollen ist es auch nicht gerechtfertigt, eine Zusicherung dahin gehend anzunehmen, dass die in der Rechnung ausgewiesenen Arbeiten ordnungsgemäß und vollständig ausgeführt worden sind. Derartige Garantieversprechen kann ein Käufer insbesondere dann nicht erwarten, wenn die Rechnung nicht von der Verkäuferfirma stammt bzw. nicht auf den (Privat-)Verkäufer ausgestellt ist.[423]

Ein **Kfz-Händler** kann sich bei der Erklärung „unfallfrei" oder bei einer Information wie „nur kleine Blechschäden"[424] beim **Verkauf an Endverbraucher** – anders kann es bei einem Händler-Händler-Geschäft sein – nicht von vornherein darauf zurückziehen, er habe nur eine fremde Information weitergeleitet.[425] Ist beispielsweise in der Kaufvertragsrubrik „Besondere Vereinbarungen" handschriftlich notiert: „Verkäufer versichert, dass das Fahrzeug unfallfrei ist", so liegt darin die **uneingeschränkte Zusicherung** der Unfallfreiheit.[426] Will ein Kfz-Händler diese Rechtswirkung vermeiden, muss er seinen Kunden, auch den **professionellen Aufkäufer,**[427] deutlich und unmissverständlich auf seine fehlende Haftungsbereitschaft hinweisen, z. B. durch den Zusatz „laut Angabe des Vorbesitzers" oder durch die Formulierung „vom Vorbesitzer wird versichert, dass der Wagen unfallfrei ist". Der allgemeine Gewährleistungsausschluss (Freizeichnungsklausel) genügt für sich allein auf keinen Fall.[428] Gleiches gilt für formularmäßige Negativ- und Schriftformklauseln (vgl. Rn 1838 f.).

1791 Welchen Inhalt der Hinweis des Händlers haben muss und wie er zu gestalten ist, ist in der Rechtsprechung nicht völlig geklärt. Der BGH hat sich zu dieser für die Praxis eminent wichtigen Frage noch nicht klar geäußert.[429] Obergerichtliche Rechtsprechung liegt nur für das – jetzt wieder dominierende – **Eigengeschäft** vor, nämlich:

---

420 Urt. v. 10. 3. 1989, 6 U 167/88, n. v.
421 Im Ergebnis ebenso SchlHOLG 16. 7. 1997, OLGR 1998, 24; vorzuziehen ist in einem solchen Fall eine Lösung über §§ 459 I, 463 S. 2 BGB.
422 OLGR 1999, 50 = DAR 1999, 264 Ls.
423 Zur Bedeutung von Rechnungsvorlagen s. auch OLG Hamm NJW-RR 1986, 932; OLG Köln OLGR 1992, 289 und hier Rn 1811 f., 1680.
424 Zu dieser Fallgruppe s. Rn 1794.
425 Davon geht der BGH als selbstverständlich aus, vgl. Urt. v. 10. 10. 1977, NJW 1978, 261; v. 4. 11. 1981, NJW 1982, 435; vgl. auch Urt. v. 18. 3. 1981, NJW 1981, 1441 unter II, 2b, bb; KG 24. 11. 1992, OLGR 1993, 1.
426 BGH 10. 10. 1977, NJW 1978, 261 = MDR 1978, 306.
427 Beispiel aus der BGH-Rspr.: Urt. v. 4. 11. 1981, NJW 1982, 435, in dem es freilich um die Tragweite der Zusicherung im Hinblick auf Mangelfolgeschäden ging.
428 BGH 10. 10. 1977, NJW 1978, 261.
429 Andeutungsweise im Urt. v. 18. 3. 1981, NJW 1981, 1441 unter II, 2b, bb.

Die Zusicherungshaftung

OLG München 28. 1. 1982, 14 U 509/81, n. v.

„Die Formulierung ‚nach Angaben des Vorbesitzers unfallfrei' ist inhaltlich eindeutig. Sie gibt lediglich wieder, was der Vorbesitzer bezüglich eines Vorschadens erklärt hat und erfordert für einen Haftungsausschluss keineswegs die zusätzliche Erklärung, dass der Verkäufer die Angabe des Vor-Verkäufers nicht auf ihre inhaltliche Richtigkeit überprüft habe."

OLG Stuttgart 23. 3. 1982, 11 U 223/81, n. v.

„Die formularmäßige Erklärung ‚Zahl, Umfang und Art von Unfallschäden lt. Vorbesitzer' kann vernünftigerweise nur dahin verstanden werden, dass die Beklagte als Verkäuferin für die Richtigkeit dieser ihr gegenüber abgegebenen Erklärung keine Verantwortung übernimmt und es dem Käufer überlässt, ob er dieser Angabe vertrauen will."

Diesen Entscheidungen, denen andere Gerichte gefolgt sind,[430] ist zuzustimmen.[431] Sie bestätigen der vom **ZDK** empfohlenen Vertragsgestaltung hinreichende Transparenz. Für den Parallelfall der km-Angabe („Gesamtfahrleistung lt. Vorbesitzer") haben mehrere Oberlandesgerichte in gleicher Weise entschieden (Rn 1732 f.). Hinzuweisen ist auch auf ein Urteil des OLG Düsseldorf, in dem es u. a. heißt:

1792

„Die in den Vertrag aufgenommene eingeschränkte handschriftliche Zusicherung ‚vom Vorbesitzer wird versichert, dass der Wagen unfallfrei ist' ist jedenfalls unstreitig richtig. Ihr Sinn ist eindeutig. Zur weiteren Aufklärung über die Tragweite dieser Vertragsklausel war er daher nicht verpflichtet."[432]

Ob ein nur **formularmäßiger** Hinweis wie „lt. Vorbesitzer" oder „lt. Verkäufer" als Zusatz hinter dem Wort „unfallfrei" oder in der Zeile „Zahl, Art und Umfang von Unfallschäden"[433] für sich allein genommen die Kraft hat, dem Käufer die beabsichtigte Distanzierung zu signalisieren, mag zweifelhaft sein. Er wird erfahrungsgemäß kaum wahrgenommen. Was der Annahme einer Zusicherung der Unfallfreiheit durch einen Kfz-Händler in der Regel entgegensteht, ist weniger der vorgedruckte Quellenhinweis „lt. Vorbesitzer" als vielmehr die auch einem Privatkäufer erkennbare **typische Interessenlage** des gewerblichen Gebrauchtwagenverkäufers.[434] Im Übrigen gilt auch hier: Der Käufer kann sich bei dem Vorbesitzer erkundigen und/oder vom Händler eine ausdrückliche und uneingeschränkte Gewährübernahme verlangen, wie sie im Falle eines Eigengeschäfts z. B. die Formulierung „laut Verkäufer unfallfrei" darstellt.[435] Keine Zusicherung, sondern nur eine **„Wissensmitteilung"** sieht das OLG Celle[436] in der Eintragung „laut letzter Halterangabe unfallfrei". Mit der Kennzeichnung als „Wissensmitteilung" („Wissenserklärung") ist der Tatbestand der Zusicherung nicht notwendigerweise ausgeschlossen. Nur reine (bloße) Wissenserklärungen, wobei die Betonung auf „reine" liegt, klammert der BGH aus dem Anwendungsbereich der §§ 459 II, 463 S. 1 BGB aus. Wer erklärt, er wisse nichts von einem Unfall, sichert damit laut BGH[437] nicht die Unfallfreiheit des Fahrzeugs zu. Das leuchtet unmittelbar ein. Der Bedeutungsgehalt der Erklärung „lt. Vorbesitzer unfallfrei" deckt sich zwar nicht mit der Auskunft, von einem Unfall nichts zu wissen. Denn der Verkäufer nimmt auf eine **fremde Information** Bezug, eigenes Wissen bzw. Nichtwissen tut er nicht kund. Ohne Hinzutreten weiterer

---

430 Z. B. LG Hagen 4. 11. 1997, 1 S 171/97, n. v.
431 Vgl. auch *Landscheidt/Segbers,* NZV 1991, 289, 292 (ohne abschließende Stellungnahme); wie hier *Soergel/Huber,* § 459 Rn 311, 317.
432 Urt. v. 18. 5. 1979, 14 U 10/79, n. v.; s. auch OLG Düsseldorf 5. 10. 1995, NZV 1996, 368 („eingeschränktes Wissen").
433 Die Formularpraxis ist nicht einheitlich. Neuwagenhändler mit Gebrauchtwagenabteilung operieren überwiegend mit Bestellscheinen, die im unteren Teil zwei Zeilen für das „Unfallthema" enthalten, nämlich „Zahl, Umfang und Art von Unfallschäden lt. Vorbesitzer" und darunter „Dem Verkäufer sind auf andere Weise Unfallschäden bekannt – nein . . . ja, welche".
434 Vgl. *Eggert,* DAR 1998, 45.
435 OLG Frankfurt 24. 6. 1992, ZfS 1992, 338 betrifft nach dem Klauselwortlaut („. . . lt. Verkäufer") ein Agenturgeschäft, die Rechtsfolge (Wandlung) spricht aber für ein Eigengeschäft.
436 Beschl. v. 6. 6. 1996, OLGR 1996, 194.
437 WM 1981, 323 (in NJW 1981, 928 nicht abgedruckt).

Umstände (mündliche Erklärungen des Verkäufers, schriftliche Unfall-Informationen an anderer Stelle) strahlt diese Bezugnahme auf die Auskunft des „Vorbesitzers" (= Voreigentümers = Vertragspartners des Händlers) nicht das für die Annahme einer Zusicherung erforderliche Vertrauen aus. Dagegen lässt sich nicht einwenden, der Händler habe die Vorbesitzerangabe überprüft und sich ein eigenes Bild vom wirklichen Zustand des Fahrzeugs gemacht, jedenfalls machen können. Eine solche Kontrolle findet zwar in der Regel statt, obgleich nach der Judikatur eine Rechtspflicht dazu nicht besteht. Doch auch Fachhändler mit der üblichen Werkstattausrüstung gelingt es nicht immer, einen sach- und fachgerecht instand gesetzten Unfallschaden aufzuspüren. Nicht zuletzt aus diesem Grund hat der BGH es als ein Gebot der wirtschaftlichen Vernunft bezeichnet, dass der Kfz-Händler seine Gewährleistung gerade für verborgene Unfallschäden ausschließt. Daran ist er umso stärker interessiert, je mehr Vorbesitzer das Fahrzeug hatte. Ist ein Pkw bereits durch mehre Hände gegangen, liegen die beschränkten Informationsmöglichkeiten des (Zwischen-)Händlers offen zu Tage. Dass seine vorformulierte Erklärung, ihm seien auch **auf andere Weise,** also unabhängig von der Auskunft des Vorbesitzers, Unfallschäden **nicht bekannt,** keinen Zusicherungscharakter hat, ist allgemein anerkannt. Es handelt sich in der Tat um eine reine Wissenserklärung. Der Kaufinteressent kann und darf sie nur dahin verstehen, dass im verkaufenden Handelsbetrieb keine Kenntnisse über einen Unfallschaden vorliegen. Trifft diese Erklärung nicht zu, etwa weil im eigenen Betrieb ein Unfallschaden repariert worden war, so kann mit Blick auf die Arglisthaftung an die Falschauskunft angeknüpft werden,[438] eine zugesicherte Eigenschaft fehlt dem Fahrzeug jedenfalls nicht.

Sache des Käufers ist es, konkrete Tatsachen dafür vorzutragen und notfalls zu beweisen, dass der Händler **ausnahmsweise** mit seiner **eigenen Fachkompetenz** hinter der „Unfall-Information" steht und sich persönlich dafür stark sagen wollte. Dafür reicht es nicht aus, dass das Fahrzeug nur einen einzigen Voreigentümer hatte, die Bezugnahme des Händlers „lt. Vorbesitzer" also formal erschöpfend und lückenlos ist. Eigentum und Besitz an Kraftfahrzeugen fallen vielfach auseinander (s. Rn 1487 f.). Am Beispiel der „Leasingrückläufer" wird deutlich, dass selbst ein Erst-Eigentümer nicht immer voll darüber informiert sein muss, ob sein Fahrzeug in einen Unfall verwickelt war oder nicht. Dieses Informationsdefizit geht beim Ankauf durch den Händler auf diesen über und kann auch durch eine gründliche „Unfall-Kontrolle" nicht hinreichend kompensiert werden. Ist der einzige Voreigentümer hingegen eine Privatperson, die laut Auskunft des Händlers oder ausweislich des Kundendienstheftes ihr Fahrzeug ständig im Händlerbetrieb hat warten und pflegen lassen, so wird eine Bezugnahme auf eine „Unfallfrei-Auskunft" dieses „guten Kunden" für einen Vertrauensschutz des Käufers sprechen, zumal bei einem Fahrzeug geringen Alters und niedriger Laufleistung.

1793 **Privatverkauf:** Während Angaben von Kfz-Händlern zum Thema „Unfall/Vorschaden" weitgehend standardisiert sind, zeichnet sich das **private Direktgeschäft** durch seine Vielfalt in den Erklärungstatbeständen aus. Soweit vorformulierte Verträge benutzt werden, wobei insbesondere auf den **ADAC-Mustervertrag** hinzuweisen ist, hat die **Rechtsprechung** in den letzten Jahren eine recht einheitliche Auslegungslinie gefunden.[439] Im ADAC-Vertrag werden „Unfallschäden" gegen **„sonstige Beschädigungen"** abgegrenzt. Was unter Letzteren zu verstehen ist, sagen die Entscheidungen AG Reinbek, DAR 1999, 410 und AG Karlsruhe-Durlach, DAR 1999, 270. Bei **Individualverträgen,** insbesondere bei nur mündlich abgeschlossenen Verträgen, kommt es naturgemäß ganz besonders auf die konkreten Umstände des Einzelfalles an.

---

438 Vgl. OLG Celle 23. 6. 1995, 4 U 301/94, n. v.; s. auch Rn 1881 ff.
439 Vgl. OLG Hamburg 19. 6. 1997, DAR 1998, 72; LG Zweibrücken 17. 11. 1998, MDR 1999, 159 = DAR 1999, 367; LG Leipzig 23. 2. 1999, DAR 1999, 366; LG Gießen 8. 1. 1997, ZfS 1997, 175; LG Bückeburg 3. 2. 1995, DAR 1995, 369; s. auch *Eggert,* DAR 1998, 45.

Die Zusicherungshaftung Rn 1794

Die Erklärung eines **Privatverkäufers,** er habe das Fahrzeug als „unfallfrei" erworben, ist nicht als Zusicherung in dem Sinn zu verstehen, dass das Fahrzeug tatsächlich unfallfrei ist.[440] Auch wer erklärt, er wisse nichts von einem Unfall, sichert nicht „Unfallfreiheit" zu.[441] Riskant ist hingegen die schriftliche Erklärung „Fahrzeug ist bis zum heutigen Tag unfallfrei". Mit dem Einwand, diese Mitteilung habe sich nur auf seine Besitzzeit bezogen, wird ein Privatverkäufer nur bei einer längeren Vorbesitzerkette Erfolg haben.[442] Eine Richtzahl gibt es hier nicht. Aus der Haftung ist der Verkäufer auch, wenn der Nachweis gelingt, die schriftliche Erklärung mündlich eingeschränkt zu haben. Zu weit geht die Ansicht, den **schweigenden** Erstbesitzer (Privatverkäufer) beim Verkauf eines Unfallwagens in die Zusicherungshaftung zu nehmen.[443] In einem solchen Fall scheitert ein etwaiger Gewährleistungsausschluss regelmäßig an § 476 BGB (Arglist). Gleichfalls zu weit dürfte es gehen, einem Privatverkäufer, der eine **Rechnung über eine Werkstattreparatur** vorgelegt hat, das Risiko einer mangelhaften oder unvollständigen Reparatur aufzuerlegen.[444] Ein Privatverkäufer, der im Vertragstext festhält „Der Wagen war stark unfallbeschädigt" und hinzufügt „Das Fahrzeug befindet sich in einem einwandfreien Zustand", sichert nach Ansicht des OLG Düsseldorf[445] zu, dass die Schäden „gänzlich und folgenlos beseitigt worden sind".

„Unfallfreiheit im Übrigen": Unter zusicherungsrechtlichem Aspekt würdigt die **Rechtsprechung** auch Erklärungen wie z. B. 1794

- „nur kleine Blechschäden" (BGH NJW 1981, 1441; vgl. auch OLG Nürnberg NZV 1992, 441)
- „beseitigter Blechschaden" (BGH NJW-RR 1987, 436 = WM 1987, 137)
- „Blechschaden – behoben" (OLG Düsseldorf OLGR 1992, 170) oder „Seitenteilschaden hinten rechts (behoben)" – OLG Hamm OLGR 1995, 77 – Händlerankauf
- „Blechschaden" (OLG Frankfurt DAR 1987, 121 = NJW-RR 1987, 1268)
- „Blechschäden Fahrerseite" (OLG Oldenburg NJW-RR 1987, 1269)
- „Fz. hatte Frontschaden" (OLG Hamm DAR 1977, 322)
- „Heckschaden vollständig behoben" (LG Mönchengladbach NJW-RR 1992, 1524)
- „Bagatellschaden, Kleinigkeit, die leicht zu beheben ist" (OLG Düsseldorf OLGR 1992, 265 – unrep. verkauft)
- „Frontschaden sach- und fachgerecht behoben" (OLG Düsseldorf OLGR 1994, 186)
- „Unfall vorne rechts" (LG Itzehoe ZfS 1993, 374)
- „nur kleiner Parkschaden" (KG VRS 87, 241 = OLGR 1994, 85)
- „Frontschaden, Blech- und Glasschaden" (OLG Bamberg NJW-RR 1994, 1333)
- „leichter Frontschaden" (OLG Hamm 1996, 53)
- „Unfallfrontschaden" (OLG Saarbrücken NJW-RR 1998, 1273 = MDR 1998, 1162 = OLGR 1998, 307)
- „links Unfallschaden, Kotflügel etc. wurden erneuert" (OLG Köln 22. 3. 1999, NZV 1999, 381 = OLGR 1999, 205 – Privatgeschäft).

---

440 OLG Köln 8. 7. 1977, 9 U 27/77, n. v.
441 BGH 21. 1. 1981, WM 1981, 323 (in NJW 1981, 928 nicht abgedruckt); vgl. auch OLG Hamm 21. 1. 1985, NJW 1986, 136 (Hauskauf); OLG Düsseldorf 21. 10. 1994, NZV 1995, 192 (L.) = OLGR 1995, 84 (L.) s. aber auch LG Gießen 8. 1. 1997, ZfS 1997, 175.
442 Vgl. LG Saarbrücken 3. 3. 1994, ZfS 1994, 245 (8 Vorbesitzer); s. auch OLG Düsseldorf 5. 10. 1995, NZV 1996, 368.
443 So aber *Landscheidt/Segbers,* NZV 1991, 289, 292.
444 So aber AG Köln 6. 10. 1988, 134 C 156/88, n. v.
445 Urt. v. 19. 6. 1986, 18 U 17/86, n. v.

Bei dieser Fallgruppe geht es nicht nur um die Frage, ob der Verkäufer den tatsächlichen Unfallschaden arglistig verharmlost hat, beispielsweise durch eine Behauptung ins Blaue (dazu Rn 1877 ff.). Diskutiert wird auch – vornehmlich bei **Händlerverkäufen** –, ob mit derartigen Erklärungen bestimmte Eigenschaften i. S. v. § 459 II BGB zugesichert worden sind. **Zwei Eigenschaften** kommen in Frage: zum einen die Qualität der offen gelegten (Unfall-)Reparatur (sach- und fachgerecht, vollständig, keine Billigreparatur, Durchführung in Kfz-Werkstatt, nicht in Eigenregie). Gegenstand der Auslegung sind insoweit nicht nur die schlagwortartigen Kurzinformationen wie sie oben aufgeführt sind. Auch sonstige Erklärungen des Verkäufers können auslegungsrelevant sein, ebenso die Vorlage von Reparaturrechnungen (s. Rn 1790), von Schadensfotos und Gutachten. Zusicherungsfähig ist zum anderen die Eigenschaft, dass das Fahrzeug, abgesehen von den genannten Schäden, unfallfrei ist, d. h., dass der mitgeteilte Schaden nach Art und Ausmaß nicht schwerwiegender ist und dass das Fahrzeug ansonsten ohne (Unfall-)Vorschaden ist.

Der **BGH** hat diese zweite Frage – „Unfallfreiheit im Übrigen" als **stillschweigend** zugesichert – bislang offen gelassen.[446] Die Rechtsprechung der Oberlandesgerichte ist, kein Wunder bei der Vielgestaltigkeit der Lebenssachverhalte, **uneinheitlich**. Bejaht wurde die Zusicherungshaftung z. B. von den OLG Oldenburg,[447] Düsseldorf,[448] Bamberg[449] und Saarbrücken.[450] Das Urteil des OLG Frankfurt/M. v. 6. 11. 1986,[451] häufig als Beleg für diese käuferfreundliche Auffassung zitiert, gehört nicht in diese Reihe. In ihm wird die Eintragung „Blechschaden" nur zur Abgrenzung von dem – tatsächlich vorhanden gewesenen – Rahmenschaden herangezogen; die Zusicherungshaftung wird primär auf die **mündliche** Erklärung „kein Rahmenschaden" gestützt. In einer derartigen – ausdrücklichen – **Verneinung** („angegebener Karosserieschaden kein Rahmenschaden") hat auch das OLG Düsseldorf[452] eine Zusicherung gesehen (ähnlich OLG Hamm OLGR 1995, 77 – Händlerankauf; ansonsten bemerkenswert restriktiv).

1795 **Stellungnahme**: Anhand der für und gegen die Annahme einer Eigenschaftszusicherung sprechenden Kriterien (siehe Indizienkataloge unter Rn 1657, 1658) ist im Einzelfall sorgfältig abzuwägen, ob die fragliche (Unfall-)Information aus Sicht des Käufers Zusicherungscharakter (Fahrzeug im Übrigen garantiert „unfallfrei") hat oder nicht. Dabei kommt es **zunächst** darauf an, den Bedeutungsgehalt der Erklärung aus Sicht des Käufers unter Berücksichtigung aller sonstigen Verkäufererklärungen und Begleitumstände zu ermitteln. Auf dieser **ersten Auslegungsstufe** kann sich ergeben, dass die Mitteilung des Verkäufers sich in einer Auskunft über eine bestimmte, meist fremde Reparaturleistung erschöpft. Es muss übrigens nicht immer eine Instandsetzung nach einem Unfall sein. Heißt es beispielsweise im Vertrag „Lack ausgebessert", so kann dieser Hinweis auch auf eine Maßnahme Bezug nehmen, die mit einem früheren Unfall nichts zu tun hat. Für die eigentliche Zusicherungsfrage (Stufe zwei) kommt es maßgeblich darauf an, ob der Verkäufer Erstbesitzer ist, der mitgeteilte ebenso wie der „verschwiegene" Unfall also in seine Besitzzeit fällt. Bei einem **Verkauf aus erster Hand,** ohne Einschaltung eines Zwischenhändlers, wird in erster Linie an eine **arglistige Täuschung** zu denken sein (Fallgruppen „Behauptung ins Blaue" und Bagatellisierung, s. Rn 1877 ff.). Beim **Kauf vom Kfz-Händler** ist von Bedeutung, ob das Fahrzeug im Betrieb des Händlers repariert worden ist (so im Fall OLG Bamberg NJW-RR 1994, 1333 – Verkäufer war die Ehefrau des Werkstattinhabers) oder ob der Händler es repariert hereingenommen hat; zum Verkauf eines **unreparierten** Pkw s. OLG Hamm NJW-

---

446 Vgl. Urt. v. 18. 3. 1981, NJW 1981, 1441 (unter 2b) und BGH WM 1987, 137 unter III, 2.
447 NJW-RR 1987, 1269.
448 OLGR 1992, 170 („Blechschäden – behoben").
449 NJW-RR 1994, 1333.
450 Urt. v. 10. 3. 1998, NJW-RR 1998, 1273 = MDR 1998, 1162 = OLGR 1998, 307.
451 DAR 1987, 121 = NJW-RR 1987, 1268.
452 Urt. v. 4. 11. 1992, OLGR 1993, 161 – gewerblicher Verkauf.

RR 1995, 689. In denjenigen Fällen, in denen der Verkäufer so nahe am Schaden und an seiner Beseitigung ist, dass eine Gewährübernahme nach § 459 II BGB berechtigt erscheint, dürfte eine arglistige Täuschung in Betracht kommen, zumindest in der Fallkonstellation „Behauptung ins Blaue" (s. Rn 1877 ff.). Wenn die Gerichte gleichwohl immer wieder auf die Zusicherungshaftung zurückgreifen, so geschieht dies häufig nur zur Vermeidung von Beweiserhebungen zur Arglistfrage. Vorzuziehen ist eine gründliche Sachaufklärung unter Ausschöpfung aller angebotenen Beweismittel, wobei auch an eine Parteivernehmung von Amts wegen zu denken ist (§ 448 ZPO). Eine Lösung mit Hilfe der verschuldensunabhängigen Zusicherungshaftung setzt jedenfalls eine **umfassende Fallanalyse** voraus (nicht überzeugend z. B. OLG Saarbrücken, NJW-RR 1998, 1273, weil das als Beleg herangezogene Urteil des OLG Bamberg NJW-RR 1994, 1333 einen wesentlich anders gelagerten Fall betrifft). In die gebotene Gesamtschau ist auch die formularmäßige Freizeichnungsklausel einzubeziehen, wie das OLG Köln mit Recht fordert.[453] Es hat im Fall eines **Privatverkaufs** (zwei Vorbesitzer) eine stillschweigende Zusicherung „ansonsten unfallfrei" zutreffend verneint. Anders hat das LG Bückeburg[454] entschieden, indem es einen Privatverkäufer in die Zusicherungshaftung genommen hat, der von zwei ihm (durch seinen eigenen Vorbesitzer) bekannten Vorschäden lediglich einen offenbart hatte, was an sich eine arglistige Täuschung darstellt. Da der Beklagte den zweiten Unfallschaden angeblich vergessen hatte, was ihm nach Ansicht des Gerichts nicht zu widerlegen war, wurde seine Schadensersatzhaftung über § 463 S. 1 BGB begründet.

Reichweite der Zusicherungserklärung: Zum Schutzumfang der Zusicherung „unfallfrei" im Hinblick auf **Mangelfolgeschäden** s. Rn 2023 ff.

Verwendungszweck/Einsatzfähigkeit/Zulassungsfähigkeit/Tragfähigkeit bei Nutzfahrzeugen o. ä.

Das Risiko, den von ihm beabsichtigten Verwendungszweck zu verfehlen, trägt grundsätzlich der Käufer.[455] Die Parteien können dieses Risiko aber ausdrücklich oder stillschweigend bzw. konkludent zu Lasten des Verkäufers geregelt haben. Das ist eine Frage der Auslegung seiner Erklärungen und seines Gesamtverhaltens. Einseitig gebliebene Vorstellungen und Erwartungen des Käufers sind unbeachtlich. Vielmehr ist, so der BGH,[456] „eine Willenseinigung beider Vertragsteile dahin erforderlich, dass die Kaufsache zu einem bestimmten Zweck geeignet sei oder bestimmte Eigenschaften besitzen müsse, wobei allerdings der beiden Teilen bekannte Verwendungszweck bzw. die betreffende Eigenschaft auch stillschweigend im Sinne einer solchen Willenseinigung zur Vertragsgrundlage gemacht werden kann". 1796

Ausdrückliche Vereinbarungen über den Verwendungszweck (Zweckeignung/Nutzungsmöglichkeit) sind beim GW-Kauf – abgesehen von der Zusage „fahrbereit"[457] – ungewöhnlich. Normalerweise werden sie gekauft, um sie im Straßenverkehr weiterzubenutzen. Dass ein zur Weiterbenutzung gekauftes Kfz auch bestimmungsgemäß benutzt werden kann, entspricht der Normalerwartung beider Vertragspartner.[458] Kann dieser Zweck aus Gründen, die mit der Beschaffenheit des Fahrzeugs zu tun haben, nicht realisiert werden, so liegt ein Fehler i. S. v. § 459 I BGB vor.[459] Eine **stillschweigende** Zusicherung dieser Zweckeignung, mag sie auch noch so elementar sein, ist in der Regel nicht anzunehmen (vgl. auch Rn 1566). Anders kann es bei geplanten **Sondernutzungen** sein, etwa der dem Verkäufer eines **Lkw** 1797

---

453 Urt. v. 22. 3. 1999, NZV 1999, 381 = OLGR 1999, 205.
454 Urt. v. 3. 2. 1995, DAR 1995, 369.
455 St. Rspr., z. B. BGH 27. 9. 1991, WM 1992, 153 (Grundstückskauf).
456 Urt. v. 28. 3. 1984, NJW 1984, 2289 (Tresorfall); s. auch BGH 23. 11. 1994, NJW-RR 1995, 364 (Mobilbagger).
457 Dazu Rn 1686 ff.
458 BGH 22. 2. 1984, NJW 1984, 1452.
459 Vgl. Rn 1613 ff.

mitgeteilten Absicht, das Kaufobjekt für Ferntransporte zu benutzen.[460] Zur Erklärung des Verkäufers gebrauchter Werkzeugmaschinen „Alle Maschinen sind komplett . . . und einsatzbereit" vgl. BGH NJW 1968, 2375; s. auch BGH NJW 1981, 224. In Fällen dieser Art hat zumindest die **ältere Rechtsprechung** Eigenschaftszusicherungen nur bei Übernahme einer **besonderen Gewähr** bejaht. „Immer müsse der Sachverhalt dahin gedeutet werden können, dass der Verkäufer für das Vorhandensein der Eigenschaft auch die Gewähr übernehmen wolle."[461] Diese Voraussetzung hat der BGH beim Verkauf eines gebrauchten **Lkw-Anhängers** mit der Eintragung im Kaufantrag „Anhänger ca. 15 to Schoof-Anhänger . . ." verneint.[462] Die **Tragfähigkeit** des Anhängers war hier also nicht zugesichert. Demgegenüber hat das OLG Bremen[463] die Äußerung des Verkäufers, der verkaufte **Lkw** sei „ein 3/4 to-Goliath", unter den besonderen Umständen des Einzelfalls, insbesondere im Hinblick auf das dem Verkäufer bekannte spezielle Interesse des Käufers an der Tragfähigkeit des Lkw, als Zusicherung gewertet. Gleiches dürfte für die Erklärung „Fahrzeug ist fahrtüchtig" gelten.[464] Nur von einem Fehler i. S. d. § 459 I BGB scheint der BGH in dem in mehrerer Hinsicht besonders gelagerten **Omnibus**-Fall ausgegangen zu sein, der Gegenstand der Entscheidung vom 13. 11. 1956 ist.[465] Zur Bedeutung der Angabe „**Geländewagen**" beim Privatverkauf s. OLG Köln NJW-RR 1994, 440; OLG Düsseldorf OLGR 1995, 195, s. auch OLG Koblenz VRS 90, 322 = ZfS 1995, 418; zum **Dragster**-Kauf s. OLG Düsseldorf OLGR 1993, 2; zum Umfang der Aufklärungspflicht beim Verkauf eines Geländewagens s. OLG Celle OLGR 1996, 194; zur „Zulassungsfähigkeit" eines **Klassiker-Nachbaus** s. OLG Oldenburg NJW-RR 1997, 1213 = OLGR 1997, 151.

Versicherungsschutz

1798 Fragen des Versicherungsschutzes werden im Rahmen von Verhandlungen über den Kauf gebrauchter Pkw/Kombis im Allgemeinen nicht ausdrücklich thematisiert. Die handelsüblichen Bestellscheine („verbindliche Bestellung") enthalten hierzu keine Angaben. Anders ist es bei manchen Formularen für den Gebrauchtwagen-Ankauf durch Kfz-Händler. Dort wird detailliert nach dem Bestehen von Versicherungsschutz (Haftpflicht und Kasko) gefragt. Die Informationen, die ein **Privatverkäufuer** (Inzahlunggeber) hier erteilt, sind keine Zusicherungen einer Eigenschaft i. S. d. §§ 459 II, 463 S. 1 BGB. Zwar können neben den physischen Eigenschaften des Kaufgegenstands auch solche tatsächlichen, wirtschaftlichen, sozialen oder rechtlichen Beziehungen des Kaufgegenstandes zu seiner Umwelt Eigenschaften sein, die für dessen Brauchbarkeit und Wert bedeutsam sind. Diese Beziehungen müssen aber ihren Grund in der Beschaffenheit der Kaufsache selbst haben, von ihr ausgehen, ihr auch für eine gewisse Dauer anhaften und nicht lediglich durch Heranziehung von Umständen in Erscheinung treten, die außerhalb der Sache liegen.[466] Nach dieser Formel des BGH ist die Tatsache des **Versichertseins** eines Kraftfahrzeugs **keine zusicherungsfähige Eigenschaft.** Das gilt für den Haftpflichtschutz ebenso wie für Vollkasko oder Teilkasko.[467] Es handelt sich nämlich um außerhalb des Kaufobjektes liegende Umstände, die unabhängig von seiner

---

460 Vgl. BGH 16. 6. 1955, NJW 1955, 1313 = BB 1955, 652.; s. auch BGH 2. 7. 1996, WM 1996, 1918 – Spezialaufbau auf Lkw-Fahrgestell.
461 BGH 11. 2. 1958, BB 1958, 284 = MDR 1958, 509.
462 BGH 11. 2. 1958, BB 1968, 284 = MDR 1958, 509; s. auch BGH 14. 5. 1996, WM 1996, 1917 – Werklieferungsvertrag über Spezial-Lkw.
463 Urt. v. 4. 7. 1950, JR 1951, 629.
464 Vgl. auch BGH NJW 1968, 1567 – Schiff.
465 LM § 459 Abs. 1 BGB Nr. 3.
466 BGH 28. 3. 1990, NJW 1990, 1659 = JZ 1990, 1075 m. Anm. *Tiedtke;* vgl. auch BGH 16. 1. 1991, NJW 1991, 1223 = ZIP 1991, 321 („weitgehend nur noch terminologische Unterscheidung von Eigenschaft im Sinne von § 459 Abs. 2 BGB und Beschaffenheit als Anknüpfung für den Fehlerbegriff im Sinne von § 459 Abs. 1 BGB").
467 A. A. OLG Köln 8. 2. 1955, DAR 1955, 161; vgl. auch Rn 1625.

Die Zusicherungshaftung   Rn 1799–1801

Beschaffenheit gegeben sind oder nicht. Anders als bespielsweise bei der Steuerfreiheit[468] spielen Art und Beschaffenheit des Kraftfahrzeugs bei der Frage, ob Versicherungsschutz besteht, keine Rolle. Für die beabsichtigte Benutzung im Straßenverkehr ist die Frage des Haftpflichtschutzes zwar von „äußerster Wichtigkeit".[469] Die hochgradige Erheblichkeit für den vertraglich vorausgesetzten Gebrauch genügt jedoch für sich allein genommen nicht, um eine zusicherungsfähige Eigenschaft anzunehmen. Es fehlt die erforderliche Beziehung zur Sache selbst. Ob sie beim Merkmal der **Versicherbarkeit** zu bejahen ist, erscheint zweifelhaft.[470] Beim Fahrzeugkauf ist diese Frage bisher nicht praktisch geworden.

Da die Tatsche des Haftpflichtschutzes und/oder Fahrzeugversicherungsschutzes (Vollkasko/Teilkasko) schon keine zusicherungsfähige Eigenschaft i. S. d. §§ 459 II, 463 S. 1 BGB ist – zur Frage der Fehlerhaftigkeit nach § 459 I BGB s. Rn 1625 –, kann offen bleiben, ob die Klausel „Fahrzeug ist fahrbereit" (vgl. dazu Rn 1686) auch als Zusicherung des Bestehens von Haftpflichtversicherungsschutz gedeutet werden kann. Gleiches gilt für Erklärungen wie das Fahrzeug sei noch versichert, mit ihm könne unbedenklich gefahren werden oder einfach: „Mit dem Wagen kann gefahren werden."[471]   1799

Vorbenutzung

Art und Umfang der Vorbenutzung können Merkmale der Soll-Beschaffenheit gemäß § 459 I BGB sein (s. dazu Rn 1609 f.), diese Eigenschaften können aber auch Gegenstand von Zusicherungen i. S. v. § 459 II BGB sein. Denn die frühere Nutzung (Vorbenutzung) ist zweifellos eine zusicherungsfähige Eigenschaft. Im aktuellen ADAC-Kaufvertrag für Geschäfte zwischen Privatleuten ist die gewerbliche Nutzung – negativ – im Zusicherungskatalog enthalten (Ziff. 2.2, früher – 1996 – Ziff. 1.4). Im gewerblichen Handel enthalten die Vertragsformulare überwiegend Ankreuzalternativen, jedenfalls fehlt der Ausdruck „zugesichert". Heißt es in dem Kaufvertrag, das Fahrzeug sei von keinem Vorbesitzer gewerblich genutzt worden, so stellt dies eine Eigenschaftszusicherung dar.[472] Gleiches gilt für die Erklärung: „Kfz wurde nicht als Taxi/Miet- oder Fahrschulwagen benutzt",[473] wobei das Ankreuzen des „nein"-Kästchens genügt.[474] Ist der Verkäufer nicht der Erstbesitzer, beschränkt sich seine Zusage – auch ohne Klausel „soweit bekannt" oder „lt. Vorbesitzer" (dazu OLG Köln OLGR 1999, 121) – im Zweifel auf seine eigene Besitzzeit.[475] Für die Zeit davor kann der Käufer keine Risikoübernahme erwarten. Er sollte sich die Voreintragungen im Fahrzeugbrief ansehen und sich gegebenenfalls bei den früheren Haltern erkundigen oder von dem Verkäufer eine uneingeschränkte Erklärung verlangen.   1800

Unter **„Gebrauchtwagen aus 1. Hand"** kann nur ein Wagen verstanden werden, der lediglich durch eine Person und eventuell durch deren nahe Familienmitglieder benutzt worden ist. Auf ein Fahrzeug, das vorher als **Mietwagen** gelaufen ist, trifft dies nicht zu;[476] s. auch Rn 1803. Eine Eigenschaftszusicherung hat der BGH sogar in einem Fall angenommen, in dem ein Kfz-Händler die ausdrückliche Frage des Käufers, ob der Wagen früher als Taxi benutzt worden sei, verneint hatte.[477] Ob in dieser mündlichen Mitteilung eine Zusiche-   1801

---

468 Vgl. Rn 1753 ff.
469 So BGH 26. 10. 1988, NJW-RR 1989, 211 = WM 1989, 26.
470 Vgl. BGH 28. 3. 1984, NJW 1984, 2289 (Tresorfall).
471 Zur Bedeutung derartiger Erklärungen vgl. BGH 26. 10. 1988, NJW-RR 1989, 211 = WM 1989, 26 und BGH 31. 10. 1990, NZV 1991, 108 (2. Revisionsverfahren).
472 Auch eine Zulassung auf eine Polizeibehörde fällt unter „gewerbliche Nutzung", so AG Köln 8. 7. 1993, 122 C 691/92, n. v.; s. auch die Verwendungsklausel in § 2 AKB.
473 AG Köln 27. 8. 1985, 117 C 563/84, n. v. (Fahrschulwagen).
474 OLG Köln 11. 5. 1990, NJW-RR 1990, 1144 (Fahrschulwagen).
475 Anders AG Cuxhaven 2. 7. 1993, 11 C 321/92, n. v.
476 LG Berlin 7. 2. 1975, VersR 1976, 396; OLG Düsseldorf 18. 6. 1999, NZV 1999, 514.
477 Urt. v. 12. 5. 1976, WM 1976, 740 = BB 1977, 61 m. Anm. *Trinkner*.

rung zu sehen ist, erscheint fraglich, zumal der Käufer – wenn auch formularmäßig – erklärt hatte, die Art der Benutzung des Pkw durch den Vorbesitzer sei für ihn ohne Bedeutung.[478]

1802   Wenn ein Fahrzeug unter der Bezeichnung **„von Privat"** angeboten wird, dann bedeutet dies nach Ansicht des Kammergerichts nicht, dass es nur als Privatfahrzeug und nicht als Mietwagen oder sonst gewerblich benutzt worden ist.[479] In Anzeigen werden diese Formulierungen bei Angebot und Suche von Gebrauchtwagen vielmehr benutzt, wenn kein Händler zwischengeschaltet ist oder werden soll. Das Wort „von" bezeichne eindeutig den Verkäufer und nicht den Verwendungszweck.

Anzahl der Vorbesitzer/Vorhalter/Ersthandfahrzeug/Zweithandfahrzeug

1803   Eine Eigenschaft i. S. d. § 459 II BGB kann auch die Anzahl der Vorbesitzer, Vorhalter und Voreintragungen im Fahrzeugbrief sein.[480] Zur Frage der Fehlerhaftigkeit nach Abs. 1 des § 459 BGB s. Rn 1599 ff. Nach der Rechtsprechung liegt eine Zusicherung nicht nur in der vorbehaltlosen Angabe „**Ersthandfahrzeug**"[481] oder „**aus 1. Hand**",[482] sondern auch in der Angabe „Zahl der Vorbesitzer lt. Kfz-Brief"[483] oder „Zahl der Halter lt. Fz-Brief".[484] Letzteres geht zu weit. Für die Annahme einer Verkäuferzusicherung besteht im Regelfall kein Bedürfnis, sofern die Freizeichnungsklausel restriktiv interpretiert wird. Der richtige Lösungsansatz ist § 459 I BGB (s. Rn 1599 ff.). Wird auf den Fahrzeugbrief als Informationsgrundlage Bezug genommen, dieser aber nicht vorgelegt, so kann das erhöhte Schutzbedürfnis des Käufers die Annahme einer Zusicherung rechtfertigen. In diesem Sonderfall ist auch der **Beginn der Verjährung** problematisch. Die Gerichte werden dazu neigen, auf die Übergabe des Fahrzeugbriefs abzustellen. Eine Entscheidung hierzu liegt noch nicht vor. Zum Verkauf eines Fahrzeugs als „Ersthandwagen" aus dem Bestand eines **Autovermieters** s. Rn 1801.

1804   Die Mitteilung „nur 1 Vorbesitzer" begründet eine Gewährleistungspflicht selbst dann, wenn im Fahrzeugbrief **Eheleute** mit unterschiedlichem Wohnsitz eingetragen sind. Das OLG Köln meint, dass es nicht auf die Zahl der tatsächlichen Benutzer, sondern darauf ankommt, dass mehr als ein Halter im Brief steht.[485] Diese formale Sicht ist konsequent.

1805   Die Formulierung „**Fahrzeug aus 2. Hand**" bedeutet wie der Begriff „**Zweithandfahrzeug**" zumindest, dass ein so bezeichnetes Fahrzeug nicht aus erster Hand stammt. Über die Zahl der Nachbesitzer geben diese Hinweise nach allgemeinem Sprachgebrauch und den Gepflogenheiten im Gebrauchtfahrzeughandel keine verlässliche Auskunft. Es wird damit also nicht zugesichert, dass das verkaufte Fahrzeug nicht mehr als zwei Halter hatte.[486]

---

478 Nach BGH, a. a. O., (Fn. 398), eine Überraschungsklausel.
479 Urt. v. 31. 1. 1972, OLGZ 1972, 402.
480 OLG Hamm 14. 7. 1983, MDR 1984, 141; OLG Celle 21. 6. 1990, NJW-RR 1990, 1527; LG Hannover 2. 10. 1991, MDR 1992, 557.
481 LG Berlin 7. 2. 1975, VersR 1976, 396; OLG Koblenz 25. 2. 1981, 7 U 246/80, n. v.; LG Bonn 14. 2. 1984, 13 O 96/83 n. v.; vgl. auch OLG Köln 14. 2. 1974, NJW 1974, 2128.
482 OLG Köln 9. 10. 1991, VRS 82 (1992), 89; LG Kleve Az. 5 S 233/87, n. v.; LG Hannover 2. 10. 1991, MDR 1992, 557; s. auch OLG Düsseldorf 18. 6. 1999, NZV 1999, 514 – früheres Mietfahrzeug.
483 OLG Düsseldorf 30. 4. 1982, 22 U 243/81, n. v.; s. auch OLG Hamm 14. 7. 1983, MDR 1984, 141; LG Saarbrücken 8. 11. 1983, DAR 1984, 91.
484 OLG Celle 21. 6. 1990, NJW-RR 1990, 1527 (im konkreten Fall verneint); OLG Düsseldorf 3. 12. 1993, OLGR 1994, 186 (L.).
485 Urt. v. 6. 6. 1973, DAR 1974, 71; vgl. auch LG Gießen 2. 9. 1959, DAR 1960, 14; LG Kleve Az. 5 S 233/87, n. v., für den Fall der Voreintragung von 2 Brüdern des Verkäufers; OLG Hamm 15. 6. 1993, OLGR 1993, 302 = MDR 1994, 139.
486 OLG Düsseldorf 23. 7. 1999, NZV 2000, 83; zweifelnd OLG Hamm 15. 6. 1993, OLGR 1993, 302 = MDR 1994, 139.

Vorführwagen/Dienstwagen/Direktionswagen/Geschäftswagen

All diesen Bezeichnungen ist gemeinsam, dass es sich um Fahrzeuge handelt, die **gewerblich** benutzt worden sind. **Firmenfahrzeug** ist der Sammelbegriff. Am deutlichsten tritt die Art der Benutzung beim „**Vorführwagen**" hervor. Dieser Begriff besagt, dass das Fahrzeug einem Neuwagenhändler zum Zwecke der Vorführung (Besichtigung und Probefahrt) gedient hat. Ein solches Fahrzeug darf noch nicht auf einen Endabnehmer zugelassen sein. Unschädlich ist, wenn es in verschiedenen Zweigstellen eines Kfz-Handelsbetriebes benutzt worden ist. Die Eigenschaft, ein Vorführwagen zu sein, geht aber verloren, wenn das Fahrzeug bei mehr als einem Neuwagenhändler zum Einsatz gekommen ist.[487] Ein bestimmtes Alter wird mit dem Begriff „Vorführwagen" nicht zugesichert; ein solches Fahrzeug kann beliebig alt sein.[488] Es wird auch nicht stillschweigend zugesichert, dass das Fahrzeug noch den Original-Erstmotor hat.[489] Inhalt der Zusicherung ist lediglich die ausschließliche Verwendung als „Vorführwagen" bei ein und demselben Händler. Weitergehend OLG Düsseldorf,[490] wonach auch ein zeitweiliger Gebrauch durch Werkstattkunden nicht schadet (vgl. auch OLG Hamburg HRR 1941, 591). Zur Haftung für Sachmängel nach den Neuwagen-AGB (obgleich Gebrauchtwagenkauf) s. OLG Düsseldorf NJW-RR 1998, 845 = OLGR 1998, 29; s. auch OLG Celle OLGR 1998, 160 (Auseinanderfallen von Produktionsdatum und Datum der EZ).

Mitunter werden Vorführwagen als „**Geschäftswagen**" oder – wie im Fall OLG Hamm 23 U 26/89[491] – als „**Dienstwagen**" angeboten, auch umgekehrt Dienstwagen als „Vorführwagen". Dies kann irreführend sein. Die Begriffe „Dienstwagen", „Direktionswagen" und „Geschäftswagen" voneinander abzugrenzen, ist nicht immer leicht. „Dienstwagen" und „Geschäftswagen" dürften Synonyma sein. Das „**Direktionsfahrzeug**" ist ein spezieller Typ von Dienstwagen, meist ein gutgepflegtes Fahrzeug der Oberklasse, das nur einen einzigen Fahrer hatte. Es muss nicht unbedingt auf einen Kfz-Hersteller oder Kfz-Händler erstzugelassen sein. Nach Ansicht der OLG Hamm[492] erfüllt ein Kfz-Händler seine **Aufklärungspflicht**, wenn er einen Vorführwagen als „Dienstwagen" anbietet. Nach näheren Einzelheiten soll der Käufer fragen müssen.[493]

Werkstattgeprüft/von Meisterhand geprüft/komplette Durchsicht

Immer mehr Händler werben damit, ihre Fahrzeuge gründlich untersucht zu haben, z. B. mit dem Schlagwort „werkstattgeprüft". Andere berufen sich auf Expertisen und Bescheinigungen von Fremdfirmen. In diesen Fällen ist zunächst zu unterscheiden, ob die Information nur dem **konkreten Kaufobjekt** oder **sämtlichen Fahrzeugen** gilt, die der Händler in seinem Betrieb anbietet. **Werbeäußerungen** sind unter dem Gesichtspunkt der Eigenschaftszusicherung in zweifacher Hinsicht problematisch: Schwierigkeiten bereitet die Einbeziehung in den einzelnen Kaufvertrag, zumal bei einer Schriftformklausel (vgl. dazu Rn 1835 ff.). Eine weitere Frage ist es, ob die Erklärung als Zusicherung i. S. v. §§ 459 II, 463 S. 1 BGB oder nur als unverbindliche Anpreisung, eben als Reklame, zu qualifizieren ist.

---

487 Anders wohl LG Karlsruhe 18. 4. 1984, 5 O 66/83, n. v.
488 AG Rotenburg (Wümme) 12. 7. 1984, 5 C 437/84, n. v. (6 Jahre alter Wagen); AG Schleiden 7. 10. 1991, 2 C 367/91, n. v. (Motorrad).
489 OLG Schleswig 30. 11. 1984, 11 U 327/83, n. v. („Pkw wurde als Vorführwagen benutzt und ist unfallfrei").
490 Urt. v. 28. 6. 1996, NJW-RR 1997, 427.
491 Urt. v. 5. 10. 1989, n. v.
492 Urt. v. 5. 10. 1989, 23 U 26/89, n. v.
493 Zur Aufklärungspflicht bei Vorführwagen vgl. auch OLG Schleswig 30. 11. 1984, 11 U 327/83, n. v. (Vorhandensein eines Austauschmotors, eingebaut nach ca. 5000 km; Aufklärungspflicht verneint); LG Bielefeld 20. 10. 1983, 21 O 312/83, n. v. (Unfallschaden); LG Karlsruhe 18. 4. 1984, 5 O 66/83, n. v. (Benutzung von mehreren Verkäufern; Aufklärungspflicht verneint); s. auch OLG Düsseldorf 28. 6. 1996, NJW-RR 1997, 427 = NZV 1997, 44.

1809 Unter der Bezeichnung **„werkstattgeprüft"** versteht der **BGH,** dass das Fahrzeug in einer hierfür ausgerüsteten Werkstatt einer sorgfältigen **äußeren Besichtigung** – ohne Zerlegung der einzelnen Aggregate – durch einen Fachmann unterzogen worden ist und dass die bei einer derartigen Untersuchung feststellbaren Mängel behoben worden sind.[494] Die Beseitigung altersbedingter „Verschleißmängel" (s. dazu Rn 1573 ff.) und geringfügiger Schäden könne der Käufer nicht erwarten. Zu diesem Auslegungsergebnis kam der BGH in einem Fall, in dem „werkstattgeprüft" auf dem **Verkaufsschild** am Fahrzeug stand. Vom BGH noch nicht geklärt ist die Rechtslage bei allgemeiner Verwendung des Begriffs „werkstattgeprüft", sei es auf einem **Transparent** über dem Ausstellungsraum, sei es in einer **Zeitungsannonce.** Es ist zu erwarten, dass der BGH auch hier – ähnlich wie schon das OLG Köln im Meisterhand-Fall[495] – eine vertraglich zugesicherte Eigenschaft bejahen wird.[496] Zur Abwendung der Zusicherungshaftung wird er vom Händler einen ausdrücklichen Hinweis darauf verlangen, dass das konkrete Fahrzeug ausnahmsweise nicht „werkstattgeprüft" ist. Ohne einen solchen Hinweis rechnet ein Kaufinteressent in der Tat damit, dass auch „sein" Fahrzeug einer solchen Prüfung unterzogen worden ist.

1810 Die Erklärung „werkstattgeprüft" hat einen **doppelten Inhalt:** Zum einen sichert der Händler zu, dass eine **Überprüfung in seiner Werkstatt** (nicht einer Fremdwerkstatt) stattgefunden hat. Auch die Werkstattüberprüfung als solche ist eine Eigenschaft des Autos, sofern „die Überprüfung ihren Niederschlag in einem bestimmten Zustand des Pkws findet oder finden sollte".[497] Mit diesem einschränkenden Kriterium will der BGH nur ganz bestimmte **Vorgänge aus der Vergangenheit** in den Kreis der zusicherungsfähigen Eigenschaften aufnehmen. Im Schrifttum ist dies auf begründete Kritik gestoßen.[498] Mit „werkstattgeprüft" wird darüber hinaus nach Meinung des BGH, der insoweit zu folgen ist, die **Abwesenheit bestimmter Mängel** zugesichert. Auch die Abgrenzung der **Mängelerscheinungen** durch den BGH ist sachgerecht. „Werkstattgeprüfte" Gebrauchtwagen brauchen nicht technisch einwandfrei zu sein. Volle Betriebssicherheit und Funktionsfähigkeit kann ein Käufer eines Gebrauchtwagens schlechterdings nicht erwarten. Die Zusicherungshaftung ist nach der Rechtsprechung bereits dann ausgelöst, wenn der Wagen versehentlich nicht untersucht worden ist; dies selbst bei einem technisch mangelfreien Fahrzeug. Zur Vertragsklausel „2 Jahre TÜV, komplette Durchsicht" s. OLG Bamberg, DAR 1985, 27.

Verkauf unter Vorlage eines Gutachtens, Prüfberichts, Expertise, Gütesiegel-Zertifikats, Werkstattrechnung o. ä.

1811 Eine zusicherungsfähige Eigenschaft kann nach der Rechtsprechung auch eine (frühere) **Untersuchung** des Fahrzeugs oder eines Fahrzeugteils (z. B. des Motors) durch eine **Drittfirma** oder einen **Kfz-Sachverständigen** sein. Voraussetzung ist allerdings, dass die Untersuchung „eine dauerhafte, die Vertragsmäßigkeit oder Werteinstufung der Sache auch für den Zeitpunkt des Vertrages und des Gefahrübergangs beeinflussende Wirkung" hat.[499] Dieses nicht unproblematische Kriterium, vom BGH im „Werkstattgeprüft-Fall" stillschweigend bejaht, liegt vor, wenn ein Autohändler einen Gebrauchtwagen unter Hinweis auf eine zeitnahe schriftliche **Expertise** oder ein **Gutachten** durch eine Fachfirma oder einen Sach-

---

494 Urt. v. 25. 5. 1983, BGHZ 87, 302 = NJW 1983, 2192 = WM 1983, 755.
495 Urt. v. 19. 10. 1971, NJW 1972, 162 („alle Fahrzeuge durch Meisterhand überprüft, TÜV abgenommen und mit Garantie"), dazu *Henseler,* NJW 1972, 829.
496 So schon OLG Hamm 25. 2. 1986, VRS 71, 321 und Vorinstanz LG Essen 31. 8. 1984, VRS 67, 401; vgl. auch OLG Hamm 19. 4. 1978, VRS 56, 6; OLG Frankfurt 10. 12. 1982, AH 1986, Heft 10; zu Verkäufererklärungen außerhalb des eigentlichen Vertragstextes s. auch Rn 1835.
497 BGH 25. 5. 1983, BGHZ 87, 302, 307; vgl. auch BGH 11. 6. 1986, JZ 1986, 955 m. Anm. *Köhler* (Turnierpferduntersuchung).
498 Insb. *Soergel/Huber,* § 459 Rn 32, 147, 315.
499 BGH 11. 6. 1986, JZ 1986, 955 m. Anm. *Köhler;* zur Rechtsprechung des BGH bei Expertisen im Kunsthandel vgl. *Flume,* JZ 1991, 633.

Die Zusicherungshaftung Rn 1812–1814

verständigen bzw. eine Sachverständigenorganisation wie DEKRA oder TÜV anbietet. Anders ist es, wenn die Untersuchung längere Zeit zurückliegt, sodass der Untersuchungsbefund seine Aussagekraft verloren hat. Das ist vor allem bei Fahrzeugteilen in Betracht zu ziehen, die dem Verschleiß und der Altersabnutzung ausgesetzt sind (Motor, Getriebe und Karosserie). Zur Frage der „Dauerwirkung" von Prüfberichten nach § 29 StVZO (HU/TÜV) s. Rn 1784.

Der **Händler,** der mit einer **zeitnahen Expertise** eines Fachmanns wirbt, kann nach §§ 459 II, 463 S. 1 BGB garantiemäßig dafür einzustehen haben, dass eine Begutachtung zur angegeben Zeit mit dem bescheinigten Ergebnis stattgefunden hat. Ob er darüber hinaus auch für das Vorhandensein bestimmter, in der Expertise festgestellter Fahrzeugeigenschaften unabhängig von einem Verschulden auf Schadensersatz wegen Nichterfüllung zu haften hat, ist eine Frage des Einzelfalles und im Zweifel zu verneinen. Auch ohne ausdrücklich distanzierenden Hinweis des Händlers ist die Bezugnahme auf die Auskunft eines anderen Kfz-Unternehmens oder auf ein Gütesiegel z. B. der DEKRA AG so zu verstehen, dass der Händler die Untersuchungsergebnisse nicht selbst nachgeprüft hat und für deren Richtigkeit keine Gewähr übernehmen will.[500] Gibt er das Untersuchungsergebnis falsch wieder, so haftet er schon bei Fahrlässigkeit aus Verschulden bei den Vertragsverhandlungen.[501] Dass der Käufer einen Schadensersatzanspruch hat, wenn die Begutachtung arglistig vorgespiegelt worden ist, versteht sich von selbst. Damit ist der Käufer auch beim Kauf vom Händler hinreichend geschützt. Ein **privater Verkäufer,** der die Expertise nicht auf ihre Richtigkeit überprüfen kann, will sie erkennbar nicht zum Gegenstand einer eigenen Zusicherung machen. 1812

Zusicherungsfähig ist auch die **Tatsache einer Reparatur** des Fahrzeugs, s. dazu die Erläuterungen zu den Angaben „generalüberholt" u. ä. (Rn 1670 ff.). Allein durch die **Vorlage der Rechnung** einer Drittfirma bringt ein GW-Verkäufer noch nicht zum Ausdruck, für die Qualität der Arbeiten persönlich einstehen zu wollen. Das dürfte für einen **Privatverkäufer,** regelmäßig technischer Laie, ziemlich klar sein.[502] Zum **Händlerverkauf** unter Rechnungsvorlage s. Rn 1680. Zusicherungsfähig soll auch die Tatsache sein, dass eine Drittfirma aufgrund einer Garantie nach Reparaturarbeiten etwaige weitere „Garantiemängel" beseitigen werde.[503] Das erscheint zweifelhaft, weil die fragliche Eigenschaft dem Fahrzeug nicht anhaftet (dazu BGH NJW 1996, 2025 – Herstellergarantie). Die bessere Lösung erzielt man in einem solchen Fall mit Hilfe der Regeln der c. i. c. bzw. pVV. 1813

Zur Vorlage des Berichts über die **Hauptuntersuchung** nach § 29 StVZO (TÜV) s. Rn 1784. Nach Ansicht des AG Köln[504] kann auch die Vorlage einer Bescheinigung über die **Abgasuntersuchung** (AU, früher ASU) mit einer Zusicherung verbunden sein, zumal dann, wenn die Plakette ganz „frisch" ist. Zur Bezugnahme auf ein Prüfzeugis s. auch OLG Hamm BB 1987, 363 (kein Kfz-Fall).

Unter dem Gesichtspunkt des Vertrages mit **Schutzwirkung zu Gunsten Dritter** kann dem Käufer bei fehlerhafter Begutachtung ein Schadensersatzanspruch gegen den **Sachverständigen** zustehen (§ 635 BGB, pVV). In der Rechtsprechung ist die Tendenz zu beobachten, die Auskunftshaftung von Experten auszudehnen.[505] Zum Nebeneinander von Verkäufer- 1814

---

500 Im Ergebnis so auch OLG München 22. 7. 1977, 2 U 2474/77, AH 1978, 1958 (Motorexpertise: „völlig überholter, neuwertiger Austauschmotor mit 0 km"); anders *Tempel,* S. 25; vgl. auch *Flume,* JZ 1991, 633, 635 (Expertisen im Kunsthandel).
501 BGH 11. 6. 1986, JZ 1986, 955 m. Anm. *Köhler.*
502 Anders AG Köln 6. 10. 1988, 134 C 156/88, n. v.
503 LG Düsseldorf 29. 10. 1997, 11 O 111/97, n. v.
504 Urt. v. 12. 7. 1990, 115 C 84/90, n. v.
505 Dazu *Steffen,* DAR 1997, 297; *Canaris,* JZ 1998, 603; aus der Rspr.: BGH 10. 11. 1994, NJW 1995, 392; BGH 13. 11. 1997, JZ 1998, 624.

und Sachverständigenhaftung beim **Verkauf eines Oldtimers** s. OLG Karlsruhe NJW-RR 1998, 601.

ZDK-Vertrauenssiegel

1815 Aus einer Reihe von Gründen hat der Zentralverband Deutsches Kraftfahrzeuggewerbe (ZDK) vor ca. 20 Jahren ein „Gebrauchtwagen-Vertrauenssiegel" eingeführt und seinen Mitgliedern empfohlen. Dieses Siegel war wesentlicher Bestandteil der ZDK-Gebrauchtwageninitiative 1979. Mit der **ZDK-Gebrauchtwagenkonzeption 1988** wurde auch das Vertrauenssiegel modernisiert. Es wird jetzt nur noch auf individuellen Antrag verliehen. Wer das **goldfarbene Siegel** führen will, muss besondere Anforderungen erfüllen. Deshalb wird ein sog. Gestattungsvertrag zwischen dem Händler und der Organisation abgeschlossen, die das Siegel verleiht. Durch diesen Vertrag übernimmt der Händler eine Vielzahl von Pflichten, vor allem die Pflicht, seine Gebrauchtfahrzeuge grundsätzlich nur mit Garantie zu verkaufen (vgl. dazu auch Rn 1691). Ferner muss er sämtliche Verträge mit Endverbrauchern zu Bedingungen abschließen, die mindestens dem Standard der vom ZDK empfohlenen Verkaufsbedingungen einschließlich Garantiebedingungen entsprechen. Die einzelnen Pflichten des Siegelhändlers ergeben sich aus der sog. Siegelordnung, der er sich mit Unterzeichnung des Gestattungsvertrages unterwirft.

1816 Ob ein Kfz-Händler das ZDK-Vertrauenssiegel führt, kann der Kunde zum einen am Vertrauenssiegel als solchem, einem größeren goldfarbenen Schild, erkennen, zum anderen aber auch an einem Vermerk im Bestellschein (Kaufantrag). Die marktüblichen Vertragsformulare („verbindliche Bestellung eines gebrauchten Kraftfahrzeugs") enthalten auf der Vorderseite, meist in der allerersten Zeile, einen Hinweis darauf, ob der Händler das ZDK-Vertrauenssiegel führt oder nicht. Kreuzt der Händler das „ja"-Kästchen an, so bedeutet das zunächst, dass die Parteien bei Streitigkeiten aus dem Kaufvertrag die örtlich zuständige **Schiedsstelle für den Gebrauchtwagenhandel** anrufen können (vgl. Abschn. IX, Ziff. 1 ZDK-AGB). Dies selbst dann, wenn der Händler – bewusst oder versehentlich – keines der beiden Kästchen angekreuzt hat.[506]

1817 Das ZDK-Gebrauchtwagen-Vertrauenssiegel ist rechtlich ein **Verbandszeichen** i. S. d. § 17 WZG. Gegen Störungen ist es durch die sog. Zeichensatzung geschützt. Das z. Z. gültige Vertrauenssiegel ist am 26. 5. 1988 als „Geschmacksmuster" in das Musterregister beim AG Bonn (20 MR 21/73) eingetragen worden.

1818 Die Aufwertung des Vertrauenssiegels durch die ZDK-Gebrauchtwagenkonzeption 1988 hat die Frage aufgeworfen, ob die Werbung mit diesem Siegel als Eigenschaftszusicherung i. S. d. § 459 II BGB anzusehen ist. Dem bisherigen Siegel war diese Bedeutung nicht beigemessen worden. Nur ganz vereinzelt gibt es in der Rechtsprechung der Instanzgerichte Ansätze dafür, den Siegel-Händler stärker in die Pflicht zu nehmen als den Händler, der auf dieses werbewirksame Instrument verzichtet.[507] Um die strenge Zusicherungshaftung des Siegel-Händlers zu begründen, reicht das Führen des Siegels für sich allein nicht aus. Es muss aber damit gerechnet werden, dass die Gerichte eine Zusicherung bejahen werden, wenn sie keinen anderen Anknüpfungspunkt als das Vertrauenssiegel haben.[508] Allerdings bleibt abzuwarten, wie die Fahrzeugeigenschaft definiert wird, die Gegenstand der aus dem Vertrauenssiegel hergeleiteten stillschweigenden Zusicherung sein soll. Richtigerweise ist in dem Führen des ZDK-Vertrauenssiegels nur ein – wenn auch gewichtiger – Anhaltspunkt für die Qualifizierung konkreter Händlerinformationen als Zusicherungen i. S. v. § 459 II BGB zu sehen.

---

506 Vgl. auch BGH 4. 10. 1989, WM 1989, 1894 = DAR 1989, 458 = NZV 1990, 110 unter II, 2b, aa, zu der Erklärung „Zustandsbericht ist beigefügt".
507 LG Freiburg 3. 8. 1982, MDR 1983, 667; AG Hamburg, Az. 22b C 128/87, n. v.; LG Köln 28. 7. 1987, 30 O 441/86, n. v.
508 Vgl. auch *Walter,* S. 166.

Zusage, bestimmte Leistungen (Reparaturen, Umrüstungen, Prüfungen o. ä.) bis zur Übergabe zu erbringen

Nicht selten versprechen gewerbliche, aber auch private Verkäufer bei Bestellung des Fahrzeugs, bis zur Auslieferung (Übergabe) bestimmte technische oder optische Mängel abzustellen, Fahrzeugteile, z. B. Motor oder Getriebe, zu überprüfen und ggf. zu reparieren, einen Ölwechsel zu machen oder Einzelteile auszutauschen oder erstmals einzubauen, z. B. Zubehör. Eine Mängelbeseitigungspflicht kann auch in eine Kostenübernahmeerklärung eingebettet sein, z. B. ,,Der Verkäufer hat noch diejenigen Kosten zu tragen, die durch die Reparatur des Getriebes entstehen". Mitunter verpflichtet sich der Verkäufer auch dazu, behördlich vorgesehene Prüfungen bis zur Übergabe durchführen zu lassen und darüber eine Bescheinigung vorzulegen (z. B. § 29 StVZO, ASU, Eintragung einer ABE-relevanten Veränderung im Fahrzeugbrief). 1819

Derartige **Zusatzabreden** befinden sich in den handelsüblichen Bestellformularen meist in der Zeile **,,Sondervereinbarungen"** oder unter ,,besondere Vereinbarungen". Oft werden sie auch nur mündlich getroffen.

Auslegung und rechtliche Qualifizierung solch alltäglicher Absprachen bereiten der Rechtsprechung nach wie vor einige **Schwierigkeiten.** Symptomatisch ist die unterschiedliche Auslegung der Klausel ,,neu TÜV-abgenommen" durch zwei verschiedene Senate des OLG Hamm in ein und derselben Sache.[509] 1820

Je größer der Arbeitsaufwand des Verkäufers in zeitlicher und gegenständlicher Hinsicht ist, desto eher scheinen die Gerichte geneigt zu sein, von einem **gemischten Vertrag** (Kauf- und Werkvertrag) auszugehen. Vielfach wird jedoch, zumal bei bedeutsamen ,,Nebenleistungen", ein einheitlicher Kaufvertrag angenommen. Vertragswidrigkeiten versucht man mit den §§ 459 ff. BGB zu erfassen, wobei auch hier die Zusicherungshaftung dominiert.[510] Dass eine im Zeitpunkt des Vertragsschlusses (noch) nicht vorhandene Eigenschaft des Kaufobjekts bei dessen Übergabe vorliegen wird, soll nach h. M. Gegenstand einer kaufvertraglichen Zusicherung sein können.[511] Diese auf das Lkw-Urteil des Reichsgerichts vom 29. 2. 1924[512] zurückgehende Ansicht ist indes nicht unproblematisch. Eine überzeugende Begründung fehlt bis heute. In Gebrauchtwagenfällen handelt es sich ohnehin meist um ein Scheinproblem. Denn der Kaufvertrag kommt aufgrund der **besonderen Abschlusstechnik** in der Regel erst durch die Auslieferung des Fahrzeugs zustande, Vertragsschluss und Übergabe fallen also zusammen. Bedenklich ist auch die häufig zu beobachtende Gleichsetzung technischer Mängel, deren Beseitigung versprochen wird, mit Mängeln (Fehlern) im Rechtssinn. Auf diese Weise wird oft vorschnell ein Gewährleistungsmangel bejaht. Dabei ist Kaufgegenstand nur das Fahrzeug in dem reparierten bzw. umgerüsteten Zustand. Das ist die **Soll-Beschaffenheit.** An ihr, nicht an dem früheren Zustand, ist zu messen, ob ein Sachmangel vorliegt. 1821

Außer der rein kaufrechtlichen Lösung und der Konstruktion eines gemischten Vertrages können – speziell bei der Fallgruppe ,,Fahrzeugüberprüfung" – auch die **allgemeinen Regeln** über Leistungsstörungen in Betracht kommen. Diese sind auch dann anwendbar, wenn das 1822

---

509 NJW 1980, 2200 (Nr. 13 und Nr. 14).
510 Die §§ 459 II, 463 S. 1 BGB werden entweder direkt oder analog angewendet, vgl. z. B. BGH 24. 2. 1988, BGHZ 103, 275 = NJW 1988, 1378 (,,TÜV neu . . ."); RG 29. 2. 1924, Gruch 67, 311 = Recht 1924, Nr. 526 (Lkw-Verkauf mit Zusage, das Fahrzeug in vollständig betriebsbereitem Zustand zu liefern); BGH 12. 2. 1975, NJW 1975, 733 (Pelzmantelfall); OLG Hamm 5. 2. 1980, NJW 1980, 2200 (Nr. 13) – ,,TÜV neu . . ."; OLG Hamm 19. 5. 1988, NZV 1988, 180 (,,TÜV neu . . ."); OLG Schleswig 29. 6. 1971, VersR 1972, 474 (Auspufftopf erneuern); OLG Frankfurt 12. 7. 1985, 25 U 2/84, n. v. (Einbau einer Halbautomatik); OLG Köln 8. 6. 1988, VersR 1989, 201 (Ausrüstung eines Lkw mit einer sog. Meiller-Ladebordwand).
511 BGH 24. 2. 1988, BGHZ 103, 275 = NJW 1988, 1378 (,,TÜV neu").
512 Gruch 67, 311 = Recht 1924 Nr. 526.

Fahrzeug – wie im Fall BGH WM 1990, 2000 = NJW-RR 1990, 1462 – ohne die geschuldete **Umrüstung** ein sog. aliud darstellt. Schließlich kann die zugesagte, aber nicht oder nicht vertragsgemäß erbrachte (Neben-)Leistung als **aufschiebende Bedingung** (§ 158 BGB) zu werten sein.

1823 Den richtigen Lösungsansatz kann nur eine interessengerechte Auslegung der Zusatzabrede liefern, nicht eine begrifflich-dogmatische Konstruktion. Auch bei diesem Themenkreis, der in § 651 BGB nur unzulänglich geregelt ist, empfiehlt es sich, **Fallgruppen** zu bilden:

a) Beseitigung vor Vertragsschluss bekannter Mängel (Reparaturpflichten)

1824 Verspricht der Verkäufer bei Vertragsabschluss, das Fahrzeug bis zur Übergabe in einen anderen Zustand zu versetzen, beispielsweise durch Beseitigung eines anlässlich der Probefahrt aufgedeckten technischen Mangels, so geht es nicht um Nachbesserung (dazu Rn 1692 ff.), sondern um das Herstellen der Soll-Beschaffenheit. Diese Abrede beurteilt sich nach **Werkvertragsrecht**.[513] Das hat zur Folge:

1. Bis zur Übergabe hat der Käufer in entsprechender Anwendung der §§ 631 I, 633 I BGB einen Erfüllungsanspruch.[514]
2. Nach Übergabe steht dem Käufer ein sofort fälliger Nachbesserungsanspruch zu.[515] Bis zu dessen vollständiger Erfüllung ist der Käufer berechtigt, seine Gegenleistung (Zahlung, Hingabe eines anderen Fahrzeugs) zurückzuhalten (§ 320 BGB).
3. Ist die Auslieferung des Fahrzeugs nach dem Kalender bestimmt, beim Gebrauchtwagenkauf selten, gerät der Verkäufer ohne vorherige Mahnung mit der Nachbesserung in Verzug (§ 284 II BGB), sonst nur nach Mahnung.[516]
4. Der Käufer kann im Fall des Verzugs den Mangel selbst beseitigen bzw. beseitigen lassen und Kostenersatz einschließlich Vorschuss verlangen (§§ 633 II, III BGB).[517]
5. Der Anspruch auf Nachbesserung und der Anspruch auf Aufwendungsersatz nach § 633 III BGB verjähren in 6 Monaten ab Übergabe.[518] Auch § 639 II BGB ist entsprechend anwendbar.[519]
6. Lehnt der Verkäufer die Nachbesserung ab oder schlägt sie sonst fehl, so kann der Käufer unter den Voraussetzungen des § 634 I BGB (Fristsetzung und Ablehnungsandrohung)[520] Wandlung oder Minderung verlangen.[521] Unter den gleichen Voraussetzungen sind unmit-

---

[513] BGH 6. 10. 1971, NJW 1972, 46; OLG Düsseldorf 5. 5. 1994, OLGR 1994, 277; OLG Düsseldorf 20. 2. 1992, OLGR 1992, 154 (Agentur); abweichend OLG Düsseldorf 8. 12. 1997, NJW-RR 1998, 1354 (Immobilienkauf); s. auch *Medicus*, JuS 1992, 273; allgemein zur Bedeutung werkvertraglicher Momente s. *Böckler*, S. 193 ff.
[514] BGH 6. 10. 1971, NJW 1972, 46; anders wohl BGH 3. 11. 1989, NJW 1990, 901; vgl. auch *Soergel/Huber*, § 462 Rn 71 und vor § 433 Rn 282.
[515] BGH 6. 10. 1971, NJW 1972, 46; BGH 3. 11. 1989, NJW 1990, 901.
[516] BGH 3. 11. 1989, NJW 1990, 901.
[517] BGH 6. 10. 1971, NJW 1972, 46; BGH 3. 11. 1989, NJW 1990, 901; OLG Düsseldorf 20. 2. 1992, OLGR 1992, 154 (Agentur).
[518] LG Bochum 4. 3. 1980, MDR 1980, 577; LG Düsseldorf 10. 9. 1990, 1589 = EWiR § 477 BGB, 3/90 *(H. P. Westermann)*; s. auch OLG Düsseldorf 8. 12. 1997, NJW-RR 1998, 1354 – Immobilienkauf.
[519] Vgl. Fn. 437.
[520] Zu diesem Erfordernis und seiner Entbehrlichkeit in Ausnahmefällen s. BGH 6. 10. 1971, NJW 1972, 46; OLG Düsseldorf 5. 5. 1994, OLGR 1994, 277.
[521] BGH 6. 10. 1971, NJW 1972, 46; zur Situation beim Agenturgeschäft s. OLG Düsseldorf 20. 2. 1992, OLGR 1992, 154; zu weiteren Problemen der Wandlung s. OLG Düsseldorf 18. 12. 1992, OLGR 1993, 161 (Sonderfall aus dem Komplex „TÜV"); OLG Düsseldorf 5. 5. 1994, OLGR 1994, 277.

Die Zusicherungshaftung   Rn 1825–1827

telbare Mangelschäden nach § 635 BGB zu ersetzen.[522] „Entferntere" Mangelfolgeschäden fallen unter pFV.[523]

7. Der vertragstypische Gewährleistungsausschluss lässt den Nachbesserungsanspruch unberührt.[524]

8. Verspricht der Verkäufer, mit der Mängelbeseitiung oder der Inspektion eine Fremdwerkstatt zu beauftragen, so ist der Käufer nicht in den Schutzbereich des zwischen Verkäufer und Werkstatt abgeschlossenen Werkvertrages einbezogen.[525] Die Werkstatt haftet dem Käufer aber wegen Verletzung einer deliktischen Verkehrssicherungspflicht, wenn er im Zeitpunkt des Unfalls (nicht der fehlerhaften Reparaur) Fahrzeugeigentümer war.[526]

b) Umrüstungen, Nachrüstungen, Umbauten, Tuning

Wenn es lediglich um den Einbau von Zubehörteilen in das Kaufobjekt geht, spricht einiges dafür, einen **einheitlichen Kaufvertrag** anzunehmen. Insgesamt nach Kaufrecht hat das OLG Düsseldorf[527] die Vereinbarung eines **Motortunings** bei einem fabrikneuen (!) Pkw beurteilt. Zur Haftung aus einem selbständigen Tuning-Vertrag s. OLG Düsseldorf NZV 1997, 519. **Montagefehler** begründen ungeachtet der formularmäßigen Freizeichnungsklausel die Sachmängelhaftung nach § 459 I BGB. Gleiches gilt, wenn durch eine Veränderung des Fahrzeugs die Allgemeine Betriebserlaubnis (ABE) erloschen ist, mag die Umrüstung auch technisch einwandfrei sein. Zahlreiche Zubehörteile sind eintragungspflichtig. Die Frage, ob ausschließlich Kaufrecht anzuwenden ist, sollte man nicht davon abhängig machen, ob nach der Fahrzeugveränderung eine neue Betriebserlaubnis erforderlich ist. Darin kann lediglich ein Indiz für einen gemischten Vertrag gesehen werden.   **1825**

Einen **gemischten Vertrag** hat der BGH mit Recht für den Fall angenommen, dass in einen gebrauchten Lkw eine Ladebordwand einzubauen war.[528] Schäden, die auf einer mangelhaften Montage beruhen, sind nach § 635 BGB oder – als „entferntere" Mangelfolgeschäden – nach pFV zu ersetzen. Im Widerspruch zur BGH-Judikatur steht das Urteil des OLG Köln vom 8. 6. 1988,[529] das die Zusage, einen Lkw mit einer sog. Meiller-Ladebordwand auszurüsten, als Eigenschaftszusicherung i. S. v. § 463 S. 1 BGB gewertet hat. Zur Abnahme eines zum Wohnmobil umgebauten Kastenwagens vgl. OLG München NJW 1989, 1286 (reiner Werkvertrag); s. auch BGH WM 1996, 1918 (Spezialaufbau für Pferdetransport auf Lkw-Fahrgestell) und BGH WM 1996, 917 (Werklieferungsvertrag über Kühl-Lkw) sowie BGH NJW 1998, 3197 (Kaufvertrag mit Montageverpflichtung).   **1826**

c) Überprüfungen, Beibringung von Prüfzertifikaten, Genehmigungen etc.

Zu dieser Gruppe gehören in erster Linie bestimmte Fallgestaltungen aus dem Komplex der „**TÜV**"-**Fälle,** vgl. Rn 1774 ff. Bezug zu nehmen ist ferner auf die Ausführungen zum Verkauf gebrauchter Fahrzeuge mit „generalüberholten" und reparierten Aggregaten, vgl. Rn 1679 ff.; ferner auf Rn 1808 ff. („werkstattgeprüft"). Auch wenn der Verkäufer oder ein Dritter diese Prüfungen noch nicht vorgenommen hat, sie also erst durchgeführt werden sollen, wendet die Judikatur mit § 459 II BGB häufig reines Kaufrecht an. Exemplarisch   **1827**

---

522 Vgl. BGH 6. 10. 1971, NJW 1972, 46; OLG Düsseldorf 12. 7. 1991, NJW-RR 1992, 113 (Kauf einer Segelyacht).
523 Zur Abgrenzung bei mangelhafter Umrüstung eines gebrauchten Lkw vgl. BGH 30. 6. 1983, NJW 1983, 2440.
524 BGH 6. 10. 1971, NJW 1972, 46.
525 BGH 15. 12. 1992, NJW 1993, 655.
526 BGH 15. 12. 1992, NJW 1993, 655.
527 Urt. v. 30. 12. 1992, OLGR 1993, 129.
528 Urt. v. 30. 6. 1983, NJW 1983, 2440; s. auch BGH 6. 11. 1990, NJW-RR 1991, 872 und BGH 27. 6. 1990, NJW-RR 1990, 1462.
529 VersR 1989, 201.

dafür ist die „TÜV-neu"-Entscheidung BGHZ 103, 275 = NJW 1988, 1378. Eine werkvertragliche Abrede hat der BGH mit der fragwürdigen Begründung abgelehnt, die Parteien hätten mit keinem Wort „etwaige Fehler oder Mängel zur Zeit des Vertragsabschlusses erörtert". Ergibt die Auslegung, dass der Verkäufer bei der Prüfung entdeckte Mängel auf seine Kosten beseitigen soll, ist die Annahme einer werkvertraglichen Nebenpflicht, jedenfalls eines **Nachbesserungsrechts als Primäranspruch,** vorzuziehen.[530] Zu den Rechtsfolgen s. Rn 1824.

1828 Verpflichtet sich der Verkäufer nur dazu, bei Auslieferung des Fahrzeugs eine gültige Prüfbescheinigung oder ein vergleichbares Zertifikat vorzulegen, so kann deren Fehlen einen Sachmangel i. S. v. § 459 I BGB darstellen (Rn 1626). Denkbar ist aber auch, die Verpflichtung des Verkäufers als **eigenständige Nebenpflicht** anzusehen.[531] Wenn das Fahrzeug auch ohne die Bescheinigung im Straßenverkehr benutzt werden darf, das richtet sich vor allem nach § 19 II StVZO, ist im Zweifel Letzteres anzunehmen. Der Zustand, der amtlich bescheinigt werden soll, d. h. die Genehmigungsfähigkeit, kann freilich auch Gegenstand einer Zusicherung nach § 459 II BGB sein.[532]

Nachvertragliche Mängelbeseitigungsabreden

1829 Für Zusatzvereinbarungen, die nach Vertragsschluss, aber noch **vor Übergabe** des Fahrzeugs, getroffen werden, gilt nichts anderes als für solche, die in den Kaufvertrag eingebettet sind, vgl. dazu oben Rn 1819 ff. Beim Kauf vom Kfz-Händler ist zu beachten, dass Vertragsabschluss und Übergabe meist zusammenfallen. „Vereinbarungen" vor Übergabe sind dann keine Vertragsänderung, sondern Vorgänge i. S. v. § 150 II BGB. Abreden zwischen Kauf und Übergabe sind im Zweifel nicht als selbständige Neuverträge, sondern als Abänderung des Ursprungsvertrages zu werten.[533] Auch eine **Zusicherung** ist nachträglich möglich.[534]

1830 Vereinbarungen **nach Übergabe** begründen entweder in Vollzug der Gewährleistung eine Nachbesserungspflicht oder geben dem Käufer einen vom Kaufvertrag rechtlich unabhängigen werkvertraglichen Anspruch gem. § 631 I BGB. Welche Alternative in Betracht kommt, hängt vom Inhalt und dem Zeitpunkt der Vereinbarung ab. Die innerhalb der Verjährungsfrist gegebene Zusage, einen Motordefekt zu beseitigen, steht im Zusammenhang mit der Gewährleistung und begründet damit keinen Reparaturvertrag, sondern nur eine Nachbesserungspflicht.[535] Was die Parteien gewollt haben, lässt sich auch daran erkennen, ob die Reparatur-AGB zugrunde gelegt worden sind.

Eine erst nach Vertragsschluss und Gefahrübergang aus Anlass einer Mängelrüge getroffene Vereinbarung einer Nachbesserung enthält in aller Regel einen Ausschluss aller weitergehenden Ansprüche.[536] Eine solche Vereinbarung kann auch stillschweigend zustande kommen, z. B. durch eine Nachbesserung, die der Käufer widerspruchslos hingenommen hat.[537] Schlägt die Nachbesserung fehlt, leben etwaige frühere Ansprüche wieder auf. Eine zwar

---

530 So auch OLG Düsseldorf 18. 12. 1992, OLGR 1993, 161 für den Fall, dass der Verkäufer verspricht, die ursprünglich zugesagte Hauptuntersuchung nach § 29 StVZO nachholen zu wollen: zur Problematik s. auch *Eggert*, NJW 1990, 549, 553; *Soergel/Huber*, vor § 433 Rn 282, § 462 Rn 71a.
531 Vgl. BGH 22. 2. 1984, NJW 1984, 2287; BGH 1. 4. 1981, WM 1981, 629; s. auch *Soergel/Huber*, § 459 Rn 30.
532 Dazu OLG Oldenburg 5. 4. 1994, OLGR 1994, 314 (Hauskauf).
533 OLG Düsseldorf 10. 12. 1993, OLGR 1994, 185 (Tausch von Sommerreifen gegen Winterreifen).
534 BGH 19. 5. 1993, NJW 1993, 2103.
535 OLG Bremen 7. 3. 1975, BB 1975, 396 m. Anm. *Karstendiek;* OLG Köln 9. 7. 1980, OLGZ 1980, 468 = VersR 1980, 1173; s. auch LG Gießen 8. 1. 1997, ZfS 1997, 175 = NJW-RR 1998, 1750.
536 Zustimmend LG Gießen 8. 1. 1997, NJW-RR 1998, 1750 = ZfS 1997, 175.
537 Vgl. BGH 19. 6. 1996, NJW 1996, 2647 – Baggerlader.

erfolgreiche, aber eigenmächtige Nachbesserung lässt das Wandlungsrecht nach Ansicht des BGH[538] unberührt.

Nach Ansicht des OLG Köln verjährt der Anspruch des Käufers auf Nachbesserung nicht in der kurzen Frist des § 477 BGB, sondern in der 30-Jahres-Frist des § 195 BGB,[539] s. auch Rn 2050.

Zur Rechtslage bei Verweigerung einer nachträglich zugesagten Mängelbeseitigung mit der – objektiv falschen – Begründung, Mängel seien gar nicht (mehr) vorhanden, s. OLG Hamm OLGR 1998, 217.

Zustand: gut, einwandfrei, gründlich überholt, restauriert etc.

Es gibt kaum eine Klageschrift eines Gebrauchtwagenkäufers, in der nicht zu lesen ist, der Verkäufer habe den Zustand des Wagens als „einwandfrei" oder „tadellos" bezeichnet, habe von „Bestzustand" und „alles in Ordnung" gesprochen. Solche oder ähnliche Zustandsbeschreibungen finden selten Eingang in den schriftlichen Vertrag. In Verträgen mit **Händlern** tauchen sie nur ausnahmsweise auf, z. B. bei **Oldtimern**[540] und **Youngtimern.**[541] Umso häufiger erscheinen sie in Kleinanzeigen und im Verkaufsgespräch, besonders beim **privaten Direktgeschäft**.

1831

Erklärungen dieses Inhalts werden gemeinhin als Musterbeispiele für allgemeine **Anpreisungen** angeführt und damit in den Bereich des Unverbindlichen gerückt. Die Urteile, in denen auch hier Eigenschaftszusicherungen angenommen worden sind, sind – aufs Ganze gesehen – vereinzelt geblieben. Die nachfolgende **Entscheidungssammlung** kann nur der allgemeinen Orientierung dienen. Als Hilfe im Einzelfall sind die Urteile nur bedingt geeignet. Stets ist darauf zu achten ob die strittige Erklärung von einer Privatperson (technischer Laie) oder von einem Kfz-Händler, ggfs. mit eigener Werkstatt, stammt. Ein wichtiges Kriterium ist auch der Typ des Fahrzeugs (normaler Pkw, Sportwagen, Geländewagen, Nutzfahrzeug, Spezialtransporter, Oldtimer, Youngtimer etc.). Zu weiteren Anhaltspunkten für und wider eine Zusicherung s. Rn 1657/1658.

Zusicherung bejaht:

1832

– „Eben erst vollständig überholt" (vom Wanderer Werk) – **RG,** LZ 1928, 1385, sog. Wanderer-Zweisitzerfall
– „Wagen zur Zeit gebrauchsfähig" (**RG** 4. 6. 1929, mitgeteilt von Menge, DAR 1929, 283)
– „wird in einwandfreiem technischem Zustand übergeben" (**BGH** 5. 7. 1978, NJW 1978, 2241 – Kauf eines Renault-Sportwagens vom Vertragshändler; handschriftliche Notiz im Vertragsformular)
– „kaum gebraucht, fast neu" (**BGH** 12. 5. 1959, NJW 1959, 1489 – Maschine)
– „Fahrzeug u. Aufbau ist in einem technisch einwandfreien Zustand" (**BGH** 6. 12. 1995, NJW 1996, 584 – Tankwagen)
– „Fahrzeug hat keine versteckten technischen Mängel" (OLG Köln 6. 5. 1982, 1 U 88/81, n. v. – Jaguar, 82 000 km)
– „Wagen vollkommen i. O., selbst überholt, im nächsten halben Jahr keine Reparaturen" (LG Saarbrücken 14. 2. 1980, 2 S 410/78, n. v.)

---

538 Urt. v. 19. 6. 1996, NJW 1996, 2647 – Baggerlader.
539 Urt. v. 9. 7. 1980, OLGZ 1980, 468 = VersR 1980, 1173.
540 Dazu OLG Frankfurt 2. 11. 1988, NJW 1989, 1095 = DAR 1989, 66; KG 22. 9. 1992, OLGR 1993, 1; LG Bonn 22. 10. 1992, DAR 1994, 32; OLG Köln 18. 12. 1996, NZV 1998, 73 = OLGR 1997, 108 = VRS 93, 21 – Privatverkauf; OLG Köln 26. 5. 1997, NJW-RR 1998, 128 = VersR 1998, 511 – Motorrad.
541 Dazu OLG Köln 13. 1. 1993, DAR 1993, 263.

Rn 1833   Die Sachmängelhaftung beim Gebrauchtwagenkauf

- „Wagen in allen Teilen in Ordnung und fahrbereit, die Bremsen in Ordnung, die Kupplung neu und das Fahrzeug verkehrssicher" (OLG Hamm 15. 1. 1979, JZ 1979, 266 – insoweit nicht abgedruckt – mit Anm. *Liebs,* S. 441 – 8 Jahre alter englischer Sportwagen)
- „Motor technisch u. optisch einwandfrei" (Verkaufsanzeige für Geländewagen), OLG Koblenz 27. 5. 1993, VRS 86, 413
- „Fz. ist komplett restauriert" (OLG Köln 13. 1. 1993, DAR 1993, 263 = NZV 1994, 67 – **Youngtimer**)
- „restaurierter" **Oldtimer** (LG Bonn 22. 10. 1992, DAR 1994, 32; OLG Köln 26. 5. 1997, NJW-RR 1998, 128 = VersR 1998, 511 = OLGR 1997, 331 – Harley Davidson Bj. 1924)
- „Wagen in gutem Zustand" (LG Wuppertal 7. 2. 1952, 9 S 622/51, n. v.)
- „Wagen ist in einwandfreiem Zustand und Maschine kürzlich überholt worden" (OLG Düsseldorf 18. 5. 1951, VkBl. 1951, 452)
- „Auspuffanlage neu" (LG Köln 10 O 365/83, n. v. – Saab 900 Turbo)
- „technisch und optisch = Neuzustand ohne Einschränkung" (LG Köln 25. 10. 1988, 3 O 491/87, n. v. – knapp 18 Monate alter DB 280 TE, 44 000 km)
- „Fz. technisch i. O." (AG Köln 20. 1. 1988, 120 C 59/87, n. v., mündliche Erklärung eines Privatverkäufers, Kfz-Mechaniker von Beruf)
- „Zustandsnoten" („Zustand 1–2") beim **Oldtimer-Kauf** (OLG Frankfurt 2. 11. 1988, NJW 1989, 1095 = DAR 1989, 66; ebenso KG 22. 9. 1992, OLGR 1993, 1); s. auch OLG Köln 18. 12. 1996, NZV 1998, 73 = VRS 93, 21 = OLGR 1997, 108 – Privatverkauf nach Zeitungsanzeige; ferner *Otting,*Fahrzeug + Karosserie 1998, 76
- „TOP-Zustand" und „für 2 Jahre TÜV-abgenommen" (LG Würzburg 9. 5. 1990, DAR 1991, 152 – jede der beiden Erklärungen = Zusicherung); abw. OLG Oldenburg 27. 5. 1998, OLGR 1998, 255
- „Fahrzeug technisch und optisch einwandfrei, 100%ig einwandfrei" (schriftlich und mündlich von einem Porsche-Verkäufer erklärt), OLG Düsseldorf 8. 11. 1991, 16 U 128/90, n. v.
- „Fze. in gutem Zustand, eines davon kann besichtigt werden" (Verkauf von 9 gebrauchten Reisemobilen nach Besichtigung nur eines Exemplars), OLG Düsseldorf 20. 3. 1998, OLGR 1998, 279
- „Fz. ist techn. ok." (handschriftlicher Zusatz im Vertragsformular eines Händlers), OLG Hamm 23. 1. 1996, OLGR 1996, 115 – Jeep Cherokee
- „Fz. technisch und optisch in gutem Zustand" (schriftliche Erklärung im Kaufvertrag über ein Nutzfahrzeug), OLG Saarbrücken 18. 2. 1997, OLGR 1997, 62 (Sonderfall, Kauf ohne Besichtigung)
- „Fz. technisch einwandfrei" beziehungsweise „. . . wird technisch einwandfrei ausgeliefert" (Pkw-Verkauf durch Händler) OLG Saarbrücken 17. 3. 1998, MDR 1998, 1028 = OLGR 1998, 258
- „technisch einwandfreier Zustand" (allenfalls Zusicherung der Betriebsbereitschaft und Verkehrssicherheit, OLG Düsseldorf 23. 7. 1999, NZV 2000, 83 – über 4 Jahre alter VW Passat Kombi, ca. 145 000 km).

1833 Zusicherung verneint:

- „Wagen wenig gebraucht und fabrikneuwertig" (**RG,** Versicherung und Geldwirtschaft 1928, 172)
- „Wagen völlig in Ordnung" (**BGH** 21. 1. 1981, WM 1981, 323, in NJW 1981, 928 nicht abgedruckt – mündliche Erklärung 1 Tag nach Vertragsabschluss – 9 Jahre alter Mercedes 220 D/8)

Die Zusicherungshaftung
Rn 1833

- „Maschine einwandfrei in Ordnung" (**BGH** 17. 4. 1991, NJW 1991, 1880 – Kauf eines Porsche 928 S von Privat)
- „wenig gebraucht und in sehr gutem Zustand" (OLG Hamburg 26. 6. 1924, OLGE 45, 144)
- „Fahrzeug optisch und technisch einwandfrei" (OLG Hamm 16. 1. 1981, AH 1982, 648 – 2 Jahre alter Pkw)
- „Sattelzug-Maschine technisch völlig einwandfrei" (OLG Koblenz 2. 2. 1979, 2 U 820/77, n. v.)
- „Wagen in Ordnung" (OLG Hamburg 7. 12. 1981, MDR 1982, 406, insoweit nicht abgedruckt, 8 Jahre alter Pkw)
- „Fz. technisch einwandfrei" (OLG Hamm 15. 6. 1993, OLGR 1993, 302 – Lkw)
- „Bestzustand, Schadenfreiheit und Verkehrs- und Betriebssicherheit" (OLG Schleswig 24. 7. 1979, VersR 1980, 98)
- „Wagen vollständig in Ordnung, Käufer brauche keine Sorge zu haben" (OLG Jena 9. 3. 1937, DAR 1937, 240)
- „Sehr guter Zustand, Wagen bestens in Ordnung" (OLG Köln 21. 10. 1975, 9 U 48/75, n. v.)
- „Wagen befindet sich in einem guten technischen Zustand" (LG München I 20. 12. 1976, DAR 1978, 18)
- „Nichts kaputt, alles hundertprozentig in Ordnung" (LG Köln 22. 2. 1978, 9 S 355/77, n. v.)
- „Wagen tip-top in Ordnung" (LG Dortmund 2. 11. 1977, DAR 1978, 165)
- „Wagen technisch in Ordnung, sonst wäre er nicht durch den TÜV gekommen" (AG Brühl 20. 7. 1978, 2 C 324/77, n. v.)
- „Fahrzeug optisch und technisch o. k. laut Werkstattbericht" (AG Brühl 17. 12. 1984, 5 C 93/83, n. v.)
- „Wagen ordnungsgemäß und in einwandfreiem Zustand" (AG Köln 4. 3. 1985, 130 C 465/84, n. v. – Porsche 928)
- „Fahrzeug in tadellosem Zustand und 100% in Ordnung" (OLG Hamm 3. 7. 1986, 23 U 35/86, n. v. – 6 Jahre alter Matra Rancho)
- „Fahrzeug neuwertig und technisch einwandfrei und auch gerade überprüft" (OLG Köln 15. 10. 1986, 16 U 7/86, n. v. – Porsche 928)
- „Fahrzeug frei von technischen und optischen Mängeln" OLG Köln 29. 6. 1988, 13 U 42/88, VersR 1988, 1158 L – 7 Jahre alter Pkw)
- „Wagen technisch einwandfrei und betriebsbereit" (LG Stuttgart 15. 12. 1988, 20 O 508/88, n. v. – Verkauf eines 16 Jahre alten Porsche 911 T durch Privatmann)
- „Fahrzeug technisch einwandfrei und vollkommen in Ordnung" (OLG Köln 25. 11. 1987, 13 U 104/87, n. v. – 10 Jahre alter Pkw, 110 000 km)
- „Motor wurde auf Funktionsfähigkeit untersucht. Der Motor ist betriebsbereit" (LG Köln 17. 5. 1988, 5 O 22/88, n. v. – Kauf eines gebrauchten Motorbootes von Privat)
- „technisch völlig in Ordnung und einwandfrei" (LG Duisburg 21. 6. 1991, 4 S 15/91, n. v. – 28 Jahre alter Unimog)
- „Motor einwandfrei" (OLG Karlsruhe 7. 11. 1991, VRS 82, 261 – Kauf eines gebrauchten BMW-Motors)
- „Motor tip-top in Ordung" (OLG Hamm 25. 6. 1996, NJW-RR 1997, 429 – „zweifelhaft")
- „Optische Mängel" (in einer Verkaufsanzeige) bedeutet nicht, dass technische Mängelfreiheit zugesichert ist (OLG Koblenz VRS 89, 336 = BB 1995, 2133 – älterer **Geländewagen**)

- „Wagen im Betrieb durchgesehen, alles in Ordunmg, Topzustand" (LG Saarbrücken 16. 12. 1996, ZfS 1997, 96 – Pkw-Kauf vom Händler)
- „Verkäufer versichert: ohne technische Mängel" (OLG Köln 21. 10. 1996, VersR 1997, 1019 = VRS 94, 321 – Pkw-Verkauf durch Privat; laut Senat allenfalls eine eingeschränkte Zusicherung)
- „Top-Zustand" bzw. „Bestzustand" (OLG Hamm 8. 7. 1997, OLGR 1998, 40)
- „Fz. für 20 000 DM restauriert" (OLG Hamm 8. 7. 1997, OLGR 1998, 40)
- „Top-Zustand" (auf Verkaufsschild an einem Pkw, von einem Händler verkauft), OLG Oldenburg 27. 5. 1998, OLGR 1998, 255
- „Fahrzeug einwandfrei" (OLG Köln 15. 6. 1998, NZV 1998, 466 – Pkw-Verkauf durch Händler ohne eigene Werkstatt, mündliche Erklärung vor TÜV-Abnahme)
- „technisch einwandfreier Zustand" (keine Zusicherung der Mängelfreiheit, sondern allenfalls der Betriebsbereitschaft und Verkehrssicherheit, OLG Düsseldorf 23. 7. 1999, NZV 2000, 83).

5. Typische Einwendungen des Verkäufers bei Eigenschaftszusicherungen

1834 Hat der Käufer eine Zusicherung i. S. v. § 459 II BGB schlüssig dargetan, muss er meist eine ganze Reihe von Hürden nehmen, um mit seinem Gewährleistungsanspruch durchzudringen bzw. die Freizeichnungsklausel neutralisieren zu können. Besonders bei mündlichen Zusicherungen von Verkaufsangestellten wird er gewöhnlich mit einer **Vielzahl von Einwendungen** konfrontiert. Der Verkäufer hat im Wesenlichen folgende **Verteidigungsmöglichkeiten:**

- Bestreiten der mündlichen Erklärung,
- Bestreiten der Umstände, aus denen Käufer die Zusicherung herleitet,
- Bestreiten der Vollmacht bei Zusicherungen von Abschlussvertretern und Angestellten (Vertreterklausel),
- Berufung auf Klausel, wonach Eigenschaften nicht zugesichert worden sind (Negativklausel),
- Berufung auf Klausel, wonach bestimmte Erklärungen keinen Zusicherungscharakter haben,
- Behauptung von Kenntnis (z. B. durch Aufklärung) oder grob fahrlässige Unkenntnis,
- Berufung auf Klausel, die Ausdrücklichkeit der Zusicherung verlangt,
- Berufung auf Schriftform-, Bestätigungs- und Vollständigkeitsklauseln, Berufung auf die Vermutung der Vollständigkeit und Richtigkeit der Kaufvertragsurkunde,
- Hinweis auf individualvertragliche oder formularmäßige Gewährleistungs- und Haftungsausschlüsse,
- Berufung auf Cirka-Klauseln,
- Berufung auf sog. Abnahme-Erklärungen,
- Anfechtung wegen Irrtums.

Hat der Käufer das Fahrzeug als Erfüllung angenommen, so trägt er die **Beweislast** für die Voraussetzungen des Anspruchs aus § 463 Satz 1 BGB. Ihm obliegt der Nachweis derjenigen Erklärungen und Umstände, aus denen er die Eigenschaftszusicherung herleiten will (BGH BB 1995, 846). Er muss auch beweisen, dass die zugesicherte Eigenschaft sowohl im Zeitpunkt des Kaufabschlusses als auch noch bei Übergabe fehlte.

1835 Strenggenommen noch eine **Frage der Schlüssigkeit** ist es, ob schriftliche Erklärungen, beispielsweise km-Angaben, **außerhalb des Vertragstextes**, etwa in **Händlerschreiben, Inseraten, Werbeanzeigen, Katalogen, Verkaufsschildern, Info-cards** (am Fahrzeug an-

Die Zusicherungshaftung   Rn 1836

gebracht), **Garantieurkunden** usw., eine vertragliche Zusicherung begründen können. Die Rechtsprechung entscheidet hier meist zu Gunsten des Käufers. Das Problem ist ein **zweifaches:** Zum einen geht es um die Frage der **Einbeziehung** dieser Erklärungen in den Vertrag, zum anderen darum, ob sie Zusicherungscharakter haben. In beiden Punkten ist die **Rechtsprechung großzügig.**[542] Will der Verkäufer schriftliche Aussagen aus der Phase der Vertragsanbahnung, auch aus der Vorphase, z. B. in Zeitungsanzeigen, nicht gegen sich gelten lassen, muss er sie „klar und erkennbar" widerrufen.[543] Dafür genügt dem OLG München[544] bereits ein individueller Gewährleistungsausschluss. Richtigstellend bzw. einschränkend können sich auch bestimmte Erklärungen des Verkäufers bei den Vertragsverhandlungen auswirken.[545] Das OLG Brandenburg[546] sieht auch in einer „dem eigentlichen Kaufvertrag nachfolgenden Erklärung" (km-Angabe in Garantiebeleg) eine Eigenschaftszusicherung, legt den Zeitpunkt des Vertragsschlusses aber fälschlich auf die Unterzeichnung des Bestellscheins durch den Kunden (s. Rn 1438 f.) Möglich ist eine Zusicherung auch durch eine Erklärung **nach Vertragsabschluss,**[547] z. B. in der Fahrzeugrechnung, der Empfangsbestätigung oder in einer Garantieurkunde.

Eine sog. **Vollständigkeitsklausel** („neben obigen Bedingungen sind keine weiteren Vereinbarungen getroffen worden") dürfte nicht genügen, obwohl sich eine solche Klausel[548] auch auf schriftliche Erklärungen außerhalb der Vertragsurkunde bezieht. Gegen § 11   **1836**

---

542 **BGH** 25. 6. 1975, NJW 1975, 1693 (km-Angabe auf Verkaufsschild); **BGH** 18. 2. 1981, NJW 1981, 1268 (PS-Angabe auf Verkaufsschild); OLG Düsseldorf 18. 6. 1999, NZV 1999, 514 (Händlerschreiben an Kaufinteressenten, Kaufvertrag später mit Leasinggesellschaft); Brand OLG 20. 11. 1996, NJW-RR 1997, 428 = OLGR 1997, 88 (km-Angabe in Garantieurkunde); OLG Köln 18. 12. 1996, NZV 1998, 73 = OLGR 1997, 108 (Zustandsnote für Oldtimer in Zeitungsanzeige); OLG Köln 19. 10. 1971, NJW 1972, 162 („von Meisterhand geprüft . . ." in Werbeanzeige); OLG Köln 8. 1. 1990, NJW-RR 1990, 758 (km-Stand in Zeitungsanzeige); LG Memmingen 14. 11. 1990, NZV 1991, 356 (km-Stand/Zeitungsanzeige); OLG Zweibrücken 28. 6. 1988, VRS 76, 409 (km-Stand/Zeitungsanzeige); OLG Frankfurt 2. 11. 1988, NJW 1989, 1095 (Zustandsnoten im Oldtimerkatalog); OLG München 26. 4. 1974, DAR 1974, 296 (km-Stand/Verkaufsschild); OLG Karlsruhe 30. 3. 1979, OLGZ 1979, 431 („Von privat. . . generalüberholt"/Werbeanzeige); OLG Hamm 25. 2. 1986, VRS 71, 321 („werkstattgeprüft"/Werbetransparent); OLG Hamm 2. 12. 1983, DAR 1983, 357 (Werbeanzeige); OLG Schleswig 5. 1. 1977, MDR 1977, 929 (Baujahr eines Hauses/Zeitungsanzeige); abw. OLG Schleswig 12. 12. 1978, MDR 1978, 935 (Grundstückskauf); **differenzierend** OLG Nürnberg 28. 11. 1991, NZV 1992, 441 (Zeitungsanzeige „kleiner Blechschaden"); s. auch OLG Koblenz 25. 6. 1992, VRS 84, 243 („unfallfrei" in Anzeige); OLG Köln 24. 3. 1993, NJW-RR 1994, 440; OLG Köln 14. 4. 1992, OLGR 1992, 289; OLG Koblenz 27. 5. 1993, VRS 86, 413; KG 22. 9. 1992, OLGR 1993, 1; KG 2. 6. 1995, OLGR 1995, 145 = MDR 1995, 903 – jeweils Zeitungsanzeige.
543 So OLG Hamm 9. 11. 1995, OLGR 1996, 53; OLG Köln 10. 3. 1989, 6 U 167/88, n. v. (km-Angabe nur im Inserat, nicht in der Vertragsurkunde); im Grundsatz ähnlich – gleichfalls mit Beweislast beim Verkäufer – OLG Köln 8. 1. 1990, NJW-RR 1990, 758; OLG Köln 14. 4. 1992, OLGR 1992, 289; OLG Köln 18. 12. 1996, NZV 1998, 73 = OLGR 1997, 108; OLG Koblenz 27. 5. 1993, VRS 86, 413; OLG Karlsruhe 30. 3. 1979, OLGZ 1979, 431 („ausdrücklich berichtigen"); anders und u. E. zutreffend OLG Nürnberg 28. 11. 1991, NZV 1992, 441 (volle Beweislast beim Käufer).
544 Urt. v. 7. 7. 1992, OLGR 1992, 113; anders OLG Köln 18. 12. 1996, NZV 1998, 73 = OLGR 1997, 108.
545 Dazu OLG Köln 14. 4. 1992, OLGR 1992, 289; allgemein zur Einbeziehungsproblematik *Lehmann,* Vertragsanbahnung durch Werbung, 1981, S. 205 ff.; *Herrmann,* AcP 183, 248; *Soergel/Huber,* § 459 Rn 156 f.
546 Urt. v. 20. 11. 1996, NJW-RR 1997, 428 = OLGR 1997, 88.
547 BGH 19. 5. 1993, NJW 1993, 2103.
548 Allgemein dazu *Wolf/Horn/Lindacher,* § 9, S. 49; vgl. auch BGH 15. 2. 1984, WM 1984, 534 unter 2b = NJW 1984, 1454, insoweit dort nicht abgedruckt; s. auch BGH 19. 6. 1985, NJW 1985, 2329 („mündliche Nebenabreden sind nicht getroffen") und BGH 14. 10. 1999, ZIP 1999, 1887 („mündliche Nebenabreden bestehen nicht").

Nr. 15b AGBG verstößt die Klausel „es besteht Einigkeit darin, dass vom Verkäufer keine Zusagen über Eigenschaften, Zustand, Leistung und Unfallfreiheit gegeben wurden".[549] Gleiches gilt für die Klausel „keinerlei Zusicherung nach § 463".[550] Zur Vollständigkeitsvermutung einer Vertragsurkunde s. BGH NJW 1999, 1702.

1837 Die **individuell** eingefügte **Angabe „keine"** hinter dem vorgedruckten Wort „Zusicherungen?" steht nach Auffassung des BGH der Annahme entgegen, der Verkäufer habe eine bestimmte Eigenschaft des Fahrzeugs (im Streitfall den Zeitpunkt der Erstzulassung) konkludent zugesichert.[551] Diese Auslegung überrascht etwas, weil der BGH ansonsten[552] verlangt, dass der Händler ausdrücklich und unmissverständlich gegen die Einstufung einer ganz bestimmten Zusage als Zusicherung im Rechtssinn protestiert. Eine nur pauschale protestatio hat früher nicht genügt. Doch selbst wenn man mit dem BGH eine Zusicherung verneint, bleibt fraglich, ob „Zusicherungen? keine" auch die „einfache" Sachmängelhaftung i. S. v. § 459 I BGB ausschließt. Der BGH hat dies ebenso wenig geprüft wie die Frage, ob sich der (formularmäßige) allgemeine Gewährleistungsausschluss auf eine unkörperliche Eigenschaft wie den Zeitpunkt der Erstzulassung erstreckt, vgl. dazu Rn 1951. Zur Bedeutung des Durchstreichens bzw. Freilassens von Formularrubriken wie „Besondere Vereinbarungen/Zusicherungen" s. OLG Celle OLGR 1998, 170 (Urt. v. 19. 2. 1998).

1838 Soweit eine Erklärung des Verkäufers Vertragsinhalt geworden ist, kann er deren rechtliche Qualifizierung grundsätzlich nicht durch eine **formularmäßige Negativklausel** bestimmen. Nur durch eine – heute nur noch vereinzelt anzutreffende – Formularklausel wie z. B. im Abschnitt I, Ziff. 2 ZDK-AGB alte Fassung („Angaben über Leistungen z. B. Geschwindigkeiten, Betriebskosten, Öl- und Kraftstoffverbrauch, Maße und Gewichte des Kaufgegenstands . . . sind keine zugesicherten Eigenschaften, es sei denn, dass eine ausdrückliche Zusicherung gegeben wurde") lässt sich die Annahme einer Zusicherung i. S. v. § 459 II BGB nicht verhindern.[553] Die Klausel „sämtliche Angaben sind nicht als zugesicherte Eigenschaften anzusehen" verstößt gegen § 11 Nr. 11 AGBG.[554] Sie kann nicht beschränkt auf Wandlung oder Minderung aufrechterhalten werden. Die Frage, ob die Angaben in dem sog. **Zustandsbericht** entgegen der Selbstqualifizierung der Händler zugesicherte Eigenschaften sind,[555] hat sich erledigt, ohne dass die Rechtsprechung hierzu hat Stellung nehmen müssen. Der Zustandsbericht ist in der aktuellen ZDK-Gebrauchtwagenkonzeption (ab Oktober 1988) nicht mehr enthalten. Der Abschnitt VII („Gewährleistung") der verbandsempfohlenen AGB ist entsprechend geändert worden. Bei Abschluss eines Kaufvertrages auf der Grundlage der überholten Regelung muss ein Zustandsbericht ausgehändigt worden sein, um die Altregelung in Kraft zu setzen.[556]

---

549 LG Berlin 6. 3. 1987, VuR 1988, 50; ebenso im Ergebnis KG 3. 2. 1988, 23 U 2930/87, n. v. (Verstoß auch gegen § 9 I AGBG).
550 LG Berlin 5. 2. 1988, 26 O 304/87, n. v.
551 Urt. v. 16. 10. 1991, NJW 1992, 170 = JZ 1992, 365 m. Anm. *Flume;* dazu auch *Tiedtke,* DB 1992, 1562; s. auch OLG Hamm 12. 10. 1990, NJW-RR 1991, 505, 506 = NZV 1991, 232 (nicht entschieden).
552 Z. B. Urt. v. 5. 7. 1978, NJW 1978, 2241 („unmissverständlich und deutlich, und zwar bezogen gerade auf die abgegebene Zusicherung"); ebenso BGH 10. 10. 1977, NJW 1978, 261; im Ergebnis auch AG Köln 21. 12. 1995, 128 C 193/95, n. v.; bestätigt durch LG Köln 4. 12. 1996, 26 S 63/96, n. v.
553 Für Unwirksamkeit (Verstoß gegen das Richtigkeitsgebot) *Wolf/Horn/Lindacher,* § 9 G 54.
554 Vgl. auch OLG Hamburg 17. 9. 1986, ZIP 1986, 1577 = DB 1986, 2428; OLG Hamm 10. 11. 1982, BB 1983, 21 (Motorverkauf); zum Problem eingehend *Wagner,* DB 1991, 2325; *Braun,* WM 1992, 893.
555 Vgl. 4. Auflage, Rn 1485.
556 LG Baden-Baden 25. 4. 1997, 3 O 19/97, n. v.

Die Zusicherungshaftung

Eine **mündliche Erklärung,** der trotz der Mündlichkeit Zusicherungscharakter beigemessen worden ist,[557] setzt sich gegen eine **formularmäßige Schriftformklausel** durch.[558] Auch eine Klausel wie „schriftliche Bestätigung vorbehalten" nützt dem Verkäufer nichts. Im Grundsatz ist dies heute weitgehend anerkannt. In der Begründung ist nach wie vor vieles kontrovers.[559] Zu beachten sind auch zahlreiche Ausnahmen und Unterausnahmen. Manche Gerichte versuchen, Schriftformklauseln dadurch zu halten, dass sie besonders strenge Anforderungen an die Darlegungslast dessen stellen, der sich auf eine mündliche Erklärung beruft.[560]

Vor Inkrafttreten des AGB-Gesetzes entsprach es gefestigter Rechtsprechung, dass Schriftformklauseln **im Gebrauchtwagenhandel** grundsätzlich selbst dann nicht zu beanstanden sind, wenn sie sich auf Zusicherungen erstrecken und der Verwender sogar eine schriftliche Bestätigung verlangt.[561] In der Taxi-Entscheidung vom 12. 5. 1976[562] hat der BGH bei einem Eigengeschäft folgende Klausel gebilligt: „Nebenabreden, nachträgliche Änderungen dieses Auftrags und etwaige Zusicherungen bedürfen zu ihrer Gültigkeit schriftlicher Bestätigung des Verkäufers." Im konkreten Fall hatte ein **Verkaufsangestellter** bei der Probefahrt die Frage verneint, ob der Pkw früher als Taxi benutzt worden sei. Für die unrichtige Antwort seines Angestellten brauchte der Händler nicht einzustehen, weil er seine Haftung durch die Schriftformklausel in Verbindung mit einer Vertreterklausel wirksam ausgeschlossen hatte.

Unter der Geltung des AGB-Gesetzes hatte der BGH bislang keine Gelegenheit, zu Schriftformklauseln im Gebrauchtwagenhandel Stellung zu nehmen; zur Parallelklausel beim Neuwagenkauf s. Rn 117 f. Aus der Rechtsprechung der Oberlandesgerichte sind einschlägig: Urteil des KG vom 22. 3. 1989, 3 U 5960/88 (unveröffentlicht); OLG Düsseldorf EWiR § 125 1/91, 1055 *(Teske)* – Kfz-Vermittlungsvertrag; OLG Düsseldorf OLGR 1993, 129 (Leitsatz 3) zu Nrn. I, 2 und IV, 6 der Neuwagen-Verkaufsbedingungen; s. auch OLG Hamburg OLGR 1996, 4.

Die Schriftformklausel in Nr. I, 3 der vom **ZDK** empfohlenen Gebrauchtwagen-Verkaufsbedingungen (Stand 11/1998) ist identisch mit der Klausel Nr. I, 2 der Neuwagen-Verkaufsbedingungen. Sie unterliegt der gleichen Beurteilung, s. Rn 117 f. Klauselwerke ohne Verbandsempfehlung enthalten mitunter Schriftformklauseln (auf der Vorderseite des Bestellscheins und/oder in den eigentlichen AGB), die bedenklich erscheinen.

Nach ständiger **BGH-Rechtsprechung** sind Schriftformklauseln auch gegenüber Nichtkaufleuten nicht schlechthin gemäß § 9 AGBG unzulässig. Ihre Wirksamkeit hängt vielmehr von der Ausgestaltung und dem Anwendungsbereich der konkreten Klausel ab. Für unwirksam hat der BGH beispielsweise folgende Klauseln gehalten: „Vereinbarungen, Zusicherungen oder Änderungen sind nur in schriftlicher Form gültig",[563] „mündliche Abmachungen haben ohne schriftliche Bestätigung der Firma keine Gültigkeit"[564] oder „Änderungen oder Ergänzungen bedürfen der Schriftform".[565]

---

557 Käuferfreundlich die h. M.; anders z. B. OLG Stuttgart 6. 2. 1990, 10 U 34/89, n. v., das verlangt, dass der Verpflichtungswille im Vertrag seinen Niederschlag gefunden haben muss.
558 Argument: § 4 AGBG; s. z. B. OLG Bamberg 2. 3. 1994, NJW-RR 1994, 1333.
559 *Teske,* Schriftformklauseln in Allgemeinen Geschäftsbedingungen, 1990; *Zoller,* JZ 1991, 850; *K. P. Schulz,* Jura 1995, 71.
560 OLG Düsseldorf 12. 3. 1992, OLGR 1992, 260.
561 BGH 8. 10. 1969, NJW 1970, 29, 30; v. 25. 6. 1975, NJW 1975, 1693; v. 12. 5. 1976, BB 1977, 61 m. Anm. *Trinkner.*
562 BB 1977, 61.
563 Urt. v. 31. 10. 1984, NJW 1985, 320 – Möbelhandel.
564 Urt. v. 26. 3. 1986, NJW 1986, 1809.
565 Urt. v. 15. 2. 1995, NJW 1995, 1488 m. w. N. – Möbelhandel.

1842 Selbst eine nach § 9 AGBG an sich gültige Schriftformklausel hilft dem Kfz-Händler im typischen Gewährleistungsprozess nicht weiter, wenn und soweit das Vorrangprinzip des § 4 AGBG gilt.[566] Der **Vorrang der Individualabrede** greift auch gegenüber einer im Sinne von § 9 AGBG angemessenen Schriftformklausel durch.[567] Voraussetzung ist freilich, dass die mündliche Erklärung unabhängig von dem Schriftlichkeitserfordernis wirksam ist. Das kann bei Erklärungen von bestimmten **Firmenangestellten** zweifelhaft sein.

1843 Der **Einwand der fehlenden Vertretungsmacht** ist in der Regel auch bei Angestellten unterhalb der Prokuristenebene unerheblich. Gemäß § 54 III HGB sind Vollmachtsbeschränkungen und das Fehlen einer wirksamen Vollmacht Dritten gegenüber nur wirksam, wenn diese den Mangel kennen oder kennen müssen. Die Vertretungsmacht von Handlungsbevollmächtigten und Abschlussvertretern erstreckt sich auf Verkäufe, die im Rahmen des Gewerbebetriebes üblicherweise vorkommen. Die mündliche „Zusicherung" bestimmter Eigenschaften des verkauften Fahrzeugs ist im Gebrauchtwagenhandel nicht außergewöhnlich.[568] Will der Händler sich davor schützen, dass ihm bestimmte Erklärungen seines Personals zugerechnet werden, muss er diese Einschränkung der Vollmacht durch einen ausdrücklichen und unübersehbaren Hinweis kundtun, z. B. durch ein Schild im Verkaufsraum oder durch eine drucktechnisch deutlich hervorgehobene und inhaltlich verständliche Erklärung auf der Vorderseite des Bestellscheines.[569] Der Umstand, dass der Bestellschein eine Rubrik für die Aufnahme von „besonderen Vereinbarungen" enthält, genügt für sich allein nicht. Auch die Schriftform- und Vertreterklausel im eigentlichen „Kleingedruckten" sind nicht geeignet, die Vertretungsmacht von Handlungsbevollmächtigten und Ladenangestellten i. S. v. § 56 HGB einzuschränken. Im Einzelnen ist hier noch vieles umstritten.

1844 Zum Verhältnis zwischen Eigenschaftszusicherungen und den im Kfz-Handel überaus bedeutsamen **Gewährleistungsausschlüssen** s. Rn 1954.

1845 Seit langem enthalten die im Kfz-Handel üblichen Geschäftsbedingungen sog. **Circa-Klauseln.** Der BGH hat solche Klauseln in der grundlegenden Entscheidung vom 8. 10. 1969[570] für zulässig erklärt, weil der Verkäufer im Allgemeinen auf die Angaben seines Lieferanten angewiesen sei und daher keine genauen Angaben machen könne. Im Falle des Händlereigengeschäfts trifft dies zu. Verkauft der Händler aber – nunmehr ausnahmsweise – im Kundenauftrag (Agenturgeschäft), ist dieses Argument verfehlt. Vom privaten Verkäufer können präzise Angaben verlangt werden, zumal wenn er der einzige Vorbesitzer ist.[571] Er kann sich auf die Circa-Klausel grundsätzlich nicht berufen. In einigen Fällen ist eine Einschränkung der Beschaffenheitsangabe allerdings schon **im Wege der Auslegung** anzunehmen, so z. B. bei Angaben über die Fahrleistung.[572] Geringfügige Abweichungen zwischen Ist- und zugesicherter Soll-Beschaffenheit können auch gem. § 242 BGB außer Betracht bleiben. Dass das Gesetz nur bei der Fehlerhaftigkeit i. S. d. § 459 I BGB auf die Erheblichkeit abstellt, steht dem nicht entgegen. Ersichtlich geht es davon aus, dass eine unwesentliche Eigenschaft als Gegenstand einer Zusicherung ausscheidet.

1846 Bisweilen unterzeichnen Käufer bei Übernahme des Fahrzeugs eine „**Abnahme-Erklärung**", mit der sie bestätigen, das Fahrzeug „in einwandfreiem Zustand, wie besichtigt, abgenommen zu haben" und „auf Ansprüche wegen bekannter oder unbekannter früherer Schäden an dem Fahrzeug zu verzichten". Ebenso wenig wie der formularmäßige Gewährlei-

---

566 St. Rspr., z. B. OLG Bamberg 2. 3. 1994, NJW-RR 1994, 1333.
567 BGH 20. 10. 1994, NJW-RR 1995, 179; *Ulmer/Brandner/Hensen,* Anh. §§ 9–11, Rn 628; *Zoller,* JZ 1991, 850.
568 So OLG Köln 14. 12. 1971, JMBl. NW 1972, 189.
569 OLG Köln 21. 3. 1984, 24 U 238/83, n. v.
570 NJW 1970, 29.
571 So auch *Bilda,* BB 1971, 111.
572 Nicht zu verwechseln mit der Kilometerlaufleistung (Gesamtfahrleistung), wo die Toleranzgrenze gleichfalls durch Auslegung zu ermitteln ist, vgl. Rn 1730.

Die Zusicherungshaftung   Rn 1847–1849

stungsausschluss kann eine solche Erklärung den Verkäufer von der Haftung für das Fehlen einer zugesicherten Eigenschaft freistellen.[573] Vorformulierte Empfangsbestätigungsklauseln können bereits an § 11 Nr. 15b AGBG scheitern.[574]

Die Behauptung des Verkäufers, der Käufer habe von dem Fehlen der angeblich zugesicherten Eigenschaft schon bei Abschluss des Vertrages **Kenntnis** gehabt, z. B. von einem Unfallschaden, ist erheblich, weil es dann bereits an einer Vereinbarung fehlt, zumindest aber § 460 S. 1 BGB anwendbar ist.[575] Erheblich ist auch die Behauptung von Tatsachen, die den Zusicherungscharakter in Frage stellen oder eine etwaige Zusicherung inhaltlich einschränken.[576] Fahrlässige, selbst **grob fahrlässige Unkenntnis** des Fehlens der zugesicherten Eigenschaft führt nicht zu einer Haftungsfreistellung des Verkäufers (vgl. § 460 BGB). Ausgeschlossen ist die Zusicherungshaftung aber, wenn der Käufer das Fahrzeug in Kenntnis des Fehlens der zugesicherten Eigenschaft abnimmt.[577]   **1847**

Schließlich ist noch auf die Möglichkeit hinzuweisen, die Eigenschaftszusicherung **wegen Irrtums anzufechten** (§ 119 BGB). Beispiel: Ein Händler verkauft ein Fahrzeug im eigenen Namen als „unfallfrei". Später stellt sich heraus, dass der Wagen einen Unfallschaden hatte, von dem der Händler aber nicht gewusst hatte. Der Händler ficht seine Erklärung an. Ergibt die **Auslegung** der Erklärung „unfallfrei", dass der Händler vorbehaltlos für die Abwesenheit von Unfallschäden einstehen will, er sich also nicht auf eine subjektive Einschränkung wie „Irrtum vorbehalten" zurückziehen darf,[578] so muss er sich an dieser Zusicherung festhalten lassen. Die im Wege der Auslegung und Wertung ermittelte besondere Verbindlichkeit der Verkäufererklärung steht nicht zur Disposition des Verkäufers. Könnte sich der Händler im obigen Beispielsfall durch Irrtumsanfechtung seiner Haftung entziehen, widerspräche dies dem Sinn und Zweck der in der Zusicherung liegenden Garantie. Im Ergebnis scheint insoweit kein Streit zu herrschen. Die Begründungen sind unterschiedlich. Der BGH argumentiert mit dem Gesichtspunkt des Rechtsmissbrauchs.[579] Das Anfechtungsrecht nach **§ 119 II BGB** (Eigenschaftsirrtum) soll ausgeschlossen sein, wenn der Vekräufer sich durch dessen Ausübung von seiner Gewährleistungspflicht befreien könnte. Hiernach kommt es also auch darauf an, was der Käufer will, welche Rechte er geltend macht. Was der Käufer nicht will, kann der Verkäufer nicht treuwidrig durch Anfechtung vereiteln. In der Praxis des Gebrauchtwagenkaufs ist eine Situation, in der es bei einer Zusicherung i. S. v. § 459 II BGB nicht um die daran geknüpfte Rechtsfolge geht, durchaus realistisch (Einsatz nur zum Zwecke der Ausschaltung der Freizeichnung).   **1848**

Bei einem Irrtum über die Verkehrsbedeutung seiner Erklärung (den aus der Sicht des Käufers zu bestimmenden „Erklärungswert" oder „Bedeutungsgehalt") ist der Verkäufer nach Meinung des BGH[580] ohne Einschränkung zur Anfechtung nach **§ 119 I BGB** (1. Alt.) berechtigt. Angesichts der sehr weiten, die Fachwelt immer wieder überraschenden Auslegung vieler Verkäuferangaben durch die Rechtsprechung hätten insbesondere gewerbliche Händler allen Anlass, von dieser Möglichkeit Gebrauch zu machen. Bemerkenswerterweise ist dies nicht der Fall. Es ist kein einziger Fall bekannt geworden, in dem der Verkäufer mit einer Irrtumsanfechtung die Rechtsfolgen einer Eigenschaftszusicherung hat abwenden können.   **1849**

---

573 BGH 25. 5. 1983, NJW 1983, 2193 = WM 1983, 755.
574 OLG Koblenz 22. 9. 1995, NJW 1995, 3392 – „Ware in einwandfreiem Zustand erhalten"/Möbelhandel.
575 Bei Kenntnis erst im Zeitpunkt der Übergabe gilt § 464 BGB, sofern Vertragsabschluss und Übergabe ausnahmsweise auseinanderfallen.
576 Zur Beweislast und den Beweisanforderungen s. OLG Bamberg 2. 3. 1994, NJW-RR 1994, 1333 (schriftliche Erklärung versus mündliche Aufklärung).
577 OLG Düsseldorf 8. 11. 1995, NJW-RR 1996, 693 – Immobilienkauf.
578 Dazu Rn 1790 f.
579 Urt. v. 8. 6. 1988, NJW 1988, 2597 (Irrtum über den Maler des verkauften Gemäldes).
580 Urt. v. 14. 7. 1978, WM 1978, 1291 (Grundstückskauf).

III. Die Arglisthaftung

1. Allgemeines

1850 Neben der Zusicherungshaftung ist die Haftung des Verkäufers wegen Arglist das zweite **Hauptthema** in Gebrauchtwagenstreitigkeiten. Dem arglistig getäuschten Käufer gewährt das Gesetz den mit Abstand **stärksten Schutz,** und zwar in **sechsfacher Hinsicht:**
- Anfechtung wegen arglistiger Täuschung (§ 123 BGB)
- verschärfte Gewährleistungshaftung nach § 463 S. 2 BGB
- Unwirksamkeit vertraglicher Gewährleistungsausschlüsse und -beschränkungen (§ 476 BGB)
- Verlängerung der Verjährungsfrist auf 30 Jahre (§ 477 BGB)
- Unschädlichkeit eigener grober Fahrlässigkeit (§ 460 BGB)
- Unschädlichkeit eines Rügeversäumnisses (§ 377 V HGB).

1851 Von diesen sechs Arglisttatbeständen stehen beim Gebrauchtwagenkauf die **§§ 476, 463 S. 2, 123 BGB** im Mittelpunkt. Bis Ende der sechziger Jahre favorisierten Gebrauchtwagenkäufer, die sich getäuscht sahen, die Anfechtung nach § 123 BGB. Entsprechend umfangreich ist das Fallmaterial aus jener Zeit. Auch in der Spruchpraxis des BGH der Jahre 1950 bis 1970 liegt das Schwergewicht auf dem allgemeinen Arglisttatbestand des § 123 BGB. Heute wird arglistiges Verhalten des Gebrauchtwagenverkäufers stärker im Zusammenhang mit § 476 BGB thematisiert. Danach ist eine Vereinbarung, durch welche die Verpflichtung des Verkäufers zur Gewährleistung wegen Sachmängel erlassen oder beschränkt wird, nichtig, wenn der Verkäufer den Mangel arglistig verschwiegen hat. Der Hauptgrund für die **Ausdehnung der Arglisthaftung** des Gebrauchtwagenverkäufers ist ohne Zweifel die Existenz der umfassenden Haftungsfreizeichnung.[1]

Die Bedeutung der anderen kaufrechtlichen Sondernorm – § 463 S. 2 BGB – hatte in dem Maße abgenommen, in dem sich der Händler-Verkauf auf die Händler-Agentur verlagert hatte. Mit dem Rückgang des Agenturgeschäfts ab Juli 1990 (vgl. Rn 1338) ist diese klassische Anspruchsgrundlage wieder in das Zentrum gerückt.

2. Arglistiges Verschweigen von Sachmängeln

a) Objektiver Tatbestand

1852 Die §§ 476, 477, 463 S. 2 BGB knüpfen an das Verschweigen eines Mangels (§§ 476, 477) bzw. eines Fehlers (§ 463 S. 2) an. „Mangel" ist der weitere Begriff. Er umfasst sowohl „Fehler" (§ 459 I) als auch das Fehlen zugesicherter Eigenschaften (§ 459 II). Der objektive Tatbestand der kaufrechtlichen Arglistvorschriften ist bereits durch das Verschweigen eines Mangels bzw. Fehlers erfüllt. Daß der Verkäufer eine **Offenbarungspflicht** (Aufklärungspflicht)[2] verletzt hat, braucht hier nicht besonders festgestellt zu werden. Das Verschweigen eines Fehlers trotz Kenntnis begründet die Schadensersatzpflicht nach § 463 S. 2 BGB bzw. führt zu den Rechtsfolgen i. S. v. §§ 476, 477 BGB. *Huber* bemerkt mit Recht: „Die ausgedehnten Überlegungen zur Aufklärungspflicht, die man in der Literatur und auch in einzelnen Entscheidungen zu § 476 und den anderen kaufrechtlichen Arglistbestimmungen findet, sind überflüssig und unzutreffend. Sie beruhen entweder auf einer unkritischen Übernahme von Regeln, die zu § 123 entwickelt wurden (und dort am Platz sind) oder darauf, dass die kaufrechtlichen Arglistbestimmungen contra legem auf Fälle angewendet werden, in denen

---
[1] Zu den Ausweitungstendenzen bei der Arglisthaftung des Autoverkäufers *Meyer-Lindemann*, S. 97 ff.
[2] Zur Terminologie s. *Thamm/Pilger*, BB 1994, 729.

Die Arglisthaftung Rn 1853–1855

kein Fehler und daher kein Sachmangel vorliegt."[3] Im Ergebnis ist die Kontroverse belanglos.[4] Ein Unterschied besteht nur in der Begründung.

Der **Fehlerbegriff** des § 463 S. 2 BGB ist identisch mit dem in § 459 I BGB. Dazu, wann 1853 beim Gebrauchtwagenkauf ein Fehler im Sinne dieser Vorschrift vorliegt, s. Rn 1556 ff. Wegen der umfassenden Haftungsfreizeichnung stellt sich die Frage der Fehlerhaftigkeit in der Praxis meist nur unter dem Aspekt der Arglist (§ 476 BGB). Umstritten ist, ob die **Bagatellgrenze** des § 459 I, 2 BGB überschritten sein muss. Richtiger Ansicht nach ist ein Fehler i. S. d. § 463 S. 2 BGB nur ein solcher, der „erheblich" ist.[5] **Bagatellfehler** brauchen ungefragt[6] nicht mitgeteilt zu werden. Schon den objektiven Tatbestand schränkt der BGH (V. ZS) weiterhin dadurch ein, dass er den (Immobilien-)Verkäufer von der Aufklärung über solche Mängel freistellt, die einer Besichtigung zugänglich bzw. ohne weiteres erkennbar sind.[7] **Beweislast:** Der Käufer hat nicht nur das Vorhandensein eines erheblichen Fehlers zu beweisen; er muss auch beweisen, dass er zur Zeit des Vertragsschlusses – und im Rahmen des § 463 S. 2 BGB – auch noch im Zeitpunkt der Übergabe vorgelegen hat.

Zum objektiven Tatbestand der §§ 463 S. 2, 476, 477 I BGB gehört ferner das **Verschwei-** 1854 **gen** des Fehlers bzw. Mangels. Auf die nicht immer leichte Abgrenzung zwischen Verschweigen und **konkludentem Vorspiegeln** der Abwesenheit eines Fehlers kann in der Regel verzichtet werden. Denn dem Fall des arglistigen Verschweigens eines Fehlers ist das arglistige Vorspiegeln einer Eigenschaft **gleichzustellen.**[8] Angesichts der großzügigen Annahme von Eigenschaftszusicherungen treffen beim Gebrauchtwagenkauf Zusicherung und Vorspiegelung einer (zusicherungsfähigen) Eigenschaft oft zusammen. Um dem Verkäufer die Berufung auf die Freizeichnungsklausel abzuschneiden, reicht eine (gutgläubige) Zusicherung aus. Für die Verjährung kann es hingegen darauf ankommen, ob der Verkäufer eine bestimmte Eigenschaft arglistig vorgespiegelt hat (vgl. § 477 I BGB).

Für den objektiven Tatbestand des Verschweigens, also für das Unterlassen der gebotenen 1855 Aufklärung, ist der Käufer **beweispflichtig.** Allerdings ist es Sache des Verkäufers, substantiiert darzutun, ob und in welcher Weise er den vorhandenen Fehler offenbart hat. Beweisen muss er seine Einlassung nicht, vielmehr hat der Käufer den Beweis zu erbringen, dass die behauptete Aufklärung unterblieben ist.[9] Bei einem schriftlichen Vertrag hilft ihm, dem Käufer, die **Vollständigkeitsvermutung der Vertragsurkunde.**[10] Bei schriftlicher (Teil-)Information, z. B. über einen Unfallvorschaden, wird dem Verkäufer für seine Behauptung, den

---

3 *Soergel/Huber,* 11. Aufl., § 476 Rn 8; vgl. auch 12. Aufl., § 476 Rn 7, 8; Anh I § 433 Rn 78; § 463 Rn 24.
4 Vgl. auch *Knöpfle,* JuS 1992, 373.
5 OLG Stuttgart 10. 1. 1997, NJW-RR 1997, 754; OLG Köln 26. 2. 1986, 24 U 192/85, n. v.; OLG Schleswig 7. 2. 1985, AH 1985, 269; *Soergel/Huber,* § 463 Rn 22; a. A.: OLG Köln (2. ZS) 26. 2. 1986, NJW-RR 1986, 988 = OLGZ 1987, 439; OLG Naumburg 21. 1. 1997, OLGR 1999, 155; s. auch OLG Frankfurt 16. 10. 1979, BB 1980, 962; offen gelassen von BGH 10. 7. 1963, LM Nr. 8 zu § 463 und KG 23. 2. 1989, NJW-RR 1989, 972; OLG Karlsruhe 25. 4. 1991, MDR 1992, 129.
6 Zur Bedeutung der Käuferfrage vgl. Rn 1881 ff.
7 Urt. v. 2. 2. 1996, NJW 1996, 1339 m. w. N.; s. auch Fn. 24.
8 St. Rspr., vgl. Nachweise bei *Soergel/Huber,* § 463 Rn 1, für direkte Anwendung des § 463 S. 2 BGB *Flume,* JZ 1992, 367.
9 BGH 27. 4. 1966, VRS 31, 321, 324; BGH 2. 2. 1996, NJW 1996, 1339 unter II, 3 für § 463 S. 2 BGB; vgl. auch OLG Karlsruhe 7. 11. 1991, VRS 82, 241; OLG Köln 31. 7. 1991, NJW-RR 1992, 908; abw. LG Münster 6. 10. 1993, ZfS 1993, 409.
10 OLG Düsseldorf 15. 10. 1992, OLGR 1993, 81 (Gesamtfahrleistung); OLG Düsseldorf 9. 7. 1992, OLGR 1993, 2; OLG Dresden 12. 11. 1997, DAR 1999, 68 (Unfallschaden); OLG Saarbrücken 13. 4. 1999, OLG 1999, 509 (Unfallschaden); anders wohl OLG Rostock 3. 2. 1999, DAR 1999, 218; allgemein zur Vermutungswirkung von Schriftstücken BGH 5. 2. 1999, NJW 1999, 1702.

Käufer anderweitig, z. B. mündlich, vollständig und richtig aufgeklärt zu haben, die Beweispflicht zugeschoben.[11]

b) Subjektiver Tatbestand

1856 Der subjektive (innere) Tatbestand der §§ 463 S. 2, 476, 477 BGB erfordert wie § 123 BGB **Arglist.** Dogmatisch-begrifflich gibt es hier kaum Streitfragen, sieht man einmal von dem klassischen Problem der Abgrenzung zwischen bedingtem Vorsatz und (grober) Fahrlässigkeit ab. Die Schwierigkeiten liegen im Bereich der Rechtsanwendung, in der verfahrensrechtlich korrekten Feststellung der BGH-Vorgaben. Hier gibt es eine **Fülle von Fehlerquellen,** wie zahlreiche Entscheidungen des VIII. ZS (z. B. NZV 1995, 222) und des V. ZS (z. B. NJW 1995, 45; NJW-RR 1994, 907) belegen. Auffallend oft werden die Erwägungen zum subjektiven Tatbestand der arglistigen Täuschung als fehlerhaft beanstandet.

Um private Gebrauchtfahrzeugkäufer wirksam zu schützen, neigen die Instanzgerichte in Fällen mit Händlerbeteiligung dazu, den Tatbestand der Arglist in den Bereich der Fahrlässigkeit vorzuverlegen. Dafür gibt es im Wesentlichen drei Gründe: die **ungenaue Grenzziehung** zwischen Vorsatz und Fahrlässigkeit, wobei nicht immer klar ist, ob es sich um Sach- oder nur um Sprachprobleme handelt; zum anderen der **vollständige Gewährleistungsausschluss,** den man an sich für zulässig hält, um ihn dann doch – über § 476 BGB hinausgehend – noch ein Stück weiter zu entschärfen; zum Dritten will man dem Käufer den vermeintlich schwierigen **Arglistnachweis** erleichtern.[12]

1857 Der **Begriff der Arglist,** der in allen Vorschriften derselbe ist, setzt nicht voraus, dass der Verkäufer mit Schädigungsabsicht oder bewusst zu seinem eigenen Vorteil gehandelt hat.[13] Auch wer kein Betrüger im strafrechtlichen Sinn ist, kann den zivilrechtlichen Arglisttatbestand erfüllen. Andererseits ist auch anerkannt, dass selbst eine grobe Verletzung von Sorgfaltspflichten, also grobe Fahrlässigkeit, nicht genügt. Es ist **mindestens bedingter Vorsatz** erforderlich.[14] Auf der Grundlage der ständigen **BGH-Judikatur**[15] bedeutet dies für den **Grundfall des arglistigen Verschweigens** – beim arglistigen Vorspiegeln von Eigenschaften sind Modifikationen zu beachten – ein **Vierfaches:**

1858 1. Der Verkäufer muss die den Fehler ausmachenden Tatsachen **bei Abschluss des Vertrages**[16] gekannt oder wenigstens für möglich gehalten haben (Wissenselement Teil 1). Grundsätzlich ist es auf der Darlegungsebene ausreichend, wenn der Käufer die (innere) Tatsache der Kenntnis des Verkäufers bzw. seines Vertreters (zur Wissenszurechnung Rn 1863 ff.) behauptet. Wann und wie der Verkäufer die Kenntnis erlangt hat, braucht der Käufer nicht vorzutragen.[17] Seine **Darlegungspflicht** erfüllt der Käufer auch durch den Vortrag von Indiztatsachen, aus denen der Verkäufer auf das Vorliegen des Sachmangels hat schließen müssen.[18]

Daß der Verkäufer den Mangel bzw. die ihn begründenden Fakten früher einmal gekannt hat, reicht nicht aus, wenn er sie **zwischenzeitlich vergessen** hat. Diese Möglichkeit kommt insbesondere beim **privaten Direktgeschäft** in Betracht.[19] Die durchschnittliche Haltedauer beträgt etwa vier Jahre. Während einer derart langen Zeit kann der eine oder andere Fahr-

---

11 OLG Bamberg 2. 3. 1994, NJW-RR 1994, 1333; OLG Düsseldorf 15. 10. 1987, 18 U 92/87, n. v.
12 *Hiddemann,* WM 1982, Sonderbeilage Nr. 5, S. 31.
13 BGH 3. 3. 1995, NJW 1995, 1549 m. w. N.
14 St. Rspr., BGH 3. 3. 1995, NJW 1995, 1549; BGH 9. 11. 1994, NJW-RR 1995, 254.
15 NJW 1996, 1205 unter II, 2a; NJW 1996, 1465 unter III, 1; NJW-RR 1997, 270 unter II, 3; jeweils m. w. Nachw.
16 Zum maßgeblichen Zeitpunkt beim Stückkauf s. BGH 5. 4. 1989, NJW 1989, 2051.
17 BGH 13. 3. 1996, NJW 1996, 1826.
18 BGH 14. 6. 1996, NJW-RR 1996, 1332; BGH 13. 3. 1996, NJW 1996, 1826; BGH 22. 11. 1996, NJW-RR 1997, 270.
19 Vgl. LG Bückeburg 3. 2. 1995, DAR 1995, 369.

zeugmangel durchaus in Vergessenheit geraten oder in den Augen des (privaten) Fahrzeugeigentümers an Bedeutung verloren haben. Eine Vermutung für die Fortdauer eines einmal erlangten Wissensstandes gibt es nicht. Vergesslichkeit wird dem Verkäufer zugebilligt. Sache des Käufers ist es, den Einwand des Vergessens zu entkräften.[20] Bei einem betrieblichen „Vergessen" dürfen aber keine unerfüllbaren Beweisanforderungen gestellt werden.[21] Der „**Vergessenseinwand**" ist unerheblich, wenn der Verkäufer **ins Blaue hinein** eine objektiv unrichtige Erklärung abgegeben hat, die bei dem Käufer die Fehlvorstellung hervorgerufen hat, der Verkäufer sei informiert (zu dieser Fallgruppe s. Rn 1877 ff.). Hat der Verkäufer lediglich einen Mängelverdacht, genügt dies zur Feststellung des bedingten Vorsatzes, wenn er ihn für sich behalten hat.[22] Daß **rechtlich** ein Sachmangel vorliegt, braucht der Verkäufer nicht zu wissen. Es genügt eine Parallelwertung in der Laiensphäre.[23] **Arglistige Täuschung durch Verschweigen** setzt aber das Bewusstsein voraus, ungefragt zur Aufklärung verpflichtet zu sein, eine Voraussetzung, die bei Privatverkäufern vielfach fehlt, insbesondere bei Sachmängeln nichttechnischer Natur und solchen, die an der Schwelle zur Unerheblichkeit (§ 459 I, 2 BGB) liegen.

2. Der Verkäufer muss gewusst oder damit gerechnet haben, dass der Käufer den Sachmangel nicht kennt (Wissenselement Teil 2). Der Käufer erfüllt seine **Darlegungspflicht** schon durch die bloße Behauptung dieser inneren Tatsache. Dann ist es Sache des Verkäufers, substantiiert dafür vorzutragen, dass und weshalb er diese Vorstellung nicht hatte. Seine Gegenbehauptung, von der Kenntnis des Käufers, zumindest von der leichten Erkennbarkeit des Fehlers ausgegangen zu sein,[24] kann er durch Hinweise auf eine Besichtigung und Probefahrt untermauern.[25] Erfolg wird seine Einlassung aber nur haben, wenn er als sicher davon ausgehen durfte, dass der Käufer über den Mangel vollständig informiert ist.[26] In den Augen des Verkäufers muss der Käufer nicht nur die Mängelerscheinungen (z. B. Verformungen des Blechs) gekannt haben, er muss auch um die sachliche Bedeutung und Tragweite des Mangels gewusst haben. 1859

3. Auch für § 463 S. 2 BGB verlangt der BGH[27] **zusätzlich,** dass der Verkäufer weiß oder damit rechnet, der Käufer werde den Vertrag bei Kenntnis des wahren Sachverhalts nicht oder jedenfalls nicht zu den konkreten Bedingungen abschließen (Wissenselement Teil 3). Hier geht es nicht um die Ursächlichkeit der Täuschung für die Willensbildung des Käufers (dazu Rn 1862), sondern um die Vorstellung des Verkäufers davon. Der Käufer braucht diese Vorstellung nur zu behaupten. Wird sie vom Verkäufer geleugnet, genügt einfaches Bestreiten nicht. Er muss nachvollziehbare Gründe für die Richtigkeit seiner Darstellung vortragen. Die Beweislast bleibt freilich beim Käufer. Insoweit, wie allgemein bei den subjektiven Voraussetzungen der Arglist, gibt es zwar **keinen Anscheinsbeweis.**[28] Auch Erfahrungssätze 1860

---

20 BGH 31. 1. 1996, NJW 1996, 1205; BGH 10. 7. 1987, NJW-RR 1987, 1415 (Hauskauf); BGH 22. 11. 1991, NJW-RR 1992, 333 (Hauskauf).
21 BGH 31. 1. 1996, NJW 1996, 1205 – Kauf vom Vertragshändler.
22 BGH 12. 7. 1991, NJW 1991, 2900; s. auch OLG Frankfurt 19. 2. 1999, DAR 1999, 217 – Ls.
23 Zum Problem s. *Knöpfle,* JuS 1992, 373.
24 Offensichtlichkeit des Mangels schließt Arglist in der Regel aus, vgl. BGH 25. 3. 1992, NJW-RR 1992, 1076 (VIII. ZS) – Schraubenkauf; bisweilen verneint der BGH eine Offenbarungspflicht schon bei bloßer Erkennbarkeit des Fehlers, vgl. Urt. v. 9. 4. 1994, NJW-RR 1994, 907; v. 22. 11. 1996, NJW-RR 1997, 270 – Hauskauf.
25 Zur Behandlung entsprechender Beweisanträge s. BGH 9. 4. 1994, NJW-RR 1994, 907.
26 Vgl. BGH 26. 1. 1996, NJW-RR 1996, 690; BGH 22. 11. 1996, NJW-RR 1997, 270; s. auch BGH 7. 7. 1989, NJW 1990, 42 und BGH 8. 11. 1991, NJW-RR 1992, 334 unter 3b; zur Beweislastverteilung, wenn der Verkäufer behauptet, aufgeklärt zu haben, BGH 27. 4. 1966, VRS 31, 321, 324; OLG Köln 31. 7. 1991, NJW-RR 1992, 908; Näheres unter Rn 1885.
27 Urt. v. 7. 7. 1989, NJW 1990, 42; v. 12. 7. 1991, NJW 1991, 2900; s. auch BGH 28. 4. 1971, NJW 1971, 1795, 1800 unter 3d.
28 Anders OLG Köln 26. 1. 1996, VersR 1996, 631 zu § 123 BGB.

in Bezug auf innere Tatsachen sind mit Zurückhaltung anzunehmen. Für den Käufer streitet indes eine tatsächliche Vermutung. Nach der Lebenserfahrung geht ein Verkäufer davon aus, dass ein über den Mangel informierter Käufer zumindest den verlangten Kaufpreis nicht mehr ohne weiteres akzeptiert. Zum direkten Beweis innerer Tatsachen mit Hilfe von Zeugen s. BGH NJW 1995, 2713.

1861 4. Während es im Strafverfahren unzulässig ist, vom Wissensmoment auf das Willensmoment des bedingten Vorsatzes zu schließen,[29] lässt die zivilistische Praxis diesen Schluss großzügig zu.[30] **Wissen indiziert Wollen.** Dieser Schluss ist im Fall des sicheren Wissens als Element des direkten Vorsatzes wohl gerechtfertigt. Problematisch ist die Feststellung der Wollenskomponente hingegen beim bedingten Vorsatz. Das für die Annahme dieser Vorsatzform – sie steht in Gebrauchtwagenstreitigkeiten im Vordergrund – erforderliche **„billigende Inkaufnehmen"**[31] kann nicht ohne weiteres aus einem bloßen „Für-möglich-Halten" abgeleitet werden. Es läuft indes auf ein venire contra factum proprium, auf einen Selbstwiderspruch, hinaus, wenn jemand, der mit dem Vorhandensein bestimmter Umstände gerechnet hat, geltend macht, sie nicht billigend in Kauf genommen zu haben. Dieser Ansatz erscheint jedoch fragwürdig, wenn die Arglistmerkmale auf verschiedene Personen verteilt sind; zur „aufgespalteten" Arglist s. Rn 1865 ff.

1862 Anders als bei § 123 BGB (dazu Rn 2061 ff.) braucht der Käufer bei § 463 S. 2 BGB – ebenso wie bei c. i. c. – **nicht zu beweisen,** dass die arglistige Täuschung für seinen Kaufentschluss **ursächlich** geworden ist.[32] Die **Ursächlichkeit der Täuschung** wird im Rahmen des § 463 S. 2 BGB vom Gesetz vermutet. Für die §§ 476, 477 BGB kann nichts anderes gelten.[33] Ein i. S. d. § 459 I, 2 BGB unerheblicher Fehler ist keine genügende Basis für diese gesetzliche Kausalitätsvermutung. Ob der Fehlerbegriff des § 463 S. 2 BGB Erheblichkeit voraussetzt, ist umstritten, s. Rn 1853. Die **Ursächlichkeitsvermutung** kann der auf Schadensersatz nach § 463 S.2 BGB in Anspruch genommene Verkäufer durch den Nachweis **widerlegen,** dass sein Verschweigen für den Kaufentschluss, insbesondere für die Preisvereinbarung, bedeutungslos gewesen ist.[34] Die Bedeutungslosigkeit kann sich bereits aus den unstreitigen Fakten ergeben (vgl. Rn 1632). Es ist ein objektiver Maßstab anzulegen. Daß der Käufer die Dinge ausnahmsweise anders gesehen hat, muss er beweisen.

1863 **Sonderprobleme bei einer Mehrheit von (natürlichen) Personen auf Verkäuferseite:** Stehen auf der Verkäuferseite mehrere Personen, z. B. Eheleute oder eine Erbengemeinschaft (zu Personengesellschaften s. Rn 1866, 1867), so reicht es zur Ausschaltung der Freizeichnungsklausel aus, wenn nur eine Person arglistig i. S. d. § 476 BGB gehandelt hat.[35] Der selbst nicht arglistig handelnde Verkäufer ist grundsätzlich nicht gem. § 463 S. 2 BGB zum Schadensersatz verpflichtet.[36] Er haftet aber auf Schadensersatz, wenn sein Verhalten als Übernahme auch der Arglisthaftung seines Mitverkäufers gewertet werden kann.[37] Eine so weitgehende Haftungsübernahme versteht sich nicht von selbst. Sie bedarf besonderer Feststellung anhand konkreter Einzelumstände. Eine Mithaftung des unwissenden Verkäufers

---

29 BGH 20. 11. 1986, JR 1988, 115.
30 BGH 8. 12. 1989, BGHZ 109, 327, 333 = NJW 1990, 975; OLG München 23. 11. 1993, OLGR 1994, 206.
31 Dazu ausführlich *Knöpfle,* JuS 1992, 373.
32 BGH 7. 7. 1989, NJW 1990, 42; BGH 19. 3. 1992, BGHZ 117, 363, 369.
33 Vgl. aber auch *Soergel/Huber,* § 476 Rn 10.
34 BGH 7. 7. 1989, NJW 1990, 42; vgl. auch BGH 1. 10. 1969, DB 1969, 2082 = BB 1969, 1412 (Lkw).
35 BGH 16. 1. 1976, WM 1976, 323 = MDR 1976, 478; BGH 10. 7. 1987, NJW-RR 1987, 1415; BGH 14. 6. 1996, NJW-RR 1996, 1332.
36 BGH 16. 1. 1976, WM 1976, 323 = MDR 1976, 478; BGH 21. 2. 1992, BGHZ 117, 260 = NJW 1992, 1500; BGH 14. 6. 1996, NJW-RR 1996, 1332.
37 BGH 16. 1. 1976, WM 1976, 323 = MDR 1976, 478; BGH 21. 2. 1992, BGHZ 117, 260 = NJW 1992, 1500.

Die Arglisthaftung　　　　　　　　　　　　　　　　　　　　　　　　　　Rn 1864–1866

nach § 463 S. 2 BGB kann sich auch auf Grund von Zurechnungserwägungen ergeben. Beispiel: Der arglistige Ehemann führt die Verhandlungen zugleich im Namen seiner gutgläubigen Ehefrau.[38]

Im umgekehrten Fall – **Mehrheit von Käufern** – genügt die arglistige Täuschung eines Käufers, um Nichtigkeit der Freizeichnungsklausel gemäß § 476 BGB anzunehmen. Auch dem nicht getäuschten (Mit-)Käufer steht ein Schadensersatzanspruch aus § 463 S. 2 BGB zu. **1864**

Wissenszurechnung bei juristischen Personen und Personengesellschaften: Juristische Personen können nicht handeln, folglich auch nicht arglistig täuschen. Handeln bzw. Unterlassen (Verschweigen) und Wissen müssen zugerechnet werden. Nach st. Rspr. muss sich eine juristische Person das Wissen aller ihrer vertretungsberechtigten Organwalter zurechnen lassen, selbst wenn das „wissende" Organmitglied an dem betreffenden Rechtsgeschäft nicht selbst mitgewirkt bzw. davon nichts gewusst hat.[39] Sogar das Ausscheiden aus dem Amt oder der Tod des „wissenden" Organvertreters wie eines GmbH-Geschäftsführers steht dem Fortdauern der Wissenszurechnung nicht prinzipiell entgegen. Insoweit unterscheidet sich die Rechtslage vom Abschluss eines Rechtsgeschäfts mit einer natürlichen Person. Das Wissen eines Verstorbenen wird seinem Rechtsnachfolger, der das Geschäft (gutgläubig) abgeschlossen hat, nicht zugerechnet. **1865**

Für den Handel mit gebrauchten Kraftfahrzeugen folgt aus diesen – im Ergebnis weitgehend anerkannten – Grundsätzen: Bei Betrieben, die als **GmbH** firmieren, ist vorrangig auf das Wissen des vertretungsberechtigten Geschäftsführers abzustellen. Bei **Werksniederlassungen** (Werksvertretungen) von Automobilherstellern wie z. B. Daimler-Chrysler oder BMW sind die Mitglieder des Vorstands der AG die maßgeblichen Organverteter. Da diese von den Gegebenheiten vor Ort erfahrungsgemäß keine Kenntnis haben, insbesondere über den Zustand der einzelnen Fahrzeuge nicht informiert sind und auch nicht informiert sein können, muss die Zurechnungskette bis zum Leiter der Niederlassung verlängert werden. Sein vertretungsrechtlicher Status ist der eines Prokuristen oder Handlungsbevollmächtigten. Dessen Wissen wird der AG als Inhaberin der Werksniederlassung gemäß § 166 I BGB zugerechnet. Zur Rechtslage beim Ausscheiden des „wissenden" Organvertreters einer juristischen Person vor Abschluss des Kaufvertrages und zur **Fortdauer der Wissenszurechnung** s. Rn 1866. Zur Wissenszurechnung (Wissenszusammenrechnung) unterhalb der Ebene der Geschäftsleitung s. Rn 1869.

Personengesellschaften: Die typische Rechtsform von Autohäusern ist die **GmbH & Co. KG**. Sie ist keine juristische Person. Für sie handelt in Form der **Komplementär-GmbH** lediglich eine solche (§§ 161 I, 125 HGB). Wie Wissen im Bereich einer GmbH & Co. KG zugerechnet wird, hat der **BGH** in drei neueren Entscheidungen zu klären versucht. Zwei davon betreffen Gebrauchtfahrzeuggeschäfte.[40] Im dritten Fall ging es um die Frage der Wissenszurechnung im Rahmen eines Schadensersatzanspruchs nach § 463 S. 2 BGB, wobei die in Anspruch genommene GmbH & Co. KG ein kontaminiertes Grundstück verkauft hatte.[41] **1866**

Für eine **GmbH & Co. KG** gilt **im Ausgangspunkt:** Abzustellen ist auf die Kenntnis des vertretungsberechtigten Gesellschafters, also auf die Komplementär-GmbH. Ihr wird das

---

38　Vgl. BGH 14. 6. 1996, NJW-RR 1996, 1332.
39　BGH 17. 5. 1995, NJW 1995, 2159 = EWiR § 166 BGB 1/95, 641 *(Reinking)*.
40　Urt. v. 17. 5. 1995, NJW 1995, 2159 = EWiR § 166 BGB 1/95, 641 *(Reinking)* – Kauf eines Omnibus von einem Reiseunternehmen; Urt. v. 31. 1. 1996, NJW 1996, 1205 = EWiR § 166 BGB 1/96, 635 *(Pfeiffer)* – Kauf eines Pkw von einem Vertragshändler.
41　BGH 2. 2. 1996, NJW 1996, 1339; s. auch BGH 15. 4. 1997, NJW 1997, 1917 – Bankenhaftung; BGH 12. 11. 1998, NJW 1999, 284 – Wissenszurechnung in einer GbR; BGH 1. 10. 1999, NJW 1999, 3777 – Grundstückskauf von einer Gemeinde.

relevante Wissen durch ihren **Geschäftsführer** vermittelt. Hat dieser Kenntnis von dem Sachmangel, muss die Komplementär-GmbH sich das zurechnen lassen, selbst wenn der informierte Geschäftsführer am Abschluss des Kaufvertrags unbeteiligt war. Nicht sein Handeln, sondern sein Wissen ist für die Zurechnung entscheidend. Als Zurechnungsgrundlage genügt seine Vertretungsbefugnis zur Zeit des Vertragsabschlusses.

1867 Problematisch sind die Fälle des **vorherigen Ausscheidens** aus dem Amt des Geschäftsführers, z. B. durch einen Wechsel zu einem anderen Unternehmen, durch Eintritt in den Ruhestand oder – wie im Omnibus-Fall BGH NJW 1995, 2159 – durch Tod. Wegen der Vertretung der GmbH & Co. KG durch eine juristische Person (Komplementär-GmbH) hat der VIII. ZS des BGH[42] erwogen, die gleichen Zurechnungsgrundsätze anzuwenden, wie sie für juristische Personen gelten. Bei diesen hatte der VIII. Zivilsenat die Fortdauer der Wissenszurechnung über das Ausscheiden eines Organvertreters hinaus wesentlich davon abhängig gemacht, ob es sich um typischerweise aktenmäßig festgehaltenes Wissen handelt.[43] Im Omnibus-Fall hat der BGH diese Frage offen gelassen, weil nach seinem Dafürhalten das Wissen des verstorbenen früheren Geschäftsführers des Reiseunternehmens – ihm waren das wahre **Baujahr** und der Zeitpunkt der **Erstzulassung** des Omnibus bekannt – kein „**typischerweise aktenmäßig festgehaltenes Wissen**" war. Für ein **Busunternehmen** könne nicht als typisch gelten, die über einen gebrauchten Omnibus erhaltenen Informationen wie Baujahr, Erstzulassung, Auslandseinsatz, langjährige Standzeit u. a. schriftlich festzuhalten und aufzubewahren. Seinerzeit nicht zu entscheiden brauchte der BGH die interessante Frage, ob eine solche **Pflicht zur Informationskonservierung** auch bei einem **Kfz-Handelsbetrieb** zu verneinen ist. Offen konnte auch bleiben, wie das beklagte Busunternehmen dann zu behandeln gewesen wäre, wenn es bei seinem eigenen Ankauf einen **schriftlichen Kaufvertrag** mit Angaben über die strittigen Fahrzeugeigenschaften geschlossen hätte. Denn dazu fehlte entsprechender Sachvortrag des nach Ansicht des BGH insoweit beweispflichtigen Käufers.[44]

In Fortführung der Omnibus-Entscheidung vom 17. 5. 1995[45] hat der BGH durch Urteil vom 31. 1. 1996[46] über einen Sachverhalt aus dem **Kernbereich des Gebrauchtwagenhandels** entschieden: Eine VW/Audi-Vertragshändlerin in der Rechtsform der **GmbH & Co. KG** hatte dem Kläger, einem Privatmann, einen gebrauchten Opel Omega verkauft. Die Verhandlungen führte ein Angestellter aus der Gebrauchtwagenabteilung. In dem handelsüblichen Bestellschein (Kaufantrag) notierte er in den Rubriken „Gesamtfahrleistung laut Vorbesitzer" und „Stand des km-Zählers" jeweils: „37 000 km". Mit der Behauptung, dieser Verkaufsangestellte habe ihn arglistig über die in Wirklichkeit deutlich höhere Geasamtlaufleistung getäuscht, verlangte der Kläger die Wandlung des Kaufvertrages. Gegen diesen Vorwurf verteidigte sich die Beklagte, die sich auf Verjährung berief, folgendermaßen: Der Opel sei in Zahlung genommen worden. Dem für die Inzahlungnahme von Gebrauchtfahrzeugen zuständigen Mitarbeiter aus der Neuwagen-Abteilung habe der Voreigentümer mitgeteilt, dass die Gesamtlaufleistung entgegen der Tachoanzeige nicht 37 000, sondern 53 000 km betrage. Diese Angabe habe er der Dispositionsabteilung weitergegeben, worauf diese die mitgeteilte km-Zahl in ihrem Computer gespeichert habe. Für die organisatorisch getrennte Gebrauchtwagenabteilung habe der „Einkäufer" – entgegen sonstigen Gepflogenheiten im Betrieb der Beklagten nicht unmittelbar bei Hereinnahme des Fahrzeugs, sondern erst zu einem späteren

---

42 Urt. v. 17. 5. 1995, NJW 1995, 2159.

43 Urt. v. 8. 12. 1989, NJW 1990, 975 – Kauf eines Schlachthofs von einer Gemeinde.

44 Diese Aussage des BGH überzeugt nicht, denn dem Kl. stand der Lebenserfahrungssatz zur Seite, dass ein Busunternehmen mit Reisebüro einen gebrauchten Omnibus auf der Basis eines schriftlichen Kaufvertrags erwirbt, der auch über Baujahr und Erstzulassung die üblichen Informationen enthält; insoweit berechtigt die Kritik von *Schultz*, NJW 1996, 1392.

45 NJW 1995, 2159.

46 NJW 1996, 1205.

Die Arglisthaftung

Zeitpunkt – eine sogenannte „Gebrauchtwagen-Vereinbarung"[47] ausgefüllt. In dieses Dokument habe er den Stand des km-Zählers – 36 700 km – eingetragen; die abweichende Information des Voreigentümers sei ihm zu diesem Zeitpunkt nicht mehr erinnerlich gewesen. Der für die Beklagte beim Wiederverkauf handelnde Verkäufer aus der GW-Abteilung habe diese Angabe in der „Gebrauchtwagen-Vereinbarung" für richtig gehalten und sie folglich bedenkenlos in das Bestellscheinformular übernommen.

Landgericht und Oberlandesgericht Düsseldorf sind dieser Einlassung aus Rechtsgründen nicht gefolgt. Sie sahen den Kläger als arglistig getäuscht an. Daß der verhandlungsführende Verkaufsangestellte aus der GW-Abteilung „unwissend" gewesen sei, sei belanglos. Denn es handele sich um einen Fall „gespaltener Arglist". Nach Maßgabe der gesetzlichen Zurechnungsregeln sei es gerechtfertigt, dem beklagten Autohaus sowohl die objektiv täuschende Handlung des Verkaufers als auch das Wissen des nicht handelnden Angestellten aus der Einkaufsabteilung „zusammenwirkend" zuzurechnen.[48] Das sei auch deshalb geboten, weil das erlangte Wissen der Einkaufsabteilung (wirkliche Gesamtlaufleistung deutlich mehr als Tachostand) in schuldhafter Weise nicht an die Verkaufsabteilung weitergeleitet worden sei. Der Einwand, dem „Einkäufer" sei die km-Information des Voreigentümers im Zeitpunkt des Ausfüllens der „Gebrauchtwagen-Vereinbarung" bereits entfallen, sei folglich unbeachtlich.

Die – zugelassene – Revision hatte Erfolg. Anknüpfend an seine Omnibus-Entscheidung vom 17. 5. 1995[49] hat der VIII. ZS darauf abgestellt, ob es sich bei der Tatsache der Gesamtlaufleistung um **„typischerweise aktenmäßig festgehaltenes Wissen"** gehandelt hat. Angesichts der „besonderen Bedeutung, die der Käufer eines Gebrauchtwagens gerade dessen Kilometer-Leistung beimesse",[50] liege eine **Dokumentationspflicht** auf der Hand. Diese Pflicht habe die Beklagte jedoch dadurch hinreichend erfüllt, dass sie in Gestalt der „Gebrauchtwagen-Vereinbarung" organisatorische Vorkehrungen getroffen habe, um für einen etwaigen Käufer relevante Informationen schon beim Einkauf eines Gebrauchtwagens schriftlich festzuhalten und an die Verkaufsabteilung weiterzuleiten. Dass der Angestellte aus der „Einkaufsabteilung" – in den Augen des BGH ein sog. **Wissensvertreter** – dieses Dokument nicht sogleich bei der Hereinnahme des Fahrzeugs ausgefüllt und später eine unzutreffende Laufleistung eingetragen habe, begründe lediglich den Vorwurf der Fahrlässigkeit, nicht der arglistigen Täuschung. Die Situation sei nicht anders als in dem Fall, dass der Kläger von einer natürlichen Person gekauft habe, der die wirkliche Laufleistung zwischenzeitlich entfallen ist. Auch wenn statt des Angestellten aus der Gebrauchtwagenabteilung der „vergessliche" Einkäufer das Fahrzeug verkauft hätte,[51] wäre eine arglistige Täuschung zu verneinen. Der Umstand, dass der „Einkäufer" die tatsächliche Laufleistung zeitnah der Dispositionsabteilung mitgeteilt hatte, war nach Meinung des BGH ebenso bedeutungslos wie die Tatsache der EDV-Erfassung dieser Information durch die Dispositionsabteilung.[52]

---

47 Dabei handelt es sich um ein betriebsinternes Formular zur Fahrzeugbewertung, also zur Kalkulation des Hereinnahmepreises. Eine Rubrik für die Gesamtlaufleistung war darin nicht enthalten, nur eine Zeile für den km-Stand. Das Formular ist so konzipiert, dass sowohl der Kunde (Inzahlunggeber) als auch der zuständige Mitarbeiter des Autohauses unterschreiben.
48 Urt. des OLG Düsseldorf v. 30. 9. 1994, 14 U 251/93, n. v.
49 NJW 1995, 2159.
50 In Wirklichkeit nimmt diesen Information erst den 6. Rang ein.
51 *Pfeiffer* geht in seinem EWiR-Kommentar fälschlicherweise davon aus, dass der Einkäufer die Rubrik „Gesamtfahrleistung lt. Vorbesitzer" ausgefüllt habe. In Wirklichkeit war das der „ahnungslose" Verkaufsangestellte aus der GW-Abteilung. Auch *Scheuch* irrt, wenn sie den ursprünglich „wissenden" Mitarbeiter des Autohauses in dessen Dispositionsabteilung ansiedelt, Anm. in LM § 166 Nr. 35; im Tatsächlichen gleichfalls unrichtig *Reischl,* JuS 1997, 783, 786 unter d; auch rechtlich wird der BGH missverstanden.
52 Verfehlt die Kritik von *Schultz,* NJW 1996, 2093, weil er die Organisation des bekl. Autohauses und insbesondere die Funktion von „Gebrauchtwagen-Vereinbarung" und EDV-Erfassung missverstanden hat.

Der maßgebliche Informationsaustausch zwischen Einkaufs- und Verkaufsabteilung habe durch die „Gebrauchtwagen-Vereinbarung" sichergestellt werden sollen.[53]

Nach Zurückverweisung an das Berufungsgericht ist der angeblich vergessliche Einkäufer auf Antrag des Klägers als Zeuge vernommen worden. Abweichend vom Sachvortrag der Beklagten hat er bekundet: Zunächst müsse er eine „Gebrauchtwagen-Vereinbarung" mit der ihm mitgeteilten wahren Laufleistung ausgefüllt haben. Dieses Dokument müsse dann aber verloren gegangen sein. Daraufhin habe die Verkaufsabteilung ein neues Formular angefordert. Diesem Wunsch sei er nachgekommen, wobei er die ihm von der GW-Abteilung – nach Ablesen des Tachos – mitgeteilte km-Information übernommen habe; die davon abweichende Angabe des Inzahlunggebers sei ihm in diesem Moment nicht mehr gegenwärtig gewesen. Bei dieser Sachlage, so das OLG Düsseldorf in seinem abschließenden Urteil vom 23. 8. 1996,[54] könne von einer arglistigen Täuschung nicht ausgegangen werden, weshalb die Klage wegen Verjährung abzuweisen sei.

Stellungnahme: Die Kritik am Urteil des BGH vom 31. 1. 1996[55] ist unberechtigt, zumal die meisten Kritiker, namentlich *Schultz*,[56] schon den Sachverhalt nicht richtig erfasst haben. Die Entscheidung trägt dazu bei, das Problembewusstsein der Instanzgerichte zu schärfen und sie in der Frage der Wissenszurechnung im Kfz-Handel zu sensibilisieren. Ein wesentlicher Fortschritt ist bereits, dass die Gerichte, entsprechende Beweisanträge vorausgesetzt, zur Sachaufklärung gezwungen sind. Die Befürchtung, Autohäuser könnten sich unter Berufung auf einen „vergesslichen" Einkäufer oder auf vergleichbare „Pannen" ihrer Verantwortung entziehen, ist unbegründet. Zum einen hat der BGH keinen Zweifel daran gelassen, dass das Wissen eines Angestellten aus der Neuwagenabteilung mit Zuständigkeit für die Hereinnahme in Zahlung gegebener Altfahrzeuge dem Autohaus, gleich welcher Firmierung, im Fall des Wiederverkaufs zugerechnet werden kann. Die Einstufung des „Einkäufers" als **Wissensvertreter** verhindert, dass Kfz-Betriebe „Einkaufswissen" gezielt unterschlagen, Arglosigkeit also „organisieren", indem sie den Weiterverkauf durch einen „Ahnungslosen" aus der Verkaufsabteilung besorgen lassen.

Ob das von einem „Einkäufer" oder einem sonstigen Wissensvertreter (dazu Rn 1869 ff.) erlangte Wissen auf Dauer unverlierbar ist, mithin als ständig präsent zu gelten hat, oder ob es unter bestimmten Voraussetzungen sanktionslos „in Vergessenheit" geraten kann, erscheint noch nicht abschließend geklärt. Der BGH hat jedoch, und dies ist die zweite wichtige Aussage seines Urteils vom 31. 1. 1996,[57] für bestimmte Informationen über angekaufte bzw. in Zahlung genommene Altfahrzeuge eine **„Dokumentationspflicht"** aufgestellt. Welche Fahrzeugdaten darunter fallen, lässt sich einigermaßen verlässlich abschätzen, mag die Formel vom „typischerweise aktenmäßig festgehaltenen Wissen" als zu eng inzwischen aufgegeben sein.[58] Die Kerndaten sind: km-Laufleistung, Unfallfreiheit/bestimmter Unfallschaden, Vorbenutzung, Erstzulassung/Baujahr, Austauschmotor, kurz: alles, was für den beabsichtigten Weiterverkauf erkennbar relevant ist. Auch die Anforderungen an die Dokumentation der Fahrzeugdaten, deren Verwahrung (Speicherung) und Abrufbarkeit dürften geklärt sein. Abzustellen ist auf die **verkehrsübliche Verfahrensweise** bei der Hereinnahme gebrauchter Kraftfahrzeuge zum Zwecke des Weiterverkaufs. Die Verwendung eines Dokuments in Gestalt der „Gebrauchtwagen-Vereinbarung" ist im Fabrikatshandel üblich. Meist heißen diese Formulare **„Gebrauchtwagenbewertung"**. Eine zusätzliche Erfassung in der EDV

---

53 In diesem Dokument war eine Rubrik für die Gesamtlaufleistung freilich nicht enthalten; vorgesehen war nur die Zeile „km-Stand . . .".
54 14 U 251/93, n. v.
55 NJW 1996, 1205.
56 NJW 1996, 2093.
57 NJW 1996, 1205.
58 Vgl. BGH 2. 2. 1996, NJW 1996, 1339; BGH 15. 4. 1997, NJW 1997, 1917; BGH 12. 11. 1998, NJW 1999, 284 – GbR.

oder anderweitig ist aus Rechtsgründen nicht erforderlich. Findet sie statt, ist es für die Frage der Wissenszurechnung belanglos, ob und wie gespeichert worden ist. Dem Autohaus kann Arglist nicht mit der Begründung zur Last gelegt werden, einen „Nebenspeicher" nicht ausgeschöpft zu haben. Entscheidend ist, ob überhaupt ein geeigneter Datenaustausch eingerichtet ist.

Hat der Kfz-Betrieb nicht dafür Sorge getragen, dass das „Einkaufswissen" in geeigneter Weise erfasst und verfügbar gehalten wird, muss er sich aus Gründen des Verkehrsschutzes so behandeln lassen, als habe er von der fraglichen Information im Zeitpunkt des Verkaufs **aktuelle Kenntnis.** Dabei kommt es nicht darauf an, ob ursprünglich der Firmeninhaber bzw. ein gesetzlicher oder rechtsgeschäftlich bestellter Vertreter oder nur ein sog. Wissensvertreter Kenntnis erlangt hat. Das kann auf dem Boden der neueren Rechtsprechung des BGH[59] als gesichert gelten. Zu einem sachgerechten „Wissensmangement" gehört auch, dass Veränderungen in der Beschaffenheit des Fahrzeugs zwischen Ankauf/Inzahlungnahme und endgültiger Ablieferung auf dem Hof des Händlers erkannt, erfasst und an die GW-Abteilung weitergeleitet werden. Bei Neufahrzeugkäufen unter Inzahlunggabe ist das angesichts mitunter langer Lieferzeiten eine wichtige Vorsorge.

Mit einer Wissenszurechnung ist freilich noch nicht, wie *Flume*[60] mit Recht betont, die Entscheidung über den Arglistvorwurf gefallen. Das Verschweigen eines Mangels, der dem Autohaus kraft Wissenszurechnung als aktuell bekannt „unterstellt" wird, kann, muss aber nicht notwendigerweise als Arglist zu bewerten sein. Denn der subjektive Arglisttatbestand setzt mehr voraus als bloßes Wissen um den Mangel (s. Rn 1857 ff.). Die zusätzlichen Arglistmerkmale durch die Annahme eines „Organisationsverschuldens" zu ersetzen, ist einer der Haupteinwände gegen die BGH-Rechtsprechung.[61]

Kommt es bei der **Erfassung der Fahrzeugdaten** in dem für den Informationsaustausch zwischen Einkaufs- und Verkaufabteilung maßgeblichen Dokument bzw. Datenträger zu **individuellen Fahrlässigkeiten,** so wie in den Fällen BGH NJW 1996, 1205 und OLG Oldenburg NJW 1991, 1187, so ist der Vorwurf der arglistigen Täuschung nicht gerechtfertigt. Beispiele dafür sind Schreibversehen, Missverständnisse, Verzögerungen in der Erfassung und ähnliche Störfälle. Anders ist es natürlich bei einer vorsätzlich falschen Datenaufnahme. Lediglich Fahrlässigkeit kommt in Betracht, wenn im konkreten Einzelfall vom üblichen Weg der Datenerfassung und -weiterleitung abgewichen worden ist (Beispiel: nur mündliche Information, etwa aus Zeitgründen) oder wenn zusätzlich zu den organisatorischen Vorkehrungen ein direkter (mündlicher) Informationsaustausch zwischen Einkaufs- und Verkaufsabteilung stattgefunden hat, wobei es auf diesem Zusatzweg zu einem Verständigungsfehler oder zu einer ähnlichen „Panne" gekommen ist.[62]

Für ein vorsätzliches Tun oder Unterlassen ist der Käufer **beweispflichtig,** was angesichts der vom BGH zugebilligten **Absenkung des Beweismaßes** nicht unangemessen erscheint.[63]

OHG und KG: Nach der GmbH & Co. KG (dazu Rn 1866, 1867) sind die reine (personalistische) KG und die OHG die bevorzugten Rechtsformen von Kfz-Betrieben, die nicht als Einzelunternehmen geführt werden. Trotz einer sehr weitgehenden Verselbständigung, welche die OHG und die KG in die Nähe der juristischen Personen rückt, stellt der BGH sie in der Frage der Wissenszurechnung nicht auf eine Stufe mit diesen. Bei organschaftlicher Vertretung einer Personengesellschaft reicht die Kenntnis eines Gesellschafters über diejeni-

1868

---

59 Urt. v. 2. 2. 1996, NJW 1996, 1339; v. 15. 4. 1997, NJW 1997, 1917.
60 AcP 97, 441.
61 *Flume,* AcP 97, 441; vgl. auch *Koller,* JZ 1998, 75.
62 So der Fall OLG Köln 14. 4. 1997, 12 U 183/96, n. v. – Verwechselung von (reparierten) Vorschäden nach korrekter Erfassung im Ankaufsformular.
63 Urt. v. 31. 1. 1996, NJW 1996, 1205 – „keine unerfüllbaren Beweisanforderungen".

gen Umstände aus, die die Arglist begründen.⁶⁴ Der „wissende" Gesellschafter muss am Geschäftsabschluss folglich nicht selbst beteiligt gewesen sein. Die Zurechnung von Wissen eines ausgeschiedenen oder verstorbenen Organvertreters kommt hingegen – anders als bei einer GmbH oder einer GmbH & Co. KG – nicht in Betracht, gleichviel, ob es sich um „typischerweise aktenmäßig festgehaltenes Wissen" handelt oder nicht.⁶⁵

1869 **Zurechnung von Wissen unterhalb der Ebene der Geschäftsleitung:** Gebrauchtfahrzeuge werden im heutigen Kfz-Handel nur ausnahmsweise vom Inhaber des Autohauses (Einzelunternehmen) oder von einem Organvertreter (Gesellschafter bzw. Geschäftsführer) verkauft. Jedenfalls werden die Verkaufsverhandlungen üblicherweise von anderen Personen geführt. Die Geschäftsleitung kann sich aber vorbehalten haben, das Geschäft zu bestätigen und damit rechtlich zum Abschluss zu bringen (zur handelsüblichen Abschlusstechnik s. Rn 1438 ff.).

Autohäuser der Fabrikatshändler und die Werksniederlassungen der Hersteller verfügen in der Regel über organisatorisch selbständige Gebrauchtwagenabteilungen mit mehreren Angestellten („Verkaufsberater") und einem Abteilungsleiter an der Spitze. Der einzelne **Verkaufsangestellte** hat entweder Handlungsvollmacht (§ 54 HGB) oder er gilt als bevollmächtigt i. S. d. § 56 HGB. Wird die Bestellung des Kunden nicht sofort angenommen, sondern zunächst geprüft (Annahmevorbehalt), so kann die Vertretungsmacht des Verkaufsangestellten auf die Entgegennahme der Bestellung (Kaufantrag) beschränkt sein. Wer mit Verhandlungsvollmacht die Verkaufsverhandlungen geführt, den Kaufinteressenten beraten und den Vertragsabschluss vorbereitet hat, ist auch ohne Abschlussvollmacht ein Vertreter i. S. d. § 166 I BGB, zumindest ein sog. **Wissensvertreter**. Diesen Status misst der BGH auch solchen Personen zu, die nicht Stellvertreter i. S. d. §§ 164 ff. BGB sind.⁶⁶ Gleichwohl findet eine Wissenszurechnung statt (§ 166 I BGB analog). Das Wissen des Wissensvertreters wird als Wissen des Geschäftsführers bzw. des Alleininhabers behandelt.⁶⁷

Ist der Verkaufsangestellte bei Vertragsabschluss unstreitig **gutgläubig** gewesen oder kann der Käufer ihm persönlich ein vorsätzliches Tun nicht nachweisen (wie im Fall BGH NJW 1996, 1205), so hängt die Berechtigung des Arglistvorwurfs **in subjektiver Hinsicht** davon ab, ob der Inhaber des Kfz-Betriebs (Einzelunternehmer), der vertretungsberechtigte Geschäftsführer bzw. Gesellschafter oder – unterhalb der „Chefebene" – ein sonstiger Stellvertreter oder Wissensvertreter Kenntnis von dem Sachmangel gehabt hat. Während „Chefwissen" gemäß **§ 166 II BGB** zugerechnet wird, sofern der gutgläubige Verkaufsangestellte Stellvertreter im engeren Sinn war,⁶⁸ erfolgt die Zurechnung von Wissen bei sog. Wissensvertretern analog Abs. 1 dieser Norm.

Was den **objektiven Arglisttatbestand** angeht, bereitet die Zurechnung keine Schwierigkeiten. Der Verkaufsangestellte ist **Erfüllungsgehilfe** i. S. d. § 278 BGB. Sein (unbewusstes) Verschweigen eines Fehlers oder seine (gutgläubige) Mitteilung einer nicht vorhandenen Fahrzeugeigenschaft muss sich der Kfz-Betrieb als eigene (objektive) Pflichtwidrigkeit zurechnen lassen.

1870 Jenseits rechtsgeschäftlicher Stellvertretung auf dem Verkaufssektor ist in erster Linie der **„Einkäufer"** als Wissensvertreter anzusehen.⁶⁹ Dabei macht es keinen Unterschied, ob sein Stammplatz in der Gebrauchtwagen-Abteilung oder in der Neuwagen-Abteilung oder in einer eigenständigen Einkauf-Abteilung ist. Er muss nicht Erfüllungsgehilfe im Hinblick auf den

---

64 BGH 16. 2. 1961, NJW 1961, 1022; offen gelassen von BGH 17. 5. 1995, NJW 1995, 2159.
65 BGH 17. 5. 1995, NJW 1995, 2159.
66 Urt. v. 31. 1. 1996, NJW 1996, 1205.
67 BGH 31. 1. 1996, NJW 1996, 1205.
68 Zur Wissenszurechnung im Fall fehlender Abschlussvollmacht s. OLG Düsseldorf 12. 3. 1999, NZV 1999, 423.
69 BGH 31. 1. 1996, NJW 1996, 1205; OLG Köln 14. 4. 1997, 12 U 183/96, n. v.

Die Arglisthaftung Rn 1871

Verkauf und die dabei zu erfüllenden Pflichten sein. Auch ohne Erfüllungsgehilfe zu sein, kann eine Hilfsperson den Status eines „Wissensvertreters" haben.[70]

Jeder Angestellte, der von der Firmenleitung damit betraut worden ist, im Zusammenhang mit der Hereinnahme von Altfahrzeugen, sei es per Inzahlungnahme, sei es per freiem Zukauf, „nach außen eigenständig Aufgaben zu erledigen, Informationen zur Kenntnis zu nehmen und sie weiterzuleiten",[71] ist ein **Wissensvertreter.** Ein wichtiges Anzeichen dafür ist der Kontakt mit dem Voreigentümer als der maßgeblichen Informationsquelle. Dieser Kontakt muss nicht persönlicher Natur sein. Es genügt ein schriftliche Informationserteilung oder eine Übermittlung der Fahrzeugdaten auf elektronischem Weg, wie es z. B. bei Leasingrückläufern und Zukäufen von Händlern üblich ist. Die Eigenschaft, ein Wissensvertreter zu sein, hängt nicht davon ab, dass der „Einkäufer" das betreffende Fahrzeug besichtigt und/oder probegefahren hat. Er muss auch nicht das „letzte Wort" über die Hereinnahme haben. Das kann der Geschäftsleitung vorbehalten sein. Die Aufgabe, das Ankaufsformular („Ankaufsschein") auszufüllen und vom Kunden unterzeichnen zu lassen, ist ein wichtiges Indiz für die Annahme einer Wissensvertretung. Keine Frage der Wissensvertretung ist es, ob das Fahrzeug zum Zwecke des Weiterverkaufs oder zur betriebsinternen Nutzung hereingenommen worden ist. Entscheidend ist insoweit die Wahrscheinlichkeit eines späteren Verkaufs aus Sicht der Hereinnahme. Fahrzeuge, die nicht für den Weiterverkauf (einschließlich Leasing) bestimmt sind, fallen nicht unter die Dokumentationspflicht. Ein Anlass zur Weiterleitung von Daten an die Verkaufsabteilung besteht nicht.

Gebrauchtfahrzeuge, die zur Inzahlungnahme oder zum freien Ankauf angeboten werden, werden regelmäßig nicht „blind" in den Bestand genommen. Im Fabrikatshandel, aber auch in größeren Betrieben, die ausschließlich mit Gebrauchtfahrzeugen handeln („Nur-Gebrauchtwagenhändler"), ist eine **optische und technische Untersuchung** heute allgemein üblich (vgl. Rn 1917 f.). Die technische Bewertung erfolgt meist in der **betriebseigenen Werkstatt.** Großbetriebe verfügen über einen eigenen „Bewerter" oder gar eine komplette Abteilung für die GW-Bewertung. Aus der Vielzahl von Bewertungs-Formularen ist die „Gebrauchtwagen-Vereinbarung" durch BGH NJW 1996, 1205 bekannt geworden. Organisiert ist die „Bewertung" im Fall der Inzahlungnahme meist so, dass der Kundenberater aus der NW-Abteilung das Bewertungsformular anhand der Angaben des Kunden und des Fahrzeugbriefes ausfüllt und sich vom Kunden unterschreiben lässt. Mitunter erfolgt bereits jetzt eine EDV-gestützte Vorbewertung durch den „Einkäufer". Anschließend gelangt das Fahrzeug in die Werkstatt zur **technischen Bewertung.** Die relevanten Daten werden in dem Bewertungsformular erfasst und fließen in die Kalkulation ein. Informationen, die die „Einkaufsabteilung" auf diesem Weg erwirbt, gehören zum Wissen des zuständigen Mitarbeiters und sind der Unternehmensleitung zuzurechnen. Eines Rückgriffs auf den Mechaniker in der Werkstatt, der die Bewertung durchgeführt hat, bedarf es nicht. Ob er ein Wissensvertreter ist,[72] ist aber dann zu prüfen, wenn er „Bewertungswissen" nicht weitergeleitet, sondern für sich behalten hat. Das OLG Celle scheint diese Frage zu bejahen. Die Tätigkeit des Mitarbeiters aus der Werkstatt müsse „unmittelbar mit der Herstellung des vertragsgemäßen Zustandes des Fahrzeugs in Zusammenhang" stehen.[73] Dies könne bei einem **Kfz-Mechaniker** angenommen werden, der mit der Aufgabe betraut ist, das Fahrzeug für den Verkauf auf technische Fehler, Unfallspuren oder andere Mängel durchzusehen. Dem ist zuzustimmen. Der GW-Bewerter in der Werkstatt hat zwar meist keinen Kontakt zum Fahrzeugeigentümer (anders z. B. bei gemeinsamer Probefahrt). Seine Aufgabe ist im Kern betriebsinterner Natur. Dennoch ist es gerechtfertigt, auf ihn als Wissensvertreter die Vorschrift des § 166 I BGB

1871

---

70 Vgl. auch *Waltermann,* NJW 1993, 889.
71 BGH 31. 1. 1996, NJW 1996, 1205.
72 Erfüllungsgehilfe i. S. v. § 278 BGB kann er gleichfalls sein.
73 Urt. v. 23. 10. 1997, OLGR 1998, 161.

entsprechend anzuwenden. Ihrer Funktion nach ist die Tätigkeit des technischen Bewerters nicht nur einkaufsbezogen, sondern auch verkaufsorientiert. In zutreffender Abgrenzung hat das OLG Celle[74] eine Wissenszurechnung indes bei einem Angestellten verneint, dessen Aufgabe sich auf die **optische Aufbereitung** des später verkauften Fahrzeugs beschränkt hat. **Fahrzeugaufbereiter** (Waschen, Reinigen, Polieren) sind keine Wissensvertreter, schon gar nicht, wenn sie der Verkaufsfirma nicht angehören (externe Aufbereitung). Wissen um Unfallschäden, das sie im Rahmen ihrer Tätigkeit erlangt haben, ist nicht zurechenbar.

1872 Mehrfach hat die Rechtsprechung sich mit Fallgestaltungen beschäftigt, in denen es gleichfalls um **„Werkstattwissen"** ging. Kennzeichnend für diese Fallgruppe ist, dass das später verkaufte Fahrzeug längere Zeit vor der Hereinnahme/Ankauf zum Zwecke der Reparatur **in der Werkstatt** der Verkäuferfirma gewesen war, beispielsweise zur Instandsetzung nach einem Verkehrsunfall. Während das LG München I[75] das „Werkstattwissen" dem beklagten Unternehmen nach § 166 II BGB zugerechnet hat,[76] hat das OLG Celle[77] den Abs. 1 dieser Vorschrift zur Wissenszurechnung herangezogen. Der für die Beklagte handelnde Werkstattleiter habe seine „dem Geschäftsherrn gemäß § 166 Abs. 1 BGB zuzurechnende Kenntnis vom Unfallschaden im Rahmen der Erfüllung der ihm im Betrieb der Beklagten obliegenden Aufgaben erlangt". Abgesichert hat das OLG Celle seine (rechtskräftige) Entscheidung mit der Erwägung, dass ein innerbetrieblicher Informationsaustausch zwischen Reparatur- und Verkaufsabteilung möglich und auch zumutbar gewesen sei (eingerichtet war er nicht). Hinzu komme, dass dem klagenden Käufer im Kaufvertrag (Bestellschein) mitgeteilt worden sei, man habe von Vorschäden keine Kenntnis („auf andere Weise keine Unfallschäden bekannt"). Auf den „eigenen Wissensstand" des beklagten Kfz-Betriebs, einer GmbH, hat das OLG Düsseldorf in einem Fall abgestellt, in dem der – zum Vertragsabschluss nicht bevollmächtigte – Verkaufsangestellte unwissend war, Art und Ausmaß des Unfallschadens aber durch betriebseigene Reparaturarbeiten früher einmal bekannt waren.[78] Der Sache nach ist dies eine Wissenszurechnung gemäß § 166 II BGB, wobei allerdings im Dunkeln bleibt, wer in der beklagten GmbH der maßgebliche Wissensträger war. Als solche weiß eine GmbH nichts; sie ist nicht „wissensfähig" (s. Rn 1865).

Unabhängig von einem Einkauf zwecks Verkaufs erlangtes „Werkstattwissen" ist nicht in jedem Fall präsentes Wissen in einem späteren Verkaufsfall.[79] Eine Wissenszurechnung setzt prinzipiell voraus, dass eine „zurechnungsgeeignete" Person von dem fraglichen Sachmangel Kenntnis erlangt hat. Bei einem Reparaturfall, der ordnungsgemäß „durch die Bücher" gegangen ist (also keine Schwarzarbeit oder Feierabendarbeit eines Mechanikers war), muss das Unternehmen, gleich welcher Rechtsform, sich zumindest eine Zeitlang so behandeln lassen, als sei ihm der Vorgang bekannt. Es handelt sich um Geschäftswissen. Dass es zugerechnet werden muss, liegt auf der Hand, wenn sich der Verkauf zeitlich unmittelbar an die Instandsetzung anschließt. Denn der Käufer darf nicht dadurch schlechter gestellt sein, dass er bei einem Kfz-Betrieb mit arbeitsteiliger Organisation kauft (Gleichstellungsargument). Das eigentliche Problem in diesen Fällen ist die **zeitliche Grenze der Wissenszurechnung,** nicht die Frage, ob der Werkstattleiter oder der Mechaniker, der die Reparatur erledigt hat, ein Wissensvertreter ist.[80] **Erfüllungsgehilfen** im Rahmen des Verkaufs (§ 278 BGB) sind diese Personen in der Regel nicht.[81] Nicht nur zeitlich, auch **inhaltlich** besteht ein

---

74 Urt. v. 23. 10. 1997, OLGR 1998, 161.
75 Urt. v. 27. 1. 1988, ZIP 1988, 924; dazu *Reinking/Kippels,* ZIP 1988, 892.
76 Ebenso LG Verden 26. 4. 1994, 4 O 177/94, n. v.
77 Urt. v. 23. 6. 1995, 4 U 301/94, n. v.
78 Urt. v. 12. 3. 1999, 22 U 180/98, NZV 1999, 423.
79 Keinen Fall der Wissenszurechnung behandelt – bei sonst ähnlichem Sachverhalt – die Entscheidung des OLG Düsseldorf vom 19. 12. 1997, NJW-RR 1998, 1751.
80 Offen gelassen von OLG Koblenz 4. 2. 1997, VRS 96, 241.
81 Vgl. BGH 8. 5. 1968, LM Nr. 13 zu § 463 = MDR 1968, 660, s. auch *Waltermann,* NJW 1993, 889.

Die Arglisthaftung

Abgrenzungsproblem. Denn nicht jede Reparatur ist im Hinblick auf einen späteren Verkauf erkennbar relevant.

Beide oben aufgeworfenen Abgrenzungsfragen sind auf der Grundlage der **neueren BGH-Rechtsprechung** zur Wissenszurechnung unter dem allgemeinen Gesichtspunkt des Verkehrsschutzes zu beurteilen. Maßgeblich ist zu berücksichtigen, dass die Wissenszurechnung dem **Schutz des Rechtsverkehrs** dienen soll.[82] Informationen, deren Relevanz für spätere Geschäftsvorgänge für den konkret wissenden Angestellten erkennbar ist, müssen dokumentiert und über einen gewissen Zeitraum verfügbar gehalten werden. Außerdem muss sichergestellt werden, dass die Informationsmöglichkeit auch genutzt wird.[83]

Unter diesem Blickwinkel sind einer Zurechnung von Kenntnissen aus früheren Werkstattaufenthalten **zeitlich und inhaltlich Grenzen** zu setzen. Es ist nämlich in der Regel **unwahrscheinlich**, dass diese Informationen für den Fall eines späteren Verkaufs rechtserheblich werden können. Das beurteilt sich nach dem Zeitpunkt der Wahrnehmung (Diagnose/Reparatur), nicht nach einem erst später erreichten Wissensstand.[84] Es gibt keinen Erfahrungssatz, dass Fahrzeuge von Privatkunden genau dem Unternehmen in Zahlung gegeben werden,[85] das bereits Auftragnehmer von Reparatur- und Wartungsarbeiten war.[86] Etwa die Hälfte aller privat genutzten Pkw/Kombis werden auf dem Privatmarkt veräußert. Soweit diese Fahrzeuge an den gewerblichen Handel abgegeben werden, ist es **mehr oder weniger Zufall,** dass sie ausgerechnet demjenigen Betrieb angeboten werden, dessen Werkstatt in der Vergangenheit in Anspruch genommen worden ist.[87] Bei dieser Sachlage sehen die Autohäuser mit Recht keinen vernünftigen Anlass, die Informationen aus Reparaturaufträgen der Verkaufsabteilung weiterzuleiten. Gewiss hat diese Zugriff auf das vorhandene Datenmaterial aus der Werkstatt. So kann ein Gebrauchtfahrzeugverkäufer ohne weiteres Einblick in die Durchschrift der Reparaturrechnung nehmen oder – bei EDV-Erfassung – auf den Datenspeicher zurückgreifen. Dazu muss indes ein **konkreter Anlass** bestehen, z. B. aufgrund eines Hinweises des Voreigentümers. Eine **generelle Abfragepflicht** kann ebenso wenig anerkannt werden wie eine **generelle Pflicht zur Weiterleitung** von Reparaturdaten. Das umso weniger, als die Voreigentümer bei der Inzahlunggabe ebenso wie beim freien Verkauf gehalten sind, frühere Unfallschäden (darum geht es meist), die Auswechselung des Motors etc. von sich aus offen zu legen (s. auch Rn 1891). Hinzu kommt, dass diese Umstände in der Regel gezielt abgefragt werden. „Werkstattwissen" der hier in Rede stehenden Art kann demnach nicht als ständig präsent angesehen werden. Es ist **zeitlich nur begrenzt aktuell.** Sein „Verfalldatum" lässt sich nicht generell, schon gar nicht kalendermäßig festlegen. Stets ist es eine Frage des konkreten Einzelfalls, ob dem beklagten Kfz-Betrieb die behauptete Unwissenheit abgenommen werden kann. Maßgeblich ist nicht nur, wie lange die fragliche Reparatur zurückliegt. Es kommt auch auf Art und Umfang der Reparaturarbeiten an, ferner auf die Größe des Betriebs, auch darauf, ob die Werkstatt in das Autohaus räumlich integriert oder ausgelagert ist. All diese Fragen sind im Zweifel durch eine **gründliche Beweisaufnahme** zu klären. Mit Risiko- und Billigkeitserwägungen allein wird man dem Problem der Verkäuferarglist nicht gerecht.

Wenn eine tragfähige Basis für eine Wissenszurechnung gewonnen ist, wobei mehr an Abs. 2 als an Abs. 1 des § 166 BGB zu denken ist, bedarf es **weiterer Feststellungen,** um

---

82 BGH 15. 4. 1997, NJW 1997, 1917.
83 So BGH 15. 4. 1997, NJW 1997, 1917 unter Hinweis auf das grundlegende Urteil des BGH v. 2. 2. 1996, NJW 1996, 1339.
84 BGH 2. 2. 1996, NJW 1996, 1339.
85 Wobei nicht nur die Anschaffung eines Neufahrzeugs, sondern auch eines „neuen" Gebrauchten („gebraucht auf gebraucht") in den Blick zu nehmen ist.
86 Die Möglichkeit eines freien Ankaufs durch die Reparaturfirma liegt noch ein Stück ferner.
87 Das ist das Fazit aus den statistischen Erhebungen über den Verbleib des Vorwagens beim Kauf eines neuen oder eines anderen gebrauchten Fahrzeugs, vgl. DAT-Veedol-Report 1999, S. 17, 18.

den Arglisttatbestand bejahen zu können. Da die Kenntnis unmittelbar bei der Firmenleitung anzusiedeln ist, ohne Vermittlung durch einen untergeordneten Wissensvertreter, begegnet der Schluss vom Wissen auf das für den Arglistvorwurf konstitutive Wollen (s. Rn 1861) hier keinen durchgreifenden Bedenken.

3. Die Arglisthaftung des Gebrauchtwagenverkäufers in der Rechtsprechung des BGH (Grundsätze)

1873   In der ebenso umfang- wie nuancenreichen BGH-Judikatur nehmen die Entscheidungen zur **Aufklärungspflicht** (Offenbarungspflicht) des **gewerblichen Gebrauchtwagenverkäufers** einen besonders breiten Raum ein. Grundnorm in der älteren Rechtsprechung ist § 123 BGB. Etwa ab 1975 hat sich der Schwerpunkt auf § 476 BGB verlagert.[88] Die wichtigsten Ergebnisse dieser im Großen und Ganzen **abgeschlossenen Rechtsentwicklung**[89] lassen sich in den folgenden **zwölf Grundsätzen** zusammenfassen:

1. Beim Kauf besteht keine allgemeine (uneingeschränkte) Aufklärungspflicht (Offenbarungspflicht) des Verkäufers.[90]
2. Auch im Gebrauchtwagenhandel ist der Verkäufer, sofern er nicht ausnahmsweise die Beratung des Käufers übernommen hat, nicht verpflichtet, den Käufer von sich aus über alle Umstände aufzuklären, die für dessen Kaufentschluss von Bedeutung sein könnten.[91]
3. Ebenso wie jeder andere Verkäufer ist auch ein Gebrauchtwagenverkäufer verpflichtet, alle Tatsachen zu offenbaren, die erkanntermaßen oder auch nur erkennbar für die Vertragsentschließung des Käufers oder für die Vertragsdurchführung von Bedeutung sind und deren Mitteilung von ihm nach den konkreten Gegebenheiten des Einzelfalls nach Treu und Glauben erwartet werden kann.[92]
4. Die Frage, ob und in welchem Umfang beim Verkauf gebrauchter Kraftwagen der Verkäufer zu einer Mitteilung früherer Unfallschäden verpflichtet ist, kann nicht generell, sondern nur unter Berücksichtigung der konkreten Sachlage beantwortet werden.[93]
5. Ein Gebrauchtwagenverkäufer ist in jedem Fall, also auch ungefragt, von sich aus zur Aufklärung des Käufers verpflichtet, wenn er einen Mangel oder einen früheren Unfall kennt oder nach den Umständen für möglich hält.[94]
6. Wird der Verkäufer nach Unfällen oder sonstigen Mängeln ausdrücklich gefragt, so muss die Antwort richtig und vollständig sein.[95] Er hat alles mitzuteilen, was er insoweit weiß, insbesondere sind Beschädigungen auch dann zu offenbaren, wenn es sich nach seiner Auffassung lediglich um reine „Blechschäden" ohne weitere nachteilige Folgen handelt.

---

88 Zu den Unterschieden s. *Soergel/Huber,* § 476 Rn 4 ff.; allgemein zur Aufklärungspflicht des Verkäufers Anh. I § 433 Rn 67 ff.; *Skibbe,* Festschrift für Rebmann, 1989, S. 807 ff.
89 Daß der Umfang der Aufklärungspflicht noch ungeklärt sei, so Grunewald, JZ 1982, 628 (Fn. 18), war schon damals eine fragwürdige These. Inzwischen sind alle wesentlichen Fragen entschieden.
90 Grundlegend BGH 8. 10. 1954, DAR 1954, 296 = BB 1954, 978; zuletzt BGH 16. 1. 1991, NJW 1991, 1223; für den Handelskauf s. BGH 28. 4. 1971, NJW 1971, 1795 (Tanklastzug).
91 BGH 3. 3. 1982, NJW 1982, 1386 = DB 1982, 1509 = WM 1982, 511; BGH 26. 10. 1988, NJW-RR 1989, 211 = WM 1989, 26.
92 BGH 26. 10. 1988, NJW-RR 1989, 211 = WM 1989, 26; s. auch BGH 7. 12. 1994, NZV 1995, 222 (Oldtimerkauf).
93 BGH 8. 10. 1954, LM Nr. 10 § 123 = JZ 1955, 19 = DAR 1954, 296 = MDR 1955, 26 = BB 1954, 978; BGH 28. 2. 1973, WM 1973, 490; so schon RG 23. 6. 1936, RGZ 151, 361, 366 (Lastzug).
94 BGH 11. 6. 1979, BGHZ 74, 383, 391 = NJW 1979, 1886 (missverständlich bzgl. „Bagatellschäden"); BGH 3. 3. 1982, NJW 1982, 1386; BGH 3. 12. 1986, NJW-RR 1987, 436 = WM 1987, 137. Die Urt. BGH WM 1973, 490 und BGH VRS 31, 321 stehen nicht entgegen, da sie Sonderfälle betreffen.
95 BGH 11. 6. 1979, BGHZ 74, 383 = NJW 1979, 1886.

Die Arglisthaftung

Anders kann es bei „ausgesprochenen sog. Bagatellschäden" wie etwa ganz geringfügigen Lackschäden sein.[96]

7. Von sich aus braucht der Verkäufer auf einen Unfallschaden nicht hinzuweisen, wenn bei vernünftiger Betrachtungsweise der Kaufentschluss nicht davon beeinflusst werden kann. Die Grenze für derartige nicht mitteilungspflichtige „Bagatellschäden" ist bei Personenkraftwagen sehr eng zu ziehen. Auch sachgerecht reparierte „reine" Blechschäden sind in jedem Fall, auch ungefragt, zu offenbaren.[97] Anders kann es beim Verkauf eines Nutzfahrzeugs (Lkw) sein (BGH NJW 1982, 1386).

8. Ihrem Umfang nach ist die Aufklärungspflicht auch von der Möglichkeit und Fähigkeit des Käufers zur eigenen Prüfung abhängig; je unkundiger der Käufer, desto weitreichender die Aufklärungspflicht.[98]

9. Auch das Verhalten des Käufers, insbesondere das von ihm bekundete Interesse an einzelnen Fakten, bestimmt den Umfang der Aufklärungspflicht.[99]

10. Bei erst wenig benutzten, neuwertigen und entsprechend teuren Pkw geht die Aufklärungspflicht weiter als bei älteren Fahrzeugen mit hoher Laufleistung.[100]

11. Der Verkauf unter (formularmäßigem) Gewährleistungsausschluss befreit den Verkäufer nicht von seiner Aufklärungspflicht. Sie wird dadurch auch nicht eingeschränkt.[101]

12. Arglistig handelt der Verkäufer schon dann, wenn er ohne tatsächliche Grundlage „ins Blaue hinein" unrichtige Angaben über den Zustand des Fahrzeugs macht.[102]

4. Grundfälle zur Arglisthaftung

a) Verschweigen von Unfallschäden und Vorspiegeln von Unfallfreiheit

Der typische Fall der arglistigen Täuschung beim Gebrauchtwagenkauf ist das Verheimlichen von **Unfallschäden,** sei es, dass der Verkäufer überhaupt keine Angaben macht, sei es, dass er nicht die volle Wahrheit sagt.

aa) Der unbekannte Unfall und die Untersuchungspflicht des Händlers

Fallbeispiel:

Der Kl. kaufte vom Bekl., einem Händler, einen BMW 2800 zum Preis von 12 400,– DM. Nach Übernahme stellte sich heraus, dass der Wagen in mindestens zwei Unfälle verwickelt gewesen war. Der Kl. focht den Vertrag wegen arglistiger Täuschung an und verlangte Rückzahlung seiner Anzah-

---

96 BGH 20. 3. 1967, LM Nr. 35 zu § 123 = NJW 1967, 1222; BGH 29. 6. 1977, NJW 1977, 1914; vgl. auch BGH 14. 7. 1971, BGHZ 57, 137 (Aufklärungspflicht bei einem merkantilen Minderwert von nur 100 DM); BGH (VI. ZS) 25. 10. 1983, VersR 1984, 46 = VRS 66, 88.
97 BGH 3. 3. 1982, NJW 1982, 1386 = DB 1982, 1509 = WM 1982, 511; BGH 25. 10. 1983, VersR 1984, 46 = VRS 66, 88; missverständlich BGHZ 74, 383, 391, wonach auch ein „Bagatellschaden" in jedem Fall, also auch ungefragt, zu offenbaren ist; BGH 22. 2. 1984, WM 1984, 535 unter IV; BGH 29. 6. 1977, NJW 1977, 1914; BGH 3. 12. 1986, NJW-RR 1987, 436 = WM 1987, 137.
98 BGH 21. 10. 1964, LM Nr. 11 zu § 463 = NJW 1965, 35 (Inzahlungnahme); BGH 29. 1. 1975, BGHZ 63, 382 = NJW 1975, 642 (Pkw-Agenturverkauf); BGH 3. 3. 1982, NJW 1982, 1386 = WM 1982, 511 (Lkw); BGH 28. 4. 1971, NJW 1971, 1795 (Tanklastzug).
99 BGH 16. 3. 1977, NJW 1977, 1055 (mit nicht eindeutigen Ausführungen über eine „Erweiterung" der Aufklärungspflicht des Gebrauchtwagenverkäufers im Vergleich mit einem „Normalverkäufer").
100 BGH 8. 10. 1954, LM Nr. 10 zu § 123 = JZ 1955, 19 = DAR 1954, 296.
101 BGH 30. 10. 1956, BGHZ 22, 123 = NJW 1957, 20; BGH 18. 12. 1956, VRS 12, 161 = BB 1957, 238 („wie besichtigt und probegefahren").
102 BGH 29. 1. 1975, BGHZ 63, 382 = NJW 1975, 642; BGH 16. 3. 1977, NJW 1977, 1055; BGH 18. 3. 1981, NJW 1981, 1441; BGH 31. 3. 1982, NJW 1982, 1699 (Inzahlungnahme); BGH 3. 12. 1986, NJW-RR 1987, 436 = WM 1987, 137; BGH 18. 1. 1995, NJW 1995, 955 = BB 1995, 539 (gebr. Maschine).

lung. Dem Bekl. war nicht nachzuweisen, dass er Kenntnis von den Unfallschäden hatte oder mit ihrem Vorhandensein rechnete (Fall nach BGH NJW 1977, 1055/OLG München DAR 1976, 132).

In Fällen, in denen dem **schweigenden Händler** nicht nachzuweisen war, dass er zumindest mit der Möglichkeit eines (reparierten) Unfallschadens gerechnet hat, hat die Rechtsprechung verschiedentlich Arglist gleichwohl bejaht. Eine Schlüsselfunktion hat hier die **Untersuchungspflicht** des gewerblichen Händlers. Diese Pflicht wurde der Aufklärungspflicht **vorgeschaltet,** um Arglist damit zu begründen, der Händler habe das Fahrzeug verkauft, ohne auf das Unterlassen der an sich gebotenen Untersuchung hingewiesen zu haben.[103] Zu dieser Konstruktion und allgemein zur Untersuchungspflicht des Gebrauchtwagenverkäufers vgl. Rn 1895 ff.

bb) Der nur vermutete Unfall und der Arglistnachweis bei Verschweigen von Verdachtsmomenten

1876 Fallbeispiel:

Der Kl. erwarb vom Händler X eine Wagen mit verborgenem Unfallschaden. Dem Händler war nicht nachzuweisen, dass er Kenntnis von dem wirklichen Umfang des Unfallschadens hatte. Erwiesen war jedoch, dass er Spuren einer Nachlackierung und eine Schweißnaht am rechten vorderen Radhaus gesehen hatte. Diese Beobachtungen behielt er für sich.

Arglistiges Verschweigen i. S. v. § 463 S. 2 BGB setzt zunächst die **Feststellung eines Fehlers** voraus. Dazu, unter welchen Voraussetzungen ein früherer Unfall einen Fehler gem. § 459 I BGB darstellt, s. Rn 1582 ff. Der Fehler muss **erheblich** sein, d. h. die Bagatellgrenze des § 459 I, 2 BGB überschreiten (vgl. Rn 1853). Bagatellschäden brauchen zumindest ungefragt nicht mitgeteilt zu werden, zur Abgrenzung s. Rn 1587 f. Fragt der Käufer, wie meist, nach einem früheren Unfall, so muss der Verkäufer **alles offenbaren,** was er zu diesem Thema weiß oder auch nur ernsthaft vermutet, s. Rn 1873 (Grundsatz 6). Sofern die ,,Unfallfrage", wie üblich, beantwortet wird, ist an die **Antwort** anzuknüpfen. Ein Fall des Verschweigens liegt hier nur vor, wenn die Frage schlechthin verneint wird. Eine wahrheitswidrige, unvollständige oder verharmlosende Auskunft kann unter dem Gesichtspunkt des **Vorspiegelns einer Eigenschaft** arglistig sein; zu dieser wichtigen Fallgruppe s. Rn 1881 ff.

In den **Verdachtsfällen** ist zu unterscheiden: Handelt es sich tatsächlich um einen ,,Unfallwagen", ist der **objektive Tatbestand** der §§ 463 S. 2, 476 BGB erfüllt, selbst wenn das Fahrzeug sach- und fachgerecht repariert worden ist (s. Rn 1584 ff.; dort auch zum Problem des merkantilen Minderwerts als Sachmangel). Nimmt der Verkäufer **irrtümlich** eine Unfall-Vorbeschädigung an oder hat er insoweit einen – objektiv unbegründeten – Verdacht, so ist ein offenbarungspflichtiger Fehler zu verneinen. Dennoch kann eine Offenbarungspflicht bestehen. Auch über die bloße Möglichkeit eines Unfallvorschadens muss der Käufer aufgeklärt werden.[104] Der objektive Tatbestand des **§ 123 BGB** setzt einen Sachmangel zwar nicht voraus. Richtig ist auch, dass der bloße Versuch einer Täuschung kein Anfechtungsrecht verleiht. In den Fällen eines objektiv bestehenden Mängelverdachts geht es jedoch nicht um einen Täuschungsversuch, sondern um das Verschweigen eines Verdachts.

Ob der Verkäufer im obigen Beispielsfall auch den **subjektiven Tatbestand** der Arglist erfüllt hat, ist eine Frage der **Abgrenzung** zwischen **bedingtem Vorsatz** und (bewusster) **Fahrlässigkeit.** Wer mit den Augen des Fachmanns Unfallspuren sieht, rechnet in der Regel

---

103 So BGH 29. 1. 1975, BGHZ 63, 382 = NJW 1975, 642; BGH 14. 3. 1979, NJW 1979, 1707; vgl. auch OLG München 25. 7. 1975, DAR 1976, 132; OLG Hamm 3. 8. 1990, OLGZ 1991, 99 (offen gelassen); LG Bielefeld 15. 10. 1980, MDR 1981, 316; OLG Hamburg 1. 4. 1992, BB 1992, 1888 = NJW-RR 1992, 1399 (Agentur); OLG Hamburg 12. 6. 1992, DAR 1992, 378; OLG Köln 5. 7. 1996, VersR 1997, 753 = OLGR 1996, 235; OLG Düsseldorf 31. 5. 1996, NJW-RR 1997, 431 = OLGR 1997, 18; SchlHOLG 16. 7. 1997, OLGR 1998, 24.
104 Zur Frage Mangelverdacht als Fehler s. *Wank,* JuS 1990, 95, 98; *Erman/Grunewald,* § 459 Rn 2; auch BGH 1. 10. 1999, NJW 1999, 3777 – Altlastenverdacht.

mit dem Vorhandensein eines (reparierten) Unfallschadens. Kann dem Händler nicht nachgewiesen werden, dass er von den Unfallspuren oder sonstwie verdächtigen Umständen Kenntnis hatte, reicht es für den Vorwurf der Arglist nicht aus, dass er sich diese Kenntnis fahrlässig nicht verschafft hat, s. auch Rn 1906 ff., dort auch zum Zusammenhang zwischen Aufklärungspflicht und Untersuchungspflicht. Generell gilt: Bedingter Vorsatz ist festzustellen, wenn der Verkäufer einen sich ihm aufdrängenden Mängelverdacht für sich behalten hat.[105]

cc) Unfallfreiheit „ins Blaue hinein" versichert
Fallbeispiel:

1877

> Der Kl. erwarb von dem bekl. Autohaus einen gebrauchten BMW. In dem Vertragsformular war eingetragen: „auf Unfallschaden (fachmännisch beseitigt) vorne links Kotflügel und Fahrertüre wurde hingewiesen." Der Vorschaden war etwa fünf Jahre zuvor in der Werkstatt der Bekl. repariert worden. Dabei war der Fahrzeugrahmen mit Hilfe eines „Dozers" gerichtet worden. Mit der Begründung, der Rahmenschaden sei ihm verheimlicht worden, verlangte der Kl., der das Fahrzeug als „unfallfrei" weiterverkauft hatte, jedoch wieder zurücknehmen mußte, Schadensersatz von dem bekl. Autohaus (Fall nach OLG Düsseldorf NJW-RR 1998, 1751).

Hat der Verkäufer ausdrücklich oder konkludent „Unfallfreiheit" zugesagt oder eine Unfallinformation der unter Rn 1794/1884 bezeichneten Art erteilt, empfiehlt es sich, den Fall **vorrangig** unter dem Gesichtspunkt der § 459 II, 463 S. 1 BGB zu würdigen. Zur verschuldensunabhängigen **Zusicherungshaftung** bei Erklärungen zum Thema „Unfall" s. Rn 1788 ff. Bei einer Anfechtung wegen arglistiger Täuschung oder im Falle der Verjährung (Ablauf der Sechsmonatsfrist des § 477 I BGB) – nicht notwendigerweise schon auf Grund der formularmäßgen Freizeichnung – kommt es darauf an, ob der Verkäufer mit der Erklärung „unfallfrei" eine Eigenschaft des Fahrzeugs arglistig vorgespiegelt hat. Um ein Unterlassen (Verschweigen) geht es in diesen Fällen regelmäßig nicht. Beim Verschweigen einzelner Tatsachen im Rahmen ausdrücklicher oder konkludenter Erklärungen, die als erschöpfende Mitteilung erscheinen, wird durch sog. **positives Tun** getäuscht. In solchen Fällen ist es eine Frage der Auslegung, ob das Erklärte nach seinem Sinn vollständig und so abschließend gemeint ist, dass es die verschwiegene Tatsache zwingend ausschließt. Unklare und unvollständige Äußerungen sind beim Handel mit gebrauchten Kfz überaus häufig, insbesondere zum Unfallthema. Zur speziellen Fallgruppe „Bagatellisierungserklärungen" s. Rn 1881 ff.

Der **BGH** hat in ständiger Rechtsprechung Arglist auch dann angenommen, wenn der Verkäufer ungefragt oder auf Fragen des Käufers ohne tatsächliche Anhaltspunkte, eben **„ins Blaue hinein"**, unrichtige Angaben über den Zustand des Fahrzeugs gemacht hat.[106] Er hat freilich auch mit einigem Nachdruck darauf hingewiesen, dass der Verkäufer wenigstens mit der Möglichkeit der Unwahrheit seiner Behauptung gerechnet haben muss.[107] Dieses „Rechnen mit" oder „Für-möglich-Halten" ist in der Tat unverzichtbare Mindestvoraussetzung für Arglist. Daran vermag die plakative Formel von der Erklärung „ins Blaue hinein" nichts zu ändern. Sie besagt nicht mehr und nicht weniger, als dass der Verkäufer für seine Erklärung **keine zuverlässige Beurteilungsgrundlage** hatte. Diese Grundlage fehlt beispielsweise, wenn ein **Kfz-Händler** ein Fahrzeug mit **mehreren Vorbesitzern** als uneingeschränkt „unfallfrei" verkauft, er aber nur über entsprechende Informationen des letzten Vorbesitzers, seines Kunden, verfügt.[108] Üblicherweise heißt es in den Formularverträgen „unfallfrei lt.

---

105 OLG Frankfurt 19. 2. 1999, NJW-RR 1999, 1064; OLG Zweibrücken 17. 3. 1999, OLGR 1999, 434.
106 Vgl. Nachw. unter Fn. 102; s. auch *Schmid*, DAR 1980, 166; *Hummel-Liljegren*, DAR 1981, 314.
107 Urt. v. 16. 3. 1977, NJW 1977, 1055 = WM 1977, 584; v. 18. 3. 1981, NJW 1981, 1441 = WM 1981, 560.
108 OLG Düsseldorf 16. 4. 1992, OLGR 1992, 277 = DAR 1993, 347; OLG Hamm 20. 1. 1997, OLGR 1997, 120 (Vermittlung).

Vorbesitzer", d. h. des letzten Vorbesitzers. Hat dieser keine oder andere Angaben als diejenigen gemacht, die der Händler an den Käufer weiterleitet, kann gleichfalls eine „Behauptung ins Blaue" vorliegen.[109] Berechtigt kann dieser Vorwurf auch sein, wenn der Verkäufer entgegen der Annahme des Käufers nicht die erforderliche Sachkunde hat oder wenn sein Informant, etwa der Vorbesitzer oder ein Reparaturbetrieb, unzuverlässig oder seinerseits ohne eigene Sachkunde ist.[110] Weitere Fallgestaltung: Das Fahrzeug wurde vor längerer Zeit in der eigenen Werkstatt nach einem Unfall repariert, Unterlagen darüber liegen im Zeitpunkt des Verkaufs nicht mehr vor, gleichwohl wird eine konkrete Schadens- und Reparaturbeschreibung gegeben, s. den obigen Beispielsfall nach OLG Düsseldorf NJW-RR 1998, 1751 = OLGR 1998, 115. Zur Frage, wann ein **Leasinggeber** bei einem Verkauf im Rahmen der Verwertung des Leasingobjekts eine hinreichende Grundlage für eine „unfallfrei"-Angabe hat, s. OLG Nürnberg NJW-RR 1999, 1208 = MDR 1999, 931.

1878 Im Rechtsstreit muss der **Käufer** Tatsachen dafür **vortragen und beweisen, dass** der Verkäufer die Unrichtigkeit seiner Erklärung[111] wenigstens für möglich gehalten und die Verwirklichung dieser Möglichkeit billigend in Kauf genommen hat. Arglistiges Vorspiegeln der Eigenschaft „unfallfrei" oder „bis auf Blechschaden unfallfrei" wird nicht schon dadurch substantiiert dargetan, dass der Käufer behauptet, der Verkäufer habe ohne jegliche tatsächliche Grundlage („ins Blaue hinein") eine unrichtige Angabe gemacht. Zur Schlüssigkeit seines Klagevorbringens gehört es zwar nicht, im Einzelnen darzulegen, warum diese Grundlage fehlte. Es ist vielmehr **Sache des Verkäufers,** diejenigen Tatsachen vorzutragen und notfalls auch zu beweisen, die nach seinem Dafürhalten die Erklärungsgrundlage bildeten. Aufgabe des Käufers ist es jedoch, neben der objektiv unrichtigen Erklärung ein entsprechendes Wissen und Wollen des Verkäufers zu behaupten. Die Schwierigkeiten in der Praxis liegen bei der Feststellung des Wissenselements in der besonderen Form des bedingten Vorsatzes.

1879 Wissentlich im Sinne des „Für-möglich-Haltens" handelt grundsätzlich nicht, wer gutgläubig unrichtige Angaben macht, mag auch der gute Glaube auf Fahrlässigkeit, selbst auf Leichtfertigkeit (grober Fahrlässigkeit), beruhen.[112] Dies wird häufig nicht genügend beachtet.[113] Problematisch ist daher die Aussage des OLG Düsseldorf,[114] „ins Blaue hinein" sei eine Unfallmitteilung gemacht, wenn der Händler eine gebotene Untersuchung des Fahrzeugs unterlassen habe. Die **Ausweitung der Arglisthaftung** in der Rechtsprechung, vor allem der Instanzgerichte, beruht nicht zuletzt auf der **ungenauen Grenzziehung** zwischen bedingtem Vorsatz und bewusster Fahrlässigkeit. Wie auch im Fall BGH NJW 1981, 1141 sind es meist Verjährungsfragen und/oder Haftungsausschlüsse, die den Hintergrund dieser Rechtsprechung bilden. Dass mit ihr auch Beweisschwierigkeiten des Käufers Rechnung getragen werden soll, räumt *Hiddemann,* ein früherer Vorsitzender des Kaufrechts-Senats des BGH, ein.[115] Diese Hilfestellung entbindet die Gerichte nicht von der Pflicht, sich vorurteilsfrei mit denjenigen Tatsachen auseinanderzusetzen, die vom Verkäufer zur Begründung dafür ins Feld geführt werden, dass er seine Erklärung für richtig gehalten hat. Wenn der Verkäufer

---

109 Anders aber bei korrekter Weiterleitung der Vorbesitzerinformation, s. OLG Hamburg 2. 8. 1995, OLGR 1996, 4.
110 Vgl. BGH 16. 3. 1977, NJW 1977, 1055 = WM 1977, 584; BGH 8. 5. 1980, NJW 1980, 2460; OLG München 10. 6. 1987, NJW 1988, 3271 (Baustofflieferung).
111 Die auch bei einer Schriftformklausel mündlich erfolgen kann (anders wohl OLG Hamburg 2. 8. 1995, OLGR 1996, 4).
112 BGH 6. 12. 1985, NJW-RR 1986, 700; OLG München 10. 6. 1987, NJW 1988, 3271; OLG Hamm 3. 8. 1990, OLGZ 1991, 99; vgl. aber auch BGH 8. 5. 1980, NJW 1980, 2460.
113 Eine beachtenswerte Ausnahme ist LG Oldenburg 11. 7. 1978, NJW 1979, 432 = VersR 1978, 1052.
114 Urt. v. 31. 3. 1995, OLGR 1995, 272 (Ls.).
115 WM 1982, Sonderbeilage Nr. 5, S. 31.

nach Meinung des Gerichts Zweifel an deren Richtigkeit hegen musste, diese Zweifel aber nicht offen gelegt hat, dürfte er sich dem Vorwurf der Arglist kaum entziehen können, zumal als gewerbsmäßig handelnder Verkäufer. Der Richter, der die lange Verjährung oder die Nichtigkeit der Freizeichnungsklausel für eine ihm angemessen erscheinende Lösung benötigt, wird geneigt sein, die notwendigen subjektiven Gegebenheiten entsprechend zu beschreiben. Bei der Wahl zwischen (bedingtem) Vorsatz und Fahrlässigkeit gibt meist das Rechtsgefühl den Ausschlag, nicht dogmatische Abgrenzungskriterien, deren forensische Brauchbarkeit ohnehin zweifelhaft ist.

Im Ergebnis ist mit dem **Sondertatbestand**[116] „unrichtige Angaben ins Blaue" – allen Mahnungen des BGH zum Trotz – eine Haftung für Fahrlässigkeit nach Arglistregeln eingeführt worden.[117] Den Anwendungsbereich der §§ 476, 477 BGB auf diese Weise zu Gunsten des Käufers auszudehnen, mag noch angehen. Bedenklich ist aber die Ausweitung der Schadensersatzhaftung nach § 463 S. 2 BGB und des Tatbestandes der Arglistanfechtung (§ 123 BGB). Dass der BGH aus zwei unveröffentlichten Entscheidungen,[118] die sich nur beiläufig mit der Problematik beschäftigen, eine „ständige Rechtsprechung"[119] abgeleitet hat, ist auch nicht sehr überzeugend. Angesichts der Informationsabhängigkeit eines Kraftfahrzeughändlers vom Vorbesitzer und seines – zumal bei Fremdfabrikaten – begrenzten Eigenwissens wird ein Händler häufig nicht umhin kommen, Angaben zum Fahrzeug zu machen, über die er keine genaue Kenntnis haben kann, die er aber nach Lage der Dinge für wahrscheinlich richtig hält. Erst dort, wo jegliche tatsächliche Anhaltspunkte fehlen, wo der Verkäufer also nichts Greifbares in den Händen hat, ist der schwerwiegende Vorwurf der arglistigen Täuschung gerechtfertigt. **1880**

dd) Der fragende Käufer und die bagatellisierende Antwort
Fallbeispiel: **1881**

K. kaufte von V., einem Händler, einen gebrauchten Pkw für 7000,– DM. Die ausdrückliche Frage des K., ob der Wagen in einen Unfall verwickelt gewesen sei, wurde von V. verneint. Er teilte K. lediglich mit, dass der vordere linke Kotflügel und die vordere Stoßstange beschädigt seien. Der Vorbesitzer hatte V. Unfallfreiheit bestätigt, aber auch mitgeteilt, dass der Pkw bestimmte Schäden habe. Diese Schäden hatte V. dem K. nicht in vollem Umfang offenbart (Fall nach BGH NJW 1977, 1914).

Anders als das OLG Köln hat der **BGH**[120] in diesem Fall – **Händlerverkauf an Privat** – Arglist bejaht. Die **Kernaussagen** lauten wörtlich:

„In jedem Fall traf den Bekl. eine Offenbarungspflicht. Denn die Kl. hat ausdrücklich danach gefragt, ob der Gebrauchtwagen in einen Unfall verwickelt war. In einem solchen Fall ist der Verkäufer oder dessen Vertreter verpflichtet, Beschädigungen des Gebrauchtwagens auch dann mitzuteilen, wenn es sich nach seiner Auffassung lediglich um etwaige „Blechschäden" ohne weitere nachteilige Folgen handelte. Denn es kann keinesfalls dem Ermessen des ausdrücklich um Aufklärung gebetenen Verkäufers oder seines Vertreters überlassen bleiben, den erlittenen Schaden für erheblich, für den Käufer nicht wesentlich und deshalb nicht der Mitteilung für wert zu erachten (BGH, NJW 1967, 1222 = LM § 123 BGB Nr. 35 = VersR 1967, 858). Der Verkäufer muss vielmehr, um den Vorwurf der Arglist zu vermeiden, durch die Mitteilung dessen, was ihm bekanntgegeben wurde, dem Käufer den Entschluss überlassen, ob er den Wagen überhaupt bzw. zu diesem Preis erwerben will."

---

116 Er ist nicht auf den Autokauf beschränkt, vgl. BGH 19. 12. 1980, NJW 1981, 864; BGH 26. 9. 1997, NJW 1998, 302 (Eigentumswohnung); BGH 6. 12. 1985, NJW-RR 1986, 700 (Haus); OLG Celle 19. 12. 1986, NJW-RR 1987, 744 (Haus); OLG München 10. 6. 1987, NJW 1988, 3271 (Baustoffe); OLG Köln 28. 10. 1996, VersR 1997, 881 (Telefonanlage).
117 So auch *Meyer-Lindemann*, S. 98 ff.
118 Urt. v. 2. 2. 1966, VIII ZR 284/63 (Umsatzangabe bei Pachtvertrag über Gaststätte); Urt. v. 10. 7. 1968, VIII ZR 167/66 (Kauf eines gebrauchten Krans).
119 So die Formulierung schon im 3. Urteil (BGHZ 63, 382).
120 Urt. v. 29. 6. 1977, NJW 1977, 1914 (Agenturverkauf).

Ungeachtet einer heute möglicherweise veränderten Einstellung zum Automobil[121] (mehr Nutz- als Prestigeobjekt) kann die Bedeutung dieser BGH-Aussagen für die **Gerichtspraxis** nicht hoch genug eingeschätzt werden. Ob das Fahrzeug in einen Unfall verwickelt war, gehört zu den **Standardfragen** eines Käufers. Bestreitet der Verkäufer, gefragt worden zu sein, muss der Käufer seine Behauptung beweisen, es sei denn, dass der Verkäufer ein Vertragsformular verwendet hat, in dem Angaben über Unfallschäden vorgesehen sind. Werden Unfallschäden vom Verkäufer dort oder an anderer Stelle selbst thematisiert, muss er sich so behandeln lassen, als sei er vom Käufer ausdrücklich danach gefragt worden.[122] Zu weit geht allerdings die Meinung, dies gelte schon dann, wenn die „Unfall"-Rubriken im Bestellformular völlig leer geblieben sind.

1882 Aus der Pflicht zur **umfassenden Aufklärung des fragenden Privatkäufers** folgt, dass der bloße Hinweis, es handele sich um einen „Unfallwagen", nicht genügt, wenn das Fahrzeug z. B. einen schweren Frontalzusammenstoß hatte und der Schaden nur behelfsmäßig repariert worden ist. Der ausdrücklich um Aufklärung gebetene Verkäufer hat zumindest **Art und Umfang** der Vorschädigung mitzuteilen. Nach zutreffender Ansicht des OLG Hamm[123] genügt in einem solchen Fall zunächst eine **schlagwortartige Umschreibung** der **Beschädigungen** beziehungsweise der **Instandsetzungsarbeiten.** Eine Schilderung des **Unfallgeschehens** ist auch von einem am Unfall selbst beteiligten Verkäufer nicht zu verlangen. Wird sie von sich aus gegeben, kann sie Einzelangaben zur Beschädigung entbehrlich machen. Allerdings darf das Unfallgeschehen nicht verharmlost werden, sofern dadurch eine falsche Vorstellung vom Schadensumfang hervorgerufen wird.[124] Bei einer Mehrzahl von Unfallereignissen ist eine Differenzierung erforderlich, die den Kaufinteressenten über die Mehrfachbeschädigung umfassend ins Bild setzt. Das „Zusammenziehen" zu einem einzigen Schadensfall ist irreführend.[125]

Einzelheiten der **Schadensregulierung** braucht der Verkäufer ohne gezielte Nachfrage in der Regel nicht zu offenbaren, auch nicht **Art, Ort und Kosten der Reparatur.** Weiß der Verkäufer aber, dass die **Instandsetzungsarbeiten** nicht zur restlosen Beseitigung des Unfallschadens geführt haben, z. B. bei einer (provisorischen) **Billigreparatur** oder einer **Reparatur in einem Land Osteuropas,** muss er dies angeben.[126] Schon die **bloße Vermutung,** dass noch Unfallfolgen vorhanden sind, soll offenbarungspflichtig sein,[127] und zwar nach Ansicht des OLG Schleswig selbst dann, wenn objektiv kein Mangel vorliegt.[128] Den gleichen Standpunkt vertritt das OLG Hamburg, wenn es einem Verkäufer (Kfz-Schlosser) Arglist zur Last legt, der eine Beschädigung an den Holmen verschwiegen hat, welche die Verkehrssicherheit des Fahrzeugs nicht beeinträchtigte.[129] Zur **umfassenden Aufklärung des fragenden Privatkäufers** gehört auch, dass derjenige Verkäufer, dem das Ausmaß der Schäden nicht bekannt ist, den Käufer entsprechend informiert, z. B. durch den Hinweis, das

---

121 Dazu KG 24. 11. 1992, OLGR 1993, 1.
122 LG Köln 5. 2. 1990, 21 O 58/59, n. v. (Agenturverkauf); LG Itzehoe 14. 9. 1993, ZfS 1993, 374.
123 Urt. v. 21. 6. 1994, DAR 1994, 401.
124 OLG Oldenburg 4. 3. 1997, OLGR 1997, 140 = ZfS 1997, 299 („Transportschaden"); SchlHOLG 1. 7. 1998, OLGR 1998, 427; LG Itzehoe 14. 9. 1993, ZfS 1993, 374 (Wildschaden); KG 9. 3. 1993, OLGR 1994, 85 („Parkschaden").
125 OLG Düsseldorf 12. 3. 1999, 22 U 180/98, NZV 1999, 423 (Ls.).
126 OLG Celle 27. 6. 1996, OLGR 1996, 208 = ZfS 1996, 456 (Reparatur in Polen); OLG Köln 2. 8. 1993, OLGR 1993, 301 = VersR 1994, 111 (Reparatur in Türkei); OLG Düsseldorf 12. 11. 1992, OLGR 1993, 129 (Reparatur in Eigenregie/Privatverkauf); OLG Hamm 9. 9. 1996, DAR 1996, 499 = OLGR 1996, 244 – privates Tauschgeschäft (Pkw war in Werkstatt nur behelfsmäßig „gerichtet" worden); vgl. auch RG 23. 6. 1936, RGZ 151, 361, 366 (Lkw); Otting, DAR 1997, 291.
127 OLG Köln 19. 6. 1964, NJW 1965, 110; s. auch OLG München 4. 10. 1994, OLGR 1995, 64; OLG Frankfurt 19. 2. 1999, DAR 1999, 217.
128 Urt. v. 6. 2. 1973, VersR 1975, 189.
129 Urt. v. 19. 8. 1966, DB 1966, 1561 (sehr weit).

Die Arglisthaftung

Fahrzeug nicht selbst untersucht zu haben.[130] Auf die Frage nach etwaigen Unfallschäden ist auch ein lang zurückliegender Unfall zu offenbaren, unabhängig davon, bei welchem Vorbesitzer er sich ereignet hat.[131] Auch ein **gewerblicher Käufer** ist auf seine Frage nach Vorschäden grundsätzlich umfassend aufzuklären. Im Vergleich mit einem Privatkäufer ist die Aufklärungsintensität indes geringer, weil der ankaufende Händler über eigene Sachkunde und Erfahrungswissen verfügt, s. auch Rn 1891 (Inzahlungnahme).

Weniger weitgehend ist die Aufklärungspflicht, wenn der Käufer es ausnahmsweise **unterlässt,** nach einem Unfallschaden **zu fragen.** Die allererste (veröffentlichte) Entscheidung des BGH zur Aufklärungspflicht des Gebrauchtwagenverkäufers[132] war jahrelang richtungweisend. Damals hat der BGH, eher beiläufig, ausgesprochen, dass ein allgemein gehaltener Hinweis auf den Unfall genügen kann, etwa dann, wenn der Wagen zu einem stark reduzierten Preis angeboten wird. Im Allgemeinen stellt die Rechtsprechung jedoch strengere Anforderungen. Eine weitergehende Aufklärung fordert der **BGH** beispielsweise, wenn es sich um einen erst wenig benutzten, zu einem entsprechend hohen Preis angebotenen **Personenwagen** handelt.[133] In einem solchen Fall muss der Verkäufer dem Käufer von sich aus vollen Aufschluss über Art und Schwere des Unfalls geben.[134] Zur Aufklärungspflicht beim Verkauf eines **Jahreswagens** s. OLG Köln MDR 1999, 1504 (Karosseriearbeiten infolge eines Fertigungsmangels). Den **aktuellen Stand der Rechtsprechung** zu dieser Fallgruppe (Aufklärungspflicht des „ungefragten" Händlers) fasst das OLG Düsseldorf[135] in dem **Grundsatz** zusammen: 1883

„Wenn der Verkäufer eines gebrauchten Kraftfahrzeugs einen Vorschaden offenbart, ist er verpflichtet, den Käufer auch ungefragt vollständig und richtig über alle Umstände der Unfallbeschädigung zu informieren, die für dessen Kaufentschluss bedeutsam sein konnten."

Durch Mitteilung von Einzelheiten, die geeignet sind, den Unfall zu **bagatellisieren,** wird die Aufklärungspflicht in keinem Fall erfüllt.[136] (Näheres unter Rn 1885.)

Gleichviel, ob der Käufer nach einem früheren Unfall gefragt hat oder nicht: Im rechtlichen Ausgangspunkt können Erklärungen wie z. B. 1884

- „beseitigter Blechschaden" (BGH NJW-RR 1987, 436)
- „Fahrzeug hatte Frontschaden" (OLG Hamm DAR 1977, 322)
- „nur kleiner Parkschaden" (KG VRS 87, 241 = OLGR 1994, 85)
- „behobene Karosserieschäden" (OLG Düsseldorf OLGR 1993, 161; s. auch OLGR 1998, 115)
- „Seitenteilschaden hinten rechts (behoben)" (OLG Hamm OLGR 1995, 77 [Ls.])
- „Unfallwagen/Rahmenschaden unrepariert" (OLG Hamm NJW-RR 1995, 689)
- „Frontschaden vorne rechts" (OLG Hamm DAR 1983, 355)

---

130 LG Saarbrücken 24. 10. 1990, NJW-RR 1991, 629; s. auch Rn 1888.
131 Offen gelassen in BGH WM 1973, 490, weil der Käufer nicht ausdrücklich nach einem Unfallvorschaden gefragt hatte (vor längerer Zeit umgebauter Sattelschlepper).
132 Urt. v. 8. 10. 1954, DAR 1954, 296 = MDR 1955, 26 (wenig gelaufenes DKW-Cabrio, Kaufpreis nur 15% unter Neupreis).
133 Urt. v. 8. 10. 1954, DAR 1954, 296 = MDR 1955, 26.
134 BGH 8. 10. 1954, DAR 1954, 296 = MDR 1955, 26.
135 Urt. v. 12. 3. 1999, 22 U 180/98, NZV 1999, 423 (Ls.).
136 So schon BGH 8. 10. 1954, DAR 1954, 296 = MDR 1955, 26 (Unfallhergang verharmlost); s. auch BGH 3. 12. 1986, NJW-RR 1987, 436 (Schadensbild verharmlost); OLG Köln 11. 6. 1986, NJW-RR 1986, 1380; OLG Koblenz 16. 3. 1989, DAR 1989, 467; LG Saarbrücken 24. 10. 1990, NJW-RR 1991, 629; OLG Düsseldorf 24. 5 1991, NJW-RR 1991, 1402; OLG Düsseldorf 4. 11. 1992, OLGR 1993, 161; OLG Hamm 10. 3. 1994, BB 1994, 1040; SchlHOLG 1. 7. 1998, OLGR 1998, 427 = SchlHAnz 1999, 78; OLG Saarbrücken 13. 4. 1999, OLGR 1999, 509 = MDR 2000, 157.

- „Fahrzeug hatte Unfallschaden, re., beschädigt waren Türen re., Dach" (OLG Köln NJW-RR 1986, 1380)
- „Blechschäden Fahrerseite" (OLG Oldenburg NJW-RR 1987, 1269)
- „Fahrzeug hatte Frontschaden vorne links" (OLG Koblenz OLGR 1997, 194)
- „Kotflügel vorne rechts erneuert" (SchlHOLG OLGR 1998, 427)
- „hinten ausgebessert" (OLG Saarbrücken OLGR 1999, 509 = MDR 2000, 157)

zum einen als **Eigenschaftszusicherungen** anzusehen sein, s. Rn 1794 f. Zum anderen sind sie unter dem Gesichtspunkt der **arglistigen Täuschung** zu würdigen. Zu unterscheiden ist zwischen dem Vorspiegeln einer Eigenschaft (keine weiteren Schäden) und einem Aufklärungsmangel. Zunächst stellt sich die Frage, ob die besagte Erklärung „ins Blaue hinein" abgegeben worden ist (vgl. dazu Rn 1877 ff.). Um einen Fall des arglistigen Verschweigens handelt es sich bei diesen Konstellationen nicht.[137] Hat der Verkäufer das Unfallfahrzeug selbst repariert oder reparieren lassen, werden an seine Aufklärungspflicht zu Recht strenge Anforderungen gestellt,[138] auch bei einer längere Zeit zurückliegenden Instandsetzung.[139]

1885 Eine **unzulässige Bagatellisierung** des wirklichen Unfallgeschehens hat das OLG Köln in dem Hinweis des Verkäufers gesehen, das Fahrzeug sei ein **„Unfallwagen".**[140] Der Ausdruck Unfallwagen sei vieldeutig. Er lege nicht den Schluss nahe, durch ihn solle das Vorliegen eines schweren Frontalzusammenstoßes angedeutet werden. Werde ein erst wenig benutztes Fahrzeug zu einem seinem Erhaltungszustand entsprechenden Preis veräußert, so weise die ohne nähere Einzelheiten erfolgende Kennzeichnung des Fahrzeugs als „Unfallwagen" lediglich in die Richtung, dass dieses Fahrzeug schon einmal einen die Bagatellschadensgrenze überschreitenden Schaden erlitten habe.[141] Dass der Käufer auf den Hinweis „Unfallwagen" nach näheren Einzelheiten hätte fragen können, spielt nach Ansicht des OLG Köln keine Rolle. Der Senat meint hierzu: „Wer zur Offenbarung der ihm bekannten vollen Wahrheit nach Treu und Glauben verpflichtet ist, kann diese seine Pflicht nicht durch einen treuwidrig unvollständig und dem Zusammenhang nach bagatellisierend wirkenden Teilhinweis auf den anderen Teil überwälzen."[142] Auf der anderen Seite ist aber zu bedenken: Der Begriff „Unfallwagen" schließt die Möglichkeit schwerster Schäden ein, sogar ein **wirtschaftlicher Totalschaden** wird hiervon erfasst (zu dieser Fallgruppe s. Rn 1886 ff.). Wer ein Fahrzeug als „Unfallwagen" kauft, ohne nach Einzelheiten des Schadens zu fragen, gibt damit konkludent zu verstehen, dass es ihm auf Art und Umfang des Schadens bzw. der Instandsetzung nicht entscheidend ankommt. Einem derart ungewöhnlich **desinteressierten Käufer** schuldet auch ein gewerblicher Händler keine Einzelbeschreibung des Schadensbildes.[143] Macht er nähere Angaben (siehe die Beispielsfälle unter Rn 1884), so müssen sie in jedem Fall vollständig und richtig sein. Das **Gebot der Vollständigkeit und Richtigkeit** wird erfahrungsgemäß häufig missachtet, wie eine **reiche Kasuistik** belegt.[144] Gegenstand der Ver-

---

137 Unrichtig OLG Saarbrücken 13. 4. 1999, OLGR 1999, 509.
138 OLG Köln 11. 6. 1986, NJW-RR 1986, 1380 – Werkstattverkauf; OLG Düsseldorf 15. 12. 1993, OLGR 1994, 77; OLG Koblenz 6. 6. 1997, OLGR 1997, 194 – Privatverkauf.
139 OLG Düsseldorf 19. 12. 1997, OLGR 1998, 115 = NJW-RR 1998, 1751.
140 Urt. v. 24. 2. 1972, 10 U 95/71, n. v., s. auch OLG Bremen 21. 12. 1979, DAR 1980, 373.
141 Bei einem als „Unfallfahrzeug" bezeichneten Fahrzeug braucht der Käufer nicht mit einem Motorschaden zu rechnen; das Verschweigen ist arglistig, OLG Düsseldorf 28. 7. 1993, OLGR 1994, 129 – Motorrad.
142 Urt. v. 24. 2. 1972, 10 U 95/91, n. v.
143 So auch *Landscheidt/Segbers,* NZV 1991, 289, 294; ähnlich (Desinteresse als Entlastungsfaktor) OLG Köln 18. 12. 1991, OLGR 1992, 49; OLG Hamm 19. 10. 1994, NJW-RR 1995, 689 – Verkauf eines unreparierten Pkw.
144 Vgl. BGH 3. 12. 1986, NJW-RR 1987, 436; OLG Köln 11. 6. 1986, NJW-RR 1986, 1380; OLG Koblenz 16. 3. 1989, DAR 1989, 467; OLG Düsseldorf 4. 11. 1992, OLGR 1993, 161; OLG München 4. 10. 1994, OLGR 1995, 64; LG Saarbrücken 24. 10. 1990, NJW-RR 1991, 629; LG

harmlosung kann das **Unfallgeschehen** als solches sein (z. B. „leichter Parkschaden"). Meist geht es jedoch um **Art und Ausmaß der Beschädigungen.** Mehrere Unfallereignisse können auch zu einem einzigen (einheitlichen) Schadensfall zusammengezogen werden, was gleichfalls unzulässig ist.[145] Schließlich kann der Verstoß gegen die Wahrheitspflicht in einem Unterdrücken wichtiger Informationen über die **Schadensbehebung** liegen.[146] Verfehlt und durch die zitierte Rechtsprechung nicht belegt ist die Ansicht des OLG Saarbrücken,[147] der Verkäufer müsse das volle Ausmaß des Unfallschadens und „die zur Instandsetzung erforderlichen Arbeiten" mitteilen. Wenn überhaupt, sind die ausgeführten, nicht die erforderlichen Instandsetzungsarbeiten offenbarungspflichtig.

Eine **Formularklausel,** wonach der Käufer vollständig aufgeklärt worden ist, nützt dem Verkäufer praktisch nichts.[148] Die **Beweislast** für die Verletzung der Wahrheitspflicht liegt ohnehin beim Käufer. Eine **Verschiebung zum Verkäufer** nimmt die Rechtsprechung in denjenigen Fällen an, in denen die Verkäufer schriftliche (Teil-)Informationen der unter Rn 1884 mitgeteilten Art gegeben haben. Für eine darüber hinausgehende Aufklärung durch mündliche Zusatzinformationen soll der Verkäufer beweispflichtig sein.[149]

ee) Der nach wirtschaftlichem Totalschaden wieder aufgebaute Unfallwagen

Fallbeispiel: 1886

Der Bekl., ein Kfz-Händler, verkaufte dem Kl. unter umfassendem Gewährleistungsausschluss einen gebrauchten Pkw. Das Fahrzeug hatte bei einem Unfall einen „wirtschaftlichen Totalschaden" erlitten. Der Bekl. hat das Fahrzeug erworben und in seiner Werkstatt repariert. Der Kl. war über den Unfallschaden unterrichtet (Fall nach OLG Celle, NJW-RR 1988, 1136).

Jährlich werden etwa 500 000 Unfallschäden auf Totalschadensbasis abgerechnet, überwiegend nach den Regeln des **wirtschaftlichen,** nicht des **technischen** Totalschadens. Selbst nach einem technischen Totalschaden wird ein Fahrzeug hierzulande[150] nicht von Amts wegen aus dem Verkehr gezogen. Der Eigentümer ist gesetzlich nicht verpflichtet, das Auto zu verschrotten und den Fahrzeugbrief bei der Zulassungsstelle entwerten zu lassen. Infolgedessen können Fahrzeuge mit Totalschäden, insbesondere wirtschaftlicher Natur, ohne weiteres wieder in den Verkehr gelangen, sobald sie einigermaßen instand gesetzt sind. Eine vorherige Kontrolle durch einen Sachverständigen ist dafür keine Voraussetzung.[151] Zahlreiche, nicht immer seriöse Betriebe haben sich diesen beklagenswerten Zustand zunutze gemacht, indem sie sich auf die Instandsetzung und/oder Vermarktung stark beschädigter Kraftfahrzeuge spezialisiert haben. **Sonderprobleme** kaufrechtlicher wie wettbewerbsrechtlicher Art tauchen auf, wenn eine Reparatur („Aufbau") nur unter Austausch des zentralen Fahrzeugkörpers oder (bei nicht selbsttragender Bauweise) des zentralen Teils der Rahmen-Boden-Anlage erfolgen konnte.[152]

Saarbrücken 27. 10. 1994, ZfS 1995, 33; OLG Hamm 9. 9. 1996, DAR 1996, 499; OLG Oldenburg 4. 3. 1997, OLGR 1997, 140 = ZfS 1997, 299; OLG Koblenz 6. 6. 1997, OLGR 1997, 194; OLG Düsseldorf 12. 3. 1999, 22 U 180/98, NZV 1999, 423 (Ls.); OLG Saarbrücken 13. 4. 1999, OLGR 1999, 509 = MDR 2000, 157.
145 OLG Düsseldorf 12. 3. 1999, 22 U 180/98, NZV 1999, 423 (Ls.).
146 OLG Karlsruhe 20. 3. 1992, NJW-RR 1992, 1144 – sehr weitgehend.
147 Urt. v. 13. 4. 1999, OLGR 1999, 509.
148 Dazu OLG Hamm 9. 2. 1983, 19 U 182/82, n. v.
149 OLG Bamberg 2. 3. 1994, NJW-RR 1994, 1333; OLG Düsseldorf 15. 10. 1987, 18 U 92/87, n. v.; OLG Hamm 6. 5. 1996, 32 U 143/95, n. v.; s. auch Rn 1855.
150 Anders in Frankreich und in den Niederlanden.
151 Die Aufnahme einer Überwachungspflicht in die StVZO wird seit langem gefordert.
152 Dazu OLG Oldenburg 31. 1. 1995, NJW-RR 1995, 688 = BB 1995, 430 = MDR 1995, 360 = OLGR 1995, 82; BGH 26. 4. 1990, DAR 1990, 332 (Zeichenrecht).

1887 Das Mindeste, worüber der Verkäufer eines ehemals „total" beschädigten Kfz **von sich aus** aufklären muss, ist die **Tatsache der Unfallbeteiligung.** Der Käufer muss wissen, dass es sich um einen „Unfallwagen" handelt, auch wenn er sich wider alle Vernunft nicht danach erkundigt. Der lapidare Hinweis „Unfallwagen" genügt nicht, wenn der Händler das Fahrzeug **selbst repariert** hat oder ganz oder teilweise durch eine Drittfirma hat instand setzen lassen. Hierzu das OLG Köln:[153]

> „Da die Beklagte den Unfallwagen selbst repariert hat, war nur ihr das volle Ausmaß des Unfallschadens bekannt. Nur eine Einzelbeschreibung hätte dem Käufer die tatsächliche Entscheidungsgrundlage für den Entschluss vermittelt, das Fahrzeug überhaupt oder zu dem geforderten Preis zu kaufen. Für die Beklagte bestand auch nicht die geringste Schwierigkeit, den Käufer vollständig aufzuklären. Das hätte sich mit wenigen Sätzen bewirken lassen."

Die vom OLG Köln verlangte **Einzelbeschreibung** des Unfallschadens setzt keine Auflistung aller Schäden nach Art eines Gutachtens voraus. Es genügt, wenn der Käufer über die **wesentlichen Beschädigungen** wahrheitsgemäß und vollständig unterrichtet wird. Mit anderen Worten: Der Unfallschaden darf nicht verharmlost werden (vgl. dazu auch Rn 1881 ff.). Zur Vorlage eines vorhandenen Unfallgutachtens (Schadensgutachten) eines Kfz-Sachverständigen ist der Händler nicht verpflichtet; auch interne Unterlagen über den Schadensfall (Fotos, eigene Unfallbewertung, Arbeitskarten usw.) braucht er nicht offen zu legen.[154] Für sich behalten darf er auch, mit welchem **Kostenaufwand** der Schaden behoben worden ist.[155] Ungeklärt ist, ob der Händler dann, wenn er den Schaden beziffert, die **Eigenkosten** angeben darf oder ob er die höheren Kosten laut Gutachten bzw. Rechnung mitteilen muss. In der Mitteilung der (niedrigeren) Eigenkosten könnte man eine unzulässige Beschönigung des Unfallschadens sehen. Das OLG Hamm hat beim Verkauf eines **unreparierten** Unfallfahrzeugs auf die veranschlagten Reparaturkosten abgestellt.[156]

1888 Zumindest bei einer Unfallinstandsetzung **im eigenen Betrieb** oder auf eigene Rechnung in einem Drittbetrieb wird man von dem Verkäufer verlangen müssen, dass er auch über die **Instandsetzungsarbeiten** Auskunft gibt. Das verlangt auch das OLG Hamm[157] jedenfalls in den Fällen, in denen der Käufer nach dem Vorhandensein eines Vorschadens fragt oder die Unfallfrage, wie regelmäßig, im schriftlichen Kaufvertrag thematisiert wird. Es genügt eine **schlagwortartige Beschreibung** der wesentlichen Reparaturarbeiten. Mit der (überobligationsmäßigen) Vorlage einer verlässlichen Werkstattrechnung ist der Verkäufer auf der sicheren Seite. Zur Offenlegung von Zweifeln an der Ordnungsgemäßheit der Unfallinstandsetzung und zur Offenbarung von **Billigreparaturen** und **Instandsetzungen im Ausland** siehe Rn 1882. Die dort für den Normalfall eines Vorschadens mitgeteilten Regeln gelten erst recht beim Vorliegen eines Totalschadens. Bei einer Reparatur **außerhalb des eigenen Betriebes muss** der Händler nach Meinung des LG Saarbrücken auch „umfassend über die Herkunft des Fahrzeuges aufklären", z. B., dass er es von einem Betrieb erworben hat, der geschäftsmäßig Unfallfahrzeuge ankauft und instand setzt.[158] Unter Berufung auf OLG Bre-

---

[153] Urt. v. 11. 6. 1986, NJW-RR 1986, 1380; ebenso OLG Koblenz 6. 6. 1997, OLGR 1997, 194; s. auch OLG Düsseldorf 19. 12. 1997, OLGR 1998, 115; OLG Karlsruhe 7. 11. 1991, VRS 82 (1992), 241.

[154] Ebenso *Landscheidt/Segbers*, NZV 1991, 289, 294; gegen eine Vorlagepflicht (Schadensgutachten) auch OLG Hamm 19. 10. 1994, NJW-RR 1995, 689 für den Kauf eines – unreparierten – Unfallwagens vom Händler.

[155] Siehe aber auch OLG Hamm 19. 10. 1994, NJW-RR 1995, 689 – Mitteilung der – geschätzten – Reparaturkosten beim Verkauf eines unreparierten Pkw.

[156] Urt. v. 19. 10. 1994, NJW-RR 1995, 689.

[157] Urt. v. 21. 6. 1994, DAR 1994, 401.

[158] Urt. v. 24. 10. 1990, NJW-RR 1991, 619; eine schriftliche Klausel wie „Der Kunde hat von dem erheblichen Unfallschaden in unbekannter Höhe Kenntnis genommen" genügt nicht in jedem Fall, vgl. OLG Hamm 9. 2. 1983, 19 U 182/82, n. v.

men DAR 1980, 373 verlangt auch das OLG Koblenz[159] derartige Herkunftsinformationen. Für eine **Nachforschungspflicht** des Verkäufers hat sich das OLG Karlsruhe ausgesprochen.[160]

Als geklärt kann die früher strittige Frage gelten, ob der Käufer – über die Beschreibung des Schadens hinaus – auf die **Einstufung als sog. wirtschaftlicher Totalschaden** ausdrücklich hingewiesen werden muss. Händlergünstig hat das OLG Celle[161] in einem Fall der **Eigenreparatur** durch den Verkäufer entschieden: 1889

„Der Verkäufer eines unfallbeschädigten, aber reparierten Kraftfahrzeugs ist nicht verpflichtet, über eine hinreichend genaue Beschreibung des Unfallschadens und der wesentlich in Mitleidenschaft gezogenen Fahrzeugteile hinaus den Kaufinteressenten auch darauf hinzuweisen, dass es sich um einen ‚wirtschaftlichen Totalschaden' gehandelt habe."

In die gleiche Richtung geht das OLG Düsseldorf in einem Urteil vom 24. 5. 1991:[162] „Über den Umstand des wirtschaftlichen Totalschadens als solchen brauchte der Beklagte als Verkäufer – jedenfalls ohne besondere Frage zu diesem Punkt – die Klägerin als potentielle Käuferin nicht aufzuklären." Strenger war früher das OLG Hamm.[163] Seiner Meinung nach war die Tatsache der Bewertung als wirtschaftlicher Totalschaden stets offenbarungspflichtig. Durch das unveröffentlicht gebliebene Urteil vom 5. 3. 1985 hat der 28. Zivilsenat des OLG Hamm[164] seine frühere Rechtsprechung ausdrücklich aufgegeben. Der jetzigen Ansicht angeschlossen hat sich der 19. ZS des OLG Hamm.[165] Einschlägig sind auch die Entscheidungen OLG Bremen DAR 1980, 373 und Kammergericht DAR 1988, 381. Hiernach erfüllt der Verkäufer seine Aufklärungspflicht nicht durch Hinweise wie „unfallbeschädigt" oder „nicht unfallfrei". Einen ausdrücklichen Hinweis auf die Bewertung als „wirtschaftlicher Totalschaden" scheinen diese beiden Gerichte nicht zu verlangen. Zweifel an der strengen, inzwischen aufgegebenen Ansicht des OLG Hamm hat auch das OLG Köln angemeldet, weil der Begriff „wirtschaftlicher Totalschaden" im Wesentlichen versicherungs- und schadensrechtliche Bedeutung habe.[166]

Der aktuellen Rechtsprechung ist zuzustimmen. Es kommt nicht auf den Begriff „wirtschaftlicher Totalschaden" an, eine schadens- und versicherungsrechtliche Kategorie mit zweifelhaftem Informationswert. Beim **Verkauf an einen Händler** (Inzahlunggabe durch Privatmann) hat auch der **BGH** keine Verpflichtung des „Verkäufers" angenommen, auf die schadensrechtliche Abwicklungsform ungefragt hinzuweisen.[167] Für den **Kauf vom Händler** liegt keine eindeutige Stellungnahme des BGH vor. Seinem Urteil vom 22. 6. 1983[168] kann wohl nicht entnommen werden, dass er einen ausdrücklichen Hinweis auf das Vorliegen eines wirtschaftlichen Totalschadens in jedem Fall für entbehrlich hält. Im Streitfall hatte ein **Autoschlosser** einen Unfallwagen mit Totalschaden aufgekauft und durch seine Arbeitgeberfirma fachgerecht instand setzen lassen. Auf den Unfallschaden ist der Käufer hingewiesen worden; wie, konnte nicht geklärt werden. Die Minderungsklage gegen den Autoschlosser, der als Verkäufer aufgetreten war, hat der BGH mit folgender Begründung als **unschlüssig** abgewiesen: 1890

---

159 Urt. v. 6. 6. 1997, OLGR 1997, 194.
160 Urt. v. 20. 3. 1992, NJW-RR, 1992, 1144 – kein Totalschadensfall.
161 Urt. v. 11. 2. 1988, NJW-RR 1988, 1136; zustimmend *Röttgering*, ZfS 1991, 181 und *Landscheidt/Segbers,* NZV 1991, 289, 294.
162 NJW-RR 1991, 1402.
163 Urt. v. 14. 6. 1983, DAR 1983, 355 (28. ZS).
164 Az. 28 U 213/83 (Fehlzitat bei *Röttgering,* ZfS 1991, 181, 182, Fn. 19).
165 Urt. v. 21. 6. 1994, DAR 1994, 401; ebenso OLG Karlsruhe 7. 11. 1991, VRS 82 (1992), 241 – Eigenreparatur.
166 Urt. v. 23. 5. 1984, 24 U 30/84, n. v.
167 Urt. v. 21. 10. 1964, NJW 1965, 35.
168 NJW 1983, 2242.

„Dass der Wagen einen Unfall hatte, wusste der Kläger, als er den Pkw kaufte. Die Unfallbeteiligung haben die Vertragsparteien mithin als einen vertragsgemäßen Zustand vorausgesetzt ... Auf die Art des Unfalls käme es nur dann an, wenn der dem Kläger nach seiner Darstellung mitgeteilte Unfallschaden zu einem geringeren merkantilen Minderwert geführt hätte als der tatsächlich vorliegende sogenannte Totalschaden. Davon kann aber ... nicht die Rede sein."

Wird ein Fahrzeug unter ausdrücklichem Hinweis auf einen früheren Totalschaden verkauft, wird damit die Gewährleistungspflicht des Verkäufers für **sonstige Mängel** nicht eingeschränkt oder gar ausgeschlossen.[169]

Beweislast: Nach (zw.) Ansicht des OLG Dresden[170] ist der Verkäufer für eine mündliche Aufklärung beweispflichtig, wenn im schriftlichen Kaufvertrag jeglicher Hinweis auf einen Wiederaufbau nach Totalschaden fehlt (s. auch Rn 1855).

ff) Der in Zahlung genommene Unfallwagen

1891 Fallbeispiel:

Der Bekl. kaufte bei der Kl. einen Neuwagen. Seinen Altwagen gab er „im besichtigten Zustand" zum Preis von 3100,- DM in Zahlung. Nach einem früheren Unfall wurde er nicht gefragt. Nach dem Weiterverkauf stellte sich heraus, dass es sich um ein Unfallfahrzeug handelte. Dem Bekl. war der Unfall auch bekannt. Die Kl. verlangte Zahlung von 3100,- DM als restlichen Neuwagenpreis Zug um Zug gegen Rückgabe des Unfallwagens.

Ob der Altwagen frei angekauft oder im Rahmen eines Neuwagengeschäfts fest bzw. agenturweise in Zahlung genommen wird, ist für die **Aufklärungspflicht des privaten Anbieters** grundsätzlich ohne Bedeutung. Um sich nicht dem Vorwurf der Arglist auszusetzen, muss ein Privatmann auch einen professionellen Händler **unaufgefordert** auf Unfallschäden hinweisen, selbst wenn sie nach seiner Meinung fachgerecht behoben worden sind.[171] Allerdings braucht er **ungefragt** keine Einzelheiten des Unfallgeschehens und der Schadensregulierung zu offenbaren. Gibt er nähere Erklärungen ab, so müssen sie wahrheitsgemäß und vollständig sein. Ohne tatsächliche Grundlage, also „ins Blaue hinein" gemachte Angaben über den Zustand des Fahrzeugs können den Vorwurf der Arglist rechtfertigen.[172] Die Anwendung der Grundsätze über arglistiges Handeln durch solche Erklärungen ist nicht auf den Kauf gebrauchter Kfz vom gewerblichen Händler beschränkt (s. dazu Rn 1877 ff.). Die Rechtsprechung zur Arglisthaftung des Kfz-Händlers kann in Fällen der Inzahlungnahme aber nur mit großer Vorsicht herangezogen werden.[173] Zu beachten ist stets, dass der Inzahlunggeber in der Regel ein technischer Laie ist. Andererseits ist bei Unfallvorschäden nicht so sehr technischer Sachverstand gefragt. Es geht vielmehr um die Kenntnis von Vorgängen, über die ein Erstbesitzer wie kein Zweiter informiert ist. Das verleiht ihm den entscheidenden Informationsvorsprung, auch gegenüber einem Kfz-Händler.

Welche Anforderungen an die Aufklärungspflicht des **privaten** Inzahlunggebers zu stellen sind, kann letztlich nur unter Berücksichtigung der Umstände des jeweiligen Einzelfalles entschieden werden. Mit der Behauptung, sein Kunde habe einen mitgeteilten Unfallschaden in arglistiger Weise **bagatellisiert,** wird ein Kfz-Händler nur selten Erfolg haben.[174] Anders als ein privater Käufer kann er auch unvollständig gebliebene Unfallinformationen seines Kunden durch eine sachverständige Kontrolle und gezielte Rückfrage auf ihren Wahrheitsge-

---

169 OLG Düsseldorf 28. 7. 1993, OLGR 1994, 129; OLG Oldenburg 31. 1. 1995, NJW-RR 1995, 688.
170 Urt. v. 12. 11. 1997, DAR 1999, 68 – Vermittlungsgeschäft.
171 BGH 21. 10. 1964, NJW 1965, 35; v. 5. 4. 1978, NJW 1978, 1482; v. 31. 3. 1982, NJW 1982, 1699; OLG Köln 15. 12. 1982, MDR 1983, 489; OLG Köln 18. 3. 1994, NJW-RR 1995, 51 = OLGR 1994, 238.
172 Vgl. BGH 31. 3. 1982, NJW 1982, 1699.
173 Zustimmend OLG Schleswig 29. 9. 1989, 14 U 40/88, n. v.
174 Vgl. BGH 31. 3. 1982, NJW 1982, 1699; vgl. auch BGH 21. 10. 1964, NJW 1965, 35; OLG Schleswig 28. 6. 1994, ZfS 1994, 447.

halt überprüfen. Der Umfang der Aufklärungspflicht des privaten Inzahlunggebers ist stets auch von den Erkenntnismöglichkeiten und -fähigkeiten des Kfz-Händlers abhängig. Dieser muss aber nicht von vornherein mit einem unredlichen Verhalten seiner Kunden rechnen.[175] Das Unterlassen einer gezielten „Unfall-Frage" bedeutet keinen Verzicht auf Aufklärung.

Lässt sich der subjektive Tatbestand der arglistigen Täuschung nicht nachweisen,[176] bleiben etwaige Erklärungen des Fahrzeugeigentümers gleichwohl für § 459 I BGB relevant.[177] Zu den **Rechtsfolgen** bei arglistiger Täuschung des Händlers s. Rn 356 ff.

b) Verschweigen sonstiger Fehler und Vorspiegeln sonstiger Eigenschaften

Unfallschäden bilden zwar die **Hauptgruppe** von Fehlern, die ein Gebrauchtwagenverkäufer – auch ungefragt – nicht verschweigen darf. Die kaufrechtlichen Arglistbestimmungen finden aber auch Anwendung, wenn **sonstige Umstände** verschwiegen werden, die einen Fehler i. S. d. § 459 I BGB oder eine zusicherungsfähige Eigenschaft i. S. d. § 459 II BGB darstellen,[178] wie z. B. ein **Motorschaden** oder eine **höhere Laufleistung**.[179] Das Vorspiegeln einer nicht vorhandenen Eigenschaft und das Verschweigen eines Sachmangels, theoretisch zweierlei, können eine natürliche Handlungseinheit bilden. Ein Beispiel dafür ist der Fall OLG Hamm NJW-RR 1991, 505 = NZV 1991, 232 (Verkauf eines reimportierten Fahrzeugs mit zweifelhaftem Erstzulassungszeitpunkt). Meist steht nur der eine oder der andere Tatbestand in Rede, wie der Fall OLG Hamm OLGZ 1991, 99 („mit Katalysator") beispielhaft zeigt. 1892

Die sog. **Kaschierungsfälle** sind in der Regel über die Alternative „Vorspiegeln einer Eigenschaft" zu lösen. Optisches Herrichten („Aufbereiten") und Schönheitsreparaturen sind erlaubt. Das Tarnen von Schäden, insbesondere von Durchrostungen, ist verboten.[180] Wo genau die Grenze zwischen zulässiger Präsentation und arglistiger Täuschung zu ziehen ist, kann im Einzelfall schwierig zu beantworten sein.[181] Gegen die handelsübliche **optische Gebrauchtwagenaufbereitung** (Rost entfernen, Motorwäsche, Felgen spritzen, Motoraufbereitung, Innenraumreinigung, Kofferraumreinigung und Außen-Make-up) ist vom rechtlichen Standpunkt aus nichts einzuwenden. Kritisch sind sog. **Verkaufslackierungen** und das „Frisieren" von Altwagen, z. B. durch Manipulation am Tachometer, durch Einfüllen von besonders dickem Öl oder durch Kaschieren von Durchrostungen an tragenden Teilen mit Hilfe von Unterbodenschutz oder einem Rostprimer.[182] Durch solche Maßnahmen kann sich der Verkäufer leicht dem Verdacht der arglistigen Täuschung oder gar des Betruges (§ 263 StGB) aussetzen.

Dazu, welche Umstände als **offenbarungspflichtige Fehler** in Betracht kommen können, s. Rn 1556 ff. Was den Analogietatbestand des **Vorspiegelns einer Eigenschaft** angeht, so muss es sich um eine solche handeln, die zusicherungsfähig ist. Welche Eigenschaften das sind, ist unter Rn 1660 ff. dargestellt. Unanwendbar sind die §§ 463 S. 2, 476, 477 BGB, wenn der Verkäufer Tatsachen verschweigt oder über Umstände falsch informiert hat, die 1893

---

175 OLG Schleswig 28. 6. 1994, ZfS 1994, 447; s. aber auch OLG Oldenburg 4. 7. 1962, MDR 1962, 901.
176 Die Rechtsprechung ist hier zu Gunsten privater Inzahlunggeber sehr „großzügig", z. B. OLG Oldenburg 4. 7. 1962, MDR 19962,, 901.
177 OLG Schleswig 28. 6. 1994, ZfS 1994, 447.
178 *Skibbe,* Festschrift für Rebmann, 1989, S. 812; anders *Meyer-Lindemann,* S. 92.
179 Dazu OLG Düsseldorf OLGR 1993, 81; OLG Düsseldorf NJW-RR 1999, 278; LG Münster ZfS 1993, 409.
180 Vgl. OLG Frankfurt 30. 6. 1989, DAR 1989, 463, 464 (Rost); vgl. auch BGH 23. 4. 1986, NJW 1986, 2319 = WM 1986, 867 unter II, 3a, bb (Rost); vgl. auch *Eggert,* DAR 1989, 121.
181 Vgl. OLG Hamm 3. 7. 1986, 23 U 35/86, n. v. (Korrosionsschäden an einem 6 Jahre alten Matra Rancho).
182 Zum Thema „Rost" eingehend unter Rn 1564 ff.

vom Sachmängelrecht nicht erfasst werden. Ein **höheres Alter** ist zwar für den BGH (VII. ZS) nicht stets ein Fehler i. S. d. § 459 I BGB.[183] Das Alter ist jedoch eine zusicherungsfähige Eigenschaft. Anders ist es beim **Wert** eines Kfz. Unrichtige Angaben über den **Listenwert**[184] oder über den **ursprünglichen Neupreis** (Anschaffungspreis)[185] können ein **Anfechtungsrecht nach § 123 BGB** begründen und den Verkäufer aus c. i. c., §§ 823 II, 826 BGB zum Schadensersatz verpflichten, wobei mitunter die Schadensberechnung Schwierigkeiten bereitet.[186] Falschangaben des Verkäufers über die Höhe von Reparatur- oder Restaurationskosten wird man gleichfalls außerhalb des Gewährleistungsrechts anzusiedeln haben.[187] Nicht unter die Sachmängelhaftung fällt auch das Verschweigen der Tatsache, dass der **Haftpflichtversicherungsschutz** entfallen ist[188] oder dass bestimmte **Garantien** (z. B. Rostschutzgarantien) nicht mehr bestehen (dazu Rn 1628). Eine „**überlange**" **Standzeit** eines Gebrauchtwagens stellt dagegen einen Sachmangel dar; eine unterbliebene Aufklärung löst einen Anspruch aus § 463 Satz 2 BGB aus.[189] Gleiches gilt für den Verkauf eines „**Geländefahrzeugs**" ohne Hinweis auf das Fehlen von Allradantrieb (OLG Düsseldorf OLGR 1995, 195). Zum Verschweigen eines vorausgegangenen **Diebstahls** und von Manipulationsanzeichen OLG Düsseldorf NZV 2000, 83; s. auch Rn 1623.

Um Sacheigenschaften geht es hingegen regelmäßig in denjenigen Fällen, die unter der Sammelbezeichnung „**EU-Kauf**" laufen. Welche Vorschriften bei dieser neuen Fallgruppe zum Zuge kommen, hängt entscheidend davon ab, worin die Vertragswidrigkeit besteht, ob in der **Auslandszulassung,** der Vorbenutzung im Ausland, einem früheren Zeitpunkt der Erstzulassung, einer sog. Magerausstattung (z. B. kein Airbag, keine Leuchtweitenregulierung) oder in einer Abkürzung der Garantiezeit, um die wichtigsten Problemfelder zu nennen.[190] Zur Arglisthaftung des Verkäufers liegen inzwischen erste Urteile vor. Aus der obergerichtlichen Judikatur ist vor allem die Entscheidung des Saarländischen OLG vom 30. 3. 1999[191] zu nennen. Hiernach steht dem Käufer eines Pkw ein Anfechtungsrecht aus § 123 BGB zu, wenn der Verkäufer ihn bei Vertragsabschluss nicht darauf hingewiesen hat, dass der Wagen aus dem Ausland importiert ist. Verkaufsfirma war eine Opel-Vertragshändlerin, also kein Importeur, schon gar nicht ein „Grauimporteur". Bemerkenswert war auch, dass das Fahrzeug, ein aus Frankreich importierter Opel, nicht „magerausgestattet" war. Das OLG hat allein aufgrund des Imports einen Minderwert angenommen, was berechtigt ist, und auf weitere generelle Nachteile von gebrauchten Importwagen hingewiesen (kein Ausweis des bzw. der Erstbesitzer im Fahrzeugbrief, Zweifel an Veräußerungsbefugnis, Schwierigkeiten beim Weiterverkauf). Hinzuweisen ist auch auf den Umstand, dass ein im Ausland erstzugelassenes Fahrzeug bei einer nationalen Rückrufaktion des Herstellers unerfasst bleiben kann. In Fällen mit sog. **Magerausstattung** wird erst recht eine Offenbarungspflicht angenommen.[192] Wie die Gerichte zu Recht betonen, geht ein deutscher Gebrauchtfahrzeugkäufer ohne konkrete anderslautende Hinweise davon aus, dass ihm ein für den deutschen Markt mit der in Deutschland üblichen Serienausstattung bestimmtes Fahrzeug zum Kauf angeboten wird. Ohne abweichende Anhaltspunkte darf er z. B. auch darauf vertrauen, dass

---

183 Vgl. Rn 1597.
184 LG Osnabrück 18. 12. 1986, DAR 1987, 121.
185 BGH 10. 7. 1968, VIII ZR 167/66, n. v. (Krankauf); BGH 15. 1. 1969, WM 1969, 496; vgl. auch BGH 22. 1. 1964, NJW 1964, 811 und BGH 13. 7. 1983, NJW 1983, 2493; BGH 9. 7. 1986, NJW-RR 1987, 239 unter III, 2; AG Darmstadt 5. 12. 1991, DAR 1994, 71.
186 Vgl. BGH 15. 1. 1969, WM 1969, 496.
187 Offen gelassen von OLG Hamm OLGR 1998, 40.
188 Vgl. dazu BGH 26. 10. 1988, NJW-RR 1989, 211 = WM 1989, 26 und hier Rn 1625.
189 AG Rottweil 28. 1. 1999, DAR 1999, 369 – 3 Jahre, 3 Monate bei einem Pkw.
190 Näheres bei *Reinking/Eggert,* NZV 1999, 7, 12 ff.
191 NJW-RR 1999, 1063 = OLGR 1999, 278.
192 AG St. Ingbert 7. 1. 1999, ZfS 1999, 104 – VW Polo aus Frankreich); AG Limburg 8. 10. 1998, 4 C 653/97, n. v. – Fiat Punto aus Spanien, ohne ABS, Leuchtweitenregulierung und Wegfahrsperre.

Die Arglisthaftung

der Wagen in Deutschland erstzugelassen worden ist. Dass die Eintragung im Fahrzeugbrief nicht das tatsächliche Erstzulassungsdatum wiedergibt, ist offenbarungspflichtig.[193] Durch Vorlage des Fahrzeugbriefs mit einem Vermerk über eine Auslandszulassung erfüllt der Händler seine Offenbarungspflicht noch nicht. Erforderlich ist ein eindeutiger und unmissverständlicher Hinweis, selbst bei einem Verkäufer, der als „Importeur" firmiert und/oder mit dieser Bezeichnung Werbung macht.

Katalysator/Schadstoffarmut/Steuervergünstigungen: Wird der Verkäufer danach gefragt oder macht er von sich aus zu diesen Themen nähere Angaben (s. Rn 1754 f.), müssen sie selbstverständlich richtig sein. Angesichts der Unsicherheiten in rechtlicher und tatsächlicher Hinsicht ist bei der Annahme von Arglist Zurückhaltung geboten (OLG Hamm OLGZ 1991, 99; LG Kiel NJW-RR 1996, 1142). Schon der objektive Tatbestand einer Aufklärungspflichtverletzung erscheint zweifelhaft. Das Fehlen eines Kat ist zwar in mehrerer Hinsicht ein Nachteil, zumal nach Erlass von Ozon-Verordnungen und schärferen Steuervorschriften. Die generelle Verkehrstauglichkeit eines katlosen Pkw ist aber nicht in Frage gestellt. Auch der Wertgesichtspunkt in § 459 I BGB rechtfertigt nicht ohne weiteres die Annahme eines Sachmangels. Der Minderwert kann sich nämlich bereits im Kaufpreis ausgedrückt haben. Ein Aufklärungsverschulden kann aber – außerhalb der kaufrechtlichen Arglistregeln – nach c. i. c.-Grundsätzen und gem. § 123 BGB in Frage kommen.

Ein Aufklärungsverschulden i. S. v. § 123 BGB kann auch demjenigen Verkäufer zur Last fallen, der eine Reparatur durch eine Fachwerkstatt vorspiegelt, während er das Fahrzeug in Wirklichkeit **selbst repariert** hat (s. auch OLG Düsseldorf OLGR 1993, 129; OLG Köln OLGR 1993, 301).

Hinsichtlich der **subjektiven Seite** der kaufrechtlichen Arglisttatbestände gelten die Ausführungen zur Arglist beim Verkauf von Unfallfahrzeugen entsprechend, s. Rn 1874 ff., insbesondere auch die zur wichtigen Fallgruppe **„Behauptung ins Blaue".**[194] In denjenigen Fällen, in denen **zulassungsrechtlich** „etwas nicht stimmt" (vgl. Rn 1613 ff.), ist wegen der gesteigerten Irrtumsanfälligkeit des (privaten) Verkäufers besondere Sorgfalt bei der Arglistprüfung geboten. Wer die Vorstellung hat, eine **Fahrzeugumrüstung**, z. B. eine Tieferlegung,[195] sei nicht genehmigungspflichtig, handelt nicht arglistig. Das gilt auch für den Verkäufer, der über die Notwendigkeit einer Genehmigung in der Weise im Ungewissen ist, dass er sie für unwahrscheinlich hält. Zur Beweislastverteilung s. Rn 1857 ff. Durch die Vorlage von Belegen, z. B. Werkstattrechnungen, TÜV-Bescheinigungen, kann sich der Verkäufer entlasten.[196] Schwierig ist der Vorsatznachweis, wenn der Verkäufer eine Erklärung abgegeben hat, die zwar objektiv eindeutig ist,[197] der Verkäufer aber einen Sinngehalt für sich in Anspruch nimmt, der im Bereich des Möglichen liegt.[198] Bei **objektiver Mehrdeutigkeit** oder gar einer Deutung im Sinne des Verkäufers dürfte eine vorsätzliche Täuschung in der Regel ausscheiden, sofern dem Verkäufer nicht eine bewusste Irreführung nachzuweisen ist. Um dem Verkäufer die „Flucht in die Mehrdeutigkeit" zu erschweren,

1894

---

[193] OLG Hamm 12. 10. 1990, NJW-RR 1991, 505 – VW-Tranporter aus den Niederlanden, Händler verfügte über Spezialkenntnisse; s. auch OLG Celle 26. 2. 1998, OLG 1998, 160 – Abweichung zwischen Produktions- und Erstzulassungszeitpunkt bei Importfahrzeug.
[194] Dazu z. B. OLG Karlsruhe 25. 4. 1991, MDR 1992, 129 (Verharmlosung einer Ölspur im Motorraum); zu dieser Fallgruppe gehören auch die Fälle, in denen Verkäufern entgegen der Käufererwartung jegliche Kompetenz zur sachgemäßen Beurteilung des Erklärungsgegenstandes fehlt, dies aber verschwiegen wird, s. BGH 9. 11. 1994, NJW-RR 1995, 254 m. w. N. (Teppichkauf); BGH 8. 5. 1980, NJW 1980, 2460 (Immobilienkauf).
[195] Dazu OLG Düsseldorf 26. 5. 1988, 18 U 18/88, n. v.
[196] OLG Düsseldorf 30. 7. 1992, OLGR 1993, 33.
[197] Entscheidend ist der Blickwinkel des Käufers, s. BGH 14. 10. 1994, NJW 1995, 45 (Grundstückskauf).
[198] Vgl. BGH 12. 3. 1997, DB 1997, 1023 (Computerkauf).

verlangt der BGH eine **sorgfältige Auslegung** der strittigen Erklärung unter Ausschöpfung des gesamten Prozessstoffes und unter Berücksichtigung aller maßgeblichen Auslegungsgesichtspunkte (Sicht des Käufers, Parteiinteresse u. a.).[199] Wenig streng verfährt die Rechtsprechung mit **privaten Inzahlunggebern**, wenn gewerbliche Händler mit eigener Werkstatt den Vorwurf arglistiger Täuschung erheben.

---

199 Urt. v. 14. 10. 1994, NJW 1995, 45 (Grundstückskauf).

IV. Die Untersuchungspflicht des Gebrauchtwagenverkäufers

1. Ausgangslage und Problemstellung

Auf keinem anderen Gebiet des Kaufrechts stellt sich die Frage, ob und unter welchen Voraussetzungen der Verkäufer zur Qualitätskontrolle der zum Kauf angebotenen Sache verpflichtet ist, mit solcher Brisanz wie beim Gebrauchtwagenhandel. Dies hat zum einen mit der Eigentümlichkeit des Kaufobjekts zu tun, insbesondere der spezifischen Qualitätsunsicherheit mit all ihren Risiken für den Erwerber und dessen Umwelt, zum anderen mit der vertragstypischen Haftungsfreizeichnung, die auf Grund eines geschärften Verbraucherschutzbewusstseins von allen nur denkbaren Seiten bekämpft wird (vgl. dazu Rn 1949 ff.). Schließlich haben auch die prozessualen Schwierigkeiten, Arglist i. S. d. §§ 463, 476, 477, 123 BGB zu beweisen, den Blick verstärkt auf eine der Aufklärungspflicht vorgelagerte Verhaltenspflicht gelenkt. Für diese hat sich der Begriff „**Untersuchungspflicht**" eingebürgert. Daneben ist von Prüfungs-, Kontroll-, Inspektions-, Durchsichts- und Nachforschungspflicht die Rede. Ob es sich hier um Synonyma oder um inhaltlich verschiedene Begriffe handelt, wird nicht immer deutlich. Für manche ist **Durchsicht** etwas anderes als Untersuchung. Der Sicht (Durchsicht) wird die Suche (Untersuchung) gegenübergestellt. In der Tat ist das zweierlei. Der Versuch, dem Problem von der begrifflichen Seite her beizukommen, verspricht indes keinen Erfolg.[1] Nicht zuletzt aus Gründen der besseren Verständigung empfiehlt es sich daher, am traditionellen Begriff „Untersuchungspflicht" festzuhalten.

1895

In der Sache selbst gibt es eine Kontroverse allein beim Kauf gebrauchter Kraftfahrzeuge vom **gewerbsmäßigen Händler,** wobei in der Zeit zwischen 1968 und 1990 zwischen Eigenhändler und Vermittler (Sachwalter) unterschieden werden musste. Eindeutig war und ist die Rechtslage hingegen beim **privaten Direktgeschäft.** Ein **Privatmann** haftet auf Schadensersatz nur, wenn er einen Fahrzeugmangel, den er kannte oder für möglich hielt, verschwiegen hat (§ 463 S. 2 BGB).[2] Auf dem Privatmarkt gilt also ungeachtet des besonderen Gefährdungspotentials der hier angebotenen Kfz[3] uneingeschränkt das Prinzip, dass es dem Käufer obliegt, sich über die Beschaffenheit der Sache zu informieren (caveat emptor).[4] Zugleich macht die Differenzierung zwischen Privatmarkt und gewerblichem Handel deutlich, welche Sachkriterien für eine **Verlagerung der Informationsbeschaffungslast** vom Käufer auf den Verkäufer in Betracht kommen: berufliche Sachkunde, Verfügung über technische Apparate, Vertrauen des Käufers in die berufliche Sachkunde bei eigener technischer Inkompetenz.

1896

2. Die Rechtsprechung

Solange im gewerblichen Gebrauchtwagenhandel das **Eigengeschäft** dominierte (bis 1968/1969), war die Untersuchungspflicht des Händlers in seiner Eigenschaft als Verkäufer (zur Untersuchungsobliegenheit bei Ankauf bzw. Inzahlungnahme vgl. Rn 1940 f.) jedenfalls in der veröffentlichten Rechtsprechung kein Thema. Dies ist umso erstaunlicher, als auch schon damals Gebrauchtfahrzeuge üblicherweise unter Ausschluss der Gewährleistung verkauft wurden. Allem Anschein nach gab es seinerzeit kein Bedürfnis, die allgemein für zulässig gehaltene Freizeichnungsklausel („Gebot der wirtschaftlichen Vernunft")[5] durch die Annahme einer Untersuchungspflicht einzuschränken. Erst das – inzwischen wieder obsolet

1897

---
1 So auch Breidenbach, S. 84; vgl. auch OLG Hamm 16. 1. 1986, NJW-RR 1986, 932 = DAR 1986, 150, wo die Begriffe Untersuchung und Durchsicht nebeneinander auftauchen.
2 OLG Köln 16. 9. 1991, NJW-RR 1992, 49 (Untersuchungspflicht des privaten Wohnwagenverkäufers verneint).
3 Zum Verkauf eines Wohnwagens vgl. OLG Köln 16. 9. 1991, NJW-RR 1992, 49.
4 Zu diesem Prinzip als Ausgangspunkt beim Autokauf vgl. *Meyer-Lindemann,* S. 92.
5 Vgl. dazu Rn 1960 ff.

gewordene – **Agenturgeschäft** ließ den Gedanken aufkommen, dem für Ansprüche aus den §§ 459 ff. BGB nicht passivlegitimierten Kfz-Händler eine Untersuchungspflicht aufzuerlegen. Diese ergebe sich, so das OLG Düsseldorf in einem Urteil vom 12. 3. 1973,[6] „aus den Grundsätzen von Treu und Glauben, denn ein redlich denkender Kaufmann bringt nicht unbesehen gebrauchte Fahrzeuge, bei denen stets der Verdacht des Vorhandenseins ernstlicher Mängel besteht, wieder in den Verkehr, und auch die Allgemeinheit erwartet jedenfalls von einem Automobilhersteller und von einem Händler mit größerem Geschäftsbetrieb eine Prüfung der angebotenen gebrauchten Fahrzeuge . . ." Mit der Revisionsrüge, der Verkäufer eines gebrauchten Autos sei im Allgemeinen nicht zur vorherigen „Inspektion" verpflichtet, erst recht nicht ein bloßer Vermittler, brauchte sich der BGH in seiner für das Agenturgeschäft wegweisenden Entscheidung vom 29. 1. 1975[7] nicht abschließend auseinanderzusetzen. Denn der Verkaufsangestellte des beklagten Autohändlers hatte den Käufer arglistig getäuscht (Verschweigen des Unfallschadens und Leugnen „ins Blaue hinein"). Darüber hinaus hat auch nach Auffassung des BGH eine – **konkrete** – Untersuchungspflicht bestanden, weil die Beschreibung des Unfallschadens durch den Auftraggeber („Delle im Kotflügel") **besonderen Anlass** für eine nähere Prüfung gegeben habe.

1898 Die durch diese – unseres Erachtens richtige – Entscheidung hervorgerufene Rechtsunsicherheit im Kfz-Gewerbe dauerte nur kurz. Schon der Fall OLG München DAR 1976, 132/BGH NJW 1977, 1055 machte ihr ein Ende. Während das OLG München – ähnlich wie das OLG Düsseldorf[8] – entschieden hatte,

> „Wer gewerbsmäßig Gebrauchtwagen ankauft und verkauft, ist verpflichtet nachzuprüfen, ob der von ihm als „unfallfrei" angekaufte Wagen dies tatsächlich ist",

hat der BGH eine derart **generelle Untersuchungspflicht verneint**.[9] Sie lasse sich weder aus einem Handelsbrauch noch aus einer allgemeinen Verkehrsauffassung herleiten. Sie sei auch keine zwangsläufige Folge der den Verkäufer treffenden Offenbarungspflicht für ihm bekannte Mängel. Die Grenze des Zumutbaren würde überschritten, wenn der Verkäufer, der von Unfällen oder Mängeln nichts wisse und sie auch nicht für möglich halte, gezwungen wäre, in jedem Fall den Gebrauchtwagen zu untersuchen.

1899 Mit diesem Urteil vom 16. 3. 1977[10] hat der BGH seine ständige Spruchpraxis, wonach ein **Zwischenhändler** in der Regel zur vorherigen Untersuchung **neuer Waren** nicht verpflichtet ist,[11] auf den Handel mit gebrauchten Kraftfahrzeugen übertragen. Allerdings hat er damals noch keinen entsprechenden Grundsatz formuliert. Die „besonderen Umstände des Falles" waren der Grund, eine allgemeine Untersuchungspflicht zu verneinen, was oft übersehen wird. Der Käufer hatte nämlich nicht einmal nach dem Zustand des Fahrzeugs gefragt und sogar von einer Probefahrt abgesehen. In einem solchen Fall würde die Annahme einer allgemeinen Untersuchungspflicht den Verkäufer unangemessen belasten und, so der BGH weiter, das Risiko einseitig auf den Verkäufer verlagert.

1900 Seine Auffassung, dem Gebrauchtwagenhändler nur in Sondersituationen eine Untersuchungspflicht aufzuerlegen, hat der BGH bereits mit seinem **Hinterreifen-Urteil** vom 5. 7. 1978 erheblich eingeschränkt.[12] Im Rahmen der Verschuldensprüfung nach § 823 I BGB stellt er fest: Ein Kfz-Händler ist verpflichtet, einen Gebrauchtwagen wenigstens darauf zu

---

6 WM 1973, 473.
7 BGHZ 63, 382 = NJW 1975, 642.
8 Urt. v. 12. 3. 1973, WM 1973, 473; im Ergebnis jetzt wieder Urt. v. 16. 4. 1992, OLGR 1992, 277 = VRS 84, 168; zustimmend OLG Köln 5. 7. 1996, NJW-RR 1997, 1214 = MDR 1997, 40 = VRS 93, 24 = OLGR 1996, 235 = VersR 1997, 753; s. aber auch OLG Düsseldorf 31. 3. 1995, OLGR 1995, 272 – Ls.; OLG Düsseldorf 31. 5. 1996, NJW-RR 1997, 431 = OLGR 1997, 18.
9 Urt. v. 16. 3. 1977, NJW 1977, 1055.
10 NJW 1977, 1055.
11 Grundlegend Urt. v. 25. 9. 1968, NJW 1968, 2238 (Dieselöl).
12 NJW 1978, 2241.

Die Untersuchungspflicht des Gebrauchtwagenverkäufers

prüfen, ob er den Zulassungsvorschriften entspricht und insbesondere in Einzelheiten nicht so verändert ist, dass die **Allgemeine Betriebserlaubnis** für diesen Fahrzeugtyp erloschen ist. Damit fordert der BGH eine generelle, wenn auch gegenständlich beschränkte Untersuchung der im professionellen Gebrauchtwagenhandel angebotenen Fahrzeuge. An dieser Rechtslage gibt es spätestens seit dem Urteil vom 3. 11. 1982[13] keinen Zweifel mehr. Selbst den **Kfz-Vermittler** hält der BGH für verpflichtet, **jeden Gebrauchtwagen** auf zulassungserhebliche Veränderungen „jedenfalls insoweit in Augenschein zu nehmen, als sie ihm als Fachmann ohne weiteres, d. h. ohne besonderen technischen Aufwand, wie den Einsatz von technischem Gerät oder eine Demontage in Betracht kommender Aggregate, erkennbar sind". Diese Aussage gilt erst recht für das – jetzt wieder dominierende – **Händlereigengeschäft.**[14]

Abgesehen von dieser generellen „**Veränderungskontrolle**" (zum Umfang vgl. Rn 1924 f.) und der auf einer anderen rechtlichen Ebene liegenden allgemeinen „**Diebstahlsprüfung**"[15] soll ein **Kfz-Händler** nach Meinung des **BGH** nur in zwei Fällen zur vorherigen Untersuchung des Fahrzeugs verpflichtet sein: **1901**

1. Wenn „handgreifliche (‚greifbare') Anhaltspunkte" für ihn einen konkreten Verdacht auf Mängel begründen (BGHZ 63, 382 = NJW 1975, 642 – Unfallvorschaden; BGHZ 74, 383 = NJW 1979, 1886 – Verfahren nach § 13 AGBG; BGH NJW 1979, 1707 = WM 1979, 672 – Rostanfälligkeit; BGH NJW 1981, 928 = WM 1981, 323 – Durchrostung bei älterem Fahrzeug [Untersuchungspflicht verneint]),
2. wenn der Händler in seiner Eigenschaft als Vermittler (Sachwalter) eine bestimmte Eigenschaft des Fahrzeugs i. S. v. § 459 II BGB zugesichert hat (BGH DB 1976, 954; vgl. auch BGH NJW 1983, 217 = WM 1982, 1382).

Die Annahme einer Prüfpflicht (Untersuchungspflicht) diente im zweiten Fall dazu, die für einen **Anspruch aus c. i. c.** gegen den Kfz-Vermittler erforderliche Sorgfaltsverletzung zu begründen.[16]

Eine (weitergehende) Untersuchungspflicht wird nach Ansicht des BGH nicht durch folgende Umstände ausgelöst: **1902**

- besonders wertvolles Fahrzeug (vgl. BGH NJW 1977, 1055)
- Frage des Käufers nach Unfallschäden (BGH NJW 1981, 928, 929)
- höheres Alter des Fahrzeugs und/oder höhere Anzahl von Voreigentümern (BGH NJW 1981, 928, 929.

Noch nicht entschieden hat der **BGH,** ob wenigstens diejenigen Kfz-Händler, die das ZDK-Vertrauenssiegel[17] führen und/oder mit Garantien[18] werben, generell zur Fahrzeuguntersuchung verpflichtet sind. Instanzgerichte haben dies verschiedentlich bejaht.[19] Offen ist auch noch, ob folgende Umstände eine Untersuchungspflicht begründen: **1903**

---

13 NJW 1983, 217 – BMW 1602.
14 OLG Hamburg 12. 6. 1992, DAR 1992, 378.
15 Dazu BGH 18. 6. 1980, NJW 1980, 2184.
16 Aus der umfangreichen OLG-Rspr.: OLG Düsseldorf 1. 8. 1986, 14 U 71/86, n. v. („fahrbereit"); OLG Hamm 25. 2. 1986, VRS 71, 321 („werkstattgeprüft"); OLG Hamm 14. 7. 1983, MDR 1984, 141 (Erstzulassung/Anzahl der Vorbesitzer). Nicht zu dieser Fallgruppe gehört OLG Frankfurt 3. 7. 1991, NJW-RR 1992, 186, weil die Untersuchungspflicht nicht aus einer „Zusicherung", sondern aus der Tatsache hergeleitet wurde, dass die km-Angabe des Vorbesitzers wegen des Fahrzeugalters und der 5 Vorbesitzer zweifelhaft war.
17 Dazu Rn 1815 ff.
18 Dazu Rn 1690 ff.
19 LG Freiburg 3. 8. 1982, MDR 1983, 667; AG Hamburg 22b C 128/87, n. v.; das LG Köln (Urt. v. 28. 7. 1987, 30 O 441/86, n. v., Urt. v. 26. 8. 1994, 21 O 91/94, n. v.) verlangt von einem Siegelhändler eine verstärkte Prüfpflicht bzgl. Vorbesitzerangaben und sicherheitsrelevanter Fahrzeugteile (Reifen).

- Verkäufer ist zugleich Fahrzeughersteller (möglich bei Werksniederlassungen wie Mercedes-Benz, BMW oder – wie im Fall BGHZ 63, 382 – die ehemalige Audi/NSU Auto-Union AG)
- Verkauf von Importfahrzeugen, insbesondere aus Ländern ohne Zwangsprüfung vergleichbar § 29 StVZO
- Verkauf von Oldtimern (dazu OLG München OLGR 1999, 19).

Davon, dass die Hereinnahme von Privat für sich allein nicht ausreicht, um eine Untersuchungspflicht des Händlers zu rechtfertigen, geht die Rechtsprechung stillschweigend aus.

In einem **Gegensatz** zur Judikatur des BGH stehen die Entscheidungen des OLG Düsseldorf (13. ZS) vom 16. 4. 1992[20] und des OLG Köln vom 5. 7. 1996,[21] wenn gesagt wird, ein professioneller Gebrauchtwagenhändler sei verpflichtet, „jedes ... hereingenommene Fahrzeug vor dem Verkauf zu überprüfen". Unklar bleibt, ob sich die Untersuchungspflicht auf das ganze Fahrzeug oder nur auf Teilbereiche, z. B. die Karosserie (Unfallspuren?), erstreckt. Von einem Händler ohne eigene Werkstatt verlangt auch der 13. Senat des OLG Düsseldorf nicht generell eine Motorinspektion.[22] Der 22. ZS des OLG Düsseldorf[23] folgt hingegen – ebenso wie die OLG München[24] und Hamburg[25] – der Rechtsprechung des BGH. Strenger wiederum das OLG Celle.[26] Insgesamt gesehen ist die **Rechtsprechung in Fluss geraten**. Eine aktuelle Entscheidung des BGH ist überfällig (vgl. auch OLG Hamm, DAR 2000, 119).

3. Meinungsstand in der Literatur

Die Kommentarliteratur ist dem BGH überwiegend gefolgt.[27] Im übrigen Schrifttum gewinnt die Ansicht an Boden, dem **gewerblichen Gebrauchtwagenverkäufer** schon nach geltendem Recht eine **allgemeine Untersuchungspflicht** aufzuerlegen.[28] Die Begründungen sind unterschiedlich. So meint *Teske,* die allgemeine Untersuchungspflicht gehöre zu den „spezifischen Grundgedanken des eigenständigen Vertragstyps Gebrauchtwagenkaufvertrag".[29] Vertragstypisch sei einerseits das besondere, von der Ware Gebrauchtwagen ausgehende Schadenspotential, andererseits das Vertrauen, das der Käufer dem gewerblichen Händler und dem ihm zur Verfügung stehenden technischen Apparat entgegenbringe. Die aus der Natur des Vertrages abgeleitete allgemeine Untersuchungspflicht hält *Teske* beim Kauf vom Eigenhändler für eine – durch AGB nicht abdingbare – Nebenpflicht, beim Vermittlungsgeschäft für eine „quasi-vertragliche Handlungspflicht". Ähnlich ist die Argumentation von *Hager*[30] und

---

20 OLGR 1992, 277 = VRS 84, 168 = DAR 1993, 347.
21 NJW-RR 1997, 1214 = MDR 1997, 40 = VersR 1997, 753.
22 Urt. 12. 3. 1992, OLGR 1992, 220.
23 Urt. v. 31. 3. 1995, OLGR 1995, 272 – Ls; Urt. v. 31. 5. 1996, NJW-RR 1997, 431 = OLGR 1997, 19.
24 OLGR 1999, 19 – Oldtimer.
25 OLGR 1996, 4.
26 Urt. v. 6. 6. 1996, OLGR 1996, 194 – Unfallschaden.
27 *Soergel/Huber,* Anh. I § 433 Rn 104, 110; *Palandt/Putzo,* § 433 Rn 17, 18; *Staudinger/Honsell,* Vorbem. zu § 459 Rn 38; vgl. aber auch *Staudinger/Köhler,* § 433 Rn 52; MK-*Westermann,* § 463 Rn 11 (s. aber auch Rn 12: „Offenbarungspflicht läuft praktisch auf eine allgemeine Untersuchungspflicht hinaus"); **a. A.:** *Jauernig/Vollkommer,* § 433 Rn 39; AK-*Hart,* § 123 Rn 7; RGRK-*Mezger,* § 433 Rn 49 unter Hinweis auf die nicht einschlägige Entscheidung des BGH vom 28. 2. 1973, WM 1973, 490; *Schlosser/Coester-Waltjen/Graba,* § 9 Rn 78 f.; s. auch *Erman/Grunewald,* § 433 Rn 44.
28 *Teske,* NJW 1983, 2428; *Hager,* NJW 1975, 2276; *Knippel,* DAR 1980, 164; *von Caemmerer,* Festschrift für Larenz, 1973, S. 621; *Schwenzer,* S. 106; *Esser/Weyers,* § 7 II, 1; vgl. auch *Kuchinke,* Festschrift für Laufke, S. 121; wie die Rspr. hingegen *Löwe,* BB 1979, 1063.
29 NJW 1983, 2428.
30 NJW 1975, 2276.

Schwenzer.[31] *Emmerich*[32] plädiert generell für eine wesentlich weitergehende Anerkennung von Untersuchungspflichten des Zwischenhändlers.[33] Zurückhaltender ist *Breidenbach.*[34] Er bejaht eine Untersuchungspflicht als „Informationsbeschaffungspflicht" bei besonders „entscheidungserheblichen" Eigenschaften, beim Kfz-Kauf beispielsweise beim Fortbestand der ABE.[35] Bei „normalen" Sachmängeln treffe den Verkäufer nur eine Aufklärungspflicht über präsentes Wissen. Mit Hilfe des Kriteriums „Funktionskreis", dem dritten Element seines „beweglichen Systems", lässt er aber – ebenso wie der BGH – Raum für die Annahme einer generellen Untersuchungspflicht des gewerblichen Gebrauchtwagenverkäufers.[36]

4. Stellungnahme

a) Kritik und thematische Eingrenzung

Die **Sonderentwicklung,** die seit Anfang der siebziger Jahre in der Frage Untersuchungspflicht des Gebrauchtwagenhändlers zu beobachten ist, erweckt den Eindruck einer gewissen Planlosigkeit und Zufälligkeit ihrer Ergebnisse. So leuchtet beispielsweise nicht ein, dass ein Kfz-Händler jedes Fahrzeug auf das Vorhandensein eines Ersatzmotors überprüfen muss,[37] während seine Prüfpflicht im Hinblick auf sicherheitsrelevante Schäden an Bremsen, Lenkung, Reifen und Karosserie von besonderen Umständen („handgreifliche Anhaltspunkte") abhängig gemacht wird. Zu kritisieren ist vor allem der weitgehende Verzicht auf eine ökonomische Analyse und empirische Fundierung der Argumentation. Auch scheint die Abstimmung innerhalb des Pflichtendreiecks – Offenbarungspflicht, Untersuchungspflicht und Zusicherungshaftung – nicht gelungen. Auf allen drei Feldern ist die Rechtsprechung getrennte Wege gegangen, ohne die Auswirkungen auf die jeweiligen Nachbarfelder hinreichend zu beachten. Hinzu kam, dass für den Kfz-Vermittler eine culpa-Haftung (sog. Sachwalterhaftung) konstruiert worden war, bei der man in weit stärkerem Maße als beim Eigengeschäft auf Untersuchungspflichten zurückgriff. Da die Rechtsprechung auch beim Agenturgeschäft nahezu jede Beschaffenheitsangabe zur Eigenschaftszusicherung aufgewertet hat, war der vermittelnde Händler angesichts der Vielzahl solcher Angaben in den handelsüblichen Verkaufsformularen praktisch doch zu einer generellen Fahrzeuguntersuchung gezwungen. 1905

Das Nebeneinander der verschiedenen Händlerpflichten macht zunächst, soweit es um die Untersuchungspflicht geht, eine **thematische Begrenzung** notwendig. **Zwei Fragenkomplexe** müssen unterschieden werden: Wie der Händler sich zu verhalten hat, wenn „handgreifliche Anhaltspunkte" für ihn einen **konkreten Verdacht auf Fahrzeugmängel** begründen, ist die eine Frage. Hiervon zu unterscheiden ist die ganz andere Frage, ob und ggf. in welcher Weise der Händler **ohne konkreten Verdacht** mehr als den Fortbestand der Betriebserlaubnis und die Identität des Fahrzeugs nachprüfen muss. Die Angaben im Fahrzeugbrief mit den Daten auf dem Fabrikschild (Typschild) am Fahrzeug zu vergleichen und Auffälligkeiten nachzugehen, ist auch nach Auffassung des BGH ebenso eine generelle Händlerpflicht[38] wie die Überprüfung des gesamten Fahrzeugs auf Veränderungen, die zum Wegfall der Betriebserlaubnis führen können (Veränderungskontrolle durch Sichtprüfung).[39] 1906

---

31 S. 106.
32 Recht der Leistungsstörungen, 3. Aufl., S. 224.
33 In diese Richtung auch *Scholl/Leitzinger,* MDR 1981, 718.
34 Die Voraussetzungen von Informationspflichten..., 1989.
35 S. 87.
36 S. 91.
37 BGH 5. 7. 1978, NJW 1978, 2241; v. 3. 11. 1982, NJW 1983, 217.
38 Urt. v. 18. 6. 1980, NJW 1980, 2184.
39 Urt. v. 3. 11. 1982, NJW 1983, 217 – BMW 1602; v. 5. 7. 1978, NJW 1978, 2241 – Hinterreifen.

1907 Das Verhalten des Händlers in einer **konkreten Verdachtssituation** ist kaufrechtlich keine Frage der Untersuchungspflicht. Unter dieser Überschrift wurde ohne Notwendigkeit ein Problem erörtert, das sich mit einem anderen Lösungsansatz sachgerechter bewältigen lässt. In Wahrheit geht es in den „Verdachtsfällen" um die Verletzung einer vorvertraglichen **Offenbarungspflicht.** Schwerpunkt des Vorwurfs ist es nicht, den bekannten Verdachtsmomenten nicht nachgegangen zu sein, sondern das Fahrzeug trotz des konkreten Mängelverdachts verkauft und dabei so getan zu haben, als sei alles in Ordnung.[40] Bei einem konkreten Mängelverdacht erscheint es sachgerechter, unmittelbar an das **Informationsverhalten** des Händlers anzuknüpfen, statt den **Umweg** über die Untersuchungspflicht mit Befreiungsmöglichkeit durch Aufklärung zu gehen. Der Händler, der **greifbare Anhaltspunkte** für Mängel am Fahrzeug hat, z. B. äußerliche Anzeichen für einen reparierten Unfallschaden oder Hinweise auf einen Motordefekt oder Kenntnis von besonderer Rostanfälligkeit, darf das Fahrzeug in diesem Zustand nicht ohne Offenbarung dieser Verdachtsmomente zum Kauf anbieten. Deren Verschweigen ist in der Regel ebenso arglistig wie eine Verharmlosung der Verdachtsgründe. Wer Zweifel an der Fehlerfreiheit oder am Umfang oder den Folgen eines Schadens hat, ist richtiger Ansicht nach nicht untersuchungs-, sondern **offenbarungspflichtig.**[41]

1908 Arglist setzt allerdings voraus, dass der Händler tatsächlich Verdacht geschöpft hat, d. h. real Zweifel an der Fehlerfreiheit hatte. Es genügt also nicht, dass er Zweifel hätte haben müssen.[42] Fahrlässige, selbst grob fahrlässige Unkenntnis erfüllt grundsätzlich nicht den Tatbestand der Arglist.[43] Diese Unterscheidung darf auch beim Kauf eines Gebrauchtwagens vom Händler nicht verwischt werden. Sicherlich wird ein Richter geneigt sein, die vom Händler im Prozess behauptete Unkenntnis von den Verdachtsmomenten als Schutzbehauptung anzusehen, etwa mit der Begründung, er habe sich trotz eigener Sachkunde und trotz seines wirtschaftlichen Interesses an einem vorteilhaften Einkauf und ungeachtet der allgemeinen Übung, Altwagen einer Eingangskontrolle zu unterziehen (s. dazu Rn 1918), der Kenntnisnahme von der objektiv vorhandenen Verdachtssituation leichtfertig und ohne plausiblen Grund verschlossen. Im Einzelfall, etwa bei einem Einmann-Betrieb, mag dieses recht holzschnittartige Argument nicht von der Hand zu weisen sein. Aber schon bei einem Kfz-Handelsunternehmen durchschnittlicher Größe mit getrennter Einkaufs- und Verkaufsabteilung sind Gewinnung und Verarbeitung von Fahrzeuginformationen zu komplex, um mit derartigen Pauschalbetrachtungen den Arglisttatbestand in Form des bedingten Vorsatzes begründen zu können. Letzten Endes geht es nicht um die Frage der dogmatisch sauberen Abgrenzung zwischen bedingtem Vorsatz und (bewusster) Fahrlässigkeit, sondern um ein Problem der Würdigung des vorhandenen Prozessstoffes.

1909 Sache des Käufers ist es, **Tatsachen vorzutragen** und ggf. zu **beweisen,** die aus der Sicht des Händlers als Fachmann einen konkreten Mängelverdacht zu begründen geeignet waren. Schwerpunktmäßig geht es in der Spruchpraxis um **Unfallschäden,**[44] **Motor- und Getriebedefekte,**[45] **Durchrostungen**[46] und unzulässige **Fahrzeugumrüstungen.**[47] Dabei bildet die

---

[40] So auch *Breidenbach,* S. 86.
[41] Vgl. auch BGH 28. 4. 1971, NJW 1971, 1795 m. Anm. *Giesen* (Tanklastzug); BGH 12. 7. 1991, NJW 1991, 2900 (Grundstück); s. auch OLG Frankfurt 19. 2. 1999, NJW-RR 1999, 1064; OLG Hamburg 1. 4. 1992, NJW-RR 1992, 1399; OLG München 14. 7. 1981, DAR 1982, 100.
[42] BGH 28. 4. 1971, NJW 1971, 1795, 1800 m. Anm. *Giesen.*
[43] BGH 6. 12. 1985, NJW-RR 1986, 700; OLG München 10. 6. 1987, NJW 1988, 3271; OLG Hamm 3. 8. 1990, OLGZ 1991, 99.
[44] BGH 29. 1. 1975, BGHZ 63, 382 = NJW 1975, 642; OLG Hamburg 2. 8. 1995, OLGR 1996, 4; OLG Schleswig 16. 7. 1997, OLGR 1998, 24; vgl. auch Rn 1875 f.
[45] OLG Düsseldorf 1. 8. 1986, 14 U 71/86, n. v. (Getriebeschaden); OLG Hamm 16. 1. 1986, NJW-RR 1986, 932 = DAR 1986, 150; LG Saarbrücken 16. 12. 1996, ZfS 1997, 96.
[46] BGH 14. 3. 1979, NJW 1979, 1707 (besondere Rostanfälligkeit).
[47] Zu dieser Fallgruppe Rn 1614 f. und Rn 1759 f.

Behauptung des Käufers, der beklagte Händler habe konkrete Anhaltspunkte für diese Mängel gehabt, häufig erst die zweite Angriffslinie. In erster Linie wird er dem Händler positive Kenntnis vom Mangel selbst vorwerfen. Wie auch immer: Für den Käufer empfiehlt es sich, das jeweilige Schadensbild so präzise wie möglich zu beschreiben, zweckmäßigerweise mit Hilfe eines **Privatgutachtens** (dazu OLG Hamburg OLGR 1996, 4) oder eines Sachverständigengutachtens aus einem **selbständigen Beweisverfahren** (vgl. dazu Rn 1634 ff.). Mit der Behauptung, der Händler habe den Mangel nicht oder nicht vollständig offenbart, ist der Vorwurf arglistiger Täuschung schlüssig dargetan. Erst wenn sich der Händler damit verteidigt, von dem Mangel als solchem keine Kenntnis gehabt zu haben, wird der Käufer Anlass haben, hilfsweise die Verdachtssituation näher zu beleuchten. Um in beiden Richtungen erfolgreich Beweis führen zu können, sollte er schon bei Erteilung des Gutachterauftrags bzw. im Antrag auf Einleitung eines selbständigen Beweisverfahrens **Beweisfragen** formulieren wie z. B.: „War der Mangel für einen Fachmann erkennbar, ggf. anhand welcher konkreten Anhaltspunkte?" Oder: „Musste der Verkäufer als Fachmann damit rechnen, dass das Fahrzeug einen Heckschaden hat? Welche Anzeichen deuteten auf diesen Schaden hin?"

Bei hinreichender Darlegung einer konkreten Verdachtssituation ist es Aufgabe des beklagten Händlers, zu seiner **Entlastung** Tatsachen vorzutragen, die für seine Unkenntnis sprechen, z. B. Unterbleiben einer Prüfung der Fahrzeugunterseite mangels Hebebühne oder Grube oder wegen des zeitlichen Ablaufs von Hereinnahme und Verkauf (Schnellverkauf im noch „warmen" Zustand) oder Vertrauen auf Unfallfreiheitsangabe des Hereingebers oder Mangel an Erfahrung mit Fahrzeugen dieses Typs. Häufig verteidigen sich Händler auch mit dem Argument, die „Verdachtssituation" zwar erkannt, daraus aber andere Schlüsse als der Sachverständige gezogen zu haben. Bei der Unbenutzbarkeit des Fahrzeugs aus rechtlichen Gründen, z. B. Wegfall der ABE, wird bisweilen vorgebracht, von der Zulässigkeit der Umrüstung ausgegangen zu sein. Ein solcher Rechtsirrtum kann den (bedingten) Vorsatz ausschließen.

Von einer **echten Untersuchungspflicht** sollte nur die Rede sein, wenn ein konkreter Mängelverdacht nicht bestanden hat, der Händler also weder ein **präsentes Wissen** noch **präsente Zweifel** hatte. Die folgenden vier Gründe sprechen dafür, dem professionellen Händler in diesem Fall eine (generelle) Untersuchungspflicht aufzuerlegen.

b) Gründe für eine generelle Untersuchungspflicht des Kfz-Händlers

aa) Das allgemeine Gefährdungspotential gebrauchter Kraftfahrzeuge

Der durchschnittliche Pkw bzw. Kombi, so wie er vom Kfz-Händler als Gebrauchtfahrzeug hereingenommen wird, ist entweder **technisch fehlerhaft** oder **zumindest fehlerverdächtig**. Die über den professionellen Handel verkauften Gebrauchtwagen (Pkw/Kombis) waren im Jahr 1997 durchschnittlich ca. 5 Jahre alt (Neuwagenhandel 3,6, reiner Gebrauchtwagenhandel 6,1) und rund 60 000 km gelaufen (Neuwagenhandel 49 000, reiner Gebrauchtwagenhandel 80 000).[48] Nach der Mängelstatistik des TÜV[49] gelten für Pkw/Kombis der im Handel am stärksten vertretenen Altersgruppen folgende Werte:

4–5 Jahre:
erhebliche Mängel 6,3%
leichte Mängel 34,2%

6–7 Jahre:
erhebliche Mängel 9,0%
leichte Mängel 40,3%

---

48 DAT-Veedol-Report 1998, S. 50.
49 TÜV-Report 1998, S. 49; ähnliche Werte hat die DEKRA AG ermittelt.

8–9 Jahre:
erhebliche Mängel 12,9%
leichte Mängel 46,8%

10–11 Jahre:
erhebliche Mängel 19,0%
leichte Mängel 49,7%

1913 Rückschlüsse auf den Zustand der Fahrzeuge **bei Ablieferung an den Händler** lässt dieses Datenmaterial indes nur bedingt zu. Denn die Zahlen beruhen auf Erkenntnissen aus der **Hauptuntersuchung nach § 29 StVZO,** bei der es grundsätzlich nur darum geht, ob das Fahrzeug „vorschriftsmäßig" ist (vgl. § 29 IIa StVZO). Abgesehen von dem begrenzten Prüfungsauftrag bei „§-29-Prüfungen" ist zu bedenken, dass gerade ältere Fahrzeuge unmittelbar vor der Überprüfung häufig instand gesetzt und gewartet werden. Je nach Alter und Laufleistung werden ¹/₃ bis die Hälfte aller Autos **„TÜV-fertig"** gemacht, freilich nicht immer in einer Werkstatt. Der Privatmann, der seinen Altwagen an einen Neuwagenhändler mit Gebrauchtwagenabteilung in Zahlung gibt, wird ihn bestenfalls optisch etwas herrichten und grobe Mängel beheben. Reparaturen größeren Umfangs unterbleiben regelmäßig. Etwa erforderliche Arbeiten soll der Händler erledigen. Selbst bei größeren Reparaturen sucht nur noch jeder zweite Fahrzeughalter eine Fachwerkstatt auf. Je älter das Fahrzeug ist, desto seltener wird es in die Werkstatt gebracht. Von den Durchschnittsfahrern sechsjähriger Autos bringt nur noch jeder dritte seinen Wagen regelmäßig zur Inspektion.[50] Diese **„Werkstattmüdigkeit",** die zahlreiche Gründe hat, ist dem Kfz-Handel wohl bekannt, wie nicht zuletzt die vielfältigen Klagen über eine mangelhafte Werkstattauslastung beweisen. **Unfallfahrzeuge** werden nicht immer vollwertig repariert. Behelfs- und Billigreparaturen, oft im Do-it-yourself-Verfahren, sind gang und gäbe.[51] Auf die Beseitigung vermeintlich kleinerer Schäden wird nicht selten verzichtet.

1914 Ein realistisches Bild von dem beträchtlichen Gefährdungspotential gebrauchter Kraftfahrzeuge liefern zahlreiche Studien, insbesondere des TÜV und der DEKRA AG. Mit ihrer Hilfe kann geklärt werden, welche technischen Mängel für Unffälle ursächlich geworden sind. Außerdem werden Hinweise darauf gegeben, welche Beziehung z. B. zwischen dem Fahrzeugalter und dem Auftreten bestimmter Mängel am Fahrzeug bestehen. Weiterhin geben diese Untersuchungen Aufschluss darüber, wer den Mangel zu verantworten hatte, ob der Fehler dem Halter, der Werkstatt oder dem Hersteller zuzuordnen ist.

1915 Aus der Vielzahl von Zahlen und Daten, die in dem Jahresbericht „Technische Mängel an Kraftfahrzeugen 1990" veröffentlicht sind,[52] sind hier – beschränkt auf den Bereich „Personenkraftwagen" – folgende Werte zu nennen:

– Anteil der nach einem Verkehrsunfall untersuchten Fahrzeuge mit Mangel: 38%, davon unfallursächlich 10,2%

– Anteil der nach Verkehrskontrollen und Verkehrsunfällen untersuchten Fahrzeuge mit unzulässigen Bauartveränderungen: 8% (überwiegend Veränderungen an den Reifen)

– Anteil der Wartungsmängel (Halter/Fahrer) an den unfallursächlichen technischen Mängeln: 45%

– Anteil der nicht feststellbaren Verantwortlichkeit für unfallursächliche Mängel: 36%.

1916 Nicht oder nur unzulänglich gewartete und reparierte Fahrzeuge erhöhen das ohnehin erhebliche Risiko beim Kauf eines gebrauchten Kraftfahrzeugs und bedeuten eine Gefahr für Leib und Leben des Käufers. Wichtiger noch: Die allgemeine **Verkehrssicherheit** steht auf

---

50 DAT-Veedol-Report 2000, S. 30.
51 Laut TÜV-Report 1998, S. 22, sind bis zu 3,8 Mio. selbstreparierte Unfallfahrzeuge auf unseren Straßen.
52 DEKRA-Fachschriftenreihe 44/91.

dem Spiel. Eine generelle Untersuchungspflicht liegt daher auch im öffentlichen Interesse. Fast jeder vierte tödliche Verkehrsunfall ist auf technische Mängel an den Fahrzeugen zurückzuführen, wie mehrere DEKRA-Untersuchungen belegen.

bb) Selbstbindung durch Selbstdarstellung

Im Fachhandel ist eine optische und technische Untersuchung („Durchsicht") der zur Hereinnahme angebotenen Gebrauchtfahrzeuge heute allgemein üblich. Hohe Eintauschquoten, steigende Durchschnittspreise, erhöhter Wettbewerb und eine zunehmend kritischere Kundschaft prägen das Einkaufsverhalten der Händler. Ansteigender Kostendruck einerseits und andererseits die realistische Aussicht, auf dem Wachstumsmarkt „Gebrauchtwagenhandel" Gewinn zu erzielen, haben zur Aufgabe tradierter Vorstellungen und Praktiken geführt. **1917**

Der Schlüssel für ein erfolgreiches Geschäft mit Altwagen ist eine **marktgerechte Kalkulation** der Hereinnahmepreise. Wesentliche Voraussetzung dieser Kalkulation ist eine sorgfältige Untersuchung der Fahrzeuge. Ohne eine gründliche technische Kontrolle kann der Ankaufspreis (Anrechnungsbetrag) nur oberflächlich ermittelt werden. Das Agenturgeschäft mit seiner steuerlichen Notwendigkeit, sog. Minus-Geschäfte zu vermeiden, hat die Kfz-Händler in Sachen Fahrzeuguntersuchung stark sensibilisiert. Der Zwang zur marktgerechten Gebrauchtwagenkalkulation beruhte auf dem Druck, eine Vermittlungsprovision ausweisen zu müssen. Diese steuerlichen Notwendigkeiten sind heute zwar entfallen. Gleichwohl besteht kein Zweifel daran, dass sich an der Praxis der Hereinnahme-Kontrolle durch die Verlagerung auf das Eigengeschäft nichts geändert hat. Dass sich hier im Laufe der Jahre ein **Handelsbrauch** gebildet hat,[53] findet auch in der **ZDK-Siegelordnung** seinen Niederschlag,[54] ferner in der Resolution Nr. 3, gefasst auf dem 40. Kongress des Internationalen Verbandes des Kfz-Gewerbes (IOMTR). Diese Resolution empfiehlt u. a., „alle Gebrauchtwagen, die dem Kunden geliefert werden, vor ihrer Auslieferung an den Kunden einer Inspektion anhand einer festgelegten Liste zu unterwerfen . . .".[55] **1918**

cc) Risikobeherrschung und Kostenabwälzung

Der Kfz-Händler ist am besten geeignet, das für gebrauchte Kraftfahrzeuge typische Mängel- und Sicherheitsrisiko zu kontrollieren und zu beherrschen. Anders als beim Verkauf von Neuprodukten geht es nicht um die Verantwortlichkeit für Produktionsfehler. Sie zu kontrollieren, ist in der Tat primäre Aufgabe des Herstellers, nicht des Händlers. Grundlegend anders ist die Lage bei gebrauchten Kraftfahrzeugen. Hier kann sich der Händler – auch aus der Sicht des Kunden – nicht hinter den Hersteller zurückziehen. **1919**

Die mit der Untersuchung verbundenen Kosten zahlen im Endeffekt die Voreigentümer und die Abnehmer, jedenfalls nicht die Händler. Auch unter diesem Aspekt erweist sich das Argument des BGH[56] von der Unzumutbarkeit der Übernahme einer generellen Untersuchungspflicht als nicht stichhaltig. **1920**

dd) Verkehrserwartung (Berufsvertrauensschutz)

Für die Annahme einer generellen Untersuchungspflicht spricht ferner folgender Gedanke: Der allgemeinen Übung im Kfz-Handel, die zur Hereinnahme (Inzahlungnahme/Zukauf) angebotenen Gebrauchtwagen zu untersuchen, entspricht eine **schutzwürdige Erwartung** **1921**

---

53 Zum Handelsbrauch als Grundlage einer Untersuchungspflicht vgl. BGH 16. 3. 1977, NJW 1977, 1055.
54 Etwa in Abschn. II, 1, bc („. . . fachgerecht das Fahrzeug technisch zu überprüfen auf Verkehrssicherheit, Betriebssicherheit und auf Unfalleigenschaften . . ."); zum ZDK-Vertrauenssiegel s. Rn 1815 f.
55 Vgl. AH 1991, Heft 23/24 S. 211, 214; s. auch GW-Praxis 1996, Heft 2, S. 27 – „Die Spielregeln für den GW-Verkauf" –.
56 Urt. v. 16. 3. 1977, NJW 1977, 1055.

auf der Käuferseite. Der private Gebrauchtwagenkäufer kann und darf heutzutage davon ausgehen, dass die im professionellen Handel angebotenen Fahrzeuge fachmännisch untersucht und im Bedarfsfall instand gesetzt worden sind.[57] Vom **privaten** Verkäufer erwartet man nicht, dass er seinen Wagen vor dem Verkauf auf Mängel untersucht hat oder hat untersuchen lassen. Neuwagenhändler mit Gebrauchtwagenabteilung und reine Gebrauchtwagenhändler mit Werkstattbetrieb erwecken demgegenüber allein schon durch ihr Auftreten im Rechtsverkehr, durch ihre **ökonomische Rolle,** die Vorstellung, dass die von ihnen angebotenen Fahrzeuge „werkstattgeprüft" sind. Dieses Rollenvertrauen, das die Rechtsprechung im Rahmen der Sachwalterhaftung als „besonderes Vertrauen" herausgestellt hat,[58] ist nicht von ausdrücklichen Erklärungen wie „alle Fahrzeuge werkstattgeprüft" oder „alle Fahrzeuge 2 Jahre TÜV-frei" abhängig, auch nicht von der Werbung mit Garantien oder dem ZDK-Vertrauenssiegel.[59] Solche Hinweise haben eine zusätzliche Werbefunktion. Sie können im Einzelfall eine verschuldensunabhängige Haftung unter dem Gesichtspunkt des Fehlens einer zugesicherten Eigenschaft begründen (vgl. Rn 1660 ff.). Zur Erwartung eines Kfz-Händlers beim Ankauf von einer **Leasinggesellschaft** s. OLG Nürnberg NJW-RR 1999, 1208 = MDR 1999, 931 (Untersuchungspflicht zutreffend verneint).

Das berechtigte Vertrauen der Kaufinteressenten in eine fachgerechte Untersuchung und Beseitigung der dabei festgestellten Mängel gibt erfahrungsgemäß den Ausschlag bei der Wahl zwischen Kauf vom Händler und Kauf vom Privatmann. Aus der Käuferperspektive ist die Werkstattprüfung, auch wenn sie nicht ausdrücklich hervorgehoben wird („werkstattgeprüft"), ein Teil der Gegenleistung für den deutlich höheren Preis der gewerblich angebotenen Gebrauchtwagen. Die Folge dieser besonderen Verlässlichkeitserwartung ist oftmals ein Käuferverhalten, das nicht als Desinteresse missverstanden werden darf.[60]

1922 **Fazit:** Es lassen sich damit vier Argumente anführen, die in ihrer **Kumulation** eine generelle Untersuchungspflicht des gewerbsmäßigen Kfz-Händlers zu begründen geeignet sind.[61] Ein im Einzelfall weniger stark ausgeprägtes Element, z. B. geringes Gefährdungspotential bei einem jüngeren Kraftwagen, kann dabei kompensiert werden, wenn die übrigen Elemente besonderes Gewicht haben, z. B. der Vertrauensgedanke. Erforderlich ist eine **wertende Gesamtschau** aller Gesichtspunkte. Dass bei Anerkennung einer generellen Untersuchungspflicht die Grenze zur Zusicherungshaftung „verwischt" wird (so das LG Saarbrücken ZfS 1997, 96), ist nicht zu erkennen. Die Zusicherungshaftung ist eine Erklärungshaftung, während die Untersuchungspflicht an andere Sachverhalte anknüpft.

c) Inhalt und Umfang der Untersuchungspflicht

1923 Inhalt und Umfang der Untersuchungspflicht haben sich einerseits an dem Ziel zu orientieren, Gefahren von dem potentiellen Käufer abzuwenden. Insoweit ist die Untersuchungspflicht eine Konkretisierung der dem potentiellen Käufer geschuldeten Gefahrabwendungspflicht. Integritätsorientiert ist sie auch (und nur) als Verkehrssicherungspflicht i. S. d. § 823 I BGB, insoweit auch mit Schutzwirkung zu Gunsten Dritter. Als vorvertragliche Pflicht ist die Untersuchungspflicht andererseits auch leistungsbezogen. Der übliche Gewährleistungsausschluss darf nicht den Blick dafür verstellen, dass auch ein Gebrauchtwagenhändler grundsätzlich zur Leistung einer fehlerfreien Sache verpflichtet ist.[62] In der vertraglichen Leistungspflicht findet die Untersuchungspflicht zugleich ihre Grenze. Da nach richtigem

---

57 So auch OLG Nürnberg 14. 4. 1999, NJW-RR 1999, 1208 = MDR 1999, 931.
58 Dazu Rn 1399 ff.
59 Zum ZDK-Vertrauenssiegel s. Rn 1815.
60 Vgl. aber BGH NJW 1977, 1055; OLG München OLG 1999, 19.
61 Die Erwartung des Käufers, ein „werkstattgeprüftes" Auto erwerben zu können, oben Rn 1921, ist entgegen *Soergel/Huber,* Anh. I § 433 Rn 110, nicht das „zentrale Argument".
62 Jedenfalls nach der sog. Nichterfüllungstheorie, der auch der BGH zu folgen scheint, vgl. Urt. v. 26. 1. 1983, NJW 1983, 1424, 1425.

Die Untersuchungspflicht des Gebrauchtwagenverkäufers

Verständnis des Fehlerbegriffs natürlicher Verschleiß und normale Alterungserscheinungen keine Fehler im Rechtssinn darstellen,[63] braucht sich die Untersuchung hierauf nicht zu erstrecken. Der Umfang der Untersuchungspflicht bestimmt sich im Übrigen nach dem **technisch Möglichen** und **wirtschaftlich Zumutbaren,** wobei es wesentlich auf die **Gepflogenheiten im Kfz-Handel** ankommt. Entscheidend sind nicht die individuellen Kenntnisse und Fähigkeiten des jeweiligen Händlers im Einzelfall, auch nicht seine tatsächliche Ausstattung mit Hilfsmitteln wie Hebebühne, Bremsenprüfstand und Diagnosegeräten. Richtschnur sind die Kenntnisse, Fähigkeiten und der Ausrüstungsstandard, wie sie bei einem berufsmäßigen Händler mit Gebrauchtwagen üblich sind.

Zur Untersuchungspflicht im Einzelnen: Der Händler hat jedes Fahrzeug einer fachmännischen **äußeren Besichtigung** („Sichtprüfung") zu unterziehen.[64] Zuständig hierfür ist ein Techniker, nicht ein Verkaufsangestellter. Für die notwendige berufliche Qualifikation seiner Mitarbeiter hat der Händler einzustehen. **1924**

Die äußere Besichtigung umfasst den gesamten **optischen Bereich,** d. h. die Karosserieaußenflächen, Reifen, Felgen und die Fahrzeugunterseite. Ein Händler, der einen Gebrauchtwagen nicht von unten (Sicht) überprüft, handelt fahrlässig. Bei der äußeren Besichtigung hat der Händler sein Augenmerk vor allem auf **etwaige Unfallspuren** zu richten, auch wenn der Hereingeber die Unfallfrage verneint hat.[65] Nachlackierungen, Farbunterschiede, Nebelbildung, unterschiedliche Türspalten und Blechunebenheiten sind Unfallindikatoren, die auch schon nach bisheriger Rechtsprechung eine Untersuchungspflicht (Nachforschungspflicht) auslösen. Ohne konkreten Unfallverdacht besteht keine Pflicht zur (optischen) Vermessung der Achsen. Der Händler braucht auch keine Lackschichtmessung vorzunehmen.

Generell zu prüfen ist der Erhaltungszustand des Fahrzeugs im Hinblick auf **Durchrostung** tragender Bauteile.[66] Zum Einsatz spezieller Rostsuchgeräte (z. B. Endoskope) ist der Händler nicht verpflichtet. Zur Prüfung der Bremsanlage s. OLG Hamm, DAR 2000, 119.

Reifen und auch **Felgen** sind stets darauf zu prüfen, ob sie der „Zulassung" entsprechen oder ob die **Betriebserlaubnis** durch nachträgliche Veränderungen erloschen ist. Auch sonst ist der Blick auf genehmigungspflichtige Veränderungen zu richten. Dass der Händler auf ausreichende **Profiltiefe** der Reifen zu achten hat, versteht sich von selbst.[67] Um sich von der ordnungsgemäßen Beschaffenheit der Felgen zu überzeugen, braucht er die Reifen nicht abzumontieren. Insoweit genügt eine Sichtkontrolle von außen. Das **Alter** der Reifen braucht der Händler nicht generell, sondern nur bei besonderem Anlass zu kontrollieren. Insbesondere bei Hochgeschwindigkeits-Sportwagen sind an diese Prüfpflicht gesteigerte Anforderungen zu stellen.[68] Zumindest als Vertragshändler der fraglichen Marke muss der Händler die Richtlinien und Empfehlungen des Herstellers kennen und beachten.

Die **innere Besichtigung** hat sich auf die Fahrgastzelle, den Motorraum (einschl. Radhauswände, Feder- oder Dämpferabstützungen) und den Kofferraum einschl. Wände und Aufnahmen für Federbeine zu erstrecken. Auch hier muss der Händler in erster Linie nach **Unfallspuren** suchen und auf **Korrosion** achten. Der **Motor** ist mit Blick darauf zu prüfen, ob er typengerecht ist.[69] Eine bloße Sichtprüfung („Augenschein") mit Kennerblick unter Auswertung der Fahrzeugpapiere und des allgemeinen Erfahrungswissens ist ausreichend. Für die **1925**

---

63 Ausführlich dazu Rn 1561 ff.
64 So auch OLG Celle 6. 6. 1996, OLGR 1996, 194.
65 Zustimmend OLG Düsseldorf 16. 4. 1992, OLGR 1992, 277; ebenso OLG Celle 6. 6. 1996, OLGR 1996, 194.
66 So auch LG Berlin 5. 12. 1990, 22 O 366/90, n. v.
67 Zu den Überprüfungspflichten von Führer und Halter nach § 23 I StVO, § 31 II StVZO s. OLG Stuttgart NZV 1991, 68; s. auch BGH NZV 1995, 310.
68 LG Köln 26. 8. 1994, 21 O 91/94, n. v. – Porsche 911.
69 Eigentliches Prüfkriterium ist die Betriebserlaubnis.

Frage der Erkennbarkeit einer Motorumrüstung kommt es auch darauf an, ob es sich für den Händler um ein Eigen- oder um ein Fremdfabrikat gehandelt hat. Technisch aufwendige und kostspielige Untersuchungen des Motors, z. B. Ausbau und Zerlegung, sind im Allgemeinen nicht zu verlangen.[70] Bei Sport- und Sonderfahrzeugen kann eine andere Betrachtungsweise geboten sein. Zu weit geht es auch, von einem Händler im Normalfall zu fordern, sich beim Hersteller oder Vorverkäufer nach der Typengerechtigkeit des Motors zu erkundigen. Einer Kontrolle sind auch die **Fahrzeugidentifizierungsnummer** und der sie tragende Bereich des Vorderwagens zu unterziehen (Vergleich dieser Nummer mit der Nummer in den Fahrzeugpapieren).[71]

1926 Zu einer sorgfältigen Gebrauchtwagen-Zustandsermittlung gehört auch eine **Funktionsprüfung der wesentlichen Aggregate**. Bei der Beurteilung des Motors ist das Laufgeräusch von entscheidender Bedeutung. Der Kompressionsdruck braucht nicht gemessen zu werden. Motor, Kraftübertragung und Bremsen werden üblicherweise durch eine **Probefahrt** getestet. Sie ist unverzichtbarer Bestandteil jeder sorgfältigen Fahrzeugkontrolle. Eine Überprüfung des **Kühlsystems** ist auch im Winter nicht erforderlich (AG Münster, Urt. v. 14. 9. 1994, rk.).

1927 Je nachdem, zu welchen Erkenntnissen der Händler bei seiner „allgemeinen" Untersuchung gelangt, kann er zu **weiteren Nachforschungen** verpflichtet sein, z. B. zu gezielten Rückfragen bei seinem Lieferanten/Auftraggeber nach einem Unfallschaden oder einer Umrüstung. Wie weit die Untersuchungspflicht im Einzelnen reicht, hängt von den konkreten Fallumständen ab. Eine generelle Formel gibt es nicht.

5. Rechtsfolgen

1928 Welche Rechtsfolgen an die Nicht- oder Schlechterfüllung der Untersuchungspflicht zu knüpfen sind, ist noch nicht endgültig geklärt. Das OLG München[72] hat eine **positive Forderungsverletzung** gegenüber jedem potentiellen Käufer in Betracht gezogen, sich aber – ebenso wie der BGH in der Revisionsentscheidung vom 16. 3. 1977[73] – letztlich nicht festgelegt. Der BGH, der von einer **durch AGB nicht abdingbaren Nebenpflicht** spricht,[74] scheint zumindest in den Agenturfällen einer Lösung nach den Grundsätzen der c. i. c. zuzuneigen.[75] Im Fall einer sorgfaltswidrigen Ablieferungsinspektion beim Neuwagenkauf ist er mit Recht von einer positiven Forderungsverletzung ausgegangen,[76] weil die Inspektionspflicht ihren Grund in dem bereits abgeschlossenen Kaufvertrag hatte. Die Pflichtwidrigkeit lag – anders als in den Gebrauchtwagenfällen – in der Erfüllungsphase. *Huber* stellt nicht darauf ab, ob das Unterlassen des Verkäufers vor oder nach Vertragsabschluss liegt. Für ihn ist die Lieferung einer fehlerhaften Ware „Vertragsverletzung", sodass er bei einem Verstoß gegen eine Untersuchungspflicht einen Anspruch aus positiver Forderungsverletzung und nicht aus c. i. c. bejaht.[77]

1929 Dem BGH hat eine Verletzung der Untersuchungspflicht mitunter auch als Vehikel **zur Begründung der Arglisthaftung** des Gebrauchtwagenhändlers gedient. Das Verschweigen der Tatsache, eine an sich gebotene Untersuchung nicht durchgeführt zu haben, soll den

---

70 OLG Hamm 16. 1. 1986, NJW-RR 1986, 932 = DAR 1986, 150.
71 OLG Hamburg 12. 6. 1992, DAR 1992, 378.
72 Urt. v. 25. 7. 1975, DAR 1976, 132.
73 NJW 1977, 1055.
74 Urt. v. 11. 6. 1979, BGHZ 74, 383 = NJW 1979, 1886; v. 13. 2. 1980, NJW 1980, 1619.
75 Urt. v. 3. 11. 1982, NJW 1983, 217 (BMW 1602); v. 18. 6. 1980, NJW 1980, 2184 (gestohlener Pkw mit ausgewechselter Fahrgestellnummer); vgl. auch Urt. v. 21. 1. 1981, NJW 1981, 928 (zur Untersuchungspflicht bei älterem Fahrzeug mit mehreren Vorbesitzern).
76 Urt. v. 18. 6. 1969, NJW 1969, 1708.
77 *Soergel/Huber*, Anh. I § 433 Rn 103, vor § 459 Rn 64 a. E., 66; ebenso LG Saarbrücken 16. 12. 1996, ZfS 1997, 96.

Vorwurf der Arglist rechtfertigen.[78] Dieses Kunstgriffes über § 476 BGB bedarf es nicht, wenn der Gewährleistungsausschluss schon bei fahrlässiger Verletzung der Untersuchungspflicht neutralisiert wird. Die Berufung auf die Freizeichnungsklausel stellt nicht erst bei grober Fahrlässigkeit eine unzulässige Rechtsausübung dar; leichte Fahrlässigkeit genügt.[79]

Im Ergebnis bedeutet dies: Trotz an sich zulässigen Gewährleistungsausschlusses haftet der Händler in seiner Eigenschaft als Verkäufer für fahrlässig nicht erkannte oder offenbarte Fahrzeugmängel auf Wandlung oder Minderung. Für einen Anspruch aus c. i. c. bzw. pFV ist daneben nur bei Mangelfolgeschäden Raum. Die Sperrwirkung der Sachmängelhaftung entfällt, wenn der Händler nicht Verkäufer im Rechtssinn, sondern nur Vermittler ist. Bei einer pflichtwidrig unterlassenen Fahrzeuguntersuchung haftet er aus c. i. c. Ebenso wie sein Auftraggeber kann er sich nicht mit Erfolg auf den formularmäßigen Ausschluss der Sachmängelhaftung berufen.[80] Die Verletzung der Untersuchungspflicht kann auf Seiten des Händlers zusätzlich eine Haftung aus unerlaubter Handlung auslösen.[81]

6. Darlegungs- und Beweislast

Der Umfang der Darlegungs- und Beweislast hängt entscheidend von dem Ziel ab, das der Käufer mit dem Vorwurf der Untersuchungspflichtverletzung verfolgt. Er kann sich damit begnügen, auf diesem (dritten) Weg die Freizeichnungsklausel auszuschalten. In den Grenzen, die die Sachmängelhaftung zieht, kann er auch einen Schadensersatzanspruch geltend machen. In beiden Fällen hat der Käufer darzulegen und zu beweisen: Mangel des Fahrzeugs, Vorhandensein im Zeitpunkt der Auslieferung, objektive Erkennbarkeit des Mangels, objektive Pflichtwidrigkeit des Händlers und die Kausalität zwischen Pflichtwidrigkeit und Nichterkennung des Mangels. Bei Verfolgung eines Schadensersatzanspruchs muss der Käufer ferner den Mangelschaden bzw. Mangelfolgeschaden sowie die Kausalität zwischen Pflichtwidrigkeit und Schaden beweisen. Beweiserleichterungen nach den Grundsätzen über den Anscheinsbeweis können dem Käufer vor allem beim Kausalitätsnachweis zugute kommen. Bei der Frage, ob der schadensstiftende Mangel im Zeitpunkt der Auslieferung bereits vorhanden war, hat die Rechtsprechung bislang nur sehr zurückhaltend mit dem Anscheinsbeweis operiert, insbesondere bei Reifenschäden.[82] Erheblich besser ist die Beweissituation des Geschädigten (Käufer oder Dritter), wenn er sich auf die vom BGH in der Sprudelflaschen-Entscheidung[83] aufgestellten Grundsätze berufen darf. Angesichts der Vergleichbarkeit der Sachverhalte – Inverkehrbringen gebrauchter Gegenstände mit besonderer Schadenstendenz bei materiell-rechtlicher Prüfpflicht – wird man diese Grundsätze behutsam auf solche Kfz-Schadensfälle übertragen können, bei denen die genaue Ursache der Fehler und der Zeitpunkt ihrer Entstehung nicht festzustellen sind.

7. Befreiungsmöglichkeit

Noch nicht ausdiskutiert ist die Frage, unter welchen Voraussetzungen sich der Händler von einer bestehenden Untersuchungspflicht befreien kann. Formularmäßig ist die Erfüllung

---

78 BGH 14. 3. 1979, NJW 1979, 1707; vgl. auch BGH 29. 1. 1975, BGHZ 63, 382 = NJW 1975, 642; OLG München 25. 7. 1975, DAR 1976, 132; OLG Hamburg 1. 4. 1992, BB 1992, 1888 = NJW-RR 1992, 1399; OLG Hamburg 12. 6. 1992, DAR 1992, 378; OLG Köln 5. 7. 1996, VersR 1997, 753 = OLGR 1996, 235; OLG Düsseldorf 31. 5. 1996, NJW-RR 1997, 431 = OLGR 1997, 18.
79 BGH 13. 2. 1980, NJW 1980, 1619 (Kunstauktion).
80 Für eine Lösung im Rahmen der Inhaltskontrolle i. S. v. § 9 AGBG *Wolf/Horn/Lindacher,* Einl. § 11 Nr. 10, Rn 25.
81 BGH 5. 7. 1978, NJW 1978, 2241 (Hinterreifenfall), vgl. auch Rn 2098 ff. und Rn 997.
82 Vgl. *Kullmann* in: Probleme der Produzentenhaftung unter besonderer Berücksichtigung des Straßenverkehrs, 1988, S. 45.
83 BGHZ 104, 323 = NJW 1988, 2611.

dieser Pflicht nicht abdingbar.[84] Der vorformulierte Satz „das Fahrzeug ist ungeprüft und unrepariert" reicht in keinem Fall aus. An Art und Inhalt der Aufklärung des Käufers sind strenge Anforderungen zu stellen.[85] Der Hinweis muss eindeutig und für jedermann verständlich sein. Er muss so gestaltet sein, dass er dem Käufer vor Unterzeichnung des Bestellscheins auch bei flüchtiger Betrachtung des Formulars unübersehbar ins Auge fällt. Ein Stempelaufdruck mit dem Inhalt „Achtung! Fahrzeug wird ungeprüft verkauft!" sollte genügen.[86] Mit dem Argument, der Käufer habe aufgrund der Art und der Ausstattung des Betriebes mit einer fachmännischen Untersuchung nicht rechnen können, ist der professionelle Gebrauchtwagenverkäufer nicht zu hören. Welche Möglichkeiten einem Händler zur Verfügung stehen, sich Kenntnis von der Qualität seiner Fahrzeuge zu verschaffen, kann der private Kaufinteressent nicht zuverlässig abschätzen. Das äußere Bild eines Betriebes, seine Präsentation, kann täuschen. Verlangt man eine ausdrückliche Aufklärung und Warnung des Verbrauchers, so wird diejenige Gruppe von Händlern gezwungen, sich das nötige Fachwissen und den erforderlichen technischen Apparat zu verschaffen, die vor den Gerichten überproportional stark vertreten ist.

---

84 BGH 11. 6. 1979, BGHZ 74, 383 = NJW 1979, 1886.
85 Vgl. BGH 14. 3. 1979, NJW 1979, 1707 = WM 1979, 323 unter I, 2c; BGH 18. 6. 1980, NJW 1980, 2184.
86 Trotz Fettdrucks unzureichend ist die Klausel: „Da das Fahrzeug vom Autohändler nicht auf Unfallspuren und auf andere Mängel untersucht worden ist, können frühere Unfälle, Korrosionsschäden sowie andere sichtbare und unsichtbare Schäden an der Karosserie, am Fahrgestell, an der Bodengruppe oder am Motor auch nicht ausgeschlossen werden." Die individualvertragliche Erklärung „Wir geben keinerlei Garantie, weder auf versteckte Mängel noch auf Motor oder Getriebe, darauf wurde der Käufer ausdrücklich hingewiesen" lässt LG Köln 17. 12. 1990, 32 O 275/90, n. v., genügen.

V. Beschränkungen und Ausschluss der Gewährleistung

1. Gewährleistungsausschluss kraft Gesetzes

Gerade bei Gebrauchtwagenstreitigkeiten wird dem Käufer häufig entgegengehalten, er habe den gerügten Mangel gekannt, jedenfalls bei gehöriger Sorgfalt nicht übersehen können. Dass unvernünftiges Informationsverhalten und Desinteresse sich nachteilig für den Käufer auswirken können, hat sich bereits im Zusammenhang mit der Aufklärungspflicht des Käufers gezeigt.[1] Rechtlos wird der Käufer erst gestellt, wenn er im Zeitpunkt des Vertragsschlusses den Sachmangel kannte oder wenn er ihm infolge grober Fahrlässigkeit unbekannt geblieben ist (§ 460 BGB). Wer sehenden Auges oder unter Verletzung elementarer Sorgfaltsregeln ein mangelhaftes Auto gekauft hat, verdient nicht den Schutz des Gewährleistungsrechts. Wird der Sachmangel dem Käufer erst nach Abschluss des Vertrages, aber noch vor der Auslieferung des Fahrzeugs bekannt, so verliert er seine Gewährleistungsansprüche bei vorbehaltloser Annahme (§ 464 BGB). Beim Kauf vom gewerblichen Händler fallen Kauf und Übergabe meist zusammen (s. Rn 1438 ff.). Es gilt dann die weitergehende Vorschrift des § 460 BGB. 1933

a) Ausschluss der Gewährleistung infolge Kenntnis oder grob fahrlässiger Unkenntnis

aa) Kenntnis des Mangels

Positive Kenntnis des Käufers **beim Vertragsabschluss** (zur Situation bei Annahme/Übergabe s. Rn 1945) schließt die Gewährleistungsansprüche selbst dann aus, wenn der Verkäufer eine arglistige Täuschung versucht hat. **Vorrangig** ist zu prüfen, ob bei Kenntnis des Käufers überhaupt ein Sachmangel vorliegt. Nach dem subjektiven Fehlerbegriff wird dies nicht selten zu verneinen sein.[2] Die Gerichte neigen dazu, diese „Vorprüfung" zu unterlassen und sogleich auf § 460 BGB einzugehen.[3] 1934

Einen den Wert oder die Tauglichkeit des Fahrzeugs beeinträchtigenden **Fehler** (§ 459 I BGB) kennt der Käufer nicht schon dadurch, dass er die äußere Erscheinungsform des Fehlers, z. B. Beulen oder Roststellen, wahrgenommen hat. Erst wenn er **sicher weiß,** dass durch den ihm bekannten Defekt der Wert oder die Tauglichkeit des Fahrzeugs zumindest erheblich gemindert wird, muss er sich Kenntnis entgegenhalten lassen.[4] Selbst ein dringender Verdacht ist mit Kenntnis nicht gleichzusetzen. Hier kommt die zweite Alternative des § 460 BGB in Betracht. Sie hat eine Art Auffangfunktion.[5] Die Kenntnis des Käufers braucht sich nicht auf die **Fehlerursache** zu erstrecken. Es genügt, wenn er das äußere Erscheinungsbild (Lack, Rost) oder die Folgen (unzulängliche Beschleunigung, Schiefziehen beim Bremsen) kennt. 1935

Wenn der Käufer von mehreren Fehlern (z. B. mehreren Unfallschäden) nicht alle erkannt hat, bleibt die Haftung für die nichterkannten Fehler unberührt.[6] Bei **Rostschäden** kann es zweifelhaft sein, ob es sich um einen oder mehrere Fehler handelt.[7] Hat der Käufer Kenntnis von Durchrostungen am Fahrzeugunterboden, so kann es zumindest grob fahrlässig sein, wenn er sich nicht durch eine gezielte Überprüfung und/oder Frage an den Verkäufer um den Zustand 1936

---

1 Vgl. Rn 1883.
2 Vgl. *Soergel/Huber,* § 460 Rn 3; *Köhler,* JZ 1989, 761; Beispiel aus der Rspr.: BGH 22. 6. 1983, NJW 1983, 2242.
3 Z. B. LG Trier 17. 12. 1998, ZfS 1999, 153.
4 BGH 13. 5. 1981, NJW 1981, 2640; OLG Düsseldorf 25. 4. 1996, OLGR 1997, 250 – zu § 464 BGB.
5 Zur Funktion und Reichweite des § 460 BGB vgl. *Soergel/Huber,* § 460 Rn 3 f.
6 BGH 13. 5. 1981, NJW 1981, 2640; OLG Düsseldorf 30. 12. 1992, OLGR 1993, 129 (L.) zu § 464 BGB.
7 Hierzu OLG Hamm 16. 1. 1981, 19 U 136/80, n. v. (Neuwagen).

der Karosserie im Übrigen kümmert.[8] Ist dem Käufer bei Abschluss des Vertrages bekannt gewesen, dass der Wagen einen **Unfallschaden** hat, so kann er Kenntnis i. S. v. § 460 BGB nicht damit bestreiten, er habe nicht das genaue Ausmaß des Schadens erkannt (zum Begriff „Unfallwagen" s. Rn 1788 ff.).[9] Bei widersprüchlichen, einerseits zutreffenden und andererseits unzutreffenden Angaben des Verkäufers kommt es darauf an, wie der Käufer sie tatsächlich verstanden hat.[10] Hat der Verkäufer die Motorleistung richtig in kW und unrichtig in PS angegeben, so hat der Käufer die wirkliche Stärke nicht gekannt. Orientierungswert ist in erster Linie immer noch die PS-Zahl.[11] Zum Einwand der Kenntnis beim Fehlen einer zugesicherten Eigenschaft (hier: Steuerbefreiung) vgl. LG Köln MDR 1991, 55. **Beweispflichtig** für die Kenntnis des Käufers ist nach h. M. der Verkäufer.[12] Maßgeblich ist der **Zeitpunkt des Vertragsschlusses.** Das ist beim Kauf vom gewerblichen Händler nicht unbedingt der Zeitpunkt der Unterschriftsleistung auf dem Bestellschein (zum Vertragsabschluss s. Rn 1438 ff.).

bb) Grob fahrlässige Unkenntnis

1937 Einen Fehler i. S. v. § 459 I BGB hat der Verkäufer auch dann nicht zu vertreten, wenn er dem Käufer infolge grober Fahrlässigkeit unbekannt geblieben ist. Trotz grober Fahrlässigkeit bleibt die Haftung des Verkäufers bestehen, wenn er den Fehler arglistig verschwiegen oder Fehlerfreiheit zugesichert hat. Auch bei sonstigen Eigenschaftszusicherungen schadet grobe Fahrlässigkeit nicht.

1938 Unter welchen Umständen einem **privaten Käufer** beim Kauf vom Kfz-Händler grobe Fahrlässigkeit vorzuwerfen ist, kann meist dahingestellt bleiben. Denn Gewährleistungsansprüche stehen ihm wegen der totalen Haftungsfreizeichnung regelmäßig nur bei Arglist oder beim Fehlen einer zugesicherten Eigenschaft zu. In diesen beiden klassischen Haftungsfällen kommt dem Verkäufer selbst grobe Fahrlässigkeit des Käufers nicht zugute. **Hauptanwendungsfälle** des § 460 S. 2 BGB sind daher das **private Direktgeschäft** und der **Händlerankauf,** sei es der freie Zukauf, sei es die Inzahlungnahme. Zum **Händlerverkauf an Privat** s. Brandenburg. OLG OLGR 1995, 89.

1939 Nach **bürgerlichem Recht** ist der Käufer **grundsätzlich** nicht verpflichtet, das Kaufobjekt vor Abschluss des Vertrages auf seinen Zustand hin zu untersuchen. Die Annahme einer allgemeinen Untersuchungspflicht wird durch § 460 BGB gerade ausgeschlossen.[13] Zu mehr, als der Maßstab der groben Fahrlässigkeit verlangt, ist der Käufer nicht verpflichtet. Beim Kauf eines Gebrauchtwagens gilt grundsätzlich nichts anderes. Eine generelle Pflicht des technisch nicht versierten **Privatkäufers,** einen Sachverständigen oder eine Werkstatt zur Prüfung des Fahrzeugs hinzuzuziehen, besteht nicht.[14] Um den Vorwurf der groben Fahrlässigkeit zu vermeiden, ist er auch nicht in jedem Fall zu einer eigenen Probefahrt und/oder Besichtigung (Sichtprüfung) des Fahrzeugs verpflichtet.[15] Jahreswagen oder jüngere Fahrzeuge vom seriösen Fachhandel kann man ungeprüft kaufen, ohne sich damit dem Vorwurf grober Fahrlässigkeit auszusetzen. Es gibt auch kein generelles Gebot, den Zustand des Fahrzeugs daraufhin zu überprüfen, ob er mit den Daten im Fahrzeugbrief übereinstimmt. Vor allem beim Kauf vom Fabrikatshändler kann sich der private Kunde darauf verlassen, dass der Wagen ordnungsgemäß ausgerüstet ist und ein reparierter Unfallschaden offengelegt wird.

---

8 So auch AG Nienburg 30. 6. 1993, ZfS 1993, 304.
9 LG Köln 7. 5. 1980, 19 S 340/79, n. v.
10 *Soergel/Huber,* § 460 Rn 16.
11 OLG Stuttgart 12. 6. 1985, BB 1985, 1417 (zu § 459 II).
12 *Palandt/Putzo,* § 460 Rn 5.
13 *Soergel/Huber,* § 460 Rn 7, 19.
14 OLG Köln 9. 1. 1973, NJW 1973, 903; davon geht stillschweigend auch OLG Köln 16. 9. 1991, NJW-RR 1992, 49 aus (Wohnwagenkauf); vgl. auch *Köhler,* JZ 1989, 761, 767.
15 Zu allgemein *Hönn,* JuS 1989, 293; zu pauschal auch *Soergel/Huber,* § 460 Rn 20, wenn der Kauf eines gebrauchten Pkw ohne Besichtigung schlechthin als grob fahrlässig gewertet wird.

Beschränkungen und Ausschluss der Gewährleistung

1940 Eine **Untersuchungsobliegenheit** des Gebrauchtwagenkäufers kann sich immer nur aus den konkreten Umständen des Einzelfalles ergeben. Bevor bestimmte Unterlassungen des Käufers wie Abstandnahme von einer Probefahrt oder ein Verzicht auf eine Unterbodenbesichtigung mit Blick auf § 460 BGB bewertet werden, ist nach ihrer Relevanz auf der **Vertragsebene** zu fragen. Die Verhaltensweise des Käufers kann bereits bei der Festlegung der **Soll-Beschaffenheit** von Bedeutung sein. Sie kann auch auf einen **stillschweigenden Gewährleistungsausschluss** hindeuten. Zumindest die erste Frage ist logisch vorrangig. Ob man bei Bejahung eines Fehlers einen gesetzlichen oder – wie der BGH[16] – einen vertraglichen Haftungsausschluss annimmt, ist letztlich mehr eine rechtstechnische Frage. Die Beweislage des Verkäufers ist bei einem vertraglichen Haftungsausschluss allerdings günstiger.

1941 Eine Untersuchung des Fahrzeugs ist vom Käufer nur zu erwarten, wo **besondere Umstände** zur Vorsicht mahnen, d. h. dem Käufer bekannte Tatsachen und Indizien den Schluss auf einen Fehler nahe legen, sodass es unverständlich erschiene, den Dingen nicht weiter nachzugehen. Eine Prüfobliegenheit kann sich auch aus einer einschlägigen **Verkehrsübung** ergeben oder kraft **besonderer Sachkunde** des Käufers bestehen.[17]

1942 Im **Kfz-Handel** ist es heute allgemein üblich, einen Gebrauchtwagen vor der Händler-Hereinnahme einer Sicht- und Funktionsprüfung zu unterziehen (ausführlich dazu Rn 1917 f.). Ein Händler, der auf diese selbstverständliche Vorsichtsmaßnahme verzichtet und damit seine Sachkunde und seinen technischen Apparat bewusst ungenutzt lässt, kauft das Fahrzeug so wie es ist. Ist- und Soll-Beschaffenheit fallen zusammen, soweit Mängel in Rede stehen, die bei einer Sicht- und Funktionsprüfung aufgefallen wären. Man kann das Händlerverhalten auch als stillschweigenden Haftungsverzicht[18] oder eben als grobe Fahrlässigkeit i. S. v. § 460 S. 2 BGB werten. In der Rechtsprechung der Oberlandesgerichte[19] wird vorwiegend der gesetzliche Gewährleistungsausschluss angenommen, wenn ein **Kfz-Händler** einen Gebrauchtwagen ohne Untersuchung ankauft oder in Zahlung nimmt.

1943 Der **private Käufer**, der generell nicht zur Hinzuziehung eines Sachverständigen oder zu einer Werkstattkontrolle verpflichtet ist,[20] kann unter dem Gesichtspunkt der **Verkehrssitte** oder bei **konkretem Mängelverdacht** zur Untersuchung oder zu einer gezielten Erkundigung beim Verkäufer verpflichtet sein. Auf dem privaten Markt ist es allgemein üblich, vor dem Kauf eine **Probefahrt** zu machen und das Fahrzeug außen und innen zu **besichtigen.** Eine Unterbodenprüfung ist unüblich, weil die technischen Voraussetzungen in der Regel fehlen. Die auf dem Privatmarkt angebotenen Fahrzeuge sind durchschnittlich 6 Jahre alt und knapp 80 000 km gelaufen. Sie haben meist mehr als nur einen Vorbesitzer. Nach der – wenig realitätsnahen – Ansicht des BGH sind zwar Alter und eine hohe Anzahl von Vorbesitzern nicht von vornherein Anhaltspunkte für einen konkreten Mängelverdacht.[21] Deshalb brauche ein Händler in seiner Eigenschaft als Verkäufer auch einen 9 Jahre alten Pkw mit drei Voreigentümern nicht in jedem Fall zu untersuchen. Eine Prüfobliegenheit des privaten Käufers in Form einer Besichtigung und Probefahrt ist jedoch zumindest beim **Kauf älterer Fahrzeuge von Privat** anzunehmen.[22] Unterlässt es der Käufer, den Verkäufer **nach Unfall-**

---

16 Urt. v. 21. 4. 1982, NJW 1982, 1700; hierzu *Schack*, NJW 1983, 2806; *Haase,* JR 1982, 498.
17 Vgl. auch LG Münster 29. 6. 1988, NZV 1988, 145 (Privatkäufer zog sachkundigen Zeugen zur Besichtigung hinzu).
18 So BGH 21. 4. 1982, NJW 1982, 1700.
19 OLG Köln 8. 7. 1969, JMBl. NW 1970, 154; OLG Celle 13. 11. 1973, NdsRpfl. 1974, 83; s. auch OLG Kiel, SchlHAnz. 1941, 119; OLG Oldenburg 4. 7. 1962, MDR 1962, 901; OLG Düsseldorf 29. 5. 1972, BB 1972, 857.
20 Vgl. oben Fn. 12 und LG Karlsruhe 9. 1. 1981, DAR 1981, 152.
21 Urt. v. 21. 1. 1981, NJW 1981, 928.
22 OLG Frankfurt 18. 9. 1991, ZfS 1992, 230; LG Karlsruhe 9. 1. 1981, DAR 1981, 152; vgl. auch OLG Köln 16. 9. 1991, NJW-RR 1992, 49 (Kauf eines 10 Jahre alten Wohnwagens); s. auch OLG Hamm 6. 2. 1995, ZfS 1995, 17 = DAR 1995, 446 – über 20 Jahre altes VW Cabrio.

schäden zu fragen, so ist dies nicht in jedem Fall grob fahrlässig.[23] Etwas anderes kann gelten, wenn der äußere Zustand des Fahrzeugs und/oder Bemerkungen des Verkäufers[24] auf einen Unfall hindeuten. Besondere Vorsicht ist bei **stillgelegten Fahrzeugen** geboten. Auch bei einer nur vorübergehenden Stillegung (z. B. Versicherungsabmeldung, § 29b StVZO) darf das Fahrzeug nicht im Straßenverkehr bewegt werden. Lässt der Käufer sich vorbehaltlos auf einen Vertrag ein, so muss er zur Vermeidung des Vorwurfs der groben Fahrlässigkeit besondere Sorgfalt walten lassen (gründliche Besichtigung, Prüfung der Fahrzeugpapiere, Fragen an Verkäufer).[25] „Augen auf beim Autokauf" gilt hier in besonderer Weise. Die **Beweislast** für diejenigen Tatsachen, die den Begriff der „groben Fahrlässigkeit" ausfüllen, trägt der Verkäufer (h. M.).

1944 Als **Sondertatbestand** geht § 460 BGB der Regelung in **§ 254 BGB** vor.[26] Dem Käufer steht ein uneingeschränkter Schadensersatzanspruch aus § 463 BGB auch dann zu, wenn er wegen grober Fahrlässigkeit den Sachmangel nicht erkannt hat; erst recht ist leichte Fahrlässigkeit unschädlich.[27] Aus einem derartigen „Verschulden" des Käufers kann der Verkäufer keine eigenen Ersatzansprüche herleiten.

b) Mangelkenntnis bei Annahme

1945 Die Vorschrift des § 464 BGB spielt beim Gebrauchtwagenkauf keine große Rolle. Entweder fallen Kauf und Übergabe in einem Akt zusammen (s. Rn 1441), oder die Übergabe schließt sich unmittelbar an den Vertragsabschluss an. Beim privaten Direktgeschäft werden die Fahrzeuge üblicherweise sofort mitgenommen, wenn man sich einig geworden ist. Zwischen Kauf und Übergabe liegen selten mehr als ein bis zwei Tage. Annahme wird als Entgegennahme mit Billigungscharakter definiert.[28] Kenntnis i. S. v. § 464 BGB ist genauso zu verstehen wie bei § 460 BGB (vgl. Rn 1935 f.).[29] Nur der Zeitpunkt ist verschieden. Rügelose Annahme schadet dem wissenden Käufer selbst im Fall der arglistigen Täuschung. Fahrlässiges Nichterkennen führt in keinem Fall zum Anspruchsverlust. Selbst grobe Fahrlässigkeit ist in diesem Stadium der Vertragsbeziehung folgenlos.

Zur Rechtslage bei **Kenntnis nach Übergabe** und rügelosem (Weiter-)Gebrauch des Fahrzeugs s. Rn 749 ff.

2. Vertragliche Gewährleistungsbeschränkungen

a) Erscheinungsformen

1946 Der Versuch, die Sachmängelhaftung des gewerblichen Gebrauchtwagenverkäufers vertraglich auszuschließen, ist so alt wie der Handel mit gebrauchten Kraftfahrzeugen. Die historische Entwicklung der letztlich erfolgreichen Bemühungen der Kfz-Verbände hat *von Brunn* in mehreren Beiträgen nachgezeichnet.[30] Heute zeigt sich folgendes Bild:

---

23 OLG Brandenburg 17. 1. 1995, OLGR 1995, 89 (Händlerverkauf); vgl. auch BGH 16. 3. 1977, NJW 1977, 1055 (Käufer hatte den Händler weder nach einem früheren Unfall gefragt noch eine Probefahrt gemacht).
24 Vgl. auch OLG Braunschweig 23. 8. 1991, Nds. Rpfl. 1992, 26.
25 LG Karlsruhe 9. 1. 1981, DAR 1981, 152.
26 *Soergel/Huber,* § 460 Rn 7.
27 BGH 28. 6. 1978, NJW 1978, 2240 = WM 1978, 1175; BGH 29. 1. 1993, NJW 1993, 1643 (Grundstückskauf).
28 Dazu *Rieble,* JZ 1997, 487; *Ernst,* NJW 1997, 896.
29 Vgl. OLG Düsseldorf 30. 10. 1992, OLGR 1993, 129 (L.); OLG Düsseldorf 25. 4. 1996, OLGR 1997, 250; s. auch OLG Düsseldorf 8. 11. 1995, NJW-RR 1996, 693.
30 DAR 1967, 149; NJW 1956, 306; ferner in „Die formularmäßigen Vertragsbedingungen der deutschen Wirtschaft", 1956, S. 146 f.

Beschränkungen und Ausschluss der Gewährleistung

Dem Kauf vom Kfz-Handel liegen fast ausnahmslos formularmäßige Geschäftsbedingungen zugrunde. Unter „Gewährleistung" heißt es z. B.

„Für den Kaufgegenstand wird keine Gewähr geleistet"

oder

„Für den Kaufgegenstand ist jede Gewährleistung ausgeschlossen".

Nicht immer sind die Freizeichnungsklauseln des Kfz-Handels so apodiktisch und so knapp gefasst. Mitunter heißt es auch heute noch:

„Gebraucht wie besichtigt und unter Ausschluss jeder Gewährleistung"

oder

„Das Fahrzeug ist verkauft wie es geht und steht unter Ausschluss jeder Gewährleistung"

oder gar:

„Gebraucht, wie ausgiebig besichtigt, unter Ausschluss jeglicher Gewährleistung im Hinblick auf sichtbare und unsichtbare Mängel, insbesondere bezüglich des Kilometerstandes, früherer Unfälle und etwa auftretender Schäden infolge früherer Unfälle. Da das Fahrzeug vom Autohändler nicht auf Unfallspuren und auf andere Mängel untersucht worden ist, können frühere Unfälle, Korrosionsschäden sowie andere sichtbare und unsichtbare Schäden an der Karosserie, am Fahrgestell, an der Bodengruppe oder am Motor auch nicht ausgeschlossen werden. Der Autohändler übernimmt keine Haftung für die Statthaftigkeit und die TÜV-Zulassung irgendwelcher Zubehörteile oder Fahrzeugveränderungen."

In fast allen Formularverträgen findet sich die Freizeichnung auch außerhalb des „Kleingedruckten" auf der Vorderseite des Bestellscheins (Kaufantrags). **1947**

Für den **seriösen Fachhandel** ist es heute ein Gebot der wirtschaftlichen Vernunft, gebrauchte Personenkraftwagen nicht ohne, sondern **mit Gewährleistung** in Form von Garantien zu verkaufen. Das Motto **„alle Gebrauchten mit Garantie"** ist die zentrale Aussage der ZDK-Gebrauchtwagen-Konzeption Oktober 1988. Schon vor deren Einführung wurden etwa 40% der im Fachhandel stehenden Gebrauchtfahrzeuge mit Garantie verkauft. Zu den einzelnen Garantietypen s. Rn 1690 ff. Ob ein Fahrzeug mit oder ohne Garantie verkauft worden ist, erkennt man meist schon an der Kopfzeile des Bestellscheins („verbindliche Bestellung eines gebrauchten Kraftfahrzeuges mit Garantie"). Die Formularverlage bieten heute für alle Gebrauchtwagengeschäfte, insbesondere für das jetzt wieder dominierende Eigengeschäft, jeweils zwei Vordrucke an: einen mit und einen ohne Garantie. Im Zuge der **Neukonzeption des Gebrauchtwagengeschäfts** durch den ZDK[31] sind die Verkaufsbedingungen auch hinsichtlich der Sachmängelgewährleistung geändert worden. Das 1980 eingeführte Nachbesserungsmodell, eigentlich nie prozessrelevant geworden, ist damit gegenstandslos. Da die marktüblichen Gebrauchtwagengarantien keine Vollgarantien sind, bleibt es auch bei einem **Verkauf mit Garantie** bei der **Zusatzklausel:** „Im Übrigen wird das Fahrzeug unter Ausschluss jeder Gewährleistung verkauft." Bei einem **Verkauf ohne Garantie** oder sonstige Sondervereinbarung wird **„unter Ausschluss jeder Gewährleistung"** verkauft. So steht es im Fettdruck auf der Vorderseite des Bestellscheins und zusätzlich in Ziff. VII, S. 1 der vom ZDK empfohlenen Verkaufsbedingungen. Verfehlt wäre die Ansicht, Ziff. VII, S. 1 ZDK-AGB regele die Frage der Gewährleistung nur für den Fall des Verkaufs mit Garantie.

Bei **Geschäften zwischen Privatpersonen** ohne Einschaltung eines Händlers als Vermittler werden meist ähnliche Freizeichnungsklauseln wie beim Kauf vom Händler benutzt, sei es in selbst aufgesetzten Verträgen, sei es in Musterverträgen des ADAC[32] oder anderer Verbände. Auch die Fachzeitschriften liefern häufig Formulierungshilfe. Beim Kauf auf einem privaten Automarkt (Autokino, Parkplatz eines Supermarktes o. ä.) stellen die Veranstalter Vertragsformulare zur Verfügung, die gerade in puncto Gewährleistung mitunter **1948**

---
31 Vgl. Rn 1651, 1815.
32 Dazu OLG Celle 20. 10. 1994, OLGR 1994, 329.

ungewöhnliche Regelungen enthalten. Zur Auslegung der Freizeichnungsklauseln beim Privatgeschäft s. Rn 1972, 1975 ff.

b) Auslegung der Freizeichnungsklauseln in den Geschäftsbedingungen des gewerbsmäßigen Handels

1949 In Rechtsprechung und Schrifttum herrscht weitgehend Einigkeit darüber, dass durch die umfassende Freizeichnungsklausel in den Verkaufsbedingungen des Kfz-Handels die Haftung des Verkäufers für **sämtliche Mängel** des Fahrzeugs ausgeschlossen wird. Mit dieser Klausel stellt der Verkäufer in erster Linie klar, dass er auch und gerade für **verborgene Mängel,** insbesondere **unbekannte Unfallschäden,** seine Haftung ausschließen will.[33] Der Haftungsausschluss bezieht sich nur auf solche Mängel, die bereits **bei Vertragsabschluss** vorgelegen haben, also zu diesem Zeitpunkt zumindest „im Keim" angelegt waren (vgl. dazu Rn 1630). Auf Mängel, die zwischen Abschluss des Kaufvertrages und Fahrzeugauslieferung entstanden sind, beziehen sich die handelsüblichen Freizeichnungsklauseln nicht. Anders als z. B. beim Grundstückskauf[34] ist die **Zeitpunktfrage** beim Gebrauchtfahrzeugkauf kein praxisrelevantes Problem. Denn Kauf und Übergabe liegen meist so nahe zusammen, dass eine Verschlechterung des Zustandes in der Zwischenzeit ausscheidet. Das gilt insbesondere für das private Direktgeschäft. Beim Kauf über den gewerblichen Handel ist zu beachten, dass auf Grund besonderer Abschlusstechnik Auslieferung und Vertragsschluss rechtlich zusammenfallen können (dazu Rn 1441). Gleichwohl kann der Händler seine Gewährleistung nicht unter Hinweis auf die formularmäßige Ausschlussklausel ablehnen, wenn das Fahrzeug zwischen Unterzeichnung des Bestellscheins (Angebotsabgabe) durch den Kunden und Auslieferung an ihn einen verborgen gebliebenen Defekt erlitten hat. Formularmäßige Freizeichnungsklauseln sind **im Zweifel eng** auszulegen. Hinzu kommt: Der Käufer muss – zumindest theoretisch – die Möglichkeit gehabt haben, denjenigen Mangel, mit dem er qua Freizeichnung belastet wird, vor Abgabe eines verbindlichen Angebots zu entdecken (Besichtigung, Probefahrt, Nachfrage beim Verkäufer o.ä.). Will der Verkäufer sich auch von der Haftung für Mängel aus der Zeit zwischen Abgabe des Angebots und Auslieferung freizeichnen, muss er mit dem Käufer eine entsprechende Abrede treffen. Das geschieht im Handel bisweilen durch so genannte „Abnahme-Erklärungen" (dazu Rn 1846).

Art des Sachmangels: Der weite juristische Fehlerbegriff, gleich welcher Version, wirft die Frage auf, ob der Haftungsausschluss sich auch auf solche Erscheinungen erstreckt, die außerhalb des Kernbereichs von Fahrzeugmängeln liegen. Das OLG Hamm hat sich bereits Anfang der Fünfziger für eine **Begrenzung** ausgesprochen.[35] Ihrem Sinn und Zweck nach soll sich die Freizeichnungsklausel nur auf solche Mängel erstrecken, die den **technischen Gebrauch** des Fahrzeugs beeinträchtigen. Ausgeklammert wurden Beschaffenheitsabweichungen wie etwa die Nichtübereinstimmung von Fahrgestellnummer am Fahrzeug mit der Nummer im Fahrzeugbrief. Während mehrere Oberlandesgerichte in derartigen Störfällen keinen Sachmangel sehen,[36] hält der **BGH** die §§ 459 ff. BGB auch hier für anwendbar; siehe Rn 1617 ff. Der vom OLG Hamm angeschnittenen Auslegungsfrage brauchte er seinerzeit nicht nachzugehen, weil die Klausel „wie besichtigt und probegefahren" lautete und damit

---

[33] BGH 11. 6. 1979, BGHZ 74, 383 = NJW 1979, 1886 = BB 1979, 1061 m. Anm. *Löwe;* BGH 16. 3. 1977, NJW 1977, 1055 („unmissverständliche Erklärung über den Haftungsausschluss für alle Mängel").

[34] Vgl. dazu BGH 10. 3. 1995, NJW 1995, 1737 – Brand zwischen Notar- und Übergabetermin; OLG Hamm 28. 1. 1999, OLGR 1999, 349; OLG Hamm 17. 5. 1999, OLGR 1999, 389; zum Problem auch *Tiedtke,* NJW 1995, 3081, 3084.

[35] Urt. v. 24. 11. 1952, NJW 1953, 386; siehe auch OLG Hamburg 11. 7. 1958, BB 1958, 896.

[36] Vgl. Rn 1614 ff.; s. auch OLG Oldenburg 31. 1. 1995, NJW-RR 1995, 688 = MDR 1995, 360 – unrichtige Herstellerangabe bei einem nach Totalschaden wieder aufgebauten BMW Z 1; SchlHOLG 4. 7. 1996, OLGR 1996, 339 = ZfS 1997, 17 – Austausch der FIN.

Beschränkungen und Ausschluss der Gewährleistung

ohnehin eine geringere Reichweite hatte. Ob der vollständige Gewährleistungsausschluß auch Fälle **nichttechnischer Fehlerhaftigkeit** erfasst, ist auch in der Taxi-Entscheidung des BGH vom 12. 5. 1976[37] offen geblieben.[38] Das KG hatte als Vorinstanz die Meinung vertreten, dass die Klausel bei solchen Mängeln nicht gelte, die für den Verkäufer aus dem Fahrzeugbrief ersichtlich seien. Im Streitfall hatte ein Kfz-Händler einen Wagen verkauft, der 4 Jahre lang als Taxi benutzt worden war. Unentschieden ist die Streitfrage auch in dem BGH-Urteil vom 7. 5. 1997 (NJW 1997, 3164) geblieben.

Unter der Geltung des AGB-Gesetzes mit der Möglichkeit der offenen Inhaltskontrolle nach §§ 9–11 ist die verdeckte Kontrolle durch Auslegung in den Hintergrund gedrängt worden. Dies gilt auch für die Freizeichnungsklausel beim Gebrauchtwagenkauf. Bei aller gebotenen Zurückhaltung gegenüber dem traditionellen Restriktionsprinzip („eine Freizeichnungsklausel ist im Zweifel eng auszulegen") können zwei Fragen der (vorrangigen) Auslegung nicht von vornherein entzogen werden. Zum einen ist zu erwägen, den Anwendungsbereich der Freizeichnungsklausel auf **Sachsubstanzmängel** zu begrenzen und damit diejenigen Störungsfälle herauszunehmen, bei denen **unkörperliche Eigenschaften** (sog. Umweltbeziehungen) den Sachmangel begründen. Es handelt sich dabei vor allem um die Fallgruppe, die im Grenzbereich zwischen Sachmängel- und Rechtsmängelhaftung liegt.[39] Zum anderen stellt sich auch im Rahmen der Klauselauslegung die Frage, ob der allgemeine Gewährleistungsausschluss sog. Schwerstmängel umfasst. Hier geht es nicht, jedenfalls nicht in erster Linie, um eine Binnenauslegung, sondern um eine Auslegung der Freizeichnungsklausel im Lichte des **gesamten Vertragsinhaltes.** Wiederum war es das OLG Hamm (28. ZS), das mit Urteil vom 26. 6. 1982[40] den Denkanstoß gegeben hat: Im Wege der Auslegung des individualvertraglich festgelegten Vertragsinhalts[41] ist es zu dem Ergebnis gelangt, dass der vereinbarte Haftungsausschluss nicht den Fall der mängelbedingten Gebrauchsuntüchtigkeit („Schwerstmangel") erfasse. Bei diesem Ansatz handelt es sich um ein Problem des Vorrangs der Individualabrede (§ 4 AGBG).

Als **vernünftiger Zweck** des allgemeinen Gewährleistungsausschlusses kann nur der Ausschluss der Haftung für solche Mängel angesehen werden, die den **bestimmungsgemäßen Gebrauch** des Kfz unmittelbar beeinträchtigen und deren Grund im Gebrauchtsein des Kaufobjekts liegt. Eine Auslegungshilfe ist die Frage, ob die Vertragswidrigkeit **mit technischen Mitteln,** also in einer Werkstatt, zu beseitigen ist. Der Sachmangel in seiner „vergeistigten" Variante wird von dem formularmäßigen Haftungsausschluss nicht erfasst. Schon nach dem **allgemeinen Sprachgebrauch** handelt es sich nicht um „Mängel", wenn die Fahrzeugpapiere fehlen oder wenn Daten des Fahrzeugs und des Briefs nicht übereinstimmen oder die Fahrzeugidentifizierungsnummer (FIN) ausgetauscht worden ist.[42] So kann der Händler seine Sachmängelhaftung für ein **höheres Fahrzeugalter**[43] nicht unter Berufung auf den allgemeinen Gewährleistungsausschluss ablehnen.[44] Auch die Fälle **atypischer Vorbe-**

---

37 BB 1977, 61 m. Anm. *Trinkner*.
38 Ebenso im Urt. v. 7. 5. 1997, NJW 1997, 3164.
39 Dazu Rn 1595 ff.
40 Vorinstanz von BGH 22. 2. 1984, NJW 1984, 1452.
41 Sondervereinbarungen waren nicht getroffen, wie der Revisionsentscheidung des BGH v. 22. 2. 1984, NJW 1984, 1452, zu entnehmen ist.
42 Dazu SchlHOLG 4. 7. 1996, OLGR 1996, 339 = ZfS 1997, 17.
43 Oder eine frühere Erstzulassung.
44 Ein höheres Alter hat der BGH (VII. ZS) schon nicht als Fehler i. S. v. § 459 I BGB angesehen, vgl. Rn 1597; ein nicht vertragsgemäßes Erstzulassungsdatum scheint er bei Fehlen einer Zusicherung und bei Gutgläubigkeit des Verkäufers für freizeichnungsfest zu halten. Andernfalls hätte er der Wandlungsklage im Fall BGH NJW 1992, 170 stattgeben müssen; s. auch BGH NJW 1996, 584 unter II, 3b, aa.

nutzung (Taxi, Miet- oder Fahrschulwagen) sind auszuklammern.[45] Eine Freizeichnung setzt hier eine **konkrete Abrede** voraus, die auch formularmäßig erfolgen kann.

1952   Ob der allgemeine Gewährleistungsausschluss darüber hinaus zu begrenzen ist, indem man „grundlegende, den Vertragszweck erheblich gefährdende Mängel" (sog. Schwerstmängel) aus seinem Anwendungsbereich herausnimmt, ist eine Frage, die durch den Gebrauchtwagen-Run in den **neuen Bundesländern** besondere Aktualität erlangt hatte. Inzwischen haben sich die Verhältnisse normalisiert. Grundsätzlich kommen zwei Lösungswege in Betracht: Denkbar ist einerseits, die Freizeichnungsklausel auch bei den sog. **Schwerstmängeln** für anwendbar zu halten und zum Schutz des Käufers gesteigerte Aufklärungspflichten zu statuieren, flankiert von einer extensiven Anwendung des § 459 II BGB. Dies ist das Konzept des BGH.[46] Die Alternative heißt: Beschränkung der Freizeichnungsklausel aus sich selbst heraus, nicht mittelbar durch eine „überschießende" Gegensteuerung über § 476 BGB und mit Hlfe der Figur der stillschweigenden Eigenschaftszusicherung.

Darüber, dass überhaupt ein **Regelungsbedürfnis** besteht, ist man sich in allen Lagern weitgehend einig. Auch die einschlägigen Gerichtsentscheidungen enthalten oft das stillschweigende Eingeständnis, dass der allgemeine Gewährleistungsausschluss im Einzelfall zu **unbefriedigenden Ergebnissen** führt. Diese richtige Erkenntnis ist die Grundlage all derjenigen Entscheidungen, in denen der Gewährleistungsausschluss neutralisiert worden ist, ohne dass nachweisbare Arglist im Spiel war.

Zwar hat der Käufer eines gebrauchten Kfz kein unbedingt schutzwürdiges Interesse an völliger Sachmängelfreiheit. In seiner Minimalerwartung, wenigstens ein zulassungsfähiges Fahrzeug zu erhalten, ist er jedoch zu schützen. Diese Grundentscheidung gilt es dogmatisch abzusichern. Dabei liegt es nahe, genau dort anzusetzen, wo der Schutz des Käufers eingeschränkt wird. Die Rechtsprechung zäumt das Pferd am Schwanz auf, wenn sie die Tragweite der Freizeichnung nicht mit AGB-spezifischen Mitteln, sondern durch extensive Auslegung der Neutralisierungstatbestände (§ 476 BGB, Eigenschaftszusicherung) zu korrigieren versucht. Dieses Vorgehen erscheint auch deshalb bedenklich, weil der Verkäufer auch dort der verschärften Haftung aus § 463 BGB unterworfen wird, wo es angemessener wäre, den Interessenkonflikt mit den Rechtsbehelfen der Wandlung und Minderung zu lösen. Angesichts eines immer mehr an Konturen verlierenden Schadensbegriffs stünde der Verkäufer vielfach besser, wenn er auf eine Freizeichnung verzichtet hätte. Dass häufig nur die Freizeichnungsklausel den Blick auf die Arglisttatbestände lenkt, lässt sich nicht bestreiten. Sie provoziert geradezu die Behauptung des Käufers, arglistig getäuscht worden zu sein oder eine Zusicherung i. S. v. § 459 II BGB erhalten zu haben.

1953   Von den zur Verfügung stehenden Instrumenten zur Begrenzung des Gewährleistungsausschlusses ist das der Auslegung hier am wenigsten tauglich. Im Kern geht es um ein **Problem der Angemessenheit** und damit der (offenen) **Inhaltskontrolle.** Im Übrigen: Weder aus sich selbst heraus noch im Kontext mit dem typischen Inhalt von Gebrauchtwagenkaufverträgen kann der allgemeine Gewährleistungsausschluss dahin ausgelegt werden, dass die Haftung für sog. Schwerstmängel bestehen bleibt.[47] Dass ein Händler die Abwesenheit dieser Mängel oder – positiv gewendet – die Gebrauchstauglichkeit des Fahrzeugs konkludent oder stillschweigend zusichert, kann **im Regelfall** nicht angenommen werden. Schon der Gewährleistungsausschluss spricht für das Gegenteil. Auch eine „schlichte" Beschaffenheitsangabe dieses Inhalts (§ 459 I BGB) wäre nichts anderes als eine Fiktion. Der BGH hat klargestellt: Ohne konkrete Anhaltspunkte für eine abweichende Auslegung erfasst die übliche Freizeich-

---

45 Ebenso die Unrichtigkeit einer Herstellerangabe, vgl. OLG Oldenburg 31. 1. 1995, NJW-RR 1995, 688.
46 Vgl. *Hiddemann,* 25 Jahre Bundesgerichtshof, S. 132.
47 Zutreffend BGH 22. 2. 1984, NJW 1984, 1452.

nungsklausel **auch schwerste technische Mängel;** insoweit ist sie umfassend.[48] Konkrete Anhaltspunkte in diesem Sinn sind nicht: Anbieten des Fahrzeugs als Gebrauchtwagen statt als Schrott- oder Bastlerwagen, Verlangen eines Preises, der für ein im Wesentlichen mängelfreies Fahrzeug angemessen wäre, Hinweis auf gerade erfolgte TÜV-Abnahme, Vorlage einer Werkstattrechnung oder des „Scheckhefts". Alle diese Tatsachen sind ohne das Hinzutreten weiterer Umstände zu schwach, um den Gewährleistungsausschluss zurücktreten zu lassen.

Seit langem ist es im Ergebnis **allgemein anerkannt,** dass ein lediglich **formularmäßiger** Gewährleistungsausschluss sich nicht auf die Haftung des Verkäufers für das **Fehlen zugesicherter Eigenschaften** bezieht.[49] Schon vor Geltung des § 4 AGBG war dies gesichertes Rechtsgut. Freilich ist der Gewährleistungsausschluss beim Fehlen einer zugesicherten Eigenschaft nicht etwa unwirksam. Nur **punktuell** entfaltet er keine Wirksamkeit. Bei Eigenschaften, deren Vorhandensein nicht zugesichert ist, kann er durchaus eingreifen. Dass der Anspruch auf **Schadensersatz wegen Nichterfüllung** (§ 463 Satz 1 BGB) durch AGB nicht einmal eingeschränkt werden darf, folgt bereits aus **§ 11 Nr. 11 AGBG.** Diese Vorschrift gilt – anders als § 11 Nr. 10 AGBG – auch beim Kauf gebrauchter Sachen.[50] Die Klausel Ziff. VII, 2 a. E. ZDK-AGB, wonach der Anspruch aus § 463 S. 1 BGB „unberührt" bleibt, drückt etwas Selbstverständliches aus. Notwendig ist dieser Hinweis nicht. Da ausdrücklich nur der Schadensersatzanspruch aus § 463 Satz 1 BGB für AGB-fest erklärt wird, scheint ein Ausschluss der weniger weitreichenden Gewährleistungsrechte – Wandlung und Minderung – mit § 11 Nr. 11 AGBG zu vereinbaren sein. Die Rechtsprechung konnte diese Frage bislang umgehen,[51] weil sie mit dem **Vorrang der Individualabrede** (§ 4 AGBG) argumentiert oder die Unklarheitenregel des § 5 AGBG anwendet. Im Ergebnis ist es mithin so, dass der Käufer eines gebrauchten Kraftfahrzeugs beim Fehlen einer zugesicherten Eigenschaft die freie Wahl zwischen allen drei gesetzlichen Gewährleistungsansprüchen hat.[52]

1954

Das in § 4 AGBG verankerte **Vorrangprinzip** setzt sich richtigerweise auch bei **Beschaffenheitsangaben** durch, die nicht die Qualität von Eigenschaftszusicherungen haben. Selbst konkludente oder stillschweigende Individualabreden dieser Art können Formularklauseln verdrängen.[53] Da die Rechtsprechung Beschaffenheitsangaben des gewerblichen Gebrauchtwagenverkäufers in der Regel für stillschweigende Zusicherungen gem. § 459 II BGB hält,[54] stellt sich die Vorrangfrage in der Praxis meist nur im Verhältnis zwischen **Zusicherungen** bzw. **Nachbesserungsklauseln** („Garantien") einerseits und dem formularmäßigen Haftungsausschluss andererseits.

1955

Wird die Gewährleistung ausnahmsweise – wie in den Fällen BGH NJW 1983, 1424 und BGH NJW 1991, 1880 – nicht formularmäßig, sondern **individuell** ausgeschlossen, neigt der BGH bei entgegenstehender Eigenschaftszusicherung zu einer **restriktiven Auslegung** der Freizeichnungsklausel.[55] Bei dieser atypischen Fallgestaltung wird man bereits die Existenz

1956

---

48 BGH 22. 2. 1984, NJW 1984, 1452.
49 Grundlegend BGH 29. 5. 1968, BGHZ 50, 200, 206 (Klebemittel); für den Gebrauchtwagenhandel erstmals Urt. v. 25. 6. 1975, NJW 1975, 1693 unter III, 4b (km-Angabe), ferner BGH 4. 10. 1989, NZV 1990, 110 = DAR 1989, 458 (km-Angabe); BGH 10. 10. 1977, NJW 1978, 261 (Unfallfreiheit); BGH 21. 4. 1993, NJW 1993, 1854 („fahrbereit").
50 Zumindest missverständlich LG Köln 1. 6. 1989, DAR 1991, 188.
51 Vgl. aber auch BGH 10. 10. 1977, NJW 1978, 261.
52 So auch *Soergel/Huber,* § 459 Rn 179; vor § 459 Rn 78.
53 BGH 6. 3. 1986, NJW 1986, 1807 = WM 1986, 577; BGH 20. 10. 1992, NJW 1993, 657 unter III, 2; zum Problem s. Rn 1649.
54 Hierzu Rn 1660 ff.
55 Urt. v. 30. 1. 1985, NJW 1985, 1333 = JR 1985, 364 m. Anm. *Köhler;* s. auch BGH 10. 10. 1977, BB 1977, 1623; BGH 30. 11. 1990, NJW 1991, 912; BGH 12. 4. 1996, NJW 1996, 2027 – Immobilienkauf; ebenso OLG Köln 18. 12. 1996, NZV 1998, 73 = OLGR 1997, 108.

einer Eigenschaftszusicherung in Zweifel ziehen müssen.[56] Bei Verbraucherverträgen ist auch § 24a Nr. 2 AGBG zu beachten. Welche Möglichkeiten der Käufer im Fall einer individualvertraglichen Freizeichnung außerhalb der Vertragsauslegung hat, erörtert *Köhler,* JR 1985, 368.[57]

1957 Bei der Klausel **„wie besichtigt und unter Ausschluss jeder Gewährleistung"** hat die Rechtsprechung früher vereinzelt angenommen, dass zwischen den beiden Klauselteilen ein **Widerspruch** bestehe, der nach der **Unklarheitenregel** (§ 5 AGBG) zu Lasten des Verwenders gehe.[58] Abgesehen davon, dass diese Frage inzwischen höchstrichterlich zu Gunsten des Kfz-Handels geklärt ist,[59] hat sich das Problem auch dadurch erledigt, dass der Vorspann „wie besichtigt" gestrichen worden ist. Es heißt heute meist nur noch: „Für den Kaufgegenstand wird keine Gewähr geleistet" oder „unter Ausschluss jeder Gewährleistung". **Langtextklauseln** der unter Rn 1946 beschriebenen Art sind nur noch vereinzelt anzutreffen. Das LG Aachen[60] hat der zitierten Klausel Zulässigkeit bescheinigt.

1958 Wenn der formularmäßige Haftungsausschluss mit einer individuell vereinbarten Besichtklausel zusammentrifft, bleibt es auch unter Berücksichtigung der §§ 4, 5 AGBG bei dem umfassenden Gewährleistungsausschluss.[61] Zum Zusammentreffen eines formularmäßigen Gewährleistungsausschlusses mit der individuellen Zusage, vorhandene Mängel vor Übergabe zu beseitigen, siehe BGH 6. 10. 1971, NJW 1972, 46 und Rn 1824, 1783, 1786.

1959 Dazu, ob der formularmäßige Gewährleistungsausschluss **konkurrierende Ansprüche,** z. B. aus unerlaubter Handlung, und das Recht der **Irrtumsanfechtung** (§ 119 II BGB) erfasst, s. Rn 2096, 2057 f.

c) Inhaltskontrolle
aa) Rechtsprechung und Schrifttum

1960 Nach **gefestigter Rechtsprechung** ist der völlige Gewährleistungsausschluss auch bei Verwendung gegenüber Endverbrauchern (Privatpersonen) wirksam. Grundlegend ist das Urteil des **BGH** vom 11. 6. 1979.[62] In Anlehnung an frühere Entscheidungen[63] stellt er fest: Die Klausel „gebraucht, wie besichtigt unter Ausschluss jeder Gewährleistung" verstößt nicht gegen § 9 AGBG.

1961 Das **Schrifttum** ist dem BGH bis Mitte der siebziger Jahre nahezu kritiklos gefolgt.[64] Erst im Zuge der Bemühungen um einen verstärkten Verbraucherschutz sind wiederholt Bedenken gegen die Zulässigkeit des umfassenden Gewährleistungsausschlusses angemeldet worden. So sind insbesondere *Hager*[65] und *Schwenzer*[66] dafür eingetreten, die Haftung des Kfz-Händlers für solche Mängel wiederherzustellen, die er bei einer sachkundigen Untersuchung entdeckt hätte. Diese Gewährleistungspflicht rechtfertige sich aus dem vom Händler in Anspruch genommenen und ihm entgegengebrachten Vertrauen. In die gleiche Richtung zielt der Vorschlag *Grabas,* den Anwendungsbereich der Freizeichnungsklausel auf „typische

---

56 Vgl. OLG München 7. 7. 1992, OLGR 1992, 113 (EZ-Angabe in Zeitungsanzeige).
57 Vgl. auch *Honsell,* JZ 1986, 497; *Soergel/Huber,* § 459 Rn 191; *Flume,* JZ 1992, 367.
58 LG Essen 7. 1. 1954, RdK 1954, 90; LG Kiel, SchlHAnz 1959, 123; LG München I 20. 12. 1976, NJW 1977, 766 m. Anm. *Eggert,* S. 2267.
59 BGH 11. 6. 1979, BGHZ 74, 383 = NJW 1979, 1886; BGH 24. 4. 1996, NJW 1996, 2025; s. auch BGH 6. 10. 1971, NJW 1972, 46.
60 Urt. v. 1. 6. 1988, 4 O 5/88, n. v.; s. auch OLG Köln 15. 6. 1998, NZV 1998, 466.
61 Vgl. auch LG Osnabrück 29. 4. 1980, VersR 1981, 45.
62 BGHZ 74, 383 = NJW 1979, 1886 = DAR 1979, 278.
63 Vor allem 8. 10. 1969, NJW 1970, 29; s. auch BGH 6. 10. 1971, NJW 1972, 46.
64 Nachweise in BGHZ 74, 383 = NJW 1979, 1886.
65 NJW 1975, 2276.
66 S. 140.

Mängel" zu beschränken, d. h., „außergewöhnliche Verschleißerscheinungen und substantielle Unfallschäden" sollen ebenso herausgenommen werden wie Fehler, die die Verkehrssicherheit des Fahrzeugs beeinträchtigen.[67] Insoweit müsse eine strenge, garantieartige Einstandspflicht eingreifen. Auf dieser dogmatischen Grundlage ruht das seinerzeit stark beachtete Urteil des LG Augsburg vom 17. 5. 1977.[68]

Mit der **Grundsatzentscheidung** vom 11. 6. 1979 hat der BGH solchen und ähnlichen Überlegungen eine deutliche Absage erteilt. Im Schrifttum hat dieses Urteil, in einer ZDF-Sendung als „Freibrief für Geschäftemacher" gescholten, ein geteiltes Echo gefunden.[69] Trotz der insbesondere von *Löwe*[70] und *Mehnle*[71] geäußerten Kritik hält der BGH an seiner Auffassung fest. In der Entscheidung vom 22. 2. 1984[72] hat er seinen Standpunkt bekräftigt und ausdrücklich darauf hingewiesen, dass der formularmäßige Gewährleistungsausschluss auch für sog. **Schwerstmängel** gelte, die die Verkehrssicherheit aufheben. Er hat in dieser Entscheidung weiter ausgeführt, dass der umfassende Gewährleistungsausschluss auch zu Gunsten des **privaten Verkäufers** jedenfalls dann wirksam vereinbart werden könne, wenn er nicht **Erstbesitzer** des Fahrzeugs sei. Wie die Rechtslage beim Weiterverkauf des eigenen Gebrauchtwagens aus erster Hand zu beurteilen ist, konnte der BGH bislang offen lassen.[73]

1962

Auf dem 24. Deutschen Verkehrsgerichtstag (1986) ist ein neuer Versuch unternommen worden, den BGH zu einer Änderung seiner angeblich zu händlerfreundlichen Auffassung zu bewegen. Der Arbeitskreis VI hat folgende Empfehlung ausgesprochen: „Bei Schwerstmängeln ist der Haftungsausschluss unzulässig. Schwerstmängel sind solche Substanz- und Funktionsmängel, deren Behebung im Verhältnis zum Kaufpreis unwirtschaftlich ist."[74] Weder dieser Vorschlag noch die Ausführungen von *Peters*[75] haben die Rechtsprechung zu einer Korrektur veranlasst.[76] Der gefestigten Spruchpraxis des VIII. ZS[77] hat sich der X. ZS des BGH für den Verkauf gebrauchter Radio- und Fernsehgeräte ausdrücklich angeschlossen.[78] Durch § 24a AGBG (in Kraft seit dem 25. 7. 1996) hat sich an der bisherigen Rechtslage im Ergebnis nichts geändert. Nr. 3 ist auf die Inhaltskontrolle von Freizeichnungsklauseln **in Verbraucherverträgen** gemäß § 9 AGBG ohne Einfluss geblieben. Die Erweiterung der Kontrollpflicht wird zumeist gar nicht erkannt. Gleiches gilt für die Frage, ob der vollständige Gewährleistungsausschluss bei **richtlinienkonformer Auslegung** gegen § 9 AGBG verstößt. Insoweit ist aus dem Anhang der Richtlinie Nr. 1b zu beachten. Nach h. M. im Schrifttum ist der Gewährleistungsausschluss für gebrauchte Kraftfahrzeuge auch weiterhin unbedenklich.[79]

1963

---

67 *Schlosser/Coester-Waltjen/Graba*, § 9 Rn 78 f.
68 NJW 1977, 1543 m. Anm. *Eggert*, S. 2267.
69 **Zustimmend:** *Ulmer/Brandner/Hensen*, Anh. §§ 9–11, Rn 434; *Löwe/Graf von Westphalen/Trinkner*, Bd. III, Broschüre 42, Rn 19, 22 zu Ziff. 42.1; *Wolf/Horn/Lindacher*, Einl. § 11 Nr. 10, Rn 16, 17; *Larenz*, SchR II, § 41 I, d; *Hörl*, DAR 1986, 99; *Rudolf*, BB 1979, 1317; *Rixecker*, DAR 1986, 106, 108; **ablehnend:** *Löwe*, BB 1979, 1063; *Staudinger/Schlosser*, § 9 AGBG Rn 131; *Mehnle*, DAR 1979, 272; *ders.*, DAR 1986, 103; *Knippel*, DAR 1980, 164; *Peters*, JZ 1991, 385.
70 BB 1979, 1063.
71 DAR 1979, 272.
72 NJW 1984, 1452; früher schon Urt. v. 18. 3. 1981, NJW 1981, 1441.
73 Für Unwirksamkeit einer formularmäßigen Freizeichnung *Wolf/Horn/Lindacher*, § 9 Rn G 67.
74 DAR 1986, 112.
75 JZ 1991, 385.
76 Vgl. BGH 23. 11. 1994, NJW 1995, 516; OLG Köln 8. 4. 1992, NJW 1993, 271 = DAR 1992, 379.
77 Zuletzt Urt. v. 23. 11. 1994, NJW 1995, 516; Urt. v. 6. 12. 1995, NJW 1996, 584; Urt. v. 24. 4. 1996, NJW 1996, 2025.
78 Urt. v. 20. 10. 1992, NJW 1993, 657.
79 *Heinrichs*, NJW 1998, 1447, 1455 m. w. N.

bb) Stellungnahme

1964 Dem BGH ist vorzuwerfen, dass er den grundlegenden Gesichtspunkt beim Kauf gebrauchter Gegenstände, nämlich das spezifische Käuferrisiko, bei der Inhaltskontrolle überbetont und bei der vorrangigen Haftungsfrage (Fehlerbegriff) zu sehr ausblendet. So wurde dem Gewährleistungsausschluss eine Aufgabe zugewiesen, die er bei richtigem Fehlerverständnis gar nicht zu erfüllen braucht. Eine wesentliche „Enthaftung" des Gebrauchtwagenverkäufers leistet bereits ein richtig verstandener Fehlerbegriff. In der Rechtsprechung der Oberlandesgerichte nehmen die Entscheidungen zu, in denen schon die Existenz eines Sachmangels i. S. v. § 459 I BGB verneint wird, wo nach der – freilich recht verschwommenen – Definition der BGH-Kritiker teilweise AGB-feste „Schwerstmängel" anzunehmen wären.[80] Im Kern geht es hier praktisch nur um **Rostschäden.** Rost stellt jedoch beim Gebrauchtfahrzeugkauf im Allgemeinen keinen Sachmangel im Rechtssinn dar, s. Rn 1575.

1965 Werden normale Verschleiß- und Abnutzungserscheinungen (vor allem Rost) sowie leichte Unfallschäden (Bagatellschäden) von vornherein aus dem Fehlerbegriff ausgeklammert (vgl. Rn 1573) und der Anwendungsbereich des formularmäßigen Gewährleistungsausschlusses auf Fälle technischer Mangelhaftigkeit beschränkt (dazu Rn 1949 ff.), so stellt sich die Frage nach seiner Angemessenheit anders als bisher. Für eine Freizeichnung bleiben dann im Wesentlichen nur zwei Gruppen von Sachmängeln übrig: **verborgene Unfallschäden** und **technische Defekte,** die nicht auf normalem Verschleiß und Alterung beruhen. Dass der gewerbliche Händler von einer Haftung für diese Mängel völlig freigestellt wird, ist zumindest heute kein „Gebot wirtschaftlicher Vernunft" mehr.[81] Diese BGH-Aussage hat der Kfz-Handel selbst konterkariert, indem er Nachbesserungslösungen und Garantieleistungen anbietet und mit Zusagen wie „alle Fahrzeuge werkstattgeprüft" o. ä. wirbt. Der Satz von *Baur,* es komme einem finanziellen Selbstmord gleich, verzichte ein Kfz-Händler auf den allgemeinen Gewährleistungsausschluss,[82] hat seine Berechtigung längst verloren. Die händlereigene Lockerung des Gewährleistungsausschlusses ist das Ergebnis konsequenter Risikokalkulation bei gleichzeitiger Profilierung gegenüber dem Privatmarkt. Das Mängelrisiko ist heute beherrschbar. Die „vielfältigen Erkenntnis- und Informationsschwierigkeiten", die der BGH zur Rechtfertigung des Gewährleistungsausschlusses aufzeigt,[83] sind zumindest im Bereich des Neuwagenhandels mit Gebrauchtwagenabteilung so wie von ihm beschrieben nicht mehr vorhanden. Die gesamte Einkaufs- bzw. Hereinnahmepolitik hat sich auf diesem Sektor grundlegend geändert (s. dazu Rn 1917 f.). Auch die personellen und technischen Möglichkeiten zur Fehlerfeststellung sind heute wesentlich besser als in den fünfziger und sechziger Jahren. Gewiss sind auch die Automobile technisch komplizierter geworden. Der Fortschritt liegt indes vorwiegend im Bereich der Elektronik. Ob ein Fahrzeug einen Unfallschaden hat oder nicht, kann heute jeder gewerbliche Händler, der über geschultes Personal und eine durchschnittlich ausgerüstete Werkstatt verfügt, mit einem hohen Grad an Zuverlässigkeit feststellen. Das Restrisiko kann durch gezielte Fragen an den Vorbesitzer/Verkäufer weiter verringert werden. Dem Händler ist es unbenommen, sich durch konkrete Zustandsangaben seiner ihn beliefernden Kundschaft, vor allem private Inzahlunggeber, zusätzlich abzusichern.

1966 Gegen die Zulässigkeit eines vollständigen Gewährleistungsausschlusses lässt sich auch die **Beweislastverteilung** bei der Sachmängelhaftung anführen.[84] Sie gewährt dem Verkäufer einen nicht zu unterschätzenden Schutz, mag er auch erst im Prozess voll zum Tragen kommen.

---

80 Siehe Rn 1558, 1560.
81 So aber BGH 21. 3. 1966, NJW 1966, 1070; v. 10. 10. 1977, NJW 1978, 261.
82 DAR 1962, 321.
83 Urt. v. 11. 6. 1979, BGHZ 74, 383 = NJW 1979, 1886.
84 So auch *Peters,* JZ 1991, 385, 388.

Beschränkungen und Ausschluss der Gewährleistung

1967 Gleichwohl ist bis zur Umsetzung der **EU-Richtlinie über den Verbrauchsgüterkauf**[85] und dem damit verbundenen Freizeichnungsverbot in Verbraucherverträgen daran festzuhalten, **dass** selbst der **private Käufer** (Verbraucher) nicht unangemessen i. S. v. § 9 AGBG bzw. „ungebührlich" i. S. v. Richtlinienanhang 1b zu § 24a AGBG benachteiligt wird, wenn er ein gebrauchtes Kraftfahrzeug „unter Ausschluss jeglicher Gewährleistung" kauft. Das Verschleiß- und Altersschadensrisiko wird durch diese Klausel nicht auf ihn abgewälzt. Dieses Risiko trägt er bereits bei richtigem Verständnis des Fehlerbegriffs (§ 459 I BGB, vgl. dazu Rn 1573). Aus dieser Entlastung des Verkäufers kann der Käufer im Rahmen der Inhaltskontrolle nichts zu seinen Gunsten herleiten. Insoweit handelt es sich um einen neutralen Umstand, der zudem durch den geringeren Geldeinsatz kompensiert ist. Gegenstand der Angemessenheitsprüfung sind im Wesentlichen nur verborgene Unfallschäden und technische Defekte jenseits der Grenze normalen Verschleißes. Dass der Gebrauchtwagenkäufer mit diesem Mängelrisiko voll belastet werden darf, legt schon die Wertung des Gesetzgebers in § 11 Nr. 10 AGBG nahe. Mag der Umkehrschluss aus dieser Vorschrift auch nicht zwingend sein, so führt doch kein Weg an der Feststellung vorbei, dass der Gesetzgeber einen grundlegenden Unterschied zwischen dem Kauf fabrikneuer und gebrauchter Sachen macht. Er scheint davon auszugehen, dass ein Gebrauchtwagenkäufer durch die §§ 138, 476 BGB hinreichend geschützt ist. Andernfalls hätte es nahe gelegen, im AGB-Gesetz eine Sonderregelung für das Massengeschäft „Gebrauchtwagenkauf" zu treffen. Dies ist in Kenntnis der BGH-Rechtsprechung unterblieben.

1968 Die Grundentscheidung des nationalen Gesetzgebers durch die „Hintertür" der Generalklausel des § 9 AGBG zu korrigieren, ist umso weniger veranlasst, als der Gebrauchtwagenkäufer beim Erwerb vom gewerblichen Händler über die §§ 138, 476 BGB, §§ 4, 11 Nr. AGBG hinaus durch die **Untersuchungspflicht** nachhaltig geschützt wird. Bei Nichterfüllung oder Schlechterfüllung dieser Pflicht kann sich der Händler nicht auf den formularmäßigen Haftungsausschluss berufen.[86] Hinzu kommt: Gegen das **Unfallmängelrisiko** kann sich auch der geschäftlich oft noch unerfahrene Erstkäufer mühelos absichern, indem er den Verkäufer nach einem früheren Unfall fragt. Die Antwort des Verkäufers auf die Unfallfrage muss wahrheitsgemäß und vollständig sein, selbst „Bagatellschäden" darf er nach der Rechtsprechung nicht verschweigen. Andernfalls haftet der Verkäufer wegen arglistiger Täuschung (s. Rn 1881 f.). Angaben des gutgläubigen Verkäufers zum Thema „Unfall" sind als Eigenschaftszusicherung zu werten (s. Rn 1788 ff.). Solange die Rechtsprechung ihre breite Palette an Gegensteuerungsmaßnahmen nicht entscheidend zu Gunsten der Gebrauchtwagenverkäufer einschränkt, gibt es unter dem Gesichtspunkt der Vertragsgerechtigkeit keinen Grund, den Käufer stärker als bisher zu schützen. Das fein austarierte Gefüge geriete sonst in Schieflage. Zur Vermeidung unerträglicher Ergebnisse im Einzelfall[87] steht mit dem Institut des **individuellen Rechtsmissbrauchs** ein anerkannter Notbehelf zur Verfügung.[88] Bei **Verbraucherverträgen** kann auch mit § 24a Nr. 3 AGBG geholfen werden.

1969 Für die Zulässigkeit des umfassenden Gewährleistungsausschlusses spricht auch, dass er die nicht immer einfache Abgrenzung zwischen Verschleißmangel und echtem Sachmangel entbehrlich macht. Diese Frage kann oft nur durch ein Sachverständigengutachten geklärt werden. Insoweit wirkt der Gewährleistungsausschluss streitverhindernd. Der Händler hat auch ein berechtigtes Interesse daran, nicht jeder Reklamation seines Kunden nachgehen zu müssen.

---

85 Spätestens zum 1. 1. 2002.
86 Zur Untersuchungspflicht und den Sanktionsfolgen s. Rn 1895 ff.
87 Wie etwa den von *Peters* gebildeten Ausgangsfall (JZ 1991, 385, 386).
88 Beispiele für den Gebrauchtfahrzeugkauf: BGH 12. 5. 1976, BB 1977, 61; BGH 16. 3. 1977, NJW 1977, 1055; vgl. auch BGH 15. 1. 1975, NJW 1975, 970 und BGH 13. 2. 1980, NJW 1980, 1619, jeweils Kunsthandel, und BGH 6. 6. 1986, WM 1986, 1189 (Grundstückskauf).

d) Gewährleistungsausschluss beim Privatverkauf

1970 Auch beim – inzwischen überholten – **Agenturgeschäft** ist eine umfassende Freizeichnung grundsätzlich nicht zu beanstanden. Für den **privaten Verkäufer** – auch er ist Verwender i. S. v. § 9 AGBG – gelten die gleichen Gesichtspunkte, welche die Rechtsprechung veranlasst haben, die Freizeichnung beim Händler-Eigengeschäft zu billigen.[89] Eine **Ausnahme** ist allerdings beim **Erstbesitzer** zu machen. Auf ihn treffen die Erwägungen nicht zu, die der BGH in der Leitentscheidung vom 11. 6. 1979[90] in den Vordergrund gestellt hat. Der Erstbesitzer ist nicht auf Informationen Dritter angewiesen. Er kennt „sein" Fahrzeug vom ersten Tag an. Die für den Wiederverkäufer typischen Informations- und Erkenntnisschwierigkeiten bestehen bei ihm nicht, vor allem nicht im Hinblick auf einen früheren Unfall. Dass das Fahrzeug häufig auch von Familienangehörigen benutzt wird, rechtfertigt keine andere Bewertung. Für normale Verschleiß- und Alterungserscheinungen braucht sich auch der private Verkäufer nicht freizuzeichnen. Insoweit fehlt es bereits an einem gewährleistungspflichtigen Mangel. Damit dürfte dem Einwand von *Hörl*[91] ausreichend Rechnung getragen sein.

1971 Bei einem **Agenturverkauf aus erster Hand** kann die Freizeichnungsklausel insoweit Bestand behalten, als es um wahrnehmbare Mängel geht. Diese beschränkte Freizeichnung ist angemessen. Nach der Rechtsprechung kommt eine solche geltungserhaltende Reduktion allerdings nicht in Betracht. Angesichts des § 460 S. 2 BGB besteht hierfür auch kein echtes Bedürfnis.

1972 Beim **privaten Direktgeschäft** werden häufig gleich- oder ähnlich lautende Freizeichnungsklauseln wie im gewerblichen Handel benutzt. Sofern sie Bestandteil von Formularverträgen sind, ist der Verkäufer als Verwender i. S. v. § 9 AGBG anzusehen. Da es für die inhaltliche Angemessenheit des Gewährleistungsausschlusses keinen Unterschied machen kann, ob der private Verkäufer beim Weiterverkauf einen Fachmann als „Sachwalter" einsetzt oder ob er in direkten Kontakt mit dem Käufer tritt, ist die umfassende Freizeichnung mit der beim Agenturverkauf gemachten Einschränkung (Verkauf aus erster Hand) auch beim privaten Direktgeschäft anzuerkennen. Als Wiederverkäufer ohne technischen Sachverstand und ohne eigene Untersuchungsmöglichkeiten ist der Privatmann erst recht auf die Haftungsfreizeichnung angewiesen. Dem trägt das **ADAC-Kaufvertragsformular** (Stand 1996) durch eine ausgewogene Risikoverteilung Rechnung. Das Kfz wird unter Ausschluss jeder Gewährleistung verkauft, soweit nicht ausdrücklich Eigenschaften zugesichert oder „Verpflichtungen" übernommen werden.[92]

e) Freizeichnung in Sonderfällen

1973 Das durch § 11 Nr. 10 AGBG geschützte Interesse des Käufers an einer mangelfreien Neuware kann ausnahmsweise auch beim Kauf eines gebrauchten Kfz Geltung beanspruchen. Bei erst **wenig gebrauchten** und/oder nur kurze Zeit zugelassenen Fahrzeugen – kaufrechtlich Gebrauchtfahrzeuge – wird man in jedem Einzelfall zu erwägen haben, ob auf einen solchen Kauf die Wertung des **§ 11 Nr. 10a AGBG** zu übertragen ist. Eine besondere Rolle spielen hier die so genannten **Tageszulassungen.** Zu den Erscheinungsformen und zum vertriebspolitischen Hintergrund siehe zunächst Rn 445 ff., 1432. Zwar nehmen derartige Kurzzulassungen den Fahrzeugen die Eigenschaft der Fabrikneuheit.[93] „Fabrikneu" und neu hergestellt i. S. v. § 11 Nr. 10 AGBG meinen indessen verschiedene Sachverhalte. Auch ein

---

[89] BGH 22. 2. 1984, NJW 1984, 1452.
[90] BGHZ 74, 383 = NJW 1979, 1886.
[91] DAR 1986, 99; vgl. auch *Soergel/Huber,* § 459 Rn 306 (keine Ausnahme für Erstbesitzer).
[92] Überholt ist die ADAC-Vertragsklausel, die der Entscheidung des OLG Celle OLGR 1994, 329 zugrunde liegt.
[93] Vgl. dazu Rn 445.

Beschränkungen und Ausschluss der Gewährleistung

nicht mehr fabrikneues Kfz kann weiterhin „neu hergestellt" sein. Das hängt von den Umständen des Einzelfalls ab, wobei nicht nur den objektiven Umständen (Dauer der Zulassung, km-Laufleistung, Standzeit, Gebrauchs- und Standspuren), sondern auch die Vereinbarungen und Vorstellungen der Vertragsparteien, hilfsweise die allgemeine Verkehrsanschauung, von Bedeutung sind. „Fabrikneu" ist die vergleichsweise „anfälligere" Eigenschaft; sie ist eher in Frage gestellt als das Merkmal „neu hergestellt", dessen Spektrum bis „neuwertig" reicht. Ein Vorgang wie eine amtliche Zulassung ist im Rahmen des § 11 Nr. 10 AGBG ein neutraler Umstand. Entwertung durch Abnutzung und durch Zeitablauf (Gebrauchs- und Standspuren) lässt „neu hergestellt" in „gebraucht" umschlagen. Die typischen Tageszulassungen sind in der Regel absolut neuwertige Fahrzeuge und daher AGB-rechtlich „neu hergestellt". Ein formularmäßiger Gewährleistungsausschluss ist folglich unwirksam.[94] Die Entscheidung des LG Gießen vom 17. 7. 1991[95] steht dazu nur vordergründig in einem Gegensatz. Sie betrifft einen Sonderfall.[96] Zweifelhaft ist die Entscheidung des OLG München vom 19. 2. 1998,[97] wonach es zur punktuellen Ausschaltung des Freizeichnungsverbots in § 11 Nr. 10 AGBG genügen soll, dass ein **grau importiertes Fahrzeug** im Vertragsformular als „gebraucht" bezeichnet wird. Der Senat hat aber sehr wohl zwischen importbedingten Schäden, z. B. Lackschäden, und Mängeln an technischen Teilen wie Motor und Getriebe differenziert. Der Kfz-Händlern mitunter erteilte Rat, das Freizeichnungsproblem bei Kurzzulassungen mit einem **individualvertraglichen** Gewährleistungsausschluss zu umgehen, verliert seine Berechtigung, wenn der Käufer aufgrund der Vorformulierung auf den Klauselinhalt keinen Einfluss nehmen konnte (§ 24a Nr. 2 AGBG).

Beachtung verdient § 11 Nr. 10 AGBG auch beim Verkauf eines Fahrzeugs mit einem noch **nicht gelaufenen Motor** (Neuteilemotor, Austauschmotor, generalüberholter Motor), einem **neuen** Getriebe oder **neuen** Reifen. Zum Verkauf eines Fahrzeugs (Trike), welches bis auf den (gebrauchten) Motor aus Neuteilen hergestellt ist, s. OLG Düsseldorf OLGR 1999, 333. Auch wenn der gesamte Wagen als „generalüberholt" oder „werkstattgeprüft" angeboten wird, hat der Verkäufer kein berechtigtes Interesse an einem vollständigen Gewährleistungsausschluss. Im Schrifttum wird in solchen Fällen ein Ausschluss der Haftung im Umfang der Überarbeitung und Überprüfung für unwirksam gehalten.[98] Anderer Ansicht ist der **BGH**.[99] In der Praxis wird sich dieses Problem bereits im Wege der Vertragsauslegung lösen lassen. Eigenschaften wie „generalüberholt" und „werkstattgeprüft" gelten als zugesichert i. S. v. § 459 II BGB. Dann kommt nach der Judikatur § 4 AGBG zum Zuge. Dies bedeutet z. B., dass sich der Verkäufer eines Gebrauchtwagens mit einem „Austauschmotor, null Kilometer" bei einem Motorschaden nicht auf den allgemeinen Gewährleistungsausschluss berufen darf. Zum gleichen Ergebnis gelangt man mit dem Institut des **individuellen Rechtsmissbrauchs** (Rn 1968). Eine Beschränkung der Haftungsfreizeichnung ist auch in den Fällen anzunehmen, in denen der Verkäufer das Fahrzeug vor dem Verkauf – ohne jegliche Absprache mit dem späteren Käufer – in seiner eigenen Werkstatt hat prüfen und/oder reparieren lassen und dabei Fehler unterlaufen sind. Derartige **Reparaturmängel** werden zwar von dem Gewährleistungsausschluss erfasst, eine Berufung darauf erscheint jedoch als treuwidrig.

f) Rechtsfolgen bei Klauselunwirksamkeit

Bei **Unwirksamkeit des Gewährleistungsausschlusses** stehen dem Käufer die Gewährleistungsansprüche unbeschränkt zur Verfügung. Er braucht sich nicht zunächst auf Nachbes-

1974

---

[94] Vgl. LG Augsburg 10. 2. 1998, DAR 1998, 476 – Pkw/Kombi, 11 km, kein Einsatz im öffentlichen Verkehr.
[95] NJW-RR 1992, 186.
[96] Vgl. auch *Reinking/Eggert,* NZV 1999, 1, 12.
[97] NJW-RR 1998, 1595.
[98] *Wolf/Horn/Lindacher,* § 11 Nr. 10, Rn 28; *Ulmer/Brandner/Hensen,* Anh. §§ 9–11, Rn 431.
[99] Urt. v. 20. 10. 1992, NJW 1993, 657 unter III, 2.

serung verweisen zu lassen. Eine auf bestimmte Fahrzeugteile wie z. B. den Motor beschränkte (Teil-)Wandlung oder Minderung kommt nicht in Betracht.

g) Sonstige Freizeichnungsklauseln

1975 Außerhalb der formularhaften Musterverträge gibt es eine Vielzahl **individueller Haftungsausschlüsse und -beschränkungen.** Von großer praktischer Bedeutung sind die sog. **Besichtklauseln.** Auf die Formel „wie besichtigt" wird **unter Privatleuten** nur selten verzichtet. Häufig erschöpft sich die Freizeichnung in einem „gekauft wie besichtigt" oder „wie besichtigt und probegefahren". Die Besicht-Formel taucht auch in anderen Varianten auf, z. B. „wie gesehen, im Tageszustand", „gekauft in dem besichtigten Zustand" oder „nach Besicht" bzw. „wie besehen".

1976 Für die Auslegung der Individualabrede „wie besichtigt und probegefahren unter Ausschluss jeglicher Gewährleistung" gelten ähnliche Regeln wie für die gleichlautende formularvertragliche Freizeichnungsklausel alter Fassung (vgl. Rn 1957). Ein solcher Haftungsausschluss ist nicht in sich widersprüchlich. Er erstreckt sich auf sämtliche, also auch auf verborgene Mängel technischer Art.[100] Gleiches gilt für die Abrede, für den Wagen werde „keine Garantie" übernommen[101] oder „ohne Garantie, gekauft wie gesehen".[102] Als umfassenden Gewährleistungsausschluss hat das OLG Hamm[103] auch folgende Klausel in einem Individualvertrag gewertet: „Beide Partner verzichten auf alle Forderungen nach dem Kauf und der Bezahlung des Kfz." Dass der Kaufgegenstand „in dem vorhandenen Zustand" auf den Käufer übergehen soll, bedeutet nicht in jedem Fall die Vereinbarung eines Gewährleistungsausschlusses. Die Regelung kann auch als **Zustandsbeschreibung** im Zeitpunkt der Übergabe verstanden werden (vgl. BGH NJW 1995, 1547 – Kauf einer Ladeneinrichtung mit Maschinen).

1977 Heißt es in einem **Kaufvertrag zwischen Privatleuten,** das Fahrzeug werde gekauft „wie besichtigt" oder „wie besichtigt und probegefahren", so wird damit die Gewährleistung im Allgemeinen nur für solche technischen Mängel ausgeschlossen, die der Käufer bei einer normalen (nicht unbedingt gründlichen) Besichtigung und/oder Probefahrt ohne Hinzuziehung eines Sachverständigen hätte feststellen können.[104] Diese **erkennbaren Mängel** fallen nicht notwendigerweise unter § 460 BGB, der wenigstens grobe Fahrlässigkeit verlangt (vgl. Rn 1937 ff.). Es macht daher durchaus Sinn, die Besichtklausel nur als Haftungsausschluss für dem Käufer erkennbare Mängel zu interpretieren. Unerheblich ist, ob eine Besichtigung und/oder Probefahrt überhaupt stattgefunden hat[105] – wofür freilich die Klausel spricht – und welche Sorgfalt der Käufer bei einer Besichtigung/Probefahrt an den Tag gelegt hat. Die Erkennbarkeit eines Fehlers ist andererseits nicht nach rein objektiven Maßstäben zu beurteilen. Abzustellen ist auf die bei einer normalen Untersuchung vorhandenen Erkenntnismöglichkeiten eines Durchschnittskäufers.[106] Hat ein Privatmann aber einen Sachverständigen zur

---

100 Unrichtig OLG Köln 22. 4. 1994, OLGR 1994, 182.
101 LG Arnsberg 25. 4. 1988, NZV 1988, 68; zum Verkauf „ohne jegliche Garantie" vgl. auch RG Recht 1914, Nr. 26; OLG Stuttgart Recht 1912, Nr. 1592 (Grundstückskauf).
102 OLG Bamberg 19. 1. 1998, MDR 1998, 966 = OLGR 1998, 182.
103 Urt. v. 31. 1. 1991, 28 U 134/90, n. v.
104 St. Rspr., vgl. BGH 10. 7. 1953, DAR 1954, 14; BGH 18. 12. 1956, BB 1957, 238 unter Hinweis auf RGZ 94, 287; OLG Köln 9. 1. 1973, NJW 1973, 903; OLG Schleswig 24. 7. 1979, VersR 1980, 98; OLG Schleswig 8. 9. 1982, MDR 1983, 54; OLG Köln 16. 9. 1991, NJW-RR 1992, 49 (Wohnwagen); OLG Frankfurt 9. 10. 1979, MDR 1980, 140; OLG Braunschweig 23. 8. 1991, Nds.Rpfl. 1992, 26 („wie es hier steht"); OLG Koblenz 21. 11. 1991, NJW-RR 1992, 1145 („wie gesehen"); OLG Frankfurt 8. 9. 1991, ZfS 1992, 230; OLG Köln 24. 3. 1993, VRS 86, 12; LG Saarbrücken 3. 3. 1994, ZfS 1994, 245.
105 So auch OLG Köln 16. 9. 1991, NJW-RR 1992, 49.
106 OLG Köln 9. 1. 1973, NJW 1973, 903.

Besichtigung hinzugezogen, wozu er rechtlich nicht verpflichtet ist, so kommt es auf dessen Wahrnehmungsfähigkeit an.[107] Nicht entscheidend ist, was der **Verkäufer** bei der Besichtigung erkennen konnte.[108] Wenn ein Händler einen „privaten" Einkäufer vorgeschoben hat (Strohmann), sind die Erkenntnismöglichkeiten des Händlers maßgebend.[109] Zur **Beweislast** beim Kauf „wie besichtigt" s. OLG Frankfurt MDR 1980, 140.

Unter **besonderen Umständen** kann die Klausel „wie besichtigt und probegefahren" auch einen **vollständigen Gewährleistungsausschluss** bedeuten. Je älter das Fahrzeug ist, desto näher liegt die Annahme, dass der Verkäufer sich auch für verborgene Mängel hat freizeichnen wollen, zumal bei einem Verkauf aus dritter oder vierter Hand.[110] Auch der Kaufpreis lässt Rückschlüsse auf den Parteiwillen zu. Bei einem Betrag nahe der Schrottpreisgrenze entfällt eine Haftung für Mängel jeglicher Art. Nach Ansicht des OLG Köln enthält die Klausel „geprüft und gefahren" einen totalen Gewährleistungsausschluss, wenn der Wagen mehrere Vorbesitzer hatte und im Zuge der Kaufverhandlungen einer Fachwerkstatt zur Mängelbeseitigung vorgeführt wurde.[111] 1978

Da auch bei einer Untersuchung in einer Fachwerkstatt Mängel unentdeckt bleiben können, erscheint es nicht unbedenklich, wenn das OLG Köln die Freizeichnung auf sämtliche Mängel erstreckt. Richtig ist aber, dass solche individuellen Klauseln nicht isoliert beurteilt werden dürfen. Sie sind im Zusammenhang zu sehen mit dem übrigen Vertragsinhalt und dem Geschehen, das dem Vertragsabschluss vorausgegangen ist. Es macht einen Unterschied, ob ein privater Kfz-Eigentümer seinen Wagen an einen Händler oder an einen Privatmann verkauft. Von Bedeutung ist ferner, ob der Verkäufer Erst- oder Nachbesitzer ist. Auch die Intensität der Untersuchung und der Grad der Wahrnehmungsfähigkeit spielen eine Rolle.[112]

Wird ein Gebrauchtwagen „in dem besichtigten Zustand" **in Zahlung genommen**, so verzichtet der Händler auf sämtliche Gewährleistungsansprüche, die ihm nicht arglistig verschwiegen worden sind.[113] 1979

Sofern der Verkäufer nur für verborgene Mängel haftet, gehört die Verborgenheit des Mangels nicht zum Haftungsgrund. Die anerkannte Beweisregel wird durch die Freizeichnungsklausel nicht abgeändert. Einfluss auf die **Beweislastverteilung** hat jedoch die im Kfz-Handel mitunter anzutreffende Klausel „für Mängel des Fahrzeugs wurde ein Nachlass in Höhe von X DM gewährt". Hier muss der Käufer beweisen, dass der von ihm behauptete Mangel von dem Preisnachlass nicht erfasst wird. 1980

h) Stillschweigender Gewährleistungsausschluss

Der Umstand, dass ein Kfz als gebraucht verkauft wird, rechtfertigt für sich allein noch nicht die Annahme eines stillschweigenden Gewährleistungsausschlusses. Auch bei älteren Fahrzeugen mit mehreren Vorbesitzern bedarf es im Allgemeinen einer ausdrücklichen Vereinbarung.[114] Stillschweigende Freizeichnungen hat die Rechtsprechung **nur in Sonderfällen** angenommen, vorwiegend zu Lasten von **gewerblichen Händlern**.[115] 1981

---

107 LG Münster 29. 6. 1988, NZV 1988, 145.
108 A. A. OLG Nürnberg 30. 10. 1964, 1 U 34/64, n. v.
109 AG Köln 24. 4. 1985, 130 C 1430/83, n. v.
110 Zustimmend OLG Hamm 5. 5. 1992, 19 U 233/91, n. v.; OLG Köln 21. 4. 1999, NZV 1999, 382 DAR 1999, 406 = OLGR 1999, 240 – Reisebus; vgl. auch AG Siegburg 5. 10. 1978, 34 C 434/78, n. v. (völlige Freizeichnung bei einem 13 Jahre alten, etwa 186 000 km gelaufenen Pkw Volvo).
111 Urt. v. 8. 7. 1977, 9 U 27/77, n. v.; ähnlich OLG Hamm 5. 5. 1992, 19 U 233/91, n. v.
112 Zustimmend OLG Köln 21. 4. 1999, NZV 1999, 382 = DAR 1999, 406 = OLGR 1999, 240 – Reisebus.
113 OLG Köln 16. 5. 1972, DAR 1973, 326.
114 OLG Celle 9. 6. 1994, 7 U 102/93 (in OLGR 1995, 35 nicht abgedr.).
115 BGH 21. 4. 1982, NJW 1982, 1700; dazu *Schack*, NJW 1983, 2806; *Hörl*, DAR 1986, 99; *Haase*, JR 1982, 498; s. auch OLG Düsseldorf 28. 7. 1993, OLGR 1993, 285.

Sowohl bei **fester Inzahlungsgabe** als auch bei agenturweiser Hereingabe ist der **private Altwageneigentümer** im Ergebnis so behandelt worden, als habe er unter Gewährleistungsausschluss verkauft. Bei einem Geschäft „Gebraucht auf Gebraucht" liegt diese Beurteilung auch deshalb nahe, weil der Händler seinerseits unter Gewährleistungsausschluss verkauft. Dann muss er sich Gleiches in seiner Eigenschaft als Ankäufer gefallen lassen. Der BGH hat zwar die Meinung des OLG Frankfurt,[116] der Gewährleistungsausschluss zu Gunsten des Händlers gelte quasi automatisch auch zu Gunsten des privaten Kunden, im Fall einer Doppel-Agentur abgelehnt.[117] Im Ergebnis hat der BGH dem Händler aber das gesamte Mängelrisiko – in den Grenzen des § 476 BGB – aufgebürdet. In einer anderen Entscheidung hat er mit der Figur des stillschweigenden Gewährleistungsausschlusses argumentiert, allerdings nur hinsichtlich sog. Verschleißmängel.[118] Richtigerweise bedarf es bei normalen Verschleiß- und Alterungserscheinungen keines Haftungsausschlusses.[119] Die Gewährleistungspflicht entsteht hier erst gar nicht oder scheitert an der Bagatellklausel des § 459 I, 2 BGB.

Aufzugreifen und weiterzuentwickeln ist indes der Gedanke des BGH, Haftungsfreistellungen zu Gunsten von privaten Kunden gewerblicher Kfz-Händler anzunehmen. Wenn ein Händler davon absieht, sich seine Gewährleistungsrechte ausdrücklich vorzubehalten, muss er sich nach Treu und Glauben so behandeln lassen, als habe er darauf verzichtet. Ohne konkrete Anhaltspunkte für einen abweichenden Parteiwillen ist ein Privatkunde selbst bei verborgenen Mängeln nicht zur Rücknahme oder zu einer Minderung in Form einer Nachzahlung auf den Preis für den Ersatzwagen verpflichtet. Erst Arglist (s. dazu Rn 1891 ff.) oder eine unrichtige Zusicherung (§ 459 II BGB) können seine Haftung begründen. Es ist Sache des Händlers, sich Gewährleistungsansprüche auch für den Fall „einfacher" Fehlerhaftigkeit (§ 459 I BGB) zu sichern. Verzichtet er auf eine ausdrückliche Regelung, um z. B. den beabsichtigten Neuwagenverkauf nicht zu gefährden, erweckt er bei seinem Kunden den Eindruck, den Altwagen so wie er ist – ohne Wenn und Aber – abzunehmen. Dies umso mehr, als der Händler – anders als der Durchschnittskunde – sachkundig ist und über einen technischen Apparat zur Untersuchung verfügt. Auf eine stillschweigende Freizeichnung kann sich jedoch auch ein privater Anbieter nicht berufen, wenn er als **Erstbesitzer** einen unfallvorgeschädigten Wagen **in Zahlung** gibt und dabei objektiv unrichtige Angaben zur Reparatur macht. Er haftet auch ohne (nachgewiesene) Arglist nach § 459 I BGB.[120] Gleiches gilt bei einer Falschinformation eines Erstbesitzers über die Gesamtfahrleistung, will man ihr nicht Zusicherungscharakter beimessen.[121]

1982   Ein stillschweigender Gewährleistungsausschluss ist auch bei einem **Händler-Händler-Geschäft** zu erwägen. Ein Handelsbrauch besteht insoweit aber nicht. Wie eine Freizeichnungsklausel bei einem Handelsgeschäft Vertragsinhalt wird, wenn ein **Bestätigungsschreiben** des Verkäufers einen Gewährleistungsausschluss enthält, s. BGH NJW 1966, 1070. Zur Frage des stillschweigenden Gewährleistungsausschlusses beim **Pkw-Tausch** (Händler/Privatmann) s. OLG Hamm NJW-RR 1994, 882, beim Motor-Tuning OLG Braunschweig ZfS 1995, 96.

i) Gewährleistungsausschluss und Käuferkette

1983   Auch außerhalb des gewerblichen Kfz-Handels wechseln Gebrauchtwagen mitunter alsbald nach der Übergabe den Besitzer. Die dann bestehende **Mehrpersonenbeziehung** (Käuferkette) wirft eine Reihe schwieriger Fragen auf, wie der vieldiskutierte Fall **OLG Hamm**

---

116 Urt. v. 28. 5. 1974, NJW 1974, 1823.
117 Urt. v. 31. 3. 1982, NJW 1982, 1699.
118 Urt. v. 21. 4. 1982, NJW 1982, 1700; vgl. dazu auch *Schack,* NJW 1983, 2806; *Schulin,* JA 1983, 161, 164 f.; *Honsell,* Jura 1983, 523, 526; *Reinicke/Tiedtke,* 5. Aufl., S. 290.
119 Dazu Rn 1564 ff.
120 OLG Schleswig 28. 6. 1994, ZfS 1994, 447.
121 Vgl. auch OLG Düsseldorf 28. 7. 1993, OLGR 1993, 285 („gebraucht auf gebraucht").

Beschränkungen und Ausschluss der Gewährleistung

NJW 1974, 2091 beispielhaft zeigt. Aufgrund des Gewährleistungsausschlusses hatte die Klägerin gegen ihren gutgläubigen Vertragspartner kein Recht auf Wandlung oder Minderung. Von dem beklagten Vorbesitzer (Erstverkäufer) konnte sie **aus eigenem Recht** gleichfalls keinen Ersatz verlangen. Die Voraussetzungen für eine Haftung aus §§ 823 II (263 StGB), 826 BGB lagen nicht vor. Die strafrechtliche Betrugsvorschrift dient nicht dem Schutz des nicht getäuschten Dritten.[122] § 826 BGB entfiel im konkreten Fall aus tatsächlichen Gründen. Dem Beklagten war nicht nachzuweisen, dass er eine Schädigung der Klägerin, einer x-beliebigen **Privatkäuferin,** billigend in Kauf genommen hat.[123] Das OLG Hamm[124] hat aber zu Recht darauf hingewiesen, dass bei einem Verkauf an einen **Zwischenhändler** etwas anderes gelten könnte.[125] Nicht zu erörtern brauchte es die Frage, ob der (Zweit-)Verkäufer seine **Gewährleistungsansprüche** gegen den arglistigen Vorverkäufer stillschweigend an die Klägerin **abgetreten** hat oder ob er jedenfalls zur Abtretung im nachhinein vertraglich oder kraft Gesetzes verpflichtet ist. Denn es lag eine Zessionsurkunde vor.

Grundsätzlich ist ein Gebrauchtfahrzeugverkäufer, der seine Haftung nach den §§ 459 ff. BGB wirksam ausgeschlossen oder eingeschränkt hat, nicht dazu verpflichtet, etwaige eigene Gewährleistungsansprüche gegen seinen Lieferanten abzutreten. Verfehlt ist die Annahme, der Gewährleistungsausschluss sei nur wirksam, wenn er gleichzeitig die Verpflichtung des Verkäufers umfasst, seine Ansprüche gegen den Vordermann abzutreten.[126] Vom Ansatz her kann dem (Zweit-)Käufer nur damit geholfen werden, dass man ihm einen Anspruch auf Abtretung gegen den (Zweit-)Verkäufer zuerkennt. Grundvoraussetzung dafür ist der vollständige Verlust eigener Gewährleistungsrechte infolge vertraglicher Freizeichnung. Eine solche Rechtlosstellung verleiht jedoch nicht eo ipso ein Recht auf Abtretung. Das bedarf besonderer Begründung. Zu denken ist an eine ergänzende Vertragsauslegung oder an eine entsprechende Anwendung des § 281 BGB; auch die Grundsätze der Drittschadensliquidation sind in Betracht zu ziehen. Allein mit § 242 BGB dürfte sich eine Abtretungspflicht schwerlich begründen lassen.[127]

Ergänzende Vertragsauslegung: Mangels feststellbarer Regelungslücke wird meist kein Raum für die Annahme einer Abtretungsvereinbarung sein. In den handelsüblichen Freizeichnungsklauseln bleibt die Abtretungsfrage zwar völlig unerwähnt. Auch der sonstige Vertragstext enthält insoweit keinerlei Andeutung, weder in Richtung auf eine etwaige Abtretungsvereinbarung noch umgekehrt im Hinblick auf den Ausschluss einer Übertragungspflicht.[128] Das bedeutet aber keine planwidrige Regelungslücke, sondern muss als beiderseits gewollte (planvolle) Verteilung des typischen Mängelrisikos gelten (vgl. auch BGH NJW 1984, 1452). Zwischen einem allgemeinen und einem besonderen („zusätzlichen") Mängelrisiko zu unterscheiden,[129] ist wenig überzeugend und stellt die Praxis vor ein kaum lösbares Abgrenzungsproblem. Unter das allgemeine (typische) Mängelrisiko fallen jedenfalls verborgene Unfallschäden, auch bei relativ neuen Fahrzeugen wie Jahreswagen und Vorführfahrzeuge, und technische Defekte jeglicher Art. Risiken, die völlig außerhalb der Vorstellungswelt beider Parteien liegen, sind beim Gebrauchtfahrzeugkauf kaum denkbar. Außergewöhnliche Störungen aus dem Grenzbereich zwischen Sach- und Rechtsmangel sind bereits im Wege restriktiver Auslegung der Freizeichnungsklausel zu Gunsten des

---

122 Vgl. auch OLG München 20. 3. 1980, NJW 1980, 1581.
123 Vgl. auch OLG München 20. 3. 1980, NJW 1980, 1581.
124 NJW 1974, 2091.
125 Dazu jetzt OLG Hamm 17. 12. 1996, NJW 1997, 2121 = DAR 1997, 111; OLG München 20. 8. 1999, DAR 1999, 506; s. auch LG Traunstein 4. 2. 1999, ZfS 1999, 290 – keine Käuferkette.
126 BGH 20. 12. 1996, NJW 1997, 652 – Immobilienkauf.
127 So aber *Derleder/Abramjuk,* AcP 190 (1990), 642.
128 Anders insoweit OLG Celle 21. 5. 1965, DAR 1965, 211.
129 So der BGH in dem Käuferkettenfall aus dem Immobilienbereich NJW 1997, 652.

Käufers zu behandeln (vgl. Rn 1949 ff.). Sollte sich ausnahmsweise eine planwidrige Regelungslücke ermitteln lassen, wofür der Käufer die Darlegungs- und Beweislast trägt, muss sie nicht notwendigerweise durch Annahme einer Abtretungsvereinbarung geschlossen werden. Der Verkäufer kann gute Gründe dafür haben, seinen Lieferanten draußen vor zu lassen. Im Fall der arglistigen Täuschung ist eine solche Schonung dagegen unrealistisch. Freilich dürfte ein betrogener Verkäufer durch eine **freiwillige** Abtretung Hilfestellung geben (so der Fall OLG Hamm NJW 1974, 2091). Sollte er sie – wie im BGH-Fall NJW 1997, 652 – verweigern, so ist eine ergänzende Vertragsauslegung nicht das geeignete Korrekturinstrument.

1986 **§ 281 BGB und Drittschadensliquidation:** Die hiezu angebotenen Lösungsversuche sind abzulehnen. Die Vorschrift des § 281 BGB ist nicht, auch nicht analog, heranzuziehen. Hinter ihr steht der Rechtsgedanke, dass der Schuldner nicht das soll behalten dürfen, was er als Ersatz für seine unmöglich gewordene Leistung erhalten hat. In den Käuferketten-Fällen ist dem Zwischenmann nichts unmöglich geworden. Es liegt auch kein Fall der Teilunmöglichkeit vor. Vor allem aber: Aus seiner Schlechtlieferung erwächst ihm kein Ersatzanspruch, den er als Surrogat herausgeben könnte. Unabhängig von dem Weiterverkauf ist er Inhaber von Gewährleistungsansprüchen geworden. Dass sein Vermögensschaden sich durch den Weiterverkauf verringern kann, steht auf einem anderen Blatt. Er kann sich auch vergrößern. Bei dieser Sachlage ist selbst für **eine analoge Anwendung des § 281 BGB** kein Raum. Wenn überhaupt, kann dem Zweitkäufer nur mit den Regeln der **Drittschadensliquidation** geholfen werden. Unmittelbar sind sie nicht anwendbar. Denn die Drittschadensliquidation bezweckt (nur) den Ausgleich einer vom Schädiger her gesehen zufälligen Verlagerung des Schadens. Eine derartige Schadensverlagerung (Gefahrentlastung) findet beim Weiterverkauf durch den geschädigten Erstkäufer nicht statt.[130] Sein Vermögensschaden ist durch die Entrichtung des Kaufpreises für das mangelhafte Fahrzeug entstanden. Dass er erst durch die Entdeckung des Mangels im Anschluss an den Weiterverkauf zu Tage tritt, ändert daran nichts. Als Mindestschaden besteht die Vermögenseinbuße des Wiederverkäufers in der Differenz zwischen dem Wert des mangelhaften Fahrzeugs und dem Wert im mangelfreien Zustand. Der Anspruch auf den „kleinen" Schadensersatz (dazu Rn 1994 ff.) wird durch den Weiterverkauf keineswegs ausgeschlossen.[131] Lediglich die Schadenshöhe kann von dem Weiterverkauf beeinflusst werden. Das ist eine Frage der **Vorteilsausgleichung.** Sie tritt aber nicht ein, weil der Vorteil des Wiederverkäufers nicht auf demselben Schadensereignis beruht, das den Nachteil verursacht hat. Vielmehr ist der „Vorteil" die Folge des Weiterverkaufs unter Gewährleistungsausschluss.[132] Dadurch, dass der Zweitkäufer sich aus freien Stücken auf einen Kauf unter völligem Gewährleistungsausschluss eingelassen hat, ist er bewusst das Risiko eingegangen, für sein Geld kein Äquivalent zu erhalten. Deshalb ist es nicht unbillig, wenn ihm ein Anspruch auf Abtretung von Gewährleistungsansprüchen versagt wird. Dass bei dieser Lösung der arglistige Erstverkäufer unbehelligt bleiben kann, nicht unbedingt bleiben muss, liegt beim Warenverkauf in der Natur der Sache. Pönale Erwägungen sind unangebracht.

j) Gewährleistungsausschluss und Arglist

1987 Freizeichnungen – formularmäßige wie individuelle – sind nichtig, wenn der Verkäufer einen Mangel arglistig verschwiegen hat (§ 476 BGB). Arglistigem Verschweigen steht das arglistige Vorspiegeln einer Eigenschaft, z. B. Unfallfreiheit, gleich. Zu den objektiven und subjektiven Voraussetzungen des § 476 BGB s. Rn 1852 ff.

---

130 OLG Hamm 27. 3. 1974, NJW 1974, 2091; zustimmend *Büdenbender,* JuS 1976, 153; a. A. *Pfister,* JuS 1976, 373; *Wackerbarth,* ZIP 1997, 2037 zu BGH NJW 1997, 652 – Käuferkette beim Immobilienkauf; s. auch *Schaper/Kandelhard,* NJW 1997, 837 und *Schwarze,* JuS 1998, 13 zu dem „Kettenfall" BGH NJW 1995, 1737 – Grundstückskauf.
131 BGH 10. 6. 1998, NJW 1998, 2905 = ZIP 1998, 1313.
132 Gegen eine Vorteilsausgleichung auch *Büdenbender,* JuS 1976, 153; *Wolter,* NJW 1975, 622, der eine Abtretungspflicht vertragsrechtlich begründet.

Beschränkungen und Ausschluss der Gewährleistung

Hat das Fahrzeug **mehrere Mängel,** so ist der Gewährleistungsausschluss nur hinsichtlich derjenigen Mängel unwirksam, die arglistig verschwiegen worden sind. Dies kann auch Konsequenzen für die Berechnung der Minderung und des Nichterfüllungsschadens haben.[133] **1988**

Bei einer **Mehrheit von Verkäufern** (Eheleute, Erbengemeinschaft) tritt die Rechtsfolge des § 476 BGB bereits dann ein, wenn zumindest einer arglistig gehandelt hat.[134]

k) Gewährleistungsausschluss und Abnahmeverpflichtung

Ob und inwieweit ein Gewährleistungsausschluss Einfluss auf die Pflicht des Käufers zur Abnahme der Kaufsache hat, ist **umstritten.** Beim Kauf gebrauchter Pkw/Kombis über den gewerblichen Handel ist zunächst zu berücksichtigen, dass mitunter erst die Auslieferung den Kaufvertrag überhaupt zustande kommen lässt. Das ist eine Folge der besonderen Abschlussklausel (vgl. Rn 1441). Fallen Vertragsabschluss und Auslieferung zusammen, kann eine Freizeichnungsklausel keine Vorwirkung entfalten. Dies schon deshalb nicht, weil sie noch nicht Inhalt des Vertrages geworden ist. Zu den Rechten des Käufers in der Phase seiner vorvertraglichen Bindung s. Rn 1440. Durch schriftliche Bestätigung kann der Händler den Vertrag und damit auch den Gewährleistungsausschluss in Kraft setzen. Dennoch billigt der **BGH** dem Käufer ein **Zurückweisungsrecht** zu, wenn er den Mangel vor Übergabe entdeckt hat.[135] **1989**

---

133 Vgl. auch BGH 26. 1. 1983, NJW 1983, 1424 = DAR 1983, 228 und hier Rn 2040 ff.
134 BGH 10. 7. 1987, NJW-RR 1987, 1415 (Hauskauf).
135 Urt. v. 20. 12. 1996, NJW 1997, 652 – Immobilienkauf; dagegen mit beachtlichen Gründen *Reinicke/Tiedtke,* ZIP 1997, 1093.

VI. Die Rechtsfolgen der Sachmängelhaftung

1. Anspruchswahl und Prozesstaktik

1990 Sind die Voraussetzungen der Sachmängelhaftung erfüllt und ist sie weder gesetzlich (§§ 460, 464 BGB, dazu Rn 1933 ff.) noch vertraglich ausgeschlossen (dazu Rn 1946 ff.), so kann der Käufer nach seiner freien Wahl **Wandlung** oder **Minderung** verlangen. Unter den besonderen Voraussetzungen des § 463 BGB steht ihm **alternativ** ein Anspruch auf **Schadensersatz wegen Nichterfüllung** zur Auswahl. Begrenzt ist das Wahlrecht nur durch § 242 BGB.[1] Eine **zeitliche Schranke** enthält § 465 BGB. Ist der Anspruch auf Wandlung oder Minderung vollzogen, kann der Käufer Schadensersatz gem. § 463 BGB nicht mehr verlangen.[2] Denn dem Käufer steht der Schadensersatzanspruch nicht neben Wandlung oder Minderung zu, sondern nur an Stelle jener Ansprüche. Für den Anspruch aus § 463 BGB bleibt jedoch Raum, wenn der Käufer sich in einem Vorprozess als Beklagter lediglich mit der Wandlungseinrede verteidigt hat; denn darin liegt kein den Schadensersatzanspruch abschneidender Vollzug.[3]

De facto ist die Haftung von Gebrauchtwagenverkäufern eine **Schadensersatzhaftung**, nunmehr – nach Ablösung des Agenturgeschäfts – wieder aus § 463 BGB, nicht aus c. i. c. (sog. Sachwalterhaftung, dazu Rn 1395 ff.). Da der vertragstypische Gewährleistungsausschluss den Käufer praktisch dazu zwingt, einen der beiden Tatbestände des § 463 BGB (Eigenschaftszusicherung/Arglist) zu beweisen, empfiehlt es sich für ihn, von vornherein statt Wandlung oder Minderung den in jeder Beziehung stärkeren **Anspruch auf Schadensersatz wegen Nichterfüllung** zu wählen. Eine schadensersatzrechtliche Abwicklung nach § 463 BGB ist für den Käufer in jedem Fall günstiger; günstiger auch als eine **Anfechtung gem. § 123 BGB** verbunden mit Ansprüchen aus c. i. c., §§ 812 ff. und §§ 823 ff. BGB. Die Arglistanfechtung stellt den Käufer – von einem Sonderfall abgesehen[4] – in keinem Punkt besser, in vielerlei Hinsicht sogar eindeutig schlechter.[5]

2. Schadensersatz nach § 463 BGB

a) Gerichtsstand

1991 Während es für den Fall der Wandlung weitgehend geklärt ist, unter welchen Voraussetzungen der Käufer ausnahmsweise „zu Hause" klagen kann (vgl. Rn 833), gehen die Meinungen bei der Schadensersatzklage auseinander. Gegenstand des Streits ist nur der sog. **große Schadensersatzanspruch.** Nur er ist mit der Verpflichtung des Käufers verbunden, das Fahrzeug zurückzugeben. Beim **„kleinen" Schadensersatz** behält der Käufer die Sache und liquidiert, grob gesagt, den Minderwert (zu den Einzelheiten der Schadensberechnung s. Rn 1994 ff.). Der Streit um die **örtliche Zuständigkeit** entzündet sich beim „großen" Schadensersatz an der Frage, wo der **Erfüllungsort** (§ 29 I ZPO) für den Leistungsaustausch ist. Das OLG Hamm[6] wendet die für die typische Wandlungsklage (Rückzahlung des Kaufpreises Zug um Zug gegen Rückgabe der Sache) geltende Regel analog auf den „großen" Schadensersatzanspruch aus § 463 S. 1 BGB an, d. h., Erfüllungsort ist der Wohnsitz des Käufers. Anderer Ansicht ist das LG Tübingen,[7] das eine Parallele zur bereicherungsrechtli-

---

1 BGH 19. 6. 1996, NJW 1996, 2647.
2 BGH 8. 1. 1959, BGHZ 29, 148 = NJW 1959, 620.
3 BGH 8. 1. 1959, BGHZ 29, 148 = NJW 1959, 620.
4 Dazu unten Rn 2078 ff.
5 Zu den Vor- und Nachteilen der Anfechtung s. die vortreffliche Gegenüberstellung bei *Soergel/Huber*, vor § 459 Rn 206 ff.
6 Beschl. v. 23. 9. 1988, MDR 1989, 63.
7 Urt. v. 18. 12. 1985, MDR 1986, 756; so auch LG Köln 7. 6. 1984, 25 O 589/83, n. v.

chen Rückabwicklung zieht und den Käufer unter Hinweis auf eine RG-Entscheidung[8] an das Wohnsitzgericht des Verkäufers verweist. Eine analoge Anwendung der – freilich nicht unbestrittenen – Regel für die Wandlungsklage erscheint sachgerecht. Um das Problem der Zuständigkeit zu umgehen, kann es ratsam sein, erst im Verlauf des Prozesses von Wandlung auf den „großen" Schadensersatz umzustellen.

b) Schadensberechnung

Der Anspruch aus § 463 BGB geht auf **Geldersatz,** nicht etwa auf Beseitigung des Mangels oder Herstellung der zugesicherten oder vorgespiegelten Eigenschaft.[9] Zu ersetzen ist grundsätzlich das **positive Interesse,** also das **Erfüllungs- oder Vertragsinteresse.** Ob und inwieweit es Aspekte des negativen Interesses (Vertrauensinteresse) einbezieht, scheint noch nicht vollständig geklärt zu sein. Die daraus resultierende Unsicherheit ist insbesondere bei der Abwicklung nach den Regeln des „großen" Schadensersatzes zu beobachten, hier vor allem beim Ersatz für Aufwendungen (dazu Rn 2003 ff.). Auf dem Boden der Berechnungsformel für das positive Interesse gilt: Bei einer unrichtigen Eigenschaftszusicherung ist der Käufer so zu stellen, wie er stünde, wenn das Fahrzeug die zugesicherte Eigenschaft (z. B. Austauschmotor) besäße; bei arglistigem Verschweigen eines Fehlers (z. B. Unfallschaden) so, als hätte das Fahrzeug den verschwiegenen Fehler nicht.[10] **Grundbedingung** für einen Anspruch aus § 463 BGB ist, dass **ein Schaden überhaupt entstanden** ist. Das wird von Verkäufern bisweilen unter Hinweis darauf geleugnet, dass der Kaufpreis trotz des beanstandeten Mangels dem Verkehrswert des Fahrzeugs im mangelfreien Zustand entspricht. Die Annahme eines Vermögensschadens ist dadurch nicht ausgeschlossen. Denn der Schaden kann auch darin liegen, dass das Fahrzeug aufgrund des behaupteten Mangels für die Zwecke des Käufers ungeeignet ist.[11]

1992

Der Käufer kann den Anspruch auf Schadensersatz wegen Nichterfüllung nach seiner freien, bei geringfügigen Mängeln nur durch § 242 BGB eingeschränkten Wahl[12] in **zweifacher Weise** geltend machen: Er kann das (bereits abgenommene) Fahrzeug behalten und Schadensersatz wegen nicht gehöriger Erfüllung verlangen („kleiner" Schadensersatz). Er kann das Fahrzeug aber auch zurückgeben bzw. zurückweisen und den vollen Nichterfüllungsschaden ersetzt verlangen („großer" Schadensersatz).[13] **In der Praxis** überwiegt die zweite Alternative. **Typischerweise** verlangt der Käufer Rückzahlung des vollen Kaufpreises sowie Erstattung von Aufwendungen abzüglich Nutzungsentgelt (Gebrauchsvorteile), mitunter gekoppelt mit dem Antrag auf Feststellung des Annahmeverzugs des Verkäufers (dazu OLG Saarbrücken OLGR 1999, 509 und hier Rn 836 ff.). Der Übergang von der einen zu der anderen Alternative ist kein Wechsel der Anspruchsgrundlage; lediglich die Berechnung des Schadens wird geändert (zur prozessualen Konsequenz s. unten). Die Wahlmöglichkeit steht dem Käufer zeitlich gesehen nicht unbegrenzt offen. Denn der Verkäufer kann ein berechtigtes Interesse an einer definitiven Entscheidung darüber haben, ob der Käufer das Fahrzeug behalten oder zurückgeben will. Deshalb ist eine analoge Anwendung des § 466 BGB zu befürworten. Zu denken ist auch an eine Analogie zu § 264 Abs. 2 BGB.[14]

1993

Nicht selten lässt der **Prozessvortrag** offen, ob die Klage (ausschließlich) auf § 463 BGB gestützt wird oder ob der Käufer, eventuell hilfsweise, **Wandlung** oder gar eine bereicherungsrechtliche oder deliktsrechtliche Abwicklung begehrt. Um Unklarheiten und Missverständnisse von vornherein zu vermeiden und den **Streitgegenstand** im Hinblick auf etwaige

---

8 RGZ 49, 421.
9 BGH 23. 6. 1989, NJW 1989, 2534; BGH 10. 6. 1998, NJW 1998, 2905.
10 Vgl. BGH 23. 6. 1989, NJW 1989, 2534; v. 19. 4. 1991, NJW 1991, 2277 (Zusicherungshaftung).
11 Vgl. BGH 19. 12. 1997, NJW 1998, 898 – Immobilienkauf.
12 BGH 5. 5. 1958, BGHZ 27, 215, 220; BGH 22. 11. 1985, NJW 1986, 920.
13 St. Rspr., z. B. BGH 28. 11. 1994, NJW 1995, 518.
14 Dafür *Derleder/Abramjuk,* AcP 190 (1990), 647.

spätere Änderungen, z. B. ein „Umsatteln" in der Berufungsinstanz (dazu OLG Köln VRS 94, 167 – Wandlung/Minderung), so genau wie möglich festzulegen, empfiehlt sich schon in der **Klageschrift** ein **ausdrücklicher Hinweis** auf die Anspruchsgrundlage. Sofern eine ausdrückliche Erklärung fehlt, ist anhand des gesamten Prozessverhaltens zu ermitteln, welchen der verschiedenen kaufrechtlichen oder außervertraglichen Rechtsbehelfe der Käufer erhebt. Im Zweifel ist anzunehmen, dass die klagende Partei sich auf alle nach ihrem Tatsachenvortrag in Betracht kommenden rechtlichen Gesichtspunkte stützen will, die geeignet sind, ihrem Anliegen zum Erfolg zu verhelfen.[15] Welche Folgen **unpräzise Formulierungen** haben können, zeigen anschaulich die Fälle BGH NJW 1988, 2878 (Rücktritt/Schadensersatz), BGH NJW 1986, 920 (Rücktritt/Wandlung), BGH NJW 1990, 2683 (Wandlung/„großer" Schadensersatz) und BGH NJW 1992, 566; BGH NJW 1996, 1962 (Wandlung/„großer" Schadensersatz). Schadensersatz und Wandlung können – ausdrücklich oder stillschweigend – auch im **Eventualverhältnis** geltend gemacht werden.[16] Von einer solchen Vorgehensweise hat der Richter auszugehen, es sei denn, dass der Käufer klar zum Ausdruck gebracht hat, ausschließlich Wandlung oder nur Schadensersatz zu begehren.[17] Eine Klage auf „großen" Schadensersatz kann im Wege der Auslegung als Wandlungsklage für den Fall gedeutet werden, dass ein Schadensersatzanspruch nicht besteht.[18] Wenn der Anspruch auf den „großen" Schadensersatz auf diese oder auf andere Weise von Anfang an Streitgegenstand gewesen ist, stellt der Übergang auf den „kleinen" Schadensersatz **keine Klageänderung** dar.[19] Es wird nur die Schadensberechnung geändert, s. auch Rn 2019.

Eine **Besonderheit** von Gewährleistungsprozessen aus Gebrauchtfahrzeugkäufen besteht darin, dass der **Arglisttatbestand** in den Schriftsätzen der Käuferanwälte eine zentrale Rolle spielt. Häufig wird er unter verschiedenen Blickwinkeln angesprochen. Ein Aspekt ist die **Anfechtung wegen arglistiger Täuschung** (§ 123 BGB). Aus eingereichten **vorgerichtlichen** Schreiben kann sich zudem ergeben, dass der Käufer von seinem Anfechtungsrecht bereits Gebrauch gemacht hat. Hier ist zu bedenken, dass eine **wirksame Anfechtung** den vertragsrechtlichen Gewährleistungsansprüchen, auch dem Schadensersatzanspruch aus § 463 BGB, die Grundlage entzieht.[20] Mit dem Erfolg der Anfechtung hat der Anfechtende die Befugnis verloren, die Wirkung der Anfechtung zu beseitigen und sie als nicht geschehen zu behandeln.[21] Die Rücknahme der Anfechtungswirkung kann nur einverständlich erfolgen, freilich auch durch konkludentes Verhalten, z. B. Weiterbenutzung des Fahrzeugs mit Billigung des Verkäufers. Diese Auwirkung einer Anfechtung, selbstverständlich nur einer rechtswirksamen, sollte der Anwalt des Käufers von Beginn des Mandats an im Auge haben. Aus richterlicher Sicht stellt sich die Frage einer etwaigen Vertragsanfechtung als Vorfrage, wenn es darum geht, ob die Klage aus vertraglichen Anspruchsgrundlagen schlüssig ist, siehe auch Rn 2062.

aa) Der „kleine" Schadensersatz

1994 **Ausgangspunkt:** Der Käufer ist vermögensmäßig so zu stellen, als ob er eine mangelfreie Sache (mit zugesicherter Eigenschaft bzw. ohne verschwiegenen Fehler) erhalten hätte.[22] Der Käufer, der sich für den „kleinen" Schadensersatz entscheidet, realisiert sein positives Inter-

---

15 BGH 9. 5. 1990, NJW 1990, 2683; v. 9. 10. 1991, NJW 1992, 566.
16 BGH 23. 5. 1984, WM 1984, 1098; BGH 9. 5. 1990, NJW 1990, 2683; BGH 9. 10. 1991, NJW 1992, 566.
17 BGH 9. 10. 1991, NJW 1992, 566.
18 BGH 28. 2. 1996, NJW 1996, 1962.
19 BGH 9. 5. 1990, NJW 1990, 2683; v. 9. 10. 1991, NJW 1992, 566.
20 BGH 12. 5. 1995, NJW 1995, 2361 unter III; BGH 29. 10. 1959, NJW 1960, 237; OLG Karlsruhe 18. 12. 1985, NJW-RR 1986, 542; abw. OLG Bamberg 2. 3. 1994, NJW-RR 1994, 1333.
21 BGH 29. 10. 1959, NJW 1960, 237.
22 St. Rspr., z. B. BGH 12. 7. 1991, NJW 1991, 2900 (Grundstückskauf).

esse in Reinform, ohne Anleihen an das negative Interessse. Zum Ersatz von Mangelfolge- und Begleitschäden s. Rn 2023 ff. Der **Mindestschaden** besteht in der Differenz zwischen dem Wert im mangelfreien Zustand und dem Wert im mangelhaften Zustand. Wenn dieser Wertunterschied auch nicht notwendigerweise den **Kosten der Mängelbeseitigung** entspricht, so sind diese doch ein tauglicher **Bemessungsfaktor**.[23] Für den „kleinen" Schadensersatz nach § 463 S. 2 BGB (Arglist) ist dieser Ansatz allgemein anerkannt.[24] Im Rahmen der Zusicherungshaftung ist auf diejenigen Kosten abzustellen, die zur Herstellung des versprochenen Zustandes, z. B. „generalüberholt", erforderlich sind.[25] Im Einzelfall kann diese vereinfachte Form der Berechnung des mangelbedingten Minderwerts korrekturbedürftig sein. Nicht selten weist das verkaufte Fahrzeug außer dem haftungsbegründenden Mangel technische Schäden auf, die rechtlich unerheblich sind (§ 459 I, 2 BGB) oder für die die Haftung wirksam ausgeschlossen ist. Eine weitere Schwierigkeit kann durch Wertsteigerungen eintreten, die mit der Mängelbeseitigung verbunden sind.

Beispiele für die Berechnung des „kleinen" Schadensersatzes aus der Rechtsprechung:

- Der arglistig getäuschte Käufer eines **Unfallwagens** kann die Kosten für die Beseitigung des Unfallschadens ersetzt verlangen.[26] Unterläuft der Werkstatt bei der Reparatur ein Fehler, haftet der Verkäufer auch für diese Folgekosten.[27] Das sog. Werkstattrisiko liegt wie im Fall der Unfallschadensregulierung beim Schädiger. Von der Ersatzpflicht ausgenommen sind dagegen solche Vermögenseinbußen, die mit dem offenbarungspflichtigen Mangel in keinem ursächlichen Zusammenhang stehen.
- Fehlt dem Wagen die zugesicherte Eigenschaft der **Generalüberholung,** so schuldet der Verkäufer die Kosten einer solchen Maßnahme.[28]
- Die Zusage, der Wagen habe einen **„überholten" Motor,** verpflichtet den Verkäufer zum Ersatz der Kosten für die Reparatur eines Motorschadens, der bei einem wirklich überholten Motor nicht aufgetreten wäre.[29]
- Wer entgegen seiner Zusage den Wagen ohne **Servolenkung** liefert, hat die Kosten für dieses Extra einschließlich der Einbaukosten zu ersetzen.[30]
- Der Käufer, dem der Verkäufer arglistig verschwiegen hat, dass das Fahrzeug mit einem **nicht typengerechten Motor** ausgestattet ist, kann als Schadensersatz einen Betrag in Höhe der Kosten für die Umrüstung auf einen gebrauchstauglichen typengerechten Motor verlangen. Auf diesen Schadensersatzanspruch ist – vorbehaltlich eines Abzugs neu für alt – ohne Einfluss, dass die Parteien jede Gewährleistung ausgeschlossen haben und der nicht typengerechte Motor auch schadhaft und nicht mehr instandsetzungsfähig war.[31] Die **begrenzte Reichweite** der Freizeichnungsklausel ist auch zu beachten, wenn der Verkäufer das Vorhandensein eines **Austauschmotors** oder eines **generalüberholten Motors** vorgespiegelt hat.

---

23 Maßgeblich sind die Bruttoreparaturkosten, so OLG Düsseldorf 20. 3. 1998, OLGR 1998, 279 für die Minderung.
24 BGH 26. 1. 1983, NJW 1983, 1424; BGH 23. 6. 1989, NJW 1989, 2534; BGH 10. 6. 1998, NJW 1998, 2905.
25 BGH 6. 12. 1995, NJW 1996, 584; OLG Karlsruhe 30. 3. 1979, OLGZ 1979, 431.
26 OLG München 20. 3. 1980, NJW 1980, 1581.
27 OLG Köln 2 U 113/79, n. v.
28 OLG Karlsruhe 30. 3. 1979, OLGZ 1979, 431; OLG Celle 16. 7. 1992, 7 U 141/91, n. v. (Agentur).
29 OLG Frankfurt 6. 3. 1980, VRS 58, 330 (Auslandsreparatur).
30 A. A. LG Bochum 2. 10. 1979, NJW 1980, 789 = DAR 1981, 15; dazu *Eggert,* DAR 1981, 1; wie hier MK-*Westermann,* § 463 Rn 21a.
31 BGH 26. 1. 1983, NJW 1983, 1424; vgl. auch OLG Düsseldorf 8. 5. 1992, NJW-RR 1993, 58.

- Fehlt dem Fahrzeug die zugesicherte Eigenschaft **„technisch und optisch Bestzustand"**,[32] kann der Käufer Ersatz derjenigen Kosten verlangen, die zur Herstellung dieser Eigenschaft erforderlich sind, z. B. die Kosten einer Teillackierung.[33]
- Auf die **volle** Differenz zwischen dem hypothetischen und dem tatsächlichen Wert haftet der Verkäufer auch dann, wenn der hypothetische Wert den Kaufpreis deutlich übersteigt.[34] Ungewöhnlich hohe Wertsprünge sind z. B. beim Kauf von sog. **Liebhaberfahrzeugen** möglich.
- Hat der Verkäufer eine unrichtige **Kilometerlaufleistung** zugesichert, kann der Käufer im Rahmen des „kleinen" Schadensersatzes die Wertdifferenz so berechnen: Wagen mit zugesicherten 41 000 km = 10 000 DM, Wagen mit tatsächlichen 141 000 km = 5000,– DM, Schaden: 5000,– DM.[35] Vertretbar erscheint auch folgende Lösung: Die tatsächlichen Mehrkilometer werden mit Hilfe der Formel über den linearen Wertschwund bewertet; der sich dabei ergebende Betrag wird mit dem Schaden des Käufers gleichgesetzt.[36]

1995 Ob ein **Abzug** unter dem Gesichtspunkt **„neu für alt"** zu machen ist, hängt zunächst vom Inhalt der Zusicherung ab, ist also Auslegungsfrage. Heißt es im Vertrag „Austauschmotor, Null Kilometer", hat der Käufer Anspruch auf Ersatz der gesamten Kosten, die bei dem Einbau eines „neuen" Austauschmotors anfallen. Anders ist es, wenn die Zusicherung lautet: „Austauschmaschine, 26 000 km". In diesem Fall (zur Auslegung s. Rn 1677) kann der Käufer zumindest die Montagekosten in vollem Umfang ersetzt verlangen, bei den Materialkosten muss er je nach Laufleistung des eingebauten Motors Abstriche hinnehmen.[37] Instruktiv BGH NJW 1996, 584 – Tankwagen. Durch den Schadensersatz darf der Käufer wirtschaftlich nicht besser gestellt werden, als er bei vertragsgemäßer Beschaffenheit des Fahrzeugs gestanden hätte (Bereicherungsverbot). Etwas anderes besagt auch nicht die Entscheidung des LG Köln vom 27. 5. 1970.[38] Sie ist dahin missverstanden worden, dass beim Einbau eines Austauschmotors in ein Gebrauchtfahrzeug kein Abzug nach den Grundsätzen der Vorteilsausgleichung in Betracht komme.[39] Zur Ermittlung des Abzugs „neu für alt" bei Einbau eines neuen bzw. neuwertigen Ersatzteils in ein älteres Fahrzeug s. BGH NJW 1996, 584.

1996 Außer dem mängelbedingten (technischen und merkantilen) **Minderwert** gehören zum „kleinen" Nichterfüllungsschaden i. S. v. § 463 BGB folgende Positionen:
- Abschleppkosten
- Untersuchungskosten (Gutachterkosten)[40]
- Mietwagenkosten[41]
- Nutzungsausfall (entgangene Gebrauchsvorteile).[42]

---

32 Zusicherung bejaht von LG Köln 25. 10. 1988, 3 O 491/87, n. v. (zweifelhaft, vgl. die Kasuistik unter Rn 1832, 1833).
33 LG Köln 25. 10. 1988, 3 O 491/87, n. v. (spätestens bei der Schadensbemessung zeigt sich die Fragwürdigkeit der Annahme einer Zusicherung).
34 BGH 19. 5. 1993, NJW 1993, 2103 – Gemäldekauf.
35 Vgl. KG 24. 7. 1997, NJW-RR 1998, 131 = DAR 1998, 69; nach LG Köln 16. 8. 1972, 76 O 537/72, n. v., kann der Käufer in einem solchen Fall auch die Kosten für den Einbau eines ATM ersetzt verlangen, wenn das Fahrzeug dadurch in den Zustand versetzt wird, den es bei Vorhandensein der zugesicherten Laufleistung gehabt hätte.
36 Vgl. OLG Düsseldorf 18. 6. 1999, NZV 1999, 514, für den Fall der Minderung.
37 Vgl. OLG Schleswig 6. 2. 1973, VersR 1975, 189; s. auch BGH 26. 1. 1983, NJW 1983, 1424.
38 MDR 1970, 1010.
39 Vgl. OLG Bamberg 6. 3. 1974, DAR 1974, 188.
40 BGH 5. 7. 1978, NJW 1978, 2241; OLG Hamm 20. 12. 1979, BB 1980, 962 (insoweit nicht abgedruckt); KG 24. 7. 1997, NJW-RR 1998, 131 = DAR 1998, 69; OLG Celle 29. 1. 1998, OLGR 1998, 188 – DEKRA-Gebrauchtwagenbewertung.
41 OLG Frankfurt 6. 5. 1992, NZV 1993, 190 m. Anm. *Eggert* – „großer" Schadensersatz.
42 BGH 5. 7. 1978, NJW 1978, 2241.

Die Rechtsfolgen der Sachmängelhaftung

Nicht erstattungsfähig sind nach Ansicht des OLG Saarbrücken[43] **Finanzierungskosten** (anders beim ,,großen" Schadensersatz, siehe Rn 2004).

Den **Nutzungsausfall** zählt der BGH[44] zum **reinen Nichterfüllungsschaden,** sieht darin also – entgegen einigen Obergerichten[45] – **keinen Mangelfolgeschaden.** Von Bedeutung ist dieser Unterschied im Rahmen der Zusicherungshaftung, die Mangelfolgeschäden nur bei entsprechendem Schutzumfang der Zusicherung einschließt. Auch für die Frage der Zulässigkeit einer **Haftungsfreizeichnung** kann es auf den Unterschied zwischen Mangel- und Mangelfolgeschaden ankommen (s. auch Abschn. VIII Nr. 1 2. Abs. der ZDK-AGB).

Bislang liegt **kein BGH-Urteil** vor, das einem Fahrzeugkäufer auf der Grundlage des § 463 BGB eine Nutzungsausfallentschädigung zuerkannt hat. Die vom OLG Hamm[46] in einer Gebrauchtwagensache zugelassene Revision ist allem Anschein nach nicht durchgeführt worden. Das Pelzmantel-Urteil des VIII. ZS vom 12. 2. 1975[47] und die Entscheidung des V. ZS vom 21. 2. 1992[48] lassen jedoch vermuten, dass der BGH (VIII. ZS) gegen den Widerstand des Schrifttums[49] einen Anspruch auf Nutzungsausfallentschädigung beim Pkw- und Motorradkauf wenigstens bei dem ,,kleinen" Schadensersatz anerkennen wird (zur Problematik beim ,,großen" Schadensersatz s. Rn 2007). In Fällen, in denen Käufer von Pkw ihre vorübergehend unbenutzbaren Fahrzeuge behalten und lediglich den Minderwert liquidiert haben, haben mehrere Oberlandesgerichte[50] unter Zustimmung der h. L.[51] einen Anspruch auf Ersatz von Nutzungsausfall bejaht. Das erscheint sachgerecht.

In der vorübergehenden Unbenutzbarkeit eines eigengenutzten Kraftfahrzeugs liegt nach der vom Großen Senat des BGH bestätigten Auffassung ein ersatzfähiger Vermögensschaden.[52] Die Ersatzfähigkeit auf deliktische Haftungsnormen zu beschränken, hat der BGH wiederholt ausdrücklich abgelehnt.[53] Innerhalb der Vertragshaftung nach einzelnen Anspruchsgrundlagen zu differenzieren, leuchtet gleichfalls nicht ein. Zu verkennen ist freilich nicht, dass es einen Unterschied macht, ob ein Verkäufer bzw. ein Kfz-Vermittler das Fahrzeug bzw. die Fahrzeugpapiere pflichtwidrig zurückhält und dadurch den Gebrauch des Fahrzeugs vereitelt oder ob der Nutzungsausfall die Folge eines verschwiegenen Fahrzeugmangels ist. Im Hinblick auf die Einschätzung des Nutzungsausfalls als Vermögensschaden ist dieser Unterschied in der Einwirkung auf das Fahrzeug und auf das Nutzungsinteresse des Vertragsgläubigers jedoch unbeachtlich.

Abgesehen von der Vertragsverletzung (arglistige Täuschung oder unrichtige Zusicherung), setzt der Anspruch auf Nutzungsausfallentschädigung voraus: **Kausalität** zwischen Vertragswidrigkeit und Nutzungsausfall, ferner die **Möglichkeit** und die **Bereitschaft** des Käufers, das Fahrzeug ohne den haftungsbegründenden Mangel zu benutzen. Da es nach zutreffender Ansicht des BGH nicht um einen Mangelfolgeschaden, sondern um einen (unmittelbaren) **Mangelschaden** geht, ist es im Rahmen des § 463 S. 1 BGB belanglos, ob

---

43 Urt. v. 15. 1. 1997, OLGR 1997, 17.
44 Urt. v. 5. 7. 1978, NJW 1978, 2241.
45 OLG Hamm 20. 12. 1979, BB 1980, 962; OLG Frankfurt 6. 5. 1992, NZV 1993, 190.
46 Urt. v. 20. 12. 1979, BB 1980, 962.
47 BGHZ 63, 393 = NJW 1975, 733.
48 BGHZ 117, 260 = NJW 1992, 1500 – Immobilienkauf.
49 Nachweise in BGHZ 85, 11, 14.
50 OLG Stuttgart 1. 2. 1967, VersR 1967, 1207; OLG Hamm 20. 12. 1979, BB 1980, 962; OLG Düsseldorf 19. 3. 1993, OLGR 1993, 193 = ZfS 1993, 339; s. auch OLG Frankfurt 6. 5. 1992, NZV 1993, 190 (aber ,,großer" Schadensersatz).
51 *Soergel/Huber,* § 463 Rn 53, Rn 52 (Fn. 23); *Jauernig/Vollkommer,* § 463 Anm. 4c, aa; wohl auch MK-*Grunsky,* vor § 249 Rn 18, und *Soergel/Mertens,* § 249 Rn 100.
52 Beschl. v. 9. 7. 1986, NJW 1987, 50.
53 BGHZ 63, 393; BGHZ 85, 11; BGHZ 88, 11.

der Käufer gerade durch die Zusicherung vor einem Ausfall des Fahrzeugs geschützt werden sollte. In den meisten Fällen dürfte jedoch auch dieses Kriterium zu bejahen sein.[54]

Was die **Höhe** der Nutzungsausfallentschädigung angeht, so kann auf die umfangreiche Rechtsprechung zum Unfallschadensrecht zurückgegriffen werden. Beim Ausfall privatgenutzter Pkw/Kombis wird üblicherweise nach der Tabelle von *Sanden/Danner/Küppersbusch*[55] abgerechnet. Das OLG Düsseldorf[56] hat diese Tabelle auch für den Schadensersatz nach § 463 BGB herangezogen, den dort entnommenen Wert aber – aus nicht ganz nachvollziehbaren Erwägungen – um 50% gekürzt. Das Alter des Fahrzeugs war für den Senat kein Grund zur Kürzung. Nach richtiger, aber bestrittener Ansicht gelten die Tabellenwerte ohne Abstriche auch für Pkw, die älter als fünf Jahre sind.[57] Bei ungewöhnlich alten, schlecht erhaltenen Fahrzeugen sind jedoch die – niedrigeren – Vorhaltekosten maßgeblich (BGH NJW 1988, 484). Ausnahmeregeln bestehen auch für gewerblich genutzte Kraftfahrzeuge und allgemein für Sonderfahrzeuge wie Wohnmobile etc.[58]

Anders als im Unfallschadensrecht mit seinen relativ festen Regeln zur Bemessung der Ausfallzeit sind die Pflichten des Käufers zur **Geringhaltung** des Nutzungsausfallschadens gerichtlich kaum geklärt. Dies gilt sowohl für den Ersatz von Mietwagenkosten als auch für die „abstrakte" Ausfallentschädigung. Orientierungshilfe geben die Urteile des OLG Frankfurt vom 6. 5. 1992[59] (Mietwagenkosten beim „großen" Schadensersatz) und des OLG Düsseldorf vom 19. 3. 1993[60] („abstrakter" Nutzungsausfall). Den Zeitraum, in dem das Fahrzeug – nach der Reparatur – **abgemeldet** war, hat das OLG Düsseldorf wegen Verstoßes gegen **§ 254 II BGB** ausgeklammert.

1997 Für den „kleinen" Schadensersatzanspruch kommt es nicht darauf an, ob der Käufer das Fahrzeug noch zurückgeben könnte.[61] Eine Weiterveräußerung macht die Schadensberechnung anhand der fiktiven Mängelbeseitigungskosten nicht unzulässig.[62] Die **Rückgabemöglichkeit** spielt nur beim „großen" Schadensersatz eine Rolle (s. Rn 2018 f.). Einen nachgewiesenen Minderwert kann der Käufer selbst dann liquidieren, wenn er das Fahrzeug mit Gewinn weiterverkauft hat. Dabei ist es unerheblich, ob er mit seinem Abnehmer einen Gewährleistungsausschluß vereinbart hat oder nicht.[63] Der einmal entstandene Schaden bleibt durch den Weiterverkauf unberührt.[64] Eine Vorteilsausgleichung tritt nicht ein, siehe Rn 1986.

1998 **Darlegungs- und Beweislast:** Beim „kleinen" Schadensersatz muss der Käufer darlegen und notfalls beweisen: den anspruchsbegründenden Sachverhalt (Arglist oder falsche Zusicherung), den Wert des Fahrzeugs im mangelfreien Zustand und den tatsächlichen Wert des Fahrzeugs im mangelhaften Zustand. Da er auf die Reparaturkosten abstellen darf, kann er auf Gutachtenbasis abrechnen.[65] Der Käufer braucht nicht darzulegen und zu beweisen, dass der Verkäufer ihm das Fahrzeug im Falle der Aufklärung zu einem entsprechend niedrigeren

---

54 Vgl. OLG Hamm 20. 12. 1979, BB 1980, 962 – falsche km-Angabe; LG Köln 16. 8. 1972, 76 O 537/72, n. v. – Unfallfreiheit.
55 Abgedruckt in NJW 1998, 2106.
56 Urt. v. 19. 3. 1993, OLGR 1993, 193.
57 KG 26. 4. 1993, NZV 1993, 478 m. w. N.
58 Zum Teil wird bei Sonderfahrzeugen ein Anspruch schon dem Grunde nach verneint (BGH NJW 1983, 444 – Wohnwagen; OLG Düsseldorf NJW-RR 1993, 36 – Oldtimermotorrad).
59 NZV 1993, 190 m. Anm. *Eggert*.
60 OLGR 1993, 193 = ZfS 1993, 339.
61 BGH 9. 10. 1991, NJW 1992, 566.
62 BGH 10. 6. 1998, NJW 1998, 2905 = ZIP 1998, 1313.
63 OLG München 20. 3. 1980, NJW 1980, 1581 m. w. N.; siehe auch Rn 1983 ff. – „Käuferkette".
64 BGH 19. 9. 1980, NJW 1981, 45, 46.
65 Vgl. auch BGH 20. 6. 1989, NJW 1989, 3009 – Unfallsache.

Die Rechtsfolgen der Sachmängelhaftung

Preis überlassen hätte.⁶⁶ Er braucht auch nicht zu beweisen, durch die arglistige Täuschung in seinem Kaufentschluss beeinflusst worden zu sein (vgl. Rn 1862).

bb) Der „große" Schadensersatz

1999 Will der Käufer das Fahrzeug nicht behalten bzw. es erst gar nicht abnehmen oder – anders betrachtet – will er den vollen Kaufpreis einschließlich Zinsen zurückhaben, muss er sich im Rahmen vertraglicher Ansprüche für Wandlung oder für den „großen" Schadensersatz entscheiden.⁶⁷ Was **im Rechtsstreit** sein wahres Ziel ist, ist beim Fehlen einer ausdrücklichen Erklärung anhand seines gesamten Prozessverhaltens zu ermitteln, ggfs. durch Frage gem. § 139 ZPO zu klären, siehe Rn 1993. **Materiell-rechtlich gilt:** Nach h. M.⁶⁸ braucht der Käufer zwar nicht darzulegen, an dem mangelhaften Fahrzeug kein Interesse mehr zu haben. Wie jede Rechtsausübung steht jedoch auch das Verlangen nach dem „großen" Schadensersatz unter dem Vorbehalt des § 242 BGB. Im Einzelfall kann es treuwidrig sein, den weitestgehenden Gewährleistungsanspruch geltend zu machen, z. B. beim Fehlen einer unwesentlichen Eigenschaft, die der Verkäufer, was selten vorkommen wird, gleichwohl zugesichert hat.⁶⁹ Zu weiteren Anwendungsfällen von § 242 BGB siehe Rn 2020 ff.

α) Kaufpreisrückzahlung und Verzinsung

2000 Der bereits gezahlte Kaufpreis bzw. Kaufpreisanteil (Anzahlung) ist zurückzuzahlen. Er macht den **Mindestschaden** des Käufers aus. Gegenstand der Rückzahlungspflicht ist der vom Käufer an den Verkäufer oder dessen Vertreter gezahlte Kaufpreis. Hält der Vermittler beim **Agenturgeschäft** (dazu Rn 1341 ff.) einen Teilbetrag zurück, muss der Verkäufer gleichwohl den vollen Kaufpreis erstatten.⁷⁰

2001 Hat der Käufer einen Teil des Kaufpreises durch **Hingabe seines Altwagens** „ersetzt" („Gebraucht auf Gebraucht"),⁷¹ so kann er im Rahmen des „großen" Schadensersatzes außer dem bar gezahlten Kaufpreisteil auch den für seinen Altwagen angerechneten Geldbetrag verlangen.⁷²

Analog §§ 467, 347 S. 3 BGB ist der Geldbetrag, der tatsächlich gezahlt wurde, schon ab Empfang mit 4% **zu verzinsen.**⁷³ Wegen des Abzugs von Gebrauchsvorteilen (siehe Rn 2009 ff.) kann der zu verzinsende Betrag höher als der Klagebetrag sein.

β) Rückübertragung von Besitz und Eigentum

2002 Besitz und Eigentum am Fahrzeug und am Fahrzeugbrief sind Rechtspositionen, die ein Käufer, der den „großen" Schadensersatz geltend macht, nicht behalten darf. Diese Vorteile unterliegen der Ausgleichspflicht. Der Schadensersatzanspruch ist inhaltlich dahin beschränkt, dass er nur Zug um Zug gegen Rückübereignung von Fahrzeug und Brief geltend gemacht werden kann.⁷⁴ Anders als bei einem Wandlungsbegehren, bei dem ein Zug-um-Zug-Antrag nur aus Kostengründen ratsam ist,⁷⁵ besteht beim „großen" Schadensersatz an sich eine Rechtspflicht zur Einschränkung des Klageantrags. Damit der Käufer im Rahmen

---

66 BGH 2. 6. 1980, WM 1980, 1006; *Tiedtke*, JZ 1989, 569; *ders.*, JZ 1990, 1077; unrichtig, weil auf das negative Interesse abstellend, OLG Koblenz 18. 10. 1990, BB 1991, 722.
67 Grundlegend BGH 8. 1. 1959, NJW 1959, 620 (Lkw-Kauf); Urt. v. 2. 10. 1968, NJW 1968, 2375 (gebr. Fräsmaschine).
68 BGH 8. 1. 1959, NJW 1959, 620 = LM Nr. 4 zu § 463 *(Artl); Walter*, Kaufrecht, S. 212.
69 Vgl. *Soergel/Huber*, § 463 Rn 44 m. w. N.
70 OLG Hamburg 9. 12. 1977, DAR 1978, 336.
71 Zur Inzahlungnahme s. Rn 324 ff.
72 BGH 28. 11. 1994, NJW 1995, 518 = NZV 1995, 105.
73 OLG Stuttgart 14. 8. 1990, 10 U 255/89, n. v.; *Soergel/Huber*, § 463 Rn 49; a. A. OLG Köln 19. 10. 1987, 12 U 9/87, n. v.; wie hier aber OLG Köln 8. 6. 1993, 24 U 215/92, n. v.
74 BGH 15. 11. 1996, NJW 1997, 581 – Immobilienkauf.
75 Zu Kostenproblemen s. *Hensen,* NJW 1999, 395.

des § 463 BGB nicht schlechter als im Fall der Wandlung gestellt ist, erscheint eine Harmonisierung in der Fassung des Klageantrags sinnvoll (zur Parallelproblematik bei bereicherungsrechtlicher Rückabwicklung siehe Rn 2073). Mit der Rücknahme des Fahrzeugs kann der Verkäufer sowohl in Schuldner- als auch in Gläubigerverzug geraten. Im Einzelnen ist hier manches strittig, so z. B. der Zeitpunkt des Schuldnerverzugs (s. Rn 2018).

γ) Aufwendungsersatz

2003 Während im Fall der **Wandlung** mit § 467 S. 2 BGB (Vertragskostenersatz) und den Verwendungsersatzansprüchen nach §§ 994 ff. BGB ein fein austariertes Instrumentarium zur Verfügung steht (dazu Rn 2028 ff.), bestimmt sich der Ausgleich für Vermögensdispositionen des Käufers bei § 463 BGB nach der vergleichsweise grobschlächtigen Formel für die Berechnung des positiven Interesses. Der Schein, damit eine sichere Handhabe zu besitzen, trügt. Die Unsicherheit beruht vor allem darauf, dass bei einer Liquidation des positiven Interesses das als Gegensatz, zumindest als etwas Anderes empfundene negative Interesse ausgeklammert zu sein scheint. Doch um Aspekte des negativen Interesses, nämlich des Vertrauensschadens, geht es, wenn der Käufer einen Ausgleich für Vermögensdispositionen begehrt, die sich infolge der Rückgabe des Fahrzeugs als für ihn nutzlos erweisen.

So unproblematisch der Ersatz für Aufwendungen im Bereich des „kleinen" Schadensersatzes ist (dazu Rn 1996), so schwierig kann sich die Abwicklung nach den Regeln des „großen" Schadensersatzes gestalten. Das hat ersichtlich damit zu tun, dass der Käufer hier – nicht anders als im Wandlungsfall – das gesamte Geschäft zerschlägt. Inwieweit bei Rückgabe der Sache im Rahmen des Schadensersatzes das positive Interesse gewahrt wird, wird nicht analysiert, so der Befund von *Derleder/Abramjuk*.[76] **In der Praxis** reduziert sich das Problem auf die Frage, ob und inwieweit § 463 BGB in der Form des „großen" Schadensersatzes dem Käufer mehr gibt als ihm nach Wandlungsgrundsätzen zusteht. Denn in einem ist man sich zumindest im Ergebnis einig: Der gemäß § 463 BGB zum Schadensersatz verpflichtete Verkäufer hat jedenfalls diejenigen Aufwendungen zu erstatten, für die er bei Wandlung **Verwendungs- und Vertragskostenersatz** schuldet, s. dazu Rn 2028 ff. Sind aber beispielsweise **Finanzierungskosten** erstattungsfähig? Sie fallen nicht unter den Vertragskostenersatz nach § 467 S. 2 BGB (s. Rn 2030). Und was ist mit den **nützlichen Verwendungen,** für die der Käufer bei der Wandlung nur in engen Grenzen einen Ausgleich verlangen kann (dazu Rn 2029)? Ein ständiger Streitpunkt im Rahmen des § 463 BGB sind auch die Positionen „**Kfz-Steuer**" und „**Versicherungsprämien**". Ganz überwiegend wird dem Käufer, der die Wandlung verlangt, ein Ausgleich hierfür nicht zugebilligt.

2004 Zum „großen" Nichterfüllungsschaden (Mangelschaden) – zum Mangelfolgeschaden s. Rn 2023 – gehören nach der nicht immer einheitlichen **Judikatur** insbesondere:

– Vertragsabschlusskosten (z. B. Fahrt zum Händler), Argument: Gleichstellung mit § 467 S. 2 BGB
– im Kaufpreis nicht enthaltene Kosten für Zusatzleistungen des Verkäufers, z. B. für eine Garantie[77]
– Transport- und Frachtkosten (BGH NJW 1996, 1962 – Wandlung)
– Kosten einer Finanzierung (soweit über 4%)[78]

---

76 AcP 190 (1990), 624.
77 OLG Düsseldorf 3. 12. 1993, OLGR 1994, 186.
78 BGH 17. 5. 1995, NJW 1995, 2159 unter II, 1; OLG Celle 23. 6. 1995, 4 U 301/94, n. v.; OLG Saarbrücken 15. 1. 1997, OLGR 1997, 17 – verneint nur für den „kleinen" Schadensersatz; LG Nürnberg-Fürth 27. 11. 1997, 4 O 426/97 n. v. – Leasingraten bei sale and lease back (Sache wurde durch Vergleich vor dem 8. ZS OLG Nürnberg – 8 U 69/98 – erledigt, wobei der Senat erhebliche Bedenken gegen die Erstattungsfähigkeit der Leasingraten erhoben haben soll; a. A. LG Zweibrücken 26. 10. 1999, NZV 2000, 129 = MDR 2000, 83.

Die Rechtsfolgen der Sachmängelhaftung　　　　　　　　　　　　　　　　Rn 2005

- Neuzulassungskosten (Ummeldekosten),[79] wobei zu beachten ist, ob die Kosten für die Zulassung im Kaufpreis enthalten waren, wenn ja, kann der Käufer keinen gesonderten Ersatz verlangen, auch nicht für die Zulassung des ersatzweise angeschafften Fahrzeugs (Ohnehinkosten)
- Kosten für neue Nummernschilder[80]
- Kosten der Fahrzeugumrüstung[81]
- Kosten einer aus Anlass des Kaufs einer gemieteten Garage (s. auch „Unterstellkosten")
- Kosten der Schadensfeststellung, z. B. Einholung eines Sachverständigengutachtens,[82] eines ADAC- oder TÜV-Prüfberichts,[83] eines Kostenanschlags usw., Spurvermessungskosten[84]
- Abschleppkosten,[85]
- Unterstellkosten[86]
- Kosten für notwendige Reparatur- und Wartungsarbeiten[87]
- fixe Betriebskosten (Kfz-Steuer, Versicherungsprämien), sofern unter Beachtung der Schadensminderungspflicht (§ 254 II BGB) nutzlos aufgewandt und eine Erstattung durch das Finanzamt bzw. den Versicherer entfällt.[88]

Nutzlose Aufwendungen: Der durch die Nichterfüllung des gesamten Vertrages entstandene Schaden kann auch den Ersatz für solche Vermögensdispositionen des Käufers umfassen, die sich wegen der Mangelhaftigkeit des Fahrzeugs und der deshalb geforderten Rückabwicklung des Vertrages als nutzlos herausgestellt haben. Darüber herrscht im Ergebnis kein Streit. Die **Rechtsprechung** lehnt es indes ab, wegen der Vertragsstörung nutzlos gewordene („frustrierte") Aufwendungen bereits deshalb als ersatzfähigen Nichterfüllungsschaden anzuerkennen, weil der Käufer sie im Vertrauen auf die Vertragsgemäßheit des Kaufobjekts vorgenommen hat.[89] M. a. W.: das enttäuschte Vertrauen in das Zustandekommen und den Bestand des Kaufvertrages soll – anders als beim Ersatz des negativen Interesses – nicht ausreichend sein, nicht einmal im Bereich der Zusicherungshaftung, die – je nach Zielrichtung und Schutzzweck der Zusicherung – auch Mangelfolgeschäden einbezieht (vgl. Rn 2024). Aufwendungen des Käufers, die sich wegen Fehlens einer zugesicherten Eigenschaft der Kaufsache als nutzlos erweisen, sind nach § 463 S. 1 BGB nur zu ersetzen, wenn

2005

---

79 OLG Düsseldorf 3. 12. 1993, OLGR 1994, 186.
80 Eventuell Teil der Ummeldekosten.
81 Nicht jede Umrüstung ist ausgleichspflichtig, s. Rn 2005.
82 BGH 5. 7. 1978, NJW 1978, 2241; vgl. auch OLG Koblenz 23. 6. 1988, NJW-RR 1989, 336; OLG Hamburg 9. 12. 1977, DAR 1978, 336; für Mangelfolgeschaden OLG Köln 31. 10. 1985, 12 U 55/85, n. v.
83 OLG Düsseldorf 3. 12. 1993, OLGR 1994, 186.
84 OLG Hamm 10. 2. 1984, BB 1984, 436 (auch zu weiteren Positionen wie Verdienstausfall, Benzinkosten, Inseratkosten); vgl. auch OLG Hamburg 9. 12. 1977, DAR 1978, 336 (Verbandskasten, Warndreieck, Scheibenwischer, Kfz-Steuer); OLG Oldenburg 13. 4. 1987, NJW-RR 1987, 1269.
85 OLG Hamm 20. 12. 1979, BB 1980, 962 (insoweit nicht abgedruckt) – „kleiner" Schadensersatz.
86 OLG Hamburg 9. 12. 1977, DAR 1978, 336; OLG Hamm 12. 10. 1990, NJW-RR 1991, 505; OLG Düsseldorf 3. 12. 1993, OLGR 1994, 186; OLG Hamm 19. 4. 1978, VRS 56, 6; OLG Hamm 23. 11. 1998, NJW 1999, 3273 – Wohnanhänger.
87 OLG Koblenz 1. 7. 1987, NJW-RR 1988, 1137 (der Nichterfüllungsschaden i. S. d. § 463 BGB wird dem Vertrauensschaden gleichgestellt); OLG Hamm 12. 10. 1990, NJW-RR 1991, 505 = NZV 1991, 232 (Motorreparatur); nicht zur Beseitigung von Verschleißreparaturen (OLG Celle 23. 6. 1995, 4 U 301/94, n. v.).
88 Vgl. OLG Hamburg 9. 12. 1977, DAR 1978, 336, mit Begrenzung auf einen verhältnismäßig kurzen Zeitraum (§ 254 II BGB); LG Nürnberg-Fürth 27. 11. 1997, 4 O 426/97, n. v.; a. A. LG Zweibrücken 26. 10. 1999, NZV 2000, 129.
89 BGH 19. 4. 1991, BGHZ 114, 193; BGH 22. 10. 1999, NJW 2000, 506.

ihnen im Fall der Mangelfreiheit ein Gegenwert gegenübergestanden hätte.[90] Die Begründung für die Erstattungsfähigkeit nutzloser Aufwendungen ist danach in konsequenter Anwendung der **Differenzmethode** in der Vermutung zu sehen, dass das Geschäft bei ordnungsgemäßer Vertragserfüllung dem Gläubiger einen Gewinn eingebracht hätte, mit dessen Hilfe er auch in der Lage gewesen wäre, seine Aufwendungen auf die Sache zu decken. Diese **„Rentabilitätsvermutung"** ist widerlegbar. Dem Schuldner steht der Nachweis offen, dass sich das Geschäft bei ordnungsgemäßer Erfüllung durch ihn für den Gläubiger als Verlustgeschäft entwickelt hätte.[91]

Der Käufer, der im Rahmen des „großen" Schadensersatzes, gleichviel, ob aus Satz 1 oder Satz 2 des § 463 BGB, Ersatz nutzlos gewordener Aufwendungen verlangt, hat zunächst die **Nutzlosigkeit darzulegen und zu beweisen.** Können Aufwendungen wie die **Kfz-Steuer oder Versicherungsprämien** für das ersatzweise angeschaffte Fahrzeug ohne weiteres verwendet werden (Überleitung durch Umschreibung), so muss der Käufer sich das im Rahmen des Möglichen und Zumutbaren entgegenhalten lassen. Gleiches gilt für **Finanzierungen**. Auch **Sachinvestitionen** in das Fahrzeug, wie der Einbau von Zubehör, können unter Umständen Weiterverwendung finden.

Steht die Nutzlosigkeit außer Streit, so muss der Käufer ferner **darlegen und im Streitfall beweisen**, dass den geltend gemachten Aufwendungen ohne die Vertragsstörung (unrichtige Zusicherung, arglistiges Verschweigen) ein Vermögenswert gegenübergestanden hätte. In **einfach gelagerten Fällen** kann nach Meinung des BGH[92] schon der Vortrag zu den Aufwendungen selbst zugleich zur **Darlegung des Gegenwertes** genügen, so z. B. bei der **Beschaffung marktgängiger Ware**. Daran kann im Normalfall des Kaufs gebrauchter Kraftfahrzeuge angeknüpft werden, soweit es um **Aufwendungen zur Erlangung des Fahrzeugs** (Vertragsabschlusskosten, Vermittlungsgebühren, Transportkosten, auch Kosten einer Finanzierung) sowie um solche Aufwendungen geht, die mit dem **Eigentum, dem Besitz und der Nutzung von Fahrzeugen** üblicherweise verbunden sind. So wie der BGH beim Grundstückskauf die Grundsteuer (nicht Grunderwerbssteuer) und die Prämien für die Brandversicherung als erstattungsfähig anerkannt hat,[93] könnte man beim Fahrzeugkauf die **Kfz-Steuer und die Haftpflichtversicherung**, vielleicht auch die Prämien für die Kaskoversicherung, in den Kreis nutzlos gewordener Aufwendungen einbeziehen, für die die Rentabilitätsvermutung gilt. Die **Rechtsprechung der Instanzgerichte** (s. Rn 2004) hat darauf noch keine befriedigende Antwort gegeben. Unbeachtet ist bislang geblieben, dass der Käufer die Vorteile der Nutzung (Gebrauchsvorteile) im Wege der Vorteilsausgleichung herauszugeben hat (dazu Rn 2009 ff.), sodass es gerechtfertigt sein könnte, ihm die Aufwendungen abzunehmen, die für die Teilnahme am Straßenverkehr erforderlich sind.[94] Das kann freilich nur in den Grenzen gerechtfertigt sein, die § 254 II BGB zieht.

Ein- und Umbauten: Schwieriger ist die Rechtslage bei solchen Aufwendungen zu beurteilen, die weder zum Erwerb des Fahrzeugs noch zu dessen Besitz und Nutzung erforderlich waren, die der Käufer vielmehr aus freien Stücken zur Befriedigung persönlicher Besitz- und Nutzungsinteressen getätigt hat, etwa der **Einbau eines Radios, die Umrüstung auf Breitreifen oder der Zukauf eines Wohnwagens** einschließlich Anhängerkupplung. Auf dem **gewerblichen Sektor** kann es dabei um erhebliche Investitionen gehen, man denke etwa an einen kostspieligen **Umbau eines Nutzfahrzeugs.** Im Rahmen des Verwendungsersatzes nach §§ 467, 994 ff. BGB würde man bei einem Großteil dieser Investitionen von **nur nützlichen,** nicht aber notwendigen Verwendungen sprechen. Ob und inwieweit der

---

90 BGH 19. 4. 1991, BGHZ 114, 193 = NJW 1991, 2277; ebenso für § 326 BGB BGH 26. 3. 1999, NJW 1999, 2269.
91 BGH 19. 4. 1991, BGHZ 114, 193 = NJW 1991, 2277.
92 Urt. 19. 4. 1991, BGHZ 114, 193 = NJW 1991, 2277.
93 Urt. v. 19. 4. 1991, BGHZ 114, 193 = NJW 1991, 2277.
94 Umkehrschluss aus § 994 I, 2 BGB.

Gedanke der „Rentabilitätsvermutung" in Fällen dieser Art rechtlich überhaupt trägt, erscheint zumindest zweifelhaft.[95] Beim Kauf von Kraftfahrzeugen zum Zweck **privater Eigennutzung** ist die Vorstellung befremdlich, Ein- und Umbaukosten würden sich durch die Teilnahme am Verkehr „rentieren". Anders mag es im gewerblichen Bereich sein, wo die Kosten eines Fahrzeugumbaus durchaus wieder „eingefahren" werden können. Eine Vermutung dafür wird man aber kaum bejahen können. Abzuwarten bleibt, wie die Rechtsprechung die Vorgaben des BGH zur „Rentabilitätsvermutung" in Fällen des Fahrzeugskaufs umsetzen wird. Dies müsste eigentlich längst geschehen sein, denn die Begrenzung des Ersatzes nutzloser Aufwendungen mit Hilfe dieser Konstruktion ist keineswegs neu. Ohne „Rentabilitätsvermutung" mögen nutzlose Aufwendungen nicht als Nichterfüllungsschaden ersatzfähig sein. Damit ist aber noch nicht gesagt, ob dem Käufer ausnahmsweise zu gestatten ist, als Sanktion der Nichterfüllung das **Vertrauensinteresse** anstatt des Erfüllungsinteresses zu liquidieren, wie im Schrifttum mit guten Gründen angenommen wird.[96]

Das bedeutet, dass der Käufer – wie bei der Parallelhaftung des Vermittlers aus c. i. c. (dazu Rn 1408) – Ersatz für **sinnvolle Investitionen**[97] verlangen kann, die er im Hinblick auf die Erfüllung und den Bestand des Vertrages gemacht hat, die aber durch die Nichterfüllung für ihn nutzlos geworden sind.[98] Insoweit ist auch eine **Eigenarbeit des Käufers** ersatzpflichtig, sofern ihr ein Geldwert (Marktwert) beigemessen werden kann.[99] Wer sein Fahrzeug hingegen **nach Kenntnis** von dem Gewährleistungsmangel in einer Phase der Vertragsunsicherheit umgerüstet oder Zubehör eingebaut hat, kann **keinen Kostenersatz** verlangen. Hier fehlt es an der erforderlichen Kausalität.[100] Diese Aufwendungen sind nicht im Vertrauen auf den Fortbestand des Vertrages gemacht. Der Käufer hat nur ein **Wegnahmerecht.**

δ) Entgangener Gewinn

Anders als bei der Wandlung und der Sachwalterhaftung aus c. i. c. kann der Käufer im Rahmen des § 463 BGB auch entgangenen Gewinn aus einem **beabsichtigten Weiterverkauf** geltend machen.[101] Beim Pkw-Kauf ist dieser Schadensposten von untergeordneter Bedeutung. An den Beweis einer Weiterverkaufsabsicht sind strenge Anforderungen zu stellen. Zu beachten ist, dass Ersatz für nutzlose Aufwendungen nicht neben entgangenem Gewinn verlangt werden kann.[102]

ε) Nutzungsausfall

Der Ausfall des Fahrzeugs, der auf eine Vertragsverletzung i. S. v. § 463 BGB zurückzuführen ist, ist auch beim „großen" Schadensersatz (zum „kleinen" s. Rn 1996) grundsätzlich ausgleichspflichtig. Auf die Einschätzung des Gebrauchsverlusts als Schaden ist die Wahl zwischen „großem" und „kleinem" Schadensersatz ohne Einfluss. Der Käufer, der während einer Urlaubsreise mit einem Motorschaden liegenbleibt, der die zugesagte „Generalüberholung" falsifiziert, darf den Nutzungsausfall mit einem Mietwagen überbrücken, gleichviel, wie er seinen Schaden letztlich berechnet. Die **Mietwagenkosten** sind in den Grenzen der §§ 249 S. 2, 254 II BGB erstattungsfähig.[103]

---

95 Vgl. auch *Timme,* ZfS 1999, 502 m. w. N.
96 Vgl. *Derleder/Abramjuk,* AcP 190 (1990), 624; vgl. auch *Stoll,* Haftungsfolgen im bürgerlichen Recht, S. 321; im Ergebnis ebenso *Soergel/Huber,* § 463 Rn 49; *Leonhard,* AcP 199, 660.
97 Keine neuen Reifen und Felgen bei älterem Fahrzeug, OLG Düsseldorf 3. 12. 1993, OLGR 1994, 186.
98 OLG Köln 8. 6. 1993, 24 U 215/92, n. v. – Zubehör für Wohnwagen.
99 BGH 24. 11. 1995, NJW 1996, 921 – Verwendungsersatz.
100 Zur Frage der Widerlegung der „Rentabiltätsvermutung" bei dieser Fallgruppe vgl. BGH NJW 1993, 2527; BGH NJW 1999, 2269.
101 OLG Hamm 10. 2. 1984, BB 1984, 436; vgl. auch BGH 2. 10. 1968, NJW 1968, 2375.
102 Vgl. *Timme,* ZfS 1999, 504.
103 OLG Frankfurt 6. 5. 1992, NZV 1993, 190 m. Anm. *Eggert.*

Verzichtet der Käufer auf die Anmietung eines Ersatzfahrzeugs, so kann er auch im Rahmen des „großen" Schadensersatzes eine **pauschale Nutzungsentschädigung** verlangen.[104] Der Umstand, dass der Käufer ggf. den vollen Kaufpreis zuzüglich 4% Zinsen zurückerhält, ist kein zureichender Grund, ihm eine Entschädigung zu versagen. Die Verzinsung bewirkt keine Schadenskompensation. Der entgangene Gebrauchsvorteil büßt seinen (fragwürdigen) Charakter als Schadensposten nicht dadurch ein, dass der Käufer Rückzahlung des Kaufpreises beanspruchen kann.

Allerdings ist der Anspruch auf Nutzungsausfallentschädigung ebenso wie im Unfallschadensrecht vom **Nutzungswillen** und der hypothetischen **Nutzungsmöglichkeit** abhängig (s. Rn 1996). Auch ist die **Ausfallzeit** zu begrenzen. Sie reicht in der Regel nur bis zu dem Zeitpunkt, zu dem der Käufer sich zur Rückgabe des – unbenutzbaren – Fahrzeugs entschließt. Die Obergrenze dürfte bei etwa zwei Wochen liegen. Erfolglose Nachbesserungsversuche des Verkäufers können die Ausfallzeit verlängern.

ζ) Vorteilsausgleichung, speziell: Gebrauchsvorteile

2008 Auch bei vertraglicher Schadensersatzhaftung findet grundsätzlich eine Anrechnung von Vorteilen statt, die mit dem Schadensereignis (der Vertragsverletzung) in einem bestimmten Zusammenhang stehen. So darf der Käufer nicht **Eigentum** und **Besitz** am Fahrzeug behalten, wenn er den „großen" Schadensersatz aus § 463 BGB geltend macht. Beide Rechtspositionen sind ausgleichspflichtig durch **Rückübereignung** und **Rückübertragung des Besitzes,** siehe Rn 2002. Wie bei der Wandlung muss der Verkäufer das Fahrzeug abholen (s. Rn 2018). Der Käufer kann auf Feststellung des Annahmeverzugs klagen (dazu OLG Saarbrücken OLGR 1999, 509 und hier Rn 836 ff.).

2009 Ausgleichspflichtig sind ferner die **Gebrauchsvorteile.** Dabei muss zwischen dem bloßen „Haben", also der **Verfügbarkeit** über das Fahrzeug, und dem **tatsächlichen Gebrauch** unterschieden werden. Bei erwerbswirtschaftlichem, produktivem Einsatz des Fahrzeugs wird sich der (Nutzungs-)Vorteil regelmäßig als **Gewinn** niederschlagen. Schwieriger zu erfassen ist demgegenüber der Vorteil, der aus einem eigenwirtschaftlichen (privaten) Gebrauch des Fahrzeugs resultiert (dazu Rn 2012 ff.).

Das bloße Vorhandensein der **Gebrauchsmöglichkeit** ist **kein Vorteil,** den der Käufer sich beim „großen" Schadensersatz schadensmindernd entgegenhalten lassen muss (missverständlich OLG Köln OLGR 1997, 331). Die Einsatzfähigkeit eines Kraftfahrzeuges für den Eigengebrauch stellt zwar einen geldwerten Vorteil dar; der zeitweilige Entzug der Gebrauchsmöglichkeit ist unter bestimmten Voraussetzungen entschädigungspflichtig (BGH – GS – BGHZ 98, 212 ff.). Indessen ist noch niemand auf den Gedanken gekommen, die Rechtsprechung zur Kfz-Nutzungsausfallentschädigung gewissermaßen spiegelbildlich bei der Vorteilsausgleichung anzuwenden. Vereinzelt ist lediglich der Versuch unternommen worden, die **tatsächlich gezogenen** Nutzungen mit den Entschädigungssätzen aus der Tabelle *Sanden/Danner/Küppersbusch* zu erfassen (vgl. Rn 803). Die reine Verfügbarkeit über das – mangelhafte – Fahrzeug ist auch deshalb kein anrechenbarer Vermögensvorteil, weil der Käufer ihn durch eigene Leistungen außerhalb des Vertrages „erkauft" hat (Kfz-Steuer, Haftpflichtversicherung). Hinzuweisen ist auch auf die für die Wandlung entsprechend geltende Regelung, wonach **nicht gezogene** Nutzungen nur ausnahmsweise zu ersetzen sind (§§ 467, 347, 987 II BGB).

2010 **Gezogene Nutzungen** (= Gebrauchsvorteile) sind hingegen zu Lasten des Käufers zu berücksichtigen. Davon geht der **BGH** in der Entscheidung vom 17. 5. 1995[105] als selbstver-

---

104 OLG Frankfurt 6. 5. 1992, NZV 1993, 190 m. Anm. *Eggert;* Aufgabe der früheren – im Anschluss an *Soergel/Huber,* § 463 Rn 52, vertretenen – Auffassung; wie *Soergel/Huber* im Ergebnis OLG Düsseldorf OLGR 1993, 193 und OLGR 1995, 84; ferner OLG Hamm 18. 8. 1994, ZfS 1995, 16.
105 NJW 1995, 2159 = WM 1995, 1145.

ständlich aus. Auf die Einschränkung, die er in dem Autokauf-Urteil vom 29. 10. 1959[106] gemacht hat, ist er nicht mehr zurückgekommen. Sie hat schon in BGH NJW 1982, 1279 (Schadensersatz aus § 326 BGB) keine Rolle gespielt. Beim „kleinen" Schadensersatz i. S. v. § 463 BGB ist es gewiss richtig, von einer Anrechnung der Nutzungsvorteile abzusehen. Anders ist es, wenn der Käufer den vollen Nichterfüllungsschaden liquidiert. Ebenso wie er selbst Ersatz für Aufwendungen (Verwendungen) verlangen kann, die sich infolge der Nichterfüllung des Vertrages als nutzlos erwiesen haben, müssen umgekehrt die ihm tatsächlich **zugeflossenen Nutzungsvorteile** schadensmindernd angerechnet werden. Die Wertung, die den §§ 467, 347, 987 BGB zugrunde liegt, bestätigt dieses Ergebnis. Es wird nicht dadurch in Frage gestellt, dass der Käufer auch im Falle ordnungsgemäßer Vertragserfüllung mit dem Auto gefahren wäre. Der ausgleichsbegründende Zusammenhang zwischen der Vertragsverletzung und dem effektiv vorhandenen Vermögensvorteil ist gleichwohl zu bejahen. Dabei macht es keinen Unterschied, ob Haftungsgrund eine unrichtige Zusicherung oder eine arglistige Täuschung ist. Auch der arglistig getäuschte Käufer hat nicht das Recht, auf Kosten des Verkäufers gratis Auto zu fahren.[107] Der Vorteilsausgleichung steht auch nicht entgegen, dass der Käufer sich den Nutzungsvorteil zum Teil selbst erkauft hat, indem er auf eigene Kosten getankt, Öl gewechselt und die fixen Kosten bestritten hat. Unerheblich ist auch, ob der Käufer aus wirtschaftlichen Gründen gar nicht anders konnte, als das Kaufobjekt zu nutzen.[108] Auch wenn er mit der Weiterbenutzung zugleich seine Schadensminderungspflicht erfüllt hat, muss er sich den Nutzungsvorteil anrechnen lassen.[109]

Rechtstechnisch erfolgt die Anrechnung nach den Grundsätzen der **Vorteilsausgleichung.** Das hieße, dass der Verkäufer nicht aufzurechnen braucht. Der arglistige Verkäufer entginge somit dem Verbot aus § 393 BGB. Es gilt nicht im Rahmen der Vorteilsausgleichung (BGH NJW 1962, 1909 – deliktische Haftung). An sich führt die Vorteilsausgleichung, insoweit mit der Saldotheorie vergleichbar, zu einer **inhaltlichen Beschränkung** des Schadensersatzanspruchs, die, so die übliche Formulierung, von Amts wegen zu beachten ist. Damit müsste der Käufer seine Nutzungsvorteile von sich aus berücksichtigen, indem er einen bestimmten Betrag von seiner Klageforderung abzieht. Genau davon wird der arglistig getäuschte Käufer im Falle erfolgreicher Anfechtung freigestellt (s. Rn 2075), jedenfalls bei bereicherungsrechtlicher Rückabwicklung, die insoweit mit den Rücktrittsregeln im Einklang steht (§§ 348, 320 BGB). 2011

Wählt der Käufer mit dem „großen" Schadensersatz eine Rückabwicklung, die der Wandlung nahe steht, sollte man die Nutzungsvorteile auch **abwicklungstechnisch** so wie dort behandeln, d. h., der Käufer braucht sie nicht von sich aus zu berücksichtigen (was aus Kostengründen freilich empfehlenswert ist); er kann es dem Verkäufer überlassen, den Nutzungsvorteil schadensmindernd geltend zu machen (zur Darlegungs- und Beweislast s. auch Rn 2075). Diese Rechtsverteidigung ist wie im Fall der Wandlung (dazu BGH NJW 1991, 2484 unter III) als **Aufrechnung** im Rechtssinn, nicht als bloße Verrechnung zu behandeln. Bei anderer Sicht würde der gemäß § 463 BGB verschärft haftende Verkäufer besser gestellt als der nur zur Wandlung verpflichtete Verkäufer. Im Prozess ist § 19 III GKG zu beachten (Streitwerterhöhung bei Hilfsaufrechnung).

Die **Bemessung** der Gebrauchsvorteile erfolgt **im Regelfall**[110] – ebenso wie bei der Wandlung (Rn 2032) und bei bereicherungsrechtlicher Rückabwicklung (Rn 2076) – nach derjenigen **Methode,** die die zeitanteilige **lineare Wertminderung** in einen bestimmten Geldbetrag 2012

---

106 NJW 1960, 237 = LM § 123 BGB Nr. 18; BGH NJW 1959, 620 ist entgegen *Thilenius,* DAR 1981, 102, 104, nicht einschlägig.
107 Einhellige Meinung, z. B. *Soergel/Huber,* § 463 Rn 52.
108 BGH 2. 7. 1962, NJW 1962, 1909; s. auch BGH 10. 2. 1982, NJW 1982, 1279 = WM 1982, 512 für § 326 BGB.
109 BGH 2. 7. 1962, NJW 1962, 1909.
110 Zu einer Ausnahmesituation vgl. OLG Düsseldorf 11. 9. 1998, NJW-RR 1999, 278.

pro gefahrenen Kilometer umsetzt. Näheres zu dieser Bewertungsmethode, entwickelt für die Wandlung von Kaufverträgen für fabrikneue Pkw, unter Rn 803 ff. Sie eignet sich auch zur Bemessung desjenigen Vorteils, den der Käufer eines gebrauchten Kraftfahrzeugs durch eine eigenwirtschaftliche (private) Nutzung erlangt. Durch Urteil vom 17. 5. 1995[111] hat nun auch der **BGH** diese Berechnungsmethode für die Vorteilsausgleichung im Rahmen des „großen" Schadensersatzes anerkannt. Ist der Käufer über die Gesamtfahrleistung des Fahrzeugs und damit über einen wesentlichen Bemessungsfaktor getäuscht worden, ist die Berechnungsmethode nach Ansicht des OLG Düsseldorf[112] zu korrigieren.

Der Bewertung der Gebrauchsvorteile nach dem „Wertverzehr" bzw. „Wertverbrauch" liegt die Erwägung zugrunde, dass derjenige, der eine reversibel erworbene eigene Sache nutzt, hierdurch Ausgaben erspart. Der Wertverlust, der durch den Gebrauch der Sache eintritt, realisiert sich letztlich zu Lasten fremden Vermögens. Der Verkäufer erhält eine entwertete Sache zurück. Der Ansatz „ersparter Wertverlust" geht zurück auf die Entscheidung des BGH vom 2. 7. 1962.[113] In einem Fall der Schadensersatzhaftung aus §§ 823 II BGB, 263 StGB, 826 BGB hatte er zwar auch auf die gezogenen Nutzungen abgestellt. Umfang und Wert des auszugleichenden Vorteils sollten jedoch nicht mit Blick auf das gekaufte Fahrzeug ermittelt werden. Maßgeblich war vielmehr ein fiktives Alternativauto. Dabei war die Vorfrage zu klären: Was hätte der Käufer ohne die Vertragsverletzung gemacht, hätte er ein anderes Fahrzeug gekauft, wenn ja, welches? Für den Fall, dass der Käufer statt des mangelhaften Fahrzeugs ein anderes Auto erworben hätte, sah der BGH[114] den auszugleichenden Vorteil in der ersparten (vermiedenen) Abnützung dieses Alternativautos. Orientierungsgröße war mithin der Wertverlust, der bei gleichartiger Benutzung des fiktiven Fahrzeugs eingetreten wäre. Die **Höhe** des – ersparten – Wertverlustes ergab sich für den BGH aus der Differenz zwischen dem Kaufpreis für das fiktive Fahrzeug und seinem „unter Berücksichtigung der Abnützung anzunehmenden Jetztwert".[115] Das lief auf den späteren Vorschlag von *Rädel*[116] hinaus, die Gebrauchsvorteile nach dem konkreten Wertverlust zu berechnen, wobei er freilich das Kaufobjekt, nicht ein fiktives Auto, im Auge hat. Die Praxis ist dem Urteil des BGH vom 2. 7. 1962[117] in Fällen schadensrechtlicher Rückabwicklung zwar grundsätzlich gefolgt. Den Wert der fiktiven Abnutzung (einschließlich Alterung) hat man jedoch nicht durch einen Wertvergleich ermittelt, was wohl nur durch Einholung von Bewertungsgutachten möglich gewesen wäre. Der Weg war vielmehr folgender: Zunächst hat man angenommen, dass der Käufer ohne die Vertragsverletzung ein anderes, gleichartiges Fahrzeug erworben hätte, eine im Rahmen der Schätzung nach § 287 ZPO durchaus zulässige Unterstellung. Der „Abnutzungswert" wurde sodann in der Weise errechnet, dass man den Neuwert (Neupreis) zur Lebensdauer/Gesamtlaufleistung in ein Verhältnis setzte (Beispiel: Neupreis 10 000,– DM, Gesamtlaufleistung 100 000 km = 0,10 DM pro km).[118]

Diese **Weiterentwicklung** der Rechtsprechung erscheint sachgerecht. In der Tat war es nahe liegend, den ersparten Nachteil mit dem auszugleichenden Vorteil gleichzusetzen oder – anders formuliert – den realen Nutzungsvorteil nach der Wertminderung zu berechnen, die vor allem durch Gebrauch eintritt. Den als richtig erkannten gedanklichen Ansatz der **linea-**

---

111 NJW 1995, 2159 = WM 1995, 1145 unter III.
112 Urt. v. 11. 9. 1998, NJW-RR 1999, 278.
113 NJW 1962, 1909; kritisch dazu *Kohler,* Die gestörte Rückabwicklung gescheiterter Austauschverträge, 1989, S. 531, 536.
114 NJW 1962, 1909.
115 BGH 2. 7. 1962, NJW 1962, 1909 (die Abnutzung war also nicht der einzige Faktor, auch die Alterung war zu berücksichtigen).
116 DAR 1985, 312.
117 NJW 1962, 1909.
118 So z. B. OLG Hamm 8. 7. 1970, NJW 1970, 2296; ähnlich OLG Koblenz 1. 7. 1987, NJW-RR 1988, 1137.

ren **Wertminderung** konnte man jedoch nicht ohne weiteres auf den Kauf **gebrauchter** Kraftfahrzeuge übertragen. Erforderlich war eine **Modifizierung**. Statt des Neuwagenpreises mußte der **konkrete Anschaffungspreis** eingesetzt werden, an die Stelle der Gesamtfahrleistung trat die **mutmaßliche Restlaufleistung**.[119] Da diese – sicherlich nicht unangreifbare – Bewertungsmethode die Billigung des BGH gefunden hat,[120] ist für alternative Berechnungsmöglichkeiten jedenfalls in der Praxis kein Raum mehr. Freilich ist nicht zu übersehen, dass ein Kraftfahrzeug nicht nur durch seine Benutzung im Wert sinkt. Auch schlichte Alterung wirkt sich wertmindernd aus. Damit darf der Käufer nicht belastet werden. Das Risiko der Entwertung durch Alterung trägt der Verkäufer.

Ausgangspunkt für die Ermittlung des Nutzungswertes und erster Anhalt für die **Schätzung nach** § 287 ZPO ist der vereinbarte **Bruttokaufpreis** für den Altwagen. Dieser Betrag verkörpert, Marktgerechtigkeit unterstellt, den Substanzwert und den Nutzungswert gleichermaßen. Eine Aufspaltung ist nicht möglich. Die Eignung eines Kfz zum Gebrauch ist als Preisfaktor in seinem Verkehrswert untrennbar mitbewertet. Aus Sicht des Käufers, der ein gebrauchtes ebenso wie ein fabrikneues Kfz in erster Linie als Fortbewegungsmittel erwirbt, bedeutet das: Der Kaufpreis ist die Gegenleistung für eine rechtlich uneingeschränkte (§ 903 BGB), zeitlich aber begrenzte Mobilität. Um den vergütungspflichtigen Gebrauchsnutzen zu erfassen, ist der Kaufpreis daher ein tauglicher Anknüpfungspunkt. Ob er mit dem Verkehrswert (= Marktwert) identisch ist oder ob der Käufer (zu) teuer oder gar (zu) billig eingekauft hat, kann im Allgemeinen offen bleiben. Zwar ist der Gebrauchsnutzen nach objektiven Maßstäben zu bemessen. Eine Orientierung am Inhalt des Vertrages ist damit aber nicht ausgeschlossen.[121] Im Übrigen dürfte eine tatsächliche Vermutung für Marktgerechtigkeit des Kaufpreises sprechen.

Ein **offener Preisnachlass** ist zu berücksichtigen, d. h., maßgeblich ist der tatsächlich vereinbarte Kaufpreis einschließlich **Umsatzsteuer** (BGH NJW 1991, 2484). Dabei bleibt es auch, wenn der Käufer seinen eigenen Altwagen **in Zahlung gegeben** hat. Ein verdeckter Preisnachlass ist nicht herauszurechnen. Zu erwägen ist allenfalls, den Umsatzsteueranteil auf den Anrechnungsbetrag außer Betracht zu lassen.

Die **voraussichtliche Restfahrleistung** als zweite Berechnungsgröße ist im Wege der Schätzung nach § 287 ZPO zu bestimmen. Zu ermitteln ist diejenige Fahrleistung, die das gekaufte Fahrzeug aus der Perspektive des Vertragsschlusses nach den Vorstellungen der Vertragspartner,[122] praktisch also nach dem gewöhnlichen Lauf der Dinge, erreichen wird.

---

119 So im Ansatz auch OLG Koblenz 25. 6. 1992, VRS 84, 243; für die o. a. Modifizierung auch OLG Köln 10. 2. 1988, NJW-RR 1988, 1136; OLG Karlsruhe 20. 3. 1992, NJW-RR 1992, 1144; OLG Düsseldorf 13. 7. 1995, 13 U 60/94, n. v., jeweils für Bereicherungsausgleich; OLG Köln 8. 6. 1993, 24 U 215/92, n. v. – Vorteilsausgleichung bei § 463, Brandenburgisches OLG 17. 1. 1995, OLGR 1995, 89 (Wandlung); unrichtig Brandenburgisches OLG 20. 11. 1996, OLGR 1997, 88, da von Gesamtlaufleistung an Stelle von Restlaufleistung ausgehend.
120 Urt. v. 17. 5. 1995, NJW 1995, 2159 = WM 1995, 1145 unter III.
121 So auch (bei der Ermittlung der Restfahrleistung) OLG Koblenz 25. 6. 1992, VRS 84, 243. Der subjektive Einschlag wird auch in der Grundsatzentscheidung BGH 26. 6. 1991, NJW 1991, 2484 deutlich.
122 So auch OLG Koblenz 25. 6. 1992, VRS 84, 243, das den (mutmaßlichen) Parteiwillen aus folgenden Faktoren abgeleitet hat: Neupreis, Alter und Laufleistung bei Vertragsabschluss und Altwagenpreis. Damit konnte die Schätzung auf eine breitere Grundlage gestellt werden. Das Ergebnis (Restlaufleistung ca. 75 000 km) ist realistisch und nachvollziehbar begründet. Voraussetzung ist jedoch die Kenntnis vom Neupreis. Er lässt sich, Jahre nach dem Neukauf, häufig nur schwer ermitteln. *Schwacke*-Listen und DAT-Marktspiegel enthalten nur die Grundpreise (neu). Sonderausstattungen sind nicht berücksichtigt. Praktikabler ist es daher, die voraussichtliche Restfahrleistung unter Berücksichtigung der bisherigen Laufleistung, des Alters und des konkreten Zustandes des Fahrzeugs im Zeitpunkt des Vertragsabschlusses zu ermitteln.

Eckpunkt dieser Prognose ist die **Gesamtfahrleistung,** wie sie für ein Fahrzeug des fraglichen Typs anzusetzen ist. Einiges spricht nämlich dafür, dass das konkrete Auto diesen statistischen Mittelwert gleichfalls erreichen wird. Umstände, die diesen auf breiter Basis gewonnenen Erfahrungswert zu korrigieren geeignet sind, bedürfen gesonderter Betrachtung. So kann beispielsweise ein Motorentausch oder eine „Generalüberholung" laufzeitverlängernd wirken. Ohne nähere Darlegungen in die eine oder die andere Richtung bleibt der Richter im Rahmen seines Schätzungsermessens, wenn er sich an der **typspezifischen** Gesamtlaufleistung orientiert und von dieser Zahl die bis zur Übergabe an den Käufer zurückgelegten Kilometer abzieht. Das ergibt die **voraussichtliche Restfahrleistung** (zur SCHWACKE-Liste „Gebrauchsvorteil" siehe Rn 2016).

Bei **Pkws und Kombis** wird **in der Judikatur** je nach Wagenklasse und Motorisierung mit Gesamtlaufleistungen zwischen 100 000 und 300 000 km gerechnet. Auf das Ganze gesehen, werden zu **niedrige Werte** angesetzt. Dadurch werden die Autokäufer erheblich benachteiligt. Je niedriger die Gesamtlaufleistung bzw. die Restlaufleistung gewählt wird, desto höher ist das „Kilometergeld". In den letzten Jahren ist die begrüßenswerte Tendenz zu einer **realistischen Einschätzung** zu beobachten. Nur noch vereinzelt findet sich die Vorstellung, für die zu erwartende Gesamtfahrleistung einen einheitlichen Durchschnittswert von 150 000 km annehmen zu können, gleichgültig, um welchen Typ von Pkw es sich handelt (so aber OLG Hamm NJW-RR 1994, 375; LG Saarbrücken ZfS 1995, 33; OLG Braunschweig DAR 1998, 391; LG Bonn NZV 1998, 161). Diese Vorstellung ist falsch, wie die SCHWACKE-Liste „Gebrauchsvorteil" zeigt.

Als **Faustregel** gilt nach wie vor: Je kleiner ein **Motor** ist, desto geringer ist seine Lebensdauer, sprich Gesamtlaufleistung. Richtiger Umkehrschluss: **Großvolumige Motoren** mit mittlerer Leistung (kW) leben am längsten. Ein signifikanter Unterschied zwischen **Ottomotoren** und **Dieselmotoren** besteht nicht mehr. „Benziner" halten heute genausolange wie Dieselmotoren, sachgerechte Bedienung und Wartung vorausgesetzt.

Sicherlich ist es verfehlt, bei der Einschätzung der Gesamtfahrleistung nur auf den Motor abzustellen. Bezugspunkt ist das **Fahrzeug in seiner Gesamtheit.** Ein durchschnittlicher Pkw besteht allerdings aus etwa 6000 Einzelteilen mit ganz unterschiedlicher Lebenserwartung. Während zahlreiche Teile „ewig" halten (z. B. Glas, Plastik), sind andere schon nach 50 000–60 000 km verschlissen. Zu den klassischen Verschleißteilen am Auto gehören bekanntlich die Reifen, die Kupplung und die Auspuffanlage, ferner die Bremsbeläge und die Stoßdämpfer. Diese Teile haben eine deutlich geringere Lebenserwartung als beispielsweise der Motor oder das Schaltgetriebe. Erfahrungsgemäß sind aber auch diese Teile heute sehr viel langlebiger als noch in den fünfziger und sechziger Jahren. Dies gilt auch für die Karosserie. Dank verbesserten Korrosionsschutzes hat sie inzwischen eine Lebensdauer von weit über 10 Jahren. Dem Ziel „Dauerhaltbarkeit" ist man insgesamt gesehen ein gutes Stück näher gekommen. Dieser Entwicklung muss bei der Abschätzung der Gesamtfahrleistung/Lebensdauer Rechnung getragen werden.

Die **jüngere Rechtsprechung** hat sich dieser Entwicklung nicht verschlossen, wie die folgenden **Beispiele** zeigen:

170 000 km	(OLG Koblenz VersR 1993, 1492 – BMW 323i)
180 000 km	(OLG Oldenburg DAR 1993, 467 – Toyota Corolla)
200 000 km	(OLG Stuttgart DAR 1998, 393 – Rover Diesel)
200 000 km	(OLG Hamm OLGR 1992, 353 – Ford Sierra mit 75 PS-Motor)
200 000 km	(OLG Frankfurt ZfS 1992, 338 – Pkw, Typ unbekannt)
250 000 km	(LG Münster ZfS 1993, 409 – VW Golf Turbo Diesel)
300 000 km	(OLG Karlsruhe NJW-RR 1992, 1144 – Pkw, Typ unbekannt)
300 000 km	(OLG Hamm DAR 1997, 111 = NJW 1997, 2121 – Mercedes Benz 560 SEC).

2015 So wünschenswert Einzelfallgerechtigkeit ist, so stark ist andererseits das praktische Bedürfnis nach **Typisierung** und **Pauschalierung.** Die vollständige Aufklärung aller maßgebenden Umstände ist in der Regel mit Schwierigkeiten verbunden (zeit- und kostspieliges Gutachten), die mit der Bedeutung der Position „Nutzungsvergütung" häufig in keinem vernünftigen Verhältnis stehen (vgl. § 287 II ZPO). In **Sonderfällen** kann es unumgänglich sein, einen **Kfz-Sachverständigen** einzuschalten, beispielsweise bei ungewöhnlich hoher Fahrstrecke des Käufers, bei **Sonderfahrzeugen** wie **Oldtimern**,[123] **Wohnmobilen**[124] o. ä. Auch für **Motorräder** gelten eigene Regeln (OLG Hamm NZV 1995, 69), ebenso für Nutzfahrzeuge wie **Lkw** und **Omnibusse** (vgl. OLG Saarbrücken NJW-RR 1990, 493 – Lkw; BGH NJW 1995, 2159 – Omnibus; verfehlt Brand. OLG OLGR 1996, 49 – Lkw; OLG Hamm OLGR 1998, 217 – Kühlanhänger), zum **Motorkauf** s. OLG Frankfurt DAR 1992, 221.

Im **statistischen Durchschnittsfall** führt die von den Verfassern für richtig gehaltene Bewertungsmethode (linearer Wertschwund) bei einem **Personenkraftwagen** mit einer mutmaßlichen Gesamtlaufleistung von 200 000 km zu folgender Kilometervergütung: 2016

Anschaffungspreis Altwagen 14 900,– DM
tatsächliche Laufleistung
(= km-Stand bei Übergabe) 68 000 km
zu erwartende Restlaufleistung 132 000 km
Nutzungsvergütung pro km 14 900 : 132 000 = 0,11 DM.

Für **Pkw, Geländewagen und Transporter** hat die **SCHWACKE-Organisation** im Jahre 1997 eine Liste aufgelegt, die auch bei der Rückabwicklung von Gebrauchtfahrzeugkäufen eine wertvolle Arbeitshilfe bietet.[125] Das Tabellenwerk ist auf 10-Jahresspalten ausgelegt. Damit können auch die Gebrauchsvorteile bei älteren Gebrauchtfahrzeugen problemlos festgestellt werden. Dies selbst dann, wenn die effektive Laufleistung im Zeitpunkt des Verkaufs bereits über der statistischen Gesamtlaufleistung liegen sollte. In einem solchen Fall wird von einer Restlaufleistung von 10% der Gesamtlaufleistung ausgegangen.

Für **Motorräder** sind nach Erhebungen des ADAC deutlich niedrigere Gesamtlaufleistungen als bei bei Pkw anzusetzen. Vier Kategorien können unterschieden werden: 1. Roller und Mokicks (30 000 km), 2. mittlere Leichtkrafträder (60 000 km), 3. Enduro bis Tourer, 400 ccm–1800 ccm (90 000 km) und 4. große Tourer (100 000–120 000 km).

Der dritte Bemessungsfaktor – **Fahrstrecke des Käufers** – ergibt sich aus einem Vergleich des km-Standes bei der Übergabe mit dem km-Stand am Bewertungstag. Zur Darlegungs- und Beweislast s. Rn 2075.

Sonderprobleme: Nach oben wird die anzurechnende Nutzungsvergütung begrenzt durch die Höhe des Kaufpreises. Bei vergleichsweise billigen Fahrzeugen und einer intensiven Benutzung kann dieser Gesichtspunkt durchaus zum Tragen kommen. Mit dieser Begrenzung wird zugleich dem Einwand begegnet, bei Fahrzeugen mit nur noch geringer durchschnittlicher Lebenserwartung können sich unangemessen hohe Kilometervergütungen ergeben. 2017

Nicht zu vergüten sind die Kilometer zum Betrieb des Verkäufers und sonstige Strecken, die gerade wegen des Gewährleistungsmangels zurückgelegt worden sind („Werkstattfahrten").

Ob der Mangel als solcher zu einer Herabsetzung des Gebrauchsvorteils führt, hängt von Art und Schwere der Nutzungsstörung ab.[126] Ein **Abschlag** ist jedenfalls nicht von vornherein ausgeschlossen, s. auch Rn 814.

---

[123] OLG Köln 26. 5. 1997, NJW-RR 1998, 128 = OLGR 1997, 331 – Motorrad.
[124] Vgl. OLG Düsseldorf 28. 10. 1994, NZV 1995, 69 = OLGR 1995, 83; OLG Köln 8. 6. 1993, 24 U 215/92, n. v.
[125] Näheres dazu in der Zeitschrift „Schadenspraxis" 1997, 250.
[126] Das OLG Koblenz (Urt. v. 6. 9. 1991, NJW-RR 1992, 114) setzt den Gebrauchsvorteil mit Null an, wenn die Benutzung des Fahrzeugs nach der StVZO verboten war. In den sog. Umrüstungsfällen

η) **Ausschluss des Anspruchs auf „großen" Schadensersatz**

αα) **Spezielle Ausschlusstatbestände**

2018 Eine gewährleistungsrechtlich spezifische Beschränkung des Schadensersatzanspruchs aus § 463 BGB, gleich welcher Berechnungsart, ergibt sich aus dem Nebeneinander dieses Rechtsbehelfs mit den Ansprüchen auf Wandlung und Minderung. Mit dem Vollzug eines jeden dieser Gewährleistungsansprüche verliert der Käufer sein Wahlrecht. Das gilt nach h. M. auch für den Schadensersatzanspruch gemäß § 463 BGB, wobei nicht nach dem Haftungsgrund (Fehlen einer zugesicherten Eigenschaft oder Arglist) unterschieden wird.[127] Im Verhältnis zwischen „kleinem" und „großem" Schadensersatz aus § 463 BGB geht es nicht um eine Frage des Wahlrechts im Sinne von §§ 462, 465 BGB. Der Käufer wechselt lediglich die Art der Schadensberechnung im Rahmen ein und desselben Anspruchs, weshalb auch keine (zustimmungspflichtige) Klageänderung vorliegt (s. Rn 2019). Weitere Gründe für einen Verlust des Anspruchs auf „großen" Schadensersatz können sich daraus ergeben, dass der Käufer außerstande ist, das Fahrzeug in dem Zustand zurückzugeben, in dem er es erhalten hat. Die sich insoweit stellenden Fragen des gestörten Rückabwicklungsverhältnisses werden meist im Zusammenhang mit der **Wandlung** oder einer bereicherungsrechtlichen Rückabwicklung diskutiert. Beim Gebrauchtfahrzeugkauf liegt das Schwergewicht auf einer schadensersatzrechtlichen Rückabwicklung, wobei § 463 BGB im Vordergrund steht. Das hat im Einzelnen zur Konsequenz:

Erst ab Vollzug des Anspruchs auf „großen" Schadensersatz – Einigung der Vertragspartner oder rechtskräftiger Urteilsspruch – ist der Käufer rechtlich dazu verpflichtet, das mangelhafte Auto dem Verkäufer **zurückzugeben.** Dieser muss es bei ihm **abholen.**[128] Auch schon vor Vollzug kann der Verkäufer mit der Rücknahme in **Schuldnerverzug** geraten.[129] Solange der Käufer in der Wahl seines Gewährleistungsanspruchs noch frei ist, ist der Verkäufer zwar nur potentiell zur Rücknahme verpflichtet. Entscheidet sich der Käufer aber für eine Rückabwicklung des Vertrages, indem er das Fahrzeug zur Rücknahme anbietet, löst das den **Gläubigerverzug** aus. So gesehen wirkt sein Begehren punktuell rechtsgestaltend. Zur wichtigen **Haftungserleichterung** für den Käufer während des Gläubigerverzugs vgl. OLG Stuttgart OLGR 1998, 256 und Rn 768. Während der **Zeit zwischen Übergabe und Vollzug** des Gewährleistungsanspruchs, gleich in welcher Ausgestaltung, steht es dem Käufer als Eigentümer grundsätzlich frei, über sein Fahrzeug nach seinem Belieben zu verfügen. Dieses Recht wird nicht dadurch eingeschränkt, dass der Käufer wegen eines von ihm entdeckten Sachmangels Gewährleistung verlangt. Bestimmte Verfügungen und Vorgänge **bis zum Vollzug** des Gewährleistungsanspruchs führen indessen zum **Verlust des Anspruchs auf Rückabwicklung,** sei es im Wege der Wandlung, sei es durch den „großen" Schadensersatz. Das richtet sich nach den **§§ 351–353 BGB.**

2019 Ist der Käufer außerstande, das Fahrzeug in unbeschädigtem Zustand zurückzugeben, kann der „große" Schadensersatzanspruch ausgeschlossen sein, er muss es nicht. Ein lediglich „zufälliger Untergang" lässt diesen Anspruch unberührt (§ 350 BGB analog). Unter den Voraussetzungen, unter denen der Käufer sein **Wandlungsrecht** einbüßt, verliert er auch den

---

(dazu Rn 1613 f.) ist häufig die ABE erloschen mit der Folge, dass das Fahrzeug nicht im öffentlichen Verkehr gefahren werden darf; zum Problem auch *Dreher,* JR 1992, 157 und OLG Köln OLGZ 1993, 332.

127 *Soergel/Huber,* § 465 Rn 14; OLG Celle 30. 12. 1997, OLGR 1998, 142.
128 BGH 9. 3. 1983, BGHZ 87, 104 = NJW 1983, 1479 – Wandlung (kein Fahrzeugkauf).
129 A. A. OLG Hamm – 19. ZS – NJW 1993, 1930; wie hier: OLG Hamm – 28. ZS – NJW-RR 1997, 1418 – Wandlung; OLG Stuttgart OLGR 1998, 256 – „großer" Schadensersatz; OLG München NJW-RR 1998, 379 – Wandlung; auch zum Merkmal „Verschulden", dazu auch *Muscheler,* JuS 1994, 737.

Anspruch auf „großen" Schadensersatz.[130] Ihm bleibt dann der „kleine" Schadensersatz oder Minderung. Wegen der einzelnen Tatbestände der analog anzuwendenden §§ 350–353 BGB wird auf die Ausführungen unter Rn 759 ff. verwiesen. Auch beim Gebrauchtwagenkauf geht es im Wesentlichen darum, welchen Einfluss **Benutzung, Beschädigung, Zerstörung** (Totalschaden), **Veräußerung, Diebstahl** oder **Beschlagnahme** auf das Rückabwicklungsverhältnis haben. Eine **Weiterveräußerung** schließ den „großen" Schadensersatz nicht von vornherein aus.[131] Da der Käufer aber kaum in der Lage sein dürfte, das Fahrzeug von seinem Abnehmer zurückzubekommen, tut er gut daran, nur den „kleinen" Schadensersatz einzuklagen.[132] Bei einer **Veräußerung während des Prozesses** kann der Käufer vom „großen" zum „kleinen" Schadensersatz wechseln, auch von Wandlung auf den „kleinen" Schadensersatz. Diese Übergänge stellen nach Ansicht des BGH **keine Klageänderung** dar.[133] Zu den prozessualen Problemen bei einer Veräußerung „zwischen den Instanzen" – nach abgewiesener Wandlungsklage – und **zweitinstanzlichem Übergang** zum Schadensersatzspruch s. BGH NJW 1990, 2683.[134] Zur Rechtslage bei einem **Diebstahl** während des Rechtsstreits und Regulierung durch den Kaskoversicherer siehe OLG Hamm VersR 1998, 1028. Die Möglichkeiten des Käufers im Fall der **Beschlagnahme** des von ihm erworbenen Fahrzeugs wegen Diebstahlverdachts erörtert BGH NJW 1997, 3164 (unter dem Blickwinkel der Verjährung). Aus der Fallgruppe **„Beschädigungen"** vor Vollzug des „großen" Schadensersatzanspruchs ist auf LG Saarbrücken NJW 1996, 1971 hinzuweisen (Motorschaden wegen unzureichender Wartung). Wenn nach einer rechtskräftigen Verurteilung zur Rückzahlung des Kaufpreises Zug um Zug gegen Herausgabe des Fahrzeugs die Gegenleistungspflicht des Käufers wegen Unmöglichkeit der Herausgabe nach § 275 BGB erlischt, kann der Käufer auf Feststellung klagen, dass dem Verkäufer kein Recht auf die Gegenleistung mehr zusteht.[135] Der Käufer hat sich – bei Annahmeverzug des Verkäufers – zu entlasten, wenn ihm Vorsatz oder grobe Fahrlässigkeit zur Last gelegt wird.[136]

ββ) Allgemeine Ausschlusstatbestände

Auch der Anspruch auf den „großen" Schadensersatz steht unter dem Vorbehalt des **§ 242 BGB**. Unter diesem Blickwinkel kommt der **Einwand der Verwirkung** bzw. der Einwand rechtsmissbräuchlichen Verhaltens in Betracht, wenn der Käufer das angeblich mangelhafte Fahrzeug über einen längeren Zeitraum und/oder außergewöhnlich intensiv genutzt hat, bevor er sich zur Rückabwicklung entschließt. Die Gerichte neigen dazu, den Anspruch auf Wandlung bzw. „großen" Schadensersatz **nur in krassen Fällen** gemäß § 242 BGB auszuschließen, wobei meist der Einwand der Verwirkung den dogmatischen Ansatz liefert. Das OLG Koblenz hat selbst eine Fahrleistung von 55 200 km zwischen Übergabe und letzter

---

130 Ganz h. M., vgl. *Soergel/Huber*, § 463 Rn 47 m. Nachw. in Fn. 34; aus der Rspr. ferner LG Saarbrücken 8. 3. 1996, NJW 1996, 1971; anders wohl OLG Köln 8. 1. 1990, NJW-RR 1990, 758, 760 (8. ZS); offen gelassen vom 12. ZS OLG Köln (Urt. v. 21. 11. 1994, 12 U 72/94, n. v.), der den Anspruch auf den „großen" Schadensersatz nicht daran hat scheitern lassen, dass das Fahrzeug infolge einer Überprüfung durch einen Privatgutachter nur mit demontiertem und unvollständigem Motor zurückgegeben werden konnte.
131 *Soergel/Huber*, § 462 Rn 47; a. A. OLG München 20. 3. 1980, NJW 1980, 1581; vgl. auch BGH 4. 11. 1987, ZIP 1987, 1570 (Wandlung); BGH 20. 10. 1994, DB 1994, 2614 (§§ 636, 326 BGB).
132 So z. B. im Fall OLG Hamm 20. 12. 1979, BB 1980, 962.
133 Urt. 7. 5. 1990, NJW 1990, 2683; v. 9. 10. 1991, BGHZ 115, 286 = NJW 1992, 566; s. auch OLG Celle 30. 12. 1997, OLGR 1998, 142.
134 Zur Problematik des „Umsattelns" s. auch *Altmeppen*, ZIP 1992, 449; allgemein *Greger*, JZ 1999, 955 – Anm. zu BGH 6. 5. 1999, JZ 1999, 954.
135 OLG Düsseldorf 21. 5. 1999, 22 U 230/98, n. v. – angeblicher Einbruch in Garage mit Ausschlachten eines Opel Manta und anschließender Verschrottung durch den Käufer.
136 OLG Düsseldorf, a. a. O.

mündlicher Verhandlung als unschädlich angesehen.[137] Es hat dem Käufer, einem Studenten, der mit dem Fahrzeug zu seinem Studienort gefahren ist, wirtschaftlich sinnvolles Verhalten bescheinigt. Demgegenüber hat das LG Gießen einem Käufer Verwirkung entgegengehalten, der bis zur Wandlungserklärung etwa 12 000 km und anschließend weitere 6500 km gefahren war.[138] Eine feste „Verwirkungsgrenze" gibt es nicht, weder zeitlich noch kilometermäßig. Entscheidend sind stets die konkreten Umstände des Einzelfalls. Die für die **Einzelfallbewertung** maßgeblichen Kriterien ergeben sich aus den BGH-Urteilen vom 8. 2. 1984,[139] 16. 10. 1991[140] und vom 2. 2. 1994,[141] s. auch OLG Frankfurt NJW-RR 1994, 120 (Wandlung), OLG Düsseldorf OLGR 1995, 84 (Minderung); OLG Düsseldorf NJW-RR 1997, 1480 = NZV 1997, 273 („großer" Schadensersatz).

2021 Ein stillschweigender oder konkludent erklärter **Verzicht** auf den Rückabwicklungsanspruch („großer" Schadensersatz, Wandlung) wird gleichfalls nur in Ausnahmefällen anzunehmen sein. Einer rechtsgeschäftlichen Lösung ist eine auf § 242 BGB gestützte Argumentation vorzuziehen. Das ist auch die Sicht der Rechtsprechung.

2022 **Anspruchsausschluss bei Beseitigung des Mangels:** Diese vielschichtige Thematik wird vorwiegend im Zusammenhang mit Wandlungsfällen diskutiert (siehe Rn 727 ff.), beim „großen" Schadensersatz stellen sich jedoch die gleichen Fragen. Eindeutig ist auch hier, dass für eine Rückabwicklung auf der Grundlage des § 463 BGB kein Raum mehr ist, wenn der Verkäufer den Mangel **im Einverständnis mit dem Käufer** fachgerecht behoben hat, gleichviel, ob ursprünglich eine Nachbesserungsabrede getroffen war oder nicht.[142] Eine **eigenmächtige Mängelbeseitigung** soll die Wandlungsbefugnis hingegen unberührt lassen,[143] was schwierige Abgrenzungsfragen aufwirft. Im Zweifel dürfte der Käufer mit der Nachbesserung einverstanden sein, zumal dann, wenn sie vertraglich vereinbart war. Die generelle Frage, ob der Sachmangel im Zeitpunkt des Vollzugs des Rückabwicklungsverlangens noch vorliegen muss, hat der BGH bislang weder für die Wandlung noch für den „großen" Schadensersatz entschieden. Für die Wandlung bejahend OLG Düsseldorf (22. ZS).[144] Dem ist für den „großen" Schadensersatz zu folgen. Zur Rechtslage bei Beseitigung des Mangels durch den gerichtlich bestellten Sachverständigen s. OLG Hamm OLGR 1995, 150 = ZfS 1995, 296.

c) Mangelfolge- und Begleitschäden

2023 Während die Rechtsprechung früher im Gegensatz zur h. L. angenommen hat, dass Mangelfolgeschäden nur aus Verschulden bei Vertragsschluss und positiver Forderungsverletzung zu ersetzen seien, hat sich seit der Grundsatzentscheidung des BGH vom 29. 5. 1968[145] eine differenzierende Betrachtungsweise durchgesetzt. Für die Frage, ob und in welchem Umfang der Käufer im Rahmen der **Zusicherungshaftung** auch Ersatz von **Mangelfolge-**

---

[137] Urt. v. 25. 1. 1981, 7 U 246/80, n. v.; vgl. auch OLG Koblenz 8. 10. 1985, MDR 1986, 316; OLG Koblenz 1. 7. 1987, NJW-RR 1988, 1137 und OLG Köln 7. 7. 1987, 9 U 8/87, n. v. (keine Verwirkung bei rund 30 000 km).
[138] Urt. v. 27. 3. 1981, 3 O 383/80, n. v.
[139] NJW 1984, 1525 = WM 1984, 479.
[140] NJW 1992, 170 = WM 1992, 32 = JZ 1992, 365 m. Anm. *Flume*.
[141] NJW 1994, 1004 = WM 1994, 703.
[142] Vgl. BGH 19. 6. 1996, NJW 1996, 2647 = JR 1997, 101 m. Anm. *Peters* – Wandlung eines Baggerkaufs; OLG Düsseldorf 19. 12. 1997, NJW-RR 1998, 1587 = OLGR 1998, 131; v. 10. 11. 1995, NJW-RR 1998, 265; OLG Hamm 23. 4. 1997, OLGR 1999, 202, jeweils Wandlung Neufahrzeugkauf.
[143] BGH 19. 6. 1996, NJW 1996, 2647.
[144] Urt. v. 19. 12. 1997, NJW-RR 1998, 1587 = OLGR 1998, 131 mit Hinweis auf weitere Senatsentscheidungen; a. A. LG Offenburg 8. 4. 1997, NJW-RR 1997, 1421 = VersR 1998, 247.
[145] BGHZ 50, 200 = NJW 1968, 1622.

schäden verlangen kann, kommt es entscheidend darauf an, ob die Zusicherung ihn gegen den eingetretenen Folgeschaden absichern sollte.

Der **Schutzzweck der Zusicherung** ist im Wege der **Auslegung** zu ermitteln. Dass die Rechtsprechung ihre bei Gebrauchtwagenfällen auch sonst zu beobachtende käuferfreundliche Linie hier fortsetzt, überrascht nicht. So hat das LG Köln in der Zusicherung der **Unfallfreiheit** auch das Versprechen gesehen, für den Personen- und Sachschaden aufzukommen, den der Käufer durch einen Unfall erleidet, der auf einen Vorschaden zurückzuführen ist.[146] Die Zusicherung der Unfallfreiheit durch einen Kfz-Händler gegenüber einem anderen Kfz-Händler hat auch die Verpflichtung zum Inhalt, dem Käufer auch solche Schäden zu ersetzen, die ihm daraus entstehen, dass er von seinem Abnehmer auf Rückzahlung des Kaufpreises und Ersatz entgangenen Gewinns in Anspruch genommen wird.[147] Auch **Anwalts- und Gerichtskosten** fallen unter das abzusichernde Risiko. Eine außergerichtliche Einigung zwischen Käufer und Abnehmer muss sich lediglich im Rahmen des wirtschaftlich und rechtlich Vertretbaren halten, wobei dem Käufer und Wiederverkäufer ein gewisser Spielraum zuzubilligen ist.[148] Nach Ansicht des OLG Köln genügt schon eine Kulanzregelung.[149] Aufwendungen, die der Käufer gemacht hat, um einen von seinem Kunden beanstandeten Mangel zu beseitigen, hat der Verkäufer zu ersetzen, wenn er die Abwesenheit dieses Mangels zugesichert hatte.[150] Keinen Anspruch auf Ersatz von Kosten der Rechtsverfolgung hat ein beim Weiterverkauf selbst arglistig handelnder Käufer.[151]

Die Zusicherung, ein **Motor** sei erst 40 000 km gelaufen und befinde sich in **einwandfreiem Zustand,** hat gerade das Ziel, den Käufer gegen „unliebsame Reparaturen" abzusichern. Sie schließt die stillschweigende Zusicherung mit ein, dass in nächster Zeit keine schwerwiegenden Reparaturen notwendig werden.[152]

Wenn der Verkäufer eines Kraftfahrzeugs dem Käufer einen bestimmten **Benzinverbrauch** zugesichert hat, so braucht er bei einem unerwarteten Ausgehen des Kraftstoffs auf der Überholspur einer Autobahn für einen dadurch verursachten Unfall nicht einzustehen.[153]

In vielen Fällen argumentiert die Rechtsprechung nur vordergründig mit dem Schutzzweckgedanken. Die gleichen Erwägungen, die bei diesem Ansatz angestellt werden, könnten oft ebenso gut die Adäquanzformel ausfüllen oder das Kriterium der Vorhersehbarkeit als Ausgangspunkt haben. Deutlich wird dies z. B. dann, wenn Grundlage des Schadensersatzanspruchs nicht eine Eigenschaftszusicherung, sondern ein Fall der **Arglist** ist. Die h. M. macht mit dem arglistigen Verkäufer auch hier nicht viel Federlesens. Er soll für sämtliche adäquat kausalen Mangelfolgeschäden uneingeschränkt haften.[154] Bei **Unfallschäden** kann dies den Verkäufer teuer zu stehen kommen.[155] Die Adäquanz des Kausalzusammenhangs reicht zur Haftungsbegrenzung nicht. Ein weiteres Korrektiv ist erforderlich. Insoweit bietet sich auch hier der Schutzzweckgedanke an.[156]

---

146 Urt. v. 16. 8. 1972, 76 O 537/72, n. v.
147 BGH 4. 11. 1981, NJW 1982, 435 m. Anm. *Berg,* JR 1982, 329; s. auch OLG Hamm 16. 11. 1995, OLGR 1996, 65.
148 BGH 4. 11. 1981, NJW 1982, 435; OLG Hamm 16. 11. 1995, OLGR 1996, 65.
149 Urt. v. 18. 5. 1982, 9 U 158/81, n. v.
150 OLG Hamburg 15. 3. 1978, MDR 1978, 756.
151 OLG Celle 29. 1. 1998, OLGR 1998, 188.
152 LG Heidelberg 25. 7. 1973, DAR 1974, 124; vgl. auch OLG Hamm 20. 12. 1979, BB 1980, 962.
153 Beispiel von *Diederichsen,* AcP 165, 150, 159.
154 Nachweise bei *Soergel/Huber,* § 463 Rn 65, Fn. 42.
155 Vgl OLG Düsseldorf 5. 10. 1995, NZV 1996, 368 = OLGR 1996, 28 – Weiterverkauf als „unfallfrei"; OLG Düsseldorf 19. 12. 1997, OLGR 1998, 115, in NJW-RR 1998, 1751 insoweit nicht abgedruckt, gleichfalls Weiterverkauf als „unfallfrei".
156 *Soergel/Huber,* § 463 Rn 65; s. auch unten Rn 2084.

d) Mitverschulden des Käufers

2026 Kenntnis und schuldhafte Unkenntnis des Käufers von einem Sachmangel finden bei Schadensersatzansprüchen aus § 463 BGB nur nach Maßgabe der **Sondervorschrift des § 460 BGB** Berücksichtigung. Für § 254 I BGB ist daneben kein Raum (vgl. Rn 1944); auch nicht im Hinblick auf sog. Mangelfolgeschäden, die unter § 463 BGB fallen (oben Rn 2023). Ohne dies zu beachten, hat das OLG Köln einem Käufer als Mitverschulden (50%) angerechnet, „leichtfertig von sich aus nichts unternommen zu haben, um sich über den technischen Zustand des von ihm erworbenen Fahrzeugs näher unterrichten zu lassen".[157] Schon dem ihm übergebenen Serviceheft hätte er entnehmen können, dass seit eineinhalb Jahren keine Inspektion durchgeführt worden war und das Fahrzeug seitdem rund 40 000 km zurückgelegt hatte. Zur Last wurde dem Käufer auch gelegt, dass er beim Kauf (!) nicht danach gefragt habe, ob „irgendwelche Besonderheiten" zu beachten seien. Den Mitverschuldensvorwurf hat das OLG Köln schließlich noch damit begründet, dass der Käufer es nach dem Kauf unterlassen habe, eine Werkstatt aufzusuchen, um sich wegen der Durchführung erforderlicher Wartungsarbeiten beraten zu lassen.

Der Entscheidung des OLG Köln[158] kann nicht zugestimmt werden. Mängelbezogene Versäumnisse des Käufers **vor und bei Übergabe** sind nur nach den **Spezialvorschriften** der §§ 460, 464 BGB zu würdigen.[159] Angesichts der vom Senat angenommenen Arglist des Verkäufers konnte dem Käufer insoweit selbst grobe Fahrlässigkeit nicht schaden. In der Zeit **nach Übernahme** des Fahrzeugs hat sich der Käufer allenfalls leicht fahrlässig verhalten, indem er es versäumt hat, die längst fällige Inspektion nachzuholen. Wer, wie der Käufer im Fall des OLG Köln, ein Gebrauchtfahrzeug von einem **Vertragshändler** erworben hat, ist im Allgemeinen nicht dazu verpflichtet, das Fahrzeug nach Übernahme darauf zu überprüfen, ob Service- und Wartungsarbeiten fällig sind. Er darf sich darauf verlassen, dass der Wagen vom Händler untersucht worden ist (dazu Rn 1921) und alle entdeckbaren Mängel mit Ausnahme von technisch unbedeutenden Verschleißmängeln beseitigt worden sind. Im Fall des OLG Köln ging es um ein technisch relevantes Verschleißteil, nämlich um den wärmeempfindlichen Zahnriemen. Dem Käufer obliegt es auch nicht, den Ölstand zu prüfen und sich über die Ordnungsmäßigkeit des Kühlsystems zu vergewissern. Wer hier Fahrlässigkeiten in eigener Sache annimmt, wird sie dem Käufer zumindest bei Arglist des Verkäufers kaum anrechnen können. Dies widerspräche der typisierten Interessenabwägung in § 460 S. 2 BGB.

Außerhalb des Anwendungsbereichs der §§ 460, 464 BGB ist § 254 BGB anwendbar. So liegt ein Mitverschulden vor, wenn der bei einem Weiterverkauf selbst arglistig handelnde Käufer sich auf Rückzahlung des Kaufpreises verklagen lässt (statt in die Wandlung einzuwilligen) und anschließend die Kosten des Rechtsstreits vom Erstverkäufer ersetzt verlangt.[160]

3. Wandlung

a) Inhalt des Rückgewährschuldverhältnisses

2027 Die Rechte und Pflichten der Vertragspartner aus dem Rückgewährschuldverhältnis bestimmen sich grundsätzlich nach den gleichen Regeln, die für die Rückabwicklung eines **Neuwagenkaufvertrages** aufgestellt worden sind, s. Rn 740 ff. Im Folgenden werden nur die **Besonderheiten** des Verwendungsersatzes, der Vertragskostenerstattung und der Nutzungsherausgabe bei der Rückabwicklung eines Gebrauchtwagenkaufs dargestellt.

---

157 Urt. v. 17. 11. 1989, 20 U 65/89, n. v.
158 Urt. v. 17. 11. 1989, 20 U 65/89, n. v.
159 Vgl. BGH 28. 6. 1978, NJW 1978, 2240 = WM 1978, 1175; BGH 29. 1. 1993, NJW 1993, 1643 = WM 1993, 1009.
160 OLG Celle 29. 1. 1998, OLGR 1998, 188.

Die Rechtsfolgen der Sachmängelhaftung Rn 2028, 2029

aa) Ersatz von Verwendungen

Zu den **notwendigen Verwendungen** i. S. der §§ 467 S. 1, 347 S. 2, 994 BGB[161] gehören **2028**
beim Gebrauchtfahrzeugkauf:
- Zulassungskosten (LG Traunstein ZfS 1999, 290), soweit im Kaufpreis nicht enthalten (andernfalls Rückerstattung mit diesem)
- Wartungs- und Inspektionskosten (BGH NJW-RR 1991, 1011 zu § 1d Abs. 4 AbzG; anders – nützliche Verwendung – LG Traunstein ZfS 1999, 290)
- Beseitigung eines Unfallvorschadens (OLG Düsseldorf 31. 3. 1995, 22 U 176/94, n. v.)
- Reparatur der Bremsanlage (OLG Karlsruhe OLGR 1998, 62 mit grundsätzlichen Ausführungen, auch zum Werkstattrisiko; LG Bonn 28. 4. 1989, 13 O 482/89, n. v.; OLG Köln 7. 7. 1987, 9 U 8/87, n. v.)
- Erneuerung der Radlager (LG Bonn 28. 4. 1989, 13 O 482/89, n. v.)
- neue Auspuffanlage (LG Bonn 16. 12. 1991, 9 O 398/91, n. v.)
- Reparatur der Radlager, Stoßdämpfer, Lenkung (OLG Köln 7. 7. 1987, 9 U 8/87, n. v.)
- Reparatur am Zündschloss (OLG Köln 31. 10. 1985, 12 U 55/85, n. v.)
- Reparatur am Ventilator und Austausch des Luftfilters (LG Köln 19. 1. 1989, 22 O 582/87, n. v.)
- Motorreparatur, aber nur soweit erforderlich (LG Bonn 4. 8. 1989, 18 O 7/89, n. v.) und erfolgreich (OLG Düsseldorf OLGR 1993, 81)
- Einbau einer neuen Wasserpumpe (LG Bonn 4. 8. 1989, 18 O 7/89, n. v.)
- Kosten für neue Reifen (OLG Zweibrücken DAR 1985, 59; OLG Oldenburg DAR 1993, 467; Brandenburgisches OLG OLGR 1995, 89; LG Traunstein ZfS 1999, 290)
- neue Batterie (OLG Oldenburg DAR 1993, 467)
- Austauschmotor und Austauschgetriebe (OLG Nürnberg 11. 4. 1978, DAR 1978, 324)
- Instandsetzungen an Oldtimer-Motorrad (OLG Köln OLGR 1997, 371 = JMBl. NW 1997, 283)
- Hinterachsenreparatur (OLG Nürnberg 11. 4. 1978, DAR 1978, 324)
- Unterstellung des Fahrzeugs in fremder Werkstatt (Standgeld), s. OLG Düsseldorf 30. 9. 1994, 14 U 251/93, n. v. (50 DM pro Monat); SchlHOLG OLGR 1996, 339; OLG Düsseldorf 12. 3. 1999, 22 U 180/98, in NZV 1999, 423 nicht abgedruckt.

Für nur **nützliche Verwendungen** aus der Zeit nach Kenntnis vom Wandlungsgrund kann **2029**
der Käufer keinen Ersatz verlangen; insoweit hat er nur ein Wegnahmerecht (§ 997 BGB).
Nützliche Verwendungen vor diesem Zeitpunkt können nach § 812 I BGB ausgleichspflichtig sein (vgl. Rn 792). Hierzu zählen beim Gebrauchtwagenkauf:
- Instandsetzungsarbeiten bei einem „heruntergekommenen" Pkw (OLG Celle OLGR 1995, 86)
- Kosten für Wagenheber (LG Köln 19. 1. 1989, 22 O 582/87, n. v.)
- Kosten für Anhängerkupplung (OLG Köln DAR 1986, 320 – Neufahrzeug)
- Ganzlackierung, wobei nicht auf die Lackierkosten, sondern auf die Erhöhung des Verkehrswertes abzustellen ist (OLG Köln 7. 7. 1987, 9 U 8/87, n. v.)
- Autoradio (OLG Nürnberg DAR 1978, 324)
- DINOL-Behandlung (Korrosionsschutz), OLG Nürnberg DAR 1978, 324
- Kundendienst (LG Traunstein ZfS 1999, 290).

---

161 Zum Begriff und zum Maßstab s. BGH 24. 11. 1995, NJW 1996, 921; OLG Karlsruhe 14. 11. 1997, OLGR 1998, 62.

bb) Vertragskostenersatz

2030 Der Verkäufer hat dem Käufer auch die Vertragskosten zu ersetzen (§ 467 S. 2 BGB). Zur Dogmatik dieses Anspruchs und zu den einzelnen Kategorien von Vertragskosten s. Rn 773 ff. Beispiele aus der **Rechtsprechung zum Gebrauchtwagenkauf:**

Vertragskosten ja:
- Kosten für Gebrauchtwagengarantie (OLG Düsseldorf NJW-RR 1997, 431)
- Anmeldekosten/Zulassungskosten (OLG Zweibrücken DAR 1985, 59; OLG Düsseldorf NJW-RR 1997, 431), soweit nicht mit dem Kaufpreis zurückerstattet
- Kosten für Kfz-Kennzeichen (LG Bonn 4. 8. 1989, 18 O 7/89, n. v.)
- Gebühr für Hauptuntersuchung nach § 29 StVZO (TÜV), OLG Zweibrücken DAR 1985, 59
- Abmeldekosten, Gebühr für Stillegung (OLG Düsseldorf 12. 3. 1999, 22 U 180/98, n. v.; OLG Oldenburg DAR 1993, 467 für § 812; OLG Oldenburg NJW-RR 1995, 689 – Stillegung eines in Zahlung genommenen Altwagens)
- Kosten eines Kfz-Sachverständigen für Mängelfeststellung (OLG Köln ZfS 1980, 306; AG München DAR 1994, 329 mit zw. Begründung; a. A. OLG Köln 7. 7. 1987, 9 U 8/87, n. v. – TÜV-Prüfgutachten; LG Bonn 4. 8. 1989, 18 O 7/89, n. v.; vgl. auch Rn 777 und OLG Oldenburg DAR 1993, 467 für § 812)
- Allgemeine Kostenpauschale (OLG Zweibrücken DAR 1985, 59)
- Frachtkosten (BGH NJW 1996, 1962; NJW 1983, 1479)
- Gebühr für Stillegung (OLG Düsseldorf NZV 1999, 423 – nicht abgedruckt).

Vertragskosten nein:
- Kosten für TÜV-Gutachten zur Mangelfeststellung, nicht nach § 29 StVZO, OLG Köln 7. 7. 1987, 9 U 8/87, n. v.; Sachverständigenkosten, Brandenburgisches OLG OLGR 1995, 89, s. auch oben „Vertragskosten ja"
- Finanzierungskosten beim finanzierten Kauf (BGH NJW 1996, 2504 – Neufahrzeugkauf; LG Hagen NJW-RR 1994, 1260; LG Bonn NJW-RR 1993, 1269; Brandenburgisches OLG OLGR 1995, 89; OLG Köln NJW-RR 1996, 561 = VRS 90, 412; **bestr.**, s. auch Rn 781)
- Kosten für Achs- und Spurvermessung zur Mängelfeststellung (LG Bonn 4. 8. 1989, 18 O 7/89, n. v.)
- Kosten des Rücktransports vom Käufer zum Verkäufer (OLG Stuttgart NJW-RR 1999, 1576, **bestr.**, s. auch Rn 778)
- Kosten der Wandlungserklärung, z. B. Anwaltskosten (LG Gießen NJW-RR 1992, 504; AG Lüdenscheid NJW-RR 1993, 1018, **bestr.**, s. auch Rn 779 und LG Kassel JurBüro 1992, 41 und LG Aachen ZfS 1992, 171)
- Kfz-Steuer und Versicherungsprämien im Nutzungszeitraum (OLG Düsseldorf 12. 3. 1999, 22 U 180/98, in NZV 1999, 423 nicht abgedruckt).

cc) Nutzungsersatz (Vergütung für Gebrauchsvorteile)

2031 Wird aufgrund erfolgreicher Wandlung nach den Rücktrittsvorschriften abgewickelt (§§ 467, 346 ff. BGB), so hat auch der Gebrauchtwagenkäufer **grundsätzlich** für jeden Fahrkilometer, den er zwischen Übergabe und Rücknahme zurückgelegt hat, eine Nutzungsvergütung zu zahlen. Ein unentgeltlicher Gebrauch des mangelhaften Fahrzeugs kann ihm im Regelfall nicht zugestanden werden. Vergütungspflichtig sind auch die Kilometer, die er **vor Entdeckung** des Mangels gefahren ist. Der Streit, ob der Käufer bis zur Kenntnis vom Wandlungsrecht nur nach Bereicherungsrecht mit dem Privileg aus § 818 III BGB[162] oder

---

[162] So BGH 1. 4. 1992, NJW 1992, 1965; s. auch OLG Celle 2. 12. 1993, OLGR 1994, 49 und hier Rn 800.

uneingeschränkt Ersatz zu leisten hat, ist auch in den Gebrauchtwagenfällen eher akademischer Natur. Erfolg hat der Entreicherungseinwand ausnahmsweise, wenn die Fahrten für den Käufer ganz oder teilweise nutzlos waren.[163] Hier könnte man aber auch schon beim Begriff „Nutzungsvorteil" ansetzen.

Die herauszugebenden Nutzungen sind im Regelfall (Ausnahmen: Oldtimer, Ausstellungsstücke etc.) nach der gleichen Methode zu **berechnen,** wie sie für die Wandlung von Kaufverträgen über **fabrikneue Kraftfahrzeuge** inzwischen fast allgemein anerkannt ist. Zu schätzen ist also die **lineare Wertminderung** im Vergleich zwischen tatsächlichem Gebrauch und voraussichtlicher Gesamtnutzungsdauer/Gesamtlaufleistung. Näheres zu dieser Bewertungsmethode unter Rn 803 ff. Der BGH hat sie durch Urteil vom 26. 6. 1991[164] generell gebilligt. Ihr Anwendungsbereich ist nicht auf **beiderseits voll erfüllte Kaufverträge** beschränkt. Auch wenn der Käufer während der Nutzungszeit nur Vorbehaltseigentümer war, ist die Nutzungsvergütung nicht nach den Maßstäben einer üblichen oder fiktiven Miete zu ermitteln. Auch in diesem Fall ist es sachgerecht, den zu vergütenden Gebrauchswert anhand der realen Wertminderung zu berechnen.[165]

Verfehlt ist es allerdings, wie bei der Rückabwicklung eines Neufahrzeugkaufs den Neuwagenpreis und die mutmaßliche Gesamtlaufleistung (von Tachostand null bis zur Verschrottung) zugrunde zu legen.[166] Auch das Rechnen mit nur einem dieser beiden Faktoren verfälscht das Bild. In der Logik der linearen Wertschwundformel liegt es vielmehr, auf den **konkreten Altwagenpreis** und die **voraussichtliche Restfahrleistung** abzustellen. Diese Modifizierung hat der BGH für den Fall der Vorteilsausgleichung beim „großen Schadensersatz" anerkannt.[167] Für die Ermittlung der Nutzungsvergütung nach Wandlung kann nichts anderes gelten.[168]

Wenn die Rechtsprechung bisweilen auf den **ersparten Wertverlust** abgestellt hat, so beruht dies auf einer Verquickung mit der – inzwischen überholten – BGH-Judikatur zur Vorteilsausgleichung bei schadensersatzrechtlicher Abwicklung[169] oder auf einer thematischen Verengung des Problems auf den bereicherungsrechtlichen Tatbestand der Aufwendungsersparnis.[170]

Richtigerweise ist die Nutzungsvergütung im Fall der Wandlung nach folgendem **Muster** zu berechnen:

Kaufpreis für Gebrauchtfahrzeug	18 000,– DM
zu erwartende Restlaufleistung	100 000 km
Nutzungsvergütung pro km	0,18 DM.[171]

Wegen der einzelnen Berechnungsfaktoren wird auf Rn 2013 ff. verwiesen, ergänzend auf die Ausführungen im „Neuwagen-Teil" (Rn 803 ff.), s. dort auch zur prozessualen Geltendmachung und weiteren Sonderfragen (Abschläge, Verzinsung, Mehrwertsteuer u. a.).

---

163 OLG Celle 2. 12. 1993, OLGR 1994, 49.
164 NJW 1991, 2484 = WM 1991, 1800.
165 Vgl. auch BGH 25. 10. 1995, NJW 1996, 250 (bereicherungsrechtliche Rückabwicklung eines nicht zustande gekommenen Kaufvertrages).
166 So aber OLG Stuttgart 25. 4. 1990, 4 U 26/90, n. v.; ferner OLG Koblenz 1. 7. 1987, NJW-RR 1988, 1137; OLG Hamm (28. ZS) stellt richtigerweise auf den Altwagenpreis ab, legt aber die Gesamtlaufleistung (150 000 km) zugrunde, Urt. v. 14. 6. 1994, OLGR 1994, 181.
167 Urt. v. 17. 5. 1995, NJW 1995, 2159 = WM 1995, 1145 unter III.
168 OLG Frankfurt 24. 6. 1992, ZfS 1992, 338; Brandenburgisches OLG 17. 1. 1995, OLGR 1995, 89; s. auch die Nachw. unter Fn. 119.
169 Dazu Rn 2010 f.
170 Vgl. auch BGH 10. 4. 1963, MDR 1963, 577, wo der Ersparnisgedanke zur Bemessung des Nutzungswertes herangezogen wird.
171 18 000 : 100 000 = 0,18.

b) Ausschluss des Wandlungsanspruchs

2034   Dazu, unter welchen Voraussetzungen der Käufer seine Befugnis zur Wandlung verliert, s. die einzelnen Fallgruppen im „Neuwagen-Teil" (Rn 749 f.). Für den Gebrauchtwagenkauf gelten grundsätzlich die gleichen Erwägungen. Soweit es um die allgemeinen Ausschlusstatbestände der **Verwirkung** und des **Verzichts** sowie auf weitere Möglichkeiten des Anspruchsverlustes geht, wird auf Rn 2020 f. verwiesen. Eine Besonderheit gegenüber dem Neufahrzeugkauf besteht darin, dass die Parteien vielfach kein Nachbesserungsrecht bzw. eine Garantie vereinbart haben. Infolgedessen kann der Käufer bei einem Sachmangel, für den die Gewährleistung nicht bzw. nicht wirksam ausgeschlossen ist, sogleich Wandlung verlangen. Da diese ein Einverständnis des Verkäufers voraussetzt (§ 465 BGB), muss ihm eine gewisse Prüf- und Überlegungsfrist zugestanden werden.[172] Zum **Umfang der Rechtskraft** eines Urteils, mit dem eine auf arglistiges Verschweigen eines Unfallschadens gestützte Wandlungsklage abgewiesen worden ist, s. OLG Düsseldorf OLGR 1994, 184.

4. Minderung

2035   Während der Viehkäufer nur Wandlung, nicht Minderung verlangen kann (§ 487 I BGB), hat der Fahrzeugkäufer die Wahl zwischen diesen beiden Möglichkeiten. Für Minderung entscheidet er sich nur selten. Abgesehen davon, dass dieser Anspruch seinem Interesse nicht immer Rechnung trägt, beruht diese Zurückhaltung auch auf **Darlegungs- und Berechnungsschwierigkeiten**.[173] Von den **drei Faktoren,** die zur Berechnung des Minderungsbetrages erforderlich sind, ist – anders als beim Neuwagenkauf – nur ein einziger vorgegeben: der tatsächliche Kaufpreis. Die beiden übrigen – Wert ohne Mangel und Wert mit Mangel – müssen erst ermittelt werden. Ohne Hinzuziehung eines Sachverständigen ist dies im Allgemeinen nicht möglich. Die Praxis begegnet diesen Schwierigkeiten meist dadurch, dass der Minderungsbetrag mit dem (Brutto-)Betrag gleichgesetzt wird, der zur Beseitigung des Mangels erforderlich ist.[174] Die Reparaturkosten werden also einfach vom Kaufpreis abgezogen, d. h., der Käufer darf einen Betrag in Höhe der Reparaturkosten einklagen, so wie beim „kleinen" Schadensersatz (s. Rn 1994). Dieser Weg ist dem Minderungsgläubiger nicht dadurch versperrt, dass er das Fahrzeug weiterveräußert hat.[175] Fortdauer von Besitz und Eigentum sind keine Minderungsvoraussetzungen. **Prozessual** kann der Käufer sein Minderungsverlangen nicht mehr realisieren, wenn er in erster Instanz ausschließlich Wandlung begehrt hat, damit aber abgewiesen worden ist. Der **Berufung,** die von Wandlung auf Minderung „umsattelt", ist mangels Beschwer **unzulässig** (so OLG Köln VRS 94, 167).

2036   Das **vereinfachte Abzugsverfahren** der Judikatur ist in mehrfacher Hinsicht bedenklich.[176] Nicht immer ist der Wert des mangelfreien Autos mit dem Kaufpreis identisch. Welchen (Verkehrs-)Wert das betreffende Fahrzeug im Zeitpunkt des Verkaufs ohne den beanstandeten Mangel hatte, kann ein Sachverständiger nur nach Besichtigung feststellen. Eine Taxierung ohne Besichtigung ist wenig sinnvoll. Es kommt auf den konkreten Zustand des streitigen Fahrzeugs an. Zwei Fahrzeuge gleichen Alters und gleicher Laufleistung können im Wert bis zu 50% differieren.

2037   Abzustellen ist auf den Verkehrswert, d. h. auf den Wert, der zur Zeit des Verkaufs im normalen Geschäftsverkehr als Verkaufspreis zu erzielen war. Wegen der Vielschichtigkeit des Gebrauchtwagenmarktes – drei Verkäufergruppen konkurrieren miteinander – kann man kaum von einem „normalen Geschäftsverkehr" sprechen. Ein Gebrauchtwagen kann 1000,– DM mehr oder weniger erzielen, je nachdem, wer ihn verkauft. Am teuersten ist er

---

172 Vgl. LG Dortmund 28. 2. 1996, NJW-RR 1997, 1417 – Computerkauf.
173 Zur Substantiierungspflicht s. auch BVerfG 28. 6. 1993, NJW 1994, 848.
174 Vgl. BGH 17. 12. 1996, NJW-RR 1997, 688 zu §§ 634, 472 BGB.
175 Für den „kleinen" Schadensersatz s. BGH 10. 6. 1998, NJW 1998, 2905.
176 Vgl. auch BGH 25. 6. 1999, NJW 1999, 3115 unter 2c.

Die Rechtsfolgen der Sachmängelhaftung   Rn 2038–2041

beim Neuwagenhändler mit Gebrauchtwagenabteilung, am billigsten beim privaten Direktgeschäft. Mit Rücksicht auf die unterschiedlichen Verkaufswege erscheint es richtig, im konkreten Fall von dem Weg auszugehen, auf dem der mangelhafte Wagen zum Käufer gelangt ist. Beim Kauf von einem Händler oder durch dessen Vermittlung kann also auf die Marktnotierungen der DAT (Marktspiegel) oder auf die Schwacke-Liste zurückgegriffen werden. Auch beim Händlereigengeschäft ist der Netto-Verkaufspreis zugrunde zu legen. Beim Agenturgeschäft bleibt die Mehrwertsteuer ohnehin außer Betracht.

Da der private Markt nicht Gegenstand professioneller Preisforschung ist, gehen die Listenpreise, auch des Schwacke-Berichts, hier an der Wirklichkeit vorbei. Erfahrungsgemäß wird mit prozentualen Ab- und Zuschlägen vom bzw. auf die Listenpreise gearbeitet. Eine Faustformel lautet: „Schwacke-Einkaufspreis plus 15%." Bei neueren Fahrzeugen mag dies zutreffen, bei älteren erscheint ein höherer Zuschlag erforderlich. Letztlich entscheidet aber stets die konkrete Fahrzeugbeschaffenheit.

2038 Der zweite Berechnungsfaktor (Wert mit Mangel) wird herkömmlicherweise so ermittelt, dass die Kosten für die Beseitigung des Mangels von dem Wert ohne Mangel (Verkehrswert) abgezogen werden. Im Prinzip ist dieses Verfahren nicht zu beanstanden. Eine andere Möglichkeit der Wertermittlung gibt es nicht. Bisweilen wird allerdings ein wesentlicher Gesichtspunkt übersehen. Die Beseitigung von Mängeln bringt häufig eine Wertsteigerung mit sich, vor allem bei älteren Fahrzeugen. Dieser „Mehrwert" ist von den (fiktiven) Reparaturkosten abzuziehen, bevor diese zur Ermittlung des Fahrzeugwertes bei Mangelhaftigkeit herangezogen werden können. In den Fällen, in denen bei schadensersatzrechtlicher Betrachtungsweise ein Abzug „neu für alt" gerechtfertigt wäre, sind bei der Berechnung des Minderungsbetrages also die bereinigten Reparaturkosten anzusetzen.[177] Die Mehrwertsteuer bleibt auch hier unberücksichtigt.

2039 Besteht der Sachmangel in dem **Fehlen einer** (zugesicherten) **Eigenschaft,** die sich nicht herstellen lässt (z. B. Datum der Erstzulassung, niedrigere Kilometerfahrleistung), so sind die Werte mit und ohne die spezielle Eigenschaft zu ermitteln und mit dem Kaufpreis in Relation zu setzen.[178] Das OLG Düsseldorf[179] berechnet in einem Laufleistungsfall die gefahrenen Mehrkilometer anhand der Wertschwundformel (Rn 2012) und gibt dem Käufer in Höhe dieses Betrages einen Rückzahlungsanspruch, gestützt auf § 812 I, 1 BGB, nicht auf §§ 462, 472 BGB.

2040 **Mehrheit von Mängeln:** Dass ein Gebrauchtwagen nur einen einzigen wertmindernden Mangel hat, nämlich den haftungsbegründenden, ist nicht die Regel. Oft liegen weitere Umstände vor, die den Wert herabsetzen, aber keinen Gewährleistungsanspruch geben, sei es, dass es sich nicht um einen Fehler im Rechtssinn handelt (Verschleiß, normale Alterung), sei es, dass es um Bagatellfehler i. S. des § 459 I, 2 BGB geht, sei es, dass die Gewährleistung vertraglich oder gesetzlich ausgeschlossen ist, sei es schließlich, dass der Gewährleistungsanspruch insoweit verjährt ist. Ob und wie solche haftungs-, aber nicht wertneutralen Umstände bei der Ermittlung der Verkehrswerte (mit und ohne Gewährleistungsmangel) zu berücksichtigen sind, ist in der Judikatur trotz BGH NJW 1990, 2682 = WM 1990, 1674 (Grundstückskauf) noch nicht restlos geklärt.

2041 Für den Fall des „**kleinen" Schadensersatzes,** mit der Minderung verwandt und meist auf gleiche Weise berechnet, hat der BGH (VIII. ZS) entschieden: Der Verkäufer kann bei der Schadensberechnung nicht geltend machen, die Freizeichnungsklausel sei wegen anderer, von ihm nicht verschwiegener Mängel wirksam.[180] Im konkreten Fall hatte der Verkäufer

---

177 LG Köln 27. 5. 1970, MDR 1970, 1010 (Austauschmotor); vgl. auch BGH 17. 3. 1989, WM 1989, 857, 859 unter II, 5c.
178 Vgl. OLG Oldenburg 28. 6. 1982, MDR 1982, 1018 (höheres Alter eines Sportwagens); vgl. auch OLG Frankfurt 6. 11. 1986, NJW-RR 1987, 1268.
179 Urt. v. 18. 6. 1999, NZV 1999, 514.
180 Urt. v. 26. 1. 1983, NJW 1983, 1424 = DAR 1983, 228.

arglistig verschwiegen, dass in das Fahrzeug, ein Mercedes 230 SL, ein Motor des Typs 250 eingebaut war. Das Besondere war, dass dieser nicht typgerechte Motor obendrein noch völlig verschlissen war, der Verkäufer diesen „Mangel" aber nicht arglistig verschwiegen hatte. Für den BGH gibt es bei der **Schadensberechnung** keine „gespaltene" Freizeichnung. Ist die Klausel gemäß § 476 BGB nichtig, entfaltet sie bei der Berechnung des Schadens keine Wirkung mehr zu Gunsten des Verkäufers in Bezug auf andere Mängel. Dem ist zuzustimmen. Die Gegenmeinung steht nicht mit den Grundsätzen der Differenzhypothese im Einklang.

2042 Für die **Minderung** ist im Ausgangspunkt anerkannt, dass bei der Ermittlung der Werte mit und ohne Mangel nur der haftungsbegründende Mangel zu berücksichtigen ist.[181] Andere wertmindernde Momente haben außer Ansatz zu bleiben. Das wird von Sachverständigen häufig nicht bedacht. Belanglos sind selbstverständlich alle wertmindernden Umstände aus der Zeit nach Übergabe (Abnutzung, Beschädigung usw.), auch wenn der für die Wertermittlung **maßgebliche Zeitpunkt** nicht der der Übergabe, sondern – beim Gebrauchtwagenkauf meist zusammenfallend – der Zeitpunkt des Vertragsschlusses ist.[182] Werterhöhende Aufwendungen des Käufers (z. B. Einbau von Zubehör) dürfen gleichfalls nicht in die Wertermittlung einfließen.

2043 Wertmindernde Eigenschaften, die bereits beim Kauf vorhanden waren, aber keine Haftung begründen, fallen nicht zu Lasten des Verkäufers ins Gewicht. Dies gilt nicht nur für normalen Verschleiß und Alterung, die i. d. R. schon nicht als Fehler i. S. d. § 459 I BGB zu werten sind (vgl. Rn 1564 ff.). Auch echte Fehler im Rechtssinn müssen unberücksichtigt bleiben, wenn und insoweit der Verkäufer seine Haftung hierfür wirksam ausgeschlossen hat. Andernfalls würde das Ziel der Minderung verfehlt, die vertraglich vorausgesetzte Äquivalenz von Leistung und Gegenleistung aufrechtzuerhalten. Die Haftungsfreizeichnung ist ein wesentliches Element der Preiskalkulation. Ohne sie müsste der Verkäufer einen erheblich höheren Preis verlangen. Dieser Preisvorteil käme dem Käufer ungerechtfertigterweise zugute, bliebe der Gewährleistungsausschluss bei der Berechnung des Minderungsbetrages unberücksichtigt. Anders als bei der Berechnung des „kleinen" Schadensersatzes nach der Differenzhypothese wirkt sich die Freizeichnung auch dann zu Gunsten des Verkäufers aus, wenn sie im Hinblick auf den haftungsbegründenden Mangel gemäß § 476 BGB nichtig ist oder wegen entgegenstehender Zusicherung leer läuft. Dies ist eine Folge des Strukturunterschieds zwischen Nichterfüllungsschaden und Kaufpreisherabsetzung.

2044 Alle diese Schwierigkeiten bei der Wertermittlung zeigen, dass der Rechtsbehelf der Minderung, korrekt gehandhabt, beim Gebrauchtfahrzeugkauf **unpraktikabel** ist. Als Ausweg bietet sich eine **Schätzung des Minderungsbetrages** gemäß § 287 II ZPO analog an, so wie sie z. B. im Werkvertragsrecht[183] und im Reiserecht ungeachtet der Verweisung in § 651d I BGB auf § 472 BGB fast allgemein anerkannt ist. Wenn die Vertragsparteien zur Ermittlung des Minderungsbetrages einen **Sachverständigen** mit der „Schadensfeststellung" beauftragen, ist dessen Schätzung in den Grenzen der §§ 317 ff. BGB verbindlich. Die Kosten des Schiedsgutachtens sind mangels anderweitiger Vereinbarung zu teilen.[184]

Zum **Ausschluss** des Minderungsverlangens wegen Verwirkung bzw. Verzichts s. Rn 2020; zum Wechsel zwischen Minderungs- und Wandlungsklage unter dem Blickwinkel der **Klageänderung** s. BGH NJW 1990, 2682; LG Mönchengladbach NJW-RR 1992, 1524; s. auch BGH NJW 1990, 2683 – Übergang von erstinstanzlich abgewiesener Wandlungsklage auf „kleinen" Schadensersatz, der der Minderung strukturverwandt ist.

---

181 BGH 1. 6. 1990, NJW 1990, 2682 = WM 1990, 1674 (Grundstückskauf).
182 Und zwar für beide Werte, vgl. *Soergel/Huber,* § 472 Rn 5, 11.
183 BGH 17. 12. 1996, NJW-RR 1997, 688.
184 OLG Düsseldorf 20. 3. 1998, OLGR 1998, 279.

VII. Verjährung der Gewährleistungsansprüche

Die Ansprüche auf Wandlung und Minderung sowie der Anspruch auf Schadensersatz wegen Fehlens einer zugesicherten Eigenschaft, also sämtliche verschuldensunabhängigen Gewährleistungsansprüche, verjähren in der kurzen **Frist von sechs Monaten** seit der **Ablieferung des Fahrzeugs** an den Käufer, § 477 I BGB. Nur in den Arglistfällen des § 463 S. 2 BGB gilt die allgemeine Verjährungsfrist von 30 Jahren, §§ 477 I, 195 BGB. Hat der Verkäufer im Rahmen der Vertragsverhandlungen zugesagt, fehlende Ersatzteile zu beschaffen bzw. bei der Beschaffung behilflich zu sein, so verjährt dieser „Nachlieferungsanspruch" gem. § 477 Abs. 1 BGB in sechs Monaten.[1]

2045

Ablieferung i. S. v. § 477 I BGB setzt grundsätzlich voraus, dass der Verkäufer die Kaufsache vollständig aus seinem Verfügungsbereich in denjenigen des Käufers entlassen hat,[2] und zwar in Erfüllung des Kaufvertrages, nicht etwa nur zu einer Probefahrt. Zu differenzieren ist zwischen Hol-, Bring- und Schickschulden.[3] Beim Fahrzeugkauf besteht in der Regel eine **Holschuld**, d. h., der Käufer hat das Fahrzeug beim Verkäufer abzuholen. Die AGB des Kfz-Handels sprechen von **„Abnahme"**. Dieser Vorgang erfüllt die Merkmale der Ablieferung i. S. v. § 477 I BGB. Zum Tatbestand der „Ablieferung" bei Aushändigung des Fahrzeugs ohne mitverkaufte **Zubehörteile** (z. B. Dachgepäckträger) siehe OLG Düsseldorf NJW-RR 1999, 283. Die Übergabe der **„Fahrzeugpapiere"** gehört grundsätzlich nicht zur verjährungsrechtlich geforderten „Ablieferung". Ergibt sich der Sachmangel aber erst aus einer Diskrepanz zwischen Fahrzeug und Brief (s. dazu Rn 1623), so gehört zur „Ablieferung" auch die Aushändigung des Fahrzeugbriefes. Immer wenn Dokumente für die Aufdeckung eines Sachmangels von Bedeutung sind, beginnt die Verjährung hinsichtlich dieses Mangels erst mit Übergabe von Fahrzeug und Dokument. Eine **unterbliebene Ablieferung** („Auslieferung") kann prinzipiell nicht dadurch ersetzt werden, dass der Käufer mit der Abnahme des Fahrzeugs in **Schuldner- bzw. Gläubigerverzug** geraten ist.[4] Die Berufung des im Verzug befindlichen Käufers auf die fehlende Ablieferung kann im Einzelfall treuwidrig sein.[5]

2046

Mangelkenntnis kein Kriterium: Auch wenn der Sachmangel innerhalb der 6-Monats-Frist des § 477 I BGB nicht erkannt werden konnte, tritt Verjährung ein.[6] Unbillige Ergebnisse hat der Gesetzgeber im Interesse der Rechtssicherheit bewusst in Kauf genommen. Was bei Gegenständen des täglichen Bedarfs akzeptabel erscheint, stößt bei einer technisch so hochgezüchteten Maschine wie einem Kraftfahrzeug, das aus mehr als 5000 Einzelteilen mit ganz unterschiedlicher Haltbarkeitsdauer besteht, auf erhebliche Bedenken. Die Rechtsprechung hat darauf nicht selten so reagiert, dass sie die Vertragsstörung außerhalb des Gewährleistungsrechts angesiedelt hat, sei es durch Annahme einer kaufvertraglichen Nebenpflicht, sei es durch die Konstruktion eines selbständigen Auskunfts- oder Beratungsvertrages (s. Rn 2093). Auch die Ausweitung der Arglisthaftung ist zum Teil auf den allgemein als reformbedürftig angesehenen § 477 I BGB zurückzuführen.

Mangel- und Mangelfolgeschaden. Auch soweit der Anspruch aus § 463 S. 1 BGB auf Ersatz von Mangelfolgeschäden gerichtet ist, beginnt die Verjährung mit **Ablieferung** des Fahrzeugs, selbst wenn das Fehlen der zugesicherten Eigenschaft zunächst nicht erkennbar war.[7] Wenn bei frühestmöglicher Erkennbarkeit die 6-Monats-Frist schon abgelaufen war,

2047

---
1 OLG Köln 26. 2. 1999, OLGR 1999, 240 = VRS 97, 83 = DAR 1999, 407 (L.) – Oldtimerkauf.
2 BGH 11. 10. 1995, NJW 1995, 3381 – Lastzug.
3 Vgl. *Tiedtke,* JZ 1996, 549.
4 BGH 11. 10. 1995, NJW 1995, 3381; s. auch *Saenger,* NJW 1997, 1945; *Tiedtke,* JZ 1996, 549.
5 BGH 11. 10. 1995, NJW 1995, 3381, letztlich offen gelassen; s. auch *Tiedtke,* JZ 1996, 549.
6 Ganz h. M., OLG Frankfurt 26. 1. 1996, OLGR 1996, 122; OLG Köln 18. 1. 1978, OLGZ 1978, 321; *Larenz,* SchR II, § 41 II, d; a. A. *Brox/Elsing,* JuS 1976, 1, 7.
7 BGH 2. 6. 1980, NJW 1980, 1950.

kann die Einrede der Verjährung **rechtsmissbräuchlich** sein. Für diesen Fall verlangt der BGH eine besonders sorgfältige Prüfung;[8]

2048 Gemäß § 477 I, 2 BGB können die Parteien die Verjährungsfrist vertraglich **verlängern.** Die Verlängerung kann auf bestimmte Mängel (Motorschaden oder Durchrostung) beschränkt werden. Ob und inwieweit die gesetzliche Verjährungsregelung vertraglich (stillschweigend) modifiziert worden ist, kann im Einzelfall zweifelhaft sein, insbesondere bei **Gewährleistungszusagen** des Verkäufers in Form von Nachbesserungsabreden und **Garantien.** Eine **Abkürzung** der Verjährungsfrist ist grundsätzlich zulässig (§ 225 S. 2 BGB), in den Grenzen des § 9 AGBG auch formularmäßig.[9] § 11 Nr. 10f AGBG gilt beim Kauf gebrauchter Sachen nicht.

2049 **Hemmung und Unterbrechung** der Verjährung richten sich grundsätzlich nach den allgemeinen Vorschriften (§§ 202 ff., 208 ff. BGB). Einen besonderen Unterbrechungstatbestand enthält § 477 II BGB: Auch der Antrag auf Einleitung eines **selbständigen Beweisverfahrens** führt zur Unterbrechung der Verjährung. Entscheidend ist der Zeitpunkt, zu dem der Antrag des Käufers bei Gericht eingeht (vgl. auch Rn 1634 ff.). Zu beachten ist, dass die Verjährung nur hinsichtlich desjenigen Sachmangels unterbrochen bzw. gehemmt wird, der Gegenstand der Klage, des Beweisverfahrens bzw. der Nachbesserung ist. Für andere Mängel läuft die Verjährungsfrist unbeeinflusst weiter.[10] Bei einer **Vielzahl von Mängeln** („Mängelpaket") kann es insbesondere im Rahmen des § 639 II BGB (dazu im Folgenden) Schwierigkeiten machen, die Reichweite der Hemmungswirkung zu bestimmen. Beispiele aus der Rspr.: BGH 20. 11. 1996, NJW 1997, 727; BGH 17. 12. 1997, NJW-RR 1998, 680; OLG Düsseldorf 10. 11. 1995, OLGR 1996, 102; OLG Köln 31. 3. 1995, NJW-RR 1995, 1457. Gemäß **§ 477 III BGB** bewirkt die Hemmung oder Unterbrechung der Verjährung eines der verschiedenen Gewährleistungsansprüche auch die Hemmung bzw. Unterbrechung der Verjährung der anderen. Mit der Unterbrechung der Verjährung des Anspruchs auf Wandlung ist auch die Verjährung des Anspruchs auf Vertragskostenersatz unterbrochen.[11] Die **Darlegungs- und Beweislast** für die Tatbestände, die verjährungsunterbrechende bzw -hemmende Wirkung haben, trägt der Käufer. Für die Beendigung ist hingegen der Verkäufer darlegungs- und beweispflichtig.

Hemmung: Eine bloße **Mängelanzeige** des Käufers löst noch keine Ablaufhemmung aus, selbst wenn sie schriftlich erstattet worden ist. Auch **Verhandlungen** über den gerügten Mangel führen grundsätzlich noch nicht zur **Hemmung,** können aber unter Umständen die Berufung auf die Verjährung als arglistig erscheinen lassen. Hat der Verkäufer sich aber im Einverständnis mit dem Käufer der Prüfung des Vorhandenseins des Mangels oder der Beseitigung des Mangels unterzogen, so ist die Verjährung so lange gehemmt, bis der Verkäufer das Ergebnis der Prüfung dem Käufer mitteilt oder ihm gegenüber den Mangel für beseitigt erklärt oder die Fortsetzung der Beseitigung verweigert. Das folgt aus einer entsprechenden Anwendung des **§ 639 II BGB.** Diese Vorschrift kommt dem Käufer unabhängig davon zugute, ob die Parteien eine Nachbesserung bei Vertragsabschluss oder erst im Anschluss daran, nicht notwendigerweise vor Übergabe, vereinbart haben. Selbst wenn der Verkäufer sich auf die Mängelrüge des Käufers hin – ohne rechtliche Verpflichtung – auf eine Nachbesserung einlässt, ist § 639 II BGB analog anwendbar. Das ist in der Rechtsprechung allgemein anerkannt.[12] Auch wenn der Verkäufer erklärt hat, er handele „ohne Aner-

---

8 Urt. v. 2. 6. 1980, NJW 1980, 1950; für den konkurrierenden Deliktsanspruch gilt § 852 BGB, so LG Köln 21. 12. 1988, NJW-RR 1989, 537.

9 Eine Beschränkung der Gewährleistungspflicht auf 7 Tage ist unbedenklich.

10 BGH 2. 2. 1994, NJW 1994, 1004 – Neufahrzeugkauf; OLG Düsseldorf 19. 5. 1994, OLGR 1995, 17; OLG Köln 31. 3. 1995, NJW-RR 1995, 1457 – EDV-Anlage.

11 OLG Köln 26. 5. 1997, OLGR 1997, 331.

12 BGH 10. 12. 1980, WM 1981, 244; v. 8. 2. 1984, NJW 1984, 1525; 8. 7. 1987, NJW 1988, 254 – Holzrückezug; 20. 11. 1996, NJW 1997, 727 – Motorboot; 2. 6. 1999, NJW 1999, 2961 – Holzhäcksler.

kennung einer Rechtspflicht" oder nur aus Kulanz, tritt Hemmung ein.[13] Bei einem Tätigwerden im erkennbaren Bewusstsein, für den Mangel einstehen zu müssen, kommt anstelle einer Verjährungshemmung ein **Anerkenntnis** in sonstiger Weise (§ 208 BGB) mit Unterbrechungswirkung in Betracht (dazu im Folgenden). In sämtlichen Fällen, in denen § 639 II BGB zum Zuge kommt, **beginnt die Hemmung** nicht erst mit der tatsächlichen Inangriffnahme der Nachbesserungsarbeiten. Maßgebend ist vielmehr der Zeitpunkt, in dem sich die Parteien über die Prüfung des Mangels oder die durchzuführende Nachbesserung einig sind.[14]

Unterbrechung der Verjährung durch Anerkenntnis: Anstelle bloßer Hemmung können Nachbesserungsarbeiten des Verkäufers auch eine Unterbrechung der Verjährung bewirken. Voraussetzung ist ein Anerkenntnis in sonstiger Weise (§ 208 BGB). Zu beachten ist, dass die Verjährung eines Gewährleistungsanspruchs sowohl nacheinander mehrmals gehemmt oder unterbrochen als auch gleichzeitig gehemmt und unterbrochen werden kann.[15] Wann (nur) ein Hemmungstatbestand und wann ein Anerkenntnis vorliegt, ist trotz einer umfangreichen Rechtsprechung, vor allem zum Baurecht, nicht leicht zu bestimmen. Die Annahme eines Anerkenntnisses setzt voraus, dass der Verkäufer im Bewusstsein seiner Gewährleistungspflicht gehandelt hat. Sein gesamtes Verhalten, nicht nur die Nachbesserungsarbeiten im engeren Sinn, ist unter diesem Blickwinkel zu würdigen, wobei es auf die Perspektive des Käufers ankommt. Je intensiver der unternehmerische Einsatz, desto eher ist die Annahme gerechtfertigt, dass der Verkäufer in Erfüllung einer Nachbesserungspflicht und nicht aus bloßer Kulanz oder nur zur Streitbeilegung tätig geworden ist. Erheblich sind vor allem der Umfang, die Dauer und die Kosten der Mängelbeseitigungsarbeiten.[16]

Schiedsgutachten: Die Verjährung wird auch dadurch gehemmt, dass die Parteien nachträglich vereinbaren, ein Schiedsgutachten einzuholen (§ 202 BGB). Die Hemmung dauert an, bis das Gutachten beiden Parteien vorliegt oder die Parteien die Schiedsgutachten-Vereinbarung einverständlich aufheben.[17] Ruft der Käufer eine **Schiedsstelle** des Kfz-Handels an, so tritt gleichfalls Hemmung der Verjährung ein, sofern der Antrag zulässig ist (vgl. Ziff. IX, 3 ZDK-AGB). Zur Frage der Hemmung im Fall der **Beschlagnahme des Fahrzeugs** wegen Diebstahlverdachts („höhere Gewalt" i. S. v. § 203 II BGB?) siehe BGH NJW 1997, 3164.

Die Ansprüche **aus** der durch Einverständniserklärung oder durch Urteil **vollzogenen** Wandlung oder Minderung verjähren erst in 30 Jahren ab Vollzug. Gleiches gilt für den Schadensersatzanspruch aus § 463 S. 1 BGB und für den Anspruch auf Erfüllung einer nachvertraglichen Mängelbeseitigungsvereinbarung.[18]

---

[13] BGH 21. 4. 1977, WM 1977, 823.
[14] BGH 20. 11. 1996, NJW 1997, 727 – Motorboot.
[15] BGH 23. 11. 1989, NJW 1990, 826 unter 2a.
[16] BGH 8. 7. 1987, NJW 1988, 254; BGH 2. 6. 1999, NJW 1999, 2961 = EWiR § 208 BGB 1/99, 1105 (*Eggert*); OLG Düsseldorf 23. 6. 1995, NJW-RR 1995, 1232 – Bausache; vgl. auch *Waas*, BB 1999, 2472.
[17] OLG Hamm 14. 11. 1975, NJW 1976, 717.
[18] OLG Köln 9. 7. 1980, OLGZ 1980, 468; OLG Köln 29. 3. 1995, BB 1995, 1316 = OLGR 1995, 162 m. w. N.; OLG Karlsruhe 23. 7. 1996, MDR 1997, 813 – Kostenerstattungsanspruch; s. auch *Bender*, MDR 1997, 793 und Rn 1830.

VIII. Verhältnis der Sachmängelhaftung zu anderen Rechtsbehelfen des Käufers

2051   In welchem Verhältnis die **allgemeinen Rechtsbehelfe** zu den **Sondervorschriften** über die Sachmängelhaftung stehen, gehört zu den schwierigsten Fragen des – noch geltenden – Kaufrechts. Gerade Gebrauchtwagen-Fälle haben Rechtsprechung und Schrifttum immer wieder Anlass gegeben, sich mit dieser Thematik auseinanderzusetzen.

1. Nichtigkeit nach §§ 134, 138 BGB

2052   Beide Vorschriften stehen zu den §§ 459 ff. BGB **außer Konkurrenz.** Die Gewährschaftsrechte setzen einen **wirksamen** Kaufvertrag voraus.

Der Tatbestand der Nichtigkeit wegen **Gesetzesverstoßes** (§ 134 BGB) spielt beim Gebrauchtfahrzeugkauf praktisch keine Rolle. Selbst für den Erwerb von Importautos, bei dem vielfältige Einfuhrbestimmungen zu beachten sind, liegt einschlägige Rechtsprechung nicht vor.

Anders verhält es sich mit § 138 BGB. Dessen Tatbestände – Wucher und allgemeine Sittenwidrigkeit – kommen in Betracht, wenn ein **auffälliges Missverhältnis** zwischen Marktwert (Verkehrswert) und Kaufpreis besteht.[1] **Feste Regeln und Grenzwerte,** wie sie beispielsweise für Ratenkreditverträge[2] und für den Immobilienkauf[3] entwickelt worden sind, haben sich für den Gebrauchtwagenkauf nicht herausgebildet. Anstößigen Preisgestaltungen begegnet man hier mit den Regeln über die Arglisthaftung und der culpa in contrahendo. So hat das OLG Köln einem Händler eine arglistige Täuschung (durch aktives Tun) zur Last gelegt, der das Zehnfache des wirklichen Fahrzeugwertes als Kaufpreis verlangt hat.[4] Der Wuchertatbestand (§ 138 I BGB) wird regelmäßig deshalb zu verneinen sein, weil die **subjektive Seite** nicht beweiskräftig festzustellen ist. Einer Ausbeutungsabsicht bedarf es freilich nicht.[5] Bei der Bestimmung eines auffälligen Missverhältnisses zwischen Leistung und Gegenleistung, Kernelement in beiden Tatbeständen des § 138 BGB, hat der BGH für den Verkauf hochpreisiger beweglicher Sachen die Leitlinien des V. ZS zum Immobilienkauf übernommen.[6]

2053   Ist der Kaufvertrag durch **arglistige Täuschung** zustande gekommen, so ist er nicht notwendigerweise sittenwidrig im Sinne von § 138 I BGB. Eine arglistige Täuschung (Näheres dazu s. Rn 1852 ff.) verstößt zwar gegen die guten Sitten und begründet auch die Haftung wegen sittenwidriger Schädigung aus § 826 BGB (zur Haftung in einer „Käuferkette" s. Rn 1983). Wegen Sittenwidrigkeit nichtig ist der Vertrag jedoch nur, wenn zur unzulässigen Willensbeeinflussung durch Täuschung weitere Umstände hinzutreten.

2054   § 138 I BGB ist auch bei einem **Hehlergeschäft** zu bejahen, sofern die Beteiligten die Sittenwidrigkeit kennen oder sich der Kenntnis der die Sittenwidrigkeit begründenden Tatsa-

---

1   BGH 18. 12. 1956, BB 1957, 238 (Kauf eines Lkw im Wert von 1300,– DM zum Preis von 6780,– DM); BGH 1. 10. 1969, DB 1969, 2082; OLG Köln 21. 3. 1972, 15 U 134/71, n. v. (Verkauf eines Pkw an einen Minderjährigen zum Preis von 2400,– DM bei einem Einkaufspreis von 650,– DM); OLG Hamm 15. 1. 1979, JZ 1979, 266 (insoweit nicht abgedruckt); OLG Hamm 5. 10. 1989, 23 U 26/89, n. v. (Differenz zwischen Verkehrswert und Verkaufspreis von 35% kein auffälliges Missverhältnis; Hinweis auf 100%-Grenze); OLG Nürnberg 27. 6. 1966, VRS 31, 324.
2   Vgl. *Palandt/Heinrichs,* § 138 Rn 25 ff.
3   Vgl. BGH 18. 1. 1991, NJW-RR 1991, 589; BGH 8. 11. 1991, WM 1992, 441; BGH 12. 1. 1996, NJW 1996, 1204.
4   Urt. v. 10. 7. 1974, DAR 1974, 270; s. auch LG Bielefeld 15. 10. 1980, MDR 1981, 316; OLG Düsseldorf 10. 2. 1995, OLGR 1995, 117 – gebr. Druckmaschine.
5   BGH 12. 7. 1996, NJW 1996, 2652.
6   Urt. v. 26. 11. 1997, WM 1998, 932.

chen grob fahrlässig verschließen.⁷ Zur Annahme grober Fahrlässigkeit beim Gebrauchtwagenkauf s. Rn 1494 ff. Die Tatsachen, die die Sittenwidrigkeit ausmachen, sind diejenigen Umstände, die den Vorwurf der Hehlerei begründen, also insbesondere der Diebstahl oder die Unterschlagung des zum Kauf angebotenen Fahrzeugs. Dazu, wann sich ein Käufer grob fahrlässig der Kenntnis vom Diebstahl eines Pkw verschließt, s. BGH NJW 1992, 310 = WM 1992, 951. Wie in früheren Fällen hat der BGH auch hier die fehlende Voreintragung eines „nebenberuflichen" Gebrauchtwagenhändlers als Verdachtsmoment bewertet, die Nachforschungspflicht letztlich aber von dem Vorliegen einer (weiteren) „Unregelmäßigkeit" abhängig gemacht (Verkauf auf der Straße). Zur Kritik an dieser Rechtsprechung s. Rn 1503 f.

Ist der Kaufpreis zur Erfüllung eines sittenwidrigen Hehlergeschäfts geleistet worden, steht dem Bereicherungsanspruch des Käufers auf Rückzahlung das **Rückforderungsverbot** des § 817 S. 2 BGB entgegen.⁸ Es bringt aber nicht den Schadensersatzanspruch des Käufers aus § 826 BGB zu Fall. Bei direktem Schädigungsvorsatz des Verkäufers fällt eine „nur" grob fahrlässige Unkenntnis vom Diebstahl auch nicht anspruchsmindernd gem. § 254 I BGB ins Gewicht.⁹

Sittenwidrigkeit i. S. d. § 138 I BGB kann auch darin zu sehen sein, dass Verkäufer und Käufer gemeinsam den schriftlichen Kaufvertrag so gestalten („frisieren"), dass dem Käufer ein günstiger Weiterverkauf ermöglicht wird, z. B. durch Aufnahme einer zu niedrigen km-Laufleistung in die Vertragsurkunde.¹⁰

2. Irrtumsanfechtung

a) Konkurrenzfragen

Die Anfechtung nach § 119 BGB ist nur zulässig, soweit keine vorrangigen Spezialvorschriften eingreifen. Während zwischen § 119 I BGB und den §§ 459 ff. BGB eine Konkurrenz nicht möglich ist, konkurriert § 119 II BGB – **Eigenschaftsirrtum** – meist mit den Gewährleistungsvorschriften.

2055

Soweit sich der **Irrtum des Käufers** auf einen Sachmangel bezieht (Fehler oder Fehlen einer zugesicherten Eigenschaft), ist eine Anfechtung wegen Eigenschaftsirrtums jedenfalls **nach Übergabe** des Kaufobjekts ausgeschlossen.¹¹ Das ist im Grundsatz unbestritten. Kontrovers diskutiert wird die Rechtslage **vor Gefahrübergang**.¹² Umstritten ist ferner, ob das Spezialitätsprinzip auch dann noch gilt, wenn die Gewährleistungsansprüche verjährt oder kraft Gesetzes (z. B. § 460 BGB) oder aufgrund vertraglicher Abrede, typisch für den Gebrauchtfahrzeugkauf, ausgeschlossen sind. Zu dieser Problematik s. Rn 2058.

Das Anfechtungsrecht des **Verkäufers** aus § 119 II BGB kann nicht mit den §§ 459 ff. BGB konkurrieren; denn dem Verkäufer stehen Gewährleistungsansprüche nicht zu. Gleichwohl kann auch der Verkäufer nicht in jedem Irrtumsfall nach § 119 II BGB anfechten, nämlich dann nicht, wenn er durch seine Anfechtung Gewährleistungsansprüche des Käufers vereiteln würde (BGH NJW 1988, 2597 m. w. N.).

Gewährleistungsansprüche kann der Käufer **grundsätzlich** erst **nach** Gefahrübergang geltend machen. Deshalb scheint vor diesem Zeitpunkt ein Konkurrenzverhältnis nicht zu bestehen. Allerdings gestattet die Rechtsprechung dem Käufer in Ausnahmefällen, schon **vor** Gefahrübergang nach §§ 459 ff. BGB vorzugehen, nämlich dann, wenn der Verkäufer den

---

7 BGH 9. 10. 1991, NJW 1992, 310.
8 BGH 9. 10. 1991, NJW 1992, 310.
9 BGH 9. 10. 1991, NJW 1992, 310.
10 Vgl. LG Paderborn 5 S 194/92, n. v.
11 St. Rspr., z. B. BGH 9. 10. 1980, BGHZ 78, 216, 218 = NJW 1981, 224 – Mähdrescherfall.
12 Vgl. *Medicus,* Rn 342 ff; *Soergel/Huber,* Vor § 459 Rn 191.

Sachmangel nicht beheben kann oder dessen Beseitigung endgültig verweigert.[13] Dadurch soll der Käufer aber begünstigt und nicht benachteiligt werden. Deshalb darf er zwischen Kaufabschluss und Übergabe wegen Eigenschaftsirrtums auch dann anfechten, wenn er ausnahmsweise schon Gewährleistungsansprüche geltend machen dürfte,[14] m. a. W.: § 119 II BGB ist nach der Rechtsprechung nicht schon seit Kaufabschluss ausgeschlossen.[15]

Beim Kauf eines Gebrauchtwagens vom Händler fallen – anders als beim Neufahrzeugkauf – Vertragsschluss und Gefahrübergang (Auslieferung) meist zusammen. Das ist eine Folge der formularmäßig geregelten Abschlusstechnik (vgl. Abschn. I, 1 ZDK-AGB). Zeitlich getrennt sind Kauf und Übergabe bei Geschäften auf dem Privatmarkt, wenn die Spanne oft auch nur ein bis zwei Tage beträgt. Wer nach Vertragsschluss, aber noch **vor der Übernahme** des Fahrzeugs über das Fehlen einer verkehrswesentlichen Eigenschaft informiert wird, z. B. Unfallfreiheit, darf nach BGH im Falle des einseitigen Irrtums trotz der §§ 459 ff. BGB nach § 119 II BGB anfechten. Dazu, ob und inwieweit das Anfechtungsrecht durch eine vertragliche Haftungsfreizeichnung ausgeschlossen ist, siehe Rn 2058.

2056 Nach Übergabe besteht das Recht zur Anfechtung wegen Eigenschaftsirrtums nur in **ganz engen Grenzen.** Der (einseitige) Irrtum des Käufers muss sich auf einen Umstand beziehen, der keinen Sachmangel darstellt, präziser: Die Voraussetzungen des § 459 BGB (Abs. 1 oder Abs. 2) müssen im konkreten Fall tatsächlich erfüllt sein, anderenfalls wird § 119 II BGB nicht verdrängt. Es genügt also nicht, dass der Umstand, über den der Käufer irrt, zur Sachmängelhaftung führen kann, er muss diese spezielle Haftung tatsächlich begründen. Ob sie dann im konkreten Fall wegen Verjährung oder aufgrund einer Freizeichnungsklausel wieder entfällt, ist eine andere Frage; mit dem Konkurrenzproblem hat sie nichts zu tun (Näheres Rn 2058).

Mit einiger Vereinfachung kann gesagt werden: Wenn ein Fahrzeug einen Mangel hat, den der Verkäufer nach den §§ 459 ff. BGB zu vertreten hat, ist praktisch immer zugleich ein Irrtum des Käufers über eine verkehrswesentliche Eigenschaft im Sinne von § 119 II BGB gegeben. Umgekehrt gilt dieser Satz freilich nicht. Die Menge der Irrtümer über verkehrswesentliche Sacheigenschaften (§ 119 II BGB) ist zumindest theoretisch größer als die Menge derjenigen Fälle, die zur Anwendung der §§ 459 ff. BGB führen.

Von den Sachmängelvorschriften unberührt bleibt zweifelsohne die Anfechtung wegen eines Irrtums über den **Wert des Fahrzeugs.** Der Wert ist in § 459 I BGB – neben der Gebrauchstauglichkeit – der Gegenstand, auf den sich die Vertragswidrigkeit negativ auswirken muss. Eine für den Käufer nachteilige Abweichung zwischen Ist-Wert und Soll-Wert kann für sich allein auch nach dem weiten subjektiven Fehlerbegriff nicht die Sachmängelhaftung begründen. Der Wert als solcher wird nicht einmal als Eigenschaft im Sinne von § 119 II BGB angesehen.[16] Er wird als Ergebnis von Eigenschaften, den sog. **wertbildenden Faktoren,** verstanden. Ein Irrtum berechtigt daher nicht zur Anfechtung nach § 119 II BGB,[17] wohl aber nach § 119 I BGB und nach § 123 BGB. Bei Fehlvorstellungen des Käufers über den **ursprünglichen Neupreis** des Gebrauchtwagens oder über die Bedeutung bzw. den Wahrheitsgehalt einer **Listenpreis-Information** des Verkäufers (z. B. Schwacke-Liste oder DAT-Marktspiegel) sind die §§ 459 ff. BGB gleichfalls unanwendbar (BGH WM 1969, 496). Damit wäre der Weg zu § 119 II BGB an sich frei. Anders als der gegenwärtige Wert eines (gebrauchten) Kraftfahrzeugs ist dessen Neupreis eine Eigenschaft im Rechtssinn. Ob sie „**verkehrswesentlich**" ist, hängt von den Anforderungen ab, die man an dieses

---

[13] BGH 14. 12. 1960, BGHZ 34, 32 = NJW 1961, 772; BGH 10. 3. 1995, NJW 1995, 1737.
[14] BGH, a. a. O. (Fn. 13).
[15] So aber *Flume,* Eigenschaftsirrtum und Kauf, S. 134; *ders.,* DB 1979, 1637; *Medicus,* Rn 345.
[16] BGH 18. 12. 1954, BGHZ 16, 54 = NJW 1955, 340; OLG Hamm 5. 10. 1989, 23 U 26/89, n. v.; anders *Soergel/Hefermehl,* § 119 Rn 51.
[17] BGH 18. 12. 1954, BGHZ 16, 54 = NJW 1955, 340.

Kriterium stellt. Zwei Ansichten stehen sich gegenüber:[18] Nach der objektiven Theorie kommt es auf die Verkehrsanschauung an, losgelöst vom konkreten Fall. Die Lehre vom geschäftlichen Eigenschaftsirrtum stellt demgegenüber darauf ab, ob die Eigenschaft zum Inhalt oder zur Grundlage des Vertrages gemacht worden ist, was auch stillschweigend geschehen kann. Die Rechtsprechung neigt mehr der objektiven Betrachtungsweise zu und schafft so Raum für eine Anfechtung nach § 119 II BGB.[19] Zur Anfechtung wegen arglistiger Täuschung über den Neupreis bzw. den aktuellen Listenpreis s. Rn 1893.

Eigenschaften, deren Fehlen zur Sachmängelhaftung und damit – nach Übergabe – zum Ausschluss der Irrtumsanfechtung nach § 119 II BGB führen kann, sind die sog. **wertbildenden Faktoren.** Dazu gehören beispielsweise das **Alter,** das **Baujahr,** der **Zeitpunkt der Erstzulassung,** aber auch die bisherige km-**Laufleistung** ebenso wie die **Unfallfreiheit.** Zwei Entscheidungen des VII. Senats des BGH, für Kaufrechtsstreitigkeiten sonst nicht zuständig, haben hier für beträchtliche Verwirrung gesorgt: zum einen der „Baujahr-Fall" BGHZ 72, 252 = NJW 1979, 160 = WM 1979, 54,[20] zum anderen der „Mähdrescher-Fall" BGHZ 78, 216 = NJW 1981, 224.[21] Einschlägig ist ferner das Urteil des VIII. Zivilsenats vom 19. 12. 1966,[22] das die Irrtumsanfechtung freilich nicht aus Konkurrenzgründen, sondern wegen der Freizeichnungsklausel ablehnt. Geirrt hatte der Käufer sich über den Kilometerstand und die Unfallfreiheit.

Die vom VII. Senat provozierte „Masche mit der Irrtumsanfechtung" (Autohaus 1989, Heft 23/24, S. 107) ist vor allem bei Käufern zu beobachten, die sich über das **Alter** bzw. das **Baujahr** oder über den Zeitpunkt der **Erstzulassung** getäuscht sehen, Arglist (§ 123 BGB) aber nicht nachweisen können. Sie „flüchten" in die Irrtumsanfechtung nach § 119 II BGB. Mitunter helfen die Gerichte von sich aus nach, indem sie sogar eindeutige Täuschungsanfechtungen in **Anfechtungserklärungen** nach § 119 II BGB **umdeuten.**[23] Außer der Rechtsprechung des VII. Senats des BGH hat sicherlich auch die **geschäftstypische Freizeichnung** von der Sachmängelhaftung den Blick auf § 119 II BGB gelenkt. Statt auf diese Vorschrift auszuweichen, wäre es oft besser gewesen, die Freizeichnungsklausel restriktiv auszulegen, um so freie Bahn für die §§ 459 ff. BGB zu schaffen.

2057

Bei einem – einseitigen – Irrtum des Käufers über das **Baujahr** eines gebrauchten Pkw hat der BGH die Sperrwirkung der §§ 459 ff. BGB mit der lapidaren Aussage aufgehoben, durch das höhere Alter (immerhin 4 Jahre) werde die Gebrauchstauglichkeit des Fahrzeugs nicht eingeschränkt; solange dies nicht der Fall sei, dürfe der Käufer gemäß § 119 II BGB anfechten.[24] Entgegen *Medicus*[25] sagt der BGH nicht, auch nicht in der „Mähdrescher-Entscheidung",[26] ein höheres Alter stelle regelmäßig keinen Sachmangel dar. Berechtigt ist die Kritik – auch an OLG Stuttgart NJW 1989, 2547 – allerdings insoweit, als der zweite Tatbestand in § 459 I BGB – Beeinträchtigung des Wertes – außer Betracht geblieben ist. Das scheint der VIII. Zivilsenat nicht anders zu sehen, denn er hat sich den kritisierten

---

18 Vgl. *Palandt/Heinrichs,* § 119 Rn 25.
19 Vgl. BGH 26. 10. 1978, BGHZ 72, 252 = NJW 1979, 160; BGH 9. 10. 1980, BGHZ 78, 216 = NJW 1981, 224.
20 Dazu *Flume,* DB 1979, 1637; *Tiedtke,* DB 1979, 1261; *Honsell,* JZ 1980, 802; *Berg,* JuS 1981, 179; *ders.,* NJW 1981, 2337; *J. Kohler,* Die gestörte Rückabwicklung gescheiterter Austauschverträge, 1989, S. 537 ff.
21 Dazu *Honsell,* JuS 1982, 810; *Schubert,* JR 1981, 154; *Berg,* NJW 1981, 2337.
22 BB 1967, 96.
23 BGH 26. 10. 1978, BGHZ 72, 252; BGH 9. 10. 1980, BGHZ 78, 216; OLG Stuttgart 17. 3. 1989, NJW 1989, 2547; Kritik bei *Flume,* DB 1979, 1637, und *Schubert,* JR 1981, 154; *Berg,* JuS 1981, 179, verlangt mit Recht wenigstens einen Hinweis des Gerichts nach § 139 ZPO.
24 Urt. v. 26. 10. 1978, BGHZ 72, 252 = NJW 1979, 160.
25 Rn 342.
26 BGHZ 78, 216 = NJW 1981, 224.

„Baujahr"-Entscheidungen des VII. Senats nicht angeschlossen.[27] Näheres zu diesem Thema unter Rn 1596 ff.

Ebenso wie eine erhebliche Abweichung des tatsächlichen Alters vom vertraglich vorausgesetzten regelmäßig zur Sachmängelhaftung und damit zum Ausschluss der Irrtumsanfechtung führt, gilt dies für zeitliche Diskrepanzen bei der **Erstzulassung** bzw. der **Wiederzulassung** zum Straßenverkehr (dazu Rn 1596). Ein Irrtum über den Zeitpunkt der nächsten **Hauptuntersuchung** (§ 29 StVZO) soll hingegen nach Ansicht des AG Bergisch Gladbach[28] zur Anfechtung gemäß § 119 II BGB berechtigen. Dafür spricht, dass die Tatsache der Überprüfung und erst recht der Umstand der Fälligkeit der nächsten HU an sich nicht zur – objektiv verstandenen – Fahrzeugbeschaffenheit gehören. Diese Umstände wird man aber zu den zusicherungsfähigen Eigenschaften zählen müssen, weil der zeitliche Abstand bis zur nächsten HU etwas über den Zustand des Fahrzeugs bei Vertragsabschluss aussagt (vgl. auch Rn 1784). Eindeutig Priorität hat das Sachmängelrecht bei einem Irrtum des Käufers eines Motorrades, der sich auf Art und Zustand des Rahmens (Original oder Nachbau) bezieht.[29]

2058 Die durch die Sondervorschriften des Gewährleistungsrechts ausgeschlossene Irrtumsanfechtung nach § 119 II BGB **lebt nicht** dadurch **wieder auf,** dass die Gewährleistung im konkreten Fall wirksam abbedungen ist. Wenn die **Freizeichnungsklausel** den streitgegenständlichen Sachmangel gar nicht erfasst, was z. B. bei einem höheren Alter der Fall ist (vgl. Rn 1951), bleibt es ohnehin beim Vorrang der §§ 459 ff. BGB. Im Umfang der Freizeichnung entfällt das Anfechtungsrecht aus einem doppelten Grund: einmal wegen des Prinzips der Spezialität und zum anderen deshalb, weil mit der Freizeichnung von Gewährleistungsansprüchen zugleich die Vertragsanfechtung nach § 119 II BGB ausgeschlossen sein dürfte. Letzteres ist eine Frage der Klauselauslegung.[30]

Das Anfechtungsrecht aus § 119 II BGB lebt auch nicht dadurch wieder auf, dass die Sachmängelhaftung nach **§ 460 BGB** (grobe Fahrlässigkeit) ausgeschlossen ist. Anderenfalls würde man diese Sondervorschrift umgehen. Der gleiche Gedanke greift bei der **Verjährung** Platz (§ 477 BGB versus § 121 BGB). Die gesetzliche Begrenzung der Sachmängelhaftung setzt sich auch insoweit durch, als der Verkäufer für einen **unerheblichen Fehler** nicht haftet (§ 459 I, 2 BGB). Freilich dürfte in diesem Fall auch keine „verkehrswesentliche" Eigenschaft vorliegen.

b) Anfechtungserklärung und Anfechtungsfrist

2059 Nach § 143 I BGB hat der **Käufer** die Anfechtung gegenüber dem Verkäufer zu erklären. Der **Anfechtungsgrund** braucht nicht angegeben zu werden.[31] Nach der Rechtsprechung ist es möglich, in der Anfechtung wegen arglistiger Täuschung zugleich eine solche wegen Irrtums über eine verkehrswesentliche Eigenschaft im Sinne des § 119 II BGB zu erblicken.[32] Das ist im Wege der Auslegung zu ermitteln. Bei der **Umdeutung** sind die Gerichte großzügig. Selbst Anwaltsschreiben, in denen ausdrücklich und ausschließlich von „arglistiger Täuschung" die Rede ist, werden notfalls als Irrtumsanfechtung i. S. v. § 119 II BGB interpretiert.[33] Bei der Beurteilung einer nicht eindeutigen Käufererklärung sollten auch die **Rechtsfolgen** bedacht werden, die bei Annahme einer Anfechtung ausgelöst werden. Bei einem Vergleich mit den Folgen alternativer Rechtsbehelfe kann sich zeigen, dass eine

---

27 Vgl. Urt. v. 17. 5. 1995, NJW 1995, 2159 = WM 1995, 1145.
28 Urt. v. 16. 9. 1978, 16 C 908/76, n. v.; a. A. *Tempel,* S. 36.
29 OLG Karlsruhe 18. 8. 1992, VRS 84, 241 = NJW-RR 1993, 1138.
30 Dazu BGH 19. 12. 1966, BB 1967, 96; OLG Stuttgart 17. 3. 1989, NJW 1989, 2547; OLG Karlsruhe 18. 8. 1992, VRS 84, 241; s. auch BGH 15. 1. 1975, NJW 1975, 970; *Tiedtke,* NJW 1992, 3213.
31 *Palandt/Heinrichs,* § 143 Rn 2, bestr.; offen gelassen von BGH NJW 1966, 39.
32 BGH 14. 12. 1960, BGHZ 34, 32 = NJW 1961, 772; BGH 26. 10. 1978, BGHZ 72, 252 = NJW 1979, 160.
33 Kritisch dazu *Flume,* DB 1979, 1637; *Schubert,* JR 1981, 154.

Anfechtungserklärung dem mutmaßlichen Interesse des Käufers nicht entspricht (zur Situation bei der Arglistanfechtung s. Rn 2061).

Im Falle des § 119 II BGB muss die Anfechtung **unverzüglich** erfolgen, nachdem der Anfechtungsberechtigte seinen Irrtum entdeckt hat (§ 121 I BGB). Nach Meinung des OLG Hamm liegt die **Obergrenze** in der Regel bei **zwei Wochen**,[34] gerechnet ab Aufdeckung des Irrtums. Hinreichend sichere Kenntnis vom Anfechtungsgrund kann bei einem Autokäufer von der Einholung eines Gutachtens (vgl. BGH NJW 1981, 224, 226) abhängen oder – bei nichttechnischen Mängeln wie Alter/Baujahr – von der Überprüfung beweiskräftiger Dokumente (s. auch OLG Stuttgart NJW 1989, 2547).

c) Rückabwicklung

Nach **begründeter** Irrtumsanfechtung kann der Käufer grundsätzlich den vollen Kaufpreis herausverlangen (§ 812 I BGB). **Zug um Zug** hat er das Fahrzeug zurückzugeben. Wenn es nicht mehr in dem früheren Zustand ist, wird der Verkäufer einen Teil des Kaufpreises zurückhalten oder Gegenansprüche geltend machen. Ob und inwieweit er dazu berechtigt ist, hat der BGH vor allem in der „Baujahr"-Entscheidung vom 26. 10. 1978 und im „Mähdrescher"-Urteil vom 9. 10. 1980 erörtert.[35]   **2060**

3. Arglistanfechtung

Anders als die Anfechtung wegen Eigenschaftsirrtums wird die Anfechtung wegen arglistiger Täuschung (§ 123 BGB) von der Sachmängelhaftung nicht verdrängt.[36] Der arglistig getäuschte Käufer soll zwischen beiden Möglichkeiten wählen dürfen. Die Wohltat, die die h. M. ihm damit verschaffen will, entpuppt sich in der Praxis bisweilen als „Falle".[37] Gerade der arglistig getäuschte Gebrauchtwagenkäufer macht mit Vorliebe von der Arglistanfechtung Gebrauch und kann sich damit „in das eigene Fleisch schneiden". Zu den Nachteilen der Anfechtung s. *Soergel/Huber,* vor § 459 Rn 208 f. Da trotz rechtswirksamer Anfechtung zumindest der Anspruch aus culpa in contrahendo erhalten bleibt (s. Rn 2093) und die ohnehin bestehen bleibende Delikthaftung allenfalls hinsichtlich des Erfüllungsinteresses keine Deckung gibt (str. dazu Rn 2100 ff.), sind die „Anfechtungsverluste" im praktischen Ergebnis meist nicht so beträchtlich wie es bei konstruktiv-dogmatischer Betrachtung zunächst den Anschein hat. Gerade dem arglistig getäuschten Fahrzeugkäufer hilft die Rechtsprechung, soweit es irgendwie vertretbar ist.   **2061**

a) Anfechtungserklärung

Als **rechtsgestaltende Erklärung** muss die Anfechtung unzweideutig zum Ausdruck bringen, dass der Kaufvertrag (nicht notwendigerweise auch das Erfüllungsgeschäft) beseitigt und rückgängig gemacht werden soll.[38] Dieser Anforderung genügen selbst Anwaltsschreiben nicht immer, etwa wenn mit der Anfechtungserklärung die Forderung nach Schadensersatz wegen Nichterfüllung verbunden wird.[39] Bei der Auslegung von Käufererklärungen und Verhaltensweisen sollten auch die Rechtsfolgen einer wirksamen Täuschungsanfechtung in den Blick genommen und mit den Folgen alternativer Rechtsbehelfe verglichen werden. Im Zweifelsfall ist eine Anfechtungserklärung zu verneinen (s. Rn 2061).   **2062**

Die Anfechtung kann auch durch **schlüssiges Verhalten** erklärt werden, so z. B. durch Rückgabe der Fahrzeugschlüssel, verbunden mit der Bemerkung, den Wagen nicht länger

---

34 Urt. v. 22. 6. 1993, OLGR 1993, 301 = DAR 1994, 120.
35 BGHZ 72, 252 und BGHZ 78, 216.
36 Ganz h. M., vgl. *Soergel/Huber,* vor § 459 Rn 204.
37 So *Honsell,* JuS 1982, 813 mit Blick auf das Begriffspaar „positives" und „negatives" Interesse; *Medicus,* Rn 229, mit Rücksicht auf § 350 BGB.
38 BGH 22. 2. 1991, NJW 1991, 1673.
39 Vgl. z. B. BGH 22. 2. 1991, NJW 1991, 1673.

behalten zu wollen.[40] Auch der Klageschrift oder sonstigem Prozessverhalten des Käufers kann eine Anfechtungserklärung entnommen werden.[41] Erklärt ein Käufer, der Rückzahlung des Kaufpreises begehrt, die Anfechtung wegen arglistiger Täuschung und verlangt er im Prozess hilfsweise Wandlung, so handelt es sich um einen Antrag mit zwei alternativen Begründungen, nicht um einen Haupt- und einen Hilfsantrag. Das Gericht ist an die Reihenfolge nicht gebunden; es kann sogar eine Alternativentscheidung fällen.[42] Zulässig soll auch sein, die Anfechtung nach § 123 BGB nur für den Fall zu erklären, dass das Gericht den primär geltend gemachten Gewährleistungsanspruch verneint.[43] Das Verbot, die Anfechtung von einer Bedingung abhängig zu machen, steht dem nicht entgegen.

Werden Anfechtung und Wandlung bzw. „großer" Schadensersatz ohne Rangverhältnis **nebeneinander gestellt,** sollte das Gericht im Wege der Aufklärung nach § 139 ZPO das Primärziel des Käufers feststellen (siehe auch Rn 1993). Methodisch ist es bei der Untersuchung vertraglicher Ansprüche (außer c. i. c.) geboten, Abschluss und Fortbestand des Kaufvertrages zu prüfen. Da eine **wirksame** Anfechtung zur Nichtigkeit der Vertragserklärung und damit zum Wegfall des Kaufvertrages führt, ist nach **ständiger Rechtsprechung** kein Raum mehr für vertragliche Ansprüche.[44] Ist die Anfechtung tatbestandsmäßig unwirksam oder lässt sich das Klageziel auch ohne wirksame Anfechtung erreichen (z. B. wegen einer verschuldensunabhängigen Haftung), ist der Weg zur Anwendung der §§ 459 ff. BGB frei. Eine erfolglose oder „überflüssige" Anfechtung kann in ein Wandlungsverlangen umgedeutet werden, wenn wenigstens die Voraussetzungen für einen Wandlungstatbestand vorgetragen werden.[45] Umdeutungen sind also in beiden Richtungen möglich.[46]

b) Anfechtungsfrist

2063   Die Frist zur Anfechtung wegen arglistiger Täuschung beträgt ein Jahr, § 124 I BGB. Sie beginnt mit dem Zeitpunkt der Entdeckung der Täuschung (§ 124 II BGB), zur **Beweislast** s. BGH NJW 1992, 2346. Auch nach Ablauf der Anfechtungsfrist ist nach Meinung des BGH[47] eine Vertragsaufhebung nach c. i. c.-Grundsätzen möglich.[48]

Grundsätzlich darf der Anfechtungsberechtigte die Jahresfrist voll ausschöpfen.[49] Ein Hinausschieben der Anfechtung kann unter dem Gesichtspunkt des **Verzichts** oder der **Verwirkung** erheblich sein. Zu denken ist auch an den Tatbestand der **Bestätigung** (§ 144 BGB). Zu diesem Fragenkreis vgl. BGH NJW 1971, 1795, 1800 mit Anm. *Giesen.*

---

40 Zur Auslegung solcher Erklärungen s. *Koch,* JuS 1983, 494; *Probst,* JZ 1989, 878.
41 BGH 22. 2. 1991, NJW 1991, 1673.
42 BGH 9. 10. 1980, BGHZ 78, 216 = NJW 1981, 224; OLG Frankfurt 18. 9. 1991, ZfS 1992, 230; zum Nebeneinander von Anfechtungsrecht und Gewährleistung s. auch BGH NJW 1990, 1106 = ZIP 1990, 314 m. w. N.
43 BGH 22. 2. 1991, NJW 1991, 1673.
44 BGH 29. 10. 1959, NJW 1960, 237; BGH 12. 5. 1995, NJW 1995, 2361; OLG Karlsruhe 18. 12. 1985, NJW-RR 1986, 542; BGH 17. 5. 1995, NJW 1995, 2159 steht nicht entgegen; s. auch BGH 20. 10. 1953, NJW 1954, 145 für Rücktritt.
45 Zu dieser Problematik s. BGH 28. 4. 1971, NJW 1971, 1795 m. Anm. *Giesen;* BGH 29. 10. 1959, NJW 1960, 237 = LM § 123 BGB Nr. 18; BGH 4. 10. 1989, WM 1989, 1984; BGH 2. 2. 1990, NJW 1990, 1106; OLG Bremen 2. 7. 1968, DAR 1968, 269; OLG Bamberg 2. 3. 1994, NJW-RR 1994, 1333, 1334 (§ 463 S. 1 BGB trotz – nicht durchgreifender – Täuschungsanfechtung).
46 *Giesen,* NJW 1971, 1797.
47 Urt. v. 26. 9. 1997, NJW 1998, 302 m. w. N.
48 Siehe Rn 2093, 2094; anders und richtig OLG Hamm NJW-RR 1995, 205.
49 BGH 28. 4. 1971, NJW 1971, 1795.

Verhältnis der Sachmängelhaftung zu anderen Rechtsbehelfen des Käufers   Rn 2064, 2065

c) Ausschluss des Anfechtungsrechts

Das Anfechtungsrecht geht nicht dadurch verloren, dass der Käufer das Fahrzeug **weiterveräußert** hat. **Besitz** der anfechtbar erworbenen Sache ist keine Anfechtungsvoraussetzung.[50] Zu den Rechtsfolgen bei Herausgabeunmöglichkeit s. Rn 2086 f.

2064

Die **Bestätigung** nach § 144 BGB ist der Sache nach ein Verzicht auf die Anfechtung. An die Annahme einer Bestätigung durch **schlüssiges Verhalten** stellt die Rechtsprechung strenge Anforderungen.[51] Verlangt der Käufer in Kenntnis der Anfechtbarkeit ausschließlich Gewährleistung oder lässt er sich auf eine Mängelbeseitigung ein, so liegt darin in der Regel keine Bestätigung i. S. v. § 144 BGB.[52] Sie kann auch nicht ohne weiteres in der **Benutzung** des Fahrzeugs oder im **Weiterverkauf** nach Kenntnis von der Täuschung gesehen werden.[53] Zur Parallelproblematik bei Wandlung und „großem" Schadensersatz s. Rn 2019.

Abgesehen vom Fall der **Verwirkung**,[54] kann die Ausübung des Anfechtungsrechts auch deshalb **treuwidrig** sein, weil der Anfechtungsgrund nachträglich weggefallen ist.[55] Erklärt der Käufer die Arglistanfechtung erst im Anschluss an einen **Unfall**, so ist dies selbst dann keine unzulässige Rechtsausübung, wenn das Fahrzeug durch Alleinverschulden des Käufers zerstört worden ist. Nach BGHZ 57, 137 (dazu Rn 2082) kommt der Grundsatz von Treu und Glauben lediglich bei den Rechtsfolgen der Anfechtung zum Tragen.

Nach rechtswirksamer Anfechtung scheidet eine Bestätigung nach § 144 BGB aus; es kommt aber eine Bestätigung im Sinne einer Neuvornahme gemäß § 141 BGB in Betracht.[56] Einseitig kann der Käufer die Rechtswirkung der Anfechtung (§ 142 BGB) nicht rückgängig machen. Voraussetzung ist eine Einigung mit dem Verkäufer. Sie kann auch stillschweigend bzw. durch schlüssiges Verhalten zustande kommen, auch noch während eines laufenden Rechtsstreits. Voraussetzung ist, dass sich die Parteien darin einig sind, den Vertrag trotz der Anfechtungserklärung des Käufers als fortbestehend anzusehen.

d) Materielle Anfechtungsvoraussetzungen

Zu den objektiven und subjektiven Voraussetzungen der arglistigen Täuschung siehe Rn 1852 ff.; insbesondere Rn 1893, wo diejenigen Fallgestaltungen genannt sind, bei denen § 123 BGB die einzig anwendbare Arglistnorm ist. Grundsätzlich trägt der Anfechtende die **volle Darlegungs- und Beweislast** für sämtliche tatsächlichen Voraussetzungen des Arglisttatbestandes. Zu unterscheiden ist zwischen einer Täuschung durch **arglistiges Verschweigen** und dem Fall der **Täuschung durch positives Tun**. Wird die Anfechtung mit einem **Verschweigen** begründet, ist die Darlegungslast des Käufers naturgemäß verkürzt. Er braucht lediglich vorzutragen, dass der Verkäufer von dem fraglichen Umstand **Kenntnis** hatte (vor Abgabe der Vertragserklärung des Käufers) und trotz dieser Kenntnis geschwiegen hat. Wann und durch wen der Verkäufer oder sein Abschlussgehilfe Kenntnis erlangt hat, braucht der Käufer nicht vorzutragen.[57] Er schuldet auch keine Rechenschaft darüber, woher er, der Käufer, sein Wissen von der Kenntnis des Verkäufers hat. Selbst eine nur **vermutete** Verkäuferkenntnis kann er als Tatsachenbehauptung in den Prozess einführen. Unbeachtlich

2065

---

50 BGH 29. 10. 1959, NJW 1960, 237 = LM § 123 BGB Nr. 18; OLG Köln 18. 3. 1994, NJW-RR 1995, 51.
51 BGH 28. 4. 1971, NJW 1971, 1795; BGH 1. 4. 1992, WM 1992, 996.
52 BGH 2. 2. 1990, NJW 1990, 1106; BGH 12. 11. 1957, NJW 1958, 177 = LM § 123 BGB Nr. 16.
53 BGH 28. 4. 1971, NJW 1971, 1795 (Benutzung); BGH 29. 10. 1959, NJW 1960, 237 = LM § 123 BGB Nr. 18; OLG Köln 18. 3. 1994, NJW-RR 1995, 51 = OLGR 1994, 238 – Weiterverkauf nach Anfechtung.
54 Dazu BGH 28. 4. 1971, NJW 1971, 1795.
55 BGH 1. 3. 1992, NJW 1992, 2346.
56 OLG Köln 18. 3. 1994, NJW-RR 1995, 51 = OLGR 1994, 238.
57 BGH 13. 3. 1996, NJW 1996, 1826.

ist erst eine aus der Luft gegriffene, gleichsam ins Blaue hinein aufgestellte Behauptung.[58] Bei einem hinreichenden Vortrag des Käufers ist es Sache des Verkäufers, substantiiert darzulegen, dass er von der fraglichen Tatsache entweder keine Kenntnis gehabt oder sie offen gelegt hat oder dass sie dem Käufer anderweitig bekannt war. Damit der Käufer sich mit diesem Vorbringen inhaltlich auseinander und dagegen zur Wehr setzen kann, genügt es nicht, wenn der Verkäufer sich auf die Behauptung beschränkt, aufgeklärt zu haben. Die angebliche Aufklärung ist unter Angabe konkreter Einzeltatsachen („substantiiert") zu beschreiben. Dabei ist zu berücksichtigen, dass der Käufer oder sein Verteter an den Verkaufsverhandlungen teilgenommen hat, die behauptete Aufklärung sich also im Wahrnehmungsbereich der Gegenseite abgespielt hat. Das wirkt sich zu Gunsten des Verkäufers auf seine Substantiierungspflicht aus. Erfüllt der Sachvortrag des Verkäufers die an ihn zu stellenden Anforderungen, gegebenenfalls schuldet das Gericht ihm einen entsprechenden Hinweis (§ 139 ZPO), fällt dem Käufer die Aufgabe zu, die Behauptung des Verkäufers zu widerlegen.[59] Ist dagegen erwiesen, dass der Verkäufer bei Vertragsanbahnung oder gar bereits in einem Zeitungsinserat durch eine Falschangabe, also durch positives Tun, einen Irrtum hervorgerufen hat, so muss er beweisen, dass er die Fehlvorstellung des Käufers vor Abschluss des Kaufvertrages durch Aufklärung beseitigt hat,[60] siehe auch Rn 1894 und die Ausführungen zur Beweislastverteilung bei den einzelnen Fallgruppen „Verschweigen von Unfallschäden" und „Vorspiegeln von Unfallfreiheit" (Rn 1876 ff.).

Anders als § 463 S. 2 BGB setzt § 123 BGB den **Nachweis der Kausalität** zwischen der arglistigen Täuschung und dem Kaufentschluss, d. h. Abgabe der entsprechenden Willenserklärung, voraus.[61] Kausalität liegt bereits vor, wenn der Kaufentschluss neben anderen Beweggründen durch den täuschungsbedingten Irrtum des Käufers mitbestimmt worden ist;[62] eine Beschleunigung des Geschäftsabschlusses genügt. Unerheblich ist, ob und gegebenenfalls wann der Käufer die Erklärung des Verkäufers auf ihre Richtigkeit hin überprüft hat. Es kommt auch nicht darauf an, ob der Irrtum vermeidbar war oder nicht. Eine arglistige Täuschung setzt nicht Schuldlosigkeit des Anfechtenden voraus.[63]

Den ursächlichen Zusammenhang zwischen Irreführung und Willenserklärung hat im Rahmen des § 123 BGB, anders als bei vertraglichen Ansprüchen einschließlich c. i. c., der Käufer darzulegen und zu beweisen.[64] Eine Beweislastumkehr findet nach der Rechtsprechung nicht statt. Allerdings stellt sie an die Darlegung und den Nachweis der Kausalität **keine hohen Anforderungen.** BGH NJW 1958, 177 will dem Getäuschten sogar mit **Anscheinsbeweisregeln** helfen (anders BGH NJW 1968, 2139 und BGH NJW 1996, 1051, s. auch BGH NJW 1995, 2361). Häufig wird mit der Annahme einer **tatsächlichen Vermutung** argumentiert.[65] Sie verhilft zu der Feststellung, dass der Käufer das Fahrzeug ohne die Täuschung nicht, jedenfalls nicht zu dem konkreten Preis, gekauft hätte. Argumentationstypisch ist in diesem Zusammenhang die Erwägung, dass die vorgetäuschte Eigenschaft üblicherweise von wesentlicher Bedeutung für den Kaufentschluss sei. Wenn der Käufer sich im konkreten Fall auch noch ausdrücklich nach dem Vorhandensein dieser Eigenschaft, z. B. Unfallfreiheit, erkundigt hat, bestehen an der erforderlichen Kausalität keine begründeten

---

58 BGH 13. 3. 1996, NJW 1996, 1826.
59 Zutreffend OLG Köln 26. 1. 1996, VersR 1996, 631.
60 OLG Köln 26. 1. 1996, VersR 1996, 631.
61 BGH 7. 7. 1989, NJW 1990, 42 = JZ 1989, 857; BGH 23. 4. 1997, NJW 1997, 1845.
62 BGH 22. 2. 1991, NJW 1991, 1673, 1674; v. 12. 5. 1995, NJW 1995, 2361.
63 BGH 23. 4. 1997, NJW 1997, 1845.
64 BGH 12. 5. 1995, NJW 1995, 2361 – Immobilienkauf.
65 OLG Karlsruhe 20. 3. 1992, NJW-RR 1992, 1144; OLG Nürnberg 12. 1. 1978, DAR 1978, 198; OLG Köln 23. 5. 1994, 24 U 30/84, n. v.; vgl. auch BGH 6. 10. 1989, NJW-RR 1990, 78, 79; BGH 12. 5. 1995, NJW 1995, 2361; BGH 23. 4. 1997, NJW 1997, 1845.

Zweifel.⁶⁶ Der Beweis der Ursächlichkeit der Täuschung ist dann „zumindest dem Anschein nach" erbracht (vgl. BGH NJW 1995, 2361). Zu beachten ist, dass der Tatbestand der arglistigen Täuschung i. S. v. § 123 BGB zugleich die Voraussetzungen für einen Schadensersatzanspruch wegen Verschuldens bei Vertragsschluss erfüllt und dass dieser Anspruch – anders als z. B. der Anspruch aus § 463 S. 2 BGB – von einer wirksamen Täuschungsanfechtung unberührt bleibt. Für den Anspruch aus c. i. c. gilt indes der Grundsatz, dass der Getäuschte vom Kauslitätsnachweis freigestellt ist.⁶⁷

Von der Ursächlichkeit der Täuschung für den Kaufentschluss zu unterscheiden ist das **Bewusstsein** des Verkäufers um die Kausalität. Für § 123 BGB (nach BGH auch für § 463 S. 2 BGB, s. Rn 1860) ist das Bewusstsein Voraussetzung, dass der Käufer ohne die Täuschung nicht oder zu einem anderen Preis gekauft hätte. Auch hier genügt bedingter Vorsatz (BGH NJW 1971, 1795, 1800). So wie bei der (objektiven) Kausalität mit einer „tatsächlichen Vermutung" argumentiert wird, hilft man dem Käufer auf der subjektiven Ebene mit einer ähnlichen Beweiserleichterung.

e) Rechtsfolgen der Arglistanfechtung

Die **wirksam** angefochtene Kauferklärung – im Kfz-Handel die Bestellung (= Vertragsangebot) – ist als **von Anfang an nichtig** anzusehen, § 142 I BGB. Die durch Anfechtung eingetretene Nichtigkeit ist nicht anders zu behandeln als eine von Anfang an bestehende.

Auch ohne ausdrücklichen Hinweis oder Zusatz erstreckt sich die Anfechtungserklärung eines sich getäuscht sehenden Gebrauchfahrzeugkäufers (nach Übergabe des Fahrzeugs) auf die **dingliche Seite** des Geschäfts. Seine Erklärung, die zur Einigung i. S. v. § 929 BGB geführt hat, ist im Zweifel von der arglistigen Täuschung mitbeeinflusst.⁶⁸ Gesamtnichtigkeit von Kauf und Übereignung wird bisweilen auch mit § 139 BGB begründet.⁶⁹

Nach wirksamer Anfechtung kann das Geschäft nach **Bereicherungsrecht** rückabgewickelt werden. **Schadensersatz** kann der Käufer daneben nur wegen Verschuldens bei Vertragsschluss oder aus unerlaubter Handlung verlangen (§ 823 II i. V. m. §§ 263 StGB, 826, 831 BGB), nicht mehr aus § 463 S. 2 BGB.⁷⁰ Eine dritte Dimension eröffnen die **§§ 987 ff. BGB,** sofern die Anfechtung, wie meist, das Erfüllungsgeschäft mitvernichtet hat. Die Vorschriften über das Eigentümer-Besitzer-Verhältnis können ferner über die §§ 819 I, 818 IV, 292 BGB zur Anwendung kommen. Der arglistige Verkäufer unterliegt von vornherein der **verschärften Bereicherungshaftung** (§§ 819 I, 142 II BGB), weil er die Anfechtbarkeit vom Zeitpunkt der Täuschung an kannte. Der Käufer haftet von dem Zeitpunkt an verschärft, in dem er von der Anfechtbarkeit Kenntnis erlangt, d. h. praktisch ab Entdeckung der Täuschung. Von da an darf er nicht mehr auf den Fortbestand des Geschäfts vertrauen, auch wenn er sich über die rechtlichen Folgen der Täuschung zunächst nicht schlüssig ist.

Anspruchskonkurrenz und **praktisches Vorgehen** bei der Fallbearbeitung:

1. Die Rückabwicklung eines wirksam angefochtenen und deshalb nichtigen Kaufvertrages kann sowohl nach Schadensersatz- wie nach Bereicherungsrecht erfolgen (st. Rspr., z. B. BGH NJW 1962, 1909; BGHZ 57, 137 = NJW 1972, 36; BGH NJW 1995, 45).

---

66 Vgl. auch BGH 20. 3. 1967, LM § 123 BGB Nr. 35 = NJW 1967, 1222 mit Unterscheidung zwischen § 123 BGB und § 119 II BGB.
67 BGH 26. 9. 1997, NJW 1998, 302; für eine Harmonisierung *Grigoleit,* NJW 1999, 900.
68 Vgl. OLG Oldenburg 27. 10. 1992, DAR 1993, 467; OLG Köln 18. 3. 1994, NJW-RR 1995, 51 = OLGR 1994, 238; *Weitnauer,* NJW 1970, 637.
69 Vgl. BGH NJW-RR 1991, 917, aber Grundstückskauf, siehe auch BGH 12. 5. 1995, NJW 1995, 2361, gleichfalls Grundstückskauf; zum Ganzen *Grigoleit,* AcP 199 (1999), 404 ff.
70 BGH 29. 10. 1959, NJW 1960, 237 = LM § 123 BGB Nr. 18; OLG Karlsruhe 18. 12. 1985, NJW-RR 1986, 452.

2. Grundlagen der Schadensersatzhaftung sind c. i. c. und die §§ 823 II i. V. m. 263 StGB, 826, 831 BGB (zu den Einzelheiten s. Rn 2091 ff., 2098 ff.).
3. Während eine arglistige Täuschung i. S. v. § 123 BGB zugleich ein Verschulden bei Vertragsabschluss und regelmäßig auch einen Sittenverstoß gemäß § 826 BGB bedeutet, setzt die Annahme eines Betruges (§ 263 StGB) als Schutzgesetzverletzung (§ 823 II BGB) weitere Feststellungen voraus. Der Betrugstatbestand muss voll durchgeprüft werden, was in den einschlägigen Gerichtsentscheidungen bisweilen unterblieben ist. Für die Täuschungshandlung, die Irrtumserregung, Vermögensverfügung und Vermögensschaden (mit Kausalkette) muss Betrugsvorsatz festgestellt werden. Schwierigkeiten bereitet insbesondere das Tatbestandsmerkmal „Vermögensschaden". Dazu liegt eine umfangreiche Kasuistik vor.[71]
4. Bei einem Verkauf durch einen arglistigen Angestellten des Kfz-Händlers kann letzterer deliktisch aus § 831 BGB und nach Bereicherungsrecht haften. Der **Angestellte** ist kein Bereicherungsschuldner. Er haftet nur aus § 826 BGB, § 823 II BGB i. V. m. § 263 StGB.
5. Die Ansprüche des Käufers gegen seinen Vertragspartner aus Bereicherungsrecht und aus c. i. c. bzw. unerlaubter Handlung stehen grundsätzlich gleichrangig nebeneinander.
6. Dem Umfang nach bleibt die Bereicherungshaftung per saldo hinter der Deliktshaftung zurück; bestimmte Vermögenseinbußen werden dem Käufer nur nach §§ 249 ff. BGB ersetzt. Urteile mit erfolgreichen Klagen werden überwiegend mit der (weitergehenden) deliktischen Haftung (bzw. c. i. c.) begründet.
7. Der Bereicherungsausgleich kann über das Schadensersatzrecht zu Gunsten des Käufers korrigiert werden, beispielsweise beim Nutzungsersatz.

aa) Bereicherungsansprüche des Käufers
α) Rückzahlung des Kaufpreises und Verzinsung

2067 Der arglistig getäuschte Käufer hat nach §§ 812 I S. 1, 1. Alt. (condictio indebiti[72]), 818 II BGB Anspruch auf Rückzahlung des Kaufpreises. Bei Hingabe eines Schecks oder eines Wechsels sind diese Papiere zurückzugeben.

Ein **in Zahlung genommener Altwagen** ist gleichfalls herauszugeben, sofern der Verkäufer dazu noch in der Lage ist. In diesem Fall (Herausgabemöglichkeit) schuldet der Verkäufer **bereicherungsrechtlich** weder Wertersatz noch Zahlung des (höheren) Anrechnungsbetrages. Auf Grund seiner Bösgläubigkeit unterliegt er jedoch ab Hereinnahme des Fahrzeugs der **verschärften Bereicherungshaftung** (§§ 819 I, 818 IV, 292, 987 ff. BGB). Die §§ 987 ff. BGB können auch direkt anzuwenden sein, wenn die Täuschungsanfechtung die dingliche Seite der Inzahlungnahme erfasst. Kraft der Haftungsverschärfung hat der Verkäufer für eine schuldhafte Verschlechterung des Fahrzeugs Ersatz zu leisten. Ein allein durch die Standzeit bedingter **Wertverlust** fällt nicht darunter. Anders ist es, sofern die Entwertung, wie in BGHZ 72, 252, auf einer sorgfaltswidrigen Aufbewahrung beruht. **Zusätzlich** wird die Haftung des Verkäufers **verschärft,** sofern er sich mit der Herausgabe des in Zahlung genommenen Fahrzeugs **im Verzug** befindet, §§ 990 II, 287 BGB. Da einem getäuschten Käufer trotz wirksamer Vertragsanfechtung zugleich Schadensersatzansprüche aus c. i. c. und meist auch aus unerlaubter Handlung zustehen, sind auch diese Anspruchsgrundlagen in Betracht zu ziehen. Wenn überhaupt, können sie einen Ausgleich für rein standzeitbedingten Wertverlust geben. Ob der Verkäufer **deliktsrechtlich** statt Rückgabe des (noch vorhande-

---
71 OLG Düsseldorf (2. Strafsenat), NJW 1991, 1841; OLG Düsseldorf (5. Strafsenat) JZ 1996, 913 m. Anm. *Ch. Schneider;* OLG Karlsruhe (3. Strafsenat) NJW 1980, 1762; s. auch OLG Köln (6. Zivilsenat), NJW-RR 1995, 51 = OLGR 1994, 238.
72 Ob es sich um eine condictio indebiti oder um eine condictio ob causam finitam handelt, ist im Ergebnis belanglos, vgl. *Reuter/Martinek,* Ungerechtfertigte Bereicherung, § 5 I, 3.

nen) Altwagens einen Geldbetrag in Höhe des Anrechnungspreises schuldet, ist zweifelhaft. Der BGH hat dies bisher nur für den „großen" Schadensersatz aus § 463 BGB bejaht.[73] Die Frage ist, ob dasselbe gelten kann, wenn der Käufer nicht Ersatz seines positiven Interesses verlangt, sondern über c. i. c. seinen Vertrauensschaden liquidiert. Auch im Rahmen der Deliktshaftung ist grundsätzlich „nur" das negative Interesse zu ersetzen. Bei diesem Ansatz schuldet der arglistige Verkäufer auch schadensrechtlich keinen Ersatz in Höhe des Anrechnungspreises. Denn den damit verbundenen Vorteil hätte er ohne den Kauf bzw. ohne die Täuschung nicht erlangt.

Hat der arglistige Verkäufer den **in Zahlung genommenen Altwagen** zwischenzeitlich **weiterveräußert** (so die Konstellation in BGH NJW 1962, 1909; BGHZ 53, 144; vgl. auch BGH NJW 1980, 178), gilt bereicherungsrechtlich Folgendes: Nach § 818 II BGB schuldet der Verkäufer **Wertersatz;**[74] maßgeblich ist der objektive Verkehrswert (Marktwert), nicht der – regelmäßig höhere – Anrechnungspreis. Etwas anderes ergibt sich auch nicht aus BGHZ 53, 144. Denn der Anrechnungsbetrag von 5300,– DM entsprach dem Wert des Fahrzeugs. Hat der Verkäufer den Altwagen als Nichtberechtigter weiterveräußert, was bei Gesamtnichtigkeit des angefochtenen Geschäfts der Fall ist, kann der getäuschte Käufer nach § 816 I BGB **Herausgabe des Erlöses** aus dem Weiterverkauf verlangen, evtl. gekürzt um Verkaufsaufwendungen. Zur Anwendung des § 281 BGB im Rahmen der Bereicherungshaftung s. BGH NJW 1980, 178 (kein Arglistfall, aber gleichfalls verschärfte Haftung nach §§ 818 IV, 819 BGB), dort auch zur Anwendung des § 687 II BGB. **2068**

Angesichts der **Bösgläubigkeit** des (arglistigen) Verkäufers bzw. seines Vertreters (§ 166 BGB) ist der Geldbetrag ab Empfang mit **4% zu verzinsen,** §§ 818 IV, 819 I, 291 BGB. Mit dem Geld erwirtschaftete Zinsen sind nach §§ 818 IV, 819 I, 292, 987 I BGB herauszugeben. Für unterlassene **Kapitalnutzung** haftet der Verkäufer nach § 987 II BGB. **Eigenen Finanzierungsaufwand** kann der Käufer als Schaden geltend machen, eventuell auch als Entreicherungsposten in das Abrechnungsverhältnis einstellen, s. Rn 2071. Befindet sich der – bösgläubige – Verkäufer mit der Rückzahlung des Kaufpreises in Verzug, kann der Käufer seine Kreditkosten auch als Verzögerungsschaden ersetzt verlangen (§§ 819 I, 818 IV, 286 BGB). **2069**

Passivlegitimiert für den Rückzahlungs- bzw. Rückgabeanspruch des Käufers ist allein der Verkäufer. Dies auch dann, wenn ein Kfz-Händler als Vertreter/Vermittler eingeschaltet war. Ohne Belang ist, ob der Vertreter den gesamten Kaufpreis an seinen Auftraggeber weitergeleitet hat oder nicht. Gegenstand des Bereicherungsausgleichs ist das, was der Käufer hingegeben hat. **2070**

β) Aufwendungen und Verwendungen

Im Rahmen der Rückabwicklung nach **Bereicherungsrecht** kann zwar auch ein arglistig getäuschter Käufer als Bereicherungsgläubiger nicht ohne weiteres sämtliche mit dem Kauf zusammenhängenden Aufwendungen als entreichernde Posten in das Abrechnungsverhältnis einstellen. Im Ausgangspunkt ist die **Saldotheorie** jedoch zu seinen Gunsten anwendbar. Fraglich ist nur, ob auch der arglistige Verkäufer die Vorteile einer Rückabwicklung nach der Saldotheorie für sich in Anspruch nehmen kann.[75] Als entreichernde Posten darf der Käufer zunächst diejenigen Aufwendungen in Ansatz bringen, die im Rahmen des § 467 S. 2 BGB (Vertragskostenersatz) in die Kategorie „Vertragsabschlusskosten" fallen (vgl. dazu Rn 2030). Ob dazu auch die **Kosten für die Finanzierung** des Kaufpreises gehören, ist umstritten. Bei bereicherungsrechtlicher Rückabwicklung eines formnichtigen Grundstücks- **2071**

---

73 Urt. v. 28. 11. 1994, NJW 1995, 518 (Bestätigung von OLG Celle 6. 1. 1994, OLGR 1994, 129).
74 BGH 2. 7. 1962, NJW 1962, 1909; OLG Hamm 8. 7. 1970, NJW 1970, 2296; OLG Hamm 9. 9. 1996, DAR 1996, 499 – Tausch.
75 Dazu Rn 2073.

kaufvertrages hat der BGH das Entreicherungsrisiko für derartige Aufwendungen dem Käufer zugewiesen.[76] Abzugsfähig sind jedenfalls die Kosten der Fahrzeugabmeldung und die Kosten für die Einholung eines Privatgutachtens.[77]

2072 Typisch ist das Verlangen des Käufers, ihm die **Aufwendungen** und **Verwendungen** auf sein Fahrzeug zu ersetzen. Meist geht es um Reparaturarbeiten oder den Einbau von Ersatzteilen durch eine Werkstatt, selten in Eigenregie. Dazu, wie diese Positionen bei der Wandlung und beim „großen" Schadensersatz zu behandeln sind, s. Rn 2003 ff. Bei einer Rückabwicklung nach erfolgreicher Arglistanfechtung ist die Rechtslage komplexer. Das liegt zum einen an den Besonderheiten des Bereicherungsrechts, zum anderen an dem Nebeneinander von Bereicherungsausgleich und außervertraglicher Schadensersatzhaftung (einschließlich c. i. c.). Hinzu kommt: Sofern die Arglistanfechtung, wie meist, auch das dingliche Geschäft erfasst, kommen nach h. M. für den Verwendungsersatz die Sonderregeln der §§ 994 ff. BGB in Betracht.[78]

Rein **bereicherungsrechtlich** gilt: Verwendungen können die Bereicherung des Käufers mindern und daher von ihm gemäß § 818 III BGB gegengerechnet werden.[79] Voraussetzung ist freilich, dass die Verwendungen nicht in die Zeit fallen, in der auch der getäuschte Käufer verschärft haftet (Rechtshängigkeit oder Kenntnis von der Täuschung). Bereicherungsrechtlich geben diejenigen Verwendungen, die nur nach § 818 III BGB, nicht nach § 994 BGB, zu berücksichtigen sind, keinen selbständigen Anspruch. Sie sind aber geeignet, den Anspruch auf Nutzungsvergütung (dazu Rn 2074 ff.) zu mindern.[80]

In der **Praxis** läuft der Verwendungsersatz regelmäßig über die **§§ 994 ff. BGB** oder über **Schadensersatzrecht**. Aus der einschlägigen Judikatur sind insbesondere zu erwähnen: BGH LM § 123 Nr. 18 = NJW 1960, 237 (etwas unübersichtlich); OLG Oldenburg DAR 1993, 467; OLG Nürnberg DAR 1978, 324.

Zentral für den Ausgleich nach den Vorschriften des „Eigentümer-Besitzer-Verhältnisses" ist der **Begriff der Verwendung.** Der BGH[81] definiert Verwendungen als Vermögensaufwendungen, die der Erhaltung, Wiederherstellung oder Verbesserung der Sache dienen. Dazu rechnet auch die eigene Arbeitsleistung des Besitzers, soweit sie einen Geldwert (Marktwert) hat (Parallele zum Schadensersatzrecht). Mithin kann ein Fahrzeugkäufer geldwerte Eigenleistungen, aber auch die Arbeitsleistung von Angehörigen oder Bekannten, als „Verwendungen" auf den Verkäufer abwälzen, vorausgesetzt, sie haben „geldwerten" Charakter. Das ist im Zweifel zu verneinen. Nach dem Gesetz ist zu unterscheiden zwischen **notwendigen** und nur **nützlichen Verwendungen.** Ein Unterfall der notwendigen Verwendungen sind die **gewöhnlichen Erhaltungsmaßnahmen** (vgl. § 994 I BGB). Was beim Gebrauchtfahrzeugkauf zu den notwendigen Verwendungen gehört, ergibt sich aus der Auflistung unter Rn 2028. Zu einem Großteil handelt es sich dabei zugleich um gewöhnliche Erhaltungskosten i. S. v. § 994 I, 2 BGB. Sie sind dem Besitzer für die Zeit, für die ihm die Nutzungen verbleiben, nicht zu ersetzen. Der arglistig getäuschte Käufer eines Kraftfahrzeuges hat gleichwohl einen Anspruch auf Ersatz gewöhnlicher Erhaltungskosten wie z. B. Reparaturkosten auf Grund von Verschleiß. Erstens verbleiben ihm nicht die Nutzungen, weil er eine Vergütung schuldet, die den Nutzungsvorteil voll ausgleicht.[82] Zum anderen ist der Käufer rechtsgrundloser Besitzer und insoweit einem „unentgeltlichen" Erwerber gleichge-

---

76 Urt. v. 6. 12. 1991, NJW 1992, 1037.
77 OLG Oldenburg 27. 10. 1992, DAR 1993, 467 (für Gutachterkosten); anders OLG Stuttgart 17. 3. 1989, NJW 1989, 2547 (Gutachterauftrag aber erst nach Anfechtung).
78 Anders *Michalski*, Festschrift für Gitter, 1995, 577, 599.
79 BGH 29. 10. 1959 LM § 123 BGB Nr. 18 = NJW 1960, 237.
80 BGH 12. 12. 1997, NJW 1998, 989.
81 Urt. v. 24. 11. 1995, NJW 1996, 921.
82 Offen gelassen von OLG Oldenburg 27. 10. 1992, DAR 1993, 467.

stellt. Diesem sind notwendige Verwendungen aber uneingeschränkt zu ersetzen.[83] Als zeitliche Grenze ist allerdings § 994 II BGB zu beachten: Nach Rechtshängigkeit bzw. nach Entdeckung der Täuschung gemachte notwendige Verwendungen sind nur nach den Vorschriften der GoA zu ersetzen. Dass der Käufer die Verwendungen gemacht hat, als er – mangels Anfechtung – noch Eigentümer und berechtigter Besitzer war, ist unschädlich. Entscheidend ist für den Anspruch aus § 994 BGB, dass das Besitzrecht später weggefallen ist und jedenfalls bei Geltendmachung des Ersatzanspruchs nicht mehr besteht.[84]

Von den notwendigen sind die **nützlichen** und die **luxuriösen** (nutzlosen) Verwendungen zu unterscheiden. Dies geschieht – wie bei der Wandlung – im Hinblick auf die §§ 994 ff. BGB. Ob eine bestimmte Verwendung auf ein Kraftfahrzeug notwendig oder nur nützlich oder gar nutzlos ist, mag im Einzelfall zweifelhaft sein. Die Bewertung hängt vom Zeitpunkt und auch davon ab, von wessen Standpunkt aus die Art der Verwendung beurteilt wird. Hat der Käufer „sein" Fahrzeug nach Übernahme in einem Tuningbetrieb „frisieren" lassen, wird das aus seiner Sicht keine notwendige, wohl aber eine nützliche Verwendung sein. Der Verkäufer, der das Auto zurücknehmen soll, wird diese Umrüstung für überflüssig halten und Wiederherstellung des früheren Zustandes verlangen, jedenfalls eine Erstattung der Umrüstungskosten ablehnen. Grundsätzlich gilt: Die Notwendigkeit einer Maßnahme ist nach einem objektiven Maßstab ex ante zu beurteilen.[85] Bezogen auf den Fahrzeugkauf heißt das, dass die Maßnahme bei Arbeitsbeginn zur Erhaltung des Fahrzeugs objektiv geboten gewesen sein muss. Dass sie dauerhaft zur Werterhaltung oder gar Wertsteigerung beigetragen hat, ist nicht erforderlich.

Für nur nützliche (wertsteigernde) Verwendungen in der Zeit **nach Kenntnis** von der Anfechtbarkeit kann der Käufer nach den §§ 994 ff. BGB keinen Ersatz verlangen, vgl. § 996 BGB. Erst recht gilt dies für nutzlose Verwendungen. **Vor Kenntnis** von der Täuschung gemachte nützliche Verwendungen sind gemäß § 996 BGB zu ersetzen. Die Wertsteigerung, also die Nützlichkeit, muss aber noch vorhanden sein, wenn der Verkäufer das Fahrzeug wiedererlangt. Es kommt mithin nicht auf die Wertsteigerung im Zeitpunkt der Verwendung an. Durch Verschleiß, Abnutzung und Alterung kann eine ursprünglich wertsteigernde Investition in ein Kraftfahrzeug wieder an Wert verlieren, sodass der Gesamtwert des Fahrzeugs nicht mehr messbar erhöht ist.

Bereicherungsrechtlich und auch bei einer Abwicklung nach Schadensersatzrecht können selbst **nutzlose Verwendungen** zu Lasten des arglistigen Verkäufers gehen. Das folgt für das Bereicherungsrecht aus § 818 III BGB. Ein selbständiger Erstattungsanspruch unter dem Gesichtspunkt der Verwendungskondiktion dürfte zu verneinen sein.[86] Er kann sich aber aus c. i. c. bzw. deliktischer Haftung ergeben. Zu diesem Ansatz s. BGH LM § 123 BGB Nr. 18 = NJW 1960, 237 (Ersatz von Reparaturkosten, die freilich – verschleißbedingt – notwendig waren); OLG Nürnberg DAR 1978, 198 a. E. = DAR 1978, 325.

bb) Gegenansprüche des Verkäufers

α) Rückgabe des Fahrzeugs

Selbst ein arglistiger Verkäufer hat Anspruch auf Rückgabe und ggf. Rückübereignung des Fahrzeugs. Auch die Fahrzeugpapiere sind zurückzugeben. Der **Bereicherungsausgleich** zielt auf gegenständliche Rückgewähr dessen, was „noch da ist". Auch im Falle einer zwischenzeitlichen Entwertung des Fahrzeugs, selbst bis zur Schrottreife, bleibt der Käufer nach Bereicherungsrecht verpflichtet, es an den Verkäufer herauszugeben.[87] Solange der

---

83 OLG Oldenburg 27. 10. 1992, DAR 1993, 467; *Palandt/Bassenge,* § 994 Rn 6.
84 BGH 24. 11. 1995, NJW 1996, 921.
85 BGH 24. 11. 1995, NJW 1996, 921.
86 Vgl. *Medicus,* Rn 892 ff.
87 BGH 2. 7. 1962, NJW 1962, 1909.

Wagen als solcher noch vorhanden ist und wenigstens noch Schrottwert hat, liegt ein Fall der Herausgabeunmöglichkeit i. S. v. § 818 II BGB nicht vor.[88]

Kennzeichnend für Rückabwicklungslagen beim Kraftfahrzeugkauf ist der Umstand, dass der Käufer nur in seltenen Fällen dazu imstande ist, das Fahrzeug genau in dem Zustand zurückzugeben, in dem er es empfangen hat. Eine zwischenzeitliche Benutzung ist praktisch die Regel. Besonders problematisch sind die Fälle, in denen der Wagen überhaupt nicht oder nicht mehr in unbeschädigtem Zustand zurückgegeben werden kann. Insoweit sind **4 Fallgruppen** zu unterscheiden: (1) Zerstörung oder Beschädigung des Fahrzeugs infolge eines vom Verkäufer zu vertretenden Mangels, (2) zufälliger Verlust oder zufällige „Verschlechterung" des Fahrzeugs, (3) Unmöglichkeit der Rückgabe in unbeschädigtem Zustand infolge eines Verhaltens des Käufers oder seiner Leute, das nicht als „Verschulden" zu werten ist und (4) vom Käufer verschuldete Unmöglichkeit, das Auto in dem Zustand, in dem er es erhalten hat, zurückzugeben. Schwierige Wertungsfragen werfen insbesondere Fälle der beiden letzten Gruppen auf, wenn der Kaufvertrag wegen arglistiger Täuschung wirksam angefochten worden ist, s. dazu Rn 2078 ff.

Von den vorgenannten Störungen bleibt die Pflicht des Käufers zur Herausgabe des Fahrzeugs (§ 812 I BGB) so lange unberührt, wie er noch in dessen Besitz ist, m. a. W.: Erst bei **objektiver Unmöglichkeit** oder **subjektivem Unvermögen** zur Herausgabe in Natur tritt an die Stelle der Primäransprüche aus §§ 812 I, 1, 818 I BGB die Pflicht zum Wertersatz nach § 818 II BGB. Die **Beweislast** für die Unmöglichkeit der Herausgabe des Fahrzeugs obliegt dem Käufer. Dass die Weiterveräußerung an einen Dritten ein Scheingeschäft war, hat hingegen der Verkäufer zu beweisen.[89]

Prozessual ist zu beachten:

Klagen des Verkäufers als Anfechtungsempfänger auf Herausgabe des Fahrzeugs sind selten, auch Widerklagen mit diesem Ziel sind in der Praxis die Ausnahme. **Typischerweise** klagt der getäuschte Käufer auf Rückzahlung des Kaufpreises und Erstattung seiner Aufwendungen. Fraglich ist, ob er im Vorfeld des Prozesses die **Pflicht zur Rückgabe** hat, er wenigstens dem Verkäufer die **Rücknahme anbieten** muss, wie das OLG Köln meint.[90] Prozessual lautet die Fragestellung: Muss der Käufer auf eine **Verurteilung** zur Rückzahlung des Kaufpreises **Zug um Zug** gegen Rückgabe des Fahrzeugs klagen oder ist eine solche Vorgehensweise aus Kostengründen lediglich empfehlenswert?

Bereicherungsrechtlich gilt nach der Saldotheorie: Soweit sich **gleichartige** Bereicherungsansprüche gegenüberstehen, werden sie ohne Aufrechnungserklärung **saldiert.** Durch einen Vergleich von Vor- und Nachteilen wird ermittelt, für welchen Beteiligten sich ein Überschuss (Saldo) ergibt. Dieser Beteiligte ist dann, so der BGH in st. Rspr.,[91] „Gläubiger eines einheitlichen, von vornherein durch Abzug der ihm zugeflossenen Vorteile beschränkten Bereicherungsanspruchs". Bei dessen **Darlegung** muss er sogleich das mit berücksichtigen, was der Beklagte hingegeben hat, um den Vertrag zu erfüllen. Dieser Grundsatz gilt sinngemäß auch dann, wenn die beiderseitigen Leistungen **ungleichartig** sind, wie z. B. beim Fahrzeugkauf. Dann hat der Bereicherungsgläubiger die ungleichartige Gegenleistung schon im Klageantrag derart zu berücksichtigen, dass er ihre Rückgewähr **Zug um Zug** anbietet.[92]

---

88 Vgl. aber auch OLG Oldenburg 4. 6. 1975, NJW 1975, 1788 zur Unmöglichkeit i. S. v. §§ 324, 325 BGB.
89 BGH 8. 6. 1988, NJW 1988, 2597; *Staudinger/Lorenz*, § 818 Rn 32.
90 Urt. v. 18. 3. 1994, NJW-RR 1995, 51; richtigerweise ist das Anbieten nur Voraussetzung für Annahmeverzug, wobei wegen der Abholpflicht des Verkäufers ein wörtliches Angebot genügt, vgl. OLG Düsseldorf 23. 10. 1997, DAR 1998, 70. Unter den Voraussetzungen des § 284 BGB kommt der Verkäufer zugleich in Schuldnerverzug.
91 Z. B. NJW 1995, 454 (Urt. v. 11. 11. 1994).
92 BGH 10. 2. 1999, MDR 1999, 695; BGH 11. 11. 1994, NJW 1995, 454; BGH 29. 10. 1959 LM § 123 BGB Nr. 18 = NJW 1960, 237; BGH 24. 6. 1963, NJW 1963, 1870.

Verhältnis der Sachmängelhaftung zu anderen Rechtsbehelfen des Käufers   Rn 2073

Ohne dieses Angebot wäre die Bereicherungsklage **unschlüssig**; ein Versäumnisurteil könnte nicht ergehen. Aus Sicht des Bereicherungsschuldners bedeutet dies: Bei gleichartigen Leistungen braucht er nicht aufzurechnen, bei ungleichartigen wird er nicht damit belastet, seinen Gegenanspruch einredeweise geltend zu machen (§§ 320, 273 BGB).

Ob diese Grundsätze der **Saldotheorie** auch zu Gunsten desjenigen Bereicherungsschuldners anzuwenden sind, der seinen Vertragspartner **arglistig getäuscht** hat, ist in Rechtsprechung und Schrifttum **umstritten.** Das **RG** hat den betrogenen Käufer davon freigestellt, die empfangene Gegenleistung von sich aus zu berücksichtigen. Die Geltendmachung der Gegenansprüche müsse vielmehr dem beklagten Verkäufer überlassen bleiben.[93] Der VIII. ZS des **BGH** hat in dem Urteil vom 16. 10. 1963[94] offen gelassen, ob diese **Einschränkung der Saldotheorie** gerechtfertigt und damit zu Lasten des arglistigen Verkäufers die **Zweikonditionentheorie** anzuwenden ist. Letzteres bedeutet jedoch nicht, so der BGH,[95] dass der Verkäufer wegen seiner Gegenansprüche auf einen **neuen Rechtsstreit** zu verweisen sei. Er darf sich damit gegen die Bereicherungsklage des Käufers zur Wehr setzen, gleichviel, ob es um die Herausgabe des Fahrzeugs oder gezogener Nutzungen geht.[96] Ob diese Rechtsverteidigung ihre Grundlage in § 320 BGB oder in § 273 BGB hat, ist bestritten.[97] Jedenfalls ist der Verkäufer nach der Saldotheorie auch hinsichtlich der **Verfolgung** seiner eigenen Ansprüche bessergestellt als nach der Zweikonditionentheorie.

In dem berühmten „**Mercedes**"-**Fall** BGHZ 53, 144 (dazu Rn 2079) hatte der getäuschte Käufer auf Rückzahlung des Kaufpreises geklagt, ohne die Rückgabe des – beschädigten – Mercedes anzubieten. Das LG hatte diesem Antrag entsprochen. Das OLG hat das Urteil abgeändert und auf eine Zug-um-Zug-Verurteilung erkannt. Der BGH (VII. ZS) hat diese Entscheidung bestätigt, indem er sich in der zentralen Frage des Falles (wer trägt das Entwertungsrisiko?) auf den Boden der Zweikonditionentheorie gestellt hat. Daran hat er auch für den Fall festgehalten, dass das gelieferte Fahrzeug durch Alleinverschulden des getäuschten Käufers einen Totalschaden erlitten hat („BMW"-Fall, BGHZ 57, 137, wo der Käufer – ebenso wie in den Fällen BGHZ 72, 252 und BGHZ 78, 216 – von sich aus auf eine Zug-um-Zug-Verurteilung des Verkäufers geklagt hat).

Aus der höchstrichterlichen Ablehnung der Saldotheorie in den Täuschungsfällen haben die **Instanzgerichte** für die **prozessuale Abwicklung** nach Bereicherungsrecht, aber auch nur insoweit, die richtige Konsequenz gezogen: Als Bereicherungsgläubiger braucht der getäuschte Käufer Gegenansprüche des Verkäufers nicht bereits im Klageantrag zu berücksichtigen. Der Verkäufer hat etwaige Gegenansprüche selbständig geltend zu machen, was er auch im gleichen Rechtsstreit darf.[98] Demnach wäre eine **Bereicherungsklage** auch **ohne Zug-um-Zug-Angebot** schlüssig. Fraglich bleibt indessen, ob diese Einschränkung der Saldotheorie zu Lasten des arglistigen Verkäufers a) sachlich zu rechtfertigen ist und b) vor dem Hintergrund einer parallel verlaufenden Abwicklung nach Schadensersatzrecht mit **Vorteilsausgleichung** Bestand haben kann.

Schadensersatzrechtlich gilt nämlich: Dem Käufer ist durch die Täuschung mit anschließendem Kauf nicht nur ein Schaden entstanden, sondern auch ein Vorteil. Er hat Besitz und Eigentum am Fahrzeug erlangt. Die Benutzung war gleichfalls von Vorteil (dazu Rn 2074). Durch die Anfechtung fällt zwar das Eigentum wieder zurück an den Verkäufer,

---

93 Nachweise der RG-Rspr. in BGH NJW 1964, 39 und in BGH LM § 123 BGB Nr. 18, dort auch Hinweis auf die unveröffentlichte Entscheidung des II. ZS des BGH v. 4. 10. 1956 – II ZR 89/55.
94 NJW 1964, 39.
95 NJW 1964, 39.
96 Zur Prüfpflicht des Gerichts vgl. BGH 29. 10. 1959, LM § 123 BGB Nr. 18 = NJW 1960, 237.
97 Die Praxis argumentiert vorwiegend mit § 273 BGB; vgl. auch *Braun*, JuS 1981, 813, 815.
98 OLG Karlsruhe 20. 3. 1992, NJW-RR 1992, 1144; OLG Koblenz 12. 11. 1976, MDR 1977, 667; OLG Köln 26. 1. 1996, VersR 1996, 631.

sofern die Anfechtungserklärung das Erfüllungsgeschäft umfasst. Der Besitz als solcher bleibt jedoch unverändert, nur die Legitimation entfällt. Die dem Käufer erwachsenen **Vorteile** hat er, soweit es der Billigkeit entspricht, **auszugleichen.** Wie im Fall der Saldotheorie bedeutet dies eine inhaltliche Beschränkung des Schadensersatzanspruchs, die ihm von vornherein anhaftet.[99] Aus Sicht des Schädigers: Er braucht kein Zurückbehaltungsrecht geltend zu machen. Dieser Grundsatz der Vorteilsausgleichung ist auch zu Gunsten des arglistigen Verkäufers anzuwenden.[100]

Bei strikter Anwendung der Zweikonditionentheorie kommt es mithin zu einer **Diskrepanz,** je nachdem, ob die Rückabwicklung bereicherungs- oder schadensersatzrechtlich durchgeführt wird. **Gleichklang** herrscht hingegen mit der Rückabwicklung in den Wandlungsfällen. Denn auch dort muss der Verkäufer seine Gegenansprüche einredeweise geltend machen, §§ 467 S. 1, 348 BGB. Dieser Wertungsgesichtspunkt gibt den Ausschlag. Ihn ausgerechnet zu Lasten eines arglistig getäuschten Käufers außer Betracht zu lassen, wäre widersinnig. Erforderlich ist demnach eine **Korrektur der Saldotheorie.** Nach Ansicht des BGH soll sie auch deshalb nicht zum Zuge kommen, weil der Verkäufer nach §§ 819 I, 814 IV BGB verschärft haftet.[101]

Prozessual hat die Unanwendbarkeit der Saldotheorie zur Folge, dass der Käufer **keinen** Antrag auf Zug-um-Zug-Verurteilung stellen muss, er es vielmehr dem beklagten Verkäufer überlassen darf, seine Gegenansprüche einredeweise geltend zu machen. An dieser Rechtslage ändert sich nichts dadurch, dass der Käufer sein Rückzahlungsverlangen auch oder sogar in erster Linie auf c. i. c. oder Delikt stützt. Selbst wenn er für seine Klage ausschließlich schadensersatzrechtliche Anspruchsgrundlagen ins Feld führt, ist das Gericht nicht daran gehindert, die Klage bereicherungsrechtlich (unter Ausschaltung der Saldotheorie) zu beurteilen. Die schadensersatzrechtliche Lösung muss der bereicherungsrechtlichen, diese wiederum der wandelungsrechtlichen folgen.

Aus **Kostengründen** ist dem Käufer allerdings zu raten, die Rückgabe des Fahrzeugs nebst Papieren von sich aus anzubieten, also einen **Zug-um-Zug-Antrag** zu stellen. Dringt der Verkäufer nämlich bei einem uneingeschränkten Klageantrag mit seiner Einrede aus § 273 BGB durch, sind die Kosten des Rechtsstreits verhältnismäßig zu teilen (§ 92 I ZPO). In der Praxis werden sie nicht selten einfach halbiert.[102] Zur Vermeidung derjenigen Nachteile, die bei einer späteren Zwangsvollstreckung aus einem Zug-um-Zug-Urteil auftreten können, wird auf das unter Rn 831 f. dargestellte Vorgehen verwiesen. Materiell-rechtlich hat ein **Annahmeverzug** des Verkäufers die gerade für einen Fahrzeugkäufer wichtigen Vergünstigungen aus §§ 300 I, 302, 304 BGB.

β) Nutzungsvergütung

2074 Zu den Standardproblemen bei der Rückabwicklung eines Fahrzeugkaufs gehört der Nutzungsausgleich (Herausgabe der so genannten Gebrauchsvorteile). Wie beim Verwendungsersatz kommt es zunächst darauf an, ob durch die Anfechtung rückwirkend ein Eigentümer-Besitzer-Verhältnis geschaffen worden ist. Dann wäre der Käufer jedenfalls bis zur Aufdeckung der Täuschung ein redlicher (gutgläubiger) Besitzer des Fahrzeugs; bis zur Anfechtungserklärung steht das Fahrzeug in seinem Eigentum. Erst eine wirksame Anfechtung lässt den Eigentumserwerb mit Rückwirkung hinfällig werden. Gemäß § 993 I BGB schuldet der gutgläubige Besitzer grundsätzlich keinen Ausgleich für von ihm gezogene Nutzungen. Hiervon macht **§ 988 BGB** für den Fall eine Ausnahme, dass der Besitz unentgeltlich erlangt worden ist. Diesem Fall hat die Rechtsprechung den Fall des **rechtsgrundlosen Besitzerwerbs** gleichgestellt.

---

99 BGH 22. 10. 1976, LM § 123 BGB Nr. 47 = JZ 1977, 95.
100 So wohl BGH 22. 10. 1976, LM § 123 BGB Nr. 47.
101 BGH 14. 10. 1971, BGHZ 57, 137 = NJW 1972, 36 („BMW-Fall").
102 Vgl. *Hensen,* NJW 1999, 395.

Verhältnis der Sachmängelhaftung zu anderen Rechtsbehelfen des Käufers Rn 2075

Die **Rechtsprechung** schwankt zwischen der direkten Anwendung des § 818 I mit **Wertersatzpflicht** nach Abs. 2 und der über § 988 BGB vermittelten Heranziehung dieser Anspruchsgrundlage.[103] So oder so ist auch der gutgläubige Fahrzeugbesitzer zur Herausgabe **gezogener Nutzungen seit dem Besitzerwerb** verpflichtet, d. h., auch ein arglistig getäuschter Käufer hat bereicherungsrechtlich grundsätzlich für jeden gefahrenen Kilometer Ersatz zu leisten. Der Entreicherungseinwand (§ 818 III BGB) geht in der Regel aus tatsächlichen Gründen fehl, s. Rn 2077. Schuldhaft **versäumte Nutzungen** fallen nicht unter §§ 988, 818 I BGB. Sie sind unter den Voraussetzungen der §§ 987 II, 990 I, 2 bzw. nach §§ 819 I, 818 IV, 292 II, 987 II BGB auszugleichen, ein in der Praxis der Fahrzeugkauf-Rückabwicklung – auch wegen § 302 BGB – seltener Fall. Die so genannte Vindikationslage wird nicht dadurch ausgeschlossen, dass dem Käufer ein Zurückbehaltungsrecht wegen eines eigenen Anspruchs auf Schadensersatz oder Verwendungsersatz zusteht. Das Zurückbehaltungsrecht führt lediglich zu einer Zug-um-Zug-Verurteilung.[104]

Abwicklungstechnisch taucht bei der Nutzungsherausgabe die gleiche Frage auf, wie sie unter Rn 2073 für den Anspruch auf Rückgabe des Fahrzeugs diskutiert worden ist, wobei sich jetzt gleichartige Posten (Kaufpreis/Nutzungsvergütung) gegenüberstehen. In Anwendung der Zweikondiktionentheorie[105] wird der **Käufer** auch hier davon **freigestellt,** die Nutzungsvergütung von sich aus vom herausverlangten Kaufpreis abzuziehen.[106] Der (arglistige) Verkäufer kann sie aber im gleichen Rechtsstreit geltend machen.[107] Seine Aufrechnung scheitert nicht notwendigerweise an § 393 BGB. Das Verbot des § 393 BGB setzt eine unerlaubte Handlung voraus, die bei einer arglistigen Täuschung i. S. v. § 123 BGB nicht zwangsläufig gegeben ist.[108]   2075

Bei einer Rückabwicklung nach **Schadensersatzrecht** braucht der Verkäufer an sich nicht aufzurechnen. Der Nutzungsvorteil ist im Wege der **Vorteilsausgleichung** anzurechnen, wobei § 393 BGB nicht gilt.[109] Anders ist es beim „großen" Schadensersatz, s. Rn 2011.

Für Nutzungen, die der Käufer tatsächlich gezogen hat, ist grundsätzlich der Verkäufer **darlegungs- und beweispflichtig.** Soweit er dieser Pflicht mangels eigener Wahrnehmungsmöglichkeit nicht entsprechen kann, führt dies nicht zu einer vollständigen Umkehr der Darlegungs- und Beweislast. Dazu besteht keine Notwendigkeit.

In analoger Anwendung des § 421 ZPO kann der Verkäufer für den Umfang der Benutzung des Fahrzeugs dadurch Beweis antreten, dass dem Käufer aufgegeben wird, den Stand des Kilometerzählers mitzuteilen. Zulässig ist auch ein Antrag auf Parteivernehmung. Wenn der Verkäufer sich an der durchschnittlichen Fahrleistung orientiert, kann die Beweisbehauptung nicht damit abgelehnt werden, sie gehe ins Blaue. Auch das Argument „Ausforschungsbeweis" sticht nicht. Materiell-rechtlich besteht ein **Auskunftsanspruch** des Verkäufers aus § 242 BGB. Ein Recht, den Kilometerzähler abzulesen, gibt § 810 BGB analog; s. auch Rn 822 ff.

Ähnlich wie bei einer Rückabwicklung nach Wandlungserklärung oder beim „großen" Schadensersatz aus § 463 BGB sind für die **Berechnung** der nach §§ 988, 818 I, II BGB geschuldeten Nutzungsvergütung **mehrere Methoden** und **Maßstäbe** denkbar. Wichtig ist auch hier, zunächst die **bereicherungsrechtliche Seite** des Nutzungsausgleichs ins Auge zu fassen. Je nach Sachvortrag und Fallgestaltung kann sich aus **deliktsrechtlicher Sicht** eine **Korrektur** zu Gunsten des Käufers ergeben (dazu Rn 2077).

---

103 Für direkte Anwendung BGH 2. 7. 1962, NJW 1962, 1909; für § 988 BGB BGH 21. 4. 1977, WM 1977, 893; BGH 11. 11. 1994, NJW 1995, 454.
104 OLG Hamm 11. 5. 1995, OLGR 1995, 253.
105 Zur Rechtslage bei der Saldotheorie s. BGH 10. 2. 1999, MDR 1999, 695.
106 OLG Koblenz 12. 11. 1976, MDR 1977, 667; OLG Karlsruhe 20. 3. 1992, NJW-RR 1992, 1144.
107 BGH 16. 10. 1963, NJW 1964, 39; BGH 29. 10. 1959, LM § 123 BGB Nr. 18.
108 OLG Karlsruhe 20. 3. 1992, NJW-RR 1992, 1144.
109 BGH 16. 10. 1963, NJW 1964, 39.

2076 Bereicherungsrechtlicher Ausgangspunkt ist § 818 II BGB (direkt oder über § 988 BGB). Denn der Käufer kann die Gebrauchsvorteile nicht in Natur herausgeben; er hat vielmehr ihren Wert zu ersetzen. Während es noch in der Entscheidung OLG Hamm NJW 1970, 2296 heißt, der **angemessene Mietzins** sei in der Regel wohl der richtige Berechnungsmaßstab (so auch OLG Nürnberg DAR 1978, 198; BGH WM 1978, 1208, aber aufgegeben durch BGH NJW 1996, 250), wird der Nutzungsausgleich **heute** nach der **gleichen Methode** berechnet, die sich für die **Wandlungsfälle und den Vorteilsausgleich beim „großen"** **Schadensersatz** allgemein durchgesetzt hat. Das bedeutet: Der konkrete Altwagenpreis ist mit der voraussichtlichen Restfahrleistung ins Verhältnis zu setzen und mit der tatsächlichen Fahrleistung des Käufers zu multiplizieren. Wegen der Einzelheiten dieser „linearen Wertschwundberechnung" (Wertverzehrtheorie) s. Rn 2012 f. Berechnungsbeispiele sind unter Rn 2016, 2033 abgedruckt. Für die Bemessung der bereicherungsrechtlich geschuldeten Nutzungsvergütung hat der **BGH** diese Berechnungsart durch Urteil vom 25. 10. 1995[110] gebilligt und sich ausdrücklich gegen eine Bemessung nach dem üblichen oder fiktiven Mietzins ausgesprochen. Das steht im Einklang mit dem Urteil vom 17. 5. 1995,[111] das eine Abwicklung nach Schadensersatzrecht betrifft, wobei der BGH nicht zwischen vertraglicher Haftung aus § 463 S. 2 BGB und c. i. c. unterschieden hat. Bemerkenswerterweise hat er auch nicht zwischen **privater** und **gewerblicher** Nutzung differenziert. Die **Fahrzeugart** (Nutzfahrzeug oder Pkw) ist für den BGH nur insoweit von Bedeutung, als für Lkw und Omnibusse deutlich höhere Gesamtfahrleistungen als bei Pkw zu veranschlagen sind.

Die **Instanzgerichte** bemessen die Gebrauchsvorteile (= Nutzungen) seit Jahren, wie von den Verfassern vorgeschlagen, nach der für die Wandlung entwickelten Wertschwundformel,[112] nicht etwa nach der Tabelle von *Sanden/Danner/Küppersbusch*.[113] Allerdings wird nicht immer die **Modifizierung** beachtet, die die Wertschwundformel, ursprünglich für die Rückabwicklung von Neufahrzeugkäufen konzipiert, in den Gebrauchtwagenfällen erfahren muss. Statt des Neupreises ist der **konkrete Altwagenpreis** (brutto) und anstelle der mutmaßlichen Gesamtfahrleistung (von Tachostand Null bis zur Verschrottung) ist die **Restfahrleistung** zugrunde zu legen, die beim Kauf des Gebrauchtwagens nach dem gewöhnlichen Lauf der Dinge zu erwarten ist (§ 287 ZPO), s. dazu Rn 2014 f.

2077 Sofern die Nutzungsvergütung gemäß §§ 818 I, II BGB den Betrag übersteigt, den der Käufer sich im Rahmen der **Vorteilsausgleichung** anrechnen lassen muss, hätte der Käufer einen Schaden; ihn müßte der Verkäufer gleichfalls ersetzen. M. a. W.: Der Verkäufer kann im Ergebnis keinen Anspruch auf Nutzungsvergütung durchsetzen, der höher ist als der auszugleichende Vorteil, immer vorausgesetzt, er haftet auch aus c. i. c. bzw. Delikt. Diese Begrenzung des Bereicherungsausgleichs im Sinne von BGH NJW 1962, 1909 ist grundsätzlich berechtigt.[114] Die „reichlich komplizierte Konstruktion" *(Tempel)* ist jedoch entbehrlich, wenn der Nutzungsersatz nach § 818 II BGB nach den gleichen Parametern berechnet wird wie der Nutzungsvorteil, der schadensrechtlich auszugleichen ist. Dann gibt es keinen Kappungsbedarf. Unnötig ist auch eine zeitliche Differenzierung (Benutzung vor und nach Aufdeckung der Täuschung, vor und nach Eintritt von Annahmeverzug).[115]

---

110 NJW 1996, 250; kritisch dazu *Gursky*, JR 1998, 7.
111 NJW 1995, 2159 = WM 1995, 1145 unter III.
112 OLG Köln 10. 2. 1988, NJW-RR 1988, 1136; OLG Karlsruhe 20. 3. 1992, NJW-RR 1992, 1144; OLG Oldenburg 27. 10. 1992, DAR 1993, 467; LG Bochum 29. 9. 1995, 5 S 282/95, n. v.
113 So aber LG Oldenburg 9. 2. 1977, MDR 1977, 928 (Wandlung); OLG Nürnberg 11. 4. 1978, DAR 1978, 324 (für die Zeit ab Kenntnis vom Anfechtungsgrund).
114 Vgl. auch OLG Hamm 8. 7. 1970, NJW 1970, 2296; OLG Nürnberg 12. 1. 1978, DAR 1978, 198; OLG Nürnberg 11. 4. 1978, DAR 1978, 324.
115 Dazu OLG Nürnberg (3. ZS) 11. 4. 1978, DAR 1978, 324.

Die Verpflichtung, den Wert der Gebrauchsvorteile zu ersetzen, steht grundsätzlich unter dem **Vorbehalt des § 818 III BGB**.[116] Sie ist auf die Vorteile begrenzt, die im Vermögen des Käufers noch vorhanden sind. Dem gutgläubigen Käufer steht der Nachweis offen, dass der Vorteil, den er durch die Nutzung des Fahrzeugs erzielt hat, geringer ist als der Betrag, den er nach der Wertschwundformel zu entrichten hat. So kann er z. B. vorbringen, ohne den gescheiterten Fahrzeugkauf überhaupt kein Fahrzeug oder jedenfalls ein deutlich „kleineres" erworben zu haben. Nur das günstige Angebot des Verkäufers habe ihn bewogen, genau dieses Fahrzeug zu diesem Zeitpunkt zu kaufen. Derartige Einlassungen sind in der Praxis ausgesprochen selten. Denn sie stehen im Widerstreit mit dem Lebenserfahrungssatz, dass der Käufer seinen Mobilitätsbedarf durch den Erwerb eines gleichartigen Fahrzeugs anderweitig gedeckt hätte.

cc) Abwicklungsrechtliche Sonderprobleme
α) Fallgruppe: Das Fahrzeug ist noch vorhanden, aber beschädigt.

Sonderregeln im Vergleich mit der Rechtslage bei Wandlung und „großem" Schadensersatz hat der BGH für die Fälle entwickelt, dass der getäuschte Käufer das Fahrzeug nicht oder nicht mehr **in unbeschädigtem Zustand** zurückgeben kann. Sein Unvermögen ist zunächst unter dem Aspekt der **Wirksamkeit der Anfechtung** zu würdigen. Es geht hier um die analoge Anwendung des § 351 BGB. Der BGH hat die Wirksamkeit der Anfechtung selbst in einem Fall (stillschweigend) bejaht, in dem das Fahrzeug vor der Anfechtung aufgrund alleinigen Verschuldens des Käufers einen Totalschaden erlitten hat.[117] Wandlung und „großer" Schadensersatz wären in diesem Fall ausgeschlossen (vgl. Rn 759, 2019). 2078

Wie sich ein **Unfall des Käufers** auf den Inhalt seines Bereicherungsanspruchs auswirkt, ergibt sich aus den beiden vieldiskutierten Gebrauchtwagenentscheidungen BGHZ 53, 144 und BGHZ 57, 137. 2079

Der Mercedes-Fall BGHZ 53, 144[118]

K kauft von V einen gebrauchten Mercedes für 8000,– DM. Er zahlt 1100,– in bar, gibt vereinbarungsgemäß für 5300,– einen gebrauchten Peugeot in Zahlung und akzeptiert über den Rest von 1600,– DM einen Wechsel. Am Tag nach der Übergabe des Wagens wird dieser bei einer ersten Fahrt des K stark beschädigt. Ein Verschulden an dem Unfall ist dem K nicht nachzuweisen. Einen Monat später ficht K den Kaufvertrag mit der – zutreffenden – Behauptung an, V habe ihn arglistig über den wahren Kilometerstand getäuscht. K verlangt die geleistete Anzahlung (insgesamt 6400,– DM) zurück, Zug um Zug gegen Herausgabe des beschädigten Fahrzeugs. V meint, K müsse sich den inzwischen eingetretenen Wertverlust anrechnen lassen.

Der BGH hat dem Käufer Recht gegeben. Zwar trage der Bereicherungsgläubiger grundsätzlich das Risiko, dass sowohl seine Leistung noch beim Gegner als auch die von ihm selbst empfangene Leistung noch vorhanden ist. Diese Risikoverteilung gelte aber nicht zu Lasten des arglistig getäuschten Käufers. In diesem Fall sei die **Saldotheorie** – voller Kaufpreis nur Zug um Zug gegen unbeschädigtes Kfz – unanwendbar. Es müsse vielmehr bei der **Zweikondiktionentheorie** bleiben. Dieses Ergebnis untermauert der BGH mit einem Hinweis auf § 327 S. 2 BGB: Der Anfechtungsberechtigte, der an der Verschlechterung der Sache schuldlos sei, dürfe nicht schlechterstehen als der Rücktrittsberechtigte. 2080

Der Lösung des BGH, der den Mercedes-Fall nur bereicherungs-, nicht schadensersatzrechtlich gewürdigt hat, ist im Ergebnis zuzustimmen.[119] Sie steht im Einklang mit der

---
116 Dazu *Gursky,* JR 1998, 9.
117 Urt. v. 14. 10. 1971, BGHZ 57, 137; dazu Rn 2082.
118 Urt. v. 8. 1. 1970, NJW 1970, 656 = MDR 1970, 408 = BB 1970, 229 = LM § 818 Abs. 3 BGB Nr. 15 *(Rietschel).*
119 So auch OLG Karlsruhe 20. 3. 1992, NJW-RR 1992, 1144; *Weitnauer,* NJW 1970, 637; *Diesselhorst,* JZ 1970, 418; *Roth,* AcP 189, 498; *Medicus,* Rn 229; *Staudinger/Lorenz,* § 818 Rn 41; a. A.:

Wertung des § 350 BGB, wonach Rücktritt und Wandlung (§ 467 BGB) bei unverschuldeter **Zerstörung** der Sache nicht ausgeschlossen sind, mag dies rechtspolitisch und dogmatisch auch umstritten sein.

2081 Wer die Gefahr bei einem unverschuldeten, aber **nicht unabwendbaren Unfall** zu tragen hat, ist für Rücktritt und Wandlung nach wie vor nicht entschieden. Nach hier vertretener Ansicht verliert der Käufer sein Wandlungsrecht, wenn ihm nicht der – äußerst schwierige – Nachweis gelingt, dass der Unfall auf einem für ihn unabwendbaren Ereignis i. S. v. § 7 II StVG beruht (vgl. auch Rn 762). Für den Ausschluss der Wandlung genügt die (verschuldensfreie) Verwirklichung der spezifischen Betriebsgefahr eines Kfz. Bei Rückabwicklung nach §§ 812 ff. BGB ist der Käufer nach der Judikatur insoweit bessergestellt, als er nicht den Unabwendbarkeitsnachweis zu führen braucht. Die **Beweislast** für eine schuldhafte Verschlechterung wird dem Verkäufer auferlegt (OLG Karlsruhe NJW-RR 1992, 1144). Beim non liquet erhält der Käufer den vollen Kaufpreis zurück und muss seinerseits nur den beschädigten Wagen zurückgeben, gegebenenfalls auch Ersatzansprüche gegen Dritte abtreten (§ 818 I BGB). Angesichts des hohen Grades der Risikovorsorge durch Haftpflicht- und Kaskoversicherungen hält sich die Belastung des Verkäufers mit dem Entwertungsrisiko in erträglichen Grenzen, s. auch Rn 759.#

2082 Der BMW-Fall BGHZ 57, 137[120]

K kauft von V einen gebrauchten BMW für 7370,– DM. Das Fahrzeug hatte zwei reparierte Vorschäden. Der kleinere war dem Verkaufsangestellten des V bekannt. Er verschwieg ihn. Etwa drei Wochen nach Übergabe erlitt das Fahrzeug durch einen von K allein verschuldeten Unfall einen Totalschaden. Mit dem verschwiegenen Vorschaden hatte dieser Unfall nichts zu tun.

Nach seinem eigenen Unfall focht K den Kaufvertrag wegen arglistiger Täuschung an, nachdem er inzwischen von den Vorschäden erfahren hatte. Mit seiner Klage verlangte er Rückzahlung des Kaufpreises abzüglich Nutzungsentschädigung, Zug um Zug gegen Herausgabe des Fahrzeugwracks.

2083 Der entscheidende Unterschied zum Mercedes-Fall BGHZ 53, 144 besteht darin, dass der Käufer für den Unfallschaden (allein) verantwortlich war. Gemeinsam ist beiden Fällen, dass die Unfälle mit dem jeweiligen Sachmangel (höhere Laufleistung bzw. Unfallvorschaden) nichts zu tun hatten. Zur **Mangelkausalität** s. Rn 2085. Der BGH löst den BMW-Fall – anders als den Mercedes-Fall – zweispurig: Zunächst prüft er Ansprüche aus unerlaubter Handlung, dann aus Bereicherungsrecht. Mit Hilfe eines Kunstgriffes gelangt er in beiden Stationen zum gleichen Ergebnis: Von einer **Abwägung des beiderseitigen Fehlverhaltens** und seiner Schadensursächlichkeit gemäß § 254 BGB – Schadensersatz – und gemäß § 242 BGB – Bereicherungsausgleich – soll es abhängen, ob und wie sich der selbstverschuldete Unfall des Käufers auf seinen Rückzahlungsanspruch auswirkt. Zu einer solchen Abwägung sah sich der BGH nicht in der Lage, weil weder die Täuschungshandlung des Verkäufers noch der Unfallhergang aufgeklärt waren. Wie das OLG Karlsruhe, an das die Sache zurückverwiesen worden ist, das Abwägungsproblem gelöst hat, ist nicht bekannt. Andere Entscheidungen, die sich dieser schwierigen Aufgabe unterzogen haben, liegen nicht vor.

In der Literatur wird das Urteil BGHZ 57, 137 überwiegend abgelehnt.[121] Auch das LG Lüneburg ist dem BGH nicht gefolgt.[122] Bei der bereicherungsrechtlichen Rückabwicklung wendet die Kammer die §§ 350, 351 BGB analog an; allerdings nur bei der Berechnung des

---

Flume, NJW 1970, 1161; *Honsell*, MDR 1970, 717; *Frieser*, Der Bereicherungswegfall in Parallele zur hypothetischen Schadensentwicklung, 1987, S. 254 ff.; kritisch auch *Huber*, JuS 1972, 439, 444.
120 Urt. v. 14. 10. 1971, NJW 1972, 36 = BB 1972, 14 = MDR 1972, 133 = LM § 812 BGB Nr. 97 (*Rieschel*).
121 So von *Huber*, JuS 1972, 439; *Lieb*, JZ 1972, 442; *John*, MDR 1972, 995; *Honsell*, NJW 1973, 350; *Frieser*, a. a. O. (Fn. 119), S. 261 f.; *von Caemmerer*, FS Larenz 1973, S. 621; *Medicus*, Rn 230; *Reinicke/Tiedtke*, Kaufrecht, Rn 726; zustimmend: *Herr*, NJW 1972, 250; *Kühne*, JR 1972, 112; *Flessner*, NJW 1972, 1777; *Berg*, NJW 1981, 2337; vgl. auch *Braun*, JuS 1981, 813, 817.
122 Urt. v. 23. 12. 1988, NJW 1989, 1097.

Verhältnis der Sachmängelhaftung zu anderen Rechtsbehelfen des Käufers   Rn 2084, 2085

Bereicherungsausgleichs, die Anfechtung als solche wird nicht gemäß § 351 BGB analog ausgeschlossen. Den Anspruch auf Rückzahlung des Kaufpreises mindert das LG Lüneburg um den Wert, den der Pkw ohne den Zweitunfall zur Zeit der Übereignung hatte (Kaufpreis 2650,– DM, tatsächlicher Wert bei Übergabe 1200,– DM, Bereicherung 1450,– DM).

Das Urteil des LG Lüneburg verdient Zustimmung (s. auch OLG Stuttgart OLGR 1998, 256). Gegen BGHZ 57, 137 sprechen zu viele Gründe. Sie sind in mehreren Literaturbeiträgen vorgetragen worden.[123] Die Hauptkritik muss sich in der Tat gegen die schadensersatzrechtliche Betrachtungsweise des BGH richten. Hier hat der BGH die Weiche falsch gestellt. Die bereicherungsrechtliche Lösung war damit präjudiziert.

Deliktsrechtlich (ebenso bei c. i. c.) kann der Käufer bei einem selbstverschuldeten Unfall keinen Ersatz für die Unfallfolgen verlangen. Zwar fehlt es nicht an **adäquater Kausalität**,[124] der Unfallschaden, den der Käufer erlitten hat, wird indessen nicht vom **Schutzzweck der verletzten Norm** gedeckt.[125] Das Täuschungsverbot bezweckt keinen Schutz vor Unfällen, die mit der Täuschung und dem verschwiegenen Mangel nichts zu tun haben. Nach § 823 II BGB i. V. m. § 263 StGB, § 826 BGB und aus c. i. c. kann der betrogene Käufer nach einem selbstverschuldeten Unfall nur den Betrag ersetzt verlangen, um den er – täuschungsbedingt – das Fahrzeug zu teuer gekauft hat. Erst recht braucht der arglistige Verkäufer nicht für weitere Unfallfolgen einzustehen (Personenschaden, Schäden an anderen Sachen des Käufers).[126]

Bereicherungsrechtlich ist der Lösung des LG Lüneburg[127] zu folgen. Richtig ist auch, dass es den um den Wagenwert gekürzten Rückzahlungsanspruch nicht zusätzlich noch deshalb gemindert hat, weil der Käufer das Fahrzeug bis zu seinem eigenen Unfall benutzt hatte. Wie bei Minderung und „kleinem" Schadensersatz findet eine Nutzungsvergütung hier nicht statt.

Beruht die Beschädigung oder Zerstörung des Fahrzeugs – anders als in den Fällen BGHZ 53, 144 und BGHZ 57, 137 – **auf einem Sachmangel,** den der Verkäufer bei Gültigkeit des Vertrages zu vertreten hätte, findet die Saldotheorie gleichfalls keine Anwendung. Das hat der BGH unter weitgehender Zustimmung der Lehre im sog. Mähdrescherfall (BGHZ 78, 216 = NJW 1981, 224) für den Bereicherungsausgleich nach Irrtumsanfechtung (§ 119 II BGB) entschieden. Erst recht muss der arglistige Verkäufer das Risiko einer mängelbedingten Entwertung des Kaufobjekts tragen. Voraussetzung ist aber auch hier, dass die Zustandsverschlechterung auf einem Sachmangel beruht, für den nach dem Vertrag der Verkäufer einzustehen hätte. Den ursächlichen Zusammenhang zwischen Mangel und Beschädigung muss der Käufer **nachweisen**. Mangelkausalität verbessert seine Rechtsposition (Abwälzung des Benutzungsrisikos auf den Verkäufer). Auch für die – hypothetische – Einstandspflicht nach dem Vertrag ist der Käufer beweispflichtig. Die Entwertung des Fahrzeugs als solche hat hingegen der Verkäufer zu beweisen.

Ist die **Haftung** für den Umstand, der die Entwertung herbeigeführt hat, **wirksam ausgeschlossen,** bedarf es weiterer Überlegungen. Judikatur ist insoweit nicht vorhanden. BGHZ 78, 216, wo die Einstandspflicht des Mähdrescher-Verkäufers keinem Zweifel unterlag, muss wohl dahin verstanden werden, dass die Zuweisung des Entreicherungsrisikos eine – hypothetische – Sachmängelhaftung des Verkäufers voraussetzt, Haftungsbeschränkungen ihm bereicherungsrechtlich also zugute kommen, gleichviel, ob sie gesetzlicher (z. B. § 460 BGB)

2084

2085

---

123 Vgl. Fn. 121. Fragwürdig ist schon die Grundannahme einer arglistigen Täuschung, s. auch *Soergel/Huber,* § 476 Rn 33, Fn. 22.
124 Anders Verf. bis zur 5. Aufl. im Anschluss an *Huber,* JuS 1972, 440; *Medicus,* Rn 230; wie hier auch der V. ZS des BGH, MDR 1977, 213 = JZ 1977, 95 unter IV; *Flessner,* NJW 1972, 1777.
125 *Medicus,* Rn 230; *Huber,* JuS 1972, 440; *Flessner,* NJW 1972, 1777; *Roth,* AcP 189, 499.
126 So auch BGH 14. 10. 1971, NJW 1972, 36; vgl. auch *Herr,* NJW 1972, 250.
127 Urt. v. 23. 12. 1988, NJW 1989, 1097; zustimmend *Giesen,* Jura 1995, 281, 285; *Staudinger/Lorenz,* § 818 Rn 43.

oder vertraglicher Natur (Freizeichnung) sind. Hat der Verkäufer für einen Defekt an der Bremsanlage seine Haftung wirksam ausgeschlossen und ist das Bremsversagen die alleinige Unfallursache, kann auch ein arglistig getäuschter Käufer nicht den vollen Kaufpreis (gegen Herausgabe des Wracks) verlangen. Den Abzug braucht er zwar nicht von sich aus vorzunehmen (Anwendungsfall der Zweikondiktionentheorie bei Täuschung), dem Verkäufer ist jedoch zu gestatten, den Rückzahlungsbetrag entsprechend zu kürzen.

Ein Sonderfall ist das Zusammenwirken haftungsrelevanter und haftungsneutraler Mängel beim Untergang oder der Verschlechterung des Fahrzeugs. Vermutlich wird die Rechtsprechung bei einer solchen Fallgestaltung keine Ursachenabwägung nach §§ 254, 242 BGB vornehmen, sondern das Entreicherungsrisiko voll dem arglistigen Verkäufer auferlegen. Beruht die Haftungsneutralität auf dem üblichen Gewährleistungsausschluss, bietet sich eine ähnliche Argumentation an wie in BGH NJW 1983, 1424, wo der BGH sich bei der Schadensberechnung gegen die Annahme einer „gespaltenen" Freizeichnung ausgesprochen hat.

Von der Rechtsprechung gleichfalls noch nicht entschieden ist der Fall, dass die Entwertung des Fahrzeugs auf Umständen beruht, die sowohl vom Käufer als auch vom Verkäufer zu vertreten sind. Hier wäre eine Abwägung der Schadensursachen am Platz, so wie der BGH sie im „BMW-Fall" (BGHZ 57, 137) für sachgerecht hält. Zur Rechtslage bei Verzug des Verkäufers mit der Rücknahme des Fahrzeugs s. OLG Stuttgart OLGR 1998, 256.

β) Fallgruppe: Unmöglichkeit der Fahrzeugherausgabe infolge Weiterveräußerung

2086 **Wandlung** und **„großer" Schadensersatz** hängen in der Realisierung davon ab, dass der Käufer in der Lage ist, den gekauften Wagen an den Verkäufer zurückzugeben. Die Möglichkeit der Rückgabe ist zwar hier wie dort keine Anspruchsvoraussetzung. Objektive Unmöglichkeit kann aber ebenso wie subjektives Unvermögen zu einem Anspruchsverlust führen. Darüber entscheiden die §§ 350, 351, 353 BGB, die für die Wandlung und den „großen" Schadensersatz entsprechend gelten (für die Wandlung ausdrücklich in § 467 S. 1 BGB geregelt). Zur Problematik bei der Wandlung s. Rn 766 zum „großen" Schadensersatz s. Rn 2019.

In den **Wandlungsfällen** ist allgemein anerkannt: Eine Veräußerung des Fahrzeugs vor Vollzug der Wandlung, erst recht vor Kenntnis vom Wandlungsgrund, ist nach dem – höchst problematischen – § 351 BGB zu beurteilen. Eine Weiterveräußerung in Unkenntnis des Sachmangels schließt die Wandlung nicht grundsätzlich aus. Selbst wenn der Käufer das Fahrzeug in Kenntnis des Mangels weiterverkauft hat, verliert er dadurch nicht in jedem Fall sein Recht zur Wandlung.[128] Maßgebend sind vielmehr die Umstände des Einzelfalles.[129]

In den **Anfechtungsfällen** ist zunächst zu prüfen, ob die **Anfechtungsbefugnis** durch die Weiterveräußerung in Frage gestellt wird. Zu diesem Problemkreis, markiert durch die Stichworte „Bestätigung", „Verzicht" und „Verwirkung", s. Rn 2020 f., 2064.

Der **Bereicherungsausgleich** nach wirksamer Anfechtung und parallel dazu die schadensersatzrechtliche Rückabwicklung sind Gegenstand einer **umfangreichen Judikatur.** Deren Verständnis setzt eine sorgfältige Fallanalyse voraus. Einschlägig sind insbesondere: BGH LM § 123 BGB Nr. 18 = NJW 1960, 237 (Veräußerung nach Anfechtung); OLG Kalrsruhe VRS 82, 241 (Veräußerung nach Anfechtung); OLG Karlsruhe NJW-RR 1992, 1144 (Veräußerung vor Anfechtung); OLG Köln NJW-RR 1995, 51 (erster Weiterverkauf – vor Kenntnis vom Anfechtungsgrund – mit anschließender Fahrzeugrücknahme, endgültiger Weiterverkauf nach Anfechtung).

---

128 BGH 4. 11. 1987, ZIP 1987, 1570.
129 BGH 8. 2. 1984, NJW 1985, 1525 – Weitergebrauch einer selbstfahrenden Arbeitsmaschine.

Ausgangspunkt der bereicherungsrechtlichen Abwicklung ist, dass der Käufer Rückzahlung des Kaufpreises verlangen kann, ohne von sich aus die Rückgabe des Fahrzeugs anbieten zu müssen (s. Rn 2073). Der Verkäufer darf die Rückzahlung von der Herausgabe des Fahrzeugs abhängig machen (§ 273 BGB). Beruft sich der Käufer auf Unmöglichkeit, die er zu beweisen hat, ordnet § 818 II BGB für den Fall der Veräußerung eine **Wertersatzpflicht** an (h. M.). § 818 I BGB erstreckt die Herausgabepflicht auf anderweitige Surrogate (Zerstörung, Beschädigung).

Die **Wertbestimmung** erfolgt bei § 818 II BGB nach **objektiven Kriterien,** gleichviel, ob der getäuschte Käufer das Fahrzeug zum, unter oder über Marktpreis verkauft hat. Einen **Veräußerungsgewinn** kann der (arglistige) Verkäufer über § 816 I BGB abschöpfen. Sofern der (getäuschte) Käufer im Zeitpunkt der Weiterveräußerung den Anfechtungsgrund schon kannte, mithin „bösgläubig" war, schuldet er den gesamten Veräußerungserlös auch einem von Anfang an bösgläubigen Verkäufer aus § 281 BGB i. V. m. §§ 819 I, 814 IV BGB.[130]

Ein Verkauf **unter Marktpreis** kann für den (getäuschten) Käufer, Gutgläubigkeit vorausgesetzt, als Entreicherung nach § 818 III BGB berücksichtigt werden. Darlegungspflichtig ist der Käufer. Ein Unter-Preis-Verkauf nach Entdeckung der Täuschung kann den Käufer im Rahmen der verschärften Bereicherungshaftung zum Schadensersatz verpflichten.

Zur Rechtslage bei Veräußerung eines **in Zahlung gegebenen** Fahrzeugs s. Rn 2068.

γ) Fallgruppe: Beschädigung, Verlust oder Weiterveräußerung des Fahrzeugs vor vollständiger Kaufpreiszahlung

Den Fällen der beiden unter Rn 2078, 2086 behandelten Gruppen war gemeinsam, dass der Kaufvertrag im Zeitpunkt des Verlustes bzw. der Beschädigung des Fahrzeugs **beiderseits erfüllt** war. Der Käufer hatte sein eigenes Fahrzeug (Volleigentum) beschädigt oder weiterveräußert, während der Verkäufer restlos befriedigt war. Von der Rechtsprechung noch nicht entschieden sind Entreicherungsvorgänge **während der Erfüllungsphase.** Beispiel: Der Käufer erleidet mit dem betrügerisch verkauften Pkw einen Unfall, bevor er den Kaufpreis vollständig bezahlt hat. Zu dieser Gruppe der **Vorleistungsfälle** gehört BGH WM 1977, 893 (Verkauf eines Motorschiffes unter Täuschung über das Alter) nur bedingt, denn der Verkäufer, nicht der Käufer, hatte das noch nicht voll bezahlte Schiff weiterverkauft. 2087

Auch für den Fall, dass der **getäuschte** Käufer den Kaufpreis noch nicht oder nicht voll bezahlt hatte, ist bereicherungsrechtlich nach der **Zweikondiktionentheorie** abzuwickeln. Bei einem unverschuldeten Unfall (wobei richtigerweise Unabwendbarkeit i. S. v. § 7 II StVG zu verlangen ist) kann der Käufer seine Anzahlung zurückfordern, ohne sich wegen der Beschädigung des Fahrzeugs einen Abzug gefallen lassen zu müssen (Weiterentwicklung von BGHZ 53, 144; vgl. auch *Flessner,* NJW 1972, 1777, 1783; *Medicus,* Rn 226). War der Unfall hingegen nicht unabwendbar oder gar verschuldet, ist nicht an die – fragwürdige – Lösung von BGHZ 57, 137 anzuknüpfen; vielmehr ist dem Verkäufer entgegen § 818 III BGB, aber im Einklang mit § 351 BGB, ein Wertersatzanspruch bis zur Höhe des Kaufpreises zuzubilligen, d. h., der objektive Wert des Fahrzeugs (zur Zeit des Kaufs) ist von dem Rückzahlungsanspruch des Käufers abzuziehen (Weiterentwicklung von LG Lüneburg, NJW 1989, 1097).

4. Leistungsverweigerungsrechte

Nach Übergabe und Annahme als Erfüllung steht dem Käufer wegen vorhandener Mängel die Einrede des nicht erfüllten Vertrages aus **§ 320 BGB** grundsätzlich nicht mehr 2088

---

[130] OLG Köln 18. 3. 1994, NJW-RR 1995, 51 = OLGR 1994, 238 unter Hinweis auf BGHZ 75, 203 = NJW 1980, 178; zur Anwendbarkeit des § 281 BGB bei der verschärften Bereicherungshaftung s. *Medicus,* JuS 1993, 705.

zu.[131] Im Ergebnis macht es dabei keinen Unterschied, ob man der sog. Gewährleistungstheorie oder der sog. Erfüllungstheorie folgt. Nach **Gefahrübergang** kann der Käufer grundsätzlich nur noch die Rechtsbehelfe der §§ 459 ff. BGB geltend machen, sofern es um einen Sachmangel geht.[132] Dazu zählt auch die Einrede aus **§ 478 BGB.** Diese Vorschrift erhält dem Käufer die Wandlungs- und die Minderungseinrede, wenn er den Mangel vor Vollendung der Verjährung rügt. § 479 BGB trifft eine entsprechende Regelung für die Aufrechnung. Haben die Vertragsparteien ein **Nachbesserungsrecht** vereinbart, kann der Käufer ausnahmsweise auch nach Übergabe auf das Leistungsverweigerungsrecht nach § 320 BGB zurückgreifen, solange die Nachbesserung abgelehnt oder verzögert wird.

2089 Der Käufer, der **nach Gefahrübergang** den Kaufpreisanspruch abwehren will, braucht sich nicht auf einen bestimmten Gewährleistungsanspruch festzulegen, solange der Verkäufer seine Forderung nicht einklagt und der Stand des Prozesses den Käufer nicht zwingt, sich zu entscheiden. Bis zu diesem Zeitpunkt steht ihm eine **allgemeine Mängeleinrede** zu.[133] Diese Einrede wird in § 478 BGB praktisch vorausgesetzt und hat nichts mit §§ 320, 273 BGB zu tun. Der Käufer braucht zunächst nur zu erklären, dass und warum er nicht zahlen werde; sein Wahlrecht braucht er nach Meinung des BGH[134] vorprozessual noch nicht auszuüben. Wie der Käufer anschließend dazu veranlasst werden kann, ein bestimmtes Gewährleistungsrecht zu wählen, hat der BGH offen gelassen. Im Schrifttum wird eine analoge Anwendung des § 466 BGB vorgeschlagen.[135] Das bloße Bestehen eines Leistungsverweigerungsrechts aus § 320 BGB genügt nicht, um eine Zug-um-Zug-Verurteilung zu erreichen., Die Einrede muss erhoben werden, wobei ein bloßer Antrag auf Klageabweisung nicht genügt.[136]

2090 Die **Wirkung** der **allgemeinen Mängeleinrede** besteht darin, dass der Käufer mit der Zahlung des Kaufpreises **nicht in Verzug** gerät. Ob schon – wie bei § 320 BGB – das bloße Bestehen der Einrede oder erst ihre Geltendmachung (wie bei § 273 BGB) den Eintritt des Verzugs hindert, hat der BGH noch nicht entschieden. Wird die Einrede erhoben, ist Verzug jedenfalls von dem Augenblick an ausgeschlossen, in dem der Käufer die Einrede erstmals hätte erheben können; es kommt also auf die „Einredelage" an. Inwieweit Verzug zu verneinen ist, ob hinsichtlich der gesamten Kaufpreisforderung oder nur eines Teilbetrages, hängt zum einen davon ab, welches Sachmängelrecht der Käufer letztlich wählt, zum anderen davon, inwieweit es begründet ist.[137]

5. Verschulden bei Vertragsschluss

2091 Probleme der Konkurrenz von Sachmängelgewährleistung und culpa in contrahendo stellen sich vornehmlich im Bereich des Grundstücks- und Unternehmenskaufs.[138] In Streitigkeiten aus Fahrzeugkäufen ist diese Konkurrenzfrage von untergeordneter Bedeutung. Fallgestaltungen, in denen der anerkannte **Grundsatz des Vorrangs** der Sonderregelung der §§ 459 ff. BGB durchbrochen wird, sind selten. Die **persönliche Haftung des Kfz-Vermittlers,** bis 1990 Hauptanwendungsfall der c. i. c. beim Gebrauchtwagenkauf, ist mit der Ablösung des Agenturgeschäfts in den Hintergrund getreten. Ohnehin war sie rechtlich selbständig, also außer Konkurrenz, da Anspruchsgegner nicht der Verkäufer, sondern dessen Vertre-

---

131 St. Rspr., z. B. BGH 18. 1. 1991, BGHZ 113, 232 = NJW 1991, 1048.
132 Zur Bedeutung des Gefahrübergangs für das Konkurrenzproblem s. BGH 10. 3. 1995, NJW 1995, 1737 – Grundstückskauf; *Soergel/Huber,* Vor § 459 Rn 182 ff; s. auch *Schaper/Kandelhard,* NJW 1997, 837.
133 BGH 18. 1. 1991, BGHZ 113, 232 = NJW 1991, 1048.
134 BGHZ 113, 232 = NJW 1991, 1048.
135 *Wiedemann,* EWiR § 320 BGB 1/91; *Grün,* JZ 1992, 157.
136 Vgl. BGH 7. 10. 1998, ZIP 1998, 1965.
137 BGH 18. 1. 1991, BGHZ 113, 232 = NJW 1991, 1048.
138 Dazu *G. Müller,* ZIP 1993, 1045.

ter (Sachwalter) war. Die **nachvertragliche Eigenhaftung** des Verkäufers[139] wirft gleichfalls kein Konkurrenzproblem auf. Gleiches gilt für **die Eigenhaftung von Angestellten** des Verkäufers aus culpa in contrahendo (s. Rn 1414). Die Sperrwirkung der §§ 459 ff. BGB entfällt ferner, wenn der Käufer in einem **gerichtlichen Vergleich** zur Erledigung eines Gewährleistungsprozesses mit dem Verkäufer wahrheitswidrig erklärt, dass das Fahrzeug sich in einem bestimmten Zustand befinde. Eine solche Falschangabe kann eine Haftung aus c. i. c. begründen.[140]

Nach st. Rspr. des BGH schließen die §§ 459 ff. BGB als **erschöpfende und abschließende Sonderregelung** Ansprüche aus c. i. c. aus, wenn sich **fahrlässige Angaben oder Nichtangaben** des Verkäufers auf Eigenschaften der Kaufsache beziehen.[141] Dabei muss die fragliche Eigenschaft dem Käufer nicht tatsächlich zugesichert worden sein. Es genügt **Zusicherungsfähigkeit.**[142] Für den Bereich des Gebrauchtwagenkaufs ist eine „zusicherungsfähige" Eigenschaft zu verneinen bzw. zweifelhaft bei folgenden Umständen: Alter/Baujahr (zw.), Wert des Fahrzeugs (unstr.), Versicherungsschutz (zw.), Garantieschutz (zw.), Reimport (unstr.), Exportfähigkeit (zw.), Steuerpflicht/Steuerbefreiung (zw.), Bezahltsein von Steuern bzw. Versicherung (zw.), Fahrweise des Vorbesitzers (zw.), Umstand, dass das Fahrzeug an einem bestimmten Platz (Garage etc.) abgestellt werden kann (unstr.). Je enger der Eigenschaftsbegriff in § 459 BGB gefasst wird, desto größer ist der Anwendungsbereich für die allgemeine Haftung aus c. i. c. In Gebrauchtwagensachen neigt die Rechtsprechung zu einem weiten Eigenschaftsbegriff, wie die Auslegung der Zusage „werkstattgeprüft" beispielhaft zeigt (vgl. Rn 1808 f.). 2092

Auf c. i. c. kann der Käufer zurückgreifen, wenn 2093
- der Verkäufer ihn **fahrlässig** oder **vorsätzlich** (nicht unbedingt arglistig) über Umstände informiert oder uninformiert lässt, die **keine Eigenschaften** des Kaufobjekts darstellen, s. o. Rn 2092, aber für den Kaufentschluss von Bedeutung sind (BGH NJW 1991, 1223 = ZIP 1991, 321 – VIII. ZS –; BGH NJW 1991, 1673; BGH NJW 1991, 2556 – jeweils V. ZS),
- der Verkäufer den Käufer **vorsätzlich** über Sacheigenschaften i. S. von § 459 BGB falsch informiert bzw. nicht aufklärt, wobei es nicht darauf ankommen soll, ob der Käufer den Vertrag wegen arglistiger Täuschung erfolgreich angefochten hat (BGH NJW-RR 1988, 10; BGH NJW-RR 1990, 78; BGH NJW 1995, 2159; BGH NJW-RR 1997, 144).

In beiden Anwendungsfällen, also auch bei bloßer Fahrlässigkeit, kann der Käufer **Vertragsaufhebung und Rückabwicklung** als Form der Naturalrestitution (§ 249 Satz 1 BGB) verlangen.[143] Außerdem kann er seinen Vermögensschaden liquidieren. Nach Ansicht des BGH setzt der Anspruch auf Vertragsaufhebung einen Vermögensschaden voraus. Dieser sei nicht notwendigerweise schon in dem abgeschlossenen Vertrag zu sehen. Der Abschluss des Vertrages müsse für den Käufer wirtschaftlich nachteilig sein.[144]

Besitzt der Verkäufer **eine besondere Sachkunde,** auf die der – nicht genügend sachkundige – Käufer ersichtlich angewiesen ist, so lässt der **BGH**[145] den Verkäufer für fahrlässige Falschinformationen ausnahmsweise selbst dann aus c. i. c. oder gar aus einem **selbststständi-**

---

139 BGH 29. 1. 1997, NJW 1997, 1233.
140 OLG Karlsruhe 29. 7. 1999, OLGR 1999, 385.
141 BGH – VIII. ZS – NJW 1995, 2159 = WM 1995, 1145; weitere Nachweise bei *Marutschke,* JuS 1999, 730.
142 BGH (VIII. ZS) 16. 1. 1991, NJW 1991, 1223 = ZIP 1991, 321; BGH (V. ZS) 26. 4. 1991, NJW 1991, 2556 = WM 1991, 1171; BGH (V. ZS) 27. 11. 1998, NJW 1999, 638.
143 BGH 26. 9. 1997, ZIP 1998, 154.
144 BGH 26. 9. 1997, ZIP 1998, 154; kritisch dazu *Lorenz,* ZIP 1998, 1053.
145 Urt. v. 23. 7. 1997, NJW 1997, 3227; v. 27. 11. 1998, NJW 1999, 638; v. 23. 6. 1999, NJW 1999, 3192.

gen **Beratungsvertrag** haften, wenn sich die Angaben auf (zusicherungsfähige) Eigenschaften der Kaufsache beziehen.[146] Bisher hat der BGH davon abgesehen, diese Rechtsprechung, deren eigentliche Bedeutung auf dem Gebiet der Verjährung liegt (dazu Rn 2046), auf den Kauf eines Gebrauchtwagens vom Fachhändler zu übertragen, obwohl die besondere Sachkunde des Kfz-Händlers und das damit korrelierende Vertrauen des Käufers sonst eine Schlüsselstellung in seiner Argumentation haben. In der Taxi-Entscheidung vom 12. 5. 1976[147] hat er die Sperrwirkung der §§ 459 ff. BGB noch ausdrücklich beachtet, indem er an dem Erfordernis einer neben der Gewährleistung bestehenden besonderen Pflicht zur Aufklärung und Beratung festgehalten hat. Eine solche **spezielle Beratungspflicht** kann auf dem Sektor des Gebrauchtfahrzeugkaufs nur in ganz besonders gelagerten Fällen angenommen werden, z. B. beim Verkauf von Spezialfahrzeugen, z. B. für den Motorsport. Sie setzt die Vorstellung beider Vertragspartner voraus, dass der Käufer seinen Kaufentschluss stärker als im Normalfall von der fachkundigen Aufklärung des Verkäufers abhängig machen wollte.[148]

2094 Zur **Darlegungs- und Beweislast** zum Haftungsgrund, insbesondere zur **Kausalität,** s. Rn 1403, zum **Umfang der Haftung** aus c. i. c. vgl. Rn 1407 ff. Der Anspruch auf Befreiung von den Vertragspflichten wegen einer Täuschung kann nach zutreffender Ansicht des OLG Hamm (NJW-RR 1995, 205) nach Ablauf der Anfechtungsfrist (§ 124 BGB) nicht mehr geltend gemacht werden (gegen BGH NJW 1962, 1196; NJW 1997, 254).

6. Positive Vertragsverletzung

2095 Neben den Gewährleistungsansprüchen aus §§ 459 ff. BGB kann der Käufer Schadensersatz wegen positiver Vertragsverletzung bei schuldhafter Schlechtleistung dann geltend machen, wenn er infolge des Sachmangels Schäden an anderen Rechtsgütern als an der Kaufsache selbst – sog. **Mangelfolgeschäden** – erlitten hat.[149] In der Rechtsprechung zum Gebrauchtwagenkauf spielt diese Haftung nur eine untergeordnete Rolle. Dies liegt nicht so sehr an dem typischen Schadenspotential beim Kauf gebrauchter Kfz als vielmehr an der Tatsache, dass zumindest der gewerbliche Gebrauchtwagenverkäufer im Haftungsfall entweder gemäß § 463 BGB (Zusicherung/Arglist) oder – nach Arglistanfechtung – aus c. i. c. und unerlaubter Handlung schadensersatzpflichtig ist. Damit bleibt kaum noch Raum für eine Haftung aus pVV. Dies umso weniger, als die Rechtsprechung einen Großteil der „Mangelfolgeschäden" (mittelbare Schäden) sowohl bei der Zusicherungs- als auch bei der Arglisthaftung dem Nichterfüllungsschaden i. S. d. § 463 BGB zuordnet, s. dazu Rn 2023 ff. Diese Rechtsprechung ist insbesondere in dem Hauptanwendungsfall der Haftung für Mangelfolgeschäden – **Unfall** mit dem mangelhaften Fahrzeug – anwendbar. Was für die pVV bleibt, ist die Verletzung vertraglicher Nebenpflichten außerhalb des Anwendungsbereichs der c. i. c., d. h. für den Gebrauchtwagenkauf: Nicht- oder Schlechterfüllung der **Untersuchungspflicht** (s. dazu Rn 1923 ff.), Pflichtwidrigkeiten zwischen Vertragsabschluss und Auslieferung des Fahrzeugs (in der Praxis des gewerblichen Kfz-Handels fällt beides regelmäßig zusammen) und Pflichtwidrigkeiten im Stadium nach Vertragserfüllung, z. B. bei einem Schaden anlässlich von Reparaturarbeiten aufgrund vertraglicher oder nachvertraglicher Mängelbeseitigungsabreden.[150] Erfährt der Händler erst nach Auslieferung des Fahrzeugs von einem früheren Unfall, der das Leben oder die Gesundheit des Käufers gefährdet, so macht er sich aus pVV schadensersatzpflichtig, wenn er schweigt. Als einen Fall der pVV wertet der BGH

---

146 Missverständlich OLG Hamm 25. 6. 1996, NJW-RR 1997, 429 = OLGR 1996, 223.
147 BB 1977, 61 m. Anm. *Trinkner*.
148 BGH 16. 3. 1977, NJW 1977, 1055; BGH 9. 2. 1994, NJW-RR 1994, 601, 602; BGH 23. 7. 1997, NJW 1997, 3227; s. auch *Marutschke,* JuS 1999, 729 – „Intensität des sozialen Kontaktes".
149 St. Rspr., z. B. BGH 20. 3. 1996, NJW-RR 1996, 951.
150 BGH 20. 11. 1996, NJW 1976, 727 – Motorboot; OLG Köln 9. 7. 1980, OLGZ 1980, 468 – Zweitschaden infolge fehlerhafter Nachbesserungsarbeiten.

eine Fehlinformation des Verkäufers über das Bestehen des Haftpflichtversicherungsschutzes.[151] Zur Annahme eines selbständigen Beratungsvertrages s. Rn 2093.

Zur **Verjährung** der Ansprüche aus pVV s. Rn 178 ff.

Der im Kfz-Handel übliche **allgemeine Gewährleistungsausschluss** erfasst nicht Schadensersatzansprüche aus c. i. c. und pVV. Dementsprechend enthalten die meisten Klauselwerke eine spezielle Freizeichnungsregelung. Soweit die Haftung für einfache Fahrlässigkeit ausgeschlossen oder – wie in den ZDK-AGB – beschränkt wird, ist dies nicht zu beanstanden (§ 11 Nr. 7 AGBG), s. auch Rn 875, 1465; aber auch Rn 138. 2096

7. Fehlen und Wegfall der Geschäftsgrundlage

Die Anwendung der Grundsätze über den Wegfall der Geschäftsgrundlage ist mit Rücksicht auf die Sondervorschriften der §§ 459 ff. BGB ausgeschlossen, soweit es sich um Fehler i. S. v. § 459 I BGB oder um Eigenschaften i. S. v. § 459 II BGB handelt.[152] Gerade in Gebrauchtwagenprozessen haben Instanzgerichte diesen Grundsatz verschiedentlich zu Gunsten des Käufers durchbrochen.[153] Meist ging es um den Verkauf von Autos mit sogenannten Schwerstmängeln. Es ist weder geboten noch zulässig, dem Käufer eines solchen Autos mit dem (subsidiären) Institut des Fehlens der Geschäftsgrundlage zu helfen.[154] Der vertragliche Ausschluss der Sachmängelgewährleistung ändert daran nichts. 2097

8. Deliktshaftung

Soweit die Beteiligten durch einen Vertrag verbunden sind, werden unerlaubte Handlungen des Verkäufers oder seines Personals nach vertragsrechtlichen Haftungsregeln, einschließlich c. i. c., zu beurteilen sein. Angesichts des weiten Anwendungsbereichs der culpa in contrahendo (dazu Rn 2091 ff.) hat die Deliktshaftung bei vorsätzlicher Schädigung kaum eigenständige praktische Bedeutung, soweit es um die **Haftung des Verkäufers** geht. Zur **Anspruchskonkurrenz** in Fällen arglistiger Täuschung s. Rn 2066. Die §§ 823 ff. BGB sind indes von Interesse, wenn die vertraglichen Ansprüche, z. B. der Schadensersatzanspruch aus § 463 Satz 1 BGB, bereits **verjährt** sind, wie in dem berühmten Hinterreifen-Fall BGH NJW 1978, 2241, oder wenn der Käufer durch eine **rechtswirksame Anfechtung** des Vertrages sich selbst den Boden für vertragliche Ansprüche (außer c. i. c.) entzogen hat (dazu Rn 1993, 2062). Gerade diese Fallgestaltung hat die Rechtsprechung vor einige Schwierigkeiten gestellt, wie die Entscheidungen des BGH vom 29. 10. 1959,[155] vom 2. 7. 1962[156] und vom 14. 10. 1971[157] beispielhaft zeigen (ferner OLG Karlsruhe NJW-RR 1986, 542; OLG Bamberg NJW-RR 1994, 1333.). Bedeutsam ist die Deliktshaftung ferner im **nachvertraglichen Bereich,** z. B. bei Falschauskünften in der Zeit nach Übergabe des Fahrzeugs oder bei Vorlage von falschen Dokumenten, z. B. zur Entkräftung des Vorwurfs einer Täuschung. Zu dieser Fallgruppe gehört, wenn auch nicht aus dem Kfz-Handel, der Fall BGH NJW 1998, 983 = MDR 1998, 266, wobei freilich zu berücksichtigen ist, dass nicht der Verkäufer, 2098

---

151 Urt. v. 26. 10. 1988, NZV 1989, 107 = NJW-RR 1989, 211 = WM 1989, 26 und – in derselben Sache – BGH 31. 10. 1990, NZV 1991, 108; vgl. auch Rn 1625.
152 BGH 6. 6. 1986, BGHZ 98, 100 = NJW 1986, 2824; OLG Karlsruhe 18. 8. 1992, NJW-RR 1993, 1138.
153 OLG Karlsruhe 17. 11. 1970, JZ 1971, 294; LG Köln 5. 3. 1979, 73 O 581/77, n. v.; vgl. auch OLG Hamm 15. 1. 1979, JZ 1979, 266 m. Anm. *Liebs.*
154 Kein Wegfall der GG zu Gunsten des Käufers bei unerwartet hohen Kosten für die Beseitigung eines dem Käufer bekannten und im Kaufpreis berücksichtigten Mangels, vgl. OLG Stuttgart 2. 3. 1990, NZV 1990, 429 (L.).
155 NJW 1960, 237.
156 NJW 1962, 1909.
157 BGHZ 57, 137 = NJW 1972, 36.

sondern dessen **Geschäftsführer** (im Gerichtsstand der unerlaubten Handlung) verklagt worden ist. Für die Inanspruchnahme von Personen, die am Abschluss und der Abwicklung des Kaufvertrages beteiligt waren, aber keiner vertraglichen Haftung (einschließlich culpa in contrahendo) unterliegen, liefern die §§ 823 ff. BGB meist die einzigen Anspruchsgrundlagen (s. auch Rn 1414). Gleiches gilt bei Personen, die vor dem Verkäufer mit dem Fahrzeug zu tun hatten, also insbesondere die **Vor-Verkäufer (Vorbesitzer).** Bei dieser Fallgruppe kommt außer dem Betrugstatbestand (§ 263 StGB) in Verbindung mit § 823 II BGB dem Anspruch aus **§ 826 BGB** besondere Bedeutung zu, s. Rn 1983 („Käuferkette"). Zur Haftung aus § 826 BGB s. auch LG Traunstein ZfS 1999, 290 (unwahre Auskunft bei Vertragsverhandlungen ohne Abschluss mit anschließendem Kauf des Fahrzeugs von einem Dritten).

2099   Dem **arglistig getäuschten Käufer** stehen Schadensersatzansprüche aus §§ 826, 823 II BGB (i. V. m. § 263 StGB) zu,[158] ggf. auch aus § 831 BGB. Diese deliktische Haftung tritt **unabhängig** von einer **Anfechtung** gemäß § 123 BGB und deren Erfolg ein, s. auch Rn 2066. Praktische Relevanz gewinnt sie freilich erst in den Fällen, in denen der Käufer den Vertrag rechtswirksam angefochten hat (dazu Rn 2062). Der Streit entzündet sich dann meist an der Frage, **in welchem Umfang** der Verkäufer haftet, wobei (zumindest missverständlich) mit dem Begriffspaar „negatives Interesse"/„positives Interesse" argumentiert wird. Konkret geht es um Schadenpositionen wie „entgangener Gewinn" (etwa aus einer gescheiterten Weiterveräußerung) oder um Verdienstausfall (zweifelhaft, ob zum Erfüllungsinteresse zählend). **Grundvoraussetzung** jedweder deliktischer Haftung ist der **Eintritt eines Schadens.** Dieses Merkmal ist – außerhalb des § 823 Abs. 1 BGB – schon auf der Tatbestandsseite zu prüfen. Der Schaden muss nicht notwendigerweise ein Vermögensschaden sein.[159] Insbesondere setzt der Anspruch auf Naturalrestitution gem. § 249 Satz 1 BGB – darunter fällt auch die Rückgängigmachung eines Kaufvertrages – keinen Vermögensschaden voraus. In den Praxisfällen des Gebrauchtfahrzeugskaufs mit deliktischem Hintergrund geht es jedoch um nichts anderes als um Vermögensschäden. Zu unterscheiden ist zwischen der Anspruchsgrundlage des § 826 BGB (sittenwidrige Schädigung) und der Haftung aus § 823 Abs. 2 BGB i. V. m. § 263 StGB. Im letzteren Fall ist das Tatbestandsmerkmal „Vermögensschaden" doppelt zu prüfen, zunächst im Rahmen des § 263 StGB (Rspr. dazu s. o.) und sodann als zivilrechtliche Haftungsvoraussetzung. Ob ein Vermögensschaden i. S. v. **§§ 249 ff. BGB** vorliegt, beurteilt sich grundsätzlich nach der so genannten **Differenzhypothese,** d. h. durch Vergleich zweier Vermögenslagen. Gegenüberzustellen sind: die (Gesamt-)Vermögenslage des Käufers, wie sie sich infolge der haftungsbegründenden unerlaubten Handlung darstellt, und die (hypothetische) Vermögenslage ohne das Fehlverhalten des Verkäufers bzw. eines auf seiner Seite stehenden Dritten. Dieser Vergleich kann ergeben, dass selbst ein arglistig getäuschter Käufer **keinen Vermögensschaden** erlitten hat. Das soll nach der zivilgerichtlichen Judikatur dann der Fall sein, wenn das Fahrzeug den vereinbarten Preis tatsächlich wert ist, der verschwiegene Mangel (z. B. Unfallvorschaden, höherer km-Stand) sich also wirtschaftlich nicht zum Nachteil des Käufers ausgewirkt hat.[160] Schadensersatzrechtlich kommt es darauf an, ob der Vertrag für den Käufer wirtschaftlich nachteilig ist. Das ist grundsätzlich dann der Fall, wenn die Kaufsache den Kaufpreis nicht wert ist oder wenn trotz Werthaltigkeit von Leistung und Gegenleistung die mit dem Vertrag verbundenen Verpflichtungen und sonstigen Nachteile durch die Vorteile nicht ausgeglichen werden.[161] Nachteile in diesem

---

158 Zu § 263 StGB, speziell zur Frage des Vermögensschadens, s. OLG Karlsruhe 4. 1. 1980, NJW 1980, 1762; OLG Düsseldorf 1. 2. 1991, NJW 1991, 1841; OLG Hamm, 2. 6. 1992, NStZ 1992, 593; OLG Düsseldorf 10. 1. 1995, JZ 1996, 913 m. Anm. *Ch. Schneider* = JMBl. NW 1995, 128 m. w. N.
159 Unrichtig BGH 26. 9. 1997, NJW 1998, 302 für c. i. c.
160 OLG Köln 18. 3. 1994, NJW-RR 1995, 51 = OLGR 1994, 238 unter Hinweis auf zwei BGH-Entscheidungen zu § 263 StGB.
161 BGH 26. 9. 1997, NJW 1998, 302.

Sinn sind nicht bloße Unanehmlichkeiten und objektiv nicht fassbare Beschwernisse. Rechtlich anzuerkennen ist hingegen der Wunsch des betrogenen Käufers, das mangelhafte Fahrzeug los zu werden, mag der gezahlte Kaufpreis objektiv betrachtet nicht unangemessen, ja sogar günstig sein. Die Schadensbetrachtung würde unangemessen verkürzt, stellte man nur auf den gezahlten Preis in seinem Verhältnis zum objektiven Wert ab. Letzterer lässt sich in einem bestimmten Betrag ohnin nicht fixieren Der objektive Wert eines Gebrauchtfahrzeugs, insbesonderes eines Pkw, liegt in der Regel innerhalb einer bestimmten Bandbreite. Entscheidend sind auch die persönlichen Zwecke, die der Käufer mit der Anschaffung befriedigen wollte. Insbesondere bem Kauf eines Pkw gehört dazu eine risikofreie und ungestörte Nutzung. Mit Rücksicht darauf kann auch bei Gleichwertigkeit von Leistung und Gegenleistung zumindest bei Pkw und Zweirädern, die privat genutzt werden, ein Vermögensschaden i. S. d. §§ 249 ff. BGB zu bejahen sein.

Schadensumfang: Der deliktsrechtliche Schadensersatzanspruch eines von seinem Vertragspartner oder einem für diesen handelnden Dritten getäuschten Käufers bemisst sich grundsätzlich nach den §§ 249 ff. BGB oder, wie der BGH formuliert, nach den Regeln über den Ersatz des **negativen Interesses.** Den Ersatz seines **positiven Interesses,** so der BGH[162] weiter, kann der Käufer auf deliktischer Grundlage nur dann verlangen, wenn die für den Schadenseintritt ursächliche unerlaubte Handlung zugleich die Voraussetzungen für einen vertraglichen Gewährleistungsanspruch nach den §§ 463, 480 Abs. 2 BGB erfüllt. Das so verstandene „negative Interesse" bedeutet, dass der Käufer so zu stellen ist, wie er ohne das schädigende Ereignis, z. B. die Täuschung,[163] gestanden hätte.[164] Nur dieser Ansatz entspricht der **Differenzhypothese** (dazu s. o.). Es ist also prinzipiell nicht nach der Vermögenssituation des Käufers zu fragen, wie sie sich bei ordnungsgemäßer Vertragserfüllung ergeben hätte. Das wäre die Sichtweise beim positiven Interesse (Erfüllungsinteresse). Wie *Stoll*[165] mit Recht bemerkt, kann ein arglistig getäuschter Käufer nicht allein schon kraft Deliktsrechts fordern, so gestellt zu werden, als seien seine irrigen Vorstellungen zutreffend. Solange der Käufer auf **§ 463 Satz 2 BGB** als Anspruchsgrundlage zurückgreifen kann, ist seinem Ausgleichsinteresse Genüge getan (zum „großen" und „kleinen" Schadensersatz s. Rn 1992 ff, zum Ersatz von Mangelfolgeschäden s. Rn 2023 ff.). Doch schon die Haftung wegen culpa in contrahendo (dazu Rn 2091, 2094), erst recht aber die Delikthaftung können hinter dem positiven Interesse (Nichterfüllungsschaden) erheblich zurückbleiben. Wie der **Haftungsumfang** in diesen beiden Bereichen bei Arglist des Verkäufers zu bestimmen ist, ist **umstritten.** Selbst auf rein deliktsrechtlicher Grundlage wird dem Käufer Ersatz des **positiven Interesses** zugebilligt, sofern er auf vertraglicher Grundlage seinen Schaden nach § 463 BGB liquidieren kann.[166] Dem ist bedenkenlos zuzustimmen, denn es herrscht Anspruchskonkurrenz. **Zweifelhaft** kann nur sein, ob der arglistig getäuschte Käufer auch nach – rechtswirksamer – Anfechtung seiner Kaufvertragserklärung Ersatz seines Erfüllungsinteresses verlangen kann. Der **BGH** hat diese Frage bislang **nicht entschieden,** auch nicht im Urteil vom 29. 10. 1959,[167] wie mitunter angenommen wird. Offen bleiben konnte sie auch in der Entscheidung vom 25. 11. 1997.[168] Aus der OLG-Judikatur ist vor allem das Gebrauchtwagenurteil des OLG Karlsruhe vom 18. 12. 1985[169] zu nennen. Hiernach ist ein Käufer im Fall **rechtswirksamer**

2100

---

162 Urt. v. 25. 11. 1997, NJW 1998, 983 = MDR 1998, 266 m. Anm. *Imping.*
163 Haftungsbegründendes Ereignis ist strenggenommen nicht die Täuschung, sondern der durch die Täuschung beeinflusste Vertragsabschluss.
164 BGH 2. 7. 1962, NJW 1962, 1909; BGH 25. 11. 1997, NJW 1998, 983.
165 JZ 1999, 96.
166 BGH 25. 11. 1997, NJW 1998, 983 = MDR 1998, 266 m. Anm. *Imping;* BGH 29. 10. 1959, NJW 1960, 237 = LM § 123 BGB Nr. 18 m. Nachw. aus der RG-Judikatur.
167 NJW 1960, 237.
168 NJW 1998, 983.
169 NJW-RR 1986, 542.

Anfechtung auf den Ersatz des negativen Interesses beschränkt. Das verdient Zustimmung.[170] Die insbesondere von *Flume*[171] vertretene Gegenmeinung überzeugt nicht. Auch nach Ansicht von *Flume* kann ein Käufer nach (wirksamer) Anfechtung nicht mehr auf Minderung und den „kleinen" Schadensersatz zurückgreifen. Eine Wandlung mache nach Anfechtung ohnehin keinen Sinn. Verfolge der Käufer nach einer Anfechtung hingegen nur den Geldanspruch auf das Erfüllungsinteresse („großer" Schadensersatz), sei ihm dies trotz Anfechtung aus § 463 S. 2 BGB zu gewähren.[172] Die Rechtswirkung einer Anfechtung nach § 123 BGB auf diese Weise (punktuell) wegzudenken, leuchtet nicht ein. Das Gesetz kennt keine relative Wirkung der Arglistanfechtung. Eine Korrektur des § 142 Abs. 1 BGB ist auch nicht veranlasst. Der Käufer hat sich aus freien Stücken für eine Zerschlagung des Vertrages entschieden. Deshalb hat er die Konsequenzen aus seiner – im nachhinein betrachtet – voreiligen Rechtsbehelfswahl zu tragen. Auch im Rahmen der Gewährleistungsansprüche ist er an seine Wahl gebunden, wenn der Verkäufer eingewilligt oder das Gericht entschieden hat. Ein Zurück ist nicht mehr möglich. Gerechtfertigt ist diese dem Gesetz und der Rechtslogik entsprechende Auffassung freilich nur dann, wenn der Käufer sich klar und unmissverständlich für eine Anfechtung des Vertrages entschieden hat, seine Erklärung also nicht (auch) als Wandlung bzw. Verlangen nach dem „großen" Schadensersatz auszulegen ist (s. dazu Rn 2062). Schon vom Ansatz her ist für eine Schadenbemessung nach dem positiven Interesse kein Raum, wenn die Voraussetzungen einer Verkäuferhaftung nach § 463 Satz 2 BGB bereits dem Grunde nach nicht erfüllt sind, der Gegenstand der arglistigen Täuschung also keine zusicherungsfähige Sacheigenschaft ist (zu dieser Fallgruppe s. Rn 1893). Erst recht gilt dieser Satz für die Haftung von Personen, die **außerhalb des Vertrages** stehen, an dessen Abschluss aber als Mittäter oder Gehilfe beteiligt waren. Die Eigenhaftung von Vertretern und Sachwaltern aus culpa in contrahendo geht grundsätzlich auf das negative Interesse (s. Rn 1407). Zumindest für die deliktische Haftung dieser Personen sollte dieser Grundsatz nicht aufgegeben werden.[173]

2101 **Schadensbemessung nach der Differenzhypothese:** Was der Käufer getan hätte, wenn die schädigende Handlung unterblieben wäre, hängt von den Umständen des Einzelfalls ab. Auf diese **hypothetische Frage** gibt es gerade in Fällen des Fahrzeugkaufs eine Reihe von Antworten. Die Dinge können so liegen, dass der Käufer durch das schuldhafte Verhalten des Verkäufers daran gehindert wurde, das an zweiter Stelle seiner „Wunschliste" stehende Fahrzeug zu kaufen, sei es von einem Dritten, sei es von seinem arglistigen Vertragspartner, sofern dieser als Händler mehere „interessante" Fahrzeuge im Angebot hatte. Die Vereitelung eines solchen Vertragsschlusses kann, muss aber nicht zu einer Vermögenseinbuße führen. Für die Erstattung eines entgangenen Gewinns genügt die Feststellung, dass der Käufer nach seinen besonderen Vorkehrungen oder nach dem allgemeinen Lauf der Dinge durch das Alternativgeschäft einen Gewinn tatsächlich erzielt hätte (§ 252 BGB, § 287 ZPO). Mit dem Ersatz des Erfüllungsinteresses (positives Interesse) hat das nichts zu tun.[174] Vielmehr geht es um eine Schadensberechnung im Rahmen der §§ 249 ff. BGB. Das negative Interesse muss nicht notwendigerweise hinter dem positiven Interesse zurückbleiben, nur darüber hinaus kann es nicht gehen. Denkbar ist ferner, dass der Käufer ohne die unerlaubte Handlung, z. B. bei Offenlegung des Unfallvorschadens, auf den Ankauf eines Fahrzeugs völlig verzichtet hätte, weil er nur am Erwerb dieses konkreten Fahrzeugs Interesse hatte.

---

170 Zu eng ist freilich die Erwägung, die §§ 823 ff. BGB schützten lediglich das Integritätsinteresse des Geschädigten, wenn damit das Interesse am Erhalt der Sache gemeint ist. Im Übrigen erscheint zweifelhaft, ob der Kl. überhaupt das positive Interesse geltend gemacht hat. Wenn von „entgangenem Gewinn" die Rede ist, muss es nicht notwendigerweise um das Erfüllungsinteresse gehen.
171 Das Rechtsgeschäft, 2. Aufl., 1975, S. 568.
172 A. a. O.
173 RGZ 103, 154 betrifft einen Sonderfall.
174 Bedenklich von daher OLG Karlsruhe NJW-RR 1986, 542.

Verhältnis der Sachmängelhaftung zu anderen Rechtsbehelfen des Käufers Rn 2102, 2103

Diese Fallgestaltung wird man bei Sonderfahrzeugen, z. B. ausgefallenen Oldtimern, in Betracht zu ziehen haben. Geltend machen kann der Käufer auch, dass er das Kaufobjekt auch bei Offenbarung der verschwiegenen Tatsache gekauft hätte, allerdings zu einem erheblich geringeren Preis. Um die Differenz zwischen dem vereinbarten und dem hypothetischen Kaufpreis als Schaden liquidieren zu können, muss zumindest wahrscheinlich sein, dass der Verkäufer sich mit dem geringeren Betrag zufrieden gegeben hätte.[175] Verkäufer bringen in diesem Zusammenhang mitunter vor, der Käufer hätte auch bei vollständiger Aufklärung den gleichen Preis wie vereinbart gezahlt. Damit wird versucht, die Kausalität der behaupteten Täuschung zu leugnen. Das betrifft den haftungsbegründenden **Ursachenzusammenhang,** berührt aber auch die haftungsausfüllende Kausalität. Die Rechtsprechung macht mit einem derartigen Einwand meist „kurzen Prozess". Dabei ist er aus Sicht der Kaufverhandlungen keineswegs abwegig, sofern der Mangel, wie z. B. ein fachgerecht reparierter Unfallvorschaden, technisch nicht sonderlich ins Gewicht fällt. **Üblicherweise** wird in Fällen arglistiger Täuschung angenommen, dass der Käufer ohne die Täuschung ein gleichartiges oder zumindest vergleichbares Fahrzeug von einem anderen Verkäufer erworben hätte.[176] Dieser **hypothetische anderweite Vertragsschluss** des Käufers[177] ist bei der Berechnung seines negativen Interesses zu berücksichtigen.[178]

Der Käufer hat bei Inanspruchnahme des Verkäufers (nicht eines Dritten) – wie im Rahmen des § 463 S. 2 BGB – die Wahl zwischen einer „kleinen" und einer „großen" Lösung: Er kann einmal das Fahrzeug behalten und Ersatz der Wertdifferenz zwischen Kaufpreis und dem objektiven Fahrzeugwert verlangen; er kann zum anderen auf Rückzahlung des Kaufpreises Zug um Zug gegen Rückgabe klagen. Im praktischen Ergebnis läuft die zweite Alternative, von wenigen Positionen abgesehen (z. B. entgangener Gewinn), auf den „großen" Schadensersatz aus § 463 BGB hinaus (dazu Rn 1999 ff.). **2102**

Die Abwicklung beim „großen" deliktischen Schadensersatzanspruch kann dadurch **gestört** sein, dass der Käufer nicht mehr in der Lage ist, das Fahrzeug unbeschädigt zurückzugeben. Zu diesen und ähnlichen Störungen der Rückabwicklung s. Rn 2078 ff., zu den Besonderheiten der **Vorteilsausgleichung** s. Rn 2008 ff.

Lebhaft umstritten ist, unter welchen Voraussetzungen der Käufer einen Anspruch aus § 823 I BGB wegen **fahrlässiger Eigentumsverletzung** in jenen Fällen hat, die unter der plastischen Sammelbezeichnung „**Weiterfresserschäden**" diskutiert werden. Der Gebrauchtwagenkauf hat mit dem **Hinterreifen-Urteil** des BGH vom 5. 7. 1978[179] einen Fall beigesteuert, in dem die **vorschriftswidrige Bereifung** eines Sportwagens zu einem Verkehrsunfall geführt hat. Zur (vertraglichen) Schadensersatzhaftung beim Verkauf eines Sportwagens mit **überalterten Reifen** s. LG Köln Urt. v. 26. 8. 1994, 21 O 91/94, n. v. (rk); s. auch OLG Hamm 23.11.1998, NJW 1999, 3273 – überalterte Reifen bei einem Wohnmobil; zur deliktischen Haftung eines **Reifenrunderneuerers** s. AG Bad Urach 8. 3. 1990, ZfS 1990, 182; vgl. auch LG Frankfurt 14. 12. 1990, NZV 1992, 194 – Reifenhändler; OLG Stuttgart 19. 3. 1990, NZV 1991, 68 – Prüfpflicht des Kfz-Halters; BGH 9. 5. 1995, NZV 1995, 310 – **Prüfpflicht beim Erwerb eines älteren Kfz von privat**; s. auch OLG Hamm 24. 6. 1996, OLGR 1996, 184; OLG Celle 26. 10. 1995, NZV 1997, 270 – Prüfpflicht des Kfz-Halters; OLG Düsseldorf 21. 2. 1997, NJWE-VHR 1997, 190 = NZV 1997, 271 (Ls.) – überalterte Reifen vom Reifenhändler; BGH 14. 10. 1997, NJW 1998, 311 zu § 31 II StVZO, § 23 I StVO, mit abschließender Entscheidung OLG Frankfurt VRS Bd. 97, 406; OLG **2103**

---
175 So schon RG 10. 11. 1921, RGZ 103, 154.
176 Mit dieser Unterstellung argumentiert man auch im Zusammenhang mit der Berechnung der Gebrauchsvorteile anhand des Wertverzehrs (Ersparnisgedanke).
177 Zur Grundlage dieser Annahme in tatsächlicher Hinsicht s. BGH 29. 10. 1959, NJW 1960, 237.
178 BGH 29. 10. 1959, NJW 1960, 237; v. 2. 7. 1962, NJW 1962, 1909.
179 NJW 1978, 2241; dazu *Kraft*, JuS 1980, 408; *Löwe*, BB 1978, 1495; *Schubert*, JR 1979, 201; *Schmidt-Salzer*, BB 1979, 1.

München 5. 3. 1998, MDR 1998, 772 = OLGR 1998, 127 – unterbliebener Reifenwechsel trotz Verkäuferhinweises. Im Zusammenhang mit den „Weiterfresser-Fällen" zu erwähnen ist auch der Pleuel-Halbschalen-Fall OLG Düsseldorf WM 1985, 1079. Weitere Entscheidungen zu dieser Fallgruppe unter Rn 1002 ff.

Allgemeine Geschäftsbedingungen für den Verkauf gebrauchter Kraftfahrzeuge

Anlage 4

Allgemeine Geschäftsbedingungen für den Verkauf gebrauchter Kraftfahrzeuge und Anhänger – Gebrauchtwagen-Verkaufsbedingungen (Eigengeschäft) –[1]

Nachstehende Bedingungen gelten für den Verkauf gebrauchter Fahrzeuge (Kaufgegenstand genannt).

I. Kaufvertrag/Übertragung von Rechten und Pflichten

1. Der Käufer ist an die Bestellung zehn Tage, bei Nutzfahrzeugen zwei Wochen, gebunden. Der Kaufvertrag ist abgeschlossen, wenn der Verkäufer die Annahme der Bestellung des Kaufgegenstandes innerhalb dieser Frist schriftlich bestätigt hat oder die Lieferung ausgeführt ist.

2. Die Übertragung von Rechten und Pflichten aus dem Kaufvertrag bedarf der vorherigen schriftlichen Zustimmung des Vertragspartners.

3. Sämtliche Vereinbarungen sind schriftlich niederzulegen. Dies gilt auch für Nebenabreden und Zusicherungen sowie für nachträgliche Vertragsänderungen.

II. Preise

Regelungstexte entfallen.

III. Zahlung/Zahlungsverzug/Aufrechnung

1. Der Kaufpreis, die Preise für Nebenleistungen und verauslagte Kosten sind bei Übergabe des Kaufgegenstandes – spätestens jedoch acht Tage nach Zugang der schriftlichen Bereitstellungsanzeige und Aushändigung oder Übersendung der Rechnung – zur Zahlung in bar fällig.

2. Zahlungsanweisungen, Schecks und Wechsel werden nur nach besonderer schriftlicher Vereinbarung und nur zahlungshalber angenommen unter Berechnung aller Einziehungs- und Diskontspesen.

3. Sind zwischen Verkäufer und Käufer Teilzahlungen vereinbart und ist der Käufer eine juristische Person oder ist der Kredit nach dem Inhalt des Vertrages für seine bereits ausgeübte gewerbliche oder selbständige berufliche Tätigkeit bestimmt, wird die gesamte Restschuld – ohne Rücksicht auf die Fälligkeit etwaiger Wechsel – einschließlich bis zum Fälligkeitstag aufgelaufener vereinbarter Zinsen fällig, wenn der Käufer mit mindestens zwei aufeinanderfolgenden Teilzahlungen ganz oder teilweise und mindestens 10%, bei einer Laufzeit des Kreditvertrages über drei Jahre mit 5% des Teilzahlungspreises in Verzug ist. Die gesamte Restschuld wird ferner fällig, wenn der Käufer seine Zahlungen allgemein einstellt oder wenn über sein Vermögen das Vergleichs- oder Konkursverfahren beantragt ist. Das gleiche gilt bei einer natürlichen Person als Käufer, wenn der Kredit zur Aufnahme einer gewerblichen oder selbständigen beruflichen Tätigkeit bestimmt ist und der Barzahlungspreis DM 100 000 übersteigt.

Statt die Restschuld zu verlangen, kann der Verkäufer – unbeschadet seiner Rechte aus Abschnitt VI Ziffer 2 – dem Käufer schriftlich eine Nachfrist von zwei Wochen zur Zahlung des rückständigen Betrages setzen mit der Erklärung, dass er bei Nichtzahlung innerhalb der Nachfrist die Erfüllung des Vertrages durch den Käufer ablehne. Nach erfolglosem Ablauf der Nachfrist ist der Verkäufer berechtigt, durch schriftliche Erklärung vom Vertrag zurückzutreten oder Schadenersatz wegen Nichterfüllung zu verlangen; der Anspruch auf Erfüllung ist ausgeschlossen.

4. Eine zwischen Verkäufer und Käufer getroffene Vereinbarung von Teilzahlungen, die nicht unter Ziffer 3 fällt, kann der Verkäufer kündigen und Zahlung der Restschuld verlangen, wenn

a) der Käufer mit mindestens zwei aufeinanderfolgenden Teilzahlungen ganz oder teilweise in Verzug kommt und der rückständige Betrag mindestens 10%, bei einer Laufzeit der Teilzahlungen von mehr als drei Jahren mindestens 5% des Teilzahlungspreises beträgt und

---

[1] Formulare sind blockweise zu beziehen von Vogel FORMA GmbH, Postfach 6724, 97017 Würzburg.

Allgemeine Geschäftsbedingungen für den Verkauf gebrauchter Kraftfahrzeuge

b) der Verkäufer dem Käufer erfolglos eine zweiwöchige Frist zur Zahlung des rückständigen Betrages mit der Erklärung gesetzt hat, dass er bei Nichtzahlung innerhalb der Frist die gesamte Restschuld verlange.

Verlangt der Verkäufer Zahlung der Restschuld, so vermindert sich diese um die Zinsen und sonstigen laufzeitabhängigen Kosten der Teilzahlungen, die bei staffelmäßiger Berechnung auf die Zeit nach Fälligkeit der Restschuld entfallen.

Statt Zahlung der Restschuld zu verlangen, kann der Verkäufer im Falle des Absatzes 1a) – unbeschadet seiner Rechte aus Abschnitt VI Ziffer 2 – dem Käufer schriftlich eine Nachfrist von zwei Wochen setzen mit der Erklärung, dass er bei Nichtzahlung innerhalb der Nachfrist die Erfüllung des Vertrages durch den Käufer ablehne und von diesem zurücktrete. Nach erfolglosem Ablauf der Nachfrist kann der Verkäufer durch schriftliche Erklärung vom Vertrag zurücktreten; der Anspruch auf Erfüllung ist ausgeschlossen.

5. Gegen die Ansprüche des Verkäufers kann der Käufer nur dann aufrechnen, wenn die Gegenforderung des Käufers unbestritten ist oder ein rechtskräftiger Titel vorliegt: ein Zurückbehaltungsrecht kann der Käufer nur geltend machen, soweit es auf Ansprüchen aus dem Kaufvertrag beruht.

6. Verzugszinsen werden mit 5% p. a. über dem von der Deutschen Bundesbank bekannt gegebenen Basiszinssatz berechnet. Sie sind höher oder niedriger anzusetzen, wenn der Verkäufer eine Belastung mit einem höheren Zinssatz oder der Käufer eine geringere Belastung nachweist.

IV. Lieferung und Lieferverzug

1. Liefertermine und Lieferfristen, die verbindlich oder unverbindlich vereinbart werden können, sind schriftlich anzugeben. Lieferfristen beginnen mit Vertragsabschluß. Werden nachträglich schriftlich Vertragsänderungen vereinbart, ist erforderlichenfalls gleichzeitig ein neuer Liefertermin oder eine neue Lieferfrist zu vereinbaren.

2. Der Käufer kann zehn Tage – bei Nutzfahrzeugen vier Wochen – nach Überschreiten eines unverbindlichen Liefertermins oder einer unverbindlichen Lieferfrist den Verkäufer schriftlich auffordern, binnen angemessener Frist zu liefern mit dem Hinweis, dass er die Abnahme des Kaufgegenstandes nach Ablauf der Frist ablehne. Mit dem Zugang der Aufforderung kommt der Verkäufer in Verzug. Der Käufer kann neben Lieferung Ersatz eines durch die Verzögerung etwa entstandenen Schadens verlangen; dieser Anspruch beschränkt sich bei leichter Fahrlässigkeit des Verkäufers auf höchstens 5% des vereinbarten Kaufpreises.

3. Nach erfolglosem Ablauf der Nachfrist ist der Käufer berechtigt, durch schriftliche Erklärung vom Kaufvertrag zurückzutreten oder Schadenersatz wegen Nichterfüllung zu verlangen; dieser beschränkt sich bei leichter Fahrlässigkeit auf höchstens 10% des vereinbarten Kaufpreises. Ist der Käufer eine juristische Person des öffentlichen Rechts, ein öffentlich-rechtliches Sondervermögen oder ein Kaufmann, bei dem der Vertrag zum Betrieb seines Handelsgewerbes gehört, steht ihm ein Schadenersatzanspruch bei Vorsatz oder Fahrlässigkeit des Verkäufers zu. Der Anspruch auf Lieferung ist in den Fällen dieser Ziffer ausgeschlossen.

4. Wird dem Verkäufer, während er in Verzug ist, die Lieferung durch Zufall unmöglich, so haftet er gleichwohl nach Maßgabe der Ziffern 2 und 3, es sei denn, dass der Schaden auch bei rechtzeitiger Lieferung eingetreten sein würde.

5. Wird ein verbindlicher Liefertermin oder eine verbindliche Lieferfrist überschritten, kommt der Verkäufer bereits mit Überschreiten des Liefertermins oder der Lieferfrist in Verzug. Die Rechte des Käufers bestimmen sich dann nach Ziffer 2 Satz 3 sowie nach Ziffern 3 und 4 dieses Abschnittes.

V. Abnahme

1. Der Käufer hat das Recht, innerhalb von acht Tagen nach Zugang der Bereitstellungsanzeige den Kaufgegenstand am vereinbarten Abnahmeort zu prüfen und die Pflicht, innerhalb dieser Frist den Kaufgegenstand abzunehmen.

2. Eine etwaige Probefahrt vor Abnahme ist in den Grenzen üblicher Probefahrten bis höchstens 20 km zu halten.

3. Bleibt der Käufer mit der Abnahme des Kaufgegenstandes länger als acht Tage ab Zugang der Bereitstellungsanzeige vorsätzlich oder grob fahrlässig im Rückstand, so kann der Verkäufer dem Käufer schriftlich eine Nachfrist von acht Tagen setzen mit der Erklärung, dass er nach Ablauf dieser Frist eine

Allgemeine Geschäftsbedingungen für den Verkauf gebrauchter Kraftfahrzeuge

Abnahme ablehne. Nach erfolglosem Ablauf der Nachfrist ist der Verkäufer berechtigt, durch schriftliche Erklärung vom Kaufvertrag zurückzutreten oder Schadenersatz wegen Nichterfüllung zu verlangen. Der Setzung einer Nachfrist bedarf es nicht, wenn der Käufer die Abnahme ernsthaft und endgültig verweigert oder offenkundig auch innerhalb der Nachfrist zur Zahlung des Kaufpreises nicht imstande ist. Bei Nutzfahrzeugen bedarf es in diesen Fällen auch nicht der Bereitstellung.

4. Verlangt der Verkäufer Schadenersatz, so beträgt dieser 15% des vereinbarten Kaufpreises. Der Schadensbetrag ist höher oder niedriger anzusetzen, wenn der Verkäufer einen höheren oder der Käufer einen geringeren Schaden nachweist.

VI. Eigentumsvorbehalt

1. Der Kaufgegenstand bleibt bis zum Ausgleich der dem Verkäufer auf Grund des Kaufvertrages zustehenden Forderungen Eigentum des Verkäufers. Der Eigentumsvorbehalt bleibt auch bestehen für alle Forderungen, die der Verkäufer gegen den Käufer im Zusammenhang mit dem Kaufgegenstand, z. B. auf Grund von Reparaturen oder Ersatzteillieferungen sowie sonstigen Leistungen einschließlich Treibstofflieferungen nachträglich erwirbt. Ist der Käufer eine juristische Person des öffentlichen Rechts, ein öffentlich-rechtliches Sondervermögen oder ein Kaufmann, bei dem der Vertrag zum Betrieb seines Handelsgewerbes gehört, gilt der Eigentumsvorbehalt auch für die Forderungen, die der Verkäufer aus seinen laufenden Geschäftsbeziehungen gegenüber dem Käufer hat.

Während der Dauer des Eigentumsvorbehalts steht das Recht zum Besitz des Fahrzeugbriefes dem Verkäufer zu.

Auf Verlangen des Käufers ist der Verkäufer zum Verzicht auf den Eigentumsvorbehalt verpflichtet, wenn der Käufer sämtliche mit dem Kaufgegenstand im Zusammenhang stehenden Forderungen erfüllt hat und für die übrigen Forderungen aus der laufenden Geschäftsbeziehung eine angemessene Sicherung besteht.

2. Der Verkäufer kann den Kaufgegenstand herausverlangen, wenn

a) bei einem unter Abschnitt III Ziffer 3 Absatz 1 genannten Käufer die dort erwähnten Voraussetzungen oder

b) bei einem unter Abschnitt III Ziffer 4 genannten Käufer die dort erwähnten Voraussetzungen vorliegen oder jener Käufer die eidesstattliche Versicherung abgegeben hat oder

c) der Käufer seiner Verpflichtung aus den nachstehenden Ziffern 3 oder 4 trotz schriftlicher Aufforderung aus nachstehender Ziffer 6 nicht nachkommt.

Zurückbehaltungsrechte des Käufers, die nicht auf dem Kaufvertrag beruhen, sind ausgeschlossen.

Nimmt der Verkäufer den Kaufgegenstand wieder an sich, so sind Verkäufer und Käufer sich darüber einig, daß der Verkäufer dem Käufer den gewöhnlichen Verkaufswert des Kaufgegenstandes im Zeitpunkt der Rücknahme vergütet. Auf Wunsch des Käufers, der nur unverzüglich nach Rücknahme des Kaufgegenstandes geäußert werden kann, wird nach Wahl des Käufers ein öffentlich bestellter und vereidigter Sachverständiger, z. B. der Deutsche Automobil Treuhand GmbH (DAT), den gewöhnlichen Verkaufswert ermitteln.

Der Verkäufer kann dem Käufer erneut schriftlich eine angemessene Frist zur Erfüllung seiner Verpflichtung setzen und ankündigen, dass er, wenn der Käufer sie innerhalb dieser Frist erfüllt, die Rückgabe des Kaufgegenstandes unter Berücksichtigung des gezahlten gewöhnlichen Verkaufswertes anbieten werde.

Außer im Falle des Abschnitts III Ziffer 4 trägt der Käufer sämtliche Kosten der Rücknahme und der Verwertung des Kaufgegenstandes. Die Verwertungskosten betragen ohne Nachweis 5% des Verwertungserlöses. Sie sind höher oder niedriger anzusetzen, wenn der Verkäufer höhere oder der Käufer niedrigere Kosten nachweist.

3. Solange der Eigentumsvorbehalt besteht, sind nur mit vorheriger schriftlicher Zustimmung des Verkäufers eine Veräußerung, Verpfändung, Sicherungsübereignung, Vermietung und anderweitige, die Sicherung des Verkäufers beeinträchtigende Überlassung oder Veränderung des Kaufgegenstandes zulässig.

4. Bei Zugriffen von Dritten, insbesondere bei Pfändung des Kaufgegenstandes oder bei Ausübung des Unternehmerpfandrechts einer Werkstatt, hat der Käufer dem Verkäufer unverzüglich schriftlich Mitteilung zu machen sowie den Dritten unverzüglich auf den Eigentumsvorbehalt des Verkäufers hinzuweisen.

5. Wurde der Abschluß einer Vollkaskoversicherung vereinbart, hat der Käufer diese unverzüglich für die Dauer des Eigentumsvorbehalts mit einer angemessenen Selbstbeteiligung abzuschließen mit der

Allgemeine Geschäftsbedingungen für den Verkauf gebrauchter Kraftfahrzeuge

Maßgabe, dass die Rechte aus dem Versicherungsvertrag dem Verkäufer zustehen. Der Käufer ermächtigt den Verkäufer, für sich einen Sicherungsschein über die Fahrzeugvollversicherung zu beantragen und Auskunft über das vorgenannte Versicherungsverhältnis einzuholen. Kommt der Käufer dieser Verpflichtung trotz schriftlicher Mahnung des Verkäufers nicht nach, kann der Verkäufer selbst die Vollkaskoversicherung auf Kosten des Käufers abschließen, die Versicherungsprämien verauslagen und als Teile der Forderung aus dem Kaufvertrag einziehen.

VII. Gewährleistung

Der Kaufgegenstand wird unter Ausschluß jeder Gewährleistung verkauft. Bei Fehlen zugesicherter Eigenschaften bleibt ein Anspruch auf Schadenersatz wegen Nichterfüllung unberührt.

VIII. Haftung

1. Der Verkäufer haftet nach Maßgabe der nachfolgenden Bestimmungen für Schäden – gleich aus welchem Rechtsgrund – wenn er, sein gesetzlicher Vertreter oder sein Erfüllungsgehilfe sie schuldhaft verursacht hat.

Bei leichter Fahrlässigkeit haftet er beschränkt: Die Haftung besteht nur, soweit der Schaden Leistungen von Versicherungen übersteigt und Drittschaden nicht im Rahmen des Gesetzes über die Pflichtversicherung für Kraftfahrzeughalter ersetzt wird. Die Haftung beschränkt sich dabei der Höhe nach auf die jeweiligen Mindestversicherungssummen nach dem Gesetz über die Pflichtversicherung für Kraftfahrzeughalter. Nicht ersetzt werden jedoch Wertminderung des Kaufgegenstandes, entgangene Nutzung, insbesondere Mietwagenkosten, entgangener Gewinn, Abschleppkosten und Wageninhalt sowie Ladung.

2. Unabhängig von einem Verschulden des Verkäufers bleibt eine etwaige Haftung des Verkäufers nach dem Produkthaftungsgesetz unberührt.

3. Der Verkäufer haftet während seines Verzuges auch für den zufälligen Untergang des Kaufgegenstandes. Im übrigen sind Ansprüche wegen Lieferverzuges in Abschnitt IV abschließend geregelt.

4. Ansprüche des Käufers gegen den Verkäufer wegen Fehlens zugesicherter Eigenschaften gemäß Abschnitt VII Satz 2 bleiben unberührt.

5. Ausgeschlossen ist die persönliche Haftung der gesetzlichen Vertreter, Erfüllungsgehilfen und Betriebsangehörigen des Verkäufers für von ihnen durch leichte Fahrlässigkeit verursachte Schäden.

IX. Schiedsgutachterverfahren

(Gilt nur für gebrauchte Fahrzeuge mit einem zulässigen Gesamtgewicht von nicht mehr als 2,8 t)

1. Soweit der Verkäufer das Gebrauchtwagen-Vertrauenssiegel des Zentralverbandes Deutsches Kraftfahrzeuggewerbe e. V. (ZDK) führt, können die Parteien bei Streitigkeiten aus dem Kaufvertrag – mit Ausnahme über den Kaufpreis – die für den Sitz des Verkäufers zuständige Schiedsstelle für den Gebrauchtwagenhandel anrufen. Die Anrufung muss schriftlich und unverzüglich nach Kenntnis des Streitpunktes, soweit es sich um Garantieansprüche handelt, spätestens acht Tage seit Ablauf der Garantiefrist, in allen anderen Fällen spätestens vor Ablauf von drei Monaten seit Übergabe des Kaufgegenstandes, erfolgen.

2. Durch die Entscheidung der Schiedsstelle wird der Rechtsweg nicht ausgeschlossen.

3. Durch die Anrufung der Schiedsstelle ist die Verjährung für die Dauer des Verfahrens gehemmt.

4. Das Verfahren vor der Schiedsstelle richtet sich nach deren Geschäfts- und Verfahrensordnung, die den Parteien auf Verlangen von der Schiedsstelle ausgehändigt wird.

5. Die Anrufung der Schiedsstelle ist ausgeschlossen, sobald der Rechtsweg beschritten ist.

X. Gerichtsstand

1. Für sämtliche gegenwärtigen und zukünftigen Ansprüche aus der Geschäftsverbindung mit Vollkaufleuten einschließlich Wechsel- und Scheckforderungen ist ausschließlicher Gerichtsstand der Sitz des Verkäufers.

2. Der gleiche Gerichtsstand gilt, wenn der Käufer keinen allgemeinen Gerichtsstand im Inland hat, nach Vertragsschluß seinen Wohnsitz oder gewöhnlichen Aufenthaltsort aus dem Inland verlegt oder sein Wohnsitz oder gewöhnlicher Aufenthaltsort zum Zeitpunkt der Klageerhebung nicht bekannt ist.

Stichwortverzeichnis

Die Zahlen verweisen auf die Randnummern; Zahlen mit **L** verweisen auf den Leasing-Teil

	Neuwagenkauf	**Gebrauchtwagenkauf**
A		
Ablehnung des Angebots		
– grundlose	159	–
– verspätete	10	–
Ablehnungsandrohung	29, 38, 41, 495, 501, 722, 723, 724	–
Ablieferungsinspektion	497, 870	–
Abnahme	391, 1183 L	1322, 1452
– Frist	396	1452
– Verzug	499	1452
Abnahmebestätigung	1186 L ff.	1846
– unrichtige	1189 L	
Abnahmeverweigerung		
– berechtigte	484 ff.	–
– endgültige	503	–
– nicht berechtigte	492 ff.	1452
– vorläufige	487	–
Abnahmeverzug		
– Nachfrist mit Ablehnungsandrohung	495, 501, 502, 504	1452
– Rechtsfolgen	499 ff.	1322, 1452 ff.
Abnutzung		
– normale	743	1556 ff.
– übermäßige	743, 1252 L, 1253 L	1556 ff.
Abschleppkosten	669, 875	1996, 2004, 2030
Abschluss		
– des Kaufvertrags über das Leasingfahrzeug	1175 L ff.	–
– des Leasingvertrags	1157 L ff.	–
– des NW-/GW-Kaufvertrags	6 ff.	1304 ff., 1438 ff.
Abschlussvertreter	1169	1390, 1421
ABS-Zusicherung	852, 856	1771
Abtretung		
– ohne Zustimmung	128	–
– von Ansprüchen aus dem Kaufvertrag	125	–
– von Gewährleistungsrechten	1126 L	1983 ff.
– Zustimmung zur	125	–
Abzahlungskauf	231 ff.	1321, 1470
– Angabeerfordernisse	236, 290	–
– Aufwendungsersatz	264, 265, 266	–
– Barzahlungspreis	236	–
– Belehrung über Widerrufsrecht	218, 291	–
– Beschädigung des Fahrzeugs	263, 270	–
– Bruttokreditbetrag	212	–
– Doppelmangel	283	–
– finanzierter Kauf	273 ff.	–
– Eigentumsvorbehalt	183 ff., 241	–
– einfacher	183 ff.	–
– Einwendungsdurchgriff	281, 296 ff.	–
– Fristsetzung	225, 247	–
– Kündigung	225, 247	–
– Minderung	323	–

	Neuwagenkauf	Gebrauchtwagenkauf
– Nettokreditbetrag	212	–
– Nichterfüllung	301	–
– Personalkredit	200 ff.	–
– Restschuldversicherung	216	–
– Rückabwicklung	304 ff.	–
– Rückforderungsdurchgriff	320 ff.	–
– Rücktritt	225, 247, 249, 259, 262, 287, 304	–
– Schriftform	208	–
– Teilzahlungsabrede	231	–
– Teilzahlungspreis	236, 237	–
– Unwirksamkeit	217, 239, 284, 300	–
– Verbraucherkreditgesetz	201 ff., 233 ff., 248, 260 ff., 289 ff.	–
– verbundener Kauf	289 ff.	–
– Vergütungsabrede	262	–
– Verzug	310	–
– Verzugsschaden	244, 245, 246, 311	–
– Wandlung	286, 317	–
– Wertminderung	269	–
– Widerruf	218, 233, 291	–
– wirtschaftliche Einheit	275 ff.	–
– Zinssatz	215, 241, 242	–
Abzinsung	1278 L	–
Abzug „neu für alt"	861, 1251 L, 1254 L	1409, 1995
ADAC-Vertrag	–	1305, 1324, 1741, 1793, 1972
Additivgarantie	–	1701 ff.
AfA	899	–
– Leasing	1105 L, 1109 L	–
Agenturgeschäft	–	1337 ff.
– Ansprüche des Vermittlers gegen den Käufer	–	1415 ff.
– Bevollmächtigung	–	1358 ff., 1421
– Eigenhaftung des Vermittlers	–	1390 ff., 1395 ff., 1412
– Kündigung	–	1374 ff.
– NW-Kauf mit Agentur	–	1385 ff.
– Steuerfragen	–	1337 ff.
– Vertragstyp	–	1342
aliud	1, 407, 408, 448, 484	1645 ff.
Allgemeine Betriebserlaubnis	461, 962	1613 ff., 1759 ff.
Airbag	101, 430, 855, 945, 972, 1073	
Alter	4, 449, 452, 456, 865, 874, 1051, 1100 L, 1252 L, 1254 L	1596 ff., 1661 ff., 2056
Änderung		
– des Kaufpreises	88 ff., 530	–
– des Leasingentgelts	1206	–
– des Lieferumfangs	420	–
– vor Auslieferung	467, 470	–
– zumutbare	420, 471	–
Änderungsvorbehalt hinsichtlich der Beschaffenheit des Neufahrzeugs	420	–
Andienungsrecht des Leasinggebers	1090 L, 1101 L, 1104 L, 1112 L, 1117 L, 1232 L, 1245 L, 1246 L, 1261 L, 1289 L	–
Anerkenntnis	569, 570, 1186 L	–

	Neuwagenkauf	Gebrauchtwagenkauf
Anfechtung		
– wegen Irrtums	142, 143, 200, 1249 L	1333, 1848 ff., 2055 ff.
– wegen arglistiger Täuschung	280, 284, 299, 300, 321, 1054, 1213 L	2061 ff.
Angabeerfordernisse nach dem VerbrKrG		
– einfacher Abzahlungkauf	236	–
– Gelddarlehen	212	–
– verbundenes Geschäft	290	–
Angebot		
– Fahrzeugrückgabe	831	–
– Vertragsabschluss	9, 1165 L	1438
– Werbung	60	–
Angemessenheit		
– der Annahmefrist	18, 1165 L	1439
– der Lieferfrist	39	–
– der Nachfrist	32	–
– der Wartefrist	30	–
Angestelltenhaftung	–	1414, 1426, 2066, 2098
Anmeldekosten	52, 64, 381, 775	1408, 2004, 2030
Annäherungsklausel	413 ff.	1443, 1845
Annahme	9, 10, 1165 L	1441
– Frist	9	1441
– Verzug s. Rücknahmeverzug		
Anpassungsklausel	92 ff., 1206 L	–
Anpreisung	414, 852	1831
Anschlussgarantie	579, 581, 595 ff.	1690
– Ausschlussgründe	599 ff.	–
– Beweislage	611	–
– Garantieleistung	603	–
– Rechtsnatur	605	–
– Untergang des Fahrzeuges	608	–
– Verjährung	602	–
– Verschleiß	598	–
Anwaltskosten für Geltendmachung der Wandlung	779, 780	2030
Arbeitsgericht	833	–
Arbeitskosten der Nachbesserung	664	–
Arbeitsplatz HWiG	364, 365	–
Arglistige Täuschung	862 ff.	1850 ff., 2061 ff.
– objektiver Tatbestand	–	1852 ff.
– subjektiver Tatbestand	–	1856 ff., 1894
– und Gewährleistungsausschluss	–	1987 ff.
ASU	235, 238, 445, 1021, 1151 L, 1208 L	1626, 1813
Aufbereitung	255, 1254 L	1892
Aufklärungspflichten	140 ff., 1171 L	–
– bei Unfallschäden	483	1874 ff.
– beim finanzierten Abzahlungskauf	288	–
– beim GW-Kauf	–	1852 ff., 1892 ff.
– beim Kauf des Neufahrzeugs	140 ff.	–
– der Wiederverkaufsabsicht	158, 1037	–
– des Verkäufers beim Abschluss des Leasingvertrags	1171 L	–
– fahrlässige Verletzung	142	2091, 2095
– zum Versicherungsschutz	157	1624, 1893, 2095
Aufrechnung	110, 312 ff.	1444
Aufwendungen	–	–
– Ersatz	264, 1194 L, 1218 L	1408, 2003 ff., 2071, 2072

	Neuwagenkauf	**Gebrauchtwagenkauf**
– Ersatz bei Einräumung eines Umtauschrechts	682	–
Ausgleichszahlung	1102 L, 1124 L, 1229 L, 1234 L, 1235 L, 1240 L, 1259 L, 1260 L, 1266 L, 1288 L	–
Auskunftsanspruch	162, 457	2075
Auslandsfahrzeug	–	1517 ff., 1893
Auslaufmodell	147, 148, 378, 383, 445, 466, 899	–
Ausreißer	926, 964	–
Ausschlussfrist	594	–
Ausstellungswagen	61, 475	–
Austauschgetriebe	660	–
Austauschmotor		
– als Fehler	–	1678
– als Gegenstand einer Zusicherung	–	1670 ff.
– Begriff	–	1670 ff.
– und Nichterfüllungsschaden	–	1994
Austauschteil	660	–
Austauschvereinbarung	1173 L	–
Autohypothek	–	1519
Autoleasing (s. Leasing)	1081 L ff.	
Automarkt, privat	–	1741, 1948, 1975 ff.
Autotelefon	113, 184, 381, 693, 1122 L	–

B

Bagatelle	717	–
Bagatellisierung	–	1881 ff.
Bagatellschaden	710	1587 ff., 1853, 1876
Bargeschäft	206, 232, 289, 385	–
Barzahlungspflicht	108	–
Barzahlungspreis	75, 79, 84, 213, 236, 239, 241, 242	–
Bastlerwagen	–	1579, 1583
Baujahr	453 ff.	1596 ff., 1662 ff., 1893
– Angabepflicht	454	–
– Auskunftsanspruch	457	–
Befundsicherungspflicht	1012, 1013	–
Behauptung ins Blaue	864	1877 ff., 1894
Belehrung über		
– Aufspaltungsrisiko beim fin. Kauf	288	–
– HWiG	369, 371	–
– Widerrufsrecht Abzahlungskauf	207, 218 ff., 234, 291, 1163 L, 1181 L, 1210 L	–
Benachrichtigungspflichten		
– beim Kauf unter Eigentumsvorbehalt	192	
– bei Nachbesserung durch anderen Betrieb	555, 646, 675, 724	–
Benzin – Kraftstoffkosten	675, 735, 809, 1137 L	–
Beratung, fehlerhafte	140 ff.	1345 ff., 2093
Beratungspflicht	141 ff., 179, 227, 867, 1171 L ff.	
Bereicherung, ungerechtfertigte	271, 289, 294, 308, 311, 371, 783, 785, 792, 823, 862, 1217 L, 1219 L, 1271 L	2066 ff.

	Neuwagenkauf	**Gebrauchtwagenkauf**
Bereicherungswegfall im Zusammenhang mit der Nutzungsvergütung	800	2077
Bereitstellung	497, 501	–
– Anzeige	106, 109, 122, 396, 486, 493 ff., 497	–
– Ersatzteile	907, 914	–
Bereitstellungsprovision	1194	–
Beschädigung		
– bei Vornahme von Nachbesserungen	660, 676, 874, 876, 879	2095
– beim Hersteller	481 ff.	–
– des Altwagens durch Probefahrer	177	–
– des Neufahrzeugs bei der Probefahrt	402, 403	–
– des Vorführwagens	168 ff.	–
– vor Vollzug der Wandlung	759, 760, 763	–
– vor Vollzug des großen Schadensersatzes	–	2019
Beschädigungsfreiheit des Neufahrzeugs	479 ff., 710, 870, 1052	–
Beschlagnahme	–	1546, 1622, 2019, 2049
Besichtigung	379, 387, 869	1306, 1939 ff.
Besichtklauseln	–	1975 ff.
Besitz	392 ff., 442, 849, 1137 L, 1140 L, 1183 L, 1229 L, 1230 L, 1242 L, 1245 L, 1262 L, 1265 L, 1271 L	1315, 1484 ff.
Besitz des Fahrzeugbriefs	186	–
Bestandteile wesentl.	184	–
Bestellung		
– Kauf auf	9 ff., 18 ff., 467, 472, 853, 854, 1068, 1178 L ff.	–
– vorhergehende, HWiG	370	–
Betriebsanleitung	151, 543	1629
Betriebsdauer, gewöhnliche	914, 916, 1086 L, 1089 L, 1095 L, 1105 L	–
Betriebserlaubnis	186, 445, 461, 784, 1021	–
– Erlöschen der	–	1613 ff., 1759 ff.
– Fortbestand der	–	1759 ff.
Betriebsgefahr	762, 764, 1227 L	–
Betriebssicherheit	423, 715, 914, 1253 L	1686 ff.
Betriebsstörungen	30, 47, 48	–
Beweislast für		
– Abnutzung übermäßige	1253 L	–
– Absendung	368	–
– Ansprüche aus Anschlussgarantie	611	–
– Aufklärungsverschulden	–	1855, 1858 f., 1862, 1878
– Barzahlung	200	–
– Belehrung über Widerruf	369	–
– Beschädigung wesentl.	760	–
– Einwendungen gegen Schadenspauschale	516	1460
– Fahrlässigkeit	34, 42	–
– Fehlschlagen der Nachbesserung	702	–
– Freizeitveranstaltung	20	–
– Garantie	642	1694 ff.
– Gewährleistungsausschluss	538, 593	–
– Laufleistung	446	–
– Mängel	534, 538, 593, 611, 612, 1253 L	1630, 1633

879

	Neuwagenkauf	**Gebrauchtwagenkauf**
– Nebenabreden	122	–
– Nutzung	1221 L	–
– Pflichtverletzung	160	2094
– Schäden	481	–
– Schiedsgutachten	1250 L	–
– Schriftformerfordernis	120	–
– Sittenwidrigkeit	1144 L	–
– Unerheblichkeit der Änderung	421	–
– Verlust	1268 L	–
– Verwertung	1255 L	–
– Zumutbarkeit der Änderung	421	–
Beweissicherung	577, 861, 1249 L	–
Beweisverfahren, selbstständiges	576 ff., 666, 731, 769, 777, 797	1634 ff.
billiges Ermessen	53, 103, 105, 824	
Bindungsfrist	9, 18 ff., 1165 L	1439
bleifrei	–	1743
Bonitätsprüfung	20	–
Bremsen, Bremsbeläge („neu")	–	1748
Bruttopreis	62, 237, 512, 804	–

C

Chip-Tuning	–	1595, 1614
Culpa in contrahendo	137 ff., 867	–
– Ablehnung des Angebots	159	–
– Haftungsausschluss	867	
– des Händlers als Käufer	–	1335
– des Händlers als Verkäufer	140 ff., 145 ff.	2091 ff.
– des Händlers als Vermittler	–	1395 ff.
– bei Probefahrt	163 ff., 168 ff., 401	1307 ff.
– und Sachmängelhaftung	143	2091 ff.

D

Darbietung	367, 936	–
Datenblatt	1021	–
DAT-Schätzwert	–	1326 ff.
Deckungsverkauf	829	1462
Deliktshaftung	181, 857, 862, 866, 884, 958 ff., 1167 L, 1170 L, 1227 L	1414, 2098
Diebstahl	499, 759, 766, 786, 1119 L, 1125 L, 1239 L	
Diebstahlauto	–	1530, 1539, 1623, 1901
Dienst-/Geschäftswagen	113 ff.	1807
Differenzbesteuerung	111, 1044	1337
Doppelkauf	350, 356	
Doppelmangel	283	
Drittschadensliquidation	315, 395, 894, 1263 L	1392, 1986
Drittverweisungsverbot	584	–
Durchgriffshaftung beim finanzierten Kauf	282	–
Durchrostung	1055	1559 ff., 1564 ff., 1750 ff.
Durchsicht	–	1808, 1895 ff.

	Neuwagenkauf	Gebrauchtwagenkauf
E		
effektiver Jahreszins	68, 242, 384, 386	–
EG-Neufahrzeug	1025, 1026	–
– Begriff	1049	–
– Direktkauf	1017	–
– Vermittlung	1041	–
– Versteuerung	1047	–
EG-Gebrauchtwagen	–	1517 ff., 1893
Eigengarantie des Händlers	604	1691 ff.
Eigengewährleistung des Leasinggebers	1131 L	–
Eigenhaftung des Vermittlers	–	1390 ff., 1395 ff.
Eigenschaft		
– zugesicherte	851 ff.	1647 ff.
Eigenschaftsirrtum	–	2055 ff.
Eigentum, wirt.	1108 L	–
Eigentumsverletzung	999 ff., 1229 L	–
Eigentumsvorbehalt	183 ff.	1463
– Bestandteile	184	–
– eidesstattliche Versicherung	256	–
– einfacher	183	–
– Erlöschen	188	–
– erweiterter	187	–
– Fahrzeugbrief	186	–
– Herausgabeanspruch	191 ff., 263	–
– Kontokorrentvorbehalt	190	–
– Kosten der Rücknahme	196	–
– Nebenforderungen	189	–
– Pflichtverletzungen	191 ff.	–
– Rücktritt	259 ff.	–
– Verbraucherkreditgesetz	241	–
– Verkaufswert	251, 262	–
– Zahlungsverzug	247	–
Einbau von Gebrauchtteilen	660	1592
Eindeckungsvertrag	33	–
Einwendungsdurchgriff	281, 296 ff.	–
– aus Gewährleistung	317	–
– beim Leasingvertrag	1226 L	–
– beim verbundenen Geschäft	296 ff.	–
– Rückforderungsdurchgriff	320	–
– wegen bestehender Schadensersatzansprüche gegen den Verkäufer	316	–
– wegen Nichterfüllung des Kaufvertrags	301, 304	–
– wegen Verzugs	310	–
Elektronisches System	428	–
Endpreis	64, 66, 381	–
Entgeltlichkeit des Kredits	207	–
Entschädigung bei Vorenthaltung	1247 L ff.	–
Entwendung	1239 L	–
Entwicklungsrisiko	942	–
Erfüllungsanspruch		
– Erlöschen	507, 520	–
– Freizeichnung des Leasinggebers vom	1195 L	–
– Quasi-Erfüllungsanspruch	509	–
Erfüllungsgehilfe	769, 880, 1167 L, 1183 L	1422, 1869
Erfüllungsinteresse	235, 857	1992 ff., 2100
Erfüllungskosten	775	–

	Neuwagenkauf	**Gebrauchtwagenkauf**
Erfüllungsort	394, 654, 739, 772, 831, 859, 1197 L, 1241 L	1411, 1991
Erfüllungspflicht	440, 520 ff., 1260 L, 1299 L	–
Erfüllungsverweigerung	497, 498, 1154 L	1452 ff.
Erhaltungspflicht	745, 1119 L	–
Erheblichkeit		
– der Abweichung	417, 420, 463	1632
– der Beschädigung	481, 759, 1120 L, 1121 L	–
– des Fehlers	424, 691	1632, 1853
Erklärung der Fehlerbeseitigung	564 ff.	–
erlasskonformes Leasing	1108 L, 1109 L	–
Ersatzbrief	–	1620
Ersatzlieferung	699, 1216 L	–
Ersatzteil	659	–
Ersatzteilversorgung	886 ff.	–
– Anspruchsberechtigte	906	–
– Erschöpfung des Vorrats	900, 901	–
– Haftung wegen Verzugs und Unmöglichkeit	910 ff.	–
– Nachbau	903	–
– objektive Unmöglichkeit	905, 913	–
– Rechtsgrundlage	888	–
– Unwirtschaftlichkeit	903, 904	–
– Verpflichtete	890	–
– Verschleißteile	902	–
– Vorratshaltung	887	–
– Wegfall der Pflicht	904	–
Ersetzungsbefugnis	341 ff., 771	–
ersparte Kosten	1282 L ff.	–
Ersthandfahrzeug	443	1803 ff.
Erstzulassung	443 ff.	1596, 1662, 1666
Erwerb vom Nichtberechtigten	392, 1263 L	1478 ff.
Erwerbsrecht	1089 L, 1090 L, 1112 L	–
Erwerbssteuer	111, 1022	
EU-Kauf	1016 f., 1041	1517 ff., 1893
Existenzgründung	204	–
Expertise	–	1811 ff.
Export in Nicht-EG-Länder	1080	–

F

Fabrikationsfehler	433, 708, 887, 964 ff.	–
Fabrikneuheit	2, 437, 445, 446 ff.	
– bei nicht vorrätigen Fahrzeugen	466	–
– bei vorrätigen Fahrzeugen	474	–
Facelifting	462	–
Fahrbereitschaft („fahrbereit")	670, 789, 802, 809, 868	1686 ff.
Fahrgestellnummer	438, 456	1618, 1623
Fahrkomfort	424, 812	–
Fahrlässigkeit		
– grobe	33, 42, 175, 763, 840	1481 ff., 1494 ff., 1937 ff.
– Abnahmeverzug	499, 501, 506	–
– Annahmeverzug	768	–
– Beschädigung des Leihwagens	678	–
– Lieferverzug	34	–
– des Probefahrers	174, 177	1307, 1450, 1451

	Neuwagenkauf	**Gebrauchtwagenkauf**
– leichte	176	1466, 1535
– des Probefahrers	169, 176	–
Fahrleistung, ungeklärte	446	–
Fahrschulwagen	–	1609
Fahrzeugbrief	186, 391 ff., 440, 458, 1140 L	1318, 1481 ff., 1494 ff., 1618
Fahrzeugidentifizierungsnummer	–	1623, 1663
Fahrzeugpapiere	857, 1021	1318, 1618
Fahrzeugrücknahme bei Aufrechterhaltung des Kaufvertrags	249	–
Fälligkeit des Leasingentgelts	1197 L	–
Falschbezeichnung	–	1645, 1760
Falschlieferung	407 ff., 448, 484	1645 ff.
Fehler	422 ff., 934 ff., 959 ff.	1547 ff.
– Anfälligkeit	719	–
– Beispiele	423, 424, 429, 434, 438	1556 ff.
– Beschreibung	642	–
– Erheblichkeit	420, 464, 692, 711	1632, 1853
– Fehleranzeige	124, 543, 639, 640	–
– Fehlerarten	404, 422 ff., 438 ff., 959 ff.	1556 ff.
– Fehlerfreiheit	422	–
– Fehlervermutung	535, 1010 ff.	–
– funktioneller Fehler	716	–
– Ursache	642, 643	–
– verdeckter	641	–
– wahrnehmbarer	641	–
– warentypische Eigenschaft	429	–
Fehlschlagen der Nachbesserung		
– vor Abnahme	490 ff.	–
– nach Abnahme	697 ff., 702 ff.	1697
Feuchtigkeitseintritt	433, 714, 715	–
finanzierter Abzahlungskauf	199 ff.	–
Finanzierungskosten	81, 87, 266, 320, 781, 797, 1141 L, 1235 L	1408, 2004, 2030
Finanzierungsleasing	1083 L	
Firmenfahrzeug	113	1806
Fixgeschäft	49	1446
Forderungsabsicherung	1209 L	–
Forfaitierung	1106 L	–
Frachtkosten	66, 382, 386, 1079	2004
Freizeitveranstaltung, HWiG	367	–
Freizeitverlust	679	–
Fremdaufbauten	579, 662	–
fristlose Kündigung	1230 L, 1239 L, 1264 L ff., 1267 L ff.	1374 ff.
Fristsetzung mit Ablehnungsandrohung		
– bei Fixgeschäft	50	–
– vor Geltendmachung von Schadensersatz gem. § 283 BGB	829	–
– zur Herausgabe des Fahrzeugs nach Vollzug der Wandlung	830	–
– bei Nichtabnahme des Fahrzeugs	493, 495, 501, 505	–
– vor Wandlung/Minderung	722, 723	

	Neuwagenkauf	Gebrauchtwagenkauf
G		
Garagenwagen/garagengepflegt	–	1689
Garantie	536 ff., 582	1690 ff.
– Anspruchsvoraussetzungen	593	–
– Ausschluss von Garantieleistungen	600, 601	1706
– Ausschlussfrist für Garantiemängel	594	–
– Beweislast	611	–
– Bestandsgarantie	536, 593	1693
– beim EG-Kauf	1055	–
– Fristen	596	–
– Garantiebedingungen	587 ff.	1702
– Garantieleistungen	603, 604	1697, 1705
– gewährleistungsbegleitende Garantie	582 ff.	–
– Inhaltskontrolle	588	–
– unselbständige	536	1692
– Urkunde	583	1702
– Verjährung	602	1699 f.
– Vertrag	581	1690 ff.
Gattungssache	521 ff., 716	–
Gattungsschuld	34, 405	–
Gebrauch des Fahrzeugs		
– bestimmungsgemäßer	744	–
– nach Geltendmachung der Wandlung	749 ff.	–
Gebrauchstauglichkeit	153, 422, 424, 429, 433, 486, 541, 711, 714, 716, 732, 775, 813, 1136 L	1566, 1598, 1632
Gebrauchsüberlassung		
– Probefahrt	163 ff.	1307, 1450
Gebrauchsvorteile	799 ff.	2008 ff., 2031 ff., 2074 ff.
– aufgedrängte	801	–
– bei Bereicherungsausgleich	–	2074 ff.
– bei Schadensersatz wegen Nichterfüllung	822	2008 ff.
– bei Sonderfahrzeugen	813, 821	2015
– bei Wandlung	799 ff.	2031 ff.
– Bemessung bei eingeschränkter Gebrauchstauglichkeit	813, 814	2017
– Berechnung	803 ff.	2012 ff.
– degressive Methode	806	–
– Geltendmachung	822	2011, 2075
– lineare Berechnung	806	2012 ff.
– nicht gezogene	802	2074
– Urteilstenor	826	–
– Verjährung	827	–
– Wertersatz	799	–
– Widerruf	235, 268, 1164 L	–
Gebrauchswert	806	–
Gebrauchtwagen (Begriff)	–	1301
Gebrauchtwagenbörse	–	1431, 1441, 1471
Gefahrtragung	395, 534	–
– Leasingfahrzeug	1115 L	–
Gefahrübergang	–	1630, 2055
Geländewagen	–	1797
Generalüberholung (generalüberholt)	–	1679 ff.
Geräusche/Mangel	424	–
Gerichtsstand		
– bei Schadensersatz	–	1991

	Neuwagenkauf	**Gebrauchtwagenkauf**
– bei Vermittlerhaftung	–	1411
– für Händleransprüche	–	1469
– für Wandlungsklage	772, 833	–
Gesamtfahrleistung		
– Fehler	–	1603 ff.
– Zusicherung	–	1717 ff.
Gesamtpreis	62	–
Gesamtschuldner	294, 948, 1191 L, 1229 L	1411
Geschäftsbesorgungsvertrag	1116	1344
Geschäftsgrundlage	34, 44, 130, 134, 141, 143, 200, 289, 305, 316, 592, 899, 914, 1058, 1063, 1083 L, 1133 L, 1143 L	2097
Geschäftswagen	113, 115	1807
Geschwindigkeit	416, 419, 814, 856	1709
Gewährleistung	520 ff.	1547 ff.
– Ausschlüsse	–	1933 ff.
– Berechtigte	628	–
– Dauer	532, 546 ff.	–
– des Leasinggebers	1131	–
– EG-Neufahrzeuge	1061 ff.	–
– Eigentumswechsel	629	–
– Ersetzung der	526, 530	–
– gesetzliche	526, 529, 691, 698	–
– Importvermittlung	1061, 1067 ff.	–
– Kostentragung	663 ff.	–
– Subsidiarität bei Fremdaufbauten	579	–
– Übergang auf Folgeerwerber	629, 631	–
– Umfang	536, 537	–
– Verjährung	546 ff.	2045 ff.
– vertragliche, beim Neuwagenkauf	532 ff.	
– Verpflichtete	578, 613	–
– Wegfall	543	–
– Zusage	532, 537	–
Gewährleistungsausschluss	–	1933 ff., 1946 ff.
– formularmäßig	–	1946 ff.
– kraft Vertrags	543, 1126 L, 1132 L	1946 ff.
Gewerbeertragssteuer	1106 L	–
Gewinn		
– entgangener	510 ff.	1462, 2006, 2100 ff.
Gläubigerverzug s. Rücknahmeverzug		
grobe Fahrlässigkeit s. Fahrlässigkeit		
Großabnehmerrabatt	71, 78, 112, 516	
Grundmietzeit	1086 L ff., 1104 L, 1200 L, 1240 L, 1264 L	–
Grundüberholung	–	1679
Gruppenfreistellungsverordnung (GVO)	586, 1025 ff.	
Gutachterkosten bei Fahrzeugrücknahme und Verwertung	254, 777, 1260 L	–
Gütezeichen (RAL)	–	1679, 1811
gutgläubiger Erwerb	392 ff.	1481 ff.

	Neuwagenkauf	Gebrauchtwagenkauf
H		
Haftpflichtversicherung(schutz)	177, 235, 402, 875, 1138 L, 1235 L	1324, 1624, 1625, 1798, 1893, 2095
Haftung		
– Ausschluss/Begrenzung	32, 42, 51, 138, 892, 942 ff., 1014 ff., 1067, 1128 L, 1134 L, 1193 L	1308, 1405, 1465, 1542, 1933 ff., 2096
– Beschädigung des Vorführwagens	169, 173, 177, 402	–
– des Leasinggebers für Händler	1171 L	–
– für Ersatzteilbeschaffung	892, 908	–
– in Bezug auf Dritthändler	881	–
– des Leasinggebers für Gebrauchs- verschaffung	1193 L	–
Hagelschaden	–	1584
Halbjahreswagen	–	1715
Haltereigenschaft	393, 444, 595, 762, 1112 L, 1140 L, 1227 L	1323
Händler als Vertragsabschlussgehilfe	1167 L ff.	1358, 1421 ff.
Händlereinkaufspreis	251, 1256 L, 1262 L	1326
Händlerverkaufspreis	251, 1253 L	1326
Händlervertrag	389, 578, 619 ff., 881, 1025, 1056 ff.	–
Hauspreis	69, 80, 112	–
Haustürgeschäft	362 ff.	–
– Abwicklung	371	–
– Anwendungsvoraussetzungen	363	–
– Arbeitsplatz	364, 365	–
– Freizeitveranstaltung	367	–
– Privatwohnung	366	–
– Widerruf	368	–
Hehlergeschäft	–	2054
Heilung der Vertragsnichtigkeit	217, 239	–
Hemmung der Verjährung	554 ff.	1699, 2049
– gem. § 639 Abs. 2 BGB	566 ff.	2049
– kraft Vertrages	554 ff.	–
Herausgabeanspruch	191 ff., 393, 440, 782, 1108 L, 1243 L	1536 ff.
Herstellergarantie s. Garantie		
Herstellerpreis	72 ff., 96, 383, 865	–
Herstellerwerbung	386	–
Herstellungsdatum	150, 455	1596, 1662
Höchstgeschwindigkeit	416, 856	1709
höhere Gewalt	47 ff., 834, 1115 L	–
Hotelkosten	679	–
Hubraum	421	1710
I		
Identitätsaliud s. aliud		
Identitätsprüfung	–	1901, 1925
Import aus		
– EG-Ländern	1016	1619, 1666, 1893
– Nicht-EG-Ländern	1079	1619, 1666, 1893
Importeurhaftung	572, 578, 927, 979, 996	–

	Neuwagenkauf	**Gebrauchtwagenkauf**
Importvermittler	1023 ff.	–
Individualabrede	10, 23, 28, 1031, 1032, 1067, 1257 L	1842, 1954 ff.
– Vorrang der	10, 28, 119, 413	1842, 1954 ff.
– und Schriftformklausel	121	1842
individueller Rechtsmissbrauch	668, 692	1968, 1973
Informationspflicht über		
– Ablehnung des Angebots	159 ff.	–
– bei Inanspruchnahme einer anderen Werkstatt, siehe im übrigen Aufklärungspflicht	646, 647	–
Inhaltskontrolle		
– der Preisänderungsklausel	95 ff., 99 ff.	–
– des Gewährleistungsausschlusses	584	1960 ff.
– von Haftungsbeschränkungen	138	1465
– von Schadenspauschalen	511 ff.	1455 ff.
– von Schriftformklauseln	118 ff.	1840 ff.
Inkassovollmacht	–	1416
Inserat	60, 1071	1835
Internet	19, 363	–
Inspektion	85, 151, 388, 437, 497, 511, 545, 587, 601, 610, 673, 743, 789, 868 ff., 1019, 1026, 1061, 1254 L	–
Instandhaltungspflicht	1137 L, 1231 L	–
Instruktionsfehler	–	968 ff., 1008
Integritätsinteresse	1234 L	1000 ff., 2100 ff.
Internet	–	1431, 1441
Investitionszulage	116	–
Inzahlungnahme	76, 78, 108, 122, 156, 291, 380 ff., 1203 L	324 ff., 1321, 1385 ff., 1891
Irreführung	377 f., 383	–
Irrtumsanfechtung		
– bei Fehlen von Eigenschaften	–	1848, 2055 ff.
– beim Kauf zum Schätzpreis	–	1333

J

Jahresgarantie	581 ff., 1072	–
Jahreswagen	–	1715
Jahreswagenvermittlung	–	1352, 1357, 1399, 1715
Jubiläumsverkauf	389	–
Jungwagen	–	1301, 1831

K

Kaschierung	–	1892
Kaskoversicherung	166, 169, 172, 177, 197 ff., 238, 270, 445, 759, 1015, 1138 L, 1229 L, 1231 L, 1235 L, 1238 L	1355
Katalysator	146, 155, 408, 425, 429, 438, 465, 856, 1073, 1253 L	1753 ff., 1892

887

	Neuwagenkauf	Gebrauchtwagenkauf
Kaufantrag	6 ff.	1438
– Ablehnung	159	–
Kauf auf Probe	10	–
Käuferkette	–	1983 ff.
Käufervorschlagsrecht	1250 L, 1256 L	–
Kaufpreis	52 ff.	1321, 1444
Kaufvertrag	6 ff.	1304 ff., 1438 ff.
– EG-Einkauf	1019	–
– unwirksamer	279	2092 ff.
Kenntnis des Mangels	520	1934 ff., 1945
Kilometerstand	–	1603 ff., 1677, 1717 ff.
Kilometer-Leasingvertrag	1089 L	–
– Abrechnung bei vorzeitiger Beendigung	1290 L	–
– Finanzierungsleasing i. S. d. VerbrKrG	1083 L	–
Kilometerzähler	601, 826	1603 ff., 1717 ff.
Klassiker-Nachbau	–	1797
Kommission	–	1342 ff.
konkludente Annahme	10, 1166 L	–
Konkretisierung	520 ff.	–
Konstruktionsänderung	148, 421	–
konstruktionsbedingte Eigenheiten	429	–
Konstruktionsfehler	428, 429, 960 ff.	–
Kontokorrentvorbehalt	190	–
Kopplungsgeschäft	385	–
Kopplungswerbung	382	–
Kostenbeteiligung des Gewährleistungsberechtigten	667, 704	–
Kostenvorschuss	689	–
Kraftfahrzeugbrief (s. Fahrzeugbrief)		
Kraftfahrzeugsteuer	445	1324, 1753 ff., 2004, 2005
Kraftstoffverbrauch		
– erhöhter	417 ff.	1742
– Werbung	379	–
– Zusicherung	414	1742
Kredit	200 ff.	–
– Kreditvermittler	385	–
– Kreditvertrag, unwirksamer	285	–
– Kündigung	225, 247	–
Kulanz	565, 568, 569, 575, 581, 678, 704, 866	–
Kündigung bei Untergang, Verlust, erheblicher Beschädigung des Leasingfahrzeugs	1120 L	–
kW-Angabe	373	1710 ff.

L

Ladenschlussgesetz	387	–
Lagerfahrzeug	447 ff.	–
Lagerhaltung		
– Neufahrzeug	447 ff.	–
– Reifen	450, 579	–
Lagermängel	450, 479	–
Leasing	1081 L ff.	–
– Abnahme	1183 L	–
– Abnahmebestätigung	1186 L	–
– Abrechnung	1259 L, 1287 L	–

	Neuwagenkauf	**Gebrauchtwagenkauf**
– Absatzförderung	1085 L, 1110 L	–
– Abtretung von Gewährleistungsrechten	1126 L	–
– Abzinsung	1278 L, 1279 L	–
– Aufwendungen	1194 L, 1218 L	–
– Aufwendungen, ersparte	1282 L	–
– Bindung an Angebot	1165 L	–
– Bürgschaft	1209 L	–
– Eigentum	1108 L ff.	–
– Eintritt in Vertrag	1175 L	–
– Entgelt	1196 L, 1198 L	–
– Anpassung	1206 L	–
– Berechnung	1196 L, 1197 L	–
– Minderung	1222 L	–
– Entstehung und Entwicklung	1081 L ff.	–
– Entwendung	1239 L	–
– Erfüllungsgehilfe	1167 L	–
– Finanzierungsleasing	1083 L ff.	–
– Forfaitierung	1106 L	–
– Gebrauchsverschaffung	1110 L, 1111 L, 1137 L, 1183 L	–
– Gebrauchtfahrzeug	1136 L	–
– Gefahrtragung	1116 L ff.	–
– Preisgefahr	1118 L	–
– Sachgefahr	1116 L	–
– Geschäftsbesorgung	1113 L	–
– Gewährleistung	1126 L ff.	–
– Ausschluss	1126 L	–
– Grenzen	1132 L	–
– Haftung Dritter	1209 L	–
– Insolvenz	1152 L	–
– Kilometervertrag	1098 L	–
– Kreditvertrag	1113 L	–
– Kündigung		
– außerordentliche	1264 L ff.	–
– ordentliche	1240 L	–
– Mietkauf	1113 L	–
– Mietvertrag	1124 L	–
– Minderung	1224 L	–
– Obhutspflichten	1139 L	–
– offener Restwert	1087 L, 1260 L	–
– Operating-Leasing	1083 L	–
– Preisangaben	1145 L	–
– prozessuale Fragen	1225 L	–
– Rechtskauf	1113 L	–
– Rechtsnatur	1083 L ff., 1113 L ff.	–
– Schlusszahlung	1093 L, 1260 L	–
– Schriftform	1158 L	–
– Schuldbeitritt	1209 L	–
– Sittenwidrigkeit	1141 L ff.	–
– Sonderzahlung	1105 L, 1107 L, 1142 L, 1145 L, 1196 L, 1198 L ff., 1272 L, 1276 L	–
– Steuern	1105 L ff.	–
– Teilamortisationsvertrag	1087 L	–
– Tod des Leasingnehmers	1266 L	–
– Transparenz	1102 L	–
– Typologie	1110 L	–

	Neuwagenkauf	**Gebrauchtwagenkauf**
– Umsatzsteuer	1105 L, 1107 L, 1205 L, 1208 L, 1231 L, 1238 L, 1259 L, 1260 L, 1273 L	–
– Unfall	1227 L ff.	–
– Ansprüche	1229 L, 1231 L, 1233 L, 1236 L, 1238 L	–
– Anspruchsberechtigung	1229 L	–
– Ausgleichszahlung	1234 L	–
– Betriebsgefahr	1227 L	–
– Geltendmachung	1230 L	–
– Kaskoversicherung	1238 L	–
– Obliegenheiten	1228 L	–
– Reparaturkosten	1231 L	–
– sonstige Ansprüche	1233 L	–
– Teilschaden	1231 L ff.	–
– Totalschaden	1234 L ff.	–
– Wertminderung	1232 L	–
– Unmöglichkeit	1193 L	–
– Untersuchungspflicht	1192 L	–
– Verbraucherkreditgesetz	1114 L, 1158 L, 1166 L, 1181 L, 1209 L, 1281 L	–
– Verjährung	1294 L ff.	–
– Vertrag		
– Angebot	1165 L	–
– Annahme	1165 L	–
– erlasskonformer	1083 L ff., 1098 L	–
– Kaufvertrag	1175 L	–
– kündbarer	1093 L	–
– mit Andienungsrecht	1090 L	–
– mit Schlusszahlung	1093 L	–
– sui generis	1113 L	–
– Vertragsbeendigung	1240 L ff.	–
– ordentliche	1240 L ff.	–
– vorzeitige	1264 L ff.	–
– Vertragsübernahme	1209 L	–
– Vertreter	1169 L	–
– Verwertung	1255 L ff.	–
– Verzug	1193 L	–
– Vollamortisationsgarantie	1086 L	–
– Vollamortisationsvertrag	1086 L	–
– Wandlung	1212 L	–
– Werbung	1145 L	–
– Widerruf	1160 L	–
– Zinsen	1196 L, 1207 L, 1220 L, 1278 L ff.	–
– Zugaben	1145 L	–
Leistungsverweigerungsrecht	300, 304 ff., 496, 522, 1195 L	2088
Leuchtweitenregulierung	465, 1021	1893
Lieferfrist	21 ff.	1445 ff.
– Begriff	23	1446
– fester Termin	49	1446
– Hindernisse	47	–
– Hinweispflicht	154	–
– Nachfrist	29, 39	–
– Rücktritt	29, 38, 40	–
– Schadensersatz	29, 38	1449
– Überschreitung	32	–

	Neuwagenkauf	**Gebrauchtwagenkauf**
– unverbindliche	27	1448
– verbindliche	21, 46	1447
– Vereinbarung	23, 24, 25, 28	1445 ff.
– Verzug	32, 35	1448, 1449
Lieferung	391	1445 ff.
Listenpreis	55, 73 ff.	–
Luxusverwendungen	–	2005, 2072

M

	Neuwagenkauf	**Gebrauchtwagenkauf**
Mängel	422 ff.	1544, 1547 ff.
– Anzeige		
– mündliche	638	–
– schriftliche	554, 638	–
– Aufnahme	638	–
– Beschreibung	642	1633
– Beseitigung	653 ff.	–
– der Fabrikation	424, 433, 964 ff.	–
– Elektronik	424, 721	–
– erhebliche	422 ff.	1632
– Erscheinung	642	1633
– fahrlässige Nichtfeststellung	645	1937 ff.
– Feststellung	641	1634 ff.
– funktionelle	716	1556 ff.
– der Konstruktion	429, 960 ff.	–
– Untersuchung	641	1895 ff.
– Ursache	642	–
– Verschleiß	538, 540 ff., 598, 660, 743, 902, 1137 L, 1253 L	1564 ff.
Mangelfolgeschaden	144, 735	2023 ff.
Mängelfreiheit	422 ff.	1744 ff.
Marken- und Typbezeichnung	382, 464	1759 ff.
Materialkosten	664	–
Mehraufwendungen bei Gläubigerverzug	500, 798	–
Mehrwertsteuer/Umsatzsteuer	90, 111, 156, 237, 381, 512, 772, 1016, 1021, 1043, 1105, 1231 L, 1234 L, 1254 L, 1273 L	1337, 1338
Meilenangabe	375	1740
Mietwagen (Vorbenutzung)	–	1609, 1611
Mietwagenkosten	160, 603, 675 ff., 754, 797, 861, 1230 L	1408, 1996, 2007
Minderung	691, 700, 734 ff.	2035 ff.
– Berechnung	734 ff.	2036 ff.
– Erfüllungsort	739	–
– gegen Dritthändler	625	–
– beim verbundenen Geschäft	323	–
Minderwert, merkantiler	270, 371, 403, 419, 445, 448, 490, 651 ff., 708 ff., 734, 760, 815, 875 ff., 1232 L ff., 1254 L ff.	1587, 1593, 1996
Mitverschulden		
– Abnahmebestätigung	1191 L	–
– Gewährleistung	544	2026
– des Händlers bei Probefahrt	174	1451

	Neuwagenkauf	Gebrauchtwagenkauf
– des Käufers bei Probefahrt	175, 176	1307 ff., 1451
– Unfall	1227 L	–
Modell	461	1667, 1668
– Aktualität	459	–
– Änderung	145	–
– Veränderung	145, 462	–
– Pflege	463	–
Motor	184	1670 ff.
Motornummer	439	1685
Motorschaden	–	1556 ff., 1639
Motorumrüstung	–	1614, 1615, 1760 ff.

N

	Neuwagenkauf	Gebrauchtwagenkauf
Nachbesserung	636 ff.	1692 ff., 1819 ff.
– Abschleppkosten	669	–
– Abwicklung	636 ff.	1692 ff., 1819 ff.
– Anzahl der Versuche	712 ff.	–
– Arbeitslohn	664	–
– Art und Weise	657	1697
– Aufwendungsersatz	663 ff.	1697
– Ausschlagung (Zurückweisung) durch Käufer	658	–
– Beschädigung des Autos	873, 876	1698
– Drittwerkstatt	613, 724, 879	–
– Durchführung	653 ff.	1692 ff., 1824
– Eigentum an ersetzten Teilen	659	–
– Erfüllungsort	654	–
– Erfüllungspflicht	654	–
– Ersatzfahrzeug	675	–
– Erzwingung	690	–
– Fehlschlagen	490, 697, 702 ff.	1697
– Frist		
– vor Abnahme	495	–
– nach Abnahme	722	–
– Gelegenheit zur	543, 650	–
– Geltendmachung	543, 638 ff.	–
– Gutachterkosten	680	–
– Herstellerrichtlinien	658	–
– Hotelkosten	679	–
– Informationspflicht	646 ff., 724	–
– Lagermängel	480	–
– Materialkosten	664	–
– Mietwagen	675	–
– Mitwirkung des Käufers	661	–
– nachträgliche	727 ff.	2022
– durch Gutachter	731	–
– durch Käufer	730	–
– Fortbestand des Wandlungsrechts	732	2022
– mit Zustimmung	728	2022
– ohne Zustimmung	729	2022
– Nebenpflichten	871 ff.	–
– Ordnungsgemäßheit	658	–
– Porto und Telefonkosten	674	1697
– Rechtsnatur	636	–
– Selbstbeseitigungsrecht	683	–
– Transportkosten	669	–

	Neuwagenkauf	**Gebrauchtwagenkauf**
– Transportrisiko	655	–
– Unentgeltlichkeit	663	1697
– Unmöglichkeit	490, 651, 708 ff.	1697
– Unvermögen	711	–
– Unverzüglichkeit	706	–
– unzumutbare Verzögerung	653, 706	–
– Unzumutbarkeit	706, 711	1697
– Verdienstausfall	679	–
– Verjährung	546 ff.	1699, 2045 ff.
– Verweigerung	703	–
– Verzug	686, 706, 723	–
– vor Abnahme	495	–
– Wartungskosten	673	–
– Werterhöhung	667	–
– wertminderungsfreie	490, 709 ff.	–
– Zulässigkeit der Vereinbarung	531	–
– Zulieferer	662	–
Nachfolgemodell	11, 147 ff., 461, 472	–
Nachforschungspflicht	–	1499 ff., 1895 ff.
Nachrüstung/Umrüstung	710, 734, 868, 1021	1825, 1826
nachvertragliche Wartungs- und Reparaturpflicht	714	1829
Namenstäuschung	–	1528, 1529
natürlicher Verschleiß (s. auch Mängel-Verschleiß)	540 ff.	1562 ff., 1696
Nebenpflichten		
– bei Fahrzeugauslieferung	868	–
– vorvertragliche	137 ff.	1320, 1618, 1928, 2091
Nennbetrag	225, 1272 L	
Nettokreditbetrag	203, 212, 213, 294, 300, 306, 1144 L	–
neu, neuwertig	1 ff.	1747, 1748
Neuentwicklung	430, 431	
Neufahrzeug	1, 446 ff.	–
Nichterfüllung der vollzogenen Wandlung	829	–
Nichterfüllungsschaden	34, 42, 508 ff., 677, 1263 L	1452, 1992 ff., 2100
Nichtigkeit des Vertrags	119, 123, 211, 239, 241 ff., 282 ff., 300, 1159 L	2052 ff.
Normalpreis	71 ff.	–
Nutzfahrzeug	9, 13, 18, 116, 381, 422, 498, 511, 542, 546 ff., 662, 669, 1081 L	1303, 1584, 1796 ff., 1826
Nutzungen	37, 267, 740, 799, 803 ff., 1221 L, 1247 L	2009, 2031, 2074
Nutzungsausfall	35, 37, 160, 675 ff., 797, 860, 1230 L, 1233 L	–
– beim großen Schadensersatz	860	2007
Nutzungsvergütung		
– beim „großen" Schadensersatz	–	2008 ff.
– nach Anfechtung	–	2074 ff.
– nach Rücktritt des Kreditgebers	267 ff.	–
– nach Wandlung	799 ff.	2031 ff.

	Neuwagenkauf	Gebrauchtwagenkauf
O		
Obhutspflicht		
– des Leasingnehmers	1139 L	–
– des Vermittlers	–	1353 ff.
Obliegenheiten		
– i. R. d. Gewährleistung	665, 724	–
– Kauf unter Eigentumsvorbehalt	191	–
– des Leasingnehmers	1192 L	–
– nach Unfall	1228 L	–
– des Verkäufers	172	–
Offenbarungspflicht s. Aufklärungspflicht		
Ölverbrauch	425, 644, 733	1742
Oldtimer	–	1619, 1669, 1750, 1831 ff., 2015
Omnibus	448, 580, 821	1797, 2015
Originalersatzteil	659	–
P		
Parallelimport	1023	–
pauschalierter Schadensersatz		
– beim Agenturgeschäft	–	1417
– beim GW-Kauf	–	1453 ff.
– beim Händlerankauf	–	1336
– beim Neuwagenkauf	511	–
– nach fristloser Kündigung des Leasingvertrags	1274 L	–
Personalkredit	200	–
Pfändung des Autos	846 ff.	–
Portokosten	674	1697
positive Vertragsverletzung	144, 166, 177, 178, 507, 672, 866 ff., 1230 L	1625, 1928, 2095
Preis		
– ab Werk	56, 67	–
– Änderungsklausel	92, 99	–
– Änderungsvorbehalt	54, 471	–
– Angabe	58 ff., 381	–
– Angabeverordnung	58	–
– Aufgliederung	66	–
– Bestandteile	52	–
– Empfehlung	73, 75	–
– Endpreis	58, 381	–
– Erhöhung		
– abgewickelte Verträge	107	–
– Änderung des Lieferumfangs	420	–
– bei Lieferverzug	97	–
– bei nachträglich verlängerter Lieferfrist	97	–
– bei Typenverbesserung	420	–
– billiges Ermessen	102, 103	–
– ergänzende Vertragsauslegung	105	–
– richterliche Kontrolle	100	–
– Rücktrittsrecht	101	–
– Verbot	90	–
– Voraussehbarkeit	96	–
– Voraussetzungen	93, 95 ff.	–
– zwischen Angebot und Annahme	89	–

	Neuwagenkauf	Gebrauchtwagenkauf
– Gefahr	1118 L	–
– Gegenüberstellung	383	–
– Gesamtpreis	62	–
– Kredite	68	–
– Liste	73	–
– Mehrwertsteuer	63	–
– Offenhalten	53, 56	–
– Preisauszeichnung	58	–
– Senkung	96	–
– Steigerungsfaktoren	99	–
– Übernahme der UPE	75	–
– Vereinbarung	52	1321, 1444
– Vorbehalt	54	–
– Werbung mit Preisen	381, 386, 1145 L	–
Preisagentur	56	–
Privatwohnung HWiG	364, 366	–
Probefahrt	5, 163 ff., 387, 397	1306, 1450
– Beschädigung des Vorführwagens	168 ff.	1307, 1450
– Haftung	168 ff., 401	1307, 1451
– Schutz- und Sorgfaltspflichten des Verkäufers	172	1307 ff., 1451
– Vereinbarung und Rechtsnatur	164 ff.	1307, 1451
– Verschulden	174	1307 ff., 1451
– Verzicht auf Haftung	170	1943
Produktbeobachtungspflicht	941, 975 ff.	–
Produkthaftung, deliktische	958 ff.	–
– Anwendungsbereiche	958, 999 ff.	–
– Beweisfragen	1006 ff.	–
– Freizeichnung	1014, 1015	–
– Schaden	1002 ff.	–
– Verpflichtete	991 ff.	–
Produkthaftung (ProdHaftG)	924 ff.	–
– Beweislast	945	–
– Entwicklungsrisiken	942, 943	–
– Erlöschen von Ansprüchen	955	–
– Fehlerbegriff	934 ff.	–
– Gefährdungshaftung	924	–
– Haftungsausschluss und -beschränkungen	951	–
– Mangel und Mangelfolgeschaden	931, 932	–
– Mitverschulden	946	–
– Verjährung	952 ff.	–
– Verpflichtete	927, 928	–
Produktionseinstellung	438, 469	–
Prospektangabe	413 ff., 416	–
Prüfrecht des Käufers	397 ff., 485	–
Prüfungskosten	665	–
PS-Angabe	373	1710 ff.

Q

Qualitätsmängel	433	1556 ff.
Qualitätsstandard	436	–
Quasi-Erfüllungsanspruch	509	–
Quasi-Hersteller	927, 992	–
Quasi-Verkäufer (Sachwalter)	–	1342, 1395 ff.

	Neuwagenkauf	**Gebrauchtwagenkauf**
R		
Rabatt	69 ff.	–
– Barzahlungsnachlass	71	–
– Erschleichen	78	–
– Großabnehmer	71	–
– Inzahlungnahme	76, 332, 347, 383	–
– Mitglieder von Automobilklub	71	–
– Mitarbeiter	112	–
– Mengenrabatt	71	–
– Normalpreis	72, 75	–
– Tageszulassung	79	–
– UPE	72 ff.	–
– versteckter	76, 347	–
– Werksangehörige	71, 112	–
Raucherfahrzeug	–	1612
Rechnung	108, 496	–
Rechnung (Vorlage beim Verkauf)	–	1680, 1745, 1790, 1813
Rechtskauf	131, 1113 L	–
Rechtsmängelhaftung	1126 L	1544 ff.
Rechtsmissbrauch	133, 134, 668, 692, 1187 L	–
rechtsmissbräuchliche Geltendmachung		
– der Verjährung	573, 574	2047
– der Wandlung	691 ff.	2034
– des großen Schadensersatzes	–	2020 ff.
Rechtsverfolgungskosten	729, 1233 L, 1277 L	2024
Refinanzierungskosten	1196 L, 1209 L	–
– Regulierung durch die Kaskoversicherung	1238 L	–
Reifen, Reifenschaden	83, 423, 450, 455, 540, 579, 662, 693, 708, 789, 792 ff., 869, 1137 L	1556 ff., 2103
reimportiertes Fahrzeug	465, 1061 ff.	1517, 1619, 1893
Reisekosten	679, 775, 1272 L	–
Reparatur		
– Kosten	664	–
– notwendige Verwendung	788	2004, 2028
– vor Verwertung	1258 L	–
Reparaturkostenversicherung	378	1701 ff.
restauriert	–	1832
Restschuld	68, 212, 216, 225, 250, 258	–
Restschuldversicherung	216, 285, 385, 1089 L	–
Restwertabrechnung	1260 L	–
Restwertrisiko	1083 L, 1102 L	–
Rostanfälligkeit	434, 479, 480, 545, 643, 708, 710, 713 ff., 899	1559 ff., 1581
Rostfreiheit	–	1566 ff., 1749 ff.
Rostschäden		
– Einzelfälle	–	1559 ff.
– Untersuchungspflicht	–	1901, 1924
Rückabwicklung		
– bei großem Schadensersatz	858	1999 ff.
– Kosten	776	–
– nach Anfechtung	–	2066 ff.
– nach Geltendmachung des Einwendungsdurchgriffs	282 ff., 304 ff.	–
– nach Wandlung	740	2027 ff.

	Neuwagenkauf	**Gebrauchtwagenkauf**
– nach Widerruf		
– Abzahlungskauf	233	–
– verbundenes Geschäft	293 ff.	–
– des Leasingvertrags	1164 L	–
– Haustürgeschäft (HWiG)	371	–
Rückforderungsdurchgriff	320	–
Rückgabe des Fahrzeugs	839, 840 ff., 1241 L	–
Rückgabeprotokoll	1249 L	–
Rückgabeunmöglichkeit	766, 859, 1244 L	2018 ff., 2086 ff.
Rückkaufverpflichtung	1262 L	–
Rücknahme des Fahrzeugs beim finanzierten Kauf	194, 261 ff.	–
Rücknahmeverzug	768, 798, 836	2002, 2018
Rückrufpflicht	986 ff.	–
Rücktritt	–	1541
– Abzahlungskauf	260, 286, 304	–
– aus wichtigem Grund	45, 484	–
– Fiktion	249, 262	–
– finanzierter Kauf	304	–
– Irreführung	390	1541
– Kaufvertrag	29, 32, 497, 506, 507	–
– Leasingvertrag	1128 L, 1240 L, 1260 L	–
– Lieferfristüberschreitung	40, 44	1449
– Preiserhöhungen	101 ff.	–
– vom Kreditvertrag	225, 259	–
– Versagung der Zustimmung zur Abtretung	133	–
Rumpfmotor	–	1675

S

Sachgefahr	1115 L	–
Sachverständigenkosten	254, 777, 797, 1233 L, 1260 L	1408, 1996, 2004, 2030
Sachwalterhaftung	–	1395 ff.
Schadensersatz		
– aus c.i.c.	137 ff.	1395 ff., 2091 ff.
– fristlose Kündigung	1273 L	–
– Nichterfüllung s. Nichterfüllungsschaden	508, 828 ff., 911	1452 ff., 1540, 1544 ff., 1991 ff.
– Nichtrückgabe Leasingauto	1247 L ff.	–
Schadenspauschale	511 ff., 1185 L	1453 ff.
Schadstoffarmut	856	1753 ff.
Schätzpreis	76	1326
Schätzpreisklausel	–	1326 ff.
scheckheftgepflegt	–	1757
Scheingeschäft	1040	1420
Schiedsgutachten	1250	1328, 1467
Schiedsstelle	–	1467, 2049
Schleichbezug	1034	–
Schriftform	–	–
– einseitige Erklärungen	124	–
– gesetzliche	123	–
– gewillkürte	6, 117, 123	–
– Klausel	118, 119	1839 ff.
– Kreditvertrag	208	–
– Leasingvertrag	1158 L	–

	Neuwagenkauf	Gebrauchtwagenkauf
Schuldbeitritt	224, 229, 1059, 1161 L, 1176 L, 1209 L ff.	–
Schuldübernahme	224, 294, 1059, 1161 L, 1176 L, 1209 L	
Schutzpflicht	139	1353 ff.
Schweigen als Annahme	15	–
Schwerstmangel	–	1578, 1952 ff.
Selbstständiges Beweisverfahren	576 ff.	1634 ff.
Selbstbelieferungsvorbehalt	34	–
Selbstbeseitigungsrecht	683	–
Selektiver Vertrieb	1024 ff.	–
– gesetzlicher Schutz	1033	–
– vertraglicher Schutz	1027	–
Serienmäßigkeit	429, 430, 465, 708, 868, 903, 1054	1759 ff.
Sicherheitsgurt	116, 420	–
Sicherheitssystem	597	–
Sicherungsschein	198, 1138 L, 1229 L	–
Sicherungsübereignung	216, 276, 1111 L, 1263 L	–
Sittenwidrigkeit	284, 299, 300	1327, 2052 ff.
– des Leasingvertrags	1141 L	–
SL-Bezeichnung	376	–
Sonderanfertigung	431, 708	–
Sonderangebot	388	–
Sonderaufbauten	580	–
Sonderausstattung (Extras)	56, 80, 83, 113, 406, 421, 868, 1107 L	1771
Sonderveranstaltung	388	1471
Sonderzahlung	1198 L ff.	–
Stand der Technik	426, 532	
Standgeld	255, 510	1336, 1384
Standzeit	150, 434, 448 ff., 465, 479, 786, 846, 1052	–
Stellvertretung		
– beim Agenturgeschäft	–	1358, 1390, 1421
– beim Erwerb vom Nichtberechtigten	–	1520 ff.
– und Wissenszurechnung	1070	1423, 1865 ff.
Steuerbefreiung	111 ff., 155, 377	1753 ff.
Steuern	111 ff., 1105 L ff.	–
– Differenzbesteuerung	111	1337
– Fahrtenbuch	114	–
– Fahrten zur Arbeitsstätte	113	–
– Familienheimfahrten	113	–
– Mitarbeiter von Großkunden	112	–
– Pauschalierung nach der 1%-Methode	113	–
– Umsatzsteuer	111, 115	1337
– Vollkostenabrechnung	114	–
– Werksangehörigenrabatt	112	–
Steuerrecht	–	1337
Stilllegung	751	1943
Streitwert		
– bei Wandlung	828, 835	–
– Beweisverfahren	828	1644
Stückkauf	405, 863	1547, 1645
Stundung	68, 78, 385, 738, 1150 L, 1235 L	–

	Neuwagenkauf	Gebrauchtwagenkauf
T		
Tachoangaben	–	1717 ff.
Tachoauswechselung	–	1606
Tagespreisklausel	99 ff.	–
Tageszulassung	79, 377, 445, 528, 1051, 1068	1893, 1973
Tankstellenpächter (als Vermittler)	–	1399
Tauschmotor	–	1670 ff.
Tauschvertrag	341, 349 ff.	1321
Taxi s. Vorbenutzung		
Teilamortisationsvertrag	1087 L	–
Teilemotor	–	1675
teilreparierter Motor	–	1682
Teilschaden	1231 L	–
teilüberholter Motor	–	1682
Teilzahlungsabrede	232	–
Teilzahlungsplan	214	–
Teilzahlungspreis	236	–
Telefax	19	–
Telefongebühren	674	1697
Tempomat	424	1771
Testfahrt	3, 4, 482	1450, 1451
Tierhalterfahrzeug	–	1612
Totalschaden	765, 1117 L, 1234 L ff.	1886 ff.
Transparenzgebot	48, 1102 L ff., 1152 L, 1293 L	1330
Transport		
– auf eigener Achse	3	–
– EG-Kauf	1020	–
– Kosten	669	–
Trennungstheorie	279	–
TÜV (Abnahme, Bericht, Plakette)	–	1626, 1772 ff.
TÜV-Kosten	235, 381, 1208 L	–
Tuning	927	1825
TV-Shopping	363	–
Typ des Kaufgegenstandes	428	–
Typenverbesserung	462	–
Typgerechtigkeit	–	1759 ff.
Typwechsel	461	–
U		
Überbeanspruchung	543	–
Übereignung	391	1317, 1478 ff.
Überführungsfahrt	3	1323, 1451
Überführungskosten	64, 72, 113, 383, 386, 510, 774 ff., 1145 L ff.	2004, 2030
Übergabe	13, 391, 394, 547, 1190 L	1315
Überholung	–	1679 ff.
Umbauten	–	1825, 1826
Ummeldung	381	1324, 1444
Umrüstung	870	1614 ff., 1759 ff., 1819 ff.
Umsatzsteuer (s. Mehrwertsteuer)		
– Änderungsklausel	91	–
Umtausch(garantie)	–	1708

	Neuwagenkauf	**Gebrauchtwagenkauf**
Umweltbezug als Sacheigenschaft	438	1595 ff.
Undichtigkeit	424, 433, 434, 692, 715	1557, 1558
Unfall	1227 L ff.	–
Unfallfreiheit	482	1788 ff.
Unfallschaden als Fehler	–	1582 ff.
Unfallwagen		
– bestimmter Unfallschaden (Zusicherung)	–	1788 ff.
– Minderwert, merkantiler	–	1587
– Unfallbeteiligung	–	1582 ff.
Unkenntnisklausel	–	1746
Unklarheitenregel	206	1741, 1957
Unmöglichkeit		
– der Ersatzteilbeschaffung	905, 910	–
– der Garantieleistung	608	1697
– der GW-Lieferung	359	1539
– der Herausgabe	295, 371, 742, 766 ff., 830, 1244 L	–
– der Nachbesserung	592, 609, 701, 702, 708 ff., 720	–
– der NW-Lieferung	34, 43, 281, 499, 866, 1192 L ff.	–
– nach Verzugseintritt	43	–
Untergang des Fahrzeugs, zufälliger	43, 197, 371, 395, 742, 759 ff., 767, 832, 1112 L, 1115 L ff.	–
Unterstellkosten	786	2004, 2030
Untersuchungspflicht	144 ff., 641 ff., 665, 869, 1192 L	1402, 1895 ff.
Untersuchungskosten	680	1996, 2004, 2030
Untersuchungsobliegenheit	–	1939 ff.
Untervermittler	–	1351, 1352
Untervollmacht	–	1351, 1352
unverbindliche Preisempfehlung UPE	67, 383	–
Unverhältnismäßigkeit des Nachbesserungsaufwands	705	1697
Unvermögen	34, 43, 711, 766 ff., 912	–
Unwirksamkeit mangels Schriftform	217, 1159 L	–
unzulässige Rechtsausübung (s. Rechtsmissbrauch)		
Unzumutbarkeit der Nachbesserung	711	1697

V

Veränderung		
– der Geldmarktverhältnisse	1207 L	–
– des Gebrauchtwagens	–	1614 ff.
– des Neuwagens		
– nach Auslieferung	792, 794, 1249 L, 1253 L	–
– vor Auslieferung	149, 377, 421, 437, 445 ff., 461 ff., 479, 794, 870	–
– nicht genehmigte	537, 600, 712, 870	–
– in der Sphäre des Käufers	44, 134	–
– des Standes der Technik	432	–
Veränderungskontrolle	–	1901, 1924 ff.
Veräußerungsverbot	1027	–

	Neuwagenkauf	Gebrauchtwagenkauf
verbindliche Lieferfrist	21, 46	1447
verbotene Eigenmacht	1242 L	–
Verbrauchsgüterkauf	530	–
Verbraucherkreditgesetz	201 ff., 1158 L ff., 1181 L, 1272 L, 1280 L	–
Verbuchung des Verzugsschadens	246	–
verbundenes Geschäft	289 ff.	–
Verdienstausfall	679	1462, 2006
vereinbarte Lieferfrist	21 ff.	1445 ff.
verfristete Annahme	10	–
Verfügungsbefugnis, guter Glaube	392	1479 ff.
Verfügungsverbot	1027 ff.	–
– beim Eigentumsvorbehalt	191	–
Verjährung		
– Arglist	862	1850, 2045
– Aufwendungen zur Nachbesserung (§ 476a BGB)	551	–
– Ausgleichsanspruch	1297 L	–
– Beschädigung des Vorführwagens	180, 181	–
– c. i. c.	178	1410
– Ersatzansprüche	550, 551	–
– Ersatzteilbelieferung	907	–
– Ersatzteile	552 ff.	–
– Garantie	594	1699, 1700
– Gebrauchsvorteile	827	–
– Gewährleistungsansprüche	546 ff., 1294 L	2045 ff.
– Hemmung	554 ff., 566 ff.	2049
– Leasingentgelt	1295 L	–
– Mehr-/Minderkilometer	1296 L	–
– positive Vertragsverletzung	178	–
– Unterbrechung	569 ff.	2049
– Verschlechterung	1297 L	–
– Vertragskosten	549	–
– Verwendungsersatz	549, 1300 L	–
– Wandlung, vollzogene	550	2050
– Wegnahmerecht	1300 L	–
– Zinsanspruch	246	–
Verkauf an Dritte	253	–
Verkaufspreis	52 ff.	1321, 1326 ff., 1444
Verkaufsschild (Auszeichnung)	851	1711, 1720, 1835
Verkaufsveranstaltung	388	–
Verkaufswert, gewöhnlicher	251	–
Verkehrssicherheit	424, 429, 486, 708, 711, 789, 868, 1024, 1254 L	1566, 1687 ff.
Verleiten zum Vertragsbruch	1036	–
Verlust		
– des Autos	766 ff., 832, 1115 L ff., 1234 L ff.	2019, 2087
– von Steuervorteilen	1237 L	–
Vermittler	–	1342 ff.
Vermittlerhaftung	–	1345 ff., 1395 ff., 1412 ff.
Vermittlungsgebühren	68, 775	1371
Vermittlungsvertrag (s. Agenturgeschäft)		
Verpfändung	191, 1139 L	1545
Versäumnisurteil	834, 1214 L	–
Verschlechterung		
– Benutzung	743	2019

	Neuwagenkauf	**Gebrauchtwagenkauf**
– unwesentliche	765	2019, 2078 ff.
– wesentliche	759 ff.	2019, 2078 ff.
– zufällige	559, 761	2019, 2078 ff.
Verschleiß		
– mängelbedingter	540	1556 ff.
– natürlicher	540	1614, 1696
– Reparatur	598	–
Verschleißteile	540	1561 ff.
Verschulden des Probefahrers	169 ff.	1307 ff., 1451
Versicherung		
– für fremde Rechnung	198, 1138 L	–
Versicherungskosten	238, 789	2003 ff.
Versicherungspflicht	169, 762, 1117 L	1324
Versicherungsschutz	867, 874, 1138 L	1624, 1625, 1798
Versteigerung	848 ff.	1471 ff.
Vertrag zu Gunsten Dritter	583, 619 ff., 879, 897, 1158 L, 1171 L	1392, 1814
Vertragsablösung	1134 L	–
Vertragsbeendigung		
– reguläre	1240 L ff.	–
– vorzeitige	1264 L ff.	–
Vertragsbruch		
– Ausnutzen fremden Vertragsbruchs	1036	–
– Verleiten zum	1036	–
vertragsgemäße Beschaffenheit	404 ff., 413 ff., 478, 1103 L	1552 ff., 1653 ff.
Vertragsinhalt (Einbeziehungsfragen)	6, 153, 413	1435, 1835
Vertragskosten	773 ff.	2030
– Abschluss	775	–
– Erfüllung	775	–
– Rückabwicklung	776 ff.	–
Vertragsnichtigkeit (s. Nichtigkeit des Vertrags)		
Vertragsstrafe	1028, 1032, 1038	1324, 1336
Vertragstheorie	695	–
Vertragsübernahme	132 ff., 224, 1161 L, 1170 L, 1178 L	–
Vertrauensgrundlage	651, 713	1399 ff.
Vertrauenssiegel (ZDK)	–	1815 ff.
Vertrauensstellung	155	1399 ff.
Vertreter	9, 23, 122, 223, 363, 618, 1056, 1159 L ff., 1169 L ff., 1264 L	1390, 1412, 1421 ff., 1865 ff.
Vertreterklausel	122	1843
Vertretungsmacht	–	1358 ff., 1421, 1843
Vertrieb selektiver	1024 ff.	–
Vertriebsgesellschaft	378, 864, 996 ff., 1072	–
Verwendungen		
– Erlöschen der Ansprüche	790	–
– notwendige	782, 788	2028
– nützliche	791	2029
Verwendungszweck	153, 266, 580, 793, 864	1796 ff.
Verwertungserlös	1260 L, 1287 L	–
Verwertungskosten	196, 258, 266, 1260 L	–
Verwirkung des Rechts auf Wandlung	757	2034
Verzicht auf Wandlung	757	2034
Verzinsung des Kaufpreises bei Wandlung	757	2000, 2001
Verzögerungsschaden	508, 510, 519, 677	1319, 1384, 1444 ff.

	Neuwagenkauf	**Gebrauchtwagenkauf**
Verzug		
– Feststellung im Prozess	836	2002
– Gläubiger	37, 492 ff., 831	2002, 2018
– Minderung	737	–
– Nachbesserung	110, 686 ff., 706 ff.	–
– Schuldner	492	–
– Wandlung	768, 795	–
– Zurechnung des Verzugs der anderen Werkstatt	687	–
Verzugsschaden	32, 244 ff., 795 ff., 1197 L ff.	1319, 1384, 1444 ff.
Vollamortisationsvertrag	1086 L	
Vollkaskoversicherung	169, 212, 237, 1131 L	1355
Vollständigkeitsklausel	–	1836
Vollständigkeitsvermutung	120, 122	1836 ff.
Vollstreckung Zug um Zug	838 ff.	–
Vorbehalt der gesetzlichen Gewährleistung	697	–
Vorbenutzung	–	1609 ff., 1800
Vorbesitzer	438, 441 ff., 855	1599 ff., 1803 ff.
Voreintragung	441 ff.	1599, 1803 ff., 1893
Vorenthaltung	42, 1193 L, 1247 L	–
Vorfälligkeitsentschädigung	1083 L	–
Vorführungsfahrt	4	–
Vorführwagen	4, 5, 61, 79, 163 ff., 678	1483, 1610, 1806
vorhergehende Bestellung HWiG	370	–
Vorjahresproduktion	149	–
Vorteilsausgleich	819, 822, 1278 L, 1290 L	1986, 2008 ff., 2073

W

Wandlung		
– Auswirkung auf Leasingvertrag	1212 L	–
– Begriff	700	–
– Benutzung nach Kenntnis vom Wandlungsgrund	742	–
– Berechtigte	628	–
– Beschädigung und Untergang	759	–
– Durchführung der vollzogenen Wandlung	829 ff.	–
– EG-Kauf	1065, 1068	–
– finanzierter Abzahlungskauf	286, 317, 322	–
– Formalien	834 ff.	–
– Gerichtsstand	853	–
– Inverzugsetzung	831	–
– Rechtsnatur	691, 741	–
– Rückabwicklung	740, 741	2027 ff.
– Streitwert	828	–
– Unmöglichkeit der Herausgabe	766	2019
– verbundenes Geschäft	322	–
– Verlust	766	2019
– Verschlechterung	759	2019
– Verwirkung	757	2020, 2034
– Verzicht	757	2020, 2021, 2034
– Vollzug	695	–
– Vorbehalt in AGB	697	–
– Wahlrecht des Käufers	695	–
– Weiterveräußerung	766	2019
– Zustimmung des Erstkäufers	634, 635	–

	Neuwagenkauf	**Gebrauchtwagenkauf**
Wartungsheft	582	1629
Wartungskosten, zusätzliche	673	–
Wegekosten	669	–
Wegfall		
– der Bereicherung	800	2074 ff.
– der Geschäftsgrundlage	44, 130, 143, 200, 279, 914, 1212 L	2097
– der Gewährleistung	543	–
– des Garantieschutzes	601, 608, 612	1628
Weiterbenutzung, unterlassene	802	2074
Weiterfresserschaden	1002 ff.	2103
Weiterveräußerung	766, 767	2019, 2086, 2087
Werbung	372 ff., 1071 ff.	–
– EG-Fahrzeug	1071 ff.	–
– Auslandszulassung	1071	–
– Auslaufmodell	378	–
– Ausstattungsdefizite	1073	–
– Garantieerklärungen	1072	–
– Garantieverkürzung	1071	–
– Hersteller-	386	–
– Kopplungswerbung	382	–
– Kurzzulassung	377	–
– Preisangaben	381 ff.	–
– Gegenüberstellung von Preisen	383	–
– Gemeinschafts-	384	–
– Tageszulassung	377	–
– typische Verstöße	373	–
– vergleichende	380	–
Werbungskosten	112, 1104 L, 1200 L	–
Werksangehörige	483, 833	–
Werksangehörigenrabatt	71, 112	–
werkstattgepflegt	–	1758, 1808 ff.
werkstattgeprüft	–	1808 ff.
Wertabschreibung	805	–
Wertersatz	271, 283, 371, 757, 791, 793, 799 ff.	2074 ff.
Wertminderung	490, 1228 L, 1232 L	–
– Haftungsausschluss	875	–
Wertverlust	235, 268 ff., 443, 708, 786	–
– Altwagen	36	–
– degressiv	806	–
– linear	806	–
Wettbewerb	372 ff.	–
Widerruf		
– Abzahlungskauf	223	–
– finanzierter Abzahlungskauf	291	–
– HWiG	368	–
– Leasing	1163 L	–
Wiederbeschaffungswert	1236 L	–
Wiederverkaufsrecht	1262 L	–
wirtschaftlich einheitliches Geschäft	275 ff.	–
wirtschaftliches Eigentum	1108 L	–
Wissensvertreter	–	1867, 1869 ff.
Wissenszurechnung	–	1422 ff., 1520 ff., 1865 ff.
Wohnmobil	9, 116, 863	1766, 1797
– Nutzungsvergütung	821	2015
Wucher	–	2052

	Neuwagenkauf	Gebrauchtwagenkauf
Y		
Youngtimer	–	1750, 1831, 1832
Z		
Zahlung Kaufpreis	111	1321, 1326 ff., 1444
Zahlungsverzug	109, 110	1444
ZDK-Vertrauenssiegel	–	1815 ff.
Zeitungsanzeige	60, 381, 1071	1835
Zentralverriegelung	421	–
Zinsen (Verzug)	109, 247, 1197 L	2002
Zirka-Klausel	–	1443
Zitronenauto	713, 720	–
Zubehör	83, 84, 184, 383, 406, 693, 698, 721, 794, 932, 979 ff.	1771
Zufall	43, 759, 761 ff., 834	–
Zugaben	83	–
Zugang	12, 108, 368, 396, 486, 493 ff., 566, 577, 640, 1166 L, 1242 L, 1270 L	–
– Verzicht auf	16, 211	–
Zug-um-Zug-Vollstreckung	838 ff., 842	–
Zulassung		
– EG-Fahrzeug	1021, 1051, 1071	–
– Kosten	52, 64	–
Zulassungshindernisse	–	1617
Zulassungskosten	–	1444, 2004
Zulassungspflicht	1030	1324
Zulassungsunfähigkeit		
– rechtliche	–	1617
– technische	–	1580
– wirtschaftliche	–	1580
Zulieferer	30, 910, 927, 933, 994 ff.	–
Zumutbarkeit der Änderung	420	–
Zurückbehaltungsrecht	110, 211, 306, 310, 522, 832, 835, 1189 L	2073, 2088
Zusicherungen		
– der Fabrikneuheit	853	–
– beim Gebrauchtwagenkauf s. Übersicht	–	1660
– beim Importfahrzeug	857	–
– beim Neufahrzeugkauf	851 ff.	
– Kriterien	851, 852	1653 ff.
– und Abwehrklauseln	–	1836 ff.
– und Gewährleistungsausschluss	–	1954 ff.
– und Schutzzweck	–	2024
Zusicherungshaftung		
– Erfüllungsinteresse	857	1992 ff.
– großer Schadensersatz	858	1999 ff.
– kleiner Schadensersatz	861	1994 ff.
– Nutzungsausfall	860	1996, 2007
Zustandsbericht	–	1838
Zustandsangaben (allgemeine)	–	1831 ff.
Zustandsnoten	–	1832

	Neuwagenkauf	Gebrauchtwagenkauf
Zustimmung		
– Abtretung	125 ff.	1894
– Ersatzkäufer	518	–
– Klage auf Zustimmung zur Wandlung	695, 828, 834, 1223 L	–
– Nachbesserung	631, 728, 729	–
– Verweigerung	135	–
– zur Begutachtung	1250 L	–
– zur Veränderung des Fahrzeugs	870	–
– zur Verwertung	253	–
– Wandlung/Minderung	631, 634	–
Zwangsversteigerung	–	1477
Zweithandwagen	79, 443	1805

Prof. Kapellmann – Kompetenz im Baurecht

Kapellmann/Schiffers
Vergütung, Nachträge und Behinderungsfolgen beim Bauvertrag

Band 1: Einheitspreisvertrag
4., völlig neu bearbeitete und erweiterte Auflage 2000.

960 Seiten 17 x 24 cm, gebunden
DM 280,–/öS 2044,–/sFr 280,–
ISBN 3-8041-4964-2

Band 2: Pauschalvertrag einschließlich Schlüsselfertigbau
3. Auflage 2000. Etwa 870 Seiten 17 x 24 cm, gebunden

Subskriptionspreis bis 2 Monate nach Erscheinen
etwa DM 260,–/öS 1898,–/sFr 260,–
danach etwa DM 280,–/öS 2044,–/sFr 280,–
ISBN 3-8041-4965-0

Kapellmann/Vygen (Hrsg.)
Jahrbuch Baurecht 2000
Aktuelles · Grundsätzliches · Zukünftiges
2000. 436 Seiten 14,8 x 21 cm, gebunden

Subskriptionspreis bis 2 Monate nach Erscheinen
DM 98,–/öS 715,–/sFr 98,–
danach DM 118,–/öS 861,–/sFr 118,–
ISBN 3-8041-4968-5

Kapellmann (Hrsg.)
Juristisches Projektmanagement bei Entwicklung und Realisierung von Bauprojekten

1997. 344 Seiten 14,8 x 21 cm, gebunden
DM 120,–/öS 876,–/sFr 120,–
ISBN 3-8041-4924-3

Kapellmann
Schlüsselfertiges Bauen
Rechtsbeziehungen zwischen Auftraggeber, Generalunternehmer, Nachunternehmer

1997. 176 Seiten 14,8 x 21 cm, gebunden
DM 67,–/öS 489,–/sFr 67,–
ISBN 3-8041-4936-7

Kapellmann/Langen
Einführung in die VOB/B
Basiswissen für die Praxis

9. Auflage 2000.
268 Seiten 12 x 19 cm, kartoniert
DM 42,–/öS 307,–/sFr 42,–
ISBN 3-8041-4976-6

Zu beziehen über Ihre Buchhandlung oder direkt beim Verlag

Werner Verlag · Postfach 10 53 54 · 40044 Düsseldorf
Telefon (02 11) 3 87 98-0 · Telefax (02 11) 3 87 98-11

Alles zum Vertriebsrecht

Westphal
Vertriebsrecht
Band 1: Handelsvertreter
*Von Dr. Bernd Westphal, RA
1998. 460 Seiten 14,8 x 21 cm,
gebunden
DM 108,–/öS 788,–/sFr 108,–
ISBN 3-8041-4127-7*

Das Buch stellt zunächst das Handelsvertreterrecht umfassend dar, das 1990 aufgrund der Umsetzung der EG-Handelsvertreterrichtlinie novelliert wurde. Schwerpunkte liegen bei der Darstellung des Provisions- und Ausgleichsrechts, wobei praktische Beispiele die Berechnung des Ausgleichsanspruchs verdeutlichen. Daneben werden die prozessualen Aspekte einer Klage auf dem Gebiet des Handelsvertreterrechts aufgezeigt, da insbesondere die häufig zu erhebende Stufenklage sowie deren Vollstreckung in der Praxis häufig Schwierigkeiten bereiten. Abgerundet wird das Werk durch den Abdruck von Musterverträgen sowie Prozeßformularen.

Der Autor Dr. Bernd Westphal, Köln, ist als **Rechtsanwalt** seit vielen Jahren schwerpunktmäßig **auf dem Gebiet des Vertriebsrechts** tätig. Erfahrungen auf diesem Rechtsgebiet hatte er zuvor durch seine langjährige Tätigkeit als stellvertretender Hauptgeschäftsführer des **Bundesverbandes der Handelsvertreter** gesammelt. Neben seiner Anwaltstätigkeit ist er ein gefragter **Referent für Vorträge und Seminare** zum Vertriebsrecht.

Werner Verlag · Postfach 10 53 54 · 40044 Düsseldorf
Telefon (02 11) 3 87 98-0 · Telefax (02 11) 3 87 98-11

*Zu beziehen
über Ihre Buchhandlung
oder direkt beim Verlag*